中国民法典适用大全

总则卷（一）

最高人民法院民法典贯彻实施工作领导小组　编著

人民法院出版社

图书在版编目（CIP）数据

中国民法典适用大全. 总则卷 / 最高人民法院民法典贯彻实施工作领导小组编著. -- 北京：人民法院出版社，2022.12
ISBN 978-7-5109-3575-6

Ⅰ. ①中… Ⅱ. ①最… Ⅲ. ①民法－法典－法律适用－中国②民法－总则－法律适用－中国 Ⅳ. ①D923.05

中国版本图书馆CIP数据核字(2022)第166911号

中国民法典适用大全（总则卷）

最高人民法院民法典贯彻实施工作领导小组　编著

策划编辑	陈建德　姜峤
责任编辑	王　婷　李　瑞
装帧设计	天平文创视觉设计
出版发行	人民法院出版社
地　　址	北京市东城区东交民巷27号（100745）
电　　话	（010）67550617（责任编辑）　67550558（发行部查询） 65223677（读者服务部）
客 服 QQ	2092078039
网　　址	http://www.courtbook.com.cn
E－mail	courtpress@sohu.com
印　　刷	三河市国英印务有限公司
经　　销	新华书店
开　　本	787毫米×1092毫米　1/16
字　　数	2068千字
印　　张	114
版　　次	2022年12月第1版　2022年12月第1次印刷
书　　号	ISBN 978-7-5109-3575-6
定　　价	408.00元（全3册）

版权所有　侵权必究

"民法典适用大全"小程序使用图示

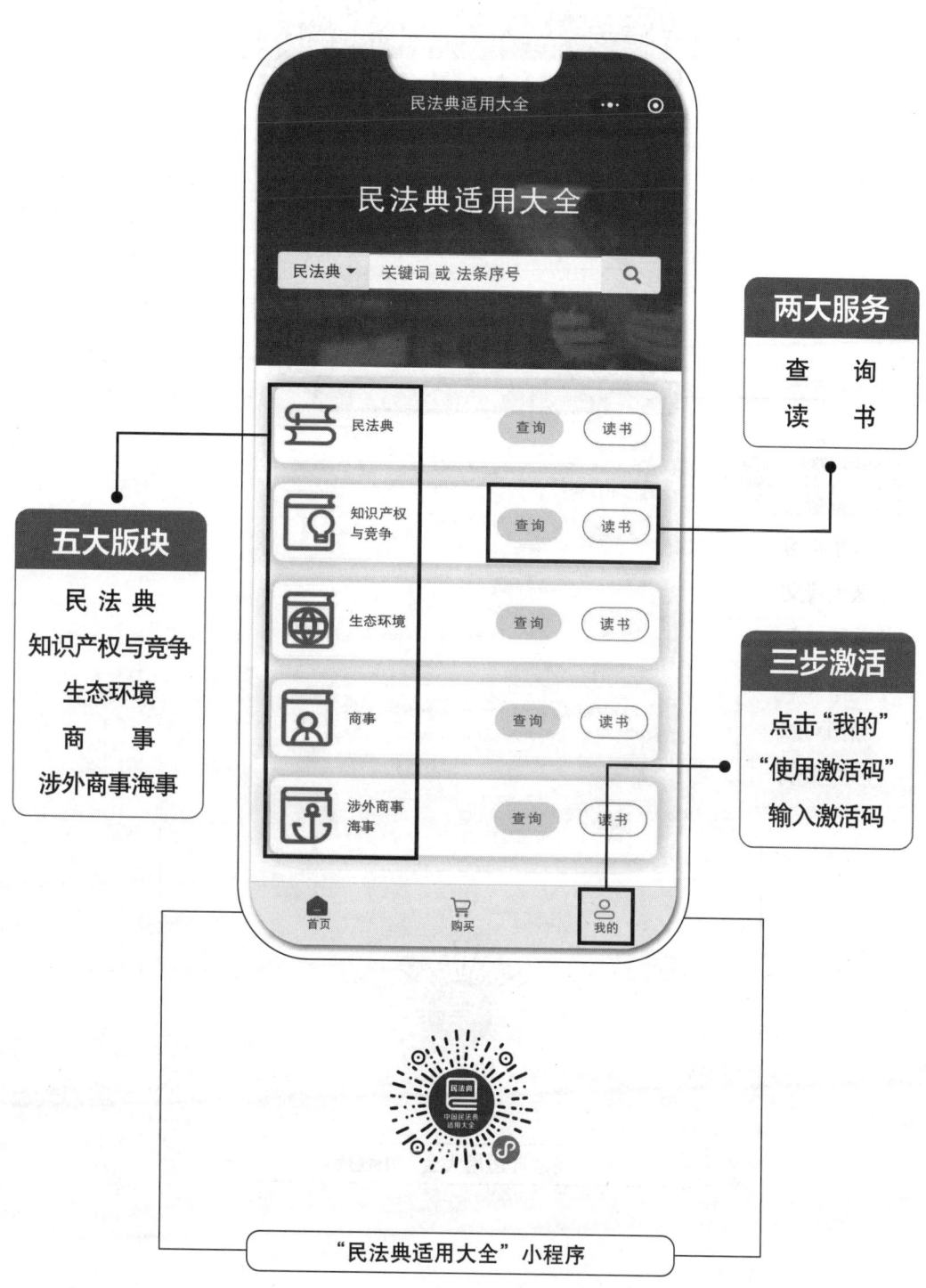

"民法典适用大全"小程序

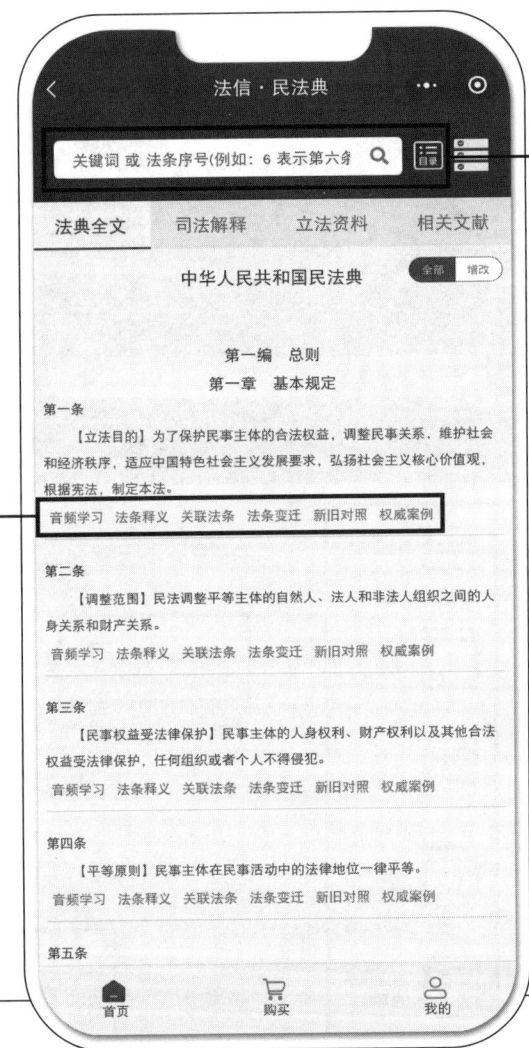

"民法典适用大全"小程序

最高人民法院
民法典贯彻实施工作领导小组

组　　　长	周　强

常务副组长　贺　荣

副　组　长　陶凯元　杨万明　杨临萍　贺小荣　刘贵祥

成　　　员（按机构排序）

　　　　　　　郭竞坤　董文濮　钱晓晨　郑学林　林文学
　　　　　　　林广海　王淑梅　刘竹梅　于厚森　韩维中
　　　　　　　孔　玲　何东宁　郭　锋　赵晋山　李广宇
　　　　　　　胡仕浩　祝二军　马　岩　陈宜芳　郝银钟
　　　　　　　高晓力　邰中林　孙晓勇

办 公 室

主　　　任　杨万明　刘贵祥
副　主　任　郭　锋　杨永清
成　　　员　丁广宇　周伦军　陈龙业

《中国民法典适用大全（总则卷）》

执 行 编 委　郭　锋　郭竞坤　林文学　孙晓勇
编　　　审　李明义　陈龙业　谢　勇　危浪平　石　磊
　　　　　　　蒋家棣　曹晓锐　孔得建　刘　婷

全面深化民法典贯彻实施
为推进中国式现代化提供有力司法服务

民法典是中华人民共和国成立以来第一部以"法典"命名的法律，是党的十八大以来全面推进依法治国的标志性立法成果，在中国特色社会主义法律体系中具有重要地位。以习近平同志为核心的党中央高度重视民法典贯彻实施工作，作出一系列重大部署。2020年5月29日，十九届中央政治局就"切实实施民法典"举行第二十次集体学习，习近平总书记主持学习时强调，全党要切实推动民法典实施，以更好推进全面依法治国、建设社会主义法治国家，更好保障人民权益，指出"各级司法机关要秉持公正司法，提高民事案件审判水平和效率。要加强民事司法工作，提高办案质量和司法公信力。要及时完善相关民事司法解释，使之同民法典及有关法律规定和精神保持一致，统一民事法律适用标准。要加强涉及财产权保护、人格权保护、知识产权保护、生态环境保护等重点领域的民事审判工作和监督指导工作，及时回应社会关切"。习近平总书记的重要讲话为贯彻实施民法典指明了方向，提供了根本遵循。党的二十大报告明确指出，必须更好发挥法治固根本、稳预期、利长远的保障作用，在法治轨道上全面建设社会主义现代化国家，并对统筹法律立改废释纂、严格公正司法提出明确要求，对深入贯彻实施民法典具有重要指导意义。

最高人民法院坚持以习近平新时代中国特色社会主义思想为指

导,深入贯彻习近平法治思想,认真学习贯彻习近平总书记关于切实实施民法典的重要论述,深刻领悟"两个确立"的决定性意义,增强"四个意识"、坚定"四个自信"、做到"两个维护",全面落实党中央决策部署,深刻理解和把握民法典的核心要义和重要制度,积极推动贯彻实施好民法典。在前期成立最高人民法院民法典编纂工作研究小组的基础上,专门成立民法典贯彻实施工作领导小组,党组书记、院长周强担任组长,研究制定一系列措施,就贯彻实施民法典提出具体要求。全国各级人民法院严格依据民法典公正审理案件,深入研究民法典司法适用理论和实践问题,分析总结典型案例,推动民法典贯彻实施取得显著成效。

为深入学习宣传贯彻党的二十大精神,贯彻党中央关于坚持全面依法治国、推进法治中国建设的重大决策部署,系统反映人民法院贯彻实施民法典举措成果,全面总结新时代民商事审判经验,最高人民法院民法典贯彻实施工作领导小组组织编写了《中国民法典适用大全》(以下简称《适用大全》),为学习宣传贯彻民法典、推进法治中国建设提供权威审判指导。

一、《适用大全》的编辑背景

民法典颁布后,人民法院深入推动民法典学习宣传和贯彻实施,取得一系列经验成果,为《适用大全》的编辑出版提供了丰富素材,奠定了坚实基础。

一是全面清理已有司法解释。最高人民法院完成中华人民共和国成立以来最为全面系统规范的司法解释清理工作,对中华人民共和国成立以来至2020年5月28日有效的全部591件司法解释逐一清理,废止116件,修改111件。其中,直接废止司法解释89件,另有27件废止后重新整合出台新的司法解释;修改的司法解释包括民事类27件、商事类29件、知识产权类18件、民事诉讼类19件、执行类

18件。完成清理工作后,作出司法解释废止、修改决定,自2021年1月1日起与民法典同步施行。

二是及时制定配套司法解释。最高人民法院坚持以问题为导向、以审判执行需求为出发点、以准确理解和适用法律为原则,构建多层次民法典配套司法解释。制定适用民法典时间效力的解释,整合制定民法典物权编解释、担保制度解释、婚姻家庭编解释、继承编解释、建设工程施工合同解释、劳动争议解释等,出台民法典总则编解释、人脸识别解释、生态环境侵权惩罚性赔偿解释等,有力配合民法典贯彻实施。

三是广泛开展学习宣传。最高人民法院统筹部署全国各级人民法院学习培训宣传工作。举行"人民法院大讲堂"活动,分层次、全覆盖培训干警120余万人次。以人民群众喜闻乐见的方式开展民法典普法宣传,会同中宣部等组织开展"美好生活·民法典相伴"主题宣传,推出"一分钟带你了解民法典"系列普法动漫等栏目。发挥典型案件示范引领作用,配合民法典总则编解释颁布,同步发布第一批13件人民法院贯彻实施民法典典型案例。

据统计,自2021年1月1日至2022年9月30日,全国各级人民法院根据民法典及相关司法解释的规定,共审结一审民商事案件2737万件。人民法院统一法律适用工作成效更加彰显,人民群众司法获得感、满意度持续提升。尤其是根据民法典新规,办理人格权侵害禁令、人身安全保护令案件8067件,让人民生活更加安全、更有尊严;审结环境侵权类案件3502件,促进发展更加和谐、更可持续。

二、《适用大全》的重大意义

《适用大全》是人民法院深入学习贯彻党的二十大精神,深入贯彻习近平法治思想,切实贯彻实施民法典、确保民法典统一正确适用,推动新时代新征程人民法院民事审判工作高质量发展的最新成果和重要举措,编辑出版《适用大全》意义重大。

第一,编辑出版《适用大全》是人民法院深入学习贯彻党的二十大精神、深入贯彻习近平法治思想的实际行动。党的二十大报告对坚持全面依法治国、推进法治中国建设作出专题论述、专门部署。民法典作为党的十八大以来全面推进依法治国的标志性立法成果,体现社会主义性质、符合人民利益和愿望、顺应时代发展要求,闪耀着习近平法治思想的光芒。编辑出版《适用大全》,有利于各级人民法院深入贯彻落实党的二十大精神,严格公正司法,深化司法体制综合配套改革,全面准确落实司法责任制,加快建设公正高效权威的社会主义司法制度,努力让人民群众在每一个司法案件中感受到公平正义,确保习近平总书记关于切实实施民法典的重要讲话和重要指示精神不折不扣落到实处,以正确贯彻实施民法典的生动实践坚定不移推进法治中国建设。

第二,编辑出版《适用大全》是人民法院正确贯彻实施民法典,推进司法为民、公正司法的应有之义。人民性是中国特色社会主义司法制度的本质属性,实现好、维护好、发展好最广大人民根本利益是我国司法工作的出发点和落脚点。编辑出版《适用大全》,有利于各级人民法院正确理解掌握民法典的核心精神、基本原则和具体制度,切实把民法典对生命健康、财产安全、交易便利、生活幸福、人格尊严等各方面权利的平等保护贯彻落实到审判执行工作的全过程、各方面,不断提高运用民法典维护人民权益、化解矛盾纠纷、促进社会和谐稳定的能力和水平,更好地满足和保障人民美好生活需要。

第三,编辑出版《适用大全》是人民法院提高司法能力,服务全面建设社会主义现代化国家、以中国式现代化全面推进中华民族伟大复兴的必然要求。民法典将庞大的民事法律规范按照完整逻辑体系予以整合,健全充实了民事权利种类,充分展现我国多年来关于市场经济体制改革的一系列重要制度成果,积极回应新时代人民司法关切,是高质量发展的助推器和法治保障。编辑出版《适用大全》,有利于各级人民法院统一裁判尺度，完整、准确、全面贯彻新发展理念，构建新发展格局，助力营造稳定公平透明、可预期的法治化营商环境；有利于各级人民法院围绕满足人民群众多元司法需求，深化司法体制综合配套改革和智慧法院建设，全面准确落实司法责任制，推进审判体系和审判能力现代化，充分发挥审判职能作用，服务全面建设社会主义现代化国家、以中国式现代化全面推进中华民族伟大复兴。

三、《适用大全》的编辑目标

《适用大全》作者群体主要为最高人民法院法官，同时吸收部分地方法院法官和高等院校中青年学者参加。编辑基本要求是以民法典条文为中心，体系化编辑相关法律法规、司法解释、司法指导性文件、权威释义、指导性案例、典型案例等内容，并基于我国民商合一的立法模式，将有关商事、知识产权、涉外民事关系等法律的具体适用纳入其中，形成民法典司法适用的逻辑体系，方便法律适用参考和普法宣传。通过编辑《适用大全》，力图实现以下目标：

一是推动民商事案件裁判尺度统一。向广大法官阐释好民法典关于坚持主体平等、保护财产权利、便利交易流转、维护人格尊严、促进家庭和谐、追究侵权责任等基本要求，阐释好民法典关于见义勇为、紧急救助、好意同乘、高空抛物、情势变更、保理合同等一系列创新性规定，指引广大法官强化法典化体系化思维，准确把握基本原则与具体规定、总则与分则、民法典与民商事特别法之间的适用关系，不断提升法律适用的系统性、科学性、准确性。

二是总结新时代民商事审判经验。系统梳理相关司法解释和司法指导性文件，深入挖掘民事案例"富矿"，全面总结和展示新时代各级人民法院坚持以习近平新时代中国特色社会主义思想为指导，深入贯彻习近平法治思想，认真履行司法职能，推进全面依法治国探索形成的新经验、新举措、新成就，为人民法院服务保障中国式现代化奠定坚实基础。

三是助力更高水平的法治中国建设。整理汇编相关规定、释义、案例，既帮助广大法官准确理解民法典条文的精神要义，准确把握司法适用中的重点难点问题，提高办案质量和司法公信力，又帮助人民群众提高找法用法效率，促进民法典普法宣传和贯彻实施。

四、《适用大全》的体例结构

《适用大全》共计12卷33册，分为三大部分：

第一部分为法典卷。以民法典七编制结构为基础，分为总则卷、物权卷、合同卷、人格权卷、婚姻家庭卷、继承卷、侵权责任卷（含附则）。本部分将民法典的1260个条文全部收录，并围绕每一个条文编辑关联规定、条文释义、典型案例等内容。

第二部分为扩展卷。在法典卷的基础上增加知识产权与竞争卷、生态环境卷、商事卷、涉外商事海事卷。本部分主要是针对相关法律中与审判工作密切相关的条文开展编辑工作。

第三部分为索引卷。本部分旨在方便检索查阅（平装版不设索引卷）。

在体例安排上，以民法典具体条文为中心，设置关联规定、条文释义、适用指引、指导案例、典型案例、类案检索等栏目。其中，关联规定栏目主要收录与民法典或有关法律条文密切相关的法律、行政法规、司法解释、部门规章及司法指导性文件。条文释义栏目主要介绍目标条文的条文主旨、条文演变和条文解读。适用指引栏目侧重分析目标条文在审判实践中的重点难点问题。指导案例栏目主要收录目标条文涉及的相应指导性案例。典型案例栏目主要收录党的十八大以来最高人民法院的公报、工作报告中列举的案例，以及最高人民法院各部门发布评选的典型案例、优秀案例。类案检索主要收录其他相关案例。全书共收录案例3000余件，包括指导性案例、典型案例800余件。

全面深化民法典贯彻实施 为推进中国式现代化提供有力司法服务

五、《适用大全》的指导价值及其他说明事项

《适用大全》是一部服务审判执行、普法宣传、研究教学、生产经营、社会生活的法律适用工具书。各级人民法院和法官在阅读参考《适用大全》时，主要用途有三：一是可以民法典条文为基础，一揽子查找到相应的法律规定、司法解释、典型案例等，快速全面了解相关法律规定和政策精神，更加准确把握民法典立法精神、条款含义。二是可借鉴《适用大全》汇集的理论成果、关联规定、裁判观点，结合具体实际总结典型案例，提炼裁判规则。三是可利用《适用大全》提供的丰富素材，组织业务培训和普法宣传，弘扬社会主义法治精神，推动尊法学法守法用法在全社会蔚然成风。

广大法官在使用《适用大全》时，应当注意以下两方面问题：一是严格遵守裁判文书引用法律、法规、司法解释的规定。本书关联规定部分收录的法律、行政法规、司法解释、部门规章及司法指导性文件等，旨在帮助法官掌握相关法律规定、政策精神。其中司法指导性文件、部门规章等不能作为裁判依据援引。裁判文书在引用法律、法规等规范性文件时，应当严格遵照《最高人民法院关于裁判文书引用法律、法规等规范性法律文件的规定》。二是区别使用参考案例。本书收录的指导性案例应严格参照适用，典型案例可作为裁判适用参考，类案检索中的案例仅在于提示法官有相关裁判存在，便于检索查找。

各级人民法院要坚持以习近平新时代中国特色社会主义思想为指导，深入学习贯彻党的二十大精神，深入贯彻习近平法治思想，切实把思想和行动统一到习近平总书记关于切实实施民法典的重要论述精神上来，深刻领悟"两个确立"的决定性意义，增强"四个意识"、坚定"四个自信"、做到"两个维护"，以学好用好《适用大全》为抓手，全面深化民法典贯彻实施，增强服务保障高质量发展的司法能

力，夯实推进审判体系和审判能力现代化的实践基础，服务大局、司法为民、公正司法，在坚持全面依法治国、推进法治中国建设的伟大实践中不断开辟司法事业发展新天地，为全面建设社会主义现代化国家、以中国式现代化全面推进中华民族伟大复兴提供有力司法服务！

本书的编辑出版得到了各级人民法院、有关单位和社会各界的大力支持。在此，向为本书编辑出版提供帮助支持的全国人大常委会法工委、最高人民检察院、司法部，其他有关中央和国家机关、法学理论界的专家学者，以及广大人民群众、新闻媒体和社会各界表示衷心的感谢！

最高人民法院民法典贯彻实施工作领导小组

二〇二二年十一月二十八日

凡 例

一、本书有关条文释义和典型案例中法律、行政法规名称一般用简称，例如《中华人民共和国民法典》简称《民法典》。

二、本书有关条文释义和典型案例中下列司法解释及司法指导性文件一般也使用简称：

文件全称	简称	相关信息
《最高人民法院关于适用〈中华人民共和国民法典〉时间效力的若干规定》	《民法典时间效力规定》	发文字号：法释〔2020〕15号 公布日期：2020年12月29日 施行日期：2021年1月1日
《最高人民法院关于适用〈中华人民共和国民法典〉总则编若干问题的解释》	《民法典总则编解释》	发文字号：法释〔2022〕6号 公布日期：2022年2月24日 施行日期：2022年3月1日
《最高人民法院关于适用〈中华人民共和国民法典〉物权编的解释（一）》	《民法典物权编解释（一）》	发文字号：法释〔2020〕24号 公布日期：2020年12月29日 施行日期：2021年1月1日
《最高人民法院关于适用〈中华人民共和国民法典〉婚姻家庭编的解释（一）》	《民法典婚姻家庭编解释（一）》	发文字号：法释〔2020〕22号 公布日期：2020年12月29日 施行日期：2021年1月1日

文件全称	简称	相关信息
《最高人民法院关于适用〈中华人民共和国民法典〉继承编的解释（一）》	《民法典继承编解释（一）》	发文字号：法释〔2020〕23号 公布日期：2020年12月29日 施行日期：2021年1月1日
《最高人民法院关于适用〈中华人民共和国民法典〉有关担保制度的解释》	《民法典担保制度解释》	发文字号：法释〔2020〕28号 公布日期：2020年12月31日 施行日期：2021年1月1日
《全国法院贯彻实施民法典工作会议纪要》	《民法典会议纪要》	发文字号：法〔2021〕94号 公布日期：2021年4月6日 施行日期：2021年4月6日
《最高人民法院关于审理民事案件适用诉讼时效制度若干问题的规定》	《诉讼时效规定》	发文字号：法释〔2008〕11号 公布日期：2008年8月21日 施行日期：2008年9月1日 修正施行日期：2021年1月1日
《全国法院民商事审判工作会议纪要》	《民商审判会议纪要》	发文字号：法〔2019〕254号 公布日期：2019年11月8日 施行日期：2019年11月8日
《最高人民法院关于审理人身损害赔偿案件适用法律若干问题的解释》	《人身损害赔偿解释》	发文字号：法释〔2003〕20号 公布日期：2003年12月26日 施行日期：2004年5月1日 修正施行日期：2021年1月1日（第一次修正） 2022年5月1日（第二次修正）
《最高人民法院关于确定民事侵权精神损害赔偿责任若干问题的解释》	《精神损害赔偿解释》	发文字号：法释〔2001〕7号 公布日期：2001年3月8日 施行日期：2001年3月10日 修正施行日期：2021年1月1日
《最高人民法院关于审理消费民事公益诉讼案件适用法律若干问题的解释》	《消费民事公益诉讼案件解释》	发文字号：法释〔2016〕10号 公布日期：2016年4月24日 施行日期：2016年5月1日 修正施行日期：2021年1月1日

文件全称	简称	相关信息
《最高人民法院关于审理侵害信息网络传播权民事纠纷案件适用法律若干问题的规定》	《侵害信息网络传播权民事纠纷规定》	发文字号：法释〔2012〕20号 公布日期：2012年12月17日 施行日期：2013年1月1日 修正施行日期：2021年1月1日
《最高人民法院关于审理利用信息网络侵害人身权益民事纠纷案件适用法律若干问题的规定》	《信息网络侵权规定》	发文字号：法释〔2014〕11号 公布日期：2014年8月21日 施行日期：2014年10月10日 修正施行日期：2021年1月1日
《最高人民法院关于审理使用人脸识别技术处理个人信息相关民事案件适用法律若干问题的规定》	《使用人脸识别技术处理个人信息民事案件规定》	发文字号：法释〔2021〕15号 公布日期：2021年7月28日 施行日期：2021年8月1日
《最高人民法院关于审理劳动争议案件适用法律问题的解释（一）》	《劳动争议案件解释（一）》	发文字号：法释〔2020〕26号 公布日期：2020年12月29日 施行日期：2021年1月1日
《最高人民法院关于适用〈中华人民共和国公司法〉若干问题的规定（一）》	《公司法规定（一）》	发文字号：法释〔2006〕3号 公布日期：2006年4月28日 施行日期：2006年5月9日 修正施行日期：2014年3月1日
《最高人民法院关于适用〈中华人民共和国公司法〉若干问题的规定（二）》	《公司法规定（二）》	发文字号：法释〔2008〕6号 公布日期：2008年5月12日 施行日期：2008年5月19日 修正施行日期：2014年3月1日（第一次修正） 2021年1月1日（第二次修正）
《最高人民法院关于适用〈中华人民共和国公司法〉若干问题的规定（三）》	《公司法规定（三）》	发文字号：法释〔2011〕3号 公布日期：2011年1月27日 施行日期：2011年2月16日 修正施行日期：2014年3月1日（第一次修正） 2021年1月1日（第二次修正）

文件全称	简称	相关信息
《最高人民法院关于适用〈中华人民共和国公司法〉若干问题的规定（四）》	《公司法规定（四）》	发文字号：法释〔2017〕16号 公布日期：2017年8月25日 施行日期：2017年9月1日 修正施行日期：2021年1月1日
《最高人民法院关于适用〈中华人民共和国公司法〉若干问题的规定（五）》	《公司法规定（五）》	发文字号：法释〔2019〕7号 公布日期：2019年4月28日 施行日期：2019年4月29日 修正施行日期：2021年1月1日
《最高人民法院关于适用〈中华人民共和国企业破产法〉若干问题的规定（一）》	《企业破产法规定（一）》	发文字号：法释〔2011〕22号 公布日期：2011年9月9日 施行日期：2011年9月26日
《最高人民法院关于审理与企业改制相关的民事纠纷案件若干问题的规定》	《企业改制规定》	发文字号：法释〔2003〕1号 公布日期：2003年1月3日 施行日期：2003年2月1日 修正施行日期：2021年1月1日
《最高人民法院关于适用〈中华人民共和国涉外民事关系法律适用法〉若干问题的解释（一）》	《涉外民事关系法律适用法解释（一）》	发文字号：法释〔2012〕24号 公布日期：2012年12月28日 施行日期：2013年1月7日 修正施行日期：2021年1月1日
《最高人民法院关于适用〈中华人民共和国民事诉讼法〉的解释》	《民事诉讼法解释》	发文字号：法释〔2015〕5号 公布日期：2015年1月30日 施行日期：2015年2月4日 修正施行日期：2021年1月1日（第一次修正） 2022年4月10日（第二次修正）

三、本书中关联规定中的"法律、行政法规、司法解释"栏目收录了国务院及国务院办公厅发布的行政规范性文件。

四、本书部分案例中引用的法律法规、司法解释等为案件审理当时所适用，在参照过程中应注意以法律法规、司法解释等文件的最新规定为准。

总目录

第一章	基本规定	1
第二章	自然人	156
	第一节　民事权利能力和民事行为能力	156
	第二节　监　护	242
	第三节　宣告失踪和宣告死亡	359
	第四节　个体工商户和农村承包经营户	459
第三章	法　人	487
	第一节　一般规定	487
	第二节　营利法人	677
	第三节　非营利法人	737
	第四节　特别法人	811
第四章	非法人组织	850
第五章	民事权利	905
第六章	民事法律行为	1136
	第一节　一般规定	1136
	第二节　意思表示	1180
	第三节　民事法律行为的效力	1225
	第四节　民事法律行为的附条件和附期限	1396
第七章	代　理	1420
	第一节　一般规定	1420

第二节 委托代理 1444
第三节 代理终止 1512
第八章 民事责任 1527
第九章 诉讼时效 1639
第十章 期间计算 1720

索引 1742
后记 1784

目 录

（第一册）

第一章 基本规定

第一条【立法目的和依据】 ... 1

第二条【调整范围】 ... 15

第三条【民事权益受法律保护】 ... 25

第四条【平等原则】 ... 43

第五条【自愿原则】 ... 56

第六条【公平原则】 ... 61

第七条【诚信原则】 ... 66

第八条【合法性原则、公序良俗原则】 ... 93

第九条【绿色原则】 ... 118

第十条【处理民事纠纷的依据】 ... 132

第十一条【优先适用特别法】 ... 140

第十二条【效力范围】 ... 147

第二章 自然人

第一节 民事权利能力和民事行为能力

第十三条【自然人民事权利能力的起止】...... 156

第十四条【自然人民事权利能力平等】...... 167

第十五条【自然人出生时间和死亡时间】...... 171

第十六条【胎儿利益保护】...... 177

第十七条【成年人和未成年人的年龄标准】...... 189

第十八条【完全民事行为能力人】...... 195

第十九条【限制民事行为能力的未成年人】...... 199

第二十条【无民事行为能力的未成年人】...... 204

第二十一条【无民事行为能力的成年人】...... 209

第二十二条【限制民事行为能力的成年人】...... 214

第二十三条【无、限制民事行为能力人的法定代理人】...... 221

第二十四条【无、限制民事行为能力人的认定与恢复】...... 228

第二十五条【自然人的住所】...... 235

第二节 监 护

第二十六条【父母子女之间的法律义务】...... 242

第二十七条【未成年人的监护人】...... 254

第二十八条【无、限制民事行为能力成年人的监护人】...... 263

第二十九条【遗嘱指定监护人】...... 273

第 三十 条【协议确定监护人】...... 280

第三十一条【指定监护】...... 289

第三十二条【公职监护人】...... 297

第三十三条【意定监护】 302
第三十四条【监护职责】 307
第三十五条【监护职责履行】 316
第三十六条【撤销监护人资格】 322
第三十七条【监护人资格被撤销后负担义务不免除】 336
第三十八条【恢复监护人资格】 344
第三十九条【监护关系终止】 350

第三节　宣告失踪和宣告死亡

第 四 十 条【宣告失踪的条件】 359
第四十一条【下落不明的时间计算】 366
第四十二条【失踪人的财产代管人】 372
第四十三条【财产代管人的职责】 380
第四十四条【财产代管人的变更】 390
第四十五条【失踪宣告的撤销】 399
第四十六条【宣告死亡的条件】 406
第四十七条【宣告死亡和宣告失踪的关系】 416
第四十八条【被宣告死亡人死亡日期的确定】 423
第四十九条【被宣告死亡人实际生存时的行为效力】 430
第 五 十 条【死亡宣告的撤销】 435
第五十一条【宣告死亡，撤销死亡宣告对婚姻关系的影响】 440
第五十二条【撤销死亡宣告对收养关系的影响】 446
第五十三条【死亡宣告撤销后的财产返还】 453

第四节　个体工商户和农村承包经营户

第五十四条【个体工商户】 459

第五十五条【农村承包经营户】......474

第五十六条【个体工商户、农村承包经营户的债务承担】......481

第三章 法 人

第一节 一般规定

第五十七条【法人的定义】......487

第五十八条【法人成立条件和程序】......497

第五十九条【法人民事权利能力和民事行为能力的起止】......510

第 六 十 条【法人独立承担民事责任】......524

第六十一条【法定代表人的定义及行为的法律后果】......533

第六十二条【法定代表人职务侵权行为的责任承担】......543

第六十三条【法人住所】......551

第六十四条【法人变更登记】......562

第六十五条【法人登记公信效力】......574

第六十六条【法人登记公示制度】......583

第六十七条【法人合并、分立后权利义务的享有和承担】......590

第六十八条【法人终止】......597

第六十九条【法人解散】......603

第 七 十 条【法人清算及未及时清算的责任】......617

第七十一条【法人清算程序和清算组职权】......628

第七十二条【法人清算期间法律地位、剩余财产分配和法人终止】......640

第七十三条【法人因破产而终止】......649

第七十四条【法人分支机构及责任承担】......655

第七十五条【法人设立行为的法律后果】......668

第一章 基本规定

第一条 为了保护民事主体的合法权益,调整民事关系,维护社会和经济秩序,适应中国特色社会主义发展要求,弘扬社会主义核心价值观,根据宪法,制定本法。

▶ 关联规定

法律、行政法规、司法解释

1.《中华人民共和国民事诉讼法》

第一条 中华人民共和国民事诉讼法以宪法为根据,结合我国民事审判工作的经验和实际情况制定。

第二条 中华人民共和国民事诉讼法的任务,是保护当事人行使诉讼权利,保证人民法院查明事实,分清是非,正确适用法律,及时审理民事案件,确认民事权利义务关系,制裁民事违法行为,保护当事人的合法权益,教育公民自觉遵守法律,维护社会秩序、经济秩序,保障社会主义建设事业顺利进行。

2.《中华人民共和国公司法》

第一条 为了规范公司的组织和行为,保护公司、股东和债权人的合法权益,维护社会经济秩序,促进社会主义市场经济的发展,制定本法。

3.《中华人民共和国证券法》

第一条 为了规范证券发行和交易行为,保护投资者的合法权益,维护社会经济秩序和社会公共利益,促进社会主义市场经济的发展,制定本法。

4.《中华人民共和国保险法》

第一条 为了规范保险活动,保护保险活动当事人的合法权益,加强对保险业的监督管理,维护社会经济秩序和社会公共利益,促进保险事业的健康发展，制定本法。

条文释义

一、本条主旨

本条是关于立法目的和立法依据的规定。

二、条文演变

本条来源于原《民法总则》，与原《民法总则》第1条的表述完全一致。

三、条文解读

在一部法律中开宗明义明确立法目的、立法依据、职责任务等是我国法律的特色之一。立法目的是制定法律的根本目标和宗旨。本条是对原来各民事单行法律立法目的的归纳与概括，作为《民法典》总则编"第一章 基本规定"的第1条，对整部《民法典》起到统领作用。

（一）立法目的

1. 保护民事主体的合法权益

民事主体是民事关系的参与者、民事权利的享有者、民事义务的履行者、民事责任的承担者。民事主体享有广泛的民事权益，我国《宪法》规定，国家尊重和保障人权，公民的人身自由、人格尊严、财产权利等不受侵犯。党的十九大报告提出："保护人民人身权、财产权、人格权。"民法是仅次于宪法的重要民事基本法，是私法领域落实宪法人权保障制度的基本法律。《民法典》将《宪法》、中央文件中关于尊重和保障人权的理念和精神具体化、法治化；把保护公民、法人、非法人组织人身权、财产权、人格权的制度进一步类型化、体系化；把对未成年人、残疾人、老年人的特殊制度安排法律化，体现出对民事主体基本权利的尊重，体现出《民法典》的人文情怀和对人的终极关怀。正如法国启蒙学者孟德斯鸠所说："在民法慈母般的眼里，每一个个人就是整个的国家。"

《民法典》具体规定了民事主体的各项民事权利和利益，包括各种人身权、财产权和其他权益。《民法典》总则编之后的各编，实际上是按照物权、合同债权、人格权利、婚姻家庭权利、继承权利、侵犯权利的责任的逻辑顺序展开。因此，《民法典》是人民群众享有的民事权利的宣言书，是私权领域的权利宪章，使宪法保障人权的规定在私法中得以落实，体现了国家保障和发展人权的价值取向。

《民法典》规定保护民事主体合法权益有以下四个方面的鲜明特征：

一是《民法典》突出保护民事主体的人格权。《民法典》人格权编为第四编，以"列举+兜底"方式全面规定人格权制度。列举了自然人享有的生命权、身体权、健康权、姓名权、名称权、肖像权、名誉权、荣誉权、隐私权等一系列具体人格权，还兜底规定了自然人享有基于人身自由、人格尊严产生的其他人格权益，即"一般人格权"。"列举+兜底"的条文表述体现了人格权保护的全面性、开放性、包容性。人格权独立成编，符合以人民为中心的发展理念，顺应了新时代人民群众对人格尊严、人格权保护的迫切需求，彰显了《民法典》的人民立场和人文关怀，满足人民群众对美好生活的向往，鲜明体现了《民法典》的中国特色，在世界民法史上具有里程碑意义。同时，《民法典》将个人信息纳入民事权利保护范围，第111条强调对个人信息提供法律保护，人格权编专门规定个人信息保护具体制度，用6个条文（第1034条至第1039条）分别规定了个人信息定义、收集和处理个人信息的原则和要求、个人信息被收集者和收集者的权利义务等内容，将自然人的姓名、出生日期、身份证号码、生物识别信息、住址、电话号码、行踪信息等纳入个人信息的保护范围，为全面加强个人信息保护提供了民事基本法依据。将个人信息纳入民事权益保护范围，既有利于根据信息化发展情况，更好地促进大数据开发和利用，也有利于保护个人的合法信息权，对遏制目前普遍存在的侵犯个人信息的违法行为具有重要意义。

二是《民法典》全面保护民事主体的财产权利。《民法典》为财产权保护提供有力制度支撑。中国先哲孟子在《孟子·滕文公上》中提出：有恒产者有恒心。改革开放以来，我国社会主义市场经济不断发展完善，公有制为主体、多种所有制经济共同发展的基本经济制度日益成熟，按劳分配为主体、多种分配方式并存的分配制度已经普及定型；市场在资源配置中的决定性作用越来越突出；国民经济更有效率、更加公平、更可持续地向前健康发展。人民群众的财产性收入与日俱增，很多企业家、个体经营者积累了大量合法财产。无论是国家还是集体，无论是企业还是个人，无不重视对财产权的法律保护。《民法典》专设物权编对社会主义基本经济制度、所有权和其他物权予以规定。其中，第206条、第207条明确规定坚持和完善社会主义基本经济制度，巩固和发展公有制经济，鼓励、支持和引导非公有制经济发展，保障一切市场主体的平等地位和发展权利，国家、集体、私人的物权受法律平等保护，任何组织和个人不得侵犯，从而为全面、平等保护民事主体的财产权利奠定了坚实的法律基础。

三是《民法典》保护民事主体的契约自由和合同权利。尊重契约自由，维护合同效力，是法治化营商环境的基本要求。《民法典》中的合同制度为市场活动提供交易规则，强调契约自由原则，规定依法成立的合同受法律保护，并对合同效力、合同履行、违约责任等做了全面系统的规定。这些条款，对激发全体人民的创业创新热情、尊重意思自治、信守承诺、履行义务、稳定交易预期、维护交易安全提供了基本遵循，为优化法治化营商环境，促进社会主义市场经济健康发展奠定了法治基础。例如，《民法典》在吸收相关司法解释规定、各方面意见基础上，第401条适当放松了流押禁止的规定；第406条明确了抵押物转让规则；第680条明确禁止高利放贷、切实规范市场秩序。同时，《民法典》对公权力侵犯民事权利、违背契约自由、损害私人权利的行为进行禁止、规范。比如规定征收征用财产的补偿原则。《民法典》总则编中的第117条规定："为了公共利益的需要，依照法律规定的权限和程序征收、征用不动产或者动产的，应当给予公平、合理的补偿。"按照此条规定，征收征用不仅行为目的要符合公共利益，而且程序要合法，对给权利人造成的损害进行公平合理补偿。这体现了尊重和保护财产权、稳定财产秩序的国家意志。

四是《民法典》设定了民事主体行使权利的一般规则。一方面，民事主体按照自己的意愿依法行使民事权利，不受干涉；另一方面，民事主体行使权利时，应当履行法律规定和当事人约定的义务；民事主体不得滥用民事权利。《民法典》在第一章基本规定部分，要求民事主体从事民事活动，应当遵循公平原则，合理确定各方的权利和义务；应当遵循诚信原则，秉持诚实，恪守承诺；不得违反法律，不得违背公序良俗。第132条规定，民事主体不得滥用民事权利损害国家利益、社会公共利益或者他人合法权益。这些规定表明，民事主体在享有权利、履行义务时，必须对自己的违法、违约行为依法承担责任，不能只注重权利，不愿履行义务和承担责任。在当前，大力弘扬社会主义法治精神，推进法治社会建设，要求全体公民、社会组织树立对法治的坚定信仰，成为社会主义法治的践行者、法治秩序的维护者。公民在享有、行使权利时，必须履行法定、约定义务，承担相应责任。凡是破坏公共秩序、侵犯社会公益、违反社会公德、不讲诚实信用、违法滥用权利的行为，必须依法承担民事责任。这对建设法治文化，强化规则意识，促进道德建设，弘扬公序良俗，践行社会主义核心价值观具有重要现实意义。

2. 调整民事关系

民事关系是民事主体产生、变更、终止民事权利义务的一种社会关系，经法律调整后，也叫民事法律关系，由主体、内容、客体构成。民事法律关系的内容，包括民事主体所享有的权利和承担的义务。民事权利，是由国家强制力保障的民事主体所享有的利益。其特征为：（1）权利人享有某种合法利益。这种利益既体现为客观利益，即权利人在权利内容中享有的利益，也包括主观利益，即在权利行使中最终实现的利益。（2）权利人可以请求义务人为一定行为或不为一定行为，以保证其享有或实现某种利益。有学者认为，权利实际上是一种类型化的利益，如物权、债权、知识产权、股权。（3）权利受到国家强制力保护。权利的确认、行使和保护，都由国家公权力特别是司法权作为保障。权利受到侵犯时，权利人有权向侵害人提出请求或向国家机关请求予以保护。（4）权利不得滥用。这是现代民事立法对民事权利行使的基本要求。从宪法依据来看，我国《宪法》第51条规定："中华人民共和国公民在行使自由和权利的时候，不得损害国家的、社会的、集体的利益和其他公民的合法的自由和权利。"《民法典》总则编中的第131条规定："民事主体行使权利时，应当履行法律规定的和当事人约定的义务。"第132条规定："民事主体不得滥用民事权利损害国家利益、社会公共利益或者他人合法权益。"

民事义务，是义务人为满足民事主体权利要求为一定行为或不为一定行为的法律或合同负担。其特征为：（1）义务人须依据法律规定或合同约定为一定行为或不为一定行为，以满足民事主体的权利要求。（2）义务体现为一种负担，以满足权利人的需要为目的。当然，这种负担不是无限的，义务人只承担法定或约定范围内的义务。（3）义务受法律或合同的约束，具有强制性。义务人必须履行相应义务，不可以拒绝、延误、抛弃。如果义务人不履行义务，将依法承担责任。

《民法典》调整民事关系，核心是调整权利义务关系。调整的基本理念，一是强调民事法律关系中权利和义务的相互对立、相互联系、相互依存。一般而言，当事人一方享有权利，另一方必然负有相应义务，权利和义务往往同时产生、变更和消灭。权利和义务相互依存，离开民事义务就无所谓民事权利，权利内容要通过相应义务表现，义务内容则由相应权利限定。二是通过规定民事责任落实对正常民事关系、合法民事权利的保护。

3. 维护社会和经济秩序

一般而言，秩序可以分为自然秩序和社会秩序。自然秩序由自然规律所支配，如日出日落、月亏月盈；社会秩序由社会规则所构建和维系，是指人们在长期社会交往过程中形成相对稳定的关系模式、结构和状态。

《民法典》是社会生活的百科全书，通过设定法律规则厘定、维护社会秩序是其职责和使命。一定的社会关系体系要成为一种社会秩序并能维持下去，保持相对稳定，就必须借助于各种社会规范和法律规章。这些规范和法律规章直接体现着它们所代表、维护的社会秩序。法是社会秩序的依靠，解决社会秩序问题最主要最有效的途径是通过发挥法律义务、法律责任、法律制裁的作用，从而达到维护社会稳定和谐的目的。一个社会不可能没有冲突和无序现象，但必须在法治范围内把冲突和矛盾控制在一定范围内，并恢复、形成正常社会秩序。可以说，《民法典》就是设定、维护社会秩序的法律。《民法典》所规定的维护社会公共利益、不得违背公序良俗、民事权利受法律保护、依法成立的合同对当事人具有法律约束力、法律责任等条款，是稳定社会秩序的强大保障。

《民法典》有关条款贯彻了党中央统筹推进疫情防控和社会经济发展的决策部署，吸收了在疫情防控、复工复产中稳定社会秩序的基本经验。比如，总结新冠肺炎疫情防控中的社区管理经验，在第285条第2款规定："物业服务企业或者其他管理人应当执行政府依法实施的应急处置措施和其他管理措施，积极配合开展相关工作。"同时在第286条要求业主遵守法律、法规以及管理规约，依法配合应急处置措施和其他管理措施。在第494条第1款规定："国家根据抢险救灾、疫情防控或者其他需要下达国家订货任务、指令性任务的，有关民事主体之间应当依照有关法律、行政法规规定的权利和义务订立合同。"这实际上体现了在突发公共卫生事件的非常时期，为了公共利益，当事人的合同权利依法受到一定的限制。

《民法典》是市场经济的基本法，是经济秩序的制度供给者和维护者。恩格斯说："民法准则只是以法的形式表现了社会的经济生活条件。"经济秩序是建立在平等互利、公正合理、交换合作、诚实信用基础上的经济关系体系。从以市场为导向的经济秩序看，主要包括：（1）市场进入秩序。在社会经济生活中，任何组织和个人，都具有天然进入市场从事经营的权利，民事主体进入市场，实际上就是取得进入市场的法律资格和经营权利。（2）市场行为秩序。任何民事主体在市场中的行为，都必须符合市场规则，进行等价交换，法律必须反不正当竞争、禁止垄断行为、反倾销、禁止欺诈等。（3）市场结构秩序。市场应当按照法律法规、行业惯例进行组织和运行，必须严禁非法设立、组织市场交易场所，制止结构性垄断，加强公司治理和风险控制等。（4）市场退出秩序。建立健全、严格规范市场主体退出机制，如企业歇业、破产、产权转让。《民法典》以私法"基本法"形式反映和巩固我国改革开放以来市场经济发展的成果，并通过确认和规定诚信原则、公序良俗原则、民事主体平等原则、所有权保护制度、合同自由制度以及法律行为效力、民事责任等进一步维护市场经济秩序，确立市场规则，促进公平正义，制裁违法行为，保障经济健康发展。

4.适应中国特色社会主义发展要求

法律是上层建筑，其由经济基础决定，并与经济基础相适应。党的十八大以来，以习近平同志为主要代表的中国共产党人，顺应时代发展，创立了习近平新时代中国特色社会主义思想。习近平新时代中国特色社会主义思想内涵十分丰富，涵盖新时代坚持和发展中国特色社会主义的总目标、总任务、总体布局、战略布局和发展方向、发展方式、发展动力、战略步骤、外部条件、政治保证等基本问题，并根据新的实践对经济、政治、法治、科技、文化、教育、民生、民族、宗教、社会、生态文明、国家安全、国防和军队、"一国两制"和祖国统一、统一战线、外交、党的建设等各方面作出新的理论概括和战略指引，其核心内容是"八个明确"和"十四个坚持"。"八个明确"偏重于理论层面的高度概括和凝练，集中反映了我们党对科学社会主义在当今时代的理论思考和理论贡献。"十四个坚持"基本方略，偏重于实践层面的展开，涵盖坚持党的领导和"五位一体"总体布局、"四个全面"战略布局，涵盖国防和军队建设、维护国家安全、对外战略，是对党的治国理政重大方针、原则的最新概括，是实现"两个一百年"奋斗目标、实现中华民族伟大复兴中国梦的实践要求。

《民法典》编纂的重要使命是适应中国特色社会主义发展要求,将中国特色社会主义制度法典化,将四十多年来改革成果制度化、体系化,为中国特色社会主义奠定法治基础。编纂《民法典》,既是新中国成立以来、特别是改革开放以来,对中国特色社会主义探索成果进行总结,也是为我国社会良性有序运行和发展提供依据和保障,更是为迎接中华民族伟大复兴奠定坚实法治基础。当前,中国特色社会主义已经进入新时代,《民法典》将社会主义建设的成功经验,特别是改革开放四十多年来所取得的成果,通过立法方式予以制度化、体系化,为中国特色社会主义的发展奠定了坚实法治基础。

《民法典》适应中国特色社会主义的发展要求,主要体现在:一是坚持以人民为中心,以保护民事权利为出发点和落脚点,切实回应人民的法治需求,更好地满足人民日益增长的美好生活需要,充分实现好、维护好、发展好最广大人民的根本利益,使《民法典》成为新时代保护人民民事权利的好法典。二是坚持全面深化改革、全面依法治国。《民法典》以坚持和完善中国特色社会主义制度,不断推进国家治理体系和治理能力现代化,构建系统完备、科学规范、运行有效的制度体系,充分发挥中国特色社会主义制度的优越性为使命,坚定不移贯彻创新、协调、绿色、开放、共享的新发展理念;坚持人与自然和谐共生,树立和践行绿水青山就是金山银山的理念,坚持节约资源和保护生态环境的基本国策,保障人民群众良好生产生活环境。三是坚持立足国情和实际,全面总结我国改革开放四十多年来的民事立法和实践经验,以法典化方式巩固、确认和发展民事法治建设成果,以实践需求指引立法方向,提高民事法律制度的针对性、有效性、适应性,发挥法治的引领、规范、保障作用。四是坚持依法治国与以德治国相结合,坚持社会主义核心价值体系,注重将社会主义核心价值观融入民事法律规范,通过《民法典》编纂构筑法治领域的中国精神、中国价值、中国力量,为人民提供精神指引,大力弘扬传统美德和社会公德,强化规则意识,倡导契约精神,维护公序良俗。

5. 弘扬社会主义核心价值观

核心价值观是国家的共同价值,是法治建设的道德基础。党的十八大提出,倡导富强、民主、文明、和谐,倡导自由、平等、公正、法治,倡导爱国、敬业、诚信、友善,积极培育和践行社会主义核心价值观。社会主义核心价值观是中国共产党在领导人民开创和发展中国特色社会主义事业进程中形成的重大理论成果,是中华民族共同的精神财富。培育和践行社会主义核心价值观，与中国特色社会主义发展要求相契合，与中华优秀传统文化和人类文明优秀成果相承接，是我们党凝聚全党全社会价值共识作出的重要论断，是凝魂聚气、强基固本的基础工程，是推进中国特色社会主义伟大事业、实现中华民族伟大复兴中国梦的战略任务。积极培育和践行社会主义核心价值观，对于在全社会形成广泛的价值认同、文化认同，对于促进人的全面发展、引领社会全面进步，对于集聚全面建成小康社会、实现中华民族伟大复兴中国梦的强大正能量，具有重要现实意义和深远历史意义。

核心价值观本身属于意识形态范畴，不具有规范效力和强制约束力，因此必须入法入规。2013年12月，中央办公厅印发《关于培育和践行社会主义核心价值观的意见》；2016年12月，中央办公厅、国务院办公厅印发《关于进一步把社会主义核心价值观融入法治建设的指导意见》；2018年5月，中共中央印发《社会主义核心价值观融入法治建设立法修法规划》。党的十九届四中全会决定要求："坚持依法治国和以德治国相结合，完善弘扬社会主义核心价值观的法律政策体系，把社会主义核心价值观要求融入法治建设和社会治理。"完善弘扬社会主义核心价值观的法律政策体系，是指通过在法律政策中不断融入社会主义核心价值观的内容与精神，使现行有效的法律政策构成一个逻辑严密、体系完善，具有中国社会主义特色的弘扬核心价值观的法律政策体系。

2018年3月11日，第十三届全国人民代表大会第一次会议通过的《宪法修正案》，将"国家倡导社会主义核心价值观"写入《宪法》第24条。由此，社会主义核心价值观成为宪法规范，具有最高法律效力。同时，这也是社会主义核心价值观融入法律政策的根本法源。

《民法典》第1条规定了"弘扬社会主义核心价值观"，这是推进社会主义核心价值观入法、完善弘扬社会主义核心价值观的法律政策体系的有力措施，具有很强的示范价值、鲜明的引领作用。法律是成文的道德，道德是内心的法律。社会主义核心价值观塑造了《民法典》的精神灵魂。《民法典》通过规定诚信、公序良俗、平等、合法等原则，法律行为、民事责任等制度，发挥民事法律对民事活动、公共秩序、民事权利行使等的规范、引领、保护作用，对于强化规则意识、引领社会风尚、维护公共秩序具有重大意义。《民法典》所建立的保护产权、维护契约、意思自治、平等交换、公平竞争的市场规则；所倡导的促进人与自然和谐发展，构建严格的生态文明法律制度；所规定的人格权保护、英雄烈士保护等制度，对建设弘扬核心价值观的社会主义法治文化，把社会主义核心价值观贯穿于社会生活方方面面具有重要意义。从世界法制史看，一部成功的民法典，往往是一个国家商品经济、民主政治、私人产权、法律文化、哲学伦理高度发展的产物，是一个民族核心价值观的集大成者。比如《法国民法典》，因其诞生时独特的经济、政治和文化背景，使它负载着自由、民主、平等的价值理想。我国《民法典》将社会主义核心价值观写入，开创了核心价值观进入《民法典》的先河，具有鲜明的中国特色，彰显了中华民族的优秀文化。

在《民法典》总则编起草过程中，一开始并没有将社会主义核心价值观写入。在征求意见过程中，有代表委员提出，社会主义核心价值观应当在《民法典》中得到体现。但究竟是作为基本原则写入，还是作为立法宗旨写入，在全国人大宪法和法律委员会审议时产生过争论，最后统一认识，作为立法宗旨写入。

（二）立法依据

《宪法》是中华人民共和国的根本法，拥有最高法律效力。我国现行《宪法》于1982年12月4日由第五届全国人民代表大会第五次会议通过，并经过全国人民代表大会会议于1988年4月12日、1993年3月29日、1999年3月15日、2004年3月14日和2018年3月11日五次修正。

宪法具有最高法律效力，许多国家的宪法对此都有明文规定。我国《宪法》在序言中明确规定："本宪法以法律的形式确认了中国各族人民奋斗的成果，规定了国家的根本制度和根本任务，是国家的根本法，具有最高的法律效力。"第5条第3款还规定："一切法律、行政法规和地方性法规都不得同宪法相抵触。"我国《宪法》在内容上所具有的国家根本法这一特点，决定了它的法律地位高于普通法，具有最高法律地位和最高法律效力。这就意味着宪法是制定普通法律的依据，普通法律的内容都必须符合宪法的规定，与宪法内容相抵触的法律无效。《民法典》总则编中的第1条明确规定"根据宪法，制定本法"，一是尊崇《宪法》的最高法律地位和最高法律效力；二是《宪法》关于社会主义经济制度和公民基本权利和义务的规定，是《民法典》很多民事基本制度的直接依据。比如《民法典》中的物权制度，直接依据《宪法》规定的土地制度、公民合法的私有财产制度、社会主义市场经济制度等；自然人的民事权利制度，直接源于《宪法》规定的公民基本权利和义务，包括公民在法律面前一律平等，公民的人身自由不受侵犯，公民的人格尊严不受侵犯，公民的住宅不受侵犯，婚姻、家庭、母亲和儿童受国家的保护，公民在行使自由和权利的时候，不得损害国家的、社会的、集体的利益和其他公民的合法的自由和权利等。《宪法》主要规范国家公权力机关的结构、职责、运行机制，以及公民的基本权利和义务，为所有普通法提供制定依据、原则；《民法典》作为普通法，主要规范平等民事主体之间的财产关系、人身关系，以及各种民事主体的民事权利、义务和责任。

在我国，《宪法》的解释权和监督权由全国人民代表大会和全国人民代表大会常务委员会分别或共同行使。《宪法》规定，全国人民代表大会和全国人民代表大会常务委员会监督《宪法》的实施，全国人民代表大会常务委员会有权解释《宪法》。我国国体、政体的性质和特殊性，决定了《宪法》的解释权和监督权由最高立法机关行使。我国法院依法实施法律、适用法律，通过司法解释解释具体法律适用问题，无权解释、审查《宪法》条文，《宪法》条文也不得构成个案裁判的直接依据。

▶ 适用指引

一、人民法院要在司法工作、审判活动中切实践行社会主义核心价值观

《民法典》确立的平等原则、自愿原则、公平原则、诚信原则、守法原则、绿色原则，是社会主义核心价值观在民法中的具体体现，也是人民法院处理民事纠纷的基本价值遵循。要遵循法律精神和原则，充分发挥司法政策、司法解释、指导性案例、个案审理和裁判对彰显法治精神、强化规则意识、引领社会风尚、维护公共秩序的重要作用，维护法律的严肃性，体现正确的价值导向，使符合社会主义核心价值观的行为受到鼓励、褒奖，使背离社会主义核心价值观的现象受到制约、制裁，形成有利于弘扬主流价值观念的法律导向、社会环境。

人民法院可以从以下方面采取措施：一是及时制定发布司法解释。司法解释是法律法规适用阶段的重要补充，对具体贯彻落实社会主义核心价值观至关重要。适应弘扬社会主义核心价值观的实践要求，发挥司法解释功能，准确

把握法律精神和法律原则正确解释法律,可以较好地统一裁判尺度,为褒扬正义行为、惩处违反社会主义核心价值观的行为提供依据。二是大力加强案例指导工作。及时发布体现社会主义核心价值观、对司法办案有普遍指导意义的案例。通过典型案例弘扬社会主义核心价值观,维护社会道德底线,惩治失德败德行为,鼓励道德高尚行为,向人民群众传递正确价值导向,引领良好社会风尚。三是在裁判文书中做好说理工作。2021年1月,最高人民法院发布了《关于深入推进社会主义核心价值观融入裁判文书释法说理的指导意见》。实际上,每一个司法案件的审理、裁判,法官都离不开运用社会主义核心价值观的精神适用法律、解释法律、定分止争。一份优秀的判决书,不仅是适用法律正确的判决书,也必然是对社会主义核心价值观的运用、阐释到位、准确的判决书。因此,法官应当在裁判文书中加强以社会主义核心价值观为依据的分析说理工作。

二、全面、正确把握"调整民事关系"的内涵

对于民事关系,《民法典》第2条规定:"民法调整平等主体的自然人、法人和非法人组织之间的人身关系和财产关系。"《民法典》调整的是民事关系即平等主体之间的人身、财产关系,一些不属于民事法律关系范畴的其他关系不属于民法典的调整范围。行政机关履行行政职责与行政相对人形成的非平等的法律关系也不属于民事关系。

民事主体从事民事活动,权利义务和责任应当相适应。也就是说,自然人、法人、非法人组织在享有、行使权利时,必须履行法定、约定义务,承担相应责任。要通过民事审判,坚持民事权利义务和责任相适,实现立法价值导向,教育民事主体正确行使权利,诚信履行义务,纠正部分社会成员只注重权利,不愿履行义务和承担责任的不良现象。要利用民事责任制度制裁破坏公共秩序、侵犯社会公益、违反社会公德、不讲诚实信用、违法滥用权利等行为。

▶ **典型案例**

田某菊、杨某生命权、健康权、身体权纠纷案

关键词: 弘扬社会主义核心价值观　公共利益

裁判摘要： 公民有权制止在禁止吸烟的公共场所的吸烟者吸烟，本案中，杨某对段某在电梯内吸烟予以劝阻合法正当，是自觉维护社会公共秩序和公共利益的行为。弘扬社会主义核心价值观是民法的立法宗旨，司法裁判对保护生态环境、维护社会公共利益的行为应当依法予以支持和鼓励，以弘扬社会主义核心价值观。

基本案情： 某日，段某立与杨某先后进入某小区同一单元电梯内，因段某立在电梯内吸烟，二人发生言语争执。段某立与杨某走出电梯后，仍有言语争执，双方被该小区物业公司的工作人员劝阻后，杨某离开，段某立同物业公司工作人员一同进入物业公司办公室。当日，河南省职工医院出具诊断证明书一份，载明：段某立以"意识丧失约10分钟"由家属呼叫120，患者意识丧失，双侧瞳孔散大固定，颈动脉脉搏未触及，各项生命体征测不出，经积极抢救，病情无变化，心电图示全心停搏，宣布临床死亡。段某立配偶田某菊诉至法院，要求杨某赔偿死亡赔偿金、丧葬费、精神抚慰金、医疗费四十余万元。

一审法院经审理认为，因段某立在电梯内吸烟问题导致其与杨某发生言语争执，在双方的争执被小区物业公司工作人员劝阻且杨某离开后，段某立猝死，该结果是杨某未能预料到的，杨某的行为与段某立的死亡之间并无必然的因果关系，但段某立确实在与杨某发生言语争执后猝死，受害人和行为人对损害的发生都没有过错的，可以根据实际情况，由双方分担损失。根据公平原则，结合本案案情，该院酌定杨某向田某菊补偿15000元。一审宣判后，田某菊提出上诉。二审法院认为，确定杨某应否承担侵权责任，关键是要分析杨某对段某立在电梯间吸烟进行劝阻与段某立死亡的事实之间是否有因果关系、杨某是否存在过错。杨某劝阻段某立吸烟行为未超出必要限度，属于正当劝阻行为，杨某没有侵害段某立生命权的故意或过失。杨某劝阻段某立吸烟行为本身不会造成段某立死亡的结果。段某立在未能控制自身情绪的情况下不幸死亡。虽然从时间上看，杨某劝阻段某立吸烟行为与段某立死亡的后果是先后发生的，但两者之间并不存在法律上的因果关系。《最高人民法院关于适用〈中华人民共和国民事诉讼法〉的解释》第323条规定："第二审人民法院应当围绕当事人的上诉请求进行审理。当事人没有提出请求的，不予审理，但一审判决违反法律禁止性规定，或者损害国家利益、社会公共利益、他人合法权益的除外。"本案中，杨某未上诉，但一审判决适用法律错误，损害社会公共利益，依法应予改判，理由如下：保护生态环境、维护社会公共利益及公序良俗是民法的基本原则，弘扬社会主义核心价值观是民法的立法宗旨。根据郑州市有关规定，市区各类公共交通工具、电梯间等公共场所禁止吸烟，公民有权制止在禁止吸烟的公共场所的吸烟者吸烟。杨某对段某立在电梯内吸烟予以劝阻合法正当，是自觉维护社会公共秩序和公共利益的行为，判令让正当行使劝阻吸烟权利的公民承担补偿责任，将会挫伤公民依法维护社会公共利益的积极性，既是对社会公共利益的损害，也与民法的立法宗旨相悖，不利于促进社会文明，不利于引导公众共同创造良好的公共环境。因此，一审判决判令杨某补偿田某菊15000元错误，本院依法予以纠正。

【案　　号】（2017）豫01民终14848号

【审理法院】河南省郑州市中级人民法院

第一章 基本规定 | 第二条

> **第二条** 民法调整平等主体的自然人、法人和非法人组织之间的人身关系和财产关系。

▶ 关联规定

法律、行政法规、司法解释

1.《中华人民共和国民法典》

第四条 民事主体在民事活动中的法律地位一律平等。

第一百一十三条 民事主体的财产权利受法律平等保护。

第二百零六条 国家坚持和完善公有制为主体、多种所有制经济共同发展，按劳分配为主体、多种分配方式并存，社会主义市场经济体制等社会主义基本经济制度。

国家巩固和发展公有制经济，鼓励、支持和引导非公有制经济的发展。

国家实行社会主义市场经济，保障一切市场主体的平等法律地位和发展权利。

2.《中华人民共和国民事诉讼法》

第三条 人民法院受理公民之间、法人之间、其他组织之间以及他们相互之间因财产关系和人身关系提起的民事诉讼，适用本法的规定。

▶ 条文释义

一、本条主旨

本条是关于《民法典》调整范围的规定。

二、条文演变

原《民法通则》首次规定了民法的调整范围，该法第2条规定："中华人民共和国民法调整平等主体的公民之间、法人之间、公民和法人之间的财产关系和人身关系。"2017年施行的原《民法总则》在原《民法通则》的基础上对民法调整范围进行了优化和完善，该法第2条规定："民法调整平等主体的自然人、法人和非法人组织之间的人身关系和财产关系。"可以看出，相对于原《民法通则》，原《民法总则》的变化主要体现在民法调整的主体范围上，具体来说，一是将"公民"修改为"自然人"，自然人就是通常生理意义上的人，原《民法总则》使用此概念主要是为了与法人相区别。此外，"公民"通常指我国公民，但民法也调整我国境内的外国人或者无国籍人之间或者与其他主体之间的民事法律关系，而"自然人"的表述可以包含前述外国人和无国籍人，表述更加科学。二是将"非法人组织"作为民法调整的主体范围，回应了社会实践需求，丰富了民事主体的类型。此外，不同于原《民法通则》，原《民法总则》将人身关系置于财产关系之前，体现了国家和法律对人身权益的重视，体现了原《民法总则》以人为本的立法理念。《民法典》延续了原《民法总则》的规定。

三、条文解读

本条是关于《民法典》调整范围的规定。将本条规定在整部《民法典》第2条，足见其重要意义。在中国特色社会主义法治体系中，不同部门法调整不同的法律关系。民法调整的法律关系是平等主体的自然人、法人和非法人组织之间的人身关系和财产关系。

（一）民法典调整的法律关系的主体范围

1. 民事法律关系主体的平等性

平等主体，是指参与民事活动的当事人在民法上具有平等地位和身份，法律地位完全平等。在所有部门法中，唯有民法将平等主体之间的人身关系和财产关系作为其调整对象，将平等作为民事活动基本原则。平等主体的平等性体现在：（1）法律地位平等。在现实生活中，自然人、法人和非法人组织总是处于不同的社会关系中，有的是领导和服从的关系，但在民事关系中，不承认任何一方当事人的特殊地位，不承认任何一方当事人享有特权。（2）适用规则平等。任何个人，不论其在行政关系中是不是负责人，在民事关系中都是自然人；任何组织，不论其在行政关系中是不是权力机关，在民事关系中都是法人或非法人组织。法律规则平等适用，普遍拘束，除法律规定外，不存在任何特殊规则，不允许法外特权。（3）权利保护平等。民法对民事主体合法权益的保护，适用相同的保护规则。对在民事活动中违反法律规定、合同约定的当事人，民法规定的法律责任一体适用，为权利人提供平等保护和救济。[①]

2. 民事法律关系主体类型

民事主体是民事关系的参与者、民事权利的享有者、民事义务的履行者和民事责任的承担者。根据《民法典》的规定，民事法律关系的主体包括自然人、法人和非法人组织三类。关于民事主体的类型，原《民法总则》制定过程中存在一定的不同意见。有的意见认为，民事主体只包括自然人和法人。有的意见认为，民事主体还包括其他组织、非法人团体或非法人组织。自然人是最为重要的民事主体，对此并无争议。法人是一种社会组织，由法律赋予其单独的法律人格。法律基于社会现实的需要，赋予符合一定条件的组织以法人资格，便于这些组织独立从事民事活动，归根结底是为了扩展自然人从事民事活动的广度。原《民法通则》仅规定了自然人和法人两类民事主体。对于是否应当认可自然人、法人之外的第三类民事主体，立法过程中有不同的意见。多数意见认为，应当认可自然人、法人之外的第三类民事主体。也有意见认为，民事主体就是自然的人和法律拟制的人即法人两类，不存在其他第三类主体。基于社会实践和多数意见，赋予个人独资企业、合伙企业等不具有法人资格的组织以民事主体地位，有利于其开展民事活动，促进经济社会发展，也与其他法律的规定相衔接，《民法典》规定了第三类民事主体。

关于第三类民事主体的名称，有的意见认为应称为非法人团体，有的意见认为应称为其他组织，有的意见认为应称为非法人组织。从立法情况来看，我国现行法律使用较多的表述是其他组织，如原《合同法》《民事诉讼法》《行政诉讼法》称为"其他组织"，最高人民法院有关司法解释亦称为"其他组织"。但不同法律关于其他组织规定的范围不尽一致，内涵和外延均有不同。在制定原《民法总则》时，立法机关对这些法律规定进行了全面研究，认为有关法律中使用的"其他组织"是适当的，但作为民事主体，统一使用"非法人组织"为宜，这与公司、基金会、协会等名称各不相同，但在民法上统一称为"法人"的道理相同。民事主体首先分为自然人和非自然人（组织），非自然人的

[①] 参见最高人民法院民法典贯彻实施工作领导小组主编：《中华人民共和国民法典总则编理解与适用》，人民法院出版社2020年版，第26~27页。

组织体再进一步划分为法人和与法人相对应的非法人组织。①

（二）民法调整的法律关系的内容

自然人、法人、非法人组织之间的社会关系多种多样，并非所有社会关系都由民法调整。民法仅调整民事主体相互之间的民事关系，根据权利义务所涉及的内容不同，民事关系可以分为两大类，即人身关系和财产关系。

1. 人身关系

通说认为，人身关系包括人格关系和身份关系，但关于人身关系的确切含义及具体类型，历来有一定争议。根据学者考证，在我国民法理论上，所谓"人身关系"经历了由单纯的"知识产权人的身份关系"到"知识产权人的身份关系与具体人格权"，最后到"人格关系与身份关系"（包括婚姻家庭与知识产权中的身份关系）三个发展阶段。②

关于人格关系。人格在法律上是一个极为抽象的概念，不仅可以用来解释除个人以外的其他主体，而且在法律上具有多重含义。人格的第一种含义是指一种抽象与平等的法律地位，它是权利取得的基本资格。黑格尔指出："人格一般包含着权利能力，并且构成抽象的从而是形成的法的概念。"而民事权利能力正是充当民事主体即作为民法上的人所必须具备的法律资格，在这个意义上使用的人格概念，表明人格是人格权的载体。人格的第二种含义是从民事主体的角度来理解的，从民法的角度来看，人格是指具有独立民事主体地位的个人和组织，这种人格观念意味着，人格与人、主体的含义是等同的，凡是具有民事权利能力的人，即可成为民事法律关系的主体。人格的第三种含义是从人格权的客体角度来理解的，即人格是一种应当受到法律保护的利益。③正是由于人格含义的复杂性，对民法调整的"人格关系"究竟是什么这一核心问题，存在两种不同认识，通说认为，该人格关系是基于人的生命、健康、身体、姓名、肖像、名誉、隐私等而发生的社会关系，这些关系经民法规范后，即形成

---

① 参见黄薇主编：《中华人民共和国民法典释义及适用指南》，中国民主法制出版社2020年版，第7~10页。
② 参见尹田：《民法典总则之理论与立法研究（第二版）》，法律出版社2018年版，第70~71页。
③ 参见王利明：《人格权法研究（第二版）》，中国人民大学出版社2012年版，第5~6页。

各种具体的人格权利。① 另一种观点认为，"人身关系"中的"人"，包括人格关系和人格权关系，前者是关于赋予主体法律能力（包括权利能力和行为能力）的规定；后者是关于与有权利能力之人不可分离的法益的规定。② 即该观点将人格关系理解为既包括主体民事权利能力和行为能力意义上的人格关系，还包括具体人格权意义上的人格权关系。还有观点认为，"人格"应当指人的法律地位，而生命、健康、名誉等，为人格内含的一些具体要素，并非人格本身，与此同时，权利能力的拥有也是人格的表现之一。因此，人格关系应当是指人基于其享有的基本法律地位而发生的社会关系。但在现代社会，人格关系绝非有待民法去调整，自然人的人格由基本法赋予，民法没有资格和必要去调整或者确认自然人的法律人格，因此，人格关系的性质为一种法律关系，不可能成为民法的调整对象。③ 可见，根据该观点，虽然人格关系是基于人享有的基本法律地位而发生的社会关系，但人格关系不由民法调整。

关于身份关系，据考证，"身份"在罗马法和近现代民法中的含义具有根本区别。罗马法上的身份是组织社会的工具，凡同时具有自由人、罗马市民与家父三种身份的人，方可具备人格，故此种"身份"表现和决定人的基本法律地位，是人格的构成要素，具有公法性质。而近现代大陆法系民法中的身份，主要指家庭亲属关系中的身份，具有私法性质，其决定的是家庭亲属关系中人与人的相互地位，但并不决定自然人的基本法律地位，故其非为人格的构成要素。

关于身份关系包含的范围，存在一定争议。一种观点认为，身份是一个人或团体被置放的相较于其他人或团体的有利的或不利的地位，有亲属法上的身份和亲属法外的身份两种。但原《民法通则》颁布后，我国民法学界开启了把人身关系分解为人格关系和身份关系的趋向。身份关系被一分为二，首先是亲属法中的身份关系；其次是知识产权法中的身份关系，但我国学者尽管在研究民法的近代变迁的过程中对亲属法外的身份关系作了有意义的研究，但缺乏把这种身份整合进民法调整的身份关系中的尝试。并且在接受西方式的身份关系

---

① 参见尹田：《民法典总则之理论与立法研究（第二版）》，法律出版社2018年版，第72页。
② 参见徐国栋：《再论人身关系——兼评民法典总则编条文建议稿第3条》，载《中国法学》2002年第4期。
③ 参见尹田：《民法典总则之理论与立法研究（第二版）》，法律出版社2018年版，第72~73页。

理论的同时，我国学者有放弃苏联模式下的知识产权意义上的身份关系，把这种关系解释成单纯的亲属关系的倾向。① 有观点认为，身份关系仅指基于亲属、家庭而产生的身份关系，主要理由是，作为民法调整对象的所谓"身份关系"，并不在于表达人与人之间的某种身份区别，而在于表达民事生活中特定的人与人之间基于特定的非财产原因所产生的相互利益关系，这种身份关系具有三个特点：一是非财产性质；二是存在于特定人之间；三是具有相互性，即此身份与彼身份相互联结、互为条件，无丈夫即无妻子，无父母即无子女。根据前述特性，知识产权中的身份关系不属于民法调整对象意义上的身份关系。② 也有学者从分析民法体系构成的角度对这一问题表达了类似观点，其认为债权法和物权法，合称财产法。民法除规范财产关系外，还规范身份关系。设想一个男人和一个女人，由于相互爱慕而恋爱，由恋爱而结婚；一经结婚组成家庭，即发生夫妻关系；进而生育子女，即发生父母子女关系；子女再结婚、再生育子女，即发生各种亲属关系。关于因家庭而发生的各种身份关系及财产关系的法律规则，构成亲属法。此外，因某个家庭成员死亡而发生的财产移转的法律规则，构成继承法。继承法属于以身份关系为基础的财产法。债权法、物权法、亲属法和继承法，构成整个民法的体系。③ 可见，该观点也将身份关系理解为基于家庭和亲属关系产生的身份关系。从我国《民法典》的规定来看，受《民法典》调整的身份关系主要是亲属之间的身份关系。知识产权法中规定的知识产权人身权与普通的人身权有着较大区别。以著作权为例，大陆法系的著作权理论认为作品如同作者的儿子，作者如同作品的父亲，可这毕竟是一种比喻，与基于自然血缘产生的身份关系还是不同的。例如，"修改权"是无法用父子关系来作比喻的。因此，著作人身权只能是一种特殊的人身权。虽然在多数情况下民法关于一般人身权的原则可以适用于著作人身权，但在另一些情况下著作人身权的行使有自己特定的规则。④

民法调整的人身关系具有如下特点：（1）主体地位平等。人身关系主体具有平等法律地位，相互之间没有隶属关系，任何一方不得命令或者强迫另一方

---

① 参见徐国栋：《再论人身关系——兼评民法典总则编条文建议稿第3条》，载《中国法学》2002年第4期。
② 参见尹田：《民法典总则之理论与立法研究（第二版）》，法律出版社2018年版，第72~73页。
③ 参见梁慧星：《民法总论（第四版）》，法律出版社2011年版，第9页。
④ 参见王迁：《著作权法》，中国人民大学出版社2015年版，第145~146页。

作出或者不作出某种行为。(2) 与人身不可分离。即具有专属性，人身关系基于人身利益而发生。不论自然人，还是法人、非法人组织，离开了人身关系，就不成其为民事主体，就会丧失主体资格。(3) 不直接体现财产利益。人身关系中权利人的权利和义务人的义务，都不直接体现财产利益，主要体现精神利益、道德利益。但人身关系与财产利益又有联系，有的人格利益可以转化为财产利益，例如，法人可以依法有偿转让法人名称权，获得财产利益；有些人格利益经过合理授权使用，也会产生财产利益，例如，个人肖像、个人信息。

2. 财产关系

财产关系是民事主体以财产为内容而发生的社会关系。所谓财产，是指对人具有经济价值的一切事物。作为财产必须具备如下要件：第一，须具有经济价值，即能满足人们的某种需要且能用金钱来衡量。第二，须不属于自然人的人格。第三，须人力能够支配。

按不同标准，财产关系可作不同的分类。按照财产的状态和运动方式的不同，可以把财产关系区分为财产支配关系（静态财产关系）和财产流转关系（动态财产关系）。财产支配关系指因直接占有、使用、收益、处分财产而发生的社会关系；财产流转关系指因转移财产而发生的社会关系。财产支配关系是发生财产流转关系的前提条件和结果，财产流转关系是财产支配关系的表现形式，是取得和实现财产支配关系的重要方式。按照财产的性质不同，财产关系可以区分为有形财产关系和无形财产关系。有形财产关系是指以物或货币等实物形态存在着的物质财富为内容而发生的社会关系；无形财产关系主要是指以著作、发明等智力成果形态存在着的精神财富为内容而发生的社会关系。随着现代科学技术的发展，无形财产发挥着越来越重要的作用，无形财产关系也纳入了现代民法的调整范围。①

适用指引

关于行政诉讼中的民法适用

行政诉讼，是指公民、法人或者其他组织认为行使国家行政权的机关和组

---

① 参见马俊驹、余延满：《民法原论（第四版）》，法律出版社2010年版，第5页。

织及其工作人员所实施的行政行为，侵犯了其合法权利，依法向人民法院起诉，人民法院在当事人及其他诉讼参与人的参加下，依法对被诉行政行为进行审查并作出裁判，从而解决行政争议的制度。民事诉讼与行政诉讼的根本区别在于，民事诉讼解决民事纠纷，行政诉讼解决行政争议。行政诉讼通过对被诉行政行为的合法性进行审查以解决行政争议，审查的根本目的是监督行政机关依法行使职权，保障公民、法人或者其他组织的合法权益不受违法行政行为的侵害。这就决定了：（1）行政诉讼与民事诉讼在审理形式和裁判形式上不同。如行政诉讼案件除行政赔偿、补偿及行政机关行使法律、法规规定的自由裁量权的案件外，一般不适用调解；证明行政行为具有合法性的举证责任由被告承担；行政诉讼的裁判以撤销、确认违法、限期履责判决为主要形式，变更判决适用范围有限。（2）行政诉讼的原告只能是行政管理中的相对方，即公民、法人或者其他组织；行政诉讼的被告只能是行政管理中的管理方，即作为行政主体的行政机关和法律、法规、规章授权的组织。（3）行政诉讼当事人双方的诉讼地位是恒定的，不允许行政主体作为原告起诉行政管理相对方。民事诉讼中诉讼双方当事人为平等民事主体，原、被告不具有恒定性，允许被告反诉。

《行政诉讼法》第101条规定："人民法院审理行政案件，关于期间、送达、财产保全、开庭审理、调解、中止诉讼、终结诉讼、简易程序、执行等，以及人民检察院对行政案件受理、审理、裁判、执行的监督，本法没有规定的，适用《中华人民共和国民事诉讼法》的相关规定。"既然行政诉讼可以依据民事诉讼法律规范，也就意味着在不与行政法的基本原则相抵触的情况下，当行政法律规范没有规定时，也可以适用民事实体法的规范解决行政诉讼领域的某些权利义务争议。主要依据在于，对于作为私法的民法与作为公法的行政法，一些法律原则相同、对某些领域的规范相同；很多种权利义务关系，如债权、物权本质上是一致的；行政主体在民事法律关系中，往往也是民事主体；行政诉讼中的合同效力、合同履行、违约责任等，主要依靠民事法律判定；在某些领域，行政法律规范不完备而民法规定较为具体时，可以适用民法进行补充。《民法典》总则编第117条规定的"为了公共利益的需要，依照法律规定的权限和程序征收、征用不动产或者动产的，应当给予公平、合理的补偿"内容，更体现了行政法律规范与民事法律规范在《民法典》中的合二为一，可以成为行政诉讼适用的直接法律依据。

民法规范在行政法中的适用方式主要有两种，一种是直接适用，另一种是类推适用。概括起来,行政诉讼中的民法适用表现在以下几个方面:(1)《民法典》基本原则的适用。基本原则既是行为规范,又是评判准则。《民法典》规定的权利受保护原则、诚信原则、公序良俗原则等,在行政诉讼中同样适用。(2)《民法典》法律制度的适用。在行政诉讼中存在一些行政法处理不了的疑难复杂问题时,可直接参照民法的一般法律制度来处理。比如,民法中的合同成立及生效条件在行政法中原则适用,只不过行政主体在行政合同中具有解除合同、变更合同内容的优先权。(3)《民法典》技术性规范的适用。技术性规范主要包括法律生效时间、溯及力、法律解释权等。当行政诉讼涉及这些问题时,如果行政法律没有规定,可直接适用《民法典》规定。需要注意的是,要始终把握民法与行政法的区别,在行政法中适用《民法典》规范只能限缩进行,不能随意扩张。如果行政法律对于某一领域的规定较为完备,就不应适用《民法典》的规定,更不能利用《民法典》的规定逃避行政责任。

▶ 类案检索

一、渭南市大秦地产有限公司诉渭南市临渭区人民政府合同纠纷案

关键词: 民事案件受案范围　平等民事主体　民事权利义务

裁判摘要: 根据《民法总则》第 2 条"民法调整平等主体的自然人、法人和非法人组织之间的人身关系和财产关系"的规定,民事合同纠纷必须是平等民事主体之间设立、变更、终止民事权利义务的纠纷。根据《借款合同》《补充协议》的约定内容,临渭区政府是为了实现旧城改造、招商引资等行政管理目标,与大秦公司签订前述两份协议。该两份协议中虽记载了项目土地达到出让条件时,要进行招拍挂等内容,但实际上临渭区政府通过与大秦公司签订该两份协议,已经提前确定大秦公司为该项目土地使用权的实际竞买人;协议约定的临渭区政府该项目实行一事一议、落实相关优惠政策、为大秦公司办理相关证件等内容,亦不是普通的民事主体可以履行的民事义务。可见,临渭区政府作为一级政府机关在协商、签订、履行协议过程中均行使了其行政公权力,在签订和履行涉案两份协议的过程中均处于支配和主导地位。因此,本案纠纷不属于民事合同纠纷。

【案　　号】(2017)最高法民终 838 号

【审理法院】最高人民法院

二、集安市宝发矿业有限公司、吉林省高等级公路建设局合同纠纷再审审查与审判监督民事裁定案

关键词： 行政职能　公益属性　行政诉讼

裁判摘要：《民法总则》第2条规定，民法调整平等主体的自然人、法人和非法人组织之间的人身关系和财产关系。本案纠纷系因集安至双辽高速公路集安至通化段压覆宝发公司探矿权，宝发公司未获得补偿而引发。吉林高建局开展高速公路建设工作为履行其行政职能的表现，高速公路建设工程亦具有公益属性，所引发的相关补偿纠纷非平等民事主体之间的财产纠纷，不属于人民法院民事诉讼的受理范围，属于行政诉讼受案范围，可通过行政诉讼解决。

【案　　号】（2019）最高法民申2700号

【审理法院】最高人民法院

第一章　基本规定 | 第三条

第三条　民事主体的人身权利、财产权利以及其他合法权益受法律保护，任何组织或者个人不得侵犯。

▶ 关联规定

一、法律、行政法规、司法解释

1.《中华人民共和国宪法》

第十三条　公民的合法的私有财产不受侵犯。

国家依照法律规定保护公民的私有财产权和继承权。

国家为了公共利益的需要，可以依照法律规定对公民的私有财产实行征收或者征用并给予补偿。

2.《中华人民共和国民法典》

第一百一十一条　自然人的个人信息受法律保护。任何组织或者个人需要获取他人个人信息的，应当依法取得并确保信息安全，不得非法收集、使用、加工、传输他人个人信息，不得非法买卖、提供或者公开他人个人信息。

第一百二十五条　民事主体依法享有股权和其他投资性权利。

第二百零七条　国家、集体、私人的物权和其他权利人的物权受法律平等保护，任何组织或者个人不得侵犯。

第二百六十五条　集体所有的财产受法律保护，禁止任何组织或者个人侵占、哄抢、私分、破坏。

农村集体经济组织、村民委员会或者其负责人作出的决定侵害集体成员合法权益的，受侵害的集体成员可以请求人民法院予以撤销。

第二百六十七条　私人的合法财产受法律保护，禁止任何组织或者个人侵占、哄抢、破坏。

第二百七十条　社会团体法人、捐助法人依法所有的不动产和动产，受法律保护。

第三百二十八条　依法取得的海域使用权受法律保护。

第三百二十九条 依法取得的探矿权、采矿权、取水权和使用水域、滩涂从事养殖、捕捞的权利受法律保护。

第四百六十五条 依法成立的合同，受法律保护。

依法成立的合同，仅对当事人具有法律约束力，但是法律另有规定的除外。

第九百九十一条 民事主体的人格权受法律保护，任何组织或者个人不得侵害。

3.《中华人民共和国消费者权益保护法》

第二条 消费者为生活消费需要购买、使用商品或者接受服务，其权益受本法保护；本法未作规定的，受其他有关法律、法规保护。

二、司法指导性文件

《最高人民法院关于依法妥善处理历史形成的产权案件工作实施意见》

13. 准确把握罪与非罪的法律政策界限。严格区分经济纠纷与经济犯罪特别是合同纠纷与合同诈骗的界限、企业正当融资与非法集资的界限、民营企业参与国有企业兼并重组中涉及的经济纠纷与恶意侵占国有资产的界限。准确把握经济违法行为入刑标准，准确认定经济纠纷和经济犯罪的性质，坚决纠正将经济纠纷当作犯罪处理的错误生效裁判。对于在生产、经营、融资等活动中的经济行为，当时法律、行政法规没有明确禁止而以犯罪论处的，或者虽属违法违规但不构成犯罪而以犯罪论处的，均应依法纠正。

14. 坚决纠正以刑事执法介入民事纠纷而导致的错案。对于以刑事手段迫使当事人作出意思表示，导致生效民事裁判错误的，要坚决予以纠正。对于涉及犯罪的民营企业投资人，在当事人被采取强制措施或服刑期间，依法保障其行使财产权利等民事权利。对于民营企业投资人因被限制人身自由而严重影响行使民事诉讼权利，被解除人身自由限制后，针对民事案件事实提供了新的证据，可能推翻生效裁判的，人民法院应当依职权调查核实；符合再审条件的，应当依法启动再审。

15. 依法妥善处理因产权混同引发的申诉案件。在甄别和再审产权案件时，要严格区分个人财产和企业法人财产，对股东、企业经营管理者等自然人违法的案件，要注意审查在处置其个人财产时是否存在随意牵连企业法人财产的问题；对企业违法的案件，在处置企业法人财产时是否存在随意牵连股东、企业经营管理者个人合法财产的问题。要严格区分违法所得和合法财产、涉案人员个人财产和家庭成员财产，要注意审查在处置违法所得时是否存在牵连合法财产和涉案人员家庭成员合法财产的问题，以及是否存在违法处理涉案财物的问题，尤其要注意审查是否侵害了当事人及其近亲属、股东、债权人等相关方的合法权益。对确属因生效裁判错误而损害当事人财产权的，要依法纠正并赔偿当事人损失。

16.依法妥善处理与政府行为有关的产权申诉案件。甄别和再审产权案件时，对于在招商引资、政府与社会资本合作等活动中与投资主体依法签订的各类合同，因政府换届、领导人员更替而违约毁约侵犯投资主体合法权益的，或者因法定事由改变政府承诺和合同约定，对投资主体受到的财产损失没有依法补偿的，人民法院应当依法再审和改判。对于政府在土地、房屋等财产征收、征用过程中，没有按照补偿范围、形式和标准给予被征收征用者公平合理补偿的错误裁判，人民法院应当依法审查，启动再审。在再审审查和审理中，要注意运用行政和解协调机制、民事调解方式，妥善解决财产纷争。

17.依法妥善处理涉案财产处置申诉案件。对于因错误实施保全措施、错误采取执行措施、错误处置执行标的物，致使当事人或利害关系人、案外人等财产权利受到侵害的，应当及时解除或变更强制措施、执行回转、返还财产。执行过程中，对执行标的异议所作裁定不服的，当事人、案外人可以通过执行异议之诉或者审判监督程序等法定途径予以救济；造成损害的，受害人有权依照法律规定申请国家赔偿。

18.依法审理涉及产权保护的国家赔偿案件。对于因产权申诉案件引发的国家赔偿，应当认真审查，符合立案条件的应当依法立案，符合赔偿条件的应当依法赔偿。坚持法定赔偿原则，加大赔偿决定执行力度。

▶ 条文释义

一、本条主旨

本条是关于民事权利（权益）受法律保护的规定。

二、条文演变

原《民法通则》第5条规定："公民、法人的合法的民事权益受法律保护，任何组织和个人不得侵犯。"原《民法总则》制定过程中，草案三次审议稿均将相关内容规定为第9条，审议过程中普遍认为，民事权利（权益）受法律保护是民法的基本精神，统领整部《民法典》和各民商事特别法，应当进一步突出民事权利（权益）受法律保护的理念。因此相关内容移至第3条，并以"民事主体"代替"公民、法人"，将非法人组织包含在内，同时以"人身权利、财产权利以及其他合法权益"代替"民事权益"，使得概念外延更为清晰。《民法典》编纂过程中，吸纳了原《民法总则》的相关规定，形成了本条内容。

三、条文解读

（一）民事权利（权益）受法律保护的含义

民事权利（权益）受法律保护，是指民事主体的人身权利、财产权利以及其他合法权益受法律保护，任何组织或者个人不得侵犯。不得侵犯就是任何组织或者个人不得非法侵占、限制、剥夺他人的民事权利及其他合法权益，也不得干涉他人正常行使民事权利及其他合法权益。[1] 当然，民事主体行使民事权利并非毫无限制，仍应当受到法律的约束。

根据《民法典》的规定，民事主体包括自然人、法人和非法人组织。如果自然人、法人或者非法人组织的合法权益受到损害，自然人、法人或者非法人组织有权以自己的名义主张权利或者请求保护。本条虽然在表述上系与权利直接相关的原则，但不能作为民法中所有权利规则的统领，因为权利涉及取得、行使、处分、保护等方面，本条只涉及权利的保护内容。在权利取得、自由行使和处分上，主要涉及自愿（意思自治）原则；在权利产生的限制上，主要涉及禁止违反法律和公序良俗原则；在权利行使的限制上，主要涉及诚信与权利不得滥用原则。[2]

民法作为以权利为核心的部门法，奉行权利本位，民事权利的保护范围与

---

[1] 参见石宏主编：《〈中华人民共和国民法典〉释解与适用（总则编）》，人民法院出版社2020年版，第10页。
[2] 参见陈甦主编：《民法总则评注》，法律出版社2017年版，第23页。

力度决定了民事主体在经济社会生活中能否充分按照自己的意志自由行事。本条的核心则在于遵循了权利保护的基本民法理念，确立了民事权利（权益）受法律保护的原则，使得民事主体在经济社会生活中获得的合法权益能够得到法律的保障。

（二）民事权利（权益）法律保护的适用范围

关于"人身权利、财产权利及其他合法权益"的范围可以分为四部分，分别是人身权利、财产权利、其他权利以及其他合法权益。

1. **人身权利**

人身权利，是指民事主体依法享有的与其人身紧密联系、不可分离的民事权利，不直接具有财产内容。人身权利具有专有性、绝对性的特点。权利主体以外的任何人不得侵害主体所享有的人身权利。人身权利包括人格权和身份权，例如生命权、健康权、姓名权、肖像权、名誉权、荣誉权、隐私权、婚姻自主权、监护权等。《民法典》对此作了全面、具体的规定。一方面，《民法典》人格权独立成编，加强了对人格权的系统保护；另一方面，《民法典》婚姻家庭编细化了对自然人因婚姻家庭关系等产生的人身权利的相关规定。

2. **财产权利**

财产权利，是指以财产利益为内容，直接体现财产利益的民事权利。民事主体的财产权利，通常在法律上表现为对其财产占有、使用、收益和处分的权能，一般具有可转让性。物权、债权等都属于常见的财产权利范畴。随着生产生活方式的不断发展，财产权利的外延也在不断延伸。例如，《民法典》第127条规定了数据、网络虚拟财产权，回应了社会实践需要。《民法典》物权编有关居住权的规定，也为民事主体占有、使用财产提供了法律依据。

3. **其他权利**

民法除保护人身权利和财产权利外，一些兼具人身和财产性质的权利也受法律保护。例如，《民法典》第123条规定的知识产权，具有人身权利的性质，如作者对其作品享有发表权、署名权、修改权等人身权，但主要还是表现为财产属性。[①]《民法典》第124条规定的继承权，是自然人基于一定的身份关系享

---

① 参见最高人民法院民法典贯彻实施工作领导小组主编：《中华人民共和国民法典总则编理解与适用》，人民法院出版社2020年版，第627页。

有的权利，强调的是自然人享有。①《民法典》第125条规定的股权，也是一种包含人身性质和财产性质的权利。②

4. 其他合法权益

本条在人身权利、财产权利之外，兜底性规定了"其他合法权益"，表明了民事权益外延的开放性，为将来对新型民事权益的保护预留了空间。原因在于，有些民事权益法律并未明确规定，但确有必要予以保护的，法律也应当予以保护。③例如，胎儿利益、死者人格利益、英雄烈士人格利益、个人信息权益等在法律上虽未明确上升为权利，但同样需要保护。

（三）关于人身权利的保护

关于保护人身权利的要求在我国诸多法律中都有规定。例如，《宪法》主要从保护公民人身自由、人格尊严、住宅的角度实现对公民人身权利的保护。《宪法》第37条规定："中华人民共和国公民的人身自由不受侵犯。任何公民，非经人民检察院批准或者决定或者人民法院决定，并由公安机关执行，不受逮捕。禁止非法拘禁和以其他方法非法剥夺或者限制公民的人身自由，禁止非法搜查公民的身体。"《宪法》第38条规定："中华人民共和国公民的人格尊严不受侵犯。禁止用任何方法对公民进行侮辱、诽谤和诬告陷害。"《宪法》第39条规定："中华人民共和国公民的住宅不受侵犯。禁止非法搜查或者非法侵入公民的住宅。"《刑法》在第二编第四章专设"侵犯公民人身权利、民主权利罪"，依法追究故意杀人罪、故意伤害罪、组织出卖人体器官罪、非法拘禁罪、绑架罪等侵犯公民人身权利罪的刑事责任，体现了对公民生命权、健康权等人身权利的保护。《民法典》总则编民事权利部分以及人格权编、侵权责任编中的相关规定，也都突出了对自然人等民事主体的人身权利的保护。并且，在民法上，对民事主体人身权利的保护主要表现为事后救济的方式，即对公民生命权、身体权、健康权、生命权所造成的损害进行人身损害赔偿。此处的赔偿不仅包括对造成的财产损失进行赔偿，还包括对造成的严重精神损害进行精神损

---

① 参见最高人民法院民法典贯彻实施工作领导小组主编：《中华人民共和国民法典总则编理解与适用》，人民法院出版社2020年版，第635页。
② 参见最高人民法院民法典贯彻实施工作领导小组主编：《中华人民共和国民法典总则编理解与适用》，人民法院出版社2020年版，第39页。
③ 参见石宏主编：《〈中华人民共和国民法典〉释解与适用（总则编）》，人民法院出版社2020年版，第10页。

害赔偿。《民法典》第1183条规定："侵害自然人人身权益造成严重精神损害的，被侵权人有权请求精神损害赔偿。因故意或者重大过失侵害自然人具有人身意义的特定物造成严重精神损害的，被侵权人有权请求精神损害赔偿。"根据《最高人民法院关于确定民事侵权精神损害赔偿责任若干问题的解释》，自然人或者其近亲属因人身权益或者具有人身意义的特定物受到侵害，或者监护人因他人非法使被监护人脱离监护，导致亲子关系或者近亲属间的亲属关系遭受严重损害，或者死者近亲属因死者的姓名、肖像、名誉、荣誉、隐私、遗体、遗骨等受到侵害，或者法人、非法人组织因名誉权、荣誉权、名称权遭受侵害，向人民法院起诉请求精神损害赔偿的，人民法院应当依法予以受理。此外，《民法典》第997条规定的人格权侵害禁令制度，也将随着司法实践的不断深入，实现有效保护民事主体人身权利的端口前移。

（四）关于财产权利的保护

关于财产权利，我国《宪法》《刑法》《民法典》的相关规定体现了不同的保护思路。《宪法》主要从宏观经济制度的角度，一方面保障国有经济的巩固和发展，鼓励、指导和帮助集体经济等公有制经济的发展；另一方面，鼓励、支持和引导个体经济、私营经济等非公有制经济的发展。《宪法》第13条第1款、第2款明确规定："公民的合法的私有财产不受侵犯。国家依照法律规定保护公民的私有财产权和继承权。"《刑法》主要从打击财产犯罪的角度，在第二编第五章专设"侵犯财产罪"，明确对抢劫罪、盗窃罪、诈骗罪、侵占罪等依法追究刑事责任，同时在第三章"破坏社会主义市场经济秩序罪"下设第七节，依法打击侵犯知识产权罪，以刑罚手段加强产权保护。《民法典》不仅在总则编对保护民事权利作出规定，在其他各分编也都有具体的规定，且多按照财产权利的性质予以配套保护。例如，《民法典》第207条规定："国家、集体、私人的物权和其他权利人的物权受法律平等保护，任何组织或者个人不得侵犯。"该法同时结合物权编有关所有权、用益物权、担保物权、占有权能的具体规定，实现对民事主体物权的全面保护。

适用指引

一、正确区分宪法权利与民事权利

民事权利与宪法权利虽都包含对自然人的生命、财产、自由等权益的保护，但由于调整两者所依据的法律规范不同，因此在约束对象、规范强度、权利内容、权利目的上存在明显不同。值得注意的是，民事权利绝不是简单地对宪法权利的"具体化"。一方面，一些民事权利确实具有宪法渊源，比如人身权利、财产权利；但另一方面，一些民事权利属于自然权利，比如自然人的生命权、自由权等，并且一些民事权利直接源于民法的确认或创制，比如《民法典》规定的个人信息权益。学者认为，民法为防备私人侵害而设定的权利不必要为宪法权利所覆盖，例如，姓名权、肖像权等具体人格利益，在宪法上无须规定，而由民事立法保护。有些权利的名称为民事权利和宪法权利所共享，但具有不同的规范含义。例如，财产权，其作为宪法权利旨在防范国家在征收、征用、征税等行为中不合理地限制个人财产权；民法中的财产权，则主要是为了防备他人的违约、欺诈、侵占、哄抢、破坏等侵权方式。① 特别需要注意的是，在我国，对民事权利的司法保护尽管有宪法渊源，但只能依据《民法典》和其他法律法规作为直接依据。正如王利明教授所说，宪法保护人格尊严的价值必须要实际转化为民法的人格权制度，才能对人格权进行全面的保障。因为宪法作为国家根本法，其对人格尊严保障的宣示只是一种价值宣示和原则保护，无法形成裁判规范。尤其是在我国司法实践中，法官裁判民事案件不能直接援引宪法规定作为裁判依据。因此，宪法中关于人格权保护的相关规则不能完全替代民法的人格权制度；相反，这些规定必须要通过民法的确认和保护才能得到具体落实。②

二、切实加强对民事权利的司法保护

《民法典》总则编系统、全面地确认和保护各项民事权利，构建了民事权

---

① 参见姜峰：《民事权利与宪法权利：规范层面的解析——兼议人格权立法的相关问题》，载《浙江社会科学》2020 年第 2 期。

② 参见王利明：《加强人格权立法保障人民美好生活》，载《四川大学学报（哲学社会科学版）》2018 年第 3 期。

利的体系,规定了民事权利行使的方式,并确认了民事权利在受到侵害时受到法律的保障,是一部民事权利宣言书。人民法院在审理案件时,要紧密结合《民法典》保护民事权利的基本精神和内容,充分救济受侵害者的民事权益,维护最广大人民群众的根本利益。另外,私权界定越清晰,公权的界限就越明确。公权的行使不得非法侵害私权,不得不当干预民事主体依法行使权利。[①]从这一意义上讲,《民法典》在全面确认私权的同时,也划定了公权力运行的边界。例如,《民法典》第117条规定:"为了公共利益的需要,依照法律规定的权限和程序征收、征用不动产或者动产的,应当给予公平、合理的补偿。"如果国家公权力机关未依法给予公平、合理的补偿,则构成公权力对私权的不当干涉,此时仍应当保护民事主体的私人合法权益。此外,民事主体行使权利除受到法律的保护外,还应当受到法律的适当限制。例如,《民法典》第132条规定的禁止滥用民事权利原则,便是对民事主体行使权利的正当限制。

▶ 指导案例

指导案例30号:兰建军、杭州小拇指汽车维修科技股份有限公司诉天津市小拇指汽车维修服务有限公司等侵害商标权及不正当竞争纠纷案

(最高人民法院审判委员会讨论通过 2014年6月26日发布)

关键词: 民事 侵害商标权 不正当竞争 竞争关系

裁判摘要:

1. 经营者是否具有超越法定经营范围而违反行政许可法律法规的行为,不影响其依法行使制止商标侵权和不正当竞争的民事权利。

2. 反不正当竞争法并未限制经营者之间必须具有直接的竞争关系,也没有要求其从事相同行业。经营者之间具有间接竞争关系,行为人违背反不正当竞争法的规定,损害其他经营者合法权益的,也应当认定为不正当竞争行为。

基本案情:

原告兰建军、杭州小拇指汽车维修科技股份有限公司(以下简称杭州小拇

---

① 参见王利明主编:《中国民法典释评·总则编》,中国人民大学出版社2020年版,第15页。

指公司)诉称:其依法享有"小拇指"注册商标专用权,而天津市小拇指汽车维修服务有限公司(以下简称天津小拇指公司)、天津市华商汽车进口配件公司(以下简称天津华商公司)在从事汽车维修及通过网站进行招商加盟过程中,多处使用了" "标识,且存在单独或突出使用"小拇指"的情形,侵害了其注册商标专用权;同时,天津小拇指公司擅自使用杭州小拇指公司在先的企业名称,构成对杭州小拇指公司的不正当竞争。故诉请判令天津小拇指公司立即停止使用"小拇指"字号进行经营,天津小拇指公司及天津华商公司停止商标侵权及不正当竞争行为、公开赔礼道歉、连带赔偿经济损失630000元及合理开支24379.4元,并承担案件诉讼费用。

被告天津小拇指公司、天津华商公司辩称:1.杭州小拇指公司的经营范围并不含许可经营项目及汽车维修类,也未取得机动车维修的许可,且不具备"两店一年"的特许经营条件,属于超越经营范围的非法经营,故其权利不应得到保护。2.天津小拇指公司、天津华商公司使用"小拇指"标识有合法来源,不构成商标侵权。3.杭州小拇指公司并不从事汽车维修行业,双方不构成商业竞争关系,且不能证明其为知名企业,其主张企业名称权缺乏法律依据,天津小拇指公司、天津华商公司亦不构成不正当竞争,故请求驳回原告诉讼请求。

法院经审理查明:杭州小拇指公司成立于2004年10月22日,法定代表人为兰建军。其经营范围为:"许可经营项目:无;一般经营项目:服务;汽车玻璃修补的技术开发,汽车油漆快速修复的技术开发;批发、零售;汽车配件;含下属分支机构经营范围;其他无需报经审批的一切合法项目(上述经营范围不含国家法律法规规定禁止、限制和许可经营的项目。)凡以上涉及许可证制度的凭证经营。"其下属分支机构为杭州小拇指公司萧山分公司,该分公司成立于2005年11月8日,经营范围为:"汽车涂漆、玻璃安装"。该分公司于2008年8月1日取得的《道路运输经营许可证》载明的经营范围为:"维修(二类机动车维修:小型车辆维修)"。

2011年1月14日,杭州小拇指公司取得第6573882号"小拇指"文字注册商标,核定服务项目(第35类):连锁店的经营管理(工商管理辅助);特许经营的商业管理;商业管理咨询;广告(截止)。该商标现在有效期内。2011年4月14日,兰建军将其拥有的第6573881号"小拇指"文字注册商标以独占使用许可的方式,许可给杭州小拇指公司使用。

杭州小拇指公司多次获中国连锁经营协会颁发的中国特许经营连锁120强证书，2009年杭州小拇指公司"小拇指汽车维修服务"被浙江省质量技术监督局认定为浙江服务名牌。

天津小拇指公司成立于2008年10月16日，法定代表人田俊山。其经营范围为："小型客车整车修理、总成修理、整车维护、小修、维修救援、专项修理（许可经营项目的经营期限以许可证为准）"。该公司于2010年7月28日取得的《天津市机动车维修经营许可证》载明类别为"二类（汽车维修）"，经营项目为"小型客车整车修理、总成修理、整车维护、小修、维修救援、专项维修"。有效期自2010年7月28日至2012年7月27日。

天津华商公司成立于1992年11月23日，法定代表人与天津小拇指公司系同一人，即田俊山。其经营范围为："汽车配件、玻璃、润滑脂、轮胎、汽车装具；车身清洁维护、电气系统维修、涂漆；代办快件、托运、信息咨询；普通货物（以上经营范围涉及行业许可证的凭许可证件在有效期内经营，国家有专项专营规定的按规定办理）。"天津华商公司取得的《天津市机动车维修经营许可证》的经营项目为："小型客车整车修理、总成修理、整车维护、小修、维修救援、专项修理"，类别为"二类（汽车维修）"，现在有效期内。

天津小拇指公司、天津华商公司在从事汽车维修及通过网站进行招商加盟过程中，多处使用了" "标识，且存在单独或突出使用"小拇指"的情形。

2008年6月30日，天津华商公司与杭州小拇指公司签订了《特许连锁经营合同》，许可天津华商公司在天津经营"小拇指"品牌汽车维修连锁中心，合同期限为2008年6月30日至2011年6月29日。该合同第三条第（4）项约定："乙方（天津华商公司）设立加盟店，应以甲方（杭州小拇指公司）书面批准的名称开展经营活动。商号的限制使用（以下选择使用）：（√）未经甲方书面同意，乙方不得在任何场合和时间，以任何形式使用或对'小拇指'或'小拇指微修'等相关标志进行企业名称登记注册；未经甲方书面同意，不得将'小拇指'或'小拇指微修'名称加上任何前缀、后缀进行修改或补充；乙方不得注册含有'小拇指'或'小拇指微修'或与其相关或相近似字样的域名等，该限制包含对乙方的分支机构的限制。"2010年12月16日，天津华商公司与杭州小拇指公司因履行《特许连锁经营合同》发生纠纷，经杭州市仲裁委员会仲裁裁决解除合同。

另查明，杭州小拇指公司于2008年4月8日取得商务部商业特许经营备案。天津华商公司曾向商务部行政主管部门反映杭州小拇指公司违规从事特许经营活动应予撤销备案的问题。对此，浙江省商务厅《关于上报杭州小拇指汽车维修科技股份有限公司特许经营有关情况的函》记载：1.杭州小拇指公司特许经营备案时已具备"两店一年"条件，符合《商业特许经营管理条例》第七条的规定，可以予以备案；2.杭州小拇指公司主要负责"小拇指"品牌管理，不直接从事机动车维修业务，并且拥有自己的商标、专利、经营模式等经营资源，可以开展特许经营业务；3.经向浙江省道路运输管理局有关负责人了解，杭州小拇指公司下属直营店拥有《道路运输经营许可证》，经营范围包含"三类机动车维修"或"二类机动车维修"，具备从事机动车维修的资质；4.杭州小拇指公司授权许可，以及机动车维修经营不在特许经营许可范围内。

天津市第二中级人民法院于2012年9月17日作出（2012）二中民三知初字第47号民事判决：一、判决生效之日起天津市小拇指汽车维修服务有限公司立即停止侵害第6573881号和第6573882号"小拇指"文字注册商标的行为，即天津市小拇指汽车维修服务有限公司立即在其网站（www.tjxiaomuzhi.net）、宣传材料、优惠体验券及其经营场所（含分支机构）停止使用"小拇指"标识，并停止单独使用"小拇指"字样；二、判决生效之日起天津市华商汽车进口配件公司立即停止侵害第6573881号和第6573882号"小拇指"文字注册商标的行为，即天津市华商汽车进口配件公司立即停止在其网站（www.tjxiaomuzhi.com）使用"小拇指"标识；三、判决生效之日起十日内，天津市小拇指汽车维修服务有限公司、天津市华商汽车进口配件公司连带赔偿兰建军、杭州小拇指汽车维修科技股份有限公司经济损失及维权费用人民币50000元；四、驳回兰建军、杭州小拇指汽车维修科技股份有限公司的其他诉讼请求。宣判后，兰建军、杭州小拇指公司及天津小拇指公司、天津华商公司均提出上诉。天津市高级人民法院于2013年2月19日作出（2012）津高民三终字第0046号民事判决：一、维持天津市第二中级人民法院（2012）二中民三知初字第47号民事判决第一、二、三项及逾期履行责任部分；二、撤销天津市第二中级人民法院（2012）二中民三知初字第47号民事判决第四项；三、自本判决生效之日起，天津市小拇指汽车维修服务有限公司立即停止在其企业名称中使用"小拇指"字号；四、自本判决生效之日起十日内，天津市小拇指汽车维修服务有限公司赔偿杭州小拇指汽车维修科技股份有限公司经济损失人民币 30000 元；五、驳回兰建军、杭州小拇指汽车维修科技股份有限公司的其他上诉请求；六、驳回天津市小拇指汽车维修服务有限公司、天津市华商汽车进口配件公司的上诉请求。

裁判理由：

法院生效裁判认为：本案的主要争议焦点为被告天津小拇指公司、天津华商公司的被诉侵权行为是否侵害了原告兰建军、杭州小拇指公司的注册商标专用权，以及是否构成对杭州小拇指公司的不正当竞争。

一、关于被告是否侵害了兰建军、杭州小拇指公司的注册商标专用权

天津小拇指公司、天津华商公司在从事汽车维修及通过网站进行招商加盟过程中，多处使用了"小拇指"标识，且存在单独或突出使用"小拇指"的情形，相关公众施以一般注意力，足以对服务的来源产生混淆，或误认天津小拇指公司与杭州小拇指公司之间存在特定联系。"小拇指"标识主体及最易识别部分"小拇指"字样与涉案注册商标相同，同时考虑天津小拇指公司在经营场所、网站及宣传材料中对"小拇指"的商标性使用行为，应当认定该标识与涉案的"小拇指"文字注册商标构成近似。据此，因天津小拇指公司、天津华商公司在与兰建军、杭州小拇指公司享有权利的第 6573881 号"小拇指"文字注册商标核定的相同服务项目上，未经许可而使用"小拇指"及单独使用"小拇指"字样，足以导致相关公众的混淆和误认，属于《中华人民共和国商标法》（以下简称《商标法》）第五十二条第（一）项规定的侵权行为。天津小拇指公司、天津华商公司通过其网站进行招商加盟的商业行为，根据《最高人民法院关于审理商标民事纠纷案件适用法律若干问题的解释》第十二条之规定，可以认定在与兰建军、杭州小拇指公司享有权利的第 6573882 号"小拇指"文字注册商标核定服务项目相类似的服务中使用了近似商标，且未经权利人许可，亦构成《商标法》第五十二条第（一）项规定的侵权行为。

二、被告是否构成对杭州小拇指公司的不正当竞争

该争议焦点涉及两个关键问题：一是经营者是否存在超越法定经营范围的违反行政许可法律法规行为及其民事权益能否得到法律保护；二是如何认定反不正当竞争法调整的竞争关系。

（一）关于经营者是否存在超越法定经营范围行为及其民事权益能否得到法律保护

天津小拇指公司、天津华商公司认为其行为不构成不正当竞争的一个主要

理由在于，杭州小拇指公司未依法取得机动车维修的相关许可，超越法定经营范围从事特许经营且不符合法定条件，属于非法经营行为，杭州小拇指公司主张的民事权益不应得到法律保护。故本案中要明确天津小拇指公司、天津华商公司所指称杭州小拇指公司超越法定经营范围而违反行政许可法律法规的行为是否成立，以及相应民事权益能否受到法律保护的问题。

首先，对于超越法定经营范围违反有关行政许可法律法规的行为，应当依法由相应的行政主管部门进行认定，主张对方有违法经营行为的一方，应自行承担相应的举证责任。本案中，对于杭州小拇指公司是否存在非法从事机动车维修及特许经营业务的行为，从现有证据和事实看，难以得出肯定性的结论。经营汽车维修属于依法许可经营的项目，但杭州小拇指公司并未从事汽车维修业务，其实际从事的是授权他人在车辆清洁、保养和维修等服务中使用其商标，或以商业特许经营的方式许可其直营店、加盟商在经营活动中使用其"小拇指"品牌、专利技术等，这并不以其自身取得经营机动车维修业务的行政许可为前提条件。此外，杭州小拇指公司已取得商务部商业特许经营备案，杭州小拇指公司特许经营备案时已具备"两店一年"条件，其主要负责"小拇指"品牌管理，不直接从事机动车维修业务，并且拥有自己的商标、专利、经营模式等经营资源，可以开展特许经营业务。故本案依据现有证据，并不能认定杭州小拇指公司存在违反行政许可法律法规从事机动车维修或特许经营业务的行为。

其次，即使有关行为超越法定经营范围而违反行政许可法律法规，也应由行政主管部门依法查处，不必然影响有关民事权益受到侵害的主体提起民事诉讼的资格，亦不能以此作为被诉侵权者对其行为不构成侵权的抗辩。本案中，即使杭州小拇指公司超越法定经营范围而违反行政许可法律法规，这属于行政责任范畴，该行为并不影响其依法行使制止商标侵权和不正当竞争行为的民事权利，也不影响人民法院依法保护其民事权益。被诉侵权者以经营者超越法定经营范围而违反行政许可法律法规为由主张其行为不构成侵权的，人民法院不予支持。

（二）关于如何认定反不正当竞争法调整的竞争关系

经营者之间是否存在竞争关系是认定构成不正当竞争的关键。《中华人民共和国反不正当竞争法》（以下简称反不正当竞争法）第二条规定："经营者在市场交易中，应当遵循自愿、平等、公平、诚实信用的原则，遵守公认的商业道德。本法所称的不正当竞争，是指经营者违反本法规定，损害其他经营者的合法权益，扰乱社会经济秩序的行为。本法所称的经营者，是指从事商品经营或者营利性服务（以下所称商品包括服务）的法人、其他经济组织和个人。"由此可见，反不正当竞争法并未限制经营者之间必须具有直接的或具体的竞争关系，也没有要求经营者从事相同行业。反不正当竞争法所规制的不正当竞争行为，是指损害其他经营者合法权益、扰乱经济秩序的行为，从直接损害对象看，受损害的是其他经营者的市场利益。因此，经营者之间具有间接竞争关系，行为人违背反不正当竞争法的规定，损害其他经营者合法权益的，也应当认定为不正当竞争行为。

本案中，被诉存在不正当竞争的天津小拇指公司与天津华商公司均从事汽车维修行业。根据已查明的事实，杭州小拇指公司本身不具备从事机动车维修的资质，也并未实际从事汽车维修业务，但从其所从事的汽车玻璃修补、汽车油漆快速修复等技术开发活动，以及经授权许可使用的注册商标核定服务项目所包含的车辆保养和维修等可以认定，杭州小拇指公司通过将其拥有的企业标识、注册商标、专利、专有技术等经营资源许可其直营店或加盟店使用，使其成为"小拇指"品牌的运营商，以商业特许经营的方式从事与汽车维修相关的经营活动。因此，杭州小拇指公司是汽车维修市场的相关经营者，其与天津小拇指公司及天津华商公司之间存在间接竞争关系。

反不正当竞争法第五条第（三）项规定，禁止经营者擅自使用他人企业名称，引人误认为是他人的商品，以损害竞争对手。在认定原被告双方存在间接竞争关系的基础上，确定天津小拇指公司登记注册"小拇指"字号是否构成擅自使用他人企业名称的不正当竞争行为，应当综合考虑以下因素：

1. 杭州小拇指公司的企业字号是否具有一定的市场知名度。根据本案现有证据，杭州小拇指公司自2004年10月成立时起即以企业名称中的"小拇指"作为字号使用，并以商业特许经营的方式从事汽车维修行业，且专门针对汽车小擦小碰的微创伤修复，创立了"小拇指"汽车微修体系，截至2011年，杭州小拇指公司在全国已有加盟店400余个。虽然"小拇指"本身为既有词汇，但通过其直营店和加盟店在汽车维修领域的持续使用及宣传，"小拇指"汽车维修已在相关市场起到识别经营主体及与其他服务相区别的作用。2008年10月天津小拇指公司成立时，杭州小拇指公司的"小拇指"字号及相关服务在相关公众中已具有一定的市场知名度。

2. 天津小拇指公司登记使用"小拇指"字号是否具有主观上的恶意。市场竞争中的经营者，应当遵循诚实信用原则，遵守公认的商业道德，尊重他人的市场劳动成果，登记企业名称时，理应负有对同行业在先字号予以避让的义务。本案中，天津华商公司作为被特许人，曾于2008年6月30日与作为"小拇指"品牌特许人的杭州小拇指公司签订《特许连锁经营合同》，法定代表人田俊山代表该公司在合同上签字，其知晓合同的相关内容。天津小拇指公司虽主张其与天津华商公司之间没有关联，是两个相互独立的法人，但两公司的法定代表人均为田俊山，且天津华商公司的网站内所显示的宣传信息及相关联系信息均直接指向天津小拇指公司，并且天津华商公司将其登记的经营地点作为天津小拇指公司天津总店的经营地点。故应认定，作为汽车维修相关市场的经营者，天津小拇指公司成立时，对杭州小拇指公司及其经营资源、发展趋势等应当知晓，但天津小拇指公司仍将"小拇指"作为企业名称中识别不同市场主体核心标识的企业字号，且不能提供使用"小拇指"作为字号的合理依据，其主观上明显具有"搭便车"及攀附他人商誉的意图。

3. 天津小拇指公司使用"小拇指"字号是否足以造成市场混淆。根据已查明事实，天津小拇指公司在其开办的网站及其他宣传材料中，均以特殊字体突出注明"汽车小划小碰怎么办？找天津小拇指""天津小拇指专业特长"的字样，其"优惠体验券"中亦载明"汽车小划小痕，找天津小拇指"，其服务对象与杭州小拇指公司运营的"小拇指"汽车微修体系的消费群体多有重合。且自2010年起，杭州小拇指公司在天津地区的加盟店也陆续成立，两者的服务区域也已出现重合。故天津小拇指公司以"小拇指"为字号登记使用，必然会使相关公众误认两者存在某种渊源或联系，加之天津小拇指公司存在单独或突出使用"小拇指"汽车维修、"天津小拇指"等字样进行宣传的行为，足以使相关公众对市场主体和服务来源产生混淆和误认，容易造成竞争秩序的混乱。

综合以上分析，天津小拇指公司登记使用该企业名称本身违反了诚实信用原则，具有不正当性，且无论是否突出使用均难以避免产生市场混淆，已构成不正当竞争，应对此承担停止使用"小拇指"字号及赔偿相应经济损失的民事责任。

第一章 基本规定 | 第三条

典型案例

刘某珍诉孙某芳、李某健康权纠纷案

关键词：健康权

裁判摘要：经营日常生活用品的个体店主允许他人在其经营场所内从事产品宣传服务时，其作为场地提供者，应对所宣传的产品及服务的合法性、适当性进行必要的审查，若未尽此义务，造成他人损害的，应当依法承担相应的过错责任。

基本案情：孙某芳是江都区仙女镇仁芳日用品经营部个体业主，系荣格科技集团的加盟店，李某系该集团公司销售经理。刘某珍曾在仁芳日用品经营部购买保健产品。2013年3月22日，李某携带数码经络治疗仪至仁芳日用经营部指导。孙某芳遂联系刘某珍。李某向刘某珍介绍数码经络治疗仪具有通经络的功效，并将数码经络治疗仪贴在刘某珍手腕内关穴使用。在此过程中，李某同时要求刘某珍大量饮用温白开水，后刘某珍感觉不适，并有呕吐现象。当日下午，刘某珍再次至仁芳日用品经营部被使用数码经络治疗仪，并继续大量饮用温开水。晚上刘某珍又感不适，被送至医院治疗，入院诊断为"水中毒；电解质代谢紊乱；癫痫持续状态"。2013年3月30日刘某珍出院，出院医嘱：注意休息，门诊随诊。现因双方就赔偿事宜商谈未果，刘某珍诉至法院，请求孙某芳、李某赔偿医疗费、误工费等各项损失合计100000元，审理中，刘某珍明确其诉讼请求为要求孙某芳、李某赔偿各项损失合计39556.12元。

法院生效裁判认为，公民的健康权受法律保护。本案中，李某作为指导老师，对刘某珍使用未经注册的产品，且在指导过程中既未明确告知刘某珍使用该产品的特殊情况和注意事项，又要求刘某珍大量饮水等进行不恰当的指导，应当对此次事故负主要责任。孙某芳作为召集人和指导场地的提供者，未设立该数码经络治疗仪与其经营的产品无任何关系的区别性标志，且在此过程中提供辅助性服务，依法亦应承担相应的法律责任。根据侵权责任法的规定，认定刘某珍的合法损失为26045.98元。根据孙某芳、李某各自的过错程度，酌定由李某负担刘某珍上述合法损失的65%即16929.89元，孙某芳负担35%即9116.09元。孙某芳不服一审判决，提起上诉。二审驳回其上诉，维持原判。

【案　　号】（2014）扬民终字第0810号

【审理法院】江苏省扬州市中级人民法院
【来　　源】《最高人民法院公报》2019 年第 1 期

▶ 类案检索

一、姚某诉靳某等分家析产纠纷案

关键词： 拆迁安置财产权益

裁判摘要： 被拆迁安置人基于身份关系可享有拆迁安置财产权益。

【案　　号】（2019）京 02 民终 12558 号
【审理法院】北京市第二中级人民法院

二、焦某光、阮某黄等诉新集镇新城居委会上榨村民组侵害集体经济组织成员权益纠纷案

关键词： 集体经济组织成员权益

裁判摘要： 村民是否具有其所在的集体经济组织成员的资格、是否享受安置补偿待遇系法律规定的权利，不属村民会议民主议定的范围。

【案　　号】（2019）豫 15 民终 5165 号
【审理法院】河南省信阳市中级人民法院

第四条 民事主体在民事活动中的法律地位一律平等。

▶ **关联规定**

一、法律、行政法规、司法解释

1.《中华人民共和国宪法》

第三十三条 凡具有中华人民共和国国籍的人都是中华人民共和国公民。

中华人民共和国公民在法律面前一律平等。

国家尊重和保障人权。

任何公民享有宪法和法律规定的权利，同时必须履行宪法和法律规定的义务。

第四十八条 中华人民共和国妇女在政治的、经济的、文化的、社会的和家庭的生活等各方面享有同男子平等的权利。

国家保护妇女的权利和利益，实行男女同工同酬，培养和选拔妇女干部。

2.《中华人民共和国消费者权益保护法》

第四条 经营者与消费者进行交易，应当遵循自愿、平等、公平、诚实信用的原则。

3.《中华人民共和国合伙企业法》

第五条 订立合伙协议、设立合伙企业，应当遵循自愿、平等、公平、诚实信用原则。

4.《中华人民共和国民事诉讼法》

第八条 民事诉讼当事人有平等的诉讼权利。人民法院审理民事案件，应当保障和便利当事人行使诉讼权利，对当事人在适用法律上一律平等。

5.《优化营商环境条例》

第六条 国家鼓励、支持、引导非公有制经济发展，激发非公有制经济活力和创造力。

国家进一步扩大对外开放，积极促进外商投资，平等对待内资企业、外商投资企业等各类市场主体。

6.《最高人民法院关于审理涉台民商事案件法律适用问题的规定》

第二条 台湾地区当事人在人民法院参与民事诉讼,与大陆当事人有同等的诉讼权利和义务,其合法权益受法律平等保护。

二、部门规章及规范性文件

1.《证券交易所管理办法》

第四十条 证券交易所应当保证投资者有平等机会获取证券市场的交易行情和其他公开披露的信息,并有平等的交易机会。

2.《网络交易监督管理办法》

第三条 网络交易经营者从事经营活动,应当遵循自愿、平等、公平、诚信原则,遵守法律、法规、规章和商业道德、公序良俗,公平参与市场竞争,认真履行法定义务,积极承担主体责任,接受社会各界监督。

3.《农村土地经营权流转管理办法》

第十条 土地经营权流转的方式、期限、价款和具体条件,由流转双方平等协商确定。流转期限届满后,受让方享有以同等条件优先续约的权利。

4.《侵害消费者权益行为处罚办法》

第四条 经营者为消费者提供商品或者服务,应当遵循自愿、平等、公平、诚实信用的原则,依照《消费者权益保护法》等法律法规的规定和与消费者的约定履行义务,不得侵害消费者合法权益。

三、司法指导性文件

1.《最高人民法院关于依法平等保护非公有制经济促进非公有制经济健康发展的意见》

2. 贯彻党的十八届四中全会精神,依法平等保护各种所有制经济共同发展。法律面前人人平等是我国宪法确立的基本原则。非公有制经济与公有制经济一样,是社会主义市场经济的重要组成部分,都是我国经济社会发展的重要基础。党的十八届四中全会决定指出,平等是社会主义法律的基本属性。人民法院在依法保障公有制经济发展,不断增强国有经济活力、控制力和影响力的同时,要依法平等保护非公有制经济的合法权益,坚持各类市场主体的诉讼地位平等、法律适用平等、法律责任平等,为各种所有制经济提供平等司法保障。

2.《最高人民法院关于为新时代推进西部大开发形成新格局提供司法服务和保障的意见》

14. 依法审理涉产权案件、企业家权益保护案件，依法纠正涉企冤错案件。坚持各种所有制经济权利、机会、规则平等，依法、平等、全面保护市场主体的各种合法财产性权利。健全产权执法司法保护制度，完善涉企产权案件申诉、复核、重审等保护机制，推动涉企冤错案件依法甄别纠正常态化机制化，完善防范冤错案件的制度机制，切实加强产权司法保护。

3.《最高人民法院关于推动新时代人民法庭工作高质量发展的意见》

7. 维护农民合法权益。依法妥善审理涉及农村土地"三权分置"、乡村产业发展等纠纷，落实"资源变资产、资金变股金、农民变股东"，让农民更多分享产业增值收益。依法保障进城落户农民农村土地承包权、宅基地使用权、集体收益分配权，促进在城镇稳定就业生活的农民自愿有序进城落户。推动落实城乡劳动者平等就业、同工同酬，依法保障农民工工资支付和其他劳动权益。

4.《全国法院贯彻实施民法典工作会议纪要》

19. 要结合民法典立法精神和规定，将权利保护理念融入审判执行工作各环节，切实保护人民群众的人身权利、财产权利以及其他合法权益，不断增进人民福祉、促进人的全面发展。要加大产权司法保护力度，依法全面平等保护各类产权，坚决防止利用刑事手段插手民事纠纷，坚决防止把经济纠纷当作犯罪处理，坚决防止将民事责任变为刑事责任，让企业家专心创业、放心投资、安心经营。

5.《最高人民法院关于全面加强知识产权司法保护的意见》

9. 平等保护中外主体合法权利。依法妥善审理因国际贸易、外商投资等引发的涉外知识产权纠纷，坚持依法平等保护，依法简化公证认证程序，进一步健全公正高效权威的纠纷解决机制，增强知识产权司法的国际影响力和公信力。

6.《最高人民法院关于充分发挥审判职能作用为企业家创新创业营造良好法治环境的通知》

一、深刻认识依法平等保护企业家合法权益的重大意义。企业家是经济活动的重要主体。改革开放以来，一大批优秀企业家在市场竞争中迅速成长，为积累社会财富、创造就业岗位、促进经济社会发展、增强综合国力作出了重要贡献。人民法院充分发挥审判职能作用，依法平等保护企业家合法权益，为企业家创新创业营造良好法治环境，对于增强企业家人身及财产财富安全感，稳定社会预期，使企业家安心经营、放心投资、专心创业，充分发挥企业家在建设现代化经济体系、促进经济持续平稳健康发展中的作用具有重大意义。

▶ 条文释义

一、本条主旨

本条是关于平等原则的规定。

二、条文演变

本条源于原《民法通则》第3条："当事人在民事活动中的地位平等"。原《合同法》《物权法》《继承法》《婚姻法》《侵权责任法》等法律对平等原则均作出了规定，如原《合同法》第3条规定："合同当事人的法律地位平等，一方不得将自己的意志强加给另一方。"原《民法总则》在原《民法通则》规定的基础上，主要作了以下调整：第一，将更偏向程序法表述的"当事人"调整为"民事主体"，以与原《民法总则》的实体法规则相一致。第二，将"地位"调整为"法律地位"，彰显本条所指的平等是法律地位的平等，而非指实际享受权利和承担义务的均等或实质平等，例如父母子女之间以及用人单位与劳动者之间的权利义务关系实质不均等并不为民法所禁止。第三，将"平等"调整为"一律平等"，进一步凸显了平等的重要性。《民法典》对原《民法总则》的规定完整保留，未作调整。

三、条文解读

我国《宪法》第33条第2款规定："中华人民共和国公民在法律面前一律平等。"《宪法》规定的人人平等原则，需要在民法中加以落实。《民法典》总则编作为《民法典》各分编和民商事单行法的统率性规定，在继承原《民法通则》规定的基础上，总结吸收各民商事单行法的立法经验，在本条中规定了平等原则。

（一）规范目的

平等原则是指民事主体，不论是法人、自然人还是非法人组织，不论法人规模大小、经济实力雄厚与否，不论自然人是男、女、老、少、贫、富，不论非法人组织经营什么业务，在从事民事活动时，他们相互之间在法律地位上都是平等的，他们的合法权益受到法律的平等保护。[1]民事主体法律地位的平等是民事主体自愿参与民事活动，自主决定民事活动的权利义务内容，实现意思自治的前提。只有参与民事活动的民事主体的法律地位平等，民事主体之间才能相互尊重对方的自由和意志，进而在平等对话、自由协商的基础上达成共识，实现公平交易。因此，平等原则是民法的前提和基础，最直接反映了民法调整的法律关系的本质特征，是国家立法规范民事法律关系的逻辑起点。本条规定平等原则用以确认所有民事主体法律地位的平等性，防止和避免民事主体一方利用地位上的优势，威胁、限制、压制交易相对方。[2]因此，平等原则为民法与公法划分了基本界限，民事主体之间地位平等是民法区别于其他法律部门的最为重要的特征，平等主体之间的法律关系属于民法的调整范畴，非平等主体之间的法律关系归于公法，如刑法、行政法等法律部门。平等原则也体现在民法的各个方面。在物权法上，平等表现为一切市场主体的法律地位及发展权利平等；在合同法上，平等表现为合同当事人法律地位平等，一方不得将自己的意志强加给另一方，合同法上的平等也构成了双方自愿协商的前提和基础；在婚姻法上，平等表现为男女平等，并对妇女、儿童和老人的合法权益加以特别保护，从而保证主体之间的实质平等；在继承法上，平等表现为继承权男女平等。

（二）主要内容

平等原则主要包括以下内容：

1. 自然人的权利能力一律平等

权利能力就是自然人享有民事权利、承担民事义务的法律资格，这种法律

---

[1] 参见黄薇主编：《中华人民共和国民法典释义》，法律出版社2020年版，第18页。

[2] 参见黄薇主编：《中华人民共和国民法典释义》，法律出版社2020年版，第19页。

资格不因自然人的出身、身份、职业、性别、年龄、民族、种族等而不同，所有自然人从法律人格上而言都是平等的。《民法典》将原《民法通则》中民事权利能力的主体范围由"公民"修改为"自然人"，全面体现了人的平等。《民法典》第13条规定："自然人从出生时起到死亡时止，具有民事权利能力，依法享有民事权利，承担民事义务。"第16条规定："涉及遗产继承、接受赠与等胎儿利益保护的，胎儿视为具有民事权利能力。但是，胎儿娩出时为死体的，其民事权利能力自始不存在。"第16条将民事权利能力扩展至胎儿。对于法人，《民法典》规定，法人自成立时具有民事权利能力。无论是营利法人、非营利法人，还是特别法人，其民事主体资格完全平等。① 当然，权利能力平等并不意味着民事主体享有的民事权利完全相同，对于有一些专属于自然人的民事权利，法人与非法人组织就不能享有。例如，缔结婚姻的权利只能由自然人享有，法人与非法人组织不能享有。

2. 民事主体的法律地位平等

平等应当是人格平等、机会平等和权利平等的统一，法律地位平等即人格平等。人格平等表明每个人都是权利和义务的归属主体，对自己行为的后果平等地承担法律责任。民法确立的个人责任原则，就是建立在个人人格独立和平等的基础上。在民事法律关系中，人格平等即当事人之间的法律关系平等，没有领导和被领导的关系，无论当事人之间是否具备隶属关系或者不平等地位，一旦进入民事法律关系，必须作为平等主体，平等协商、平等保护，不得将一方意志强加于另一方。国家和国家机关作为民事主体参与民事法律关系时，与其他民事主体也处于平等地位。例如，资产规模很大的跨国公司在与一个资产规模很小的公司开展交易时，尽管二者经济实力悬殊，但在法律上二者是平等的，必须在平等协商的基础上达成交易条款，任何一方不得利用自己的优势地位向对方施加不当压力。民法为了维护和实现民事主体之间法律地位的平等性，确保民事主体之间能平等协商交易条款，还规定当事人一方利用优势地位强加给另一方的不公平的"霸王条款"无效。②

---

① 参见最高人民法院民法典贯彻实施工作领导小组主编：《中华人民共和国民法典总则编理解与适用》，人民法院出版社2020年版，第48页。
② 参见黄薇主编：《中华人民共和国民法典释义》，法律出版社2020年版，第18~19页。

3. 民事主体的合法权益受到平等保护

无论民事主体之间存在何种差异，当其权利受到侵害时，法律一律给予同等保护。民事主体受平等保护主要体现在两方面：（1）民事责任的统一，即民事权利受到侵害后，权利人享有平等的保护方法和责任救济方式。（2）民事主体救济程序平等。当事人的诉讼法律地位完全平等，实体权利的享有者与实体义务的承担者诉讼地位平等，人民法院应当对当事人的诉讼权利平等保护和平等对待。例如，我国《民事诉讼法》规定，民事诉讼当事人有平等的诉讼权利，人民法院审理民事案件对当事人在适用法律上一律平等。①

（三）平等原则的意义

民事主体法律地位平等是民事活动的基本制度，在民法上采纳平等原则，具有重要意义。

1. 落实《宪法》"人人平等"原则

世界各国宪法基本都确立了"法律面前人人平等"这一公理性原则。"人人平等"表明了国家保障国民平等地享有一切权利，反对任何形式的歧视。宪法规定的平等是现代法律制度的总原则，是任何法律均要遵循的原则，而民法中的平等是民事立法和司法所要遵守的基本原则。宪法规定的平等重点在于对任何人都应平等地适用法律，而民法中的平等除体现平等适用法律外，还关注法律人格的平等。民法在民事主体的经济生活秩序中引入宪法中的平等原则，落实了关于人人平等的宪法要求。②

2. 构造民法的制度基础

民法的调整对象为平等主体之间的人身关系和财产关系，平等原则集中反映了民法所调整的社会关系的本质特征，体现了民法的基本价值理念，是民事法律制度的基础。平等原则否定传统社会的依附关系，是以人为本的民法核心价值展现，也是追求人格平等、人格自由、人格尊严的必然结果。民法的平等将所有的民事主体抽象为地位、人格平等的人，并以追求实现权利平等保护为目标，为法律上构造相互协调的民事主体、民事权利、民事义务、民事责任制

---

① 参见最高人民法院民法典贯彻实施工作领导小组主编：《中华人民共和国民法典总则编理解与适用》，人民法院出版社2020年版，第49页。

② 参见最高人民法院民法典贯彻实施工作领导小组主编：《中华人民共和国民法典总则编理解与适用》，人民法院出版社2020年版，第49~50页。

度奠定基础。

3. 体现了现代法治的基本精神

现代法治社会以贯彻"平等原则"为特征。平等原则最本质的内涵就是人格的平等，它是对封建等级制度的否定，也是对宗法制度下人与人的依附关系的否定。平等原则在政治层面上也是最为根本的原则，正是在平等的基础上才产生了近现代社会的各项民主制度。切实遵行民法的平等原则，才能够真正消除封建残余和特权思想，建立社会主义政治文明。

4. 构建市场经济秩序的基础

平等原则充分反映了市场经济的本质要求，市场经济最本质的特征就体现在主体之间的平等性上。交易天然地要求交易双方的地位是平等的，在利益上是等价的，否则就不可能产生公平的竞争，从而也不可能形成有序的市场经济秩序。平等原则不仅要求要强调对公有财产的保护，而且也要求将对个人财产所有权的保护置于相当重要的位置。对国内财产进行一体化保护，有利于强化对财产的平等保护，促进社会财富的增长。①

5. 成为民法规范解释论的基础

平等作为一项公理性制度，不具有裁判的功能，但平等因其在民法体系中的基础地位，可以成为民法规范解释和适用的基础或依据，在法律解释以及漏洞填补中发挥作用。在涉及民事主体的权利能力、法律地位、民事权利保护等事项时，平等制度会发挥规范评价的积极作用，成为法律解释的重要依据。②

▶ 适用指引

一、相关概念的解读

本条规定"民事主体在民事活动中的法律地位一律平等"。其中"民事活动"，指自然人、法人、非法人组织等民事主体，为了一定的目的设立、变更、终止民事权利和民事义务的行为。民事活动是基于民事主体的自由意志、为实

---

① 参见王利明主编：《中国民法典释评·总则编》，中国人民大学出版社2020年版，第16~17页。

② 参见最高人民法院民法典贯彻实施工作领导小组主编：《中华人民共和国民法典总则编理解与适用》，人民法院出版社2020年版，第50页。

现自己或他人的利益而自愿发生的，因此，在性质上区别于基于司法机关意志而产生的裁判活动、基于行政机关意志而产生的行政活动。民事活动大量发生在经济交往、生活消费、婚姻家庭、教育医疗、文化艺术等领域。进行民事活动时，基于平等地位，民事主体应当遵循自愿、公平、诚信、守法、绿色、禁止权利滥用等原则。本条所说"法律地位"，是指民事主体享受权利与承担义务的资格，反映了民事主体按照法律规定享有权利与承担义务的实际状态。《宪法》第33条第2款规定："中华人民共和国公民在法律面前一律平等。"因此，在我国，任何公民的法律地位都建立在法定平等基础之上，不允许有任何只享受权利不承担义务或只承担义务不享受权利的公民，也不允许任何人有超越法律之上的特权，在民事领域尤其如此。在民事活动中，不论性别、民族、宗教信仰、职务、职位、教育程度等，自然人的法律地位一律平等；不论所有制性质、企业规模、注册资金、经营方式范围，所有法人、非法人组织的法律地位一律平等。①

二、对产权的平等保护

为充分发挥审判职能作用，切实加强产权司法保护，增强人民群众财产财富安全感，促进经济社会持续健康发展，2016年，最高人民法院出台了《关于充分发挥审判职能作用切实加强产权司法保护的意见》。该意见坚持贯彻平等、全面、依法保护原则，要求依法惩治各类侵犯产权犯罪，平等保护各种所有制经济产权；要严格区分经济纠纷与刑事犯罪，坚决防止把经济纠纷当作犯罪处理；要依法慎用强制措施和查封、扣押、冻结措施，最大限度降低对企业正常生产经营活动的不利影响；要依法公正审理行政协议案件，促进法治政府和政务诚信建设。为依法平等保护企业家合法权益，为企业家创新创业营造良好法治环境，2018年，最高人民法院出台了《关于充分发挥审判职能作用为企业家创新创业营造良好法治环境的通知》。该通知要求依法保护企业家的人身自由和财产权利，坚持罪刑法定原则，对企业家生产、经营以及融资活动中的创新创业行为，不违反法律规定的，不得以犯罪论处。严格区分企业家个人财产和企业法人财产，在处理企业犯罪时不得牵连个人合法财产和家庭成员财产。通知还规定，要依法保护诚实守信企业家的合法权益，保护企业家

---

① 参见最高人民法院民法典贯彻实施工作领导小组主编：《中华人民共和国民法典总则编理解与适用》，人民法院出版社2020年版，第46页。

的自主经营权,切实纠正涉企业家产权冤错案件。2018年,最高人民法院还印发了《关于在司法解释中全面贯彻社会主义核心价值观的工作规划(2018—2023)》,明确提出完善产权和企业家合法权益司法保护制度,出台涉及刑民交叉、行政协议、知识产权保护等方面的司法解释,推动将党中央决策部署落地、落细、落实。①

三、对特殊人群的倾斜保护与实质平等

民法关注当事人地位平等,并非指实质和结果平等,而是指形式和程序平等。关注平等不是为了追求绝对的公正,而是相对公正。在现代民法中,如果民事主体之间由法律事先预设的平等地位出现了明显的倾斜,则民法将以法律规范的形式予以"纠正",使得该民事主体之间的地位重新实现平等。例如,《民法典》第128条规定:"法律对未成年人、老年人、残疾人、妇女、消费者等的民事权利保护有特别规定的,依照其规定。"当然,民法这一调整是针对"一类民事主体",而不针对"一个民事主体"。如果仅仅是一个民事主体与另一个民事主体在民事活动中的法律地位出现了不平等的状况,民法一般不予以干涉,除非这种不平等已经达到了对于公平正义造成严重破坏的程度,必须根据公平原则予以纠正。② 例如,《民法典》第151条规定:"一方利用对方处于危困状态、缺乏判断能力等情形,致使民事法律行为成立时显失公平的,受损害方有权请求人民法院或者仲裁机构予以撤销。"

四、本条与《民法典》第2条"平等主体"的区别

《民法典》第2条规定:"民法调整平等主体的自然人、法人和非法人组织之间的人身关系和财产关系。"该条规定主要用以判断一个社会关系是否适用民法来调整。本条规定的平等原则主要用以明确一个社会关系确定地适用民法之后,在调整时不能造成违反形式平等的差别对待。因此,《民法典》第2条调整对象中的"平等主体"与本条规定的平等原则功能并不完全一致。比如,一个案件的当事人是否为平等主体,决定其是否适用《民法典》,这是第2条

---

① 参见最高人民法院民法典贯彻实施工作领导小组主编:《中华人民共和国民法典总则编理解与适用》,人民法院出版社2020年版,第51页。
② 参见张新宝主编:《〈中华人民共和国民法总则〉释义》,中国人民大学出版社2017年版,第9页。

调整对象中"平等主体"主要解决的问题;而该案件在适用《民法典》的过程中,当事人的合法权益要平等地受到保护,这是本条主要解决的问题。①

▶ 典型案例

原告郭某诉被告某餐饮公司餐饮消费服务合同纠纷案

关键词: 餐饮服务合同　平等原则

裁判摘要: 平等原则是民事活动的基本原则,自由也是法律价值的重要体现。在市场经济环境下,消费者享有自主选择权和公平交易权,而作为市场主体的餐厅,则享有自主经营权,其有权合法地谋取经济利益,确立企业的经营特色,选择利己的营销策略和经营方式。餐厅对教师和学生的就餐优惠规定,是一种让利和促销行为,按照社会一般生活经验和善恶观念进行判断,该行为客观上没有在社会生活中对其他职业人员产生不良评价,没有违反社会道德和公序良俗。所以,餐厅对教师和学生的就餐优惠规定,是合法经营行为,不构成对其他群体的歧视。

基本案情: 原告郭某在得知被告某餐饮公司经营的"一相逢餐饮(南门店)"只对川大的教师和学生在该店就餐消费时给予消费金额的8.8折优惠后,于2009年10月14日到被告某餐饮公司经营的上述餐馆就餐,消费金额为135元。原告郭某在结账时要求被告某餐饮公司对其消费金额按8.8折的优惠打折,但被告某餐饮公司予以拒绝,原告随即支付了135元消费款,被告向原告出具了一张金额为135元的成都市税控收款机有奖专用发票。此后,原告向人民法院起诉。

法院经审理认为,第一,原告在明知被告仅对川大师生就餐打折,而自己并非川大师生的情况下,仍选择到被告处就餐消费,原告的行为是一种基于意思自治的自愿行为,被告并未采取欺诈、胁迫等手段要求原告进行消费,也并未将自己的意志强加给原告,原告自由选择交易对象的权利和机会并未被剥夺。原、被告双方之间的交易行为是自愿和等价有偿的,所以,原告的平等权并未受到侵害。第二,原告作为消费者享有公平交易的权利,被告为原告提供

---

① 参见陈甦主编:《民法总则评注》,法律出版社2017年版,第30页。

的餐饮服务所收取的价格为常规价格,并没有明显超出同类商品或服务的一般市场价格,双方当事人的民事活动并未违背公平交易原则。第三,在市场经济环境下,被告在遵循市场经济规律的前提下,享有自主经营权,合法地谋取经济利益,确立企业的经营特色,选择利己的营销策略和经营方式。被告对川大师生实行打折优惠的行为是其作为市场主体的一种让利和促销行为。按照社会一般生活经验和善恶观念进行判断,被告的行为客观上没有在社会生活中对其他职业人员产生不良评价。被告之所以对川大师生实行打折优惠是基于被告经营地点紧邻川大,川大师生数量相对固定的特点为被告提供了稳定的经营市场,同时为被告的经营发展提供了独特的经营环境和文化氛围。因此,被告对川大师生进行让利和促销并未侵害原告的受尊重权,也没有违背社会道德和公序良俗。综上所述,平等原则是民事活动的基本原则,而自由也是法律价值的重要体现,被告对川大师生实行打折优惠并不违反法律法规的禁止性规定。因此,原告要求被告退还未享受的就餐费优惠价16.2元的主张缺乏事实根据和法律依据,本院不予支持。判决驳回原告郭某诉讼请求。

【案　　号】(2009)武侯民初字第4680号
【审理法院】四川省成都市武侯区人民法院
【来　　源】《中国审判案例要览》(2011年)

▶ 类案检索

一、中铁一局集团某公司诉廖某物业服务合同纠纷案

关键词: 平等原则　物业服务

裁判摘要: 本案中,中铁一局集团某公司数次拒绝廖某购买水电,给廖某设置了不同于其他业主的交易条件,是对廖某民事权利能力的不当限制,侵犯了廖某与其他业主平等享有物业服务的权利。中铁一局集团某公司拒绝或限制出售水电的行为,违反了民法的平等原则,是对物业服务合同的不当履行。现廖某请求其继续履行供水供电义务,符合法律规定,应当予以支持。

【案　　号】(2018)陕03民终182号
【审理法院】陕西省宝鸡市中级人民法院

二、赵某、张某诉李某、某国有资产经营管理有限责任公司市场服务中心侵权责任纠纷案

关键词： 平等原则　侵权责任

裁判摘要： 民事主体在民事活动中的法律地位一律平等。民事主体从事民事活动，应当遵循公平原则，合理确定各方的权利和义务。当事人双方均系平等的民事主体，通过缔结协议共同参与市场经营活动，即应当遵守协议约定，平等行使权利履行义务。国资公司市场服务中心在行使管理职责时不应逾越民事主体的平等性，使用没收等手段侵占上诉人的财产。国资公司市场服务中心清理没收上诉人的货架、货物等财产后未予妥善保管并返还上诉人，导致赵某、张某遭受财产损失，该行为构成侵权，应承担相应的损害赔偿责任。

【案　　　号】（2020）云29民终1342号

【审理法院】云南省大理白族自治州中级人民法院

三、某村民委员会诉尹某侵害集体经济组织成员权益纠纷案

关键词： 平等原则　成员权

裁判摘要： 如果农村集体经济组织在决定土地补偿费分配的数额时，决定剥夺某一成员的分配资格，或者让某些成员分得多、某些成员分得少，集体经济组织成员对此有异议向人民法院起诉的，人民法院应予受理。尹某原系试验场农民，试验场农民划归某村后与某村社员享有一样的权利和待遇，生效判决认定尹某与某村村民享有同等权利义务并无不当。

【案　　　号】（2017）豫民申194号

【审理法院】河南省高级人民法院

中国民法典适用大全 | 总则卷

> **第五条** 民事主体从事民事活动,应当遵循自愿原则,按照自己的意思设立、变更、终止民事法律关系。

▶ 关联规定

法律、行政法规、司法解释

1.《中华人民共和国消费者权益保护法》

第四条 经营者与消费者进行交易,应当遵循自愿、平等、公平、诚实信用的原则。

2.《中华人民共和国保险法》

第十一条 订立保险合同,应当协商一致,遵循公平原则确定各方的权利和义务。

除法律、行政法规规定必须保险的外,保险合同自愿订立。

3.《中华人民共和国电子商务法》

第五条 电子商务经营者从事经营活动,应当遵循自愿、平等、公平、诚信的原则,遵守法律和商业道德,公平参与市场竞争,履行消费者权益保护、环境保护、知识产权保护、网络安全与个人信息保护等方面的义务,承担产品和服务质量责任,接受政府和社会的监督。

▶ 条文释义

一、本条主旨

本条是关于民法自愿原则的规定。

二、条文演变

原《民法通则》第4条规定:"民事活动应当遵循自愿、公平、等价有偿、诚实信用的原则",其中明确采用"自愿原则"的表述,并作为我国民事法律的一项基本原则。原《合同法》第4条规定:"当事人依法享有自愿订立合同的权利,任何单位和个人不得非法干预。"这就是合同法上的合同自由原则,是自愿原则在合同法上的体现和具化。原《民法总则》第5条规定:"民事主体从事民事活动,应当遵循自愿原则,按照自己的意思设立、变更、终止民事法律关系。"与原《民法通则》的规定相比,原《民法总则》把自愿原则单独列为一条作出明确规定,进一步强化了自愿原则在民法中的地位。三十多年来,随着中国法治建设的深入发展,自愿原则越来越深入人心。《民法典》沿用了原《民法总则》的规定。

三、条文解读

(一)自愿原则的含义

民法上的自愿原则,亦称意思自治原则,是指民事主体在民事活动中有权按照自己的意思设立、变更、终止民事法律关系,并自觉承担由此带来的法律后果。从字面上理解,"意思自治"比"自愿"内容更丰富,能体现出当事人对自己权利的处分;而"自愿"往往更侧重于表达的是当事人的真实意思表示,不是被胁迫的。因此,从字面上看,"意思自治"似比"自愿"更能体现立法本意。但鉴于自原《民法通则》以来,我国法律一直表述的是"自愿"原则,这一原则已得到人民群众的广泛认可,因此《民法典》未作修改。

自愿原则是民法的一项基本原则,体现了民事活动最基本的特征,体现了民法最基本的精神,贯穿了整个《民法典》的方方面面。自愿原则至少包含以下几方面内容:

1.是否进行某项民事活动,是否实施某种行为,由当事人自主决定。我们常说,在民法上,法无禁止即自由。也就是说,除非有法律的强制性规定,当事人是否进行或不进行某项民事活动,是否实施或不实施某种行为,完全由当事人自行作出决定,他人不得强迫当事人进行或不进行某项民事活动,不得强迫当事人实施或不实施某种行为。

2.除非有法律的强制性规定,当事人进行某种民事活动的内容和方式,由当事人自行决定。正如《民法典》第5条所表述的那样,当事人按照自己的意思设立、变更、终止民事法律关系。其中,与谁设立、变更、终止法律关系,法律关系的内容是什么，都由当事人自行决定，任何人不得将自己的意见强加于当事人。也就是说，当事人的"自愿"，不仅是形式上的自愿，也包括实质上的自愿。

3.与当事人自行决定自己的行为相对应，自愿原则还有一层重要含义，那就是当事人自觉自愿承担自己行为所产生的法律后果，不管这个后果对当事人是有利的还是有害的，当事人都要对自己的行为负责。这也是权利与义务相对等的充分体现。

（二）自愿原则在民法各领域的体现

自愿原则在民事法律的各个领域都有充分的体现。以《民法典》为例，在第二编"物权"中，自愿原则主要体现为权利人行使物权的自由。如第240条规定："所有权人对自己的不动产或者动产，依法享有占有、使用、收益和处分的权利。"在第三编"合同"中，自愿原则主要体现为当事人的合同自由。如第465条规定："依法成立的合同，受法律保护。依法成立的合同，仅对当事人具有法律约束力，但是法律另有规定的除外。"在第四编"人格权"中，自愿原则主要体现为当事人行使人格权利的自由。如第993条规定："民事主体可以将自己的姓名、名称、肖像等许可他人使用，但是依照法律规定或者根据其性质不得许可的除外。"在第五编"婚姻家庭"中，自愿原则主要体现为婚姻自由，包括结婚的自由和离婚的自由。如第1042条第1款规定："禁止包办、买卖婚姻和其他干涉婚姻自由的行为。"第1046条规定："结婚应当男女双方完全自愿，禁止任何一方对另一方加以强迫，禁止任何组织或者个人加以干涉。"第1076条第1款规定："夫妻双方自愿离婚的，应当签订书面离婚协议，并亲自到婚姻登记机关申请离婚登记。"在第六编"继承"中，自愿原则主要体现为遗嘱的自由。如第1133条规定，自然人可以依法立遗嘱处分个人财产，并可以指定遗嘱执行人；可以立遗嘱将个人财产指定由法定继承人中的一人或者数人继承；可以立遗嘱将个人财产赠与国家、集体或者法定继承人以外的组织、个人；可以依法设立遗嘱信托。

▶ 适用指引

自愿原则在民事活动中的应用是非常广泛和普遍的。司法实践中在应用这一原则的时候，要注意以下几个问题：

一、当事人可以根据自己的意志排除任意性规范的适用

民法是私法，与公法（如刑法）相比，民法调整平等主体之间的权利义务关系，民法中大量法律规范都是任意性规范，当事人可以根据自己的意思排除任意性规范的适用，或者改变任意性规范的内容。

二、享受权利的同时，应承担相应义务

自愿进行或不进行某项活动，意味着当事人既是民事权利的享有者，也是民事义务的履行者，还是民事责任的承担者。例如消费者到商店买一台电视机，对商店来讲，既有按照约定交付电视机的义务，也有按照约定取得货款的权利，还要承担电视机因质量问题给消费者造成损失的责任。民事主体在享有权利的同时，必须履行相应的义务，承担相应的责任。

三、自愿原则的行使受一定限制

自愿原则绝不是没有原则的自由和放任，不能片面地、割裂地理解和适用这一原则。（1）当事人依据自愿原则行使民事权利不能违背民法的其他基本原则。《民法典》在规定自愿原则的同时，也规定了平等原则、公平原则、诚信原则、守法原则、公序良俗原则等。民事主体按照自己的意思进行民事活动，必须遵守法律的强制性规定，必须尊重他人的合法权益，不得损害国家、集体和他人的利益，不得违背公序良俗，等等。亦即意思自治并非绝对的自治，绝对的自治是不存在的，意思自治是相对的自治，是有限制的自由。（2）强制性规范对自愿原则的限制，比如原则上，不允许以个人的意思排除法律强制性规定的适用。（3）强制缔约义务对合同自由原则的限制。法律规定具有垄断性质的部门，如供水、供电、供气、邮政、电信等公共服务部门必须承担与相对人订立合同的义务，以保护相对人，维护社会公共利益。（4）对格式条款的限制。格式条款的稳定性和不变性意味着格式合同在订立时一般不能协商，相对人对合同的内容只能表示完全的同意或拒绝，平等、自愿原则在一定程度上打了折扣。与此同时，法律对格式条款的有关规定在一定程度上平衡了双方的利

益差距，保护了相对弱小方的利益。①

▶ 类案检索

刘某诉刘某民不当得利纠纷案

关键词： 不当得利　返还欠款

裁判摘要： 被告占有原告10万元，没有合法根据，取得不当利益，造成原告损失，应当将取得的不当利益返还原告。被告返还原告5万元欠款后，就剩余的5万元欠款给原告出具了3万元的借条，但该借条不能成为认定双方成立借贷关系的证据，该借条所载3万元借款实为被告不当得利所应返还原告之款项，借条出具的原因为被告负有返还原告欠款的义务，原告接收借条的原因是让被告尽快返还欠款，而不是与被告建立借贷关系，故该借条应认定为双方对被告应返还原告欠款的部分确认。诉讼过程中，被告同意返还原告5万元欠款，但不同意支付利息，又称给原告购买物品花费3200元，但无法提供证据证明物品价值，原告明确表示对被告为自己购买物品的行为予以认可，并认可价值为3000元，同时明确表示放弃被告所欠钱款的利息，即要求被告返还47000元欠款。原告在不违反法律及公序良俗的前提下，有权按照自己的意思设立、变更、终止民事法律关系，故对于原告只要求被告返还47000元欠款的请求应予支持。

【案　　号】（2021）陕0424民初233号
【审理法院】 陕西省咸阳市乾县人民法院

---

① 参见最高人民法院民法典贯彻实施工作领导小组主编：《中华人民共和国民法典总则编理解与适用》，人民法院出版社2020年版，第96~98页。

第六条 民事主体从事民事活动,应当遵循公平原则,合理确定各方的权利和义务。

▶ 关联规定

法律、行政法规、司法解释

1.《中华人民共和国反不正当竞争法》

第二条第一款 经营者在生产经营活动中,应当遵循自愿、平等、公平、诚信的原则,遵守法律和商业道德。

2.《中华人民共和国商业银行法》

第五条 商业银行与客户的业务往来,应当遵循平等、自愿、公平和诚实信用的原则。

3.《中华人民共和国证券投资基金法》

第四条 从事证券投资基金活动,应当遵循自愿、公平、诚实信用的原则,不得损害国家利益和社会公共利益。

▶ 条文释义

一、本条主旨

本条是关于公平原则的规定。

二、条文演变

公平原则是法治社会的基本原则,体现了法治的基本精神。原《民法通则》第4条规定:"民事活动应当遵循自愿、公平、等价有偿、诚实信用的原则。"原《合同法》第5条规定:"当事人应当遵循公平原则确定各方的权利和义务。"原《民法总则》第6条规定:"民事主体从事民事活动,应当遵循公平原则,合理确定各方的权利和义务。"与原《民法通则》的规定相比,原《民法总则》把公平原则单独列为一条作出明确规定,进一步强化了公平原则在民法中的地位。《民法典》沿用了原《民法总则》的规定。

三、条文解读

(一)公平原则的含义

民法上的公平原则,是指民事主体在从事民事活动时,要公正、合理地确定各方当事人的权利和义务,不能有失公允。这对于实现社会公平正义、促进社会和谐稳定,具有重要意义。

公平原则至少包含以下几方面内容:第一,民法规范在规定民事主体权利、义务与责任承担时,应体现公平原则,兼顾各方利益,为合理分配当事人权利义务提供价值指引。第二,民事主体应当本着公平的观念进行民事活动,正当行使民事权利和履行民事义务,兼顾他人利益和社会公共利益。第三,民事行为的结果不能显失公平,如果显失公平,就应当以公平为尺度,协调处理当事人间的利益关系。①

(二)公平原则的价值与作用

1. 公平原则是一种法律价值理念

公平在西方起源于古希腊朴素的正义观。这一时期的公平(fair)与正义(justice)是同义的。历经中世纪神学思想的浸淫,经过17世纪、18世纪人文启蒙运动的熏陶,后来受到法律进化论、个人主义的影响,发展到20世纪中期后,极端个人主义受到社会本位公平观的修正,公平的内涵日益反映出现代社会的思想文化特征和法律价值。②公平原则要求当事人在民事活动中应以社会正义、公平的观念指导自己的行为、平衡各方的利益;要求以社会正义、公平的观念来处理当事人之间的纠纷。公平原则体现了民法促进社会公平正义的

---

① 参见最高人民法院民法典贯彻实施工作领导小组主编:《中华人民共和国民法典总则编理解与适用》,人民法院出版社2020年版,第100~101页。
② 何勤华:《法律名词的起源》,北京大学出版社2009年版,第270页。

基本价值，对规范民事主体的行为发挥着重要作用。①

2. 公平原则是法治经济的本质特征

市场经济就是法治经济。经营者必须以市场交易规则为准则。市场经济以合同为纽带，公平原则在合同法中得到充分体现，它要求合同当事人平等协商、公平合理、等价有偿、权利义务对等。《民法典》合同编中的第496条第2款规定："采用格式条款订立合同的，提供格式条款的一方应当遵循公平原则确定当事人之间的权利和义务，并采取合理的方式提示对方注意免除或者减轻其责任等与对方有重大利害关系的条款，按照对方的要求，对该条款予以说明。"公平原则还要求民事主体合理承担民事责任，在通常情况下适用过错责任，责任与过错程度相适应，特殊情况下，也可以根据公平原则合理分担责任。如《民法典》侵权责任法编中的第1186条规定："受害人和行为人对损害的发生都没有过错的，依照法律的规定由双方分担损失。"

3. 公平原则是民事主体从事民事活动时的基本遵循

产生民事法律关系时，民事主体要秉持公平理念确定各方权利和义务；进行民事活动时，要按照公平观念行使权利、履行义务，特别是对于双方民事法律行为，一方的权利和义务应当相适应，双方之间的权利和义务应当对等；追究、承担民事责任时，应当按照民事责任构成要件，客观确定损失，依法认定过错，合理推定因果关系，公平界定法律责任。

4. 公平原则是人民法院审理民事纠纷的基本裁判准则

公平原则体现了《民法典》所维护的社会基本价值，对规范民事主体行为、培养社会成员价值理念具有重要作用。《民法典》中的公平原则既是社会正义在私法领域的延伸，也是商品经济活动中行业惯例、道德规范上升为法律准则的表现。因此，其构成司法机关审理民事案件的基本准则。根据《民法典》的规定，行为人与相对人以虚假的意思表示实施的民事法律行为，行为人与相对人恶意串通损害他人合法权益的民事法律行为，归于无效；基于重大误解实施的民事法律行为，一方以欺诈手段使对方在违背真实意思的情况下实施的民事法律行为，一方利用对方处于危困状态、缺乏判断能力等情形致使民事法律行为成立时显失公平等情况，受害当事人均有权请求人民法院或者仲裁机构撤销相应的民事法律行为，人民法院应当依据公平原则作出裁决。

---

① 参见杨立新：《中华人民共和国民法总则要义与案例解读》，中国法制出版社2017年版，第15页。

▶ 适用指引

公平原则在民事活动中的应用是非常广泛和普遍的。司法实践中在应用这一原则的时候，要注意以下几个问题：

一、要处理好公平与平等的关系

我国《宪法》第33条第2款规定："中华人民共和国公民在法律面前一律平等。""平等"的侧重点更多地在于法律地位平等、机会平等，任何公民都平等地受法律保护，任何人都没有超出法律的特权。而"公平"的含义除了地位平等、机会平等之外，还蕴含着结果平等之义。很多情况下，只有法律地位平等、机会平等是不够的。例如，一个成年人与一个6岁儿童一起在电影院看电影，两人坐同样的座位，这在地位上、机会上来说是平等的，但是，从结果来看却是不公平的。因为6岁儿童身材矮小，他和成年人坐同样的座位，很容易被前面的人遮挡视线，这种结果对儿童来说就是不公平的。公平原则有助于矫正显著失衡的利益关系，体现了民法促进社会公平正义的基本价值。

二、要处理好公平原则与意思自治的关系

意思自治的核心是自由。公平原则在一定程度上是对意思自治的限制。一般而言，在意思自治与公平原则相冲突时，有时需要优先适用公平原则。比如，在地位不平等的交易关系中，特别是格式合同情况下，意思自治往往只是表象，双方的合意实质只是一方当事人意思的体现，另一方只是对方意思的消极接受者，处于弱势的一方完全没有议价能力，处于不利地位。再如，合同缔结后，由于合同的基础性条件发生了当事人在订立合同时无法预见的、不属于商业风险的重大变化，继续履行合同对当事人一方明显不公平。在这些情况下，人民法院就需要考虑适用公平原则平衡合同当事人的利益关系。[①]

三、要处理好公平原则与具体的法律规则之间的关系

公平原则是比较抽象的原则，具有一定"弹性"。因此，司法实践中适用这一原则必须十分审慎。要遵循法律适用规则，优先适用具体法律规范，只有

---

① 参见最高人民法院民法典贯彻实施工作领导小组主编：《中华人民共和国民法典总则编理解与适用》，人民法院出版社2020年版，第109页。

在法律针对该事项未设具体规范时，才可适用抽象的法律原则。而且在具体案件中，也要坚持具体问题具体分析，兼顾法、理、情，兼顾公序良俗，确保政治效果、法律效果与社会效果相统一。

▶ 类案检索

阳光财产保险股份有限公司漯河中心支公司诉张某伟机动车交通事故责任纠纷案

关键词： 交通事故责任纠纷　伤残　显失公平

裁判摘要： 一方当事人利用优势或者利用对方当事人缺乏经验，致使双方的权利义务明显失衡的，可以认定为显失公平。根据本案鉴定结论，张某伟受伤后经鉴定构成十级伤残，依法应得赔偿金额达到103767.68元，但保险公司与张某伟签订的《一次性调解处理协议书》中仅约定保险公司赔偿张某伟22800元，与前述应赔偿金额相比，二者差距巨大。且张某伟请求赔偿的款项，亦未加大阳光财险漯河支公司的支付责任与义务。故法院认定《一次性调解处理协议书》显失公平，对阳光财险漯河支公司关于"张某伟的诉讼请求已达成一次性调解，并且已经赔偿，应判决驳回张某伟的诉讼请求"的意见不予采信。

【案　　号】（2021）豫11民终193号
【审理法院】河南省漯河市中级人民法院

第七条 民事主体从事民事活动，应当遵循诚信原则，秉持诚实，恪守承诺。

▶ 关联规定

一、法律、行政法规、司法解释

1.《中华人民共和国民法典》

第一百四十二条 有相对人的意思表示的解释，应当按照所使用的词句，结合相关条款、行为的性质和目的、习惯以及诚信原则，确定意思表示的含义。

无相对人的意思表示的解释，不能完全拘泥于所使用的词句，而应当结合相关条款、行为的性质和目的、习惯以及诚信原则，确定行为人的真实意思。

第五百条 当事人在订立合同过程中有下列情形之一，造成对方损失的，应当承担赔偿责任：

（一）假借订立合同，恶意进行磋商；

（二）故意隐瞒与订立合同有关的重要事实或者提供虚假情况；

（三）有其他违背诚信原则的行为。

第五百零一条 当事人在订立合同过程中知悉的商业秘密或者其他应当保密的信息，无论合同是否成立，不得泄露或者不正当地使用；泄露、不正当地使用该商业秘密或者信息，造成对方损失的，应当承担赔偿责任。

第五百零九条 当事人应当按照约定全面履行自己的义务。

当事人应当遵循诚信原则，根据合同的性质、目的和交易习惯履行通知、协助、保密等义务。

当事人在履行合同过程中，应当避免浪费资源、污染环境和破坏生态。

第五百五十八条 债权债务终止后，当事人应当遵循诚信等原则，根据交易习惯履行通知、协助、保密、旧物回收等义务。

第五百九十一条 当事人一方违约后，对方应当采取适当措施防止损失的扩大；没有采取适当措施致使损失扩大的，不得就扩大的损失请求赔偿。

当事人因防止损失扩大而支出的合理费用，由违约方负担。

2.《中华人民共和国消费者权益保护法》

第四条 经营者与消费者进行交易，应当遵循自愿、平等、公平、诚实信用的原则。

3.《中华人民共和国合伙企业法》

第五条 订立合伙协议、设立合伙企业，应当遵循自愿、平等、公平、诚实信用原则。

4.《中华人民共和国商标法》

第七条 申请注册和使用商标，应当遵循诚实信用原则。

商标使用人应当对其使用商标的商品质量负责。各级工商行政管理部门应当通过商标管理，制止欺骗消费者的行为。

第十九条 商标代理机构应当遵循诚实信用原则，遵守法律、行政法规，按照被代理人的委托办理商标注册申请或者其他商标事宜；对在代理过程中知悉的被代理人的商业秘密，负有保密义务。

委托人申请注册的商标可能存在本法规定不得注册情形的，商标代理机构应当明确告知委托人。

商标代理机构知道或者应当知道委托人申请注册的商标属于本法第四条、第十五条和第三十二条规定情形的，不得接受其委托。

商标代理机构除对其代理服务申请商标注册外，不得申请注册其他商标。

5.《最高人民法院关于审理银行卡民事纠纷案件若干问题的规定》

第二条 发卡行在与持卡人订立银行卡合同时，对收取利息、复利、费用、违约金等格式条款未履行提示或者说明义务，致使持卡人没有注意或者理解该条款，持卡人主张该条款不成为合同的内容、对其不具有约束力的，人民法院应予支持。

发卡行请求持卡人按照信用卡合同的约定给付透支利息、复利、违约金等，或者给付分期付款手续费、利息、违约金等，持卡人以发卡行主张的总额过高为由请求予以适当减少的，人民法院应当综合考虑国家有关金融监管规定、未还款的数额及期限、当事人过错程度、发卡行的实际损失等因素，根据公平原则和诚信原则予以衡量，并作出裁决。

6.《最高人民法院关于审理侵犯商业秘密民事案件适用法律若干问题的规定》

第十条　当事人根据法律规定或者合同约定所承担的保密义务，人民法院应当认定属于反不正当竞争法第九条第一款所称的保密义务。

当事人未在合同中约定保密义务，但根据诚信原则以及合同的性质、目的、缔约过程、交易习惯等，被诉侵权人知道或者应当知道其获取的信息属于权利人的商业秘密的，人民法院应当认定被诉侵权人对其获取的商业秘密承担保密义务。

7.《最高人民法院关于审理买卖合同纠纷案件适用法律问题的解释》

第十二条　人民法院具体认定民法典第六百二十一条第二款规定的"合理期限"时，应当综合当事人之间的交易性质、交易目的、交易方式、交易习惯、标的物的种类、数量、性质、安装和使用情况、瑕疵的性质、买受人应尽的合理注意义务、检验方法和难易程度、买受人或者检验人所处的具体环境、自身技能以及其他合理因素，依据诚实信用原则进行判断。

民法典第六百二十一条第二款规定的"二年"是最长的合理期限。该期限为不变期间，不适用诉讼时效中止、中断或者延长的规定。

二、部门规章及规范性文件

1.《科创板上市公司证券发行注册管理办法（试行）》

第四十四条　上市公司及其董事、监事、高级管理人员应当在募集说明书或者其他证券发行信息披露文件上签字、盖章，保证信息披露内容真实、准确、完整，不存在虚假记载、误导性陈述或者重大遗漏，按照诚信原则履行承诺，并声明承担相应的法律责任。

上市公司控股股东、实际控制人应当在募集说明书或者其他证券发行信息披露文件上签字、盖章，确认信息披露内容真实、准确、完整，不存在虚假记载、误导性陈述或者重大遗漏，按照诚信原则履行承诺，并声明承担相应法律责任。

2.《证券交易所管理办法》

第七十一条　证券交易所的理事、董事、监事、高级管理人员对其任职机构负有诚实信用的义务。

证券交易所的总经理离任时，应当按照有关规定接受离任审计。

三、司法指导性文件

1.《全国法院贯彻实施民法典工作会议纪要》

11. 民法典第五百八十五条第二款规定的损失范围应当按照民法典第五百八十四条规定确定，包括合同履行后可以获得的利益，但不得超过违约一方订立合同时预见到或者应当预见到的因违约可能造成的损失。

当事人请求人民法院增加违约金的，增加后的违约金数额以不超过民法典第五百八十四条规定的损失为限。增加违约金以后，当事人又请求对方赔偿损失的，人民法院不予支持。

当事人请求人民法院减少违约金的，人民法院应当以民法典第五百八十四条规定的损失为基础，兼顾合同的履行情况、当事人的过错程度等综合因素，根据公平原则和诚信原则予以衡量，并作出裁判。约定的违约金超过根据民法典第五百八十四条规定确定的损失的百分之三十的，一般可以认定为民法典第五百八十五条第二款规定的"过分高于造成的损失"。当事人主张约定的违约金过高请求予以适当减少的，应当承担举证责任；相对人主张违约金约定合理的，也应提供相应的证据。

2.《最高人民法院服务保障黄河流域生态保护和高质量发展工作推进会会议纪要》

14. 贯彻落实建立健全生态产品价值实现机制的国家政策。人民法院审理碳排放权、排污权、用能权、用水权等交易合同纠纷案件，应当遵循诚信原则，依法促成合同生效和全面履行，同时避免当事人从其不诚信行为中获益，推动完善环境权益市场交易机制。

▶ 条文释义

一、本条主旨

本条是关于诚信原则的规定。

二、条文演变

诚信原则最早规定于1987年1月1日施行的原《民法通则》第4条，与其他几项原则并列，被称为自愿、公平、等价有偿、诚实信用原则。此后，大部分民商事单行法律都将诚信原则作为基本原则予以规定。如《消费者权益保护法》第4条规定："经营者与消费者进行交易，应当遵循自愿、平等、公平、诚实信用的原则。"《个人独资企业法》第4条、《合伙企业法》第5条、《证券法》第4条、《保险法》第5条、《票据法》第10条、《商业银行法》第5条、《信托法》第5条、《证券投资基金法》第4条、《反不正当竞争法》第2条、《拍卖法》第4条、《招标投标法》第5条均对诚信原则作规定。影响最大的为1999年10月1日施行的原《合同法》，该法第6条明确"诚实信用原则"是一项独立的基本原则，当事人行使权利、履行义务应当遵循诚实信用原则。2017年10月1日实施的原《民法总则》延续了原《合同法》将诚信原则单列的立法形式，第7条规定："民事主体从事民事活动，应当遵循诚信原则，秉持诚实，恪守承诺。"除以上民事实体法外，诉讼程序法也规定了诚信原则，如《民事诉讼法》第13条第1款规定："民事诉讼应当遵循诚信原则。"

《民法典》制定过程中，普遍赞同将诚信原则规定为民法的基本原则，仅在如何表述的问题上，有不同看法。如有的意见提出，"从事民事活动"的表述过于宽泛，不太确定，建议修改为"行使权利、履行义务"。有的意见提出，权利不得滥用是诚信原则对权利行使的要求，将禁止权利滥用的内容规定在诚信原则中更为合适，建议规定为"民事主体从事民事活动，应当遵循诚实信用原则，不得滥用权利损害他人合法权益"。诚信原则的核心含义就是诚实不欺、善意、信守诺言。综合各方面意见，为更好地揭示诚信原则的内涵，本条仍然沿袭了原《民法总则》关于诚信原则的内容，规定民事主体从事民事活动，应当遵循诚信原则，秉持诚实，恪守承诺。①

三、条文解读

（一）诚信原则的概念

诚信在中文中为"诚实信用"的简称。诚实信用一词在我国古代典籍早有出现，据《商君书·靳令》记载，"礼乐、诗书、修善孝弟、诚信贞廉、仁义、非兵羞战"并称"六虱"。另据《新唐书·刑法志》记载，唐太宗于贞观

---

① 参见黄薇主编：《中华人民共和国民法典总则编释义》，法律出版社2020年版，第29页。

六年"亲录徒,闵死罪者三百九十人,纵之还家,期以明年秋即刑。及期,囚诸朝堂,无后者。太宗嘉其诚信,悉原之"。这两处出现的"诚信"即诚实信用,均指人际关系中的诚实不欺。① 中华民族自古就是礼仪之邦,讲究言行一致,言而有信,以诚待人,鄙视奸佞,故诚信观念,可谓源远流长。然而,受儒家思想影响,中国诚信更多是以修身养性、教化民众、厘定秩序为本演绎而来,本质上是一种"礼""德""忠""义",它不直接导源于商业和契约关系。

法律意义上的诚信原则起源于拉丁文"Fides bona",它是具有约束力的商业道德和行为规范,以信义(Fides)为要素。诚信作为商业关系中一种最基本的道德标准和规范要素,从一开始就不仅是一种主观理念、商业规则,而是一种法律规范和法律原则。② 诚实信用原则一词在我国作为法律术语,由国外引进。诚实信用,以法文表达为"Bonne Foi",以英文表达为"Good Faith",直译均为"善意"。在德文中表达为"Treu und Glauben"(忠诚和相信),在日语中表达为"信义诚实"。由于我国近代法继受了大陆法系的法文化传统,通过日本为中介受到德国很大影响,汉语中诚实信用原则一词是德文指称的直接移译。③

对于诚实信用原则的具体含义,学者之间也存在不同的见解,如梁慧星教授认为,诚实信用原则为市场经济活动的道德准则,它要求一切市场参与者符合于诚实商人的道德标准,在不损害他人利益和社会公益的前提下,追求自己的利益。④ 刘凯湘教授认为,诚实信用原则包括以下四层含义:(1)民事主体应以忠实、宽宏、体谅的心态进行民事活动,切忌损人利己,谋求不正当利益;(2)应遵循市场一般规律,进行民事活动和处分权利时,充分尊重他人利益和权利,善待他人,及时、完整地履行自己的义务;(3)禁止民事主体滥用自己的权利,损害他人利益和社会利益;(4)在司法实践中,法官应以诚实信用原则解释当事人的意思表示,作为法官解释法律的指导原则,甚至可以在法律没有直接规定时,作为裁判依据。⑤ 徐国栋教授认为,诚实信用原则应从以下几个方面理解:(1)诚信原则包括主观诚信和客观诚信两个方面,前者是指

---

① 参见郑强:《合同法诚实信用原则研究》,法律出版社2000年版,第5页。
② 参见最高人民法院民法典贯彻实施工作领导小组主编:《中华人民共和国民法典总则编理解与适用》,人民法院出版社2020年版,第63~64页。
③ 参见郑强:《合同法诚实信用原则研究》,法律出版社2000年版,第4页。
④ 参见梁慧星:《民法总论》,法律出版社1996年版,第44页。
⑤ 参见刘凯湘:《民法总论》,北京大学出版社2011年版,第29页。

毋害他人的内心状态，后者是指毋害他人或者有益于他人的行为；（2）诚信原则具有保护弱者的功能；（3）诚信原则不仅是财产法的规则，也适用于人身关系；（4）社会契约论是统一主观诚信与客观诚信的基础。①

诚信原则要求所有民事主体在从事任何民事活动时，包括行使民事权利、履行民事义务、承担民事责任时，都应该秉持诚实、善意，信守自己的承诺。这对建设诚信社会、规范经济秩序、引领社会风尚具有重要意义。诚信原则作为民法最为重要的基本原则，被称为民法的"帝王条款"，是各国民法公认的基本原则。具体而言，民事主体应当从以下几个方面遵循诚信原则：民事主体在着手与他人开展民事活动时即应当讲诚实，如实向交易对方告知自己的相关信息，表里如一，不弄虚作假。如我国《民法典》合同编规定的缔约过失责任，针对的就是缔结合同时的不诚实的行为；民事主体在与他人建立民事法律关系后，应当信守诺言、恪守信用，按照自己作出的承诺行使权利、履行义务，言而有信；民事主体应当本着善意的原则，相互配合，保护对方的合理期待与信赖；民事主体应当尊重他人的合法权益，尊重社会公共利益；民事主体应当善意行使权利，不得滥用权利；民事主体不得规避法律，不得故意曲解合同条款；等等。诚信原则的内涵和外延都是概括性的、抽象的，因此，诚信原则有很大的适用性，民事主体从事任何民事活动都应当遵守该原则，不论民事主体自己行使权利，或在与他人建立民事法律关系之前、之中、之后都必须始终贯彻诚信原则，按照诚信原则的要求善意行事。②

（二）诚信原则的功能

诚信原则具有高度抽象性和概括性，对于民事主体从事民事活动、司法机关进行民事裁判都具有重要作用。具体而言，诚信原则有如下功能：

1. 诚信原则指导当事人依法正确行使权利、履行义务

诚信原则要求民事主体从事民事活动应当讲诚实、守信用，以善意的方式行使权利、履行义务，言行一致，恪守诺言。民事主体应当从以下几个方面遵循诚信原则：（1）民事主体开展民事活动时应当讲诚实，如实告知相对方自

---

① 参见徐国栋：《民法基本原则解释——诚信原则的历史、实务、法理研究》，北京大学出版社2013年版，第84~88页。

② 参见黄薇主编：《中华人民共和国民法典总则编释义》，法律出版社2020年版，第27、30页。

己的相关真实信息，不弄虚作假，不欺诈。应当依诚信原则订立契约和履行契约，严格遵守体现伦理道德要求的诚实、守信、善意等规则。在婚姻家庭关系中，结婚前一方患有重大疾病的，应当在结婚登记前如实告知另一方；不如实告知的，另一方可以向人民法院请求撤销婚姻。（2）民事主体应以善意、合法的方式行使权利。不得以损害他人和社会利益的方式来获取私利。在合同履行中，当事人应当按照约定全面履行自己的义务，恪守承诺，不擅自毁约，并遵循诚信原则，根据合同的性质、目的和交易习惯履行通知、协助、保密等义务，并避免浪费资源、污染环境和破坏生态。（3）在当事人约定不明确或者订约后客观情形发生重大改变时，应依诚实信用的要求确定当事人的权利义务和责任。

2.诚信原则可以克服成文法的局限性，承认司法活动的能动性，授予法官自由裁量权

成文法具有不完全性特征，面对丰富多彩、发展变化的社会经济生活，会暴露出不合目的性、不周延性、模糊性、滞后性等问题。在此情况下，诚信原则可以作为法官解释民法规范的重要指导。（1）在司法理念方面，诚信原则要求司法审判人员能够依据诚信、公平的观念正确理解法律、解释法律、适用法律。（2）在弥补法律规定不足方面，法官可以通过诚信原则实现法的续造和漏洞填补，为新的社会利益冲突和问题解决提供法律依据，从而实现法与变动的生活关系或社会中的价值标准的协调。（3）运用诚信原则也可以填补合同漏洞。在合同的内容确实存在遗漏，通过合同条款和合同法规定无法对合同漏洞进行解释时，可以适用诚信原则进行填补解释，弥补合同空白，平衡民事主体之间的利益。

3.诚信原则为利益关系平衡提供依据和法理支持

诚信原则谋求民事活动中当事人之间以及当事人与社会之间利益的平衡，即要求民事主体在进行民事活动、履行民事义务时，既要维护各方面当事人的利益平衡，又要维护当事人利益和社会利益的平衡。利益平衡的实现，有赖于民事主体以诚实之理念善意地行使权利、履行义务，并通过法官的公正审理和能动性司法来保障，进而降低交易成本、提高交易效率、保障交易安全、实现社会公平正义。①

---

① 参见最高人民法院民法典贯彻实施工作领导小组主编：《中华人民共和国民法典总则编理解与适用》，人民法院出版社2020年版，第65~66页。

（三）诚信原则的适用

因诚信原则具有克服成文法局限性，授予法官自由裁量权的功能，这使得诚信原则在司法实践中应用非常广泛。其适用的基本前提是：（1）隐性违法。所谓"隐性违法"是指在进行民事活动中，当事人的行为虽然在客观上符合法律的规定或者不违反法律的禁止性规定，但是在事实上该行为会损害第三人或社会的合法利益。（2）具体规则穷尽。一般包括以下两种情况：第一，存在法律空白，包括"法律漏洞"与"法律滞后"。前者是指对于某种法律问题，由于历史发展、社会环境与主观意识等因素的制约，立法者根本无法预见到，从而立法上存在真空；后者是指立法者即使预见到了，但是由于社会的发展该规则不能适应形势发展的需要。在上述这两种情况下，法官都可以适用诚信原则。第二，存在法律规范冲突。在这种情况下，由于不能适用任何一个规范，也可以适用诚信原则。①

根据"具体规则穷尽"的适用前提，诚信原则的适用应当遵循以下原则：（1）当法律有具体规定时，应优先适用该具体规定，不能随便抛弃具体规范而直接适用诚信原则。（2）虽无具体规定，如能够以类推适用等漏洞补充方法予以补充，亦不得适用诚信原则；（3）只在以类推适用等漏洞补充方法仍不能解决时，才能适用诚信原则。故此，在具体适用时需要注意：首先，诚信原则只能处于补充性的地位，这种地位是相对于其他现行法律而言的，这就决定了法官在审理案件时，只有在现行法律没有规定，或者依据现行法律规定处理，会造成当事人之间实质上的不公平或使社会利益遭受损害的情况下，法官才可以遵循诚信原则。其次，诚信原则作为司法原则，其在司法过程中的适用是由法官来完成的，法官能力的强弱也决定了诚信原则是否会被滥用。这不仅需要司法机关不断加强对法官的监督和制约，加强对其工作人员的教育和约束，更需要法官的自律、自省和担当。

在适用方式上，以诚信原则为依据所作出的裁判，主要表现为两种样态：（1）单独适用，即仅以诚信原则为依据进行说理、裁判。（2）综合适用，即结合具体的法律法规进行适用。比较而言，单独适用的情况极少，而大多数判决出于对"具体规则穷尽""禁止向一般条款逃逸"的考虑，都是结合具体法律

---

① 参见陈玉梅、贺银花：《契约法诚实信用原则研究》，中国社会科学出版社2012年版，第105~107页。

法规予以适用的。在适用情形上,结合诚信原则的基本功能,主要表现为:其一,明确当事人之间的具体权利义务;其二,解释法律法规或合同条款;其三,评价当事人的行为;其四,宣示性说理适用。①

▶ 适用指引

一、诚信原则与虚假诉讼

虚假诉讼一直是司法实践和理论上的难题,严惩虚假诉讼行为,对于推进诉讼诚信建设具有重大意义。《民事诉讼法》2012年修正时第一次在立法上明确了虚假诉讼概念,其中第112条与第56条相结合,构成2012年《民事诉讼法》对虚假诉讼事前防范与事后救济的多角度、全方位治理体系。2012年《民事诉讼法》第112条②规定了虚假诉讼的法律后果、责任承担,第56条③针对涉及第三人的虚假诉讼,赋予了第三人参加诉讼、提起异议之诉的权利。

从广义上分析,虚假诉讼分为两种类型,第一种虚假诉讼(也被称为狭义虚假诉讼)是双方当事人共同实施虚假诉讼行为,侵害他人合法权益;第二种虚假诉讼行为是原告恶意进行诉讼,企图通过民事诉讼侵犯被告的合法民事权益。我国《民事诉讼法》仅仅规定了狭义的虚假诉讼,即双方当事人故意通过虚假诉讼,侵犯案外第三人的合法民事权益。④但2021年11月10日施行的《最高人民法院关于深入开展虚假诉讼整治工作的意见》(法〔2021〕281号)第2条,将单独一方恶意提起诉讼,损害国家利益、社会公共利益或者他人合法权益的情形也纳入了虚假诉讼的范围。其后印发的《最高人民法院关于在民事诉讼中防范与惩治虚假诉讼工作指引(一)》明确规定,"行为人单独或者与他人恶意串通"为人民法院认定存在虚假诉讼时需考虑的因素。一般来说虚假诉讼包含以下要素:(1)以规避法律、法规或国家政策谋取非法利益为目的;(2)双方当事人恶意串通或一方恶意提起诉讼;(3)虚构事实;(4)借

---

① 参见中国审判理论研究会民事审判理论专业委员会编:《民法典总则编条文理解与司法适用》,法律出版社2020年版,第27~28页。
② 2021年12月24日第四次修正后的《民事诉讼法》第115条。
③ 2021年12月24日第四次修正后的《民事诉讼法》第59条。
④ 参见宋平:《民事诉讼诚实信用原则与管辖权滥用之规制研究》,厦门大学出版社2018年版,第121页。

用合法的民事程序；(5)侵害国家利益、社会公共利益或者案外人的合法权益。根据以上指引，需要重点甄别可能存在虚假诉讼的案件类型有：(1)民间借贷纠纷；(2)买卖合同纠纷；(3)劳务合同纠纷、确认劳动关系纠纷和追索劳动报酬纠纷；(4)股权转让纠纷；(5)房屋买卖合同纠纷；(6)建设工程施工合同纠纷；(7)债权转让合同纠纷；(8)追偿权纠纷；(9)案外人执行异议之诉；(10)交通事故损害赔偿中的保险理赔纠纷；(11)租赁合同纠纷；(12)继承纠纷；(13)公司分立（合并）、企业破产纠纷；(14)以物抵债纠纷；(15)其他可能存在虚假诉讼的案件。

当前司法实践中，虚假诉讼的表现主要是：(1)当事人为夫妻、父母等近亲属关系或者关联企业等共同利益关系，诉讼结果可能涉及案外人利益；(2)原告诉请司法保护的标的额与其自身经济状况严重不符，被告存在经济状况恶化意图转移有效资产等特殊情况；(3)原告起诉所依据的事实和理由明显不合常理；(4)当事人之间不存在实质性民事权益争议，在诉讼中没有实质性对抗辩论；(5)诉讼参与人提供的证据单一，前后矛盾，不能形成证据链条；或者诉讼参与人提供的证据只能证明案件事实存在，但双方并不存在争议焦点；(6)案件证据不足，但双方仍然主动迅速达成调解协议，请求人民法院出具调解书。① (7)当事人身陷沉重债务负担却以明显不合理的低价转让财产、以明显不合理的高价受让财产或者放弃财产权利；(8)当事人亲历案件事实却不能完整准确陈述案件事实或者陈述前后矛盾等；(9)当事人的自认不符合常理。

为此，人民法院要注意在案件事实查证中甄别虚假诉讼的情况：首先，确立"自认否定"制度。《民事诉讼法解释》第92条对民事诉讼中的自认进行了规定。在大陆法系国家和地区，诉讼上的自认是证明责任的一种例外，其本身并非证据方法，而是在辩论主义诉讼模式下当事人行使处分权的结果。在诉讼中，自认一经作出，即产生两方面的效果：其一，对当事人产生拘束力，即当事人一方对另一方主张的于其不利的事实一经作出承认的声明或表示，另一方当事人即无须对该事实举证证明，而且除特定情形外作出自认的当事人也不能撤销或否认其自认；其二，对法院产生拘束力，即对于当事人自认的事实，法院在原则上应当予以确认，不能作出与自认的事实相反的认定，无法定情形不

---

① 参见最高人民法院民法典贯彻实施工作领导小组主编：《中华人民共和国民法典总则编理解与适用》，人民法院出版社2020年版，第68页。

能否定自认的效力。我国《民事诉讼法》将诉讼中的自认作为举证责任的例外对待。但以下情形不适用自认：

其一，人民法院应当依职权调查的事实。即《民事诉讼法解释》第96条规定的，包括涉及可能损害国家利益、社会公共利益的事实，涉及身份关系的事实，涉及公益诉讼、恶意虚假诉讼的事实以及纯粹的程序性事项。尤其民间借贷纠纷，执行异议之诉，劳动争议，离婚析产纠纷，诉离婚案件一方当事人的财产纠纷，企业破产纠纷，公司分立（合并）纠纷，涉驰名商标的商标纠纷，涉拆迁的离婚、分家析产、继承、房屋买卖合同纠纷，涉房屋限购和机动车配置指标调控等宏观调控政策的买卖合同、以物抵债纠纷等各类纠纷，是虚假诉讼易发领域。对上述案件，各级人民法院应当重点关注、严格审查，加大整治虚假诉讼工作力度。

其二，与法院已经查明的事实不相符的事实。在自认的事实与人民法院查明的事实不符的场合，由于事实已经被证据所证明，从发现真实、以事实为根据的角度来看，无当事人自认适用的余地。法官在审理案件中遇见前述虚假诉讼的常见9种情形，为查明事实，应当传唤当事人本人到庭，就有关案件事实接受询问；除法定事由外，应当要求证人出庭作证。要充分发挥《民事诉讼法解释》有关当事人和证人签署保证书规定的作用，在询问当事人之前或者证人作证之前，应当要求当事人、证人签署保证书。保证书应当载明据实陈述、如有虚假陈述愿意接受处罚等内容。负有举证责任的当事人拒绝到庭、拒绝接受询问或者拒绝签署保证书，待证事实又欠缺其他证据证明的，对其主张的事实不予认定。证人拒绝签署保证书的，不得作证，自行承担相关费用；诉讼中，一方对另一方提出的于己不利的事实明确表示承认，且不符合常理的，要做进一步查明，慎重认定。

其次，强化"调解审查"制度。当事人对诉讼标的无实质性争议，主动达成调解协议并申请人民法院出具调解书的，应当审查协议内容是否符合案件基本事实、是否违反法律规定、是否涉及案外人利益、是否规避国家政策。调解协议涉及确权内容的，应当在查明权利归属的基础上决定是否出具调解书。不能仅以当事人可自愿处分民事权益为由，降低对调解协议所涉法律关系真实性、合法性的审查标准，尤其要注重审查调解协议是否损害国家利益、社会公共利益或者他人合法权益。当事人诉前达成调解协议，申请司法确认的，应当着重审查调解协议是否存在违反法律、行政法规强制性规定，违背公序良俗或者侵害国家利益、社会公共利益、他人合法权益等情形；诉前调解协议内容涉及物权、知识产权确权的，应当裁定不予受理，已经受理的，应当裁定驳回申请。

再次，增加案件审理的透明度与监督。对于没有独立的请求权，但案件处理结果与其有法律上利害关系的第三人，法院可依职权通知其参加诉讼，避免其民事权益受到侵害；第三人因不能归责于本人的事由未参加诉讼，且有证据证明发生法律效力的判决、裁定、调解书的全部或者部分内容错误损害其民事权益，自知道或者应当知道其民事权益受到损害之日起六个月内，可以提起第三人撤销之诉；其中有独立请求权的第三人因不能归责于本人的事由未参加诉讼，可以依据《民事诉讼法》第207条第8项之规定申请法院再审；如案外人与诉讼无实体法律关系，无法提起第三人撤销之诉或申请再审，人民法院可根据《民事诉讼法》第205条之规定，以院长发现、上级法院发现等形式，予以再审纠错。

最后，加大惩戒力度。人民法院认定为虚假诉讼的案件，原告申请撤诉的，不予准许，应当根据《民事诉讼法》第115条规定，驳回其诉讼请求；虚假诉讼行为情节恶劣、后果严重或者多次参与虚假诉讼、制造系列虚假诉讼案件的，要加大处罚力度；虚假诉讼侵害他人民事权益的，行为人应当承担赔偿责任；人民法院在办理案件过程中发现虚假诉讼涉嫌犯罪的，应当依法及时将相关材料移送刑事侦查机关；公职人员或者国有企事业单位人员制造、参与虚假诉讼的，应当通报所在单位或者监察机关；律师、基层法律服务工作者、鉴定人、公证人等制造、参与虚假诉讼的，可以向有关行政主管部门、行业协会发出司法建议，督促及时予以行政处罚或者行业惩戒。司法工作人员利用职权参与虚假诉讼的，应当依法从严惩处；构成犯罪的，应当依法从严追究刑事责任。

二、诚信原则与合同

诚信原则作为一个高度抽象化的基本原则，通过在每一个制度中法律规则的具体化，为民事主体设定较高的行为标准。为此，《民法典》不仅在总则编中确立了诚信原则，还在合同编中进一步具体化，形成了一个合同义务群。[①]

---

① 参见韩世远：《合同法总论》，法律出版社2008年版，第34页。

可以说诚信原则贯穿了《民法典》合同编的始终，起到了保障交易安全、衡平当事人利益、降低交易费用的重要作用，具体体现在：

（一）先合同义务与缔约过失责任

先合同义务是当事人在缔约阶段，按照诚信原则应承担的协助、通知、保护、忠实等义务。《民法典》第500条具体列明了违反先合同义务的两种情形，并认定违反该义务造成对方损失的应承担缔约过失责任：一是假借订立合同，恶意进行磋商，二是故意隐瞒与订立合同有关的重要事实或者提供虚假情况。其中"与订立合同有关的重要事实或情况"应指对相对人订约意愿、如何约定条款有重大影响的事实和情况，个案中应根据具体的合同加以判断。先合同义务的内涵是不断发展并日益丰富的，应当与具体的时空和事件相结合，抽象地研讨先合同义务并无实益，一般来说先合同义务可以归纳为四种类型：诚信缔约义务、告知义务、保密义务和其他先合同义务。《民法典》第500条第3项兜底条款为先合同义务在中国法实践中的发展预留了充分空间。缔约过程中诚信义务违反与否的认定，其核心即在于诚信原则的解释。该解释不可避免地会具有因须契合个案和情境而生的弹性。审判实践中需要根据具体的案件情形把握先合同义务。①

（二）合同生效至履行前的义务与预期违约责任

预期违约系英美法系的概念，发端于英国普通法"1853年霍切斯特诉陶尔案"，② 大陆法系并无独立的预期违约制度。我国原《合同法》吸纳了该制度，《民法典》第578条予以承袭，即"当事人一方明确表示或者以自己的行为表明不履行合同义务的，对方可以在履行期限届满前请求其承担违约责任"。预期违约包括明示违约和默示违约两种。所谓明示违约，是指合同履行期限届满前，一方当事人无正当理由明确向对方当事人表示其将不履行合同。所谓默示违约，是指合同履行期限届满前，一方当事人有确凿的证据证明对方当事人在履行期限届满前，将违约或不能履行合同，而对方又不愿提供必要的履行担

---

① 参见最高人民法院民法典贯彻实施工作领导小组主编：《中华人民共和国民法典合同则编理解与适用》，人民法院出版社2020年版，第273页。
② 参见陈玉梅、贺银花：《契约法诚实信用原则研究》，中国社会科学出版社2012年版，第91页。

保的情形。预期违约的救济手段在功能上可以区分为两种：一是防御性、一时性救济手段，即当事人中止或拒绝履行自己所负合同义务的权利，不安抗辩权属于此种救济；二是进攻性救济手段，包括履约担保请求权、期前合同解除权、期前损害赔偿请求权等，其中合同解除和损害赔偿为终局性救济手段。①但当事人行使合同解除和损害赔偿请求权时，应严格遵守诚信原则和法律的有关规定，不得因对方支付能力上出现暂时的或者并不严重的困难，便借故终止合同的履行。如因违反诚信原则而行使终止权，给对方造成损失，应负损害赔偿责任。②

（三）合同义务与违约责任

1.在当事人对合同条款的理解有争议时，诚信原则作为民法的"帝王条款"，在合同解释上具有两方面的功能：第一，兜底功能。在其他解释方法难以探明当事人真意之时，有权解释主体可以依据诚信原则，从平衡当事人利益的角度出发，依据交易活动所需遵循的诚信标准，来解释合同的内容。第二，价值尺度功能。诚信原则作为民法的一项基本原则，除了能够弥补具体规范的漏洞，还能为司法裁判提供价值方面的指引。如若依据其他解释方法所得出的结论有违一般公平正义之理念，则应依据诚信原则对其进行矫正，以保证合同解释结论的合理性和公正性。但要注意的是，诚信解释方法的使用需以其他解释方法无法探明当事人真意或依据其他解释所得出的结论有悖于一般公平正义的观念为前提。诚信原则作为民法的基本原则之一，具有价值指导性和内容抽象性的特征。为了避免"向一般条款逃避"的现象出现，应尽量避免诚信解释方法的直接使用，唯有在穷尽其他解释方法仍不能探明当事人真意，或其他解释方法得出的结论有悖于一般公平正义观念时，方可运用诚信的解释方法。③

2.在确定违约责任，区分当事人责任时，对于如何判断当事人双方的过错大小、程度的问题，应依照公平原则和诚信原则来确定。

3.对合同附随义务的认定。《民法典》509条第2款规定了当事人的"通

---

① 参见最高人民法院民法典贯彻实施工作领导小组主编：《中华人民共和国民法典合同则编理解与适用》，人民法院出版社2020年版，第722~723页。
② 参见王利明、崔建远：《合同法新论·总则》，中国政法大学出版社1996年版，第124页。
③ 参见最高人民法院民法典贯彻实施工作领导小组主编：《中华人民共和国民法典合同则编理解与适用》，人民法院出版社2020年版，第39~41页。

知、协助、保密等义务",法律上称为"附随义务"。所谓"附随",是相对于合同中约定的当事人的"给付"义务而言的,附随义务是为了辅助实现债权人的给付利益。附随义务并非源于合同当事人的约定,而是诚信原则在合同履行过程中的具体体现,由法律对当事人的相关履行行为细节进行规范。附随义务本质上是附加的行为义务,已经脱离了给付的范畴,属于债务的范畴,即更加强调履行行为本身,而并不要求特定结果的出现,所以附随义务本身并无独立的可诉性,相对人不能单独主张实际履行。附随义务的具体形态包括但不限于通知义务、协助义务、保密义务、保护义务、照顾义务等。①

(四)后合同义务

《民法典》第 558 条对合同权利义务关系终止后,当事人应当遵循诚信等原则,根据交易习惯履行的后合同义务进行了规定。亦即诚信原则不仅要求当事人在债权债务产生、履行、变更过程中要讲诚信,在债权债务终止后,当事人也应当遵守诚信原则,根据交易习惯履行通知、协助、保密、旧物回收等义务,维护已经完成的合同给付成果。《民法典》没有对违反后合同的责任作具体规定,结合司法实践及参考《合同法解释(二)》第 22 条关于"当事人一方违反合同法第九十二条规定的义务,给对方当事人造成损失,对方当事人请求赔偿实际损失的,人民法院应当支持"的规定,应认为违反后合同义务的责任是根据法律规定产生的责任,不属于违约责任。②

▶ 指导案例

指导案例 109 号:安徽省外经建设(集团)有限公司诉东方置业房地产有限公司保函欺诈纠纷案

(最高人民法院审判委员会讨论通过　2019 年 2 月 25 日发布)

关键词:民事　保函欺诈　基础交易审查　有限及必要原则　独立反担保函

---

① 参见最高人民法院民法典贯彻实施工作领导小组主编:《中华人民共和国民法典合同则编理解与适用》,人民法院出版社 2020 年版,第 342~343 页。
② 参见最高人民法院民法典贯彻实施工作领导小组主编:《中华人民共和国民法典合同则编理解与适用》,人民法院出版社 2020 年版,第 604、611 页。

裁判摘要：

1. 认定构成独立保函欺诈需对基础交易进行审查时，应坚持有限及必要原则，审查范围应限于受益人是否明知基础合同的相对人并不存在基础合同项下的违约事实，以及是否存在受益人明知自己没有付款请求权的事实。

2. 受益人在基础合同项下的违约情形，并不影响其按照独立保函的规定提交单据并进行索款的权利。

3. 认定独立反担保函项下是否存在欺诈时，即使独立保函存在欺诈情形，独立保函项下已经善意付款的，人民法院亦不得裁定止付独立反担保函项下款项。

相关法条：

《中华人民共和国涉外民事关系法律适用法》第8条、第44条

基本案情：

2010年1月16日，东方置业房地产有限公司（以下简称东方置业公司）作为开发方，与作为承包方的安徽省外经建设（集团）有限公司（以下简称外经集团公司）、作为施工方的安徽外经建设中美洲有限公司（以下简称外经中美洲公司）在哥斯达黎加共和国圣何塞市签订了《哥斯达黎加湖畔华府项目施工合同》（以下简称《施工合同》），约定承包方为三栋各十四层综合商住楼施工。外经集团公司于2010年5月26日向中国建设银行股份有限公司安徽省分行（以下简称建行安徽省分行）提出申请，并以哥斯达黎加银行作为转开行，向作为受益人的东方置业公司开立履约保函，保证事项为哥斯达黎加湖畔华府项目。2010年5月28日，哥斯达黎加银行开立编号为G051225的履约保函，担保人为建行安徽省分行，委托人为外经集团公司，受益人为东方置业公司，担保金额为2008000美元，有效期至2011年10月12日，后延期至2012年2月12日。保函说明：无条件的、不可撤销的、必须的、见索即付的保函。执行此保函需要受益人给哥斯达黎加银行中央办公室外贸部提交一式两份的证明文件，指明执行此保函的理由，另外由受益人出具公证过的声明指出通知外经中美洲公司因为违约而产生此请求的日期，并附上保函证明原件和已经出具过的修改件。建行安徽省分行同时向哥斯达黎加银行开具编号为34147020000289的反担保函，承诺自收到哥斯达黎加银行通知后二十日内支付保函项下的款项。反担保函是"无条件的、不可撤销的、随时要求支付的"，并约定"遵守国际商会出版的458号《见索即付保函统一规则》"。

《施工合同》履行过程中，2012年1月23日，建筑师Jose Brenes和Mauricio Mora出具《项目工程检验报告》。该报告认定了施工项目存在"施工不良""品质低劣"且需要修改或修理的情形。2012年2月7日，外经中美洲公司以东方置业公司为被申请人向哥斯达黎加建筑师和工程师联合协会争议解决中心提交仲裁请求，认为东方置业公司拖欠应支付之已完成施工量的工程款及相应利息，请求解除合同并裁决东方置业公司赔偿损失。2月8日，东方置业公司向哥斯达黎加银行提交索赔声明、违约通知书、违约声明、《项目工程检验报告》等保函兑付文件，要求执行保函。2月10日，哥斯达黎加银行向建行安徽省分行发出电文，称东方置业公司提出索赔，要求支付G051225号银行保函项下2008000美元的款项，哥斯达黎加银行进而要求建行安徽省分行须于2012年2月16日前支付上述款项。2月12日，应外经中美洲公司申请，哥斯达黎加共和国行政诉讼法院第二法庭下达临时保护措施禁令，裁定哥斯达黎加银行暂停执行G051225号履约保函。

2月23日，外经集团公司向合肥市中级人民法院提起保函欺诈纠纷诉讼，同时申请中止支付G051225号保函、34147020000289号保函项下款项。一审法院于2月27日作出（2012）合民四初字第00005—1号裁定，裁定中止支付G051225号保函及34147020000289号保函项下款项，并于2月28日向建行安徽省分行送达了上述裁定。2月29日，建行安徽省分行向哥斯达黎加银行发送电文告知了一审法院已作出的裁定事由，并于当日向哥斯达黎加银行寄送了上述裁定书的复印件，哥斯达黎加银行于3月5日收到上述裁定书复印件。

3月6日，哥斯达黎加共和国行政诉讼法院第二法庭判决外经中美洲公司申请预防性措施败诉，解除了临时保护措施禁令。3月20日，应哥斯达黎加银行的要求，建行安徽省分行延长了34147020000289号保函的有效期。3月21日，哥斯达黎加银行向东方置业公司支付了G051225号保函项下款项。

2013年7月9日，哥斯达黎加建筑师和工程师联合协会作出仲裁裁决，该仲裁裁决认定东方置业公司在履行合同过程中严重违约，并裁决终止《施工合同》，东方置业公司向外经中美洲公司支付1号至18号工程进度款共计800058.45美元及利息；第19号工程因未获得开发商验收，相关工程款请求未予支持；因G051225号保函项下款项已经支付，不支持外经中美洲公司退还保函的请求。

裁判结果：

安徽省合肥市中级人民法院于2014年4月9日作出（2012）合民四初字第00005号民事判决：一、东方置业公司针对G051225号履约保函的索赔行为构成欺诈；二、建行安徽省分行终止向哥斯达黎加银行支付编号为34147020000289的银行保函项下2008000美元的款项；三、驳回外经集团公司的其他诉讼请求。东方置业公司不服一审判决，提起上诉。安徽省高级人民法院于2015年3月19日作出（2014）皖民二终字第00389号民事判决：驳回上诉，维持原判。东方置业公司不服二审判决，向最高人民法院申请再审。最高人民法院于2017年12月14日作出（2017）最高法民再134号民事判决：一、撤销安徽省高级人民法院（2014）皖民二终字第00389号、安徽省合肥市中级人民法院（2012）合民四初字第00005号民事判决；二、驳回外经集团公司的诉讼请求。

裁判理由：

最高人民法院认为：第一，关于本案涉及的独立保函欺诈案件的识别依据、管辖权以及法律适用问题。

本案争议的当事方东方置业公司及哥斯达黎加银行的经常居所地位于我国领域外，本案系涉外商事纠纷。根据《中华人民共和国涉外民事关系法律适用法》第八条"涉外民事关系的定性，适用法院地法"的规定，外经集团公司作为外经中美洲公司在国内的母公司，是涉案保函的开立申请人，其申请建行安徽省分行向哥斯达黎加银行开立见索即付的反担保保函，由哥斯达黎加银行向受益人东方置业公司转开履约保函。根据保函文本内容，哥斯达黎加银行与建行安徽省分行的付款义务均独立于基础交易关系及保函申请法律关系，因此，上述保函可以确定为见索即付独立保函，上述反担保保函可以确定为见索即付独立反担保函。外经集团公司以保函欺诈为由向一审法院提起诉讼，本案性质为保函欺诈纠纷。被请求止付的独立反担保函由建行安徽省分行开具，该分行所在地应当认定为外经集团公司主张的侵权结果发生地。一审法院作为侵权行为地法院对本案具有管辖权。因涉案保函载明适用《见索即付保函统一规则》，应当认定上述规则的内容构成争议保函的组成部分。根据《中华人民共和国涉外民事关系法律适用法》第四十四条"侵权责任，适用侵权行为地法律"的规定，《见索即付保函统一规则》未予涉及的保函欺诈之认定标准应适用中华人民共和国法律。我国没有加入《联合国独立保证与备用信用证公约》，本案当

第一章　基本规定 | 第七条

事人亦未约定适用上述公约或将公约有关内容作为国际交易规则订入保函，依据意思自治原则，《联合国独立保证与备用信用证公约》不应适用。

第二，关于东方置业公司作为受益人是否具有基础合同项下的初步证据证明其索赔请求具有事实依据的问题。

人民法院在审理独立保函及与独立保函相关的反担保案件时，对基础交易的审查，应当坚持有限原则和必要原则，审查的范围应当限于受益人是否明知基础合同的相对人并不存在基础合同项下的违约事实或者不存在其他导致独立保函付款的事实。否则，对基础合同的审查将会动摇独立保函"见索即付"的制度价值。

根据《最高人民法院关于贯彻执行〈中华人民共和国民法通则〉若干问题的意见（试行）》第六十八条的规定，欺诈主要表现为虚构事实与隐瞒真相。根据再审查明的事实，哥斯达黎加银行开立编号为G051225的履约保函，该履约保函明确规定了实现保函需要提交的文件为：说明执行保函理由的证明文件、通知外经中美洲公司执行保函请求的日期、保函证明原件和已经出具过的修改件。外经集团公司主张东方置业公司的行为构成独立保函项下的欺诈，应当提交证据证明东方置业公司在实现独立保函时具有下列行为之一：1.为索赔提交内容虚假或者伪造的单据；2.索赔请求完全没有事实基础和可信依据。本案中，保函担保的是"施工期间材料使用的质量和耐性，赔偿或补偿造成的损失，和/或承包方未履行义务的赔付"，意即，保函担保的是施工质量和其他违约行为。因此，受益人只需提交能够证明存在施工质量问题的初步证据，即可满足保函实现所要求的"说明执行保函理由的证明文件"。本案基础合同履行过程中，东方置业公司的项目监理人员Jose Brenes和Mauricio Mora于2012年1月23日出具《项目工程检验报告》。该报告认定了施工项目存在"施工不良""品质低劣"且需要修改或修理的情形，该《项目工程检验报告》构成证明存在施工质量问题的初步证据。

本案当事方在《施工合同》中以及在保函项下并未明确约定实现保函时应向哥斯达黎加银行提交《项目工程检验报告》，因此，东方置业公司有权自主选择向哥斯达黎加银行提交"证明执行保函理由"之证明文件的类型，其是否向哥斯达黎加银行提交该报告不影响其保函项下权利的实现。另外，《施工合同》以及保函亦未规定上述报告须由AIA国际建筑师事务所或者具有美国建筑师协会国际会员身份的人员出具，因此，Jose Brenes和Mauricio Mora是否具有美国建筑师协会国际会员身份并不影响其作为发包方的项目监理人员出具《项目工程检验报告》。外经集团公司对Jose Brenes和Mauricio Mora均为发包方的项目监理人员身份是明知的,在其出具《项目工程检验报告》并领取工程款项时对Jose Brenes和Mauricio Mora的监理身份是认可的,其以自身认可的足以证明Jose Brenes和Mauricio Mora监理身份的证据反证Jose Brenes和Mauricio Mora出具的《项目工程检验报告》虚假,逻辑上无法自洽。因外经集团公司未能提供其他证据证明东方置业公司实现案涉保函完全没有事实基础或者提交虚假或伪造的文件,东方置业公司据此向哥斯达黎加银行申请实现保函权利具有事实依据。

综上,《项目工程检验报告》构成证明外经集团公司基础合同项下违约行为的初步证据,外经集团公司提供的证据不足以证明上述报告存在虚假或者伪造,亦不足以证明东方置业公司明知基础合同的相对人并不存在基础合同项下的违约事实或者不存在其他导致独立保函付款的事实而要求实现保函。东方置业公司基于外经集团公司基础合同项下的违约行为,依据合同的规定,提出实现独立保函项下的权利不构成保函欺诈。

第三,关于独立保函受益人基础合同项下的违约情形,是否必然构成独立保函项下的欺诈索款问题。

外经集团公司认为,根据《最高人民法院关于审理独立保函纠纷案件若干问题的规定》(以下简称独立保函司法解释)第十二条第三项、第四项、第五项,应当认定东方置业公司构成独立保函欺诈。根据独立保函司法解释第二十五条的规定,经庭审释明,外经集团公司仍坚持认为本案处理不应违反独立保函司法解释的规定精神。结合外经集团公司的主张,最高人民法院对上述涉及独立保函司法解释的相关问题作出进一步阐释。

独立保函独立于委托人和受益人之间的基础交易,出具独立保函的银行只负责审查受益人提交的单据是否符合保函条款的规定并有权自行决定是否付款,担保行的付款义务不受委托人与受益人之间基础交易项下抗辩权的影响。东方置业公司作为受益人,在提交证明存在工程质量问题的初步证据时,即使未启动任何诸如诉讼或者仲裁等争议解决程序并经上述程序确认相对方违约,都不影响其保函权利的实现。即使基础合同存在正在进行的诉讼或者仲裁程序,只要相关争议解决程序尚未作出基础交易债务人没有付款或者赔偿责任的最终认定,亦不影响受益人保函权利的实现。进而言之,即使生效判决或者仲裁裁决认定受益人构成基础合同项下的违约，该违约事实的存在亦不必然成为构成保函"欺诈"的充分必要条件。

本案中，保函担保的事项是施工质量和其他违约行为，而受益人未支付工程款项的违约事实与工程质量出现问题不存在逻辑上的因果关系，东方置业公司作为受益人，其自身在基础合同履行中存在的违约情形，并不必然构成独立保函项下的欺诈索款。独立保函司法解释第十二条第三项的规定内容，将独立保函欺诈认定的条件限定为"法院判决或仲裁裁决认定基础交易债务人没有付款或赔偿责任"，因此，除非保函另有约定，对基础合同的审查应当限定在保函担保范围内的履约事项，在将受益人自身在基础合同中是否存在违约行为纳入保函欺诈的审查范围时应当十分审慎。虽然哥斯达黎加建筑师和工程师联合协会作出仲裁裁决，认定东方置业公司在履行合同过程中违约，但上述仲裁程序于2012年2月7日由外经集团公司发动，东方置业公司并未提出反请求，2013年7月9日作出的仲裁裁决仅针对外经集团公司的请求事项认定东方置业公司违约，但并未认定外经集团公司因对方违约行为的存在而免除付款或者赔偿责任。因此，不能依据上述仲裁裁决的内容认定东方置业公司构成独立保函司法解释第十二条第三项规定的保函欺诈。

另外，双方对工程质量发生争议的事实以及哥斯达黎加建筑师和工程师联合协会争议解决中心作出的《仲裁裁决书》中涉及工程质量问题部分的表述能够佐证，外经中美洲公司在《施工合同》项下的义务尚未完全履行，本案并不存在东方置业公司确认基础交易债务已经完全履行或者付款到期事件并未发生的情形。现有证据亦不能证明东方置业公司明知其没有付款请求权仍滥用权利。东方置业公司作为受益人，其自身在基础合同履行中存在的违约情形，虽经仲裁裁决确认但并未因此免除外经集团公司的付款或者赔偿责任。综上，即使按照外经集团公司的主张适用独立保函司法解释，本案情形亦不构成保函欺诈。

第四，关于本案涉及的与独立保函有关的独立反担保函问题。

基于独立保函的特点，担保人于债务人之外构成对受益人的直接支付责任，独立保函与主债务之间没有抗辩权上的从属性，即使债务人在某一争议解决程序中行使抗辩权，并不当然使独立担保人获得该抗辩利益。另外，即使存在受益人在独立保函项下的欺诈性索款情形，亦不能推定担保行在独立反担保函项下构成欺诈性索款。只有担保行明知受益人系欺诈性索款且违反诚实信用原则付款,并向反担保行主张独立反担保函项下款项时,才能认定担保行构成独立反担保函项下的欺诈性索款。

外经集团公司以保函欺诈为由提起本案诉讼,其应当举证证明哥斯达黎加银行明知东方置业公司存在独立保函欺诈情形,仍然违反诚信原则予以付款,并进而以受益人身份在见索即付独立反担保函项下提出索款请求并构成反担保函项下的欺诈性索款。现外经集团公司不仅不能证明哥斯达黎加银行向东方置业公司支付独立保函项下款项存在欺诈,亦没有举证证明哥斯达黎加银行在独立反担保函项下存在欺诈性索款情形,其主张止付独立反担保函项下款项没有事实依据。

▶ 典型案例

一、南京市高淳县飞达教育技术装备有限责任公司与南京市高淳区隆兴农村小额贷款有限公司、江苏金创信用再担保股份有限公司侵权责任纠纷案

关键词: 侵权　滥用诉权　诚信

裁判摘要: 债权人和债务人明知债务已清偿,债权人积极起诉担保人要求其承担连带清偿责任,债务人消极应诉且承认债权,系滥用诉讼权利损害担保人合法权益的共同侵权行为,担保人依法提出赔偿合理的律师费用等正当要求,应予支持。

基本案情: 2016年1月26日,江苏金创信用再担保股份有限公司(以下简称金创公司)在南京市雨花台区人民法院(以下简称雨花法院)起诉南京市高淳区隆兴农村小额贷款有限公司(以下简称隆兴小贷公司)、吴某强及南京市高淳县飞达教育技术装备有限责任公司(以下简称飞达公司)等,并申请财产保全。1月29日,隆兴小贷公司归还金创公司113万元,3月4日归还200万元,并于5月9日撤诉,撤诉后未解除保全。

2016年5月6日、5月13日,金创公司向雨花法院以主债务人甘某龙等9人与担保人隆兴小贷公司及反担保人飞达公司、王某明、甘某贵为被告提起9案追偿权纠纷诉讼,诉讼标的分别为代偿款共计本金1500余万元,同时主张违约金及利息等。雨花法院判决其中6案飞达公司承担连带清偿责任。后南

京市中级人民法院（以下简称南京中院）二审查明金创公司该9案的债权已得到清偿，债务消灭，改判驳回6案中金创公司的全部诉请。飞达公司认为该9案系金创公司与隆兴小贷公司共同隐瞒已清偿的事实，恶意串通进行的虚假诉讼，给飞达公司造成巨大损失，应连带赔偿飞达公司损失751万元，提起本案诉讼。

一审法院认为：《民法总则》第7条规定，民事主体从事民事活动，应当遵循诚信原则，秉持诚实，恪守承诺。南京中院终审判决认定，隆兴小贷公司于2016年3月分四次给付金创公司的1800万元系代偿款，案涉债务已清偿，两被告对此应当知晓。金创公司明知案涉债务已清偿的情形下，仍起诉飞达公司9案要求其承担连带清偿责任，系滥用诉讼权利，侵害飞达公司合法权益的行为；飞达公司一审败诉，二审胜诉，为不当诉讼支出律师费，存在损害事实；金创公司起诉及隆兴小贷公司消极应诉的行为，与飞达公司为不当诉讼支出律师代理费之间存在因果关系。飞达公司为隆兴小贷公司的经营业务无偿向金创公司提供反担保，两被告均有诚信履行反担保合同义务，且隆兴小贷公司作为反担保合同受益一方更有维护反担保人合法权益的义务，而两被告在明知债务已清偿事实情况下，金创公司起诉追偿，隆兴小贷消极应诉，二者起诉行为与消极应诉行为相结合致飞达公司一审败诉，共同损害了原告合法权益。两被告共同侵权给原告造成讼累，原告飞达公司诉请主张的律师代理费，系侵权所致直接损失，应予赔偿。其他间接损失，诉称事实与本案无关联性，不予支持。据此，一审法院判决：一、隆兴小贷、金创公司向飞达公司支付律师费损失47万元；二、驳回飞达公司其他诉讼请求。二被告不服提起上诉，南京中院二审予以维持。

【案　　号】（2018）苏01民终1228号
【审理法院】江苏省南京市中级人民法院
【来　　源】《最高人民法院公报》2019年第6期

二、杭州开迅科技有限公司诉李某、广州虎牙信息科技有限公司不正当竞争纠纷案

关键词： 不正当竞争　自由竞争　商业道德

裁判摘要： 市场竞争以自由竞争为原则，以《反不正当竞争法》的规制为例外。对于网游主播而言，其跳槽至新平台的行为虽然违反了合同约定，但为

追求自身利益最大化而违约,并不等同于该行为存在《反不正当竞争法》意义上的不正当性。在守约方能够通过合同方式得到有效救济的情况下,《反不正当竞争法》的适用更应秉持审慎、谦抑的原则,而不应随意干预当事人的行为自由。对于被诉平台而言,以高薪"挖角"、预付合同款等方式吸引优秀人才,虽然削弱了原告平台的竞争优势,但促进了人才的自由流动,有利于市场的充分竞争,并不违反商业道德。

基本案情: 触手平台系杭州开迅科技有限公司(以下简称开迅公司)运营的在线游戏解说平台。2015年8月开始,李某陆续与上海伊恬文化传播中心(以下简称伊恬中心)等经纪公司签订主播独家合作协议,约定经纪公司委托李某在触手平台进行独家游戏解说,不得为其他平台提供服务,李某的推广用名为"圣光"。

2018年9月1日,李某以"触手圣光转虎牙"为名在虎牙平台进行直播首秀。此时,李某已与广州虎牙信息科技有限公司(以下简称虎牙公司)签订合同,并收取首付款45万元,但未将相关情况通知开迅公司。开迅公司接到通知后对李某的账号进行了临时封禁。同月3日,李某又重新和伊恬中心签订《签约主播独家合作协议》,回归触手平台重启独家直播解说。

2019年3月1日,李某在触手平台直播267分钟后,又于当晚6时转至虎牙平台进行直播首秀,开迅公司接到伊恬中心通知后对李某的账号进行了封禁。李某后续仍使用原"圣光"昵称及原头像在虎牙平台上进行直播。

开迅公司认为虎牙公司有意使用其培育的主播,利用主播与用户的黏性,通过使用相同昵称、头像等影响力因素,与李某共同实施了窃取用户及流量的行为,构成不正当竞争,遂向法院提起诉讼,要求李某、虎牙公司赔偿损失1319.5万元及合理维权费用20万元。

法院经审理认为,市场竞争以自由竞争为原则,以《反不正当竞争法》的规制为例外。在市场竞争机制并未受到明显扭曲的情况下,法院不应泛化《反不正当竞争法》的适用,随意干涉市场运行和过度干预市场竞争,而应尊重经济运行规律,充分保障市场在资源配置中的基础作用,促进竞争效果的有效实现。

首先,关于李某被诉行为的评判。作为理性经济人的李某,在充分考量违约代价的预期成本前提下,为追求自身利益最大化而违约,并不等同于其行为存在《反不正当竞争法》意义上的不正当性。开迅公司可能遭受的损失,可以通过优化合同设计、完善内部管理体系、约定高额违约金等方式，加以控制和转嫁。在当事人能够通过合同方式得到有效救济的情况下，《反不正当竞争法》的适用更应秉持审慎、谦抑的原则，而不应随意干预当事人的行为自由。伊恬中心已与开迅公司就李某的违约事项进行赔偿协商，实际上已经通过合同方式承担了相应的违约责任，弥补了李某跳槽所可能给开迅公司造成的经济损失，足以平衡各方利益，在本案中针对李某的行为，《反不正当竞争法》没有再行介入的空间和必要。

其次，关于虎牙公司被诉行为的评判。商业道德是诚实信用原则在《反不正当竞争法》中的体现，但应避免把诚信原则和商业道德简单等同于个人道德或者社会公德。高薪是争夺人才的常见市场竞争方式，凭资金优势以较高的薪酬吸引优秀主播加入，形成人才的正常流动，有利于体现人才的价值，充分调动人才创新创业的积极性。此种吸引人才的方式在一个竞争充分的市场中当属常态，不应认定有悖于商业道德。虎牙公司的行为客观上虽然造成开迅公司的竞争利益受损，但竞争本身就意味着对交易机会的争夺，一方竞争获利往往意味着相对方的受损，在案证据不能证明虎牙公司采取了有违商业道德的恶意诱导等不当手段来进行商业竞争。同时，游戏直播行业并非事关国计民生，可被给予充分的竞争自由和完全市场化的运营环境，司法应尊重相关行业的发展规律，不宜过度介入。虽然主播跳槽对用户的平台选择存在较大影响，可能导致行业竞争的加剧，但并不影响消费者自主选择平台和主播的自由，不同平台仍能通过多种营销举措吸引用户。故虎牙公司的被诉行为未扭曲市场竞争秩序，也未损害消费者合法权益。综上，法院认定李某、虎牙公司的行为不构成不正当竞争，判决驳回开讯公司的诉讼请求。

【案　　号】（2020）浙民终515号
【审理法院】浙江省高级人民法院
【来　　源】2020年度浙江法院十大知识产权案件

类案检索

新疆华诚安居房地产开发有限公司诉中国铁建大桥工程局集团有限公司建设工程施工合同纠纷案

关键词： 合同无效　恶意抗辩　诚信

裁判摘要： 诚信原则既是民商事活动的基本准则，亦是民事诉讼活动应当遵循的基本准则。合同约定应当严守，诚信观念应当强化。新疆华诚安居房地产开发有限公司（以下简称华诚公司）作为涉案建设工程的招标人、甲方，主导签订了涉案《建设工程施工合同》，在合同相对方中国铁建大桥工程局集团有限公司按约履行合同而其并未按约支付工程款，一审判决华诚公司承担相应责任后，华诚公司以其自身的招标行为存在违法违规为由，于二审中主张合同无效，其行为不仅违反诚信基本原则，而且不利于民事法律关系的稳定，属于不讲诚信、为追求自身利益最大化而置他人利益于不顾的恶意抗辩行为。合同无效制度设立的重要目的在于防止因为无效合同的履行给国家、社会以及第三人利益带来损失，维护社会的法治秩序和公共道德。违法行为人恶意主动请求确认合同无效，如支持其诉求，意味着体现双方真实意愿的合同约定不仅对其没有约束力，甚至可能使其获得不正当的利益，这将违背合同无效制度设立的宗旨，也将纵容违法行为人从事违法行为，使合同无效制度沦为违法行为人追求不正当甚至非法利益的手段。

【案　　号】（2019）最高法民终347号

【审理法院】最高人民法院

第八条 民事主体从事民事活动，不得违反法律，不得违背公序良俗。

▶ 关联规定

一、法律、行政法规、司法解释

1.《中华人民共和国民法典》[①]

第十条 处理民事纠纷，应当依照法律；法律没有规定的，可以适用习惯，但是不得违背公序良俗。

第一百四十三条 具备下列条件的民事法律行为有效：

（一）行为人具有相应的民事行为能力；

（二）意思表示真实；

（三）不违反法律、行政法规的强制性规定，不违背公序良俗。

第一百五十三条 违反法律、行政法规的强制性规定的民事法律行为无效。但是，该强制性规定不导致该民事法律行为无效的除外。

违背公序良俗的民事法律行为无效。

第九百七十九条 管理人没有法定的或者约定的义务，为避免他人利益受损失而管理他人事务的，可以请求受益人偿还因管理事务而支出的必要费用；管理人因管理事务受到损失的，可以请求受益人给予适当补偿。

管理事务不符合受益人真实意思的，管理人不享有前款规定的权利；但是，受益人的真实意思违反法律或者违背公序良俗的除外。

第一千零一十二条 自然人享有姓名权，有权依法决定、使用、变更或者许可他人使用自己的姓名，但是不得违背公序良俗。

第一千零一十五条 自然人应当随父姓或者母姓，但是有下列情形之一的，可以在父姓和母姓之外选取姓氏：

[①]《民法典》第85条、第94条、第244条、第279条、第384条、第724条、第1026条、第1035条等也体现了公序良俗原则，在此不一一赘列。

（一）选取其他直系长辈血亲的姓氏；

（二）因由法定扶养人以外的人扶养而选取扶养人姓氏；

（三）有不违背公序良俗的其他正当理由。

少数民族自然人的姓氏可以遵从本民族的文化传统和风俗习惯。

2.《最高人民法院关于适用〈中华人民共和国民法典〉总则编若干问题的解释》

第二条 在一定地域、行业范围内长期为一般人从事民事活动时普遍遵守的民间习俗、惯常做法等，可以认定为民法典第十条规定的习惯。

当事人主张适用习惯的，应当就习惯及其具体内容提供相应证据；必要时，人民法院可以依职权查明。

适用习惯，不得违背社会主义核心价值观，不得违背公序良俗。

3.《最高人民法院关于审理国家赔偿案件确定精神损害赔偿责任适用法律若干问题的解释》

第三条 赔偿义务机关有国家赔偿法第三条、第十七条规定情形之一，依法应当承担国家赔偿责任的，可以同时认定该侵权行为致人精神损害。但是赔偿义务机关有证据证明该公民不存在精神损害，或者认定精神损害违背公序良俗的除外。

4.《最高人民法院关于审理民间借贷案件适用法律若干问题的规定》

第十三条第六项 具有下列情形之一的，人民法院应当认定民间借贷合同无效：

（六）违背公序良俗的。

5.《最高人民法院关于公证债权文书执行若干问题的规定》

第十九条 人民法院认定执行公证债权文书违背公序良俗的，裁定不予执行。

6.《最高人民法院关于审理使用人脸识别技术处理个人信息相关民事案件适用法律若干问题的规定》

第二条第七项 信息处理者处理人脸信息有下列情形之一的，人民法院应当认定属于侵害自然人人格权益的行为：

（七）违背公序良俗处理人脸信息。

7.《最高人民法院关于适用〈中华人民共和国民事诉讼法〉的解释》

第一百零六条 对以严重侵害他人合法权益、违反法律禁止性规定或者严重违背公序良俗的方法形成或者获取的证据,不得作为认定案件事实的根据。

二、部门规章及规范性文件

1.《中国人民银行、中共中央网络安全和信息化委员会办公室、最高人民法院、最高人民检察院、工业和信息化部、公安部、国家市场监督管理总局、中国银行保险监督管理委员会、中国证券监督管理委员会、国家外汇管理局关于进一步防范和处置虚拟货币交易炒作风险的通知》

一、明确虚拟货币和相关业务活动本质属性

(四)参与虚拟货币投资交易活动存在法律风险。任何法人、非法人组织和自然人投资虚拟货币及相关衍生品,违背公序良俗的,相关民事法律行为无效,由此引发的损失由其自行承担;涉嫌破坏金融秩序、危害金融安全的,由相关部门依法查处。

2.《文化和旅游部办公厅关于加强网络文化市场未成年人保护工作的意见》

18.规范网络主播管理。指导有关行业协会依据《网络主播警示和复出管理规范》建立跨平台联动处置机制,对发布含有严重违法违规、违背公序良俗且社会影响恶劣音视频内容的网络主播采取警示措施,从源头切断"问题主播"传播有害信息路径。

三、司法指导性文件

1.《最高人民法院关于深入开展虚假诉讼整治工作的意见》

八、慎查调解协议,确保真实合法。当事人对诉讼标的无实质性争议,主动达成调解协议并申请人民法院出具调解书的,应当审查协议内容是否符合案件基本事实、是否违反法律规定、是否涉及案外人利益、是否规避国家政策。调解协议涉及确权内容的,应当在查明权利归属的基础上决定是否出具调解书。不能仅以当事人可自愿处分民事权益为由,降低对调解协议所涉法律关系真实性、合法性的审查标准,尤其要注重审查调解协议是否损害国家利益、社会公共利益或者他人合法权益。当事人诉前达成调解协议,申请司法确认的,应当着重审查调解协议是否存在违反法律、行政法规强制性规定、违背公序良俗或者侵害国家利益、社会公共利益、他人合法权益等情形;诉前调解协议内容涉及物权、知识产权确权的,应当裁定不予受理,已经受理的,应当裁定驳回申请。

2.《最高人民法院关于认真学习宣传贯彻〈中华人民共和国英雄烈士保护法〉的通知》

一、充分认识贯彻落实《英烈保护法》的重要意义。《英烈保护法》是为了加强对英雄烈士的保护，维护社会公共利益，传承和弘扬英雄烈士精神、爱国主义精神制定的一部重要法律，对于培育和践行社会主义核心价值观，激发实现中华民族伟大复兴中国梦的强大精神力量具有重要意义。要高度重视、深入学习、认真贯彻《英烈保护法》的相关规定，以司法手段捍卫英雄烈士合法权益，维护公序良俗，弘扬社会主义核心价值观、反对历史虚无主义。

3.《最高人民法院关于开展认可和协助香港特别行政区破产程序试点工作的意见》

第十八条第二款　人民法院认为认可或者协助香港破产程序违反内地法律的基本原则或者违背公序良俗的，应当不予认可或者协助。

▶ 条文释义

一、本条主旨

本条是关于合法性原则、公序良俗原则的规定。

二、条文演变

合法性原则最早规定于原《民法通则》第 6 条："民事活动必须遵守法律，法律没有规定的，应当遵守国家政策。"至于公序良俗原则，原《民法通则》并未明确采用该概念，但在第 7 条规定："民事活动应当尊重社会公德，不得损害社会公共利益，破坏国家经济计划，扰乱社会经济秩序。"其中的尊重社会公德被视为公序良俗原则的前身。此后，大多数单行民事法律对民事活动的合法性及尊重社会公德进行了合并规定，如原《合同法》第 7 条规定："当事人订立、履行合同，应当遵守法律、行政法规，尊重社会公德，不得扰乱社会经济秩序，损害社会公共利益。"原《物权法》第 7 条规定："物权的取得和行使，应当遵守法律，尊重社会公德，不得损害公共利益和他人合法权益。"2014 年 11 月，在全国人民代表大会常务委员会通过的《关于〈中华人民共和国民法通则〉第九十九条第一款、〈中华人民共和国婚姻法〉第二十二条的解释》中，出现了"公序良俗"这一表述。该解释规定："公民依法享有姓名权。公民行使姓名权，还应当尊重社会公德，不得损害社会公共利益。公民原则上应当随父姓或者母姓。有下列情形之一的，可以在父姓和母姓之外选取姓氏：（一）选取其他直系长辈血亲的姓氏；（二）因由法定扶养人以外的人抚养而选取抚养人姓氏；（三）有不违反公序良俗的其他正当理由。少数民族公民的姓氏可以从本民族的文化传统和风俗习惯。"其后，2017年10月1日实施的原《民法总则》沿袭了这一表述，第8条规定："民事主体从事民事活动，不得违反法律，不得违背公序良俗。"在此之后出台的司法解释，如《最高人民法院关于审理国家赔偿案件确定精神损害赔偿责任适用法律若干问题的解释》《最高人民法院关于审理民间借贷案件适用法律若干问题的规定》等均使用了"公序良俗"这一表述。《民法典》总则编中的第8条沿袭了这一概念表述和原《民法总则》第8条的内容，对合法性原则、公序良俗原则进行了合并规定。①

三、条文解读

（一）合法性原则的内涵

合法性原则，要求民事主体从事民事活动，必须遵守法律。此处的"法律"不是狭义上的法律，而是指广义上的法律。法律有狭义和广义之分，狭义的法律仅指全国人民代表大会及其常务委员会制定的法律，广义的法律是指法律整体，包括宪法、全国人民代表大会及其常务委员会制定的法律，国务院制定的行政法规，地方国家权力机关制定的地方性法规，民族自治地方的人民代表大会制定的自治条例和单行条例等。②在公法特别是行政法领域，合法性被认为是政府行政的最基本条件。在现代法治国家，合法性既是政治活动、社会活动、公民活动的基本原则，也是经济活动、市场交换、民事法律关系的基本

---

① 参见最高人民法院民法典贯彻实施工作领导小组主编：《中华人民共和国民法典总则编理解与适用》，人民法院出版社2020年版，第73页。黄薇主编：《中华人民共和国民法典总则编释义》，法律出版社2020年版，第31页。

② 参见张文显主编：《法理学》，高等教育出版社、北京大学出版社2011年版，第39~40页。

遵循。本条规定的"民事主体从事民事活动，不得违反法律"，是对民事主体从事民事活动的合法性要求。具体包含以下几个方面的内容：

1. 民事活动必须有法可依

法律是以国家强制力保证实施的、全体社会成员必须遵守的规则。在人类历史上，没有法律规定，民事活动也可以依照当事人需求、交易惯例、民间习俗进行。但这种民事活动存在极大的不确定性和风险，交易各方的权利和预期利益得不到保障。因此，即使在古代，也产生了《汉谟拉比法典》《十二铜表法》、罗马私法等比较发达的民事法律来规范民事活动。资产阶级革命成功后，各国更是普遍制定民法典来巩固资产阶级革命成果，规范民事活动。《法国民法典》《德国民法典》等一大批西方国家民法典，都是通过建立私有财产神圣不可侵犯、所有权绝对、契约自由、过错责任等民法制度与原则，将所有民事关系纳入法律调整范围。①

2. 民事活动必须依法进行

合法性原则要求，为了保障当事人行使民事权利、履行民事义务符合国家意志、社会公共利益，保护正常交易秩序，稳定和谐社会关系，协调不同当事人之间的利益冲突，民事活动必须遵守法律。比如，在借款合同中，借款用途应当符合合法性原则，即双方约定的借款用途如果属于不合法内容，如借款用于赌博、购买违禁品等，则双方签订的借款合同因借款用途违法而无效。②再如，在确定自然资源所有权内容与限制时，要遵循合法性原则、所有权保障、比例原则以及信赖保护原则等。③法律规范可区分为强制性规范和任意性规范。对于强制性规范，民事主体必须遵守。如果违反，将导致民事法律行为无效或被撤销。对于任意性规范，当事人可以按照意思自治原则进行选择，但一经选择适用，也必须遵守。如果违反，也将承担不利后果与法律责任。因此，任意性规范并不意味着当事人可以任意违反，或违反后没有法律后果。此外，在特殊情况下，为维护社会公共利益、公序良俗和交易秩序，民法也可以对民事主体的意思自治、合同自由进行必要的干预。如对格式合同及免责条款生效的限

---

① 参见最高人民法院民法典贯彻实施工作领导小组主编：《中华人民共和国民法典总则编理解与适用》，人民法院出版社2020年版，第70页。
② 参见江必新、张甲天主编：《中华人民共和国民法典学习读本（合同卷）》，人民法院出版社2021年版，第220页。
③ 参见王洪亮等：《自然资源物权法律制度研究》，清华大学出版社2017年版，第71页。

制性规定,对国家下达的指令性任务或者国家订货任务的强制缔约、履约要求等。

3. 民事主体必须对自己的违法行为依法承担责任

合法性原则既然要求民事主体遵守法律,一切民事活动都要以法律为依据,不得享有法外特权,不得超越法定、意定权限,如果违反,必将导致相应的法律后果,必须承担相应的法律责任。特别是,现代民事立法已经超越了近代民事立法的权利本位观念,要求民事主体在民事活动中权利义务责任相适应,《民法典》的有关规定也体现了这一发展趋势。《民法典》第131条规定:"民事主体在行使权利时,应当履行法律规定的和当事人约定的义务。"《民法典》加强对义务履行的督促,有助于减少义务主体的违约行为,免于诉累,节省司法资源。某些义务的自觉履行,如赡养义务、适当容忍义务,则会同时实现义务主体自身的合法权利。民事主体在享有权利、履行义务时,必须对自己的违法、违约行为承担责任,凡是在民事活动中违反法定义务、合同义务,破坏公共秩序、侵犯社会公益、违反社会公德、不讲诚实信用、违法滥用权利的,应当受到民事法律的制裁。为此,《民法典》总则编专门设立民事责任制度,合同编专门规定违约责任,侵权责任编专门规定侵权责任。[①]

(二)公序良俗原则的内涵

公序良俗,即公共秩序与善良风俗的简称。公共秩序,是指政治、经济、文化等领域的基本秩序和根本理念,是与国家和社会整体利益相关的基础性原则、价值和秩序,在以往的民商事立法中被称为社会公共利益,在英美法系中也被称为公共政策;善良风俗,指基于社会主流道德观念的习俗,也被称为社会公共道德,是全体社会成员所普遍认可、遵循的道德准则。善良习俗具有一定的时代性和地域性,随着社会成员的普遍道德观念的改变而改变。公共秩序强调的是国家和社会层面的价值理念,善良习俗突出的则是民间的道德观念,二者相辅相成,互为补充。[②]该原则是现代民法的一项重要法律概念,在现代市场经济社会中,有维护国家社会一般利益以及一般道德观念的重要功能,因

---

① 参见最高人民法院民法典贯彻实施工作领导小组主编:《中华人民共和国民法典总则编理解与适用》,人民法院出版社2020年版,第72页。
② 参见黄薇主编:《中华人民共和国民法典总则编释义》,法律出版社2020年版,第32页。

而被称为现代民法至高无上的基本原则。由于民事活动复杂多样，立法时不可能预见一切损害社会公益和道德秩序的行为并作出详尽的禁止性规定，故法律设立公序良俗原则，以弥补禁止性规定之不足。在遇有损害社会公益和社会道德秩序的法律行为，而又缺乏相应的禁止性法律规定时，法院可直接以违反公序良俗为依据判决该行为无效。①

（三）公序良俗原则的类型

我国有著述参考国外判例学说，将违反公序良俗的行为类型化为10种：（1）危害国家公序型，比如以从事犯罪或者帮助犯罪行为为内容的合同；（2）危害家庭关系型，比如约定断绝亲子关系的协议；（3）违反道德型，如开设妓院的合同、实践中以性行为为对价获得借款的情形；（4）射幸行为型，如赌博、巨奖销售变相赌博等；（5）违反人权和人格尊严行为型，比如过分限制人身自由换取借款的情形；（6）限制经济自由型，比如利用互相借款扩大资金实力以分割市场，封锁市场的协议；（7）违反公平竞争型；（8）违反消费者保护型；（9）违反劳动者保护型；（10）暴利行为型。

（四）公序良俗原则的功能

1. 立法准则与行为规范

法的创制过程中应遵循一定的立法原则，主要体现为立法的性质、根本任务与价值追求，是立法的总的精神在立法过程中的具体化与实践化。公序良俗原则在现代民法中地位的提升是社会由个人本位向社会本位转变的必然，它所蕴含的秩序、道德以及由二者延伸的正义、自由、平等等价值理念不仅体现在一国现行法秩序之中，还兼括整个法秩序的价值理念与规范原则。因此，从这个意义上讲，公序良俗不仅是民事立法应当遵循的基本原则，而且应为整个法秩序应当遵循的基本理念。公序良俗原则的规范性系指其属于民事主体必须遵守的行为规范。法律规则与法律原则同属法的主要内容，法律规则对某一具体的事实状态赋予确定的法律后果；而法律原则则不预先对任何确定的事实设定确定的法律后果，是法律规则之上的规则。法律原则的不确定性与模糊性并不碍于其属于强行法的特性，相反"法律规则具有一种全有或全无的功能，因而

---

① 参见中国审判理论研究会民事审判理论专业委员会编：《民法典总则编条文理解与司法适用》，法律出版社2020年版，第29页。

未留下活动的空间，而法律原则占据着分量与重要性之维度"，①当具体法律规范缺乏明确规定时，法律原则具有极为宽阔的适用空间。

2. 克服成文法局限

成文法的局限也称法律漏洞，是由法自身特性决定的，主要表现为成文法的僵化性、滞后性、不周延性等方面。就民法而言，民法基本原则的设立是克服成文法局限的重要途径之一。民法之所以要规定公序良俗原则，是因为立法者在立法时不可能预见所有损害国家利益、社会利益与公共秩序的行为，并作出详尽的禁止性规定，因此设立该原则弥补禁止性规定的不足。王泽鉴先生将其视为公序良俗原则的正当化功能，即法院面对新问题，须依既存的社会价值观念，将其予以具体化，通过法院的造法活动，予以正当化。②魏德士称其为一般条款漏洞，将善良风俗这种广泛而不确定的法律概念与一般条款确立为法律漏洞是立法者的有意安排。其目的是使法官肩负立法任务，立法者希望法官能对特定案件类型灵活造法，以适应当时社会技术经济、政治与社会的发展。③无论是公序良俗的"正当化功能论"还是"一般条款漏洞说"，就其实质而言都是因公序良俗原则的内涵极为抽象，通常需要通过在具体案件中运用价值判断使其具体化，而主张授予法官自由裁量权。同时，公序良俗原则集灵活性与衡平性等特征于一体，使司法机关在司法活动中处于能动地位，在司法活动中对法律进行局部的调整，以确保法律依其真正的目的得以适用。公序良俗原则对成文法局限的克服还体现在法的解释的价值取向性之中，在实务中主要利用宪法上的基本价值（如人民基本权利的保障）与分散于各部门法中的一般条款（诸如诚信原则与公序良俗原则等）以及不确定的概念，使公序良俗原则担负在法律解释或者适用上的角色。④

3. 追求实质正义

法对形式正义局限的克服，也即对实质正义的追求主要表现为立法中法律规则的弹性化以及法律适用的衡平化。法对公序良俗的态度分为两种：一是随

---

① ［德］阿图尔·考夫曼、温弗里德·哈斯默尔：《当代法哲学和法律理论导论》，郑永流译，法律出版社2004年版，第152页。

② 王泽鉴：《民法总则》，北京大学出版社2011年版，第231页。

③ ［德］魏德士：《法理学》，丁晓春、吴越译，法律出版社2005年版，第353~354页。

④ 参见黄茂荣：《法学方法与现代民法（第五版）》，法律出版社2007年版，第318页。

着时代的发展，不断将公序良俗的内容纳入法律规范的范围，从而上升为具体公序良俗。对于这一类公序良俗，在法律适用时直接适用相应的法律规则予以裁判。二是法以法律原则或一般条款的形式将未被法律规则涵盖的公序良俗确立为原则性公序良俗。公序良俗原则确立的初衷为对意思自治的限制，因为意思自治建立于当事人能达成彼此意志共识的基础之上，侧重于自由主义与个人主义理念下对形式正义的追求，但对意思自治的过分注重势必损害弱者的利益，进而违背法的实质正义。现代民法中，公序良俗原则的"调整机能实现了由确保社会正义与伦理秩序到调节当事人之间的利益、确保市场交易公正性的转变"，① 其调整对象也早已突破仅限于对意思自治的限制，而发展到约束权利的行使及义务的履行等各个领域。诚如史尚宽先生所言："有权利才有自由，权利与自由相对应而存在。私权的社会性乃至义务性表明私权并非仅因个人利益而存在，私权同样应符合公共利益与社会秩序。公序良俗原则中的公序强调私权的社会性，而良俗则强调私权的公共性。因此，权利的行使与义务的履行均应遵循公序良俗原则，违反公序良俗原则的事项为内容的权利，应认定其不存在。"②

4. 促进公私法价值融合

私法强调私权的自治，公权注重国家对社会的适当干预。随着社会的发展，不仅私权亟须国家公权的强有力的保护，而且国家基于调整日趋复杂的社会关系的需要，在确保私法自治的前提下也需加强对私法领域的干预，以平衡个人利益、社会利益与国家利益，实现法对实质正义的追求。公序良俗原则所蕴含道德、秩序等价值理念，充分体现了国家和社会对一般利益与一般道德的维护。同时这些价值理念也并非局限于民法中的某一个或几个条文中，而是体现于一国现行法秩序中，兼括整个法秩序的价值理念与规范原则特别是宪法中的人权规定。从这个方面讲，公序良俗原则的价值理念不仅早已突破了原初仅对意思自治的限制，而且突破了私法的范围，体现于公、私法的各个领域之中。也正因公序良俗原则在现代法中充当着沟通公私法价值的桥梁，从而最终发展成为支配整个法秩序的价值理念与规范原则。③

---

① 李双元、温世扬主编：《比较民法学》，武汉大学出版社1998年版，第70页。
② 史尚宽：《民法总论》，中国政法大学出版社2000年版，第38~40页。
③ 杨德群：《公序良俗原则比较研究》，中国社会科学出版社2017年版，第63~74页。

▶ 适用指引

一、违反合法性原则的民事责任

民事主体从事民事活动，违反法律，必然导致承担民事责任。民事责任是民事主体因违反民事法律、合同约定，侵害他人人身或财产依法所应当承担的法律责任。违反民事法律规范，是承担民事法律责任的前提条件。应承担民事责任的民事违法行为通常包括：侵权行为、违约行为、不履行其他民事义务的行为，如不履行抚养、扶养、赡养义务的行为，不返还不当得利的行为，无因管理不给付管理人必要费用的行为，接受遗赠而不履行遗嘱所附义务的行为等。《民法典》总则编第179条规定了承担民事责任的方式，可归纳为四类：第一类是侵权行为禁止型责任，包括停止侵害、排除妨碍、消除危险；第二类是财产权利恢复型责任，包括返还财产，恢复原状、修理、重作、更换；第三类是合同和侵权赔偿型责任，包括继续履行、赔偿损失、惩罚性赔偿、支付违约金；第四类是人格利益保护型责任，包括消除影响、恢复名誉、赔礼道歉。

《民法典》总则编第八章专门规定民事责任。围绕要不要专门集中规定民事责任制度，在《民法典》编纂第一阶段起草原《民法总则》时，曾有不同意见，但最终形成共识，单列第八章。主要理由有：（1）我国刑法、民法和有关行政实体法都有相应的法律责任制度，即刑事责任、民事责任和行政责任。刑事责任、行政责任作为法律概念均已规定在刑法和行政法律法规中，原《民法总则》专章规定民事责任，可以实现民事责任体系化，在立法层面构成我国三大法律责任制度。（2）原《民法通则》对民事责任进行了专章规定，经过三十多年的法治宣传教育和司法实践，这种立法模式已为社会公众和司法人员普遍接受和熟悉。人们均熟知民事责任作为民事主体违反民事义务应承担的法律后果，是民事权利得以实现的刚性保障。（3）基于处理好《民法典》编纂中总则编和各编的关系，在总则编中专章规定民事责任，建立这一上位概念，对《民法典》各编、民事单行法中的具体民事责任具有统领、指引作用。此外，与原《民法通则》相比，《民法典》总则编关于民事责任的规定更加系统全面，一些条款属于创新性规定。①

---

① 参见最高人民法院民法典贯彻实施工作领导小组主编：《中华人民共和国民法典总则编理解与适用》，人民法院出版社2020年版，第74~75页。

二、公序良俗原则与自由裁量权的行使

民事主体具有平等地位,按照意思自治原则进行民事活动,但并不表明其可以不受约束地实现民事权利;相反,其不能以有害于共同秩序的方式、目的实现权利。人民法院在审判实践中,遇到立法时未能预见到的扰乱社会公共秩序、有违社会公德的行为,而又缺乏相应的禁止性规定时,可以援引公序良俗原则来保护民事主体权利、维护社会公共利益。在此情况下,法官可以直接适用公序良俗原则判定该行为无效。但是,究竟是判定绝对无效,还是相对无效,需要慎重处理。我国民法理论一直将违反公序良俗的法律行为理解为绝对无效,认为该法律行为自成立之时起,当然、确定、全部无效,且任何人都可以主张其无效。但是,如果不加区别地赋予任何人主张无效的权利,有可能不利于受保护当事人的利益。因此,20世纪中期以来,一些发达国家和地区法院对违反公序良俗的法律行为,从绝对无效改为相对无效,且只赋予遭受不利益一方有主张无效的权利。同时,在无效的范围上,也从全部无效改为部分无效,即仅认定违反公序良俗的条款无效,而使其余条款继续有效。这样规定的好处,就是赋予当事人和法院更多的协商和裁量空间,可以更好地协调当事人之间的利害关系,达到保护经济上的弱者的目的。这也符合公序良俗原则的本来意义,即对私法自治进行必要限制,弘扬社会公共道德,建立稳定的社会秩序,协调个人利益与社会公共利益和弥补强行法的不足。

法官在适用公序良俗原则时,还需注意:(1)只有当法律强制性规定不足,法律对于某项行为没有明确规定时,法官才可以借助该条文对法律行为的效力进行评价。因此在性质上该条文为补充性的强制性条款。当法律对于某个行为有明确的规定时,便无从适用该条文。(2)根据《民法典》第10条的规定,"习惯"可以作为民法的渊源,在法律没有明确规定时,法官可以依照"习惯"进行裁判,但该"习惯"仅仅限于不违背公序良俗的习惯。①

三、公序良俗原则与诚信原则

公序良俗原则与诚信原则均为民法的基本原则,覆盖民法全领域,均为私法自治的限制,均为对道德的法律化,其实质也相同,均为赋予法官自由裁

---

① 最高人民法院民法典贯彻实施工作领导小组主编:《中华人民共和国民法典总则编理解与适用》,人民法院出版社2020年版,第74~75页。

量权和克服成文法局限性的工具。有的学者甚至认为，从法官造法、弥补法律漏洞、克服成文法局限性等方面来看，现代民法中只有公序良俗原则和诚信原则。① 对二者加以区分，有助于明晰理论框架，便于裁判适用。

（一）二者的功能不同

公序良俗原则与诚信原则是伴随着契约自由原则、意思自治原则和所有权绝对原则发展起来的。现代民法将契约自由、意思自治和所有权绝对概括为私法自治原则，公序良俗原则、诚信原则的功能就是对私法自治原则进行限制。一方面，当事人通过法律行为建立民事法律关系时，其意思表示必须真实、善意，不得胁迫、欺诈，且不得损害另一方的利益，这是对私法自治的内部限制，诚信原则的价值即在于此。另一方面，私法关系从形成到消灭，国家从来就不是一个旁观者，私法自治除了受到内部限制，还受到来自外部的限制，即以保护社会整体利益和国家利益为目的的另一限制，但必须以承认和保障权利行使自由、允许权利行使过程中的内部限制为前提。也就是说，当事人之间的不诚实信用超过一定的限度影响社会整体利益和国家利益的时候，就会受到公权力的干预和制裁。因此，外部限制就体现了国家对私法自治的干预和公法对民法一定程度的渗透，而干预和渗透的方式就是在各国民法典中确立公序良俗原则。

（二）两原则的适用场域不同

民法的调整对象包括两个领域的关系，即横向领域和纵向领域，前者包括市民社会特定个人之间、特定个人与不特定个人之间的利益系，主要体现为"权利与权利"的维度；后者包括个人与国家之间的关系，主要体现为"权利与权力"的维度。因此，民法基本原则作民法规范的根本规则与统帅，就必然要调整上述关系，也必然要将场域相应延伸至上述两个维度。在"权利与权利"维度中，个人利益内部关系和由正当个人利益组成的社会利益关系的维系遵循的是意思自治原则，因此，要求民事主体在行使权利的过程中不得损害他人的利益，或者民事主体从事民事活动主要是为了实现其自身的正当利益，且所为的意思表示必须真实、善意，这个过程就需要用诚信原则来调整。在"权

---

① 徐国栋：《民法基本原则解释——成文法局限性之克服》，中国政法大学出版社2001年版，第7页。

利与权力"维度中，主要体现的是"权利"与"权力"之间的相互制约与平衡。不正当地行使国家权力或者市民社会享有和行使权利超出自身范围而损害国家利益（社会整体利益）的，就需要权利之间的相互制约和权利对权力的制约或者国家通过公权力对权利的行使进行干涉，这种干涉的手段就是公序良俗原则。

（三）两原则的法律效果不同

违背公序良俗原则的行为具有较强的反社会性，触及国家及社会公众利益，一般导致法律行为的无效，例如，"因赌博签订的合同法律不予保护"，赌博在我国不被社会公众所广泛认可，损害了国家利益，所以该行为无效。而诚信原则触及的只是私人之间的利益，那么违反诚信原则的行为本身并不是当然无效的，只是该行为被转化为可撤销、可变更的法律行为，赋予受害方一种撤销权或变更权，以尊重当事人的意思自治。①

（四）两原则的规制对象与标准不同

公序良俗原则针对法律行为的内容进行"内容审查"，诚信原则针对权利的行为进行"行使审查"。公序良俗原则是一个较低的行为标准，通常针对一般、典型的情形适用。而诚信原则是一个较高的行为标准，通常针对特殊、非典型的情形适用。②

四、公序良俗原则司法适用的谦抑性

公序良俗原则就其本质而言，是社会道德规范的法律化。但在司法实践过程中，不可将道德入法予以泛化，该原则在司法适用上具有很强的谦抑性。主要体现在以下几点：

（一）公序良俗原则只涵盖了道德的一部分

公序良俗原则绝非涵盖所有社会道德，而只是将构成社会基础的一般道

---

① 参见陈玉梅、贺银花：《契约法诚实信用原则研究》，中国社会科学出版社2012年版，第133~138页。
② 参见最高人民法院民法典贯彻实施工作领导小组主编：《中华人民共和国民法典总则编理解与适用》，人民法院出版社2020年版，第66~67页。

德，即道德总体的一部分，事实上只是一小部分纳入法律体系。该原则并非使法律与道德达成广泛的一致，泛道德化的观点不可取。王泽鉴先生认为，善良风俗系伦理秩序与法律相关联的部分，其非在于为伦理秩序而服务，使道德性的义务，成为法律义务；其目的乃在不使法律行为成为违反伦理性的工具。①德国学者梅迪库斯也曾阐述，《德国民法典》中关于违反善良风俗无效的规定，并非旨在将法律秩序与道德秩序进行完全的协调。因为，善良风俗只是从道德秩序中裁剪下来的，在很大程度上被烙上了法律印记的那部分，法绝非接受某种崇高伦理的标准。②

（二）公序良俗的目的不在于正面地推行道德，而在于反面地阻止法律行为违反社会一般道德

犹如行政法上"法无授权不得为"与民法上"法无禁止即自由"的对比，制度的谦抑性与扩张性是有区别的，由此导致主体自由范围与程度也有差异。一般而言，凡是限制主体自由与权利的，均应当采取一种谦抑的态度，凡是赋予主体自由与权利的，则可以采取一种扩张的态度。公序良俗原则是在私法自治的大背景下发挥作用的，它的主要功能仅在于使构成社会基础的最基本道德不被契约自由的滥用所侵害，如学者所言，"人们不得通过法律行为，使不道德的行为变成法律上可强制要求履行的行为。简言之，法律秩序拒绝给不道德的行为提供履行强制。"③公序良俗原则通过限制主体的自由与权利来进行利益平衡，因此各国在对公序良俗原则进行类型化的时候，从未出现过"救济残弱型""尊老爱幼型"等正面附加主体道德义务的类型，而只是从反面规定了一些"违反……"的类型，表示只要不踏入这些禁区，其他都是主体自由活动的领域。

（三）判断是否违反公序良俗原则指向的对象

在司法适用中，应注意的是并非当事人的所有行为均为判断是否违反公序

---

① 参见王泽鉴：《民法总则》，中国政法大学出版社2001年版，第289页。
② 参见[德]梅迪库斯：《德国民法总论》，邵建东译，法律出版社2000年版，第511页。
③ [德]梅迪库斯：《德国民法总论》，邵建东译，法律出版社2000年版，第511页。

良俗原则所指向的对象。公序良俗的判断对象有法律行为与非法律行为两个领域，在司法审判中，公序良俗原则的判断对象应为当事人诉争的法律行为，而非当事人的其他行为，如当事人诉争的法律行为不违反公序良俗，不得以当事人的其他行为作为认定诉争法律行为是否无效的依据。至于具体如何判断诉争法律行为是否违反公序良俗，有学者认为，"如法律行为违反公序良俗的性质十分明显，则仅依法律行为之外在内容，即有违反公序良俗之情事存在时，不论当事人之主观如何，其行为均为无效……如无法直接由其内容判断时，则可由目的及情况研判。此时客观之违反公序良俗要素，并不足够，必须附加主观要素，才能使法律行为违反公序良俗。"① 由此可知：第一，公序良俗违反的判断是一个综合判断，有多种因素都在其中起作用，如法律行为的内容、动机、目的及主观因素；第二，在对一个法律行为进行具体判断时，应先对其内容进行客观判断，如客观内容违反公序良俗，则不论当事人主观目的如何，均应认定行为违反公序良俗；第三，无法单独就内容进行客观判断的，须综合当事人的主观行为动机、目的等进行判断。②

▶ 指导案例

一、指导案例140号：李某月等诉广州市花都区梯面镇红山村村民委员会违反安全保障义务责任纠纷案

（最高人民法院审判委员会讨论通过　2020年10月9日发布）

关键词： 民事　安全保障义务　公共场所　损害赔偿

裁判摘要：

公共场所经营管理者的安全保障义务，应限于合理限度范围内，与其管理和控制能力相适应。完全民事行为能力人因私自攀爬景区内果树采摘果实而不慎跌落致其自身损害，主张经营管理者承担赔偿责任的，人民法院不予支持。

相关法条：

《中华人民共和国侵权责任法》第37条第1款

---

① 黄立：《民法总则》，中国政法大学出版社2002年版，第339~340页。
② 参见于飞：《公序良俗原则研究——以基本原则的具体化为中心》，北京大学出版社2006年版，第207~211页。

基本案情：

红山村景区为国家 AAA 级旅游景区，不设门票。广东省广州市花都区梯面镇红山村村民委员会（以下简称红山村村民委员会）系景区内情人堤河道旁杨梅树的所有人，其未向村民或游客提供免费采摘杨梅的活动。2017 年 5 月 19 日下午，吴某私自上树采摘杨梅不慎从树上跌落受伤。随后，有村民将吴某送红山村医务室，但当时医务室没有人员。有村民拨打 120 电话，但 120 救护车迟迟未到。后红山村村民李某 1 自行开车送吴某到广州市花都区梯面镇医院治疗。吴某于当天转至广州市中西医结合医院治疗，后因抢救无效于当天死亡。

红山村曾于 2014 年 1 月 26 日召开会议表决通过《红山村村规民约》，该村规民约第二条规定：每位村民要自觉维护村集体的各项财产利益，每个村民要督促自己的子女自觉维护村内的各项公共设施和绿化树木，如有村民故意破坏或损坏公共设施，要负责赔偿一切费用。

吴某系红山村村民，于 1957 年出生。李记坤系吴某的配偶，李某月、李月如、李天托系吴某的子女。李某月、李月如、李天托、李记坤向法院起诉，主张红山村村民委员会未尽到安全保障义务，在本案事故发生后，被告未采取及时和必要的救助措施，应对吴某的死亡承担责任。请求判令被告承担 70%的人身损害赔偿责任 631346.31 元。

裁判结果：

广东省广州市花都区人民法院于 2017 年 12 月 22 日作出（2017）粤 0114 民初 6921 号民事判决：一、被告广州市花都区梯面镇红山村村民委员会向原告李某月、李月如、李天托、李记坤赔偿 45096.17 元，于本判决发生法律效力之日起 10 日内付清；二、驳回原告李某月、李月如、李天托、李记坤的其他诉讼请求。宣判后，李某月、李月如、李天托、李记坤与广州市花都区梯面镇红山村村民委员会均提出上诉。广东省广州市中级人民法院于 2018 年 4 月 16 日作出（2018）粤 01 民终 4942 号民事判决：驳回上诉，维持原判。二审判决生效后，广东省广州市中级人民法院于 2019 年 11 月 14 日作出（2019）粤 01 民监 4 号民事裁定，再审本案。广东省广州市中级人民法院于 2020 年 1 月 20 日作出（2019）粤 01 民再 273 号民事判决：一、撤销本院（2018）粤 01 民终 4942 号民事判决及广东省广州市花都区人民法院（2017）粤 0114 民初 6921 号民事判决；二、驳回李某月、李月如、李天托、李记坤的诉讼请求。

裁判理由：

法院生效裁判认为：本案的争议焦点是红山村村民委员会是否应对吴某的损害后果承担赔偿责任。

首先，红山村村民委员会没有违反安全保障义务。红山村村民委员会作为红山村景区的管理人，虽负有保障游客免遭损害的安全保障义务，但安全保障义务内容的确定应限于景区管理人的管理和控制能力的合理范围之内。红山村景区属于开放式景区，未向村民或游客提供采摘杨梅的活动，杨梅树本身并无安全隐患，若要求红山村村民委员会对景区内的所有树木加以围蔽、设置警示标志或采取其他防护措施，显然超过善良管理人的注意标准。从爱护公物、文明出行的角度而言，村民或游客均不应私自爬树采摘杨梅。吴某作为具有完全民事行为能力的成年人，应当充分预见攀爬杨梅树采摘杨梅的危险性，并自觉规避此类危险行为。故李某月、李月如、李天托、李记坤主张红山村村民委员会未尽安全保障义务，缺乏事实依据。

其次，吴某的坠亡系其私自爬树采摘杨梅所致，与红山村村民委员会不具有法律上的因果关系。《红山村村规民约》规定：村民要自觉维护村集体的各项财产利益，包括公共设施和绿化树木等。该村规民约是红山村村民的行为准则和道德规范，形成红山村的公序良俗。吴某作为红山村村民，私自爬树采摘杨梅，违反了村规民约和公序良俗，导致了损害后果的发生，该损害后果与红山村村民委员会不具有法律上的因果关系。

最后，红山村村民委员会对吴某私自爬树坠亡的后果不存在过错。吴某坠亡系其自身过失行为所致，红山村村民委员会难以预见和防止吴某私自爬树可能产生的后果。吴某跌落受伤后，红山村村民委员会主任李某2及时拨打120电话求救，在救护车到达前，另有村民驾车将吴某送往医院救治。因此，红山村村民委员会对吴某损害后果的发生不存在过错。

综上所述，吴某因私自爬树采摘杨梅不慎坠亡，后果令人痛惜。虽然红山村为事件的发生地，杨梅树为红山村村民委员会集体所有，但吴某的私自采摘行为有违村规民约，与公序良俗相悖，且红山村村民委员会并未违反安全保障义务，不应承担赔偿责任。

二、指导案例170号：饶国礼诉某物资供应站等房屋租赁合同纠纷案

（最高人民法院审判委员会讨论通过　2021年11月9日发布）

关键词：民事　房屋租赁合同　合同效力　行政规章　公序良俗　危房

裁判要点：

违反行政规章一般不影响合同效力，但违反行政规章签订租赁合同，约定将经鉴定机构鉴定存在严重结构隐患，或将造成重大安全事故的应当尽快拆除的危房出租用于经营酒店，危及不特定公众人身及财产安全，属于损害社会公共利益、违背公序良俗的行为，应当依法认定租赁合同无效，按照合同双方的过错大小确定各自应当承担的法律责任。

相关法条：

《中华人民共和国民法总则》第153条、《中华人民共和国合同法》第52条、第58条（注：现行有效的法律为《中华人民共和国民法典》第153条、第157条）

基本案情：

南昌市青山湖区晶品假日酒店（以下简称晶品酒店）组织形式为个人经营，经营者系饶国礼，经营范围及方式为宾馆服务。2011年7月27日，晶品酒店通过公开招标的方式中标获得租赁某物资供应站所有的南昌市青山南路1号办公大楼的权利，并向物资供应站出具《承诺书》，承诺中标以后严格按照加固设计单位和江西省建设工程安全质量监督管理局等权威部门出具的加固改造方案，对青山南路1号办公大楼进行科学、安全的加固，并在取得具有法律效力的书面文件后，再使用该大楼。同年8月29日，晶品酒店与物资供应站签订《租赁合同》，约定：物资供应站将南昌市青山南路1号（包含房产证记载的南昌市东湖区青山南路1号和东湖区青山南路3号）办公楼4120平方米建筑出租给晶品酒店，用于经营商务宾馆。租赁期限为十五年，自2011年9月1日起至2026年8月31日止。除约定租金和其他费用标准、支付方式、违约赔偿责任外，还在第五条特别约定：1.租赁物经有关部门鉴定为危楼，需加固后方能使用。晶品酒店对租赁物的前述问题及瑕疵已充分了解。晶品酒店承诺对租赁物进行加固，确保租赁物达到商业房产使用标准，晶品酒店承担全部费用。2.加固工程方案的报批、建设、验收（验收部门为江西省建设工程安全质量监督管理局或同等资质的部门）均由晶品酒店负责，物资供应站根据需要提供协助。3.晶品酒店如未经加固合格即擅自使用租赁物，应承担全部责任。合同签订后，物资供应站依照约定交付了租赁房屋。晶品酒店向物资供应站给付20万元履约保证金，1000万元投标保证金。中标后物资供应站退还了800万元投标保证金。

2011年10月26日，晶品酒店与上海永祥加固技术工程有限公司签订加固改造工程《协议书》，晶品酒店将租赁的房屋以包工包料一次包干（图纸内的全部土建部分）的方式发包给上海永祥加固技术工程有限公司加固改造，改造范围为主要承重柱、墙、梁板结构加固新增墙体全部内粉刷，图纸内的全部内容，图纸、电梯、热泵。开工时间2011年10月26日，竣工时间2012年1月26日。2012年1月3日，在加固施工过程中，案涉建筑物大部分垮塌。

江西省建设业安全生产监督管理站于2007年6月18日出具《房屋安全鉴定意见》，鉴定结果和建议是：1.该大楼主要结构受力构件设计与施工均不能满足现行国家设计和施工规范的要求，其强度不能满足上部结构承载力的要求，存在较严重的结构隐患。2.该大楼未进行抗震设计，没有抗震构造措施，不符合《建筑抗震设计规范》（GB50011—2001）的要求。遇有地震或其他意外情况发生，将造成重大安全事故。3.根据《危险房屋鉴定标准》（GB50292—1999），该大楼按房屋危险性等级划分，属D级危房，应予以拆除。4.建议：（1）应立即对大楼进行减载，减少结构上的荷载。（2）对有问题的结构构件进行加固处理。（3）目前，应对大楼加强观察，并应采取措施，确保大楼安全过渡至拆除。如发现有异常现象，应立即撤出大楼的全部人员，并向有关部门报告。（4）建议尽快拆除全部结构。

饶国礼向一审法院提出诉请：一、解除其与物资供应站于2011年8月29日签订的《租赁合同》；二、物资供应站返还其保证金220万元；三、物资供应站赔偿其各项经济损失共计281万元；四、本案诉讼费用由物资供应站承担。

物资供应站向一审法院提出反诉诉请：一、判令饶国礼承担侵权责任，赔偿其2463.5万元；二、判令饶国礼承担全部诉讼费用。

再审中，饶国礼将其上述第一项诉讼请求变更为：确认案涉《租赁合同》无效。物资供应站亦将其诉讼请求变更为：饶国礼赔偿物资供应站损失418.7万元。

裁判结果：

江西省南昌市中级人民法院于2017年9月1日作出（2013）洪民一初字第2号民事判决：一、解除饶国礼经营的晶品酒店与物资供应站2011年8月29日签订的《租赁合同》；二、物资供应站应返还饶国礼投标保证金200万元；三、饶国礼赔偿物资供应站804.3万元，抵扣本判决第二项物资供应站返还饶国礼的200万元保证金后,饶国礼还应于本判决生效后十五日内给付物资供应站604.3万元;四、驳回饶国礼其他诉讼请求;五、驳回物资供应站其他诉讼请求。一审判决后,饶国礼提出上诉。江西省高级人民法院于2018年4月24日作出(2018)赣民终173号民事判决:一、维持江西省南昌市中级人民法院(2013)洪民一初字第2号民事判决第一项、第二项;二、撤销江西省南昌市中级人民法院(2013)洪民一初字第2号民事判决第三项、第四项、第五项;三、物资供应站返还饶国礼履约保证金20万元;四、饶国礼赔偿物资供应站经济损失182.4万元;五、本判决第一项、第三项、第四项确定的金额相互抵扣后,物资供应站应返还饶国礼375.7万元,该款项限物资供应站于本判决生效后10日内支付;六、驳回饶国礼的其他诉讼请求;七、驳回物资供应站的其他诉讼请求。饶国礼、物资供应站均不服二审判决,向最高人民法院申请再审。最高人民法院于2018年9月27日作出(2018)最高法民申4268号民事裁定,裁定提审本案。2019年12月19日,最高人民法院作出(2019)最高法民再97号民事判决:一、撤销江西省高级人民法院(2018)赣民终173号民事判决、江西省南昌市中级人民法院(2013)洪民一初字第2号民事判决;二、确认饶国礼经营的晶品酒店与物资供应站签订的《租赁合同》无效;三、物资供应站自本判决发生法律效力之日起10日内向饶国礼返还保证金220万元;四、驳回饶国礼的其他诉讼请求;五、驳回物资供应站的诉讼请求。

裁判理由:

最高人民法院认为:根据江西省建设业安全生产监督管理站于2007年6月18日出具的《房屋安全鉴定意见》,案涉《租赁合同》签订前,该合同项下的房屋存在以下安全隐患:一是主要结构受力构件设计与施工均不能满足现行国家设计和施工规范的要求,其强度不能满足上部结构承载力的要求,存在较严重的结构隐患;二是该房屋未进行抗震设计,没有抗震构造措施,不符合《建筑抗震设计规范》国家标准,遇有地震或其他意外情况发生,将造成重大安全事故。《房屋安全鉴定意见》同时就此前当地发生的地震对案涉房屋的结构造成了一定破坏、应引起业主及其上级部门足够重视等提出了警示。在上述认定基础上,江西省建设业安全生产监督管理站对案涉房屋的鉴定结果和建议是,案涉租赁房屋属于应尽快拆除全部结构的D级危房。据此,经有权鉴定机构鉴定,案涉房屋已被确定属于存在严重结构隐患、或将造成重大安全事故的应当尽快拆除的D级危房。根据中华人民共和国住房和城乡建设部《危险房屋鉴定标准》（2016年12月1日实施）第6.1条规定，房屋危险性鉴定属D级危房的，系指承重结构已不能满足安全使用要求，房屋整体处于危险状态，构成整幢危房。尽管《危险房屋鉴定标准》第7.0.5条规定，对评定为局部危房或整幢危房的房屋可按下列方式进行处理：1.观察使用；2.处理使用；3.停止使用；4.整体拆除；5.按相关规定处理。但本案中，有权鉴定机构已经明确案涉房屋应予拆除，并建议尽快拆除该危房的全部结构。因此，案涉危房并不具有可在加固后继续使用的情形。《商品房屋租赁管理办法》第六条规定，不符合安全、防灾等工程建设强制性标准的房屋不得出租。《商品房屋租赁管理办法》虽在效力等级上属部门规章，但是，该办法第六条规定体现的是对社会公共安全的保护以及对公序良俗的维护。结合本案事实，在案涉房屋已被确定属于存在严重结构隐患、或将造成重大安全事故、应当尽快拆除的D级危房的情形下，双方当事人仍签订《租赁合同》，约定将该房屋出租用于经营可能危及不特定公众人身及财产安全的商务酒店，明显损害了社会公共利益、违背了公序良俗。从维护公共安全及确立正确的社会价值导向的角度出发，对本案情形下合同效力的认定应从严把握，司法不应支持、鼓励这种为追求经济利益而忽视公共安全的有违社会公共利益和公序良俗的行为。故依照《中华人民共和国民法总则》第一百五十三条第二款关于违背公序良俗的民事法律行为无效的规定，以及《中华人民共和国合同法》第五十二条第四项关于损害社会公共利益的合同无效的规定，确认《租赁合同》无效。关于案涉房屋倒塌后物资供应站支付给他人的补偿费用问题，因物资供应站应对《租赁合同》的无效承担主要责任，根据《中华人民共和国合同法》第五十八条"合同无效后，双方都有过错的，应当各自承担相应的责任"的规定，上述费用应由物资供应站自行承担。因饶国礼对于《租赁合同》无效亦有过错，故对饶国礼的损失依照《中华人民共和国合同法》第五十八条的规定，亦应由其自行承担。饶国礼向物资供应站支付的220万元保证金，因《租赁合同》系无效合同，物资供应站基于该合同取得的该款项依法应当退还给饶国礼。

第一章 基本规定 | 第八条

▶ 典型案例

吉林市中小企业信用担保集团有限公司诉中国长城资产管理股份有限公司吉林省分公司等公司债权人利益责任纠纷案

关键词：侵权　合同　公序良俗

裁判摘要：债权发生在特定的当事人之间，缺乏公示性。一般情况下，债权人应通过合同救济主张权利。认定合同当事人以外的第三人承担侵权赔偿责任，应从严把握。当债权人权利救济途径已经穷尽，债权债务关系之外的第三人，如知道或者应当知道债权债务关系存在，且违反以保护该债权为目的的法律、法规及其他规范性法律文件或违背公序良俗，造成债权人合法权益受到损害，行为人承担相应的补充赔偿责任。

基本案情：1997年至2001年，吉林华星电子集团有限公司（以下简称华星公司）为主债务人吉林高特（集团）有限公司等在中国工商银行股份有限公司吉林省分行（以下简称工行吉林分行）的四笔债务本金人民币6663万元、美元480万元及相应利息提供连带责任保证。

2005年7月31日，工行吉林分行将上述四笔债权一并转让给了中国东方资产管理公司长春办事处。其后，该办事处将四笔债权转让给吉林省国有资产经营管理有限责任公司。2011年3月15日，吉林省国有资产经营管理有限责任公司将上述四笔债权一并转让给了中国长城资产管理股份有限公司吉林省分公司（以下简称长城资产公司吉林分公司）。

2006年1月16日，华星公司向吉林市国资委提交《吉林华星电子集团有限公司实施改制的请示》，请示内容为："拟用我公司持有的吉林市华微电子股份有限责任公司（以下简称华微公司）国有股权交给市政府处理，职工由吉林市政府接收安置。"吉林市国资委审批同意后层报吉林市人民政府、吉林省国资委、国务院国资委审批。2008年12月29日，国务院国资委批复同意华星公司将持有的华微公司2000万股股份无偿划转给吉林市中小企业信用担保集团有限公司（以下简称中小企业担保公司）。

2011年4月15日，华星公司向法院申请破产。长城资产公司吉林分公司依法向破产管理人申报了债权。2011年8月24日，法院裁定终结华星公司破产清算程序。在破产清算过程中，华星公司的破产财产不足以清偿第一顺位劳动债权,尚有缺口7193.68万元。由于华星公司担保责任案并未审结,该案所涉长城资产公司吉林分公司的债权未被确认为普通破产债权。

长城资产公司吉林分公司诉至法院,请求判令中小企业担保公司在无偿接收华星公司的股权受益范围内,对案涉债务本息承担连带偿还责任。

最高人民法院二审认为:一般来说,债权发生在特定的当事人之间,缺乏公示性,第三人往往无法预见,通常不属于侵权法的保护范围,当然,侵权责任法亦未将债权排除在保护范围之外。故债权保护主要通过合同法等法律制度救济,如认定合同当事人以外的第三人承担侵权赔偿责任,应当从严把握。其一,债务人之外的第三人,对于依法成立并生效的债权,亦应秉持善意,不得随意侵犯。华星公司在资不抵债、濒临破产的情形下无偿划转案涉股权给他人,具有逃废债务的主观故意。中小企业担保公司未能提供证据证明其取得股权财产支付了合理对价。中小企业担保公司配合华星公司逃废债务行为违反了法律和规范性文件规定,违背公序良俗,具有侵犯他人财产权的主观过错。其二,案涉股权的无偿划转与接收客观上导致华星公司偿债能力降低,与涉案担保债权不能实现具有直接因果关系,长城资产公司吉林分公司无法突破合同相对性向第三人主张权利,因此根据本案实际情况,适用侵权责任法作为保护财产权益的补充手段是必要的。其三,长城资产公司吉林分公司提起本案财产侵权诉讼,系因权利救济途径已经基本穷尽,其并非急于主张合同权利或规避破产程序以追求个别清偿或者优先受偿。其四,中小企业担保公司作为国有出资设立的企业接受案涉股权,存在一定的被动性,不具有与华星公司意思联络共同侵犯他人财产权益的主观故意,要求中小企业担保公司承担连带清偿责任依据不足。最终,法院酌定其在无偿接收案涉股权80%的范围内承担相应的赔偿责任。

【案　　号】(2017)最高法民终181号
【审理法院】最高人民法院
【来　　源】《最高人民法院公报》2019年第3期

▶ 类案检索

一、杨某斌诉湖南华氏房地产开发有限公司合同纠纷案

关键词： 关系处理费　公序良俗

裁判摘要： 协议书约定的300万元劳动报酬实际就是之前《合作协议书》内约定的"300万元关系处理费"，双方对于关系处理费的约定违反了相关法律规定，违背了公序良俗原则，属于无效民事法律行为，原审法院据此驳回杨某斌的相关诉讼请求并无不当。

【案　　号】（2021）湘民申1086号

【审理法院】湖南省高级人民法院

二、汪某诉刘某花合同纠纷案

关键词： 代孕　公序良俗

裁判摘要： 目前我国法律没有对代孕合同作出明确规定，但卫生部于2001年颁布实施《人类辅助生殖技术管理办法》，禁止实行代孕技术，只允许采用人类辅助生殖技术通过妻子的子宫进行怀孕。从代孕合同的本质来看，是将代孕方的子宫作为"物"来出租使用，将孩子作为商品交易的对象，以上两方面均反映出代孕合同有违公序良俗、社会公德的一面，与《民法典》的基本原则相违背，应属无效。

【案　　号】（2021）湘0525民初781号

【审理法院】湖南省洞口县人民法院

第九条 民事主体从事民事活动，应当有利于节约资源、保护生态环境。

关联规定

一、法律、行政法规、司法解释

1.《中华人民共和国宪法》

第九条 矿藏、水流、森林、山岭、草原、荒地、滩涂等自然资源，都属于国家所有，即全民所有；由法律规定属于集体所有的森林和山岭、草原、荒地、滩涂除外。

国家保障自然资源的合理利用，保护珍贵的动物和植物。禁止任何组织或者个人用任何手段侵占或者破坏自然资源。

2.《中华人民共和国环境保护法》

第四条 保护环境是国家的基本国策。

国家采取有利于节约和循环利用资源、保护和改善环境、促进人与自然和谐的经济、技术政策和措施，使经济社会发展与环境保护相协调。

3.《最高人民法院关于审理矿业权纠纷案件适用法律若干问题的解释》

第一条 人民法院审理探矿权、采矿权等矿业权纠纷案件，应当依法保护矿业权流转，维护市场秩序和交易安全，保障矿产资源合理开发利用，促进资源节约与环境保护。

二、司法指导性文件

1.《最高人民法院关于深入学习贯彻习近平生态文明思想为新时代生态环境保护提供司法服务和保障的意见》

2.以习近平生态文明思想为指引，树立新时代环境资源司法理念。坚持以人民为中心，不断满足人民群众日益增长的对优美生态环境和公正环境资源司法保障的需求，切实保障人民群众在健康、舒适、优美生态环境中生存发展的权利。坚持人与自然和谐共生，落实节约优先、保护优先、自然恢复为主的方针，通过有效法律手段把生产生活规制在资源环境承载能力范围内，推动实现经济全面发展、社会全面进步、生态全面优化。坚持绿水青山就是金山银山，统筹协调经济社会可持续发展与生态环境保护的关系，找准环境保护、经济发展与人民群众环境权益之间的平衡点，推动经济高质量发展和生态环境高水平保护。坚持山水林田湖草系统保护，统筹考虑自然生态各要素保护需要，探索创新审判执行方式，推动生态环境整体保护、系统修复、区域统筹、综合治理。

2.《最高人民法院关于新时代加强和创新环境资源审判工作为建设人与自然和谐共生的现代化提供司法服务和保障的意见》

3. 找准新时代加强和创新环境资源审判工作的切入点和着力点。各级人民法院要以加强环境司法能力建设为中心，完善案件审判规则，提升审判质效。要以体制机制建设为重点，构建环境资源案件刑事、民事、行政以及立案、执行协同审判大格局，完善预防性、恢复性司法措施，健全公益诉讼制度，丰富多元化纠纷解决方式。要全面落实民法典绿色原则和绿色条款，推动在具体案件审判中的规则转化。要以培育和推广精品案例为抓手，充分发挥案例的规则引领与价值导向功能。要以人工智能、大数据、区块链等信息技术为依托，促进信息技术与环境司法深度融合。要不断深化国际环境司法交流，努力提升环境司法国际话语权和规则引领权。

3.《最高人民法院服务保障黄河流域生态保护和高质量发展工作推进会会议纪要》

12. 贯彻落实《民法典》绿色原则。人民法院在审理相关案件时，应当把握好生态保护和经济发展的关系，准确适用《民法典》绿色条款，引导民事主体遵循有利于节约资源、保护生态环境的原则从事民事活动，助力经济社会绿色低碳发展。

▶ 条文释义

一、本条主旨

本条是关于绿色原则的规定。

中国民法典适用大全 | 总则卷

二、条文演变

原《民法通则》第124条规定:"违反国家保护环境防止污染的规定,污染环境造成他人损害的,应当承担民事责任。"但从体例安排看,该条文设置在第六章第三节"侵权的民事责任",不具有基本原则的地位。原《民法总则》第9条规定:"民事主体从事民事活动,应当有利于节约资源、保护生态环境。"该法正式将绿色原则确立为民法的基本原则。《民法典》沿袭了原《民法总则》的规定。

三、条文解读

将绿色原则确立为民法的基本原则,是《民法典》的一大亮点,具有鲜明的时代特征。本条以可持续发展理念为指导,借鉴现代人类中心主义的环境伦理观,传承我国天地人和、人与自然和谐共生的优秀传统文化理念,将全面开启环境资源保护的民法通道,有利于构建生态时代下人与自然的新型关系,顺应绿色立法的潮流。① 在司法实践中,对很多民事行为的评判都直接或间接地涉及经济发展与环境保护的平衡问题,司法机关也在不断探索建立环境修复、惩罚性赔偿、环境公益诉讼等制度,为《民法典》规定绿色原则提供了丰富的司法实践经验。

(一)规定绿色原则的必要性和意义

1. 环境资源问题是我国经济社会发展面临的一项严峻挑战

中国在成为世界第二大经济体的同时,环境污染、资源消耗问题越来越突出。党的十八大把生态文明建设纳入中国特色社会主义事业五位一体总体布局,提出建设"美丽中国"目标;十八届三中全会决定首次确立了生态文明制度体系;"十三五"规划贯穿绿色发展新理念。党的十九大报告提出:"为把我国建设成为富强民主文明和谐美丽的社会主义现代化强国而奋斗",并强调:"我们要建设的现代化是人与自然和谐共生的现代化。"② 习近平总书记指出:

---

① 黄薇主编:《中华人民共和国民法典总则编解读》,中国法制出版社2020年版,第26页。
② 习近平:《决胜全面建成小康社会夺取新时代中国特色社会主义伟大胜利——在中国共产党第十九次全国代表大会上的报告》,载《党建》2017年第11期。

"绿色发展是构建高质量现代化经济体系的必然要求,是解决污染问题的根本之策。"将绿色原则写入《民法典》,将保护环境、节约资源的理念贯穿于整个民事活动中,反映了民法的基本价值取向,是《民法典》回应环境问题挑战的一个鲜明标志,也是中国制定面向生态文明新世纪的《民法典》的应有态度。

2. 绿色原则符合"现代人类中心主义"的环境伦理观

传统民事法律制度注重保护民事主体的人身和财产权利,忽视民事主体的环境性权利;注重环境资源的经济价值,忽视生态价值。这是长期以来主流理论一直奉行"强人类中心主义"环境伦理观的反映。将人类利益看作是调节人与自然关系的根本尺度,造成人类对大自然无节制地征服、支配和掠夺,导致严重的环境污染和生态破坏。绿色原则适应了受可持续发展理念支配的"现代人类中心主义"的环境伦理观,为在民事活动中正确处理人与环境的关系提供了原则指引和制度框架,为利用私益或公益诉讼制度、民事责任制度依法制裁破坏生态环境的行为奠定了法律基础。

3. 反映并引领国际立法新潮流

据不完全统计,目前已有二十多个国家的宪法写入了可持续发展理念,一些国家在其宪法、环境保护基本法或司法判例中确认环境权或体现保护公民环境权的内容。德国、瑞士、荷兰在修订民法典时,越南在颁布新民法典时,都增加了有关环境保护的内容。我国《民法典》顺应这一立法潮流规定绿色原则,实际上承认了环境资源的生态价值、人格利益属性,为《民法典》相关编和专门立法确立环境生态领域特殊侵权行为规则,建立环境资源准物权制度、环境合同制度、环境人格权制度,以及环境侵权行为制度提供了法律依据。

4. 在《民法典》中贯彻《宪法》关于保护生态环境的要求

我国《宪法》第 9 条第 2 款规定:"国家保障自然资源的合理利用,保护珍贵的动物和植物。禁止任何组织或者个人用任何手段侵占或者破坏自然资源。"第 26 条第 1 款规定:"国家保护和改善生活环境和生态环境,防治污染和其他公害。"绿色原则贯彻了宪法关于保护生态环境的精神,将资源合理利用、生态环境资源保护上升到民法基本原则的地位,全面开启环境资源保护的民法通道,有利于构建生态文明下人与自然和谐共生的关系。[①]

---

① 李适时主编:《中华人民共和国民法总则释义》,法律出版社 2017 年版,第 32 页。

(二)绿色原则的含义

本条规定,民事主体在从事民事活动时,应当有利于节约资源、保护生态环境。绿色原则的内涵包括节约资源和保护生态环境两项。从法经济学角度讲,即合理且有效率地利用所有相关财产或资源,将因此产生的一切成本和收益纳入考量,实现社会成本最小化或社会财富最大化。① 民事主体在行使其民事权利,如物权、债权等权利时,应当充分发挥物的效用,使有限的资源在一定的范围内物尽其用。比如,《民法典》物权编第 325 条确立了自然资源有偿使用的制度,能够在一定程度上遏制滥用资源的行为,引导树立节约资源的观念。《环境保护法》主要通过行政手段实现对生态环境的保护,将绿色原则融入《民法典》后,能够与侵权责任编中的环境污染和生态破坏责任相衔接,在价值宣示的同时,有效实现生态环境保护的目标。

本条采用了"应当有利于"的表述,不同于公平原则、诚信原则、公序良俗原则等的规定中所采用的"应当遵循""不得违反"的表述,表明本条属于倡导性原则规范,即提倡和引导当事人采用特定行为模式的法律规范。② 民法的基本原则是指导各种民事行为、民事立法和司法活动的根本准则,因而绿色原则作为《民法典》的基本原则之一,其重要作用表现在:(1)指导民事立法,在制定相关民事法律规范时以绿色原则为导向;(2)规范民事行为,确立民事主体在从事民事活动时的基本遵循;(3)为司法裁判活动提供标准,司法机关在裁判相关案件时,要将节约资源、保护生态环境作为一项重要的考量因素。

在本法起草过程中,对于是否写入此条,存在同意和反对两种观点。反对的主要理由是,绿色原则主要体现在环境法、生态法中,不应该成为民法的基本原则,民事行为不都需要符合绿色原则。但多数观点认为,《民法典》应当担负起维护人民群众生命健康,促进社会和谐安定,推动经济社会可持续发展的历史使命。由于节能减排、保护环境已深入国家和社会生活方方面面,对很多民事行为的评判都直接或间接地涉及经济发展与环境保护的平衡问题,人民法院也在不断探索建立环境修复、惩罚性赔偿、环境公益诉讼等制度,因此绿色原则应当作为民事活动的基本原则确立下来,回应人民群众对清新空气、干

---

① 贺剑:《绿色经济与法经济学》,载《中国法学》2019 年第 2 期。
② 王轶:《民法典的规范类型及其配置关系》,载《清华法学》2014 年第 6 期。

净饮水、安全食品、优质环境的迫切需求，实践绿色发展理念，促进生态文明建设，促进人与自然和谐共处。

（三）绿色原则在《民法典》中的具体体现

绿色原则作为《民法典》的一项基本原则，贯穿于整部《民法典》之中，直接体现为各相关编中的制度和规则。绿色原则的本质是在《民法典》中为个人经济利益与生态公共利益的协调建立沟通机制，这一原则必须贯彻到《民法典》的具体制度中，而不能仅仅停留在倡导或者宣示层面。① 概括起来，体现在以下三方面：

1. 将节约资源、保护生态环境融入《民法典》物权编有关规范中

在物的归属方面，《民法典》第322条新增了关于添附的规定，明确了在没有约定和法律规定的情况下，可以按照充分发挥物的效用等原则确定因加工、附合、混合而产生的物的归属。这种所有权归属方式有利于节约资源、避免物的浪费。在物的利用方面，第294条规定，不动产权利人不得违反国家规定弃置固体废物，排放大气污染物、水污染物、土壤污染物、噪声、光辐射、电磁辐射等有害物质。第326条规定，用益物权人行使权利，应当遵守合理开发利用资源、保护生态环境的规定。第286条规定，业主相关行为应当符合节约资源、保护生态环境的要求等。

2. 将绿色原则体现到《民法典》合同编有关规范中

《民法典》合同编规定了一些"绿色"法定义务，直接约束合同当事人。比如，在合同履行环节，规定当事人应当避免浪费资源、污染环境和破坏生态（第619条规定，对没有通用包装方式的标的物，应当采取足以保护标的物且有利于节约资源、保护生态环境的包装方式）；在合同终止环节，第558条规定，债权债务终止后，当事人应当根据交易习惯履行旧物回收等义务。在典型合同分编中，第655条规定，用电人应当安全、节约和计划用电；第625条规定，标的物有效使用年限届满后应予回收的，出卖人负有回收的义务等。

3. 规定环境污染和生态破坏责任

《民法典》在原《侵权责任法》规定的环境污染责任的基础上，新增规定了生态破坏责任，用7个条文规定了环境污染和生态破坏责任，这是"绿色发

---

① 吕忠梅：《中国民法典的"绿色"需求及功能实现》，载《法律科学（西北政法大学学报）》2018年第6期。

展理念"在《民法典》各编中最直接、最集中的体现。为增强绿色原则的刚性约束、维护社会公共利益,《民法典》还规定了违反国家规定故意污染环境、破坏生态的惩罚性赔偿制度,在责任形式上增加了生态环境损害的修复和赔偿规则。

▶ 适用指引

一、绿色原则为准确理解绿色条款规范体系提供指导

《民法典》深入贯彻习近平生态文明思想,在总则编确立绿色原则,各分编通过具体条款予以贯彻,形成了"原则+规则"的完整规范体系。要深刻认识绿色原则对物权、合同、侵权等条款的指导作用,准确把握物尽其用与绿色使用、意思自治与绿色干预、经济发展与生态保护的关系。在绿色原则指引下,适用物权编绿色条款,充分发挥自然资源的经济价值和生态价值,确保物的利用符合节约资源和保护生态环境的需要;适用合同编绿色条款,准确界定绿色原则对合同效力、合同履行、合同终止等的必要干预,积极协调经济发展与环境保护之间的关系,推进全社会广泛形成绿色生产生活方式,为高质量发展提供新动能;适用侵权责任编绿色条款,对污染环境、破坏生态,损害生态环境公共利益的行为,依法判令侵权者承担生态修复和赔偿责任,体现救济法在后果评价层面对绿色发展理念的贯彻落实。

二、绿色原则为民事主体从事民事活动确立价值导向

在民事主体从事民事活动时,要严格执行《民法典》侵权责任编对环境污染责任的规定,在行使物权、债权、知识产权等财产权利时,要充分发挥物的效用,防止和避免资源被滥用,使资源的利用达到利益最大化,使有限的资源在一定范围内得到更充分地利用。即使在婚姻家庭、继承等方面,也要体现绿色原则,以缓解资源的紧张关系。人们在利用家庭财产,以及在继承领域分配遗产时,应当采用最有利于发挥物的效能的方式。①

---

① 杨立新:《中国民法总则研究》,中国人民大学出版社2017年版,第145页。

三、绿色原则为司法审判提供法律适用指引

绿色原则为司法实践中进行法律适用、法律解释、法律漏洞填补以及利益冲突时的价值判断和选择，提供了法律适用指引。但需要注意的是，在存在具体民事法律规范可用的情况下，应避免向一般条款的"逃逸"。

▶ 指导案例

指导案例 128 号：李劲诉华润置地（重庆）有限公司环境污染责任纠纷案

（最高人民法院审判委员会讨论通过　2019 年 12 月 26 日发布）

关键词： 民事　环境污染责任　光污染　损害认定　可容忍度

裁判要点：

由于光污染对人身的伤害具有潜在性、隐蔽性和个体差异性等特点，人民法院认定光污染损害，应当依据国家标准、地方标准、行业标准，是否干扰他人正常生活、工作和学习，以及是否超出公众可容忍度等进行综合认定。对于公众可容忍度，可以根据周边居民的反应情况、现场的实际感受及专家意见等判断。

相关法条：

《中华人民共和国侵权责任法》第 65 条、第 66 条

《中华人民共和国环境保护法》第 42 条第 1 款

基本案情：

原告李劲购买位于重庆市九龙坡区谢家湾正街×小区×幢×—×—×的住宅一套，并从 2005 年入住至今。被告华润置地（重庆）有限公司开发建设的万象城购物中心与原告住宅相隔一条双向六车道的公路，双向六车道中间为轻轨线路。万象城购物中心与原告住宅之间无其他遮挡物。在正对原告住宅的万象城购物中心外墙上安装有一块 LED 显示屏用于播放广告等，该 LED 显示屏广告位从 2014 年建成后开始投入运营，每天播放宣传资料及视频广告等，其产生强光直射入原告住宅房间，给原告的正常生活造成影响。

2014 年 5 月，原告小区的业主向市政府公开信箱投诉反映：从 5 月 3 日

开始,谢家湾华润二十四城的万象城的巨型LED屏幕开始工作,LED巨屏的强光直射进其房间,造成严重的光污染,并且宣传片的音量巨大,影响了其日常生活,希望有关部门让万象城减小音量并且调低LED屏幕亮度。2014年9月,黄杨路×小区居民向市政府公开信箱投诉反映:万象城有块巨型LED屏幕通宵播放资料广告,产生太强光线,导致夜间无法睡眠,无法正常休息。万象城大屏夜间光污染严重影响周边小区高层住户,请相关部门解决,禁止夜间播放,或者禁止通宵播放,只能在晚上八点前播放,并调低亮度。2018年2月,原告小区的住户向市政府公开信箱投诉反映:万象城户外广告大屏就是住户的噩梦,该广告屏每天播放视频广告,光线极强还频繁闪动,住在对面的业主家里夜间如同白昼,严重影响老人和小孩的休息,希望相关部门尽快对其进行整改。

本案审理过程中,人民法院组织原、被告双方于2018年8月11日晚到现场进行了查看,正对原告住宅的一块LED显示屏正在播放广告视频,产生的光线较强,可直射入原告住宅居室,当晚该LED显示屏播放广告视频至20时58分关闭。被告公司员工称该LED显示屏面积为160m²。

就案涉光污染问题是否能进行环境监测的问题,人民法院向重庆市九龙坡区生态环境监测站进行了咨询,该站负责人表示,国家与重庆市均无光污染环境监测方面的规范及技术指标,所以监测站无法对光污染问题开展环境监测。重庆法院参与环境资源审判专家库专家、重庆市永川区生态环境监测站副站长也表示从环保方面光污染没有具体的标准,但从民事法律关系的角度,可以综合其余证据判断是否造成光污染。从本案原告提交的证据看,万象城电子显示屏对原告的损害客观存在,主要体现为影响原告的正常休息。就LED显示屏产生的光辐射相关问题,法院向重庆大学建筑城规学院教授、中国照明学会副理事长以及重庆大学建筑城规学院高级工程师、中国照明学会理事等专家作了咨询,专家表示,LED的光辐射一是对人有视觉影响,其中失能眩光和不舒适眩光对人的眼睛有影响;另一方面是生物影响:人到晚上随着光照强度下降,渐渐入睡,是褪黑素和皮质醇两种激素发生作用的结果——褪黑素晚上上升、白天下降,皮质醇相反。如果光辐射太强,使人生物钟紊乱,长期就会有影响。另外LED的白光中有蓝光成分,蓝光对人的视网膜有损害,而且不可修复。但户外蓝光危害很难检测,时间、强度的标准是多少,有待标准出台确定。关于光照亮度对人的影响,有研究结论认为一般在400cd/m²以下对人的影响会小一点，但动态广告屏很难适用。对于亮度的规范，不同部门编制的规范对亮度的限值不同，但LED显示屏与直射的照明灯光还是有区别，以LED显示屏的相关国家标准来认定比较合适。

裁判结果：

重庆市江津区人民法院于2018年12月28日作出（2018）渝0116民初6093号判决：一、被告华润置地（重庆）有限公司从本判决生效之日起，立即停止其在运行重庆市九龙坡区谢家湾正街万象城购物中心正对原告李劲位于重庆市九龙坡区谢家湾正街×小区×幢住宅外墙上的一块LED显示屏时对原告李劲的光污染侵害：1.前述LED显示屏在5月1日至9月30日期间开启时间应在8：30之后，关闭时间应在22：00之前；在10月1日至4月30日期间开启时间应在8：30之后，关闭时间应在21：50之前。2.前述LED显示屏在每日19：00后的亮度值不得高于600cd/m²。二、驳回原告李劲的其余诉讼请求。一审宣判后，双方当事人均未提出上诉，判决已发生法律效力。

裁判理由：

法院生效裁判认为：保护环境是我国的基本国策，一切单位和个人都有保护环境的义务。《中华人民共和国民法总则》第九条规定："民事主体从事民事活动，应当有利于节约资源、保护生态环境。"《中华人民共和国物权法》第九十条规定："不动产权利人不得违反国家规定弃置固体废物，排放大气污染物、水污染物、噪声、光、电磁波辐射等有害物质。"《中华人民共和国环境保护法》第四十二条第一款规定："排放污染物的企业事业单位和其他生产经营者，应当采取措施，防治在生产建设或者其他活动中产生的废气、废水、废渣、医疗废物、粉尘、恶臭气体、放射性物质以及噪声、振动、光辐射、电磁辐射等对环境的污染和危害。"本案系环境污染责任纠纷，根据《中华人民共和国侵权责任法》第六十五条规定："因污染环境造成损害的，污染者应当承担侵权责任。"环境污染侵权责任属特殊侵权责任，其构成要件包括以下三个方面：一是污染者有污染环境的行为；二是被侵权人有损害事实；三是污染者污染环境的行为与被侵权人的损害之间有因果关系。

一、关于被告是否有污染环境的行为

被告华润置地（重庆）有限公司作为万象城购物中心的建设方和经营管理方，其在正对原告住宅的购物中心外墙上设置LED显示屏播放广告、宣传资料等，产生的强光直射进入原告的住宅居室。根据原告提供的照片、视频资料等证据，以及组织双方当事人到现场察看的情况，可以认定被告使用LED显示屏播放广告、宣传资料等所产生的强光已超出了一般公众普遍可容忍的范围，就大众的认知规律和切身感受而言，该强光会严重影响相邻人群的正常工作和学习，干扰周围居民正常生活和休息，已构成由强光引起的光污染。被告使用LED显示屏播放广告、宣传资料等造成光污染的行为已构成污染环境的行为。

二、关于被侵权人的损害事实

环境污染的损害事实主要包含了污染环境的行为致使当事人的财产、人身受到损害以及环境受到损害的事实。环境污染侵权的损害后果不同于一般侵权的损害后果，不仅包括症状明显并可计量的损害结果，还包括那些症状不明显或者暂时无症状且暂时无法用计量方法反映的损害结果。本案系光污染纠纷，光污染对人身的伤害具有潜在性和隐蔽性等特点，被侵权人往往在开始受害时显露不出明显的受损害症状，其所遭受的损害往往暂时无法用精确的计量方法来反映。但随着时间的推移，损害会逐渐显露。参考本案专家意见，光污染对人的影响除了能够感知的对视觉的影响外，太强的光辐射会造成人生物钟紊乱，短时间看不出影响，但长期会带来影响。本案中，被告使用LED显示屏播放广告、宣传资料等所产生的强光，已超出了一般人可容忍的程度，影响了相邻居住的原告等居民的正常生活和休息。根据日常生活经验法则，被告运行LED显示屏产生的光污染势必会给原告等人的身心健康造成损害，这也为公众普遍认可。综上，被告运行LED显示屏产生的光污染已致使原告居住的环境权益受损，并导致原告的身心健康受到损害。

三、被告是否应承担污染环境的侵权责任

《中华人民共和国侵权责任法》第六十六条规定："因污染环境发生纠纷，污染者应当就法律规定的不承担责任或者减轻责任的情形及其行为与损害之间不存在因果关系承担举证责任。"本案中，原告已举证证明被告有污染环境的行为及原告的损害事实。被告需对其在本案中存在法律规定的不承担责任或者减轻责任的情形，或被告污染行为与损害之间不存在因果关系承担举证责任。但被告并未提交证据对前述情形予以证实，对此被告应承担举证不能的不利后果，应承担污染环境的侵权责任。根据《最高人民法院关于审理环境侵权责任纠纷案件适用法律若干问题的解释》第十三条规定："人民法院应当根据被侵权人的诉讼请求以及具体案情，合理判定污染者承担停止侵害、排除妨碍、消除危险、恢复原状、赔礼道歉、赔偿损失等民事责任。"环境侵权的损害不同于一般的人身损害和财产损害，对侵权行为人承担的侵权责任有其独特的要求。由于环境侵权是通过环境这一媒介侵害到一定地区不特定的多数人的人身、财产权益，而且一旦出现可用计量方法反映的损害，其后果往往已无法弥补和消除。因此在环境侵权中，侵权行为人实施了污染环境的行为，即使还未出现可计量的损害后果，即应承担相应的侵权责任。本案中，从市民的投诉反映看，被告作为万象城购物中心的经营管理者，其在生产经营过程中，理应认识到使用LED显示屏播放广告、宣传资料等发出的强光会对居住在对面以及周围住宅小区的原告等人造成影响，并负有采取必要措施以减少对原告等人影响的义务。但被告仍然一直使用LED显示屏播放广告、宣传资料等，其产生的强光明显超出了一般人可容忍的程度，构成光污染，严重干扰了周边人群的正常生活，对原告等人的环境权益造成损害，进而损害了原告等人的身心健康。因此即使原告尚未出现明显症状，其生活受到光污染侵扰、环境权益受到损害也是客观存在的事实，故被告应承担停止侵害、排除妨碍等民事责任。

▶ 典型案例

高某与北京六合成农业有限公司农村土地承包合同纠纷案

关键词：绿色原则　大棚房　合同效力

裁判摘要：绿色原则是"绿水青山就是金山银山"的生态文明思想在我国法律中的全面贯彻，作为《民法典》的新增原则，是对我国传统民法基本原则体系的重要创新，也是回应我国农用地资源紧缺和破坏这一难题的重要立法举措。在包括"大棚房"合同纠纷在内的农用地流转合同纠纷中，通谋的虚伪表示最为常见，此时应当在绿色原则的指导下，结合《民法典》《农村土地承包法》《土地管理法》的具体规定审慎认定合同效力。对于虽书面约定为农业用途的合同，若查明双方合意的行为是将土地用于非农建设，则该行为未按照土地利用总体规划确定的用途使用土地，破坏了耕地资源，损害了生态环境，违反《土地承包法》第18条和《土地管理法》第4条的强制性规定，也与《民法典》中的"绿色原则"背道而驰，应当受到法律的否定性评价。

基本案情：2009年，北京六合成农业有限公司（以下简称六合成公司）从某村承包耕地346亩后,将土地划分100余个种植单元,每个种植单元包括阳光房大棚、棚外土地以及独立的铁栏围挡,不同区域之间的道路硬化路面,并通水通电。随后,六合成公司印制宣传彩页和图片进行发放,宣传彩页标明六合成生态农场、六合成乡村生态酒店,功能包括餐厅、停车场、采摘接待、垂钓园、游乐园、拓展中心等,宣传照片显示样板间为阳光房造型。高某系北京市某城区居民,其到现场察看咨询时,六合成公司接待处称承包种植单元后可将大棚进行装修改造,建设各式阳光房、木屋等房屋,公司提供有偿物业服务。2010年4月11日,双方签订了《"六合成观光园"阳光温室承包合同》,约定为发展集农业生产和生态休闲观光为一体的现代化自家种植式的生态农业庄园,高某承包观光园内的2个种植单元(各包括大棚400平方米和棚外面积1050平方米),承包期限30年,承包费30万元一次性付清。公司负责建立农业大棚种植示范园区,引进以蔬菜、植物为主的高新产品和技术,保证水、电接入日光温室及正常使用。高某自主决定种植项目,不得进行任何违反法律法规的活动,如有违反,造成的损失自行负担,不得提出赔偿。高某接收种植单元后花费8万元将大棚翻建为阳光房,房内置办家具家电,房内种植树木蔬菜,周末居住。2018年6月15日,因园区内建设项目未取得规划、用地等行政许可手续,种植单元被依法拆除。高某向六合成公司要求赔偿,公司认为,合同合法有效,载明用途是进行种植,若进行违反法律法规的活动,损失自行负担,故予以拒绝。高某则认为,六合成公司改变土地性质进行建房用于商业经营,违反了土地管理法的强制性规定,该合同应属无效。故请求法院判令确认合同无效,公司返还高某款项30万元并赔偿大棚建设费8万元。

法院经审理认为,行为人与相对人以虚假的意思表示实施的民事法律行为无效。以虚假的意思表示隐藏的民事法律行为的效力,依照相关法律规定处理。本案中,双方签订的《承包合同》中虽然书面约定为农业种植用途,但六合成公司发放的彩页和照片中宣传为生活居住用途,提供的大棚外修建有围墙、加装有铁门和围挡,大棚内外路面进行了硬化,而高某承租大棚后将其用于生活休闲,六合成公司对此也予以许可。故双方以农业种植承包为目的签订的土地承包合同系伪装行为,当然无效。而双方合意将承包土地用于非农业休闲居住的行为系隐藏行为,该行为将涉案的农业土地用于非农建设,未按照土地利用总体规划确定的用途使用土地,破坏了耕地资源,损害了生态环境,违反《农村土地承包法》第18条和《土地管理法》第4条的强制性规定,亦属无效。双方对于合同无效均存在过错，均应对损失承担相应责任。现大棚已经被拆除，无法再继续使用，六合成公司应当将高某未占用大棚期间的承包费退还，同时，高某应当按现状返还种植单元。对于高某主张的大棚建设费用，系其违反土地规划用途使用土地而造成的损失，应当自行负担。最终判决：确认合同无效，六合成公司返还高某款项247470元、高某按现状返还公司种植单元及棚外土地。一审宣判后，双方当事人均未在法定期限内提出上诉，一审判决已经发生法律效力。

【案　　号】（2020）京0114民初3422号

【审理法院】北京市昌平区人民法院

【来　　源】最高人民法院司法案例研究院编：《民法典新规则案例适用》，中国法制出版社2020年版

> **第十条** 处理民事纠纷，应当依照法律；法律没有规定的，可以适用习惯，但是不得违背公序良俗。

▶ 关联规定

法律、行政法规、司法解释

1.《中华人民共和国民法典》

第二百八十九条 法律、法规对处理相邻关系有规定的，依照其规定；法律、法规没有规定的，可以按照当地习惯。

2.《中华人民共和国老年人权益保障法》

第八十三条 民族自治地方的人民代表大会，可以根据本法的原则，结合当地民族风俗习惯的具体情况，依照法定程序制定变通的或者补充的规定。

3.《中华人民共和国民族区域自治法》

第十条 民族自治地方的自治机关保障本地方各民族都有使用和发展自己的语言文字的自由，都有保持或者改革自己的风俗习惯的自由。

4.《最高人民法院关于适用〈中华人民共和国民法典〉总则编若干问题的解释》

第二条 在一定地域、行业范围内长期为一般人从事民事活动时普遍遵守的民间习俗、惯常做法等，可以认定为民法典第十条规定的习惯。

当事人主张适用习惯的，应当就习惯及其具体内容提供相应证据；必要时，人民法院可以依职权查明。

适用习惯，不得违背社会主义核心价值观，不得违背公序良俗。

5.《最高人民法院关于适用〈中华人民共和国民法典〉物权编的解释（一）》

第十六条 受让人受让动产时，交易的对象、场所或者时机等不符合交易习惯的，应当认定受让人具有重大过失。

第十八条 民法典第三百一十一条第一款第二项所称"合理的价格"，应当根据转让标的物的性质、数量以及付款方式等具体情况，参考转让时交易地市场价格以及交易习惯等因素综合认定。

6.《最高人民法院关于审理买卖合同纠纷案件适用法律问题的解释》

第一条　当事人之间没有书面合同，一方以送货单、收货单、结算单、发票等主张存在买卖合同关系的，人民法院应当结合当事人之间的交易方式、交易习惯以及其他相关证据，对买卖合同是否成立作出认定。

对账确认函、债权确认书等函件、凭证没有记载债权人名称，买卖合同当事人一方以此证明存在买卖合同关系的，人民法院应予支持，但有相反证据足以推翻的除外。

7.《最高人民法院关于审理民间借贷案件适用法律若干问题的规定》

第三条　借贷双方就合同履行地未约定或者约定不明确，事后未达成补充协议，按照合同相关条款或者交易习惯仍不能确定的，以接受货币一方所在地为合同履行地。

▶ 条文释义

一、本条主旨

本条是关于处理民事纠纷的依据及其次序的规定。

二、条文演变

原《民法总则》第10条规定："处理民事纠纷，应当依照法律；法律没有规定的，可以适用习惯，但是不得违背公序良俗。"《民法典》未修改。

三、条文解读

（一）民法的渊源

处理民事纠纷的依据，即人民法院、仲裁机构等处理民事纠纷据以作出裁判的规则，学理上通常称之为法律渊源。也有民法教材采"法的存在形式"[1]

---

[1]　参见王泽鉴：《民法总则》，北京大学出版社2014年版，第47页。

的定义，即那些具有法的效力作用和法的意义的法的外在形式，也叫法的形式，侧重于从法的外在形式意义上来把握法的各种表现形式。①对于两造对抗的诉讼程序或仲裁程序，以何为裁判依据，是裁判的首要问题。故多数国家和地区都对法的渊源作出明确规定。例如，《瑞士民法典》《韩国民法典》《意大利民法典》《西班牙民法典》均在第1条规定法的渊源。《国际法院规约》第38条亦规定了国际法的渊源：（1）法院对于陈诉各项争端，应依国际法裁判之，裁判时应适用：（子）不论普通或特别国际协约，确立诉讼当事国明白承认之规条者。（丑）国际习惯，作为通例之证明而经接受为法律者。（寅）一般法律原则为文明各国所承认者。（卯）在第59条规定之下，司法判例及各国权威最高之公法学家学说，作为确定法律原则之补助资料者。（2）前项规定不妨碍法院经当事国同意本"公允及善良"原则裁判案件之权。

本条规定的民法渊源包括法律以及不违背公序良俗的习惯。就世界范围看，民法渊源在国内法层面主要有制定法、习惯法、法规性命令、自治团体规章、契约、法院判决等。②在涉外民事关系中，也有适用国际条约或国际惯例的情形。在大陆法系国家和地区，民法渊源主要有制定法、习惯法。在英美法系国家和地区，民法渊源主要是判例法，也承认制定法的法律渊源地位。

（二）处理民事纠纷应当依据法律

我国是成文法国家，法律是排在第一位的法源，处理民事纠纷首先应当适用法律。本条规定的"法律"是依照《立法法》享有立法权的国家机关制定的法律规范的总称，包括全国人大及其常委会制定的法律和国务院制定的行政法规，还包括地方性法规、自治条例与单行条例。具体包括：《民法典》及《信托法》《票据法》《企业破产法》等一系列民商事单行法；公法中涉及的民事规范，如《土地管理法》《环境保护法》中有关民事事项的法律规范；国务院为执行民事法律制定的行政法规以及全国人大及其常委会授权国务院制定的本属于应当制定法律的民事事项的行政法规；对某种特定的民事关系作出具体规定的地方性法规；民族自治地方经法律授权就特定民事法律关系作出变通规定形

---

① 参见张文显主编：《法理学》，高等教育出版社、北京大学出版社2011年版，第89页。
② 参见黄茂荣：《法学方法与现代民法（第五版）》，法律出版社2007年版，第5页。

成的自治条例和单行条例。

（三）处理民事纠纷可以适用不违背公序良俗的习惯

本条确立了习惯作为补充性法源、次要性法源、辅助性法源的地位。这里的"习惯"主要指民事习惯。《民法典总则编解释》第2条第1款对本条的"习惯"作出了解释："在一定地域、行业范围内长期为一般人从事民事活动时普遍遵守的民间习俗、惯常做法等，可以认定为民法典第十条规定的习惯。"将习惯作为民法法源，是我国民事立法较为一贯的态度。原《合同法》《物权法》等法律明确规定习惯可以作为判断当事人权利义务的根据。例如，原《合同法》第22条规定，承诺应当以通知的方式作出，但根据交易习惯或者要约表明可以通过行为作出承诺的除外。原《物权法》第85条规定，法律、法规对处理相邻关系有规定的，依照其规定；法律、法规没有规定的，可以按照当地习惯。第116条第2款规定，法定孳息，当事人有约定的，按照约定取得；没有约定或者约定不明确的，按照交易习惯取得。确立习惯的法源地位也符合现实需要。民法具有生活法、社会法、文化法、本土法、民众法的特质，民法规范来源于民众的生产、生活实践，而民事习惯为其主要表现形式。① 根据习惯裁判更贴近社会生活，有利于定纷止争，司法实践中有时确有必要根据习惯处理民事纠纷。将习惯作为民法法源能够丰富民法规则，保持《民法典》的开放性，也有利于限制法官的自由裁量权，保障法律的准确适用。

根据本条规定，适用习惯应当满足两项前提条件：（1）法律没有规定，即相关法律、行政法规、地方性法规对某一类民事纠纷如何处理未作明文规定；（2）不违背公序良俗。即不违背《民法典》第8条规定的公序良俗。公序良俗这一概念包含两层意思：一是指公共秩序，包括社会公共秩序和生活秩序；二是指善良风俗，即由全体社会成员普遍认可、遵循的道德准则。公共秩序与善良风俗，体现了国家和社会层面的核心价值，以及民间的道德观念。适用习惯作为裁判依据时，裁判机关应对习惯是否存在，习惯是否违反公序良俗进行审查和判断。

---

① 参见高其才：《民法典编纂与民事习惯研究》，中国政法大学出版社2017年版，第3页。

▶ 适用指引

一、国际条约和国际惯例的适用

关于国际条约和国际惯例,原《民法通则》第142条规定,涉外民事关系的法律适用,依照本章的规定确定。中华人民共和国缔结或者参加的国际条约同中华人民共和国的民事法律有不同规定的,适用国际条约的规定,但中华人民共和国声明保留的条款除外。中华人民共和国法律和中华人民共和国缔结或者参加的国际条约没有规定的,可以适用国际惯例。《民法典》未承继这一条款。因我国已于2010年制定《涉外民事关系法律适用法》,《民法典》不就涉外民事关系的法律适用作出专章规定在情理之中。当然,《涉外民事关系法律适用法》没有规定国际条约和国际惯例的适用,但国际规则在我国仍有适用的余地,在处理涉外民商事纠纷时,我国法院和仲裁机构依旧会依据我国缔结的国际条约和国际惯例作出裁判。[①] 例如,我国是《联合国国际货物销售合同公约》缔约国,当我国公民和法人与他国公民和法人订立国际货物买卖合同,而他国亦为公约缔约国时,应优先适用公约的规定,公约没有规定的内容,适用合同中约定适用的法律。如当事人明确排除公约的适用,则不应适用公约。[②] 又如,根据《最高人民法院关于审理信用证纠纷案件若干问题的规定》第2条的规定,人民法院审理信用证纠纷案件时,当事人约定适用相关国际惯例或者其他规定的,从其约定;当事人没有约定的,适用国际商会《跟单信用证统一惯例》或者其他相关国际惯例。可见,我国政府签订并经全国人大批准的国际条约或双边协定,以及国际惯例,也是民法的重要法源之一。[③]

二、习惯的证明

如当事人主张存在某种习惯,原则上应负担举证责任,举证证明存在该种习惯。当然,法官亦可在必要时依职权主动适用习惯裁判案件。因此,《民法

---

① 车丕照:《〈民法典〉颁行后国际条约与惯例在我国的适用》,载《中国应用法学》2020年第6期。
② 最高人民法院第107号指导案例裁判规则。
③ 参见江必新、张甲天主编:《中华人民共和国民法典学习读本(总则卷)》,人民法院出版社2021年版,第35页。王利明:《民法总则研究(第三版)》,中国人民大学出版社2018年版,第65页。

典总则编解释》第2条第2款规定："当事人主张适用习惯的，应当就习惯及其具体内容提供相应证据；必要时，人民法院可以依职权查明。"这主要是考虑到我国幅员广在，习惯众多，人员流动大，法官未必是当地土生土长的人，难以了解习惯的存在。故以当事人举证为主，法官依职权查明为辅的做法，较为适合我国国情。

▶ 典型案例

上诉人武汉中新蓝软件有限公司、李某与被上诉人武汉市精科绿源科技有限公司计算机软件开发合同纠纷案

关键词：计算机软件开发合同　商业习惯

裁判要旨：计算机软件开发合同具有履行周期较长、软件功能需求随开发进程动态调整等特点；与之相应，计算机软件开发领域具有分阶段、按比例支付款项的商业习惯。鉴于各开发阶段往往相互依存、紧密衔接，委托方每一阶段支付的款项是否仅应理解为其所对应开发阶段工作成果的对价，应当根据合同约定和履行情况具体确定。

基本案情：2019年6月20日，精科绿源公司（甲方）与中新蓝公司（乙方）先后签订及确认涉案合同、涉案软件需求确认书。合同约定了甲方委托乙方开发水客168项目，合同总金额为275000元，分六期支付等内容。合同签订后，精科绿源公司以银行转账方式向中新蓝公司的法定代表人和股东李某付款110000元。

2019年8月6日，精科绿源公司与中新蓝公司共同签署《水客168项目UI设计效果图验收单》，确认中新蓝公司从2019年6月21日至2019年7月23日完成涉案软件项目的UI界面全部工作。同年8月26日，精科绿源公司向中新蓝公司发出通知，要求对方在2019年8月26日下午17：30前将完整UI设计图及说明、PSD/PNG分层文件使用邮件的形式发送至指定邮箱。同日，中新蓝公司回复称，项目已经在开发中期，很多功能已经做出来，管理后台功能操作部分可以直接登录后台测试，目前系统也部署在对方的物理服务器上配置好了可以体验。中新蓝公司同时提供了用于查看的用户端PC、商户端PC、后台、iOS版本、Android版本、客户服务器部署地址等相关网址、账号

或密码信息。

2019年8月28日,中新蓝公司向精科绿源公司发出催款函,要求对方于2019年8月30日前支付第三笔涉案合同款55000元。同日,精科绿源公司发出解除合同并要求全额退款通知,称中新蓝公司至今未完成UI设计,尚未实际开发,且虚报进度收取110000元进度款。

精科绿源公司起诉请求:1.确认精科绿源公司与中新蓝公司签订的涉案合同于2019年8月28日解除;2.判令中新蓝公司返还精科绿源公司支付的款项110000元,承担合同总金额30%的违约金82500元,承担精科绿源公司的律师费10000元;3.判令李某对上述款项的清偿承担连带责任;4.判令中新蓝公司、李某承担本案全部诉讼费。

中新蓝公司反诉请求:1.确认中新蓝公司与精科绿源公司签订的涉案合同于2019年8月28日解除;2.判令精科绿源公司支付中新蓝公司第三阶段开发费用55000元,第四阶段部分开发费用33000元,以上合计88000元;3.判令精科绿源公司支付中新蓝公司上述逾期费用利息(以88000元为本金,按照每天0.05%计,自2018年8月29日起计算至实际清偿之日止);4.判令精科绿源公司支付中新蓝公司违约金137500元、律师费8000元;5.本案诉讼费、反诉费由精科绿源公司承担。中新蓝公司在二审审理过程中明确表示放弃其第2、3、4项请求。

武汉中院一审判决:一、确认精科绿源公司与中新蓝公司签订的涉案合同自2019年8月28日起解除;二、中新蓝公司于判决生效后十日内,向精科绿源公司返还涉案合同项下的首期款55000元;三、李某对判决主文第二项确定的中新蓝公司所负返还义务承担连带责任;四、驳回精科绿源公司在本诉中的其他诉讼请求;五、驳回中新蓝公司在反诉中的其他诉讼请求。如果中新蓝公司未按判决指定的期间履行给付金钱义务,应当依照《民事诉讼法》第253条规定,加倍支付迟延履行期间的债务利息。本诉案件受理费4338元,由精科绿源公司负担3160元,由中新蓝公司、李某共同负担1178元;反诉案件受理费2415.44元,由中新蓝公司负担。

最高人民法院二审认为,计算机软件开发合同履行过程中委托方分期给付的每一期开发款,除有明确约定外,并不要求均必须有相应的开发成果为对价。一方面,计算机软件开发合同的订立通常是基于委托方对开发方技术实力的认可与信任,故此类合同的履行具有一定的人身属性,且合同履行周期一般跨度较长，合同各方通常约定按照所设定工作事项的完成进度分期付款，故履行周期较长、分阶段付款是此类合同的典型特征。另一方面，计算机软件开发合同履行过程中，委托方对于软件的功能需求往往并非一成不变，而是会在实际开发过程中根据具体情况对合同所欲实现的功能需求进行相应灵活、机动的调整，故计算机软件开发合同除了呈现履行周期长、分阶段付款之特征外，还往往呈现软件功能需求随开发进程动态调整之特点。针对计算机软件开发合同的上述性质和特点，委托方基于合理管控交易风险的考量，采取分阶段、按比例向开发方支付款项的做法符合商业习惯。但计算机软件开发过程中各阶段开发事项彼此是相互依存、紧密衔接的，某一阶段所对应的开发事项的完成情况和效果，往往决定了下一阶段开发工作能否顺利开展和完成效果，而下一阶段开发工作的完成情况又可作为检验前一阶段工作成果的参照。因此，将委托方在每一阶段支付的款项孤立地认为仅是对应该阶段工作成果之对价的观点，既不符合计算机软件开发合同的特点，也不符合计算机软件开发行业的特点和习惯。相反，委托方每一阶段支付的款项均应当理解为是软件开发整体工作对价的有机组成。另一方面，根据涉案合同第7.2条关于"付款方式"的约定，合同开发款分六期支付，首期款应于合同签订后3日内由精科绿源公司按合同总金额20%支付。涉案合同首期款既可以理解为是涉案软件开发项目的启动资金，也可以理解为是作为涉案软件委托方的精科绿源公司为软件开发方中新蓝公司组建研发团队、投入相关软、硬件资源所提供的物质条件。但是，于此阶段即要求中新蓝公司提交相应的开发成果以作为取得首期开发款的对价，既缺乏合同依据，亦不符合计算机软件开发行业的特点和习惯，未免强人所难。

最高人民法院二审判决：一、维持湖北省武汉市中级人民法院（2019）鄂01民初7117号民事判决第一项、第四项、第五项；二、撤销湖北省武汉市中级人民法院（2019）鄂01民初7117号民事判决第二项、第三项。

【案　　号】（2020）最高法知民终1545号

【审理法院】最高人民法院

【来　　源】《最高人民法院知识产权法庭裁判要旨（2020）》

第十一条　其他法律对民事关系有特别规定的，依照其规定。

▶ 关联规定

一、法律、行政法规、司法解释

1.《中华人民共和国立法法》

第九十二条　同一机关制定的法律、行政法规、地方性法规、自治条例和单行条例、规章，特别规定与一般规定不一致的，适用特别规定；新的规定与旧的规定不一致的，适用新的规定。

第九十四条　法律之间对同一事项的新的一般规定与旧的特别规定不一致，不能确定如何适用时，由全国人民代表大会常务委员会裁决。

行政法规之间对同一事项的新的一般规定与旧的特别规定不一致，不能确定如何适用时，由国务院裁决。

2.《最高人民法院关于适用〈中华人民共和国民法典〉总则编若干问题的解释》

第一条　民法典第二编至第七编对民事关系有规定的，人民法院直接适用该规定；民法典第二编至第七编没有规定的，适用民法典第一编的规定，但是根据其性质不能适用的除外。

就同一民事关系，其他民事法律的规定属于对民法典相应规定的细化的，应当适用该民事法律的规定。民法典规定适用其他法律的，适用该法律的规定。

民法典及其他法律对民事关系没有具体规定的，可以遵循民法典关于基本原则的规定。

二、司法指导性文件

1.《全国法院贯彻实施民法典工作会议纪要》

20.要牢固树立法典化思维，确立以民法典为中心的民事实体法律适用理念。准确把握民法典各编之间关系,充分认识"总则与分则""原则与规则""一般与特殊"的逻辑体系,综合运用文义解释、体系解释和目的解释等方法,全面、准确理解民法典核心要义,避免断章取义。全面认识各编的衔接配合关系,比如合同编通则中关于债权债务的规定,发挥了债法总则的功能作用,对于合同之债以外的其他债权债务关系同样具有适用效力。

2.《全国法院民商事审判工作会议纪要》

3.【民法总则与公司法的关系及其适用】民法总则与公司法的关系,是一般法与商事特别法的关系。民法总则第三章"法人"第一节"一般规定"和第二节"营利法人"基本上是根据公司法的有关规定提炼的,二者的精神大体一致。因此,涉及民法总则这一部分的内容,规定一致的,适用民法总则或者公司法皆可;规定不一致的,根据《民法总则》第11条有关"其他法律对民事关系有特别规定的,依照其规定"的规定,原则上应当适用公司法的规定。但应当注意也有例外情况,主要表现在两个方面:一是就同一事项,民法总则制定时有意修正公司法有关条款的,应当适用民法总则的规定。例如,《公司法》第32条第3款规定:"公司应当将股东的姓名或者名称及其出资额向公司登记机关登记;登记事项发生变更的,应当办理变更登记。未经登记或者变更登记的,不得对抗第三人。"而《民法总则》第65条的规定则把"不得对抗第三人"修正为"不得对抗善意相对人"。经查询有关立法理由,可以认为,此种情况应当适用民法总则的规定。二是民法总则在公司法规定基础上增加了新内容的,如《公司法》第22条第2款就公司决议的撤销问题进行了规定,《民法总则》第85条在该条基础上增加规定:"但是营利法人依据该决议与善意相对人形成的民事法律关系不受影响。"此时,也应当适用民法总则的规定。

▶【条文释义】

一、本条主旨

本条是关于一般规定与特别规定的适用原则的规定。

二、条文演变

原《民法总则》第11条规定,其他法律对民事关系有特别规定的,依照其规定。《民法典》沿用该条,未修改。

三、条文解读

(一)一般法与特别法的适用关系

《立法法》第92条规定:"同一机关制定的法律、行政法规、地方性法规、自治条例和单行条例、规章,特别规定与一般规定不一致的,适用特别规定;新的规定与旧的规定不一致的,适用新的规定。"根据该条规定,法律可作一般法与特别法的分类,两者的区别主要有两点:(1)适用的范围和对象不同。一般法是在全国范围内对全体社会成员普遍适用、经常适用的法律;特别法则一般适用于特定领域、特定主体、特定事项,如《海商法》只适用于海事海商领域;《民用航空法》只适用于民用航空领域;《公司法》主要规范公司的组织和行为;《消费者权益保护法》主要用于保护消费者合法权益不受侵害。(2)法律适用序位不同。在特别法没有规定时,应当适用一般法。在特别法有专门规定时,应当适用特别法。如关于诉讼时效,《民法典》第188条规定,向人民法院请求保护民事权利的诉讼时效期间为三年,法律另有规定的,依照其规定。《海商法》第260条则规定,有关海上拖航合同的请求权时效期间为一年。《民用航空法》第171条规定,地面第三人损害赔偿的诉讼时效期间为二年,自损害发生之日起计算;但是,在任何情况下,时效期间不得超过自损害发生之日起三年。此种情形下,《海商法》和《民用航空法》的特别规定应当优先适用。

本条规定与《立法法》第92条的精神完全一致。在《立法法》已经对一般规定与特别规定的关系作出规定的情形下,《民法典》仍设专条予以规范,主要的原因有两点:(1)我国有大量单行民商事法律法规,尤其是商事法律法规。如《公司法》《企业破产法》《票据法》《信托法》《海商法》等单行法,对特定领域的商事法律关系作出规定,这些单行法都会作为《民法典》的特别法而存在;(2)《民法典》无法规范所有的民商事法律关系,在《民法典》之外会存在一些处理特殊民事法律关系的特别法,如《涉外民事关系法律适用法》。本条规定重申一般规定与特别规定的关系,有助于消弭分歧认识,统一法律适用。

（二）本条适用于同一位阶的法律规范

关于一般法和特别法关系的规定主要针对同位法，除非作为上位法的一般法授权下位法以特别法方式修改其确立的法律规范。一般来说，不应承认任何与上位法相冲突的下位法为特别法。①《立法法》第92条明确规定该条适用的条件是"同一机关制定"。本条即在遵循《立法法》上述原则基础上规定"其他法律对民事关系有特别规定的，依照其规定"。《民法典》由全国人大制定，因此，若需通过本条排除《民法典》的适用，须满足与《民法典》规定不一致的法律系由全国人大及其常委会制定这一条件。②本条规定实际上排除了与《民法典》位阶不同的行政法规、地方性法规、自治条例、单行条例作为其特别法的资格。

此外，《立法法》第94条规定，法律之间对同一事项的新的一般规定与旧的特别规定不一致，不能确定如何适用时，由全国人民代表大会常务委员会裁决。行政法规之间对同一事项的新的一般规定与旧的特别规定不一致，不能确定如何适用时，由国务院裁决。《民法典》是新的一般法，《民法典》施行后未被废止的单行法是旧的特别法，当两者规定不一致时应当如何适用法律，实践中争议较大。③根据前述第94条规定，在依照一般法律适用规则或者法律解释方法仍无法解决问题时，原则上应交由全国人民代表大会常务委员会裁决。应当注意的是，有些特别法的规定与《民法典》在内在精神上并不冲突，只是构成《民法典》确立的一般规则的细化规定，此时应当适用特别法的规定。另外，虽然特别法与《民法典》就同一事项的规定不一致，但《民法典》已经以"法律另有规定的除外"，"法律另有规定的，依照其规定"等方式明示的，也应当适用特别法的规定。对此，《民法典总则编解释》第1条第2款作出了较为明确的规定："就同一民事关系，其他民事法律的规定属于对民法典相应规定的细化的，应当适用该民事法律的规定。民法典规定适用其他法律的，适用该法律的规定。"

---

① 参见江必新、梁凤云主编：《行政诉讼法理论与实务》，法律出版社2016年版，第1086页。
② 参见杜万华主编：《中华人民共和国民法总则实务指南》，中国法制出版社2017年版，第60页。
③ 参见最高人民法院民法典贯彻实施工作领导小组：《中华人民共和国民法典总则编理解与适用》，人民法院出版社2021年版，第92~93页。

▶ 适用指引

一、体系化处理《民法典》与单行法的关系

本条规定为解决《民法典》与单行法之间的规范冲突问题提供了基本准则。《民法典》是国之大典,是整个社会的"基本法",奠定全部私法的根基,是最为基础的民法规范,在民商法体系中具有基础性地位。[①]《民法典》的颁布促进了民商事法律的体系化,有助于法律各部分内容的协调与配合,形成严谨的体系结构。《民法典》实施后,只有坚持体系化思维,从法典化的角度去理解民商事法律规范的逻辑关系,才能科学地处理好《民法典》与单行法的关系。

一般来讲,单行法是《民法典》的特别法,在对同一民事关系有特别规定时,原则上应该适用单行法的特别规定。[②]但是,在运用本条规定处理《民法典》与单行法的适用问题时,不宜绝对化。一方面,《民法典》的许多制度、规则来自单行法,如有关"营利法人"的规定,主要从《公司法》相关规定中提炼出来。同时,《民法典》亦顺应时代需求,对《公司法》若干规定做了修正或增加了新的内容。如《公司法》第14条第1款规定分公司的责任由公司承担,而《民法典》第74条第2款则修正为分支机构以自己的名义从事民事活动,产生的民事责任由法人承担;也可以先以该分支机构管理的财产承担,不足以承担的,由法人承担。《民法典》实施后,对于分公司从事民事活动的民事责任承担问题,可按照《民法典》的规定,先以分公司管理的财产承担,不足的部分由公司承担。另一方面,单行法的许多规则对《民法典》做了细化和具体化,《民法典》的许多内容需要单行法的补充。例如,《民法典》第1038条原则性地规定了信息处理者的信息安全保障义务:不得泄露或者篡改其收集、存储的个人信息;未经自然人同意,不得向他人非法提供其个人信息;应当采取技术措施和其他必要措施,确保其收集、存储的个人信息安全,防止信息泄露、篡改、丢失;发生或者可能发生个人信息泄露、篡改、丢失的,应当及时采取补救措施,按照规定告知自然人并向有关主管部门报告。

---

① 参见谢鸿飞:《铸造中国社会的"基本法":中国民法典的编撰历程》,载《人民法治》2017年第10期。

② 参见《全国法院民商事审判工作会议纪要》第3条。

《个人信息保护法》第 51 条则对保护的具体措施做了列举：制定内部管理制度和操作规程；对个人信息实行分类管理；采取相应的加密、去标识化等安全技术措施；合理确定个人信息处理的操作权限，并定期对从业人员进行安全教育和培训；制定并组织实施个人信息安全事件应急预案；法律、行政法规规定的其他措施。显然，《个人信息保护法》第 51 条是判断信息处理者是否履行了《民法典》第 1038 条保障义务的重要标准。故此，《民法典》和单行法结合在一起，通过体系化地适用，可实现对社会关系的有效调整。两者之间并不总是择一适用的问题，很多时候需要结合适用。例如，《民法典》第 61 条规定，法人章程或者法人权力机构对法定代表人代表权的限制，不得对抗善意相对人。第 504 条规定了公司法定代表人越权代表的法律后果，即除相对人知道或者应当知道其超越权限外，该代表行为有效，订立的合同对法人发生效力。《公司法》第 16 条规定，公司对外担保应依照公司章程的规定，由董事会或者股东会、股东大会决议。那么，对公司对外担保未经决议的法律后果应如何裁判，《民法典担保制度解释》第 7 条第 1 款结合《民法典》第 61 条、第 504 条和《公司法》第 16 条作出了如下规定："公司的法定代表人违反公司法关于公司对外担保决议程序的规定，超越权限代表公司与相对人订立担保合同，人民法院应当依照民法典第六十一条和第五百零四条等规定处理：（一）相对人善意的，担保合同对公司发生效力；相对人请求公司承担担保责任的，人民法院应予支持。（二）相对人非善意的，担保合同对公司不发生效力；相对人请求公司承担赔偿责任的，参照适用本解释第十七条的有关规定。"

实践往往比逻辑更复杂，在《民法典》与单行法如何适用的问题上，要对具体案情和具体规定进行分析，既要把握一般规定与特别规定的适用规则，又不能一概认定应适用单行法的特别规定或者适用《民法典》的规定，要秉持体系化思维，合理确定《民法典》和单行法的适用关系。

二、体系化处理民法典内部的一般与特殊关系

相对物权编、合同编、人格权编、婚姻家庭编、继承编、侵权责任编等分编，总则编属于一般规定。同时，各编内部还有总分问题，如物权编中的通则相对所有权及各类他物权，合同编通则相对各典型合同及准合同。有的分编内部还有一般规定与具体规定的区分，如婚姻家庭编和继承编。"总"与"分"之间，一般也应按照一般规定与特别规定的规则处理。

比如关于格式合同条款的效力。按照《民法典》总则编第153、154条的规定，民事法律行为无效有三种情形：违反法律、行政法规的强制性规定；违背公序良俗；恶意串通，损害他人合法权益。合同编中的第497条则规定了格式条款无效的三种情形。总则编中的第153条、第154条属于一般规定，合同编第497条属于特别规定，对于格式合同条款的效力问题，应当优先适用合同编中的第497条的规定。①

类案检索

罗某文诉陈某忠损害股东利益责任纠纷案

关键词： 损害股东利益责任纠纷　大股东滥用股东权利

裁判摘要： 我国法律体系中，法律对同一事项存在一般规定和特别规定的，优先适用特别规定。《民法总则》第11条规定："其他法律对民事关系有特别规定的，依照其规定。"《侵权责任法》第5条规定："其他法律对侵权责任另有特别规定的，依照其规定。"该两条规定即体现了特别法优先于一般法的法律适用原则。原告提起本案诉讼系基于其公司股东身份，向公司另一股东主张滥用股东权利损害赔偿。因此，本案关乎公司股东的合法权益，属损害股东利益责任纠纷，应优先适用《公司法》等相关法律规定。原告援引一般法的原则性、一般性规定，主张被告违反特别法的规定，显属不当。

【案　　号】（2020）鄂民申1994号
【审理法院】湖北省高级人民法院

---

① 王利明：《正确适用民法典应处理好三种关系》，载《现代法学》2020年第6期；黄薇：《中华人民共和国民法典释义》，法律出版社2020年版，第31页。

第一章 基本规定 | 第十二条

> **第十二条** 中华人民共和国领域内的民事活动,适用中华人民共和国法律。法律另有规定的,依照其规定。

▶ 关联规定

法律、行政法规、司法解释

1.《中华人民共和国民事诉讼法》

第四条 凡在中华人民共和国领域内进行民事诉讼,必须遵守本法。

第二百六十六条 在中华人民共和国领域内进行涉外民事诉讼,适用本编规定。本编没有规定的,适用本法其他有关规定。

2.《中华人民共和国涉外民事关系法律适用法》

第二条 涉外民事关系适用的法律,依照本法确定。其他法律对涉外民事关系法律适用另有特别规定的,依照其规定。

本法和其他法律对涉外民事关系法律适用没有规定的,适用与该涉外民事关系有最密切联系的法律。

3.《中华人民共和国民用航空法》

第一百八十四条 中华人民共和国缔结或者参加的国际条约同本法有不同规定的,适用国际条约的规定;但是,中华人民共和国声明保留的条款除外。

中华人民共和国法律和中华人民共和国缔结或者参加的国际条约没有规定的,可以适用国际惯例。

第一百八十五条 民用航空器所有权的取得、转让和消灭,适用民用航空器国籍登记国法律。

第一百八十六条 民用航空器抵押权适用民用航空器国籍登记国法律。

第一百八十七条 民用航空器优先权适用受理案件的法院所在地法律。

第一百八十八条 民用航空运输合同当事人可以选择合同适用的法律,但是法律另有规定的除外;合同当事人没有选择的,适用与合同有最密切联系的国家的法律。

第一百八十九条 民用航空器对地面第三人的损害赔偿，适用侵权行为地法律。

4.《中华人民共和国海洋环境保护法》

第二条 本法适用于中华人民共和国内水、领海、毗连区、专属经济区、大陆架以及中华人民共和国管辖的其他海域。

在中华人民共和国管辖海域内从事航行、勘探、开发、生产、旅游、科学研究及其他活动，或者在沿海陆域内从事影响海洋环境活动的任何单位和个人，都必须遵守本法。

在中华人民共和国管辖海域以外，造成中华人民共和国管辖海域污染的，也适用本法。

5.《中华人民共和国票据法》

第九十四条 涉外票据的法律适用，依照本章的规定确定。

前款所称涉外票据，是指出票、背书、承兑、保证、付款等行为中，既有发生在中华人民共和国境内又有发生在中华人民共和国境外的票据。

第九十五条 中华人民共和国缔结或者参加的国际条约同本法有不同规定的，适用国际条约的规定。但是，中华人民共和国声明保留的条款除外。

本法和中华人民共和国缔结或者参加的国际条约没有规定的，可以适用国际惯例。

第九十六条 票据债务人的民事行为能力，适用其本国法律。

票据债务人的民事行为能力，依照其本国法律为无民事行为能力或者为限制民事行为能力而依照行为地法律为完全民事行为能力的，适用行为地法律。

第九十七条 汇票、本票出票时的记载事项，适用出票地法律。

支票出票时的记载事项，适用出票地法律，经当事人协议，也可以适用付款地法律。

第九十八条 票据的背书、承兑、付款和保证行为，适用行为地法律。

第九十九条 票据追索权的行使期限，适用出票地法律。

第一百条 票据的提示期限、有关拒绝证明的方式、出具拒绝证明的期限，适用付款地法律。

6.《中华人民共和国海商法》

第二百六十八条 中华人民共和国缔结或者参加的国际条约同本法有不同规定的，适用国际条约的规定；但是，中华人民共和国声明保留的条款除外。

中华人民共和国法律和中华人民共和国缔结或者参加的国际条约没有规定的，可以适用国际惯例。

第二百六十九条 合同当事人可以选择合同适用的法律，法律另有规定的除外。合同当事人没有选择的，适用与合同有最密切联系的国家的法律。

第二百七十条 船舶所有权的取得、转让和消灭，适用船旗国法律。

第二百七十一条 船舶抵押权适用船旗国法律。

船舶在光船租赁以前或者光船租赁期间，设立船舶抵押权的，适用原船舶登记国的法律。

第二百七十二条 船舶优先权，适用受理案件的法院所在地法律。

第二百七十三条 船舶碰撞的损害赔偿，适用侵权行为地法律。

船舶在公海上发生碰撞的损害赔偿，适用受理案件的法院所在地法律。

同一国籍的船舶，不论碰撞发生于何地，碰撞船舶之间的损害赔偿适用船旗国法律。

第二百七十四条 共同海损理算，适用理算地法律。

第二百七十五条 海事赔偿责任限制，适用受理案件的法院所在地法律。

第二百七十六条 依照本章规定适用外国法律或者国际惯例，不得违背中华人民共和国的社会公共利益。

7.《最高人民法院关于适用〈中华人民共和国涉外民事关系法律适用法〉若干问题的解释〉（一）》

第一条 民事关系具有下列情形之一的，人民法院可以认定为涉外民事关系：

（一）当事人一方或双方是外国公民、外国法人或者其他组织、无国籍人；

（二）当事人一方或双方的经常居所地在中华人民共和国领域外；

（三）标的物在中华人民共和国领域外；

（四）产生、变更或者消灭民事关系的法律事实发生在中华人民共和国领域外；

（五）可以认定为涉外民事关系的其他情形。

第十二条 当事人没有选择涉外仲裁协议适用的法律，也没有约定仲裁机构或者仲裁地，或者约定不明的，人民法院可以适用中华人民共和国法律认定该仲裁协议的效力。

8.《最高人民法院关于审理独立保函纠纷案件若干问题的规定》

第二十二条 涉外独立保函未载明适用法律，开立人和受益人在一审法庭辩论终结前亦未就适用法律达成一致的，开立人和受益人之间因涉外独立保函而产生的纠纷适用开立人经常居所地法律；独立保函由金融机构依法登记设立的分支机构开立的，适用分支机构登记地法律。

涉外独立保函欺诈纠纷，当事人就适用法律不能达成一致的，适用被请求止付的独立保函的开立人经常居所地法律；独立保函由金融机构依法登记设立的分支机构开立的，适用分支机构登记地法律；当事人有共同经常居所地的，适用共同经常居所地法律。

涉外独立保函止付保全程序，适用中华人民共和国法律。

▶ 条文释义

一、本条主旨

本条是关于民法地域效力的规定。

二、条文演变

原《民法总则》第12条规定，中华人民共和国领域内的民事活动，适用中华人民共和国法律。法律另有规定的，依照其规定。《民法典》未修改。

三、条文解读

民法的地域效力范围，是指民法在什么空间领域内适用。本条规定，中华人民共和国领域内的民事活动，适用中华人民共和国法律。中华人民共和国领域包括中华人民共和国领土、领空、领海，以及根据国际法视为我国领域的我国驻外使馆，国籍为中国的船舶、航空器等。原则上，在中华人民共和国领域内的民事活动应当适用中华人民共和国法律，除非法律另有规定。民事法律规范因制定的机关不同，其适用的领域也不完全相同。例如，《民法典》等全国人民代表大会及其常务委员会制定的民事法律和国务院制定的民事法规，适用于我国全部领域，但法律、法规明确规定仅适用于某一地区的除外。地方性法规、民族自治地区的民事法规、经济特区或综合改革试验区的民事法规，一般只在相应行政管辖区域内适用。香港特别行政区和澳门特别行政区法规中的民事法律规范，只适用于该特别行政区。

我国是多法域国家，即不同地区实施不同法律的国家。世界上有不少国家是多法域国家，如美国、英国、加拿大、澳大利亚、西班牙、中国、1919年至1924年的法国、1919年至1928年的意大利等。一般来说，一个具有独特法律制度的地区被称为法域。如果一个主权国家内部存在数个具有独特法律制度的地区，它就是一个拥有多个法域的国家，常被称为"多法域国家"，或者"复合法域国家"，或者"复数法制国家"。① 在我国，香港特别行政区和澳门特别行政区回归后，在"一国两制"方针指导下，作为中华人民共和国的特别行政区，享有高度的自治权，包括行政管理权、立法权、独立的司法权及终审权，并继续施行原有法律制度，内地的法律除涉及国防、外交等领域的规范（列入基本法附件三的法律）外，不在香港特别行政区、澳门特别行政区实施，内地、香港特别行政区、澳门特别行政区成为中华人民共和国领土内的三个法域。司法实践在处理涉台法律事务时，也将我国台湾地区视为一个法域，这就形成了"一国两制三法系四法域"的特点。② 因各法域实施不同的民商事法律制度，各法域自然人和法人又频繁进行民商事交往，区际法律冲突由此产生，解决此种冲突的法律，学理上称为区际冲突法。

本条规定，法律另有规定的，依照其规定。这其中最为重要的就是2010年10月28日全国人大常委会通过的《涉外民事关系法律适用法》，这是新中国第一部以单行法的形式全面系统地规定涉外民事关系法律适用规范的专门法。该法共8章52条，对涉外民事关系的法律适用问题进行了规定，包括一般规定、民事主体、婚姻家庭、继承、物权、债权、知识产权等内容。此外，也有一些单行民事法律就其适用领域的涉外民事关系的法律适用问题作出特别规定。例如，《海商法》《票据法》《民用航空法》。根据这些涉外民事关系法律适用的特别规定，在中华人民共和国领域内的涉外民事活动，根据其不同性质适用不同的法律适用规范，并最终确定准据法，该准据法既有可能是中国法的具体规定，也有可能是外国法的具体规定。如《涉外民事关系法律适用法》第3条规定："当事人依照法律规定可以明示选择涉外民事关系适用的法律。"《海商法》第269条规定："合同当事人可以选择合同适用的法律，法律另有规

---

① 韩德培主编：《国际私法新论》，武汉大学出版社1997年版，第412页。
② 宋渝玲：《涉外民事诉讼法律实务》，厦门大学出版社2017年版，第420页。

定的除外。合同当事人没有选择的,适用与合同有最密切联系的国家的法律。"如国际海上货物运输合同的当事人选择适用德国法,则人民法院应查明德国法相关内容,据此确定当事人的权利义务。

▶ 适用指引

一、涉外民事关系的认定标准

《涉外民事关系法律适用法》制定过程中,立法部门认为,对于涉外民事关系的界定可以在司法实践中解决,无需通过立法予以规范,且其他国家和地区的立法例均无此规定。基于此种考虑,《涉外民事关系法律适用法》未对如何界定涉外民事关系作出规定。

2012年《最高人民法院关于〈涉外民事关系法律适用法〉若干问题的解释(一)》第1条完善了涉外民事关系的认定标准:"民事关系具有下列情形之一的,人民法院可以认定为涉外民事关系:(1)当事人一方或双方是外国公民、外国法人或者其他组织、无国籍人;(2)当事人一方或双方的经常居所地在中华人民共和国领域外;(3)标的物在中华人民共和国领域外;(4)产生、变更或者消灭民事关系的法律事实发生在中华人民共和国领域外;(5)可以认定为涉外民事关系的其他情形。"

二、意思自治原则与最密切联系原则

意思自治原则和最密切联系原则是处理涉外民事关系时最重要的找法原则,也是最主要的法律选择方法。《涉外民事关系法律适用法》第1章"一般规定"中的第2条第2款规定了最密切联系原则:"本法和其他法律对涉外民事关系法律适用没有规定的,适用与该涉外民事关系有最密切联系的法律。"第3条规定了意思自治原则:"当事人依照法律规定可以明示选择涉外民事关系适用的法律。"按照第2条第2款的规定,适用最密切联系原则的条件是"本法和其他法律对涉外民事关系法律适用没有规定"。依体系解释方法,如果当事人依照第3条的规定明确选择了适用的法律,则没有依照第2条适用最密切联系原则的余地。因此,对于涉外民事关系法律适用,首先要尊重当事人意思自治,按照当事人自己选择的法律处理当事人之间的争议。在当事人未作出

选择时，则按照最密切联系原则，选择与当事人及其争议具有最密切联系的法律来解决争议。

三、准确理解准据法的概念

涉外民事纠纷解决中最主要的一项工作，就是找法，这里的"法"指的是准据法。实践中，准据法概念未被准确使用的频次较高，有必要厘清。准据法是国际私法特有的概念，是指经冲突规范指引用来确定国际民事关系的当事人的权利义务关系的具体实体法规范。① 要把握准据法的特点，正确找法并准确用法：

1.准据法必须是实体法，能够确定当事人的权利义务关系。冲突规范之所以要援用准据法，是因为它能够确定当事人具体的权利和义务。因此，在接受反致、转致的情况下，内国冲突规范援用的外国冲突法，就不是准据法。不管是国内实体法，还是国际统一实体法都可以成为准据法。

2.准据法必须经冲突规范指引，这是准据法的本质特征。直接适用于涉外民事关系的法律，不论是统一实体法，还是国内法中的专用实体规范都不能称为准据法。

3.准据法不是冲突规范的组成部分，必须结合具体案情才能确定。例如，在"不动产的所有权，适用不动产所在地法律"这条冲突规范中，"适用不动产所在地法律"是系属，为了确定具体案件中某一不动产所有权的准据法，必须将系属中的"不动产所在地"与该案中的具体情况结合起来考察。如果不动产所在地在中国境内，中国法中的具体规定就是该不动产所有权的准据法。如果不动产所在地在外国，该外国法中的有关规定就是该不动产所有权的准据法。

4.准据法不是笼统的法律制度或法律体系，而是一项项具体的"法"，即具体的实体法规范或法律文件。例如，《海商法》第270条规定，船舶所有权的取得、转让和消灭，适用船旗国法律。如某邮轮悬挂巴拿马旗，按照该条规定，该邮轮所有权的取得、转让和消灭即应适用巴拿马法，但仅仅是巴拿马法并不能解决具体问题，必须是巴拿马关于船舶所有权的具体规定才能解决该邮轮的所有权归属和转让相关问题。

---

① 参见韩德培主编：《国际私法新论》，武汉大学出版社1997年版，第155~161页。

类案检索

一、曲某与丁某京股权转让纠纷案

关键词： 股权转让合同履行　股东资格认定　外国法　准据法

裁判摘要： 当事人就域外登记设立的公司转让股权在国内签订股权转让合同，并约定股权转让合同适用中国法律作为争端解决的依据。股权转让争议发生时，案件涉及股权转让合同本身及股东资格的取得两部分法律关系的判断，需要分别确定准据法。对于股权转让合同相关争议，当事人协议选择中国法，符合《涉外民事关系法律适用法》第41条的规定，故适用中国法律作为准据法；对于股东资格的取得，按照《涉外民事关系法律适用法》第14条的规定，应适用公司登记地即美国加利福尼亚州的相关法律予以审查。

【案　　号】（2020）京民终753号
【审理法院】北京市高级人民法院

二、成都中德西拉子环保科技有限公司、中国长城资产（国际）控股有限公司股权质权纠纷案

关键词： 股权质权　涉港案件　涉外民事关系法律适用法

裁判摘要： 长城控股公司的诉讼请求为确认其对案涉账户的款项享有优先受偿权并判令中德西拉子公司承担相应的质押担保责任。据此，本案不仅仅涉及相关合同性质及效力，在此基础上亦应审查质权的设立问题，故本案案由应界定为动产质权纠纷。长城控股公司为在香港特别行政区注册成立的公司，一审法院将本案认定为涉港案件。《涉外民事关系法律适用法》第37条规定："当事人可以协议选择动产物权适用的法律。当事人没有选择的，适用法律事实发生时动产所在地法律。"第41条规定："当事人可以协议选择合同适用的法律。"《最高人民法院关于适用〈中华人民共和国涉外民事关系法律适用法〉若干问题的解释（一）》第8条第2款规定："各方当事人援引相同国家的法律且未提出法律适用异议的，人民法院可以认定当事人已经就涉外民事关系适用的法律作出了选择。"第19条规定："涉及香港特别行政区、澳门特别行政区的民事关系的法律适用问题，参照适用本规定。"因案涉《监管协议》第11条约定，本协议适用中华人民共和国法律（不包括香港特别行政区、澳门特别

行政区及我国台湾地区的法律），且就质权设立问题当事人在诉讼中均援引中国内地法律，故一审法院适用我国内地法律审理本案正确。

【案　　号】（2020）最高法民终1101号
【审理法院】最高人民法院

第二章　自然人

第一节　民事权利能力和民事行为能力

> 第十三条　自然人从出生时起到死亡时止，具有民事权利能力，依法享有民事权利，承担民事义务。

▶ **关联规定**

法律、行政法规、司法解释

1.《中华人民共和国民法典》

第十五条　自然人的出生时间和死亡时间，以出生证明、死亡证明记载的时间为准；没有出生证明、死亡证明的，以户籍登记或者其他有效身份登记记载的时间为准。有其他证据足以推翻以上记载时间的，以该证据证明的时间为准。

第九百九十四条　死者的姓名、肖像、名誉、荣誉、隐私、遗体等受到侵害的，其配偶、子女、父母有权依法请求行为人承担民事责任；死者没有配偶、子女且父母已经死亡的，其他近亲属有权依法请求行为人承担民事责任。

2.《最高人民法院关于确定民事侵权精神损害赔偿责任若干问题的解释》

第三条　死者的姓名、肖像、名誉、荣誉、隐私、遗体、遗骨等受到侵害，其近亲属向人民法院提起诉讼请求精神损害赔偿的，人民法院应当依法予以支持。

条文释义

一、本条主旨

本条是关于自然人权利能力取得和终止的规定。

二、条文演变

权利能力概念是德国法学家和《德国民法典》对民法的独特贡献,继承大陆法系民法体系的苏联民法学和《苏联民法典》吸收了权利能力的概念。在原《民法通则》起草过程中,与法律行为一样,权利能力被冠以民事的前缀,为我国民事立法所继受。原《民法通则》第 9 条规定:"公民从出生时起到死亡时止,具有民事权利能力,依法享有民事权利,承担民事义务。"在原《民法总则》制定过程中,立法者接受了近三十年民法学研究的成果,使用"自然人"替代了原来的"公民"概念。自然人是与法人和非法人组织并存的也是最为重要的民事主体,与公民由国籍决定并主要在公法和政治生活中使用不同,自然人是伦理意义上的人在民法中的体现,无论是本国公民还是外国公民,也不论年龄、肤色、职业、地位、性别、民族、宗教信仰,只要是伦理意义上的独立人,即可称为民法上的自然人,享有权利能力。原《民法总则》第 13 条规定:"自然人从出生时起到死亡时止,具有民事权利能力,依法享有民事权利,承担民事义务。"《民法典》沿用了原《民法总则》的此条规定,未作修改。

三、条文解读

本条在《民法典》总则编乃至整个《民法典》体系中的位置非常重要。从内容上看,首先,其规定了自然人权利能力的存续期间;其次,其规定了权利能力的内涵。

(一)权利能力的内涵

1. 权利能力的概念

权利能力是民事主体参与民事法律关系,享有民事权利,承担民事义务的法律资格。"权利能力"的概念发端于《奥地利普通民法典》。①《奥地利普通民法典》第16条规定:"每个(生物学意义上的)人均生来就因理性而获得天赋的权利,并据此被视为(法律上的)人。禁止奴隶制以及以此为依据的权力行使。"德国民法学者对之加以发展,《德国民法典》第1条规定:"人的权利能力始于出生完成之时。"同时,该法进一步区分了权利能力和行为能力,并将之不断抽象并适用于法人。受此影响,瑞士、土耳其、苏联等大陆法系国家和地区均规定了权利能力制度。权利能力是"生物人"到"法律人"的桥梁。《德国民法典》与《法国民法典》一样,均沿用了罗马法将"生物人"与"人格"相分离,进而使"生物人"和"法律人"相分离的立法技术。② 只是,前者规定为适"权利能力"之格,后者规定为适"人的理性"之格。从技术上说,"权利能力"是解决人格技术逻辑的关键环节;从观念上说,民事权利能力是对既往奴隶制"人格减等"、封建"家长制"等人与人不平等理念与制度的摒弃,是近代人类社会自由、平等价值观念的集中体现。

2. 权利能力的特点

自然人民事权利能力的特征有:(1)抽象性。权利能力是针对抽象的民事权利和民事义务而言的,并不是指每一个自然人在具体的民事权利享有和民事义务承担上都完全一致。(2)不可剥夺性。民事权利能力始于出生、终于死亡,自然人生存期间,权利能力不因任何事由丧失、消灭。同理,也不可转让或剥夺。《民法典》第13条关于权利能力的规定为强制性规范,如果自然人以民事法律行为抛弃或者转让权利能力,应当认定为无效。(3)平等性。自然人的权利能力一律平等。这是民事主体法律地位平等的必然要求。权利能力的平等是法律上的平等,而不是事实上的平等。(4)自然性。自然人的权利能力因主体出生而获得,因死亡而消灭,无须登记,自然取得,并不以人的意志为转移。

(二)自然人权利能力的取得

1. 出生的概念

权利能力是伦理意义上的人在民法上享有民事权利,承担民事义务的一种

---

① [日]星野英一:《现代民法基本问题》,段匡、杨永庄译,上海三联书店2012版,第71页。
② 马俊驹:《人格和人格权理论讲稿》,法律出版社2009年版,第62页。

资格，这种资格不由国家或者他人意志决定产生，仅在人之为人，成为一独立个体时取得。故，权利能力始于出生，是各国民法典之共识。但"出生"作为一个源于生活用语的法律概念，本身具有歧义性。关于何为出生，理论上存在"阵痛说""一部产出说""全部产出说""断带说""啼哭说""独立呼吸说"，我国民法学理论上对出生的界定并无统一学说。分娩的过程在时间上的跨度较短，主要以民法上的"日"计算期间，具体到各种学说之间的时间差别更是细微。在具体案件中，需要将一个自然人的出生精确到具体日、时、分的情形非常少，各种学说的差别在实践意义上并不大，我们认为只要在出生时仍生存的人，就能够取得权利能力。这一方面符合现代医学的基本常识，另一方面也符合自然人作为独立个体的伦理内容。

2. 出生的意义

自然人出生即取得权利能力，哪怕短暂地存活于世，其也曾成为民事主体。自然人从出生时起到死亡时止，享有不可放弃、转让或者继承的人格权益，其父母基于血缘关系取得监护权，并向其负担起法定抚养义务。

（三）自然人权利能力的终止

1. 死亡的概念

与《德国民法典》等立法例不同，我国《民法典》明确将死亡作为民事权利能力的终点。与出生相同的是，死亡也并不是发生在某个瞬间的法律事实，而是一个人体各项器官走向衰竭的过程，与出生间隔较短不同的是，借助于现代医学手段，死亡的时间间隔可以很长。比如，在过去，自然人脑死亡会在很短的时间内造成自然人完全的死亡，但现代医学技术则完全可以维系重度植物人的心跳、脉搏和新陈代谢。随之而来的，产生了死亡的各种学说，有"呼吸停止说""心跳停止说""脑电波消失说"，死亡的概念并不固定。在某些社会公益领域，比如器官捐赠和移植，我们正在逐步采用符合我国国情和文化特点的脑全部死亡和循环死亡标准，在脑全部死亡情形下就可以根据逝者生前遗愿或者家属的意见进行器官捐赠和移植手术。但在其他的领域内，如确定继承开始时间、婚姻终止时间，传统医学上的器官衰竭、呼吸和心跳停止的心死亡标准仍应当被认为是确定死亡时间的科学标准。

2. 死亡的意义

自然人自死亡时权利能力消亡，这不是一种法律规定，而是一个自然常识。自然人死亡后，不再作为一个独立的具有理性的个体存在于世，其身体随之消灭，已无法取得权利，承担义务，但这并不排除自然人仍存在需要法律保护的合法利益。自然人死亡，依附于身体的物质性人格权当然消灭，其财产权利义务全部由其继承人或者受遗赠人继承取得，身份关系从此全部消灭。婚姻因配偶一方死亡而消灭，生存配偶方可另行再婚，已故的父母不再对子女承担监护职责和抚养义务，已故的成年子女也不再对父母承担法定赡养义务。

3. 死亡的类型

作为权利能力终止的死亡，包括两种类型，一种是事实死亡，另一种是法律死亡。事实死亡是指自然人在生物学意义上的死亡，一般由医疗机构、公安机关出具的死亡证明所推定。法律死亡是指法律推定的死亡，自然人如果离开住所地，下落不明，生死未明达到一段时间，以其住所为中心的人身关系和财产关系如长期处于悬而未决的状态，将与该地法律秩序的稳定性价值相互冲突，需要法院根据失踪达到一定期间，作出失踪者死亡的推定，即宣告死亡。在权利能力终止这一层面上，事实死亡与宣告死亡存在明显区别。事实死亡将使自然人绝对地不再享有权利能力，但宣告死亡只是要结束自然人长期下落不明造成财产关系和人身关系的不稳定状态，维持经济秩序和社会秩序的正常运转。此外，死亡宣告并不是事实本身，而是推定事实，可以被反证所推翻。

无论是在事实死亡还是推定死亡中，均存在数人死亡时间的推定规则。与有关立法例专门规定类似于宣告死亡制度的死亡时间宣告制度不同，《民法典》第1121条延续了《继承法意见》第2条的规定，相互有继承关系的数人在同一事件中死亡，不能确定死亡先后时间的，推定没有继承人的人先死亡；都有继承人的，如几个死亡人辈分不同，推定长辈先死亡；辈分相同，推定同时死亡。该条规范的意旨在于使继承更为便利。与死亡宣告属于事实推定一样，该种推定也可以被反证推翻。

▶ 适用指引

一、与相关概念的区别

（一）民事权利能力与民事权利

民事权利是民事主体在民法上享有的维护特定利益之意志支配力。① 《民法典》是一部权利法，既表现在其通过民事权利体系构建法典体系，民事权利分为人格权、物权、债权、亲属权和继承权，还表现在民事法律规范以权利为核心要素。民事权利作为民法法律规范中的要素，必须通过一定法律事实与民事主体结合。有一些法律事实与当事人意志无关，属于客观事实，如事件；有一些法律事实与当事人意志有关，属于主观事实，如民事法律行为。民事权利能力则是取得民事主体地位的一种资格，与民事权利存在法律逻辑上的先后关系。原则上，只有当一个自然人取得民事权利能力时起，他才能因为出生的事实享有物质或者精神上的人格权，才能具有取得物权、债权、亲属权和继承权的资格。

（二）民事权利能力与民事行为能力

民事主体为民事法律行为需要能够理性地认知自己行为的性质和后果，所以必须具备自己独立的认知和判断能力，即民事行为能力。同样作为一种资格，民事权利能力是静态的享有民事权利、承担民事义务的资格，始于出生，终于死亡。民事行为能力则是动态的通过具体行为取得权利、承担义务的资格。自然人的民事权利能力是平等和无差别的，而民事行为能力则需要根据自然人年龄与心智的实际情况进行区分。

二、自然人出生前的状态

（一）胎儿利益保护

权利能力始于出生只是解决了伦理意义上的人在民法上何时能够具有取得

---

① 参见朱庆育：《民法总论（第二版）》，北京大学出版社2016年版，第503页。

权利承担义务的资格这一问题，生物学意义上的人在这个世界上的状态远比出生这一事实要早。自受孕到形成胚胎，再到形成具备发育成人的四肢和心脏的胎儿，最后到分娩，自然人出生前的这个期间在民法上并不是完全不具备任何意义。相反，因为胎儿最终极有可能作为独立的自然人出生并取得权利能力，这段时间内一些涉及其权益保护的情形必须在民法上给出妥善的方案。《民法典》第16条明确规定了胎儿权益的保护，有关该条文的意义，我们将在后文详述，此处我们要讨论的问题是，胎儿在出生前的状态是有权利能力呢？还是没有权利能力呢？也就是说，权利能力始于出生是一个绝对的没有例外的法律规范吗？

关于胎儿利益的保护模式大致有三种。①《瑞士民法典》第31条第2款规定："子女只要其出生时尚存，出生前即具有权利能力。"这种直接赋予活着出生的自然人在胎儿期间权利能力的立法例被称为总括的保护主义（概括主义），胎儿如果活着出生，其在母体中自受孕时都具有权利能力。作为对概括主义的修正，有的立法例采取了有限的总括保护主义，认为胎儿如果活着出生，其在母体腹中并不具有与已经出生的自然人那样的完全权利能力，只有在需要保护胎儿利益时，如接受赠与（生前或者死因）、参加继承、获得损害赔偿请求权、订立第三人利益合同等纯属获得法律上利益的情形，才视其具有权利能力。与概括主义相对的是个别列举主义，这些立法例严守权利能力始于出生这一规则，并不赋予胎儿完全的权利能力，但在需要保护胎儿利益的具体规则中，比如受赠、继承、损害赔偿中赋予胎儿具体能力或者请求权。法国、德国、日本等国家采取这种立法例。《法国民法典》第906条规定："胎儿在赠与时已存在者，即有承受生前赠与的能力。胎儿在遗嘱人死亡时已存在者，即有受遗赠的能力，但赠与或者遗赠仅对于婴儿出生时能生存者，发生效力。"《德国民法典》第1923条规定："在继承开始时尚未出生但已孕育的胎儿，视为在继承开始之前出生。"《日本民法典》第721条规定："胎儿，就损害赔偿请求权，视为已出生。"《日本民法典》第886条规定："1.胎儿就继承，视为已出生。2.前款规定，不适用于胎儿以死体出生情形。"《日本民法典》第965条还规定，胎儿继承能力的规定准用于受遗赠人。

我们认为，对胎儿的利益加以保护是现代文明社会的共识，这是人作为客

---

① 尹田：《论胎儿利益的民法保护》，载《云南大学学报（法学版）》2002年第1期。

观存在的特点，其在形成阶段就有需要加以保护的利益，因为他终将在出生后取得权利能力，成为民事主体。这与他在母体中是否具有权利能力不是一个问题，《民法典》第16条的立法模式，明确将所列举的涉及胎儿利益保护的情形视为具有民事权利能力。这里使用了"视为"这一法律拟制的立法技术，法律拟制是指将本不属于法律适用效果和范围的事物，纳入法律适用的效果和范围内的实体法律规范。① 这里的潜在含义是，即使在第16条所概括和列举的情形下，胎儿也不是具有了与已经出生的自然人一样的权利能力，只是在便于胎儿保护自己利益的情形下，让他具有和具备完全民事权利能力一样的法律效果，即他可以以自己的法定代理人与他人订立赠与合同，受赠财产，与其他法定继承人一样参与遗产分配等。故，第16条只是对第13条权利能力始于出生这一原则的法律拟制例外。胎儿并不具有权利能力，自然人的权利能力始于出生仍是原则，只是在需要对第16条规定的特定利益进行保护时，视其与已经出生并取得权利能力的自然人一样。

（二）胚胎的法律地位

人工辅助生殖技术的发展使得原来只能在人体内孕育的胚胎可以在体外形成并长期贮存。这给民法提出了一个新的问题，还没有进入人体内独立于人体之外的胚胎是什么样的法律地位呢？它能像胎儿一样，在特定利益情形下视为具有权利能力吗？关于胚胎的法律地位，理论上主要有三种观点："主体说""客体说"和"折中说"。主体说认为胚胎具有生命潜质，人的生命始于受精，冷冻胚胎从属于人，应属于人的范畴；"客体说"认为冷冻胚胎本质属性是从人体分离出去的物；"折中说"认为冷冻胚胎是脱离人体器官的组织，既不属于主体，也不属于客体。

我们认为，已经形成但尚未出生的胚胎原则上没有民事权利能力，对于胚胎最终植入母体内并怀胎生育为生存活体的，可以类推适用《民法典》第16条的规则，胚胎在需要利益保护的情形中视为具有权利能力，比如胚胎因保管人的过失遭受污染，导致胎儿出生为畸形的，胎儿可以由父母作为法定代理人起诉要求胚胎保管人承担损害赔偿责任，而不应认为胎儿所受损害是在胚胎时期形成的，彼时尚不存在权利主体和权利，关于胚胎的受赠与继承权同理。

---

① ［奥］凯尔森：《法律拟制理论——评费英格的假如哲学》，俞海涛译，载《法律方法》2019年第4期。

三、自然人死亡后的状态

自然人死亡,只是其在民法上不再作为民事主体存在,但在伦理和社会意义上,自然人并不是没有给他生前所生活的社会留下任何东西。死者的遗体、骨灰能够为近亲属祭奠和追思,死者生前的姓名、肖像、名誉、荣誉在一定时空仍然具有经济或者精神价值。对于这些死者利益的保护,理论上存在两种观点,第一种观点认为死者当然失去权利能力,不能享有权利,也不能承担义务,故其生前的精神性人格权失去了权利主体,与其说是死者的权利,不如说是死者近亲属对死者生前精神性人格权享有的尊重和怀念利益;与其说是保护的死者人格利益,不如说是保护的死者近亲属的某项一般人格利益。第二种观点认为死者随着死亡已经不再享有完全的权利能力,但其仍享有部分权利能力,可以作为其死后仍然存在的精神性人格权的权利主体,只是其自己已经无法就侵权行为在事实上主张权利受损时的损害赔偿责任,需要由其近亲属代为主张。我们认为,死者虽然失去权利能力,并不意味着其对社会毫无存在必要,死者人格利益具有独立价值,不能完全被其近亲属的人格利益所吸收。死亡作为权利能力消灭的基本原则,如果认为死者具有部分权利能力,难以在逻辑上自圆其说。故,死者当然不再享有权利能力,有一些人格利益,虽然不再具备权利的全部属性,仍具有独立保护的价值。① 如死者遗体或者骨灰安葬权归属的纠纷,既不能视为死者对遗体、骨灰仍享有类似于身体权的利益,也不能按照遗产分割的模式处理,应当在尊重死者意愿的基础上,兼顾亲情与伦理来加以认定,对死者遗体或骨灰的侵害应认定为侵犯了对此享有缅怀利益的近亲属的一般人格权。

▶ 典型案例

沈某南、邵某妹诉刘某法、胡某仙胚胎监管、处置权纠纷案

关键词: 冷冻胚胎　监管权　处置权

裁判摘要: 卫生部颁布的部门规章中关于胚胎不能买卖、赠送和禁止实施

---

① 杨立新:《人身权的延伸法律保护》,载《法学研究》1995 年第 2 期。

代孕的规定,是针对从事人工生殖辅助技术的医疗机构和人员,并未对一般公民尤其是失独公民就其或者其子女遗留下来的胚胎行使监管、处置权作出禁止、限制性规定。医疗机构不得基于部门规章的行政管理规定对抗当事人基于私法所享有的正当权利。在现行法律对人体冷冻胚胎的法律属性没有明确规定的情况下,考虑到司法救济的终局属性,人民法院不能拒绝裁判,应当承担特定的司法责任。在人体冷冻胚胎监管权、处置权归属的问题上,应充分考虑胚胎处置权利的特殊性,结合伦理、情感、特殊利益保护等情理交融因素,在不违背禁止性规定的前提下作出契合法理精神的判决。

基本案情: 沈某系沈某南、邵某妹夫妻之子;刘某系刘某法、胡某仙夫妻之女。沈某与刘某于2010年10月13日登记结婚,2012年8月,沈某与刘某因原发性不孕症要求在鼓楼医院施行体外受精——胚胎移植助孕手术。鼓楼医院在治疗过程中,获卵15枚,受精13枚,分裂13枚。取卵后72小时为预防卵巢过度刺激综合征,鼓楼医院未对刘某移植新鲜胚胎,而于当天冷冻4枚受精胚胎。2012年9月3日,沈某、刘某签订配子、胚胎去向知情同意书,载明刘某与沈某在鼓楼医院生殖医学中心实施了试管手术,获卵15枚,移植0枚,冷冻4枚,继续观察6枚胚胎。对于剩余配子(卵子、精子)、胚胎,刘某与沈某选择同意丢弃;对于继续观察的胚胎,如果发展成囊胚,刘某与沈某选择同意囊胚冷冻。鼓楼医院在该同意书中明确,胚胎不能无限期保存,目前该中心冷冻保存期限为一年,首次费用为三个月,如需继续冷冻,需补交费用,逾期不予保存。如果超过保存期,刘某、沈某选择同意将胚胎丢弃。

2013年3月20日23时20分许,沈某驾驶苏B5U8××车途中发生交通事故,刘某当日死亡,沈某于同年3月25日死亡。

法院经审理认为,沈某与刘某因自身原因而无法自然生育,为实现生育目的,夫妻双方至鼓楼医院施行体外受精—胚胎移植手术。现夫妻双方已死亡,作为双方父母的原被告均遭受了巨大的痛苦,原告主张沈某与刘某夫妻手术过程中留下的胚胎作为其生命延续的标志,应由其负责保管。但施行体外受精—胚胎移植手术过程中产生的受精胚胎为具有发展为生命的潜能,含有未来生命特征的特殊之物,不能像一般之物一样任意转让或继承,故其不能成为继承的标的,未支持原告诉求。

一审宣判后,沈某南、邵某妹不服判决,向江苏省无锡市中级人民法院提起上诉。江苏省无锡市中级人民法院二审认为:第一,沈某、刘某生前与南京鼓楼医院签订相关知情同意书，约定胚胎冷冻保存期为一年，超过保存期同意将胚胎丢弃，现沈某、刘某意外死亡，合同因发生了当事人不可预见且非其所愿的情况而不能继续履行，南京鼓楼医院不能根据知情同意书中的相关条款单方面处置涉案胚胎。第二，在我国现行法律对胚胎的法律属性没有明确规定的情况下，结合本案实际，应考虑以下因素以确定涉案胚胎的相关权利归属：一是伦理。施行体外受精—胚胎移植手术过程中产生的受精胚胎，具有潜在的生命特质，不仅含有沈某、刘某的 DNA 等遗传物质，而且含有双方父母两个家族的遗传信息，双方父母与涉案胚胎亦具有生命伦理上的密切关联性。二是情感。沈某、刘某意外死亡，遗留下来的胚胎，则成为双方家族血脉的唯一载体，承载着哀思寄托、精神慰藉、情感抚慰等人格利益。三是特殊利益保护。胚胎是介于人与物之间的过渡存在，具有孕育成生命的潜质，比非生命体具有更高的道德地位，应受到特殊尊重与保护。在沈某、刘某意外死亡后，其父母不但是世界上唯一关心胚胎命运的主体，而且亦应当是胚胎之最近最大和最密切倾向性利益的享有者。综上，判决沈某、刘某父母享有涉案胚胎的监管权和处置权于情于理是恰当的。当然，权利主体在行使监管权和处置权时，应当遵守法律且不得违背公序良俗和损害他人之利益。

综上，江苏省无锡市中级人民法院认为，沈某南、邵某妹和刘某法、胡某仙要求获得涉案胚胎的监管权和处置权合情、合理，且不违反法律禁止性规定，应予支持。

【案　　号】（2014）锡民终字第 1235 号
【审理法院】江苏省无锡市中级人民法院
【来　　源】《人民司法·案例》2014 年第 22 期

> 第十四条　自然人的民事权利能力一律平等。

▶ 关联规定

法律、行政法规、司法解释

1.《中华人民共和国宪法》

第三十三条　凡具有中华人民共和国国籍的人都是中华人民共和国公民。

中华人民共和国公民在法律面前一律平等。

国家尊重和保障人权。

任何公民享有宪法和法律规定的权利，同时必须履行宪法和法律规定的义务。

2.《中华人民共和国民法典》

第一百一十三条　民事主体的财产权利受法律平等保护。

3.《中华人民共和国民事诉讼法》

第八条　民事诉讼当事人有平等的诉讼权利。人民法院审理民事案件，应当保障和便利当事人行使诉讼权利，对当事人在适用法律上一律平等。

▶ 条文释义

一、本条主旨

本条是关于自然人民事权利能力平等性的规定。

二、条文演变

原《民法总则》延续了原《民法通则》第10条关于公民的民事权利能力一律平等的规定。其第14条规定，自然人的民事权利能力一律平等。在编纂《民法典》时，该条未修改。

三、条文解读

自然人民事权利能力的平等是宪法的平等原则在民法上的贯彻。我国《宪法》第 33 条第 2 款规定："中华人民共和国公民在法律面前一律平等。"从根本法的角度确定了公民的法律地位平等。平等原则作为《民法典》的基本原则之一被规定在第 4 条："民事主体在民事活动中的法律地位一律平等。"为贯彻作为《民法典》内在价值中的平等原则，在《民法典》总则编民事主体制度中首先规定权利能力的平等，只有承认权利能力的平等，民事主体才能称之为平等主体，不同地域、收入、职业、服务的人在民法的视野里才是一样的存在。其次才是民事行为能力的平等，凡年龄和心智达到一定标准者均具有完全民事行为能力。反映到分则中，则是财产权享有和保护上的平等、契约主体地位的平等、契约自由和公平、婚姻自由和男女平等、遗嘱自由和继承权平等保护。

自然人的民事权利能力一律平等，不因其性别、年龄、民族、职务、文化程度等方面的差异而存在区别，都有平等享有权利和承担义务的资格。若外国人需要与我国公民享有平等的民事权利能力，一般需要其所属国家对等地给予我国公民国民待遇。无国籍人在我国领域内实施民事活动，也与我国公民享有平等的民事权利能力。

自然人权利能力平等是民法赖以生存的市民社会的本质特征，也是近代私法的重要进步。人的权利能力平等在今日被认为理所当然，然而，在当时的西欧历史上，却是具有划时代意义的重要事件。古罗马法上以身份决定人格，故人与人之间的人格是不平等的，古罗马法的平等只是在作为家长的男性罗马市民中才具有的原则，女性、家子、奴隶都不具有人格或人格减等，并不是平等原则考虑的对象。中世纪时期的人依其性别、身份、所属职业团体和宗教的差异而不同，分为非自由人（奴隶、半自由人如降服民族及其子孙）和自由人（农奴、自由农、区属、贵族）。在家庭内部，各成员间地位也非平等，身份等级森严的特点非常鲜明。

随着启蒙运动的深入和对人类理性的尊重，任何具有完全理性的人在地位上均应当被平等对待成为共识，1804 年《法国民法典》将自然法所倡导的无差别的"人类理性"作为实定法上的人格取得依据，从而使"生而平等"的伦理价值观念在法典上得以落实。

古代中国长期处于"三纲""名教"统摄之下，形成的是义务本位的法观念，缺乏权利本位观念。甲午战争之后，维新派把天赋人权的思想具体化为天赋的自由权和平等权，康有为、谭嗣同、严复等对这一观念大加推广，使法观念不断变革，并集中体现在辛亥革命后南京临时政府的一系列立法实践中。①国民党政府颁布的《中华民国民法》（1949年废止）中，规定"人之权利能力，始于出生，终于死亡"。直至原《民法通则》颁行，我国私法领域第一次开宗明义规定"公民的民事权利能力一律平等"。

自然人权利能力是否一律平等，在我国民法理论界素有争议。在原《民法总则》起草过程中，多个版本的草案建议稿中均主张写明自然人民事权利能力平等，但也有学者对此持不同观点。有的学者指出："自然人的权利能力范围实际上有大有小，如结婚权利能力，并非人皆有之"，"可将权利能力做一般和特别之分。"②也有学者指出，自然人的权利能力根本不可能平等。公民与外国人、农村与城市人以及此城人与彼城人、被监禁者与自由人、失权人与全权人、军人与平民、出家人与在家人、健康人与患有特定疾病者，在能力上均有差别，如何还能坚持认为自然人权利能力平等呢？因此，如若规定自然人权利能力平等，应该增加"自然人的权利能力平等，但受立法、司法剥夺者除外"。对上述观点，试做如下评述：其一，鉴于自然人民事权利能力与法律人格的高度关联，"对于平等原则应从法律伦理价值的角度去理解，而不能机械地理解"；其二，自然人民事权利能力是一种"起点平等"，上述认为权利能力有大有小的观点实际上"混淆了作为取得权利资格的平等与具体取得的权利的平等之间的差异"；其三，实践中许多对人之行为范围的限制，是基于某种价值判断或者国家政策对自然人行为的限制而非对其"权利能力"的限制。③故此，本条规定的民事权利能力，其所指仅为抽象意义上享有法律允许享有的一切权利（权利之总和）的资格，而非具体意义上的特定资格。故"自然人的民事权利能力一律平等"成为本法的基本原则。

---

① 参见张晋藩：《中国法律的传统与现代转型》，法律出版社2009年版，第426~434页。
② 参见罗玉珍主编：《民事主体论》，中国政法大学出版社1992年版，第54页；柳经纬：《权利能力的若干基本理论问题》，载《比较法研究》2008年第1期。
③ 李永军：《民法总则》，中国法制出版社2018年版，第149页。

适用指引

域外自然人、无国籍人的民事权利能力认定

在国际私法上,对于自然人的民事权利能力的适用,基本上都以"属人法"来确定,"属人法"相关的地域因素主要有籍贯、住所、国籍、居所等,这些都是"属人法"的连接点。我国《涉外民事关系法律适用法》第12条第1款规定,自然人的民事行为能力,适用经常居住地法律。可见,我国立法采取的是"属人法"中的"住所地法主义"。这对于具有"一国两制四法域"特点的我国而言,是解决区际私法冲突最具可操作性的做法。

> 第十五条　自然人的出生时间和死亡时间，以出生证明、死亡证明记载的时间为准；没有出生证明、死亡证明的，以户籍登记或者其他有效身份登记记载的时间为准。有其他证据足以推翻以上记载时间的，以该证据证明的时间为准。

▶ 关联规定

一、法律、行政法规、司法解释

1.《中华人民共和国民法典》

第一千一百二十一条　继承从被继承人死亡时开始

相互有继承关系的数人在同一事件中死亡，难以确定死亡时间的，推定没有其他继承人的人先死亡。都有其他继承人，辈份不同的，推定长辈先死亡；辈份相同的，推定同时死亡，相互不发生继承。

2.《中华人民共和国母婴保健法》

第二十三条　医疗保健机构和从事家庭接生的人员按照国务院卫生行政部门的规定，出具统一制发的新生儿出生医学证明；有产妇和婴儿死亡以及新生儿出生缺陷情况的，应当向卫生行政部门报告。

3.《户口登记条例》

第七条　婴儿出生后一个月以内，由户主、亲属、抚养人或者邻居向婴儿常住地户口登记机关申报出生登记。

弃婴，由收养人或者育婴机关向户口登记机关申报出生登记。

第九条　婴儿出生后，在申报出生登记前死亡的，应当同时申报出生、死亡两项登记。

二、部门规章及规范性文件

1.《公安部、发展改革委、教育部、工业和信息化部、国家民委、民政部、司法部、人力资源社会保障部、国土资源部、住房城乡建设部、卫生计生委、人民银行关于改进和规范公安派出所出具证明工作的意见》

一、有关单位要求群众开具证明或者提供证明材料，要遵循于法有据和"谁主管、谁负责"的原则，凡是公民凭法定身份证件能够证明的事项，公安派出所不再出具证明；依法不属于公安派出所法定职责的证明事项，由主管部门负责核实。

（一）中华人民共和国居民户口簿、居民身份证、护照是公民法定身份证件，具有证明公民身份的法律效力。对于居民户口簿、居民身份证、护照完全能够证明的以下9类事项，有关单位及其工作人员应予认可，公安派出所不再出具证明：

1. 公民姓名。
2. 公民曾用名。
3. 公民出生日期。

2.《卫生部、公安部关于统一规范〈出生医学证明〉的通知》

二、《出生医学证明》由新生儿出生所在的医疗保健机构和从事家庭接生的人员出具。《出生医学证明》必须按照栏目要求准确填写，并加盖"出生医学证明专用章"方可生效。

3.《国家卫生和计划生育委员会、公安部、民政部关于进一步规范人口死亡医学证明和信息登记管理工作的通知》

二、人口死亡医学证明的使用

《死亡证》是进行户籍注销、殡葬等人口管理的凭证，由卫生计生、公安、民政部门共同管理。

（一）死者家属持《死亡证》第二、三、四联向公安机关申报户籍注销及签章手续。公安机关凭第二联办理死者户籍注销手续，加盖第三、四联公章（在医疗卫生机构内死亡者，第四联无需公安机关签章）。死者家属持第四联《居民死亡殡葬证》到殡仪馆办理尸体火化手续，殡仪馆凭第四联办理殡葬手续。

（二）《死亡证》第一联是原始凭证，由出具单位随病案保存或按档案管理永久保存，以备查询。第二联由死者户籍所在地公安部门永久保存。第三联由死者家属保存，第四联由民政部门收集保存。

（三）纸质《死亡证》由卫生计生部门统一印制，发放范围为不具备打印条件的基层医疗卫生机构。

▶ 条文释义

一、本条主旨

本条是关于自然人出生时间和死亡时间的规定。

二、条文演变

自然人的出生时间和死亡时间在民法上意义重大，涉及自然人身份关系和财产关系的起点和终点，在相关诉讼中是需要查明的重要案件事实。原《民法通则意见》第1条即规定，出生的时间以户籍为准；没有户籍证明的，以医院出具的出生证明为准，没有医院证明的，参照其他有关证明认定。这是原《民法通则》所属特定时代的规则。户籍制度是新中国最早建立的关于居民身份信息的档案制度，身份证的普及则到了20世纪90年代初，医院的出生证明则更是到了1996年1月1日后才开始使用制式的《出生医学证明》。随着出生医学证明的普及，由直接负责胎儿分娩的医疗机构或者个人出具的出生证明，比户籍管理机关的户籍登记信息更具有客观性。故，原《民法总则》第15条调整了出生证明和户籍登记的证明力顺序，规定自然人的出生时间和死亡时间，以出生证明、死亡证明记载的时间为准；没有出生证明、死亡证明的，以户籍登记或者其他有效身份登记记载的时间为准。有其他证据足以推翻以上记载时间的，以该证据证明的时间为准。《民法典》未作出修改。

三、条文解读

自然人的民事权利能力始于出生、终于死亡。本条明确了出生时间、死亡时间的确定规则，为判断自然人的民事权利能力始终时间、自然人作为民事主体的资格提供了依据。

（一）出生时间的概念与证据

1. 出生时间

出生是重要的法律事实，会引起一系列法律关系的产生、变更或消灭，权利能力的取得，父母监护关系的确立，继承人和被继承人身份的取得均始于出生。民法中的出生，应当指出生的完成。出生的完成有两个要件：一是胎儿的身体与母亲的身体完全脱离，但这种脱离不要求脐带完全切断；二是胎儿在与母体分离的时间点必须有生命，有生命是指在离开母体的时候心脏在跳动、脐带正在搏动，或者能够进行自然的肺部呼吸，或者可以通过医疗仪器探测到确定的生命迹象，如脑电波。

2. 出生的证据材料

《母婴保健法》第23条规定，医疗保健机构和从事家庭接生的人员按照国务院卫生行政部门的规定，出具的统一制发的新生儿出生医学证明。本条中的户籍登记是指依据《户口登记条例》进行的户口登记，该条例第7条规定："婴儿出生后一个月以内，由户主、亲属、抚养人或者邻居向婴儿常住地户口登记机关申报出生登记。""弃婴，由收养人或者育婴机关向户口登记机关申报出生登记。"第9条规定："婴儿出生后，在申报出生登记前死亡的，应当同时申报出生、死亡两项登记。"本条中的其他有效身份登记包括居民户口簿、居民身份证、护照等能够证明出生时间的法定身份证件，以及自然人的出生档案，即关于孕妇和胎儿（新生儿）在医院接受检查、诊疗的医疗文件材料。出生档案是对自然人出生全过程的记载，在没有开具出生医学证明的情况下，也应具有自然人出生的证明力。

（二）死亡时间的概念与证据

1. 死亡时间

一般认为死亡时间应由自然科学来确定，民法没有直接进行规定。医学的进步（复苏、心肺机、营养供给等）使生与死的界限变得灵活，可以认为，死亡并不是一个确定的时间节点，而是一个程度问题。在不同情况下，存在不同的死亡时间认定标准，例如，器官移植相关法规中，区分了脑死亡、心脏死亡（循环死亡）及脑－心双死亡标准。与此相关，《人体器官移植条例》第20条第1款中规定："摘取尸体器官，应当在依法判定尸体器官捐献人死亡后进行。"中国目前尚没有就脑死亡进行立法，这主要是考虑到，对于死亡时间的认定，不仅涉及自然科学，也受到文化和社会观念对于死亡概念的影响。在中国器官移植实践及司法裁判中，仍通常采用心死亡标准，但我国目前已逐步建立并完善了符合国情和文化特点的人体器官捐献体系，融合国际上"脑死亡"和"循环死亡"判定标准，形成了脑、心双死亡的中国标准。目前，全世界有较多国家和地区对脑死亡进行立法，以日本、美国、西班牙、英国、德国较为典型。

2. 死亡的证据材料

死亡证明，是指证明自然人已经死亡的文件或证书。主要包括以下几类：（1）自然人死于医疗单位的，由医疗单位出具死亡医学证明书；（2）自然人正常死亡但无法取得医院出具的死亡医学证明书的，由社区、村（居）委会或者基层卫生医疗机构出具证明；（3）自然人非正常死亡或者卫生部门不能确定是否属于正常死亡的，由公安司法部门出具死亡证明；死亡的自然人已经火化的，殡葬部门出具火化证明。《户口登记条例》第8条中规定："公民死亡，城市在葬前，农村在一个月以内，由户主、亲属、抚养人或者邻居向户口登记机关申报死亡登记，注销户口。"死亡销户登记需遵循严格的法定程序，且以死亡证明为依据办理，户籍登记记载的死亡时间因此具有较强的法律效力。

▶ 适用指引

一、出生时间的证明问题

出生时间无论采取何种学说，均是一个医学判断的结果，故原《民法总则》和《民法典》赋予出生证明优先于户籍登记信息的证明力，因为出生证明是新生儿进行出生登记的原始凭证，记载了新生儿出生时的健康及自然状况。在不存在出生证明时，以户籍登记信息上的出生时间为准，在出生证明与户籍登记信息上记载的出生时间不一致时，应当以出生证明上记载的出生时间为准。在出生证明、户籍登记信息与身份证、护照等其他身份信息关于出生的日期记载不一致时，若没有充分证据推翻出生证明和户籍登记信息，则应当以出生证明和户籍登记信息上记载的出生时间为准。其他有关出生的证据之举证责任由主张相应事实的当事人承担，即如果当事人主张出生证明或户籍登记信息上记载的出生时间有误，则应当对主张的该事实承担举证责任。

二、死亡时间的证明问题

与出生证明不同，死亡证明可由多部门出具，没有统一的制式。死亡证明是记载死亡时间的原始凭证，具有证明死亡时间的准确性和规范性，因此本条将死亡证明记载的时间作为判断自然人死亡时间的最基本的依据，而将户籍登记记载的死亡时间，作为判断自然人死亡时间的重要依据，放在死亡证明之后。早期，经常有公安机关在出具的证明上仅记载死亡销户的时间，这与死亡证明上记载的时间并不一致，我们认为审理此类案件时应当以死亡证明上记载的时间为准，没有死亡证明且无法查明具体死亡时间的，不应在裁判文书中直接表述为某某死亡时间为某年月日，而是应当严格按照公安机关出具的证明上记载的内容表述为某某死亡销户时间为某年月日。对于其他足以推翻死亡证明或死亡销户登记信息的证据，由主张相应事实的当事人承担举证责任。

如被继承人于2022年1月1日去世，其子女A在死亡证明和户籍登记信息上均记载于2021年12月31日去世，如按照此证据，且A没有任何晚辈直系血亲，则其不存在继承问题，因为其先于被继承人去世且不发生代位继承，被继承人遗产仅在其他子女和法定继承人之间分割。但此时A的配偶主张A真正的死亡时间是2022年1月2日，出生证明和死亡销户记载时间有误，如果确如其言，A将能够继承属于自己的份额，并在遗产分割前发生转继承，由其配偶和其他法定继承人取得部分遗产，其配偶应当对出生证明和死亡销户时间有误承担举证责任。

> 第十六条　涉及遗产继承、接受赠与等胎儿利益保护的，胎儿视为具有民事权利能力。但是，胎儿娩出时为死体的，其民事权利能力自始不存在。

▶ 关联规定

法律、行政法规、司法解释

1.《中华人民共和国民法典》

第一千一百五十五条　遗产分割时，应当保留胎儿的继承份额。胎儿娩出时是死体的，保留的份额按照法定继承办理。

2.《最高人民法院关于适用〈中华人民共和国民法典〉总则编若干问题的解释》

第四条　涉及遗产继承、接受赠与等胎儿利益保护，父母在胎儿娩出前作为法定代理人主张相应权利的，人民法院依法予以支持。

▶ 条文释义

一、本条主旨

本条是关于胎儿利益保护的规定。

二、条文演变

原《继承法》第 28 条规定："遗产分割时，应当保留胎儿的继承份额，胎儿出生时是死体的，保留的份额按照法定继承办理。"这是因为一个自然人要享有继承权，其必须在被继承人去世前已经存在于世，胎儿虽未娩出并独立于母体，但其将来形成一个完整独立个体的可能性极大，如果在继承发生时，不为其预留份额，不把它视为一个已经出生的继承人，直接把遗产在现有继承人之间分割，等到胎儿出生时，则有其继承份额被侵占或被毁损之风险。原《民法总则》吸取了民法理论和司法实践的成果，正确地看到胎儿虽然还不属于民法上的自然人，不具有民事权利能力，但其从孕育到分娩这段期间内，作为孕育中的"人"当然受到客观世界的影响，存在应当由民法保护的人身和财产利益，故规定了关于胎儿利益保护的规则。《民法典》对原《民法总则》中的条文未作修改。

三、条文解读

前面，我们已经解读了胎儿并不是真正取得了民事权利能力，因为民事权利能力始于出生是基本原则，并且保护胎儿所享有的权利或利益，并不必须要赋予其民事权利能力，拟制胎儿享有民事权利能力是《民法典》第16条的立法技术。

（一）保护内容

1. 胎儿继承

原《继承法》第28条仅规定了胎儿的预留份额问题，《民法典》第16条的创新之处在于，胎儿不仅能够被动享有预留份额，还能主动以自己的名义，主张权利，提起诉讼。法条表述"涉及遗产继承"的含义包括法定继承、遗嘱继承、遗赠抚养协议。在胎儿作为法定继承人时，即使其尚未出生，其也可以以自己名义作为原告向侵占遗产的其他法定继承人或者继承人之外的其他主体主张返还原物请求权，可以以自己的名义作为原告向其他继承人主张不均等分割的继承方案。疑难的问题是因胎儿未出生，无法取得自己的姓名，无法作为独立的权利主体进行标识。根据《民法典总则编解释》第4条的规定，其父母可以类推适用监护人规则，作为其法定代理人代理胎儿主张权利。在诉讼地位上，父母向其他继承人或者其他侵害继承权的主体起诉，不是原告的身份，而是原告的法定代理人身份，胎儿作为原告，即使没有姓名，也不影响其诉讼地位，因为此时胎儿被视为具有权利能力，可以享有权利，也就可以享有权利的各项权能或者权利受到侵害的保护权。有观点认为在具体诉讼程序中可以将尚未出生的胎儿与母体身份绑定，直接标注为"某某母亲之胎儿"。我们在此提出以供研讨。

比较常见的问题是，如果胎儿作为法定继承人和其父母同为法定继承人，胎儿的父母与胎儿存在直接的利害关系，让胎儿的父母作为法定代理人代理胎儿与自己共同分割遗产，可能产生自己代理的问题，实际上原告和被告为同一主体。我们认为应当避免此类情况发生，加强对此种情形的司法监督。有观点认为在此情况下，应当让胎儿的祖父母、外祖父母、成年兄姐等其他不同顺位的法定继承人担任其法定代理人参加诉讼，如果上述主体也与胎儿存在利害关系，则应当选择继承人之外的其他具有监护资格的近亲属代理胎儿参加诉讼。没有近亲属的还可以引入机构监护人介入，以保护胎儿权益不受侵害。我们在此提出，以供研讨。

遗嘱继承因属于单方死因民事法律行为，对胎儿作出时应当明确胎儿的身份，因其没有姓名，一般应当明确胎儿之母的姓名。胎儿父母作为法定代理人参加诉讼与法定继承没有区别。

2. 胎儿受赠

生前赠与合同依通说为双方法律行为，需要赠与人作出赠与的意思表示，受赠人作出接受赠与的意思表示。因为胎儿并未出生，也不是理性存在的主体，其和无民事行为能力人一样，只能由其法定代理人作出接受赠与的意思表示。有的学者认为，让胎儿能够接受赠与，将让其可能承担相应债务和成为被告。我们认为生前赠与，无论其是否附带义务，只要属于单纯获利的民事法律行为，胎儿就能够以其父母为法定代理人主张相应权利。因为即使胎儿成为被告而败诉，比如赠与人行使任意撤销权或者法定撤销权，债权人行使债权人对债务人和第三人的撤销权，胎儿也不会受到任何损失，其最多只是失去可以获得的利益而已，并不是让其在出生前就承担义务。在涉及继承的案件中，胎儿也不是绝对只能作为原告。在遗赠的情形下，代胎儿作出接受遗赠意思表示的是其父母。

（二）胎儿民事权利能力的性质

在拟制胎儿享有民事权利能力的前提下，关于胎儿拟制权利能力存在两大对立的学说：（1）"附生效条件说"。依照此种学说，胎儿在作为活体出生前本无权利能力，作为活体出生是其取得权利能力的生效条件，即胎儿于孕育期间实际上并无民事权利能力，当胎儿出生时是活体时，再追溯至权利成立之时取得民事权利能力。①（2）"附解除条件说"。依照此种学说，胎儿的民事权利能力的取得有解除条件，即在孕育期间，胎儿在受孕之后即被视为具有民事权利能力。但若娩出时为死体，其已经取得的民事权利能力溯及地消灭，即"其民事权利能力自始不存在"。②我们认为，根据《民法典》第16条第2句话的文义，即"胎儿娩出时为死体的，其民事权利能力自始不存在"，这句话的意思应当作解除条件理解，一方面是因为其具有溯及自始不存在的内涵，如果权利能力在分娩前不视为存在，何谈自始不存在呢？另一方面，生效条件说认为胎儿在受孕后分娩前本无民事权利能力，如果坚持这一前提则无从为尚未出生的胎儿确定法定代理人进而主张权利。

▶ 适用指引

一、类推适用空间

胎儿只能享有权利，不能承担义务。本条只列举了"遗产继承""接受赠与"这两种情形，一是这两种情形主要涉及胎儿的权利，不涉及义务，这符合保护胎儿利益的立法初衷；二是规定遗产继承，也基本延续了原《继承法》第28条的规定，保持了法律的稳定性和一致性；三是这也与采取个别保护主义立法模式的其他国家的规定保持一致。但"等"能否类推适用于胎儿权益受到损害时的损害赔偿请求权、订立第三人利益合同的情形呢？有观点认为，将胎儿视为具有民事权利能力，表明《民法典》没有忽视在自然人出生前的那段期间内，同样存在民法保护的空间，这个空间就是胎儿的权益，如果胎儿在出生前遭受损害，其母体并未遭受任何损害，胎儿当然应当以其自己的名义主张损害赔偿。在与接受赠与等单纯获利行为同质化的行为中，胎儿也应当视为具有民事权利能力。我们在此提出，以供研讨。

---

① ［日］近江幸治：《民法讲义Ⅰ》，渠涛译，北京大学出版社2015年版，第31页。
② ［日］山本敬三：《民法讲义Ⅰ》，解亘译，北京大学出版社2004年版，第25页。

二、胎儿的损害赔偿请求权

(一)针对胎儿的侵权行为

胎儿在出生前因为已经向独立自然人的方向发展,其生命、身体、健康等物质性人格权与继承或者接受赠与的财产权一样,均可能遭受不法侵害。其能否在未出生前或者出生后,以自己的名义提起独立于母体的诉讼请求呢?有观点认为,胎儿的损害赔偿请求权应当原则上允许类推适用《民法典》第16条,因为这种请求权作为保护性权利,不是给付义务,也不是具体原生权利,完全具有胎儿利益保护的性质。胎儿在受孕后出生前遭受生命、身体、健康上的侵害行为,之所以一般要等到胎儿出生后主张,并不是因为胎儿之前不能被视为具有民事权利能力,而是因为该项侵害行为作为原因,一般在胎儿带着缺陷出生时,才能将损害后果确定下来,这是一个因果关系的问题,而不是胎儿利益是否受到侵害的问题。① 虽然借助现代医学技术,也能在胎儿未出生前检测出部分缺陷,但只有胎儿带着缺陷出生,针对其自身的侵权行为的损害后果才能最终确定下来,并进而确定侵害行为与损害后果的因果关系和原因力的大小。

有观点认为,胎儿在出生前遭受侵害的,能够确定损害后果的,可以视为其具有民事权利能力,有权请求停止侵害和消除危险,其父母可以作为其法定代理人参加诉讼。如果胎儿在出生前遭受侵害的,需要待出生后才能确定损害的,胎儿同样被视为具有民事权利能力,但其只能在出生后,也就是满足侵权行为的构成要件之后向侵权人主张损害赔偿责任。如果胎儿向其父母主张因其父母的遗传疾病或先天疾病导致其缺陷出生的,不能得到支持,因为生育行为具有伟大的伦理意义,如果不是父母的生育行为,根本就不可能存在缺陷子女,子女不能因为自己的身体缺陷归咎于父母,哪怕这种缺陷是由父母造成的。

(二)损害赔偿请求权的行使

1.请求权主体及代理

有的观点认为,胎儿损害赔偿请求权的具体行使应当根据侵权人的不同来

---

① [德]卡尔·拉伦茨:《德国民法通论》,邵建东译,法律出版社2003年版,第127页。

区分。如果造成胎儿损害的侵权主体为其父亲，则由其母亲作为其监护人和法定代理人，代理胎儿起诉其父亲，这常见于父亲对母亲的家庭暴力，无论父母是否离婚，父亲都不能在此类案件中，作为法定代理人起诉自己，虽然其仍然是胎儿的监护人。如果造成胎儿损害的侵权主体为父母外的其他主体，则由胎儿父母作为共同监护人和法定代理人，代理其起诉侵权人，起诉的时间不以胎儿是否出生为限，只是胎儿出生前无姓名以标识。对于胎儿能否在出生后以自己的名义，或者出生前由父亲作为法定代理人起诉自己的母亲呢？在胎儿出生前，母亲由于过失，比如超速造成交通事故，导致胎儿受到伤害的，即使缺陷出生，也不能起诉母亲承担损害赔偿责任。因为这一方面会成为父母矛盾的焦点，父亲会以此攻讦母亲的行为；另一方面，会给母亲的独立人格造成巨大的限制。①

2. 诉讼时效

如果让诉讼时效在胎儿受到侵害时就开始计算，则有失公平，因为胎儿的损害经常需要等到缺陷出生后才能知道，胎儿的损害赔偿请求权以及其他债权请求权应当自胎儿出生之日开始起算更为合理。

3. 关于胎儿主张被抚养人生活费的请求权

原《民法通则》第119条规定，侵害公民身体造成死亡的，加害人应当向被害人一方支付死者生前扶养的人必要的生活费等费用。其中，"死者生前扶养的人"是否包括将来应当由死者抚养，但由于死亡的发生，未能抚养的尚未出生的子女呢？虽然该法并无规定，但此前相关判决对此多予以认可。如对于受害人死亡时尚未出生的非婚生子女，加害人仍负有赔偿责任。同时，交通事故双方在交警部门签订赔偿调解协议，但未对受害人一方尚未出生的胎儿抚养费作出明确约定的，胎儿应保有诉权，待其出生后有权向责任主体追索相应的抚养费用。这里应当注意的是，如果在损害发生时，被侵权人自己未受孕或者被侵权人并未让他人受孕，是否存在这种被抚养人生活费请求权呢？因为人一般是要结婚生子的。有观点认为，这超出了损害赔偿请求权填补现有损失的范畴，因为这个损害并不是确定发生的。如果侵权人赔偿了相对人被抚养人生活费，但被抚养人并未作为活体出生，则侵权人可以依据不当得利请求权主张返还。上述关于胎儿损害赔偿请求权的观点我们一并提出，以供理论与实践的进

---

① 王泽鉴：《民法学说与判例研究》，北京大学出版社2015年版，第603~622页。

一步研究与探索。

指导案例

指导案例 50 号：李某、郭某阳诉郭某和、童某某继承纠纷案
（最高人民法院审判委员会讨论通过　2015 年 4 月 15 日发布）

关键词： 民事　继承　人工授精　婚生子女

裁判要点：

1. 夫妻关系存续期间，双方一致同意利用他人的精子进行人工授精并使女方受孕后，男方反悔，而女方坚持生出该子女的，不论该子女是否在夫妻关系存续期间出生，都应视为夫妻双方的婚生子女。

2. 如果夫妻一方所订立的遗嘱中没有为胎儿保留遗产份额，因违反《中华人民共和国继承法》第十九条规定，该部分遗嘱内容无效。分割遗产时，应当依照《中华人民共和国继承法》第二十八条规定，为胎儿保留继承份额。

相关法条：

《中华人民共和国民法通则》第五十七条

《中华人民共和国继承法》第十九条、第二十八条

基本案情：

原告李某诉称：位于江苏省南京市某住宅小区的 306 室房屋，是其与被继承人郭某顺的夫妻共同财产。郭某顺因病死亡后，其儿子郭某阳出生。郭某顺的遗产，应当由妻子李某、儿子郭某阳与郭某顺的父母即被告郭某和、童某某等法定继承人共同继承。请求法院在析产继承时，考虑郭某和、童某某有自己房产和退休工资，而李某无固定收入还要抚养幼子的情况，对李某和郭某阳给予照顾。

被告郭某和、童某某辩称：儿子郭某顺生前留下遗嘱，明确将 306 室赠予二被告，故对该房产不适用法定继承。李某所生的孩子与郭某顺不存在血缘关系，郭某顺在遗嘱中声明他不要这个人工授精生下的孩子，他在得知自己患癌症后，已向李某表示过不要这个孩子，是李某自己坚持要生下孩子。因此，应该由李某对孩子负责，不能将孩子列为郭某顺的继承人。

法院经审理查明：1998 年 3 月 3 日，原告李某与郭某顺登记结婚。2002

年,郭某顺以自己的名义购买了涉案建筑面积为45.08平方米的306室房屋,并办理了房屋产权登记。2004年1月30日,李某和郭某顺共同与南京军区南京总医院生殖遗传中心签订了人工授精协议书,对李某实施了人工授精,后李某怀孕。2004年4月,郭某顺因病住院,其在得知自己患了癌症后,向李某表示不要这个孩子,但李某不同意人工流产,坚持要生下孩子。5月20日,郭某顺在医院立下自书遗嘱,在遗嘱中声明他不要这个人工授精生下的孩子,并将306室房屋赠与其父母郭某和、童某某。郭某顺于5月23日病故。李某于当年10月22日产下一子,取名郭某阳。原告李某无业,每月领取最低生活保障金,另有不固定的打工收入,并持有夫妻关系存续期间的共同存款18705.4元。被告郭某和、童某某系郭某顺的父母,居住在同一个住宅小区的305室,均有退休工资。2001年3月,郭某顺为开店,曾向童某某借款8500元。

南京大陆房地产估价师事务所有限责任公司受法院委托,于2006年3月对涉案306室房屋进行了评估,经评估房产价值为19.3万元。

裁判结果:

江苏省南京市秦淮区人民法院于2006年4月20日作出一审判决:涉案的306室房屋归原告李某所有;李某于本判决生效之日起30日内,给付原告郭某阳33442.4元,该款由郭某阳的法定代理人李某保管;李某于本判决生效之日起30日内,给付被告郭某和33442.4元、给付被告童某某41942.4元。一审宣判后,双方当事人均未提出上诉,判决已发生法律效力。

裁判理由:

法院生效裁判认为:本案争议焦点主要有两方面:一是郭某阳是否为郭某顺和李某的婚生子女?二是在郭某顺留有遗嘱的情况下,对306室房屋应如何析产继承?

关于争议焦点一。《最高人民法院关于夫妻离婚后人工授精所生子女的法律地位如何确定的复函》中指出:"在夫妻关系存续期间,双方一致同意进行人工授精,所生子女应视为夫妻双方的婚生子女,父母子女之间权利义务关系适用《中华人民共和国婚姻法》的有关规定。"郭某顺因无生育能力,签字同意医院为其妻子即原告李某施行人工授精手术,该行为表明郭某顺具有通过人工授精方法获得其与李某共同子女的意思表示。只要在夫妻关系存续期间,夫妻双方同意通过人工授精生育子女,所生子女均应视为夫妻双方的婚生子女。

《中华人民共和国民法通则》第五十七条规定:"民事法律行为从成立时起具有法律约束力。行为人非依法律规定或者取得对方同意,不得擅自变更或者解除。"因此,郭某顺在遗嘱中否认其与李某所怀胎儿的亲子关系,是无效民事行为,应当认定郭某阳是郭某顺和李某的婚生子女。

关于争议焦点二。《中华人民共和国继承法》(以下简称《继承法》)第五条规定:"继承开始后,按照法定继承办理;有遗嘱的,按照遗嘱继承或者遗赠办理;有遗赠扶养协议的,按照协议办理。"被继承人郭某顺死亡后,继承开始。鉴于郭某顺留有遗嘱,本案应当按照遗嘱继承办理。《继承法》第二十六条规定:"夫妻在婚姻关系存续期间所得的共同所有的财产,除有约定的以外,如果分割遗产,应当先将共同所有的财产的一半分出为配偶所有,其余的为被继承人的遗产。"《最高人民法院关于贯彻执行〈中华人民共和国继承法〉若干问题的意见》第38条规定:"遗嘱人以遗嘱处分了属于国家、集体或他人所有的财产,遗嘱的这部分,应认定无效。"登记在被继承人郭某顺名下的306室房屋,已查明是郭某顺与原告李某夫妻关系存续期间取得的夫妻共同财产。郭某顺死亡后,该房屋的一半应归李某所有,另一半才能作为郭某顺的遗产。郭某顺在遗嘱中,将306室全部房产处分归其父母,侵害了李某的房产权,遗嘱的这部分应属无效。此外,《继承法》第十九条规定:"遗嘱应当对缺乏劳动能力又没有生活来源的继承人保留必要的遗产份额。"郭某顺在立遗嘱时,明知其妻子腹中的胎儿而没有在遗嘱中为胎儿保留必要的遗产份额,该部分遗嘱内容无效。《继承法》第二十八条规定:"遗产分割时,应当保留胎儿的继承份额。"因此,在分割遗产时,应当为该胎儿保留继承份额。综上,在扣除应当归李某所有的财产和应当为胎儿保留的继承份额之后,郭某顺遗产的剩余部分才可以按遗嘱确定的分配原则处理。

▶ 典型案例

一、王某诉施某道路交通事故人身损害赔偿案

关键词: 交通事故　胎儿　被抚养人　损害赔偿

裁判摘要: 王某在交通事故死亡时尚未出生,但已成功受孕。如果因交通事故死亡的受害人仍健在,抚养胎儿既是其愿望,也是其应承担的法定义务,

他们之间的抚养与被抚养的权利义务关系因其血缘而不可改变地存在，只要其正常出生，她就是交通事故受害人生前抚养的人，有权利向加害人请求损害赔偿。在程序上，她是合格的原告，享有诉讼权利；在实体上，也享有赔偿请求权，完全有资格请求赔偿给付。

基本案情： 2002年9月19日凌晨4时30分，王某钦无驾驶证驾驶其本人所有的无牌照重庆80CC二轮摩托车，从江镜镇区往江镜镇吴塘村方向行驶。当车行至福清市江目线江镜吴塘村邮电局路段遇施某无驾驶证驾驶其本人所有的无牌照后三轮摩托车，因三轮摩托车前轮爆胎，施某将车停放在江镜镇区往吴塘村方向的右侧路面上，王某钦在行车中遇况措施不及，在其车行驶方向的右侧路面上，二轮摩托车前部撞碰后三轮摩托车左后，造成王某钦受重伤，经抢救无效于当日死亡。

王某钦死亡时，其妻曹某珠身怀有孕。2003年4月4日胎儿出生，取名王某。

福建省福清市公安局交通警察大队对本次事故作出融交警第01080号道路交通事故责任认定书认定：王某钦无驾驶证驾驶无牌照二轮摩托车，未戴安全头盔，在行车中遇况措施不力，未确保安全行驶，造成事故，其行为违反《道路交通管理条例》第7条第2款、第17条、第25条、第26条第（10）项的规定，应负事故的主要责任；施某无驾驶证驾驶后车灯装置不齐全的无牌照后三轮摩托车，在道路上因故障停车时未在车后设置警告标志，妨碍交通造成事故，其行为违反《道路交通管理条例》第17条、第19条、第25条、第48条的规定，应负事故的次要责任。

法院经审理认为，胎儿必将出生是自然法则，未成年人请求父母抚养是天赋之权，也是法赋之权。王某是王某钦的婚生女，享有请求王某钦抚养的权利，但是王某出生后其被抚养权因王某钦的死亡而得不到实现而受到了侵害，王某的被抚养权受到侵害与王某钦、施某的共同违章行为之间有因果关系。施某有违章行为，其违章行为侵害了王某的被抚养权，依法应承担赔偿王某的抚养费损失的责任。为了维护法律的公平、正义和社会公序良俗，支持原告王某的诉讼请求。

【案　　号】（2003）融宏民初字第041号

【审理法院】福建省福清市人民法院

【来　　源】《中国审判案例要览》（2003年）

二、金某娜诉北京大唐发电股份有限公司陡河发电厂、陡河电力实业总公司人身损害赔偿案

关键词： 胎儿　出生缺陷　损害赔偿

裁判摘要： 本案法院借鉴人身权延伸保护理论，对原告的主体资格予以认可。本案原告的残疾，经职业病专家确诊，与其母怀孕早期在工作环境中接触有毒物质有关，故应由原劳动单位分立后的利益主体承担责任。

基本案情： 原告于1981年12月8日出生，在其胎儿早期，即其母李某霞怀孕早期，李某霞在原陡河发电厂输煤车间工作。期间，李某霞接触和吸收了氯丁胶、120#汽油、苯、铅等大量有毒物质，致使金某娜在母腹中即受到四乙基铅等毒物感染，导致先天性神经管畸形，一出世即为残疾儿。1993年经唐山市职业病防治院专家会诊，确定此畸形与其母怀孕早期接触有毒物有关。金某娜从出生到现在，由于先天性残疾，不能自己行走，不能正常生活、活动、学习，生活完全不能自理，虽经多方寻医问药仍无好转。1993年12月，双方就此达成一协议，除已支付的医疗补助外，再由原陡河发电厂给予金某娜12 000元的医疗补助终结费；待金某娜年满16周岁后，达到初中毕业文化程度，由厂实业总公司提供一次就业机会。但此协议未完全履行。1999年6月，经唐山市法医门诊鉴定，金某娜先天性脊柱裂，臀后突畸形，双小腿肌肉明显萎缩，小腿及大腿后侧无感觉，双侧跟膝腹反射消失，会阴部感觉消失，二便不能自理，依照职工工伤与职业病致残程度鉴定有关规定属于贰级残。现金某娜已初中毕业，智力状况良好。1999年11月，金某娜提起诉请。

1997年11月15日原陡河发电厂改组为陡河发电厂、冀东电力检修公司、陡河电力实业总公司三个利益主体，各自独立核算。原告之母李某霞怀孕期间的工作单位原陡河发电厂输煤车间改为陡河电力实业总公司燃储公司。

法院经审理认为，胎儿怀于母体，为母体之一部分，但其形体，具有先期身体利益，受法律保护；在先期身体利益受到侵害时，由出生后的存活的胎儿作为权利主体，行使保护请求权。原告金某娜在母腹中受到四乙基铅等毒物感染，在其出生后，有权作为诉讼主体，提起民事诉讼，并应获得赔偿。劳动法对孕期妇女劳动禁忌的保护的目的之一，就是基于胎儿的利益，即民事主体的先期身体利益。就本案而言，金某娜先期身体利益受到侵害，可以认定李某霞所在单位具有明显的违法性；同时，金某娜所受损害是在其母李某霞从事职务

劳动过程中,应适用无过错归责原则,即应由原陡河发电厂对此承担无过错责任。但金某娜本人并不是劳动者,与原陡河发电厂是平等的民事主体,对金某娜的赔偿应适用民事法律规范。金某娜在胎儿期受侵害,在1993年确定致损原因,在1999年确定损害结果,在1999年提起民事诉讼,依法应依1999年赔偿标准确定赔偿数额。现原陡河发电厂分立为三个相互独立的利益主体,应由分立后的利益主体承担责任。金某娜对二被告提出诉请,应予支持。

综上,法院判决:被告陡河发电厂、唐山陡河电力实业总公司共同赔偿原告金某娜今后治疗费20000元,残疾生活补助费72000元,护理费208000元,残疾用具费30000元,鉴定费542元,精神损失费100000元,合计430542元。二被告互负连带责任。

一审判决后,金某娜提起上诉,河北省高级人民法院经审理认为:上诉人金某娜的残疾,经职业病专家确诊,与其母怀孕早期在陡河发电厂输煤车间接触有毒物质有关,故原审法院判决被上诉人陡河发电厂和唐山陡河电力实业总公司承担赔偿责任并无不当。关于上诉人请求增加误工费款项,因无事实依据和法律依据,本院对此不予支持;护理费数额原审计算虽低,但计算年限较长,也不宜再变动;原审依据现有法律判决的精神损失费数额也较为适宜;关于今后治疗费,原审依据现有证据判处2万元并不当;残疾生活补助费,根据有关司法解释等规定,应计算20年,原审计算18年不妥,本院予以纠正。

【案　　号】(2003)冀民一终字第49号
【审理法院】河北省高级人民法院
【来　　源】《中国审判案例要览》(2003年)

第二章 自然人 | 第十七条

> 第十七条　十八周岁以上的自然人为成年人。不满十八周岁的自然人为未成年人。

▶ 关联规定

法律、行政法规、司法解释

1.《中华人民共和国宪法》

第三十四条　中华人民共和国年满十八周岁的公民，不分民族、种族、性别、职业、家庭出身、宗教信仰、教育程度、财产状况、居住期限，都有选举权和被选举权；但是依照法律被剥夺政治权利的人除外。

2.《中华人民共和国未成年人保护法》

第二条　本法所称未成年人是指未满十八周岁的公民。

▶ 条文释义

一、本条主旨

本条是关于成年人和未成年人年龄划分的规定。

二、条文演变

原《民法通则》中并没有关于未成年的定义，只是规定了成年人的年龄界限以十八周岁为准，并把成年与否和完全民事行为能力挂钩。但实际上成年和未成年这对法律概念来源于公法，特别是刑法或者社会法，并不是民法上的概念，成年人不等于具备完全民事行为能力，因为心智的不健全可能属于无民事行为能力或者民事行为能力受限。未成年人也不是不可能取得完全民事行为能力，十六周岁以上，以自己的劳动收入为主要生活来源的未成年人，视为完全民事行为能力。说一个自然人未成年更多地是在强调公法和社会法对其权益的

189

保障，但在民事法律关系，特别是身份关系中，也有必要对未成年人进行特殊的照顾，故原《民法总则》第17条引用《未成年人保护法》中关于未成年人的定义，规定不满十八周岁的自然人为未成年人。《民法典》对《民法总则》中的条文未作修改。

三、条文解读

（一）区分成年人与未成年人的意义

1. 民法上的成年与未成年

首先，成年在民法上意味着作为完全民事法律行为要件之一的年龄已经满足，如果其心智未受疾病影响，与正常人无异，自然人取得完全民事行为能力，可以依据民事法律行为自主决策自己的事务，除非法律有特殊规定。其次，由于成年取得完全民事行为能力，自然人在理性上的不足不复存在，不再需要他人对其人身和财产进行照顾和管理，父母对子女的监护或者无父母情形下的其他监护关系终止。父母不用继续承担法定抚养义务，取得对成年子女主张法定赡养义务的权利。

2. 公法上的成年与未成年

《民法典》关于成年人与未成年人年龄划分的规定与宪法及刑法等公法保持一致，实现了私法与公法的统一。（1）与《宪法》赋予公民基本政治权利的规定保持一致。《宪法》第34条规定，中华人民共和国年满十八周岁的公民，不分民族、种族、性别、职业、家庭出身、宗教信仰、教育程度、财产状况、居住期限，都有选举权和被选举权；但是依照法律被剥夺政治权利的人除外。成年人具有法定的政治权利，未成年人则不然。（2）与刑法确立的追究刑事责任年龄一般规范保持一致。《刑法》第17条规定："已满十六周岁的人犯罪，应当负刑事责任。已满十四周岁不满十六周岁的人，犯故意杀人、故意伤害致人重伤或者死亡、强奸、抢劫、贩卖毒品、放火、爆炸、投放危险物质罪的，应当负刑事责任。"第49条第1款规定："犯罪的时候不满十八周岁的人和审判的时候怀孕的妇女，不适用死刑。"从刑法条文可知，在追究犯罪嫌疑人刑事责任时，需综合考虑其是否成年或有无其他特殊情况。本条文对成年人和未成年人的划分既与刑法等公法相呼应，也与刑法对未成年人施行的"教育为主、惩罚为辅"方针，尊重未成年人的人格尊严、教育和保护相结合的原则的基本立场相呼应。

（二）确定十八周岁为成年年龄的考量

年龄，是衡量一个人的知识和经验的标准。通常而言，自然人达到一定年龄后才能独立处理自己的事务，能够意识到自己行为所产生的后果。以年龄作为民事行为能力判断的主要因素，有最充分的合理性和现实性。① 目前，各国关于行为能力的判断，多以年龄为首要考量。本条通过年龄确认民事主体的行为能力，与国际主流做法相一致。世界上大部分国家或地区均将十八周岁作为成年人的标准，也有部分国家将二十周岁作为区分成年人和未成年人的分界。本条沿用了原《民法通则》的规定，以十八周岁作为分界线，系基于如下考虑：（1）充分尊重自然人成长认知的科学规律。自然人的理性能力一般随年龄的增长而增长。十八周岁的自然人通常具备了在社会生活中必备的认知能力和判断能力，能够预测自己行为的效力，并且对后果有相应的承担能力。（2）充分关照未成年人合法权益的保护。不满十八周岁的未成年人，在品德、智力、体质等方面发展尚不健全，国家、社会、学校和家庭都有义务促进未成年人健康成长，保障其合法权益不受侵害。

（三）关于周岁的计算

关于年龄的计算，需要指出的是：（1）周岁计算以公历为准。《民法典》第200条规定："民法所称的期间按照公历年、月、日、小时计算。"即不可依照农历或者其他年历。对于不同地区依照风俗习惯所说的"虚岁"等算法，也需要折换成周岁。（2）周岁从生日次日起算。《最高人民法院关于审理未成年人刑事案件具体应用法律若干问题的解释》第2条规定："刑法第十七条规定的'周岁'，按照公历的年、月、日计算，从周岁生日的第二天起算。"具体计算是用当年的公历纪年减去出生的公历纪年。例如，某人为1987年3月9日出生，从2022年3月10日0点开始，其年满三十五周岁。（3）十八周岁以上包含十八周岁本数。《民法典》第1259条规定，民法所称的"以上""以下""以内""届满"，包括本数；所称的"不满""超过""以外"，不包括本数。

---

① 参见朱庆育：《民法总论（第二版）》，北京大学出版社2016年版，第242页。

▶ 适用指引

一、未成年人的体系化解释

《民法典》第 18 条第 2 款延续原《民法通则》第 11 条第 2 款的规定,将十六周岁以上的未成年人,以自己的劳动收入为主要生活来源的,视为完全民事行为能力人,这里有一个法律的拟制,十六周岁至十八周岁这个年龄段仍属于未成年人,但因为其在经济上的完全独立性,法律认为可以适用完全民事行为能力的全部法律效果。这类群体在民法典的体系中存在一些适用的疑难点。

(一)监护关系

《民法典》第 26 条第 1 款规定,父母对未成年子女负有抚养、教育和保护的义务,即监护职责。那么十六周岁以上至十八周岁之间的未成年人,在能够以自己的劳动收入为主要生活来源时,是否还需要父母或者其他监护人的监护呢?有观点认为,根据体系解释来看,《民法典》明确将被监护人取得完全民事行为能力作为监护终止的原因之一,既然此类未成年人能够独立生活,被视为完全民事行为能力人,基于法律拟制的效果,其与父母或者其他监护人的监护关系应当自然终止。这与《法国民法典》中十六岁以上的未成年人可以解除亲权并具有完全缔结契约能力具有相似的效果。父母不再对其负有监护职责,这是民法尊重个人独立意识和理性的体现。但这并不能否定这类完全民事行为能力人仍属于未成年人,仍然享有作为未成年人受到法律保护的待遇。

《民法典》第 33 条规定了成年人意定监护,根据条文的表述,只有具有完全民事行为能力的成年人,才可以与其近亲属、其他愿意担任监护人的主体订立意定监护协议。有观点认为,根据法条的文义来看,十六周岁以上,能够以自己的劳动收入为主要生活来源的未成年人虽然具有完全民事行为能力,但因不满足成年的要求,此类主体不能与他人就自己在丧失或者部分丧失民事行为能力时的监护问题进行协商。这是考虑到此类未成年人虽然具备很强的独立性,但与结婚年龄的要求一样,他还没有成熟到能够理解让其他人监护自己的重大意义。涉及此类资格的条文有很多,比如对于失踪人的财产代管人,应当严格按照《民法典》第 18 条的意旨来解释,十六周岁以上的这类主体只是被拟制为具有完全民事行为能力,而不是被拟制为成年了。在法律明确要求以已成年，而不是取得完全民事行为能力为要件的民事法律行为中，此类未成年人不宜认定为具备上述身份法上的资格。对于财产法而言则不需要作此类限制，无论法律是否明确要求成年，此类未成年人均可以自己的名义完全地享有民事行为能力。我们在此提出，以供研讨和探讨。

（二）亲子关系

《民法典》第1073条将亲子关系否认权赋予了父母和成年子女，这是为了保护子女对自己出生的知情权，之所以只允许成年子女提出，一方面是因为未成年人难以理解否定亲子关系的重要意义，另一方也是因为未成年人只能依赖法定代理人代理其作出意思表示，如果赋予未成年子女亲子关系否认权，该项权利可能会沦为父母借家庭矛盾互相攻讦的手段。有观点认为，在此类保护子女权益的规则中，十六周岁以上的上述主体虽然未成年，但应当享有亲子关系否认权，因为他们已经在事实上和法律上成为完全独立的个体，可以独立提起诉讼。

在收养这种拟制的亲子关系中，有观点认为，《民法典》第1093条规定的可以被收养的未成年人包括我们上述所讨论的被视为具有完全民事行为能力的未成年人，这既有利于扩大被收养人范围，又有利于保护未成年人权益。《民法典》第1114条原则上禁止了收养人在被收养人成年前解除收养关系的权利，我们上述所讨论的视为被具有完全民事行为能力的未成年人仍属于不得解除收养关系的情形。《民法典》第1115条关于成年子女与养父母协议解除收养关系的规定需要严格解释，排除我们上述所讨论的被视为具有完全民事行为能力的未成年人，这是因为收养关系并不是事实上的血亲关系，而是法律拟制的一种身份关系。这种身份关系的伦理性不是一个刚刚获得经济上独立但仍属未成年人的民事主体所能理解的。我们提出上述观点，供研究和探讨。

（三）未成年人成年后对自己法律行为效力的追认

对于未成年人成年后对自己实施法律行为的效力追认问题，我国立法并未对此进行明确规定。实践中较具代表性的思路为：（1）未成年人未经法定代理人必要的允许而订立合同的，合同生效取决于法定代理人的追认；（2）未成年人已经成为完全民事行为能力人的，因为在其成年成为完全民事行为能力人之后，推定其对自己所实施的民事法律行为的性质、内容、后果有明确的认识，因此允许其追认民事法律行为的效力。

（四）未成年人侵权案件的被告地位列明

《民事诉讼法解释》施行之前，司法实践中，对于未成年人侵权案件，既有将未成年人列为被告，也有将未成年人监护人列为被告或是将未成年人与监护人列为共同被告的情形。《民法典》第1188条规定："无民事行为能力人、限制民事行为能力人造成他人损害的，由监护人承担侵权责任。监护人尽到监护职责的，可以减轻其侵权责任。""有财产的无民事行为能力人、限制民事行为能力人造成他人损害的，从本人财产中支付赔偿费用；不足部分，由监护人赔偿。"从诉讼理论来看，在未成年人侵权案件中，如只列未成年人为被告，将会出现被告不承担责任，而作为法定代理人的监护人承担责任的后果，该后果有违民事诉讼"两造对抗，败诉方承担责任"的基本原理。但是若只列未成年人的监护人为被告，也不符合本法侵权责任编中直接侵权人应当承担责任的规定。因此，《民事诉讼法解释》第67条规定："无民事行为能力人、限制民事行为能力人造成他人损害的，无民事行为能力人、限制民事行为能力人和其监护人为共同被告。"

> **第十八条** 成年人为完全民事行为能力人，可以独立实施民事法律行为。
>
> 十六周岁以上的未成年人，以自己的劳动收入为主要生活来源的，视为完全民事行为能力人。

▶ 关联规定

法律、行政法规、司法解释

《中华人民共和国劳动法》

第十五条　禁止用人单位招用未满十六周岁的未成年人。

文艺、体育和特种工艺单位招用未满十六周岁的未成年人，必须遵守国家有关规定，并保障其接受义务教育的权利。

▶ 条文释义

一、本条主旨

本条是关于完全民事行为能力人的规定。

二、条文演变

民事行为能力是指民事主体独立参与民事活动，以自己的行为取得民事权利或者承担民事义务的法律资格。民法典关于民事行为能力的划分与原《民法通则》一致，延续了"三分法"，将自然人划分为完全民事行为能力人、限制民事行为能力人和无民事行为能力人，划分的根据是自然人因年龄、智力、精神健康等因素而导致辨识能力的不同。完全民事行为能力人具有健全的辨识能力，可以独立进行民事活动；限制民事行为能力人只能独立进行与其辨识能力相适应的民事活动；无民事行为能力人应当由其法定代理人代理实施民事活动。具体到本条，则是关于完全民事行为能力人的规定，修改自原《民法通则》第 11 条关于完全民事行为能力人的规定，但精神实质保持一致。

三、条文解读

民事行为能力是民事主体从事民事活动的条件，其特点在于：（1）行为人具有独立进行民事法律行为的能力；（2）以意思能力为基础，即具备认识这种行为的能力，并且能够对自己的行为后果承担责任；（3）法定性，即某一自然人是否具有民事行为能力，并不依其个人意志决定，而是由国家法律规定。除法律规定和依法定程序外，自然人的民事行为能力不受限制或剥夺。

与民事行为能力相对应的概念为民事权利能力。民事权利能力是静态的享有权利、承担义务的能力，始于出生、终于死亡，自然人一经出生即当然享有民事权利能力，民事权利能力是民事主体从事民事活动的前提。民事行为能力则是动态的通过具体行为取得权利、承担义务的能力，对应自然人的实际法律交往，因此需要根据自然人的实际情况进行具体区分。① 民事行为能力是民事主体从事民事活动的条件。所有的自然人都有民事权利能力，但不一定都有民事行为能力。

我国将自然人的民事能力分为完全民事行为能力、限制民事行为能力、无民事行为能力三种情况，并依此顺序依次规定。采取"三分法"的规定，根本原因在于实现对个人利益和社会利益的平衡。一是保护无行为能力和限制行为能力人的利益。行为能力欠缺，意味着欠缺独立行为的能力，在交易中容易受到损害。通过法律标准的确定，使那些不具有或欠缺意思能力的人不能自由行为，即不能通过自己的积极活动，设定权利义务关系，从而保护这些行为能力欠缺人的利益。二是保护交易安全和秩序。若任何人均可以其无意思能力主张交易无效，对交易安全保护并不利。为此，通过民事行为能力的划分，确定严格的、明确的标准，以提升交易行为的安全性，进而保护交易相对人的利益。

确定民事行为能力的主要因素如下：（1）年龄。通常情况下，成年人（年满十八周岁）即为完全民事行为能力人。（2）智力、精神健康状况等因素。（3）是否以自己的劳动收入为主要生活来源。《民法典》颁布实施之前，原《民法通则》第 11 条和第 13 条规定，十八周岁以上的人是完全行为能力人，

---

① 朱庆育：《民法总论（第二版）》，北京大学出版社 2016 年版，第 242 页。

但精神病人除外；此外，十六周岁以上不满十八周岁的人，以自己的劳动收入为主要生活来源的人，也是完全行为能力人。原《民法通则意见》第2条将其解释为"能够以自己的劳动取得收入，并能维持当地群众一般生活水平"。本条延续了上述规定，即将十六周岁以上、以自己的劳动收入为主要生活来源的未成年人，视为完全民事行为能力人。"视为"属于推定，并且属于不可推翻的推定。本条作如此规定，从理论层面来讲，是为了缓和自然人需达到法定成年年龄后才能取得完全行为能力规定的僵硬性；从体系上看，是为了与其他单行法规定保持一致。《劳动法》第15条规定："禁止用人单位招用未满十六周岁的未成年人。文艺、体育和特种工艺单位招用未满十六周岁的未成年人，必须遵守国家有关规定，并保障其接受义务教育的权利。"该条文将十六周岁作为常规用人用工的年龄界分，本条规定则与此相协调。此外，如此规定也充分关照生活实际。当个人能够独立参加工作、独立生活，也就预示着其具备了作为完全民事行为能力人的心智水平和独立的判断能力，能够独立参加各类民事活动。基于此，需要充分肯定其完全民事行为能力。

▶ 适用指引

一、独立实施民事法律行为的认定

独立实施民事法律行为是指民事主体可以按照自己的意思表示，实施具体的法律行为。除作为代理人实施民事法律行为等需要他人授意的特殊情形，无需事先征得他人的许可或同意。同时，民事主体所实施的民事法律行为的后果由其自行承担。

二、以自己的劳动收入为主要生活来源的认定

"劳动收入"应当是固定的收入，如工资、奖金等。"主要生活来源"一般是指未成年人依靠自己的劳动收入能够维持当地群众的一般生活水平，不需要借助其他人经济上的资助。需要注意的是，一般生活水平并非完全可量化、恒定的标准，其与地区经济发展水平、发展程度有直接相关性，不同地区的一般生活水平标准也有重大差别。在审判实践中，可以结合当地人力资源和社会保障部门、统计部门等公布的城镇居民人均消费支出指标、人均可支配收入指标

进行判断。考虑到十六周岁未成年人在实践中一般难以完全达到成年人的工作能力和收入水平，因此在判断时，还需要综合工作地点、是否独立生活等内容进行考量，以避免完全依照人均可支配收入等标准作出判断的僵硬性和不现实性。

类案检索

福建海宏环保科技有限公司、宁德市青青塑料制品有限公司等其他案由执行复议案

关键词：完全民事行为能力人　民事法律行为

裁判摘要：根据《民法典》第18条"成年人为完全民事行为能力人，可以独立实施民事法律行为"之规定，完全民事行为能力人指的是自然人，而非法人。

【案　　号】（2021）闽执复28号
【审理法院】福建省高级人民法院

> **第十九条** 八周岁以上的未成年人为限制民事行为能力人,实施民事法律行为由其法定代理人代理或者经其法定代理人同意、追认;但是,可以独立实施纯获利益的民事法律行为或者与其年龄、智力相适应的民事法律行为。

关联规定

一、法律、行政法规、司法解释

1.《中华人民共和国民法典》

第二十三条 无民事行为能力人、限制民事行为能力人的监护人是其法定代理人。

第一百四十五条 限制民事行为能力人实施的纯获利益的民事法律行为或者与其年龄、智力、精神健康状况相适应的民事法律行为有效;实施的其他民事法律行为经法定代理人同意或者追认后有效。

相对人可以催告法定代理人自收到通知之日起三十日内予以追认。法定代理人未作表示的,视为拒绝追认。民事法律行为被追认前,善意相对人有撤销的权利。撤销应当以通知的方式作出。

第一千一百八十八条 无民事行为能力人、限制民事行为能力人造成他人损害的,由监护人承担侵权责任。监护人尽到监护职责的,可以减轻其侵权责任。

有财产的无民事行为能力人、限制民事行为能力人造成他人损害的,从本人财产中支付赔偿费用;不足部分,由监护人赔偿。

2.《中华人民共和国广告法》

第三十三条 广告主或者广告经营者在广告中使用他人名义或者形象的,应当事先取得其书面同意;使用无民事行为能力人、限制民事行为能力人的名义或者形象的,应当事先取得其监护人的书面同意。

3.《最高人民法院关于适用〈中华人民共和国民法典〉总则编若干问题的解释》

第五条 限制民事行为能力人实施的民事法律行为是否与其年龄、智力、精神健康状况相适应,人民法院可以从行为与本人生活相关联的程度,本人的智力、精神健康状况能否理解其行为并预见相应的后果,以及标的、数量、价款或者报酬等方面认定。

二、部门规章及规范性文件

《不动产登记暂行条例实施细则》

第十一条 无民事行为能力人、限制民事行为能力人申请不动产登记的,应当由其监护人代为申请。

监护人代为申请登记的,应当提供监护人与被监护人的身份证或者户口簿、有关监护关系等材料;因处分不动产而申请登记的,还应当提供为被监护人利益的书面保证。

父母之外的监护人处分未成年人不动产的,有关监护关系材料可以是人民法院指定监护的法律文书、经过公证的对被监护人享有监护权的材料或者其他材料。

三、司法指导性文件

《最高人民法院关于依法妥善审理涉新冠肺炎疫情民事案件若干问题的指导意见(二)》

9.限制民事行为能力人未经其监护人同意,参与网络付费游戏或者网络直播平台"打赏"等方式支出与其年龄、智力不相适应的款项,监护人请求网络服务提供者返还该款项的,人民法院应予支持。

▶ 条文释义

一、本条主旨

本条是关于限制民事行为能力的未成年人的规定。

二、条文演变

限制民事行为能力又称为不完全民事行为能力,指自然人部分独立,或者说在一定范围内具有民事行为能力。在《民法典》总则编起草过程中,曾经一直以"不满六周岁"作为无民事行为能力人的年龄规定。在草案三审过程中,有的代表提出,六周岁儿童虽然具有一定的学习能力且已经开始接受义务教育,但认知和辨识能力依然不足,不具备单独实施相关民事行为的能力。有的专家则认为,六周岁儿童已经开始接受义务教育,具有独立交往的需求,《民法典》要尊重未成年人的天性,其核心是尊重未成年人一定程度自主决定的自由。有的委员和代表则认为,六周岁的未成年人的独立判断能力很低,易受他人引导或由于某种短期情况而影响行为选择。六周岁的规定也缺乏相关教育学、儿童心理学、社会学方面的长期观察与充分论证。最终,基于社会经济持续发展,八周岁儿童普遍入学,其能够实施满足日常基本生活需要的民事法律行为的具体实际,《民法典》将八周岁作为区分无民事行为能力人和限制民事行为能力人的年龄界限。

三、条文解读

限制民事行为能力人的特点在于:(1)对于外界具有一定的判断力,基本能够明确自己日常行为的意义及对应义务,如知道到商店购物需要付费等。(2)判断力较弱。受年龄和智力等因素的限制,该群体的判断能力相对较弱,易受外界干扰或是存在较为明显的局限性,因此需要法律对其进行特别保护。限制民事行为能力人的概念界定充分考虑到人类成长的认知特征与规律,具有科学性。

限制民事行为能力人可以实施纯获利益的民事法律行为或者与其年龄、智力相适应的民事法律行为。换言之,除前述两类民事法律行为之外,限制民事行为能力人并不能独立实施民事法律行为,而应由法定代理人代理,或者经法定代理人同意追认。本条"排除性"的条文界定一方面是为了保护未成年人的合法权益;另一方面是为了维护交易安全,促使相对人对交易行为人的交易资格作出充分判断,提高交易安全。

适用指引

一、八周岁以上未成年人不能独立实施民事法律行为的效力认定

从法律角度而言，八周岁以上未成年人独立实施了非纯获利益的民事法律行为或者与其年龄、智力不相适应的民事法律行为，如实践中比较常见的未成年人在网上进行大额"打赏"，其效力认定取决于如下因素：法定代理人是否追认。《民法典》第 23 条规定："无民事行为能力人、限制民事行为能力人的监护人是其法定代理人。"对于限制民事行为能力人不能独立实施的民事法律行为，不能一律视为无效，而需要依其法定代理人的追认情况进行确定。若法定代理人明确追认，该民事法律行为有效。但是，如果相对人催告法定代理人追认的，法定代理人应当明确作出追认的意思表示，法定代理人未作表示的，视为拒绝追认，该民事法律行为无效。

八周岁以上未成年人的法定代理人可以事先允许其独立实施一定的民事法律行为。例如，学生甲（十二周岁）参加暑期夏令营，父亲表示可以购买其所需要的学习材料、参加付费参观活动等。夏令营期间，甲所进行的购买书籍、购票等行为都是有效的民事法律行为。

二、限制民事行为能力人得单独实施的民事法律行为

限制民事行为能力制度目的在于维护限制行为能力人的利益及交易相对方的利益。因此，限制民事行为能力人实施对其并无不利益的民事法律行为时，法律并无干涉必要，应当认定有效。通常来讲，限制民事行为能力人得单独实施以下民事法律行为：（1）纯获利益的行为，或者被免除义务的行为。如成为赠与合同的受赠人、人身保险合同的受益人等。（2）对其自由财产的处分行为。如使用学费、旅费等由其法定代理人预设使用目的的财产，及零用钱等未预设使用目的的财产等。（3）日常生活中的定型化行为。如乘坐交通工具，购票进入公园等。前述对自由财产的处分行为、日常生活中的定型化行为，通常被认为是与其年龄、智力相应的民事法律行为。同时，要注意只有限制民事行为能力人超出行为能力实施的合同行为，才存在效力瑕疵问题，经法定代理人同意或者追认后有效。而限制民事行为能力人实施的单方民事法律行为，是无效的。比如，限制民事行为能力人所立的遗嘱无效、抛弃行为无效。

三、限制民事行为能力人与年龄、智力相适应的民事法律行为认定

根据《民法典总则编解释》第 5 条"限制民事行为能力人实施的民事法律行为是否与其年龄、智力、精神健康状况相适应，人民法院可以从行为与本人生活相关联的程度，本人的智力、精神健康状况能否理解其行为并预见相应的后果，以及标的、数量、价款或者报酬等方面认定"的规定，在审判实践中，对于是否属于与年龄、智力相适应的民事法律行为的认定，需要结合当下的经济发展水平、居民总体生活情况，综合考察行为与本人生活的关联程度、本人的智力能否理解其行为并预见相应的行为后果以及行为标的数量价款或报酬等内容，综合进行认定。

▶ 类案检索

辜某 2、金某彬等民间借贷纠纷案

关键词： 未成年人　民事法律行为　限制民事行为能力人

裁判摘要： 因辜某 1 在本案争议借款发生时为未满十六周岁的未成年人，向他人借款数额高达数万元的行为与其年龄、生活来源、社会经验等因素不相适应，案涉借贷行为辜某 1 依法不能独立实施。辜某 1 为限制民事行为人，其实施将投资关系变更为民间借贷关系的民事法律行为，依法应该由其法定代理人代理或者经其法定代理人同意、追认，但辜某 1 的上述行为均未得到其法定代理人的同意或者追认，依法应当认定为无效民事行为。

【案　　号】（2021）鄂 05 民终 2913 号
【审理法院】湖北省宜昌市中级人民法院

> **第二十条** 不满八周岁的未成年人为无民事行为能力人,由其法定代理人代理实施民事法律行为。

▶ 关联规定

一、法律、行政法规、司法解释

1.《中华人民共和国民法典》

第二十三条 无民事行为能力人、限制民事行为能力人的监护人是其法定代理人。

第一百四十四条 无民事行为能力人实施的民事法律行为无效。

第一千一百八十八条 无民事行为能力人、限制民事行为能力人造成他人损害的,由监护人承担侵权责任。监护人尽到监护职责的,可以减轻其侵权责任。

有财产的无民事行为能力人、限制民事行为能力人造成他人损害的,从本人财产中支付赔偿费用;不足部分,由监护人赔偿。

第一千一百九十九条 无民事行为能力人在幼儿园、学校或者其他教育机构学习、生活期间受到人身损害的,幼儿园、学校或者其他教育机构应当承担侵权责任;但是,能够证明尽到教育、管理职责的,不承担侵权责任。

2.《中华人民共和国广告法》

第三十三条 广告主或者广告经营者在广告中使用他人名义或者形象的,应当事先取得其书面同意;使用无民事行为能力人、限制民事行为能力人的名义或者形象的,应当事先取得其监护人的书面同意。

3.《中华人民共和国保险法》

第三十九条 人身保险的受益人由被保险人或者投保人指定。

投保人指定受益人时须经被保险人同意。投保人为与其有劳动关系的劳动者投保人身保险,不得指定被保险人及其近亲属以外的人为受益人。

被保险人为无民事行为能力人或者限制民事行为能力人的,可以由其监护人指定受益人。

二、部门规章及规范性文件

《不动产登记暂行条例实施细则》

第十一条 无民事行为能力人、限制民事行为能力人申请不动产登记的，应当由其监护人代为申请。

监护人代为申请登记的，应当提供监护人与被监护人的身份证或者户口簿、有关监护关系等材料；因处分不动产而申请登记的，还应当提供为被监护人利益的书面保证。

父母之外的监护人处分未成年人不动产的，有关监护关系材料可以是人民法院指定监护的法律文书、经过公证的对被监护人享有监护权的材料或者其他材料。

▶ 条文释义

一、本条主旨

本条是关于不满八周岁未成年人民事行为能力的规定。

二、条文演变

本条源自原《民法通则》第12条规定，原《民法总则》立法过程中结合我国实际，第20条将限制民事行为能力人与无民事行为能力人的年龄界限由十周岁降低到了八周岁。《民法典》第20条沿用了原《民法总则》第20条规定。

三、条文解读

无民事行为能力，是指不具备实施有效法律行为的能力，或者说没有以其行为而取得权利、负担义务的能力。我国《民法典》关于民事行为能力的立法采取"三分法"，即完全民事行为能力（《民法典》第18条）、限制民事行为能力（《民法典》第19条、第22条）、无民事行为能力（《民法典》第20条、第21条），且均以积极方式规定。《德国民法典》虽亦采取"三分法"，但以人具有完全行为能力为常态，未对完全行为能力作积极规定；仅消极规定无行为能力、限制行为能力，以之作为例外。

无民事行为能力人实施的民事法律行为无效，《民法典》第144条对此进行了单独规定。此前，原《民法通则意见》第6条中曾规定，无行为能力人接受奖励、赠与、报酬，他人不得以行为人无民事行为能力为由，主张以上行为无效。该条目的是规定无民事行为能力人可以实施"纯获利益的法律行为"，这里且不论"接受报酬"是否属于纯获利益的法律行为，因为接受报酬可能同时导致报酬请求权消灭，在第22条中将论及）。但《民法典》未吸纳原《民法通则意见》第6条的规定，对此主要观点认为，依据"三分法"的民事行为能力立法模式逻辑推演的结果，无民事行为能力人没有作出意思表示的能力，即不可能作出"接受奖励、赠与"的意思表示，因此，这种纯获利益的法律行为的特别规定只适用于限制民事行为能力人，而不适用于无民事行为能力人。八周岁以下的未成年人一旦被规定为无民事行为能力人，不管其意思能力或者智力状况如何，一律没有独立实施民事法律行为的能力。

对未成年人而言，年龄是区分无民事行为能力与限制行为能力的主要标准，且《民法典》没有规定无民事行为能力人实施有效法律行为的例外情形。《民法典》第21条规定了在年龄上属于限制民事行为能力人的未成年人，在无法辨认自身行为情况下，则属于无民事行为能力人。按照年龄确定无民事行为能力的未成年人，目的在于"保护无民事行为能力人及交易相对人信赖利益"。但以年龄作为单一标准的区分，也存在两个弊端：（1）未能顾及未成年人意思能力的个体差异。（2）交易相对人的合理信赖得不到保护。与无民事行为能力人订立合同或对其作出意思表示的人不受保护，即使对方不知情，并依情况也不可能考虑到另一方当事人无民事行为能力时，也同样如此。① 这种情况在网络交易、远程交易、电子支付日益普及的情况下更加凸显。

关于无民事行为能力人实施有效法律行为的例外，涉及日常生活行为，如《德国民法典》第105条之一规定："成年的无行为能力人为以极少财产可达成之日常生活行为，其签订的合同中之给付以及约定的对待给付为有效，即给付与对待给付为有效。对无行为能力人的人身或者财产有严重危险的，前一句不适用。"这一条旨在促进成年的无民事行为能力的精神病人的社会化，也将未

---

① ［德］卡尔·拉伦茨：《德国民法通论》，王晓晔等译，法律出版社2003年版，第142页。

成年和成年的无民事行为能力人进行了区分。目前，我国尚无此规定，故无民事行为能力的成年人也不可实施日常生活行为。对于不规定无民事行为能力人实施民事法律行为的例外，有观点认为，如果认为无民事行为能力人可以独立实施一些与其日常生活相关的民事法律行为及纯获利益的民事法律行为，那么无民事行为能力实际上就变异为一种限制民事行为能力制度，因为它与限制民事行为能力的区分不再表现为有一定的行为自由与无任何行为自由的差异，而是表现为哪一种民事行为能力之下的行为自由较大而已。①

不满八周岁的未成年人依法不能独立实施民事法律行为，但对于其实施的侵权行为，仍需承担相应的民事责任。《民法典》第1188条规定，无民事行为能力人、限制民事行为能力人造成他人损害的，由监护人承担侵权责任。监护人尽到监护职责的，可以减轻其侵权责任。有财产的无民事行为能力人、限制民事行为能力人造成他人损害的，从本人财产中支付赔偿费用；不足部分，由监护人赔偿。因此，无民事行为能力人只能由其法定代理人代理实施民事法律行为。

▶ 适用指引

关于网络交易与行为能力判断

互联网用户、电子产品用户的低龄化，使得八周岁以下未成年人有更多机会接触在线交易。在网络打赏、游戏充值等情形中，依据《民法典》第144条的规定，八周岁以下未成年人作出的行为应属于无效的法律行为。国家新闻出版署2019年10月发布的《关于防止未成年人沉迷网络游戏的通知》规定："所有网络游戏用户均须使用有效身份信息方可进行游戏账号注册"，"网络游戏企业须采取有效措施，限制未成年人使用与其民事行为能力不符的付费服务。网络游戏企业不得为未满八周岁的用户提供游戏付费服务。"2021年9月1日国家新闻出版署发布的《国家新闻出版署关于进一步严格管理切实防止未成年人沉迷网络游戏的通知》规定："所有网络游戏必须接入国家新闻出版署网络游戏防沉迷实名验证系统，所有网络游戏用户必须使用真实有效身份信息

---

① 朱广新：《民事行为能力制度的体系化解读》，载《中外法学》2017年第3期。

进行游戏账号注册并登录网络游戏，网络游戏企业不得以任何形式（含游客体验模式）向未实名注册和登录的用户提供游戏服务。""各级出版管理部门加强对网络游戏企业落实提供网络游戏服务时段时长、实名注册和登录、规范付费等情况的监督检查，加大检查频次和力度。"但在实践中，网络游戏实名制并未得到严格执行，引发了大量消费者投诉和诉讼案件。除网络打赏、游戏充值外，对于形式多样的在线购物、二手商品销售等在线交易，难以要求均进行实名制认证，交易相对方亦难以判断交易对象的年龄、行为能力状态，对八周岁以下未成年人进行的此类交易是否均认定为无效，如何使得民事行为能力制度更好地适应互联网时代的具体场景，避免严重影响网络交易的安定性，仍然需要更细致的分析和实践经验积累。

▶ 类案检索

蔡某诉蔡某伟、蔡某春物权保护纠纷案

关键词：无民事行为能力　法定代理　监护人

裁判摘要：被告蔡某伟与钱某原是夫妻，被告蔡某春、李某容系蔡某伟父母。原告蔡某系蔡某伟与钱某所生女儿。2019年11月11日，蔡某伟与钱某协议离婚。离婚协议明确讼争的威尼斯广场7号楼×号房屋属蔡某春、李某容及原告蔡某共有，其中蔡某春、李某容享有50%、蔡某享有50%。当日，蔡某春与钱某签订协议，明确在蔡某年满18岁之前房屋由蔡某春、李某容管理使用，钱某和蔡某不得干涉。《民法典》第20条规定："不满八周岁的未成年人为无民事行为能力人，由其法定代理人代理实施民事法律行为。"2019年11月11日，原告蔡某仅仅五岁，属于无民事行为能力人，对共有物的管理、使用、处分等权利只能由监护人钱某代为行使。故钱某与共有人蔡某春在2019年11月11日签订协议系代理原告实施民事法律行为。该协议不违反法律规定，也没有损害未成年女儿的权益，本院认定有效。根据《民法典》第509条第1款"当事人应当按照约定全面履行自己的义务"的规定，协议双方应当按照约定履行。现原告主张参与管理，分享收益，本院不予支持。

【案　　号】（2020）黔0302民初7710号
【审理法院】贵州省遵义市红花岗区人民法院

> 第二十一条 不能辨认自己行为的成年人为无民事行为能力人，由其法定代理人代理实施民事法律行为。
>
> 八周岁以上的未成年人不能辨认自己行为的，适用前款规定。

关联规定

法律、行政法规、司法解释

《中华人民共和国民法典》

第二十三条 无民事行为能力人、限制民事行为能力人的监护人是其法定代理人。

第一百四十四条 无民事行为能力人实施的民事法律行为无效。

第一千一百八十八条 无民事行为能力人、限制民事行为能力人造成他人损害的，由监护人承担侵权责任。监护人尽到监护职责的，可以减轻其侵权责任。

有财产的无民事行为能力人、限制民事行为能力人造成他人损害的，从本人财产中支付赔偿费用；不足部分，由监护人赔偿。

条文释义

一、本条主旨

本条是关于无民事行为能力的成年人的规定。

二、条文演变

本条第1款源于原《民法通则》第13条第1款，但扩大了无民事行为能力的成年人范围。原《民法通则》规定的无民事行为能力或者限制民事行为能力的成年人的范围为"精神病人"。其第13条第1款规定："不能辨认自己行为的精神病人是无民事行为能力人，由他的法定代理人代理民事活动。"原《民法通则意见》第5条对此作出进一步规定，精神病人如果没有判断能力和自我保护能力，不知其行为后果的，可以认定为不能辨认自己行为的人；对于比较复杂的事物或者比较重大的行为缺乏判断能力和自我保护能力，并且不能预见其行为后果的，可以认定为不能完全辨认自己行为的人。成年人可能因多种原因导致行为能力欠缺，而不限于精神病。本条采用了原《民法通则意见》中关于"不能辨认自己行为"的核心表述，使因严重疾病、身体残疾、年岁过高等原因不能辨认自身行为的成年人也归入无民事行为能力人范畴，使其处于应当获得监护的状态，有利于对其提供特别保护，也能够实现对无民事行为能力成年人对他人合法权益、社会公共利益造成侵害的归责，更符合实践的需求。

本条第2款可理解为是对《民法典》第19条的例外规定，即八周岁以上的未成年人原则上是限制行为能力人；如果证明其不能辨认自己行为，则成为无民事行为能力人。

三、条文解读

（一）不能辨认自己行为的成年人

本条第1款中的"不能辨认自己行为"和第22条中的"不能完全辨认自己行为"，是指辨认识别能力不足处于一种持续的状态，不能是暂行性或者短暂的状态。如因酗酒、滥用麻醉用品或者精神药品，对自己的行为暂时没有辨认识别能力的成年人，不属于《民法典》所称的无民事行为能力人或者限制民事行为能力人。

（二）八周岁以上不能辨认自己行为的未成年人

对于本条第1、2款中的"不能辨认自己行为"表述，可能出现不同理解，即八周岁以上的未成年人是否可能因与年龄较小相关的因素而被认定为"不能辨认行为"，仍然是有必要探讨的。对于第2款"不能辨认自己行为"可能涉及情形的理解，会对《民法典》第145条第2款善意相对人撤销权的适用造成影响。《民法典》第145条通过相对人催告追认、赋予善意相对人撤销权的方式，对相对人合理信赖进行保护。本条第2款则可能为与未成年之限制民事行为能力人实施民事法律行为的恶意相对人提供了规避适用《民法典》第 145 条第 2 款的便利。如果对八周岁以上未成年人"不能辨认自己行为"进行过于宽泛的解释，则恶意相对人可以通过证明未成年人属于"不能辨认自己行为"应被认定为无民事行为能力的人，进而依据《民法典》第 144 条，使民事法律行为自始、确定地无效。[①] 因此，对本条第 2 款的适用情形，应作较为严格的限定。

（三）无民事行为能力的认定标准

关于无民事行为能力的认定，《民法典》有两类标准：一是根据自然人年龄进行概括认定，二是基于意思能力进行个案审查。其第 24 条规定了"不能辨认自己行为"的成年人可以被法院认定为无民事行为能力人，本条第 2 款中的未成年人也可以依据第 24 条进行认定。"不能辨认自己行为"描述的是当事人的一种客观状态，这种状态独立于法院对自然人行为能力的认定而存在，实践中可能存在多种情形：（1）已经通过特别程序由法院认定为无民事行为能力人；（2）在普通程序个案中，要求法院认定无民事行为能力；（3）已被法院认定为无民事行为能力人，但"不能辨认自己行为"的状况已经消失，尚未被重新认定为限制民事行为能力或完全民事行为能力，但在个案中请求法院认定在实施具体法律行为时有民事行为能力。

▶ 适用指引

一、无民事行为能力人不得结婚

未成年人未达到法定婚龄，不符合《民法典》规定的结婚条件；无民事行为能力的成年人，因为无法作出有效的意思表示，不能满足《民法典》第 1046、1049 条关于结婚自愿、亲自申请婚姻登记的规定，因此无法缔结有效的婚姻法律关系。对于一方当事人于结婚登记时为无民事行为能力人，但并无《民法典》第 1051 条至第 1053 条规定的无效、可撤销情形时，其作出的婚姻登记是何种效力，应适用本条进行判断。如果一方当事人在结婚登记时，因精

---

① 朱广新：《民事行为能力制度的体系化解读》，载《中外法学》2017 年第 3 期。

神疾病等原因属于不能辨认自己行为的成年人，即使另一方已得知其患有精神疾病的状态仍与其进行婚姻登记，为保护无民事行为能力人的利益，也应运用体系解释，认定无民事行为能力人进行的婚姻登记行为无效。

二、民事行为能力个案审查的考量因素

法院在事后对当事人作出行为时的意思能力状况作出判断需要考量多重因素。即使对于已被认定为无民事行为能力的成年人，在个案中采用形式审查方式认定其作出的法律行为无效，也属于法律推定，应允许当事人通过相反证据进行推翻。《民法典》第21条对成年人无民事行为能力的情形进行了较大扩张，为规范法院在个案中的自由裁量权，有观点认为，应当在教义学上形成关于判断自然人能否"辨认自己行为"应当考察的因素。这些考量因素可以包括：（1）法律行为与当事人的生活联系；（2）当事人的精神健康状况；（3）合同内容本身的公平性。① 这三类考量因素，既包括基于行为能力规范体系对当事人意思能力的判断，也包括从利益权衡的角度进行的后果导向的考量，从而综合地得到具有较好社会效果的个案裁判结果。

▶ 类案检索

一、刘某建与刘某乐特别程序案

关键词：无民事行为能力　法定代理人　监护人

裁判摘要：根据北京天坛普华医院的诊断证明书以及相关证据能够确认，刘某乐因意外导致生活不能自理，无法独立实施民事法律行为，不具有民事行为能力，依法应宣告其无民事行为能力。依据《民法典》第28条，无民事行为能力或者无民事行为能力的成年人，由下列有监护能力的人按顺序担任监护人：（1）配偶；（2）父母、子女；（3）其他近亲属；（4）其他愿意担任监护人的个人或者组织，但是须经被监护人住所地的居民委员会、村民委员会或者民政部门同意。刘某乐未婚，无子女，现刘某乐之母常某身体健康，精神状态正常，具备监护能力，愿意做刘某乐的监护人。刘某建表示同意。故本院依法指

---

① 彭诚信、李贝：《民法典编纂中自然人行为能力认定模式的立法选择——基于个案审查与形式审查的比较分析》，载《法学》2019年第2期。

定常某作为刘某乐的监护人。

【案　　号】（2021）京 0108 民特 134 号

【审理法院】北京市海淀区人民法院

二、王某贵与郑某英申请宣告自然人无民事行为能力特别程序案

关键词：无民事行为能力　监护人　法定代理人

裁判摘要：被申请人郑某英与王某俊（1985 年 10 月 19 日报死亡）婚后生育王某贵、王某萍、王某宝（于 2020 年 10 月 4 日死亡）、王某华、王某花、王某娟。2020 年 10 月 27 日上海市静安区临汾街道社区卫生服务中心诊断被申请人脑梗死后遗症等疾病。审理中，经申请人申请，本院依法委托上海宋慈法律咨询有限公司对被申请人的行为能力进行了鉴定，鉴定意见为：被鉴定人患有××疾病性痴呆，混合性，评定为无民事行为能力。本院认为，不能辨认自己行为的成年人为无民事行为能力人。根据上海宋慈法律咨询有限公司出具的鉴定意见书及申请人提供的相关证据，应当认定被申请人为无民事行为能力人。无民事行为能力人的监护人可由具有监护能力的配偶、父母、成年子女等担任。申请人王某贵是被申请人之子，被申请人其他子女均表示同意由申请人担任被申请人监护人。故本院指定申请人王某贵为被申请人郑某英的监护人。

【案　　号】（2021）沪 0106 民特 59 号

【审理法院】上海市静安区人民法院

> **第二十二条** 不能完全辨认自己行为的成年人为限制民事行为能力人，实施民事法律行为由其法定代理人代理或者经其法定代理人同意、追认；但是，可以独立实施纯获利益的民事法律行为或者与其智力、精神健康状况相适应的民事法律行为。

关联规定

法律、行政法规、司法解释

1.《中华人民共和国民法典》

第一百四十五条 限制民事行为能力人实施的纯获利益的民事法律行为或者与其年龄、智力、精神健康状况相适应的民事法律行为有效；实施的其他民事法律行为经法定代理人同意或者追认后有效。

相对人可以催告法定代理人自收到通知之日起三十日内予以追认。法定代理人未作表示的，视为拒绝追认。民事法律行为被追认前，善意相对人有撤销的权利。撤销应当以通知的方式作出。

第一千一百四十三条 无民事行为能力人或者限制民事行为能力人所立的遗嘱无效。

遗嘱必须表示遗嘱人的真实意思，受欺诈、胁迫所立的遗嘱无效。

伪造的遗嘱无效。

遗嘱被篡改的，篡改的内容无效。

2.《中华人民共和国仲裁法》

第十七条 有下列情形之一的，仲裁协议无效：

（一）约定的仲裁事项超出法律规定的仲裁范围的；

（二）无民事行为能力人或者限制民事行为能力人订立的仲裁协议；

（三）一方采取胁迫手段，迫使对方订立仲裁协议的。

3.《最高人民法院关于适用〈中华人民共和国民法典〉总则编若干问题的解释》

第五条 限制民事行为能力人实施的民事法律行为是否与其年龄、智力、精神健康状况相适应，人民法院可以从行为与本人生活相关联的程度，本人的智力、精神健康状况能否理解其行为并预见相应的后果，以及标的、数量、价款或者报酬等方面认定。

4.《最高人民法院关于适用〈中华人民共和国民法典〉继承编的解释（一）》

第二十八条 遗嘱人立遗嘱时必须具有完全民事行为能力。无民事行为能力人或者限制民事行为能力人所立的遗嘱，即使其本人后来具有完全民事行为能力，仍属无效遗嘱。遗嘱人立遗嘱时具有完全民事行为能力，后来成为无民事行为能力人或者限制民事行为能力人的，不影响遗嘱的效力。

▶ 条文释义

一、本条主旨

本条是关于限制民事行为能力的成年人的规定。

二、条文演变

原《民法通则》并未对限制民事行为能力的成年人直接作出规定，但规定了精神病人的民事行为能力，即不能辨认自己行为的精神病人是无民事行为能力人，不能完全辨认自己行为的精神病人是限制民事行为能力人。通过对该规定的解释，可以将成年人的行为能力分为三类，即精神正常的成年人为完全民事行为能力的成年人，不能完全辨认自己行为的精神病人为限制民事行为能力的成年人，完全不能辨认自己行为的精神病人为无民事行为能力的成年人。该规定的缺陷在于仅仅考虑了精神状况对辨认能力的影响，而没有考虑智力等因素对辨认能力的影响，比如，有些成年人虽然精神状况正常，但由于智力发育迟缓或者由于年老患有阿尔茨海默症等疾病，也不能完全辨认自己的行为，因此也应当认定为限制民事行为能力人。有鉴于此，原《民法总则》借鉴域外立法及实践的情况，在吸收原《民法通则》相关规定精神的基础上，对成年人限制民事行为能力人进行规定，并将智力、精神健康状况等因素作为确定成年人民事行为能力的重要参考因素。《民法典》沿用了《民法总则》的规定。

三、条文解读

民法奉行自愿原则，即民事主体按照自己的意思设立、变更、终止民事法律关系，独立自主地实施民事法律行为，并承担相应的法律后果。然而，如英国政治思想家洛克在《政府论》中所言："人的自由和依照他自己的意志来行动的自由，是以他具有理性为基础的，理性能教导他了解他用以支配自己行动的法律，并使他知道他对自己的自由意志听从到什么程度。在他具有理性来指导他的行动之前放任他享有无限制的自由，并不是让他得到本性自由的特权，而是把他投入野兽之中，让他处于和野兽一样的不幸状态，远远低于人所处的状态。"①我国民法为民事主体践行私人自治确定了最低理性标准，即行为人必须具备理解和判断其行为后果的能力。民事行为能力本质上是一种理性地形成意思的能力。②根据我国《民法典》的规定，成年人为完全民事行为能力人，可以独立实施民事法律行为，但成年人中有一部分人由于精神状况、智力等因素出现缺陷，不能完全辨认自己行为，难以独立实施民事法律行为，为维护这一部分成年人群体的合法权益，我国《民法典》规定，不能完全辨认自己行为的成年人为限制民事行为能力人，实施民事法律行为由其法定代理人代理或者经其法定代理人同意、追认。

所谓不能完全辨认自己的行为，是指对比较复杂的事物和比较重大的行为，缺乏独立的判断能力，也不能完全意识到自己行为的后果。③限制民事行为能力的成年人由于智力发育障碍、精神健康状况不良或其他特殊原因，对较为复杂的事务和重大决策行为缺乏认知、判断能力，无法单独实施重大、复杂的民事法律行为，实施民事法律行为由其法定代理人代理或者经其法定代理人同意、追认。与无民事行为能力的成年人完全不能独立实施民事法律行为相比，限制民事行为能力的成年人可以单独实施纯获利益的民事法律行为或者与

---

① ［英］洛克：《政府论》，叶启芳、瞿菊农译，商务印书馆1964年版，第39~40页。
② 朱广新：《民事行为能力制度的体系性解读》，载《中外法学》2017年第3期。
③ 王利明：《民法总则研究（第二版）》，中国人民大学出版社2012年版，第235页。

其智力、精神健康状况相适应的民事法律行为。

限制民事行为能力人的行为效力主要分为以下两类：

（一）无需同意的行为

1. 纯获利益的法律行为

限制民事行为能力人实施的纯获利益的法律行为，无须法定代理人同意。这里的"纯获利益"，是指法律上的利益，至于仅仅在经济上获利，例如，以低价购买商品，不是属于本条所指的"纯获利益的法律行为"。

（1）负担行为。对于负担行为，只有在限制民事行为能力人不因此而负义务的时候才属于"纯获利益的法律行为"，例如，不负义务的赠与合同，只要其负有一项附条件的义务，就不属于"纯获利益的法律行为"。

（2）处分行为。对于处分行为，只有在产生对限制民事行为能力人有利的权利移转、设定负担、抛弃、变更时，才属于"纯获利益的法律行为"。取得的物即使存在负担，例如，存在抵押权，也不影响其"纯获利益"的属性，因为抵押人仅仅就物的价值，而不就个人财产对主债务负责；土地上存在公法义务，例如，纳税义务，也不影响"纯获利益"的属性，因为它仅仅是基于所有权人地位产生的，而不是基于所实施的法律行为产生的。

值得探讨的是，未经法定代理人同意，向限制民事行为能力人给付财产，如给付报酬，是否可以构成有效的履行。除履行赠与合同外，"履行"不是纯获利益的行为，因为它会导致债务消灭。故此，虽然限制民事行为能力人能够取得标的物所有权，但这种履行无效，债权人的法定代理人仍可请求再次履行，而对给付的标的物，债务人可以依照不当得利请求返还。如此处理，盖因对限制民事行为能力人的履行，存在其随意处分标的物的风险，未必能达到履行的目的，因此无效。债务人只能对其法定代理人履行。

2. 日常生活必需的法律行为

允许限制民事行为能力人实施日常生活必需的法律行为是有必要的，一方面，可以促使限制民事行为能力人参与社会；另一方面，能够有效维护交易安全，保护交易相对方的合法权益。

（二）需同意的行为

1. 合同

除上述法律行为外，限制民事行为能力人实施的其他法律行为需要法定代理人同意、追认。法律行为需要一定形式的，同意不需要以该种形式作出。事前同意的，在法律行为实施前可以撤回，撤回既可以向行为人表示也可以向相对人表示。事前同意，可以对某一特定法律行为同意，也可以对某一类法律行为同意；但是，对一切法律行为的同意实际上就是把限制行为能力人变成了完全行为能力人，这种概括式同意无效。

未经法定代理人同意而订立的合同，效力未定，法定代理人追认后，合同有效；法定代理人拒绝追认的，合同最终无效。此处的合同有效，是溯及既往的生效。当然，当事人另有约定的除外。

根据《民法典》第145条的规定，相对人可以催告法定代理人在三十日内追认。但是法定代理人在此之前已经向相对人追认或者拒绝追认，或者已经向限制民事行为能力人追认或者拒绝追认而相对人知道此情形的，即不得再催告；相对人一旦作出催告，此时追认只能向相对人表示，而且，即使在催告前向限制民事行为能力人表示追认，该追认也不生效力；期满不追认的视为拒绝追认。此处的"三十日"不可延长。需要说明的是，法定代理人拒绝追认时，合同自始不发生法律效力，而并非"合同无效"。

在法定代理人追认前，根据《民法典》第145条的规定，善意相对人可以撤销合同，该撤销可以向法定代理人表示，也可以向行为人表示。这里的善意相对人是指不知行为人是限制民事行为能力人，或者限制民事行为能力人诈称其已得到法定代理人同意而相对人不知其未得到同意。

2. 单方法律行为

由于限制民事行为能力人实施的单方法律行为无须他人参与，为了使法律后果明确，原则上不适用合同法中追认的规定；而且，法定代理人如果愿意承认该法律行为，只需重新作出法律行为即可，而无须追认。此外，限制民事行为能力人实施的单方法律行为，即使经过法定代理人同意，但在实施时未出示书面同意文件或无其他证据证明法定代理人同意的，另一方以此为由立即表示拒绝的，法律行为无效。但法定代理人已将同意的事实告知另一方的，不得拒绝。这是由于单方法律行为中，相对人完全出于被动地位，为了使他能够对自己的法律关系有清楚的认识，如此处理更为妥当。

适用指引

限制行为能力人的认定

限制民事行为能力的成年人实施民事法律行为需要考虑的智力因素，包括先天的智力障碍，在正常的智力发育期各种原因导致的智力低下，以及智力发育成熟后，由于疾病、意外事故等各种原因引起的智力损伤和老年期的智力明显衰退导致的痴呆等。限制民事行为能力的成年人实施民事法律行为需要考虑的精神健康因素主要指因精神疾病引起的认知判断能力不足的情况，不能正常参与民事活动，不能从事较为复杂的民事法律行为。关于"与其智力、精神健康状况相适应"的认定，应当结合限制民事行为能力的成年人的智力、精神健康状况、行为的性质、标的数额等因素综合判断，具体情况具体分析。[①] 为给司法实践以明确指引，《民法典总则编解释》第五条规定：限制民事行为能力人实施的民事法律行为是否与其年龄、智力、精神健康状况相适应，人民法院可以从行为与本人生活相关联的程度，本人的智力、精神健康状况能否理解其行为并预见相应的后果，以及标的、数量、价款或者报酬等方面认定。实践中，认定不能辨认自己行为的成年人为无民事行为能力人，应当经过特别程序进行宣告。根据《民事诉讼法》及《民事诉讼法解释》的相关规定：

1.应由利害关系人或者有关组织向该自然人住所地基层人民法院提出申请，同时写明该自然人无民事行为能力的事实和根据。

2.人民法院受理申请后，应根据其是否具有判断能力和自我保护能力、是否了解其行为后果来判断。必要时应当对被请求认定为无民事行为能力的自然人进行鉴定。在不具备诊断、鉴定条件的情况下，也可以参照群众公认的该自然人的精神状态进行认定，但应以利害关系人没有异议为限。

3.人民法院经审理认定申请有事实根据的，判决宣告该自然人为无民事行为能力人；认定申请没有事实根据的，应当判决予以驳回。

4.人民法院在判决宣告该自然人为无民事行为能力人的同时，应当指定其

---

① 参见黄薇主编：《中华人民共和国民法典总则编解读》，中国法制出版社2020年版，第65页。

监护人。被指定的监护人不服指定，应当自接到通知之日起三十日内向人民法院提出异议。经审理，认为指定并无不当的，裁定驳回异议；指定不当的，判决撤销指定，同时另行指定监护人。判决书应当送达异议人、原指定单位及判决指定的监护人。

5.如该自然人民事行为能力存在障碍的原因已经消除，根据其本人、利害关系人或者有关组织的申请，人民法院应当作出新判决、撤销原判决。

6.如在其他诉讼中，当事人的利害关系人或者有关组织提出该当事人不能辨认或者不能完全辨认自己的行为，要求宣告该当事人无民事行为能力或限制民事行为能力的，应由利害关系人或者有关组织向人民法院提出申请，由受诉人民法院按照特别程序立案审理，原诉讼中止。

▶ 类案检索

中诚公司诉李某平等保证合同纠纷案

关键词： 限制民事行为能力　民事法律行为

裁判摘要： 由于李某平于2016年6月系限制行为能力人，其认知能力受到损害，对担保2.5亿元本金及利息之巨额债务这一重大复杂的民事行为并无相应的认知能力，其从事的签署案涉担保协议的民事行为与其智力、精神健康状况不相适应，且法定代理人拒绝追认，根据上述法律规定，应当认定李某平上述担保行为无效。

【案　　号】（2020）最高法民终881号

【审理法院】最高人民法院

第二十三条 无民事行为能力人、限制民事行为能力人的监护人是其法定代理人。

关联规定

一、法律、行政法规、司法解释

1.《中华人民共和国民法典》

第一百四十四条 无民事行为能力人实施的民事法律行为无效。

第一百四十五条 限制民事行为能力人实施的纯获利益的民事法律行为或者与其年龄、智力、精神健康状况相适应的民事法律行为有效；实施的其他民事法律行为经法定代理人同意或者追认后有效。

第一百六十三条 代理包括委托代理和法定代理。

委托代理人按照被代理人的委托行使代理权。法定代理人依照法律的规定行使代理权。

第一百七十五条 有下列情形之一的，法定代理终止：

（一）被代理人取得或者恢复完全民事行为能力；

（二）代理人丧失民事行为能力；

（三）代理人或者被代理人死亡；

（四）法律规定的其他情形。

2.《中华人民共和国民事诉讼法》

第六十条 无诉讼行为能力人由他的监护人作为法定代理人代为诉讼。法定代理人之间互相推诿代理责任的，由人民法院指定其中一人代为诉讼。

3.《最高人民法院关于适用〈中华人民共和国民事诉讼法〉的解释》

第八十三条 在诉讼中，无民事行为能力人、限制民事行为能力人的监护人是他的法定代理人。事先没有确定监护人的，可以由有监护资格的人协商确定；协商不成的，由人民法院在他们之中指定诉讼中的法定代理人。当事人没有民法典第二十七条、第二十八条规定的监护人的，可以指定民法典第三十二条规定的有关组织担任诉讼中的法定代理人。

4.《最高人民法院关于适用〈中华人民共和国民事诉讼法〉执行程序若干问题的解释》

第二十四条 被执行人为单位的，可以对其法定代表人、主要负责人或者影响债务履行的直接责任人员限制出境。

被执行人为无民事行为能力人或者限制民事行为能力人的，可以对其法定代理人限制出境。

二、部门规章及规范性文件

《不动产登记暂行条例实施细则》

第十一条 无民事行为能力人、限制民事行为能力人申请不动产登记的，应当由其监护人代为申请。

监护人代为申请登记的，应当提供监护人与被监护人的身份证或者户口簿、有关监护关系等材料；因处分不动产而申请登记的，还应当提供为被监护人利益的书面保证。

父母之外的监护人处分未成年人不动产的，有关监护关系材料可以是人民法院指定监护的法律文书、经过公证的对被监护人享有监护权的材料或者其他材料。

▶ 条文释义

一、本条主旨

本条是关于无民事行为能力人、限制民事行为能力人的法定代理人的规定。

二、条文演变

本条源自原《民法通则》第14条"无民事行为能力人、限制民事行为能力人的监护人是他的法定代理人"。2016年1月原《民法总则》第一次征求意见稿中，将该条中"他的"精炼表述为"其"。在之后的历次修改中，除了条文序号的调整外，没有对条文内容做任何改动。《民法典》承继了原《民法总则》的规定。

三、条文解读

（一）关于民事行为能力

民事行为能力是指民事主体以其行为参与民事法律关系，取得民事权利，承担民事义务和民事责任的资格。从另一个角度上说，民事行为能力是民事主体独立从事民事活动的资格。民事行为能力与民事权利能力息息相关。作为基本民事主体的自然人，生而具有民事权利能力，且不被法律所限制和剥夺。但要独立从事民事活动，实施民事行为，必须以具有相应的民事行为能力为条件。可以说，民事行为能力以民事权利能力为前提，民事权利能力又以民事行为能力为实现条件。自然人的民事行为能力因判断能力不同而有所区分，主要以年龄、智力、精神健康等因素为标准，区分为具有完全判断能力、可以独立实施民事法律行为的完全民事行为能力人，只能独立实施与其年龄、智力、精神健康状况相适应的民事法律行为的限制民事行为能力人和无法独立实施民事法律行为而必须要由法定代理人代理实施的无民事行为能力人。

自然人的主体地位仅取决于民事权利能力，与其民事行为能力无关，民事行为能力仅对其民事法律行为的效力构成影响。生活在社会中的自然人，必然要从事民事活动，开展法律交往。如果不具备完全的判断能力，即作为民事行为能力欠缺者的无民事行为能力人和限制民事行为能力人，则需要通过法律设置相应的制度予以保护，达致实现应有的民事权利能力。一般而言，法律制度的保护可以分为消极保护与积极保护两种路径。消极保护主要以限制或者禁止法律交往为特征。如起源于罗马法的禁治产制度，即无民事行为能力和限制民事行为能力人或者有酗酒、吸毒、赌博等恶习的人，对自己有关财产的一切处置如果没有辅助人或者监护人的同意均归于无效。消极保护可以避免行为能力欠缺者遭受损害，也可减少对民事活动对象的影响，有利于保护个人财产和增进交易安全，但也可导致将行为能力欠缺者完全拒之法律交往门外的倾向。而积极保护制度，则从行为能力欠缺者的主体地位出发，以照管之角度提供有效辅助，也即为其设立法定代理人，由法定代理人代理或者许可实施超出其判断能力的法律行为，在保障行为能力欠缺者开展正常社会交往的同时，确保其利益不受损害，维护交易制度的安全和效率。

（二）关于法定代理和监护的关系

代理制度，是行为人以被代理人名义实施法律行为，法律效果直接归于被代理人的制度。可以说，代理制度是随着经济社会发展和人类文明进步，对私法自治的完善和发展。通常而言，根据代理权的来源，可区分为法定代理与意定代理。直接基于法律规定而取得的代理权即为法定代理，来自当事人意思自治的代理权即为意定代理。根据上述原则，《民法典》第163条第1款规定："代理包括委托代理和法定代理。"本条规定的法定代理即属法律基于对行为能力欠缺者的积极保护而设立的制度安排。由于其纯为保护无民事行为能力人、限制民事行为能力人的利益，需确保法定代理人能够从被代理人利益最大化角度出发行使法定代理权，有效履行保护职责，因此，基于身份关系而与被代理人具有最为密切联系的亲属，最符合上述要求。从《民法典》关于监护制度的规定看，无民事行为能力人、限制民事行为能力人的监护人通常为其父母或者其他近亲属。本条规定无民事行为能力人、限制民事行为能力人的监护人是其法定代理人，即是遵循了上述法律原则和逻辑体系。

《民法典》涉及"监护"的法条有26个，首次使用"监护"字样系在本条。在立法体例上，与大部分法典国家将监护制度置于亲属法不同，《民法典》将监护制度置于"自然人"章节作为"主体法"的内容加以规定，监护的概念以及具有监护资格的人、监护人的选任、监护的设立方式、监护职责等见第26至第39条的相关章节。从监护制度的设置目的看，是为保护行为能力欠缺者的合法权益，防止其受到非法侵害，保障其正常社会生活。从监护制度的功能看，主要是保护被监护人的身体健康，照顾其生活，管理和保护其财产，代理进行民事活动，承担其致人损害的民事法律后果，代理参加诉讼等。

综上可以看出，法定代理制度与监护制度的立法目的和价值取向是一致的，均着眼于对非完全民事行为能力人的保护。两者的独立价值在于，监护制度重在规范内部行为，法定代理制度重在规范外部行为。监护更多地体现为监护人对被监护人的监督、保护与照顾义务，在为被监护人的利益对外开展活动时，即转化为以被监护人名义实施法律行为并直接归属于被监护人的法定代理权。监护人代理被监护人进行民事活动，是监护人监护职责的应有内容；赋予监护人代理人资格，有利于依照《民法典》关于代理的规定规范其履职，从而更好地实现监护以及法定代理制度的价值。

▶ 适用指引

一、需要由法定代理人代理实施的民事法律行为

根据《民法典》第 19 条、第 22 条以及第 145 条的规定，限制民事行为能力人只能独立实施纯获利益的民事法律行为，以及与其年龄、智力以及精神健康状况相适应的民事法律行为。除此之外，限制民事行为能力人实施其他民事法律行为均需法定代理人的辅助，这主要通过以下两种方式：法定代理人代理限制民事行为能力人实施有关民事法律行为；事先同意或事后追认其独立实施的有关行为。根据《民法典》第 144 条的规定，无民事行为能力人无法独立实施民事法律行为，客观上需要法定代理人代为实施。当然，由于事实行为无关乎行为能力，故无须代理，也无法代理。

二、行为能力欠缺者法律行为的效力

根据《民法典》规定，无民事行为能力人实施的法律行为一律无效且无法补正。这一规定的目的在于全面保护无民事行为能力人在社会交往中的权益，避免其因贸然闯入而受损害。可以说，对无民事行为能力人的保护优于对交易安全的保护。因此，在法律交往中，不管相对人是否善意，也不管无民事行为能力人通过何种方式实施，均不得主张法律行为有效，其中也包括纯获利益的民事法律行为。限制民事行为能力人由于具备部分判断能力，因此法律允许其在一定范围内从事一定的法律行为，既可体现法律对其所具备的一定行为能力的尊重和认可，又可避免其因实施与行为能力不匹配的民事法律行为而遭受损失。原则上，限制民事行为能力人实施的民事法律行为需要经过法定代理人的同意或追认，否则，即使成立亦不实际生效，而处于效力待定状态。在此之外，对于纯获利益或与其行为能力相当的法律行为，相对人不得以本人为限制民事行为能力人为由主张行为不发生效力。其中，对于纯获"利益"的理解，应以纯获"法律利益"为标准；对于与行为能力相当，应以经济能力、身份、职业等各种情况为标准来综合判断。

三、法定代理人的代理权限

《民法典》并未规定法定代理人代理权限的具体内容，但在第 35 条规定了

无民事行为能力人、限制民事行为能力人的监护人应按照最有利于被监护人的原则履行监护职责，实施代理行为，同时在区分成年人和未成年人的基础上，对尊重被监护人意愿作出规定：对于未成年人，应根据被监护人的年龄和智力状况，尊重被监护人的真实意愿；对于成年人，应最大程度尊重被监护人的真实意愿，对其有能力独立处理的事务，不得干涉等。由于监护人作为法定代理人系为保护行为能力欠缺者而由法律直接作出的规定，因此如果法定代理人的代理行为有违"最有利于被监护人"的原则，则该行为很可能不发生效力。关于法定代理的时间，根据《民法典》第175条的规定，在被代理人取得或者恢复完全民事行为能力、代理人丧失民事行为能力、代理人或被代理人死亡等情形下，法定代理终止。此外，如果监护人根据《民法典》第36条规定被撤销监护资格的，其自然不得再继续担任无民事行为能力人或限制民事行为能力人的法定代理人。

四、关于法定代理人的诉讼权利

《民事诉讼法》第60条规定，无诉讼行为能力人由他的监护人作为法定代理人代为诉讼。法定代理人之间互相推诿代理责任的，由人民法院指定其中一人代为诉讼。《民事诉讼法解释》第83条规定，在诉讼中，无民事行为能力人、限制民事行为能力人的监护人是他的法定代理人。事先没有确定监护人的，可以由有监护资格的人协商确定；协商不成的，由人民法院在他们之中指定诉讼中的法定代理人。在诉讼中，法定代理人的地位与权利义务等同于当事人本人，享有诉讼当事人的权利，承担诉讼当事人的义务。

五、关于监护人的顺位

确定监护人时，通常以其与被监护人亲属关系的远近作为标准。主要原因在于，亲属关系越近，越能从被监护人利益出发，生活联系也越紧密，从主客观上都越有资格越有能力担任监护人。根据《民法典》第27条、第28条的规定，未成年子女的监护人按以下顺序确定：父母；祖父母、外祖父母；兄、姐、其他愿意担任监护人的个人或者组织。无民事行为能力或者限制民事行为能力的成年人的监护人按以下顺序确定：配偶；父母、子女；其他近亲属；其他愿意担任监护人的个人或者组织。没有依法具有监护资格的人的，监护人由民政部门或具备履行监护职责条件的被监护人住所地居民委员会、村民委员会担任。在有遗嘱指定、有关组织指定、监护人协议、成年人协议等情况下，不受上述顺位的限制。

类案检索

宋某甲诉宋某乙、陈某某财产分割纠纷案

关键词： 未成年人　监护人　监护职责　法定代理人

裁判摘要： 未成年人的父母是未成年人的监护人，但当未成年人的父母已经死亡或者没有监护能力时，按顺序由祖父母、外祖父母等担任监护人。无民事行为能力人、限制民事行为能力人的监护人是他的法定代理人。本案原告之母胡某某离家外出后长时间未对作为未成年人的原告尽监护之责。在原告父亲死亡后，因原告当时无监护人，原告的亲属商定由两被告即原告的祖父母作为监护人，符合法律规定。至诉讼之时，原告母亲未回家与原告共同生活，两被告仍在对原告行使监护职责，故原告的母亲现不能作为原告的法定代理人以原告的名义向法院起诉。

【案　　号】（2009）甬慈民初字第98号
【审理法院】浙江省慈溪市人民法院
【来　　源】《人民法院案例选》2010年第2辑

第二十四条 不能辨认或者不能完全辨认自己行为的成年人，其利害关系人或者有关组织，可以向人民法院申请认定该成年人为无民事行为能力人或者限制民事行为能力人。

被人民法院认定为无民事行为能力人或者限制民事行为能力人的，经本人、利害关系人或者有关组织申请，人民法院可以根据其智力、精神健康恢复的状况，认定该成年人恢复为限制民事行为能力人或者完全民事行为能力人。

本条规定的有关组织包括：居民委员会、村民委员会、学校、医疗机构、妇女联合会、残疾人联合会、依法设立的老年人组织、民政部门等。

关联规定

法律、行政法规、司法解释

1.《中华人民共和国民事诉讼法》

第一百八十四条 人民法院审理选民资格案件、宣告失踪或者宣告死亡案件、认定公民无民事行为能力或者限制民事行为能力案件、认定财产无主案件、确认调解协议案件和实现担保物权案件，适用本章规定。本章没有规定的，适用本法和其他法律的有关规定。

第一百九十四条 申请认定公民无民事行为能力或者限制民事行为能力，由利害关系人或者有关组织向该公民住所地基层人民法院提出。

申请书应当写明该公民无民事行为能力或者限制民事行为能力的事实和根据。

第一百九十五条 人民法院受理申请后，必要时应当对被请求认定为无民事行为能力或者限制民事行为能力的公民进行鉴定。申请人已提供鉴定意见的，应当对鉴定意见进行审查。

第一百九十六条 人民法院审理认定公民无民事行为能力或者限制民事行

为能力的案件，应当由该公民的近亲属为代理人，但申请人除外。近亲属互相推诿的，由人民法院指定其中一人为代理人。该公民健康情况许可的，还应当询问本人的意见。

人民法院经审理认定申请有事实根据的，判决该公民为无民事行为能力或者限制民事行为能力人；认定申请没有事实根据的，应当判决予以驳回。

第一百九十七条　人民法院根据被认定为无民事行为能力人、限制民事行为能力人本人、利害关系人或者有关组织的申请，证实该公民无民事行为能力或者限制民事行为能力的原因已经消除的，应当作出新判决，撤销原判决。

2.《最高人民法院关于适用〈中华人民共和国民事诉讼法〉的解释》

第三百五十条　申请认定公民无民事行为能力或者限制民事行为能力的案件，被申请人没有近亲属的，人民法院可以指定经被申请人住所地的居民委员会、村民委员会或者民政部门同意，且愿意担任代理人的个人或者组织为代理人。

没有前款规定的代理人的，由被申请人住所地的居民委员会、村民委员会或者民政部门担任代理人。

代理人可以是一人，也可以是同一顺序中的两人。

▶ 条文释义

一、本条主旨

本条是关于认定成年人为无民事行为能力人或者限制民事行为能力人，以及恢复为限制民事行为能力人或者完全民事行为能力人的规定。

二、条文演变

本条源自原《民法通则》第 19 条"精神病人的利害关系人，可以向人民法院申请宣告精神病人为无民事行为能力人或者限制民事行为能力人。被人民法院宣告为无民事行为能力人或者限制民事行为能力人的，根据他健康恢复的状况，经本人或者利害关系人申请，人民法院可以宣告他为限制民事行为能力人或者完全民事行为能力人。"原《民法总则》对此作了如下修改：（1）将"精神病人"修改为"不能辨认或者不能完全辨认自己行为的成年人"；（2）

增加"有关组织"为申请认定的主体,并予以详细列举;(3)将"申请宣告"修改为"申请认定";(4)在"健康恢复"前增加"智力、精神"。《民法典》沿用了原《民法总则》的规定。

三、条文解读

(一)关于本条的制度价值

行为人需要通过具体的行为取得权利、履行义务,进行实际的法律交往,而行为的有效性首先取决于是否有民事行为能力。由于自然人的意思能力一般随着年龄的增长而增长,因此判断自然人民事行为能力最具规律性和普遍性的标准即是年龄。完全民事行为能力人的年龄与成年人年龄一致,也即无论民事行为能力发展程度如何,只要是属于普通人的正常发展范围,到了成年年龄(《民法典》规定一般为十八周岁)就获得完全民事行为能力,法律不再给予特殊保护,行为人可独立实施法律行为。与此同时,由于每个自然人的个体特性和成熟程度不同,可能有成熟更早或者智力、精神健康发生问题等情况,在以年龄为认定标准的同时,一般还会对个体进行特殊审查。《民法典》第18条第2款规定的十六周岁以上的未成年人,以自己的劳动收入为主要生活来源的,视为完全民事行为能力人,可理解为系对"更早成熟"情况下自然人行为能力的判断。对于自然人成年后,由于先天原因或者疾病、事故等造成判断能力不足,而成为不能辨认或不能完全辨认自己行为的人的情况,因通常无法直观判断,为保护其民事权利和维护交易安全,且考虑到作为成年人被认定为民事行为能力不足将对其本人产生重大影响,需要规范设置法定程序,借助专业手段加以辨别和确认。相应地,如果民事行为能力不足的成年人部分或完全恢复了判断能力,从尊重其主体地位和意思自治角度出发,同时也考虑交易秩序的稳定,仍然需要规范设置法定程序,借助专业手段加以辨别和确认。

(二)关于本条中"成年人"的理解

一方面,如前文所述,基于人的一般生存发展状态,各国各地区普遍依据年龄作为区分自然人行为能力的主要标准。而对于年龄的判断,或一望即知,或基于现代社会身份信息资料的相对完备而方便知悉,因此将需要制度安排和程序规范的情况限定为针对"成年人"。另一方面,具体针对哪些"成年人",

在我国民事立法上也有一个演变完善过程。在原《民法通则》中，仅将"成年人"限定为"精神病人"。首先，"精神病人"这一表述应为医学术语，非属规范法律概念，其涵盖范围非常有限，如此规定，将导致很多意思能力欠缺需要法律保护的人被排除在外。特别是在我国社会老龄化问题加剧的背景下，老年人以及由于意外事故等而丧失判断能力的成年人，因未涵盖在认定无民事行为能力或者限制民事行为能力人的范围内，也就失去了获得法律保护的机会。这一问题在原《民法总则》的制定过程中受到了立法者的重视，原《民法总则》将原《民法通则》规定的"精神病人"修改为"不能辨认或者不能完全辨认自己行为的成年人"，扩大了认定无民事行为能力或者限制民事行为能力的成年人范围，将精神障碍、智力障碍以及因疾病、年老或者意外事故导致的丧失或部分丧失判断能力的成年人均予纳入，将社会发展文明进步以及人们对自由、平等、公正、法治等社会主义核心价值观的追求上升为法律规范，从而进一步推动了国家的富强、民主、文明、和谐。

（三）关于申请认定有无民事行为能力的程序

1. 关于提出申请的主体

由于被认定为限制民事行为能力或者无民事行为能力，对原本由法律赋予完全民事行为能力的成年人影响重大，因此对于可提起申请的主体要有严格的限制。本条第 1 款规定，必须由利害关系人或者有关组织提出申请。这首先从主体上对申请人的范围作出了限定，同时也从程序上限定了受理法院只能依申请而不能依职权作出认定。

2. 关于利害关系人的范围

由于成年人客观上不能辨认或者不能完全辨认自己的行为，已经丧失或者部分丧失民事行为能力，而认定为无民事行为能力或者限制民事行为能力只是对其客观民事行为能力状况的一种确认，因此，不宜对此处的利害关系人的范围进行严格限定，只要是在人身上或者财产上与该成年人具有一定利害关系的主体，如该成年人的债权人等，均可以被认定为本条中的利害关系人。① 具体而言，原《民法通则》第 24 条就申请宣告失踪所列举的利害关系人，可资参考：被申请认定无民事行为能力人或者限制民事行为能力人的配偶、父母、子

---

① 王利明：《中国民法典释评》，中国人民大学出版社 2020 年版，第 67 页。

女、兄弟姐妹、祖父母、外祖父母、孙子女、外孙子女以及其他与被申请人有民事权利义务关系的人。

3. 关于有关组织的范围

本条第3款规定"有关组织"具体包括：居民委员会、村民委员会、学校、医疗机构、妇女联合会、残疾人联合会、依法设立的老年人组织、民政部门等。由于实践中可能存在欠缺行为能力的成年人本身无利害关系人，或者虽有利害关系人，但出于种种原因不愿向法院提出申请等情形，出于保护该成年人合法权益和交易安全的考虑，从原《民法总则》开始即明确了上述组织可以作为申请人向法院提出申请。《民法典》承继了这一规定。从有关组织的性质看，这些组织或者与被申请人日常生活密切相关，或者具有保护弱势群体的公益职能、社会职责，均具有保护不具有完全民事行为能力的成年人的意愿和能力，适当且可行。其中需要特别注意的是，老年人组织需要以依法设立为前提。如果是自发设立的、未经合法登记备案的组织，则无法作为申请主体，这也有利于最大限度保护老年人的合法权益。

▶ 适用指引

一、关于无民事行为能力或者限制行为能力的认定

根据本条以及《民事诉讼法》和司法解释的有关规定，被申请的对象为不能辨认或不能完全辨认自己行为的成年人，且必须由成年人的利害关系人或者有关组织提出申请，法院无法依职权直接认定，认定程序必须遵循法定程序。

1. 认定成年人为无民事行为能力或者限制民事行为能力，相较认定恢复民事行为能力，对被申请人自身利益、行为自由影响更加重大，原则上应当由利害关系人提出，对于"有关组织"向法院提出申请要做严格限制，必须基于保护被申请人合法权益的迫切需要。

2. 根据《民事诉讼法》的相关规定，认定成年人为无民事行为能力人或者限制民事行为能力人，由人民法院按照特别程序进行审理。此类案件由被申请人住所地基层人民法院管辖。基层人民法院认定无民事行为能力或者限制民事行为能力的判决是终审判决。

3. 在诉讼中，要求由被申请人的近亲属（申请人除外）作为代理人，近亲

属相互推诿的，由人民法院指定其中一人为代理人。对于代理人的指定问题，视被申请人智力、健康状况，还应当向其询问意见。被申请人没有近亲属的，人民法院可以指定其他亲属为代理人；没有亲属的，可以指定经被申请人所在单位或者住所地的居民委员会、村民委员会同意且愿意担任代理人的关系密切的朋友为代理人。没有上述代理人的，由被申请人所在单位或者住所地的居民委员会、村民委员会担任代理人。人民法院经审查认为申请有事实根据的，判决认定为无民事行为能力人或者限制民事行为能力人；经审查认为申请无事实根据的，判决予以驳回。

4.法院对于被申请人民事行为能力的认定，需要根据有关鉴定结论，医院诊断证明，有关机构对被申请人日常行为、认知情况等的证明材料，被申请人亲友对其日常行为、认知情况等的说明等证据材料进行判断。其中，司法鉴定机构针对被申请人判断能力、辨认能力等的鉴定意见，是法院认定自然人行为能力的基本依据。其他的有关证据材料需要相互结合，综合认定。

二、关于恢复民事行为能力的认定

根据本条以及《民事诉讼法》和司法解释的有关规定，被申请的对象为被人民法院认定为无民事行为能力或者限制民事行为能力的成年人，可以由成年人本人、利害关系人或者有关组织提出申请，法院无法依职权直接认定，认定程序必须遵循法定程序。对于恢复民事行为能力的认定，也应由人民法院按照特别程序进行审理。人民法院收到申请后，可参照对无民事行为能力、限制行为能力的认定方式，根据鉴定意见、医院诊断证明、有关机构及亲友说明情况等认真进行审查核实，对被申请人精神健康状况的恢复程度作出判断。如果可以证实原被认定为无民事行为能力或者限制民事行为能力的原因已经消除的，应当作出新判决，撤销原判决。其中，如果被申请人智力、健康状况恢复到能够完全辨认自己的行为，人民法院可以判决认定其为完全民事行为能力人，其法定代理人（监护人）自动丧失有关权利，也无须再履行有关义务。如果被申请人智力、健康状况恢复到能够部分辨认自己的行为，人民法院则可以判决认定其为限制民事行为能力人。

类案检索

重庆市大渡口区跳蹬镇某社区居民委员会申请宣告曹某无民事行为能力案

关键词： 精神状态　民事行为能力　鉴定

裁判摘要： 被申请人曹某与钟某原系夫妻关系，现已离婚。双方育有一女曹某某，现已成年。被申请人离婚后未再婚且父母亲已死亡，为重庆市大渡口区跳蹬镇某社区的常住居民，多年患有精神疾病并多次住院治疗，诉讼时正由重庆市某精神病医院对其精神疾病进行治疗。为保护曹某合法权益，所在居民委员会向法院申请认定曹某为无民事行为能力人并申请依法指定其代理人曹某某为其监护人。经法院依法委托重庆某医院对被申请人精神状态、有无民事行为能力进行司法鉴定，该院出具司法鉴定意见为：被申请人曹某双相情感障碍，目前处于发病间隙期，为完全民事行为能力。据此，法院认为申请认定曹某为无民事行为能力人，无事实及法律依据，判决驳回了申请。

【案　　号】（2021）渝 0104 民特 33 号
【审理法院】 重庆市大渡口区人民法院

第二十五条 自然人以户籍登记或者其他有效身份登记记载的居所为住所；经常居所与住所不一致的，经常居所视为住所。

▶ 关联规定

一、法律、行政法规、司法解释

1.《中华人民共和国民事诉讼法》

第二十二条 对公民提起的民事诉讼，由被告住所地人民法院管辖；被告住所地与经常居住地不一致的，由经常居住地人民法院管辖。

对法人或者其他组织提起的民事诉讼，由被告住所地人民法院管辖。

同一诉讼的几个被告住所地、经常居住地在两个以上人民法院辖区的，各该人民法院都有管辖权。

2.《居住证暂行条例》

第二条 公民离开常住户口所在地，到其他城市居住半年以上，符合有合法稳定就业、合法稳定住所、连续就读条件之一的，可以依照本条例的规定申领居住证。

第三条 居住证是持证人在居住地居住、作为常住人口享受基本公共服务和便利、申请登记常住户口的证明。

第四条 居住证登载的内容包括：姓名、性别、民族、出生日期、公民身份号码、本人相片、常住户口所在地住址、居住地住址、证件的签发机关和签发日期。

3.《最高人民法院关于适用〈中华人民共和国涉外民事关系法律适用法〉若干问题的解释（一）》

第十三条 自然人在涉外民事关系产生或者变更、终止时已经连续居住一年以上且作为其生活中心的地方，人民法院可以认定为涉外民事关系法律适用法规定的自然人的经常居所地，但就医、劳务派遣、公务等情形除外。

二、司法指导性文件

《最高人民法院关于进一步加强民事送达工作的若干意见》

九、依第八条规定仍不能确认送达地址的,自然人以其户籍登记的住所或者在经常居住地登记的住址为送达地址,法人或者其他组织以其工商登记或其他依法登记、备案的住所地为送达地址。

▶ 条文释义

一、本条主旨

本条是关于自然人住所确定规则的规定。

二、条文演变

本条源自原《民法通则》第15条"公民以他的户籍所在地的居住地为住所,经常居住地与住所不一致的,经常居住地视为住所"。原《民法总则》对此作出以下修改:第一,以"自然人"取代"公民",表述更加规范;第二,借鉴我国《涉外民事关系法律适用法》有关表述,以"居所"取代"居住地";第三,将住所的认定标准从"户籍所在地的居住地"改为"户籍登记或者其他有效身份登记记载的居所"。据此,长期以来仅根据户籍所在地的居住地来认定居所的原则被改变,具有重要法律意义。《民法典》承继了原《民法总则》有关规定。

三、条文解读

(一)关于"自然人以户籍登记或者其他有效身份登记记载的居所为住所"的理解

1. 关于自然人的住所

住所是自然人生活和民事活动的中心场所,是确定自然人各项私法关系空间效力的基本法律依据,其意义主要表现在:确定债务履行地、司法管辖地及登记主管地等。① 如根据《民法典》第 31 条的规定，指定监护人时，需要以确定被监护人的住所地为前提。根据《民法典》第 1145 条的规定，对于没有继承人或者继承人均放弃继承时的遗产管理人确定，也需要以确定被继承人生前住所地为前提。再如，根据《民事诉讼法》第 22 条的规定，确定住所地也是判断法院一般地域管辖的关键。此外，在选举法、国际法、公司法等领域，住所的确定也具有基础性法律意义。因此，在《民法典》总则编中对自然人住所作出规定，重要且必要。

2. 关于户籍制度

户籍登记是户口登记机关（国家公安机关）以户为单位对公民个人的身份信息、居住地、亲属关系及其变动情况依法进行登记记载的制度。1958 年开始施行的《户口登记条例》第 10 条规定，公民迁出户口管辖区，由本人或者户主在迁出前向户口登记机关申报迁出登记，领取迁移证件，注销户口。公民由农村迁往城市，必须持有城市劳动部门的录用证明，学校的录取证明，或者城市户口登记机关的准予迁入的证明，向常住地户口登记机关申请办理迁出手续。公民迁往边防地区，必须经常住地县、市、市辖区公安机关批准。《户口登记条例》第 6 条规定，公民应当在经常居住的地方登记为常住人口，一个公民只能在一个地方登记为常住人口。严格的户籍管理制度极大地限制了人员流动和异地就业。公民均需在经常居住地的户口登记机关登记户籍，相对应地，户籍所在地也即公民的经常居住地。这与当时的社会主义计划经济体制相适应。随着经济社会的发展、国家城镇化的推进，大量农村劳动力向城市转移就业，城市间的人口流动也不断加速。离开户籍所在地到其他地方工作、学习、生活、创业已非常普遍且相较之前也非常便利。一旦在新的城市长期居住，就意味着这些自然人开展民事活动、发生民事法律关系的主要中心场所发生重大变化。流动人口为当地经济发展作出重大贡献，但难以享受附着于户籍的各种权利和福利。新的居所与户籍所在地产生偏离，极易形成法律规定和实际生活的脱节，需要在立法和政策上作出回应。

3. 关于居住证制度

为适应社会发展需要和人民生活需求，有效应对人员流动给社会治理带来的困难，顺应社会主义市场经济发展所提出的加快要素流动的要求，我国一直

---

① 朱庆育：《民法总论（第二版）》，北京大学出版社 2016 年版，第 413 页。

在不遗余力地推进户籍制度改革,放宽户籍迁移政策,创新国家治理机制。为了促进新型城镇化的健康发展,推进城镇基本公共服务和便利常住人口全覆盖,保障公民合法权益,促进社会公平正义,国务院于2015年颁布《居住证暂行条例》,于2016年开始施行。可以说,该条例的实施是我国户籍制度改革的重要分水岭。该条例第2条规定,公民离开常住户口所在地,到其他城市居住半年以上,符合有合法稳定就业、合法稳定住所、连续就读条件之一的,可以申领居住证。其他城市,是指公民常住户口所在地城市以外的其他市、县。居住半年以上,是指在居住地居住并办理暂住登记满半年。合法稳定就业,一般是指被当地的国家机关、社会团体、企事业单位和民办非企业单位录用(聘用)、招收并依法签订劳动合同,或者在城镇从事各类生产经营活动并持有工商营业执照,依法进行就业登记,参加本地区社会保险等。其中关于稳定劳动关系的具体年限,原则上不少于1年。合法稳定住所,一般是指取得当地的房屋所有权证的自有住所;签订正式房屋租赁合同,符合登记备案、依法纳税等有关规定的合法租赁住所;当地用人单位或就读学校提供的拥有合法产权的宿舍等。连续就读,是指在当地的小学、中学取得学籍并就读;在当地的中高等职业学校、普通高等学校和具有研究生培养资格的科研机构取得学籍并接受全日制学历教育。以上三项符合其中之一,即可申请办理当地居住证。该条例第4条规定,居住证登载的内容包括:姓名、性别、民族、出生日期、公民身份证号码、本人相片、常住户口所在地住址、居住地住址、证件的签发机关和签发日期。

4. 关于"其他有效身份登记"作为自然人住所的认定依据

"其他有效身份登记"主要包括居住证、港澳台居民居住证和外国人的有效居留证件等。如前所述,在居住证制度下,由于居住证持有人可享有教育、医疗、卫生、劳动就业等与户籍持有人相近的各项基本公共服务和便利,也可通过积分落户等方式申请登记常住户口等,这使得原有户籍制度功能逐渐淡化。为适应户籍制度的重大变化,《民法典》承继原《民法总则》的相关规定,增加了"其他有效身份登记"。据此,符合条件的居住证所记载的居所,也是认定自然人住所的重要依据。此外,为便利港澳台居民在内地(大陆)工作、学习、生活,保障港澳台居民合法权益,根据《居住证暂行条例》的有关规定,制定了《港澳台居民居住证申领发放办法》,对港澳台居民符合在内地(大陆)居住半年以上,符合有合法稳定就业、合法稳定住所、连续就读条件之一的,根据本人意愿,可以申请领取居住证。在内地(大陆)从事有关活动时,可使用居住证证明身份,也可据此判断港澳台居民在内地(大陆)的住所。对于外国人、无国籍人等在中国的住所,可以根据我国主管机关遵循法定程序签发的有效居留证件等进行判断。①

5.关于"居所"的表述

"居所"在我国立法中最早出现于2010年颁布的《涉外民事关系法律适用法》,该法多个条文使用了"经常居所地"的表述。《最高人民法院关于适用〈中华人民共和国涉外民事关系法律适用法〉若干问题的解释(一)》(以下简称《涉外民事关系法律适用法解释(一)》)第13条对居所地进行了明确:自然人在涉外民事关系产生或者变更、终止时已经连续居住一年以上且作为其生活中心的地方,人民法院可以认定为涉外民事法律关系适用法规定的自然人的经常居所地,但就医、劳务派遣、公务等情形除外。原《民法总则》及《民法典》参考、承继了有关立法技术。

(二)关于"经常居所与住所不一致的,经常居所视为住所"的理解

自然人参与社会生活、与他人发生法律关系,都要在一定场所内进行。随着社会主义市场经济的飞速发展、交通的快捷化以及户籍制度的演进,自然人有两个甚至多个居所的情况非常普遍,而由于确定自然人的住所在法律上有重要意义,因此需要从保护自然人合法权益、便利其行使权利、有效维护交易秩序、及时解决纠纷等角度,以自然人的生活和民事活动中心场所为标准来确定住所。自然人经常居住的场所为经常居所,参考原《民法通则意见》第9条关于公民离开住所地最后连续居住一年以上的地方,为经常居住地(住院治病的除外)的规定,以及《涉外民事关系法律适用法解释(一)》第13条关于经常居所地的规定,认定为"经常"需要同时具备"连续居住"和"不能中断"两个条件,且要求从民事关系产生或者变更、终止这个节点看,已经连续居住一年以上,且未有中断。这是相对客观的判断标准。与此同时,要达到将经常居所视为住所的标准,还需要对自然人的真实意愿及定居意图进行判断。《涉外民事关系法律适用法解释(一)》将就医、劳务派遣、公务等情形排除在

---

① 石宏主编:《中华人民共和国民法典释解与适用总则编》,人民法院出版社2020年版,第49页。

外，也是考虑即便客观上已在一地居住连续满一年，但无定居的意图时，也不应将该居所认定为经常居所。另外，如果是由于被限制人身自由或者因自然灾害等不可抗力导致在一地居住超过一年，因非属自然人的真实意愿，也无法认定为经常居所。只有持续自愿地居住一地，并且该地事实上成为生活和民事活动的中心场所，才可被认定为经常居所。在此情况下，将该经常居所地视为住所，并据此确定债务履行地、诉讼管辖地、涉外纠纷准据法等，才可实现对自然人合法权益、诉讼便利等的实质保护。

▶ 适用指引

一、户籍登记仍是确定住所的主要依据

对于住所的认定，考虑到其关涉一系列重大法律关系，且居住证制度的宗旨并非要取代户籍制度，目前户籍仍是最为基础、最具客观性的居所记载载体，因此，户籍登记记载的居所也仍是确定自然人住所的主要依据。特别是关涉身份关系时，一般均与户口所在地密切相关。比如根据有关规定，领取结婚证书需要到其中一方户口所在地的婚姻登记处申请登记结婚；申请收养时，收养证（登记证明手续）需要在孩子的户口所在地县级以上民政部门办理。

二、有关连续居住时间的判断

原《民法通则意见》和《涉外民事关系法律适用法解释（一）》均对经常居所设定了"连续居住一年以上"的认定条件。《居住证暂行条例》对于申领居住证，则规定了"居住半年以上"的条件。居住证载明的居所是认定自然人住所的重要依据，因此有必要对连续居住时间进行分析。根据文义解释，适用"自然人以户籍登记或者其他有效身份登记记载的居所为住所"的规定，认定自然人居住证记载的居所为住所的，即间接认可了"居住半年以上"的条件；在适用"经常居所与住所不一致的，经常居所视为住所"的规定认定住所时，宜仍然以"连续居住一年以上"作为确定自然人经常居所的客观标准。

类案检索

黄某诉龚某合伙协议纠纷管辖权异议案

关键词： 管辖权　合伙　连续居住

裁判摘要： 原告黄某与被告龚某签订《网店经营合作协议书》，经营前期合作良好，经营后期因财务问题产生纠纷。2015年1月，黄某向江西省南昌市湾里区人民法院提起诉讼，请求终止合伙关系，并分割合伙资产。龚某在答辩期内提出管辖权异议，认为其经常居住地在江西省南昌市西湖区，应将该案移送西湖区人民法院审理。经审查，被告龚某户籍所在地在南昌市湾里区。在审理期间，被告龚某陈述：其在2009年1月至2010年4月在南昌市东湖区居住，2010年5月至2011年5月在南昌市青山湖区居住，2011年5月至2012年5月在南昌市西湖区居住，2012年5月至2013年5月在南昌市青山湖区居住，2013年5月至2014年9月在南昌市西湖区居住，2014年10月至2015年1月即原告黄某起诉时，被告龚某在南昌市东湖区居住。审理法院认为，被告龚某从2014年10月以来在南昌市东湖区某楼盘租住，至原告起诉时，不足一年，被告主张其经常居住地位于南昌市西湖区没有事实依据。被告户籍所在地位于南昌市湾里区，因此，被告提出的管辖权异议不成立，裁定驳回被告提出的管辖权异议。被告不服原裁定，提起上诉。江西省南昌市中级人民法院经审理后，裁定驳回上诉，维持原裁定。

【案　　号】（2015）洪立终字第38号

【审理法院】江西省南昌市湾里区人民法院

第二节 监 护

> **第二十六条** 父母对未成年子女负有抚养、教育和保护的义务。
> 成年子女对父母负有赡养、扶助和保护的义务。

▶ **关联规定**

一、法律、行政法规、司法解释

1.《中华人民共和国宪法》

第四十九条 婚姻、家庭、母亲和儿童受国家的保护。

夫妻双方有实行计划生育的义务。

父母有抚养教育未成年子女的义务，成年子女有赡养扶助父母的义务。

禁止破坏婚姻自由，禁止虐待老人、妇女和儿童。

2.《中华人民共和国刑法》

第二百六十一条 对于年老、年幼、患病或者其他没有独立生活能力的人，负有扶养义务而拒绝扶养，情节恶劣的，处五年以下有期徒刑、拘役或者管制。

3.《中华人民共和国民法典》

第一千零六十七条 父母不履行抚养义务的，未成年子女或者不能独立生活的成年子女，有要求父母给付抚养费的权利。

成年子女不履行赡养义务的，缺乏劳动能力或者生活困难的父母，有要求成年子女给付赡养费的权利。

第一千零六十八条 父母有教育、保护未成年子女的权利和义务。未成年子女造成他人损害的，父母应当依法承担民事责任。

第一千零六十九条 子女应当尊重父母的婚姻权利，不得干涉父母离婚、再婚以及婚后的生活。子女对父母的赡养义务，不因父母的婚姻关系变化而终止。

第一千零七十二条 继父母与继子女间，不得虐待或者歧视。

继父或者继母和受其抚养教育的继子女间的权利义务关系，适用本法关于父母子女关系的规定。

第一千零八十四条 父母与子女间的关系，不因父母离婚而消除。离婚后，子女无论由父或者母直接抚养，仍是父母双方的子女。

离婚后，父母对于子女仍有抚养、教育、保护的权利和义务。

离婚后，不满两周岁的子女，以由母亲直接抚养为原则。已满两周岁的子女，父母双方对抚养问题协议不成的，由人民法院根据双方的具体情况，按照最有利于未成年子女的原则判决。子女已满八周岁的，应当尊重其真实意愿。

第一千零八十五条 离婚后，子女由一方直接抚养的，另一方应当负担部分或者全部抚养费。负担费用的多少和期限的长短，由双方协议；协议不成的，由人民法院判决。

前款规定的协议或者判决，不妨碍子女在必要时向父母任何一方提出超过协议或者判决原定数额的合理要求。

第一千一百一十一条 自收养关系成立之日起，养父母与养子女间的权利义务关系，适用本法关于父母子女关系的规定；养子女与养父母的近亲属间的权利义务关系，适用本法关于子女与父母的近亲属关系的规定。

养子女与生父母以及其他近亲属间的权利义务关系，因收养关系的成立而消除。

4.《最高人民法院关于适用〈中华人民共和国民法典〉婚姻家庭编的解释（一）》

第四十条 婚姻关系存续期间，夫妻双方一致同意进行人工授精，所生子女应视为婚生子女，父母子女间的权利义务关系适用民法典的有关规定。

第四十三条 婚姻关系存续期间，父母双方或者一方拒不履行抚养子女义务，未成年子女或者不能独立生活的成年子女请求支付抚养费的，人民法院应予支持。

二、司法指导性文件

《最高人民法院、全国妇联关于进一步加强合作建立健全妇女儿童权益保护工作机制的通知》

5.对涉及未成年人的离婚、抚养费、抚养权、探望权等亲权关系诉讼，人民法院和妇联组织应当加强对家长亲职教育的合作。诉讼中，人民法院应对家长给予诉讼指导，引导其从儿童利益最大化角度考虑亲权诉讼，解决家庭矛盾。人民法院也可以委托妇联组织推荐专业力量对家长开展亲职教育，积极引导家长正确处理亲子关系和家庭矛盾。

▶ 条文释义

一、本条主旨

本条是关于父母子女之间法律义务的规定。

二、条文演变

《民法典》第26条与《宪法》《未成年人保护法》《家庭教育促进法》《义务教育法》《老年人权益保障法》以及原《民法总则》《婚姻法》中的相关条文关系密切，其形成演变的过程，主要有以下几个层面：

1.《宪法》层面：1982年颁布的《宪法》，第49条中规定"父母有抚养教育未成年子女的义务，成年子女有赡养扶助父母的义务"，《宪法》经过历次修改，此项规定一直保留延续至今。

2.原《婚姻法》层面：1950年颁布的原《婚姻法》第13条规定"父母对于子女有抚养教育的义务；子女对于父母有赡养扶助的义务"。《婚姻法》经过历次修改，对此项规定一直予以保留延续。

3.原《民法总则》层面：原《民法总则》颁布前，我国原《民法通则》并无父母和子女之间抚养和赡养的相关规定。2016年5月《民法总则（草案）征求意见稿》第25条规定"未成年人的父母是未成年人的监护人。父母对未成年子女负有照管和保护的义务"，其中没有规定子女对父母的法定义务。2016年6月《民法总则（草案一审稿）》第25条规定"父母对未成年子女负有抚养、教育和保护的义务。子女对无民事行为能力或者限制民事行为能力的父母负有赡养、照顾和保护的义务"，由此，正式将父母和子女间的法定义务，以专条的形式予以规定。然而，将父母行为能力作为子女是否需要承担赡养义务的标准，不仅不符合我国相关法律法规，也与社会主流伦理道德观念存在较大差异。2016年10月《民法总则（草案二审稿）》第25条删除了关于父母行为能力的限制，表述为"父母对未成年子女负有抚养、教育和保护的义务。成年子女对父母负有赡养、照顾和保护的义务"。2016年12月《民法总则（草案三审稿）》中，延续了二审稿中的表述。最终颁布的《民法总则》，将成年子女对父母负有的"照顾"义务改为"扶助"义务，从而与《宪法》第49条、原《婚姻法》第21条的表述统一。

可见，在我国法律体系中，本条规定起源于《宪法》、原《婚姻法》，形成于原《民法总则》，确立于《民法典》。

三、条文解读

（一）立法目的和意义

父母与子女之间相互承担抚养和赡养义务，不仅是中华民族尊老爱幼传统美德的具体体现，更是一项具有人类共同价值的法定义务。我国《民法典》对其作出明确规定，对于坚持依法治国和以德治国相结合，坚持以人民为中心的发展理念，弘扬社会主义核心价值观，弘扬中华优秀传统文化，维护家庭社会的和谐稳定，具有重要而深远的意义。

1. 坚持依法治国与以德治国相结合

法律是最低的道德，道德是不成文的法律。本条规定的父母与子女间的法定义务，是具有重要道德伦理因素的民事关系，而调整规范民事关系不仅要依靠法律规则，还要依靠道德约束。本条法律规定与道德规范一脉相承，体现了依法治国与以德治国相辅相成、相得益彰。

2. 坚持以人民为中心的发展理念，充分保障无民事行为能力人和限制民事行为能力人的权益

本条将这些在传统民法理论中原本属于亲权范畴的规定，置于监护一节的首位，并在自然人一章中，紧随自然人民事行为能力制度，对监护制度做了规定，保障了无民事行为能力人和限制民事行为能力人的权益，弥补了其民事行为能力的不足。立法时，有意见认为在民事主体一章规定监护制度存在体例问题，主张在婚姻家庭编中予以规定。立法机关认为，我国的监护制度不仅包括家庭监护，还包括社会监护和国家监护，在婚姻家庭编中规定社会监护和国家监护也同样存在体例问题。所以，监护制度在总则编中作了规定，编纂《民法

典》时，没有再将其移到婚姻家庭编之中。① 因此，将监护制度放在《民法典》民法总则编中，统摄其他相关法条的体例安排，不仅具有逻辑合理性，而且彰显以人民为中心的发展理念，更好地保障无民事行为能力人和限制民事行为能力人的权益。

3. 弘扬社会主义核心价值观，维护家庭社会和谐稳定

近年来，习近平总书记多次提到，要大力弘扬社会主义核心价值观，弘扬中华优秀传统文化。本条中父母和子女间的抚养赡养义务，蕴含了尊老爱幼、父慈子孝、知恩报恩等以家庭美德为重要组成部分的中华优秀传统文化。事实证明，西方法律的监护制度，被移植进中国法律体系，并最终扎根中华大地，为人民所接受并遵守执行，并不是偶然的，而是同我国传承了几千年的优秀历史文化和广大人民日用而不觉的价值观念融通的。家庭和睦是社会和谐的基础，监护责任应主要由家庭来承担，本条规定的父母与子女之间的抚养和赡养义务，充分体现了基于家庭成员之间敬老爱幼的社会主义核心价值观，对于维护家庭社会和谐稳定具有重要意义。

（二）监护的概念和性质

现代监护制度起源于罗马法。罗马法最初设置监护制度的主要目的是补充被监护人的能力，同时设置了保佐制度，主要目的是代理被保佐人管理其财产。后来两者间的区别逐渐消失。现代各国均根据本国国情承袭了罗马法的监护制度。按照监护的范围，监护制度有广义和狭义之分。英美法系国家或地区多采广义的监护制度体系，将亲权与监护统称为监护，父母是未成年子女的法定监护人，无父母时得另设监护人。而大陆法系国家或地区多采狭义监护制度体系，严格区分亲子关系和非亲子关系，将父母对未成年子女的监督和保护列为亲权制度，将对不在亲权保护之下的未成年人和其他限制行为能力、无行为能力成年人的人身和财产以及其他合法权益的监督和保护列为监护制度。20世纪以来，特别是在现代社会，各个国家和地区都更加注重对未成年人的照管和保护，亲权与监护的区别也越来越小。我国现行立法实际采用的是广义监护概念，将亲权内容纳入监护制度，力图实现互补与融合。同时，将对民事行为能力不充分的成年障碍人的照护也视为监护的一种。因此，在我国，监护可被

---

① 黄薇主编：《中华人民共和国民法典释义》，法律出版社2020年版，第58页。

定义为《民法典》所规定的对无民事行为能力人和限制民事行为能力人的人身、财产和其他合法权益进行监督、管理和保护，弥补其民事行为能力不足的民事制度。

关于监护的性质，学术界历来有不同的认识。主要的观点有"权利说""义务说"和"职责说"。"权利说"认为，监护是一种民事权利，主要理由是原《民法通则》第 18 条第 2 款规定，监护人依法履行监护的权利，受法律保护。该说主要从身份权的角度考虑，认为监护主要是基于监护人与被监护人之间通常所具有的特定身份关系。"义务说"认为，监护的本质是法律课以监护人单方面的义务，监护制度设立目的在于保护被监护人的合法权益，如果监护人不履行义务，则要承担相应的法律责任。"职责说"则认为，监护的内容在于保护被监护人的人身和财产，兼具私法和公法双重性质。现代监护制度在强化监护人义务和职责的同时，也赋予了监护人必要的权利，确保监护人更好地履行监护职责。从《民法典》第 34 条和第 35 条的规定来看，监护人的职责包括保护被监护人的人身和财产权利、代理监护人实施民事法律行为、按照最有利于被监护人的原则履行监护职责、不得借监护谋取个人利益；同时，监护人依法履行监护职责产生的权利，受法律保护。因此，我国现行立法对监护的性质倾向于"职责说"，监护人既享有职权又承担责任，体现了权利义务的统一，有利于监护制度补足行为能力欠缺、保护被监护人合法权益、维护社会秩序稳定功能的发挥。

（三）父母对未成年子女的抚养、教育、保护义务

未成年子女，在民法上是指未满十八周岁的子女。《民法典》第 17 条规定："十八周岁以上的自然人为成年人。不满十八周岁的自然人为未成年人。"

抚养，是父母对未成年子女提供衣食住行、进行生活照料、给予精神关爱，保障其健康成长的法定义务。具体来说：一是为子女提供基本的生活、健康、安全等方面的保障，承担子女在成长过程中产生的合理费用，包括生活费、接受教育的费用、医疗护理费用等。至于何为合理费用，学界主流观点认为，父母对于子女的支出至少应使后者的生活水平达到与其相同的程度，即履行生活保持义务；[①] 二是关注子女的生理、心理状况和情感需求，通过对子女

[①] 余延满：《亲属法原论》，法律出版社 2007 年版，第 514 页。

生活上的照料和精神上的关爱，为其创造有利于身心健康成长的家庭生活环境。作为基于家庭身份关系而由法律明确规定的义务，父母对未成年人的抚养具有人身专属性和法律强制性，无论父母的抚养能力和生活条件如何，无论是否与子女共同生活，父母都应提供能力范围内的照顾，不能被豁免，如不履行抚养义务必须承担相应的法律责任。我国1950年《婚姻法》就专章规定了父母子女关系，明确父母对子女有抚养教育的义务。1980年《婚姻法》增加了子女有要求父母给付抚养费的权利和父母有管教和保护未成年子女的权利和义务。2001年《婚姻法》进一步强化了父母的法律责任。

教育，包括教育和管教，是指父母应当依照法律和道德要求，对未成年子女进行知识技能培育和健康人格养成，既包括正面的管教和引导，也包括对错误思想和不良行为的批评和惩戒。一是教育义务，即父母为促进未成年人全面健康成长，对其实施的道德品质、身体素质、生活技能、文化修养、行为习惯等方面的培育、引导和影响。具体来说：一方面，父母应当承担对未成年人实施家庭教育的主体责任，树立家庭是第一个课堂、家长是第一任老师的责任意识，不得因分居、离异或委托他人代为照护等原因怠于履行教育义务；树立正确的家庭教育理念，区别于学校教育，家庭教育以立德树人为根本任务，父母在教育子女过程中，应注重培育和践行社会主义核心价值观，弘扬中华优秀传统文化、革命文化、社会主义先进文化，帮助未成年人树立正确的成才观、树立正确的劳动观念；注重家庭建设，培育积极健康的家庭文化，树立和传承优良家风，弘扬中华民族家庭美德，共同构建文明、和睦的家庭关系，为未成年人健康成长营造良好的家庭环境。另一方面，父母应当充分尊重子女受教育的权利，保障适龄未成年人依法接受并完成义务教育，配合学校及其他教育机构，对其未成年子女进行教育，促使未成年人在品德、智力、体质等方面全面发展，把他们培养成为有理想、有道德、有文化、有纪律的社会主义事业接班人。二是父母应当对子女行为予以管理，用正确思想、方法和行为教育未成年人养成良好思想、品行和习惯。父母在教育过程中应当关心爱护与严格要求并重，根据未成年人的生理、心理、智力发展状况，合理运用亲自养育、共同参与、相机而教、潜移默化、严慈相济、尊重差异、平等交流、相互促进等方式方法，教育未成年人崇德向善、尊老爱幼、热爱家庭、勤俭节约、团结互助、诚信友爱、遵纪守法，培养其良好社会公德、家庭美德、个人品德意识和法治意识。

保护，是指父母应当注意保护未成年子女的生命安全、身体健康、人格尊严以及财产安全，使其免受外界侵害。一是父母应当履行正向引导和保护的义务。如《家庭教育促进法》第16条规定，未成年人的父母应当针对不同年龄段未成年人的身心发展特点，保证未成年人营养均衡、科学运动、睡眠充足、身心愉悦，引导其养成良好生活习惯和行为习惯，促进其身心健康发展；关注其心理健康，教导其珍爱生命，对其进行交通出行、健康上网和防欺凌、防溺水、防诈骗、防拐卖、防性侵等方面的安全知识教育，帮助其掌握安全知识和技能，增强其自我保护的意识和能力。《未成年人保护法》第16条规定，未成年人的父母应当履行监护职责，对未成年人进行安全教育，提高未成年人的自我保护意识和能力；保障未成年人休息、娱乐和体育锻炼的时间，引导未成年人进行有益身心健康的活动；妥善管理和保护未成年人的财产；依法代理未成年人实施民事法律行为等。二是依法保护未成年子女的合法权益不受侵害。一方面，父母不得侵犯未成年人身心健康、财产权益或者不依法履行未成年人保护义务，如不得虐待、遗弃、非法送养未成年人或者对未成年人实施家庭暴力。父母应当通过适当的引导和管束，防止未成年人接触与其身心发展阶段不符的各类内容，不得放任、教唆未成年人吸烟、酗酒、流浪、沉迷网络以及赌博、吸毒、卖淫等行为等。另一方面，对侵犯未成年子女合法权益的行为，要坚决予以制止和向有关部门提出检举和控告。未成年子女有财产来源的，应当从未成年人利益最大化出发保护、管理和处分其合法财产，避免受到不必要的损失和遭到他人非法侵害。

（四）成年子女对父母的赡养、扶助、保护义务

中华传统文化历来重视亲情，敬老、养老、助老是中华民族的优良传统美德。《宪法》作为根本大法，也规定了成年子女赡养扶助父母的法定义务。同时，面对人口老龄化的不断加剧，需要以家庭为基础，为老年人提供更加人性化的关怀，促进和谐社会建设。本条既传承了中华法律文化在内的中华优秀传统文化的时代价值，也对社会问题进行了有效的立法回应。

赡养，主要是指成年子女对父母，应当履行经济上供养、生活上照料和精神上慰藉的义务。如《老年人权益保障法》要求，老年人养老以居家为基础，家庭成员应当尊重、关心和照料老年人，照顾老年人的特殊需要。对于生活不能自理的，赡养人应当承担照料责任；不能亲自照料的，可以按照其意愿委托

他人或者养老机构等照料。赡养人应当妥善安排老年人的住房，不得强迫老年人居住或者迁居条件低劣的房屋；家庭成员应当关心老年人的精神需求，不得忽视、冷落老年人，与老年人分开居住的家庭成员，应当经常看望或者问候老年人。子女的配偶应当协助履行赡养义务。

扶助，是指成年子女对父母，特别是在父母经济存在一定困难、自我照顾能力不足时，应当履行的及时提供帮助、确保维持正常生活的义务。如《老年人权益保障法》要求，老年人患病时，子女应当使其及时得到治疗和护理；经济困难的，子女应当提供医疗费用。子女有协助维修父母自有住房、耕种或者委托他人耕种父母承包的田地、照管或者委托他人照管父母的林木和牲畜等的义务，确保有关收益归老年人所有。

保护，是指成年子女应当依法采取措施，避免父母的人身和财产权益受到损失。如《老年人权益保障法》要求，父母自有的或者承租的住房，子女或者其他亲属不得侵占，不得擅自改变产权关系或者租赁关系；子女不得要求老年人承担力不能及的劳动；子女应当尊重老年人的婚姻自由，不得干涉父母离婚、再婚及婚后的生活；禁止对老年人实施家庭暴力。同时，针对目前比较突出的老年人被骗的问题，子女还应就信息网络知识、医疗保健知识、金融法律常识等多与父母沟通，增强其防范意识，保护其人身和财产安全。

▶ 适用指引

一、本条中"父母子女关系"的适用范围问题

本条中的父母子女关系，不仅包括自然血亲的父母子女关系，还包括法律拟制的父母子女关系。《民法典》婚姻家庭编将非婚生子女与父母之间、养父母与养子女之间、继父母与受其抚养教育的继子女之间的关系均等同于婚生子女与父母之间的关系，因此，无论基于自然血亲还是拟制血亲的父母子女之间，都应当适用本条，自觉履行有关法定义务。司法实践中，还需要注意以下两点：第一，继父母应当依法履行对于受其抚养的继子女的抚养、教育、保护义务；第二，与继父母形成抚养关系的继子女，在其成年后，不因父母婚姻关系的变化等理由，拒绝对继父母履行赡养义务。

二、正确区分父母对子女严加管教与家庭暴力，谨慎认定家庭暴力

从立法的角度看，《反家庭暴力法》对家庭暴力进行了定义，是指家庭成员之间以殴打、捆绑、残害、限制人身自由以及经常性谩骂、恐吓等方式实施的身体、精神等侵害行为。该法还规定，未成年人的监护人应当以文明的方式进行家庭教育，依法履行监护和教育职责，不得实施家庭暴力。《未成年人保护法》规定，父母有义务教育和引导未成年人遵纪守法、勤俭节约，养成良好的思想品德和行为习惯，预防和制止未成年人的不良行为和违法犯罪行为，并进行合理管教。《预防未成年人犯罪法》第29条规定，未成年人的父母发现未成年人有不良行为的，应当及时制止并加强管教。第40条规定，公安机关接到举报或者发现未成年人有严重不良行为的，应当及时制止，依法调查处理，并可以责令其父母或者其他监护人消除或者减轻违法后果，采取措施严加管教。可见，不同的法律有着不同的立法目的，需要正确理解和适用，而不应作片面理解。

严加管教与家庭暴力，在行为目的、行为方式、轻重程度等均不相同，并不难区分。每个家庭的教育理念和风格不同，严加管教的风格同样应当得到尊重，特别是对于有不良行为的子女，父母可在法律允许的范围内采取较为严厉的措施加以管教。需要注意的是，父母应根据子女的认知能力和心智发展，适用科学、恰当的教育方法，管教行为应控制在合理的范围之内，不能以严加管教之名实施家庭暴力。

三、父母对子女的抚养不受父母是否离婚的影响

抚养既是父母的权利也是义务，根据《民法典》婚姻家庭编第1084条第2款的规定"离婚后，父母对于子女仍有抚养、教育、保护的权利和义务"，当父母未离婚时，由父母双方共同行使抚养权利和履行抚养义务，直接养育、照料子女，为子女提供必要生活费用；当父母已离婚时，父母的抚养义务表现为，直接抚养子女的一方仍直接履行抚养义务，而未直接抚养子女一方则通过提供抚养费、行使探望权等方式，履行部分照料子女的抚养义务。故不管是否离婚，父母中任何一方都应当履行抚养未成年子女的义务，而不能以抚养为权利为由，通过放弃抚养权的方式规避上述义务。

四、赡养义务的履行

成年子女不履行赡养义务的,无劳动能力的或者生活困难的父母有要求成年子女给付赡养费等权利;成年子女不得以放弃继承权或者其他理由,拒绝履行赡养义务;成年子女的赡养义务不因父母婚姻关系的变化而消除。①

▶ 典型案例

陈某某诉陈某1、陈某2、陈某3赡养费纠纷案

关键词: 精神赡养

裁判摘要: 子女对父母有赡养扶助的义务,子女不履行赡养义务时,无劳动能力或生活困难的父母,有要求子女给付赡养费的权利。子女不能因为父母有退休收入或者有一定的经济来源就完全将父母置之不顾,这不仅违反法律规定,也不符合中华民族"百善孝为先"的传统美德。子女对于不在一起生活的父母,应根据其实际生活需要、实际负担能力、当地一般生活水平,给付一定的赡养费用。本案陈某某年事已高且身患疾病,三个女儿作为赡养人,应当履行对其经济上供养、生活上照料和精神上慰藉的义务,故判决长女和次女每月探望陈某某不少于一次,并给付陈某某赡养费,三个女儿共同负担陈某某的医疗费用。

基本案情: 本案中,陈某某与妻子1952年结婚,婚后育有二子、三女,妻子及两个儿子均已去世。现陈某某同小女儿生活。陈某某年事已高且体弱多病,希望女儿常回家探望照顾自己,因女儿不同意负担陈某某的医药费及赡养费,故诉请判令长女和次女每月探望其不少于一次,患病期间三个女儿必须轮流看护;三个女儿共同给付陈某某医疗费、赡养费。

【案　　号】(2020)黑0804民初116号

【审理法院】黑龙江省佳木斯市前进区人民法院

【来　　源】《最高人民法院2021年老年人权益保护十大典型案例》

---

① 最高人民法院民法典贯彻实施工作领导小组主编:《中华人民共和国民法典总则编理解与适用》,人民法院出版社2020年版,第165~166页。

类案检索

王某1与姜某抚费纠纷案

关键词：抚养义务 抚养费

裁判摘要：父母对未成年子女负有抚养、教育和保护的义务。本案中，王某1提供的离婚协议能够证明王某1的父亲与姜某办理离婚手续时约定王某1随其父亲生活，姜某作为母亲每一季度向王某1支付抚养费1800元，该协议自2019年7月30日已生效，故姜某应依约向王某1支付抚养费。

【案　　号】（2022）鲁0612民初307号

【审理法院】山东省烟台市牟平区人民法院

> 第二十七条　父母是未成年子女的监护人。
>
> 未成年人的父母已经死亡或者没有监护能力的，由下列有监护能力的人按顺序担任监护人：
>
> （一）祖父母、外祖父母；
>
> （二）兄、姐；
>
> （三）其他愿意担任监护人的个人或者组织，但是须经未成年人住所地的居民委员会、村民委员会或者民政部门同意。

▶ 关联规定

法律、行政法规、司法解释

1.《中华人民共和国民法典》

第二十九条　被监护人的父母担任监护人的，可以通过遗嘱指定监护人。

第三十六条　监护人有下列情形之一的，人民法院根据有关个人或者组织的申请，撤销其监护人资格，安排必要的临时监护措施，并按照最有利于被监护人的原则依法指定监护人：

（一）实施严重损害被监护人身心健康的行为；

（二）怠于履行监护职责，或者无法履行监护职责且拒绝将监护职责部分或者全部委托给他人，导致被监护人处于危困状态；

（三）实施严重侵害被监护人合法权益的其他行为。

本条规定的有关个人、组织包括：其他依法具有监护资格的人，居民委员会、村民委员会、学校、医疗机构、妇女联合会、残疾人联合会、未成年人保护组织、依法设立的老年人组织、民政部门等。

前款规定的个人和民政部门以外的组织未及时向人民法院申请撤销监护人资格的，民政部门应当向人民法院申请。

第三十八条　被监护人的父母或者子女被人民法院撤销监护人资格后，除对被监护人实施故意犯罪的外，确有悔改表现的，经其申请，人民法院可以在尊重被监护人真实意愿的前提下，视情况恢复其监护人资格，人民法院指定的监护人与被监护人的监护关系同时终止。

第三十九条 有下列情形之一的，监护关系终止：

（一）被监护人取得或者恢复完全民事行为能力；

（二）监护人丧失监护能力；

（三）被监护人或者监护人死亡；

（四）人民法院认定监护关系终止的其他情形。

监护关系终止后，被监护人仍然需要监护的，应当依法另行确定监护人。

第一千一百八十九条 无民事行为能力人、限制民事行为能力人造成他人损害，监护人将监护职责委托给他人的，监护人应当承担侵权责任；受托人有过错的，承担相应的责任。

2.《中华人民共和国未成年人保护法》

第七条 未成年人的父母或者其他监护人依法对未成年人承担监护职责。

国家采取措施指导、支持、帮助和监督未成年人的父母或者其他监护人履行监护职责。

3.《中华人民共和国妇女权益保障法》

第七十条 父母双方对未成年子女享有平等的监护权。

父亲死亡、无监护能力或者有其他情形不能担任未成年子女的监护人的，母亲的监护权任何组织和个人不得干涉。

4.《最高人民法院关于适用〈中华人民共和国民法典〉总则编若干问题的解释》

第七条 担任监护人的被监护人父母通过遗嘱指定监护人，遗嘱生效时被指定的人不同意担任监护人的，人民法院应当适用民法典第二十七条、第二十八条的规定确定监护人。

未成年人由父母担任监护人，父母中的一方通过遗嘱指定监护人，另一方在遗嘱生效时有监护能力，有关当事人对监护人的确定有争议的，人民法院应当适用民法典第二十七条第一款的规定确定监护人。

第八条 未成年人的父母与其他依法具有监护资格的人订立协议，约定免除具有监护能力的父母的监护职责的，人民法院不予支持。协议约定在未成年人的父母丧失监护能力时由该具有监护资格的人担任监护人的，人民法院依法予以支持。

依法具有监护资格的人之间依据民法典第三十条的规定,约定由民法典第二十七条第二款、第二十八条规定的不同顺序的人共同担任监护人,或者由顺序在后的人担任监护人的,人民法院依法予以支持。

第十三条 监护人因患病、外出务工等原因在一定期限内不能完全履行监护职责,将全部或者部分监护职责委托给他人,当事人主张受托人因此成为监护人的,人民法院不予支持。

5.《最高人民法院关于适用〈中华人民共和国民事诉讼法〉的解释》

第八十三条 在诉讼中,无民事行为能力人、限制民事行为能力人的监护人是他的法定代理人。事先没有确定监护人的,可以由有监护资格的人协商确定;协商不成的,由人民法院在他们之中指定诉讼中的法定代理人。当事人没有民法典第二十七条、第二十八条规定的监护人的,可以指定民法典第三十二条规定的有关组织担任诉讼中的法定代理人。

▶ 条文释义

一、本条主旨

本条是关于未成年人的监护人的规定。

二、条文演变

本条源自原《民法通则》第 16 条第 1 款"未成年人的父母是未成年人的监护人"以及第 2 款"未成年人的父母已经死亡或者没有监护能力的,由下列人员中有监护能力的人担任监护人:(一)祖父母、外祖父母;(二)兄、姐;(三)关系密切的其他亲属、朋友愿意承担监护责任,经未成年人的父、母的所在单位或者未成年人住所地的居民委员会、村民委员会同意的"。2016 年 1 月《民法总则(草案)》征求意见稿将原《民法通则》中的"兄、姐"修改为"成年兄、姐",删除了"经未成年人的父、母所在单位",增加了"民政部门同意"。2016 年 5 月《民法总则(草案)》征求意见稿增加了"父母对未成年子女负有照管和保护的义务""未成年人的父母可以通过遗嘱指定未成年人的监护人;其父、母指定的监护人不一致的,以后死亡一方指定的为准"。2016 年 12 月《民法总则(草案三审稿)》删除了 2016 年 5 月《民法总则(草案)》

征求意见稿中增加的内容以及"成年"二字,并增加了"按顺序""有关组织"二词。原《民法总则》在全国人民代表大会通过时,将第27条"有关组织"中的"有关"二字删除,由此确立了我国未成年人法定监护制度体系。《民法典》对原《民法总则》的规定予以保留,未作调整。

三、条文解读

本条规定了未成年人的法定监护人的范围和监护顺序,第1款规定父母是未成年人的监护人,第2款对父母之外的其他个人或者组织担任监护人作出规定。

(一)父母是未成年子女的监护人

本条在第1款首先规定"父母是未成年子女的监护人",在明确父母为子女法定监护人的同时,突出了父母优先于其他具有监护资格主体的首要和当然责任人的地位。父母具有抚养、教育和保护未成年子女的法定义务,与未成年子女的关系最为密切,对未成年人的健康成长至关重要。因此,父母无条件成为未成年人的法定监护人,只有在父母死亡或者没有监护能力的情况下,才可以由其他个人或者组织担任监护人。①

在比较法上,各国法律均有关于父母应对其未成年子女承担监护职责的规定,但在立法例上,大陆法系和英美法系国家存在较大分别。在大多数大陆法系国家的民法典中,父母与子女之间的关系通常规定于亲权制度之中,其中就涵盖了监护职责的全部内容。至于监护制度,则旨在保护那些不在亲权之下的未成年人的人身和财产利益。②亲权作为基于身份关系的父母对未成年子女的专属权利义务,具有当然性、法定性和优先性,以保护管教未成年子女、促进子女健康成长为目的,父母不得抛弃也不得滥用。我国现行立法采用广义监护概念,将亲权内容,也就是父母对未成年子女人身财产管教保护的权利义务一并纳入监护制度。《民法典》第26条第1款规定"父母对未成年子女负有抚养、教育和保护的义务",即体现了将亲权精神内核融入监护制度的立法取向。

将父母作为监护人的情形独立出来,也充分体现了其重要性和特殊性,隐

---

① 参见黄薇主编:《中华人民共和国民法典释义》,法律出版社2020年版,第58页。
② 参见陈甦主编:《民法总则评注》,法律出版社2017年版,第189页。

含了"大监护"体系下亲权制度的部分内容。在未成年人合法权益保护问题上，对未成年子女监护权与对未成年人亲权在内容和行使方式上并无实质区别。首先，父母对子女的监护以亲子关系为基础，无须批准，自然取得。当同时存在祖父母等其他有监护能力的人时，父母也是未成年子女的当然监护人，优先于其他有监护能力的人。其次，父母对未成年子女的权利是国际人权公约、各国宪法和相关法律规定的基本权利，也是父母必须履行的义务，不得任意放弃。只有父母丧失监护能力时，其对未成年子女的监护关系才终止。再次，由于通常情况下父母对未成年子女的利益更为关心，因此，在目前各国均加大对监护制度的干预和监督的情况下，对父母监护的介入更要注意保持谦抑的态度。在条件允许的情况下，应当尽可能地让被监护人在家庭中与父母共同生活。未经法定程序，人民法院不得撤销父母的监护人资格。即便父母的监护人资格被依法撤销，除对被监护人实施故意犯罪外，确有悔改表现的，还可视情况恢复。①

（二）有监护资格主体的监护顺序

本条第2款在原《民法通则》相关规定的基础上，主要从两个方面进行了完善：一是规定父母之外具有监护能力的人"按顺序"担任监护人；二是增加规定了有关组织担任监护人的规定。

未成年人监护制度体系应以未成年人权益保护为基本目标，以儿童最大利益原则为基本原则。现实生活中，未成年人的父母死亡或者丧失监护能力的情形屡见不鲜。其中，未成年人父母死亡包括自然死亡和宣告死亡，其后果均是丧失民事主体资格，不再享有民事权利能力和行为能力，也就无法担任监护人。未成年人父母没有监护能力，也是无法担任监护人的法定条件。显然，无论是未成年人的父母已经死亡还是未成年人的父母没有监护能力，其后果都是同一的：未成年人父母不适宜担任监护人，监护人应由其他民事主体来担任。相较于原《民法通则》及原《民法通则意见》，原《民法总则》首次明确规定了法定监护的顺序，只有不存在前一顺序监护人或者前一顺序监护人没有监护能力时，后一顺序监护人才有资格成为实际的法定监护人。《民法典》对原《民法总则》这一规定继续沿用。

---

① 最高人民法院民法典贯彻实施工作领导小组主编：《中华人民共和国民法典总则编理解与适用》，人民法院出版社2020年版，第168页。

本条在强化父母在未成年人监护体系中首要责任的基础上，进一步形成家庭、社会、国家三位一体，有中国特色的未成年人监护制度体系。本条体现了我国传统家庭观念和伦理道德，父母子女关系为家庭关系的核心，祖父母、外祖父母与孙子女、外孙子女，兄姐与弟妹之间的关系，也属于紧密家庭关系范畴。本条从最有利于未成年人权利出发，着眼于监护制度保护被监护人权益、弥补其行为能力不足、维护社会正常秩序等功能的发挥，明确规定了在父母不具备民事主体资格或者丧失监护能力情况下，其他主体担任未成年人监护人的范围和顺序。① 在法定监护中，监护人如果没有法律规定的不能担任监护人的限制性条件，就必须担任监护人，不得拒绝。本条规定的法定监护人主要是被监护人的近亲属，其顺序主要根据法定监护人与被监护人的亲疏关系、履行监护职责的便利程度以及我国的社会生活习惯来确定。

（三）关于"愿意担任监护人的组织"担任监护人

本条第2款第3项将原《民法通则》第16条规定的"关系密切的其他亲属、朋友"修改为"其他愿意担任监护人的个人或组织"，不再要求是关系密切的亲属朋友，而是以"是否愿意担任监护人"这一个人意愿为衡量标准，进一步扩大了监护人的范围，尽量避免出现无人担任监护人的情况。同时，将法定监护人从个人放宽到组织。随着我国公益事业的发展，有监护意愿和能力的社会组织不断增多，由社会组织担任监护人是家庭监护的有益补充，也可以缓解国家监护的压力。虽然本条"组织"的具体所指并不明确，但从本条最终将起草过程中的"有关组织"修改为"组织"，可以看出立法的开放态度。社会组织担任监护人可以为家庭监护提供有益补充，也可以减轻国家监护的压力，符合我国经济社会发展和人民生活的需要，符合现代监护制度的发展趋势。当然，监护不同于简单的生活照顾，还要对被监护人的财产进行管理和保护，代理被监护人实施民事法律行为，对未成年被监护人的侵权行为承担责任等，自愿担任监护人的社会组织要具有良好信誉、有一定的财产和工作人员等，这些条件都需要在实践中严格掌握，由未成年人住所地的居民委员会、村民委员会或者民政部门根据实际情况作出判断。

此外，鉴于随着我国经济社会的高速发展，职工和就业单位之间的黏合度

---

① 参见最高人民法院民法典贯彻实施工作领导小组主编：《中华人民共和国民法典总则编理解与适用》，人民法院出版社2020年版，第169页。

日益减弱,就业单位普遍缺乏担任本单位职工未成年子女法定监护人资格的能力和意愿,更不宜作为指定监护人的主体处理监护人争议以及直接担任监护人。为适应社会发展现状,本条延续原《民法总则》的有关规定,删除了原《民法通则》关于可经未成年人父母所在单位同意后确定近亲属之外法定监护人的规定,同时增加了民政部门作为审查主体,这既符合民政部门的工作职责,又体现了对我国监护制度的健全完善。①

▶ 适用指引

一、关于法定监护义务的履行

法定监护即直接按照法律规定的范围和顺序而设立的监护。在法定监护中,如果没有法律规定的不能担任监护人的限制性条件,就必须担任监护人,不得拒绝。父母有监护能力的情况下,不得与其他人签订监护协议由他人担任监护人而推卸自身责任。父母离婚时,只能就抚养费的数额等进行约定,不得免除父母任何一方对未成年子女的抚养义务。父母一方死亡或者丧失监护能力的,另一方应当承担监护义务,只有在父母均死亡或失去监护能力的情况下,其他法定监护人才可以根据《民法典》第30条协议确定未成年人的监护人。

二、关于监护能力的认定

关于监护能力,在原《民法总则》起草过程中即有意见提出,"监护"一节多次提到"监护能力"一词,而且将监护能力作为是否具有担任监护人资格的重要标准,但是没有对"监护能力"作出明确的界定,在具体认定上可能会出现争议,建议明确监护能力的认定标准。立法机关经研究认为:具有监护能力首先要具有完全民事行为能力,至于如何判断是否具有监护能力的其他条件,在实践中情况较为复杂,需要综合考虑多种因素,法律可不一一作出界定,需在实践中根据具体情况进行判断。② 原《民法通则意见》第11条曾对此作出了相关规定,即"认定监护人的监护能力,应当根据监护人的身体健康状

---

① 最高人民法院民法典贯彻实施工作领导小组主编:《中华人民共和国民法典总则编理解与适用》,人民法院出版社2020年版,第170页。
② 黄薇主编:《中华人民共和国民法典释义》,法律出版社2020年版,第60页。

况、经济条件,以及与被监护人在生活上的联系状况等因素确定"。《民法典总则编解释》第6条作出新的规定:"人民法院认定自然人的监护能力,应当根据其年龄、身心健康状况、经济条件等因素确定;认定有关组织的监护能力,应当根据其资质、信用、财产状况等因素确定。"

司法实践中,"没有监护能力"多为以下三种情况:一是不具有完全民事行为能力;二是被剥夺人身自由;三是下落不明。具体到"自然人没有监护能力",一般表现为:不具备履行监护职责的身体健康要求或相应经济条件,无法履行监护职责等。具体到"组织没有监护能力",一般表现为:信誉不佳、没有相应人员和财产、无法对未成年人实施生活照护和人身财产保护、无法提供相应学习条件、无法代理被监护人实施法律行为、无法对被监护人的侵权行为承担责任等。对于"其他愿意担任监护人的个人或者组织"是否真正具备监护能力,能否真正维护未成年人合法权益,需经未成年人住所地的居民委员会、村民委员会或者民政部门结合未成年人的具体情况审查确定。①

三、关于"按顺序"担任监护人

实践中,有些情况下具有监护资格的人互相推脱,都不愿意担任监护人,导致监护无从设立,无民事行为能力人或者限制民事行为能力人的权益得不到保护。针对以上问题,本条明确具有监护资格的人按照顺序担任监护人,主要目的在于防止具有监护资格的人之间互相争夺监护权或者推卸责任。如果两个或者两个以上具有监护资格的人,都愿意担任监护人,也可以按照本条规定的顺序确定监护人,或者依照《民法典》第30条规定进行协商;协商不成的,按照《民法典》第31条规定的监护争议解决程序处理,由居民委员会、村民委员会、民政部门或者人民法院按照最有利于被监护人的原则指定监护人,不受本条规定的"顺序"的限制,但仍可作为依据。② 例如,未成年人的祖父母作为第一顺位的监护人,认为自己年事已高,未成年人的姐姐各方面条件更好,由其姐姐担任监护人更有利于未成年人成长,可以先与其姐姐进行协商;协商不成的,依法通过监护争议程序解决。但在法院依法指定监护人前,未成

---

① 参见最高人民法院民法典贯彻实施工作领导小组主编:《中华人民共和国民法典总则编理解与适用》,人民法院出版社2020年版,第170页。
② 参见黄薇主编:《中华人民共和国民法典释义》,法律出版社2020年版,第59页。

年人的祖父母不得拒绝履行监护职责。

类案检索

一、吴某佩申请变更监护人案

关键词： 监护能力　变更监护

裁判摘要： 父母是未成年子女的监护人，未成年人的父母死亡或者没有监护能力，可由祖父母等有监护能力的人担任监护人。现被监护人吴某琪的父亲吴某、母亲宋某尚在服刑期间，无法履行对吴某琪的监护职责。为更好地照顾被监护人，从有利于被监护人的成长出发，申请人吴某佩要求变更由其担任吴某琪监护人，符合法律规定，本院予以准许。

【案　　号】（2021）沪0115民特47号

【审理法院】上海市浦东新区人民法院

二、薛某喜、薛某申请确定监护人案

关键词： 监护能力　变更监护

裁判摘要： 因薛某1的父母不详，来某、薛某2年事已高且居住在新疆，不方便行使对薛某1的监护权，现薛某喜愿意担任薛某1的监护人，且薛某1居住地的村委会也同意由薛某喜担任监护人。为维护薛某1的合法权益及便于薛某1的学习和生活，薛某喜申请担任薛某1的监护人，符合法律规定。

【案　　号】（2021）鲁1122民特151号

【审理法院】山东省莒县人民法院

第二十八条　无民事行为能力或者限制民事行为能力的成年人，由下列有监护能力的人按顺序担任监护人：

（一）配偶；

（二）父母、子女；

（三）其他近亲属；

（四）其他愿意担任监护人的个人或者组织，但是须经被监护人住所地的居民委员会、村民委员会或者民政部门同意。

关联规定

法律、行政法规、司法解释

1.《中华人民共和国民法典》

第三十三条　具有完全民事行为能力的成年人，可以与其近亲属、其他愿意担任监护人的个人或者组织事先协商，以书面形式确定自己的监护人，在自己丧失或者部分丧失民事行为能力时，由该监护人履行监护职责。

第三十六条　监护人有下列情形之一的，人民法院根据有关个人或者组织的申请，撤销其监护人资格，安排必要的临时监护措施，并按照最有利于被监护人的原则依法指定监护人：

（一）实施严重损害被监护人身心健康的行为；

（二）怠于履行监护职责，或者无法履行监护职责且拒绝将监护职责部分或者全部委托给他人，导致被监护人处于危困状态；

（三）实施严重侵害被监护人合法权益的其他行为。

本条规定的有关个人、组织包括：其他依法具有监护资格的人，居民委员会、村民委员会、学校、医疗机构、妇女联合会、残疾人联合会、未成年人保护组织、依法设立的老年人组织、民政部门等。

前款规定的个人和民政部门以外的组织未及时向人民法院申请撤销监护人资格的，民政部门应当向人民法院申请。

第三十八条　被监护人的父母或者子女被人民法院撤销监护人资格后，除对被监护人实施故意犯罪的外，确有悔改表现的，经其申请，人民法院可以在尊重被监护人真实意愿的前提下，视情况恢复其监护人资格，人民法院指定的监护人与被监护人的监护关系同时终止。

第三十九条　有下列情形之一的，监护关系终止：

（一）被监护人取得或者恢复完全民事行为能力；

（二）监护人丧失监护能力；

（三）被监护人或者监护人死亡；

（四）人民法院认定监护关系终止的其他情形。

监护关系终止后，被监护人仍然需要监护的，应当依法另行确定监护人。

第一千一百八十九条　无民事行为能力人、限制民事行为能力人造成他人损害，监护人将监护职责委托给他人的，监护人应当承担侵权责任；受托人有过错的，承担相应的责任。

2.《中华人民共和国老年人权益保障法》

第二十六条　具备完全民事行为能力的老年人，可以在近亲属或者其他与自己关系密切、愿意承担监护责任的个人、组织中协商确定自己的监护人。监护人在老年人丧失或者部分丧失民事行为能力时，依法承担监护责任。

老年人未事先确定监护人的，其丧失或者部分丧失民事行为能力时，依照有关法律的规定确定监护人。

3.《中华人民共和国精神卫生法》

第九条　精神障碍患者的监护人应当履行监护职责，维护精神障碍患者的合法权益。

禁止对精神障碍患者实施家庭暴力，禁止遗弃精神障碍患者。

4.《最高人民法院关于适用〈中华人民共和国民法典〉总则编若干问题的解释》

第十三条　监护人因患病、外出务工等原因在一定期限内不能完全履行监护职责，将全部或者部分监护职责委托给他人，当事人主张受托人因此成为监护人的，人民法院不予支持。

5.《最高人民法院关于适用〈中华人民共和国民事诉讼法〉的解释》

第八十三条　在诉讼中，无民事行为能力人、限制民事行为能力人的监护人是他的法定代理人。事先没有确定监护人的，可以由有监护资格的人协商确定；协商不成的，由人民法院在他们之中指定诉讼中的法定代理人。当事人没有民法典第二十七条、第二十八条规定的监护人的，可以指定民法典第三十二条规定的有关组织担任诉讼中的法定代理人。

▶ 条文释义

一、本条主旨

本条是关于无民事行为能力或限制行为能力的成年人的监护人的规定。

二、条文演变

本条源自原《民法通则》第 17 条第 1 款"无民事行为能力或者限制民事行为能力的精神病人，由下列人员担任监护人：（一）配偶；（二）父母；（三）成年子女；（四）其他近亲属；（五）关系密切的其他亲属、朋友愿意承担监护责任，经精神病人的所在单位或者住所地的居民委员会、村民委员会同意的。"2015 年 8 月全国人大法工委在《民法总则（民法室室内稿）》中，将"精神病人"扩张至成年人。对于第五项即关系密切的其他亲属、朋友愿意承担监护职责的情形，该稿取消被监护人单位的同意权，规定应由居民委员会、村民委员会或者民政部门选任，即"关系密切的其他亲属、朋友愿意承担监护责任，由被监护人住所地的居民委员会、村民委员会或者民政部门根据最有利于被监护人的原则确定"。2016 年 5 月《民法总则（草案）》征求意见稿对于由关系密切的其他亲属、朋友愿意担任监护人的情形，取消了上述居民委员会、村民委员会或者民政部门选任的规定，恢复为"关系密切的其他亲属、朋友愿意承担监护责任，经被监护人住所地的居民委员会、村民委员会或者民政部门同意的"。原《民法总则（草案）》一审稿对第四项、第五项合并调整，将"其他近亲属"与"关系密切的亲属、朋友"合并为"其他愿意承担监护责任的个人"，并增加了"有关组织"。二审稿将子女与父母并列作为第二项，恢复了"其他近亲属"作为第三项。三审稿作了文字调整，将"由下列人员中有监护能力的人依次担任监护人"调整为"由下列人员中有监护能力的人按顺序担任监护人"。原《民法总则》在全国人民代表大会通过时，将第 28 条"有关组织"中的"有关"二字删除。《民法典》对原《民法总则》该条予以保留，未作调整。

三、条文解读

本条规定了成年人法定监护人的范围和监护顺序。设置无民事行为能力或者限制民事行为能力成年人的监护人，是对无民事行为能力或者限制民事行为能力成年人的人身、财产及其他合法权益进行监督和保护的必要措施，本条规定借鉴了各国各地区的立法经验，扩大了被监护人的范围，适应了老龄化社会的发展态势和需求，体现了对成年身心障碍者的立法关怀。

（一）被监护人范围的扩大

监护是对无民事行为能力人和限制民事行为能力人的人身和财产权益进行监督、管理和保护，以弥补其民事行为能力不足的民事制度。设立成年监护制度，一方面是为保护被监护人的合法权益，另一方面也是为保护交易安全。实践中，对于成年人的民事行为能力的判断问题较为复杂，对于无民事行为能力的成年人，可能自始不具备民事行为能力，也可能曾经具备但后来丧失民事行为能力。对于限制民事行为能力的成年人，有可能自始不具备完全民事行为能力，或者取得完全民事行为能力后因疾病等原因部分丧失，也可能是间歇性丧失部分民事行为能力。民事行为能力的取得和丧失可能突然发生，也可能是持续性的缓慢过程，导致交易相对人往往不能从表面对成年人的民事行为能力作出判断。为保护交易相对人和利益相关者的交易安全，有必要对这类成年人设立监护制度，由监护人代为保护其人身安全、代为管理其财产。因此，成年监护制度的目的和内涵主要是弥补无民事行为能力人和限制民事行为能力人行为能力的不足，并对其人身财产等合法权益进行监督、管理和保护，同时保障交易安全和社会秩序。

自20世纪60年代以来，在世界范围内掀起了成年监护制度改革的浪潮，突出趋势是弱化行为能力与监护关系设立之间的联系，法国、德国、日本等均取得了重要的改革成果。例如，法国将需要设立监护的对象修改为精神官能已受到疾病损坏或因残疾年龄而衰竭以及体能受到损坏妨碍当事人表达其意志的成年人。德国将可设立监护的范围修改为由于心理疾病或身体上、精神上、心理上的残障而完全或部分不能处理其事务的成年人。日本则将需要设立监护的对象修改为因精神障碍欠缺事务辨识常态、辨识能力显然不足或不足者。类似"精神病人"的概念和表述，均被各国立法例所抛弃，更多体现现代人权精神。①

随着我国人口老龄化进程的加速，老年人以及其他因疾病等导致失能失智的成年人的监护需求日益增加。原《民法通则》第17条将被监护人范围表述为"无民事行为能力或者限制民事行为能力的精神病人"，制约了成年监护制度的功能发挥。2012年我国《老年人权益保障法》修订时，在第26条规定："具备完全民事行为能力的老年人，可以在近亲属或者其他与自己关系密切、愿意承担监护责任的个人、组织中协商确定自己的监护人。监护人在老年人丧失或者部分丧失民事行为能力时，依法承担监护责任。老年人未事先确定监护人的，其丧失或者部分丧失民事行为能力时，依照有关法律的规定确定监护人。"该规定突破了原《民法通则》的限制，确立了老年人的成年监护制度。但这一制度仅适用于老年人，对于18周岁以上不满60周岁无民事行为能力或者限制民事行为能力的成年人的监护问题仍存在制度空白。本条根据实际情况，总结《老年人权益保障法》等立法经验，采抽象标准确定成年被监护人范围，将原《民法通则》确立的仅针对"精神病人"的成年监护制度升级为较为全面的成年监护制度，将监护人的范围扩大到包括因智力、精神障碍以及因年老、疾病等各种原因导致的辨识能力不足的成年人。从立法内涵而言，进一步完善了监护制度的内在逻辑体系；从制度外延而言，扩大了保护范围，使社会生活中更多的因精神体能受损不能自行保障利益的成年人能够得到法律保护。成年监护制度的完善是立法对社会发展和人民需要作出的有力回应，有利于保障无民事行为能力、限制民事行为能力的成年人人身财产权益，有利于促进社会向着文明、和谐、稳定的方向持续发展进步。

（二）成年人法定监护人的范围和顺序

1. 成年人法定监护人的范围

根据本条规定，具有监护资格的人有以下几类：一是配偶。成年男女达到法定婚龄，通过结婚登记程序，缔结婚姻关系，产生法律权利义务关系。《民法典》婚姻家庭编第1059条第1款规定："夫妻有相互扶养的义务。"夫妻共同生活，具有相互扶养的义务，对共同的财产享有支配权，具有良好的感情基

---

① 最高人民法院民法典贯彻实施工作领导小组主编：《中华人民共和国民法典总则编理解与适用》，人民法院出版社2020年版，第174页。

础，由配偶担任监护人有利于保护被监护人的人身、财产及其他合法权益。二是父母、子女。父母子女之间既具有天然的情感，又具有法定的抚养、赡养关系，适宜担任监护人。三是其他近亲属。这包括祖父母、外祖父母、孙子女、外孙子女、兄弟姐妹。本条将"其他近亲属"列入具有监护资格的范围，主要是基于血缘关系、生活联系，以及情感基础等因素，有利于保护被监护人的合法权益。四是其他愿意担任监护人的个人或者组织，但是须经被监护人住所地的居民委员会、村民委员会或者民政部门同意。"愿意担任监护人的组织"主要指公益组织，其能否担任监护人，在实践中由被监护人住所地的居民委员会、村民委员会或者民政部门根据该组织的设立宗旨、社会声誉、财产或者经费、专职工作人员等情况进行判断。①

本条规定的前三项具有监护资格的人，都是成年被监护人的近亲属。近亲属往往与被监护人具有血缘关系、密切的生活联系和良好的情感基础，更有利于被监护人的身心健康，也更有利于尽职尽责地保护被监护人的合法权益，因此适宜担任监护人。相较未成年人而言，通常情况下成年人的监护人需要承担更为繁重的监护责任，因此，在家庭监护之外需要设置更有力的社会监护作为兜底和补充。与《民法典》第27条类似，本条以"其他愿意担任监护人的个人或者组织"取代原《民法通则》中"关系密切的其他亲属、朋友"作为兜底条款，体现了以"个人意愿"取代"关系密切"作为首要衡量标准的现代监护理念。同时，增加组织为监护人，也体现了社会监护的保障作用。类似《民法典》第27条的规定，其他愿意担任监护人的个人或者组织要想担任监护人，除了基于自愿以外，还必须经过被监护人住所地的居民委员会、村民委员会或者民政部门的同意，通过公权力对监护人选任的适度介入，更好地保护被监护人的权益。

2. 成年人法定监护人的顺序

对有身心障碍的成年人的亲属而言，担任监护人通常而言属于沉重的负担，实践中往往出现亲属互相推诿，不愿担任监护人的情形。与原《民法通则》第17条相比，本条根据实践经验，强调监护人要从有监护能力的人中"按顺序"产生，根据与被监护人的血缘关系、生活联系以及情感基础等因素，将配偶列为第一顺序监护人，将父母和子女并列作为第二顺序监护人，将其他

---

① 参见黄薇主编：《中华人民共和国民法典释义》，法律出版社2020年版，第65~66页。

近亲属列为第三顺序监护人，而其他愿意担任监护人的个人和组织则为第四顺序监护人，进一步强调了法定监护的顺序性。

配偶关系源于合法的婚姻关系，以达到法定结婚年龄的成年男女通过婚姻登记程序缔结婚姻关系为开始时间，以一方死亡或双方离婚为终止时间。根据《民法典》婚姻家庭编的规定，夫妻双方共同生活，有相互扶养的义务，有对共同财产的支配权，情感基础良好、生活联系密切。因此，由配偶作为第一顺序监护人有利于保护被监护人的各项合法权益。父母子女之间既有天然情感，又有法定抚养、赡养关系，也是适合担任监护人的主要人员。本条相对于原《民法通则》，将子女提前至与父母同一顺位，主要考虑是实践中父母年事已高，往往没有精力和能力履行监护职责，将子女作为同一顺位监护人，既是子女履行赡养义务的体现，客观上也有利于被监护人权益的保护。根据《民法典》第1045条第2款的规定，配偶、父母、子女、兄弟姐妹、祖父母、外祖父母、孙子女、外孙子女为近亲属。因此，本条中的其他近亲属即包括兄弟姐妹、祖父母、外祖父母、孙子女、外孙子女。近亲属基于血缘关系担任监护人，同样也有利于尽职尽责履行监护义务，保障被监护人的身心健康。根据本条规定，对于法定监护的情形，只有不存在前一顺序监护人或者前一顺序监护人没有监护能力，后一顺序监护人才有资格成为成年人的法定监护人。当然，这一顺序并不适用于遗嘱监护、协议监护或者指定监护等情形。如果两个或两个以上具有监护资格的人都愿意担任监护人的，可以进行协商，协商不成的，可以按照《民法典》第31条规定的程序处理。当事人申请法院指定的，人民法院按照《民法典总则编解释》第9条的规定，将本条的监护顺序作为指定监护的考量因素。

3. 删除"精神病人所在单位"

根据原《民法通则》的规定，未成年人父母的所在单位或者精神病人的所在单位有指定监护人和担任监护人的职责，这一规定与当时的经济发展水平和时代背景是相适应的。但是，随着我国经济社会的快速发展，就业人员的流动性迅速增强，异地就业成为普遍社会现象，就业单位与职工之间关系的稳定性日趋减弱，就业单位既不适宜也没有能力审查职工的监护人是否适格或者担任职工的监护人。本条适应时代发展的客观需要，取消了单位的相应职责。①

---

① 最高人民法院民法典贯彻实施工作领导小组主编：《中华人民共和国民法典总则编理解与适用》，人民法院出版社2020年版，第176页。

4. 增加"民政部门同意"

相较于原《民法通则》，本条将民政部门与被监护人住所地居民委员会、村民委员会并列，作为法定监护人的审查主体。主要原因是民政部门职责中的社会救济、社会福利事业、社区服务工作、流浪乞讨人员收容遣送、指导中国残疾人联合会工作等均与成年人有无民事行为能力有关联。由民政部门作为成年人监护人资格的审查主体，有利于对成年人合法权益的实质保障，体现了以"家庭监护为基础，社会监护为补充，国家监护为兜底"的立法原则，进一步完善了我国成年监护制度。

▶ 适用指引

一、相关概念的区分

本条规定的需要设立监护的成年人为无民事行为能力人或者限制民事行为能力人，包括因智力、精神障碍以及因年老、疾病等各种原因，导致辨识能力不足的成年人。对成年人监护，首先要正确区分失能与失智。失能是失去生活自理能力，失智即辨识能力不足。失能的成年人未必需要监护，只有失智的成年人需要监护。此外，还应当区分长期照护（护理）和监护：从对象来看，照护的对象既包括失智成年人，也包括失能成年人，监护的对象针对失智成年人；从内容上看，照护仅限于生活上的照料和安全上的保护，不涉及人身权益保护的安排、财产的管理等事项。监护是对失智成年人人身、财产等各方面权益的保护和安排。①

二、法定监护顺位的适用

本条关于成年人法定监护人顺序的规定具有强制性，一般而言，在不存在前一顺序监护人或者前一顺序监护人没有监护能力时，后一顺序监护人才有资格成为法定监护人。需要注意的是，作为自然人行为能力补足制度，成年监护与产生于父母亲权基础上的未成年监护有很大不同。有身心障碍的成年人很可能已经形成了固定的自主意愿和偏好，尽管对法定监护顺序的安排已体现了

---

① 参见黄薇主编：《中华人民共和国民法典释义》，法律出版社2020年版，第65页。

"被监护人最大利益"原则,但基于上述考虑,对于成年人法定监护顺位的确定,应当在身心障碍者为无民事行为能力人的情况下才予适用。如果身心障碍者具有一定行为能力,可独立实施与其智力、精神状况相适应的民事行为,则应首先尊重其选择和意愿,除非其能力确有不及。①

▶ 类案检索

一、申请人徐某林申请指定监护人案

关键词: 村民委员会　指定监护

裁判摘要: 徐某林向一、二审法院提交由突泉县某村民委员会出具的《证明》,用以证实徐某林于2019年10月2日向该村民委员会申请作为梅某某、董某林、董宝某母子三人的监护人,监护其三人的生活起居等事宜,经村委会研究决定同意徐某林的申请。根据《民法总则》第28条,无民事行为能力或者限制民事行为能力的成年人,由下列有监护能力的人按顺序担任监护人:(1)配偶;(2)父母、子女;(3)其他近亲属;(4)其他愿意担任监护人的个人或者组织,但是须经被监护人住所地的居民委员会、村民委员会或者民政部门同意。因此,经突泉县某村民委员会同意后,徐某林即成为梅某某、董某林、董宝某母子三人的合法监护人。

【案　　号】(2020)内民申2034号
【审理法院】内蒙古自治区高级人民法院

二、申请人吴某申请宣告吴某达无民事行为能力并指定监护人案

关键词: 监护顺序　指定监护

裁判摘要: 吴某达因疾病导致生活不能自理,无法独立实施民事法律行为,不具有民事行为能力,依法应宣告其无民事行为能力。《民法典》第28条规定,无民事行为能力或者无民事行为能力的成年人,由下列有监护能力的人按顺序担任监护人:(1)配偶;(2)父母、子女;(3)其他近亲属;(4)其他愿意担任监护人的个人或者组织,但是须经被监护人住所地的居民委员会、村

---

① 最高人民法院民法典贯彻实施工作领导小组主编:《中华人民共和国民法典总则编理解与适用》,人民法院出版社2020年版,第177页。

民委员会或者民政部门同意。吴某达之妻已去世，现吴某达之子吴某身体健康，精神状态正常，具备监护能力，愿意做吴某达的监护人，故本院依法指定吴某作为吴某达的监护人。

【案　　号】（2021）京0108民特141号

【审理法院】北京市海淀区人民法院

第二十九条　被监护人的父母担任监护人的，可以通过遗嘱指定监护人。

关联规定

法律、行政法规、司法解释

1.《中华人民共和国民法典》

第二十七条　父母是未成年子女的监护人。

未成年人的父母已经死亡或者没有监护能力的，由下列有监护能力的人按顺序担任监护人：

（一）祖父母、外祖父母；

（二）兄、姐；

（三）其他愿意担任监护人的个人或者组织，但是须经未成年人住所地的居民委员会、村民委员会或者民政部门同意。

第二十八条　无民事行为能力或者限制民事行为能力的成年人，由下列有监护能力的人按顺序担任监护人：

（一）配偶；

（二）父母、子女；

（三）其他近亲属；

（四）其他愿意担任监护人的个人或者组织，但是须经被监护人住所地的居民委员会、村民委员会或者民政部门同意。

2.《最高人民法院关于适用〈中华人民共和国民法典〉总则编若干问题的解释》

第七条　担任监护人的被监护人父母通过遗嘱指定监护人，遗嘱生效时被指定的人不同意担任监护人的，人民法院应当适用民法典第二十七条、第二十八条的规定确定监护人。

未成年人由父母担任监护人，父母中的一方通过遗嘱指定监护人，另一方在遗嘱生效时有监护能力，有关当事人对监护人的确定有争议的，人民法院应当适用民法典第二十七条第一款的规定确定监护人。

条文释义

一、本条主旨

本条是关于遗嘱指定监护制度的规定。

二、条文演变

本条系原《民法总则》的新增规定。2016年5月《民法总则（草案）》征求意见稿增加了遗嘱监护的规则，但将其置于未成年人法定监护人条款中，内容为："未成年人的父母可以通过遗嘱指定未成年人的监护人，其父、其母指定的监护人不一致的，以后死亡一方的指定为准。"《民法总则（草案）》一审稿条文与征求意见稿一致，二审稿中修改为"未成年人的父母可以通过遗嘱指定未成年人的监护人，其父、母指定的监护人不一致的，应尊重被监护人的意愿，根据最有利于被监护人的原则确定"。三审稿将该条从未成年人法定监护人条款中移出并单列为一条，表述为"被监护人的父母可以通过遗嘱指定监护人"。最终定稿增加了限制性规定，即可以通过遗嘱指定监护人的，应当是正在担任监护人的被监护人父母，表述更为严谨。《民法典》保留了该条。

三、条文解读

原《民法通则》主要规定了法定监护和指定监护。根据《民法典》第27条的规定，在父母死亡或者丧失监护能力时，根据法定的顺序产生未成年人的监护人。法定监护人一般与被监护人有近亲属关系，可以更为妥善保护被监护人的合法权益。该规定虽然有利于防止监护人"缺位"，但是，作为与子女血缘关系最近、情感最深厚的人，一般而言父母是最关心子女的健康成长与权益保护的民事主体，如父母不能为子女指定监护人，难以体现意思自治的私法原则。本条规定的遗嘱监护制度，有助于满足实践中一些父母在生前为其需要监护的子女作出监护安排的要求，体现了对父母意愿的尊重，也有利于更好地保护被监护人的利益。①

遗嘱监护制度最早可以追溯至罗马法时代，主要是指父亲或是母亲通过遗嘱为处于其权利之下的未婚子女指定监护人。虽然随着时代的发展，罗马法遗嘱监护制度所蕴含的家长权已经基本消亡，但遗嘱监护制度仍然在许多国家和地区的民法制度中得以延续和发展。考察原《民法通则》制定过程及司法实践，立法与司法中并未排斥遗嘱指定监护，司法实践中亦有认可遗嘱指定监护的案例。《民法通则讲话》中对此论述："遗嘱指定监护方式，即父母在遗嘱中指定未成年子女的监护人。一般来说，只要该项遗嘱具有法律效力，这种指定就可得到法律的确认。考虑到目前阶段我国公民在民事活动中以法律认可的遗嘱方式处理问题的情况尚不普遍，民法通则目前也没有就此作出具体规定。"②原《民法总则》结合立法精神及司法实践，首次明确被监护人的父母担任监护人的，可以通过遗嘱指定监护人。

本条规定的遗嘱指定监护与境外立法例既有相同点，也有不同点。相同点是，有权以遗嘱的形式指定监护人的主体仅限于父母，其他任何人都不能以遗嘱的形式指定监护人。不同之处在于，境外立法例仅限于为未成年子女指定监护人，但依据本条规定，父母既可以为未成年子女指定监护人，也可以为成年子女指定监护人。原《民法总则》草案一审稿、二审稿均将遗嘱监护限定于为未成年人指定监护人。在征求意见阶段，有的意见提出，在现实生活中，对无民事行为能力及限制民事行为能力的成年人，也存在由父母立遗嘱为其指定监护人的情形和立法需求，建议扩大遗嘱监护的适用范围，允许父母通过遗嘱为无民事行为能力及限制民事行为能力的成年人指定监护人。③立法机关经研究吸收了该意见，《民法典》继续维持这一规定。

根据本条规定，遗嘱指定监护是指被监护人的父母通过订立遗嘱为处于自己监护之下的子女指定监护人的法律行为。作为以指定监护人为主要内容的遗嘱，同样应符合一般遗嘱的形式要件和实质要件，遗嘱的内容和订立程序须合法。参照《民法典》继承编的相关规定，无民事行为能力或者限制行为能力人

---

① 参见黄薇主编：《中华人民共和国民法典释义》，法律出版社2020年版，第61页。

② 《民法通则讲话》编写组：《民法通则讲话》，经济科学出版社1986年版，第62页。

③ 参见黄薇主编：《中华人民共和国民法典释义》，法律出版社2020年版，第62页。

所订立的遗嘱无效，被监护人的父母担任监护人通过遗嘱指定监护人的，在订立遗嘱时应当具备完全民事行为能力。设立遗嘱不得进行代理，所立遗嘱必须表明遗嘱人的真实意愿，受胁迫、欺骗订立的遗嘱无效，紧急情况下才可使用口头形式，以及必须以遗嘱人的死亡作为生效条件等。同时，根据本条规定，遗嘱指定监护还应具备以下条件：一是指定主体为被监护人的父母，其他人担任监护人的无权通过遗嘱指定监护人；二是父母必须正在担任子女的监护人，如被监护人的父母因丧失监护能力而没有担任监护人或者因侵害子女权益而被撤销监护资格的，就不能通过遗嘱指定监护人；三是指定监护应以遗嘱方式进行，而非通过协议等其他方式；四是本条中作为无民事行为能力或限制民事行为能力的被监护人，不仅包括未成年子女也包括成年子女；五是被指定的遗嘱监护人应当具有监护能力，经指定后确实无法履行监护义务的，应依法另行确定监护人；六是被指定的遗嘱监护人具有优先地位，其优于但不限于《民法典》第27条和第28条所列法定监护人。①

▶ 适用指引

一、尊重被监护人真实意愿的适用

虽然本条未明确规定子女可就监护人的指定表达意愿，但从体系解释的角度看，本条包含了父母在指定遗嘱监护人时，应当尊重被监护人的真实意愿。在子女具有表达能力时，父母应征求子女意见，并从最大程度保护子女利益出发，力求综合各种因素探寻、判断子女真实意愿，在此基础上再进行遗嘱指定。②

二、指定遗嘱监护人的主体资格

本条规定可以通过遗嘱指定子女监护人的父母，必须是完全民事行为能力人，且正在担任子女的监护人。如其虽然在立遗嘱时具有监护资格，但在死亡

---

① 参见最高人民法院民法典贯彻实施工作领导小组主编：《中华人民共和国民法典总则编理解与适用》，人民法院出版社2020年版，第180~181页。
② 参见最高人民法院民法典贯彻实施工作领导小组主编：《中华人民共和国民法典总则编理解与适用》，人民法院出版社2020年版，第181页。

时已经根据《民法典》第36条的规定被撤销监护资格或者经核实认定其具备应撤销监护资格情形的，根据监护制度宗旨及本条立法意图，宜结合"最有利于被监护人原则"及"尊重被监护人真实意愿原则"等综合予以考量和认定。

三、遗嘱指定监护与法定监护的关系

遗嘱指定监护是父母通过立遗嘱选择值得信任并对保护被监护人权益最为有利的人担任监护人，一般而言具有优先地位。遗嘱指定的监护人，也不限于本法第27条、第28条规定的具有监护资格的人。在对监护发生争议，请求人民法院指定时，人民法院一般应当尊重遗嘱指定监护的效力。但是，遗嘱指定的监护人应当具有监护能力，能够履行监护职责。如果遗嘱指定后，因客观情况发生变化，遗嘱指定的监护人因患病等原因丧失监护能力，或者存在由其担任监护人则明显不利于被监护人利益的情形，就不能执行遗嘱指定监护，应当依法另行确定监护人。

四、遗嘱指定监护人不一致

如果担任监护人的被监护人父母均健在，应由双方协商一致来共同指定遗嘱监护人。对于担任监护人的父或母遗嘱指定监护人不一致时如何处理，存在以下情形：其一是父母同时死亡，但通过遗嘱指定的人不一致；其二是父母非同时死亡，先死亡一方留有遗嘱指定；其三是父母非同时死亡，双方死亡时均留有遗嘱指定。《民法典》对这一问题并未作出规定，《民法总则（草案）》二审稿曾对此作出规定，即"其父、母指定的监护人不一致的，以后死亡一方的指定为准"，但三审稿修改为"其父、母指定的监护人不一致的，应当尊重被监护人的意愿，根据最有利于被监护人的原则确定"。因争议较大，最终该条文未能保留。在《民法典总则编解释》制定过程中，也拟就该问题作出规定，经调研发现仍存争议，最终也未规定，留待后续有关监护的法律或司法解释再作统一。在目前司法实践中，结合全国人大法工委意见，我们倾向于按照下列规则确定监护人：父母同时死亡，但被指定的人不一致的，人民法院可以在被指定的人中根据最有利于被监护人的原则确定监护人；父母并非同时死亡的，一般可以根据后死亡一方的指定确定监护人。

五、被指定监护人不同意指定时的监护人确定

《民法典总则编解释》第7条规定,遗嘱生效时,被指定的人不同意担任监护人的,适用《民法典》第27、28条的规定确定监护人。在该条的理解上,需要注意是"确定"而非"指定"监护人,不能理解为人民法院只能按照《民法典》第27、28条的规定指定监护人。被遗嘱指定的人不同意担任监护人的,首先根据法定监护的顺序确定监护人,若对监护人的确定有争议的,当事人申请人民法院指定的,人民法院按照《民法典》第31条的规定,根据最有利于被监护人的原则,在依法具有监护资格的人中指定监护人。被指定的人在接受指定后,丧失监护能力或者存在撤销监护资格等情形,有关当事人请求依法重新指定监护人的,按照《民法典》第31、36条等规定处理。

六、"不同意指定"的理解

对于如何理解"不同意担任监护人",我们倾向于认为,如果被指定的人既不表示同意指定,也不表示不同意指定,但已开始履行监护职责的,可以认为其同意接受指定。如果被指定的人既不表示同意指定,也不表示不同意指定,且未开始履行监护职责的,为保护被监护人合法权益,避免造成监护空缺,司法实践中可以参照《民法典总则编解释》第10条规定的30天的合理期限,超过该期限不履行监护职责的,应当认定其拒绝接受指定。当然,这一问题尚无明确法律规定,有待后续法律或者司法解释予以统一。

七、指定监护人的遗嘱成立与生效要件

此种情形下,遗嘱生效的实质和形式要件与一般遗嘱相同,其指定监护在遗嘱生效时产生效力。[①] 原因是此时遗嘱也是父母意思自治的体现,即为了被监护人未来利益保护的需要,从近亲属、亲戚朋友甚至相关组织中挑选自己信任的主体作为未成年人的监护人,故不必为其设置特别的效力要件,仅要求意思表示真实、相应形式要件以及相应的父母死亡的法律事实,即可产生遗嘱指定监护人的法律效力。

---

① 参见王利明主编:《中国民法典释评·总则编》,中国人民大学出版社2020年版,第78页。

▶ 类案检索

一、林 1 申请确定监护人案

关键词：遗嘱监护

裁判摘要：被监护人林 3 为无民事行为能力人，其监护人按顺位为其母亲董某兰。现董某兰已去世，其去世前留有遗嘱，明确由申请人和被申请人共同对被监护人林 3 履行监护职责。庭审中，申请人林 1 提供了董某兰于 2017 年 12 月 23 日所立的遗嘱，但该遗嘱并未涉及对被监护人林 3 的监护权事宜，且申请人林 1 也未能提供被申请人林 2 不宜担任被监护人林 3 监护人的相关证据。故本院综合考虑各方监护条件，有利于保护被监护人的人身、财产等合法权益及后续矛盾的化解，以申请人林 1 与被申请人林 2 共同担任监护人为宜。

【案　　号】（2018）沪 0115 民特 189 号
【审理法院】上海市浦东新区人民法院

二、黄某 1、陈某杰、危某琼申请确定监护人案

关键词：遗嘱监护　遗嘱有效

裁判摘要：陈某杰、危某琼（系江某乙的祖父母）虽然否认黄某 2 遗嘱的真实性，但未能提供有效证据予以反驳。经法院释明后，其亦未申请鉴定，故对遗嘱的真实性予以认定。依照《民法总则》第 29 条之规定，遗嘱指定监护人应当满足两个条件：一是立遗嘱人是被监护人的父母，二是立遗嘱人担任被监护人的监护人。本案中，黄某 2 在去世前指定黄某 1 作为江某乙的监护人符合遗嘱指定监护的相关规定，法院予以确认。

【案　　号】（2018）川 1622 民特 6 号
【审理法院】四川省武胜县人民法院

第三十条 依法具有监护资格的人之间可以协议确定监护人。协议确定监护人应当尊重被监护人的真实意愿。

关联规定

法律、行政法规、司法解释

1.《中华人民共和国民法典》

第二十七条 父母是未成年子女的监护人。

未成年人的父母已经死亡或者没有监护能力的，由下列有监护能力的人按顺序担任监护人：

（一）祖父母、外祖父母；

（二）兄、姐；

（三）其他愿意担任监护人的个人或者组织，但是须经未成年人住所地的居民委员会、村民委员会或者民政部门同意。

第二十八条 无民事行为能力或者限制民事行为能力的成年人，由下列有监护能力的人按顺序担任监护人：

（一）配偶；

（二）父母、子女；

（三）其他近亲属；

（四）其他愿意担任监护人的个人或者组织，但是须经被监护人住所地的居民委员会、村民委员会或者民政部门同意。

2.《最高人民法院关于适用〈中华人民共和国民法典〉总则编若干问题的解释》

第八条 未成年人的父母与其他依法具有监护资格的人订立协议，约定免除该具有监护能力的父母的监护职责的，人民法院不予支持。协议约定在未成年人的父母丧失监护能力时由具有监护资格的人担任监护人的，人民法院依法予以支持。

依法具有监护资格的人之间依据民法典第三十条的规定，约定由民法典第二十七条第二款、第二十八条规定的不同顺序的人共同担任监护人，或者由顺序在后的人担任监护人的，人民法院依法予以支持。

▶ 条文释义

一、本条主旨

本条是关于协议监护制度的规定。

二、条文演变

本条是在承继原《民法通则意见》第15条的规范内容的基础上修改完善形成。原《民法通则意见》第15条内容为"有监护资格的人之间协议确定监护人的，应当由协议确定的监护人对被监护人承担监护责任"。原《民法总则》（民法室室内稿）对此予以吸收，并新增尊重被监护人意见的内容："有监护资格的人之间可以协议确定监护人。协议确定监护人的，应当听取限制民事行为能力的被监护人的意见。"2016年5月《民法总则（草案）》征求意见稿调整为："监护人可以协议确定。协议确定监护人的，应当尊重被监护人的意愿。"《民法总则（草案）》二审稿将"监护人可以协议确定"调整为"监护人可以由协议确定"，《民法总则（草案）》三审稿基本延续了二审稿内容，并将"应当尊重被监护人的意愿"调整为"应当尊重被监护人的真实意愿"。在审议通过时，立法机关基本恢复了室内稿的表述，将前半句调整为"依法具有监护资格的人之间可以协议确定监护人"，用以强调订立协议的主体必须是依法具有监护资格的人。《民法典》对原《民法总则》该规定予以保留，未作调整。

三、条文解读

有监护资格的人之间通过协议方式确定监护人，最早规定于原《民法通则意见》第15条。本条在吸收《民法通则意见》规定的基础上以立法形式确立和完善了协议监护制度，充分体现了"最有利于被监护人原则"和"尊重被监护人真实意愿原则"，即明确依法具有监护资格的人在尊重被监护人真实意愿的前提下可以通过协商一致的方式确定监护人，既是对我国司法实践经验的总结，也是顺应现代监护制度发展趋势、尊重人权保护理念的体现。①

从制度功能的角度出发，本条与指定监护存在异曲同工之处，均为对法定监护顺序的校正，只不过前者依靠的是监护人之间的意思自治，而后者则是有权机关的外力介入。②《民法典》第27条、第28条分别规定了对未成年人、无民事行为能力和限制民事行为能力的成年人具有监护资格的人的范围和顺序，有利于防止具有监护资格的监护人推卸责任导致监护人缺位。在法律已对具有监护资格的人作了严格限定的前提下，允许具有监护资格的人之间协议确定监护人，不会损害被监护人的合法权益。协议监护可以不按照《民法典》第27条、第28条规定的顺序确定监护人。具有监护资格的人之间可以根据各自与被监护人的生活联系状况、经济条件、能够提供的教育条件或者生活照料措施等，在尊重被监护人意愿的基础上，经过充分协商，选择合适的监护人，这既是对具有监护资格的人共同意愿的尊重，也有利于保护被监护人的合法权益。法律对协议监护制度予以认可，既是对实践需求的回应，也有利于进一步规范协议监护制度。③

本条规定的由具有监护资格的人通过协商确定监护人的方式，充分体现了对具有监护资格的人的意思自治的尊重。具有监护资格的人通过充分协商和有效征求被监护人意见确定监护人，将更有利于监护职责的顺利全面履行，也更有利于保护被监护人的合法权益。因最终确定的监护人是有关各方合意的结果，一旦确定即不得随意变更。当具有监护资格的人因监护人的确定存在争议时，既可以通过本条进行协商确定，也可以通过《民法典》第31条由有权机关进行指定。如果各方无法达成一致，仍需通过有权机关指定监护人。

（一）协议监护的主体

本条规定可以协议确定监护人的主体，必须是具有监护资格的人。此种监护人选任方式，同时适用于未成年人监护和成年监护，二者在适用规则上并无实质差异。而监护资格的确定，应当依据《民法典》第27条和第28条关于未

---

① 参见最高人民法院民法典贯彻实施工作领导小组主编：《中华人民共和国民法典总则编理解与适用》，人民法院出版社2020年版，第182页。
② 参见陈甦主编：《民法总则评注》，法律出版社2017年版，第213页。
③ 参见黄薇主编：《中华人民共和国民法典释义》，法律出版社2020年版，第63页。

成年人和无民事行为能力与限制民事行为能力人监护人范围的规定以及《民法典总则编解释》第6条关于认定监护人监护能力的规定。对于未成年人而言，法律明确规定其父母为监护人，因此在未成年人的父母有监护能力时，不得与其他人签订监护协议约定由其他人担任监护人，只有在其父母死亡或没有监护能力的情况下，其他法定监护人才可通过协商确定监护人。对于未成年人监护，协议的主体一般为：（1）祖父母、外祖父母；（2）兄、姐；（3）经未成年人住所地的居民委员会、村民委员会或者民政部门同意的其他愿意担任监护人的个人或者有关组织。对于被监护人是成年人的，协议的主体为：（1）配偶；（2）父母、子女；（3）其他近亲属；（4）经该成年人住所地的居民委员会、村民委员会或者民政部门同意的其他愿意担任监护人的个人或者有关组织。协议确定的监护人必须从具有监护资格的人之间产生，不得在法律规定的具有监护资格的人之外确定监护人。在具有监护资格的人之外确定监护人的，协议监护无效。①

（二）尊重被监护人的真实意愿

传统监护制度并不关注被监护人的意志，原则上是监护人意思优先。近年来，随着对个人人格尊严的日益重视，意思能力欠缺者在法律能力行使程度上的差别以及个体特殊需要都得到越来越广泛的关注。各个国家和地区的立法也在不断反思接管式监护对被监护人意志的忽视问题，将监护功能定位向监督和照顾过渡。现代未成年监护制度改革，侧重于强化对未成年人监护的监督措施，以切实保障未成年被监护人的利益。而世界性的成年监护制度改革，目的在于追求"尊重本人自我决定权""维持本人生活正常化"和"保障障碍者本人"的基本理念。② 具体而言，在涉及被监护人的人身、财产事务安排时，应当充分考虑身心障碍者的残余能力，最大限度地尊重其自我意愿；同时维护和尊重成年人在有辨识能力时对其丧失心智之后所作的预设性安排，这是意思自治的充分体现。本条规定，体现了我国《民法典》对"最大程度尊重被监护人

---

① 参见黄薇主编：《中华人民共和国民法典释义》，法律出版社2020年版，第63页。
② 杨立新：《我国〈民法总则〉成年监护制度改革之得失》，载《贵州省党校学报》2017年第3期。

真实意愿"原则的肯定。①协议确定监护人对被监护人的利益影响重大，应当充分尊重被监护人的真实意愿。被监护人都是无民事行为能力人或者限制民事行为能力人，"尊重被监护人的真实意愿"不是简单地征求被监护人的意见，要结合多种情况进行综合考量判断，探求其内心真实的愿望。限制民事行为能力的未成年人和成年人已经具备了一定的认知判断能力及较强的表达能力，协议确定监护人应当直接听取其意见，并对其意见是否反映其真实意愿，结合其他因素，例如是否受到胁迫等进行判断。无民事行为能力的被监护人，不具有独立的认知判断能力，但这不意味着这些被监护人没有真实意愿。对于无民事行为能力的被监护人，也应当结合各种情况，例如被监护人与哪一个具有监护资格的人生活联系最为密切等因素，去发现并充分尊重被监护人的真实意愿，这对于保护被监护人的身心健康，具有重要意义。②

▶ 适用指引

一、注意区分成年监护和未成年监护

如前所述，未成年监护的目的在于以家庭为堡垒，以亲情血缘为纽带，由父母保护未成年人健康成长。对于未成年监护而言，更侧重适用"最大利益"原则，特别是在父母为监护人的情况下，基于父母为子女的自然血亲，立法更倾向于信任父母对子女的保护，更强调父母的当然监护责任。因此，在未成年人的父母有监护能力时，不得与其他人签订监护协议来约定由其他人担任监护人。只有在父母死亡或没有监护能力的情况下，有监护资格的人才可通过协商确定监护人，此时，应当结合未成年人的年龄和智力状况，尊重其真实意愿。而对于成年监护，则更加注重通过制度设计帮助成年被监护人最大程度行使自己的权利，也即需要更多体现成年被监护人的意愿和偏好。对于被监护人有能力独立处理的事务，特别是其与日常生活相关的行为，应充分尊重其真实意愿，监护人不应干涉。在协议确定监护人时，应当结合被监护人的智力和精

---

① 参见最高人民法院民法典贯彻实施工作领导小组主编：《中华人民共和国民法典总则编理解与适用》，人民法院出版社2020年版，第184页。
② 参见黄薇主编：《中华人民共和国民法典释义》，法律出版社2020年版，第64页。

神健康状况,并综合考量成年被监护人平时或原有的价值偏好,尊重其真实意愿。①

二、"最有利于被监护人原则"和"尊重被监护人意愿原则"的关系

"最有利于被监护人原则"的出发点是为了更好地保护被监护人的最大利益,但一定程度忽略了被监护人的能力差异、个人意愿和价值偏好。"尊重被监护人意愿原则"要求最大限度尊重被监护人的真实意愿,由其依据自己的辨别能力和真实意愿自主作出选择。具体实践中,可能出现二者发生冲突的情形。由于目前我国监护制度特别是成年监护制度仍然以行为能力为判断标准,监护人被法定赋予全部或部分代理权,故被监护人的意愿是否得到最大限度尊重,要取决于能否制定更详细的保障制度。因此,在征求被监护人意见时,根据被监护人是无民事行为能力人还是限制民事行为能力人的不同,采纳其意愿的比例也应有所不同,应结合监护人自身的客观条件和主观意愿来协商选定,特别是成年人监护制度,应倾向于对"尊重被监护人意愿原则"的优先适用。

三、未成年人父母能否通过协议转移监护职责

《民法典总则编解释》第8条第1款规定:"未成年人的父母与其他依法具有监护资格的人订立协议,约定免除该具有监护能力的父母的监护职责的,人民法院不予支持。协议约定在未成年人的父母丧失监护能力时由该具有监护资格的人担任监护人的,人民法院依法予以支持。"父母是未成年人的法定监护人,该款明确未成年人的父母不得在其具备监护能力时通过协议监护排除其监护职责。父母对未成年人负有法定监护职责,除监护人资格被撤销的情形,通常只有在父母死亡或者丧失监护能力的情况下,才可将监护职责交由他人。但是,考虑到父母作为未成年人利益的最佳判断者,应当尊重他们的意愿,以备在其将来丧失监护能力时对未成年子女的监护问题预作安排。故本款明确父母可以协议约定在其丧失监护能力时由其他依法具有监护资格的人担任其未成年子女的监护人。该规定与遗嘱监护制度存在一定相似之处。实践中,父母对于其死亡后子女的监护问题可以通过遗嘱指定监护人,但在父母并未死亡却丧失监护能力时,遗嘱指定的监护人能否当然成为监护人,法律并未作出规定。对

---

① 参见最高人民法院民法典贯彻实施工作领导小组主编:《中华人民共和国民法典总则编理解与适用》,人民法院出版社2020年版,第185页。

于此类情形,可以通过该规定处理,这充分体现了最有利于被监护人利益原则以及对当事人意思自治的尊重。

四、协议主体是否应受监护顺序限制

《民法典总则编解释》第8条第2款规定:"依法具有监护资格的人之间依据民法典第三十条的规定,约定由民法典第二十七条第二款、第二十八条规定的不同顺序的人共同担任监护人,或者由顺序在后的人担任监护人的,人民法院依法予以支持。"该规定旨在解决以协议监护方式确定的监护人能否突破监护顺序的问题。有观点认为,必须先由上一顺位的数位具有监护资格的人进行协商,协商无法达成一致意见的,才能由次一顺位的数位具有监护资格的人进行协商。当上一顺位的监护人之间已经有了协商结果,次一顺位的监护人就无权协商确定监护人。经研究认为,《民法典》第30条的立法本意是在尊重被监护人真实意愿的基础上,通过依法具有监护资格的人之间的协商确定监护人,最大程度体现最有利于被监护人的原则。如对协议监护作顺序上的限制,可能因受限于法定监护顺序,难以综合监护人的监护能力、与被监护人的生活情感联系状况等因素选择确定最合适的监护人,有悖于《民法典》第30条的立法目的。而且,前引立法机关意见①以及有关实务案例也支持协议监护不受法定监护顺序限制的思路。因此,该款明确了协议监护确定的监护人不受法定监护顺序的限制,不同顺序具有监护资格的人可以共同担任监护人,亦可以约定顺序在后的人作为监护人。

五、协议确定监护人的法律效力

通过协议确定监护人后,就会产生相应的法律效力。该监护人应该根据法律规定,保护被监护人的人身和财产权益,代理被监护人从事法律行为,除为被监护人利益外不得处置被监护人财产,违反监护职责或侵害被监护人合法权益应承担相应法律责任。如果被选定的监护人未能依照约定或法定履行监护职责,应当根据《民法典》第34条的规定承担法律责任,还可依据《民法典》第36条的规定撤销其监护资格。根据《民法典》第1188条的规定,无民事行为能力人、限制民事行为能力人造成他人损害的,由监护人承担侵权责任。监

---

① 参见黄薇主编:《中华人民共和国民法典释义》,法律出版社2020年版,第63页。

护人尽到监护职责的，可以减轻其侵权责任。有财产的无民事行为能力人、限制民事行为能力人造成他人损害的，从本人财产中支付赔偿费用。不足部分，由监护人赔偿。本条亦应适用于经协商确定的监护人。

六、区分协议监护与委托监护

虽然《民法典》并未如原《民法通则意见》第22条和《未成年人保护法》第22条那样，直接规定监护人可以将监护职责部分或者全部委托给他人的相关条款，但结合《民法典》第36条第2项的条文表述中可以看出，《民法典》非但不禁止此种委托行为，而且还将其视为监护人履行监护职责的一种方式。因此，对于未成年人监护的情形，父母不得以协议方式将监护人身份转交他人，但这并不妨碍其在必要情况下，通过协议将部分或全部监护职责委托给他人行使。但协议监护的结果是监护人的变更，因此协议主体必须是有监护资格的人。在委托监护的情形下，监护人可以将监护职责委托他人行使，接受委托的人不受监护资格的限制，委托人仍然是监护人。对此，《民法典总则编解释》第13条规定，监护人因患病、外出务工等原因在一定期限内不能完全履行监护职责，将全部或者部分监护职责委托给他人，当事人主张受托人因此成为监护人的，人民法院不予支持。

类案检索

一、周某、沈某申请确定监护人案

关键词：协议监护

裁判摘要：2017年10月，周某艺（系周某与沈某之女）与俞某生育周某赐，双方未登记结婚。2018年8月，周某艺被俞某杀害。现俞某被关押在看守所，周某赐随周某、沈某共同生活。俞某母亲朱某与周某、沈某签订监护协议，同意由周某、沈某作为周某赐的监护人。故周某、沈某诉至法院请求确定其为周某赐的共同监护人。生效裁判认为：周某赐的母亲周某艺已经死亡，父亲俞某因涉嫌故意杀人罪被羁押，目前不具备监护能力。周某、沈某作为周某赐的外祖父母申请作为共同监护人符合法律规定，且周某赐的祖母对此并无异议，对其申请予以支持。

【案　　号】（2019）沪0118民特1139号
【审理法院】上海市青浦区人民法院

二、申请人张某1、张某2与被申请人张某3、第三人李某某申请变更监护人案

关键词： 协议监护

裁判摘要： 张某1为限制行为能力人，张某3为张某1的监护人。2021年2月，法院立案受理申请人张某1、张某2（系张某1表兄）与被申请人张某3、第三人李某某申请变更监护人纠纷案。张某1、张某2申请终止张某3与张某1的监护关系，由张某2担任张某1的监护人。审理中，张某1、张某2、张某3、李某某一致同意变更张某1的监护人为张某2，张某1住所地居民委员会对此并无异议。法院判决张某3与张某1的监护关系终止，同时指定张某2为张某1的监护人。

【案　　号】（2021）苏1091民特24号
【审理法院】江苏省扬州市经济技术开发区人民法院

三、张某宇申请确定监护人案

关键词： 协议监护

裁判摘要： 关某与张某婚后生育一子张某宇。张某现已69岁，患有脑萎缩，需人照顾。关某父母均已去世。2021年9月，关某被确诊为脑梗死、脑萎缩。2021年10月，法院判决宣告关某为无民事行为能力人。现因关某的父母均已去世，其配偶年事已高且身体多病，具有监护资格的人协商一致同意由张某宇作为关某的监护人，符合法律规定，且张某宇在关某生病后一直对其进行照顾，实际履行了监护人的职责，故对张某宇的请求依法予以支持。

【案　　号】（2021）辽0703民特147号
【审理法院】辽宁省锦州市凌河区人民法院

第三十一条 对监护人的确定有争议的,由被监护人住所地的居民委员会、村民委员会或者民政部门指定监护人,有关当事人对指定不服的,可以向人民法院申请指定监护人;有关当事人也可以直接向人民法院申请指定监护人。

居民委员会、村民委员会、民政部门或者人民法院应当尊重被监护人的真实意愿,按照最有利于被监护人的原则在依法具有监护资格的人中指定监护人。

依据本条第一款规定指定监护人前,被监护人的人身权利、财产权利以及其他合法权益处于无人保护状态的,由被监护人住所地的居民委员会、村民委员会、法律规定的有关组织或者民政部门担任临时监护人。

监护人被指定后,不得擅自变更;擅自变更的,不免除被指定的监护人的责任。

关联规定

法律、行政法规、司法解释

1.《中华人民共和国民法典》

第二十七条 父母是未成年子女的监护人。

未成年人的父母已经死亡或者没有监护能力的,由下列有监护能力的人按顺序担任监护人:

(一)祖父母、外祖父母;

(二)兄、姐;

(三)其他愿意担任监护人的个人或者组织,但是须经未成年人住所地的居民委员会、村民委员会或者民政部门同意。

第二十八条 无民事行为能力或者限制民事行为能力的成年人,由下列有监护能力的人按顺序担任监护人:

（一）配偶；

（二）父母、子女；

（三）其他近亲属；

（四）其他愿意担任监护人的个人或者组织，但是须经被监护人住所地的居民委员会、村民委员会或者民政部门同意。

2.《中华人民共和国未成年人保护法》

第九十二条 具有下列情形之一的，民政部门应当依法对未成年人进行临时监护：

（一）未成年人流浪乞讨或者身份不明，暂时查找不到父母或者其他监护人；

（二）监护人下落不明且无其他人可以担任监护人；

（三）监护人因自身客观原因或者因发生自然灾害、事故灾难、公共卫生事件等突发事件不能履行监护职责，导致未成年人监护缺失；

（四）监护人拒绝或者怠于履行监护职责，导致未成年人处于无人照料的状态；

（五）监护人教唆、利用未成年人实施违法犯罪行为，未成年人需要被带离安置；

（六）未成年人遭受监护人严重伤害或者面临人身安全威胁，需要被紧急安置；

（七）法律规定的其他情形。

第九十六条 民政部门承担临时监护或者长期监护职责的，财政、教育、卫生健康、公安等部门应当根据各自职责予以配合。

县级以上人民政府及其民政部门应当根据需要设立未成年人救助保护机构、儿童福利机构，负责收留、抚养由民政部门监护的未成年人。

第一百一十八条 未成年人的父母或者其他监护人不依法履行监护职责或者侵犯未成年人合法权益的，由其居住地的居民委员会、村民委员会予以劝诫、制止；情节严重的，居民委员会、村民委员会应当及时向公安机关报告。

公安机关接到报告或者公安机关、人民检察院、人民法院在办理案件过程中发现未成年人的父母或者其他监护人存在上述情形的，应当予以训诫，并可以责令其接受家庭教育指导。

3.《最高人民法院关于适用〈中华人民共和国民事诉讼法〉的解释》

第三百四十九条 被指定的监护人不服居民委员会、村民委员会或者民政部门指定，应当自接到通知之日起三十日内向人民法院提出异议。经审理，认为指定并无不当的，裁定驳回异议；指定不当的，判决撤销指定，同时另行指定监护人。判决书应当送达异议人、原指定单位及判决指定的监护人。

有关当事人依照民法典第三十一条第一款规定直接向人民法院申请指定监护人的，适用特别程序审理，判决指定监护人。判决书应当送达申请人、判决指定的监护人。

4.《最高人民法院关于适用〈中华人民共和国民法典〉总则编若干问题的解释》

第九条 人民法院依据民法典第三十一条第二款、第三十六条第一款的规定指定监护人时，应当尊重被监护人的真实意愿，按照最有利于被监护人的原则指定，具体参考以下因素：

（一）与被监护人生活、情感联系的密切程度；

（二）依法具有监护资格的人的监护顺序；

（三）是否有不利于履行监护职责的违法犯罪等情形；

（四）依法具有监护资格的人的监护能力、意愿、品行等。

人民法院依法指定的监护人一般应当是一人，由数人共同担任监护人更有利于保护被监护人利益的，也可以是数人。

第十条 有关当事人不服居民委员会、村民委员会或者民政部门的指定，在接到指定通知之日起三十日内向人民法院申请指定监护人的，人民法院经审理认为指定并无不当，依法裁定驳回申请；认为指定不当，依法判决撤销指定并另行指定监护人。

有关当事人在接到指定通知之日起三十日后提出申请的，人民法院应当按照变更监护关系处理。

条文释义

一、本条主旨

本条是关于指定监护制度的规定。

二、条文演变

我国指定监护制度最早可追溯至原《民法通则》第 16 条关于未成年人监护制度以及第 17 条关于无民事行为能力或者限制民事行为能力的精神病人监护制度的规定。原《民法通则》第 16 条第 3 款、第 17 条第 2 款规定了指定监护。依据前述规定，就未成年人或者精神病人的监护人有争议的，由未成年人父、母所在单位，精神病人所在单位或者被监护人的住所地的居民委员会、村民委员会在被监护人的近亲属中指定监护人，对指定不服的，由人民法院裁决。原《民法总则》实施后，有权指定监护人的主体范围发生变化。原《民法总则》第 31 条第 1 款规定，对监护人的确定有争议的，由被监护人住所地的居民委员会、村民委员会或者民政部门指定监护人，有关当事人对指定不服的，可以向人民法院申请指定监护人；有关当事人也可以直接向人民法院申请指定监护人，不再将未成年人父、母所在单位以及精神病人所在单位作为指定监护的主体，同时赋予民政部门指定监护的职能。《民法典》保留了原《民法总则》第 31 条的规定。

三、条文解读

本条第 1 款规定了指定监护的主体，第 2 款规定了指定监护应遵循的基本原则，第 3 款规定了临时监护，第 4 款规定了指定监护不得擅自变更。需要指出的是，指定监护制度具有补充性，只有当依法具有监护资格的人对监护人身份发生争议时，才可能出现指定监护。其目的在于及时解决监护人身份的争议，为行为能力欠缺者指定监护人，以明确监护职责的承担者，更好维护被监护人的合法权益。

（一）指定监护的主体

1. 取消未成年人父、母所在单位以及精神病人所在单位的指定监护职能

赋予未成年人父、母所在单位以及精神病人所在单位指定监护的职能，是计划经济时代的产物。在计划经济时代，职工与单位之间存在劳动关系与社会管理关系的复合，赋予单位指定监护职责具有历史合理性。但是随着经济社会发展，劳动者与工作单位之间的社会管理关系已经不复存在，单位不仅缺乏履行监护职责的意愿，也不具备相应能力，单位已不适宜处理监护人争议。因此，本条取消单位指定监护的主体资格符合我国实际情况。

2. 保留被监护人住所地居委会、村委会的指定监护职能

依据《村民委员会组织法》第2条规定，村民委员会是村民自我管理、自我教育、自我服务的基层群众性自治组织，办理本村的公共事务和公益事业，调解民间纠纷，协助维护社会治安，向人民政府反映村民的意见、要求和提出建议。《城市居民委员会组织法》中亦有类似规定，居委会负有维护居民的合法权益、办理本居住地区居民的公共事务的公益事业职责。作为基层群众自治性组织，村委会、居委会理应深入了解辖区村民、居民的生活情况，熟悉掌握辖区村民、居民是否具有民事行为能力、欠缺行为能力人是否有监护人监护、欠缺行为能力人的亲属关系等信息。因此，村委会、居委会具有履行指定监护职责的现实条件，在发生监护人争议时，由村委会、居委会指定监护更有可能契合被监护人的利益。因此《民法典》继承了原《民法总则》以及原《民法通则》中的有关规定。

3. 新增民政部门作为指定监护的主体

《民法典》构建了"家庭监护为基础，社会监护为补充，国家监护为兜底"的监护制度体系。加强了政府部门在监护制度中的作用。民政部门目前承担的工作包括社会救济、社会福利事业、社区服务工作、流浪乞讨人员救助、指导中国残疾人联合会工作等，均部分涉及对欠缺行为能力人的救助与保护。赋予民政部门指定监护人的职能，为公权力对监护工作的必要干预提供了通道。

（二）请求法院指定监护人的程序

原《民法通则》将单位或居委会、村委会指定监护，作为请求人民法院指定监护的前置程序。前置程序不仅增加了化解监护纠纷的难度，还可能导致被监护人的合法权益长期处于无人照管的状态。因此，原《民法总则》取消了前置程序，规定利害关系人可以越过人民法院之外其他组织先行指定的程序，直接向人民法院提起诉讼，人民法院则应根据"最有利于被监护人"原则作出判决。《民法典》延续了原《民法总则》的规定。

（三）指定监护的原则

1. 尊重被监护人的真实意愿

监护制度旨在保护行为能力欠缺者的利益、弥补其行为能力的缺失。监护人的确定与被监护人的利益密切相关,按照自己的意愿选择监护人应是被监护人的一项基本权利。因此,在为被监护人指定监护人时,应当充分尊重被监护人的意思,尽可能在符合被监护人要求的情况下选任监护人。

2."最有利于被监护人"原则

(1)被监护人为未成年人。"最有利于被监护人"原则表现为"儿童最大利益原则"。1959年联合国大会通过《儿童权利公约》(以下简称《公约》),提出"应以儿童的最大利益为首要考虑"的国际性指导原则。《公约》第3条规定:"关于儿童的一切行动,不论是由公私社会福利机构、法院、行政当局或立法机构执行,均应以儿童的最大利益为一种首要考虑。"未成年人因身心尚未成熟,缺乏自我保护的能力,权利受到侵害时,也难以采取有效措施维护自身利益,需要包括法律在内的特殊保护。因此,指定监护人时应从未成年人利益最大化角度出发,综合考虑未成年人的年龄和认知程度,未成年人与有监护资格的监护人之间的关系,未成年人对有监护资格人的家庭、即将就读学校等环境的适应度以及有监护资格人本人的心理和身体健康情况,并听取、尊重未成年人的真实意愿。

(2)被监护人为成年人。《民法典》将因年老、残疾等原因导致行为能力欠缺的成年人也纳入被监护人范畴。成年人监护应体现"最佳利益原则",即监护人在处理被监护人的财产管理和人身监护过程中,必须优先考虑被监护人的希望与福祉。同时,应结合被监护人的情感、精神、生活方便和财产效用等发展需求,落实最有利于被监护人原则。例如,针对因疾病等原因导致辨识认知能力欠缺的老年人,指定监护时除应考虑其基本的生活需要外,还应适当考虑其精神需求。

(四)临时监护

临时监护最早见于《民法通则意见》第19条。在人民法院作出判决前,一般应按照指定监护人的顺序,由有监护资格的人暂时承担监护责任。但前述规定缺乏可操作性,需要人民法院指定监护的原因,往往正是对监护人产生争议或互相推诿,此时临时监护人通常缺乏承担监护职责的意愿,难以妥善履行其监护职责。同时,《未成年人保护法》第92条明确规定民政部门对生活无着的未成年人承担临时监护责任。为加强被监护人的临时保护,原《民法总则》规定指定监护人之前,被监护人的人身权利、财产权利以及其他合法权益处于无人保护状态的，由被监护人住所地的居委会、村委会、法律规定的有关组织或者民政部门担任临时监护人，《民法典》继承了该规定。

（五）监护人变更的限制与责任

从保护被监护人利益出发，一旦指定监护人，就不得擅自变更。例如，通过协议方式将监护身份转移至他人。擅自变更的，被指定监护人的监护责任不因此而免除。当然，不得擅自变更不等于不能变更。被指定监护人与其他具有监护资格的人之间达成变更协议时，可以依据《民法典总则编解释》第12条第2款的规定向人民法院提出申请，人民法院应当尊重被监护人的真实意愿，按照最有利于被监护人的原则作出裁判。

▶ 适用指引

一、指定监护人的法定程序

根据本条规定，可通过两种方式指定监护人：一是由村委会、居委会或者民政部门指定；二是申请人民法院指定。前者不再是后者的前置程序。当事人直接申请人民法院指定监护人的，人民法院应当受理。

两种方式的重要区别在于，村委会、居委会或民政部门指定监护人的，不服指定的监护人或者其他有监护资格的人，可以另行向人民法院申请重新指定监护人。人民法院指定监护人的，被指定的监护人只能向人民法院提出异议。

根据《民法典总则编解释》第10条、《民事诉讼法解释》第349条的规定，有关当事人不服指定，应当自接到通知之日起30日内向人民法院提出异议，人民法院应当适用民事特别程序审理。经审理，人民法院认为指定并无不当的，裁定驳回异议；指定不当的，判决撤销指定，同时另行指定监护人。判决书应当送达异议人、原指定单位及判决指定的监护人。

二、应尊重被监护人意愿，作出最有利于被监护人的指定

1. "尊重被监护人意愿"是《民法典》的明确要求，其核心在于听取被监护人的意见。人民法院在审理指定监护人案件时，一方面应充分关注被监护人能否表达意思，并听取能够表达意思的被监护人的意见；另一方面，应注意听

取意见的方式方法，避免对被监护人造成不必要的负面影响。例如，被监护人为未成年人的，人民法院应考虑未成年人的心理承受能力，可以灵活采取到庭询问以外的方式，征求其意见。

2.《民法典》规定了"最有利于被监护人"原则，但未进一步就该原则作出具体规定，确定判断标准，为人民法院指定监护人留下较大的自由裁量空间。人民法院应结合案情和被监护人、监护人的特征，在个案中判断何谓"最有利于被监护人"，除考虑被监护人的生存需要外，还应考虑被监护人发展层面的需要。《民法典总则编解释》第9条实质上为尊重被监护人真实意愿及最有利于被监护人原则提供了参考指引。

3.法院指定监护人不受《民法典》规定的监护人法定顺序的限制。如果顺序在先者不符合被监护人的意愿、不能满足最有利于被监护人的要求，人民法院应考虑顺序在后者。在尊重被监护人意愿、最有利于被监护人的大原则下，监护人可以是一人，也可以是数人；数人时，不限于同一顺序。

▶ 类案检索

卢某晖、崔某彤申请变更监护人案

关键词： 变更监护　最有利于被监护人　监护顺位

裁判摘要： 其他愿意担任监护人的个人或者组织之间有争议的，在经居委会等有关部门同意后，应遵循被监护人最佳利益保护原则，考察申请人既往协助履行监护职责的行为表现，并充分尊重关系紧密家庭成员共同意愿确认适当监护人。

【案　　号】（2019）沪0107民特监1号

【审理法院】上海市普陀区人民法院

第三十二条　没有依法具有监护资格的人的，监护人由民政部门担任，也可以由具备履行监护职责条件的被监护人住所地的居民委员会、村民委员会担任。

▶ **关联规定**

一、法律、行政法规、司法解释

1.《中华人民共和国民法典》

第二十七条　父母是未成年子女的监护人。

未成年人的父母已经死亡或者没有监护能力的，由下列有监护能力的人按顺序担任监护人：

（一）祖父母、外祖父母；

（二）兄、姐；

（三）其他愿意担任监护人的个人或者组织，但是须经未成年人住所地的居民委员会、村民委员会或者民政部门同意。

第二十八条　无民事行为能力或者限制民事行为能力的成年人，由下列有监护能力的人按顺序担任监护人：

（一）配偶；

（二）父母、子女；

（三）其他近亲属；

（四）其他愿意担任监护人的个人或者组织，但是须经被监护人住所地的居民委员会、村民委员会或者民政部门同意。

2.《中华人民共和国未成年人保护法》

第九十四条　具有下列情形之一的，民政部门应当依法对未成年人进行长期监护：

（一）查找不到未成年人的父母或者其他监护人；

（二）监护人死亡或者被宣告死亡且无其他人可以担任监护人；

（三）监护人丧失监护能力且无其他人可以担任监护人；

（四）人民法院判决撤销监护人资格并指定由民政部门担任监护人；

（五）法律规定的其他情形。

3.《最高人民法院关于适用〈中华人民共和国民事诉讼法〉的解释》

第三百五十条 申请认定公民无民事行为能力或者限制民事行为能力的案件，被申请人没有近亲属的，人民法院可以指定经被申请人住所地的居民委员会、村民委员会或者民政部门同意，且愿意担任代理人的个人或者组织为代理人。

没有前款规定的代理人的，由被申请人住所地的居民委员会、村民委员会或者民政部门担任代理人。

代理人可以是一人，也可以是同一顺序中的两人。

二、部门规章及规范性文件

《儿童福利机构管理办法》

第九条 儿童福利机构应当收留抚养下列儿童：

（一）无法查明父母或者其他监护人的儿童；

（二）父母死亡或者宣告失踪且没有其他依法具有监护资格的人的儿童；

（三）父母没有监护能力且没有其他依法具有监护资格的人的儿童；

（四）人民法院指定由民政部门担任监护人的儿童；

（五）法律规定应当由民政部门担任监护人的其他儿童。

三、司法指导性文件

《最高人民法院、最高人民检察院、公安部、民政部关于依法处理监护人侵害未成年人权益行为若干问题的意见》

44.民政部门担任监护人的，承担抚养职责的儿童福利机构可以送养未成年人。

送养未成年人应当在人民法院作出撤销监护人资格判决一年后进行。侵害人有本意见第40条第2款规定情形的，不受一年后送养的限制。

条文释义

一、本条主旨

本条是关于没有依法具有监护资格的人时监护人如何确立的规定。

二、条文演变

公职监护人的规定，最早可追溯至原《民法通则》第16条、第17条关于未成年人监护以及无民事行为能力或者限制民事行为能力的精神病人监护的兜底规定，即没有法律规定的监护人的，由未成年人的父、母，精神病人所在单位、或者未成年人、精神病人住所地的居民委员会、村民委员会或者民政部门担任监护人。原《民法总则》实施后，公职监护人的规定发生变化，一是将单位从公职监护人主体中剔除；二是将民政部门列为履行公职监护责任的第一顺位主体；三是为居委会、村委会履行公职监护职责设定了前提：具备监护能力和监护意愿。《民法典》保留了原《民法总则》第32条的规定。

三、条文解读

从立法沿革视之，较之原《民法通则》，《民法典》进一步强化了政府的监护职能，且扮演着"兜底"角色。本条规定体现了政府在监护制度中保护欠缺行为能力者的兜底监护职能。原《民法总则（草案）》征求意见稿对本条表述为："无本法第26条、第27条规定的具有监护资格的人的，监护人由被监护人住所地的居民委员会、村民委员会或者民政部门担任。"原《民法总则》及此后的《民法典》最终规定为："没有依法具有监护资格的人的，监护人由民政部门担任，也可以由具备履行监护职责条件的被监护人住所地的居民委员会、村民委员会担任。"

（一）民政部门监护责任前移

近年来，民政部门在保护未成年人合法权益方面作出了有力探索。由最高人民法院、最高人民检察院、公安部、民政部四部门发布，于2015年1月1日实施的《侵害未成年人权益意见》规定，民政部门应当设立未成年人救助保护机构（包括救助管理站、未成年人救助保护中心），对进入机构的未成年人承担临时监护责任，必要时向人民法院申请撤销监护人资格。民政部门的职责包括承担受侵害未成年人的国家监护责任。国家监护责任一方面体现政府为父母或其他监护人履行监护责任的支持后盾；另一方面，在父母或者其他监护人的监护出现问题时，政府可以通过一系列措施和程序干预家庭监护，避免被监护人处于无人监护或其他危险处境，且在必要时应直接承担监护责任，保障被监护人的安全。因此，在未成年人欠缺依法具有监护资格的人时，民政部门首先承担监护责任，符合其法定职能。

（二）村委会、居委会监护责任后置

本条保留了未成年人和无民事行为能力与限制民事行为能力成年人住所地的村民委员会、居民委员会担任监护人的责任，这一立法例体现了中国特色。一方面，村委会、居委会比较了解居住地区的未成年人和无民事行为能力与限制民事行为能力成年人的健康智力状况、家庭情况等，具有担任公职监护人的便利条件；另一方面，村委会、居委会工作人员"属于兼职，且缺乏财政支持"，很可能缺乏专业知识与工作条件，其担任监护人的能力与意愿通常较民政部门更弱，但不能以此取消其公职监护职责，否则会妨碍有承担监护职责能力与意愿的村委会、居委会担任监护人。基于上述考虑，《民法典》将其顺序列于民政部门之后，符合我国实际情况。

▶ 典型案例

广州市黄埔区民政局与陈某金申请变更监护人案

关键词： 监护能力　变更监护

裁判摘要： 被监护人吴某为未成年人，且智力残疾三级，养父母均已去世，陈某金作为吴某的养祖母，年事已高并有疾病在身，经济状况较差，已无能力抚养吴某。鉴于陈某金已不适宜继续承担吴某的监护职责，而吴某的外祖父母同样不具备监护能力，且陈某金同意将吴某的监护权变更给广州市黄埔区民政局，将吴某的监护人由陈某金变更为广州市黄埔区民政局不仅符合法律规定，还可以为吴某提供更好的生活、教育环境，更有利于吴某的健康成长。故判决自 2021 年 7 月 23 日起，吴某的监护人由陈某金变更为广州市黄埔区民政局。

基本案情： 吴某，2010年10月28日出生，于2011年8月22日被收养。吴某为智力残疾三级，其养父母于2012年和2014年先后因病死亡，后由其养祖母陈某金作为监护人。除每月500余元农村养老保险及每年2000余元社区股份分红外，陈某金无其他经济收入来源，且陈某金年事已高并有疾病在身。吴某的外祖父母也年事已高亦无经济收入来源。2018年起，陈某金多次向街道和区民政局申请将吴某送往儿童福利机构养育、照料。为妥善做好吴某的后期监护，广州市黄埔区民政局依照《民法典》相关规定向人民法院申请变更吴某的监护人为民政部门，广州市黄埔区人民检察院出庭支持民政部门的变更申请。

【案　　号】（2021）粤0112民特221号
【审理法院】广东省广州市黄埔区人民法院
【来　　源】《人民法院贯彻实施民法典典型案例（第一批）》

类案检索

永泰县民政局、林某宾、林某兰申请撤销监护人资格案

关键词： 撤销监护人资格　指定监护人

裁判摘要： 父母不履行监护职责或者侵害被监护人合法权益时，人民法院可以依据有关单位和人员的申请，撤销监护人的资格，从对未成年人特殊、优先保护原则和未成年人最大利益原则出发，另行指定民政部门为监护人。

【案　　号】（2021）闽0125民特28号
【审理法院】福建省永泰县人民法院

第三十三条 具有完全民事行为能力的成年人，可以与其近亲属、其他愿意担任监护人的个人或者组织事先协商，以书面形式确定自己的监护人，在自己丧失或者部分丧失民事行为能力时，由该监护人履行监护职责。

关联规定

法律、行政法规、司法解释

1.《中华人民共和国老年人权益保障法》

第二十六条 具备完全民事行为能力的老年人，可以在近亲属或者其他与自己关系密切、愿意承担监护责任的个人、组织中协商确定自己的监护人。监护人在老年人丧失或者部分丧失民事行为能力时，依法承担监护责任。

老年人未事先确定监护人的，其丧失或者部分丧失民事行为能力时，依照有关法律的规定确定监护人。

2.《最高人民法院关于适用〈中华人民共和国民法典〉总则编若干问题的解释》

第十一条 具有完全民事行为能力的成年人与他人依据民法典第三十三条的规定订立书面协议事先确定自己的监护人后，协议的任何一方在该成年人丧失或者部分丧失民事行为能力前请求解除协议的，人民法院依法予以支持。该成年人丧失或者部分丧失民事行为能力后，协议确定的监护人无正当理由请求解除协议的，人民法院不予支持。

该成年人丧失或者部分丧失民事行为能力后，协议确定的监护人有民法典第三十六条第一款规定的情形之一，该条第二款规定的有关个人、组织申请撤销其监护人资格的，人民法院依法予以支持。

▶ 条文释义

一、本条主旨

本条是关于成年人意定监护的规定。

二、条文演变

原《民法通则》没有规定意定监护制度,将成年人与未成年人等同视之,忽略了具有完全民事行为能力的成年人在民事行为能力出现欠缺之前安排自己监护事宜的意志,缺乏对其选择监护人、确定监护职责范围等意愿的重视。关于成年人意定监护的规定,首见于2018年《老年人权益保障法》第26条第1款的规定:"具备完全民事行为能力的老年人,可以在近亲属或者其他与自己关系密切、愿意承担监护责任的个人、组织中协商确定自己的监护人。监护人在老年人丧失或者部分丧失民事行为能力时,依法承担监护责任。"原《民法总则》第33条吸收了前述规定,并将意定监护制度的适用范围扩大到所有成年人,完善了我国监护制度,具有重要的制度价值。《民法典》保留了原《民法总则》第33条的规定,并对条文表述微调。确立成年人意定监护制度,是我国监护制度的重要突破,对我国步入老龄化社会过程中出现的法律问题作出了积极回应。

三、条文解读

意定监护制度的核心,是允许当事人以书面形式自行确定自己的监护人。但是,意定监护是单方法律行为还是双方法律行为一直存有争议。

有观点认为,意定监护属于单方法律行为,即完全民事行为能力人可单方以书面形式确定他人为自己的监护人。① 此种理解充分体现了对被监护人意愿的尊重。

我们认为,意定监护属于双方法律行为。理由在于:其一,从制度溯源视之,意定监护制度源于英美法的"持续性代理权"制度。"持续性代理权是指,本人以书面方式指定其他人作为其代理人,被代理人确认日后丧失行为能力不

---

① 参见李世刚:《〈民法总则〉关于监护制度的释评》,载《法律适用》2017年第9期。

影响该代理权的效力","或者确认该代理权将于行为人丧失行为能力之日起获得""或者本人有类似的意思表示,授权不因本人丧失行为能力而无效。""持续性代理权"制度的理论基础为委托合同,委托合同显然属于双方法律行为。其二,从制度移植视之,大陆法系国家引入意定监护制度时,均将设立意定监护行为定性为"双方法律行为",要求必须由双方达成合意后订立监护协议。其三,从实践角度视之,监护涉及重大利益关系和法律责任,不仅影响被监护人的权利义务,也将对监护人的权利义务产成重大影响,在未与监护人达成合意的情况下,仅通过监护人单方意志就强制形成意定监护,不具有现实可行性。① 综前,关于设立意定监护行为性质的理解,应将其定性为双方法律行为。

▶ 适用指引

本条主要适用于成年人在全部或部分丧失民事行为能力之前,委任他人在其无判断能力时照护其人身或管理其财产的情形。

一、意定监护成立以书面形式为要件

（一）书面形式的具体类型

确立意定监护法律关系的基本依据是监护协议。监护协议决定了本人授权的范围、权限和期间、监护人与被监护人的权利义务等重要事项。签订监护协议的时间往往距离监护条件成就时间较远,为保证被监护人的真实意思表示最终实现,避免在监护条件成就时无据可循,法律要求必须订立书面监护协议。对监护协议的书面形式应采取广义理解,根据《民法典》第469条规定,书面形式不仅包括签字盖章的合同书、信件等,还包括虽然并无签字盖章但有证据表明是合意者自己真实意思表示的电子邮件等数据电文。对监护协议的书面形式应采取广义理解。

（二）格式文本

由于监护协议与双方当事人关系重大,因此,有国家对监护协议的形式要

---

① 参见蒲洪杰:《〈民法总则〉监护设立制度解释论纲》,载《法学论坛》2018年第3期。

件作出更严格的规定。虽然我国未就监护协议的形式要件作出强制性规定，但为防止因协议内容模糊而徒增争议，可考虑建立格式化的监护协议范本，列举人身监护和财产监护的具体事项。

二、签订监护协议时，双方均应具有完全民事行为能力

毋庸置疑，当事人在订立协议时应当具有完全民事行为能力，否则该民事法律行为效力会因订约主体缺乏资格而受到影响。但是，意定监护纠纷的产生，往往始于监护条件成立之时。此时，被监护人处于全部或部分丧失民事行为能力的状态，人民法院如何判定被监护人在订立监护协议时的生理和心理状态，从而认定监护协议的效力，将成为纠纷焦点。为减轻法院判断成本，很多国家要求监护协议必须进行公证，但我国并未就监护协议公证问题作出明确规定。对于监护协议效力的认定，尚需在审判实践中进一步总结经验。

三、监护条件的成就

监护制度与民事行为能力相关，只有当自然人欠缺行为能力时，才有为其设立监护的必要。意定监护亦不例外，意定监护协议自指定监护一方丧失或者部分丧失民事行为能力时生效。

对成年人而言，心智丧失、不具有识别能力和判断能力均可作为判断丧失民事行为能力的标准；未完全丧失意思能力，能够进行适合其智能状况的民事行为，则为部分丧失民事行为能力。判断当事人是否能够辨认自己的行为，是审判实践的难点，须经专业机构作出判断。《民法典》第24条第1款规定，由当事人的利害关系人或者有关组织向人民法院申请认定该成年人为无民事行为能力人或者限制民事行为能力人。因此，监护条件一般在当事人被认定为无民事行为能力或者限制民事行为能力时成就。

▶ 类案检索

牛某波申请确定监护人案

关键词： 确定监护人　书面协议　丧失行为能力

裁判摘要： 成年人因病丧失行为能力，且与他人事先书面协商，同意他人

作为成年人监护人的，法院应予准许。

【案　　号】（2021）黑 1281 民特 52 号
【审理法院】黑龙江省安达市人民法院

> **第三十四条** 监护人的职责是代理被监护人实施民事法律行为，保护被监护人的人身权利、财产权利以及其他合法权益等。
>
> 监护人依法履行监护职责产生的权利，受法律保护。
>
> 监护人不履行监护职责或者侵害被监护人合法权益的，应当承担法律责任。
>
> 因发生突发事件等紧急情况，监护人暂时无法履行监护职责，被监护人的生活处于无人照料状态的，被监护人住所地的居民委员会、村民委员会或者民政部门应当为被监护人安排必要的临时生活照料措施。

▶ 关联规定

一、法律、行政法规、司法解释

1.《中华人民共和国民法典》

第一千零五十八条 夫妻双方平等享有对未成年子女抚养、教育和保护的权利，共同承担对未成年子女抚养、教育和保护的义务。

2.《中华人民共和国精神卫生法》

第九条 精神障碍患者的监护人应当履行监护职责，维护精神障碍患者的合法权益。

禁止对精神障碍患者实施家庭暴力，禁止遗弃精神障碍患者。

第七十八条 违反本法规定，有下列情形之一，给精神障碍患者或者其他公民造成人身、财产或者其他损害的，依法承担赔偿责任：

（一）将非精神障碍患者故意作为精神障碍患者送入医疗机构治疗的；

（二）精神障碍患者的监护人遗弃患者，或者有不履行监护职责的其他情形的；

（三）歧视、侮辱、虐待精神障碍患者，侵害患者的人格尊严、人身安全的；

（四）非法限制精神障碍患者人身自由的；

（五）其他侵害精神障碍患者合法权益的情形。

3.《中华人民共和国未成年人保护法》

第十五条 未成年人的父母或者其他监护人应当学习家庭教育知识，接受家庭教育指导，创造良好、和睦、文明的家庭环境。

共同生活的其他成年家庭成员应当协助未成年人的父母或者其他监护人抚养、教育和保护未成年人。

第十六条 未成年人的父母或者其他监护人应当履行下列监护职责：

（一）为未成年人提供生活、健康、安全等方面的保障；

（二）关注未成年人的生理、心理状况和情感需求；

（三）教育和引导未成年人遵纪守法、勤俭节约，养成良好的思想品德和行为习惯；

（四）对未成年人进行安全教育，提高未成年人的自我保护意识和能力；

（五）尊重未成年人受教育的权利，保障适龄未成年人依法接受并完成义务教育；

（六）保障未成年人休息、娱乐和体育锻炼的时间，引导未成年人进行有益身心健康的活动；

（七）妥善管理和保护未成年人的财产；

（八）依法代理未成年人实施民事法律行为；

（九）预防和制止未成年人的不良行为和违法犯罪行为，并进行合理管教；

（十）其他应当履行的监护职责。

第十七条 未成年人的父母或者其他监护人不得实施下列行为：

（一）虐待、遗弃、非法送养未成年人或者对未成年人实施家庭暴力；

（二）放任、教唆或者利用未成年人实施违法犯罪行为；

（三）放任、唆使未成年人参与邪教、迷信活动或者接受恐怖主义、分裂主义、极端主义等侵害；

（四）放任、唆使未成年人吸烟（含电子烟，下同）、饮酒、赌博、流浪乞讨或者欺凌他人；

（五）放任或者迫使应当接受义务教育的未成年人失学、辍学；

（六）放任未成年人沉迷网络，接触危害或者可能影响其身心健康的图书、报刊、电影、广播电视节目、音像制品、电子出版物和网络信息等；

（七）放任未成年人进入营业性娱乐场所、酒吧、互联网上网服务营业场所等不适宜未成年人活动的场所；

（八）允许或者迫使未成年人从事国家规定以外的劳动；

（九）允许、迫使未成年人结婚或者为未成年人订立婚约；

（十）违法处分、侵吞未成年人的财产或者利用未成年人牟取不正当利益；

（十一）其他侵犯未成年人身心健康、财产权益或者不依法履行未成年人保护义务的行为。

第十八条 未成年人的父母或者其他监护人应当为未成年人提供安全的家庭生活环境，及时排除引发触电、烫伤、跌落等伤害的安全隐患；采取配备儿童安全座椅、教育未成年人遵守交通规则等措施，防止未成年人受到交通事故的伤害；提高户外安全保护意识，避免未成年人发生溺水、动物伤害等事故。

第十九条 未成年人的父母或者其他监护人应当根据未成年人的年龄和智力发展状况，在作出与未成年人权益有关的决定前，听取未成年人的意见，充分考虑其真实意愿。

第二十条 未成年人的父母或者其他监护人发现未成年人身心健康受到侵害、疑似受到侵害或者其他合法权益受到侵犯的，应当及时了解情况并采取保护措施；情况严重的，应当立即向公安、民政、教育等部门报告。

第二十一条 未成年人的父母或者其他监护人不得使未满八周岁或者由于身体、心理原因需要特别照顾的未成年人处于无人看护状态，或者将其交由无民事行为能力、限制民事行为能力、患有严重传染性疾病或者其他不适宜的人员临时照护。

未成年人的父母或者其他监护人不得使未满十六周岁的未成年人脱离监护单独生活。

第二十二条 未成年人的父母或者其他监护人因外出务工等原因在一定期限内不能完全履行监护职责的，应当委托具有照护能力的完全民事行为能力人代为照护；无正当理由的，不得委托他人代为照护。

未成年人的父母或者其他监护人在确定被委托人时，应当综合考虑其道德品质、家庭状况、身心健康状况、与未成年人生活情感上的联系等情况，并听取有表达意愿能力未成年人的意见。

具有下列情形之一的，不得作为被委托人：

（一）曾实施性侵害、虐待、遗弃、拐卖、暴力伤害等违法犯罪行为；

（二）有吸毒、酗酒、赌博等恶习；

（三）曾拒不履行或者长期怠于履行监护、照护职责；

（四）其他不适宜担任被委托人的情形。

第九十六条 民政部门承担临时监护或者长期监护职责的，财政、教育、卫生健康、公安等部门应当根据各自职责予以配合。

县级以上人民政府及其民政部门应当根据需要设立未成年人救助保护机构、儿童福利机构，负责收留、抚养由民政部门监护的未成年人。

第一百一十八条 未成年人的父母或者其他监护人不依法履行监护职责或者侵犯未成年人合法权益的，由其居住地的居民委员会、村民委员会予以劝诫、制止；情节严重的，居民委员会、村民委员会应当及时向公安机关报告。

公安机关接到报告或者公安机关、人民检察院、人民法院在办理案件过程中发现未成年人的父母或者其他监护人存在上述情形的，应当予以训诫，并可以责令其接受家庭教育指导。

4.《最高人民法院关于确定民事侵权精神损害赔偿责任若干问题的解释》

第二条 非法使被监护人脱离监护，导致亲子关系或者近亲属间的亲属关系遭受严重损害，监护人向人民法院起诉请求赔偿精神损害的，人民法院应当依法予以受理。

二、司法指导性文件

《最高人民法院、最高人民检察院、公安部、民政部关于依法处理监护人侵害未成年人权益行为若干问题的意见》

11.公安机关在出警过程中，发现未成年人身体受到严重伤害、面临严重人身安全威胁或者处于无人照料等危险状态的，应当将其带离实施监护侵害行为的监护人，就近护送至其他监护人、亲属、村（居）民委员会或者未成年人救助保护机构，并办理书面交接手续。未成年人有表达能力的，应当就护送地点征求未成年人意见。

负责接收未成年人的单位和人员（以下简称临时照料人）应当对未成年人予以临时紧急庇护和短期生活照料，保护未成年人的人身安全，不得侵害未成年人合法权益。

公安机关应当书面告知临时照料人有权依法向人民法院申请人身安全保护裁定和撤销监护人资格。

▶ 条文释义

一、本条主旨

本条是关于监护人监护职责的规定。

二、条文演变

监护职责规定最早见于原《民法通则》第 18 条。原《民法通则意见》第 10 条对监护职责作出了更加具体的规定,即监护人的监护职责包括:保护被监护人的身体健康;照顾被监护人的生活;管理和保护被监护人的财产;代理被监护人进行民事活动;对被监护人进行管理和教育;在被监护人合法权益受到侵害或者与人发生争议时,代理其进行诉讼。原《民法总则》发展完善了原《民法通则》的规定,第 34 条用三款条文规定了监护人的职责。第 1 款明确规定了监护人的职责包括人身监护、财产监护和法定代理权;第 2 款规定了监护人因依法履行监护职责发生的权利受法律保护;第 3 款则将原《民法通则》中的"给被监护人造成财产损失的应当赔偿损失"的规定,修改为"监护人不履行监护职责或者损害监护人合法权益的,应当承担法律责任"。《民法典》保留了前述规定。

三、条文解读

本条规定了监护人的职责、权利及临时生活照料措施。

(一)监护人职责

监护职责又称监护事务,是监护制度的重要组成部分,指监护人依法享有的监护权利与所负担的监护义务的总称。监护制度位于《民法典》总则编,反映出监护制度的定位是对被监护人行为能力欠缺的补正。监护职责主要包括:

1. 代理被监护人实施民事法律行为

监护人为被监护人利益对外从事民事活动时,其监护职责表现为法定代理权,其所实施的法律行为效力直接归属于被监护人。此外,《民法典》区分了无民事行为能力人和限制民事行为能力人,与此对应,监护人在行使法定代理权时的代理权限也有所区别。

2. 保护被监护人的人身权利、财产权利以及其他合法权益

（1）对未成年人的监护职责。①人身监护职责。我国《未成年人保护法》第15条至第22条对父母或者其他监护人的人身监护职责作出了明确规定。②财产监护职责。监护人有管理被监护人财产的权利和义务，并有权代表被监护人从事财产法律行为。大多数国家都通过立法规定，监护人有权管理未成年人的财产，使用未成年人的财产用于抚养未成年人，支付其生活费用、教育费用等，前述财产监护职责也为我国司法实践广泛承认。但是，大陆法系国家和地区还规定了监护人制作、更新财产清单与账目的职责，并须定期向法定机关、组织或者家庭会议提交财产清单和账目，以确保监护人正确使用被监护人的财产，不致损害被监护人利益。目前，我国立法对此未作规定，可能给司法实践带来一些困难，需要结合个案情境进一步明确财产监护职责的内涵。

（2）对成年人的监护职责。《民法典》未区分成年人与未成年人监护职责。但是成年人与未成年人的监护仍然存在较大区别。现代成年人监护制度的目的并不在于监管被监护人，而是对其进行必要的保护、照顾，使其获得与他人平等的主体地位。目前《民法典》未就成年人监护职责作出具体规定，但不能因此否认成年人监护制度在财产监管职责之外，更加注重人身照护职责。在确认监护职责时，应立足提高被监护人的生活质量，兼顾财产管理与人身监护。例如，成年人的人身监护通常包括给予医学治疗和养护，为被监护人提供必要医疗应是监护人的法定义务。根据《精神卫生法》的规定，精神障碍患者的监护人不得对精神病患者使用家庭暴力或遗弃精神障碍患者，对精神障碍患者住院治疗享有同意权，监护人应当看护好在家居住的患者，妥善看护没有入院治疗的患者，根据医生嘱托督促其按时服药、接受随访或者治疗，监护人应当协助患者进行生活自理能力和社会适应能力等方面的康复训练等。老年人、残疾人、心理障碍患者等成年人的监护人，同样负有积极为被监护人提供医疗帮助，排除其身体、精神障碍，力求使其行为能力最大限度地得到恢复的监护职责。

（二）监护权的保护

监护人依法履行监护职责的权利，称为监护权。监护权受法律的保护，任何单位和个人都不得非法干涉或侵犯。侵害监护权的行为样态，主要包括非法使被监护人脱离监护，或者妨害监护人履行监护职责。当监护权受到侵害或妨害时，监护人有权请求停止侵害、排除妨碍。根据《最高人民法院关于确定民事侵权精神损害赔偿责任若干问题的解释》（以下简称《精神损害赔偿解释》）第2条的规定，非法使被监护人脱离监护，导致亲子关系或者近亲属间的亲属关系遭受严重损害，监护人向人民法院起诉请求赔偿精神损害的，人民法院应当依法予以受理。监护人与被监护人无亲属关系的，不得请求精神损害赔偿。

（三）监护人不履行监护职责或者侵害被监护人合法权益的法律责任

监护人不履行监护职责或者侵害被监护人合法权益的，应当承担法律责任。例如，虐待、遗弃被监护人，情节恶劣构成犯罪的，应承担刑事责任；监护人不履行或不适当履行监护职责，造成被监护人财产损失的，应当赔偿损失等。对于侵害被监护人利益或者不履行监护职责的监护人，人民法院可以根据有关人员或者组织的申请，撤销监护人的资格，另行指定他人担任监护人。此外，《民法典》将意定监护纳入监护体系，如果意定监护人违反协议约定的监护职责，还可能承担违约责任。

（四）紧急情况下的临时生活照料措施

本条第4款规定了紧急情况下的临时生活照料措施。其出台背景直接源于新冠肺炎疫情。疫情期间，出现了监护人被确诊新冠肺炎隔离治疗后，无生活能力的被监护人无人照料的情形，引起广泛关注。针对因紧急情况导致监护人"缺位"的问题，《民法典》新增第4款规定，明确在发生突发事件等紧急情况下，监护人暂时无法履行监护职责，被监护人处于无人照料状态的，被监护人住所地的居委会、村委会或者民政部门应当为被监护人安排必要的临时生活照料措施。该款规定进一步完善了"以家庭监护为基础，社会监护为补充，国家监护为兜底"的监护制度体系，充分体现了立法对现实问题的及时回应和"以人民为中心"的法治理念。

适用指引

一、监护人怠于履行或滥用监护职责

《民法典》仅对监护职责作出基础性、原则性规定。由于法律规定的监护职责较为原则,监护人管理被监护人财产多数又未登记造册,一旦出现监护人擅自处分被监护人财产,侵吞、隐匿、私分财产收益,藏匿被监护人的证件等怠于履行监护权、滥用监护权甚至侵害被监护人权益的情形时,法院很难查明事实,并依法追究监护人的法律责任。对此,还有待司法实践进一步积累经验,并适时出台配套的细化规则,以切实保障被监护人的合法权益。

二、未成年人的特殊监护职责

结合《未成年人保护法》规定,可将未成年人人身监护职责概括为:(1)照料日常生活;(2)教育;(3)保护身心健康;(4)指定住所;(5)医疗决定权。对于前3项内容,基本已经达成共识,法院在未成年人监护案件中基本都会涵盖以上内容。但对于第4项和第5项内容,《民法典》及其他相关法律并未明确规定。指定未成年人的住所,要求未成年人居住在便于监护人履行监护职责的地方,这是监护人开展监护活动的前提,未成年人不得随意离开监护人指定的住所或居所。因此,监护人应当有权指定未成年人的住所,以便于监护人履行监护职责,人民法院可以根据个案具体情况要求监护人与被监护人共同居住。此外,《民法典》第1219条第1款规定,需要实施手术、特殊检查、特殊治疗的,医务人员应当及时向患者具体说明医疗风险、替代医疗方案等情况,并取得其明确同意。由于未成年人不具有完全民事行为能力,不具备作出是否同意治疗方案决定的认知能力,需要由监护人代其作出决定,监护人应当完全从有利于未成年人的角度,作出医疗决定。

类案检索

许某诉吴某、章某监护权纠纷案

关键词: 法定监护人　财产管理权　委托近亲属

裁判摘要：父母系未成年人的法定监护人，父母可以将对未成年人财产的管理权委托给未成年人的其他近亲属，父母也有权终止委托关系，而无须征得其他近亲属的同意。

【案　　号】（2008）宿中民一终字第0220号

【审理法院】江苏省宿迁市中级人民法院

第三十五条 监护人应当按照最有利于被监护人的原则履行监护职责。监护人除为维护被监护人利益外，不得处分被监护人的财产。

未成年人的监护人履行监护职责，在作出与被监护人利益有关的决定时，应当根据被监护人的年龄和智力状况，尊重被监护人的真实意愿。

成年人的监护人履行监护职责，应当最大程度地尊重被监护人的真实意愿，保障并协助被监护人实施与其智力、精神健康状况相适应的民事法律行为。对被监护人有能力独立处理的事务，监护人不得干涉。

▶ 关联规定

法律、行政法规、司法解释

1.《中华人民共和国民法典》

第五条 民事主体从事民事活动，应当遵循自愿原则，按照自己的意思设立、变更、终止民事法律关系。

第十九条 八周岁以上的未成年人为限制民事行为能力人，实施民事法律行为由其法定代理人代理或者经其法定代理人同意、追认；但是，可以独立实施纯获利益的民事法律行为或者与其年龄、智力相适应的民事法律行为。

第二十条 不满八周岁的未成年人为无民事行为能力人，由其法定代理人代理实施民事法律行为。

第二十一条 不能辨认自己行为的成年人为无民事行为能力人，由其法定代理人代理实施民事法律行为。

八周岁以上的未成年人不能辨认自己行为的，适用前款规定。

第二十二条 不能完全辨认自己行为的成年人为限制民事行为能力人，实施民事法律行为由其法定代理人代理或者经其法定代理人同意、追认；但是，可以独立实施纯获利益的民事法律行为或者与其智力、精神健康状况相适应的民事法律行为。

2.《中华人民共和国未成年人保护法》

第十六条 未成年人的父母或者其他监护人应当履行下列监护职责：

（一）为未成年人提供生活、健康、安全等方面的保障；

（二）关注未成年人的生理、心理状况和情感需求；

（三）教育和引导未成年人遵纪守法、勤俭节约，养成良好的思想品德和行为习惯；

（四）对未成年人进行安全教育，提高未成年人的自我保护意识和能力；

（五）尊重未成年人受教育的权利，保障适龄未成年人依法接受并完成义务教育；

（六）保障未成年人休息、娱乐和体育锻炼的时间，引导未成年人进行有益身心健康的活动；

（七）妥善管理和保护未成年人的财产；

（八）依法代理未成年人实施民事法律行为；

（九）预防和制止未成年人的不良行为和违法犯罪行为，并进行合理管教；

（十）其他应当履行的监护职责。

第十九条 未成年人的父母或者其他监护人应当根据未成年人的年龄和智力发展状况，在作出与未成年人权益有关的决定前，听取未成年人的意见，充分考虑其真实意愿。

3.《中华人民共和国残疾人保障法》

第九条 残疾人的扶养人必须对残疾人履行扶养义务。

残疾人的监护人必须履行监护职责，尊重被监护人的意愿，维护被监护人的合法权益。

残疾人的亲属、监护人应当鼓励和帮助残疾人增强自立能力。

禁止对残疾人实施家庭暴力，禁止虐待、遗弃残疾人。

▶ 条文释义

一、本条主旨

本条是关于监护职责履行的规定。

二、条文演变

原《民法总则》在第35条规定监护职责的履行时,以"最有利于被监护人"和"尊重被监护人真实意愿"为原则,确立了全新的监护职责履行理念。《民法典》保留了原《民法总则》中关于监护职责履行的立法精神和法律条文。

三、条文解读

(一)未成年人监护

在未成年人监护问题上,最有利于被监护人原则体现为实现"未成年人最佳利益"。监护人在处置未成年被监护人的事务时,应立足于满足被监护人的利益而非监护人的利益,同时还要遵循未成年人心理逐渐成熟的规律,使其逐渐参与决定,根据被监护人的年龄和智力状况,尊重被监护人的真实意愿。虽然《民法典》未就"最有利于被监护人"作出更加具体的规定。但是《民法典》第19条规定:"八周岁以上的未成年人为限制民事行为能力人,实施民事法律行为由其法定代理人代理或者经其法定代理人同意、追认,但是,可以独立实施纯获利益的民事法律行为或者与其年龄、智力相适应的民事法律行为。"第20条规定:"不满八周岁的未成年人为无民事行为能力人,由其法定代理人代理实施民事法律行为。"因此,并非所有未成年人的民事法律行为都由监护人一概代理,八周岁以上的未成年人,可以独立实施与其年龄和智力状况相适应的民事法律行为。对于超出其年龄和智力范围、仍需由监护人代理实施的其他民事法律行为,若未成年人表达了与其年龄和智力状况相符合的真实意愿,监护人应当尊重其意愿。因此,人民法院应充分考量相关因素,关注未成年人生存和发展,让未成年人健康、幸福、有尊严地生活。特别是在涉及高度个人化的决定中,鼓励未成年人积极参与自主决定。例如,离婚案件中涉及未成年人抚养权归属、收养、医学治疗等事宜,应当保障具有表意能力的未成年人合理的话语权,充分听取未成年人的意见。

(二)成年人监护

与未成年人不同,相当比例的成年被监护人曾经具有完全民事行为能力,往往因年老、疾病等原因渐次丧失民事行为能力,因此成年被监护人往往可能保留一部分认知能力。这意味着成年人监护人履行职责时，应当特别注意尊重被监护人的真实意愿，听取被监护人的意思，按照被监护人的意愿履行监护职责。① 换言之，就成年人监护而言，"最有利于被监护人"原则与"尊重被监护人意愿"具有高度一致性，具体包括支持其自主决定、最少限制以及最佳利益等要求。对于被监护人可以独立处理的事务，监护人应当遵从被监护人的意思，不得加以干涉；对于被监护人实施的与自己的智力、精神健康状况相适应但是无法独立处理的行为，监护人应当给予保障和协助；对于被监护人无法独立实施的与其智力、精神健康状况不相适应的民事法律行为，应当通过代理人的代理活动来完成，但是代理人在从事代理行为时应当符合"最有利于被监护人"原则。② 判断监护人履行监护职责是否符合"最有利于被监护人"原则，可以参考以下几方面因素：（1）如果被监护人具有意思能力时是否会作出某种选择或者期待作出某种选择；（2）作出某种选择是否符合被监护人过去或现在的感情、希望、信仰、价值观；（3）通过家属、护理者或者其他人的意见确定监护人的意思；（4）监护人是否尽量鼓励和引导被监护人参与自己事务的决策并尽力改善被监护人参与事务决策的能力。③

（三）财产监管中的"最有利于被监护人"原则

本条第1款第2句规定："监护人除为维护被监护人利益外，不得处分被监护人的财产"。该规定是对监护人法定代理权的法定限制。如果监护人不是为了被监护人的利益却以被监护人名义处分其财产，应当认为超越法定代理权限，构成无权代理，该处分财产的行为对被监护人不发生法律效力，而应当由监护人自己承担相应的法律责任。④ 但是需要注意的是，财产得失不是判断监护人处分行为是否系为被监护人的利益的唯一标准，而应以一个与监护人处于

---

① 最高人民法院民法典贯彻实施工作领导小组主编：《中华人民共和国民法典总则编理解与适用》，人民法院出版社2020年版，第214页。
② 最高人民法院民法典贯彻实施工作领导小组主编：《中华人民共和国民法典总则编理解与适用》，人民法院出版社2020年版，第215页。
③ 秦红曼：《我国监护制度的发展、问题与完善建议——兼评〈民法典〉（草案）〉总则中的相关规定》，载《浙江理工大学学报（社会科学版）》2020年第44卷。
④ 最高人民法院民法典贯彻实施工作领导小组主编：《中华人民共和国民法典总则编理解与适用》，人民法院出版社2020年版，第213页。

同等情境下的理性人的判断为标准。①

（四）对监护人代理权的限制

本条第3款规定，对于成年被监护人有能力独立处理的事务，监护人不得干涉。这是对监护人代理权限的进一步限制。被监护人实施与自己智力、精神健康状况相适应的民事法律行为，监护人应当给予尊重。此外，需要注意的是，对于"事务"的理解应当不仅仅局限于民事法律行为，还包括民事法律行为之外的事实行为。因此，被监护人对于住所选择、社会交往、日常活动等事务都享有自我决定权，如果被监护人能够独立处理的，监护人不得加以干预。

▶ 适用指引

正确履行监护职责

判断是否正确履行监护职责，应当注意区分未成年人监护与成年人监护，特别是父母担任未成年人监护人时，其监护职责与父母以外其他有监护资格的人担任监护人时的情形并不相同。基于父母与未成年人之间天然的亲密关系，立法赋予了对父母担任监护人的更大信任，同时也设置了更高的监护要求。除了《民法典》第34条第1款中规定的一般监护职责外，父母作为监护人时还应当承担《民法典》第26条第1款规定的抚养、教育、保护等建立在亲权关系基础上的职责。父母在担任未成年子女的监护人时，享有专属于父母身份的权利，例如，父母对子女必要的惩戒权。但是，对于父母以外的监护人，则应设置更多限制，以确保其正确履行监护职责，防止侵害未成年人的合法权益。因此，法院在判断是否正确履行监护职责时应当考虑监护人的身份并加以区别对待，才更加合理。②

---

① 李宇：《民法总则要义——规范释论与判解集注》，法律出版社2017年版，第106页。
② 最高人民法院民法典贯彻实施工作领导小组主编：《中华人民共和国民法典总则编理解与适用》，人民法院出版社2020年版，第215~216页。

类案检索

段某屿诉熊某梅监护人责任纠纷案

关键词： 成年人　无民事行为能力人　监护人　处分财产

裁判摘要： 监护人出卖成年被监护人房屋，用于被监护人医疗、生活、护理、子女抚养等事项的，该出卖房屋行为的目的系保护被监护人合法权益，出售房屋的权利属于依法履行监护职责而产生的权利，应受法律保护。

【案　　号】（2020）渝 0116 民初 13641 号

【审理法院】重庆市江津区人民法院

第三十六条　监护人有下列情形之一的，人民法院根据有关个人或者组织的申请，撤销其监护人资格，安排必要的临时监护措施，并按照最有利于被监护人的原则依法指定监护人：

（一）实施严重损害被监护人身心健康的行为；

（二）怠于履行监护职责，或者无法履行监护职责且拒绝将监护职责部分或者全部委托给他人，导致被监护人处于危困状态；

（三）实施严重侵害被监护人合法权益的其他行为。

本条规定的有关个人、组织包括：其他依法具有监护资格的人，居民委员会、村民委员会、学校、医疗机构、妇女联合会、残疾人联合会、未成年人保护组织、依法设立的老年人组织、民政部门等。

前款规定的个人和民政部门以外的组织未及时向人民法院申请撤销监护人资格的，民政部门应当向人民法院申请。

▶ 关联规定

一、法律、行政法规、司法解释

1.《中华人民共和国民法典》

第二十七条　父母是未成年子女的监护人。

未成年人的父母已经死亡或者没有监护能力的，由下列有监护能力的人按顺序担任监护人：

（一）祖父母、外祖父母；

（二）兄、姐；

（三）其他愿意担任监护人的个人或者组织，但是须经未成年人住所地的居民委员会、村民委员会或者民政部门同意。

第二十八条　无民事行为能力或者限制民事行为能力的成年人，由下列有监护能力的人按顺序担任监护人：

（一）配偶；

（二）父母、子女；

（三）其他近亲属；

（四）其他愿意担任监护人的个人或者组织，但是须经被监护人住所地的居民委员会、村民委员会或者民政部门同意。

第三十一条 对监护人的确定有争议的，由被监护人住所地的居民委员会、村民委员会或者民政部门指定监护人，有关当事人对指定不服的，可以向人民法院申请指定监护人；有关当事人也可以直接向人民法院申请指定监护人。

居民委员会、村民委员会、民政部门或者人民法院应当尊重被监护人的真实意愿，按照最有利于被监护人的原则在依法具有监护资格的人中指定监护人。

依据本条第一款规定指定监护人前，被监护人的人身权利、财产权利以及其他合法权益处于无人保护状态的，由被监护人住所地的居民委员会、村民委员会、法律规定的有关组织或者民政部门担任临时监护人。

监护人被指定后，不得擅自变更；擅自变更的，不免除被指定的监护人的责任。

第三十八条 被监护人的父母或者子女被人民法院撤销监护人资格后，除对被监护人实施故意犯罪的外，确有悔改表现的，经其申请，人民法院可以在尊重被监护人真实意愿的前提下，视情况恢复其监护人资格，人民法院指定的监护人与被监护人的监护关系同时终止。

2.《中华人民共和国未成年人保护法》

第一百零八条 未成年人的父母或者其他监护人不依法履行监护职责或者严重侵犯被监护的未成年人合法权益的，人民法院可以根据有关人员或者单位的申请，依法作出人身安全保护令或者撤销监护人资格。

被撤销监护人资格的父母或者其他监护人应当依法继续负担抚养费用。

3.《中华人民共和国反家庭暴力法》

第二十一条 监护人实施家庭暴力严重侵害被监护人合法权益的，人民法院可以根据被监护人的近亲属、居民委员会、村民委员会、县级人民政府民政部门等有关人员或者单位的申请，依法撤销其监护人资格，另行指定监护人。

被撤销监护人资格的加害人，应当继续负担相应的赡养、扶养、抚养费用。

4.《最高人民法院关于适用〈中华人民共和国民法典〉婚姻家庭编的解释（一）》

第六十二条 无民事行为能力人的配偶有民法典第三十六条第一款规定行为，其他有监护资格的人可以要求撤销其监护资格，并依法指定新的监护人；变更后的监护人代理无民事行为能力一方提起离婚诉讼的，人民法院应予受理。

5.《最高人民法院关于适用〈中华人民共和国民法典〉总则编若干问题的解释》

第九条 人民法院依据民法典第三十一条第二款、第三十六条第一款的规定指定监护人时，应当尊重被监护人的真实意愿，按照最有利于被监护人的原则指定，具体参考以下因素：

（一）与被监护人生活、情感联系的密切程度；

（二）依法具有监护资格的人的监护顺序；

（三）是否有不利于履行监护职责的违法犯罪等情形；

（四）依法具有监护资格的人的监护能力、意愿、品行等。

人民法院依法指定的监护人一般应当是一人，由数人共同担任监护人更有利于保护被监护人利益的，也可以是数人。

第十一条 具有完全民事行为能力的成年人与他人依据民法典第三十三条的规定订立书面协议事先确定自己的监护人后，协议的任何一方在该成年人丧失或者部分丧失民事行为能力前请求解除协议的，人民法院依法予以支持。该成年人丧失或者部分丧失民事行为能力后，协议确定的监护人无正当理由请求解除协议的，人民法院不予支持。

该成年人丧失或者部分丧失民事行为能力后，协议确定的监护人有民法典第三十六条第一款规定的情形之一，该条第二款规定的有关个人、组织申请撤销其监护人资格的，人民法院依法予以支持。

二、部门规章及规范性文件

《生活无着的流浪乞讨人员救助管理机构工作规程》

第四十三条 流出地救助管理机构应当对受助未成年人的家庭监护情况进行调查评估；对确无监护能力的，由救助管理机构协助监护人及时委托其他人员代为监护；对拒不履行监护责任、经反复教育不改的，由救助管理机构向人民法院提出申请撤销其监护人资格,依法另行指定监护人。

三、司法指导性文件

1.《最高人民法院、最高人民检察院、公安部、司法部关于依法惩治性侵害未成年人犯罪的意见》

33.未成年人受到监护人性侵害,其他具有监护资格的人员、民政部门等有关单位和组织向人民法院提出申请,要求撤销监护人资格,另行指定监护人的,人民法院依法予以支持。

2.《最高人民法院、最高人民检察院、公安部、民政部关于依法处理监护人侵害未成年人权益行为若干问题的意见》

1.本意见所称监护侵害行为,是指父母或者其他监护人(以下简称监护人)性侵害、出卖、遗弃、虐待、暴力伤害未成年人,教唆、利用未成年人实施违法犯罪行为,胁迫、诱骗、利用未成年人乞讨,以及不履行监护职责严重危害未成年人身心健康等行为。

2.处理监护侵害行为,应当遵循未成年人最大利益原则,充分考虑未成年人身心特点和人格尊严,给予未成年人特殊、优先保护。

3.对于监护侵害行为,任何组织和个人都有权劝阻、制止或者举报。

公安机关应当采取措施,及时制止在工作中发现以及单位、个人举报的监护侵害行为,情况紧急时将未成年人带离监护人。

民政部门应当设立未成年人救助保护机构(包括救助管理站、未成年人救助保护中心),对因受到监护侵害进入机构的未成年人承担临时监护责任,必要时向人民法院申请撤销监护人资格。

人民法院应当依法受理人身安全保护裁定申请和撤销监护人资格案件并作出裁判。

人民检察院对公安机关、人民法院处理监护侵害行为的工作依法实行法律监督。

人民法院、人民检察院、公安机关设有办理未成年人案件专门工作机构的,应当优先由专门工作机构办理监护侵害案件。

27.下列单位和人员(以下简称有关单位和人员)有权向人民法院申请撤销监护人资格:

(一)未成年人的其他监护人,祖父母、外祖父母、兄、姐,关系密切的其他亲属、朋友；

（二）未成年人住所地的村（居）民委员会，未成年人父、母所在单位；

（三）民政部门及其设立的未成年人救助保护机构；

（四）共青团、妇联、关工委、学校等团体和单位。

申请撤销监护人资格，一般由前款中负责临时照料未成年人的单位和人员提出，也可以由前款中其他单位和人员提出。

30. 监护人因监护侵害行为被提起公诉的案件，人民检察院应当书面告知未成年人及其临时照料人有权依法申请撤销监护人资格。

对于监护侵害行为符合本意见第35条规定情形而相关单位和人员没有提起诉讼的，人民检察院应当书面建议当地民政部门或者未成年人救助保护机构向人民法院申请撤销监护人资格。

31. 申请撤销监护人资格案件，由未成人住所地、监护人住所地或者侵害行为地基层人民法院管辖。

人民法院受理撤销监护人资格案件，不收取诉讼费用。

32. 人民法院审理撤销监护人资格案件，比照民事诉讼法规定的特别程序进行，在一个月内审理结案。有特殊情况需要延长的，由本院院长批准。

33. 人民法院应当全面审查调查评估报告等证据材料，听取被申请人、有表达能力的未成年人以及村（居）民委员会、学校、邻居等的意见。

34. 人民法院根据案件需要可以聘请适当的社会人士对未成年人进行社会观护，并可以引入心理疏导和测评机制，组织专业社会工作者、儿童心理问题专家等专业人员参与诉讼，为未成年人和被申请人提供心理辅导和测评服务。

35. 被申请人有下列情形之一的，人民法院可以判决撤销其监护人资格：

（一）性侵害、出卖、遗弃、虐待、暴力伤害未成年人，严重损害未成年人身心健康的；

（二）将未成年人置于无人监管和照看的状态，导致未成年人面临死亡或者严重伤害危险，经教育不改的；

（三）拒不履行监护职责长达六个月以上，导致未成年人流离失所或者生活无着的；

（四）有吸毒、赌博、长期酗酒等恶习无法正确履行监护职责或者因服刑等原因无法履行监护职责，且拒绝将监护职责部分或者全部委托给他人，致使未成年人处于困境或者危险状态的；

（五）胁迫、诱骗、利用未成年人乞讨，经公安机关和未成年人救助保护机构等部门三次以上批评教育拒不改正，严重影响未成年人正常生活和学习的；

（六）教唆、利用未成年人实施违法犯罪行为，情节恶劣的；

（七）有其他严重侵害未成年人合法权益行为的。

36. 判决撤销监护人资格，未成年人有其他监护人的，应当由其他监护人承担监护职责。其他监护人应当采取措施避免未成年人继续受到侵害。

没有其他监护人的，人民法院根据最有利于未成年人的原则，在民法通则第十六条第二款、第四款规定的人员和单位中指定监护人。指定个人担任监护人的，应当综合考虑其意愿、品行、身体状况、经济条件、与未成年人的生活情感联系以及有表达能力的未成年人的意愿等。

没有合适人员和其他单位担任监护人的，人民法院应当指定民政部门担任监护人，由其所属儿童福利机构收留抚养。

37. 判决不撤销监护人资格的，人民法院可以根据需要走访未成年人及其家庭，也可以向当地民政部门、辖区公安派出所、村（居）民委员会、共青团、妇联、未成年人所在学校、监护人所在单位等发出司法建议，加强对未成年人的保护和对监护人的监督指导。

3.《最高人民法院、最高人民检察院、公安部、司法部关于依法办理家庭暴力犯罪案件的意见》

22. 告知申请撤销施暴人的监护资格。人民法院、人民检察院、公安机关对于监护人实施家庭暴力，严重侵害被监护人合法权益的，在必要时可以告知被监护人及其他有监护资格的人员、单位，向人民法院提出申请，要求撤销监护人资格，依法另行指定监护人。

▶ **条文释义**

一、本条主旨

本条是关于撤销监护人资格的规定。

二、条文演变

撤销监护人资格制度，最早规定于原《民法通则》第18条第3款和原《民法通则意见》第20条、第21条。此后，《未成年人保护法》第108条、《最高人民法院关于适用〈中华人民共和国婚姻法〉若干问题的解释（三）》第8条等也作出相应规定。2014年，《处理监护人侵害意见》对申请撤销监护人资格诉讼、撤销监护人资格案件审理和判后安置作出具体规定。原《民法总则》第36条在参考《处理监护人侵害意见》相关规定的基础上，细化了对撤销监护人资格事由的规定，明确了申请撤销监护人资格的主体范围，增加了临时监护规则。《民法典》在此基础上，调整了有关表述，形成了本条内容。

三、条文解读

为及时制止监护人的侵害行为，保护被监护人的合法利益，本条对撤销监护人资格的申请主体、法定事由等内容作出明确规定，并强化了民政部门的责任。

（一）申请撤销监护人资格的主体范围

根据本条第2款规定，其他依法具有监护资格的人、居民委员会、村民委员会、学校、医疗机构、妇女联合会、残疾人联合会、未成年人保护组织、依法设立的老年人组织、民政部门等主体有权向人民法院提出撤销监护人资格的申请。其中，"其他依法具有监护资格的人"是指依据《民法典》第27条、第28条的规定具有监护资格的人。例如，父母担任监护人的，其他依法具有监护资格的人，指《民法典》第28条规定的子女、其他近亲属、经被监护人住所地的居民委员会、村民委员会或者民政部门同意的其他愿意担任监护人的个人或者组织。

本条第2款明确的申请主体范围较为广泛，既有个人，又有组织，且使用了"等"字未予完全列举。这就意味着按照等外解释，其他符合条件但未在本条列明的个人和组织，也有权申请撤销监护人资格。此处条件可以从组织的设立宗旨或者职能定位的角度考虑。例如，居民委员会、村民委员会是基层群众性自治组织，负责办理本村或者本居住地区居民的公共事务和公益事业。妇女联合会、残疾人联合会是分别代表和维护妇女权益、残疾人权益的组织。未成年人保护组织的成立宗旨即保护未成年人合法权益。一些依法设立的老年人组织也致力于维护老年人的合法权益。以上这些组织具有保护被监护人合法权益的意愿，也具有较强的提起诉讼的能力。学校、医疗机构往往能及时发现学生、患者受到侵害的情况，有些情况下也具有向法院提起诉讼的意愿。民政部门作为政府重要职能部门，负责社会救助和社会福利方面的工作，具有保护未成年人及无民事行为能力人、限制民事行为能力人合法权益的职责。①

鉴于本条第2款并未规定申请撤销监护人资格的主体顺序问题，则一旦出现申请撤销监护人资格的法定情形，本条规定的有关个人和组织都可以向人民法院提出撤销监护人资格的申请。结合本条第3款的规定，如果没有任何一方及时提出申请，民政部门作为申请撤销监护人资格的兜底单位，应当向人民法院提出申请。需要注意的是，民政部门向人民法院申请撤销监护人资格，不以其他有关个人和组织不提出申请为前提，只要存在本条第1款规定的撤销监护人资格的事由，民政部门就可以申请人民法院撤销监护人资格。

（二）撤销监护人资格的法定事由

关于撤销监护人资格的法定事由，本条第1款概括性地列举了三种情形：一是实施了严重损害被监护人身心健康的行为，例如监护人性侵害、出卖、遗弃、虐待、暴力伤害被监护人。二是怠于履行监护职责，或者无法履行监护职责且拒绝将监护职责部分或者全部委托给他人，导致被监护人处于危困状态。例如，监护人因有吸毒、酗酒、赌博等恶习不照料被监护人，或者因外出务工等无法照料被监护人且未委托他人照料被监护人，使被监护人处于危困状态。三是实施严重侵害被监护人合法权益的其他行为。这属于兜底性条款，主要是指教唆、利用未成年人实施犯罪或者监护人滥用财产管理权，为自己的利益（目的）处分被监护人财产，导致被监护人的财产权益受严重侵害的行为。②

立法之所以对撤销监护人资格的情形设置较为严格，主要基于以下三点考虑：一是从最有利于被监护人的角度来看，被监护人的生活、成长、教育等环境宜以稳定为主。如对撤销监护人资格的条件设置过于宽松，容易产生变更监护人过于频繁的问题，不仅不利于保护被监护人的利益，还会导致社会、家庭

---

① 石宏主编：《〈中华人民共和国民法典〉释解与适用（总则编）》，人民法院出版社2020年版，第68页。

② 梁慧星：《民法总则讲义（修订版）》，法律出版社2021年版，第85页。

的不稳定。二是从避免混淆监护侵害行为和不当监护行为的角度来看，有必要对父母轻微体罚未成年子女等不当教育的行为予以包容。原因在于，这属于我国家庭教育中的普遍现象，社会大众对此有一定的容忍度；反之，如因此撤销父母的监护人资格，与大众认知不符，也不利于保护未成年子女的利益。三是从比较法的角度来看，许多国家如美国、英国、荷兰等也都对撤销监护人资格的情形作出严格限定，撤销监护人资格本着"不得已而为之"的原则是国际上的通常做法。①

实践中，人民法院认定监护人的行为是否达到严重侵害被监护人合法权益的程度，应当根据案情综合判断。《处理监护人侵害意见》第35条对此作了具体的列举，可供审判实践参考。

（三）撤销监护人资格的法律效果

本条第1款规定，人民法院撤销监护人资格的，应当为被监护人安排必要的临时监护措施，并按照最有利于被监护人的原则依法指定监护人。

1. 安排必要的临时监护措施

人民法院审理撤销监护人资格诉讼期间，被监护人的人身权利、财产权利以及其他合法权益往往处于无人保护的状态，因此有必要为被监护人安排必要的临时监护措施，避免让监护人侵害被监护人利益的影响一直持续。依据《民法典》第31条第3款的规定，人民法院可以指定由被监护人住所地的居民委员会、村民委员会、法律规定的有关组织或者民政部门担任临时监护人。

2. 依法指定新的监护人

申请撤销监护人资格的目的，在于依法为被监护人指定新的监护人，以及时保障被监护人的利益。人民法院指定监护人的，应当适用《民法典总则编解释》第9条的规定，按照最有利于被监护人的原则指定。需要说明的是，人民法院依法指定新的监护人，通常适用于因撤销监护人资格导致没有监护人对被监护人履行监护职责的情形。如撤销监护人资格后，监护人有其他监护人的，应当由其他监护人承担监护职责。对此，《处理监护人侵害意见》第36条已作了明确规定。

---

① 最高人民法院民法典贯彻实施工作领导小组主编：《中华人民共和国民法典总则编理解与适用》，人民法院出版社2020年版，第220页。

▶ 适用指引

一、尊重被监护人的真实意愿原则

本条第1款明确，人民法院应当按照最有利于被监护人的原则依法指定监护人。需要注意的是，人民法院撤销监护人资格，为被监护人指定新的监护人的，属于人民法院依法指定监护人的范畴，同样适用《民法典》第31条第2款确定的人民法院指定监护人规则。即人民法院指定监护人的，不仅应当按照最有利于被监护人的原则，还应当尊重被监护人的真实意愿。当然，尊重被监护人的真实意愿需以被监护人具有表达意愿的意思能力为前提，即要求此时的被监护人具有限制民事行为能力，而非无民事行为能力。

此外，《民法典总则编解释》第9条第1款也列举了与被监护人生活、情感联系的密切程度，依法具有监护资格的人的监护顺序，是否有不利于履行监护职责的违法犯罪等情形，依法具有监护资格的人的监护能力、意愿、品行等参考因素，供人民法院指定监护人时参考。本条第2款有关"人民法院依法指定的监护人一般应当是一人，由数人共同担任监护人更有利于保护被监护人利益的，也可以是数人"的规定，也为人民法院指定监护人时不限于指定一人，作出了明确指引。

二、撤销监护人资格案件适用特别程序

关于撤销监护人资格案件，《民事诉讼法》《民事诉讼法解释》未明确有关审理程序。对此，原《民法通则意见》和《处理监护人侵害意见》规定人民法院审理撤销监护人资格案件，比照《民事诉讼法》规定的特别程序进行；审理要求监护人承担民事责任的案件，适用《民事诉讼法》的普通程序或者简易程序；既要求承担民事责任，又要求变更监护关系的，分别审理，结合实务中以特别程序审理撤销监护人资格案件的普遍做法，人民法院审理撤销监护人资格案件应当适用特别程序。

典型案例

一、江阴市民政局诉刘某监护权纠纷案

关键词： 遗弃　撤销监护人资格

裁判摘要： 遗弃未成年子女可被依法撤销监护权。

基本案情： 2018年7月22日，刘某在医院生育一名女婴后，于同月24日将该女婴遗弃在医院女更衣室内。女婴被发现后由民政局下属的某儿童福利院代为抚养。公安局经调查发现，刘某还曾在2015年1月29日，将其所生的一名男婴遗弃在居民楼内。民政局向法院提起诉讼，以刘某犯遗弃罪，已不适合履行监护职责，申请撤销刘某的监护权，民政局愿意承担该女婴的监护责任，指定其下属的某儿童福利院抚养女婴。

法院生效裁判认为，刘某将出生三天的未成年子女遗弃，拒绝抚养，严重侵害被监护人的合法权益，符合撤销监护人资格的情形。被监护人自被生母刘某遗弃以来，某儿童福利院代为抚养至今，综合考虑被监护人生父不明、刘某父母年龄和经济状况、村民委员会的具体情况，由民政部门取得被监护人的监护权，更有利于保护被监护人的生存、医疗、教育等合法权益。综上，法院判决撤销刘某的监护权，指定民政局作为该名女婴的监护人。其后，刘某被法院以遗弃罪判处刑罚。

【案　　号】（2019）苏0281民特71号

【审理法院】江苏省江阴市人民法院

【来　　源】《最高人民法院未成年人司法保护典型案例》（2021年3月2日发布）

二、仙游县榜头镇梧店村民委员会申请撤销林某监护人资格案

关键词： 撤销监护人资格

裁判摘要： 监护人采取打骂等手段对未成年人长期虐待，经有关单位教育后仍拒不悔改，继续对未成年人实施虐待，严重损害未成年人的身心健康的，法院可以根据村民委员会的申请撤销该监护人的监护资格。

基本案情： 林某作为母亲多次使用菜刀割伤年仅9岁的亲生儿子小龙的后背、双臂，用火钳鞭打小龙的双腿，并经常让小龙挨饿。自2013年8月始，

当地镇政府、村委会干部及派出所民警多次对林某进行批评教育，但林某拒不悔改。2014年1月，共青团市委、市妇联等部门联合对林某进行劝解教育，林某书面保证不再殴打小龙，但林某依然我行我素。5月29日凌晨，林某再次用菜刀割伤小龙的后背、双臂。为此，县公安局对林某处以行政拘留十五日并处罚款人民币一千元。6月13日，申请人某村民委员会以被申请人林某长期对小龙的虐待行为已严重影响小龙的身心健康为由，向法院请求依法撤销林某对小龙的监护人资格，指定该村民委员会作为小龙的监护人。在法院审理期间，法院征求小龙的意见，其表示不愿意随其母林某共同生活。

法院生效裁判认为，监护人应当履行监护职责，保护被监护人的身体健康、照顾被监护人的生活，对被监护人进行管理和教育，履行相应的监护职责。被申请人林某作为小龙的监护人，未采取正确的方法对小龙进行教育引导，而是采取打骂等手段对小龙长期虐待，经有关单位教育后仍拒不悔改，再次用菜刀割伤小龙，其行为已经严重损害小龙的身心健康，故其不宜再担任小龙的监护人。依照民法及未成年人保护法的有关规定，撤销被申请人林某对小龙的监护人资格；指定申请人某村民委员会担任小龙的监护人。

【案　　　号】（2014）仙民特字第01号
【审理法院】福建省仙游县人民法院
【来　　　源】《最高人民法院保护未成年人权益十大优秀案例》（2019年5月31日）

三、梅河口市儿童福利院与张某柔申请撤销监护人资格案

关键词：撤销监护人资格　指定监护

裁判摘要：父母是未成年子女的法定监护人，有保护被监护人的身体健康、照顾被监护人的生活、管理和保护被监护人的财产等义务。张某柔的遗弃行为严重损害了被监护人的身心健康和合法权益，依照《民法典》第36条的规定，其监护人资格应当予以撤销。梅河口市儿童福利院作为为全市孤儿和残疾儿童提供社会服务的机构，能够解决"党心"（化名）的教育、医疗、心理疏导等一系列问题。从对未成年人特殊、优先保护原则和未成年人最大利益原则出发，由梅河口市儿童福利院作为党心的监护人，更有利于保护其生活、受教育、医疗保障等权利，故指定梅河口市儿童福利院为党心的监护人。

基本案情：2021年3月14日3时许，张某柔在吉林省梅河口市某烧烤店

内生育一女婴（非婚生，暂无法确认生父），随后将女婴遗弃在梅河口市某村露天垃圾箱内。当日9时30分许，女婴被群众发现并报案，梅河口市公安局民警将女婴送至医院抢救治疗。2021年3月21日，女婴出院并被梅河口市儿童福利院抚养至今，取名"党心"。张某柔因犯遗弃罪，被判刑。目前，张某柔仍不履行抚养义务，其近亲属亦无抚养意愿。梅河口市儿童福利院申请撤销张某柔监护人资格，并申请由该福利院作为党心的监护人。梅河口市人民检察院出庭支持梅河口市儿童福利院的申请。

【案　　号】（2021）吉0581民特179号
【审理法院】吉林省梅河口市人民法院
【来　　源】《人民法院贯彻实施民法典典型案例（第一批）》

▶ 类案检索

一、深圳市宝安区石岩街道塘头社区居民委员会申请撤销郑某芬监护人资格案

关键词：撤销监护人资格

裁判摘要：监护人应当履行监护职责，保护被监护人的人身及其他合法权益，照顾被监护人的生活，对被监护人进行管理和教育。被申请人郑某1作为郑某2的监护人，长期吸毒，并因贩卖毒品被采取强制措施，即将面临被执行有期徒刑以上的刑罚，已无法正常履行监护职责，且拒绝将监护职责委托给他人，致使郑某2不能正常接受义务教育，身心健康严重受损，故被申请人郑某1不宜再担任郑某2的监护人，应撤销其监护人资格。因郑某2的生父不明，也无其他近亲属和朋友适宜担任监护人，按照最有利于被监护人的原则，指定深圳市宝安区民政局担任监护人，由其所属儿童福利机构收留抚养。

【案　　号】（2015）深宝法少民特字第1号
【审理法院】广东省深圳市宝安区人民法院

二、徐州铜山区民政局申请撤销未成年人父母监护资格案

关键词：撤销监护人资格

裁判摘要：当父母作为法定监护人不履行监护责任或者侵害被监护人合法

权益时，民政部门作为社会保障机构，有权向人民法院申请撤销父母的监护人资格，使受到家庭成员伤害的未成年人能够及时得到司法救济。在未成年人其他近亲属无力监护、不愿监护和不宜监护，又没有其他合适人员和单位担任监护人的情形下，人民法院应当指定民政部门作为未成年人的监护人。

【案　　号】（2015）铜民特字第 0001 号

【审理法院】江苏省徐州市铜山区人民法院

> **第三十七条** 依法负担被监护人抚养费、赡养费、扶养费的父母、子女、配偶等，被人民法院撤销监护人资格后，应当继续履行负担的义务。

关联规定

法律、行政法规、司法解释

1.《中华人民共和国民法典》

第二十六条 父母对未成年子女负有抚养、教育和保护的义务。

成年子女对父母负有赡养、扶助和保护的义务。

第一千零五十八条 夫妻双方平等享有对未成年子女抚养、教育和保护的权利，共同承担对未成年子女抚养、教育和保护的义务。

第一千零五十九条 夫妻有相互扶养的义务。

需要扶养的一方，在另一方不履行扶养义务时，有要求其给付扶养费的权利。

第一千零六十七条 父母不履行抚养义务的，未成年子女或者不能独立生活的成年子女，有要求父母给付抚养费的权利。

成年子女不履行赡养义务的，缺乏劳动能力或者生活困难的父母，有要求成年子女给付赡养费的权利。

第一千零七十一条 非婚生子女享有与婚生子女同等的权利，任何组织或者个人不得加以危害和歧视。

不直接抚养非婚生子女的生父或者生母，应当负担未成年子女或者不能独立生活的成年子女的抚养费。

第一千零七十二条 继父母与继子女间，不得虐待或者歧视。

继父或者继母和受其抚养教育的继子女间的权利义务关系，适用本法关于父母子女关系的规定。

第一千零七十四条 有负担能力的祖父母、外祖父母，对于父母已经死亡或者父母无力抚养的未成年孙子女、外孙子女，有抚养的义务。

有负担能力的孙子女、外孙子女，对于子女已经死亡或者子女无力赡养的祖父母、外祖父母，有赡养的义务。

第一千零七十五条 有负担能力的兄、姐，对于父母已经死亡或者父母无力抚养的未成年弟、妹，有扶养的义务。

由兄、姐扶养长大的有负担能力的弟、妹，对于缺乏劳动能力又缺乏生活来源的兄、姐，有扶养的义务。

第一千零八十四条 父母与子女间的关系，不因父母离婚而消除。离婚后，子女无论由父或者母直接抚养，仍是父母双方的子女。

离婚后，父母对于子女仍有抚养、教育、保护的权利和义务。

离婚后，不满两周岁的子女，以由母亲直接抚养为原则。已满两周岁的子女，父母双方对抚养问题协议不成的，由人民法院根据双方的具体情况，按照最有利于未成年子女的原则判决。子女已满八周岁的，应当尊重其真实意愿。

第一千零八十五条 离婚后，子女由一方直接抚养的，另一方应当负担部分或者全部抚养费。负担费用的多少和期限的长短，由双方协议；协议不成的，由人民法院判决。

前款规定的协议或者判决，不妨碍子女在必要时向父母任何一方提出超过协议或者判决原定数额的合理要求。

2.《中华人民共和国未成年人保护法》

第一百零八条 未成年人的父母或者其他监护人不依法履行监护职责或者严重侵犯被监护的未成年人合法权益的，人民法院可以根据有关人员或者单位的申请，依法作出人身安全保护令或者撤销监护人资格。

被撤销监护人资格的父母或者其他监护人应当依法继续负担抚养费用。

3.《中华人民共和国反家庭暴力法》

第二十一条 监护人实施家庭暴力严重侵害被监护人合法权益的，人民法院可以根据被监护人的近亲属、居民委员会、村民委员会、县级人民政府民政部门等有关人员或者单位的申请，依法撤销其监护人资格，另行指定监护人。

被撤销监护人资格的加害人，应当继续负担相应的赡养、扶养、抚养费用。

二、司法指导性文件

《最高人民法院、最高人民检察院、公安部、民政部关于依法处理监护人侵害未成年人权益行为若干问题的意见》

42.被撤销监护人资格的父、母应当继续负担未成年人的抚养费用和因监护侵害行为产生的各项费用。相关单位和人员起诉的，人民法院应予支持。

▶ 条文释义

一、本条主旨

本条是关于监护人资格被撤销后负担义务不免除的规定。

二、条文演变

监护人资格被撤销后负担义务不免除，最早规定于《未成年人保护法》（2006年第一次修订）第53条。2012年《未成年人保护法》修正时对此未作修改，2020年第二次修订时变更为第108条，并将负担抚养费用的义务主体由原来的"被撤销监护资格的父母"调整为"被撤销监护人资格的父母或者其他监护人"，明确了被撤销监护人资格的父母以外的监护人也负有负担抚养费用的义务。在原《民法总则》起草和审议过程中，征求意见稿和草案的三次审议稿均未对相关内容作出规定，直至草案被表决通过时才规定于第36条，明确"依法负担被监护人抚养费、赡养费、扶养费的父母、子女、配偶等，被人民法院撤销监护人资格后，应当继续履行负担的义务"。《民法典》沿用了原《民法总则》第36条的规定。

三、条文解读

（一）规范目的

为保护被监护人的合法利益，防止义务人因监护人资格被撤销而逃避抚养、赡养或者扶养义务，本条明确规定父母、子女、配偶等对被监护人所负抚养、赡养或者扶养义务，不因其监护人资格被撤销而免除。主要考虑：一方面，立法设置撤销监护人资格的制度，是为了防止监护人继续侵害被监护人的利益，如同时免除监护人抚养、赡养或者扶养被监护人的义务，反而极易损害被监护人的利益；另一方面，这对于引导新的监护人依法履行监护职责具有重要的宣示意义。立法通过规定监护人资格被撤销后负担义务不免除，全面贯彻了最有利于被监护人的原则，避免了实践中产生不必要争议。

（二）规范含义

1. 抚养、赡养、扶养义务的范围

本条虽仅明确列举父母、子女和配偶在其监护人资格被撤销时，应当继续履行抚养、赡养或者扶养的义务，但条文中使用"等"字为解释义务人主体预留了空间。从《民法典》有关抚养、赡养、扶养义务的规定来看，除了父母对未成年子女负有抚养义务、成年子女对父母负有赡养义务、夫妻有相互扶养的义务，还存在以下几种抚养、赡养、扶养义务关系：

第一，关于抚养义务。《民法典》第1072条第2款规定："继父或者继母和受其抚养教育的继子女间的权利义务关系，适用本法关于父母子女关系的规定"，明确了继父母对未成年继子女负有抚养义务。《民法典》第1074条第1款规定："有负担能力的祖父母、外祖父母，对于父母已经死亡或者父母无力抚养的未成年孙子女、外孙子女，有抚养的义务"，明确了祖孙之间的抚养义务。《民法典》第1111条第1款规定："自收养关系成立之日起，养父母与养子女间的权利义务关系，适用本法关于父母子女关系的规定；养子女与养父母的近亲属间的权利义务关系，适用本法关于子女与父母的近亲属关系的规定"，明确了养父母对养子女负有抚养义务。

第二，关于赡养义务。《民法典》第1074条第2款规定："有负担能力的孙子女、外孙子女，对于子女已经死亡或者子女无力赡养的祖父母、外祖母，有赡养的义务"，明确了祖孙之间的赡养义务。《民法典》第1072条第2款规定："继父或者继母和受其抚养教育的继子女间的权利义务关系，适用本法关于父母子女关系的规定"，因此受继父或者继母抚养的成年继子女对继父或者继母有赡养义务。

第三，关于扶养义务。《民法典》第1075条规定："有负担能力的兄、姐，对于父母已经死亡或父母无力抚养的未成年弟、妹，有扶养的义务。""由兄、姐扶养长大的有负担能力的弟、妹，对于缺乏劳动能力又缺乏生活来源的兄、姐,有扶养的义务",明确了兄弟姐妹间的扶养义务。

因此,上述情形下负抚养、赡养或者扶养义务的主体担任监护人的,如监护人资格被撤销,仍应适用本条规定,继续履行相应义务。

2. 抚养、赡养、扶养义务的内容

在传统民法上,抚养、赡养、扶养义务的内容主要表现为经济上的供给,比如抚养费、赡养费、扶养费。这些费用通常产生于义务人与被抚养人、被赡养人、被抚养人没有共同居住的情形,因为如果双方共同生活的,义务人多以日常生活消费支出的方式履行抚养、赡养或者扶养的义务,而非单独向被抚养人、被赡养人或者被扶养人支付费用。另外,根据被抚养人、被赡养人或者被扶养人的不同实际需求,义务人给付费用的内容也多有不同。比如,父母给付子女抚养费,多为生活费、教育费、医疗费等内容;而子女对父母的赡养费、配偶之间的扶养费,多为生活费和医疗费等内容。当义务人不及时履行相应义务,被抚养人、被赡养人或者被扶养人诉至人民法院的,人民法院通常依据被抚养人、被赡养人或者被扶养人的实际需求以及当地生活条件等因素综合衡量相关费用给付标准。当然,抚养、赡养或者扶养义务的内容不仅仅是物质上的供给,义务人还应当给予被抚养人、被赡养人、被扶养人以生活上的照料和精神上的关心。但因义务人的监护人资格被撤销,其本身即存在侵害被监护人利益的行为,难以要求其对被监护人尽到生活上的照料和精神上的关心,故本条仅明确规定抚养费、赡养费、扶养费的物质给付义务,也是从实践效果考虑的最佳设计,至少保障了被抚养人、被赡养人或者被扶养人在经济上的供给。

3. 监护人资格与抚养、赡养、扶养义务的关系

本条规定:"依法负担被监护人抚养费、赡养费、扶养费的父母、子女、配偶等,被人民法院撤销监护人资格后,应当继续履行负担的义务",即明确区分了监护人资格与抚养、赡养、扶养义务。从法律关系上看,监护资格和抚养、赡养、扶养义务是区分的,二者是相对独立的法律关系。①

第一,法律关系主体不同。依据法律规定负有抚养、赡养或者扶养义务的主体之间通常具有亲密的亲属关系,不仅包括自然血亲,还包括拟制血亲;而监护人与被监护人之间可能存在类似的亲属关系,也可能并无亲属关系。以未成年人为例,父母对未成年子女负有法定的监护义务和抚养义务,但当未成年

---

① 最高人民法院民法典贯彻实施工作领导小组主编:《中华人民共和国民法典总则编理解与适用》,人民法院出版社2020年版,第223页。

人的父母已经死亡或者没有监护能力的，该未成年人的监护人可能系祖父母、外父母、兄、姐以外愿意担任监护人的个人或者组织，在此情形下，尤其是由组织担任监护人的情形下，并不存在监护人与被抚养人存在亲属关系一说。

第二，法律关系内容不同。抚养、赡养或者扶养义务属于法定义务，强调义务人给被抚养人、被赡养人或者被扶养人提供经济上的供给、生活上的照顾和精神上的关心，其主要目的在于使被抚养人、被赡养人或者被扶养人获得基本的生活条件。而监护职责是指代理被监护人实施民事法律行为，保护被监护人的人身权利、财产权利以及其他合法权益等，其主要目的在于保障被监护人正常参与社会生活。

第三，法律效果不同。抚养、赡养、扶养关系产生的法律效果通常仅限于法律关系主体之间，与第三人无关。即使因此产生纠纷，也主要表现为被抚养人、被赡养人或者被扶养人请求义务人履行相应义务。相较之下，监护人在履行监护职责时通常涉及与第三人的交往，例如，《民法典》第1188条规定的监护人责任，即属典型。

第四，法律关系的产生事由不同。抚养、赡养、扶养关系多发生于被抚养人、被赡养人、被扶养人的生活和劳动能力存在欠缺的情形，以致于需要抚养、赡养或者扶养义务人给予其物质和精神上的照顾。由此可见，除未成年人以外，被抚养、赡养或者扶养的对象主要是指独自生活困苦者，其并不一定欠缺民事行为能力。而根据《民法典》第27条、第28条的规定，未成年人或者无、限制民事行为能力的成年人作为被监护人，就是因为不具备完全的民事行为能力。

第五，法律关系的终止事由不同。抚养、赡养、扶养义务作为一种以身份关系为基础，以保障被抚养人、被赡养人、被扶养人生存条件为目标的法定义务，其消灭主要通过两种方式：一为身份关系的消灭，如婚姻关系解除、子女成年等；二为被抚养人、被赡养人、被扶养人获得独立生活能力。① 义务人不履行义务或侵害被抚养人、被赡养人、被扶养人的合法权益，并不导致抚养、赡养、扶养关系终止。而监护作为一种法定职责，终止事由相对多样，对此《民法典》第39条即列举了被监护人取得或者恢复完全民事行为能力、监护人丧失监护能力、被监护人或者监护人死亡等终止事由。

---

① 参见陈甦主编：《民法总则评注》，法律出版社2017年版，第276页。

适用指引

法定抚养、赡养或者扶养义务与侵权责任中监护责任的区分

依据本条规定,依法对被监护人负有抚养、赡养或者扶养义务的父母、子女、配偶等被撤销监护人资格后仍应负担抚养费、赡养费或者扶养费。《民法典》第1188条第1款规定,无民事行为能力人、限制民事行为能力人造成他人损害的,由监护人承担侵权责任。监护人尽到监护职责的,可以减轻其侵权责任。那么,本条规定的法定抚养、赡养或者扶养义务主体被撤销监护人资格后是否仍需承担侵权责任?对此问题,实践中容易混淆。我们认为,《民法典》第1188条有关监护人责任的规定,主要在于敦促监护人依法履行监护职责,避免无民事行为能力人、限制民事行为能力人因民事行为能力上的欠缺造成他人损害。从归责原则的角度来看,该条规定的监护人责任属于无过错责任,即使监护人尽到监护职责,也要对无民事行为能力人、限制民事行为能力人造成他人损害的行为承担替代责任。由此可见,监护人对无民事行为能力人、限制民事行为能力人的侵权行为承担无过错责任的前提,在于其对无民事行为能力人、限制民事行为能力人具有监护职责,而当本条规定的负法定抚养、赡养或者扶养义务主体被撤销监护人资格后,其便不再属于监护人的范畴,不再负有监护职责,仅是从被监护人的权利保障角度来看,仍然负有履行抚养费、赡养费或者扶养费的义务。因此,依法负担被监护人抚养费、赡养费、扶养费的父母、子女、配偶等,被人民法院撤销监护人资格后,不再承担《民法典》第1188条规定的监护人责任。

类案检索

蒋某勇、蒋某星与袁某云抚养费纠纷案

关键词:撤销监护人资格　抚养费

裁判摘要:未成年人的父母是未成年人的法定监护人,应当依法履行对未成年人的抚养义务,尽到监护人的责任。未成年人因父母不履行抚养义务,而由其他无法定抚养义务的亲属实际抚养并承担抚养费的,该亲属有权请求未成

年人的父母支付其抚养期间的抚养费。依法负担未成年人抚养费的父母被人民法院撤销监护人资格后，应当继续履行负担抚养费的义务。

【案　　号】（2019）湘 0211 民初 1001 号

【审理法院】湖南省株洲市天元区人民法院

> 第三十八条　被监护人的父母或者子女被人民法院撤销监护人资格后，除对被监护人实施故意犯罪的外，确有悔改表现的，经其申请，人民法院可以在尊重被监护人真实意愿的前提下，视情况恢复其监护人资格，人民法院指定的监护人与被监护人的监护关系同时终止。

▶ 关联规定

一、法律、行政法规、司法解释

《中华人民共和国民法典》

第三十六条　监护人有下列情形之一的，人民法院根据有关个人或者组织的申请，撤销其监护人资格，安排必要的临时监护措施，并按照最有利于被监护人的原则依法指定监护人：

（一）实施严重损害被监护人身心健康的行为；

（二）怠于履行监护职责，或者无法履行监护职责且拒绝将监护职责部分或者全部委托给他人，导致被监护人处于危困状态；

（三）实施严重侵害被监护人合法权益的其他行为。

本条规定的有关个人、组织包括：其他依法具有监护资格的人，居民委员会、村民委员会、学校、医疗机构、妇女联合会、残疾人联合会、未成年人保护组织、依法设立的老年人组织、民政部门等。

前款规定的个人和民政部门以外的组织未及时向人民法院申请撤销监护人资格的，民政部门应当向人民法院申请。

二、司法指导性文件

《最高人民法院、最高人民检察院、公安部、民政部关于依法处理监护人侵害未成年人权益行为若干问题的意见》

38. 被撤销监护人资格的侵害人，自监护人资格被撤销之日起三个月至一年内，可以书面向人民法院申请恢复监护人资格，并应当提交相关证据。

人民法院应当将前款内容书面告知侵害人和其他监护人、指定监护人。

39. 人民法院审理申请恢复监护人资格案件，按照变更监护关系的案件审理程序进行。

人民法院应当征求未成年人现任监护人和有表达能力的未成年人的意见，并可以委托申请人住所地的未成年人救助保护机构或者其他未成年人保护组织，对申请人监护意愿、悔改表现、监护能力、身心状况、工作生活情况等进行调查，形成调查评估报告。

申请人正在服刑或者接受社区矫正的，人民法院应当征求刑罚执行机关或者社区矫正机构的意见。

40. 人民法院经审理认为申请人确有悔改表现并且适宜担任监护人的，可以判决恢复其监护人资格，原指定监护人的监护人资格终止。

申请人具有下列情形之一的，一般不得判决恢复其监护人资格：

（一）性侵害、出卖未成年人的；

（二）虐待、遗弃未成年人六个月以上、多次遗弃未成年人，并且造成重伤以上严重后果的；

（三）因监护侵害行为被判处五年有期徒刑以上刑罚的。

▶ 条文释义

一、本条主旨

本条是关于恢复监护人资格的规定。

二、条文演变

恢复监护人资格制度，最早规定在《处理监护人侵害意见》第38条至第40条中。原《民法总则》在此基础上主要作出如下调整：第一，相较《处理监护人侵害意见》恢复监护人资格制度的适用监护对象限于未成年人，原《民法总则》规定的申请恢复监护人资格适用的监护对象包括所有被监护人。第二，《处理监护人侵害意见》第38条规定可申请恢复监护人资格的主体范围为"原监护人"，原《民法总则》草案一审稿也采取了该种表述，后草案二审稿将之限缩为"未成年人的父母"，最终确定为"被监护人的父母或子女"。第三，将被监护人的真实意愿列为判断是否恢复监护人资格的条件。第四，相较《处理监护人侵害意见》第40条的规定，原《民法总则》明确将"对被监护人实施故意犯罪"设定为申请恢复监护资格的消极条件，而不再以罪名和刑罚为考量标准。《民法典》沿用了原《民法总则》的规定。

三、条文解读

根据本条规定，监护人资格被撤销后，符合一定条件的可以恢复。有关条件主要分为申请主体、申请程序、恢复要件等几个方面。

（一）申请恢复监护人资格的主体范围

立法明确规定，监护人资格恢复的主体范围限于被监护人的父母或者子女。相较《处理监护人侵害意见》第38条规定的原监护人，立法对监护人资格恢复主体范围予以了限缩。主要原因在于，原监护人的范围不仅包括被监护人的父母或者子女，还包括父母、子女以外的其他监护人。相较父母与子女之间的自然血亲关系，其他监护人与被监护人之间的关系相对较远。并且，撤销监护人资格本身就是基于监护人实施了侵害被监护人合法利益的行为，如允许恢复其监护人资格，使之重新担任监护人，必然要有其会依法履行监护职责，维护被监护人合法权益的把握。对此，立法将可恢复监护人资格的主体范围限于被监护人的父母或者子女，也有防范其他监护人再次侵害被监护人利益的考量。同时，允许被撤销监护人资格的父母或子女具备恢复监护人资格的可能，也有利于引导修复家庭关系，促进社会和谐稳定。并且，随着我国老龄化社会现象越发严重，父母越发需要子女履行赡养义务，允许作为监护人的子女被撤销监护人资格后，确有悔改表现而得恢复监护人资格，也有利于缓解社会养老负担，形成尊老敬老的良好风尚。

（二）申请恢复监护人资格的程序

根据本条规定，被监护人的父母或者子女被人民法院撤销监护人资格后，需要恢复监护人资格的，应当依法向人民法院提出申请。根据《民事案件案由规定》，被监护人的父母或者子女提起的申请恢复监护人资格的诉讼，为申请恢复监护人资格案件，属于监护权特别程序案件。至于被监护人的父母或子女被撤销监护人资格后，申请恢复监护人资格的，是否有时间上的限制，本条未作规定。比较法上,《法国民法典》规定,被撤销监护权的父或母,可以请求法院恢复他们被撤销的权利的全部或一部。同时规定,此种申请,仅仅在宣告完全撤销监护权或部分撤销监护权的判决成为不可撤销的判决之后,至少经过一年才能提出;如申请被驳回只有经过一年,才能再行提出。如在提交申请之前,子女已受安置已准备由他人收养,任何请求均不予受理。① 这表明,法国立法不仅对申请恢复监护人资格的期限作了不同情形下的限定,还明确因子女已受安置已准备由他人收养的,被撤销监护权的父或母不得再申请恢复监护人资格。《处理监护人侵害意见》第38条第1款规定,被撤销监护人资格的侵害人,自监护人资格被撤销之日起三个月至一年内,可以书面向人民法院申请恢复监护人资格,并应当提交相关证据。这实际上是对申请恢复监护人资格作了时间上的限制,即自监护人资格被撤销之日起三个月至一年内。规定三个月以后才可以申请恢复监护人资格,目的是给当事人一个合理的悔过和恢复监护能力的期限。规定申请恢复资格应当在一年内,是为了避免未成年人的监护权长期处于不稳定状态,以便让新的监护人能够更好、更踏实地履行职责,也可以让民政部门一年以后放心地送养。② 但需要注意的是,该款有关时间上的限制仍仅适用于被监护人是未成年人的情形,对于成年被监护人的父母或者子女申请恢复资格的期限,我国现有民事法律规范仍未作规定。

(三)申请人恢复监护人资格的要件

根据本条规定,申请人的监护人资格恢复需满足以下要件:

1. 积极要件

(1)确有悔改表现。这其中主要包含两方面的内容:一方面申请人具有恢复监护人资格的主观意愿,该点可从其提出恢复监护人资格的申请中体现;另一方面,申请人具有将依法履行监护职责的客观行为。具体而言,申请人申请恢复监护人资格,应当向人民法院提交书面申请,提交其对行为危害性的认识、悔改的决心、接受教育辅导的情况以及后续表现情况等证据材料,一般还需要提供其他亲属、居民委员会、村民委员会、民政部门、所在单位、被监护

---

① 最高人民法院民法典贯彻实施工作领导小组主编:《中华人民共和国民法典总则编理解与适用》,人民法院出版社2020年版,第230页。

② 最高人民法院民法典贯彻实施工作领导小组主编:《中华人民共和国民法典总则编理解与适用》,人民法院出版社2020年版,第230页。

人所在社区、所在学校的证明等。如果居民委员会、村民委员会及民政部门对监护人开展监护指导、心理疏导等教育辅导工作并取得效果的，申请人还应当向法院提交上述报告。人民法院也可以依职权走访申请人、被监护人及其家庭，向当地民政部门、辖区公安派出所、居民委员会、村民委员会、共青团、妇联、未成年人所在学校、监护人所在单位等了解情况。人民法院应当征求被监护人现任监护人和有表达能力的被监护人的意见，并可以委托申请人住所地的民政部门或者其他相关组织，对申请人的监护意愿、悔改表现、监护能力以及被监护人的身心状况、生活情况等进行调查，形成调查评估报告。申请人正在服刑或者接受社区矫正的，人民法院应当征求刑罚执行机关或者社区矫正机构的意见。

（2）被监护人同意。本条明确，人民法院可以在尊重被监护人真实意愿的前提下，视情况恢复申请人的监护人资格。即在被监护人具备表达自己意愿的能力的情况下，人民法院应当了解并尊重被监护人的真实意愿。如被监护人不同意恢复其父母或者子女的监护人资格的，人民法院不宜恢复申请人的监护人资格。因此，申请人恢复监护人资格，一般应征得被监护人的同意，当然此通常适用于被监护人是限制民事行为能力人，能够表达自己意愿的情形。

2. 消极要件

根据本条规定，被监护人的父母或者子女对被监护人实施故意犯罪的，不得恢复监护人资格。相较《处理监护人侵害意见》的规定，本条规定更为严格，只要被监护人的父母或者子女对被监护人实施的是故意犯罪行为，不论实际刑罚如何，均不得恢复监护人资格。需注意的是，此处的消极要件强调的是监护人实行的是故意犯罪，如被监护人的父母或者子女对被监护人实施的是过失犯罪，即使情节严重，也有权申请恢复监护人资格。

本条除了对以上要件作出明确规定外，还以"视情况恢复其监护人资格"的表述肯定了人民法院在申请恢复监护人资格案件中的自由裁量权。这就意味着，即使申请人具备上述积极要件且不具备消极要件，也并不等同于人民法院一定判决恢复其监护人资格。最终，人民法院还是需要在案件审理过程中，从最有利于被监护人的角度，综合各方面因素决定是否恢复监护人资格。

（四）法律后果

在申请恢复监护人资格案件中，人民法院判决驳回申请人恢复监护人资格的申请的，人民法院在撤销监护人资格时指定的监护人仍然是被监护人的监护人，监护关系不发生变化；人民法院判决恢复申请人的监护人资格的，根据本条规定，人民法院指定的监护人与被监护人的监护关系同时终止，被监护人的监护人为恢复监护人资格的原监护人，即其父母或者子女。

适用指引

举证责任的承担

关于举证责任，《民事诉讼法》第 67 条第 1 款规定，当事人对自己提出的主张，有责任提供证据。被监护人的父母或者子女申请恢复监护人资格的，应当对其具备恢复监护人资格的积极要件承担举证责任。至于被监护人的真实意愿，应当由人民法院在案件审理过程中主动询问。

类案检索

张某秀、唐某芳申请确定监护人案

关键词：申请恢复监护人资格

裁判摘要：本案现有证据既不能证明人民法院指定的监护人对被监护人无力监护或未尽到合理的监护义务，亦不能证明申请人有真正的悔改行为、其自身家庭环境利于被监护人的健康成长，申请人要求恢复监护人资格的请求，不能成立。

【案　　号】（2019）川 0703 民特 17 号

【审理法院】四川省绵阳市涪城区人民法院

> 第三十九条 有下列情形之一的,监护关系终止:
> (一)被监护人取得或者恢复完全民事行为能力;
> (二)监护人丧失监护能力;
> (三)被监护人或者监护人死亡;
> (四)人民法院认定监护关系终止的其他情形。
> 监护关系终止后,被监护人仍然需要监护的,应当依法另行确定监护人。

▶ 关联规定

法律、行政法规、司法解释

1.《中华人民共和国民法典》

第三十六条 监护人有下列情形之一的,人民法院根据有关个人或者组织的申请,撤销其监护人资格,安排必要的临时监护措施,并按照最有利于被监护人的原则依法指定监护人:

(一)实施严重损害被监护人身心健康的行为;

(二)怠于履行监护职责,或者无法履行监护职责且拒绝将监护职责部分或者全部委托给他人,导致被监护人处于危困状态;

(三)实施严重侵害被监护人合法权益的其他行为。

本条规定的有关个人、组织包括:其他依法具有监护资格的人,居民委员会、村民委员会、学校、医疗机构、妇女联合会、残疾人联合会、未成年人保护组织、依法设立的老年人组织、民政部门等。

前款规定的个人和民政部门以外的组织未及时向人民法院申请撤销监护人资格的,民政部门应当向人民法院申请。

第三十八条 被监护人的父母或者子女被人民法院撤销监护人资格后,除对被监护人实施故意犯罪的外,确有悔改表现的,经其申请,人民法院可以在尊重被监护人真实意愿的前提下,视情况恢复其监护人资格,人民法院指定的监护人与被监护人的监护关系同时终止。

2.《中华人民共和国未成年人保护法》

第九十五条 民政部门进行收养评估后，可以依法将其长期监护的未成年人交由符合条件的申请人收养。收养关系成立后，民政部门与未成年人的监护关系终止。

3.《最高人民法院关于适用〈中华人民共和国民法典〉总则编若干问题的解释》

第六条 人民法院认定自然人的监护能力，应当根据其年龄、身心健康状况、经济条件等因素确定；认定有关组织的监护能力，应当根据其资质、信用、财产状况等因素确定。

第十二条 监护人、其他依法具有监护资格的人之间就监护人是否有民法典第三十九条第一款第二项、第四项规定的应当终止监护关系的情形发生争议，申请变更监护人的，人民法院应当依法受理。经审理认为理由成立的，人民法院依法予以支持。

被依法指定的监护人与其他具有监护资格的人之间协议变更监护人的，人民法院应当尊重被监护人的真实意愿，按照最有利于被监护人的原则作出裁判。

二、司法指导性文件

《最高人民法院、最高人民检察院、公安部、民政部关于依法处理监护人侵害未成年人权益行为若干问题的意见》

17.未成年人的其他监护人、近亲属要求照料未成年人的，经公安机关或者村（居）民委员会确认其身份后，未成年人救助保护机构可以将未成年人交由其照料，终止临时监护。

关系密切的其他亲属、朋友要求照料未成年人的，经未成年人父、母所在单位或者村（居）民委员会同意，未成年人救助保护机构可以将未成年人交由其照料，终止临时监护。

未成年人救助保护机构将未成年人送交亲友临时照料的，应当办理书面交接手续，并书面告知临时照料人有权依法向人民法院申请人身安全保护裁定和撤销监护人资格。

▶ 条文释义

一、本条主旨

本条是关于监护关系终止的规定。

二、条文演变

监护人与被监护人之间的监护关系，通常因被监护人欠缺民事行为能力需要监护人保护而产生，当然也会因特定的事由而终止。但此前在我国诸多民事法律规范中，立法并未对监护关系的终止作出规定，仅是在《处理监护人侵害意见》第17条中对终止临时监护作了规定。此后，原《民法总则》草案征求意见稿和三次审议稿均对监护关系的终止作出规定，仅在个别终止事由上存在一定变化，最终形成第39条。《民法典》予以沿用。

三、条文解读

监护关系的终止，是指因某种法律事实，监护人与被监护人之间的监护基础丧失，使得有关监护的权利义务和职责关系归于消灭。这种关系的消灭，从本质上讲可以分为两种情形：一种是出于被监护人的原因使得其不再需要他人履行监护职责，监护的必要性消灭；另一种是出于监护人的原因导致其不再能继续为被监护人履行监护职责，监护人身份消灭。学理上，出于终止的原因不同，监护关系的终止分为绝对终止和相对终止。究其实质，区别即为被监护人是否完全脱离监护关系。监护关系的绝对终止，是指被监护人彻底脱离监护关系，而不再需要监护人监护。监护关系的相对终止，是指被监护人并未完全脱离监护关系，仅是与该监护人之间的监护关系终止，被监护人仍需新的监护人监护。绝对终止的原因主要有：（1）被监护人取得或者恢复完全民事行为能力；（2）被监护人死亡。相对终止的主要原因有：（1）监护人死亡；（2）监护人丧失监护能力；（3）监护人因正当理由退出监护；（4）监护人被依法撤销监护人的资格。①

实践中，通常将监护关系的终止分为自然终止和因人民法院的撤销而终止

---

① 参见最高人民法院民法典贯彻实施工作领导小组主编：《中华人民共和国民法典总则编理解与适用》，人民法院出版社2020年版，第231~232页。

两种情形。监护关系的自然终止，强调监护关系因发生特定的法律事实而自行终止，此种关系终止无需机关作出宣告。例如，未成年人因年满十八周岁成为成年人，具备完全的民事行为能力，可以独立实施民事法律行为，监护关系因原被监护人无需监护而终止。监护关系因人民法院的撤销而终止，强调监护人的身份因人民法院的裁判行为而消灭。例如，监护人实施了侵害被监护人权益的行为，人民法院可根据有关个人或组织的申请依法撤销监护人资格，指定新的监护人。由此，被监护人与原监护人之间的监护关系终止，被监护人与人民法院指定的监护人之间形成监护关系。

（一）监护关系终止的法定事由

1. 被监护人取得或者恢复完全民事行为能力

在各国立法中，被监护人取得或者恢复完全民事行为能力是监护关系终止的典型事由。被监护人取得或者恢复完全民事行为能力，将导致监护的基础丧失。在此情形下的监护关系终止，既属于监护关系的绝对终止，也属于监护关系的自然终止。设立监护制度本身，是为了弥补无民事行为能力人、限制民事行为能力人在民事行为能力方面的欠缺，通过设定监护人的方式保护无民事行为能力人、限制民事行为能力人的合法利益。如无民事行为能力人、限制民事行为能力人取得或者恢复完全民事行为能力，则意味着其在民事行为能力方面并无欠缺，可以独立实施民事法律行为，而无须他人监护，监护关系已无存在之必要。具体而言，一是未成年人因年满十八周岁成为成年人，取得完全民事行为能力；二是无民事行为能力或者限制民事行为能力的成年人因病情痊愈，恢复完全民事行为能力。

2. 监护人丧失监护能力

监护的制度功能在于以监护人的民事行为能力弥补被监护人在民事行为能力方面的不足，以保护被监护人的合法权益。一旦监护人丧失监护能力，便无法履行监护职责，保护被监护人的利益，导致监护的目的无从实现。关于监护能力的丧失，立法虽未予明确列举，但如监护人因民事行为能力欠缺成为无民事行为能力人或限制民事行为能力人，其自然不能代理被监护人实施民事法律行为，保护被监护人的人身权利、财产权利以及其他合法权益，故可以认定为丧失监护能力。对此，各国也多有立法例。比如《德国民法典》第1780条规定了无行为能力人不得被选任为监护人。《埃塞俄比亚民法典》规定了未成年人不能执行监护人或保佐人的职责、处于法院作出的禁治产宣告之下的人不能成为未成年人的监护人或保佐人等内容。《俄罗斯民法典》《越南民法典》中也有关于监护人行为能力的规定。判断监护人是否丧失监护能力，涉及对监护能力的认定问题。《民法典总则编解释》第6条规定："人民法院认定自然人的监护能力，应当根据其年龄、身心健康状况、经济条件等因素确定；认定有关组织的监护能力，应当根据其资质、信用、财产状况等因素确定。"因此，监护人为自然人的，其行为能力的欠缺自然可以认定为丧失监护能力。另外，即使未丧失行为能力，人民法院也要从其年龄、身心健康状况、经济条件等因素判断是否构成监护能力丧失。而监护人为有关组织的，人民法院应当从其资质、信用、财产状况等角度判断是否丧失监护能力。

3. 被监护人或者监护人死亡

被监护人与监护人之间的监护关系是相对存在的，其中任意一方死亡都将导致监护关系终止。被监护人死亡的，监护的对象不复存在，监护关系终止自不待言。监护人死亡的，民事主体资格丧失，客观上也无法履行监护职责，与之相关的与被监护人之间的监护关系应当终止。

4. 人民法院认定监护关系终止的其他情形

本条第1款第4项设置兜底条款"人民法院认定监护关系终止的其他情形"，明确给予了人民法院在判断监护关系是否终止时一定的裁量权。这不仅可以有效适应社会生活的复杂性，及时对监护关系是否终止作出判断，还可以使法官在审理案件时能够充分考虑各方面因素，为保护被监护人的合法利益把好关。例如，被监护人因被他人收养而与收养人成立收养关系，原来的监护关系即行终止。

（二）监护关系终止的法律后果

本条第2款规定，监护关系终止后，被监护人仍然需要监护的，应当依法另行确定监护人。要正确适用该款内容，需注意从以下两个方面理解：

1. 关于监护关系终止后，被监护人仍然需要监护的情形

根据前文有关监护关系终止的学理分类，可以明确此处应是指监护关系的相对终止。结合本条第1款规定的内容，此主要是指在监护人丧失监护能力或者监护人死亡的情况下导致的监护关系终止。

2. 关于依法另行确定监护人

对于监护人死亡或者丧失监护能力等情形，可以依照《民法典》第27条至第32条的规定重新确定监护人。立法作此规定，也是为了防止因原监护关系终止导致需要监护的被监护人处于无人监管的境地。从保护被监护人利益的角度，应及时确定监护人，避免因监护人缺位损害被监护人的合法权益。当事人对是否应当终止监护关系并依法另行确定监护人产生争议的，可以依据《民法典总则编解释》第12条规定向人民法院申请变更监护人。

▶ 适用指引

一、监护关系终止与撤销监护人资格的区别

为保护被监护人的合法权益，人民法院撤销监护人资格时会依法指定监护人，在此情况下原监护关系终止。故从广义上讲，监护人资格撤销也是导致监护关系终止的一种法定事由，但两者存在一定的区别：

（一）产生法定事由的原因不同

人民法院撤销监护人资格，通常源于监护人实施积极侵害被监护人权益的行为，或者怠于履行监护职责等消极的不作为行为，监护人在主观上似有积极追求或者消极放任监护人资格被撤销的意思；而监护关系终止，通常系基于客观原因产生的法律事实，监护人在主观上并没有追求发生该效果的意思。

（二）对被监护人利益的影响不同

监护人资格撤销，通常基于监护人的行为已经严重侵害了被监护人的合法权益；而导致监护关系终止的法定事由并不会达到此种损害被监护人利益的程度，相较之下，主要是因此导致被监护人处于无人监管的状态，需要重新确定监护人。

（三）是否需要有关主体申请和人民法院认定

撤销监护人资格，通常需要由有关个人或者组织向人民法院提出申请，人民法院经审理后作出是否撤销监护人资格的判决；而监护关系终止一般无须

相关主体申请，基本是自动发生终止的法律后果，也无须人民法院专门作出认定。需要说明的是，被监护人取得或者恢复完全民事行为能力等，虽然需要人民法院进行审理认定，但人民法院对此并非系对监护关系终止作出认定。因被监护人取得或者恢复完全民事行为能力导致监护关系终止的，监护关系自被监护人确定取得或者恢复完全民事行为能力时自动终止。

（四）新的监护人的产生不同

在撤销监护人资格案件中，监护人系由人民法院指定，人民法院在指定监护人时应当尊重被监护人的真实意愿，按照最有利于被监护人的原则指定，对此《民法典总则编解释》第9条也作出相关规定；而监护关系如系因监护人死亡或者丧失监护能力等情形终止，被监护人仍然需要监护的，应当根据具体情况，依据《民法典》第27条至第32条的规定重新确定监护人；唯当事人对是否存在终止情形有争议时，为保护监护人、被监护人利益可以向人民法院申请变更监护人。

二、监护关系终止在财产上的法律后果

关于监护关系终止的法律后果，本条第2款主要是规定了人身上的法律后果，对于财产上的法律后果并未作规定。实践中，关于监护关系终止引起的财产上的法律后果，主要表现为财产清算及返还等。

（一）财产清算

1. 主体

根据法律规定，监护人具有保护被监护人财产权利的职责。如因监护人不具备完全民事行为能力导致监护关系终止的，应当由新的监护人代为清算；如因监护人死亡导致监护关系终止的，应当由其继承人进行清算，继承人清算的义务不因实行限定继承原则而免除。

2. 责任

清算账目须交监护权力机关或监护监督机关审查认可，并经新监护人、被监护人或其继承人同意后才发生效力。在新监护人、被监护人或其继承人对于清算账目未认可之前，原监护人不能免除其责任。清算的费用，原则上由被监护人承担；但若是由于监护人的过失产生的费用，则由监护人承担。监护人侵

害被监护人财产的，新监护人、被监护人或其继承人有权要求损害赔偿。[①]

（二）财产返还

被监护人的财产清算后，如有剩余财产，自然应当返还财产。在监护关系绝对终止的情况下，如被监护人取得或者恢复完全民事行为能力的，应当将财产返还给其本人；如被监护人死亡的，应当将财产返还给其继承人；如监护人与被监护人同时死亡的，应当由监护人的继承人将财产交还给被监护人的继承人。在监护关系相对终止的情况下，如有新的监护人的，应当将财产返还给新的监护人。

▶ 类案检索

一、徐某2等与王某申请确定监护人案

关键词： 收养关系　监护关系终止

裁判摘要： 无民事行为能力或者限制民事行为能力的成年人，由下列有监护能力的人按顺序担任监护人：（1）配偶；（2）父母、子女；（3）其他近亲属；（4）其他愿意担任监护人的个人或者组织，但是须经被监护人住所地的居民委员会、村民委员会或者民政部门同意。王某2系王某之姐徐某2的亲生子，并非收养登记档案中所记载的社会弃婴，不符合被收养人的条件，且王某在收养王某2之前即患有精神分裂症至今未治愈，也不符合收养人的条件，王某与王某2之间的收养关系无效。法院曾基于王某2系王某养子且具备监护能力指定王某2为王某的监护人，现双方身份关系无效，监护关系应当终止。监护关系终止后，被监护人仍然需要监护的，应当依法另行确认监护人。王某离异且无子女，徐某3作为王某之父，有固定住所及稳定收入，身体状况较好，且长期与王某共同生活并代王某领取药物等，具备一定监护能力。考虑到徐某3年事已高，且王某1死亡后徐某3委托徐某2代为出租王某的房屋，加之徐某2与徐某3、王某在同一小区内居住，便于照料王某生活，履行监护职责。故由徐某3、徐某2共同担任王某的监护人更有利于保护王某的各项合法

---

① 最高人民法院民法典贯彻实施工作领导小组主编：《中华人民共和国民法典总则编理解与适用》，人民法院出版社2020年版，第234页。

权益。

【案　　号】（2021）京0108民特1020号

【审理法院】北京市海淀区人民法院

二、周某凤、周某申请确定监护人案

关键词：监护人死亡　监护关系终止

裁判摘要：《民法典》第39条规定，有下列情形之一的，监护关系终止：（1）被监护人取得或者恢复完全民事行为能力；（2）监护人丧失监护能力；（3）被监护人或者监护人死亡；（4）人民法院认定监护关系终止的其他情形。监护关系终止后，被监护人仍然需要监护的，应当依法另行确定监护人。本案中，周某目前为无民事行为能力人，原监护人周某敏已经去世，周某现仍需要监护，故需要另行确定监护人。本案申请人作为周某的姑母申请作为周某的监护人，符合法律规定，应予准许。

【案　　号】（2021）津0110民特411号

【审理法院】天津市东丽区人民法院

第三节 宣告失踪和宣告死亡

第四十条 自然人下落不明满二年的,利害关系人可以向人民法院申请宣告该自然人为失踪人。

▶ **关联规定**

一、法律、行政法规、司法解释

1.《中华人民共和国民事诉讼法》

第一百九十条 公民下落不明满二年,利害关系人申请宣告其失踪的,向下落不明人住所地基层人民法院提出。

申请书应当写明失踪的事实、时间和请求,并附有公安机关或者其他有关机关关于该公民下落不明的书面证明。

第一百九十二条 人民法院受理宣告失踪、宣告死亡案件后,应当发出寻找下落不明人的公告。宣告失踪的公告期间为三个月,宣告死亡的公告期间为一年。因意外事件下落不明,经有关机关证明该公民不可能生存的,宣告死亡的公告期间为三个月。

公告期间届满,人民法院应当根据被宣告失踪、宣告死亡的事实是否得到确认,作出宣告失踪、宣告死亡的判决或者驳回申请的判决。

2.《中华人民共和国涉外民事关系法律适用法》

第十三条 宣告失踪或者宣告死亡,适用自然人经常居所地法律。

3.《最高人民法院关于适用〈中华人民共和国民事诉讼法〉的解释》

第三百四十四条 符合法律规定的多个利害关系人提出宣告失踪、宣告死亡申请的,列为共同申请人。

第三百四十五条 寻找下落不明人的公告应当记载下列内容:

(一)被申请人应当在规定期间内向受理法院申报其具体地址及其联系方

式。否则，被申请人将被宣告失踪、宣告死亡；

（二）凡知悉被申请人生存现状的人，应当在公告期间内将其所知道情况向受理法院报告。

4.《最高人民法院关于适用〈中华人民共和国民法典〉总则编若干问题的解释》

第十四条　人民法院审理宣告失踪案件时，下列人员应当认定为民法典第四十条规定的利害关系人：

（一）被申请人的近亲属；

（二）依据民法典第一千一百二十八条、第一千一百二十九条规定对被申请人有继承权的亲属；

（三）债权人、债务人、合伙人等与被申请人有民事权利义务关系的民事主体，但是不申请宣告失踪不影响其权利行使、义务履行的除外。

二、部门规章及规范性文件

《城市房地产抵押管理办法》

第二十四条　企业、事业单位法人分立或者合并后，原抵押合同继续有效，其权利和义务由变更后的法人享有和承担。

抵押人死亡、依法被宣告死亡或者被宣告失踪时，其房地产合法继承人或者代管人应当继续履行原抵押合同。

三、司法指导性文件

1.《最高人民法院研究室关于四川汶川特大地震发生后受理宣告失踪、死亡案件应如何适用法律问题的答复》

一、根据民事诉讼法第一百六十六条第一款、第一百六十七条的规定，申请宣告失踪、宣告死亡的，应当由利害关系人向下落不明人住所地基层人民法院提出。由于特大地震灾害后，"下落不明人住所地基层人民法院"受到严重破坏，难以开展审判工作，对申请宣告失踪、宣告死亡的案件不能行使管辖权的，上级人民法院可以依照民事诉讼法第三十七条第二款的规定，指定其他基层人民法院管辖。

2.《最高人民法院关于依法做好抗震救灾和恢复重建期间审判工作切实维护灾区社会稳定的通知》

八、对于因地震中下落不明申请宣告失踪、宣告死亡案件,人民法院要依法积极受理,以便尽快明确身份关系和财产关系。由于玉树地区的基层人民法院受到地震严重破坏,如果行使管辖权确有困难,上级人民法院可以依照民事诉讼法第三十七条第一款的规定,指定其他基层人民法院管辖。

3.《最高人民法院关于依法做好甘肃舟曲等地区抢险救援和恢复重建期间审判工作切实维护灾区社会稳定的通知》

九、对于因特大山洪泥石流灾害下落不明申请宣告失踪、宣告死亡案件,人民法院要依法积极受理,以便尽快明确身份关系和财产关系。

4.《全国法院贯彻实施民法典工作会议纪要》

1.申请宣告失踪或宣告死亡的利害关系人,包括被申请宣告失踪或宣告死亡人的配偶、父母、子女、兄弟姐妹、祖父母、外祖父母、孙子女、外孙子女以及其他与被申请人有民事权利义务关系的民事主体。宣告失踪不是宣告死亡的必经程序,利害关系人可以不经申请宣告失踪而直接申请宣告死亡。但是,为了确保各方当事人权益的平衡保护,对于配偶、父母、子女以外的其他利害关系人申请宣告死亡,人民法院审查后认为申请人通过申请宣告失踪足以保护其权利,其申请宣告死亡违背民法典第一百三十二条关于不得滥用民事权利的规定的,不予支持。

▶ 条文释义

一、本条主旨

本条是关于自然人宣告失踪条件的规定。

二、条文演变

对宣告失踪和宣告死亡问题,原《民法通则》是在第2章公民(自然人)第3节专节规定,共有6个条文。原《民法总则》及此后的《民法典》总则编延续原《民法通则》体例,在第2章第3节,也是专节规定宣告失踪和宣告死亡,以原《民法通则》的规定为基础,基本制度没有大的修改,作了补充细化。①原《民法通则》第 20 条规定:"公民下落不明满二年的,利害关系人可以向人民法院申请宣告他为失踪人。战争期间下落不明的,下落不明的时间从战争结束之日起计算。"原《民法总则》在该条规定基础上明确规定了宣告失踪制度,仅是将原有条文中的"公民"修改为"自然人",与其他有关自然人的表述一样,使得民事主体回归私法的本质;另将"他"修改为"该自然人"使得表述更加严谨。《民法典》总则编保留了这一规定。

三、条文解读

宣告失踪是指自然人下落不明达到法定的期限,经利害关系人申请,人民法院依照法定程序宣告其为失踪人的一项制度。②自然人的失踪将使与其相关的法律关系处于不确定状态,通过设立宣告失踪制度,由人民法院宣告自然人失踪,以结束失踪人财产无人管理以及其应当履行的义务不能得到及时履行的不确定状态,保护失踪人和利害关系人的利益,维护社会经济秩序的稳定。本条明确规定了宣告失踪的基本规则。依据本条规定,宣告失踪应当满足如下条件:

(一)必须有自然人下落不明满二年的事实

所谓下落不明,是指自然人离开最后居所和住所后没有音讯的状况,这种状况须是持续、不间断地存在。也就是说,从自然人音讯消失起开始计算,持续地、不间断地经过两年时间。考虑到 1986 年制定的原《民法通则》就规定宣告失踪须具备下落不明满二年的条件,多年来司法实践总体上也没有出现问题,在立法过程中,各方面对这一规定基本也没有提出意见。《民法典》延续了原《民法通则》关于宣告失踪条件的规定。③

(二)必须由利害关系人向人民法院提出申请

对利害关系人的范围问题,原《民法通则意见》第 24 条明确规定:"申请宣告失踪的利害关系人,包括被申请宣告失踪人的配偶、父母、子女、兄弟姐

---

① 黄薇主编:《中华人民共和国民法典总则编释义》,法律出版社 2020 年版,第 107 页。
② 黄薇主编:《中华人民共和国民法典总则编释义》,法律出版社 2020 年版,第 107 页。
③ 黄薇主编:《中华人民共和国民法典总则编释义》,法律出版社 2020 年版,第 108 页。

妹、祖父母、外祖父母、孙子女、外孙子女以及其他与被申请人有民事权利义务关系的人。"《全国法院贯彻实施民法典工作会议纪要》第1条规定："申请宣告失踪或宣告死亡的利害关系人，包括被申请宣告失踪或宣告死亡人的配偶、父母、子女、兄弟姐妹、祖父母、外祖父母、孙子女、外孙子女以及其他与被申请人有民事权利义务关系的民事主体。宣告失踪不是宣告死亡的必经程序，利害关系人可以不经申请宣告失踪而直接申请宣告死亡。但是，为了确保各方当事人权益的平衡保护，对于配偶、父母、子女以外的其他利害关系人申请宣告死亡，人民法院审查后认为申请人通过申请宣告失踪足以保护其权利，其申请宣告死亡违背民法典第一百三十二条关于不得滥用民事权利的规定的，不予支持。"《最高人民法院关于适用〈中华人民共和国民法典〉总则编若干问题的解释》第14条规定，人民法院审理宣告失踪案件时，下列人员应当认定为《民法典》第40条规定的利害关系人：（1）被申请人的近亲属；（2）依据《民法典》第1128条、第1129条规定对被申请人有继承权的亲属；（3）债权人、债务人、合伙人等与被申请人有民事权利义务关系的民事主体，但是不申请宣告失踪不影响其权利行使、义务履行的除外。可以看出，在原《民法通则意见》被废止后，《民法典总则编解释》还是基本沿用了这条规定，不同的是，该条进一步明确了代位继承人和丧偶儿媳对公婆、丧偶女婿对岳父母，尽了主要赡养义务成为第一顺序继承人的，属于申请宣告失踪的利害关系人。另外，对债务人、合伙人等与被申请人有民事权利义务关系的民事主体属于申请宣告失踪的利害关系人进行了一个限定，就是申请宣告失踪不影响其权利行使、义务履行的情况除外。该司法解释对宣告失踪的利害关系人的顺序未作限定，故在宣告失踪时，利害关系人的申请也没有先后顺序的要求。

（三）必须经过法院依据法定程序宣告

宣告失踪只能由人民法院作出，其他任何机关和个人无权作出宣告失踪的决定。人民法院在受理宣告失踪的申请以后，应当依据《民事诉讼法》规定的特别审理程序，发出寻找失踪人的公告，宣告失踪的公告期为三个月。公告期间届满，人民法院应当根据被宣告失踪的事实是否得到确认，作出宣告失踪的判决或者驳回申请的判决。①

---

① 黄薇主编：《中华人民共和国民法典总则编释义》，法律出版社2020年版，第109页。

适用指引

关于审理宣告失踪案件的民事特别程序要求

对于宣告失踪案件,《民事案件案由规定》在二级案由"三十二、宣告失踪、宣告死亡案件"项下,专设三个三级案由"397.申请宣告自然人失踪""398.申请撤销宣告失踪判决""399.申请为失踪人财产指定、变更代管人"。无论哪个案由项下的案件,在程序上都是适用民事特别程序。具体而言,这主要包括:(1)关于宣告失踪案件的管辖法院。依据《民事诉讼法》第190条第1款的规定,公民下落不明满二年,利害关系人申请宣告其失踪的,向下落不明人住所地基层人民法院提出。此外,《最高人民法院研究室关于四川汶川特大地震发生后受理宣告失踪、死亡案件应如何适用法律问题的答复》(法研〔2008〕73号)第1条规定:"根据民事诉讼法第一百六十六条第一款、第一百六十七条的规定,申请宣告失踪、宣告死亡的,应当由利害关系人向下落不明人住所地基层人民法院提出。由于特大地震灾害后,'下落不明人住所地基层人民法院'受到严重破坏,难以开展审判工作,对申请宣告失踪、宣告死亡的案件不能行使管辖权的,上级人民法院可以依照民事诉讼法第三十七条第二款的规定,指定其他基层人民法院管辖。"这一司法政策的内容对于类似重大自然灾害引发的宣告失踪案件,具有参照适用的效力。(2)关于申请宣告失踪的要求。依据《民事诉讼法》第190条第2款的规定,申请书应当写明失踪的事实、时间和请求,并附有公安机关或者其他有关机关关于该公民下落不明的书面证明。(3)关于宣告失踪案件的审理程序。宣告失踪案件适用特别程序,实行一审终审,并由审判员一人独任审理。(4)关于多个申请人的列法问题。依据《民事诉讼法解释》第344条的规定,符合法律规定的多个利害关系人提出宣告失踪、宣告死亡申请的,列为共同申请人。

类案检索

一、华某新申请宣告公民失踪纠纷案

关键词: 下落不明　宣告失踪

裁判摘要： 下落不明人华某平，系申请人华某新的父亲。华某新于 2018 年 5 月 21 日到潍坊市高新区清池派出所报案称，其父亲华某平于 2009 年春天失踪。2020 年 11 月 6 日，法院对华某平原住潍坊市高新区清池街道东葛庄村党支部书记华某奇及华某平二哥华某森做调查笔录，华某奇称 2015 年左右华某平失踪后再未回过村里，华某平哥哥华某森称 2018 年年底见过其弟弟华某平一面，之后再未见过。华某平的父母均已去世，华某平与其原配偶赵某荣于 2003 年 8 月 4 日经潍坊市坊子区人民法院判决离婚，华某新系华某平之女。申请人华某新于 2021 年 6 月 15 日向法院申请指定其为华某平的财产代管人。华某平下落不明已满二年，现寻找华某平的公告期间届满，华某平仍下落不明，已符合宣告失踪的法定条件。申请人向法院提出宣告华某平失踪的申请，符合法律规定，法院予以准许。申请人华某新系华某平的女儿，现已成年，向法院提出指定其为华某平的财产代管人的申请也符合法律规定，法院予以准许。

【案　　号】（2020）鲁 0791 民特 3 号

【审理法院】 山东省潍坊高新技术产业开发区人民法院

二、李某生申请宣告公民失踪纠纷案

关键词： 下落不明　宣告失踪

裁判摘要： 下落不明人李某喜，系申请人李某生之子。李某生曾于 2018 年 3 月 14 日向济南市公安局济阳区分局济阳派出所报警称李某喜已失踪，后经济阳派出所联合有关部门查找，未发现李某喜的有关信息。李某喜的相关生物检材已提取录入到公安部人员失踪库，也未发现有价值信息。法院认为，李某喜自 2018 年 3 月 14 日报警查找以来，至今下落不明，时间已经超过二年，经利害关系人李某生申请，法院以公告方式寻找，李某喜仍然下落不明，应依法宣告其为失踪人。故判决宣告李某喜失踪，指定李某生为失踪人李某喜的财产代管人。

【案　　号】（2020）鲁 0125 民特 158 号

【审理法院】 山东省济南市济阳区人民法院

> **第四十一条** 自然人下落不明的时间自其失去音讯之日起计算。战争期间下落不明的，下落不明的时间自战争结束之日或者有关机关确定的下落不明之日起计算。

▶ 关联规定

法律、行政法规、司法解释

1.《最高人民法院关于适用〈中华人民共和国民事诉讼法〉的解释》

第三百四十三条 人民法院判决宣告公民失踪后，利害关系人向人民法院申请宣告失踪人死亡，自失踪之日起满四年的，人民法院应当受理，宣告失踪的判决即是该公民失踪的证明，审理中仍应依照民事诉讼法第一百九十二条规定进行公告。

第三百四十五条 寻找下落不明人的公告应当记载下列内容：

（一）被申请人应当在规定期间内向受理法院申报其具体地址及其联系方式。否则，被申请人将被宣告失踪、宣告死亡；

（二）凡知悉被申请人生存现状的人，应当在公告期间内将其所知道情况向受理法院报告。

2.《最高人民法院关于适用〈中华人民共和国民法典〉总则编若干问题的解释》

第十七条 自然人在战争期间下落不明的，利害关系人申请宣告死亡的期间适用民法典第四十六条第一款第一项的规定，自战争结束之日或者有关机关确定的下落不明之日起计算。

▶ 条文释义

一、本条主旨

本条是关于下落不明的时间计算的规定。

二、条文演变

关于自然人下落不明的起算时间，原《民法通则》仅对战争期间下落不明的情形作了规定，其第 20 条第 2 款规定："战争期间下落不明的，下落不明的时间从战争结束之日起计算。"但对于通常形态下的自然人下落不明的起算时间并没有规定。原《民法通则意见》第 28 条第 1 款规定："民法通则第二十条第一款、第二十三条第一款第一项中的下落不明的起算时间，从公民音讯消失之次日起算。"原《民法总则》在此基础上，综合各方意见对宣告失踪的起算时间以单独一条予以规定，并对战争期间下落不明的宣告失踪时间的起算点作了软化处理，即除了从战争结束之日起计算之外，还可以从"有关机关确定的下落不明之日"起计算。战争期间下落不明的，由于战争状态不同于平时，兵荒马乱，失踪人的行踪难以确定，因此应从战争结束时开始计算下落不明的时间。"有关机关确定的下落不明之日"是在《民法总则（草案）》三审后加的。本条保留了这一规定。

三、条文解读

考虑到下落不明的持续时间是利害关系人申请宣告自然人失踪或者死亡的重要条件，也是人民法院审理宣告失踪、宣告死亡案件的重要依据，其计算标准应当作为一般规则规定在《民法典》中。[①]《民法典》第 201 条规定，按照年、月、日计算期间的，开始的当日不计入，自下一日开始计算。这一规定的精神应当作为我国民法表述期间起算问题的标准和传统。"自然人下落不明的时间自其失去音讯之日起计算"，失去音讯之日作为起算日不算入，从下一日开始计算。"战争期间下落不明的，下落不明的时间从战争结束之日或者有关机关确定的下落不明之日起计算"，即战争结束的当日不算入，从下一日开始

---

① 黄薇主编：《中华人民共和国民法典总则编释义》，法律出版社 2020 年版，第 110 页。

计算之意。《民法典总则编解释》第 17 条规定，自然人在战争期间下落不明的，利害关系人申请宣告死亡的期间适用《民法典》第 46 条第 1 款第 1 项的规定，自战争结束之日或者有关机关确定的下落不明之日起计算。

（一）关于下落不明的认定

原《民法通则意见》第 26 条规定："下落不明是指公民离开最后居住地后没有音讯的状况。对于在台湾或者在国外，无法正常通讯联系的，不得以下落不明宣告死亡。"原《民法通则意见》虽已废止，但该条规定与《民法典》总则编精神并不冲突，在《民法典》施行后，该条精神可以在司法实践中作为参考。而且从解释上，《民法典》中本条虽然没有给下落不明下定义，但从其对起算时间的界定上看，也是指"失去音讯"的情形。下落不明的界定与宣告失踪的起算时间密切相关。对于宣告失踪的起算时间，要将本条规定与原《民法通则意见》的这一精神相结合来确定，即下落不明者首先要离开最后居住地，这是前提条件。这里的居住地不是住所，该居住地应当是利害关系人所知悉的最后居住地。其次是失去音讯。至于宣告失踪的起算时间则应当是满足离开最后居住地这一条件后的失去音讯的时间，而非离开最后居住地的时间。

（二）关于战争期间下落不明的宣告失踪起算时间问题

在战争期间下落不明的，下落不明的时间自战争结束之日起算的规则具有其合理性，因为战时状态中往往也难以确定其最后没有音讯的时间，且这期间本来正常的社会秩序就受到冲击，从其失去音讯的时间开始计算可能不尽合理，也不便操作。因此，对战争期间下落不明的通行做法就是从战争结束之日起计算。但这一规则也有过于僵化的问题，尤其是能够明确知道该自然人在某一次具体战役中下落不明的，这时再从整个战争结束之日起计算，对于有关利害关系人不尽公平。因此，本条在综合各方意见的基础上，明确增加了可以选择的相对灵活的宣告失踪的时间起算点，即除了从战争结束之日起计算外，还可以选择从"有关机关确定的下落不明之日起计算"，也就是说有关机关证明的下落不明之日可以作为起算点。这里的有关机关，应当是有权机关，比如军队中有权对因战争下落不明的人予以认定的机关，地方上则是民政或者公安部门等，当然必须以该机关具备相应的权力或者职责为前提。这里的有关机关确定自然人下落不明的文件在证据属性上应当是公文书证的一种，应当适用公文书证的规则。需要说明的是，本条虽然规定在宣告失踪条件的规定之后，但不仅适用于宣告失踪的情形，也适用于宣告死亡的情形，这是立法的本意。①对于本条的适用，还要注意本条规定并未像宣告死亡的条件（《民法典》第46条）一样，对于意外事件下落不明的情形没有设置特别的起算时间规则，故应统一适用本条规定的宣告失踪的一般起算规则，即从自然人失去音讯之日起计算。

▶ 适用指引

一、关于宣告失踪与宣告死亡这两项制度的程序衔接问题

应该说，宣告失踪与宣告死亡虽然都属于一种法律上的拟制，对稳定法律关系、保护利害关系人合法权益都具有重要意义。但二者在法律效果上存在本质不同，前者主要是设置财产代管的一项制度，而后者则是会使被宣告死亡的人发生与自然死亡相同的法律后果。因此，这两项制度并不存在交叉甚至冲突的问题，在符合各自适用条件的情况下，这两个制度可以单独适用，宣告失踪不是宣告死亡的必经程序，同时，当事人申请了宣告失踪之后并不意味着就不能适用宣告死亡。《全国法院贯彻实施民法典工作会议纪要》第1条规定："宣告失踪不是宣告死亡的必经程序，利害关系人可以不经申请宣告失踪而直接申请宣告死亡。但是，为了确保各方当事人权益的平衡保护，对于配偶、父母、子女以外的其他利害关系人申请宣告死亡，人民法院审查后认为申请人通过申请宣告失踪足以保护其权利，其申请宣告死亡违背民法典第一百三十二条关于不得滥用民事权利的规定的，不予支持。"《民法典》第47条规定："对同一自然人，有的利害关系人申请宣告死亡，有的利害关系人申请宣告失踪，符合本法规定的宣告死亡条件的，人民法院应当宣告死亡。"这一规定已经隐含了宣告失踪不是宣告死亡的前置程序的意思。《民事诉讼法解释》第343进一步规定："人民法院判决宣告公民失踪后，利害关系人向人民法院申请宣告失踪人死亡，自失踪之日起满四年的，人民法院应当受理，宣告失踪的判决即是该公民失踪的证明，审理中仍应依照民事诉讼法第一百九十二条规定进行公告。"

---

① 黄薇主编：《中华人民共和国民法典总则编释义》，法律出版社2020年版，第111页。

当然，如果是失踪人在没有被宣告失踪前，已符合宣告死亡条件的，可以选择直接适用宣告死亡制度。

二、关于宣告失踪程序中的公告期问题

关于公告期间的问题。依据《民事诉讼法》第187条、第192条的规定，人民法院受理宣告失踪案件后，应当发出寻找下落不明人的公告。宣告失踪的公告期间为三个月。人民法院审理宣告失踪的案件，应当在立案之日起三十日内或者公告期满后三十日内审结。有特殊情况需要延长的，由本院院长批准。此外，关于公告的形式，《民事诉讼法解释》第345条规定：寻找下落不明人的公告应当记载下列内容：（1）被申请人应当在规定期间内向受理法院申报其具体地址及其联系方式。否则，被申请人将被宣告失踪、宣告死亡；（2）凡知悉被申请人生存现状的人，应当在公告期间内将其所知道情况向受理法院报告。

▶ 类案检索

一、何某喜申请宣告公民失踪纠纷案

关键词：宣告失踪　下落不明

裁判摘要：下落不明人李某道，系申请人何某喜的内兄。李某道于1987年离家出走后与家人失去联系，至今仍下落不明。申请人何某喜申请宣告李某道失踪后，法院根据《民事诉讼法》第185条第1款的规定，于2020年11月5日在《广西法治日报》上发出寻找李某道的公告。法定公告期为三个月，现已届满，李某道仍然下落不明。李某某的父亲李某源、母亲何某英、妹妹李某秀均已去世，李某秀系何某喜的配偶。李某道、何某英户承包的责任田及林地一直都是何某喜耕种。法院认为，李某道自外出之日至今已三十多年没有音讯，虽经申请人、其他亲属询问了解直至法院在报刊公告查寻，仍下落不明，应依法推定其为失踪人。申请人何某喜作为李某道的妹夫，在李某道的父母、胞妹均已去世的情况下，属于李某道的利害关系人，其申请李某道失踪，符合法律规定的宣告失踪的条件，应予准许。

【案　　号】（2020）桂1121民特8号

【审理法院】广西壮族自治区昭平县人民法院

二、刘某、张某刻申请宣告公民失踪纠纷案

关键词：宣告失踪　下落不明

裁判摘要：下落不明人张某刻，与申请人刘某系夫妻关系。2019年2月，被申请人张某刻离家出走，再未与家人有过任何联系。2019年8月7日，申请人刘某到户籍地派出所报警，求助帮忙寻找被申请人张某刻，派出所将被申请人录入到失踪人员信息库。2021年8月9日，申请人再次到受案派出所了解情况，被告知被申请人至今没有任何记录或相关轨迹。被申请人张某刻至今已下落不明满二年。申请人刘某申请宣告张某刻失踪后，法院于2021年3月15日在人民法院报发出寻找张某刻的公告，法定公告期为三个月，现已届满，张某刻仍然下落不明。法院认为，《民法典》第40条规定："自然人下落不明满二年的，利害关系人可以向人民法院申请宣告该自然人为失踪人。"《民法典》第41条规定："自然人下落不明的时间自其失去音讯之日起计算。"在本案中，张某刻已下落不明满二年，符合上述法律的规定。因此，应宣告张某刻失踪。

【案　　号】（2021）辽0103民特197号

【审理法院】辽宁省沈阳市沈河区人民法院

> **第四十二条** 失踪人的财产由其配偶、成年子女、父母或者其他愿意担任财产代管人的人代管。
> 代管有争议，没有前款规定的人，或者前款规定的人无代管能力的，由人民法院指定的人代管。

关联规定

一、法律、行政法规、司法解释

1.《最高人民法院关于适用〈中华人民共和国民事诉讼法〉的解释》

第三百四十一条 宣告失踪或者宣告死亡案件，人民法院可以根据申请人的请求，清理下落不明人的财产，并指定案件审理期间的财产管理人。公告期满后，人民法院判决宣告失踪的，应当同时依照民法典第四十二条的规定指定失踪人的财产代管人。

第三百四十二条 失踪人的财产代管人经人民法院指定后，代管人申请变更代管的，比照民事诉讼法特别程序的有关规定进行审理。申请理由成立的，裁定撤销申请人的代管人身份，同时另行指定财产代管人；申请理由不成立的，裁定驳回申请。

失踪人的其他利害关系人申请变更代管的，人民法院应当告知其以原指定的代管人为被告起诉，并按普通程序进行审理。

2.《最高人民法院关于民事执行中变更、追加当事人若干问题的规定》

第二条 作为申请执行人的自然人死亡或被宣告死亡，该自然人的遗产管理人、继承人、受遗赠人或其他因该自然人死亡或被宣告死亡依法承受生效法律文书确定权利的主体，申请变更、追加其为申请执行人的，人民法院应予支持。

作为申请执行人的自然人被宣告失踪，该自然人的财产代管人申请变更、追加其为申请执行人的，人民法院应予支持。

第十条 作为被执行人的自然人死亡或被宣告死亡，申请执行人申请变更、追加该自然人的遗产管理人、继承人、受遗赠人或其他因该自然人死亡或被宣告死亡取得遗产的主体为被执行人，在遗产范围内承担责任的，人民法院应予支持。

作为被执行人的自然人被宣告失踪，申请执行人申请变更该自然人的财产代管人为被执行人，在代管的财产范围内承担责任的，人民法院应予支持。

3.《最高人民法院关于适用〈中华人民共和国民法典〉总则编若干问题的解释》

第十五条　失踪人的财产代管人向失踪人的债务人请求偿还债务的，人民法院应当将财产代管人列为原告。

债权人提起诉讼，请求失踪人的财产代管人支付失踪人所欠的债务和其他费用的，人民法院应当将财产代管人列为被告。经审理认为债权人的诉讼请求成立的，人民法院应当判决财产代管人从失踪人的财产中支付失踪人所欠的债务和其他费用。

二、部门规章及规范性文件

《不动产登记资料查询暂行办法》

第十八条　清算组、破产管理人、财产代管人、监护人等依法有权管理和处分不动产权利的主体，参照本章规定查询相关不动产权利人的不动产登记资料。

依照本条规定查询不动产登记资料的，除提交本办法第八条规定的材料，还应当提交依法有权处分该不动产的材料。

三、司法指导性文件

1.《最高人民法院印发〈关于处理涉及汶川地震相关案件适用法律问题的意见（一）〉的通知》

八、正在审理中的案件当事人在地震灾害中下落不明的，人民法院在核实当事人的身份、下落等有关情况后可以公告送达法律文书。

利害关系人申请宣告下落不明人失踪的，人民法院作出宣告失踪判决后，应当变更财产代管人为当事人，相关法律文书向财产代管人送达。

2.《全国法院贯彻实施民法典工作会议纪要》

5.民法典第一百八十八条第一款规定的普通诉讼时效期间，可以适用民法典有关诉讼时效中止、中断的规定，不适用延长的规定。民法典第一百八十八条第二款规定的"二十年"诉讼时效期间可以适用延长的规定，不适用中止、中断的规定。

诉讼时效根据民法典第一百九十五条的规定中断后，在新的诉讼时效期间内，再次出现第一百九十五条规定的中断事由，可以认定诉讼时效再次中断。权利人向义务人的代理人、财产代管人或者遗产管理人主张权利的，可以认定诉讼时效中断。

3.《人民法院办理执行案件规范》

44.作为申请执行人的公民死亡或被宣告死亡，该公民的遗嘱执行人、受遗赠人、继承人或其他因该公民死亡或被宣告死亡依法承受生效法律文书确定权利的主体，申请变更、追加其为申请执行人的，人民法院应予支持。

作为申请执行人的公民被宣告失踪，该公民的财产代管人申请变更、追加其为申请执行人的，人民法院应予支持。

52.作为被执行人的公民死亡或被宣告死亡，申请执行人申请变更、追加该公民的遗嘱执行人、继承人、受遗赠人或其他因该公民死亡或被宣告死亡取得遗产的主体为被执行人，在遗产范围内承担责任的，人民法院应予支持。继承人放弃继承或受遗赠人放弃受遗赠，又无遗嘱执行人的，人民法院可以直接执行遗产。

作为被执行人的公民被宣告失踪，申请执行人申请变更该公民的财产代管人为被执行人，在代管的财产范围内承担责任的，人民法院应予支持。

▶ 条文释义

一、本条主旨

本条是关于失踪人的财产代管人的规定。

二、条文演变

本条规定是在原《民法通则》第 21 条基础上适当修改而来。原《民法通则》第 21 条第 1 款规定："失踪人的财产由他的配偶、父母、成年子女或者关系密切的其他亲属、朋友代管。代管有争议的，没有以上规定的人或者以上规定的人无能力代管的,由人民法院指定的人代管。"原《民法总则》第42条在此基础上作了适当修改,对财产代管人的范围采用了大致相当的规定,只是将"关系密切的其他亲属、朋友"修改为"其他愿意担任财产代管人的人"。本条保留了原《民法总则》第42条的规定。

三、条文解读

宣告失踪与宣告死亡不同,自然人被宣告为失踪人后,其民事主体资格仍然存在,并不产生婚姻关系解除和继承开始等法律后果。[①] 法律设立宣告失踪制度,主要目的就是为失踪人指定财产代管人,结束失踪人财产无人管理以及其应当履行的义务不能得到及时履行的不确定状态,这不仅有利于对失踪人利益的保护,也有利于对失踪人的债权人等利害关系人合法权益的保护。

(一)为失踪人的财产设定代管人的一般规则

人民法院判决宣告自然人失踪的,应当同时指定失踪人的财产代管人。《民事诉讼法解释》第341条规定:"宣告失踪或者宣告死亡案件,人民法院可以根据申请人的请求,清理下落不明人的财产,并指定案件审理期间的财产管理人。公告期满后,人民法院判决宣告失踪的,应当同时依照民法典第四十二条的规定指定失踪人的财产代管人。"在解释上,原《民法通则》规定的"关系密切的其他亲属",包括失踪人的兄弟姐妹、祖父母、外祖父母、孙子女、外孙子女。除此之外还有"关系密切的朋友",但是实践中对于如何把握"关系密切"缺乏具体认定标准,不便操作。原《民法总则》对此作出修改,采用他人对担任代管人的主观意愿标准,一方面认定标准较为明确具体,便于操作;另一方面能够很大程度上拓宽代管人的范围,有利于更加充分发挥财产代管制度的功能。但在此需要注意的是,对于愿意担任代管人的人是否能够被最终指定为财产代管人,人民法院要综合判断,并不能仅仅依据该人有代管意愿,就指定其为代管人。对此,原《民法通则意见》第30条第1款规定:"人民法院指定失踪人的财产代管人,应当根据有利于保护失踪人财产的原则指定。没有民法通则第二十一条规定的代管人,或者他们无能力作代管人,或者不宜作代管人的,人民法院可以指定公民或者有关组织为失踪人的财产代管

---

① 黄薇主编:《中华人民共和国民法典总则编释义》,法律出版社2020年版,第112页。

人。"该条规定与《民法典》的规定并不冲突，在《民法典》施行后，其精神可以作为司法实践的参考。在代管有争议，包括当事人争做代管人或者相互推诿的情形，或者没有本条第1款规定的代管人或者虽然有这些人但他们没有代管能力的，则由人民法院按照有利于保护失踪人财产的原则指定有关自然人或者有关组织担任财产代管人。

（二）实务中确定失踪人财产代管人的争点问题及解决思路

实务中确定失踪人财产代管人的争点问题主要有二：一是关于代管人的优先顺序问题；二是代管人的人数问题。

1. 关于代管人的优先顺序问题

本条只是明确了可以担任财产代管人的范围，但并未就该范围内的主体之间在担任财产代管人先后性上作出明确规定。目前，在司法实务中确定担任财产代管人的先后顺序，主要有两种排序标准。一种是根据与失踪人关系的密切程度排序；另一种是根据代管人的管理能力排序。前一种排序标准的优点在于，这更符合失踪人的心理预期，符合日常生活经验判断；缺点在于与失踪人关系最密切的人，未必是最有能力帮助失踪人管理财产实现保值增值的人。第二种排序标准的优点在于，由管理能力最强的人担任财产代管人客观上更有利于帮助失踪人财产的保值增值；缺点在于财产代管人管理能力强并不见得与失踪人关系密切。我们认为，可考虑根据与失踪人关系密切程度确定一个一般性的失踪人财产代管人先后顺序。从本条对与失踪人关系密切的人的列举来看，大多是与其有血缘或姻亲关系的近亲属，由与失踪人关系密切的近亲属管理失踪人财产，更符合失踪人对财产处分的心理预期，能够更大程度消除信息不对称可能衍生的财产流失。

2. 关于能否指定多个财产代管人的问题

从我国现行立法来看，并未对失踪人财产代管人的人数作出限制性规定。故在实务上，人民法院可探索根据失踪人财产的多少、管理难度大小等合理确定失踪人财产代管人的具体人数。在失踪人财产代管人有数人的情形下，失踪人财产的管理方法也可以通过内部协议约定，没有内部约定或者约定不明时，则应当根据具体情形综合判断。实务中可以探索尽量尊重失踪人此前意愿的原则。如果失踪人在失踪前已经确定其财产代管人选时，除该代管人已经死亡或者丧失民事行为能力或者限制行为能力的外，原则上应尊重失踪人的意愿。

▶ 适用指引

关于财产代管人诉讼地位问题

《民事诉讼法》中并未明确列举当事人失踪是否作为诉讼中止的事由。我们认为,对此应当具体问题具体分析。在未经宣告失踪程序前,这时该当事人是否属于失踪人员尚无经过法定程序认定,人民法院应当按照审理一般民事案件的方式,依法运用相应的送达方式,必要时通过公告送达程序向该当事人送达,经过合法送达方式送达相应诉讼文书后,该当事人仍未到庭的,则要依法适用驳回起诉或者缺席判决制度。① 如果该当事人已经被利害关系人向人民法院申请宣告失踪,人民法院依法受理且尚未审结的,这时应当适用"本案必须以另一案的审理结果为依据,另一案尚未审结"的规定,中止诉讼。如果该当事人已经被人民法院宣告失踪,则这时应当由其财产代管人承继该诉讼,此时应当对原来中止的诉讼恢复审理。对于涉及重大灾难导致宣告失踪的情形,《最高人民法院印发〈关于处理涉及汶川地震相关案件适用法律问题的意见(一)〉的通知》(法发〔2008〕21号)第8条第2款指出:"利害关系人申请宣告下落不明人失踪的,人民法院作出宣告失踪判决后,应当变更财产代管人为当事人,相关法律文书向财产代管人送达。"这对于其他类似案件具有参照意义。另外,对于财产代管人参加到失踪人的债权债务纠纷中的诉讼地位问题,《民法典总则编解释》第15条规定:"失踪人的财产代管人向失踪人的债务人请求偿还债务的,人民法院应当将财产代管人列为原告。债权人提起诉讼,请求失踪人的财产代管人支付失踪人所欠的债务和其他费用的,人民法院应当将财产代管人列为被告。经审理认为债权人的诉讼请求成立的,人民法院应当判决财产代管人从失踪人的财产中支付失踪人所欠的债务和其他费用。"

---

① 《民事诉讼法》第146条规定:"原告经传票传唤,无正当理由拒不到庭的,或者未经法庭许可中途退庭的,可以按撤诉处理;被告反诉的,可以缺席判决。"第147条规定:"被告经传票传唤,无正当理由拒不到庭的,或者未经法庭许可中途退庭的,可以缺席判决。"

类案检索

一、韦某兴申请宣告公民失踪纠纷案

关键词： 宣告失踪　下落不明　财产代管人

裁判摘要： 下落不明人韦某艺，其父亲系申请人韦某兴，其母亲系奚某清。韦某艺于1996年外出到广东省打工，于2000年后即下落不明。韦某兴于2020年5月29日就韦某艺失踪向南宁市公安局玉洞派出所报案，于2020年8月12日向法院申请宣告韦某艺失踪。法院认为：自然人下落不明满二年的，利害关系人可以向人民法院申请宣告该自然人为失踪人。韦某艺自2000年下落不明至今已满二十年，法院发出寻找公告后，在三个月的公告期内，未收到韦某艺本人或者利害关系人申报其下落的任何消息，符合法定宣告失踪的情形。韦某兴作为韦某艺的父亲，系韦某艺的利害关系人，其申请宣告韦某艺为失踪人，符合法律规定，法院予以准许。因韦某艺未婚，无子女，根据法律规定，其父母可以作为其财产代管人。又因韦某艺的母亲奚某清对由韦某兴担任韦某艺的财产代管人无异议，故韦某兴申请法院指定其作为韦某艺的财产代管人，符合法律规定，法院亦予以准许。

【案　　号】（2020）桂0108民特7号
【审理法院】 广西壮族自治区南宁市良庆区人民法院

二、杜某1申请宣告公民失踪案

关键词： 宣告失踪　下落不明　财产代管人

裁判摘要： 下落不明人李某1，系申请人杜某1之夫。李某1于2014年4月15日7时许离开家，后不知去向，现下落不明。法院认为，公民下落不明满两年，利害关系人有权向人民法院申请宣告其失踪。现李某1于2014年走失，经法院依法公告寻找，至今没有下落，其下落不明满两年的事实已经得到了确认。杜某1与李某1为夫妻关系，其作为利害关系人提出宣告失踪申请，符合法律规定，故应当依法宣告李某1失踪。李某1的父母均已去世，李某1与杜某1生有一子李某2，经询问，李某2同意由杜某1担任李某1的财产代管人。故判决如下：一、宣告李某1失踪；二、指定杜某1为失踪人李某1的

财产代管人。

【案　　号】（2021）京0109民特158号
【审理法院】北京市门头沟区人民法院

第四十三条 财产代管人应当妥善管理失踪人的财产,维护其财产权益。

失踪人所欠税款、债务和应付的其他费用,由财产代管人从失踪人的财产中支付。

财产代管人因故意或者重大过失造成失踪人财产损失的,应当承担赔偿责任。

▶ 关联规定

一、法律、行政法规、司法解释

1.《最高人民法院关于适用〈中华人民共和国民法典〉总则编若干问题的解释》

第十五条　失踪人的财产代管人向失踪人的债务人请求偿还债务的,人民法院应当将财产代管人列为原告。

债权人提起诉讼,请求失踪人的财产代管人支付失踪人所欠的债务和其他费用的,人民法院应当将财产代管人列为被告。经审理认为债权人的诉讼请求成立的,人民法院应当判决财产代管人从失踪人的财产中支付失踪人所欠的债务和其他费用。

第三十八条　诉讼时效依据民法典第一百九十五条的规定中断后,在新的诉讼时效期间内,再次出现第一百九十五条规定的中断事由,可以认定为诉讼时效再次中断。

权利人向义务人的代理人、财产代管人或者遗产管理人等提出履行请求的,可以认定为民法典第一百九十五条规定的诉讼时效中断。

2.《最高人民法院关于民事执行中变更、追加当事人若干问题的规定》

第二条　作为申请执行人的自然人死亡或被宣告死亡,该自然人的遗产管理人、继承人、受遗赠人或其他因该自然人死亡或被宣告死亡依法承受生效法律文书确定权利的主体,申请变更、追加其为申请执行人的,人民法院应予支持。

作为申请执行人的自然人被宣告失踪,该自然人的财产代管人申请变更、追加其为申请执行人的,人民法院应予支持。

第十条 作为被执行人的自然人死亡或被宣告死亡,申请执行人申请变更、追加该自然人的遗产管理人、继承人、受遗赠人或其他因该自然人死亡或被宣告死亡取得遗产的主体为被执行人,在遗产范围内承担责任的,人民法院应予支持。

作为被执行人的自然人被宣告失踪,申请执行人申请变更该自然人的财产代管人为被执行人,在代管的财产范围内承担责任的,人民法院应予支持。

二、部门规章及规范性文件

《不动产登记资料查询暂行办法》

第十八条 清算组、破产管理人、财产代管人、监护人等依法有权管理和处分不动产权利的主体,参照本章规定查询相关不动产权利人的不动产登记资料。

依照本条规定查询不动产登记资料的,除提交本办法第八条规定的材料,还应当提交依法有权处分该不动产的材料。

三、司法指导性文件

1.《全国法院贯彻实施民法典工作会议纪要》

5. 民法典第一百八十八条第一款规定的普通诉讼时效期间,可以适用民法典有关诉讼时效中止、中断的规定,不适用延长的规定。民法典第一百八十八条第二款规定的"二十年"诉讼时效期间可以适用延长的规定,不适用中止、中断的规定。

诉讼时效根据民法典第一百九十五条的规定中断后,在新的诉讼时效期间内,再次出现第一百九十五条规定的中断事由,可以认定诉讼时效再次中断。权利人向义务人的代理人、财产代管人或者遗产管理人主张权利的,可以认定诉讼时效中断。

2.《人民法院办理执行案件规范》

44. 作为申请执行人的公民死亡或被宣告死亡,该公民的遗嘱执行人、受遗赠人、继承人或其他因该公民死亡或被宣告死亡依法承受生效法律文书确定权利的主体,申请变更、追加其为申请执行人的,人民法院应予支持。

作为申请执行人的公民被宣告失踪,该公民的财产代管人申请变更、追加其为申请执行人的,人民法院应予支持。

52.作为被执行人的公民死亡或被宣告死亡,申请执行人申请变更、追加该公民的遗嘱执行人、继承人、受遗赠人或其他因该公民死亡或被宣告死亡取得遗产的主体为被执行人,在遗产范围内承担责任的,人民法院应予支持。继承人放弃继承或受遗赠人放弃受遗赠,又无遗嘱执行人的,人民法院可以直接执行遗产。

作为被执行人的公民被宣告失踪,申请执行人申请变更该公民的财产代管人为被执行人,在代管的财产范围内承担责任的,人民法院应予支持。

▶ 条文释义

一、本条主旨

本条是关于失踪人财产代管人职责和责任承担的规定。

二、条文演变

原《民法通则》第21条对宣告失踪的法律后果作出了规定;原《民法通则意见》第31条对原《民法通则》第21条第2款中的"其他费用"作出了规定,第32条对因失踪人的财产代管人拒绝支付相应费用而引发的诉讼中的失踪人财产代管人的诉讼地位作出了规定。原《民法总则》第43条吸纳原《民法通则》的规定,并对失踪人的财产代管人的职责和责任承担作出了规定。《民法典》沿用了原《民法总则》的规定。

三、条文解读

本条第1款规定了失踪人财产代管人的职责,第2款规定了失踪人债务清偿的原则,第3款规定了失踪人财产代管人的责任承担问题。

（一）失踪人财产代管人的职责

1. 失踪人财产代管人的性质

宣告失踪制度的目的在于为失踪人设立财产代管人，代替失踪人行使民事权利、承担民事义务，以保护失踪人及其利害关系人的合法利益。一方面，维护失踪人的合法利益，使其财产不因无人管理而遭受他人损害；另一方面，维护与失踪人有利害关系的当事人的合法利益，使其利益不因失踪人失踪这一事实而受损。

我们认为，代管人既可以作为财产代管人，也可以作为指定代理人。首先，代管人是财产保管人，他应当负有像对待自己事务一样的注意义务，来保管失踪人的财产，因其故意或重大过失造成失踪人财产损害的，应当负有损害赔偿责任。其次，财产代管人不仅仅是保管人，财产代管人可有权在法律以及法院授权的范围内代理失踪人从事一定的民事法律行为，即以失踪人的财产代其清偿债务，并有权代理其接受债权。由于此种代理是因法院的指定而确定，不以失踪人的意愿为前提，故其在性质上是一种指定代理。当然，其代理的范围是有限的。

2. 失踪人财产代管人的代管范围和代管原则

对于财产代管人代管行为范围的确定，其他国家和地区的立法有不同规定。例如，《日本民法典》第28条规定："管理人需要实施超越第一百零三条所规定权限的行为时，经家庭法院许可，可以实施。"第103条规定，未定权限的代理人，仅就下列行为有权限：（1）保存行为；（2）在不改变代理标的物或者权利性质的范围内，以利用或者改良为目的的行为。显然，对于失踪人财产管理人的财产管理行为，上述法律均采取了比较严格的限制立场。

本条第1款规定："财产代管人应当妥善管理失踪人的财产，维护其财产权益。"代管中的"代"即代理，是由代管人代理失踪人管理财产；"管"即代管人为实现失踪人的财产利益最大化而管理财产，包括占有和处分，所得收益归失踪人所有。我们认为，首先，财产代管人要尽到善良代管人的义务，做到像管理自己的事务一样妥善管理失踪人的财产，不得滥用代管权限对失踪人的财产挥霍浪费、挪用牟利或者将失踪人的财产据为己有，侵犯失踪人的财产权益。财产代管人的义务与其他有偿的法律关系不同。财产代管人的管理行为并非合同约定，而是来自法律直接规定，失踪人财产代管人的目的不是从中获利,而是无偿地为失踪人管理财产。法院应当根据有利于保护失踪人财产的原则指定财产代管人。其次,财产代管人除保存行为(包括对财产的保管、维护、收益等)及改良行为外,还可包括必要的经营行为和处分行为。这是因为考虑到我国《民法典》所确立的宣告失踪制度中的财产代管人制度程序较为复杂,被宣告失踪人的下落不明之状态更为稳定,故就我国失踪人之财产代管人的管理权限而言,可以包含保存行为、改良行为和必要的经营行为和处分行为。例如可以采取必要的措施对失踪人易于变质的财产采取变价处分,保存价金;又如将失踪人闲置的房屋对外出租,收取租金等。如果一律禁止财产代管人对失踪人财产进行管理或处分,非但可能造成失踪人财产不能增值,甚至可能导致失踪人财产贬值。因此,确有经营或处分失踪人财产的必要。

但是,失踪人所享有的人身色彩较强的财产权利,例如《民法典》规定的居住权,财产代管人无由行使。①

(二)失踪人债务清偿的原则

本条第2款规定了财产代管人应当履行失踪人应当履行的义务,包括从失踪人的财产中支付失踪人所欠税款、债务和应付的其他费用。最高人民法院对此处的"其他费用"曾作出司法解释,即原《民法通则意见》第31条中规定,"其他费用"包括赡养费、扶养费、抚育费和因代管财产所需的管理费等必要的费用。《民法典总则编解释》未将该规定纳入,是因该规定在长久的司法实践中已经运用得较为成熟且取得了较好的裁判效果,实践中一般不致发生认识分歧,基于此,该规定仍可在审判实践中作为参考。

除了清偿失踪人的债务,代管人还应代理失踪人追索其债权或者接受债权。司法实践中,一般也支持失踪人财产代管人对代管财产的处分权利。例如,在原告为失踪人财产代管人,起诉被告银行要求支取失踪人在该行存款一案中,法院判决认为,原《民法通则》及其司法解释关于对财产代管人的权利限制仅针对使用权和处分权权能,并未约束转移占有实现收益等权能,代管人为履行代管职责可以行使占有权和收益权;原告主张办理存款支取业务行为,并非针对失踪人财产的使用和处分行为,原告作为财产代管人可凭人民法院判决书和财产代管人证明及代管人有效身份证件向被告要求办理存款支取业

---

① 翟远见:《〈民法典〉宣告失踪制度的解释与补充》,载《法律适用》2021年第10期。

务。①

（三）失踪人财产代管人的责任承担问题

本条第3款规定了失踪人财产代管人因故意或者重大过失，造成失踪人财产损失的责任承担问题。在失踪人财产代管过程中，既可能发生因代管人积极或消极行为使失踪人财产权益受损的状况，又可能出现因代管人管理不周，出现失踪人财产造成他人损害的情况。此时，判断财产代管人是否应为此承担责任，则应根据《民法典》合同编、侵权责任编的相关规定加以判断。如财产代管人明知失踪人的一处住房在出租，在承租人长期未付租金的情形下而不主张权利，因时效经过而造成租金损失。再如寒潮天气下，财产代管人对自己的房屋采取了防寒措施，而未对失踪人的房屋采取措施，因气温骤降导致水管破裂，进而室内设施被淹造成损失。

如存在财产代管人因故意或重大过失造成失踪人财产损失情形的，在失踪人失踪期间，失踪人的利害关系人可以向人民法院请求财产代管人承担民事责任，并可以依照《民法典》第44条的规定，向人民法院申请变更财产代管人。

▶ 适用指引

一、如何认定"必要的经营行为和处分行为"

实践中，对于"必要的经营行为和处分行为"的理解存在分歧。一种观点从客观结果出发，认为只有该经营行为和处分行为确实让失踪人受益了才可认定；另一种则采主观主义，认为只要财产代管人在实施经营失踪人财产或处分失踪人财产时，主观上是为了失踪人利益，即可认定为必要的经营行为和处分行为。这两种观点都存有片面之处，如机械适用，既可能限制财产代管人在代管过程中合理履职，又可能放任财产代管人采用较为激进的方式代管财产导致失踪人财产受损，不利于财产代管人合理有效地代管财产。我们认为，这里对是否具有必要性的判断，一般应结合普通人的日常生活经验：如果实施该经营或处分行为对增加失踪人财产价值或防止失踪人财产价值减少的可能性明显大

---

① 原告王某某与被告中国银行股份有限公司石狮支行储蓄存款合同纠纷案，福建省石狮市人民法院（2015）狮民初字第683号民事判决书。

于不实施该行为，则该行为的实施就具有必要性。也即，财产代管人有权实施该经营或处分行为。当然，财产代管人不应过于积极，也不应进行高风险的投资。例如，失踪人的房屋因年久失修需从代管的现金财产中支出费用进行修缮，或将该空置房屋简单装修后进行出租收益等情形，均属于必要的经营和处分行为。而如果失踪人财产代管人因为房屋地段差价要置换房屋，则从置换所需的费用、置换的风险、置换的紧迫性等方面综合考量，均超出了必要性。

二、如何确定失踪人财产代管人的不同责任类型

（一）失踪人财产代管人在代管财产过程中因故意或重大过失造成失踪人财产损失或他人损失时的处理方式

失踪人财产代管人在代管财产过程中因故意或重大过失造成失踪人财产损失或他人损失时，应根据《民法典》侵权责任编的一般归责原则，由财产代管人自行承担责任。例如，李某作为失踪人张某的财产代管人，在对张某的车辆进行必要转移时，饮酒后驾驶车辆，致使发生交通事故，将路上的行人撞伤并造成车辆毁损，应认定为李某存在重大过失，应对行人的人身、财产损害及车辆的维修费用均承担赔偿责任。又如甲下落不明失踪后，乙被指定为甲的财产代管人，在雷暴雨季节中，乙明知甲的房屋存在漏水隐患而放任不管，仅对自己的房屋进行了维护，因房屋进水，导致甲房屋内装修损坏并漏水至楼下丙的房屋。此时，应认定乙在管理甲的财产时有重大过失，应对丙的损失自行承担责任并对甲的财产损失承担赔偿责任。值得注意的是，如果财产代管人是有偿代管失踪人财产时造成上述列举的失踪人财产或他人损害，则即便没有故意或重大过失，而只存在一般过失，仍应承担赔偿责任。

（二）失踪人财产代管人在无偿代管失踪人财产过程中，没有故意或重大过失，但仍造成失踪人财产损失或他人损失时，应区分具体代管行为的类型作出不同处理

第一，财产代管人对失踪人财产仅进行一般性保管造成损害时的处理。可考虑类推适用《民法典》第 897 条关于"保管期内，因保管人保管不善造成保管物毁损、灭失的，保管人应当承担赔偿责任。但是，无偿保管人证明自己没有故意或者重大过失的，不承担损害赔偿责任"的规定，只要财产代管人能证

明其在无偿保管失踪人财产过程中没有故意或重大过失,就不对其保管失踪人财产不善造成的失踪人财产毁损、灭失承担损害赔偿责任。现实生活中,失踪人财产代管人实施代管行为一般是基于其与失踪人之间的密切关系,而非为了获得管理报酬。因此,大多数情况下,财产代管人的代管行为都是无偿的、利他的、值得褒扬的行为。鉴于代管行为中最基本的就是无偿保管失踪人财产的行为,故从鼓励密切关系人担任代管人、切实维护失踪人财产权益和平衡失踪人与失踪人财产代管人之间利益角度出发,应在财产代管人保管不善造成失踪人财产受损的问题上实行过错责任原则,以免加重财产代管人的负担。

第二,财产代管人对失踪人财产进行必要的经营行为和处分行为时,则应尽到善良管理人的注意义务。所谓善良管理人的注意义务,乃通常合理人的注意,系一种客观化或类型化的过失标准,即行为人应具其所属职业(如医生、建筑师、律师、药品制造者)、某种社会活动的成员(如汽车驾驶人)或某年龄层(老人或未成年人)通常所具的智识能力。①

(三)当失踪人财产代管人在管理失踪人财产过程中既为失踪人增加了财产收益,又因其管理行为造成了失踪人财产损失时,应如何处理

此种情况下,从衡平双方利益、鼓励担任财产代管人角度出发,可以在失踪人财产代管人赔偿问题上考虑损益相抵原则的适用。所谓损益相抵又称损益同销,指赔偿权利人基于损害发生的同一赔偿原因获得利益时,应将所受利益从所受损害中扣除以确定损害赔偿的范围。它的法理依据有"利益说"和"禁止得利说"。"禁止得利说"具有普遍的适用性,我们认为应当采纳。这一学说认为,赔偿旨在填补损害,故赔偿应与损害大小一致,不可少也不能多,被害人不得因损害赔偿比损害事故发生前得到更多利益。因而,凡基于同一损害原因受有损害并受有利益,则失踪人可主张的损害赔偿数额仅为损害与利益两者间的差额。利益大于或等于损害,则无损害可言;利益小于损害时,计算损害赔偿数额时则应扣除利益额。这样,既保护了失踪人的财产权利,对于财产代管人来说也比较公平。

---

① 王泽鉴:《侵权行为》,北京大学出版社2009年版,第242页。

三、财产代管人是否有权请求报酬

《民法典》对此并未规定,我们认为,财产代管主要是对失踪人的财产进行临时管理,只是对失踪人财产的一种维护,一般情形下,不需要花费较高精力去进行经营收益使得财产增值。因此,财产代管人原则上只能请求失踪人偿还履行财产代管职责期间所支出的必要费用,而不能请求失踪人支付报酬。如果失踪人死亡或者被宣告死亡,代管人可以向其继承人请求偿还。但失踪人在失踪前已就其财产代管事项指定代管人并约定报酬的除外。

四、财产代管人的诉讼地位

《民法典总则编解释》第15条对此作出了明确的规定:失踪人的财产代管人向失踪人的债务人请求偿还债务的,人民法院应当将财产代管人列为原告。债权人提起诉讼,请求失踪人的财产代管人支付失踪人所欠的债务和其他费用的,人民法院应当将财产代管人列为被告。此外,可能还存在以下情形:如果失踪人财产代管人在代管财产过程中造成他人损害的,由被侵权人为原告,以失踪人财产代管人为被告;失踪人财产代管人在代管过程中侵害失踪人财产权益的,以失踪人的利害关系人作为原告,以失踪人财产代管人作为被告。

赋予失踪人财产代管人以当事人资格主要是因为,在失踪人被宣告失踪时,客观上已经不可能参加诉讼。而财产代管人负有管理失踪人财产的法定职责,是失踪人财产的实际管理者,围绕失踪人财产发生的诉讼由财产代管人作为诉讼当事人参加更为合理。① 诉讼中不管是财产代管人向债务人主张债权,还是债权人向代管人主张债权,都直接影响到代管权的行使,因此,财产代管人对涉及失踪人的诉讼案件的判决具有"诉的利益"。

▶ 类案检索

一、申某民诉申某明失踪人债务支付纠纷案

关键词: 失踪人 财产代管人 支付欠付费用

---

① 翟远见:《〈民法典〉宣告失踪制度的解释与补充》,载《法律适用》2021年第10期。

裁判摘要： 对失踪人所欠债务及应当支付的其他费用，利害关系人请求财产代管人从失踪人的财产中支付的，法院应予支持。

【案　　号】（2017）京0101民初4970号

【审理法院】北京市东城区人民法院

二、张某福诉钟某标、叶某英船舶买卖合同纠纷案

关键词： 失踪人　财产代管人　继续履行合同

裁判摘要： 失踪人失踪前已与利害关系人签订有效买卖合同并有效履行的，利害关系人要求失踪人财产代管人继续履行合同，完成交易的，法院应予支持。

【案　　号】（2015）海商初字第234号

【审理法院】广西壮族自治区北海海事法院

第四十四条 财产代管人不履行代管职责、侵害失踪人财产权益或者丧失代管能力的，失踪人的利害关系人可以向人民法院申请变更财产代管人。

财产代管人有正当理由的，可以向人民法院申请变更财产代管人。

人民法院变更财产代管人的，变更后的财产代管人有权请求原财产代管人及时移交有关财产并报告财产代管情况。

▶ 关联规定

法律、行政法规、司法解释

1.《最高人民法院关于适用〈中华人民共和国民事诉讼法〉的解释》

第三百四十二条 失踪人的财产代管人经人民法院指定后，代管人申请变更代管的，比照民事诉讼法特别程序的有关规定进行审理。申请理由成立的，裁定撤销申请人的代管人身份，同时另行指定财产代管人；申请理由不成立的，裁定驳回申请。

失踪人的其他利害关系人申请变更代管的，人民法院应当告知其以原指定的代管人为被告起诉，并按普通程序进行审理。

2.《最高人民法院关于适用〈中华人民共和国民法典〉总则编若干问题的解释》

第十四条 人民法院审理宣告失踪案件时，下列人员应当认定为民法典第四十条规定的利害关系人：

（一）被申请人的近亲属；

（二）依据民法典第一千一百二十八条、第一千一百二十九条规定对被申请人有继承权的亲属；

（三）债权人、债务人、合伙人等与被申请人有民事权利义务关系的民事主体，但是不申请宣告失踪不影响其权利行使、义务履行的除外。

第十五条 失踪人的财产代管人向失踪人的债务人请求偿还债务的，人民法院应当将财产代管人列为原告。

债权人提起诉讼,请求失踪人的财产代管人支付失踪人所欠的债务和其他费用的,人民法院应当将财产代管人列为被告。经审理认为债权人的诉讼请求成立的,人民法院应当判决财产代管人从失踪人的财产中支付失踪人所欠的债务和其他费用。

▶ 条文释义

一、本条主旨

本条是关于变更失踪人财产代管人的规定。

二、条文演变

原《民法通则意见》第35条对变更失踪人的财产代管人的情形及适用程序进行了规定,原《民法总则》第44条合理吸收借鉴了上述规定并进行调整,进一步健全了我国失踪人财产代管人变更的制度。《民法典》保留了原《民法总则》第44条的规定,没有作出修改。

三、条文解读

本条第1款规定了失踪人的利害关系人申请变更的事由,第2款规定了财产代管人申请变更的事由,第3款规定了失踪人财产代管人变更的法律后果。

(一)失踪人的利害关系人申请变更的事由

1. 失踪人的利害关系人申请变更的法定事由

变更财产代管人需要有法定的事由。依照本条第1款的规定,如果出现财产代管人不履行代管职责、侵害失踪人财产权益或者丧失代管能力等事由,则表明为失踪人设置财产代管人的目的将难以实现,甚至财产代管人的行为已与设置财产代管的目的相违背。此时,财产代管人已经不再适格,失踪人的利害关系人可以向人民法院申请变更财产代管人。

首先,财产代管人不履行职责,既可以表现为不行使失踪人的权利,比如不收取失踪人的债权,也可以表现为不履行失踪人应当履行的义务,比如不履行清偿债务、缴纳税款义务等。对于利害关系人仅以失踪人财产代管人不履行代管职责为由要求更换代管人的，应当考虑财产代管人不履行代管职责行为的发生频率、时间长短等，综合考量后再决定是否更换代管人。如果仅以偶尔的不履行职责为由更换财产代管人，亦不利于维护失踪人的财产权益。其次，侵害失踪人财产权益，可以表现为不当处分失踪人的财产，滥用代管权对失踪人的财产挥霍浪费，与他人恶意串通侵夺失踪人的财产等。在认定侵害失踪人财产权益的情形时，应当注意失踪人财产代管人是否构成主观上的过错。如果失踪人财产代管人在侵害失踪人财产权益问题上没有过错或者只有轻微过失，则没有必要更换财产代管人。最后，财产代管人丧失代管能力，主要包括以下三种情形：（1）财产代管人被依法宣告为限制民事行为能力人或无民事行为能力人，丧失代管能力；（2）因出国、外地求学等原因长时间离开失踪人财产所在地，客观上无法代管；（3）因生病、受伤等身体原因丧失代管能力，无法代理财产代管事务。

2. 失踪人的利害关系人的范围

应依照《民法典总则编解释》第14条的规定，确定失踪人的利害关系人的范围。具体包括：（1）被申请人的近亲属；（2）依据《民法典》第1128条、第1129条规定对被申请人有继承权的亲属；（3）债权人、债务人、合伙人等与被申请人有民事权利义务关系的民事主体，但是不申请宣告失踪不影响其权利行使、义务履行的除外。失踪人的近亲属，应包括配偶、父母、子女、兄弟姐妹、祖父母、外祖父母、孙子女、外孙子女。《民法典》第1128条规定，被继承人的子女先于被继承人死亡的，由被继承人的子女的直系晚辈血亲代位继承。被继承人的兄弟姐妹先于被继承人死亡的，由被继承人的兄弟姐妹的子女代位继承。代位继承人一般只能继承被代位继承人有权继承的遗产份额。《民法典》第1129条规定，丧偶儿媳对公婆，丧偶女婿对岳父母，尽了主要赡养义务的，作为第一顺序继承人。

（二）财产代管人申请变更的事由

《民法典》第42条第1款规定，失踪人的财产由其配偶、成年子女、父母或者其他愿意担任财产代管人的人代管。财产代管人的代管意愿已成为指定财产代管人的重要条件。同时，代管意愿亦应成为变更财产代管人的理由。根据本条第2款的规定，财产代管人有正当理由的，可以向人民法院申请变更财产代管人。依该规定，财产代管人自己申请变更财产代管人的前提是存在正当理由，此处的正当理由应该如何认定？从财产代管人的客观状况来看，主要包括以下几种情形：（1）被依法宣告为限制民事行为能力人或者无民事行为能力人；（2）因出国、外地求学等原因长时间离开失踪人财产所在地；（3）因生病、受伤等原因无法为财产代管事务提供足够精力和体力保证；（4）因自身事务繁多，没有时间管理失踪人财产事务等。上述情形应认定为财产代管人有正当理由，法院应同意其变更申请。

从财产代管人的主观心态来看，财产代管人作出其主观上不愿继续管理失踪人财产的意思表示亦属于正当理由的构成因素，即人民法院在裁定是否变更时也应考虑代管人的主观意愿因素。失踪人财产代管人对失踪人财产的管理仅出于保护失踪人合法权益的需要，而且往往是出于与失踪人有较为密切的关系而实施的无偿行为，并非其法定义务，应最大程度尊重其意愿。如果强制一个主观上已经不愿管理失踪人财产的人继续管理，往往会导致其不作为、消极对待财产管理事务，那么另行指定财产代管人，会更有利于保护失踪人的财产权益。即只要财产代管人有正当理由的情况下，依据《民事诉讼法解释》第342条第1款的规定，失踪人的财产代管人经人民法院指定后，代管人申请变更代管的……申请理由成立的，裁定撤销申请人的代管人身份，同时另行指定财产代管人；申请理由不成立的，裁定驳回申请。

（三）变更失踪人财产代管人的法律后果

本条第3款规定了失踪人财产代管人变更的法律后果。在人民法院变更失踪人的财产代管人后，新的财产代管人有权要求原财产代管人及时移交有关财产并报告财产代管情况。同时，为了保障新的财产代管人有效履行代管职责，明确当事人之间的权利义务关系，减少纠纷，原财产代管人应当对失踪人的财产在代管期间的情况进行清算，列出财产清单及在代管期间发生的变化，并且向新的财产代管人进行移交，以确保新的财产代管人继续履行失踪人财产代管职责。

适用指引

一、应注意特别程序中的财产管理人与财产代管人的区别

财产代管人依据《民法典》第42条的规定设立，其代管期限为从设定代管人起至被宣告失踪的公民重新出现或被宣告死亡，财产代管人的资格受到一定限制，代管权限包括代管和部分处分权。而依照《民事诉讼法解释》第341条的规定，特别程序中的财产管理人的资格未作明显的限制，其管理期限仅限于案件审理期间，其主要职责是解决案件审理期间下落不明公民财产的范围、数量、价值，避免在诉讼期间因利害关系人之间的争议或无人管理等原因而使财产失散或者遭受其他损失。原则上，特别程序的财产管理人无财产处分权。此外，法院在特别程序中指定财产管理人，应当依申请进行，不宜依职权主动指定；而在作出宣告失踪判决时，无论当事人是否申请，都应当同时指定财产代管人。

二、如何认定"不履行代管职责或侵害失踪人财产权益"

不履行代管职责或侵害失踪人财产权益属于失踪人的利害关系人申请变更财产代管人的法定事由。对于这两项法定事由，司法实践中存在两种观点：一种观点是强调行为，认为只要财产代管人有不履行代管职责的行为或侵害失踪人财产权益的行为便符合利害关系人可以申请变更财产代管人的情形；另一种观点是强调结果，认为只有在财产代管人有不履行代管职责的行为或者侵害失踪人财产权益的行为并造成了失踪人的财产损失后果时，才符合利害关系人可以申请变更财产代管人的情形。

我们认为，强调行为的观点略显片面，失踪人下落不明，失踪人财产代管人需要对失踪人的财产进行较长期限的管理，这种长期的财产管理使失踪人财产代管人取得了对特定财产比其他人更多的管理优势。另外，在长期的财产管理过程中，失踪人财产代管人难免受到各种因素的影响偶尔出现懈怠、疏忽履行代管职责的行为。如果因为失踪人财产代管人偶尔的不履行代管职责行为就变更财产代管人，则不利于维护失踪人的财产权益和稳定失踪人的财产秩序。因此，利害关系人仅以失踪人财产代管人不履行代管职责为由申请变更财产代管人的，法院应对财产代管人不履行代管职责行为的发生频率、时间长短等因

素综合考量之后再决定是否变更财产代管人。

关于侵害失踪人财产权益的认定，应考虑失踪人财产代管人是否具备主观上的过错、是否造成了失踪人财产受损的结果。此处可参考《民法典》侵权责任编的过错责任原则，强调以损害作为承担责任的必备要件之一。一般认为，过错责任原则是以过错作为价值判断标准，判断行为人对其造成的损害应否承担侵权责任的归责原则。主观上的过错是损害赔偿责任构成的必要要件之一，缺少这一要件，即使侵权人的行为造成了损害事实，并且侵权人的行为与损害结果之间有因果关系，也不承担赔偿责任。同理，如果失踪人财产代管人对于侵害失踪人财产权益的行为没有过错或者没有造成失踪人财产受损的结果，则没有必要变更财产代管人。另外，在实体审理中，要注意区分财产代管人的行为是不履行代管职责还是侵害失踪人的财产权益，因为两种行为的性质不同，法律责任也不同。

三、变更财产代管人应如何适用诉讼程序

对于失踪人的财产代管人有正当理由，申请变更财产代管人的，应当依照《民事诉讼法》规定的特别程序进行审理，而不能适用普通程序。这是因为申请人只是请求法院依法确认一种法律事实，即他本人不再具有失踪人财产代管人的身份，而不是请求解决民事权益之争，客观上亦不存在与之有利害关系的对方当事人，符合《民事诉讼法》适用特别程序的条件。

实务中，对于失踪人的利害关系人申请变更财产代管人适用的诉讼程序存在不同观点。一种观点认为，财产代管人变更由于其特殊的性质，作为非讼案件，自然应当按照非讼程序处理。非讼程序即处理非讼事件所采取的程序，非讼案件是指利害关系人在没有民事权益争议的情况下，请求人民法院确认某种事实是否存在，从而使一定的法律关系发生、变更或消灭的案件。一般而言，非讼案件因不存在争议或者虽有争议，但公益性较强，需要赋予法院更多的自由裁量空间，以发挥其能动作用来实现便捷、高效处理事务的目的。大陆法系国家均将变更财产代管人制度纳入非讼程序予以规范。我国《民事诉讼法》将非讼程序在我国立法上通过特别程序体现，在特别程序中规定财产代管人制度，表明我国亦承认变更财产代管人具有非讼性质。① 设置失踪人财产代管人

---

① 姚梦圆:《我国失踪人财产代管人改任制度探析》，载《长江大学学报（社科版）》2016 年第 11 期。

制度是为了防止失踪人以住所为中心的一系列法律关系陷入不明确、不稳定的状态，及时保护失踪人及相关利害关系人的利益，具有高度的公益性。无论是原财产代管人申请变更还是其他利害关系人申请变更，便捷高效合理地确定财产代管人的内在要求是一致的，因而失踪人的利害关系人申请人民法院变更财产代管人的，比照特别程序进行审理。

另一种观点认为，失踪人的利害关系人以失踪人的财产代管人不履行代管职责、侵害失踪人财产权益或者丧失代管能力为由，向法院申请变更财产代管人的，法院应当告知其以原指定的代管人为被告起诉，并按照《民事诉讼法》有关普通程序的规定予以审理。法院指定代管人以后，失踪人的其他利害关系人申请变更代管，准确来说是其他具有代管人资格的人申请自己作为失踪人的财产代管人。一方面，代管权是一种民事权利，这种变更申请本质上已不属于请求法院确认一种法律事实；另一方面，利害关系人之所以申请变更财产代管人，主要是因为财产代管人损害了失踪人财产权益，从而影响了利害关系人可能的利益，利害关系人与财产代管人之间存在广义上的民事争议。而根据我国《民事诉讼法》关于特别程序的规定，特别程序的适用范围是特定的。其特定性表现在，第一，仅限于基层法院适用特别程序，中级以上法院不适用特别程序；第二，仅限于审理选民资格案件、宣告失踪或者宣告死亡案件、认定公民无民事行为能力或者限制民事行为能力等非讼案件。

我们认为，第二种观点更为可取。变更代管人涉及对失踪人的财产管理，利害关系人请求变更申请人实际上是请求法院解决与他人之间的民事权益之争，不符合适用特别程序的条件。法院应告知提出申请的利害关系人以原指定的代管人为被告起诉，并按照普通程序进行审理。对此，《民事诉讼法解释》第 342 条第 2 款规定："失踪人的其他利害关系人申请变更代管的，人民法院应当告知其以原指定的代管人为被告起诉，并按普通程序进行审理。"

四、监护人作为财产代管人若出现法定变更事由应如何适用法律

《民法典》第 34 条第 1 款规定，监护人的职责是代理被监护人实施民事法律行为，保护被监护人的人身权利、财产权利以及其他合法权益等。可见，监护人对于被监护人的职责包括：人身监护、财产监护以及法定代理权。当无民事行为能力人、限制民事行为能力人失踪时，其监护人应成为当然的财产代管人，这也是原《民法通则意见》第 30 条第 2 款的规定。实践中，如果监护人

不服指定、不履行财产代管职责或者侵害了失踪的被监护人的合法权益以及该监护人丧失代管能力，应如何适用法律，存在争议。一种观点认为，应根据《民法典》第44条、《民事诉讼法解释》第342条关于变更失踪人财产代管人的相关规定处理，即区分不同的申请主体，分别适用普通程序或者特别程序。另一种观点认为，既然财产代管人具有监护人身份，则应根据有关监护的规定进行处理，即如果被指定监护人不愿担任监护人，应根据《民法典总则编解释》第10条的规定，按照变更监护关系的路径进行救济，该条规定，有关当事人不服居民委员会、村民委员会或者民政部门的指定，在接到指定通知之日起三十日内向人民法院申请指定监护人的，人民法院经审理认为指定并无不当，依法裁定驳回申请；认为指定不当，依法判决撤销指定并另行指定监护人。有关当事人在接到指定通知之日起三十日后提出申请的，人民法院应当按照变更监护关系处理。

我们认为，在前述问题中，还要辨别当事人的诉讼请求，如果当事人仅是变更财产代管人，应根据申请人的不同分别适用特别程序或普通程序。如果申请人是其他具有监护资格的人或者单位，以监护人不履行监护职责，或者侵害了被监护人的合法权益为由，要求监护人承担民事责任的，按照普通程序审理；要求变更监护关系的，按照特别程序审理；既要求承担民事责任，又要求变更监护关系的，分别审理。但在监护人是近亲属时，撤销监护人资格已属于非常严重的情形，应当慎重处理。

▶ 类案检索

一、祝某英诉王某麟变更失踪人财产代管人纠纷案

关键词：利害关系人　变更财产代管人　普通程序

裁判摘要：失踪人的利害关系人申请变更财产代管人的，采用普通民事诉讼程序审理。当事人以自己是失踪人近亲属为由，要求变更失踪人财产代管人的，应需举证证明财产代管人在代管期间有不履行代管职责或者侵犯失踪人财产的行为或者丧失代管能力。利害关系人提交的证据未能证明财产代管人有不履行其代管职责或者损害失踪人财产的行为或者丧失代管能力，法院对其请求不予支持。

【案　　号】（2013）辰民一初字第259号
【审理法院】湖南省辰溪县人民法院

二、谭某女与林某娴变更财产代管人纠纷案

关键词： 财产代管人　无力履行代管职责　特别程序

裁判摘要： 财产代管人因自身客观原因如年事已高，体弱多病等为由主张已无法为财产代管事务提供足够的精力和体力保证，申请变更财产代管人的，属正当理由，法院应比照民事诉讼法特别程序的有关规定进行审理，裁定撤销申请人的代管身份并指定财产代管人。

【案　　号】（2014）江新法会民特字第5号
【审理法院】广东省江门市新会区人民法院

> **第四十五条** 失踪人重新出现，经本人或者利害关系人申请，人民法院应当撤销失踪宣告。
> 失踪人重新出现，有权请求财产代管人及时移交有关财产并报告财产代管情况。

▶ 关联规定

法律、行政法规、司法解释

1.《中华人民共和国民法典》

第四十条　自然人下落不明满二年的，利害关系人可以向人民法院申请宣告该自然人为失踪人。

第四十三条　财产代管人应当妥善管理失踪人的财产，维护其财产权益。

失踪人所欠税款、债务和应付的其他费用，由财产代管人从失踪人的财产中支付。

财产代管人因故意或者重大过失造成失踪人财产损失的，应当承担赔偿责任。

第四百六十条　不动产或者动产被占有人占有的，权利人可以请求返还原物及其孳息；但是，应当支付善意占有人因维护该不动产或者动产支出的必要费用。

2.《中华人民共和国民事诉讼法》

第一百九十条　公民下落不明满二年，利害关系人申请宣告其失踪的，向下落不明人住所地基层人民法院提出。

申请书应当写明失踪的事实、时间和请求，并附有公安机关或者其他有关机关关于该公民下落不明的书面证明。

第一百九十三条　被宣告失踪、宣告死亡的公民重新出现，经本人或者利害关系人申请，人民法院应当作出新判决，撤销原判决。

3.《最高人民法院关于适用〈中华人民共和国民法典〉总则编若干问题的解释》

第十六条 人民法院审理宣告死亡案件时，被申请人的配偶、父母、子女，以及依据民法典第一千一百二十九条规定对被申请人有继承权的亲属应当认定为民法典第四十六条规定的利害关系人。

符合下列情形之一的，被申请人的其他近亲属，以及依据民法典第一千一百二十八条规定对被申请人有继承权的亲属应当认定为民法典第四十六条规定的利害关系人：

（一）被申请人的配偶、父母、子女均已死亡或者下落不明的；

（二）不申请宣告死亡不能保护其相应合法权益的。

被申请人的债权人、债务人、合伙人等民事主体不能认定为民法典第四十六条规定的利害关系人，但是不申请宣告死亡不能保护其相应合法权益的除外。

4.《最高人民法院关于适用〈中华人民共和国民事诉讼法〉的解释》

第三百四十一条 宣告失踪或者宣告死亡案件，人民法院可以根据申请人的请求，清理下落不明人的财产，并指定案件审理期间的财产管理人。公告期满后，人民法院判决宣告失踪的，应当同时依照民法典第四十二条的规定指定失踪人的财产代管人。

第三百四十四条 符合法律规定的多个利害关系人提出宣告失踪、宣告死亡申请的，列为共同申请人。

▶ 条文释义

一、本条主旨

本条是关于失踪宣告撤销的规定。

二、条文演变

原《民法通则》第 22 条规定："被宣告失踪的人重新出现或者确知他的下落，经本人或者利害关系人申请，人民法院应当撤销对他的失踪宣告。"原《民法总则》在制定过程中，在上述规定的基础上，进行了两处修改。一是对于失踪宣告撤销的条件,原《民法通则》的规定为:"被宣告失踪的人重新出现或者确知他的下落"。在原《民法总则》立法过程中,有的意见提出,确知失踪人的下落,也可以理解为失踪人重新出现,立法机关采纳了这种意见,将条文修改为"失踪人重新出现",不再对"确知失踪人的下落"的情形进行专门表述。二是增加了失踪人重新出现后"有权请求财产代管人及时移交有关财产并报告财产代管情况"的规定,与宣告失踪后设立的财产代管人制度相衔接,对撤销失踪宣告后被宣告失踪人与财产代管人之间的财产代管法律关系的处理进行了明确。本条保留了原《民法总则》第45条的规定,没有作出修改。

三、条文解读

本条第1款规定了宣告失踪撤销的条件;第2款规定了失踪人重新出现时的财产权利。

(一)关于宣告失踪的撤销

宣告失踪是指自然人离开自己的住所或居所,下落不明达到法定期限,经其利害关系人申请,由人民法院依照法定的程序,宣告其失踪的法律制度。[①]而申请撤销宣告失踪则是指被宣告失踪人重新出现,本人或利害关系人向人民法院申请撤销宣告失踪的判决,以恢复至宣告失踪前的事实状态和法律状态。该项制度的由来是人民法院作出的宣告公民失踪的判决,是一种法律上的推定,并不排除失踪人重新出现的可能。法律在对申请宣告失踪作出规定的基础上,基于失踪人的重新出现对撤销宣告失踪作出了本条规定。即在判决宣告公民失踪后,如果失踪人重新出现包括发现其行踪,经被宣告失踪人本人或者利害关系人申请,人民法院在查证属实后,应当作出新判决,撤销原判决。结合《民事诉讼法》相关规定,需要注意以下几点:

1. 失踪人重新出现

失踪是指自然人的命运处于不确定的状态,如其下落不明、全部的生命迹象消失,以至于产生了对该自然人是否继续生存的重大怀疑,但是其死亡也不能得到确认的状态。由于失踪宣告的前提是《民法典》第40条规定的"自然人下落不明满二年",所以撤销失踪宣告也要以消除"下落不明"这种条件为

---

① 佟柔主编:《中国民法》,法律出版社1990年版,第81页。

前提。本条规定将"被宣告失踪人重新出现或者确知他的下落"修改为"失踪人重新出现",主要考虑:一是和宣告失踪的条件保持一致;二是确知下落也可以理解为明知下落。失踪人重新出现,是指重新得到失踪人音讯,从而消除了下落不明的状态。

2. 经本人或者利害关系人申请

这里利害关系人的范围应当与申请宣告失踪的利害关系人范围一致,包括被申请宣告失踪人的配偶、父母、子女、兄弟姐妹、祖父母、外祖父母、孙子女、外孙子女以及其他与失踪人有民事权利义务关系的人。

3. 由人民法院以判决的形式作出

自然人失踪只能由人民法院依据法定程序进行宣告,因此,该宣告的撤销也应当由人民法院通过法定程序作出,具体方式为,作出撤销宣告失踪的判决。

(二)关于失踪人重新出现后的法律效果

本条第2款规定的是失踪人重新出现后的法律效果。本规定是吸收原《民法总则》立法专家建议稿的意见作出的,也与宣告死亡被撤销后的法律效果相对应。《民法典》继续沿用原《民法总则》这一规定的理由是,宣告失踪一经撤销,被宣告失踪的自然人本人就应当恢复对自己财产的控制,财产代管人的代管职责应当相应结束,停止代管行为,移交代管的财产并向本人报告代管情况。具体可以从以下几个方面进行理解:

1. 宣告失踪的判决被撤销,指定财产代管人的判决也应同时被撤销

财产代管人是基于失踪人下落不明对其自身财产不能行使管理权而设立的。《民事诉讼法解释》第341条规定:"宣告失踪或者宣告死亡案件,人民法院可以根据申请人的请求,清理下落不明人的财产,并指定案件审理期间的财产管理人。公告期满后,人民法院判决宣告失踪的,应当同时依照民法典第四十二条的规定指定失踪人的财产代管人。"司法实践中,人民法院在判决宣告失踪时,一般按照上述规定同时指定财产代管人。在撤销失踪宣告判决时,该项判决指定财产代管人的内容,一般一并被撤销,与宣告失踪有密切联系的财产代管人的代管职责也相应消灭。

2. 失踪人享有要求及时移交有关财产并报告财产代管情况等民事权利

由于指定财产代管人是为了维护失踪人的财产权益,失踪人重新出现后既有权利要求财产代管人移交财产，同时要求财产代管人报告管理失踪人财产期间所进行的处分等财产代管情况。值得关注的是，《民法典》规定了两种财产代管人需要报告财产状况的情形，除本条规定外，变更财产代管人时，原财产代管人需向新的财产代管人报告财产状况。

▶ 适用指引

一、失踪人和利害关系人均可向人民法院申请撤销失踪宣告

由于宣告失踪的条件是失踪人下落不明，即公民离开自己的住所或居所，没有任何消息，处于生死不明的状态。在此情况下，向人民法院申请宣告失踪的主体只能是失踪人的利害关系人。在现实中，自然人失踪的情形较为复杂，在利害关系人重新得到了失踪人的音讯，失踪人重新出现时，即消除了其下落不明的状态。由于宣告失踪并不影响失踪人的民事主体资格，失踪人及其利害关系人均可以向人民法院申请撤销失踪宣告。

二、申请撤销宣告的时间不受限制

撤销宣告失踪判决的申请并没有期限限制，在宣告失踪判决作出后，只要出现了失踪人重新出现的事实，失踪人和利害关系人就可以提出申请。

三、注意区分撤销诉讼和返还财产的诉讼程序

根据《民事诉讼法》第190至193条规定，人民法院审理宣告失踪或者宣告死亡案件适用特别程序审理，实行一审终审，并应在立案之日起三十日内或者公告期满后三十日内审结。重大、疑难的案件，由审判员组成合议庭审理；其他案件由审判员一人独任审理。在案件审理中，发现案件属于民事权益争议的，应当裁定终结特别程序，并告知利害关系人可以另行起诉。对于撤销宣告失踪申请的案件，同样属于按照特别程序审理的案件范围，由人民法院一审终审，根据审理查明的事实，作出撤销原宣告失踪判决的判决。

对于失踪人根据本条第2款的规定主张权利的，如请求财产代管人返还财产、报告财产管理情况以及赔偿损失，往往涉及双方当事人之间的民事权益争议，不宜适用特别程序审理，而应由双方另行提起普通民事诉讼解决纠纷。参

照《民法典》第460条规定，不动产或者动产被占有人占有的，权利人可以请求返还原物及其孳息；但是，应当支付善意占有人因维护该不动产或者动产支出的必要费用。基于双方之间的代管关系，失踪人应当承担代管人因为代管财产而支出的必要费用。

▶ 类案检索

一、申请人胡某申请撤销宣告失踪案

关键词： 失踪人　申请撤销宣告失踪　返还财产

裁判摘要： 本案申请人胡某曾因其前妻陈某提出宣告失踪的申请，被依法判决宣告为失踪人，人民法院指定陈某为失踪人胡某的财产代管人。现胡某重新出现，并由其本人提出申请，申请撤销宣告失踪。经法院查明并经开庭审理，根据胡某本人、胡某的哥哥胡某某及陈某到庭陈述，并由胡某的出生地村委会出具亲属关系证明。结合上述情况，虽然胡某的前妻陈某在法庭上未对胡某重新出现的事实予以认可，但并未提交证据推翻胡某重新出现的事实，并不能以此否定胡某重新出现。对于胡某提出的撤销宣告其失踪的判决及撤销陈某为其财产代管人的请求，因胡某重新出现的情况属实，人民法院予以支持。对于胡某提出要求陈某移交有关财产及报告财产代管情况的请求，胡某可待本案判决生效后，另行与陈某解决财产问题，不宜在本案中解决。遂判决撤销北京市通州区人民法院（2011）通民特字第00948号民事判决书。

【案　　号】（2020）京0112民特102号

【审理法院】北京市通州区人民法院

二、申请人陈某申请撤销宣告失踪案

关键词： 利害关系人　申请撤销宣告失踪

裁判摘要： 申请人陈某与夏某系夫妻关系。夏某于1997年春节后离家，经多方找寻仍下落不明。陈某曾于2001年3月向上海市宝山区人民法院申请宣告其妻子夏某失踪。2001年6月21日，上海市宝山区人民法院作出（2001）宝民特字第3号民事判决：一、宣告夏某为失踪人；二、指定陈某为夏某的财产代管人。2020年10月19日，上海市宝山区大场镇新华居民委员

会出具《情况说明》，内容为夏某于1997年春节后离家，2019年6月被发现在安徽省宿州市再次出现，经亲子鉴定确认为当初失踪人员夏某。现陈某已将夏某接回上海家中照顾，请求撤销（2001）宝民特字第3号民事判决。上海市宝山区人民法院认为，失踪人重新出现，经本人或者利害关系人申请，人民法院应当撤销失踪宣告。现申请人夏某重新出现，其丈夫陈某诉请撤销失踪宣告，应予支持。

【案　　号】（2020）沪0113民特240号
【审理法院】上海市宝山区人民法院

> **第四十六条** 自然人有下列情形之一的，利害关系人可以向人民法院申请宣告该自然人死亡：
> （一）下落不明满四年；
> （二）因意外事件，下落不明满二年。
> 因意外事件下落不明，经有关机关证明该自然人不可能生存的，申请宣告死亡不受二年时间的限制。

▶ 关联规定

一、法律、行政法规、司法解释

1.《中华人民共和国民法典》

第四十一条　自然人下落不明的时间自其失去音讯之日起计算。战争期间下落不明的，下落不明的时间自战争结束之日或者有关机关确定的下落不明之日起计算。

第三百七十条　居住权期限届满或者居住权人死亡的，居住权消灭。居住权消灭的，应当及时办理注销登记。

第七百三十二条　承租人在房屋租赁期限内死亡的，与其生前共同居住的人或者共同经营人可以按照原租赁合同租赁该房屋。

第九百三十四条　委托人死亡、终止或者受托人死亡、丧失民事行为能力、终止的，委托合同终止；但是，当事人另有约定或者根据委托事务的性质不宜终止的除外。

第一千一百二十一条　继承从被继承人死亡时开始。

相互有继承关系的数人在同一事件中死亡，难以确定死亡时间的，推定没有其他继承人的人先死亡。都有其他继承人，辈份不同的，推定长辈先死亡；辈份相同的，推定同时死亡，相互不发生继承。

第一千一百五十七条　夫妻一方死亡后另一方再婚的，有权处分所继承的财产，任何组织或者个人不得干涉。

2.《中华人民共和国民事诉讼法》

第一百九十一条 公民下落不明满四年，或者因意外事件下落不明满二年，或者因意外事件下落不明，经有关机关证明该公民不可能生存，利害关系人申请宣告其死亡的，向下落不明人住所地基层人民法院提出。

申请书应当写明下落不明的事实、时间和请求，并附有公安机关或者其他有关机关关于该公民下落不明的书面证明。

第一百九十二条 人民法院受理宣告失踪、宣告死亡案件后，应当发出寻找下落不明人的公告。宣告失踪的公告期间为三个月，宣告死亡的公告期间为一年。因意外事件下落不明，经有关机关证明该公民不可能生存的，宣告死亡的公告期间为三个月。

公告期间届满，人民法院应当根据被宣告失踪、宣告死亡的事实是否得到确认，作出宣告失踪、宣告死亡的判决或者驳回申请的判决。

3.《最高人民法院关于适用〈中华人民共和国民法典〉总则编若干问题的解释》

第十六条 人民法院审理宣告死亡案件时，被申请人的配偶、父母、子女，以及依据民法典第一千一百二十九条规定对被申请人有继承权的亲属应当认定为民法典第四十六条规定的利害关系人。

符合下列情形之一的，被申请人的其他近亲属，以及依据民法典第一千一百二十八条规定对被申请人有继承权的亲属应当认定为民法典第四十六条规定的利害关系人：

（一）被申请人的配偶、父母、子女均已死亡或者下落不明的；

（二）不申请宣告死亡不能保护其相应合法权益的。

被申请人的债权人、债务人、合伙人等民事主体不能认定为民法典第四十六条规定的利害关系人，但是不申请宣告死亡不能保护其相应合法权益的除外。

第十七条 自然人在战争期间下落不明的，利害关系人申请宣告死亡的期间适用民法典第四十六条第一款第一项的规定，自战争结束之日或者有关机关确定的下落不明之日起计算。

4.《最高人民法院关于适用〈中华人民共和国民事诉讼法〉的解释》

第三百四十一条 宣告失踪或者宣告死亡案件，人民法院可以根据申请人的请求，清理下落不明人的财产，并指定案件审理期间的财产管理人。公告期满后，人民法院判决宣告失踪的，应当同时依照民法典第四十二条的规定指定失踪人的财产代管人。

第三百四十三条 人民法院判决宣告公民失踪后，利害关系人向人民法院申请宣告失踪人死亡，自失踪之日起满四年的，人民法院应当受理，宣告失踪的判决即是该公民失踪的证明，审理中仍应依照民事诉讼法第一百九十二条规定进行公告。

第三百四十四条 符合法律规定的多个利害关系人提出宣告失踪、宣告死亡申请的，列为共同申请人。

第三百四十五条 寻找下落不明人的公告应当记载下列内容：

（一）被申请人应当在规定期间内向受理法院申报其具体地址及其联系方式。否则，被申请人将被宣告失踪、宣告死亡；

（二）凡知悉被申请人生存现状的人，应当在公告期间内将其所知道情况向受理法院报告。

第三百四十六条 人民法院受理宣告失踪、宣告死亡案件后，作出判决前，申请人撤回申请的，人民法院应当裁定终结案件，但其他符合法律规定的利害关系人加入程序要求继续审理的除外。

5.《最高人民法院关于民事执行中变更、追加当事人若干问题的规定》

第二条 作为申请执行人的自然人死亡或被宣告死亡，该自然人的遗产管理人、继承人、受遗赠人或其他因该自然人死亡或被宣告死亡依法承受生效法律文书确定权利的主体，申请变更、追加其为申请执行人的，人民法院应予支持。

作为申请执行人的自然人被宣告失踪，该自然人的财产代管人申请变更、追加其为申请执行人的，人民法院应予支持。

第十条 作为被执行人的自然人死亡或被宣告死亡，申请执行人申请变更、追加该自然人的遗产管理人、继承人、受遗赠人或其他因该自然人死亡或被宣告死亡取得遗产的主体为被执行人，在遗产范围内承担责任的，人民法院应予支持。

作为被执行人的自然人被宣告失踪，申请执行人申请变更该自然人的财产代管人为被执行人，在代管的财产范围内承担责任的，人民法院应予支持。

二、司法指导性文件

《全国法院贯彻实施民法典工作会议纪要》

1.申请宣告失踪或宣告死亡的利害关系人,包括被申请宣告失踪或宣告死亡人的配偶、父母、子女、兄弟姐妹、祖父母、外祖父母、孙子女、外孙子女以及其他与被申请人有民事权利义务关系的民事主体。宣告失踪不是宣告死亡的必经程序,利害关系人可以不经申请宣告失踪而直接申请宣告死亡。但是,为了确保各方当事人权益的平衡保护,对于配偶、父母、子女以外的其他利害关系人申请宣告死亡,人民法院审查后认为申请人通过申请宣告失踪足以保护其权利,其申请宣告死亡违背民法典第一百三十二条关于不得滥用民事权利的规定的,不予支持。

▶ 条文释义

一、本条主旨

本条是关于自然人宣告死亡的条件的规定。

二、条文演变

宣告自然人死亡,是对自然人死亡在法律上的推定,这种推定将产生与生理死亡基本一样的法律效果。[①] 原《民法通则》第23条规定:"公民有下列情形之一的,利害关系人可以向人民法院申请宣告他死亡:(一)下落不明满四年的;(二)因意外事故下落不明,从事故发生之日起满二年的。""战争期间下落不明的,下落不明的时间从战争结束之日起计算。"原《民法总则》制定过程中,本条第1款基本延续原《民法通则》规定的精神,并结合吸收了《民事诉讼法》的相关规定,条文的变化主要有以下三个方面:一是第41条单列一条,统一规定下落不明的时间如何计算,即"自然人下落不明的时间自其失去音讯之日起计算,战争期间下落不明的,下落不明的时间自战争结束之日或者有关机关确定的下落不明之日起计算"。该规定适用于宣告失踪的情形,也适

---

① 最高人民法院民法典贯彻实施工作领导小组主编:《中华人民共和国总则编理解与适用》,人民法院出版社2020年版,第263页。

用于宣告死亡的情形。因此，相应地在本条中不对战争期间下落不明情形的起算点作规定。二是本条第2款规定的"因意外事件下落不明，经有关机关证明该自然人不可能生存的，申请宣告死亡不受二年时间的限制"，是依据《民事诉讼法》的相关规定所做的补充。① 自然人因意外事件下落不明，其生存的可能性明显小于一般情况下的下落不明，因此法律要求的下落不明时间长度应当相对较短。同时该种情况下，对于自然人不可能生还的情形，需要有关机关予以证明失踪人不可能生还。三是原《民法通则》的用语是"因意外事故下落不明，从事故发生之日起满二年的"，在原《民法总则》的立法过程中，有的意见提出，意外事件比意外事故涵盖面更广，如地震等天灾，一般语言习惯上不称为事故。另外，"意外事件"一词作为法律用语更加规范，且"意外"与"事故"在一定程度上存在语义重复，因此采用了"意外事件"的表述。还有的意见提出，有的意外事件过程并不止一天，可能在事件发生之时当事人尚有音讯，之后才失去音讯，原《民法通则》规定的"事故发生之日"的规定并不妥当，还是适用下落不明的一般起算标准为好，因此，本条第1款第2项表述为"因意外事件，下落不明满二年"，第2款表述为"因意外事件下落不明"。《民法典》保留了原《民法总则》第46条的规定，没有作出修改。

三、条文解读

本条第1款规定了因普通情况和意外事件下落不明情形下，宣告死亡的时间条件，第2款规定了在意外事件中下落不明的特殊情形下宣告死亡的条件。

宣告死亡是自然人下落不明达到法定期限，经利害关系人申请，人民法院经过法定程序在法律上推定失踪人死亡的一项民事制度。自然人长期下落不明会使与其相关的财产关系和人身关系处于不稳定状态，通过宣告死亡制度，可以及时了结下落不明人与他人的财产关系和人身关系，从而维护正常的经济秩序和社会秩序。由于宣告死亡将产生与生理死亡基本一样的法律效果，因此，宣告死亡必须具备法律规定的条件。依照本条规定，这些条件是：

（一）自然人下落不明达到法定时间

宣告死亡和宣告失踪均要求有自然人失踪的事实，由于制度设置的目的和

---

① 黄薇主编：《中华人民共和国民法典总则编释义》，法律出版社2020年版，第117页。

法律后果不同，对自然人失踪的时限要求与宣告失踪不一样。一般情况下，宣告死亡要求下落不明的时间为四年，要长于宣告失踪要求的二年时间。如果是因意外事件而下落不明，下落不明的时间要满二年。因为在宣告失踪的情况下，只产生失踪人的财产代管以及实现债权、偿还债务等法律后果，但宣告死亡以后，还会发生继承的开始、身份关系解除等法律效果，故宣告死亡的条件应当比宣告失踪严格，下落不明的时间应当比宣告失踪时所要求的时间长。同时《民法典》第41条规定："自然人下落不明的时间自其失去音讯之日起计算。战争期间下落不明的，下落不明的时间自战争结束之日或者有关机关确定的下落不明之日起计算。"《民法典总则编解释》第17条规定："自然人在战争期间下落不明的，利害关系人申请宣告死亡的期间适用民法典第四十六条第一款第一项的规定，自战争结束之日或者有关机关确定的下落不明之日起计算。"宣告死亡的时间计算起点，应当按照上述规定。

另外，对于因意外事件下落不明，经有关机关证明该自然人不可能生存，利害关系人申请宣告该自然人死亡的，则不受二年时限的限制。这是因为此种情形下，失踪人基本上不存在生存概率，不宜再受较长时间的约束。

（二）利害关系人申请

此处所指的利害关系人，应当是与被宣告人是生存还是死亡的法律后果有利害关系的人。利害关系人的申请既是宣告死亡的基本条件之一，又是宣告死亡的程序要求。这是因为，宣告死亡制度设立的目的主要是消除因为失踪人下落不明带来的不稳定状态，避免利害关系人的利益受到损害。所以，是否申请宣告失踪人死亡，属于利害关系人自身的选择。利害关系人享有在符合法律规定的条件下，维护自身权益决定是否申请的权利，即是否申请以及提出申请的时间，由利害关系人决定。符合法律规定的多个利害关系人提出宣告失踪、宣告死亡申请的，列为共同申请人。这里值得关注的是，根据《民法典》第47条的规定，对同一自然人，有的利害关系人申请宣告死亡，有的利害关系人申请宣告失踪，符合本法规定的宣告死亡条件的，人民法院应当宣告死亡。

（三）人民法院宣告

宣告自然人死亡只能由人民法院经过法定程序进行。依照《民事诉讼法》的规定，人民法院审理宣告死亡案件，适用特别程序的规定。人民法院受理宣告死亡案件后,应当发出寻找下落不明人的公告,公告期间为1年,长于宣告失踪的3个月时间。因意外事故下落不明,经有关机关证明该公民不可能生存的,宣告死亡的公告期间为3个月。公告期间届满,人民法院应当根据被宣告死亡的事实是否得到确认,作出宣告死亡的判决或者驳回申请的判决。

▶ 适用指引

一、宣告死亡的法律后果

在法律没有特别规定的情况下,被宣告死亡的自然人与他人之间现存的各种民事法律关系,归于消灭。这主要包括:被宣告死亡的自然人与其配偶之间婚姻关系消灭;其继承人因此可以继承其遗产;受遗赠人可以取得遗赠等。但是,宣告死亡只是依法对失踪人死亡的推定,事实上该失踪人的生命不一定终结,其仍享有民事权利能力。所以,《民法典》第49条规定:"自然人被宣告死亡但是并未死亡的,不影响该自然人在被宣告死亡期间实施的民事法律行为的效力。"因此,宣告死亡并未否认该自然人的民事权利能力,同自然人生理死亡存在一定区别。

二、宣告死亡的利害关系人

《民法典》没有直接规定可以申请宣告死亡的利害关系人的范围,但是根据《民法典》第47条规定,对同一自然人,有的利害关系人申请宣告死亡,有的利害关系人申请宣告失踪,符合宣告死亡条件的,人民法院应当宣告死亡。《民法典》没有规定利害关系人申请宣告死亡的顺位,在此情况下,如何避免当事人恶意利用宣告死亡制度损害失踪人利益,需要在审判实践中加以注意。为明确申请宣告死亡的利害关系人的范围,《民法典总则编解释》第16条规定,被申请人的配偶、父母、子女,以及依据《民法典》第1129条规定对被申请人有继承权的亲属,是本条规定的利害关系人。对于被申请人的其他近亲属以及依据《民法典》第1128条规定对被申请人有继承权的亲属,如果符合下列两种情形之一的,也应当认定为本条规定的利害关系人:第一,被申请人的配偶、父母、子女均已死亡或者下落不明;第二,不申请宣告死亡不能保护其相应合法权益。另外,被申请人的债权人、债务人、合伙人等民事主体不能认定为《民法典》第46条规定的利害关系人，但是不申请宣告死亡不能保护其相应合法权益的除外。

三、申请宣告死亡的法律程序

依照《民事诉讼法》第191条的规定，利害关系人申请宣告其死亡的，向下落不明人住所地基层人民法院提出。申请书应当写明下落不明的事实、时间和请求，并附有公安机关或者其他有关机关关于该公民下落不明的书面证明。根据《民事诉讼法解释》第341条规定，宣告失踪或者宣告死亡案件，人民法院可以根据申请人的请求，清理下落不明人的财产，并指定案件审理期间的财产管理人。

《民事诉讼法解释》第343条规定，人民法院判决宣告公民失踪后，利害关系人向人民法院申请宣告失踪人死亡，自失踪之日起满4年的，人民法院应当受理，宣告失踪的判决即是该公民失踪的证明，审理中仍应依照《民事诉讼法》第191条的规定进行公告。宣告死亡的公告期间为1年，因意外事故下落不明，经有关机关证明该自然人不可能生存的，宣告死亡的公告期间为3个月。人民法院发出寻找失踪人的公告的期间，不包括在被宣告死亡的自然人下落不明所须达到的法定期间之内。

另外，在人民法院受理宣告失踪、宣告死亡案件后，作出判决前，申请人撤回申请的，人民法院应当裁定终结案件，但其他符合法律规定的利害关系人加入程序要求继续审理的除外。

对于人民法院适用特别程序作出的判决，当事人、利害关系人认为有错误的，根据《民事诉讼法解释》第372条的规定，可以向作出该判决、裁定的人民法院提出异议。人民法院经审查，异议成立或者部分成立的，作出新的判决、裁定撤销或者改变原判决、裁定；异议不成立的，裁定驳回。

▶ 类案检索

一、申请人孔某、颜某申请宣告公民死亡案

关键词： 宣告死亡　意外事故　共同申请

裁判摘要： 申请人孔某、颜某与被申请人孔某立是父子、母子关系。孔某

立生前系"辽庄渔55003"轮船出海作业人员。2019年4月11日15点20分，青岛市海上搜救中心办公室接报："辽庄渔55003"轮于2019年4月10日出海作业后失去联系。青岛市海上搜救中心办公室接报后，先后协调北海救助局派出"北海救117轮"、青岛市海洋与渔业局通过渔业电视台组织附近渔船前往事发水域进行搜救，至2021年5月7日，仍未接到失踪渔船及船上人员的任何消息。申请人孔某、颜某申请宣告孔某立死亡后，法院于2021年5月24日发出寻找孔某立的公告。法定公告期间为三个月，现已届满，孔某立仍然下落不明。申请人孔某、颜某提交的证据能够证实被申请人孔某立因意外事故至今下落不明，经青岛市海上搜救中心及大连市农业农村局证明孔某立已不可能生存，孔某、颜某申请宣告孔某立死亡，符合法律规定，依法应该予以宣告孔某立死亡。

【案　　号】（2021）鲁0881民特91号
【审理法院】山东省曲阜市人民法院

二、上诉人邓某、陈某、宋某与被上诉人宋某、殷某海上、通海水域人身损害责任纠纷案

关键词： 宣告死亡　人身损害赔偿

裁判摘要： 邓某与被宣告死亡人陈某波系夫妻关系，陈某、宋某与陈某波系父子、母子关系。2020年1月3日，宋某雇佣陈某波随渔船出海作业，6时左右，发现陈某波不在舱内，经与其他人员一起寻找未果于当日17时返港。1月7日晚，宋某安排人员向烟台海警机关报警。烟台海警局开发区工作站立案调查后，推断陈某波已无生还可能。2020年8月14日，一审法院根据邓某的申请，作出（2020）鲁72民特122号民事判决，依法宣告陈某波死亡。

宋某作为涉案船舶的实际所有权人、经营者，实际管理、控制船舶，除保障船舶安全外，其还应为在船劳务人员提供充分的劳动保护，特别是在出现危险情况时，积极采取应对措施。事发当时，宋某在发现陈某波失踪后，虽自行组织船员实施了搜救，但未充分采用报警等一切可用手段，对本案损害结果的发生存在过错。陈某波作为具有完全民事行为能力人，其在船提供劳务时应当具有安全谨慎意识，并尽到相应安全注意义务，但根据现有证据无法查明陈某波落水失踪的具体过程及原因。综合本案的实际情况，以及当事人双方的受损害程度、经济水平等因素，酌定宋某对涉案事故的发生承担60%的责任，受

害方承担40%的责任。

【案　　号】（2020）鲁民终3254号

【审理法院】山东省高级人民法院

第四十七条 对同一自然人,有的利害关系人申请宣告死亡,有的利害关系人申请宣告失踪,符合本法规定的宣告死亡条件的,人民法院应当宣告死亡。

关联规定

一、法律、行政法规、司法解释

1.《中华人民共和国民法典》

第四十条 自然人下落不明满二年的,利害关系人可以向人民法院申请宣告该自然人为失踪人。

第四十六条 自然人有下列情形之一的,利害关系人可以向人民法院申请宣告该自然人死亡:

(一)下落不明满四年;

(二)因意外事件,下落不明满二年。

因意外事件下落不明,经有关机关证明该自然人不可能生存的,申请宣告死亡不受二年时间的限制。

2.《中华人民共和国民事诉讼法》

第一百九十条 公民下落不明满二年,利害关系人申请宣告其失踪的,向下落不明人住所地基层人民法院提出。

申请书应当写明失踪的事实、时间和请求,并附有公安机关或者其他有关机关关于该公民下落不明的书面证明。

第一百九十一条 公民下落不明满四年,或者因意外事件下落不明满二年,或者因意外事件下落不明,经有关机关证明该公民不可能生存,利害关系人申请宣告其死亡的,向下落不明人住所地基层人民法院提出。

申请书应当写明下落不明的事实、时间和请求,并附有公安机关或者其他有关机关关于该公民下落不明的书面证明。

第一百九十二条 人民法院受理宣告失踪、宣告死亡案件后,应当发出寻找下落不明人的公告。宣告失踪的公告期间为三个月，宣告死亡的公告期间为一年。因意外事件下落不明，经有关机关证明该公民不可能生存的，宣告死亡的公告期间为三个月。

公告期间届满，人民法院应当根据被宣告失踪、宣告死亡的事实是否得到确认，作出宣告失踪、宣告死亡的判决或者驳回申请的判决。

3.《最高人民法院关于适用〈中华人民共和国民法典〉总则编若干问题的解释》

第十六条 人民法院审理宣告死亡案件时，被申请人的配偶、父母、子女，以及依据民法典第一千一百二十九条规定对被申请人有继承权的亲属应当认定为民法典第四十六条规定的利害关系人。

符合下列情形之一的，被申请人的其他近亲属，以及依据民法典第一千一百二十八条规定对被申请人有继承权的亲属应当认定为民法典第四十六条规定的利害关系人：

（一）被申请人的配偶、父母、子女均已死亡或者下落不明的；

（二）不申请宣告死亡不能保护其相应合法权益的。

被申请人的债权人、债务人、合伙人等民事主体不能认定为民法典第四十六条规定的利害关系人，但是不申请宣告死亡不能保护其相应合法权益的除外。

4.《最高人民法院关于适用〈中华人民共和国民事诉讼法〉的解释》

第三百四十一条 宣告失踪或者宣告死亡案件，人民法院可以根据申请人的请求，清理下落不明人的财产，并指定案件审理期间的财产管理人。公告期满后，人民法院判决宣告失踪的，应当同时依照民法典第四十二条的规定指定失踪人的财产代管人。

第三百四十三条 人民法院判决宣告公民失踪后，利害关系人向人民法院申请宣告失踪人死亡，自失踪之日起满四年的，人民法院应当受理，宣告失踪的判决即是该公民失踪的证明，审理中仍应依照民事诉讼法第一百九十二条规定进行公告。

第三百四十四条 符合法律规定的多个利害关系人提出宣告失踪、宣告死亡申请的，列为共同申请人。

二、司法指导性文件

《全国法院贯彻实施民法典工作会议纪要》

1. 申请宣告失踪或宣告死亡的利害关系人,包括被申请宣告失踪或宣告死亡人的配偶、父母、子女、兄弟姐妹、祖父母、外祖父母、孙子女、外孙子女以及其他与被申请人有民事权利义务关系的民事主体。宣告失踪不是宣告死亡的必经程序,利害关系人可以不经申请宣告失踪而直接申请宣告死亡。但是,为了确保各方当事人权益的平衡保护,对于配偶、父母、子女以外的其他利害关系人申请宣告死亡,人民法院审查后认为申请人通过申请宣告失踪足以保护其权利,其申请宣告死亡违背民法典第一百三十二条关于不得滥用民事权利的规定的,不予支持。

▶ 条文释义

一、本条主旨

本条是关于宣告死亡和宣告失踪关系的规定。

二、条文演变

原《民法通则》没有关于本条内容的规定。原《民法通则意见》第 29 条规定:"宣告失踪不是宣告死亡的必经程序,公民下落不明,符合申请宣告死亡的条件,利害关系人可以不经申请宣告失踪而直接申请宣告死亡。但利害关系人只申请宣告失踪的,应当宣告失踪;同一顺序的利害关系人,有的申请宣告死亡,有的不同意宣告死亡,则应当宣告死亡。"该条规定明确了宣告失踪不是宣告死亡的必经程序,在符合法定条件下,应当优先支持宣告死亡申请的原则。原《民法总则》在制定时采纳了这一观点,将这一规定上升为法律。但是,对于申请宣告死亡的利害关系人是否存在顺序的问题,原《民法通则意见》第 25 条规定:"申请宣告死亡的利害关系人的顺序是:(一)配偶;(二)父母、子女;(三)兄弟姐妹、祖父母、外祖父母、孙子女、外孙子女;(四)其他有民事权利义务关系的人。申请撤销死亡宣告不受上列顺序限制。"对于该条明确规定的利害关系人申请宣告死亡的顺序问题,在理论和实践中均存在不同认识。原《民法总则》在制定时，对于宣告死亡利害关系人的顺序没有作出规定。《民法典》保留了原《民法总则》第47条的规定，没有作出修改。

三、条文解读

宣告死亡和宣告失踪都是因为自然人下落不明，基于维护社会经济关系的稳定而设立的法律制度，二者都以被宣告人下落不明达到一定法定期间为前提，都需要利害关系人提出申请，并且都由人民法院作出宣告的判决。对于二者的关系方面，本条文可以从以下三个方面进行理解：

（一）宣告失踪不是宣告死亡的必经程序

《民法典》第46条对宣告死亡的条件作出了明确规定，宣告死亡不以宣告失踪为前提。自然人下落不明，符合申请宣告死亡的条件，利害关系人可以不经申请宣告失踪而直接申请宣告死亡。但利害关系人只申请宣告失踪的，应当宣告失踪。

（二）申请宣告失踪与宣告死亡的选择

对同一自然人，有的利害关系人申请宣告死亡，有的利害关系人申请宣告失踪，符合宣告死亡条件的，人民法院应当宣告死亡。宣告失踪制度，实质是法律应利害关系人的请求，对失踪人财产管理的一种补救和强行介入。但其并未解决失踪人之相关法律关系（特别是人身关系以及与之有关的财产关系即继承关系）的最终稳定问题。① 随着失踪人下落不明时间的增加，对失踪人利益的保护也在相应减弱，此时生存者的利益保护便日渐突出。为维护社会关系的稳定，在达到宣告死亡的法定条件时，如果对同一自然人同时出现利害关系人申请宣告死亡和宣告失踪的情形，则应当宣告死亡。

（三）申请宣告死亡的利害关系人没有顺序限制

失踪人的利害关系人是与死亡宣告存有法律上利害关系的人，不同的利害关系人就其利益的权衡有所不同，就是否申请宣告失踪人死亡的问题，如某些利害关系人要求申请宣告死亡，而其他利害关系人表示反对，或者仅同意申请

---

① 尹田：《论宣告失踪与宣告死亡》，载《法学研究》2001年第6期。

宣告失踪的争议，我国民法学界曾存有两种不同主张：一为"有顺序说"，即利害关系人申请权的行使应设有一定顺序，前一顺序人未申请宣告死亡的，后一顺序人不得申请，但同一顺序不受影响。一为"无顺序说"，即利害关系人均享有同等的申请权，不受前顺序人是否申请或反对申请或申请宣告失踪的影响。① 应当看到，随着我国经济生活的发展，家庭成员结构以及家庭财产结构日益复杂，如将宣告失踪人死亡之申请权利实际操纵于配偶一人之手，则不免有可能损害其他利害关系人的合法利益。按照之前的规定，一旦排在前序的利害关系人不及时进行申请或者拒绝申请，就可能会损害后续利害关系人的利益，甚至损害被宣告死亡人的财产利益。② 为此，将失踪人之全体利害关系人视为具有同等地位，均得自行提出宣告死亡之申请，不受其他利害关系人不同意见的阻碍，较为妥当。③ 综合以上原因，本条未规定宣告死亡利害关系人的顺序。但是，由于宣告死亡具有非常强的人身属性，会对其他利害关系人的权利产生重大影响，因此应当对申请宣告死亡的利害关系人进行必要限制。一般情形下，被申请人的配偶、父母、子女，对公婆尽了主要赡养义务的丧偶儿媳，对岳父母尽了主要赡养义务的丧偶女婿，应当认定为本条规定的利害关系人。在被申请人的配偶、父母、子女均已死亡或者下落不明时，或者不申请宣告死亡不能保护其相应合法权益时，被申请人的其他近亲属以及代位继承人，应当认定为本条规定的利害关系人。另外，被申请人的债权人、债务人、合伙人等民事主体，在不申请宣告死亡不能保护其相应合法权益的情形下，可以依照本条规定申请宣告死亡。

▶ 适用指引

一、宣告死亡与宣告失踪的差异

宣告死亡和宣告失踪都是对失踪人下落不明状态下的法律推定，但二者存在不同之处：一是后果不同。宣告失踪侧重于保护失踪人的利益，能够结束

---

① 余能斌、马俊驹主编：《现代民法学》，武汉大学出版社1997年版，第94页。
② 温馨：《宣告失踪和宣告死亡制度的新思考——以自然灾害为视域》，载《现代商贸工业》2020年第5期。
③ 尹田：《论宣告失踪与宣告死亡》，载《法学研究》2001年第6期。

失踪人财产无人管理以及应当履行的义务不能得到及时履行的不确定状态,有效保护失踪人和利害关系人的利益。① 其法律后果是为失踪人设定财产代管人,只发生财产方面的影响而不会影响到身份关系的变化;宣告死亡侧重于保护利害关系人的利益,不但影响失踪人财产的处分,而且影响与其相关的身份关系,如婚姻关系等。二是条件不同。宣告失踪的下落不明期间为二年;宣告死亡的下落不明期间为四年,基于意外事件为二年。如果因意外事件下落不明,经有关机关证明失踪人不可能生存的,可以不受二年时间限制。三是公告期不同。宣告失踪的公告期为三个月;宣告死亡的公告期一般为一年,因意外事故下落不明,经有关机关证明该公民不可能生存的,宣告死亡的公告期间为三个月。四是撤销后果不同。宣告死亡的撤销具有溯及力,能够产生恢复原状的法律后果;宣告失踪则没有溯及力,产生代管财产移交等法律后果。

二、申请宣告死亡利害关系人的认定

由于本条没有规定申请宣告死亡利害关系人的顺序,很容易发生利害关系人之间权利的冲突。为平衡各方当事人利益,在法律适用中有必要对该条进行谨慎适用。从当前司法实践中利害关系人的范围分析,涉及的权利冲突存在较大争议的主要是身份关系和财产关系。如何在维护利害关系人平等权利的前提下,保障失踪人配偶等利害关系人身份利益,是一项值得关注的问题。《全国法院贯彻实施民法典工作会议纪要》第1条从权利不得滥用的角度,对利害关系人行使宣告死亡请求权进行了规制。主要内容是,申请宣告失踪或宣告死亡的利害关系人,包括被申请宣告失踪或宣告死亡人的配偶、父母、子女、兄弟姐妹、祖父母、外祖父母、孙子女、外孙子女以及其他与被申请人有民事权利义务关系的民事主体。宣告失踪不是宣告死亡的必经程序,利害关系人可以不经申请宣告失踪而直接申请宣告死亡。但是,为了确保各方当事人权益的平衡保护,对于配偶、父母、子女以外的其他利害关系人申请宣告死亡,人民法院审查后认为申请人通过申请宣告失踪足以保护其权利,其申请宣告死亡违背《民法典》第132条关于不得滥用民事权利的规定的,不予支持。《民法典总则编解释》第16条规定,被申请人的配偶、父母、子女,以及依据《民法典》第1129条规定对被申请人有继承权的亲属,应当认定为本条规定的利害

---

① 梁慧星:《民法总论(第五版)》,法律出版社2017年版,第14页。

关系人。在被申请人的配偶、父母、子女均已死亡或者下落不明的情况下，被申请人的其他近亲属以及依据《民法典》第1128条规定对被申请人有继承权的亲属，应当认定为本条规定的利害关系人。另外，为防止前述利害关系人怠于行使权利，对于其他近亲属，依据《民法典》第1128条规定对被申请人有继承权的亲属，以及被申请人的债权人、债务人、合伙人等民事主体，如果不申请宣告死亡不能保护其相应合法权益的，可以申请宣告死亡。但是除上述情形外，被申请人的债权人、债务人、合伙人等民事主体不应作为本条规定的利害关系人。

第四十八条 被宣告死亡的人，人民法院宣告死亡的判决作出之日视为其死亡的日期；因意外事件下落不明宣告死亡的，意外事件发生之日视为其死亡的日期。

▶ 关联规定

法律、行政法规、司法解释

1.《中华人民共和国民法典》

第十三条 自然人从出生时起到死亡时止，具有民事权利能力，依法享有民事权利，承担民事义务。

第十五条 自然人的出生时间和死亡时间，以出生证明、死亡证明记载的时间为准；没有出生证明、死亡证明的，以户籍登记或者其他有效身份登记记载的时间为准。有其他证据足以推翻以上记载时间的，以该证据证明的时间为准。

第一千一百二十一条 继承从被继承人死亡时开始。

相互有继承关系的数人在同一事件中死亡，难以确定死亡时间的，推定没有其他继承人的人先死亡。都有其他继承人，辈份不同的，推定长辈先死亡；辈份相同的，推定同时死亡，相互不发生继承。

第一千一百二十二条 遗产是自然人死亡时遗留的个人合法财产。

依照法律规定或者根据其性质不得继承的遗产，不得继承。

2.《中华人民共和国民事诉讼法》

第一百九十二条 人民法院受理宣告失踪、宣告死亡案件后，应当发出寻找下落不明人的公告。宣告失踪的公告期间为三个月，宣告死亡的公告期间为一年。因意外事件下落不明，经有关机关证明该公民不可能生存的，宣告死亡的公告期间为三个月。

公告期间届满，人民法院应当根据被宣告失踪、宣告死亡的事实是否得到确认，作出宣告失踪、宣告死亡的判决或者驳回申请的判决。

3.《最高人民法院关于适用〈中华人民共和国民法典〉总则编若干问题的解释》

第十七条 自然人在战争期间下落不明的，利害关系人申请宣告死亡的期间适用民法典第四十六条第一款第一项的规定，自战争结束之日或者有关机关确定的下落不明之日起计算。

4.《最高人民法院关于适用〈中华人民共和国民法典〉继承编的解释（一）》

第一条 继承从被继承人生理死亡或者被宣告死亡时开始。

宣告死亡的，根据民法典第四十八条规定确定的死亡日期，为继承开始的时间。

5.《最高人民法院关于适用〈中华人民共和国保险法〉若干问题的解释（三）》

第二十四条 投保人为被保险人订立以死亡为给付保险金条件的保险合同，被保险人被宣告死亡后，当事人要求保险人按照保险合同约定给付保险金的，人民法院应予支持。

被保险人被宣告死亡之日在保险责任期间之外，但有证据证明下落不明之日在保险责任期间之内，当事人要求保险人按照保险合同约定给付保险金的，人民法院应予支持。

▶ 条文释义

一、本条主旨

本条是关于被宣告死亡人的死亡时间的规定。

二、条文演变

原《民法通则》没有对被宣告死亡人的具体死亡时间作出规定。《继承法意见》第 1 条规定："继承从被继承人生理死亡或被宣告死亡时开始。失踪人被宣告死亡的，以法院判决中确定的失踪人的死亡日期，为继承开始的时间。"该条规定中，"判决中确定的失踪人的死亡日期"容易引起认识上的不同。如有的观点认为寻找失踪人届满之日为宣告死亡的日期，有的观点认为应以判决作出之日为宣告死亡的日期，还有的法官认为应根据查明的事实，直接在判决书中确定死亡日期。[1]针对这些不同理解，1988年4月原《民法通则意见》第36条规定："被宣告死亡的人，判决宣告之日为其死亡的日期。判决书除发给申请人外，还应当在被宣告死亡的人住所地和人民法院所在地公告。""被宣告死亡和自然死亡的时间不一致的，被宣告死亡所引起的法律后果仍然有效，但自然死亡前实施的民事法律行为与被宣告死亡引起的法律后果相抵触的，则以其实施的民事法律行为为准。"在原《民法总则》制定过程中，有的意见提出，最高人民法院司法解释施行多年，如无重大理由，立法应当保持实务操作的延续性。而且，人民法院宣告死亡的判决具有很强的宣示性，易被接受。另外，很多情况是利害关系人多年之后才申请宣告死亡，这时如将被宣告人死亡日期推定为多年以前，物是人非，可能给相关法律关系带来不必要的扰动。因此，本条规定，被宣告死亡的人，人民法院宣告死亡的判决作出之日视为其死亡的日期。本条分号后面一句，是第十二届全国人民代表大会第五次会议审议《中华人民共和国民法总则（草案）》过程中，在建议表决稿上增加的规定。《〈民法总则〉草案三审稿》第46条规定，被宣告死亡的人，人民法院判决确定的日期视为其死亡的日期；判决未确定死亡日期的，判决作出之日视为其死亡的日期。在审议草案修改稿过程中，经过了对宣告死亡时间复杂性、确定性以及人民法院自由裁量权行使的各方面考量。有的意见提出，对于因意外事件下落不明宣告死亡的情形，被申请宣告死亡的人真正死亡的概率很大，对于这种情形法院可以根据意外事件的发生时间来作出死亡日期的推定。最终通过的原《民法总则》吸收了上述意见，《民法典》保留了原《民法总则》第48条的规定，没有作出修改。

三、条文解读

宣告死亡是人民法院经利害关系人的申请，按照法定程序推定下落不明公民死亡的法律制度。这种推定的一项重要内容，就是推定被宣告死亡人的死亡日期。如何推定被宣告死亡的自然人的死亡日期涉及继承的开始、身份关系解除等，尤其是影响遗产的确定、继承人的范围、遗嘱效力发生时间以及代位继承是否发生等关键事项，具有重要的法律意义。本条主要内容有以下两个

---

[1] 刘黎：《民法总则对宣告死亡制度的发展与完善》，载《人民司法》2018第34期。

方面：

（一）关于宣告死亡日期的推定

对于宣告死亡日期的推定，各国和地区有宣告之日或宣告确定之日、裁判文书认定死亡之日、最后音讯或危难发生之日、失踪期间届满之日等不同立法体例。有的规定为申请宣告死亡所需的下落不明法定期间届满的时间，日本民法属于这种情况；有的规定为死亡宣告作出的日期，如《西班牙民法典》规定，失踪者被宣告死亡则停止合法失踪的状态，但是推定失踪者存活至死亡宣告作出之时，除非有相反的调查结果。在立法过程中，学者提交的建议稿对这两种模式都有所采用，反映了民法学界在此问题上的不同意见。在立法过程中，有的意见提出，被宣告死亡人死亡日期的推定事关重大，法律的规定应当具体明确，不应当赋予法院过大的自由裁量权，况且被申请宣告死亡的人生不见人死不见尸，法院行使自由裁量权本身也缺乏说服力。因此，在提交法律委员会审议的草案修改稿中曾提出过一个方案，直接规定"被宣告死亡的人，人民法院宣告死亡的判决作出之日视为其死亡的日期"。又有意见提出，这样规定太过绝对，没有一点灵活性也不好。因而明确了因意外事件下落不明宣告死亡的情形，法院可以联系意外事件的发生时间来作出死亡日期的推定。本条将判决作出之日作为一般情形，将意外事件导致的宣告死亡作为例外情形，既照顾到法律规范适用上的稳定性，也为特殊情形的妥当处理提供了依据，做到了稳定性与灵活性的结合。

（二）关于涉及意外事件的死亡日期问题

由于有些意外事件存在一定的延续期间，推定的死亡日期是规定为意外事件发生之日还是意外事件结束之日，曾有过讨论。有的意见提出，一些意外事件的过程并不止1日，应当规定意外事件结束之日。有的意见提出，意外事件发生之日与意外事件结束之日，被申请宣告死亡的人死亡概率差别并非悬殊，如规定意外事件结束之日，对于类似马航事件这种难下结论的意外事件来说，会产生何时作为意外事件结束之日的争议。因此，原《民法总则》最终规定意外事件发生之日视为死亡的日期。本条保留原《民法总则》的这一规定不变。

▶ 适用指引

一、判决作出之日的认定

在原《民法总则》出台前，对于宣告死亡日期的认定，至少存在三种理解：一是判决书落款部分标明的制作完成日期；二是判决书中法官直接根据具体情况确定的死亡日期；三是法院制作的判决书公开宣判之日。在实践中，宣告死亡的判决需要送达当事人才发生法律效力。但是，宣告死亡的判决生效和宣告死亡人的死亡日期不是同一个问题。根据本条规定，宣告死亡人的死亡日期是文书作出之日，即使该文书在作出之后很久才有效送达当事人，或者经公告送达，也不影响宣告死亡人死亡事实基于死亡日期引起法律关系变化的事实。与之相对应的是，《民事诉讼法解释》第346条规定："人民法院受理宣告失踪、宣告死亡案件后，作出判决前，申请人撤回申请的，人民法院应当裁定终结案件，但其他符合法律规定的利害关系人加入程序要求继续审理的除外。"利害关系人申请撤回宣告死亡申请的时间，也规定为作出判决前，在此之后，再申请撤销即失去了法律规定的基础。

二、因意外事件被宣告死亡日期的认定

根据本条规定，因意外事件被宣告死亡的，该事件发生之日即认定为被宣告死亡人的死亡日期。对于意外事件而言，可能是即发性的，也可能是持续性的，其结束之日具有不确定性。本条采用的模式是以意外事件发生之日而非意外事件结束之日，作为认定被宣告死亡人的死亡日期。

实践中，以"判决宣告之日""判决作出之日"作为失踪人死亡的日期，导致很多被保险人在发生意外事故而下落不明的情况下，经由宣告死亡法律程序后，超出了保险期间。《保险法解释（三）》第24条规定："投保人为被保险人订立以死亡为给付保险金条件的保险合同，被保险人被宣告死亡后，当事人要求保险人按照保险合同约定给付保险金的，人民法院应予支持。""被保险人被宣告死亡之日在保险责任期间之外，但有证据证明下落不明之日在保险责任期间之内，当事人要求保险人按照保险合同约定给付保险金的，人民法院应予支持。"这一规定实际上是考虑了宣告死亡的时间过长而超出保险责任期间的情形下，应给予被保险人特殊保护。以意外事件发生之日作为认定失踪人的

死亡日期,将能够有效解决这一问题。但是在实践中,也将增加对意外事件性质、发生之日确定的争议以及由于宣告死亡判决和死亡日期之间差距引发的诉讼时效争议,需依法慎重处理。

▶ 类案检索

一、申请人李某革申请宣告死亡案

关键词: 宣告死亡 意外事件 发生之日

裁判摘要: 申请人李某革与被申请人李某属父子关系。2020 年 7 月 30 日上午 6 时许,李某与他人在某海域潜水摸螺时失踪。同行人员、北海海上搜救中心、北海海事局、搜救志愿者先后实施搜救等措施,均未找到。2020 年 12 月 9 日,北海海警局海城第一工作站出具《无生还可能证明》,载明 2020 年 7 月 31 日该工作站与北海海事局前往事发海域进行搜寻未果,且该工作站在日常巡逻及走访调查过程中仍未发现李某踪迹,目前李某已失踪超 5 个月,无生还可能。申请人李某革向申请宣告李某死亡后,经公告三个月,李某仍然下落不明。

李某因意外事故下落不明且有关机关证明其不可能生存,申请人李某革的申请符合法律规定的宣告自然人死亡的条件。根据《民法典》第 48 条的规定,因意外事件下落不明宣告死亡的,意外事件发生之日视为自然人死亡之日,因此,李某的死亡日期应为本案意外事件发生之日即 2020 年 7 月 30 日。故判决:宣告李某死亡(李某的死亡日期为 2020 年 7 月 30 日)。

【案　　号】(2021)桂 72 民特 27 号

【审理法院】北海海事法院

二、上诉人某保险公司与被上诉人李某、黄某海上保险合同纠纷案

关键词: 宣告死亡 意外事件 诉讼时效

裁判摘要: 李某、黄某是失踪人黄某某的近亲属,黄某某生前为涉案渔船实际经营人王某所雇佣的船员。2010 年 9 月 20 日,涉案船主王某在保险公司处为 12 名船员办理了团体人身险。经申请,2011 年 3 月 9 日,黄某某变更至保险人名单内。2012 年 10 月 29 日,辽宁渔港监督局出具《辽丹渔 25735 船

失踪一事有关情况》,"根据调查,当事船舶在2011年3至4月出海从事钓海螺作业期间,确实发生意外事件,导致船舶失踪,船上9人中有3人死亡、6人失踪。由于当事船舶已经失踪,船上人员已全部死亡或失踪,而且事件也没有其他目击者。因此,根据现有的证据材料,无法确认具体的事发时间、事发地点,也无法查明事件原因。""2011年4月10日、11日,韩国海军在小青岛附近海域发现当事船舶上人员于某、张某的尸体,当时韩方推测两人已死亡1至2天,此后韩方又发现了张某的尸体。"经李某申请,2014年4月15日大连海事法院作出(2014)大海特字第22号民事判决书,宣告黄某某死亡。该判决书载明:2011年3月5日,黄某某在随"辽丹渔25735"号渔船作业时失踪,丹东渔港监督处于2013年6月25日出具《渔业船舶人员失踪事故证明》,证明黄某某已无生还可能。2015年9月21日,保险公司出具人身险理赔收据,对黄某某的受益人的理赔申请以"无法查明事故时间、经过,意外事故依据不足"为由,作出"歉难给付保险金"的处理决定。诉讼中提出超出诉讼时效的抗辩。

法院经审理认为,黄某某作为"辽丹渔25735"号出海及失踪时的在船人员,遇难的时间与其他在船人员遇难的时间相同的可能性极高。宣告死亡判决书引用的2011年3月5日,也只是事故情况说明中案涉辽丹渔25735船出海作业失踪的时间,不是真正的事故发生时间,更非身故船员的死亡时间。因此根据《辽丹渔25735船失踪一事有关情况》记载的事实,一审法院认定黄某某随船落水失踪的时间可推定为2011年4月10日前的1至2日的短期时间内并无不妥。《海商法》第264条规定,诉讼时效自保险事故发生之日起算。而黄某某在宣告死亡之前一直处于失踪状态,并未找到尸体证明其死亡。且失踪并非保险公司承保理赔的事故原因。李某、黄某作为黄某某的近亲属只能在确定黄某某死亡后才能依据保险合同向保险公司主张理赔。故原判认定李某、黄某的诉讼时效在黄某某被宣告死亡后起算,亦无不妥,遂判决维持关于某保险公司于本判决生效之日起十日内给付李某、黄某保险金共计100000元的一审判决。

【案　　号】(2019)辽民终895号
【审理法院】辽宁省高级人民法院

> **第四十九条** 自然人被宣告死亡但是并未死亡的，不影响该自然人在被宣告死亡期间实施的民事法律行为的效力。

▶ 关联规定

法律、行政法规、司法解释

1.《中华人民共和国民法典》

第十三条 自然人从出生时起到死亡时止，具有民事权利能力，依法享有民事权利，承担民事义务。

2.《中华人民共和国民事诉讼法》

第一百九十一条 公民下落不明满四年，或者因意外事件下落不明满二年，或者因意外事件下落不明，经有关机关证明该公民不可能生存，利害关系人申请宣告其死亡的，向下落不明人住所地基层人民法院提出。

申请书应当写明下落不明的事实、时间和请求，并附有公安机关或者其他有关机关关于该公民下落不明的书面证明。

第一百九十二条 人民法院受理宣告失踪、宣告死亡案件后，应当发出寻找下落不明人的公告。宣告失踪的公告期间为三个月，宣告死亡的公告期间为一年。因意外事件下落不明，经有关机关证明该公民不可能生存的，宣告死亡的公告期间为三个月。

公告期间届满，人民法院应当根据被宣告失踪、宣告死亡的事实是否得到确认，作出宣告失踪、宣告死亡的判决或者驳回申请的判决。

▶ 条文释义

一、本条主旨

本条是关于被宣告死亡但未死亡的自然人在被宣告死亡期间实施的民事法

律行为效力的规定。

二、条文演变

原《民法通则》第24条第2款规定，有民事行为能力的人在被宣告死亡期间实施的民事法律行为有效。原《民法通则意见》第36条第2款作出进一步解释：被宣告死亡和自然死亡的时间不一致的，被宣告死亡所引起的法律后果仍然有效，但自然死亡前实施的民事法律行为与被宣告死亡引起的法律后果相抵触的，则以其实施的民事法律行为为准。原《民法总则》第49条规定，自然人被宣告死亡但是并未死亡的，不影响该自然人在被宣告死亡期间实施的民事法律行为的效力。《民法典》沿用了原《民法总则》的规定。

三、条文解读

（一）未死亡的自然人权利能力和行为能力

宣告死亡是人民法院经利害关系人的申请，按照法定程序推定下落不明的公民死亡的法律制度，因此，自然人被宣告死亡从本质上讲是一种拟制的死亡。尽管被宣告死亡人不再出现的可能性很大，大多数情况下被宣告死亡人确实生理死亡；但是此类法律推理的死亡是有可能被事实证明是错误的，宣告死亡不等于就是人的生理上的死亡或者说真正死亡。在后种情况下，即并未生理上死亡的情况下，如果因为其已经被宣告死亡，就不承认其所从事的民事法律行为的效力，无疑是不合情理的，也不利于维护交易安全和社会经济秩序。只要作为一个自然人活着且真实存在，他的权利能力就永不消失，行为能力只要不被宣告为无民事行为能力的人，那么其行为能力也自不待言。故，就被宣告死亡人参与的具体民事法律关系来说，宣告死亡发生与自然死亡相同的法律后果。但是，宣告死亡并不是引起该自然人民事权利能力终止的法律事实，亦不应当影响自然人的民事行为能力，被宣告死亡人不因自己被宣告死亡而在法律上受到行为障碍，在宣告期间所从事的民事活动不因死亡宣告而无效，而是具有现实法律效力。

（二）民事法律行为以外的行为效力

本条只规定民事法律行为的效力不受影响。但现实生活中被宣告死亡之人除了可能实施民事法律行为，也可能实施事实行为。故解释上应认为当事人实施的事实行为也发生相应法律效力。理由是：民事法律行为与事实行为等在死亡宣告的效力问题上没有本质区别，如果被宣告死亡人未实际死亡，则不仅仅其民事法律行为的效力不受影响，其所从事的一切具有法律意义的活动都不应受到影响。比如，该自然人实施了侵害他人人身权的行为，则受害人有权根据《民法典》侵权责任编的规定请求其承担相应的侵权责任。

（三）行为效力的判定

该自然人实施的民事法律行为的效力需要根据相关法律规定处理。本条较原《民法通则》第24条第2款"有民事行为能力人在被宣告死亡期间实施的民事法律行为有效"的表述在逻辑上更周延。该自然人并未死亡，则其实施的行为并非当然有效，而是需要根据相关的法律规定并结合其行为能力情况进行判断，如果不符合民事法律行为有效的要件，则会发生无效的法律后果。

▶ 适用指引

一、被宣告死亡人法律行为效力与死亡宣告法律后果矛盾时的处理

如被宣告死亡人从事的民事活动与被宣告死亡的法律后果不相关联，一般不会产生法律问题，被宣告死亡人实施与死亡宣告不相冲突的民事活动，其效力自然不应因死亡宣告而受到影响。比如，被宣告死亡人并未生理性死亡的，生活在其经常居住地以外，购买食物、租住房屋，这些法律关系互不相干，皆属有效。

但在逻辑上，被宣告死亡人所从事的民事活动可能与死亡宣告后果相冲突，这是实践中面临的问题和值得关注的情形。对此，立法过程中有不同观点。一种观点认为，被宣告死亡和自然死亡的时间不一致的，被宣告死亡所引起的法律后果仍然有效，但自然死亡前实施的民事法律行为与被宣告死亡引起的法律后果相抵触的，则以其实施的民事法律行为为准。另一种观点认为，以被宣告死亡引起的法律后果为准。此问题争议较大、所涉情况复杂，立法机关

未作规定。[①] 原《民法通则意见》第36条第2款规定:"被宣告死亡和自然死亡的时间不一致的,被宣告死亡所引起的法律后果仍然有效,但自然死亡前实施的民事法律行为与被宣告死亡引起的法律后果相抵触的,则以其实施的民事法律行为为准。"在《民法典》未予以明确的情况下,原则上可继续参考原《民法通则意见》的精神处理,即死亡宣告的效力与被宣告死亡人未死亡期间所从事民事行为的法律后果相互抵触的,以被宣告主体所实施行为为准。比如,被宣告死亡人在宣告期间设立遗嘱或签订遗赠抚养协议,而被宣告死亡后其继承人已按照法定继承分配其遗产的,仍应以被宣告死亡人所设立遗嘱和从事民事行为的效力优先,而已经继承的遗产需要退还或进行相应的补偿。

此外,该问题还涉及更加复杂的情况和因素。比如,被宣告死亡人与他人签署房屋买卖合同,其配偶与另外一人签署房屋买卖合同,两种民事法律行为是否都应当有效;如果都属有效,哪一个优先。在最高人民法院解决一般情况下一物二卖问题的有关司法解释中,涉及标的物的登记或者交付、价款的支付、合同订立的时间等多种因素,由宣告死亡引发的相关问题能否按照普通一物二卖的问题处理,此问题争议较大。本条对此未作具体规定,留待司法实践继续总结经验。

二、宣告死亡的判决对物权变动效力的影响

民事案件包括诉讼案件和非讼案件,相应地,法院裁判也有诉讼裁判和非讼裁判之分。前者以解决当事人之间的民事权利义务争议为内容;后者不直接涉及民事权利义务争议,不以解决当事人之间的民事权利义务争议为直接内容,而是以解决程序问题或特殊事项为内容。物权变动是解决民事权利义务争议的法律后果,故非讼裁判不可能导致物权变动。有观点认为,宣告死亡的判决可以导致物权变动。我们认为该观点显然不妥。宣告死亡的判决属于非讼判决,并不解决当事人之间的民事权利义务争议,只是解决被宣告死亡人的人身及财产关系问题。宣告死亡与自然死亡产生相同的法律后果,就继承而言,自然人的宣告死亡与自然死亡,都是继承开始的原因。《民法典》物权编第230条即将继承作为导致物权变动的法定原因。宣告死亡只是继承开始的原因,而继承的事实才是导致物权变动的直接原因。故宣告死亡

[①] 参见黄薇:《中华人民共和国民法典释义及适用指南》,中国民主法制出版社2020年版,第72页。

的判决本身不能直接引起物权变动，直接导致物权变动的是继承的事实。

类案检索

滕某会与滕某、滕某燕确认合同效力纠纷案

关键词： 宣告死亡　合同效力　撤销宣告死亡

裁判摘要： 2014年7月18日，乌鲁木齐市新市区人民法院作出判决，宣告滕某会死亡。2018年4月5日，滕某会、胡某某与滕某燕、滕某签订《赠与合同》，约定将案涉房屋所有权赠与滕某燕、滕某。2019年6月28日，乌鲁木齐市新市区人民法院作出判决，撤销对滕某会的死亡宣告。滕某会主张《赠与合同》系其被宣告死亡期间签订，应属无效。乌鲁木齐市新市区人民法院依据《民法总则》第49条的规定，认为虽滕某会被宣告死亡，但其在被宣告死亡时所实施的民事法律行为的效力不受影响，认定《赠与合同》合法有效。

【案　　号】（2021）新0104民初4030号
【审理法院】 新疆维吾尔自治区乌鲁木齐市新市区人民法院

第五十条　被宣告死亡的人重新出现，经本人或者利害关系人申请，人民法院应当撤销死亡宣告。

▶ 关联规定

一、法律、行政法规、司法解释

1.《中华人民共和国民事诉讼法》

第一百九十三条　被宣告失踪、宣告死亡的公民重新出现，经本人或者利害关系人申请，人民法院应当作出新判决，撤销原判决。

2.《最高人民法院关于适用〈中华人民共和国民法典〉总则编若干问题的解释》

第十六条　人民法院审理宣告死亡案件时，被申请人的配偶、父母、子女，以及依据民法典第一千一百二十九条规定对被申请人有继承权的亲属应当认定为民法典第四十六条规定的利害关系人。

符合下列情形之一的，被申请人的其他近亲属，以及依据民法典第一千一百二十八条规定对被申请人有继承权的亲属应当认定为民法典第四十六条规定的利害关系人：

（一）被申请人的配偶、父母、子女均已死亡或者下落不明的；

（二）不申请宣告死亡不能保护其相应合法权益的。

被申请人的债权人、债务人、合伙人等民事主体不能认定为民法典第四十六条规定的利害关系人，但是不申请宣告死亡不能保护其相应合法权益的除外。

二、部门规章及规范性文件

《国务院办公厅关于解决无户口人员登记户口问题的意见》

第二条第（四）项　被宣告失踪或者宣告死亡后户口被注销人员。被人民法院依法宣告失踪或者宣告死亡后重新出现的人员，本人或者其监护人可以凭人民法院撤销宣告失踪（死亡）的生效判决书，申请恢复常住户口登记。

▶ 条文释义

一、本条主旨

本条是关于撤销死亡宣告的规定。

二、条文演变

原《民法通则》第 24 条第 1 款规定，被宣告死亡的人重新出现或者确知他没有死亡，经本人或者利害关系人申请，人民法院应当撤销对他的死亡宣告。原《民法总则》第 50 条规定，被宣告死亡的人重新出现，经本人或者利害关系人申请，人民法院应当撤销死亡宣告。这一规定删除了关于"确知他没有死亡"的情形。《民法典》沿用了原《民法总则》的规定。

三、条文解读

（一）死亡宣告可被撤销的原因

宣告死亡只是基于法律所拟制的死亡，是一种推定，被宣告死亡并不等于自然人生理上的死亡。自然人是否真正死亡，仍然不能肯定。对于被宣告死亡的人没有真正死亡的，法律上应当撤销宣告死亡判决。

原《民法通则》第 24 条第 1 款规定："被宣告死亡的人重新出现或者确知他没有死亡，经本人或者利害关系人申请，人民法院应当撤销对他的死亡宣告。"本条在此基础上只是作了文字修改，因为"重新出现"已经包括了确知没有死亡的情况，从立法严谨角度无须重复规定。

（二）撤销死亡宣告的条件

1. 被宣告人重新出现

例如，被宣告人回到原住所或者居住地，或者有人确知其下落，或者虽然难以确定其下落，但确定其仍然处于生存状态。只要出现了能够确定被宣告死亡人仍然生存、否定其已经死亡的情形，就可以认定属于该条所规定的"重新出现"。

2.必须经本人或者利害关系人申请

虽然被宣告死亡人重新出现，但并不意味着其原有的人身、财产关系就当然恢复，而必须要经过本人和利害关系人申请，由人民法院作出新的判决，撤销原有的死亡宣告。毕竟，死亡宣告的判决具有既判力，而且已经产生了相应的法律后果，所以，要推翻该判决，也必须经过法定的程序。这就是说，撤销死亡宣告需要被宣告死亡人或者利害关系人提出申请。同时，本条未对申请撤销死亡宣告的利害关系人的顺序和人数进行限制，因此，只要被宣告死亡的人重新出现，任何一个利害关系人都可以申请撤销死亡宣告。关于利害关系人的范围，《民法典总则编解释》第16条作了具体规定，在此不再详述。

3.由人民法院作出撤销宣告

《民事诉讼法》在特别程序中对撤销死亡宣告作出了规定，该法第193条规定："被宣告失踪、宣告死亡的公民重新出现，经本人或者利害关系人申请，人民法院应当作出新判决，撤销原判决。"宣告死亡是人民法院经过法定程序作出的，具有宣示性和公信力，产生相应的法律后果。即使被宣告人事实上没有死亡，也不能在重新出现后当然使得与其相关的民事法律关系恢复到原来的状态，而必须经本人或者利害关系人申请，同样由人民法院通过法定程序，作出新判决，撤销原判决。

在上述死亡宣告撤销的三个要件中，第一个要件是实体性要件，即被宣告死亡的人重新出现；后两个要件是程序性要件。

（三）撤销死亡宣告的程序

1.受理和管辖

申请撤销宣告死亡应由本人或者利害关系人提出申请，申请应提交申请书。申请书应当写明该自然人重新出现的事实、时间和请求。如果是利害关系人提起申请的，还可以附有公安机关或者其他有关机关关于该自然人重新出现的书面证明。申请应向作出死亡宣告判决的基层人民法院提出。

2.适用特别程序审理

在审理撤销死亡宣告的案件中，人民法院需要查明被宣告死亡的人重新出现的事实，该种事实可以基于被宣告死亡的人出现，也可以由有关机关加以书面证明。在审理此类案件中，人民法院不需要发布公告，仅需要根据被宣告死亡人重新出现的事实作出判决。

3. 撤销死亡宣告的判决

人民法院经审理，确认被宣告死亡的自然人仍然生存的，则应作出新判决，并在新判决的判项中撤销原判决。

▶ 适用指引

一、适用特别程序

宣告死亡案件和撤销宣告死亡案件均适用特殊程序。依据《民事诉讼法》第185条的规定，该两类案件实行一审终审，原则上由审判员一人独任审理。根据《民事诉讼法》第187条的规定，适用特别程序审理的案件，应当在立案之日起三十日内或者公告期满三十日内审结。有特殊情况需要延长的，由本院院长批准。

需要注意的是，根据《民事诉讼法》第185条的规定，适用特别程序的案件若属于重大、疑难的案件，由审判员组成合议庭审理。鉴于本法取消了宣告死亡的利害关系人的申请顺序，在未来可能导致一系列的纠纷，而宣告死亡又涉及利害关系人的重大身份关系，故对于此类案件在必要时可以被归入"重大、疑难的案件"的范围，由审判员组成合议庭审理。

二、撤销死亡宣告与其他诉讼程序的合并问题

在审判实践中，对于当事人在申请撤销死亡宣告的同时，能否同时根据《民法典》第53条的规定，请求相关的当事人返还其财产，即撤销死亡宣告与返还财产诉讼能否合并审理的问题，我们认为是不可以的。主要理由在于，申请撤销死亡适用的是特别程序，实行一审终审，而根据《民法典》第53条规定提起的诉讼属于具体实体权利的请求。根据《最高人民法院关于修改〈民事案件案由规定〉的决定》，"被撤销死亡宣告人请求返还财产纠纷"变更为新增加的第二级案由"五十一、与宣告失踪、宣告死亡案件有关的纠纷"项下的第三级案由"465.被撤销死亡宣告人请求返还财产纠纷"，返还财产诉讼涉及实体审理时应适用民事普通程序，而非适用特别程序，其与撤销宣告死亡的程序功能是不同的，既不能放在同一程序中进行审理，亦不能予以合并审理。

▶ 类案检索

钟某某申请撤销钟某某死亡案

关键词：撤销　死亡宣告　本人

裁判摘要：2011年，钟某某由人民法院判决宣告死亡，2013年钟某某重新出现，其本人申请撤销对其死亡宣告。人民法院经审查，认为符合撤销宣告死亡判决的情形，判决予以撤销。

【案　　号】（2013）渡法民特字第00019号

【审理法院】重庆市大渡口区人民法院

第五十一条 被宣告死亡的人的婚姻关系，自死亡宣告之日起消除。死亡宣告被撤销的，婚姻关系自撤销死亡宣告之日起自行恢复。但是，其配偶再婚或者向婚姻登记机关书面声明不愿意恢复的除外。

▶ 关联规定

一、法律、行政法规、司法解释

1.《中华人民共和国民法典》

第四十六条 自然人有下列情形之一的，利害关系人可以向人民法院申请宣告该自然人死亡：

（一）下落不明满四年；

（二）因意外事件，下落不明满二年。

因意外事件下落不明，经有关机关证明该自然人不可能生存的，申请宣告死亡不受二年时间的限制。

第四十八条 被宣告死亡的人，人民法院宣告死亡的判决作出之日视为其死亡的日期；因意外事件下落不明宣告死亡的，意外事件发生之日视为其死亡的日期。

第五十条 被宣告死亡的人重新出现，经本人或者利害关系人申请，人民法院应当撤销死亡宣告。

2.《中华人民共和国民事诉讼法》

第一百九十一条 公民下落不明满四年，或者因意外事件下落不明满二年，或者因意外事件下落不明，经有关机关证明该公民不可能生存，利害关系人申请宣告其死亡的，向下落不明人住所地基层人民法院提出。

申请书应当写明下落不明的事实、时间和请求，并附有公安机关或者其他有关机关关于该公民下落不明的书面证明。

第一百九十二条 人民法院受理宣告失踪、宣告死亡案件后，应当发出寻找下落不明人的公告。宣告失踪的公告期间为三个月，宣告死亡的公告期间为一年。因意外事件下落不明，经有关机关证明该公民不可能生存的，宣告死亡的公告期间为三个月。

公告期间届满，人民法院应当根据被宣告失踪、宣告死亡的事实是否得到确认，作出宣告失踪、宣告死亡的判决或者驳回申请的判决。

第一百九十三条 被宣告失踪、宣告死亡的公民重新出现，经本人或者利害关系人申请，人民法院应当作出新判决，撤销原判决。

3.《最高人民法院关于适用〈中华人民共和国民事诉讼法〉的解释》

第二百一十七条 夫妻一方下落不明，另一方诉至人民法院，只要求离婚，不申请宣告下落不明人失踪或者死亡的案件，人民法院应当受理，对下落不明人公告送达诉讼文书。

第三百四十一条 宣告失踪或者宣告死亡案件，人民法院可以根据申请人的请求，清理下落不明人的财产，并指定案件审理期间的财产管理人。公告期满后，人民法院判决宣告失踪的，应当同时依照民法典第四十二条的规定指定失踪人的财产代管人。

第三百四十三条 人民法院判决宣告公民失踪后，利害关系人向人民法院申请宣告失踪人死亡，自失踪之日起满四年的，人民法院应当受理，宣告失踪的判决即是该公民失踪的证明，审理中仍应依照民事诉讼法第一百九十二条规定进行公告。

第三百四十四条 符合法律规定的多个利害关系人提出宣告失踪、宣告死亡申请的，列为共同申请人。

第三百四十五条 寻找下落不明人的公告应当记载下列内容：

（一）被申请人应当在规定期间内向受理法院申报其具体地址及其联系方式。否则，被申请人将被宣告失踪、宣告死亡；

（二）凡知悉被申请人生存现状的人，应当在公告期间内将其所知道情况向受理法院报告。

第三百四十六条 人民法院受理宣告失踪、宣告死亡案件后，作出判决前，申请人撤回申请的，人民法院应当裁定终结案件，但其他符合法律规定的利害关系人加入程序要求继续审理的除外。

二、司法指导性文件

《全国法院贯彻实施民法典工作会议纪要》

1. 申请宣告失踪或宣告死亡的利害关系人，包括被申请宣告失踪或宣告死亡人的配偶、父母、子女、兄弟姐妹、祖父母、外祖父母、孙子女、外孙子女以及其他与被申请人有民事权利义务关系的民事主体。宣告失踪不是宣告死亡的必经程序，利害关系人可以不经申请宣告失踪而直接申请宣告死亡。但是，为了确保各方当事人权益的平衡保护，对于配偶、父母、子女以外的其他利害关系人申请宣告死亡，人民法院审查后认为申请人通过申请宣告失踪足以保护其权利，其申请宣告死亡违背民法典第一百三十二条关于不得滥用民事权利的规定的，不予支持。

▶ 条文释义

一、本条主旨

本条是关于宣告死亡制度中有关婚姻关系处理的规定。

二、条文演变

本条内容，原《民法通则》未作规定。原《民法通则意见》第37条规定："被宣告死亡的人与配偶的婚姻关系，自死亡宣告之日起消灭。死亡宣告被人民法院撤销，如果其配偶尚未再婚的，夫妻关系从撤销死亡宣告之日起自行恢复；如果其配偶再婚后又离婚或者再婚后配偶又死亡的，则不得认定夫妻关系自行恢复。"该条解决了宣告死亡后婚姻关系处理问题，在实践中被证明是较好的制度规定。原《民法总则》第51条吸收了司法解释的规定并进行了完善。本条保留了原《民法总则》第51条规定，只对个别文字加以修改。

三、条文解读

自然人被宣告死亡后，虽然尚有日后生还之可能，但依据社会生活经验判断，该种可能性已经微乎其微，此时相对人的利益——尤其是其配偶的再婚利益、继承人的继承利益，上升到优先于失踪人的利益受保护的程度。[①] 因此，宣告死亡制度的主要法律效果是，宣告死亡判决生效后，被宣告死亡人的法律关系发生变动，人身关系消灭，财产继承开始，从而结束因被宣告死亡人下落不明所带来的法律关系不稳定状态。但宣告死亡毕竟是法律拟制的死亡，被宣告死亡人仍有可能生还，因此，被宣告死亡人与生存配偶的婚姻关系是否存续，以及如果宣告死亡被撤销，生存配偶与第三人的婚姻关系如何处理，都是宣告死亡制度中需要解决的重要问题。

本条在理解时应当注意把握以下几点：

（一）自然人与配偶的婚姻关系基于宣告死亡而消除

从法律上看，自然人被宣告死亡产生与自然死亡相同的法律后果，即被宣告死亡人的人身关系、财产关系都发生变动。婚姻关系是一种重要的人身关系，自当随死亡宣告而消除。从法院宣告失踪人死亡之日起，失踪人与生存配偶的婚姻关系结束，生存配偶可以选择是否再婚，以保护生存配偶的再婚权利。

（二）死亡宣告被撤销后配偶未再婚的婚姻关系的效力

宣告死亡只是拟制死亡，并不能完全确定被宣告死亡人死亡的实际情况，有可能被宣告死亡人确已死亡，法律拟制正确；但也有可能被宣告死亡人依旧生存，法律拟制错误。这时候若被宣告死亡人重新出现并撤销对他的死亡宣告，那么该如何确定原婚姻关系的效力，是否可以恢复，在理论上尚有分歧。本条吸收了原《民法通则意见》第37条规定的内容，并根据婚姻自愿原则进行了完善，一方面，规定如果死亡宣告被撤销，配偶未再婚的，则该婚姻关系自撤销死亡宣告之日起自行恢复；另一方面，规定在尊重配偶婚姻自由的原则下，如果配偶向婚姻登记机关书面声明不愿意恢复婚姻关系，则该婚姻关系不自行恢复。

（三）生存配偶再婚后原婚姻关系的效力

失踪人被宣告死亡后，生存配偶获得再婚的权利。生存配偶再婚后，被宣

---

① 张俊浩主编：《民法学原理（修订第三版）》，中国政法大学出版社2000年版，第101~102页。

告死亡人重新出现并申请撤销死亡宣告，他们的原婚姻关系能否恢复，学界存在争议。①

在法院宣告自然人死亡后，自然人丧失法律上的主体资格，由此自然产生其与他人身份关系消灭的法律后果，被宣告死亡人与生存配偶的婚姻关系消灭也是题中应有之意。在生存配偶与第三人结婚的情况下，该婚姻具有法律效力，应受法律保护。若此时被宣告死亡人生还、死亡宣告被撤销，但因生存配偶与第三人的新婚姻关系已经合法有效地确立而不能随意废除，原婚姻关系不能恢复。正是基于这种逻辑，原《民法通则意见》第37条即规定，如果生存配偶与第三人再婚后又离婚或者再婚后配偶又死亡的，即便被宣告死亡人生还，也不能认定原婚姻关系自行恢复。

本条规定也遵循了上述逻辑，该条文对"其配偶再婚"的条件非常明确，即只要配偶再婚，就导致被宣告失踪人与原配偶的婚姻关系不能自行恢复，这包括了以下几种情形：

1. 生存配偶与第三人再婚，第三人尚在世且未离婚的，此种情况下生存配偶与第三人的婚姻关系因合法有效地存续而导致不能自行恢复原婚姻关系。

2. 生存配偶与第三人再婚，再婚后第三人已经死亡的，此种情况下也不能自行恢复原婚姻关系。如果被宣告死亡人与生存配偶欲恢复婚姻关系，则需要重新履行婚姻登记手续。

3. 生存配偶与第三人再婚后又离婚的，此种情况下也不能自行恢复原婚姻关系。如果被宣告死亡人与其配偶欲恢复婚姻关系，仍然需要重新履行婚姻登记手续。

▶ 适用指引

"死亡宣告之日"的含义

《民法典》第48条规定："被宣告死亡的人，人民法院宣告死亡的判决作出之日视为其死亡的日期；因意外事件下落不明宣告死亡的，意外事件发生之日视为其死亡的日期。"《民法典》将被宣告死亡的人的死亡日期区分为两种：

---

① 最高人民法院民法典贯彻实施工作领导小组主编：《中华人民共和国民法典总则编理解与适用》，人民法院出版社2020年版，第278页。

宣告死亡判决作出之日和意外事件发生之日。这里应当注意的是，本条规定的"死亡宣告之日"包含两层含义：被宣告死亡人的婚姻关系，自人民法院宣告死亡的判决作出之日起消除；但自然人因意外事件下落不明宣告死亡的，自意外事件发生之日起消除。

还应注意的是，死亡宣告被撤销后，生存配偶未再婚且不愿意恢复原婚姻关系的，应当尊重生存配偶的婚姻自由权利。但是，本条也规定了一个程序性条件，即此时生存配偶要以书面形式向婚姻登记机关声明其不愿意恢复原婚姻关系。

▶ 类案检索

谷某某与王某某离婚纠纷案

关键词：宣告死亡　撤销　婚姻关系

裁判摘要：被宣告死亡的人与配偶的婚姻关系，自死亡宣告之日起消灭。死亡宣告被人民法院撤销，如果其配偶尚未再婚的，夫妻关系从撤销死亡宣告之日起自行恢复；如果其配偶再婚后又离婚或者再婚后配偶又死亡的，则不得认定夫妻关系自行恢复。

【案　　号】（2015）南民初字第 4214 号

【审理法院】天津市南开区人民法院

第五十二条 被宣告死亡的人在被宣告死亡期间，其子女被他人依法收养的，在死亡宣告被撤销后，不得以未经本人同意为由主张收养行为无效。

▶ 关联规定

法律、行政法规、司法解释

《中华人民共和国民法典》

第一千零九十三条 下列未成年人，可以被收养：

（一）丧失父母的孤儿；

（二）查找不到生父母的未成年人；

（三）生父母有特殊困难无力抚养的子女。

第一千一百零四条 收养人收养与送养人送养，应当双方自愿。收养八周岁以上未成年人的，应当征得被收养人的同意。

第一千一百零五条 收养应当向县级以上人民政府民政部门登记。收养关系自登记之日起成立。

收养查找不到生父母的未成年人的，办理登记的民政部门应当在登记前予以公告。

收养关系当事人愿意签订收养协议的，可以签订收养协议。

收养关系当事人各方或者一方要求办理收养公证的，应当办理收养公证。

县级以上人民政府民政部门应当依法进行收养评估。

第一千一百一十一条 自收养关系成立之日起，养父母与养子女间的权利义务关系，适用本法关于父母子女关系的规定；养子女与养父母的近亲属间的权利义务关系，适用本法关于子女与父母的近亲属关系的规定。

养子女与生父母以及其他近亲属间的权利义务关系，因收养关系的成立而消除。

第一千一百一十四条 收养人在被收养人成年以前，不得解除收养关系，但是收养人、送养人双方协议解除的除外。养子女八周岁以上的,应当征得本人同意。

收养人不履行抚养义务,有虐待、遗弃等侵害未成年养子女合法权益行为的,送养人有权要求解除养父母与养子女间的收养关系。送养人、收养人不能达成解除收养关系协议的,可以向人民法院提起诉讼。

▶ 条文释义

一、本条主旨

本条是关于死亡宣告被撤销后子女收养关系的处理的规定。

二、条文演变

关于本条内容,原《民法通则》未作规定。原《民法通则意见》第38条规定:"被宣告死亡的人在被宣告死亡期间,其子女被他人依法收养,被宣告死亡的人在死亡宣告被撤销后,仅以未经本人同意而主张收养关系无效的,一般不应准许,但收养人和被收养人同意的除外。"原《民法总则》第52条对该司法解释加以吸收并修改,删去了"收养人和被收养人同意的除外"的内容,该条规定:"被宣告死亡的人在被宣告死亡期间,其子女被他人依法收养的,在死亡宣告被撤销后,不得以未经本人同意为由主张收养关系无效。"《民法典》直接沿用原《民法总则》第52条的规定。

三、条文解读

(一)收养及其效力

收养,是指自然人领养他人的子女为自己的子女,依法创设拟制血亲的亲子关系的身份法律行为。依收养身份法律行为创设的收养关系,就是拟制血亲的亲子关系,是一种身份法律关系。

在收养的身份法律行为中,当事人分别是收养人、被收养人和送养人。其中领养他人子女为自己的子女的人是收养人,被他人收养的人为被收养人,将子女或者儿童送给他人收养的自然人或者社会组织为送养人。应当注意的是,收养行为是变更被收养人身份关系的行为,而不是一般的民事法律行为,因此,尽管被收养的是人,但被收养人是收养法律行为的主体,而不是收养行为的标的。在基于收养行为而发生的收养法律关系中,收养人为养父、养母,被收养人为养子、养女。基于收养产生的效力如下:

1.养父母以及其近亲属与养子女之间产生拟制的直系血亲关系

《民法典》第1111条第1款规定,自收养关系成立之日起,养父母与养子女间的权利义务关系,适用本法关于父母子女关系的规定;养子女与养父母的近亲属间的权利义务关系,适用本法关于子女与父母的近亲属关系的规定。即收养人与被收养人之间形成法律拟制的直系血亲关系,养子女从此取得了与婚生子女完全相同的法律地位。根据本法第1015条、第1067条、第1068条、第1069条、第1070条的规定,养子女和养父母之间的权利和义务主要有:(1)养父母有抚养教育子女的义务,养子女有对父母赡养的义务;(2)养子女可以随父姓,也可以随母姓,经当事人协商一致,也可以保留原姓;(3)养父母有管教和保护未成年养子女的权利和义务;(4)养子女和养父母互为第一顺序的继承人。此外,养子女与养父母的近亲属之间也产生法律拟制的近亲属关系,即子女、祖父母、外祖父母、孙子女、外孙子女、兄弟、姐妹之间的权利和义务同样对养子女也适用。比如,养子女与养祖父关系形成后,养子女即可以与其他兄弟姐妹一样,作为第二顺序的法定继承人,继承养祖父的财产。

2.养子女与生父母以及其他近亲属间的权利和义务关系消除

《民法典》第1111条第2款规定,养子女与生父母以及其他近亲属间的权利义务关系,因收养关系的成立而消除。根据该规定,随着养子女与养父母之间建立起拟制血亲关系,养子女与生父母及其近亲属之间的权利和义务关系即行消除。也就是说,收养关系的建立,不仅使养子女与生父母之间的父母子女关系消除,也使养子女与其祖父母、外祖父母及兄弟姐妹等近亲属之间的关系消除。之所以这样规定,主要是为了稳定收养关系,有利于养子女在新的生活环境中与养父母及其近亲属建立起和睦、亲密的家庭关系,① 有利于社会人伦关系的稳定,也使各方当事人法律上的权利义务关系更为清晰明确。

---

① 最高人民法院民法典贯彻实施工作领导小组主编:《中华人民共和国民法典总则编理解与适用》,人民法院出版社2020年版,第281页。

（二）收养的条件

收养是本法婚姻家庭编中的重要制度，关系家庭伦理、未成年人权益保护等重要方面。当事人欲建立收养法律关系，必须满足法定的条件。

1. 收养人应当具备的条件

根据《民法典》第1098条的规定，收养人应当应当同时具备下列条件：（1）无子女或者只有1名子女；（2）有抚养、教育和保护被收养人的能力；（3）未患有在医学上认为不应当收养子女的疾病；（4）无不利于被收养人健康成长的违法犯罪记录；（5）年满三十周岁。这是对收养人条件的一般规定。同时《民法典》还详细规定了收养人应当具备的其他条件：（1）关于收养人子女数量。根据《民法典》第1099条第2款、第1100条、第1103条的规定，华侨收养三代以内旁系同辈血亲的子女的，无子女的人收养子女的，收养人系收养孤儿、残疾未成年人或者儿童福利机构抚养的查找不到生父母的未成年人的，抑或继父或者继母经继子女的生父母同意收养继子女的，可以不受本法第1098条第1项关于收养人子女数量规定的限制。（2）关于共同收养。《民法典》第1101条规定，有配偶者收养子女，应当夫妻共同收养。这主要因为对子女进行抚育是夫妻双方共同的义务，所以，夫妻双方应当达成一致才能收养，否则，一方同意收养而另一方不接受的，既不利于被收养子女的健康成长，也不利于夫妻感情的和睦。（3）关于无配偶者收养异性子女的限制。《民法典》第1102条规定，无配偶者收养异性子女的，收养人与被收养人的年龄应当相差四十周岁以上。但根据《民法典》第1099条的规定，收养三代以内旁系同辈血亲的子女的，不受该年龄差的限制。

2. 被收养人的条件

《民法典》第1093条规定了被收养人的范围，即"下列未成年人，可以被收养：（一）丧失父母的孤儿；（二）查找不到生父母的未成年人；（三）生父母有特殊困难无力抚养的子女"。根据该条，未满18周岁的未成年人，在其生父母均死亡，或者查找不到，或者有特殊困难无力抚养子女的情况下，可以被他人收养。这是法律对于被收养人条件的一般规定，同时《民法典》第1099条、第1103条对被收养人条件也作出例外规定，即当收养人系收养三代以内旁系同辈血亲的子女的、继父或者继母经继子女的生父母同意收养继子女的，不受"生父母有特殊困难无力抚养的子女"的条件限制。

3. 送养人的条件

《民法典》第1094条规定，可以作为送养人的个人、组织包括以下三类：第一，孤儿的监护人。需要注意的是，根据本法第1096条的规定，监护人送养孤儿的，应当征得有抚养义务的人同意；有抚养义务的人不同意送养、监护人不愿意继续履行监护职责的，应当依照本法第一编的规定另行确定监护人。所谓"有抚养义务的人"，根据《民法典》第26条、第1074条的规定，父母是未成年子女第一顺位的抚养义务人；除父母之外，有负担能力的祖父母、外祖父母对于父母已经死亡或者父母无力抚养的未成年孙子女、外孙子女，有抚养的义务。结合本条的规定，孤儿的监护人送养孤儿的，应当征求其祖父母、外祖父母的意见；如果孤儿的祖父母、外祖父母等抚养义务人不同意送养、监护人不愿意继续履行监护职责的，则应当本着有利于未成年人的原则，依照《民法典》第30条和第31条等规定另行确定监护人。第二，儿童福利机构。根据《未成年人保护法》的有关规定，我国社会福利院主要收容和抚养以下未成年人：（1）被遗弃的婴幼儿；（2）公安部门暂时无法查找其生父母或监护人的婴幼儿；（3）父母双亡，其他监护人又无力抚养的孤儿。因此，在收养人自愿收养社会福利院生活的孤儿、弃婴、残疾儿童时，只能由社会福利机构作为送养人。第三，有特殊困难无力抚养子女的生父母。抚养子女是法律明确规定的父母应尽的义务，但是现实中可能由于天灾、人祸或者经济状况等，致使有的父母无法对自己的子女进行抚养。比如，某位母亲在其丈夫去世后独自带着两岁的女儿生活，但该母亲在一场车祸中不幸下肢瘫痪，生活无法自理。在这种情况下，为了其女儿更好地成长，应当允许该母亲将其女儿送养。因此，有特殊困难无力抚养子女的生父母也是可以作为送养人的。还应注意的是，根据《民法典》第1097条的规定，生父母送养子女，应当双方共同送养；生父母一方不明或者查找不到的，可以单方送养。

（三）收养的程序要件

收养是一种民事行为，除了当事人应当具备法律所要求的条件外，还应当符合法律所要求的形式要件，履行法定的收养程序，使收养关系得以成立。违反法律规定的程序要件的收养行为无效。收养行为成立的程序性要件，是指法律规定的成立收养行为必须进行的程序要求，主要是指收养登记的有关规定。根据《民法典》第1105条、第1106条的规定，收养的程序要求主要有收养登记、收养公告、收养协议、收养公证、收养评估、被收养人户口登记等。具体要求有：收养应当向县级以上人民政府民政部门登记，收养关系自登记之日起成立。收养查找不到生父母的未成年人的，办理登记的民政部门应当在登记前予以公告。收养关系当事人愿意签订收养协议的，可以签订收养协议。收养关系当事人各方或者一方要求办理收养公证的，应当办理收养公证。县级以上人民政府民政部门应当依法进行收养评估。收养关系成立后，公安机关应当按照国家有关规定为被收养人办理户口登记。

（四）撤销宣告死亡对收养的影响

通过上述关于收养条件的介绍可以看出，允许收养关系成立往往需要被收养人的父母死亡或者丧失民事行为能力。按照法律规定，宣告死亡与自然死亡在法律效果上相同，故宣告死亡往往导致收养的发生。但是在被宣告死亡的人并未死亡，其宣告死亡被撤销时，如何处理已经成立的收养关系，实务中曾出现诸多争议。

根据法理，自然人一旦被宣告死亡，则其法律上的主体资格即丧失，在子女被送养且符合收养条件的情况下，该收养法律关系即为合法有效。即使此后宣告死亡被撤销，也不能改变已经成立且合法有效的收养关系。早在1988年原《民法通则意见》制定时，学界和实务界就认识到这个问题。原《民法通则意见》第38条规定："被宣告死亡的人在被宣告死亡期间，其子女被他人依法收养，被宣告死亡的人在死亡宣告被撤销后，仅以未经本人同意而主张收养关系无效的，一般不应准许，但收养人和被收养人同意的除外。"实践证明，上述规定是科学的，对于稳定社会和家庭伦理秩序具有积极意义。

本条规定坚持了原《民法通则意见》第38条的基本逻辑，即死亡宣告被撤销不影响收养的效力，同时删除"收养人和被收养人同意的除外"，进一步强化了宣告死亡情形下收养关系的稳定性。根据本条规定，只要收养符合法律规定的实质要件和程序要件，即便死亡宣告被撤销，也不能随意改变收养的效力。新旧法之间之所以有所变化，盖因收养关系系身份法律关系，与民法其他法律关系强调意思自治不同，收养关系涉及家庭伦理秩序及未成年人保护等诸多因素，立法上限制较多，死亡宣告被撤销情形下收养关系的处理，也不宜完全依靠当事人意思表示来决定该等身份关系的效力，体现立法对此问题更加谨慎的态度。

适用指引

关于本条与原《民法通则意见》第 38 条的衔接问题

如前述,本条规定对原《民法通则意见》第 38 条作了修改。根据本条的新规定,死亡宣告被撤销后,即使是收养人与被收养人同意,也不改变原收养关系的效力。因此,原收养关系继续有效。在原收养关系继续有效的情况下,如何处理被收养人与被撤销宣告死亡人的关系,似需要进一步加以研究。对此,似可通过收养关系的解除来解决。

收养关系的解除是指依法终止原有的亲属关系以及权利义务关系。根据《民法典》婚姻家庭编的规定,有以下情况之一的,当事人可以解除收养关系:(1)收养人在被收养人成年以前,不得解除收养关系;但收养人、送养人双方协议解除收养关系的除外;养子女八周岁以上的,应当征得本人同意。(2)收养人不履行抚养义务,有虐待、遗弃等侵犯未成年养子女合法权益行为的,送养人有权要求解除养父母与养子女间的收养关系。(3)养父母与成年养子女关系恶化,无法共同生活的。因此,在原《民法通则意见》第 38 条规定的"收养人与被收养人同意"被删除的情况下,因被撤销死亡宣告人本身要求解除收养关系,收养人也同意的,此时即可以认为符合"收养人、送养人双方协议解除收养关系"的条件。解除收养关系时,当事人应当到民政部门办理解除收养关系的登记。收养关系解除后,养子女与养父母及其他近亲属的权利和义务关系即行消除,与生父母及其他近亲属间的权利和义务关系自行恢复,但成年养子女与生父母及其他近亲属间的权利和义务关系是否恢复,当事人可以协商确定。收养关系解除后,经养父母抚养的成年养子女,对丧失劳动能力又无生活来源的养父母,应当履行赡养义务。①

---

① 最高人民法院民法典贯彻实施工作领导小组主编:《中华人民共和国民法典总则编理解与适用》,人民法院出版社 2020 年版,第 281 页。

第五十三条 被撤销死亡宣告的人有权请求依照本法第六编取得其财产的民事主体返还财产；无法返还的，应当给予适当补偿。

利害关系人隐瞒真实情况，致使他人被宣告死亡而取得其财产的，除应当返还财产外，还应当对由此造成的损失承担赔偿责任。

▶ 关联规定

法律、行政法规、司法解释

1.《中华人民共和国民法典》

第四十九条 自然人被宣告死亡但是并未死亡的，不影响该自然人在被宣告死亡期间实施的民事法律行为的效力。

第五十条 被宣告死亡的人重新出现，经本人或者利害关系人申请，人民法院应当撤销死亡宣告。

第九百八十五条 得利人没有法律根据取得不当利益的，受损失的人可以请求得利人返还取得的利益，但是有下列情形之一的除外：

（一）为履行道德义务进行的给付；

（二）债务到期之前的清偿；

（三）明知无给付义务而进行的债务清偿。

第一千一百二十一条 继承从被继承人死亡时开始。

相互有继承关系的数人在同一事件中死亡，难以确定死亡时间的，推定没有其他继承人的人先死亡。都有其他继承人，辈份不同的，推定长辈先死亡；辈份相同的，推定同时死亡，相互不发生继承。

2.《中华人民共和国民事诉讼法》

第一百九十三条 被宣告失踪、宣告死亡的公民重新出现，经本人或者利害关系人申请，人民法院应当作出新判决，撤销原判决。

▶ 条文释义

一、本条主旨

本条是关于被撤销死亡宣告的人请求返还财产的规定。

二、条文演变

本条内容原《民法通则》未加以规定。原《民法通则意见》在总结实践经验的基础上作出了明确的规定。该意见第39条规定:"利害关系人隐瞒真实情况使他人被宣告死亡而取得其财产的,除应返还原物及孳息外,还应对造成的损失予以赔偿。"第40条规定:"被撤销死亡宣告的人请求返还财产,其原物已被第三人合法取得的,第三人可不予返还。但依继承法取得原物的公民或者组织,应当返还原物或者给予适当补偿。"

原《民法总则》第52条基本继受了上述意见第39条、第40条的规定,并基于该两条规定均解决返还财产的问题,将该两条规定合并为一条,在对个别语言进行完善的基础上规定为两款:"被撤销死亡宣告的人有权请求依照继承法取得其财产的民事主体返还财产。无法返还的,应当给予适当补偿。""利害关系人隐瞒真实情况,致使他人被宣告死亡取得其财产的,除应当返还财产外,还应当对由此造成的损失承担赔偿责任。"本条直接沿用了原《民法总则》的规定。

三、条文解读

宣告死亡是法律对失踪人已经死亡及其死亡时间的推定。此种推定有可能被以后出现的事实(如被宣告死亡人生还)所推翻。因被宣告死亡人生还而撤销死亡宣告的,原本趋于稳定的法律关系将面临新的挑战,并由此引发一系列法律后果。当失踪人重新出现之后,其合法权益应当得到法律保护,体现在财产关系上,被宣告死亡人的财产应当恢复到宣告死亡前的状态。因此,当被宣告死亡人的财产已经被继承或被其财产管理人处分的,法律赋予生还的被宣告死亡人享有请求返还财产的权利。

（一）关于本条第1款的适用

本条第1款规定："被撤销死亡宣告的人有权请求依照本法第六编取得其财产的民事主体返还财产；无法返还的，应当给予适当补偿。"就本条所规定的财产返还而言，主要针对依照继承取得被宣告死亡人财产的民事主体而设置。具体在适用时，需要注意以下构成要件：①

1. 请求权行使的主体

行使本款规定请求返还财产的权利主体为"被撤销宣告死亡的人"。在该被撤销宣告死亡的人系限制民事行为能力人或者无民事行为能力人的情况下，应当根据《民法典》关于自然人民事行为能力的规定予以处理。

2. 请求权行使的对象

根据本款规定，行使返还财产请求权的对象为依继承取得财产的"民事主体"，具体需要注意以下几个问题：（1）只能针对基于继承取得财产的民事主体，如果基于买卖取得其财产的，原则上不能适用。（2）如果该财产已经被第三人依法取得，被撤销宣告死亡的人不能向该第三人请求返还。（3）无论该继承人取得其财产是基于善意还是恶意，均在所不问。继承遗产的人不能以其系善意，主张取得该遗产的所有权。

3. 请求返还财产的范围

对继承其遗产的人，被宣告死亡人有权请求其返还原物和用属于其所有的资本或收入进行投资而取得的财产。如果原物不存在的，则该继承人应当给予适当补偿。当然，如果该财产已经被第三人善意取得，则被宣告死亡的人无权请求该第三人返还其取得的财产。被宣告死亡人只能请求基于其死亡实际取得该财产的人给予适当补偿。

（二）本条第2款规定的适用

对于利害关系人隐瞒真实情况使他人被宣告死亡而取得其财产的，由于利害关系人申请宣告死亡行为存在瑕疵和企图占有他人财产之意图，该行为本质上属于恶意取得他人财产的行为，当被撤销死亡宣告的人请求返还财产时，恶意占有人应当返还原物及原物所生之孳息，如果对被撤销死亡宣告者造成损失

---

① 最高人民法院民法典贯彻实施工作领导小组主编：《中华人民共和国民法典总则编理解与适用》，人民法院出版社2020年版，第283页。

的，则还应当承担赔偿责任。适用本条的构成要件如下：[1]

1. 返还财产请求权主体为被撤销死亡宣告的人。

2. 返还财产的对象，依法应当是隐瞒真实情况申请宣告死亡且取得被宣告死亡人财产的人。

3. 本条规定的责任形式不仅限于返还财产，还包括对由此造成的损失承担赔偿责任。比如，被宣告死亡人的房屋被继承，且该被继承的房屋已经被卖给第三人，第三人又基于善意取得该房屋。在此情况下，被撤销宣告死亡的人有权请求返还该房屋的出卖款，同时请求赔偿该房屋现值和出卖款之间的差价。

▶ 适用指引

一、被撤销死亡人宣告请求返还财产纠纷的审理程序

虽然被撤销死亡宣告人请求返还财产纠纷与作为非讼程序的宣告死亡程序密切相关，但二者分别属于不同的民事诉讼程序，前者是两造俱全的普通民事纠纷，具体审理时应当适用普通民事诉讼程序；后者是非讼案件，是特殊的民事诉讼程序。《最高人民法院民事案件案由规定》的修改过程也印证了这一点：《民事案件案由规定》（2007年）将"被撤销死亡宣告人请求返还财产纠纷"归入第十部分"特殊程序案件案由"之"三十二、宣告失踪、宣告死亡案件"项下。该版案由规定显然没有严格区分作为普通民事诉讼程序的"被撤销死亡宣告人请求返还财产纠纷"与作为非讼程序的"宣告死亡案件"，存有瑕疵。《民事案件案由规定》（2020年版）则严格区分了该二种不同的民事诉讼程序，新版案由规定在第十部分"非讼程序案件案由"项下设有二级案由"三十三、宣告失踪、宣告死亡案件"；在第十一部分"特殊诉讼程序案件案由"二级案由"五十一、与宣告失踪、宣告死亡案件有关的纠纷"项下再设三级案由"465.被撤销死亡宣告人请求返还财产纠纷"。新版案由更加精准、科学地区分了两种不同的诉讼程序，值得肯定。

如果被宣告死亡人在申请撤销宣告的同时申请返还财产的，人民法院则应立两个案，没有合并审理的法律依据。而对于当事人在没有申请撤销宣告死亡

---

[1] 最高人民法院民法典贯彻实施工作领导小组主编：《中华人民共和国民法典总则编理解与适用》，人民法院出版社2020年版，第284页。

的情况下，直接申请返还财产的，人民法院则应告知当事人先行提起撤销死亡宣告的申请。待死亡宣告判决被撤销之后，人民法院再行审理财产返还之诉。

二、恶意继承人的返还财产范围问题

对于实践中存在的继承人明知道被继承人尚未死亡，但是其基于可以继承遗产的目的而不提供被继承人尚未死亡的事实，在返还财产时是否需要承担赔偿损失责任的问题，值得探讨。

对此，从目前本条第2款规定的构成要件来说，只有隐瞒真实情况致使他人被宣告死亡而取得其财产的，才能在返还财产时承担损失赔偿责任。至于明知失踪人并未死亡的事实而不予提供，并默认其他利害关系人申请宣告死亡的，是否也应按本条第2款规定承担损失赔偿责任，我们倾向于认为，从文义解释的角度，此种情况下应作出否定回答。当然，就此问题，能否从诚实信用原则的角度处理，也需要进一步探讨。

三、保险人等利害关系人财产的返还

被保险人被撤销死亡宣告后，保险人给付的意外伤害保险死亡保险金应该如何处理？对该问题《保险法》没有明确规定。本条也仅规定了被撤销死亡宣告的人的财产返还请求权以及损害赔偿请求权，对于保险人等利害关系人的权利并未作出规定。我们认为，根据《民法典》第985条"得利人没有法律根据取得不当利益的，受损失的人可以请求得利人返还取得的利益"之规定，应当认为被保险人被撤销死亡宣告后，受益人或者被保险人的继承人所取得的死亡保险金构成了不当得利，保险人有权请求其返还。

▶ 类案检索

周某森与全某青、庞某荣物权保护纠纷案

关键词： 死亡宣告　撤销　财产返还

裁判摘要： 原告周某森在被宣告死亡期间，二被告全某青、庞某荣基于继承赠与方式取得原告周某森位于唐山市的房产的所有权，现周某森出现且宣告死亡判决已被撤销，周某森起诉请求确认二被告继承其坐落在唐山市某房屋

50%产权的行为无效。审理法院认为,死亡宣告被撤销后,被撤销死亡宣告的人有权请求返还财产或给予适当补偿,对于周某森的诉讼请求,予以支持。

【案　　号】(2015)北民初字第 927 号

【审理法院】河北省唐山市路北区人民法院

第四节　个体工商户和农村承包经营户

第五十四条　自然人从事工商业经营，经依法登记，为个体工商户。个体工商户可以起字号。

▶ 关联规定

一、法律、行政法规、司法解释

1.《市场主体登记管理条例》

第二条　本条例所称市场主体，是指在中华人民共和国境内以营利为目的从事经营活动的下列自然人、法人及非法人组织：

（一）公司、非公司企业法人及其分支机构；

（二）个人独资企业、合伙企业及其分支机构；

（三）农民专业合作社（联合社）及其分支机构；

（四）个体工商户；

（五）外国公司分支机构；

（六）法律、行政法规规定的其他市场主体。

第八条　市场主体的一般登记事项包括：

（一）名称；

（二）主体类型；

（三）经营范围；

（四）住所或者主要经营场所；

（五）注册资本或者出资额；

（六）法定代表人、执行事务合伙人或者负责人姓名。

除前款规定外，还应当根据市场主体类型登记下列事项：

（一）有限责任公司股东、股份有限公司发起人、非公司企业法人出资人的姓名或者名称；

（二）个人独资企业的投资人姓名及居所；

（三）合伙企业的合伙人名称或者姓名、住所、承担责任方式；

（四）个体工商户的经营者姓名、住所、经营场所；

（五）法律、行政法规规定的其他事项。

第九条 市场主体的下列事项应当向登记机关办理备案：

（一）章程或者合伙协议；

（二）经营期限或者合伙期限；

（三）有限责任公司股东或者股份有限公司发起人认缴的出资数额，合伙企业合伙人认缴或者实际缴付的出资数额、缴付期限和出资方式；

（四）公司董事、监事、高级管理人员；

（五）农民专业合作社（联合社）成员；

（六）参加经营的个体工商户家庭成员姓名；

（七）市场主体登记联络员、外商投资企业法律文件送达接受人；

（八）公司、合伙企业等市场主体受益所有人相关信息；

（九）法律、行政法规规定的其他事项。

第十条 市场主体只能登记一个名称，经登记的市场主体名称受法律保护。

市场主体名称由申请人依法自主申报。

第十一条 市场主体只能登记一个住所或者主要经营场所。

电子商务平台内的自然人经营者可以根据国家有关规定，将电子商务平台提供的网络经营场所作为经营场所。

省、自治区、直辖市人民政府可以根据有关法律、行政法规的规定和本地区实际情况，自行或者授权下级人民政府对住所或者主要经营场所作出更加便利市场主体从事经营活动的具体规定。

第十六条 申请办理市场主体登记，应当提交下列材料：

（一）申请书；

（二）申请人资格文件、自然人身份证明；

（三）住所或者主要经营场所相关文件；

（四）公司、非公司企业法人、农民专业合作社（联合社）章程或者合伙企业合伙协议；

（五）法律、行政法规和国务院市场监督管理部门规定提交的其他材料。

国务院市场监督管理部门应当根据市场主体类型分别制定登记材料清单和文书格式样本，通过政府网站、登记机关服务窗口等向社会公开。

登记机关能够通过政务信息共享平台获取的市场主体登记相关信息，不得要求申请人重复提供。

第三十三条 市场主体未发生债权债务或者已将债权债务清偿完结，未发生或者已结清清偿费用、职工工资、社会保险费用、法定补偿金、应缴纳税款（滞纳金、罚款），并由全体投资人书面承诺对上述情况的真实性承担法律责任的，可以按照简易程序办理注销登记。

市场主体应当将承诺书及注销登记申请通过国家企业信用信息公示系统公示，公示期为20日。在公示期内无相关部门、债权人及其他利害关系人提出异议的，市场主体可以于公示期届满之日起20日内向登记机关申请注销登记。

个体工商户按照简易程序办理注销登记的，无需公示，由登记机关将个体工商户的注销登记申请推送至税务等有关部门，有关部门在10日内没有提出异议的，可以直接办理注销登记。

市场主体注销依法须经批准的，或者市场主体被吊销营业执照、责令关闭、撤销，或者被列入经营异常名录的，不适用简易注销程序。

2.《促进个体工商户发展条例》

第二条 有经营能力的公民在中华人民共和国境内从事工商业经营，依法登记为个体工商户的，适用本条例。

第五条 国家对个体工商户实行市场平等准入、公平待遇的原则。

第十一条 市场主体登记机关应当为个体工商户提供依法合规、规范统一、公开透明、便捷高效的登记服务。

第十三条 个体工商户可以自愿变更经营者或者转型为企业。变更经营者的，可以直接向市场主体登记机关申请办理变更登记。涉及有关行政许可的，行政许可部门应当简化手续，依法为个体工商户提供便利。

个体工商户变更经营者或者转型为企业的，应当结清依法应缴纳的税款等，对原有债权债务作出妥善处理，不得损害他人的合法权益。

第二十六条 国家加大对个体工商户的字号、商标、专利、商业秘密等权利的保护力度。

国家鼓励和支持个体工商户提升知识产权的创造运用水平、增强市场竞争力。

3.《最高人民法院关于适用〈中华人民共和国民事诉讼法〉的解释》

第五十九条 在诉讼中,个体工商户以营业执照上登记的经营者为当事人。有字号的,以营业执照上登记的字号为当事人,但应同时注明该字号经营者的基本信息。

营业执照上登记的经营者与实际经营者不一致的,以登记的经营者和实际经营者为共同诉讼人。

4.《最高人民法院关于审理企业破产案件若干问题的规定》

第四条 申请(被申请)破产的债务人应当具备法人资格,不具备法人资格的企业、个体工商户、合伙组织、农村承包经营户不具备破产主体资格。

二、部门规章及规范性文件

1.《市场主体登记管理条例实施细则》

第六条 市场主体应当按照类型依法登记下列事项:

(一)公司:名称、类型、经营范围、住所、注册资本、法定代表人姓名、有限责任公司股东或者股份有限公司发起人姓名或者名称。

(二)非公司企业法人:名称、类型、经营范围、住所、出资额、法定代表人姓名、出资人(主管部门)名称。

(三)个人独资企业:名称、类型、经营范围、住所、出资额、投资人姓名及居所。

(四)合伙企业:名称、类型、经营范围、主要经营场所、出资额、执行事务合伙人名称或者姓名,合伙人名称或者姓名、住所、承担责任方式。执行事务合伙人是法人或者其他组织的,登记事项还应当包括其委派的代表姓名。

(五)农民专业合作社(联合社):名称、类型、经营范围、住所、出资额、法定代表人姓名。

(六)分支机构:名称、类型、经营范围、经营场所、负责人姓名。

(七)个体工商户:组成形式、经营范围、经营场所,经营者姓名、住所。个体工商户使用名称的,登记事项还应当包括名称。

(八)法律、行政法规规定的其他事项。

第七条 市场主体应当按照类型依法备案下列事项:

(一)公司:章程、经营期限、有限责任公司股东或者股份有限公司发起人认缴的出资数额、董事、监事、高级管理人员、登记联络员、外商投资公司法律文件送达接受人。

（二）非公司企业法人：章程、经营期限、登记联络员。

（三）个人独资企业：登记联络员。

（四）合伙企业：合伙协议、合伙期限、合伙人认缴或者实际缴付的出资数额、缴付期限和出资方式、登记联络员、外商投资合伙企业法律文件送达接受人。

（五）农民专业合作社（联合社）：章程、成员、登记联络员。

（六）分支机构：登记联络员。

（七）个体工商户：家庭参加经营的家庭成员姓名、登记联络员。

（八）公司、合伙企业等市场主体受益所有人相关信息。

（九）法律、行政法规规定的其他事项。

上述备案事项由登记机关在设立登记时一并进行信息采集。

受益所有人信息管理制度由中国人民银行会同国家市场监督管理总局另行制定。

第九条 申请人应当依法申请登记下列市场主体类型：

（一）有限责任公司、股份有限公司；

（二）全民所有制企业、集体所有制企业、联营企业；

（三）个人独资企业；

（四）普通合伙（含特殊普通合伙）企业、有限合伙企业；

（五）农民专业合作社、农民专业合作社联合社；

（六）个人经营的个体工商户、家庭经营的个体工商户。

分支机构应当按所属市场主体类型注明分公司或者相应的分支机构。

第十六条 在办理登记、备案事项时，申请人应当配合登记机关通过实名认证系统，采用人脸识别等方式对下列人员进行实名验证：

（一）法定代表人、执行事务合伙人（含委派代表）、负责人；

（二）有限责任公司股东、股份有限公司发起人、公司董事、监事及高级管理人员；

（三）个人独资企业投资人、合伙企业合伙人、农民专业合作社（联合社）成员、个体工商户经营者；

（四）市场主体登记联络员、外商投资企业法律文件送达接受人；

（五）指定的代表人或者委托代理人。

因特殊原因，当事人无法通过实名认证系统核验身份信息的，可以提交经依法公证的自然人身份证明文件，或者由本人持身份证件到现场办理。

第三十七条　公司变更类型，应当按照拟变更公司类型的设立条件，在规定的期限内申请变更登记，并提交有关材料。

非公司企业法人申请改制为公司，应当按照拟变更的公司类型设立条件，在规定期限内申请变更登记，并提交有关材料。

个体工商户申请转变为企业组织形式，应当按照拟变更的企业类型设立条件申请登记。

第三十八条　个体工商户变更经营者，应当在办理注销登记后，由新的经营者重新申请办理登记。双方经营者同时申请办理的，登记机关可以合并办理。

第四十六条　申请办理注销登记，应当提交下列材料：

（一）申请书；

（二）依法作出解散、注销的决议或者决定，或者被行政机关吊销营业执照、责令关闭、撤销的文件；

（三）清算报告、负责清理债权债务的文件或者清理债务完结的证明；

（四）税务部门出具的清税证明。

除前款规定外，人民法院指定清算人、破产管理人进行清算的，应当提交人民法院指定证明；合伙企业分支机构申请注销登记，还应当提交全体合伙人签署的注销分支机构决定书。

个体工商户申请注销登记的，无需提交第二项、第三项材料；因合并、分立而申请市场主体注销登记的，无需提交第三项材料。

2.《个体工商户名称登记管理办法》

第二条　个体工商户可以不使用名称。个体工商户决定使用名称的，该名称的登记注册适用本办法。

第五条　个体工商户决定使用名称的，应当向登记机关提出申请，经核准登记后方可使用。

一户个体工商户只准使用一个名称。

第六条　个体工商户名称由行政区划、字号、行业、组织形式依次组成。

第七条　个体工商户名称中的行政区划是指个体工商户所在县（市）和市

辖区名称。行政区划之后可以缀以个体工商户经营场所所在地的乡镇、街道或者行政村、社区、市场名称。

第八条 经营者姓名可以作为个体工商户名称中的字号使用。

县级以上行政区划不得用作字号，但行政区划的地名具有其他含义的除外。

第十一条 个体工商户名称不得含有下列内容和文字：

（一）有损于国家、社会公共利益的；

（二）违反社会公序良俗，不尊重民族、宗教习俗的；

（三）可能对公众造成欺骗或者误解的；

（四）外国国家（地区）名称、国际组织名称；

（五）政党名称、党政军机关名称、群众组织名称、社团组织名称及其简称、部队番号；

（六）"中国""中华""全国""国家""国际"字词；

（七）汉语拼音、字母、外国文字、标点符号；

（八）不符合国家规范的语言文字；

（九）法律、法规规定禁止的其他内容和文字。

▶ 条文释义

一、本条主旨

本条是关于个体工商户的规定。

二、条文演变

个体工商业在我国是一种比较传统的经济形式，个体工商户在推进我国改革和经济发展乃至社会秩序的变动中发挥了巨大历史作用。原《民法通则》规定个体工商户制度之前，国务院于1984年2月27日颁布了《关于农村个体工商业的若干规定》（已失效），确认了农村个体工商业存在的合法性，提出了"农村个体工商业户"的概念，原《民法通则》则从基本法律层面确认了城镇乡村在内的个体工商户制度。原《民法通则》第26条、第28条、第29条分三个条文对个体工商户进行了界定，并规定个体工商户的合法权益受法律保护以及明确了个体工商户的债务承担规则。除了基本法律对个体工商户进行规定外，国家还通过行政法规、规章等完善个体工商户制度。1987年，国务院发布《城乡个体工商户管理暂行条例》（已失效），同年，原国家工商行政管理总局也发布原《城乡个体工商户管理暂行条例实施细则》，开展个体工商户的核准登记。为更好地贯彻国家鼓励非公有制经济发展的方针政策，进一步充分发挥个体工商户服务经济社会发展和扩大就业的重要作用，鼓励、支持、引导和规范个体工商户的健康发展，2011年4月16日，国务院颁布《个体工商户条例》。与此相应，原国家工商行政管理总局于同年公布了《个体工商户登记管理办法》。至此，个体工商户制度形成了以原《民法通则》作为民商事基本法，以《个体工商户条例》与《个体工商户登记管理办法》为配套行政法规和规章的立法模式。2021年颁布的《市场主体登记管理条例》将个体工商户纳入统一管理。2022年10月，国务院出台《促进个体工商户发展条例》，以之取代了《个体工商户条例》，进一步强化了对个体工商业的支持与保护。原《民法总则》沿续了原《民法通则》中的个体工商户制度并进行了修正。本条保留了原《民法总则》第54条的规定，没有修改。

与原《民法通则》第26条相比，本条有4处不同：（1）删除了原《民法通则》中关于"在法律允许的范围内"的规定。（2）删除了原《民法通则》中关于"合法权益，受法律保护"的内容。关于财产权保护，个体工商户应当与其他经济主体，在保护私人合法权益的宪法原则以及基本法关于财产权的确认与保护规则方面是一样的，没有必要单独规定。（3）将原《民法通则》第26条规定的"依法经核准登记"修改为"依法登记"；主要是基于《个体工商户条例》已经将个体工商户由核准登记制更改为登记制。（4）将原《民法通则》第26条中的"公民"修改为"自然人"。

三、条文解读

个体工商户是指城乡公民以个人财产或家庭财产作为营业资本，依法登记并在法定范围内从事经营活动的个人或家庭。

个体工商户是我国特殊经济发展体制下的产物，也是我国民法主体制度中的特殊现象。在个体经济政策初步确立、个体经济迅速发展的基础上，个体经济的制度逐渐变迁。1978年《宪法》第5条第2款将"非农业的个体劳动者"限制在"从事法律许可范围内的，不剥削他人的个体劳动"。1982年《宪法》第 11 条第 2 款规定："城乡劳动者个体经济，是社会主义公有制经济的补充。"1999 年《宪法修正案》将个体经济确定为"社会主义市场经济的重要组成部分"。经过原《民法通则》与原《城乡个体工商户管理暂行条例》的落实，个体经济以个体工商户的面目出现。从所有权性质上划分，个体工商户属于私营经济，其投资、经营、收益的主体都是个体劳动者。

关于个体工商户的法律地位问题，即个体工商户是否具有民事主体资格，能否成为民事法律关系主体的问题，近年来我国法学界颇有争论，概括起来有以下几种观点：（1）公民（自然人）说。这种观点认为原《民法通则》明确将个体工商户纳入自然人的范畴，个体工商户既不能作为独立的民事主体，又不能被赋予法人地位，其法律地位与自然人等同。（2）法人说或准法人说。此说认为个体工商户从事民事活动时并非以自然人名义进行，而是以字号的名义进行，因法律地位的特殊性，应赋予其法人或准法人的地位，但到底准法人是什么样的法律主体，也存在争议。（3）特殊公民（自然人）说。此说认为个体工商户是我国的一类特殊的民事权利主体。但支持该说者又分为两种观点，一种观点比较强调其自然人属性，与自然人说较接近；另一种观点则比较强调与法人相似的某些属性，因而与法人说或准法人说比较接近。个体工商户的特殊意义和设立程序、主要权利义务等项内容间接说明了其法律地位的特殊性。主流观点认同特殊公民（自然人）说，个体工商户既区别于普通自然人，又属于一类社会组织。公民（自然人）说仅从立法形式上找到了根据，法人说或准法人说又忽略了个体工商户的非组织性。

对于个体工商户是否应继续在原《民法总则》中予以规定，也一直存在争论。有学者主张，个体工商户是我国经济体制改革特定阶段的产物，现阶段已无须对个体工商户再作规定了，原因在于：首先，个体工商户并非一类独立的民事主体，而是包括在自然人这种民事主体之中。其次，即便个体工商户中"户"的概念意味着一个家庭而非一个人参与民事活动，只要从事经营活动的家庭中的多人并未成立法人，就可以由合伙法律制度加以调整。此观点值得商榷。个体工商户的存在，既有实证法依据，也有实践基础。从立法体系上看，个体工商户属于公民（自然人）的范畴，是公民（自然人）这种民事主体的一种特殊形式，但个体工商户具有与普通自然人不同的特殊权利能力，个体工商户依法核准登记后，享有生产经营权，这是个体工商户的特殊性，如果将个体工商户的法律地位简单地等同于公民（自然人），则难以诠释个体工商户的经营性质与自然人的非经营性质的区别。个体工商户也不是一类社会组织，其不具备独立于法人设立人及其成员的财产这一实质要件；合伙企业可以委托或聘用他人管理企业事务，个体工商户是由自然人或家庭从事经营管理；合伙企业建立的基础是合伙人之间的书面协议，家庭经营的个体工商户没有也不需要合伙协议。因此，将个体工商户作为一种特殊的公民（自然人）主体体现在原《民法总则》条文中，仍具有现实意义。

本条是以现行法规定为基础，对个体工商户进行的规定。原《民法通则》第26条规定："公民在法律允许的范围内，依法经核准登记，从事工商业经营的，为个体工商户。"此外，原《民法通则意见》第41条规定："起字号的个体工商户，在民事诉讼中，应以营业执照登记的户主（业主）为诉讼当事人，在诉讼文书中注明系某字号的户主。"《民事诉讼法解释》第59条第1款规定："在诉讼中，个体工商户以营业执照上登记的经营者为当事人"，亦可找到依据。《促进个体工商户发展条例》第13条规定："个体工商户可以自愿变更经营者或者转型为企业。变更经营者的，可以直接向市场主体登记机关申请办理变更登记。涉及有关行政许可的，行政许可部门应当简化手续，依法为个体工商户提供便利。个体工商户变更经营者或者转型为企业的，应当结清依法应缴纳的税款等，对原有债权债务作出妥善处理，不得损害他人的合法权益。"该条例明确否定其企业之属性。从本条规定可以看出，个体工商户有如下特征：

个体工商户的特征：（1）个体工商户的经营资本直接来自个人财产或家庭共有财产，个体工商户可以由自然人经营，也可以由家庭经营，财产所有者与经营者和劳动者不分离，其性质属于个体经济范畴。（2）个体工商户依法从事工业和手工业、建筑业、交通运输业、商业、饮食业、服务业、修理业等非农业性经营活动，这与农村承包经营户依法从事农、林、牧、副、渔业等生产经营活动有所区别。（3）个体工商户对外以户的名义独立进行民事活动，这里的"户"的含义是指工商登记上的户。个体工商户以户的名义对外从事经营活动，这与公民以个人的名义对外从事经营活动是不完全相同的。（4）个体工商户必须依法登记。登记事项包括经营者姓名和住所、组成形式、经营范围、经营场所。个体工商户使用名称的，以名称作为登记事项。（5）个体工商户可以起字号。所谓"字号"就是个体工商户的商号，它是经营者的一个外部标记。在"字号"名义下进行的一切民事行为都是个体工商户的行为。

▶ 适用指引

一、关于个体工商户的民事主体资格问题

根据本条的规定,个体工商户可以起字号,实践中还可以刻制并使用印章。如前所述,理论中存在个体工商户民事主体资格方面的争议,有自然人说、法人说或准法人说以及特殊自然人说等观点。通说认为,个体工商户的特殊意义以及设立、权利义务等方面说明了个体工商户区别于普通的自然人,属于特殊自然人。

二、关于个体工商户的民事诉讼主体资格问题

原《民法通则意见》第41条规定:"起字号的工商户,在民事诉讼中,应以营业执照登记的户主(业主)为诉讼当事人,在诉讼文书注明系某字号的户主。"《民事诉讼法解释》第59条规定:"在诉讼中,个体工商户以营业执照上登记的经营者为当事人。有字号的,以营业执照上登记的字号为当事人,但应同时注明该字号经营者的基本信息。""营业执照上登记的经营者与实际经营者不一致的,以登记的经营者和实际经营者为共同诉讼人。"

▶ 指导案例

指导案例58号:成都同德福合川桃片有限公司诉重庆市合川区同德福桃片有限公司、余晓华侵害商标权及不正当竞争纠纷案

(最高人民法院审判委员会讨论通过 2016年5月20日发布)

关键词:民事 侵害商标权 不正当竞争 老字号 虚假宣传

裁判要点:

1. 与"老字号"无历史渊源的个人或企业将"老字号"或与其近似的字号注册为商标后,以"老字号"的历史进行宣传的,应认定为虚假宣传,构成不正当竞争。

2. 与"老字号"具有历史渊源的个人或企业在未违反诚信原则的前提下,将"老字号"注册为个体工商户字号或企业名称,未引人误认且未突出使用该

字号的，不构成不正当竞争或侵犯注册商标专用权。

相关法条：

《中华人民共和国商标法》第 57 条第 7 项

《中华人民共和国反不正当竞争法》第 2 条、第 9 条

基本案情：

原告（反诉被告）成都同德福合川桃片食品有限公司（以下简称成都同德福公司）诉称，成都同德福公司为"同德福 TONGDEFU 及图"商标权人，余晓华先后成立的个体工商户和重庆市合川区同德福桃片有限公司（以下简称重庆同德福公司），在其字号及生产的桃片外包装上突出使用了"同德福"，侵害了原告享有的"同德福 TONGDEFU 及图"注册商标专用权并构成不正当竞争。请求法院判令重庆同德福公司、余晓华停止使用并注销含有"同德福"字号的企业名称；停止侵犯原告商标专用权的行为，登报赔礼道歉、消除影响，赔偿原告经济、商誉损失 50 万元及合理开支 5066.4 元。

被告（反诉原告）重庆同德福公司、余晓华共同答辩并反诉称，重庆同德福公司的前身为始创于 1898 年的同德福斋铺，虽然同德福斋铺因公私合营而停止生产，但未中断独特技艺的代代相传。"同德福"第四代传人余晓华继承祖业先后注册了个体工商户和公司，规范使用其企业名称及字号，重庆同德福公司、余晓华的注册行为是善意的，不构成侵权。成都同德福公司与老字号"同德福"并没有直接的历史渊源，但其将"同德福"商标与老字号"同德福"进行关联的宣传，属于虚假宣传。而且，成都同德福公司擅自使用"同德福"知名商品名称，构成不正当竞争。请求法院判令成都同德福公司停止虚假宣传，在全国性报纸上登报消除影响；停止对"同德福"知名商品特有名称的侵权行为。

法院经审理查明：开业于 1898 年的同德福斋铺，在 1916 年至 1956 年期间，先后由余鸿春、余复光、余永祚三代人经营。在 20 世纪 20 年代至 50 年代期间，"同德福"商号享有较高知名度。1956 年，由于公私合营，同德福斋铺停止经营。1998 年，合川区桃片厂温江分厂获准注册了第 1215206 号"同德福 TONGDEFU 及图"商标，核定使用范围为第 30 类，即糕点、桃片（糕点）、可可产品、人造咖啡。2000 年 11 月 7 日，前述商标的注册人名义经核准变更为成都同德福公司。成都同德福公司的多种产品外包装使用了"老字号""百年老牌"字样、"'同德福牌'桃片简介：'同德福牌'桃片创制于清乾

隆年间（或1840年），有着悠久的历史文化"等字样。成都同德福公司网站中"公司简介"页面将《合川文史资料选辑（第二辑）》中关于同德福斋铺的历史用于其"同德福"牌合川桃片的宣传。

2002年1月4日，余永祚之子余晓华注册个体工商户，字号名称为合川区老字号同德福桃片厂，经营范围为桃片、小食品自产自销。2007年，其字号名称变更为重庆市合川区同德福桃片厂，后注销。2011年5月6日，重庆同德福公司成立，法定代表人为余晓华，经营范围为糕点（烘烤类糕点、熟粉类糕点）生产，该公司是第6626473号"余复光1898"图文商标、第7587928号"余晓华"图文商标的注册商标专用权人。重庆同德福公司的多种产品外包装使用了"老字号【同德福】商号，始创于清光绪二十三年（1898年）历史悠久"等介绍同德福斋铺历史及获奖情况的内容，部分产品在该段文字后注明"以上文字内容摘自《合川县志》"；"【同德福】颂：同德福，在合川，驰名远，开百年，做桃片，四代传，品质高，价亦廉，讲诚信，无欺言，买卖公，热情谈"；"合川桃片""重庆市合川区同德福桃片有限公司"等字样。

裁判结果：

重庆市第一中级人民法院于2013年7月3日作出（2013）渝一中法民初字第00273号民事判决：一、成都同德福公司立即停止涉案的虚假宣传行为。二、成都同德福公司就其虚假宣传行为于本判决生效之日起连续五日在其网站刊登声明消除影响。三、驳回成都同德福公司的全部诉讼请求。四、驳回重庆同德福公司、余晓华的其他反诉请求。一审宣判后，成都同德福公司不服，提起上诉。重庆市高级人民法院于2013年12月17日作出（2013）渝高法民终字00292号民事判决：驳回上诉，维持原判。

裁判理由：

法院生效裁判认为：个体工商户余晓华及重庆同德福公司与成都同德福公司经营范围相似，存在竞争关系；其字号中包含"同德福"三个字与成都同德福公司的"同德福TONGDEFU及图"注册商标的文字部分相同，与该商标构成近似。其登记字号的行为是否构成不正当竞争关键在于该行为是否违反诚实信用原则。成都同德福公司的证据不足以证明"同德福TONGDEFU及图"商标已经具有相当知名度，即便他人将"同德福"登记为字号并规范使用，不会引起相关公众误认，因而不能说明余晓华将个体工商户字号注册为"同德福"具有"搭便车"的恶意。而且，在二十世纪二十年代至五十年代期间，"同德福"商号享有较高商誉。同德福斋铺先后由余鸿春、余复光、余永祚三代人经营，尤其是在余复光经营期间，同德福斋铺生产的桃片获得了较多荣誉。余晓华系余复光之孙、余永祚之子，基于同德福斋铺的商号曾经获得的知名度及其与同德福斋铺经营者之间的直系亲属关系，将个体工商户字号登记为"同德福"具有合理性。余晓华登记个体工商户字号的行为是善意的，并未违反诚实信用原则，不构成不正当竞争。基于经营的延续性，其变更个体工商户字号的行为以及重庆同德福公司登记公司名称的行为亦不构成不正当竞争。

从重庆同德福公司产品的外包装来看，重庆同德福公司使用的是企业全称，标注于外包装正面底部，"同德福"三字位于企业全称之中，与整体保持一致，没有以简称等形式单独突出使用，也没有为突出显示而采取任何变化，且整体文字大小、字形、颜色与其他部分相比不突出。因此，重庆同德福公司在产品外包装上标注企业名称的行为系规范使用，不构成突出使用字号，也不构成侵犯商标权。就重庆同德福公司标注"同德福颂"的行为而言，"同德福颂"四字相对于其具体内容（三十六字打油诗）字体略大，但视觉上形成一个整体。其具体内容系根据史料记载的同德福斋铺曾经在商品外包装上使用过的一段类似文字改编，意在表明"同德福"商号的历史和经营理念，并非为突出"同德福"三个字。且重庆同德福公司的产品外包装使用了多项商业标识，其中"合川桃片"集体商标特别突出，其自有商标也比较明显，并同时标注了"合川桃片"地理标志及重庆市非物质文化遗产，相对于这些标识来看，"同德福颂"及其具体内容仅属于普通描述性文字，明显不具有商业标识的形式，也不够突出醒目，客观上不容易使消费者对商品来源产生误认，亦不具备替代商标的功能。因此，重庆同德福公司标注"同德福颂"的行为不属于侵犯商标权意义上的"突出使用"，不构成侵犯商标权。

成都同德福公司的网站上登载的部分"同德福牌"桃片的历史及荣誉，与史料记载的同德福斋铺的历史及荣誉一致，且在其网站上标注了史料来源，但并未举证证明其与同德福斋铺存在何种联系。此外，成都同德福公司还在其产品外包装标明其为"百年老牌""老字号""始创于清朝乾隆年间"等字样，而其"同德福TONGDEFU及图"商标核准注册的时间是1998年，就其采取前述标注行为的依据，成都同德福公司亦未举证证明。成都同德福公司的前述行为与事实不符，容易使消费者对于其品牌的起源、历史及其与同德福斋铺的关系产生误解，进而取得竞争上的优势，构成虚假宣传，应承担相应的停止侵权、消除影响的民事责任。

类案检索

厦门市思明区才久旺记炖品食府诉劳某会劳动争议纠纷案

关键词： 个体工商户　诉讼主体

裁判摘要： 个体工商户是从事工商业经营的公民，其经营者的变更，应当办理注销并重新登记或者变更登记手续。个体工商户本身就是以营业执照上登记的字号为当事人，故其经营者的死亡并不必然导致个体工商户用人单位即诉讼主体资格的丧失。

【案　　号】（2012）厦民终字第1833号

【审理法院】福建省厦门市中级人民法院

第五十五条 农村集体经济组织的成员，依法取得农村土地承包经营权，从事家庭承包经营的，为农村承包经营户。

▶ 关联规定

法律、行政法规、司法解释

《中华人民共和国农村土地承包法》

第二条 本法所称农村土地，是指农民集体所有和国家所有依法由农民集体使用的耕地、林地、草地，以及其他依法用于农业的土地。

第三条 国家实行农村土地承包经营制度。

农村土地承包采取农村集体经济组织内部的家庭承包方式，不宜采取家庭承包方式的荒山、荒沟、荒丘、荒滩等农村土地，可以采取招标、拍卖、公开协商等方式承包。

第四条 农村土地承包后，土地的所有权性质不变。承包地不得买卖。

第五条 农村集体经济组织成员有权依法承包由本集体经济组织发包的农村土地。

任何组织和个人不得剥夺和非法限制农村集体经济组织成员承包土地的权利。

第九条 承包方承包土地后，享有土地承包经营权，可以自己经营，也可以保留土地承包权，流转其承包地的土地经营权，由他人经营。

第十条 国家保护承包方依法、自愿、有偿流转土地经营权，保护土地经营权人的合法权益，任何组织和个人不得侵犯。

第十三条 农民集体所有的土地依法属于村农民集体所有的，由村集体经济组织或者村民委员会发包；已经分别属于村内两个以上农村集体经济组织的农民集体所有的，由村内各该农村集体经济组织或者村民小组发包。村集体经济组织或者村民委员会发包的，不得改变村内各集体经济组织农民集体所有的土地的所有权。

国家所有依法由农民集体使用的农村土地，由使用该土地的农村集体经济组织、村民委员会或者村民小组发包。

第十六条 家庭承包的承包方是本集体经济组织的农户。

农户内家庭成员依法平等享有承包土地的各项权益。

第十七条 承包方享有下列权利：

（一）依法享有承包地使用、收益的权利，有权自主组织生产经营和处置产品；

（二）依法互换、转让土地承包经营权；

（三）依法流转土地经营权；

（四）承包地被依法征收、征用、占用的，有权依法获得相应的补偿；

（五）法律、行政法规规定的其他权利。

第十八条 承包方承担下列义务：

（一）维持土地的农业用途，未经依法批准不得用于非农建设；

（二）依法保护和合理利用土地，不得给土地造成永久性损害；

（三）法律、行政法规规定的其他义务。

▶ 条文释义

一、本条主旨

本条是关于农村承包经营户的规定。

二、条文演变

农村承包经营户是与个体工商户并列的"两户"之一，也是特殊时期下经济体制改革的产物，反映了农村经济体制改革的阶段性成果。1978年年底，中央着手农村改革，家庭农业在中国得到复苏，农业经营制度逐步转变成土地直接承包给集体经济组织成员的家庭联产承包责任制，农村承包经营户是我国农业家庭经营组织的具体表现形式。从法律地位上来看，农村承包经营是我国农村劳动群众集中所有制经济分散经营方式在法律上的体现，其作用在于促进农村商品经济的发展。农村承包经营户与城市中的个体工商户相对应，均是以商品经营为目的，二者地位相当。原《民法通则》第27条规定："农村集体经济组织的成员，在法律允许的范围内，按照承包合同规定从事商品经营的，为农村承包经营户。"该规定符合我国国情，在实践中效果较好，因此在原《民法总则》继续沿用其基本精神。

原《民法总则》制定时，民事主体制度中"自然人"一章保留了"个体工商户""农村承包经营户"制度，并对农村承包经营户进行了重新界定。其第55条将农村承包经营户的概念界定为："农村集体经济组织的成员，依法取得农村土地承包经营权，从事家庭承包经营的，为农村承包经营户。"相较于原《民法通则》第27条的规定，变化有三：（1）删除"在法律允许的范围内"，与个体工商户的表述修改一致，实际上一方面体现私法的性质；另一方面，无论是个体工商户，还是农村承包经营户，其"经营"的含义应当做广义理解，只要是不属于法律、行政法规禁止的，都可以开展经营活动；（2）以"农村土地承包经营权"取代"承包合同"，与原《物权法》的表述一致，赋予承包人以用益物权；（3）以"家庭承包经营"取代"商品经营"，表述更加严谨，家庭承包经营不必限定于商品经营，经营内容是农村承包经营户的私权行使，无须立法过多干涉。原《民法通则》中对于农村承包经营户的概念的界定，在主体上更侧重承包合同、商品经营两个关键词。原《民法总则》除延续了农村集体经济组织成员主体资格规定以外，更侧重土地承包经营权、家庭承包经营两个关键词。

原《民法总则》的改变主要是基于我国土地承包经营权保护的立法发展完善。1986年制定的原《民法通则》第一次在民事法律中作出了土地承包经营权受法律保护的规定，即公民、集体依法对集体所有的或者国家所有由集体使用的土地、森林、山岭、草原、荒地、滩涂、水面的承包经营权，受法律保护。承包双方的权利义务，依照法律由承包合同规定。那一时期颁布的《土地管理法》等法律对土地承包经营权所做的规定，也停留在承包合同的角度。2002年《农村土地承包法》按照党的十五届三中全会"赋予农民长期而有保障的土地使用权"的要求以及《宪法》确立的"农村集体经济组织实行家庭承包经营为基础、统分结合的双层经营体制"的规定，从物权的角度对土地承包经营权做了规定。2007年原《物权法》颁布，确立了土地承包经营权是用益物权，明确土地承包经营权人依法对其承包经营的耕地、林地、草地等享有占有、使用和收益的权利，有权从事种植业、林业、畜牧业等农业生产。对承包地享有占有、使用和收益的权利，体现了用益物权的基本特征和土地承包经营权人的基本权利。此次《民法典》编纂保留了原《民法总则》第55条的规定，没有作出修改。

三、条文解读

农村承包经营户是指农村集体经济组织成员按照农村承包经营合同的规定，使用集体所有土地和其他如森林、草原、荒地、滩涂、水面等生产资料，以家庭为单位独立从事农业商品经营。

从本条规定可以看出，农村承包经营户有如下特征：第一，作为集体经济的发展形式之一，农村承包经营户必须为本集体经济组织成员，且从主体范围上，农村承包经营户是以一个家庭户为单位，具有承包经营主体与农村土地资源分配权利主体的双重身份。第二，农村承包经营户无须登记，也没有字号，须通过订立承包合同取得相应承包经营权。第三，农村承包经营户须按照与作为发包方的农村集体经济组织签订的承包合同从事农林牧渔业商品经营。农村承包经营户还具有家庭经营的属性，农村承包虽然可以由个人经营，但实际上承包经营也是家庭成员共同经营的形式，具有共同经营的性质。农村承包经营户生产经营主要以商品交换为目的，将所收获的农、林、牧、副、渔等产品作为商品投入市场来满足社会需要，而不是为了满足家庭消费需要，因而具有商行为的性质。农村承包经营户按照承包合同从事经营活动，并根据承包合同享有权利并承担义务。农村承包经营户其实并不属于个体经济范畴，而是农村集体经济组织的一种生产经营方式的法律表现。应该说，农村承包经营户这个概念具有历史特征，反映了我国经济发展历史中的阶段性特征。这一概念写入《民法典》实际上解决了两个问题：一是承认了农村集体经济组织成员承包土地的资格，即承认了农民对土地的使用权；二是明确了农民从事农业生产并非仅限于自给自足，而是可以从事商品经营。

农村集体经济组织的成员作为一定法律关系的主体已经得到了法律的确认。在家庭承包经营权的创设取得上，法律排除了城市居民和其他组织取得家庭承包经营权的资格，而是将这个资格赋予了本集体经济组织的成员。在家庭承包中，是否能承包和获得集体发包的土地承包经营权，最基本的要求在于承包者是否是本集体经济组织的成员，具有成员身份则有权承包，没有取得成员身份则不能承包。农村土地是农民的基本生产资料，也是他们的基本生活保障，因此每个农村集体经济组织的成员只要一出生，不论男女老幼，都可享有家庭承包的土地经营权。因此，农村集体经济组织的成员是自然人，即农民个人，而非农户。承包经营权的真正享有者、利益归属者即是该集体经济组织成员。

需说明的是，本条所称农村承包经营户，与所谓"农户"并非同一概念，农户是农村中以血缘和婚姻关系为基础组成的农村最基层的社会单位。它既是独立的生产单位，又是独立的生活单位。作为生产单位的农户，一般是依靠家庭成员的劳动进行农业生产与经营活动，是农村从事生产经营的基本单位。所以，所谓农户其实质应为法律上的农村家庭。农户是享有宅基地使用权①及土地承包经营权②之主体。

农村承包经营户与个体工商户均规定在原《民法总则》第二章自然人中，都是以个人或家庭为单位从事生产经营活动。农村承包经营户在权利能力、权利义务、责任承担等方面均与个体工商户无异。农村承包经营户享有民事权利能力，是民事法律关系主体之一，因为没有独立的财产，在主体范畴上仍属于自然人。又由于具有营利目的，对生产经营享有自主权，因而与一般自然人有着不完全相同的法律地位，因此，农村承包经营户是一种特殊的自然人。同时，农村承包经营户与个体工商户也存在一些区别：首先，农村承包经营户只能是农村集体经济组织的成员，非农村集体经济组织的成员不能签订承包合同，亦不享有承包经营权；个体工商户则没有过多限制，城乡群众都可以成为个体工商户。其次，农村承包经营户通过承包合同设立，依据承包经营合同取得营业资格，并随合同期满而终止，无需申请工商登记，也不需要起字号；个体工商户必须经核准登记，可以设立字号。再次，农村承包经营户从事的经营活动，依托于耕地、草地、林地等农村土地；个体工商户则从事非农的经营性活动。

---

① 《土地管理法》第62条第1款规定："农村村民一户只能拥有一处宅基地，其宅基地的面积不得超过省、自治区、直辖市规定的标准。"

② 《农村土地承包法》第16条第1款规定："家庭承包的承包方是本集体经济组织的农户。"

适用指引

一、农村承包经营户具有民事主体资格

关于个体工商户和农村承包经营户是否具备民事主体资格的问题,争议很大。本法明确个体工商户和农村承包经营户是具有中国特色的民事主体,是用中国的办法解决中国的问题,巩固有中国特色的民事法律制度。从改革开放以来的实践看,"两户"的规定符合中国国情,对解放生产力、促进我国经济社会发展及解决就业问题发挥了重要作用。截至2016年年底,我国登记的个体工商户有5929.95万户,而农村承包经营户直接涉及2.3亿农户的权益,因此,本法确认了个体工商户和农村承包经营户的民事主体地位。

二、关于农村承包经营户的诉讼主体资格

实践中有两种认识和做法:一种是以农户成员为诉讼主体。依据《农村土地承包纠纷解释》第4条第1款的规定,农户成员为多人的,由其代表人进行诉讼。另一种是以农村承包经营户为诉讼主体。依据是《农村土地承包纠纷解释》第3条规定,承包合同纠纷,以发包方和承包方为当事人。前款所称承包方是指以家庭承包方式承包本集体经济组织农村土地的农户,以及以其他方式承包农村土地的单位或者个人。我们主张第二种处理方法,理由:(1)《农村土地承包法》和原《物权法》都规定了"户"是承包合同的主体,当发生土地承包纠纷时,户就应该是诉讼主体,由"户"享有合同权利、承担合同义务和责任,而非个人。(2)《农村土地承包纠纷解释》第3条是关于诉讼主体的规定,第4条仅是关于诉讼代表人的规定,不可混为一谈。

三、关于涉及土地承包经营权纠纷的案件类型

按照法律和司法解释的规定,承包地被征收类案件中既有行政类诉讼也有民事类诉讼,在适用时要特别注意加以区分。

应当作为行政类诉讼的案件包括:

1. 被征收人对征收行为的合法性提起诉讼的,应当以征收人即国家机关作出的征收决定为诉讼标的,为行政诉讼。

2. 土地被征收后,征收机关未给予补偿或者未给予充分补偿的,被征收人

起诉要求征收机关支付补偿费或者要求增加补偿费的案件，即对征收标准提出的诉讼，也属于行政诉讼的范围。

3. 土地补偿费是对失地补偿，归农村集体经济组织所有。村集体认为该土地补偿费"分不分""分给谁"由其决定，在农村集体经济组织作出分配方案之前，农村集体经济组织成员向人民法院起诉要求分配土地补偿费的，应当作为行政案件受理。

应当作为民事案件受理的案件包括：

1. 征收补偿费用支付给农村集体经济组织后，土地承包经营权人要求取得自己应得部分的补偿费用的，作为民事案件处理。

2. 地上附着物和青苗的补偿费是对承包地上的建筑物和生长物的补偿，是对承包经营权人的补偿，农村集体经济组织不得截留，承包经营权人起诉农村集体经济组织要求取得其应得份额的，应当作为民事案件受理。

3. 安置补助费和社会保险费用，是对失地农民的社会保障性的补偿，其分配应当按征收补偿安置方案的规定进行，如果约定分配给失地农民个人的，被征收土地的农民可以起诉农村集体经济组织支付该笔费用，作为民事案件受理。

> 第五十六条 个体工商户的债务，个人经营的，以个人财产承担；家庭经营的，以家庭财产承担；无法区分的，以家庭财产承担。
>
> 农村承包经营户的债务，以从事农村土地承包经营的农户财产承担；事实上由农户部分成员经营的，以该部分成员的财产承担。

▶ 条文释义

一、本条主旨

本条是关于个体工商户、农村承包经营户债务承担的规定。

二、条文演变

原《民法通则》第29条规定："个体工商户、农村承包经营户的债务，个人经营的，以个人财产承担；家庭经营的，以家庭财产承担。"原《民法总则》在原《民法通则》的基础上进行了完善：（1）在个体工商户无法区分个人经营和家庭经营的情况下，明确债务以家庭财产承担责任。规定债务由家庭财产承担责任有利于法官认定，且有利于债权人利益的保护。（2）明确规定农村承包经营户的债务承担问题。农村承包经营户为家庭生产经营共同体，以家庭为基础单位，家庭自始至终都是生产经营组织，在立法技术上把"户"经营放在首要位置进行规定，在责任承担上也明确以"户"对外承担责任。本次《民法典》编纂保留了原《民法总则》第56条的规定，没有作出修改。

三、条文解读

民事活动主要是财产活动，也即市场交易活动，民事主体需要具备独立或相对独立的财产才能参加。财产是一切民事主体资格的基础，"无财产便无人格"。就个体工商户和农村承包经营户来说，其财产与作为经营者的自然人个人或家庭不可分离。一方面，个体工商户和农村承包经营户设立时需要的经营资金及其他财产来源于自然人个人或家庭的生产或生活资料。另一方面，生产经营收益主要用于自然人个人或家庭的日常消费，从而转化成公民个人的生活资料，少部分用于再生产，转化为生产资料。个体工商户和农村承包经营户本身并没有独立的财产，个体工商户和农村承包经营户的财产与实际经营者个人或家庭的财产融为一体，二者很难区分。自然人与个体工商户和农村承包经营户在生产经营活动中也是合为一体的，依法从事经营活动的公民（自然人）就是个体工商户和农村承包经营户，个体工商户和农村承包经营户就是依法从事工商业经营的自然人。因此，原《民法通则》第 29 条规定："个体工商户、农村承包经营户的债务，个人经营的，以个人财产承担；家庭经营的，以家庭财产承担。"原《民法通则意见》也作了类似的规定，其第 42 条规定："以公民个人名义申请登记的个体工商户和个人承包的农村承包经营户，用家庭共有财产投资，或者收益的主要部分供家庭成员享用的，其债务应以家庭共有财产清偿。"第 43 条规定："在夫妻关系存续期间，一方从事个体经营或者承包经营的，其收入为夫妻共有财产，债务亦应以夫妻共有财产清偿。"这种责任形式正是基于个体工商户和农村承包经营户没有独立或相对独立的财产，无法独立承担民事责任而规定的。在民法上，个体工商户和农村承包经营户没有分离的独立人格，它的权利能力原则上仍属于自然人的权利能力范畴。原《民法总则》在本条中继受了上述法律，专就债务承担问题作出规定，是所有权原理的体现；若个体工商户和农村承包经营户的财产为设立者单独所有，自然由其独自承担债务；若财产为家庭共有或夫妻共有，共有人须负连带责任。同时，由于责任的无限性，在债务承担上，因个体工商户和农村承包经营户属于个人营业，营业者当然应对营业债务承担无限责任，个人经营的以个人全部财产承担无限责任，家庭营业的以家庭全部财产承担无限责任。

个体工商户虽有"户"之名，但其法律人格往往与投资人高度重合，个体工商户的生产经营是由投资者亲自管理，投资者与其投资的财产并未分离，故其在法律交往中所产生的权利义务，宜由投资人承受。这个投资人是个人还是家庭，可以从经营模式上判断。从所有权角度出发，个人经营时，因经营所生之财产增加的收益由其个人享有，由此，生产经营产生的一系列债务，也应该由其个人承担；反之，若由家庭共同经营，则应以家庭财产承担因经营所生之债务，由此体现所有权的收益与风险相一致原则。在个体工商户个人与家庭财产发生混同，难以证明系个人经营时，为了更好地保护第三人债权的实现，债务须由家庭财产共同承担，这也体现了共有人的连带责任。

农村承包经营户与个体工商户相同,其法律人格与参与农村土地承包经营的农村集体经济组织成员一致。实践中,农村承包经营户多以家庭经营,须以家庭共有财产承担因经营所产生的债务。但随着农户内部人员的变化,可能会出现承包土地实际仅由部分农户成员经营的情形,且经营活动产生的收益由该部分农户成员享有,在此情况下,因农村土地承包经营产生的债务也应当以该部分成员的财产承担。如果农村承包经营户与个体工商户关于债权债务如何分割存在内部约定,在以家庭全部财产承担责任后,可以按照其约定份额承担债务,但是该内部约定不能对外对抗债权人。

（一）关于个体工商户的债务承担

根据本条规定,关于个体工商户的债务承担,首先需要区分个人经营和家庭经营。(1)个人经营的个体工商户,是以全部个人财产承担无限清偿责任。个人全部财产包括作为投资经营的全部资本和家庭共有财产中的应有份额。清偿债务的顺序首先以投资经营的资本清偿,不足时再以共有财产中的应有份额清偿。这是因为个人经营实际上是自然人一人独资经营。独资经营的权利主体是自然人个人。由个人行为而产生的法律责任只能由个人承担,他人不因与自己无关的行为而受牵连。(2)家庭经营的个体工商户,是指在家庭中有两个或两个以上的自然人同时作为从业人员参加经营的个体工商户,属于家庭合伙经营的性质。家庭经营的债务承担首先应以投资经营的全部资本抵债,如果资不抵债,就应以家庭共有财产中他们的应有份额承担无限连带责任。一般来说,未参加经营的家庭成员,对其经营债务不承担清偿责任。(3)在实践中,个人经营还是家庭经营无法区分时,应以家庭财产承担债务清偿责任。

（二）关于农村承包经营户的债务承担

本条第2款规定,农村承包经营户的债务,以从事农村土地承包经营的农户财产承担;事实上由农户部分成员经营的,以该部分成员的财产承担。

根据《农村土地承包法》的规定,农村土地承包经营包括两种承包方式,即家庭承包和招标、拍卖、公开协商等其他方式的承包。家庭承包是集体经济组织人人有份的承包,主要是对耕地、林地和草地的承包,具有社会保障功能;其他方式的承包,主要是对"四荒地"等农村土地的承包,是通过招标、拍卖、公开协商等市场化方式有偿取得承包经营权。农村土地家庭承包的承包主体是本集体经济组织的农户。作为生产单位的农户，一般是依靠家庭成员的劳动进行农业生产与经营活动，农户是农村集体经济中的一个独立的经营单位。因此，对于与其发生交易活动产生的债务，应当以户的财产承担责任，也即是以从事农村土地承包经营的农户的财产承担。但是对于"四荒地"等农村土地承包，由于是通过招标、拍卖、公开协商等市场化方式发包取得的经营权，既可以发包给农户，也可以发包给本集体经济组织以外的个人或单位。对于发包给农户的，以该农户的财产承担责任；对于发包给本集体经济组织以外的个人或单位的，由个人和单位的财产承担责任。但是考虑到随着我国城乡结构调整以及城镇化的发展，有的家庭成员进城务工，不再参与家庭土地承包经营，也不分享家庭承包收益，如果再让其承担债务有违公平。因此，本条规定，对于事实上由农户部分成员经营的，以该部分成员的财产承担。

▶ 适用指引

人民法院在审理个体工商户和农村承包经营户债权债务纠纷的案件时，需要对承担民事责任的主体作出判断，可以从以下几方面综合考虑：（1）投资主体，是用家庭共有财产投资，还是以个人财产投资；其中，对于家庭经营的个体工商户，家庭成员在登记申请上对以共有财产出资签字表示同意，即可视为以家庭财产共同出资，个人财产出资时需要履行必要的共有财产分割的登记并予以公示；对于农村承包经营户，要看承包合同中是否有全体家庭农户成员或全体成员代表签字。（2）经营主体，该个体经营活动或农村承包经营活动是个人进行还是家庭进行，全体农户成员经营还是部分农户经营。（3）受益主体，经营所获收益是用于自然人个人消费还是用于整个家庭的生产、生活；土地承包经营的收入是用于农户为单位的整体家庭，还是仅由农户部分成员享有。（4）家庭财产制度，家庭实行共有财产制且收入作为共有财产的，债务即应当用家庭共有财产清偿。人民法院需要综合案件的具体情况作出判断，对不同情况适用不同的规定，以便更好地保护个体工商户和农村承包经营户以及债权人的利益。

一、家庭经营责任范围

对于个体工商户和农村承包经营户，由于参加经营的家庭成员的身份关系不同，家庭经营的责任范围也不尽一致：

1. 配偶双方共同经营或配偶双方与未婚子女共同经营时，一般来说，全部家庭财产都应当作为履行债务的担保。全部家庭成员既作为整体从事经营，亦作为整体承担民事责任，责任限度当然涉及全部家庭财产。

2. 配偶一方与未婚子女共同经营，配偶另一方并不参加经营的，不参加经营的另一方配偶对经营债务不承担责任，因此，他（她）的个人财产与他（她）在家庭共有财产中的应有份不能用于清偿经营债务。

3. 未婚的兄弟姐妹之间共同经营的，父母只要不加入经营活动，就不应以他们的共同财产对子女的经营债务负责。如果父母出资而不经营，就应以出资为限对子女的经营债务负责。

二、由家庭从事承包经营的，应以家庭财产承担责任

这里所说的家庭财产，是指家庭成员共同所有的财产，而不应包括家庭财产中属于个人的财产。在确立财产责任时，应区别家庭共有财产和家庭成员的个人财产。就个人经营来说，不仅个人投入经营的个人财产应用于清偿债务，家庭财产中的属于个人的部分也应用来清偿债务。参考原《民法通则意见》第44条的规定，如以家庭共有财产清偿农村承包经营户的债务，应当保留家庭成员的生活必需品和必要的生产工具。

▶ 类案检索

一、藤县藤州城市信用合作社诉麦某晚等借贷合同纠纷案

关键词： 个体工商户　个人财产　共同财产　债务

裁判摘要： 个体工商户为个人经营，其家庭成员未参与经营的，个体工商户产生的债务以个人财产承担，与家庭无关。

【案　　号】（2001）梧经初字第92号

【审理法院】广西壮族自治区梧州市中级人民法院

二、邱某个人债务重整案

关键词： 个体工商户　破产重整

裁判摘要： 邱某系个体工商户，从事日用陶瓷、家具的生产销售，2017年因生产环保不达标被停业，陷入债务危机。2021年11月2日，邱某向淄博市博山区人民法院提出个人债务集中清理申请。案件受理后，管理人对债务人基本状况（包括文化程度、劳动技能、从业经历、收入能力、家庭成员、社会评价等）、财产状况、负债经过及原因等方面进行了详细调查核实，形成了债务人状况报告、个人财产调查报告、个人豁免财产清单及必要生活及事业发展支出标准，审核确认四名债权人债权总额共计152万余元。根据上述各项报告、邱某的未来收入测评以及经营方案的可行性分析，制定了债务重整方案并于12月24日经债权人会议表决通过。同日，淄博市博山区人民法院裁定批准并终止债务重整程序。债务重整方案执行完毕后债权人将获得清偿65万余元，未受清偿的87万元债务将予以免除，债权综合清偿率为42%，远高于破产清算状态下的14%。

【审理法院】 山东省淄博市博山区人民法院

第三章 法　人

第一节　一般规定

> **第五十七条**　法人是具有民事权利能力和民事行为能力，依法独立享有民事权利和承担民事义务的组织。

▶ 关联规定

法律、行政法规、司法解释

《中华人民共和国公司法》

第三条　公司是企业法人，有独立的法人财产，享有法人财产权。公司以其全部财产对公司的债务承担责任。

有限责任公司的股东以其认缴的出资额为限对公司承担责任；股份有限公司的股东以其认购的股份为限对公司承担责任。

▶ 条文释义

一、本条主旨

本条是关于法人概念的规定。

二、条文演变

1986年颁布、1987年施行的原《民法通则》第36条对法人进行了定义。此定义在2017年施行的原《民法总则》第57条被继续沿用，表述与原《民法通则》第 36 条一致。《民法典》第 57 条规定亦与其一致。

三、条文解读

本条对法人的概念进行了阐释。法人是世界各国和地区规范经济秩序以及整个社会秩序的一项重要的法律制度，《民法典》从中国实际出发，创造性地规定了法人分类以及特别法人等制度，具有鲜明的中国元素，并且吸收了商事特别法的规定，体现了民商合一的原则。

法人，是与自然人相对应的概念。法律上设法人制度，规定法人财产独立于出资人个人财产，遂能使法人得以其独立财产对外从事经营或非经营活动，其债权人不必担忧法人出资人的债权人追索法人财产，而可放手与法人交易；同时法律给予法人出资人以有限责任待遇，使法人的债权人不能向法人的出资人直接追索，由此使通过个人集聚资本以从事大规模事业成为可能。非独如此，法人制度对于非营利事业亦不可或缺。国家或其公权力机关发生民事关系，亦不得不以法人身份出现，基金会等公益组织，亦需借助法人制度，使公益事业不受设立人死亡之影响，而可期于久远。

（一）法人制度的由来

法人制度是世界各国和地区规范经济秩序和整个社会秩序的一项重要法律制度。一般认为，法人制度的雏形始于罗马法。罗马法有关法人人格的理念主要体现在"团体"之类的组织中，"为了形成一个真正的团体，即具有法律人格的团体，必然有数个（至少为三人）为同一合法目标而联合并意图建立单一主体的人。"罗马法中对"团体"赋予法律人格，被认为是民法理论研究和制度设计中最具有想象力和技术性的创造。

随着资本主义的发展，从 17 世纪后期开始，对特许公司股东责任进行限定的做法开始兴起和发展。1662 年，一项英国法律确认印度公司、皇家非洲公司、英国商业公司等特许公司中的股东，在公司出现亏损时，他们仅以持有股份的票面额为限，对外承担责任。之后，股东承担有限责任的特许公司开始大量出现。到了 19 世纪中叶，随着《英国有限责任法案》的颁布，公司股东对公司债务承担有限责任的制度最终得以确立，这也是法人制度在近现代社会发展的一个重要背景。通过法人制度的确立，可以使一个组织以其自己名义实施法律行为、拥有法律利益，进行诉讼与被诉讼，并拥有法律上可以独立存在的、与其成员或任何第三人不同的人格。

我国建立法人制度相对较晚。在原《民法通则》中首次引入了法人制度,对法人制度作了专章规定,明确了法人是具有民事权利能力和民事行为能力,依法独立享有民事权利和承担民事义务的组织,法人的民事权利能力和民事行为能力,从法人成立时产生,到法人终止时消灭。同时,原《民法通则》还规定了法人应当具备的四项条件,包括依法成立,有必要的财产或者经费,有自己的名称、组织机构和场所,能够独立承担民事责任等,明确了法人的法定代表人、住所、终止清算等制度,并将法人分为企业法人、机关法人、事业单位法人和社会团体法人四类。应该说,原《民法通则》对法人制度的规定,虽然比较简单,却有着非常重要的里程碑意义,使我国的法人制度从无到有开始建立起来,对于促进我国经济的发展,规范经济社会秩序起到了积极的推动作用。经过三十多年的发展,我国的法人制度日益完善,本法正是在总结三十多年来的司法实践经验和法学理论研究的基础上,从立法层面对法人制度作了进一步的发展和完善。

(二)法人界定

法人作为一种独立的民事主体,在民事活动中与自然人、非法人组织具有同等的法律地位。本条对法人的界定包括三个要素:一是其为一种社会组织;二是具有民事权利能力和民事行为能力;三是依法独立享有民事权利和承担民事义务。

1. 法人是一种社会组织

法人是为了实现特定的目标而有意识地组合起来的社会群体,它不像自然人那样作为一个有血有肉的生物体存在,而是作为一个组织体存在。法律赋予该组织单独的法律人格。

2. 法人以具有民事权利能力和行为能力作为基本特征

法人可以以自己的名义,通过自身的行为享有和行使民事权利,设定和承担民事义务。法人的民事权利能力与自然人一样,都是法律对法人主体的承认,法人的民事主体资格和民事权利能力是统一的。但法人与自然人的民事权利能力和民事行为能力不完全相同:(1)自然人分为完全民事行为能力人、限制民事行为能力人和无民事行为能力人,而法人则不能这样划分;(2)对法律、行政法规有专门规定的法人,应当在核准登记的经营范围内从事活动,而自然人的活动范围则无此限制；（3）有些民事权利如生命健康权、婚姻自主权等为自然人专有，法人则没有；（4）自然人的民事权利能力和民事行为能力可分离，而法人的权利能力和行为能力同时发生、同时消灭，而且在范围上是一致的。

3. 法人是能够独立承担民事责任的社会组织

此特征是法人与非法人组织的根本区别。法人的独立责任是指法人在违反义务而对外承担责任时，其责任范围应当以其所拥有或经营管理的全部财产为限，法人的成员和其他人不承担责任。而作为三大民事主体之一的非法人组织，按照本法第102条规定，能够以自己的名义从事民事活动，具有民事权利能力和民事行为能力，但是不能够独立承担责任，其财产不足以清偿债务时，依照《民法典》第104条的规定，出资人或者设立人应承担无限责任。

（三）法人本质

认识法人的本质及权利能力有助于对法人概念的理解。对于法人的本质及权利能力主要有法人拟制说、法人否认说和法人实在说三种观点：

1. 法人拟制说

该说认为，本来只有自然人是权利义务主体，法人取得权利义务主体的资格，是因法律的规定拟制其为自然人，法人在性质上是一种拟制的人。普赫塔（Puchta）学派主张法人是思想上的无形的权利主体，文德赛（Windscheid）学派主张法人系人或财的集合，被拟制为有人格。拟制说的贡献在于承认法人应像自然人那样作为权利义务的主体，不足之处在于没有说明法人的实质意义，以及在何种范围及程度上可以将法人与自然人同等看待或者有何区别。

2. 法人否认说

该说是拟制说的一种发展形态。持该观点的学者认为法人的本质不过是个人与财产，法人纯系法律之拟制，在个人或物品财产之外不再有任何物的概念，法人就是因一定目的而组成的财产。布林兹学派（Brinz）提出无财产说或目的财产说，认为"目的财产"没有必要强制确定其主体，直接认定为无主财产比较适当；耶林（Jhering）学派提出享有者主体说，认为法人财产的真正主体，实质是享有其财产利益的人；宾达（Binder）学派提出管理者主体说，认为法人财产的真正主体，是现任的管理法人财产的人。法人否认说的前提是非自然人不得为权利主体，将自然人代替法人作为权利主体。

3. 法人实在说

该说认为，法人是相对于个人的自然有机体而言的在社会生活中有机存在的组织实体，亦应是权利义务的主体。基尔克（Gierke）学派提出有机体说或团体人格说，认为法人在个人的意思之外有团体意思、在个人生活之外有团体生活、在自然有机体之外有社会有机体，法人的实体是具备团体意思的社会有机体，"法人先于法律"，即人组成的团体是一个客观存在的组织体，不论国家是否给予承认，它都是存在的，法律承认只是对客观存在的反映，是国家基于结社问题的政策考量结果；米休（Michoud）学派提出组织体说，认为法人的独立实体在于法律上的组织体，法人无论为社团或者财团，都没有自我意识以及心理上的意志，不能将其与自然人的有机体同等对待，强调组织体与成员之间独立人格的分离，组织体是能够通过内部民主集中制形成独立意志的独立法人。法人实在说并没有说清法人为什么应是权利义务主体以及对法人组织体赋予权利能力的实质理由及依据。

有关法人本质的各种学说反映不同时代的社会背景和法学思潮，有助于从不同的层面和角度理解法人制度的历史发展和现行规定，使我们认识到，法人实际上是一种目的性的创造物，一定的人或财产成为权利义务归属的主体，经由其机关从事民事法律行为，在社会实际生活中有其自我活动的领域，通过法律技术及形式上赋予其"人"的人格，类推自然人的民事行为能力和民事权利能力，使其成为权利义务主体，满足社会经济发展和人们社会生活的需要。

（四）法人责任能力

法人的责任能力是法人的本质属性之一，是推动法人制度产生、发展和完善的原动力。西方法人制度肇端于罗马法，公元3世纪，随着古罗马社会经济的发展，团体逐渐发展起来并取得了法律上的地位。16世纪初，对外贸易和企业规模的扩大以及对资本的大量需求，在意大利以及地中海沿岸城市出现了一种以海运为主的"康孟达"组织，这种组织是航海者和货币持有者以契约的形式而形成的一种商业合伙形式，并初步显露出所有者与经营者分离以及有限财产责任的最初形态。1673年《法国商事条例》是公司制度的历史性进步，正是它的出现和发展初步形成了公司法人制度。由于规模经济的发展对资本的需求以及投资者既想赚钱又极力逃避风险等，直接引起了多种有限责任公司的兴起。到近代资本主义成熟时期，大规模事业几乎都为有限公司或公益法人所占有。现代公司法人制度对无限公司进行了扬弃,《苏俄民法典》进一步将独立承担民事责任的制度设计扩及一切法人。法人有限责任最终解决了两个基本问题:(1)交易需求,规模经济的发展需要人或财的组合,使多数的人及一定的财产得以成为权利义务主体,通过设立的机关对外代表法人,以解决交易的便捷;(2)责任限制,设置有独立的人格、享有权利和承担义务的法人,将法人的责任限定于法人的财产,将法人成员的责任限制于法人之外,避免个人的其他财产因此受到影响,从而有助于个人根据其资产实力,积极加入法人参与社会经济活动。法人的有限责任是区分法人与非法人的标准,法人之外的社会组织或团体原则上都应承担无限责任。有限责任是法律赋予法人这种社会团体的一种特权,满足了社会经济整合发展和个人生活保护的双重需要。我国几十年来的立法主导思想就是坚持法人的有限责任,《民法典》将合伙企业、个人独资企业等划入非法人组织亦为坚守这一原则的体现。

（五）法人分类

法人的分类是法人制度的基石,大陆法系国家或地区的法人分类一般是先分为公法人和私法人,再将私法人分为财团法人和社团法人,最后将社团法人分为营利法人和非营利法人。原《民法通则》将我国法人划分为企业、机关、事业单位、社会团体、联营等法人类型,未完全采纳大陆法系的分类结构,是一种过渡性立法,一方面,顺应了当时的历史潮流、推动了经济体制改革和对外开放;另一方面,随着社会主义市场经济的发展和完善,其历史局限性已不适应新形势的要求,存在些问题亟待解决。如一人社团的出现、财团的财产来源由主动募捐发展到被动劝募（包括公募和私募）,财团法人和社团法人的交叉地带越来越多,传统的二分法已不再重要,对现实生活的解释已不再有力。又如原《民法通则》在规定法人独立承担民事责任的同时,也带来了合伙企业及其他非法人团体的民事法律地位,形式上登记为法人而实际上并不具备法人条件的组织债务应由谁负清偿责任等问题。《民法典》沿袭原《民法总则》的分类方法,以法人的本质属性即经济属性来作基本划分,再辅以特别法人进行完善,最终将法人的分类定位于营利法人、非营利法人和特别法人。以取得利润并分配给股东等出资人为目的成立的法人,为营利法人,包括有限责任公司、股份有限公司和其他企业法人等。为公益目的或者其他非营利目的成立,不向出资人、设立人或者会员分配所取得利润的法人,为非营利法人,包括事业单位、社会团体、基金会、社会服务机构等。机关法人、农村集体经济组织法人、城镇农村的合作经济组织法人、基层群众性自治组织法人，为特别法人。

《民法典》体系之下的法人分类结构，比原《民法通则》的法人分类体例更加科学、结构更加严谨、规范更加合理、内容更加协调一致。这一分类是将西方法学理论与中国特色社会主义经济制度相结合的创新，完善了我国市场经济法主体的体系结构，基本囊括了现阶段我国主要的法人形态，结合了国家管理政策和社会组织改革的现实并考虑了可能的政策走向，克服了其他分类的弊端，有助于针对不同类型的法人设定不同的民事活动规则，便于在审判实践中按照规定的标准对具体的诉讼主体予以定性并适用相应的法律规则。

（六）确立法人制度的意义

确立法人制度，可以使具备法人条件的组织取得独立的民事主体资格，在法律上拥有独立的人格，像自然人一样有完全的民事权利能力和民事行为能力，从而有利于社会组织实现自己所承担的任务。如对企业来说，通过法人制度的确立，有利于维护企业的自主权，发挥企业作为市场主体的积极作用。特别是对国有企业来说，法人制度的确立，有利于促进政企分开，使企业真正成为自主经营、自负盈亏的主体，以增强企业自身的活力，促进国有经济的发展。

▶ 适用指引

一、需要注意法人类型的划分

法律确定法人民事主体资格，赋予其权利能力和行为能力，最终目的就是要让法人对其行为后果负责。对法人进行类型划分，不仅是学术研究的需要，更是为其活动规则设定和法律责任界定所需。营利法人是指以出资人获取利润分配为目的的组织，以公司法人为典型。非营利法人是指不以成员获取盈余分配为目的的组织，包括事业法人、社团法人（行业协会）、捐助法人（慈善、扶贫、宗教），非营利法人可以从事营利活动，但不能向成员分配盈余，这是营利法人与非营利法人的根本区别。其他如机关法人既不营利又不分配，合作社不以营利为目的,从事营利活动后又可向成员分配等情形,不能归类于营利法人或非营利法人的,为特别法人。

二、应当根据目的和性质区分兼具公益和盈利属性的机构

教育、医疗、养老等兼具公益和盈利属性的机构,应根据目的和性质进行区分。在司法实践中,如果民办的教育机构、医疗机构、养老机构等,设立人是以营利为主要目的,相关法律法规也允许其分配利润,应归属于营利法人;而国有资金或非营利法人设立的医院、学校、养老院等,不以营利为目的,设立人亦不分配利润,则应定性为非营利法人。

▶ 类案检索

一、李某飞、朱某双等与青海源丰矿业有限公司提供劳务者受害责任纠纷案

关键词:提供劳务者　受害　诉讼主体　法人　注销

裁判摘要:民事诉讼的主体是自然人、法人和非法人组织。依据《民法总则》第2条"民法调整平等主体的自然人、法人和非法人组织之间的人身关系和财产关系",第57条"法人是具有民事权利能力和民事行为能力,依法独立享有民事权利和承担民事义务的组织。法人的民事权利和民事行为能力,从法人成立时产生到法人终止时消灭"的规定,本案中,源丰公司向都兰县市场监督管理局提交注销公司登记申请后,源丰公司于2017年5月29日被都兰县市场监督管理局注销法人登记,其已无诉讼主体资格,一、二审法院将源丰公司以适格主体参与本案审理明显不当,据此,本案应予重审。

【案　　号】(2020)青民再94号
【审理法院】青海省高级人民法院

二、钟某、武汉市江岸区新春环保设备厂房屋拆迁安置补偿合同纠纷案

关键词:拆迁安置补偿合同　独立承担责任　公司法人

裁判摘要:余华岭集团公司虽是新春环保厂唯一股东,但新春环保厂与余

华岭集团公司均为独立法人。根据《民法总则》第57条的规定，钟某申请再审要求余华岭集团公司应与新春环保厂承担连带责任，缺乏法律依据，相关主张不能得到支持。

【案　　号】（2020）鄂民申1478号

【审理法院】湖北省高级人民法院

三、三都水族自治县交梨工业园区管理委员会、四川省盛厦建筑工程有限公司建设工程施工合同纠纷案

关键词：建筑工程施工合同　独立承担义务　管理委员会

裁判摘要：依照《民法总则》第57条之规定，交梨管委会是具有民事权利能力和民事行为能力，能够独立享有民事权利和承担民事义务的法人，又是本案签订合同的相对人，所产生的民事权利义务应由其承担，故盛厦公司提出三都县政府与交梨管委会连带支付本案工程款及利息的请求，缺乏事实与法律依据，不予支持。

【案　　号】（2020）黔民终454号

【审理法院】贵州省高级人民法院

四、河南泰瑞置业有限公司、郑州智行无极房地产营销策划有限公司商品房委托代理销售合同纠纷案

关键词：委托代理销售合同　单独承担责任　公司法人

裁判摘要：关于王某花和孟某强应否对智行无极公司债务承担连带责任，本案中，智行无极公司系有限责任公司，合法注册成立的公司法人。泰瑞公司与智行无极公司签订合同，即泰瑞公司的权利义务相对方为智行无极公司，泰瑞公司并未证明智行无极公司与王某花、孟某强的财务混同，故泰瑞公司请求王某花、孟某强对智行无极公司债务承担连带责任，没有事实根据和法律依据。

【案　　号】（2019）豫民终337号

【审理法院】河南省高级人民法院

五、姚某与新疆维吾尔自治区人民医院北院、新疆维吾尔自治区人民医院医疗损害责任纠纷案

关键词： 医疗损害责任　连带赔偿责任　医院　法人

裁判摘要： 关于姚某主张区医院承担连带赔偿责任的问题，《民法总则》第 57 条规定："法人是具有民事权利能力和民事行为能力，依法独立享有民事权利和承担民事义务的组织。"区医院北院具备独立的法人资格，能够独立承担民事责任。且区医院北院已经向姚某及时履行了生效判决确定的全部给付义务。因此，原审人民法院未支持其对区医院的诉讼请求并无不当。

【案　　号】（2019）新民申 1258 号

【审理法院】新疆维吾尔自治区高级人民法院

第五十八条 法人应当依法成立。

法人应当有自己的名称、组织机构、住所、财产或者经费。法人成立的具体条件和程序，依照法律、行政法规的规定。

设立法人，法律、行政法规规定须经有关机关批准的，依照其规定。

▶ 关联规定

一、法律、行政法规、司法解释

1.《中华人民共和国民办教育促进法》

第十二条 举办实施学历教育、学前教育、自学考试助学及其他文化教育的民办学校，由县级以上人民政府教育行政部门按照国家规定的权限审批；举办实施以职业技能为主的职业资格培训、职业技能培训的民办学校，由县级以上人民政府人力资源社会保障行政部门按照国家规定的权限审批，并抄送同级教育行政部门备案。

2.《中华人民共和国城市居民委员会组织法》

第六条 居民委员会根据居民居住状况，按照便于居民自治的原则，一般在一百户至七百户的范围内设立。

居民委员会的设立、撤销、规模调整，由不设区的市、市辖区的人民政府决定。

3.《中华人民共和国村民委员会组织法》

第三条 村民委员会根据村民居住状况、人口多少，按照便于群众自治，有利于经济发展和社会管理的原则设立。

村民委员会的设立、撤销、范围调整，由乡、民族乡、镇的人民政府提出，经村民会议讨论同意，报县级人民政府批准。

村民委员会可以根据村民居住状况、集体土地所有权关系等分设若干村民小组。

4.《中华人民共和国全民所有制工业企业法》

第十六条 设立企业，必须依照法律和国务院规定，报请政府或者政府主管部门审核批准。经工商行政管理部门核准登记、发给营业执照，企业取得法人资格。

企业应当在核准登记的经营范围内从事生产经营活动。

5.《中华人民共和国公司法》

第六条 设立公司，应当依法向公司登记机关申请设立登记。符合本法规定的设立条件的，由公司登记机关分别登记为有限责任公司或者股份有限公司；不符合本法规定的设立条件的，不得登记为有限责任公司或者股份有限公司。

法律、行政法规规定设立公司必须报经批准的，应当在公司登记前依法办理批准手续。

公众可以向公司登记机关申请查询公司登记事项，公司登记机关应当提供查询服务。

6.《中华人民共和国教育法》

第二十八条 学校及其他教育机构的设立、变更和终止，应当按照国家有关规定办理审核、批准、注册或者备案手续。

第三十二条 学校及其他教育机构具备法人条件的，自批准设立或者登记注册之日起取得法人资格。

学校及其他教育机构在民事活动中依法享有民事权利，承担民事责任。

学校及其他教育机构中的国有资产属于国家所有。

学校及其他教育机构兴办的校办产业独立承担民事责任。

7.《中华人民共和国保险法》

第六十七条 设立保险公司应当经国务院保险监督管理机构批准。

国务院保险监督管理机构审查保险公司的设立申请时，应当考虑保险业的发展和公平竞争的需要。

8.《中华人民共和国证券法》

第一百一十八条 设立证券公司，应当具备下列条件，并经国务院证券监督管理机构批准：

（一）有符合法律、行政法规规定的公司章程；

（二）主要股东及公司的实际控制人具有良好的财务状况和诚信记录，最近三年无重大违法违规记录；

（三）有符合本法规定的公司注册资本；

（四）董事、监事、高级管理人员、从业人员符合本法规定的条件；

（五）有完善的风险管理与内部控制制度；

（六）有合格的经营场所、业务设施和信息技术系统；

（七）法律、行政法规和经国务院批准的国务院证券监督管理机构规定的其他条件。

未经国务院证券监督管理机构批准，任何单位和个人不得以证券公司名义开展证券业务活动。

第一百四十五条 证券登记结算机构为证券交易提供集中登记、存管与结算服务，不以营利为目的，依法登记，取得法人资格。

设立证券登记结算机构必须经国务院证券监督管理机构批准。

9.《中华人民共和国证券投资基金法》

第十三条 设立管理公开募集基金的基金管理公司，应当具备下列条件，并经国务院证券监督管理机构批准：

（一）有符合本法和《中华人民共和国公司法》规定的章程；

（二）注册资本不低于一亿元人民币，且必须为实缴货币资本；

（三）主要股东应当具有经营金融业务或者管理金融机构的良好业绩、良好的财务状况和社会信誉，资产规模达到国务院规定的标准，最近三年没有违法记录；

（四）取得基金从业资格的人员达到法定人数；

（五）董事、监事、高级管理人员具备相应的任职条件；

（六）有符合要求的营业场所、安全防范设施和与基金管理业务有关的其他设施；

（七）有良好的内部治理结构、完善的内部稽核监控制度、风险控制制度；

（八）法律、行政法规规定的和经国务院批准的国务院证券监督管理机构规定的其他条件。

10.《中华人民共和国商业银行法》

第十一条 设立商业银行，应当经国务院银行业监督管理机构审查批准。

未经国务院银行业监督管理机构批准，任何单位和个人不得从事吸收公众存款等商业银行业务，任何单位不得在名称中使用"银行"字样。

11.《中华人民共和国工会法》

第十二条 基层工会、地方各级总工会、全国或者地方产业工会组织的建立，必须报上一级工会批准。

上级工会可以派员帮助和指导企业职工组建工会，任何单位和个人不得阻挠。

第十五条 中华全国总工会、地方总工会、产业工会具有社会团体法人资格。

基层工会组织具备民法典规定的法人条件的，依法取得社会团体法人资格。

12.《中华人民共和国慈善法》

第十条 设立慈善组织，应当向县级以上人民政府民政部门申请登记，民政部门应当自受理申请之日起三十日内作出决定。符合本法规定条件的，准予登记并向社会公告；不符合本法规定条件的，不予登记并书面说明理由。

本法公布前已经设立的基金会、社会团体、社会服务机构等非营利性组织，可以向其登记的民政部门申请认定为慈善组织，民政部门应当自受理申请之日起二十日内作出决定。符合慈善组织条件的，予以认定并向社会公告；不符合慈善组织条件的，不予认定并书面说明理由。

有特殊情况需要延长登记或者认定期限的，报经国务院民政部门批准，可以适当延长，但延长的期限不得超过六十日。

13.《中华人民共和国行政许可法》

第十五条 本法第十二条所列事项，尚未制定法律、行政法规的，地方性法规可以设定行政许可；尚未制定法律、行政法规和地方性法规的，因行政管理的需要，确需立即实施行政许可的，省、自治区、直辖市人民政府规章可以设定临时性的行政许可。临时性的行政许可实施满一年需要继续实施的，应当提请本级人民代表大会及其常务委员会制定地方性法规。

地方性法规和省、自治区、直辖市人民政府规章，不得设定应当由国家统一确定的公民、法人或者其他组织的资格、资质的行政许可；不得设定企业或者其他组织的设立登记及其前置性行政许可。其设定的行政许可，不得限制其他地区的个人或者企业到本地区从事生产经营和提供服务，不得限制其他地区的商品进入本地区市场。

14.《乡村集体所有制企业条例》

第十四条 设立企业必须依照法律、法规，经乡级人民政府审核后，报请县级人民政府乡镇企业主管部门以及法律、法规规定的有关部门批准，持有关批准文件向企业所在地工商行政管理机关办理登记，经核准领取《企业法人营业执照》或者《营业执照》后始得营业，并向税务机关办理税务登记。

企业应当在核准登记的经营范围内从事生产经营活动。

15.《事业单位登记管理暂行条例》

第三条 事业单位经县级以上各级人民政府及其有关主管部门（以下统称审批机关）批准成立后，应当依照本条例的规定登记或者备案。

事业单位应当具备法人条件。

16.《市场主体登记管理条例》

第三条 市场主体应当依照本条例办理登记。未经登记，不得以市场主体名义从事经营活动。法律、行政法规规定无需办理登记的除外。

市场主体登记包括设立登记、变更登记和注销登记。

17.《基金会管理条例》

第九条 申请设立基金会，申请人应当向登记管理机关提交下列文件：

（一）申请书；

（二）章程草案；

（三）验资证明和住所证明；

（四）理事名单、身份证明以及拟任理事长、副理事长、秘书长简历；

（五）业务主管单位同意设立的文件。

18.《民办非企业单位登记管理暂行条例》

第三条 成立民办非企业单位，应当经其业务主管单位审查同意，并依照本条例的规定登记。

19.《城镇集体所有制企业条例》

第十四条 设立集体企业应当经省、自治区、直辖市人民政府规定的审批部门批准。

设立集体企业的审批部门，法律、法规有专门规定的，从其规定。

集体企业应当在核准登记的经营范围内从事生产经营活动。

20.《社会团体登记管理条例》

第三条 成立社会团体，应当经其业务主管单位审查同意，并依照本条例的规定进行登记。

社会团体应当具备法人条件。

下列团体不属于本条例规定登记的范围：

（一）参加中国人民政治协商会议的人民团体；

（二）由国务院机构编制管理机关核定，并经国务院批准免于登记的团体；

（三）机关、团体、企业事业单位内部经本单位批准成立、在本单位内部活动的团体。

21.《医疗机构管理条例》

第十三条 国家统一规划的医疗机构的设置，由国务院卫生行政部门决定。

二、部门规章及规范性文件

《中央机构编制委员会办公室、最高人民法院、最高人民检察院等关于〈事业单位法人证书〉使用问题的通知》

一、《事业单位法人证书》是事业单位法人资格的合法凭证。经各级事业单位登记管理机关核准登记或者备案，领取《事业单位法人证书》的事业单位，取得事业单位法人资格，其合法权益受法律保护；未取得《事业单位法人证书》的单位不得以事业单位法人名义开展活动。

▶ 条文释义

一、本条主旨

本条是关于法人成立的条件和程序的规定。

二、条文演变

本条规定，与2017年施行的原《民法总则》第58条一致，对法人的成立条件作出了规定。本条第1款、第2款第1句来源于原《民法通则》第37条前3项，但将"场所"修改为"住所"，并将"必要的财产或者经费"改为"财产或者经费"，新增本条第2款第2句、第3款。

三、条文解读

本条对法人成立的条件和程序进行了阐释。一个组织若要成为法人，必须符合法律规定的条件和程序。原《民法通则》第37条规定，法人应当具备四项条件：（1）依法成立；（2）有必要的财产或者经费；（3）有自己的名称、组织机构和场所；（4）能够独立承担民事责任。在学理上讲，能够独立承担民事责任是法人的特征而非条件。在逻辑上讲，独立承担民事责任是法人成立之后的法律效果。本条采上述条件之前3项予以修改重述，而第4项则在《民法典》第60条涉及。

（一）法人应当依法成立

关于法人设立，历来有五种立法主义：特许主义，即须经国家元首特许或立法机关特别立法始得设立法人；自由设立主义，即无须具备任何要件，仅依设立人意思即可自由设立法人；许可主义，须经主管机关许可始得设立法人；准则主义，即符合法律预先规定的设立法人的准则，即可依法申请登记设立为法人，而无须经主管机关许可；强制主义，即依法律规定，强制设立法人。原《民法总则》通过之前，现行法对营利法人中的公司法人，原则上采准则主义，对于非营利法人中的社会团体法人、民办非企业单位法人、基金会法人，采许可主义（《社会团体登记管理条例》第9条第1款、《民办非企业单位登记管理暂行条例》第3条、《基金会管理条例》第9条第5项）。对于慈善组织，从2016年《慈善法》起已采准则主义（第10条第1款）。慈善组织，仅限于从事公益活动的法人和非法人组织。本法对所有类型的法人（除机关法人外）原则上实行准则主义。仅在法律、行政法规有特别规定时，实行许可主义、特许主义、强制主义。

依法成立，是指依照法律规定而成立（这里所说的法律不限于民事法律，也包括有关法人登记、管理方面的行政法规），包含两方面内容：一是指法人成立的程序和条件合法，即条件和程序应当符合法律、行政法规的规定；二是指法人组织合法，即法人的设立目的和宗旨要符合国家利益和社会公共利益的要求，组织机构、设立宗旨、经营范围、经营方式等要符合法律、法规等的要求。

法人是由法律赋予法律人格的社会组织，故法人非依法律的规定，不得成立。在欧洲中世纪商事公司勃兴时期盛行自由主义（也称放任主义），公司的设立无需具备任何形式，法律不加干涉，这种原则下，公司与合伙很难区别，极易出现借公司名义的欺诈行为，也使国家对这类组织难以管控，因而自由主义已被历史抛弃。随着法人组织形式的日益丰富，不少国家分别在民法典或其他单行法规及判例中对法人设立程序和条件作出规制，依法成立早已是法人制度和社会发展的必然趋势和要求。

我国以法定主义为一般原则，根据法人类型和国家管制程度的不同，涵盖了准则主义（登记主义）、许可主义、特许主义等常见情形，由相关法律、法规分别予以具体规定。

（二）法人应当有自己的名称、组织机构、住所、财产或者经费

法人必须具备以下条件才能成立：

1. 名称

法人以自己的名义进行民事活动，通过自己的名称与其他法人、组织和自然人相区别，因此法人必须有自己的名称。我国有关法律、行政法规对法人的名称有明确的要求，如《企业名称登记管理规定》（2020年修订）第6条规定，企业名称由行政区划名称、字号、行业或者经营特点、组织形式组成。跨省、自治区、直辖市经营的企业，其名称可以不含行政区划名称；跨行业综合经营的企业，其名称可以不含行业或者经营特点。此外还有《公司法》《社会团体登记管理条例》等相应的法律、法规为各类法人的名称登记予以限制和指引。

机关法人、事业单位法人、社会团体法人等非企业法人的名称应与其活动范围、活动内容等相适应。这类非企业法人的名称，有的是由国家直接命名，如国家机关法人名称；有的则应根据活动性质命名，并依法进行登记，如社会团体法人依法由民政部门登记。

2. 组织机构

法人是社会组织，法人的意思表示必须依法由法人组织机构来完成，法人的组织机构对内管理法人事务，对外代表法人进行活动。每一个法人都应该有自己的组织机构。如股份有限公司法人的组织机构依法应由三部分组成：作为权力机构的股东大会；作为执行机构的董事会；作为监督机构的监事会。这三部分机构有机地构成公司法人的组织机构，代表公司进行相应的活动。法人的

团体意志只有通过一定的组织机构才能形成和实现，所以，任何社会组织要成为法人，都要有一定的机构。

3. 住所

法人作为权利主体，与自然人一样必须具备住所。法人的住所具有法律意义，是确定债务履行、登记管辖、诉讼管辖、法律文书送达、涉外民事法律关系准据法等的地点，是法人承担民事责任的前提条件。一旦产生经济纠纷和法律责任，如无固定住所，就可能找不到法人，无法让其承担责任，这不但损害相对方的利益，也给经济秩序造成混乱。因此，法人有自己的住所，是维护交易安全的必要。除此之外，确定的法人住所也便于有关机关进行监督和管理。

与法人的住所不同，法人的场所范围更广泛，包括了法人的住所和法人从事业务经营活动的其他地点。法人可以有多个场所，但只能有一个住所。

4. 财产或者经费

法人作为独立的民事主体，要独立进行各种民事活动，并独立承担民事活动的后果。所谓法人的财产，是指法人独自享有的，独立于其他社会组织、法人发起人及法人成员的财产。法人具有财产，是其享有民事权利和承担民事义务的物质基础，也是其得以独立承担民事责任的财产保障，否则，法人无法进行各种民事活动。原《民法通则》第37条强调，法人应有"必要的"财产和经费。《民法典》本条第2项对"必要的"定语予以删除。可见在《民法典》的立场下，具备多少财产或经费属于法人的自治事项。此精神也可从关联法条的变化中予以探明：旧《公司法》规定了最低注册资本制度和实缴资本制度，新《公司法》不再采用注册资本限额规定，并将实缴资本制改为认缴资本制。

对于特定类型的法人，我国相关法律法规对法人的财产或者经费要求作了规定。如《商业银行法》规定，设立全国性商业银行的注册资本最低限额为10亿元人民币；城市商业银行的注册资本最低限额为1亿元人民币；农村商业银行的注册资本最低限额为5000万元人民币。

（三）法人成立的具体条件和程序，依照法律、行政法规的规定

这是一个授权性的条款。由于法人种类繁多，不同法人承担的社会职能、目的范围不同，因此除上述一般条件外，对各类法人的成立还需更具体、更有针对性的条件和程序加以指引和规范，如注册资本、审批登记。这种指引和规范，应由法律、行政法规来规定。

如《公司法》规定，设立有限责任公司，应当具备下列条件：一是股东符合法定人数；二是有符合公司章程规定的全体股东认缴的出资额；三是股东共同制定公司章程；四是有公司名称，建立符合有限责任公司要求的组织机构；五是有公司住所。股东认足公司章程规定的出资后，由全体股东指定的代表或者共同委托的代理人向公司登记机关报送公司登记申请书、公司章程等文件，申请设立登记。设立公司，应当依法向公司登记机关申请设立登记。符合《公司法》规定的设立条件的，由公司登记机关分别登记为有限责任公司或者股份有限公司；不符合《公司法》规定的设立条件的，不得登记为有限责任公司或者股份有限公司，等等。

（四）设立法人，法律、行政法规规定须经有关机关批准的，依照其规定

我国对法人成立大多采取准则主义，只要符合法律规定的条件，就可经过登记而成立。但有些法人还需经过有关机关的批准才能成立。如特殊行业的公司、各种国家机关、全民所有制事业单位等。设立法人，如果相关法律、行政法规规定须经有关机关批准的，应当依照其规定。这里规定的"批准"是指行政许可。根据《行政许可法》的规定，行政许可是指行政机关根据公民、法人或者其他组织的申请，经依法审查，准予其从事特定活动的行为。有些法律，如《食品安全法》《药品管理法》规定设立食品、药品生产经营企业应当经过食品、药品主管部门的批准；又如《民办教育促进法》规定，设立民办学校，应当经教育主管部门批准；《医疗机构管理条例》规定，设立医疗机构应当经卫生主管部门批准；等等。应当指出的是，根据《行政许可法》的规定，地方性法规和省、自治区、直辖市人民政府规章，不得设定应当由国家统一确定的公民、法人或者其他组织的资格、资质的行政许可；不得设定企业或者其他组织的设立登记及其前置性行政许可。因此，本条规定，只有法律、行政法规可以对法人的设立设定行政许可。

▶ 适用指引

我国对不同类型法人的成立所采取的原则和依据的法律、法规不同。

一、营利法人

有限责任公司和股份有限公司以准则主义为原则，以许可主义为例外（《公司法》第 6 条）。其他企业法人原则上应采许可主义，如全民所有制企业（《全民所有制工业企业法》第 16 条第 1 款）、集体所有制企业（《城镇集体所有制企业条例》第 14 条第 1 款及《乡村集体所有制企业条例》第 14 条第 1 款）、商业银行（《商业银行法》第 11 条）等。

二、非营利法人

事业单位法人和社会团体法人分为两类，一类是无须办理法人登记、从成立之日起即具有法人资格的，如中国科学院、工会（《工会法》第 12 条、第 15 条）、全国妇联、共青团等原则上属于特许主义；另一类是需要办理法人登记的，如各种学会、研究会、行业团体、宗教团体，根据《事业单位登记管理暂行条例》第 3 条、《社会团体登记管理条例》第 3 条之规定，应属于许可主义。基金会（《基金会管理条例》第 9 条）和社会服务机构（《民办非企业单位登记管理暂行条例》第 3 条）采许可主义。此外，对于学校（《教育法》第 28 条、第 32 条，《民办教育促进法》第 12 条）和医院（《医疗机构管理条例》第 13 条），兼采特许主义和许可主义。

三、特别法人

机关法人的设立，取决于宪法和国家机关组织法的规定，属于特许主义。农村集体经济组织法人、合作经济组织法人的设立属于准则主义。基层群众性自治组织法人（《城市居民委员会组织法》第 6 条第 2 款、《村民委员会组织法》第 3 条第 2 款）属于特许主义。

▶ **类案检索**

一、孙某与双辽市世博职业技术学校、刘某东申请执行人执行异议案

关键词： 民办学校　登记　法人主体资格

裁判摘要： 设立民办学校等非企业法人组织，设立人可以根据设立的目的，选择登记为营利法人，或者登记为社会服务机构。民办学校无论登记为营利法人或是社会服务机构，均应经依法登记方能成立。《办学许可证》是民办培训学校取得办学资格的证明。世博学校虽取得了《办学许可证》，但至今仍未依法登记，尚不具有法人的民事权利能力和民事行为能力，不具备提起执行异议的主体资格，就案涉执行标的亦不享有足以排除人民法院强制执行的民事权益，对案涉执行标的应继续执行。

【案　　号】（2020）吉民终152号
【审理法院】吉林省高级人民法院

二、顶盛国际股份有限公司与北京大学合同纠纷案

关键词： 医院　独立财产　被告主体资格

裁判摘要： 虽然签订涉案合作协议的主体均为北京大学医院，但是北京大学医院隶属于北京大学，财务上不能独立核算，无法独立承担民事责任。根据《民法总则》第57条"法人是具有民事权利能力和民事行为能力，依法独立享有民事权利和承担民事义务的组织"，第58条第2款"法人应当有自己的名称、组织机构、住所、财产或者经费"，以及第60条"法人以其全部财产独立承担民事责任"之规定，北京大学医院不属于法人，其亦不属于《最高人民法院关于适用〈中华人民共和国民事诉讼法〉的解释》第52条所规定的其他组织，不能作为民事诉讼主体参加诉讼。

【案　　号】（2018）京04民初116号
【审理法院】北京市第四中级人民法院

三、湖北守信建设工程项目管理有限公司、南漳县人民政府建设工程监理合同纠纷案

关键词： 建筑工程监理合同　临时机构　合同责任承担

裁判摘要： 案涉三份《建设工程委托监理合同》是双方当事人的真实意思表示，内容不违反法律、行政法规的强制性规定，合法有效。《民法总则》第58条规定，法人应当依法成立。法人应当有自己的名称、组织机构、住所、财产或者经费。作为合同一方当事人的项目管理局系南漳县人民政府设立的临时性机构，不具备独立承担民事责任的能力，故上述合同的权利义务由南漳县

人民政府享有和承担。

【案　　号】（2020）鄂06民终1811号
【审理法院】湖北省襄阳市中级人民法院

> **第五十九条** 法人的民事权利能力和民事行为能力,从法人成立时产生,到法人终止时消灭。

▶ 关联规定

一、法律、行政法规、司法解释

1.《中华人民共和国公司法》

第七条 依法设立的公司,由公司登记机关发给公司营业执照。公司营业执照签发日期为公司成立日期。

公司营业执照应当载明公司的名称、住所、注册资本、经营范围、法定代表人姓名等事项。

公司营业执照记载的事项发生变更的,公司应当依法办理变更登记,由公司登记机关换发营业执照。

第一百八十八条 公司清算结束后,清算组应当制作清算报告,报股东会、股东大会或者人民法院确认,并报送公司登记机关,申请注销公司登记,公告公司终止。

2.《中华人民共和国商业银行法》

第十一条 设立商业银行,应当经国务院银行业监督管理机构审查批准。

未经国务院银行业监督管理机构批准,任何单位和个人不得从事吸收公众存款等商业银行业务,任何单位不得在名称中使用"银行"字样。

第十六条 经批准设立的商业银行,由国务院银行业监督管理机构颁发经营许可证,并凭该许可证向工商行政管理部门办理登记,领取营业执照。

第七十二条 商业银行因解散、被撤销和被宣告破产而终止。

3.《中华人民共和国保险法》

第六十七条 设立保险公司应当经国务院保险监督管理机构批准。

国务院保险监督管理机构审查保险公司的设立申请时,应当考虑保险业的发展和公平竞争的需要。

第九十三条 保险公司依法终止其业务活动，应当注销其经营保险业务许可证。

4.《中华人民共和国证券法》

第九十六条 证券交易所、国务院批准的其他全国性证券交易场所为证券集中交易提供场所和设施，组织和监督证券交易，实行自律管理，依法登记，取得法人资格。

证券交易所、国务院批准的其他全国性证券交易场所的设立、变更和解散由国务院决定。

国务院批准的其他全国性证券交易场所的组织机构、管理办法等，由国务院规定。

第一百一十九条 国务院证券监督管理机构应当自受理证券公司设立申请之日起六个月内，依照法定条件和法定程序并根据审慎监管原则进行审查，作出批准或者不予批准的决定，并通知申请人；不予批准的，应当说明理由。

证券公司设立申请获得批准的，申请人应当在规定的期限内向公司登记机关申请设立登记，领取营业执照。

证券公司应当自领取营业执照之日起十五日内，向国务院证券监督管理机构申请经营证券业务许可证。未取得经营证券业务许可证，证券公司不得经营证券业务。

第一百四十五条 证券登记结算机构为证券交易提供集中登记、存管与结算服务，不以营利为目的，依法登记，取得法人资格。

设立证券登记结算机构必须经国务院证券监督管理机构批准。

5.《中华人民共和国工会法》

第十五条 中华全国总工会、地方总工会、产业工会具有社会团体法人资格。

基层工会组织具备民法典规定的法人条件的，依法取得社会团体法人资格。

6.《中华人民共和国企业破产法》

第一百二十一条 管理人应当自破产程序终结之日起十日内，持人民法院终结破产程序的裁定，向破产人的原登记机关办理注销登记。

7.《中华人民共和国慈善法》

第十条 设立慈善组织，应当向县级以上人民政府民政部门申请登记，民政部门应当自受理申请之日起三十日内作出决定。符合本法规定条件的，准予登记并向社会公告；不符合本法规定条件的，不予登记并书面说明理由。

本法公布前已经设立的基金会、社会团体、社会服务机构等非营利性组织，可以向其登记的民政部门申请认定为慈善组织，民政部门应当自受理申请之日起二十日内作出决定。符合慈善组织条件的，予以认定并向社会公告；不符合慈善组织条件的，不予认定并书面说明理由。

有特殊情况需要延长登记或者认定期限的，报经国务院民政部门批准，可以适当延长，但延长的期限不得超过六十日。

8.《中华人民共和国教育法》

第二十八条 学校及其他教育机构的设立、变更和终止，应当按照国家有关规定办理审核、批准、注册或者备案手续。

第三十二条 学校及其他教育机构具备法人条件的，自批准设立或者登记注册之日起取得法人资格。

学校及其他教育机构在民事活动中依法享有民事权利，承担民事责任。

学校及其他教育机构中的国有资产属于国家所有。

学校及其他教育机构兴办的校办产业独立承担民事责任。

9.《中华人民共和国城市居民委员会组织法》

第六条 居民委员会根据居民居住状况，按照便于居民自治的原则，一般在一百户至七百户的范围内设立。

居民委员会的设立、撤销、规模调整，由不设区的市、市辖区的人民政府决定。

10.《中华人民共和国村民委员会组织法》

第三条 村民委员会根据村民居住状况、人口多少，按照便于群众自治，有利于经济发展和社会管理的原则设立。

村民委员会的设立、撤销、范围调整，由乡、民族乡、镇的人民政府提出，经村民会议讨论同意，报县级人民政府批准。

村民委员会可以根据村民居住状况、集体土地所有权关系等分设若干村民小组。

11.《中华人民共和国全民所有制工业企业法》

第十六条 设立企业，必须依照法律和国务院规定，报请政府或者政府主管部门审核批准。经工商行政管理部门核准登记、发给营业执照，企业取得法人资格。

企业应当在核准登记的经营范围内从事生产经营活动。

第十九条 企业由于下列原因之一终止：

（一）违反法律、法规被责令撤销。

（二）政府主管部门依照法律、法规的规定决定解散。

（三）依法被宣告破产。

（四）其他原因。

12.《市场主体登记管理条例》

第二十一条 申请人申请市场主体设立登记，登记机关依法予以登记的，签发营业执照。营业执照签发日期为市场主体的成立日期。

法律、行政法规或者国务院决定规定设立市场主体须经批准的，应当在批准文件有效期内向登记机关申请登记。

第三十一条 市场主体因解散、被宣告破产或者其他法定事由需要终止的，应当依法向登记机关申请注销登记。经登记机关注销登记，市场主体终止。

市场主体注销依法须经批准的，应当经批准后向登记机关申请注销登记。

第三十二条 市场主体注销登记前依法应当清算的，清算组应当自成立之日起10日内将清算组成员、清算组负责人名单通过国家企业信用信息公示系统公告。清算组可以通过国家企业信用信息公示系统发布债权人公告。

清算组应当自清算结束之日起30日内向登记机关申请注销登记。市场主体申请注销登记前，应当依法办理分支机构注销登记。

第三十三条 市场主体未发生债权债务或者已将债权债务清偿完结，未发生或者已结清清偿费用、职工工资、社会保险费用、法定补偿金、应缴纳税款（滞纳金、罚款），并由全体投资人书面承诺对上述情况的真实性承担法律责任的，可以按照简易程序办理注销登记。

市场主体应当将承诺书及注销登记申请通过国家企业信用信息公示系统公示，公示期为20日。在公示期内无相关部门、债权人及其他利害关系人提出异议的，市场主体可以于公示期届满之日起20日内向登记机关申请注销登记。

个体工商户按照简易程序办理注销登记的，无需公示，由登记机关将个体工商户的注销登记申请推送至税务等有关部门，有关部门在10日内没有提出异议的，可以直接办理注销登记。

市场主体注销依法须经批准的，或者市场主体被吊销营业执照、责令关闭、撤销，或者被列入经营异常名录的，不适用简易注销程序。

第三十四条 人民法院裁定强制清算或者裁定宣告破产的，有关清算组、破产管理人可以持人民法院终结强制清算程序的裁定或者终结破产程序的裁定，直接向登记机关申请办理注销登记。

13.《事业单位登记管理暂行条例》

第十一条 法律规定具备法人条件、自批准设立之日起即取得法人资格的事业单位，或者法律、其他行政法规规定具备法人条件、经有关主管部门依法审核或者登记，已经取得相应的执业许可证书的事业单位，不再办理事业单位法人登记，由有关主管部门按照分级登记管理的规定向登记管理机关备案。

县级以上各级人民政府设立的直属事业单位直接向登记管理机关备案。

第十三条 事业单位被撤销、解散的，应当向登记管理机关办理注销登记或者注销备案。

事业单位办理注销登记前，应当在审批机关指导下成立清算组织，完成清算工作。

事业单位应当自清算结束之日起15日内，向登记管理机关办理注销登记。事业单位办理注销登记，应当提交撤销或者解散该事业单位的文件和清算报告；登记管理机关收缴《事业单位法人证书》和印章。

14.《社会团体登记管理条例》

第十五条 依照法律规定，自批准成立之日起即具有法人资格的社会团体，应当自批准成立之日起60日内向登记管理机关提交批准文件，申领《社会团体法人登记证书》。登记管理机关自收到文件之日起30日内发给《社会团体法人登记证书》。

第二十一条 社会团体应当自清算结束之日起15日内向登记管理机关办理注销登记。办理注销登记，应当提交法定代表人签署的注销登记申请书、业务主管单位的审查文件和清算报告书。

登记管理机关准予注销登记的，发给注销证明文件，收缴该社会团体的登记证书、印章和财务凭证。

15.《民办非企业单位登记管理暂行条例》

第三条 成立民办非企业单位，应当经其业务主管单位审查同意，并依照本条例的规定登记。

第十二条 准予登记的民办非企业单位，由登记管理机关登记民办非企业单位的名称、住所、宗旨和业务范围、法定代表人或者负责人、开办资金、业务主管单位，并根据其依法承担民事责任的不同方式，分别发给《民办非企业单位（法人）登记证书》《民办非企业单位（合伙）登记证书》《民办非企业单位（个体）登记证书》。

依照法律、其他行政法规规定，经有关主管部门依法审核或者登记，已经取得相应的执业许可证书的民办非企业单位，登记管理机关应当简化登记手续，凭有关主管部门出具的执业许可证明文件，发给相应的民办非企业单位登记证书。

16.《城镇集体所有制企业条例》

第十四条 设立集体企业应当经省、自治区、直辖市人民政府规定的审批部门批准。

设立集体企业的审批部门，法律、法规有专门规定的，从其规定。

集体企业应当在核准登记的经营范围内从事生产经营活动。

第十七条 集体企业有下列原因之一的，应当予以终止：

（一）企业无法继续经营而申请解散，经原审批部门批准；

（二）依法被撤销；

（三）依法宣告破产；

（四）其他原因。

第二十条 集体企业终止，必须依照《中华人民共和国企业法人登记管理条例》的规定办理注销登记并公告。

17.《乡村集体所有制企业条例》

第十条 乡村集体所有制企业经依法审查，具备法人条件的，登记后取得法人资格，厂长（经理）为企业的法定代表人。

第十四条 设立企业必须依照法律、法规，经乡级人民政府审核后，报请县级人民政府乡镇企业主管部门以及法律、法规规定的有关部门批准，持有关批准文件向企业所在地工商行政管理机关办理登记，经核准领取《企业法人营业执照》或者《营业执照》后始得营业，并向税务机关办理税务登记。

企业应当在核准登记的经营范围内从事生产经营活动。

18.《最高人民法院关于产业工会、基层工会是否具备社会团体法人资格和工会经费集中户可否冻结划拨问题的批复》

一、根据《中华人民共和国工会法》(以下简称工会法)的规定,产业工会社会团体法人资格的取得是由工会法直接规定的,依法不需要办理法人登记。基层工会只要符合《中华人民共和国民法典》、工会法和《中国工会章程》规定的条件,报上一级工会批准成立,即具有社会团体法人资格。人民法院在审理案件中,应当严格按照法律规定的社会团体法人条件,审查基层工会社会团体法人的法律地位。产业工会、具有社会团体法人资格的基层工会与建立工会的营利法人是各自独立的法人主体。企业或企业工会对外发生的经济纠纷,各自承担民事责任。上级工会对基层工会是否具备法律规定的社会团体法人的条件审查不严或不实,应当承担与其过错相应的民事责任。

二、确定产业工会或者基层工会兴办企业的法人资格,原则上以工商登记为准;其上级工会依据有关规定进行审批是必经程序,人民法院不应以此为由冻结、划拨上级工会的经费并替欠债企业清偿债务。产业工会或基层工会投资兴办的具备法人资格的企业,如果投资不足或者抽逃资金的,应当补足投资或者在注册资金不实的范围内承担责任;如果投资全部到位,又无抽逃资金的行为,当企业负债时,应当以企业所有的或者经营管理的财产承担有限责任。

三、根据工会法的规定,工会经费包括工会会员缴纳的会费,建立工会组织的企业事业单位、机关按每月全部职工工资总额的百分之二的比例向工会拨交的经费,以及工会所属的企业、事业单位上缴的收入和人民政府的补助等。工会经费要按比例逐月向地方各级总工会和全国总工会拨交。工会的经费一经拨交,所有权随之转移。在银行独立开列的"工会经费集中户",与企业经营资金无关,专门用于工会经费的集中与分配,不能在此账户开支费用或挪用、转移资金。因此,人民法院在审理案件中,不应将工会经费视为所在企业的财产,在企业欠债的情况下,不应冻结、划拨工会经费及"工会经费集中户"的款项。

二、部门规章及规范性文件

1.《期货公司监督管理办法》

第三十七条 期货公司被撤销所有期货业务许可的,应当妥善处理客户资产,结清期货业务;公司继续存续的,应当依法办理名称、营业范围和公司章程等工商变更登记，存续公司不得继续以期货公司名义从事业务，其名称中不得有"期货"或者近似字样。

期货公司解散、破产的，应当先行妥善处理客户资产，结清业务。

第三十八条 期货公司设立、变更、停业、解散、破产、被撤销期货业务许可或者其分支机构设立、变更、终止的，期货公司应当在中国证监会指定的媒体上公告。

2.《信托公司管理办法》

第七条 设立信托公司，应当经中国银行业监督管理委员会批准，并领取金融许可证。

未经中国银行业监督管理委员会批准，任何单位和个人不得经营信托业务，任何经营单位不得在其名称中使用"信托公司"字样。法律法规另有规定的除外。

三、司法指导性文件

《最高人民法院关于企业法人营业执照被吊销后，其民事诉讼地位如何确定的复函》

吊销企业法人营业执照，是工商行政管理机关依据国家工商行政法规对违法的企业法人作出的一种行政处罚。企业法人被吊销营业执照后，应当依法进行清算，清算程序结束并办理工商注销登记后，该企业法人才归于消灭。因此，企业法人被吊销营业执照后至被注销登记前，该企业法人仍应视为存续，可以自己的名义进行诉讼活动。如果该企业法人组成人员下落不明，无法通知参加诉讼，债权人以被吊销营业执照企业的开办单位为被告起诉的，人民法院也应予以准许。该开办单位对被吊销营业执照的企业法人，如果不存在投资不足或者转移资产逃避债务情形的，仅应作为企业清算人参加诉讼，承担清算责任。

▶ 条文释义

一、本条主旨

本条是关于法人的民事权利能力和民事行为能力产生、消灭的时间的规定。

二、条文演变

本条的规定源自原《民法通则》第36条第2款关于"法人的民事权利能力与民事行为能力,从法人成立时产生,到法人终止时消灭"的规定。

三、条文解读

法人民事权利能力的获取意味着法人作为一个独立民事主体的成立,丧失这一权利能力则意味着法人的消灭。因而,法人的权利能力从成立时发生,至法人终止时消灭。

法人的民事行为能力在时间上和民事权利能力相一致,始于法人成立,终于法人消灭,在法人存续期间始终存在。法人的民事行为能力和其民事权利能力在范围上一致,法人能够以自己的行为行使权利和承担义务的范围,即民事行为能力的范围不能超过民事权利能力所限定的范围。

作为法律上具有拟制人格的主体,法人的民事权利能力和民事行为能力与自然人有所不同:

一是在产生和消灭的时间上,自然人从出生之日起,即享有民事权利能力,但其民事行为能力会经历不同阶段的变化:八周岁以下为无民事权利能力人,八周岁到十八周岁之间为限制民事行为能力人,十八周岁以上为完全民事行为能力人。此外,一个完全民事行为能力的成年人,可能会因为患有精神疾病等原因而丧失或者部分丧失民事行为能力,成为无民事行为能力人或限制民事行为能力人。与自然人不同,法人不存在年龄、健康的问题,故法人在其成立时即具备完全的民事行为能力。因此,法人的民事行为能力与其民事权利能力一起产生、同时消灭,两者的开始与终止时间完全一致,在法人资格存续期间始终同时存在。另外,法人的民事权利能力从成立时产生,法人成立需要登记的,自登记之时产生;不需要登记的,自主管机关批准成立时产生。法人的民事权利能力到法人终止时消灭,法人因解散、被宣告破产以及法律规定的其他原因进行清算期间,具有清算的权利能力,直到依法向国家管理机关进行注销登记,或在批准或宣布终止之日,其民事权利能力最终消灭。

二是在范围方面,法人的民事权利能力与民事行为能力在范围上是一致的,不像自然人会由于年龄或者精神健康等而使其民事权利能力和民事行为能力在范围上有不同。自然人中的完全民事行为能力人,其民事权利能力的范围与民事行为能力范围是一致的,但对于无民事行为能力人或者限制民事行为能力人来说,其民事行为能力范围要小于民事权利能力范围,二者是不一致的。

三是在民事行为能力的实现方面,有完全民事行为能力的自然人,可以由自身来实现其民事行为能力,无须他人代表或者代理。但法人实施民事法律行为,一般是由法定代表人来进行的。法定代表人以法人的名义依法实施民事法律行为时,法定代表人所作的意思表示,就是法人的意思表示,应由法人承受其法定代表人意思表示的效果。

▶ 适用指引

一、法人成立时间的认定

本条规定"法人的民事权利能力和民事行为能力,从法人成立时产生,到法人终止时消灭"。之所以用"成立"而非"登记",是因为在我国,"登记"并非各类法人成立的统一必备程序要件。不同类型的法人,根据其成立所依据的法律法规不同,成立时间是不同的。以营利为目的从事经营活动的自然人、法人及非法人组织设立的市场主体的成立时间是其营业执照签发日(《市场主体登记管理条例》第21条)。对于事业单位和社会团体,无需办理法人登记、从批准成立之日即具有法人资格的,以有关机关批准成立之日为成立时间;对于需要办理登记的,在登记管理机关准予登记、核发法人证书之日起方告成立(《事业单位登记管理暂行条例》第8条、第11条,《社会团体登记管理条例》第12条、第15条),基金会(《基金会管理条例》第11条)和社会服务机构(《民办非企业单位登记管理暂行条例》第11条、第12条)以登记管理机关准予登记、核发法人证书之日为成立时间。其他各类需办理法人登记的社会组织,如无有关法律、法规的例外规定,一般也应以准予登记、核发相关证书之日为成立时间。对于无需登记的机关法人,依法批准设立或特许成立之日即告成立。

需注意的是,在法人设立期间,法人尚未成立,不具备民事权利能力和民事行为能力,在此过程中发起人或筹备人为了法人的利益,以尚未成立的法人名义从事一些民事行为,由此产生的民事责任承担,根据《民法典》第75条的规定确定。

二、法人终止时间的认定

本条规定之所以用"终止"而非"解散",是因为法人解散后进入清算,清算中的法人仍是法人,法人资格继续存在,只是其民事行为能力被限制在了清算目的范围内,不得从事与清算无关的活动。

法人在依法完成清算、注销登记后终止,即一般而言,法人必须经过注销程序,由登记机关将其营业执照注销并登记,其法人资格才消灭。根据本法第68条的规定,原则上,法人无论以哪种原因终止,都要依法完成清算、注销登记。目前,我国对于各类法人的终止,大多都有关于注销的规定,如《市场主体登记管理条例》第31条、《基金会管理条例》第16条、《事业单位登记管理暂行条例》第13条、《社会团体登记管理条例》第21条。与法人依法成立相一致,法人人格的消灭也需经国家公权力确认,方为法律上彻底终止,故法人终止的时间应以注销登记日期为准。

此外,法人依照法律、法规须经批准才能终止的,则依照相关规定确定终止时间。一般而言,无需登记、经批准或特许成立的法人如国家机关等,其终止亦无需注销登记,应以批准或宣布终止之日为终止时间。如有特殊规定则依照其规定,如工会,从《工会法》第13条可知,基层工会的终止时间应与其所在企业终止时间或所在事业单位、机关被撤销的时间一致。

三、与《民法典》第58条第3款之区分

《民法典》第58条第3款规定"设立法人,法律、行政法规规定须经有关机关批准的,依照其规定"。这两个条款中分别出现了"成立"和"设立"的法律概念,其含义不同。"法人设立",是创设法人的行为和过程;"法人成立"是"法人设立"的目标,是设立行为的终点。"设立"成功,方为"成立"。法人成立前,尚无法人资格。

四、企业法人营业执照被吊销时法人并未终止

作为被诉主体的企业法人由于种种原因被市场监督管理部门吊销了营业执照,实践中存在不同的处理方式:有的以被告主体不存在为由不予立案或裁定驳回原告诉讼请求,有的公告送达、缺席判决被吊销执照的企业承担责任,有

的追加或变更企业上级主管部门或股东、投资人为被告,判决其承担连带或直接清偿债务责任。这种处理不一的情况不利于充分保护各相对方的合法权益,主要原因是对吊销营业执照的法律性质缺乏准确定位。

营业执照的吊销与注销的法律效果并不一样:注销导致企业法人资格消灭,吊销则是市场监督管理部门依据相关行政法规对违法的企业法人作出的一种行政处罚,与前者是两个不同层面的问题。实践中要准确把握、定位吊销营业执照的法律性质和后果。企业法人被市场监督管理部门吊销营业执照,本质上是被剥夺了经营权,丧失从事生产经营活动的资格,但其法人资格依然存在,依然具有民事权利能力和民事行为能力,具备诉讼主体资格。最高人民法院在《关于企业法人营业执照被吊销后,其民事诉讼地位如何确定的复函》中明确指出:企业法人被吊销营业执照后,应当依法进行清算,清算程序结束并办理工商注销登记后,该企业法人才归于消灭。因此,企业法人被吊销营业执照后,该企业法人仍应视为存续,可以自己的名义进行诉讼活动。如果该企业法人组成人员下落不明,无法通知参加诉讼,债权人以被吊销营业执照企业的开办单位为被告起诉的,人民法院也应予准许。该开办单位对吊销营业执照的企业法人,如果不存在投资不足或者转移资产逃避债务情形的,仅应作为企业清算人参加诉讼,承担清算责任。

▶典型案例

广西北生集团有限责任公司与北海市威豪房地产开发公司、广西壮族自治区畜产进出口北海公司土地使用权转让合同纠纷案

关键词: 土地使用权转让合同　法人终止

裁判摘要: 法人被依法吊销营业执照后没有进行清算,也没有办理注销登记的,不属于法人终止,依法仍享有进行民事诉讼的权利能力和行为能力。此类法人与他人产生合同纠纷的,应当以自己的名义参加民事诉讼。其开办单位因不是合同当事人,不具备诉讼主体资格。

基本案情: 1993年3月3日,北生集团与威豪公司签订《土地合作开发协议书》约定,双方合作开发乡镇企业城范围内土地150亩;威豪公司按每亩20.5万元标准交付合作开发费用,共计3075万元;协议签订后两个工作日内,威豪公司支付北生集团土地合作开发费500万元作为定金,同时将原有的土地蓝线图正本和北生集团与某招商中心签订的土地合作开发协议交给威豪公司保管;北生集团原则上在收到定金后,从某招商中心办理好以威豪公司为该150亩土地占有人的蓝线图和转换合同,办理的手续费由北生集团负担;威豪公司在签约后10日内再付1000万元,其余的1575万元在1993年5月1日前付足;北生集团办理蓝线图及转换合同,最迟不能超过13日(自合同签订之日起),逾期北生集团赔偿给威豪公司100万元,同时本合同有效执行;威豪公司付清全款,北生集团根据威豪公司要求同意向威豪公司转让土地使用权,威豪公司提供办理红线图及土地使用权证所需的立项等全部文件,北生集团负责为其办理红线图及土地使用权证;协议自签字盖章,交纳定金之日起正式生效。同日,双方又签订《补充协议》约定,北生集团与某招商中心合作开发该150亩土地,尚欠合作开发费50%即600万元。在1993年5月1日威豪公司支付全款前,北生集团欠交土地合作开发费的损失由其自行承担,如果某招商中心提高土地价格,加价部分由北生集团承担;如果收回土地,北生集团应在损失发生时将所收的款项全部退还给威豪公司,并在5日内赔偿500万元;如威豪公司未能在1993年5月1日前付足款给北生集团,威豪公司则赔偿500万元。同日,北生集团将土地示意图正本交付给威豪公司。威豪公司法定代表人刁某南出具了收条。

合同签订后,威豪公司分别于1993年3月4日、3月13日及4月30日支付500万、1000万、1000万元给北生集团,北生集团开具了收款收据。但北生集团未依约办理蓝线图及转换合同,也未为威豪公司办理土地使用权证。北生集团至今未取得讼争土地的土地使用权,也未对讼争土地进行开发利用,威豪公司在诉讼前一直未向北生集团主张过权利。事后,威豪公司发现北生集团无权签订该合作开发协议,协议违反了法律强制性规定,属无效合同。威豪公司、北海公司遂向法院提起诉讼,请求:(1)确认双方签订的《土地合作开发协议书》无效;(2)判令北生集团向其返还因无效合同取得的合作开发费用2500万元,并赔偿利息损失28395234.25元(自北生集团收到款项之日起到实际返还之日止,暂计至2005年4月29日)。

法院经审理认为,双方当事人争议焦点之一为北海公司是否具备原告的主体资格。经法院查明,威豪公司虽然系由北海公司申请开办,但被依法吊销了营业执照之后并没有进行清算,也没有办理公司的注销登记,因此威豪公司仍然享有民事诉讼的权利能力和行为能力,即有权以自己的名义参加民事诉讼。北海公司作为威豪公司的开办单位,虽然有权利和义务对威豪公司的债权债务进行清理,但在威豪公司尚未注销时,其开办单位作为当事人共同参加诉讼,没有法律依据。北海公司不是威豪公司与北生集团所签合同的缔约人,其与北生集团之间没有直接的民事法律关系。因此,法院认定北海公司为本案适格原告,于法无据。

【案　　号】(2005)民一终字第104号
【审理法院】最高人民法院
【来　　源】《最高人民法院公报》2006年第9期

第六十条　法人以其全部财产独立承担民事责任。

▶ **关联规定**

一、法律、行政法规、司法解释

1.《中华人民共和国公司法》

第三条　公司是企业法人，有独立的法人财产，享有法人财产权。公司以其全部财产对公司的债务承担责任。

有限责任公司的股东以其认缴的出资额为限对公司承担责任；股份有限公司的股东以其认购的股份为限对公司承担责任。

2.《中华人民共和国商业银行法》

第四条　商业银行以安全性、流动性、效益性为经营原则，实行自主经营，自担风险，自负盈亏，自我约束。

商业银行依法开展业务，不受任何单位和个人的干涉。

商业银行以其全部法人财产独立承担民事责任。

第二十二条　商业银行对其分支机构实行全行统一核算，统一调度资金，分级管理的财务制度。

商业银行分支机构不具有法人资格，在总行授权范围内依法开展业务，其民事责任由总行承担。

3.《中华人民共和国证券投资基金法》

第五条　基金财产的债务由基金财产本身承担，基金份额持有人以其出资为限对基金财产的债务承担责任。但基金合同依照本法另有约定的，从其约定。

基金财产独立于基金管理人、基金托管人的固有财产。基金管理人、基金托管人不得将基金财产归入其固有财产。

基金管理人、基金托管人因基金财产的管理、运用或者其他情形而取得的财产和收益，归入基金财产。

基金管理人、基金托管人因依法解散、被依法撤销或者被依法宣告破产等原因进行清算的，基金财产不属于其清算财产。

第一百条 基金销售结算资金、基金份额独立于基金销售机构、基金销售支付机构或者基金份额登记机构的自有财产。基金销售机构、基金销售支付机构或者基金份额登记机构破产或者清算时，基金销售结算资金、基金份额不属于其破产财产或者清算财产。非因投资人本身的债务或者法律规定的其他情形，不得查封、冻结、扣划或者强制执行基金销售结算资金、基金份额。

基金销售机构、基金销售支付机构、基金份额登记机构应当确保基金销售结算资金、基金份额的安全、独立，禁止任何单位或者个人以任何形式挪用基金销售结算资金、基金份额。

4.《中华人民共和国企业破产法》

第二条 企业法人不能清偿到期债务，并且资产不足以清偿全部债务或者明显缺乏清偿能力的，依照本法规定清理债务。

企业法人有前款规定情形，或者有明显丧失清偿能力可能的，可以依照本法规定进行重整。

5.《中华人民共和国教育法》

第三十二条 学校及其他教育机构具备法人条件的，自批准设立或者登记注册之日起取得法人资格。

学校及其他教育机构在民事活动中依法享有民事权利，承担民事责任。

学校及其他教育机构中的国有资产属于国家所有。

学校及其他教育机构兴办的校办产业独立承担民事责任。

6.《中华人民共和国全民所有制工业企业法》

第二条 全民所有制工业企业（以下简称企业）是依法自主经营、自负盈亏、独立核算的社会主义商品生产和经营单位。

企业的财产属于全民所有，国家依照所有权和经营权分离的原则授予企业经营管理。企业对国家授予其经营管理的财产享有占有、使用和依法处分的权利。

企业依法取得法人资格，以国家授予其经营管理的财产承担民事责任。

7.《城镇集体所有制企业条例》

第六条 集体企业依法取得法人资格，以其全部财产独立承担民事责任。

集体企业的财产及其合法权益受国家法律保护，不受侵犯。

8.《乡村集体所有制企业条例》

第十七条 企业破产应当进行破产清算，法人以企业的财产对企业债权人清偿债务。

9.《最高人民法院关于适用〈中华人民共和国企业破产法〉若干问题的规定（二）》

第二十一条 破产申请受理前，债权人就债务人财产提起下列诉讼，破产申请受理时案件尚未审结的，人民法院应当中止审理：

（一）主张次债务人代替债务人直接向其偿还债务的；

（二）主张债务人的出资人、发起人和负有监督股东履行出资义务的董事、高级管理人员，或者协助抽逃出资的其他股东、董事、高级管理人员、实际控制人等直接向其承担出资不实或者抽逃出资责任的；

（三）以债务人的股东与债务人法人人格严重混同为由，主张债务人的股东直接向其偿还债务人对其所负债务的；

（四）其他就债务人财产提起的个别清偿诉讼。

债务人破产宣告后，人民法院应当依照企业破产法第四十四条的规定判决驳回债权人的诉讼请求。但是，债权人一审中变更其诉讼请求为追收的相关财产归入债务人财产的除外。

债务人破产宣告前，人民法院依据企业破产法第十二条或者第一百零八条的规定裁定驳回破产申请或者终结破产程序的，上述中止审理的案件应当依法恢复审理。

10.《最高人民法院关于审理军队、武警部队、政法机关移交、撤销企业和与党政机关脱钩企业相关纠纷案件若干问题的规定》

第一条 军队、武警部队、政法机关和党政机关开办的企业（以下简称被开办企业）具备法人条件并领取了企业法人营业执照的，根据民法典第六十条的规定，应当以其全部财产独立承担民事责任。

二、部门规章及规范性文件

《信托公司管理办法》

第三条 信托财产不属于信托公司的固有财产，也不属于信托公司对受益人的负债。信托公司终止时，信托财产不属于其清算财产。

三、司法指导性文件

《最高人民法院关于在执行工作中规范执行行为切实保护各方当事人财产权益的通知》

二、依法准确甄别被执行人财产。只能执行被执行人的财产，是法院强制执行的基本法律原则。各级人民法院在执行过程中，要依法准确甄别被执行人财产，加强对财产登记、权属证书、证明及有关信息的审查，加强与有关财产权属登记部门的沟通合作，推进信息化执行查询机制建设，准确、及时地甄别被执行人财产，避免对案外人等非被执行人的合法财产采取强制执行措施。同时，对确定属于执行人的财产，则应加大执行力度，及时执行到位，确保申请执行人的债权及时兑现。

在财产刑案件执行中，要依法严格区分违法所得和合法财产，对于经过审理不能确认为违法所得的，不得判决追缴或者责令退赔；严格区分个人财产和企业法人财产，处理股东、企业经营管理者等自然人犯罪不得任意牵连企业法人财产，处理企业犯罪不得任意牵连股东、企业经营管理者个人合法财产；严格区分涉案人员个人财产和家庭成员财产，处理涉案人员犯罪不得牵连其家庭成员合法财产。

在执行程序中直接变更、追加被执行人的，应严格限定于法律、司法解释明确规定的情形。各级人民法院应严格依照即将施行的《最高人民法院关于民事执行中变更、追加当事人若干问题的规定》，避免随意扩大变更、追加范围。

▶ 条文释义

一、本条主旨

本条是关于法人独立责任的规定。

二、条文演变

本条规定是以原《民法通则》第37条和第48条的规定为蓝本，在总结多年来民法学界研究共识的基础上，对法人的独立责任所作出的规定。原《民法通则》第37条第2、4项规定，有必要的财产或经费、能够独立承担民事责任是法人应当具备的条件。第48条进一步规定:"全民所有制企业法人以国家授予它经营管理的财产承担民事责任。集体所有制企业法人以企业所有的财产承担民事责任。中外合资经营企业法人、中外合作经营企业法人和外资企业法人以企业所有的财产承担民事责任,法律另有规定的除外。"之所以规定法人的独立责任,立法目的在于使法人的成员(投资人)不必对法人的债务承担任何形式的责任。从立法渊源的角度考察,1922年《苏俄民法典》第19条规定了法人独立承担民事责任。该条规定国有企业与国库无关的法人,以其自由支配的财产承担民事责任。这一规定的目的在于打破战时建立的管理体制,推动国有企业走向市场。这一规定为1964年《苏俄民法典》第23条所继承,同时该法典第32条进一步规定:"法人以属于它的财产(作为法人的国家组织则以拨给它的财产)负责清偿自己的债务。"根据上述规定,不仅国有企业法人的责任独立于其出资人国家,所有其他类型的法人均独立承担民事责任。由此可见,我国原《民法通则》第37条、第48条关于法人条件、独立承担责任的规定,基本上是按1964年《苏俄民法典》第23条和第32条的精神写成的。①

原《民法通则》颁行后,民法学界围绕着法人财产和独立责任进行了讨论,并形成了通说。学界认为,法人的全部财产为法人所拥有的独立财产。独立财产包括三层含义:(1)法人的财产独立于其他法人和自然人的财产,彼此不相混同;(2)法人的财产独立于法人成员的财产;(3)法人的财产独立于其创始人(包括国家)的其他财产。质言之,法人的独立财产,是指法人拥有的,独立于其创设人或成员的财产。法人独立承担民事责任,是指法人以其独立支配的财产对其自身债务承担清偿责任。除了这一狭义上的理解之外,广义上的法人独立责任还包括法人出资人的有限责任。有学者将法人责任划分为责任独立型法人、责任半独立型法人、责任非独立型法人、责任补充型法人等形态,虽然有其立法例的支持,但在我国固有的法制传统中,立法并未赋予合伙企业、无限责任公司、两合公司等企业以法人资格。且从世界范围来看,无限责任公司和两合公司法人已经趋于式微,原《民法通则》和《公司法》《合伙企业法》等没有承认无限责任公司、两合公司、合伙企业为法人的必要。故立足于我国立法的实际情况,我国现行法上的法人,只有独立承担责任这一种形态。强调法人以其独立财产承担民事责任,使其成员、股东享受有限责任利

---

① 彭万林主编:《民法学》,中国政法大学出版社1994年版,第74页。

益，不仅符合我国对国有企业实现公司制改造以限制国家作为投资人的责任和风险的政策目的，也有利于鼓励社会大众采取法人的组织形式进行投资创业和开展其他营利性的活动。

三、条文解读

承担民事责任的主体既有自然人，也有法人、非法人组织，对于法人来说，是以其全部财产独立承担民事责任。应注重两点：一是全部财产。法人作为独立的民事主体，要独立进行民事活动，独立承担民事活动的后果。因此，法人应有必要的财产和经费，这是其享有民事权利和承担民事义务的物质基础，也是其得以独立承担民事责任的财产保障。法人要以其全部财产承担民事责任，而不是只以部分财产承担民事责任。二是独立承担民事责任。"独立"的含义即任何人的债务只能由它自己承担，国家、投资者和法人组织内部的成员不对法人的债务负责。如有限责任公司是由股东出资设立的，而具有法人身份的公司在民事责任方面是与股东严格区分的，即便是股东出资设立这家公司，两者的责任也要严格区分，法人对外如需承担民事责任，要以自身的财产来承担，不能由投资设立该公司的股东以自己的财产来承担。但是，对于合伙企业、个人独资企业等不具备法人资格的组织，因为其不能独立承担民事责任，当其财产不足以清偿债务时，要由出资人或者设立人承担无限责任。

▶ 适用指引

一、法人独立承担责任

根据本条规定，社会组织要成为法人，必须能够独立承担民事责任，而法人的独立财产是其承担民事责任的基础。主要关注以下三个方面：（1）法人独立承担责任是法人的本质属性。法人具有主体地位，最具核心的理由是其权利能力具有独立性，其中最基础的就是独立责任能力，独立责任能力是民事权利能力的最终体现，法人如不能独立承担责任，则表明其不具有相应的民事权利能力。而"独立"的含义，即任何人的债务只能由它自己承担，国家、投资者和法人组织内部成员不对法人的债务负责。（2）法人独立承担的责任，原则上必须是其自身的民事责任。因此，在法人为其成员、股东或他人提供担保、承担债务等例外场合，必须依法履行法律或法人章程规定的批准程序。（3）法人独立承担责任并不意味着其他主体不得为其承担责任。就法人的责任形式而言，法人是以其支配的财产来为其契约行为或侵权行为承担民事责任，原则上，法人只能自己承担清偿债务的责任，法人的成员、股东对法人的债务不负责任，但在法人的出资人出资不足、滥用法人的独立人格损害债权人利益等例外场合，并不排除其成员、股东对法人债务承担连带责任。

二、区分法人的独立责任和其成员的有限责任

法人以其全部财产承担责任，本质上是一种无限责任。无限责任是指债务人以其全部财产对其债务承担责任，直至清偿为止方能免责。因此，任何债务人，无论其是自然人还是法人，都必须以其全部资产对其债务承担清偿责任，从这一意义上讲，债务人的责任都是无限的，无限清偿责任应为公司责任的基本形态。如果说法人或公司承担的是有限责任的话，那么，自然人以其所有的财产对其债务负责的理念，也可称为自然人之有限责任。这样的理解，显然是混淆了有限责任和无限责任各自特定的法律内涵。当然，法人以其全部财产为限对债务承担无限责任，并不排除法人能够在法律另有规定或协议另有约定等特殊情形下承担有限责任的可能。

▶ 典型案例

美国矿产金属有限公司与厦门联合发展（集团）有限公司债务纠纷上诉案

关键词： 公司债务　民事责任　法人资格

裁判摘要： 经国家主管部门核准登记的具有法人资格的企业，依法应当独立承担民事责任。确定该企业的开办单位是否应当对该企业的债务承担民事责任，应严格审查开办单位对该企业的出资情况以及开办单位有无抽逃该企业注册资本、有无恶意转移该企业财产等情形。开办单位在上述方面无过错的，不应对该企业的债务承担连带赔偿责任。

基本案情： 1983年9月2日，经福建省人民政府批准，厦门经济特区建设发展公司、中国银行总行信托咨询公司和五家港澳银行（香港集友银行、香

港华侨商业银行、香港南洋商业银行、香港宝生银行、澳门南通信托投资有限公司）三方合资设立厦门经济特区联合发展有限公司，福建省工商行政管理局于同年10月18日核准登记，企业类型为中外合资经营企业，注册资本为25,000万元人民币，三方的股权比例为：厦门经济特区建设发展公司占51%，中国银行总行信托咨询公司占34%，五家港澳银行占15%。1993年5月14日，原对外贸易经济合作部（以下简称原外经贸部）以外经贸资审字（1993）119号批准证书批准其更名为厦门联发公司并办理了中华人民共和国外商投资企业批准证书，同年5月22日国家工商行政管理局核准其名称变更登记。1986年6月14日，厦门经济特区联合发展有限公司向福建省厦门市经济贸易委员会（以下简称厦门经贸委）提出成立厦门联发进出口贸易公司的申请报告，报告主要内容为："1984年10月30日业经你委厦经贸（1984）097号文件批准成立厦门联发进出口贸易有限公司以来，1985年出口创汇330万美元。业务开展正常。资金来源虽由联发公司拨款，但没有外资股份参加，为了澄清中外合资企业与全民所有制企业的关系，特申请成立'厦门联发进出口贸易公司'，属全民所有制性质，实行独立核算，自负盈亏……"同年6月16日，厦门经贸委以厦经贸商（1986）625号批复，同意成立全民所有制性质的"厦门联发进出口贸易公司"。同年6月18日，经厦门市工商行政管理局核准登记并颁发了营业执照。1992年8月10日，原外经贸部批复同意厦门联发进出口贸易公司经营省内外进出口业务。同年8月31日取得部颁的进出口企业资格证书。1993年10月12日，经原外经贸部批复同意，厦门联发进出口贸易公司更名为厦门联发（集团）进出口贸易公司（以下简称联发贸易公司）。1998年12月13日，原外经贸部以〔1998〕外经贸政审函字第1792号文撤销联发贸易公司的进出口经营权。2001年7月5日，厦门市工商行政管理局以未按规定参加年检为由向联发贸易公司公告送达行政处罚，决定对其予以吊销营业执照的行政处罚。1992年8、9、10月间，美国矿产公司与联发贸易公司签订了九份合同，由美国矿产公司向联发贸易公司出售2000吨铝锭和5000吨电解铜，联发贸易公司收到货物后未及时依约付清全部货款，美国矿产公司遂依据合同中的仲裁条款于1994年10月6日向中国国际经济贸易仲裁委员会申请仲裁。1995年11月6日，中国国际经济贸易仲裁委员会作出裁决，裁决联发贸易公司应于1996年1月30日前归还美国矿产公司7495343.40美元，逾期利息按年息8%计算。裁决生效后，美国矿产公司即向福建省厦门市中级人民法院申请强制执行，因被执行人经营严重亏损，无可供执行的财产，福建省厦门市中级人民法院于1998年11月23日裁定中止执行。2003年11月7日，美国矿产公司向原审法院提起诉讼，请求厦门联发公司对联发贸易公司所欠的7495343.40美元以及自1992年2月1日至实际支付日按年息8％计算的利息的债务承担连带责任。

法院经审理认为，本案双方当事人之间并不存在直接的法律关系，美国五矿公司是依据其与联发贸易公司之间的债权债务关系以及联发贸易公司是由厦门联发公司设立的事实对厦门联发公司提起了本案债务纠纷诉讼。根据国际私法的最密切联系原则，由于厦门联发公司是中国法人，因此本案债务纠纷应适用中华人民共和国法律进行处理。在对公司登记的管理体制上，中国主要是通过工商行政管理部门的企业登记来确定有限责任的适用范围。凡登记为法人的企业，其设立者或者投资人只对企业的债务负有限责任。从公司管理角度看，工商行政管理部门在进行企业法人登记时，无法对所有被申请设立的企业是否具备法人条件进行实质的、严格的审查。防止有限责任被滥用，仅凭形式要件是不够的，还需要具备实质要件。究其实质，只有在开办该企业的企业法人注资不足或没有注资时，开办该企业的企业法人才在注资不足的范围内承担民事责任或承担全部民事责任。

【案　　号】（2004）民四终字第4号
【审理法院】最高人民法院
【来　　源】《最高人民法院公报》2005年第12期

> **第六十一条** 依照法律或者法人章程的规定，代表法人从事民事活动的负责人，为法人的法定代表人。
>
> 法定代表人以法人名义从事的民事活动，其法律后果由法人承受。
>
> 法人章程或者法人权力机构对法定代表人代表权的限制，不得对抗善意相对人。

▶ 关联规定

法律、行政法规、司法解释

1.《中华人民共和国公司法》

第七条 依法设立的公司，由公司登记机关发给公司营业执照。公司营业执照签发日期为公司成立日期。

公司营业执照应当载明公司的名称、住所、注册资本、经营范围、法定代表人姓名等事项。

公司营业执照记载的事项发生变更的，公司应当依法办理变更登记，由公司登记机关换发营业执照。

第十三条 公司法定代表人依照公司章程的规定，由董事长、执行董事或者经理担任，并依法登记。公司法定代表人变更，应当办理变更登记。

2.《中华人民共和国民办教育促进法》

第二十三条 民办学校的法定代表人由理事长、董事长或者校长担任。

3.《市场主体登记管理条例》

第十二条 有下列情形之一的，不得担任公司、非公司企业法人的法定代表人：

（一）无民事行为能力或者限制民事行为能力；

（二）因贪污、贿赂、侵占财产、挪用财产或者破坏社会主义市场经济秩序被判处刑罚，执行期满未逾5年，或者因犯罪被剥夺政治权利，执行期满未逾5年；

（三）担任破产清算的公司、非公司企业法人的法定代表人、董事或者厂长、经理，对破产负有个人责任的，自破产清算完结之日起未逾3年；

（四）担任因违法被吊销营业执照、责令关闭的公司、非公司企业法人的法定代表人，并负有个人责任的，自被吊销营业执照之日起未逾3年；

（五）个人所负数额较大的债务到期未清偿；

（六）法律、行政法规规定的其他情形。

第二十五条 公司、非公司企业法人的法定代表人在任职期间发生本条例第十二条所列情形之一的，应当向登记机关申请变更登记。

4.《最高人民法院关于适用〈中华人民共和国公司法〉若干问题的规定（二）》

第十条 公司依法清算结束并办理注销登记前，有关公司的民事诉讼，应当以公司的名义进行。

公司成立清算组的，由清算组负责人代表公司参加诉讼；尚未成立清算组的，由原法定代表人代表公司参加诉讼。

▶ 条文释义

一、本条主旨

本条是关于法定代表人的定义及行为的效果归属的规定。

二、条文演变

1986年公布的原《民法通则》第38条对法人的法定代表人作了明确规定。原《民法总则》第61条第1款，吸收了原《民法通则》的规定，将"组织章程"修改为"章程"，将"代表法人行使职权"修改为"代表法人从事民事活动"。同时第2款、第3款吸收并修改完善了原《民法通则》第43条、原《合同法》第50条等规定，解决法定代表人的行为与法人行为之间的关系问题，进一步理顺了我国法定代表人代表权的来源、法律后果和代表权限制之间的关系。

三、条文解读

本条文的第 1 款规定了法定代表人的概念和法律地位；第 2 款规定了行为效果的归属；第 3 款规定了越权行为效力的规定。

（一）法定代表人的概论

1. 法定代表人的定义

法人作为"组织体"参与经济或社会事务，客观上必须由自然人代为进行，这些代法人实施法律行为的自然人，在域外法学理论中称为法人的代表人，其所对应的国内法律概念，就是本条第 1 款所规定的法定代表人。

2. 有关法定代表人性质的学说

基于对法人本质的不同认识，民法理论上关于法人代表人的性质形成了代表说和代理说两种学说。

（1）学说内容。代表说主要为大陆法系国家所采纳，其基于法人实在说的理论起点，认为法人既具有意思能力也具有行为能力，法人的能力需要依靠其代表机关来实现。法人代表人的行为，就是法人自身的行为，代表人是法人的机关，法人和代表人是同一人格。而代理说主要为英美法系国家所采纳，基于法人拟制说或法人否认说的理论起点，认为法人不过为法律赋予其人格的拟制体，离开法律法人本身并不存在，因此，法人不具有行为能力。法人对外行为的实施是通过代理人实现法人的意思表示，代理人与法人之间主要依靠代理关系加以调整。

（2）效果归属。在代表人所实施的法律行为的效果归属方面，两种理论并无差别，均认为效果归属于法人，即由法人承担该行为的后果，但在代表人实施的违法行为、事实行为和占有等行为的效果归属方面，二者之间存在一些差别：①对于法定代表人实施的违法行为，代表说认为，代表人的行为就是法人的行为，法人是对自身的行为承担民事责任；而代理说则认为，法人是对他人即代理人的行为承担民事责任。②对于代表人实施的事实行为，代表说认为属于法人的行为；代理说则认为应当作为类似于代理的关系处理。③对于法人的占有，代表说认为法人是直接占有人，代表人为占有机关；代理说则认为法人为间接占有人，代表人为直接占有人。

（3）法人实在说。从学说传统来看，传统民法学者对于法人本质的理论采法人实在说，认为法人机关有集体机关和个人机关之分。

在改革开放之后，随着立法文件中对"法定代表人"一词的采用，"一长制"的法人机关观念得到不适当的强化。1981年公布的原《经济合同法》第31条并未具体明确法定代表人的内涵。1982年公布的原《民事诉讼法（试行）》第44条第2款针对法定代表人的资格作出规定。1984年公布的《最高人民法院关于贯彻执行〈民事诉讼法（试行）〉若干问题的意见》第14条又对法定代表人的主体资格作出限制。及至1986年公布的原《民法通则》第38条关于"依照法律或者法人组织章程规定，代表法人行使职权的负责人，是法人的法定代表人"的规定作出后，民法理论开始将法定代表人解释为：一般由公司的董事长等正职担任，为唯一确定的自然人，享有当然的代表公司的权利。民法学说一度认为，法定代表人制度包括三个方面的内容：（1）法定代表人具有单一性，只有符合法律规定条件的某一个自然人才能成为法定代表人；（2）法定代表人的产生具有法定性，公司不可以通过章程约定非董事长之外的其他人担任法定代表人；（3）法定代表人可以法人名义从事各项活动，并直接为法人取得权利或承担义务。

至20世纪90年代，因"法定代表人的权限无所不包"观念所引发的种种弊端开始引起社会各界关注。在《民法典》编纂的过程中，这一问题当然成为一项重要的议题。法定代表人滥权的问题是不适当地忽视了法律、法规和国家政策等对法定代表人权力所施加的各种限制的结果。因此，改变对法定代表人地位的认识最有效的方法还是应当直接从条文本身的语义出发，辅之以相关法律的体系化衔接，使得法定代表人的权限范围明晰化。

（二）本条第1款规定，依照法律或者法人章程的规定，代表法人从事民事活动的负责人，为法人的法定代表人

这一规定，除个别文字表述的调整外，沿用了原《民法通则》第38条的规定。过去民法学界的通说对这一条规定的解释，主要是从两个方面展开：一是从法定代表人的产生来看，法定代表人可以由法律直接规定，也可以由法人的成员根据章程来确定；二是从法定代表人的权力行使来看，法定代表人有权代表法人对外行使职权，同时也有义务正确地组织、领导法人的经营活动，模范地执行国家的法律和政策，如果他没有很好地履行自己的职责，或进行违法活动，就应当承担责任。法定代表人的代表权当然应当解释为来源于法律规定或者章程规定。也就是说，法定代表人不得超越法律或法人章程所规定的范围行使代表权。这不仅是文义解释的当然结果，更是法定代表人忠实义务的必然要求。

随着团体法的发展，构建分权制衡、权责明确的法人治理结构已经成为现代团体立法的一项重要内容。团体法一般将法人事务的决定和执行的权力在组织内部进行划分，并对法定代表人的权限进行限制，这种法定限制可以分为两个方面：一是法人机构之间的权力划分；二是法人机构与代表人之间的权力划分。法人机构之间的权力划分，主要体现在权力机构和执行机构的权限分配上。一般而言，执行机构的职权是执行法人的目的事务，即对内实施管理、对外实施行为。但出于某种政策的考虑，有些种类的交易，法律规定其决定权不在执行机构而在权力机构。例如：根据《公司法》第16条、第37条、第103条的规定，涉及公司为其股东或者实际控制人提供担保、公司增减资本、发行债券、分立、合并、解散、清算或变更公司组织形式等事项，应当由股东（大）会决议。关于法人机构与代表人之间的权力划分，是法律在法人机构分权的基础上对业务执行权的一种特别限制。也就是说，这些事项本在业务执行的权限之内，但出于特别考虑，法律对此作了特别限制。如根据《公司法》第16条第1款及第148条第3项、第4项的规定，公司向其他企业投资或者为他人提供担保、董事、高管人员将公司资金借贷给他人，与公司订立合同或交易的，均须经董事会或者股东（大）会的同意。对上述法律规定的限制事项，在法人机构分权、职权法定的基本架构下，应当解释为就法定限制事项，未经有权机构决定，代表人依法不享有代表公司的权限，不得对外签订合同、实施相关行为。

除上述法定限制之外，法人章程也可以对法定代表人的权限进行限制，这种限制也称为约定限制或意定的限制。当然，约定限制除法人章程之外，法人还可以通过成员决议、股东会决议、董事会决议等方式对法定代表人的权限进行限制，规定一些特别重要的业务事项须由集体决议后方可作出。相比于章程的限制，以内部决议的方式限制代表权限的措施非常封闭，第三人一般无从知晓。

（三）本条第2款规定，法定代表人以法人名义从事的民事活动，其法律后果由法人承受

本条规定是对原《民法通则》第43条的修改，该条规定，企业法人对它的法定代表人和其他工作人员的经营活动，承担民事责任。本条重点是解决法定代表人的行为与法人行为之间的关系问题。法人的代表人和法人是一个人格，为同一主体，故法定代表人以法人的名义实施的行为，后果当然由法人承受。但值得进一步研究的是，按照原《民法通则》的规范路径，法定代表人的经营活动由法人承担民事责任，审判实践中往往会借助职务行为和个人行为的区分来判断责任的承担主体，那么，在《民法典》将"经营活动"改为"以法人名义"之后，在审判工作中是否还有必要区分代表人的行为是职务行为还是个人行为。从体系解释的角度来看，本款规定的是代表人合同行为的效果归属，本法第62条规定的是代表人职务侵权行为的责任承担，因此，虽然本款规定没有使用职务行为的表述，但在判断代表人行为是否应当归属于法人时，首先应当着眼于是否为职务行为，并应当结合本条第1款和第3款的规定加以衡量。法定代表人对外的职务行为即为法人行为，其后果由法人承担。法人对法定代表人所负的责任，也包括越权行为的责任。本法合同编规定，法人或者非法人组织的法定代表人、负责人超越权限订立的合同，除相对人知道或者应当知道其超越权限的以外，该合同对法人发生效力。需要说明的是，法人除了要对其法定代表人的职务行为承担责任外，还要对其工作人员的职务行为承担责任。本法侵权责任编规定，用人单位的工作人员因执行工作任务造成他人损害的，由用人单位承担侵权责任。

（四）本条第3款规定，法人章程或者法人权力机构对法定代表人代表权的限制，不得对抗善意相对人

法人章程是指法人依法制定的，规定法人的经营活动范围、内部管理制度等重大事项的文件，是法人的自我管理规范，载明了法人组织和活动的基本准则。法人章程具有法定性、真实性、自治性和公开性的基本特征，是法人设立和运营的基础和依据。法人章程对法人来说非常重要，但作为法人内部的行为规范，在通常情况下不易被法人外部的人员知道，所以在确定其外部效力方面，要考虑对善意相对人的权益保护。本条规定对法人章程的对外效力作了适

当限制，以保护善意相对人的合法权益。

所谓"善意相对人"是指对法人章程或者法人权力机构对法定代表人代表权的限制，不知情或者不应当知情的权利人。法人章程或者法人权力机构对法定代表人的对外代表权限进行了限制，但该法定代表人超越了自己的权限与相对人签订了合同，或者实施了其他法律行为，如果相对人不知道或者不应当知道该限制规定，则法人不得以法定代表人的行为超越了其权限而主张不承担或免除其应承担的法律责任。

由于原《民法通则》对法人可否以其章程或通过其他方式对法定代表人的权限进行限制未作规定，且在立法例上有不同的做法，导致实践中对此理解不一。因此，为保护交易安全，保护善意第三人的信赖利益，《民法典》作出了本款规定。在审判实践中，应当注意从三个方面把握本款规定：（1）在法人内部，通过章程或者权力机构的决议等方式对法定代表人的权限进行限制，是有效的。（2）该种限制的效力能否对抗第三人，则取决于第三人是否善意：在相对人属于善意，即不知道或不应当知道存在此种限制的情形下，则法人对法定代表人的越权行为不得主张效果不归属于法人；在相对人实际知道或因重大过失而不知道此种限制的情形下，则该越权行为的效果不归属于法人，其法律后果应当类推适用无权代理制度，由法定代表人承担个人责任，而不是由法人承担缔约过失责任，这不仅是文义解释的当然结论，更是民法学体系基本逻辑的要求。（3）在举证责任分配方面，应推定相对人为善意，相对人知道或应当知道法定代表人权力受限的事实，应由法人一方负担举证责任。

▶ 适用指引

本条内容的内在逻辑关系

本条规定将在组织法和行为法两个方面对审判工作产生重大影响，不仅要求我们在体系上准确把握本条的三款规定之间的内在逻辑关系，还要将本条规定置于整个民商法体系中加以理解和把握。

在组织法方面，《公司法》和《慈善法》已经有了对法定代表人的代表权限进行限制的法律规定，未来随着非营利法人立法的推进，这种法律限制还将进一步明确、具体。

在行为法方面,《民法典》合同编中第504条规定:"法人的法定代表人或者非法人组织的负责人超越权限订立的合同,除相对人知道或者应当知道其超越权限外,该代表行为有效,订立的合同对法人或者非法人组织发生效力。"这就要求我们在判断法定代表人的行为效果归属时,必须从对整个法律的体系化理解出发:

1. 根据本条第1款的规定,法定代表人的代表权来自于法律或者法人章程的规定。基于此,法定代表人的权限应根据法律或者法人章程进行判断,法定代表人只能在法律或者法人章程规定的权限范围内行使代表权。法律或者法人章程可对法定代表人的权限进行限制,前者为法定限制,包括本法和其他单行法律对法定代表人权限的限制;后者为约定限制,包括法人章程或者法人权力机构对法定代表人权限的限制。

2. 根据本条第2款规定,法定代表人以法人名义从事的民事活动,其法律后果由法人承受。该款的适用应以第1款为前提,即法定代表人只有在法律或者法人章程规定的权限范围内以法人名义从事的民事活动,其法律后果才由法人承受。法定代表人超越法律或者法人章程的规定行使代表权,构成越权代表。

3. 根据本条第3款规定,法人章程或者权力机构对法定代表人的代表权的限制,不得对抗善意第三人。根据该规定,法定代表人超越法人章程或者权力机构的限制,以法人名义从事的民事活动,其法律后果原则上仍应由法人承担,除非法人能够证明该第三人并非善意。也就是说,在法人章程、决议对法定代表人权限进行限制的情况下,非善意的第三人不得主张法定代表人的行为效果归属于法人。本条没有明确规定法定代表人超越法定限制从事民事活动的效果归属,这并非法律漏洞。"当法律有强制性规定时,任何人均不得以不知法律有规定或宣称对法律有不同理解而免于适用该法律",这一教义性的原理,是法律职业必须遵循的。因此,对超越法定限制的行为,法人原则上不承受该行为的效果,除非第三人能够证明自己的善意。这是通过当然解释可以得出的结论,系不言自明之理。需要注意的是,法定限制与约定限制下,第三人善意证明责任的负担是不同的。在法定限制场合,相对人的善意需要自己举证证明;而在约定限制场合,交易相对人的善意是被依法推定的。对于民法上关于善意的判断标准,可参考关于《民法典》第85条的相关解释内容。

▶ 类案检索

一、郭某亮诉交通银行股份有限公司镇江扬中支行、扬中绿洲环境科技实业有限公司金融借款合同纠纷案

关键词： 金融借款合同　法定代表人　法律后果的承受

裁判摘要：《民法总则》第61条规定："依照法律或者法人章程的规定，代表法人从事民事活动的负责人，为法人的法定代表人。法定代表人以法人名义从事的民事活动，其法律后果由法人承受。法人章程或者法人权力机构对法定代表人代表权的限制，不得对抗善意相对人。"银行法定代表人以银行名义对外签订借款合同或担保合同时，即使其加盖的银行印章为其私刻，但没有证据证明对方当事人存在故意或者重大过失时，银行应当对法定代表人的行为承担法律后果。银行以法定代表人无权从事该行为进行抗辩，应当举证证明对方当事人明知法定代表人无权代表或者存在其他重大过失。同时，当事人对合同条款存在争议的，应根据合同的目的、交易习惯等确定其真实意思。实践中，当事人与银行签订金融借款合同，按照交易习惯，应当将在借款人处签字或盖章的认定为借款人。借款人处同时具有个人签名及银行公章，且签字的个人为银行实际负责人的，当事人有理由认为其行为构成职务行为。因此，当事人以银行为实际借款人请求承担还款责任的，人民法院应予支持。

【案　　号】（2018）最高法民再302号
【审理法院】 最高人民法院

二、安徽省兴华房地产投资（集团）有限公司与安徽蓝盾房地产开发有限责任公司合作开发房地产合同纠纷案

关键词： 合作开发房地产合同　法定代表人变更

裁判摘要： 法定代表人对外以法人名义进行民事活动时，其与法人之间并非代理关系，而是代表关系，且其代表职权来自法律的明确授权，故不另需法人的授权委托书。因此，法定代表人对外的职务行为即为法人行为，其后果由法人承担。并且，法人不得以对法定代表人的内部职权限制对抗善意第三人。但是，公司按照法定程序更换法定代表人后，原法定代表人即无权再代表公司。如果公司原法定代表人与他人串通损害公司利益的，其行为不仅属于无权代理，也违反了《合同法》第 52 条的规定，因此是无效的。

【案　　号】（2007）民一终字第 72 号

【审理法院】最高人民法院

三、伊犁国投进出口贸易有限责任公司与朱某玲等民间借贷纠纷案

关键词： 民间借贷　法定代表人　法律后果的承受

裁判摘要：《民法典》第 61 条第 1 款、第 2 款规定："依照法律或者法人章程的规定，代表法人从事民事活动的负责人，为法人的法定代表人。法定代表人以法人名义从事的民事活动，其法律后果由法人承受。"第 465 条规定："依法成立的合同，受法律保护。依法成立的合同，仅对当事人具有法律约束力，但是法律另有规定的除外。"本案借款行为系时任伊犁国投贸易公司法定代表人肖某以法人名义从事的民事活动，其法律后果应当由伊犁国投贸易公司承受。合同明确约定借款人为伊犁国投贸易公司，出借人为朱某玲，故案涉借款合同仅对伊犁国投贸易公司和朱某玲发生法律约束力。事后朱某玲根据肖某的要求将款项打入指定账户，且肖某认可收到借款，故案涉借款合同成立并生效，伊犁国投贸易公司应当依约履行还款义务。

【案　　号】（2021）新 40 民终 2125 号

【审理法院】新疆维吾尔自治区高级人民法院伊犁哈萨克自治州分院

> 第六十二条　法定代表人因执行职务造成他人损害的，由法人承担民事责任。
>
> 法人承担民事责任后，依照法律或者法人章程的规定，可以向有过错的法定代表人追偿。

关联规定

一、法律、行政法规、司法解释

1.《中华人民共和国公司法》

第一百四十九条　董事、监事、高级管理人员执行公司职务时违反法律、行政法规或者公司章程的规定，给公司造成损失的，应当承担赔偿责任。

2.《中华人民共和国保险法》

第八十三条　保险公司的董事、监事、高级管理人员执行公司职务时违反法律、行政法规或者公司章程的规定，给公司造成损失的，应当承担赔偿责任。

3.《最高人民法院关于适用〈中华人民共和国民法典〉有关担保制度的解释》

第七条　公司的法定代表人违反公司法关于公司对外担保决议程序的规定，超越权限代表公司与相对人订立担保合同，人民法院应当依照民法典第六十一条和第五百零四条等规定处理：

（一）相对人善意的，担保合同对公司发生效力；相对人请求公司承担担保责任的，人民法院应予支持。

（二）相对人非善意的，担保合同对公司不发生效力；相对人请求公司承担赔偿责任的，参照适用本解释第十七条的有关规定。

法定代表人超越权限提供担保造成公司损失，公司请求法定代表人承担赔偿责任的，人民法院应予支持。

第一款所称善意，是指相对人在订立担保合同时不知道且不应当知道法定代表人超越权限。相对人有证据证明已对公司决议进行了合理审查,人民法院应当认定其构成善意,但是公司有证据证明相对人知道或者应当知道决议系伪造、变造的除外。

4.《最高人民法院关于在审理经济纠纷案件中涉及经济犯罪嫌疑若干问题的规定》

第六条 企业承包、租赁经营合同期满后,企业按规定办理了企业法定代表人的变更登记,而企业法人未采取有效措施收回其公章、业务介绍信、盖有公章的空白合同书,或者没有及时采取措施通知相对人,致原企业承包人、租赁人得以用原承包、租赁企业的名义签订经济合同,骗取财物占为己有构成犯罪的,该企业对被害人的经济损失,依法应当承担赔偿责任。但是,原承包人、承租人利用擅自保留的公章、业务介绍信、盖有公章的空白合同书以原承包、租赁企业的名义签订经济合同,骗取财物占为己有构成犯罪的,企业一般不承担民事责任。

单位聘用的人员被解聘后,或者受单位委托保管公章的人员被解除委托后,单位未及时收回其公章,行为人擅自利用保留的原单位公章签订经济合同,骗取财物占为己有构成犯罪,如给被害人造成经济损失的,单位应当承担赔偿责任。

二、部门规章及规范性文件

《网络交易监督管理办法》

第三十八条 网络交易经营者未依法履行法定责任和义务,扰乱或者可能扰乱网络交易秩序,影响消费者合法权益的,市场监督管理部门可以依职责对其法定代表人或者主要负责人进行约谈,要求其采取措施进行整改。

▶ 条文释义

一、本条主旨

本条是关于法定代表人职务侵权行为的民事责任的规定。

二、条文演变

本条规定与原《民法总则》第62条的规定一致，对法定代表人的职务侵权行为作出了规定。本规定可溯至原《民法通则》第43条。第1款来源于原《民法通则》第43条，但将"企业法人"修改为"法人"；将"经营活动"修改为"执行职务造成他人损害"，并将"其他工作人员的经营活动"删除，新增本条第2款关于追偿的规定。

三、条文解读

法人就法定代表人行为所承担的民事责任，既包括合同责任，也包括侵权责任。《民法典》将法人为其法定代表人承担的责任进一步体系化，《民法典》第61条第2款规定的是法人就其法定代表人行为承担的合同责任，而对法定代表人的职务侵权行为所致的民事责任放在本条专门规定，同时将法人的其他工作人员所导致的法人责任进一步体系化，其他工作人员的合同责任由代理法加以调整，其他工作人员的职务侵权责任由侵权法中的使用人责任规则加以解决。因此，本条的规范对象仅限于法定代表人职务侵权行为所致的民事责任。

（一）侵权责任

法定代表人在执行职务中订立合同（实施法律行为），该合同对法人和相对人发生约束力，合同权利义务与法定代表人个人无涉。此在《民法典》第61条第2款已有规定。基于法人制度的原理以及合同相对性原则，法人如因违约致相对人损害，应由法人自负违约责任，更无法人向法定代表人追偿的问题。法定代表人在执行职务中实施侵权行为，始有另订规则之必要，因为法人设法定代表人，乃是为了对外实施法律行为或类似行为（如催告、通知等准法律行为）之需要，而非为了使其实施侵权行为。故法律行为或类似行为的后果由法人承担，有其正当性；而法定代表人的侵权行为，则应有追偿制度的存在，从而使侵权责任最终可由法定代表人承担，以免发生道德风险。

法定代表人因执行职务造成他人损害的，属于职务侵权。法定代表人的职务侵权行为应该同时符合以下两个要素：一是法定代表人的行为构成对第三人的侵权，包括对第三人人身权和财产权的侵害；二是该侵权行为应为法定代表人执行职务的行为。

法人的法定代表人的职务侵权行为与法人一般工作人员的职务侵权行为，在归责原则上，对外都是由法人承担责任。本法侵权责任编规定，用人单位的工作人员因执行工作任务造成他人损害的，由用人单位承担侵权责任。用人单位承担侵权责任后，可以向有故意或者重大过失的工作人员追偿。

法定代表人因执行职务造成他人损害，该行为本身须构成侵权行为，即应按照本法侵权责任编之规定，判断该法定代表人的行为是否构成侵权行为。不得单凭本条规定，即判决由法人承担侵权责任。

（二）追偿

1. 追偿权的发生

法定代表人在执行职务中致人损害，背离法人的本意，应有追偿的可能性，以事先预防侵权行为或事后补救损失。但如法律直接规定允许追偿，势必挫伤法定代表人履职的积极性，不利于法人事业的开展。本条第2款规定将追偿问题留由法人自决，并基于私法自治原则，使得法人在章程中自行设定追偿的要件及程序，以因应个别需要。

就法律规定追偿的情形，《国家赔偿法》第31条第1款规定："赔偿义务机关赔偿后，应当向有下列情形之一的工作人员追偿部分或者全部赔偿费用：（一）有本法第十七条第四项、第五项规定情形的；（二）在处理案件中有贪污受贿，徇私舞弊，枉法裁判行为的。"此所谓工作人员，包括赔偿义务机关的法定代表人在内。

如法律和法人章程均未规定可以追偿，则法人无追偿权。当然，本条不妨碍法人依据其他法律规定请求违反职责的法定代表人承担责任。

2. 追偿权的要件

法人对外承担民事责任后，在对内责任方面，可以依照法律或者法人章程的规定，向有过错的法定代表人追偿。这一规定涉及法定代表人职务侵权行为的内部责任分担问题。一般情况下，在职务侵权行为中，行为的法律后果完全由法人承担，法定代表人不需承担该行为的民事责任，但在以下两种情况下，法人可以向有过错的法定代表人追偿：一是根据法律规定。法定代表人的职务行为或与职务行为有关联的加害行为符合侵权责任的构成要件：（1）法定代表人的相关行为具有违法性；（2）相关行为造成了损害后果；（3）法定代表人的行为与损害后果之间具有因果关系；（4）除适用无过错责任的情况外，法定代表人有过错。二是根据法人章程规定。如果法人的章程中明确规定法定代表人对职务侵权行为应该承担相应的责任，那么在此种情形下，法人可以在对外赔偿后，依据法人章程的规定，向有过错的法定代表人进行追偿。

又因本条第2款并非强制性规定，而是授权规范（容许性规范），并不禁止法人章程在本条规定范围以外作出特约。况且法定代表人个人应负无过错责任的侵权行为的种类极少（以机动车交通事故责任为主），即使法人章程规定在法定代表人实施无过错侵权行为的情形中法人也有权追偿，法定代表人亦可通过投保第三者责任险等方式规避可能的责任风险。

同时应注意，在法人对外承担民事责任后，对内向责任人进行追偿方面，法定代表人与一般工作人员的区别。本法在侵权责任编规定，用人单位的工作人员因执行工作任务造成他人损害的，由用人单位承担侵权责任。用人单位承担侵权责任后，可以向有故意或者重大过失的工作人员追偿。根据这一规定，在法人对外承担民事责任后，对内向责任人进行追偿方面，法定代表人与一般工作人员是有区别的：一是对法定代表人进行追偿，必须依据有关法律的规定或者法人章程的规定，否则是不能向法定代表人进行追偿的。而法人向其他工作人员追偿，则不需要有法律规定或者法人章程规定这一前提，只要工作人员有故意或者重大过失都可以向其追偿。二是法定代表人和其他工作人员承担内部责任的过错程度要求不同。对法定代表人来说，只要有过错，包括故意或者过失，即便是一般过失，也要对内承担责任，法人可以向其追偿。但对其他工作人员来说，其对内承担责任的过错程度要求比较高，应为故意或者重大过失。如果只是一般过失，则无须对内承担责任，法人也不能向其追偿。

3. 追偿权的诉讼时效

法人对法定代表人的追偿权，以法人已向受害人承担责任为要件。因此，追偿权的诉讼时效期间，自法人向受害人承担责任之日起开始计算。

（三）责任能力

针对法人有无民事责任能力的问题存在不同的学说。持法人否认说者，尽管理由不尽相同，但都认为法人无民事责任能力。持法人实在说者，从法人的意思能力、法人机关之行为与法人行为的一体性、法人民事责任能力的法定性等不同的角度出发，大多肯定法人有民事责任能力。

从立法例来看，各国立法并未因学术论争的存在而采取不同的做法，由法律明文规定法人的侵权损害赔偿责任是各国较为一致的立场。如《德国民法典》第31条规定，社团对于董事会、董事或依章程任命的其他代理人执行属于其权限以内事务，发生应负损害赔偿责任的行为，致他人受损害时，应负赔偿责任。《日本民法典》第44条标题即为法人的侵权行为能力，其第1款规定，法人对于其理事或其他代理人在执行职务时加害他人的损害，负赔偿责任。在法人对其代表人的加害行为承担赔偿责任的同时，代表人是否应当承担责任及如何承担责任，立法例上有不同的做法。《德国民法典》规定，法人应对受害人承担单独责任；《瑞士民法典》规定，法人对受害人承担单独责任，然后法人得追究有过错的行为人的个人责任；《日本民法典》规定，法人原则上应对受害人承担单独责任，但董事等人有过错的，应与法人一起对受害人承担连带赔偿责任。上述立法例的主要不同点在于，法定代表人与法人是否就该侵权行为共同承担连带责任。我们认为，在一般情况下，既然承认法定代表人的行为即是法人自身的行为，则使法定代表人对受害人负直接责任于法理不符。法人承担责任后，可以根据法律或者法人章程的规定，对有过错的代表人行使追偿权。但这并不影响在一些特殊的领域，基于震慑和吓阻违法的考虑，以特别法的方式规定法定代表人应当就其实施的职务侵权行为与法人共同承担责任。

从保护受害人的目的而言，由法人一概为其法定代表人侵权行为承担责任，或者由雇主一概为其雇员侵权行为承担责任，实质上的理由之一是，法人或者雇主往往比法定代表人或雇员个人更有资力［替代责任的"深口袋"（deep pocket）原理］，由前者承担责任，更有利于保护受害人。但真实世界中，实情未必如此。对于法律行为相对人而言，由法人而非法定代表人承受该法律行为的后果，合乎相对人的预期。因为相对人是自愿选择与法人发生法律关系，相对人的意思是与法人（而非法定代表人个人）进行交易；相对人在实施法律行为之时，即可预见法律行为后果的承担者。但在法定代表人实施侵权行为时，情况则迥然不同：作为侵权行为的"相对人"，受害人并非自愿与法人或法定代表人发生法律关系。而按照侵权行为法一般规则，法定代表人个人实施侵权行为，应为此承担侵权责任，若因为本条规定的存在而逃脱个人责任，则可能超出受害人的预期。从体系视角来看，代表制度和代理制度存在深刻的共通之处。但在代理的情形中，依照本法第167条规定，如代理事项违法或代理行为违法，而代理人与被代理人均有过错的，代理人与被代理人（对受害人）承担连带责任。此与本条第 1 款规定之间显然存在差异。对此问题，我们在此提出供进一步研究讨论。

▶ 适用指引

法定代表人职务侵权行为的构成要件

在审判实践中适用本条时应当注意，本条所规定的侵权责任是一种特殊侵权责任。侵权责任的成立必须具备以下两个条件：（1）必须是法人的代表人因执行职务的行为而致人损害。所谓"执行职务的行为"，是指执行法人目的事业职务内的行为，主要包括两种情形。第一，狭义的职务上行为。第二，与职务行为有牵连的行为。① 如果加害行为虽非为职务行为本身，但其发生与职务行为有时间、地点以及内容上的关联，可以认定为与职务行为有牵连。（2）法定代表人的加害行为须具备侵权责任的构成条件，如加害行为的违法性、损害后果、加害行为与损害后果之间存在因果关系及行为人有过错（适用无过错责任的除外）。法人对于其代表人或其他有代表权的人的加害行为承担责任后，有权根据法律规定或者公司章程、组织规章的规定，对有过错的代表人或其他有代表权的人行使追偿权。

▶ 类案检索

一、孙某瑞诉范某新、靳某牛、青海省华侨装饰设计有限公司损害股东权益纠纷抗诉案

关键词： 损害股东利益责任　忠实义务　第三人

裁判摘要： 公司的法定代表人因履行职务行为产生的法律后果对公司和股东具有拘束力。公司的法定代表人代表公司归还第三人借款及利息的行为属于其职务行为，并未给该公司及股东造成损害，公司股东要求该法定代表人赔偿损失，不予支持。因此，公司法定代表人以公司名义向他人借款并以公司资产

---

① 最高人民法院民法典贯彻实施工作领导小组主编：《中华人民共和国民法典总则编理解与适用》，人民法院出版社 2020 年版，第 327~328 页。

偿还的，如果该借款是为了公司的发展，并且实际投入到了公司的运作中，则公司股东不能以其违背忠实义务要求承担赔偿责任。

【案　　号】（2010）青民再字第49号

【审理法院】青海省高级人民法院

二、建平县铁南街道办事处、中国联合网络通信有限公司建平县分公司恢复原状纠纷案

关键词：职务侵权行为的民事责任　恢复原状

裁判摘要：本案争议的实质是，被告铁南街道能否在未取得中国联合网络通信有限公司朝阳市分公司同意的情况下在案涉的通信线路及管道上加挂光缆。根据相关文献可以看出，建平县政府曾代表建平县所属乡镇与市联通公司协商，但在没有取得同意的情况下，铁南街道的加挂光缆的行为有违情理。故对原告联通公司要求被告铁南街道停止侵权行为，拆除加挂在原告公司通信管道内和线路上的光缆使其恢复原状的诉讼请求，法院予以支持。《民法典》第62条规定："法定代表人因执行职务造成他人损害的，由法人承担民事责任。"被告付某军的加挂光缆的行为系职务行为，其行为后果应由被告铁南街道承担。

【案　　号】（2021）辽13民终2268号

【审理法院】辽宁省朝阳市中级人民法院

第六十三条 法人以其主要办事机构所在地为住所。依法需要办理法人登记的，应当将主要办事机构所在地登记为住所。

▶ 关联规定

一、法律、行政法规、司法解释

1.《中华人民共和国公司法》

第十条 公司以其主要办事机构所在地为住所。

第二十五条 有限责任公司章程应当载明下列事项：

（一）公司名称和住所；

（二）公司经营范围；

（三）公司注册资本；

（四）股东的姓名或者名称；

（五）股东的出资方式、出资额和出资时间；

（六）公司的机构及其产生办法、职权、议事规则；

（七）公司法定代表人；

（八）股东会会议认为需要规定的其他事项。

股东应当在公司章程上签名、盖章。

2.《市场主体登记管理条例》

第八条 市场主体的一般登记事项包括：

（一）名称；

（二）主体类型；

（三）经营范围；

（四）住所或者主要经营场所；

（五）注册资本或者出资额；

（六）法定代表人、执行事务合伙人或者负责人姓名。

除前款规定外，还应当根据市场主体类型登记下列事项：

（一）有限责任公司股东、股份有限公司发起人、非公司企业法人出资人的姓名或者名称；

（二）个人独资企业的投资人姓名及居所；

（三）合伙企业的合伙人名称或者姓名、住所、承担责任方式；

（四）个体工商户的经营者姓名、住所、经营场所；

（五）法律、行政法规规定的其他事项。

第十一条 市场主体只能登记一个住所或者主要经营场所。

电子商务平台内的自然人经营者可以根据国家有关规定，将电子商务平台提供的网络经营场所作为经营场所。

省、自治区、直辖市人民政府可以根据有关法律、行政法规的规定和本地区实际情况，自行或者授权下级人民政府对住所或者主要经营场所作出更加便利市场主体从事经营活动的具体规定。

3.《最高人民法院关于适用〈中华人民共和国民事诉讼法〉的解释》

第三条 公民的住所地是指公民的户籍所在地，法人或者其他组织的住所地是指法人或者其他组织的主要办事机构所在地。

法人或者其他组织的主要办事机构所在地不能确定的，法人或者其他组织的注册地或者登记地为住所地。

二、部门规章及规范性文件

《事业单位登记管理暂行条例实施细则》

第二十五条 事业单位住所是事业单位的主要办事机构所在地。一个事业单位只能申请登记一个住所。

第三十六条 申请事业单位法人设立登记的单位，应当具备下列条件：

（一）经审批机关批准设立；

（二）有规范的名称和组织机构（法人治理结构）；

（三）有稳定的场所；

（四）有与其业务范围相适应的从业人员、设备设施、经费来源和开办资金；

（五）宗旨和业务范围符合事业单位性质和法律、政策规定；

（六）能够独立承担民事责任。

▶ 条文释义

一、本条主旨

本条是关于法人住所的规定。

二、条文演变

关于法人的住所,原《民法通则》第39条就有明确的法律规定。原《民法总则》在此基础上,对其进行了实质性修改。原《民法总则》的历次审议稿有一定变化,第一次审议稿规定法人以其登记的住所为住所,在主要办事机构所在地与住所不一致以及依法不需要办理登记的情形下,以主要办事机构所在地为住所。第二次审议稿沿用了原《民法通则》第39条的内容。第三次审议稿在此基础上进行了修改,规定法人以其登记的住所为住所,依法不需要登记的,以主要办事机构所在地为住所。为进一步明确认定法人住所的原则及更进一步规范法人住所登记事项,最终稿在原《民法通则》第39条的原有内容上,增加了"依法需要办理法人登记的,应当将主要办事机构所在地登记为住所"的规定。《民法典》对法人住所的规定综合考量了我国法人的特点以及纠纷解决的便利性,沿用了原《民法总则》的规定。

三、条文解读

本条规定了确定法人住所的一般原则,以及应依法办理登记的法人的登记住所。

(一)法人住所的概念和特征

1. 法人住所的概念

自然人有住所,法人也应当有自己的住所。法人住所的效力与自然人基本相同。住所是法人设立的重要条件之一,亦是法人的法律关系的中心地。法人的住所,是指法人主要长期办事机构所在地。法人的"办事机构所在地"是指执行法人业务活动,决定和处理组织事务的机构所在地。"主要办事机构所在地"则应理解为统率法人业务的机构所在地。当法人仅设有一个办事机构时,当无所谓主次之分,该唯一办事机构所在地即为法人的住所,如总公司所在地、总厂所在地、总行所在地等；当法人设有多个办事机构时，则应当综合考虑法人机关所在地、主要业务部门所在地、主要员工办公场所所在地等多方面因素，以确认其主要办事机构所在地，作为法人的住所。

依照《民事诉讼法解释》第52条的规定，依法设立并领取营业执照的法人的分支机构可以作为诉讼参加人。由于此类法人的分支机构经常进行业务活动，对外发生民事法律关系，法人分支机构所在地是其事务执行地，应以法人分支机构所在地为其住所。

2. 法人住所的特征

（1）法人住所的确定性。法人的住所关系到法人的合同履行、纠纷解决、法人清算等重要事项，是法人的法律关系的中心地，其应当是一个确定的地点，而非具有任意性，以免纠纷发生时产生追责困难的问题。法人住所的确定应遵循主客观相结合原则。一方面，法人依法登记的住所当然为法人的住所，此为客观意义上的住所；另一方面，法人的主要办事机构所在地由法人自主决定，此为主观意义上的住所。法人应当将其进行主要经营活动的场所作为住所，以便于进行市场交易以及发生违约或者侵权时追究法律责任。《民事诉讼法司法解释》第3条规定，法人或者其他组织的住所地是指法人或者其他组织的主要办事机构所在地。该条规定删除了旧解释中将"主要营业地"作为法人住所的认定标准，更加明确了法人的住所就是其主要办事机构所在地。

（2）法人住所的可变动性。由于法人的主要办事机构所在地存在变动的可能性，故当法人的主要办事机构所在地发生变动时，法人的住所也应当相应地变动。法人主要办事机构所在地的变动原因主要包括迁移、合并、分立等。另外，有不少地区为吸引企业注册、增加税收，以优惠政策为企业经营活动营造良好的环境，从而使得企业将主要办事机构转移至本区域内。法人变更其住所需要遵循法定变更程序，依法办理变更登记手续。法人的变更手续因主体的不同而有所区分，如《市场主体登记管理条例》第27条规定，市场主体变更住所或者主要经营场所跨登记机关辖区的，应当在迁入新的住所或者主要经营场所前，向迁入地登记机关申请变更登记。迁出地登记机关无正当理由不得拒绝移交市场主体档案等相关材料。

（3）法人住所与登记制度具有紧密联系。住所属于法人的登记事项，法人应当将其主要办事机构所在地登记为住所，以发挥登记的公示效力。《民法典》第65条规定了法人实际情况与登记事项不一致时，不得对抗善意第三人的法律后果，由此督促法人积极办理变更登记。若法人实际主要办事机构所在地与登记住所不一致，就会产生管辖异议，故为了提高纠纷解决效率，法人应当进行住所登记，并且在住所发生变动时及时办理变更登记。

（二）登记的概念及功能

1. 登记的概念

法人的登记是指法人筹办人、负责人或代表人，为设立、变更或终止法人资格，依照法律或其他规范中的相关内容及程序，将法定登记事项向登记主管机关申请登记，经其审查核准，登载于登记簿并公之于众的行为。

2. 登记的功能

（1）登记的创设效力。原则上，法人以登记作为成立标志。法人设立登记是法人依法成立，取得民事主体资格的要件。此种以登记为成立标志的法人主要包括企业法人以及需要登记的事业单位、社会团体法人。此外，根据《民办非企业单位登记管理暂行条例》第12条，以及《基金会管理条例》第11条的规定，须经登记方可成立的法人还包括法人型民办非企业单位以及作为财团法人的基金会。

（2）登记的公示效力。并非所有法人均以登记为成立标志。不以登记为成立标志的法人，包括机关法人、依法不需要办理登记的事业单位与社会团体法人。此时，登记的主要功能就在于向市场公示法人的基本信息，以降低市场参与者的信息搜寻成本，提高交易效率。依照《市场主体登记管理条例》第8条的规定，住所或者主要经营场所是市场主体的登记事项。为更好地规范法人登记，维护交易安全以及保护相对人利益，本条增加"应当将主要办事机构所在地登记为住所"的规定。

（三）法人住所的法律意义

本条明确规定了法人的住所为其主要办事机构所在地。从法律上明确法人的住所，具有多重意义。

1. 具有住所是法人成立的要求

住所是成为民事主体不可或缺的构成要素，缺少这一要素则难以将民事主体特定化，从而影响其享有权利，履行义务和承担责任。法人虽与自然人同为法律主体，但是其只存在于实证的法律制度中，是法律构造物。因此，出于避免法人过度虚拟化的考虑,《民法典》第 58 条明确要求法人成立必须具备自己的住所,得以与社会建立稳定的联系。法人具备自己的住所,是将法人从虚拟引入社会现实的基本要求,也是法人依法成立的要求。

2. 为确定诉讼管辖提供依据

《民事诉讼法》第 22 条对民事诉讼的管辖法院作出了具体规定,其中,第 2 款规定:"对法人或者其他组织提起的民事诉讼,由被告住所地人民法院管辖。"《民事诉讼法》第 27 条规定:"因公司设立、确认股东资格、分配利润、解散等纠纷提起的诉讼,由公司住所地人民法院管辖。"故从法律上确定法人住所,有利于明确案件管辖法院,降低诉讼成本。

3. 确定法律文书的送达处所

《民事诉讼法》第 91 条中规定:"直接送达诉讼文书有困难的,可以委托其他人民法院代为送达,或者邮寄送达。"对法人来说,无论是直接送达还是邮寄送达,均以法人住所地为受送达处所。法人的住所地同时也是法律文书的置备地。

4. 确定债务履行处所

法人通常以住所为基地从事生产经营活动,缔结各种法律关系。因此,住所是联结法人参与的各种法律关系的基点,决定着法人法律关系的空间范围。《民法典》第 511 条规定了当事人就合同内容不明确产生纠纷时的处理规则,其中第三项规定:"履行地点不明确,给付货币的,在接受货币一方所在地履行;交付不动产的,在不动产所在地履行;其他标的,在履行义务一方所在地履行。"在被诉当事人为法人的情形下,此处的"履行义务一方所在地"应当理解为法人的住所所在地。

5. 作为国际私法上决定准据法的根据

在国际私法领域,法人住所是决定纠纷适用法律的重要连接点,能够联系属人主义与属地主义两大法律适用原则。属人主义以国籍作为标准,凡是具有一国国籍的法人无论在何处从事民事活动均适用其本国法律。属地主义则是以领土作为管辖依据,只要法人的民事行为发生在该国领土内,无论系哪国法人均由该国管辖。一方面,法人住所是确定法人国籍的依据。另一方面,法人的住所总是处于某国领土之上,因此,它又是决定属地管辖的依据。欧盟委员会于 1999 年通过的《关于在民事和商事领域的司法管辖以及相互承认和执行裁决的条例》重申了被告住所地管辖的一般原则,并对法人住所的概念进行了统一定义。

适用指引

一、法人住所与场所的区别

法人的住所系具有法律意义的概念，是指法人依法向主管行政机关登记的地点，不同于法人的场所。法人的场所，是指法人从事业务活动或者生产经营活动的处所，既包括法人机关所在地，也包括法人的生产经营场所和其他分支机构所在地。可见，法人场所的范围十分宽泛，包括营业场所、生产车间、销售网点等。法人的住所只有一个，但场所可以有一个或多个。法人的住所与经营场所可以在同一地点，即法人将其拥有的数个经营场所的其中一个中心场所登记为住所，也可以不在同一地点。

法人的住所与场所可以从以下两个方面来区分。其一，从范围上，法人场所的范围较住所更为广泛。其二，从功能上，法人的住所具有法律意义，有法定的民事权利义务指向，而法人的场所则不具备这样的法律功能。因此，法律规定了法人必须有明确的住所，而经营场所的选择应当交由法人依法自治，属于商业判断的范畴。

目前国际上确定法人住所地的标准主要有以下三种：（1）管理中心地主义，即以管理中心地为法人的住所地。法人的管理中心地，又称法人的主事务所所在地或主要办事机构所在地，一般是法人的董事会所在地。以管理中心地作为法人住所地的考虑是，法人的主事务所是法人的首脑机构，决定法人活动的大政方针，所以应当以法人的主事务所所在地为法人的住所。目前发达国家一般规定以法人的主事务所所在地，即法人的主要办事机构所在地为住所。根据本条的规定，我国法人住所的确定即是采取这一标准。（2）营业中心地主义，即以营业中心地为法人的住所地。营业中心地是法人进行生产、经营等活动的地方。以营业中心地作为法人住所的考虑是，法人进行营业活动的地方是其实现设立目的的地方，且相对来说比较稳定。但是，适用营业中心地主义的标准也面临一些问题，一些法人的营业范围往往涉及多个国家，因而有时难以确定其营业中心地。目前，一些发展中国家规定以营业中心所在地为法人的住所。（3）以法人章程所规定的住所地为主，管理中心地为辅。即法人的章程对住所有所规定的,以章程规定为准;章程没有规定的,则以管理中心地,即法人的主要办事机构所在地为其住所。此种标准的考虑是,章程规定的住所具有客观性,在产生纠纷时得以据此更好地保护相对人的合法权益,而主要办事机构系由法人主观决定,很难通过法律手段验证某一场所是否为法人真实的主要办事机构所在地,若法人恶意逃避责任,就可能产生追责困难的问题。

根据本条规定,依法需要办理法人登记的,都应当将主要办事机构所在地登记为住所。

二、关于法人的登记住所与主要办事机构所在地不一致的处理

一般情况下,法人的主要办事机构所在地、注册地或登记地、住所地是重合的,故一般而言,法人登记的住所地即为其主要办事机构所在地。但是,在司法实践中,因法人登记住所地与主要办事机构所在地不一致而发生的争议屡见不鲜。此种矛盾一方面拖延了诉讼程序、浪费了司法资源,另一方面也给了不诚信的一方当事人以可乘之机,损害相对人的利益。

《民法典》与《民事诉讼法解释》对法人住所地的相关规定能够解决实务中可能出现的三种情形:

第一种情形,法人有明确的主要办事机构,也有登记的住所,但是其主要办事机构后续因各种原因发生了变动,且法人依法办理了变更登记手续,依照本条规定将变动后的实际主要办事机构所在地登记为新的住所。在这种情形下,法人变更登记后的登记住所地与其主要办事机构所在地仍然是一致的,法人变更登记后的住所地得以对第三人产生效力。

第二种情形,法人有明确的主要办事机构和登记的住所,但是其主要办事机构所在地发生了变动,而法人没有依法进行变更登记,此时就产生了应当以原登记的住所地为准,还是以其实际的主要办事机构所在地为准的问题。本条将法人区分为需要登记的法人和不需要登记的法人两类,原则上这两类法人都应当以其主要办事机构所在地为住所。不同之处在于,需要登记住所的法人,其住所经登记后会产生公示效力。所有需要办理登记的法人,住所变更而未及时进行变更登记的,原登记住所地法院依然享有管辖权,由此产生的不利法律后果皆由法人自行承担。也即,根据登记的公示公信效力,实务中对于应当办理住所变更登记而未予以办理的法人,仍然以其登记的住所地为准。

第三种情形是,法人的主要办事机构所在地难以确定,但是存在其先前登

记的住所，此时应当如何处理。《民事诉讼法解释》第3条规定，法人以主要办事机构所在地为住所地，仅在主要办事机构所在地无法确定时，才以法人的注册地或登记地为住所地。在该情形中，不存在法人的主要办事机构所在地，仅存在法人的登记住所地，此时没有适用的选择，理应以法人的登记住所地为住所地。

三、法人登记对第三人的公示效力

法人的登记关系到相对人的利益，尤其是营利法人的登记，对保护相对人利益有十分重要的法律意义。营利法人以取得利润并分配给股东等出资人为目的成立，故其与相对人发生法律关系的目的是获取利益，可能产生利益纠纷，此时需要借助法人的登记制度解决问题。法人登记具有公示公信效力，法人应当依照本条规定，将主要办事机构所在地登记为住所，法人依法登记后，又以其登记的住所与其主要办事机构所在地不一致为由，提出管辖异议或者主张人民法院相关法律文书送达地址有误的，不予支持。

法人的登记事项经过公示之后，产生对抗力和公信力。对抗力是指，对于某种权利的内容，可以在法律上向第三人进行主张的效力。凡应进行登记而未经登记的事项，在登记之前，不能对抗不知情的善意第三人。在公告之后，登记事项对第三人发生效力，此时，在交易过程中第三人应当尽到必要的审查注意义务，否则，即使不知情，也可与之对抗。由此可见，登记及公示的对抗力在于，经公示的登记事项可以对抗第三人，从而保护登记人的合法权益。《公司法》第32条第3款规定，公司股东名册登记事项发生变更时，未经登记或变更登记不得对抗第三人。

登记公信力是指对于因信赖登记所表示的物权而进行的物权交易之人，进行物权交易时即使登记所表现的物权不存在或存在瑕疵，法律仍承认其具有与真实的物权存在相同的法律效果。经公告的登记事项在正常情况下具有当然的公信力，但是实践中还存在登记及公告有误的情况。登记及公告错误的原因主要有：（1）因故意或过失而登记不实事项；（2）登记事项发生变化，而未予以登记及公告；（3）公告与登记不符。此时，为了应受保护的善意第三人的利益，应当将不正当登记及公告视为正当。对企业登记及公告仅依其登记及公告的内容赋予法律上的公信力，即使该内容有瑕疵，法律对信赖该内容的第三人也将加以保护。

类案检索

一、山西兴丰源房地产开发有限公司与山西省第二建筑工程公司管辖异议上诉案

关键词： 管辖异议　公司住所　主要办事机构所在地

裁判摘要：《公司登记管理条例》第12条规定："公司的住所是公司主要办事机构所在地。经公司登记机关登记的公司住所只能有一个。公司的住所应当在其公司登记机关辖区内。"《公司法》第10条规定："公司以其主要办事机构所在地为住所"，第7条规定："公司营业执照应当载明公司的名称、住所、注册资本、经营范围、法定代表人姓名等事项。公司营业执照记载的事项发生变更的，公司应当依法办理变更登记，由公司登记机关换发营业执照。"据此，太原市中级人民法院在当事人未办理变更登记前，认定其公司住所地为工商登记的住所地并无不妥。

【案　　号】（2014）晋立民终字第82号

【审理法院】 山西省高级人民法院

二、孙某诉洪某损害公司利益责任纠纷案

关键词： 损害公司利益　管辖权异议　公司住所地

裁判摘要： 飞虹公司在工商行政管理部门登记注册的地址为北京市西城区华远北街2号10××室。2013年8月7日，飞虹公司与北京电信发展有限公司解除了上述房屋的租赁合同。洪某主张飞虹公司于2013年8月搬至北京市大兴区办公，因其提交的证据不足以证明飞虹公司的主要办事机构已搬至上述地址，因此，洪某的该项上诉理由缺乏事实依据，法院不予支持。鉴于飞虹公司的主要办事机构所在地不明确，本案应由飞虹公司的注册地人民法院管辖。飞虹公司注册地在北京市西城区，属于一审法院辖区范围，故一审法院依法对本案有管辖权。

【案　　号】（2014）二中民终字第5499号

【审理法院】 北京市第二中级人民法院

三、北京天研时代投资管理有限公司与新疆东平焦化有限公司企业借贷纠纷上诉案

关键词： 企业借贷　管辖权异议　主要办事机构所在地

裁判摘要： 一般情况下，法院应当以公司营业执照上记载的住所地作为确定管辖争议的事实依据，除非当事人有足够的证据能够推翻公司营业执照上记载的事项。本案中，天研时代公司提交的《房屋转租协议》及交纳租金的《收据》等书证，仅能证明该公司承租了北京市朝阳区××东路×号院××××公寓×座×××室，并不足以证明其主要办事机构，如董事会、监事会等的所在地位于该地点。据此，天研时代公司所述其主要办事机构所在地位于北京市朝阳区的上诉理由，因证据不足而不被本院所采信，其据此所提上诉请求，本院亦不予支持。

【案　　号】（2014）一中民终字第07236号

【审理法院】北京市第一中级人民法院

第六十四条　法人存续期间登记事项发生变化的，应当依法向登记机关申请变更登记。

▶ 关联规定

法律、行政法规、司法解释

1.《中华人民共和国公司法》

第七条　依法设立的公司，由公司登记机关发给公司营业执照。公司营业执照签发日期为公司成立日期。

公司营业执照应当载明公司的名称、住所、注册资本、经营范围、法定代表人姓名等事项。

公司营业执照记载的事项发生变更的，公司应当依法办理变更登记，由公司登记机关换发营业执照。

第十二条　公司的经营范围由公司章程规定，并依法登记。公司可以修改公司章程，改变经营范围，但是应当办理变更登记。

公司的经营范围中属于法律、行政法规规定须经批准的项目，应当依法经过批准。

2.《市场主体登记管理条例》

第二十四条　市场主体变更登记事项，应当自作出变更决议、决定或者法定变更事项发生之日起30日内向登记机关申请变更登记。

市场主体变更登记事项属于依法须经批准的，申请人应当在批准文件有效期内向登记机关申请变更登记。

3.《最高人民法院关于适用〈中华人民共和国公司法〉若干问题的规定（三）》

第二十七条　股权转让后尚未向公司登记机关办理变更登记，原股东将仍登记于其名下的股权转让、质押或者以其他方式处分，受让股东以其对于股权享有实际权利为由，请求认定处分股权行为无效的，人民法院可以参照民法典

第三百一十一条的规定处理。

原股东处分股权造成受让股东损失，受让股东请求原股东承担赔偿责任、对于未及时办理变更登记有过错的董事、高级管理人员或者实际控制人承担相应责任的，人民法院应予支持；受让股东对于未及时办理变更登记也有过错的，可以适当减轻上述董事、高级管理人员或者实际控制人的责任。

▶ 条文释义

一、本条主旨

本条是关于法人应依法办理变更登记的规定。

二、条文演变

关于法人变更登记的规定可以追溯到原《民法通则》第44条："企业法人分立、合并或者有其他重要事项变更，应当向登记机关办理登记并公告。企业法人分立、合并，它的权利和义务由变更后的法人享有和承担。"原《民法总则》对该条文进行了拆分，其中，该条第一款经拆分后改为"法人存续期间登记事项发生变化的，应当依法向登记机关申请变更登记"。首先，将变更登记的主体从"企业法人"扩大到"法人"，扩大了需要变更登记的主体范围。其次，将旧条文中的"其他重要事项"确切化为"登记事项"，减少了司法运用的不确定性。最后，删除"公告"这一条件，增强了登记的公示公信效力。《民法典》对该条规定沿用了原《民法总则》的相关内容。

三、条文解读

（一）法人登记的概念和类型

1. 法人登记的概念

登记是民法的重要制度之一。法人登记是行政主管机关对法人成立、变更、终止的法律事实进行登录，以为公示的制度。在中国，凡从事经济活动的企业法人都应向主管的市场监督管理部门进行登记；按照国家法律的规定，事业单位和社会团体等组织，只有经过有关主管机关批准、登记，才能取得法人资格。

2. 法人登记的类型

在民法上,仅仅存在法人变更的法律事实尚不足以发生相应的法律效果,只有经过登记方可发生该事实的法律效力。根据我国登记管理相关规范,法人登记包括法人的设立登记、变更登记和注销登记。

(1) 法人的设立登记。法人的设立登记是法人取得民事主体资格的要件,是法人依法成立的必要阶段。企业法人、需要登记的事业单位、社会团体法人都应当依法办理设立登记。法人设立登记的登记机关由法律规定。例如负责公司和其他企业法人登记的是各级市场监督管理部门,负责事业单位法人登记的通常是县级以上各级人民政府机构编制管理机关所属的事业单位登记管理机构,负责社会团体法人登记的则是国务院民政部门和县级以上地方各级人民政府民政部门。设立登记的义务人是法人设立人。

(2) 法人的变更登记。法人的变更登记是指法人在性质、组织机构、经营范围、财产状况以及名称、住所等方面发生重大变更时,应当依法向登记机关进行登记。法人变更登记的机关与该法人设立登记的机关相同,但变更登记义务人是法人代表。

(3) 法人的注销登记。法人注销登记指的是法人依法进行终止以及消灭民事主体资格的行为。法人的注销登记机关也与法人设立登记机关相同,但登记义务人是清算组。法人自注销登记完成时终止。

(二)法人登记的法律意义

1. 保护相对人利益,维护交易安全

法人登记制度是为了保证法人独立享受权利、履行义务和承担责任而采取的一种管理方式。一般认为,登记的目的是将既有形式、权利公示于外,以待第三人尊重权利人的权利,履行其基本义务。法人登记信息反映法人的经济情况,有利公众对法人的状况进行评估。法人登记构成了公示法人相关事项的重要制度,通过法人登记,其他主体可获知法人的产生、变更和消灭。在商事交易中,为确保交易安全,商事主体可通过查阅交易对象登记情况而确知其是否成立、是否存续、注册资本多少、住所何在等重要事项,以便作出更准确的商业判断和决策。

维护交易安全是现代民商法的重要价值之一,为保护交易安全,就必然要

求公示法人有关事项。由于登记机关一般为国家行政机关或司法机关，其所公布的登记信息具有权威性，故就法人变更而言，规定法人须将所有重要事项的变更登记于登记机关，使得法人变更相关事项及信息对社会公众产生公信力。法人对相关信息进行公示后，公众得以及时掌握法人的内部情况，对其资信进行准确评估。同时，对法人的成员、财产和机构等情况进行公示后，也有利于保护法人利益免受内部成员侵犯，以及保障债权人在债权请求时的知情权。法人是有限责任的民事主体，法人的投资人在享受有限责任的保护的情况下，理应公布法人情况，让公众及时了解法人内部情况，保证公众对法人的知情权。二者相对应，才能体现民法制度对各民事主体的公平保护。在对法人的情况进行评估后，公众与法人的交易安全性将会大大提高。

2. 利于国家职能部门掌握情况，监督市场秩序

通过登记制度国家不仅可以对各种不同类型的公司企业的经营活动进行必要的监管，而且可以通过法人的登记内容获取所需的统计资料，从而实现国家对经济的宏观调控。各国或地区法律均将与法人尤其是营利法人经营管理相关的重要事项规定为法定登记事项，以方便登记机关对法人进行监督管理。具体而言，即是国家通过建立完善的登记制度实现对法人经营的适度干预，法人登记为实现对法人的监管奠定了重要基础。就法人变更登记这一登记类型而言，规定法人发生变更须依法申请变更登记，可以使公司登记机关随时了解法人重要信息的变化，以便更好地实现间接管理与监督。

3. 利于社会公众监督

法人制度对不同法人的成立条件有不同的要求。对于营利法人，一般情况下法律要求其登记成立。具体细化规定由专项的法律、法规规定。法人登记成立的，登记是其依法取得法人人格的基础，也是法人投资人取得有限责任资格的基础。对于公众来说，有限责任意味着对于法人的投资人不能无限追究责任。这意味着对公众权利的限制。与之相对应的是，法人就有必要接受公众的监督。因此，法人登记成立的，需要将法律规定的信息进行登记公示，接受公众监督。

（三）法人变更的概念和类型

1. 法人变更的概念

法人的变更，理论上有广义、狭义之分。广义的变更，是指法人在存续期间任何登记事项的变更；狭义的法人变更，是指影响法人主体地位的事项在法人存续期间发生变更，主要包括法人的合并、分立、形态变更与目的事业的变更。本条所指的法人变更，应当是广义的变更，不仅包括涉及法人存续状态的变更，还包括任何法人登记事项内容的变更。

法人在存续期间，基于各种原因和目的，如调整经营方向、改变经营规模、分散经营风险、优化资源配置等，可能变更与其自身存在条件有密切关联的登记事项，如组织形式、注册资本、合并、分立等。法人的变更通常会对法人的人格产生重要影响，特别是合并和分立，会导致法人人格的消灭。由于法人的变更通常会涉及第三人及交易安全，故本条规定法人存续期间发生登记事项变更的，应当依法向登记机关申请变更登记。因登记而取得法人资格的法人，其登记事项的变更应依法进行变更登记。而对于非因登记取得法人资格的机关法人，以及部分社会团体法人和事业单位法人，其变更则不需要登记。

2. 法人变更的类型

（1）法人人格的变更。法人人格变更，是指法人的主体形态变更。法人人格的变更包括法人的合并和分立。法人的合并是指两个或两个以上法人根据法律规定或合同约定变更为一个法人，包括新设合并、吸收合并两种形式。吸收合并是指一个法人归并到另一个现存的法人中去，参加合并的两个法人只消灭一个法人，另一个法人继续存在并吸收已消灭的法人，法人兼并、合并多属于此。如浙江大学、杭州大学、浙江医学院等合并为浙江大学即是如此。新设合并则是指两个以上的法人合并为一个新法人，参加合并的法人均消灭，新的法人产生。法人的分立是指一个法人分为两个或两个以上法人的现象，包括创设式分立和存续式分立。创设式分立，是指一个法人分成两个或两个以上的法人，原法人消灭，如中国人民保险公司分立为中国人民财产保险公司和中国人寿保险公司即属此情形。存续式分立则是指原法人存续，并分出一部分财产设立新法人。几个法人各分出一部分财产共同成立一个或几个新法人也属于存续式分立的情形。法人人格的变更，反映了法人的主体状态发生变化，对于社会公众来说具备重大法律意义，因此法律要求法人人格的变更必须进行登记。法人人格的变更直接影响法人的责任承担能力，除了要求法人人格的变更需要进行登记外，法律还要求法人进行相关变更时必须严格依照法律规定的程序和条件进行。

（2）法人组织形态的变更。法人组织形态的变更，是指在不消灭法人人格的前提下，法人从一种组织形态变成另一种组织形态。法人组织形态的变更往往导致法人责任形式、权利义务的改变，如依照《公司法》的规定，有限责任公司依照法定条件和程序，变更为股份有限公司。公司的组织结构的变化会造成法律关系的重大改变，理应进行登记，对外进行公示。登记事项不仅限于变更事项，更为重要的是依法对变更程序性事项也应进行一一登记，并接受权利人的权利主张。

（3）法人其他重要事项的变更。法人其他重要事项的变更系在不消灭法人人格的前提下，法人的某些登记事项发生改变，如名称、住所、法定代表人、经营场所、经营范围、经营期限、注册资本、分支机构等发生变化。以上事项的变更可能对债权人、出资人的利益产生重大影响。虽然法人的主体状态不发生变化，但其名称、住所、法定代表人、注册资本、股权结构等都可能发生一定程度的变更。以上事项的变更，对于公众具备重要意义。因此，法律亦要求法人对重大事项变更进行登记。

3. 企业法人及其他法人的变更登记

（1）企业法人的变更登记。企业法人变更登记的事项通常包括合并与分立，变更组织形式，增设或者撤销分支机构，以及法人经营范围、注册资本、住所、法定代表人、经营方式的变动等。《市场主体登记管理条例》第24条即专门规定了变更登记事宜："市场主体变更登记事项，应当自作出变更决议、决定或者法定变更事项发生之日起30日内向登记机关申请变更登记。市场主体变更登记事项属于依法须经批准的，申请人应当在批准文件有效期内向登记机关申请变更登记。"

（2）其他法人的变更登记。除了企业法人以外，其他法人的登记事项发生变更的，同样应当依法办理变更登记。例如，依据《民办非企业单位登记管理暂行条例》和《社会团体登记管理条例》的规定，民办非企业单位和社会团体的登记事项需要变更的，均应当自业务主管单位审查同意之日起30日内，向登记管理机关申请变更登记。此外，依据《事业单位登记管理暂行条例》及其实施细则的规定，事业单位的登记事项需要变更的，应当向登记管理机关申请变更登记。事业单位申请变更登记，应当向登记管理机关提交法定代表人签署的事业单位法人变更登记申请书和《事业单位法人证书》副本复印件。因变更事项的不同，还应当提交其他相应文件。例如变更名称的，提交审批机关批准文件；变更住所的，提交新住所证明文件；变更宗旨和业务范围且内容涉及资质认可或者执业许可的，出示相应的资质认可证明或者执业许可证明，并提交其复印件；等等。事业单位变更登记事项的，应由登记管理机关予以公告。

▶ 适用指引

一、法人未依法办理变更登记的法律后果

（一）不需要登记的事项，正常发生法律效力

法律要求法人应当对重大事项变更进行登记，但法律不要求法人对所有情况的变更都必须进行登记。因此，若变更事项系法律不要求法人进行变更登记的事项，不登记不影响该事项的法律效力。

（二）应依法登记而未登记的事项，对外不发生法律效力

对于法律规定法人应当进行变更登记的事项，法人未履行登记义务的，则该变更事项的法律认定仍然以变更前的登记信息为准。法人应将其存续期间发生变化的登记事项依法向登记机关申请变更登记，如法人未办理变更登记，对于变更事项，如法人住所、法定代表人相关的权利义务及责任等的认定，应以变更前的登记信息为依据，法人不得以其相关事项实际发生变更为由否认登记信息的效力，其实际发生的变更事项不能对抗善意第三人。

（三）应依法登记而未登记的事项，对法人内部具备效力

法人将内部信息进行登记，是一项公示制度。未履行公示制度，虽欠缺对外发生法律效力的要件，但并不影响其对法人内部的效力。法人的登记公示系对外作出的法律行为，法人内部对于内部情况变化是明知的，不存在侵犯知情权的情况。故实践中，法人内部成员对于信息变更未进行登记，以欠缺形式要件为理由，要求否认法律效力的请求一般不会得到支持。

二、法人未依法申请变更登记情形下其民事行为效力的认定

法人未依法申请变更登记情形下其民事行为效力的认定，应依照本法有关

民事法律行为的效力的规定、本法合同编、《公司法》及其司法解释对合同效力的规定依法作出认定。如有限责任公司股东经协商，自愿在原有股东内部转让股份的协议应认定为有效，该协议签订后如未履行股东变更程序，一般而言，不应仅因此影响合同效力。转让双方或其他股东主张未经股东变更程序的协议因形式欠缺而无效的，一般不予支持。

▶ 典型案例

高某杰与定西市熙海油脂有限责任公司等股东资格确认纠纷案

关键词： 股东资格确认　公司减资程序

裁判摘要： 关于高某杰的股权比例问题。孙某山等28人依据熙海公司2006年6月20日股东联席会议决议与熙海公司签订了股权转让协议，并领取了相应的退股资金和利息，以及之前张某忠等19人领取入股资金。上述退股行为均系由熙海公司收回股份，属公司减资行为。虽高某杰认为张某锋等人并非退股，应属股权转让，相应股权转让款项系由其个人账户支付，但由于熙海公司经营管理不规范，高某杰个人贷款、公司经营所需以及股东入股、退股等资金往来大多在高某杰个人银行账户发生，事实上造成了公司账户与高某杰个人账户混同，不能仅凭通过其账户支付款项即认定为股东之间的股权转让，且根据股东联席会决议内容显示，张某锋等人应属退股，即公司的减资行为，并非股权转让。根据公司资本维持原则，公司在存续过程中，应当保持与其资本额相当的财产以防止公司资本的实质性减少，维持公司偿债能力，保护债权人利益。对此，《公司法》第177条规定："公司需要减少注册资本时，必须编制资产负债表及财产清单。公司应当自作出减少注册资本决议之日起十日内通知债权人，并于三十日内在报纸上公告。债权人自接到通知之日起三十日内，未接到通知书的自公告之日起四十五日内，有权要求公司清偿债务或者提供相应的担保。"据此，公司减资需履行法定程序。《公司法》第35条也规定，公司成立后，股东不得抽逃出资。据此，熙海公司成立之初向部分股东退还股金的行为造成熙海公司实有资本减少，该减资行为未经法定程序且熙海公司自设立后在工商部门的注册登记从未变更，股东退股时也未进行相应的工商变更登记，据此应以工商登记的47.4%确定高某杰的股权比例。

基本案情：2003年11月4日，原甘肃省定西地区行政公署作出《关于甘肃省永新油脂化工有限公司深化改革实施方案的批复》，同意甘肃省永新油脂化工有限公司（以下简称永新公司）改制方案，永新公司的产权首先在内部职工中竞价出让。高某杰以366万元受让原永新公司的全部资产。

2004年1月9日，在原永新公司改制的基础上成立的定西市熙海油脂有限责任公司（以下简称熙海公司）注册成立，注册资本366万元。高某杰以原永新公司土地使用权作抵押向信用联社贷款200万元，并以其中的173.5万元作为出资，占注册资本的47.4%，其余26.5万元用于部分职工配股，受配股股东未给付高某杰配股款。

2004年8月25日，高某杰将其以原永新公司土地使用权作抵押向信用联社所贷200万元又转贷于其名下，并以改制后成立的熙海公司土地使用权作抵押。2004年1月至2006年8月期间，张某忠等19人经时任公司董事长高某杰同意，从公司财务处领取其当时入股的全部资金。2006年6月20日熙海公司召开股东会议，决定自愿退股的由公司收回股份。此后孙某山等28人与熙海公司签订《股权转让协议》，退回全部入股资金。退股资金和利息均由高某杰个人账户支付。2006年7月12日，高某杰以熙海公司房地产作抵押向信用联社贷款130万元。高某杰起诉请求：（1）依法确认高某杰的股东资格，在熙海公司注册资金366万元中占有332.14万元，所占公司股份的比例为90.75%；（2）判令熙海公司给高某杰签发出资证明书、记载于股东名册，并办理公司登记机关登记。张某锋等第三人亦提出确认其在熙海公司相应股权的诉讼请求。

【案　　号】（2019）最高法民申5080号
【审理法院】最高人民法院
【来　　源】《最高人民法院第六巡回法庭2019年度参考案例》

▶ 类案检索

一、傅某明、朱某军与无锡新中润国际集团有限公司公司决议效力确认纠纷案

关键词：公司决议　效力确认　股权变更登记　法定义务

裁判摘要：《公司法》第22条规定："公司股东会或者股东大会、董事会的决议内容违反法律、行政法规的无效。"《公司法》第74条、《公司登记管理条例》第35条、《公司法规定（三）》第24条均规定办理股权变更登记是公司的法定义务，故新中润公司不能通过股东会决议免除其应尽的法定义务或者为其应尽的法定义务设置前提条件。新中润公司股东创立大会通过的公司章程中规定，股东对公司负有到期债务的，在其转让或受让股权时，应当先行向公司清偿其债务；否则，公司不予办理登记、过户手续。该规定也与上述法律、行政法规、司法解释的规定相悖，且本案所涉决议内容范围要宽于股东创立大会通过的公司章程规定的情形。傅某明、朱某军主张5号决议中关于暂停办理股权转让手续的决议内容违反上述法律、行政法规、司法解释的规定，该院予以支持。

《公司法》第72条规定："有限责任公司的股东之间可以相互转让其全部或者部分股权。公司章程对股权转让另有规定的，从其规定。"《公司法》第73条规定也未排除第72条中"公司章程对股权转让另有规定的，从其规定"的适用，故5号决议中对股东持股比例的限制并未违反《公司法》第72条、第73条的规定。傅某明、朱某军以5号决议中关于持股份额不得超过15.0%（包含15.0%）的内容违反《公司法》第72条、第73条的规定为由，要求确认上述决议内容无效的主张，该院不予支持。

【案　　号】（2012）崇商初字第0182号
【审理法院】江苏省无锡市崇安区人民法院

二、北京宝利达投资管理有限责任公司与上海浦之威投资有限公司等股权转让纠纷案

关键词： 股权转让　股权变更登记

裁判摘要： 首先，股权变更与股权变更登记是两个不同的概念。根据《公司法》及《公司登记管理条例》的有关规定，受让人通过有效的股权转让合同取得股权后，有权要求公司进行股东变更登记，公司须根据《公司法》及公司章程的规定进行审查，经审查股权的转让符合《公司法》及章程的规定，同意将受让人登记股东名册后，受让人才取得公司股权，成为公司认可的股东，这就是股权变更。但股东名册是公司的内部资料，不具有对世性，不能产生对抗第三人的法律效果，只有在公司将其确认的股东依照《公司登记管理条例》的

规定到工商管理部门办理完成股东变更登记后，才取得对抗第三人的法律效果，这就是股权变更登记。

其次，公司股东的工商登记属于宣示性的登记，而不是设权性登记。因为公司将其确认的股东向工商管理部门办理登记，公司的确认已经实现，股东的身份已经确定，股东的权利也已经产生，股东的工商登记仅仅是一种宣示而已。因此，股东权利的获得与行使并不以工商登记程序的完成为条件。股东的工商登记来源于公司的登记，或者说股东的工商登记以公司股东名册为基础和根据。这不仅表现为程序上的时间顺序，更是由两种登记的不同性质决定的。公司股东名册的登记确定股权的归属，工商管理部门将其进行工商登记。公司股东名册的登记发生变动，工商登记的内容亦作相应的更改。两者之间的关系决定了在发生差异的时候，即工商登记的内容与公司股东名册登记内容不一致的时候，作为一般原则，公司股东名册的登记内容应作为确认股权归属的根据；在股权转让合同的当事人之间、股东之间、股东与公司之间因为股权归属问题发生纠纷时，当事人不得以工商登记的内容对抗公司股东名册的记录，除非有直接、明确的相反证明。

最后，结合本案双方当事人在《股权转让合同》中的约定，应认定第三期人民币600万元支付的时间应确定为股权变更登记之日满两年，而不是股权变更之日满两年。

【案　　号】（2009）高民终字第1824号
【审理法院】北京市高级人民法院

三、周某权与安顺市航顺新型建材有限公司、张某等买卖合同纠纷案

关键词：买卖合同　工商登记变更

裁判摘要：关于航顺公司应否对货款及利息承担偿还责任的问题。根据《公司法》第13条"公司法定代表人变更，应当办理变更登记"和第32条第3款"公司应当将股东的姓名或者名称向公司登记机关登记；登记事项发生变更的，应当办理变更登记"的规定，公司名称、法定代表人和股东的变更均属于公司登记事项的变更，变更后的公司与变更前的公司对外系同一主体，不属新设立的公司。本案中，节能公司通过股权转让的方式变更为航顺公司，虽然公司名称、法定代表人和股东发生了变更，但航顺公司并非新设立的公司，其

应对登记事项变更前公司的债务承担偿还责任。故上诉人航顺公司应对货款及利息承担偿还责任。

【案　　号】（2016）黔04民终752号
【审理法院】贵州省安顺市中级人民法院

> 第六十五条　法人的实际情况与登记的事项不一致的，不得对抗善意相对人。

关联规定

法律、行政法规、司法解释

《中华人民共和国公司法》

第三十二条　有限责任公司应当置备股东名册，记载下列事项：

（一）股东的姓名或者名称及住所；

（二）股东的出资额；

（三）出资证明书编号。

记载于股东名册的股东，可以依股东名册主张行使股东权利。

公司应当将股东的姓名或者名称向公司登记机关登记；登记事项发生变更的，应当办理变更登记。未经登记或者变更登记的，不得对抗第三人。

条文释义

一、本条主旨

本条是关于法人登记的公信效力的规定。

二、条文演变

原《民法通则》没有对法人登记的公信效力作出规定。2005年修正的《公司法》第33条第3款规定："公司应当将股东的姓名或者名称向公司登记机关登记；登记事项发生变更的，应当办理变更登记。未经登记或者变更登记的，不得对抗第三人。" 2013年修正的《公司法》对法条顺序作出调整，将原第33条调整为第32条，条文内容不变。2018年修正的《公司法》对第32条予以维持。但《公司法》第 32 条第 3 款的规定在文义上仅限于股东的姓名及名称登记的公信效力，没有对其他登记事项的公信效力作出规定。此外，其他企业法人、社会团体法人、事业单位法人、民办非企业单位法人的登记事项的公信力规则仍付之阙如，亟待统一的一般化规则。为对实践中法人的实际情况与登记事项不一致产生的法律纠纷提供明确的裁判标准，对解决此类纠纷发挥规范作用，《民法典》发展了《公司法》第 32 条第 3 款的精神，增加了关于法人登记的公信力的规定，进一步健全了我国法人登记制度。

在编撰《民法典》过程中，此规定的条文顺序与内容几经修改，历经如下演变过程。《民法总则（2015 年 8 月 28 日民法室室内稿）》第 59 条规定："法人登记的事项与实际情况不符的，不得对抗善意第三人。"《民法总则（草案）（征求意见稿）》第 58 条第 2 款规定："实际情况与法人登记的事项不符的，不得对抗善意第三人。"《民法总则（草案）（2016 年 5 月 20 日修改稿）》第 57 条规定："法人的实际情况与登记的事项不一致的，不得对抗信赖登记的善意第三人。"2016 年 6 月 27 日，第十二届全国人大常委会第十二次会议首次审议民法总则草案，形成了《民法总则草案一审稿》)，其第 61 条对前述 57 条予以维持。2016 年 10 月 11 日《民法总则草案二审稿》第 63 条删除了前述第 57 条、第 61 条中的"信赖登记的"这一定语。《民法总则草案三审稿》于第 65 条将前述"第三人"修改为"相对人"。《民法典》未对原《民法总则》第 65 条进行修改。

三、条文解读

本条规定了法人实际情况与登记的事项不一致，不得对抗善意相对人的法效果。

（一）法人登记的事项

法人登记是对法人参与社会活动的一项管理制度，为保障法人的构成和运行合法，保持法人状态的相对稳定和被社会知情，国家依法设立专门机关对法人进行登记并公示管理。法人登记是法人确立民事权利能力和民事行为能力，变更民事权利能力和民事行为能力，以及消灭民事权利能力的要件。法人登记的目的在于保护相对人的利益，维护交易安全，同时也有利于国家职能部门掌握情况，实施监督管理。除依法不需要进行登记的法人以外，法人登记通常包括法人的设立登记、变更登记和注销登记。

依据《市场主体登记管理条例》《社会团体登记管理条例》《事业单位登记管理暂行条例》及《民办非企业单位登记管理暂行条例》及有关实施细则的规定，登记的事项包括：

1. 市场主体登记事项。市场主体登记注册的事项包括：企业法人名称、主体类型、经营范围、住所或者主要经营场所、法定代表人、执行事务合伙人或者负责人姓名、注册资本或者出资额等。

2. 社会团体登记事项。社会团体登记事项包括：名称、住所、宗旨、业务范围、活动地域、法定代表人、活动资金和业务主管单位。

3. 事业单位法人登记事项。事业单位法人登记事项包括：名称、住所、宗旨和业务范围、法定代表人、经费来源（开办资金）等。

4. 民办非企业单位（即社会服务机构）登记事项。民办非企业单位登记事项包括：民办非企业单位的名称、住所、宗旨和业务范围、法定代表人或者负责人、开办资金和业务主管单位。

（二）法人实际情况与登记的事项不一致的情形

法人的实际情况与登记的事项不一致，包括两种情形：一是法人设立登记时即出现法人的实际情况与登记的事项不一致；二是存续期间登记事项发生变更但未依法及时办理变更登记。法律、行政法规要求法人登记的事项往往是与其基本存在条件有重大关系的事项，如组织形式、目的范围、注册资本、法定代表人。这些在登记机关登记的重大事项产生对外公示的效力，如果登记事项一开始就与法人的实际情况不符，或者存续期间登记事项发生变更但未依法及时办理变更登记，就会出现对外公示的登记信息与法人的实际信息不一致的情况，从而危及交易安全和交往安全。尽管立法要求法人在设立登记时应当如实登记相关事项，法人存续期间登记事项发生变更的应当及时申请变更登记，但基于各种原因，实践中仍然会出现法人的实际情况与登记的事项不相符合的情形。

（三）法人登记的公信力

1. 立法过程中"第三人"与"相对人"的辨析

关于法人的实际情况与其登记事项不一致的法律后果，我国以往的法律未作一般性规定。《民法总则草案一审稿》第61条规定："法人的实际情况与其登记的事项不一致的，不得对抗信赖登记的善意第三人。"有的意见提出，这个规定应当再斟酌。民法上的善意第三人概念，实际上已经含有信赖登记之意。所谓"善意第三人"，就是指信赖登记簿的记载、不知该记载与实际权利状况不符的买受人。例如，原《物权法》第106条关于善意取得的规定，并未额外规定"信赖登记"。添加"信赖登记"字样，容易使人误解为除善意之外另有信赖要件、进而要求第三人证明自己信赖登记，这不利于对善意第三人的保护，与立法目的不符。因此，建议删除"信赖登记的"几个字，将草案第61条修改为："法人的实际情况与其登记的事项不一致的，不得对抗善意第三人。"立法机关经研究采纳了该意见。《民法总则草案二审稿》第63条规定："法人的实际情况与登记的事项不一致的，不得对抗善意第三人。"

在其后的立法过程中，围绕"法人的实际情况与登记的事项不一致的"，其效果是"不得对抗善意相对人"，还是"不得对抗善意第三人"，也有不同意见。经研究认为，民法上的相对人是指合同对方当事人。按照合同相对性原理，一个合同关系（A—B）中，双方当事人互为"相对人"。善意相对人与恶意相对人的区分是：一方（A）有影响合同效力的事由（无处分权、超越代表权、超越代理权、超越经营范围）时，对方（B）对此事由"不知"而进行交易，即属于"善意相对人"；反之，对方（B）对此事由"明知"，即属于"恶意相对人"。民法上的"第三人"，指合同双方当事人之外的、与一方存在某种法律关系的特定人。其中，合同法上的"第三人"与物权法上的"第三人"，亦有不同。合同法上的"第三人"，指连续交易合同（A—B、B—C）关系中，后一合同（B-C）关系的受让人C。如果C对于前合同（A—B）关系存在无效、可撤销事由"不知"而进行交易，即为"善意第三人"；反之，如果C对于前合同（A—B）关系存在无效、可撤销事由"明知"而进行交易，即为"恶意第三人"。物权法上的"第三人"，主要指重复交易（一物二卖）合同（A—B、A—C）关系中，后一合同（A—C）关系的受让人C。如果C对于前一合同（A—B）关系的存在"不知"而进行交易，即为"善意第三人"；反之，如果C对于前一合同（A—B）关系的存在"明知"而进行交易，即为"恶意第三人"。例如，《民法典》第225条规定特别动产物权变动未经登记不得对抗"善意第三人"，其所谓"第三人"即指重复交易（A—B、A—C）中后一合同（A—C）关系的买受人C。据此，《民法总则草案三审稿》第63条规定:"法人的实际情况与登记的事项不一致的,不得对抗善意相对人。"第63条最终成为本条规定。

2. 公信效力的正确性推定效力与善意保护效力

法人登记的公信效力,是指法人凡经登记的内容,应当推定其具有相应的法律效力,善意第三人根据登记内容所为的行为应当有效。法人登记制度要求法人将所有重要事项登记于法人登记机关,其他民事主体可以查阅这些事项,以便准确获知法人的重要信息,以达到公示目的。由于登记机关多为国家机关,其对法人的设立、变更、注销进行的登记行为,彰显了公权力对私权利的确认、对私法事实的公示,其所公布的登记信息具有权威性,足以使社会公众相信其真实、准确,故对社会公众产生公信力。交易相对方可根据登记公布的信息判断法人的履约能力、交易风险。如法人登记"外观"不能为社会一般人所信赖,势必造成登记制度的混乱,阻碍民商事交易的进行,亦难以达到保护交易安全的目的。法人登记具有公信力,是各国民法普遍认可的基本原理,更是商法"商事外观"原则的应有之义,究其原因,一方面在于公权力的可信任性,另一方面则是交易安全的要求。

法人登记的公信效力首先是法人登记的正确性推定效力。法人已经登记事项应与其实际状况一致,这是民事法律制度的基本要求。法人登记的公信效力还体现在其具有善意保护效力。所谓法人登记的善意保护效力,是指法人登记公示的事项即使与法人实际情况不一致,对于基于信赖该公示事项而与法人交易的善意相对人,其正当权益不因错误登记而受损。否则,若善意相对人在每次交易时,都因不信赖法人登记事项而不得不自力审查相对人的各项情况,不仅于民事效益不利,亦有违基本公平。如何界定相对人"善意"的含义,亦是本条的重点内容。近现代民商立法大多在以下两种情况下使用"善意"一词:一是指行为人动机纯正,没有损人利己的不法或不当目的的主观态度;二是指行为人在为某种民事行为时不知存在某种足以影响该行为法律效力的因素的一种心理状态。本条内容中"善意"应是指行为人对其实施的行为和后果的一种心态,行为人非因自身过错而"不知""无法知道"或"不应知道"相对人登记的情况与其实际情况不符。

适用指引

一、相对人善意是否应以相对人实际查阅登记簿载明的内容为前提

一般而言，只要相对人按登记的内容进行交易，即使未阅览登记簿也不宜推定其非善意相对人。不必过分探求相对人是否实际查阅从而确定其知或不知、信或不信，若相对人的交易行为与登记内容相符合，即可以推定相对人无过失。实践中对过错的认定可结合具体情况，依客观实际或交易习惯下社会一般人之标准作出一般性的规定。

二、股东向公司主张权利问题

根据《公司法》第32条第3款的规定，公司应当将股东的姓名或者名称向公司登记机关登记；登记事项发生变更的，应当办理变更登记。未经登记或者变更登记的，不得对抗第三人。股东名册在处理各股东关系上具有确定的效力，一般情况下，记载于股东名册的股东，才可以依股东名册的记载主张行使股东权利。名义上或实质上的权利人在尚未完成股东名册登记或者股东名册上的股东名义变更前，不能对抗公司。

典型案例

一、北京公达房地产有限责任公司与北京祥和三峡房地产开发公司房地产开发合同纠纷案

关键词：房地产开发合同　停止职务　对外代表行为

裁判摘要：公司的法定代表人依法代表公司对外进行民事活动。法定代表人发生变更的，应当在工商管理部门办理变更登记。公司的法定代表人在对外签订合同时已经被上级单位决定停止职务，但未办理变更登记，公司以此主张合同无效的，人民法院不予支持。

基本案情：北京燕南三峡房地产开发公司（以下简称老三峡公司）系由中国三峡经济发展总公司批准成立，1993年3月19日由北京市大兴县工商行政管理局注册登记，其法定代表人为刘某章。1994年4月12日，北京厨房设备

集团公司（以下简称北厨集团）（甲方）与老三峡公司（乙方）签订《关于北京厨房设备厂旧址有偿转让合同》，约定甲方将其所拥有的坐落在北京市崇文区永外大街革新里××号总面积约共七千四百平方米、建筑面积五千平方米的房屋产权转让给乙方；乙方支付甲方 2500 万元转让费。1994 年 7 月 31 日，老三峡公司与北京公达房地产有限责任公司（以下简称公达公司）签订合作开发革新里二十六号院协议，约定由双方共同筹集资金，按投资比例分成。同年 8 月 3 日，中国三峡经济发展总公司房地产经营开发部与老三峡公司联合发文，作出了停止刘某章三峡公司经理工作的决定。同月 9 日刘某章收到该决定。1994 年 9 月 19 日，北京市计委、北京市建委以京计基字（1994）第 1165 号文批复，同意老三峡公司开发建设革新里小区。1995 年 2 月 28 日，老三峡公司向北京市大兴县工商局申请变更企业法人代表刘某章为张某利。1995 年 4 月 13 日、15 日、17 日，刘某章持老三峡公司公章以法定代表人身份与公达公司签订了革新里项目转让协议及补充协议，约定三峡公司将此项目全部转让给公达公司，由公达公司全权负责完成此项目，一切债权债务由公达公司负责。1995 年 4 月 22 日，北京市大兴县工商局将老三峡公司法人代表由刘某章变更为张某利。同年 6 月 8 日，北京市经济委员会、北京市计划委员会、北京市城乡规划委员会、北京市市政管理委员会以（95）京安字第 278 号文批复，同意北厨集团将位于革新里二十六号原厂址使用权有偿转让给老三峡公司。同年 6 月 29 日，老三峡公司经西城区工商局更名为北京祥和三峡房地产开发公司（以下简称三峡公司）。

老三峡公司自改名后，不履行合同，不承认双方所签订的合同，故公达公司向北京市第一中级人民法院（以下简称北京一中院）起诉三峡公司履行合同并赔偿经济损失 250 万元。北京一中院认为虽然老三峡公司的开发权经有关部门追认批准，但因老三峡公司原法定代表人刘某章在明知其已被停止职务后，仍以该公司法定代表人的身份与公达公司签订转让革新里项目协议，系无权代理行为，且其时正值华泰公司与三峡公司为解决履行合作协议产生的纠纷在法院诉讼期间，刘某章既向一审法院隐瞒实情，又不征询合作方华泰公司的意见，侵害了他人利益，故该协议无效，对公达公司的诉讼请求不予支持。公达公司上诉至北京市高级人民法院（以下简称北京高院），北京高院二审认为，刘某章隐瞒老三峡公司与华泰公司已经签订了合作开发革新里项目协议书、自己已被停止履行三峡公司法定代表人之职务和时值华泰公司与三峡公司履行双方所签订合作协议正在法院诉讼期间之事实，仍与公达公司签订转让革新里项目协议，违背了诚实信用原则，属欺诈行为，故老三峡公司与公达公司签订的转让协议无效，驳回公达公司上诉，维持原判。公达公司申请再审，最高人民法院提审本案。最高人民法院认为刘某章在签订协议时虽已被其上级单位决定停止职务，但该决定属三峡公司内部工作调整，刘某章代表三峡公司对外进行民事活动的身份仍应以工商登记的公示内容为依据。不能以其公司内部工作人员职务变更为由，否认其对外代表行为的效力。

【案　　号】（2009）民提字第 76 号

【审理法院】最高人民法院

【来　　源】《最高人民法院公报》2010 年第 11 期

二、大拇指环保科技集团（福建）有限公司与中华环保科技集团有限公司股东出资纠纷案

关键词： 股东出资　外商独资企业　内部争议

裁判摘要： 按照《涉外民事关系法律适用法》第 14 条第 1 款的规定，我国外商投资企业与其外国投资者之间的出资义务等事项，应当适用中华人民共和国法律；外国投资者的司法管理人和清盘人的民事权利能力及民事行为能力等事项，应当适用该外国投资者登记地的法律。

《公司法》第 13 条规定，公司法定代表人变更应当办理变更登记。对法定代表人变更事项进行登记，其意义在于向社会公示公司意志代表权的基本状态。工商登记的法定代表人对外具有公示效力，如果涉及公司以外的第三人因公司代表权而产生的外部争议，应以工商登记为准。而对于公司与股东之间因法定代表人任免产生的内部争议，则应以有效的股东会任免决议为准，并在公司内部产生法定代表人变更的法律效果。

基本案情： 大拇指环保科技集团（福建）有限公司（以下简称大拇指公司）于 2004 年经福建省人民政府商外资字〔2004〕0009 号文件批准设立为外国法人独资有限责任公司。2005 年 9 月起，该公司股东为中华环保科技集团有限公司（系为在新加坡注册成立的公司，以下简称环保科技公司）。2012 年 12 月 18 日，大拇指公司的法定代表人变更为洪某。

由于对大拇指公司法定代表人由田某变更为洪某持异议，2012 年 5 月 16 日，环保科技公司向福州中院起诉大拇指公司、田某、陈某和潘某土与公司有

关的纠纷，福州中院就该案已于2013年9月17日作出（2012）榕民初字第268号（以下简称268号案）一审判决：一、确认环保科技公司于2012年3月30日作出的《书面决议》和《任免书》有效；二、大拇指公司应于判决生效之日起十日内办理法定代表人、董事长、董事的变更登记和备案手续，将大拇指公司的法定代表人、董事长变更为保某武（Cosimo Borrelli），董事变更为保某武、徐某雯、宋某；三、驳回环保科技公司的其他诉讼请求。

福建高院认为，环保科技公司系新加坡法人，在中国境内设立外商独资企业大拇指公司，其作为股东对大拇指公司的出资应适用中国法律。在适用中国法律的前提下，工商登记的信息具有公示公信的效力。认定大拇指公司的法定代表人仍应以工商登记为准，在无证据证明保某武被登记为大拇指公司的法定代表人前，其代表大拇指公司作出撤诉的意思表示不具有法律效力，故不予认可。因此，福建高院判决环保科技公司向大拇指公司缴纳出资款4500万元。

环保科技公司不服一审判决，向最高人民法院提起上诉。最高人民法院认为，环保科技公司的司法管理人和清盘人的民事权利能力及民事行为能力等事项，应当适用环保科技公司的登记地即新加坡法律，根据新加坡公司法227G（2）以及272（2）(a)的规定，环保科技公司的司法管理人以及清盘人均有权代表公司进行相关诉讼，亦有权委托代理人参加诉讼。因此，大拇指公司就环保科技公司诉讼代表权及其代理人资格提出的异议不能成立。对于公司与股东之间因法定代表人任免产生的内部争议，则应以有效的股东会任免决议为准，并在公司内部产生法定代表人变更的法律效果。因此，环保科技公司作为大拇指公司的唯一股东，其作出的任命大拇指公司法定代表人的决议对大拇指公司具有拘束力。本案起诉时，环保科技公司已经对大拇指公司的法定代表人进行了更换，其新任命的大拇指公司法定代表人明确表示反对大拇指公司提起本案诉讼。因此，本案起诉不能代表大拇指公司的真实意思，应予驳回。故判决撤销一审判决，驳回大拇指公司的起诉。

【案　　号】（2014）民四终字第20号
【审理法院】最高人民法院
【来　　源】《最高人民法院公报》2014年第8期

第六十六条　登记机关应当依法及时公示法人登记的有关信息。

关联规定

一、法律、行政法规、司法解释

1.《市场主体登记管理条例》

第三十五条　市场主体应当按照国家有关规定公示年度报告和登记相关信息。

第三十六条　市场主体应当将营业执照置于住所或者主要经营场所的醒目位置。从事电子商务经营的市场主体应当在其首页显著位置持续公示营业执照信息或者相关链接标识。

第三十七条　任何单位和个人不得伪造、涂改、出租、出借、转让营业执照。

营业执照遗失或者毁坏的，市场主体应当通过国家企业信用信息公示系统声明作废，申请补领。

登记机关依法作出变更登记、注销登记和撤销登记决定的，市场主体应当缴回营业执照。拒不缴回或者无法缴回营业执照的，由登记机关通过国家企业信用信息公示系统公告营业执照作废。

第三十八条　登记机关应当根据市场主体的信用风险状况实施分级分类监管。

登记机关应当采取随机抽取检查对象、随机选派执法检查人员的方式，对市场主体登记事项进行监督检查，并及时向社会公开监督检查结果。

第四十条　提交虚假材料或者采取其他欺诈手段隐瞒重要事实取得市场主体登记的，受虚假市场主体登记影响的自然人、法人和其他组织可以向登记机关提出撤销市场主体登记的申请。

登记机关受理申请后，应当及时开展调查。经调查认定存在虚假市场主体登记情形的，登记机关应当撤销市场主体登记。相关市场主体和人员无法联系或者拒不配合的，登记机关可以将相关市场主体的登记时间、登记事项等通过国家企业信用信息公示系统向社会公示，公示期为45日。相关市场主体及其利害关系人在公示期内没有提出异议的，登记机关可以撤销市场主体登记。

因虚假市场主体登记被撤销的市场主体，其直接责任人自市场主体登记被撤销之日起3年内不得再次申请市场主体登记。登记机关应当通过国家企业信用信息公示系统予以公示。

2.《社会团体登记管理条例》

第二十三条 社会团体成立、注销或者变更名称、住所、法定代表人，由登记管理机关予以公告。

3.《企业信息公示暂行条例》

第二条 本条例所称企业信息，是指在工商行政管理部门登记的企业从事生产经营活动过程中形成的信息，以及政府部门在履行职责过程中产生的能够反映企业状况的信息。

第三条 企业信息公示应当真实、及时。公示的企业信息涉及国家秘密、国家安全或者社会公共利益的，应当报请主管的保密行政管理部门或者国家安全机关批准。县级以上地方人民政府有关部门公示的企业信息涉及企业商业秘密或者个人隐私的，应当报请上级主管部门批准。

第五条 国务院工商行政管理部门推进、监督企业信息公示工作，组织企业信用信息公示系统的建设。国务院其他有关部门依照本条例规定做好企业信息公示相关工作。

县级以上地方人民政府有关部门依照本条例规定做好企业信息公示工作。

第六条 工商行政管理部门应当通过企业信用信息公示系统，公示其在履行职责过程中产生的下列企业信息：

（一）注册登记、备案信息；

（二）动产抵押登记信息；

（三）股权出质登记信息；

（四）行政处罚信息；

（五）其他依法应当公示的信息。

前款规定的企业信息应当自产生之日起20个工作日内予以公示。

第七条 工商行政管理部门以外的其他政府部门（以下简称其他政府部门）应当公示其在履行职责过程中产生的下列企业信息：

（一）行政许可准予、变更、延续信息；

（二）行政处罚信息；

（三）其他依法应当公示的信息。

其他政府部门可以通过企业信用信息公示系统，也可以通过其他系统公示前款规定的企业信息。工商行政管理部门和其他政府部门应当按照国家社会信用信息平台建设的总体要求，实现企业信息的互联共享。

第八条 企业应当于每年1月1日至6月30日，通过企业信用信息公示系统向工商行政管理部门报送上一年度年度报告，并向社会公示。

当年设立登记的企业，自下一年起报送并公示年度报告。

第九条 企业年度报告内容包括：

（一）企业通信地址、邮政编码、联系电话、电子邮箱等信息；

（二）企业开业、歇业、清算等存续状态信息；

（三）企业投资设立企业、购买股权信息；

（四）企业为有限责任公司或者股份有限公司的，其股东或者发起人认缴和实缴的出资额、出资时间、出资方式等信息；

（五）有限责任公司股东股权转让等股权变更信息；

（六）企业网站以及从事网络经营的网店的名称、网址等信息；

（七）企业从业人数、资产总额、负债总额、对外提供保证担保、所有者权益合计、营业总收入、主营业务收入、利润总额、净利润、纳税总额信息。

前款第一项至第六项规定的信息应当向社会公示，第七项规定的信息由企业选择是否向社会公示。

经企业同意，公民、法人或者其他组织可以查询企业选择不公示的信息。

第十条 企业应当自下列信息形成之日起20个工作日内通过企业信用信息公示系统向社会公示：

（一）有限责任公司股东或者股份有限公司发起人认缴和实缴的出资额、出资时间、出资方式等信息；

（二）有限责任公司股东股权转让等股权变更信息；

（三）行政许可取得、变更、延续信息；

（四）知识产权出质登记信息；

（五）受到行政处罚的信息；

（六）其他依法应当公示的信息。

工商行政管理部门发现企业未依照前款规定履行公示义务的，应当责令其限期履行。

第十一条 政府部门和企业分别对其公示信息的真实性、及时性负责。

4.《事业单位登记管理暂行条例》

第十四条 事业单位的登记、备案或者变更名称、住所以及注销登记或者注销备案，由登记管理机关予以公告。

5.《民办非企业单位登记管理暂行条例》

第十八条 民办非企业单位成立、注销以及变更名称、住所、法定代表人或者负责人，由登记管理机关予以公告。

二、部门规章及规范性文件

《事业单位登记管理暂行条例实施细则》

第五条 事业单位设立、变更、注销，应当依照条例和本细则向事业单位登记管理机关（以下简称登记管理机关）申请登记或者备案（以下统称登记）。登记管理机关对符合法定条件的登记申请应当核准登记。

第十八条 事业单位法人登记事项包括：名称、住所、宗旨和业务范围、法定代表人、经费来源、开办资金等。

条文释义

一、本条主旨

本条是关于法人登记公示制度的规定。

二、条文演变

公司登记公示制度是指特定国家机关依法对法人设立、变更、注销等过程中的法定登记事项予以登记备案，并且以法定形式向社会公示的制度。本条系我国首次以法律的形式正式确立法人登记信息公示原则，属原《民法总则》新增规定，《民法典》予以保留。

三、条文解读

（一）法人登记公示制度的价值

除法律另有规定，法人非经登记不得成立。法人登记制度的首要功能在于对法人主体资格进行确认，并承载着国家对市场秩序的监管职能，包括市场准入、经营监督、经济数据统计、财税制度调整等；法人登记的另一主要功能在于向社会公开发布与公司等法人主体有关的基础信息和资料，辅助市场活动参与者对交易活动作出符合自己意思的判断，以维护交易安全。商事登记中相关事项一经登记即产生公示效力，这是外观主义原则在商事登记制度中的贯彻，是为了实现信赖保护目标而构建的具体制度效力。[①] 公示是法人登记制度维护交易安全与效率的重要手段，这正是法人登记制度的核心价值所在，具有极强的不可替代性。党的十八届三中全会之后开展的全国工商登记改革工作，正是以公司登记公示制度为核心，进行我国整个公司登记制度的改革与重构。

（二）法人登记公示原则的基本要求

法人登记公示制度以让一般社会公众知悉登记事项为目的，公示范围包括法人主体的经营身份、状况、能力、信誉等，以减少交易风险，降低交易成本。为实现上述目的，法人登记公示原则主要应包含以下几层含义：

1. 公示主体法定

法人登记公示的主体应为法律规定的国家机关，以确保公示内容的权威性和可信赖性。

2. 公示内容法定

如果内容没有法定，则不能产生公示的公信力。根据法人登记阶段的不同，要求公示的法定内容也相应不同。

3. 公示方式法定

公示方式是登记公示效力体现的载体，如果不符合法定形式，就不能产生公示的效力。根据《企业登记档案资料查询办法》的有关规定，我国现有公司登记公示制度可分为主动公示和依申请公示两种类型。主动公示方式，主要包

---

① 邹学庚：《〈民法典〉第65条商事登记公示效力研究》，载《国家检察官学院学报》2021年第1期。

括营业执照公示和网络公示两种方式；依申请公示，主要是登记机关依照一定程序，为查询申请人就公司机读档案资料、书式档案资料提供查阅、复制、抄录等公示服务。

4. 及时公示

登记机关应将已登记的事项及时公示，特别是对于法人变更登记等事项更要从速公示，唯此才能最大限度地保障交易安全。

（三）法人登记机关为登记信息公示法定机关

我国法律法规规定的法人登记机关较多：市场监督管理部门是有限责任公司、股份有限公司和其他企业法人等营利性法人的登记机关；民政部门是非营利法人中社会团体法人、基金会、捐助法人等的登记机关；政府机构编制管理机关是非营利法人中事业单位法人的登记机关等。依据本条规定，上述法人登记机关，也是其负责登记的法人主体的信息公示法定机关。

（四）登记关机负有及时公示的法定义务

及时公示是法人登记公示制度的基本要求。《民法典》总则编明确规定了登记机关及时公示的法定义务，这不仅是对一个法律原则的建构，也对登记机关依法全面正确履职提出了更高的要求。一方面要增强公示方式的时效性。由于互联网信息传递具有传统媒体无法比拟的速度优势以及受众广泛的特点，且不受地域、距离及繁琐程序的限制，最适宜法人登记事项的公告和档案查询，能有效解决我国商事登记档案利用率不高、公示时效性不强等的问题。另一方面要增强法人登记信息查询的便捷度。从理论上讲，企业登记事项都属于应公示的法律文件，并非商业秘密，对企业登记事项进行查询以保证交易安全是法律赋予每一个市场参与者的权利，也是登记机关的法定义务。根据《企业登记档案资料查询办法》的有关规定，目前市场主体查阅、复制企业法人登记档案文件的前置程序和条件，仍有简化的空间。在市场经济条件下，法人登记制度除具有创设法人主体和实现国家对市场主体进行监管的功能外，更为重要的功能在于公示市场主体的登记信息，以实现商业信息的公共服务功能。因此，建立、完善方便迅捷的法人信息查阅、复制、抄录等利用制度，需要登记机关自身由管理型职能向服务型职能转变，使登记信息公示工作更多地体现为一项政府服务行为，以更好地履行法定职责。

▶ 适用指引

一、法人登记公示制度与民事责任的衔接

登记的公示功能意味着登记事项系对相对人的事先告知，对法人和相对人同等发生效力，推定各方第三人共同认可登记内容。根据《民法典》第65条关于"法人的实际情况与登记的事项不一致的，不得对抗善意相对人"的规定，法人登记信息具有公示对抗效力。基于此，法人登记公示效力将会直接影响到民事责任的承担。《民法典》合同编第504条特别强调了"除相对人知道或者应当知道其超越权限的以外"，法人的法定代表人实施的越权代表或无权代表行为有效。在法人登记通过公示具备对抗效力的情况下，如登记的法定代表人与真实法定代表人不符，除非法人在进行民事活动时主动告知相对人实际情形或有证据证明相对人知晓登记事项与实际不符，否则很难证明该相对人不属于善意相对人。由此可知，公司登记公示将在相对人善意无过失的认定方面产生决定性的影响。

二、涉法人登记信息的民行交叉案件处理原则

法人登记属行政行为，受行政法律关系调整。在由法人实际情况与登记事项不一致而引发民商事案件是否需要待行政登记行为被撤销后再作审理等问题上，涉及民商事案件与行政案件如何协调。总的来说，要坚持基础法律关系先行原则：如果民商事审判必须依据行政行为的内容或者行政诉讼查明的事实认定民商事法律行为要件事实，则在行政行为或者行政诉讼裁判作出前，民商事案件应中止审理。行政行为或者行政诉讼裁判作出后，民商事案件应及时恢复审理；如果行政行为、行政诉讼必须以民商事审判结果为依据，则民商事案件应尽快作出裁判，没有中止审理的必要。一般而言，对于非因登记机关过错而导致的公司股东变更登记，原股东为救济权利而分别提起民事确权之诉和行政撤销之诉，因该登记内容属证权性登记，行政诉讼有赖于民事确权之诉的结果，该民商事案件应当尽快作出裁判。

> **第六十七条** 法人合并的，其权利和义务由合并后的法人享有和承担。
>
> 法人分立的，其权利和义务由分立后的法人享有连带债权，承担连带债务，但是债权人和债务人另有约定的除外。

▶ 关联规定

一、法律、行政法规、司法解释

1.《中华人民共和国民法典》

第一千一百八十一条 被侵权人死亡的，其近亲属有权请求侵权人承担侵权责任。被侵权人为组织，该组织分立、合并的，承继权利的组织有权请求侵权人承担侵权责任。

被侵权人死亡的，支付被侵权人医疗费、丧葬费等合理费用的人有权请求侵权人赔偿费用，但是侵权人已经支付该费用的除外。

2.《中华人民共和国公司法》

第一百七十四条 公司合并时，合并各方的债权、债务，应当由合并后存续的公司或者新设的公司承继。

第一百七十六条 公司分立前的债务由分立后的公司承担连带责任。但是，公司在分立前与债权人就债务清偿达成的书面协议另有约定的除外。

第一百七十二条 公司合并可以采取吸收合并或者新设合并。

一个公司吸收其他公司为吸收合并，被吸收的公司解散。两个以上公司合并设立一个新的公司为新设合并，合并各方解散。

第一百七十三条 公司合并，应当由合并各方签订合并协议，并编制资产负债表及财产清单。公司应当自作出合并决议之日起十日内通知债权人，并于三十日内在报纸上公告。债权人自接到通知书之日起三十日内，未接到通知书的自公告之日起四十五日内，可以要求公司清偿债务或者提供相应的担保。

第一百七十五条 公司分立，其财产作相应的分割。

公司分立，应当编制资产负债表及财产清单。公司应当自作出分立决议之日起十日内通知债权人，并于三十日内在报纸上公告。

3.《中华人民共和国农民专业合作社法》

第四十六条 农民专业合作社合并，应当自合并决议作出之日起十日内通知债权人。合并各方的债权、债务应当由合并后存续或者新设的组织承继。

第四十七条 农民专业合作社分立，其财产作相应的分割，并应当自分立决议作出之日起十日内通知债权人。分立前的债务由分立后的组织承担连带责任。但是，在分立前与债权人就债务清偿达成的书面协议另有约定的除外。

4.《最高人民法院关于审理与企业改制相关的民事纠纷案件若干问题的规定》

第三十一条 企业吸收合并后，被兼并企业的债务应当由兼并方承担。

第三十二条 企业新设合并后，被兼并企业的债务由新设合并后的企业法人承担。

第三十四条 以收购方式实现对企业控股的，被控股企业的债务，仍由其自行承担。但因控股企业抽逃资金、逃避债务，致被控股企业无力偿还债务的，被控股企业的债务则由控股企业承担。

5.《最高人民法院关于适用〈中华人民共和国民事诉讼法〉的解释》

第六十三条 企业法人合并的，因合并前的民事活动发生的纠纷，以合并后的企业为当事人；企业法人分立的，因分立前的民事活动发生的纠纷，以分立后的企业为共同诉讼人。

第四百七十条 依照民事诉讼法第二百三十九条规定，执行中作为被执行人的法人或者其他组织分立、合并的，人民法院可以裁定变更后的法人或者其他组织为被执行人；被注销的，如果依照有关实体法的规定有权利义务承受人的，可以裁定该权利义务承受人为被执行人。

二、司法指导性文件

《最高人民法院研究室关于企业资产出售合同效力及民事责任承担问题的答复》

辽宁省高级人民法院：

你院辽高法疑字〔2003〕34号《关于企业出售资产，买受人支付合理对价的合同是否有效及民事责任承担问题的请示报告》收悉。经研究，答复

如下:

企业出售资产的合同,如果买受人支付了合理的对价而且不具有合同法第五十二条规定的情形的,人民法院应当认定出售合同有效。

企业出售资产行为不适用《最高人民法院关于审理与企业改制相关的民事纠纷案件若干问题的规定》,企业出售其资产后应自行承担其原对外债务。

条文释义

一、本条主旨

本条是关于法人合并、分立后权利义务的享有和承担的规定。

二、条文演变

关于法人合并、分立后权利义务的享有及承担,原《合同法》《公司法》等法律法规均有相关规定。原《民法总则》对已有规范予以整合,第67条规定:"法人合并的,其权利和义务由合并后的法人享有和承担。法人分立的,其权利和义务由分立后的法人享有连带债权,承担连带债务,但是债权人和债务人另有约定的除外。"《民法典》对此予以保留。

三、条文解读

（一）法人合并的,由合并后的法人享有和承担权利和义务

法人合并,是指两个或两个以上法人合并为一个法人。法人合并的基本形式分为吸收合并和新设合并,前者仅是被合并的法人主体资格不复存在,后者则是原有的法人资格均被消灭并产生新的法人。[1] 法人合并时,在法人财产方面,原有的财产所有权、经营权、知识产权等都一并转移给合并后的企业,因此而引起的债权债务关系转让均由法律直接规定,是法定的债权债务概括转移。具体而言,合并后的法人依法有权请求原法人的债务人履行义务,原法人的债权人亦有权请求合并后的法人偿还债务。在民事损害赔偿责任方面,因合

---

[1] 朱庆育:《民法总论》,北京大学出版社2013年版,第434页。

并后的法人承继了原法人移转的权利，也就当然有义务承担原法人的赔偿义务，故由合并后的法人主体承担侵权损害赔偿责任。

（二）法人分立的，由分立后的法人享有连带债权，承担连带债务，但是债权人和债务人另有约定的除外

法人分立，是指一个法人分成两个或者两个以上的法人。法人分立的基本形式分为新设分立和派生分立，前者是原法人主体资格消灭而新设两个及以上法人，后者是原法人主体资格保留并新设其他法人。法人分立后，原有的一切债权债务依法由分立后的法人承担，原有的财产所有权、经营权、知识产权等也都转移给分立后的法人，因此，一般由分立后的法人享有连带债权，对原债务承担连带责任。但同时，法人特别是公司法人分立行为，受民事法律规范的调整。契约自由是民法中的基本原则，当然也是法人分立情形下债务承担的一般原则。在法人分立过程中，只要法人与债权人之间的债务承担协议不存在无效事由，就对各方当事人产生法律约束力。基于意思自治原则，该债务承担协议能够排除适用各分立后法人承担连带责任的一般规定。需要注意的是，由于法人分立必然会对法人财产进行改造，分立的后果必然会造成作为法人责任财产的法人资产的变化，所以，分立行为不仅仅涉及分立前的法人与存续法人或者新设法人的权利和义务，也必然影响到原法人债权人债权的实现。因此，债权人为了维护自身的合法权益，有权就分立后各法人之间的债务承担协议享有知情权和异议权。因此，各分立后法人的债务承担约定，必须经债权人同意才能产生对债权人的约束力。否则，债权人可以根据企业法人财产原则，要求各分立法人就分立前的法人债务承担连带责任，各分立法人不能以分立协议中关于债务承担的约定对抗债权人。

（三）法人合并、分立应办理相应登记手续

法人的合并或分立，必然导致原有登记事项发生变更，直接影响到法人权利的行使和义务的履行并关乎法人登记的公信力。因此，法人合并或分立的，应当按照《民法典》第64条的规定向登记机关申请相应登记。具体而言，因法人合并而消灭的法人应办理注销登记，因新设合并而成立的法人应办理设立登记，因吸收合并而继续存在的法人应办理变更登记。因法人分立而消灭的法人应办理注销登记，因新设分立而成立的法人应办理设立登记，因派生分立而继续存在的法人应办理变更登记。另外，除到登记机关办理相应登记手续外，对于法律、行政法规规定的法人合并、分立需经审查批准的，应履行审查批准手续。

▶ 适用指引

准确界定企业吸收合并与企业资产出售行为的界限，区别适用不同的债务承担规则

企业吸收合并与企业资产出售行为虽然在表现方式上有明显区别，但因吸收合并也会导致被兼并方企业资产的减少。在交易效果上，企业吸收合并表面上与企业出售资产效果趋同，这使得审判实践中出现了将企业吸收合并的债务承担规则扩大适用于企业出售资产的情形。实际上，企业出售资产后，其资产规模并未减少，只是资产形态发生了变化，主要是将实物资产转为了货币资产，企业的偿债能力也并未由此削弱。为厘清两者的债务承担规则，《最高人民法院研究室关于企业资产出售合同效力和民事责任承担问题的答复》明确规定："企业出售资产的合同，如果买受人支付了合理的对价而且不具有合同法第五十二条规定的情形的，人民法院应当认定出售合同有效。企业出售资产行为不适用《最高人民法院关于审理与企业改制相关的民事纠纷案件若干问题的规定》，企业出售其资产后应自行承担其原对外债务。"

▶ 典型案例

中国长城资产管理公司沈阳办事处与锦州南山粮食储备库、辽宁锦州国家粮食储备库、锦州桃园粮库金融借款合同纠纷案

关键词： 企业法人分立　债务承担

裁判摘要： 企业法人分立、合并，它的权利和义务由变更后的法人享有和承担。当事人订立合同后分立的，除债权人和债务人另有约定以外，由分立的法人或者其他组织对合同的权利和义务享有连带债权，承担连带债务。在企业分立的情形下，如果对分立前企业债务的承担主体债权人与债务人有约定的，应从其约定，无约定的，应由分立后的企业承担连带责任。

基本案情： 1998年11月，在中国人民银行锦州市中心支行主持下，对桃园粮库所欠中国农业发展银行锦州市分行营业部（以下简称农发行锦州分行营业部）贷款30119万元及交通银行贷款370万元进行了分割。由从桃园粮库分立出来的国粮储备库承担19699万元贷款，桃园粮库承担10790万元贷款，并明确中国工商银行锦州古塔支行（以下简称工商银行古塔支行）为桃园粮库10790万元贷款的债权人，该支行没有异议。2005年7月15日，中国工商银行辽宁省分行（以下简称工行辽宁省分行）与长城公司沈阳办事处签订了债权转让协议，将桃园粮库欠其10790万元贷款本金及相应利息转让给长城公司沈阳办事处。长城公司沈阳办事处多次向桃园粮库催收债务未果，遂诉至法院，要求桃园粮库偿还借款本金10790万元、利息13325.97万元，债权总额24115.97万元；国粮储备库对上述借款本息承担连带责任。

一审法院认为，桃园粮库与农发行锦州营业部所签15笔借款合同真实有效。合同签订后农发行锦州营业部如约全面履行了合同义务，桃园粮库应承担偿还贷款本息责任。后该笔债权转给长城公司沈阳办事处，并于2005年11月14日登报刊登了债权转让通知暨债务催收公告。长城公司沈阳办事处成为适格债权人。1998年桃园粮库与国粮储备库分立时，对所欠农发行锦州营业部全部30119万元贷款进行了分割。案涉10790万元是两企业分立后桃园粮库所应承担债务，原债权人工商银行古塔支行未提出异议。因此，国粮储备库关于不承担责任的主张应予支持。故判决桃园粮库偿还长城公司沈阳办事处借款本金10790万元及相应利息，驳回长城公司沈阳办事处对国粮储备库的诉讼请求。

长城公司沈阳办事处不服一审判决，提起上诉。经二审询问，长城公司沈阳办事处认可，原债权人工商银行古塔支行及其对案涉债务在国粮储备库从桃园粮库分立后，由桃园粮库承担的决定并无异议。二审法院认为，国粮储备库系从桃园粮库分立的企业。在企业分立的情形下，如果对分立前企业债务的承担主体债权人与债务人无约定的，应由分立后的企业承担连带责任。本案中，在人民银行锦州市中心支行主持下对桃园粮库所欠农发行锦州分行营业部贷款30119万元及交通银行贷款370万元进行了分割，桃园粮库负责清偿其中10790万元贷款，并明确工商银行锦州古塔支行为该10790万元贷款的债权人。债权人工商银行锦州古塔支行及该债权的受让人长城公司沈阳办事处对该事实均无异议。因此,案涉债务主体应为桃园粮库。长城公司沈阳办事处关于国粮储备库应对该债务承担连带责任的上诉理由不能成立,二审法院不予支持。

【案　　号】(2010)民二终字第71号

【审理法院】最高人民法院

【来　　源】《商事审判指导》2013年第3辑

类案检索

苏某与府谷县老高川乡恒益煤矿等股权确认及分配利润纠纷案

关键词: 企业合并　当事人认定

裁判摘要: 企业法人分立合并,它的权利和义务由变更后的法人享有和承担。企业通过新设合并的方式合并后,合并后的企业即成为原企业债务的承受人,原企业的债权人完全可以以合并后的企业为被告主张权利。

【案　　号】(2014)民提字第20号

【审理法院】最高人民法院

第六十八条　有下列原因之一并依法完成清算、注销登记的，法人终止：

（一）法人解散；

（二）法人被宣告破产；

（三）法律规定的其他原因。

法人终止，法律、行政法规规定须经有关机关批准的，依照其规定。

关联规定

法律、行政法规、司法解释

1.《中华人民共和国公司法》

第一百八十条　公司因下列原因解散：

（一）公司章程规定的营业期限届满或者公司章程规定的其他解散事由出现；

（二）股东会或者股东大会决议解散；

（三）因公司合并或者分立需要解散；

（四）依法被吊销营业执照、责令关闭或者被撤销；

（五）人民法院依照本法第一百八十二条的规定予以解散。

第一百八十八条　公司清算结束后，清算组应当制作清算报告，报股东会、股东大会或者人民法院确认，并报送公司登记机关，申请注销公司登记，公告公司终止。

2.《中华人民共和国民办教育促进法》

第五十六条　民办学校有下列情形之一的，应当终止：

（一）根据学校章程规定要求终止，并经审批机关批准的；

（二）被吊销办学许可证的；

（三）因资不抵债无法继续办学的。

3.《中华人民共和国慈善法》

第十七条 慈善组织有下列情形之一的,应当终止:

(一)出现章程规定的终止情形的;

(二)因分立、合并需要终止的;

(三)连续二年未从事慈善活动的;

(四)依法被撤销登记或者吊销登记证书的;

(五)法律、行政法规规定应当终止的其他情形。

4.《中华人民共和国商业银行法》

第七十二条 商业银行因解散、被撤销和被宣告破产而终止。

5.《中华人民共和国全民所有制工业企业法》

第十九条 企业由于下列原因之一终止:

(一)违反法律、法规被责令撤销。

(二)政府主管部门依照法律、法规的规定决定解散。

(三)依法被宣告破产。

(四)其他原因。

6.《中华人民共和国企业破产法》

第一百二十一条 管理人应当自破产程序终结之日起十日内,持人民法院终结破产程序的裁定,向破产人的原登记机关办理注销登记。

7.《市场主体登记管理条例》

第三十一条 市场主体因解散、被宣告破产或者其他法定事由需要终止的,应当依法向登记机关申请注销登记。经登记机关注销登记,市场主体终止。

市场主体注销依法须经批准的,应当经批准后向登记机关申请注销登记。

8.《事业单位登记管理暂行条例》

第十三条 事业单位被撤销、解散的,应当向登记管理机关办理注销登记或者注销备案。

事业单位办理注销登记前,应当在审批机关指导下成立清算组织,完成清算工作。

事业单位应当自清算结束之日起15日内,向登记管理机关办理注销登记。事业单位办理注销登记,应当提交撤销或者解散该事业单位的文件和清算报告;登记管理机关收缴《事业单位法人证书》和印章。

9.《基金会管理条例》

第十六条 基金会、境外基金会代表机构有下列情形之一的，应当向登记管理机关申请注销登记：

（一）按照章程规定终止的；

（二）无法按照章程规定的宗旨继续从事公益活动的；

（三）由于其他原因终止的。

第十八条 基金会在办理注销登记前，应当在登记管理机关、业务主管单位的指导下成立清算组织，完成清算工作。

基金会应当自清算结束之日起 15 日内向登记管理机关办理注销登记；在清算期间不得开展清算以外的活动。

▶ 条文释义

一、本条主旨

本条是关于法人终止事由和终止程序的规定。

二、条文演变

原《民法通则》没有在第三章"法人"第一节"一般规定"就法人的终止事由作出总括性规定，只在"企业法人"一节第 45、46 条中规定法人终止的原因包括依法被撤销、解散、依法宣告破产、其他原因四种情形，法人终止应办理注销登记并公告。《公司法》第 180 条将解散情形又细化为：公司章程规定的营业期限届满或公司章程规定的其他解散事由出现，股东会或股东大会决议解散，因公司合并或者分立需要解散、依法被吊销营业执照、责令关闭或者被撤销，人民法院依照《公司法》第 182 条的规定予以解散。原《民法总则》对既有规范予以整合，在第 68 条规定："有下列原因之一并依法完成清算、注销登记的，法人终止：（一）法人解散；（二）法人被宣告破产；（三）法律规定的其他原因。法人终止，法律、行政法规规定须经有关机关批准的，依照其规定。"《民法典》对此予以保留。

三、条文解读

法人终止,是法人民事主体资格的消灭。法人终止后,其民事权利能力和行为能力随之消灭。法人的团体性质决定了其社会影响力较大,草率终止法人可能扰乱社会秩序,国家需要对法人退出机制进行干预。同时法人的终止将导致其存续期间所发生的一切法律关系消灭,为保护第三人的信赖利益,须在此程序中严格依照法定要求进行,而不能仅依法人的意思自治行事。因此法人的终止须有法定事由的出现,并经一系列法定程序进行,其主体资格方可消灭。根据本条规定,法人终止需具备以下条件:

(一)出现法人终止的法定事由

法人的终止须经特定程序,而法定终止事由的出现则是启动法人终止程序的前提。本条规定了三种法定事由:法人解散、被宣告破产、法律规定的其他原因。从市场退出的发起方式看,法人终止的具体事由可分为法人自愿退出市场和强制退出市场两大类型。自愿退出市场情形,主要包括公司章程规定的营业期限届满或公司章程规定的其他解散事由出现、股东会议决议解散、因公司合并或者分立需要解散等情形。自愿退出市场虽是法人意思自治的体现,但是与法人设立不同,退出市场不仅关系到公司及其股东之间的利益,还涉及法人存续期间已发生的法律关系中的其他利害关系人。因此,各国立法都对该意思自治进行了必要的限制。强制退出市场的事由,主要包括行政强制退出市场、司法强制退出市场和因不能清偿债务被依法宣告破产而退出市场三种情形。需要特别指出的是,本条规定的法人终止事由相较原《民法通则》,最大的变化在于将依法被撤销情形纳入了法人解散的情形。被撤销,是指法人因违法行为而被行政机关撤销登记,强制解散的行政处罚,属行政强制退出市场的范围。

(二)依法完成清算

法人的终止是由一系列法律程序和法律行为构成的时间过程,必须遵循法定的程序和要求。法人终止的法定事由出现后,法人主体资格并不当然消灭。根据本条规定,当法人终止原因出现时,法人应进入清算程序。法人清算是清算组织在法人终止时依照法定程序清理公司债权债务,处理法人剩余财产,了结各种法律关系,并向法人登记机关申请注销登记,使法人人格消灭的行为。

清算是法人终止程序中最为重要的环节，运行良好的清算制度能最大限度减少法人终止的负面影响。清算可分为破产清算和非破产清算，各国民法典中的法人清算程序均是指非破产清算，而鉴于破产清算程序的复杂性，各国一般都专立破产法加以规制。清算一般在法人终止时进行，但在法人负债过重时，经法人机关决定，由主管部门批准，可以自动清算。人民法院也可以根据法人的债权人或其他利害关系人的申请责令法人清算。①

（三）依法进行注销登记

在依法完成清算后，除依法不需要办理法人登记的情形外，应完成办理注销登记，才能使法人终止。注销登记是企业法人退出市场的最后一步，清算组织在清算完结后，根据法律规定，自清算完结之日起在一定的时限内向法人登记机关申请注销登记并依法提供注销登记申请书、清算报告以及法人证照等资料，完成注销登记和公告，法人主体资格即告消灭。对于一些特别法人，法律、行政法规对法人终止还规定了特别的审批程序，应当按照相关规定办理批准手续。

▶ 适用指引

法人解散、清算、注销与法人终止的区别

无论法人基于自愿作出解散决议还是因行政强制被解散，都仅是引起法人终止的原因之一，是法人终止的开始，之后法人进入清算程序。一般情况下，完成清算并经注销登记，法人民事主体资格才归于消灭，法人终止的效果才最终达成。法人解散不是法人终止的必经程序，更不能与清算程序相提并论。法人解散并不意味着法人当然终止，未经清算和注销登记，法人仍具有民事主体资格。法人解散等事由出现，完成清算和注销登记程序后，法人资格消灭，这时才产生法人终止的法律效果。可见，法人终止是法人解散、法人清算和法人注销的上位和整体概念。法人虽出现终止事由，但只要其未依法清算完毕并办理注销登记手续，其民事主体资格就仍然存续，仍应作为民事诉讼主体参加诉

---

① 黄薇主编：《中华人民共和国民法典释义》，法律出版社2020年版，第127页。

讼活动,并按照法人制度独立承担民事责任。

一般而言,法人注销是法人终止效果的完成标志,但也存在例外情形。《民法典》第72条第3款中规定,依法不需要办理法人登记的,清算结束时法人即终止,而无须办理注销登记。在此情形下,法人终止并不需以法人注销为前提。

第六十九条 有下列情形之一的,法人解散:

(一)法人章程规定的存续期间届满或者法人章程规定的其他解散事由出现;

(二)法人的权力机构决议解散;

(三)因法人合并或者分立需要解散;

(四)法人依法被吊销营业执照、登记证书,被责令关闭或者被撤销;

(五)法律规定的其他情形。

▶ 关联规定

一、法律、行政法规、司法解释

1.《中华人民共和国证券法》

第九十六条 证券交易所、国务院批准的其他全国性证券交易场所为证券集中交易提供场所和设施,组织和监督证券交易,实行自律管理,依法登记,取得法人资格。

证券交易所、国务院批准的其他全国性证券交易场所的设立、变更和解散由国务院决定。

国务院批准的其他全国性证券交易场所的组织机构、管理办法等,由国务院规定。

第一百二十二条 证券公司变更证券业务范围,变更主要股东或者公司的实际控制人,合并、分立、停业、解散、破产,应当经国务院证券监督管理机构核准。

第一百五十六条 证券登记结算机构申请解散,应当经国务院证券监督管理机构批准。

2.《中华人民共和国公司法》

第一百零三条 股东出席股东大会会议,所持每一股份有一表决权。但是，公司持有的本公司股份没有表决权。

股东大会作出决议，必须经出席会议的股东所持表决权过半数通过。但是，股东大会作出修改公司章程、增加或者减少注册资本的决议，以及公司合并、分立、解散或者变更公司形式的决议，必须经出席会议的股东所持表决权的三分之二以上通过。

第一百八十条 公司因下列原因解散：

（一）公司章程规定的营业期限届满或者公司章程规定的其他解散事由出现；

（二）股东会或者股东大会决议解散；

（三）因公司合并或者分立需要解散；

（四）依法被吊销营业执照、责令关闭或者被撤销；

（五）人民法院依照本法第一百八十二条的规定予以解散。

第一百八十一条 公司有本法第一百八十条第（一）项情形的，可以通过修改公司章程而存续。

依照前款规定修改公司章程，有限责任公司须经持有三分之二以上表决权的股东通过，股份有限公司须经出席股东大会会议的股东所持表决权的三分之二以上通过。

第一百八十二条 公司经营管理发生严重困难，继续存续会使股东利益受到重大损失，通过其他途径不能解决的，持有公司全部股东表决权百分之十以上的股东，可以请求人民法院解散公司。

第一百九十八条 违反本法规定，虚报注册资本、提交虚假材料或者采取其他欺诈手段隐瞒重要事实取得公司登记的，由公司登记机关责令改正，对虚报注册资本的公司，处以虚报注册资本金额百分之五以上百分之十五以下的罚款；对提交虚假材料或者采取其他欺诈手段隐瞒重要事实的公司，处以五万元以上五十万元以下的罚款；情节严重的，撤销公司登记或者吊销营业执照。

第二百一十一条 公司成立后无正当理由超过六个月未开业的，或者开业后自行停业连续六个月以上的，可以由公司登记机关吊销营业执照。

公司登记事项发生变更时，未依照本法规定办理有关变更登记的，由公司登记机关责令限期登记；逾期不登记的，处以一万元以上十万元以下的罚款。

第二百一十三条 利用公司名义从事危害国家安全、社会公共利益的严重违法行为的，吊销营业执照。

3.《中华人民共和国职业病防治法》

第七十七条 用人单位违反本法规定，已经对劳动者生命健康造成严重损害的，由卫生行政部门责令停止产生职业病危害的作业，或者提请有关人民政府按照国务院规定的权限责令关闭，并处十万元以上五十万元以下的罚款。

4.《中华人民共和国农民专业合作社法》

第四十八条 农民专业合作社因下列原因解散：

（一）章程规定的解散事由出现；

（二）成员大会决议解散；

（三）因合并或者分立需要解散；

（四）依法被吊销营业执照或者被撤销。

因前款第一项、第二项、第四项原因解散的，应当在解散事由出现之日起十五日内由成员大会推举成员组成清算组，开始解散清算。逾期不能组成清算组的，成员、债权人可以向人民法院申请指定成员组成清算组进行清算，人民法院应当受理该申请，并及时指定成员组成清算组进行清算。

5.《中华人民共和国教育法》

第七十五条 违反国家有关规定，举办学校或者其他教育机构的，由教育行政部门或者其他有关行政部门予以撤销；有违法所得的，没收违法所得；对直接负责的主管人员和其他直接责任人员，依法给予处分。

6.《中华人民共和国商业银行法》

第六十九条 商业银行因分立、合并或者出现公司章程规定的解散事由需要解散的，应当向国务院银行业监督管理机构提出申请，并附解散的理由和支付存款的本金和利息等债务清偿计划。经国务院银行业监督管理机构批准后解散。

商业银行解散的，应当依法成立清算组，进行清算，按照清偿计划及时偿还存款本金和利息等债务。国务院银行业监督管理机构监督清算过程。

7.《中华人民共和国保险法》

第八十九条 保险公司因分立、合并需要解散，或者股东会、股东大会决议解散，或者公司章程规定的解散事由出现，经国务院保险监督管理机构批准后解散。

经营有人寿保险业务的保险公司，除因分立、合并或者被依法撤销外，不得解散。

保险公司解散，应当依法成立清算组进行清算。

8.《市场主体登记管理条例》

第三十一条 市场主体因解散、被宣告破产或者其他法定事由需要终止的，应当依法向登记机关申请注销登记。经登记机关注销登记，市场主体终止。

市场主体注销依法须经批准的，应当经批准后向登记机关申请注销登记。

9.《基金会管理条例》

第四十一条 基金会、基金会分支机构、基金会代表机构或者境外基金会代表机构有下列情形之一的，登记管理机关应当撤销登记：

（一）在申请登记时弄虚作假骗取登记的，或者自取得登记证书之日起12个月内未按章程规定开展活动的；

（二）符合注销条件，不按照本条例的规定办理注销登记仍继续开展活动的。

10.《民办非企业单位登记管理暂行条例》

第二十五条 民办非企业单位有下列情形之一的，由登记管理机关予以警告，责令改正，可以限期停止活动；情节严重的，予以撤销登记；构成犯罪的，依法追究刑事责任：

（一）涂改、出租、出借民办非企业单位登记证书，或者出租、出借民办非企业单位印章的；

（二）超出其章程规定的宗旨和业务范围进行活动的；

（三）拒不接受或者不按照规定接受监督检查的；

（四）不按照规定办理变更登记的；

（五）设立分支机构的；

（六）从事营利性的经营活动的；

（七）侵占、私分、挪用民办非企业单位的资产或者所接受的捐赠、资助的；

（八）违反国家有关规定收取费用、筹集资金或者接受使用捐赠、资助的。

前款规定的行为有违法经营额或者违法所得的，予以没收，可以并处违法经营额1倍以上3倍以下或者违法所得3倍以上5倍以下的罚款。

11.《社会团体登记管理条例》

第三十条 社会团体有下列情形之一的，由登记管理机关给予警告，责令改正，可以限期停止活动，并可以责令撤换直接负责的主管人员；情节严重的，予以撤销登记；构成犯罪的，依法追究刑事责任：

（一）涂改、出租、出借《社会团体法人登记证书》，或者出租、出借社会团体印章的；

（二）超出章程规定的宗旨和业务范围进行活动的；

（三）拒不接受或者不按照规定接受监督检查的；

（四）不按照规定办理变更登记的；

（五）违反规定设立分支机构、代表机构，或者对分支机构、代表机构疏于管理，造成严重后果的；

（六）从事营利性的经营活动的；

（七）侵占、私分、挪用社会团体资产或者所接受的捐赠、资助的；

（八）违反国家有关规定收取费用、筹集资金或者接受、使用捐赠、资助的。

前款规定的行为有违法经营额或者违法所得的，予以没收，可以并处违法经营额 1 倍以上 3 倍以下或者违法所得 3 倍以上 5 倍以下的罚款。

12.《最高人民法院关于适用〈中华人民共和国公司法〉若干问题的规定（二）》

第一条 单独或者合计持有公司全部股东表决权百分之十以上的股东，以下列事由之一提起解散公司诉讼，并符合公司法第一百八十二条规定的，人民法院应予受理：

（一）公司持续两年以上无法召开股东会或者股东大会，公司经营管理发生严重困难的；

（二）股东表决时无法达到法定或者公司章程规定的比例，持续两年以上不能作出有效的股东会或者股东大会决议，公司经营管理发生严重困难的；

（三）公司董事长期冲突，且无法通过股东会或者股东大会解决，公司经营管理发生严重困难的；

（四）经营管理发生其他严重困难，公司继续存续会使股东利益受到重大损失的情形。

股东以知情权、利润分配请求权等权益受到损害，或者公司亏损、财产不足以偿还全部债务，以及公司被吊销企业法人营业执照未进行清算等为由，提起解散公司诉讼的，人民法院不予受理。

第二条 股东提起解散公司诉讼，同时又申请人民法院对公司进行清算的，人民法院对其提出的清算申请不予受理。人民法院可以告知原告，在人民法院判决解散公司后，依据民法典第七十条、公司法第一百八十三条和本规定第七条的规定，自行组织清算或者另行申请人民法院对公司进行清算。

第三条 股东提起解散公司诉讼时，向人民法院申请财产保全或者证据保全的，在股东提供担保且不影响公司正常经营的情形下，人民法院可予以保全。

第四条 股东提起解散公司诉讼应当以公司为被告。

原告以其他股东为被告一并提起诉讼的，人民法院应当告知原告将其他股东变更为第三人；原告坚持不予变更的，人民法院应当驳回原告对其他股东的起诉。

原告提起解散公司诉讼应当告知其他股东，或者由人民法院通知其参加诉讼。其他股东或者有关利害关系人申请以共同原告或者第三人身份参加诉讼的，人民法院应予准许。

二、司法指导性文件

1.《最高人民法院执行工作办公室关于〈关于恢复执行北京正合坊企划有限公司诉北京万通股份有限公司、北京星辰投资咨询公司房产中介合同的报告〉的函文》

北京市高级人民法院：

你院《关于恢复执行北京正合坊企划有限公司诉北京万通股份有限公司、北京星辰投资咨询公司房产中介合同的报告》收悉。经研究，答复如下：

一、本案诉讼程序中，北京正合坊企划有限公司具备民事主体资格，我院（1997）民终字第135号民事判决并无不当，应予执行。在执行程序中，虽然北京正合坊企划有限公司被工商部门撤销设立登记，但不影响其在此前所进行的正常交易活动，更不能以此否定二审判决的效力。故对北京万通实业股份有限公司和北京星辰投资咨询公司申诉的北京正合坊企划有限公司自始不具备法人资格的理由不予支持。

二、北京正合坊企划有限公司被撤销设立登记，即丧失了作为市场主体进行经营活动的权利，也失去了对本案的判决申请执行的主体资格。但是，公司法人人格并不因被工商行政管理机关吊销营业执照当然终止，其法人资格必须经清算后才可终止。因此,根据《公司法》第一百九十一条的规定,本案应当对北京正合坊企划有限公司进行清算,由原股东组成的清算组作为其法人机关代表行使权利。

此复

2.《最高人民法院关于企业法人营业执照被吊销后,其民事诉讼地位如何确定的复函》

辽宁省高级人民法院:

你院《关于企业法人营业执照被吊销后,其民事诉讼地位如何确定的请示》收悉。经研究,答复如下:

吊销企业法人营业执照,是工商行政管理机关依据国家工商行政法规对违法的企业法人作出的一种行政处罚。企业法人被吊销营业执照后,应当依法进行清算,清算程序结束并办理工商注销登记后,该企业法人才归于消灭。因此,企业法人被吊销营业执照后至被注销登记前,该企业法人仍应视为存续,可以自己的名义进行诉讼活动。如果该企业法人组成人员下落不明,无法通知参加诉讼,债权人以被吊销营业执照企业的开办单位为被告起诉的,人民法院也应予以准许。该开办单位对被吊销营业执照的企业法人,如果不存在投资不足或者转移资产逃避债务情形的,仅应作为企业清算人参加诉讼,承担清算责任。你院请示中涉及的问题,可参照上述精神办理。

此复

▶ 条文释义

一、本条主旨

本条是关于法人解散原因的规定。

二、条文演变

《公司法》第180条规定公司解散情形为:公司章程规定的营业期限届满或公司章程规定的其他解散事由出现,股东会或股东大会决议解散,因公司合并或者分立需要解散,依法被吊销营业执照、责令关闭或者被撤销,人民法院依照《公司法》第182条的规定予以解散。原《民法总则》对既有规范予以整合形成第 69 条规定。《民法典》予以保留。

三、条文解读

法人解散，是指已经成立的法人，因法人章程规定或者法定事由出现而停止经营活动，开始进行清算，使法人人格消灭的行为。法人解散后，一般需要经过清算程序，清理法人财产和债权债务，处理未尽事宜，最终通过注销登记等方式，消灭法人人格。法人人格在法人解散后、清算完结前仍然存在，但其行为能力被限定于清算范围内，只能开展与清算有关的活动。除法人破产终止等情形外，法人解散是法人终止的主要事由。

法人解散的原因通常可以分为自愿解散和强制解散。自愿解散，是指法人基于自身意愿而解散，如法人的权力机构决议解散、章程规定的存续期间届满等。强制解散又称非自愿解散，是指法人非因自身意愿，被政府有关部门决定或法院裁判而解散。强制解散又可分为行政解散和司法解散，前者多基于行政机关作出的行政决定，如吊销营业执照、责令关闭等；后者主要指公司法人因出现显著困难或公司僵局而由法院判决解散的情形。法人变更也是法人解散的原因之一，如法人合并和分立，同样会引起法人主体资格的消灭；但法人变更并不进行清算，其权利义务依照有关法律规定或约定转移给合并或分立的新主体。本条规定了法人的自愿解散、行政解散和司法解散等情形。

（一）自愿解散

1. 法人章程规定的存续期间届满或者法人章程规定的其他解散事由出现

法人可以通过章程等形式规定其营业期限，该期限一般自营业执照、登记证书等证照签发之日起计算。如《公司法》第 7 条第 1 款规定："依法设立的公司，由公司登记机关发给公司营业执照。公司营业执照签发日期为公司成立日期。"如法人的存续期间届满，应当停止营业活动，进入解散程序；如果法人的存续仍有必要，可以由法人权力机构作出延长期限的决议，在向登记机关办理变更登记后存续；法律法规就此有特别规定的，应从其规定。《公司法》第 181 条规定，公司可以通过修改公司章程而存续，明确依照相关规定修改公司章程的，有限责任公司须经持有三分之二以上表决权的股东通过，股份有限公司须经出席股东大会会议的股东所持表决权的三分之二以上通过。此外，法人也可以根据自身情况，在章程中规定特定的解散事由，一旦这些事由出现，法人即停止经营活动而进入解散程序。

2. 法人的权力机构决议解散

根据《民法典》的规定，营利法人应当设立权力机构。在法人章程规定的存续期间未满、特定解散事由也未出现时，法人权力机构可以以决议形式解散法人。因解散属于法人重要事务，需经过法人权力机构进行正式决议。《公司法》第43条规定，股东会会议作出公司合并、分立、解散或者变更公司形式等决议，必须经代表三分之二以上表决权的股东通过。一人有限责任公司解散可以采用书面决定方式作出，并由股东签名后置备于公司。对于国有独资公司，其解散应按照《公司法》第66条之规定，由国有资产监督管理机构决定，重要的国有独资公司解散的，还应当由国有资产监督管理机构审核后，报本级人民政府批准。

3. 因法人合并或者分立需要解散

法人合并，是指两个或两个以上的法人通过签订协议等方式，不经过清算程序，直接合并为一个法人的法律行为，可分为吸收合并和新设合并两种方式。法人合并均会产生法人解散的结果。法人分立，是指一个法人通过签订协议等方式，不经过清算程序分立为两个或两个以上的法人，可分为存续分立和解散分立两种方式。前者是指一个法人分离为两个或两个以上的法人，该法人本身继续存在，又称派生分立；后者是指一个法人分离为两个或两个以上的法人，该法人本身解散，又称新设分立。在解散分立的情况下，发生法人解散的结果。

（二）行政解散

本条第4项规定即属于行政解散情形。其中，吊销营业执照、登记证书，是指剥夺被处罚法人已取得的营业执照、登记证书，使其丧失继续从事经营活动的资格，主要用于已经取得行政机关的许可，但在生产经营活动中违反法律法规的规定，被行政机关依法进行处罚，失去从事某种活动的合法资格。责令关闭，是指因行为人违反了有关法律法规规定，由行政机关作出停止经营的处罚决定，使法人停止其经营活动。法人被撤销，是指法人违反法律法规的规定而被主管部门撤销登记。

上述情形均源于行政机关的行政行为，在上述行为发生后，法人应解散并进入清算程序。以公司为例，《公司法》第198条、第211条、第213条等分别规定,对于虚报注册资本、提交虚假材料或者采取其他欺诈手段隐瞒重要事实取得公司登记,情节严重的,撤销公司登记或者吊销营业执照;公司成立后无正当理由超过6个月未开业的,或者开业后自行停业连续6个月以上的,可以由公司登记机关吊销营业执照;利用公司名义从事危害国家安全、社会公共利益的严重违法行为的,吊销营业执照。此外,其他有关法律法规就上述事项的规定,也会导致法人的行政解散。如《基金会管理条例》第41条规定:"基金会、基金会分支机构、基金会代表机构或者境外基金会代表机构有下列情形之一的,登记管理机关应当撤销登记:(一)在申请登记时弄虚作假骗取登记的,或者自取得登记证书之日起12个月内未按章程规定开展活动的;(二)符合注销条件,不按照本条例的规定办理注销登记仍继续开展活动的。"

(三)司法解散

除本条规定的上述四种情形外,如果符合法律规定的其他法人解散情形的,法人也应当解散。这里主要是指司法解散,一般针对公司主体。《公司法》第182条专门规定了公司的司法解散程序。《最高人民法院关于适用〈中华人民共和国公司法〉若干问题的规定(二)》(以下简称《公司法规定(二)》)第1条作了细化规定。当公司经营管理发生严重困难,继续存续会使股东利益受到重大损失,而通过其他途径又不能解决时,为改变公司瘫痪状态,保护中小股东利益,司法权可以审慎介入,以法院判决的方式解散公司。法律不轻易赋予股东通过司法程序解散公司的权利,审理公司解散诉讼需要注意合理把握公司自治与司法介入的关系。《公司法规定(二)》第1条第2款规定,股东以其知情权、利润分配请求权等权益受到损害,或者公司亏损、财产不足以偿还全部债务,以及公司被吊销企业法人营业执照未进行清算等为由,提起解散公司诉讼的,人民法院应不予受理。公司解散程序和公司清算程序在诉讼构造、性质等方面均不相同,也不能一并处理。

▶ 适用指引

《民法典》关于法人解散原因的规定,与对法人分类的调整变化对应

由于我国经济社会的快速发展,新的组织形态不断出现,法人形态已经发生了较大变化，《民法典》吸收原《民法总则》的立法成果，调整改变了原《民法通则》关于企业法人、机关法人、事业单位法人和社会团体法人的分类，并按照法人设立目的和功能等方面的不同，将法人分为营利法人、非营利法人和特别法人，且在总则编第三章"法人"第一节"一般规定"中规定了法人解散原因，突出了法人解散制度的重要性。但就制度本身而言，主要还是针对营利法人，其中又以公司法人最为典型。对于事业单位、社会团体、基金会、社会服务机构等非营利法人以及机关法人、农村集体经济组织法人、合作经济组织法人、基层群众性自治组织等特别法人，特别是民办学校、民办非企业单位、机关单位等主体，在解散的具体适用范围以及解散原因方面存有较大差异，还需结合其他相关法律法规进行处理。如《民办教育促进法》就民办学校终止时的清算事宜，区分情况规定：民办学校自己要求终止的，由民办学校组织清算；被审批机关依法撤销的，由审批机关组织清算；因资不抵债无法继续办学而被终止的，由人民法院组织清算。

▶ 指导案例

指导案例8号：林方清诉常熟市凯莱实业有限公司、戴小明公司解散纠纷案

（最高人民法院审判委员会讨论通过　2012年4月9日发布）

关键词：民事　公司解散　经营管理严重困难　公司僵局

裁判要点：

公司法第一百八十三条将"公司经营管理发生严重困难"作为股东提起解散公司之诉的条件之一。判断"公司经营管理是否发生严重困难"，应从公司组织机构的运行状态进行综合分析。公司虽处于盈利状态，但其股东会机制长期失灵，内部管理有严重障碍，已陷入僵局状态，可以认定为公司经营管理发生严重困难。对于符合公司法及相关司法解释规定的其他条件的，人民法院可以依法判决公司解散。

相关法条：

《中华人民共和国公司法》第一百八十三条

基本案情：

原告林方清诉称：常熟市凯莱实业有限公司（简称凯莱公司）经营管理发生严重困难，陷入公司僵局且无法通过其他方法解决，其权益遭受重大损害，请求解散凯莱公司。

被告凯莱公司及戴小明辩称：凯莱公司及其下属分公司运营状态良好，不符合公司解散的条件，戴小明与林方清的矛盾有其他解决途径，不应通过司法程序强制解散公司。

法院经审理查明：凯莱公司成立于2002年1月，林方清与戴小明系该公司股东，各占50%的股份，戴小明任公司法定代表人及执行董事，林方清任公司总经理兼公司监事。凯莱公司章程明确规定：股东会的决议须经代表二分之一以上表决权的股东通过，但对公司增加或减少注册资本、合并、解散、变更公司形式、修改公司章程作出决议时，必须经代表三分之二以上表决权的股东通过。股东会会议由股东按照出资比例行使表决权。2006年起，林方清与戴小明两人之间的矛盾逐渐显现。同年5月9日，林方清提议并通知召开股东会，由于戴小明认为林方清没有召集会议的权利，会议未能召开。同年6月6日、8月8日、9月16日、10月10日、10月17日，林方清委托律师向凯莱公司和戴小明发函称，因股东权益受到严重侵害，林方清作为享有公司股东会二分之一表决权的股东，已按公司章程规定的程序表决并通过了解散凯莱公司的决议，要求戴小明提供凯莱公司的财务账册等资料，并对凯莱公司进行清算。同年6月17日、9月7日、10月13日，戴小明回函称，林方清作出的股东会决议没有合法依据，戴小明不同意解散公司，并要求林方清交出公司财务资料。同年11月15日、25日，林方清再次向凯莱公司和戴小明发函，要求凯莱公司和戴小明提供公司财务账册等供其查阅、分配公司收入、解散公司。

江苏常熟服装城管理委员会（简称服装城管委会）证明凯莱公司目前经营尚正常，且愿意组织林方清和戴小明进行调解。

另查明，凯莱公司章程载明监事行使下列权利：（1）检查公司财务；（2）对执行董事、经理执行公司职务时违反法律、法规或者公司章程的行为进行监督；（3）当董事和经理的行为损害公司的利益时，要求董事和经理予以纠正；（4）提议召开临时股东会。从2006年6月1日至今，凯莱公司未召开过股东会。服装城管委会调解委员会于2009年12月15日、16日两次组织双方进行调解，但均未成功。

裁判结果：

江苏省苏州市中级人民法院于2009年12月8日以（2006）苏中民二初字第0277号民事判决，驳回林方清的诉讼请求。宣判后，林方清提起上诉。江苏省高级人民法院于2010年10月19日以（2010）苏商终字第0043号民事判决，撤销一审判决，依法改判解散凯莱公司。

裁判理由：

法院生效裁判认为：首先，凯莱公司的经营管理已发生严重困难。根据公司法第一百八十三条和《最高人民法院关于适用〈中华人民共和国公司法〉若干问题的规定（二）》（简称《公司法规定（二）》）第一条的规定，判断公司的经营管理是否出现严重困难，应当从公司的股东会、董事会或执行董事及监事会或监事的运行现状进行综合分析。"公司经营管理发生严重困难"的侧重点在于公司管理方面存有严重内部障碍，如股东会机制失灵、无法就公司的经营管理进行决策等，不应片面理解为公司资金缺乏、严重亏损等经营性困难。本案中，凯莱公司仅有戴小明与林方清两名股东，两人各占50%的股份，凯莱公司章程规定"股东会的决议须经代表二分之一以上表决权的股东通过"，且各方当事人一致认可该"二分之一以上"不包括本数。因此，只要两名股东的意见存有分歧、互不配合，就无法形成有效表决，显然影响公司的运营。凯莱公司已持续4年未召开股东会，无法形成有效股东会决议，也就无法通过股东会决议的方式管理公司，股东会机制已经失灵。执行董事戴小明作为互有矛盾的两名股东之一，其管理公司的行为，已无法贯彻股东会的决议。林方清作为公司监事不能正常行使监事职权，无法发挥监督作用。由于凯莱公司的内部机制已无法正常运行、无法对公司的经营作出决策，即使尚未处于亏损状况，也不能改变该公司的经营管理已发生严重困难的事实。

其次，由于凯莱公司的内部运营机制早已失灵，林方清的股东权、监事权长期处于无法行使的状态，其投资凯莱公司的目的无法实现，利益受到重大损失，且凯莱公司的僵局通过其他途径长期无法解决。《公司法规定（二）》第五条明确规定了"当事人不能协商一致使公司存续的，人民法院应当及时判决"。本案中，林方清在提起公司解散诉讼之前，已通过其他途径试图化解与戴小明之间的矛盾，服装城管委会也曾组织双方当事人调解，但双方仍不能达成一致意见。两审法院也基于慎用司法手段强制解散公司的考虑，积极进行调解，但均未成功。

此外，林方清持有凯莱公司50%的股份，也符合公司法关于提起公司解散诉讼的股东须持有公司10%以上股份的条件。

综上所述，凯莱公司已符合公司法及《公司法规定（二）》所规定的股东提起解散公司之诉的条件。二审法院从充分保护股东合法权益，合理规范公司治理结构，促进市场经济健康有序发展的角度出发，依法作出了上述判决。

▶ 类案检索

一、仕丰科技有限公司与富钧新型复合材料（太仓）有限公司公司解散纠纷案

关键词： 公司僵局　股东　公司解散之诉

裁判摘要： 公司能否解散取决于公司是否存在僵局且符合《公司法》第183条规定的实质条件，而不取决于公司僵局产生的原因和责任。即使一方股东对公司僵局的产生具有过错，其仍然有权提起公司解散之诉。司法应审慎介入公司事务，凡有其他途径能够维持公司存续的，不应轻易解散公司。当公司陷入持续性僵局，穷尽其他途径仍无法化解，且公司不具备继续经营条件，继续存续将使股东利益受到重大损失的，可判决解散公司。

【案　　号】（2011）民四终字第29号

【审理法院】最高人民法院

二、陈甲等与上海神威钢绳有限公司清算组成员责任纠纷案

关键词： 公司　吊销营业执照　清算　法人资格终止

裁判摘要： 公司因未按时参加年检而被吊销营业执照，属于公司解散事由，公司应自解散事由发生之日起十五日内成立清算组对公司进行清算；公司被吊销营业执照后，公司的营业资格终止，但其法人人格仍然存在。

【案　　号】（2009）沪二中民三（商）终字第625号

【审理法院】上海市第二中级人民法院

第七十条　法人解散的，除合并或者分立的情形外，清算义务人应当及时组成清算组进行清算。

法人的董事、理事等执行机构或者决策机构的成员为清算义务人。法律、行政法规另有规定的，依照其规定。

清算义务人未及时履行清算义务，造成损害的，应当承担民事责任；主管机关或者利害关系人可以申请人民法院指定有关人员组成清算组进行清算。

▶ 关联规定

一、法律、行政法规、司法解释

1.《中华人民共和国公司法》

第一百八十三条　公司因本法第一百八十条第（一）项、第（二）项、第（四）项、第（五）项规定而解散的，应当在解散事由出现之日起十五日内成立清算组，开始清算。有限责任公司的清算组由股东组成，股份有限公司的清算组由董事或者股东大会确定的人员组成。逾期不成立清算组进行清算的，债权人可以申请人民法院指定有关人员组成清算组进行清算。人民法院应当受理该申请，并及时组织清算组进行清算。

第一百八十九条　清算组成员应当忠于职守，依法履行清算义务。

清算组成员不得利用职权收受贿赂或者其他非法收入，不得侵占公司财产。

清算组成员因故意或者重大过失给公司或者债权人造成损失的，应当承担赔偿责任。

2.《中华人民共和国商业银行法》

第六十九条　商业银行因分立、合并或者出现公司章程规定的解散事由需要解散的，应当向国务院银行业监督管理机构提出申请，并附解散的理由和支付存款的本金和利息等债务清偿计划。经国务院银行业监督管理机构批准后解散。

商业银行解散的，应当依法成立清算组，进行清算，按照清偿计划及时偿还存款本金和利息等债务。国务院银行业监督管理机构监督清算过程。

3.《中华人民共和国保险法》

第八十九条 保险公司因分立、合并需要解散，或者股东会、股东大会决议解散，或者公司章程规定的解散事由出现，经国务院保险监督管理机构批准后解散。

经营有人寿保险业务的保险公司，除因分立、合并或者被依法撤销外，不得解散。

保险公司解散，应当依法成立清算组进行清算。

第一百四十九条 保险公司因违法经营被依法吊销经营保险业务许可证的，或者偿付能力低于国务院保险监督管理机构规定标准，不予撤销将严重危害保险市场秩序、损害公共利益的，由国务院保险监督管理机构予以撤销并公告，依法及时组织清算组进行清算。

4.《中华人民共和国证券投资基金法》

第五条 基金财产的债务由基金财产本身承担，基金份额持有人以其出资为限对基金财产的债务承担责任。但基金合同依照本法另有约定的，从其约定。

基金财产独立于基金管理人、基金托管人的固有财产。基金管理人、基金托管人不得将基金财产归入其固有财产。

基金管理人、基金托管人因基金财产的管理、运用或者其他情形而取得的财产和收益，归入基金财产。

基金管理人、基金托管人因依法解散、被依法撤销或者被依法宣告破产等原因进行清算的，基金财产不属于其清算财产。

5.《中华人民共和国民办教育促进法》

第五十八条 民办学校终止时，应当依法进行财务清算。

民办学校自己要求终止的，由民办学校组织清算；被审批机关依法撤销的，由审批机关组织清算；因资不抵债无法继续办学而被终止的，由人民法院组织清算。

6.《中华人民共和国农民专业合作社法》

第四十八条 农民专业合作社因下列原因解散：

（一）章程规定的解散事由出现；

（二）成员大会决议解散；

（三）因合并或者分立需要解散；

（四）依法被吊销营业执照或者被撤销。

因前款第一项、第二项、第四项原因解散的，应当在解散事由出现之日起十五日内由成员大会推举成员组成清算组，开始解散清算。逾期不能组成清算组的，成员、债权人可以向人民法院申请指定成员组成清算组进行清算，人民法院应当受理该申请，并及时指定成员组成清算组进行清算。

7.《中华人民共和国慈善法》

第十八条 慈善组织终止，应当进行清算。

慈善组织的决策机构应当在本法第十七条规定的终止情形出现之日起三十日内成立清算组进行清算，并向社会公告。不成立清算组或者清算组不履行职责的，民政部门可以申请人民法院指定有关人员组成清算组进行清算。

慈善组织清算后的剩余财产，应当按照慈善组织章程的规定转给宗旨相同或者相近的慈善组织；章程未规定的，由民政部门主持转给宗旨相同或者相近的慈善组织，并向社会公告。

慈善组织清算结束后，应当向其登记的民政部门办理注销登记，并由民政部门向社会公告。

8.《市场主体登记管理条例》

第三十一条 市场主体因解散、被宣告破产或者其他法定事由需要终止的，应当依法向登记机关申请注销登记。经登记机关注销登记，市场主体终止。

市场主体注销依法须经批准的，应当经批准后向登记机关申请注销登记。

第三十二条 市场主体注销登记前依法应当清算的，清算组应当自成立之日起10日内将清算组成员、清算组负责人名单通过国家企业信用信息公示系统公告。清算组可以通过国家企业信用信息公示系统发布债权人公告。

清算组应当自清算结束之日起30日内向登记机关申请注销登记。市场主体申请注销登记前，应当依法办理分支机构注销登记。

第三十三条 市场主体未发生债权债务或者已将债权债务清偿完结，未发生或者已结清清偿费用、职工工资、社会保险费用、法定补偿金、应缴纳税款（滞纳金、罚款），并由全体投资人书面承诺对上述情况的真实性承担法律责任的，可以按照简易程序办理注销登记。

市场主体应当将承诺书及注销登记申请通过国家企业信用信息公示系统公示，公示期为20日。在公示期内无相关部门、债权人及其他利害关系人提出异议的，市场主体可以于公示期届满之日起20日内向登记机关申请注销登记。

个体工商户按照简易程序办理注销登记的，无需公示，由登记机关将个体工商户的注销登记申请推送至税务等有关部门，有关部门在10日内没有提出异议的，可以直接办理注销登记。

市场主体注销依法须经批准的，或者市场主体被吊销营业执照、责令关闭、撤销，或者被列入经营异常名录的，不适用简易注销程序。

9.《社会团体登记管理条例》

第二十条 社会团体在办理注销登记前，应当在业务主管单位及其他有关机关的指导下，成立清算组织，完成清算工作。清算期间，社会团体不得开展清算以外的活动。

10.《事业单位登记管理暂行条例》

第十三条 事业单位被撤销、解散的，应当向登记管理机关办理注销登记或者注销备案。

事业单位办理注销登记前，应当在审批机关指导下成立清算组织，完成清算工作。

事业单位应当自清算结束之日起15日内，向登记管理机关办理注销登记。事业单位办理注销登记，应当提交撤销或者解散该事业单位的文件和清算报告；登记管理机关收缴《事业单位法人证书》和印章。

11.《基金会管理条例》

第十八条 基金会在办理注销登记前，应当在登记管理机关、业务主管单位的指导下成立清算组织，完成清算工作。

基金会应当自清算结束之日起15日内向登记管理机关办理注销登记；在清算期间不得开展清算以外的活动。

12.《最高人民法院关于适用〈中华人民共和国公司法〉若干问题的规定（二）》

第二条 股东提起解散公司诉讼，同时又申请人民法院对公司进行清算的，人民法院对其提出的清算申请不予受理。人民法院可以告知原告，在人民法院判决解散公司后，依据民法典第七十条、公司法第一百八十三条和本规定

第七条的规定，自行组织清算或者另行申请人民法院对公司进行清算。

第七条 公司应当依照民法典第七十条、公司法第一百八十三条的规定，在解散事由出现之日起十五日内成立清算组，开始自行清算。

有下列情形之一，债权人、公司股东、董事或其他利害关系人申请人民法院指定清算组进行清算的，人民法院应予受理：

（一）公司解散逾期不成立清算组进行清算的；

（二）虽然成立清算组但故意拖延清算的；

（三）违法清算可能严重损害债权人或者股东利益的。

第八条 人民法院受理公司清算案件，应当及时指定有关人员组成清算组。

清算组成员可以从下列人员或者机构中产生：

（一）公司股东、董事、监事、高级管理人员；

（二）依法设立的律师事务所、会计师事务所、破产清算事务所等社会中介机构；

（三）依法设立的律师事务所、会计师事务所、破产清算事务所等社会中介机构中具备相关专业知识并取得执业资格的人员。

第九条 人民法院指定的清算组成员有下列情形之一的，人民法院可以根据债权人、公司股东、董事或其他利害关系人的申请，或者依职权更换清算组成员：

（一）有违反法律或者行政法规的行为；

（二）丧失执业能力或者民事行为能力；

（三）有严重损害公司或者债权人利益的行为。

第十八条 有限责任公司的股东、股份有限公司的董事和控股股东未在法定期限内成立清算组开始清算，导致公司财产贬值、流失、毁损或者灭失，债权人主张其在造成损失范围内对公司债务承担赔偿责任的，人民法院应依法予以支持。

有限责任公司的股东、股份有限公司的董事和控股股东因怠于履行义务，导致公司主要财产、账册、重要文件等灭失，无法进行清算，债权人主张其对公司债务承担连带清偿责任的，人民法院应依法予以支持。

上述情形系实际控制人原因造成，债权人主张实际控制人对公司债务承担相应民事责任的，人民法院应依法予以支持。

第十九条 有限责任公司的股东、股份有限公司的董事和控股股东，以及公司的实际控制人在公司解散后，恶意处置公司财产给债权人造成损失，或者未经依法清算，以虚假的清算报告骗取公司登记机关办理法人注销登记，债权人主张其对公司债务承担相应赔偿责任的，人民法院应依法予以支持。

第二十条 公司解散应当在依法清算完毕后，申请办理注销登记。公司未经清算即办理注销登记，导致公司无法进行清算，债权人主张有限责任公司的股东、股份有限公司的董事和控股股东，以及公司的实际控制人对公司债务承担清偿责任的，人民法院应依法予以支持。

公司未经依法清算即办理注销登记，股东或者第三人在公司登记机关办理注销登记时承诺对公司债务承担责任，债权人主张其对公司债务承担相应民事责任的，人民法院应依法予以支持。

13.《最高人民法院关于适用〈中华人民共和国民事诉讼法〉的解释》

第六十四条 企业法人解散的，依法清算并注销前，以该企业法人为当事人；未依法清算即被注销的，以该企业法人的股东、发起人或者出资人为当事人。

二、司法指导性文件

《全国法院民商事审判工作会议纪要》

14.【怠于履行清算义务的认定】公司法司法解释（二）第18条第2款规定的"怠于履行义务"，是指有限责任公司的股东在法定清算事由出现后，在能够履行清算义务的情况下，故意拖延、拒绝履行清算义务，或者因过失导致无法进行清算的消极行为。股东举证证明其已经为履行清算义务采取了积极措施，或者小股东举证证明其既不是公司董事会或者监事会成员，也没有选派人员担任该机关成员，且从未参与公司经营管理，以不构成"怠于履行义务"为由，主张其不应当对公司债务承担连带清偿责任的，人民法院依法予以支持。

15.【因果关系抗辩】有限责任公司的股东举证证明其"怠于履行义务"的消极不作为与"公司主要财产、账册、重要文件等灭失，无法进行清算"的结果之间没有因果关系，主张其不应对公司债务承担连带清偿责任的，人民法院依法予以支持。

16.【诉讼时效期间】公司债权人请求股东对公司债务承担连带清偿责任，股东以公司债权人对公司的债权已经超过诉讼时效期间为由抗辩，经查证属实的，人民法院依法予以支持。

公司债权人以公司法司法解释（二）第18条第2款为依据，请求有限责任公司的股东对公司债务承担连带清偿责任的，诉讼时效期间自公司债权人知道或者应当知道公司无法进行清算之日起计算。

▶ 条文释义

一、本条主旨

本条是关于法人应及时清算及未及时清算责任的规定。

二、条文演变

原《民法通则》第47条规定："企业法人解散，应当成立清算组织，进行清算。企业法人被撤销、被宣告破产的，应当由主管机关或者人民法院组织有关机关和有关人员成立清算组织，进行清算。"《公司法》第183条中规定："公司因本法第一百八十条第（一）项、第（二）项、第（四）项、第（五）项规定而解散的，应当在解散事由出现之日起十五日内成立清算组，开始清算。"原《民法总则》对既有规范予以整合形成第70条规定。《民法典》对此予以保留。

三、条文解读

（一）法人解散应及时清算

法人清算是指法人在终止前，清算义务人依照法律规定的程序对其财产进行清理并了结法人债权债务的行为。[①] 法人解散的，法人资格并不能立即终止。法人除因合并或分立解散不需要清算外，因其他情形解散时均要依法进行清算。清算的主要内容包括：清理法人财产，分别编制资产负债表和财产清单；通知、公告债权人；处理与清算法人未了结的业务；清缴所欠税款以及清算过程中产生的税款；清理债权、债务；处理清偿债务后的剩余法人财产；参与民

---

① 王利明：《民法学》，法律出版社2008年版，第74页。

事诉讼活动等。

（二）清算义务人

清算义务人，是指基于其与法人之间存在的特定法律关系而在法人解散时对法人负有依法组织清算的义务，并在法人因未及时清算给相关权利人造成损害时依法承担相应责任的民事主体。清算义务人与清算人是两个不同的法律概念。清算义务人的义务是组织清算，故又称为法人清算的组织主体。而清算人是在清算中具体实施清算事务的主体。当然，清算义务人亦可直接担任清算人。根据本条规定，清算义务人是法人的董事、理事等执行机构或者决策机构的成员。法人执行机构或者决策机构直接负责法人的运营，了解法人的运行状况，要求其承担清算义务具有职权上的便利性，可以有效防止公司财产的流失，进而保护债权人等利害关系人的利益。清算义务人应当成立清算组负责法人清算。董事是由法人权力机构选举产生的法人执行机构的成员。理事是非营利法人中选举产生的管理法人事务的人员。除董事、理事为清算义务人外。法律、行政法规对清算义务人另有规定的，依照其规定。如《社会团体登记管理条例》规定，社会团体法人的清算组成员由业务主管单位及其他有关机关决定。在破产清算中，要由主管机关或者人民法院组织有关机关或者有关人员成立清算组织，进行清算。

（三）清算义务人的责任

清算义务人应及时组成清算组进行清算，根据本条规定，清算义务人未及时履行清算义务，造成损害的，应当承担民事责任。清算义务人未及时履行清算义务的行为主要是指未及时成立清算组开展清算活动，或者虽然成立清算组但对清算活动采取消极态度，不及时履行清算义务，拖延清算事务的进行。清算义务人未及时履行清算义务，则会给债权人造成损害，应该承担民事责任。例如，清算义务人在法人财产未对债权人进行清偿前，擅自将法人财产分配给出资人，或者清算义务人对个别债权人进行清偿，造成债权人利益受到损害的，清算义务人应该承担民事责任。因清算义务人与债权人之间并无关于清算的约定，所以此处的"民事责任"在性质上应为侵权责任，应以清算义务人存在过错为构成要件。清算义务人逾期不成立清算组进行清算的，主管机关或者利害关系人可以申请人民法院指定有关人员组成清算组进行清算。

适用指引

一、公司解散时的清算义务人

对于特定类型法人的清算义务人，允许法律、行政法规另行规定。《公司法》第183条规定，有限责任公司的清算组由股东组成，股份有限公司的清算组由董事或者股东大会确定的人员组成。《公司法规定（二）》第18条进一步明确，有限责任公司的股东、股份有限公司的董事和控股股东、公司的实际控制人是清算义务人。本条第2款第1句只是关于法人清算义务人的一般性规定，公司清算的，应该按照《公司法》的相关规定进行。

二、清算义务人是否及时履行清算义务的判断标准

清算义务人只有在未及时履行清算义务的情况下，才需要承担相应的民事责任，故"及时"的判断对于实践中认定清算义务人的责任尤为重要。《公司法》第183条规定，公司解散的，应当在解散事由出现之日起15日内成立清算组，开始清算。其他法律对清算时间没有特殊规定的，可以参照该规定进行判断。法律对解散和清算有特殊规定或者特定类型法人的清算有特殊性的，则应考虑特殊规定以及特殊性。

三、关于利害关系人的范围

清算义务人未及时履行清算义务，只有利害关系人才可以要求清算义务人履行清算责任或者赔偿损失。利害关系人的范围，除了债权人外，还应包括公司股东以及职工等其他可能参与法人财产分配的主体。

类案检索

一、叶某光与北京市兰龙实业总公司清算财产案

关键词： 清算义务人　怠于清算　赔偿

裁判摘要： 清算义务人怠于履行清算义务，导致企业主要财产、账册、重要文件等灭失，无法进行清算，致使投资人的剩余财产索取权无法实现，应当

承担赔偿责任。当事人只能以投资人的身份,就企业清算后的剩余财产主张按照自己的投资比例获得补偿。在清算目的无法实现、获得补偿的具体数额无法确定的情况下,只能向企业的清算义务人主张赔偿。

【案　　号】(2011)民上字第 10801 号
【审理法院】北京市第一中级人民法院

二、徐某芳等与昆明彪新装饰工程有限公司公司清算纠纷案

关键词: 公司解散　申请强制清算

裁判摘要: 公司解散后,公司应当自行组成清算组清算。但是清算义务人若在法定期间未组成清算组,债权人和股东可以申请人民法院强制清算,人民法院应予受理。

【案　　号】(2011)云高民二终字第 18 号
【审理法院】云南省高级人民法院

三、靖江市永兴建筑工程有限公司与吴某洪等清算责任纠纷案

关键词: 股份合作制企业　终止　清算

裁判摘要: 清算是市场主体有序退出市场的法定程序,企业退出市场前,负有清算义务的人员应当及时启动清算程序,按照法定程序对企业债权债务进行清理。股份合作制企业虽然不是《公司法》调整的公司,但属于企业法人,清算是企业法人终止的前置程序,企业法人未经清算的,不得办理注销登记。股份合作制企业是 20 世纪 90 年代企业转制过程中出现的特殊商事主体。在确定股份合作制企业的清算义务人时,应当充分考虑企业转制的历史因素,尊重公司章程关于清算的规定,合理确定清算义务人的范围。清算义务人应确定为公司的实际控制人,避免清算义务人范围扩大化。

【案　　号】(2016)苏 0582 民初 4299 号
【审理法院】江苏省张家港市人民法院

四、山东国大黄金股份有限公司与天津市津南区兆丰化工有限公司、天津开发区天意船务有限公司、崔某华、宫某升(宫某昇)、刘某船舶经营管理合同纠纷案

关键词: 股东　怠于清算　连带清偿

裁判摘要： 股东作为公司解散时的清算义务人，对公司组织清算属于一种作为行为，是一种法定义务。当清算义务人不作为时，法律通过将清算责任向财产责任转化的方式，督促义务人依法清算。股东长期未对公司进行清算，足以证明股东怠于履行清算义务，应当承担连带清偿责任。

【案　　号】（2017）鲁民终1864号
【审理法院】山东省高级人民法院

第七十一条 法人的清算程序和清算组职权，依照有关法律的规定；没有规定的，参照适用公司法律的有关规定。

关联规定

一、法律、行政法规、司法解释

1.《中华人民共和国民法典》

第九十五条 为公益目的成立的非营利法人终止时，不得向出资人、设立人或者会员分配剩余财产。剩余财产应当按照法人章程的规定或者权力机构的决议用于公益目的；无法按照法人章程的规定或者权力机构的决议处理的，由主管机关主持转给宗旨相同或者相近的法人，并向社会公告。

2.《中华人民共和国公司法》

第一百八十三条 公司因本法第一百八十条第（一）项、第（二）项、第（四）项、第（五）项规定而解散的，应当在解散事由出现之日起十五日内成立清算组，开始清算。有限责任公司的清算组由股东组成，股份有限公司的清算组由董事或者股东大会确定的人员组成。逾期不成立清算组进行清算的，债权人可以申请人民法院指定有关人员组成清算组进行清算。人民法院应当受理该申请，并及时组织清算组进行清算。

第一百八十四条 清算组在清算期间行使下列职权：

（一）清理公司财产，分别编制资产负债表和财产清单；

（二）通知、公告债权人；

（三）处理与清算有关的公司未了结的业务；

（四）清缴所欠税款以及清算过程中产生的税款；

（五）清理债权、债务；

（六）处理公司清偿债务后的剩余财产；

（七）代表公司参与民事诉讼活动。

第一百八十五条 清算组应当自成立之日起十日内通知债权人，并于六十日内在报纸上公告。债权人应当自接到通知书之日起三十日内,未接到通知书的自公告之日起四十五日内,向清算组申报其债权。

债权人申报债权,应当说明债权的有关事项,并提供证明材料。清算组应当对债权进行登记。

在申报债权期间,清算组不得对债权人进行清偿。

第一百八十六条 清算组在清理公司财产、编制资产负债表和财产清单后,应当制定清算方案,并报股东会、股东大会或者人民法院确认。

公司财产在分别支付清算费用、职工的工资、社会保险费用和法定补偿金,缴纳所欠税款,清偿公司债务后的剩余财产,有限责任公司按照股东的出资比例分配,股份有限公司按照股东持有的股份比例分配。

清算期间,公司存续,但不得开展与清算无关的经营活动。公司财产在未依照前款规定清偿前,不得分配给股东。

第一百八十七条 清算组在清理公司财产、编制资产负债表和财产清单后,发现公司财产不足清偿债务的,应当依法向人民法院申请宣告破产。

公司经人民法院裁定宣告破产后,清算组应当将清算事务移交给人民法院。

第一百八十八条 公司清算结束后,清算组应当制作清算报告,报股东会、股东大会或者人民法院确认,并报送公司登记机关,申请注销公司登记,公告公司终止。

第一百八十九条 清算组成员应当忠于职守,依法履行清算义务。

清算组成员不得利用职权收受贿赂或者其他非法收入,不得侵占公司财产。

清算组成员因故意或者重大过失给公司或者债权人造成损失的,应当承担赔偿责任。

3.《中华人民共和国农民专业合作社法》

第四十九条 清算组自成立之日起接管农民专业合作社,负责处理与清算有关未了结业务,清理财产和债权、债务,分配清偿债务后的剩余财产,代表农民专业合作社参与诉讼、仲裁或者其他法律程序,并在清算结束时办理注销登记。

第五十条 清算组应当自成立之日起十日内通知农民专业合作社成员和债权人,并于六十日内在报纸上公告。债权人应当自接到通知之日起三十日内,未接到通知的自公告之日起四十五日内,向清算组申报债权。如果在规定期间内全部成员、债权人均已收到通知,免除清算组的公告义务。

债权人申报债权,应当说明债权的有关事项,并提供证明材料。清算组应当对债权进行审查、登记。

在申报债权期间,清算组不得对债权人进行清偿。

第五十一条 农民专业合作社因本法第四十八条第一款的原因解散,或者人民法院受理破产申请时,不能办理成员退社手续。

4.《市场主体登记管理条例》

第三十二条 市场主体注销登记前依法应当清算的,清算组应当自成立之日起10日内将清算组成员、清算组负责人名单通过国家企业信用信息公示系统公告。清算组可以通过国家企业信用信息公示系统发布债权人公告。

清算组应当自清算结束之日起30日内向登记机关申请注销登记。市场主体申请注销登记前,应当依法办理分支机构注销登记。

第三十三条 市场主体未发生债权债务或者已将债权债务清偿完结,未发生或者已结清清偿费用、职工工资、社会保险费用、法定补偿金、应缴纳税款(滞纳金、罚款),并由全体投资人书面承诺对上述情况的真实性承担法律责任的,可以按照简易程序办理注销登记。

市场主体应当将承诺书及注销登记申请通过国家企业信用信息公示系统公示,公示期为20日。在公示期内无相关部门、债权人及其他利害关系人提出异议的,市场主体可以于公示期届满之日起20日内向登记机关申请注销登记。

个体工商户按照简易程序办理注销登记的,无需公示,由登记机关将个体工商户的注销登记申请推送至税务等有关部门,有关部门在10日内没有提出异议的,可以直接办理注销登记。

市场主体注销依法须经批准的,或者市场主体被吊销营业执照、责令关闭、撤销,或者被列入经营异常名录的,不适用简易注销程序。

第三十四条 人民法院裁定强制清算或者裁定宣告破产的,有关清算组、破产管理人可以持人民法院终结强制清算程序的裁定或者终结破产程序的裁定,直接向登记机关申请办理注销登记。

5.《事业单位登记管理暂行条例》

第十三条 事业单位被撤销、解散的,应当向登记管理机关办理注销登记或者注销备案。

事业单位办理注销登记前,应当在审批机关指导下成立清算组织,完成清算工作。

事业单位应当自清算结束之日起15日内,向登记管理机关办理注销登记。事业单位办理注销登记,应当提交撤销或者解散该事业单位的文件和清算报告;登记管理机关收缴《事业单位法人证书》和印章。

6.《民办非企业单位登记管理暂行条例》

第十六条 民办非企业单位自行解散的,分立、合并的,或者由于其他原因需要注销登记的,应当向登记管理机关办理注销登记。

民办非企业单位在办理注销登记前,应当在业务主管单位和其他有关机关的指导下,成立清算组织,完成清算工作。清算期间,民办非企业单位不得开展清算以外的活动。

7.《最高人民法院关于适用〈中华人民共和国公司法〉若干问题的规定(二)》

第七条 公司应当依照民法典第七十条、公司法第一百八十三条的规定,在解散事由出现之日起十五日内成立清算组,开始自行清算。

有下列情形之一,债权人、公司股东、董事或其他利害关系人申请人民法院指定清算组进行清算的,人民法院应予受理:

(一)公司解散逾期不成立清算组进行清算的;

(二)虽然成立清算组但故意拖延清算的;

(三)违法清算可能严重损害债权人或者股东利益的。

第八条 人民法院受理公司清算案件,应当及时指定有关人员组成清算组。

清算组成员可以从下列人员或者机构中产生:

(一)公司股东、董事、监事、高级管理人员;

(二)依法设立的律师事务所、会计师事务所、破产清算事务所等社会中介机构;

(三)依法设立的律师事务所、会计师事务所、破产清算事务所等社会中介机构中具备相关专业知识并取得执业资格的人员。

第九条 人民法院指定的清算组成员有下列情形之一的,人民法院可以根据债权人、公司股东、董事或其他利害关系人的申请,或者依职权更换清算组成员:

（一）有违反法律或者行政法规的行为；

（二）丧失执业能力或者民事行为能力；

（三）有严重损害公司或者债权人利益的行为。

第十条 公司依法清算结束并办理注销登记前，有关公司的民事诉讼，应当以公司的名义进行。

公司成立清算组的，由清算组负责人代表公司参加诉讼；尚未成立清算组的，由原法定代表人代表公司参加诉讼。

第十一条 公司清算时，清算组应当按照公司法第一百八十五条的规定，将公司解散清算事宜书面通知全体已知债权人，并根据公司规模和营业地域范围在全国或者公司注册登记地省级有影响的报纸上进行公告。

清算组未按照前款规定履行通知和公告义务，导致债权人未及时申报债权而未获清偿，债权人主张清算组成员对因此造成的损失承担赔偿责任的，人民法院应依法予以支持。

第十二条 公司清算时，债权人对清算组核定的债权有异议的，可以要求清算组重新核定。清算组不予重新核定，或者债权人对重新核定的债权仍有异议，债权人以公司为被告向人民法院提起诉讼请求确认的，人民法院应予受理。

第十三条 债权人在规定的期限内未申报债权，在公司清算程序终结前补充申报的，清算组应予登记。

公司清算程序终结，是指清算报告经股东会、股东大会或者人民法院确认完毕。

第十四条 债权人补充申报的债权，可以在公司尚未分配财产中依法清偿。公司尚未分配财产不能全额清偿，债权人主张股东以其在剩余财产分配中已经取得的财产予以清偿的，人民法院应予支持；但债权人因重大过错未在规定期限内申报债权的除外。

债权人或者清算组，以公司尚未分配财产和股东在剩余财产分配中已经取得的财产，不能全额清偿补充申报的债权为由，向人民法院提出破产清算申请的，人民法院不予受理。

第十五条 公司自行清算的，清算方案应当报股东会或者股东大会决议确认；人民法院组织清算的，清算方案应当报人民法院确认。未经确认的清算方案，清算组不得执行。

执行未经确认的清算方案给公司或者债权人造成损失，公司、股东、董事、公司其他利害关系人或者债权人主张清算组成员承担赔偿责任的，人民法院应依法予以支持。

第十六条 人民法院组织清算的，清算组应当自成立之日起六个月内清算完毕。

因特殊情况无法在六个月内完成清算的，清算组应当向人民法院申请延长。

第十七条 人民法院指定的清算组在清理公司财产、编制资产负债表和财产清单时，发现公司财产不足清偿债务的，可以与债权人协商制作有关债务清偿方案。

债务清偿方案经全体债权人确认且不损害其他利害关系人利益的，人民法院可依清算组的申请裁定予以认可。清算组依据该清偿方案清偿债务后，应当向人民法院申请裁定终结清算程序。

债权人对债务清偿方案不予确认或者人民法院不予认可的，清算组应当依法向人民法院申请宣告破产。

第十八条 有限责任公司的股东、股份有限公司的董事和控股股东未在法定期限内成立清算组开始清算，导致公司财产贬值、流失、毁损或者灭失，债权人主张其在造成损失范围内对公司债务承担赔偿责任的，人民法院应依法予以支持。

有限责任公司的股东、股份有限公司的董事和控股股东因怠于履行义务，导致公司主要财产、账册、重要文件等灭失，无法进行清算，债权人主张其对公司债务承担连带清偿责任的，人民法院应依法予以支持。

上述情形系实际控制人原因造成，债权人主张实际控制人对公司债务承担相应民事责任的，人民法院应依法予以支持。

第十九条 有限责任公司的股东、股份有限公司的董事和控股股东，以及公司的实际控制人在公司解散后，恶意处置公司财产给债权人造成损失，或者未经依法清算，以虚假的清算报告骗取公司登记机关办理法人注销登记，债权人主张其对公司债务承担相应赔偿责任的，人民法院应依法予以支持。

第二十条 公司解散应当在依法清算完毕后，申请办理注销登记。公司未经清算即办理注销登记，导致公司无法进行清算，债权人主张有限责任公司的股东、股份有限公司的董事和控股股东，以及公司的实际控制人对公司债务承担清偿责任的，人民法院应依法予以支持。

公司未经依法清算即办理注销登记，股东或者第三人在公司登记机关办理注销登记时承诺对公司债务承担责任，债权人主张其对公司债务承担相应民事责任的，人民法院应依法予以支持。

第二十一条 按照本规定第十八条和第二十条第一款的规定应当承担责任的有限责任公司的股东、股份有限公司的董事和控股股东，以及公司的实际控制人为二人以上的，其中一人或者数人依法承担民事责任后，主张其他人员按照过错大小分担责任的，人民法院应依法予以支持。

第二十二条 公司解散时，股东尚未缴纳的出资均应作为清算财产。股东尚未缴纳的出资，包括到期应缴未缴的出资，以及依照公司法第二十六条和第八十条的规定分期缴纳尚未届满缴纳期限的出资。

公司财产不足以清偿债务时，债权人主张未缴出资股东，以及公司设立时的其他股东或者发起人在未缴出资范围内对公司债务承担连带清偿责任的，人民法院应依法予以支持。

第二十三条 清算组成员从事清算事务时，违反法律、行政法规或者公司章程给公司或者债权人造成损失，公司或者债权人主张其承担赔偿责任的，人民法院应依法予以支持。

有限责任公司的股东、股份有限公司连续一百八十日以上单独或者合计持有公司百分之一以上股份的股东，依据公司法第一百五十一条第三款的规定，以清算组成员有前款所述行为为由向人民法院提起诉讼的，人民法院应予受理。

公司已经清算完毕注销，上述股东参照公司法第一百五十一条第三款的规定，直接以清算组成员为被告、其他股东为第三人向人民法院提起诉讼的，人民法院应予受理。

第二十四条 解散公司诉讼案件和公司清算案件由公司住所地人民法院管辖。公司住所地是指公司主要办事机构所在地。公司办事机构所在地不明确的，由其注册地人民法院管辖。

基层人民法院管辖县、县级市或者区的公司登记机关核准登记公司的解散诉讼案件和公司清算案件；中级人民法院管辖地区、地级市以上的公司登记机关核准登记公司的解散诉讼案件和公司清算案件。

二、司法指导性文件

1.《最高人民法院于审理公司强制清算案件工作座谈会纪要》

22. 人民法院受理强制清算案件后,应当及时指定清算组成员。公司股东、董事、监事、高级管理人员能够而且愿意参加清算的,人民法院可优先考虑指定上述人员组成清算组;上述人员不能、不愿进行清算,或者由其负责清算不利于清算依法进行的,人民法院可以指定《人民法院中介机构管理人名册》和《人民法院个人管理人名册》中的中介机构或者个人组成清算组;人民法院也可根据实际需要,指定公司股东、董事、监事、高级管理人员,与管理人名册中的中介机构或者个人共同组成清算组。人民法院指定管理人名册中的中介机构或者个人组成清算组,或者担任清算组成员的,应当参照适用最高人民法院《关于审理企业破产案件指定管理人的规定》。

32. 公司强制清算中,清算组在清理公司财产、编制资产负债表和财产清单时,发现公司财产不足清偿债务的,除依据公司法司法解释二第十七条的规定,通过与债权人协商制作有关债务清偿方案并清偿债务的外,应依据公司法第一百八十八条和企业破产法第七条第三款的规定向人民法院申请宣告破产。

33. 公司强制清算中,有关权利人依据企业破产法第二条和第七条的规定向人民法院另行提起破产申请的,人民法院应当依法进行审查。权利人的破产申请符合企业破产法规定的,人民法院应当依法裁定予以受理。人民法院裁定受理破产申请后,应当裁定终结强制清算程序。

34. 公司强制清算转入破产清算后,原强制清算中的清算组由《人民法院中介机构管理人名册》和《人民法院个人管理人名册》中的中介机构或者个人组成或者参加的,除该中介机构或者个人存在与本案有利害关系等不宜担任管理人或者管理人成员的情形外,人民法院可根据企业破产法及其司法解释的规定,指定该中介机构或者个人作为破产案件的管理人,或者吸收该中介机构作为新成立的清算组管理人的成员。

上述中介机构或者个人在公司强制清算和破产清算中取得的报酬总额,不应超过按照企业破产计付的管理人或者管理人成员的报酬。

35. 上述中介机构或者个人不宜担任破产清算中的管理人或者管理人的成员的,人民法院应当根据企业破产法和有关司法解释的规定,及时指定管理人。原强制清算中的清算组应当及时将清算事务及有关材料等移交给管理人。

公司强制清算中已经完成的清算事项，如无违反企业破产法或者有关司法解释的情形的，在破产清算程序中应承认其效力。

39. 鉴于公司强制清算与破产清算在具体程序操作上的相似性，就公司法、公司法司法解释二，以及本会议纪要未予涉及的情形，如清算中公司的有关人员未依法妥善保管其占有和管理的财产、印章和账簿、文书资料，清算组未及时接管清算中公司的财产、印章和账簿、文书，清算中公司拒不向人民法院提交或者提交不真实的财产状况说明、债务清册、债权清册、有关财务会计报告以及职工工资的支付情况和社会保险费用的缴纳情况，清算中公司拒不向清算组移交财产、印章和账簿、文书等资料，或者伪造、销毁有关财产证据材料而使财产状况不明，股东未缴足出资、抽逃出资，以及公司董事、监事、高级管理人员非法侵占公司财产等，可参照企业破产法及其司法解释的有关规定处理。

2.《最高人民法院关于河南省高级人民法院请示中国深圳对外贸易（集团）公司与河南孟津县甲萘胺厂加工合同纠纷一案诉讼主体及责任承担问题的复函》

河南省高级人民法院：

你院关于中国深圳对外贸易（集团）公司与河南孟津县甲萘胺厂加工合同纠纷一案诉讼主体及责任承担问题的请示收悉。经研究，现答复如下：

一、泰亨公司在其上级单位变动中并未丧失法人资格，且进行了1993年度工商年检，只是根据其上级单位中国深圳对外贸易（集团）公司决定进行清理整顿而停止新的经营业务，除根据其上级单位决定将属下的同光商场按原值有偿划归集团所属的勤兴公司经营管理外，其他财产并未转移。因此，泰亨公司仍是独立的企业法人，具有独立的民事权利能力和行为能力，可作为本案当事人，并应依法承担相应的民事责任。

二、泰亨公司清理整顿小组是由泰亨公司的上级单位决定成立的，符合国家关于企业整顿的有关规定，其职权是在泰亨公司清理整顿期间具体负责处理有关泰亨公司的债权债务、资产及对外投资等遗留问题，该清整小组虽不完全符合民法通则有关清算组织的规定，但从其所担负的实际职权看，泰亨公司的债权债务等均由该小组具体负责处理。本案诉讼期间，泰亨公司的清理整顿工作并未结束。故此，对泰亨公司所欠甲萘胺厂3431025.56元债务，应由泰亨公司清理整顿小组以泰亨公司的财产承担偿还责任。为此，该小组应以被告身份参加本案诉讼。

此复。

条文释义

一、本条主旨

本条是关于法人清算程序和清算组职权的规定。

二、条文演变

原《民法总则》第71条规定:"法人的清算程序和清算组职权,依照有关法律的规定;没有规定的,参照适用公司法的有关规定。"《民法典》基本沿用该规定,仅对个别文字进行调整。

三、条文解读

(一)清算程序

《民法典》对法人分类作了较大调整,按照法人设立目的和功能等方面的不同,将法人分为营利法人、非营利法人和特别法人三类。就清算程序而言,目前的法律规范主要集中于公司法领域。其中,《公司法》在第十章"公司解散和清算"第183条至第189条作了基本规定;2008年5月,最高人民法院公布施行《公司法规定(二)》,重点对公司解散和清算案件适用法律问题作出明确规定,尤其是对清算义务人不适当履行清算义务的责任承担等问题作出规定,推动了现实问题的解决。2009年11月,最高人民法院公布了《关于审理公司强制清算案件工作座谈会纪要》(以下简称《公司强制清算会议纪要》),专门针对公司强制清算案件非讼程序的特点和清算程序规范的不完善问题,进一步明确该类案件的审理原则,细化了有关程序和实体规定,以便更好地规范公司退出市场行为。上述规范性文件构成目前公司清算程序的基本规则体系,也使得其他法人主体的清算退出程序有了具体参照。

对于非公司类法人的清算程序,如对其有特别规定,还需按照这些规定处理。如对于非营利法人,《民法典》第95条规定:"为公益目的成立的非营利法人终止时,不得向出资人、设立人或者会员分配剩余财产。剩余财产应当按照法人章程的规定或者权力机构的决议用于公益目的;无法按照法人章程的规定或者权力机构的决议处理的,由主管机关主持转给宗旨相同或者相近的法人，并向社会公告。"该条明确了非营利法人剩余财产的具体处理方式。在有些专门法律法规中，也有对清算事项的规定，如《民办非企业单位登记管理暂行条例》第16条等，但大都是从管理规范角度设置的规则，在具体程序操作上如无特别规定，仍需参照《公司法》的有关规定。

（二）清算组职权

法人清算工作由清算组来具体实施。清算组，又称清算人，是指根据法律规定或者清算主体选任或者法院指定具体负责清算工作的主体，主要负责执行清算事务，对外代表清算中的法人。① 清算组需与清算义务人、破产管理人等概念相互区分。清算义务人一般指基于与法人之间的特定法律关系在法人解散时对法人负有及时清算义务，并在法人未及时清算给权利人造成损失时，依法承担相应责任的主体。清算义务人的职责随着法人解散而当然产生，其可能成为清算组成员而实施清算，也可能不进入清算组而由其他人组成清算组进行清算，如《公司法》第183条的规定。破产管理人，是指破产程序中负责企业破产事务的主体，与清算组在产生方式、任职资格、工作职责等方面均有不同。

对于清算组的构成，《公司法规定（二）》第8条明确规定，可以由公司股东、董事、监事、高级管理人员或依法设立的律师事务所、会计师事务所、破产清算事务所等社会中介机构以及上述中介机构中具备相关专业知识并取得执业资格的人员担任清算组成员，上述人员也可以共同组成清算组开展清算工作。《公司强制清算会议纪要》第22条专门规定，公司股东、董事、监事、高级管理人员能够而且愿意参加清算的，人民法院可优先考虑指定上述人员组成清算组；上述人员不能、不愿进行清算，或者由其负责清算不利于清算依法进行的，人民法院可以指定《人民法院中介机构管理人名册》和《人民法院个人管理人名册》中的中介机构或者个人组成清算组；人民法院也可根据实际需要，指定公司股东、董事、监事、高级管理人员，与管理人名册中的中介机构或者个人共同组成清算组。一般情况下，清算组成员的人数应当为单数。对于清算组的职权，主要为清理法人财产，通知、公告债权人，处理与清算有关未了结业务，清缴所欠税款，清理债权、债务，处理剩余财产，代表法人参与民事诉讼活动等。清算组在从事清算事务时，违反法律、行政法规或者法人章

---

① 李适时主编：《中华人民共和国民法总则释义》，法律出版社2017年版，第205页。

程给法人或者债权人造成损失时，应当承担相应民事责任，如《公司法规定（二）》第23条的规定。

根据本条规定，法律、行政法规对公司以外的法人清算程序和清算组职权没有规定的，可以参照适用《公司法》有关规定。参照适用是指在适用《公司法》相关规定基本原则的前提下，根据非公司法人的具体特点灵活处理。

▶ 适用指引

公司强制清算与公司破产清算的关系

二者都是以最终消灭法人资格为目的的制度设计，在程序环节上具有相似性。《公司强制清算会议纪要》第39条专门规定了强制清算程序中对破产清算程序的准用规则，明确该会议纪要未予涉及的情形，如清算中，公司的有关人员未依法妥善保管其占有和管理的财产、印章和账簿、文书资料，清算组未及时接管清算中公司的财产、印章和账簿、文书，清算中公司拒不向人民法院提交或者提交不真实的财产状况说明、债务清册、债权清册、有关财务会计报告以及职工工资的支付情况和社会保险费用的缴纳情况，清算中公司拒不向清算组移交财产、印章和账簿、文书等资料，或者伪造、销毁有关财产证据材料而使财产状况不明，股东未缴足出资、抽逃出资，以及公司董事、监事、高级管理人员非法侵占公司财产等，可参照《企业破产法》及其司法解释的有关规定处理。而在第16部分，第32条至35条规定了强制清算和破产清算的衔接制度。依据《公司法规定（二）》第17条的规定，清算组还可以通过与债权人协商制作有关债务清偿方案并清偿债务的方式，避免债务人进入破产程序，节约社会资源。同时需注意的是，因强制清算程序与破产程序在适用条件、规则以及法院和债权人介入程度等多方面存在不同，在司法实务中还需清晰界分不同背景条件，以准确适用两种程序的各项制度规范。

> **第七十二条** 清算期间法人存续，但是不得从事与清算无关的活动。
>
> 法人清算后的剩余财产，按照法人章程的规定或者法人权力机构的决议处理。法律另有规定的，依照其规定。
>
> 清算结束并完成法人注销登记时，法人终止；依法不需要办理法人登记的，清算结束时，法人终止。

▶ 关联规定

一、法律、行政法规、司法解释

1.《中华人民共和国民法典》

第九十五条 为公益目的成立的非营利法人终止时，不得向出资人、设立人或者会员分配剩余财产。剩余财产应当按照法人章程的规定或者权力机构的决议用于公益目的；无法按照法人章程的规定或者权力机构的决议处理的，由主管机关主持转给宗旨相同或者相近的法人，并向社会公告。

2.《中华人民共和国公司法》

第一百五十一条 董事、高级管理人员有本法第一百四十九条规定的情形的，有限责任公司的股东、股份有限公司连续一百八十日以上单独或者合计持有公司百分之一以上股份的股东，可以书面请求监事会或者不设监事会的有限责任公司的监事向人民法院提起诉讼；监事有本法第一百四十九条规定的情形的，前述股东可以书面请求董事会或者不设董事会的有限责任公司的执行董事向人民法院提起诉讼。

监事会、不设监事会的有限责任公司的监事，或者董事会、执行董事收到前款规定的股东书面请求后拒绝提起诉讼，或者自收到请求之日起三十日内未提起诉讼，或者情况紧急、不立即提起诉讼将会使公司利益受到难以弥补的损害的，前款规定的股东有权为了公司的利益以自己的名义直接向人民法院提起诉讼。

他人侵犯公司合法权益，给公司造成损失的，本条第一款规定的股东可以依照前两款的规定向人民法院提起诉讼。

第一百八十六条 清算组在清理公司财产、编制资产负债表和财产清单后，应当制定清算方案，并报股东会、股东大会或者人民法院确认。

公司财产在分别支付清算费用、职工的工资、社会保险费用和法定补偿金，缴纳所欠税款，清偿公司债务后的剩余财产，有限责任公司按照股东的出资比例分配，股份有限公司按照股东持有的股份比例分配。

清算期间，公司存续，但不得开展与清算无关的经营活动。公司财产在未依照前款规定清偿前，不得分配给股东。

第一百八十八条 公司清算结束后，清算组应当制作清算报告，报股东会、股东大会或者人民法院确认，并报送公司登记机关，申请注销公司登记，公告公司终止。

第一百八十九条 清算组成员应当忠于职守，依法履行清算义务。

清算组成员不得利用职权收受贿赂或者其他非法收入，不得侵占公司财产。

清算组成员因故意或者重大过失给公司或者债权人造成损失的，应当承担赔偿责任。

3.《中华人民共和国民办教育促进法》

第五十九条 对民办学校的财产按照下列顺序清偿：

（一）应退受教育者学费、杂费和其他费用；

（二）应发教职工的工资及应缴纳的社会保险费用；

（三）偿还其他债务。

非营利性民办学校清偿上述债务后的剩余财产继续用于其他非营利性学校办学；营利性民办学校清偿上述债务后的剩余财产，依照公司法的有关规定处理。

4.《中华人民共和国农民专业合作社法》

第五十二条 清算组负责制定包括清偿农民专业合作社员工的工资及社会保险费用，清偿所欠税款和其他各项债务，以及分配剩余财产在内的清算方案，经成员大会通过或者申请人民法院确认后实施。

清算组发现农民专业合作社的财产不足以清偿债务的，应当依法向人民法院申请破产。

5.《中华人民共和国慈善法》

第十八条 慈善组织终止,应当进行清算。

慈善组织的决策机构应当在本法第十七条规定的终止情形出现之日起三十日内成立清算组进行清算,并向社会公告。不成立清算组或者清算组不履行职责的,民政部门可以申请人民法院指定有关人员组成清算组进行清算。

慈善组织清算后的剩余财产,应当按照慈善组织章程的规定转给宗旨相同或者相近的慈善组织;章程未规定的,由民政部门主持转给宗旨相同或者相近的慈善组织,并向社会公告。

慈善组织清算结束后,应当向其登记的民政部门办理注销登记,并由民政部门向社会公告。

6.《市场主体登记管理条例》

第三十二条 市场主体注销登记前依法应当清算的,清算组应当自成立之日起10日内将清算组成员、清算组负责人名单通过国家企业信用信息公示系统公告。清算组可以通过国家企业信用信息公示系统发布债权人公告。

清算组应当自清算结束之日起30日内向登记机关申请注销登记。市场主体申请注销登记前,应当依法办理分支机构注销登记。

第三十三条 市场主体未发生债权债务或者已将债权债务清偿完结,未发生或者已结清清偿费用、职工工资、社会保险费用、法定补偿金、应缴纳税款(滞纳金、罚款),并由全体投资人书面承诺对上述情况的真实性承担法律责任的,可以按照简易程序办理注销登记。

市场主体应当将承诺书及注销登记申请通过国家企业信用信息公示系统公示,公示期为20日。在公示期内无相关部门、债权人及其他利害关系人提出异议的,市场主体可以于公示期届满之日起20日内向登记机关申请注销登记。

个体工商户按照简易程序办理注销登记的,无需公示,由登记机关将个体工商户的注销登记申请推送至税务等有关部门,有关部门在10日内没有提出异议的,可以直接办理注销登记。

市场主体注销依法须经批准的,或者市场主体被吊销营业执照、责令关闭、撤销,或者被列入经营异常名录的,不适用简易注销程序。

第三十四条 人民法院裁定强制清算或者裁定宣告破产的,有关清算组、破产管理人可以持人民法院终结强制清算程序的裁定或者终结破产程序的裁定,直接向登记机关申请办理注销登记。

7.《社会团体登记管理条例》

第十九条 社会团体有下列情形之一的，应当在业务主管单位审查同意后，向登记管理机关申请注销登记：

（一）完成社会团体章程规定的宗旨的；

（二）自行解散的；

（三）分立、合并的；

（四）由于其他原因终止的。

第二十条 社会团体在办理注销登记前，应当在业务主管单位及其他有关机关的指导下，成立清算组织，完成清算工作。清算期间，社会团体不得开展清算以外的活动。

第二十一条 社会团体应当自清算结束之日起15日内向登记管理机关办理注销登记。办理注销登记，应当提交法定代表人签署的注销登记申请书、业务主管单位的审查文件和清算报告书。

登记管理机关准予注销登记的，发给注销证明文件，收缴该社会团体的登记证书、印章和财务凭证。

第二十二条 社会团体处分注销后的剩余财产，按照国家有关规定办理。

第二十三条 社会团体成立、注销或者变更名称、住所、法定代表人，由登记管理机关予以公告。

8.《最高人民法院关于适用〈中华人民共和国公司法〉若干问题的规定（二）》

第十九条 有限责任公司的股东、股份有限公司的董事和控股股东，以及公司的实际控制人在公司解散后，恶意处置公司财产给债权人造成损失，或者未经依法清算，以虚假的清算报告骗取公司登记机关办理法人注销登记，债权人主张其对公司债务承担相应赔偿责任的，人民法院应依法予以支持。

第二十条 公司解散应当在依法清算完毕后，申请办理注销登记。公司未经清算即办理注销登记，导致公司无法进行清算，债权人主张有限责任公司的股东、股份有限公司的董事和控股股东，以及公司的实际控制人对公司债务承担清偿责任的，人民法院应依法予以支持。

公司未经依法清算即办理注销登记，股东或者第三人在公司登记机关办理注销登记时承诺对公司债务承担责任，债权人主张其对公司债务承担相应民事责任的，人民法院应依法予以支持。

二、司法指导性文件

《最高人民法院关于企业法人营业执照被吊销后，其民事诉讼地位如何确定的复函》

辽宁省高级人民法院：

你院《关于企业法人营业执照被吊销后，其民事诉讼地位如何确定的请示》收悉。经研究，答复如下：

吊销企业法人营业执照，是工商行政管理机关依据国家工商行政法规对违法的企业法人作出的一种行政处罚。企业法人被吊销营业执照后，应当依法进行清算，清算程序结束并办理工商注销登记后，该企业法人才归于消灭。因此，企业法人被吊销营业执照后至被注销登记前，该企业法人仍应视为存续，可以自己的名义进行诉讼活动。如果该企业法人组成人员下落不明，无法通知参加诉讼，债权人以被吊销营业执照企业的开办单位为被告起诉的，人民法院也应予以准许。该开办单位对被吊销营业执照的企业法人，如果不存在投资不足或者转移资产逃避债务情形的，仅应作为企业清算人参加诉讼，承担清算责任。你院请示中涉及的问题，可参照上述精神办理。

此复

条文释义

一、本条主旨

本条是关于法人清算期间法律地位、剩余财产分配和法人清算终止的规定。

二、条文演变

原《民法通则》第40条规定："法人终止，应当依法进行清算，停止清算范围外的活动。"第46条规定："企业法人终止，应当向登记机关办理注销登记并公告。"原《民法总则》对既有规范予以整合形成第72条规定。《民法典》基本沿用该规定，仅对个别文字进行调整。

三、条文解读

（一）法人清算期间的法律地位

法人解散后，应当进入清算程序；待清算完毕后，进行注销登记或履行其他手续使法人终止。在上述过程中，一般将解散事由出现之后至清算完毕前的法人称为清算中法人。此时，法人人格并不当然消灭，但其行为能力仅限于清算目的范围之内，不得开展与清算无关的经营活动，法人在清算目的范围内继续存续。

清算期间，法人主体资格存续，涉及清算中法人的诉讼应当以该法人为诉讼主体，以法人的名义进行。但此时，因清算组接管法人决策和执行机关的相应权力，故由清算组在清算目的范围内，对内执行清算事务，对外代表法人了结债权债务。一般情况下，法人的清算组由多人组成，故应明确清算组负责人，便于参加诉讼活动。实践中，法人解散后至清算完毕前，除正在清算过程中的法人外，还可能包括应当清算而未清算的情况，如此时需要参加诉讼活动，则可参照《公司法规定（二）》第10条的有关规定，由原法定代表人等代表法人参加诉讼。

清算组负责清算期间法人的主要活动，应对自身行为负责。《公司法》第189条规定，清算组成员应当忠于职守，依法履行清算义务；清算组成员不得利用职权收受贿赂或者其他非法收入，不得侵占公司财产；清算组成员因故意或者重大过失给公司或者债权人造成损失的，应当承担赔偿责任。对于具体的清算组成员责任诉讼问题，《公司法规定（二）》第23条规定，清算组成员从事清算事务时，违反法律、行政法规或者公司章程给公司或者债权人造成损失，公司或者债权人主张其承担赔偿责任的，人民法院应依法予以支持；有限责任公司的股东、股份有限公司连续180日以上单独或者合计持有公司百分之一以上股份的股东，依据《公司法》第151条第3款的规定，以清算组成员有前款所述行为为由向人民法院提起诉讼的，人民法院应予受理；公司已经清算完毕注销，上述股东参照《公司法》第151条第3款的规定，直接以清算组成员为被告、其他股东为第三人向人民法院提起诉讼的，人民法院应予受理。上述规定明确了清算组成员责任诉讼的具体程序路径。其他类型法人的清算组责任负担可以参照公司法律的相关规定。

（二）法人清算后的剩余财产分配

法人清算后的剩余财产，是指法人财产在分别支付清算费用、职工的工资、社会保险费用和法定补偿金，缴纳所欠税款，清偿公司债务后的剩余财产。《民法典》将法人分为营利法人、非营利法人和特别法人三类。剩余财产分配问题，主要涉及营利法人。一般要根据法人章程的规定或者法人权力机构的决议来处理剩余财产分配问题，但是法律另有规定的，依照其规定。《公司法》第186条规定，清算组在清理公司财产、编制资产负债表和财产清单后，应当制定清算方案，并区分自行清算还是强制清算，分别报股东会、股东大会或者人民法院确认。对于公司剩余财产的具体分配顺序，应在分别支付清算费用、职工的工资、社会保险费用和法定补偿金，缴纳所欠税款后，有限责任公司按照股东的出资比例分配，股份有限公司按照股东持有的股份比例进行分配。对于非营利法人，《民法典》第95条规定："为公益目的成立的非营利法人终止时，不得向出资人、设立人或者会员分配剩余财产。剩余财产应当按照法人章程的规定或者权力机构的决议用于公益目的；无法按照法人章程的规定或者权力机构的决议处理的，由主管机关主持转给宗旨相同或者相近的法人，并向社会公告。"该条明确了非营利法人剩余财产的具体处理方式。

（三）清算结束后的法人终止

法人清算结束后，应及时办理注销登记。注销登记是指登记主管机关依法对歇业、被撤销、宣告破产或者因其他原因终止营业的法人，取消法人资格的行为。

《市场主体登记管理条例》规定，清算组应当自清算结束之日起30日内向登记机关申请注销登记。市场主体申请注销登记前，应当依法办理分支机构注销登记。申请注销登记时应当提交下列文件：公司清算组负责人签署的注销登记申请书；人民法院的破产裁定、解散裁判文书，公司依照公司法作出的决议或者决定，行政机关责令关闭或者公司被撤销的文件；股东会、股东大会、一人有限责任公司的股东、外商投资的公司董事会或者人民法院、公司批准机关备案、确认的清算报告；企业法人营业执照；法律、行政法规规定应当提交的其他文件。国有独资公司申请注销登记，还应当提交国有资产监督管理机构的决定，其中，国务院确定的重要的国有独资公司，还应当提交本级人民政府的批准文件。

《社会团体登记管理条例》规定，社会团体应当自清算结束之日起15日内向登记管理机关办理注销登记。办理注销登记时，应提交法定代表人签署的注销登记申请书、业务主管单位的审查文件和清算报告书。登记管理机关准予注销登记的，发给注销证明文件，收缴该社会团体的登记证书、印章和财务凭证。

《民办非企业单位登记管理暂行条例》规定，民办非企业单位法定代表人或者负责人应当自完成清算之日起15日内，向登记管理机关办理注销登记。办理注销登记时，应提交注销登记申请书、业务主管单位的审查文件和清算报告。登记管理机关准予注销登记的，发给注销证明文件，收缴登记证书、印章和财务凭证。

《事业单位登记管理暂行条例》规定，事业单位应当自清算结束之日起15个工作日内，向登记管理机关申请注销登记并提交下列文件：法定代表人签署的事业单位法人注销登记申请书；撤销或者解散的证明文件；有关机关确认的清算报告；发布该单位拟申请注销登记公告的凭证；《事业单位法人证书》正、副本及单位印章；登记管理机关要求提交的其他相关文件。登记管理机关核准事业单位注销登记后，应当收缴被注销事业单位的《事业单位法人证书》正、副本及单位印章，并发布注销登记公告。经登记管理机关注销登记的事业单位，自核准注销登记之日起事业单位法人终止。

实践中，实际存在法人未经清算即办理注销登记的情形，如法人解散后没有清算，但以虚假的清算报告骗取有关登记机关办理了注销登记；或者在股东或第三人等主体向登记机关承诺对法人债务承担责任的情况下，未经清算即办理了注销登记。此时，如债权人主张有关主体就法人债务承担责任的，可参照《公司法规定（二）》第19条、第20条规定的内容和精神处理。

▶ 适用指引

特定法人终止时的剩余财产分配问题

对特定法人终止时剩余财产的分配，如相关法律法规对其有明确规定，则应按规定处理。如《民办教育促进法》第59条规定，民办学校终止时，首先对民办学校的财产按照下列顺序清偿:(1)应退受教育者学费、杂费和其他费用;(2)应发教职工的工资及应缴纳的社会保险费用;(3)偿还其他债务。按以上顺序清偿后若仍有剩余财产的,需进一步区分该学校是否具有营利性而区别对待。非营利性民办学校,剩余财产应继续用于其他非营利性学校办学;营利性民办学校,应依照《公司法》有关规定处理。

▶ 类案检索

一、中国建设银行天津市分行和平支行与天津菁亚制衣公司、天津英达集团有限公司借款担保纠纷案

关键词: 公司被吊销　法人资格　合同效力

裁判摘要: 由于公司被吊销营业执照的法律后果应是取消企业的营业资格,但是其法人资格并不消亡。因此,公司被吊销营业执照后与银行签订的贷款合同,该贷款合同的效力并不仅因公司被吊销营业执照而无效。

【案　　号】(2005)津高民二终字第88号

【审理法院】天津市高级人民法院

二、汪某卫与安徽大蔚置业公司股东知情权纠纷案

关键词: 公司　破产清算　股东资格　知情权

裁判摘要: 公司进入破产清算程序,股东资格不受影响,股东向破产管理人主张知情权的,在无不正当目的的前提下,人民法院应予准许。查阅会计账簿、原始凭证是股东知情权的重要内容,在不损害公司合法权益前提下,适当赋予股东查阅会计账簿、原始凭证的权利,不仅是防范和化解公司治理风险的要求,也是基于效率和秩序的理性选择。

【案　　号】(2019)皖民终291号

【审理法院】安徽省高级人民法院

第七十三条 法人被宣告破产的，依法进行破产清算并完成法人注销登记时，法人终止。

关联规定

法律、行政法规、司法解释

1.《中华人民共和国公司法》

第一百九十条 公司被依法宣告破产的，依照有关企业破产的法律实施破产清算。

2.《中华人民共和国企业破产法》

第二条 企业法人不能清偿到期债务，并且资产不足以清偿全部债务或者明显缺乏清偿能力的，依照本法规定清理债务。

企业法人有前款规定情形，或者有明显丧失清偿能力可能的，可以依照本法规定进行重整。

第二十五条 管理人履行下列职责：

（一）接管债务人的财产、印章和账簿、文书等资料；

（二）调查债务人财产状况，制作财产状况报告；

（三）决定债务人的内部管理事务；

（四）决定债务人的日常开支和其他必要开支；

（五）在第一次债权人会议召开之前，决定继续或者停止债务人的营业；

（六）管理和处分债务人的财产；

（七）代表债务人参加诉讼、仲裁或者其他法律程序；

（八）提议召开债权人会议；

（九）人民法院认为管理人应当履行的其他职责。

本法对管理人的职责另有规定的，适用其规定。

第一百零七条 人民法院依照本法规定宣告债务人破产的，应当自裁定作出之日起五日内送达债务人和管理人，自裁定作出之日起十日内通知已知债权人,并予以公告。

债务人被宣告破产后,债务人称为破产人,债务人财产称为破产财产,人民法院受理破产申请时对债务人享有的债权称为破产债权。

第一百零八条 破产宣告前,有下列情形之一的,人民法院应当裁定终结破产程序,并予以公告:

(一)第三人为债务人提供足额担保或者为债务人清偿全部到期债务的;

(二)债务人已清偿全部到期债务的。

第一百二十条 破产人无财产可供分配的,管理人应当请求人民法院裁定终结破产程序。

管理人在最后分配完结后,应当及时向人民法院提交破产财产分配报告,并提请人民法院裁定终结破产程序。

人民法院应当自收到管理人终结破产程序的请求之日起十五日内作出是否终结破产程序的裁定。裁定终结的,应当予以公告。

第一百二十一条 管理人应当自破产程序终结之日起十日内,持人民法院终结破产程序的裁定,向破产人的原登记机关办理注销登记。

3.《中华人民共和国保险法》

第九十条 保险公司有《中华人民共和国企业破产法》第二条规定情形的,经国务院保险监督管理机构同意,保险公司或者其债权人可以依法向人民法院申请重整、和解或者破产清算;国务院保险监督管理机构也可以依法向人民法院申请对该保险公司进行重整或者破产清算。

第一百四十八条 被整顿、被接管的保险公司有《中华人民共和国企业破产法》第二条规定情形的,国务院保险监督管理机构可以依法向人民法院申请对该保险公司进行重整或者破产清算。

4.《中华人民共和国农民专业合作社法》

第五十二条 清算组负责制定包括清偿农民专业合作社员工的工资及社会保险费用,清偿所欠税款和其他各项债务,以及分配剩余财产在内的清算方案,经成员大会通过或者申请人民法院确认后实施。

清算组发现农民专业合作社的财产不足以清偿债务的,应当依法向人民法院申请破产。

5.《最高人民法院关于个人独资企业清算是否可以参照适用企业破产法规定的破产清算程序的批复》

贵州省高级人民法院：

你院《关于个人独资企业清算是否可以参照适用破产清算程序的请示》（〔2012〕黔高研请字第 2 号）收悉。经研究，批复如下：

根据《中华人民共和国企业破产法》第一百三十五条的规定，在个人独资企业不能清偿到期债务，并且资产不足以清偿全部债务或者明显缺乏清偿能力的情况下，可以参照适用企业破产法规定的破产清算程序进行清算。

根据《中华人民共和国个人独资企业法》第三十一条的规定，人民法院参照适用破产清算程序裁定终结个人独资企业的清算程序后，个人独资企业的债权人仍然可以就其未获清偿的部分向投资人主张权利。

6.《最高人民法院关于债权人对人员下落不明或者财产状况不清的债务人申请破产清算案件如何处理的批复》

贵州省高级人民法院：

你院《关于企业法人被吊销营业执照后，依法负有清算责任的人未向法院申请破产，债权人是否可以申请被吊销营业执照的企业破产的请示》（〔2007〕黔高民二破请终字 1 号）收悉。经研究，批复如下：

债权人对人员下落不明或者财产状况不清的债务人申请破产清算，符合企业破产法规定的，人民法院应依法予以受理。债务人能否依据企业破产法第十一条第二款的规定向人民法院提交财产状况说明、债权债务清册等相关材料，并不影响对债权人申请的受理。

人民法院受理上述破产案件后，应当依据企业破产法的有关规定指定管理人追收债务人财产；经依法清算，债务人确无财产可供分配的，应当宣告债务人破产并终结破产程序；破产程序终结后二年内发现有依法应当追回的财产或者有应当供分配的其他财产的，债权人可以请求人民法院追加分配。

债务人的有关人员不履行法定义务，人民法院可依据有关法律规定追究其相应法律责任；其行为导致无法清算或者造成损失，有关权利人起诉请求其承担相应民事责任的，人民法院应依法予以支持。

此复。

条文释义

一、本条主旨

本条是关于法人破产终止的规定。

二、条文演变

本条系沿用原《民法总则》第 73 条规定。

三、条文解读

破产,是指债务人因不能偿债或者资不抵债时,由债权人或债务人诉请法院宣告破产并依破产程序偿还债务的一种法律制度。根据本条规定,法人被人民法院宣告破产的,依法进行破产清算并完成法人注销登记时,法人终止。

(一)破产清算

破产清算,是指对于丧失清偿能力的债务人,经法院审理与监督,强制清算其全部财产,对全体债权人公平清偿的法律程序。在我国,破产程序还包括破产和解和破产重整程序。其中,破产和解,是指具备破产原因的债务人,为避免破产清算,而与债权人达成和解协议以了结债务,协议经法院认可后生效的法律程序。破产重整,是指对可能或已经发生破产原因但有再建希望的企业,在法院主持下,通过各方利害关系人的参与,并借助法律强制性地调整其利益关系,进行企业营业重组与债务清理,以挽救企业、避免破产、获得新生的法律制度。破产是法人终止的原因之一。本条规定的破产终止情形,主要指破产清算。

根据《企业破产法》的规定,破产清算分为破产宣告、变价和分配、破产程序终结三个环节。破产宣告,是指法院依据当事人申请或法院依职权裁定宣布债务人破产以清偿债务的活动。破产程序中,一般主要由破产管理人负责破产事务,其是接管破产主体并负责对破产企业财产进行清理、保管、支配、估价以及处理的专门机构。债务人被宣告破产后,破产管理人应当拟定破产财产变价方案,并按照债权人会议的决定或者法院的裁定,适时变价出售破产财产,并分配破产财产。因破产财产分配完毕、破产人无财产可供分配或债务人财产不足以清偿破产费用的，破产管理人均应请求人民法院裁定终结破产程序。人民法院裁定终结破产程序后，破产管理人应在破产程序终结之日起一定期限内，持人民法院终结破产程序的裁定，向法人登记机关办理注销登记，从而使破产法人的法律人格归于消灭。破产程序终结之日起二年内，发现应当追回的财产或应当供分配的其他财产，债权人可以请求人民法院按照破产财产分配方案进行追加分配；但财产数量不足以支付分配费用的，不再进行追加分配，由人民法院将其上交国库。破产人的保证人和其他连带债务人，在破产程序终结后，对债权人依照破产清算程序未受清偿的债权，依法继续承担清偿责任。

（二）注销登记

根据《企业破产法》的规定，管理人应当自破产程序终结之日起10日内，持人民法院终结破产程序的裁定，向破产人的原登记机关办理注销登记。法人在依法完成破产清算并注销后终止，对于未依破产程序受偿的债权，不能请求债务人继续履行。但对于某些特殊情况，如债务人人员下落不明或者财产状态不清的破产案件，还应参照《最高人民法院关于债权人对人员下落不明或者财产状况不清的债务人申请破产清算案件如何处理的批复》的有关内容和精神处理。

适用指引

法人的破产能力

破产能力，是指债务人能够适用破产程序解决债务问题的资格。就此主要存在两种立法例：一般破产主义和商人破产主义。[1] 前者指破产法适用于不能清偿债务的所有债务人，不因其是否为商人而有所差别，自然人、法人均可由债权人或债务人向法院申请破产；后者是指破产法仅适用于商人而不适用于非商人。前者是目前现代破产立法的趋势。《企业破产法》第2条规定："企业法人不能清偿到期债务，并且资产不足以清偿全部债务或者明显缺乏清偿能力

---

[1] 付翠英：《破产法比较研究》，中国人民公安大学出版社2004年版，第87页。

的,依照本法规定清理债务。""企业法人有前款规定情形,或者有明显丧失清偿能力可能的,可以依照本法规定进行重整。"上述规定明确了《企业破产法》的适用对象为企业法人,自然人等主体并未被包括在内。对于企业法人以外的组织,《企业破产法》第135条规定:"其他法律规定企业法人以外的组织的清算,属于破产清算的,参照适用本法规定的程序。"即上述主体在出现破产原因时,可以参照适用《企业破产法》规定的程序进行债务清理。对于个人独资企业等非法人组织,最高人民法院在2012年12月11日公布《最高人民法院关于个人独资企业清算是否可以参照适用企业破产法规定的破产清算程序的批复》,明确个人独资企业在不能清偿到期债务,并且资产不足以清偿全部债务或者明显缺乏清偿能力的情况下,可以参照适用企业破产法规定的破产清算程序进行清算;但在人民法院参照适用破产清算程序裁定终结个人独资企业的清算程序后,个人独资企业的债权人仍然可以就其未获清偿的部分向投资人主张权利。本条就法人的破产终止作出明确规定,相关的破产程序和机制应适用或参照适用《企业破产法》的规定。但需注意的是,《农民专业合作社法》和《民办教育促进法》对农民专业合作社和民办学校的破产清算作了专门规定,在该两类法人破产清算时应优先适用专门规定。

第七十四条 法人可以依法设立分支机构。法律、行政法规规定分支机构应当登记的，依照其规定。

分支机构以自己的名义从事民事活动，产生的民事责任由法人承担；也可以先以该分支机构管理的财产承担，不足以承担的，由法人承担。

关联规定

法律、行政法规、司法解释

1.《中华人民共和国公司法》

第十四条 公司可以设立分公司。设立分公司，应当向公司登记机关申请登记，领取营业执照。分公司不具有法人资格，其民事责任由公司承担。

公司可以设立子公司，子公司具有法人资格，依法独立承担民事责任。

第一百九十二条 外国公司在中国境内设立分支机构，必须向中国主管机关提出申请，并提交其公司章程、所属国的公司登记证书等有关文件，经批准后，向公司登记机关依法办理登记，领取营业执照。

外国公司分支机构的审批办法由国务院另行规定。

第一百九十三条 外国公司在中国境内设立分支机构，必须在中国境内指定负责该分支机构的代表人或者代理人，并向该分支机构拨付与其所从事的经营活动相适应的资金。

对外国公司分支机构的经营资金需要规定最低限额的，由国务院另行规定。

第一百九十四条 外国公司的分支机构应当在其名称中标明该外国公司的国籍及责任形式。

外国公司的分支机构应当在本机构中置备该外国公司章程。

第一百九十五条 外国公司在中国境内设立的分支机构不具有中国法人资格。

外国公司对其分支机构在中国境内进行经营活动承担民事责任。

第一百九十六条 经批准设立的外国公司分支机构，在中国境内从事业务活动，必须遵守中国的法律，不得损害中国的社会公共利益，其合法权益受中国法律保护。

第一百九十七条 外国公司撤销其在中国境内的分支机构时，必须依法清偿债务，依照本法有关公司清算程序的规定进行清算。未清偿债务之前，不得将其分支机构的财产移至中国境外。

2.《中华人民共和国商业银行法》

第十九条 商业银行根据业务需要可以在中华人民共和国境内外设立分支机构。设立分支机构必须经国务院银行业监督管理机构审查批准。在中华人民共和国境内的分支机构，不按行政区划设立。

商业银行在中华人民共和国境内设立分支机构，应当按照规定拨付与其经营规模相适应的营运资金额。拨付各分支机构营运资金额的总和，不得超过总行资本金总额的百分之六十。

第二十条 设立商业银行分支机构，申请人应当向国务院银行业监督管理机构提交下列文件、资料：

（一）申请书，申请书应当载明拟设立的分支机构的名称、营运资金额、业务范围、总行及分支机构所在地等；

（二）申请人最近二年的财务会计报告；

（三）拟任职的高级管理人员的资格证明；

（四）经营方针和计划；

（五）营业场所、安全防范措施和与业务有关的其他设施的资料；

（六）国务院银行业监督管理机构规定的其他文件、资料。

第二十一条 经批准设立的商业银行分支机构，由国务院银行业监督管理机构颁发经营许可证，并凭该许可证向工商行政管理部门办理登记，领取营业执照。

第二十二条 商业银行对其分支机构实行全行统一核算，统一调度资金，分级管理的财务制度。

商业银行分支机构不具有法人资格，在总行授权范围内依法开展业务，其民事责任由总行承担。

第二十三条 经批准设立的商业银行及其分支机构，由国务院银行业监督管理机构予以公告。

商业银行及其分支机构自取得营业执照之日起无正当理由超过六个月未开业的，或者开业后自行停业连续六个月以上的，由国务院银行业监督管理机构吊销其经营许可证，并予以公告。

3.《中华人民共和国保险法》

第七十四条 保险公司在中华人民共和国境内设立分支机构，应当经保险监督管理机构批准。

保险公司分支机构不具有法人资格，其民事责任由保险公司承担。

第七十五条 保险公司申请设立分支机构，应当向保险监督管理机构提出书面申请，并提交下列材料：

（一）设立申请书；

（二）拟设机构三年业务发展规划和市场分析材料；

（三）拟任高级管理人员的简历及相关证明材料；

（四）国务院保险监督管理机构规定的其他材料。

第七十六条 保险监督管理机构应当对保险公司设立分支机构的申请进行审查，自受理之日起六十日内作出批准或者不批准的决定。决定批准的，颁发分支机构经营保险业务许可证；决定不批准的，应当书面通知申请人并说明理由。

第七十七条 经批准设立的保险公司及其分支机构，凭经营保险业务许可证向工商行政管理机关办理登记，领取营业执照。

第七十八条 保险公司及其分支机构自取得经营保险业务许可证之日起六个月内，无正当理由未向工商行政管理机关办理登记的，其经营保险业务许可证失效。

4.《市场主体登记管理条例》

第二十三条 市场主体设立分支机构，应当向分支机构所在地的登记机关申请登记。

5.《社会团体登记管理条例》

第十七条 社会团体的分支机构、代表机构是社会团体的组成部分，不具有法人资格，应当按照其所属于的社会团体的章程所规定的宗旨和业务范围，在该社会团体授权的范围内开展活动、发展会员。社会团体的分支机构不得再设立分支机构。

社会团体不得设立地域性的分支机构。

6.《基金会管理条例》

第十二条 基金会拟设立分支机构、代表机构的，应当向原登记管理机关提出登记申请，并提交拟设机构的名称、住所和负责人等情况的文件。

登记管理机关应当自收到前款所列全部有效文件之日起60日内作出准予或者不予登记的决定。准予登记的，发给《基金会分支（代表）机构登记证书》；不予登记的，应当书面说明理由。

基金会分支机构、基金会代表机构设立登记的事项包括：名称、住所、公益活动的业务范围和负责人。

基金会分支机构、基金会代表机构依据基金会的授权开展活动，不具有法人资格。

第十五条 基金会、基金会分支机构、基金会代表机构和境外基金会代表机构的登记事项需要变更的，应当向登记管理机关申请变更登记。

基金会修改章程，应当征得其业务主管单位的同意，并报登记管理机关核准。

第十七条 基金会撤销其分支机构、代表机构的，应当向登记管理机关办理分支机构、代表机构的注销登记。

基金会注销的，其分支机构、代表机构同时注销。

7.《最高人民法院关于适用〈中华人民共和国民法典〉有关担保制度的解释》

第十一条 公司的分支机构未经公司股东（大）会或者董事会决议以自己的名义对外提供担保，相对人请求公司或者其分支机构承担担保责任的，人民法院不予支持，但是相对人不知道且不应当知道分支机构对外提供担保未经公司决议程序的除外。

金融机构的分支机构在其营业执照记载的经营范围内开立保函，或者经有权从事担保业务的上级机构授权开立保函，金融机构或者其分支机构以违反公司法关于公司对外担保决议程序的规定为由主张不承担担保责任的，人民法院不予支持。金融机构的分支机构未经金融机构授权提供保函之外的担保，金融机构或者其分支机构主张不承担担保责任的，人民法院应予支持，但是相对人不知道且不应当知道分支机构对外提供担保未经金融机构授权的除外。

担保公司的分支机构未经担保公司授权对外提供担保，担保公司或者其分支机构主张不承担担保责任的，人民法院应予支持，但是相对人不知道且不应当知道分支机构对外提供担保未经担保公司授权的除外。

公司的分支机构对外提供担保，相对人非善意，请求公司承担赔偿责任的，参照本解释第十七条的有关规定处理。

8.《最高人民法院关于审理期货纠纷案件若干问题的规定》

第十二条　期货公司设立的取得营业执照和经营许可证的分公司、营业部等分支机构超出经营范围开展经营活动所产生的民事责任，该分支机构不能承担的，由期货公司承担。

客户有过错的，应当承担相应的民事责任。

9.《最高人民法院关于适用〈中华人民共和国民事诉讼法〉的解释》

第五十二条　民事诉讼法第五十一条规定的其他组织是指合法成立、有一定的组织机构和财产，但又不具备法人资格的组织，包括：

（一）依法登记领取营业执照的个人独资企业；

（二）依法登记领取营业执照的合伙企业；

（三）依法登记领取我国营业执照的中外合作经营企业、外资企业；

（四）依法成立的社会团体的分支机构、代表机构；

（五）依法设立并领取营业执照的法人的分支机构；

（六）依法设立并领取营业执照的商业银行、政策性银行和非银行金融机构的分支机构；

（七）经依法登记领取营业执照的乡镇企业、街道企业；

（八）其他符合本条规定条件的组织。

10.《最高人民法院关于民事执行中变更、追加当事人若干问题的规定》

第十五条　作为被执行人的法人分支机构，不能清偿生效法律文书确定的债务，申请执行人申请变更、追加该法人为被执行人的，人民法院应予支持。法人直接管理的责任财产仍不能清偿债务的，人民法院可以直接执行该法人其他分支机构的财产。

作为被执行人的法人，直接管理的责任财产不能清偿生效法律文书确定债务的，人民法院可以直接执行该法人分支机构的财产。

▶ 条文释义

一、本条主旨

本条是关于法人分支机构的设立及民事责任的规定。

二、条文演变

《公司法》第14条规定:"公司可以设立分公司。设立分公司,应当向公司登记机关申请登记,领取营业执照。分公司不具有法人资格,其民事责任由公司承担。"原《民法总则》第74条规定:"法人可以依法设立分支机构。法律、行政法规规定分支机构应当登记的,依照其规定。分支机构以自己的名义从事民事活动,产生的民事责任由法人承担;也可以先以该分支机构管理的财产承担,不足以承担的,由法人承担。"《民法典》沿用了原《民法总则》第74条。

三、条文解读

（一）分支机构的设立

法人可以根据业务需要,设立分支机构。法人设立分支机构,应当符合法律规定。本条第1款明确规定:"法人可以依法设立分支机构。法律、行政法规规定分支机构应当登记的,依照其规定。"例如,对于公司法人,《公司法》第14条第1款规定,公司可以设立分公司,设立分公司,应当向公司登记机关申请登记,领取营业执照。实践中,企业法人设立不能独立承担民事责任的分支机构,应由该企业法人申请登记,经登记主管机关核准,领取营业执照,在核准登记的经营范围内从事经营活动。公司以及企业法人设立分支机构,应当依照相关法律、法规进行登记。

分支机构是法人在一定区域内设置的从事经营或者其他业务活动的机构。分支机构是法人的组成部分,但与法人内设机构不同,分支机构是具有一定独立性的机构。分支机构通常有自己的名称、场所、管理机构和负责人以及从事业务活动所需要的资金和从业人员,有符合规定的财务制度,营利法人分支机构还领取独立的营业执照。为便于分支机构开展业务活动,应允许分支机构以自己的名义从事民事活动。本条第 2 款第 1 句前半部分明确分支机构可以自己的名义从事民事活动。

根据本条规定，法人设立分支机构是否需要登记，要根据相关法律、行政法规的规定。《基金会管理条例》规定，基金会拟设立分支机构的，应当向原登记管理机关提出登记申请，并提交拟设机构的名称、住所和负责人等情况的文件。登记管理机关准予登记的，发给《基金会分支机构登记证书》。

（二）分支机构民事责任的承担

法人的分支机构，在性质上属于法人的组成部分，不具有独立的法人资格，不能独立承担民事责任。（1）分支机构虽然有自己的名称，但其名称应反映其与法人的隶属关系；（2）分支机构虽可以从事经营及其他业务活动，但没有独立的章程，其经营权限来自于法人的授权；（3）分支机构虽有自己的组织机构和工作人员，但其人员管理由法人决定，自身没有自主权；（4）分支机构虽有自己的财产，但所有资产隶属于法人并列入法人的资产负债表。分支机构虽然在法人授权范围内可以自己名义对外从事各种民事活动，但承担责任的能力有一定的限制。根据本条规定，法人的分支机构进行民事活动所产生的民事责任，由法人承担，也可以先以该分支机构管理的财产承担，不足以承担的，再由法人承担。在涉及分支机构的诉讼中，可以将法人的分支机构与法人一起列为共同被告。

▶ 适用指引

一、法人分支机构的认定

法人分支机构的设立必须符合法律的规定。根据《公司法》等相关规定，公司以及其他企业法人分支机构的设立，应当向登记机关申请登记，领取营业执照。因此，只有领取营业执照的机构才能作为企业法人的分支机构，才能以自己的名义从事民事活动。现实生活中，有的是总公司自己设立分公司，这种分公司较为规范，是公司法意义上的分公司。还有很多分公司并非公司法意义上的分公司，仅是其他经济实体挂靠到总公司名下，这些实体多为个体工商户、个人合伙以及个人独资企业等。它们挂靠总公司后以分公司的名义对外开展业务。这类分公司与总公司的关系，有的是承包关系，有的是报账制。对于此类分公司，应就个案具体分析其应承担的民事责任。

实践中，建设工程企业在开发特定项目时，可能成立项目公司或者项目部，这些项目公司或者项目部如按照《公司法》第14条第2款设立为子公司的，则具有独立法人资格，可以独立承担民事责任；如按照《公司法》第14条第1款设立为分公司的，虽可以自己名义从事民事活动，但不具有独立法人资格，产生的民事责任由法人承担；如未设立为子公司，亦未设立为分公司的，则可能属于法人的下属机构，不具有独立法人资格，应以法人名义从事民事活动，产生的民事责任亦由法人承担。

二、分支机构之间的纠纷不属于法院受案范围

法人可以依法设立多个分支机构，多个分支机构在各自区域内开展业务活动，但均不具有法人资格，从事民事活动产生的民事责任均由法人承担，故分支机构与法人之间的纠纷以及同一法人下设的不同分支机构之间产生的纠纷，属于法人内部的纠纷，不属于法院受案范围。对法人的分支机构以自己为原告、以法人或者同一法人的其他分支机构为被告的诉讼，应裁定驳回起诉。

三、分支机构具有一定的独立性

分支机构具有一定的独立性，以分支机构名义从事民事活动的责任虽由法人承担，但亦存在与法人自身从事民事活动不同的效果。例如，以分支机构名义与第三人交易产生债权债务的，应以分支机构所在地为履行地，涉及诉讼时，亦应以分支机构所在地而非法人总部所在地作为确定法院管辖权的因素。

现实生活中，有些公司虽然在特定区域设定分公司，分公司依法进行登记并取得营业执照，但分公司对外仍以总公司名义签订合同，此时应认定为分公司的行为还是总公司的行为？这需要根据案件具体情况进行判断。实践中，分公司通常是基于总公司的概括授权在授权范围内从事经营活动，如总公司在概括授权之外单独委托分公司以总公司名义对外签订特定合同，将该合同认为是分公司代总公司签订的合同更为妥当；如分公司在总公司概括授权范围内从事经营活动，只是对外所签合同为总公司标准合同，且盖有总公司公章，将该合同认为是分公司为自己签订的合同更为妥当。

四、分支机构的诉讼主体资格

《民事诉讼法》第 51 条第 1 款规定，公民、法人和其他组织可以作为民事诉讼的当事人。《民事诉讼法解释》第 52 条规定："民事诉讼法第五十一条规定的其他组织是指合法成立、有一定的组织机构和财产，但又不具备法人资格的组织，包括：（一）依法登记领取营业执照的个人独资企业；（二）依法登记领取营业执照的合伙企业；（三）依法登记领取我国营业执照的中外合作经营企业、外资企业；（四）依法成立的社会团体的分支机构、代表机构；（五）依法设立并领取营业执照的法人的分支机构；（六）依法设立并领取营业执照的商业银行、政策性银行和非银行金融机构的分支机构；（七）经依法登记领取营业执照的乡镇企业、街道企业；（八）其他符合本条规定条件的组织。"根据该规定，依法成立的社会团体的分支机构，依法设立并领取营业执照的法人的分支机构，依法设立并领取营业执照的商业银行、政策性银行和非银行金融机构的分支机构具有诉讼主体资格，可以作为民事诉讼的当事人。需要注意的是，根据《民事诉讼法解释》第 52 条，中国人民银行及各专业银行设在各地的分支机构、中国人民保险公司设在各地的分支机构亦属于民事诉讼法所指的"其他组织"，可以作为诉讼当事人。

五、分支机构超越权限从事民事活动的效力

分支机构以分支机构的名义从事经营活动，实际上是基于法人的授权。法人为分支机构营业注册出具文件，任命分支机构负责人，授权以分支机构的名义对外为经营行为。当然，这种授权是一种概括授权，分支机构在法人为分支机构设定的营业范围内对外以分支机构名义为民事行为，无须再得到法人的事先批准或追认，其从事的民事活动是否应由法人承担责任应根据民事代理以及职务行为相关规定进行判断。分支机构超越法人授权对外订立合同的，属于越权代理，除构成表见代理外，法人不应承担责任，第三人只能要求实际行为人承担责任。

六、分支机构的民事责任如何承担

分支机构从事民事活动产生的民事责任应由法人承担。对于法人承担的是何种性质的责任，理论上存在以下几种观点：一是直接责任，即相对人对于分

支机构所应承担的民事责任，可以不向分支机构主张权利，而直接要求法人承担责任；二是补充责任，即相对人对于分支机构所应承担的民事责任，应先向分支机构主张权利，分支机构的财产不足以清偿的，才可要求法人承担民事责任；三是连带责任，即相对人对于分支机构所应承担的民事责任，可以同时向分支机构与法人主张权利，分支机构与法人承担连带责任。对于该问题，原《民法总则》起草过程中争议较大，曾规定为直接责任，即"分支机构以自己的名义从事民事活动产生的民事责任由法人承担"，后又修改为补充责任，即"分支机构以自己的名义从事民事活动的，产生的债务先以其财产进行清偿，不能清偿的，由法人清偿"，最后又修改为当前的表述"分支机构以自己的名义从事民事活动，产生的民事责任由法人承担；也可以先以该分支机构管理的财产承担，不足以承担的，由法人承担"，《民法典》沿用了这个表述，该表述是直接责任与补充责任的结合。

实践中，如权利人如仅起诉分支机构，法院也仅判决分支机构承担责任。权利人在申请执行阶段，发现分支机构不具有清偿能力，能否直接要求追加法人作为被执行人进行执行？《最高人民法院关于民事执行中变更、追加当事人若干问题的规定》第15条规定："作为被执行人的法人分支机构，不能清偿生效法律文书确定的债务，申请执行人申请变更、追加该法人为被执行人的，人民法院应予支持。法人直接管理的责任财产仍不能清偿债务的，人民法院可以直接执行该法人其他分支机构的财产。作为被执行人的法人，直接管理的责任财产不能清偿生效法律文书确定债务的，人民法院可以直接执行该法人分支机构的财产。"

▶ 指导案例

指导案例149号：长沙广大建筑装饰有限公司诉中国工商银行股份有限公司广州粤秀支行、林传武、长沙广大建筑装饰有限公司广州分公司等第三人撤销之诉案

（最高人民法院审判委员会讨论通过　2021年2月19日发布）

关键词： 民事　第三人撤销之诉　公司法人　分支机构　原告主体资格

裁判要点：

公司法人的分支机构以自己的名义从事民事活动,并独立参加民事诉讼,人民法院判决分支机构对外承担民事责任,公司法人对该生效裁判提起第三人撤销之诉的,其不符合民事诉讼法第五十六条规定的第三人条件,人民法院不予受理。

相关法条:

《中华人民共和国民事诉讼法》第 56 条

《中华人民共和国民法总则》第 74 条第 2 款

基本案情:

2011 年 7 月 12 日,林传武与中国工商银行股份有限公司广州粤秀支行(以下简称工商银行粤秀支行)签订《个人借款/担保合同》。长沙广大建筑装饰有限公司广州分公司(以下简称长沙广大广州分公司)出具《担保函》,为林传武在工商银行粤秀支行的贷款提供连带责任保证。后因林传武欠付款项,工商银行粤秀支行向法院起诉林传武、长沙广大广州分公司等,请求林传武偿还欠款本息,长沙广大广州分公司承担连带清偿责任。此案经广东省广州市天河区人民法院一审、广州市中级人民法院二审,判令林传武清偿欠付本金及利息等,其中一项为判令长沙广大广州分公司对林传武的债务承担连带清偿责任。

2017 年,长沙广大建筑装饰有限公司(以下简称长沙广大公司)向广州市中级人民法院提起第三人撤销之诉,已生效判决没有将长沙广大公司列为共同被告参与诉讼,并错误认定《担保函》性质,导致长沙广大公司无法主张权利,请求撤销广州市中级人民法院作出的(2016)粤 01 民终第 15617 号民事判决。

裁判结果:

广州市中级人民法院于 2017 年 12 月 4 日作出(2017)粤 01 民撤 10 号民事裁定:驳回原告长沙广大建筑装饰有限公司的起诉。宣判后,长沙广大建筑装饰有限公司提起上诉。广东省高级人民法院于 2018 年 6 月 22 日作出(2018)粤民终 1151 号民事裁定:驳回上诉,维持原裁定。

裁判理由:

法院生效裁判认为:民事诉讼法第五十六条规定:"对当事人双方的诉讼标的,第三人认为有独立请求权的,有权提起诉讼。对当事人双方的诉讼标的,第三人虽然没有独立请求权,但案件处理结果同他有法律上的利害关系的，可以申请参加诉讼，或者由人民法院通知他参加诉讼。人民法院判决承担民事责任的第三人，有当事人的诉讼权利义务。前两款规定的第三人，因不能归责于本人的事由未参加诉讼，但有证据证明发生法律效力的判决、裁定、调解书的部分或者全部内容错误，损害其民事权益的，可以自知道或者应当知道其民事权益受到损害之日起六个月内，向作出该判决、裁定、调解书的人民法院提起诉讼……"依据上述法律规定，提起第三人撤销之诉的"第三人"是指有独立请求权的第三人，或者案件处理结果同他有法律上的利害关系的无独立请求权第三人，但不包括当事人双方。在已经生效的（2016）粤01民终15617号案件中，被告长沙广大广州分公司系长沙广大公司的分支机构，不是法人，但其依法设立并领取工商营业执照，具有一定的运营资金和在核准的经营范围内经营业务的行为能力。根据民法总则第七十四条第二款"分支机构以自己的名义从事民事活动，产生的民事责任由法人承担；也可以先以该分支机构管理的财产承担，不足以承担的，由法人承担"的规定，长沙广大公司在（2016）粤01民终15617号案件中，属于承担民事责任的当事人，其诉讼地位不是民事诉讼法第五十六条规定的第三人。因此，长沙广大公司以第三人的主体身份提出本案诉讼不符合第三人撤销之诉的法定适用条件。

▶ 类案检索

一、青海宏信混凝土有限公司与海天建设集团有限公司青海分公司、海天建设集团有限公司、安多汇鑫矿业有限责任公司等民间借贷纠纷案

关键词： 法人分支机构　未经授权　担保　民事责任

裁判摘要： 法人分支机构未经法人授权签订的保证合同无效，其应当根据过错承担相应的民事责任，其经营管理的财产不足以承担的，由法人承担。

【案　　号】（2019）最高法民终1535号
【审理法院】最高人民法院

二、北京华联综合超市股份有限公司青海第五分公司诉赵某花、杨某嘉、兰州家合商贸有限公司、北京华联综合超市股份有限公司青海第一分公司、北京华联综合超市股份有限公司生命权、健康权、身体权纠纷案

【关键词】：总公司　分公司　法人资格　民事责任

【裁判摘要】：因分公司不具有法人资格，总公司应为分公司的民事侵权责任承担连带责任。

【案　　号】（2018）青民再 86 号

【审理法院】青海省高级人民法院

三、富滇银行股份有限公司普洱分行与普洱东日房地产开发有限公司、河北东日房地产开发集团有限公司商品房预约合同纠纷案

【关键词】：公司　破产清算　股东资格　知情权

【裁判摘要】：总公司依法应对分公司的民事行为承担责任。在分公司因合并而注销的情况下，总公司应承受分公司的合同地位，并作为分公司设立者依法承担分公司所订立的合同解除后的责任。

【案　　号】（2018）云民终 1069 号

【审理法院】云南省高级人民法院

第七十五条 设立人为设立法人从事的民事活动，其法律后果由法人承受；法人未成立的，其法律后果由设立人承受，设立人为二人以上的，享有连带债权，承担连带债务。

设立人为设立法人以自己的名义从事民事活动产生的民事责任，第三人有权选择请求法人或者设立人承担。

▶ 关联规定

法律、行政法规、司法解释

1.《中华人民共和国公司法》

第九十四条 股份有限公司的发起人应当承担下列责任：

（一）公司不能成立时，对设立行为所产生的债务和费用负连带责任；

（二）公司不能成立时，对认股人已缴纳的股款，负返还股款并加算银行同期存款利息的连带责任；

（三）在公司设立过程中，由于发起人的过失致使公司利益受到损害的，应当对公司承担赔偿责任。

2.《最高人民法院关于适用〈中华人民共和国公司法〉若干问题的规定（三）》

第一条 为设立公司而签署公司章程、向公司认购出资或者股份并履行公司设立职责的人，应当认定为公司的发起人，包括有限责任公司设立时的股东。

第二条 发起人为设立公司以自己名义对外签订合同，合同相对人请求该发起人承担合同责任的，人民法院应予支持；公司成立后合同相对人请求公司承担合同责任的，人民法院应予支持。

第三条 发起人以设立中公司名义对外签订合同，公司成立后合同相对人请求公司承担合同责任的，人民法院应予支持。

公司成立后有证据证明发起人利用设立中公司的名义为自己的利益与相对

人签订合同，公司以此为由主张不承担合同责任的，人民法院应予支持，但相对人为善意的除外。

第四条 公司因故未成立，债权人请求全体或者部分发起人对设立公司行为所产生的费用和债务承担连带清偿责任的，人民法院应予支持。

部分发起人依照前款规定承担责任后，请求其他发起人分担的，人民法院应当判令其他发起人按照约定的责任承担比例分担责任；没有约定责任承担比例的，按照约定的出资比例分担责任；没有约定出资比例的，按照均等份额分担责任。

因部分发起人的过错导致公司未成立，其他发起人主张其承担设立行为所产生的费用和债务的，人民法院应当根据过错情况，确定过错一方的责任范围。

第五条 发起人因履行公司设立职责造成他人损害，公司成立后受害人请求公司承担侵权赔偿责任的，人民法院应予支持；公司未成立，受害人请求全体发起人承担连带赔偿责任的，人民法院应予支持。

公司或者无过错的发起人承担赔偿责任后，可以向有过错的发起人追偿。

▶ 条文释义

一、本条主旨

本条是关于设立人为设立法人从事民事活动产生的民事责任如何承担的规定。

二、条文演变

《公司法》第94条及《公司法规定（三）》对公司发起人为设立公司产生的民事责任承担问题作了规定。原《民法总则》针对法人设立人设立活动的法律后果，在整合吸收既有规范基础上，形成第75条规定。《民法典》对该条予以保留。

三、条文解读

法人设立行为是为取得法人资格而由设立人进行的一系列法律行为的总

称，具体而言是指设立人在法人成立之前，为组建法人而进行的、目的在于取得法律主体资格的活动。设立人是具体实施法人设立行为的主体，其法律地位决定设立人从事设立法人的民事活动所产生的民事责任应如何承担。对于设立人的法律地位，针对公司设立中发起人的法律地位，法学界存在无因管理说、为第三人利益契约说、设立中的公司机关说和当然继承说四种学说，每种学说均有不足。① 从实践角度来看，设立人的法律地位可以从两个方面来认识：一方面，从设立人与设立中的法人关系看，设立人作为一个整体属于设立中法人的机关，对外代表设立中的法人从事设立活动。由于设立中的法人与成立后的法人是同一的，设立人因设立行为所产生的权利义务当然归属于成立后的法人。另一方面，从设立人之间的关系来看，设立人之间属于合伙，法人未能合法成立，设立人对因设立行为产生的义务对外承担连带责任。基于以上理由，本条对设立人为设立法人从事民事活动产生的民事责任承担问题作出规定。

设立人为设立法人从事的民事活动，其法律后果由法人承受；法人未成立的，其法律后果由设立人承受，设立人为二人以上的，享有连带债权，承担连带债务。第一，设立人必须是以设立法人为目的从事民事活动，因此所产生的民事责任才能由成立后的法人承担。设立人未以法人的名义而是以自己的名义从事的民事活动所产生的民事责任如何承担，应根据本条第2款确定。第二，设立人从事的民事活动不限于法律行为。设立人为设立公司，需要对外签订民事合同，因合同订立、履行产生的义务和责任，均由成立后的法人承担。设立人为设立公司，还可能从事其他一些民事活动，其在履行设立职责过程中可能造成他人损失，产生赔偿责任，例如，建造办公场所可能造成他人损害的侵权责任、雇用工作人员可能存在的工伤赔偿等，这些责任亦应由成立后的法人承担。第三，法人依法成立的，设立人所实施的设立法人的行为，性质上应认定为设立中法人的机关从事的民事活动，相关法律后果当然归于成立后的法人；法人未成立的，设立人所实施的设立法人的行为，性质上应认定为设立人自己的活动，相关法律后果由设立人承担，设立人为数人的，全体设立人作为合伙享有连带债权，承担连带债务。

设立人为设立法人以自己的名义从事民事活动产生的民事责任，第三人享有选择权，可以选择成立后的法人承担民事责任，也可以请求设立人承担责

---

① 赵旭东：《公司法学》，高等教育出版社2012年版，第112页。

任。这种情况下,成立后的法人与设立人对第三人的债务不承担连带责任,第三人的"选择权"应解释为形成权,一旦选定就不能变更。①

适用指引

一、设立人的认定

关于设立人,《民法典》没有专门规定。针对公司法中类似于设立人的发起人,《公司法规定(三)》第1条规定:"为设立公司而签署公司章程、向公司认购出资或者股份并履行公司设立职责的人,应当认定为公司的发起人,包括有限责任公司设立时的股东。"根据该规定,公司发起人应当具备三个特征:一是签署公司章程;二是向公司认购出资或者股份;三是履行公司设立职责。故法人设立人的认定可参照《公司法规定(三)》第1条关于发起人的规定,综合签署章程、认购出资、履行设立职责三个因素进行判断。

二、设立法人的时间界限

只有设立人在设立法人期间从事的民事活动才适用本条规定。设立人在设立法人期间开始前、终止后从事的活动,不属于设立中法人的行为,不适用本规定,故审判实践中应准确界定设立法人的时间界限。

关于设立法人的起点,法人设立行为从本质上属于共同法律行为,法人章程是这种共同法律行为的直接体现。章程的制定,意味着一个组织体的框架已经基本形成,组织体内部运作的基本规则已经确定,也即意味着一个超越设立人内部合同关系的组织体的产生。从这个角度看,将制定法人章程作为设立法人的起点更为符合法人设立行为的性质。对于无须制定法人章程的法人,则需要根据相关规定进行判断。

关于法人设立的终点,应根据法人是否设立成功区别对待。法人设立成功,法人成立,法人的设立程序结束。关于法人的成立,根据本法第78条规定,依法设立的营利法人,由登记机关发给营利法人营业执照,营业执照签发日期为营利法人的成立日期。营利法人依法登记成立的,法人的设立程序于营

---

① 李永军主编:《〈中华人民共和国民法总则〉精释与适用》,中国民主法制出版社2017年版,第126页。

业执照签发日期结束，设立中的法人终止。非营利法人、特别法人的具体成立时间应根据相应法律规定进行认定。法人设立不成功的，法人不成立，设立中法人因无法完成使命亦没有存在必要，应当消灭。设立中法人何时消灭，取决于对设立中法人法律性质的认识。设立中法人具有的一定独立性。设立中法人在存续期间不可避免发生一些需要清理的债权债务关系，设立中法人消灭前应对这些债权债务进行清算，保护相对人的合法权利。

三、为设立法人从事的民事活动的界定

设立人从事的民事活动，只有为设立法人实施的，相应的法律后果才可由成立后的法人或者法人未成立时的全体设立人承担。对于如何判断设立人从事的活动是否为设立法人实施，理论上存在实质标准与形式标准两种判断方法：前者依据设立人从事的民事活动是否是设立公司固有的或者必要的行为进行判断；后者依据设立人从事的民事活动是否以法人的名义实施进行判断。

对于公司发起人对外从事的交易行为，《公司法规定（三）》以形式标准为主、实质标准为辅。《公司法规定（三）》第2条规定，发起人以自己名义对外签订的合同，原则上由发起人承担责任，公司成立后予以确认或者已经实际享有合同权利或者履行合同义务的除外，相对人可以要求公司承担责任。《公司法规定（三）》第3条规定，发起人以设立中公司名义对外签订的合同，原则上由公司承担责任，公司有证据证明发起人利用设立中公司的名义为自己的利益签订合同的，公司可以主张不承担责任，相对人善意的除外。对于公司发起人从事的其他行为，《公司法规定（三）》采实质标准。根据《公司法规定（三）》第5条，发起人因履行公司设立职责造成他人损害，公司成立后，受害人可以请求公司承担侵权赔偿责任；公司未成立，受害人可以请求全体发起人承担连带赔偿责任。实践中，对于设立人为设立法人从事民事活动的认定，可参照《公司法规定（三）》第2条至第5条相关规定进行处理，但同时应注意本条存在的不同规定。

（一）设立人以法人名义对外签订合同时的责任承担

设立人以法人名义对外签订的合同，法人成立后，相对人可以要求法人承担相应责任。成立后的法人有证据证明设立人利用法人名义为自己利益签订合同，法人可以不承担责任，相对人善意的除外；法人未成立的，由设立人承担

合同责任，设立人为多人，其他设立人有证据证明签订合同的设立人以设立中法人的名义为自己利益签订合同的，其他设立人可以不承担责任，相对人善意的除外。

（二）设立人以自己名义对外签订合同时的责任承担

设立人以自己名义对外签订的合同，原则上应由设立人自己承担责任，但相对人有证据证明设立人是为设立法人签订的合同，应允许相对人请求成立后的法人承担责任；法人未成立的，应允许相对人请求所有设立人承担连带责任。

（三）设立人为设立公司从事非民事法律行为的责任承担

设立人为设立公司从事的非法律行为，相应法律责任是否应由成立后的法人或者不成立时的其他设立人承担，则应根据设立人所从事的民事活动是否属于设立法人必要进行判断。如设立人从事的民事活动是设立法人所必要的，所产生的赔偿责任由成立后的法人承担；法人未成立的，由全体设立人承担连带责任。设立人对法人或者其他设立人承担赔偿责任存在过错的，法人或者无过错的设立人承担赔偿责任后，可以向有过错的设立人进行追偿。如设立人从事的民事活动不属于设立法人所必要的，成立后的法人以及其他设立人均不认可时，应由设立人自己承担赔偿责任。

（四）设立人为多数时的责任承担

设立人为设立法人对外从事的民事活动，法人未能设立时，相关的民事责任应由全体设立人承担。从理论上看，全体设立人内部属于合伙关系，故对设立法人期间产生的债务应承担连带责任。设立人之间可以对责任负担进行约定，但这种约定仅在设立人之间有法律效力，不能对抗债权人。《公司法规定（三）》第4条规定："公司因故未成立，债权人请求全体或者部分发起人对设立公司行为所产生的费用和债务承担连带清偿责任的，人民法院应予支持。部分发起人依照前款规定承担责任后，请求其他发起人分担的，人民法院应当判令其他发起人按照约定的责任承担比例分担责任；没有约定责任承担比例的，按照约定的出资比例分担责任；没有约定出资比例的，按照均等份额分担责任。因部分发起人的过错导致公司未成立，其他发起人主张其承担设立行为所产生的费用和债务的，人民法院应当根据过错情况，确定过错一方的责任范围。"非公司法人设立人之间的责任，可类推适用该规定。

典型案例

格尔木力腾新能源有限公司与青海力腾新能源投资有限公司合同纠纷案

关键词：发起人　设立公司　责任承担

裁判摘要：数个发起人为设立公司签订合同，并就发起人与拟设立的公司之间约定民事权利义务，公司成立后已经实际享有合同权利或者履行合同义务，发起人请求公司承担合同责任的，人民法院应予支持。

基本案情：2012年3月20日，青海力腾新能源投资有限公司（以下简称青海力腾公司）与中船重工西安东仪新能源有限责任公司（以下简称西安东仪公司）签订《关于格尔木小灶火30万千瓦风电场项目合作之框架协议书》（以下简称《合作框架协议书》），约定：鉴于青海力腾公司拥有青海格尔木小灶火30万千瓦风电场项目的建设审批手续，并进行了部分基建工程；双方合资成立项目公司格尔木力腾新能源有限公司（以下简称格尔木力腾公司），由项目公司实施完成全部项目。青海力腾公司将其所有的项目相关批文，移交格尔木力腾公司，项目由格尔木力腾公司出资建设并所有；格尔木力腾公司有偿接收项目资源，转让价款为1700万元/每期工程。2012年4月28日，格尔木力腾公司注册成立并已支付青海力腾公司资产转让费1600万元。2012年6月7日，青海力腾公司与格尔木力腾公司形成《青海力腾新能源投资有限公司小灶火风电一期49.5兆瓦相关文件交接表》，青海力腾公司将项目文件、批复等手续移交格尔木力腾公司。2013年7月9日，项目业主单位变更为格尔木力腾公司。

青海力腾公司向一审法院起诉请求：1.判令格尔木力腾公司立即支付有形资产转让费和无形资产转让费18184381.97元；2.判令格尔木力腾公司自2017年9月20日起以18184381.97元为基数按中国人民银行发布的同期银行贷款利率支付利息至款项付清之日；3.判令格尔木力腾公司赔偿各项经济损失17670600元。

格尔木力腾公司提出反诉请求：1.依法确认《合作框架协议书》无效；2.依法确认青海力腾公司向格尔木力腾公司出售格尔木小灶火风电场一期49.5兆瓦工程项目行为无效；3.判令青海力腾公司返还格尔木力腾公司1600万，并承担2013年2月6日起至该款项实际付清之日止的利息（按同期中国人民银行贷款利率计）。

法院生效裁判认为，发起人为设立公司以自己的名义对外签订合同，合同相对人请求该发起人承担合同责任的，人民法院应予支持。公司成立后对合同予以确认，或者已经实际享有合同权利或者履行合同义务，合同相对人请求公司承担合同责任的，人民法院应予支持。青海力腾公司与西安东仪公司为实现合作目的，签订《合作框架协议书》设立目标公司格尔木力腾公司，并就青海力腾公司将案涉项目移交格尔木力腾公司，以及格尔木力腾公司向青海力腾公司支付相应转让款作出约定。青海力腾公司已依据其与西安东仪公司《合作框架协议书》的约定，将案涉项目前期投资成果注入移交格尔木力腾公司，格尔木力腾公司已经支付部分费用，并已实际经营项目。格尔木力腾公司虽然不是《合作框架协议书》的签订主体，但其系基于《合作框架协议书》而设立，并实际享有《合作框架协议书》为其约定的合同权利，且已履行部分合同义务，理应承担《合作框架协议书》约定的合同责任。格尔木力腾公司知晓合同内容，已经接受了协议并按协议履行，《合作框架协议书》对格尔木力腾公司有约束力。

【案　　号】（2019）最高法民终211号
【审理法院】最高人民法院
【来　　源】《最高人民法院第六巡回法庭2019年度参考案例》

类案检索

一、北京毛世恒源厨房设备有限公司与戴某飞加工合同纠纷案

关键词： 发起人　设立公司　适格被告

裁判摘要： 发起人为设立公司以自己名义对外签订合同，合同相对人依据合同相对性原则，请求该发起人承担合同责任的，该发起人为适格被告。

【案　　号】（2015）三中民（商）终字第14436号

【审理法院】北京市第三中级人民法院

二、陈某璀与杨某公司设立纠纷案

关键词： 公司未设立　发起人　责任承担

裁判摘要： 在公司设立不能的情况下，发起人之间的关系可以视为民法上的合伙关系。本案发起人之间既无签订书面协议，亦无证据显示已就债务承担比例、出资比例和盈余分配比例作出约定，应根据民法上的公平原则，确定由其发起人平均分担因前述设立公司行为产生的费用和债务。

【案　　号】（2010）穗中法民四终字第14号

【审理法院】广东省广州市中级人民法院

三、王某与李某军、尤某军等12人公司设立纠纷案

关键词： 公司设立不能　发起人　责任承担　出资比例

裁判摘要：《公司法规定（三）》第4条规定了公司设立不能时，发起人按出资比例承担该设立阶段产生的债务的情形，但并未规定设立中公司在公司设立阶段从事经营活动产生的盈利如何分配。根据权利义务相一致的法理以及民法的公平原则，对公司设立阶段的债权分配，应比照适用债务承担的规定，发起人有权按照出资比例分配公司设立阶段从事经营行为所产生的盈利。

【案　　号】（2012）陕民再字第00010号

【审理法院】陕西省高级人民法院

中国民法典适用大全

总则卷（二）

最高人民法院民法典贯彻实施工作领导小组　编著

人民法院出版社

总目录

第一章	基本规定	1
第二章	自然人	156
	第一节 民事权利能力和民事行为能力	156
	第二节 监 护	242
	第三节 宣告失踪和宣告死亡	359
	第四节 个体工商户和农村承包经营户	459
第三章	法 人	487
	第一节 一般规定	487
	第二节 营利法人	677
	第三节 非营利法人	737
	第四节 特别法人	811
第四章	非法人组织	850
第五章	民事权利	905
第六章	民事法律行为	1136
	第一节 一般规定	1136
	第二节 意思表示	1180
	第三节 民事法律行为的效力	1225
	第四节 民事法律行为的附条件和附期限	1396
第七章	代 理	1420
	第一节 一般规定	1420

第二节　委托代理..1444
　　第三节　代理终止..1512
第八章　民事责任..1527
第九章　诉讼时效..1639
第十章　期间计算..1720

索引..1742
后记..1784

目 录

（第二册）

第二节　营利法人

第七十六条【营利法人的定义及范围】...... 677
第七十七条【营利法人的成立】...... 682
第七十八条【营利法人的营业执照及成立时间】...... 686
第七十九条【营利法人的章程】...... 691
第 八 十 条【营利法人的权力机构及职权】...... 697
第八十一条【营利法人的执行机构及职权、法定代表人】...... 702
第八十二条【营利法人的监督机构及职权】...... 708
第八十三条【营利法人出资人滥用权利的民事责任】...... 712
第八十四条【限制不当利用关联关系】...... 719
第八十五条【营利法人机关的决议撤销】...... 726
第八十六条【营利法人应承担的道德和社会责任】...... 733

第三节　非营利法人

第八十七条【非营利法人的定义及范围】...... 737

第八十八条【事业单位法人资格的取得】 749

第八十九条【事业单位法人的组织机构】 755

第 九 十 条【社会团体法人资格的取得】 759

第九十一条【社会团体法人的章程及组织机构】 766

第九十二条【捐助法人资格的取得】 771

第九十三条【捐助法人的章程及组织机构】 787

第九十四条【对捐助法人的监督】 797

第九十五条【非营利法人终止时剩余财产的处理】 804

第四节 特别法人

第九十六条【特别法人的范围】 811

第九十七条【机关法人】 819

第九十八条【机关法人终止后权利义务的承继】 824

第九十九条【农村集体经济组织法人】 828

第 一 百 条【城镇农村的合作经济组织法人】 835

第一百零一条【基层群众性自治组织法人】 842

第四章 非法人组织

第一百零二条【非法人组织的定义和范围】 850

第一百零三条【非法人组织的设立】 859

第一百零四条【非法人组织的民事责任承担】 866

第一百零五条【非法人组织的代表人】 876

第一百零六条【非法人组织的解散】 884

第一百零七条【非法人组织的解散清算】 894

第一百零八条【非法人组织参照适用法人规定】 900

第五章　民事权利

第一百零九条【一般人格权】 ... 905

第一百一十条【具体人格权】 ... 916

第一百一十一条【自然人个人信息】 ... 929

第一百一十二条【自然人身份权】 ... 947

第一百一十三条【民事主体的财产权利】 ... 953

第一百一十四条【物权】 ... 960

第一百一十五条【物权客体】 ... 967

第一百一十六条【物权法定原则】 ... 975

第一百一十七条【征收、征用】 ... 983

第一百一十八条【债权】 ... 996

第一百一十九条【合同约束力】 ... 1006

第一百二十条【侵权责任请求权】 ... 1016

第一百二十一条【无因管理】 ... 1029

第一百二十二条【不当得利】 ... 1041

第一百二十三条【知识产权】 ... 1053

第一百二十四条【继承权】 ... 1066

第一百二十五条【股权及其他投资性权利】 ... 1073

第一百二十六条【其他民事权益】 ... 1082

第一百二十七条【数据和网络虚拟财产的保护】 ... 1091

第一百二十八条【特定主体民事权利的特别保护】 ... 1098

第一百二十九条【民事权利的取得】 ... 1112

第一百三十条【民事权利的行使】 ... 1118

第一百三十一条【民事主体权利与义务相统一】 ... 1124

第一百三十二条【禁止权利滥用】 ... 1129

第六章 民事法律行为

第一节 一般规定

第一百三十三条【民事法律行为的定义】..................1136
第一百三十四条【民事法律行为的成立】..................1142
第一百三十五条【民事法律行为的形式】..................1153
第一百三十六条【民事法律行为的生效时间】..................1165

第二节 意思表示

第一百三十七条【有相对人的意思表示生效时间】..................1180
第一百三十八条【无相对人的意思表示生效时间】..................1190
第一百三十九条【以公告方式作出的意思表示生效时间】..................1195
第一百四十条【意思表示的作出方式】..................1199
第一百四十一条【意思表示的撤回】..................1211
第一百四十二条【意思表示的解释】..................1215

第二节　营利法人

第七十六条　以取得利润并分配给股东等出资人为目的成立的法人，为营利法人。

营利法人包括有限责任公司、股份有限公司和其他企业法人等。

▶ 条文释义

一、本条主旨

本条是关于营利法人内涵与外延的规定。

二、条文演变

原《民法通则》将法人分为企业法人、机关法人、事业单位法人和社会团体法人。原《民法总则》进行了调整和完善，将法人分为营利法人、非营利法人和特别法人，在第76条规定营利法人的内涵与外延。《民法典》对此规定予以沿用。

三、条文解读

法人是具有民事权利能力和民事行为能力，依法独立享有民事权利和承担民事义务的组织。法人的民事主体资格来自法律的创设，只有法律认可的享有主体资格的组织才能成为法人。因经济社会发展环境不同，不同国家和地区的法律所认可的享有主体资格的组织类型不完全一致。法人的分类，一方面应与经济社会发展状况相一致，涵盖所有法人类型；另一方面，其分类标准应该清晰、明确，便于法人制度的体系化、立法编排的简单化、法律适用的规范化。

《德国民法典》区分公法人与私法人、社团与财团，并以此为基础进行体系化,《韩国民法典》采用该模式。《日本民法典》则采营利法人、公益法人以及中间法人的分类模式,并进行体系化。原《民法通则》将法人分为企业法人、机关法人、事业单位法人和社会团体法人,与当时经济社会发展状况相适应。随着我国经济社会的发展,新的组织形式不断出现,法人形态发生了较大变化,原《民法通则》的分类模式难以适应新的情况,有必要进行调整完善。《民法典》遵循原《民法通则》关于法人分类的基本思路,适应社会组织改革发展要求,按照法人设立目的和功能等方面的不同,将法人分为营利法人、非营利法人和特别法人,并分别规定在相关章节。本条对营利法人进行界定,明确营利法人与其他类型法人的区别,确定营利法人相关规定的适用范围。

(一)营利法人是以取得利润并分配给股东等出资人为目的成立的法人

根据该界定,营利法人的认定应注意以下几个方面:

1. 营利法人以取得利润为目的

从经济学角度来看,利润是指资本的增值,即以现金、实物、劳务等为资本而获得的经济上的利益。

2. 营利法人以将取得的利润分配给出资人为目的

营利法人的出资人设立营利法人的根本目的是自己获取收益,其除了要求法人要获取利润外,还要求法人将获得的利润以合法的方式分配给出资人。因此,营利法人除以取得利润为目的外,还应以取得的利润分配给出资人为目的。法人经营虽以取得利润为目的,但如获取收益只是为实现自身发展,并未分配给出资人,亦不属于营利法人。《民法典》第87条第1款明确规定:"为公益目的或者其他非营利目的成立,不向出资人、设立人或者会员分配所取得利润的法人,为非营利法人。"法人成立时以取得利润并分配给出资人为目的,但经营过程中因各种原因不能或者经出资人同意不向出资人分配利润的,不改变其营利法人的性质。非营利法人成立时不以取得利润并分配给出资人为目的,其在经营期间不得向出资人分配利润。

（二）营利法人包括有限责任公司、股份有限公司和其他企业法人等

根据该规定，营利法人主要包括三大类型：

1. 有限责任公司、股份有限公司

有限责任公司与股份有限公司是指依据公司法成立的公司。公司是企业法人，有独立的法人财产，享有法人财产权。股东设立公司的目的是获得回报，股东获取回报的权利体现为股东对公司的利润分配请求权。

2. 其他企业法人

其他企业法人是指有限责任公司、股份有限责任公司之外的企业法人，包括全民所有制企业、城镇集体所有制企业等。

3. 其他营利法人

其他营利法人是指非企业营利法人，如营利性民办学校。根据最新的《民办教育促进法》，民办学校举办者可以取得合理回报，民办学校存在营利性民办学校和非营利性民办学校，营利性民办学校属于营利法人。

（三）传统民法理论存在社团与财团的分类

所谓社团，是指为了追求共同目的而结合的具有法人资格的人合团体。社团是人合团体，其存在可能以公益为目的，亦可能以营利为目的，以营利为目的的社团是营利法人，非以营利为目的的社团则为非营利法人。

财团法人，是指实现捐助者特定目的的具有法人资格的财产集合。财团法人是财产集团，不存在将法人收益分配给特定出资人的问题，故财团法人通常为非营利法人。

（四）营利法人与非营利法人的成立目的不同，决定二者权利能力、成立条件、组织机构、内外关系等存在区别

在权利能力方面，营利法人可以从事经营活动，并将利润分配给出资者；非营利法人原则上不能从事经营活动，即使从事经营活动，也不得分配利润。在成立条件方面，营利法人依法登记成立；非营利法人有的依法登记成立，依法不需要办理登记的，从成立之日起具有法人资格。在组织机构方面，营利法人应设权力机构、执行机构，可以设监事机构；非营利法人不一定都有权力机

构,有的只有决策机构。在内外关系方面,营利法人应向出资人分配利润和剩余财产,出资人损害法人、其他出资人或者债权人利益的,应当承担赔偿责任;非营利法人不得向出资人或者设立人分配利润或者剩余财产,出资人或者设立人一般也不存在损害法人、其他出资人或者债权人利益的情形。

▶ 适用指引

一、关于本条的规范性质

本条是对营利法人内涵与外延的界定,其本身并不具有规范性的内容,原则上不能单独作为当事人主张权利的依据。本条虽然将营利法人界定为以取得利润并分配给股东等出资人为目的成立的法人,但不表示营利法人成立后就必须从事经营活动获取利润,并将利润分配给出资人。营利法人成立后没有分配利润的,出资人不能单独依据本条诉请营利法人分配利润,而是仍需寻找其他法条作为权利依据。

本条不能单独作为当事人主张权利的依据,但并不意味着其对于审判实践没有意义。作为对营利法人进行描述的说明性法条,本条可以辅助其他具有规范性的法条发挥功能,用于帮助确定其他法条所确立法律规则的构成要件。例如,本法第84条规定,营利法人的控股出资人、实际控制人、董事、监事、高级管理人员不得利用其关联关系损害法人的利益;利用关联关系造成法人损失的,应当承担赔偿责任。该条是关于营利法人控股出资人、实际控制人、董事、监事、高级管理人员从事关联交易民事责任的规定,包含构成要件与法律效果两个要素,属于完全法条,可以单独作为权利基础,当事人可以依据该法条提起诉讼,但该条文并不能单独发生效用,其仅适用于营利法人,故适用时应对营利法人的范围进行界定,此时需要根据本条关于营利法人的界定进行判断。

二、关于《公司法》相关规定对营利法人的类推适用

营利法人包括有限责任公司、股份有限公司和其他企业法人等。对于有限责任公司、股份有限公司,《公司法》对股东权利、公司治理、公司资本、公司解散等作了较为完善的规定,确立了相应的法律制度,其中有部分制度是基

于公司的营利性特征进行的规定。因各方面原因，现有法律对于公司以外的营利法人缺乏系统性规定，实践中如何处理存在争议。鉴于营利法人在营利性方面具有的共性，《公司法》关于公司营利性的相关规定可以类推适用于其他营利法人。例如，《公司法》对利润分配请求权以及与利润分配请求权密切相关的知情权等相关权利的规定，可类推适用于营利法人。当然，类推适用并非完全适用，《公司法》相关规定能否适用，应根据拟处理事项与《公司法》相关规定处理的事项是否相同或类似、是否需要做同等对待进行判断。

第七十七条 营利法人经依法登记成立。

▶ 关联规定

法律、行政法规、司法解释

《市场主体登记管理条例》

第二条 本条例所称市场主体,是指在中华人民共和国境内以营利为目的从事经营活动的下列自然人、法人及非法人组织:

(一)公司、非公司企业法人及其分支机构;

(二)个人独资企业、合伙企业及其分支机构;

(三)农民专业合作社(联合社)及其分支机构;

(四)个体工商户;

(五)外国公司分支机构;

(六)法律、行政法规规定的其他市场主体。

第三条 市场主体应当依照本条例办理登记。未经登记,不得以市场主体名义从事经营活动。法律、行政法规规定无需办理登记的除外。

市场主体登记包括设立登记、变更登记和注销登记。

▶ 条文释义

一、本条主旨

本条是关于营利法人设立原则的规定。

二、条文演变

《公司登记管理条例》(已失效)第3条规定:"公司经公司登记机关依法登记,领取《企业法人营业执照》,方取得企业法人资格。"原《〈民法总则〉

草案三审稿》规定："营利法人，经依法登记成立，取得法人资格。"有全国人大代表提出，设立营利法人，依法申请登记，有两种结果，一种是不符合条件，不予登记，另一种是符合条件，准予登记。本条表述为经依法登记成立，逻辑上讲的是后一种情况，表述上无须赘述"取得法人资格"。经研究，原《民法总则》采纳了全国人大代表的建议，将"取得法人资格"删去，《民法典》对此的规定没有变化。2022年3月1日起施行的《市场主体登记管理条例》也有相应的规定。

三、条文解读

法人是基于法律认可具有民事权利能力和民事行为能力的组织。法人不可能凭空产生，须由设立人设立，才能成立。关于法人的设立，存在五种设立原则。一是自由设立主义，又称放任主义，即国家对于法人的设立完全听凭当事人自由，不要求具备任何形式，不加以任何干涉或限制；二是特许设立主义，又称立法特许主义，即法人的设立，须经特别立法或国家元首之许可；三是行政许可主义，即法人的设立，须经行政机关之许可；四是准则设立主义，又称登记主义，即法律对于法人的设立，预先规定一定的条件，可遵照该条件设立法人，无须先经行政机关许可，依照法定条件设立后，设立人仅需向登记机关办理登记，法人即可成立；五是强制设立主义，即国家实行强制设立法人制度。

法人设立的不同原则体现了国家对设立人设立法人自由权限的不同干预程度。自由设立主义给予设立人最大自由，但过于放任的自由可能造成社会秩序的混乱，故该主义虽在欧洲中世纪商事公司勃兴时一度盛行，但目前鲜有采用。特许设立主义对法人设立采取禁止、遏制态度，不利于发挥法人在促进经济社会发展中的作用，亦鲜有采用。行政许可主义介于自由设立主义与特许设立主义之间，《德国民法典》对于财团法人的设立、《日本民法典》对公益法人的设立采该主义。准则设立主义较行政许可主义更为宽松，给予设立人在法定条件下充分的设立自由，《德国民法典》对于社团法人的设立、《日本民法典》对于营利法人的设立均采该主义。强制设立主义一般适用于特殊产业或特殊团体。本条明确，营利法人的设立采准则设立主义，设立人可以依据法律预先设定的条件设立法人，依法登记后成立，取得法人资格，原则上无须经行政机关许可。当然，这只是法人设立的一般原则，并不排除法律对于特定类型的营利法人的设立采行政许可主义。实践中，营利法人的设立原则应根据相关法律具体判断。

营利法人包括有限责任公司、股份有限公司和其他企业法人等，法律对于不同营利法人的设立分别进行规定。

（一）公司的设立

根据《公司法》第6条第1款，有限责任公司与股份有限公司采准则设立主义。《公司法》第23条和第76条分别规定了有限责任公司与股份有限公司设立的一般条件。根据《公司法》第6条第2款，一些公司的设立采行政许可主义，设立前需办理批准手续，至于哪些公司的设立需要办理批准手续，应由法律、行政法规进行规定。

（二）其他企业法人的设立

其他企业法人包括全民所有制企业、城镇集体所有制企业、外商投资企业等。其他企业法人原则上采行政许可主义，如《全民所有制工业企业法》第16条第1款规定："设立企业，必须依照法律和国务院规定，报请政府或者政府主管部门审核批准。"

（三）其他营利法人的设立

《民办教育促进法》第12条规定，举办民办学校，需要经有关部门的审批，故无论是营利性民办学校还是非营利性民办学校，其设立均采行政许可主义。

▶ 适用指引

法人设立存在瑕疵的处理

法人设立瑕疵，是指经登记机关核准登记并获营业执照而宣告成立的法人，在设立过程中，存在不符合法律规定的条件或程序的情形。从理论上讲，既然法律明确规定法人的设立必须符合特定的条件与程序，法人设立瑕疵本应该导致法人设立无效，法人的法人人格应予消灭。然而，这种消极的做法，将会对与之发生交易关系的利益相关者造成严重的影响，而且将会对社会交易安全与经济秩序产生严重的破坏，因此，对设立存在瑕疵的法人，各国立法建立相应的制度予以规范。例如，对于公司设立瑕疵，域外不少法律确立了公司设立无效制度，允许利害关系人诉请确认公司设立无效，以消除公司的法人资格。需要注意的是，公司设立存在瑕疵，利害关系人可诉请确认设立无效，但只有在法院作出确认无效判决之后，法人才丧失法人资格。法院作出确认无效判决之前，法人仍具有主体资格。我国《公司法》尚未确立公司确认无效之诉，而是规定了行政撤销制度。《公司法》第198条规定："违反本法规定，虚报注册资本、提交虚假材料或者采取其他欺诈手段隐瞒重要事实取得公司登记的，由公司登记机关责令改正，对虚报注册资本的公司，处以虚报注册资本金额百分之五以上百分之十五以下的罚款；对提交虚假材料或者采取其他欺诈手段隐瞒重要事实的公司，处以五万元以上五十万元以下的罚款；情节严重的，撤销公司登记或者吊销营业执照。"根据该规定，公司设立存在瑕疵的，行政主管机关可以撤销公司登记。但在撤销登记前，公司仍具有法人资格。

> 第七十八条　依法设立的营利法人，由登记机关发给营利法人营业执照。营业执照签发日期为营利法人的成立日期。

▶ 关联规定

一、法律、行政法规、司法解释

《市场主体登记管理条例》

第二条　本条例所称市场主体，是指在中华人民共和国境内以营利为目的从事经营活动的下列自然人、法人及非法人组织：

（一）公司、非公司企业法人及其分支机构；

（二）个人独资企业、合伙企业及其分支机构；

（三）农民专业合作社（联合社）及其分支机构；

（四）个体工商户；

（五）外国公司分支机构；

（六）法律、行政法规规定的其他市场主体。

第三条　市场主体应当依照本条例办理登记。未经登记，不得以市场主体名义从事经营活动。法律、行政法规规定无需办理登记的除外。

市场主体登记包括设立登记、变更登记和注销登记。

第二十条　登记申请不符合法律、行政法规规定，或者可能危害国家安全、社会公共利益的，登记机关不予登记并说明理由。

第二十一条　申请人申请市场主体设立登记，登记机关依法予以登记的，签发营业执照。营业执照签发日期为市场主体的成立日期。

法律、行政法规或者国务院决定规定设立市场主体须经批准的，应当在批准文件有效期内向登记机关申请登记。

二、部门规章及规范性文件

《无证无照经营查处办法》

第五条 经营者未依法取得许可从事经营活动的，由法律、法规、国务院决定规定的部门予以查处；法律、法规、国务院决定没有规定或者规定不明确的，由省、自治区、直辖市人民政府确定的部门予以查处。

第六条 经营者未依法取得营业执照从事经营活动的，由履行工商行政管理职责的部门（以下称工商行政管理部门）予以查处。

第七条 经营者未依法取得许可且未依法取得营业执照从事经营活动的，依照本办法第五条的规定予以查处。

▶ 条文释义

一、本条主旨

本条是关于营利法人取得营业执照以及成立时间的规定。

二、条文演变

本条源自原《民法总则》的规定，《民法典》对此规定没有变化。

三、条文解读

营利法人系以取得利润并分配给股东等出资人为目的成立的法人，包括有限责任公司、股份有限公司和其他企业法人等。

根据本法第58条法人应当依法成立以及第59条关于"法人的民事权利能力和民事行为能力，从法人成立时产生，到法人终止时消灭"的规定，未办理设立登记及取得营业执照的营利法人，不具备法人的民事权利能力和民事行为能力，不具有法人资格，也不能以法人名义参与民事活动。因此，所有营利法人，都应当依法设立并办理设立登记，由登记机关颁发营业执照，并以营业执照签发日期为营利法人的成立日期。

（一）营业执照系由市场监督管理部门统一制作和颁发，其他任何单位和个人均无权制作和颁发

《市场主体登记管理条例》第3条规定，市场主体应当依照本条例办理登记。未经登记，不得以市场主体名义从事经营活动。前述条例第21条规定，申请人申请市场主体设立登记，登记机关依法予以登记的，签发营业执照。营业执照签发日期为市场主体的成立日期。第22条规定，营业执照分为正本和副本，具有同等法律效力。电子营业执照与纸质营业执照具有同等法律效力。营业执照样式、电子营业执照标准由国务院市场监督管理部门统一制定。营业执照是确定法人权利义务的依据之一：（1）营业执照上的核定事项包括企业基本情况，向社会表明了企业的基本权利义务，其开展经营活动的范围；（2）营业执照对营利法人具有约束力，是登记机关颁发的具有法律约束力的文件，营利法人只有在营业执照核定的范围内从事生产经营活动，才能受到法律保护；（3）任何个人和公司不得伪造、出租、出借、转让、出卖营业执照；（4）营业执照正本必须悬挂在主要办事场所或者主要经营场所。特别需要注意两点：（1）营利法人在取得法人登记机关核发的《企业法人营业执照》后，才能刻制印章，开立银行账户，申请纳税登记；（2）一人有限责任公司应当在法人登记中注明自然人独资或者法人独资，并在公司营业执照中载明。

（二）营业执照具有证明营业资格和法人资格的双重功能

法人登记机关核准营利法人设立申请并颁发营业执照后，即发生以下法律效力：

1. 营利法人取得从事经营活动的合法身份

《公司法》第7条规定："依法设立的公司，由公司登记机关发给公司营业执照。公司营业执照签发日期为公司成立日期。公司营业执照应当载明公司的名称、住所、注册资本、经营范围、法定代表人姓名等事项。公司营业执照记载的事项发生变更的，公司应当依法办理变更登记，由公司登记机关换发营业执照。"营利法人据此执照刻制印章、开立银行账户、申请纳税登记。营利法人在登记注册的范围内从事经营活动，受国家法律的保护。

2. 营利法人取得法人资格

营利法人设立申请经法人登记机关核准登记，设立人领取企业法人营业执照后，营利法人即具有企业法人资格。

3. 营利法人取得名称专用权，并对外以法人名义进行活动

申请设立登记的营利法人，其名称经法人登记机关核准登记后，营利法人可以使用该名称并以其名义从事经营活动，享有权利，承担义务。营利法人对登记的名称享有名称专用权并受法律保护。

4. 取得营利法人经营权，对外以营利法人名义进行活动

根据《市场主体登记管理条例》第3条的规定，市场主体应当依照本条例办理登记。未经登记，不得以市场主体名义从事经营活动。营利法人只有在设立登记后，才能取得经营权，对外以营利法人名义进行活动。

▶ 适用指引

对未取得营业执照开展经营、用工行为或超越经营范围对外订立合同行为的法律效力的界定，应注意以下问题：

一、未取得营业执照即开展经营行为的情形

国务院发布的《无证无照经营查处办法》第5条至第7条规定，以下几种未取得营业执照即开展经营的行为，应依法予以查处：（1）经营者未依法取得许可从事经营活动的；（2）经营者未依法取得营业执照从事经营活动的；（3）经营者未依法取得许可且未依法取得营业执照从事经营活动的。

二、未取得营业执照的用人单位与劳动者发生纠纷的情形

未取得营业执照的用人单位不具有法人资格，也不能以法人名义参与民事活动，但与劳动者发生纠纷时仍应承担民事责任。根据《劳动合同法》第93条的规定，只要未办理营业执照、不具备合法经营资格或者用工主体资格的用人单位与劳动者之间签订的不是违反法律强行性规定、违背社会善良风俗和社会公共道德的劳动合同，即便存在非法用工，也应当承认其劳动关系的存在，在纠纷发生时按照法律倾斜于劳动者的原则，由用人单位承担相应的责任。当用人单位不存在或者无力承担责任时，法人的发起人或者出资人应当依法承担责任。

三、超越经营范围订立合同的情形

首先,《民法典》合同编第 504 条关于法人的法定代表人或者非法人组织的负责人超越权限订立的合同,除相对人知道或者应当知道其超越权限外,该代表行为有效的规定中所称"超越权限"包括了超越法人的经营范围,即法定代表人越权的行为准用表见代理规定,对外代表行为在相对人知道或者应当知道其超越权限的情况下无效。其次,营利法人超越营业执照载明的范围从事生产经营和营利活动所签订的合同不一定无效。应从民事行为无效的事由方面对合同效力进行认定,如意思表示、行为能力等要件是否存在瑕疵或者欠缺,是否违反国家限制经营、特许经营以及法律、行政法规禁止经营的相关规定等。总之,法人的经营范围是法定的登记事项,法人本应在此范围内从事经营活动,但即便超越了经营范围签订了合同,只要不违反法律的强制性规定,从保护相对方的角度,也应认定其有效,特别是不应允许法人任意以其行为超越经营范围为由主张对外签订的合同无效。

第七十九条 设立营利法人应当依法制定法人章程。

▶ **关联规定**

法律、行政法规、司法解释

《中华人民共和国公司法》

第十一条 设立公司必须依法制定公司章程。公司章程对公司、股东、董事、监事、高级管理人员具有约束力。

第二十五条 有限责任公司章程应当载明下列事项：

（一）公司名称和住所；

（二）公司经营范围；

（三）公司注册资本；

（四）股东的姓名或者名称；

（五）股东的出资方式、出资额和出资时间；

（六）公司的机构及其产生办法、职权、议事规则；

（七）公司法定代表人；

（八）股东会会议认为需要规定的其他事项。

股东应当在公司章程上签名、盖章。

第八十一条 股份有限公司章程应当载明下列事项：

（一）公司名称和住所；

（二）公司经营范围；

（三）公司设立方式；

（四）公司股份总数、每股金额和注册资本；

（五）发起人的姓名或者名称、认购的股份数、出资方式和出资时间；

（六）董事会的组成、职权和议事规则；

（七）公司法定代表人；

（八）监事会的组成、职权和议事规则；

（九）公司利润分配办法；

（十）公司的解散事由与清算办法；

（十一）公司的通知和公告办法；

（十二）股东大会会议认为需要规定的其他事项。

▶ 条文释义

一、本条主旨

本条是关于营利法人应当依法制定法人章程的规定。

二、条文演变

《公司法》第11条规定："设立公司必须依法制定公司章程……"原《民法总则》第79条一方面将应当制定章程的范围扩展到营利法人；另一方面是将"必须"改为"应当"，逻辑更为严密。《民法典》对此的规定没有变化。

三、条文解读

法人章程是指法人必须具备的，由发起设立法人的投资者制定的，就法人的重要事务及法人的组织和活动作出具有规范性的长期安排，对法人、股东、内部经营管理人员具有约束力的，调整法人内部组织关系和经营行为的自治规则。章程是根据法人成员共同的民事法律行为成立的，其内容对于《公司法》具有补充性且具有排除《公司法》中选择性条款的效力，在实体意义上，构成了法人组织和活动的基本准则，在法人一系列文件中处于宪章性的地位。我国学术界和实务界通说认为法人章程是法人自治性质的根本规则。

（一）所有的营利法人均应制定法人章程

营利法人之所以应制定法人章程，原因有以下四个方面：（1）营利法人兼具资合性与人合性，股东之间需要对法人的组织和行为规则形成共同意志，并以此为行为准则，得到全体股东的遵守；（2）营利法人的组织和行为虽是按照法律法规的要求形成的，但不同类型营利法人的营利目的、营利模式以及经营行为不同，因此，应在法律规定的范围内，依据各营利法人的实际情况对法定规则进行补充;(3)营利法人以取得利润并分配给股东等出资人为目的,必然会依据其经营范围对外产生联系,需要向外界表明公司的基本情况,包括公司形式、经营目的、资本构成、法定代表人以及重要管理制度等,这些基本情况应以章程的形式告示其交易对方;(4)法人章程对法人、股东以及法人董事、监事、高级管理人员具有约束力,并以法人章程为规范公司组织行为的根本规范和具体规则。

(二)法人章程的记载事项

制定章程是设立法人所有民事法律行为中最核心、最基础的环节。营利法人必须依法制定章程,章程的制定和变更都要通过严格的法定程序进行。根据法人章程的记载事项是否为法律所明确规定,记载事项可以分为必要记载事项和任意记载事项。法律明文规定必须在章程中载明或者选定才能生效的事项,为必要记载事项,其中又包括绝对必要记载事项与相对必要记载事项;法律未明文规定,可以由章程制定者任意选择是否记载的事项,为任意记载事项。法人章程中绝对必要记载事项的内容因法人类型不同而有所区别,但基本包括公司的组织机构及其议事规则、公司股东的权利与义务、公司以及公司成员之间的行为规则和职权划分。一般认为,必要记载事项包括法人名称、法人住址、法人目的、法人资本、法人责任、法人公告等条款。根据《公司法》的规定,有限责任公司的章程应当载明:(1)公司名称和住所;(2)公司经营范围;(3)公司注册资本;(4)股东的姓名或者名称;(5)股东的出资方式、出资额和出资时间;(6)公司的机构及其产生办法、职权、议事规则;(7)公司法定代表人;(8)股东会会议认为需要规定的其他事项。股份有限公司的章程中还需要载明公司设立方式、公司股份总数、每股金额和注册资本、发起人的姓名或者名称、认购的股份数、出资方式和出资时间、董事会及监事会的组成与职权和议事规则、利润分配办法等内容。股份有限公司的法人章程应当置备于该公司。

除前述规定的绝对必要记载事项外,《公司法》还有部分须在法人章程中进行记载才能生效的法定事项,即相对必要记载事项,但欠缺该事项并不影响法人章程的整体效力。比如,《公司法》第 16 条第 1 款关于"公司章程对投资或者担保的总额及单项投资或者担保的数额有限额规定的,不得超过规定的限额",《公司法》第 43 条第 1 款关于有限责任公司"股东会的议事方式和表决程序，除本法有规定的外，由公司章程规定"，《公司法》第75条关于"自然人股东死亡后，其合法继承人可以继承股东资格；但是，公司章程另有规定的除外"等规定。

法人章程还可以就《公司法》未作规定或未作详细规定的内容进行规定，即对任意记载事项进行规定，该类规定起到对《公司法》的补充作用，与《公司法》共同构成法人组织和运行的规范。

（三）设立协议与法人章程

发起人协议又称设立协议，是指在法人设立过程中，由发起人订立的关于法人设立事项的协议，性质上属于合伙协议。设立协议与法人章程之间存在着密切联系。例如，法人名称、注册资本、经营范围、股东构成、出资形式等事项，不仅是法人章程的绝对必要记载事项，也是设立协议的主要内容。有的发起人协议不仅通过约定上述内容来调整协议各方在设立过程中的权利义务、协调各发起人的设立行为，甚至还约定诸如未来公司的组织机构、股份转让、增资、减资、合并、分立、终止等事项。而且，在实务中，在订立有设立协议的场合，往往是以发起人协议为基础制定法人章程，发起人协议的基本内容通常都为法人章程所吸收。

法人的设立活动是基于发起人的设立协议而发生的，是履行该协议的行为。法人章程一经制定，发起人协议的内容即被其吸收，因法人章程系全体股东依据公司法自行制定的行为规范和共同意志，法人章程条款中与发起人协议规定不同的条款，视为对发起人协议的变更，故应以法人章程的记载为准。对于公司设立后的股东之间、股东与公司之间、公司与管理机构之间的纠纷，或是纠纷内容主要涉及公司内部权利分配时，应根据章程来确定责任承担。但对于出现在公司设立阶段的出资纠纷或者是纠纷主体均为法人设立人，如需要追究发起人在设立公司过程中的资本充实责任、损害赔偿责任或者法人发起人应对外承担责任的，则应根据法人设立协议追究发起人的法律责任。

▶ 适用指引

一、影响法人章程效力的因素

法人章程系根据同一内容的多个意思表示一致而成立，属于多方法律行为。该法律行为可能因欠缺法律行为的有效要件而无效，导致行为人设立、变更或终止民事法律关系的意思表示不能发生预期的法律后果。根据本法第143条关于民事法律行为效力的规定，影响法人章程效力的因素包括以下三种：

（一）法人章程制定者行为能力欠缺

法人章程的制定者因法人组织形式和设立方式的不同略有不同。有限责任公司章程的制定者为其发起人；股份有限公司若采发起设立方式，其章程的制定者为其发起人，在募集设立的情况下，因章程须经创立大会通过，创立大会的组成人员包括发起人和认股人均属于法人章程的制定者。这些主体在制定章程时，如欠缺行为能力，将导致法人章程效力存在瑕疵。行为能力欠缺者如充当法人的发起人，应由其法定代理人代为参与制定法人章程，其法定代理人依法进行的代理行为，法律后果由被代理人承担，此时法人章程不因发起人行为能力欠缺而当然无效。

（二）意思表示不真实

法人章程的制定者在制定法人章程时，如果存在意思表示不真实的情况，也将导致法人章程无效。根据本法关于民事法律行为效力的规定，制定者以虚假的意思表示制定的章程或者条款无效；对于基于重大误解、以欺诈或者胁迫手段使制定者违背真实意思制定的章程、条款，行为人或者重大误解、受欺诈、受胁迫方有权请求人民法院或者仲裁机构予以撤销。上述无效的或者被撤销的章程或者条款自始没有法律约束力。

（三）法人章程的内容违反法律的强制性规定和公序良俗

公司法上关于法人章程内容的强制性规定，主要体现在对法人章程绝对必要记载事项的规定上。对各绝对必要记载事项，如法人名称、住所、组织形式的选择，法律都给予了一定的限制。如法人章程中没有载明绝对必要事项，或者虽然载明但违反法律规定,将导致章程无效的法律后果。因此,章程制定者在制定章程时,对于绝对必要记载事项,应按照法律的规定逐一进行记载。就相对必要记载事项以及任意记载事项,如果章程中未予记载,并不导致该章程无效。此外,法人章程中的内容如果违反公序良俗,也将导致该章程无效。

二、法人章程或者条款无效的常见情形

1. 法人章程对股权转让的限制性条款与法律和行政法规的强制性规定相抵触的,应确认该法人章程条款无效,对股东没有法律约束力。股东违反该条款转让股权而签订的股权转让合同有效。

2. 法人章程实质性剥夺股东依据《公司法》第33条、第97条规定查阅或者复制公司文件材料的权利,法人以此为由拒绝股东查阅或者复制的,人民法院将不予支持。

3. 自然人股东因继承发生变化时,有限责任公司的法人章程可以对其他股东主张依据《公司法》第71条第3款的规定行使优先购买权的权利予以限制。

第八十条　营利法人应当设权力机构。

权力机构行使修改法人章程，选举或者更换执行机构、监督机构成员，以及法人章程规定的其他职权。

关联规定

法律、行政法规、司法解释

《中华人民共和国公司法》

第三十六条　有限责任公司股东会由全体股东组成。股东会是公司的权力机构，依照本法行使职权。

第六十一条　一人有限责任公司不设股东会。股东作出本法第三十七条第一款所列决定时，应当采用书面形式，并由股东签名后置备于公司。

第六十六条　国有独资公司不设股东会，由国有资产监督管理机构行使股东会职权。国有资产监督管理机构可以授权公司董事会行使股东会的部分职权，决定公司的重大事项，但公司的合并、分立、解散、增加或者减少注册资本和发行公司债券，必须由国有资产监督管理机构决定；其中，重要的国有独资公司合并、分立、解散、申请破产的，应当由国有资产监督管理机构审核后，报本级人民政府批准。

前款所称重要的国有独资公司，按照国务院的规定确定。

第九十八条　股份有限公司股东大会由全体股东组成。股东大会是公司的权力机构，依照本法行使职权。

条文释义

一、本条主旨

本条是关于营利法人权力机构及其职权的规定。

二、条文演变

原《民法总则》规定营利法人应当设权力机构,并对权力机构的职权进行了概括。《民法典》对此的规定没有变化。

三、条文解读

(一)营利法人权力机构概述

法人机关是法人从事法人事务的机构。法人机关在内部结构上,不是单一的一个职能机构,而往往由几个衔接的职能部分构成。在今天,营利法人的主要形式为公司法人。公司组织机构又称公司机关。公司作为具有权利能力和行为能力的企业法人,其意思表示和具体行为都必须通过一定的组织机构体现出来。各国对公司组织机构的设置不尽相同,大体上可分为单层制和双层制两种不同的模式。单层制以美国为代表,即公司机关只有股东(大)会和董事会。股东(大)会下设董事会,股东(大)会的权力限于公司法及章程明文列举的部分,未列举的部分全部都归董事会。美国公司的董事会拥有很大权力,董事会是集经营决策、业务执行、公司监督和对外代表于一身的机关。双层制以德国为代表,公司机关由股东(大)会、监事会、董事会组成。三者为上下级关系,即股东(大)会之下设监事会,监事会向股东(大)会负责并报告工作;监事会之下设董事会,董事会向监事会负责并汇报工作。股东(大)会是公司的权力机关;监事会既是公司监督机关,也是董事会的领导机关;董事会为公司经营决策机关、业务执行机关和对外代表机关。我国《公司法》规定的公司机关构成既非美国的单层制,也不同于德国的双层制。根据我国《公司法》的规定,公司法人包括股份有限公司和有限责任公司,其机关由股东(大)会、董事会、监事会构成。股东大会为最高权力机构;董事会为执行机构,对股东(大)会负责,非由职工代表担任的董事会成员由股东(大)会选举或更换;监事会为监督机关,非由职工代表担任的监事会成员由股东(大)会选举和更换。除公司法人,营利法人还有其他企业法人形式,如具有法人资格的国有企业、集体所有制企业等。目前,绝大部分国有企业、集体企业已经进行了公司改制,但仍有部分未进行改制。另外,还有合作社法人,它是社员在平等互助的基础上,以共同经营方法,谋求社会经济利益与自身生活改善的法人组织。非公司形式的国有企业法人和集体企业法人没有复杂的机关结构，实行厂长（经理）负责制，厂长（经理）或负责人是对外执行人，也是对内事务决定人和执行人。

权力机关是指社员根据法律和章程组成的就社团法人重大事务进行表决的机构，也称意思机关或社员总会。权力机关形成法人意思，是社团法人独有的机构，财团法人并不设这一机构。就公司而言，《公司法》第36条规定，有限责任公司股东会由全体股东组成。股东会是公司的权力机构，依照公司法行使职权。第98条规定，股份有限公司股东大会由全体股东组成。股东大会是公司的权力机构，依照公司法行使职权。股东（大）会以会议的形式行使权力，而不采取常设机构或日常办公的方式，这是由股东会的权力性质和所有权与经营权相分离的现代公司制度的基本原理所决定的。

（二）法人权力机构的职权

权力机构既区别于执行机构，不执行日常业务，也区别于监督机构和咨询机构。营利法人的权力机构负责就法人的重大事项作出决议，法律选择对社员的利害关系有重大影响的事项作为权力机构的职权范围。

1. 修改法人章程

根据《民法典》第79条的规定，设立营利法人应当依法制定法人章程。不论是制定章程的社员或发起人，还是后加入的社员、股东以及公司机关当然都受章程的约束。就公司而言，公司章程是指依法制定的规定公司性质、宗旨、组织和活动原则、名称和住所、经营范围、组织机构及其活动方式、权利义务分配等重大事项的文件。章程是公司作为一个法人组织的重要标志，也是公司法规定的公司成立和存在的必要前提和条件。公司法规定了法定的权利义务，公司章程规定了约定的权利义务。公司章程是公司的契约，以此约定股东、董事和公司的权利义务。

章程修改是指增加或者删减章程记载的内容，不仅包括对章程记载事项的增删，对某一事项的具体内容进行字句上的删减，还包括对章程整体结构布局的调整。法人章程内容应当具有相对稳定性，但并不是不可改变的。许多国家将公司章程修改的决定权交给股东（大）会行使，有些国家将公司章程修改的决定权交给董事会或者监事会行使。《民法典》第80条第2款规定，营利法人章程的修改权，由营利法人的权力机构行使。由于章程在公司中的重要地位和作用，各国立法都对章程的修改规定了严格的表决生效条件。根据我国《公司法》的规定，有限责任公司股东会会议作出修改公司章程的决议，必须经代表三分之二以上表决权的股东通过。股份有限公司股东大会作出修改公司章程的决议，必须经出席会议的股东所持表决权的三分之二以上通过。

2. 选举或更换执行机构、监督机构成员

法人的权力机构为法人最高意思机关，其决议是社员意志的共同体现。在公司法人中，股东作为公司的投资者和公司财产的终极所有者，在不同程度上控制着公司。公司的意志从根本上来看，仍是股东意志的体现。然而，这种体现了股东意志的公司意志，并不等同于股东的意志。为彰显这种意志的属性，我们将其称为独立的意志。公司作为抽象的法律人格者，必然具有其独立的意志。由于股东的所有权与对公司的控制权分离，股东对公司管理和控制的能力是有限的，并且是间接的。股东（大）会在公司治理中的地位不是直接管理公司，其主要任务是选择公司的管理者和监督者。股东（大）会有权选任和决定本公司的非由职工代表担任的董事、监事，对于不合格的董事、监事可以予以更换。在现代社会竞争日益加剧的情况下，股东（大）会拥有用人权是必需的。董事、监事受公司股东会委托或委任，为公司服务，参与公司经营管理活动。

3. 法人章程规定的其他职权

营利法人章程是法人的纲领性文件，对于制定章程的社员或发起人和后加入的社员、股东以及公司机关均具有约束力。权力机构可以行使法人章程规定的其他职权，是法人意思自治原则的体现，不过，权力机构也应当依据法律和章程规定履行职权。

▶ 适用指引

《民法典》就营利法人组织机构的规定与其他法律相关规定的适用关系问题

除《民法典》对营利法人的组织机构、法定代表人作出规定外，其他法律如《公司法》《全民所有制工业企业法》等对此也作出了规定。《民法典》对于法人组织机构的规定，是总括性、一般性的规定，根据特别法优先于一般法的法律适用原则，应当首先适用特别法的相关规定。比如，《民法典》第 80 条对营利法人权力机构的职权作出规定，《公司法》第 16 条、第 37 条、第 99 条、第 121 条等对股东（大）会的职权及其行使也作出了相关规定，在判断某事项是否属于公司股东（大）会的职权时，应当首先适用《公司法》的相关规定。

> **第八十一条** 营利法人应当设执行机构。
>
> 执行机构行使召集权力机构会议，决定法人的经营计划和投资方案，决定法人内部管理机构的设置，以及法人章程规定的其他职权。
>
> 执行机构为董事会或者执行董事的，董事长、执行董事或者经理按照法人章程的规定担任法定代表人；未设董事会或者执行董事的，法人章程规定的主要负责人为其执行机构和法定代表人。

关联规定

法律、行政法规、司法解释

《中华人民共和国公司法》

第四十条 有限责任公司设立董事会的，股东会会议由董事会召集，董事长主持；董事长不能履行职务或者不履行职务的，由副董事长主持；副董事长不能履行职务或者不履行职务的，由半数以上董事共同推举一名董事主持。

有限责任公司不设董事会的，股东会会议由执行董事召集和主持。

董事会或者执行董事不能履行或者不履行召集股东会会议职责的，由监事会或者不设监事会的公司的监事召集和主持；监事会或者监事不召集和主持的，代表十分之一以上表决权的股东可以自行召集和主持。

第四十四条 有限责任公司设董事会，其成员为三人至十三人；但是，本法第五十条另有规定的除外。

两个以上的国有企业或者两个以上的其他国有投资主体投资设立的有限责任公司，其董事会成员中应当有公司职工代表；其他有限责任公司董事会成员中可以有公司职工代表。董事会中的职工代表由公司职工通过职工代表大会、职工大会或者其他形式民主选举产生。

董事会设董事长一人，可以设副董事长。董事长、副董事长的产生办法由公司章程规定。

第四十六条 董事会对股东会负责，行使下列职权：

（一）召集股东会会议，并向股东会报告工作；

（二）执行股东会的决议；

（三）决定公司的经营计划和投资方案；

（四）制订公司的年度财务预算方案、决算方案；

（五）制订公司的利润分配方案和弥补亏损方案；

（六）制订公司增加或者减少注册资本以及发行公司债券的方案；

（七）制订公司合并、分立、解散或者变更公司形式的方案；

（八）决定公司内部管理机构的设置；

（九）决定聘任或者解聘公司经理及其报酬事项，并根据经理的提名决定聘任或者解聘公司副经理、财务负责人及其报酬事项；

（十）制定公司的基本管理制度；

（十一）公司章程规定的其他职权。

第四十七条 董事会会议由董事长召集和主持；董事长不能履行职务或者不履行职务的，由副董事长召集和主持；副董事长不能履行职务或者不履行职务的，由半数以上董事共同推举一名董事召集和主持。

第四十八条 董事会的议事方式和表决程序，除本法有规定的外，由公司章程规定。

董事会应当对所议事项的决定作成会议记录，出席会议的董事应当在会议记录上签名。

董事会决议的表决，实行一人一票。

第五十条 股东人数较少或者规模较小的有限责任公司，可以设一名执行董事，不设董事会。执行董事可以兼任公司经理。

执行董事的职权由公司章程规定。

第六十七条 国有独资公司设董事会，依照本法第四十六条、第六十六条的规定行使职权。董事每届任期不得超过三年。董事会成员中应当有公司职工代表。

董事会成员由国有资产监督管理机构委派；但是，董事会成员中的职工代表由公司职工代表大会选举产生。

董事会设董事长一人，可以设副董事长。董事长、副董事长由国有资产监督管理机构从董事会成员中指定。

第一百零八条 股份有限公司设董事会，其成员为五人至十九人。

董事会成员中可以有公司职工代表。董事会中的职工代表由公司职工通过职工代表大会、职工大会或者其他形式民主选举产生。

本法第四十五条关于有限责任公司董事任期的规定，适用于股份有限公司董事。

本法第四十六条关于有限责任公司董事会职权的规定，适用于股份有限公司董事会。

▶ 条文释义

一、本条主旨

本条是关于营利法人执行机构的职权以及法定代表人担任的规定。

二、条文演变

原《民法总则》规定营利法人应当设执行机构并对执行机构的职权进行了概括，同时规定了在不同执行机构的情形下法定代表人的确定。《民法典》对此的规定没有变化。

三、条文解读

（一）营利法人执行机构概述

营利法人执行机构是根据法律和章程，由社员大会任命人员担任执行法人事务的机构，可以由一人担任，也可以由数人担任，组成复合机构。在公司，一般采取复合结构形式，称董事会或理事会，其成员称董事或理事。公司实行所有权与经营权相分离原则，由股东选任董事组成董事会作为公司的决策机构，负责公司经营管理。公司可根据法律规定和实际需要确定董事会的组成人员人数。董事会成员人数通常应为单数，以防止董事会在作出决定时出现赞成、反对各半的僵局。

本条明确规定，营利法人应当设执行机构。执行机构是营利法人的必设机构。从公司实际运行情况看，股东（大）会往往由于股东人数众多和分散，具有召集不易的特点，股东通过股东（大）会表达的意愿和决策必须通过董事会来具体贯彻执行。因此，董事会具有常设机构的性质。董事会是公司的业务执行机关，对公司股东（大）会负责。董事会成员是由公司股东（大）会选举产生的，同时，也可由股东（大）会解任。对于实践中股东人数较少或者规模较小的有限责任公司来说，如果强制性要求其设立多人组成的董事会，不仅可能加大公司的运作成本，而且不一定能够达到平衡股东利益和提高公司运作效率的目的。因此，《公司法》规定，股东人数较少或者规模较小的有限责任公司，可以设一名执行董事，不设董事会。这不仅符合公司效率的原则，也符合法律上的意思自治原则和为当事人提供更多选择的原则。

（二）营利法人执行机构的职权

营利法人执行机构依据法律和章程行使以下职权：

1. 召集权力机构会议

通常来说，营利法人的权力机构是以会议的形式行使权力，比如股东（大）会以会议的形式行使权力，而不采取常设机构或日常办公的方式，这是由股东（大）会的权力性质决定的。营利法人执行机构负责召集权力机构会议，执行权力机构决议。我国《公司法》第40条规定，有限责任公司设立董事会的，股东会会议由董事会召集，董事长主持。有限责任公司不设董事会的，股东会会议由执行董事召集和主持。根据该条规定，不论是股东会的定期会议或临时会议，都由董事会召集，董事长主持。董事会召集是指以董事会的名义通知会议召开、安排会务等。有限责任公司因股东人数较少、规模较小不设立董事会，只设立执行董事的，该类公司的股东会议由执行董事召集和主持。

2. 决定法人的经营计划和投资方案

营利法人须以营利为目的。营利法人的经营计划和投资方案，决定着股东的营利情况。在有限责任公司和股份有限公司，股东（大）会决定了公司的经营方针和投资计划后，董事会据此决定公司的经营计划和投资方案，并组织实施，是董事会经营决策权的重要体现。

3. 决定法人内部管理机构的设置

营利法人执行机构负责法人的经营活动，有权决定法人内部管理机构的设置。《公司法》规定，董事会有权根据公司的具体情况，确定内部的管理机构设置，如设立具体业务部门或行政管理部门等。

4. 法人章程规定的其他职权

营利法人章程是法人的纲领性文件，对于制定章程的社员或发起人以及后加入的社员、股东和公司机关均具有约束力。本条规定法人章程可以就执行机构职权的未尽事项作出规定，这是法人意思自治原则的体现，执行机构应当依据法律和章程规定履行职权。

另外，《公司法》第46条明确规定了董事会的职权范围，同时，第50条第2款规定，执行董事的职权由公司章程规定。这实际上赋予了公司章程更大的权力，公司章程规定的执行董事职权可以等同于董事会，也可以超出或者不及董事会的职权。

（三）法定代表人的担任

所谓法人的代表机关，是指法人的意思表示机关及代表法人对外进行民事活动的机关。在关于如何代表（或代理）法人的问题上，存在不同的立法例，大致有共同代表制、单独代表制与单一代表制。

1. 共同代表制

在共同代表制下，董事会对外代表社团，具有法定代表人的地位。

2. 单独代表制

在单独代表制下，法人的每个董事或者理事都可以对外代表法人。德国采取共同代表和单独代表结合的制度。

3. 单一代表制

我国采取单一代表制，法定代表人单独具有对外执行权。

本法第61条第1款规定，依照法律或者法人章程的规定，代表法人从事民事活动的负责人，为法人的法定代表人。法定代表人以法人名义从事的民事活动，其法律后果由法人承受。按照我国《公司法》第13条的规定，公司法定代表人依照公司章程的规定，由董事长、执行董事或者经理担任，并依法登记。法定代表人是营利法人的重要职能机关，是法人治理结构的重要组成部分。根据本法第61条第2款、第3款的规定，法定代表人以法人名义从事的民事活动，其法律后果由法人承受。法人章程或者法人权力机构对法定代表人代表权的限制，不得对抗善意相对人。

1993年颁布实施的《公司法》第45条规定，董事长为公司的法定代表人。赋予董事长特定的业务执行权和决策权，确立了法定代表人作为一个法定常设机关的地位。2005年《公司法》修订，第13条规定扩大了公司法定代表人的人选范围，包括经理和执行董事都可以担任法定代表人。这一修改内容表明了公司法回归公司意思自治的精神和方向，让公司在一定范围内自行决定代表人的设置。

对于未设董事会或者执行董事的营利法人，法人章程规定的主要负责人为其执行机构和法定代表人。例如，非公司形式的国有企业和集体所有制企业法人不设董事会和执行董事，企业法人章程规定的主要负责人通常是厂长（经理）。《全民所有制工业企业法》第45条规定，厂长是企业的法定代表人。《城镇集体所有制企业条例》第31条规定，集体企业实行厂长（经理）负责制。厂长（经理）对企业职工（代表）大会负责，是集体企业的法定代表人。法人章程规定的主要负责人对内行使执行机构的职权，行使召集权力机构会议，决定经营计划和投资方案，决定内部管理机构的设置以及法人章程规定的其他职权；对外代表法人从事民事活动，行使职权。

▶ 适用指引

公司的法定代表人是否为一人

对于公司的法定代表人是否应为一人，公司章程是否能够对此作出任意性规定，存在不同意见。一些专家、学者认为，从国际上看，多数国家和地区都允许多人对外代表公司，一些国家规定公司应当通过章程、股东（大）会决议或董事会决议确定公司对外代表人。也有一些部门、专家担心，设定多个法定代表人可能在实践中造成混乱，改变我国多年来已形成的交易习惯，给不法分子欺诈公司及交易相对人提供可乘之机。如果采取多元制，则可能会产生大量的无权代表的情形，损害交易相对人的合法权益。本条规定表明，在我国，法定代表人可以由董事长、执行董事或者经理担任，至于究竟由谁担任，则由公司章程根据本公司具体情况规定。

第八十二条　营利法人设监事会或者监事等监督机构的，监督机构依法行使检查法人财务，监督执行机构成员、高级管理人员执行法人职务的行为，以及法人章程规定的其他职权。

关联规定

法律、行政法规、司法解释

《中华人民共和国公司法》

第五十一条　有限责任公司设监事会，其成员不得少于三人。股东人数较少或者规模较小的有限责任公司，可以设一至二名监事，不设监事会。

监事会应当包括股东代表和适当比例的公司职工代表，其中职工代表的比例不得低于三分之一，具体比例由公司章程规定。监事会中的职工代表由公司职工通过职工代表大会、职工大会或者其他形式民主选举产生。

监事会设主席一人，由全体监事过半数选举产生。监事会主席召集和主持监事会会议；监事会主席不能履行职务或者不履行职务的，由半数以上监事共同推举一名监事召集和主持监事会会议。

董事、高级管理人员不得兼任监事。

第五十二条　监事的任期每届为三年。监事任期届满，连选可以连任。

监事任期届满未及时改选，或者监事在任期内辞职导致监事会成员低于法定人数的，在改选出的监事就任前，原监事仍应当依照法律、行政法规和公司章程的规定，履行监事职务。

第五十三条　监事会、不设监事会的公司的监事行使下列职权：

（一）检查公司财务；

（二）对董事、高级管理人员执行公司职务的行为进行监督，对违反法律、行政法规、公司章程或者股东会决议的董事、高级管理人员提出罢免的建议；

（三）当董事、高级管理人员的行为损害公司的利益时，要求董事、高级管理人员予以纠正；

（四）提议召开临时股东会会议，在董事会不履行本法规定的召集和主持股东会会议职责时召集和主持股东会会议；

（五）向股东会会议提出提案；

（六）依照本法第一百五十一条的规定，对董事、高级管理人员提起诉讼；

（七）公司章程规定的其他职权。

第五十四条 监事可以列席董事会会议，并对董事会决议事项提出质询或者建议。

监事会、不设监事会的公司的监事发现公司经营情况异常，可以进行调查；必要时，可以聘请会计师事务所等协助其工作，费用由公司承担。

第五十五条 监事会每年度至少召开一次会议，监事可以提议召开临时监事会会议。

监事会的议事方式和表决程序，除本法有规定的外，由公司章程规定。

监事会决议应当经半数以上监事通过。

监事会应当对所议事项的决定作成会议记录，出席会议的监事应当在会议记录上签名。

第五十六条 监事会、不设监事会的公司的监事行使职权所必需的费用，由公司承担。

▶ 条文释义

一、本条主旨

本条是关于营利法人监督机构及其职权的规定。

二、条文演变

原《民法总则》规定了监督机构的职权。《民法典》对此的规定没有变化。

三、条文解读

（一）营利法人监督机构及其选任

由于法人的社员大会并非天天伴随法人事务的执行者，因此，法人的社员为了自己的利益设立一个向自己负责并报告工作的机构，以监督法人执行机关的行为及财务状况。但是监督机构并非所有法人的必设机关，在我国，监督机构仅仅是公司法人的必设机关，而对非公司法人则是任设机关。在各国公司立法实践中，有两种不同的监督机制：一类以美国、英国等英美法系国家为代表，公司的股东（大）会下不设监事会，公司的监督职能由董事会兼任，董事会中设立由不执行公司业务的外部董事主导的专业委员会，负责对执行公司业务的董事及其他公司高级管理人员进行监督；另一类以大多数大陆法系国家如德国、日本等为代表，公司内部设立由股东（大）会选出的监事会，作为专门的监督机关，负责监督公司的业务执行情况和检查公司的财务状况。我国采取了大陆法系国家通行的公司制度模式。监事会作为股东（大）会产生的机构，是股东意志和公司意志的直接体现，通过行使监督职能形成对经营者的约束，不断矫正经营者可能出现的偏离股东和公司行为目标的行为。

监事的选任往往根据监事会成员的来源不同而有所区别。有的国家规定，监事由股东（大）会选举产生，其选举和罢免的程序都同于董事，如《日本商法典》规定，监察人由股东（大）会选任。有的国家规定监事由股东（大）会任命，有的国家规定由章程任命，如《法国商事公司法》规定，首任监事会成员由公司章程予以任命。根据我国《公司法》的规定，监事会应当包括股东代表和适当比例的公司职工代表，其中职工代表的比例不得低于三分之一，具体比例由公司章程规定。监事会中的职工代表由公司职工通过职工代表大会、职工大会或者其他形式民主选举产生。监事会成员除职工代表监事外，其余由股东代表监事组成，股东代表监事由股东（大）会选举产生。董事、高级管理人员不得兼任监事。

（二）营利法人监督机构的职权

营利法人监督机构主要负责对法人业务和财务进行监督。其职权具体如下：

1. 依法行使检查法人财务的权力

营利法人监督机构有权对法人的财务状况进行检查，对法人的财务报表、会计凭证等实施检查、调查。比如，公司监事会可以查阅公司账簿和其他会计资料，核对公司董事会提交的股东会的会计报告、营业报告和利润分配方案等会计资料，发现疑问可以复核。

2. 对法人经营管理活动进行监督

监督机构有权对营利法人的经营管理活动进行监督。根据我国《公司法》的规定，公司监事会或者不设监事会的公司的监事通过以下方式对公司经营管理活动进行监督，具体包括两个方面：（1）对董事、高级管理人员执行公司职务时违反法律、行政法规、公司章程或者股东会决议的行为进行监督，并可以提出罢免违规的董事、高级管理人员的建议。（2）纠正或者停止董事、高级管理人员侵害公司利益的行为。当监事会发现董事、高级管理人员的行为违反法律、行政法规、公司章程或者股东会决议，超越权限行使权力以及存在其他损害公司利益的行为时，有权要求其停止违规行为并予以纠正。我国《公司法》第54条规定，监事可以列席董事会会议，并对董事会决议事项提出质询或者建议。监事会、不设监事会的公司的监事发现公司经营情况异常，可以进行调查；必要时，可以聘请会计师事务所等协助其工作，费用由公司承担。

3. 法人章程规定的其他职权

营利法人可以根据其自身情况和实现监督机构职能的需要，在法人章程中对监督机构的职权作出规定，监督机构应当依照章程行使职权。

> **第八十三条** 营利法人的出资人不得滥用出资人权利损害法人或者其他出资人的利益;滥用出资人权利造成法人或者其他出资人损失的,应当依法承担民事责任。
>
> 营利法人的出资人不得滥用法人独立地位和出资人有限责任损害法人债权人的利益;滥用法人独立地位和出资人有限责任,逃避债务,严重损害法人债权人的利益的,应当对法人债务承担连带责任。

关联规定

法律、行政法规、司法解释

《中华人民共和国公司法》

第二十条 公司股东应当遵守法律、行政法规和公司章程,依法行使股东权利,不得滥用股东权利损害公司或者其他股东的利益;不得滥用公司法人独立地位和股东有限责任损害公司债权人的利益。

公司股东滥用股东权利给公司或者其他股东造成损失的,应当依法承担赔偿责任。

公司股东滥用公司法人独立地位和股东有限责任,逃避债务,严重损害公司债权人利益的,应当对公司债务承担连带责任。

条文释义

一、本条主旨

本条是关于营利法人的出资人不得滥用出资人权利、法人地位和有限责任损害他人利益,以及权利滥用行为的民事责任的规定。

二、条文演变

《公司法》规定了公司股东不得滥用股东权利、法人独立责任和股东有限责任等制度损害他人利益等内容。在总结《公司法》实施以来经验的基础上，考虑到出资人滥用权利的现象并非公司所独有，将该项规定加以归纳、提炼，原《民法总则》将出资人不得滥用出资人权利、不得滥用法人独立地位、不得滥用出资人有限责任损害他人利益，作为营利法人的出资人正当行使权利的一般原则要求，并明确了滥用权利应当依法承担民事责任。《民法典》对原《民法总则》的规定进行了微调，文字上更加简练和顺畅。

三、条文解读

本条是在《公司法》第20条关于公司股东不得滥用股东权利、法人独立责任和股东有限责任等制度损害他人利益的规定的基础上，考虑到出资人滥用权利的现象并非公司所独有，将该项规定加以归纳、提炼，作为对所有营利法人出资人的一般原则要求。

营利法人的出资人为了共同的事业成立法人，并享有股东有限责任和法人独立责任等法律制度优惠以降低风险，其在享受权利的同时，应当依法和依章程正当行使权利，这是出资人的基本义务。出资人正当行使权利，不仅是权利不得滥用原则的要求，也是权利、义务平等原则的要求。营利法人的出资人依法、正当行使权利受法律保护，滥用权利将受到法律的制裁。因此，在总结《公司法》实施以来的经验的基础上，本条将出资人不得滥用出资人权利、不得滥用法人独立地位、不得滥用出资人有限责任损害他人利益作为营利法人的出资人正当行使权利的一般原则要求，并明确了滥用权利应当依法承担民事责任。

根据本条第1款的规定，营利法人的出资人在行使权利时，不得滥用权利损害法人和其他出资人的利益，所保护的法益是法人的内部关系中相关当事方的合法权益。对此可以从两个方面加以把握：（1）在实体法律的遵守方面，出资人行使权利不得超越法律规定的边界；（2）在程序方面，出资人权利的行使要遵守法律规定的程序。以乡镇企业为例，《乡镇企业法》第14条规定："乡镇企业依法实行民主管理，投资者在确定企业经营管理制度和企业负责人，作出重大经营决策和决定职工工资、生活福利、劳动保护、劳动安全等重大问题时，应当听取本企业工会或者职工的意见，实施情况要定期向职工公布，接受职工监督。"如果乡镇企业的出资人在确定企业负责人时，仅以出资比例的多数决定为依据而不听取职工的意见，甚至不顾多数职工的反对意见，就属于滥用出资人权利。在2005年《公司法》修订后，司法实践对股东滥用权利损害公司利益和其他股东利益的情形进行了探索和总结，对一些较为典型的行为基本取得了共识。例如，《公司法》规定股东在涉及公司为其担保事项进行表决时应当回避，如股东违反这一规定强行参与表决，则构成滥用股东权利。又如，对于股东知情权的行使，法律规定有限责任公司股东有查账权，但前提是股东应当有正当的理由，一般为公司的经营活动特别是在财务处理上有损害股东利益之嫌。如果股东为个人经营的目的，以查账为由，窃取公司商业秘密，则构成股东滥用权利。再如，公司章程规定公司出售重大资产需股东大会特别决议通过，公司的控股股东无视章程的规定，不经法定程序，强令公司经营管理层出售该资产，也构成股东权利的滥用。还有，公司股东为谋取利益，在不具备分红条件的情况下以股东会决议的方式向股东分配利益，属于滥用股东权利损害公司利益，并可能损害公司债权人利益。此外，在一些股东人数较少的有限责任公司，股东之间进行股权转让，约定转让款项由公司支付或者由公司提供担保，也属于典型的滥用股东权利损害公司利益。从司法实践中反映较为集中的问题来看，判断是否构成出资人滥用权利损害其他出资人利益或者法人利益，在法律没有明确规定出资人的权利边界和程序的情形下，是一个非常困难的问题，未来能否借鉴"商业目的的合理性"和"行为与目的的合比例性"这两个标准来综合判断出资人行为的正当性，值得在审判工作中进一步研究和探索。根据本款规定，只要能够认定出资人的行为属于滥用权利损害公司利益或其他出资人利益的，首先应当依法认定相关的法律行为、决议行为无效，对由此给公司和其他股东造成损失的，滥用权利的出资人应承担赔偿责任。除了损失赔偿这种单一的救济方式之外，由于营利法人大多是封闭结构，出资人很难通过"用脚投票"的方式退出，为维护法人的持续经营，在审判实践中也可以进一步探索其他合理的救济措施，以防出现在因个别出资人的滥权行为引发的诉讼审结之后，法人的运营实际上却进入僵局状态。

本条第2款规定，出资人不得滥用法人独立地位和出资人有限责任损害债权人的利益。为降低投资风险，鼓励投资人出资兴办实业，立法创制了出资人有限责任和法人独立责任的制度，并赋予出资人和法人各自不同的人格，以独立人格、独立责任作为法人制度的核心。对出资人而言，其依约缴纳认缴的出资后，即享受有限责任的待遇，不再对营利法人的债务承担责任；出资人与营利法人之间人格独立，营利法人以其全部法人财产独立承担责任。对债权人而言，营利法人的独立财产是其债权实现的一般担保。营利法人在经营活动中，与债权人独立地发生债权、债务关系，承担由此产生的民事责任。但在实际经济生活中，许多出资人在出资之后，并不遵循法律规定的分权制衡的治理结构，而是通过各种途径控制着其所出资的营利法人，为赚取高额利润或逃避债务，常常擅自挪用公司的财产或者与自己的财产混同、账目混同、业务混同。有的出资人为达到非法目的，设立一个壳企业从事违法活动，实际控制该企业，但又以有限责任为掩护逃避责任。在这些情况下，营利法人实际上已失去了独立地位，该独立法人地位被股东滥用了。同时，出资人利用上述方式逃避其应承担的责任，也滥用了其有限责任的待遇，债权人将面临极大的交易风险。面对这一现实问题，一些国家在维护出资人有限责任的基本原则的同时，本着权利和义务相一致的原则，为切实保护债权人的利益、维护正常的交易秩序，创制了法人人格否认的制度，即当符合法定条件，认定出资人滥用法人独立地位和有限责任时，可以"揭开法人的面纱"，将出资人和法人视为一体，追究二者共同的法律责任。

根据本条规定，出资人滥用法人独立地位和有限责任逃避债务，严重损害债权人利益的，应当对法人债务承担连带责任。从审判实践中反映的情况来看，出资人利用法人独立地位侵占公司财产，逃避债务，损害债权人利益的情况比较严重，且方式和手段呈现出越来越复杂、隐蔽和多元化的特点。在案件审理中，审判一线对滥用的认定标准、举证责任分配、适用对象等还存在着不同的认识。《民法典》在总结既往审判经验的基础上，将法人人格否认作为营利法人的一般规则加以规定，非常必要，有利于防止出资人滥用法人人格、有限责任获取非法利益，以保护债权人利益、维护正常的交易秩序。

▶ 适用指引

适用本条规定应把握的几个原则

1. 坚持有限责任这一法人制度的基石。出资人有限责任和法人独立责任是营利法人制度的核心内容,因此,法人人格否认制度的适用应当限制在具体案件的司法裁判中,不得任意扩大其适用范围。

2.我国的法人人格否认制度主要适用于出资人滥用法人独立地位和出资人有限责任,逃避债务的行为,即出资人有逃避债务的主观恶意和具体行为,并且应当有严重损害营利法人债权人利益的后果。

3.由于实践中出资人滥用有限责任和法人独立地位的表现形式多样,在法律中难以一一列举,最高人民法院将继续通过公布司法解释、指导性案例和典型案例等方式指导审判实践。

本条并未确定出资人滥用法人独立地位和有限责任的具体标准,人民法院可以根据审判实践的情况对何为"滥用"、何为"严重"进一步研究和探索。

▶ 典型案例

江某诉上海讷良商务服务有限公司、李某天等委托理财合同纠纷案

关键词: 公司人格否认 人格混同 过度支配与控制 资本显著不足

裁判摘要: 本案被告讷良公司注册资本1亿元、股东认缴期限30年,实际未出资分文,与其从事的高风险期货业务存在落差等事实,尚不足以否认被告讷良公司的法人人格。但本案审理又查明,股东李某天、杨某、圣迅公司在讷良公司被裁定终结执行,认缴出资义务面临立即转换为现实义务之前,以1元对价转让持股给已被列入经营异常名录、注册资本只有100万元的被告享泰公司,使得注册资本1亿元再无实现的可能,股东试图逃避出资义务,利用公司独立人格和股东有限责任逃废债务的恶意明显。同时,本案还查明讷良公司财产记载于股东申某豪名下,由其占有、使用,公司资金被随意调拨,用于偿还股东个人债务等财产混同的事实。综上,判决认定讷良公司的资本显著不足,否定了被告讷良公司的法人人格。被告申某豪、李某天、杨某、圣迅公司应对被告讷良公司的涉案债务承担连带清偿责任。

基本案情: 被告讷良公司成立于2014年8月22日,股东为被告李某天、申某豪,注册资本1亿元,其中被告李某天认缴4900万元、被告申某豪认缴5100万元,出资时间均为设立之日起30年,被告申某豪担任法定代表人。被告享泰公司系成立于2011年9月22日的一人公司,注册资本100万元。

2016年9月至11月期间，原告与被告讷良公司签署三份《投资合作协议》，约定：原告江某以自有资金2000万元作为风险保证金，被告讷良公司向其提供资金额度6倍，即1.2亿元的账户授权原告江某自主交易，被告讷良公司进行投资风险管理；合作期限12个月；初始账户包括境内期货账户、境外期货账户，投资范围包括境内外交易所各类金融期货、商品期货，境外账户出入金按照划款指令日的银行外汇牌价换算；境内、境外账户权益合并计算，超过初始账户总额的收益由原告江某和被告讷良公司按7∶1的比例提取，若投资亏损，被告讷良公司需返还原告江某剩余委托资金。协议另对其他事项作出约定。

协议签订后，原告按被告讷良公司要求将保证金2000万元转入被告申某豪个人银行账户，被告讷良公司则提供8个境内、外期货账户供原告交易。审理中查明，被告申某豪个人银行账户曾被其用于归还信用卡欠款，给其父转账等。

2017年3月20日，被告申某豪与被告李某天、杨某、圣迅公司签署《股权转让协议》，约定被告申某豪将其持有的51%股权分别转让给被告李某天、杨某、圣迅公司，转让价格均为1元。同日，被告讷良公司形成章程修正案，由被告李某天认缴出资6000万元、被告杨某认缴出资2000万元、被告圣迅公司认缴出资2000万元，出资时间仍为自公司成立之日起30年。2017年6月7日，被告讷良公司因"通过登记的住所或者经营场所无法联系"的原因被列入经营异常名录。

2018年3月23日，被告享泰公司因"通过登记的住所或者经营场所无法联系"而被上海市浦东新区市场监督管理局列入经营异常名录。2018年4月15日，被告李某天、杨某、圣迅公司与被告享泰公司签署《股权转让协议》，约定被告李某天、杨某、圣迅公司各自将其持有的被告讷良公司的股权作价1元转让给被告享泰公司。

审理期间，上海市浦东新区人民法院受理了以被告讷良公司为被执行人的多起执行案件，并将其列为失信被执行人，其中两件执行案件于2018年4月27日裁定终止本次执行程序。

【案　　号】（2020）沪01民终1438号

【审理法院】上海市第一中级人民法院

【来　　源】《人民法院案例选》2020年第6辑（总第148辑）

类案检索

张家界佳旺商贸有限公司、中国深圳对外贸易（集团）有限公司借款合同纠纷案

关键词： 财产混同　损害债权人利益　连带责任

裁判摘要： 在深圳对外贸易公司管理期间，截至1997年11月30日，深圳嘉宾公司尚存资产4723.84万元。但深圳市中级人民法院在2009年9月因案涉债权执行深圳嘉宾公司时调查发现，深圳嘉宾公司无有效产权登记记录，无对外投资权益，无证券持有记录，无银行开户记录，无小汽车登记记录，仅有一部五羊本田摩托车登记记录，且未有证据证明深圳嘉宾公司偿还过债务，说明深圳嘉宾公司的资产已经被深圳对外贸易公司占有、使用，导致深圳嘉宾公司与深圳对外贸易公司之间财产无法区分，丧失独立还债能力，损害债权人利益，根据《民法典》第83条的规定，张家界佳旺公司要求深圳对外贸易公司就案涉债务承担连带清偿责任具有事实和法律依据，一审法院予以支持并无不当，二审予以维持。

【案　　号】（2022）湘08民终90号
【审理法院】湖南省张家界市中级人民法院

> 第八十四条 营利法人的控股出资人、实际控制人、董事、监事、高级管理人员不得利用其关联关系损害法人的利益；利用关联关系造成法人损失的，应当承担赔偿责任。

▶ 关联规定

法律、行政法规、司法解释

1.《中华人民共和国公司法》

第二十一条 公司的控股股东、实际控制人、董事、监事、高级管理人员不得利用其关联关系损害公司利益。

违反前款规定，给公司造成损失的，应当承担赔偿责任。

2.《最高人民法院关于适用〈中华人民共和国公司法〉若干问题的规定（五）》

第一条 关联交易损害公司利益，原告公司依据民法典第八十四条、公司法第二十一条规定请求控股股东、实际控制人、董事、监事、高级管理人员赔偿所造成的损失，被告仅以该交易已经履行了信息披露、经股东会或者股东大会同意等法律、行政法规或者公司章程规定的程序为由抗辩的，人民法院不予支持。

公司没有提起诉讼的，符合公司法第一百五十一条第一款规定条件的股东，可以依据公司法第一百五十一条第二款、第三款规定向人民法院提起诉讼。

第二条 关联交易合同存在无效、可撤销或者对公司不发生效力的情形，公司没有起诉合同相对方的，符合公司法第一百五十一条第一款规定条件的股东，可以依据公司法第一百五十一条第二款、第三款规定向人民法院提起诉讼。

条文释义

一、本条主旨

本条是关于法人的控股出资人等关联人不得利用关联关系损害法人利益的规定。

二、条文演变

《公司法》对关联交易作出了原则规定。在总结《公司法》实施以来经验的基础上，考虑到关联交易行为并非公司这一种营利法人所独有，故增加本条规定，以规范所有的营利法人。同时，考虑到关联交易的情况较为复杂，还需要在实践中进一步总结经验，原《民法总则》作出原则性规定，明确了营利法人的关联方利用关联关系损害法人利益的法律后果。《民法典》对原《民法总则》的规定进行了微调，文字上更加简练和顺畅。

三、条文解读

关联交易一般是指具有投资关系或合同关系的不同主体之间所进行的交易，又称为关联方交易。关联交易本身是一种中性的经济行为。正常的关联交易可以稳定营利法人的业务，分散经营风险，有利于法人的发展，但实务中常有控制法人利用与从属法人的关联关系和控制地位，迫使从属法人与自己或其他关联方从事不利益的交易，损害从属法人和其他出资人利益的情形。为此，各国和地区对关联交易都有或繁或简的相关规定，调整关联关系，保护从属法人及其他出资人的利益。在大陆法系国家，一般在人事控制、会计原则、公司财务控制等方面有较为详细的规定，法院也可以根据法律的原则性规定作出裁判。在英美法系国家和地区，由于法官的自由裁量权较大和司法具有造法功能，通常可以由法官根据案件的具体情况作出裁判，所以英美法系国家和地区对关联交易的控制多表现在判例法中。

从我国的实际情况来看，营利法人中股权结构的"一股独大"和"一股独霸"是一个较为普遍的现象。虽然控股出资人通过关联交易对营利法人的经营业务提供"支持"的事例并不少见，但控股出资人利用非公平关联交易"掏空"其所支配的营利法人是更为多发和常见的现象，已成为我国法人治理中面临的最棘手问题，特别是在较大的公司和上市公司中。历史上，我国上市公司的控制股东、实际控制人通过关联交易损害上市公司及其中小股东利益的主要方式是直接的资金占有和上市公司违规担保等。但从新近的发展来看，控制股东和实际控制人"掏空"上市公司的方式已经由原先的单向性资产掠夺转变为以股价套现为主、资产变性为辅的多渠道"掏空"，特别是利用上市公司并购重组手段实施掠夺，出现了关联交易的非关联化和隐性化倾向，方法更隐蔽，监管难度更大。另一方面，控制股东、实际控制人通过资产交易、关联担保以及资产置换等方式"支持"上市公司的行为大量出现。这种与"掏空"行为方向相反的利益输送看似损害了控制股东、实际控制人的利益，提升了上市公司和中小投资者的利益。但在实质上，控制股东和实际控制人的这一"自残"行为的真正目的，大多并非真正是为上市公司的发展提供更好的支撑，而是通过关联交易粉饰报表，通过并购实现股份变现和资产变性，甚至通过内幕交易和市场操纵行为获取不法利益，暂时的付出是为了长远的利益最大化。由于关联交易行为严重损害公司、少数股东和债权人的利益，财政部门、税务部门、证券监管部门从财政、税收、上市公司监管等方面对公司关联交易作了一些规定，《公司法》第21条也作了原则规定。在《民法典》之前的原《民法总则》起草过程中，考虑到关联交易行为并非公司这一种营利法人所独有，故增加本条规定，以规范所有的营利法人。同时，考虑到关联交易的情况较为复杂，还需要在实践中进一步总结经验，因此，本法只作了一条原则性规定，主要是明确了营利法人的关联方利用关联关系损害法人利益的法律后果。

根据本条规定，与营利法人有关联关系的五种人不得利用其与法人的关联关系损害营利法人利益。（1）控股出资人，对控股出资人的界定，可以参考《公司法》第216条关于控股股东的定义，是指其出资额占营利法人的资本总额50%以上，或者虽然出资额不足50%，但依其出资额所享有的表决权已足以对营利法人的权力机构的决议产生重大影响的出资人。（2）实际控制人，是指虽然不是法人的出资人，但通过投资关系、协议或者其他安排，能够实际支配法人行为的人。（3）董事，是指法人权力机构选举出来的董事会成员。（4）监事，是指法人权力机构选举出来的监事会成员。（5）高级管理人员，是指营利法人的经理、副经理、财务负责人以及上市公司董事会秘书和公司章程规定的其他人员。所谓关联关系，是指营利法人的控股出资人、实际控制人、董事、监事、高级管理人员与其直接或者间接控制的企业之间的关系以及可能导致营利法人利益转移的其他关系；但是，国家控股的企业之间不仅仅因为同受国家控股而具有关联关系。

在法学理论上，根据关联交易实施主体的不同，可以将上述五种人员所实施的关联交易分为经营者实施的关联交易和控制人实施的关联交易两种基本类型。以公司为例，经营者实施的关联交易行为，也称为自我交易，是指公司与董事、高管本人或者其关联人（例如，董事或高级管理人员的近亲属或家族公司）之间的购买或者出售公司资产等交易。对自我交易，英美法上已经改变了传统的一律禁止的立场，通常允许董事和高级管理人员同其任职公司进行交易。其主要考虑包括如下几个方面：（1）对于小型的封闭型公司而言，公司的董事、高级管理人员和主要股东可能是交易的唯一对手，这是因为局外人无法对公司前景作出评估预期而缺乏交易动机，或者小公司为了与局外人交易而不得不披露商业秘密。与同信息不对称的局外人进行交易相比，自我交易更容易达成，能够减少谈判成本，并可使公司、股东双方获得更大利益。因此，对于小公司，基于成本与效益考虑，禁止自我交易的效果本身并不十分明显。（2）一味禁止自我交易的成效不彰。有些性质严重的自我交易，如并购中的严重违法行为，可能触及刑法而另有专门法律加以规范。况且，当违法性质轻微的自我交易行为被发现时，完全可以运用民事责任手段或对其继续工作的信用进行威胁的手段来进行制止，没有必要一定禁止自我交易。（3）禁止自我交易可能会导致滥诉，这可能会增加经营者对风险的厌恶，阻碍经营者的创新动机，从而损害股东与公司利益。在通常的自我交易中，法律所关注的是对营利法人的决策有影响力的董事、高管以低于正常交易条件或其他对公司不合理的条件同公司进行交易。在所有这些情况下，均可推定公司与自我交易的董事、高管之间的利益冲突非常尖锐。与经营者不同的是，控股出资人和实际控制人在其营利法人的投资通常较多，对营利法人的经营业绩有较大的财产利益，同时基于资本多数决原则享有经营者选择权，从而控制着公司的经营权。由于控股出资人和实际控制人基于自身拥有的控制权可以获得超额的现金流量权，常常存在"利用控制权追求自身利益最大化，转移公司资源，侵害中小投资人利益"的冲动，因此，对控制股东的利益冲突交易进行监管也就成为各国立法普遍面临的问题。在欧洲大陆，企业集团是工业组织的普遍模式，对企业集团内部控股股东与其关联公司之间的利益冲突交易，各国立法大多将控制股东看作是事实董事，或干脆对控制股东的利益冲突交易进行单独监管。

本条还原则性规定了对公司关联交易的处理，利用关联关系造成法人遭受损失的，应当承担赔偿责任。这里主要涉及的问题是判断一项关联交易是否公允，对此，理论上并未达成共识。美国公司法学者罗伯特教授主张，可以单独或者综合运用以下两种方法来认定关联交易公平与否：一是可获得的条件比较法；二是竞争市场比较法。前者是指对相对公司而言，如果有一名忠诚而独立的既具有不受利益冲突影响的理性而又拥有充分信心的决策者，代表他们作出同意表示的交易的结果比关联交易的结果更有利，那么该关联交易就是不公平的。这是一种假想的方法，在无法得到确凿的市场可比数据的场合是非常有用的。后者是指在一个适度竞争的市场中，如果两个独立当事人之间的明显可比交易的结果比关联交易的结果更有利，通常即认为该关联交易对相关公司是不公平的。这种方法的运用要求得到客观数据，因为一旦关联交易当事人的情况和需要与市场中的交易当事人并不具有可比性的话，这种方法就会失效。尽管这两种方法都比较抽象，可操作性不强，但各国基本上还是依据这两种方法来制定具体的监管制度，其中，交易的价格是关键。美国法院通常采用尊重商业判断的做法，来判断交易价格是否公允。美国法院认为，在交易不存在利益冲突的情形下，董事会比法院更有能力判断价值问题，法院因此会尊重董事会的选择，除非异议股东能够证明董事会所接受的价格明显过低，或者不是可获得交易条件的结果。相反，如果一项交易属于控股股东与公司间的交易，或者属于与公司董事、高管有利害关系的控制权转移，或者属于通过控股股东作为一方当事人的公司合并实现控制权转移，即在交易存在利益冲突的情形下，董事会或控股股东受到受私利玷污的质疑，法院就不太相信董事会的判断，而是更愿意考虑一个自愿进行交易、有判断能力且掌握全部信息的买方所可能给出的价格，即第三方价格。除此之外，公允价格确定的标准还包括拍卖标准、清算标准、第三方报价标准、"愿买愿卖"、市场价值等标准，法院应当依据不同情况适用不同标准。从我国审判实践中的情况来看，人民法院审理关联交易引发的纠纷案件的数量还比较少，对这方面的研究还处于起步阶段，不同国家和地区的做法可以作为我们研究相关审判工作的参考。

类案检索

一、上海中科英华科技发展有限公司、郑州投资控股有限公司等公司关联交易损害责任纠纷案

关键词：关联交易　损害公司利益

裁判摘要：郑州投资公司、郑州电缆公司将持有的郑州电缆公司25%股权托管给中润公司，后中润公司将该股权转托给中科公司，郑州投资公司和郑州电缆公司均签署了同意转让的确认函，故中科公司成为郑州电缆公司股权托管的受托人，在股权托管期间成为其实际控制人。上海中科公司是中科公司的全资子公司，上海中科公司在中科公司作为郑州电缆公司股权受托人期间与郑州电缆公司发生的交易属于《公司法》第216条规定的关联关系中"可能导致公司利益转移的其他关系"，二者所进行的交易属于关联交易。根据一审法院委托和信会计师事务所出具的《司法会计鉴定报告书》，郑州电缆公司在与上海中科公司在关联交易中，存在采购损失，金额共计为6231194.70元，对此上海中科公司应当承担赔偿责任。

【案　　号】（2020）豫民终799号
【审理法院】河南省高级人民法院

二、方某应、郑州四维节能技术有限公司损害公司利益责任纠纷案

关键词：关联交易　损害公司利益

裁判摘要：关于节能公司与粮油公司的交易是否构成关联交易，方某应是否应对关联交易给节能公司造成的损失承担赔偿责任的问题，本案中，方某应作为节能公司的控股股东及法人代表，其代表节能公司与粮油公司签订了《工矿产品购销合同》，将节能公司为涉案工程项目技术改造采购的设备出售给粮油公司。因方某应同时为粮油公司的股东和监事，此交易系关联交易。粮油公司与三河公司签订的《节能改造项目合同书》显示，合同设备供货价格385万元，而节能公司与粮油公司签订的《工矿产品购销合同》设备销售金额却为141.453505万元，远远低于改造项目中节能公司提供设备的售价295万元，损害了节能公司的可得利益。故该关联交易造成节能公司利益损失为153.546495万元（295万元-141.45354万元），法院判令方某应向节能公司赔

付损失 153.546495 万元。

【案　　号】（2021）豫 01 民终 4901 号

【审理法院】河南省郑州市中级人民法院

> 第八十五条　营利法人的权力机构、执行机构作出决议的会议召集程序、表决方式违反法律、行政法规、法人章程，或者决议内容违反法人章程的，营利法人的出资人可以请求人民法院撤销该决议。但是，营利法人依据该决议与善意相对人形成的民事法律关系不受影响。

关联规定

法律、行政法规、司法解释

1.《中华人民共和国公司法》

第二十二条　公司股东会或者股东大会、董事会的决议内容违反法律、行政法规的无效。

股东会或者股东大会、董事会的会议召集程序、表决方式违反法律、行政法规或者公司章程，或者决议内容违反公司章程的，股东可以自决议作出之日起六十日内，请求人民法院撤销。

股东依照前款规定提起诉讼的，人民法院可以应公司的请求，要求股东提供相应担保。

公司根据股东会或者股东大会、董事会决议已办理变更登记的，人民法院宣告该决议无效或者撤销该决议后，公司应当向公司登记机关申请撤销变更登记。

2.《最高人民法院关于适用〈中华人民共和国公司法〉若干问题的规定（四）》

第一条　公司股东、董事、监事等请求确认股东会或者股东大会、董事会决议无效或者不成立的，人民法院应当依法予以受理。

第二条　依据民法典第八十五条、公司法第二十二条第二款请求撤销股东会或者股东大会、董事会决议的原告，应当在起诉时具有公司股东资格。

第三条　原告请求确认股东会或者股东大会、董事会决议不成立、无效或者撤销决议的案件，应当列公司为被告。对决议涉及的其他利害关系人，可以依法列为第三人。

一审法庭辩论终结前,其他有原告资格的人以相同的诉讼请求申请参加前款规定诉讼的,可以列为共同原告。

第四条 股东请求撤销股东会或者股东大会、董事会决议,符合民法典第八十五条、公司法第二十二条第二款规定的,人民法院应当予以支持,但会议召集程序或者表决方式仅有轻微瑕疵,且对决议未产生实质影响的,人民法院不予支持。

第五条 股东会或者股东大会、董事会决议存在下列情形之一,当事人主张决议不成立的,人民法院应当予以支持:

(一)公司未召开会议的,但依据公司法第三十七条第二款或者公司章程规定可以不召开股东会或者股东大会而直接作出决定,并由全体股东在决定文件上签名、盖章的除外;

(二)会议未对决议事项进行表决的;

(三)出席会议的人数或者股东所持表决权不符合公司法或者公司章程规定的;

(四)会议的表决结果未达到公司法或者公司章程规定的通过比例的;

(五)导致决议不成立的其他情形。

第六条 股东会或者股东大会、董事会决议被人民法院判决确认无效或者撤销的,公司依据该决议与善意相对人形成的民事法律关系不受影响。

3.《最高人民法院关于适用〈中华人民共和国公司法〉若干问题的规定(五)》

第四条 分配利润的股东会或者股东大会决议作出后,公司应当在决议载明的时间内完成利润分配。决议没有载明时间的,以公司章程规定的为准。决议、章程中均未规定时间或者时间超过一年的,公司应当自决议作出之日起一年内完成利润分配。

决议中载明的利润分配完成时间超过公司章程规定时间的,股东可以依据民法典第八十五条、公司法第二十二条第二款规定请求人民法院撤销决议中关于该时间的规定。

条文释义

一、本条主旨

本条是关于营利法人机关的决议撤销的规定。

二、条文演变

原《民法总则》规定，营利法人的出资人可以依法请求人民法院撤销营利法人权力机构、执行机构作出的违法或违反章程的决议。《民法典》原《民法总则》的规定进行了微调。

三、条文解读

营利法人的权力机构和执行机构作为法人的意思决定和执行机关，其行使权力的方式是通过召开会议并作出决议的方式来实现的。上述决议一旦依法作出并生效，则变为营利法人的意志，对营利法人及其成员具有约束力。因此，权力机构、执行机构的决议对法人成员关系重大，如果有关决议存在瑕疵，可能损害成员的合法权益，营利法人的出资人有权对其提起撤销之诉。

根据本条的规定，权力机构和执行机构决议的瑕疵分为内容瑕疵和程序瑕疵：内容瑕疵是指决议的内容违反章程的规定；程序瑕疵主要指召集程序、表决方式违反法律、行政法规、法人章程的规定。由于营利法人的权力机构和执行机构的决议能否顺利执行直接影响营利法人行为的效率，而决议是否公平、合法也是涉及出资人权益的重要问题，法律规定对三者要兼顾。本条规定主要考虑到决议内容违反章程规定的瑕疵，是对于法人成员意思自治的违反，与决议的召集程序、表决方式违反法律、行政法规的规定和法人章程规定的性质及后果大致相同，本着兼顾公平和效率的原则，统一将违法或违反章程的决议规定为可撤销的决议。根据本条规定，营利法人的权力机构、执行机构的决议在会议召集程序和表决方式上违反有关法律、行政法规的，任何出资人均可以提起撤销之诉。上述决议无论是在内容还是在程序上有违反章程的瑕疵的，出资人只能提起撤销之诉。对该撤销权的行使期间，其他法律有规定，依照其规定，如根据《公司法》第22条之规定，撤销之诉需由股东自决议作出之日起60日内提起；超过60日的，股东便失去这一权利，法院不再受理该撤销之诉。其他法律没有规定的，解释上应当确定为在合理期间内行使，以免因时间过长而影响与营利法人相关的法律关系的稳定。在出资人提起撤销诉讼时，其应当持有营利法人的出资份额，即具有法人成员的适格性。决议被人民法院撤销的，自撤销之日起失去效力。

因社团决议具有一经作出即推定有效的特点，为保护与营利法人交易的善意第三人的利益，本条规定撤销之诉不影响营利法人依据该决议与善意相对人形成的民事法律关系。也就是说，即便决议被人民法院撤销，营利法人也不得据此主张其与善意相对人之间的法律关系不归属法人或无效。从近几年审判实践中反映出的问题看，对善意相对人的保护呈现出概念泛化的倾向，甚至存在为保护第三人利益而忽视一方利益的苗头。因此，有必要强调保护善意相对人的适用前提。民法理论认为，保护善意相对人的立法政策是为保护交易安全，交易安全为与财产静的安全相对应的动的安全。静的安全是指对于主体本来享有之利益，由法律加以保护，不使他人任意夺取，亦称享有的安全或所有的安全；动的安全是指主体依自己之活动取得新利益时，法律对于该项取得行为进行保护，不使其归于无效，其着眼于利益之取得。取得新利益的行为包括继承、接受赠与等无偿行为和交易等有偿行为，并以交易安全为动的安全之主要类型。静的安全与交易安全之间的冲突是由于交易事项（如权利、意思、主体能力）中虚像的出现，该虚像往往是影响交易行为效力的重要因素，而交易对方善意无过失地相信了该虚像。所谓"虚像"，是相对于实像而言的，是指社会现象中常有看起来如此，但实际上并非如此之情形；所谓"实像"，是指交易诸事项的本来面貌。实像为静的安全之保护依据，而善意无过失地信其虚像则为此时动的安全之保护依据。两种安全要求发生矛盾冲突时，势必造成一方损害，法律只能存其一而去其他，决定由何方负担损害和如何分配损害，这就是法律对静的安全和动的安全之调节。保护交易安全的立法在交易安全与静的安全发生冲突时，牺牲静的安全（实像利益）或者由静的安全享有人承受其他形式的不利益，即"以虚像代替实像，俾资保护权利之取得者"，亦即善意无过失地相信虚像与相信实像有同等效力。交易安全之所以受保护，是因为交易相对人在交易中善意无过失。换句话说，交易人之交易行为，要获得其所期待和信赖的合法性与确定性，其主观上必须处于善意无过失的心理状态。申言之，对交易事项之虚像的信赖，须善意无过失。

▶ 适用指引

相对人善意的判断

在营利法人的决议被人民法院的判决撤销后，营利法人依据该决议与第三人之间形成的法律关系是否归属于营利法人，该第三人是否善意无过失是决定性的因素。如果相对人在与营利法人成立该法律关系时知道或者应当知道决议存在被撤销的瑕疵事由，则不能成为善意第三人，无权根据本条规定主张相应的利益。"知道"，是指事实上的知道，即相对人实际上了解或认识到了营利法人的权力机构、执行机构的决议存在程序瑕疵或违反章程规定的内容瑕疵。"应当知道"，是指推定的知道。在一般情况下，这是一个需要结合个案衡量的事实问题，学理上难以抽象出一个统一的认定标准。立法史上，合同法对"应当知道"曾经采用了"因重大过失而不知"的标准。所谓"因重大过失而不知"，是指对相对人而言，根据其所知悉的一切情形，决议存在的程序瑕疵或内容瑕疵是如此显而易见，只要不是熟视无睹，不可能不知该瑕疵。个案中能够辅助判断的情形，不仅包括特定交易的具体情况，如交易性质、金额、重要性，还包括当事人之间的惯常做法、关于某种交易的特别交易习惯或交易行规等。对于相对人善意的衡量标准，除了相对人事实上不知道该瑕疵存在的情况外，依据尽了形式审查义务之后仍然不可能知道瑕疵存在的事实，也应当认定相对人属于善意。但需要注意的是，在一些特别法中，立法基于某些事项的重要性，对该事项的决议权限、议事规则作了较为严格的规定时，如果相关决议同时存在决议权限的僭越和议事规则的违反，程序瑕疵将会影响相对人善意的判断。如在公司为控股股东提供担保的案件中，公司虽然向相对人提供了股东会决议，但该决议是由控股股东召集的股东会会议作出的，且控股股东参加了表决，由于该控股股东所实施的行为同时构成滥用股东权利，如果相对人未能审查发现该明显存在的瑕疵，应当认定其具有重大过失。

▶ 典型案例

李某等与北京金辇酒店管理有限公司等公司决议撤销纠纷案

关键词： 股东会决议　程序违法　决议撤销

裁判摘要： 第一，关于临时股东会的召集程序。执行董事王某于收到监事提议的5日内发出召集2017年7月17日临时股东会的通知，召集时间并未违反《公司法》或者公司章程提前15日通知的规定，应视为执行董事已经履行召集股东会会议职责。李某再于2017年7月18日主持召开临时股东会，会议的召集程序不符合法律和公司章程的规定。第二，关于临时股东会的表决方式。2017年7月17日临时股东会形成的决议解除了李某、胡某华的股东资格，李某、胡某华在参与2017年7月18日临时股东会表决时并不具备表决主体资格，决议表决方式不符合法律和公司章程的规定。因此，2017年7月18日召开的金辇酒店公司临时股东会的召集程序、表决方式违反了《公司法》和公司章程。法院判决，撤销金辇酒店2017年7月18日的临时股东会会议决议。

基本案情： 金辇酒店章程约定的法定代表人及执行董事系王某，股东为王某、李某、胡某华、胡某伟、韩某某等8人。2016年12月11日，金辇酒店召开股东会，同意由韩某某、胡某华、胡某伟、李某、王某等8人组成新的股东会，并同意选举李某为监事。2017年6月23日、25日，监事李某分别以快递、短信形式向王某发送《关于召开临时股东会议的提议》，要求王某在收到提议之日起3日内召集，并在20日内召开临时股东会。2017年6月28日，李某向包括王某在内的各股东发送《关于召开北京金辇酒店管理有限公司2017年第一次临时股东会会议的通知》短信，通知各股东定于2017年7月18日召开2017年第一次临时股东会会议。2017年6月30日，王某向金辇酒店各股东发送《北京金辇酒店管理有限公司2017年第一次临时股东会会议的通知》，决定于2017年7月17日召开第一次临时股东会。

2017年7月17日，包括王某、韩某某、李某、胡某华、胡某伟在内的8位股东均参加了王某召集的临时股东会，并形成如下决议：（1）《关于解除李某、胡某华股东资格的议案》；（2）未足额出资的450万元公司注册资本由股东王某、韩某某、及案外三名股东按照各自现有持股比例认购。王某、韩某某及案外 3 名股东均在上述临时股东会决议上签字，胡某伟签署不同意。2017 年 7 月 18 日，胡某华、李某、胡某伟参加了李某召集的临时股东会，形成决议如下：（1）同意罢免王某公司执行董事、经理、法定代表人职务。同意选举胡某伟为公司执行董事、法定代表人。（2）同意公司公章、财务专用章等全部印章及营业执照等全部证照及公司网上银行 U 盾由新选举的执行董事、法定代表人保管；王某立即将公司全部印章及证照和网银 U 盾移交给新当选的执行董事、法定代表人。（3）同意授权股东胡某华依据股东会决议内容办理金辇酒店工商变更登记手续。胡某伟、胡某华、李某在上述临时股东会决议上签字。现金辇酒店认为 2017 年 7 月 18 日临时股东会会议决议修改了公司章程，故诉至法院，要求撤销 2017 年 7 月 18 日作出的金辇酒店临时股东会决议。

【案　　号】（2020）京民申 3396 号

【审理法院】北京市高级人民法院

【来　　源】《人民法院案例选》2021 年第 2 辑（总第 156 辑）

▶ 类案检索

上海摩之玛栖梦文化传播股份有限公司等与东方悦途（北京）文化产业发展有限公司公司决议撤销纠纷案

关键词： 股东会召集　程序轻微瑕疵　公司决议撤销

裁判摘要： 虽然涉案股东会的召集程序存在没有提前 15 日通知全体股东等瑕疵，但摩之玛公司收到了会议通知，已得知开会时间、会议议题、会议形式等且没有提出反对，仅提议将会议时间改为当日 14 时，故涉案股东会的召集程序存在的瑕疵仅属于轻微瑕疵。且在本案审理过程中，摩之玛公司没有提交证据证明该等瑕疵对决议产生了实际影响，故一审法院判决驳回摩之玛公司的诉讼请求并无不当。摩之玛公司的上诉理由，没有事实和法律依据，本院不予支持。

【案　　号】（2021）京 02 民终 13417 号

【审理法院】北京市第二中级人民法院

> **第八十六条** 营利法人从事经营活动，应当遵守商业道德，维护交易安全，接受政府和社会的监督，承担社会责任。

▶ 关联规定

法律、行政法规、司法解释

《中华人民共和国公司法》

第五条 公司从事经营活动，必须遵守法律、行政法规，遵守社会公德、商业道德，诚实守信，接受政府和社会公众的监督，承担社会责任。

公司的合法权益受法律保护，不受侵犯。

▶ 条文释义

一、本条主旨

本条是关于营利法人应承担的道德和社会责任的规定。

二、条文演变

本条是原《民法总则》的规定，《民法典》对此没有变化。

三、条文解读

营利法人以将利润分配给出资人为目标，追求营利性。作为社会经济活动的基本单位，营利法人在追逐营利性时，应该有一定的限度，需要承担一定的社会责任。

（一）应当遵守商业道德

商业道德是商事主体从事商业活动时应当遵循的道德规范。营利法人遵守商业道德,符合自身的长远利益,亦有助于维护诚信市场交易秩序,符合社会公共利益。

(二)应当维护交易安全

交易安全是市场主体从事交易过程中的合理信赖。营利法人从事经营活动应当诚信经营,主动披露交易信息,积极履行合同义务,不能损害交易相对方的合法权益。

(三)应当接受政府和社会的监督

营利主体从事经营活动,应当接受政府和社会各界的监督。通过监督,促使营利法人的行为更加规范,更符合法律要求,更符合商业道德,更符合社会公共利益。

(四)应当承担社会责任

营利法人在从事经营活动、为出资人创造利润的同时,应当最大限度地增进股东利益以外的其他相关主体的最大利益,实现社会利益的最大化。这种社会利益包括雇员(职工)利益、消费者利益、债权人利益、中小竞争者利益、当地社区利益、环境利益、社会弱者利益及整个社会公共利益等。

▶ 适用指引

一、企业社会责任

本条亦是关于营利法人社会责任(企业社会责任)的规定。企业社会责任是指企业在谋取自身以及股东利益的同时,应当最大限度地增进股东利益以外的其他相关主体的最大利益,实现社会利益的最大化。这种社会利益包括雇员(职工)利益、消费者利益、债权人利益、中小竞争者利益、当地社区利益、环境利益、社会弱者利益及整个社会公共利益等。

企业社会责任的实质是对企业绝对营利性的修正。现代企业制度产生于自由资本主义时期,企业被认为是资本所有者的财产,是实现股东利益的工具,企业应以股东利益最大化为唯一目标,并在追求股东利润最大化的同时自动实现社会福利最大化。随着经济和社会的发展，企业规模越来越大，大型企业、跨国企业逐渐出现，在政治、经济、文化以及社会等各个方面的影响越来越大，片面强调企业的营利性导致很多企业忽视对社会共同利益的维护，企业发展中产生很大的外部负效应，大量社会问题如劳动者保护、自然资源和环境保护、消费者保护等由此产生。鉴于此，自由市场经济理论下的企业所有理论和个人利益最大化将自动实现社会福利最大化的观点受到挑战，企业也不再被视为资本所有者的私人财产，而是所有企业利益相关者的结合体，企业不应仅仅以股东利润最大化为唯一目标，而应当增进企业利益与相关者的利益。因此，企业社会责任是对企业片面强调营利性的纠正，目的是促使企业在发展中实现经济效益和社会效益的共同进步。

在企业社会责任作为一个理论问题提出并受到学术界广泛关注之前，我国已经通过立法明确要求企业在经营活动中必须遵纪守法、诚实守信，这是企业社会责任理念的早期体现。应保护资源环境、维护消费者和劳动者合法权益以及建立公平高效市场等方面的要求，各国已经在环境保护、消费者权益保护、劳动者权益保护以及反垄断、反不正当竞争等方面制定了相应的法律，将企业应承担的最低限度的社会责任上升为法律义务，使之成为企业必须遵守的行为规范，这对企业社会责任的实现发挥了积极作用。尽管如此，民商法更为强调形式平等和正义，对推进体现实质平等和正义的企业社会责任作用有限；经济法和社会法在立法取向上更多强调对企业给社会造成的负面外部效应的遏制，而不能体现对企业应尽可能给社会带来正面外部效应的鼓励，在法律实现机制上，更多强调事后的惩罚和救济，而非对企业社会责任的事前监督和鼓励。为了弥补以上不足，各国法律界开始在公司法制度以及其他相关法律制度方面寻求变革，增设一系列促进企业社会责任落实的法律机制。

需要注意的是，现有的企业法律制度基本上是以企业营利性为出发点建立起来的，引入企业社会责任将对现有的企业法律制度的指导思想、基本制度以及运作机制等方面产生极大的冲击，处理不好将有可能会动摇现有包括公司法律制度在内的所有企业法律制度的根基。因此，在引入企业社会责任理念对原有的公司法制度以及其他相关法律制度进行改革时必须十分慎重。

二、公司社会责任可诉化问题

《公司法》第5条对公司社会责任制度进行了规定，但该规定更多是宣示性的条款,实践中不能依据《公司法》第 5 条对公司或者股东违反社会责任提起诉讼。本条虽然亦确立了企业社会责任,但该规定亦更多具有宣示意义,尚不能在司法实践中直接援引,作为要求营利法人承担社会责任的依据。当然,为了更好地推进企业社会责任,可以在司法实践中逐步探索公司社会责任可诉机制,但这只能通过司法解释或者指导性案例来确立,实践中不宜直接以本条判决企业承担社会责任,或者判决企业承担违反社会责任的赔偿责任。

第三节 非营利法人

第八十七条 为公益目的或者其他非营利目的成立，不向出资人、设立人或者会员分配所取得利润的法人，为非营利法人。

非营利法人包括事业单位、社会团体、基金会、社会服务机构等。

关联规定

一、法律、行政法规、司法解释

1.《中华人民共和国公益事业捐赠法》

第三条 本法所称公益事业是指非营利的下列事项：

（一）救助灾害、救济贫困、扶助残疾人等困难的社会群体和个人的活动；

（二）教育、科学、文化、卫生、体育事业；

（三）环境保护、社会公共设施建设；

（四）促进社会发展和进步的其他社会公共和福利事业。

第十条 公益性社会团体和公益性非营利的事业单位可以依照本法接受捐赠。

本法所称公益性社会团体是指依法成立的，以发展公益事业为宗旨的基金会、慈善组织等社会团体。

本法所称公益性非营利的事业单位是指依法成立的，从事公益事业的不以营利为目的的教育机构、科学研究机构、医疗卫生机构、社会公共文化机构、社会公共体育机构和社会福利机构等。

2.《中华人民共和国民办教育促进法》

第三条 民办教育事业属于公益性事业，是社会主义教育事业的组成部分。

国家对民办教育实行积极鼓励、大力支持、正确引导、依法管理的方针。

各级人民政府应当将民办教育事业纳入国民经济和社会发展规划。

第十九条 民办学校的举办者可以自主选择设立非营利性或者营利性民办学校。但是，不得设立实施义务教育的营利性民办学校。

非营利性民办学校的举办者不得取得办学收益，学校的办学结余全部用于办学。

营利性民办学校的举办者可以取得办学收益，学校的办学结余依照公司法等有关法律、行政法规的规定处理。

民办学校取得办学许可证后，进行法人登记，登记机关应当依法予以办理。

3.《中华人民共和国慈善法》

第八条 本法所称慈善组织，是指依法成立、符合本法规定，以面向社会开展慈善活动为宗旨的非营利性组织。

慈善组织可以采取基金会、社会团体、社会服务机构等组织形式。

4.《中华人民共和国著作权法》

第八条 著作权人和与著作权有关的权利人可以授权著作权集体管理组织行使著作权或者与著作权有关的权利。依法设立的著作权集体管理组织是非营利法人，被授权后可以以自己的名义为著作权人和与著作权有关的权利人主张权利，并可以作为当事人进行涉及著作权或者与著作权有关的权利的诉讼、仲裁、调解活动。

著作权集体管理组织根据授权向使用者收取使用费。使用费的收取标准由著作权集体管理组织和使用者代表协商确定，协商不成的，可以向国家著作权主管部门申请裁决，对裁决不服的，可以向人民法院提起诉讼；当事人也可以直接向人民法院提起诉讼。

著作权集体管理组织应当将使用费的收取和转付、管理费的提取和使用、使用费的未分配部分等总体情况定期向社会公布，并应当建立权利信息查询系统，供权利人和使用者查询。国家著作权主管部门应当依法对著作权集体管理组织进行监督、管理。

著作权集体管理组织的设立方式、权利义务、使用费的收取和分配，以及对其监督和管理等由国务院另行规定。

5.《中华人民共和国工会法》

第十五条 中华全国总工会、地方总工会、产业工会具有社会团体法人资格。

基层工会组织具备民法典规定的法人条件的，依法取得社会团体法人资格。

6.《社会团体登记管理条例》

第二条 本条例所称社会团体，是指中国公民自愿组成，为实现会员共同意愿，按照其章程开展活动的非营利性社会组织。

国家机关以外的组织可以作为单位会员加入社会团体。

7.《博物馆条例》

第二条 本条例所称博物馆，是指以教育、研究和欣赏为目的，收藏、保护并向公众展示人类活动和自然环境的见证物，经登记管理机关依法登记的非营利组织。

博物馆包括国有博物馆和非国有博物馆。利用或者主要利用国有资产设立的博物馆为国有博物馆；利用或者主要利用非国有资产设立的博物馆为非国有博物馆。

国家在博物馆的设立条件、提供社会服务、规范管理、专业技术职称评定、财税扶持政策等方面，公平对待国有和非国有博物馆。

8.《基金会管理条例》

第二条 本条例所称基金会，是指利用自然人、法人或者其他组织捐赠的财产，以从事公益事业为目的，按照本条例的规定成立的非营利性法人。

9.《事业单位登记管理暂行条例》

第二条 本条例所称事业单位，是指国家为了社会公益目的，由国家机关举办或者其他组织利用国有资产举办的，从事教育、科技、文化、卫生等活动的社会服务组织。

事业单位依法举办的营利性经营组织，必须实行独立核算，依照国家有关公司、企业等经营组织的法律、法规登记管理。

10.《最高人民法院关于适用〈中华人民共和国行政诉讼法〉的解释》

第十七条 事业单位、社会团体、基金会、社会服务机构等非营利法人的出资人、设立人认为行政行为损害法人合法权益的，可以自己的名义提起诉讼。

11.《最高人民法院关于在民事审判工作中适用〈中华人民共和国工会法〉若干问题的解释》

第一条 人民法院审理涉及工会组织的有关案件时，应当认定依照工会法建立的工会组织的社团法人资格。具有法人资格的工会组织依法独立享有民事权利，承担民事义务。建立工会的企业、事业单位、机关与所建工会以及工会投资兴办的企业，根据法律和司法解释的规定，应当分别承担各自的民事责任。

二、部门规章及规范性文件

《财政部、税务总局关于贯彻实施契税法若干事项执行口径的公告》

三、关于免税的具体情形

（一）享受契税免税优惠的非营利性的学校、医疗机构、社会福利机构，限于上述三类单位中依法登记为事业单位、社会团体、基金会、社会服务机构等的非营利法人和非营利组织。其中：

1.学校的具体范围为经县级以上人民政府或者其教育行政部门批准成立的大学、中学、小学、幼儿园，实施学历教育的职业教育学校、特殊教育学校、专门学校，以及经省级人民政府或者其人力资源社会保障行政部门批准成立的技工院校。

2.医疗机构的具体范围为经县级以上人民政府卫生健康行政部门批准或者备案设立的医疗机构。

3.社会福利机构的具体范围为依法登记的养老服务机构、残疾人服务机构、儿童福利机构、救助管理机构、未成年人救助保护机构。

条文释义

一、本条主旨

本条是关于非营利法人定义及种类的规定。

二、条文演变

传统大陆法系主要将法人分为公法人与私法人、社团法人与财团法人，其中社团法人又分为营利性社团与非营利社团。而我国 1986 年原《民法通则》将法人区分为企业法人与非企业法人（包括机关法人、事业单位法人与社会团体法人）。以是否营利为标准，2017 年施行的原《民法总则》首创将法人区分为营利法人与非营利法人。

1988 年国务院颁布的《基金会管理办法》第 2 条规定："本办法所称的基金会，是指对国内外社会团体和其他组织以及个人自愿捐赠资金进行管理的民间非营利性组织，是社会团体法人。"此系在我国法规中首次出现非营利组织概念。1989 年发布的《外国商会管理暂行规定》（2013 年修订）第 2 条规定："外国商会是指外国在中国境内的商业机构及人员依照本规定在中国境内成立，不从事任何商业活动的非营利性团体。"该条限定外国商会系非营利团体性质。1998 年颁布的《社会团体登记管理条例》（2016 年修订）第 4 条第 2 款规定"社会团体不得从事营利性经营活动。"2003 年《民办教育促进法》（2016 年修正）第 3 条规定"民办教育事业属于公益性事业"。这个阶段的法律法规将非营利性的组织或团体全部限定为非营利性社会团体。一直到 2004 年《基金会管理条例》明确规定了基金会是非营利性法人的概念，不再将其归结为社会团体法人，非营利法人成为一个单独的法律概念。在制定《民法典》总则编的过程中，梁慧星建议将法人分为营利性法人与非营利性法人，[①]认为我国社会生活中存在既不以营利为目的又不符合公益目的的中间法人，这种区分消除了中间法人，符合民法立法和理论发展的趋势，且能够与原《民法通则》的分类相互衔接，有利于保持法律制度的稳定。[②]

非营利法人的含义在《民法总则》制定过程中不断完善。一审稿第 81 条包含三款规定："为公益目的或者其他非营利目的成立的法人，为非营利法人。""非营利法人不得向其成员或者设立人分配利润。""为公益目的成立的非营利性法人终止时，不得向其成员或者设立人分配剩余财产；其剩余财产应当按照章程的规定或者权力机构的决议用于公益目的；不能按照法人章程规定或者权力机构的决议处理的，由主管机关主持转给宗旨相同或者相近的以公益为目的的法人，并向社会公告。"二审稿和三审稿将第 1 款和第 2 款合并为一款，全面概括了非营利法人的内涵："为公益目的或者其他非营利目的成立，不向

---

① 参见梁慧星：《中国民法典草案建议稿附理由·总则编》。
② 参见梁慧星：《中华人民共和国民法总则（草案）解读、评论和修改建议》，载《华东政法大学学报》2016 年第 5 期。

其出资人或者设立人分配所取得利润的法人，为非营利法人。"增加第2款关于非营利法人分类的内容："非营利法人包括事业单位、社会团体、基金会、社会服务机构等。"第3款不属于非营利法人的内涵性规定，而是关于非营利法人终止的规定，调整为单独一条。在全国人民代表大会审议阶段，将第1款的非营利法人设立主体内容增加了"会员"之身份，即"不向其出资人、设立人或者会员分配所取得利润的法人"，从而使设立主体变得更加完善。

本条沿用了原《民法总则》第87条规定，未作修改。

三、条文解读

本条第1款规定了非营利法人的概念；第2款规定了非营利法人的种类。

（一）非营利法人的概念

非营利法人，是"营利法人"的对称，指为公益目的或者其他非营利目的成立，不向其成员或者设立人分配利润的法人。"非营利法人"的法律概念在我国系原《民法总则》首创，《民法典》予以保留。在此之前，与"非营利法人"含义相同、概念最为接近的法律概念是"非营利性法人"。"非营利性法人"作为一个法律概念最早出现在《基金会管理条例》第2条，其规定："本条例所称基金会，是指利用自然人、法人或者其他组织捐赠的财产，以从事公益事业为目的，按照本条例的规定成立的非营利性法人。"与"非营利法人"含义相近的法律概念还有"非营利性组织""非营利性社会组织""从事非营利性社会服务活动的社会组织"等。比如，《社会团体登记管理条例》第2条规定："本条例所称社会团体，是指中国公民自愿组成，为实现会员共同意愿，按照其章程开展活动的非营利性社会组织。"《民办非企业单位登记管理暂行条例》第2条规定："本条例所称民办非企业单位，是指企业事业单位、社会团体和其他社会力量以及公民个人利用非国有资产举办的，从事非营利性社会服务活动的社会组织。"财政部制定的《民间非营利组织会计制度》则直接在规章名称中使用了"民间非营利组织"的概念，用以指称包括社会团体、基金会和民办非企业单位在内的各类民间非营利组织。

（二）非营利法人的种类

非营利法人既包括面向大众，以满足不特定多数人的利益为目的的公益法人，如中华慈善总会、中国红十字会、环境保护协会、保护妇女儿童组织、各类基金会；也包括为其他非营利目的成立的法人，比如，为互助互益目的（既非为公益又非为成员的经济利益，而是为成员的非经济利益）而成立的互益性法人（又称为共益性法人），仅面向成员提供服务，如商会、行业协会、学会、俱乐部等。非营利法人均不得分配利润，这是由其设立目的决定的。非营利法人如果在其存续期间分配利润，则与营利法人难以区分，背离非营利法人的设立目的。尽管非营利法人均不得分配利润，但在法人终止后能否分配剩余财产方面，为公益目的设立的非营利法人与为其他目的设立的非营利法人不同。为其他目的设立的非营利法人可以分配剩余财产，但为公益目的设立的非营利法人不得分配剩余财产。将非营利法人按照为公益目的设立和为其他非营利目的设立进行区分，有助于国家针对不同性质的非营利法人，制定不同的法律规范和政策措施，更好地促进各类非营利法人的发展。

▶ 适用指引

一、关于"出资人、设立人或者会员"的理解

本条第1款规定："为公益目的或者其他非营利目的成立，不向其出资人或者设立人分配所取得利润的法人，为非营利法人。"关于本款规定的"出资人、设立人或者会员"，对于传统民法学上的社团法人而言，是指其成员（社员）；对于财团法人（捐助法人）而言，是指其设立人（捐助人）。《民法典》未在条文表述中使用"法人成员"或"法人社员"的概念，而是使用了更为通俗化的"出资人""会员"的概念。需要注意的是，本款同时使用了法人的"出资人""会员"的概念，这两个概念加在一起，其外延与"法人成员"或"法人社员"相同。

二、关于"非营利"概念的理解

本条所称的"非营利"概念，是相对"营利"而言的。关于"非营利"的含义，可从"营利"与"赢利""盈利"的区别中加以把握。根据《现代汉语词典》，"赢"，意为"赚"，相对于"赔"，从而"赢利"是指赚得了利润，或者即指利润，是一种静态的表示。"盈"，意为充满、多余，"盈利"即指利润，

或者较多的利润,属于财会专业术语。而"营"的意思是谋求,"营利"相应地是指谋求利润,"营利目的"或者"营利性",就是指以谋求利润为目的。因此,"非营利目的"或"非营利性"的含义,并不是经济学意义上的无利润,也不是不从事经营活动,而是一个以界定组织性质的词汇,它指这种组织的运作目的不是为获取利润。①《社会团体登记管理条例》第2条将社会团体定义为"中国公民自愿组成,为实现会员共同意愿,按照其章程开展活动的非营利性社会组织";第4条第2款规定:"社会团体不得从事营利性经营活动",也就是说,可以从事非营利性经营活动。

为加强对社会团体从事经营活动的管理,1995年7月10日民政部、国家工商行政管理局发布《关于社会团体开展经营活动有关问题的通知》(民社发〔1995〕14号),具体就社会团体开展经营活动问题作了规定。该通知的主要内容节录如下:"一、本通知适用于经社会团体登记管理机关核准登记的社会团体。二、开展经营活动的社会团体,必须具有社团法人资格。不具备法人资格的社会团体,不得开展经营活动。三、社会团体开展经营活动,可以投资设立企业法人,也可以设立非法人的经营机构,但不得以社会团体自身的名义进行经营活动。社会团体从事经营活动,必须经工商行政管理部门登记注册,并领取《企业法人营业执照》或《营业执照》。四、社会团体申请营业登记,其经营范围应与社会团体设立的宗旨相适应;申请企业法人登记,其经营范围应符合国家有关规定。五、社会团体设立的非法人经营机构,其所得的当年税后利润,应全部返还给所从属的社会团体;社会团体投资设立的有限责任公司和股份有限公司,其利润分配,应按《中华人民共和国公司法》规定的有关条款执行;社会团体独资设立的企业法人,应在企业章程中明确载明其宗旨是为该社会团体的事业发展服务,其返还给该社会团体的当年税后利润,应符合国家的有关规定。六、社会团体所办非公司企业的经济性质,根据投资来源依法核定。……八、社会团体及其所办企业法人不得接受其他经济组织的挂靠。"

2010年12月27日,民政部发布《关于清理本部门规章、规范性文件的公告》(民政部公告第193号)指出:"根据国务院办公厅《关于做好规章清理工作有关问题的通知》(国办发〔2010〕28号)的有关要求,我部开展了对规章、规范性文件的全面清理工作。经2010年12月20日我部第3次会议审议

---

① 石宏:《中华人民共和国民法总则条文说明、立法理由及相关规定》,北京大学出版社2017年版,第197页。

通过，继续有效的规章 33 件，废止的规章 1 件；继续有效的规范性文件 130 件，废止的规范性文件 72 件。现将民政部现行有效规章目录和规范性文件清理结果目录予以公布。"第 193 号公告有两个附件，附件 1 为"民政部现行有效规章目录"；附件 2 为"民政部规范性文件清理目录"。在附件 2 中，又进一步区分为"继续有效的规范性文件目录"和"废止的规范性文件目录"。在"废止的规范性文件目录"中，第 10 项为《民政部、国家工商行政管理局关于社会团体开展经营活动有关问题的通知》。也就是说，自 2010 年 12 月 27 日起，《民政部、国家工商行政管理局关于社会团体开展经营活动有关问题的通知》已被废止。但其后至今，并无新的替代性的相关行政法规、部门规章或规章性文件对社会团体开展经营活动问题进行规范。关于社会团体开展经营活动问题，需要关注后续出台的相关规范。

▶ 典型案例

长乐自来水公司与工行五四支行借款担保纠纷案

关键词： 企业法人　保证主体资格　保证责任

裁判摘要： 1. 保证人领取企业法人执照，属于以营利为目的的企业法人，即使其经营活动具有一定的公共服务性质，亦不属于以公益为目的的事业单位。

2. 保证人作为具有完全民事行为能力的法人，应依法对其所从事的民事法律行为独立承担民事责任，其所作保证是否受合同以外第三人影响的问题不涉及合同当事人之间的权利义务关系，亦不影响保证合同的效力。

基本案情： 2003 年 8 月 29 日，和某公司向工行五四支行借款，双方签订《流动资金借款合同》。同日，自来水公司与工行五四支行签订一份《最高额保证合同》，自来水公司为和某公司案涉贷款提供连带保证担保。2003 年 9 月 5 日，工行五四支行向和某公司发放 2800 万元贷款。和某公司自 2003 年 9 月 20 日起开始欠息，至工行五四支行起诉时未支付分文利息。2004 年 7 月 28 日，工行五四支行提起诉讼，请求判令和某公司一次性归还贷款本金人民币 2800 万元及利息、罚息，自来水公司对和某公司的上述欠款承担连带还款责任。一审法院经审理判决：和某公司应偿还工行五四支行借款本金 2800 万元人民币及合同约定的利息、罚息;自来水公司应对上述判决承担连带清偿责任。

自来水公司不服一审判决,提起上诉。二审法院认为,工行五四支行与和某公司签订的借款合同系双方当事人真实意思表示,且不违反法律、行政法规的禁止性规定,应为有效。借款人和某公司在合同到期后未能全部履行合同义务,应当依法承担向工行五四支行偿还借款本息的民事责任。自来水公司与工行五四支行签订书面保证合同,明确承诺为和某公司上述借款提供连带保证义务。现和某公司到期未能偿还债务,保证人自来水公司应就上述债务向工行五四支行承担连带清偿责任。自来水公司作为具有完全民事行为能力的法人,应依法对其民事法律行为独立承担民事责任。自来水公司关于其在地方政府的行政指令下所作担保,应免除其向工行五四支行承担保证责任的上诉理由不能成立。因为,本案保证合同系自来水公司与工行五四支行之间签订,自来水公司没有证据证明工行五四支行在与之签订保证合同时采取了欺诈、胁迫等手段。自来水公司是否受合同以外第三人影响的问题并不涉及合同当事人之间的权利义务关系。由于合同一方当事人没有义务了解合同相对人签约行为以外的其他因素,自来水公司一方面承认其在本案保证合同上盖章的事实,另一方面否认该签约行为是其真实意思表示,这对被保证人工行五四支行是不公平的。保证合同不应仅因保证人的保证系因地方政府指令而确认无效。自来水公司领取的是企业法人执照,属于以营利为目的的企业法人,其经营活动虽具有一定的公共服务性质,但不属于以公益为目的的事业单位。自来水公司关于其不符合保证主体资格的上诉主张没有事实依据,不予支持。二审法院判决驳回上诉,维持原判。

【案　　号】(2004)民二终字262号
【审理法院】最高人民法院
【来　　源】《最高人民法院公报》2005年第9期

▶ 类案检索

一、广东粤超体育发展股份有限公司诉广东省足球协会等垄断纠纷案

关键词:非营利性社团法人　民事责任

裁判摘要： 非营利性社团法人虽然不以营利为目的，并不意味着其不能从事一定的市场经营活动。按照《社会团体登记管理条例》的规定，社团法人可以在章程范围内作为民事主体对外开展民事活动，独立承担民事责任。

【案　　号】（2015）民申字第 2313 号

【审理法院】最高人民法院

二、沈阳广科视讯科技有限公司、于某富等买卖合同纠纷案

关键词： 登记成立　非营利法人

裁判摘要： 需依法登记才能成立的非营利法人以登记为成立要件。以未登记的非营利法人名义签订的合同为签订人个人的意思表示行为，签订人为合同当事人。

【案　　号】（2021）辽 01 民终 19590 号

【审理法院】辽宁省沈阳市中级人民法院

三、大连瓦房店市康爱老年公寓、宋某等借款合同纠纷案

关键词： 非营利法人　保证人资格

裁判摘要： 非营利法人虽然在章程中规定盈利不得分红，但在实际运行中不是以公益为目的而成立，而是举办者及开办资金出资者为谋取利润而成立，以盈利分红为目的，不符合《民法典》第 683 条规定的法律要件，其具备保证人的资格。

【案　　号】（2021）辽 02 民终 9862 号

【审理法院】辽宁省大连市中级人民法院

四、深圳市银座贸易有限公司、詹某军等房屋租赁合同纠纷案

关键词： 非营利　分配利润　经营目的

裁判摘要： 根据《民法总则》第 76 第 1 款、第 87 条第 1 款的规定，以取得利润并分配给股东等出资人为目的成立的法人，为营利法人；为公益目的或其他非营利目的成立，不向出资人、设立人或者会员分配所取得利润的法人，为非营利法人。由此可知，"非营利"并非经济学意义上的无利润，也不是不从事经营活动，而是指这种组织的运作目的不是向出资人分配利润。"营利"法人与"非营利"法人的区别不在于是否从事获取利润的经营性行为，而在于

是否以分配利润为经营目的。该两款虽是对于法人的规定，但其对于"营利"及"非营利"的定义，亦可适用于非法人组织。

【案　　号】（2021）粤03民再111号
【审理法院】广东省深圳市中级人民法院

五、巨野县森发迪建材有限公司等与经济科学出版社侵害作品信息网络传播权纠纷案

关键词： 非营利法人　知识产权

裁判摘要： 非营利法人能够以自己名义独立从事民事活动，其有权签署相关合同，处分自己的知识产权。版权许可协议虽未约定具体的许可费标准及违约责任等条款，但该等条款可通过另行约定或补充的方式进行明确，并不影响合同双方之间就著作权许可事项进行的约定，也未违反法律强制性规定。

【案　　号】（2021）京73民终335号
【审理法院】北京知识产权法院

第八十八条　具备法人条件，为适应经济社会发展需要，提供公益服务设立的事业单位，经依法登记成立，取得事业单位法人资格；依法不需要办理法人登记的，从成立之日起，具有事业单位法人资格。

▶ 关联规定

一、法律、行政法规、司法解释

《事业单位登记管理暂行条例》

第二条　本条例所称事业单位，是指国家为了社会公益目的，由国家机关举办或者其他组织利用国有资产举办的，从事教育、科技、文化、卫生等活动的社会服务组织。

事业单位依法举办的营利性经营组织，必须实行独立核算，依照国家有关公司、企业等经营组织的法律、法规登记管理。

第三条　事业单位经县级以上各级人民政府及其有关主管部门（以下统称审批机关）批准成立后，应当依照本条例的规定登记或者备案。

事业单位应当具备法人条件。

第六条　申请事业单位法人登记，应当具备下列条件：

（一）经审批机关批准设立；

（二）有自己的名称、组织机构和场所；

（三）有与其业务活动相适应的从业人员；

（四）有与其业务活动相适应的经费来源；

（五）能够独立承担民事责任。

第十一条　法律规定具备法人条件、自批准设立之日起即取得法人资格的事业单位，或者法律、其他行政法规规定具备法人条件、经有关主管部门依法审核或者登记，已经取得相应的执业许可证书的事业单位，不再办理事业单位法人登记，由有关主管部门按照分级登记管理的规定向登记管理机关备案。

县级以上各级人民政府设立的直属事业单位直接向登记管理机关备案。

二、部门规章及规范性文件

《事业单位登记管理暂行条例实施细则》

第五条 事业单位设立、变更、注销，应当依照条例和本细则向事业单位登记管理机关（以下简称登记管理机关）申请登记或者备案（以下统称登记）。登记管理机关对符合法定条件的登记申请应当核准登记。

第六条 登记管理机关向核准设立登记的事业单位颁发《事业单位法人证书》。

《事业单位法人证书》是事业单位法人资格的唯一合法凭证。未取得《事业单位法人证书》的单位，不得以事业单位法人名义开展活动。

▶ 条文释义

一、本条主旨

本条是关于事业单位法人资格取得的规定。

二、条文演变

新中国成立之后，我国开创并发展了事业单位法人制度。"事业单位"的名称首次出现在1952年政务院所颁布的文件《关于全国各级人民政府、党派、团体所属事业单位的国家工作人员实行公费医疗预防的指示》中。1965年国家编制委员会《关于划分国家机关、事业、企业编制界限的意见》对"事业单位"的概念进行了规定："凡是直接从事为工农业生产和人民生活等服务活动，产生的价值不能用货币表现，不属于全民所有制单位的编制，列为国家事业单位编制。"1987年开始实施的原《民法通则》将事业单位列为与企业法人、机关法人和社会团体法人并列的非企业法人制度。但法律法规一直未对事业单位进行具体规定，直到1998年9月，国务院通过了《事业单位登记管理暂行条例》（2004年修订）。该条例第2条第1款规定："本条例所称事业单位，是指国家为了社会公益目的，由国家机关举办或者其他组织利用国有资产举办的，从事教育、科技、文化、卫生等活动的社会服务组织。"我国的事业单位随着社会的发展呈现多样性和复杂性特点，既有公益类事业单位，也有监督管理类事业单位和经营类事业单位,该条只规定了公益类事业单位。为适应社会主义市场经济的深入发展,《中共中央、国务院关于分类推进事业单位改革的指导意见(2011年3月23日)(以下简称《事业单位改革意见》)指出:"事业单位是经济社会发展中提供公益服务的主要载体,是我国社会主义现代化建设的重要力量。""按照政事分开、事企分开和管办分离的要求,以促进公益事业发展为目的,以科学分类为基础,以深化体制机制改革为核心,总体设计、分类指导、因地制宜、先行试点、稳步推进,进一步增强事业单位活力,不断满足人民群众和经济社会发展对公益服务的需求。""划分现有事业单位类别。在清理规范基础上,按照社会功能将现有事业单位划分为承担行政职能、从事生产经营活动和从事公益服务三个类别。对承担行政职能的,逐步将其行政职能划归行政机构或转为行政机构;对从事生产经营活动的,逐步将其转为企业;对从事公益服务的,继续将其保留在事业单位序列、强化其公益属性。今后,不再批准设立承担行政职能的事业单位和从事生产经营活动的事业单位。""细分从事公益服务的事业单位。根据职责任务、服务对象和资源配置方式等情况,将从事公益服务的事业单位细分为两类:承担义务教育、基础性科研、公共文化、公共卫生及基层的基本医疗服务等基本公益服务,不能或不宜由市场配置资源的,划入公益一类;承担高等教育、非营利医疗等公益服务,可部分由市场配置资源的,划入公益二类。具体由各地结合实际研究确定。"

根据《事业单位改革意见》,我国事业单位改革的目标是将承担行政职能和从事生产经营活动的事业单位从事业单位法人中剥离出去,而从事公益服务的事业单位仍将保留在事业单位序列中长期存在。因此,《民法典》仍应规定事业单位法人,考虑到事业单位分类改革正在进行中,而《民法典》的规定应具有稳定性和长期性,《民法典》规定的事业单位法人应仅指从事公益服务的事业单位,不再包括承担行政职能和从事生产经营活动的事业单位。这样处理符合中央关于事业单位分类改革的方向,也有利于促进事业单位法人的长远健康发展。《民法总则》制定过程中,草案第92条规定,具备法人条件,为实现公益目的设立的事业单位,经依法登记成立,取得事业单位法人资格;依法不需要办理法人登记的,从成立之日起,具有事业单位法人资格。有的代表提出,按照事业单位改革的要求,事业单位主要是国家举办的提供公益服务的法人组织,与一般的公益性非营利法人不完全相同,建议对上述规定中有关表述再斟酌。宪法和法律委员会经研究,建议将草案第92条中的"为实现公益目的设立的事业单位"修改为"为适应经济社会发展需要，提供公益服务设立的事业单位"。①2017年通过的原《民法总则》采纳了宪法和法律委员会的该项修改建议。此次《民法典》编纂，对此予以保留，具体内容规定于《民法典》第88条。

三、条文解读

根据本条的规定，成立事业单位取得法人资格有两种方式：一是具备法人条件，经依法登记成立，取得事业单位法人资格；二是具备法人条件，依法不需要办理法人登记的，从成立之日起，具有事业单位法人资格。

（一）具备法人条件，经依法登记成立，取得事业单位法人资格

《事业单位登记管理暂行条例》第3条规定，事业单位经县级以上各级人民政府及其有关主管部门批准成立后，应当依照条例的规定登记或者备案；事业单位应当具备法人条件。该条例第5条第1、2款规定，县级以上各级人民政府机构编制管理机关所属的事业单位登记管理机构（以下简称登记管理机关）负责实施事业单位的登记管理工作。县级以上各级人民政府机构编制管理机关应当加强对登记管理机关的事业单位登记管理工作的监督检查。事业单位实行分级登记管理。分级登记管理的具体办法由国务院机构编制管理机关规定。《事业单位登记管理暂行条例实施细则》第13条规定了国家事业单位登记管理局负责登记管理的事业单位范围，第14条规定了省、自治区、直辖市登记管理机关负责登记管理的事业单位范围。不同层级单位联合举办的事业单位、由其中层级高的单位举办的事业单位的登记管理机关登记管理；同一层级、不同行政区域单位联合举办的事业单位，由其各自行政区域登记管理机关共同的上级登记管理机关登记管理，地方登记管理机关不得登记名称冠"中国""全国""国家""中华"等字样的事业单位。

《事业单位登记管理暂行条例》第6条规定了事业单位法人登记的条件；第7条规定了申请事业单位法人登记应当向登记管理机关提交的文件。登记管理机关应当自收到登记申请书之日起30日内依照《事业单位登记管理暂行条

---

① 参见《第十二届全国人民代表大会法律委员会关于〈中华人民共和国民法总则（草案）〉审议结果的报告》，载中国人大网，npc.gov.cn，最后访问时间：2022年1月12日。

例》的规定进行审查，作出准予登记或者不予登记的决定。准予登记的，发给《事业单位法人证书》；不予登记的，应当说明理由。

根据《事业单位登记管理暂行条例实施细则》第36条、第37条和第45条的规定，事业单位法人登记事项包括：名称、住所、宗旨和业务范围、法定代表人、经费来源（开办资金）等情况。经登记的事业单位，凭《事业单位法人证书》刻制印章，申请开立银行账户。事业单位应当将印章式样报登记管理机关备案。事业单位的登记事项需要变更的，应当向登记管理机关办理变更登记。

（二）具备法人条件，依法不需要办理法人登记的，从成立之日起，具有事业单位法人资格

根据《事业单位登记管理暂行条例》第11条和第12条的规定，法律规定具备法人条件、自批准设立之日起即取得法人资格的事业单位，不再办理事业单位法人登记，由有关主管部门按照分级登记管理的规定向登记管理机关备案。县级以上各级人民政府设立的直属事业单位直接向登记管理机关备案。对备案的事业单位，登记管理机关应当自收到备案文件之日起30日内发给《事业单位法人证书》。

▶ 适用指引

一、事业单位的分类改革

事业单位是国家为了适应经济社会发展需要，提供公益服务而设立的法人组织。2011年《中共中央、国务院关于分类推进事业单位改革的指导意见》指出："划分现有事业单位类别。在清理规范基础上，按照社会功能将现有事业单位划分为承担行政职能、从事生产经营活动和从事公益服务三个类别。对承担行政职能的，逐步将其行政职能划归行政机构或转为行政机构；对从事生产经营活动的，逐步将其转为企业；对从事公益服务的，继续将其保留在事业单位序列、强化其公益属性。今后，不再批准设立承担行政职能服务的事业单位和从事生产经营活动的事业单位。""细分从事公益服务的事业单位。根据职责任务、服务对象和资源配置方式等情况，将从事公益服务的事业单位细分为

两类：承担义务教育、基础性科研、公共文化、公共卫生及基层的基本医疗服务等基本公益服务，不能或不宜由市场配置资源的，划入公益一类；承担高等教育、非营利医疗等公益服务，可部分由市场配置资源的，划入公益二类。具体由各地结合实际研究确定。"

二、《民法典》规定的事业单位法人与现阶段具有事业单位名义的法人之间的区别

《民法典》规定的事业单位法人仅限于"为适应经济社会发展需要，提供公益服务设立的事业单位"，而现阶段，事业单位改革尚在进行当中，具有事业单位名义的法人，除从事公益服务的事业单位外，还有承担行政职能的事业单位和从事生产经营活动的事业单位。因此，在事业单位改革完成之前，审判实践中涉及其他法律关于事业单位法人的规范的，应当在区分其属性的基础上，据实处理。① 以事业单位对外提供担保为例，《民法典担保制度解释》第6条第1款规定："以公益为目的的非营利性学校、幼儿园、医疗机构、养老机构等提供担保的，人民法院应当认定担保合同无效，但是有下列情形之一的除外：（一）在购入或者以融资租赁方式承租教育设施、医疗卫生设施、养老服务设施和其他公益设施时，出卖人、出租人为担保价款或者租金实现而在该公益设施上保留所有权；（二）以教育设施、医疗卫生设施、养老服务设施和其他公益设施以外的不动产、动产或者财产权利设立担保物权。"第2款规定："登记为营利法人的学校、幼儿园、医疗机构、养老机构等提供担保，当事人以其不具有担保资格为由主张担保合同无效的，人民法院不予支持。"

---

① 参见最高人民法院民法典贯彻实施工作领导小组主编：《中华人民共和国民法典总则编理解与适用》，人民法院出版社2020年版，第449页。

第八十九条 事业单位法人设理事会的,除法律另有规定外,理事会为其决策机构。事业单位法人的法定代表人依照法律、行政法规或者法人章程的规定产生。

▶ 关联规定

一、法律、行政法规、司法解释

《中华人民共和国民办教育促进法》

第二十条 民办学校应当设立学校理事会、董事会或者其他形式的决策机构并建立相应的监督机制。

民办学校的举办者根据学校章程规定的权限和程序参与学校的办学和管理。

二、部门规章及规范性文件

《事业单位登记管理暂行条例实施细则》

第三十一条 事业单位法定代表人应当具备下列条件:
(一)具有完全民事行为能力的自然人;
(二)该事业单位的主要行政负责人。

违反法律、法规和政策规定产生的事业单位主要行政负责人,不得担任事业单位法定代表人。

▶ 条文释义

一、本条主旨

本条是关于事业单位法人组织机构的规定。

二、条文演变

根据现代法人理论，事业单位作为非营利法人应当建立完善的内部治理结构或机制。事业单位设立理事会作为其决策机构，有利于创新事业单位体制机制，实现管办分离。原《民法通则》第50条第2款只是规定事业单位可以成为法人，并没有规定其内部治理结构。

《事业单位登记管理暂行条例》第6条规定了申请事业单位法人登记应当具备的条件，其中第2项为"有自己的名称、组织机构和场所"。但是，对于事业单位应当具备哪些组织机构，该条例未作规定。

2011年《中共中央、国务院关于分类推进事业单位改革的指导意见》（中发〔2011〕5号）提出："改革管理体制。实行政事分开，理顺政府与事业单位的关系。行政主管部门要加快职能转变，创新管理方式，减少对事业单位的微观管理和直接管理，强化制定政策法规、行业规划、标准规范和监督指导等职责，进一步落实事业单位法人自主权。对面向社会提供公益服务的事业单位，积极探索管办分离的有效实现形式，逐步取消行政级别。对不同类型事业单位实行不同的机构编制管理，科学制定机构编制标准，合理控制总量，着力优化结构，建立动态调整机制，强化监督管理。""建立健全法人治理结构。面向社会提供公益服务的事业单位，探索建立理事会、董事会、管委会等多种形式的治理结构，健全决策、执行和监督机制，提高运行效率，确保公益目标实现。不宜建立法人治理结构的事业单位，要继续完善现行管理模式。"

为贯彻落实《中共中央、国务院关于分类推进事业单位改革的指导意见》精神，切实做好分类推进事业单位改革工作，经国务院同意，国务院办公厅发布《关于印发分类推进事业单位改革配套文件的通知》（国办发〔2011〕37号）。事业单位深化改革的重点是事业单位分类改革及法人治理结构的建设。以上海、广东、浙江、山西、重庆为代表的试点省市依据相关政策文件，在法人治理结构建设方面加大了改革的力度与进度，并重点加强公益二类事业单位法人治理结构建设。

2013年，党的十八届三中全会通过的《中共中央关于全面深化改革若干重大问题的决定》提出，要"明确不同文化事业单位功能定位，建立法人治理结构，完善绩效考核机制。推动公共图书馆、博物馆，文化馆、科技馆等组建理事会，吸纳有关方面代表、专业人士、各界群众参与管理"。

原《民法总则》第89条首次从法律上原则性地规定了事业单位法人须建立规范的法人治理结构。《中共中央关于全面深化改革若干重大问题的决定》和《关于建立和完善事业单位法人治理结构的意见》为建立和完善事业单位法人治理结构提供了政策依据和意见指引。由于问题的复杂性，但时至今日，改革尚未完成。一方面，仍有大量适宜建立法人治理结构的事业单位尚未建立理事会；另一方面，还有相当数量不宜建立法人治理结构的事业单位，需要继续完善现行管理模式。因此，《民法典》第89条没有强行规定事业单位法人一律要设理事会，而是规定，对于已经设立了理事会的，理事会为其决策机构。而且，考虑到事业单位法人的内部治理情况复杂，允许法律对此作出不同的规定。同样基于事业单位法人特殊性的考虑，对于事业单位法人的法定代表人，规定依照法律、行政法规或者法人章程的规定产生。本条明确了理事会作为事业单位决策机构的法律地位，有利于加强事业单位的法人治理，进一步激发事业单位的活力，促进事业单位的健康发展。

三、条文解读

（一）理事会为事业单位的决策机构，法律另有规定的除外

事业单位法人设理事会的，除法律另有规定外，理事会为其决策机构。国务院办公厅2011年发布的《关于建立和完善事业单位法人治理结构的意见》指出：（1）以建立法人治理结构为主。面向社会提供公益服务的事业单位要探索建立和完善法人治理结构。不宜建立法人治理结构的事业单位，要继续完善现行管理模式。（2）理事会的责任。理事会负责本单位的发展规划、财务预决算、重大业务、章程拟订和修订等决策事项，按照有关规定履行人事管理方面的职责，并监督本单位的运行。（3）理事会的组成。理事会一般由政府有关部门、举办单位、事业单位、服务对象和其他有关方面的代表组成。直接关系人民群众切身利益的事业单位，本单位以外人员担任的理事要占多数。（4）理事会的产生。结合理事所代表的不同方面，采取相应的理事产生方式，代表政府部门或相关组织的理事一般由政府部门或相关组织委派，代表服务对象和其他利益相关方的理事原则上推选产生，事业单位行政负责人及其他有关职位的负责人可以确定为当然理事。（5）理事的监督。要明确理事的权利义务，建立理事责任追究机制，也可以探索单独设立监事会，负责监督事业单位财务和理事、管理层人员履行职责的情况。根据本条的规定，如法律已经明确规定了有关事业单位的决策机构的，要依据其规定。

（二）事业单位的法定代表人的产生和条件

事业单位法人的法定代表人依照法律、行政法规或者法人章程的规定产生。根据《事业单位登记管理暂行条例实施细则》第29条规定，事业单位法定代表人是按照法定程序产生，代表事业单位行使民事权利、履行民事义务的责任人。根据《事业单位登记管理暂行条例实施细则》第30条规定，事业单位的拟任法定代表人，经登记管理机关核准登记，方取得事业单位法定代表人资格。第31条规定，事业单位法定代表人应当具备下列条件：（一）具有完全民事行为能力的自然人；（二）该事业单位的主要行政负责人。违反法律、法规和政策规定产生的事业单位主要行政负责人，不得担任事业单位法定代表人。

▶ 适用指引

事业单位法人的理事会成员不一定属于清算义务人

本条规定："事业单位法人设理事会的，除法律另有规定外，理事会为其决策机构"，亦即并非所有事业单位法人的理事会都是决策机构，有的事业单位法人的理事会仅是作为咨询、协商机构存在的。《民法典》第70条第2款规定："法人的董事、理事等执行机构或者决策机构的成员为清算义务人。法律、行政法规另有规定的，依照其规定。"鉴于并非所有事业单位法人的理事会都是决策机构，对于并非作为决策机构存在的理事会而言，其成员相应地不负有清算义务，也就不是清算义务人。①

---

① 最高人民法院民法典贯彻实施工作领导小组主编：《中华人民共和国民法典总则编理解与适用》，人民法院出版社2020年版，第453页。

第九十条 具备法人条件，基于会员共同意愿，为公益目的或者会员共同利益等非营利目的设立的社会团体，经依法登记成立，取得社会团体法人资格；依法不需要办理法人登记的，从成立之日起，具有社会团体法人资格。

▶ 关联规定

法律、行政法规、司法解释

《社会团体登记管理条例》

第二条 本条例所称社会团体，是指中国公民自愿组成，为实现会员共同意愿，按照其章程开展活动的非营利性社会组织。

国家机关以外的组织可以作为单位会员加入社会团体。

第三条 成立社会团体，应当经其业务主管单位审查同意，并依照本条例的规定进行登记。

社会团体应当具备法人条件。

下列团体不属于本条例规定登记的范围：

（一）参加中国人民政治协商会议的人民团体；

（二）由国务院机构编制管理机关核定，并经国务院批准免于登记的团体；

（三）机关、团体、企业事业单位内部经本单位批准成立、在本单位内部活动的团体。

第九条 申请成立社会团体，应当经其业务主管单位审查同意，由发起人向登记管理机关申请登记。

筹备期间不得开展筹备以外的活动。

第十条 成立社会团体，应当具备下列条件：

（一）有50个以上的个人会员或者30个以上的单位会员；个人会员、单位会员混合组成的，会员总数不得少于50个；

（二）有规范的名称和相应的组织机构；

（三）有固定的住所；

（四）有与其业务活动相适应的专职工作人员；

（五）有合法的资产和经费来源，全国性的社会团体有10万元以上活动资金，地方性的社会团体和跨行政区域的社会团体有3万元以上活动资金；

（六）有独立承担民事责任的能力。

社会团体的名称应当符合法律、法规的规定，不得违背社会道德风尚。社会团体的名称应当与其业务范围、成员分布、活动地域相一致，准确反映其特征。全国性的社会团体的名称冠以"中国""全国""中华"等字样的，应当按照国家有关规定经过批准，地方性的社会团体的名称不得冠以"中国""全国""中华"等字样。

第十一条 申请登记社会团体，发起人应当向登记管理机关提交下列文件：

（一）登记申请书；

（二）业务主管单位的批准文件；

（三）验资报告、场所使用权证明；

（四）发起人和拟任负责人的基本情况、身份证明；

（五）章程草案。

第十二条 登记管理机关应当自收到本条例第十一条所列全部有效文件之日起60日内，作出准予或者不予登记的决定。准予登记的，发给《社会团体法人登记证书》；不予登记的，应当向发起人说明理由。

社会团体登记事项包括：名称、住所、宗旨、业务范围、活动地域、法定代表人、活动资金和业务主管单位。

社会团体的法定代表人，不得同时担任其他社会团体的法定代表人。

第十三条 有下列情形之一的，登记管理机关不予登记：

（一）有根据证明申请登记的社会团体的宗旨、业务范围不符合本条例第四条的规定的；

（二）在同一行政区域内已有业务范围相同或者相似的社会团体，没有必要成立的；

（三）发起人、拟任负责人正在或者曾经受到剥夺政治权利的刑事处罚，或者不具有完全民事行为能力的；

（四）在申请筹备时弄虚作假的；

（五）有法律、行政法规禁止的其他情形的。

条文释义

一、本条主旨

本条是关于社会团体法人资格取得的规定。

二、条文演变

社会团体是其成员在各种社会活动中自愿结成的为实现公益目的或会员意愿的非营利性社会组织，是社会进步特别是社会民主化的体现。新中国成立后，各种社会团体成为社会主义中国进行政治、经济、文化建设的重要力量。为了将已有的各种社会团体纳入社会主义建设的轨道，政务院于1950年10月颁布了《社会团体登记暂行办法》，规定了社会团体的类别、登记的范围、程序、原则等，并确定了社会团体的管理体制。1951年，内务部制定了《社会团体登记暂行办法实施细则》。不过，该两个法规主要目的在于清理已有的社会团体，对其进行甄选，以促进社会主义事业建设。在清理的同时，大量的群众性人民团体（如工会、农会等）、科技文化团体（如全国科联、文联、中国福利会、宗教界团体等）、工商界团体及对外友好团体等不断涌现。[①]1982年《宪法》第35条规定了公民的结社自由，公民依法自愿组成社会团体的权利是结社自由的一个重要方面。1986年原《民法通则》第50条基于国情原则性地规定了社会团体法人。《宪法》第35条体现在了1989年国务院颁布的《社会团体登记管理条例》第1条关于立法目的的表述中，该条规定："为了保障公民的结社自由、维护社会团体的合法权益、加强对社会团体的登记管理、促进社会主义物质文明、精神文明建设、制定本条例。"此条例被1998年国务院发布的《社会团体登记管理条例》明令废止。2016年，国务院对1998年的《社会团体登记管理条例》进行修订。该条例是我国目前对一般社会团体进行法律调整的主要依据。根据修正的《社会团体登记管理条例》第2条的规定，社会团体是指中国公民自愿组成，为实现会员共同意愿，按照其章程开展活动的非

[①] 陈甦主编：《民法总则评注》，法律出版社2017年版，第651页。

营利性社会组织。国家机关以外的组织可以作为单位会员加入社会团体。1998年《社会团体登记管理条例》确定了社会团体的定义，但该定义的社会团体并不包括外国人在中国境内成立的商会等团体。

原《民法总则》第90条强调了会员的自愿性，将外国商会等社会团体也纳入其中；同时，该条不仅强调了会员的共同意愿，也强调了会员的共同意愿既可以是公益性的，也可以是会员共同利益性的。该条规定具有开放性和更广泛的适应性，《民法典》编纂过程中对此未作修改。

三、条文解读

社会团体，是指基于会员共同意愿，为公益目的或者会员共同利益等非营利目的设立的社会组织。本条是关于社会团体法人资格取得的规定。理解本条规定，需要注意以下几个方面：

（一）社会团体法人的会员数量应当符合法规要求

《社会团体登记管理条例》第10条规定，成立社会团体应当有50个以上的个人会员或者30个以上的单位会员；个人会员、单位会员混合组成的，会员总数不得少于50个。

（二）社会团体法人的设立目的为非营利

社会团体法人的设立可以为公益目的，如残疾人基金会、中华慈善总会；亦可以为会员共同利益等非营利目的，如作家协会、校友会、工会组织等。

（三）经依法登记成立，取得法人资格

根据《社会团体登记管理条例》第3条的规定，社会团体应具备法人条件。成立社会团体，应当经其业务主管单位审查同意，并依照该条例的规定进行登记。该条例第6条、第7条规定了具体的登记管理机关。根据该条例第9条的规定，申请成立社会团体，应当经其业务主管单位审查同意，由发起人向登记管理机关申请登记。筹备期间不得开展筹备以外的活动。该条例第10条规定了成立社会团体应当具备的具体条件。第11条和第12条对申请登记社会团体应提交的文件及登记管理机关的审查期限等作出规定。

（四）依法不需要办理法人登记，一经成立即具有法人资格

根据《社会团体登记管理条例》第3条第3款的规定，两类社会团体不需要办理法人登记，一经成立即具有法人资格：

1.参加中国人民政治协商会议的人民团体。根据民政部发布的《关于对部分团体免予社团登记有关问题的通知》（民政部民发〔2000〕256号）内容，参加中国人民政治协商会议的人民团体有8个，包括：中华全国总工会、中国共产主义青年团、中华全国妇女联合会、中国科学技术协会、中华全国归国华侨联合会、中华全国台湾同胞联谊会、中华全国青年联合会和中华全国工商业联合会。

2.由国务院机构编制管理机关核定，并经国务院批准免于登记的团体，共有14个，包括：中国文学艺术界联合会、中国作家协会、中华全国新闻工作者协会、中国人民对外友好协会、中国人民外交学会、中国国际贸易促进委员会、中国残疾人联合会、宋庆龄基金会、中国法学会、中国红十字会、中国职工思想政治工作研究会、欧美同学会、黄埔军校同学会和中华职业教育社。

根据《社会团体登记管理条例》第15条规定，自批准成立之日起即具有法人资格的社会团体，应当自批准成立之日起60日内向登记管理机关提交批准文件，申领《社会团体法人登记证书》。登记管理机关自收到文件之日起30日内发给《社会团体法人登记证书》。

根据该条例第16条和第17条规定，社会团体凭《社会团体法人登记证书》申请刻制印章，开立银行账户。社会团体应当将印章式样和银行账号报登记管理机关备案。社会团体的分支机构、代表机构是社会团体的组成部分，不具有法人资格，应当按照其所属的社会团体的章程所规定的宗旨和业务范围，在该社会团体授权的范围内开展活动、发展会员。社会团体的分支机构不得再设立分支机构。社会团体不得设立地域性的分支机构。

▶ 适用指引

社会团体法人的判断应从实质上把握

判断一个社会组织是否为社会团体法人，应当依照本条规定，从实质上加

以把握。比如，社会团体的表现形式之一为"协会"，但名称为"协会"的，不一定就是社会团体。1989年国务院发布的《社团登记管理条例》（已失效），对社会团体按名称进行归类，凡协会、学会、联合会、研究会、基金会、联谊会、促进会、商会等，均为社会团体。因此，1993年《消费者权益保护法》出台时，将消费者协会界定为社会团体。该法第31条规定："消费者协会和其他消费者组织是依法成立的对商品和服务进行社会监督的保护消费者合法权益的社会团体。"其实，将消费者协会定性为社会团体是不妥的。因为，消费者协会没有会员，不收会费，是由政府发起成立的保护消费者的专门机构，不是消费者自发成立的自我保护组织，不符合社会团体的构成要件。这一问题在《消费者权益保护法》颁布20年后得到解决。2013年10月25日，第十二届全国人民代表大会常务委员会第五次会议作出了《关于修改〈中华人民共和国消费者权益保护法〉的决定》，将原第31条改为第36条，明确"消费者协会和其他消费者组织是依法成立的对商品和服务进行社会监督的保护消费者合法权益的社会组织"，并相应地将原第12条中的"社会团体"修改为"社会组织"。①

▶ 类案检索

郑某明与寿光市羊口镇近海个体渔民互助协会海上、通海水域保赔合同纠纷案

关键词：社会团体法人　义务主体　支付保险赔偿

裁判摘要：行业个体协会经登记取得团体法人资格，其业务范围为开展安全生产，维护会员合法权益，提供业务、法律咨询服务，组织会员进行技术、经验交流，其并非商业保险机构。其组织该协会会员设立互助救急金，旨在有不特定会员发生重大事故时能得到救助及帮助。其向会员发出互助救急金的相关情况说明和通知，对互助救急金的交纳时间和金额作出说明，会员按照交纳时间向个体协会交纳互助救急金，双方之间的合同成立。该合同不违反法律和行政法规的强制性规定，合法有效，双方均应依约履行。互助金不属于保险

---

① 最高人民法院民法典贯彻实施工作领导小组主编：《中华人民共和国民法典总则编理解与适用》，人民法院出版社2020年版，第457页。

金，亦非政策性保险。

【案　　号】（2020）鲁民终 2214 号
【审理法院】山东省高级人民法院

> **第九十一条** 设立社会团体法人应当依法制定法人章程。
>
> 社会团体法人应当设会员大会或者会员代表大会等权力机构。
>
> 社会团体法人应当设理事会等执行机构。理事长或者会长等负责人按照法人章程的规定担任法定代表人。

▶ 关联规定

法律、行政法规、司法解释

1.《中华人民共和国民法典》

第七十条 法人解散的，除合并或者分立的情形外，清算义务人应当及时组成清算组进行清算。

法人的董事、理事等执行机构或者决策机构的成员为清算义务人。法律、行政法规另有规定的，依照其规定。

清算义务人未及时履行清算义务，造成损害的，应当承担民事责任；主管机关或者利害关系人可以申请人民法院指定有关人员组成清算组进行清算。

2.《社会团体登记管理条例》

第十一条 申请登记社会团体，发起人应当向登记管理机关提交下列文件：

（一）登记申请书；

（二）业务主管单位的批准文件；

（三）验资报告、场所使用权证明；

（四）发起人和拟任负责人的基本情况、身份证明；

（五）章程草案。

第十二条 登记管理机关应当自收到本条例第十一条所列全部有效文件之日起60日内，作出准予或者不予登记的决定。准予登记的，发给《社会团体法人登记证书》；不予登记的，应当向发起人说明理由。

社会团体登记事项包括：名称、住所、宗旨、业务范围、活动地域、法定代表人、活动资金和业务主管单位。

社会团体的法定代表人,不得同时担任其他社会团体的法定代表人。

第十四条 社会团体的章程应当包括下列事项:

(一)名称、住所;

(二)宗旨、业务范围和活动地域;

(三)会员资格及其权利、义务;

(四)民主的组织管理制度,执行机构的产生程序;

(五)负责人的条件和产生、罢免的程序;

(六)资产管理和使用的原则;

(七)章程的修改程序;

(八)终止程序和终止后资产的处理;

(九)应当由章程规定的其他事项。

条文释义

一、本条主旨

本条是关于社会团体法人章程和组织机构的规定。

二、条文演变

设立社会团体法人应当依法制定法人章程,在原《民法通则》中即有规定。原《民法通则》第50条规定具备法人条件的社会团体,从依法成立之日起,即具有法人资格。从原《民法通则》第38条规定法定代表人依照法律或法人组织章程的规定代表法人行使职权,可知法人组织应制定法人章程。1989年发布的《社会团体登记管理条例》(1998年10月25日被废止)第5条规定:"国家保护社会团体依照其登记的章程进行活动,其他任何组织和个人不得非法干涉。"第10条规定:"申请成立社会团体,应当向登记管理机关提交下列材料:(三)社会团体的章程。"该条例在第11条详细规定了章程的内容。1998年10月25日实施的《社会团体登记管理条例》(2016年修订)中有多个条款对章程进行了规定,凸显了章程的重要作用。其第2条对社会团体法人的定义"中国公民自愿组成,为实现会员共同意愿,按照其章程开展活动的非营利性社会组织"中，强调了"章程"是社会团体法人的活动依据。第11条规定了申请筹备成立社会团体，发起人应当向登记管理机关提交的文件包括章程草案；第14条专门规定了章程包括的事项；第18条是对章程修改的规定；第20条规定法人组织上报工作报告内容中应包括依据章程进行活动的情况。关于社会团体法人的权力机构、执行机构和法定代表人，原《民法通则》只原则性规定法人应有自己的组织机构。1989年《社会团体登记管理条例》（1998年10月废止）第11条规定："社会团体的章程应当载明下列事项：（四）组织机构；"1998年《社会团体登记管理条例》规定社会团体法人应当设会员大会或者会员代表大会，应当设执行机构，应当产生法定代表人。其第14条规定："筹备成立的社会团体，应当自登记管理机关批准筹备之日起6个月内召开会员大会或者会员代表大会，通过章程，产生执行机构、负责人和法定代表人，并向登记管理机关申请成立登记。筹备期间不得开展筹备以外的活动。""社会团体的法定代表人，不得同时担任其他社会团体的法定代表人。"

原《民法总则》明确规定了社会团体法人设立法人章程的义务，对社会团体法人的内部治理也作出了更为详细的规定。《民法典》予以保留，未作修改。

三、条文解读

章程是设立社会团体法人的法定必备文件，是调整社会团体内部关系，规范内部成员行为，明确法人活动准则的重要依据，对于社会团体法人具有重要意义。① 本条明确规定设立社会团体法人应当依法制定法人章程。为将社会团体的发展纳入法治体系之下，加强其内部治理，本条又规定社会团体应当设立权力机构和执行机构。

（一）社会团体法人应当依法制定章程

根据《社会团体登记管理条例》第14条的规定，社会团体的章程应当包括下列事项：（1）名称、住所；（2）宗旨、业务范围和活动地域；（3）会员资格及其权利、义务；（4）民主的组织管理制度，执行机构的产生程序；（5）负责人的条件和产生、罢免的程序；（6）资产管理和使用的原则；（7）章程的修改程序；（8）终止程序和终止后资产的处理；（9）应当由章程规定的其他

---

① 黄薇：《中华人民共和国民法典总则编解读》，中国法制出版社2020年版，第284页。

事项。

（二）社会团体应当设立权力机构

社会团体法人应当设会员大会或者会员代表大会等权力机构。社团法人的设立是以会员为基础的，其权力机构应为会员大会或会员代表大会。会员大会是由社会团体全体会员组成的权力机关；会员代表大会是全体会员选举出来的代表组成的决策机关，代表全体会员意志行事，其权利由会员赋予，对会员负责。会员大会或会员代表大会是社会团体法人的最高机关，其职责在该社会团体的章程中作出规定，主要包括：选举产生该社会团体的理事会、监事会，并对其工作进行监督；修订该社会团体的章程；审议批准理事会、监事会的工作报告；审议批准理事会提交的工作规划；讨论决定该社会团体的重大事项；决定社会团体法人的解散等。

（三）社会团体应当设执行机构

社会团体法人应当设理事会等执行机构。理事会是社会团体法人的必设机构，须由会员大会或会员代表大会选举产生，在会员大会或者代表大会闭会期间执行其决议，负责社会团体活动的指挥与管理，并对会员大会或会员代表大会负责。理事会的任期及职责等由社会团体的章程规定。根据《社会团体登记管理条例》（2016 年修订）第 13 条第 3 项规定，发起人、拟任负责人正在或者曾经受到剥夺政治权利的刑事处罚，或者不具有完全民事行为能力的，登记机关不予登记。因此，理事的资格应受此条款限制。

（四）理事长或会长等负责人担任法定代表人

理事长或者会长等负责人依照法人章程的规定担任法定代表人。根据《社会团体登记管理条例》（2016 年修订）第 14 条第 5 项规定，社会团体的章程应当包括负责人的条件和产生、罢免的程序。结合《民法典》本条的规定，法定代表人依照法人章程由理事长或会长等负责人担任，而不是法律规定的；其代表权来自于法律规定和章程规定，而不是由理事会授予的。

适用指引

社会团体法人的理事会成员属于清算义务人

除法律、行政法规另有规定外，社会团体法人的理事会成员属于清算义务人。本条第2款和第3款中规定："社会团体法人应当设会员大会或者会员代表大会等权力机构"，"社会团体法人应当设理事会等执行机构"。《民法典》第70条第2款规定："法人的董事、理事等执行机构或者决策机构的成员为清算义务人。法律、行政法规另有规定的，依照其规定。"因此，社会团体法人的理事会成员为清算义务人。需要注意的是，社会团体法人的理事会是作为执行机构存在的，这一点与捐助法人和事业单位法人不同。对于捐助法人而言，其理事会为决策机构；对于事业单位法人而言，除法律另有规定外，其理事会为决策机构。①

类案检索

成都绿色智能家居产业促进会、郑某与公司有关的纠纷案

关键词： 社团法人章程　重大事项　议事方式

裁判摘要： 社团法人章程规定："本单位建立重大活动请示报告制度，凡涉及下列事项，须事前（中、后）向主管民政局和业务主管单位报告：……（七）理事会换届；（八）其他需要请示报告的重大事项"；"本单位换届或更换法定代表人之前必须接受社会登记管理机关组织的财务审计。"社团法人拟更换法定代表人、罢免秘书长职务，属于重大事项，应当事前向主管民政局和业务主管单位报告。如未经业务主管单位审核后报主管民政局批准同意，不符合章程的规定议事方式，其理事会决议和会员大会决议不成立。

【案　　　号】（2020）川01民终12436号
【审理法院】 四川省成都市中级人民法院

---

① 最高人民法院民法典贯彻实施工作领导小组主编：《中华人民共和国民法典总则编理解与适用》，人民法院出版社2020年版，第460页。

> **第九十二条** 具备法人条件，为公益目的以捐助财产设立的基金会、社会服务机构等，经依法登记成立，取得捐助法人资格。
>
> 依法设立的宗教活动场所，具备法人条件的，可以申请法人登记，取得捐助法人资格。法律、行政法规对宗教活动场所有规定的，依照其规定。

▶ 关联规定

一、法律、行政法规、司法解释

1.《中华人民共和国慈善法》

第八条 本法所称慈善组织，是指依法成立、符合本法规定，以面向社会开展慈善活动为宗旨的非营利性组织。

慈善组织可以采取基金会、社会团体、社会服务机构等组织形式。

第九条 慈善组织应当符合下列条件：

（一）以开展慈善活动为宗旨；

（二）不以营利为目的；

（三）有自己的名称和住所；

（四）有组织章程；

（五）有必要的财产；

（六）有符合条件的组织机构和负责人；

（七）法律、行政法规规定的其他条件。

2.《基金会管理条例》

第二条 本条例所称基金会，是指利用自然人、法人或者其他组织捐赠的财产，以从事公益事业为目的，按照本条例的规定成立的非营利性法人。

第八条 设立基金会，应当具备下列条件：

（一）为特定的公益目的而设立；

（二）全国性公募基金会的原始基金不低于800万元人民币，地方性公募基金会的原始基金不低于400万元人民币，非公募基金会的原始基金不低于200万元人民币；原始基金必须为到账货币资金；

（三）有规范的名称、章程、组织机构以及与其开展活动相适应的专职工作人员；

（四）有固定的住所；

（五）能够独立承担民事责任。

3.《民办非企业单位登记管理暂行条例》

第二条 本条例所称民办非企业单位，是指企业事业单位、社会团体和其他社会力量以及公民个人利用非国有资产举办的，从事非营利性社会服务活动的社会组织。

第四条 民办非企业单位应当遵守宪法、法律、法规和国家政策，不得反对宪法确定的基本原则，不得危害国家的统一、安全和民族的团结，不得损害国家利益、社会公共利益以及其他社会组织和公民的合法权益，不得违背社会道德风尚。

民办非企业单位不得从事营利性经营活动。

4.《宗教事务条例》

第十九条 宗教活动场所包括寺观教堂和其他固定宗教活动处所。

寺观教堂和其他固定宗教活动处所的区分标准由省、自治区、直辖市人民政府宗教事务部门制定，报国务院宗教事务部门备案。

第二十条 设立宗教活动场所，应当具备下列条件：

（一）设立宗旨不违背本条例第四条、第五条的规定；

（二）当地信教公民有经常进行集体宗教活动的需要；

（三）有拟主持宗教活动的宗教教职人员或者符合本宗教规定的其他人员；

（四）有必要的资金，资金来源渠道合法；

（五）布局合理，符合城乡规划要求，不妨碍周围单位和居民的正常生产、生活。

第二十一条 筹备设立宗教活动场所，由宗教团体向拟设立的宗教活动场所所在地的县级人民政府宗教事务部门提出申请。县级人民政府宗教事务部门应当自收到申请之日起30日内提出审核意见，报设区的市级人民政府宗教事务部门。

设区的市级人民政府宗教事务部门应当自收到县级人民政府宗教事务部门

报送的材料之日起 30 日内,对申请设立其他固定宗教活动处所的,作出批准或者不予批准的决定;对申请设立寺观教堂的,提出审核意见,报省、自治区、直辖市人民政府宗教事务部门审批。

省、自治区、直辖市人民政府宗教事务部门应当自收到设区的市级人民政府宗教事务部门报送的材料之日起 30 日内,作出批准或者不予批准的决定。

宗教活动场所的设立申请获批准后,方可办理该宗教活动场所的筹建事项。

第二十三条 宗教活动场所符合法人条件的,经所在地宗教团体同意,并报县级人民政府宗教事务部门审查同意后,可以到民政部门办理法人登记。

二、部门规章及规范性文件

《宗教活动场所设立审批和登记办法》

第二条 宗教活动场所分为寺院、宫观、清真寺、教堂和其他固定宗教活动处所两类。两类宗教活动场所的具体区分标准,由各省、自治区、直辖市人民政府宗教事务部门根据本地实际情况制定,报国家宗教事务局备案。

▶ 条文释义

一、本条主旨

本条是关于基金会、社会服务机构、宗教活动场所等捐助法人资格取得的规定。

二、条文演变

原《民法通则》根据当时的经济社会发展状况,规定了企业法人、机关法人、事业单位法人和社会团体法人这四种法人类型。原《民法通则》实施后,随着我国经济社会各方面蓬勃发展,这四种法人类型逐渐不能完全满足经济社会发展的需求。针对实践需求,国务院分别制定了《基金会管理办法》《基金会管理条例》《民办非企业单位登记管理暂行条例》《宗教活动场所管理条例》《宗教事务条例》等,用以规范基金会、民办非企业单位、宗教活动场所等。《慈善法》将"民办非企业单位"的名称修改为"社会服务机构"。《基金会管理办法》将基金会纳入原《民法通则》规定的法人分类，该办法第2条规定"本办法所称的基金会，是指对国内外社会团体和其他组织以及个人自愿捐赠资金进行管理的民间非营利性组织，是社会团体法人"。但基金会并不符合社会团体法人的属性，随着实践的发展和认识的深入，《基金会管理条例》第2条对基金会的性质作了重新界定，规定"本条例所称基金会，是指利用自然人、法人或者其他组织捐赠的财产，以从事公益事业为目的，按照本条例的规定成立的非营利性法人"，该条例删除了基金会是社会团体法人的规定，这是立法上的进步，但条例并未明确基金会究竟属于何种法人类型。之所以造成这种结果，根本原因在于基金会无法纳入原《民法通则》确立的法人分类。与此相似，社会服务机构亦无法纳入原《民法通则》确立的法人分类。而寺庙等宗教活动场所均无法人资格，有关部门希望赋予法人地位，但同样无法在原《民法通则》确定的法人类型中找到归属。实际上，基金会、社会服务机构和宗教活动场所在法人属性上系捐助法人，境外大陆法系国家和地区一般称为"财团法人"，是"社团法人"的对称。社团法人为人的组织体，其成立的基础在人，以成员为必要。而捐助法人为财产的集合体，其成立的基础在财产，并无成员。具有法人资格的捐助财产（捐助法人），不同于非独立的捐赠财产或募捐财产。捐助法人虽然也有人的参与，必须由人进行管理并代表法人对外进行民事活动，但是代表捐助法人进行活动的人并非法人的成员而是管理人员。捐助法人包括的范围广泛，除基金会、宗教活动场所外，还包括社会服务机构等，比如捐资设立的学校、医院、孤儿院、养老院、图书馆、文化馆、博物馆等。中国法学会民法典编纂项目领导小组和中国民法学研究会组织撰写的《中华人民共和国民法典·民法总则专家建议稿》在"法人"章节新设了"财团法人"篇目，用以规范捐助财产集合而成立的社会组织，与"社团法人"相对。

鉴于我国立法未使用过"社团"与"财团"的概念，已被广泛使用的"社会团体"概念，与传统民法所称的"社团"概念并不相同，极易混淆，而"财团"概念也难被一般人所理解。因此，社团法人与财团法人的概念和分类可为民法理论所运用，立法上暂不宜采用，但我国民法应当对财团性质的法人作出明确规定。财团法人的创设人一旦将财产转移给法人，即丧失对该财产的任何权利，也不可能置换出相应的财产权，故称其为捐助人。尽管有的捐助人在法人成立后也参与法人治理，但其权源并非财产权，而是按照法人章程规定享有的权利。因此，以捐助法人的概念来表述财团性质的法人，能够反映财团法人的本质属性，亦符合语言习惯，便于理解。

在制定《民法总则》过程中，综合上述考虑，增加了关于捐助法人的规定，进一步健全了我国法人制度。《民法典》延续了原《民法总则》的规定。

三、条文解读

本条首次以法律的形式确立了捐助法人的法律地位，且明确了捐助法人的具体形式包括但不限于基金会、社会服务机构和宗教活动场所。在《民法总则》之前，从捐助法人性质着眼对具体的法人形式进行规定的，仅有专门规范基金会的行政法规《基金会管理条例》。原《民法总则》使用的捐助法人概念，在传统大陆法系国家和地区往往被称为财团法人，其最本质的特征在于法人没有成员，并据此与具有成员的社团法人相区别。

（一）基金会

捐助法人通常由捐助财产设立，其典型形式是各种基金会。我国实行改革开放以来，由海外侨胞以及国内人士捐资设立的儿童福利、残疾人福利以及教育科研方面的基金会大量增加。为了加强对基金会的管理，以利于基金会的健康发展，《基金会管理办法》第2条规定："本办法所称的基金会，是指对国内外社会团体和其他组织以及个人自愿捐赠资金进行管理的民间非营利性组织，是社会团体法人。"将基金会明确作为社会团体法人进行界定，应当是受限于原《民法通则》提供的四种法人类型而为的无奈之举。但基金会与社会团体法人存在着本质上的差别，如果混淆了这两类法人的不同性质，则有可能将基金会中的管理人员误认为是法人的成员，从而导致其设立宗旨和财产用途被非法改变。《基金会管理条例》第2条规定："本条例所称基金会，是指利用自然人、法人或者其他组织捐赠的财产，以从事公益事业为目的，按照本条例的规定成立的非营利性法人。"该条例将基金会定性为"非营利性法人"，改变了将基金会定性为社会团体法人的做法，无疑是正确的。不过，这导致基金会无法纳入原《民法通则》确立的法人分类。从基金会的法定定义可知，基金会完全符合捐助法人的性质，经依法登记成立，取得捐助法人资格。

（二）社会服务机构

"社会服务机构"作为法律概念，最早出现在《慈善法》中。《慈善法》第

8条规定："本法所称慈善组织，是指依法成立、符合本法规定，以面向社会开展慈善活动为宗旨的非营利性组织。""慈善组织可以采取基金会、社会团体、社会服务机构等组织形式。"该条所称的"基金会、社会团体和社会服务机构"，对应的是在民政部门登记的三类社会组织，即按照《基金会管理条例》登记的基金会、按照《社会团体登记管理条例》登记的社会团体，以及按照《民办非企业单位登记管理暂行条例》登记的民办非企业单位。《慈善法》首次用"社会服务机构"替代了"民办非企业单位"。在民政部门登记的非营利性民办学校、民办医院、民办养老院、民办博物馆、民办社会工作机构等组织，都是民办非企业单位。

中国自古以来就有民间力量兴办教育、赈灾、福利事业的传统。古代有书院、义学、义仓、育婴堂等民间组织，近代出现了教会办的非营利医院、学校和福利院。新中国成立以后到改革开放前，由于实行计划经济，公共服务由政府提供，因此，民办社会事业出现了近30年的中断。民办非企业单位是改革开放之后发展起来的一类新型社会组织，是社会力量参与社会事业的重要载体。1982年《宪法》明确国家鼓励社会力量兴办教育事业、医疗卫生设施，从国家根本大法层面，为民办社会事业的发展提供了法制保障。随着计划经济体制被逐步打破，体制外的社会力量开始参与提供公共服务，各地涌现了大量民办学校、民办医院、民办研究所。1996年7月，中央政治局常委会专题研究民间组织管理工作，决定将这类组织命名为"民办非企业单位"，归口民政部门统一登记。《民办非企业单位登记管理暂行条例》明确了民办非企业单位的内涵和外延，条例规定，民办非企业单位是"企业事业单位、社会团体和其他社会力量以及公民个人利用非国有资产举办的，从事非营利性社会服务活动的社会组织"。

2000年，民政系统开展了民办非企业单位复查登记，到2001年年底共登记8.2万个。通过复查登记，民办非企业单位的发展进入法制化、规范化轨道。截至2015年年底，在各级民政部门登记的社会组织共有661861个，其中民办非企业单位329122个，比上年增长约12.6%，另外还有4762个基金会和327977个社会团体。截至2016年年底，在各级民政部门登记的社会组织共有近70万个，其中民办非企业单位35.9万个，比上年增长约9.1%，另外还有社会团体33.5万个，基金会5523个。民办非企业单位发展非常迅速，已经占据我国社会组织的半壁江山。各类民办非企业单位广泛活跃在教育、科技、文化、卫生、体育、养老、社会工作、环境保护、法律援助等领域，在促进经济发展、繁荣社会事业、创新社会管理、提供公共服务、增加就业岗位、扩大对外交往等方面发挥了重要作用，已成为我国社会主义现代化建设不可或缺的重要力量。

《慈善法》将"民办非企业单位"的名称修改为"社会服务机构"，主要是考虑到"民办非企业单位"这一名称已经落后于这类组织发展的实际需要。一方面，"民办非企业单位"是一个否定式的命名，外延不清，从字面理解，容易涵盖其他组织，例如，基金会、社会团体等组织也都是民办的，也都是"非企业"；另一方面，这一名称内涵不清，不能准确反映这类组织提供社会服务，从事公益事业等特征。同时，过于强调"民办"，不利于与官办民营、民办公助及推进有条件的事业单位转为社会组织等新的发展趋势相适应。近年来，许多专家学者、社会组织从业人员都建议对名称进行调整，认为现有名称虽然在20世纪90年代用于笼统涵盖社会上各类民办社会事业并无不妥，但随着民办非企业单位的发展路径和特点越来越清晰，应当在法律法规修订中给予重新命名。在《慈善法》的起草过程中，这一意见得到了党中央和全国人大的认可，并在《慈善法》中正式将"民办非企业单位"更名为"社会服务机构"。《关于改革社会组织管理制度促进社会组织健康有序发展的意见》提出我国社会组织的主体是社会团体、基金会和社会服务机构，进一步以中央文件形式明确了"社会服务机构"的性质和地位。

经过较长时间的发展历程，社会服务机构的性质逐渐明确。在民办社会事业复苏阶段，公众对其的通俗理解是，民间资本举办的从事教科文卫体等事业单位业务范围活动的组织。《民办非企业单位登记管理暂行条例》明确将民办非企业单位定义为"企业事业单位、社会团体和其他社会力量以及公民个人利用非国有资产举办的，从事非营利性社会服务活动的社会组织"。根据《民法典》的规定，社会服务机构是民间力量通过捐助方式举办的非营利组织，以自身的资产对社会提供公益性的社会服务。相较于企事业单位和其他社会组织，社会服务机构主要具有以下特征：一是民间性。社会服务机构举办者是除国家机关以外的组织或个人，其举办资金主要不是国有资产，而是民间资金。二是非营利性。社会服务机构的利润不分配，举办者不是股东，不享有分配权，社会服务机构终止时，剩余财产不能私分，只能用于公益事业。当然，非营利组织可以通过服务活动获得收入，这是非营利组织生存和发展的基础。三是自主性。社会服务机构自筹资金、自聘人员，没有国家财政拨款和事业编制。同时，社会服务机构一经登记，就有了独立的法律地位，可以依法依章程独立自主地开展业务活动。

根据本法规定，今后设立民办学校、民办医院等非企业的法人组织，设立人可以根据设立的目的，选择登记为营利法人，或者登记为社会服务机构。选择登记为营利法人的，法人存续期间可以分配利润，法人终止时，可以分配剩余财产。选择登记为社会服务机构的，取得捐助法人资格，享受国家财政、税收等各方面扶持，但法人存续期间不得分配利润，法人终止时，不可以分配剩余财产，剩余财产将继续用于公益目的。

（三）宗教活动场所

我国主要有佛教、道教、伊斯兰教、天主教、基督教五大教。宗教活动场所分寺院、宫观、清真寺、教堂（简称寺观教堂）以及其他固定宗教活动场所两类。筹备设立宗教活动场所，由宗教团体向拟设立的宗教活动场所所在地的县级人民政府宗教事务部门提出申请。其中设立寺观教堂，需逐级报省级政府宗教事务部门审批；设立其他固定宗教活动场所，由设区的市级政府宗教事务部门审批。经批准后，方可开展筹备工作。筹备完成后，由宗教活动场所管理组织向县级政府宗教事务部门申请登记，符合条件的，发给宗教活动场所登记证。信教公民的集体宗教活动，一般应当在经登记的宗教活动场所内举行，由宗教活动场所或者宗教团体组织的宗教教职人员或者符合本宗教规定的其他人员主持，按照教义教规进行。凡不作为宗教活动场所而只作为参观游览场所的寺观，不得开展宗教活动，不得设置"功德箱"接受宗教性的捐献。

宗教团体在性质上属于社会团体，在民政部门登记。原《民法通则》第77条规定："社会团体包括宗教团体的合法财产受法律保护"；《宗教事务条例》第7条第1款规定："宗教团体的成立、变更和注销，应当依照国家社会团体管理的有关规定办理登记。"全国性宗教团体主要包括中国佛教协会、中国道教协会、中国伊斯兰教协会、中国天主教一会一团（天主教爱国会和天主教主教团）、中国基督教三自爱国运动委员会等。根据《宗教事务条例》的规定，宗教团体与宗教活动场所无隶属关系，是相互独立的。但条例赋予了宗教团体部分管理宗教活动场所的职责，如设立宗教活动场所应当由宗教团体提出申请，宗教活动场所的主要教职任职应当经宗教团体同意等。此外，宗教团体与宗教活动场所之间也有教务指导关系，宗教团体制定的规章制度，宗教活动场所需要执行。

1994年国务院颁布了《宗教活动场所管理条例》，同年国家宗教事务局根据此条例，制定了《宗教活动场所登记办法》。该办法规定，依法登记的宗教活动场所，根据原《民法通则》的规定，具备法人条件的，同时办理法人登记，并发给法人登记证书。宗教活动场所法人依法独立享有民事权利和承担民事责任。该办法确定了对宗教活动场所实行法人登记的制度，随后全国曾有2万多处宗教活动场所办理了法人登记。2005年实施的《宗教事务条例》没有重申宗教活动场所法人资格问题。随着原《宗教活动场所管理条例》被废止，不再明确宗教活动场所的法人资格。由于《宗教事务条例》没有明确宗教活动场所可以获得法人资格，目前宗教活动场所均未能进行法人登记。

《宗教事务条例》虽没有对宗教活动场所的主体性质作明确规定。但根据条例的相关规定，有的认为，宗教活动场所属于民间非营利组织。如条例第21条规定设立宗教活动场所由宗教团体申请，要有必要的资金，体现了宗教活动场所的民间性。第25条规定，宗教活动场所应当成立管理组织，实行民主管理。宗教活动场所管理组织的成员，经民主协商推选，并报该场所的登记管理机关备案。按此规定宗教活动场所不仅是空间概念，还是组织概念。第57条规定，宗教活动场所可以按照国家有关规定接受境内外组织和个人的捐赠，用于与该宗教活动场所宗旨相符的活动。此规定体现了宗教活动场所的非营利性质。《民间非营利组织会计制度》将宗教活动场所中的寺院、宫观、清真寺、教堂与社会团体、基金会、民办非企业单位一道作为民间非营利组织纳入该会计制度。

《宗教事务条例》专设"宗教财产"一章，明确宗教团体、宗教活动场所的合法财产受法律保护，同时要求宗教团体和宗教活动场所规范财务管理。国家宗教事务局据此制定了《宗教活动场所财务监督管理办法（试行）》。① 该办法对会计制度及预算、收入、支出、资产等管理作了具体规定。根据该办法规定，宗教活动场所的收入主要包括：（1）按照国家有关规定接受的境内外组织和个人的捐赠；（2）提供宗教服务的收入和宗教活动场所门票的收入；（3）经销宗教用品、宗教艺术品和宗教出版物的收入；（4）从事社会公益慈善事业和

---

① 《宗教活动场所财务监督管理办法（试行）》已于2022年6月1日被《宗教活动场所财务管理办法》取代。

其他社会服务的收入；（5）政府资助；（6）其他合法收入。

宗教活动场所法人地位的缺失，给其参与社会活动带来了很多问题：一是参与民事活动受限。一些地方、一些部门在处理涉及宗教活动场所的事务时，往往因为理解不同、宗教问题比较敏感或陌生等原因，回避或否认宗教活动场所的民事主体地位，从而使宗教活动场所开展民事活动、维护自身合法权益困难重重，尤其在门票收入分配、拆迁补偿、订立合同、开设银行账户、房地产登记、机动车登记、诉讼维权、设立公益慈善组织等方面面临不少困难。例如在宗教活动场所建设过程中，与建筑公司签订合同较为困难，而且一旦发生纠纷，无法作为起诉和应诉主体通过司法途径维护自己的合法权益，往往只能靠政府部门或者宗教团体出面协调解决，场所利益难以得到全面保护。二是宗教活动场所主体地位不明，容易出现宗教财产被侵占、被处分的情形，从而导致宗教财产流失。而且因为没有法人地位，宗教活动场所无法办理房产证、土地证。三是宗教界发挥积极作用受束缚。目前，宗教活动场所无法独立开展医院、扶贫、养老院等慈善性的事业，必须由宗教团体出面。四是宗教活动场所自我管理水平较低。目前，宗教活动场所由于缺乏法人资格，不能按照法人来运作和进行监管，自我管理水平较低。随着经济社会的发展，财务管理不规范等宗教活动场所内部问题不断暴露，政府监管盲区和社会监督缺位也逐步显现，传统的场所管理模式受到了新的挑战。从现实情况看，赋予宗教活动场所法人地位具有必要性和可行性。《中共中央国务院关于加强和改进新形势下宗教工作的意见》也明确要求，要研究解决宗教活动场所的法人资格问题和宗教财产权属问题。根据这一精神，《民法典》第92条第2款规定："依法设立的宗教活动场所，具备法人条件的，可以申请法人登记，取得捐助法人资格。法律、行政法规对宗教活动场所有规定的，依照其规定。"理解本款规定，需要注意以下三点：一是宗教活动场所法人资格登记以自愿为原则。二是不影响国家对宗教活动场所的规范和管理。宗教活动场所从事各类活动必须遵守国家法律法规，必须接受国家相关部门依据《宗教事务条例》等行政法规对其进行的规范和管理。三是赋予宗教活动场所法人地位不影响其与宗教团体的关系。

▶ 适用指引

基金会、社会服务机构皆具有法人资格，但宗教活动场所不一定具有法人资格

根据《基金会管理条例》第 2 条"本条例所称基金会，是指利用自然人、法人或者其他组织捐赠的财产，以从事公益事业为目的，按照本条例的规定成立的非营利性法人"的规定，凡基金会，皆为法人。对社会服务机构而言，虽然脱胎于民办非企业单位，但与民办非企业单位又存在着不小的差别，其中之一便是，民办非企业单位并非都具备法人资格。《民办非企业单位登记管理暂行条例》第 12 条规定："准予登记的民办非企业单位，由登记管理机关登记民办非企业单位的名称、住所、宗旨和业务范围、法定代表人或者负责人、开办资金、业务主管单位，并根据其依法承担民事责任的不同方式，分别发给《民办非企业单位（法人）登记证书》《民办非企业单位（合伙）登记证书》、《民办非企业单位（个体）登记证书》。"但社会服务机构不同，由于是捐助法人的一种，不存在法人的成员，因而不可能存在"个体"和"合伙"的可能，只可能以法人形式存在。综上，不存在不具备法人资格的基金会或者社会服务机构。但对于宗教活动场所而言，法人资格登记以自愿为原则。因为不同宗教的做法不同，依法设立的宗教活动场所是否登记为法人，由其自行决定。宗教活动场所选择登记为法人的，可以独立享有民事权利和承担民事义务；不选择登记为法人的，尊重其选择，其享有的宗教信仰自由权利与登记为法人的宗教活动场所一样，只是没有独立的民事主体资格。

▶ 指导案例

指导案例 75 号：中国生物多样性保护与绿色发展基金会诉宁夏瑞泰科技股份有限公司环境污染公益诉讼案

（最高人民法院审判委员会讨论通过　2016 年 12 月 28 日发布）

关键词：民事　环境污染公益诉讼　专门从事环境保护公益活动的社会组织

裁判要点：

1. 社会组织的章程虽未载明维护环境公共利益，但工作内容属于保护环境要素及生态系统的，应认定符合《最高人民法院关于审理环境民事公益诉讼案件适用法律若干问题的解释》（以下简称《解释》）第四条关于"社会组织章程确定的宗旨和主要业务范围是维护社会公共利益"的规定。

2. 《解释》第四条规定的"环境保护公益活动"，既包括直接改善生态环境的行为，也包括与环境保护相关的有利于完善环境治理体系、提高环境治理能力、促进全社会形成环境保护广泛共识的活动。

3. 社会组织起诉的事项与其宗旨和业务范围具有对应关系，或者与其所保护的环境要素及生态系统具有一定联系的，应认定符合《解释》第四条关于"与其宗旨和业务范围具有关联性"的规定。

相关法条：

《中华人民共和国环境保护法》第五十八条

基本案情：

2015年8月13日，中国环境保护与绿色发展基金会（以下简称绿发会）向宁夏回族自治区中卫市中级人民法院提起诉讼称：宁夏瑞泰科技股份有限公司（以下简称瑞泰公司）在生产过程中违规将超标废水直接排入蒸发池，造成腾格里沙漠严重污染，截至起诉时仍然没有整改完毕。请求判令瑞泰公司：（一）停止非法污染环境行为；（二）对造成环境污染的危险予以消除；（三）恢复生态环境或者成立沙漠环境修复专项基金并委托具有资质的第三方进行修复；（四）针对第二项和第三项诉讼请求，由法院组织原告、技术专家、法律专家、人大代表、政协委员共同验收；（五）赔偿环境修复前生态功能损失；（六）在全国性媒体上公开赔礼道歉等。

绿发会向法院提交了基金会法人登记证书，显示绿发会是在中华人民共和国民政部登记的基金会法人。绿发会提交的2010至2014年度检查证明材料，显示其在提起本案公益诉讼前五年年检合格。绿发会亦提交了五年内未因从事业务活动违反法律、法规的规定而受到行政、刑事处罚的无违法记录声明。此外，绿发会章程规定，其宗旨为"广泛动员全社会关心和支持生物多样性保护和绿色发展事业，保护国家战略资源，促进生态文明建设和人与自然和谐，构建人类美好家园"。在案件的一审、二审及再审期间，绿发会向法院提交了其自1985年成立至今，一直实际从事包括举办环境保护研讨会、组织生态考察、开展环境保护宣传教育、提起环境民事公益诉讼等活动的相关证据材料。

裁判结果:

宁夏回族自治区中卫市中级人民法院于 2015 年 8 月 19 日作出(2015)卫民公立字第 6 号民事裁定,以绿发会不能认定为《中华人民共和国环境保护法》(以下简称《环境保护法》)第五十八条规定的"专门从事环境保护公益活动"的社会组织为由,裁定对绿发会的起诉不予受理。绿发会不服,向宁夏回族自治区高级人民法院提起上诉。该院于 2015 年 11 月 6 日作出(2015)宁民公立终字第 6 号民事裁定,驳回上诉,维持原裁定。绿发会又向最高人民法院申请再审。最高人民法院于 2016 年 1 月 22 日作出(2015)民申字第 3377 号民事裁定,裁定提审本案;并于 2016 年 1 月 28 日作出(2016)最高法民再 47 号民事裁定,裁定本案由宁夏回族自治区中卫市中级人民法院立案受理。

裁判理由:

法院生效裁判认为:本案系社会组织提起的环境污染公益诉讼。本案的争议焦点是绿发会应否认定为专门从事环境保护公益活动的社会组织。

《中华人民共和国民事诉讼法》第五十五条规定了环境民事公益诉讼制度,明确法律规定的机关和有关组织可以提起环境公益诉讼。《环境保护法》第五十八条规定:"对污染环境、破坏生态,损害社会公共利益的行为,符合下列条件的社会组织可以向人民法院提起诉讼:(一)依法在设区的市级以上人民政府民政部门登记;(二)专门从事环境保护公益活动连续五年以上且无违法记录。符合前款规定的社会组织向人民法院提起诉讼,人民法院应当依法受理。"《解释》第四条进一步明确了对于社会组织"专门从事环境保护公益活动"的判断标准,即"社会组织章程确定的宗旨和主要业务范围是维护社会公共利益,且从事环境保护公益活动的,可以认定为《环境保护法》第五十八条规定的'专门从事环境保护公益活动'。社会组织提起的诉讼所涉及的社会公共利益,应与其宗旨和业务范围具有关联性"。有关本案绿发会是否可以作为"专门从事环境保护公益活动"的社会组织提起本案诉讼,应重点从其宗旨和业务范围是否包含维护环境公共利益,是否实际从事环境保护公益活动,以及所维护的环境公共利益是否与其宗旨和业务范围具有关联性等三个方面进行审查。

一、关于绿发会章程规定的宗旨和业务范围是否包含维护环境公共利益的问题。社会公众所享有的在健康、舒适、优美环境中生存和发展的共同利益,表现形式多样。对于社会组织宗旨和业务范围是否包含维护环境公共利益,应根据其内涵而非简单依据文字表述作出判断。社会组织章程即使未写明维护环境公共利益，但若其工作内容属于保护各种影响人类生存和发展的天然的和经过人工改造的自然因素的范畴，包括对大气、水、海洋、土地、矿藏、森林、草原、湿地、野生生物、自然遗迹、人文遗迹、自然保护区、风景名胜区、城市和乡村等环境要素及其生态系统的保护，均可以认定为宗旨和业务范围包含维护环境公共利益。

我国1992年签署的联合国《生物多样性公约》指出，生物多样性是指陆地、海洋和其他水生生态系统及其所构成的生态综合体，包括物种内部、物种之间和生态系统的多样性。《环境保护法》第三十条规定："开发利用自然资源，应当合理开发，保护生物多样性，保障生态安全，依法制定有关生态保护和恢复治理方案并予以实施。引进外来物种以及研究、开发和利用生物技术，应当采取措施，防止对生物多样性的破坏。"可见，生物多样性保护是环境保护的重要内容，亦属维护环境公共利益的重要组成部分。

绿发会章程中明确规定，其宗旨为"广泛动员全社会关心和支持生物多样性保护和绿色发展事业，保护国家战略资源，促进生态文明建设和人与自然和谐，构建人类美好家园"，符合联合国《生物多样性公约》和《环境保护法》保护生物多样性的要求。同时，"促进生态文明建设""人与自然和谐""构建人类美好家园"等内容契合绿色发展理念，亦与环境保护密切相关，属于维护环境公共利益的范畴。故应认定绿发会的宗旨和业务范围包含维护环境公共利益内容。

二、关于绿发会是否实际从事环境保护公益活动的问题。环境保护公益活动，不仅包括植树造林、濒危物种保护、节能减排、环境修复等直接改善生态环境的行为，还包括与环境保护有关的宣传教育、研究培训、学术交流、法律援助、公益诉讼等有利于完善环境治理体系，提高环境治理能力，促进全社会形成环境保护广泛共识的活动。绿发会在本案一审、二审及再审期间提交的历史沿革、公益活动照片、环境公益诉讼立案受理通知书等相关证据材料，虽未经质证，但在立案审查阶段，足以显示绿发会自1985年成立以来长期实际从事包括举办环境保护研讨会、组织生态考察、开展环境保护宣传教育、提起环境民事公益诉讼等环境保护活动，符合《环境保护法》和《解释》的规定。同时，上述证据亦证明绿发会从事环境保护公益活动的时间已满五年，符合《环境保护法》第五十八条关于社会组织从事环境保护公益活动应连续五年以上的规定。

三、关于本案所涉及的社会公共利益与绿发会宗旨和业务范围是否具有关联性的问题。依据《解释》第四条的规定，社会组织提起的公益诉讼涉及的环境公共利益，应与社会组织的宗旨和业务范围具有一定关联。此项规定旨在促使社会组织所起诉的环境公共利益保护事项与其宗旨和业务范围具有对应或者关联关系，以保证社会组织具有相应的诉讼能力。因此，即使社会组织起诉事项与其宗旨和业务范围不具有对应关系，但若与其所保护的环境要素或者生态系统具有一定的联系，亦应基于关联性标准确认其主体资格。本案环境公益诉讼系针对腾格里沙漠污染提起。沙漠生物群落及其环境相互作用所形成的复杂而脆弱的沙漠生态系统，更加需要人类的珍惜利用和悉心呵护。绿发会起诉认为瑞泰公司将超标废水排入蒸发池，严重破坏了腾格里沙漠本已脆弱的生态系统，所涉及的环境公共利益之维护属于绿发会宗旨和业务范围。

此外，绿发会提交的基金会法人登记证书显示，绿发会是在中华人民共和国民政部登记的基金会法人。绿发会提交的2010至2014年度检查证明材料，显示其在提起本案公益诉讼前五年年检合格。绿发会还按照《解释》第五条的规定提交了其五年内未因从事业务活动违反法律、法规的规定而受到行政、刑事处罚的无违法记录声明。据此，绿发会亦符合《环境保护法》第五十八条，《解释》第二条、第三条、第五条对提起环境公益诉讼社会组织的其他要求，具备提起环境民事公益诉讼的主体资格。

▶ 类案检索

北京茂庸投资有限公司与北京东方国学院及信泰人寿保险股份有限公司合同纠纷案

关键词： 民办非企业单位　捐助法人　捐助财产

裁判摘要： 民办非企业单位法人属于《民法典》第92条规定的捐助法人（社会服务机构）。民办非企业单位的开办资金是捐赠财产，民办非企业单位法人一经成立，该财产的权属关系就由出资人的个人财产转变为民办非企业单位的法人财产，具有公益性，不能返还给出资者。以出借为形式掩盖返还开办资金的非法行为，是违反相关规定的。本案中，东方国学院与茂庸公司之间达成的《借款合同》具有高度盖然性的通谋虚伪意思表示，属于无效合同。东方国学院和茂庸公司隐藏的民事法律行为也违反了民办非企业单位资金管理使用的禁止性规定，亦属于无效。一审法院据此判决茂庸公司向北京东方国学院偿还7000万元本金及相应利息，具有事实依据和法律依据，应予维持。

【案　　号】（2022）京民终12号
【审理法院】北京市高级人民法院

第九十三条 设立捐助法人应当依法制定法人章程。

捐助法人应当设理事会、民主管理组织等决策机构,并设执行机构。理事长等负责人按照法人章程的规定担任法定代表人。

捐助法人应当设监事会等监督机构。

▶ 关联规定

法律、行政法规、司法解释

1.《中华人民共和国慈善法》

第九条 慈善组织应当符合下列条件:

(一)以开展慈善活动为宗旨;

(二)不以营利为目的;

(三)有自己的名称和住所;

(四)有组织章程;

(五)有必要的财产;

(六)有符合条件的组织机构和负责人;

(七)法律、行政法规规定的其他条件。

第十一条 慈善组织的章程,应当符合法律法规的规定,并载明下列事项:

(一)名称和住所;

(二)组织形式;

(三)宗旨和活动范围;

(四)财产来源及构成;

(五)决策、执行机构的组成及职责;

(六)内部监督机制;

(七)财产管理使用制度;

(八)项目管理制度;

（九）终止情形及终止后的清算办法；

（十）其他重要事项。

第七十二条 慈善组织应当向社会公开组织章程和决策、执行、监督机构成员信息以及国务院民政部门要求公开的其他信息。上述信息有重大变更的，慈善组织应当及时向社会公开。

慈善组织应当每年向社会公开其年度工作报告和财务会计报告。具有公开募捐资格的慈善组织的财务会计报告须经审计。

2.《基金会管理条例》

第十条 基金会章程必须明确基金会的公益性质，不得规定使特定自然人、法人或者其他组织受益的内容。

基金会章程应当载明下列事项：

（一）名称及住所；

（二）设立宗旨和公益活动的业务范围；

（三）原始基金数额；

（四）理事会的组成、职权和议事规则，理事的资格、产生程序和任期；

（五）法定代表人的职责；

（六）监事的职责、资格、产生程序和任期；

（七）财务会计报告的编制、审定制度；

（八）财产的管理、使用制度；

（九）基金会的终止条件、程序和终止后财产的处理。

第二十条 基金会设理事会，理事为5人至25人，理事任期由章程规定，但每届任期不得超过5年。理事任期届满，连选可以连任。

用私人财产设立的非公募基金会，相互间有近亲属关系的基金会理事，总数不得超过理事总人数的1/3；其他基金会，具有近亲属关系的不得同时在理事会任职。

在基金会领取报酬的理事不得超过理事总人数的1/3。

理事会设理事长、副理事长和秘书长，从理事中选举产生，理事长是基金会的法定代表人。

第二十一条 理事会是基金会的决策机构，依法行使章程规定的职权。

理事会每年至少召开2次会议。理事会会议须有2/3以上理事出席方能召开；理事会决议须经出席理事过半数通过方为有效。

下列重要事项的决议，须经出席理事表决，2/3以上通过方为有效：

（一）章程的修改；

（二）选举或者罢免理事长、副理事长、秘书长；

（三）章程规定的重大募捐、投资活动；

（四）基金会的分立、合并。

理事会会议应当制作会议记录，并由出席理事审阅、签名。

第二十二条 基金会设监事。监事任期与理事任期相同。理事、理事的近亲属和基金会财会人员不得兼任监事。

监事依照章程规定的程序检查基金会财务和会计资料，监督理事会遵守法律和章程的情况。

监事列席理事会会议，有权向理事会提出质询和建议，并应当向登记管理机关、业务主管单位以及税务、会计主管部门反映情况。

3.《民办非企业单位登记管理暂行条例》

第八条 申请登记民办非企业单位，应当具备下列条件：

（一）经业务主管单位审查同意；

（二）有规范的名称、必要的组织机构；

（三）有与其业务活动相适应的从业人员；

（四）有与其业务活动相适应的合法财产；

（五）有必要的场所。

民办非企业单位的名称应当符合国务院民政部门的规定，不得冠以"中国""全国""中华"等字样。

第九条 申请民办非企业单位登记，举办者应当向登记管理机关提交下列文件：

（一）登记申请书；

（二）业务主管单位的批准文件；

（三）场所使用权证明；

（四）验资报告；

（五）拟任负责人的基本情况、身份证明；

（六）章程草案。

第十条 民办非企业单位的章程应当包括下列事项：

（一）名称、住所；

（二）宗旨和业务范围；

（三）组织管理制度；

（四）法定代表人或者负责人的产生、罢免的程序；

（五）资产管理和使用的原则；

（六）章程的修改程序；

（七）终止程序和终止后资产的处理；

（八）需要由章程规定的其他事项。

4.《宗教事务条例》

第二十五条　宗教活动场所应当成立管理组织，实行民主管理。宗教活动场所管理组织的成员，经民主协商推选，并报该场所的登记管理机关备案。

第二十六条　宗教活动场所应当加强内部管理，依照有关法律、法规、规章的规定，建立健全人员、财务、资产、会计、治安、消防、文物保护、卫生防疫等管理制度，接受当地人民政府有关部门的指导、监督、检查。

第二十七条　宗教事务部门应当对宗教活动场所遵守法律、法规、规章情况，建立和执行场所管理制度情况，登记项目变更情况，以及宗教活动和涉外活动情况进行监督检查。宗教活动场所应当接受宗教事务部门的监督检查。

▶ 条文释义

一、本条主旨

本条是关于捐助法人章程及组织机构的规定。

二、条文演变

原《民法通则》未规定捐助法人这一法人类型，在原《民法总则》之前，我国法律中并无"捐助法人"的概念，因此从形式上而言，法律和行政法规中并无捐助法人章程及组织机构的规定。但从实质而言，尽管关于基金会、社会服务机构（民办非企业单位）、宗教活动场所的法律、行政法规不完善，但因《民法典》将基金会、社会服务机构（民办非企业单位）、宗教活动场所等在性质上界定为捐助法人，《基金会管理办法》《基金会管理条例》《民办非企业单位登记管理暂行条例》《宗教事务条例》《慈善法》等法律、行政法规就基金会、社会服务机构（民办非企业单位）、宗教活动场所章程及组织机构或详细或简单的规定，亦成为我国捐助法人立法史的组成部分。原《基金会管理办法》第3条规定了建立基金会必须具备的条件，其中第3项为"有基金会章程、管理机构和必要的财务人员"；第5条进一步规定："基金会的领导成员，不得由现职的政府工作人员兼任。基金会应当实行民主管理，建立严格的资金筹集、管理、使用制度，定期公布收支账目。"《民办非企业单位登记管理暂行条例》第8条规定了申请登记民办非企业单位应当具备的条件，其中第2项为"有规范的名称、必要的组织机构"；第9条规定了申请民办非企业单位登记举办者应当向登记管理机关提交的文件，其中第5项为"拟任负责人的基本情况、身份证明"，第6项为"章程草案"；第10条则专门针对民办非企业单位的章程应当包括的事项作了规定，包括"（一）名称、住所；（二）宗旨和业务范围；（三）组织管理制度；（四）法定代表人或者负责人的产生、罢免的程序；（五）资产管理和使用的原则；（六）章程的修改程序；（七）终止程序和终止后资产的处理；（八）需要由章程规定的其他事项"。《基金会管理条例》关于法人章程及组织机构的规定较为详细，第9条规定申请设立基金会申请人应当向登记管理机关提交的文件，第2项为"章程草案"，第4项为"理事名单、身份证明以及拟任理事长、副理事长、秘书长简历"；第10条规定"基金会章程必须明确基金会的公益性质，不得规定使特定自然人、法人或者其他组织受益的内容"；第21条规定"理事会是基金会的决策机构，依法行使章程规定的职权"；第22条规定"基金会设监事。监事任期与理事任期相同。理事、理事的近亲属和基金会财会人员不得兼任监事"；第23条规定"基金会理事长、副理事长和秘书长不得由现职国家工作人员兼任。基金会的法定代表人，不得同时担任其他组织的法定代表人。公募基金会和原始基金来自中国内地的非公募基金会的法定代表人，应当由内地居民担任"。《慈善法》第9条规定了慈善组织应当符合的条件，其中第4项为"有组织章程"，第6项为"有符合条件的组织机构和负责人"；第11条规定了慈善组织的章程应当载明的事项，其中第2项为"组织形式"，第5项为"决策、执行机构的组成及职责"，第6项为"内部监督机制"；第72条规定"慈善组织应当向社会公开组织章程和决策、执行、监督机构成员信息以及国务院民政部门要求公开的其他信息"。在吸收借鉴《慈善法》《基金会管理条例》等相关规定的基础上，原《民法总则》就捐助法人的章程及组织机构作了更为周全的统一规定，健全了捐助法人的内部治理结构，并为《民法典》所沿用。

三、条文解读

本条分三款，分别就捐助法人章程（第1款），捐助法人的决策机构、执行机构、法定代表人（第2款），捐助法人的监督机构（第3款）作了规定。捐助法人没有成员，因此，没有成员大会等权力机构。由于没有权力机构，关于捐助法人的组织及其管理方法，除了法律、行政法规的规定外，只能通过捐助人制定的捐助章程予以规定。由于没有权力机构，为了维持捐助法人的正常运行，有必要设立决策机构和执行机构。同样由于没有权力机构的自律监督，有必要在立法上建立特别规则以健全其内部监督机制。

（一）捐助法人章程

本条第1款规定，设立捐助法人，应当依法制定法人章程。对于捐助法人而言，由于没有成员大会等权力机构，关于捐助法人的组织及其管理方法，除了法律、行政法规的规定外，是由捐助人制定的捐助章程规定的。捐助章程还要规定法人的目的及所捐的财产等必不可少的内容。在捐助法人成立后，章程便成为独立的文件，约束捐助法人及其决策机构、执行机构的成员等。由此可见，由于捐助法人没有权力机构，相较于其他法人类型，章程的作用尤其重要，对于实现捐助人的捐助目的不可或缺。关于捐助法人章程，《慈善法》和《基金会管理条例》均作了较为详细的规定。《慈善法》第8条第2款规定"慈善组织可以采取基金会、社会团体、社会服务机构等组织形式"。第9条规定了慈善组织应当符合的条件，其中第4项为"有组织章程"。第11条详细规定了慈善组织章程的必备内容："慈善组织的章程，应当符合法律法规的规定，并载明下列事项：（一）名称和住所；（二）组织形式；（三）宗旨和活动范围；（四）财产来源及构成；（五）决策、执行机构的组成及职责；（六）内部监督机制；（七）财产管理使用制度；（八）项目管理制度；（九）终止情形及终止后的清算办法；（十）其他重要事项。"第12条规定："慈善组织应当根据法律法规以及章程的规定，建立健全内部治理结构，明确决策、执行、监督等方面的职责权限，开展慈善活动。"《基金会管理条例》第5条规定："基金会依照章程从事公益活动，应当遵循公开、透明的原则。"第8条规定了设立基金会的必备条件，其中第3项为"有规范的名称、章程、组织机构以及与其开展活动相适应的专职工作人员"。第9条规定了申请设立基金会,申请人应当向登记管理机关提交的文件,其中第2项为"章程草案"。第10条则专门就基金会章程应当载明的内容作了规范,该条第1款规定:"基金会章程必须明确基金会的公益性质,不得规定使特定自然人、法人或者其他组织受益的内容。"第2款规定:"基金会章程应当载明下列事项:(一)名称及住所;(二)设立宗旨和公益活动的业务范围;(三)原始基金数额;(四)理事会的组成、职权和议事规则,理事的资格、产生程序和任期;(五)法定代表人的职责;(六)监事的职责、资格、产生程序和任期;(七)财务会计报告的编制、审定制度;(八)财产的管理、使用制度;(九)基金会的终止条件、程序和终止后财产的处理。"为了尽可能尊重捐助人的意愿,维护法人章程的稳定,该法第15条第2款规定:"基金会修改章程,应当征得其业务主管单位的同意,并报登记管理机关核准。"

(二)捐助法人的决策机构、执行机构和法定代表人

捐助法人没有成员,因此,没有权力机构。为了维持捐助法人的正常运行,有必要设立决策机构和执行机构。关于捐助法人的决策机构、执行机构和法定代表人,《慈善法》有所涉及,《基金会管理条例》作了较为详细的规定。如前所述,《慈善法》第11条详细规定了慈善组织章程的必备内容,其中第5项为"决策、执行机构的组成及职责"。该法第16条规定:"有下列情形之一的,不得担任慈善组织的负责人:(一)无民事行为能力或者限制民事行为能力的;(二)因故意犯罪被判处刑罚,自刑罚执行完毕之日起未逾五年的;(三)在被吊销登记证书或者被取缔的组织担任负责人,自该组织被吊销登记证书或者被取缔之日起未逾五年的;(四)法律、行政法规规定的其他情形。"《基金会管理条例》第三章专章规定了基金会的组织机构。关于决策机构,该条例明确决策机构的组织形式为理事会。第21条规定:"理事会是基金会的决策机构,依法行使章程规定的职权。""理事会每年至少召开2次会议。理事会会议须有三分之二以上理事出席方能召开;理事会决议须经出席理事过半数通过方为有效。""下列重要事项的决议,须经出席理事表决,三分之二以上通过方为有效:(一)章程的修改;(二)选举或者罢免理事长、副理事长、秘书长;(三)章程规定的重大募捐、投资活动;(四)基金会的分立、合并。""理事会会议应当制作会议记录,并由出席理事审阅、签名。"关于法定代表人,

该条例明确规定理事长为法定代表人。条例第20条规定:"基金会设理事会,理事为5人至25人,理事任期由章程规定,但每届任期不得超过5年。理事任期届满,连选可以连任。""用私人财产设立的非公募基金会,相互间有近亲属关系的基金会理事,总数不得超过理事总人数的三分之一;其他基金会,具有近亲属关系的不得同时在理事会任职。""在基金会领取报酬的理事不得超过理事总人数的三分之一。""理事会设理事长、副理事长和秘书长,从理事中选举产生,理事长是基金会的法定代表人。"第23条规定:"基金会理事长、副理事长和秘书长不得由现职国家工作人员兼任。基金会的法定代表人,不得同时担任其他组织的法定代表人。公募基金会和原始基金来自中国内地的非公募基金会的法定代表人,应当由内地居民担任。""因犯罪被判处管制、拘役或者有期徒刑,刑期执行完毕之日起未逾5年的,因犯罪被判处剥夺政治权利正在执行期间或者曾经被判处剥夺政治权利的,以及曾在因违法被撤销登记的基金会担任理事长、副理事长或者秘书长,且对该基金会的违法行为负有个人责任,自该基金会被撤销之日起未逾5年的,不得担任基金会的理事长、副理事长或者秘书长。""基金会理事遇有个人利益与基金会利益关联时,不得参与相关事宜的决策;基金会理事、监事及其近亲属不得与其所在的基金会有任何交易行为。""监事和未在基金会担任专职工作的理事不得从基金会获取报酬。"第24条规定:"担任基金会理事长、副理事长或者秘书长的香港居民、澳门居民、台湾居民、外国人以及境外基金会代表机构的负责人,每年在中国内地居留时间不得少于3个月。"关于执行机构,《基金会管理条例》未作规定。实践中,往往在理事会之外另设秘书处,作为基金会的执行机构。

此外,关于宗教活动场所的决策机构,2004年的《宗教事务条例》第17条(2017年修订后为第25条)规定:"宗教活动场所应当成立管理组织,实行民主管理。宗教活动场所管理组织的成员,经民主协商推选,并报该场所的登记管理机关备案。"

为了健全捐助法人的内部治理结构,《民法典》就捐助法人的组织机构作了更为周全的规定。本条第2款规定:"捐助法人应当设理事会、民主管理组织等决策机构,并设执行机构。理事长等负责人按照法人章程的规定担任法定代表人。"本条第2款中出现的"理事会"和"民主管理组织",皆为指引性规定,上述指引性规定之后的"等"字,表明了并非限制性规定。如此规定,旨在尊重私法自治。关于法定代表人的人选范围,未限定为理事长等主要负责人。这是因为,法定代表人由谁担任,应当交给捐助法人的设立人通过章程确定规则,不宜一概限定为主要负责人,以体现对捐助法人意思自治的尊重。但法定代表人的人选范围关系到交易安全和交往安全,因此也不能毫无限制。依照本条第 2 款规定,法定代表人依章程确定,但须是捐助法人的负责人。当然,如果法律认为有必要加以限制的,可以另行规定。《民法典》第 11 条规定:"其他法律对民事关系有特别规定的,依照其规定。"

(三)捐助法人的监督机构

捐助法人没有成员,因而立法应当设定规则以健全其内部监督机制。从境外立法来看,相较于社团法人,普遍加大了对财团法人的监督规制力度。在我国,相关立法同样加大了对捐助法人的监督力度。《慈善法》第 11 条详细规定了慈善组织章程的必备内容,其中第 6 项为"内部监督机制"。第 72 条规定:"慈善组织应当向社会公开组织章程和决策、执行、监督机构成员信息以及国务院民政部门要求公开的其他信息。上述信息有重大变更的,慈善组织应当及时向社会公开。"《基金会管理条例》第 22 条规定:"基金会设监事。监事任期与理事任期相同。理事、理事的近亲属和基金会财会人员不得兼任监事。""监事依照章程规定的程序检查基金会财务和会计资料,监督理事会遵守法律和章程的情况。""监事列席理事会会议,有权向理事会提出质询和建议,并应当向登记管理机关、业务主管单位以及税务、会计主管部门反映情况。"第 23 条规定:"基金会理事、监事及其近亲属不得与其所在的基金会有任何交易行为。""监事和未在基金会担任专职工作的理事不得从基金会获取报酬。"与社会团体法人不同,《民法典》明确规定捐助法人应当设立监事会等监督机构。

▶ 适用指引

除法律、行政法规另有规定外,捐助法人的理事会、民主管理组织等决策机构成员为清算义务人

本条第 2 款规定"捐助法人应当设理事会、民主管理组织等决策机构,并设执行机构"。《民法典》第 70 条第 2 款规定:"法人的董事、理事等执行机构或者决策机构的成员为清算义务人。法律、行政法规另有规定的,依照其规定。"因此，捐助法人的理事会、民主管理组织等决策机构成员为清算义务人。需要注意的是，捐助法人的理事会是作为决策机构存在的，在理事会之外，另设秘书处等执行机构。捐助法人的秘书处等执行机构成员不是清算义务人。

第九十四条 捐助人有权向捐助法人查询捐助财产的使用、管理情况,并提出意见和建议,捐助法人应当及时、如实答复。

捐助法人的决策机构、执行机构或者法定代表人作出决定的程序违反法律、行政法规、法人章程,或者决定内容违反法人章程的,捐助人等利害关系人或者主管机关可以请求人民法院撤销该决定。但是,捐助法人依据该决定与善意相对人形成的民事法律关系不受影响。

▶ 关联规定

法律、行政法规、司法解释

1.《中华人民共和国慈善法》

第四十二条 捐赠人有权查询、复制其捐赠财产管理使用的有关资料,慈善组织应当及时主动向捐赠人反馈有关情况。

慈善组织违反捐赠协议约定的用途,滥用捐赠财产的,捐赠人有权要求其改正;拒不改正的,捐赠人可以向民政部门投诉、举报或者向人民法院提起诉讼。

2.《中华人民共和国公益事业捐赠法》

第二十一条 捐赠人有权向受赠人查询捐赠财产的使用、管理情况,并提出意见和建议。对于捐赠人的查询,受赠人应当如实答复。

3.《基金会管理条例》

第三十九条 捐赠人有权向基金会查询捐赠财产的使用、管理情况,并提出意见和建议。对于捐赠人的查询,基金会应当及时如实答复。

基金会违反捐赠协议使用捐赠财产的,捐赠人有权要求基金会遵守捐赠协议或者向人民法院申请撤销捐赠行为、解除捐赠协议。

第四十三条 基金会理事会违反本条例和章程规定决策不当,致使基金会遭受财产损失的,参与决策的理事应当承担相应的赔偿责任。

基金会理事、监事以及专职工作人员私分、侵占、挪用基金会财产的,应当退还非法占用的财产；构成犯罪的，依法追究刑事责任。

▶ 条文释义

一、本条主旨

本条是关于决定可撤销等强化捐助人等利害关系人及主管机关对捐助法人监督力度的规定。

二、条文演变

捐助法人设立后，捐助人所捐助财产的所有权属于捐助法人，捐助人对捐助财产不再享有任何财产方面的权利。而且，捐助法人没有成员，无法通过成员大会对理事会等进行有效监督。因此，必须强化其他的监督制约手段，以实现捐助法人设立的目的。《民法典》第93条将监事会等监督机构作为捐助法人的法定必备机构，是必要的，但仅设内部监督机构还不足以达到规制目的。立法应当建立外部监督机制。这方面最早的规定见于《公益事业捐赠法》，该法第21条规定了捐赠人的查询权和提出意见建议权，即"捐赠人有权向受赠人查询捐赠财产的使用、管理情况，并提出意见和建议。对于捐赠人的查询，受赠人应当如实答复"。《基金会管理条例》在借鉴《公益事业捐赠法》上述规定的基础上，更进一步，就捐赠协议的撤销、解除作了规定。该条例第39条第1款规定："捐赠人有权向基金会查询捐赠财产的使用、管理情况，并提出意见和建议。对于捐赠人的查询，基金会应当及时如实答复。"第2款规定："基金会违反捐赠协议使用捐赠财产的，捐赠人有权要求基金会遵守捐赠协议或者向人民法院申请撤销捐赠行为、解除捐赠协议。"《慈善法》基本沿袭了《基金会管理条例》的上述规定，并作了完善。该法第42条第1款规定："捐赠人有权查询、复制其捐赠财产管理使用的有关资料，慈善组织应当及时主动向捐赠人反馈有关情况。"第2款规定："慈善组织违反捐赠协议约定的用途，滥用捐赠财产的，捐赠人有权要求其改正；拒不改正的，捐赠人可以向民政部门投诉、举报或者向人民法院提起诉讼。"《民法典》设本条规定，在吸收借鉴以往相关立法规定精神的基础上，分两款从两个方面进一步完善：一是第1款将查询权和提出意见建议权等监督措施的实施主体由以往立法规定的捐赠人扩展到捐助人,弥补了捐助人监督手段的缺乏;二是第2款规定捐助人等利害关系人、主管机关对捐助法人程序违反法律、行政法规、法人章程及内容违反法人章程的决定享有撤销权。这样一来,进一步健全了捐助法人监督机制,强化了对捐助法人的监督效果。

三、条文解读

(一)捐助人对捐助法人享有查询权和提出意见建议权

本条第1款规定"捐助人有权向捐助法人查询捐助财产的使用、管理情况,并提出意见和建议,捐助法人应当及时、如实答复"。该款内容借鉴了《基金会管理条例》和《慈善法》的相关规定精神。《基金会管理条例》第39条第1款规定:"捐赠人有权向基金会查询捐赠财产的使用、管理情况,并提出意见和建议。对于捐赠人的查询,基金会应当及时如实答复。"《慈善法》第42条第1款规定:"捐赠人有权查询、复制其捐赠财产管理使用的有关资料,慈善组织应当及时主动向捐赠人反馈有关情况。"需要特别指出的是,《民法典》本条第1款规定与《基金会管理条例》《慈善法》的上述规定,尽管监督措施类似,但实施监督措施的主体完全不同。《基金会管理条例》和《慈善法》上述规定的监督措施实施主体是捐赠协议的捐赠人,这一点可从前述引用的两个法条各自第2款的内容得知。《基金会管理条例》第39条第2款规定:"基金会违反捐赠协议使用捐赠财产的,捐赠人有权要求基金会遵守捐赠协议或者向人民法院申请撤销捐赠行为、解除捐赠协议。"《慈善法》第42条第2款规定:"慈善组织违反捐赠协议约定的用途,滥用捐赠财产的,捐赠人有权要求其改正;拒不改正的,捐赠人可以向民政部门投诉、举报或者向人民法院提起诉讼。"《民法典》本条规定的监督措施的实施主体则是捐助人。捐助人是捐助法人的设立人,而捐赠人是向捐助法人捐赠财产的人,是赠与合同的一方当事人。捐助人与捐赠人是完全不同的主体。《基金会管理条例》和《慈善法》将相关监督措施赋予捐赠人行使,《民法典》将相关监督措施的实施主体扩展到捐助人,弥补了捐助人监督手段的缺乏,是对捐助法人监督制度的完善。

（二）捐助人等利害关系人、主管机关对捐助法人程序违反法律、行政法规、法人章程及内容违反法人章程的决定，享有撤销权

本条第 2 款是就决定的撤销所作的规定。关于本款规定，需要注意以下几点：

1. 对于违反捐助章程的行为，立法应当给予相关利害关系人或者主管机关相应的纠正渠道。对于捐助法人而言，他律法人的意义在于约束自己的依据是在外部产生并且持续存在的，其意思不应由法人自己产生并进行变更，这与社团法人不同。社团法人是自律法人，有自己的意思机关，即通过社员大会来修改、变更自己作为组织的意思。因此，财团法人的意思完全体现在捐助章程中，体现的是捐助人最初的意思。而这一意思在完成登记之后，取得了法律效力，非经法律程序，捐助章程的内容不得变更。而且，对于捐助人而言，在制定完捐助章程后，其章程作为指导捐助法人运作的唯一的意思来源就已经独立存在，不受捐助人的控制。因此，对于捐助章程而言，在捐助法人成立后，便成为独立的文件，约束捐助法人及其决策机构、执行机构的成员等。如果捐助章程被违反，则立法应当给予救济。

2. 决议可撤销制度针对的是不存在严重瑕疵的决议，比如，会议表决程序、表决方式违反法律、行政法规和法人章程，或者决议内容违反法人章程。对于这类决议的效力，即维持其效力，还是撤销该决议，交由捐助人等利害关系人或者主管机关决定。如果捐助人等行使撤销权并得到支持，则决议被撤销，自始没有法律约束力；如果捐助人等不行使撤销权，则决议有效，具有法律约束力。对于上述不存在严重瑕疵的决议的效力，不规定其无效，而是将是否撤销的权利交给捐助人等利害关系人和主管机关，由其权衡利弊后，本着对捐助法人更为有利的立场，去做决定，应当是更为妥当的立法安排。鉴于决议的可撤销与其他民事法律行为的可撤销事由（如欺诈、胁迫、重大误解、显失公平）相比具有特殊性，而且属于法人内部事项，属于组织法的范畴，宜放在法人一章作出规定。需要指出的是，本条规定使用了"决定"一词。之所以未用"决议"而用"决定"，主要是考虑到行为主体除捐助法人的决策机构、执行机构外，还有法定代表人，法定代表人作出的决定，不能称为决议。反之，捐助法人的决策机构、执行机构作出的决议，可以称为决定。决定的内涵大于决议。这一点从《民法典》的相关规定中可以得到印证。《民法典》

第 265 条第 2 款规定："农村集体经济组织、村民委员会或者其负责人作出的决定侵害集体成员合法权益的，受侵害的集体成员可以请求人民法院予以撤销。"第 280 条规定："业主大会或者业主委员会的决定，对业主具有法律约束力。""业主大会或者业主委员会作出的决定侵害业主合法权益的，受侵害的业主可以请求人民法院予以撤销。"此外，行使撤销权的主体限于主管机关和利害关系人，利害关系人除捐助人外，还包括捐助人的继承人等。本款的规定，从作出决定的主体看，涵盖决策机构、执行机构和法定代表人；从撤销权启动的事由看，包括作出决定的程序违法或违反章程，以及决定内容违反章程；从撤销权的行使主体看，包括捐助人等利害关系人和主管机关。应当说，规范力度是比较大的，有助于减少决策机构、执行机构或者法定代表人违法或违反法人章程的现象，保障捐助人捐助目的的实现。

3. 基于维护交易安全的考虑，相关决定被人民法院撤销后，捐助法人依据该决定与善意相对人形成的民事法律关系不受影响。

▶ 适用指引

一、本条对于决议无效情形未作规定，并非疏漏

对于存在瑕疵的决议，法律规定了决议的无效和可撤销制度。决议无效制度针对的是存在严重瑕疵的决议，比如，决议内容违反法律、行政法规的效力性强制规定。决议无效是对决议效力的强行干预和否定。《民法典》第 134 条规定："民事法律行为可以基于双方或者多方的意思表示一致成立，也可以基于单方的意思表示成立。""法人、非法人组织依照法律或者章程规定的议事方式和表决程序作出决议的，该决议行为成立。"依照该条规定，决议系法律行为的一种。既然决议作为法律行为的一种，其无效判断规则与其他法律行为的无效判断规则应当是一致的，可以一并适用《民法典》第六章"民事法律行为"第 153 条的规定，即"违反法律、行政法规的强制性规定的民事法律行为无效。但是该强制性规定不导致该民事法律行为无效的除外"，"违背公序良俗的民事法律行为无效。"

二、相关决定被人民法院撤销后，捐助法人依据该决定与善意相对人形成的民事法律关系不受影响，这并不意味着撤销权的行使没有效果

因为，若决定存在瑕疵并被人民法院撤销，造成损失的，可要求有过错的决策机构成员、执行机构成员或者法定代表人赔偿。这方面的立法精神在《基金会管理条例》中已有体现。《基金会管理条例》第43条规定："基金会理事会违反本条例和章程规定决策不当，致使基金会遭受财产损失的，参与决策的理事应当承担相应的赔偿责任。"当然，如果表决时投了反对票，则该投反对票者不应当承担赔偿责任。

▶ 典型案例

王某桢与江都益民医院股东知情权纠纷案

关键词：捐助人　捐助法人　股东知情权

裁判摘要：捐助人有权向捐助法人查询捐助财产的使用、管理情况，并提出意见和建议，捐助法人应当及时、如实答复。

基本案情：江都益民医院系法人型民办非企业单位，王某桢为捐助人。王某桢从2012年12月28日开始成为江都益民医院单位的出资人和领导班子成员，并担任江都益民医院单位的法定代表人。2017年1月14日，王某桢向江都益民医院邮寄送达了查阅函，要求查阅2012年至2016年度的会计财务报告及2012年1月1日至2016年12月31日的会计账簿（含总账、分类账、明细账、日记账、其他辅助性账簿及相应会计凭证），遭到医院拒绝。王某桢遂向法院起诉。

一审法院认为，江都益民医院并非公司，不适用公司法关于股东知情权的规定，未支持王某桢主张。二审法院认为，王某桢享有知情权：一是江都益民医院章程载明举办者有权了解本单位经营状况和财务状况，有权查阅本单位财务会计报告。二是江都益民医院系捐助法人，《民法总则》第94条第1款规定，捐助人有权向捐助法人查询捐助财产的使用、管理情况，并提出意见和建议，捐助法人应当及时、如实答复。三是在前述法律以及章程均未就知情权具体范围和行使方式作规定的情况下，可以参照适用《公司法》关于股东知情权

的规定。

【案　　号】（2018）苏 10 民终 1528 号

【审理法院】扬州市中级人民法院

【来　　源】《商事审判指导》2018 年第 2 辑

> **第九十五条** 为公益目的成立的非营利法人终止时，不得向出资人、设立人或者会员分配剩余财产。剩余财产应当按照法人章程的规定或者权力机构的决议用于公益目的；无法按照法人章程的规定或者权力机构的决议处理的，由主管机关主持转给宗旨相同或者相近的法人，并向社会公告。

▶ 关联规定

法律、行政法规、司法解释

1.《中华人民共和国慈善法》

第十八条 慈善组织终止，应当进行清算。

慈善组织的决策机构应当在本法第十七条规定的终止情形出现之日起三十日内成立清算组进行清算，并向社会公告。不成立清算组或者清算组不履行职责的，民政部门可以申请人民法院指定有关人员组成清算组进行清算。

慈善组织清算后的剩余财产，应当按照慈善组织章程的规定转给宗旨相同或者相近的慈善组织；章程未规定的，由民政部门主持转给宗旨相同或者相近的慈善组织，并向社会公告。

慈善组织清算结束后，应当向其登记的民政部门办理注销登记，并由民政部门向社会公告。

2.《中华人民共和国民办教育促进法》

第五十九条 对民办学校的财产按照下列顺序清偿：

（一）应退受教育者学费、杂费和其他费用；

（二）应发教职工的工资及应缴纳的社会保险费用；

（三）偿还其他债务。

非营利性民办学校清偿上述债务后的剩余财产继续用于其他非营利性学校办学；营利性民办学校清偿上述债务后的剩余财产，依照公司法的有关规定处理。

3.《基金会管理条例》

第三十三条 基金会注销后的剩余财产应当按照章程的规定用于公益目的;无法按照章程规定处理的,由登记管理机关组织捐赠给与该基金会性质、宗旨相同的社会公益组织,并向社会公告。

4.《宗教事务条例》

第六十条 宗教团体、宗教院校、宗教活动场所注销或者终止的,应当进行财产清算,清算后的剩余财产应当用于与其宗旨相符的事业。

条文释义

一、本条主旨

本条是关于为公益目的成立的非营利法人终止时剩余财产处置的规定。

二、条文演变

依照《民法典》第87条"为公益目的或者其他非营利目的成立,不向出资人、设立人或者会员分配所取得利润的法人,为非营利法人"的规定,非营利法人分为"为公益目的成立的非营利法人"和"为其他非营利目的成立的非营利法人"。关于为公益目的成立的非营利法人终止时剩余财产的处置,我国立法经历了从无到有、从行政法规规范到法律规范的过程。《基金会管理办法》中未作规定。《基金会管理条例》第10条规定:"基金会章程必须明确基金会的公益性质,不得规定使特定自然人、法人或者其他组织受益的内容。"第33条规定:"基金会注销后的剩余财产应当按照章程的规定用于公益目的;无法按照章程规定处理的,由登记管理机关组织捐赠给与该基金会性质、宗旨相同的社会公益组织,并向社会公告。"2004年《宗教事务条例》第37条(2017年修订后条文为第60条,内容有调整)规定:"宗教团体、宗教活动场所注销或者终止的,应当进行财产清算,清算后的剩余财产应当用于与该宗教团体或者宗教活动场所宗旨相符的事业。"《慈善法》第18条第3款规定:"慈善组织清算后的剩余财产,应当按照慈善组织章程的规定转给宗旨相同或者相近的慈善组织;章程未规定的,由民政部门主持转给宗旨相同或者相近的慈善组织,并向社会公告。"《民办教育促进法》第59条第2款规定:"非营利性民办学校清偿上述债务后的剩余财产继续用于其他非营利性学校办学。"在前述立法基础上,原《民法总则》进一步规定"为公益目的成立的非营利法人终止时,不得向出资人、设立人或者会员分配剩余财产",健全了为公益目的成立的非营利法人终止时剩余财产的处置规则,并为《民法典》所沿用。

三、条文解读

依照《民法典》第87条,凡不是以营利为目的成立(即为公益目的或者其他非营利目的成立),且在法人存续期间不向其成员或者设立人分配利润的法人,就是非营利法人。尽管非营利法人均不得分配利润,但在法人终止后能否向出资人、设立人或者会员等分配剩余财产方面,为公益目的设立的非营利法人与为其他目的设立的非营利法人有着根本上的不同。非营利法人终止时,能否向出资人、设立人或者会员等分配剩余财产,是区别"为公益目的成立的非营利法人"和其他非营利法人的主要标准。之所以规定为公益目的成立的非营利法人终止时,不得向出资人、设立人或者会员分配剩余财产,主要有以下考虑:

(一)公益性法人清算后的剩余财产已经具有相当程度的公共性

公益性法人不仅享受公益事业用地及建设的优惠,还享受国家规定的税收优惠政策、信贷优惠政策及政府经费资助等各项扶持,公益性法人也因其公益性而更易获得来自社会各界的捐赠。因此,公益性法人清算后的剩余财产已经具有相当程度的公共性,性质上已不同于设立人投入的财产,自然不应当分配给设立人,否则会给打着公益幌子而行营利之实者以可乘之机。比如,《民办教育促进法》第46条规定:"县级以上各级人民政府可以采取购买服务、助学贷款、奖助学金和出租、转让闲置的国有资产等措施对民办学校予以扶持;对非营利性民办学校还可以采取政府补贴、基金奖励、捐资激励等扶持措施。"第47条规定:"民办学校享受国家规定的税收优惠政策;其中,非营利性民办学校享受与公办学校同等的税收优惠政策。"第51条规定:"新建、扩建非营利性民办学校,人民政府应当按照与公办学校同等原则,以划拨等方式给予用地优惠。新建、扩建营利性民办学校,人民政府应当按照国家规定供给土地。"《民办教育促进法》的上述规定明确区分非营利性民办学校和营利性民办学校,分别给予不同的扶持政策,尤其是关于"非营利性民办学校享受与公办学校同等的税收优惠政策";"新建、扩建非营利性民办学校,人民政府应当按照与公办学校同等原则,以划拨等方式给予用地优惠";"对非营利性民办学校还可以采取政府补贴、基金奖励、捐资激励等扶持措施"的规定,对非营利性民办学校财产的积累影响重大。而且,包括非营利民办学校在内的为公益目的设立的非营利法人还受到《慈善法》的规制。《慈善法》第3条规定:"本法所称慈善活动,是指自然人、法人和其他组织以捐赠财产或者提供服务等方式,自愿开展的下列公益活动:(一)扶贫、济困;(二)扶老、救孤、恤病、助残、优抚;(三)救助自然灾害、事故灾难和公共卫生事件等突发事件造成的损害;(四)促进教育、科学、文化、卫生、体育等事业的发展;(五)防治污染和其他公害,保护和改善生态环境;(六)符合本法规定的其他公益活动。"依照该条规定,《慈善法》规定的具有法人资格的慈善组织,均系为公益目的设立的非营利法人。为切实促进慈善组织的发展,该法第九章专章规定了"促进措施",比如,第79条规定:"慈善组织及其取得的收入依法享受税收优惠";第80条第1款规定:"自然人、法人和其他组织捐赠财产用于慈善活动的,依法享受税收优惠。企业慈善捐赠支出超过法律规定的准予在计算企业所得税应纳税所得额时当年扣除的部分,允许结转以后三年内在计算应纳税所得额时扣除",第2款规定:"境外捐赠用于慈善活动的物资,依法减征或者免征进口关税和进口环节增值税";第83条规定:"捐赠人向慈善组织捐赠实物、有价证券、股权和知识产权的,依法免征权利转让的相关行政事业性费用";第85条规定:"慈善组织开展本法第三条第一项、第二项规定的慈善活动需要慈善服务设施用地的,可以依法申请使用国有划拨土地或者农村集体建设用地。慈善服务设施用地非经法定程序不得改变用途";第86条规定:"国家为慈善事业提供金融政策支持,鼓励金融机构为慈善组织、慈善信托提供融资和结算等金融服务";第87条规定:"各级人民政府及其有关部门可以依法通过购买服务等方式,支持符合条件的慈善组织向社会提供服务,并依照有关政府采购的法律法规向社会公开相关情况。"《慈善法》上述规定旨在促进慈善组织的发展,所提供的各项优惠措施是营利法人和非为公益目的设立的非营利法人所无法享受的。包括为公益目的设立的非营利法人在内的慈善组织依照《慈善法》享受各项政策、税收优惠,接受社会各界捐赠,无疑会极大地促进慈善组织的发展。其财产的增加渠道与营利法人、非为公益目的设立的非营利法人都不相同,对于这种具有相当程度的公共性的法人财产的处置原则,自然也不应当与营利法人及非为公益目的设立的非营利法人相同。

（二）符合公益法人设立者的初衷

为公益目的而设立非营利法人，设立者的目的本就是为了公益事业。公益法人终止后，应当将剩余财产按照法人章程的规定或者权力机构的决议用于公益目的，当无法按照法人章程的规定或者权力机构的决议处理时，由主管机关主持转给宗旨相同或者相近的法人，仍然用于宗旨相同或者相近的社会公益事业。这样的规定，符合法人设立者的初衷，是对法人设立者意思自治的尊重。

（三）符合我国立法的一贯做法

《慈善法》第18条第3款规定："慈善组织清算后的剩余财产，应当按照慈善组织章程的规定转给宗旨相同或者相近的慈善组织；章程未规定的，由民政部门主持转给宗旨相同或者相近的慈善组织，并向社会公告。"《民办教育促进法》第59条第2款规定："非营利性民办学校清偿上述债务后的剩余财产继续用于其他非营利性学校办学。"《基金会管理条例》第33条规定："基金会注销后的剩余财产应当按照章程的规定用于公益目的；无法按照章程规定处理的，由登记管理机关组织捐赠给与该基金会性质、宗旨相同的社会公益组织，并向社会公告。"2004年《宗教事务条例》第37条规定："宗教团体、宗教活动场所注销或者终止的，应当进行财产清算，清算后的剩余财产应当用于与该宗教团体或者宗教活动场所宗旨相符的事业。"财政部制定的《民间非营利组织会计制度》对包括社会团体、基金会和民办非企业单位在内的各类民间非营利组织作了明确具体的界定，指出非营利组织应符合以下三个条件：（1）不以营利为目的；（2）任何单位或个人不因为出资而拥有非营利组织的所有权，收支结余不得向出资者分配；（3）非营利组织一旦进行清算，清算后的剩余财产应按规定继续用于社会公益事业。

▶ 适用指引

一、关于违反本条规定分配剩余财产的后果

为公益目的成立的非营利法人终止时，如果违反本条规定，向其出资人、设立人或者会员分配剩余财产，则因无合法根据取得财产，构成不当得利，依法应予返还。拒不返还的，相关利害关系人或者主管机关应当可以向人民法院提起诉讼。

二、关于非为公益目的设立的非营利法人，其剩余财产的处置规则问题，本条未设专款规定，但并非疏漏

依照法律适用规则，既然立法未就非为公益目的设立的非营利法人剩余财产的处置另设特殊规则，则应当适用《民法典》第三章第一节"一般规定"部分的相应规定。第一节"一般规定"部分第72条第2款规定："法人清算后的剩余财产，根据法人章程的规定或者法人权力机构的决议处理。法律另有规定的，依照其规定。"

▶ 典型案例

李某博诉上海虹口区艺术合子美术进修学校合同纠纷案

关键词： 民办学校　确认出资份额　捐赠

裁判摘要： 对于根据《民办教育促进法》等法律法规的规定，经教育部门许可并通过民政部门登记设立的民办学校，当事人以其系该民办学校的实际出资人为由诉请变更举办人身份的，属于行政许可范围，不属于民事诉讼受案范围。

对于经教育部门许可并通过民政部门登记设立的民办学校，当事人以其系该民办学校实际出资人为由诉请确认其出资份额的，因该类民办学校系公益性组织，对该类学校的出资在本质上属于向社会的捐赠，民办学校对于已投入的资产享有独立法人财产权，且投入的财产终极归属于社会而非归属于出资人，故出资人对学校财产不具有财产权益，其要求确认出资份额的诉请没有法律上的财产权依据。

基本案情： 上海虹口区艺术合子美术进修学校（以下简称合子学校）系2011年11月25日经上海市虹口区教育局和区民政局批准成立的民办非企业单位。李某博在合子学校筹建期间即与合子学校法定代表人陶某明等共同合作有关合子学校筹建事宜。合子学校成立后，李某博担任合子学校的董事兼副校

长,负责学校全面工作。2012年3月9日,李某博与合子学校法定代表人陶某明、案外人乐某及合子学校成立时的名义出资人上海意动互联艺术设计有限公司(以下简称意动公司)签订协议,确认李某博、陶某明、乐某为合子学校的实际出资人,出资比例分别为35%、40%、25%。协议签订后,李某博于2012年7月3日分别将投资款12万元和7.5万元打入陶某明和乐某的银行账户。2014年7月8日,合子学校法定代表人陶文明无故解除了李某博在合子学校处的董事和副校长职务,导致李某博无法行使董事和实际出资人暨举办者的权利。因此李某博诉至法院要求确认李某博为合子学校的出资人暨举办者,出资比例为35%。

法院经审理认为,属于民办非企业法人的民办学校不同于公司(或企业法人),具有公益性和非营利性。非企业法人的民办学校对投入学校的资产和积累享有独立的法人财产权,出资人对学校财产不享有所有权或共有权,出资人对学校也不享有类似于公司股东的财产权利。就本案而言,被上诉人合子学校在申请设立时,在由其举办者及全体董事(含李某博)共同签章的提交申请许可和登记的学校《章程》中明确"举办者不要求回报","学校清偿后的剩余财产用于公益性或者非营利性目的,或者由登记管理机关转赠与本校性质、宗旨相同的组织,并向社会公告"。这是学校举办者和全体董事在学校设立时向社会作出的承诺,也是取得行政许可和民政登记的条件,亦符合《民办教育促进法》对投入民办学校的财产终极归属于社会而非归属出资人的立法本意。根据本案合子学校的《章程》规定和该校作为民办非企业法人的公益性质,该校的出资人(举办者)对其投入学校的资产不具有所有权,也不具有根据出资多少来获得回报、分配剩余财产等的其他财产权利。故李某博要求确认其对合子学校的出资份额没有法律上的财产权基础。

【案　　号】(2015)沪二中民四(商)终字第1161号
【审理法院】上海市第二中级人民法院
【来　　源】《最高人民法院公报》2016年第9期

第四节 特别法人

第九十六条 本节规定的机关法人、农村集体经济组织法人、城镇农村的合作经济组织法人、基层群众性自治组织法人,为特别法人。

▶ 关联规定

一、法律、行政法规、司法解释

1.《中华人民共和国村民委员会组织法》

第二条 村民委员会是村民自我管理、自我教育、自我服务的基层群众性自治组织,实行民主选举、民主决策、民主管理、民主监督。

村民委员会办理本村的公共事务和公益事业,调解民间纠纷,协助维护社会治安,向人民政府反映村民的意见、要求和提出建议。

村民委员会向村民会议、村民代表会议负责并报告工作。

2.《中华人民共和国城市居民委员会组织法》

第二条 居民委员会是居民自我管理、自我教育、自我服务的基层群众性自治组织。

不设区的市、市辖区的人民政府或者它的派出机关对居民委员会的工作给予指导、支持和帮助。居民委员会协助不设区的市、市辖区的人民政府或者它的派出机关开展工作。

3.《中华人民共和国农业法》

第十一条 国家鼓励农民在家庭承包经营的基础上自愿组成各类专业合作经济组织。

农民专业合作经济组织应当坚持为成员服务的宗旨,按照加入自愿、退出自由、民主管理、盈余返还的原则,依法在其章程规定的范围内开展农业生产经营和服务活动。

农民专业合作经济组织可以有多种形式,依法成立、依法登记。任何组织和个人不得侵犯农民专业合作经济组织的财产和经营自主权。

4.《中华人民共和国农民专业合作社法》

第五条 农民专业合作社依照本法登记,取得法人资格。

农民专业合作社对由成员出资、公积金、国家财政直接补助、他人捐赠以及合法取得的其他资产所形成的财产,享有占有、使用和处分的权利,并以上述财产对债务承担责任。

二、部门规章及规范性文件

《民政部关于规范基层群众性自治组织法人有关事项的通知》

一、关于基层群众性自治组织法人的名称

在《证书》等正式文件、材料中,应规范使用基层群众性自治组织法人名称,即:××省(自治区、直辖市)××市(地、州、盟)××县(市、区、旗)××乡镇(街道)××村村民委员会(社区居民委员会)。

二、关于基层群众性自治组织法人的法定代表人

基层群众性自治组织法人的法定代表人应为依法选举产生的村民委员会主任、居民委员会主任。村民委员会主任、居民委员会主任出缺的,应依法进行补选,基层群众性自治组织法人的法定代表人由补选的村民委员会主任、居民委员会主任担任;村民委员会、居民委员会任期结束尚未依法选举产生新一届村民委员会、居民委员会的(或者已依法选举但因故未能产生新一届村民委员会、居民委员会的),基层群众性自治组织法人的法定代表人由上一届村民委员会主任、居民委员会主任继续担任,直至依法选举产生新一届村民委员会主任、居民委员会主任为止;由县级人民政府民政部门为村民委员会、居民委员会办理《证书》换发或延期手续,并按上述要求调整《证书》中有关事项。

三、关于基层群众性自治组织法人的地址(住所)

基层群众性自治组织法人的地址(住所)为村民委员会、居民委员会办公场所(村、社区综合服务设施)的地址,有多个办公场所的为其主要办公场所的地址。居民委员会的地址应具体到门牌号,村民委员会的地址如有门牌号的应具体到门牌号,没有门牌号的可具体到村组,并可标明相对于附近主要地理实体的方位距离。村民委员会、居民委员会地址(住所)变化的,应向县级人民政府民政部门报备并按上述要求换领《证书》。

三、司法指导性文件

《最高人民法院、国家发展和改革委员会关于为新时代加快完善社会主义市场经济体制提供司法服务和保障的意见》

2.完善市场主体司法裁判规则体系。以贯彻实施民法典为契机，及时开展司法解释清理修订工作，废除按照所有制类型区分市场主体和对民营企业不平等的规定。完善营利法人的司法裁判规则，推动形成有利于创新和发展的现代法人制度。针对特别法人制度的最新发展，按照中央创新农村集体经济组织有效组织形式和运行机制的要求，积极应对司法实践中涉及农村集体经济组织基本特征、法人属性、功能作用、运行机制等亟待解决的现实问题。吸收借鉴国际成熟市场主体法律制度的有益经验，规范、扶持和保护高新科技企业、金融业和高端服务业领域存在的有限合伙企业等新型市场主体，健全支持民营经济、外商投资企业发展的司法环境。

▶ 条文释义

一、本条主旨

本条是关于特别法人范围的规定。

二、条文演变

国家机关法人在新中国成立初期就拟被列为法人之一。1955年的《民法总则（草稿）》第19条规定："国家机关、群众团体、社会组织、合作社、企业、学校、医院等能以自己的名义取得民事权利和负担民事义务，并在法院起诉、应诉的公私组织都是法人。"原《民法通则》第50条规定"有独立经费的机关从成立之日起，具有法人资格"，正式在法律上确立了国家机关的法人地位。法律赋予国家机关法人主体地位，有利于其以平等主体身份从事民事活动，产生民事法律关系。

农村集体经济组织最初源于1949年后的合作化运动，农户将自己的生产资料（土地、较大型农具、耕畜）交出来形成集体，从而组建成以生产队为单位的集体经济组织，一般指生产队或村民小组。原《民法通则》未规定其法人地位。在《村民委员会组织法》《土地管理法》《农村土地承包法》以及原《物权法》中，农村集体经济组织被赋予了独立主体地位，享有相应独立的主体权利。

原《民法通则》没有单独规定城镇、农村合作经济组织法人。《农民专业合作社法》第2条规定农民专业合作社是互助性经济组织；第5条规定农民专业合作社依照本法登记，取得法人资格，确立了农民专业合作经济组织的法人地位。《农业法》第11条也将农民专业合作经济组织规定为独立经济主体。2008年10月《中共中央关于推进农村改革发展若干重大问题的决定》提出："按照服务农民、进退自由、权利平等、管理民主的要求，扶持农民专业合作社加快发展，使之成为引领农民参与国内外市场竞争的现代农业经营组织。"

2016年2月的《民法总则（草案）》（征求意见稿），以法人设立目的是否营利为标准，将法人分为营利法人与非营利法人。在最初的分类中，在非营利法人内部，又进一步分为事业单位法人、社会团体法人、捐助法人和机关法人。[①] 广义上的非营利法人的种类甚多，并不能全部涵盖于非营利法人的范围之内，如农村集体经济组织、合作经济组织、居委会、村委会等群众性自治组织既要承担国家行政管理职能，又要承担群众自治、民主管理的组织管理职能，既有营利性，又有公益性质或互易性，既非营利法人，也非非营利法人，其从事的民事活动具有特殊性。因此，原《民法总则》自第二次审议稿开始作出重大调整，在营利法人与非营利法人之外，将一些具有特殊功能和表现的法人主体归入"特别法人"这一类别。这一分类保留至原《民法总则》最终通过。全国人大法工委认为，根据我国社会生活实际，具有特殊性的法人组织主要有机关法人、基层群众性自治组织和农村集体经济组织、合作经济组织。对上述法人，单独设立一种法人类别，有利于其更好地参与民事生活，也有利于保护其成员和与其进行民事活动的相对人的合法权益。[②]《民法总则（草案三审稿）》将居民委员会和村民委员会等基层群众性自治组织规定为特别法人，确立了其民事主体地位。《民法典》保留了原《民法总则》的法人分类规定。

---

① 梁慧星：《〈中华人民共和国民法总则（草案）〉：解读、评论和修改建议》，载《华东政法大学学报》2016年第5期。
② 张璁：《全国人大常委会审议民法总则草案法人一章增加特别法人类别》，载《人民日报》2016年12月20日。

三、条文解读

本条赋予机关法人、基层群众性自治组织、农村集体经济组织、城镇农村的合作经济组织以特别法人资格,有利于其以独立民事主体地位与其他民事主体进行民事活动,保护其自身及其成员的合法权益,也有利于保护与其从事民事活动的相对人的合法权益。

（一）机关法人

机关法人是指依法行使国家权力,并因行使国家权力的需要而享有相应的民事权利能力和民事行为能力的国家机关。在进行民事活动时,如采购办公用品,国家机关以法人身份出现,与作为其相对人的自然人、法人或者非法人组织一样是平等的民事主体,不是行政主体。机关法人既是国家权力机关,又是一般民事主体,既不是营利法人,也不是非营利法人,因而属于特别法人。在国际上,一般将机关法人称为公法人。

（二）农村集体经济组织法人

农村集体经济组织产生于20世纪50年代初的农业合作化运动,是为实行社会主义公有制改造,在自然乡村范围内,由农民自愿联合,将其各自所有的生产资料（土地、较大型农具、耕畜）投入集体所有,由集体组织农业生产经营,农民进行集体劳动,各尽所能,按劳分配的农业社会主义经济组织。农村集体经济组织是农村集体资产经营管理的主体,依法代表农民集体行使农村集体资产所有权。在其承担本集体经济组织功能外,还有一定的社会管理与服务职能,因而兼有经济组织和综合性组织的特点。该综合性特点与其具有的政治、社会功能紧密相关。因此,农村集体经济组织既有对外的营利性,又有对内的集体利益保障性,既不同于营利法人,也不同于非营利法人,属于特别法人。

（三）城镇农村的合作经济组织法人

城镇农村的合作经济组织是按照自愿互利、民主管理、协作服务原则组建的农村经济组织,主要是指供销合作社等。供销合作社地位性质特殊,既体现党和政府政策导向,又承担政府委托的公益性服务,既有事业单位和社团组织的特点，又履行管理社有企业的职责，既要办成以农民为基础的合作经济组织，又要开展市场化经营和农业社会化服务，具有不同于营利法人、非营利法人的特殊性，属于特别法人。①

（四）基层群众性自治组织法人

《宪法》第111条规定："城市和农村按居民居住地区设立的居民委员会或者村民委员会是基层群众性自治组织。"我国分别于1989年、1998年制定了《城市居民委员会组织法》《村民委员会组织法》。

根据现行宪法和有关法律的规定，在城市和农村按居民居住地区设立居民群众自我教育、自我管理、自我服务的基层群众性自治组织，即城市居民委员会和农村村民委员会。基层群众性自治组织不是国家机关，也不是国家机关的下属或者下级织，具有自身组织上的独立性。其成员由主任、副主任和委员若干人组成，由居民选举产生。居民委员会和村民委员会根据需要设立人民调解、治安保卫、公共卫生等委员会，主要任务是办理本居住地区的公共事务和公益事业，调节民间纠纷，协助有关部门维护社会治安，开展精神文明建设，向政府反映居民群众的意见、建议和提出要求。居民委员会和村民委员会具有群众性、自治性、基层性等不同于其他法人的特点，所以赋予其特殊法人资格。

适用指引

农村集体经济组织、城镇农村的合作经济组织并非均为特别法人

根据《民法典》第97条至第101条的规定，机关、农村集体经济组织、城镇农村的合作经济组织、基层群众性自治组织在是否为特别法人上，存在一定区别。有独立经费的机关和承担行政职能的法定机构、基层群众性自治组织，一律具有法人资格；而农村集体经济组织、城镇农村的合作经济组织，则并非一概均为特别法人，取得法人资格为一般性规定，法律、行政法规另有规定的，则依其规定，不取得法人资格。这是因为，农村集体经济组织与城镇农

---

① 黄薇：《中华人民共和国民法典总则编解读》，中国法制出版社2020年版，第306页。

村的合作经济组织，在本质上均为具有集体合作特点的自治经济主体，采取何种组织形式，原则上可由其成员自由选择决定，一方面，一般性地赋予其法人地位，以使其作为民事主体能够得到平等保护；另一方面，亦应尊重其成员自由选择的权利，不宜绝对固化各类经济组织的类型选择，而是交由其选择其认为最适合自己的组织模式，这有利于实践中各类合作经济组织的灵活发展。①

▶ 类案检索

一、集贤县永安乡北安村民委员会、刘某仁借款合同纠纷执行复议案

关键词： 特别法人　独立民事责任

裁判摘要：《民法典》第96条规定，本节规定的机关法人、农村集体经济组织法人、城镇农村的合作经济组织法人、基层群众性自治组织法人，为特别法人。第101条规定，居民委员会、村民委员会具有基层群众性自治组织法人资格，可以从事为履行职能所需要的民事活动。第60条规定，法人以其全部财产独立承担民事责任。第67条规定，法人合并的，其权利和义务由合并后的法人享有和承担。村委会作为特别法人，应当以其全部财产独立承担民事责任。《村委会组织法》第3条第3款规定，村民委员会可以根据村民居住状况、集体土地所有权关系等分设若干村民小组。村民小组的财产均为村委会的责任财产范畴。

【案　　号】（2021）黑05执复50号

【审理法院】黑龙江省双鸭山市中级人民法院

二、常德市德阳农业机械有限公司、张某月等执行异议之诉案

关键词： 特别法人　成员出资不实　承担债务责任

裁判摘要： 农民专业合作社系特别法人，法律没有明确规定其成员在出资不到位时是否应当在出资不实的范围内对专业合作社的债务承担责任。但法官不能拒绝裁判，在法律规定出现漏洞时，应当参照最相近的法律规定进行漏洞填补。《农民专业合作社法》第5条规定："农民专业合作社依照本法登记，取

---

① 最高人民法院民法典贯彻实施工作领导小组主编：《中华人民共和国民法典总则编理解与适用》，人民法院出版社2020年版，第488页。

得法人资格。农民专业合作社对由成员出资、公积金、国家财政直接补助、他人捐赠以及合法取得的其他资产所形成的财产,享有占有、使用和处分的权利,并以上述财产对债务承担责任。"第 55 条规定:"农民专业合作社的破产适用企业破产法的有关规定。"由此可知,作为特别法人的农民专业合作社,首先应当具备法人的基本特征,即法人以自己的财产对外独立承担责任,发起人以出资为限对法人债务承担有限责任。农民专业合作社成员的法律地位类似于企业法人的股东。因此,在农民专业合作社成员出资不到位的情况下,参照《最高人民法院关于民事执行中变更、追加当事人若干问题的规定》第 17 条规定,追加该成员为被执行人符合立法精神。

【案　　号】(2021)湘 07 民终 1229 号
【审理法院】湖南省常德市中级人民法院

第九十七条 有独立经费的机关和承担行政职能的法定机构从成立之日起，具有机关法人资格，可以从事为履行职能所需要的民事活动。

关联规定

一、法律、行政法规、司法解释

1.《中华人民共和国民法典》

第五十九条 法人的民事权利能力和民事行为能力，从法人成立时产生，到法人终止时消灭。

2.《中华人民共和国行政许可法》

第二十三条 法律、法规授权的具有管理公共事务职能的组织，在法定授权范围内，以自己的名义实施行政许可。被授权的组织适用本法有关行政机关的规定。

3.《最高人民法院关于适用〈中华人民共和国民法典〉有关担保制度的解释》

第五条 机关法人提供担保的，人民法院应当认定担保合同无效，但是经国务院批准为使用外国政府或者国际经济组织贷款进行转贷的除外。

居民委员会、村民委员会提供担保的，人民法院应当认定担保合同无效，但是依法代行村集体经济组织职能的村民委员会，依照村民委员会组织法规定的讨论决定程序对外提供担保的除外。

4.《最高人民法院关于民事执行中变更、追加当事人若干问题的规定》

第八条 作为申请执行人的机关法人被撤销，继续履行其职能的主体申请变更、追加其为申请执行人的，人民法院应予支持，但生效法律文书确定的权利依法应由其他主体承受的除外；没有继续履行其职能的主体，且生效法律文书确定权利的承受主体不明确，作出撤销决定的主体申请变更、追加其为申请执行人的，人民法院应予支持。

二、司法指导性文件

1.《人民法院办理执行案件规范》

50.【申请执行人被撤销时的变更、追加】作为申请执行人的机关法人被撤销,继续履行其职能的主体申请变更、追加其为申请执行人的,人民法院应予支持,但生效法律文书确定的权利依法应由其他主体承受的除外;没有继续履行其职能的主体,且生效法律文书确定权利的承受主体不明确,作出撤销决定的主体申请变更、追加其为申请执行人的,人民法院应予支持。

2.《最高人民法院关于机关法人作为被执行人在执行程序中变更问题的复函》

青海省高级人民法院:

你院2005年3月22日的请示收函。经研究,答复如下:

鉴于在执行过程中,被执行人在机构改革中被撤销,其上级主管部门无偿接受了被执行人的财产,致使被执行人无遗留财产清偿债务,按照《最高人民法院关于适用〈中华人民共和国民事诉讼法〉若干问题的意见》(法发〔92〕22号)第271条和《最高人民法院关于人民法院执行工作若干问题的规定(试行)》(法释〔1998〕15号)第81条的规定,可以裁定变更本案的被执行人主体为被执行人的上级主管部门,由其在所接受财产价值的范围内承担民事责任。

此复

▶ 条文释义

一、本条主旨

本条是关于机关法人的规定。

二、条文演变

对于国家机关是否具有法律上的独立人格,国内外主流公私法理论基本认可国家主体性的二元结构理论,即国家具有法律上的独立人格,而机关则无法律上的独立人格。大陆法系传统也是认可国家的法人地位而否定国家机关的法人资格,并在立法上形成了公共机构非法人化的事实。但是,我国受苏联国家特殊民事主体理论和国家机关法人理论的影响,从20世纪50年代开始,就在立法和理论上认可了国家机关的法人地位并延续至今。

1955年起草的原《民法总则》草稿第19条规定:"国家机关、群众团体、社会组织、合作社、企业、学校、医院等能以自己的名义取得民事权利和负担民事义务,并在法院起诉、应诉的公私组织都是法人。"第二次草稿中也有相似规定。1986年原《民法通则》以立法形式明确赋予国家机关以独立的法人人格,机关法人作为法人的一种类型,成为与企业法人、事业单位法人、社会团体法人并列的法人类型。原《民法总则》不仅延续了这种立法精神,更进一步明确了机关法人可以从事为履行职能所需要的民事活动。《民法典》沿用了这一规定。

三、条文解读

本条不仅规定了机关法人的经费要求、机关法人的内涵和成立时间,也对机关法人从事民事活动的范围作出了限制。

(一)有独立经费的机关

机关法人指国家机关。根据2001年8月国家统计局发布的《第二次全国基本单位普查法人单位及产业活动单位划分规定》第5条,机关法人是指各级党政机关和国家机关,包括:(1)县级以上各级中国共产党委员会及其所属各工作部门;(2)县级以上各级人民代表大会机关;(3)县级以上各级人民政府及其所属各工作部门;(4)县级以上各级政治协商会议机关;(5)县级以上各级人民法院、检察院机关;(6)县级以上各民主党派机关;(7)乡、镇中国共产党委员会和人民政府以及街道办事处。

机关法人尽管没有独立经营的财产,但应有独立的经费,这些经费是根据其工作需要,由国家和地方财政拨款形成的。① 机关法人的设立依据是《宪法》和《国务院组织法》《地方各级人民代表大会和地方各级人民政府组织法》《监察法》《人民法院组织法》《人民检察院组织法》等法律,其设立的目的是代表国家行使公权力,履行法定的职责。因此,必须有独立的经费作为机关法人履

---

① 参见王利明主编:《中国民法典学者建议稿及立法理由·总则编》,中国法制出版社2005年版,第183页。

行职责和对外承担民事责任的基础。

（二）承担行政职能的法定机构

与原《民法通则》第50条第1款的规定相比，原《民法总则》第97条对机关法人的内涵赋予了新的内容，将"承担行政职能的法定机构"也纳入机关法人的范围。此次《民法典》编纂时，沿用了这一规定。行政职能也叫政府职能，是指行政主体作为从事国家管理的执法机关，在依法对国家政治、经济和社会公共事务进行管理时应承担的职责和所具有的功能。

承担行政职能的法定机构，是指不属于行政机关序列，但又行使行政机关职能的社会组织，包括银保监会、证监会、社保机构等组织，它们与其他政府组织没有隶属关系，具有较强的独立性。其本身不是行政机构，但其业务性质又属于行政管理职能，具有法律法规赋予的行政职能或公共管理职能。如《中国人民银行法》规定了中国人民银行具有相对独立的地位和职能；《保险法》规定国务院保险监督管理机构（保险业监督管理委员会）对保险业实施监督管理职能；《证券法》规定国务院证券监督管理机构（中国证券监督管理委员会）依法对全国证券市场实行集中统一监督管理；《银行业监督管理法》规定国务院银行业监督管理机构（中国银行业监督管理委员会）负责对全国银行业金融机构及其业务活动监督管理的工作。

将承担行政职能的法定机构纳入机关法人，意味着承担行政职能的法定机构能够从事民事活动，成为民事活动中的平等民事主体，接受民事法律关系的调整。

（三）机关法人的民事权利能力和民事行为能力受到限制

机关享有法人资格，其法律意义在于以自己的名义作为民法上的主体参与民事活动，其法人地位的确定应遵循法人制度的基本要求。机关法人从事民事活动的范围受到限制，只能从事为履行职能所需要的民事活动，如购置办公用品或公务用品，不得超出职能范围从事与一般民事主体相同的民事活动。

当机关法人从事的活动超出"所需要的民事活动"时，一般应认定为无效民事行为。如机关法人原则上不能在生产经营领域进行投资。1998年7月，中共中央、国务院决定，军队、武警部队和政法机关一律不再从事经商活动，所办企业于1998年年底前与军队、武警部队和政法机关脱钩。同年11月又决定，中央党政机关必须在1998年年底以前与所办经济实体和管理的直属企业完全脱钩。2004年《国务院关于投资体制改革的决定》也明确规定："政府投资主要用于关系国家安全和市场不能有效配置资源的经济和社会领域。"再如，机关法人原则上不具有作为保证人的权利能力。《民法典》第683条明确规定："机关法人不得为保证人，但是经国务院批准为使用外国政府或者国际经济组织贷款进行转贷的除外。以公益为目的的非营利法人、非法人组织不得为保证人。"

▶ 类案检索

一、韶关市兴正拆迁服务有限公司服务合同纠纷案

关键词： 行政管理职能　民事诉讼主体资格

裁判摘要： 机关法人为履行行政管理职能，维护公共利益，与民事主体签订的协议属于行政行为性质的协议，其目的不是自身的经济利益，不属于民事诉讼法调整的平等关系的民事主体。

【案　　号】（2021）粤02民终2604号

【审理法院】广东省韶关市中级人民法院

二、北京幽州大峡谷旅游管理有限公司等与北京市门头沟区斋堂镇法城村村民委员会等合同纠纷案

关键词： 机关法人　赔偿责任

裁判摘要： 机关法人在民事经营协议中承诺承担连带责任，违反法律法规强制性规定，应属无效。机关法人保证的主债权种类为债务人提供经营范围内相关资源义务的，性质上属于非金钱债务，对于不属于债务人不履行其应当履行的非金钱债务产生的违约责任，机关法人不应承担赔偿责任。

【案　　号】（2021）京01民终9024号

【审理法院】北京市第一中级人民法院

第九十八条 机关法人被撤销的，法人终止，其民事权利和义务由继任的机关法人享有和承担；没有继任的机关法人的，由作出撤销决定的机关法人享有和承担。

关联规定

法律、行政法规、司法解释

1.《中华人民共和国行政复议法》

第十五条 对本法第十二条、第十三条、第十四条规定以外的其他行政机关、组织的具体行政行为不服的，按照下列规定申请行政复议：

（一）对县级以上地方人民政府依法设立的派出机关的具体行政行为不服的，向设立该派出机关的人民政府申请行政复议；

（二）对政府工作部门依法设立的派出机构依照法律、法规或者规章规定，以自己的名义作出的具体行政行为不服的，向设立该派出机构的部门或者该部门的本级地方人民政府申请行政复议；

（三）对法律、法规授权的组织的具体行政行为不服的，分别向直接管理该组织的地方人民政府、地方人民政府工作部门或者国务院部门申请行政复议；

（四）对两个或者两个以上行政机关以共同的名义作出的具体行政行为不服的，向其共同上一级行政机关申请行政复议；

（五）对被撤销的行政机关在撤销前所作出的具体行政行为不服的，向继续行使其职权的行政机关的上一级行政机关申请行政复议。

有前款所列情形之一的，申请人也可以向具体行政行为发生地的县级地方人民政府提出行政复议申请，由接受申请的县级地方人民政府依照本法第十八条的规定办理。

2.《行政诉讼法》

第二十六条 公民、法人或者其他组织直接向人民法院提起诉讼的，作出行政行为的行政机关是被告。

经复议的案件，复议机关决定维持原行政行为的，作出原行政行为的行政机关和复议机关是共同被告；复议机关改变原行政行为的，复议机关是被告。

复议机关在法定期限内未作出复议决定，公民、法人或者其他组织起诉原行政行为的，作出原行政行为的行政机关是被告；起诉复议机关不作为的，复议机关是被告。

两个以上行政机关作出同一行政行为的，共同作出行政行为的行政机关是共同被告。

行政机关委托的组织所作的行政行为，委托的行政机关是被告。

行政机关被撤销或者职权变更的，继续行使其职权的行政机关是被告。

3.《最高人民法院关于民事执行中变更、追加当事人若干问题的规定》

第八条 作为申请执行人的机关法人被撤销，继续履行其职能的主体申请变更、追加其为申请执行人的，人民法院应予支持，但生效法律文书确定的权利依法应由其他主体承受的除外；没有继续履行其职能的主体，且生效法律文书确定权利的承受主体不明确，作出撤销决定的主体申请变更、追加其为申请执行人的，人民法院应予支持。

▶ 条文释义

一、本条主旨

本条是关于机关法人终止后权利义务承继的规定。

二、条文演变

原《民法通则》没有对机关法人终止后权利义务的承受问题作出规定。原《民法总则》对此问题作出明确规定之前，在行政法和行政诉讼法领域，根据1989年《行政诉讼法》（2017年修正）、《行政复议法》（2017年修正）和2012年《国家赔偿法》的相关规定，被撤销或被变更职权的行政机关由继任者继续承担主体资格，承担赔偿义务。原《民法总则》规定机关法人被撤销或终止后，由继任的或者作出撤销决定的机关法人承受其民事权利义务。《民法典》予以沿用。

三、条文解读

（一）机关法人的终止

机关法人的终止是指机关法人丧失民事主体资格，不再具有民事权利能力和民事行为能力。法人终止具有严格的法定主义特征，主要体现为法人终止的原因和程序均须按法定要求进行，既需要有法定的事由出现才能终止，也需要经过清算等一系列法定程序才能完成终止。之所以在制度上如此设计，主要是因为法人与自然人不同，其终止并非自然事件，而是可以人为控制的，如果没有必要的法律规制，任由法人自行决定是否终止或如何终止，必然会损害市场交易安全以及对相关民事主体的信赖利益的保护。

本条规定了机关法人的终止原因是被撤销。机关法人被撤销包含两种情形。一种情形是，法人在存续期内，因其目的或行为违反法律、公共秩序或善良风俗而被法院宣告解散。另一种情形是，因法人目的事业已经完成或者确定无法完成时，由法人的设立者依法决定撤销该法人。在我国的法律实践中，对于机关法人而言，基本不会出现第一种情形的撤销，机关法人依法被撤销主要是指第二种情形，尤其是在我国政府机构进行改革的情况下，机关法人被其设立者依法撤销更属常见情形。需要强调的是，机关法人被撤销必须符合以下条件：一是撤销决定必须由有法定权力的机关作出，一般而言，国家机关的撤销需要由批准其成立的上级主管部门作出决定才能生效；二是作出撤销决定的程序必须符合法律要求。

（二）机关法人终止后权利义务的概括转移

实践中，一些机关法人存在长期不清偿债务或不能清偿债务的情况，比如一些政府部门长期拖欠办公楼施工单位的施工费用，一些乡镇政府的负债问题未得到有效解决。尤其是在我国改革的大背景下，机关结构调整后，机关难以继续存续的情况客观存在，不明确机关法人终止后的权利义务承继问题，一般利益相关人与机关法人从事商业交流或其他民事活动时会面临较大风险，缺乏制度保障。本条规定了机关法人终止后权利义务概括转移的规定，明确了机关法人终止后的权利义务承担主体，在法律层面给了相关经营者以保障，体现了民法公平、平等的基本原则。

法人享有权利、承担义务之能力，称为法人的民事权利能力。法人的民事权利能力始于法人成立，终止于法人消灭，机关法人概莫能外。机关法人被撤销的，法人终止，其不再具备享有民事权利、承担民事义务的主体资格。但是，机关法人终止后，若有继任其职能的机关法人，则已经终止的机关法人的民事权利义务由继任的机关法人概括承受。所谓概括承受，是指终止机关法人的全部资产和责任，包括动产、不动产、债权、债务等，一律全部由继任的机关法人承受，继任的机关法人不得进行选择，不得附有任何先决条件。本条规定与《公司法》第174条"公司合并时，合并各方的债权、债务、应当由合并后存续的公司或者新设的公司承继"以及《民法典》第67条第1款"法人合并的，其权利和义务由合并后的法人享有和承担"的内涵基本一致。《公司法》第174条是关于公司债权人保护的规定，债权人作为公司外部利益最为密切的相关者，对其权利的维护直接影响我国资本市场的稳定与发展。同理，本条的规定也是对机关法人的利益相关人的权利保障制度。本条规定："没有继任的机关法人的，由作出撤销决定的机关法人享有和承担"。此规定保证了利益相关人即使在机关法人被撤销且无继承机关的情况下，也能有承担责任的机构法人。

第九十九条　农村集体经济组织依法取得法人资格。

法律、行政法规对农村集体经济组织有规定的，依照其规定。

关联规定

法律、行政法规、司法解释

1.《中华人民共和国宪法》

第八条　农村集体经济组织实行家庭承包经营为基础、统分结合的双层经营体制。农村中的生产、供销、信用、消费等各种形式的合作经济，是社会主义劳动群众集体所有制经济。参加农村集体经济组织的劳动者，有权在法律规定的范围内经营自留地、自留山、家庭副业和饲养自留畜。

城镇中的手工业、工业、建筑业、运输业、商业、服务业等行业的各种形式的合作经济，都是社会主义劳动群众集体所有制经济。

国家保护城乡集体经济组织的合法的权利和利益，鼓励、指导和帮助集体经济的发展。

第十七条　集体经济组织在遵守有关法律的前提下，有独立进行经济活动的自主权。

集体经济组织实行民主管理，依照法律规定选举和罢免管理人员，决定经营管理的重大问题。

2.《中华人民共和国民法典》

第二百六十二条　对于集体所有的土地和森林、山岭、草原、荒地、滩涂等，依照下列规定行使所有权：

（一）属于村农民集体所有的，由村集体经济组织或者村民委员会依法代表集体行使所有权；

（二）分别属于村内两个以上农民集体所有的，由村内各该集体经济组织或者村民小组依法代表集体行使所有权；

（三）属于乡镇农民集体所有的，由乡镇集体经济组织代表集体行使所有权。

3.《中华人民共和国农业法》

第四十四条 国家鼓励供销合作社、农村集体经济组织、农民专业合作经济组织、其他组织和个人发展多种形式的农业生产产前、产中、产后的社会化服务事业。县级以上人民政府及其各有关部门应当采取措施对农业社会化服务事业给予支持。

对跨地区从事农业社会化服务的，农业、工商管理、交通运输、公安等有关部门应当采取措施给予支持。

4.《中华人民共和国农村土地承包法》

第十三条 农民集体所有的土地依法属于村农民集体所有的，由村集体经济组织或者村民委员会发包；已经分别属于村内两个以上农村集体经济组织的农民集体所有的，由村内各该农村集体经济组织或者村民小组发包。村集体经济组织或者村民委员会发包的，不得改变村内各集体经济组织农民集体所有的土地的所有权。

国家所有依法由农民集体使用的农村土地，由使用该土地的农村集体经济组织、村民委员会或者村民小组发包。

▶ 条文释义

一、本条主旨

本条是关于农村集体经济组织取得法人资格的规定。

二、条文演变

农村集体经济组织由新中国早期的人民公社变迁而来。人民公社产生于20世纪50年代初的农业合作化运动，是为实行社会主义公有制改造，在自然乡村范围内，更多是在一个生产队范围内，由农民自愿联合，将其各自所有的生产资料，如土地、较大型农具、耕地，投入集体所有，由集体组织农业生产经营，农民进行集体劳动，各尽所能，按劳分配的农业社会主义经济组织。改革开放以后，人民公社体制开始解体，农村改革实行政社分开，生产大队改成了行政村，设立村委会，生产队一般改成自然村，设置村民小组，由行政村统一管理各自然村。由此形成了乡镇、村、组三级集体经济组织格局。由于各地在农村集体经济组织改革过程中采取政策不同，有的地方以自然村为一个农村集体经济组织，有的地方则以行政村为一个集体经济组织。《宪法》第8条规定："农村集体经济组织实行家庭承包经营为基础、统分结合的双层经营体制，农村中的生产、供销、信用、消费等各种形式的合作经济，是社会主义劳动群众集体所有制经济，参加农村集体经济组织的劳动者，有权在法律规定的范围内经营自留山、自留地、家庭副业和饲养自留畜。"第17条规定："集体经济组织在遵守有关法律的前提下，有独立进行经济活动的自主权。"从上述规定来看，《宪法》所规定的农村集体经济组织是一个广义的概念，包括农村社区集体经济组织、供销合作社、信用合作社以及乡镇集体企业。而从狭义上而言，农村集体经济组织一词仅指1984年人民公社解体之后新成立的地区性合作经济组织。《中共中央关于一九八四年农村工作的通知》指出："为了完善统一经营和分散经营相结合的体制，一般应设置以土地公有制为基础的地区性合作经济组织，这种组织可以叫农业合作社、经济联合社或群众选定的其他名称；可以以村（大队或连队）为范围设置，也可以以生产队为单位设置；可以同村民委员会分立，也可以一套班子两块牌子。以村为范围设置的，原生产队的资产不得平调，债权债务要妥善处理。此外，农民还可不受地区限制，自愿参加或组成不同形式、不同规模的各种专业合作经济组织。"

原《民法通则》没有明确赋予农村集体经济组织的法人资格，使得其在参与民事活动时与其他民事主体权利义务关系不明确，不利于其参与市场经济活动。法律性质模糊、登记不规范导致我国农村集体经济组织存在底数不清、权属不明、经营不畅等诸多问题。《农民专业合作社法》为我国农村集体经济组织的法人化构建提供了可资借鉴的经验。中央高度重视农村集体经济组织立法工作。中央1号文件多次对研究制定农村集体经济组织法提出明确要求，为农村集体经济组织立法提供了政策依据。2015年中共中央办公厅、国务院办公厅印发《深化农村改革综合性实施方案》明确农村集体经济组织条例列在需要研究制定的法律法规中。2016年，《中共中央、国务院关于稳步推进农村集体产权制度改革的意见》指出："健全适应社会主义市场经济体制要求、以公平为核心原则的农村产权保护法律制度。抓紧研究制定农村集体经济组织方面的法律，赋予农村集体经济组织法人资格，明确权利义务关系，依法维护农村集体经济组织及其成员的权益，保证农村集体经济组织平等使用生产要素，公平参与市场竞争，同等受到法律保护。"原《民法总则》第99条明确赋予农村集体经济组织特别法人资格，为农村集体经济组织立法留出了立法空间。2018年9月，农村集体经济组织立法已经列入第十三届全国人大常委会立法规划的第三类项目，相关立法工作正在推进中。《民法典》保留了原《民法总则》第99条规定，未作修改。

三、条文解读

（一）农村集体经济组织的概念和特征

本条规定所指的农村集体经济组织是指狭义的农村集体经济组织。本法赋予农村集体经济组织法人资格，有利于其以自己的名义对外从事经营等民事活动，对于发展农村经济，提高农民收入，实现乡村振兴具有重要意义。

我国的农村集体经济组织是以土地的集体所有制为基础，以乡村区域为范围，以管理土地和集体财产、组织本集体成员共同开展大规模的生产经营活动和提供其他社会经济服务为目的的集体性经济组织。它是集体生产资料所有权的代表者，是我国在农村实行社会主义公有制的基本组织形式，是劳动群众集体所有制的典型组织形式，是一个与传统户籍管理、行政区划、社会保障等密切联系的有中国特色的合作经济组织。农村集体经济组织具有三个特点：（1）集体所有的经济组织，即其是建立在家庭承包经营基础上的集体经济，具有营利性。（2）保障成员集体利益，农村集体经济组织是建立在一定范围内的土地公有基础上的经济组织，是农村集体土地的经营者和管理者，承担着保障农村集体组织成员利益的功能和责任。（3）成员资格对内开放性及对外的封闭性。集体经济组织成员的权利来源于成员资格，有资格才有权利，无资格即丧失权利。集体经济组织对组织内的新出生人口具有开放性，出生便是天然成员。[①]

（二）农村集体经济组织依法取得法人资格

农村集体经济组织的特殊性在于其既有经济主体的属性，也承担着一定的政治属性，与我国社会主义制度紧密相连。在原《民法通则》中，集体经济组织被定位为"其他组织"。因其不具有法人地位，无法独立承担民事责任，当

---

① 最高人民法院民法典贯彻实施工作领导小组主编：《中华人民共和国民法典总则编理解与适用》，人民法院出版社2020年版，第501页。

其他组织在民事活动中需要承担民事责任时，一般应由其开办人或其上级单位承担连带责任，限制了其发挥参与市场经济活动的活力。在现实生活中，大部分农村没有设置独立于村民委员会的集体经济组织，由村民委员会代行集体所有权和经营权。

本条第1款规定原则性确认了农村集体经济组织特别法人主体地位，为未来农村集体经济组织的专项立法提供了基本法依据。本条款含义有三方面内容：（1）确立了农村集体经济组织依法取得法人资格，明确了其在民事关系中的法律定位，赋予了其享有土地所有权、发包权和相关农村集体财产的经营权的法人地位，激发了农村集体经济组织参与市场经济发展的活力。（2）农村集体经济组织"依法"成立应该符合法人成立的原则性条件，即有自己的名称、组织机构和住所，有独立的财产和经费，能够独立承担民事责任。（3）农村集体经济组织"依法"成立应该符合其成立的程序要件，如是否需要经过有关机关批准，是否需要向有关机关进行登记等。农村集体经济组织取得法人资格的具体条件和程序，需要未来的农村集体经济组织的专项立法作出更为详细的规定。

本条第2款规定法律、行政法规对农村集体经济组织有规定的，依照其规定。《中共中央、国务院关于加快发展现代农业进一步增强农村发展活力的若干意见》指出："大力支持发展多种形式的新型农民合作组织。"本条款即是为农村集体经济组织的多样化形态发展和保护提供法律依据，如农村改革中出现的新事物股份合作制，它以合作制为基础，同时吸收股份制的相关制度，成为劳动者的劳动联合和资本联合相结合形成的新型企业组织形式，是社会主义市场经济中集体经济的一种新的组织形式。一些较为发达的地区在实践中探索形成了股份合作公司、股份合作社等多种形式。

▶ 适用指引

一、农村集体经济组织不是集体资产的所有者

农村集体经济组织作为法人只是农村集体资产的管理主体，而不是集体资产的所有者，农村集体经济组织所有并非农村集体经济组织成员所有之和。所以，当农村集体经济组织作为法人以自己的名义对外从事民事活动时，其所

有的财产或经费不是其管理的属于农村集体经济组织成员所有的不动产或动产。①

二、农村集体经济组织成员的资格问题

由于没有法律的具体规定，各地农村的情况差别很大，各农村集体经济组织的历史形成、成员构成、资产组成情况不同，在认定农村集体经济组织成员资格方面的标准也不同。根据中央关于农村集体产权制度改革的意见，应按照尊重历史、兼顾现实、程序规范、群众认可的原则，统筹考虑户籍关系、农村土地承包关系、对集体积累的贡献等因素，协调平衡各方利益，确认农村集体经济组织成员身份。目前，各地按照这一原则和精神正在进行试点工作，可以在试点工作结束后，在总结试点经验的基础上，通过农村集体经济组织的专项立法，对农村集体经济组织成员资格认定问题作出具体规定。②

▶ 类案检索

一、张某游等与北京市平谷区马昌营镇毛官营村经济合作社土地承包经营权纠纷案

关键词：农村集体经济组织成员　集体经济组织内部事项　民事诉讼受案范围

裁判摘要：《最高人民法院关于审理涉及农村土地承包纠纷案件适用法律问题的解释》第1条第2款规定："农村集体经济组织成员因未实际取得土地承包经营权提起民事诉讼的，人民法院应当告知其向有关行政主管部门申请解决。"涉及的村集体土地确权方式、入股分红均系村集体经济组织内部事项，并非平等主体之间的民事争议，应通过村民民主程序解决或向有关部门反映，不属于人民法院受理民事诉讼的范围。

【案　　号】（2021）京民申5529号

---

① 最高人民法院民法典贯彻实施工作领导小组主编：《中华人民共和国民法典总则编理解与适用》，人民法院出版社2020年版，第503页。
② 黄薇：《中华人民共和国民法典总则编解读》，中国法制出版社2020年版，第312~313页。

【审理法院】北京市高级人民法院

二、济南市章丘区文祖街道办事处、赵某朝民间借贷纠纷案

关键词： 未登记的农村经济集体组织　其他组织

裁判摘要：《民事诉讼法》及司法解释规定，公民、法人和其他组织可以作为民事诉讼的当事人。其他组织是指合法成立、有一定的组织机构和财产，但又不具备法人资格的组织，包括：（1）依法登记领取营业执照的个人独资企业；（2）依法登记领取营业执照的合伙企业；（3）依法登记领取我国营业执照的中外合作经营企业、外资企业；（4）依法成立的社会团体的分支机构、代表机构；（5）依法设立并领取营业执照的法人的分支机构；（6）依法设立并领取营业执照的商业银行、政策性银行和非银行金融机构的分支机构；（7）经依法登记领取营业执照的乡镇企业、街道企业；（8）其他符合本条规定条件的组织。没有取得农村集体经济组织登记证或其他登记的组织是符合上述法律规定的其他组织。

【案　　号】（2021）鲁01民终10284号

【审理法院】山东省济南市中级人民法院

第一百条 城镇农村的合作经济组织依法取得法人资格。

法律、行政法规对城镇农村的合作经济组织有规定的，依照其规定。

关联规定

法律、行政法规、司法解释

1.《中华人民共和国宪法》

第八条 农村集体经济组织实行家庭承包经营为基础、统分结合的双层经营体制。农村中的生产、供销、信用、消费等各种形式的合作经济，是社会主义劳动群众集体所有制经济。参加农村集体经济组织的劳动者，有权在法律规定的范围内经营自留地、自留山、家庭副业和饲养自留畜。

城镇中的手工业、工业、建筑业、运输业、商业、服务业等行业的各种形式的合作经济，都是社会主义劳动群众集体所有制经济。

国家保护城乡集体经济组织的合法的权利和利益，鼓励、指导和帮助集体经济的发展。

2.《中华人民共和国农民专业合作社法》

第二条 本法所称农民专业合作社，是指在农村家庭承包经营基础上，农产品的生产经营者或者农业生产经营服务的提供者、利用者，自愿联合、民主管理的互助性经济组织。

第三条 农民专业合作社以其成员为主要服务对象，开展以下一种或者多种业务：

（一）农业生产资料的购买、使用；

（二）农产品的生产、销售、加工、运输、贮藏及其他相关服务；

（三）农村民间工艺及制品、休闲农业和乡村旅游资源的开发经营等；

（四）与农业生产经营有关的技术、信息、设施建设运营等服务。

第五条 农民专业合作社依照本法登记，取得法人资格。

农民专业合作社对由成员出资、公积金、国家财政直接补助、他人捐赠以及合法取得的其他资产所形成的财产，享有占有、使用和处分的权利，并以上述财产对债务承担责任。

第十二条 设立农民专业合作社，应当具备下列条件：

（一）有五名以上符合本法第十九条、第二十条规定的成员；

（二）有符合本法规定的章程；

（三）有符合本法规定的组织机构；

（四）有符合法律、行政法规规定的名称和章程确定的住所；

（五）有符合章程规定的成员出资。

第十四条 设立农民专业合作社，应当召开由全体设立人参加的设立大会。设立时自愿成为该社成员的人为设立人。

设立大会行使下列职权：

（一）通过本社章程，章程应当由全体设立人一致通过；

（二）选举产生理事长、理事、执行监事或者监事会成员；

（三）审议其他重大事项。

3.《中华人民共和国商业银行法》

第九十三条 城市信用合作社、农村信用合作社办理存款、贷款和结算等业务，适用本法有关规定。

4.《农民专业合作社登记管理条例》

第三条 农民专业合作社经登记机关依法登记，领取农民专业合作社法人营业执照（以下简称营业执照），取得法人资格。未经依法登记，不得以农民专业合作社名义从事经营活动。

▶ 条文释义

一、本条主旨

本条是关于城镇农村的合作经济组织取得法人资格的规定。

二、条文演变

《农业法》（2012年修订）对农村合作经济组织作了原则性规定，并未明确赋予其民事主体地位。2006年《农民专业合作社法》(2017年修订)第5条规定:"农民专业合作社依照本法登记,取得法人资格。农民专业合作社对由成员出资、公积金、国家财政直接补助、他人捐赠以及合法取得的其他资产所形成的财产,享有占有、使用和处分的权利,并以上述财产对债务承担责任。"合作经济组织在我国农村经济发展中占有重要地位。2008年通过的《中共中央关于推进农村改革发展若干重大问题的决定》指出:"培育农民新型合作组织,发展各种农业社会化服务组织,鼓励龙头企业与农民建立紧密型利益联结机制,着力提高组织化程度。按照服务农民、进退自由、权利平等、管理民主的要求,扶持农民专业合作社加快发展,使之成为引领农民参与国内外市场竞争的现代农业经营组织。"原《民法总则》在"特别法人"一节,明确了农村和城镇的合作经济组织在具备条件的情况下拥有法人资格,解决了农村和城镇的合作经济组织在民事活动中法律定位不明的问题。此次《民法典》编纂时,沿用了这一规定。

三、条文解读

城镇农村的合作经济组织是按照自愿互利、民主管理、协作服务原则组建的经济组织,主要是指供销合作社等。供销合作社按照政府授权对重要农业生产资料、农副产品经营进行组织、协调、管理;促进城乡物资交流;宣传贯彻党中央、国务院有关农村经济工作的方针政策;是党和政府密切联系农民群众的桥梁纽带和做好农业、农村、农民工作的重要载体。

(一)合作经济组织的内涵

1995年国际合作社联盟第31届代表大会将合作社定义为:合作社是人们自愿联合组成的自治性协会,通过共同所有和民主控制的企业来满足社员经济、社会和文化方面的共同需求和渴望。[①]

在合作经济的发展过程中,由于受不同历史、文化传统的影响,各国对合作经济组织的界定不尽相同。我国法律法规中未对合作经济组织作出明确的定义,仅在《农业法》第11条第2款规定:"农民专业合作经济组织应当坚持为成员服务的宗旨,按照加入自愿、退出自由、民主管理、盈余返还的原则,依

---

① 张晓山:《合作社的基本原则及有关的几个问题》,载《农村合作经济经营管理》1998年第2期。

法在其章程规定的范围内开展农业生产经营和服务活动。"目前，理论界对合作经济组织的提法并不统一，有学者称其为"合作社"，有学者称之为"合作经济组织"；对于农村的合作经济组织，又有"农业合作经济组织""农民合作经济组织"等不同称谓。我们认为，农业的外延过大，而对农民的界定也存在问题，故本条规定使用了"农村合作经济组织"的概念。①

（二）供销合作社是我国合作经济组织的重要形式

中华全国供销合作总社是全国供销合作社的联合组织，由国务院领导。中华全国供销合作总社主要负责研究制订全国供销合作社的发展战略和发展规划，指导全国供销合作社的发展和改革；按照政府授权对重要农业生产资料、农副产品经营进行组织、协调、管理；维护各级供销合作社的合法权益；协调同有关部门的关系，指导全国供销合作社的业务活动，促进城乡物资交流；宣传贯彻党中央、国务院有关农村经济工作的方针政策；代表中国合作社参与国际合作社联盟的各项活动；承办党中央、国务院交办的其他事项。凡承认中华全国供销合作总社章程、自愿履行各项义务的省、自治区、直辖市及新疆生产建设兵团、计划单列市供销合作社联合社，其他具有独立法人资格的省级合作经济组织、为农服务的全国性行业协会、大型农业产业化龙头企业等，可申请加入总社，经总社理事会批准，成为总社成员社或者成员单位（统称成员社）。成员社的资产归各成员社所有，实行自主经营、自负盈亏。

（三）合作经济组织是特别法人

2015年3月《中共中央、国务院关于深化供销社综合改革的决定》明确提出："确立供销合作社的特定法律地位。在长期的为农服务实践中，供销合作社形成了独具中国特色的组织和服务体系，组织成分多元，资产构成多样，地位性质特殊，既体现党和政府政策导向，又承担政府委托的公益性服务，既有事业单位和社团组织的特点，又履行管理社有企业的职责，既要办成以农民为基础的合作经济组织，又要开展市场化经营和农业社会化服务，是党和政府以合作经济组织形式推动'三农'工作的重要载体，是新形势下推动农村经济社会发展不可替代、不可或缺的重要力量。为更好发挥供销合作社出特优势和

---

① 最高人民法院民法典贯彻实施工作领导小组主编：《中华人民共和国民法典总则编理解与适用》，人民法院出版社2020年版，第505页。

重要作用，必须确立其特定法律地位，抓紧制定供销合作社条例，适时启动供销合作社法立法工作。"2019年1月《中共中央、国务院关于坚持农业农村优先发展做好"三农"工作的若干意见》指出，继续深化供销合作社综合改革，制定供销合作社条例。

我国的合作经济组织符合法人成立的条件，都有自己的名称、固定的场所、组织机构和独立的财产，农村合作经济组织还要求有自己的章程。《民法典》对符合法人构成条件的合作经济组织赋予法人资格，有利于鼓励城镇农村的合作经济组织积极参与民事活动，促进城镇农村经济的可持续性发展。

城镇农村的合作经济组织不以营利为目的，是一种人合型企业，介于企业法人与社会团体法人之间的中间状态的经济组织。故《民法典》将其放在"特别法人"中予以规定。

（四）城镇农村的合作经济组织"依法"取得法人资格

1. 城镇农村的合作经济组织应该符合《民法典》规定的法人成立的条件。

2. 城镇农村的合作经济组织法人应履行法定登记、报批手续。《农民专业合作社登记管理条例》第3条规定："农民专业合作社经登记机关依法登记，领取农民专业合作社法人营业执照（以下简称营业执照），取得法人资格。未经依法登记，不得以农民专业合作社名义从事经营活动。"依据上述规定，符合法人成立条件的农民专业合作社，依法经过登记后取得法人资格，不需要有关部门的审批。

本条第2款规定："法律、行政法规对城镇农村的合作经济组织有规定的，依照其规定。"其他法律法规对城镇农村的合作经济组织有详细具体规定的，应适用其他法律法规的规定。例如，《农民专业合作社法》对农民专业合作社的设立和登记、成员、组织机构、财务管理、合并、分立、解散和清算、法律责任等事项作了明确的规定；《农民专业合作社登记管理条例》对于城镇农村的合作经济组织登记事项、设立登记程序、变更登记、注销登记、法律责任都作出了明确的规定。

▶ 适用指引

在实践中，城镇、农村的合作经济组织与合伙制企业、股份制公司、集体

经济组织经常被混淆,应注意区分:

一、城镇农村的合作经济组织与合伙制企业的区别

以农村合作经济组织为例,其生产资料由成员共同占有,但由于农业生产经营的一些特性使得农民可以分户经营,这与合伙制企业不同。农村合作经济组织要求成员投入一定的资金、实物或技术等作为股金,方可取得成员资格,但由于农村合作经济组织是以劳动的联合为主,因此,在利润分配上股金的分红受到限制。农村合作经济组织的成员仅以其出资额为限对合作经济组织的债务承担有限责任,而在合伙制企业中各合伙人对企业债务承担无限连带责任。

二、城镇农村的合作经济组织与股份制公司的区别

首先,农村合作经济组织与股份制公司最大的不同在于成员以劳动合作为主,而非资本的合作为主。因此,无论成员实力大小和出资多少,都实行民主选举、民主决策、民主管理,一人一票制。这种"一人一票"原则充分体现了民主、平等的精神,完全不同于股份制公司在经济管理中按持股多少来决定发言权的做法。其次,两者在主体资格方面也存在差异。根据《农民专业合作社法》第20条第1款的规定,农民至少应当占成员总数的80%。而公司的经营主体则没有地域或资格的限制。再次,两者存在的目的不同。农村合作经济组织的一切经济活动都是为了提高农民的生产或生活水平,对于经营活动中产生的利润,最终也会按照交易额返还给农民。最后,两者的管理机制不同,农民既是农村合作经济组织的所有者,又是业务管理者,同时还是合作经济活动的参与者,集所有者、管理者、参与者身份于一身。而公司的所有者、经营者通常是相互分离的。

三、城镇农村的合作经济组织与集体经济组织的区别

集体经济组织与合作经济组织在我国经常被混淆,已经成为合作经济组织立法与政策制定的主要障碍,严重阻碍合作经济组织的生存和发展。二者实际有本质区别:

(一)所有制结构上的区别

合作经济组织是成员共同占有生产资料、民主控制、成员参与并受益的经

济组织。合作经济组织由成员出资，并将其资本置于成员控制之下。入股出资是取得成员资格的基本条件。股本及其增值是成员个人的所有者权益，也是成员为合作经济组织债务承担有限责任的保证。合作经济组织承认和确保成员个人的所有者权益，并由成员控制合作经济组织的成本。集体经济组织不仅取消和否定集体中个人对企业的所有者权益，而且集体所有的所谓"集体"范围的大小往往是模糊的、不确定的。

（二）在法人治理机制上的区别

合作经济组织是成员控制的民主组织。成员是控制合作社的主体，控制程序则是民主的。成员拥有民主选举、民主决策和民主监督的权利以及为实现这些权利所必需的知情权。选举产生的机构和人员要对全体成员负责。而集体经济组织内部民主管理的程度相对不足。

（三）在分配制度上的区别

合作经济组织的盈余是属于成员的权益，由成员大会决定其分配，一般按劳动分红或者是交易额比例返还。集体经济组织否定个人的所有者权益，利润不向个人返还，由利润形成的公共积累归集体所有。[1]

---

[1] 最高人民法院民法典贯彻实施工作领导小组主编：《中华人民共和国民法典总则编理解与适用》，人民法院出版社2020年版，第507~509页。

第一百零一条　居民委员会、村民委员会具有基层群众性自治组织法人资格，可以从事为履行职能所需要的民事活动。

未设立村集体经济组织的，村民委员会可以依法代行村集体经济组织的职能。

▶ **关联规定**

法律、行政法规、司法解释

1.《中华人民共和国城市居民委员会组织法》

第二条　居民委员会是居民自我管理、自我教育、自我服务的基层群众性自治组织。

不设区的市、市辖区的人民政府或者它的派出机关对居民委员会的工作给予指导、支持和帮助。居民委员会协助不设区的市、市辖区的人民政府或者它的派出机关开展工作。

2.《中华人民共和国村民委员会组织法》

第二条　村民委员会是村民自我管理、自我教育、自我服务的基层群众性自治组织，实行民主选举、民主决策、民主管理、民主监督。

村民委员会办理本村的公共事务和公益事业，调解民间纠纷，协助维护社会治安，向人民政府反映村民的意见、要求和提出建议。

村民委员会向村民会议、村民代表会议负责并报告工作。

第三条　村民委员会根据村民居住状况、人口多少，按照便于群众自治，有利于经济发展和社会管理的原则设立。

村民委员会的设立、撤销、范围调整，由乡、民族乡、镇的人民政府提出，经村民会议讨论同意，报县级人民政府批准。

村民委员会可以根据村民居住状况、集体土地所有权关系等分设若干村民小组。

▶ 条文释义

一、本条主旨

本条是关于基层群众性自治组织法人的规定。

二、条文演变

关于居民委员会、村民委员会的法人地位的问题，在原《民法总则》立法过程中，有的部门、地方和一些基层干部群众代表提出，居民委员会、村民委员会是基层群众性自治组织，为履行其职能需要从事一些民事活动。现行法律没有规定其民事主体地位，致使其在一些情况下不能顺利从事民事活动，所以有必要明确赋予居民委员会、村民委员会法人资格。经研究，全国人大常委会采纳了这一意见，在本条中明确规定：居民委员会、村民委员会具有基层群众性自治组织法人资格。《民法典》延续了这一规定。

三、条文解读

基层群众性自治组织是具有我国特色的基层组织，既包括城镇居民委员会，也包括农村村民委员会，具有准基层政权的性质。它所具有的自治性、群众性、民主性、法制性、自律性和基层性的特点，使它与国家政权机关和其他社会组织区别开来。但是，一直以来基层群众性自治组织的法律地位并不清晰，因其缺乏独立法人地位而面临许多问题，一定程度上制约了基层组织的发展。本条规定明确赋予了居民委员会和村民委员会以独立法人地位，解决了两者在民事活动中主体地位不清的问题。

（一）居民委员会的法人地位

《城市居民委员会组织法》第2条第1款规定："居民委员会是居民自我管理、自我教育、自我服务的基层群众性自治组织。"同时，该法又规定上级政府及其派出机关对居民委员会有指导权力，居民委员会有协助上级政府及其派出机构工作的义务。实践中，城市居民委员会并不是纯粹的具有独立地位的自治组织，还承担了许多政府职能。

居民委员会这种模糊的定位，使居民委员会游离于机关事业单位、社会民间组织之外，没有独立法人资格，主要体现在两个方面：一是居民委员会主体地位不独立。社区自治是社区居民将自己的权利授予社区自治组织以管理社区日常事务，是公权力有选择地退出市民社会、还政于民的结果。因此，居民委员会行使自治权的过程也包括行使私权的过程，居民委员会是一个行使私权的主体，在日常生活中必然要与其他主体发生各种民事关系，但实践中居民委员会并不能作为合同一方主体订立合同、涉诉应诉。二是财产不独立。居民委员会不同于村民委员会，它没有对集体所有资源的占有、使用、收益、处分的权利。目前而言，居民委员会的办公经费几乎全部来自政府的财产划拨。《城市居民委员会组织法》第4条第2款规定："居民委员会管理本居民委员会的财产，任何部门和单位不得侵犯居民委员会的财产所有权。"但是在实践中，居民委员会没有独立的账户，政府将社区的办公经费划在了街道办事处的账户下，社区居委会要使用办公经费需街道办事处的协助。居民委员会对工作经费的支取采用报账式的随用随取。

为促进基层群众性自治组织的发展，充分发挥各民事主体在市场经济中的作用，本条规定对居民委员会进行了法人化改造，明确赋予居民委员会具有基层群众性自治组织法人资格。立法作出这种选择，具有明确的法理依据，即居民委员会具备法人的基本特征：一是居民委员会拥有行使自我管理、自我教育、自我服务的权利能力和行为能力；二是居民委员会每年都会从国家那里获得一定数额的办公经费，名义上它属于居民委员会的独立财产；三是我国法律规定居民委员会的名称以地方名为前缀，具有专有性，同时规定每个社区都必须有一定规格的办公场所、一定的人员配备，保证居民委员会的日常工作；四是在承担民事责任方面，因为居民委员会是民事权利义务关系中最直接的当事人，在具备独立财产权的前提下，让居民委员会去独立承担民事责任也未尝不可。当然，居民委员会作为基层群众性自治组织法人，还需要相关法律法规进一步完善细化其具体规定。

（二）村民委员会的法人地位

《村民委员会组织法》第2条第1款规定："村民委员会是村民自我管理、自我教育、自我服务的基层群众性自治组织，实行民主选举、民主决策、民主管理、民主监督。"依据上述规定，村民委员会是基层群众性自治组织，自治主体是村民。与其他自治组织相比较，村民委员会具有以下特征：一是村民委员会属于村民自治组织体系的一部分而不是一级政权机关,其行使单一的自治职能。村民委员会成员由村民直接选举产生,不脱离生产劳动,可以适当补贴;村民委员会与基层政府是协助与指导关系,而不是领导与被领导的关系,更不是命令与服从的关系。乡镇人民政府对村民委员会工作给予指导、支持和帮助,但不得干预依法属于村民自治范围内的事务。二是村民委员会是村民自治运作的常设机构,承担着管理村民自治范围内各种日常事务的任务,是村级事务的直接管理者。三是村民委员会是村民自治的常设性工作机构,是体现村民意志的村民会议和村民代表会议决定的执行者。四是村民委员会接受乡镇政府的指导,并协助乡镇政府工作。

法律制度上村民委员会是基层群众性自治组织,但由于村民自治范围内的事务与国家公共事务存在一定程度的重合,村民委员会在实践中带有很强的行政主体色彩,再加之有关村民委员会的法律制度在确立相关法律主体的地位与关系方面存在模糊,村民委员会作为基层群众性自治组织的自治功能受到了限制。加快依法治国的进程,把我国建设成为社会主义法治国家,是农村依法进行村民自治的外部环境和制度保障,依法进行村民自治也是社会主义法治国家建设的有机组成部分,村民委员会的制度建设是我国社会主义法律制度建设的有机组成部分。《民法典》对包括村民委员会在内的基层群众性自治组织进行法人改造,是顺应法治建设潮流的重要举措。村民委员会作为基层群众性自治组织法人,享有独立的民事主体资格,可以从事为履行职能所需要的民事活动,必将极大促进村民委员会自治功能的发挥。

(三)未设立村集体经济组织的,村民委员会可以依法代行村集体经济组织的职能

从法律的角度而言,村民委员会是村民选举出来执行村民自治的常设机构,村集体经济组织的经营不属于村民自治的范畴。《村民委员会组织法》第8条第3款规定,村民委员会应当尊重并支持集体经济组织依法独立进行经济活动的自主权,维护以家庭承包经营为基础、统分结合的双层经营体制,保障集体经济组织和村民、承包经营户、联户或者合伙的合法财产权和其他合法权益。

然而,村集体经济组织出于历史的原因成立得很少。在《农村土地承包法》实施的十几年中,多数地区是由村民委员会代行集体经济组织发包权能

的，在实践中许多地方的村民委员会成员兼任村集体经济组织的负责人。因此，无论从历史的承续，还是现实多数农村的实际做法看，从法律上明确在未设立村社合一的农村集体经济组织的自然村，由村民委员会依法代行村集体经济组织职能，是能够得到绝大多数农村群众认可的，是可行的。

本条第2款立足于我国农村经济发展的实际，广泛听取了各方意见，对农村集体经济组织和村民委员会履行职责的顺序进行了整理，亦即农村集体资产优先由农村集体经济组织进行管理，农村集体经济组织在民事活动中担任一方民事主体，只有在没有设立村集体经济组织的自然村，村民委员会在有关法律、法规规定的条件下才可以作为一方民事主体，依法代行农村集体经济组织的职能，① 这在承认和发挥团体作用，方便、鼓励和稳定交易等方面有着重大意义。

典型案例

浙江省乐清市乐成镇石马村村民委员会与浙江顺益房地产开发有限公司合作开发房地产合同纠纷案

关键词： 村民利益事项　村民代表大会议　会议程序

裁判摘要： 根据《村民委员会组织法》第18条、第19条的规定，村民会议由村民委员会召集，对于涉及村民利益的事项和村民会议认为应当由村民会议讨论决定的涉及村民利益的其他事项，村民委员会必须提请村民会议讨论决定后方可办理。村民委员会经依法召集村民会议讨论决定后与他人订立的协议，应当认定为合法有效。

基本案情： 2003年1月，村委会集体所有的土地700余亩被乐清市国土资源局征用，乐清市国土资源局返还村委会留用地指标70亩，其中包括：双方讼争的C-c41地块（以下简称7号地块），作为村委会从事开发经营、兴办企业及村民住宅用地。由于土地被征用后，土地承包户强烈要求补足每亩30万元的补偿款，故村委会经村民代表会议讨论，决定开发7号地块，以解决土地承包户的补偿款问题。村委会与瑞安市汇通房地产开发有限公司（以下简称汇

---

① 郭洁：《论农村集体经济组织的营利法人地位及立法路径》，载《当代法学》2019年第5期。

通公司）多次协商开发该地块。经村委会村民代表会议讨论后，村委会与汇通公司先后于2003年8月30日、9月9日、10月16日签订了三份协议书。其中8月30日的协议书载明，双方就7号地块（约12.27亩，以附图为准）挂牌出让有关问题达成如下协议：（1）确保村委会该地块土地出让净值5000万元，即无论汇通公司以任何价格取得该地，均应净付给村委会5000万元。涉及该地块的政策等规定及政策或其他一切因素的变化而产生的任何权利与义务均与村委会无关。（2）若挂牌出让时其他公司取得该地块，村委会净得出让金少于5000万元，不足部分由汇通公司补足；村委会净得出让金多于5000万元，多余部分双方各半分成。（3）本协议签订后，汇通公司于2003年9月10日前付给村委会保证金3000万元（包括已收700万元），挂牌结束后多退少补。汇通公司承诺本协议签订后约6个月完成该地块出让。

2003年10月16日的协议书载明，村委会经村民代表大会决议后，重新与汇通公司达成协议，其中就返还土地出让款超过5000万元部分，双方约定：不论土地主管机关挂牌出让后返给村委会多少数额的土地出让款项，村委会净得额为5000万元，多余部分作为汇通公司此前合作过程的投入和努力的受益分成，此款连同汇通公司已付村委会的3000万元，由村委会一并返回给汇通公司。

协议书签订后，汇通公司根据双方的约定先后支付给村委会3000万元。

2003年11月27日，汇通公司更名为顺益公司。

2004年1月22日，乐清市国土资源局对7号地块使用权进行招标出让，后由顺益公司以1.565亿元的价格竞得。顺益公司与乐清市国土资源局签订了《国有土地使用权出让合同》并向乐清市国土资源局交清了1.565亿元土地出让金。村委会根据其与顺益公司2003年10月16日的约定，将其中的8240万元转给了顺益公司。

2005年7月11日，村委会向浙江省高级人民法院起诉，请求：确认双方当事人在2003年10月16日签订的协议书无效，并返还村委会5240万元；

一审法院判决驳回村委会的诉讼请求。

村委会不服一审判决，向二审法院提起上诉。

二审查明的事实与一审查明的事实相同。

二审法院认为，本案争议焦点为：双方签订的2003年10月16日协议书是否有效，土地挂牌出让所得价款1.224亿元如何处理，对挂牌效力异议应如何认定三个问题。

1. 关于双方签订的2003年10月16日协议书是否有效的问题。二审法院认为，村委会召开村民代表大会后，双方当事人签订的是8月30日协议书。10月16日协议书作为一个新协议，没有证据证明已经村民代表大会同意，不予认定其有效。8月30日协议书是经村民代表大会决议后签订的，会议召开的程序符合《村民委员会组织法》第18条的法律规定，而且8月30日协议书约定与村民代表大会决议内容基本上是一致的，即确保村委会取得净地款5000万元，对顺益公司中标后超出5000万元的部分如何处理均没有明确意见。因此，8月30日双方所签订的协议书内容是经过村民代表大会讨论决定的，符合《村民委员会组织法》第19条的规定，故该协议书应认定为有效。

2. 关于7号地块挂牌出让所得价款1.224亿元，应如何处理问题。二审法院认为，根据协议书的约定，1.224亿元土地价款中的5000万元应归村委会所有；其余7240万元双方当事人如何分配未作出明确约定，依据相对公平的原则由双方各分得一半，即村委会与顺益公司各分得3620万元。1.224亿元土地价款，村委会实得8620万元；顺益公司实得3620万元。因村委会已返还顺益公司8240万元，扣除村委会尚未退还顺益公司已付的2000万元保证金，顺益公司还应再付给村委会1620万元。

3. 关于对挂牌效力异议应如何认定问题。二审法院认为，如果有第三方提出异议，认为在竞标中当事人有串标行为侵害其利益，应由第三方向有关部门提出主张，而村委会无权主张。对村委会该项诉讼请求，不予支持。

二审法院判决撤销一审民事判决；顺益公司给付村委会1620万元。

【案　　号】（2006）民一终字第59号

【审理法院】最高人民法院

【来　　源】《最高人民法院公报》2008年第9期

类案检索

艾某古·热某曼、若羌县铁干里克镇果勒吾斯塘村村民委员会确认劳动关系纠纷案

关键词：村民委员会　代行村集体经济组织职能　劳动关系

裁判摘要： 农村集体经济组织、村民委员会为特别法人。未设立村集体经济组织的，村民委员会可以依法代行村集体经济组织的职能。村民委员会等基层群众性自治组织虽未明确纳入《劳动合同法》规定的用人单位范畴，但对于双方因服务关系产生的权利义务可以参照劳动关系处理。如村民委员会与其对外招聘人员发生的用工关系符合劳动关系特征的，应按劳动关系处理。

【案　　号】（2022）新民申117号
【审理法院】新疆维吾尔自治区高级人民法院

第四章　非法人组织

> 第一百零二条　非法人组织是不具有法人资格，但是能够依法以自己的名义从事民事活动的组织。
>
> 　　非法人组织包括个人独资企业、合伙企业、不具有法人资格的专业服务机构等。

▶ 关联规定

法律、行政法规、司法解释

1.《中华人民共和国个人独资企业法》

第二条　本法所称个人独资企业，是指依照本法在中国境内设立，由一个自然人投资，财产为投资人个人所有，投资人以其个人财产对企业债务承担无限责任的经营实体。

2.《中华人民共和国合伙企业法》

第二条　本法所称合伙企业，是指自然人、法人和其他组织依照本法在中国境内设立的普通合伙企业和有限合伙企业。

普通合伙企业由普通合伙人组成，合伙人对合伙企业债务承担无限连带责任。本法对普通合伙人承担责任的形式有特别规定的，从其规定。

有限合伙企业由普通合伙人和有限合伙人组成，普通合伙人对合伙企业债务承担无限连带责任，有限合伙人以其认缴的出资额为限对合伙企业债务承担责任。

3.《中华人民共和国资产评估法》

第十五条　评估机构应当依法采用合伙或者公司形式，聘用评估专业人员开展评估业务。

合伙形式的评估机构，应当有两名以上评估师；其合伙人三分之二以上应当是具有三年以上从业经历且最近三年内未受停止从业处罚的评估师。

公司形式的评估机构，应当有八名以上评估师和两名以上股东，其中三分之二以上股东应当是具有三年以上从业经历且最近三年内未受停止从业处罚的评估师。

评估机构的合伙人或者股东为两名的，两名合伙人或者股东都应当是具有三年以上从业经历且最近三年内未受停止从业处罚的评估师。

4.《中华人民共和国律师法》

第十四条 律师事务所是律师的执业机构。设立律师事务所应当具备下列条件：

（一）有自己的名称、住所和章程；

（二）有符合本法规定的律师；

（三）设立人应当是具有一定的执业经历，且三年内未受过停止执业处罚的律师；

（四）有符合国务院司法行政部门规定数额的资产。

5.《中华人民共和国民事诉讼法》

第五十一条 公民、法人和其他组织可以作为民事诉讼的当事人。

法人由其法定代表人进行诉讼。其他组织由其主要负责人进行诉讼。

6.《最高人民法院关于适用〈中华人民共和国民事诉讼法〉的解释》

第五十二条 民事诉讼法第五十一条规定的其他组织是指合法成立、有一定的组织机构和财产，但又不具备法人资格的组织，包括：

（一）依法登记领取营业执照的个人独资企业；

（二）依法登记领取营业执照的合伙企业；

（三）依法登记领取我国营业执照的中外合作经营企业、外资企业；

（四）依法成立的社会团体的分支机构、代表机构；

（五）依法设立并领取营业执照的法人的分支机构；

（六）依法设立并领取营业执照的商业银行、政策性银行和非银行金融机构的分支机构；

（七）经依法登记领取营业执照的乡镇企业、街道企业；

（八）其他符合本条规定条件的组织。

▶ 条文释义

一、本条主旨

本条是关于非法人组织界定的规定。

二、条文演变

关于民事主体，原《民法通则》仅规定了公民（自然人）、法人，没有规定其他形式的主体，但我国其他民事法律中普遍有"其他组织"的规定，例如，原《合同法》第2条规定："本法所称合同是平等主体的自然人、法人、其他组织之间设立、变更、终止民事权利义务关系的协议。"《民事诉讼法》第3条规定："人民法院受理公民之间、法人之间、其他组织之间以及他们相互之间因财产关系和人身关系提起的民事诉讼，适用本法的规定。"第51条第1款规定："公民、法人和其他组织可以作为民事诉讼的当事人。"因此，有必要明确规定非法人组织作为民事活动主体的法律地位。原《民法总则》第102条规定："非法人组织是不具有法人资格，但是能够依法以自己的名义从事民事活动的组织。""非法人组织包括个人独资企业、合伙企业、不具有法人资格的专业服务机构等。"关于第1款非法人组织的定义，《民法总则（草案）》三稿中均为："法人组织是不具有法人资格，但是依法能够以自己的名义从事民事活动的组织"，但关于非法人组织的范围列举则有较大不同。一审稿规定为："非法人组织包括个人独资企业、合伙企业、营利性法人或者非营利性法人依法设立的分支机构等"；二审稿中删除了"营利性法人或者非营利性法人设立的分支机构"这一种类；三审稿中添加了"不具有法人资格的专业服务机构和其他组织"，删除了"等"字，取而代之以"其他组织"，主要指的是律师事务所、会计师事务所等。终稿中则将"和其他组织"替换为"等"字。原《民法总则》采纳了三审稿中的修改意见，但将第1款中"依法能够以自己的名义"调整为"能够依法以自己的名义"。《民法典》吸纳了原《民法总则》规定，未作调整。

三、条文解读

在社会实践中，非法人组织以自己的名义从事各类民事活动，应受民法的调整。本条的重大意义就在于明确了非法人组织的民事主体地位，即自然人、法人之外的所谓"第三类"主体，这不仅解决了民事实体法之间可能存在的矛盾，也解决了民事实体法与程序法之间的衔接，对我国民事主体制度进一步予以完善。由于非法人组织在现实生活中涉及的领域非常广泛、数量庞大，难以细致规范，因此，本条采取概括加列举的立法技术，对非法人组织进行了界定。第1款概括指出非法人组织的部分特征，第2款对日常生活中常见的非法人组织进行了不完全列举。

（一）非法人组织的概念

非法人组织是指不具有法人资格但可以以自己的名义进行民事活动的组织，亦称非法人团体。非法人组织作为一种组织形式，在世界上广泛存在，但各国家或地区对其称谓不同。从历史上看，世界各国民法关于民事主体的理论和立法确有一个从承认单一主体（自然人）到承认多元主体（自然人、法人、非法人组织等）的发展变化过程，其决定因素就是社会物质生活条件。①

（二）非法人组织的特征

结合本条与《民法典》的其他规定，特别是第103条、第104条等规定，非法人组织主要具备以下特征：

1. 有自己的名称、组织机构、场所

非法人组织拥有符合法律规定的名称、固定的从事生产经营等业务活动的场所，根据法律规定也可以有相应的组织管理机构和负责人，使之能够以该组织的名义对外从事相应的民事活动。

2. 有一定的财产或经费

虽然非法人组织不能独立承担民事责任，也不要求其有独立的财产，但由于它是经依法登记的组织，可以以自己的名义对外从事民事活动，享受民事权利、承担民事义务，因此，它应该有与其经营活动和经营规模相适应的财产或者经费，作为其参与民事活动，享受民事权利、承担民事义务的物质基础和财产保证。应当指出的是，非法人组织的财产或经费，与法人的财产或者经费不同，即它不是独立的，是其所属法人或公民财产的组成部分，归该法人或公民

---

① 参见最高人民法院民法典贯彻实施工作领导小组主编：《中华人民共和国民法典总则编理解与适用》，人民法院出版社2020年版，第516页。

所有。①

3. 依法登记

登记或批准是非法人组织的合法性要件，非法人组织在设立程序上应当履行法定的登记手续，经有关机关核准登记，只有依法成立的非法人组织才具有民事权利能力和民事行为能力。

4. 能够以自己的名义从事民事活动

非法人组织是介于自然人和法人之间的一种社会组织，不具有法人资格，不能独立承担民事责任。但该类组织具有民事权利能力和民事行为能力，能够以自己的名义从事民事活动。

5. 不具有独立承担民事责任的能力

非法人组织与法人的最大不同就是不能独立承担民事责任。由于非法人组织没有独立的财产或经费，不具有独立承担民事责任的能力，当其因对外进行民事活动而需要承担民事责任时，根据本法第104条的规定，首先以其自身所拥有的财产承担责任，如其自身所拥有的财产不足以承担责任时，则由其出资人或设立人承担连带责任。

（三）非法人组织的分类

关于非法人组织的分类，学理上根据不同的标准有多种分类形式，例如，将非法人组织分为非法人社团、非法人财团；再根据是否具有营利目的将非法人社团分为营利性非法人社团、公益性（非营利性）非法人社团等。本条第2款没有严格根据特定标准分类列举，而是不完全列举，包括个人独资企业、合伙企业、不具有法人资格的专业服务机构等。

1. 个人独资企业

根据《个人独资企业法》的规定，个人独资企业，是指依照该法在中国境内设立，由一个自然人投资，财产为投资人个人所有，投资人以其个人财产对企业债务承担无限责任的经营实体。

2. 合伙企业

根据《合伙企业法》的规定，合伙企业是指自然人、法人和其他组织依照该法在中国境内设立的普通合伙企业和有限合伙企业。合伙企业分为普通合伙

---

① 参见黄薇主编：《中华人民共和国民法典释义》，法律出版社2020年版，第199页。

企业和有限合伙企业。普通合伙企业由普通合伙人组成，合伙人对合伙企业债务承担无限连带责任。法律对普通合伙人承担责任的形式有特别规定的，从其规定。有限合伙企业由普通合伙人和有限合伙人组成，普通合伙人对合伙企业债务承担无限连带责任，有限合伙人以其认缴的出资额为限对合伙企业债务承担责任。国有独资公司、国有企业、上市公司以及公益性的事业单位、社会团体不得成为普通合伙人。合伙协议依法由全体合伙人协商一致、以书面形式订立。

以专业知识和专门技能为客户提供有偿服务的专业服务机构，可以设立为特殊的普通合伙企业。一个合伙人或者数个合伙人在执业活动中因故意或者重大过失造成合伙企业债务的，应当承担无限责任或者无限连带责任，其他合伙人以其在合伙企业中的财产份额为限承担责任。合伙人在执业活动中非因故意或者重大过失造成的合伙企业债务以及合伙企业的其他债务，由全体合伙人承担无限连带责任。合伙人执业活动中因故意或者重大过失造成合伙企业债务，以合伙企业财产对外承担责任后，该合伙人应当按照合伙协议的约定对给合伙企业造成的损失承担赔偿责任。特殊的普通合伙企业应当建立执业风险基金，办理职业保险。执业风险基金用于偿付合伙人执业活动造成的债务。执业风险基金应当单独立户管理。①

3. 不具有法人资格的专业服务机构，主要是指律师事务所、会计师事务所等

这类事业服务机构一般多采用合伙制，不具有法人资格，所从事的活动为提供律师、会计师等专业服务。除了律师事务所、会计师事务所，法律规定从事专业服务机构的还有资产评估机构等。根据《资产评估法》第 15 条规定，评估机构应当依法采用合伙或者公司形式设立。需要注意的是，专业服务机构并不限于非法人组织形式，有的专业服务机构可以依法登记为法人。例如，根据《会计师事务所执业许可和监督管理办法》第 6 条第 1 款规定，会计师事务所可以采用普通合伙、特殊普通合伙或者有限责任公司形式。其中，有限责任公司形式的会计师事务所即属于法人。许多专业服务机构可以依法登记为"非法人组织"，例如，根据我国《律师法》及《律师事务所管理办法》规定，我国律师事务所可以由律师合伙设立、律师个人设立或者由国家出资设立，依法

---

① 参见黄薇主编：《中华人民共和国民法典释义》，法律出版社 2020 年版，第 200 页。

在司法行政机关登记设立。其中合伙制律师事务所就是典型的非法人组织。①

▶ 适用指引

一、非法人组织与非经登记的组织、非法组织的区别

司法实践中，应当注意区分非法人组织与非经登记的组织、非法组织的概念。非法人组织不具有独立法人资格和地位，并不涉及其政治的正确性、组织或行为的合法性；非经登记的组织是未履行登记程序的组织，该组织设立或成立没有履行法定的或必要的注册登记程序，不能简单地认为其所从事的或实施的行为违反法律；非法组织则是指该组织所从事的事业或所实施的行为违反法律、行政法规的规定，是一种危害国家政权、社会秩序或公共利益的组织，具有违法性。②

关于非法组织，最早提及的规范性文件为1981年2月20日《中共中央、国务院关于处理非法刊物非法组织和有关问题的指示》。其中把非法组织限定在行为或活动"违反宪法和法律"的组织的范围之内，1997年5月14日《民政部关于查处非法社团组织的通知》第2条则把非法组织定义为"未经核准登记，擅自以社会团体或社会团体分支组织名义在所辖区域内进行活动"的社团组织。至此，未经登记的社团均以非法社团对待。在2000年4月10日民政部《取缔非法民间组织暂行办法》施行后，凡未经登记的民间组织、经营组织皆以非法组织对待，均属查处、取缔的对象。③

此外，根据本条规定，非法人组织在民事实体法上具有主体地位，实现了非法人组织民事主体地位与民事诉讼主体地位的一致，意义重大。④

---

① 参见王利明主编：《中国民法典评注——总则编》，人民法院出版社2021年版，第347页。
② 参见肖海军：《非法人组织在民法典中的主体地位及其实现》，载《法商研究》2016年第2期。
③ 参见最高人民法院民法典贯彻实施工作领导小组主编：《中华人民共和国民法典总则编理解与适用》，人民法院出版社2020年版，第520~521页。
④ 参见最高人民法院民法典贯彻实施工作领导小组主编：《中华人民共和国民法典总则编理解与适用》，人民法院出版社2020年版，第518页。

二、司法实践中非法人组织的认定

《民事诉讼法解释》第 52 条规定："民事诉讼法第五十一条规定的其他组织是指合法成立、有一定的组织机构和财产，但又不具备法人资格的组织，包括：（一）依法登记领取营业执照的个人独资企业；（二）依法登记领取营业执照的合伙企业；（三）依法登记领取我国营业执照的中外合作经营企业、外资企业；（四）依法成立的社会团体的分支机构、代表机构；（五）依法设立并领取营业执照的法人的分支机构；（六）依法设立并领取营业执照的商业银行、政策性银行和非银行金融机构的分支机构；（七）经依法登记领取营业执照的乡镇企业、街道企业；（八）其他符合本条规定条件的组织。"该司法解释虽然是对民事程序法中"其他组织"的描述，在审判实践中，可以作为认定非法人组织的参考。

▶ 类案检索

一、林某、东莞市某合作社土地租赁合同纠纷案

关键词： 非法人组织　诉讼主体

裁判摘要： 某合作社是非法人组织。《民事诉讼法》第 51 条第 1 款规定："公民、法人和其他组织可以作为民事诉讼的当事人。"《民法总则》第 102 条第 1 款规定："非法人组织是不具有法人资格，但是能够依法以自己的名义从事民事活动的组织。"根据上述规定，某合作社在完成注销登记时终止。林某在再审审查期间提交的东莞市农业农村局在（2019）粤 1971 民初 31431 号案中向东莞市第一人民法院所作的复函中载明："事实上，东莞市某股份经济合作社尚未完成注销备案手续。"因此，林某申请再审称某合作社在本案一审起诉时已丧失主体资格，依据不足。

【案　　号】（2020）粤民申 4153 号
【审理法院】广东省高级人民法院

二、唐某、韦某教育机构责任纠纷案

关键词： 非法人组织　资格认定

裁判摘要：《民法总则》第 102 条规定："非法人组织是不具有法人资格，但是能够依法以自己的名义从事民事活动的组织。非法人组织包括个人独资企业、合伙企业、不具有法人资格的专业服务机构等。"本案幼儿看护点没有进行法人登记，不具有法人资格，但于 2014 年 9 月经原宜州市教育局批准获得了 B 类幼儿看护点许可，并能够以自己的名义从事经营活动，故依法应当认定为非法人组织。

【案　　号】（2019）桂民申 5401 号

【审理法院】广西壮族自治区高级人民法院

第一百零三条　非法人组织应当依照法律的规定登记。

设立非法人组织，法律、行政法规规定须经有关机关批准的，依照其规定。

关联规定

一、法律、行政法规、司法解释

1.《中华人民共和国律师法》

第十八条　设立律师事务所，应当向设区的市级或者直辖市的区人民政府司法行政部门提出申请，受理申请的部门应当自受理之日起二十日内予以审查，并将审查意见和全部申请材料报送省、自治区、直辖市人民政府司法行政部门。省、自治区、直辖市人民政府司法行政部门应当自收到报送材料之日起十日内予以审核，作出是否准予设立的决定。准予设立的，向申请人颁发律师事务所执业证书；不准予设立的，向申请人书面说明理由。

2.《中华人民共和国注册会计师法》

第二十五条　设立会计师事务所，由省、自治区、直辖市人民政府财政部门批准。

申请设立会计师事务所，申请者应当向审批机关报送下列文件：

（一）申请书；

（二）会计师事务所的名称、组织机构和业务场所；

（三）会计师事务所章程，有合伙协议的并应报送合伙协议；

（四）注册会计师名单、简历及有关证明文件；

（五）会计师事务所主要负责人、合伙人的姓名、简历及有关证明文件；

（六）负有限责任的会计师事务所的出资证明；

（七）审批机关要求的其他文件。

第二十六条　审批机关应当自收到申请文件之日起三十日内决定批准或者不批准。

省、自治区、直辖市人民政府财政部门批准的会计师事务所，应当报国务院财政部门备案。国务院财政部门发现批准不当的，应当自收到备案报告之日起三十日内通知原审批机关重新审查。

第二十七条 会计师事务所设立分支机构，须经分支机构所在地的省、自治区、直辖市人民政府财政部门批准。

3.《中华人民共和国合伙企业法》

第九条 申请设立合伙企业，应当向企业登记机关提交登记申请书、合伙协议书、合伙人身份证明等文件。

合伙企业的经营范围中有属于法律、行政法规规定在登记前须经批准的项目的，该项经营业务应当依法经过批准，并在登记时提交批准文件。

第十条 申请人提交的登记申请材料齐全、符合法定形式，企业登记机关能够当场登记的，应予当场登记，发给营业执照。

除前款规定情形外，企业登记机关应当自受理申请之日起二十日内，作出是否登记的决定。予以登记的，发给营业执照；不予登记的，应当给予书面答复，并说明理由。

第十一条 合伙企业的营业执照签发日期，为合伙企业成立日期。

合伙企业领取营业执照前，合伙人不得以合伙企业名义从事合伙业务。

4.《中华人民共和国个人独资企业法》

第九条 申请设立个人独资企业，应当由投资人或者其委托的代理人向个人独资企业所在地的登记机关提交设立申请书、投资人身份证明、生产经营场所使用证明等文件。委托代理人申请设立登记时，应当出具投资人的委托书和代理人的合法证明。

个人独资企业不得从事法律、行政法规禁止经营的业务；从事法律、行政法规规定须报经有关部门审批的业务，应当在申请设立登记时提交有关部门的批准文件。

第十二条 登记机关应当在收到设立申请文件之日起十五日内，对符合本法规定条件的，予以登记，发给营业执照；对不符合本法规定条件的，不予登记，并应当给予书面答复，说明理由。

第十三条 个人独资企业的营业执照的签发日期，为个人独资企业成立日期。

在领取个人独资企业营业执照前，投资人不得以个人独资企业名义从事经营活动。

5.《最高人民法院关于适用〈中华人民共和国民事诉讼法〉的解释》

第五十三条 法人非依法设立的分支机构，或者虽依法设立，但没有领取营业执照的分支机构，以设立该分支机构的法人为当事人。

第六十二条 下列情形，以行为人为当事人：

（一）法人或者其他组织应登记而未登记，行为人即以该法人或者其他组织名义进行民事活动的；

（二）行为人没有代理权、超越代理权或者代理权终止后以被代理人名义进行民事活动的，但相对人有理由相信行为人有代理权的除外；

（三）法人或者其他组织依法终止后，行为人仍以其名义进行民事活动的。

二、部门规章及规范性文件

《律师事务所管理办法》

第八条 设立律师事务所应当具备下列基本条件：

（一）有自己的名称、住所和章程；

（二）有符合《律师法》和本办法规定的律师；

（三）设立人应当是具有一定的执业经历并能够专职执业的律师，且在申请设立前三年内未受过停止执业处罚；

（四）有符合本办法规定数额的资产。

▶ 条文释义

一、本条主旨

本条是关于非法人组织设立原则的规定。

二、条文演变

对于非法人的"其他组织"的设立程序，原《民法通则》未作规定，而是由其他民事法律、行政法规和部门规章分别进行了规定。比如，《合伙企业法》《个人独资企业法》《律师法》《注册会计师法》《个人独资企业登记管理办法》。原《民法总则》对原《民法通则》进行了完善，《民法总则（草案）》一审稿

第92条规定："非法人组织应当依法登记。设立非法人组织，法律规定须经有关机关批准的，依照其规定。"二审稿在第101条将"依法登记"修改为"依照法律的规定登记"。三审稿将第2句中"法律规定"修改为"法律、行政法规规定"。《民法典》吸纳了原《民法总则》规定，未作调整。

三、条文解读

合法性是非法人组织不可或缺的特征，而满足非法人组织合法性的关键要件则是依法成立。从设立程序来看，我国非法人组织的设立包括两种：一是设立登记，即设立非法人组织应当依法进行登记；二是设立审批，即设立非法人组织须依法经有关机关批准。① 从世界各国关于非法人组织设立原则的历史发展来看，非法人组织最为典型的设立原则包括许可主义、登记主义或自由主义。其中大陆法系国家或地区原来大多奉行许可主义，英美法系国家或地区一般选择登记主义，只有极少数国家或地区实行自由主义。但自20世纪中叶以来，以登记主义为一般性要求，且对未登记之非法人组织持宽容态度，几乎成为两大法系主要国家或地区的共同选择。②

在我国，非法人组织的设立通常按照有无营利性，实行两种完全不同的制度。其中，对于非营利性非法人组织，我国现有法律、行政法规、部门规章一般选择的是设立许可与强制登记制度，对未经登记成立的非营利性非法人组织持明确的禁止与否认态度。对于营利性非法人组织的设立，我国立法原则经历了从普遍许可主义到一般许可、例外登记主义，再从一般登记、例外许可主义到普遍登记主义的转变。自2014年我国实行商事登记制度改革以来，所有的法人和非法人组织的设立均奉行登记主义原则。主要原因是许可主义与私法自治原则不相吻合，实践中也缺乏合理性与操作可行性。且从组织的可识别性、内部信息的充分公示、社会交往和交易安全的维护、对善意第三人信赖利益的保护等方面考虑，采纳登记主义原则无疑可以起到积极的作用。

---

① 参见黄薇主编：《中华人民共和国民法典释义》，法律出版社2020年版，第202页。
② 参见最高人民法院民法典贯彻实施工作领导小组主编：《中华人民共和国民法典总则编理解与适用》，人民法院出版社2020年版，第519页。

（一）非法人组织应当依法登记

根据本条规定，非法人组织原则上均应当依照法律的规定进行登记。之所以作出此种规定，一是出于与相关法律法规衔接以及实现国家必要管理的考虑；二是为加强组织的可识别性，由于非法人组织的财产不完全独立，在缺乏登记公示的情况下，非法人组织与个人容易混同；三是通过登记实现非法人组织内部信息的充分公示，有助于使不特定第三人了解对方当事人的主体资格和交易能力，进而维护交易安全。我国相关立法对非法人组织登记问题均作出了明确规定，如《合伙企业法》第9条第1款规定："申请设立合伙企业，应当向企业登记机关提交登记申请书、合伙协议书、合伙人身份证明等文件。"《个人独资企业法》第9条第1款规定："申请设立个人独资企业，应当由投资人或者其委托的代理人向个人独资企业所在地的登记机关提交设立申请书、投资人身份证明、生产经营场所使用证明等文件。委托代理人申请设立登记时，应当出具投资人的委托书和代理人的合法证明。"此外，合伙企业、个人独资企业设立分支机构也需要登记。个人独资企业设立分支机构，应当由投资人或者其委托的代理人向分支机构所在地的登记机关申请登记，领取营业执照。合伙企业设立分支机构，应当向分支机构所在地的企业登记机关申请登记，领取营业执照。

非法人组织的登记包括设立登记、变更登记和注销登记。设立登记是非法人组织成立的必要条件，完成设立登记后，非法人组织才能成为民事主体。如果登记事项发生变更，非法人组织的负责人或代表人应及时向登记机关办理变更登记。例如，《合伙企业法》第13条规定："合伙企业登记事项发生变更的，执行合伙事务的合伙人应当自作出变更决定或者发生变更事由之日起十五日内，向企业登记机关申请办理变更登记。"非法人组织经清算等程序需要注销的，应办理注销登记，完成注销登记后，非法人组织失去民事主体地位。

（二）非法人组织经有关机关批准成立

根据本条第2款的规定，部分非法人组织的成立需经有关机关批准，主要基于以下因素：一是出于对部分非法人组织进行规范和引导，以及行政管理和维护社会秩序安全稳定的需要；二是特定行业对专业技能及知识水平等因素有特别的要求，需要经过相关业务主管部门进行资格的审核和认定。例如，《合伙企业法》第9条第2款规定："合伙企业的经营范围中有属于法律、行政法规规定在登记前须经批准的项目的，该项经营业务应当依法经过批准，并在登记时提交批准文件。"《个人独资企业法》第9条第2款规定："个人独资企业不得从事法律、行政法规禁止经营的业务；从事法律、行政法规规定须报经有关部门审批的业务，应当在申请设立登记时提交有关部门的批准文件。"《律师法》第18条规定："设立律师事务所，应当向设区的市级或者直辖市的区人民政府司法行政部门提出申请，受理申请的部门应当自受理之日起二十日内予以审查，并将审查意见和全部申请材料报送省、自治区、直辖市人民政府司法行政部门。省、自治区、直辖市人民政府司法行政部门应当自收到报送材料之日起十日内予以审核，作出是否准予设立的决定。准予设立的，向申请人颁发律师事务所执业证书；不准予设立的，向申请人书面说明理由。"《注册会计师法》第25条第1款规定："设立会计师事务所，由省、自治区、直辖市人民政府财政部门批准。"

▶ 适用指引

未经依法登记的非法人组织不能以自己的名义从事民事活动

未经依法登记的非法人组织，未经注册、登记和公示，不能产生公示的效果，也不能产生公信力，不具有可识别性。由于未经依法登记，非法人组织未完成设立行为，尚不属于民事主体，不能以自己名义从事民事活动。如果设立人或投资人以未依法登记、尚在设立中的非法人组织名义为民事法律行为的，设立中的非法人组织不是当事人，应以设立人或投资人为当事人。如果行为人以未经依法登记的所谓非法人组织名义为民事法律行为的，也应以行为人为当事人。

类案检索

一、桐城市孔城镇某林场、桐城市孔城镇某村民委员会与甘某案外人执行异议之诉案

关键词： 非法人组织　诉讼主体

裁判摘要：《民法总则》第103条规定："非法人组织应当依照法律的规定登记。"某林场作为非法人组织，因其未依法进行登记，根据《民事诉讼法解释》第62条第1项规定，其不具有进行民事诉讼的主体资格。据此，一审裁定驳回某林场、某村委会起诉并无不当。

【案　　号】（2019）皖民终256号

【审理法院】安徽省高级人民法院

二、袁某权、袁某华买卖合同纠纷案

关键词： 非法人组织　民事主体

裁判摘要：《民法总则》第103条规定："非法人组织应当依照法律的规定登记。"本案中，"刘某桩基施工队"未经登记成立，不是法律规定的非法人组织，不能作为独立民事主体开展民事活动，袁某权、袁某华、刘某庆、袁某茂提出应由"刘某桩基施工队"承担责任的上诉理由，缺乏法律依据，本院不予支持；即便"刘某桩基施工队"由案外人刘某设立，也只能由刘某承担相应民事责任。

【案　　号】（2021）湘12民终841号

【审理法院】湖南省怀化市中级人民法院

> **第一百零四条** 非法人组织的财产不足以清偿债务的,其出资人或者设立人承担无限责任。法律另有规定的,依照其规定。

▶ 关联规定

一、法律、行政法规、司法解释

1.《中华人民共和国合伙企业法》

第二条 本法所称合伙企业,是指自然人、法人和其他组织依照本法在中国境内设立的普通合伙企业和有限合伙企业。

普通合伙企业由普通合伙人组成,合伙人对合伙企业债务承担无限连带责任。本法对普通合伙人承担责任的形式有特别规定的,从其规定。

有限合伙企业由普通合伙人和有限合伙人组成,普通合伙人对合伙企业债务承担无限连带责任,有限合伙人以其认缴的出资额为限对合伙企业债务承担责任。

第三十八条 合伙企业对其债务,应先以其全部财产进行清偿。

第三十九条 合伙企业不能清偿到期债务的,合伙人承担无限连带责任。

第四十条 合伙人由于承担无限连带责任,清偿数额超过本法第三十三条第一款规定的其亏损分担比例的,有权向其他合伙人追偿。

第四十一条 合伙人发生与合伙企业无关的债务,相关债权人不得以其债权抵销其对合伙企业的债务;也不得代位行使合伙人在合伙企业中的权利。

第四十二条 合伙人的自有财产不足清偿其与合伙企业无关的债务的,该合伙人可以以其从合伙企业中分取的收益用于清偿;债权人也可以依法请求人民法院强制执行该合伙人在合伙企业中的财产份额用于清偿。

人民法院强制执行合伙人的财产份额时,应当通知全体合伙人,其他合伙人有优先购买权;其他合伙人未购买,又不同意将该财产份额转让给他人的,依照本法第五十一条的规定为该合伙人办理退伙结算,或者办理削减该合伙人相应财产份额的结算。

第五十七条　一个合伙人或者数个合伙人在执业活动中因故意或者重大过失造成合伙企业债务的，应当承担无限责任或者无限连带责任，其他合伙人以其在合伙企业中的财产份额为限承担责任。

合伙人在执业活动中非因故意或者重大过失造成的合伙企业债务以及合伙企业的其他债务，由全体合伙人承担无限连带责任。

第九十二条　合伙企业不能清偿到期债务的，债权人可以依法向人民法院提出破产清算申请，也可以要求普通合伙人清偿。

合伙企业依法被宣告破产的，普通合伙人对合伙企业债务仍应承担无限连带责任。

2.《中华人民共和国个人独资企业法》

第二条　本法所称个人独资企业，是指依照本法在中国境内设立，由一个自然人投资，财产为投资人个人所有，投资人以其个人财产对企业债务承担无限责任的经营实体。

第十八条　个人独资企业投资人在申请企业设立登记时明确以其家庭共有财产作为个人出资的，应当依法以家庭共有财产对企业债务承担无限责任。

第二十八条　个人独资企业解散后，原投资人对个人独资企业存续期间的债务仍应承担偿还责任，但债权人在五年内未向债务人提出偿债请求的，该责任消灭。

第三十一条　个人独资企业财产不足以清偿债务的，投资人应当以其个人的其他财产予以清偿。

3.《中华人民共和国律师法》

第十五条　设立合伙律师事务所，除应当符合本法第十四条规定的条件外，还应当有三名以上合伙人，设立人应当是具有三年以上执业经历的律师。

合伙律师事务所可以采用普通合伙或者特殊的普通合伙形式设立。合伙律师事务所的合伙人按照合伙形式对该律师事务所的债务依法承担责任。

第十六条　设立个人律师事务所，除应当符合本法第十四条规定的条件外，设立人还应当是具有五年以上执业经历的律师。设立人对律师事务所的债务承担无限责任。

第二十条　国家出资设立的律师事务所，依法自主开展律师业务，以该律师事务所的全部资产对其债务承担责任。

4.《中华人民共和国注册会计师法》

第二十三条 会计师事务所可以由注册会计师合伙设立。

合伙设立的会计师事务所的债务,由合伙人按照出资比例或者协议的约定,以各自的财产承担责任。合伙人对会计师事务所的债务承担连带责任。

第二十四条 会计师事务所符合下列条件的,可以是负有限责任的法人:

(一)不少于三十万元的注册资本;

(二)有一定数量的专职从业人员,其中至少有五名注册会计师;

(三)国务院财政部门规定的业务范围和其他条件。

负有限责任的会计师事务所以其全部资产对其债务承担责任。

二、部门规章及规范性文件

1.《合伙税务师事务所设立及审批暂行办法》

第二条 合伙税务师事务所(以下简称"事务所")是由2名以上符合规定条件的合伙人以书面协议形式设立,承办税务代理业务,并对债务承担无限连带责任的社会中介机构。

事务所的债务,应先以其全部财产进行清偿;

事务所的财产不足以清偿其债务时,各合伙人应当承担无限连带责任。

2.《律师事务所管理办法》

第五十三条 律师违法执业或者因过错给当事人造成损失的,由其所在的律师事务所承担赔偿责任。律师事务所赔偿后,可以向有故意或者重大过失行为的律师追偿。

普通合伙律师事务所的合伙人对律师事务所的债务承担无限连带责任。特殊的普通合伙律师事务所一个合伙人或者数个合伙人在执业活动中因故意或者重大过失造成律师事务所债务的,应当承担无限责任或者无限连带责任,其他合伙人以其在律师事务所中的财产份额为限承担责任;合伙人在执业活动中非因故意或者重大过失造成的律师事务所债务,由全体合伙人承担无限连带责任。个人律师事务所的设立人对律师事务所的债务承担无限责任。国家出资设立的律师事务所以其全部资产对其债务承担责任。

▶ 条文释义

一、本条主旨

本条是关于非法人组织民事责任的规定。

二、条文演变

《合伙企业法》第38条、第39条规定:"合伙企业对其债务,应先以其全部财产进行清偿。""合伙企业不能清偿到期债务的,合伙人承担无限连带责任。"《个人独资企业法》第31条也规定:"个人独资企业财产不足以清偿债务的,投资人应当以其个人的其他财产予以清偿。"全国人大法工委民法室《民法总则民法室室内稿》第90条规定:"其他组织的债务先以其财产进行清偿,不能清偿的,其成员或者设立人承担连带责任,法律另有规定的除外。"《民法总则(草案)》一审稿第93条规定:"非法人组织的成员或者设立人对该组织的债务承担无限责任。法律另有规定的,依照其规定。"二审稿第102条规定:"非法人组织的出资人或者设立人对该组织的债务承担无限责任。法律另有规定的,依照其规定。"三审稿与二审稿内容一致。其后修订为:"非法人组织的债务先以其财产进行清偿,不能清偿的,其出资人或者设立人承担无限责任。法律另有规定的,依照其规定。"原《民法总则》最终调整为:"非法人组织的财产不足以清偿债务的,其出资人或者设立人承担无限责任。法律另有规定的,依照其规定。"《民法典》对原《民法总则》的规定予以保留,未作调整。

三、条文解读

非法人组织的民事责任,是指非法人组织对其法律行为应承担的民事法律责任。从比较法的经验来看,对于非法人组织的责任承担问题,主要有两种立法模式:一是并存主义。所谓并存主义,以合伙为例,就是对合伙债务,由合伙财产和合伙人个人财产负担连带清偿责任,债权人可就合伙财产和合伙个人财产选择清偿。采取并存主义的国家,主要有德国和瑞士。大陆法系国家大多采纳此主张。二是补充连带主义。所谓补充连带主义,就是对合伙债务,债权人应首先要求以合伙财产作出清偿,合伙财产不足以清偿时,各个合伙人就不足之额连带负其责任，即合伙人个人对合伙债务仅负补充责任。①

《合伙企业法》第38条规定："合伙企业对其债务，应先以其全部财产进行清偿。"第39条规定："合伙企业不能清偿到期债务的，合伙人承担无限连带责任。"从这一规定可以看出，我国立法主要采取的是补充连带主义。因此，我国非法人组织承担民事责任遵循以下原则：对于非法人组织，基于其财产的相对独立性，应先以其享有处分权的财产清偿债务；若该部分财产不足以清偿债务，则由出资人或设立人承担无限责任，其中一人偿还债务超过自己应当承担份额的，可再向其他共有人追偿。当然，如法律另有规定，出资人可以不承担无限责任，例如，合伙企业中的有限合伙人。本条规定有助于保护与非法人组织实施民事行为的人的合法利益，符合法律承认非法人组织具有民事主体资格的宗旨。②

（一）非法人组织的财产不足以清偿债务的，出资人或者设立人承担无限责任

1. 首先以非法人组织的财产清偿债务

非法人组织作为独立的民事主体，能够以自己的名义独立参与民事活动并享有财产权利。如果非法人组织有财产，首先应当以非法人组织的财产清偿其债务。例如，《合伙企业法》第38条规定："合伙企业对其债务，应先以其全部财产进行清偿。"《个人独资企业法》第31条规定："个人独资企业财产不足以清偿债务的，投资人应当以其个人的其他财产予以清偿。"上述规则都明确由作为非法人组织的合伙企业、个人独资企业优先以自己的财产偿还自己的债务。

2. 非法人组织的财产不足以清偿债务的，出资人或者设立人承担无限责任

依据本条规定，如果非法人组织的财产不足以清偿自己的债务的，则由其出资人或者设立人就不足部分承担无限责任。即非法人组织的出资人或者设立人以自己个人的全部财产对非法人组织的债务承担责任，而非仅以其出资为限承担责任，这也是非法人组织与法人的最大区别。例如，《合伙企业法》第39条规定："合伙企业不能清偿到期债务的，合伙人承担无限连带责任。"

---

① 参见王利明：《民法总论》，中国人民大学出版社2012年版，第202页。
② 参见最高人民法院民法典贯彻实施工作领导小组主编：《中华人民共和国民法典总则编理解与适用》，人民法院出版社2020年版，第523页。

(二)法律另有规定的,依照其规定

对于非法人组织的民事责任,如果其他法律另有规定的,依照其规定,而不适用本条的规定。如《合伙企业法》对特殊的普通合伙企业的民事责任问题作了特别规定:一个合伙人或者数个合伙人在执业活动中因故意或者重大过失造成合伙企业债务的,应当承担无限责任或者无限连带责任,其他合伙人以其在合伙企业中的财产份额为限承担责任。合伙人在执业活动中非因故意或者重大过失造成的合伙企业债务以及合伙企业的其他债务,由全体合伙人承担无限连带责任。合伙人执业活动中因故意或者重大过失造成的合伙企业债务,以合伙企业财产对外承担责任后,该合伙人应当按照合伙协议的约定对给合伙企业造成的损失承担赔偿责任。又如,《合伙企业法》规定,有限合伙企业由普通合伙人和有限合伙人组成,普通合伙人对合伙企业债务承担无限连带责任,有限合伙人以其认缴的出资额为限对合伙企业债务承担责任。再如,《律师法》规定,个人律师事务所的设立人对律师事务所的债务承担无限责任。国家出资设立的律师事务所,依法自主开展律师业务,以该律师事务所的全部资产对其债务承担责任。这些规定不同于本条的规定,属于法律的特别规定,要优先适用。①

(三)非法人组织与法人承担民事责任的区分

虽然非法人组织具备了一定的法人特征,依法享有民事权利并承担相应的民事义务,但是非法人组织与法人仍存在着很大的差别,这种差别除了法人相对于非法人组织具有更强的团体性外,最显著地表现在它们的责任形式上的差别。法人一经设立便与其设立人及其他法人成员各自为独立的民事主体,各自的财产相互分离,民事责任也各自独立、互不连带。而非法人组织的财产因缺乏独立性或独立性较差,所以非法人组织所需要承担的是一种团体的有限责任与其成员的无限责任相结合的一种责任形式,即如果非法人组织在以自己所有的财产对外承担责任时不足以进行清偿,由其成员负连带责任或补充责任。因此,与法人的民事责任特点相比,非法人组织的民事责任有以下两个特点:

---

① 参见黄薇主编:《中华人民共和国民法典释义》,法律出版社2020年版,第205页。

1. 非法人组织的民事责任是一种无限责任

与法人相似，非法人组织也是以自有财产对外承担责任，区别在于，法人在其财产赔付完成之后其所承担的民事责任就宣告结束，而非法人组织在财产赔付完成之后只是非法人组织财产责任结束，若此时债务仍未清偿完毕，非法人组织成员仍需以其个人财产继续赔付。因此，法人的责任是一次性的，其成员除出资法人的财产外，无须再负任何责任；而非法人组织的责任则是二次性的，其组织成员除出资非法人组织的财产外，往往还须以其另外的个人财产负二次补充责任。

2. 非法人组织的民事责任是一种连带责任

与法人承担民事责任的有限性特点相反，非法人组织承担的民事责任为连带责任，这是由非法人组织的自身特点所决定的。非法人组织成立时并没有法定最低限额独立财产的要求，因此，在最终承担相关责任时，法律设定其对外责任是先以非法人组织自己的财产负责，在组织财产不足以清偿时，由组织成员负连带责任。也就是说，非法人组织不能作为独立组织与其出资人或设立人相分离，形成了组织与成员互不分离、互为连带、互相转承的法律关系。①

▶ 适用指引

非法人组织债务与个人债务的清偿顺序

在非法人组织存续期间，当同时存在非法人组织债务和非法人组织设立人、负责人或内部成员之个人债务时，主要有两种立法模式：一是合伙债权优先原则，是指合伙债权人就合伙财产优先受偿，不足部分，与合伙人个人债权就合伙人的个人财产共同受偿。二是双重优先原则，即合伙财产优先清偿合伙企业债务，个人财产优先清偿合伙个人债务。该处理原则首先应用于英美法系国家，后来很多大陆法系国家也开始适用。② 我国司法实践原则上认为非法人组织的债务应优先以非法人组织的财产予以清偿；非法人组织设立人、负责人或内部成员的个人债务应优先以其个人财产予以清偿；但非法人组织设立人、

---

① 参见最高人民法院民法典贯彻实施工作领导小组主编：《中华人民共和国民法典总则编理解与适用》，人民法院出版社2020年版，第523页。
② 参见王利明主编：《民法》，中国人民大学出版社2015年版，第63页。

负责人或内部成员自愿以个人财产优先清偿非法人组织债务的则在所不限。①

▶ 典型案例

南通双盈贸易有限公司诉镇江市丹徒区联达机械厂、魏某聂等六人买卖合同纠纷案

关键词： 合伙　连带责任

裁判摘要： 合伙企业债务的承担分为两个层次：第一顺序的债务承担人是合伙企业，第二顺序的债务承担人是全体合伙人。《合伙企业法》第39条所谓的"连带责任"，是指合伙人在第二顺序的责任承担中相互之间所负的连带责任，而非合伙人与合伙企业之间的连带责任。

基本案情： 本案被告联达机械厂虽在工商行政管理部门登记为个人独资企业，但实质系上诉人卞某、原审被告魏某聂、蒋某伟、祝某兵、尹某祥、洪某合伙经营的企业。原告双盈公司与被告联达机械厂于2006年10月3日签订工矿产品购销合同一份，约定由双盈公司向联达机械厂提供焦炭2000吨，单价为1200元/吨，货到需方场地后一周内结清货款。2007年1月7日，联达机械厂向双盈公司出具欠条一份，载明"发票已全部收到，共计欠款1213785.95元"，但未能给付。双盈公司向法院起诉，请求判令：联达机械厂、魏某聂、蒋某伟、卞某、祝某兵、尹某祥、洪某共同给付货款1213785.95元，并承担逾期付款利息。

江苏省南通市中级人民法院认为：联达机械厂尚欠双盈公司货款1213785.95元，此款应由联达机械厂偿还。联达机械厂通过出具欠条明确了义务，其未付款即应付款并赔偿双盈公司货款的利息损失。联达机械厂系魏恒聂等六人合伙经营的企业，根据法律规定，合伙人对合伙的债务承担连带责任，魏恒聂等六合伙人应对联达机械厂的债务承担连带清偿责任。

一审宣判后，卞某不服，向江苏省高级人民法院提起上诉，江苏省高级人民法院经审理认为：合伙企业债务的承担分为两个层次，第一顺序的债务承担人是合伙企业，第二顺序的债务承担人是全体合伙人。由于债权人的交易对象

---

① 参见最高人民法院民法典贯彻实施工作领导小组主编：《中华人民共和国民法典总则编理解与适用》，人民法院出版社2020年版，第527页。

是合伙企业而非合伙人，合伙企业作为与债权人有直接法律关系的主体，应先以其全部财产进行清偿。因合伙企业不具备法人资格，普通合伙人不享受有限责任的保护，合伙企业的财产不足清偿债务的，全体普通合伙人应对合伙企业未能清偿的债务部分承担无限连带清偿责任。因而，《合伙企业法》第39条所谓的"连带"责任，是指合伙人在第二顺序的责任承担中相互之间所负的连带责任，而非合伙人与合伙企业之间的连带责任。本案中，对于联达机械厂欠双盈公司的货款，联达机械厂应先以其全部财产进行清偿。联达机械厂的财产不足清偿该债务的，卞某等合伙人对不能清偿的部分承担无限连带清偿责任。原审判决对联达机械厂与卞某等合伙人的责任顺序未作区分，应予纠正。因此改判魏某聂、蒋某伟、卞某、祝某兵、尹某祥、洪某对联达机械厂不能清偿的债务部分承担无限连带清偿责任。

【案　　号】（2009）苏民二终字第0130号
【审理法院】江苏省高级人民法院
【来　　源】《最高人民法院公报》2011年第7期

▶ 类案检索

一、开封市天波杨府公园、某园区管理委员会合同纠纷案

关键词：非法人组织　连带责任

裁判摘要：本案中，2013年7月天波杨府在与宏大公司签订《天波杨府大型夜间实景演出项目合作协议》以及履行合同时，系非法人组织。依据《民法总则》第104条的规定，非法人组织的财产不足以清偿债务的，其出资人或者设立人应承担无限责任。虽然本案诉讼过程中，天波杨府于2017年12月19日取得事业单位法人资格，开办资金为3万元，举办单位是某园区管委会；但鉴于案涉天波杨府的债务形成于其取得法人资格之前，且在天波杨府取得法人资格时，各方未对该债务如何承担进行约定，而且天波杨府的开办资金仅为3万元。故二审法院判决某园区管委会对天波杨府的案涉债务承担连带责任并无不当。

【案　　号】（2020）最高法民申4292号
【审理法院】最高人民法院

二、唐某发、仁发厂与圣豪公司等加工合同纠纷案

关键词： 个人独资　连带责任

裁判摘要： 仁发厂系唐某发投资的个人独资企业，属非法人组织。《个人独资企业法》第31条规定："个人独资企业财产不足以清偿债务的，投资人应当以其个人的其他财产予以清偿。"《民法总则》第104条规定"非法人组织的财产不足以清偿债务的，其出资人或者设立人承担无限责任。法律另有规定的，依照其规定。"本案中，唐某发向法院出具的情况说明中已明确其以仁发厂名义出具欠条时，仁发厂"已倒闭"，故可以认定其财产不足以清偿应对圣豪公司偿还的债务，一审据此判令唐某发对仁发厂的债务承担连带清偿责任，并无不当，予以维持。

【案　　号】（2020）苏01民终4231号
【审理法院】江苏省南京市中级人民法院

第一百零五条　非法人组织可以确定一人或者数人代表该组织从事民事活动。

▶ 关联规定

一、法律、行政法规、司法解释

1.《中华人民共和国合伙企业法》

第二十六条　合伙人对执行合伙事务享有同等的权利。

按照合伙协议的约定或者经全体合伙人决定，可以委托一个或者数个合伙人对外代表合伙企业，执行合伙事务。

作为合伙人的法人、其他组织执行合伙事务的，由其委派的代表执行。

第二十七条　依照本法第二十六条第二款规定委托一个或者数个合伙人执行合伙事务的，其他合伙人不再执行合伙事务。

不执行合伙事务的合伙人有权监督执行事务合伙人执行合伙事务的情况。

第二十八条　由一个或者数个合伙人执行合伙事务的，执行事务合伙人应当定期向其他合伙人报告事务执行情况以及合伙企业的经营和财务状况，其执行合伙事务所产生的收益归合伙企业，所产生的费用和亏损由合伙企业承担。

合伙人为了解合伙企业的经营状况和财务状况，有权查阅合伙企业会计账簿等财务资料。

第二十九条　合伙人分别执行合伙事务的，执行事务合伙人可以对其他合伙人执行的事务提出异议。提出异议时，应当暂停该项事务的执行。如果发生争议，依照本法第三十条规定作出决定。

受委托执行合伙事务的合伙人不按照合伙协议或者全体合伙人的决定执行事务的，其他合伙人可以决定撤销该委托。

第三十七条　合伙企业对合伙人执行合伙事务以及对外代表合伙企业权利的限制，不得对抗善意第三人。

2.《中华人民共和国个人独资企业法》

第十九条 个人独资企业投资人可以自行管理企业事务，也可以委托或者聘用其他具有民事行为能力的人负责企业的事务管理。

投资人委托或者聘用他人管理个人独资企业事务，应当与受托人或者被聘用的人签订书面合同，明确委托的具体内容和授予的权利范围。

受托人或者被聘用的人员应当履行诚信、勤勉义务，按照与投资人签订的合同负责个人独资企业的事务管理。

投资人对受托人或者被聘用的人员职权的限制，不得对抗善意第三人。

3.《最高人民法院关于适用〈中华人民共和国民事诉讼法〉的解释》

第六十条 在诉讼中，未依法登记领取营业执照的个人合伙的全体合伙人为共同诉讼人。个人合伙有依法核准登记的字号的，应在法律文书中注明登记的字号。全体合伙人可以推选代表人；被推选的代表人，应由全体合伙人出具推选书。

4.《最高人民法院关于适用〈中华人民共和国行政诉讼法〉的解释》

第十五条 合伙企业向人民法院提起诉讼的，应当以核准登记的字号为原告。未依法登记领取营业执照的个人合伙的全体合伙人为共同原告；全体合伙人可以推选代表人，被推选的代表人，应当由全体合伙人出具推选书。

个体工商户向人民法院提起诉讼的，以营业执照上登记的经营者为原告。有字号的，以营业执照上登记的字号为原告，并应当注明该字号经营者的基本信息。

二、部门规章及规范性文件

1.《合伙税务师事务所设立及审批暂行办法》

第六条 事务所可以设立合伙人管理委员会，由若干主要合伙人组成。管理委员会推举一名合伙人担任负责人。管理委员会负责人即为事务所负责人。不设立合伙人管理委员会的合伙税务师事务所，可由全体合伙人对事务所的重大问题作出决定，并推举一名合伙人担任事务所负责人。

2.《律师事务所管理办法》

第十五条 律师事务所负责人人选，应当在申请设立许可时一并报审核机关核准。

合伙律师事务所的负责人，应当从本所合伙人中经全体合伙人选举产生；

国家出资设立的律师事务所的负责人，由本所律师推选，经所在地县级司法行政机关同意。

个人律师事务所设立人是该所的负责人。

▶ 条文释义

一、本条主旨

本条是关于非法人组织代表人的规定。

二、条文演变

原《民法通则》将非法人组织分别纳入自然人和法人进行规范，未对非法人组织代表问题作出规定，仅在第34条规定："合伙人可以推举负责人。合伙负责人和其他人员的经营活动，由全体合伙人承担民事责任。"全国人大法工委民法室在《民法总则民法室室内稿》第89条规定："代表其他组织从事民事活动的人，是其他组织的主要负责人。"《民法总则（草案）》一审稿第94条规定："非法人组织可以确定一人或者数人代表该组织从事民事活动。"《民法总则（草案）》二审稿第103条、三审稿第104条以及最后通过的原《民法总则》，均未作调整。《民法典》对原《民法总则》的规定予以保留。

三、条文解读

非法人组织代表人是指非法人组织根据其章程、协议或者经共同决定，来确定由其代表该组织对外从事民事活动的人。① 对于非法人组织是否有必要参照法人的规定引入法定代表人的地位、权限和行为后果等规定，理论上曾经存有争议。有观点认为，在传统民法框架内，合伙组织等非法人组织的对外关系方面并不适用代表制度，仅通过代理制度来解决这方面的问题。本条规定非法人组织可以确定一人或者数人代表该组织从事民事活动，一定程度上突破了传统理论框架。② 允许非法人组织确定代表人从事民事活动有助于维护交易安全，

---

① 参见黄薇主编：《中华人民共和国民法典释义》，法律出版社2020年版，第205页。
② 参见陈甦主编：《民法总则评注》，法律出版社2017年版，第734页。

减少纠纷，使得第三人与非法人组织从事交易时能够明确知道谁有权代表非法人组织行为。①

依本条规定，非法人组织"可以"而非"必须"确定代表人。一般而言，非法人组织的设立人或者成员都有权代表组织进行民事活动，因为每一个成员基于组织的性质和经营的共同事业的目的而当然地享有对组织事务的直接参与权，这种参与权表现为对组织事务平等享有的经营管理权、表决权、监督权以及代表权。但是，由每个组织成员共同管理组织事务，势必对组织运行效率造成影响。因此，在非法人组织的实际生产经营过程中，往往根据实际需要对组织成员职能进行分工，委托一名或数名组织成员执行组织事务。②

（一）非法人组织可以确定一人或数人作为代表人

非法人组织可以形成独立于其成员个人意思的团体意思，通过代表人或管理人对外代表团体，以团体的名义进行民事法律行为。具体而言：

1. 非法人组织须是具有稳定性的人合组织体

非法人组织是由多数人组成的组织体，该组织体并非临时的、松散的，而是有自己的名称、组织机构、组织规则，并有进行业务活动的场所。在构成上，非法人组织是多人的集合，是基于自身一定的目的而成立和存在，并拥有名称、组织机构及相应的代表人或管理人，表现为团体形态。非法人组织可以形成独立于其成员个人意思的团体意思，通过代表人或管理人对外代表团体，以团体的名义进行民事法律行为。

2. 非法人组织可以设代表人或管理人

非法人团体一般设有管理内部事务及对外代表组织进行交往的机构，通过代表人或管理人来代表非法人组织从事法律行为。非法人组织的代表人或管理人与法人的代表人或管理人的不同之处在于：对于非法人组织，可以设有代表人或管理人，不要求必须按照法律规定的组织形式；而对于法人，法律则要求设有规定的机关，且对这些机关有严格的形式要求。

3. 须以非法人组织的名义进行民事活动

非法人团体须有依法核准登记的名称，有权以此名称对外从事法律活动，

---

① 参见王利明主编：《中国民法典评注——总则编》，人民法院出版社2021年版，第354页。

② 《合伙企业法》第26条。

从而有别于只能以所属法人名义对外交往的法人内部的职能部门。这是非法人组织区别于自然人与一般松散组织的标志。如果不以非法人组织的名义对外进行民事活动，就没有作为非法人组织而承认其主体性的必要。①

本规定并未对代表人的人数上限作出限定，亦未对相关代表人的资格、身份等因素作出限制。根据本条规定，非法人组织可以选择一人或者数人作为代表人，这有助于非法人组织更为灵活地确定代表人，从而充分保障其意思自治。例如，《合伙企业法》第26条第2款规定："按照合伙协议的约定或者经全体合伙人决定，可以委托一个或者数个合伙人对外代表合伙企业，执行合伙事务。"

（二）非法人组织的成员

非法人组织的成员主要有三种类型：非法人组织机关成员、一般成员和准成员。非法人组织的主要负责人是非法人组织的法定代表人。非法人组织代表机关成员与非法人组织的法律关系和法人机关成员与法人的法律关系十分相似。非法人组织一般成员与非法人组织机关成员是按照二者在组织内部职位上的不同来进行划分的，但同作为组织成员，两者在地位上是平等的。对于营利性组织而言，他们都是出资人；对于非营利性组织而言，他们都是会员。非法人组织的准成员，是指非法人组织的雇员或工作人员。根据本条规定，无论是非法人组织内的何种性质的成员，均可代表非法人组织从事民事活动，所产生的民事责任由该非法人组织承担。②

（三）非法人组织的代表人责任

非法人组织代表人的职责主要是对外代表非法人组织从事民事活动，并按照组织章程的规定履行报告相关情况等义务。非法人组织代表人对外从事民事活动而产生的民事权利和民事义务由非法人组织承担。③例如，根据《合伙企业法》的规定，由一个或者数个合伙人执行合伙事务的，执行事务合伙人应当

---

① 参见最高人民法院民法典贯彻实施工作领导小组主编：《中华人民共和国民法典总则编理解与适用》，人民法院出版社2020年版，第525~526页。
② 参见最高人民法院民法典贯彻实施工作领导小组主编：《中华人民共和国民法典总则编理解与适用》，人民法院出版社2020年版，第526页。
③ 参见黄薇主编：《中华人民共和国民法典释义》，法律出版社2020年版，第205~206页。

定期向其他合伙人报告事务执行情况以及合伙企业的经营和财务状况，其执行合伙事务所产生的收益归合伙企业，所产生的费用和亏损由合伙企业承担。即使其代表行为已经超过了内部职权的限制，非法人组织也不得以此对抗善意第三人，不得主张不对"越权代表"行为的后果承担法律责任。

对于非法人组织代表人的性质，有观点认为，非法人组织的事务执行人在性质上为代理人，因此，事务执行人在代理权限内的行为，其责任应归属于作为被代理人的全体成员。即使成员全体仅以团体财产为限承担责任，也不应成为代理人需要为代理行为承担责任的原因，否则这种行为性质上就不是代理行为。由此代理人在代理权限范围内的行为应由作为被代理人的团体全体成员承担责任。在超越代理权时的行为则应考察其是否构成表见代理，如果不符合表见代理，则构成狭义无权代理而由行为人负责。① 也有观点认为，代表人与代理人具有一定的相似性，都可能发生行为效果的归属问题。但两者之间存在一定的区别，主要表现在：一是代理需要被代理人对代理人进行专门的授权。代表不需要专门的授权。二是代理人行为的法律效果归属于被代理人，而代表人的行为就直接视为主体自身的行为，不需要发生法律效果的归属过程。三是举证责任不同。在越权代表的情形下，原则上法律行为有效，需要由非法人组织证明对方当事人知道或者应当知道代表人的代表权限。在无权代理的情形下，原则上法律行为效力待定，除非相对人证明成立表见代理。虽然法人和非法人组织在主体上存在着显著的差异性，但是在理解和适用《民法典》第105条非法人组织的代表人制度时，很大程度上可以参照法人代表人制度的类似规则，也即《民法典》第105条与第61条规定的法人代表民事活动存在本质上的相通性。因此，除了非法人组织有特别规定外，根据《民法典》第108条的规定，原则上非法人组织可以适用法人组织中法定代表人制度的规则。②

---

① 参见最高人民法院民法典贯彻实施工作领导小组主编：《中华人民共和国民法典总则编理解与适用》，人民法院出版社2020年版，第526页。
② 参见王利明主编：《中国民法典评注——总则编》，人民法院出版社2021年版，第354页。

适用指引

一、非法人组织雇员与非法人组织的责任关系

关于非法人组织的雇员与非法人组织的责任关系，对于合伙组织等非法人组织中的雇员这类准成员在进行职务行为或授权行为时，其产生的相应民事责任也应当由非法人组织承担。对于非法人组织而言，无论属何种类型，组织雇员的相关责任实际上最终都由组织承担。① 至于组织为雇员代负责任后，还要不要向其追偿，或者组织财产不足以承担相应责任时，是否应当追究准成员的连带责任，《民法典》第104条、第1191条等规定可资参考。

二、发生相关争议时的处理

关于非法人组织代表人对外从事民事活动产生争议时的处理，《合伙企业法》等法律作了规定。《合伙企业法》规定，合伙人分别执行合伙事务的，执行事务合伙人可以对其他合伙人执行的事务提出异议。提出异议时，应当暂停该项事务的执行。如果发生争议，按照合伙协议约定的表决办法办理。合伙协议未约定或者约定不明确的，实行合伙人一人一票并经全体合伙人过半数通过的表决办法。②

类案检索

一、邵阳县某采石场与赵某龙买卖合同纠纷案

关键词： 非法人组织　合伙　代表

裁判摘要： 某采石场系非法人组织。《民法总则》第105条规定，非法人组织可以确定一人或者数人代表该组织从事民事活动。因某采石场与赵某龙在订立买卖合同及货款结算过程中，均由某采石场股东之一艾某军代表某采石场

---

① 参见最高人民法院民法典贯彻实施工作领导小组主编：《中华人民共和国民法典总则编理解与适用》，人民法院出版社2020年版，第527页。
② 参见黄薇主编：《中华人民共和国民法典释义》，法律出版社2020年版，第206页。

完成，赵某龙有理由相信艾某军有权代表某采石场收取货款。赵某龙按艾某军的要求支付了货款，艾某军亦出具了收据，艾某军向赵某龙收取货款的法律行为所产生民事责任应由某采石场承担，一审法院据此认定赵某龙已经向某采石场支付了所欠货款并无不当。

【案　　号】（2019）湘0523民终2893号

【审理法院】湖南省邵阳市中级人民法院

二、西河中心水厂、胜川自来水厂合同纠纷案

关键词：合伙　代表

裁判摘要：首先，付某胜作为胜川自来水厂的合伙负责人，其有权以胜川自来水厂的名义起诉，付某胜不是本案诉讼主体。其次，涉案相关法律文书（包括民事诉状）没有加盖公章的原因系依据双方之间的协议约定胜川自来水厂将公章交付给西河中心水厂，而西河中心水厂并没有依协议约定支付剩余的转让款并拒绝盖章，西河中心水厂这种不付款又不加盖公章的行为违反了诚信原则。最后，胜川自来水厂的所有股东亦认可付某胜以胜川自来水厂名义起诉的行为。故西河中心水厂应该支付胜川自来水厂剩余转让款及违约金。

【案　　号】（2020）鄂11民终655号

【审理法院】湖北省黄冈市中级人民法院

> 第一百零六条　有下列情形之一的，非法人组织解散：
> （一）章程规定的存续期间届满或者章程规定的其他解散事由出现；
> （二）出资人或者设立人决定解散；
> （三）法律规定的其他情形。

关联规定

一、法律、行政法规、司法解释

1.《中华人民共和国合伙企业法》

第七十五条　有限合伙企业仅剩有限合伙人的，应当解散；有限合伙企业仅剩普通合伙人的，转为普通合伙企业。

第八十五条　合伙企业有下列情形之一的，应当解散：
（一）合伙期限届满，合伙人决定不再经营；
（二）合伙协议约定的解散事由出现；
（三）全体合伙人决定解散；
（四）合伙人已不具备法定人数满三十天；
（五）合伙协议约定的合伙目的已经实现或者无法实现；
（六）依法被吊销营业执照、责令关闭或者被撤销；
（七）法律、行政法规规定的其他原因。

2.《中华人民共和国个人独资企业法》

第二十六条　个人独资企业有下列情形之一时，应当解散：
（一）投资人决定解散；
（二）投资人死亡或者被宣告死亡，无继承人或者继承人决定放弃继承；
（三）被依法吊销营业执照；
（四）法律、行政法规规定的其他情形。

3.《中华人民共和国律师法》

第二十二条 律师事务所有下列情形之一的，应当终止：

（一）不能保持法定设立条件，经限期整改仍不符合条件的；

（二）律师事务所执业证书被依法吊销的；

（三）自行决定解散的；

（四）法律、行政法规规定应当终止的其他情形。

律师事务所终止的，由颁发执业证书的部门注销该律师事务所的执业证书。

4.《中华人民共和国注册会计师法》

第三十九条第一款 会计师事务所违反本法第二十条、第二十一条规定的，由省级以上人民政府财政部门给予警告，没收违法所得，可以并处违法所得一倍以上五倍以下的罚款；情节严重的，并可以由省级以上人民政府财政部门暂停其经营业务或者予以撤销。

二、部门规章及规范性文件

1.《合伙税务师事务所设立及审批暂行办法》

第九条 合伙协议书应当载明下列事项：

（一）事务所名称、地址；

（二）合伙人姓名及其住址；

（三）合伙人出资的方式、数额和缴付出资的期限；

（四）利润分配和亏损分担办法；

（五）事务所事务的执行；

（六）合伙人的加入、退出的规定及程序；

（七）事务所的解散与清算办法；

（八）违约责任。

2.《律师事务所管理办法》

第十六条 律师事务所章程应当包括下列内容：

（一）律师事务所的名称和住所；

（二）律师事务所的宗旨；

（三）律师事务所的组织形式；

（四）设立资产的数额和来源；

（五）律师事务所负责人的职责以及产生、变更程序；

（六）律师事务所决策、管理机构的设置、职责；

（七）本所律师的权利与义务；

（八）律师事务所有关执业、收费、财务、分配等主要管理制度；

（九）律师事务所解散的事由、程序以及清算办法；

（十）律师事务所章程的解释、修改程序；

（十一）律师事务所党组织的设置形式、地位作用、职责权限、参与本所决策、管理的工作机制和党建工作保障措施等；

（十二）其他需要载明的事项。

设立合伙律师事务所的，其章程还应当载明合伙人的姓名、出资额及出资方式。

律师事务所章程的内容不得与有关法律、法规、规章相抵触。

律师事务所章程自省、自治区、直辖市司法行政机关作出准予设立律师事务所决定之日起生效。

第三十一条 律师事务所有下列情形之一的，应当终止：

（一）不能保持法定设立条件，经限期整改仍不符合条件的；

（二）执业许可证被依法吊销的；

（三）自行决定解散的；

（四）法律、行政法规规定应当终止的其他情形。

律师事务所在取得设立许可后，六个月内未开业或者无正当理由停止业务活动满一年的，视为自行停办，应当终止。

律师事务所在受到停业整顿处罚期限未满前，不得自行决定解散。

3.《基层法律服务所管理办法》

第九条 基层法律服务所章程应当载明下列事项：

（一）名称、住所；

（二）本所法定代表人或者负责人的职责；

（三）执业工作制度；

（四）基层法律服务工作者及辅助工作人员的聘用、管理办法；

（五）财务管理制度、分配制度；

（六）其他内部管理制度；

（七）停办、解散及清算办法；

（八）章程修改的程序；

（九）其他需要载明的事项。

条文释义

一、本条主旨

本条是关于非法人组织解散的规定。

二、条文演变

《民法总则（草案）》规定为："有下列情形之一的，非法人组织解散：（一）设立人或者其成员决定解散的；（二）章程或者组织规章规定的存续期间届满的；（三）章程或者组织规章规定的其他解散事由出现的；（四）出现法律规定的其他情形的。"二审稿调整为："有下列情形之一的，非法人组织解散：（一）章程规定的存续期间届满或者章程规定的其他解散事由出现的；（二）出资人或者设立人决定解散的；（三）法律规定的其他情形。"二审稿主要将"成员"调整为"出资人"，删除了有权规定解散事由的"组织规章"。三审稿对二审稿未做调整。原《民法总则》在全国人民代表大会通过时，将第一、二项结尾的"的"字删除。《民法典》对该条予以保留，未作调整。

三、条文解读

本条规定了非法人组织解散的情形。《民法典》在自然人、法人外规定了非法人组织，并对自然人的出生与死亡、法人的成立与解散作出了规定。本条规定非法人组织的成立与解散，一方面体现了立法体系的协调，另一方面体现出非法人组织在存续期间的相对独立性。非法人组织虽然没有独立的法律人格，但在发起成立至解散这一期间内，有其独立于设立人、内部成员的财产和内设机构，其组织形态具有高度的稳定性，其活动与行为有一定的持续性甚至长期性。正是非法人组织的这些特性，保证了经济活动的安全与稳定，也增强了相对人与其展开经济贸易往来的信心，有利于我国市场经济的繁荣昌盛。①

---

① 参见陈甦主编：《民法总则评注》，法律出版社2017年版，第736~737页。

（一）非法人组织解散的具体情形

非法人组织的解散是指非法人组织根据出资人、投资人的合意或者法律规定的情形而终止民事主体资格。① 本条规定非法人组织解散的情形，具体而言可以分为以下三种：

1. 因章程规定的存续期间届满或者章程规定的解散事由出现而解散

该款借鉴了《公司法》第180条的第1项："公司因下列原因解散：（一）公司章程规定的营业期限届满或者公司章程规定的其他解散事由出现。"如果非法人组织章程规定了组织的存续期间，该期间届满，非法人组织即可解散。如果该组织的成员不想在期限届满之日结束经营，则可以合意对章程规定的存续时间进行修改。如果该章程并未规定存续时间，只是规定了该组织的成立目标或任务，则在该目标或者任务完成之后，也可以宣告解散。组织成员也可以在协议中约定组织解散的事由，若在组织运行过程中出现了该情形，则无须再对该组织的去留进行合意表决，可直接宣告解散。

2. 因出资人或设立人决定解散而解散

非法人组织一般由设立人、投资人自愿成立，当事人既可以决定成立组织，也能决定解散该组织。即使非法人组织章程规定的存续期间没有届满，出资人或者设立人也可以决定解散。该款与《合伙企业法》以及《个人独资企业法》的规定一脉相承，《合伙企业法》第85条第3项规定全体合伙人决定解散时，应当解散。《个人独资企业法》第26条第1项则规定投资人决定解散的，应当解散。

3. 因法律规定的其他情形而解散

该款是兜底条款，如果有关法律规定了非法人组织的解散情形的，一旦这些法定情形出现，该组织也应解散。例如，《合伙企业法》规定了合伙企业解散的法定情形，包括：（1）合伙期限届满，合伙人决定不再经营；（2）合伙协议约定的解散事由出现；（3）全体合伙人决定解散；（4）合伙人已不具备法定人数满30天；（5）合伙协议约定的合伙目的已经实现或者无法实现；（6）依法被吊销营业执照、责令关闭或者被撤销；（7）法律、行政法规规定的其他原因。这些情形中，既有本条规定的法定解散情形，也有本条没有规定的解散情

---

① 参见王利明主编：《中华人民共和国民法总则详解》，中国法制出版社2017年版，第432页。

形，如合伙人已不具备法定人数满30天，合伙协议约定的合伙目的已经实现或者无法实现，依法被吊销营业执照、责令关闭或者被撤销等，就属于本条第3项规定的"法律规定的其他情形"。又如，《律师法》第22条规定，律师事务所有下列情形之一的，应当终止：（1）不能保持法定设立条件，经限期整改仍不符合条件的；（2）律师事务所执业证书被依法吊销的；（3）自行决定解散的；（4）法律、行政法规规定应当终止的其他情形。《个人独资企业法》第26条规定，个人独资企业有下列情形之一时，应当解散：（1）投资人决定解散；（2）投资人死亡或者被宣告死亡，无继承人或者继承人决定放弃继承；（3）被依法吊销营业执照；（4）法律、行政法规规定的其他情形。根据上述规定，这两部法律也规定了这类非法人组织解散的其他法定情形，包括律师事务所不能保持法定设立条件，经限期整改仍不符合条件，以及律师事务所执业证书被依法吊销；个人独资企业的投资人死亡或者被宣告死亡，无继承人或者继承人决定放弃继承，以及被依法吊销营业执照等。如个人独资企业因为违法被主管机关行政处罚，依法吊销营业执照而解散。①

上述三种情形可以分为两类：一类是任意解散事由，即基于出资人或者设立人的意愿预先设定解散情形或者适时决定解散。本条第1项、第2项分别规定了这两种任意解散事由；另一类是强制解散事由，即非法人组织基于法律规定而解散。结合现行《合伙企业法》和《个人独资企业法》的具体规定，任意解散事由包括：《合伙企业法》第85条第1项至第3项规定的事由（合伙期限届满，合伙人决定不再经营；合伙协议约定的解散事由出现；全体合伙人决定解散）；《个人独资企业法》第26条第1项和第2项规定的事由（投资人决定解散；投资人死亡或者被宣告死亡，无继承人或者继承人决定放弃继承）。强制解散事由包括：《合伙企业法》第85条第4项至第7项规定的事由（合伙人已不具备法定人数满30天；合伙协议约定的合伙目的已经实现或者无法实现；依法被吊销营业执照、责令关闭或者被撤销；法律、行政法规规定的其他原因）；《个人独资企业法》第26条第3项和第4项规定的事由（被依法吊销营业执照；法律、行政法规规定的其他情形）。②

---

① 参见黄薇主编：《中华人民共和国民法典释义》，法律出版社2020年版，第207页。

② 最高人民法院民法典贯彻实施工作领导小组主编：《中华人民共和国民法典总则编理解与适用》，人民法院出版社2020年版，第530页。

（二）非法人组织解散的法律特征

非法人组织解散是出现需要消灭该组织的民事主体资格的原因，而逐渐终止其权利义务的法律行为。它具有以下几个法律特征：

1. 原因特定

存在消灭特定非法人组织民事主体资格的原因，包括法律规定的原因或者当事人约定的原因，其中约定原因可以通过当事人协商变更（如修改章程），从而使非法人组织不在原设定的解散条件出现后解散而仍然保持存续。

2. 程序效果特定

宣布解散后，应当启动终止非法人组织权利义务的程序。终止非法人组织的民事主体资格的行为不是即刻完成的，它需要一个过程即程序。解散就是这个程序的开始，紧接着应当进一步完成两个规定动作——清算和注销登记，至此最终消灭组织的民事主体资格。

3. 实体效果特定

解散原因发生后，特定非法人组织的民事主体资格并不随即消灭，其独立的民事主体资格至清算结束前依然存在，只不过其权利能力受到一定的限制，其活动范围原则上限于与清算有关的事务，不得从事积极的营利性或者公益性（非营利性）活动。

这三个方面的法律特征总体上与公司等法人的解散基本类似，但在解散原因和具体行为的实施上有细节方面的差异。①

▶ 适用指引

一、正确处理《民法典》与有关单行法的关系

本条规定非法人组织的解散原因，具有概括指引和剩余适用的双重功能。本条第3项所列"法律规定的其他情形"范围大于相关单行法规定的"法律、行政法规规定的其他原因"，本条第3项具有概括单行法中非任意性解散事由和兜底条款的双重功能，而单行法中的规定仅是一个兜底条款。单行法规定

---

① 参见最高人民法院民法典贯彻实施工作领导小组主编：《中华人民共和国民法典总则编理解与适用》，人民法院出版社2020年版，第531~532页。

"法律、行政法规规定的其他原因",主要是为了避免列举不全,顺应经济社会的发展,便于和其他法律、行政法规相协调。如果其他法律、行政法规根据需要对特定类型的非法人组织的解散原因进一步作出规定,根据该兜底条款的指引,则照准适用。在司法实践中,要在明确掌握非法人组织的具体类型的基础上,正确处理本条与有关单行法的关系,单行法有规定的应当直接援引单行法的规定。根据现行法律和行政法规的规定,在《个人独资企业法》《合伙企业法》对个人独资企业和合伙企业解散原因有具体规定的情况下,本条规定并没有改变该部分单行法的具体规定,可以视为对相关单行法规定的概括,具体适用时,相关单行法的规定应当直接援引,而不宜仅援引本条。对于不具有法人资格的专业机构等其他非法人组织,如果法律对其解散原因没有具体规定,本条规定应直接适用,覆盖缺乏单行法规定的其他非法人组织的解散情形。《乡村集体所有制企业条例》《民办非企业单位登记管理暂行条例》没有对乡村集体所有制企业、民办非企业单位的解散情形作出规定,没有登记为法人的乡村集体所有制企业、民办非企业单位,应当作为非法人组织,其解散直接适用本条规定。①

二、非法人组织解散至清算期间的民事主体资格

非法人组织的民事主体资格在解散至清算结束之前仍然存在。据此,非法人组织从解散至清算结束并办理注销登记前,有关非法人组织的民事诉讼,仍应当以非法人组织的名义进行;非法人组织确定清算组织或者清算人的,由清算组织负责人、清算人代表非法人组织参加诉讼;尚未确定清算组织或者清算人的,由原负责人代表非法人组织参加诉讼。②

三、非法人组织解散与清算的关系

根据本法第107条规定,非法人组织解散必须进行清算。非法人组织在诉讼或者仲裁中宣布解散的,法院或者仲裁机构一般应当等待确定清算组织或者清算人。待清算组织或者清算人确定后,由清算组织或者清算人在其职权范围

---

① 参见最高人民法院民法典贯彻实施工作领导小组主编:《中华人民共和国民法典总则编理解与适用》,人民法院出版社2020年版,第529~530页。
② 最高人民法院民法典贯彻实施工作领导小组主编:《中华人民共和国民法典总则编理解与适用》,人民法院出版社2020年版,第532页。

内代表非法人组织参加民事诉讼或者仲裁,包括重新委托诉讼代理人或者重新确认之前非法人组织委托的诉讼代理人。但是,如果在辩论终结后至裁判即将作出前,非法人组织出现解散事由或者宣布解散,法院或者仲裁庭也可以根据具体情况,在进入清算程序前及时裁判,让清算组或者清算人代表非法人组织进入之后的诉讼或者执行程序。①

四、关于决定或者宣布非法人组织解散的主体

《民法典》并未直接、明确规定决定或者宣布非法人组织解散的主体。从现行法律来看,该主体首先是非法人组织的权力机关或者出资人、设立人。《合伙企业法》第85条第3款规定:"全体合伙人决定解散,应当解散。"《个人独资企业法》第26条第1款则规定:"投资人决定解散,应当解散。"因此,在非法人组织的决议解散中,其中个人独资企业自然可由投资人独自决定解散;除了个人独资企业之外,任何具有团体性质的非法人组织的解散原则上均应当经全体投资人或者出资人决定。其次,出于某些法定原因,主管机关可以命令,人民法院也可以根据主管机关或者利害关系人的申请责令非法人组织解散。有关法律依据可以是本条第2项的规定(直接援引)和本法第70条第3款的规定(根据本法第108条的规定参照适用)。虽然本法第70条第3款的规定系法人清算的规定,但在法律对决定或者宣布非法人组织解散的主体没有规定的情况下,依据解散与清算的关联,根据本法第108条的规定,可以参照适用本法第三章第一节关于法人的一般规定。②

▶ 类案检索

一、步步莲盛国际投资顾问(北京)有限公司与天津南开碧莲盛医疗美容门诊部合伙协议纠纷案

关键词: 合伙企业　解散

---

① 最高人民法院民法典贯彻实施工作领导小组主编:《中华人民共和国民法典总则编理解与适用》,人民法院出版社2020年版,第532页。
② 最高人民法院民法典贯彻实施工作领导小组主编:《中华人民共和国民法典总则编理解与适用》,人民法院出版社2020年版,第529页。

裁判摘要： 依据《合伙企业法》的相关规定，合伙企业有下列情形之一的，应当解散：……5.合伙协议约定的合伙目的已经实现或者无法实现……结合本案分析，碧莲盛医疗美容门诊部已不在注册地实际经营，合伙人之间目前已丧失基本的信任关系，合伙企业僵局确实存在，多年来未能得到缓解。本案审理期间，碧莲盛医疗美容门诊部已被列入严重违法企业名单，无恢复经营的可能性，步步莲盛公司与马某芹成立合伙企业的目的已无法实现，碧莲盛医疗美容门诊部在经济上亦不具备可存续的要件，符合法定解散的条件，故步步莲盛公司主张要求解散碧莲盛医疗美容门诊部的诉讼请求，于法有据，本院予以支持。

【案　　号】（2018）津0104民初9130号

【审理法院】 天津市南开区人民法院

二、湛江市百货总公司人民商场、翁某坤等租赁合同纠纷案

关键词： 非法人组织　注销

裁判摘要： 本案中，人民商场起诉请求仁爱门诊部承担责任，根据已查明的事实，人民商场提起本案诉讼后，仁爱门诊部已经工商管理部门核准注销登记。根据《民法总则》第102条"非法人组织是不具有法人资格，但是能够依法以自己的名义从事民事活动的组织。非法人组织包括个人独资企业、合伙企业、不具有法人资格的专业服务机构等"，第106条"有下列情形之一的，非法人组织解散：（一）章程规定的存续期间届满或者章程规定的其他解散事由出现；（二）出资人或者设立人决定解散；（三）法律规定的其他情形"，以及参照《民事诉讼法解释》第64条"企业法人解散的，依法清算并注销前，以该企业法人为当事人；未依法清算即被注销的，以该企业法人的股东、发起人或者出资人为当事人"的规定，仁爱门诊部被注销登记后已不具有民事行为能力和民事责任能力，仁爱门诊部不再是本案适格诉讼主体，其诉讼权利义务应由其投资人莫某丽承继。

【案　　号】（2019）粤08民初275号

【审理法院】 广东省湛江市中级人民法院

第一百零七条 非法人组织解散的，应当依法进行清算。

关联规定

法律、行政法规、司法解释

1.《中华人民共和国合伙企业法》

第八十六条 合伙企业解散，应当由清算人进行清算。

清算人由全体合伙人担任；经全体合伙人过半数同意，可以自合伙企业解散事由出现后十五日内指定一个或者数个合伙人，或者委托第三人，担任清算人。

自合伙企业解散事由出现之日起十五日内未确定清算人的，合伙人或者其他利害关系人可以申请人民法院指定清算人。

第八十七条 清算人在清算期间执行下列事务：

（一）清理合伙企业财产，分别编制资产负债表和财产清单；

（二）处理与清算有关的合伙企业未了结事务；

（三）清缴所欠税款；

（四）清理债权、债务；

（五）处理合伙企业清偿债务后的剩余财产；

（六）代表合伙企业参加诉讼或者仲裁活动。

第八十八条 清算人自被确定之日起十日内将合伙企业解散事项通知债权人，并于六十日内在报纸上公告。债权人应当自接到通知书之日起三十日内，未接到通知书的自公告之日起四十五日内，向清算人申报债权。

债权人申报债权，应当说明债权的有关事项，并提供证明材料。清算人应当对债权进行登记。

清算期间，合伙企业存续，但不得开展与清算无关的经营活动。

第八十九条 合伙企业财产在支付清算费用和职工工资、社会保险费用、法定补偿金以及缴纳所欠税款、清偿债务后的剩余财产，依照本法第三十三条第一款的规定进行分配。

第九十条 清算结束,清算人应当编制清算报告,经全体合伙人签名、盖章后,在十五日内向企业登记机关报送清算报告,申请办理合伙企业注销登记。

第九十二条 合伙企业不能清偿到期债务的,债权人可以依法向人民法院提出破产清算申请,也可以要求普通合伙人清偿。

合伙企业依法被宣告破产的,普通合伙人对合伙企业债务仍应承担无限连带责任。

2.《中华人民共和国企业破产法》

第一百三十五条 其他法律规定企业法人以外的组织的清算,属于破产清算的,参照适用本法规定的程序。

3.《中华人民共和国个人独资企业法》

第二十七条 个人独资企业解散,由投资人自行清算或者由债权人申请人民法院指定清算人进行清算。

投资人自行清算的,应当在清算前十五日内书面通知债权人,无法通知的,应当予以公告。债权人应当在接到通知之日起三十日内,未接到通知的应当在公告之日起六十日内,向投资人申报其债权。

第二十八条 个人独资企业解散后,原投资人对个人独资企业存续期间的债务仍应承担偿还责任,但债权人在五年内未向债务人提出偿债请求的,该责任消灭。

第二十九条 个人独资企业解散的,财产应当按照下列顺序清偿:

(一)所欠职工工资和社会保险费用;

(二)所欠税款;

(三)其他债务。

第三十条 清算期间,个人独资企业不得开展与清算目的无关的经营活动。在按前条规定清偿债务前,投资人不得转移、隐匿财产。

第三十一条 个人独资企业财产不足以清偿债务的,投资人应当以其个人的其他财产予以清偿。

第三十二条 个人独资企业清算结束后,投资人或者人民法院指定的清算人应当编制清算报告,并于十五日内到登记机关办理注销登记。

4.《最高人民法院关于个人独资企业清算是否可以参照适用企业破产法规定的破产清算程序的批复》

贵州省高级人民法院：

你院《关于个人独资企业清算是否可以参照适用破产清算程序的请示》（〔2012〕黔高研请字第2号）收悉。经研究，批复如下：

根据《中华人民共和国企业破产法》第一百三十五条的规定，在个人独资企业不能清偿到期债务，并且资产不足以清偿全部债务或者明显缺乏清偿能力的情况下，可以参照适用企业破产法规定的破产清算程序进行清算。

根据《中华人民共和国个人独资企业法》第三十一条的规定，人民法院参照适用破产清算程序裁定终结个人独资企业的清算程序后，个人独资企业的债权人仍然可以就其未获清偿的部分向投资人主张权利。

▶ 条文释义

一、本条主旨

本条是关于非法人组织解散清算的规定。

二、条文演变

在《民法典》当中，"非法人组织"与"自然人""法人"共同构成了民事主体所涵盖的范畴。我国立法上，首次对非法人组织及其清算程序进行明确的是原《民法总则》。原《民法总则》第107条规定："非法人组织解散的，应当依法进行清算"，该条文后被《民法典》全文吸收。

关于非法人组织的范围，依照《民法典》第102条的规定，其包括了个人独资企业、合伙企业、不具有法人资格的专业服务机构等。针对上述特定主体，我国立法也明确了具体的清算程序。如针对个人独资企业的清算，《个人独资企业法》第27条至第32条进行了详细规定；针对合伙企业的清算，《合伙企业法》第86条至第92条进行了详细规定。

三、条文解读

非法人组织的解散，也被称为非法人组织的终止，是指因为法定或约定原因导致非法人组织成员关系消灭。解散之后，所产生的法律后果是非法人组织的民事主体地位将不复存在，但在此之前，清算是必经的程序。所谓清算，指的是组织体在决定结束运营后依照法定程序处理各项未结事务（主要是财产的处分，包括回收债权和支付债务）、终结其法律关系并最终消灭其民事主体资格的法律行为和法定程序。清算的目的在于查明非法人组织的财产、债权债务情况，在此基础上形成剩余财产的处理方案，保护债权人的合法权益。

解散清算是相对于破产清算而存在的，法人组织可以同时存在破产清算和解散清算两种模式，非法人组织中的合伙企业因《合伙企业法》第92条和《企业破产法》第135条的规定也可同时存在破产清算和解散清算；个人独资企业的处理方式参照上述《最高人民法院关于个人独资企业清算是否可以参照适用企业破产法规定的破产清算程序的批复》确定。除此之外的其他非法人组织，因法律没有规定其破产清算规则，故而没有破产资格，仅有解散清算这一种模式。

本条款为原则性规定，对非法人组织解散清算的具体程序未进行明确规范，因此，在实务中，可依据《个人独资企业法》《合伙企业法》等单行法处理，同时可以参照适用本法关于法人的解散清算规定以及公司法律的有关规定。

▶ 适用指引

一、非法人组织解散清算的启动

关于非法人组织解散清算的启动，更为详细的规定体现在各单行法当中。如《个人独资企业法》第27条第1款："个人独资企业解散，由投资人自行清算或者由债权人申请人民法院指定清算人进行清算"；《合伙企业法》第86条第3款规定："自合伙企业解散事由出现之日起十五日内未确定清算人的，合伙人或者其他利害关系人可以申请人民法院指定清算人。"

从上述规定中可以看出，非法人组织的解散清算存在两种方式：自行清算与强制清算。在自行清算中，清算组成员是依照法定程序从内部产生。在强制清算中，清算组成员是主管机关或人民法院（依申请）指定人员组成。非法人组织的解散清算应当先进行自行清算，在一定期限内未自行清算后再进入强制清算的程序。

非法人组织解散后,正常进行清算的前提需要确定清算义务人,其职责是确定清算组或指定清算人,完成后续的法定程序。《个人独资企业法》第27条第1款规定:"个人独资企业解散,由投资人自行清算或者由债权人申请人民法院指定清算人进行清算",该种情形中的清算义务人是投资人。《合伙企业法》第86条第2款规定:"清算人由全体合伙人担任;经全体合伙人过半数同意,可以自合伙企业解散事由出现后十五日内指定一个或者数个合伙人,或者委托第三人,担任清算人",该种情形中的清算义务人是全体合伙人。从法理角度出发,非法人组织的清算义务人为其投资人或者开办人,如果其存在类似法人中的董事、理事等执行机构或者决策机构的,也可以参照《民法典》第70条确定执行机构或者决策机构的成员为清算义务人。

从自行清算转为启动强制清算,前提条件是一定时间内未自行清算。目前,仅《合伙企业法》第86条第3款规定应自解散事由出现之日起15日内自行清算,逾期不自行清算的,则可进入强制清算程序。《公司法》第183条规定:"公司因本法第一百八十条第(一)项、第(二)项、第(四)项、第(五)项规定而解散的,应当在解散事由出现之日起十五日内成立清算组,开始清算……",《公司法》的上述规定也可作为参照。司法实践中,非法人组织的自行清算启动时限可以限定为自解散事由出现之日起15日内,逾期则可以启动强制清算,当然,有关单行法有不同规定的除外。

二、非法人组织解散清算的清算人或清算组

自行清算时,依照《个人独资企业法》《合伙企业法》的相关规定,清算人或清算组由投资人、合伙人或委托的第三人组成。强制清算时,现有法律并未明确指定清算人的来源。就此,可以参照《公司法》的相关规定。《公司法》第183条规定:"……逾期不成立清算组进行清算的,债权人可以申请人民法院指定有关人员组成清算组进行清算。人民法院应当受理该申请,并及时组织清算组进行清算。"何谓"有关人员",《公司法规定(二)》第8条第2款规定"清算组成员可以从下列人员或者机构中产生:(一)公司股东、董事、监事、高级管理人员;(二)依法设立的律师事务所、会计师事务所、破产清算事务所等社会中介机构;(三)依法设立的律师事务所、会计师事务所、破产清算事务所等社会中介机构中具备相关专业知识并取得执业资格的人员。"

借鉴《公司法》及其司法解释的上述规定，可以将非法人组织的清算人员产生的范围确定为：非法人组织的股东、董事、监事、高级管理人员；依法设立的律师事务所、会计师事务所、破产清算事务所等社会中介机构或者这些中介机构中具备相关专业知识并取得执业资格的人员。在清算人或清算组的产生过程中，应当注意清算人员在清算过程中实际上相当于非法人组织的执行机构。因此，对于该非法人组织执行机构人员消极资格的限制同样适用于清算组成员。当然，清算人员也不能有两种或者两种以上相互冲突的利益。

因本法对于清算人或者清算组的权责未明确规定，参照《公司法》及司法解释、《合伙企业法》，非法人组织的清算人或清算组职权包括：（1）清理非法人组织财产，分别编制资产负债表和财产清单；（2）通知、公告债权人；（3）处理与清算有关的非法人组织未了结的业务；（4）清缴所欠税款以及清算过程中产生的税款；（5）清理债权、债务；（6）处理非法人组织清偿债务后的剩余财产；（7）代表非法人组织参与民事诉讼活动。非法人组织的清算人或清算组成员的义务包括：（1）应当忠于职守，依法履行清算义务；（2）不得利用职权收受贿赂或者其他非法收入，不得侵占非法人组织的财产；（3）清算组成员因故意或者重大过失给非法人组织或者债权人造成损失的，应当承担赔偿责任。在清算人或者清算组的成员出现违反法律或者行政法规的行为、严重损害非法人组织或者债权人利益的行为、丧失执业能力或者民事行为能力三种情形之一时，人民法院还可以根据利害关系人的申请或者依职权更换清算组成员。

三、非法人组织解散清算的程序

关于非法人组织的解散清算程序，本条中没有具体操作规范。对此，可以适用或者参照适用《合伙企业法》与《公司法》相关规定，解散清算的程序为：（1）清理财产（含收取债权）；（2）清理债务（含通知和公告债权人）；（3）处分财产（通常顺序是：清算费用—职工工资和劳动保险费用—缴纳税款—清偿债务—在合伙人、出资人、开办人之间按照约定或者法定比例分配剩余财产）；（4）编制清算报告；（5）办理注销登记。

第一百零八条　非法人组织除适用本章规定外，参照适用本编第三章第一节的有关规定。

条文释义

一、本条主旨

本条是关于非法人组织参照适用本编第三章第一节有关法人规定的规定。

二、条文演变

我国立法上，首次对非法人组织进行明确是原《民法总则》。原《民法总则》第108条规定："非法人组织除适用本章规定外，参照适用本法第三章第一节的有关规定。"该条文后被《民法典》全文吸收。

除此之外，《企业破产法》第135条规定："其他法律规定企业法人以外的组织的清算，属于破产清算的，参照适用本法规定的程序。"该条明确了企业法人以外的组织的破产清算可参照适用《企业破产法》的相关规定。对于非法人组织而言，因合伙企业存在破产清算程序，故上述规定可作参照。

三、条文解读

非法人组织与法人都以社会组织形式存在，都属于民事主体的范畴。二者的主要区别在于：法人原则上有独立的法律人格、独立的权利能力和独立的责任承担能力；非法人组织欠缺法律人格的独立性、没有独立的财产、无法对外独立承担责任、出资人或设立者需要对相关债务承担无限责任。具体表现在以下三个方面：（1）法人有健全的组织形式，具体可以分为股东会、董事会和监事会，股东会是法人意志的形成机关，人员的变更或替换都不影响股东会的存续，股东会作出的决策必须予以执行，出资人个人的意志无法直接影响法人；非法人组织没有严格的组织规定，可以内部推选对外的事务执行人，不要求具备健全完善的组织机构。（2）法人有财产上的完全独立性，出资人不能随意支配公司财产，出资人出资后，就不能随意收回或者使用，对财产不再享有所有权而是享有收益权，法人的财产所有权由法人享有；非法人组织的财产独立性是相对的，出资人出资后不能随便动用资金，非法人组织可以独立支配资金，但与法人相比，非法人组织的财产不要求与其成员的财产截然分开，更不要求该财产或经费自己独立享有。(3)法人有责任上的独立性，法人的出资人一般承担的是有限责任，仅以其出资额负责；非法人组织的出资人则一般承担无限连带责任，债权人在法律上有向其追偿的权利。

无论是原《民法总则》还是《民法典》，将"非法人组织"规定为独立的民事主体，其积极意义自不待言。伴随着社会经济发展的需要，非法人组织越来越多地参与民商事活动，并发挥日益重要的作用。《民法典》规范非法人组织的条文中与规范法人的条文在数量上、内容全面上相差甚远，因此本条款弥补了非法人组织的许多立法空白。同时在现有条件下，避免了出现大量相同或相近的条文，节约了立法资源，降低了立法成本。

▶ 适用指引

法人的本质属性是独立承担责任，因此可以参照适用的条文范围不能涉及法人与非法人组织的本质区别。另外，参照适用应以没有具体规定为前提，也就是说应先考察《民法典》第一编第四章关于非法人组织的规定和各非法人组织单行法是否有明确规定，在没有明确规定的情形下才存在参照适用的需要。具体操作中，要结合特定非法人组织的具体情形，判定法人一般规定对该特定非法人组织是否可参照适用。

一、不可参照适用的情形

初步分析，非法人组织不可参照适用的法人相关规定主要有以下条文：

（一）《民法典》第57条、第60条

第57条是关于法人定义的规定，因本法第102条规定了非法人组织的定义和范围，非法人组织直接适用即可，无需参照适用。第60条是关于法人独立承担民事责任的规定，法人以其全部财产独立承担民事责任是法人组织区别于非法人组织的最关键、最根本的特征，该条不应适用于非法人组织。

（二）《民法典》第71条

该条是关于破产清算的规定，因非法人组织主要涉及自行清算，故该条一般无法参照适用。当然，需要特别关注的是合伙企业和个人独资企业，其清算形式具有一定的特殊性，如果涉及破产清算，存在同时参照《企业破产法》和上述第71条的可能。具体参见本书对《民法典》第107条的说明。

（三）《民法典》第74条

该条是关于法人分支机构的设立和责任。对于非法人的民办非企业单位不具有参照性。因为《民办非企业单位登记管理暂行条例》第13条规定："民办非企业单位不得设立分支机构。"

二、可参照适用的情形

鉴于非法人组织和法人组织有大量的共同特征，故可以参照适用的内容较多，主要包括以下情形：

（一）非法人组织的设立与变更

关于非法人组织的设立、变更问题，除了单行法的特别规定之外，参照《民法典》第58条，可以确定非法人组织应当有自己的名称、组织机构、固定的活动或经营场所、一定的人员或财产、必要的经费。参照《民法典》第59条，非法人组织的成立之日应为其登记注册之日，自此其具有民事权利能力和民事行为能力。参照《民法典》第63条，非法人组织亦应以主要办事机构所在地为其住所。《民法典》第64条、第65条、第66条分别规定了关于法人的变更登记、登记事项与实际情况不一致的法律后果、登记机关公示法人登记信息的义务，非法人组织也可参照适用。

（二）非法人组织负责人

参照《民法典》第61条，非法人组织对外事务的代表人以非法人组织名义从事的民事活动，其法律后果由非法人组织承受。非法人组织对代表人代表权的限制并不能对抗善意相对人。参照第62条，非法人组织应承担对外事务代表人执行职务导致损害的民事责任；非法人组织承担责任后，可向有过错的代表人追偿。

（三）非法人组织合并分立后的权利义务承担

参照《民法典》第67条，非法人组织合并的，其权利和义务由合并后的非法人组织享有和承担；非法人组织分立的，其权利和义务由分立后的非法人组织享有连带债权，承担连带债务，但是债权人和债务人另有约定的除外。

（四）非法人组织的清算

关于清算的法律后果，《民法典》第72条进行了明确，主要包括三个方面的内容：（1）清算期间法人的法律地位；（2）清算后剩余财产分配；（3）清算结束后法人地位终止。上述内容对于非法人组织同样具有参照性，特别是对于剩余财产的分配，鉴于非法人组织相关单行法中也没有明确规定，故参照《民法典》第72条第2款即"按照法人章程的规定或者法人权力结构的决议处理"，可根据非法人组织的出资人、设立人的意志处理。

（五）非法人组织设立行为的法律后果

参照《民法典》第75条，设立人为设立非法人组织从事的民事活动，其法律后果由非法人组织承受；非法人组织未成立的，其法律后果由设立人承受，设立人为二人以上的，享有连带债权，承担连带债务；设立人为设立非法人组织以自己的名义参加民事活动产生的民事责任，第三人有权选择设立人或者非法人组织承担。

▶ **类案检索**

一、泰顺县双丰水电站与蔡某概返还投资款纠纷案

关键词：非法人组织　代表人责任　返还投资款

裁判摘要：合伙企业的执行事务合伙人在任职期间收取投资人款项，并出具带有合伙企业公章的凭证，可以认定为该执行事务合伙人以合伙企业名义收取投资款项，依照法律规定，该收取投资款项的行为后果由合伙企业承担，因此在该投资款项未用于入股时，投资人有权向合伙企业请求返还。

【案　　　号】（2018）浙03民终4572号
【审理法院】浙江省温州市中级人民法院

二、肖某志、景洪市嘎洒食品站、彭某清、景洪市嘎洒食品站屠宰场、郭某雄发起人责任纠纷案

关键词： 非法人组织　分支机构　发起人责任

裁判摘要： 为设立公司而签署公司章程、向公司认购出资或者股份并履行公司设立职责的人，应当认定为公司的发起人，包括有限责任公司设立时的股东。作为非法人组织的个人独资企业，在待成立的目标公司章程上盖章，意味着成为筹划和实施公司设立的发起人。待成立的公司未成立的，其法律后果由设立人承受，设立人为二人以上的，享有连带债权，承担连带债务。因案涉待成立公司至今未成立，故发起人应对认股人已缴纳的股款负返还股款并支付利息的责任。个人独资企业设立的分支机构的民事责任由设立该分支机构的个人独资企业承担，虽然收取股款的是个人独资企业的分支机构，但因其不能独自承担民事责任，因此由个人独资企业及其投资人负返还股款并支付利息的连带责任。

【案　　　号】（2020）云28民终822号
【审理法院】云南省西双版纳傣族自治州中级人民法院

第五章 民事权利

第一百零九条 自然人的人身自由、人格尊严受法律保护。

关联规定

法律、行政法规、司法解释

1.《中华人民共和国民法典》

第九百九十条 人格权是民事主体享有的生命权、身体权、健康权、姓名权、名称权、肖像权、名誉权、荣誉权、隐私权等权利。

除前款规定的人格权外，自然人享有基于人身自由、人格尊严产生的其他人格权益。

第一千零一十一条 以非法拘禁等方式剥夺、限制他人的行动自由，或者非法搜查他人身体的，受害人有权依法请求行为人承担民事责任。

2.《中华人民共和国宪法》

第三十七条 中华人民共和国公民的人身自由不受侵犯。

任何公民，非经人民检察院批准或者决定或者人民法院决定，并由公安机关执行，不受逮捕。

禁止非法拘禁和以其他方法非法剥夺或者限制公民的人身自由，禁止非法搜查公民的身体。

第三十八条 中华人民共和国公民的人格尊严不受侵犯。禁止用任何方法对公民进行侮辱、诽谤和诬告陷害。

3.《中华人民共和国残疾人保障法》

第三条 残疾人在政治、经济、文化、社会和家庭生活等方面享有同其他公民平等的权利。

残疾人的公民权利和人格尊严受法律保护。

禁止基于残疾的歧视。禁止侮辱、侵害残疾人。禁止通过大众传播媒介或者其他方式贬低损害残疾人人格。

4.《中华人民共和国妇女权益保障法》

第十九条 妇女的人身自由不受侵犯。禁止非法拘禁和以其他非法手段剥夺或者限制妇女的人身自由；禁止非法搜查妇女的身体。

5.《中华人民共和国未成年人保护法》

第四条 保护未成年人，应当坚持最有利于未成年人的原则。处理涉及未成年人事项，应当符合下列要求：

（一）给予未成年人特殊、优先保护；

（二）尊重未成年人人格尊严；

（三）保护未成年人隐私权和个人信息；

（四）适应未成年人身心健康发展的规律和特点；

（五）听取未成年人的意见；

（六）保护与教育相结合。

6.《中华人民共和国消费者权益保护法》

第十四条 消费者在购买、使用商品和接受服务时，享有人格尊严、民族风俗习惯得到尊重的权利，享有个人信息依法得到保护的权利。

7.《最高人民法院关于确定民事侵权精神损害赔偿责任若干问题的解释》

第一条 因人身权益或者具有人身意义的特定物受到侵害，自然人或者其近亲属向人民法院提起诉讼请求精神损害赔偿的，人民法院应当依法予以受理。

▶ 条文释义

一、本条主旨

本条是关于一般人格权的规定。

二、条文演变

原《民法总则》第109条首次对一般人格权作出了明确规定，《民法典》沿用了这一规定。原《民法总则》之前，《宪法》第37条和第38条将人身自由、人格尊严作为一项基本权利予以规定，这一规定也被认为是一般人格权的宪法依据。此外，原《民法通则》第 101 条规定："公民、法人享有名誉权，公民的人格尊严受法律保护，禁止用侮辱、诽谤等方式损害公民、法人的名誉。"该条中"公民、法人享有名誉权"的表述，不应仅仅理解为对名誉权的保护，而应广义理解为一般人格权。[①]原《民法通则》开启了对人格权的民事保护，而 2001 年《精神损害赔偿解释》第 1 条规定："自然人因下列人格权利遭受非法侵害，向人民法院起诉请求赔偿精神损害的，人民法院应当依法予以受理：（一）生命权、健康权、身体权；（二）姓名权、肖像权、名誉权、荣誉权；（三）人格尊严权、人身自由权。""违反社会公共利益、社会公德侵害他人隐私或者其他人格利益，受害人以侵权为由向人民法院起诉请求赔偿精神损害的，人民法院应当依法予以受理。"该条首次通过独立的一般人格权条款保护未被制定法明确规定的人格利益，实际是通过司法解释确认了一般人格权。在其他单行法中，《残疾人保障法》第 3 条、《妇女权益保障法》第 19 条、《未成年人保护法》第 4 条、《消费者权益保护法》第 14 条，也都是以《宪法》为依据制定的关于一般人格权的具体规定。

三、条文解读

本条是关于一般人格权的规定，但并未直接使用"一般人格权"的表述，而是规定"人身自由、人格尊严"受法律保护，实际上是对一般人格权条款的价值基础的宣示。这一方面是因为一般人格权并非具体权利，而是"受保护的权利束"，一个具有秩序功能的上位概念，一个供裁判者在相对确定的框架内进行利益衡量的权利框架，另一方面也是对 2001 年《精神损害赔偿解释》第 1 条第 1 款第 3 项"人格尊严权、人身自由权"的沿用，通过在具体表达上不明确规定一般人格权的基础概念以使该条保持开放性，并将其置于民事权利章之首，具有提纲挈领的作用。[②]

[①] 张红：《论一般人格权作为基本权利之保护手段——以对"齐玉苓案"的再检讨为中心》，载《法商研究》2009 年第 4 期。
[②] 朱晓峰：《人格权编一般人格权条款的具体表达》，载《吉林大学社会科学学报》2020 年第 1 期。

(一)一般人格权的概念

人格权是民事主体的基本权利。这种与民事主体的人身密切相连、关系到民事主体独立的人格和身份的固有民事权利,与民事主体的财产权共同构成民法的两大支柱,成为民事主体所享有的两类基本民事权利。按照权利客体和权利作用的不同,人格权被划分为一般人格权和具体人格权。① 近代民法对自然人的人格予以一般、概括的法律保护,始于《瑞士民法典》第28条第1项之规定。而在德国,一般人格权的概念为德国联邦法院于二战后根据《德国基本法》第2条关于保障人格的规定,通过裁判方式而得以发展。就近代民法关于自然人人格权的保护制度而言,其经历了一个由具体人格权到一般人格权的过程,而一般人格权系从具体人格权抽象而来。②

对于一般人格权的概念,学界观点不一,概括而言,主要存在人格关系说③、概括性权利说④、渊源说⑤、个人基本权利说⑥等几种说法。而本条中,立法者将一般人格权概括为人身自由、人格尊严。其中人身自由主要是指关于人格利益的抽象自由,是指自然人在法律规定的范围内享有人身不受侵犯和自主行为的自由,有广义和狭义之分。广义的人身自由包括自然人的人身自由不受侵害、自然人的住宅不受侵害、通讯自由和通信秘密受法律保护、享有婚姻自主权利等;狭义的人身自由又称为身体自由,指自然人不受非法逮捕、拘禁,人身自由不受非法限制,身体不受非法搜查的权利。人格尊严则是一个极其抽象的概念,是指自然人之所以为人所应当具有的最基本的社会地位,人应当感受到社会以及他人最基本的尊重。人格尊严由三个方面所决定,首先是自然人对

---

① 最高人民法院民法典贯彻实施工作领导小组主编:《中华人民共和国民法典总则编理解与适用》,人民法院出版社2020年版,第542~543页。
② 尹田:《论一般人格权》,载《法律科学》2002年第4期。
③ 此说认为,一般人格权为一般的人格关系。德国学者冯·卡尔莫勒(Von Caemmerer)持此种观点。
④ 此说认为,一般人格权为概括性权利,范围极其广泛,不仅涉及国家和个人的关系,而且涉及《民法典》所包括的具体人格权,在内容上是不可列举穷尽的。德国学者拉伦兹(Larenz)持此种观点。
⑤ 此说认为,一般人格权是一种"渊源权"或"权利的渊源"。由于一般人格权的存在方可引导出各种具体人格权,这样可以扩大人格权的保护范围。德国学者艾纳瑟鲁斯(Enneccerus)持此种观点。
⑥ 此说认为,一般人格权为个人之基本权利,不同于人格本身,亦不同于各项具体人格权。德国学者胡伯曼(Hubmann)持此种观点。

于自己的价值认识，这种认识来源于自己对自己身份、地位以及自身的认同，最终表现为自己的主观观念；其次是客观上社会和他人对于社会身份、地位及自然人价值的普遍认识，主要表现为社会合理性谨慎人的普遍价值观；最后是自然人自己的主观认识与社会和他人的客观评价相统一。所以人格尊严是自然人主观上的自我认识与社会和他人客观上的价值评价相统一的结果。人格尊严是一般人格权内容中最为重要和关键的部分。①

（二）一般人格权的法律特征

1. 主体具有普遍性

一般人格权的主体，是普遍主体，一般人格权为全体自然人平等享有，不加任何区分，并与个人的属性终身相随。

2. 权利客体具有高度概括性

一般人格权的客体是一般人格利益，而不是具体人格利益。一般人格利益是高度概括的人格利益，包括两重含义：（1）一般人格利益本身具有概括性，不能化为具体的人格利益，不能成为具体人格权的客体；（2）一般人格利益是对所有具体人格权的客体的概括，任何一种具体的人格利益，都能够概括在一般人格利益之中。因此，一般人格权才能成为具体人格权的母权，由此产生并规定具体人格权。

3. 权利内容极具广泛性

一般人格权的内容不仅包括全部具体人格权的内容，还包括具体人格权所不包含的内容，它不仅是具体人格权内容的集合，而且为补充和完善具体人格权立法提供切实可靠的法律依据。对遭受损害但又不能为具体人格权所涵盖的人格利益，人们可以根据一般人格权的法律规定，寻求法律保护。

4. 一般人格权的性质是人的基本权利

一般人格权相对于具体人格权而言是基本权利。它虽然对具体人格权有概括作用，但它也是一个独立的民事权利，是人身权中的具体权利。一方面，它决定着和派生着各种具体人格权。另一方面，它更为抽象和具有概括性，成为人身权中最具抽象意义和典型性的基本人格权。一般人格权遭受损害，可以依

---

① 杨立新：《论一般人格权及其民法保护》，载《河北法学》1995年第2期。

法寻求法律救济。①

(三)《民法典》总则编对人身自由、人格尊严的强调与保护

人身自由,包括身体行动的自由和自主决定的自由,是自然人自主参加社会各项活动、参与各种社会关系、行使其他人身权和财产权的基本保障,是自然人行使其他一切权利的前提和基础。人格尊严,既包括静态和消极的人格尊严,也包括动态和积极的人格尊严,亦即人格形成和人格发展,涉及姓名权、名誉权、荣誉权、肖像权、隐私权等方面。人格尊严不受侵犯,是自然人作为人的基本条件之一,也是社会文明进步的一个基本标志。由于人身自由和人格尊严的含义非常广泛,所以也能够包含通常所谓的人格独立和人格平等。所有的人格权都以人身自由和人格尊严为价值基础,都是这两种价值的具体表现,都是以维护和实现人身自由和人格尊严为目的。人身自由和人格尊严是人格权获得法律保护的价值依据,是自然人自主参加社会各项活动、参加各种社会关系、行使其他人身权和财产权的基本保障,是自然人自主参加社会各项活动、参与各种社会关系、行使其他人身权和财产权的基本保障,是自然人行使其他一切权利的前提和基础。②《民法典》总则编对"自然人的人身自由、人格尊严受法律保护"予以明确规定,并将其置于"民事权利"一章之首,彰显了一般人格权及各项具体人格权的价值基础,体现了立法者对人之所以为人的基本权利的保护和对人的生存和发展权利的尊重。人身自由与人格尊严决定了人格权的基本特征,是人格权法中的最高价值,是对主体自身人格权的保护,主体行使人格权的界限即他人的人身自由和人格尊严。不表明何谓一般人格权,而是规定"人身自由、人格尊严"受法律保护,使得《民法典》中一般人格权的概念能始终保有开放性,该规定也是认定新型人格利益的根本标准。

---

① 最高人民法院民法典贯彻实施工作领导小组主编:《中华人民共和国民法典总则编理解与适用》,人民法院出版社2020年版,第542~543页。
② 黄薇主编:《中华人民共和国民法典释义》,法律出版社2020年版,第211页。

▶ 适用指引

一、一般人格权与具体人格权的区别

本条是关于一般人格权的规定,理论上多认为,一般人格权是关于人之存在价值及尊严的权利,是对人格权的概括性规定,是概括了人格尊严、人格自由和人格平等的完整内容的一般人格利益,是一种兜底性或弹性的权利。[①] 与具体人格权相比,一般人格权主要有以下几个方面的区别:一是主体不同,人格权是人与生俱来的权利,伴随着自然人从出生至死亡,是人之所以为人所具有的本质性的权利。对于一般人格权而言,其主体只能是自然人,法人、非法人组织不享有一般人格权。但对于具体人格权而言,除了自然人以外,法人、非法人组织同样享有名称权、名誉权和荣誉权等具体人格权。二是内容不同,一般人格权具有高度概括性的特征,包括人身自由、人格尊严在内的各项人格利益,是一种开放性的权利,也是各种具体人格权的抽象。而具体人格权的内容明确具体,由《民法典》明确列举保护,包括生命权、身体权、健康权、姓名权、肖像权、荣誉权、隐私权和婚姻自主权等。三是适用方式不同,具体人格权为法律所明确列举,法官可以直接援引法律规定进行裁判。一般人格权的适用更具其独特之处,概括而言,一般人格权是对立法上的具体人格权进行必要解释时的解释标准,是对具体人格权之外的人格利益进行保护的一种补充,是创设新的具体人格权的法律依据。

二、法人是否享有一般人格权

通说认为,法人也有其人格权利,只不过其权利范围较之自然人要狭小得多。凡以自然生理为基础的人格权,如生命权、身体权、健康权等,法人无法享有。但不以自然人之身体存在为前提的人格权,如名称权、名誉权、荣誉权等,法人均得享有,亦即就法人而言,除其性质所限范围之外,可以享有以权利主体的尊严及价值为保护内容的人格权。[②] 故此,《民法典》第110条规定,法人、非法人组织享有名称权、名誉权和荣誉权。但对于法人是否享有一般人

---

① 易军:《论人格权法定、一般人格权与侵权责任构成》,载《法学》2011年第8期。

② 尹田:《论一般人格权》,载《法律科学》2002年第4期。

格权的问题，学界一般认为，法人的民事权利主体地位是法律拟制的产物，主要是为了满足经济生活的需要，而一般人格权的目的是维护"人身自由、人格尊严"不受侵犯，具有一定的伦理性、社会性，所以，立法上关于一般人格权的规定仅适用于自然人，不适用于法人。《民法典》第109条将"人身自由、人格尊严"的主体限定为自然人，也就是说一般人格权的主体应为自然人，法人不享有一般人格权。

三、侵犯一般人格权的损害赔偿责任

侵犯一般人格权的行为被认定为侵权行为，产生损害赔偿责任，须符合侵权行为的构成要件。侵犯一般人格权行为的民事责任承担方式包括停止侵害、消除影响、赔礼道歉、赔偿损失等。因为一般人格权所保护的对象为自然人的"人身自由、人格尊严"，此种侵权行为所造成的损害也大多为精神损害，故侵害一般人格权民事责任的基本方式是精神损害赔偿。确定侵害一般人格权民事损害赔偿责任，必须遵循精神损害赔偿的一般原则和方法。赔偿的范围主要是精神利益的损害、财产利益的损失和精神痛苦。其中精神利益的损害和精神痛苦可以一并计算，财产利益的损失应当单独计算。①

▶ 典型案例

林某某、陈某某诉蔡某某一般人格权纠纷案

关键词：民事主体　一般人格权　权利冲突

裁判摘要：1.民事主体行使各自的民主权利，均应在法律赋予的限度之内，不得以行使自己的权利为由侵害其他民事主体的合法权益。

2.人民法院审理民事主体各自行使民事权利导致冲突的案件，应当依据事实，判断各方当事人行使其民事权利的合法性与适度性，据此平衡上述权利冲突。

基本案情：原告林某某在汕头市濠江区一路上因与原告陈某某发生争吵而公然扇打陈某某的脸部。被告蔡某某用手机将林某某、陈某某的上述行为拍摄

---

① 最高人民法院民法典贯彻实施工作领导小组主编：《中华人民共和国民法典总则编理解与适用》，人民法院出版社2020年版，第542～543页。

成视频并上传于互联网。该视频于 2016 年 6 月 25 日被安徽公共频道以《实拍女子遭男友连扇巴掌》为题进行播报。林某某、陈某某就此向蔡某某提出删除视频的要求。蔡某某为此向林某某、陈某某出具了《澄清书》,表示愿意删除其拍摄的涉诉视频。

一审法院认为:民事主体行使各自的民事权利应在法律赋予的限度之内,法律同样禁止任何权利人以行使自己权利为由侵害其他民事主体的合法权益。本案双方当事人的讼争焦点实质为民事主体各自行使民事权利之间的冲突,必须依据案件事实确定各方当事人行使其民事权利的合法性与适度性,从而平衡上述权利冲突。本案原告林某某与原告陈某某虽系夫妻关系,但林某某在公共场所公然使用暴力扇打陈某某的脸部,林某某的该行为具有违法性,且已侵害了陈某某的人格尊严。被告蔡某某对林某某的上述不法暴力行为进行拍摄并予以公布,并无不当。但是,对于陈某某而言,在公共场所被他人暴力扇打脸部,其人格尊严本已受到侵害,而蔡某某在没有对视频中陈某某的容貌及形象进行模糊处理的情况下,对该视频进行公布,导致视频在安徽公共频道上播放,其行为事实上导致陈某某因人格尊严受侵害而形成的不利影响得以扩大,给陈某某造成更大的精神伤害。蔡某某应对此承担相应的侵权责任。关于原告陈某某认为被告蔡某某的行为侵犯其名誉权的主张,法院认为,名誉是社会上人们对自然人或者法人的品德、声誉、形象等各方面的综合评价;侵害名誉权是指行为人利用各种形式侮辱、诽谤他人的名誉,导致受害人的社会评价降低;而人格尊严是指作为一个"人"所应有的最起码的社会地位,理应受到社会和他人最起码的尊重。虽然侵害公民名誉权的行为,都会在不同程度上损害公民的人格尊严,但是侵害公民人格尊严的行为,未必会造成对受害人社会评价的降低。陈某某并没有证据证明蔡某某的行为已导致其社会评价降低,且蔡某某的行为也不属于侮辱、诽谤等行为,故陈某某认为蔡某某侵害其名誉权的主张没有事实及法律依据,法院不予支持。对于陈某某主张蔡某某侵害其隐私权、肖像权的主张,因林某某、陈某某的行为发生于公共场所且本案并无证据证明蔡某某因该拍摄行为而获取了利益,故陈某某的该主张没有法律依据,法院不予支持。对于原告林某某主张被告蔡某某侵害其合法权益的主张,因林某某在公共场所公然使用暴力侮辱他人的行为本来就属违法,为法律所禁止,蔡某某对林某某的该违法行为进行公布并无不妥,况且该视频也只是显示了林某某的背面,一般人并无法判断出其系林某某本人,故蔡某某的行为并没有侵害林某某的合法权益。林某某的该主张没有事实及法律依据，法院不予支持。行为人因过错侵害他人民事权益，应当承担侵权责任。公民的人格尊严受到侵害的，有权要求停止侵害、消除影响、赔礼道歉，并可以要求赔偿损失。被告蔡某某将涉诉视频通过互联网进行公布并被安徽公共频道播放，致该视频至今仍存在于安徽卫视网站上，蔡某某有义务通知安徽卫视对其网站上存在的该视频予以删除。对于原告陈某某提出的要求蔡某某删除其他网站上的其他涉诉视频，因其无法提供证据证明该视频存在于其他网站之上，故对陈某某超出上述范围的请求，法院不予支持。陈某某要求蔡某某进行赔礼道歉，符合法律规定。至于赔礼道歉的方式应当与侵权行为影响范围相应，法院认为蔡某某应采用书面形式致歉，内容须经法院审核。因蔡某某实施侵害陈某某人格尊严的行为，必定给陈某某精神造成损害，陈某某要求支付精神损失费，理由正当，结合本案的侵权范围、影响、过错程度，法院酌定被告蔡某某赔偿陈某某精神损害抚慰金1000元。但应指出，陈某某提出的赔偿2万元的要求过高，故法院对其超过上述金额部分不予支持。被告蔡某某虽称其行为是对不文明行为的曝光，属于正义行为，但任何权利均不是绝对的，法律在赋予权利主体行使自由权的时候，都规定行使权利的必要限度，蔡某某行使其合法权利时应遵循适度性，不应侵害他人的合法权益，故法院对其抗辩不予采信。据此，一审判决如下：一、被告蔡某某应在本判决生效后十日内通知安徽电视台公共频道删除其网站中存在的其于2016年6月25日播放的《实拍女子遭男友连扇巴掌》的视频。二、被告蔡某某应在本判决生效后十日内向法院提交对原告陈某某的道歉书，道歉书的内容由法院核定；逾期法院将指定在一家全国发行的报刊上刊登本民事判决书的主要内容，费用由被告蔡某某承担。三、被告蔡某某应在本判决生效后十日内赔偿原告陈某某精神损害抚慰金1000元。四、驳回原告林某某的诉讼请求。五、驳回原告陈某某的其他诉讼请求。如果未按本判决指定的期间履行给付金钱义务，应当依照《民事诉讼法》第253条之规定，加倍支付迟延履行期间的债务利息。案件受理费100元（已预交），由被告蔡某某负担。一审判决后，双方当事人均未提起上诉，一审判决已发生法律效力。

【案　　号】（2016）粤0512民初217号
【审理法院】广东省广州市中级人民法院
【来　　源】《最高人民法院公报》2021年第11期

▶ 类案检索

梁某媚诉广东惠食佳经济发展有限公司、广州市越秀区名豪轩鱼翅海鲜大酒楼人格权纠纷案

关键词： 人格权　性别歧视

裁判摘要： 就业平等权不仅属于劳动者的劳动权利范畴，亦属劳动者作为自然人的人格权范畴。在招聘过程中，对于并非不适宜女性从事的工作岗位，用人单位仅因劳动者的性别而作出不合理的区别、限制以及排斥行为，构成就业性别歧视，侵犯了劳动者的平等就业权。

【案　　号】（2016）粤01民终10790号

【审理法院】广东省广州市中级人民法院

> 第一百一十条　自然人享有生命权、身体权、健康权、姓名权、肖像权、名誉权、荣誉权、隐私权、婚姻自主权等权利。
> 法人、非法人组织享有名称权、名誉权和荣誉权。

▶ 关联规定

一、法律、行政法规、司法解释

1.《中华人民共和国妇女权益保障法》

第十九条　妇女的人身自由不受侵犯。禁止非法拘禁和以其他非法手段剥夺或者限制妇女的人身自由；禁止非法搜查妇女的身体。

第二十八条　妇女的姓名权、肖像权、名誉权、荣誉权、隐私权和个人信息等人格权益受法律保护。

媒体报道涉及妇女事件应当客观、适度，不得通过夸大事实、过度渲染等方式侵害妇女的人格权益。

禁止通过大众传播媒介或者其他方式贬低损害妇女人格。未经本人同意，不得通过广告、商标、展览橱窗、报纸、期刊、图书、音像制品、电子出版物、网络等形式使用妇女肖像，但法律另有规定的除外。

第六十一条　国家保护妇女的婚姻自主权。禁止干涉妇女的结婚、离婚自由。

2《中华人民共和国消费者权益保护法》

第二十七条　经营者不得对消费者进行侮辱、诽谤，不得搜查消费者的身体及其携带的物品，不得侵犯消费者的人身自由。

二、司法指导性文件

《最高人民法院关于胡骥超、周孔昭、石述成诉刘守忠、遵义晚报社侵害名誉权一案的函》

本案被告刘守忠因与原告胡骥超、周孔昭、石述成有矛盾，在历史小说创作中故意以影射手法对原告进行丑化和侮辱，使其名誉受到了损害。被告遵义晚报社在已知所发表的历史小说对他人的名誉造成损害的情况下，仍继续连载，放任侵权后果的扩大。依照《中华人民共和国民法通则》第101条和第120条的规定，上述二被告的行为已构成侵害原告的名誉权，应承担侵权民事责任。

▶ 条文释义

一、本条主旨

本条是关于具体人格权概括列举的规定。

二、条文演变

1986年原《民法通则》在民事权利一章设立专节"人身权"，规定了生命健康权、姓名权、名称权、肖像权、名誉权、荣誉权、婚姻自主权等人身权，开启了对人身权的民事保护。2001年《精神损害赔偿解释》第1条规定："自然人因下列人格权利遭受非法侵害，向人民法院起诉请求赔偿精神损害的，人民法院应当依法予以受理：（一）生命权、健康权、身体权；（二）姓名权、肖像权、名誉权、荣誉权；（三）人格尊严权、人身自由权。""违反社会公共利益、社会公德侵害他人隐私或者其他人格利益，受害人以侵权为由向人民法院起诉请求赔偿精神损害的，人民法院应当依法予以受理。"其中增加了关于身体权、人格尊严权、人身自由权的规定。2009年原《侵权责任法》第2条规定，侵害民事权益，应当依照本法承担侵权责任。本法所称民事权益，包括生命权、健康权、姓名权、名誉权、荣誉权、肖像权、隐私权、婚姻自主权、监护权、所有权、用益物权、担保物权、著作权、专利权、商标专用权、发现权、股权、继承权等人身、财产权益。前款规定中除增加关于隐私权的规定外，还将生命健康权分别规定为生命权、健康权两项权利。原《民法总则》在总结上述立法经验的基础上，兼顾人格权理论既有框架，充分顺应人格权发展趋势，在本条中将自然人与法人、非法人组织的具体人格权进行了区分，分别列举为本条的第1款和第2款。将自然人的人格权列举为生命权、身体权、健康权、姓名权、肖像权、名誉权、荣誉权、隐私权、婚姻自主权等权利，将法人、非法人组织的人格权列举为名称权、名誉权和荣誉权等权利。《民法典》本条在基本沿用该规定的基础上删除了第2款中"等权利"的兜底性表述。主要考虑是，法人人格权具有拟制性、财产性、非伦理性的特征，故而在第2款关于法人具体人格权的规定中，采取了更为谨慎的态度，删除兜底性表述，明确为三种权利。

三、条文解读

本条是关于具体人格权的规定，共分为两款。第1款是关于自然人的具体人格权的规定，第2款是关于法人、非法人组织的具体人格权的规定。

（一）自然人的人格权

自然人的人格权包括生命权、身体权、健康权、姓名权、肖像权、名誉权、荣誉权、隐私权、婚姻自主权等权利。

1. 生命权

生命权是以自然人的生命安全利益为内容的权利，它以生命安全和生命维持为客体，以维护人的生命活动延续为基本内容。生命权受到侵害，必须以生命不可逆转的丧失为标准。

2. 身体权

身体权是自然人维护其身体完全并支配其肢体、器官和其他身体组织的具体人格权。身体权受到侵害，表现为身体的完整性遭到破坏。身体权与健康权保护的方向不同，对身体的侵害主要指肉体上的侵害，造成机体或者器官无法正常运转。而健康权不仅是肉体上的，还包括心理上的，心理健康可使机体或者器官良好地运转，正常发挥其功能，使身体达到更好的状态。

3. 健康权

健康权是以自然人及其身体和器官的功能利益为内容的权利。健康权不仅指身体及其器官的完整，还包括身体机能和器官可以正常运转；不仅包括身体机能的健康，还包括心理的健康。对健康权的侵害往往与身体权相伴随。

4. 姓名权

姓名权是自然人对其姓名享有的设定、变更和使用的权利。自然人的姓名可以由其自由设定，一般为姓加上名，但少数民族地区的姓名设定可能有特殊的规定。自然人享有改变其姓名的权利，这种权利不受他人干涉。

5. 肖像权

肖像权是自然人对其肖像的制作和使用的权利，未经自然人同意，不得将其肖像物化而使用。在原《民法通则》和原《侵权责任法》中，肖像权的顺序都放在荣誉权之后，原《民法总则》和本法将肖像权的顺序提前至姓名权之后、名誉权之前，因为肖像权与姓名权一样，都属于标表性人格利益，但姓名是以文字标示特定人，而肖像是以形象标志特定人。

6. 名誉权

名誉权是自然人对其自身属性和价值所获得的社会评价享有的保有和维护的人格权，对这种社会评价的贬损会导致对自然人名誉权的侵害。

7. 荣誉权

与名誉权类似，荣誉权也是对自然人个人积极的社会评价，只是这种评价是一定的组织作出的，并非个人作出。荣誉权具有一定的特殊性，对这种权利的侵犯主要表现为对其获得荣誉的公开否定性评价，对其荣誉证书、奖杯等证物的毁损。

8. 隐私权

自然人享有的隐私权，是指自然人享有的对其个人的，与公共利益、群体利益无关的信息，私人活动和私有领域进行支配的人格权。任何对该类信息的获取都是非法的，都导致对自然人隐私权的侵害。

9. 婚姻自主权

自然人的婚姻自主权是自然人的基本人权，是指自然人享有的结婚、离婚自由不受他人干涉的权利。我国原《民法通则》《婚姻法》《民法总则》一直将婚姻自主权作为一项基本的人身权加以规定，本法也沿用此规定。

10. 个人信息权益

虽然本条规定未列举自然人的信息权，但由于本条规定是关于具体人格权的概括列举，其内涵具有开放性，而《民法典》民事权利一章中的第111条明确将自然人的个人信息纳入保护范围，规定任何组织和个人需要获取他人信息的，应当依法取得并确保信息安全，不得非法收集、使用、加工、传输他人个人信息，不得非法买卖、提供或者公开他人个人信息，故个人信息权益亦属于《民法典》明确规定的精神性人格权益，这为解决近年来个人信息泄露和非法使用问题提供了法律支持。

(二)法人、非法人组织的具体人格权

本条第2款所列举的法人和非法人组织的人格权,均为精神性人格权。

1. 名称权

名称是特定团体区别于其他团体的文字符号。名称权,即特定团体依法享有的决定、使用、变更及依照法律规定转让自己的名称,并得排除他人的非法干涉及不当使用的权利。原《民法通则》第99条第2款规定:"法人、个体工商户、个人合伙享有名称权。企业法人、个体工商户、个人合伙有权使用、依法转让自己的名称。"由于《民法典》总则编采用了法人和非法人组织的民事主体划分方式,不再使用"非法人企业"这一称谓,故名称权的主体应理解为法人和非法人组织。

2. 名誉权

法人和非法人组织作为法律上拟制的人,亦享有名誉权,即法人和非法人组织对其自身属性和价值所获得的社会评价享有的保有和维护的人格权。

3. 荣誉权

其内涵与自然人荣誉权一致。

应注意的是,原《民法通则》对于法人的名称权、名誉权和荣誉权,是与自然人的人格权放在一起规定的,本法将法人的人格权与自然人的人格权分为两款区分规定,既体现了人格权的不同享有主体,也是考虑到法人和非法人组织是法律技术的缔造物,是拟制的主体,主要担当交易工具的职能,不具有终极性的伦理价值。因此,自然人与法人、非法人组织不可能享有相同和均等的人格权利。故将自然人的名称、名誉和荣誉权与法人、非法人组织的名称、名誉和荣誉权分开规定。

法人、非法人组织的名称权与自然人的不同之处在于,自然人的名称权具有专属性,而法人、非法人组织的商号则可以转让。法人、非法人组织的名誉权和荣誉权也与自然人的不完全相同,其包含的经济利益和商业价值大于其本身的人身属性。对上述权利的侵害,直接导致经济损失,而非精神损害。

▶ 适用指引

一、物质性人格权与精神性人格权

按照权利客体的不同和法律保护方法的不同，人格权可以划分为物质性的人格权和精神性的人格权。物质性的人格权包括生命权、身体权、健康权，是指民事主体直接支配自己的生命健康和身体利益的权利；精神性的人格权包括姓名权、名称权、肖像权、名誉权、荣誉权、隐私权、婚姻自主权等权利，一般不涉及人之物理或物质实体。传统民法认为，人格权是存在于权利人自己人格之上的权利，亦即以权利人自己人格利益之享受为标的的权利。此种权利是与生俱来的，在权利关系存续中，不得转让与抛弃。由此，人格权以人的尊严价值及精神利益为保护内容，具有专属性、绝对性、不可转让性与不可继承性。① 也就是说，对于人格权这样的权利，权利主体是不能随意支配的，而对于因侵犯人身权而产生的救济权，权利主体可以放弃但不能转让或者抵销。但是随着近代商品经济的发展，人格权的商业化利用逐渐成为了经济选择的必然。为了回应现代社会发展的需求，各种新型人格利益不断涌现，传统人格权的利用方式也越来越多样化。有观点认为，人格权商品化所涉及的仅仅是精神性人格权，如姓名权、肖像权等，其客体其实是作为主体的人之符号化，并不触及人之伦理价值的根本核心。② 但事实上，除精神性人格权之外，物质性人格权也有积极利用的权能，比如器官捐献等。

二、对人格权权利内容和权利边界的限定

本条对于生命权、身体权、健康权、姓名权、肖像权、名誉权、荣誉权、隐私权、婚姻自主权等权利的保护并非绝对，不是所有未经许可使用他人姓名权、肖像权等权利或导致他人社会评价降低的行为均属对人格权的不法侵害。《民法典》及相关法律均对人格权的权利内容和权利边界作出了限定。概括而言，主要有：（1）新闻报道、舆论监督对人格权权利内容和权利边界的限定。

---

① 郭明龙：《精神性人格权之定性——兼论〈侵权责任法〉第二十条对人格权法立法之推进》，载《人民论坛》2021年第8期。
② 郭明龙：《精神性人格权之定性——兼论〈侵权责任法〉第二十条对人格权法立法之推进》，载《人民论坛》2021年第8期。

《民法典》第999条规定,为公共利益实施新闻报道、舆论监督等行为的,可以合理使用民事主体的姓名、名称、肖像、个人信息等;使用不合理侵害民事主体人格权的,应当依法承担民事责任。第1020第2项规定:"合理实施下列行为的,可以不经肖像权人同意:(二)为实施新闻报道,不可避免地制作、使用、公开肖像权人的肖像。"上述规定均属为新闻报道、舆论监督之目的合理使用民事主体姓名、名称、肖像、个人信息之规定,是对人格权的合理限定。(2)文学、艺术作品对人格权内容和权利边界的限定。《民法典》第1027条第3款规定,行为人发表的文学、艺术作品不以特定人为描述对象,仅其中的情节与该特定人的情况相似的,不承担民事责任。此条即属基于文学、艺术创作自由的基本价值而对人格权进行的限定。

三、法人、非法人组织人格权行使的特殊性

从《民法典》第110条的文义来看,对于自然人的人格权,本条第1款列举了包括生命权在内的九项权利,而对于法人、非法人组织人格权,本条第2款仅列举了名称权、名誉权和荣誉权三项权利。更为重要的是,在自然人九项具体人格权之外,本条第1款用一个"等"字为其他新型人格权保留了适用的空间,而对于法人、非法人组织人格权,法律采用了更为谨慎的态度,将其限定为本条第2款中明确规定的三项权利。除权利内容更为狭窄之外,法人、自然人人格权的行使还存在着一些不同于自然人的特殊之处。《民法典》第992条规定,人格权不得放弃、转让或者继承。但考察法人人格权的产生过程我们不难发现,法人人格权是商品经济发展的产物,与以伦理价值为中心的自然人人格权相比,法人人格权带有明显的拟制性、非伦理性、财产性。这些特性也决定了法人、非法人组织的人格权从诞生之初就已不是精神性人格利益,而是一种财产权益,此种权益应当具有一定的可转让性,法人、非法人组织由此也可以获得相应的财产收益。这种可转让性符合市场规律及社会实践,也与《民法典》第993条关于"民事主体可以将自己的姓名、名称、肖像等许可他人使用,但是依照法律规定或者根据其性质不得许可的除外"的立法精神相符。就人格权受侵害后的救济而言,根据《民法典》第1183条的规定,侵害自然人人身权益造成严重精神损害的,被侵权人有权请求精神损害赔偿。因故意或者重大过失侵害自然人具有人身意义的特定物造成严重精神损害的,被侵权人有权请求精神损害赔偿。主张精神损害赔偿的民事主体范围被明确限定为自然

人，也就是说法人、非法人组织在人格权受侵害的情况下，仅能主张经济损害赔偿，不能主张精神损害赔偿。

▶ 指导案例

指导案例143号：北京兰世达光电科技有限公司、黄晓兰诉赵敏名誉权纠纷案

（最高人民法院审判委员会讨论通过 2020年10月9日发布）

关键词： 民事 名誉权 网络侵权 微信群 公共空间

1. 认定微信群中的言论构成侵犯他人名誉权，应当符合名誉权侵权的全部构成要件，还应当考虑信息网络传播的特点并结合侵权主体、传播范围、损害程度等具体因素进行综合判断。

2. 不特定关系人组成的微信群具有公共空间属性，公民在此类微信群中发布侮辱、诽谤、污蔑或者贬损他人的言论构成名誉权侵权，应当依法承担法律责任。

相关法条：

《中华人民共和国民法通则》第101条、第120条

《中华人民共和国侵权责任法》第6条、第20条、第22条

基本案情：

原告北京兰世达光电科技有限公司（以下简称兰世达公司）、黄晓兰诉称：黄晓兰系兰世达公司员工，从事机器美容美甲业务。自2017年1月17日以来，被告赵敏一直对二原告进行造谣、诽谤、诬陷，多次污蔑、谩骂，称黄晓兰有精神分裂，污蔑兰世达公司的仪器不正规、讹诈客户，并通过微信群等方式进行散布，造成原告名誉受到严重损害，生意受损，请求人民法院判令：一、被告对二原告赔礼道歉，并以在北京市顺义区X号张贴公告、北京当地报纸刊登公告的方式为原告消除影响、恢复名誉；二、赔偿原告兰世达公司损失2万元；三、赔偿二原告精神损害抚慰金各5千元。

被告赵敏辩称：被告没有在小区微信群里发过损害原告名誉的信息，只与邻居、好朋友说过与二原告发生纠纷的事情，且此事对被告影响亦较大。兰世达公司仪器不正规、讹诈客户非被告一人认为，其他人也有同感。原告的美容

店经常不开,其损失与被告无关。故请求驳回原告的诉讼请求。

法院经审理查明:兰世达公司在北京市顺义区某小区一层开有一家美容店,黄晓兰系该公司股东兼任美容师。2017年1月17日16时许,赵敏陪同住小区的另一业主到该美容店做美容。黄晓兰为顾客做美容,赵敏询问之前其在该美容店祛斑的事情,后二人因美容服务问题发生口角。后公安部门对赵敏作出行政处罚决定书,给予赵敏行政拘留三日的处罚。

原告主张赵敏的微信昵称为X郡主(微信号X———calm),且系小区业主微信群群主,双方发生纠纷后赵敏多次在业主微信群中对二原告进行造谣、诽谤、污蔑、谩骂,并将黄晓兰从业主群中移出,兰世达公司因赵敏的行为生意严重受损。原告提供微信聊天记录及张某某的证人证言予以证明。微信聊天记录来自两个微信群,人数分别为345人和123人,记载有昵称X郡主发送的有关黄晓兰、兰世达公司的言论,以及其他群成员询问情况等的回复信息;证人张某某是兰世达公司顾客,也是小区业主,其到庭陈述看到的微信群内容并当庭出示手机微信,群主微信号为X———calm。

赵敏对原告陈述及证据均不予认可,并表示其2016年在涉诉美容店做激光祛斑,黄晓兰承诺保证全部祛除掉,但做过两次后,斑越发严重,多次沟通,对方不同意退钱,事发当日其再次咨询此事,黄晓兰却否认赵敏在此做过祛斑,双方发生口角;赵敏只有一个微信号,且经常换名字,现在业主群里叫X果,自己不是群主,不清楚群主情况,没有加过黄晓兰为好友,也没有在微信群里发过损害原告名誉的信息,只与邻居、朋友说过与原告的纠纷,兰世达公司仪器不正规、讹诈客户,其他人也有同感,公民有言论自由。

经原告申请,法院自深圳市腾讯计算机系统有限公司调取了微信号X———calm的实名认证信息,确认为赵敏,同时确认该微信号与黄晓兰微信号X—HL互为好友时间为2016年3月4日13:16:18。赵敏对此予以认可,但表示对于微信群中发送的有关黄晓兰、兰世达公司的信息其并不清楚,现已经不用该微信号了,也退出了其中一个业主群。

裁判结果:

北京市顺义区人民法院于2017年9月19日作出(2017)京0113民初5491号民事判决:一、被告赵敏于本判决生效之日起七日内在顺义区X房屋门口张贴致歉声明,向原告黄晓兰、北京兰世达光电科技有限公司赔礼道歉,张贴时间为七日,致歉内容须经本院审核;如逾期不执行上述内容,则由本院在上述地址门口全文张贴本判决书内容；二、被告赵敏于本判决生效之日起七日内赔偿原告北京兰世达光电科技有限公司经济损失三千元；三、被告赵敏于本判决生效之日起七日内赔偿原告黄晓兰精神损害抚慰金二千元；四、驳回原告黄晓兰、北京兰世达光电科技有限公司的其他诉讼请求。宣判后，赵敏提出上诉。北京市第三中级人民法院于2018年1月31日作出（2018）京03民终725号民事判决：驳回上诉，维持原判。

裁判理由：

法院生效裁判认为：名誉权是民事主体依法享有的维护自己名誉并排除他人侵害的权利。民事主体不仅包括自然人，也包括法人及其他组织。《中华人民共和国民法通则》第一百零一条规定，公民、法人享有名誉权，公民的人格尊严受法律保护，禁止用侮辱、诽谤等方式损害公民、法人的名誉。

本案的争议焦点为，被告赵敏在微信群中针对原告黄晓兰、兰世达公司的言论是否构成名誉权侵权。传统名誉权侵权有四个构成要件，即受害人确有名誉被损害的事实、行为人行为违法、违法行为与损害后果之间有因果关系、行为人主观上有过错。对于微信群中的言论是否侵犯他人名誉权的认定，要符合传统名誉权侵权的全部构成要件，还应当考虑信息网络传播的特点并结合侵权主体、传播范围、损害程度等具体因素进行综合判断。

本案中，赵敏否认其微信号X———calm所发的有关涉案信息是其本人所为，但就此未提供证据证明，且与已查明事实不符，故就该抗辩意见，法院无法采纳。根据庭审查明情况，结合微信聊天记录内容、证人证言、法院自深圳市腾讯计算机系统有限公司调取的材料，可以认定赵敏在与黄晓兰发生纠纷后，通过微信号在双方共同居住的小区两个业主微信群发布的信息中使用了"傻X""臭傻X""精神分裂""装疯卖傻"等明显带有侮辱性的言论，并使用了黄晓兰的照片作为配图，而对于兰世达公司的"美容师不正规""讹诈客户""破仪器""技术和产品都不灵"等贬损性言辞，赵敏未提交证据证明其所发表言论的客观真实性；退一步讲，即使有相关事实发生，其亦应通过合法途径解决。赵敏将上述不当言论发至有众多该小区住户的两个微信群，其主观过错明显，从微信群的成员组成、对其他成员的询问情况以及网络信息传播的便利、广泛、快捷等特点来看，涉案言论确易引发对黄晓兰、兰世达公司经营的美容店的猜测和误解，损害小区公众对兰世达公司的信赖，对二者产生负面认识并造成黄晓兰个人及兰世达公司产品或者服务的社会评价降低，赵敏的损害行为与黄晓兰、兰世达公司名誉受损之间存在因果关系,故赵敏的行为符合侵犯名誉权的要件,已构成侵权。

行为人因过错侵害他人民事权益,应当承担侵权责任。不特定关系人组成的微信群具有公共空间属性,公民在此类微信群中发布侮辱、诽谤、污蔑或者贬损他人的言论构成名誉权侵权,应当依法承担法律责任。公民、法人的名誉权受到侵害,有权要求停止侵害,恢复名誉,消除影响,赔礼道歉,并可以要求赔偿损失。现黄晓兰、兰世达公司要求赵敏基于侵犯名誉权之行为赔礼道歉,符合法律规定,应予以支持,赔礼道歉的具体方式由法院酌情确定。关于兰世达公司名誉权被侵犯产生的经济损失,兰世达公司提供的证据不能证明实际经济损失数额,但兰世达公司在涉诉小区经营美容店,赵敏在有众多该小区住户的微信群中发表不当言论势必会给兰世达公司的经营造成不良影响,故对兰世达公司的该项请求,综合考虑赵敏的过错程度、侵权行为内容与造成的影响、侵权持续时间、兰世达公司实际营业情况等因素酌情确定。关于黄晓兰主张的精神损害抚慰金,亦根据上述因素酌情确定具体数额。关于兰世达公司主张的精神损害抚慰金,缺乏法律依据,故不予支持。

▶ 典型案例

张某生等诉上海康仁乐购超市贸易有限公司生命权纠纷案

关键词: 生命权　合理范围　安全保障义务

裁判摘要: 公共场所管理人的安全保障义务应界定在合理范围内,应当保证场所及相关配套设施符合安全标准,排除安全隐患,同时应当及时对已发生的危险和损害采取积极的应对和救助措施。管理人是否尽到必要的救助义务,应参照社会普遍认同的衡量标准加以判断。

基本案情: 2019年10月12日10时许,死者曾某女至被告康仁公司经营的超市购物时在蔬果区摔倒;10时35分,被告工作人员报警,民警到达现场了解情况后报120并联系到曾某女家属,后由被告工作人员陪同曾某女送至上海市江湾医院急救;13时24分,曾某女被转至上海市长海医院,经诊断为脑挫裂伤,告病危;次日13时30分,曾某女被转至上海市新华医院治疗,后又被送至上海市市东医院,经抢救无效死亡。

一审法院经审理认为，本案的争议焦点系被告康仁公司是否违反了安全保障义务。被告作为超市经营者，依法负有符合社会一般价值判断所认同的安全保障义务，未尽义务造成他人损害的，应承担侵权赔偿责任。本案中，曾某女摔倒后并未发生昏迷等明显症状，被告并非专业医疗救治机构，其在事发后及时将老人扶送他处休息并报警，并不存在放任不管的情形，此后被告也派人陪同救护人员将老人送往医院就诊，已尽到救治义务。对于原告张某生、张某1、张某2、张某琴提出被告康仁公司未在事发地点设置监控设备的行为属于未尽到安全保障义务，一审法院认为，是否设置监控录像与曾某女摔倒之间并无因果关系，且根据现有证据事发地点照片和曾某女就诊记录等，均未反映出曾某女系因地面湿滑等原因而摔倒。事发区域未被监控覆盖，被告客观上无法提供事发区域的监控录像，不属于持有不利证据拒不提供的情形，故不能据此推断出因地面湿滑原因致老人摔倒的结论成立。当事人对自己提出的诉讼请求或者反驳对方诉讼请求所依据的事实有责任提供证据加以证明，没有证据或者证据不足以证明当事人的事实主张的，由负有举证责任的当事人承担不利后果。故原告以被告未尽到安全保障义务为由要求被告承担赔偿责任的诉讼请求证据不足，不予支持。据此，一审法院判决：对原告张某生、张某1、张某2、张某琴的诉讼请求不予支持。张某生、张某1、张某2、张某琴不服一审判决，提起上诉，请求撤销原判，发回重审或依法改判支持张某生等四人一审的全部诉讼请求。

二审法院经审理认为，宾馆、商场、银行、车站、娱乐场所等公共场所的管理人或者群众性活动的组织者，未尽到安全保障义务，造成他人损害的，应当承担侵权责任。本案中，上诉人张某生等四人主张曾某女系在被上诉人康仁公司经营的超市摔倒后经抢救无效死亡，要求康仁公司承担赔偿责任，张某生等四人应当就康仁公司未尽到安全保障义务提供有效的证据加以证明。现张某生等四人主张康仁公司未在事发区域设置监控摄像头，属于未尽到安全保障义务，对此，二审认为，康仁公司在本案中的安全保障义务，主要体现在对其经营管理场所及相关配套设施的安全性负有保障义务，即康仁公司的经营管理场所及相关配套设施不应具有危险性、不应威胁人身安全，至于事发区域是否安装监控摄像头，与曾某女摔倒之间并不具有因果关系，因此，对张某生等四人的该项上诉主张，法院不予支持。至于张某生等四人主张康仁公司在曾某女摔倒后未及时报警、送医，法院认为，经营者的安全保障义务应界定在合理范围内,康仁公司在曾某女摔倒后,并未放任不管,而是将老人送至他处休息并报警,此后也陪同救护人员将老人送往医院就诊,故不能就此认定其未尽到救治义务。张某生等四人主张康仁公司持有事发时监控录像但拒不提供,缺乏事实依据,二审不予采纳。综上所述,上诉人张某生等四人的上诉请求缺乏事实和法律依据,应予驳回。一审判决认定事实清楚,适用法律正确,应予维持。

【案　　号】(2020)沪02民终5026号
【审理法院】上海市第二中级人民法院
【来　　源】《最高人民法院公报》2021年第10期

▶ 类案检索

刘某珍诉孙某芳、李某健康权纠纷案

关键词: 人格权　健康权　过错责任

裁判摘要: 经营日常生活用品的个体店主允许他人在其经营场所内从事产品宣传服务时,其作为场地提供者,应对所宣传的产品及服务的合法性、适当性进行必要的审查,若未尽此义务,造成他人损害的,应当依法承担相应的过错责任。

【案　　号】(2014)扬民终字第0810号
【审理法院】江苏省扬州市中级人民法院

第一百一十一条 自然人的个人信息受法律保护。任何组织或者个人需要获取他人个人信息的，应当依法取得并确保信息安全，不得非法收集、使用、加工、传输他人个人信息，不得非法买卖、提供或者公开他人个人信息。

关联规定

法律、行政法规、司法解释

1.《中华人民共和国民法典》

第一千零三十四条 自然人的个人信息受法律保护。

个人信息是以电子或者其他方式记录的能够单独或者与其他信息结合识别特定自然人的各种信息，包括自然人的姓名、出生日期、身份证件号码、生物识别信息、住址、电话号码、电子邮箱、健康信息、行踪信息等。

个人信息中的私密信息，适用有关隐私权的规定；没有规定的，适用有关个人信息保护的规定。

2.《中华人民共和国个人信息保护法》

第二条 自然人的个人信息受法律保护，任何组织、个人不得侵害自然人的个人信息权益。

第四条 个人信息是以电子或者其他方式记录的与已识别或者可识别的自然人有关的各种信息，不包括匿名化处理后的信息。

个人信息的处理包括个人信息的收集、存储、使用、加工、传输、提供、公开、删除等。

第五条 处理个人信息应当遵循合法、正当、必要和诚信原则，不得通过误导、欺诈、胁迫等方式处理个人信息。

第九条 个人信息处理者应当对其个人信息处理活动负责，并采取必要措施保障所处理的个人信息的安全。

第十条 任何组织、个人不得非法收集、使用、加工、传输他人个人信息,不得非法买卖、提供或者公开他人个人信息;不得从事危害国家安全、公共利益的个人信息处理活动。

3.《中华人民共和国刑法》

第二百五十三条之一 违反国家有关规定,向他人出售或者提供公民个人信息,情节严重的,处三年以下有期徒刑或者拘役,并处或者单处罚金;情节特别严重的,处三年以上七年以下有期徒刑,并处罚金。

违反国家有关规定,将在履行职责或者提供服务过程中获得的公民个人信息,出售或者提供给他人的,依照前款的规定从重处罚。

窃取或者以其他方法非法获取公民个人信息的,依照第一款的规定处罚。

单位犯前三款罪的,对单位判处罚金,并对其直接负责的主管人员和其他直接责任人员,依照各该款的规定处罚。

4.《中华人民共和国网络安全法》

第四十条 网络运营者应当对其收集的用户信息严格保密,并建立健全用户信息保护制度。

第四十一条 网络运营者收集、使用个人信息,应当遵循合法、正当、必要的原则,公开收集、使用规则,明示收集、使用信息的目的、方式和范围,并经被收集者同意。

网络运营者不得收集与其提供的服务无关的个人信息,不得违反法律、行政法规的规定和双方的约定收集、使用个人信息,并应当依照法律、行政法规的规定和与用户的约定,处理其保存的个人信息。

第四十二条 网络运营者不得泄露、篡改、毁损其收集的个人信息;未经被收集者同意,不得向他人提供个人信息。但是,经过处理无法识别特定个人且不能复原的除外。

网络运营者应当采取技术措施和其他必要措施,确保其收集的个人信息安全,防止信息泄露、毁损、丢失。在发生或者可能发生个人信息泄露、毁损、丢失的情况时,应当立即采取补救措施,按照规定及时告知用户并向有关主管部门报告。

第四十四条 任何个人和组织不得窃取或者以其他非法方式获取个人信息,不得非法出售或者非法向他人提供个人信息。

第四十五条 依法负有网络安全监督管理职责的部门及其工作人员,必须对在履行职责中知悉的个人信息、隐私和商业秘密严格保密,不得泄露、出售或者非法向他人提供。

5.《中华人民共和国数据安全法》

第七条 国家保护个人、组织与数据有关的权益,鼓励数据依法合理有效利用,保障数据依法有序自由流动,促进以数据为关键要素的数字经济发展。

第三十八条 国家机关为履行法定职责的需要收集、使用数据,应当在其履行法定职责的范围内依照法律、行政法规规定的条件和程序进行;对在履行职责中知悉的个人隐私、个人信息、商业秘密、保密商务信息等数据应当依法予以保密,不得泄露或者非法向他人提供。

6.《中华人民共和国电子商务法》

第二十五条 有关主管部门依照法律、行政法规的规定要求电子商务经营者提供有关电子商务数据信息的,电子商务经营者应当提供。有关主管部门应当采取必要措施保护电子商务经营者提供的数据信息的安全,并对其中的个人信息、隐私和商业秘密严格保密,不得泄露、出售或者非法向他人提供。

7.《中华人民共和国消费者权益保护法》

第十四条 消费者在购买、使用商品和接受服务时,享有人格尊严、民族风俗习惯得到尊重的权利,享有个人信息依法得到保护的权利。

第二十九条 经营者收集、使用消费者个人信息,应当遵循合法、正当、必要的原则,明示收集、使用信息的目的、方式和范围,并经消费者同意。经营者收集、使用消费者个人信息,应当公开其收集、使用规则,不得违反法律、法规的规定和双方的约定收集、使用信息。

经营者及其工作人员对收集的消费者个人信息必须严格保密,不得泄露、出售或者非法向他人提供。经营者应当采取技术措施和其他必要措施,确保信息安全,防止消费者个人信息泄露、丢失。在发生或者可能发生信息泄露、丢失的情况时,应当立即采取补救措施。

经营者未经消费者同意或者请求,或者消费者明确表示拒绝的,不得向其发送商业性信息。

8.《中华人民共和国未成年人保护法》

第四条第三项 保护未成年人,应当坚持最有利于未成年人的原则。处理涉及未成年人事项,应当符合下列要求:

(三)保护未成年人隐私权和个人信息;

第七十二条 信息处理者通过网络处理未成年人个人信息的,应当遵循合法、正当和必要的原则。处理不满十四周岁未成年人个人信息的，应当征得未成年人的父母或者其他监护人同意，但法律、行政法规另有规定的除外。

未成年人、父母或者其他监护人要求信息处理者更正、删除未成年人个人信息的，信息处理者应当及时采取措施予以更正、删除，但法律、行政法规另有规定的除外。

9.《全国人民代表大会常务委员会关于加强网络信息保护的决定》

一、国家保护能够识别公民个人身份和涉及公民个人隐私的电子信息。

任何组织和个人不得窃取或者以其他非法方式获取公民个人电子信息，不得出售或者非法向他人提供公民个人电子信息。

三、网络服务提供者和其他企业事业单位及其工作人员对在业务活动中收集的公民个人电子信息必须严格保密，不得泄露、篡改、毁损，不得出售或者非法向他人提供。

10.《最高人民法院关于审理使用人脸识别技术处理个人信息相关民事案件适用法律若干问题的规定》

第二条　信息处理者处理人脸信息有下列情形之一的，人民法院应当认定属于侵害自然人人格权益的行为：

（一）在宾馆、商场、银行、车站、机场、体育场馆、娱乐场所等经营场所、公共场所违反法律、行政法规的规定使用人脸识别技术进行人脸验证、辨识或者分析；

（二）未公开处理人脸信息的规则或者未明示处理的目的、方式、范围；

（三）基于个人同意处理人脸信息的，未征得自然人或者其监护人的单独同意，或者未按照法律、行政法规的规定征得自然人或者其监护人的书面同意；

（四）违反信息处理者明示或者双方约定的处理人脸信息的目的、方式、范围等；

（五）未采取应有的技术措施或者其他必要措施确保其收集、存储的人脸信息安全，致使人脸信息泄露、篡改、丢失；

（六）违反法律、行政法规的规定或者双方的约定，向他人提供人脸信息；

（七）违背公序良俗处理人脸信息；

（八）违反合法、正当、必要原则处理人脸信息的其他情形。

条文释义

一、本条主旨

本条是关于自然人的个人信息受法律保护的规定。

二、条文演变

在原《民法总则》制定过程中，有的常委委员、部门、法学教学研究机构和社会公众提出，实践中，一些组织和个人非法获取公民个人信息，出售或者非法向他人提供公民个人信息，社会危害严重，建议进一步强调对个人信息的保护。立法机关经研究认为，明确对个人信息的保护对于保护公民的人格尊严、使公民免受非法侵扰、维护正常的社会秩序具有现实意义。因此，在《民法总则（草案二次审议稿）》民事权利一章中专门增加了关于个人信息保护的规定："自然人的个人信息受法律保护。任何组织和个人不得非法收集、利用、加工、传输个人信息，不得非法提供、公开或者出售个人信息。"《民法总则（草案四次审议稿）》增加了"任何组织和个人应当确保依法取得的个人信息安全"的规定。① 后经审议修改，第十二届全国人民代表大会第五次会议于 2017 年 3 月 15 日审议通过的《民法总则》第 111 条规定："自然人的个人信息受法律保护。任何组织和个人需要获取他人个人信息的，应当依法取得并确保信息安全，不得非法收集、使用、加工、传输他人个人信息，不得非法买卖、提供或者公开他人个人信息。"《民法典》沿用了原《民法总则》的表述，仅将"任何组织和个人"修改为"任何组织或者个人"，其他未作修改。

三、条文解读

（一）个人信息受法律保护

1. 个人信息法律保护概述

随着大数据时代的到来、信息技术的广泛应用和互联网的不断普及，个人

---

① 《民法总则（草案四次审议稿）》第 114 条规定："自然人的个人信息受法律保护。任何组织和个人应当确保依法取得的个人信息安全，不得非法收集、使用、加工、传输个人信息，不得非法买卖、提供或者公开个人信息。"

信息在社会、经济活动中的地位日益凸显，信息资源成为重要的生产要素和社会财富。与此同时，个人信息泄露问题给社会秩序和个人切身利益带来了危害，个人信息保护越来越受到世界各国或地区的高度重视。为了更好地保护个人数据或者个人信息，很多国家或地区陆续颁布了个人数据或者个人信息相关法律，比如《欧盟一般数据保护条例》（GDPR）、《德国联邦数据保护法》《美国隐私法》《美国电子通信隐私法》《美国儿童在线隐私保护法》《日本个人信息保护法》《韩国个人信息保护法》等。

我国个人信息的法律保护经历了从以公法保护为主到同时重视私法保护的发展历程。2005年，第十届全国人大常委会第十四次会议通过的《刑法修正案（五）》中增设的"窃取、收买、非法提供信用卡信息罪"（第177条之一第2款）是我国法律上第一个关于侵害公民个人信息犯罪的法律规定。2009年，第十一届全国人大常委会第七次会议审议通过的《刑法修正案（七）》在《刑法》中新增第253条之一，首次将窃取或以其他方式非法获取公民个人信息、出售或非法提供公民个人信息情节严重的行为规定为犯罪行为，从而纳入刑事打击的范围。为加大个人信息的私法保护力度，2012年12月28日，第十一届全国人民代表大会常务委员会第三十次会议通过了《关于加强网络信息保护的决定》，对网络服务提供者和其他企业事业单位及其工作人员在收集、使用公民个人电子信息时应当遵循的原则及违反时的法律责任作出了具体规定。以此为开端，我国个人信息以及网络数据立法工作加快推进。《消费者权益保护法》（2013年修正）、《网络安全法》（2016年）、《电子商务法》（2018年）、《密码法》（2019年）、《未成年人保护法》（2020年修订）等法律的制定、修订过程中，立法机关对于个人信息保护问题也予以高度关注，均纳入了个人信息保护相关条款。特别是《民法典》不仅在总则编第五章"民事权利"中明确个人信息受法律保护（第111条），还在人格权编第一章"一般规定"（第999条）、第五章"名誉权和荣誉权"（第1029条、第1030条）以及第六章"隐私权和个人信息保护"（第1034条至第1039条）中对个人信息的收集、使用、删除、更正和保护等问题作出详细规定；侵权责任编第六章"医疗损害责任"（第1226条）更是针对患者隐私和个人信息保护作出特别规定。个人信息保护入典，意义十分重大。在此基础上，2021年颁布实施的《个人信息保护法》对个人信息保护进行了全面系统规定。

在司法解释层面，最高人民法院先后制定或者联合有关部门制定了《最高人民法院关于审理政府信息公开行政案件若干问题的规定》(2011年)、《最高人民法院关于审理利用信息网络侵害人身权益民事纠纷案件适用法律若干问题的规定》(2014年①)、《最高人民法院、最高人民检察院关于办理侵犯公民个人信息刑事案件适用法律若干问题的解释》(2017年)、《最高人民法院、最高人民检察院关于办理非法利用信息网络、帮助信息网络犯罪活动等刑事案件适用法律若干问题的解释》(2019年)等司法解释。尤其是2021年7月出台的《最高人民法院关于审理使用人脸识别技术处理个人信息相关民事案件适用法律若干问题的规定》,是我国首次对使用人脸识别技术处理个人信息相关民事案件审理作出专门司法解释,对于保护个人信息权益、规范个人信息处理活动具有重要意义。

此外,《电信和互联网用户个人信息保护规定》(2013年)、《儿童个人信息网络保护规定》(2019年)、《App违法违规收集使用个人信息行为认定方法》(2019年)、《关键信息基础设施安全保护条例》(2021年)、《常见类型移动互联网应用程序必要个人信息范围规定》(2021年)、《国务院反垄断委员会关于平台经济领域的反垄断指南》(2021年)、《常见类型移动互联网应用程序必要个人信息范围规定》(2021年)等也对个人信息保护予以专门规定。

2. 个人信息的界定

《民法典》第1034条第2款规定:"个人信息是以电子或者其他方式记录的能够单独或者与其他信息结合识别特定自然人的各种信息,包括自然人的姓名、出生日期、身份证件号码、生物识别信息、住址、电话号码、电子邮箱、健康信息、行踪信息等。"《网络安全法》第76条第5项规定:"个人信息,是指以电子或者其他方式记录的能够单独或者与其他信息结合识别自然人个人身份的各种信息,包括但不限于自然人的姓名、出生日期、身份证件号码、个人生物识别信息、住址、电话号码等。"这种定义方式延续了此前《全国人民代表大会常务委员会关于加强网络信息保护的决定》中对于个人信息的定义方

---

① 该规定于2020年已修正。

式,并借鉴了其他国家和地区的相关立法例。①

根据该规定,符合本条所规定的"个人信息"必须满足三个要件:一是具有识别性。识别包括直接识别和间接识别。所谓直接识别,是指通过该信息可以直接确认某一自然人的身份,不需要其他信息的辅助;所谓间接识别,是指通过该信息虽不能直接确定某一自然人的身份,但可以借助其他信息确定该身份。二是要有一定载体。个人信息必须以电子或者其他方式记录下来,没有以一定载体记录的信息不属于个人信息。三是个人信息的主体是自然人,法人或者非法人组织不是个人信息的主体。②

3. 个人信息权益的性质

《民法典》人格权编在规定具体人格权各章均采用了权利的表述,唯独第六章表述为"隐私权和个人信息保护",并未明确权利的概念。且《个人信息保护法》也采用了"个人信息权益"的表述方式。我们认为,根据当前的立法态度和立法语言,自然人对个人信息享有的权益属于民事权益。虽然从长期个人信息发展变化和保护需要来看,将个人信息确定为一项民事权利具有积极意义,但个人信息的外延较为宽泛,与隐私、商业秘密等都存在一定程度的交叉,结合个人信息权益的人身权属性和财产权属性特征,对于是否在人格权领域确定个人信息权以及个人信息权的准确边界,还需要进一步研究和探索。

4. 个人信息的主体范围

个人信息指的是自然人的信息。自然人,原则上应指享有权利能力的人,即活着的人。

第一,自然人的民事权利能力始于出生,胎儿尚未与母体分离,不是独立的自然人。因此,就产生了胎儿的个人信息是否得到法律保护的问题。《民法典》第 16 条规定:"涉及遗产继承、接受赠与等胎儿利益保护的,胎儿视为具有民事权利能力。但是,胎儿娩出时为死体的,其民事权利能力自始不存在。"

---

① 2017 年《德国联邦数据保护法》第 46 条第 1 项规定:"个人数据指与已识别或可识别的自然人(数据主体)有关的任何信息;可识别的自然人是可以直接或间接识别的自然人,尤其是通过参考如姓名、识别号、位置数据、在线标识或与该人的身体、生理、遗传、心理、经济、文化或社会身份有关的一个或多个因素予识别特征。"2018 年《巴西通用数据保护法》第 5 条第 1 款规定:"个人数据:与已识别或可识别的自然人有关的信息。"

② 参见黄薇主编:《中华人民共和国民法典人格权编解读》,中国法制出版社 2020 年版,第 192 页。

该条对胎儿利益的保护并未限定在继承、赠与范围，原则上也包括侵权等其他需要保护胎儿利益的情形。① 现实中，个人信息的保护有可能涉及胎儿利益，例如，胎儿娩出前在医院建档，如果医院擅自出售或者公开胎儿信息，则可能侵害胎儿的个人信息权益。在此情形下，根据《民法典》第16条的规定，若个人信息的保护涉及胎儿的利益的，那么胎儿应当被视为具有民事权利能力，其个人信息亦应得到法律保护。

第二，关于死者的个人信息保护问题。《民法典》第13条规定："自然人从出生时起到死亡时止，具有民事权利能力，依法享有民事权利，承担民事义务。"自然人死亡后不具有权利能力，死者的个人信息是否受到法律保护就产生了疑问。在我国《个人信息保护法（草案）》向社会公开征求意见阶段，有建议在草案第2条明确胎儿、死者及英雄烈士的个人信息受法律保护。《个人信息保护法》第49条最终明确："自然人死亡的，其近亲属为了自身的合法、正当利益，可以对死者的相关个人信息行使本章规定的查阅、复制、更正、删除等权利；死者生前另有安排的除外。"由此可见，我国立法并未将死者利益排除在个人信息保护之外，对死者信息同样采取尊重和保护的态度，这主要是基于公共利益的考量。但死者没有权利能力，不能作为个人信息保护的主体。根据《个人信息保护法》第49条的规定，应当由死者的近亲属行使死者在个人信息处理中的权利。

第三，关于法人等组织体信息的问题。在我国，无论立法还是学说，均认为个人信息就是指自然人的信息。理由在于：首先，《民法典》第111条和《个人信息保护法》第2条明确规定"自然人的个人信息受法律保护"。其次，个人信息保护的权利基础为一般人格权理论，即个人信息保护是为了维护自然人的人格尊严和人格自由，法人并无一般人格权，仅有名称权、名誉权、荣誉权等具体人格权。最后，法人等组织体信息可通过其他法律予以保护。例如，《反不正当竞争法》第9条第4款规定："本法所称的商业秘密，是指不为公众所知悉、具有商业价值并经权利人采取相应保密措施的技术信息、经营信息等商业信息。"

第四，关于外国公民、无国籍人的个人信息保护问题。由于我国《涉外民事关系法律适用法》并未直接规定个人信息保护应当适用的准据法，对于外国

---

① 参见黄薇主编：《中华人民共和国民法典总则编释义》，法律出版社2020年版，第49页。

公民、无国籍人的个人信息保护问题就产生了疑问。我们认为,根据《个人信息保护法》第3条①的规定,《个人信息保护法》不仅规范在中国境内处理自然人个人信息的活动,还将适用范围适度扩张到中国境外,对特定情形下境外处理境内自然人个人信息的活动加以规范。可见,立法注重保护境内自然人的个人信息,强调自然人个人信息的产生、处理发生在中国境内,并不刻意区分境内自然人是否为中国公民。

(二)其他民事主体对个人信息保护的义务

《民法典》第111条第1句规定,自然人的个人信息受法律保护。该句是立法者从自然人的角度肯定了个人信息受到法律的保护。为了协调个人信息保护与有效利用的关系,《民法典》第111条第2句从获取个人信息的法人或其他组织的角度,进一步规定了安全原则及禁止非法的个人信息处理行为。

1. 依法取得的义务

根据《民法典》第1035条第2款规定,个人信息的处理包括个人信息的收集、存储、使用、加工、传输、提供、公开等。《个人信息保护法》第4条第2款规定,个人信息的处理包括个人信息的收集、存储、使用、加工、传输、提供、公开、删除等。《个人信息保护法》除增加1项"删除"外,对于个人信息处理的定义基本一致。我们认为,《民法典》第111条中的"获取"应当与"收集"作相同理解。

收集就是指个人信息处理者获取或取得自然人的个人信息的行为。② 收集个人信息的行为方式很多,既包括自然人主动提供其个人信息给处理者的情形,也包括处理者向自然人索取其个人信息的情形,还包括在自然人上网或者

---

① 该条规定:"在中华人民共和国境内处理自然人个人信息的活动,适用本法。在中华人民共和国境外处理中华人民共和国境内自然人个人信息的活动,有下列情形之一的,也适用本法:(一)以向境内自然人提供产品或者服务为目的;(二)分析、评估境内自然人的行为;(三)法律、行政法规规定的其他情形。"

② 《信息安全技术 个人信息安全规范》(GB/T 35273-2020)将"收集(collect)"定义为"获得个人信息的控制权的行为"。注1:包括由个人信息主体主动提供、通过与个人信息主体交互或记录个人信息主体行为等自动采集行为,以及通过共享、转让、搜集公开信息等间接获取个人信息等行为。注2:如果产品或服务的提供者提供工具供个人信息主体使用,提供者不对个人信息进行访问的,则不属于本标准所称的收集。例如,离线导航软件在终端获取个人信息主体位置信息后,如果不回传至软件提供者,则不属于个人信息主体位置信息的收集。

使用应用软件等互动过程中自动记录其个人信息的情形。

获取（收集）个人信息行为作为个人信息处理环节的其中之一，不仅应当遵循《民法典》《个人信息保护法》中确立的合法、正当、必要、公开、透明等原则，也应当遵循《民法典》《个人信息保护法》中所确立的个人信息处理规则，经告知同意或者符合法律、行政法规规定的事由，方可在合理范围内收集个人信息。

2. 信息安全保障义务

《民法典》第1038条第2款进一步规定："信息处理者应当采取技术措施和其他必要措施，确保其收集、存储的个人信息安全，防止信息泄露、篡改、丢失；发生或者可能发生个人信息泄露、篡改、丢失的，应当及时采取补救措施，按照规定告知自然人并向有关主管部门报告。"《个人信息保护法》第9条也规定了个人信息处理中的安全保障原则。此外，《数据安全法》《网络安全法》《消费者权益保护法》《全国人民代表大会常务委员会关于加强网络信息保护的决定》等法律法规中均有关于个人信息处理者负有保障信息安全义务的内容。

个人信息处理中的安全原则，即个人信息处理者应当采取必要措施保障所处理的个人信息的安全，防止出现个人信息的泄露、篡改、丢失。《民法典》《个人信息保护法》等法律对此予以规定的理由在于：强调安全保障原则，是为了凸显个人信息安全是个人信息保护的重要内容，个人信息处理者在处理个人信息时应对此特别予以关注，以免发生非法处理个人信息的情形，对特定自然人的人格尊严及人身财产安全造成损害。

《个人信息保护法》第51条明确列举了比较典型的必要措施，包括：（1）制定内部管理制度和操作规程；（2）对个人信息实行分类管理；（3）采取相应的加密、去标识化等安全技术措施；（4）合理确定个人信息处理的操作权限，并定期对从业人员进行安全教育和培训；（5）制定并组织实施个人信息安全事件应急预案。同时，考虑到个人信息处理活动的复杂性与多样性，该条将"法律、行政法规规定的其他措施"作为兜底性规定，留有弹性空间。

3. 禁止非法的个人信息处理行为

《民法典》第111条列举了两大类非法处理个人信息的行为。第一，非法收集、使用、加工传输他人个人信息。所谓非法收集、使用、加工传输他人个人信息，是指违反《民法典》《个人信息保护法》《网络安全法》等法律、行政法规、部门规章关于个人信息保护的规定，收集、使用、加工传输他人个人信息的行为。对个人信息的收集，包括自然人主动向信息处理者提供其个人信息，也包括信息处理者向个人索取个人信息。使用，是指个人信息处理者对个人信息的分析和利用，如企业收集用户的浏览记录、订购的商品和付款方式等信息进行精准广告推送。加工，是指对个人信息进行分类、筛选、排序、去标识化等活动。传输，是指信息处理者传送所收集的个人信息的行为。实践中，经常发生违反上述规定对个人信息进行非法处理的情况，如未经告知同意非法收集个人信息、过度收集个人信息、利用自动化决策方式进行信息推送并未提供关闭个性化推荐的选项，以及非法将个人信息提供给境外组织或个人等。第二，非法买卖、提供或者公开他人个人信息。此类行为主要是指，违反《民法典》《个人信息保护法》《网络安全法》等法律、行政法规、部门规章关于个人信息保护的规定，买卖、提供或者公开他人个人信息的行为。实践中，由于买卖个人信息比较典型，所以立法往往对买卖个人信息单独予以规定，例如，《网络安全法》第44条、《刑法》第253条之一。《个人信息保护法》第23条是关于向其他个人信息处理者提供个人信息的规定，第25条规定了没有取得个人同意不得公开个人信息，第55条规定了向其他个人信息处理者提供、公开个人信息应当事前进行个人信息保护影响评估与记录。

此外，《个人信息保护法》第10条还规定了第三种非法的个人信息处理行为：从事危害国家安全、公共利益的个人信息处理活动。无论是平等主体之间的民事活动，还是国家机关为履行法定职责而从事的行政行为，均不得危害国家安全和公共利益。《个人信息保护法》第40条①及《数据安全法》第8条②即是出于国家安全的考量。

---

① 《个人信息保护法》第40条规定："关键信息基础设施运营者和处理个人信息达到国家网信部门规定数量的个人信息处理者，应当将在中华人民共和国境内收集和产生的个人信息存储在境内。确需向境外提供的，应当通过国家网信部门组织的安全评估；法律、行政法规和国家网信部门规定可以不进行安全评估的，从其规定。"

② 《数据安全法》第8条规定："开展数据处理活动，应当遵守法律、法规，尊重社会公德和伦理，遵守商业道德和职业道德，诚实守信，履行数据安全保护义务，承担社会责任，不得危害国家安全、公共利益，不得损害个人、组织的合法权益。"

适用指引

一、《民法典》与《个人信息保护法》的关系

《民法典》是民事权益的宣言书,是私权领域的权利宪章,是保障民事主体民事权益的基本法,《民法典》已经明确个人信息属于一项人格权益,即通过人格权制度来保护个人信息,根本原因是人格权制度与个人信息之间存在密切的逻辑关系:个人信息由于其与特定主体的身份相关,属于人格要素;基于人格尊严和人格自由发展,个人对其身份信息享有决定权,有权控制其信息的收集、使用和分享。① 因此,尽管《个人信息保护法》在承担义务主体、执行机制、法律责任等方面的规定有别于《民法典》,但单纯从私法规范层面而言,《民法典》与《个人信息保护法》规定属于一般法和特别法的关系。在适用两部法律中的私法规范时,应当遵循一般法和特别法的适用原则,即当特别法有具体规定时,应优先适用特别法;当特别法没有规定时,适用一般法的相关规定。

具体而言,一方面,相较于《民法典》,《个人信息保护法》所确立的个人信息保护规则更加具体、细化、丰富,比如个人信息处理的多元化合法性基础、敏感个人信息处理规则、同意的要件及其撤回规则、自动化决策中个人信息处理规则等,这些规则优先于《民法典》适用。值得一提的是,《个人信息保护法》对个人信息的界定与《民法典》等法律的界定稍有不同。从文义上看,《民法典》采取的是"识别说",即以能够单独或者与其他信息结合识别特定自然人作为确定该信息是否属于个人信息的标准;而《个人信息保护法》第4条第1款,在"识别说"的基础上增加了"关联说",即与已识别或者可识别的自然人有关的各种信息。从这个层面看,《个人信息保护法》一定程度上扩张了个人信息的范围。司法实践中如何理解和使用这两种定义呢?我们认为,《民法典》和《个人信息保护法》在此问题上的立法精神和内在逻辑具有一致性,因此,从解释论的角度看,通过扩张解释"识别说"中的"与其他信息结合识别"的外延,可以实现二者之间的趋同。在民事审判中界定个人信息时,由于《个人信息保护法》中的私法规范是《民法典》的特别法,且《个人

---

① 石佳友:《个人信息保护的私法维度——兼论〈民法典〉与〈个人信息保护法〉的关系》,载《比较法研究》2021年第5期。

信息保护法》第 4 条第 1 款对个人信息的规定相对明确,不需要通过法律解释方法进行扩张,如不考量溯及力等因素,可以优先使用该定义。

另一方面,《个人信息保护法》并未包含个人信息保护的全部私法规范,《民法典》关于人格权保护、侵权责任等的规定具有兜底和补缺的重要价值,只有将《个人信息保护法》与《民法典》的相关规定相结合,才能形成完备的个人信息保护的原则、规则体系。例如,《个人信息保护法》第 69 条规定了过错推定原则和损害赔偿的责任形式,并将损害赔偿主要限定于财产损害赔偿。由于个人信息权益属于人格权益,如果侵害个人信息权益造成自然人严重精神损害的,应适用《民法典》侵权责任编的相关规定。另外,《民法典》第 997 条规定了人格权侵害禁令制度,如果当事人因个人信息权益受到侵害向人民法院申请人格权侵害禁令,也应回到《民法典》第 997 条,按照该条规定的条件进行审查。①

二、个人信息权益与隐私权的关系

我国法上的个人信息权益与隐私权存在一定联系。根据《民法典》第 1032 条第 2 款的规定,隐私是自然人的私人生活安宁和不愿为他人知晓的私密空间、私密活动、私密信息。《民法典》第 1034 条第 3 款②明确个人信息中的私密信息适用有关隐私权的规定,一定程度上体现了个人信息权益与隐私权在保护客体上的交叉性。自然人的私密信息如果被他人知晓,会使得自然人的私生活安宁受到侵害或者私生活受到干扰,而此种利益就是隐私权保护的人格利益。

个人信息权益与隐私权的不同之处在于:第一,就二者在我国法上的概念内涵而言,隐私是自然人的私人生活安宁和不愿为他人知晓的私密空间、私密活动、私密信息。而自然人的个人信息,是指以电子或其他方式记录的能够单独或者与其他信息结合识别特定自然人的各种信息。显然,私人生活安宁、私密空间与个人信息存在明显区别。个人信息要求以电子或其他方式记录,而私密活动也可能尚未被记录下来。第二,权利性质存在较大差异。隐私权属于人

---

① 郭锋、陈龙业、贾玉慧:《〈个人信息保护法〉具体适用中的若干问题探讨——基于〈民法典〉与〈个人信息保护法〉关联的视角》,载《法律适用》2022 年第 1 期。
② 该条款规定:"个人信息中的私密信息,适用有关隐私权的规定;没有规定的,适用有关个人信息保护的规定。"

格权，性质上属于绝对权和支配权，具有对世性，其他任何自然人或者法人、非法人组织皆负有消极不侵犯自然人隐私权的义务。与此相对的是，为了协调个人信息保护与合理利用之间的关系，《民法典》并未将个人信息权益确认为一项具有对世性的绝对权和支配权。第三，就权利内容和救济方式而言，隐私权作为一种私生活受尊重的权利，多表现为消极被动和防御性的特点，其主要权能是排除他人侵害。而个人信息不仅包括个人信息不受非法收集、处理的内容，还包括权利主体对其个人信息的积极控制，如权利人有权决定其个人信息能否被他人收集、处理和利用以及如何利用，可以依法向信息处理者查阅或者复制其个人信息，发现信息有错误的，有权提出异议并请求及时采取更正等必要措施。此外，自然人完全可以许可他人使用其个人信息，并针对商业目的的个人信息利用获取报酬。

三、个人信息的司法救济

《民法典》第 111 条作为个人信息保护的民事法律依据，具有基础性指引作用，但是限于请求权尚不完整、利益保护模型不清、举证难度较大及损害赔偿认定较难等问题，相关规范较难以直接适用于司法实践。① 应区分损害和妨害的类型，准确选择适用侵权损害赔偿请求权、人格权请求权或者寻求违约损害赔偿请求权的保护。目前，从正面尝试精准界定个人信息保护的民事利益内涵并不现实，因此，从责任承担完整性或侵权责任的角度进行规制成为了最现实和理性的选择。② 第一，根据损害和妨害的不同情形分别适用侵权损害赔偿请求权和人格权请求权。目前，对于个人信息泄露等造成的损害情形，受害人往往面临损害举证的困难，或者难以确定损害的具体数额，必须寻求侵权损害赔偿责任之外的救济方式。在具体案件处理中，应尊重当事人对请求权的选择，如因个人信息滥用或者泄露尚未造成损害，而只是受到妨害（或持续的侵害）或可能受到妨害时，应当适用人格权请求权；但是因不法行为造成个人信息权益受到侵害并且造成了损害时，可适用侵权损害赔偿请求权。第二，侵权责任与违约责任在个人信息领域经常会出现竞合，比如 App 超越权限处理个

---

① 蔡一博：《〈民法典〉实施下个人信息的条款理解与司法应对》，载《法律适用》2021 年第 3 期。
② 王利明：《论人格权请求权与侵权损害赔偿请求权的分离》，载《中国法学》2019 年第 1 期。

人信息。当责任出现竞合时,根据《民法典》第186条的规定,受损害方有权选择请求行为人承担违约责任或者侵权责任。

典型案例

郭某诉杭州野生动物世界服务合同纠纷案

关键词:个人信息　生物识别信息　敏感个人信息　删除

裁判摘要:自然人的个人信息受法律保护。生物识别信息作为敏感的个人信息,深度体现自然人的生理和行为特征,具备较强的人格属性,一旦被泄露或非法使用,可能导致个人受到歧视或者人身、财产安全受到危害,故更应审慎处理和严格保护。

消费者对是否允许经营者使用自身的生物识别信息享有自决权。经营者未经消费者同意使用其生物识别信息或个人信息处理者停止提供产品或服务的,消费者有权要求删除其个人信息。

基本案情:2019年4月27日,郭某向野生动物世界购买"畅游365天"双人年卡,其以微信支付方式向野生动物世界交付卡费1360元。郭某与其妻子叶某留下姓名、身份证件号码,拍照并录入指纹,郭某还向野生动物世界登记留存电话号码等信息,该年卡有效期至2020年4月25日。

后野生动物世界出于提高游客检票入园的通行效率等原因,决定将入园方式从指纹识别入园调整为人脸识别入园,并以店堂告示形式公示涉及人脸识别的"年卡办理流程"和"年卡使用说明"。"年卡办理流程"载明流程分三步:(1)售票窗口/自助购票机缴费购买年卡;(2)年卡中心人脸注册激活领取年卡;(3)凭年卡及人脸扫描入园。"年卡使用说明"记载的部分内容为:(1)年卡仅限本人使用,年卡办理时录入信息和持卡本人资料必须一致;(2)持卡人游览园区需同时验证人脸识别及年卡入园;(3)年卡即办即用,有效期为生效之日起1年内(365个自然日),不限时间、次数游园;(4)年卡一经出售,不予退换、不予更改人员。

2019年7月12日,野生动物世界向包括郭某在内的年卡持卡客户群发短信,短信的部分内容为:"年卡系统已升级,用户可刷脸快速入园,请未进行人脸激活的年卡用户携带实体卡至年卡中心激活!"

2019年10月7日,野生动物世界的指纹识别闸机停用。2019年10月17日,野生动物世界向包括郭某在内的年卡持卡客户群发短信,短信的部分内容为:"园区年卡系统已升级为人脸识别入园,原指纹识别已取消,即日起,未注册人脸识别的用户将无法正常入园。如尚未注册,请您携指纹年卡尽快至年卡中心办理。"

2019年10月26日,郭某与同事陈某至野生动物世界核实人脸识别入园一事。年卡中心工作人员表示需要先把人脸注册好,原指纹识别方式已无法入园,未注册人脸识别系统将无法入园;郭某提出其妻子不同意人脸识别,并咨询在不注册人脸识别的情况下能否退卡费,双方多次协商,未能就退卡方案达成一致。郭某诉至法院,认为被告存在违约与欺诈行为,要求法院判令被告野生动物世界"年卡办理流程"告示、"年卡使用说明"及短信通知中的部分内容无效,并判令被告退还原告年卡卡费1360元,交通费1160元,删除原告于2019年4月27日办理年卡及之后使用年卡时提交的全部个人信息(包括但不限于姓名、身份证件号码、手机号码、照片、指纹信息)并负担第三方见证的费用。

法院生效裁判认为,人脸识别信息相比其他生物识别信息而言,呈现出敏感度高,采集方式多样、隐蔽和灵活的特性,不当使用将给公民的人身、财产带来不可预测的风险,应当作出更加严格的规制和保护。经营者只有在消费者充分知情同意的前提下方能收集和使用,且须遵循合法、正当、必要原则。本案中,野生动物世界在涉指纹识别的"年卡办理流程"中规定"至年卡中心拍照",郭某亦同意在办卡时拍摄照片,但提供照片仅系为了配合指纹年卡的使用,不应视为其已授权同意野生动物世界将照片用于人脸识别。野生动物世界虽自述其并未将收集的照片激活处理为人脸识别信息,但其欲利用收集的照片扩大信息处理范围,超出事前收集目的,违反了正当性原则。同时,鉴于收集照片与人脸识别利用的特定关系,野生动物世界又以短信通知等方式要求郭某激活人脸识别,表明其存在侵害郭某面部特征信息之人格利益的可能与危险。故野生动物世界应删除郭某办卡时提交的包括照片在内的面部特征信息。野生动物世界除欲将照片用于人脸识别外,其收集、使用郭某的包括指纹识别信息在内的其他个人信息,系在郭某知情同意下进行,且未有证据证实存在泄露、非法提供或者滥用等情形。但鉴于野生动物世界在合同履行过程中单方变更指纹年卡的入园方式,并停止使用指纹识别闸机,致使原约定的指纹识别入园服务方式无法实现,现对郭某要求删除其指纹识别信息予以支持。

【案　　号】(2019)浙0111民初6971号;(2020)浙01民终10940号

【审理法院】浙江省杭州市富阳区人民法院;浙江省杭州市中级人民法院

【来　　源】新时代推动法治进程2021年度十大案件

▶ 类案检索

郭某城与东方黑马资本管理(北京)有限公司个人信息保护纠纷案

关键词: 个人信息　取得同意　私人生活安宁　侵权

裁判摘要: 从信息内容看,涉案短信涉嫌商业性质信息骚扰,东方黑马公司未能就其取得郭某城电话号码的途径及发送涉案信息已经取得郭某城同意进行举证,东方黑马公司向郭某城发送涉案短信,侵害了郭某城的私人生活安宁,构成侵权,东方黑马公司应向郭某城赔礼道歉。郭某城另要求东方黑马公司赔偿其精神损失,因郭某城未能就其遭受精神损害提供相应的证据,郭某城亦认可东方黑马公司仅向其发送了涉案两条短信,综合考虑东方黑马公司的侵权情节、过错程度等,对郭某城提出的精神损害赔偿不予支持。郭某城另要求东方黑马公司赔偿其材料打印费、邮寄费、误工费等损失,因缺乏必要的证据佐证,不予支持。

【案　　号】(2021)京02民终10830号

【审理法院】北京市第二中级人民法院

第一百一十二条 自然人因婚姻家庭关系等产生的人身权利受法律保护。

关联规定

法律、行政法规、司法解释

《中华人民共和国民法典》

第一千零一条 对自然人因婚姻家庭关系等产生的身份权利的保护,适用本法第一编、第五编和其他法律的相关规定;没有规定的,可以根据其性质参照适用本编人格权保护的有关规定。

第一千零五十七条 夫妻双方都有参加生产、工作、学习和社会活动的自由,一方不得对另一方加以限制或者干涉。

第一千零五十九条 夫妻有相互扶养的义务。

需要扶养的一方,在另一方不履行扶养义务时,有要求其给付扶养费的权利。

第一千零六十一条 夫妻有相互继承遗产的权利。

第一千零六十七条 父母不履行抚养义务的,未成年子女或者不能独立生活的成年子女,有要求父母给付抚养费的权利。

成年子女不履行赡养义务的,缺乏劳动能力或者生活困难的父母,有要求成年子女给付赡养费的权利。

第一千零六十九条 子女应当尊重父母的婚姻权利,不得干涉父母离婚、再婚以及婚后的生活。子女对父母的赡养义务,不因父母的婚姻关系变化而终止。

第一千零七十一条 非婚生子女享有与婚生子女同等的权利,任何组织或者个人不得加以危害和歧视。

不直接抚养非婚生子女的生父或者生母,应当负担未成年子女或者不能独立生活的成年子女的抚养费。

第一千零七十二条 继父母与继子女间，不得虐待或者歧视。

继父或者继母和受其抚养教育的继子女间的权利义务关系，适用本法关于父母子女关系的规定。

第一千零七十四条 有负担能力的祖父母、外祖父母，对于父母已经死亡或者父母无力抚养的未成年孙子女、外孙子女，有抚养的义务。

有负担能力的孙子女、外孙子女，对于子女已经死亡或者子女无力赡养的祖父母、外祖父母，有赡养的义务。

第一千零七十五条 有负担能力的兄、姐，对于父母已经死亡或者父母无力抚养的未成年弟、妹，有扶养的义务。

由兄、姐扶养长大的有负担能力的弟、妹，对于缺乏劳动能力又缺乏生活来源的兄、姐，有扶养的义务。

第一千零八十六条 离婚后，不直接抚养子女的父或者母，有探望子女的权利，另一方有协助的义务。

行使探望权利的方式、时间由当事人协议；协议不成的，由人民法院判决。

父或者母探望子女，不利于子女身心健康的，由人民法院依法中止探望；中止的事由消失后，应当恢复探望。

第一千零九十一条 有下列情形之一，导致离婚的，无过错方有权请求损害赔偿：

（一）重婚；

（二）与他人同居；

（三）实施家庭暴力；

（四）虐待、遗弃家庭成员；

（五）有其他重大过错。

第一千一百一十一条 自收养关系成立之日起，养父母与养子女间的权利义务关系，适用本法关于父母子女关系的规定；养子女与养父母的近亲属间的权利义务关系，适用本法关于子女与父母的近亲属关系的规定。

养子女与生父母以及其他近亲属间的权利义务关系，因收养关系的成立而消除。

▸ 条文释义

一、本条主旨

本条是关于自然人身份权的概括宣示规定。

二、条文演变

该条规定来源于原《民法总则》第112条，在编入《民法典》时对规定内容未作调整。

三、条文解读

身份权，是以权利人的特定身份为标的的权利。在现代民法中，这些身份主要表现在已经私法化（平等化）的亲属关系中，即亲属身份，故身份权也称为亲属权，如配偶权、亲权、监护权等。在我国原《民法通则》中，并没有严格意义上的身份权的一般条款，第104条关于"婚姻、家庭、老人、母亲和儿童受法律保护。残疾人的合法权益受法律保护"的规定，以及第105条关于"妇女享有同男子平等的民事权利"的规定，虽涉及人的特定身份，但其立法目的是给予特殊主体以特别保护，这与现代民法中一般意义上的身份权还有一定区别。在《民法典》颁布之前，我国关于身份权的规定主要散落在原《婚姻法》《继承法》《收养法》等单行法律中。为圆满保护社会个体的身份利益以及实现家庭秩序的和谐稳定，并最终实现整个社会的和谐稳定，有必要对身份权制度作出整体构建。身份权制度的整体构建对于现代身份权的保护具有重要的理论价值和现实价值，必将为身份权的保护起到基础性的作用。为此《民法典》在编纂中，采取了与传统大陆法系民法相同的做法，将婚姻家庭编作为《民法典》的一个独立的编，同时还在《民法典》总则编中作出了权利宣示，以统领各相关编中的各种身份权，使得人身权的两大权利类型，即身份权与人格权完整地体现在《民法典》总则编中。

（一）身份权的主要类型

本条规定没有对身份权的权利类型作出列举式规定，仅从概念入手对身份权作出了概括的宣示性规定。通说认为，身份权主要包括以下权利类型：

1. 配偶权

婚姻是男女两性结合的行为,既具有法律属性,也建立在双方真实自愿的基础上。两性结合之后互为配偶。原《婚姻法》虽未明确规定配偶权,但对夫妻关系的具体内容予以了规定,也即对配偶权给予了确认。我国现行法律中已规定的配偶权的派生权利有:夫妻姓名权(《民法典》第1056条)、平等从业权(《民法典》第1057条)、扶养权(《民法典》第1059条)、相互继承权(《民法典》第1061条)。《民法典》对于其他派生权利未有明文规定。对配偶权的民法保护的主要是侵权责任。其中第三人对配偶权的侵害,适用《民法典》第1179条的规定。配偶自身对配偶权的侵害,适用《民法典》第1091条的规定,无过错方可以请求损害赔偿。

2. 亲权

亲权是父母对于未成年子女的身心实施抚养教育、监护的权利。有关亲权的规定分散在《民法典》婚姻家庭编中。我国法律未采用大陆法系的亲权概念,但《民法典》第27条第1款规定的"未成年人父母是未成年子女的监护人",实际上确认了亲权。大多数学者认为亲权是基于父母子女的身份关系而产生的权利和义务的结合体。父母子女关系包括亲生父母与子女、非婚生子女、养父母与子女、继父母与子女的关系。这些也得到了《民法典》第1071条、第1072条、第1111条的认可。

我国法律已规定的与亲权相关的内容有:父母的抚养义务(《民法典》第1067条)、法定代理权和同意权(《民法典》第19条至第23条)、财产保护权(《民法典》第34条)、财产处分权(《民法典》第35条)。亲权的法律保护也主要是侵权责任,但还有其他一些规定,如《民法典》第1067条第1款规定:"父母不履行抚养义务时,未成年的或不能独立生活的子女,有要求父母付给抚养费的权利。"《民法典》第1086条规定:"离婚后,不直接抚养子女的父或者母,有探望子女的权利,另一方有协助的义务。行使探望权利的方式、时间由当事人协议;协议不成的,由人民法院判决。父或者母探望子女,不利于子女身心健康的,由人民法院依法中止探望;中止的事由消失后,应当恢复探望。"

3. 亲属权

我国现阶段的家庭关系中,在一般情况下,除了夫妻关系外,就是父母与子女的关系、祖父母与孙子女间的关系和兄弟姐妹之间的关系。他们之间相互享有身份权,例如,有扶养关系的祖父母与孙子女、外祖父母与外孙子女相互之间的关系,有监护关系的兄弟姐妹或其他近亲属、其他监护人与被监护人之间的人身权等,这些权利均受到我国法律的保护。亲属权的内容在学理上主要表现为亲属间一种有条件的赡养、抚养、扶养关系,即亲属一方首先应具有一定的能力,而另一方有需要,体现的是亲属间的相互帮助、体谅、互敬互爱的伦理道德精神。这些内容体现在《民法典》第1067条、第1069条、第1074条、第1075条的规定中。对亲属权法律保护方式也是设置针对此义务的民事责任。

4.监护权

监护权是指监护人对被监护人在人身和财产方面的管教和保护的权利。《民法典》总则编在自然人一章中专节规定监护制度,将监护的内涵扩大为父母与子女之间的相互义务,而不仅是父母对未成年子女或者无民事行为能力人的管教和保护。监护权的内容包括:财产监护权、人身监护权、民事行为的代理权。对于监护权的保护,《民法典》第34条中规定:"监护人的职责是代理被监护人实施民事法律行为,保护被监护人的人身权利、财产权利以及其他合法权益等。监护人依法履行监护职责产生的权利,受法律保护。监护人不履行监护职责或者侵害被监护人合法权益的,应当承担法律责任。"

(二)身份权的基本特征

身份权是专属权,与民事主体的人身紧密相连,这种权利只能由民事主体自己享有和行使,具有严格的排他性,不得转让、抛弃或者由他人继承。

身份权以法律上的人格平等为前提和基础。身份权存在于相对的家庭成员或者亲属之间,是对内的权利义务关系,各成员之间权利义务是平等的,双方互为权利人和义务人。平等的权利义务关系构成身份权对内关系的一个基本特点。任何一方亲属都不能对另一方取得身份地位上的优势,不得凌驾于另一方。

身份权以义务为中心,而不是以权利为中心,比如父母对未成年子女的监护权等。

身份权是绝对权,具有对世性和法定公示力。身份权的对外关系表明,权利主体享有这种权利,其他任何人都负有不得侵害这种权利的义务。身份权作为对世性的权利,权利人是特定的、相对应的亲属,权利人享有的权利,是表明特定亲属之间的特定身份地位,并通过这种亲属的身份地位使权利主体对特定亲属之间的身份利益形成绝对占有和支配的权利,比如夫妻的同居权、生育权等。

▶ 适用指引

身份权与人格权的区别与联系

在人身权体系中,人格权和身份权的地位并不相同。人格权以维护民事主体的法律人格为基本功能,使之实现人之所以为人的法律效果,故人格权是人身权中占主导地位的权利,是基本权利;而身份权是维护以血缘关系等组成的亲属团体中人的特定地位及相互之间的权利义务关系的权利,故身份权在事实上以人格权的存在为前提。人的第一需要乃是生存的需要,人格权就是人的生存需要的法律表现,身份权则是自然人在生活中与他人相互之间关系的法律表现。因此,从根本上说,身份权是人格权的扩展和延伸。实践中,身份权和人格权所保护的利益在很多情况下是交叉或重合的。比如侵害健康权时,则可能会同时侵害受害人的身份利益,如性生活权、生育权等,同时也会侵害受害人的相对身份权人的身份利益,如妻子的健康权受到侵害,可能会同时危及丈夫的性生活权、生育权等。在审理涉及自然人身份权的案件时,需要平衡当事人身份权和人格权的冲突,切不可为了保护自然人身份权益而忽视保护人格利益。

第一百一十三条　民事主体的财产权利受法律平等保护。

关联规定

一、法律、行政法规、司法解释

1.《中华人民共和国宪法》

第十一条　在法律规定范围内的个体经济、私营经济等非公有制经济，是社会主义市场经济的重要组成部分。

国家保护个体经济、私营经济等非公有制经济的合法的权利和利益。国家鼓励、支持和引导非公有制经济的发展，并对非公有制经济依法实行监督和管理。

第十二条　社会主义的公共财产神圣不可侵犯。

国家保护社会主义的公共财产。禁止任何组织或者个人用任何手段侵占或者破坏国家的和集体的财产。

第十三条　公民的合法的私有财产不受侵犯。

国家依照法律规定保护公民的私有财产权和继承权。

国家为了公共利益的需要，可以依照法律规定对公民的私有财产实行征收或者征用并给予补偿。

2.《中华人民共和国民法典》

第三条　民事主体的人身权利、财产权利以及其他合法权益受法律保护，任何组织或者个人不得侵犯。

第四条　民事主体在民事活动中的法律地位一律平等。

第二百零六条　国家坚持和完善公有制为主体、多种所有制经济共同发展，按劳分配为主体、多种分配方式并存，社会主义市场经济体制等社会主义基本经济制度。

国家巩固和发展公有制经济，鼓励、支持和引导非公有制经济的发展。

国家实行社会主义市场经济，保障一切市场主体的平等法律地位和发展权利。

第二百零七条 国家、集体、私人的物权和其他权利人的物权受法律平等保护，任何组织或者个人不得侵犯。

3.《中华人民共和国妇女权益保障法》

第五十三条 国家保障妇女享有与男子平等的财产权利。

4.《优化营商环境条例》

第十四条 国家依法保护市场主体的财产权和其他合法权益，保护企业经营者人身和财产安全。

严禁违反法定权限、条件、程序对市场主体的财产和企业经营者个人财产实施查封、冻结和扣押等行政强制措施；依法确需实施前述行政强制措施的，应当限定在所必需的范围内。

禁止在法律、法规规定之外要求市场主体提供财力、物力或者人力的摊派行为。市场主体有权拒绝任何形式的摊派。

▶ 条文释义

一、本条主旨

本条是关于平等保护民事主体财产权利的规定。

二、条文演变

本条的立法有一个变化的过程。《民法总则（草案三次审议稿）》第112条规定，自然人的私有财产权利受法律保护。第116条规定，民事主体的物权受法律平等保护，任何组织或者个人不得侵犯。在立法过程中，有的意见认为，第112条规定自然人私有财产权利受法律保护，与基本原则的相关规定重复，建议删除。有的意见认为，第116条只规定物权受法律平等保护不妥，其他民事权利也应当受法律平等保护。经研究认为：民法的任务之一是保护我国《宪法》规定的基本经济制度下民事主体的财产权，中央一再强调，对各种民事主体所享有的财产权利应当给予平等保护。党的十八届三中全会提出，要完善产权保护制度，公有制经济财产权不可侵犯，非公有制经济财产权同样不可侵犯。国家保护各种所有制经济的产权和合法权益，保证各种所有制经济同等受法律保护。党的十八届四中全会明确提出，要实现公民权利保障的法治化。《中共中央、国务院关于完善产权保护制度依法保护产权的意见》明确提出，加强产权保护制度建设，平等保护各种所有制组织的财产权和自然人的财产权。原《民法总则》落实中央上述要求，结合各方面意见，将三次审议稿第112条修改为"民事主体的财产权利受法律平等保护"，并删除了《民法总则（草案三次审议稿）》第116条。《民法典》延续了原《民法总则》的规定。

三、条文解读

民事主体的财产权利受法律平等保护是由民法调整的社会关系性质决定的。本法第2条规定，民法调整平等主体的自然人、法人和非法人组织之间的人身关系和财产关系。第4条规定，民事主体在民事活动中的法律地位一律平等。平等集中反映了民事法律关系的本质属性，是民事法律关系区别于其他法律关系的主要标志。本条在本法规定平等原则的基础上，单列一条规定民事主体的财产权利受法律平等保护。

本条核心是"平等保护"。民事主体的财产权利受法律平等保护也是市场经济的内在要求。我国《宪法》规定，国家实行社会主义市场经济。公平竞争、平等保护、优胜劣汰是市场经济的基本法则。在社会主义市场经济条件下，各种所有制经济形成的市场主体都处于平等地位，享有相同权利，遵守相同规则，承担相同责任。如果不对民事主体的财产权利平等保护，解决纠纷的方式、承担的法律责任不一致，就不可能发展社会主义市场经济，也不可能坚持和完善社会主义基本经济制度。如对不同民事主体的财产权利不平等保护，势必损害民事主体依法创造、积累财富的积极性，不利于民富国强、社会和谐。

（一）作为民法保护客体的财产权利

民法的根本目的是保护民事主体利益，维护经济社会秩序。民法对民事主体利益的保护，是通过对民事权利的保护实现的。没有保护就没有权利。民事权利的法律保护可视为整个民法的核心。全部民法规范的目的都是更好地为民事权益提供法律保护，故民法就是民事权益保护法。这也正是近现代民法的伟大和神圣之处。《民法典》总则编在第一章"基本规定"第3条中明确规定："民事主体的人身权利、财产权利以及其他合法权益受法律保护，任何组织或者个人不得侵犯。"这一基本原则是对原《民法通则》《民法总则》确立的民事权利受法律保护原则的延续,是财产权利成为民法保护客体的依据。

财产是法律保障的主体生存和发展需要的物质资料总和或经济利益。在大陆法系民法理论中,有广义财产权和狭义财产权两种概念。广义上的财产权是指权利标的具有财产上价值的权利,是和人身权相对应的概念。① 狭义上的财产权主要是指对有体物支配的权利。我国民法学理大多采用广义财产权概念。我国有关法规、规章所使用的产权、财产权等亦是包括物权等各类财产权在内的广义财产权概念。本条所规定的财产权利应当从广义上理解,是指权利标的具有财产上的价值的权利,包括物权、债权、知识产权、继承权、股权及其他投资性权利等,以上述权利为内容的民事法律关系为财产权关系。与人身权相比,财产权利主要有两方面的特征:(1)财产权利所体现的利益具有经济价值,可以进行经济评价;(2)财产权利可以脱离权利人本人进行移转。随着社会经济与科技的发展,诸多新型财产权不断涌现,如商业信誉、商业秘密、经营利益、特许权、信托权、信息网络传播控制权、域名专用权、数据库专用权、个人资料控制权等。本章所规定的财产权利是一个开放的体系,除传统上的物权、债权、知识产权、继承权、股权及其他投资性权利外,还将具有一定经济价值的权利和利益,如数据、网络虚拟财产等均纳入财产权的范畴。

(二)法律平等保护各类民事主体的财产权利

《民法典》第4条确立了"平等原则"这一基本原则,即"民法主体在民事活动中的法律地位一律平等",本条关于民事主体的财产权利受法律平等保护的规定,是《民法典》确立的平等原则在财产权领域的具体体现。

在市场经济条件下,财产权是民事主体进入市场的基础,对财产权进行平等保护正是市场经济内在要求在法律上的体现。法律平等保护各类民事主体的合法财产权利,反映了我国基本经济制度和加强产权保护的要求。我国《宪法》第15条中规定:"国家实行社会主义市场经济。"公平竞争、平等保护、优胜劣汰是市场经济的基本法则。在社会主义市场经济条件下,各种所有制经济形成的市场主体都在统一的市场中活动并发生相互关系,各种市场主体都处于平等地位,享有相同权利,遵守相同规则,承担相同责任。只有地位平等、

---

① 参见李宜琛:《民法总则》,我国台湾地区正中书局1994年版,第47页。

权利平等，才有公平竞争，才能形成良好的市场秩序。[1]坚持社会主义基本经济制度与对国家、集体和私人的财产权利给予平等保护是有机统一的。没有前者，就会改变社会主义基本经济制度的性质。没有后者，就违背了市场经济原则，损害社会主义基本经济制度。

对国家、集体、私人以及其他权利人的财产权利实行平等保护，不仅是《民法典》的一项重要原则，也是党执政为民根本宗旨的具体体现，是维护人民利益的客观需要。党的十八届三中、四中、五中全会就平等保护财产权利提出明确要求，强调国家保护各种所有制经济产权和合法利益，健全以公平为核心原则的产权保护制度，推进产权保护法治化。2016年《中共中央、国务院关于完善产权保护制度依法保护产权的意见》指出，产权制度是社会主义市场经济的基石。完善产权保护制度、依法保护产权，关键是要在事关产权保护的立法、执法、司法、守法等各方面各环节体现法治理念，坚持平等保护、全面保护、依法保护、共同参与和标本兼治。该意见要求，坚持平等保护，健全以公平为核心原则的产权保护制度，公有制经济财产权不可侵犯，非公有制经济财产权同样不可侵犯。该意见强调要完善平等保护产权的法律制度，加快推进《民法典》编纂工作，完善物权、合同、知识产权相关法律制度，清理有违公平的法律、法规条款，将平等保护作为规范财产关系的基本原则；要健全以企业组织形式和出资人承担责任方式为主的市场主体法律制度，统筹研究清理、废止按照所有制不同类型制定的市场主体法律和行政法规，平等保护各类市场主体。

本条确立民事主体财产权利平等保护的原则，对于维护社会主义市场经济制度，建立财产秩序和交易秩序，促进市场经济发展，鼓励广大人民群众通过合法经营、诚实劳动等途径创造和积累财富，具有重要意义。

需要说明的是，平等保护并不意味着不同所有制经济在国民经济中的地位和作用是相同的。依据《宪法》规定，公有制经济是主体，国有经济是主导力量，非公有制经济是社会主义市场经济的重要组成部分，它们在国民经济中的地位和作用是不同的。这主要体现在国家宏观调控、公共资源配置、市场准入等方面，对关系国家安全和国民经济命脉的重要行业和关键领域，必须确保国有经济的控制力，而这些是由经济法、行政法予以规定的。

---

[1] 参见胡康生主编：《中华人民共和国物权法释义》，法律出版社2007年版，第7~9页。

适用指引

平等保护在司法审判中的贯彻

人民法院在依法保障公有制经济发展，不断增强国有经济活力、控制力和影响力的同时，还要依法平等保护非公有制经济的合法权益，坚持各类市场主体的诉讼地位平等、法律适用平等、法律责任平等，为各种所有制经济提供平等司法保障。

按照《宪法》第6条的规定，我国目前处于社会主义初级阶段，在所有制形态上实行以公有制为主体、多种所有制经济共同发展的基本经济制度。对财产权利的平等保护正是这种基本经济制度的充分反映和具体体现。平等保护也是建立和完善社会主义市场经济体制的必然要求，为市场经济提供基本的产权制度框架，保障市场主体平等发展。平等保护也是依法治国的需要，体现了对民生的最大关注，促进社会财富的增长。[1]

典型案例

梁某运与霍邱县人民政府国土资源局建设用地使用权出让合同纠纷案

关键词： 非公有制经济主体　请求返还财产　请求解除合同

裁判摘要： 本案是关于违反国有土地使用权出让合同约定应当承担相应违约责任的典型案例。实践中，在国有土地使用权出让过程中，由于一些地方政府的不规范行为，造成与非公有制企业签订国有土地使用权出让合同后，不能按约交付土地，侵害了非公有制经济主体的合法权益。在此情况下，依法维护非公有制经济主体的合同权益，是对其民事权利平等保护原则的重要体现。本案中，霍邱县人民政府国土资源局通过公开招投标程序与梁某运签订了土地使用权出让合同，梁某运也按照合同约定交纳了土地出让金，但霍邱县人民政府国土资源局没有依约交付土地构成违约，梁某运根据合同约定要求解除合同、返还土地出让金、双倍返还定金等合理请求，均得到了人民法院的支持。人民

---

[1] 参见王利明主编：《中国民法典释评·总则编》，中国人民大学出版社2020年版，第266页。

法院审理该案件时，平等对待政府机关和非公有制经济主体，准确适用《合同法》相关规定，依法支持梁某运的相关诉讼请求，妥善维护了非公有制经济主体的合法权益。

基本案情：2014年，梁某运通过招投标竞得霍国土出［2011］82号国有建设用地使用权，与霍邱县人民政府国土资源局签订的《国有建设用地使用权挂牌成交确认书》《国有建设用地使用权出让合同》约定：霍邱县人民政府国土资源局在2014年9月17日前将出让宗地交付给梁某运，用地使用权出让金为595.335万元，定金为400万元，定金抵作土地出让价款，自合同签订之日起60日内一次性付清。合同约定出让人未按时提供出让土地超过60日，经催缴后仍不能交付土地的，受让人有权解除合同，出让人应当双倍返还定金，并退还已经支付国有建设用地使用权出让价款的其余部分，受让人并可请求出让人赔偿损失。合同签订后，梁某运交纳定金400万元，并交清余下195.335万元，但霍邱县人民政府国土资源局未依约交付土地。梁某运提起诉讼，请求人民法院判决霍邱县人民政府国土资源局双倍返还定金800万元、退还已支付土地出让金195.335万元，赔偿损失100万元。

安徽省六安市中级人民法院一审认为，本案《建设用地使用权出让合同》合法有效。梁某运依照合同约定的期限交清了全部土地出让金，霍邱县人民政府国土资源局未在合同约定的期限内交付适合开发的建设用地已构成违约，依法应当承担违约责任。根据合同约定，梁某运有权解除合同，要求霍邱县人民政府国土资源局双倍返还定金、返还已交付的土地出让金，并承担赔偿责任。但本案合同约定的定金数额明显过高，依法应当调整。梁某运主张的损失无充分证据证实，其虽确实存在运营及融资成本，但考虑双倍返还定金的数额并未过分高于或低于其实际损失，故对其要求另行支付利息及赔偿损失的诉讼请求依法不予支持。判决：一、解除梁某运与霍邱县人民政府国土资源局签订的《国有建设用地使用权出让合同》；二、霍邱县人民政府国土资源局双倍返还梁某运定金238.134万元；三、霍邱县人民政府国土资源局返还梁某运已交纳的土地出让金476.268万元；三、驳回梁某运的其他诉讼请求。一审宣判后，双方当事人均未上诉。

【案　　号】（2015）六民一初字第00020号
【审理法院】安徽省六安市中级人民法院
【来　　源】最高人民法院发布十起依法平等保护非公有制经济典型案例

第一百一十四条　民事主体依法享有物权。

物权是权利人依法对特定的物享有直接支配和排他的权利，包括所有权、用益物权和担保物权。

关联规定

法律、行政法规、司法解释

《中华人民共和国民法典》

第二百四十条　所有权人对自己的不动产或者动产，依法享有占有、使用、收益和处分的权利。

第二百四十一条　所有权人有权在自己的不动产或者动产上设立用益物权和担保物权。用益物权人、担保物权人行使权利，不得损害所有权人的权益。

第二百四十二条　法律规定专属于国家所有的不动产和动产，任何组织或者个人不能取得所有权。

第三百二十三条　用益物权人对他人所有的不动产或者动产，依法享有占有、使用和收益的权利。

第三百二十四条　国家所有或者国家所有由集体使用以及法律规定属于集体所有的自然资源，组织、个人依法可以占有、使用和收益。

第三百八十六条　担保物权人在债务人不履行到期债务或者发生当事人约定的实现担保物权的情形，依法享有就担保财产优先受偿的权利，但是法律另有规定的除外。

第三百八十七条　债权人在借贷、买卖等民事活动中，为保障实现其债权，需要担保的，可以依照本法和其他法律的规定设立担保物权。

第三人为债务人向债权人提供担保的，可以要求债务人提供反担保。反担保适用本法和其他法律的规定。

▶ 条文释义

一、本条主旨

本条是关于物权的特征及类型的规定。

二、条文演变

"物权"一词起源于罗马法。罗马法曾经确认了所有权、役权、永佃权、抵押权、质权等物权形式,并创设了对物之诉的程序,以对物权进行保护,但罗马法并未明确物权的概念。物权一词是由中世纪的注释法学家在解释罗马法时提出的,然而注释法学家也没有明确提出物权的法律概念。在法律上正式使用物权概念的是1811年《奥地利民法典》,此后《德国民法典》接受了物权的概念,并以"物权"作为其"第三编"的编名,系统地规定了所有权、地上权、用益权、地役权、抵押权、质权等物权。自此以后,大陆法系各国和地区在自己的民法典中,都规定符合了本国国情的物权制度。

我国原《民法通则》虽未使用"物权"一词,但在第五章第一节中作了对"财产所有权和与财产所有权有关的财产权"的规定,初步构成了我国民法的物权制度。我国原《物权法》正式使用了物权概念,原《物权法》第2条第3款规定"本法所称物权,是指权利人依法对特定的物享有直接支配和排他的权利,包括所有权、用益物权和担保物权"。从比较法上的经验来看,大陆法系的主要民法典(除《奥地利民法典》等个别例外)均未明确界定物权的概念,我国原《物权法》之所以未循通例,主要是为了便于理解和操作。原《物权法》第2条第3款对物权的界定,综合了域内外学理和实践对物权概念的共识,实践运用情况表明,这种界定是富有成效的。原《民法总则》第114条延续了原《物权法》第2条第3款关于物权概念和物权分类的规定,明确了物权是物之归属权、物之利用权,即:"民事主体依法享有物权。物权是权利人依法对特定的物享有直接支配和排他的权利,包括所有权、用益物权和担保物权。"《民法典》沿用了这一规定。

三、条文解读

（一）物权的特征

1. 物权是直接支配物的绝对权

绝对权又称对世权，是指无须义务人为积极行为进行协助，仅由权利人合法支配行为即能实现的权利。物权是权利主体对特定物进行管领、支配，享受其利益的权利，其直接表现即为权利人对物的直接支配权。所谓支配，是指对物进行占有、使用、收益和处分。物权人可以在法律规定范围内以自己的意志和行为直接支配物，而无须借助于他人的行为。

物权一方面表现为物权人有权在法律规定范围内，按自己的意愿对物进行支配，包括对物进行占有、使用、收益和处分。另一方面，物权人也有权排除他人对自己支配之物的侵害和对自己行使物权行为造成的干涉和妨碍，因而物权主体以外的其他任何人都负有不得侵害和干涉物权、不得妨碍他人行使物权的义务。

2. 物权的客体是特定的独立之物

既然物权是权利主体对物进行直接支配的权利，那么物权的客体就是特定的物。而其他的权利客体如行为、精神财富等不能作为物权的客体，这是物权与债权、知识产权、人身权相区别的一个显著特征。物权的客体是特定的，因为物权是对物的支配权，其客体如果不特定就无从支配，故"所有权不得未确定"就是物权的基本要求。此外，物只有独立，才能对其完全行使直接支配的权利，对不独立的物无法确定其物权。

3. 物权的内容是对物的直接支配并享受其利益

对物进行支配，不是物权人的目的而是物权人的手段，物权人的目的在于通过对物的支配而取得物的利益。因而在民法保护下直接享受物的使用价值和交换价值所带来的各种利益，是物权的本质和核心，是物权区别于其他财产权的最基本特征。

4. 物权是具有排他性的权利

物权的排他性含义有二：（1）同一物上不得同时成立两个内容不相容的物权。就所有权来说，一物之上不能有两个以上的所有权，如果某人对某物享有所有权，就排除其他任何人同时再对该物另有一个所有权。这就是一物一权原则。(2)物权具有排除他人侵害、干涉、妨碍的性质。在物权中,一个人享有物权,其他任何人都是这个权利的义务主体,对该物权都负有不可侵害的义务。凡是侵害物权的行为,都在排除之列。因而在物权请求权中,返还原物和恢复原状等物权保护方法是物权基于排他性所产生的物权保护方法。

（二）物权的效力

物权的效力,是指物权所特有的功能和作用,是物权的占有、使用、收益、处分权能进一步发挥作用的结果。物权的本质在于对物的支配权和排他性,故物权具有排他效力、优先效力、追及效力等特殊效力,并以物权请求权作为救济手段。

物权的排他效力,是指同一物上不得设定两个性质相互冲突的物权,即"一物不容二主"。物权的排他效力主要体现在:(1)在同一标的物上已有所有权存在的,不能另有其他所有权成立。如果一个人对某物依法取得所有权,即使另一个人在事实上占有该物,也不能享有法律上的所有权。(2)在一个特定物上存在着法律上的所有权,但是他人由于善意取得制度而取得对该物的所有权时,则先前的所有权将因此而消灭,并不得对抗后一个所有权。(3)在同一标的物上,已有以占有为内容的用益物权存在的,不得另有同样性质的用益物权成立。当然,物权的排他效力并不否认同一物之上并存数个内容并不矛盾的物权,如所有权可以与其他任何一种他物权在同一物上并存,所有权人也可以在一物之上设立数个担保物权。

物权的优先效力,涉及权利效力强弱问题,是指同一标的物上有数个利益相互矛盾、相互冲突的权利并存时,具有较强效力的权利排斥或先于具有较弱效力的权利的实现。物权的这种优先效力主要表现在:(1)物权优先于债权;(2)同时存在数个物权的,一般以设立的时间先后确定受偿顺序。

物权的追及效力,是指物权的标的物不论流通到何人手中,所有人可以依法向物的占有人主张返还原物;任何人非法取得他人的物,都有义务返还,否则是对物权人权利的侵犯。① 同时,法律为保障物权人对物所享有的充分的支配权,赋予物权人请求他人返还原物、排除妨碍、恢复原状的权利,这些权利

---

① 参见王泽鉴:《民法物权·通则·所有权》,我国台湾地区三民书局1992年版,第53页。

为物权请求权,为物权特有的效力。①

（三）物权的分类

本条明确规定物权类型包括所有权、用益物权和担保物权。所有权又称自物权,用益物权和担保物权合称他物权。所有权和用益物权都是主物权,而担保物权是从物权。

所有权是指权利人依法对自己的不动产和动产享有全面支配的权利。所有权具有四项权能,即占有、使用、收益和处分。"占有"是对于财产的实际管领或控制,拥有一个物的一般前提就是占有,这是财产所有者直接行使所有权的表现。"使用"是权利主体对财产的运用,发挥财产的使用价值。拥有物的目的一般是为了使用。"收益"是通过财产的占有、使用等方式取得的经济效益。使用物并获益是拥有物的目的之一。"处分"是指财产所有人对其财产在事实上和法律上的最终处置。《民法典》物权编对国家所有权、集体所有权和私人所有权的内容作了较为详细的规定。

用益物权是权利人对他人所有的不动产或者动产,依法享有占有、使用和收益的权利。物权编在原《物权法》的基础上规定了土地承包经营权、建设用地使用权、宅基地使用权、地役权、居住权这几种用益物权。用益物权是以对他人所有的不动产或者动产为使用、收益目的而设立的,因而被称作用益物权。用益物权制度是物权法律制度中一项非常重要的制度,与所有权制度、担保物权制度一同构成了物权制度的完整体系。用益物权人对他人所有的不动产或者动产,依照法律规定享有的权利包括以下几个方面:一是占有的权利。用益物权作为以使用收益为目的的物权,以权利人对物的实际占有为前提。利用他人的物为使用收益,必然要对物予以实际支配。二是使用的权利。权利人可以根据物的自然属性、法定用途或者约定的方式,对物进行实际上的利用。比如,在集体所有的宅基地上自建房屋以供居住。三是收益的权利。权利人可以通过对物的利用获取经济上的收入或者其他利益。比如,在集体所有的土地上从事种植业、林业、畜牧业等农业生产,出售出产物而获得收益;在国家所有的土地上建造商品房用以出售以取得收益等。

担保物权是为了确保债务履行而设立的物权,当债务人不履行债务时,债

---

① 参见王利明:《物权法研究》,中国人民大学出版社2007年版,第39~53页。

权人就担保财产依法享有优先受偿的权利。担保物权对保证债权实现、维护交易秩序、促进资金融通，具有重要作用。根据《民法典》物权编有关规定，我国担保物权包括抵押权、质权和留置权。物权编第四分编对我国担保物权制度作了详细规定。抵押权是为了确保债务履行而设立的一种担保物权，指债务人自己继续占有不动产或者动产，将该财产抵押给债权人，当债务人不履行债务时，债权人就抵押财产依法享有优先受偿的权利。例如，以房产抵押设定的抵押权。质权包括动产质权和权利质权，动产质权是指债务人将其动产交由债权人占有，当债务人不履行债务时，债权人就该动产依法享有优先受偿的权利，如将字画古董出质设定的质权。权利质权是指债务人将其拥有的财产权利凭证交由债权人占有，或者通过登记制度将该权利出质给债权人，当债务人不履行债务时，债权人就该财产权利依法享有优先受偿的权利。例如，以仓单、存款单出质设立的质权。留置权是当债务人不履行债务时，债权人依法留置已经合法占有的债务人动产，并就该动产享有优先受偿的权利。例如，存货人不支付仓储费，仓储人依法有权留置仓储物，在法定期限内存货人仍不支付仓储费，仓储人有权变卖仓储物以获取仓储费。

▶ 适用指引

权利的优先顺位

审判实践中，应当注意同一物上存在数个权利时应依据物权效力来确定权利优先顺位：（1）一般情况下，物权优先于债权。例如，在一物二卖的情况下，已经登记的买受人取得了所有权，则即使另一买受人的债权发生在先，其也不能就该标的物主张权利。当用益物权、担保物权和债权并存时，用益物权、担保物权具有优先于债权的效力。但是，需要注意法律和司法解释规定的例外情形，例如买卖不破租赁规则，特别法中赋予某些债权优先于其他债权，甚至基于公共政策考虑赋予特定债权优先于物权的效力。（2）当同一物上多项他物权并存时，一般应根据"时间在先、权利在先"规则确定优先效力。比如，新设立的建设用地使用权不得损害已设立的用益物权。

类案检索

沈某祥与周某某合同纠纷案

关键词： 所有权　设立用益物权和担保物权

裁判摘要： 法律规定，国家、集体、私人的物权和其他权利人的物权受法律平等保护，任何组织或者个人不得侵犯；所有权人对自己的不动产或者动产，依法享有占有、使用、收益和处分的权利；所有权人有权在自己的不动产或者动产上设立用益物权和担保物权。用益物权人、担保物权人行使权利，不得损害所有权人的权益。

【案　　号】（2021）苏0830民初152号

【审理法院】江苏省盱眙县人民法院

第一百一十五条 物包括不动产和动产。法律规定权利作为物权客体的，依照其规定。

关联规定

法律、行政法规、司法解释

1.《中华人民共和国民法典》

第二百三十五条 无权占有不动产或者动产的，权利人可以请求返还原物。

第二百三十六条 妨害物权或者可能妨害物权的，权利人可以请求排除妨害或者消除危险。

第二百三十七条 造成不动产或者动产毁损的，权利人可以依法请求修理、重作、更换或者恢复原状。

第三百四十二条 通过招标、拍卖、公开协商等方式承包农村土地，经依法登记取得权属证书的，可以依法采取出租、入股、抵押或者其他方式流转土地经营权。

第三百五十三条 建设用地使用权人有权将建设用地使用权转让、互换、出资、赠与或者抵押，但是法律另有规定的除外。

第四百四十条 债务人或者第三人有权处分的下列权利可以出质：

（一）汇票、本票、支票；

（二）债券、存款单；

（三）仓单、提单；

（四）可以转让的基金份额、股权；

（五）可以转让的注册商标专用权、专利权、著作权等知识产权中的财产权；

（六）现有的以及将有的应收账款；

（七）法律、行政法规规定可以出质的其他财产权利。

第一千零七条 禁止以任何形式买卖人体细胞、人体组织、人体器官、遗体。

违反前款规定的买卖行为无效。

2.《不动产登记暂行条例》

第二条 本条例所称不动产登记，是指不动产登记机构依法将不动产权利归属和其他法定事项记载于不动产登记簿的行为。

本条例所称不动产，是指土地、海域以及房屋、林木等定着物。

▶ 条文释义

一、本条主旨

本条是关于物权客体的规定。

二、条文演变

该条款来源于《物权法》第2条第2款，该款规定："本法所称物，包括不动产和动产。法律规定权利作为物权客体的，依照其规定。"原《民法总则》第115条的规定："物包括不动产和动产。法律规定权利作为物权客体的，依照其规定。"本条沿用原《民法总则》的规定，未进行修改。

三、条文解读

（一）物权客体的含义和特征

物权客体是指物权所指向、支配和控制的特定的物。作为物权客体的物，必须是存在于人身之外，能够为人力所支配，具有一定价值，能够满足人类一定生产生活需要的特定的物。物权的客体主要是有体物，即具有一定的物质形体，能够为人们所感觉到的物，换句话说，是指有形的、可触觉并可支配的物。[1]

作为物权客体的物一般具有以下特征：

---

[1] 参见［德］鲍尔·施蒂尔纳：《德国物权法》，张双根译，法律出版社2004年版，第22页。

1. 单一性

物的单一性，是指在形态上能够单独地、个别地存在。单一物是相对于集合物而言的。① 单一物包括天然的单一物，如树木，以及人为的单一物，如房屋。集合物是指事实上的集合物，如图书馆的全部书籍，以及法律上的集合物，如夫妻共同财产。作为物权客体的物主要是单一物，在特殊情况下，为简化交易，集合物也可以成为物权客体。

2. 独立性

所谓独立物，是指在物理上、观念上、法律上能够与其他的物区别开而独立存在的物。② 物理上的独立性是指物必须在现实形态上与其他物相区分并为主体所占有和控制。观念上的独立性是指物可以通过划定界限等使其部分得以特定化从而成为独立物，例如，宗地。法律上的独立性是指可以按照法律规定的方法使物的某部分得以特定化，成为法律上的独立物，如建筑物区分所有权。

3. 特定性

特定物，是指具有单独的特征，不能以其他物代替的物。种类物，是指具有共同特征，可以用品种、规格或者数量加以度量的物。物权的客体必须是特定物，而不能是种类物，因为物权是权利人支配特定物的权利，标的物不特定则无法登记或者交付。只有在作为物权客体的物具有独立性和特定性的情况下，才能明确物权的支配范围，使物权人能够在其客体上形成物权并排斥其他人的干涉。③ 同时，如果种类物已经从同类物中分离出来得以特定化，也可以作为物权的客体。

4. 有体性

有体物是指具有一定的物质形体，能够为人们所感觉到的物。与之相对的是无体物，即权利。德国法仅承认有体物为物权客体，法国法则承认有体物和无体物均为物权客体。一般认为，德国法的界定过于狭小，法国法的界定则过于宽泛。④ 需要注意的是，所有权的客体只能是有体物，作为物权客体的权利

---

① 杨立新：《物权法》，法律出版社2013年版，第45页。
② 参见崔建远：《我国〈物权法〉应选取的结构原则》，载《法治与社会发展》1995年第3期。
③ 王利明：《物权法研究》，中国人民大学出版社2007年版，第62页。
④ 杨立新：《物权法》，法律出版社2013年版，第46页。

只能是债权以外的其他权利,并且只能作为他物权的客体。随着科技的发展,有体物的范围呈扩大趋势,除可以观察的有形体外,空间、网络空间、自然力等虽并不能具体观察到形体,但在观念上确实存在抽象形体,并且可以用一定方法度量的物,属于特殊的有体物。

（二）物权客体的分类

按照不同的标准,可以将物权客体作不同的分类。较为常见的物的分类包括,按照能否移动以及移动是否导致物的价值严重受损为标准,分为不动产和动产。按照物之间的相互依存关系,分为主物和从物。按照数物之间产出的关系,分为原物和孳息。按照是否特定化,分为特定物和种类物。按照是否具有一定形体,分为有体物和无体物等。上述不同的分类各有其规则适用上的意义。

动产与不动产的区分,最早起源于罗马法,大陆法系国家和地区都采纳了这种区分。不动产是指依照其物理性质不能移动或者移动将严重损害其经济价值的有体物,主要包括土地以及房屋、林木等土地定着物。动产,是指不动产之外的物,即在性质上能够移动且移动不损害其经济价值的物。判断物是属于不动产还是动产,主要看其是否可以移动、移动是否在经济上合理以及是否附着于土地。

将物分为不动产和动产的意义在于根据二者的不同特点适用不同的规则予以规范。二者在法律适用上的区别主要体现在:

1.权利取得方式不同。如先占等一般不适用于不动产。

2.转让的形式要件不同。如对于不动产的转让要求采用书面合同方式,对于动产则一般无此要求。

3.物权公示方法不同。如动产一般以交付作为所有权移转要件,不动产则一般以登记作为所有权移转要件。

4.利用方式不同。如不动产不能设立质押权和留置权。

5.权利的性质不同。如不动产往往涉及国家基本经济制度,甚至与国家主权密不可分,对不动产的设定、取得、移转经常有公法上的限制,而与动产相关的规则更为体现私法特征,尊重当事人的合意。

6.诉讼管辖不同。依据《民事诉讼法》和相关司法解释的规定,涉及不动产的纠纷一般适用专属管辖,而涉及动产的纠纷则允许当事人协议确定管辖法院。

物权法上的物一般是有体物或者有形物，包括固体、液体、气体等。有体物或者有形物是与无体物或者无形物相对而言的。著作、商标、专利等是精神产品，属于无体物或者无形物，不属于物权法规范的对象，由专门的法律予以调整。能够为物权法调整的物，是人力能够控制并有利用价值的物。随着科学技术的发展，一些原来无法控制和利用的物现在可以控制与利用，从而进入了物权法所规范的物的范围。

关于可以作为物权客体的权利，必须是有法律明确的规定。例如，《民法典》第440条中规定，可以转让的注册商标专用权、专利权、著作权等知识产权中的财产权可以出质。在此情况下，权利即可成为物权客体。因此，本条明确，法律规定权利作为物权客体的，依照其规定。需要注意的是，可以作为物权客体的权利是指其中的财产权益。

▶ 适用指引

一、关于权利作为物权客体的问题

《民法典》物权编确认了各种权利担保的方式，承认了大量无形财产作为担保物权的客体，如建设用地使用权、"四荒"土地承包经营权等可以抵押，承认了集合物的担保，承认了有价证券、基金份额、股权、知识产权、应收账款等可以质押。

二、关于空间作为物权客体的问题

《民法典》物权编确认了空间可以成为物权的客体。虽然空间难以被实际地占有和控制，但其是客观存在的资源，可以被感知且有利用价值，只要其具有独立之经济价值并可以排他性地支配，即可以作为权利客体。

三、关于无线电频谱、电、热、声、光作为物权客体的问题

这些表现为无形状态的物，因可以被感知、控制和利用，作为有体财产的延伸，仍然属于有体物的范畴，从交易观念上作为物进行调整。

四、关于人体组成部分能否作为物权客体的问题

人体是生命载体,其本身不是物,不应作为物权客体。但特殊情况下,当人体的某些组成部分与人体分离后,其分离部分例如器官、组织、精子、干细胞或其他衍生物是否可以作为物权客体仍有待探讨。一般认为,若人体分离部分在分离期间仍与身体具有功能一体性,仍然属于人体的组成部分。

▶ 典型案例

大连某银行沈阳分行、抚顺市艳丰公司等金钱质押纠纷案

关键词: 物权客体　质权　物权转让　公示

裁判摘要: 动产物权的设立和转让,应当以交付为公示方式。以动产设置担保的质权,也需满足交付的公示要求;金钱作为特殊的质押财产,必须达到特定化,并移交债权人占有。银行作为具有存款业务的金融机构,将出质人交付的金钱作为质押财产,应当依法将质押金钱放置于专门的账户,并且对任何第三人均能显示出设立质押的外观,否则难以区分该金钱是出质人交付的普通存款还是质押财产。

基本案情: 抚顺市艳丰公司与郑某旭于2011年12月6日签订《借款合同》,约定借款金额为8000万元,借款日期为2011年12月6日,还款日期为2011年12月7日。同日,艳丰公司与大连某银行沈阳分行签订《汇票承兑合同》,约定本合同项下银行承兑汇票共计8张,全部汇票金额合计为8000万元;艳丰公司于汇票承兑前在大连某银行沈阳分行开立针对本合同项下汇票的保证金专用账户并存入汇票金额100%的保证金,保证金金额为8000万元整,艳丰公司同意将上述保证金及由其产生的利息作为履行本合同的担保,并授权大连某银行沈阳分行在因本合同需要时办理上述保证金的冻结、扣划等手续。艳丰公司在《借款合同》约定的还款日期即2011年12月7日未还款。后艳丰公司与郑某旭及案外人明达意航企业集团有限公司(以下简称明达公司)于2011年12月24日签订了《还款协议》,约定艳丰公司于2011年12月6日向郑某旭借款8000万元用于大连某银行沈阳分行开具承兑汇票100%保证金,到期后艳丰公司、明达公司未履行。2012年4月20日,艳丰公司与郑某旭、

明达公司又签订《还款补充协议》，合同到期后，艳丰公司、明达公司亦未履行。2012年5月23日，某国有银行辽宁省分行以委托收款形式对前述8张银行承兑汇票中的6张进行收款。2012年5月25日，某商业银行深圳分行以委托收款形式对其余2张汇票进行收款。2012年6月6日，大连某银行沈阳分行文艺路支行对上述8张汇票总计金额8000万元进行了付款。同日，大连某银行沈阳分行文艺路支行将8000万元转为承兑逾期垫款。2012年5月，郑某旭分两次以艳丰公司、明达公司为被告向廊坊市中级人民法院提起诉讼，分别要求艳丰公司偿还借款4000万元及利息，明达公司承担担保责任，同时申请了财产保全。

本案的一个核心问题即为大连某银行沈阳分行对案涉4000万元是否享有质权。《物权法》第210条规定："设立质权，当事人应当采取书面形式订立质权合同。质权合同一般包括下列条款：（一）被担保债权的种类和数额；（二）债务人履行债务的期限；（三）质押财产的名称、数量、质量、状况；（四）担保的范围；（五）质押财产交付的时间。"具体到本案，大连某银行沈阳分行与艳丰公司签订的《汇票承兑合同》第2条第2款约定，艳丰公司于汇票承兑前在大连某银行沈阳分行开立针对合同项下汇票的保证金专用账户（账号为10×××23）并存入汇票金额100%的保证金，保证金金额为8000万元。艳丰公司同意将上述保证金及其产生的利息作为履行合同的担保，并授权大连某银行沈阳分行在因合同需要时办理上述保证金的冻结、扣划等手续；第5条第7款约定，艳丰公司应于合同项下汇票到期日之前将汇票金额足额存入大连某银行沈阳分行指定账户。若艳丰公司未能在汇票到期日前足额交付全部汇票金额，则大连某银行沈阳分行有权将合同第2条第2款的保证金账户和艳丰公司其他存款账户中的款项直接用于支付到期汇票或偿还大连某银行沈阳分行对持票人的垫款以及相应利息和手续费，同时对艳丰公司尚未支付的汇票金额按照日万分之五计收罚息。以上合同约定，完全符合质押合同的形式要件，况且上述约定系当事人意思表示自由，并未违反法律的禁止性规定，质押合同成立并生效。

根据物权公示原则，动产物权的设立和转让，应当以交付为公示方式。以动产设置担保的质权，也需满足交付的公示要求。依照《最高人民法院关于适用〈中华人民共和国担保法〉若干问题的解释》第85条"债务人或者第三人将其金钱以特户、封金、保证金等形式特定化后，移交债权人占有作为债权的担保，债务人不履行债务时，债权人可以以该金钱优先受偿"的规定，金钱作为特殊的质押财产，必须达到特定化，并移交债权人占有。银行作为具有存款业务的金融机构，将出质人交付的金钱作为质押财产，应当依法将质押金钱放置于专门的账户，并且对任何第三人均能显示出设立质押的外观，否则难以区分该金钱是出质人交付的普通存款还是质押财产。本案中，大连某银行沈阳分行依据《汇票承兑合同》第5条第7款规定，在艳丰公司未能在汇票到期日前足额交付全部汇票金额的情况下，有权将保证金账户中的款项直接用于支付到期汇票或者偿还大连某银行沈阳分行对持票人的垫款，即大连某银行沈阳分行有权直接扣划保证金专用账户内的资金。根据此条款，可以认定大连某银行沈阳分行的质权交付要件已经满足，所以质权成立并生效。

【案　　号】（2015）民提字第175号
【审理法院】最高人民法院
【来　　源】《最高人民法院公报》2016年第10期

第一百一十六条　物权的种类和内容，由法律规定。

关联规定

法律、行政法规、司法解释

《中华人民共和国民法典》

第一百一十四条　民事主体依法享有物权。

物权是权利人依法对特定的物享有直接支配和排他的权利，包括所有权、用益物权和担保物权。

第二百四十条　所有权人对自己的不动产或者动产，依法享有占有、使用、收益和处分的权利。

第三百二十三条　用益物权人对他人所有的不动产或者动产，依法享有占有、使用和收益的权利。

第三百三十一条　土地承包经营权人依法对其承包经营的耕地、林地、草地等享有占有、使用和收益的权利，有权从事种植业、林业、畜牧业等农业生产。

第三百四十四条　建设用地使用权人依法对国家所有的土地享有占有、使用和收益的权利，有权利用该土地建造建筑物、构筑物及其附属设施。

第三百六十二条　宅基地使用权人依法对集体所有的土地享有占有和使用的权利，有权依法利用该土地建造住宅及其附属设施。

第三百六十六条　居住权人有权按照合同约定，对他人的住宅享有占有、使用的用益物权，以满足生活居住的需要。

第三百七十二条　地役权人有权按照合同约定，利用他人的不动产，以提高自己的不动产的效益。

前款所称他人的不动产为供役地，自己的不动产为需役地。

第三百八十六条　担保物权人在债务人不履行到期债务或者发生当事人约定的实现担保物权的情形，依法享有就担保财产优先受偿的权利，但是法律另有规定的除外。

第三百九十四条 为担保债务的履行，债务人或者第三人不转移财产的占有，将该财产抵押给债权人的，债务人不履行到期债务或者发生当事人约定的实现抵押权的情形，债权人有权就该财产优先受偿。

前款规定的债务人或者第三人为抵押人，债权人为抵押权人，提供担保的财产为抵押财产。

第四百二十条 为担保债务的履行，债务人或者第三人对一定期间内将要连续发生的债权提供担保财产的，债务人不履行到期债务或者发生当事人约定的实现抵押权的情形，抵押权人有权在最高债权额限度内就该担保财产优先受偿。

最高额抵押权设立前已经存在的债权，经当事人同意，可以转入最高额抵押担保的债权范围。

第四百二十五条 为担保债务的履行，债务人或者第三人将其动产出质给债权人占有的，债务人不履行到期债务或者发生当事人约定的实现质权的情形，债权人有权就该动产优先受偿。

前款规定的债务人或者第三人为出质人，债权人为质权人，交付的动产为质押财产。

第四百四十条 债务人或者第三人有权处分的下列权利可以出质：

（一）汇票、本票、支票；

（二）债券、存款单；

（三）仓单、提单；

（四）可以转让的基金份额、股权；

（五）可以转让的注册商标专用权、专利权、著作权等知识产权中的财产权；

（六）现有的以及将有的应收账款；

（七）法律、行政法规规定可以出质的其他财产权利。

第四百四十七条 债务人不履行到期债务，债权人可以留置已经合法占有的债务人的动产，并有权就该动产优先受偿。

前款规定的债权人为留置权人，占有的动产为留置财产。

条文释义

一、本条主旨

本条是关于物权法定原则的规定。

二、条文演变

该条款源自原《物权法》第5条的规定:"物权的种类和内容,由法律规定。"《民法总则》第116条沿用了该规定,《民法典》亦未进行修改。

三、条文解读

(一)物权法定原则的基本含义

物权法定原则,是指物权的种类、内容应由法律明确规定,而不能由法律之外的其他规范性文件确定,或由当事人通过合同任意设定。这里的法应作狭义理解,是指法律,不包括法规、司法解释和习惯法。

物权法定原则发端于罗马法,并为韩国、日本、荷兰、奥地利等多国和地区民法所沿袭、借鉴。物权法定原则是大陆法系各国和地区物权法所普遍承认的基本原则,对于准确界定物权、定分止争、确立物权设立和变动规则、建立物权的秩序都具有十分重要的意义。[①]《民法典》在总则编中对物权法定原则予以规定,体现了物权法定原则在物权法体系中的基础地位。物权法定原则集中体现了物权法规范的强制性,即当事人不得创设与法定物权种类和内容不符的物权,从而与允许当事人自由约定内容的债权显著区分开来。由法律限定物权的类型和内容,是因为物权是一种绝对权,具有对世效力,明确权利的类型和内容,有利于使他人对物权有清楚的认识,确保权利义务关系清晰,减少交易成本,维护交易安全。

(二)物权法定原则的内容

物权法定原则主要包括两方面内容:

---

① 王利明:《物权法研究》,中国人民大学出版社2007年版,第158页。

1. 种类法定

物权的种类法定，是指哪些种类的权利属于物权，或者说物权包含哪些种类的权利，需由法律予以明确规定，而不得由当事人随意创设，具体包括：

（1）物权的类型应当由法律规定，法律之外的行政法规、规章、地方性法规等文件不得创设物权类型，也不允许司法裁判通过个案创设新类型的物权，以保持法律适用的一致性和法律规范指引的明确性。

（2）物权种类法定既不允许当事人创设法律规定的物权之外的物权类型，也不允许当事人任意改变法律规定的物权类型。当事人不得通过协议创设物权，也不得设定与法定物权不符的物权，否则为此订立的合同不能实现其变动或者创设物权的目的。

2. 内容法定

物权的内容法定，是指各类物权的具体内容应当由法律明确规定，当事人不得创设与法定物权内容不符的物权，也不得自行约定物权的内容，不得作出与法律强行性规定不符的约定。物权内容法定体现了物权法作为强制性的制度建构与债权法的区别，物权内容法定和物权类型法定相辅相成，共同构成了物权法定原则的内容。

此外，有学者认为物权法定原则还应当包括物权效力法定和物权公示方法法定。物权效力法定主要指当事人必须按照法律规定的效力来确定物权的效力，并且不得改变法律关于物权效力的规定。例如，物权的对世性、支配性、优先性以及追及性均应按照法律规定的规则实现，不允许当事人协议变更。物权公示方法法定则更集中体现在物权公示原则中，该原则包括了公示方法、公示对象、公示效力、公示范围等，但公示方法法定应为物权法定题中应有之义。①

由于物权具有直接支配力、排他性、绝对性，与债权的相对性有显著区别，同时，物权是市场交易的前提和结果，是民事主体赖以生存的物质基础，因而，《民法典》总则编规定物权法定原则，有利于维护国家基本经济制度、保护公民基本经济权利、明确产权归属，有利于确认物权、定分止争、维护交易安全、促进物尽其用。当然，物权法定原则在具体适用中也会有新的发展，在当今社会经济快速发展的背景下，如果出现了需要法定化的物权，则可以通

---

① 参见王利明：《物权法研究》，中国人民大学出版社2007年版，第161~162页。

过修改《民法典》物权编或者相关法律予以确认。

▶ 适用指引

一、应注意物权法定原则的新发展

《民法典》物权编扩大了担保合同的范围，增加规定了其他具有担保功能的合同，即将融资租赁、保理等具有担保功能的非典型担保合同纳入担保合同的范围。

二、应当正确认识违反物权法定原则的法律后果

物权法定原则具有强制性，其强制性体现在违反物权法定原则的法律不利后果。对此，实践中存在模糊认识，主要体现在认为物权法定是强制性规范，违反这一原则自由创设物权类型和内容的合同无效。这一观点将违反物权法定原则和违反法律禁止性规定导致合同无效的情形相混淆，与《民法典》第215条体现的合同关系和物权关系相区分的精神相悖。在审判实践中，应当视违反物权法定原则的具体情形，准确判断相应法律后果。如果当事人系在合同中创设法定类型之外的新物权类型，则不产生设定物权的效果。如果当事人系在合同中约定了物权的某些内容或者行使限制，而这些具体内容虽然没有明确的法律依据，但不属于《民法典》物权编规定的影响该类物权性质的基本内容，且并未违反法律禁止性规定的，一般可以认定该约定的效力。如果当事人系在合同中约定了物权的公示方法，但该公示方法并非所设定物权的法定公示方法，则不产生设定或者变更该类物权的效力，但若符合其他种类物权公示方法的，可以认定设定或者变更另一种物权。例如，当事人约定动产抵押，但未办理抵押登记，仅交付动产，虽然抵押权并未设立，但可以认定设立动产质权。当事人自由创设的与法定种类和内容不符的物权依法不应保护，但若当事人依据合同进行投资，其投资权益可通过债权的形式予以保护。

典型案例

黑龙江闽成投资集团有限公司与西林钢铁集团有限公司、第三人刘某平民间借贷纠纷案

关键词： 股权质押　让与担保　登记　优先受偿权

裁判摘要： 民间借贷合同是否已成立、生效并全面实际履行，应从签约到履约两方面来判断，出借人应举示借款合同、银行交易记录、对账记录等证据证明，且相关证据应能相互印证。

当事人以签订股权转让协议方式为民间借贷债权进行担保，此种非典型担保方式为让与担保。在不违反法律、行政法规效力性强制性规定的情况下，相关股权转让协议有效。签订股权让与担保协议并依约完成股权登记变更后，因借款人未能按期还款，当事人又约定对目标公司的股权及资产进行评估、抵销相应数额债权、确认此前的股权变更有效，并实际转移目标公司控制权的，应认定此时当事人就真实转让股权达成合意并已实际履行。以此为起算点一年以后借款人才进入重整程序，借款人主张依破产法相关规定撤销该以股抵债行为的，不应支持。

对于股权让与担保是否具有物权效力，应以是否已按照物权公示原则进行公示作为核心判断标准。在股权质押中，质权人可就已办理出质登记的权利优先受偿。在已将作为担保财产的股权变更登记到担保权人名下的股权让与担保中，担保权人形式上已经是作为担保标的物的股份的持有者，其就作为担保的股权所享有的优先受偿权利，更应受到保护，原则上享有对抗第三人的物权效力。当借款人进入重整程序时，确认股权让与担保权人享有优先受偿的权利，不构成《破产法》第16条规定所指的个别清偿行为。

以股权设定让与担保并办理变更登记后，让与保权人又同意以该股权为第三人对债务人的债权设定质押并办质押登记的，第三人对该股权应优于让与担保权人受偿。

基本案情： 西钢公司以自己或下属公司名义多次向闽成公司借款，用于生产经营和短期银行倒贷，目前借款本金总计1059244471.52元，累计利息1333070602.41元。2014年6月16日、6月26日，西钢公司分别将其名下龙郡公司100%股权、翠宏山公司64%股权作为让与担保物，股权变更到闽成公司指定的第三人刘某平名下，同时，闽成公司与刘某平签订了股权代持协议。2017年年初，双方约定以龙郡公司资产抵偿债务利息362043732元，后西钢公司未依约偿还剩余欠款。就西钢公司以龙郡公司股权作价并转让以抵偿欠付闽成公司债务的约定是否有效以及约定转让的股权是否具备抵债条件等问题，最高人民法院经审理认为"龙郡公司100%股权阶段性转让给乙方，以保证乙方债权的安全和实现""鉴于现阶段西钢尚无力偿付对乙方的债务，为保障乙方尽快收回资金……"等约定内容，担保债权实现的意思表示清晰、明确，债权人与债务人同意以阶段性转让龙郡公司100%股权的形式保障借款安全。还约定"若1年内甲方不能出售房产清偿对乙方的借款，由中介机构对龙郡公司可变现资产进行评估，甲方按评估价值下浮最低不超过5%出售房产清偿乙方借款，多余部分归甲方。"该约定明确，"若1年内甲方不能出售房产清偿对乙方的借款……"意味着，尽管龙郡公司100%股权已经过户至刘某平名下，但西钢公司仍有权出售龙郡公司项下不动产，用以抵偿约定的欠付刘某平的特定债务。法院认为，《协议书》《补充协议书》上述约定内容，本质上是通过以龙郡公司100%股权过户至刘某平名下的方式担保前述债权的实现，西钢公司仍保留对龙郡公司的重大决策等股东权利；待债务履行完毕后，龙郡公司100%股权复归于西钢公司；如债务不能依约清偿，债权人可就龙郡公司经评估后的资产价值抵偿债务，符合让与担保法律特征。作为民商事活动中广泛运用的非典型担保，并不违反法律、行政法规效力性强制性规定，应当认定前述《协议书》《补充协议书》有效。根据合同"甲方同意以龙郡公司100%的股权及资产抵债"。"鉴于2014年6月12日双方已经办理了股权转让变更手续，双方一致确认该股权变更有效，不需要再次履行变更手续""乙方债权未获清偿部分或抵债金额超过其债权的部分，依然按照原《协议书》及《补充协议书》中的约定办理，从质押给刘某平的逊克县翠宏山矿业有限公司64%股权价值中补足或冲减""双方共同选定资产评估机构对龙郡公司资产进行评估""本协议生效后，甲方将龙郡公司100%的股权转让给乙方，乙方享有的相应数额债权得以抵销，乙方依法享有龙郡公司股东全部权利义务"等约定，因债务人西钢公司借期内未能偿还借款本息，在担保基础上作出的上述约定，旨在以龙郡公司100%股权抵债以实现债权。此时，西钢公司与刘某平（闽成公司）已就真实转让龙郡公司100%股权达成合意，西钢公司有义务向刘某平（闽成公司）移交龙郡公司100%股权。西钢公司与刘某平约定，对确切债权金额对账、双方在评估价基础上确定龙郡公司资产价值,为有关股权抵债计算方式的约定,而非抵债协议生效条件。西钢公司上诉提出,龙郡公司股权变更协议并非为抵偿债务、以龙郡公司股权抵债条件尚不具备等主张,与约定不符,与事实不符,不予支持。

【案　　号】(2019)最高法民终 133 号

【审理法院】最高人民法院

【来　　源】《最高人民法院公报》2020 年第 1 期

第一百一十七条 为了公共利益的需要，依照法律规定的权限和程序征收、征用不动产或者动产的，应当给予公平、合理的补偿。

▶ 关联规定

法律、行政法规、司法解释

1.《中华人民共和国宪法》

第十条 城市的土地属于国家所有。

农村和城市郊区的土地，除由法律规定属于国家所有的以外，属于集体所有；宅基地和自留地、自留山，也属于集体所有。

国家为了公共利益的需要，可以依照法律规定对土地实行征收或者征用并给予补偿。

任何组织或者个人不得侵占、买卖或者以其他形式非法转让土地。土地的使用权可以依照法律的规定转让。

一切使用土地的组织和个人必须合理地利用土地。

第十三条 公民的合法的私有财产不受侵犯。

国家依照法律规定保护公民的私有财产权和继承权。

国家为了公共利益的需要，可以依照法律规定对公民的私有财产实行征收或者征用并给予补偿。

2.《中华人民共和国民法典》

第二百四十三条 为了公共利益的需要，依照法律规定的权限和程序可以征收集体所有的土地和组织、个人的房屋以及其他不动产。

征收集体所有的土地，应当依法及时足额支付土地补偿费、安置补助费以及农村村民住宅、其他地上附着物和青苗等的补偿费用，并安排被征地农民的社会保障费用，保障被征地农民的生活，维护被征地农民的合法权益。

征收组织、个人的房屋以及其他不动产，应当依法给予征收补偿，维护被征收人的合法权益；征收个人住宅的，还应当保障被征收人的居住条件。

任何组织或者个人不得贪污、挪用、私分、截留、拖欠征收补偿费等费用。

第二百四十四条 国家对耕地实行特殊保护，严格限制农用地转为建设用地，控制建设用地总量。不得违反法律规定的权限和程序征收集体所有的土地。

第二百四十五条 因抢险救灾、疫情防控等紧急需要，依照法律规定的权限和程序可以征用组织、个人的不动产或者动产。被征用的不动产或者动产使用后，应当返还被征用人。组织、个人的不动产或者动产被征用或者征用后毁损、灭失的，应当给予补偿。

第三百二十七条 因不动产或者动产被征收、征用致使用益物权消灭或者影响用益物权行使的，用益物权人有权依据本法第二百四十三条、第二百四十五条的规定获得相应补偿。

第三百三十八条 承包地被征收的，土地承包经营权人有权依据本法第二百四十三条的规定获得相应补偿。

3.《中华人民共和国土地管理法》

第四十五条 为了公共利益的需要，有下列情形之一，确需征收农民集体所有的土地的，可以依法实施征收：

（一）军事和外交需要用地的；

（二）由政府组织实施的能源、交通、水利、通信、邮政等基础设施建设需要用地的；

（三）由政府组织实施的科技、教育、文化、卫生、体育、生态环境和资源保护、防灾减灾、文物保护、社区综合服务、社会福利、市政公用、优抚安置、英烈保护等公共事业需要用地的；

（四）由政府组织实施的扶贫搬迁、保障性安居工程建设需要用地的；

（五）在土地利用总体规划确定的城镇建设用地范围内，经省级以上人民政府批准由县级以上地方人民政府组织实施的成片开发建设需要用地的；

（六）法律规定为公共利益需要可以征收农民集体所有的土地的其他情形。

前款规定的建设活动，应当符合国民经济和社会发展规划、土地利用总体规划、城乡规划和专项规划；第（四）项、第（五）项规定的建设活动，还应当纳入国民经济和社会发展年度计划；第（五）项规定的成片开发并应当符合国务院自然资源主管部门规定的标准。

第四十八条 征收土地应当给予公平、合理的补偿，保障被征地农民原有生活水平不降低、长远生计有保障。

征收土地应当依法及时足额支付土地补偿费、安置补助费以及农村村民住宅、其他地上附着物和青苗等的补偿费用，并安排被征地农民的社会保障费用。

征收农用地的土地补偿费、安置补助费标准由省、自治区、直辖市通过制定公布区片综合地价确定。制定区片综合地价应当综合考虑土地原用途、土地资源条件、土地产值、土地区位、土地供求关系、人口以及经济社会发展水平等因素，并至少每三年调整或者重新公布一次。

征收农用地以外的其他土地、地上附着物和青苗等的补偿标准，由省、自治区、直辖市制定。对其中的农村村民住宅，应当按照先补偿后搬迁、居住条件有改善的原则，尊重农村村民意愿，采取重新安排宅基地建房、提供安置房或者货币补偿等方式给予公平、合理的补偿，并对因征收造成的搬迁、临时安置等费用予以补偿，保障农村村民居住的权利和合法的住房财产权益。

县级以上地方人民政府应当将被征地农民纳入相应的养老等社会保障体系。被征地农民的社会保障费用主要用于符合条件的被征地农民的养老保险等社会保险缴费补贴。被征地农民社会保障费用的筹集、管理和使用办法，由省、自治区、直辖市制定。

4.《中华人民共和国城市房地产管理法》

第六条 为了公共利益的需要，国家可以征收国有土地上单位和个人的房屋，并依法给予拆迁补偿，维护被征收人的合法权益；征收个人住宅的，还应当保障被征收人的居住条件。具体办法由国务院规定。

5.《国有土地上房屋征收与补偿条例》

第二条 为了公共利益的需要，征收国有土地上单位、个人的房屋，应当对被征收房屋所有权人（以下称被征收人）给予公平补偿。

第十七条 作出房屋征收决定的市、县级人民政府对被征收人给予的补偿包括：

（一）被征收房屋价值的补偿；

（二）因征收房屋造成的搬迁、临时安置的补偿；

（三）因征收房屋造成的停产停业损失的补偿。

市、县级人民政府应当制定补助和奖励办法，对被征收人给予补助和奖励。

第十八条 征收个人住宅，被征收人符合住房保障条件的，作出房屋征收决定的市、县级人民政府应当优先给予住房保障。具体办法由省、自治区、直辖市制定。

第十九条 对被征收房屋价值的补偿，不得低于房屋征收决定公告之日被征收房屋类似房地产的市场价格。被征收房屋的价值，由具有相应资质的房地产价格评估机构按照房屋征收评估办法评估确定。

对评估确定的被征收房屋价值有异议的，可以向房地产价格评估机构申请复核评估。对复核结果有异议的，可以向房地产价格评估专家委员会申请鉴定。

房屋征收评估办法由国务院住房城乡建设主管部门制定，制定过程中，应当向社会公开征求意见。

第二十一条 被征收人可以选择货币补偿，也可以选择房屋产权调换。

被征收人选择房屋产权调换的，市、县级人民政府应当提供用于产权调换的房屋，并与被征收人计算、结清被征收房屋价值与用于产权调换房屋价值的差价。

因旧城区改建征收个人住宅，被征收人选择在改建地段进行房屋产权调换的，作出房屋征收决定的市、县级人民政府应当提供改建地段或者就近地段的房屋。

第二十二条 因征收房屋造成搬迁的，房屋征收部门应当向被征收人支付搬迁费；选择房屋产权调换的，产权调换房屋交付前，房屋征收部门应当向被征收人支付临时安置费或者提供周转用房。

第二十三条 对因征收房屋造成停产停业损失的补偿，根据房屋被征收前的效益、停产停业期限等因素确定。具体办法由省、自治区、直辖市制定。

第二十五条 房屋征收部门与被征收人依照本条例的规定，就补偿方式、补偿金额和支付期限、用于产权调换房屋的地点和面积、搬迁费、临时安置费或者周转用房、停产停业损失、搬迁期限、过渡方式和过渡期限等事项，订立补偿协议。

补偿协议订立后，一方当事人不履行补偿协议约定的义务的，另一方当事人可以依法提起诉讼。

第二十六条 房屋征收部门与被征收人在征收补偿方案确定的签约期限内

达不成补偿协议，或者被征收房屋所有权人不明确的，由房屋征收部门报请作出房屋征收决定的市、县级人民政府依照本条例的规定，按照征收补偿方案作出补偿决定，并在房屋征收范围内予以公告。

补偿决定应当公平，包括本条例第二十五条第一款规定的有关补偿协议的事项。

被征收人对补偿决定不服的，可以依法申请行政复议，也可以依法提起行政诉讼。

第二十七条 实施房屋征收应当先补偿、后搬迁。

作出房屋征收决定的市、县级人民政府对被征收人给予补偿后，被征收人应当在补偿协议约定或者补偿决定确定的搬迁期限内完成搬迁。

任何单位和个人不得采取暴力、威胁或者违反规定中断供水、供热、供气、供电和道路通行等非法方式迫使被征收人搬迁。禁止建设单位参与搬迁活动。

6.《最高人民法院关于审理涉及农村土地承包纠纷案件适用法律问题的解释》

第二十条 承包地被依法征收，承包方请求发包方给付已经收到的地上附着物和青苗的补偿费的，应予支持。

承包方已将土地经营权以出租、入股或者其他方式流转给第三人的，除当事人另有约定外，青苗补偿费归实际投入人所有，地上附着物补偿费归附着物所有人所有。

第二十一条 承包地被依法征收，放弃统一安置的家庭承包方，请求发包方给付已经收到的安置补助费的，应予支持。

第二十二条 农村集体经济组织或者村民委员会、村民小组，可以依照法律规定的民主议定程序，决定在本集体经济组织内部分配已经收到的土地补偿费。征地补偿安置方案确定时已经具有本集体经济组织成员资格的人，请求支付相应份额的，应予支持。但已报全国人大常委会、国务院备案的地方性法规、自治条例和单行条例、地方政府规章对土地补偿费在农村集体经济组织内部的分配办法另有规定的除外。

▶ 条文释义

一、本条主旨

本条是关于征收、征用的规定。

二、条文演变

我国《宪法》第10条第3款中规定，国家为了公共利益的需要，可以依照法律规定对土地实行征收或者征用并给予补偿；第13条规定，国家为了公共利益的需要，可以依照法律规定对公民的私有财产实行征收或者征用并给予补偿。《宪法》从国家最高法律层面上规定了征收应当补偿的法律原则，有效保障了公民的宪法权利。原《物权法》第28条规定，因人民政府的征收决定等，导致物权设立、变更、转让或者消灭的，自人民政府的征收决定等生效时发生效力，征收是引起物权设立、变更、转让或者消灭的特殊原因之一。《民法典》最终吸收原《物权法》的相关规定，明确了征收、征用不动产或者动产适用的条件，规定：为了公共利益的需要，依照法律规定的权限和程序征收、征用不动产或者动产的，应当给予公平、合理的补偿。本条规定是国家取得标的物所有权或使用权的一种方式，也是《宪法》规定的征收、征用行为应当给予补偿的基本原则在民法层面的具体落实。

三、条文解读

（一）征收、征用的概念及异同

虽然征收、征用都涉及对于权利人行使权利的限制问题，但征收和征用属于两个不同的法律概念。征收是指国家为了公共利益需要，依照法律规定的权限和程序，将集体或个人财产所有权强制性地征归国有，并给予适当补偿的行为。征收行为在土地征收及房屋征收领域较为常见。在物权法上，征收是物权变动的一种情形，直接导致标的物所有权的取得或者丧失。征用不同于征收，征用是指为了公共利益需要而强制性地使用他人的财产。征用的目的在于获得被征收标的的使用权，不导致所有权的变化，被征收标的使用完成后还应当返还给被征用人。两者共同点为都是为了公共利益需要，都要经过法定程序，都要给予补偿；不同之处在于，征收主要是所有权主体改变，征用只是使用权主体改变。征收是国家从被征收人手中直接取得所有权，其结果是所有权发生移转；征用则不导致所有权转移，一般是在紧急情况下对他人财产的强制使用，一旦紧急情况结束，被征用财产应返还被征用人。

（二）征收、征用需满足的条件

1. 征收、征用应当是为了公共利益的需要

根据本条规定，实施征收、征用，必须是出于公共利益的需要，这是征收、征用的前提条件，因为征收和征用本质上是国家以行政权力对集体或个人的私有财产权的限制，只有基于公共利益需要，才能作为限制私人财产权的正当事由。公共利益通常是指全体社会成员的共同利益和社会整体利益，是不特定多数人的利益。社会公共利益，既区别于商业利益又区别于部门、单位和小集体利益。《民法典》物权编第243条第1款规定："为了公共利益的需要，依照法律规定的权限和程序可以征收集体所有的土地和组织、个人的房屋以及其他不动产。"物权编第245条中规定："因抢险救灾、疫情防控等紧急需要，依照法律规定的权限和程序可以征用组织、个人的不动产或者动产。"抢险、救灾、疫情防控属于紧急状态下保护公共利益的需要，具有正当性。本条未对公共利益的范围作出明确规定，具体可参照2011年1月21日国务院颁布的《国有土地上房屋征收与补偿条例》第8条规定："为了保障国家安全、促进国民经济和社会发展等公共利益的需要，有下列情形之一，确需征收房屋的，由市、县级人民政府作出房屋征收决定：（一）国防和外交的需要；（二）由政府组织实施的能源、交通、水利等基础设施建设的需要；（三）由政府组织实施的科技、教育、文化、卫生、体育、环境和资源保护、防灾减灾、文物保护、社会福利、市政公用等公共事业的需要；（四）由政府组织实施的保障性安居工程建设的需要；（五）由政府依照城乡规划法有关规定组织实施的对危房集中、基础设施落后等地段进行旧城区改建的需要；（六）法律、行政法规规定的其他公共利益的需要。"这一规定对公共利益范畴作出具体界定，第6项使用兜底性表述，以保持公共利益的开放性。公共利益在性质上属于不确定概念，内涵和外延都具有不确定性，需要在个案中进行具体衡量。[1]

---

[1] 王利明主编：《中国民法典评注·总则编》，人民法院出版社2021年版，第389页。

2. 征收、征用应当依照法定权限和程序进行

征收、征用在一定程度上限制了他人的财产权。为了防止征收、征用被滥用，平衡他人财产保护和公共利益需要的关系，依法保护权利人的财产权利，征收、征用必须严格依照法律规定的程序进行。我国《立法法》第8条规定，对非国有财产的征收、征用只能制定法律，即只能由全国人大及其常委会制定的法律来规定。《民法典》物权编的相关条文也明确征收应当符合法定权限和程序。《民法典》第244条规定："国家对耕地实行特殊保护，严格限制农用地转为建设用地，控制建设用地总量。不得违反法律规定的权限和程序征收集体所有的土地。"依照《国有土地上房屋征收与补偿条例》的规定，国有土地上房屋的征收与补偿应当遵循决策民主、程序正当、结果公开的原则，按照以下程序进行：房屋征收部门拟定征收补偿方案，报市、县级人民政府。市、县级人民政府应当组织有关部门对征收补偿方案进行论证并予以公布，征求公众意见。征求意见期限不得少于30日。市、县级人民政府应当将征求意见情况和根据公众意见修改的情况及时公布。因旧城区改建需要征收房屋，多数被征收人认为征收补偿方案不符合该条例规定的，市、县级人民政府应当组织由被征收人和公众代表参加的听证会，并根据听证会情况修改方案。市、县级人民政府作出房屋征收决定后应当及时公告。公告应当载明征收补偿方案和行政复议、行政诉讼权利等事项。被征收人对市、县级人民政府作出的房屋征收决定不服的，可以依法申请行政复议，也可以依法提起行政诉讼。房屋征收部门与被征收人依照该条例的规定，就补偿方式、补偿金额和支付期限、用于产权调换房屋的地点和面积、搬迁费、临时安置费或者周转用房、停产停业损失、搬迁期限、过渡方式和过渡期限等事项，订立补偿协议。补偿协议订立后，一方当事人不履行补偿协议约定的义务的，另一方当事人可以依法提起诉讼。

3. 征收、征用应当依法给予补偿

虽然征收和征用是为了公共利益需要，但都不能采取无偿剥夺的方式，必须依法给予相对人公平、合理的补偿。补偿的方式应视财产的类别而加以区别对待。征收的对象一般都是不动产，并且是所有权的改变，一般都要给予金钱补偿、相应的财产补偿或者其他形式的补偿。在征用过程中，如果是非消耗品，使用结束后，原物还存在的，应当返还原物，对于物的价值减少的部分要给予补偿；如果是消耗品，通常要给予金钱补偿。对于补偿的原则，《宪法》规定的是要依照法律规定给予补偿。《民法典》对补偿原则即给予公平合

理的补偿作了明确规定。至于按什么标准补偿,需要在有关法律中根据不同情况作出具体规定。《民法典》物权编的相关条文也明确征收、征用应当依法给予补偿。其中,关于征收补偿,第243条规定:为了公共利益的需要,依照法律规定的权限和程序可以征收集体所有的土地和组织、个人的房屋及其他不动产。征收集体所有的土地,应当依法及时足额支付土地补偿费、安置补助费以及农村村民住宅、其他地上附着物和青苗的补偿费等费用,并安排被征地农民的社会保障费用,保障被征地农民的生活,维护被征地农民的合法权益。征收组织、个人的房屋以及其他不动产,应当依法给予拆迁补偿,维护被征收人的合法权益;征收个人住宅的,还应当保障被征收人的居住条件。关于征用补偿,《民法典》第245条规定,因抢险救灾、疫情防控等紧急需要,依照法律规定的权限和程序可以征用组织个人的不动产或者动产,使用后应当返还被征用人,被征用或者征用后毁损、灭失的,应当给予补偿。第327条、第338条分别明确了财产被征收、征用的用益物权人、土地承包经营权人的法定补偿请求权。第390条明确了担保财产被征收,担保物权人就补偿金优先受偿权。

此外,补偿应当及时,补偿延误将给被征收、征用人造成损失。补偿是在征收、征用之前亦或之后给予,还是在征收、征用过程中给予,需要根据具体情况确定。需要注意的是,即便在紧急情况下的征收、征用,在事后补偿,也应在合理期限内及时给付,避免造成损失扩大化。

▶ 适用指引

一、正确把握公共利益的范围

征收、征用的目的必须是公共利益需要,只有这样征收、征用才具有合法性和正当性。对于公共利益范围应当如何把握,涉及对于征收、征用行为之合法性审查。民事诉讼程序中往往不对征收、征用行为的合法性进行评价,但附带审查难以避免。征收、征用的合法性审查主要涉及征收、征用目的是否合法和程序是否正当等,其中关于征收、征用目的的合法性审查相较于其程序合法性审查更为困难,因为公共利益边界不如程序性问题边界清晰,法律上并没有直接规定何为公共利益,判断上存在较大的自由裁量空间及模糊性。对此,可以参考《国有土地上房屋征收与补偿条例》对于公共利益的界定,该条例虽然针对房屋征收,但对于公共利益的界定也可以作为征收其他不动产及动产的有益参考。另外需要注意的是,对于公共利益的考量,不能仅从征收行为涉及的人数多少进行判断。如征收行为涉及的利益对象是某一特定区域的群体,尽管人数可能很多,但由于利益对象相对特定,如果认定属于公共利益也会有很大争议;而如果是为了城市某一类型弱势群体的利益,如残疾人利益,尽管人数并不很多,但一般也认为属于公共利益。因此,对于公共利益的判断,必须结合利益所代表群体的广泛性、长期性等因素综合确定。

二、正确理解征收、征用补偿的法律性质

虽然征收、征用行为的法律性质在理论上还存在一定争议,但对于征收、征用实施后对于民事主体的补偿行为属于民事行为,则争议不大。国家或相关国家机关通过行政权力强制性地获得了民事主体的不动产或动产,应当给予民事主体公平、合理的补偿。国家或相关国家机关给予民事主体的补偿虽然是由征收、征用的行政行为引起,但必须通过双方之间的补偿关系得到落实。由《民法典》的规定来看,被征收人应当得到公平、合理的补偿,《民法典》确认的双方之间的补偿关系应当属于平等主体之间的法律关系,也唯有如此,民事主体才能得到公平对待,获得公平合理的补偿。由国家或相关国家机关单方作出决定给予补偿,而不征求民事主体的意见或由第三方进行衡量,均难以阻止公权力恣意横行。不管最终补偿数额是由当事人双方协商确定还是按照有关标准确定,补偿都必须根据被征收、征用标的的市场价值确定。补偿关系的平等性决定了补偿行为发生争议时在民法上的可诉性,即当事人对于补偿数额不能达成一致意见或者对于补偿数额不服的,可以向法院提起民事诉讼,通过民事诉讼程序加以解决。①

三、正确把握征收、征用补偿的原则

关于征地补偿,应当注意以下原则:一是征地补偿和安置补助的原则是保证被征地农民生活水平不因征收土地而降低。二是按照被征收土地的原用途给予补偿。原来是耕地的按耕地标准补偿,原来是林地的按林地补偿,原来是草

---

① 最高人民法院民法典贯彻实施工作领导小组主编:《中华人民共和国民法典总则编理解与适用》,人民法院出版社2020年版,第591页。

地的按草地补偿。三是征收耕地的补偿费用包括土地补偿费、安置补助费、地上附着物补偿费和青苗补偿费。四是依据前述标准支付的土地补偿费和安置补助费不能保证被征地农民原有生活水平的,经省级人民政府批准,可以提高补偿标准。根据社会经济发展水平,在特殊情况下,国务院可以提高征收耕地的土地补偿费和安置补助费标准。五是征收其他土地的土地补偿费和安置补助费,是指征收耕地以外其他土地,如林地、草地、建设用地等应当给予补偿。具体标准由各省、自治区、直辖市参照征收耕地的土地补偿费和安置补助费标准规定。对于国有土地上房屋征收的补偿,因城市建设、旧城改造等而征收房屋,应当依照《国有土地上房屋征收与补偿条例》的规定给予补偿。该条例规定,为了公共利益的需要,征收国有土地上单位、个人的房屋,应当对被征收房屋所有权人给予公平补偿。

2016年11月4日,《中共中央、国务院关于完善产权保护制度依法保护产权的意见》指出,完善土地、房屋等财产征收征用法律制度,合理界定征收征用适用的公共利益范围,不将公共利益扩大化,细化规范征收征用法定权限和程序。遵循及时合理补偿原则,完善国家补偿制度,进一步明确补偿的范围、形式和标准,给予被征收征用者公平合理补偿。本条的规定贯彻了上述中央精神,体现了对公共利益的维护和对财产所有权人的保护。①

▶ 典型案例

赵某与某村某组承包地征收补偿费用分配纠纷案

关键词:农村承包地 土地征收 集体经济组织成员资格 补偿费分配

裁判摘要:行为人虽然有承包土地,但已长期未在该组生产生活,已获得其他替代性基本生活保障,故其已丧失该组集体经济组织成员资格,不具有此次土地征收补偿费的分配权。虽是家庭承包户土地承包经营权共有人,但未从事农业生产,也不以农村承包地为主要生活依赖的人员,主张分配承包地征收补偿费用的,人民法院不予支持。

基本案情:赵某自出生时取得责任田一份;赵某1995年7月17日购买

---

① 参见黄薇主编:《中华人民共和国民法典总则编释义》,法律出版社2020年版,第309页。

某镇农转非迁出某村某组入户在四川省峨眉山市某镇；1998年第二轮土地承包时以户主赵某兵（赵某父亲）作为承包户主保留了赵某的承包地；2008年6月25日，赵某毕业于某技术学院工程造价专业，2010年11月18日，在某技术学院就业指导中心数控技术专业学习三年，2011年7月获得专科毕业证；2012年8月获得高校毕业生创业补助金8500元创办峨眉山市一家具店，注册资金10万元；2013年5月15日至2016年5月14日与甲公司签订三年固定期限劳动合同；2017年5月28日签订了无固定期限的劳动合同，养老保险参保从2013年12月至今，月收入6000元至7000元。2014年11月3日与该村居民黄某结婚，目前妻儿暂住生活在某村某组。赵某现在甲公司驻成都办事处工作，居住在该公司在成都的公寓内。赵某系此次分配争议人员，不在分配名单中，此次土地补偿费分配金额为每人1万元。

赵某向一审法院提出诉讼请求：1.判令某村某组支付赵某土地补偿款1万元人民币；2.诉讼费由某村某组承担。

一审法院认为，赵某自出生时系某村某组集体经济组织成员，后因购买小城镇户口迁出原籍落户丙镇成为城镇居民，而土地承包是以家庭承包为主，某村某组无权依其制定的村规民约强行收回赵某的承包土地。赵某大专毕业后于2013年5月参加工作，至今就职于甲公司驻成都办事处。赵某虽偶尔在某村某组居住生活，但长期未从事农业生产，未承担该组集体义务，已实际脱离该集体经济组织的生产，与该组不再具有较为紧密的生产、生活关系。赵某现为甲公司合同制职工，已与该单位签订了无固定期限的劳动合同，单位已为其办理了养老保险，其目前工作具有一定稳定性，有相对固定收入，基本生活来源并非依靠承包的土地，已获得其他替代性基本生活保障。综上，本案应认定在征地分配方案确定时，其不在分配名单中，虽有承包土地，但已长期未在该组生产生活，已获得其他替代性基本生活保障，故其已丧失该组集体经济组织成员资格，不具有此次土地征收补偿费的分配权。

二审法院经审理认为，根据《最高人民法院关于审理涉及农村土地承包纠纷案件适用法律问题的解释》第24条规定，村民小组可以按照民主议定程序，决定在本集体经济组织内部分配已经收到的土地补偿费。而能获得相应份额的人，应当是在征地补偿安置方案确定时具有该组集体组织经济成员资格的人。本案中，赵某因出生取得该组集体经济组织成员资格，现赵某要求某村某组支付其1万元土地补费的诉讼请求能否得到支持，关键在于查明征地补偿安置方案确定时，赵某是否丧失该组集体经济组织成员资格。因1995年赵某迁出该组，落户在丙镇某街，系城镇户口，2017年5月赵某与甲公司签订了无固定期限劳动合同，该公司已自2013年12月起至今连续为其购买了基本养老保险，赵某已被纳入社会保障体系，已获得其他替代性基本生活保障，赵某虽在该组居住、属于以赵某兵为代表的家庭承包户土地承包经营权共有人之一，但并非以该组土地作为其基本生活保障。赵某已丧失该组集体经济组织成员资格，其要求获得1万元土地补偿费的诉讼请求，一审法院未予支持并无不当；赵某的上诉理由不能成立，本院不予支持。

【案　　号】（2018）川11民终1524号

【审理法院】四川省乐山市中级人民法院

【来　　源】《民事审判指导与参考》2019年第2辑（总第78辑）

类案检索

某区人民政府与甲公司、某区征收安置工作局合同纠纷案

关键词： 征收安置　征收部门　民事责任

裁判摘要： 依据《国有土地上房屋征收与补偿条例》规定，由市、县级人民政府确定的房屋征收部门组织实施本行政区域的房屋征收与补偿工作。房屋征收部门可以委托具体实施单位，房屋征收部门与具体实施单位对房屋征收与补偿行为的后果承担法律责任。

【案　　号】（2017）最高法民再372号

【审理法院】最高人民法院

> **第一百一十八条** 民事主体依法享有债权。
> 债权是因合同、侵权行为、无因管理、不当得利以及法律的其他规定,权利人请求特定义务人为或者不为一定行为的权利。

▶ 关联规定

法律、行政法规、司法解释

1.《中华人民共和国民法典》

第一百一十九条 依法成立的合同,对当事人具有法律约束力。

第一百二十条 民事权益受到侵害的,被侵权人有权请求侵权人承担侵权责任。

第一百二十一条 没有法定的或者约定的义务,为避免他人利益受损失而进行管理的人,有权请求受益人偿还由此支出的必要费用。

第一百二十二条 因他人没有法律根据,取得不当利益,受损失的人有权请求其返还不当利益。

第一百五十七条 民事法律行为无效、被撤销或者确定不发生效力后,行为人因该行为取得的财产,应当予以返还;不能返还或者没有必要返还的,应当折价补偿。有过错的一方应当赔偿对方由此所受到的损失;各方都有过错的,应当各自承担相应的责任。法律另有规定的,依照其规定。

第四百六十四条 合同是民事主体之间设立、变更、终止民事法律关系的协议。

婚姻、收养、监护等有关身份关系的协议,适用有关该身份关系的法律规定;没有规定的,可以根据其性质参照适用本编规定。

第四百六十八条 非因合同产生的债权债务关系,适用有关该债权债务关系的法律规定;没有规定的,适用本编通则的有关规定,但是根据其性质不能适用的除外。

第五百条 当事人在订立合同过程中有下列情形之一,造成对方损失的,应当承担赔偿责任：

（一）假借订立合同，恶意进行磋商；

（二）故意隐瞒与订立合同有关的重要事实或者提供虚假情况；

（三）有其他违背诚信原则的行为。

第五百零一条 当事人在订立合同过程中知悉的商业秘密或者其他应当保密的信息，无论合同是否成立，不得泄露或者不正当地使用；泄露、不正当地使用该商业秘密或者信息，造成对方损失的，应当承担赔偿责任。

第五百五十八条 债权债务终止后，当事人应当遵循诚信等原则，根据交易习惯履行通知、协助、保密、旧物回收等义务。

第九百七十九条 管理人没有法定的或者约定的义务，为避免他人利益受损失而管理他人事务的，可以请求受益人偿还因管理事务而支出的必要费用；管理人因管理事务受到损失的，可以请求受益人给予适当补偿。

管理事务不符合受益人真实意思的，管理人不享有前款规定的权利；但是，受益人的真实意思违反法律或者违背公序良俗的除外。

第九百八十条 管理人管理事务不属于前条规定的情形，但是受益人享有管理利益的，受益人应当在其获得的利益范围内向管理人承担前条第一款规定的义务。

第九百八十五条 得利人没有法律根据取得不当利益的，受损失的人可以请求得利人返还取得的利益，但是有下列情形之一的除外：

（一）为履行道德义务进行的给付；

（二）债务到期之前的清偿；

（三）明知无给付义务而进行的债务清偿。

第一千一百六十五条 行为人因过错侵害他人民事权益造成损害的，应当承担侵权责任。

依照法律规定推定行为人有过错，其不能证明自己没有过错的，应当承担侵权责任。

第一千一百六十六条 行为人造成他人民事权益损害，不论行为人有无过错，法律规定应当承担侵权责任的，依照其规定。

2.《中华人民共和国票据法》

第十条 票据的签发、取得和转让，应当遵循诚实信用的原则，具有真实的交易关系和债权债务关系。

票据的取得，必须给付对价，即应当给付票据双方当事人认可的相对应的代价。

▶ 条文释义

一、本条主旨

本条是关于民事主体依法享有债权以及债权概念的规定。

二、条文演变

民法中债的概念，整合了大陆法系中合同、无因管理、不当得利以及侵权行为等法律关系的内容，并为这些各具特点的行为提供了统一的规则，从而建立了大陆法系的债法体系。本条是全国人大常委会制定原《民法总则》时的新增条款。全国人大常委会法工委2002年原《民法总则》草案曾规定："自然人、法人依法享有债权。因合同、侵权行为、无因管理、不当得利以及法律的其他规定，在当事人之间产生的特定的权利义务关系，为债权债务关系。享有权利的人是债权人，负有义务的人是债务人。"最高人民法院在向全国人大常委会法工委提出对《民法总则》的立法建议时，考虑到债权作为基本民事权利类型的重要性，以及《民法总则》草案对物权、知识产权都下了定义，建议在确认债权作为基本民事权利类型的同时，增加规定债权的定义。后《民法总则》征求意见稿第87条分四款规定了债权，第1款同本条第1款、第3款规定无因管理，第4款规定不当得利，第2款则规定："因合同、侵权行为、无因管理、不当得利以及法律的其他规定，在当事人之间产生的特定的权利义务关系，为债权债务关系。享有权利的人是债权人，负有义务的人是债务人。"《民法总则》草案2016年5月20日修改稿又将无因管理、不当得利另设两条，本条第2款改为"债权是因合同、侵权行为、无因管理、不当得利以及法律的其他规定，权利人请求特点义务人为一定行为的权利"。一次审议稿第105条第2款在合同、侵权行为之间加入了"单方允诺"。但是，2016年10月11日的法律委员会审议稿删去了单方允诺，并增加"或者不为"，此后即为现状。《民法典》沿袭此规定。

《民法典》编纂过程中，曾有设置债法总则的讨论，民法学界大多对设置债法总则持赞成态度，主要理由是：（1）没有债法总则，"债权"概念无从规定，后果是影响民商法律乃至整个法律体系；（2）设置债法总则有利于实现《民法典》体系的完整性，促进民法规则和商法规则的融合；（3）大陆法系民法典应当包括概括式的法律规制。但立法专家和部分青年学者则持反对态度，主要理由是债法总则和后面的合同编、侵权责任编的一般规定重合。① 最终，立法机关选择不设置债法总则，但是从中国实际情况出发，保持了合同法通则体系的完整性和内容的丰富性，同时创新性地通过合同编的规范在一定程度上发挥债法总则的功能，实现统摄债之规则的效用。②

三、条文解读

债是因合同、侵权行为、无因管理、不当得利以及法律的其他规定，在特定当事人之间发生的权利义务关系。首先，债是一种民事法律关系，是民事主体之间以权利义务为内容的法律关系。其次，债是特定当事人之间的法律关系，债的主体各方均为特定当事人。最后，债是特定当事人之间得请求为或者不为一定行为的法律关系。享有权利的人是债权人，负有义务的人是债务人。债是以请求权为特征的法律关系，债权人行使债权，只能通过请求债务人为或者不为一定行为得以实现。本章规定的是民事权利，因此从权利角度对债作了规定。债权是因合同、侵权行为、无因管理、不当得利以及法律的其他规定，权利人请求特定义务人为或者不为一定行为的权利，是现代社会生活中民事主体的一项重要财产权利。

（一）债、责任、债权等概念分析

法学历史上，德国法学家和立法者经过长期努力，在民法典中形成了"债的关系"的抽象概念，把不同的民事关系纳入债的统一体系之中。而从法律上将债与责任分开，是日耳曼法的贡献。至近代民法典，因对债与责任关系的处理不同，民法典的体例也不同。我国民法受大陆法系的影响，自《民法通则》就严格区分了债与责任。在立法体例上，原《民法通则》第五章第二节规定了债权，并将民事责任单列一章作为第六章。在具体条文中也对债与责任也进行

---

① 杨立新：《论民法典中债法总则之存废》，载《清华法学》2014年第6期。
② 王利明：《论民法典合同编发挥债法总则的功能》，载《法学论坛》2020年第4期。

了区分，例如该法第 84 条和第 106 条规定，债务是指按照合同的约定或依照法律规定在当事人之间产生的义务；责任是指违反合同义务而应承担的责任。原《民法典》承继了原《民法通则》的立法体例，将债与责任进行了区分，在总则编"民事权利"一章中对"债"进行了规定，单设"民事责任"一章规定了责任的相关内容，其中第 176 条规定："民事主体依照法律规定或者按照当事人约定，履行民事义务，承担民事责任。"此为对民事责任的一般规定。

在民法理论研究的早期，我国理论界及实务界对于债或债权的本质尚未达成相对一致的意见，因此在描述债权债务关系时将债权关系界定为当事人之间产生的特定的权利义务关系，但并未明确这种关系的本质为何。《民法典》总则编通过列举加概括的方式，一方面明确债权的发生原因包括合同、侵权行为、无因管理、不当得利以及法律的其他规定；另一方面则明确此种特定的权利义务关系就是权利人请求特定义务人为或者不为一定行为的权利，鲜明揭示了债权的本质，对《民法典》合同编以及其他民事单行立法都起到了十分重要的引领作用。同时，规定债的定义很有必要。第一，用债的定义统领合同、无因管理、不当得利、侵权等差异很大的发生原因，同时债的定义所体现的各种发生原因的共性决定了债存在的合理性和正当性；第二，一个准确的定义有助于法的安定，也有助于通说的形成，而后者在我国显得尤为重要；第三，将作为法律概念的债从生活概念中抽象出来。有三种规定债的定义的角度，分别是义务角度、权利角度和法律关系角度，原《民法通则》是从法律关系角度规定的，而《民法典》是从权利角度规定的。首先，因为第 118 条规定在"民事权利"一章，所以从体系结构的合理性、统一性来看应当从权利角度进行规定债的定义。其次，《民法典》应当是"民事权利的宪章"，充分体现和保障权利，所以从价值判断上来看也应当从权利角度规定债的定义。①

债的内容包括债权、债务以及权能等，其中债权、债务是最重要的组成部分。债权是一种权利，一般认为债权的本质在于给付，是债权人请求债务人为一定给付的权利，这是从债权为请求权这一角度而言。债权与请求权并不相同，除请求权这一权能外，债权还有受领权、选择权、解除权等多种权能，请求权也不仅存在于债权，物权法上也有请求权。从绝对权与相对权的分类来看，债权属于相对权，债权人只能向债务人主张债权，或称之为请求债务人向

---

① 段琼：《债的发生原因比较研究——兼论民法典第 118 条的完善》，载《上海法学研究》集刊 2020 年第 18 卷。

债权人履行债务，债务人之外的其他人对于债权人则不负有履行债务的义务。当然，第三人依协议债务加入成为债务人，或者因为债权人提起债权人代位权诉讼等情形的，债权人亦可向第三人主张权利，此种情况下可以认为债权人与第三人之间又形成了债权债务关系，并未突破债权的相对性。债权作为重要的财产权，其内容或权能是极其丰富的，主要包括给付请求权、给付受领权、债权保护请求权以及抵销、免除、让与等处分权能。其中给付请求权为债权的第一权能，从效力方面讲属于债权的请求力；给付受领权属于债权的本质；而债权保护请求权构成债权的强制执行力。效力齐全的债权被称为完全债权，如缺少某种效力则属于不完全债权，这种关于债权的分类体现了债权受法律保护的不同以及债权人所获得权益的不同。

所谓债，是按照合同约定或者依照法律规定，在当事人之间产生的特定的权利义务关系。广义的债的关系由诸多权能、限制组成，是一个随着债的产生、履行以及终止而形成的复杂体系结构。债的当事人双方包括债权人和债务人，都是特定的当事人。债权和债务必须归属于某一特定的当事人，二者相伴而生。债权要得到实现，必须有特定的对象，这要求债务人是特定的。不管债务的履行是积极履行还是不作为履行，债务人都必须是与债权人有特定关系的相对方，没有相对关系的特定方，则被排除在债的关系之外。

（二）债的发生原因

债的发生原因也叫作债因，是指债的关系原始发生所基于的事实。关于债因的种类，各国和地区立法颇不一致。罗马法对债因规定为四种：一是契约；二是准契约，包括无因管理和不当得利，以及监护、偶然共有及遗赠；三是私犯，即侵权行为；四是准私犯。《法国民法典》规定的债因沿袭罗马法的旧例，一是契约；二是准契约，包括无因管理和不当得利；三是侵权行为；四是准侵权行为。《德国民法典》规定的债因，一是基于契约发生的债；二是基于无因管理发生的债；三是基于不当得利发生的债；四是基于侵权行为发生的债。《瑞士债法典》规定债因为三种：一是契约，二是侵权行为，三是不当得利，至于无因管理则规定为准委任契约，规定在各种具体之债的类型当中，没有规定在债的发生专章中。《日本民法典》规定的债因为契约之债、无因管理之债、不当得利之债和侵权行为之债。《朝鲜民法》（1990年9月5日）第66条规定："债权债务关系依人民经济计划等国家行政文件，或契约及其他行为和事件而设定。"这是比较有特色的、带有计划经济色彩的产物。英美法对于债的发生原因并无统一规定,依学者的归纳,有契约、侵权行为、违反契约(当事人一方违约,他方取得诉权,发生新的债)、判决(判决前的权利与判决后的权利不同,故判决是债的发生原因)、准契约、与契约之外的合意(附随于婚姻、信托行为所生的债)六种。在我国传统民法学说中,关于债的发生原因有不同的主张,主要有以下两种:第一是五种原因说,主张我国的债的发生原因分为两类五种,其一是合意之债;其二是法定之债,包括四种,即侵权行为、不当得利、无因管理和缔约上的过失。第二是六种原因说,认为我国债的发生原因分为合同、侵权行为、缔约上过失、单方允诺、无因管理和不当得利。① 根据本条规定,我国《民法典》最终确定的债的发生原因包括以下几种情况:

一是合同。合同是民事主体之间设立、变更、终止民事法律关系的协议。合同依法成立后,即在当事人之间产生债权债务关系。基于合同所产生的债为合同之债。债权人有权按照合同约定,请求合同义务人履行合同义务。合同之债是民事主体为自己利益依自己意思自行设定的,合同之债属于意定之债。《民法典》合同编对合同之债的规则作了详细的规定。

二是侵权行为。侵权行为,是指侵害他人民事权益的行为。《民法典》第3条规定,民事主体的人身权利、财产权利以及其他合法权益受法律保护,任何组织或者个人不得侵犯。在民事活动中,民事主体的合法权益受法律保护,任何人都负有不得侵害的义务。行为人侵害他人人身权利、财产权利以及其他合法权益的,应依法承担民事责任。民事权益受到侵害的,被侵权人有权请求侵权人承担侵权责任。因侵权行为,侵权人与被侵权人之间形成债权债务关系。侵权行为之债不是侵权人所愿意发生的法律后果,法律确认侵权行为之债的目的在于,通过债权和民事责任使侵权行为人承担其不法行为所造成的不利后果,给被侵权人救济,从而保护民事主体的合法民事权益。《民法典》侵权责任编对侵权行为之债作了较为详细的规定。

近现代民法将侵权行为规定为债的一种,这一民法体系有其历史渊源和理论根据。从民事责任制度理论上看,侵权行为后果的实质是责任而不是债。侵权之债与其他债相比,其特殊性突出表现在性质上的不同。合同之债,其内容一般属于交易关系。无因管理之债产生于管理人的义举,应当提倡,法律规定

---

① 杨立新:《债法》,中国人民大学出版社2015年版,第96页。

无因管理之债，是为平衡当事人之间的利益关系，鼓励无因管理行为。不当得利之债是非出于当事人意志的事件，法律规定不当得利之债，是为保护权利人的合法权益。侵权行为是违法行为，侵权行为产生的债是对债务人的否定性评价。有些侵权行为与犯罪行为相伴而生，由此而产生的侵权之债，惩罚性更为明显。

三是无因管理。无因管理，是指没有法定的或者约定的义务，为避免他人利益受损失进行管理的行为。无因管理行为虽为干预他人事务，但是以避免他人利益受损失为目的，有利于社会的互助行为。法律为鼓励这一行为赋予管理人请求受益人偿还因管理行为支出的必要费用的权利。因无因管理产生的债称为无因管理之债。无因管理之债并不是基于当事人的意愿设定的，而是根据法律的规定，为法定之债。《民法典》合同编第三分编对无因管理之债的规则作了详细的规定。

四是不当得利。不当得利，是指没有法律根据，取得不当利益，造成他人损失的情形。在社会生活中，任何民事主体不得没有法律根据，取得利益而致他人损害，因此，法律规定受损失的人有权请求取得不当得利的人返还不当利益。不当得利为债的发生原因，基于不当得利而产生的债称为不当得利之债。不当得利之债既不同于合同之债，也不同于无因管理之债。不当得利不是当事人双方间的合意，并非当事人寻求的法律目的，也不以当事人的意志为转移，而是法律为纠正不当得利，直接赋予当事人的权利义务，也是法定之债。《民法典》合同编第三分编对不当得利之债的规则作了详细的规定。

五是法律的其他规定。合同、侵权行为、无因管理、不当得利是债的发生的主要原因，除此之外，法律的其他规定也会引起债的发生，使民事主体依法享有债权。

由上述可知，合同、无因管理、不当得利以及侵权行为的价值取向、社会功能以及构成要件各不相同，之所以将其归于债的体系之下，是因为产生的法律效果相同：一方当事人得以向他人请求特定行为（给付），此种特定人之间请求特定行为的法律关系，即为债之关系。

▶ 适用指引

一、本条为一般性条款

本条规定在《民法典》总则编之中,作为一般性条款,法律解释的空间较大。所谓一般性条款是指未规定具体的适用条件和固定的法律效果而交由法官根据具体情形予以确定的规范,它通常显得"宽泛""抽象"并具有"一般性",其开放性和延展性使得法典可以适应社会生活的变化,是法典保持开放性的重要保证。大陆法系国家和地区的民法典中最有名的一般条款,应数《法国民法典》第1382条"任何人因过错致人损害时应对他人负赔偿之责"和《德国民法典》第242条"债务人有义务依照诚实信用并照顾交易习惯履行给付。"通常认为一般条款具有补充功能,通过设定一般条款,法典为法官确立了某种参照标准,使得法官可以将社会现实与其时代的某些社会价值相结合,调整法律规范的价值,由此实现判决的个别化效果。对于法官而言,一般性规范具有很大的灵活性,可以通过相关具体的规范或者判例等来实现对民法典的调适性解释,使之适应于现实生活。

二、法定之债

债的关系中,给付可以是给付一定的标的物或货币,完成一定的工作以及提供服务或劳务等。如果当事人一方不能履行给付,应向另一方赔偿损失,学理上称为损害赔偿之债。根据本条对债权产生原因以及债权定义的规定,并结合《民法典》第119条、第120条、第121条、第122条规定,债权人享有合同请求权、无因管理请求权、不当得利返还请求权、侵权损害赔偿请求权以及其他侵权请求权,例如停止侵害、排除妨害和赔礼道歉请求权等。

从本质上而言,债的发生原因除合同之债属意定之债外,侵权行为、无因管理、不当得利以及法律其他规定所产生的债都属法定之债,必须明确由法律规定才能在当事人之间产生债权债务关系。如《民法典》第6条规定,父母对未成年子女负有抚养、教育和保护的义务。成年子女对父母负有赡养、扶助和保护的义务。父母不履行义务时,未成年的或不能独立生活的子女有要求父母付给抚养费的权利。子女不履行赡养义务时,无劳动能力的或生活困难的父母有要求子女付给赡养费的权利。此时,未成年的或不能独立生活的子女和无劳动能力的或生活困难的父母依据法律的规定享有债权。根据《民法典》第1064条第1款规定，夫妻双方共同签名或者夫妻一方事后追认等共同意思表示所负的债务，以及夫妻一方在婚姻关系存续期间以个人名义为家庭日常生活需要所负的债务，属于夫妻共同债务。因此，夫妻离婚时原为夫妻共同生活所负的债务，应当共同清偿，即使是以夫妻一方名义所负债务，债权人对于夫妻另一方也享有债权，这也是根据法律规定而产生的特定相对人之间的债权。此外，还有其他债的关系：因缔约过失，可在缔约当事人之间产生债权债务关系；因拾得遗失物，可在拾得人与遗失物的所有人之间产生债权债务关系；因防止、制止他人合法权益受侵害而实施救助行为，可在因此而受损的救助人与受益人之间产生债的关系；基于添附混同等所生债之关系；因共有所生债之关系；法定补偿义务关系；等等。

三、单方允诺

《民法典》编纂过程中有学者提出应将单方允诺规定为债的发生原因之一，《民法典（草案）一次审议稿》第105条第2款在合同、侵权行为之间加入了"单方允诺"。但因为对单方允诺是要约还是单方法律行为学界观点不一，且最高人民法院合同法司法解释、民事案件案由规定以及最高人民法院公报案例对悬赏广告已采合同说，所以最终删除了单方允诺的规定。①

---

① 李适时主编：《中华人民共和国民法总则释义》，法律出版社2017年版，第368页。

第一百一十九条 依法成立的合同，对当事人具有法律约束力。

▶ 关联规定

法律、行政法规、司法解释

1.《中华人民共和国民法典》

第四百六十四条 合同是民事主体之间设立、变更、终止民事法律关系的协议。

婚姻、收养、监护等有关身份关系的协议，适用有关该身份关系的法律规定；没有规定的，可以根据其性质参照适用本编规定。

2.《中华人民共和国电子商务法》

第四十八条 电子商务当事人使用自动信息系统订立或者履行合同的行为对使用该系统的当事人具有法律效力。

在电子商务中推定当事人具有相应的民事行为能力。但是，有相反证据足以推翻的除外。

3.《中华人民共和国保险法》

第十三条 投保人提出保险要求，经保险人同意承保，保险合同成立。保险人应当及时向投保人签发保险单或者其他保险凭证。

保险单或者其他保险凭证应当载明当事人双方约定的合同内容。当事人也可以约定采用其他书面形式载明合同内容。

依法成立的保险合同，自成立时生效。投保人和保险人可以对合同的效力约定附条件或者附期限。

4.《全民所有制工业企业承包经营责任制暂行条例》

第十八条 承包经营合同依法成立，即具有法律效力，任何一方均不得随意变更或解除。

条文释义

一、本条主旨

本条是关于依法成立的合同的约束力的规定。

二、条文演变

本条来源于原《合同法》第8条第1款第1句,本条的规定与体系的完整性有关,即第118条规定了债的发生原因,并对合同之债、侵权之债、无因管理之债、不当得利之债进行了明确列举,此后的数条即对上述"债"予以原则性或者定义性的阐述,本条主要发挥的是体例上的作用。

我国确立建设社会主义市场经济体制的发展目标之后,作为市场经济最基本法律规则的《合同法》于1999年3月颁布。该法第8条规定:"依法成立的合同,对当事人具有法律约束力。当事人应当按照约定履行自己的义务,不得擅自变更或者解除合同。"原《民法总则》吸收了该规定,确认了合同自由原则,明确合同依法成立后,即对当事人产生法律约束力。根据该条,合同的法律效力不仅需要当事人达成合意,还需要法律赋予其强制力,合同本身并不是法律,而是当事人的合意,因此,并非所有当事人合意签订的合同都具有法律效力。所谓合同的法律效力,是指当事人应当按照合同约定履行自己的义务,非依法律规定或者取得对方当事人同意,不得擅自变更或者解除合同。如果不履行合同义务或者履行合同义务不符合约定,就要承担违约责任。《民法典》第464条第1款规定,合同是民事主体之间设立、变更、终止民事法律关系的协议。

三、条文解读

(一)合同的历史和概念

合同,又称"契约"。在市场经济运行的现代社会,无论是物质产品的制造、流通,还是智力产品的创造、传播都需要分工与合作,人与人之间通过合同的形式安排社会生产、日常生活,人们将现代社会称为"契约社会",市场经济也称作"契约经济"。在当事人通过合同未能实现其有效安排事务的目的时，就需要与合同相关的法律规范当事人之间的交易关系。一个现代发达的市场经济在很大程度上是以合同能否得到及时全面的履行，因合同产生的争议能否得到公正有效地解决作为标志的。

事实上，自罗马法以来，有关合同的法律规范一直都是民法中重要的组成部分。罗马法中契约自由体现了对个人意思的充分尊重、废除契约的形式主义传统等思想。近代资产阶级革命推翻了封建制度和教会对世俗社会的统治，契约自由上升为经济社会的基本原则之一，梅因在1861年宣称，所有进步社会的运动可以归结为"从身份到契约"的运动。1919年的《德意志共和国宪法》最先将该原则写入法律。在被拿破仑称为"不会被任何东西摧毁并会永远存在的"《法国民法典》中，"契约自由"被认为是民法的三大原则之一。经过数百年的发展，合同的概念也在发生变化。大陆法系国家多认为，合同是一种协议，这种协议本质上体现为当事人之间的合意。

（二）合同的特征

1. 合同的主体具有平等性

自然人、法人或者其他组织有权缔结合同，是合同的主体。这种平等性体现在三个方面：（1）合同当事人的法律地位平等。合同当事人之间不存在从属关系、管理关系，也无高低贵贱之分，其地位是平等的。（2）协商过程平等。合同是当事人平等协商达成一致的结果，合同当事人不得将自己的意志强加于对方，对于一方采取胁迫手段订立的合同，相对方有权请求撤销。（3）权利义务关系对等。一般情况下，合同中的权利义务关系是相对应的，享有权利的同时也应当履行义务，如当事人订立的合同显失公平的，受损害方同样有权请求撤销。

2. 合同的性质是一种民事法律行为

民事法律行为在《德国民法典》中称为法律行为，是自然人、法人或者非法人组织等民事主体通过意思表示设立、变更、终止民事法律关系的行为。民事法律行为是与事实行为相对的概念，事实行为是指不以意思表示为要件却能产生民法上效果的行为，事实行为产生相应的法律效果是基于法律的规定。合同是当事人意思表示一致的产物，合同中所涉的权利义务关系依当事人意志创设，因此，合同是一种民事法律行为。但是，并非所有合同都能够实现一定的法律效果，只有适法的合同才产生法律约束力。

3. 合同的目的和宗旨是设立、变更或终止民事权利义务关系

当事人通过缔结合同，目的在于设立、变更或者终止民事权利义务关系。比如，当事人可以订立买卖合同，这就属于设立民事法律关系；也可以在买卖合同订立后达成补充协议，重新约定合同价款，这就属于权利义务的变更；还可以通过订立一个新的合同，将原买卖合同项下的权利义务关系消灭，这是终止民事权利义务关系。总之，无论是设立、变更还是终止民事权利义务关系，只要是合法有效的合同，就能够对当事人产生约束力。

4. 合同的本质是当事人意思表示一致的结果

合同是当事人意思表示一致的结果，意味着首先必须有两个或两个以上的合同主体。其次，当事人必须作出一定的意思表示，而不能仅是内心的想法。意思表示可以以明示的方式作出，也可以以默示的方式作出。需要注意的是，默示不等于沉默，默示是指表意人未以口头或者书面形式明确表达意思，但作出了一定的行为，通过该行为可以推断出意思表示。而沉默是指未作出任何意思表示，沉默原则上不得作为意思表示的方式。此外，当事人作出的意思必须达成一致，达成一致的前提是经过平等协商，而不能是一方将其意志强加于另一方。

（三）合同的成立

所谓合同成立，是指当事人就合同的主要条款经过协商，意思表示达成一致的情形，即通常所称的达成合意。按照民法传统理论，合同订立过程采取要约承诺的方式，而合同成立则是要约人与承诺人意思表示一致的结果。合同成立，标志着当事人之间订立合同活动的结束，而民事法律行为的成立是其生效的前提，根据《民法典》第502条第1款之规定，依法成立的合同，自成立时生效，但是法律另有规定或者当事人另有约定的除外。也就是说，除了法律另有规定或者当事人另有约定外，合同原则上在成立时就对当事人产生法律约束力，任何一方都不得擅自变更或者解除，双方当事人应当根据合同约定，行使合同权利，履行合同义务，从而达成双方的合同目的。合同的成立时间涉及合同当事人之间权利义务关系的开始时间，故明确合同成立时间对于合同当事人具有重要的意义。

我国法律上关于合同成立时间及法律效力最早规定于1999年《合同法》，该法第25条规定："承诺生效时合同成立"，同时该法第8条第1款规定："依

法成立的合同，对当事人具有法律约束力。当事人应当按照约定履行自己的义务，不得擅自变更或者解除合同。"后2017年颁布的《民法总则》第119条再次规定："依法成立的合同，对当事人具有法律约束力。"在《民法典》编纂时，鉴于合同成立的时间在"承诺生效时合同成立"的一般情况之外还存在某些特殊情况，故此在继承原《合同法》第25条关于"承诺生效时合同成立"的一般原则之后又增加了"但是法律另有规定或者当事人另有约定的除外"。

原则上，承诺生效时合同成立，即合同成立的时间由承诺的生效时间决定。所谓承诺生效的时间，即承诺产生法律效力的时间。承诺为意思表示，所以意思表示效力发生之时也就是承诺效力发生之时。从实体方面看，承诺生效的时间决定了合同存在的起始时间，一般情况下也是合同权利和义务产生的时间，决定了合同关系对当事人开始约束的时间。在程序方面，承诺生效的时间往往能决定合同成立的地点，合同成立的地点又决定合同争议管辖法院的选择及适用法律的选择。因而确定承诺生效的时间便成为各国和地区立法十分重视的问题。承诺是一种典型的有相对人的意思表示，故承诺生效也适用意思表示生效的基本原理。依传统民法理论，有相对人的意思表示，包括三个阶段：一是意思表示的发出；二是意思表示到达相对人；三是意思表示为相对人知道。大陆法系国家和地区立法以及《联合国国际货物销售合同公约》在这一点上均采用到达主义的规则。根据这一规则，承诺于到达要约人时生效。我国原《合同法》在确定承诺生效的时间时也采到达主义的模式。在《民法典》编纂中，这一承诺生效原则被继承下来。

（四）合同的法律效力

所谓合同的法律效力，是指合同对当事人的约束力。依法成立的合同，当事人应当按照合同约定履行自己的义务，非依法律规定或者取得对方当事人同意，不得擅自变更或者解除合同。如果不履行合同义务或者履行合同义务不符合约定，就要承担违约责任。法律之所以赋予一些合同以法律效力，而对另外一些合同作否定性评价，主要考虑了两点：第一，合同之所以作为交易的主要法律形式，主要是由于其作为一种可期待的信用，能够把未来的财富引入现实的交易之中，这就需要法律对当事人之间脱离了现实交付的合意赋予法律的效力。第二，合同是交易的基本手段，参与交易的当事人需要一些共同的秩序和规则，以保证交易的顺利进行，因此，法律必须从秩序安全的角度，对合同当事人的合意予以规范，在保护当事人的合同权益的同时，维护国家利益、社会公共利益。

合同具有法律约束力原则，是合同法的一项基本原则。这一原则包括以下三个方面的内容：第一，合同必须得到全面履行。对于依法成立的合同，当事人双方必须认真对待，全面履行合同约定的义务。如果当事人一方或者双方不履行合同义务，或者不全面履行合同义务，就要承担相应的法律责任。第二，合同确立的关系应当保持稳定。合同是当事人之间经过充分协商，在平等自愿的基础上达成的约定双方民事权利义务关系的协议，合同一旦依法成立，即确定了当事人之间的法律关系，这种法律关系应当保持稳定，当事人双方都应当遵守信用，切实履行合同义务。如果出现新的情况需要调整当事人之间的法律关系，如变更合同内容，或者解除合同，必须依照法律规定的程序或者方式进行，任何一方都不得擅自变更或者解除合同，否则将承担相应的法律责任。第三，合同义务没有履行必须承担相应责任。合同作为当事人之间开展交易的一种表现形式，一旦依法成立，除非出现法定事由，如不可抗力等，否则就要实现交易目的。不履行合同，或者履行合同不符合约定，如果没有相应的制约措施，订立合同也就没有任何意义。因此，《民法典》合同编规定了继续履行、采取补救措施、赔偿损失等违约责任，这些都是保障合同得到切实履行的措施，即当事人不履行合同，或者履行合同不符合约定，必须承担相应的违约责任。同时，这些保障措施也是合同具有法律约束力的重要体现。

需要注意的是，20世纪以来，由于我国社会经济结构发生变化，社会组织日益复杂庞大，垄断加剧，社会生产和消费出现大规模化发展趋势，公用事业飞速发展，消费者、劳动者等弱势群体保护问题日益凸显，因市场经济的高度发展而造成民事主体之间在交易过程中的实质不平等越来越成为一个严重的问题，合同法从形式正义逐渐呈现实质正义的趋势。对于合同自由原则的适用，受到了合同附随义务的违反、格式条款的限制、合同相对性的突破以及对消费者权益保护的加强等影响。此类变化是我们在正确理解和适用合同法律效力时，应当予以充分关注的。

▶ 适用指引

一、合同的法律约束力的双层含义

合同的法律约束力具体体现在权利和义务两个方面。从权利方面来说,合同当事人依照法律和合同的规定所产生的权利依法受到法律保护。合同权利包括请求和接受债务人履行债务的权利,包括请求权、抗辩权、代位权和撤销权,以及在一方不履行合同时获得补救的权利、诉请强制执行的权利等,当事人因正当行使这些权利而获得的利益,也受到法律的保障。就义务方面而言,合同对当事人的拘束力表现为当事人根据合同所产生的义务具有法律的强制性。《民法典》第509条规定:"当事人应当按照约定全面履行自己的义务。当事人应当遵循诚信原则,根据合同的性质、目的和交易习惯履行通知、协助、保密等义务。当事人在履行合同过程中,应当避免浪费资源、污染环境和破坏生态。"当事人拒绝履行和不适当履行义务,随意变更和解除合同的,都是不符合法律规定的行为,应当承担相应的责任。根据合同的全面履行原则,全面履行是指对于债务人全部义务的履行,包括先合同义务、主给付义务、从给付义务、附随义务、不真正义务等,都要按法律规定或约定履行。

二、合同的法律效力具有相对性

合同的法律效力具有相对性,即指的是合同的相对性原则,该原则是债权相对性的子概念,是一条具有悠久历史的合同法原则。早在罗马法时期,契约对当事人以外的第三人不发生权利义务就被作为一条基本原则所确立,并为各大陆法国家和地区的立法所继承。英美法系国家虽然在立法上没有采用债的概念,但其在判例中也确立了合同的权利义务只对合同当事人产生约束力、非合同当事人不得主张合同上的权利的规则。

合同相对性包括合同主体的相对性、合同内容的相对性以及合同责任的相对性。(1)合同主体的相对性,是指合同的权利义务关系只对合同当事人产生约束力,只有合同当事人能够依据合同权利向对方提出请求或诉讼,合同当事人之外的第三人不得向合同当事人提出请求或提起诉讼。(2)合同内容的相对性,是指合同所产生的权利义务,只有合同当事人才能享有和承担,任何当事人以外的第三人都不能主张合同权利或承担合同义务。(3)合同责任的相对性，是指合同责任只能由合同当事人来承担，非合同当事人的第三人不能承担合同的责任。换言之，合同的相对性有两层含义：一方面，只有合同当事人才享有基于合同所产生的权利并承担根据合同所产生的义务，而当事人一方只能向对方行使合同权利，并要求其履行合同义务，不能请求第三人履行合同义务。无论合同违约是否因第三人的原因，都应由合同当事人承担违约责任。另一方面，合同当事人不向合同以外的第三人承担违约责任。

但是，当代合同法对合同的相对性原则有所突破，在法律另有规定的情况下，使合同的效力约束到第三人。主要表现如下：第一，涉他合同。当代合同法准许单纯地为第三人设定利益的合同，以及由第三人履行的合同。在这里，尽管两种第三人都不是合同当事人，但他们毕竟依据该合同发生了权利或者负担了义务。这种涉他合同的出现，是债权相对性突破的一个表现。第二，债权保全。在债的保全制度中，债权人撤销权和债权人代位权都是在法律规定的要件具备时，合同债权人可以向合同关系以外的第三人主张撤销权和代位权，对第三人主张债务人的债权或者撤销债务人与第三人实施的民事法律行为。这种债权人所享有的债权保全的权利，突破了债的相对性原则，目的就在于保全债务人的财产，保障债权人的债权实现。对此，本法合同编专门规定了第五章合同的保全，作出具体规范。第三，侵害债权的侵权责任。当代侵权法确认侵害债权的侵权责任，如果第三人故意侵害债权人的债权，造成了债权不能实现的损害后果，债权人享有侵权损害赔偿权利人的地位，有权向第三人主张侵权责任，保护自己的债权。这也是债权相对性的一个突破。此外，在一些特定领域，出于保护弱势群体或者实现实质公平正义等目的，可以允许突破合同相对性，比如，建设工程施工合同中，建设工程质量发生争议的，发包人可以以总承包人、分包人和实际施工人为共同被告提起诉讼，实际施工人以发包人为被告主张权利的，人民法院可以追加转包人或者违法分包人作为本案的当事人。

三、对于合同成立与合同生效必须有所区分

合同的成立与合同生效两个概念在1999年《合同法》有了明确区分，在《合同法》颁布之前，我国法律并不区分合同的成立和生效。区分合同的成立和生效，体现了我国民事法律理论与实务的深化。合同成立，是指订约当事人就合同的主要条款意思表示达成一致。合同成立属于当事人意思自治的范畴，因此，大多数情况下，只要当事人对合同的主要内容达成意思一致，足以认定

当事人之间成立了某种合同法律关系的,就应当认定合同成立,当然,实践合同在意思表示一致的基础上,还需要标的物的交付。但是,无论是诺成合同,还是实践合同,合同是否成立的确认权属于当事人,故在法律和行政法规规定或者当事人约定应采用书面形式的情形下,如果法律、行政法规的规定系倡导性规范,则尽管当事人未采用书面形式但其也可以以一方履行合同主要义务、对方予以接受的方式认可合同成立。合同生效,是指依法成立的合同具备生效要件,完全发生法律效力。合同生效与合同成立不同,合同生效属于国家对合同的效力进行价值判断和效力评价的范畴,体现了国家干预原则。对于不具备法定生效要件的合同,由于当事人的意志不符合国家意志,故其不能发生合同当事人预期的法律效果,当事人不能依据自由意志对法定生效要件加以变更和排除。当然,尽管合同生效体现了国家干预原则,但由于合同自由是合同法的基本原则,因此,在合同生效领域,仍允许当事人对生效要件进行约定,但其前提是不能违反法律和行政法规的效力性强制性规定,不能违背公序良俗,不能损害他人合法权益。合同生效系以合同成立为前提,如果合同未成立,当然也不可能发生效力。依法成立的合同,对当事人具有法律约束力。当事人应当按照约定完备合同的生效要件,在合同尚未具备生效要件时,合同未完全发生法律效力,不存在违约责任的承担问题;而"合同生效以后当事人必须按照合同的约定履行",否则应承担违约责任。

合同成立与合同生效,是两个既有联系又有区别的概念。两者之间存在明显区别:

一是解决的问题或发挥的作用不同。合同成立主要解决合同是否存在、合同何时成立的事实问题;合同生效主要解决已经存在的合同是否合法、是否受法律保护、是否以国家强制力为履行后盾的法律问题。合同成立与否属于事实判断问题,合同是否生效属于法律评价问题。从法律性质上看,法律行为的成立只涉及当事人个人的意思问题,成立与否完全看当事人是否完成了相应的意思,与国家意志无关。而法律行为的生效与否则取决于当事人的意思是否符合法定的标准。法律行为的生效制度集中体现了国家对当事人已成立的法律行为进行的法律评价。合同无效并不等同于效力待定或可撤销。合同无效是指法律按照一定的标准对已经成立的合同进行评价后所得的否定性结论;效力待定是指待定的条件出现或者经同意或追认后可以生效的合同;而可撤销则反映了法律将合同效力交给有撤销权的一方当事人来决定。

二是体现的时段不同。合同成立属于合同订立阶段，反映和体现当事人之间订立合同的过程是否已经终结，一般即为要约和承诺阶段的终结，不存在合同义务和合同责任问题；而合同生效属于合同履行阶段，反映和体现当事人之间订立合同的目的能否实现，一般为合同订立终结后，开始实现合同目的、开始履行合同义务，因而存在必须履行义务及违约责任等问题。

三是判断的主体不同。合同是否已经成立，通常情况下由当事人自己来作出判断，并据此实施相应的行为；合同是否生效，即判断、确认合同是否合法有效，属于法院或者仲裁机构的职责。两者之间存在密切联系，合同成立是合同生效的前提，没有合同的成立，也就谈不上合同的生效。

四是体现的原则不同。合同成立要件体现合同自由原则，赋予当事人广泛的自主权，合同是否成立，只能从当事人的意思表示判断，不应夹杂着国家对合同的态度。法律的任务是为判断合同是否存在提供一些标准，这些标准是客观的，任何人依据这些标准，对合同是否成立都能作出同一的评判，这是合同成立制度的价值所在。合同生效要件体现的则是国家干预原则，由国家对合同的约束力予以干预。如果合同的内容不符合法律规定的生效要件，那就意味着合同当事人的意志不符合国家意志，自然不能取得当事人预期的法律效果。合同成立强调当事人合意，体现意思自治原则，只要具备意思表示一致这一基本事实，合同即告成立。合同生效强调立法者对合同关系的评价，体现国家对合同的干预，不仅要求意思表示一致，而且要求意思表示的真实性、自主性和合法性。

五是解释的适用不同。对于合同成立与否，在某些情况下可以适用合同的解释方法使之成立，鼓励当事人积极从事交易，减少交易成本。而对合同的效力而言，则不存在适用合同解释方法使无效合同转化为有效的可能性。

司法实践中，严格区分合同的成立与生效，具有重要意义，只有区分了合同成立与合同生效，才能进一步区分合同的不成立、可撤销及无效。如果合同尚未成立，则不存在效力的判断问题；如果合同已成立，但不符合或不完全符合法定生效要件，则可能会出现未生效、无效、可撤销或效力待定的法律后果。对于合同效力的判断，需要结合民事法律行为的效力加以准确认定，包括合同生效的条件、效力待定合同、可撤销合同、无效合同，均为民事法律行为效力理论的具体化。

> **第一百二十条** 民事权益受到侵害的，被侵权人有权请求侵权人承担侵权责任。

关联规定

一、法律、行政法规、司法解释

1.《中华人民共和国教育法》

第八十三条 违反本法规定，侵犯教师、受教育者、学校或者其他教育机构的合法权益，造成损失、损害的，应当依法承担民事责任。

2.《中华人民共和国未成年人保护法》

第一百二十九条 违反本法规定，侵犯未成年人合法权益，造成人身、财产或者其他损害的，依法承担民事责任。

违反本法规定，构成违反治安管理行为的，依法给予治安管理处罚；构成犯罪的，依法追究刑事责任。

3.《中华人民共和国个人信息保护法》

第六十九条 处理个人信息侵害个人信息权益造成损害，个人信息处理者不能证明自己没有过错的，应当承担损害赔偿等侵权责任。

前款规定的损害赔偿责任按照个人因此受到的损失或者个人信息处理者因此获得的利益确定；个人因此受到的损失和个人信息处理者因此获得的利益难以确定的，根据实际情况确定赔偿数额。

第七十条 个人信息处理者违反本法规定处理个人信息，侵害众多个人的权益的，人民检察院、法律规定的消费者组织和由国家网信部门确定的组织可以依法向人民法院提起诉讼。

4.《工伤保险条例》

第六十二条第二款 依照本条例规定应当参加工伤保险而未参加工伤保险的用人单位职工发生工伤的，由该用人单位按照本条例规定的工伤保险待遇项目和标准支付费用。

5.《最高人民法院关于审理食品安全民事纠纷案件适用法律若干问题的解释（一）》

第一条 消费者因不符合食品安全标准的食品受到损害，依据食品安全法第一百四十八条第一款规定诉请食品生产者或者经营者赔偿损失，被诉的生产者或者经营者以赔偿责任应由生产经营者中的另一方承担为由主张免责的，人民法院不予支持。属于生产者责任的，经营者赔偿后有权向生产者追偿；属于经营者责任的，生产者赔偿后有权向经营者追偿。

6.《最高人民法院关于审理铁路运输人身损害赔偿纠纷案件适用法律若干问题的解释》

第二条 铁路运输人身损害的受害人以及死亡受害人的近亲属为赔偿权利人，有权请求赔偿。

▶ 条文释义

一、本条主旨

本条是关于被侵权人享有侵权责任请求权的规定。

二、条文演变

原《民法通则》第106条第2款、第3款，对于公民、法人由于过错侵害国家的、集体的财产，侵害他人财产、人身的行为，作出了应当承担民事责任的规定；对于没有过错，但法律规定应当承担民事责任的上述行为，也规定了应当承担民事责任；但其立足点在于确立侵权民事责任的过错责任原则和无过错责任原则，没有从被侵权人行使请求权的角度作出规定。原《侵权责任法》第2条第1款规定了侵害民事权益应当依照该法承担侵权责任，第2款对受原《侵权责任法》保护的民事权益作了不完全列举，可视为将法律规制从对侵权人侵权行为的单向规制向与被侵权人民事权益保护相结合的双向规制的过渡与转化，但其第1款的规定表明其立足点仍在规制侵权人的侵权行为；该法第6条、第7条延续原《民法通则》的立法思路，对过错责任原则和无过错责任原则作出规定，同样没有从被侵权人行使请求权的角度作出规定。原《民法总则》第120条首次立足于被侵权人的权益保护，对被侵权人享有侵权责任请求权作出规定，从请求权的角度完善了对民事主体享有的民事权益的保护。尤其是，该条规定在原《民法总则》第五章"民事权利"中，从体系上确立了将该章规定的民事权益一体纳入侵权责任制度保护范围的立法宗旨，对人民法院解释适用法律以解决侵权责任纠纷，具有重要的指导意义。《民法典》总则编将原《民法总则》的内容系统整合编入法典，第120条规定是对原《民法总则》第120条的完整移植。

三、条文解读

本条规定虽然立足于民事权益保护，从被侵权人享有的侵权责任请求权角度作出规定，但其包含了侵权法律关系的三个要素：一是侵权法律关系的主体，即权利主体"被侵权人"和义务主体"侵权人"；二是侵权法律关系的客体，即"民事权益"；三是侵权法律关系的内容，即被侵权人的"请求权"和侵权人应当承担的"侵权责任"。

（一）关于侵权法律关系的主体

侵权法律关系的主体包括权利主体和义务主体两个方面。

1. 权利主体：被侵权人的概念

被侵权人，是指因民事权益受到侵害，有权依法请求侵权人承担侵权责任的自然人、法人和非法人组织。

被侵权人有以下特征：

（1）被侵权人是民事主体，其范围包括自然人、法人和非法人组织。

（2）被侵权人是其民事权益受到侵害的民事主体。民事权益受到侵害，既包括直接侵害，即被侵权人是侵权损害后果的直接承受者，如交通事故受害人、承包土地被污染的农村承包户等；也包括间接侵害，即被侵权人是与直接受害人具有法律规定的特定利害关系的间接受害人，如直接受害人（如交通事故死亡受害人）的近亲属、被扶养人等。原则上，被侵权人是指侵权行为所直接指向并造成损害的人，而非泛指一切因侵权行为而受到侵害的人。[1] 唯在特定情形下，立法基于权利保护和利益平衡等立法政策考量，会例外规定间接受害人享有侵权责任请求权。例如死亡受害人因其死亡致权利能力终止，不能以

---

[1] 最高人民法院民法典贯彻实施工作领导小组主编：《中华人民共和国民法典总则编理解与适用》，人民法院出版社2020年版，第610页。

自己的名义主张权利，法律此时就赋予死亡受害人（即直接受害人）的近亲属以损害赔偿请求权。

（3）被侵权人是否具有完全的民事行为能力不影响其作为被侵权人的资格。

（4）被侵权人在诉讼中能够独立作为原告提起诉讼。被侵权人是无民事行为能力人或者限制民事行为能力人的，由其法定代理人代为提起诉讼，但不影响其原告主体资格。

《人身损害赔偿解释》第1条规定的"赔偿权利人"，其含义与《侵权责任法》和《民法典》的"被侵权人"一致。采用"赔偿权利人"的表述，是为了强调其依法具有以自己名义行使请求权的资格，兼有直接受害人与间接受害人的含义，能够避免因直接受害或间接受害而引起原告资格的疑义。该解释第1条第2款规定："本条所称'赔偿权利人'，是指因侵权行为或者其他致害原因直接遭受人身损害的受害人以及死亡受害人的近亲属。"由于我国立法规定的侵权民事责任范围不限于损害赔偿，还包括"停止侵害、排除妨碍、消除危险"等其他责任形式，故立法不采"赔偿权利人"的表述，而用"被侵权人"作为侵权责任请求权人的规范表述，但两者的概念外延是一致的，故上述司法解释第1条第2款的规定可资参考。

2. 义务主体："侵权人"的概念

侵权人是指实施侵权行为，或者对侵权行为以外其他造成损害的致害原因依法应当承担民事责任的自然人、法人或者非法人组织。

侵权人具有以下特征：

（1）侵权人可以是自然人、法人或者非法人组织。

（2）侵权人可以是直接实施侵权行为的人，也可以是直接实施侵权行为的人的监护人、用人单位、接受劳务的人以及安全保障义务人、网络服务提供者、动物饲养人、建筑物或者物件的所有人、管理人等依据特定法律规定应当承担侵权责任的人。

（3）侵权人可以是单数，也可以是复数。复数侵权人侵权的，依法可能承担共同侵权的连带责任，也可能依法承担分别侵权的按份责任或者补充赔偿责任。

（4）侵权人在侵权诉讼中作为被告，依法承担侵权责任。如系复数侵权人的，可列为共同被告，依据侵权事实分别承担相应的民事责任（连带、按份或者补充责任)。

《人身损害赔偿解释》第1条第3款规定的"赔偿义务人",其含义与《侵权责任法》和《民法典》的"侵权人"一致。采用"赔偿义务人"的表述,也是为了避免"侵权行为人"概念在逻辑上不周延的弊端,即只表述了侵权行为人,而未能包含虽未直接实施侵权行为,但依据特定法律关系依法应当对他人的侵权行为或者其他致害原因造成的侵权损害后果承担民事责任的人。该解释第1条第3款规定:"本条所称'赔偿义务人',是指因自己或者他人的侵权行为以及其他致害原因依法应当承担民事责任的自然人、法人或者非法人组织。"该款规定揭示了侵权法律关系义务主体的本质特征是指依法应当对侵权损害后果承担民事责任的人,而并不限于具体实施侵权行为的人。但另一方面,"赔偿义务人"的概念与"赔偿权利人"的概念存在同样的缺陷,即未能揭示我国侵权法所规制的侵权责任是广义的侵权责任,除赔偿损失外,还包括"停止侵害、排除妨碍、消除危险"等其他责任形式,故立法不采"赔偿义务人"的表述,而用"被侵权人"作为侵权责任主体的规范表述,但其外延显然与"赔偿义务人"是一致的,故上述司法解释第1条第3款的规定亦可资参考。

(二)关于侵权法律关系的客体

侵权法律关系的客体,是指侵权行为或者其他致害原因所指向的被侵权人的合法民事权益。

1. 民事权益的概念

何为民事权益?本法所称民事权益,就是民事权利和民事利益。

一般认为,权利与利益,均为法律所应保护的客体。广义的权利,文义上可以涵盖利益在内。① 但《民法典》第126条规定"民事主体享有法律规定的其他民事权利和利益",表明我国民事立法是在特定意义(狭义)上使用民事权利和民事利益这两个概念的,即对民事权利和利益作了明确区分。所谓权利,有多重认识角度,如主观上是指意思自由,即人的意思能够自由活动或能够任意支配的范围② (但不周延,无民事能力人虽无意思能力,亦得享有权利);客

---

① 陈忠五:《契约责任与侵权责任的保护客体》,新学林出版股份有限公司2008年版,第100页。
② 《民法典》第130条:"民事主体按照自己的意愿依法行使民事权利,不受干涉。"

观上，是指法律所保护的利益。① 通说认为，民事权利是指为了保护民事主体的特定利益而赋予民事主体的法律上之力，包含特定利益与法律上之力两个要素：一方面，特定利益是指法律所确认的平等主体之间的类型化利益，另一方面，法律为该特定利益的实现提供了终局的强制力保障。而民事利益，是指虽然受到法律（或者司法）保护但尚未被法律明文规定为一种民事权利的利益。②

区分的实益，一是确保民事权利范围的开放性。《民法典》总则编对法律所保护的民事权利作了详细列举，分则各编也有相应体现。但这并不意味着民事权利是一个封闭的体系，相反，随着社会经济生活的发展，过去不为人们所认知的一些民事利益会逐渐被认识到，并体现出在社会经济生活中的重要性，可以通过司法保护或者立法修订逐渐转化为民事权利。例如"隐私权"，在原《民法通则》中并未规定，但当时隐私作为一种民事利益是受到司法保护的，③原《侵权责任法》第2条第2款总结司法实践经验直接将"隐私权"规定为民事权利。二是在比较法上，权利和利益的区分体现为保护程度和水平上的差别性。我国民事立法对此没有作出区别性规定，仅在司法实践中对民事利益的保护在构成要件上有特殊要求。

2. 民事权益的范围

《民法典》是高度体系化、逻辑化的社会生活百科全书。要正确理解本条规定的"民事权益"的内容，须结合《民法典》总则编和各分则编的规定全面把握。《民法典》总则编第5章规定了"民事权利"，其内容包括以下几个方面：

（1）自然人的人格权利。包括《民法典》第109条规定的人身自由、人格尊严，理论上称为"一般人格权"；第110条规定的自然人的生命权、身体权、健康权、姓名权、肖像权、名誉权、荣誉权、隐私权、婚姻自主权，理论

---

① 王利明主编：《新编21世纪法学系列教材 民法》，中国人民大学出版社2020年版，第105~106页。
② 程啸：《侵权责任法教程》，中国人民大学出版社2020年版，第46页、第50页。——利益转化为权利需要具备两个条件：社会生活条件和法律技术条件，前者是指在社会生活中被人们认知并符合社会生活需要，如隐私权的提出；后者是指需要在概念逻辑上具有排他性的归属范畴，并易于外部公示。
③ 《民法通则适用意见（试行）》第140条第1款："以书面、口头等形式宣扬他人隐私，或者捏造事实公然丑化他人人格，以及用侮辱、诽谤等方式损害他人名誉，造成一定影响的，应当认定为侵害公民名誉权的行为。"

上称为"具体人格权";同条还规定了法人、非法人组织的名称权、名誉权和荣誉权。

（2）自然人的个人信息（第111条）。其中私密信息属于隐私权的保护范围，同时适用隐私权保护的规定。个人信息属于民事利益。

（3）自然人的身份权利（第112条）。身份权应结合《民法典》总则编监护制度和婚姻家庭编的规定来理解，包括亲权、亲属权、监护权。

（4）民事主体的财产权利。包括第114条的物权，第118条的债权，第123条的知识产权，第124条的继承权，第125条的股权和其他投资性权利，第127条的数据、网络虚拟财产权利。

至于民事利益，《民法典》没有一一列举，但在相关条文中也有体现。如上述第111条规定的受法律保护的个人信息就是民事利益；又如第1023条第2款"对自然人声音的保护，参照适用肖像权保护的有关规定"，自然人的声音就是一种人格利益，亦即民事利益。民事利益亦可区分为人身利益与财产利益，除《民法典》规定之外，其他民商事法律规范中也有相关规定。依据相关法律规定，民事利益有如下类型[①]：

人身利益：

（1）英雄烈士的姓名、肖像、名誉、荣誉——《民法典》第185条；

（2）死者的姓名、肖像、名誉、荣誉、隐私、遗体等——《民法典》第994条；

（3）自然人基于人身自由、人格尊严的其他人格权益——《民法典》第990条第2款；

（4）自然人具有人身意义的特定物品——《民法典》第1183条第2款；

（5）其他民事利益——《民法典》第126条。

财产利益：

（1）商业秘密——《反不正当竞争法》第9条；

（2）占有——《民法典》第462条第1款；

（3）其他民事利益（如纯粹经济损失）——《民法典》第126条。

民事利益是一个开放的体系，对民事利益的保护不以民商事法律明文列举的为限，但必须符合"合法性""私益性"和"可救济性"要求。[②]

---

① 程啸：《侵权责任法教程》，中国人民大学出版社2020年版，第50页。
② 程啸：《侵权责任法教程》，中国人民大学出版社2020年版，第50页。

(三)关于侵权法律关系的内容

1. 被侵权人的请求权

所谓请求权,是指请求他人为一定行为或不为一定行为的权利。在民法理论上,请求权区别于支配权,支配权是权利主体所享有的对权利客体直接管领和控制的权利,具有排他性,其权利客体是特定化的财产和人身利益;权利主体特定,而义务主体不特定,即权利具有绝对性(或对世性),可以对抗不特定的任何人;权利的行使具有直接性,无须义务主体的介入,而是要求义务主体不得妨碍权利主体行使权利。请求权首先是一种相对权,须针对特定的义务主体行使,具有相对性(对人性);请求权的法律效果具有间接性,即不能通过自己的行为直接实现法律效果,须通过相对人的作为或者不作为才能实现其权利。因此,请求权的行使,往往要借助于民事诉讼中的给付之诉来实现,请求权是一项连接实体法和程序法的权利。[①]

请求权系依据基础权利而发生,须先有基础权利如物权、债权、人格权、亲属权、知识产权存在,然后滋生出请求权。原则上债权请求权因债权成立而当然发生,其他权利的请求权则通常由于基础权利被侵害而发生。侵权请求权,就是因为人格权、身份权、物权、知识产权等基础权利受到侵害而发生的停止侵害、排除妨碍、消除危险、消除影响、恢复名誉、赔礼道歉及赔偿损失等请求权(《民法典》第179条)。

2. 侵权人承担的侵权责任

侵权责任是指侵权人因侵权行为或者其他致害原因,对被侵权人依法应当承担的停止侵害、排除妨碍、消除危险、赔偿损失等民事责任。

我国2010年施行的《侵权责任法》,是以单行法体例制定的"广义侵权责任法"。在该法第二章"责任构成与责任方式"的条文中,第15条列举了承担侵权责任的八种方式,包括:(1)停止侵害;(2)排除妨碍;(3)消除危险;(4)返还财产;(5)恢复原状;(6)赔偿损失;(7)赔礼道歉;(8)消除影响,恢复名誉。

该条规定的"侵权责任承担方式"本身具有复合性,有些责任形式既适用于侵权责任请求权,也适用于违约责任请求权、物权保护请求权等,如赔偿损

---

① 王利明主编:《新编21世纪法学系列教材 民法》,中国人民大学出版社2020年版,第105~106页。

失（违约责任）、停止侵害、排除妨碍、消除危险、返还财产（物权请求权）；《民法典》侵权责任编删除了原《侵权责任法》第 15 条关于"民事责任承担方式"的规定，将上述侵权责任承担方式与违约民事责任、物权保护请求权的其他民事责任方式（"修理、重作、更换""继续履行""支付违约金"）结合在一起，统一编入《民法典》总则编第八章"民事责任"中，列为第 179 条，共同构成统一的民事责任的承担方式，按照总、分模式分别适用于分则各编，体现了法典化所具有的体系性、逻辑性的特征。

总则编第八章"民事责任"中的第 179 条规定的侵权责任，属于广义的侵权民事责任，有如下特征：

（1）外延上包括针对即发侵权与既发侵权两种情形的责任方式："即发侵权"①，也就是即将发生尚未造成损害结果的侵权行为，侵权责任编第 1167 规定："侵权行为危及他人人身、财产安全的，被侵权人有权请求侵权人承担停止侵害、排除妨碍、消除危险等侵权责任。"这一条实际上是"总则编"第 179 条规定的民事责任方式第 1 项、第 2 项、第 3 项适用于侵权责任编的即发侵权行为的体现。"既发侵权"则是已经造成具体损害结果的侵权情形。传统民法对此情形规定应承担的侵权责任包括恢复原状与损失赔偿，属狭义的侵权责任。在我国民法所采取的广义侵权责任中，针对"既发侵权"的侵权责任还应包括"返还财产"的责任承担方式。

（2）内容上包括侵害财产权益的损害赔偿和侵害人身权益的损害赔偿。侵权责任编中的第 1183 条规定侵害自然人人身权益造成严重精神损害的，被侵权人有权请求精神损害赔偿；精神损害赔偿的责任承担方式既包括精神抚慰性质的金钱赔偿，也包括总则编中的第 179 条第 10 项规定的"消除影响、恢复名誉"以及第 11 项"赔礼道歉"等兼具精神抚慰和恢复原状性质的赔偿方式。

（3）结构上包含了填补损害的补偿性赔偿和遏制侵权的惩罚性赔偿两种类型。如《民法典》第 1185 条规定："故意侵害他人知识产权，情节严重的，被

---

① 即发侵权是源自知识产权领域的概念。TRIPS 协议第 50 条第 1 款规定，对即将发生的侵权行为，权利人有权提出申请，司法当局有权采取迅速有效的措施，以（1）阻止任何侵犯知识产权的行为发生；（2）制止侵权货物流入市场，或经海关检查扣留其进口或出口；（3）保护侵权诉讼的证据，即诉讼保全。鉴于此种侵权发生在实际损害造成之前，不以损害事实的存在为构成要件，故被称为"即发侵权"（instant infringement）；其情形不仅存在于知识产权领域，在一般侵权领域同样存在；我国《民法典》侵权责任编第 1167 条规定的情形就属于即发侵权。

侵权人有权请求相应的惩罚性赔偿。"

▶ 适用指引

第三人侵害债权的民事责任

本条规定确立了民事权益受到侵害，被侵权人有权请求侵权人承担侵权责任的基本价值理念。这在法律适用上，具有重大的指导意义。这就使关于第三人侵害债权是否应当纳入侵权责任保护范围的问题，依据本条规定，有了明确的法律依据。

原《民法通则》没有关于第三人侵害债权的规定。原《民法通则》第106条第2款是关于侵权责任的一般条款，对侵权客体采用了较为模糊的表达："公民、法人由于过错侵害国家的、集体的财产，侵害他人财产、人身的，应当承担民事责任。"根据第134条列举的民事责任承担方式中包括有"返还财产""赔偿损失""恢复原状"，可知此处"财产"兼指财产实体与财产权利。但财产权利中是仅限于绝对权，还是也包括相对权即债权，则不明确。从第六章"民事责任"第三节"侵权的民事责任"来看，该节中第117条至133条共17个条文，基本都是绝对权侵权的规定，没有涉及侵害债权。

原《侵权责任法》第2条第1款是关于"侵权责任"的概括性规定："侵害民事权益，应当依照本法承担侵权责任。"其表述的侵权客体是"民事权益"。民事权益的范围和具体内容在《侵权责任法》第2条第2款以"定义性规范"作了说明和列举："本法所称民事权益，包括生命权、健康权、姓名权、名誉权、荣誉权、肖像权、隐私权、婚姻自主权、监护权、所有权、用益物权、担保物权、著作权、专利权、商标专用权、发现权、股权、继承权等人身、财产权益。"

全国人大法工委民法室认为，第三人侵害债权是否受原《侵权责任法》调整，该法没有明确作出规定，大多数意见认为第三人侵害债权应当属于侵权责任的范围。原《侵权责任法》第2条第2款列举了部分民事权益，最后用了"等人身、财产权益"，这可以涵盖第三人侵害债权的问题。①

---

① 全国人大常委会法制工作委员会民法室编：《中华人民共和国侵权责任法条文说明、立法理由及相关规定》，北京大学出版社2010年版，第8页。

从文义和逻辑上看，该定义性规范采取"列举加概括"的方式，其列举的权利均为绝对权性质的财产和人身权利，故实践中对原《侵权责任法》第2条第2款是否确立了债权属于侵权责任法所保护的民事权益问题，存在不同认识，导致了裁判的分歧和法律适用的不统一。《民法典》的颁布施行为这一争议画上了句号。

《民法典》侵权责任编中的第1164条规定："本编调整因侵害民事权益产生的民事关系。"第1165条规定："行为人因过错侵害他人民事权益造成损害的，应当承担侵权责任。"这两条规定从侵权责任编的调整范围和一般侵权构成要件的角度，都明确了侵权责任编保护的客体范围是"民事权益"。表面上看，这与原《侵权责任法》第2条、第6条的规定没有任何区别，但实质上区别就在于，《民法典》是法典化的结构，关于民事权益的具体类型在总则编的"民事权利"章中作了明确列举，在各个权利分编中进一步加以细化，只要按照体系化方法检索相关内容，就能明确《民法典》规定的"民事权益"的具体内容，其范围比原《侵权责任法》的规定更加明确、具体、完整。

与原《侵权责任法》第2条的规定不同，在《民法典》总则编第五章"民事权利"中，除人格权、物权、知识产权等绝对权外，第118条第1款明确规定"民事主体依法享有债权"；同章第120条规定："民事权益受到侵害的，被侵权人有权请求侵权人承担侵权责任。"联系这两条规定以及侵权责任编第1164条、第1165条作体系解释，不难得出结论，《民法典》侵权责任制度保护的"民事权益"，包括各种类型的绝对权，也包括债权。民事权益受到侵害，被侵权人有权请求侵权人承担侵权责任，同一部法律的不同章节以及同一章节中使用的同一概念，其性质和内容应当具有同一性。因此，在债权受到侵害时，被侵权人可以依据《民法典》第120条请求侵权人承担侵权责任。

当然，侵权责任制度所规制的民事权益，原则上具有对世性，为公众知悉，并成为使公众负有注意义务之根据，否则，将难以对行为人的行为自由与对权利人的民事权益给予均衡保护。① 因为法律不能要求行为人对其不知道也不应当知道的客观情况承担注意义务。纯属当事人内部之间只具有相对意义的债权不在侵权责任制度的规制范围内，原则上应通过违约责任制度去解决，仅

---

① 侵权责任法的立法目的和价值功能之一，就是要确保行为自由与权利保护之间的平衡——"侵权责任法旨在协调自由与安全的关系"。参见程啸：《侵权责任法教程》，中国人民大学出版社2020年版，第13~16页。

在违约一方的违约行为同时导致另一方具有绝对权性质的维持利益受损害（如运输合同履行过程中发生责任交通事故致被运送旅客的人身遭受伤害或者财产被损毁）时，才能依据《民法典》第186条关于侵权责任与违约责任竞合的规定，选择违约（侵权）一方承担侵权责任。故作为本条侵权客体的"民事权益"所包含的债权，应当特指第三人侵害债权，且对该侵权的第三人而言，该债权已克服了相对性，而具有了可以对抗第三人侵害的类似于绝对权对世性的性质。

▶ 典型案例

何某诉某智能手机记账软件侵害人格权案

关键词：侵权 民事权益 人格权

裁判摘要：未经同意使用他人姓名、肖像制作"AI陪伴者"人工智能软件，供用户添加、设定，进行互动"调教"，构成对他人姓名权、肖像权、一般人格权的侵害，应当承担侵权责任。

基本案情：被告运营某款智能手机记账软件，在该软件中，用户可以自行创设或添加"AI陪伴者"，设定"AI陪伴者"的名称、头像、与用户的关系、相互称谓等，并通过系统功能设置"AI陪伴者"与用户的互动内容，系统称之为"调教"。本案原告何某系公众人物，在原告未同意的情况下，该软件中出现了以原告姓名、肖像为标识的"AI陪伴者"，同时，被告通过算法应用，将该角色开放给众多用户，允许用户上传大量原告的"表情包"，制作图文互动内容从而实现"调教"该"AI陪伴者"的功能。原告认为被告侵害了原告的姓名权、肖像权、一般人格权，故诉至法院，要求赔礼道歉并赔偿经济损失、精神损害抚慰金等。

北京互联网法院经审理认为，案涉软件中，用户使用原告的姓名、肖像创设虚拟人物，制作互动素材，将原告的姓名、肖像、人格特点等综合而成的整体形象投射到AI角色上，该AI角色形成了原告的虚拟形象，被告的行为属于对包含了原告肖像、姓名的整体人格形象的使用。同时，用户可以与该AI角色设定身份关系、设定任意相互称谓、通过制作素材"调教"角色，从而形成与原告真实互动的体验，被告对于案件的上述功能设置还涉及自然人的人格自由和人格尊严。虽然具体图文由用户上传，但被告的产品设计和对算法的应用实际上鼓励、组织了用户的上传行为，直接决定了软件核心功能的实现，被告不再只是中立的技术服务提供者，应作为内容服务提供者承担侵权责任。因此，被告未经同意使用原告姓名、肖像，设定涉及原告人格自由和人格尊严的系统功能，构成对原告姓名权、肖像权、一般人格权的侵害。遂判决被告向原告赔礼道歉、赔偿损失。

随着后疫情时代互联网产业模式的进一步创新，虚拟现实等新技术的不断发展，自然人人格要素被虚拟化呈现的应用日益增多。本案明确自然人的人格权及于其虚拟形象，同时对算法应用的评价标准进行了有益探索，对人工智能时代加强人格权保护具有重要意义。

【案　　号】（2020）京 0491 民初 9526 号

【审理法院】北京互联网法院

【来　　源】最高人民法院发布民法典颁布后人格权保护典型案例（2022年4月12日）

第一百二十一条 没有法定的或者约定的义务，为避免他人利益受损失而进行管理的人，有权请求受益人偿还由此支出的必要费用。

关联规定

法律、行政法规、司法解释

1.《中华人民共和国民法典》

第九百七十九条 管理人没有法定的或者约定的义务，为避免他人利益受损失而管理他人事务的，可以请求受益人偿还因管理事务而支出的必要费用；管理人因管理事务受到损失的，可以请求受益人给予适当补偿。

管理事务不符合受益人真实意思的，管理人不享有前款规定的权利；但是，受益人的真实意思违反法律或者违背公序良俗的除外。

第九百八十条 管理人管理事务不属于前条规定的情形，但是受益人享有管理利益的，受益人应当在其获得的利益范围内向管理人承担前条第一款规定的义务。

第九百八十一条 管理人管理他人事务，应当采取有利于受益人的方法。中断管理对受益人不利的，无正当理由不得中断。

第九百八十二条 管理人管理他人事务，能够通知受益人的，应当及时通知受益人。管理的事务不需要紧急处理的，应当等待受益人的指示。

第九百八十三条 管理结束后，管理人应当向受益人报告管理事务的情况。管理人管理事务取得的财产，应当及时转交给受益人。

第九百八十四条 管理人管理事务经受益人事后追认的，从管理事务开始时起，适用委托合同的有关规定，但是管理人另有意思表示的除外。

2.《中华人民共和国涉外民事关系法律适用法》

第四十七条 不当得利、无因管理，适用当事人协议选择适用的法律。当事人没有选择的，适用当事人共同经常居所地法律；没有共同经常居所地的，适用不当得利、无因管理发生地法律。

3.《中华人民共和国企业破产法》

第四十二条　人民法院受理破产申请后发生的下列债务，为共益债务：

（一）因管理人或者债务人请求对方当事人履行双方均未履行完毕的合同所产生的债务；

（二）债务人财产受无因管理所产生的债务；

（三）因债务人不当得利所产生的债务；

（四）为债务人继续营业而应支付的劳动报酬和社会保险费用以及由此产生的其他债务；

（五）管理人或者相关人员执行职务致人损害所产生的债务；

（六）债务人财产致人损害所产生的债务。

4.《最高人民法院关于审理民事案件适用诉讼时效制度若干问题的规定》

第七条　管理人因无因管理行为产生的给付必要管理费用、赔偿损失请求权的诉讼时效期间，从无因管理行为结束并且管理人知道或者应当知道本人之日起计算。

本人因不当无因管理行为产生的赔偿损失请求权的诉讼时效期间，从其知道或者应当知道管理人及损害事实之日起计算。

条文释义

一、本条主旨

本条是关于无因管理的规定。

二、条文演变

无因管理制度作为债的主要发生原因之一，是一种重要的民事制度。设立该制度的主要目的：一是鼓励人们见义勇为、互助互帮，促进社会中助人为乐的传统道德观念；二是为合法干涉他人事务的行为确立评价标准，明确管理人与受益人之间的权利义务关系，有利于维护和保障良好社会关系的形成，有利于维护社会公平与正义。所以，无因管理制度是立法为了鼓励助人为乐、危难相助和见义勇为行为的产物，它厘清了管理人的哪些行为属于合法的无因管理，哪些属于侵权行为或者不当得利。正是因为无因管理制度所具有的独特功能和价值，不少国家和地区的民法典都规定了该制度，将其作为债的重要发生原因。

本条最早源自原《民法通则》第93条，具体规定为"没有法定的或者约定的义务，为避免他人利益受损失进行管理或者服务的，有权要求受益人偿付由此而支付的必要费用"。立法机关在制定《民法总则》时，征求意见稿增设了民事权利一章，本条位列其中，此后位置未变。鉴于原《民法通则》将管理和服务并称，并不准确，立法机关接受有关专家建议，于2017年2月6日在审议稿中删去"或者服务"，并对条文作文字修改，将"偿付由此而支付的必要费用"改为"偿还由此支出的必要费用"。

三、条文解读

无因管理，是指没有法定的或者约定的义务，为避免他人利益受损失而进行管理的行为。管理他人事务的人为管理人，因管理人管理其事务而受益的人为受益人或本人。无因管理制度作为债的发生原因之一，使管理人和受益人之间产生了债权债务关系。无因管理行为虽为干预他人事务，但是以避免他人利益受损失为目的，有利于社会的互助行为。法律为鼓励这一行为，赋予管理人请求受益人偿还因管理行为而支出的必要费用的权利。因无因管理产生的债称为无因管理之债。

（一）无因管理的构成要件

首先，管理人对所管理的事务没有法定或者约定的义务。管理人对管理他人事务是否有法定或者约定义务，是认定是否构成无因管理的前提条件。无因管理在性质上属于事实行为，即行为人主观上并无产生民事法律关系的意思，而是依照法律的规定引起民事法律关系后果。[1] 如果无因管理人与本人之间因约定义务或法定义务而为管理事务，例如管理人基于仓储合同对被保管人的货物进行管理，或父母基于监护关系照顾子女，均不构成无因管理。此外，本条所称的法定义务是指法律法规直接规定的义务，不限于本法规定的义务，例如婚姻家庭编规定的抚养义务，还包括其他法律、行政法规规定的义务；约定的义务是指因当事人之间约定而产生的义务，例如本法合同编中的委托合同、运

---

[1] 江平主编：《民法学》，中国政法大学出版社1999年版，第178页。

输合同、保管合同等典型合同中约定的义务。管理人管理事务不论是履行法定义务，还是履行约定义务，均不构成无因管理。同时，无因管理制度作为一种民事制度，只调整平等民事主体之间的关系，不调整公法上的义务。对于行政机关履行行政法等公法上的义务，例如公安机关救人就是履行公法上的义务，虽客观上是管理他人事务，但不构成无因管理行为。同时，管理人在进行管理时没有法定或者约定义务，既包括在开始管理时没有任何法定或者约定义务，也包括在管理过程中没有法定或者约定义务，例如在开始管理前无义务的，则可成立无因管理；在开始管理时有义务，但根据义务进行管理中义务消失的，则从义务消失时开始构成无因管理。需要特别强调的是，本条中的"管理人没有法定的或者约定的义务"是指管理人既没有法定的义务，也没有约定的义务，而非二者居其一。

其次，管理人管理他人的事务。这里的他人事务是指有关人们生活利益并能成为债务目的的一切事项，既可以是涉及他人经济利益的事项，也可以是涉及他人非经济利益的事项，既可以是管理财产的事项，也可以是提供服务的事项。社会生活中，只要是对债之客体的一切事项的管理，都属于管理事务的行为。这种行为既可以是法律行为，如及时为他人出售即将腐烂的水果；也可以是事实行为，如为他人修缮房屋、喂养牲畜等。需要注意的是，好意施惠行为不能构成无因管理。好意施惠是指一方向他人实施的旨在增进友谊的恩惠行为，该行为之所以不构成无因管理，是因为行为人行为多出于道德风尚及社交应酬的考虑，因而无意获取任何回报。因此，理论上一般将好意施惠行为视为社交应酬，归于道德范畴，认为其不适于作为无因管理之债的客体。① 此外，管理人须有民事行为能力，因为管理人必须具备与其所管理事务相当的个人能力，才能妥为管理本人事务。此外，对于管理属于自己的事务或者不适宜由他人管理的事务，不得作为无因管理的事项。一般情况下，下列事项不宜作为无因管理的事项：一是违法行为；二是必须经本人授权、同意或者必须由本人亲为的行为；三是违反公序良俗的行为；四是单纯属于管理人自己的事项。本规定中的"管理"是指处理事务的行为，是广义的，既包括对财产的保管、利用、改良或者处分行为，也包括提供劳务服务等行为。至于管理他人事务的目的是否最终达到，不影响无因管理的成立。也就是说，即使受益人未因管理

---

① 史尚宽：《债法总论》，中国政法大学出版社2000年版，第59页。

人的管理行为而获得利益，或者甚至因此还受到损失，也不影响无因管理的成立。如果不是为他人事务或者误信为他人事务，则不构成真正的无因管理，但管理人在管理他人事务中可以同时兼顾自己的利益。在合同无效、被撤销或者不成立的情形下，双方当事人之前互为的行为因都自认为是履行约定的义务，而非为管理他人事务，所以不构成无因管理，但属于不当得利的，双方当事人可以根据不当得利制度处理各自的权利义务关系。

最后，管理人具有管理他人事务的意思，即管理人有为他人谋取利益的意思或者有使管理行为所生的利益归于他人的意思。无因管理是为他人管理事务，是为了将其管理所产生的利益归属于本人。因此，对于因过错管理损害他人的利益，或误将他人事务当作自己的事务管理，或管理所得利益归属自己所有的，均不构成无因管理。例如，管理人将邻居危房修缮后出租并自己收取收益的，不能构成无因管理。无因管理制度中的管理人客观上干涉了他人事务，若其主观上没有为他人利益进行管理的意思，必将损害他人权益，管理人也有可能从中获得利益，这违背了无因管理制度的设立目的，所以管理人有无管理意思是区分无因管理与侵权行为、不当得利的重要标准。管理人的这种意思无须明确表示出来，只要其认识到所管理的事务属于他人事务，并且没有将其作为自己事务进行管理的想法和意思，就可以认定为具有管理他人事务的意思。是否具有管理意思，可以从管理人是否具有"为避免他人利益受损害"的目的、效果等因素综合判断。管理人具有管理他人事务的意思，并不意味着要明确知道他人具体是谁，即使不知道他人具体是谁，也不影响无因管理的成立。但是，若管理人与受益人就是否具有管理意思产生争议，原则上应当由管理人承担举证责任。

符合以上三个要件，构成无因管理的，无因管理发生后，管理人依法享有请求受益人偿还因管理行为支出的必要费用的权利，受益人有偿还该项费用的义务。需要注意的是，符合以上三个要件的无因管理人只是原则上享有费用请求权，但管理人管理事务的行为不符合受益人的真实意愿的，根据《民法典》合同编第979条的规定，管理人不享有该权利，除非受益人的真实意愿违反法律或者违背公序良俗。

（二）关于管理人必要费用的偿还请求权

管理人为管理受益人事务支出的必要费用，有权请求受益人偿还。这里所谓的必要费用是指一个理性的管理人在完成管理事务时所支出的合理费用。对于管理事务无益的支出费用，管理人无权请求受益人偿还。受益人偿还必要费用及其利息，并不以受益人是否获得管理利益为前提条件，即使受益人没有因管理人的管理事务获得管理收益，但只要管理人为管理其事务尽到了合理义务，且没有违背受益人的真实意思，受益人也应当向管理人偿还必要的费用支出。如果管理人在管理事务过程中，因管理事务的必要而对外负债，也可以请求受益人偿还债务。这种费用支出可以是管理人以自己名义对外所负担的，也可以是以受益人名义对外所负担的。在以受益人名义对外所负担的情况下，管理人可以要求债权人直接请求受益人偿还，但可能面临无因管理制度与无权代理或者表见代理制度之间的竞合，这时可依无权代理或者表见代理制度处理受益人与第三人之间的关系，依无因管理制度处理受益人与管理人之间的关系。此外，根据《民法典》第979条规定，管理人为管理受益人事务而受到损害的，如损失的发生与其管理行为之间具有因果关系，管理人有权向受益人请求给予赔偿。此时也应注意，管理人对损失的发生有过错的，应当适当减轻受益人的赔偿责任，这就要求管理人在管理他人事务时要衡量自己的状况和能力，量力而行。

▶ 适用指引

一、管理人注意义务的实践把握

关于管理人应尽何种注意义务，目前存在两种观点：第一种观点认为，管理人应尽善良人之管理注意义务。"无因管理人无法律上义务而干预他人事务，依其事件之特性，原则上应负善良管理人之注意义务。其未尽此项义务，致本人遭受损害时，应依债务不履行规定，负损害赔偿责任。"[①] 该观点的依据为，无因管理属于对他人事务的积极介入，其注意义务的要求应该较为严格，不能因为管理人自己的能力不足而为本人招致损失。第二种观点则认为，应尽到管理人处理自己同一事务的注意义务。在管理人的管理知识水平低于本人的管理要求或社会常识的情况下，那么只要管理人尽其所能地进行管理，就应认定为

---

① 王泽鉴：《债法原理》，中国政法大学出版社2001年版，第347页。

适当管理。理由在于"无因管理人是为公益或他人的利益而予以管理，承担与处理自己的事务为同一注意义务即可，不应承担善良管理人的注意义务"[1]。

我们倾向于认为，鉴于无因管理有鼓励社会成员互助之功能，且管理人系无偿管理，不应要求其承担过高的注意义务。故第二种观点较为可取。从实践看，由于无因管理一般为日常事务，不论是善良人注意义务，还是处理自己事务的同一注意义务，并不会有多大差别。但在特定情况下，如果管理人的管理能力过低造成损失，管理人还是应当承担责任。这是因为，管理人在不具备管理能力的情况下管理他人事务，并不符合本人利益，违背了本人可推知的意思。例如，甲发现乙家中电器着火后未及时关闭电源反而用水灭火导致重大损失，甲的行为不能成立无因管理。

二、见义勇为行为与无因管理的关系

就法律性质而言，见义勇为行为应属于无因管理的范围，但它是一种特殊的无因管理。见义勇为与一般无因管理行为相比较，有以下区别：（1）行为的主体不同。作出见义勇为行为的主体必然是自然人，而不是法人或其他组织。因为法律需要规定的是见义勇为者遭受人身损害时的赔偿责任，法人或其他组织不存在人身损害赔偿问题。而依传统的无因管理概念，一般认为自然人或法人均可为管理人。（2）行为所涉范围不同。无因管理作用的对象较为常见的是自然人的财产和人身权益，一般不涉及国家财产或安全利益，而见义勇为行为作用的对象，不仅仅是指对自然人财产权利和人身权利的保护和求助，在紧急情况下，协助公安、司法机关追捕嫌疑人、被告人或者在逃的罪犯等，这都属于见义勇为行为涉及的领域。（3）行为实施的紧迫性不同。见义勇为行为须在紧急与危险情况下实施。一般无因管理中的管理行为所涉及的管理事务基本是在平常状态下由管理人作出的，也无危险可言。"无险"则无以为"勇"，如代邻居交纳房租、水电费，收留了他人走失的牲畜等，付出的只是劳务或金钱等，不存在危及身体健康及至生命之险。而见义勇为行为一般在紧急和危险的情况下作出的，行为人必须面对灾害、歹徒，不怕牺牲自己的健康甚至生命，挺身而出以阻止不法行为与灾难的发生或损害的扩大，以保护他人的人身或财产权利，例如，救助被大火围困的人，同犯罪分子搏斗等。（4）行为的价值取

---

[1] 王利明主编：《中国民法案例与学理研究（债权篇）》，法律出版社2003年版，第27页。

向不同。见义勇为行为人主要是出于"正义",为了维护社会"正义"而奋勇地去做,即行为人出自内心的正义感和道义上的责任感,面对"义"与"利"的抉择时,勇敢选择了"义"而放弃了自己的"利",它是一种高尚道德行为,是人类共同利益和共同生活准则在道德领域里的反映,它所追求的价值目标是社会整体利益。因此,见义勇为在法律上源于无因管理行为,但超出了一般的无因管理行为,升华为一种高尚道德范畴的行为。相比之下,无因管理往往是为另一方当事人切身的财产利益或人身利益实施的,其在社会的道德感召力和影响力相对较小,客观上主要是为了被管理人的"利",并不一定体现"义"的价值目标。(5)行为涉及的损害后果不同。由于见义勇为行为是在突发的灾害、人为事故和不法行为情况下实施的,如火灾、山洪暴发、他人落水或被大火围困,以及在犯罪分子实施杀人、抢劫等人身和财产面临危险的紧急的情况下实施的,往往给见义勇为者造成财产和人身双重损害,而无因管理行为一般是在平常的情况下实施的,一般不会造成人身损害,即使在财产上和劳务上有所付出,管理人也可以凭自己的意志进行控制。(6)对损害的救济性质不同。对于见义勇为者的财产或人身损害的救济具有社会性。见义勇为者的财产或人身损害,在一定情况下可由国家和社会负相应的救济责任,由国家和社会对其予以补偿。但在无因管理中对管理人所造成的财产损失,如果是由第三人引起的,根据不真正连带、让与请求权理论,一般应由本人承担,政府和非政府组织不承担补偿责任。

三、帮工关系与无因管理的关系

帮工行为和无因管理都不属于法律行为,都是一方为了另一方利益而提供劳务。但是将帮工关系解释为无因管理的一种是不妥当的,在帮工关系中,被帮工人有明示或默示的接受帮工人帮工的意思表示,被帮工人如果不同意可以明确拒绝,若没有拒绝则认为被帮工人默示同意对方的帮工行为,帮工是有因的而不是无因的,因此帮工关系不属于无因管理的一种。在帮工关系中,帮工人应邀请或主动提供劳务,帮工人事先已经得到被帮工人明示或默示同意,而在无因管理中,仅因管理人一方的意思表示即可成立,管理人事先并没有得到本人的同意,如果事后经本人承认则适用关于委任的规定。在被帮工人明确拒绝帮工的情况下,帮工人仍然实施帮工活动,不能构成"不适法的无因管理"。

四、紧急救助与无因管理的关系

紧急救助要求救助人系自愿,这里的自愿是指既无法定义务亦无约定义务;无因管理所管理的事务包括法律行为和事实行为,救助他人显然属于管理事务之一种。由此,无法定义务或约定义务,为他人利益救助他人,亦同时符合无因管理的构成要件。

两者仍有如下不同:一是规范性质不同。无因管理在民法体系上属于债的发生原因,并因无因管理的成立而形成当事人之间的无因管理之债。而紧急救助制度在现行民法体系上则属于责任免除的规范,并由此形成免除救助人对被助人的赔偿责任。二是适用场合不同。无因管理适用于包括情势急迫在内的所有场合,而紧急救助则仅适用于情势急迫的场合。三是事项不同。无因管理中的管理事务,既可以是法律行为,亦可以是事实行为。紧急救助中的救助行为的则只能是事实行为。四是构成要件不同。传统民法中,无因管理要求管理行为并不违反本人明示或可得推知之意思。但紧急救助行为则无此要件。五是是否承担侵权责任不同。在无因管理中,如管理人故意或过失侵害本人利益,则应承担侵权责任,同时也可能与无因管理债务不履行责任发生竞合。但紧急救助的救助人因过失造成被助人损害,不承担侵权责任。

五、正当防卫与无因管理的关系

正当防卫中有一种情形是为国家、集体或他人合法权益而为正当防卫,故正当防卫与无因管理之间有许多相似之处:行为人都是没有法定或约定义务的人,都是为了维护他人利益而实施必要的行为,都因此使自己的利益受到一定的损害。但两者也存在明显区别,主要有:第一,正当防卫发生的前提条件是现实的、正在进行的不法侵害,对假想的、没有发生的侵害,则不能实施正当防卫;无因管理发生的前提条件是受益人对自己的事务或财物一时失去控制、不能进行管理,这种状态继续下去就可能出现利益丧失的危险。第二,在无因管理中,受益人必须承担管理人为管理而支出的必要费用。在正当防卫中,如果能够确定加害人,且其有赔偿能力的,则受益人不承担赔偿责任;如果不能确定加害人或者其没有赔偿能力的,则受益人在受益范围内承担补充责任。

六、无因管理法律关系中相关请求权的诉讼时效期间起算点

此问题在《最高人民法院关于审理民事案件适用诉讼时效制度若干问题的规定》中进行了明确规定。《民法典》第188条规定，诉讼时效期间自权利人知道或者应当知道权利受到损害以及义务人之日起计算。《最高人民法院关于审理民事案件适用诉讼时效制度若干问题的规定》第7条规定："管理人因无因管理行为产生的给付必要管理费用、赔偿损失请求权的诉讼时效期间，从无因管理行为结束并且管理人知道或者应当知道本人之日起计算。本人因不当无因管理行为产生的赔偿损失请求权的诉讼时效期间，从其知道或者应当知道管理人及损害事实之日起计算。"即必须同时满足两个条件，诉讼时效才开始起算：其一，管理人从事的管理行为结束；其二，管理人知道或者应当知道本人，或者本人知道或者应当知道管理人。此种起算规定解决了管理人实施管理行为后，若本人不在，诉讼时效期间从何时起算的困惑。《民事诉讼法》规定起诉必须"有明确的被告"，如果管理人不知道本人，则无法起诉，故在确知本人之前诉讼时效不能起算。综上，管理人对本人享有的给付必要管理费用请求权、损害赔偿费用请求权，诉讼时效期间从无因管理行为终了且管理人知道或者应当知道本人之日起算。本人对管理人享有的赔偿损失请求权，诉讼时效期间从无因管理行为终了且本人知道或者应当知道管理人之日起算。同理，本人因不当无因管理行为产生的赔偿损失请求权诉讼时效期间也只有在本人知道或者应当知道管理人以及损害事实之日才开始起算。

▶ 典型案例

韦某添、吴某兰诉喻某刚、喻某抚养费案

关键词： 抚养费　　无因管理　　家庭伦理

裁判摘要：《民法总则》第121条规定的"没有法定的或者约定的义务，为避免他人利益受损失而进行管理的人，有权请求受益人偿还由此支出的必要费用"即民法意义上的无因管理之债。无因管理行为系管理人未受他人委托，亦无法律上的法定义务，而为避免他人利益受损，自愿为他人管理事务或提供服务的事实行为。不论是对他人财产的保存、改良、占有、处分，还是为他人

便利而提供生活服务、商业服务，均是基于他人事务需要一定管理的客观状态的事实行为。无因管理行为是债权债务产生的一定法定情形，即因无因管理的事实行为而在管理人与本人之间产生债权债务关系，其中管理人负有将管理事实和情况告知本人的义务，而本人则负有偿付管理人支出的必要管理费以及赔偿管理人遭受的损失。可见，无因管理是一种自发性的行为，人民法院在审理无因管理之债纠纷时应依法对无因管理行为人的合法权益及时予以保护。在关于当事人的管理行为是否属于无因管理认定方面，应当从无因管理的法律特征出发，行为人的管理行为只有同时符合管理他人的事务或者为他人提供服务、为了他人利益、无法律规定的义务或当事人约定的义务三项特征时，才构成《民法总则》上的无因管理，才能产生无因管理之债。

对于外祖父母及祖父母帮忙照顾外孙子女、孙子女的行为是否构成民法上的无因管理，法律适用与理解的认知不统一，裁判规则亦争议较大。本案中，喻某系喻某刚与韦某宁生育的子女，喻某刚与韦某宁系喻某的法定抚养义务人。韦某添、吴某兰作为喻某的外祖父母，对外孙喻某并无法定抚养义务，亦未由其抚养照顾喻某的生活、教育。韦某添、吴某兰在与女儿韦某宁、外孙喻某共同居住期间主动帮助照顾与管理喻某的生活、学习，不可否认其付出了时间、精力和金钱，这种照顾与管理系基于为祖孙之间、父母与子女之间的亲情而相扶相持的道德行为，并非法律意义上的无因管理，亦非完全出于为了他人利益的考虑，而是包含了外祖父母对外孙子女、外祖父母对其子女的情感寄托与亲情依赖。韦某添、吴某兰在与女儿韦某宁、外孙喻某共同居住期间主动帮助照顾与管理喻某的生活、学习，亦为中华民族传统尊老爱幼这一生活习俗的具体表现，与普通人之间、陌生人之间的管理与被管理具有本质上的区别。对于韦某添、吴某兰主动照顾或未明确拒绝照顾喻某的爱幼行为，喻某刚、喻某理应予以亲情回报。因此，韦某添、吴某兰主动照顾或未明确拒绝照顾喻某的行为不构成法律意义上的无因管理，故而不能产生无因管理之债，其向喻某刚、喻某追索喻某抚养费的诉请无法律依据，依法不应予以支持。

基本案情： 韦某宁系韦某添、吴某兰的女儿，于1997年9月24日和喻某刚结婚，婚后于2002年5月28日生育婚生儿子喻某。喻某刚原在柳州某部队服役，孩子喻某自出生后至2009年由母亲韦某宁携带并居住在韦某添、吴某兰家里，喻某自小体弱多病，日常生活由韦某宁、韦某添、吴某兰照顾。2009年喻某刚回到南宁市工作。因就读方便，喻某亦主要跟随韦某宁、韦某添、吴某兰居住生活。喻某刚夫妇月工资近2万元。2015年10月韦某宁因公身亡。2016年，喻某就读初中后跟随喻某刚居住。双方当事人因韦某宁遗产分配产生争执。韦某添、吴某兰诉请支付照顾喻某刚的必要费用。一审法院认为，韦某添、吴某兰照顾喻某构成无因管理，故酌情认定喻某刚向韦某添、吴某兰补偿4万元。二审撤销原判，驳回韦某添、吴某兰诉请。

【案　　号】（2017）桂01民终第4505号

【审理法院】广西壮族自治区南宁市中级人民法院

【来　　源】《中国法院2019年度案例·婚姻家庭与继承纠纷》

第一百二十二条　因他人没有法律根据，取得不当利益，受损失的人有权请求其返还不当利益。

关联规定

法律、行政法规、司法解释

1.《中华人民共和国民法典》

第九百八十五条　得利人没有法律根据取得不当利益的，受损失的人可以请求得利人返还取得的利益，但是有下列情形之一的除外：

（一）为履行道德义务进行的给付；

（二）债务到期之前的清偿；

（三）明知无给付义务而进行的债务清偿。

第九百八十六条　得利人不知道且不应当知道取得的利益没有法律根据，取得的利益已经不存在的，不承担返还该利益的义务。

第九百八十七条　得利人知道或者应当知道取得的利益没有法律根据的，受损失的人可以请求得利人返还其取得的利益并依法赔偿损失。

第九百八十八条　得利人已经将取得的利益无偿转让给第三人的，受损失的人可以请求第三人在相应范围内承担返还义务。

2.《中华人民共和国涉外民事关系法律适用法》

第四十七条　不当得利、无因管理，适用当事人协议选择适用的法律。当事人没有选择的，适用当事人共同经常居所地法律；没有共同经常居所地的，适用不当得利、无因管理发生地法律。

3.《中华人民共和国企业破产法》

第四十二条　人民法院受理破产申请后发生的下列债务，为共益债务：

（一）因管理人或者债务人请求对方当事人履行双方均未履行完毕的合同所产生的债务；

（二）债务人财产受无因管理所产生的债务；

（三）因债务人不当得利所产生的债务；

（四）为债务人继续营业而应支付的劳动报酬和社会保险费用以及由此产生的其他债务；

（五）管理人或者相关人员执行职务致人损害所产生的债务；

（六）债务人财产致人损害所产生的债务。

4.《最高人民法院关于审理民事案件适用诉讼时效制度若干问题的规定》

第六条 返还不当得利请求权的诉讼时效期间，从当事人一方知道或者应当知道不当得利事实及对方当事人之日起计算。

▶ 条文释义

一、本条主旨

本条是关于民事主体享有不当得利返还请求权的规定。

二、条文演变

本条最早源自原《民法通则》，该法第92条规定："没有合法根据，取得不当利益，造成他人损失的，应当将取得的不当利益返还受损失的人。"原《民法总则》将"合法根据"修改为"法律根据"，并将义务式表述（"应当将取得的不当利益返还受损失的人"）改为权利式表述（"受损失的人有权请求不当得利的人返还不当利益"）。制定原《民法总则》时，征求意见稿增设了民事权利一章，本条位列其中，并沿用原《民法通则》所称的"合法根据"，后接受有关专家建议，在审议稿中将其改为"法律根据"。《民法典》对原《民法总则》的规定予以沿用。

三、条文解读

（一）不当得利的概念

不当得利属于一种可以引起民事法律关系变动的法律事实。在《民法典》规定的该项制度中，取得不当利益的一方称为得利人，受到损失的一方称为受损失的人，也称为受害人或受损人。所谓不当得利，是指没有法律根据取得不当利益致使对方受损的法律事实。不当得利制度的理论基础，在于"任何人不得基于他人之损失而获得利益"。其目的是调整财产变动中失衡的利益关系，由于得利人取得不当利益没有法律上的根据，应当返还给受损失的人，由此形成了以不当得利为内容的债权债务关系。不当得利制度在民法理论以及其他国家和地区立法实践中都已经相当成熟，同时，不当得利之债作为民法中债法的一个组成部分，有关债法总则的内容亦应适用于不当得利之债。

我国《民法典》单独规定了合同编，实质上属于债法的内容，准合同一章将不当得利纳入其中，充分体现了不当得利制度的债权属性。本条规定于民事权利一章，重点在于强调民事主体依法所享有的不当得利之债权。商品经济条件下，合同之债是当事人之间通过意思表示主动调节财产关系的重要法律手段，但是社会生活的复杂性导致单凭当事人意思表示所作出的民事法律行为不足以构建公平的符合社会需要的财产关系，一定条件下当事人之间的权利义务关系可能出现失衡，必须通过法律规定的不当得利等制度加以调节。《民法典》总则编中有两个地方出现了关于不当得利的规定，一个是在《民法典》第118条关于债权的定义中将不当得利明确纳入债权的范畴，另一个即本条关于不当得利返还请求权的规定。

（二）不当得利的构成

1. 一方获得利益

不当得利中的利益包括财产性权利和利益，不包括人身利益。一般而言，获得财产利益主要表现为以下形式：（1）财产权利的取得。如所有权、用益物权、担保物权、知识产权、债权的取得。（2）财产利益的取得。如占有利益的取得。（3）财产权利的扩张。财产权利人在原有权利的基础上扩张了行使权利的范围，例如，因为添附而扩展原有所有权或者用益物权等担保物权的范围等。（4）财产利益上负担的消灭。对于财产利益的限制的解除，使权利人可以不受限制地行使权利。如附加于所有权之上的用益物权的消灭，使所有权回复到完全所有的状态。（5）债务消灭。债务人负担的债务归于消灭，使债务人的财产负担减轻。

2. 一方获益无法律根据

无法律根据，是指缺乏受益的法律上的原因，而不是指权利或者财产的取得没有法律上的直接原因。关于这一问题，理论上存在统一说与区分说的观点。统一说认为，无法律根据应当具有统一的意义，对于任何情形下的不当得利的构成，均应作统一的解释和说明。例如，有学者认为，违反公平即为无法律根据，"公平观念为近现代法理和立法对不当得利返还请求权均附加'不当'或者'无法律上的原因'要件的理由。总之，不当得利以调节财产变动发生的不公平现象为目的"①。也有学者认为，判断不当得利有无法律上的根据，要看构成财货转移基础依据的法律关系是否存在。这种法律关系并非狭义的民事法律关系，"不仅贯穿于民法典，而且也贯穿于商法、民事诉讼法、经济法等与财货转移有关的各个领域中"②。

主张区分说的观点则认为，应当区别各种不当得利的具体类型，分别说明无法律上的原因，才可以满足不当得利制度的需要。区分说将不当得利区分为给付不当得利以及非给付不当得利两种类型。前者是指因给付目的欠缺而发生的不当得利情形，包括合同无效、不成立、被撤销以及解除等情形。该类型的不当得利之所以没有法律上的根据，是因为给付人并没有实现其给付的目的。后者是指基于给付以外的事由而发生的不当得利，包括侵权行为、误信管理（即误将他人事务当成自己事务管理）、第三人的行为、自然事件以及法律的直接规定等。此时没有法律上的根据，则是指这些不当得利的事实本身就说明了获益没有法律上的根据。

3. 致使对方遭受损失，即获利与损失之间存在因果关系

因果关系的判断标准决定了获利方的求偿范围。我们认为，这里的因果关系不同于侵权责任中行为与损害结果之间的直接因果关系，属于非直接的因果关系，即牵连关系。两者的区别在于，直接因果关系要求一方获益与他人受损必须基于同一事实；而牵连关系则应理解为"取得利益与他人受损二者发生的原因事实之间的关联"③，在判断上应遵循"若没有取得利益的事实，他人不至有损失发生，应当认定取得利益和他人损失之间存在因果关系"④的规则。例如，甲盗窃乙的财物向丙抵偿债务，此时乙的损失与丙的获益不构成直接因果关系，但存在牵连关系。另外，关于对方所遭受的损失，是指受损失的人利益

---

① 孙森焱：《民法债编总论》，法律出版社1990年版，第99页。
② 洪学军：《不当得利制度研究》，中国检察出版社2004年版，第43页。
③ 梁慧星主编：《中国民法典草案建议稿附理由·债权总则编》，法律出版社2006年版，第15页。
④ 史尚宽：《债法总论》，中国政法大学出版社2000年版，第72页。

减少，既包括其财产数额的减少，也包括其财产数额应当增加而没有增加。

（三）几种不构成不当得利的情形

通说认为，不当得利属于民法上的事件，是由于得利人得到不当利益致使他人利益受损而在当事人之间产生权利义务关系，其本质上不在于当事人之间是否存在意思表示。尽管不当得利的发生可能混合了当事人双方的诸多民事法律行为，但不当得利最终的结果是得利人不应当获得利益，这是法律给予当事人之间法律关系的最终评价，与当事人之间的意思表示无关。为了防止不当得利制度的滥用，《民法典》在合同编中还专门规定了几种情况下不当得利的排除适用，另外在学理上以及域外立法例上也还存在其他几种情形亦应排除不当得利。这里作简要介绍：

1. 明知无给付义务或为履行道德义务而为给付

此种情况在《民法典》第985条第1项、第3项已经进行了规定。基于道德或礼仪的给付虽无法律根据，但给付目的已经实现，没有利益失衡，不存在法律调整的空间。例如，给朋友的孩子发红包的行为虽无法律依据，但确系基于礼仪所给付，不构成不当得利。

2. 不法给付，但不法原因仅存在受益一方的除外

所谓不法给付，是指违反法律规定，损害国家利益、公共利益及公序良俗的给付行为，例如，甲因购买毒品向乙付款，但却错误汇至丙之账户，此时丙不构成不当得利。需要指出的是，在受到损害一方不得请求返还的情形下，受益人不能当然保留该收益。当该非法行为符合相关法律规定时，应当由国家依法对收益予以收缴。

3. 提前清偿未到期的债务或偿还已过诉讼时效的债务

无论是未到期的债务或是已过诉讼时效的债务，其债务本身并未消灭，因此清偿行为并不造成利益失衡，且该清偿行为亦符合清偿者的给付目的，故不构成不当得利。如已废止的《民法通则意见》第171条规定，"过了诉讼时效期间，义务人履行义务后，又以超过诉讼时效为由反悔的，不予支持"。根据该规定，义务人偿付已经超过诉讼时效的债务的，不得依据不当得利请求返还。《民法典》第985条规定提前清偿债务不构成不当得利，对于清偿超过诉讼时效的债务是否构成不当得利，我们认为应当参考上述司法解释的精神进行认定。

(四) 不当得利人的返还义务

不当得利返还的标的,为受益人取得的利益,而非受损人的损失。受益人的收益是物的,应当返还原物及所生孳息。原物因灭失、被他人善意取得等原因不能返还的,应当返还代位物或与原物等额的金钱。关于此时返还的标准如何确定,存在客观说和主观说的不同观点:客观说认为返还价额依据客观交易价值定之;主观说则认为价额应就受益人的财产加以计算,其在财产总额上有所增加的,皆应返还。这两种观点涉及对不当得利人利益和利益受损人利益的平衡问题。我们认为对此不应一概而论,而应当适当区分不当得利人是善意还是恶意。

如不当得利人是善意的,应当适当倾向于保护不当得利人的利益;如果不当得利人是恶意的,则应当倾向于保护利益受损方的利益。例如,甲将不当得利取得的货物对外出售。如果是高于市场价售出,且甲为善意,可以按照市场价作为返还标准;若甲为恶意,则可以实际收益作为返还标准。如果是低于市场价售出,且甲为善意,可以实际收益作为返还标准;若甲为恶意,则可以按照市场价作为返还标准。

(五) 不当得利返还请求权与其他请求权的关系

1. 不当得利返还请求权与所有物返还请求权之间的关系

第一,返还财产的范围不同。作为物权请求权,返还原物的范围限于原物及因原物所产生的孳息。在主观要件上无论受让是否具有过错,只要原物存在,都应当具有返还的义务;如果原物不存在,则应负赔偿责任。作为不当得利请求权,返还的目的是将受益人所获的一切不当的利益全部返还给受损害的一方,剥夺受益人所能获得的一切不当利益。不当得利返还的范围应结合当事人的主观状态进行确定。在受让方基于善意取得财产时,返还的范围仅限于现存的财产;对非因其过错而灭失的财产可以免责。在受让方基于恶意而取得财产时,返还义务人应对财产的灭失负赔偿责任。第二,构成要件不同。作为物权请求权,返还原物请求权以原物存在且可以返还为要件;若原物已灭失,返还原物在客观上已不可能,或者从法律上不可能,所有权人只能要求赔偿损失,而不能要求返还原物。作为不当得利请求权,其构成要件以受益人获利为标准,而无论原物是否存在。第三,返还原物的请求虽有利于恢复权利人对原物的占有，但其适用范围也常常受到限制。例如，一方只是向另一方提供一定的劳务或者完成一定的工作，因为并不存在物的交付，所以不属于返还原物请求权的适用范围，而属于不当得利请求权的适用范围，即将一方所接受的行为作为一定的利益对待，由于该利益的取得没有法律根据，因此构成不当得利，并应将该利益折合成货币，然后返还给对方。例如，一方为另一方保管财物而支付了一定的人力、物力，此种消耗是寄托方本应当支出的费用，因此，在合同被确认无效后，保管人有权请求寄托人予以返还。第四，两者的性质及是否适用诉讼时效制度不同。不当得利请求权系债权请求权，应适用诉讼时效的规定。物权请求权作为物权的一种权能，不适用诉讼时效的规定。

我们认为，在理解返还财产请求权性质的性质时，还应对物权行为的认定、该请求权制定的立法目的等问题进行分析。[①] 在下列情形下，返还财产请求权为不当得利请求权：第一，标的物为劳务或服务，在性质上不能恢复原状的，返还该财产的请求权为不当得利请求权。一般而言，应以提供劳务或服务时国家规定的报酬标准折合成钱款返还，没有国家规定的报酬标准的，应以同类劳务或服务的市场报酬为标准折合成钱款返还。第二，如果标的物为专利技术、信息资料等无形资产，一旦被对方知悉，在客观上已不能完全返还的，只能返还资金作为不当得利的返还。第三，如果财产是有体物但已不存在（如已被消费），或者不能返还（如已被第三人合法取得），或者没有必要返还（如双方同意不返还）的，应当折价补偿，该返还财产请求权为不当得利请求权。

2. 不当得利返还请求权与债务履行请求权之间的关系

这里的债务，是指不当得利之债以外的债务，以合同债务居多。在债的关系尚未消灭的情况下，债务人未履行应该履行的债务，纯属债务人不履行债务及由此而生的民事责任问题，并非无法律上的原因，无所谓不当得利。于此场合，债权人请求债务人履行是基于原债的关系，而不是基于不当得利制度；是债务履行请求权的行使，而非不当得利返还请求权的行使。因此说，债务履行请求权排斥不当得利返还请求权。例如买卖合同中，出卖人将标的物转移给买受人后没有收到价款，其只能基于债务履行请求权请求买受人支付价款，而非不当得利请求权。

---

① 最高人民法院民事审判第二庭编著：《最高人民法院关于民事案件诉讼时效司法解释理解与适用》，人民法院出版社2008年版，第174页。

3. 不当得利返还请求权与损害赔偿请求权之间的关系

我国民法上的合同解除，在许多情况下没有溯及力。在此情况下，由于受领人对给付物当然享有所有权，因此该给付物的返还只能以不当得利为基础。一般认为，不当得利与赔偿责任是可以同时并存的。这一结论具有广泛的适用性，因为不当得利与赔偿责任两种制度具有不同的功能与作用。前者的功能在于使受益人返还不当得利，受益人未获得利益即无返还可言。而后者的功能在于补偿受害人的损失。只要受害人有损失，无论行为人是否获得了利益，都要予以赔偿。可见两种制度并无互相排斥的性质要求。恰恰相反，有时则需要两者对同一种关系共同进行调整。在受益人取得利益少于受害人所受损失的场合，受害人可以首先基于不当得利请求返还，尚未补偿的损失再通过请求受益人承担赔偿责任来平复。也就是说，不当得利返还请求权与损害赔偿请求权可以同时并存。

有必要指出的是，不当得利返还请求权与损害赔偿请求权并存，只有在不当得利返还请求权行使之后还不足以填补受害人损失的情况下，才会成为事实。如果不当得利返还完全能使受害人的损失得到补偿，就没有损害赔偿请求权适用的余地。

▶ 适用指引

"没有法律根据"的证明

给付行为没有法律根据是不当得利的构成要件之一，而由谁来举证证明"没有法律根据"是审判实践中需要关注的问题。例如，甲向乙账户汇款后向法院起诉称汇错款，请求乙返还不当得利。乙辩称甲虽与其无法律关系，但甲的行为系偿还丙欠乙的货款，不构成不当得利。此时应当由谁就"没有法律根据"承担举证证明责任？有观点认为应当由被告承担，理由在于被告举证"有法律根据"系证明积极事实，相对容易；而原告举证"没有法律根据"则是证明消极事实，难度较大。反对者则认为，原告应当承担举证证明责任。"原告必须证明无法律上的原因（给付目的之欠缺）。此虽具消极事实的性质，仍应由原告负举证证明责任。给付不当得利请求权人乃使财产发生变动的主体，控制财产资源的变动由其承担举证证明责任困难的危险,实属合理。"[1] 由原告承担举证证明责任的另一个理由在于,"谁主张谁举证"是民事诉讼的基本举证规则,在法律无明文规定的情况下,不能因举证困难而随意倒置。

我们倾向于认为,原则上由被告承担"没有法律根据"的举证证明责任更为妥当。首先,不当得利中"没有法律根据"不是一般诉讼中特定的待证事实,而是一系列不特定的民事法律行为、事实行为乃至事件的集合。对于原告而言,让其证明"没有法律根据"是一项不可能完成的任务。在上述案例中,如果由甲证明汇款"没有法律根据",则乙只需辩称甲不能举证证明,法院即可判决驳回甲的诉讼请求。其次,按照《民事诉讼法解释》第91条的规定,主张法律关系存在的当事人,应当对产生该法律关系的基本事实承担举证证明责任,此亦为"谁主张谁举证"的例外情形。故被告如主张存在一定法律关系构成"法律根据"的,应由被告承担举证证明责任。

具体而言,被告的举证证明过程应当分两步走:第一步要证明存在"法律根据"的相关事实。如在上例中,乙辩称甲代替丙还款,并提交乙与丙的借款合同及付款凭证等证据以证明乙对丙享有债权。第二步则需要证明该相关事实构成"法律根据",从而阻却不当得利的成立。乙在证明其对丙享有债权后,还应当按照《民法典》合同编关于债务加入或债务转移的规定,证明甲确有代替丙还款的真实意思,以达到存在"法律根据"的证明标准。需要指出的是,以上分析的仅仅是一般的情况,在某些情形下,被告的举证责任并没有那么复杂。如上例乙若证明其对甲享有债权,甲汇款是清偿自己债务的行为,则其不但证明了"法律根据"的相关事实,同时还证明了该相关事实足以构成"法律根据"。

▶ 典型案例

一、江苏百锐特贸易有限公司诉张某红不当得利纠纷案

关键词: 不当得利　执行和解　诚实信用

裁判摘要: 《民法通则》第92条规定,没有合法根据,取得不当利益,造

---

[1] 王泽鉴:《债法原理》,中国政法大学出版社2001年版,第57页。

成他人损失的，应当将取得的不当利益返还受损失的人。根据该规定，不当得利成立的构成要件有四项：一方获得利益，另一方受到损失，获利与受损之间具有因果关系，获得利益没有合法根据。首先，原告百锐特公司之所以需向张某喜支付款项，是基于生效民事判决书所确定的义务，不属于不当得利法律关系中利益受损方的利益受损。其次，从法律规定的普遍性、盖然性来看，立法者在立法时不可能考虑到个案的特殊性。根据《人身损害赔偿解释》第21条第3款的规定，护理期限应计算至受害人恢复生活自理能力时止；受害人因残疾不能恢复生活自理能力的，可以根据其年龄、健康状况等因素确定合理的护理期限，但最长不能超过20年。护理费属于将来发生的财产损失，更多体现为对受害人定残后的损害救济；护理期限则是根据受害人实际状况对受害人需护理期间的法律推定，是法官基于法律规定在自由裁量权范围内作出的综合判断，价值取向在于保护受害人的权利，受害人亦需承担护理费可能不足的风险。（2013）东民初字第0901号民事判决书依据鉴定意见及受害人年龄、健康状况等因素综合判定百锐特公司对张某喜20年护理费的30%承担赔偿责任，是对张某喜权益受损应得赔偿的合理认定，符合法律规定，无论张某喜或是被告张某红均未因该判决获得不当利益。最后，在（2013）东民初字第0901号民事判决书执行过程中，百锐特公司与张某喜达成了执行和解协议，张某喜通过张某红收取30万元赔偿款符合双方约定，具有合法依据，且百锐特公司并未按生效判决全额履行赔偿义务，其认为张某红因张某喜提前病故而获取不当利益的依据不足。故百锐特公司诉张某红返还132012元的诉讼请求，缺少事实和法律依据，法院不予支持。

基本案情： 2012年5月30日下午，张某喜与他人在原告百锐特公司所有的东台市金海中路3号新宁鑫光公寓×幢×室进行墙体改装，张某喜在×室南阳台东侧墙体凿墙过程中，不慎从九楼南阳台百叶窗处坠落地面而受伤。2013年5月30日，张某喜的伤情经法医学鉴定，意见为：张某喜颅脑损伤致植物性生存状态已构成人体损伤一级伤残。张某喜已完全丧失劳动能力，护理期限为长期护理，护理人数为2人等。2013年7月18日，张某喜向法院诉讼要求雇主周某祥、房主百锐特公司赔偿其因事故产生的各项损失，其女儿张某红为法定代理人参与诉讼。2013年9月9日，法院依法作出（2013）东民初字第0901号民事判决，认为因该事故产生的损失应由周某祥、百锐特公司、张某喜依次按45%、30%、25%的比例进行分担，其中，依据法医学鉴定意见书，因张某喜残疾不能恢复生活自理能力，根据其年龄、健康状况等因素确定护理期限20年，认定护理费867320元（20年×21683元/年×2人）。张某喜的各项经济损失合计1147662.85元（不含精神损害抚慰金），由百锐特公司承担30%的赔偿责任即344298元及15000元精神损害抚慰金，并负担诉讼费3836元，周某祥赔偿损失538948元。该判决已发生法律效力。2013年11月，张某喜就此案申请强制执行。百锐特公司于2014年1月至2014年3月履行10万元。2014年3月24日，百锐特公司与张某喜（张某红为法定代理人）达成执行和解协议：百锐特公司欠张某喜赔偿款368333元，已给付10万元，现于2014年4月5日、5月15日各给付10万元。按期足额还款，则张某喜放弃余款，本案执行终结。执行款汇至张某红银行卡。如百锐特公司不按期履行，则恢复原判决执行。后百锐特公司按时给付20万元。2014年11月22日，张某喜去世。百锐特公司诉称，前案在东台法院审理后，认定张某喜各项损失为1147662.85元（其中20年护理费867320元），由本案原告承担30%的赔偿责任即359298元（含20年护理费的30%即260196元，精神损害抚慰金15000元）。执行中双方达成和解协议，本案原告先后支付赔偿款300000元，款项汇至本案被告银行卡。张某喜于2014年11月22日去世，其不再需要护理，实际护理时间只有906天，不足2年半，现按5年护理费计算，本案原告仅应支付65049元。被告作为张某喜的女儿及生前法定代理人接受赔偿款，护理人应将张某喜未用部分的护理费132012元返还原告，故百锐特公司诉至法院。

【案　　号】（2016）苏0981民初3434号
【审理法院】江苏省东台市人民法院
【来　　源】《最高人民法院公报》2018年第5期

二、英大泰和财产保险股份有限公司台州中心支公司诉应某不当得利纠纷案

关键词：不当得利　保险诈骗　诚实信用

裁判摘要：原、被告之间订立的保险合同合法有效，当事人应当按照约定全面履行自己的义务。保险车辆出险后，原告工作人员到场查勘，已经单方事故处理，原告对被告的保险金请求已作出核定并履行赔偿义务。原告提交的电池检测报告的部分结论为推测，没有其他证据佐证，本院不予认定。以非法获

取保险金为目的,违反保险法规,采用虚构保险事故等方法骗取保险金,数额较大的,属于保险诈骗。原告主张存在伪造事故现场的嫌疑,原告在诉讼过程中明确不向公安机关报案,故该主张缺乏事实依据,原告以不当得利要求被告返还保险金,人民法院不予支持。

基本案情： 被告应某所有的比亚迪车辆向原告投保了机动车损失保险、机动车第三者责任保险、机动车车上人员责任保险、不计免赔特约险。保险期间,被告报案称,由其驾驶的车辆因碰撞石头,导致车辆底盘受损。原告工作人员到场查勘,按单方事故处理。之后,维修站经双方同意更换了高压蓄电池。结合被告提供的损失资料等相关赔偿申请,原告核定损失后,向被告支付了保险理赔款58000元。之后原告公司总部将该车辆的高压蓄电池送交检测,保界汽车技术咨询（北京）有限公司进行事故损伤分析及漏电源检测,检测报告结论为："结合英大保险公司提供材料及案件信息,此车报案时称在行驶过程中撞击导致底盘受损、车辆仪表高压系统报警。后拖至维修站电脑诊断存在'漏电'故障,结合底盘撞击痕要求更换高压蓄电池。此描述与电池拆解检测事实不符,此电池在拆解后证实其漏电是由于其内部的大量水迹,进而导致电池内部短路且报'漏电'故障。但根据描述,此车报案当天及现场无雨、地面干燥,故电池内水迹应并非当天所进入,高压电池内部水迹应早于报案时间进入,高压电池系统报警也应当早于报案当天。高压系统进水是由底盘变形所致,故此电池碰撞痕迹应早于报案当天,与报案信息描述不符。"据此,原告认为事故现场并非真正的事故发生现场,被告存在伪造事故现场的嫌疑,请求法院判令：被告返还原告保险理赔款58000元。

【案　　号】（2017）浙1082民初5639号
【审理法院】浙江省临海市人民法院
【来　　源】《中国法院2019年度案例》

第一百二十三条　民事主体依法享有知识产权。

知识产权是权利人依法就下列客体享有的专有的权利：

（一）作品；

（二）发明、实用新型、外观设计；

（三）商标；

（四）地理标志；

（五）商业秘密；

（六）集成电路布图设计；

（七）植物新品种；

（八）法律规定的其他客体。

▶ 关联规定

法律、行政法规、司法解释

1.《中华人民共和国著作权法》

第三条　本法所称的作品，是指文学、艺术和科学领域内具有独创性并能以一定形式表现的智力成果，包括：

（一）文字作品；

（二）口述作品；

（三）音乐、戏剧、曲艺、舞蹈、杂技艺术作品；

（四）美术、建筑作品；

（五）摄影作品；

（六）视听作品；

（七）工程设计图、产品设计图、地图、示意图等图形作品和模型作品；

（八）计算机软件；

（九）符合作品特征的其他智力成果。

2.《中华人民共和国专利法》

第二条 本法所称的发明创造是指发明、实用新型和外观设计。

发明，是指对产品、方法或者其改进所提出的新的技术方案。

实用新型，是指对产品的形状、构造或者其结合所提出的适于实用的新的技术方案。

外观设计，是指对产品的整体或者局部的形状、图案或者其结合以及色彩与形状、图案的结合所作出的富有美感并适于工业应用的新设计。

3.《中华人民共和国商标法》

第三条 经商标局核准注册的商标为注册商标，包括商品商标、服务商标和集体商标、证明商标；商标注册人享有商标专用权，受法律保护。

本法所称集体商标，是指以团体、协会或者其他组织名义注册，供该组织成员在商事活动中使用，以表明使用者在该组织中的成员资格的标志。

本法所称证明商标，是指由对某种商品或者服务具有监督能力的组织所控制，而由该组织以外的单位或者个人使用于其商品或者服务，用以证明该商品或者服务的原产地、原料、制造方法、质量或者其他特定品质的标志。

集体商标、证明商标注册和管理的特殊事项，由国务院工商行政管理部门规定。

第十六条 商标中有商品的地理标志，而该商品并非来源于该标志所标示的地区，误导公众的，不予注册并禁止使用；但是，已经善意取得注册的继续有效。

前款所称地理标志，是指标示某商品来源于某地区，该商品的特定质量、信誉或者其他特征，主要由该地区的自然因素或者人文因素所决定的标志。

4.《中华人民共和国种子法》

第二十五条 国家实行植物新品种保护制度。对国家植物品种保护名录内经过人工选育或者发现的野生植物加以改良，具备新颖性、特异性、一致性、稳定性和适当命名的植物品种，由国务院农业农村、林业草原主管部门授予植物新品种权，保护植物新品种权所有人的合法权益。植物新品种权的内容和归属、授予条件、申请和受理、审查与批准，以及期限、终止和无效等依照本法、有关法律和行政法规规定执行。

国家鼓励和支持种业科技创新、植物新品种培育及成果转化。取得植物新品种权的品种得到推广应用的，育种者依法获得相应的经济利益。

5.《中华人民共和国反不正当竞争法》

第九条 经营者不得实施下列侵犯商业秘密的行为：

（一）以盗窃、贿赂、欺诈、胁迫、电子侵入或者其他不正当手段获取权利人的商业秘密；

（二）披露、使用或者允许他人使用以前项手段获取的权利人的商业秘密；

（三）违反保密义务或者违反权利人有关保守商业秘密的要求，披露、使用或者允许他人使用其所掌握的商业秘密；

（四）教唆、引诱、帮助他人违反保密义务或者违反权利人有关保守商业秘密的要求，获取、披露、使用或者允许他人使用权利人的商业秘密。

经营者以外的其他自然人、法人和非法人组织实施前款所列违法行为的，视为侵犯商业秘密。

第三人明知或者应知商业秘密权利人的员工、前员工或者其他单位、个人实施本条第一款所列违法行为，仍获取、披露、使用或者允许他人使用该商业秘密的，视为侵犯商业秘密。

本法所称的商业秘密，是指不为公众所知悉、具有商业价值并经权利人采取相应保密措施的技术信息、经营信息等商业信息。

6.《集成电路布图设计保护条例》

第二条 本条例下列用语的含义：

（一）集成电路，是指半导体集成电路，即以半导体材料为基片，将至少有一个是有源元件的两个以上元件和部分或者全部互连线路集成在基片之中或者基片之上，以执行某种电子功能的中间产品或者最终产品；

（二）集成电路布图设计（以下简称布图设计），是指集成电路中至少有一个是有源元件的两个以上元件和部分或者全部互连线路的三维配置，或者为制造集成电路而准备的上述三维配置；

（三）布图设计权利人，是指依照本条例的规定，对布图设计享有专有权的自然人、法人或者其他组织；

（四）复制，是指重复制作布图设计或者含有该布图设计的集成电路的行为；

（五）商业利用，是指为商业目的进口、销售或者以其他方式提供受保护的布图设计、含有该布图设计的集成电路或者含有该集成电路的物品的行为。

第三条 中国自然人、法人或者其他组织创作的布图设计，依照本条例享有布图设计专有权。

外国人创作的布图设计首先在中国境内投入商业利用的，依照本条例享有布图设计专有权。

外国人创作的布图设计，其创作者所属国同中国签订有关布图设计保护协议或者与中国共同参加有关布图设计保护国际条约的，依照本条例享有布图设计专有权。

第四条 受保护的布图设计应当具有独创性，即该布图设计是创作者自己的智力劳动成果，并且在其创作时该布图设计在布图设计创作者和集成电路制造者中不是公认的常规设计。

受保护的由常规设计组成的布图设计，其组合作为整体应当符合前款规定的条件。

7.《商标法实施条例》

第四条 商标法第十六条规定的地理标志，可以依照商标法和本条例的规定，作为证明商标或者集体商标申请注册。

以地理标志作为证明商标注册的，其商品符合使用该地理标志条件的自然人、法人或者其他组织可以要求使用该证明商标，控制该证明商标的组织应当允许。以地理标志作为集体商标注册的，其商品符合使用该地理标志条件的自然人、法人或者其他组织，可以要求参加以该地理标志作为集体商标注册的团体、协会或者其他组织，该团体、协会或者其他组织应当依据其章程接纳为会员；不要求参加以该地理标志作为集体商标注册的团体、协会或者其他组织的，也可以正当使用该地理标志，该团体、协会或者其他组织无权禁止。

8.《植物新品种保护条例》

第二条 本条例所称植物新品种，是指经过人工培育的或者对发现的野生植物加以开发，具备新颖性、特异性、一致性和稳定性并有适当命名的植物品种。

▶ 条文释义

一、本条主旨

本条是关于民事主体依法享有知识产权的规定。

二、条文演变

原《民法通则》中对知识产权客体的规定主要体现在以下条款中：第94条规定，公民、法人享有著作权（版权），依法有署名、发表、出版、获得报酬等权利。第95条规定，公民、法人依法取得的专利权受法律保护。第97条规定，公民对自己的发现享有发现权。发现人有权申请领取发现证书、奖金或者其他奖励。公民对自己的发明或者其他科技成果，有权申请领取荣誉证书、奖金或者其他奖励。第118条也对侵犯知识产权承担的民事责任予以了规定，公民、法人的著作权（版权）、专利权、商标专用权、发现权、发明权和其他科技成果权受到剽窃、篡改、假冒等侵害的，有权要求停止侵害，消除影响，赔偿损失。由此可见，原《民法通则》将著作权（版权）、专利权、商标专用权、发现权、发明权和其他科技成果权纳入到知识产权保护体系之中。

原《民法总则》第123条明确规定，民事主体依法享有知识产权。知识产权是权利人依法就下列客体享有的专有的权利：（1）作品；（2）发明、实用新型、外观设计；（3）商标；（4）地理标志；（5）商业秘密；（6）集成电路布图设计；（7）植物新品种；（8）法律规定的其他客体。此次《民法典》对原《民法总则》的该条规定进行了沿用。

三、条文解读

知识产权是国际上广泛使用的法律概念，是民事主体对其具有创造性的客体依法享有的专有权利。设立知识产权的目的在于调动人们从事智力创作和科学技术研究的积极性，从而创造出更多、更好的精神财富。此前，我国在原《民法通则》第五章"民事权利"第三节中对知识产权权利保护种类作了专项规定，除此之外，对于知识产权客体多以法律、行政法规、政府部门规章等形式零散规定。此次《民法典》编纂，对于如何处理《民法典》与知识产权法之间的关系问题进行了深入研究。将知识产权纳入《民法典》是将知识产权作为一种重要的民事权利予以明确，意义重大。

本条明确规定知识产权为民事权利，民事主体享有知识产权，并以列举加兜底的方式规定了知识产权权利人享有专有权利的客体，这标志着知识产权已被纳入《民法典》，奠定了知识产权在民法保护体系中的地位与作用。

（一）知识产权的概念及内容

知识产权，又称智慧财产所有权，是指民事主体基于其创造性智力成果和工商业标记依法产生的专有的民事权利的统称。知识产权属于广义的财产权利范畴，其客体是智慧劳动成果或者是知识产品，是一种无形财产，也是创造性的智力劳动所产生的劳动成果。知识产权属于民事权利范畴，具有私权属性。《与贸易有关的知识产权协定》（TRIPs）在序言中明确指出，知识产权为私权。

知识产权的内容包括两大部分：第一，人身权利，也称为精神权利，是指权利同取得智力成果的人身不可分离，是人身关系在法律上的反映，包括作者的署名权、作品的发表权、作品的修改权、维护作品完整权等。第二，财产权利，也称为经济权利，是指智力成果被法律承认以后，权利人可以利用这些智力成果取得报酬或者得到奖励的权利。

（二）知识产权的特征

1. 法定性

知识产权是按照法律的规定产生、取得、行使并获得保护，任何行政法规、司法解释等均不得创设新的知识产权权利类型。本条对知识产权进行概括性定义，通过列举加兜底的方式确定知识产权保护的客体，为未来知识产权客体的发展预留了空间。除本条所列举的七种客体之外，若需对新的知识产权客体进行保护，应由全国人大或者全国人大常委会制定的法律加以规定。

2. 无形性

知识产权的客体为智力成果，是无法被人实际占有和控制的无形财产，这是知识产权最根本的特征之一。虽然智力成果需要通过一定载体予以展现，但知识产权所保护的并非载体本身，而是其所体现出的技术、表达、商誉等。本条所规定的知识产权客体，作品、发明、商标等皆如是。

3. 专有性

本条明确规定，知识产权是权利人依法享有的"专有的权利"。这表明，《民法典》赋予知识产权权利人具有专有独占之权，强调了知识产权权利人的权利具有绝对性、排他性，即未经法律规定或者未经权利人许可，任何人不得使用权利人的创造性智力成果。

4. 时间性

知识产权普遍具有时间性特征，除法定情形外，一旦超过法律规定的有效期限即进入公有领域。法律规定知识产权保护的期限是为了平衡权利人利益和公共利益，使知识产权在一定期限届满之后进入公共领域，避免过度垄断，实现保护公共利益的目的。但知识产权的时间性并非绝对统一，例如商标可以无限续展，而作品的保护期限是至作者死亡之后第50年的12月31日。

5. 地域性

知识产权的地域性是指，除非有国际条约、双边或多边协定的特别规定，否则知识产权的效力只限于本国境内，即一国只保护根据本国法产生的知识产权，而不保护依他国法产生的知识产权。随着知识产权保护的国际化，知识产权的地域性被一定程度的弱化。在我国，知识产权相关的国际条约不能被直接适用，而需要先转化为国内法律方能适用。本条虽然没有明确规定知识产权的地域性特征，但是在各个单项知识产权法律中都有相关规定。

（三）知识产权的类型

主要的知识产权类型包括：第一，著作权有广义狭义之分。狭义的著作权，是指作者对各类创作的作品依法享有的权利。广义的著作权，还包括邻接权，即作品的传播者，如图书出版者、表演者、录音录像制作者、广播组织（广播电台和电视台）在传播作品的过程中，就自己的创造性劳动成果所享有的民事权利。第二，专利权，是发明创造人或其他权利受让人对特定的发明创造在一定期限内，依法享有的独占实施的知识产权。第三，商标权，是指商标主管机关依法授予商标所有人对其注册商标予以国家法律保护的专有的知识产权。第四，其他知识产权，例如地理标志权、商业秘密权、植物新品种权以及集成电路布图设计专有权等。

（四）知识产权的客体

1. 作品

著作权相关法律法规对作品进行了明确规定。权利人依法就作品享有的专有权利是著作权。根据《著作权法》的规定，著作权是指著作权人对其作品享有的人身权和财产权，包括发表权、署名权、修改权、保护作品完整权、复制权、发行权、出租权、信息网络传播权等权利。①

2. 发明、实用新型、外观设计

权利人依法就发明、实用新型、外观设计享有的专有权利是专利权。根据《专利法》第2条规定，发明创造是指发明、实用新型和外观设计。发明，是指对产品、方法或者其改进所提出的新的技术方案。实用新型，是指对产品的形状、构造或者其结合所提出的适于实用的新的技术方案。外观设计，是指对产品的形状、图案或者其结合及色彩与形状、图案的结合所作出的富有美感并适于工业应用的设计。

3. 商标

权利人依法就商标享有的专有权利是商标专用权。商标专用权是商标专用权人在核准商品上使用注册商标的专有权利。根据《商标法》第3条规定，经商标局核准注册的商标为注册商标，包括商品商标、服务商标和集体商标、证明商标。

4. 地理标志

权利人依法就地理标志享有专有权。鉴于TRIPs协议将地理标志单列为独立的知识产权类型，本条亦将其纳入知识产权客体的范围内。地理标志是指标示某商品来源于某地区，该商品的特定质量、信誉或者其他特征，主要是由该地区的自然因素或者人文因素所决定的标志。我国尚无专门的法律法规对地理标志专有权作出规定，对地理标志的规定分布在《商标法》《农业法》《商标法实施条例》等法律法规中。

5. 商业秘密

本条将商业秘密纳入知识产权客体予以保护，通过立法的形式明确了商业秘密的性质。商业秘密，是指不为公众所知悉、能为权利人带来经济利益、具有实用性并经权利人采取保密措施的技术信息和经营信息。权利人依法对商业秘密享有专有权。区别于其他知识产权具有公开性、期限性、绝对排他性等特征，商业秘密自产生之日就自动取得，并具有相对排他性，即同一商业秘密可以由多个权利主体进行占有、使用、收益和处分。同时，商业秘密的保护期限具有不确定性，只要商业秘密不被侵权行为人泄露，就一直受法律保护。

---

① 参考最高人民法院民法典贯彻实施工作领导小组：《中华人民共和国民法典总则编理解与适用》，人民法院出版社2020年版，第626页。

6. 集成电路布图设计

集成电路布图设计，是指集成电路中至少有一个是有源元件的两个以上元件和部分或者全部互联线路的三维配置，或者为制造集成电路而准备的上述三维配置。根据《集成电路布图设计保护条例》第7条规定，布图设计权利人享有下列专有权：（1）对受保护的布图设计的全部或者其中任何具有独创性的部分进行复制；（2）将受保护的布图设计、含有该布图设计的集成电路或者含有该集成电路的物品投入商业使用。

7. 植物新品种

植物新品种是指经过人工培育的或者对发现的野生植物加以开发，具备新颖性、特异性、一致性和稳定性并有适当命名的植物品种。权利人对植物新品种依法享有的专有权是植物新品种权。完成育种的单位或者个人对其授权品种，享有排他的独占权。《种子法》第25条规定，国家实行植物新品种保护制度。对国家植物品种保护名录内经过人工选育或者发现的野生植物加以改良，具备新颖性、特异性、一致性、稳定性和适当命名的植物品种，由国务院农业、林业主管部门授权植物新品种权，保护植物新品种权人的合法权益。

8. 法律规定的其他客体

本项以兜底条款方式为未来知识产权客体的发展留出了空间。《民法典（草案）》征求意见稿曾将该项规定为"法律、行政法规规定的其他智力成果"。但有意见认为，"智力成果"范围过窄，知识产权客体是否皆为智力成果仍存在争议，经研究，采纳了该意见。同时，考虑到知识产权客体由法律规定为宜，故将本项规定为"法律规定的客体"。有观点认为，例如本法第127条规定的数据，就是数据专有权的客体。①

▶ 适用指引

一、正确树立以《民法典》为基本法的知识产权审判思维

知识产权属于私权、属于民事权利，相应地，知识产权法属于私法范畴。这一点无论是在我国民法学界还是知识产权学界，自然无任何分歧。世界贸易

---

① 参见杨立新、李怡雯：《中国民法典新规则要点》，中国法制出版社2020年版，第108页。

组织《与贸易有关的知识产权协定》第1条也明确规定：知识产权是私权。然而，由于知识产权在权利获取与保护方面具有一些不同于传统有形财产权的特点，尤其是存在较多的行政性规范，并承载较多的维护公共利益的制度秉性，使得人们对于知识产权这一民事权利难免"另眼相看"，甚至认为我国一般民事立法不需要对知识产权这一较为特殊的民事权利进行任何规范。这特别体现在本次《民法典》制定中如何对待知识产权"入典的问题"。[①] 本条将专利权、著作权、商标权以及商业秘密等知识产权的实体内容纳入《民法典》体系，意味着知识产权作为现代社会民事主体最重要的权利之一被纳入《民法典》，使得知识产权部门法的属性更加明确，同时也为知识产权审判提供了理论支持和法律依据。

审判实践中，裁判者应牢固树立知识产权为民事权利的意识，正确理解知识产权与《民法典》的关系。在我国，《专利法》《著作权法》和《商标法》等知识产权的单行法律是民法的有机组成部分，和民法是部分和整体的关系。《民法典》对我国知识产权法律制度具有系统性、全局性、决定性的作用。在审判实践中，不能囿于知识产权的专门制度，习惯性地在知识产权体系内寻求问题的解决，而忽视知识产权的民法体系归属和基本理论，更不得在没有法律明文规定的情况下，违背知识产权法定原则，创设新型知识产权，作出与本条基本规定相悖的判定。同时，当下知识产权"三合一"审判机制亦主要是基于民事法律体系和审判体制对知识产权问题进行处理，知识产权审判机制的转变也要求裁判者有更全面、更体系化的审判思维，以民事司法的眼光解决知识产权问题。

二、正确处理知识产权权利保护的封闭性与利益保护的开放性之间的关系

知识产权法定主义要求司法原则上不能创设新的权利类型，但法律保护的正当利益则不受权利法定原则约束，具有灵活性和开放性。在维护知识产权权利法定和不抵触基本知识产权立法政策的前提下，可以综合考虑保护需求、产业发展需要、被诉行为正当性等因素，适时慎重承认和保护新类型创新利益，呵护初生创新顺利成长。对于看不准、弄不清、有市场、受欢迎的新技术、新

---

① 参见冯小青：《〈民法总则〉"知识产权条款"的评析与展望》，载《法学评论》2017年第4期。

产品、新商业模式,在具体适用法律时,要以有利于促进创新、有利于公平竞争、有利于消费者的长远利益为指引,慎重对待、审慎处理。

三、正确处理各类知识产权交叉保护关系

由于知识产权无形性、专有性、可复制性等特点,尤其是无形的特点,使得知识产权的权利保护体系更为复杂。同时,由于我国对知识产权以单行立法的方式进行调整,随着知识产权客体、内容的不断丰富与权利体系的扩张,同一知识产权客体在某种条件下同时归属多个主体、多种权利类型、受到一个以上的单行知识产权法的保护,造成了知识产权的权利冲突,例如,外观设计与商标的冲突、商标权与著作权的冲突、商标权与不正当竞争行为的冲突等。在审判实践中,裁判者需要充分认识违反诚信原则以及损害他人合法在先权利的民事纠纷的本质,善于运用诚信、保护在先权利、维护公平竞争、禁止权利滥用等原则作出公正裁决。

四、正确处理享有知识产权专有权利不得损害社会公共利益的问题

知识产权专有权利的享有和行使需要尊重社会公共利益。知识产权客体虽然由个人创造,但对社会经济、科技、文化的发展与进步具有重要作用,社会公众对其有合理需求,因此知识产权具有一定的公共属性,知识产权权利人利益与公共利益存在一定的冲突。为了实现私权与公共利益的合理平衡,在审判实践中,裁判者应依法合理平衡权利人利益、他人合法权益和社会公共利益、国家利益,实现保护知识产权与促进技术创新、推动产业发展和谐统一。

▶ 典型案例

福州大德文化传播有限公司与宁乡县皇家贵族音乐会所著作权权属、侵权纠纷案

关键词: 著作权 许可使用

裁判摘要: 依据《民法总则》第123条的规定,知识产权属于民事权利;著作权以及与著作权有关的权益作为知识产权的一种,亦属于民事权利。《民法总则》第130条规定:"民事主体按照自己的意愿依法行使民事权利,不受

干涉。"依据《著作权法》规定，著作权许可使用属于著作权人行使权利的方式之一。著作权客体具有无形性特点，可以被多人同时使用，而且著作财产权同一权能可以被多次处分，因此为鼓励作品使用和传播，在不损害国家利益、社会公共利益或者他人合法权益的情形下，应尊重当事人意思自治，允许权利人依法按照自己的意愿许可他人使用其作品。

当著作权被侵害时，被许可使用作品的公民、法人或其他组织是否可以作为原告起诉，《著作权法》及其司法解释并未作出明确规定。而《民事诉讼法》第119条规定，原告是与本案有直接利害关系的公民、法人和其他组织，因此被许可使用人是否可以作为原告起诉需要审查其与被诉著作权侵权行为是否具有直接利害关系。依据《著作权法》第24条规定，著作权许可分为专有使用权许可和非专有使用权许可。《著作权法实施条例》第24条规定："著作权法第二十四条规定的专有使用权的内容由合同约定，合同没有约定或者约定不明的，视为被许可人有权排除包括著作权人在内的任何人以同样的方式使用作品；除合同另有约定外，被许可人许可第三人行使同一权利，必须取得著作权人的许可。"在专有使用权许可的情形下，被许可人作为作品唯一有权使用人，著作权被侵害时其利益直接受损，与被诉侵权行为有直接利害关系，可以作为原告提起诉讼。在非专有使用权许可情形下，被许可人为有权使用作品的人之一，著作权被侵害时其利益亦直接受损，并与被诉侵权行为有直接利害关系。考虑到在非专有使用许可情形下，著作权人也可以使用作品，而且被许可人可能有多个，为维护正常诉讼秩序，参照《最高人民法院关于审理商标民事纠纷案件适用法律若干问题的解释》第4条的相关规定，在经著作权人明确授权的情形下，被许可人亦可以提起诉讼。

基本案情：在再审申请人大德公司与被申请人皇家贵族会所著作权权属、侵权纠纷案中，大德公司经华特国际音乐股份有限公司授权，于授权期内对华特国际音乐股份有限公司享有完整著作权的音乐及音乐电视作品享有复制、放映、信息网络传播、获得报酬等权利，包括向任何第三人主张权利的权利。大德公司主张皇家贵族会所未经大德公司授权，亦未经涉案音乐电视作品原著作权人授权，以营利为目的，擅自在其经营的KTV娱乐场所内以卡拉OK方式向公众放映涉案音乐电视作品，构成对其著作权的侵害。湖南省长沙市中级人民法院一审认为，皇家贵族会所侵害大德公司放映权，判决皇家贵族会所停止侵权。皇家贵族会所不服，提起上诉。湖南省高级人民法院二审认为，大德公司无权就涉案作品向皇家贵族会所提起诉讼。最高人民法院认为，著作权客体具有无形性特点，可以被多人同时使用，而且著作财产权同一权能可以被多次处分，因此为鼓励作品使用和传播，在不损害国家利益、社会公共利益或者他人合法权益的情形下，应尊重当事人意思自治，允许权利人依法按照自己的意愿许可他人使用其作品。在专有使用权许可的情形下，被许可人作为作品唯一有权使用人，著作权被侵害时其利益直接受损，与被诉侵权行为有直接利害关系，可以作为原告提起诉讼。在非专有使用权许可情形下，被许可人为有权使用作品的人之一，著作权被侵害时其利益亦直接受损，并与被诉侵权行为有直接利害关系。考虑到在非专有使用许可情形下，著作权人也可以使用作品，而且被许可人可能有多个，为维护正常诉讼秩序，参照《最高人民法院关于审理商标民事纠纷案件适用法律若干问题的解释》第4条的相关规定，在经著作权人明确授权的情形下，被许可人亦可以提起诉讼。著作权集体管理作为著作权法规定的专门法律制度，既是为了方便权利人行使权利，也是为了方便作品使用，与著作权许可在权利行使、作品使用和费用支付方式上存在重大区别。著作权被许可人基于实体权利依法可以与使用者订立许可使用合同、向使用者收取使用费、提起诉讼和仲裁等。

本案中，大德公司从事活动中不包括"向使用者收取使用费，再向权利人转付使用费"的行为，故尚不足以认定大德公司从事了著作权集体管理活动或者行使了著作权集体管理组织权利。大德公司可以作为原告向人民法院提起诉讼，大德公司作为原告提起诉讼既有利于权利人维护权利，也不违反《著作权法》和《著作权集体管理条例》关于著作权集体管理组织的相关规定。

【案　　号】（2018）最高法民再417号
【审理法院】最高人民法院
【来　　源】最高人民法院知识产权案件年度报告（2020年）

第一百二十四条 自然人依法享有继承权。

自然人合法的私有财产，可以依法继承。

▶ 关联规定

法律、行政法规、司法解释

1.《中华人民共和国民法典》

第一千零六十一条 夫妻有相互继承遗产的权利。

第一千零七十条 父母和子女有相互继承遗产的权利。

第一千一百二十一条 继承从被继承人死亡时开始。

相互有继承关系的数人在同一事件中死亡，难以确定死亡时间的，推定没有其他继承人的人先死亡。都有其他继承人，辈份不同的，推定长辈先死亡；辈份相同的，推定同时死亡，相互不发生继承。

第一千一百二十二条 遗产是自然人死亡时遗留的个人合法财产。

依照法律规定或者根据其性质不得继承的遗产，不得继承。

第一千一百二十三条 继承开始后，按照法定继承办理；有遗嘱的，按照遗嘱继承或者遗赠办理；有遗赠扶养协议的，按照协议办理。

第一千一百二十四条 继承开始后，继承人放弃继承的，应当在遗产处理前，以书面形式作出放弃继承的表示；没有表示的，视为接受继承。

受遗赠人应当在知道受遗赠后六十日内，作出接受或者放弃受遗赠的表示；到期没有表示的，视为放弃受遗赠。

第一千一百二十五条 继承人有下列行为之一的，丧失继承权：

（一）故意杀害被继承人；

（二）为争夺遗产而杀害其他继承人；

（三）遗弃被继承人，或者虐待被继承人情节严重；

（四）伪造、篡改、隐匿或者销毁遗嘱，情节严重；

（五）以欺诈、胁迫手段迫使或者妨碍被继承人设立、变更或者撤回遗嘱，情节严重。

继承人有前款第三项至第五项行为，确有悔改表现，被继承人表示宽恕或者事后在遗嘱中将其列为继承人的，该继承人不丧失继承权。

受遗赠人有本条第一款规定行为的，丧失受遗赠权。

2.《中华人民共和国公司法》

第七十五条　自然人股东死亡后，其合法继承人可以继承股东资格；但是，公司章程另有规定的除外。

3.《最高人民法院关于适用〈中华人民共和国民法典〉婚姻家庭编的解释（一）》

第八条　未依据民法典第一千零四十九条规定办理结婚登记而以夫妻名义共同生活的男女，一方死亡，另一方以配偶身份主张享有继承权的，依据本解释第七条的原则处理。

条文释义

一、本条主旨

本条是关于自然人依法享有继承权的规定。

二、条文演变

继承权是我国民法上的一项重要民事权利，原《民法通则》第76条规定，公民依法享有财产继承权。原《民法总则》第124条系在原《民法通则》第76条的基础上修改而来，规定得更为明确。该条将权利主体按照民法关于权利主体的一般规定明确为自然人，另外将财产的范围明确为"合法的私有财产"，同时规定"可以依法继承"，强调继承的合法性。《民法典》对该规定予以沿用。

三、条文解读

（一）继承和继承权的概念

继承权一般可以认为是民法上的概念，但继承并不是民法上的特有概念。

继承的原始含义是指依法承受死者的遗产，其引申含义还包括接受前人的作风、文化、知识、事业等，在政治学、社会学、文化等领域内都有使用。在我国民法上，继承是指将死者生前所有的于死亡时遗留的财产依法转移给他人所有的制度。① 狭义上的继承是指对死者死亡时所遗留的财产的承受，而广义上的继承不仅包括对死者遗留财产的承受，还包括了对死者生前其他权利义务的概括承受，我国民法上的继承是狭义上的继承。在继承法律制度中，遗留财产的死者为被继承人，依法承受死者财产的人为继承人，死者遗留的财产为遗产。根据本条规定，依法享有继承权的自然人为继承人，自然人合法的私有财产为遗产。

我国民法上的继承有以下特点：

1. 继承只能发生于被继承人与继承人之间。继承人的范围限定为被继承人的近亲属，其相互之间存在近亲属的关系，一般包括配偶、父母、子女、兄弟姐妹、祖父母、外祖父母、孙子女、外孙子女以及其他符合法律规定的近亲属。这也就限定了继承人和被继承人都是自然人，国家、集体所有制组织、企业事业单位、个人合伙、非法人组织等既不能作为继承人也不能作为被继承人，他们有可能取得被继承人的遗产，但他们取得财产的方式并不是继承。

2. 继承人在取得被继承人的遗产时是依法无偿的。无论是法定继承还是遗嘱继承，继承人取得遗产都不需要支付任何对价，自然人立有遗嘱的按照遗嘱办理，没有遗嘱或者遗嘱无效、部分无效的，按照法定继承办理。

3. 现代继承只能是对于被继承人财产的继承，而不包括官职、爵位等身份的继承，而且要求被继承人的财产应当是合法的私有财产。因此，对于那些被继承人通过违法途径获得的非法财产或者是通过租赁、借用、保管等方式暂时占有的财产，因被继承人并没有这些财产的所有权，不能列为遗产的范畴由继承人继承。

所谓继承权，是指自然人按照法律的规定或者被继承人所立的合法有效遗嘱而享有的继承被继承人遗产的权利，或接受被继承人遗产的资格。当具备一定的法律事实时，继承人对被继承人留下的遗产拥有事实上的财产权利。继承权的实现自被继承人死亡或宣告死亡时开始。自继承开始，继承人可以自主决定是行使继承权、接受继承，还是放弃继承权。继承开始后，遗产分割前，继

---

① 魏振瀛主编：《民法（第五版）》，北京大学出版社、高等教育出版社2013年版，第578页。

承人未明确表示放弃继承权的，视为接受继承。继承权的放弃，须以明示的方式作出，且不能附加任何条件。继承权的丧失，或称继承权的剥夺，是指依照法律规定在发生法定事由时取消继承人继承被继承人遗产的权利。继承权丧失的法定事由包括：（1）故意杀害被继承人的（绝对丧失）。（2）为争夺遗产而杀害其他继承人的（绝对丧失）。（3）伪造、篡改或者销毁遗嘱，情节严重的（绝对丧失）。（4）遗弃被继承人或者虐待被继承人情节严重的（相对丧失）。

（二）继承权的特征

继承权具有以下特征：（1）继承权是自然人基于一定的身份关系享有的权利，强调的是自然人享有。（2）继承权应依法享有，具体可分为依照法律的直接规定或者合法有效的遗嘱而享有，对应为法定继承权与遗嘱继承权。法定继承权是法定继承中继承人享有的继承权，它来自法律的直接规定，只有法律规定的法定继承人才享有法定继承权。遗嘱继承权是遗嘱继承中继承人享有的继承权，只有合法有效的遗嘱中指定的继承人才享有遗嘱继承权，未在遗嘱中被指定的人尽管可能享有法定继承权却不能享有遗嘱继承权。（3）继承权的标的是合法的私有财产，包括自然人的合法收入，自然人的房屋、储蓄和生活用品，自然人的林木、牲畜和家禽，自然人的文物、图书资料，法律允许自然人所有的生产资料，自然人的著作权、专利权中的财产权利，以及自然人的其他合法财产。

（三）继承的发源和本质

继承作为一种社会制度，在人类社会的各个历史时期都有存在，但不同历史时期的继承制度有不同的特点，即使是同一历史时期的不同国家、同一国家的不同历史时期其继承制度都有着很大不同。原始社会时期人类的生产力水平较低，实行集体的生产和生活方式，没有或者很少存在私有的个人财产，也没有现代意义上的自然人，财产是通过部落集体的传承而得以积累的。即使在一定范围内存在着根据血缘来分配财产的规则，也与现代民法意义上的继承有很大的不同。随着生产力的发展，私有制逐渐产生，阶级开始分化。统治阶级为了确保私人占有的合法性并保证私人利益的延续性，慢慢开始由统治阶级的子嗣来继承其父亲的血统、身份和财产，这种继承在奴隶制、封建制时期经历了漫长的发展。奴隶制、封建制时期的继承虽上升到立法的层面，但并非现代意义上的继承法律制度。至资本主义时期，财产继承制开始从宗祧继承中独立出来，并最终取代了身份继承制，现代民法意义上的财产继承制度才得到正式确立。[1] 现代社会制定有民法典的国家和地区一般均在民法典中规定有继承法律制度。如《法国民法典》在第三卷"取得财产的各种方式"第一编规定了"继承"，《德国民法典》在第五编"继承法"规定了继承权，《俄罗斯联邦民法典》在第五编"继承法"规定了继承权，《日本民法典》在第五编"继承"规定了继承权。

关于继承的本质，也称为继承的发生根据，存在着意思说、家族协同说、死后扶养说、无主财产归属说及共分说等不同的学说：（1）意思说。所谓意思说，是源自自然法学派的观点，认为继承的发生来源于被继承人生前通过遗嘱对个人财产的处分行为，如果没有遗嘱，法律也应当根据被继承人的自然情感和爱恨憎恶来推测其真实意思，以此来决定遗产的归属。（2）家族协同说。家族协同说则认为，继承是由家庭协同生活发展而产生的，继承发端于家族共有财产的继承，个人财产的处分受到限制，个人死后财产必须留于家族内部，家族之共同生活分纵和横，同代人共同生活为横，上下代人共同生活为纵，继承是人类自祖先以至乃子乃孙、维持过去现在未来之纵的生活的必然现象。（3）死后扶养说。死后扶养说认为，一定范围内的宗族或亲属对于负有扶养义务的人，不仅在其生前进行扶养，其死后也应当继续扶养，这种死后也受扶养的权利实质上就是继承权，而不需要抚养的人不论其与被继承人关系如何均不享有继承权，此种学说较少为立法例采用。（4）无主财产归属说。无主财产归属说认为人的人格因死亡而消灭，自然人存活时为民事主体享有财产权，但其死亡后财产变为无主财产，财产归属于何人全由国家立法政策而定，当今世界继承法中限定继承人的范围并对遗产课以税收甚至限定遗产继承范围的相关规定一定程度上体现了该学说的影响力和解释力。（5）共分说。共分说认为，被继承人的财产原本存在本人所有权、亲属所有权和国家所有权三种权利，分别对应于遗嘱继承、法定继承以及国家对于继承的立法政策，这是一种较为新颖的学说。

综上，不同的学说、不同的法律制度对于理解继承的本质均在不同的角度有其独特的意义。继承在现代社会作为一种社会制度，既是人类社会自然发展

---

[1] 秦伟：《继承法》，世纪出版集团、上海人民出版社2001年版，第7页。

的结果，也是国家主动干预的结果，是随着人类社会生产力的发展和文化的演进而产生的对于人类社会关系的一种调整方式。

（四）继承权的基本原则

立法对于继承权确立了以下原则：

1.保护自然人合法财产继承权的原则。（1）凡自然人死亡时遗留的个人合法财产均为遗产，全得由其继承人继承。（2）继承人的继承权不得非法剥夺或限制。（3）继承权为绝对权，任何人都负有不得侵害的义务。

2.继承权平等原则。（1）继承权男女平等。（2）非婚生子女与婚生子女继承权平等。（3）在遗嘱继承和遗赠中保护老、幼、残疾人的利益。《民法典》继承编规定，被继承人以遗嘱处分其财产时，遗嘱中应当为缺乏劳动能力又没有生活来源的继承人保留必要的份额。（4）遗产分割不能侵害未出生人的利益。按照《民法典》继承编的要求，在遗产分割时，应当保留胎儿的继承份额，以保护被继承人死亡后出生子女的利益。（5）承认遗赠扶养协议的效力。《民法典》继承编中特别规定了遗赠扶养协议。自然人可以与无法定扶养义务的自然人或组织签订遗赠扶养协议，以保障受扶养人的生养死葬。

3.互谅互让、团结和睦原则。（1）继承人的继承权受法律的平等保护。（2）法定继承人有平等的继承权。（3）继承人协商处理继承问题。

适用指引

一、关于有限公司自然人股东死亡后其股东资格如何继承的问题

股权就其本质属性来说，既包括股东的财产权，也包括基于财产权产生的身份权即股东资格，该身份权体现为股东可以就公司的事务行使表决权等有关参与公司决策的权利。就股权所具有的财产权属性而言，其作为遗产被继承是符合我国现行法律规定的。对于股东资格的继承问题，《公司法》第75条规定了股东继承的一般原则，即自然人股东死亡后，其合法继承人可以继承股东资格；但是，公司章程另有规定的除外。

首先，自然人股东的合法继承人可以继承股东资格。继承人自被继承人死亡时开始享有股东资格。其他股东或者第三人不能以未办理股东名册或者工商

登记为由对继承人的股东资格进行抗辩。其次，允许公司章程另行规定股东资格继承办法。比如，规定当股东不同意某人继承已死亡的股东的资格时，可以采用股权转让的方式处理股权继承问题等。值得注意的是，公司章程只能合理限制继承人继承股东资格，不得违反《民法典》继承编的基本原则，剥夺继承人获得与股权价值相适应的财产对价的权利。

二、关于继承纠纷中的公司赠股处理问题

在审理有关公司赠股继承纠纷案件时，应当注意公司赠股约定受赠人只参与分红，不因此而持有公司股权成为公司股东或者因此增加持股比例等附加条件时，该赠股实为股东之间分红的特别约定，本质上就是公司的收益分红权，故对该赠股的继承，不按照一般股权继承处理，而只依法将收益分红权在继承人之间分割即可。

第一百二十五条 民事主体依法享有股权和其他投资性权利。

▶ **关联规定**

法律、行政法规、司法解释

1.《中华人民共和国公司法》

第四条 公司股东依法享有资产收益、参与重大决策和选择管理者等权利。

第七十一条 有限责任公司的股东之间可以相互转让其全部或者部分股权。

股东向股东以外的人转让股权，应当经其他股东过半数同意。股东应就其股权转让事项书面通知其他股东征求同意，其他股东自接到书面通知之日起满三十日未答复的，视为同意转让。其他股东半数以上不同意转让的，不同意的股东应当购买该转让的股权；不购买的，视为同意转让。

经股东同意转让的股权，在同等条件下，其他股东有优先购买权。两个以上股东主张行使优先购买权的，协商确定各自的购买比例；协商不成的，按照转让时各自的出资比例行使优先购买权。

公司章程对股权转让另有规定的，从其规定。

2.《最高人民法院关于适用〈中华人民共和国公司法〉若干问题的规定（三）》

第十八条 有限责任公司的股东未履行或者未全面履行出资义务即转让股权，受让人对此知道或者应当知道，公司请求该股东履行出资义务、受让人对此承担连带责任的，人民法院应予支持；公司债权人依照本规定第十三条第二款向该股东提起诉讼，同时请求前述受让人对此承担连带责任的，人民法院应予支持。

受让人根据前款规定承担责任后，向该未履行或者未全面履行出资义务的股东追偿的，人民法院应予支持。但是，当事人另有约定的除外。

第二十五条 名义股东将登记于其名下的股权转让、质押或者以其他方式处分，实际出资人以其对于股权享有实际权利为由，请求认定处分股权行为无效的，人民法院可以参照民法典第三百一十一条的规定处理。

名义股东处分股权造成实际出资人损失，实际出资人请求名义股东承担赔偿责任的，人民法院应予支持。

▶ 条文释义

一、本条主旨

本条是关于民事主体享有股权和其他投资性权利的规定。

二、条文演变

我国《民法典》采用民商合一的立法模式。在采取民商分立立法模式的国家，其民法典中未明确规定股权和其他投资性权利等商事权益，这与其单独制定有商法典有关。而采取民商合一立法模式的国家，一般均在民法典相关条文中明确股权等商事权益受民法保护。

在制定原《民法总则》时，一审稿第 91 条曾规定，民事主体依法享有股权或者其他民事权利。一审稿未规定其他投资性权利。在原《民法总则》编纂过程中，有的意见提出，民事主体购买基金和其他有价证券的权利也应受到保护，建议将"股权"修改为"投资权"。有的意见建议，将本条修改为："民事主体依法享有的股权及其他投资性权利受法律保护。"根据各方面意见，原《民法总则》本条最终规定："民事主体依法享有股权和其他投资性权利。"与原《民法通则》未规定股权等商事权益相比，原《民法总则》在全面保障私权方面取得了显著的进步，对于权利体系、各种权利类型作出了清晰界定，这对于相关经济社会活动开展具有基础性作用。《民法典》总则编对这一规定予以保留。

三、条文解读

（一）股权的概念

股权是股东基于对公司的投资或者其他合法原因而持有公司资本的一定份额的权利。股权，也称股东权，分为狭义和广义两种。狭义的股权，是指股东向公司出资而享有的权利；而广义的股权，则是对股东权利和义务的总称。《民法典》采狭义的股权概念。因为从《民法典》的体例结构来看，民事权利、民事责任各一章，对义务的一般规定放在了民事责任一章，该章第176条规定："民事主体依照法律规定或者当事人约定，履行民事义务，承担民事责任。"

（二）股权的内容

股权是公司股东普遍享有的权利。股东通过向公司出资，取得股权以实现其经济利益。从本质上来说，股权来源于股东投资财产的所有权，股东通过将自身财产的所有权让渡于公司，从而获得让渡财产的对价，这部分对价及由此而衍生出来的权利就成为股东的股权。根据我国《公司法》规定，股权一般包括以下内容：（1）股东身份权，主要包括出席股东会行使表决权、选举权和被选举权等；（2）参与管理决策权；（3）选择、监督管理者权；（4）资本收益权；（5）知情权，主要包括对于公司章程、股东会会议记录及公司财务会计报告资料等的查阅权等；（6）提议召集主持股东会临时会议权；（7）优先受让和认购新股权；（8）建议和质询权；（9）股份转让权；（10）股东诉讼权及其他权利。

在不同公司或同一公司的不同股东中，股权的内容及其表现形式会有所差异。按照公司法学理分类，结合司法实践，股权可分为下列几种：

1.根据股权行使的目的和内容可划分为自益权与共益权。股东以自己的利益为目的行使的权利为自益权，性质上主要是财产权，主要包括发给出资证明或股票的请求权、股份转让过户的请求权、分配股息红利的请求权、分配公司剩余财产的请求权及新股发行认购权等。股东不仅以自身的利益还以公司的利益为目的行使的权利是共益权，共益权旨在维护全体股东或者公司团体利益，性质上属于管理权，主要包括出席股东会的表决权、任免董事等公司管理人员的请求权、查阅公司章程的请求权、请求法院宣告股东会决议无效的请求权以及对公司董事、监事提起诉讼的权利等。

2. 根据股权性质可划分为固有权和非固有权。固有权又称法定股东权，是指未经股东同意，不得以公司章程或者股东大会多数决予以剥夺或者限制的权利。非固有权，是指可以通过公司章程或者股东大会予以剥夺或者限制的权利。

3. 根据行使股权的主体可以分为一般股东权和特别股东权。一般股东权是指公司的普通股东享有的权利，特别股东权是指专属于特定股东享有的权利，例如，公司发起人和优先股股东、后配股股东、混合股股东等特别股东所享有的权利。

（三）股权的性质

如何认识股权的性质，在我国具有特殊意义，可以借此明确国有股权行使的方法。对于股权的性质，20世纪后期以来，随着公司所有权与经营权的分离，主要产生了以下观点：

第一种观点认为属于物权，股东对其股权享有所有权，股东权就是股东的财产所有权，股东对其投入公司的财产享有支配权。在这种观点之下，有的观点进而认为在公司中股东享有的所有权与公司法人享有的所有权并存，所有权的二重结构并不破坏"一物一权"规则，并不意味着国家所有权的丧失。[①] 此观点的缺陷在于过分强调股权的支配性，但忽略了物权法一物一权的物权法定原则。

第二种观点认为属于债权，股东与公司的关系是债权人与债务人之间的关系。股东的所有权逐渐被削弱，股票成为债的凭证，股票与公司债券之间的区别不断缩小，股东收益权成为一种债务请求权。[②] 此观点过分夸大了股权在股份分红方面的请求权特征，而忽略了股权所具有的监督公司、参与管理等作用，并不全面。

第三种观点认为股权是一种独立的民事权利类型。作为独立民事权利的股权具有目的权利与手段权利有机结合、团体权利和个体权利辩证统一的特征，兼有请求权和支配权的属性，具有资本性和流转性。

[①] 王利明：《论股份制企业所有权的二重结构》，载《中国法学》1989年第1期。
[②] 郭峰：《股份制企业所有权问题的探讨》，载《中国法学》1988年第3期。

《民法典》第 129 条规定："民事权利可以依据民事法律行为、事实行为、法律规定的事件或者法律规定的其他方式取得。"股权可由特定的民事法律行为创设，例如由出资行为及转让行为等创设。创设行为是产生股权的法律事实。股权与公司财产权相伴而生，只有股权独立化才可能产生公司所有权，而公司所有权的产生必然要求股权同时独立化。[1] 此观点在理论及实践中有一定说服力，且与我国《民法典》及公司立法有一定的契合性。理论界还有一种社员权说也较有影响力，此说认为股权是股东基于营利性社团的社员身份而具有的权利，股权属于社员权，但是股东股权是由于其出资而享有，而并非先天基于股东资格，因此社员权说在逻辑上也存在一定的缺陷。

《民法典》第 125 条规定："民事主体依法享有股权和其他投资性权利。"该条确立了股权等独立的民事权利类型的法律地位，即公司享有法人财产权，股东享有股权，而股权是不同于所有权的独立的民事权利。这一认识对于国家股东而言，具有重大的历史意义，有利于其权利行使方式的转变。对于普通公司而言，则有利于排除股东，尤其是控制股东对公司的不当干预与控制，使公司的独立意思获得法律保障，从而使公司法律人格的独立性得以充分实现。[2]

（四）关于对其他投资性权利的理解

《民法典》规定的其他投资性权利是指民事主体通过投资而享有的民事权利，主要包括信托权、各种期权、多种财产权组合的权利等，也包括向公司以外的企业或其他组织进行投资而取得的权利。从本条规定的特点来看，将股权和其他投资性权利共同规定，是因为股权和其他投资性权利在某些方面具有一定的共性，如均是民事主体通过自身财产权益的让渡而获得的权利，权利的特点又具有很强的复合性等。但股权和其他投资性权利有别于其他财产性权利，这些权利完全产生于企业经济金融活动之中。虽然在我国《公司法》中对股权作了规定，但是《民法典》总则编把股权和其他投资性权利单独列出给予保护，势必会增加投资人的安全感和积极性，促进市场经济发展。

由于我国实行民商合一的立法模式，虽然商事法律规范具有独特性还是独立性在理论上还存在着巨大的争议，但是作为商法核心规范的商事主体与商事行为立法显然不能独立于《民法典》之外，只能依赖于《民法典》关于民事

---

[1] 江平：《论股权》，载《中国法学》1994 年第 1 期。
[2] 范建、王建文：《公司法》，法律出版社 2007 年版，第 296 页。

主体、民事法律行为的一般规定。从这个意义上讲，商法规范虽然在具体法律行为规范上存在其独特性和独特价值，但在根本上是不能完全独立于民法规范的。故而本条规定实现了民事财产体系与商事财产体系在价值层次上的同一位阶，将商事财产体系融入了《民法典》当中，拓展了我国民事财产权利体系的形态，体现了《民法典》的包容性。

▶ 适用指引

一、审判实践中对于本条的把握原则

对于《民法典》相关条款的理解和适用，不能只看民法，还要看其对其他法律的辐射作用。《民法典》总则编的内容大部分系对原《民法总则》条文的沿用。原《民法总则》在制定时被定位成中国民商事法律的基本法、上位法，或者是统率性的法律。原《民法总则》的立法，是将物权法、商法、知识产权法等法律体系中的相关条文从原《民法通则》中抽象出来，同时按照"提取公因式"法，提炼出民商事法律中基础性、共同性、纲领性的内容。因此，原《民法总则》内容比较概括、抽象，需要通过具体的制度予以落实、结合起来理解和适用，才能够达到比较好的效果。原《民法总则》在物权、债权和知识产权三种财产权利之上，增加了股权和其他投资性权利，更多的股权相关问题需要通过《民法典》各相关编、《公司法》等相关法律来规制。

《民法典》沿用原《民法总则》的规定，明确了股权是一种独立的民事权利类型，能够依法转让是股权的重要内容之一。根据《民法典》侵权责任编的规定，股权亦在侵权责任法保护的民事权益范围之内。股权转让纠纷是指在股东之间、股东与非股东之间进行股权转让而发生的纠纷。它包括有限责任公司的股权转让纠纷和股份有限公司的股权转让纠纷（又称股份转让纠纷）两种情形。有限责任公司兼具人合与资合性，股权可以对内转让和对外转让。《公司法》第71条对有限责任公司对外转让股权作出了相应的强制性规定，如转让时需其他股东过半数同意、其他股东享有优先购买权等，造成此等股权转让纠纷不断。为此，《公司法规定（三）》第18条第1款明确："有限责任公司的股东未履行或者未全面履行出资义务即转让股权，受让人对此知道或者应当知道，公司请求该股东履行出资义务、受让人对此承担连带责任的，人民法院应

予支持；公司债权人依照本规定第十三条第二款向该股东提起诉讼，同时请求前述受让人对此承担连带责任的，人民法院应予支持。"

股份有限公司作为典型的资合公司，其股权以自由转让为基本特征。但是，实践中亦出现了部分因名义股东擅自处分股份，实际出资人（隐名股东）主张权利，并提起损害赔偿之诉的纠纷。为此，《公司法规定（三）》第25条规定："名义股东将登记于其名下的股权转让、质押或者以其他方式处分，实际出资人以其对于股权享有实际权利为由，请求认定处分股权行为无效的，人民法院可以参照民法典第311条的规定处理。名义股东处分股权造成实际出资人损失，实际出资人请求名义股东承担赔偿责任的，人民法院应予支持。"对于侵害实际出资人享有的财产权利，能否依照原《侵权责任法》第19条（《民法典》第1184条）规定的"侵害他人财产的，财产损失按照损失发生时的市场价格或者其他方式计算"，立法机关认为，应当依照《公司法》等相关法律法规规定承担民事责任。[①]

二、股权与股份、股票的区别

本条规定了股权及其他投资性权利属于民事主体的基本民事权利，然而实践中与股权同时使用的还有股份、股票等概念。一般来说，《公司法》实践中对于有限责任公司股东的权利多用股权，而对于股份有限公司的权利则多使用股份，也就是说在描述股权这一概念时，两者的意义接近。但股份并不是一个权利概念，而是指股份有限公司股东所有的用于计量的股票数量，股份有限公司股东所持有的股票数量也就是股份通常反映了股东的权利大小，因而在股份有限公司领域股份这一概念的使用更为广泛。对于股份有限公司而言，股票通常与股份密不可分，股票是股份公司发行的所有权凭证，是用于记载股东所持股份数量的有价证券，一般多用于上市公司。对于股份公司股东而言，拥有股份或者拥有股票，就享有股权，两者在使用场合上有所区分。股份在非公司企业法人中也可以使用，但对于非公司企业法人，与出资人的股份对应的一般不能称之为股权，可以认为属于投资性权利。

[①] 全国人大常委会法制工作委员会民法室编：《中华人民共和国侵权责任法条文说明、立法理由及相关规定》，北京大学出版社2010年版，第72页。

三、关于企业法人出资人对企业享有的权利是否都属于股权的问题

企业法人与非企业法人是我国在计划经济时期以及市场经济初期使用的对于法人的区分类型,与之相关的还有非法人企业等划分,但由于这种分类与公司法人彼此交叉,极易造成相关概念的混乱,故《民法典》现已不采用这种分类方式,而是采用营利法人、非营利法人、特别法人以及非法人组织的分类方式。同时《民法典》仍然使用了企业的概念,因此,未来一段时间内企业法人、非企业法人等有关法人的分类方式可能还持续存在。对于企业法人而言,一般包括公司和其他企业法人。公司是按照《公司法》成立的具有法人资格的企业,其他企业法人是具有法人资格但并没有按照《公司法》成立并采用公司管理形式的企业。公司的出资人对公司的权利当然属于股权,自无疑问。其他企业法人主要是在1993年《公司法》颁布之前我国成立的各类全民所有制企业、集体所有制企业以及中外合作企业等。这类企业法人不是公司,具有法人资格,能够独立经营、独立承担民事责任,但因为此类企业法人并非按照《公司法》组建,出资人享有的权利依赖于主管部门决定以及企业章程的规定,故出资人对此类企业法人享有的权利一般不能认为属于股权。

▶ 类案检索

柏某与徐州市泉山区华东管道幼儿园股东资格确认纠纷案

关键词: 出资　确认份额

裁判摘要: 2002年7月31日,徐州市泉山区民政局核发的民办非企业单位登记证书载明被告的名称为徐州市华东管道幼儿园(以下简称管道幼儿园),法定代表人为王某萍,开办资金为145万元,业务主管单位为徐州市泉山区文体局。其后徐州市泉山区教育局向管道幼儿园颁发的有效期限自2019年9月19日至2022年9月18日的民办学校办学许可证载明的名称为徐州市泉山区华东管道幼儿园,主管部门为徐州市泉山区教育局。管道幼儿园的开办资金由其职工筹集,其中柏某出资29600元。2002年8月8日,管道幼儿园向柏某颁发的出资证明记载:股东柏某于2002年8月8日向本园出资29600元,占幼儿园开办资金的2.4%。但柏某等出资人在登记机关未作为出资人进行登记。

法院认为，管道幼儿园系经民政部门核准设立的民办非企业单位，与公司法意义上的公司有着明显的区别，因此包括柏某在内为其提供开办资金的人员也应为出资人而非公司法意义上的股东，相应的，出资人对出资所享有是出资份额而非股份；管道幼儿园认可柏某向其出资29600元且该出资占幼儿园开办资金的2.4%，并已向柏某颁发出资证明，对此予以确认。依照《民法典》第113条、第118条、第119条、第125条、第126条的规定，判决确认柏某为徐州市华东管道幼儿园的出资人，其出资份额为2.4%。

【案　　号】（2021）苏0311民初116号
【审理法院】江苏省徐州市泉山区人民法院

> 第一百二十六条 民事主体享有法律规定的其他民事权利和利益。

▶ 关联规定

法律、行政法规、司法解释

1.《中华人民共和国民法典》

第一百八十五条 侵害英雄烈士等的姓名、肖像、名誉、荣誉，损害社会公共利益的，应当承担民事责任。

第四百五十八条 基于合同关系等产生的占有，有关不动产或者动产的使用、收益、违约责任等，按照合同约定；合同没有约定或者约定不明确的，依照有关法律规定。

第四百五十九条 占有人因使用占有的不动产或者动产，致使该不动产或者动产受到损害的，恶意占有人应当承担赔偿责任。

第四百六十条 不动产或者动产被占有人占有的，权利人可以请求返还原物及其孳息；但是，应当支付善意占有人因维护该不动产或者动产支出的必要费用。

第四百六十一条 占有的不动产或者动产毁损、灭失，该不动产或者动产的权利人请求赔偿的，占有人应当将因毁损、灭失取得的保险金、赔偿金或者补偿金等返还给权利人；权利人的损害未得到足够弥补的，恶意占有人还应当赔偿损失。

第四百六十二条 占有的不动产或者动产被侵占的，占有人有权请求返还原物；对妨害占有的行为，占有人有权请求排除妨害或者消除危险；因侵占或者妨害造成损害的，占有人有权依法请求损害赔偿。

占有人返还原物的请求权，自侵占发生之日起一年内未行使的，该请求权消灭。

2.《中华人民共和国证券法》

第八十五条 信息披露义务人未按照规定披露信息，或者公告的证券发行文件、定期报告、临时报告及其他信息披露资料存在虚假记载、误导性陈述或者重大遗漏，致使投资者在证券交易中遭受损失的，信息披露义务人应当承担赔偿责任；发行人的控股股东、实际控制人、董事、监事、高级管理人员和其他直接责任人员以及保荐人、承销的证券公司及其直接责任人员，应当与发行人承担连带赔偿责任，但是能够证明自己没有过错的除外。

第一百六十三条　证券服务机构为证券的发行、上市、交易等证券业务活动制作、出具审计报告及其他鉴证报告、资产评估报告、财务顾问报告、资信评级报告或者法律意见书等文件，应当勤勉尽责，对所依据的文件资料内容的真实性、准确性、完整性进行核查和验证。其制作、出具的文件有虚假记载、误导性陈述或者重大遗漏，给他人造成损失的，应当与委托人承担连带赔偿责任，但是能够证明自己没有过错的除外。

▶ 条文释义

一、本条主旨

本条是关于民事主体享有其他民事权利和利益的兜底性规定。

二、条文演变

在原《民法通则》制定时，并未规定民事权利和权益的一般性条款，在司法实践中，人们往往援引原《民法通则》第106条的规定，即"公民、法人由于过错侵害国家的、集体的财产，侵害他人财产、人身的应当承担民事责任。"

原《侵权责任法》第2条对于民事权益作了明确的规定，该条规定："侵害民事权益，应当依照本法承担侵权责任。本法所称民事权益，包括生命权、健康权、姓名权、名誉权、荣誉权、肖像权、隐私权、婚姻自主权、监护权、所有权、用益物权、担保物权、著作权、专利权、商标专用权、发现权、股权、继承权等人身、财产权益。"

原《民法总则》第126条中明确规定："民事主体享有法律规定的其他民事权利和利益。"这构成了本条的滥觞。

三、条文解读

（一）关于其他民事权益兜底保护的意义

民事权益包括民事权利和利益。权利是指为了保护主体和某种利益而赋予的法律上的力，它是利益与法律之力的结合。民事主体享有的民事权利不限于本编明确的权利，还包括《民法典》各相关编以及其他法律规定的民事权利。有些权利是广为人知、社会认知度比较高且民事主体行使频度较高的权利，而有些权利则由于其复合性及与其他权利的相似性，现行法律尚未赋予其确切名称，对于这些权利也应得到法律的保护。而民事利益则是指应由民法保护的，因缺乏必需的构成要件而尚未上升为权利的利益。民法的很多权利都是在实践及理论的不断发展中逐渐明确其内涵、外延从而成为确定的民事权利的，如隐私权，在《民法典》出台之前一般是作为隐私利益加以保护的。如果没有《民法典》的概括性规定，民事主体的权利扩张就会困难重重。《民法典》在本章中对于民事主体享有的民事权利进行了列举性规定，但是由于社会生活千变万化，且处于不断发展之中，《民法典》不可能通过列举的形式实现对民事主体所有民事权益的保护。《民法典》通过规定民事主体享有法律规定的其他民事权利和利益这一条款，实现了对民事权利的全面保护，同时也起到了对各相关编及单行民事法律中民事权益的统领作用。就该条的立法目的而言，民事主体享有民事权利和利益，极大地扩张了民事主体的权利范围，使得《民法典》真正成为民事主体的"权利宣言书"。①

从理论上来讲，民事权利和利益有所不同。民事权利作为民法的基本概念，存在多种学说，包括利益说、法力说和手段说等。在描述民事权利时，会使用到利益的概念，一般可以认为民事权利是民事主体所享有的特定的利益，不同的权利体现为不同的利益。在《民法典》之前，我国民事立法多使用权益一词，此处的权益是权利和利益的合称。利益的范围要大于权利的范围，权利反映了民事主体的利益，但民事主体的利益却并非都是民事权利，只有那些受到民事法律保护的特定利益才是民事权利。而且，受到民事法律保护的不仅有民事权利这部分利益，还包括不属于民事权利但受到保护的其他利益，一般称

---

① 参见王利明主编：《中华人民共和国民法总则详解》，中国法制出版社2017年版，第540页。

之为民事权益。此处的民事权益应作狭义理解,即受到民法保护的不包括权利的那部分利益,理论上也称为"法益",或称为合法利益。合法利益与权利虽然存在区别,但同样受到民法的保护,只是未有权利之名。实践中,占有是民事主体享有的合法权益,但占有本身并不是一项权利。此次《民法典》编纂将其他民事权利与利益作兜底性保护,从完整意义上达成了《民法典》总则编对于民事权利"抽象提取公因式"的目标,为各相关编中的民事权利和利益的保护提供了基础,避免了法律漏洞,也为将来确立新的民事权利和利益提供了立法依据。

总体而言,法律明确规定的民事权益可以分为人身权益和财产权益。

(二)民法保护的法律权益体系

1. 人身权益

人身权是指自然人依法享有的与其人身不可分离、无直接财产内容的民事权利。[①] 人身权包括人格权与身份权。

(1)人格权。人格权是指民事主体基于其法律人格而享有的、以人格利益为客体、为维护其独立人格所必需的权利。主要包括自然人的生命权、健康权、身体权、姓名权、肖像权、名誉权、荣誉权、隐私权等。需要特别指出的是,《民法典》在第110条规定了法人和非法人组织享有名称权、名誉权、荣誉权等权利。这表明法人和非法人组织亦享有人格权。

(2)身份权。包括自然人因婚姻、家庭关系产生的监护权、亲属权、配偶权等。

(3)人格利益。随着侵权责任保护范围的扩大,受保护的对象除特定的人身权等外,还包括一些合法的人格利益。一般而言,这些利益因缺乏必需的构成要件而尚未上升为权利。但它们是人权的渊源,是对权利的补充,应为法律所保护。对于这些人格利益,学理上一般称为"一般人格权"。同时,《最高人民法院民事案件案由规定》亦在人格权纠纷项下将"一般人格权纠纷"作为独立的案件受理事由。《民法典》第109条规定,自然人的人身自由、人格尊严受法律保护。此即为对一般人格权的规定。其中,人身自由是指公民在法律规定的范围内有人身不受侵犯和自主行为的自由,包括结社自由、住宅自由、通

[①] 马俊驹、余延满:《民法原论》,法律出版社2004年版,第101页。

讯自由和通信秘密受法律保护、婚姻自主等；人格尊严是指公民基于自己所处的社会环境、地位、声望、工作环境、家庭关系等各种客观条件而对自己或他人的人格价值和社会价值的认识和尊重。除此之外，《民法典》第111条规定的对自然人个人信息的保护，亦属于人格利益的规定。

2. 财产权益

财产权利主要包括所有权、用益物权、担保物权、知识产权、股权、继承权等权利。其中，所有权是对标的物充分的占有、使用、收益、处分的权利。用益物权，是对他人所有的物在一定范围内使用、收益的权利。根据《民法典》物权编的规定，我国用益物权种类包括建设用地使用权、土地承包经营权、宅基地使用权、地役权、海域使用权、矿业权等。担保物权，是指为了担保债务的履行，在债务人或第三人特定的物或权利上所设定的物权。知识产权，是指权利人对其智力劳动所创作的成果享有的财产性权利，包括著作权、专利权、商标专用权等。股权，是股东基于其股东资格而享有的，从公司获取经济利益并参与公司经营管理的权利。继承权，是自然人依照法律的规定或被继承人生前立下的合法遗嘱承受被继承人遗产的权利。需要指出的是，知识产权、继承权除了具备财产权的属性，还具备一定的人身权属性。

3. 法律规定的其他权利和利益

（1）死者人格利益。自然人死亡后，尽管不再享有权利，但其名誉、姓名、肖像中的社会性利益因素仍应当予以保护。《民法典》总则编中虽未对死者的人格利益予以明确，但通过本条的兜底性规定可将死者人格利益保护涵盖其中，事实上，《民法典》第994条已经规定了死者人格利益保护，该条规定："死者的姓名、肖像、名誉、荣誉、隐私、遗体等受到侵害的，其配偶、子女、父母有权依法请求行为人承担民事责任；死者没有配偶、子女且父母已经死亡的，其他近亲属有权依法请求行为人承担民事责任。"对于死者人格利益予以保护，并非承认死者享有人格权或人格利益，因为民事主体的民事权利能力始于出生，终于死亡。死者不具有民事权利能力，不能成为人格权的主体。需要指出的是，对于英雄人物名誉的保护，已经涉及国家和民族优秀文化、社会主义核心价值观的保护范畴。例如，最高人民法院于2016年发布的依法保护"狼牙山五壮士"、邱少云等英雄人物人格利益系列案件中的典型案例明确指出，英雄人物的精神价值已经内化为民族精神和社会公共利益的一部分，应当予以保护。《民法典》第185条亦对此进行了规定："侵害英雄烈士等的姓名、肖像、名誉、荣誉，损害社会公共利益的，应当承担民事责任。"

（2）性权利。权利主体的性权利在刑法以及行政法层面都有不同程度的保护，故而在刑法及行政法上权利主体当然享有性权利。在民法层面，民事主体的性权利尚未特别明确规定，但民事主体享有性权利是应当得到确认的。所谓性权利，是民事主体的性自主权，即民事主体保持其性纯洁的良好品行，依照自己的意志支配性利益的具体人格权。性自主权的客体是性利益。性权利在民法中一般通过人身权法加以保护，其实质是保护民事主体的人身自由、人身安全和生活方式等利益。因此，在权利人未同意的情况下，凡是通过暴力、引诱、胁迫、语言、欺骗、动作等方式实施的性骚扰、性暴力行为，都是严重侵害权利人性权利的行为，也都是侵害权利人性自主权的行为，民法应当也必须对此加以规制。

（3）经济利益。主要包括纯粹经济损失利益。所谓纯粹经济损失，是指除因对人身的损害和对财产的有形损害而造成的损失以外的其他经济上的损失。① 例如，因某人违章驾驶导致交通堵塞，后车司机因此耽误航班造成的财产损失。由于纯粹经济损失往往不能为侵害人所预见，实际受害人的范围难以确定，损失大小难以认定。因此，在多数情况下，侵权责任对这类财产利益损害不予保护，以维护社会主体的行为自由。但在行为人能够预见乃至故意导致纯粹经济损失或是法律明文规定的情况下，行为人仍应当承担侵权责任。

除纯粹经济损失利益外，占有利益亦属于应当保护的经济利益。根据本法物权编中的规定，对于侵害因合同关系产生的占有，占有人有权请求侵害人承担侵权损害赔偿责任。

（4）环境权益。环境是公民作为生物个体生存的基本物质条件和空间，是人类生存的必要条件。从有关国际组织宣言和域外立法来看，普遍强调人类有权享有良好的生活环境，负有保护和改善环境的庄严责任。目前，世界各国均广泛接受了环境保护的理念，逐渐实现环境权益的法定化，并规定相应的程序保障机制。所谓环境权益，就是指民事主体对良好环境品质享有的权益。

关于环境权益的法律依据。《民法典》第9条规定："民事主体从事民事活动，应当有利于节约的资源、保护生态环境。"第1229条规定："因污染环境、破坏生态造成他人损害的，侵权人应当承担侵权责任。"原《民法通则》《侵权

---

① Robbey Bernstein, Economic Loss 2nd ed., Sweet & Maxwell Limited, 1998.

责任法》亦有相关规定。

关于环境权益的主体，环境法学界有一定争议，有学者认为包括当代人和后代人，有学者认为包括自然人、法人、国家、人类、自然体，有学者认为仅包括自然人。我们倾向于民法领域的环境权主体可以包括自然人、法人、社会组织，甚至国家。因为生态环境的破坏有时并不会直接造成具体的自然人的人身、财产损害，即便造成损害，涉及的也是不特定的多数人的权益，对于协调环境的利用与环境的保护，人人有责。至于后代人，因尚不具备民事权利能力，尚难以作为民事主体享有相应民事权利。

关于环境权益的客体。环境权益的客体应为生态环境的服务功能，即生态环境服务于自然人生存和发展需要的功能价值。从环境法角度而言，生态环境服务功能包括供给服务（如提供食物和水）、调节服务（如调节气候、控制洪水和疾病）、文化服务（如精神、娱乐）以及支持服务（如维持地球生命生存环境的养分循环）。

关于环境权益的内容。环境权益的内容应当界定为生态性的权利，不包括经济性和程序性的权利，主要体现为自然人对一定质量水平环境的享有并于其中生活、生存繁衍的权益，是从物质的客体中呈现出来的生态的、文化的、精神的或者审美的权益。目前认识比较一致的包括清洁空气、清洁水、眺望、通风、日照、宁静、观赏等。

关于环境权益的救济。《民事诉讼法》和《环境保护法》规定了环境公益诉讼制度，最高人民法院发布《关于审理环境民事公益诉讼案件适用法律若干问题的解释》等司法解释，细化了环境公益诉讼的程序。同时，对于原《侵权责任法》中的恢复原状责任方式，具体描述为修复生态环境；对于赔偿损失，则在公益诉讼中增加规定了赔偿生态环境受到损害至恢复原状期间服务功能的损失。

(三) 民事权益的保护

就我国而言，虽然《民法典》原则上将民事权利与利益均列入保护范围，但是由于民事利益的特殊性，并不能不加区分地一概予以保护，在界定哪些民事利益受到民法典保护时，可以考虑以下几个方面的因素：

第一，民事利益是否被一些特别的保护性法规予以保护。例如，《证券法》第85条规定，信息披露义务人未按照规定披露信息，或者公告的证券发行文件、定期报告、临时报告及其他信息披露资料存在虚假记载、误导性陈述或者重大遗漏,致使投资者在证券交易中遭受损失的,信息披露义务人应当承担赔偿责任;发行人的控股股东、实际控制人、董事、监事、高级管理人员和其他直接责任人员以及保荐人、承销的证券公司及其直接责任人员,应当与发行人承担连带赔偿责任,但是能够证明自己没有过错的除外。

这便是对投资者经济利益的保护。这些保护性法规不限于私法领域,也包括刑法、行政法规这样的公法规范。

第二,侵权人侵犯该民事利益时的主观状态。如果侵权人主观的状态是故意的,那么被侵犯的民事利益通常可以通过侵权责任法予以保护。

第三,行为人在实施侵害行为时,是否与受害人之间处于一种紧密关系,以至于行为人可以合理预见到他的行为将给受害人的利益带来损害或者受害人可以合理信赖行为人不会从事侵害行为,从而使得对行为人施加危险防免的义务具有合理性。

第四,在界定受保护的利益范围时,要考虑行为人的行为自由。过分强调受害人利益的保护,可能会限制行为人的行为自由。侵权责任法所追求的在受害人的法益保护与行为人的自由维护之间的平衡点就会被打破。

▶ 适用指引

民事利益司法保护的基本思路

司法实践中,对于利益的保护如何把握相对而言较为困难。一方面,利益的保护必须具备法律正当性和保护的必要性,而不像权利那样当然受到保护。另一方面,利益种类繁多,难以一一列举,对于利益的保护往往缺乏明确的法律依据。

我们认为,对于法律明确规定的合法利益,应当严格按照法律的规定予以保护。例如,关于纯粹经济损失利益,法律虽然没有专门条文进行明确,但通过法律和司法解释就特定的侵权样态的纯粹经济损失赔偿作出了规定。比较典型的是关于虚假陈述的纯粹经济损失赔偿。例如,《证券法》第85条、第163条规定了因证券市场中有关主体从事虚假陈述而造成的投资者财产损失。除此之外,对于其他形式的纯粹经济损失,如果缺乏法律明确规定,应当严格把握。

对于法律未明确规定的正当利益,可以考虑将其涵摄于法定利益之下再行判断是否应予保护。例如,在张某诉李某臣、李某广一般人格权纠纷案中,原被告发生争吵,被告将粪便涂在原告脸上。法院认为这种行为"构成了对原告一般人格权、人身权的侵犯",判令被告承担侵权责任。①

类案检索

闫某娟、张某成诉苏州明基医院有限公司医疗损害责任纠纷案

关键词: 医疗损害　选择出生　孕检　医务人员过错

裁判摘要: 医务人员在对孕妇进行产前检查过程中存在过错行为,未能检查出胎儿存在先天性缺陷及可能,或者未向孕妇及家属充分告知相关信息,并最终导致孕妇丧失选择终止妊娠的机会,造成缺陷婴儿出生的,如果生育夫妻能够证明医务人员的过错行为与缺陷儿的不当出生结果之间存在因果关系,医院应当就其医务人员的过错行为承担侵权损害赔偿责任。因抚养一个缺陷子女意味着父母必须承担相比抚养正常子女额外的费用和压力,故损害赔偿的范围应当包括特别抚养费用以及精神损害抚慰金。缺陷儿出生后因缺陷而死亡的,如果医务人员的过错行为与缺陷儿的死亡结果不存在因果关系的,就缺陷儿的死亡结果医院不承担侵权责任。如果生育夫妻自身对于缺陷儿的不当出生存在过错的,可以适当减轻侵权人的赔偿责任。

【案　　号】(2017)苏 0505 民初 1324 号

【审理法院】江苏省苏州市虎丘区人民法院

---

① 参见河南省南乐县人民法院(2011)南民初字第 1070 号民事判决书。

第一百二十七条 法律对数据、网络虚拟财产的保护有规定的，依照其规定。

关联规定

法律、行政法规、司法解释

《中华人民共和国数据安全法》

第三条 本法所称数据，是指任何以电子或者其他方式对信息的记录。

数据处理，包括数据的收集、存储、使用、加工、传输、提供、公开等。

数据安全，是指通过采取必要措施，确保数据处于有效保护和合法利用的状态，以及具备保障持续安全状态的能力。

第七条 国家保护个人、组织与数据有关的权益，鼓励数据依法合理有效利用，保障数据依法有序自由流动，促进以数据为关键要素的数字经济发展。

第八条 开展数据处理活动，应当遵守法律、法规，尊重社会公德和伦理，遵守商业道德和职业道德，诚实守信，履行数据安全保护义务，承担社会责任，不得危害国家安全、公共利益，不得损害个人、组织的合法权益。

第三十二条 任何组织、个人收集数据，应当采取合法、正当的方式，不得窃取或者以其他非法方式获取数据。

法律、行政法规对收集、使用数据的目的、范围有规定的，应当在法律、行政法规规定的目的和范围内收集、使用数据。

第五十二条 违反本法规定，给他人造成损害的，依法承担民事责任。

违反本法规定，构成违反治安管理行为的，依法给予治安管理处罚；构成犯罪的，依法追究刑事责任。

▶ 条文释义

一、本条主旨

本条是关于数据和网络虚拟财产保护的特殊规定。

二、条文演变

2017年制定原《民法总则》时，在该法的第12条中，明确规定"法律对数据、网络虚拟财产的保护有规定的，依照其规定"。《民法典》延续了这一规定。

三、条文解读

（一）规定的必要性

21世纪是互联网时代，以云计算、大数据、5G、人工智能、区块链等关键技术为代表的新科技已经且仍将对现代经济社会产生巨大的影响。在互联网时代，无论是哪一种新技术，都离不开数据的产生和保护，数据在新技术的形成、推广及运用过程中还会产生更多的数据。自20世纪人类进入互联网时代以来，人类社会对于数据的衡量和计算方式短时间内由K字节、M字节裂变为G字节、T字节。随着互联网技术的发展，网络游戏、社交平台等互联网电子服务也日益进入广大网民的生活，网络游戏、社交平台等电子服务在数据的基础上创造的各类网络虚拟财产在互联网服务中也纷纷涌现。与此同时，关于数据、网络虚拟财产的相关纠纷也大量产生。近年来，各类数据、互联网账户、网络游戏装备、Q币等网络财产的归属问题成为热议的焦点。随着中国网民人数的剧增，对数据和网络虚拟财产的权属界定和法律构建问题亟待解决。

《民法典》从中国实际国情出发，解决了中国社会主义现代化建设和改革开放迫切需要解决的重大现实问题，这也是《民法典》的中国特色的具体体现。为了适应互联网和大数据时代发展的需要，《民法典》也通过概括性指引性规定，给数据和虚拟网络财产的立法保护指明了道路，明确法律对数据、网络虚拟财产的保护有规定的，从其规定。本条虽是关于数据、网络虚拟财产的引致性规定，但其宣示了对数据和网络虚拟财产的保护，并为之后特别法的规定提供了法律依据。

数据和虚拟网络财产是一种特殊类型的物。首先，它在法律上具有可支配性和排他性。无论是数据还是网络虚拟财产都是建立在数据基础上的虚拟物，对于权利人来说，可以排他的占有、支配和使用。其次，数据和网络虚拟财产具有经济价值。民法所保护的数据和网络虚拟财产是权利人通过合法劳动取得的，具有可交换性，有一定的经济价值。比如，游戏中的装备可以交易和转让。最后，虽然数据和网络虚拟财产本身是无形的，但是他们在网络空间中也具有一定的"有形"存在。这种"有形"是相对于网络世界而言，并非真实存在。毕竟数据的存储需要空间，网络虚拟财产也是有活动的空间。综上，数据和网络虚拟财产作为一种特殊类型的物，需要民法的保护。随着信息网络的发展，对于数据使用和虚拟财产的保护需要通过进一步制定单行法律加强。

（二）数据的概念和特征

在大数据、云计算，数据革命到来的年代，数据作为存储信息的表现形式，越来越凸显其重要作用。数据是指对客观事件进行记录并可以鉴别的符号，是对客观事物的性质、状态及相互关系进行记载的物理符号或这些物理符号的组合。数据不仅指数字，还包括文字、字母、数学符号、图形、图像、视频、音频等。在计算机科学中，数据是指所有能输入计算机并被计算机程序处理的数字、字母、符号等的总称。如果将数据和数据之间进行整合，或者将数据与某些能在公共场合收集到的其他信息结合，便可以勾勒出一个人的形象或者掌握事物某一方面的特性。另外，不断进步的互联网技术也使得数据的收集、分析、挖掘、存储的能力呈几何速度增长。正如全球知名信息咨询公司麦肯锡所言：数据已渗透到当今的每一个行业领域，成为重要的生产要素，人们对海量数据的挖掘和运用，将预示着新一波生产率的增长和消费盈余浪潮的到来。

（三）网络虚拟财产的概念和特征

网络虚拟财产是指虚拟的网络本身以及存在于网络上的具有财产性的电磁记录，是一种能够用现有的度量标准度量其价值的数字化的新型财产。广义的网络虚拟财产范围非常广泛，除网络本身外，还包括特定的网络服务账号、即时通信工具号码、网络店铺、网络游戏角色和装备、道具等。狭义的网络虚拟财产主要是指网络游戏空间内的具有可交易性的账号、角色、道具、装备、钱币等可视化的拟人、拟物类财产。网络虚拟财产虽然以数据形式存在于特定空间，但由于其具有一定价值，满足人们的需求，具有合法性，能够为人所掌控，属于在一定条件下可以进行交易的特殊财产，故而其具有财产利益的属性。网络虚拟财产的特征有以下几个方面：一是虚拟性。这是区别于现实存在的财产的根本属性。网络中，虚拟性体现在虚拟财产对网络游戏、网络交易环境的一种依赖状态，脱离了网络游戏和其他存储载体，它将无法存在。二是技术性。网络虚拟财产的本质就是网络运营商通过科技创造活动所编设的数据编码，即由 0 和 1 两个二进制位数构成的一个个程序包，经过编译、调试与汇编，将结果显示到可视界面上。网络虚拟财产的存在离不开计算机技术和互联网平台。三是稀缺性。网络虚拟财产是一种经济物品，具有稀缺性。虽然，网络虚拟财产就其本身的可复制性来看，可被无限量的、大批的复制。但维持网络虚拟财产的稀缺性是网络游戏、其他网络交易平台运营商所追求的。四是合法性。虚拟财产的产生和取得应当符合法律的规定，即虚拟财产不能是我国法律禁止和限制的流通物，如不能夹杂色情、暴力、反动等内容。同时，虚拟财产的合法性还体现于取得方式的合法。

▶ 适用指引

一、本条规定的数据与个人信息有区别

《民法典》第 111 条规定自然人的个人信息受法律保护。个人信息与数据存在着紧密的联系。本条所述数据是指具有可分析性、可统计性、有使用价值的信息的总和，不仅包括原生数据，即计算机直接产生的数据，也包括这些数据被记录、储存、编辑、计算后形成了具有使用价值的衍生数据，比如，购物喜好、信用记录等。

自然人个人信息主要指，据以识别特定自然人身份的任何生物性、物理性的数据、文件、档案等资料。信息与数据既有联系，又有区别。数据是信息的表现形式和载体，而信息是数据的内涵，信息加载于数据之上，对数据所具有的含义进行解释。信息依赖数据表达，数据则生动具体地表达信息。数据本身没有意义，只有对实体行为产生影响时才成为信息。两者虽然在理论上具有联

系，但《民法典》所保护的个人信息是依法受到保护，不可交易的可识别性的数据的总和。而本条规定的数据则是不涉及个人信息的可统计、非识别性的数据，这些数据的收集、处理是在保护自然人隐私权和信息权基础上，对原始数据进行梳理、加密等后进行的。数据的使用也具有一定规则和审批流程，需要符合合法和合理的基本原则。关于数据的使用需要由法律进一步规定。

二、关于虚拟财产利益产生损失时网络经营者责任的认定问题

当前，造成虚拟财产利益损失的原因很多，大致可归纳为四类：

1. 网络游戏经营者实施的行为导致虚拟财产损失

网络游戏经营者为维持游戏秩序，认为游戏用户可能有私服、外挂、非法装备等行为，而采取冻结、删除虚拟物品甚至游戏账户的行为。

2. 网络游戏经营者未尽到安全注意义务导致虚拟财产损失

网络游戏经营者未保证网络系统、服务器和程序的安全性能，从而使其安全环境低于一般安全技术保障水平或服务合同约定水平，从而使游戏用户的虚拟财产受到损失。

3. 网络用户对自己的虚拟财产未尽到安全保护义务

网络用户负有与持有信用卡用户相当的义务，即应当对自己持有的账户密码相关信息进行加密并保密，防止外泄。未尽到上述义务使自己虚拟财产安全受到危险，导致出现虚拟财产损失。

4. 利用网络技术非法入侵导致虚拟财产损失

在网络游戏经营者提供安全保障环境的情况下，他人利用网络技术非法入侵，在此情况下网络游戏经营者往往难以防范，最终造成虚拟财产损失。

在上述情况中，第一种情况下网络游戏经营者需要证明自己采取冻结、删除虚拟财产等行为有正当性，系发现有外挂等行为，为维持网络秩序采取的必要措施，否则应承担侵权责任。第二种情况系因网络游戏经营者未尽到安全注意义务，故而应承担相应责任。第三、四种情况系游戏用户自身原因和他人利用技术侵权而经营者无法防范，此时经营者应当免责。

三、关于网络虚拟财产权归属的认定

数据、网络虚拟财产的范围、法律性质尽管还存在着一定的争议，但法律应当对民事主体享有的数据权益、网络虚拟财产权益进行保护。由于本条规定

是一条引致性规则，缺乏对于数据、网络虚拟财产权利义务内容的具体规范，对于数据、网络虚拟财产权的归属有必要作一探讨。

关于数据、网络虚拟财产的归属，存在两种观点：一种观点认为数据、网络虚拟财产应归于用户，即接受网络服务商所提供服务的用户所有；另一种观点认为应当属于网络服务商所有，用户根据与服务商之间的合同对网络服务商提供的数据仅有使用权。

认定数据和网络虚拟财产的归属应当区别数据、网络虚拟财产的具体使用情况。如果用户在使用网络服务过程中形成的数据等财产与网络服务商的数据平台明确可分、有自己独立的使用价值且可以通过导出或者转换的方式放置于用户自己的电脑或其他网络空间内，则用户应当对这部分数据享有所有权，如电子邮箱内的邮件数据、网络硬盘内的数据资料以及论坛、微博等社区内个人发表的帖子等资料。如果用户接受网络服务商提供的服务而形成的数据、网络虚拟财产与网络服务商提供的网络服务难以明确分割、无法导入给用户个人或者即使能够将数据导入给用户但没有使用价值的情况下，相关数据、网络虚拟财产归属于网络服务商比较符合当下的网络发展实践。

对于后者分析如下：（1）用户与网络服务商之间形成网络服务合同关系，用户免费或者支付一定的费用接受网络服务，网络服务商按照合同约定提供相应的服务，用户在使用服务商提供的服务时实际上是在服务商提供的基础数据平台上按照网络服务商提供的数据生成规则形成新的数据或者添加自己的相应数据，属于数据的添附行为，这些数据的产生和使用都是用户依据与网络服务商的约定行使自己的权利的行为，离开了网络服务商提供的服务，用户的这些数据将没有意义。网络服务商提供的基础数据平台如网络游戏空间当然属于服务商所有，用户不能因为自己的参与行为而取得对网络空间的所有权。（2）用户因为参与行为形成产生的数据、角色和虚拟财产属于双方根据合同约定形成的附属物，本质上是服务商根据合同约定履行合同义务的行为，用户对这些数据和虚拟财产享有使用权，但并不是所有权。（3）用户在网络游戏等虚拟空间形成的账号、角色、装备等虚拟财产虽然具有财产价值，但这种财产价值仅限于财产的使用层面，权利的权能内容是比较少且受限的，用户不能因为享有财产权益而要求与服务商共享数据的所有权。网络游戏等网络服务一般情况下属于商业服务，商业服务要根据市场的经营情况决定服务的经营期限，一旦某项服务的市场反映欠佳，网络服务商出于商业利益的考虑会终止网络服务，不可能无限期为用户提供相关虚拟财产的保管服务。如果认为用户对虚拟财产享有所有权,那么网络服务商必须无限期替用户保存这些数据,这显然是无法实现的,也不利于网络产业的健康发展。当然,我们认为,虽然在网络游戏等虚拟空间内的数据、虚拟财产用户不享有所有权,但用户对数据、虚拟财产的合法权益应当受到保护,在服务期限内,网络服务商非依法或非依约定不得封停用户账号,不得修改或删除用户数据,不得干扰用户对数据、虚拟财产的使用,否则即属侵害了用户对数据、虚拟财产的使用权益,亦属违约行为。

▶ 类案检索

深圳市谷米科技有限公司诉武汉元光科技有限公司等不正当竞争纠纷案

关键词: 无形财产　网络爬虫　不正当竞争

裁判摘要: 存储于权利人 App 后台服务器的公交实时类信息数据具备无形财产的属性,应当属于受《反不正当竞争法》保护的法益。侵权行为人利用网络爬虫技术大量获取信息数据,具有非法占用他人无形财产权益、破坏他人市场竞争优势、并为自己谋取竞争优势的主观故意,违反了诚信原则,扰乱了竞争秩序,构成不正当竞争行为,应当承担相应的侵权责任。

【案　　号】(2017)粤 03 民初 822 号
【审理法院】广东省深圳市中级人民法院

> 第一百二十八条 法律对未成年人、老年人、残疾人、妇女、消费者等的民事权利保护有特别规定的，依照其规定。

▶ 关联规定

一、法律、行政法规、司法解释

1.《中华人民共和国未成年人保护法》

第一条 为了保护未成年人身心健康，保障未成年人合法权益，促进未成年人德智体美劳全面发展，培养有理想、有道德、有文化、有纪律的社会主义建设者和接班人，培养担当民族复兴大任的时代新人，根据宪法，制定本法。

第二条 本法所称未成年人是指未满十八周岁的公民。

第三条 国家保障未成年人的生存权、发展权、受保护权、参与权等权利。

未成年人依法平等地享有各项权利，不因本人及其父母或者其他监护人的民族、种族、性别、户籍、职业、宗教信仰、教育程度、家庭状况、身心健康状况等受到歧视。

2.《中华人民共和国老年人权益保障法》

第一条 为了保障老年人合法权益，发展老龄事业，弘扬中华民族敬老、养老、助老的美德，根据宪法，制定本法。

第二条 本法所称老年人是指六十周岁以上的公民。

第三条 国家保障老年人依法享有的权益。

老年人有从国家和社会获得物质帮助的权利，有享受社会服务和社会优待的权利，有参与社会发展和共享发展成果的权利。

禁止歧视、侮辱、虐待或者遗弃老年人。

3.《中华人民共和国残疾人保障法》

第一条 为了维护残疾人的合法权益，发展残疾人事业，保障残疾人平等地充分参与社会生活，共享社会物质文化成果，根据宪法，制定本法。

第二条 残疾人是指在心理、生理、人体结构上，某种组织、功能丧失或者不正常，全部或者部分丧失以正常方式从事某种活动能力的人。

残疾人包括视力残疾、听力残疾、言语残疾、肢体残疾、智力残疾、精神残疾、多重残疾和其他残疾的人。

残疾标准由国务院规定。

第三条 残疾人在政治、经济、文化、社会和家庭生活等方面享有同其他公民平等的权利。

残疾人的公民权利和人格尊严受法律保护。

禁止基于残疾的歧视。禁止侮辱、侵害残疾人。禁止通过大众传播媒介或者其他方式贬低损害残疾人人格。

4.《中华人民共和国妇女权益保障法》

第一条 为了保障妇女的合法权益，促进男女平等和妇女全面发展，充分发挥妇女在全面建设社会主义现代化国家中的作用，弘扬社会主义核心价值观，根据宪法，制定本法。

第二条 男女平等是国家的基本国策。妇女在政治的、经济的、文化的、社会的和家庭的生活等各方面享有同男子平等的权利。

国家采取必要措施，促进男女平等，消除对妇女一切形式的歧视，禁止排斥、限制妇女依法享有和行使各项权益。

国家保护妇女依法享有的特殊权益。

第二十三条 禁止违背妇女意愿，以言语、文字、图像、肢体行为等方式对其实施性骚扰。

受害妇女可以向有关单位和国家机关投诉。接到投诉的有关单位和国家机关应当及时处理，并书面告知处理结果。

受害妇女可以向公安机关报案，也可以向人民法院提起民事诉讼，依法请求行为人承担民事责任。

第二十八条 妇女的姓名权、肖像权、名誉权、荣誉权、隐私权和个人信息等人格权益受法律保护。

媒体报道涉及妇女事件应当客观、适度，不得通过夸大事实、过度渲染等方式侵害妇女的人格权益。

禁止通过大众传播媒介或者其他方式贬低损害妇女人格。未经本人同意，不得通过广告、商标、展览橱窗、报纸、期刊、图书、音像制品、电子出版物、网络等形式使用妇女肖像，但法律另有规定的除外。

第五十五条 妇女在农村集体经济组织成员身份确认、土地承包经营、集体经济组织收益分配、土地征收补偿安置或者征用补偿以及宅基地使用等方面，享有与男子平等的权利。

申请农村土地承包经营权、宅基地使用权等不动产登记，应当在不动产登记簿和权属证书上将享有权利的妇女等家庭成员全部列明。征收补偿安置或者征用补偿协议应当将享有相关权益的妇女列入，并记载权益内容。

第五十六条 村民自治章程、村规民约，村民会议、村民代表会议的决定以及其他涉及村民利益事项的决定，不得以妇女未婚、结婚、离婚、丧偶、户无男性等为由，侵害妇女在农村集体经济组织中的各项权益。

因结婚男方到女方住所落户的，男方和子女享有与所在地农村集体经济组织成员平等的权益。

第六十条 国家保障妇女享有与男子平等的婚姻家庭权利。

第六十一条 国家保护妇女的婚姻自主权。禁止干涉妇女的结婚、离婚自由。

第六十四条 女方在怀孕期间、分娩后一年内或者终止妊娠后六个月内，男方不得提出离婚；但是，女方提出离婚或者人民法院认为确有必要受理男方离婚请求的除外。

第六十五条 禁止对妇女实施家庭暴力。

县级以上人民政府有关部门、司法机关、社会团体、企业事业单位、基层群众性自治组织以及其他组织，应当在各自的职责范围内预防和制止家庭暴力，依法为受害妇女提供救助。

5.《中华人民共和国消费者权益保护法》

第一条 为保护消费者的合法权益，维护社会经济秩序，促进社会主义市场经济健康发展，制定本法。

第二条 消费者为生活消费需要购买、使用商品或者接受服务，其权益受本法保护；本法未作规定的，受其他有关法律、法规保护。

第七条 消费者在购买、使用商品和接受服务时享有人身、财产安全不受损害的权利。

消费者有权要求经营者提供的商品和服务，符合保障人身、财产安全的要求。

第八条 消费者享有知悉其购买、使用的商品或者接受的服务的真实情况的权利。

消费者有权根据商品或者服务的不同情况，要求经营者提供商品的价格、产地、生产者、用途、性能、规格、等级、主要成份、生产日期、有效期限、检验合格证明、使用方法说明书、售后服务，或者服务的内容、规格、费用等有关情况。

第九条 消费者享有自主选择商品或者服务的权利。

消费者有权自主选择提供商品或者服务的经营者，自主选择商品品种或者服务方式，自主决定购买或者不购买任何一种商品、接受或者不接受任何一项服务。

消费者在自主选择商品或者服务时，有权进行比较、鉴别和挑选。

第十条 消费者享有公平交易的权利。

消费者在购买商品或者接受服务时，有权获得质量保障、价格合理、计量正确等公平交易条件，有权拒绝经营者的强制交易行为。

第十一条 消费者因购买、使用商品或者接受服务受到人身、财产损害的，享有依法获得赔偿的权利。

二、司法指导性文件

1.《最高人民法院关于充分发挥民事审判职能 依法维护妇女、儿童和老年人合法权益的通知》

一、要妥善审理婚姻家庭案件，维护家庭关系的和睦与稳定。要充分认识审理好婚姻家庭案件对于维护社会和谐稳定的重要意义，全面、准确地理解和把握婚姻法及其相关司法解释的内容和精神实质，不能机械地理解、孤立地适用。在涉及财产权属的认定、共同财产的分割等问题上，要按照婚姻法及其司法解释的规定，依法保护当事人特别是妇女、儿童和老年人的合法权益。

二、要通过对婚姻家庭案件的审理，倡导男女平等、夫妻互相忠诚、尊老爱幼、和睦文明的社会主义婚姻家庭观。通过裁判文书，旗帜鲜明地对婚姻家庭领域中实施家庭暴力、有配偶者与其他人同居、虐待遗弃儿童、不赡养老人等损害妇女、儿童和老年人合法权益的违反法律和社会主义道德的行为，给予否定性评价，促进社会主义社会精神文明建设，弘扬良好的道德风尚。

三、积极推动民事审判工作机制创新，有条件的基层人民法院，在民事审判第一庭内可以设立妇女维权合议庭，及时审理涉及妇女儿童权益的婚姻家庭案件。认真研究探索妇女维权合议庭的职责和工作方式，不断总结经验。要以《关于建立健全诉讼与非诉讼相衔接的矛盾纠纷解决机制的若干意见》为指导，采取灵活多样的形式，加强与妇联、人民调解委员会等相关组织的联系、配合，动员多层次、多部门的力量参与婚姻家庭案件的调解工作，形成社会矛盾化解合力，在维护妇女、儿童和老年人合法权益，化解矛盾上下功夫。

四、上级人民法院要加强对下级人民法院审理婚姻家庭案件的指导。结合婚姻法及其相关司法解释的学习、宣传和贯彻，一手抓审判，一手抓调研，及时总结审判工作中出现的新情况、新问题，有针对性地提出新对策。要高度重视防范婚姻家庭纠纷案件引发的矛盾激化问题，主动加强与有关部门、媒体的沟通、协调，力争将矛盾化解在萌芽状态。

2.《最高人民法院关于加强新时代未成年人审判工作的意见》

4.对未成年人权益要坚持双向、全面保护。坚持双向保护，既依法保障未成年被告人的权益，又要依法保护未成年被害人的权益，对各类侵害未成年人的违法犯罪要依法严惩。坚持全面保护，既要加强对未成年人的刑事保护，又要加强对未成年人的民事、行政权益的保护，努力实现对未成年人权益的全方位保护。

5.深化涉及未成年人案件综合审判改革，将与未成年人权益保护和犯罪预防关系密切的涉及未成年人的刑事、民事及行政诉讼案件纳入少年法庭受案范围。少年法庭包括专门审理涉及未成年人刑事、民事、行政案件的审判庭、合议庭、审判团队以及法官。

有条件的人民法院，可以根据未成年人案件审判工作需要，在机构数量限额内设立专门审判庭，审理涉及未成年人刑事、民事、行政案件。不具备单独设立未成年人案件审判机构条件的法院，应当指定专门的合议庭、审判团队或者法官审理涉及未成年人案件。

8.下列民事案件由少年法庭审理：

（1）涉及未成年人抚养、监护、探望等事宜的婚姻家庭纠纷案件，以及适宜由少年法庭审理的离婚案件；

（2）一方或双方当事人为未成年人的人格权纠纷案件；

（3）侵权人为未成年人的侵权责任纠纷案件，以及被侵权人为未成年人，由少年法庭审理更为适宜的侵权责任纠纷案件；

(4)涉及未成年人的人身安全保护令案件；

(5)涉及未成年人权益保护的其他民事案件。

3.《最高人民法院、中国残疾人联合会关于在审判执行工作中切实维护残疾人合法权益的意见》

3.方便残疾人立案。对交通不便的涉残疾人案件，可由人民法庭直接立案；积极采用网上立案、上门立案、电话立案等绿色通道快速立案。残疾人书写起诉状确有困难的，可以口头起诉，由人民法院记入笔录；提交的起诉状内容有欠缺或者错误的，应当一次性告知需要补正的内容，并予以指导。

4.加强诉讼引导。对残疾当事人要加强诉讼程序的引导和释明，保障其依法行使诉讼权利。对确有困难无法自行收集证据的残疾当事人，依法放宽职权调查取证的条件。对残疾当事人申请保全的，根据案件具体情况和残疾当事人的实际，依法合理确定保全担保的方式。

5.依法适用监护制度。无民事行为能力、限制民事行为能力的残疾人参加诉讼的，应由其监护人作为法定代理人代为诉讼。事先没有确定监护人的，可以由有监护资格的人协商确定。协商不成的，按照最有利于被监护人的原则，尊重被监护人的真实意愿，在依法具有监护资格的人中指定监护人。没有依法具有监护资格的人的，可以依照民法总则第三十二条规定指定有关组织担任诉讼代理人。

6.方便参与诉讼。采用相对灵活的审判工作机制，方便残疾人参加诉讼。大力推广车载法庭、就地审理、上门调解等巡回审判模式，力促当庭结案，就地化解矛盾。充分运用信息化手段，通过网上开庭、网上调解等远程视频形式方便残疾当事人诉讼。

7.加快审理流程。对涉残疾当事人的案件，依法繁简分流，提高诉讼效率。及早开庭、及时判决、尽快结案，缩短办案周期。充分运用小额诉讼程序，发挥一审终审优势，尽快实现残疾当事人的合法权益。对事实清楚、债权债务关系明确的金钱给付案件，依法引导残疾当事人申请适用督促程序，以支付令方式快速结案。对追索赡养费、扶养费、抚育费、抚恤金、医疗费用、劳动报酬以及需要立即返还社会保险金、社会救助资金的，依法先予执行。

8.加大执行力度。残疾当事人胜诉案件，当事人不自动履行的，要直接移送执行，尽快进入执行程序，加大执行力度，依法从快执结，及时实现残疾人合法权益。

条文释义

一、本条主旨

本条是关于对特定主体的民事权利特别保护的规定。

二、条文演变

在原《民法总则》之前，原《民法通则》第104条规定，婚姻、家庭、老人、母亲和儿童受法律保护。残疾人的合法权益受法律保护。原《民法总则》沿用了原《民法通则》的规定，且相较原《民法通则》并在条文表述上采用了更为严谨及更具可操作性的概念，如将"儿童"这一概念修改为"未成年人"，实践中更易于从年龄上进行把握，与我国的《未成年人保护法》等法律相对应；删除了婚姻、母亲两类情况，着重强调妇女的权益保护，与《妇女权益保障法》《反家庭暴力法》等法律相对应；另外增加了消费者这一特定民事主体，以与《消费者权益保护法》《食品安全法》等法律相对应。

综合来看，原《民法总则》第128条从民事主体角度将特定民事主体的保护纳入一般法当中，为特别法中的民事权利义务条款适用民法进行规范和保护提供了法律依据，体现了原《民法总则》与特别法民法规范的呼应，也是民法的平等原则在具体规范中的应用。《民法典》对这一规定予以保留。

三、条文解读

（一）关于本条规定的概述

本条是对于弱势群体民事权利保护适用法律的规定。民事主体的民事权利平等地受到民法的保护，但这种平等是法律意义上的平等，是价值观念及价值追求上的平等，由于不同的社会条件、不同的权利要求，加之民事主体在生理、心理、智力等方面的局限的原因，客观上民事主体在享有权利、行使权利时存在着较大的差别，部分民事主体如未成年人、老年人、残疾人、妇女、消费者等在地位、权利能力方面难以和一般的民事主体保持平等。为了解决这种情况，有必要在法律层面进行干预，尽力实现不同民事主体在实质意义上的平等。

(二)从抽象人格到具体人格

近代民法的个人人格,是在伦理基础之上的法律技术的产物。罗马法将"身份"作为生物人与法律人的连接点,形成了"界定适格者并使其成为法律主体"的人格塑造技术,并延续至今。《法国民法典》以自然法观念作为实定法上法律主体的依据,塑造出超越于个体的人的具体形态的"抽象法律人格",在无差别的伦理价值之上,实现了真正的法律上的平等。至《德国民法典》,建立起"权利能力"的概念,法律人格的依据从法国民法上的"人的理性"演变为德国民法中的"权利能力",完成了法律人的依据从自然法向实定法的转化。① 抽象人格以及作为其核心要素的意志和自由,是近代民法得以建构,并形成所有权神圣、契约自由和过错责任三大原则的基石,释放出个人本位和权利本位的光芒。

但以理性经济人为假设前提的抽象人格在现代社会受到挑战。"市民法把人格设想为具有理性、利己的'经济人',认为所有的人系适合于商品交易之主体,具有自由而平等的人格,唯不久之后,即被清楚地看到,这只是个假象而已。"② 随着市场经济的发展,人与人之间因为年龄、智力、信息、技术以及经济地位等原因产生的差别越来越大,按照人格平等、意思自治进行交易导致结果严重不平等,需要采取新的方法平衡利益。从对一切人施以相同对待,演变成对特定的人予以特别对待,从而形成现代民法从抽象人格到具体人格的演进。

(三)基于实质平等的特别保护

近代民法确立的抽象平等人格对一切民事主体作抽象看待,造成了经济地位上的强者对经济上的弱者在实质上的支配,反过来动摇了民法的基础。③ 现代民法已经从将人作为自由行动的立法者、平等的法律人格及权利能力者抽象地加以把握的时代,转变为坦率地承认人在各方面的不平等及其结果所产生的

---

① 参见马俊驹、张翔:《论民法个人人格构造中的伦理与技术》,载《法律科学》2005年第2期。
② [日]四宫和夫:《日本民法总则》,我国台湾地区五南图书出版有限公司1995年版,第22页。
③ 参见梁慧星:《从近代民法到现代民法——二十世纪民法回顾》,载《中外法学》1997年第2期。

某种人享有富者的自由,而另一种人遭受穷人、弱者的不自由,根据社会的经济地位及职业差异把握更加具体的人,对弱者加以保护的时代。①弱者保护是国家干预渗入私法领域,民法适应多样化生活需要、追求实质公平的结果。

1.特定主体身份的认定

特定主体的身份认定,具有以下几个特点:

(1)特定主体的身份具有例外性。现代社会以抽象人格、法律地位平等为原则,特定主体身份所蕴含的具体人格,作为抽象人格的例外,是对抽象人格的补充和矫正。其适用有其严格的法定条件,目的是在抽象人格的形式平等基础上实现实质平等。但不应因此改变民法中抽象人格平等的原则,私法的精神、形式的平等和抽象的人格仍是民法的基础,是市民社会中私法的经典性表述。

(2)特定主体的身份具有法定性。作为民法上平等原则的例外,特定主体的民事权利保护需要有法律的特别规定。即弱者身份的取得须源自法律的保护性规定,如未成年人、老年人、残疾人、妇女、消费者等分别对应有《未成年人保护法》《老年人权益保障法》《残疾人保障法》《妇女权益保障法》《消费者权益保护法》。

(3)特定主体的身份具有多重性。特定主体身份是民事主体参与到某一特定社会关系中才享有的身份,或者某种身份虽为民事主体所特有,但并非该主体参与所有的社会活动都受此种身份的保护,只有在特定社会关系中此种身份才具有法律上的意义。而且现代社会生活的复杂性使得个人可以同时拥有多重弱者身份,如某个个体可以同时作为老人、妇女、消费者存在,应区分不同身份对相应法律关系的影响,在不同的法律关系中适用不同的特别规范施以保护。

(4)某些特定主体的身份具有迁移性。未成年人、老人、残疾人、消费者等身份因满足法律规定的要件而取得,因要件缺失而丧失,往往不为某一特定人终身享有,具有阶段性或可变动性,如《未成年人保护法》第2条规定:"本法所称未成年人是指未满十八周岁的公民。"《老年人权益保障法》第2条规定:"本法所称老年人是指六十周岁以上的公民。"《残疾人保障法》第2条规定:"残疾人是指在心理、生理、人体结构上,某种组织、功能丧失或者不

---

① 参见[日]星野英一:《私法中的人》,王闯译,中国法制出版社2004年版,第71页。

正常，全部或者部分丧失以正常方式从事某种活动能力的人。残疾人包括视力残疾、听力残疾、言语残疾、肢体残疾、智力残疾、精神残疾、多重残疾和其他残疾的人。残疾标准由国务院规定。"是否适用特别法律规定赋予某一主体特殊保护，应首先就主体性要件予以检讨。

2.特别保护的路径

对特定民事主体的民事权利的特别保护，主要有以下路径：

（1）制定适用于某些弱者身份的法律，弥补民法基于抽象人格以行为立法的不足，维护某一特定弱势群体的利益。如《未成年人保护法》《老年人权益保障法》《残疾人保障法》《妇女权益保障法》《消费者权益保护法》等特别法的制定。

（2）在民事主体法律地位一律平等、权利义务相统一的基础上赋予处于弱势地位者更多的保护性规定。如《民法典》婚姻家庭编中规定："保护妇女、未成年人、老年人、残疾人的合法权益。""离婚时，夫妻的共同财产由双方协议处理；协议不成的，由人民法院根据财产的具体情况，按照照顾子女、女方和无过错方权益的原则判决。"《消费者权益保护法》中对消费者权利设以专章规定，《民事诉讼法》中对产品责任实行举证责任倒置制度。

（3）严格对"强势"者的追责条件和惩罚力度。如《消费者权益保护法》中规定对经营者欺诈消费者的行为予以双倍惩罚性赔偿；《民法典》侵权责任编的产品责任中对生产者适用无过错归责原则。

（4）在法律无规定又确有保护必要的情形下，拓宽诚信、权利不得滥用、公序良俗等原则的适用范围，赋予法官基于公平正义的自由裁量权，在个案中保护社会弱者的合法权益，促进社会实质公平的实现。

▶ 适用指引

一、实践中认定特定主体是否构成弱势群体的实质标准

民法基于现代社会关系在特定领域新的发展所引起的调整方式的改变，并没有突破抽象人格和意思自治的框架，作为现代社会的"弱者权益保护"的立法技术思路，仍在遵循近代民法确立的决定自由——结果公平这一个人利益公平实现的模型。如针对未成年人、精神病人等设定的行为能力制度，旨在保证

心智水平低下的人，能够借助代理人的理性获得平等与交易对方议约的能力。《民法典》合同编和《消费者权益保护法》确立的"强化弱者，弱化强者"的倾斜保护原则，其出发点亦在保证心智虽充足但因经济地位窘迫而难以依其理性判断采取行动的人能够实现其决定自由。审判实践中认定某一特定主体是否处于弱者地位、是否应受特殊保护，一个实质的标准是考察其决定是否自由。基于自由意志的自我选择，尽管结果可能有失公平，仍应受自我责任的限制。

二、实践中弱势群体保护的法律适用

我国通过编纂《民法典》实现了对民事主体民事权利的比较全面的保护，但在《民法典》施行后仍然会存在不少关于特定民事主体、特定领域的立法，如《未成年人保护法》《反家庭暴力法》《消费者权益保护法》《食品安全法》《老年人权益保障法》《妇女权益保障法》《残疾人保障法》等，这些法律虽然更多是关于特定民事主体合法权益保护的行政法、社会法，但其中存在着大量关于未成年人、老年人、残疾人、妇女、消费者等民事主体的民事权利条款，这些条款当然应当纳入到民法的体系当中，准确理解适用。

相较于民法针对一般人、一般事、一般时间普遍适用的法律，这些法律属于特别法，在具体的法律关系当中，应当优先适用。在具体的民事法律中适用民事特别法，并不构成对既有的民法规则的突破，而是对于民法基本原则和民法精神的重申和深化。公平和正义是人类社会孜孜以求的价值目标，也是《民法典》的价值指引，适用特别法尊重了特定民事主体的基本人权，维护了人类最基本的道德底线，体现了民法对权利保护的实质性，避免了公平正义在具体适用时的机械和教条。

在审判实践当中，对于《消费者权益保护法》等法律中的民事权利义务条款，应当清楚地认识到其民法属性及其与民法体系的一致性，不能割裂相关条款与民法典的天然有机联系。在处理当事人权利义务关系及民事责任时，也不能单纯仅依据特别法对当事人的行为进行法律评价，而应当结合民法的基本原则及分则的相关条款对相关纠纷进行恰当处理。对于特别法中的非民法规范，特别是一些行政管理规范，应当仔细识别，不能以之作为处理民事案件的依据，也不能以之影响当事人依法主张自己的民事权益。

指导案例

指导案例17号：张莉诉北京合力华通汽车服务有限公司买卖合同纠纷案

（最高人民法院审判委员会讨论通过　2013年11月8日发布）

关键词： 民事　买卖合同　欺诈　家用汽车

裁判要点：

1. 为家庭生活消费需要购买汽车，发生欺诈纠纷的，可以按照《中华人民共和国消费者权益保护法》处理。

2. 汽车销售者承诺向消费者出售没有使用或维修过的新车，消费者购买后发现系使用或维修过的汽车，销售者不能证明已履行告知义务且得到消费者认可的，构成销售欺诈，消费者要求销售者按照消费者权益保护法赔偿损失的，人民法院应予支持。

相关法条：

《中华人民共和国消费者权益保护法》第二条、第五十五条第一款（该款系2013年10月25日修改，修改前为第四十九条）

基本案情：

2007年2月28日，原告张莉从被告北京合力华通汽车服务有限公司（简称合力华通公司）购买上海通用雪佛兰景程轿车一辆，价格138000元，双方签有《汽车销售合同》。该合同第七条约定："……卖方保证买方所购车辆为新车，在交付之前已作了必要的检验和清洁，车辆路程表的公里数为18公里且符合卖方提供给买方的随车交付文件中所列的各项规格和指标……"合同签订当日，张莉向合力华通公司交付了购车款138000元，同时支付了车辆购置税12400元、一条龙服务费500元、保险费6060元。同日，合力华通公司将雪佛兰景程轿车一辆交付张莉，张莉为该车办理了机动车登记手续。2007年5月13日，张莉在将车辆送合力华通公司保养时，发现该车曾于2007年1月17日进行过维修。

审理中，合力华通公司表示张莉所购车辆确曾在运输途中造成划伤，于2007年1月17日进行过维修，维修项目包括右前叶子板喷漆、右前门喷漆、右后叶子板喷漆、右前门钣金、右后叶子板钣金、右前叶子板钣金，维修中更

1109

换底大边卡扣、油箱门及前叶子板灯总成。送修人系该公司业务员。合力华通公司称,对于车辆曾进行维修之事已在销售时明确告知张莉,并据此予以较大幅度优惠,该车销售定价应为151900元,经协商后该车实际销售价格为138000元,还赠送了部分装饰。为证明上述事实,合力华通公司提供了车辆维修记录及有张莉签字的日期为2007年2月28日的车辆交接验收单一份,在车辆交接验收单备注一栏中注有"加1/4油,此车右侧有钣喷修复,按约定价格销售"。合力华通公司表示该验收单系该公司保存,张莉手中并无此单。对于合力华通公司提供的上述两份证据,张莉表示对于车辆维修记录没有异议,车辆交接验收单中的签字确系其所签,但合力华通公司在销售时并未告知车辆曾有维修,其在签字时备注一栏中没有"此车右侧有钣喷修复,按约定价格销售"字样。

裁判结果:

北京市朝阳区人民法院于2007年10月作出(2007)朝民初字第18230号民事判决:一、撤销张莉与合力华通公司于2007年2月28日签订的《汽车销售合同》;二、张莉于判决生效后七日内将其所购的雪佛兰景程轿车退还合力华通公司;三、合力华通公司于判决生效后七日内退还张莉购车款十二万四千二百元;四、合力华通公司于判决生效后七日内赔偿张莉购置税一万二千四百元、服务费五百元、保险费六千零六十元;五、合力华通公司于判决生效后七日内加倍赔偿张莉购车款十三万八千元;六、驳回张莉其他诉讼请求。宣判后,合力华通公司提出上诉。北京市第二中级人民法院于2008年3月13日作出(2008)二中民终字第00453号民事判决:驳回上诉,维持原判。

裁判理由:

法院生效裁判认为:原告张莉购买汽车系因生活需要自用,被告合力华通公司没有证据证明张莉购买该车用于经营或其他非生活消费,故张莉购买汽车的行为属于生活消费需要,应当适用《中华人民共和国消费者权益保护法》。

根据双方签订的《汽车销售合同》约定,合力华通公司交付张莉的车辆应为无维修记录的新车,现所售车辆在交付前实际上经过维修,这是双方共同认可的事实,故本案争议的焦点为合力华通公司是否事先履行了告知义务。

车辆销售价格的降低或优惠以及赠送车饰是销售商常用的销售策略,也是双方当事人协商的结果,不能由此推断出合力华通公司在告知张莉汽车存在瑕疵的基础上对其进行了降价和优惠。合力华通公司提交的有张莉签名的车辆交接验收单，因系合力华通公司单方保存，且备注一栏内容由该公司不同人员书写，加之张莉对此不予认可，该验收单不足以证明张莉对车辆以前维修过有所了解。故对合力华通公司抗辩称其向张莉履行了瑕疵告知义务，不予采信，应认定合力华通公司在售车时隐瞒了车辆存在的瑕疵，有欺诈行为，应退车还款并增加赔偿张莉的损失。

第一百二十九条 民事权利可以依据民事法律行为、事实行为、法律规定的事件或者法律规定的其他方式取得。

▶ 关联规定

法律、行政法规、司法解释

《中华人民共和国民法典》

第一百三十三条 民事法律行为是民事主体通过意思表示设立、变更、终止民事法律关系的行为。

第二百二十九条 因人民法院、仲裁机构的法律文书或者人民政府的征收决定等,导致物权设立、变更、转让或者消灭的,自法律文书或者征收决定等生效时发生效力。

第二百三十条 因继承取得物权的,自继承开始时发生效力。

第二百三十一条 因合法建造、拆除房屋等事实行为设立或者消灭物权的,自事实行为成就时发生效力。

第三百一十一条 无处分权人将不动产或者动产转让给受让人的,所有权人有权追回;除法律另有规定外,符合下列情形的,受让人取得该不动产或者动产的所有权:

(一)受让人受让该不动产或者动产时是善意;

(二)以合理的价格转让;

(三)转让的不动产或者动产依照法律规定应当登记的已经登记,不需要登记的已经交付给受让人。

受让人依据前款规定取得不动产或者动产的所有权的,原所有权人有权向无处分权人请求损害赔偿。

当事人善意取得其他物权的,参照适用前两款规定。

第三百一十二条 所有权人或者其他权利人有权追回遗失物。该遗失物通过转让被他人占有的,权利人有权向无处分权人请求损害赔偿,或者自知道或者应当知道受让人之日起二年内向受让人请求返还原物;但是,受让人通过拍卖或者向具有经营资格的经营者购得该遗失物的,权利人请求返还原物时应当支付受让人所付的费用。权利人向受让人支付所付费用后,有权向无处分权人追偿。

第三百一十四条 拾得遗失物,应当返还权利人。拾得人应当及时通知权利人领取,或者送交公安等有关部门。

▶ 条文释义

一、本条主旨

本条是关于民事权利取得方式的规定。

二、条文演变

原《民法总则》第129条中,明确规定:"民事权利可以依据民事法律行为、事实行为、法律规定的事件或者法律规定的其他方式取得。"《民法典》延续了这一规定。

三、条文解读

民事权利的取得,是指民事主体依据合法的方式或根据获得民事权利。根据取得所需要的前提条件不同,可以将权利的取得划分为原始取得和继受取得两种。所谓原始取得,是指权利的取得不依赖于取得时权利是否已经属于另一个主体所有的情况,而是根据法律的规定或者原权利人意志之外的原因而取得。[1] 比如,因物的创设取得的所有权、孳息的取得等。所谓继受取得,又称传来取得,是指取得者的权利除取得行为以外,还需依赖于前权利者的权利,即其权利是基于前权利者的权利产生的。继受取得的方式有:基于原来的所有人让与某物而取得所有权、基于原来的所有人的转让合同而取得债权或者其他可转让的权利、遗产的取得,等等。取得者作为权利的继受者,其权利建立在法律行为和前权利人的权利之上。

---

[1] 参见[德]卡尔·拉伦茨:《德国民法通论》,王晓晔等译,法律出版社2013年版,第312页。

继受取得又可以划分为不同的类型：一是根据权利性质的不同，权利取得的方式包括基于原来的所有人让与某物而取得所有权，以及基于原来的所有人的转让合同而取得债权或者其他可转让的权利。二是根据权利数量的不同，继受取得又可分为单一继受取得和全部继受取得。单一继受取得，是对特定权利的取得，属于继受取得中的常态，一般以前权利人和继受者之间的合同为基础；全部继受取得，指取得权利概括取得，此种取得方式是一种特例，只在法律允许的情况下才可以发生，[①]比如，因继承、婚姻缔结等情形而取得的权利就属于全部的继受取得。

也有学者认为，将民事权利的取得划分为原始取得和继受取得的观点，没有将人格权的取得概括进来。人格权既不属于原始取得，也不属于继受取得，而是基于出生而由法律赋予的固有权利。因此，在原始取得和继受取得之外，民事权利的取得还应当包括第三种方式，即法律赋予。[②]

民事法律行为、事实行为、事件的表述方式，是一个涉及民事法律事实类型划分的命题。所谓民事法律事实，是指能够引起民事法律关系发生、变更或者消灭的事实。有关民事法律事实类型区分的既有讨论，以是否认可适法行为（合法行为）与违法行为的区分、是否将事实行为与违法行为（如侵权行为）认可为并列存在的不同类型的民事法律事实为主要标准，存在详细区分说、简略区分说与折中说三种学说。[③]其中采详细区分说者众多，如王泽鉴教授主张法律事实得区分为人的行为与其他。人的行为包括适法行为和违法行为。适法行为包括表示行为和非表示行为（事实行为），表示行为包括意思表示和意思通知，其中意思表示对应着法律行为，意思通知对应着准法律行为。违法行为包括侵权行为和债务不履行等。其他包括自然事件和自然状态。[④]简略区分说主要为我国大陆学者所采，其典型特点是不认可适法行为与违法行为的区分，而是将违法行为视为事实行为之一种。折中说在认可适法行为和违法行为上不同于简略分析说，在主张适法行为与违法行为的区分与表示行为和非表示行为的区分相并列的意义上不同于详细区分说。

---

① 参见［德］汉斯·布洛克斯、沃尔夫·迪特里希·瓦尔克：《德国民法总论》，张艳译，中国人民大学出版社2012年版，第382页。
② 参见杨立新：《中国民法总则研究》，中国人民大学出版社2017年版，第611页。
③ 参见王轶：《论民事法律事实的类型区分》，载《中国法学》2013年第1期。
④ 参见王泽鉴：《民法总则》，北京大学出版社2009年版，第192~193页。

（一）依据民事法律行为而取得民事权利

民事法律行为，是指以意思表示为要素，以设立、变更、终止民事权利和民事义务为目的的行为。大陆法系民法典普遍采用的是法律行为的概念。所谓法律行为，是指"私人的、旨在引起某种法律效果的意思表示。此种效果之所以得依法产生，皆因行为人希冀发生。法律行为之本质，在于旨在引起法律效果之意思的实现，在于法律制度以承认该意思方式而于法律世界中实现行为人欲然的法律判断"。① 法律行为是每个人形成其法律关系的手段，是私法自治的工具，如买卖、赠与、遗赠、互易等。依照法律行为而取得民事权利多属于继受取得。

（二）依据事实行为而取得民事权利

事实行为，是指行为人实施一定的行为时在主观上并没有确立、变更或消灭某一民事法律关系的意识，但由于法律的规定，同样会引起一定的民事法律后果的行为。② 事实行为在表面上就不同于法律行为，它们不是通过表示行为，更不是通过意思表示行为实施的。事实行为有合法的，也有不合法的。合法的事实行为如从事智力创造活动，拾得遗失物、漂流物，收取天然孳息，添附等，侵害国家、集体的财产或者他人的人身、财产的行为则是不合法的事实行为。依照这种方式取得的权利多属于原始取得。

（三）依据法律规定的事件而取得民事权利

事件，是指与人的意志无关的，能够引起民事法律关系发生、变更、消灭的客观现象。自然人的出生、成年、死亡、下落不明，果实自落，物的自然灭失，以及时间经过等都属于法律规定的事件，能够引起民事法律关系的发生、变更和消灭，产生民事权利和民事义务。

---

① 《立法理由书》第1卷，第126页，载穆格丹编：《德国民法典资料总汇》，1899年/1990年，第1卷，第421页，转引自［德］迪特尔·梅迪库斯：《德国民法总论》，邵建东译，法律出版社2001年版，第143页。
② 参见佟柔主编：《中国民法》，法律出版社1990年版，第37页。

(四)法律规定的其他方式

原《民法总则》制定及《民法典》编纂过程中,有的学者认为,按照传统民法理论,似乎行为与事件已经包括了所有可能的民事权利取得方式。比如,有人提出法院的裁判、仲裁庭的裁判似乎可以算作取得民事权利的其他方式;但是,所有裁判,对于特定的当事人,或者可以归入行为(对请求权人请求行为的确认与执行),或者可以归入事件。因此,此种分类似乎不妥当。① 应当说,《民法典》规定民事权利也可以经过法律的直接规定而取得,在除司法仲裁行为以及行政行为之外,为将来法律确认其他的方式留有实践探索空间。

目前,我国法律规定的其他取得权利方式的形式包括:(1)法律的直接规定。民事权利也可以经过法律的直接规定而取得,例如,法定的优先权就是直接通过法律的规定而取得的权利,此种情况在学理上称为"依法律的规定而直接取得权利"。② 这类权利还包括法定地上权等;③（2）司法行为,即依据法院的生效判决而取得权利;（3）行政行为。

▶ 适用指引

一、民事法律事实类型划分的价值

对民事法律事实进行类型划分的一个重要价值在于揭示,民法对于事件、事实行为以及表示行为中的准法律行为等的调整采取法定主义的调控方式,只要符合法律认可的事实构成,法律会直接对冲突的利益关系作出决定;但民法对于表示行为中的民事法律行为的调整采取意定主义的调控方式,主要依据民事主体的意思安排当事人之间的利益关系。实践中,应注意区分法律行为、准法律行为和没有法律约束力的情谊行为,尤其在情谊行为产生损害的场合是否必然会导致侵权责任的减轻的问题上,应当结合双方当事人的利益状态,依据诚信原则并考虑双方之间的交易习惯对是否存在法律义务作出认定,不可一概

---

① 参见张新宝:《中国民法总则研究》,中国人民大学出版社2017年版,第255页。
② 曾世雄:《民法总则之现代与未来》,中国政法大学出版社2001年版,第54页。
③ 参见王利明:《中国民法典学者建议稿及立法理由（总则编）》,法律出版社2010年版,第276页。

而论。

二、股东资格的继承

有限责任公司股东的继承人能否通过继承取得股东资格的问题,在审判实践中存在一定的争议。股东资格所对应的权利包括两层含义,第一层含义是财产收益权,作为一种合法的财产性权利,法律不能剥夺股东的继承人对此享有的继承权。第二层含义是经营决策权。这种权利体现了有限责任公司的人合性,即股东之间必须在相互信任的基础上合作。由此,不能当然地认为股东的继承人可以无条件继承股东资格,如果公司章程对股东资格的继承作出排除性规定,股东的继承人则不能通过继承获得股东资格。

▶ 类案检索

凌某安与株洲市石峰区铜塘湾街道建设村村民委员会侵害集体经济组织成员权益纠纷案

关键词: 集体经济组织　成员权益　村民委员会

裁判摘要: 根据《物权法》第59条规定,土地补偿费等费用的使用、分配办法应当依照法定程序经本集体成员决定。对于已经确定分配给集体经济的部分土地补偿费,多少份额用于分配给村民、多少份额用于村公益事业等,是村民自治事项,不属于人民法院受案范围。但是,对已经确定了土地补偿费分配总额,在分配过程中,因具体人员身份问题少分或不分,该人员认为其民事权益受到侵害,向人民法院提起诉讼,请求按照同等数额分配土地补偿费的,人民法院应当受理。

【案　　号】(2020)湘民再132号
【审理法院】湖南省高级人民法院

第一百三十条 民事主体按照自己的意愿依法行使民事权利，不受干涉。

▶ 关联规定

法律、行政法规、司法解释

《中华人民共和国民法典》

第五条 民事主体从事民事活动，应当遵循自愿原则，按照自己的意思设立、变更、终止民事法律关系。

第二百四十条 所有权人对自己的不动产或者动产，依法享有占有、使用、收益和处分的权利。

第四百六十九条 当事人订立合同，可以采用书面形式、口头形式或者其他形式。

书面形式是合同书、信件、电报、电传、传真等可以有形地表现所载内容的形式。

以电子数据交换、电子邮件等方式能够有形地表现所载内容，并可以随时调取查用的数据电文，视为书面形式。

第四百七十条 合同的内容由当事人约定，一般包括下列条款：

（一）当事人的姓名或者名称和住所；

（二）标的；

（三）数量；

（四）质量；

（五）价款或者报酬；

（六）履行期限、地点和方式；

（七）违约责任；

（八）解决争议的方法。

当事人可以参照各类合同的示范文本订立合同。

第四百七十一条 当事人订立合同，可以采取要约、承诺方式或者其他方式。

第一千零四十六条 结婚应当男女双方完全自愿，禁止任何一方对另一方加以强迫，禁止任何组织或者个人加以干涉。

第一千零七十六条 夫妻双方自愿离婚的，应当签订书面离婚协议，并亲自到婚姻登记机关申请离婚登记。

离婚协议应当载明双方自愿离婚的意思表示和对子女抚养、财产以及债务处理等事项协商一致的意见。

第一千零八十三条 离婚后，男女双方自愿恢复婚姻关系的，应当到婚姻登记机关重新进行结婚登记。

第一千一百三十三条 自然人可以依照本法规定立遗嘱处分个人财产，并可以指定遗嘱执行人。

自然人可以立遗嘱将个人财产指定由法定继承人中的一人或者数人继承。

自然人可以立遗嘱将个人财产赠与国家、集体或者法定继承人以外的组织、个人。

自然人可以依法设立遗嘱信托。

▶ 条文释义

一、本条主旨

本条是关于民事主体按照自己的意愿行使民事权利的规定。

二、条文演变

本条是关于意思自治原则的具体适用，在《民法典》编纂前，各相关法律均有规定，如原《物权法》第39条就规定"所有权人对自己的不动产或者动产，依法享有占有、使用、收益和处分的权利"，作为所有权基本内容。原《合同法》第4条规定合同自由原则，明确"当事人依法享有自愿订立合同的权利，任何单位和个人不得非法干预"。原《婚姻法》第5条规定结婚自愿，明确结婚必须男女双方完全自愿，不许任何一方对他方加以强迫或任何第三者加以干涉。第31条规定男女双方自愿离婚的，准予离婚，双方必须到婚姻登记机关申请离婚,婚姻登记机关查明双方确实是自愿并对子女和财产问题已有适当处理时,发给离婚证。在制定原《民法总则》的时候,其第130条明确规定"民事主体按照自己的意愿依法行使民事权利,不受干涉"。《民法典》延续了这一规定。

三、条文解读

民法以权利为其中心观念。罗马法上即有行使权利致他人遭受损害非为不法的原则。经17世纪、18世纪个人主义、自由主义思潮的激荡,使得个人权利成为人格的构成要素。1789年的《人权宣言》称个人权利为"天赋人权",此种权利虽立法者亦不得剥夺,国家的存在理由唯在保护个人权利,法律的终极目的,亦在于此。此种思想在19世纪风靡一时。个人权利,非有法律上的原因,不得侵夺,权利的行使,唯依个人自由意志。①

意思自治原则即建立在19世纪个人自由主义之上,对于排除当时封建身份关系及各种封建法律对个人的束缚、废除法人尤其是公司特许主义、保障私有财产安全、实践营业自由、维护个人自由与尊严、促进社会经济发展和文化进步,具有极其重要的意义。民事主体按照自己的意愿行使民事权利,是民法上意思自治原则在民事权利行使中的具体表现。

(一)民事权利行使的自由

意思自治的出发点为个人自由,其所强调者,系意思自主,即法律赋予最大可能的自由,任由当事人自行创造调整彼此权利义务关系的规范。②意思自治原则赋予民事主体以自由,此种自由在民事权利的行使中具有多种表现。

1.从不同类型的权利来看,物权法上的"所有权自由",即所有权人在法律允许的范围内可以自由地占有、使用、收益和处分其所有物。合同法上的"合同自由",即当事人可以自己决定是否订立合同、与谁订立合同、采取什么形式订立合同并决定合同的内容;婚姻法上的"结婚自由"和"离婚自由",即达到结婚年龄的人完全按照自己的意思决定婚姻关系;继承法上的"遗嘱

---

① 参见梁慧星主编:《中国民法典草案建议稿附理由·总则编》,法律出版社2013年版,第22页。
② 参见王泽鉴:《民法总则(增订版)》,中国政法大学出版社2001年版,第246页。

自由"，即个人可以在生前订立遗嘱，自由地决定其身后遗产的处分；商事法上的"营业自由"，即具有行为能力的商事主体可以按照自己的意思从事商事活动。

2.从不同性质的权利来看，如支配权的行使，通常以事实上支配其权利客体的方式而为之，请求权的行使，依对于相对人请求给付即依履行之请求为之；形成权的行使，依权利人一方的行为为之；抗辩权的行使，系对于他人拒绝其请求权的行使，得以书面、口头或者于裁判上、裁判外而为之。权利人既可以实施某种事实行为来实现权利，也可以实施某种法律行为来实现权利；可以由自己行使权利，也可以依法由他人代理行使权利，或者将权利的内容移转给他人享有并行使。

因此，一般认为，民事主体按照自己的意愿依法行使民事权利，不受干涉。体现在：一是民事主体有权按照自己的意愿依法行使民事权利或者不行使民事权利；二是民事主体有权按照自己的意愿选择依法行使的民事权利内容；三是民事主体有权按照自己的意愿选择依法行使民事权利的方式。民事主体按照自己的意愿行使权利，任何组织和个人不得非法干涉。

（二）民事权利行使自由的限制

民事主体可以自由地依照其意志行使权利，但并不意味着其行使权利不受任何限制，关于对民事权利行使自由的限制的认识，存在着两种不同的观点：

1.外部说，或者客观说

此种观点认为，权利本身具有不可侵性，权利的行使完全属于权利人的自由，但是权利的行使必须受到公法和民法上的限制，这些限制首先来自外部法律的规定，通常是根据实体法来确定其界限。任何权利的行使即使在法律未作具体限制的情况下，也要受到一些基本法律原则，如诚信原则、公序良俗原则等的限制。

2.内部说，或者是主观说

此种观点认为，对权利行使的限制来自权利本身，因为权利本身即包含着界限。对权利的可行使性的限制，实际上是对权利本身的限制。这种对权利的内在限制是不可逾越的。

根据《民法典》的规定，我们认为，对民事主体行使民事权利自由的限制，或者说行使权利的边界，主要表现在以下几个方面：

（1）民事权利的行使不得违反法律、行政法规的强制性规定。作为私权的民事权利，遵从"法无禁止即自由"的原则。民事权利在范围上，不仅包括现行法律明文规定的权利，还包括人的尊严、自由所蕴涵的不为法律明文禁止的权利。所谓依法行使，即权利主体的行为不得违反法律、行政法规的强制性规定，受到实证法否定的权利行使行为不能依权利人的意思发生法律效果。其具体意旨在于限制私法自治，即法律、行政法规上的禁止性规定不得为当事人任意处分。①需要注意的是，并非所有违反法律、行政法规强制性规定的民事法律行为均为无效，只有违反了效力性强制性规定的民事法律行为才被认定为无效。

（2）民事权利的行使不得违反该民事权利本身所固有的性质。某些法律行为的性质要求其行为的效力必须是确定的、随即的发生，如票据行为、形成权的行使等，此类行为不允许附加生效条件；再如，某些法律行为如果附加条件，就有可能损害社会公共利益或者社会道德，如身份行为——结婚、离婚、收养及收养的终止等，原则上不得附加任何种类的条件。

（3）民事权利的行使不得违背公序良俗。法律本身并不构成唯一的、在社会中有效的应然秩序，在其之外，还存在伦理、道德和风俗。公共秩序是存在于法律本身的价值体系，善良风俗则是法律外的伦理秩序。法律制度赋予民事主体以宽泛的权限，依照自己的意思以自己负责任的方式安排自己的生活关系，不过，这不仅要受到法律、行政法规强制性规定的限制，还要受到公序良俗的限制。如以人身为交易内容或者所附条件的民事协议，违反道德而为的赠与等均因违背公序良俗而受到否定性法律评价。

适用指引

权利冲突的处理

权利虽由权利人依照其意思自由行使，但在同一权利客体之上存在归属于不同主体的数个民事权利时，则可能存在权利冲突。受立法者的有限理性、社会的变动性、法律语言的模糊性等多种因素影响，随着权利体系的拓展，以及

---

① 参见杜景林、卢谌：《德国民法典——全条文注释》，中国政法大学出版社2015年版，第103页。

贞操权、被遗忘权、悼念权等充满争议的新类型权利的出现，权利冲突问题越发常见。

尽管已有观点提出了解决权利冲突的模式，如增加利益资源、设定义务限制、确定权利位阶性、确定权利先后性、权利的交易等，但这几种模式均系从立法的角度针对特定情形下的权利冲突提供的解决方案。而权利冲突的实质是利益冲突和价值冲突，其在法律适用上的尤为突出，如拉伦茨所言，"司法裁判根据它在具体情况下赋予各该法益的'重要性'，来从事权利或者法益的'衡量'。然而，'衡量'也好，'称重'也罢，这些都是形象化的说法；于此涉及的并非数学上可得测量的大小，毋宁是评价行为的结果，此等评价最困难之点在于：其并非取向于某一般性标准，毋宁同时考量当下具体的情况"[①]。

法官不得以法律无明文规定为由拒绝裁判，司法环节对权利冲突难题的解决，不可避免地会运用个案法益衡量的方法。为避免过分自由的判断，为裁判提供应有的客观性和合理性，法益衡量应参考权利位阶，并诉诸比例原则。权利位阶存在高低之分，如以公共利益为取向的基本权利优于以个人利益为取向的基本权利，言论自由优于名誉权，新闻自由优于隐私权，生命权优于身体权和健康权，身体权和健康权优于财产权等，均属基于权利位阶的判断。但权利位阶秩序缺乏整体确定性，个案的法益衡量还需诉诸比例原则，考虑适当性、必要性以及权利如何在法律的可能范围内得到最佳化实现等问题，在司法能动主义与司法克制主义之间维持恰当的平衡。

---

① ［德］卡尔·拉伦茨：《法学方法论》，陈爱娥译，商务印书馆2003年版，第279页。

第一百三十一条　民事主体行使权利时，应当履行法律规定的和当事人约定的义务。

关联规定

法律、行政法规、司法解释

1.《中华人民共和国宪法》

第三十三条　凡具有中华人民共和国国籍的人都是中华人民共和国公民。

中华人民共和国公民在法律面前一律平等。

国家尊重和保障人权。

任何公民享有宪法和法律规定的权利，同时必须履行宪法和法律规定的义务。

2.《中华人民共和国民法典》

第五百零九条　当事人应当按照约定全面履行自己的义务。

当事人应当遵循诚信原则，根据合同的性质、目的和交易习惯履行通知、协助、保密等义务。

当事人在履行合同过程中，应当避免浪费资源、污染环境和破坏生态。

条文释义

一、本条主旨

本条是关于民事主体权利与义务相统一原则的规定。

二、条文演变

原《合同法》第 8 条规定："依法成立的合同，对当事人具有法律约束力。当事人应当按照约定履行自己的义务，不得擅自变更或者解除合同。依法成立的合同，受法律保护。"原《民法总则》制定时，在第131条中规定"民事主体行使权利时，应当履行法律规定的和当事人约定的义务"。《民法典》延续了这一规定。

三、条文解读

（一）本条的立法背景

随着经济的发展和社会的进步，公民的权利意识空前增长，但部分公民的法律意识，尤其是义务和责任意识较为淡薄，他们通常只看到行为自由的一面，忽视了责任自负的一面，于己有利就强调契约必须遵守，于己不利就视契约为一张废纸。实践中，一部分人将自己的权利绝对化，无视自己应承担的义务。比如，合同履行过程中，有的当事人契约意识淡漠：有购房人因房价下跌而要求开发商退房，甚至打砸售楼处；也有开发商因房价上涨自我举报无证卖房，意欲毁约以谋求超过合同履行利益以外的高额利润；有高档住宅小区物业服务企业向业主收取了高额的物业费，但却不能提供与收费标准相匹配的服务；有的小区业主在公共场所跳广场舞深夜扰民。又如，在诉讼过程中，有的当事人只要求享有诉讼权利，不履行诉讼义务。再如，部分市场主体对市场风险和自身责任没有充分预判，从事高杠杆经营，一旦经营失败就想方设法逃避责任。上述行为严重影响了社会主义市场经济的良性发展，不利社会良好风尚的形成。

民事主体依法享有的民事权利和承担的民事义务是民事法律关系的内容。在民事法律关系中，民事权利和民事义务是相互对立、相互联系的。民事权利的内容要通过相应的民事义务表现，民事义务的内容由相应的民事权利限定。在很多情况下，民事主体在享有权利的同时，负担法律规定的或者当事人约定的义务。如合同双方当事人一般相互约定各自的权利义务，一方当事人在享有合同权利的同时，也负有约定的合同义务。民事主体行使权利时，应当履行法律规定的和当事人约定的义务。

《民法典》是国家和民族精神的立法表达。《民法典》要适应中国特色社会主义的发展要求，弘扬社会主义核心价值观，坚持依法治国和以德治国相结合，充分体现我国社会主义法治的特征。诚信是民法的基本原则，也是社会主义核心价值观的重要内容。为培养和引领诚实信用、契约严守的精神，在民法中有必要专门就民事权利、义务和责任相统一原则作出规定。因此，本条保留了原《民法总则》的规定，充分体现了时代精神和民族精神。

（二）本条的立法过程

在原《民法总则》制定过程中，《民法总则（草案）》一审稿曾将本条作为民事主体合法的民事权益受法律保护这一条的第2款，规定在第一章基本原则中，表述为"民事主体行使权利的同时，应当履行法律规定的或者当事人约定的义务，承担相应责任"。立法过程中，有的意见提出，只有违反了义务，才会带来不利的法律后果，才要承担民事责任。规定行使权利、履行义务就要承担责任，在逻辑上不通。权利与义务相对应，责任属于违反义务的后果，三者不宜并列，因为在行使权利时，如果履行了义务，责任是不会发生的。建议删掉最后一句"承担相应责任"。草案三审稿删除了"承担相应责任"，规定"民事主体行使权利的同时，应当履行法律规定的或者当事人约定的义务"。又有意见提出，强调民事主体在享有权利的同时必须注重对义务的承担，教育公民正确行使权利，诚信履行义务，对建立法治社会、践行社会主义核心价值观具有重要现实意义，但放在基本原则一章不合适，应作为权利行使的规则在本章进行规定。最终，《民法总则》将本条放在民事权利一章中，作为民事权利行使的规则进行规定。《民法典》维持了这一规定。

（三）本条规定与权利本位的关系

本条规定与民法权利本位的理念并不冲突。对于权利本位的价值和意义需要辩证、历史地看待。从西方近现代民法发展的历史背景看，权利本位虽是私法的基本原则，但其价值功能却体现在公法上，是民权对皇权、教权胜利成果的法律确定，其精神实质是反对特权。在私法范围内，由于民事主体具有互换性，同一民事主体既可能成为债权人也可能成为债务人，既可能成为侵权人也可能成为被侵权人，某一民事主体的权利往往体现为其他民事主体的义务。因此，单纯在私法范围内谈权利本位或义务本位并无意义。权利本位体现了近代私法的理念和性格，是相对于欧洲封建法制而言的，将其作为时代精神来理解或许比作为民法的固有原则来理解更为准确。

在民法体系内部，不宜单纯强调权利本位，而应关注民事权利、民事义务的辩证统一关系。正如马克思所指出的，"没有无义务的权利，也没有无权利的义务"。在民法中，民事主体的权利与义务是一个不可分割的统一整体。有权利就有义务，有义务就有权利，它们是相互关联、对立统一的。在民事关系中，没有民事义务的履行和民事责任的承担，民事权利的保障就没有现实基础，就可能是一句空话。

理解权利义务相统一的原则，需要注意以下几个问题：

1. 强调权利与义务相统一是意思自治原则的要求

意思自治是指民事主体自主作出民事行为，自主处分民事权利，自主设立、变更、消灭民事法律关系，不受他人干涉。意思自治是民法最重要的基本原则之一，是近现代民法的基石。意思自治包括两个方面：一是自己意思，即民事主体作出意思表示应是完全基于自己的真实意思，在作出意思表示时是自由的，是自我意志的实现；二是自己责任，即民事主体依自己意思作出表示后，要承担相应的法律后果。强调权利与义务相统一，就是既要看到意思自治中自己意思的一面，又要看到自己责任的一面，使意思自治这一民法基本理念在人民群众的观念中扎下根来，促进人的现代化和人的全面发展。

2. 确立权利义务相统一的原则是对《宪法》基本理念的贯彻落实

我国《宪法》规定，任何公民享有宪法和法律规定的权利，同时必须履行宪法和法律规定的义务。《宪法》在法律体系的等级中具有最高的法律位阶，作为部门法的民法必须以《宪法》为立法依据，体现《宪法》精神，因此，在《民法典》中规定权利义务相一致的原则，是对《宪法》的贯彻落实。

3. 确立权利义务相统一的原则有利于保障各类主体的合法权益和社会的安全与秩序

权利义务相统一即意味着权利义务主体地位必须平等，如果允许某一部分主体只享有权利、不履行义务，权利义务平衡状态将会被打破，社会不平等的现象就会出现，民事主体的合法权益、社会的安定和谐稳定将难以保障。由此可见，要维护民事主体合法权益，保障社会的安定与秩序，就必须维护好权利义务关系的平衡，确保权利义务相统一。

▶ 适用指引

一、当事人权利义务的具体内容应根据具体的法律关系来确定

权利与义务相统一是宣示性原则，当事人是否应当承担义务，应当承担何种义务，在什么条件下承担义务都需要视具体的法律关系而定。在某一法律关系中，可能一方当事人只享有权利而另一方当事人只承担义务。例如，在单务合同中，一方当事人只享有权利另一方当事人只承担义务。但一方当事人权利的享有以另一方当事人义务的承担为前提，因此，强调民事权利与义务相统一仍具有积极意义。

二、某些特定主体的民事权利能力和民事义务能力不完全对等

某些特殊的民事主体，因其意思能力和责任能力的限制，为保护其利益，民法允许其在享有权利和承担义务方面存在差异。例如，《民法典》第19条规定："八周岁以上的未成年人为限制民事行为能力人，实施民事法律行为由其法定代理人代理或者经其法定代理人同意、追认；但是，可以独立实施纯获利益的民事法律行为或者与其年龄、智力相适应的民事法律行为。"第22条规定："不能完全辨认自己行为的成年人为限制民事行为能力人，实施民事法律行为由其法定代理人代理或者经其法定代理人同意、追认；但是，可以独立实施纯获利益的民事法律行为或者与其智力、精神健康状况相适应的民事法律行为。"从某种意义上讲，无行为能力人和限制行为能力人是享有一定"特权"的，其享有权利的能力与承担义务的能力并不对等，因此产生的负担由社会成员负担。权利能力与义务并非完全一回事。自然人的权利能力平等、主体资格平等，但承担义务的能力未必平等。从社会整体来看，某一民事主体民事权利的享有须以其他民事主体对民事义务的履行为前提。

三、要注意区分拒不履行义务的行为和行使履行抗辩权的行为

当事人是否应当履行义务，应于何种情况下履行义务，均应根据具体的法律关系来确定。如果一方当事人拒绝对方关于履行义务的请求，是在行使先履行抗辩权或不安抗辩权等权利，就不属于违反本条规定的行为。只有在应当履行义务而拒不履行义务时，才属于本条规范的对象。

第一百三十二条 民事主体不得滥用民事权利损害国家利益、社会公共利益或者他人合法权益。

▶ 关联规定

一、法律、行政法规、司法解释

1.《中华人民共和国宪法》

第五十一条 中华人民共和国公民在行使自由和权利的时候，不得损害国家的、社会的、集体的利益和其他公民的合法的自由和权利。

2.《最高人民法院关于适用〈中华人民共和国民法典〉总则编若干问题的解释》

第三条 对于民法典第一百三十二条所称的滥用民事权利，人民法院可以根据权利行使的对象、目的、时间、方式、造成当事人之间利益失衡的程度等因素作出认定。

行为人以损害国家利益、社会公共利益、他人合法权益为主要目的行使民事权利的，人民法院应当认定构成滥用民事权利。

构成滥用民事权利的，人民法院应当认定该滥用行为不发生相应的法律效力。滥用民事权利造成损害的，依照民法典第七编等有关规定处理。

二、司法指导性文件

《全国法院贯彻实施民法典工作会议纪要》

1. 申请宣告失踪或宣告死亡的利害关系人，包括被申请宣告失踪或宣告死亡人的配偶、父母、子女、兄弟姐妹、祖父母、外祖父母、孙子女、外孙子女以及其他与被申请人有民事权利义务关系的民事主体。宣告失踪不是宣告死亡的必经程序，利害关系人可以不经申请宣告失踪而直接申请宣告死亡。但是，为了确保各方当事人权益的平衡保护，对于配偶、父母、子女以外的其他利害关系人申请宣告死亡，人民法院审查后认为申请人通过申请宣告失踪足以保护其权利，其申请宣告死亡违背民法典第一百三十二条关于不得滥用民事权利的规定的，不予支持。

条文释义

一、本条主旨

本条是关于禁止权利滥用原则的规定。

二、条文演变

我国一直关注权利滥用问题。在制定原《民法通则》时，在第6条规定"民事活动必须遵守法律，法律没有规定的，应当遵守国家政策"；第7条规定"民事活动应当尊重社会公德，不得损害社会公共利益，扰乱社会经济秩序"。在制定原《物权法》时，该法第7条规定了"取得和行使物权遵守法律、尊重社会公德原则"，要求"物权的取得和行使，应当遵守法律，尊重社会公德，不得损害公共利益和他人合法权益"。后来在制定原《民法总则》时，在第132条规定"禁止权利滥用原则"，要求"民事主体不得滥用民事权利损害国家利益、社会公共利益或者他人合法权益"。《民法典》延续了这一规定。

三、条文解读

禁止权利滥用原则为大陆法系各国民法典所确立。我国《宪法》第51条规定："中华人民共和国公民在行使自由和权利的时候，不得损害国家的、社会的、集体的利益和其他公民的合法的自由和权利。"该规定是民法中禁止权利滥用原则的立法根据。

（一）禁止权利滥用原则的概念

对于何谓禁止权利滥用原则，有不同观点：一是主观恶意行使说。该说认为"权利乃法律分配一部分社会利益于权利人，行使权利之结果，固不免使他人发生损害，然如专以损害他人为目的，则属权利之滥用。"[①] 二是违反权利

[①] 胡长清：《中国民法总论》，中国政法大学出版社1997年版，第386页。

本旨说。该说认为"权利滥用者，乃权利人行使权利违反法律赋予权利之本旨（权利之社会性），因而法律上遂有不承认其为行使权利之行为之谓。"① 三是超越界限说。"权利滥用者，谓权利行使必有一定之界限，超过这一正当界限而行使权利，即为权利之滥用。"② 四是目的与界限混合说。"权利滥用，谓逸出权利的、社会的、经济的目的或社会所不容许的界限之权利行使。"③ 禁止权利滥用，本质上是法律对私权行使的一种限制，体现了法律追求"矫正争议"和"分配正义"的目标。从各国和地区判例及学说发展来看，在权利滥用的要件上正在逐渐摒除加害目的及加害意思的主观标准。

（二）权利滥用的构成要件

权利滥用，须符合以下要件：（1）须有权利的存在。如无权利而施加损害于他人，则构成侵权行为，与权利滥用无关。（2）须权利人有与权利行使相关的行为。此种行为可为积极行为，亦可为消极行为。值得注意的是，权利以不妨害社会秩序、公共利益为前提，权利人负有为公共利益利用权利的责任，权利人无正当理由不行使权利，亦得构成滥用。（3）须权利人的行为有堪称滥用的违法性，造成损害国家利益、社会公共利益或者他人合法权益的后果。（4）须权利人具有主观过错。要求权利人对滥用民事权利具有主观过错，这是确定权利滥用的主观标准。通常情况下，这种主观过错表现为权利人的故意，但在一些特定情况下，权利人的过失也可能构成权利滥用。比如，根据《民法典》第181条第2款关于"正当防卫超过必要的限度，造成不应有的损害的，正当防卫人应当承担适当的民事责任"的规定，权利人承担的责任就体现为一种过失。

（三）权利滥用的判断标准和类型化分析

权利滥用的判断标准，实质上是一个关涉禁止权利滥用与诚信原则关系的问题。对此，亦有不同的观点，有认为诚信原则是禁止权利滥用原则的法源，判断权利行使行为是否构成滥用，应以是否违反诚信原则为准；有认为禁止权利滥用原则为独立的民法原则，具有独特的评价标准和体系，并非诚信原则适用的效果；有认为区分二者没有实际利益，不必介意两者在法理上的重合和错

---

① 郑玉波：《民法总则》，中国政法大学出版社2003年版，第393页。
② 李宜琛：《民法总则》，中国方正出版社2004年版，第399页。
③ 史尚宽：《民法总论》，中国政法大学出版社2000年版，第714页。

位。在近来的学说和判例的发展趋势上，两者的适用范围越来越广，作用也越来越接近。实践中，有以下几种常见的权利滥用情形：

1. 恶意的权利行使。

2. 欠缺正当利益的权利行使。即权利的行使，对权利人自己并无实际利益，构成滥用。

3. 以有害的方式行使权利。

4. 损害大于所获得的利益。

5. 违背权利目的而行使权利。如要式合同中给付已经履行，仍以要式方式之欠缺而主张无效者，即为滥用。

《民法典总则编解释》第3条第1款、第2款对权利滥用的认定作出规定。其中第1款采用动态系统论的思路，列举了权利行使的对象、目的、时间、方式、造成当事人之间利益失衡的程度等因素，作为认定权利滥用的参考因素。第2款则明确规定，以损害国家利益、社会公共利益、他人合法权益为主要目的行使民事权利的，应当认定构成权利滥用。

（四）权利滥用的法律后果

权利滥用应给予否定性法律评价，自无疑问。但实践中情况较为复杂，权利之行使亦有不同方式，行使权利构成滥用究竟产生何种法律后果，不可一概而论，应结合具体情形予以分析。

1. 行为无效。权利的行使行为如果为民事法律行为，构成权利滥用时，该法律行为无效。

2. 民事责任的承担。权利的行使行为如果为事实行为，构成权利滥用并对他人造成损害的，成立损害赔偿责任；如该事实行为仍处于持续状态，受害人得请求停止滥用、消除危险或者排除妨碍。

3. 限制权利。对于可行使权利而不行使，或者虽不具备行使权利的条件，但也不允许他人行使该权利的，得限制其权利。如我国《专利法》第53条及其实施细则规定，专利权人在三年内不行使其专利权，而具备实施条件的单位以合理的条件请求发明或者实用新型专利权人许可实施其专利，却未能在合理长的时间内获得这种许可时，专利局根据该单位的申请，可以给予实施该专利的强制许可。

4. 权利失效。权利失效理论是建立在诚信原则基础上的，同时也适用于权利滥用的场合。在法律未规定，当事人未约定除斥期间，相对人亦未催告的情形下，合同解除权人长期不行使权利的，亦可适用权利失效原则，使解除权归于消灭，以维护法律秩序的安宁和交易安全。

《民法典总则编解释》第3条第3款对权利滥用的法律后果作出了规定，实际上也体现了上述思路。其中"滥用行为不发生相应的法律效力"就包括权利失效、行为无效、权利限制等内容，该款同时还规定，滥用权利造成损害的，应当承担侵权责任等民事责任。

法律实践中，禁止权利滥用原则具有指导民事主体行使权利，解释、评价和补充法律行为，解释法律和补充法律漏洞等功能。

▶ 适用指引

适用本条应注意的问题

个案的多样性和权利滥用行为的复杂性，使得禁止权利滥用原则的适用应注意以下问题：第一，严格区分权利滥用与权利正当行使的界限。任何权利滥用行为外观上均具有权利行使的表征，需要充分运用自由裁量权作出公平正义的价值判断。第二，准确把握权利的本旨和权利的正当界限。权利具有社会性，要求权利人应在不妨害国家、社会利益或者他人合法利益的前提下，追求个人利益。权利人行使权利的自由是相对的自由，超越这一自由度的权利行使即超出了权利的正当界限。第三，应根据个案具体情况，综合考量权利行使的时间、方式、对象、程度等因素，判断是否在当事人之间造成了利益严重失衡，违背公序良俗、诚信原则的结果，不可一概作抽象的认定。

▶ 典型案例

杭州莫丽斯科技有限公司、奥普家居股份有限公司与浙江风尚建材股份有限公司、浙江现代新能源有限公司、云南晋美环保科技有限公司、盛某君侵害商标权及不正当竞争纠纷案

关键词： 商标权　禁止权利滥用　恶意注册

裁判摘要： 本案是加大知名品牌保护力度、遏制恶意注册行为的典型案例。二审裁判以鼓励诚实竞争、遏制仿冒搭车为导向，根据商标的知名度与显著性，充分利用现有法律手段，强化知名品牌保护，严厉打击不诚信的商标攀附、仿冒搭车行为，并对双方长达十余年的使用争议作出了明确的市场划分，净化了市场竞争环境，有力规范了商标使用行为。此外，此案还充分体现了人民法院强化民事诉讼在民行交叉纠纷解决中的引导作用这一司法政策导向，充分运用诚实信用、保护在先权利、维护公平竞争、禁止权利滥用等原则作出公正裁判，对引导后续商标权行政纠纷的正确解决发挥了积极作用。

基本案情： 杭州莫丽斯科技有限公司（以下简称莫丽斯公司）是核定使用在排风一体机等商品上的"奥普"商标的权利人。经授权，奥普家居股份有限公司（以下简称奥普家居公司）可排他性使用上述商标。被诉侵权行为发生前，莫丽斯公司的"奥普"商标已有作为驰名商标被保护的记录。浙江现代新能源有限公司（以下简称现代公司）于2006年受让取得使用在金属建筑材料商品上的"奥普"商标后，通过许可浙江风尚建材股份有限公司（以下简称风尚公司）等在扣板商品及包装、经销店门头、厂房、杂志广告、网站上大量使用"AOPU奥普"等标志，且辅以"正宗大品牌""高端吊顶专家与领导者"等文字进行宣传并实现迅速扩张，在此期间还对莫丽斯公司进行了多次侵权诉讼和行政投诉。后莫丽斯公司或其关联企业对现代公司享有的商标提出无效宣告请求，人民法院于司法审查过程中撤销了商标行政机关维持该商标权有效的决定。莫丽斯公司、奥普家居公司以风尚公司、现代公司等上述行为侵害其商标权并构成不正当竞争行为为由，提起诉讼。浙江省杭州市中级人民法院一审认为，涉案商标构成驰名商标，风尚公司等在金属吊顶商品上使用"AOPU奥普"等标志的行为构成对涉案商标的复制、模仿，不正当利用了"奥普"商标的市场声誉，损害了驰名商标权利人的利益。且现有证据可证明，风尚公司等在本案中的侵权获利已远超法定赔偿上限。一审法院遂判令风尚公司等停止侵权并赔偿经济损失及合理费用共计800万元。浙江省高级人民法院二审维持一审判决。

【案　　号】（2019）浙民终22号
【审理法院】浙江省高级人民法院
【来　　源】2019年中国法院10大知识产权案件

类案检索

山东海汇生物工程股份有限公司诉谢某豪股权转让纠纷案

关键词： 延迟履行　合同解除权　禁止权利滥用

裁判摘要： 合同一方当事人因对方的迟延履行行为致使合同目的落空，依法享有法定解除权，有权通过诉讼解除合同，主张相对方承担恢复原状的责任，如不能恢复原状则应当赔偿损失。但是合同解除权作为一种形成权，在不具有约定或法定的行使期间，当相对人有正当理由信赖解除权人不欲再行使解除权时，则根据禁止滥用权利原则，不得再行使解除权。

【案　　号】（2010）青民二商终字第562号

【审理法院】山东省青岛市中级人民法院

第六章 民事法律行为

第一节 一般规定

第一百三十三条 民事法律行为是民事主体通过意思表示设立、变更、终止民事法律关系的行为。

▶ 关联规定

法律、行政法规、司法解释

《中华人民共和国民法典》

第五条 民事主体从事民事活动，应当遵循自愿原则，按照自己的意思设立、变更、终止民事法律关系。

第四百六十四条 合同是民事主体之间设立、变更、终止民事法律关系的协议。

婚姻、收养、监护等有关身份关系的协议，适用有关该身份关系的法律规定；没有规定的，可以根据其性质参照适用本编规定。

▶ 条文释义

一、本条主旨

本条是关于民事法律行为概念的规定。

二、条文演变

"法律行为"一词起源于德国。《德国民法典》以专章形式规定了"法律行为",但未对法律行为进行定义,而是直接规定行为能力、意思表示效力等内容。日本、韩国等继受《德国民法典》的国家引入了"法律行为"概念。我国原《民法通则》没有采用法律行为这一表述,而是采用了民事法律行为和民事行为这两个概念,其第四章第54条规定,民事法律行为是公民或者法人设立、变更、终止民事权利和民事义务的合法行为。原《民法通则》规定的"民事法律行为"有两个特点:一是突出了合法性,只包括合法的法律行为,不涵盖无效、可撤销和效力待定的行为。为此,原《民法通则》还规定了一个概念,即"民事行为",以涵盖无效和可撤销行为,其第58条至第61条用的都是这个概念。二是没有强调法律行为中的核心要素意思表示。原《民法总则》的立法过程中,对继续采用"民事法律行为"这个概念,还是借鉴域外立法例,采用"法律行为"的概念,有不同意见。立法机关一方面考虑到"民事行为"的概念不科学,因为它不能涵盖效力待定等民事法律行为,另一方面又考虑到民事法律行为的概念已经深入人心,所以仍然采用了"民事法律行为"概念,但赋予其新的内涵。原《民法总则》第133条规定,民事法律行为是民事主体通过意思表示设立、变更、终止民事法律关系的行为。该条对于民事法律行为的定义回归了法律行为的本质属性,放弃了法律行为的合法性要求。《民法典》第133条延续了原《民法总则》第133条的规定。

三、条文解读

本条对民事法律行为的概念作出了规定。

(一)民事法律行为的内涵

与原《民法通则》第54条相比,原《民法总则》第133条作了两处实质性修改:第一,原《民法通则》规定,民事法律行为必须是合法行为,但根据原《民法总则》的规定,民事法律行为既包括合法的法律行为,也包括无效、可撤销和效力待定的法律行为。第二,强调民事法律行为的本质特征是意思表示。这样修改,不仅逻辑上更周全,理论上也更自洽。《民法典》对民事法律行为的概念重新赋予新的含义,体现了我国民事立法的科学性。

(二)民事法律行为的特征

根据本条的规定,民事法律行为具有以下四个特征:

第一,民事法律行为是民事主体实施的行为。民事法律行为作为一种法律事实,其必须是由民事主体实施的行为,非民事主体实施的行为不是民事法律行为。如行政裁决、法院判决、仲裁裁决等,就不是民事法律行为。民事主体包括自然人、法人和非法人组织。《民法典》第二章统一使用"自然人"概念,不再使用"公民"概念,便于民事法律行为的认定。法人是与自然人相对应的概念,根据《民法典》第57条的规定,法人是具有民事权利能力和民事行为能力,依法独立享有民事权利和承担民事义务的组织。法人包括营利法人、非营利法人和特殊法人。非法人组织是指不具有法人资格,但是依法能够以自己的名义从事民事活动的组织,包括个人独资企业、合伙企业、不具有法人资格的专业服务机构等。需要注意的是,民事主体之间具有平等性,机关法人或者经授权承担一定行政职权的组织只有在进行私法上的平等交易活动时才能称之为民事主体。

第二,民事法律行为是以设立、变更、终止民事法律关系为目的的行为。民事主体参与社会生产生活时会从事各种各样的民事活动,但并非任何行为都是民事法律行为。只有以设立、变更、终止民事法律关系为目的的行为才是民事法律行为,民事法律行为的法律效果是让民事主体享受民事权利、承担民事义务。设立民事法律关系是指民事主体创设一个新的民事法律关系。变更民事法律关系是指使现存民事法律关系的主体、内容或客体发生变化。终止民事法律关系是指现有的法律关系归于消灭。民事法律行为虽然是民事主体以发生一定法律效果为目的的行为,但并非任何民事法律行为都能最终产生民事主体所期望的法律效果。民事主体所从事的民事法律行为既可能是合法的,也可能是非法的,这与原《民法通则》关于民事法律行为的规定不同。①

第三,民事法律行为是通过意思表示而实施的行为。意思表示是指民事主体意欲发生一定法律效果的内心意思的外在表达,是民事法律行为最为核心的内容。民事法律行为之所以能对民事主体产生法律约束力,就是因为其是民事主体按照自己的意思作出的,这也是民事法律行为与事实行为最根本的一个区别。民事主体在社会生活中从事的一些行为,虽然也表达于外,但如果不符合民事法律行为中意思表示的要求,就不属于民事法律行为。按照传统民法理论,意思表示的构成要素可以概括为如下五种,即行为意思、表示意思、目的

---

① 参见黄薇主编:《中华人民共和国民法典释义》,法律出版社2020年版,第430页。

意思、效果意思、表示行为。①（1）行为意思。所谓行为意思，是指行为人自觉地从事某项行为的意思。如自然人签订合同的签名行为，表明其同意签订该合同，同意受该合同约束。但如果自然人被麻醉而失去知觉，他人将其手指按指纹在文书上，其行为是被人用强力所致，这就不具有行为意思。（2）表示意思。所谓表示意思，是指为意思表示之人认识到其行为具有某种法律上的意义。例如，提出要约，要约人对要约的法律意义具有认知，应认为其具有表示意思。（3）目的意思。所谓目的意思，是指明法律行为具体内容的意思要素，它是意思表示据以成立的基础。（4）效果意思。所谓效果意思，是指意思表示人欲使其表示内容引起法律上效力的内在意思要素，是当事人所追求的使其发生法律拘束力的意图。（5）表示行为。所谓表示行为，是指表意人将效果意思表现于外部之行为，或者说，表示行为是指行为人将其内在意思以一定方式表现于外部，并足以为外界所客观理解的行为要素。

四是民事法律行为是会产生一定法律效果的行为。民事法律行为能够产生当事人所预期的法律效果，这是民事法律行为不同于其他民事法律事实的重要区别。但并非所有的民事法律行为都能产生当事人预期的法律效果。如果是合法的行为，则能够产生当事人预期的法律效果，其不仅可以导致民事法律关系的产生，而且也可以导致民事法律关系的变更或者终止。民事法律行为如果违反法律、行政法规的效力性强制性规定，或者违反公序良俗，则不能产生当事人预期的私法上的效果，但会产生法律规定的效果，如合同无效产生无效合同的后果，婚姻无效产生无效婚姻的后果，遗嘱无效产生无效遗嘱的后果，收养无效产生无效收养的后果。

---

① 不同学者对意思表示构成要素的概括有所不同，但通常不影响司法适用，故这里只是列举其中一种观点。当然，不论主张意思表示包括几个构成要素，学理上通常认为上述要素可以概括成内部要素（内心意思）和外部要素（表示行为）两大部分，相关内容可参见本书对《民法典》第137条的介绍。

▶ 适用指引

一、民事法律行为与事实行为的辨析

行为是指人有意识的活动,①包括民事法律行为和事实行为等。事实行为是指行为人主观上不一定具有发生、变更或消灭正常民事法律关系的意思,但客观上能够引起这种后果的行为。②其效果的发生基于法律的规定,是否为当事人所意欲,在所不问。③区分民事法律行为和事实行为的意义在于,事实行为没有意思表示和行为能力的要求,可以直接根据法律的规定产生私法上的效果。事实行为同样是人意识支配下的活动,如拾得遗失物、撰写作品、建造房屋等,只是民事主体在行为时可能并没有一个明确的主观意思,或者说最终法律效果的发生并非依赖于民事主体的意思表示,而是基于法律的直接规定。如本法第231条规定,因合法建造、拆除房屋等实施行为设立或者消灭物权的,自事实行为成就时发生效力。

二、民事法律行为和好意施惠行为的辨析

好意施惠行为,又称情谊行为,是指当事人因社交、帮助、道义等原因发生的,没有民法上权利义务内容的行为。④纯粹的情谊行为是一种特殊的社会行为,具有更多的社交属性和道德属性,当事人可以自主决定是否进行,无法律上的强制要求,不具有法律约束力。如请他人吃饭,约定了时间地点,此种约定无法律上的约束力,即便事后爽约,也不会产生损害赔偿请求权。区分民事法律行为和好意施惠行为的意义在于,当事人没有受好意施惠行为约束的意思,该行为不能产生法律上的权利或义务。⑤判断好意施惠行为的关键在于施惠人是否具有建立法律关系的意图,通常可以结合主客观情况来判断施惠人的意图。具体而言:首先,判断意欲建立的法律关系是否属于民法调整范围内的权利义务关系,朋友之间的社交、互助关系等均不属于民法的调整范围。其

---

① 参见王利明:《民法学(第二版)》,复旦大学出版社2015年版,第33页。
② 参见佟柔:《中国民法学·民法总论》,人民法院出版社2008年版,第41页。
③ 参见王泽鉴:《民法总则》,中国政法大学出版社2003年版,第261页。
④ 参见魏振瀛:《民法(第四版)》,北京大学出版社、高等教育出版社2010年版,第140页。
⑤ 参见王泽鉴:《民法总则》,中国政法大学出版社2003年版,第261页。

次，判断意欲建立的法律关系是有偿还是无偿。有偿关系一般构成民事法律行为，无偿关系多为好意施惠行为。判断有偿还是无偿需要综合行为的整体和背景，比如，酒店免费叫醒客人的服务，看似无偿但从整体判断来看则属于有偿的行为。并且有偿不一定表现为金钱给付，也可能是其他形式的给付义务。

三、本法对民事法律行为概念的规定对审判实践的影响

需要说明的是，本法对民事法律行为概念赋予新的含义，主要是在理论上具有重大的价值。对于审判实践而言，案件的处理结果并不会因为该用语的新含义而发生变化，只不过在裁判文书中对民事法律行为的含义要作相应的调整，如民事法律行为不再是原《民法通则》规定的含义，它不包含合法性评价。又如，在裁判文书中不能出现"民事行为"这一概念，因为这一概念已经被《民法典》废弃。

▶ 类案检索

左某诉北京鑫丰汇川投资顾问有限公司、宁强泛珠泉实业发展有限公司股权转让纠纷案

关键词： 意思表示　股权转让合同　股权变动

裁判摘要： 认定股权转让合同中转让人是否具有股权转让的意思表示，首先应当从其行为意思、表示意思及效果意思等方面进行考量，在转让人不具备转让股权意思表示的主观要素时，仅因办理股权变更登记时出示了转让人身份证原件，不能推定转让人具有股权转让的真实意思表示。

【案　　号】（2017）京03民终14093号

【审理法院】北京市第三中级人民法院

第一百三十四条 民事法律行为可以基于双方或者多方的意思表示一致成立，也可以基于单方的意思表示成立。

法人、非法人组织依照法律或者章程规定的议事方式和表决程序作出决议的，该决议行为成立。

▶ 关联规定

法律、行政法规、司法解释

1.《中和人民共和国民法典》

第四百七十一条 当事人订立合同，可以采取要约、承诺方式或者其他方式。

第四百九十条 当事人采用合同书形式订立合同的，自当事人均签名、盖章或者按指印时合同成立。在签名、盖章或者按指印之前，当事人一方已经履行主要义务，对方接受时，该合同成立。

法律、行政法规规定或者当事人约定合同应当采用书面形式订立，当事人未采用书面形式但是一方已经履行主要义务，对方接受时，该合同成立。

第四百九十一条 当事人采用信件、数据电文等形式订立合同要求签订确认书的，签订确认书时合同成立。

当事人一方通过互联网等信息网络发布的商品或者服务信息符合要约条件的，对方选择该商品或者服务并提交订单成功时合同成立，但是当事人另有约定的除外。

第五百四十三条 当事人协商一致，可以变更合同。

第五百六十二条 当事人协商一致，可以解除合同。

当事人可以约定一方解除合同的事由。解除合同的事由发生时，解除权人可以解除合同。

第一千一百二十四条 继承开始后，继承人放弃继承的，应当在遗产处理前，以书面形式作出放弃继承的表示；没有表示的，视为接受继承。

受遗赠人应当在知道受遗赠后六十日内,作出接受或者放弃受遗赠的表示;到期没有表示的,视为放弃受遗赠。

2.《中华人民共和国公司法》

第十一条 设立公司必须依法制定公司章程。公司章程对公司、股东、董事、监事、高级管理人员具有约束力。

第四十三条 股东会的议事方式和表决程序,除本法有规定的外,由公司章程规定。

股东会会议作出修改公司章程、增加或者减少注册资本的决议,以及公司合并、分立、解散或者变更公司形式的决议,必须经代表三分之二以上表决权的股东通过。

第一百零三条 股东出席股东大会会议,所持每一股份有一表决权。但是,公司持有的本公司股份没有表决权。

股东大会作出决议,必须经出席会议的股东所持表决权过半数通过。但是,股东大会作出修改公司章程、增加或者减少注册资本的决议,以及公司合并、分立、解散或者变更公司形式的决议,必须经出席会议的股东所持表决权的三分之二以上通过。

第一百零四条 本法和公司章程规定公司转让、受让重大资产或者对外提供担保等事项必须经股东大会作出决议的,董事会应当及时召集股东大会会议,由股东大会就上述事项进行表决。

3.《中华人民共和国合伙企业法》

第四条 合伙协议依法由全体合伙人协商一致、以书面形式订立。

第十九条 合伙协议经全体合伙人签名、盖章后生效。合伙人按照合伙协议享有权利,履行义务。

修改或者补充合伙协议,应当经全体合伙人一致同意;但是,合伙协议另有约定的除外。

合伙协议未约定或者约定不明确的事项,由合伙人协商决定;协商不成的,依照本法和其他有关法律、行政法规的规定处理。

第三十条 合伙人对合伙企业有关事项作出决议,按照合伙协议约定的表决办法办理。合伙协议未约定或者约定不明确的,实行合伙人一人一票并经全体合伙人过半数通过的表决办法。

本法对合伙企业的表决办法另有规定的,从其规定。

4.《最高人民法院关于适用〈中华人民共和国民法典〉总则编若干问题的解释》

第二十三条 民事法律行为不成立,当事人请求返还财产、折价补偿或者赔偿损失的,参照适用民法典第一百五十七条的规定。

5.《最高人民法院关于适用〈中华人民共和国公司法〉若干问题的规定(四)》

第五条 股东会或者股东大会、董事会决议存在下列情形之一,当事人主张决议不成立的,人民法院应当予以支持:

(一)公司未召开会议的,但依据公司法第三十七条第二款或者公司章程规定可以不召开股东会或者股东大会而直接作出决定,并由全体股东在决定文件上签名、盖章的除外;

(二)会议未对决议事项进行表决的;

(三)出席会议的人数或者股东所持表决权不符合公司法或者公司章程规定的;

(四)会议的表决结果未达到公司法或者公司章程规定的通过比例的;

(五)导致决议不成立的其他情形。

▶ 条文释义

一、本条主旨

本条是关于民事法律行为成立的规定。

二、条文演变

原《民法通则》没有关于民事法律行为成立的一般规定。原《合同法》第32条、第33条规定了合同的成立时间。《公司法》第43条、第103条规定了公司股东会或股东大会作出决议的法定程序。《公司法规定(四)》规定股东或股东大会作出的决议不成立的情形。原《民法总则》吸收了单行法及司法解释中关于民事法律行为成立的规定,根据行为人数不同规定了不同的民事法律行为的成立要件和成立时间,并且将决议行为纳入民事法律行为,在本条中进行了规定。《民法典》第134条沿用了原《民法总则》第134条的规定。

三、条文解读

依据进行民事法律行为的行为人数的不同,传统民事法律行为分为单方民事法律行为、双方民事法律行为和多方民事法律行为。每种民事法律行为的成立要件和时间不一样。在传统民事法律行为之外,还有一种商法上的决议行为,以公司决议最为典型,其成立有其特殊性。由于我国采民商合一的立法体例,所以,将决议行为也纳入民事法律行为的范畴。

本条第1款分别针对双方民事法律行为、多方民事法律行为和单方民事法律行为的成立条件和成立时间作出了规定。本条第2款规定了一种较为特殊的民事法律行为,即决议行为。

(一)双方民事法律行为

双方法律行为,是指双方当事人的意思表示相向而行,在其意思表示一致时才能成立的民事法律行为。双方法律行为的特点在于双方当事人的意思表示是相对的,因而双方的权利义务也是相对的,最典型的就是合同行为。根据本法合同编的规定,订立合同采用要约、承诺的方式,要约方向他人发出希望与其订立合同的意思表示,并表明经受要约人承诺,要约方即受该意思表示约束。承诺人收到要约后发出同意要约的意思表示,承诺通知到达要约人时,合同成立。此处"双方"指的是相对应的两方当事人,但是每一方都可能有不止一个民事主体。双方法律行为与单方民事法律行为有别,双方民事法律行为必须在双方相向的意思表示一致时才能成立,在仅有一方的意思表示或者虽有双方的意思表示而双方的意思表示没有达成一致时,双方法律行为不能成立。而单方民事法律行为则是仅凭单方作出的意思表示也能成立的民事法律行为。

(二)多方民事法律行为

多方法律行为,是指三方以上的当事人的意思表示相向而行,在其意思表示一致时才能成立的民事法律行为。多方民事法律行为的特点在于各方当事人意思表示是相同的,在追求共同利益上达成一致,因而产生当事人期待的私法效果。订立公司章程的行为、合伙协议等就是典型的多方法律行为。多方民事法律行为与双方民事法律行为都是意思表示相向而行,不是同向而行,即需要意思表示一致才能成立。两者的不同之处是多方民事法律行为的主体在三方以上，行为是多数意思表示的合致；而双方民事法律行为是双方相对的意思表示的合致。

（三）单方民事法律行为

单方民事法律行为，是指仅凭一方的意思表示就能够单独成立的民事法律行为。与双方法律行为和多方法律行为明显的区别就是，其成立不需要意思表示一致，只需单方的意思表示即可。单方民事法律行为分为两类。一类是不涉及他人利益的单方民事法律行为，如所有物抛弃、无主物先占等行为。另一类是涉及他人利益的单方民事法律行为，如债务的免除、继承的放弃、委托代理的撤销等行为。

（四）决议行为

决议行为是指法人、非法人组织基于共同的意思表示而意图实现一定法律效果的民事法律行为，以公司决议最为典型。决议行为与多方民事法律行为、双方民事法律行为和单方民事法律行为相比，其具有特殊性，这种特殊性体现在以下几个方面：一是决议行为是法人、非法人组织依照法律或者章程规定的议事方式和表决程序作出决议的行为。[1] 因此，决议行为一般需要依一定的程序才能成立，根据本条的规定，决议行为需要依照法律或者章程规定的议事方式和表决程序作出。而双方或者多方民事法律行为的成立一般不需要遵守某种特定的程序。二是法人、非法人组织依照法律或者章程规定的议事方式和表决程序作出的决议，即使没有得到全体成员的同意，也能够产生效力，并且这种决议对于未表示同意的当事人也具有拘束力。也就是说，决议行为主要实行多数决，一般不需要多方意思表示一致才成立。而双方或者多方民事法律行为则需要所有当事人意思表示一致才能成立，并且一般对作出意思表示的当事人发生法律效力。这表明决议与多方民事法律行为不属于同一概念。三是决议行为原则上仅适用于法人或者非法人组织内部的决议事项，决议行为不适用于自然人。而双方民事法律行为或者多方民事法律行为适用的范围一般不受限制，而且一般也与内部事项无关。

---

[1] 参见王利明主编：《中国民法典释评·总则编》，中国人民大学出版社2020年版，第319页。

▶ 适用指引

一、民事法律行为成立的法律效果

本条规定了民事法律行为的成立条件,有利于在司法实践中区分民事法律行为的成立与生效,正确认识民事法律行为成立的法律效果。民事法律行为的成立是法律行为生效的基础,也是意思表示的最初效果。法律行为的成立是法律对于一项法律行为之事实存在的确认。法律行为成立与否是一个事实判断问题。其着眼点在于某一法律行为是否已经存在。民事法律行为的成立只是涉及当事人个人的意思表示,成立与否看当事人是否完成了相应的意思表示,如双方或多方民事法律行为自各方当事人的意思表示一致时成立;单方民事法律行为自当事人的意思表示作出或到达对方时成立。而民事法律行为生效是指法律按照一定的标准与尺度对私人成立的法律行为进行评价后的肯定性结论,是国家以管理者和统治者的身份对私人已经成立的法律行为进行的法律评价。民事法律行为的生效应具备一定的要件。《民法典》第143条规定,民事法律行为的生效应当具备下列要件:一是行为人具备相应的民事行为能力;二是意思表示真实;三是不违反法律、行政法规的强制规定,不违背公序良俗。一般来说,民事法律行为自成立之日起即对行为人具有约束力,待经法律评价后生效,生效之效力自成立时计算。依法成立的民事法律行为在生效前已经具有法律约束力,只是不发生履行的效力。

二、民事法律行为不成立的法律后果

本法未规定民事法律行为不成立的法律后果。根据《民法典总则编解释》第23条规定的精神,考虑到民事法律行为不成立时可能发生财产返还和损害赔偿责任问题。故应当参照适用本法第157条的规定。在民事法律行为不成立的法律后果的处理上,应注意以下几点:

第一,在确定民事法律行为不成立时的财产返还或折价补偿范围时,要根据诚信原则的要求,在当事人之间合理分配,不能使不诚信的当事人因该行为不成立而获益。在民事法律行为不成立的情况下,有过错的一方承担的损害赔偿责任在性质上属于缔约过失责任,其范围为信赖利益损失,主要是缔约费用上的损失。在确定其范围时,应注意以下几点:一是信赖利益损失限于直接损

失。二是不能参照合同约定来确定信赖利益的范围。一方请求另一方承担缔约过失责任的，必须要举证证明遭受了实际损失。三是信赖利益不得超过履行利益。四是信赖利益损失属于财产损失，不包括人身损害或精神损害。

第二，在确定财产返还时，要充分考虑财产增值或贬值的因素。民事法律行为不成立时，因该行为而取得财产的，应当相互返还。应予返还的股权、房屋等财产相对于合同约定价款出现增值或贬值的，应综合考虑市场因素、受让人的经营或者添附等行为与财产增值或者贬值之间的关联性，在当事人之间合理分配或者分担，避免一方因合同不成立而获益。在标的物已经灭失、转售他人或者其他无法返还的情况下，当事人不能再主张返还原物，但其可主张折价补偿。折价时，应当以当事人交易时约定的价款为基础，同时考虑当事人在标的物灭失或者转售时的获益情况综合确定补偿标准。标的物灭失时当事人获得的保险金或者其他赔偿金，以及转售时取得的对价，均属于当事人因标的物而获得的利益。对获益高于或者低于价款的部分，也应当在当事人之间合理分配或者分担。双务合同不成立时，标的物返还与价款返还互为对待给付，双方应当同时返还。一方对标的物有使用情形的，一般应当支付使用费，该费用可与占有价款一方应当支付的资金占用费相互抵销。

第三，在返还财产或者折价补偿不足以弥补损失时，一方还可以向有过错的另一方请求损害赔偿。在确定损害赔偿范围时，既要根据当事人的过错程度合理确定责任，又要考虑在确定财产返还范围时已经考虑过的财产增值或者贬值因素，避免双重获利或者双重受损的现象发生。

三、决议行为的成立条件及不成立的后果

根据本条第 2 款的规定，决议行为只有在依照法律或章程规定的议事方式和表决程序作出时才能成立。公司决议是最典型的决议行为，公司决议的形成一般要经过股东会或者股东大会、董事会召开会议进行表决，除非法律另有规定。《公司法》对会议的召集及表决方式等事项作出了明确的规定。当公司决议违反了关于议事方式和表决程序的规定，导致决议的构成要件缺失时，该决议行为不成立。《公司法规定（四）》第 5 条规定存在下列情形的，公司股东、董事、监事等可以主张决议不成立：一是公司未召开会议的，但依据《公司法》第 37 条第 2 款或者公司章程规定可以不召开股东会或者股东大会而直接作出决定，并由全体股东在决定文件上签名、盖章的除外；二是会议未对决议

事项进行表决的；三是出席会议的人数或者股东所持表决权不符合公司法或者公司章程规定的；四是会议的表决结果未达到公司法或者公司章程规定的通过比例的；五是导致决议不成立的其他情形。司法实践对于上述公司决议不成立的情形进行了补充，如最高人民法院在三亚保力房地产投资开发有限公司等与宝恒投资有限公司等公司决议撤销纠纷案中认为：未经依法召开股东会或董事会并作出会议决议，而是由实际控制公司的股东单方召开或虚构公司股东会、董事会及其会议决议的，即使该股东实际享有公司绝大多数的股份及相应的表决权，其单方形成的会议决议不能具有相应的效力。这里需要注意的是，导致决议不成立的程序瑕疵应具有一定的严重性，轻微的程序瑕疵，不属于决议不成立的情形。

对于决议不成立的法律后果。《民法典》第85条规定，营利法人的权力机构、执行机构作出决议的会议召集程序、表决方式违反法律、行政法规、法人章程，或者决议内容违反法人章程，营利法人的出资人可以请求人民法院撤销该决议，但是营利法人依据该决议与善意相对人形成的民事法律关系不受影响。《公司法规定（四）》第6条也有类似规定。但对于决议不成立后与善意相对人形成的民事法律关系如何处理的问题，法律并未明确。我们认为，在公司依据不能成立的决议对外从事民事法律行为，与善意相对人形成民事法律关系时，公司应受到约束，即使后来被认定为不成立，也不能因此影响善意相对人的合法权益。

▶ 典型案例

吴某璋诉厦门市同安区捷强市政工程有限公司决议效力确认纠纷案

关键词：股东会决议　决议不成立

裁判摘要：股东会会议作出修改公司章程、增加或者减少注册资本的决议，以及公司合并、分立、解散或者变更公司形式的决议，必须经代表三分之二以上表决权的股东通过。会议议案只有达到或超过规定的表决权比例，才能形成会议决议。股东会决议因未能达到《公司法》第43条及公司章程规定的表决权比例，不能成立，不产生股东会决议应有的法律效力。

基本案情：厦门市同安区捷强市政工程有限公司（以下简称捷强公司）

原是 1998 年成立的注册资本为 50 万元的集体企业。2002 年扩股增资至 590 万元，其中：林某径出资 300 万元，占 50.8%；吴某璋出资 250 万元，占 42.4%；同安区市政工程队出资 40 万元，占 6.8%。2010 年 11 月 15 日，捷强公司为讨论增加注册资本和变更经营范围事项召开股东会，林某径和同安区市政工程队出席股东会，并形成股东会决议，决议内容如下：第一，公司注册资本由 590 万元增至 6590 万元。吴某璋以货币形式增资 39.5 万元，林某径以货币形式增资 5960.5 万元。公司增资后，各股东的出资额及出资比例为：吴某璋出资 289.5 万元，占 4.39%；林某径出资 6260.5 万元，占 95%；同安区市政工程队出资 40 万元，占 0.61%。第二，同意公司经营范围进行相应变更。第三，重新制订公司章程。林某径及同安区市政工程队在股东会决议上签名、盖章。捷强公司召开此次股东会之前未通知吴某璋。吴某璋未出席股东会，股东会决议落款处的股东"吴某璋"三个字非其本人签写。2011 年 2 月 23 日，同安区建设局作出批复，同意捷强公司改制重组并报上级审批资质升级，原同安区市政工程队在捷强公司所持 6.8% 股权按规定予以退出。2011 年 5 月 6 日，林某径经厦门市产权交易中心签约，以 40 万元价格购得同安区市政工程队持有的捷强公司 6.8% 股权（以增资前注册资本 590 万元计算）。2011 年 6 月 22 日，捷强公司为讨论前述股权转让事宜召开股东会，当日的股东会决议载明出席此次股东会的股东有同安区市政工程队、吴某璋、林某径。但吴某璋未参加此次股东会，股东会决议上的签名不是他本人所签写。2011 年 6 月 22 日形成的股东会决议内容如下："一、确认同安区市政工程队按增资前股权比例将股权转让股东林某径。股权转让后，林某径持有公司 95.61% 的股权（认缴注册资本 6300.5 万元，实缴 6300.5 万元）；吴某璋持有公司 4.39% 的股权（认缴注册资本 289.5 万元，实缴 289.5 万元）。二、股东吴某璋放弃优先受让权。"同日，股东会就经营范围变更和修订章程事宜作出另一股东会决议，对公司的经营范围进行变更并重新制订公司章程。股东会决议落款"股东签名"栏处有"林某径""吴某璋"。林某径与吴某璋均确认吴某璋没有到会，股东会决议上的签名不是吴某璋本人签写。捷强公司对公司章程中的经营范围、股东名称以及持股比例进行相应的修改，并作了相应的工商变更登记。吴某璋以其未参加股东会，决议非其真实意思表示，决议程序违法为由，起诉要求确认 2010 年 11 月 15 日和 2011 年 6 月 22 日的"股东会决议"无效等。

一审法院审理认为：2010 年 11 月 15 日的股东会决议的内容是关于公司增

加注册资本及相应修改公司章程和公司经营范围的决议，2011年6月22日关于厦门市同安区市政工程队向林某径转让股权的决议和当日关于变更公司经营范围及相应修改公司章程的决议涉及的是公司内部股东的股权转让、公司经营范围变更及公司章程的相应修改等事项，前述三份决议内容均不违反法律、法规的强制性规定。吴某璋主张上述三份股东会决议无效，缺乏事实依据。故判决驳回吴某璋的全部诉讼请求。吴某璋不服一审判决，提起上诉。

二审法院审理认为：股东会会议作出修改公司章程、增加或者减少注册资本的决议，以及公司合并、分立、解散或者变更公司形式的决议，必须经代表三分之二以上表决权的股东通过。捷强公司的公司章程亦规定对于增资及变更公司章程的情况须经三分之二以上表决权的股东通过。而讼争三份股东会决议，两份是关于增加公司注册资本、一份是关于变更公司章程，根据上述规定应当经代表捷强公司三分之二以上表决权的股东通过。吴某璋作为捷强公司的股东在其股权未被变更之前享有42.4%的股权，其表决权已超过捷强公司股权的三分之一。而三份股东会决议上的吴某璋的签字均不是吴某璋本人所签，也就是说三份股东会决议并未经三分之二以上表决权的股东通过。公司股东会决议行为不是股东单方法律行为，而是依据多数决原则形成的多数个体股东独立意思的偶然结合。会议议案只有达到或超过规定的表决权比例，才能形成会议决议。上述三份股东会决议因未能达到法律规定及章程规定的表决权比例，均不能成立，不产生股东会决议应有的法律效力。吴某璋据以确认决议无效的主要事实是三份股东会决议并非其真实意思表示，其未行使表决权，该主张实际已包含了要求确认决议不具备法律效力的意思，因此，其诉讼请求可予支持。

【案　　号】（2013）厦民终字第668号
【审理法院】福建省厦门市中级人民法院
【来　　源】《中国审判案例要览》2014年商事审判案例卷

▶ 类案检索

华某伟诉上海圣甲虫电子商务有限公司公司决议纠纷案

关键词：决议不成立　公司减资

裁判摘要： 除公司章程或者全体股东另有约定以外，公司通过定向减资导致的股权结构变化须经全体股东一致同意，否则构成《公司法规定（四）》规定的决议不成立的情形。在公司处于严重亏损的情形下未经弥补亏损，通过减资程序向股东返还投资款，将导致公司净资产减少，损害了公司股东和其他债权人利益，应认定为无效。

【案　　号】（2018）沪01民终11780号

【审理法院】上海市市第一中级人民法院

第一百三十五条　民事法律行为可以采用书面形式、口头形式或者其他形式；法律、行政法规规定或者当事人约定采用特定形式的，应当采用特定形式。

关联规定

法律、行政法规、司法解释

1.《中华人民共和国民法典》

第三百四十八条　通过招标、拍卖、协议等出让方式设立建设用地使用权的，当事人应当采用书面形式订立建设用地使用权出让合同。

建设用地使用权出让合同一般包括下列条款：

（一）当事人的名称和住所；

（二）土地界址、面积等；

（三）建筑物、构筑物及其附属设施占用的空间；

（四）土地用途、规划条件；

（五）建设用地使用权期限；

（六）出让金等费用及其支付方式；

（七）解决争议的方法。

第三百五十四条　建设用地使用权转让、互换、出资、赠与或者抵押的，当事人应当采用书面形式订立相应的合同。使用期限由当事人约定，但是不得超过建设用地使用权的剩余期限。

第三百六十七条　设立居住权，当事人应当采用书面形式订立居住权合同。

居住权合同一般包括下列条款：

（一）当事人的姓名或者名称和住所；

（二）住宅的位置；

（三）居住的条件和要求；

（四）居住权期限；

（五）解决争议的方法。

第三百七十三条 设立地役权，当事人应当采用书面形式订立地役权合同。

地役权合同一般包括下列条款：

（一）当事人的姓名或者名称和住所；

（二）供役地和需役地的位置；

（三）利用目的和方法；

（四）地役权期限；

（五）费用及其支付方式；

（六）解决争议的方法。

第四百条 设立抵押权，当事人应当采用书面形式订立抵押合同。

抵押合同一般包括下列条款：

（一）被担保债权的种类和数额；

（二）债务人履行债务的期限；

（三）抵押财产的名称、数量等情况；

（四）担保的范围。

第四百二十七条 设立质权，当事人应当采用书面形式订立质押合同。

质押合同一般包括下列条款：

（一）被担保债权的种类和数额；

（二）债务人履行债务的期限；

（三）质押财产的名称、数量等情况；

（四）担保的范围；

（五）质押财产交付的时间、方式。

第四百六十九条 当事人订立合同，可以采用书面形式、口头形式或者其他形式。

书面形式是合同书、信件、电报、电传、传真等可以有形地表现所载内容的形式。

以电子数据交换、电子邮件等方式能够有形地表现所载内容，并可以随时调取查用的数据电文，视为书面形式。

第六百六十八条 借款合同应当采用书面形式，但是自然人之间借款另有约定的除外。

借款合同的内容一般包括借款种类、币种、用途、数额、利率、期限和还款方式等条款。

第六百八十五条 保证合同可以是单独订立的书面合同，也可以是主债权债务合同中的保证条款。

第三人单方以书面形式向债权人作出保证，债权人接收且未提出异议的，保证合同成立。

第七百零七条 租赁期限六个月以上的，应当采用书面形式。当事人未采用书面形式，无法确定租赁期限的，视为不定期租赁。

第七百三十六条 融资租赁合同的内容一般包括租赁物的名称、数量、规格、技术性能、检验方法，租赁期限，租金构成及其支付期限和方式、币种，租赁期限届满租赁物的归属等条款。

融资租赁合同应当采用书面形式。

第七百六十二条 保理合同的内容一般包括业务类型、服务范围、服务期限、基础交易合同情况、应收账款信息、保理融资款或者服务报酬及其支付方式等条款。

保理合同应当采用书面形式。

第七百八十九条 建设工程合同应当采用书面形式。

第七百九十六条 建设工程实行监理的，发包人应当与监理人采用书面形式订立委托监理合同。发包人与监理人的权利和义务以及法律责任，应当依照本编委托合同以及其他有关法律、行政法规的规定。

第八百五十一条 技术开发合同是当事人之间就新技术、新产品、新工艺、新品种或者新材料及其系统的研究开发所订立的合同。

技术开发合同包括委托开发合同和合作开发合同。

技术开发合同应当采用书面形式。

当事人之间就具有实用价值的科技成果实施转化订立的合同，参照适用技术开发合同的有关规定。

第八百六十三条 技术转让合同包括专利权转让、专利申请权转让、技术秘密转让等合同。

技术许可合同包括专利实施许可、技术秘密使用许可等合同。

技术转让合同和技术许可合同应当采用书面形式。

第九百三十八条 物业服务合同的内容一般包括服务事项、服务质量、服务费用的标准和收取办法、维修资金的使用、服务用房的管理和使用、服务期限、服务交接等条款。

物业服务人公开作出的有利于业主的服务承诺,为物业服务合同的组成部分。

物业服务合同应当采用书面形式。

第一千零七十六条 夫妻双方自愿离婚的,应当签订书面离婚协议,并亲自到婚姻登记机关申请离婚登记。

离婚协议应当载明双方自愿离婚的意思表示和对子女抚养、财产以及债务处理等事项协商一致的意见。

第一千一百零九条 外国人依法可以在中华人民共和国收养子女。

外国人在中华人民共和国收养子女,应当经其所在国主管机关依照该国法律审查同意。收养人应当提供由其所在国有权机构出具的有关其年龄、婚姻、职业、财产、健康、有无受过刑事处罚等状况的证明材料,并与送养人签订书面协议,亲自向省、自治区、直辖市人民政府民政部门登记。

前款规定的证明材料应当经收养人所在国外交机关或者外交机关授权的机构认证,并经中华人民共和国驻该国使领馆认证,但是国家另有规定的除外。

第一千一百三十四条 自书遗嘱由遗嘱人亲笔书写,签名,注明年、月、日。

第一千一百三十五条 代书遗嘱应当有两个以上见证人在场见证,由其中一人代书,并由遗嘱人、代书人和其他见证人签名,注明年、月、日。

第一千一百三十六条 打印遗嘱应当有两个以上见证人在场见证。遗嘱人和见证人应当在遗嘱每一页签名,注明年、月、日。

第一千一百三十七条 以录音录像形式立的遗嘱,应当有两个以上见证人在场见证。遗嘱人和见证人应当在录音录像中记录其姓名或者肖像,以及年、月、日。

第一千一百三十八条 遗嘱人在危急情况下,可以立口头遗嘱。口头遗嘱应当有两个以上见证人在场见证。危急情况消除后,遗嘱人能够以书面或者录音录像形式立遗嘱的,所立的口头遗嘱无效。

第一千一百三十九条 公证遗嘱由遗嘱人经公证机构办理。

2.《中华人民共和国城市房地产管理法》

第四十一条 房地产转让，应当签订书面转让合同，合同中应当载明土地使用权取得的方式。

3.《中华人民共和国民用航空法》

第十四条 民用航空器所有权的取得、转让和消灭，应当向国务院民用航空主管部门登记；未经登记的，不得对抗第三人。

民用航空器所有权的转让，应当签订书面合同。

4.《中华人民共和国电子签名法》

第三条 民事活动中的合同或者其他文件、单证等文书，当事人可以约定使用或者不使用电子签名、数据电文。

当事人约定使用电子签名、数据电文的文书，不得仅因为其采用电子签名、数据电文的形式而否定其法律效力。

前款规定不适用下列文书：

（一）涉及婚姻、收养、继承等人身关系的；

（二）涉及停止供水、供热、供气等公用事业服务的；

（三）法律、行政法规规定的不适用电子文书的其他情形。

5.《最高人民法院关于适用〈中华人民共和国民法典〉总则编若干问题的解释》

第十八条 当事人未采用书面形式或者口头形式，但是实施的行为本身表明已经作出相应意思表示，并符合民事法律行为成立条件的，人民法院可以认定为民法典第一百三十五条规定的采用其他形式实施的民事法律行为。

6.《最高人民法院关于审理买卖合同纠纷案件适用法律问题的解释》

第一条 当事人之间没有书面合同，一方以送货单、收货单、结算单、发票等主张存在买卖合同关系的，人民法院应当结合当事人之间的交易方式、交易习惯以及其他相关证据，对买卖合同是否成立作出认定。

对账确认函、债权确认书等函件、凭证没有记载债权人名称，买卖合同当事人一方以此证明存在买卖合同关系的，人民法院应予支持，但有相反证据足以推翻的除外。

▶ 条文释义

一、本条主旨

本条是关于民事法律行为形式的规定。

二、条文演变

改革开放初期的民事立法，对民事法律行为采取了较为严格的立法模式，要求民事法律行为必须采用书面形式。如原《涉外经济合同法》《技术合同法》要求绝对的书面形式，原《经济合同法》规定仅即时清结合同可以不采用书面形式。① 在当时法律关于合同形式的规定中，除要求采用书面形式外，没有对未采用书面形式的法律后果作出明确规定。因此，在司法实践中有不少未采用书面形式的合同被确定为无效，这严重影响了交易效率，妨碍了交易活动的进行。② 原《民法通则》改变了这一模式，规定"以不要式为原则，以要式为例外"。原《民法通则》第56条规定，民事法律行为可以采用书面形式、口头形式或者其他形式。法律规定用特定形式的，应当依照法律规定。原《合同法》延续了原《民法通则》的做法，其第10条规定，当事人订立合同，有书面形式、口头形式和其他形式。法律、行政法规规定采用书面形式的，应当采用书面形式。当事人约定采用书面形式的，应当采用书面形式。原《民法通则》和原《合同法》的规定既充分尊重了当事人的选择自由，有利于提高交易便捷性和交易效率，也提倡当事人尽量采取书面形式订立民事法律行为，使订立的民事法律行为规范化。原《民法通则》和原《合同法》的上述规定在实践中取得了良好的效果。因此，原《民法总则》第135条继承了原《民法通则》和原《合同法》的做法，规定民事法律行为可以采用书面形式、口头形式或者其他形式；法律、行政法规规定或者当事人约定采用特定形式的，应当采用特定形式。《民法典》沿用了原《民法总则》的上述规定。

---

① 参见梁慧星：《民法总则讲义》，法律出版社2021年版，第228页。
② 参见黄薇主编：《中华人民共和国民法典释义》，法律出版社2020年版，第437页。

三、条文解读

（一）规定民事法律行为形式的意义

本条规定了民事法律行为的形式。所谓民事法律行为的形式，又称为民事法律行为的成立方式，即当事人意思表示的外在表现形式。[1] 本条规定了当事人可以自由选择民事法律行为的形式，包括书面形式、口头形式或者其他形式，但法律、行政法规规定或当事人约定对其形式有特殊要求的，当事人实施该民事法律行为应符合特殊的形式要求。本条对民事法律行为的形式作出这样的规定对实践具有积极的意义：

1. 鼓励交易

对于没有必要签订书面合同，采取口头形式足以的交易，法律规定当事人可以采用口头形式。这是法律对现实生活的反映。对于这类交易，法律也不可能规定必须采用书面形式，否则会给交易双方增加不必要的负担，增加交易成本。如集市、超市、商场的买卖合同等即时清结合同，因为一手交钱一手交货，所以都采取口头形式；又如对于如借用合同等对当事人影响小，一般都在熟人之间建立的合同关系，也往往采取口头合同的形式。

2. 慎重决定内容

对于不是即时清结、价值较大的交易，法律规定应当采用书面形式，目的是通过书面形式，通过当事人的签字盖章行为，促使当事人慎重权衡自己的权利义务，防止考虑不周。如《民法典》规定对于设立居住权的合同、设立地役权的合同、保理合同、建设用地使用权出让合同、建设工程合同、技术转让合同和技术许可合同等应采取书面合同形式，相应的单行法及司法解释也规定房地产转让合同、民用航空器转让合同等应采取书面合同形式。这些合同标的往往较大，交易流程比较复杂，通过书面合同，能够提醒当事人在缔约时更加慎重。

3. 便于处理纠纷

书面合同的优点在于合同一旦订立，除非双方实现约定的变更条件或协议变更，合同条款即固定下来，单方不能变更，因此，采取书面形式容易保留原

---

[1] 参见王利明主编：《中国民法典释评》，中国人民大学出版社2020年版，第320页。

始证据，便于双方发生纠纷后，法院或者仲裁机构查明事实。《民法典》除规定上述交易标的比较大的合同应采用书面形式外，还规定了离婚协议、外国人作为收养人的收养合同等应订立书面的合同，目的在于对于涉及当事人重大人身和财产利益的合同，订立书面的合同，更有利于固定当事人的权利义务，保留证据，易于纠纷的处理。

4. 便于建立市场经济秩序

本条规定，法律、行政法规规定或者当事人约定采用特定形式的，应当采用该特定形式，这有利于当事人遵守法律、行政法规的规定，信守诺言，维护良好的交易秩序，建立有序的社会主义市场经济秩序。

（二）民事法律行为的具体形式

本条针对民事法律行为的形式，采取了"以不要式为原则，以要式为例外"的基本规则，即民事法律行为的成立不要求采用特定的形式，采用何种形式取决于当事人自己的意愿，当事人可以采用口头形式、书面形式、或者其他形式。① 正如本条前半句所作的原则规定，"民事法律行为可以采取书面形式、口头形式或者其他形式"。任何原则均有例外，本条后半句规定，"法律、行政法规规定或者当事人约定采用特定形式的，应当采用特定形式"。根据本条后半句的规定，在法定或约定的情形下，民事法律行为应采用特定的形式。

1. 书面形式

所谓书面形式，根据《民法典》第469条的规定，指合同书、信件、电报、电传、传真等可以有形地表现所载内容的形式。以电子数据交换、电子邮件等方式能够有形地表现所载内容，并可以随时调取查用的数据电文，也被视为书面形式。将数据电文纳入书面形式范畴，符合世界各国和地区商业发展与立法的趋势，有利于电子商务的发展。可见书面形式的种类十分广泛，只要是能够展现当事人意思表示内容的形式，都可能成为书面形式。对于具体使用何种书面形式一般可以由当事人自行约定。根据《电子签名法》的规定，当事人约定使用电子签名、数据电文的文书，不得仅因为其采用电子签名、数据电文的形式而否定其法律效力，但法律规定不得使用电子签名和数据电文的文书除外，具体包括：一是涉及婚姻、收养、继承等人身关系的；二是涉及停止供

---

① 参见梁慧星：《民法总则讲义》，法律出版社2021年版，第228页。

水、供热、供气等公用事业服务的；三是法律、行政法规规定的不适用电子文书的其他情形。

2. 口头形式

所谓口头形式，是指当事人以面对面地谈话或者以电话交流等方式形成民事法律行为的形式。在社会生活中，口头形式是最为普遍的民事法律行为形式。如即时清结合同，或者数额较小的熟人之间的合同，以及在超市、集市等地订立的合同，当事人一般采用口头形式。其优点是简便、快捷、高效。但口头形式固有的缺点是一旦发生纠纷，可能使当事人面临无法就合同关系的存在及内容进行举证的风险。但口头形式并不意味着不产生任何文字的凭证，《最高人民法院关于审理买卖合同纠纷案件适用法律问题的解释》第1条规定当事人之间没有书面合同，送货单、收货单、结算单、发票、对账确认函、债权确认书等单据、函件结合其他证据，也可证明合同的成立。

3. 其他形式

本条规定了民事法律行为可以采取"其他形式"。所谓其他形式，是指以书面和口头形式以外的行为方式缔约的形式，其主要指当事人不是通过语言或者文字的方式作出意思表示，而是通过一定的行为作出意思表示，包括当事人的积极行为和消极行为。积极行为是通过当事人的行为推定民事法律行为成立。例如，《民法典》第490条第2款规定，法律、行政法规规定或者当事人约定合同应当采用书面形式订立，当事人未采用书面形式但一方已经履行主要义务，对方接受时，该合同成立。又如，乘客乘坐公共汽车投币的行为，虽然乘客和公共汽车公司之间没有书面或者口头合同，但乘客的投币行为表明双方建立了汽车运输合同关系。消极行为范围也很广。例如，《民法典》第685条第2款的规定，第三人单方以书面形式向债权人作出保证，债权人接收且未提出异议的，保证合同成立。这里规定的"未提出异议"，即为消极行为。对于以消极行为作为民事法律行为的形式的，应当有法律的明确规定，否则，在没有书面形式、口头形式，也没有积极行为时，认定法律行为成立，与现实生活不符，也与法律规定的精神相悖。

（三）法律、行政法规规定或者当事人约定采用特定形式的，应当采用特定形式

本条后半句规定，法律、行政法规规定或者当事人约定采用特定形式的，

应当采用特定形式。法律、行政法规之所以规定某项民事法律行为必须采用特定形式，是因为该项法律行为涉及当事人的重大人身或财产利益，为提醒当事人慎重行事，法律特别规定必须采取特定形式。如保证合同，因为保证人一旦签订保证合同，其就要承担保证责任，但保证合同是单务合同、无偿合同，保证人只有义务，没有权利，所以法律为督促保证人谨慎作保，特地规定保证合同必须采用书面形式，这样，保证人在保证合同上签字时就会慎重，同时其签字行为表明其作为保证人的意思表示真实。又如，《民法典》对于公证、自书、代书、录音、口头遗嘱分别规定了不同的形式要求，以保证遗嘱能够反映立遗嘱人的真实意思。当事人约定采用特定形式的，如约定合同必须公证才生效，那么对合同进行公证就是当事人从事民事法律行为必须采取的形式。

▶ 适用指引

民事法律行为应采用特定形式而未采用的后果

本条规定法律、行政法规规定或者当事人约定采用特定形式的，应采用特定形式。特定形式包括法律法规规定必须采用书面形式的民事法律行为，如《民法典》规定建设用地使用权出让合同、设立地役权合同、设立居住权合同、抵押合同、质押合同、非自然人之间的借款合同、保证合同、租赁期限6个月以上的租赁合同、融资租赁合同、建设工程合同、技术开发合同、技术转让合同、技术许可合同、离婚协议、收养人为外国人的收养合同等应当采用书面形式；特定形式还包括法律法规规定的必须符合其他形式要求的民事法律行为，如《民法典》对于公证遗嘱、自书遗嘱、代书遗嘱、录音遗嘱、口头遗嘱明确规定了必须符合特定的形式要求。除此之外，当事人可以自行约定民事法律行为应当采取特定的形式。对于法律法规规定或者当事人约定必须采用特定形式的民事法律行为，当事人必须遵守法定或约定的形式要求。但如果当事人未遵守法定或约定形式要求，其将产生什么法律后果，法律没有明确规定。对此，我们认为，对于民事法律行为是采用书面形式、口头形式还是其他形式，由当事人自主选择，法律原则上不干涉，但在一些特殊情况下，出于保护交易安全、避免纠纷等考虑，有的法律、行政法规会对民事法律行为提出特殊要求，或者当事人会约定民事法律行为采用特定形式，在这种情况下，应当采用特定形式。例如，当事人约定民事法律行为采用公证形式的，则应当采用公证形式。对于未采用特殊形式的民事法律行为的后果问题，应当区分情况：一是如果法律、行政法规明确规定或者当事人明确约定不采用特殊形式的后果，则民事法律行为的后果从法律、行政法规的规定或者当事人的约定，例如，当事人明确约定民事法律行为不采用公证形式就不成立的，若该民事法律行为没有采有公证形式就不成立。二是如果法律、行政法规只明确要求或者当事人约定采用特殊形式，但没有对不采用该形式的民事法律行为的后果作出明确规定的，则从鼓励交易的角度出发，原则上不宜轻易否定民事法律行为的效力。①

▶ 类案检索

一、浙江恒兴房地产有限公司与衢州市国土资源局拍卖出让国有土地使用权纠纷案

关键词： 书面合同　合同成立

裁判摘要：《房地产管理法》第14条规定，土地使用权出让，应当签订书面合同。因此，土地使用权出让合同的成立，应以签订了书面的出让合同为条件。所以，双方当事人未签订书面的土地出让合同时，出让合同未成立，双方仍处于缔约阶段。

【案　　号】（2005）民一终字第83号
【审理法院】最高人民法院

二、北京建方信息技术有限公司诉讯宝科技亚洲公司、讯宝科技亚洲公司、摩托罗拉（中国）电子有限公司北京分公司买卖合同案

关键词： 合同书　签字　盖章

裁判摘要： 当事人采用合同书形式订立合同的，自双方当事人签字或者盖章时合同成立。签字或盖章均属于合同成立的方式，只要是经确认的有权签字，即使未加盖单位公章，对于当事人也具有约束力。公司合并时，合并各方的债权、债务，应当由合并后存续的公司或者新设的公司承继。收购股权不是

---

① 参见黄薇主编：《中华人民共和国民法典释义》，法律出版社2020年版，第268页。

合并，各方在法律上依然是独立的民事权利主体，无法律规定或者当事人约定不产生连带责任。

【案　　号】（2009）高民终字第3681号

【审理法院】北京市高级人民法院

第一百三十六条　民事法律行为自成立时生效，但是法律另有规定或者当事人另有约定的除外。

行为人非依法律规定或者未经对方同意，不得擅自变更或者解除民事法律行为。

关联规定

一、法律、行政法规、司法解释

1.《中华人民共和国民法典》

第一百五十八条　民事法律行为可以附条件，但是根据其性质不得附条件的除外。附生效条件的民事法律行为，自条件成就时生效。附解除条件的民事法律行为，自条件成就时失效。

第一百六十条　民事法律行为可以附期限，但是根据其性质不得附期限的除外。附生效期限的民事法律行为，自期限届至时生效。附终止期限的民事法律行为，自期限届满时失效。

第二百一十五条　当事人之间订立有关设立、变更、转让和消灭不动产物权的合同，除法律另有规定或者当事人另有约定外，自合同成立时生效；未办理物权登记的，不影响合同效力。

第五百零二条　依法成立的合同，自成立时生效，但是法律另有规定或者当事人另有约定的除外。

依照法律、行政法规的规定，合同应当办理批准等手续的，依照其规定。未办理批准等手续影响合同生效的，不影响合同中履行报批等义务条款以及相关条款的效力。应当办理申请批准等手续的当事人未履行义务的，对方可以请求其承担违反该义务的责任。

依照法律、行政法规的规定，合同的变更、转让、解除等情形应当办理批准等手续的，适用前款规定。

第五百三十三条　合同成立后，合同的基础条件发生了当事人在订立合同时无法预见的、不属于商业风险的重大变化，继续履行合同对于当事人一方明显不公平的，受不利影响的当事人可以与对方重新协商；在合理期限内协商不成的，当事人可以请求人民法院或者仲裁机构变更或者解除合同。

人民法院或者仲裁机构应当结合案件的实际情况，根据公平原则变更或者解除合同。

第五百四十三条 当事人协商一致，可以变更合同。

第五百六十二条 当事人协商一致，可以解除合同。

当事人可以约定一方解除合同的事由。解除合同的事由发生时，解除权人可以解除合同。

第五百六十三条 有下列情形之一的，当事人可以解除合同：

（一）因不可抗力致使不能实现合同目的；

（二）在履行期限届满前，当事人一方明确表示或者以自己的行为表明不履行主要债务；

（三）当事人一方迟延履行主要债务，经催告后在合理期限内仍未履行；

（四）当事人一方迟延履行债务或者有其他违约行为致使不能实现合同目的；

（五）法律规定的其他情形。

以持续履行的债务为内容的不定期合同，当事人可以随时解除合同，但是应当在合理期限之前通知对方。

2.《中华人民共和国保险法》

第十三条 投保人提出保险要求，经保险人同意承保，保险合同成立。保险人应当及时向投保人签发保险单或者其他保险凭证。

保险单或者其他保险凭证应当载明当事人双方约定的合同内容。当事人也可以约定采用其他书面形式载明合同内容。

依法成立的保险合同，自成立时生效。投保人和保险人可以对合同的效力约定附条件或者附期限。

3.《中华人民共和国合伙企业法》

第十九条 合伙协议经全体合伙人签名、盖章后生效。合伙人按照合伙协议享有权利，履行义务。

修改或者补充合伙协议，应当经全体合伙人一致同意；但是，合伙协议另有约定的除外。

合伙协议未约定或者约定不明确的事项，由合伙人协商决定；协商不成的，依照本法和其他有关法律、行政法规的规定处理。

4.《最高人民法院关于审理与企业改制相关的民事纠纷案件若干问题的规定》

第十七条 以协议转让形式出售企业，企业出售合同未经有审批权的地方人民政府或其授权的职能部门审批的，人民法院在审理相关的民事纠纷案件时，应当确认该企业出售合同不生效。

二、司法指导性文件

《全国法院民商事审判工作会议纪要》

37.法律、行政法规规定某类合同应当办理批准手续生效的，如商业银行法、证券法、保险法等法律规定购买商业银行、证券公司、保险公司5%以上股权须经相关主管部门批准，依据《合同法》第44条第2款的规定，批准是合同的法定生效条件，未经批准的合同因欠缺法律规定的特别生效条件而未生效。实践中的一个突出问题是，把未生效合同认定为无效合同，或者虽认定为未生效，却按无效合同处理。无效合同从本质上来说是欠缺合同的有效要件，或者具有合同无效的法定事由，自始不发生法律效力。而未生效合同已具备合同的有效要件，对双方具有一定的拘束力，任何一方不得擅自撤回、解除、变更，但因欠缺法律、行政法规规定或当事人约定的特别生效条件，在该生效条件成就前，不能产生请求对方履行合同主要权利义务的法律效力。

38.须经行政机关批准生效的合同，对报批义务及未履行报批义务的违约责任等相关内容作出专门约定的，该约定独立生效。一方因另一方不履行报批义务，请求解除合同并请求其承担合同约定的相应违约责任的，人民法院依法予以支持。

▶ 条文释义

一、本条主旨

本条是关于民事法律行为生效时间的规定。

二、条文演变

原《民法通则》第57条规定:"民事法律行为从成立时起具有法律约束力。行为人非依法律规定或者取得对方同意,不得擅自变更或者解除。"该条第1款前半部分规定了民事法律行为的生效时间为成立之时。民事法律行为从成立时生效是基本原则,但法律同时规定了例外情况,如某些民事法律行为必须经过主管部门的批准才能生效;又如附条件的民事法律行为和附期限的民事法律行为,须所附条件成就和所附期限届满时才生效。原《民法通则》第57条前半部分的规定未体现出在"民事法律行为成立时生效"原则之外,还存在例外的情形。因此,原《民法总则》第136条第1款对原《民法通则》第57条前半部分进行改进:一是将"具有法律约束力"修改为"生效",法律用语更加准确规范;二是增加了"但是法律另有规定或者当事人另有约定的除外",使得法条的内容更科学和符合逻辑。原《民法通则》第57条后半部分是对民事法律行为"生效"的解释,即对行为人产生法律效力,行为人必须严格按照该民事法律行为的内容行使权利和承担义务。原《民法总则》第136条第2款沿用了《民法通则》第57条后半部分的内容,只在表述上进行了调整,未作实质修改。《民法典》第136条完全沿用了原《民法总则》第136条的规定。

三、条文解读

(一)民事法律行为生效的一般原则

民事法律行为的生效是指已经成立的民事法律行为符合法定的生效要件而产生法律上的约束力。① 本条第1款前半部分规定,民事法律行为自成立时生效。即民事法律行为的生效时间与民事法律行为的成立时间原则上是一致的。对于民事法律行为成立的时间,根据《民法典》第134条的规定,民事法律行为可以基于双方或者多方的意思表示一致成立,也可以基于单方的意思表示成立。法人、非法人组织依照法律或者章程规定的议事方式和表决程序作出决议的,该决议行为成立。民事法律行为的生效和有效是两个不同的概念,两者既有区别,又有联系。"有效"是对民事法律行为的效力合法性的认定,而民

---

① 参见王利明主编:《中国民法典释评·总则编》,中国人民大学出版社2020年版,第323页。

事法律行为"生效",指的是在"有效"的前提下,当事人可以根据约定的权利义务关系行使履行请求权。也就是说成立时就生效的民事法律行为必须是具备一般有效要件的民事法律行为。民事法律行为的有效要件根据《民法典》第143条的规定,包括:行为人具有相应的民事行为能力,当事人意思表示真实,行为的内容不违反法律、行政法规的强制性规定,不违背公序良俗。不具备一般有效要件的民事法律行为在成立时可能会有三种后果:一是无效,如该民事法律行为因违反法律、行政法规的强制性规定而被认定无效;二是可撤销,如该民事法律行为因一方当事人欺诈或者重大误解而被撤销;三是效力待定,如限制民事行为能力人实施的超出其年龄、智力、精神健康状况的民事法律行为在被其法定代理人追认前处于效力待定状态。① 就绝大多数民事法律行为而言,"有效"和"生效"是同时发生的,可以将二者混用。但在法律、行政法规或者当事人对民事法律行为自成立时生效作出例外规定或者约定的场合,两者的区分存在实益。② 例如,附生效期限的民事法律行为,在期限到来之前,民事法律行为未"生效",当事人不能向对方行使履行请求权,但该民事法律行为如果符合本法第143条的规定,即"有效"。

(二)民事法律行为生效的例外情形

本条第1款的后半部分规定了"民事法律行为自成立时"生效的例外情形,即民事法律行为即使具备一般有效要件,在成立时也不立即生效,只有满足法律规定的或当事人约定的生效要件后才生效。法律规定的特殊生效要件主要包括以下几种:一是法律、行政法规规定经主管机关批准生效,如《商业银行法》第28条规定,任何单位和个人购买商业银行股份总额百分之五以上的,应当事先经国务院银行业监督管理机构批准。二是法律规定或当事人约定办理登记手续才生效,如《民法典》第215条规定,当事人之间订立有关设立、变更、转让和消灭不动产物权的合同,除法律另有规定或当事人另有约定外,自合同成立时生效;未办理物权登记的,不影响合同效力。三是附生效条件和附生效期限的民事法律行为,在条件成就时或者期限届至时才生效。四是法律明确规定以某一事实的发生为生效要件,如遗嘱在遗嘱人死亡后才生效。五是当

---

① 参见黄薇主编:《中华人民共和国民法典释义》,法律出版社2020年版,第441页。

② 有关"有效"与"生效"区分的详细论述,另可参见本书对第143条的解读。

事人约定其它生效要件的。

(三)民事法律行为生效对行为人的法律拘束力

本条第2款规定,行为人非依法律规定或者未经对方同意,不得擅自变更或者解除民事法律行为。该规定是对民事法律行为生效后法律拘束力的解释,即生效的民事法律行为对当事人具有法律拘束力,其法律拘束力体现为当事人必须尊重该民事法律行为,并通过自己的行为全面履行民事法律行为所设定的义务。除非当事人另有约定或者法律另有规定,不允许任何一方当事人擅自解除或者变更民事法律行为。对当事人来说既包括应全面积极地履行民事法律行为所设定的义务,也包括履行不擅自解除或者变更民事法律行为的不作为义务。当事人非依法律规定或经对方同意擅自变更或解除民事法律行为,均构成违法行为,将因此被追究法律责任。

▶ 适用指引

一、民事法律行为成立与生效的区分

合同的成立是合同订立的完结,旨在说明合同的形式,而合同的生效是指合同的效力,旨在说明业已形成的合同是否具有法律约束力。具体而言,合同成立与合同生效的区别在于:

一是性质不同。民事法律行为成立与生效是两个不同性质、不同范畴的问题。民事法律行为成立属于合同订立的范畴,解决的是民事法律行为是否存在的事实问题,是对民事法律行为的事实上的判断。民事法律行为生效属于民事法律行为的效力范畴,解决的是已经存在的合同是否符合法律规定,是否条件成就或期限届至而具有法律效力的问题,是对民事法律行为的法律价值的判断。合法民事法律行为从行为成立时具有法律效力,违法的民事法律行为虽然成立但可能不会产生当事人预期的法律效果。不符合生效标准的民事法律行为,可能无效、被撤销或效力待定,不能产生法律效力。因此,民事法律行为的成立仅涉及当事人意思表示问题,而民事法律行为是否生效取决于其是否符合国家的意志和社会公共利益。

二是体现的原则不同。民事法律行为的成立要件体现意思自治原则,赋予

了当事人广泛的自主权，民事法律行为是否成立，只能从当事人的意思表示判断，不应夹杂着国家对合同的态度。民事法律行为成立强调当事人的合意，只要具备意思表示一致这一基本事实，合同即告成立。而民事法律行为生效要件体现的则是国家对民事法律关系的肯定或否定评价，体现国家干预原则，由国家对民事法律行为的约束力予以干预。如果民事法律行为的内容不符合法律规定的生效要件，那就意味着合同当事人的意志不符合国家意志，自然不能取得当事人预期的法律效果。

三是所属阶段不同。尽管在许多情况下，民事法律行为成立与生效在时间上很难区分，但两者在民事法律关系中处于不同的阶段。合同成立是合同生效的逻辑前提，合同只有在成立之后才谈得上判断其是否生效的问题。考察合同的生效，首先必须考察合同是否成立。合同虽已成立，但是否生效有待进一步的判断。合同成立属于合同订立阶段，是要约和承诺阶段的终结，不涉及合同义务和合同责任的问题；而合同生效是在合同订立终结后，开始实现合同目的，处于履行阶段，因而存在必须履行义务及违约责任等问题。

四是构成要件不同。民事法律行为的成立根据《民法典》第134条规定，可以基于双方或多方的意思表示一致以及单方的意思表示，决议自法人、非法人组织依照法律或者章程规定的议事方式和表决程序作出时成立。因此民事法律行为的成立要件包括当事人、当事人作出意思表示以及当事人就意思表示达成一致。而民事法律行为的有效要件依据《民法典》第143条的规定应具备以下条件：（1）行为人具有相应的民事行为能力；（2）意思表示真实；（3）不违反法律、行政法规的强制性规定以及不违背公序良俗。一些特殊的民事法律行为在具备上述一般有效要件时不立即生效，只有满足特殊生效要件后才生效。例如附生效条件和附生效期限的民事法律行为只有在条件成就时或者期限届至时才生效。

二、民事法律行为生效的法律效力

民事法律行为生效是指民事法律行为产生法律约束力。民事法律行为生效后，其法律拘束力主要体现在以下三个方面：一是对当事人产生法律拘束力。这种效力是民事法律行为的对内效力。一旦民事法律行为生效，当事人应当依照民事法律行为的内容，按照诚信原则正确、全面地行使权利、履行义务，不得滥用权利、违反义务。在客观情况发生变化时，当事人必须依照法律规定或者取得对方同意后，才能变更或者终止民事法律行为。二是对当事人以外的第三人产生一定的法律拘束力，这种法律拘束力是民事法律行为的对外效力。对外效力体现为两个方面，一方面民事法律行为一旦生效，任何组织和个人不得侵犯当事人的权利，不得非法阻挠当事人履行义务；另一方面民事法律行为一旦生效可能对特定的第三人产生法律效力，如第三人利益合同。三是当事人违反法定或约定义务的，应当依法承担民事责任，必要时人民法院经当事人申请可以采取强制措施要求当事人继续履行民事法律行为所规定的义务。

三、民事法律行为在成立后未生效前的法律拘束力

对于民事法律行为在成立后未生效前这一段时间内有无拘束力的问题，需要从逻辑上作出合理解释。在这一段时间内，民事法律行为仍然具有拘束力，其法理依据就是诚信原则。也就是说，具备《民法典》第143条规定的有效要件，但还不具备法律规定或者当事人约定的生效条件的，根据诚信原则，任何一方当事人不得擅自变更或者解除民事法律行为。这完全符合当事人从事民事法律行为的预期。这里需要特别注意一个问题，即处于已成立但未生效状态下的合同能否解除。对于该问题，最高人民法院在中珠医疗控股股份有限公司与杭州忆上投资管理合伙企业股权转让纠纷案[（2020）最高法民终137号]中认为，已经成立的合同具有形式拘束力，受到双方合意的拘束，除当事人同意或有解除、撤销原因外，不允许任何一方随意解除或撤销。但这并不意味着绝对不能解除合同，不排除当事人通过解除成立但未生效合同以摆脱合同形式拘束力的可能。故对于成立但尚未生效的合同，合同当事人有权请求解除合同。对此，相关司法解释也作出了规定，比如，《最高人民法院关于审理矿业权纠纷案件适用法律若干问题的解释》第8条规定："矿业权转让合同依法成立后，转让人无正当理由拒不履行报批义务，受让人请求解除合同、返还已付转让款及利息，并由转让人承担违约责任的，人民法院应予支持。"《最高人民法院关于审理外商投资企业纠纷案件若干问题的规定（一）》第5条规定："外商投资企业股权转让合同成立后，转让方和外商投资企业不履行报批义务，经受让方催告后在合理的期限内仍未履行，受让方请求解除合同并由转让方返还其已支付的转让款、赔偿因未履行报批义务而造成的实际损失的，人民法院应予支持。"

典型案例

一、邢某荣与北京鼎典泰富投资管理有限公司、丁某国等合伙企业财产份额转让纠纷案

关键词： 转让协议　成立　未生效

裁判摘要： 合伙协议就合伙企业财产份额转让的特别约定，不违反法律、行政法规的强制性规定，亦不违背公序良俗，应认定其合法有效，合伙人应严格遵守该约定。合伙协议已经明确约定合伙人之间转让合伙财产份额需经全体合伙人一致同意的，在其他合伙人未同意合伙财产份额转让之前，当事人就合伙财产份额转让签订的转让协议成立但未生效。如其他合伙人明确不同意该合伙财产份额转让，则转让协议确定不生效，不能在当事人之间产生履行力。当事人请求履行转让协议的，人民法院不予支持。

基本案情： 2012年11月27日，新能源基金注册成立。2014年，合伙人盈富泰克创业投资有限公司、吉林省城建实业有限公司、邢某荣、吉林省创业投资引导基金有限责任公司、营口红佳投资有限公司、北京鼎典泰富投资管理有限公司（以下简称鼎典泰富公司）签订《合伙协议》，主要内容为：企业性质为有限合伙，鼎典泰富公司为新能源合伙企业的普通合伙人、执行合伙人、基金管理人，其他各方为有限合伙人。协议第27.6条约定："除另有约定外，以下事项应须经全体合伙人一致同意：……（4）有限合伙人转让或出质财产份额……"第33条约定："除非法律另有规定或全体合伙人达成一致同意的书面决定，有限合伙人不能转变为普通合伙人，普通合伙人亦不能转变为有限合伙人。"2012年11月28日，邢某荣将5000万元出资转入新能源基金中国民生银行账户。2018年1月，邢某荣（甲方）与鼎典泰富公司（乙方）签订《转让协议书》。第一条约定："1.本协议之转让标的是指：甲方持有的新能源基金19.04%的财产份额（合计人民币伍仟万元）。2.在符合本协议之条款和条件的前提下，乙方同意协助甲方寻求第三方受让其持有的新能源基金19.04%的财产份额；具体转让价格可由甲方与第三方具体进行协商。3.甲方承诺，上述其持有的新能源基金19.04%的财产份额依法可以转让。"第二条约定："甲乙双方同意，在本协议签署生效后，至2018年6月30日前，乙方可随时联系第三方与甲方就具体转让条款进行磋商，直至达成交易。"至

2018年12月31日前,未有合适第三方受让邢某荣在新能源基金中的财产份额,鼎典泰富公司亦未自行或指定第三方直接受让该财产份额。2019年1月4日,邢某荣委托北京大成律师事务所向鼎典泰富公司发出《律师函》,催告鼎典泰富公司履行《转让协议书》约定,自行或指定第三方受让邢某荣在新能源基金中的财产份额。2019年1月11日,鼎典泰富公司向邢某荣发出《关于邢某荣律师函的回函》载明:"在2018年12月31日前,未有合适第三方受让您的财产份额,我司承诺自行或指定第三方直接受让该份额。"一审法院作出判决:一、鼎典泰富公司于判决发生法律效力后十日内向邢某荣给付转让款人民币66767123.29元及逾期付款损失(以5000万元为基数,按照6%年利率,自2019年1月1日计算至实际付款日止);二、驳回邢某荣的其他诉讼请求。鼎典泰富公司不服一审判决,提起上诉。

二审法院认为,如果合伙协议有特别约定,在该约定不违反法律、行政法规的强制性规定,也不违背公序良俗的情况下,则应认定其合法有效,合伙人应严格遵守。案涉新能源基金为有限合伙。《合伙协议》关于合伙财产份额的约定可以明确,新能源基金之合伙人在订立《合伙协议》时,已经基于合伙经营的人合性属性,明确要求合伙人之间转让合伙财产份额需经全体合伙人一致同意。在《合伙协议》系订约各合伙人真实意思表示的情况下,该协议中关于合伙人之间转让合伙财产份额的特约,并不违反法律、行政法规的强制性规定,也不违背公序良俗,合法有效。邢某荣关于《合伙协议》中对合伙人之间转让财产份额需要"经全体合伙人同意"的约定与《合伙企业法》的规定相悖,该约定客观上限制了《合伙企业法》赋予合伙人依法转让财产份额的法定权利。案涉《转让协议书》在邢某荣与鼎典泰富公司之间签订,且系邢某荣与鼎典泰富公司之真实意思表示,该《转让协议书》自当事人意思表示一致时即成立。但是,在案涉《合伙协议》已经明确约定合伙人之间转让合伙财产份额需经全体合伙人一致同意的情况下,该《转让协议书》欲生效,尚需要满足全体合伙人一致同意的条件。而在其他合伙人未对该合伙财产份额转让明确同意之前,案涉《转让协议书》属于合同成立未生效的状态。在本案审理过程中,新能源基金有限合伙人吉林省城建实业有限公司和红佳投资有限公司向本院提交书面《情况说明》,均明确不同意邢某荣向鼎典泰富公司转让合伙财产份额。此节事实说明,案涉《转让协议书》关于合伙财产份额转让事宜,已经确定不能取得全体合伙人同意,故该《转让协议书》确定不生效,不能在当事人之间产生履行力。在本案诉讼中，邢某荣诉请履行《转让协议书》，系以《转让协议书》合法有效及具有履行力为前提。在案涉《转让协议书》已经确定不生效的情况下，邢某荣诉请履行该《转让协议书》，缺乏事实基础和法律依据，应予驳回。一审法院认定案涉《转让协议书》合法有效，判决鼎典泰富公司继续履行该协议书，违反《合伙协议》约定的合伙财产份额转让需要征得全体合伙人一致同意的共同意思表示，也违反《合伙协议》关于未经全体合伙人一致同意有限合伙不能转变为普通合伙、普通合伙不能转变为有限合伙的共同意思表示，认定事实及适用法律均错误，应予纠正。鼎典泰富公司主张案涉《转让协议书》无效，而本院认定案涉《转让协议书》不生效及不存在无效事由。从结果上看，合同确定不生效所产生的合同不具有履行力的法律效果，与合同无效所产生的合同不具有履行力的法律效果是相同的，即均产生邢某荣请求继续履行该《转让协议书》的诉讼请求不能成立的法律后果，故鼎典泰富公司关于应驳回邢某荣继续履行《转让协议书》、支付转让价款诉讼请求的上诉主张，理据充分，本院予以支持。二审法院据此判决：一、撤销吉林省高级人民法院（2019）吉民初5号民事判决；二、驳回邢某荣的诉讼请求。

【案　　　号】（2011）民二终字第10号

【审理法院】最高人民法院

【来　　　源】《最高人民法院公报》2020年第5期

二、广州市仙源房地产股份有限公司与广东中大中鑫投资策划有限公司、广州远兴房产有限公司、中国投资集团国际理财有限公司股权转让纠纷案

关键词： 合伙协议　成立　未生效

裁判摘要： 合作者一方转让其在中外合作企业合同中的权利、义务，转让合同成立后未报审批机关批准的，合同效力应确定为未生效，而非无效。即使转让合同未经批准，仍应认定"报批"义务在合同成立时即已产生，否则当事人可通过肆意不办理或不协助办理"报批"手续而恶意阻止合同生效，有悖于诚实信用原则。《最高人民法院关于适用〈中华人民共和国合同法〉若干问题的解释（二）》第8条规定，有义务办理申请批准手续的一方当事人未按照法律规定或者合同约定办理申请批准手续的，人民法院可以判决相对人自行办理有关手续，对方当事人对由此产生的费用和给相对人造成的实际损失，应当承担损害赔偿责任。据此，人民法院也可以根据当事人的请求判决义务人履行报请审批机关批准的义务。

基本案情： 2007年1月9日，广州市二轻房产开发公司（以下简称二轻房产）为甲方，香港卓康发展有限公司（以下简称香港卓康）为乙方，广东中大中乾投资策划有限公司（以下简称中乾公司）为丙方，中国投资集团国际理财有限公司（以下简称理财公司）为丁方，在产交所的见证下签订了一份《出资额及权益转让合同》。合同称，鉴于甲方作为标的公司，即广州远兴房产有限公司（以下简称远兴公司）的中方出资人，乙方作为外方出资人，基于其所投入的注册资金和土地使用权等合作条件而分别取得标的公司"环球大厦"项目建成后甲方占40%、乙方占60%建筑面积的分配权利，丙、丁两方愿意受让甲、乙两方对标的公司的全部出资额及权益，并同意按照法律规定和合同约定履行义务；转让标的为远兴公司中外合作双方全部出资额与权益及其在远兴公司的章程和合作合同及其相应修改文件项下的全部权利和义务……2007年4月28日，中乾公司为股权出让方（甲方），广州市仙源房地产股份有限公司（以下简称仙源公司）为股权受让方（乙方），理财公司为项目合作方（丙方）共同签订《股权转让及项目合作合同》，称甲方和丙方经产交所在公开市场合法竞拍获得远兴公司100%的股权，甲方占40%股权，丙方占60%股权，该拍卖标的金额为人民币8500万元，甲方与丙方共同支付该拍卖款项人民币4280万元，出现资金缺口人民币4591.8万元，经三方协商一致同意实行股权转让，乙方受让甲方所占28.5%的远兴公司股份，形成新的远兴公司股权结构，即乙方占远兴公司28.5%股权，甲方占11.5%股权，丙方占60%股权；由于甲、丙方转让标的时出现资金缺口，为了能从产交所将全部股权过户到甲、丙方，乙方代甲方一次性垫付人民币4300万元，并作为乙方受让甲方28.5%股权的对价，该笔资金由甲方及丙方的股权作质押担保并将有关房地产项目的有关证照原件交给乙方作为履约的另一保证，待过户完毕后三日内，甲、乙、丙三方另行签订《股权转让协议》并到市工商行政部门办理股权变更手续，上述质押同时解除；甲、丙双方保证公司及项目用地手续的合法性和产权的清晰性，负责对该项目用地手续及产权纠纷所引起的一切责任……后中乾公司更名为中鑫公司。以上《股权转让及项目合作合同》签订后，至今尚未报请我国对外经济贸易主管部门审查批准。2007年4月30日，仙源公司向中鑫公司指定的产交所账户划付了人民币4300万元。股权变更登记手续完成后，中鑫公司和理财公司并未按照《股权转让及项目合作合同》的约定将中鑫公司所受让40%股权中的28.5%过户到仙源公司名下，仙源公司遂委托广东晟晨律师事务所于2007年8月23日向中鑫公司、理财公司发出律师函，要求接函后马上着手办理与仙源公司的股权转让手续。2007年9月2日，中鑫公司和理财公司向仙源公司复函，认为《股权转让及项目合作合同》约定的股权转让存在一定法律障碍，仙源公司于2007年9月24日提起了诉讼。

一审法院认为：《股权转让及项目合作合同》是缔约各方的真实意思表示，合同内容除了其中第5条第2款关于仙源公司和理财公司在取得讼争房产项目的银行贷款后可直接从贷款中按比例先行收回部分投资的约定，因违反《公司法》第36条关于"公司成立后，股东不得抽逃出资"的禁止性规定应属无效外，其他条款并未违反内地法律、行政法规的强制性规定，依法不应认定为无效。尽管《中外合作经营企业法》第10条规定："中外合作者的一方转让其在合作企业合同中的全部或者部分权利、义务的，必须经他方同意，并报审查批准机关批准。"但这只是对股权转让的程序予以规范，并未直接规定未经审批的涉外股权转让合同无效，并且现在也没有任何迹象和证据显示，若使本案合同有效将损害国家利益和社会公共利益，鉴此亦不宜以上述法律规定为据否定《股权转让及项目合作合同》在民商法上的效力。更重要的是，从当事人签订《股权转让及项目合作合同》的背景来看，该合同是在中鑫公司和理财公司已经通过竞拍准备受让远兴公司的股权，并与远兴公司的原出资人签订了《出资额及权益转让合同》，但由于出现人民币4591.8万元的资金缺口以致合同履行出现困难的情况下签订的。仙源公司的及时垫资避免了中鑫公司的违约，并使其成功获取了远兴公司40%的出资权益。在此仙源公司的诚信履约行为值得肯定，其据此所享有的合同权利亦应受到法律的保护。该院同时注意到，在《股权转让及项目合作合同》签订的当时，中鑫公司、理财公司与远兴公司原出资人之间的《出资额及权益转让合同》尚未获得审查批准机关的批准，远兴公司的股权也尚未过户到中鑫公司名下，此时要求《股权转让及项目合作合同》的缔约各方立即将合同报请审查批准机关批准并不现实。在此情况下，如果仅仅因为中鑫公司事后反悔，拒绝将合同报批就否定合同效力，将导致法律适用结果的严重不公平。故判决：中鑫公司于判决生效之日起十日内，就其与仙源公司、理财公司共同签订的《股权转让及项目合作合同》项下的股权转让事宜，报请审查批准机关批准；并在审查批准机关批准之日起十日内，到工商行政管理部门办理该股权变更的登记手续。理财公司、远兴公司对此应予配合等。

中鑫公司不服一审判决,向二审法院提起上诉。

二审法院认为:《股权转让及项目合作合同》因未按法律规定办理批准手续而未生效。但本案事实表明,造成《股权转让及项目合作合同》因未报批而未生效的原因,是在仙源公司、理财公司、远兴公司都愿意履行报批手续以促成合同生效的情形下,中鑫公司明确拒绝配合其他各方完成审批手续以促成合同生效,中鑫公司故意促成合同不生效的行为客观上使得《股权转让及项目合作合同》产生了视为生效的类似法律效果。因此,就《股权转让及项目合作合同》效力而言,除第五条第二款属无效条款外,依法成立未生效,但具有类似生效的法律约束力。中鑫公司上诉认为,一审判决对《股权转让及项目合作合同》效力认定错误,该主张依据不足,该院不予支持。故判决:驳回上诉,维持原判。中鑫公司不服二审判决,申请再审,最高人民法院驳回了中鑫公司的再审申请。

【案　　号】(2008)粤高法民四终字第 323 号
【审理法院】广东省高级人民法院
【来　　源】《最高人民法院公报》2010 年第 8 期

▶ 类案检索

一、云南热点科技有限公司与西双版纳野象谷景区有限公司、云南小孩儿旅行社有限公司计算机软件开发合同纠纷案

关键词: 附生效条件　阻止条件成就　生效

裁判摘要: 附生效条件的合同,自条件成就时生效。当事人为自己的利益不正当地阻止条件成就的,视为条件已成就。

【案　　号】(2018)云 08 民初 485 号
【审理法院】云南省普洱市中级人民法院

二、富尔达全息科技（深圳）有限公司诉深圳市义乌小商品批发城有限公司房屋租赁合同纠纷案

关键词： 合同成立　轻微违约行为　解除合同

裁判摘要： 依法成立的合同对当事人具有法律约束力，当事人应依照约定全面履行，不得擅自变更或者解除合同。一方当事人的轻微违约行为不影响合同目的实现的，另一方当事人要求解除合同，应不予支持。

【案　　号】（2018）粤03民再29号

【审理法院】广东省深圳市中级人民法院

第二节 意思表示

> 第一百三十七条 以对话方式作出的意思表示，相对人知道其内容时生效。
>
> 以非对话方式作出的意思表示，到达相对人时生效。以非对话方式作出的采用数据电文形式的意思表示，相对人指定特定系统接收数据电文的，该数据电文进入该特定系统时生效；未指定特定系统的，相对人知道或者应当知道该数据电文进入其系统时生效。当事人对采用数据电文形式的意思表示的生效时间另有约定的，按照其约定。

▶ 关联规定

一、法律、行政法规、司法解释

1.《中华人民共和国民法典》

第四百七十七条 撤销要约的意思表示以对话方式作出的，该意思表示的内容应当在受要约人作出承诺之前为受要约人所知道；撤销要约的意思表示以非对话方式作出的，应当在受要约人作出承诺之前到达受要约人。

第四百八十一条 承诺应当在要约确定的期限内到达要约人。

要约没有确定承诺期限的，承诺应当依照下列规定到达：

（一）要约以对话方式作出的，应当即时作出承诺；

（二）要约以非对话方式作出的，承诺应当在合理期限内到达。

第四百八十二条 要约以信件或者电报作出的，承诺期限自信件载明的日期或者电报交发之日开始计算。信件未载明日期的，自投寄该信件的邮戳日期开始计算。要约以电话、传真、电子邮件等快速通讯方式作出的，承诺期限自要约到达受要约人时开始计算。

第五百一十六条 当事人行使选择权应当及时通知对方，通知到达对方时，标的确定。标的确定后不得变更，但是经对方同意的除外。

可选择的标的发生不能履行情形的，享有选择权的当事人不得选择不能履行的标的，但是该不能履行的情形是由对方造成的除外。

第五百六十五条 当事人一方依法主张解除合同的，应当通知对方。合同自通知到达对方时解除；通知载明债务人在一定期限内不履行债务则合同自动解除，债务人在该期限内未履行债务的，合同自通知载明的期限届满时解除。对方对解除合同有异议的，任何一方当事人均可以请求人民法院或者仲裁机构确认解除行为的效力。

当事人一方未通知对方，直接以提起诉讼或者申请仲裁的方式依法主张解除合同，人民法院或者仲裁机构确认该主张的，合同自起诉状副本或者仲裁申请书副本送达对方时解除。

第五百六十八条 当事人互负债务，该债务的标的物种类、品质相同的，任何一方可以将自己的债务与对方的到期债务抵销；但是，根据债务性质、按照当事人约定或者依照法律规定不得抵销的除外。

当事人主张抵销的，应当通知对方。通知自到达对方时生效。抵销不得附条件或者附期限。

2.《最高人民法院关于适用〈中华人民共和国民法典〉继承编的解释（一）》

第三十五条 继承人放弃继承的意思表示，应当在继承开始后、遗产分割前作出。遗产分割后表示放弃的不再是继承权，而是所有权。

二、司法指导性文件

《全国法院民商事审判工作会议纪要》

43.【抵销】抵销权既可以通知的方式行使，也可以提出抗辩或者提起反诉的方式行使。抵销的意思表示自到达对方时生效，抵销一经生效，其效力溯及自抵销条件成就之时，双方互负的债务在同等数额内消灭。双方互负的债务数额，是截至抵销条件成就之时各自负有的包括主债务、利息、违约金、赔偿金等在内的全部债务数额。行使抵销权一方享有的债权不足以抵销全部债务数额，当事人对抵销顺序又没有特别约定的，应当根据实现债权的费用、利息、主债务的顺序进行抵销。

▶ 条文释义

一、本条主旨

本条是关于有相对人的意思表示生效时间的规定。

二、条文演变

原《民法通则》和原《合同法》没有关于意思表示生效时间的一般规定。原《合同法》对要约、承诺、抵销等特定意思表示的生效时间作了特别规定。例如，原《合同法》第16条规定，"要约到达受要约人时生效。采用数据电文形式订立合同，收件人指定特定系统接收数据电文的，该数据电文进入该特定系统的时间，视为到达时间；未指定特定系统的，该数据电文进入收件人的任何系统的首次时间，视为到达时间"。在原《民法总则》立法过程中，《民法总则（草案）》（一次审议稿）第六章（民事法律行为）第二节（意思表示）以两个条文对意思表示的生效时间作了一般规定（第116条和第117条）。该规定被《民法总则（草案）》的二次审议稿和三次审议稿接受。2017年3月15日通过的原《民法总则》第137条和第138条以意思表示是否向相对人作出作为标准，对有相对人的意思表示生效时间和无相对人的意思表示的生效时间分别作出规定。《民法典》沿用了原《民法总则》的规定。

三、条文解读

本条以意思表示作出的方式为标准，将有相对人的意思表示区分为以对话方式作出的意思表示与以非对话方式作出的意思表示，并有所区别地规定了两种意思表示生效时间的判断标准。第1款规定了以对话方式作出的意思表示的生效时间；第2款规定了以非对话方式作出的意思表示的生效时间。

（一）意思表示的意义和特征

意思表示是民事法律行为制度的核心概念，是理解民事法律行为制度的基础。应结合《民法典》第133条关于民事法律行为概念的定义性规定理解意思表示概念的意义。意思表示是指行为人（表意人）把旨在达到某个私法上法律后果的意思表达于外部的行为。它实质上是对想达到某个私法上法律后果的内心意愿的一种表达。所谓私法上法律后果，既包括民法规定的各种法律后果，如取得某个物的所有权、延长义务的履行期限、免除他人的债务等；又包括民法之外的其他私法规定的各种法律后果，如取得他人股权、放弃船舶优先权等。这些法律后果不仅涉及民事法律关系的产生，而且通常也会涉及民事法律关系的变更或者终止。意思表示在构成上包含两个要素：一是内心意思，即想达到某个私法上法律后果的意愿；二是表示行为，即把内心意愿表达于外部的举动，如言说、文字表达、手势等。意思表示是由这两个要素构成的一个整体，停留于内心、不能为他人所知的意思，只是一种纯粹主观的心理活动，无法作为一种产生、变更或终止民事法律关系的法律事实；没有想达到某个私法上法律后果意愿的行为举动，属于一种完全脱离主观意思的客观事实，除非法律有特别规定，它同样无法导致民事法律关系的产生、变更或终止。相比于人的其他有意识行为，意思表示具有两个显著特征：第一，属于客观上能够为他人辨识或理解的有意识行为，该行为可以口头、书面、举止等作为表现形式；第二，行为包含想达到某个私法上法律后果的意愿，这是意思表示区别于人们在公法上作出的各种意思表达的显著标志。

（二）有相对人的意思表示

在意思表示的生效时间问题上，《民法典》采取了区分意思表示的类型、区别规定意思表示生效时间的立法方法。以意思表示是否向相对人作出为标准，《民法典》把意思表示区分为有相对人的意思表示和无相对人的意思表示。本条针对有相对人的意思表示的特点，对其生效时间作出了一般规定。

有相对人的意思表示，又称作须受领的意思表示，是指向特定对象作出的意思表示。因为意思表示是民事法律行为的构成要素，而民事法律行为通常多基于双方或者多方相互关联的意思表示成立，并在成立生效后在双方或者多方当事人之间发生各种民事法律关系的变动状况，所以有相对人的意思表示是意思表示的常见形态。表意人在作出意思表示时之所以把它指向一个特定的相对人，是因为其意思表示会向该相对人或可能向相对人产生一定法律后果。譬如，当事人一方作出解除合同的意思表示，会对当事人另一方产生终止履行合同义务的法律后果；订约当事人一方作出的要约，可能会对订约另一方产生合同成立的法律后果（另一方承诺时）。

有相对人的意思表示种类繁多，例如，《民法典》的如下规定：合同订立过程中的要约（第 472 条，绝大多数是有特定相对人的意思表示）、要约的撤回（第 475 条）、要约的撤销（第 476 条）、需要通知的承诺（第 480 条）、承诺的撤回（第 485 条）、构成新要约的迟到承诺（第 486 条）等。基于单方意思表示成立的民事法律行为，也大多属于有相对人的意思表示，例如《民法典》的如下规定：法定代理人追认或拒绝追认限制民事行为能力人实施的民事法律行为的意思表示（第 145 条）、善意相对人撤销民事法律行为的意思表示（第 145 条）、被代理人追认或拒绝追认无权代理行为的意思表示（第 171 条）、善意相对人撤销民事法律行为的意思表示（第 171 条）、依法解除合同的意思表示（第 565 条）、抵销的意思表示（第 568 条）等。

（三）有相对人的意思表示的生效时间

有相对人的意思表示可以采取不同的作出（发出）方式，如相对人在场或非在场时作出，以对话方式或非以对话方式作出。本条吸收总结原《合同法》关于要约、承诺生效时间的立法经验，以区分以对话方式作出的意思表示和以非对话方式作出的意思表示为前提，对有相对人的意思表示的生效时间作出了分门别类的规定。此种立法方法的基本考虑是：有相对人的意思表示一旦生效，即会对表意人或相对人产生某种法律效力，或者会在表意人与相对人之间发生某种法律后果，为尊重相对人的意思自治，表意人向相对人发出的意思表示，只有在相对人能够知道该意思表示的内容时，使其承受意思表示产生的某种法律后果，才具有合理性。

1. 以对话方式作出的意思表示

以对话方式作出的意思表示，是指以相对人可以同步受领的方式作出的意思表示。[①] 客观而言，只有在表意人向其作出意思表示之后，相对人才能受领意思表示，意思表示的发出与受领之间总是会存在一定的时间差，这种时间差会因意思表示内容的复杂性、相对人的理解能力强弱等因素，长短不一。相对人可能能够即时领会意思表示，或可能稍作思考后才能领会意思表示。因此，以对话方式作出的意思表示的独特性，不在于相对人可以同步受领意思表示，而在于强调表意人与相对人之间能够以对话直接沟通或交流（为意思表示），如当面对话、打电话等。听力障碍者之间的手语交流，属于一种特别的对话

---

① 参见黄薇主编：《中华人民共和国民法典总则编释义》，法律出版社 2020 年版，第 363 页。

方式。

在表意人与相对人以对话方式直接为意思表示时，意思表示自相对人知道其内容时生效。所谓知道，不是指相对人认识并明白表意人向其说了什么或表达了什么内容，而是指相对人理解或了解表意人所作意思表示的意义。所谓了解，是指依通常情形，客观上可能了解，故对不懂中文的外籍劳工，以中文为解雇的意思表示，不生效力；在通常情形下，相对人可能了解，而主张未了解时，应负举证责任。① 以对话方式作出的意思表示的生效时间之所以采取了解主义的立法方法，主要是考虑了对话本身的独特性：意思表示以对话方式作出时，意思表示的内容或意义通常无固定载体，会随时流逝，无法再现，对话的效果取决于相对人的即时了解。

2. 以非对话方式作出的意思表示

对话方式与非对话方式构成逻辑学上的正反概念，从法律适用的统一性、安定性着眼，这两个概念应构成矛盾关系。以此而言，以非对话方式作出的意思表示，是指表意人与相对人之间借助交流媒介间接沟通或交流（为意思表示）。例如，表意人以信件、电报、电传、传真、电子数据交换、电子邮件等向相对人作出意思表示。本条对于此种意思表示的生效时间，采取了到达主义的立法方法，即意思表示到达相对人时生效。到达主义，是指以意思表示到达相对人的时间客观确定意思表示生效时间的理念或方法。所谓到达相对人，是指意思表示已进入相对人的支配范围，处于相对人可以了解的状态，至于相对人是否实际了解意思表示的内容，在所不问。到达相对人的时间应以相对人通常情形下处理事务的时间而定，对于商事主体，以正常经营或工作的起止时间而定；对于民事主体或消费者，应以其一般作息的起止时间而定，这可能会因地而异或因人而异。原本为尊重相对人的意思自治或独立的主体地位，应以相对人实际了解意思表示的时间决定意思表示的生效时间。但是，在意思表示以非对话方式作出的情形下，采用了解主义会使表意人陷入相对人的掌控中，因为当意思表示到达相对人之后，相对人是否了解及于何时了解意思表示，完全超出表意人的掌控，而由相对人任意控制。因此，为维护表意人的交易安全，同时激励相对人尽快了解意思表达的内容，本条采纳了到达主义。这种立法方法实际上延续了原《合同法》关于要约、承诺生效时间的规范方法。

---

① 参见王泽鉴：《民法总则》，北京大学出版社2009年版，第273~274页。

以非对话方式作出的意思表示，意思表示自到达相对人时生效，这个法律规则适用于传统的主要以纸质为意思表示形式的情形。当意思表示采取数据电文形式作出时，本条以相对人是否指定接受数据电文的特定系统为标准，对以非对话方式作出的采用数据电文形式的意思表示的生效时间作了区分规定。

所谓数据电文，是指以电子、光学、磁或者类似手段生成、发送、接收或者储存的信息。[①]例如，电子数据交换、电子邮件等。在意思表示以数据电文形式向相对人作出时，数据电文的介质决定了意思表示必须经由网络系统发出并受领，而根本无法依赖以信件为主要凭借的传统通信工具。由于表意人作出意思表示的目的是与相对人进行沟通（信息交流），所以表意人只有把其意思表示发送到相对人的网络信息接受系统，才能达到沟通目的。原《合同法》第16条参考联合国国际贸易委员会制定的《电子商务示范法》的相关规定：明确"要约到达受要约人时生效。采用数据电文形式订立合同，收件人指定特定系统接收数据电文的，该数据电文进入该特定系统的时间，视为到达时间；未指定特定系统的，该数据电文进入收件人的任何系统的首次时间，视为到达时间"。本条第2款吸收原《合同法》第16条的规定，并把它修改提炼为采取数据电文形式作出的意思表示的生效时间的一般规定。应从三方面理解该规定的意义。

（1）相对人指定特定系统接收数据电文。在意思表示以数据电文为表现形式时，意思表示的发出和受领依赖于以互联网为基础的信息接受系统，该信息接受系统是表意人与相对人沟通交流的基本渠道。相对人向表意人指定了接受数据电文的特定系统时，如相对人指定以他的某个Email地址为信息接受系统，承载意思表示的数据电文进入该指定的特定系统时生效。"进入"概念是对到达概念的一种特别表达。"所谓一项数据电文进入一个信息系统，其时间是在该信息系统内可投入处理的时间。"[②]它实质上意味着承载意思表示的数据电文已进入相对人的支配范围，置于相对人可以了解的状态。至于该数据电文是否实际上已为相对人所知道或了解，则对于决定意思表示的生效时间，无关

---

① 根据我国2006年加入的《联合国国际合同使用电子通信公约》第4条，数据电文系指经由电子手段、电磁手段、光学手段或类似手段生成、发送、接收或存储的信息，这些手段包括但不限于电子数据交换、电子邮件、电报、电传或传真。

② 参见黄薇主编：《中华人民共和国民法典总则编释义》，法律出版社2020年版，第365页。

紧要。

（2）相对人未指定特定系统接收数据电文。在这种情形下，意思表示自相对人知道或者应当知道承载意思表示的数据电文进入其系统时生效。这一规定借鉴了《联合国国际合同使用电子通信公约》的相关规定。该公约第10条第2款规定："电子通信的收到时间是其能够由收件人在该收件人指定的电子地址检索的时间。电子通信在收件人的另一电子地址的收到时间是其能够由该收件人在该地址检索并且该收件人了解到该电子通信已发送到该地址的时间。当电子通信抵达收件人的电子地址时，即应推定收件人能够检索该电子通信。"《民法典》将公约所作"了解到该电子通信已发送到该地址的时间"的规定修改为："相对人知道或者应当知道该数据电文进入其系统"。何谓"知道或者应当知道"？立法部门的解释为："数据电文一旦进入相对人的系统，就视为相对人知道或者应当知道该意思表示。若相对人否认的，必须要承担自己不知道或者不应当知道的证明责任。"①

（3）针对以数据电文为载体的意思表示生效时间的规定属于任意性规定。本条第2款最后一句规定，当事人对采用数据电文形式的意思表示的生效时间另有约定的，按照其约定。这一规定旨在表明，本条第2款第2句关于采取数据电文形式的意思表示生效时间的规定，属于任意性规定，意思表示的表意人和相对人可以事先约定以数据电文为表现形式的意思表示的生效时间。表意人和相对人作出相关约定的，根据意思自治原则，应以其约定的时间确定意思表示的生效时间；表意人和相对人事先没有关于意思表示生效时间的特别约定的，采取数据电文形式的意思表示，其生效时间应依据本条第2款第2句的规定确定。

▶ 适用指引

到达主义与发信主义的区分

以非对话方式作出的意思表示，应自何时生效，在立法方法上有到达主义与发信主义的区分。到达主义是指意思表示自其客观上进入相对人的支配范围

---

① 参见黄薇主编：《中华人民共和国民法典总则编释义》，法律出版社2020年版，第366页。

时生效的立法方法,本条即明确采纳了此种立法方法。发信主义是指意思表示自表意人向相对人发出意思表示之时生效,而不管意思表示是否客观上进入了相对人的支配范围。区分两者的实践价值在于,在到达主义下,意思表示的在途风险完全由表意人承担,相对人对于未进入其支配范围的意思表示不承担任何法律后果;在发信主义下,意思表示的在途风险则完全由相对人(意思表示的受领人)承担,表意人只要发出了意思表示,不管该意思表示是否进入了相对人的支配范围,相对人应承受与该意思表示相关的法律后果。对于采取数据电文形式的意思表示,以发信主义或到达主义确定意思表示的生效时间,差别不大。道理在于:数据电文是一种具有即时到达、随即沟通功能的通信工具,表意人发出数据电文与相对人收到同一数据电文的时间通常是一样的。本条对于以非对话方式作出的意思表示,不管其是采取传统的通信方式,还是采取数据电文的通信方式,均采纳了到达主义的立法方法。

但是,需注意的是,在订立合同的情况下,对于承诺期限的起算日期,《民法典》第482条采纳了区分发信主义与到达主义的立法思想。根据该条的规定:要约以信件或者电报作出的,承诺期限自信件载明的日期或者电报交发之日开始计算。信件未载明日期的,自投寄该信件的邮戳日期开始计算。要约以电话、传真、电子邮件等快速通信方式作出的,承诺期限自要约到达受要约人时开始计算。

▶ 类案检索

一、成都鹰明智通科技股份有限公司与杭州伯高科技车辆电气工程有限公司等票据纠纷案

关键词:票据 追索权 到达主义

裁判摘要:《票据法》第17条规定的六个月期间应为票据追索权的消灭时效期间,持票人未在该期间内行使票据权利,追索权将消灭;持票人在该期间内向前手主张了权利,将发生票据时效中断的效果。然而,持票人向前手主张权利,也即持票人向前手作出行使追索权的意思表示是采发出主义还是到达主义生效,我国现行法律并无相应规定。在没有特别规定的情况下,应当适用一般规定,即《民法总则》第137条第2款所作"以非对话方式作出的意思表

示，到达相对人时生效"的规定。持票人向前手作出行使追索权的意思表示应当自到达前手时生效。

【案　　　号】（2020）渝民终1802号
【审理法院】重庆市高级人民法院

二、李某、罗某民间借贷纠纷案

关键词： 民间借贷　债务承担　以对话方式表示

裁判摘要： 根据《民法总则》第137条的规定，行为人以对话方式表示同意承担他人的还款责任，并已代他人偿还部分款项，行为人对案涉合同关系的主体已作出承诺还款的意思表示且相对方并未提出异议，故其应当履行对他人应负的还款义务。

【案　　　号】（2020）湘31民再26号
【审理法院】湖南省湘西土家族苗族自治州中级人民法院

第一百三十八条 无相对人的意思表示，表示完成时生效。法律另有规定的，依照其规定。

关联规定

法律、行政法规、司法解释

1.《中华人民共和国民法典》

第四百零九条 抵押权人可以放弃抵押权或者抵押权的顺位。抵押权人与抵押人可以协议变更抵押权顺位以及被担保的债权数额等内容。但是，抵押权的变更未经其他抵押权人书面同意的，不得对其他抵押权人产生不利影响。

债务人以自己的财产设定抵押，抵押权人放弃该抵押权、抵押权顺位或者变更抵押权的，其他担保人在抵押权人丧失优先受偿权益的范围内免除担保责任，但是其他担保人承诺仍然提供担保的除外。

第四百三十五条 质权人可以放弃质权。债务人以自己的财产出质，质权人放弃该质权的，其他担保人在质权人丧失优先受偿权益的范围内免除担保责任，但是其他担保人承诺仍然提供担保的除外。

第四百九十九条 悬赏人以公开方式声明对完成特定行为的人支付报酬的，完成该行为的人可以请求其支付。

第五百三十八条 债务人以放弃其债权、放弃债权担保、无偿转让财产等方式无偿处分财产权益，或者恶意延长其到期债权的履行期限，影响债权人的债权实现的，债权人可以请求人民法院撤销债务人的行为。

第一千一百二十四条 继承开始后，继承人放弃继承的，应当在遗产处理前，以书面形式作出放弃继承的表示；没有表示的，视为接受继承。

受遗赠人应当在知道受遗赠后六十日内，作出接受或者放弃受遗赠的表示；到期没有表示的，视为放弃受遗赠。

2.《最高人民法院关于审理商品房买卖合同纠纷案件适用法律若干问题的解释》

第三条 商品房的销售广告和宣传资料为要约邀请，但是出卖人就商品房开发规划范围内的房屋及相关设施所作的说明和允诺具体确定，并对商品房买卖合同的订立以及房屋价格的确定有重大影响的，构成要约。该说明和允诺即使未载入商品房买卖合同，亦应当视为合同内容，当事人违反的，应当承担违约责任。

3.《最高人民法院关于民事执行中财产调查若干问题的规定》

第二十一条 被执行人不履行生效法律文书确定的义务，申请执行人可以向人民法院书面申请发布悬赏公告查找可供执行的财产。申请书应当载明下列事项：

（一）悬赏金的数额或计算方法；

（二）有关人员提供人民法院尚未掌握的财产线索，使该申请执行人的债权得以全部或部分实现时，自愿支付悬赏金的承诺；

（三）悬赏公告的发布方式；

（四）其他需要载明的事项。

人民法院应当自收到书面申请之日起十日内决定是否准许。

第二十二条 人民法院决定悬赏查找财产的，应当制作悬赏公告。悬赏公告应当载明悬赏金的数额或计算方法、领取条件等内容。

悬赏公告应当在全国法院执行悬赏公告平台、法院微博或微信等媒体平台发布，也可以在执行法院公告栏或被执行人住所地、经常居住地等处张贴。申请执行人申请在其他媒体平台发布，并自愿承担发布费用的，人民法院应当准许。

第二十三条 悬赏公告发布后，有关人员向人民法院提供财产线索的，人民法院应当对有关人员的身份信息和财产线索进行登记；两人以上提供相同财产线索的，应当按照提供线索的先后顺序登记。

人民法院对有关人员的身份信息和财产线索应当保密，但为发放悬赏金需要告知申请执行人的除外。

条文释义

一、本条主旨

本条是关于无相对人的意思表示生效时间的规定。

二、条文演变

原《民法通则》和原《合同法》没有关于无相对人的意思表示生效时间的规定。在《民法总则》立法过程中,《民法总则(草案)(一次审议稿)》第217条第3款规定:"无相对人的意思表示,表示完成时生效,法律另有规定的除外。"《民法总则(草案)(二次审议稿)》第131条规定:"无相对人的意思表示,表示完成时生效。法律另有规定的,依照其规定。"该规定被草案三次审议稿和《民法典》完全接受。

三、条文解读

无相对人的意思表示,又称作无须受领的意思表示,是指不是向一个或多个特定的相对人作出的意思表示。它包括两种情形:第一,向不特定的多数人作出的意思表示,例如,悬赏广告、符合要约条件的商业广告和宣传。① 在此情形下,表意人在作出意思表示时,是否存在相对人或者意思表示是否被他人受领,无法确定,但意思表示最终可能会对一个或多个特定的相对人发生作用力。第二,既无须向特定的相对人作出又无须特定相对人予以受领的意思表示。例如,所有物的抛弃、受遗赠的接受或放弃、遗嘱等。在此种情形下,没有其他人需要适应意思表示所可能导致的法律后果。

无相对人的意思表示,无论是指向不特定的多数人,还是不指向任何其他人,不存在由一个或多个特定相对人受领意思表示的问题,而表意人又希冀其意思表示能够达到某种法律后果。针对此种情况,此类意思表示自意思表示完成时生效,比较符合表意人的本意。但是,在个别情况下,法律也会对无相对人的意思表示的生效时间作出特别规定,例如,根据《民法典》继承编的规定,遗嘱这种无相对人的意思表示应自遗嘱人死亡时发生效力,而不可能在作

---

① 《民法典》第473条规定,商业广告和宣传的内容符合要约条件的,构成要约。

出遗嘱时生效。因此，本条第二句特别规定，法律另有规定的，依照其规定。

适用指引

无相对人的意思表示与以公告方式作出的意思表示的区别

无相对人的意思表示是与有相对人的意思表示相对称的概念。其显著特征是，意思表示依其性质不需要相对人受领，或者意思表示是向不特定的人作出的，无法确定受领人。所有物的抛弃、遗嘱、悬赏广告是无相对人的意思表示的典型形态。在交易实践中，也存在表意人（通常是合同的一方当事人）向不特定的多数人作出应产生法律约束力的单方意思表示（单方允诺）的情况。《民法典》第139条规定的以公告方式作出的意思表示，是从意思表示的作出方式方面着眼对意思表示的生效时间作出规定的。如果从意思表示的相对人着眼，它应称作以公告方式向相对人作出的意思表示。本来，根据《民法典》第137条的规定，指向特定相对人的意思表示，应采取对话方式或非对话方式作出，即表意人与相对人应当一对一地相互沟通，这样才能彰显对当事人意思自治的尊重。《民法典》第139条之所以为以公告方式作出的意思表示确立一种特别的生效规则，根本原因在于，对于有相对人的意思表示，表意人有时会因相对人下落不明或根本无法联系到相对人，而客观上无法向相对人作出必要的意思表示。如果表意人能够联系到相对人，为了尊重相对人的意思自治，意思表示不得以公告方式作出。如果因为相对人人数较多，采取一对一的沟通方式过于繁琐或负担较大，表意人非因不知相对人的下落或者地址而是出于节约表意成本的考虑通过私自发布公告的方式作出意思表示，应当认定为不发生作出意思表示的效果，即意思表示在此情况下应认定为根本未向相对人作出。意思表示由此也不能依据《民法典》第139条的规定自公告发布时生效。

类案检索

海南嘉博投资开发有限公司诉张某侠、海口南川实业有限公司、海南南国置业有限公司股权转让纠纷案

关键词： 股权转让　遗赠　放弃受遗赠

裁判摘要： 根据法律规定，受遗赠人应当在知道受遗赠后六十日内作出接受或者放弃遗赠的表示。到期没有表示的，视为放弃受遗赠。然而，与法律关于继承人作出放弃继承权的表示应具备较为严格的形式要求和对象要求不同，现行法律法规或司法解释并未明确限制受遗赠人作出接受或者放弃遗赠表示需要采取的方式和应当表达的对象，而"接受或放弃遗赠的表示"本质上仍然是意思表示，故受遗赠人完全可以采取口头方式，在没有相对人的情况下作出意思表示。根据法律规定，无相对人的意思表示，表示完成时生效。

【案　　号】（2021）沪01民终5868号

【审理法院】上海市第一中级人民法院

第六章 民事法律行为 | 第一百三十九条

> **第一百三十九条** 以公告方式作出的意思表示，公告发布时生效。

▶ 关联规定

一、法律、行政法规、司法解释

1.《中华人民共和国民事诉讼法》

第九十五条 受送达人下落不明，或者用本节规定的其他方式无法送达的，公告送达。自发出公告之日起，经过三十日，即视为送达。

公告送达，应当在案卷中记明原因和经过。

2.《商标法实施条例》

第十条 商标局或者商标评审委员会的各种文件，可以通过邮寄、直接递交、数据电文或者其他方式送达当事人；以数据电文方式送达当事人的，应当经当事人同意。当事人委托商标代理机构的，文件送达商标代理机构视为送达当事人。

商标局或者商标评审委员会向当事人送达各种文件的日期，邮寄的，以当事人收到的邮戳日为准；邮戳日不清晰或者没有邮戳的，自文件发出之日起满15日视为送达当事人，但是当事人能够证明实际收到日的除外；直接递交的，以递交日为准；以数据电文方式送达的，自文件发出之日起满15日视为送达当事人，但是当事人能够证明文件进入其电子系统日期的除外。文件通过上述方式无法送达的，可以通过公告方式送达，自公告发布之日起满30日，该文件视为送达当事人。

3.《最高人民法院关于适用〈中华人民共和国民事诉讼法〉的解释》

第五百三十二条 对在中华人民共和国领域内没有住所的当事人，经用公告方式送达诉讼文书，公告期满不应诉，人民法院缺席判决后，仍应当将裁判文书依照民事诉讼法第二百七十四条第八项规定公告送达。自公告送达裁判文书满三个月之日起，经过三十日的上诉期当事人没有上诉的，一审判决即发生法律效力。

4.《最高人民法院关于涉台民事诉讼文书送达的若干规定》

第八条 采用公告方式送达的，公告内容应当在境内外公开发行的报刊或者权威网站上刊登。

公告送达的，自公告之日起满三个月，即视为送达。

二、司法指导性文件

《最高人民法院印发〈关于推进破产案件依法高效审理的意见〉的通知》

1.对于企业破产法及相关司法解释规定需要公告的事项，人民法院、管理人应当在全国企业破产重整案件信息网发布，同时还可以通过在破产案件受理法院公告栏张贴、法院官网发布、报纸刊登或者在债务人住所地张贴等方式进行公告。

对于需要通知或者告知的事项，人民法院、管理人可以采用电话、短信、传真、电子邮件、即时通信、通讯群组等能够确认其收悉的简便方式通知或者告知债权人、债务人及其他利害关系人。

2.债权人提出破产申请，人民法院经采用本意见第1条第2款规定的简便方式和邮寄等方式无法通知债务人的，应当到其住所地进行通知。仍无法通知的，人民法院应当按照本意见第1条第1款规定的公告方式进行通知。自公告发布之日起七日内债务人未向人民法院提出异议的，视为债务人经通知对破产申请无异议。

三、行政规范性文件

《上市公司股东大会规则》

第十五条 召集人应当在年度股东大会召开二十日前以公告方式通知各普通股股东（含表决权恢复的优先股股东），临时股东大会应当于会议召开十五日前以公告方式通知各普通股股东（含表决权恢复的优先股股东）。

▶ 条文释义

一、本条主旨

本条是关于以公告方式作出的意思表示生效时间的规定。

二、条文演变

原《民法通则》和原《合同法》没有关于以公告方式作出的意思表示生效时间的规定。在原《民法总则》立法过程中,《民法总则(草案)(一次审议稿)》第117条第2款规定:"以公告方式作出的意思表示,公告发布时生效。"《民法总则(草案)(二次审议稿)》未对草案一次审议稿第117条第2款的规定作出任何修改,但将其独立规定为一条,即第132条。之后的草案三次审议稿和《民法典》未作任何修改。

三、条文解读

本条属于《民法典》第137条关于有相对人的意思表示生效时间的一种特别规定,它主要适用于这样的情形:在民事法律关系产生之后(如合同生效后),一方当事人须向对方当事人作出某种意思表示(如解除合同的意思表示),但因对方当事人地址改变、下落不明等原因却联系不到对方。而如果不及时向对方当事人作出意思表示,可能会使表意人遭受不利法律后果。针对这种可能发生的现实情况,本条借鉴《民事诉讼法》关于公告送达司法文书的规定,一方面承认意思表示可以公告方式作出,另一方面对以公告方式作出的意思表示的生效时间作出了特别规定,即意思表示自公告发布时生效。所谓"公告方式",既可以指在有关机构公告栏发布的公告,如在人民法院的公告栏发布的公告;又可以是在报纸上刊登的公告。公告一旦发布,即推定为包括意思表示的相对人在内的社会公众所知。因此,公告发布的时间即为意思表示的生效时间。

▶ 适用指引

本条以有相对人的意思表示为适用前提

本来,对于有相对人的意思表示的生效时间,《民法典》第137条已作分门别类的规定。本条之所以对于有相对人的意思表示的生效时间又作本条这样的特别规定,是因为在极其特别情形下,表意人需要向相对人作出意思表示,然而,穷尽了诸多电话、微信、邮件、信件等方式,皆无法联系到相对人。既然本条是借鉴《民事诉讼法》有关以公告方式送达司法文书的规定,那么也应当按照《民事诉讼法》关于公告送达司法文书的原理,理解本条的适用条件。在诉讼中,当事人主张以公告方式作出意思表示的,其应当举证证明,其已穷尽所有沟通方式仍然无法联系到相对人,最后不得已才采用公告方式作出意思表示。①

▶ 类案检索

重庆威恩建筑工程有限公司与袁某友劳动合同纠纷案

关键词: 劳动合同　劳动关系解除　公告

裁判摘要: 以公告方式作出的意思表示,公告发布时生效。劳动者向用人单位住所地邮寄的《解除劳动关系通知书》,因"迁移新址不明,电话错误"被退回,该《解除劳动关系通知书》不发生解除劳动关系的法律效力。其后,劳动者根据《民法总则》第139条的规定在《重庆法制报》公告《解除劳动关系通知书》。因此,劳动者与用人单位之间的劳动关系于公告之日解除。

【案　　号】(2020)渝0106民初19973号

【审理法院】重庆市沙坪坝区人民法院

---

① 参见最高人民法院民法典贯彻实施工作领导小组主编:《中华人民共和国民法典总则编理解与适用》,人民法院出版社2020年版,第706页。

第一百四十条 行为人可以明示或者默示作出意思表示。

沉默只有在有法律规定、当事人约定或者符合当事人之间的交易习惯时，才可以视为意思表示。

关联规定

一、法律、行政法规、司法解释

1.《中华人民共和国民法典》

第一百四十五条 限制民事行为能力人实施的纯获利益的民事法律行为或者与其年龄、智力、精神健康状况相适应的民事法律行为有效；实施的其他民事法律行为经法定代理人同意或者追认后有效。

相对人可以催告法定代理人自收到通知之日起三十日内予以追认。法定代理人未作表示的，视为拒绝追认。民事法律行为被追认前，善意相对人有撤销的权利。撤销应当以通知的方式作出。

第一百五十二条 有下列情形之一的，撤销权消灭：

（一）当事人自知道或者应当知道撤销事由之日起一年内、重大误解的当事人自知道或者应当知道撤销事由之日起九十日内没有行使撤销权；

（二）当事人受胁迫，自胁迫行为终止之日起一年内没有行使撤销权；

（三）当事人知道撤销事由后明确表示或者以自己的行为表明放弃撤销权。

当事人自民事法律行为发生之日起五年内没有行使撤销权的，撤销权消灭。

第一百七十一条 行为人没有代理权、超越代理权或者代理权终止后，仍然实施代理行为，未经被代理人追认的，对被代理人不发生效力。

相对人可以催告被代理人自收到通知之日起三十日内予以追认。被代理人未作表示的，视为拒绝追认。行为人实施的行为被追认前，善意相对人有撤销的权利。撤销应当以通知的方式作出。

行为人实施的行为未被追认的，善意相对人有权请求行为人履行债务或者就其受到的损害请求行为人赔偿。但是，赔偿的范围不得超过被代理人追认时相对人所能获得的利益。

相对人知道或者应当知道行为人无权代理的，相对人和行为人按照各自的过错承担责任。

第四百六十九条 当事人订立合同，可以采用书面形式、口头形式或者其他形式。

书面形式是合同书、信件、电报、电传、传真等可以有形地表现所载内容的形式。

以电子数据交换、电子邮件等方式能够有形地表现所载内容，并可以随时调取查用的数据电文，视为书面形式。

第四百八十四条 以通知方式作出的承诺，生效的时间适用本法第一百三十七条的规定。

承诺不需要通知的，根据交易习惯或者要约的要求作出承诺的行为时生效。

第五百二十二条 当事人约定由债务人向第三人履行债务，债务人未向第三人履行债务或者履行债务不符合约定的，应当向债权人承担违约责任。

法律规定或者当事人约定第三人可以直接请求债务人向其履行债务，第三人未在合理期限内明确拒绝，债务人未向第三人履行债务或者履行债务不符合约定的，第三人可以请求债务人承担违约责任；债务人对债权人的抗辩，可以向第三人主张。

第五百五十一条 债务人将债务的全部或者部分转移给第三人的，应当经债权人同意。

债务人或者第三人可以催告债权人在合理期限内予以同意，债权人未作表示的，视为不同意。

第五百五十二条 第三人与债务人约定加入债务并通知债权人，或者第三人向债权人表示愿意加入债务，债权人未在合理期限内明确拒绝的，债权人可以请求第三人在其愿意承担的债务范围内和债务人承担连带债务。

第六百三十八条 试用买卖的买受人在试用期内可以购买标的物，也可以拒绝购买。试用期限届满，买受人对是否购买标的物未作表示的，视为购买。

试用买卖的买受人在试用期内已经支付部分价款或者对标的物实施出卖、出租、设立担保物权等行为的，视为同意购买。

第七百二十六条 出租人出卖租赁房屋的，应当在出卖之前的合理期限内通知承租人，承租人享有以同等条件优先购买的权利；但是，房屋按份共有人行使优先购买权或者出租人将房屋出卖给近亲属的除外。

出租人履行通知义务后，承租人在十五日内未明确表示购买的，视为承租人放弃优先购买权。

第七百二十七条 出租人委托拍卖人拍卖租赁房屋的，应当在拍卖五日前通知承租人。承租人未参加拍卖的，视为放弃优先购买权。

第一千一百二十四条 继承开始后，继承人放弃继承的，应当在遗产处理前，以书面形式作出放弃继承的表示；没有表示的，视为接受继承。

受遗赠人应当在知道受遗赠后六十日内，作出接受或者放弃受遗赠的表示；到期没有表示的，视为放弃受遗赠。

2.《最高人民法院关于适用〈中华人民共和国民法典〉总则编若干问题的解释》

第十八条 当事人未采用书面形式或者口头形式，但是实施的行为本身表明已经作出相应意思表示，并符合民事法律行为成立条件的，人民法院可以认定为民法典第一百三十五条规定的采用其他形式实施的民事法律行为。

3.《最高人民法院关于审理建设工程施工合同纠纷案件适用法律问题的解释（一）》

第二十一条 当事人约定，发包人收到竣工结算文件后，在约定期限内不予答复，视为认可竣工结算文件的，按照约定处理。承包人请求按照竣工结算文件结算工程价款的，人民法院应予支持。

二、行政规范性文件

《上市公司股东大会规则》

第三十六条 出席股东大会的股东，应当对提交表决的提案发表以下意见之一：同意、反对或弃权。证券登记结算机构作为内地与香港股票市场交易互联互通机制股票的名义持有人，按照实际持有人意思表示进行申报的除外。

未填、错填、字迹无法辨认的表决票或未投的表决票均视为投票人放弃表决权利，其所持股份数的表决结果应计为"弃权"。

▶ 条文释义

一、本条主旨

本条是关于意思表示作出方式的规定。

二、条文演变

原《民法通则》和原《合同法》没有关于意思表示作出方式的规定。在原《民法总则》立法过程中，《民法总则（草案）》（一次审议稿）对意思表示作出方式作出明确规定，其第118条规定："行为人可以明示或者默示作出意思表示。沉默只有在有法律规定、当事人约定或者习惯时，方可以视为意思表示。"《民法总则（草案）》的二次审议稿和三次审议稿都未作任何修改地接受了草案一次审议稿第118条的规定。《民法总则（草案）》（大会审议稿）第143条则将"沉默只有在有法律规定、当事人约定或者习惯时，方可以视为意思表示"修改为："沉默只有在有法律规定、当事人约定或者当事人之间的交易习惯时，才可以视为意思表示。"《民法典》沿用了原《民法总则》的规定。

三、条文解读

意思表示作为民事法律行为的核心要素，必须以某种可为他人辨识、理解的方式展现出来。本条规定了三种意思表示的作出方式。

（一）明示

明示，即明确表示之义，是指以口头、书面方式积极地作出意思表示。换句话说，明示意味着意思表示在形式上采取了可直接显现意思表示内容的口头形式或书面形式。例如，《民法典》第469条第1款规定，当事人订立合同，可以采取书面形式、口头形式或者其他形式。口头作为一种明示方式，特点是用说话方式表达行为人的内心意思。其好处是简便易行，沟通方便；其弊端是，一旦发生纠纷，难以辨查当事人是否作出了意思表示。书面作为一种明示方式，特点是用文字形式把意思表示记述表达于某种载体之上。这种载体通常是纸张，但不以此为限。《民法典》第469条第3款规定："以电子数据交换、电子邮件等方式能够有形地表现所载内容，并可以随时调取查用的数据电文，视为书面形式。"依此而言，数据电文也可以作为一种作出意思表示的明示方式。采取书面方式的好处是，能够非常方便地辨识意思表示是否作出及意思表示的内容；弊端是意思表示的作出容易受到外在形式的限制，同时一旦表达不当也容易引起误解或歧义。

（二）默示

默示是相对于明示的意思表示作出方式，是指采取口头、书面方式以外的其他方式积极地作出意思表示。通过积极实施某种行为把意思表示对外表达出来，是默示的基本方式。《民法典》第152条第1款第3项所作"以自己的行为表明放弃撤销权"的规定，以及第484条第2款所作"承诺不需要通知的，根据交易习惯或者要约的要求作出承诺的行为时生效"的规定，即是采取默示方式作出意思表示的特别规定。相比于明示，默示的特点是"行而不言"；相比于消极的缄默不语（沉默），默示的特色是，行为人积极实施了某种可以为他人辨识或理解的行为，而不是消极地无所作为。意思表示是当事人通过民事法律行为设立、变更或终止民事法律关系的必备要素，是践行意思自治原则的关键环节，通常情形下，当事人会通过积极、明确的意思沟通设立、变更或终止民事法律关系。默示作为一种意思表示作出方式，如果缺乏一定的外在条件限制，或者不是局限于特定情况，将导致当事人无法充分表达内在意思，容易在意思沟通上产生误解和歧义。

（三）沉默

本条第2款规定的沉默，是相对于其第1款规定的明示与默示而言的。明示与默示是意思表示作出的基本方式，它们皆能积极地把表意人的内心意思表现于外界，从而实现意思沟通。沉默，是指不言不语、消极无为的一种不作为状态。按生活常识，当一人处于一种完全沉默的状态时，其内心意思是无法为外界所知的。从意思表示的构成要素上讲，想达到私法上法律后果的意思，在沉默状态下不能向他人表达出来，意思表示在此情况下根本无法构成。既然意思表示本身难以构成，更遑论意思表示的作出方式了。因此，沉默依其本质特征一般不足以作为意思表示的作出方式。

本条第2款之所以对沉默作出特别规定，是为了实现一个规范目的：在特殊情况下，即使是沉默，也可以作为一种意思表示的作出方式。所谓"视为意思表示",是指沉默事实上不能作为意思表示的作出方式,但是基于特别情况,法律有条件地把沉默拟制为意思表示,从而使沉默像以明示或者默示方式作出的意思表示那样获得某种法律后果。只有在下述三种情形下,沉默才可以视为意思表示。

1. 存在法律规定

在某些情况下,法律基于特殊的政策考虑,把沉默视为一种意思表示。需注意的是,此所谓法律,应限于由全国人大及其常委会制定的规范性文件,不包括国务院制定的行政法规。① 作出这种限制的主要考虑是,民法奉行意思自治原则,除依照法律规定产生、变更或者终止的民事法律关系外,民事法律关系的产生、变更或者终止,应尊重当事人的自主意思。以消极无所作为为表现形式的沉默,本质上根本无法对外表达当事人的内心意思,不能作为意思表示的作出方式。也就是说,当一个人沉默无为时,他人根本无法知道其内心到底存在什么样的想达到某种私法上法律后果的意思。把沉默强制地拟制一种意思表示,难免不会违背当事人的内心意思。因此,只有在极其特殊情况下,才能把沉默依法拟制为意思表示。

《民法典》在以下情形下明确把沉默视为当事人的意思表示:第一,对于限制民事行为能力人无能力实施的民事行为,相对人可以催告法定代理人自收到通知之日起30日内予以追认;法定代理人未作表示的,视为拒绝追认(第145条)。第二,对于无权代理行为,相对人可以催告被代理人自收到通知之日起30日内予以追认;被代理人未作表示的,视为拒绝追认(第171条)。第三,债务人将债务的全部或者部分转移给第三人的,债务人或者第三人可以催告债权人在合理期限内予以同意,债权人未作表示的,视为不同意(第551条)。第四,试用买卖的买受人在试用期限届满后对是否购买标的物未作表示的,视为购买(第638条)。第五,继承开始后,继承人放弃继承的,应当在遗产处理前,以书面形式作出放弃继承的表示;没有表示的,视为接受继承;受遗赠人应当在知道受遗赠后60日内,作出接受或者放弃受遗赠的表示;到期没有表示的,视为放弃受遗赠(第1124条)。另外,《民法典》第522条关于"第三人未在合理期限内明确拒绝"和第552条关于"债权人未在合理期限内明确拒绝"的规定,也体现了把沉默(未作出拒绝的意思表示)看作一种意

---

① 参见最高人民法院民法典贯彻实施工作领导小组主编:《中华人民共和国民法典总则编理解与适用》,人民法院出版社2020年版,第708页。

思表示的规范思想。

总结以上各种规定可知，沉默被依法拟制为一种意思表示，主要发生在某种法定事实发生后，需要当事人一方作出回应性意思表示而该方当事人却消极无为（沉默不语）的情形。法律关于沉默的规定主要贯彻了防止不确定事件持续存在、维护交易安定性的法律政策。

2. 存在当事人约定

民法奉行意思自治原则，《民法典》第5条规定："民事主体从事民事活动，应当遵循自愿原则，按照自己的意思设立、变更、终止民事法律关系。"意思表示的作出方式，是意思自治的组成部分之一，以什么方式作出意思表示，也可以由当事人自由约定。在与双方或多方民事主体相关的民事法律关系中，沉默能否作为一种意思表示的作出方式，可以依当事人的约定而定。在当事人之间事先作出了特别约定时，如果一方当事人向对方作出了某种意思表示或作出了某种行为，而对方对此在规定时间内没有作出任何回应性表示，对方的沉默不语可以依当事人的事先约定而成为一种同意或拒绝的意思表示。例如，在买卖合同订立过程中，双方当事人约定，一方向另一方发出订立合同的要约后，只要另一方当事人在收到该要约三日内没有回复的，就视为作出了接受要约的承诺。[1]

3. 符合当事人之间的交易习惯

所谓当事人之间的交易习惯，是指特定当事人之间进行交易时在一定时间内持续、反复多次采用的同一做法（惯例）。按照交易习惯进行交易，具有简化交易、节省交易成本的积极作用。交易习惯具有同一做法沿用日久而成为惯例的特性。规定沉默在符合当事人之间的交易习惯时可以视为意思表示，意味着，在特定人之间持续的同类交易中，沉默一开始（第一次发生时）就以某种特殊的方式被当事人双方所默许并在以后沿用下来。当事人主张自己或对方的沉默应被视为意思表示时，应对此负担相应的举证责任。即，负有举证责任的当事人要证明沉默在当事人之间的交易中反复、多次适用，而对方当事人对此予以认可；至于对方予以认可的沉默适用多少次才能构成当事人之间的交易习惯，则要结合当事人之间的交易类型、时间长短、熟悉程度、行业惯例等因素予以综合考虑。负有举证责任的当事人的相对方，在符合举证责任转移规则的

---

[1] 参见黄薇主编：《中华人民共和国民法典总则编释义》，法律出版社2020年版，第368~369页。

情况下，也应就争议中的沉默不构成双方当事人之间的交易习惯进行举证。这样更便于法庭正确认定争议中的沉默是否构成当事人之间的交易习惯。①

▶ 适用指引

一、意思表示的作出方式与民事法律行为的形式的区别

意思表示的作出方式，指表意人采取什么形式把内心意思对外表达出来，因此，也可以称作意思表示的形式。《民法典》第135条对民事法律行为的形式有明确规定，即民事法律行为可以采取书面形式、口头形式或者其他形式。在法律适用上，应注意把《民法典》关于意思表示作出方式的规定（第140条）与关于民事法律行为形式的规定（第135条）区别开来。关于意思表示作出方式的规定旨在表明，意思表示必须采取能够为他人辨识或理解的方式对外表达出来，否则，相对人或不特定的其他人无法辨别表意人是否作出了意思表示。因此，意思表示的作出方式直接关系着意思表示的存在。由于意思表示只是民事法律行为的构成要素，其通常不能直接产生、变更或者终止民事法律关系，所以对于意思表示应采取什么方式作出，法律通常采取放任态度，法律仅在个别情形下规定意思表示须采取明示方式。例如，《民法典》第565规定，当事人一方依法主张解除合同的，应当通知对方。通知就是一种典型的明示方式。

民事法律行为的形式是指民事法律行为的客观表现形式。民事法律行为是践行意思自治原则的基本工具，为最大限度地尊重当事人的意思自治，民事法律行为制度采纳形式自由原则，即民事法律行为采取哪一种形式，属于当事人的自由。《民法典》第135条规定中的"民事法律行为可以采取书面形式、口头形式或者其他形式"即蕴含着形式自由思想。但是，对于某些重要的民事法律行为，法律、行政法规明确规定，或者当事人会明确约定，民事法律行为应当采取特定形式，如书面形式，这称作形式强制（法定或者约定）。《民法典》第135条规定中的"法律、行政法规规定或者当事人约定采用特定形式的，应当采用特定形式"，即表达了形式强制之义。除非法律明确将采取某种形式作

---

① 参见最高人民法院民法典贯彻实施工作领导小组主编：《中华人民共和国民法典总则编理解与适用》，人民法院出版社2020年版，第709页。

为民事法律行为的成立要件，例如《民法典》第490条所作"当事人采用合同书形式订立合同的，自当事人均签字、盖章或者按指印时合同成立"的规定，民事法律行为的形式只能用作证明民事法律行为是否成立的证据。如果法律、行政法规规定民事法律行为应当采取书面形式，该规定的主要目的是以书面形式警示当事人谨慎行事。

二者的区分在《民法典总则编解释》第18条中得到了鲜明的体现。该条规定，当事人实施的行为本身表明已经作出意思表示，且"符合民事法律行为成立条件的"，可以认定为是以其他形式实施的民事法律行为。

对于基于单方的意思表示成立的民事法律行为，即单方民事法律行为或单独行为，通常情形下，在意思表示完成时民事法律行为即成立并生效，此时当事人的意思表示的作出方式往往决定了民事法律行为的具体形式。

二、默示与沉默的区别

在《民法典》施行之前，我国民法理论和实践通常把作为意思表示作出方式的默示区分为作为的默示与不作为的默示。作为的默示是指以积极的行为作出意思表示，不作为的默示是指消极无为的状态。例如，原《民法通则意见》第66条规定："一方当事人向对方当事人提出民事权利的要求，对方未用语言或者文字明确表示意见，但其行为表明已接受的，可以认定为默示。不作为的默示只有在法律有规定或者当事人双方有约定的情况下，才可以视为意思表示。"《民法典》第140条则采取了把作为的默示与不作为的默示予以明确区分的立法方法，不作为的默示被明确称作沉默。因此，《民法典》施行之后，不能再像以前那样把沉默看作默示的一种类型，而应把它看作一种不同于明示、默示的独立类型。

▶ 典型案例

宜兴市恒兴置业有限公司与宜兴市新街街道海德名园业主委员会财产损害赔偿纠纷案

关键词： 财产损害赔偿　默示同意　业主共有

裁判摘要： 开发商与小区业主对开发商在小区内建造的房屋发生权属争议

时,应由开发商承担举证责任。如开发商无充分证据证明该房屋系其所有,且其已将该房屋建设成本分摊到出售给业主的商品房中,则该房屋应当属于小区全体业主所有。开发商在没有明确取得业主同意的情况下,自行占有使用该房屋,不能视为业主默示同意由开发商无偿使用,应认定开发商构成侵权。业主参照自该房屋应当移交时起的使用费向开发商主张赔偿责任的,人民法院应予支持。

基本案情: 宜兴市新街街道海德名园一、二、三期小区的开发商系恒兴公司。在海德名园二期内建有海德名园会所,该会所的建设工程规划许可证载明的建设项目名称为海德名园会所、建设规模为两层1215平方米。该证的"附图及附件名称"内载有:其中物业管理用房建筑面积700平方米,核发红卡等内容。根据规划部门的解释,"核发红卡"的房产不得销售。该会所至今没有房产证。2008年11月1日,恒兴公司与紫竹物业公司签订物业移交验收接管协议,该协议第1条移交物业基本情况载明移交物业为海德名园11万8千8百多平方米的住宅。第3条载明本物业管理区域内配置的会所、物业服务用房等情况如下:1.会所,位于海德名园二期第26幢,面积1123平方米,使用情况为部分开放;2.物业管理服务用房,位于会所二楼,475平方米,使用情况为实际投入的物业用房还不止475平方米。协议约定紫竹物业公司自2008年10月30日开始承接物业。海德名园二期第26幢会所除物业公司使用的476平方米物业用房外,其余面积647.62平方米是由恒兴公司使用或控制。海德名园小区于2013年8月18日成立首届业主大会,于2017年3月24日进行第二届业主委员会换届选举,第二届业主委员会任期五年。第二届业主委员会于2017年4月两次书面通知恒兴公司商讨小区管理、会所、人防工程的使用管理等事宜。其实,宜兴市恒兴置业有限公司与海德名园业主委员会发生如下争议:海德名园二期第26幢会所除物业用房外,其余647.62平方米属海德名园全体业主所有还是属恒兴公司所有。一审法院判决认为:海德名园二期第26幢会所有争议的647.62平方米的房屋应属海德名园小区全体业主所有。恒兴公司占有使用除物业用房外的其他会所房屋,应支付参照租赁费用计算的损失。宜兴市恒兴置业有限公司不服一审判决,提起上诉。二审法院判决:驳回上诉,维持原判。

【案　　号】(2017)苏02民终5565号
【审理法院】江苏省无锡市中级人民法院

【来　　源】《最高人民法院公报》2018 年第 11 期

▶ 类案检索

一、贵州天凯利电力建设有限公司、深圳市优嘉装饰设计工程有限公司建设工程施工合同纠纷案

关键词： 建设工程施工合同　明示的意思表示　默示的意思表示

裁判摘要： 意思表示可以明示或默示的方式作出。所谓明示的意思表示就是行为人以作为的方式，使得相对人能够直接了解到意思表示的内容。默示的意思表示是指行为人虽没有以语言或者文字等明示方式作出意思表示，但以行为的方式作出了意思表示。这种方式虽不如明示方式那么直接表达出了意思表示内容，可通过其行为推定出其作出一定的意思表示。但默示的意思表示除法律直接规定和当事人事先约定外，尚须经过表示，才具有法律意义，才契合合同自由原则。

【案　　号】（2021）黔 03 民终 6458 号
【审理法院】贵州省遵义市中级人民法院

二、常州华艺市政园林有限公司、浙江森禾集团股份有限公司（原称浙江森禾种业股份有限公司）买卖合同纠纷案

关键词： 买卖合同　民事权利的放弃　明示的意思表示

裁判摘要： 根据《民法总则》第 141 条第 2 款之规定"沉默只有在有法律规定、当事人约定或者符合当事人之间的交易习惯时，才可以视为意思表示"，民事权利的放弃，必须采取明示的意思表示才能发生法律效力，沉默只有在法律有明确规定，当事人有特别约定或符合当事人之间交易习惯的情况下才能视为意思表示。

【案　　号】（2020）浙民终 526 号
【审理法院】浙江省高级人民法院

三、孙某栋、张某心房屋租赁合同纠纷案

关键词： 房屋租赁合同　解除合同　意思表示的形式

裁判摘要：解除合同是事关当事人权利的重大民事行为，一般不宜以默示作为意思表示的形式，且《民法总则》第140条规定："沉默只有在有法律规定、当事人约定或者符合当事人之间的交易习惯时，才可以视为意思表示。"在不存在法律规定、当事人约定以沉默作为意思表示的情形，双方之间亦无此交易习惯的，故不能把出租人在承租人搬离租赁房屋后未提出异议的视为其同意解除合同。

【案　　号】（2018）川01民终12812号

【审理法院】四川省成都市中级人民法院

第一百四十一条　行为人可以撤回意思表示。撤回意思表示的通知应当在意思表示到达相对人前或者与意思表示同时到达相对人。

▶ 关联规定

法律、行政法规、司法解释

1.《中华人民共和国民法典》

第四百七十五条　要约可以撤回。要约的撤回适用本法第一百四十一条的规定。

第四百八十五条　承诺可以撤回。承诺的撤回适用本法第一百四十一条的规定。

2.《中华人民共和国招标投标法》

第二十九条　投标人在招标文件要求提交投标文件的截止时间前，可以补充、修改或者撤回已提交的投标文件，并书面通知招标人。补充、修改的内容为投标文件的组成部分。

3.《中华人民共和国个人信息保护法》

第十五条　基于个人同意处理个人信息的，个人有权撤回其同意。个人信息处理者应当提供便捷的撤回同意的方式。

个人撤回同意，不影响撤回前基于个人同意已进行的个人信息处理活动的效力。

▶ 条文释义

一、本条主旨

本条是关于意思表示撤回的规定。

二、条文演变

原《民法通则》没有规定意思表示的撤回问题。但是原《合同法》第17条和第27条分别规定了要约和承诺这两种最为主要的意思表示形式的撤回。其第17条规定:"要约可以撤回。撤回要约的通知应当在要约到达受要约人之前或者与要约同时到达受要约人。"第27条规定:"承诺可以撤回。撤回承诺的通知应当在承诺通知到达要约人之前或者与承诺通知同时到达要约人。"2016年6月,第十二届全国人大常委会第二十一次会议初次审议了《民法总则(草案)》,其第119条规定:"行为人可以撤回意思表示。撤回意思表示的通知应当在意思表示到达相对人前或者与意思表示同时到达相对人。"2017年3月,十二届全国人大五次会议审议通过了原《民法总则》,其第141条规定:"行为人可以撤回意思表示。撤回意思表示的通知应当在意思表示到达相对人前或者与意思表示同时到达相对人。"可见,原《民法总则》在继承原《合同法》要约、承诺撤回制度的基础上,将其提升为一般性的意思表示撤回制度。此后,经由法典编纂,原《民法总则》第141条成为《民法典》第141条。

三、条文解读

(一)与原《合同法》有关条文的对比

本条规定源自原《合同法》第17条和第27条。第17条规定:"要约可以撤回。撤回要约的通知应当在要约到达受要约人之前或者与要约同时到达受要约人。"第27条规定:"承诺可以撤回。撤回承诺的通知应当在承诺通知到达要约人之前或者与承诺通知同时到达要约人。"将这两条与《民法典》第141条进行对比,可知本条规定是从原《合同法》第17条和第27条中提炼出来的,原《合同法》第17条和第27条分别规范合同要约行为和合同承诺行为的撤回,而本条规范的是民事法律行为中所有意思表示的撤回,而不限于要约和承诺,但原理一致。需要特别说明的是,从《民法典》第141条的文义来看,意思表示的撤回仅适用于有相对人的意思表示,而有相对人的意思表示的主要行为方式仍是要约和承诺。无相对人的意思表示,通常表示完成即生效,因此并无撤回的可能。

（二）意思表示的撤回的含义及原理

意思表示的撤回，是指在意思表示作出之后、发生法律效力之前，意思表示的行为人欲使该意思表示不发生效力而作出的撤回其意思表示的行为。之所以允许行为人撤回其意思表示，是因为意思表示在生效前，对相对人不发生任何影响，对交易秩序也不会产生任何影响。既然如此，为了保障行为人的意思表示自由，自无不允许行为人撤回的道理。故本条规定，行为人可以撤回意思表示。

（三）意思表示撤回的条件

意思表示可以撤回，但是应当具备一定的条件，即不能对相对人造成影响。具体来说，就是撤回意思表示的通知必须在意思表示到达相对人之前或者与意思表示同时到达相对人。如果意思表示到达相对人之后，其已经发生法律效力，则不能撤回。

意思表示的撤回，一般不会发生在以对话方式作出意思表示的场合，因为在该场合，意思表示作出的同时，相对人就已经同步知道其内容，意思表示就已经生效，所以没有撤回的余地。意思表示的撤回，只能发生在有相对人时行为人以非对话方式作出意思表示的场合，因为这时意思表示的生效时间，是到达相对人的时间。从行为人作出意思表示，到意思表示到达相对人，期间可能有一定的间隔，也就是说有一个时间差，例如，行为人通过信件向相对人发出意思表示，如果行为人想撤回其意思表示，就可以通过传真、邮件、电话等比信件先到达相对人或者同时到达相对人的方式撤回其意思表示。如果撤回意思表示的通知在意思表示到达相对人之后到达，该意思表示已经生效，是否能够使其失效，则取决于相对人是否同意。因此，行为人若要撤回意思表示，必须选择以快于意思表示作出的方式发出撤回的通知，使之能在意思表示到达之前或者同时到达相对人。如果行为人在作出意思表示以后又立即以比作出意思表示更快的方式发出撤回通知，按照通常情况，撤回的通知应当先于或者最迟会与意思表示同时到达相对人，但因为其他原因耽误了，撤回的通知在意思表示到达相对人后才到达相对人，在这种情况下，相对人应当根据诚信原则及时通知作出意思表示的行为人，告知其撤回的通知已经迟到，意思表示已经生效；如果相对人怠于通知行为人，行为人撤回意思表示的通知视为未迟到，仍发生撤回表示的效力。[1] 此外，对于无相对人的意思表示，行为人不能撤回，因为根据《民法典》总则编第138条的规定，无相对人的意思表示，表示完成时生效。已经生效的，不能撤回，只能撤销。

▶ 适用指引

一、要约的撤回

在审判实践中，意思表示撤回多见于要约的撤回。《民法典》合同编中的第475条规定："要约可以撤回。要约的撤回适用本法第一百四十一条的规定。"据此，要约撤回的规则，适用本条的规定。

二、意思表示的撤回与撤销的区别

意思表示的撤销，是指在意思表示作出并生效后，行为人又作出取消该意思表示的表示。二者的区别在于：（1）意思表示是否已经生效不同。意思表示可以撤回的场合，行为人的意思表示还没有生效。而意思表示的撤销，表明行为人的意思表示已经生效。（2）法律后果不同。在意思表示撤回的场合，由于意思表示还没有生效，对相对人没有任何影响，也不影响交易秩序，所以意思表示的撤回不受法律限制。而在意思表示撤销的场合，由于意思表示已经生效，已经对相对人产生了影响，为了保护相对人的利益，保护正常的市场交易秩序，法律规定要约是否可以撤销取决于是否影响了相对人的利益。已经影响的，不允许撤销。没有影响的，自无不允许撤销的道理。据此，《民法典》第476条规定："要约可以撤销，但是有下列情形之一的除外：（一）要约人以确定承诺期限或者其他形式明示要约不可撤销；（二）受要约人有理由认为要约是不可撤销的，并已经为履行合同做了合理准备工作。"第477条规定："撤销要约的意思表示以对话方式作出的，该意思表示的内容应当在受要约人作出承诺之前为受要约人知道；撤销要约的意思表示以非对话方式作出的，应当在受要约人作出承诺之前到达受要约人。"

---

[1] 参见黄薇：《中华人民共和国民法典释义及适用指南》，中国民主法制出版社2020年版，第218页。

第一百四十二条　有相对人的意思表示的解释,应当按照所使用的词句,结合相关条款、行为的性质和目的、习惯以及诚信原则,确定意思表示的含义。

无相对人的意思表示的解释,不能完全拘泥于所使用的词句,而应当结合相关条款、行为的性质和目的、习惯以及诚信原则,确定行为人的真实意思。

关联规定

法律、行政法规、司法解释

1.《中华人民共和国民法典》

第一百四十条　行为人可以明示或者默示作出意思表示。

沉默只有在有法律规定、当事人约定或者符合当事人之间的交易习惯时,才可以视为意思表示。

第四百六十六条　当事人对合同条款的理解有争议的,应当依据本法第一百四十二条第一款的规定,确定争议条款的含义。

合同文本采用两种以上文字订立并约定具有同等效力的,对各文本使用的词句推定具有相同含义。各文本使用的词句不一致的,应当根据合同的相关条款、性质、目的以及诚信原则等予以解释。

第四百九十八条　对格式条款的理解发生争议的,应当按照通常理解予以解释。对格式条款有两种以上解释的,应当作出不利于提供格式条款一方的解释。格式条款和非格式条款不一致的,应当采用非格式条款。

第一千零二十一条　当事人对肖像许可使用合同中关于肖像使用条款的理解有争议的,应当作出有利于肖像权人的解释。

2.《中华人民共和国保险法》

第三十条　采用保险人提供的格式条款订立的保险合同,保险人与投保人、被保险人或者受益人对合同条款有争议的,应当按照通常理解予以解释。

对合同条款有两种以上解释的，人民法院或者仲裁机构应当作出有利于被保险人和受益人的解释。

3.《旅行社条例》

第二十九条 旅行社在与旅游者签订旅游合同时，应当对旅游合同的具体内容作出真实、准确、完整的说明。

旅行社和旅游者签订的旅游合同约定不明确或者对格式条款的理解发生争议的，应当按照通常理解予以解释；对格式条款有两种以上解释的，应当作出有利于旅游者的解释；格式条款和非格式条款不一致的，应当采用非格式条款。

▶ 条文释义

一、本条主旨

本条是关于意思表示解释的规定。

二、条文演变

原《民法总则》第142条规定："有相对人的意思表示的解释，应当按照所使用的词句，结合相关条款、行为的性质和目的、习惯以及诚信原则，确定意思表示的含义。无相对人的意思表示的解释，不能完全拘泥于所使用的词句，而应当结合相关条款、行为的性质和目的、习惯以及诚信原则，确定行为人的真实意思。"经由法典编纂，该条成为《民法典》第142条。该条最初是在原《合同法》第125条第1款的基础上发展而来的，是对整个意思表示解释的规定，而不仅仅限于合同这种有相对人的意思表示。[①] 原《合同法》第125条第1款规定："当事人对合同条款的理解有争议的，应当按照合同所使用的词句、合同的有关条款、合同的目的、交易习惯以及诚实信用原则，确定该条款的真实意思。"

2015年6月24日，中国法学会民法典编纂项目领导小组和中国民法学研究会组织撰写的《中华人民共和国民法典·民法总则专家建议稿》正式提交全

---

① 参见最高人民法院民法典贯彻实施工作领导小组主编：《中华人民共和国民法典总则编理解与适用》，人民法院出版社2020年版，第710页。

国人大常委会法制工作委员会，其第126条和第127条分别规定了两种情形下意思表示的解释，即"无需受领意思表示的解释"和"需受领意思表示的解释"。这两条规定在内容上基本吸纳了原《合同法》第125条第1款的规定，但是第127条新增了"受领人的合理信赖"这一考量因素。

2015年8月，全国人大法工委起草的《民法总则》草案"室内稿"第101条吸收了原《合同法》第125条第1款的表述和用语，规定"对意思表示的解释，应当按照所使用的词句，结合有关条款、行为的目的、交易习惯以及诚实信用原则，确定行为人的真实意思"。

2016年3月，中国社会科学院民法典立法研究课题组发布原《民法总则（建议稿）》，其第194条和第195条分别规定"无相对人的法律行为的解释"和"有相对人的法律行为的解释"，并在第196条新增一条"补充解释"。2016年6月，第十二届全国人大常委会第二十一次会议初次审议了原《民法总则（草案）》，其第120条规定了意思表示的解释："有相对人的意思表示的解释，应当按照所使用的词句，结合相关条款、行为的性质和目的、习惯、相对人的合理信赖以及诚实信用原则，确定意思表示的含义。无相对人的意思表示的解释，不能拘泥于所使用的词句，而应当结合相关条款、行为的性质和目的、习惯以及诚实信用原则，确定行为人的真实意思。"该条在内容上基本与中国法学会的建议草案一致，但是采用了"有相对人的意思表示的解释"和"无相对人的意思表示的解释"的表述，并且不考虑受领人的合理信赖。这两种情形的区别要点在于在进行意思表示解释时，前者"应当按照所使用的词句"，而后者"不能拘泥于所使用的词句"。"二审稿"第135条在吸收"一审稿"第120条内容的基础上将本条分为两款，"三审稿"和"四审稿"亦同。最终正式出台的原《民法总则》延续了这一规定，形成了第142条。《民法典》亦沿用了这一规定。

三、条文解读

（一）与原《合同法》有关条文的对比

本条与原《合同法》第125条第1款规定相比，区别在于：首先，本条区分了有相对人的意思表示的解释和无相对人的意思表示的解释。其次，即使是在有相对人的意思表示的解释场合，本条的规定也与原《合同法》的规定有区别,即本条的规定是以意思表示所使用的词句为基础,结合有关因素确定意思表示的含义,而原《合同法》的规定是合同所使用的词句与其他有关因素并列。换句话说,意思表示所使用的词句,在本条的规定中占据基础性地位,但在原《合同法》第125条的表述中,意思表示所使用的词句虽然重要,虽然排在所考虑的因素的第一位,但不如在《民法典》中规定的重要。

(二)意思表示的解释的含义和特征

意思表示的解释,是指因意思表示不清楚或者不明确发生争议时,由人民法院或者仲裁机构运用解释方法,明确意思表示的真实含义的活动。任何意思表示都是通过语言、文字、行为等一定外在表现形式体现出来的,而这些外在表现形式与表意人的内心真实意思表示是否一致,常常因表意人的表达能力或者表达方式的不同而出现差异,或者意思表示不清楚、不明确,不同的人可能就会产生不同理解,甚至产生争议,此时,就需要人民法院或者仲裁机构对意思表示进行解释。

意思表示的解释具有以下特征:[①] 一是意思表示解释的对象是当事人已经表示出来的、确定的意思,而非深藏于当事人内心的意思。深藏于当事人内心的意思无法作为认识的对象,是无法解释的。二是意思表示解释的主体是人民法院或者仲裁机构,并不是任何机构或者个人都可以对意思表示作出有权解释。在现实生活中,其他机构或者个人自己对意思表示的解释不是有权解释,不会对当事人产生法律约束力,只有人民法院或者仲裁机构对意思表示作出的解释才是有权解释,才会对当事人产生法律约束力。三是人民法院或者仲裁机构对意思表示的解释不是任意的主观解释,而是必须遵循一定的规则,这些规则就是解释意思表示的方法。

1. 对用语应当按照通常的理解进行解释

所谓对用语应当按照通常的理解进行解释,是指在当事人就意思表示本身的用语发生争议后,对于有关的用语本身,应当以一个普通人的合理理解为标准来进行解释。本条第1款实际上也就是要求对用语按照通常的理解进行解释。对用语应当按照通常的理解进行解释,是意思表示解释的首要方法。在对意思表示的内容发生争议后,法官应当考虑一个普通人在此情况下对有争议的

---

① 参见黄薇:《中华人民共和国民法典释义及适用指南》,中国民主法制出版社2020年版,第218~219页。

意思表示用语所能理解的含义，以此作为解释意思表示的标准，避免荒谬的结论。在按照一个普通人的标准进行解释时，法官既不能根据当事人一方的理解来解释意思表示，更不能根据起草的一方对意思表示所作的理解来解释意思表示，而应当以一个合理的人对意思表示用语的理解进行解释。一个普通人，既可能是社会一般的人，也可能是在一定的地域、行业中从事某种特殊交易的人。如果意思表示当事人本身是后一种类型的人，则应当按照在该地域、行业中从事某种特殊交易的合理人的标准来理解该用语的含义。

2. 整体解释

所谓整体解释，又称为体系解释，是指将表达当事人意思的各项条款、信件、文件等作为一个完整的整体，根据各方面的相互关联性、争议的条款与当事人真实意思表示的关系、争议条款在意思表示中所处的地位等各方面因素，来确定所争议的意思表示的含义。整体解释原则具体表现在如下几个方面：首先，整体解释要求意思表示解释不能局限于意思表示的字面含义，也不能仅仅考虑某个意思表示的资料，更不能将意思表示的只言片语作为当事人的真实意图，断章取义，而应当综合考虑各种与意思表示相关的资料。其次，从整个意思表示的全部内容出发理解、分析和说明当事人争议的意思表示的内容和含义。例如，在合同中如果数个条款相互冲突，应当将这些条款综合在一起，根据合同的性质、订约目的等来考虑当事人的意图，尤其是必须把当事人在合同中所使用的语言文字联系起来考察，不能孤立地探究每一句话或者每一个词的意思。如果合同是由信笺、电报甚至备忘录等构成的，在确定某一条款的意思构成时，应当将这些材料作为一个整体进行解释。最后，如果当事人使用了多种语言进行同一意思表示的表达，即使当事人没有特别约定各意思表示文本之间的关系，也可以推定各个文本所使用的词句具有相同的含义。

在适用整体解释原则时，还应当注意一些特殊规则。例如，如果当事人在合同中增加了特别条款，特别条款的效力应当优于一般条款的效力。在同一份合同中，印刷条款与手写条款并存，如果这些条款彼此之间相互矛盾，则应当认为手写条款优先。如果特殊列举词语与不能完全列举的一般概括词语连在一起，概括性词语的外延应视作仅包括与特殊列举事物相类同的事物。如果在数量和价格条款中，大写数字与小写数字并存，相互抵触，原则上大写数字的效力优于小写数字。如果合同中有多个条款表达同一内容，其中某一条款比另一条款含义更为明确，则含义不够明确的条款可以被删除。

3. 目的解释

所谓目的解释，是指在对意思表示进行解释时，应当根据当事人作出意思表示时所追求的目的，来对有争议的意思表示进行解释。本条要求从行为的性质和目的出发进行解释，这实际上就确立了我国的目的解释规则。按照私法自治原则，民事主体可以在法律规定的范围内，为追求其目的而表达其意思，并通过双方的协议，产生、变更、终止民事权利义务关系。当事人从事民事法律行为都要追求一定的目的，意思表示本身也不过是当事人实现其目的的手段。因此，在解释意思表示时，应当充分考虑当事人从事民事法律行为的目的。

按照目的解释规则，如果有关的文本中所使用的文字的含义与当事人所明确表达的目的相违背，而当事人双方对该条文又发生了争议，在此种情况下不必完全拘泥于文字，可以按照当事人的目的进行解释。所以，在适用目的解释规则时，法官首先应当探求当事人的目的意思，了解其在作出意思表示时所追求的目的。

如果某一意思表示既可以被解释为有效，也可以被解释为无效，则原则上应当尽可能按照有效来解释，因为当事人作出意思表示，都是为了使交易成立，使意思表示有效。一般来说，当事人不可能为了使意思表示无效而作出意思表示。所以，在此情况下，对于意思表示作无效解释，不符合当事人作出意思表示的目的。

4. 习惯解释

所谓习惯解释，是指对意思表示发生争议后，应当根据当事人所知悉或实践的生活和交易习惯来对意思表示进行解释。本条规定了意思表示的解释应当考虑习惯，这就在我国确立了习惯解释的规则。一般来说，在合同中主要根据交易习惯对有争议的合同条款进行解释，这主要是因为合同本质上是一种交易，所以原《合同法》曾规定，如果就合同条款发生争议，通常应当按照交易习惯填补漏洞和解释意思表示。这一规则被许多国家法律确认，我国也不例外。不过，在运用交易习惯填补意思表示漏洞时，对各种交易习惯的存在以及内容应当由当事人双方举证证明。在当事人未举证证明交易习惯的情况下，法官也可以根据自己对交易习惯的理解选择某种习惯来填补意思表示的漏洞。交易习惯不仅可以用于填补意思表示的漏洞，而且可以用来解释合同条款的含义。

5.依据诚信原则解释

所谓依据诚信原则进行解释，是指在意思表示发生争议以后，应当根据诚信原则来填补有关意思表示的漏洞，对有争议的意思表示进行解释。正是因为诚信原则在解释意思表示方面的作用，该原则常常被称为"解释法"。本条规定了意思表示的解释应当按照诚信原则进行解释，这就确立了依据诚信原则解释在我国意思表示解释中的重要地位。

依据诚信原则进行解释，实际上是要求法官将自己作为一个诚实守信的当事人来判断、理解意思表示的内容和条款的含义。正因为这一原因，依诚信原则进行解释已经使意思表示的解释出现了一种社会化的倾向。法官依据诚信原则解释意思表示，就会将商业道德和公共道德运用到意思表示的解释之中，并对意思表示施加必要的限制。在解释意思表示方面，诚信原则的功能主要表现在两个方面：一是解释有争议的意思表示。法官在依据诚信原则解释意思表示时，需要平衡双方当事人的利益，公平合理地确定意思表示的内容。二是填补意思表示漏洞。在此情形下，法官或者仲裁员要考虑一个合理的、诚实守信的人在面对此情形时应当如何作出意思表示，以此来填补意思表示的漏洞。

6.区分有相对人的意思表示和无相对人的意思表示，适用不同的解释规则

本条第2款对无相对人的意思表示的解释规则作了规定。根据本款规定，无相对人的意思表示的解释，不能完全拘泥于所使用的词句，而应当结合相关条款、行为的性质和目的、习惯以及诚信原则，确定行为人的真实意思。对有相对人的意思表示的解释，既需要考虑表意人的内心真实意思，即主观想法；也要考虑相对人的信赖利益，即客观情况，将二者结合起来考虑，学理上也称为主客观相结合解释主义。与有相对人的意思表示解释规则相比，无相对人的意思表示解释规则最大的不同就是，因为无相对人的意思表示无相对人，所以，对这种意思表示的解释主要是探究表意人的内心真实意思，对客观情况考虑较少，学理上也称为主观解释主义。因此，对有相对人的意思表示的解释，本条强调了首先要按照意思表示所使用的词句进行解释，只有在按照所使用的词句进行解释有困难时，才可以使用其他解释规则，实际上要以客观情况为主；对无相对人的意思表示的解释，本条则强调了不能完全拘泥于所使用的词句，而是要综合运用所使用的词句、相关条款、行为的性质和目的、习惯以及诚信原则探究表意人的内心真实意思。这里需要强调一点，本款规定，对无相对人的意思表示的解释，不能完全拘泥于意思表示所使用的词句，但不是完全

抛开意思表示所使用的词句，这主要是为了防止在解释这类意思表示时自由裁量权过大，影响当事人的利益。例如，在对遗嘱进行解释时，虽说主要是探究遗嘱人作出遗嘱时的真实意思，但也不能完全不考虑遗嘱本身的词句。

▶ 适用指引

一、意思表示解释的前提和顺序

如果意思表示的词句清楚无误，则不需要解释。意思表示解释的前提是，意思表示所使用的词句不清楚，模棱两可，有两种以上的含义，需要通过解释来确定当事人之间的真实意思表示。

在有相对人的意思表示的场合，如果意思表示需要解释，那么首先是按照所使用的词句进行解释。如果通过此种方法意思表示已经清楚，则不需要往下进行。如果通过此种方法意思表示还不清楚，则结合相关条款、行为的性质和目的、习惯以及诚信原则进行解释。①

二、依据诚信原则进行解释时应当注意的问题

诚信原则虽然重要，但该原则一般是在其他原则难以适用的情况下才采用的。主要原因在于：一方面，诚信原则比较抽象，它主要依据某种道德的、公平的观念来解释意思表示，从而在一定程度上给予法官或者仲裁员一定的自由裁量权，而不如其他原则那样在适用的过程中必须要考虑到各种客观的因素，如缔约目的、交易习惯等。所以，如果能够依据其他原则来解释意思表示，探求当事人的真实意图，就不宜直接依据诚信原则来解释意思表示或者填补漏洞。另一方面，从适用的范围来看，诚信原则主要适用于合同存在漏洞的情况，在依据其他原则难以确定合同内容和合同条款的含义时，需要依据诚信原则来填补合同漏洞。如果当事人在订立合同时所使用的文字词句有所不当，未能将其真实意思表达清楚，或合同未能明确各自的权利义务关系，使合同难以正确履行，从而发生纠纷，此时，主要应当依据除诚信原则以外的其他规则，考虑各种因素以探求当事人的真实意思，并正确地解释意思表示。尤其应当看

---

① 参见最高人民法院民法典贯彻实施工作领导小组主编：《中华人民共和国民法典总则编理解与适用》，人民法院出版社2020年版，第718页。

到,诚信原则过于抽象,有可能被滥用。所以,本条在确立合同解释的规则时,将诚信原则放在最后,也表明了立法者的意图在于诚信原则只能是在其他规则不能适用时,才能加以运用。①

▶ 典型案例

洪某凤与昆明安钡佳房地产开发有限公司房屋买卖合同纠纷案

关键词: 买卖合同　法律关系性质　解释

裁判摘要: 在合同条款两种解读结果具有同等合理性的场合,应朝着有利于书面证据所代表法律关系成立的方向作出判定,借此传达和树立重诺守信的价值导向。透过解释确定争议法律关系的性质,应当秉持使争议法律关系项下之权利义务更加清楚,而不是更加模糊的基本价值取向。在没有充分证据佐证当事人之间存在隐藏法律关系且该隐藏法律关系真实并终局地对当事人产生约束力的场合,不宜简单否定既存外化法律关系对当事人真实意思的体现和反映,避免当事人一方不当摆脱既定权利义务约束的结果出现。

基本案情: 2011年10月28日,百富琪商业广场竣工验收。2013年6月2日,安钡佳公司与昆明力邦房屋拆迁有限公司(以下简称力邦公司)签订《商铺租赁合同》,将百富琪商业广场一、二层商铺出租给力邦公司,租期自2013年6月1日起至2033年5月31日止。2013年8月21日,安钡佳公司(甲方)与洪某凤(乙方)签订两份《商品房购销合同》,就洪某凤购买安钡佳公司开发建设的百富琪商业广场一、二层商铺的建筑面积、单价、交付时间及逾期交房的违约责任等具体事项进行了约定,合同约定洪某凤应在2014年1月20日前,分两期支付全部房价款,双方当事人对上述两份合同进行了登记备案。

此前,安钡佳公司于2013年8月14日出具付款委托书,委托洪某凤将购房款9840万元汇至张某霞及该公司账户。洪某凤按照安钡佳公司出具的付款委托书载明的收款账户,于合同签订当日通过银行转账方式向安钡佳公司汇款5657.436万元和2282.564万元,同时还向安钡佳公司法定代表人张某霞汇款

---

① 参见最高人民法院民法典贯彻实施工作领导小组主编:《中华人民共和国民法典总则编理解与适用》,人民法院出版社2020年版,第719页。

1900万元，共计汇款9840万元。安钡佳公司向洪某凤出具十张收据，每张金额984万元，共计9840万元。2013年8月26日、9月18日，张某霞向洪某凤各汇款368万元，2013年8月21日，安钡佳公司出具十张收据，载明内容为收到洪某凤购房款共计9840万元。2013年8月26日、9月18日，张某霞向洪某凤汇款各368万元，款项用途一栏均记载为私人汇款。

现安钡佳公司主张其与洪某凤之间的法律关系为民间借贷关系，其中，张某霞向洪某凤的转账为借款所付利息，否认双方存在房屋买卖的真实意思表示，拒不履行交房义务，洪某凤将安钡佳公司起诉至法院，一审法院支持了安钡佳公司的主张，洪某凤不服一审判决，提起上诉，二审法院推翻了一审判决，认定安钡佳公司与洪某凤之间的房屋买卖合同合法有效。

【案　　号】（2015）民一终字第78号
【审理法院】最高人民法院
【来　　源】《最高人民法院公报》2016年第1期

中国民法典适用大全

总则卷（三）

最高人民法院民法典贯彻实施工作领导小组　编著

人民法院出版社

总目录

第一章	基本规定	1
第二章	自然人	156
	第一节 民事权利能力和民事行为能力	156
	第二节 监护	242
	第三节 宣告失踪和宣告死亡	359
	第四节 个体工商户和农村承包经营户	459
第三章	法人	487
	第一节 一般规定	487
	第二节 营利法人	677
	第三节 非营利法人	737
	第四节 特别法人	811
第四章	非法人组织	850
第五章	民事权利	905
第六章	民事法律行为	1136
	第一节 一般规定	1136
	第二节 意思表示	1180
	第三节 民事法律行为的效力	1225
	第四节 民事法律行为的附条件和附期限	1396
第七章	代理	1420
	第一节 一般规定	1420

第二节　委托代理..1444
  第三节　代理终止..1512
第八章　民事责任..1527
第九章　诉讼时效..1639
第十章　期间计算..1720

索引...1742
后记...1784

目　录

（第三册）

第三节　民事法律行为的效力

第一百四十三条【民事法律行为有效的条件】..................1225

第一百四十四条【无民事行为能力人实施的民事法律行为效力】..................1238

第一百四十五条【限制民事行为能力人实施的民事法律行为效力】..................1247

第一百四十六条【通谋虚伪和隐藏行为的效力】..................1257

第一百四十七条【因重大误解实施的民事法律行为的效力】..................1268

第一百四十八条【行为人以欺诈手段实施的民事法律行为的效力】..................1279

第一百四十九条【因第三人欺诈实施的民事法律行为的效力】..................1297

第一百五十条【因受胁迫实施的民事法律行为的效力】..................1307

第一百五十一条【显失公平的民事法律行为的效力】..................1319

第一百五十二条【撤销权的消灭】..................1335

第一百五十三条【违反强制性规定及违背公序良俗的民事法律行为的效力】..................1341

第一百五十四条【恶意串通的民事法律行为的效力】..................1356

第一百五十五条【无效或被撤销的民事法律行为自始无效】..................1370

第一百五十六条【民事法律行为部分无效】..................1375

第一百五十七条【民事法律行为无效、被撤销或者确定不发生效力的

法律后果】..................1380

第四节　民事法律行为的附条件和附期限

第一百五十八条【附条件的民事法律行为】..................1396

第一百五十九条【条件成就或者不成就的拟制】..................1411

第 一 百 六 十 条【附期限的民事法律行为】..................1415

第七章　代　理

第一节　一般规定

第一百六十一条【代理适用范围】..................1420

第一百六十二条【代理的效力】..................1426

第一百六十三条【委托代理和法定代理】..................1431

第一百六十四条【代理人不当行为的民事责任】..................1438

第二节　委托代理

第一百六十五条【委托代理授权的形式和内容】..................1444

第一百六十六条【共同代理】..................1454

第一百六十七条【违法代理及其民事责任】..................1462

第一百六十八条【自己代理或者双方代理】..................1470

第一百六十九条【复代理】..................1478

第 一 百 七 十 条【职务代理】..................1485

第一百七十一条【无权代理】..................1492

第一百七十二条【表见代理】..................1501

第三节　代理终止

第一百七十三条【委托代理的终止】……1512
第一百七十四条【被代理人死亡后代理行为有效的情形】……1518
第一百七十五条【法定代理的终止】……1523

第八章　民事责任

第一百七十六条【民事义务与民事责任】……1527
第一百七十七条【按份责任】……1540
第一百七十八条【连带责任】……1551
第一百七十九条【民事责任承担方式】……1564
第一百八十条【不可抗力】……1579
第一百八十一条【正当防卫】……1589
第一百八十二条【紧急避险】……1596
第一百八十三条【见义勇为受到损害后的民事责任】……1602
第一百八十四条【自愿实施紧急救助行为免责】……1612
第一百八十五条【侵害英雄烈士人格利益的民事责任】……1617
第一百八十六条【违约责任和侵权责任竞合】……1628
第一百八十七条【民事责任优先】……1633

第九章　诉讼时效

第一百八十八条【诉讼时效期间、起算】……1639
第一百八十九条【分期履行债务的诉讼时效】……1654
第一百九十条【对法定代理人请求权的诉讼时效】……1660
第一百九十一条【未成年人遭受性侵害赔偿请求权的诉讼时效】……1666
第一百九十二条【诉讼时效期间届满的法律效果】……1672

第一百九十三条【诉讼时效被动适用】..1681

第一百九十四条【诉讼时效中止】..1685

第一百九十五条【诉讼时效中断】..1691

第一百九十六条【不适用诉讼时效的情形】..1699

第一百九十七条【诉讼时效的法定性】..1705

第一百九十八条【仲裁时效】..1709

第一百九十九条【除斥期间】..1714

第十章　期间计算

第 二 百 条【期间计算单位】..1720

第二百零一条【期间起算】..1725

第二百零二条【期间结束】..1729

第二百零三条【期间结束日顺延和末日结束点】................................1732

第二百零四条【期间计算约定或特别规定优先适用】........................1738

索引..1742

后记..1784

第三节　民事法律行为的效力

> **第一百四十三条**　具备下列条件的民事法律行为有效：
> （一）行为人具有相应的民事行为能力；
> （二）意思表示真实；
> （三）不违反法律、行政法规的强制性规定，不违背公序良俗。

▶ **关联规定**

一、法律、行政法规、司法解释

《中华人民共和国民法典》

第五条　民事主体从事民事活动，应当遵循自愿原则，按照自己的意思设立、变更、终止民事法律关系。

第八条　民事主体从事民事活动，不得违反法律，不得违背公序良俗。

第十八条　成年人为完全民事行为能力人，可以独立实施民事法律行为。

十六周岁以上的未成年人，以自己的劳动收入为主要生活来源的，视为完全民事行为能力人。

第十九条　八周岁以上的未成年人为限制民事行为能力人，实施民事法律行为由其法定代理人代理或者经其法定代理人同意、追认；但是，可以独立实施纯获利益的民事法律行为或者与其年龄、智力相适应的民事法律行为。

第二十条　不满八周岁的未成年人为无民事行为能力人，由其法定代理人代理实施民事法律行为。

第二十一条　不能辨认自己行为的成年人为无民事行为能力人，由其法定代理人代理实施民事法律行为。

八周岁以上的未成年人不能辨认自己行为的，适用前款规定。

第二十二条　不能完全辨认自己行为的成年人为限制民事行为能力人，实施民事法律行为由其法定代理人代理或者经其法定代理人同意、追认；但是，可以独立实施纯获利益的民事法律行为或者与其智力、精神健康状况相适应的民事法律行为。

第一百五十三条 违反法律、行政法规的强制性规定的民事法律行为无效。但是，该强制性规定不导致该民事法律行为无效的除外。

违背公序良俗的民事法律行为无效。

二、司法指导性文件

《全国法院民商事审判工作会议纪要》

三、关于合同纠纷案件的审理

（一）关于合同效力

人民法院在审理合同纠纷案件过程中，要依职权审查合同是否存在无效的情形，注意无效与可撤销、未生效、效力待定等合同效力形态之间的区别，准确认定合同效力，并根据效力的不同情形，结合当事人的诉讼请求，确定相应的民事责任。

37.【未经批准合同的效力】法律、行政法规规定某类合同应当办理批准手续生效的，如商业银行法、证券法、保险法等法律规定购买商业银行、证券公司、保险公司5%以上股权须经相关主管部门批准，依据《合同法》第44条第2款的规定，批准是合同的法定生效条件，未经批准的合同因欠缺法律规定的特别生效条件而未生效。实践中的一个突出问题是，把未生效合同认定为无效合同，或者虽认定为未生效，却按无效合同处理。无效合同从本质上来说是欠缺合同的有效要件，或者具有合同无效的法定事由，自始不发生法律效力。而未生效合同已具备合同的有效要件，对双方具有一定的拘束力，任何一方不得擅自撤回、解除、变更，但因欠缺法律、行政法规规定或当事人约定的特别生效条件，在该生效条件成就前，不能产生请求对方履行合同主要权利义务的法律效力。

条文释义

一、本条主旨

本条是关于民事法律行为有效要件的规定。

二、条文演变

本条基本沿袭原《民法通则》第 55 条的规定，同时吸收了原《合同法》的立法理念和成果。原《民法通则》第 55 条规定："民事法律行为应当具备以下列条件：（一）行为人具有相应的民事行为能力；（二）意思表示真实；（三）不违反法律或者社会公共利益。"相较该规定，本条一是明确规定具备所列条件的民事法律行为有效，二是对第 3 项内容作了修改，此处修改是立法上的较大变革，主要体现在三个方面：

第一，对作为合同无效依据的"法律"范围予以限缩。将"法律"修改为"法律、行政法规"，文义上似乎是扩充了合同无效的依据，实则是对原来作广义解释的"法律"作狭义的限定。原《民法通则》第 55 条中的"法律"，在过去的司法实践中并未进行特别限定，往往给予较宽泛的解释。随着社会经济的深化发展，司法理念开始发生转变。1993 年最高人民法院发布的《全国经济审判工作座谈会纪要》[①] 指出："在市场经济中，合同的纽带作用更加重要，人民法院在审理经济合同纠纷案件时，要尊重当事人的意思表示。当事人在合同中的约定只要不违反法律的规定，不损害国家利益和社会公共利益，对当事人各方即具有约束力，人民法院应根据合同的约定判定当事人各方的权利义务。"该规定传达了对意思自治进行有限司法干预和调控的观念。原《合同法》第 52 条第 5 项规定："有下列情形之一的，合同无效：（五）违反法律、行政法规的强制性规定。"该规定通过将法律和行政法规并列的方式，限定可作为判定合同因违法而无效之依据的规范的效力层级。《合同法解释（一）》第 4 条进一步明确："合同法实施后，人民法院确认合同无效，应当以全国人大及其常委会制定的法律和国务院制定的行政法规为依据，不得以地方性法规、行政

---

① 根据《最高人民法院关于废止 1980 年 1 月 1 日至 1997 年 6 月 30 日期间发布的部分司法解释和司法解释性质文件（第九批）的决定》，该文件已于 2013 年 1 月 18 日废止。

规章为依据。"本条吸收原《合同法》及司法解释的成果，体现了尊重意思自治、保障经济效率和交易安全的价值理念。

第二，对法律规范类型予以限缩。《合同法解释（二）》第14条规定："合同法第五十二条第五项规定的'强制性规定'，是指效力性强制性规定。"明确将法律的强制性规定区分为效力性强制性规定和管理性强制性规定。这一区分方式，在《全国经济审判工作座谈会纪要》已见端倪，纪要第2条第3点规定："合同约定仅一般违反行政管理性规定的，例如一般地超越范围经营、违反经营方式等，而不是违反专营、专卖及法律禁止性规定，合同标的物也不属于限制流通的物品的，可按照违反有关行政管理规定进行处理，而不因此确认合同无效。"对作为无效依据的法律规范予以限缩，体现了市场经济发展过程中，民法愈加重视对民事主体意思自治权利的切实保障。为避免概念上的争论，本条未采用司法解释中的"效力性强制性规定"，而是沿用原《合同法》第52条第5项"强制性规定"的表述。

第三，引入"公序良俗"原则。除本条外，总则编第8条、第10条、第153条均放弃了原《民法通则》《物权法》有关条款中"社会公共利益""社会公德"的概念，这是《民法典》引入公序良俗原则的体现。作为现代民法最重要的抽象性原则，公序良俗涵摄公共秩序和善良风俗两个方面的内容。以公序良俗原则判断法律行为效力，其依据"不是具体的法律规范，而是存在于法律本身的价值体系（公共秩序），或法律外的伦理秩序（善良风俗）"。[①] 从"社会公共利益"到"公序良俗"的转变，在立法技术和经验层面，是我国民法采纳大陆法系立法例通行概念的成果，在立法宗旨和内涵层面，则体现了法益衡量方法的变革。民事法律行为因违反社会公共利益即归于无效的规定，易造成将公益与私益相对立并划分位阶的倾向，正当性颇受质疑。公序良俗原则作为弹性条款，具有包容性和时代性，蕴含了更为多元的价值理念，更加适应现代民法对实质正义的追求。

---

① 王泽鉴：《民法总则》，北京大学出版社2009年版，第277页。

三、条文解读

（一）本条是对民事法律行为有效要件的正面规定

在立法过程中，有观点认为，应当采用"负面清单式"立法技术，不再对法律行为的一般生效要件作规定。主要理由在于：一是正面列举一般生效要件，存在未尽周延之处，还可能产生误导，导致在欠缺有效要件时，不当认定法律行为无效。① 二是有效要件在比较法上被设计为法律行为生效进程中的障碍，属于消极性标准，具有否定性的特征，即不向遵循它的行为人提出肯定性要求，仅提出否定性要求。② 上述观点均有一定合理性。立法部门最终决定沿用原《民法通则》的模式，理由在于：一是维护民事法律行为效力制度的连续性、稳定性。经过多年的司法实践，原《民法通则》第55条已经取得高度认同，从法律适用经验来看，未造成概念或者应用上的混淆，值得作为好的立法传统予以保留。二是从正面表述有效要件，更有利于引导民事主体从事民事活动，形成明确的行为规范。本章是规范民事活动的基本制度，在效力一节开宗明义地对效力要件的正面表述，是树立行为导向的必要方式。

根据本条规定，民事法律行为应当具备的有效要件有三：

1. 行为人具有相应的民事行为能力

民事法律行为是实现私法自治最重要的载体。是否实施民事法律行为，欲产生何种法律效果，均属于行为人自决范围，依行为人的意志决定。对人类理性和人格的尊重，是私法自治的基石。因此，行为人拥有自由意志，具备充分的辨识能力、预见能力，是实现自治的前提。同时，根据行为能力是否匹配，限定法律交往领域的准入资格，也是对行为能力欠缺者的保护。采用类型化的民事行为能力制度，避免就个案单独审查行为人的理性能力，是比较法上通行的做法。本条规定的"相应"的民事行为能力，是指行为人实施的民事法律行为应与民事行为能力匹配。完全民事行为能力人具备相应的民事行为能力，自无疑问。限制民事法律行为能力人是否具备相应的民事行为能力，应当根据《民法典》第19条、第22条认定。

---

① 参见王轶：《民法总则法律行为效力制度立法建议》，载《比较法研究》2016年第2期。
② 参见易军：《法律行为生效要件体系的重构》，载《中国法学》2012年第3期。

2. 意思表示真实

意思表示是将希冀发生一定私法上效果的意思表现于外部的行为。意思表示是法律行为的核心要素，无意思表示则无法律行为，其品质直接关系法律行为的效力。意思表示构成要件为：一是内心意思，此为主观要件，二是表示行为，此为客观要件。所谓意思表示真实，是指行为人内心意思与外部表示相符的理想状态。意思表示不真实则分为两种：

（1）意思与表示不一致。此为意思表示的内在瑕疵。意思与表示不一致的状态，可以是因表意人故意为之，为真意保留，在表意人与相对人通谋时，则构成通谋虚伪表示，也可以是表意人主观上并不知情，此时属于意思表示错误。

（2）意思表示不自由。表意人的意思形成和表意行为受到不正当的干涉，如受到欺诈、胁迫时，此时若认可法律行为效力，实为令表意人承受与本人意愿相违背的负担，私法自治沦为"他治"，自然不符合法律行为的制度安排。

3. 不违反法律、行政法规的强制性规定，不违背公序良俗

被奉为圭臬的私法自治原则，其内涵在现代民法发展中，已经脱离了近代民法绝对自由的理念，转为受到诚信原则、公序良俗原则以及强制性规定等多种形式的限制。究其原因，在于现代社会经济生活已经发生根本性变化。传统民法将民事主体抽象为"理性人"予以划一对待的做法，不能适应现代经济社会中行为主体间实力悬殊的客观状态，如因循守旧，自由、平等终将沦为形式。对私法自治予以干预，是现代民法实质公平理念的要求。

（二）本条规定的有效要件有别于成立要件、生效要件

以合同为例，合同成立要件包括：（1）缔约主体；（2）就合同主要条款达成一致，此处一致是指外部表示的内容是否一致，至于是否与内心意思一致，属于合同效力的问题；（3）标的物及其数量。已废止的《合同法解释（二）》第1条第1款规定："当事人对合同是否成立存在争议，人民法院能够确定当事人名称或者姓名、标的和数量的，一般应当认定合同成立。但法律另有规定或者当事人另有约定的除外。"成立要件是否具备，决定了从民法视角来看该行为是否客观存在，而有效要件则决定了法律是否令其依行为内容产生相应的法律效果。

相比于成立要件与有效要件之间的泾渭分明，生效要件与有效要件的界限

则较为模糊。一是在概念上二者常被混用。如认为"合同效力未定，或称'未决的不生效'，指起初未生效力，因为它在法律行为本身之外还欠缺某种生效要件，一旦该要件事后具备了，它就可以有效"①。二是在具体诠释上，将生效条件作为有效要件的下位概念，按特别有效要件对待，②或是认为法律行为的生效与有效无法区分，没必要区分有效要件和生效要件，有效性判断包含在生效要件之中。③

根据《全国法院民商事审判工作会议纪要》第37条，"实践中的一个突出问题是，把未生效合同认定为无效合同，或者虽认定为未生效，却按无效合同处理。无效合同从本质上来说是欠缺合同的有效要件，或者具有合同无效的法定事由，自始不发生法律效力。而未生效合同已具备合同的有效要件，对双方具有一定的拘束力"。最高人民法院的意见为："未经批准的合同，根据《合同法》第44条第2款以及结合相关司法解释的规定，其后果是未生效，既非有效亦非无效，难以为《民法总则》第153条第1款的强制性规定所涵盖。"④该意见明确将有效和生效相区别。学理上亦有相同观点："合同有效，是指合同符合《民法通则》第55条规定的有效要件时的状态，至于是否具备了履行的条件，则不太考虑。而合同生效是指合同不但具备了有效要件，而且具备了履行的条件。"⑤

我们倾向于认为，有效要件与生效要件有实质不同，亦有区分必要。从《民法典》规定的条文表述看，与有效对应的是无效、可撤销、效力待定，而与生效相对应的是失效（《民法典》第158条、第160条）。二者的实质区别体现在：

1. 是否可由当事人约定存在差异

当事人可以借由约定生效要件控制法律行为的生效时间，排除不确定的风险，而有效要件不属于当事人自由约定的范围。法定生效条件虽属于国家管制手段，但正如前引最高人民法院就《全国法院民商事审判工作会议纪要》关于合同效力的内容所作论述，此类规范未能上升至"强制性规定"的层级，因

---

① 韩世远：《合同法总论（第三版）》，法律出版社2008年版，第205页。
② 陈甦主编：《民法总则评注》，法律出版社2017年版，第1032页。
③ 参见杨代雄：《法律行为论》，北京大学出版社2021年版，第370页。
④ 最高人民法院民事审判第二庭编著：《〈全国法院民商事审判工作会议纪要〉理解与适用》，人民法院出版社2019年版，第243~244页。
⑤ 崔建远主编：《合同法》，法律出版社2016年版，第61页。

此，也不属于有效评判标准。

2. 是否可依法院判决补正不同

根据《全国法院民商事审判工作会议纪要》第39条规定，须经行政机关批准生效的合同，当事人可以诉请要求对方当事人履行报批义务，也即生效条件可由法院判决完成。有效要件的欠缺无法借此途径补正。

3. 法律效果不同

附生效条件的民事法律行为在生效条件成就前，仍然具有一定的法律效力。最高人民法院就中珠医疗控股股份有限公司、杭州忆上投资管理合伙企业股权转让纠纷作出的（2020）民终137号民事判决认为："《资产协议》因生效条件未成就而处于成立未生效状态，但并不意味着绝对不能解除……从当事人解除合同的目的看，固然主要是通过解除成立且有效的合同，让自己不再需要履行合同义务，但由于合同成立未生效时也对当事人有形式上的拘束力，故也不排除当事人通过解除成立但未生效合同以摆脱合同形式拘束力的需要和可能。"而无效合同自始无效，不存在解除的问题，也不具有形式上的拘束力。

（三）本条规定呈现了有关法律行为价值判断的两个维度

本条以正面描述的方式，定义了法律行为的理想状态。法律行为的成立要件，属于事实判断的范畴，而效力要件则属于价值判断的范畴。三个效力要件，呈现了价值判断的两个维度：

一为自愿。《民法典》第5条规定："民事主体从事民事活动，应当遵循自愿原则，按照自己的意思设立、变更、终止民事法律关系。"该条规定确立了我国民法上的自愿原则。所谓自愿，与传统民法中的私法自治原则内涵并无实质不同，包含了两个方面的内容：行为自决和责任自担。前者指民事主体有权决定是否实施法律行为、实施的方式和具体内容，后者指民事主体对其行为自行承担相应责任。行为人具有相应的意思能力，欲发生相应的法律效果，是行为自决和责任自担的逻辑内核。此二者作为有效要件，属于私法自治层面的判断标准，是为贯彻自治理念设置的规定。

二为合法。《民法典》第8条规定"民事主体从事民事活动，不得违反法律，不得违背公序良俗"。这是本条第3项规定的依据。如果说以自愿为基础设置的有效要件，揭示了法律行为效力来源的内核，那么合法性要件则属于对法律行为的外部评判。此所谓"外部"，是相对于私法自治领域而言的，外部评判即与私法自治相对应的国家强制。之所以对法律行为效力的价值进行外部评判,是因为法律行为虽有特定的当事人,但一旦赋予其效力,其影响却不仅限于当事人之间。"法律行为当然还可能涉及不特定的第三人。抽象的不特定第三人构成公共秩序。维续社会共同体以尊重必要的强制秩序为前提,该强制秩序不得为任何个别意志所改变,处于自治领域之外。"① 对法律行为的合法性评判,首先应以具体的法律规范为依据。合法性不限于私法中的规范,实际上,"强制性规定"的存在即是为公法管制干预民事行为提供媒介;次则以公序良俗原则填补立法空白。公序良俗虽为不确定的法律概念,但其可为不属于法律的其他规范赋予法律上的规范意义,是对法官的授权性规定,具有隐藏立法的功能。②

需要指出的是,自愿与合法虽为价值判断的不同取向,但也具有内在联系。在近代民法典中,人被看作是各种能力被抽象化了的、平等的并且是在自由意志下行动的人,而现代民法中,法律保护的对象是不平等的、具体的人,比如劳动法将人分为经营者和劳务者加以区别对待,消费者保护法对消费者不利地位按照其差异进行处置。③ 这些法律上的规制,通过外部介入的方式,弥补了私法自治易因当事人实质不对等而落空的缺陷,对形式正义予以矫正。从此角度来看,合法性要件亦渗透了自愿原则。

▶ 适用指引

一、厘清本条与其他涉及民事法律行为效力法律规范的关系

一是本条规定不可作反面解读。本条是对有效要件的正面表述,但不完全具备本条要件的民事法律行为,并非当然无效。法律行为的效力瑕疵状态,依瑕疵性质、大小,分为可撤销、效力待定、无效。具体处于何种效力状态,根据本条无法得出结论,应依据其他具体规范确定。

二是本条主要为行为规范,裁判规范的功能较弱。按规范对象区分,民法

---

① 朱庆育:《民法总论(第二版)》,北京大学出版社2016年版,第294页。
② 参见王泽鉴:《民法总则》,北京大学出版社2009年版,第277页。
③ 参见[日]星野英一:《现代民法基本问题》,段匡、杨永庄译,上海三联书店出版社2012年版,第82~84页。

可分为裁判规范和行为规范，前者为裁判者提供裁判依据，后者为行为人提供行为指引。一般认为，民法规范兼具行为规范与裁判规范双重性质。① 二者一般情况下无法截然区分，但也存在例外情况。比如，"有的行为规范，根本不发挥裁判依据的功能，可以成为纯粹行为规范"。②

原《民法通则》第55条的表述为"民事法律行为应当具备下列要件"，行为规范的色彩较重，而本条未采纳旧的表述方式。关于本条是否可作为裁判规范，尚未形成观点鲜明的争论。在判决中直接援用本条规定为裁判依据的，也不鲜见。理论上有观点认为："遇法律对待决案件无特别规定时，法庭可以引用本条作为裁判依据"，③ 这是将本条作为效力问题的一般规定看待。另有观点认为："法律作为社会治理的手段，不仅应当为司法提供裁判规范，还应当成为民事主体的行为规范。对民事法律行为的有效要件加以规定，可以引导民事主体从行为能力、意思表示、合法性等各个方面注意可能影响行为效力的要素，确保行为有效。"④ 以上论述各有所侧重，但似乎都对将本条规定作为裁判规范持保守态度。我们倾向于认为，本条不属于典型的裁判规范，更侧重于提供行为指引。主要理由是：

第一，从民法的私法属性出发，法律行为应以有效为原则，以效力瑕疵为例外。仅在效力问题存在争议时，才需依法判断。从此角度来看，民事法律行为的效力争议点在于是否有效力瑕疵，而非是否有效。第二，前文所引观点认为可在无特别规定时援引，应是将本条规范作为一般规定对待。判断民法规范之间是否存在普通和一般的关系，一般采取所适用的地域、主体和所规定的事项三项标准。⑤ 从规范的逻辑结构看，本条表面上已经具备构成要件和法律效果，但对不具备或者不完全具备有效要件时的法律效果留白，实质仍属于不完全规范，在规范事项上，也与规制效力瑕疵的法律规范不属于一般和特别规定关系，不构成规范竞合。因此，也难谓在无法援引具体规范时援引一般规定。

本条规定所涉的三个要件在法律行为中占据的地位及具体法律效果，已由其他具体规定细化分解。涉及民事法律行为效力的争议，应适用涵摄相关案件

---

① 参见梁慧星：《民法总论（第四版）》，法律出版社2011年版，第35~36页。
② 王轶：《民法典的规范类型及其配置关系》，载《清华法学》2014年第6期。
③ 陈甦主编：《民法总则评注》，法律出版社2017年版，第1030页。
④ 黄薇主编：《中华人民共和国民法典总则编解读》，中国法制出版社2021年版，第429页。
⑤ 参见史尚宽：《民法总论》，中国政法大学出版社2000年版，第12页。

事实的具体法律规范确定。

二、主张民事法律行为有效的当事人不当然对有效要件承担举证责任

根据本条规定，具备三个有效要件的民事法律行为有效，但如将有效要件理解为积极事实，要求主张民事法律行为有效或是依据该民事法律行为提出相关主张的当事人举证证明有效要件存在，则失之千里：

首先，缺乏法律依据。《民事诉讼法解释》第91条规定："人民法院应当依照下列原则确定举证证明责任的承担、但法律另有规定的除外：（一）主张法律关系存在的当事人，应当对产生该法律关系的基本事实承担举证证明责任；（二）主张法律关系变更、消灭或者权利受到妨害的当事人，应当对该法律关系变更、消灭或者权利受到妨害的基本事实承担举证证明责任。"所谓"法律关系存在"，涉及民事法律行为时，应指成立要件。①

其次，不符合举证责任规则。按照举证责任分配规则，主张积极事实存在的一方承担举证责任。表意人存在重大误解，受到欺诈、胁迫，属于积极事实。违反法律、法规的强制性规定和违背公序良俗，视具体情形即可表现为积极的作为，亦可反映为消极的不作为。而欠缺民事行为能力一项存在的争议一般集中于当事人是否患有精神疾病。已废止的《民法通则意见》第8条曾规定："在诉讼中，当事人及利害关系人提出一方当事人患有精神病（包括痴呆症）。人民法院认为确有必要认定的，应当按照民事诉讼法（试行）规定的特别程序，先作出当事人有无民事能力的判决。"这是将患有精神疾病，也即民事行为能力欠缺作为积极事实对待。以此分析，现行法律规范根据法律要件分类说设置举证责任分配规则，唯独对有效要件未置一词，并非疏漏，而是因其表现形式复杂，无法纳入统一规则。

最后，不符合私法自治理念。民法以私法自治为基石，保障民事主体人格尊严和人格自由，尊重其理性能力。如要求行为人自证行为效力，隐含的逻辑

---

① 修改前的《最高人民法院关于民事诉讼证据的若干规定》（法释〔2001〕33号）第5条规定："在合同纠纷案件中，主张合同关系成立并生效的一方当事人对合同订立和生效的事实承担举证责任"，亦未明确规定有效要件的举证责任。该条现已删除。该条中的"生效"，也被认为是指"对那些需要批准的合同、附延缓条件、附始期的合同，由主张合同权利的一方对合同生效的事实负证明责任。"参见李浩：《民事行为能力的证明责任——对一个法律漏洞的分析》，载《中外法学》2008年第4期。

是法律行为推定无效,这与自治理念不符,也将极大增加交易和诉讼成本。

三、人民法院应主动审查民事法律行为效力

第一,无效抗辩属于"无须主张的抗辩"。诉讼过程中,一方当事人关于合同无效的抗辩,应属于"诉讼上的抗辩",与之相对应的,是实体法上的抗辩权。二者区别在于,"诉讼上抗辩的效力,即足以使请求权归于消灭,故在诉讼进行中当事人纵未提出,法院亦应审查事实,如认为有抗辩事由的存在,为当事人利益,须依职权作有利的裁判。反之,于抗辩权,其效力不过对已存在的请求权,发生一种对抗的权利而已,义务方是否主张,有其自由"。① 因合同效力关系当事人的诉讼请求基础,合同无效时,对方当事人可提出权利障碍抗辩。当事人未主动提出无效抗辩,但人民法院发现相关事实存在的,人民法院仍应根据相关事实作出认定。

第二,人民法院应主动审查民事法律行为是否存在违法无效情形。违法无效因涉及当事人利益之外的公法管制,涉及公共秩序、善良风俗,属于人民法院主动审查范围,这也是司法实践中的共识。判决中一般会从公共利益角度论述主动审查的合理性,如认为"合同效力问题中法院应依职权主动审查是否存在违反法律、行政法规的强制性规定的情形,或是否存在违反其它规范的禁止性规定进而损害社会公共利益之情形"。②

第三,对欠缺自愿要件的效力瑕疵情形,应与违法无效情形有所区分。有的观点不区分无效原因,认为无效合同均具有违法性,故应适用国家干预原则,人民法院和仲裁机构应主动审查并确认合同无效。③ 我们倾向于认为,人民法院主动审查的程度应根据无效事由区别对待。对欠缺自愿要件的,人民法院不主动审查相关事实,但在发现存在相关事实且足以导致行为无效时,不待当事人明确提出抗辩即应据以认定合同效力。而对是否欠缺合法性要件,因涉及国家和社会公共利益,人民法院应主动审查相关事实。

---

① 王泽鉴:《法律思维与民法实例:请求权基础理论体系》,中国政法大学出版社2001年版,第172~173页。
② 上海市第一中级人民法院(2015)沪一中民一(民)终字第2655号判决书。该案是上海市高级人民法院金融商事审判十大案例(2016年6月17日)。
③ 参见人民法院出版社编:《解读最高人民法院司法复函》,人民法院出版社2019年版,第143页。

类案检索

贵州我爱我车汽车服务有限公司与黄某金返还原物纠纷案

关键词： 意思表示　合同效力

裁判摘要： 根据《民法总则》第143条"具备下列条件的民事法律行为有效……（二）意思表示真实"的规定，《按揭车辆存放确认书》中"现黄某金自愿将该车交予我爱我车公司"的内容，不是黄某金的真实意思表示，不能产生民事法律行为的效力。黄某金作为消费者，其与我爱我车公司订立合同的真实目的及意思表示为"按揭"融资购车；我爱我车公司作为提供消费服务的专业公司，其与消费者订立合同的目的及意思表示应与消费者保持一致。因而，我爱我车公司向黄某金提供要其签名的相关材料中，关于"黄某金在极短时间内还款"的内容，与双方"按揭"融资购车的真实意思表示不一致，是双方为了完成"按揭"融资购车事项签写的手续性材料，此内容在双方达成一致的意思表示中是并不需要实际履行的事项，是双方虚假意思表示。根据《民法总则》第146条规定，该虚假意思表示应为无效。

【案　　号】（2018）黔06民终384号

【审理法院】贵州省铜仁市中级人民法院

第一百四十四条 无民事行为能力人实施的民事法律行为无效。

▶ 关联规定

法律、行政法规、司法解释

1.《中华人民共和国民法典》

第二十条 不满八周岁的未成年人为无民事行为能力人，由其法定代理人代理实施民事法律行为。

第二十一条 不能辨认自己行为的成年人为无民事行为能力人，由其法定代理人代理实施民事法律行为。

八周岁以上的未成年人不能辨认自己行为的，适用前款规定。

第二十三条 无民事行为能力人、限制民事行为能力人的监护人是其法定代理人。

第一百五十七条 民事法律行为无效、被撤销或者确定不发生效力后，行为人因该行为取得的财产，应当予以返还；不能返还或者没有必要返还的，应当折价补偿。有过错的一方应当赔偿对方由此所受到的损失；各方都有过错的，应当各自承担相应的责任。法律另有规定的，依照其规定。

2.《中华人民共和国票据法》

第六条 无民事行为能力人或者限制民事行为能力人在票据上签章的，其签章无效，但是不影响其他签章的效力。

3.《中华人民共和国仲裁法》

第十七条 有下列情形之一的，仲裁协议无效：

（一）约定的仲裁事项超出法律规定的仲裁范围的；

（二）无民事行为能力人或者限制民事行为能力人订立的仲裁协议；

（三）一方采取胁迫手段，迫使对方订立仲裁协议的。

4.《最高人民法院关于适用〈中华人民共和国民法典〉总则编若干问题的解释》

第四条 涉及遗产继承、接受赠与等胎儿利益保护，父母在胎儿娩出前作为法定代理人主张相应权利的，人民法院依法予以支持。

5.《最高人民法院关于审理票据纠纷案件若干问题的规定》

第四十五条 票据的背书人、承兑人、保证人在票据上的签章不符合票据法以及《票据管理实施办法》规定的，或者无民事行为能力人、限制民事行为能力人在票据上签章的，其签章无效，但不影响人民法院对票据上其他签章效力的认定。

第六十五条 具有下列情形之一的票据，未经背书转让的，票据债务人不承担票据责任；已经背书转让的，票据无效不影响其他真实签章的效力：

（一）出票人签章不真实的；

（二）出票人为无民事行为能力人的；

（三）出票人为限制民事行为能力人的。

▶ 条文释义

一、本条主旨

本条是关于无民事行为能力人实施的民事法律行为效力的规定。

二、条文演变

一是沿袭原《民法通则》的规定。原《民法通则》第58条第1款第1项规定，无民事行为能力人实施的民事行为无效。本条相比于该条，不同之处仅在于以民事法律行为替代了民事行为的概念。本节其他关于民事法律行为效力瑕疵的规定中统一呈现了这一差异。究其根源，在于《民法典》中民事法律行为概念的变革。原《民法通则》第54条规定："民事法律行为是公民或者法人设立、变更、终止民事权利和民事义务的合法行为。"既然民事法律行为以合法为前提，那么存在效力瑕疵的行为就无法归类于民事法律行为，民事行为这一上位概念也就应运而生。"合法的民事行为，叫做民事法律行为。这就是民事行为和民事法律行为的区别，民事行为比民事法律行为要宽，包括民事法律行为、无效民事行为和可撤销的民事行为。"① 学界对我国立法上的这一创设存在争议,有的学者从概念创造的特点角度分析,认为抽象就是从各具体事物中抽取共性(本质属性),借此构造概念,无须固守行为的"合法性"。② 这一视角可资赞同。《民法典》第 133 条规定"民事法律行为是民事主体通过意思表示设立、变更、终止民事法律关系的行为",借鉴其他国家和地区立法经验,《民法典》未保留合法性要件。

二是未保留原《民法通则意见》第 6 条规定的内容。该条规定:"无民事行为能力人、限制民事行为能力人接受奖励、赠与、报酬,他人不得以行为人无民事行为能力、限制民事行为能力为由,主张以上行为无效。"该司法解释已废止。而本条未设但书条款,无民事行为能力人实施的民事法律行为绝对无效,无例外情形,可见原司法解释的裁判思路不再适用。在合同法时期,有观点认为原《合同法》第 47 条的规定(限制民事行为能力人纯获利益的合同不必经法定代理人追认即确定有效,该条已被《民法典》第 19 条吸收)应类推适用于无民事行为能力人。③ 但何为纯获利益的行为,实难给出既定标准。以前述原《民法通则意见》规定列举的情形为例,赠与包含了附义务的赠与,此时是否可以认定为纯获利益,不无疑问,而报酬本属双务合同中的概念,不属于纯获利益的范畴。因此,如为保障某一特定层面的交易安全和便捷而设置例外情形,无异于将无民事行为能力人置于不确定的交易风险中。而在价值位阶上,对无行为能力人的保护优先于对交易的保护。④ 这一保护顺位在个案判断

---

① 顾昂然:《立法札记——关于我国部分法律制定情况的介绍(1982-2004)》,法律出版社 2006 年版,第 231 页。
② 参见杨代雄:《法律行为论》,北京大学出版社 2021 年版,第 46 页。
③ 参见梁慧星:《民法总论(第四版)》,法律出版社 2011 年版,第 105 页。
④ 参见[德]卡尔·拉伦茨:《德国民法通论》,王晓晔等译,中国人民大学出版社 2003 年版,第 142 页。

中虽不可绝对化,① 但作为抽象的立法理念应当得到贯彻。况且,《民法典》将无民事行为能力人年龄上限降至八周岁,一部分未成年人交往、生活、学习的基本需求和自主意识相较旧法已得到更好地尊重。

三、条文解读

（一）本条是对无民事行为能力人独立实施的民事法律行为所作的规定

无民事行为能力人包括：（1）八周岁以下的未成年人；（2）不能辨认自己行为的成年人；（3）八周岁以上不能辨认自己行为的未成年人。无民事行为能力人欠缺必要的认知和辨识能力，不属于私法上的"理性人"，也不具备实施民事法律行为的能力。规定无民事行为能力人实施的民事法律行为一概无效，是令该民事法律行为不发生实施人预期的法律效果，这是对行为能力欠缺者的必要保护。但无行为能力人同样存在社会交往需求，对此类社会需求的保障通过监护制度实现。《民法典》第34条规定"监护人的职责是代理被监护人实施民事法律行为，保护被监护人的人身权利、财产权利以及其他合法权益等"，第20条规定"不满八周岁的未成年人为无民事行为能力人，由其法定代理人代理实施民事法律行为"，第23条规定"无民事行为能力人、限制民事行为能力人的监护人是其法定代理人"。本条应与《民法典》相关条款结合理解。无民事行为能力人通过其法定代理人代理实施的民事法律行为应为有效。实践中有观点认为，根据《民法典》第16条规定，胎儿亦可接受赠与，无民事行为

---

① 对法定代理人代为签订的合同，可否以侵害未成年人合法权益，未成年人利益优于交易安全为由认定合同无效，实务中存在争议。最高人民法院（2014）民申字第308号裁定认为："本案的争议焦点为：抵押合同中涉及以黄某持有的房屋份额所设立的抵押担保效力应如何认定。首先，我国现行法律对抵押人的身份并无限制，黄某系限制民事行为能力人，其母亲温某以监护人的身份代其签订抵押合同并不违反法律禁止性规定。其次，《民法通则》第18条第2款规定，监护人不履行监护职责或者侵害被监护人的合法权益的，应当承担责任。即便监护人温某代黄某签订抵押合同的行为损害了黄某的利益，法律也仅规定由监护人来承担相应责任，而非由此否定合同效力并由合同相对人承担责任。在此情况下，二审法院认定案涉抵押合同有效并无不当。此外，黄某的监护人当初为获取贷款利用未成年人黄某名下的财产进行抵押并出具不损害其利益的声明，在获得贷款之后又以损害未成年人利益为由主张合同无效，该抗辩理由属恶意抗辩，违背诚实信用原则，二审法院对该抗辩理由未予采纳并无不当。"

能力人实施的法律行为却一概无效，是否存在矛盾。① 事实上，虽然胎儿被视为具有民事权利能力，亦属于无民事行为能力人，但胎儿接受赠与事实上也仍是由其法定代理人代为实施，二者并无矛盾之处。《民法典总则编解释》第4条明确规定："涉及遗产继承、接受赠与等胎儿利益保护，父母在胎儿娩出前作为法定代理人主张相应权利的，人民法院依法予以支持。"

（二）无民事行为能力人独立实施的民事法律行为绝对无效

一是无民事行为能力人必须由法定代理人代为实施民事法律行为，其单独实施的民事法律行为绝对无效，不存在法定代理人事后追认补正其效力的情形。如交易、交往的需求客观存在，法定代理人可以重新代为实施民事法律行为。

二是不考虑相对人是否善意。对无民事行为能力人实施无差别的特别保护，不受个案细节影响。无民事行为能力人是否事实上已具备限制民事行为能力人的判断能力，相对人是否形成合理信赖，在所不问；相对人是否知晓对方为无民事行为能力人，亦不生影响，对线上远程交易、自助贩卖机交易等形式的法律行为，本条亦应适用。

▶ 适用指引

一、关于无民事行为能力人实施的民事法律行为无效的后果

无民事行为能力人实施的民事法律行为无效，是令民事法律行为不发生其预期的权利义务关系，不表示不产生任何后果。根据《民法典》第157条规定，民事法律行为无效，行为人应承担相应的责任，包括返还财产、折价补偿、赔偿损失。该条文义是令实施行为的行为人承担责任。但合同因主体欠缺行为能力无效时，不宜再根据合同相对人认定责任主体，从将无民事行为能力人与交易风险相隔绝的立法理念出发分析，对无民事行为能力人是否应作为责

---

① 在《民法总则》（草案）审议阶段，也有学者提出建议，认为比照草案关于胎儿利益保护的规定，"胎儿都可以接受赠与，反而无行为能力人的纯获利益行为被法律禁止，这就完全讲不过去了。"参见全国人大代表孙宪忠研究员《关于〈民法总则〉（草案）的修改建议》（2017年3月9日）。

任主体的问题，也不宜按文义作当然解释。

关于合同无效的责任性质，在比较法上，对法律行为无效的后果一般分别适用具体请求权规范。① 合同无效的后果包括：所有物返还请求权、不当得利请求权、缔约过失损害赔偿请求权、侵权行为损害赔偿请求权。② 逐一分析如下：

首先，关于所有物返还请求权。我国民法未确认债权行为和物权行为的区分原则，更未采纳物权行为无因性理论，合同无效则一体无效。基于合同给付的，受让人未取得物权，相对人仍有权行使物权请求权。如标的物为不动产，无民事行为能力人已经办理不动产登记，应以无民事行为能力人为涂销登记的责任主体。涉及占有物返还时，本法第235条规定："无权占有不动产或者动产的，权利人可以请求返还原物。"此时无民事行为能力人是否可成为返还原物的主体，可从占有的性质分析。占有的取得属于事实行为，③ 与行为人的意志无关，不受是否有行为能力影响。权利人欲实现其请求权，必得向直接占有人提出主张，因此无行为能力人可以成为返还原物的责任主体。

其次，关于不当得利返还请求权。给付标的灭失或者依其性质无法返还时，成立不当得利请求权。不当得利以得利人是否取得不当利益为要件，得利人纵使无行为能力，亦可取得不当利益，因此，无民事行为能力人应可承担不当得利返还责任。

再次，关于缔约过失责任。一般认为，缔约过失责任因违反基于诚信原则产生的先合同义务发生。抑制违反诚信原则的过失行为和保护合理信赖，是设立缔约过失责任制度之思想依据。④ 违反诚信原则本属主观状态，以行为人具备一定的意思能力为前提，无民事行为能力人难谓有违反诚实信用之认定。

最后，关于侵权责任。《民法典》第1088条规定："无民事行为能力人、限制民事行为能力人造成他人损害的，由监护人承担侵权责任。监护人尽到监护职责的，可以减轻其侵权责任。有财产的无民事行为能力人、限制民事行为能力人造成他人损害的，从本人财产中支付赔偿费用；不足部分，由监护人赔

---

① 参见杨代雄：《法律行为论》，北京大学出版社2021年版，第438页。
② 参见王泽鉴：《民法总则》，北京大学出版社2009年版，第460页。
③ 参见王泽鉴：《民法总则》，北京大学出版社2009年版，第238页。
④ 参见［德］卡尔·拉伦茨：《德国法上损害赔偿之归责原则》，王泽鉴译，载王泽鉴：《民法学说与判例研究（修订版）》（第5册），中国政法大学出版社2005年版，第235页。

偿。"该条与原《侵权责任法》第32条基本相同。在《侵权责任法》的起草阶段,有意见建议根据行为人的年龄,增加行为人责任能力的规定。立法者未采纳该观点,理由是:"如果规定责任能力,就涉及没有责任能力的行为人造成他人损害的,监护人是否需要承担责任?如果监护人不承担责任,被侵权人的损失得不到弥补,会有悖于我国的国情和现实的做法。无民事行为能力人和限制行为能力人一般有独立财产的不多,而且他们多与监护人共同生活,造成他人损害的,仍然还是用其父母等监护人的财产进行赔偿。"① 该条主要是从社会生活实践出发,从妥善解决纠纷的角度考虑无民事行为人的侵权责任问题。

在现行法律无明确规定的情况下,对合同无效的责任承担应当根据责任性质具体区分。

二、暂时无意识或精神错乱情况下是否适用本条规定

对于暂时性地失去判断能力的情形可否根据本条规定认定法律行为效力,不无疑问。一种观点认为,对本条规定可以作出解释,即暂时无意识或精神错乱状态下实施的法律行为也应认定为无效。② 另一种观点则认为,本法并未作此规定,此类情形只能依其他途径寻求救济,比如对于偶发的精神病人在心神丧失中所为行为,宜先行依法认定其为限制民事行为能力人,再确定其行为的效力。③

前引第一种观点,与原《民法通则意见》第67条一致。该条规定:"间歇性精神病人的民事行为,确能证明是在发病期间实施的,应当认定无效。行为人在神志不清的状态下所实施的民事行为,应当认定无效。"但该条在《民法典总则编解释》中未予保留。如照此观点对本条规定进行扩大解释,存在混淆判断能力暂缺和行为能力欠缺,甚至架空行为能力认定程序的可能。第二种观点存在的问题是,该处理方式以判断能力暂缺和民事行为能力欠缺同质为前提,但二者实则存在较大不同,前者无法被后者涵盖。以原《民法通则意见》第67条中判断能力暂缺的两种类型为例分析:一为在间歇性精神病人发病期

---

① 全国人大常委会法制工作委员会民法室编著:《中华人民共和国侵权责任法解读》,中国法制出版社2010年版,第152页。
② 参见王利明主编:《中华人民共和国民法总则详解》,中国法制出版社2017年版,第620页。
③ 参见陈甦主编:《民法总则评注》,法律出版社2017年版,第1035页。

间,间歇性精神病人未发病时神志清醒,其实施的法律行为应以有效为原则无效为例外,如作无或限制行为能力认定,则行为一概无效,显然有悖情理;二为神志不清状态,造成神志不清的原因很多,比如醉酒状态即不属于无或限制民事行为能力。我们倾向于认为,对部分判断能力暂缺的情形可按意思表示规则处理,如缺乏行为意思不能构成意思表示。①对其他情形,是否可按前述第一种观点对本条规定再作解读,尚需进一步探索。

▶ 类案检索

一、中国工商银行股份有限公司宁波兴宁支行诉周某世、吴某莲等金融借款合同纠纷案

关键词: 无民事行为能力人　举证责任

裁判摘要: 周某世、吴某莲主张在签订《最高额抵押合同》时周某世患有老年痴呆症,系无民事行为能力人,抵押合同无效。但周某世、吴某莲提供的《象山县医疗保险转院证明书》不是诊断证明书,证明书载明时间为2016年1月4日,未能反映一年多前签订《最高额抵押合同》时周某世当时的身体状态,故周某世、吴某莲提供的证据不足以证明其主张。对周某世二审中提出的民事行为能力鉴定的申请,亦不予准许。周某世数次抵押房屋,从抵押次数及抵押时间间隔来看,周某世应当知晓房产抵押的法律行为及后果。综上,应认定涉案抵押合同合法有效。

【案　　号】(2016)浙02民终3253号
【审理法院】浙江省宁波市中级人民法院

二、谭某1、谭某冰诉谭某2确认合同无效纠纷案

关键词: 无民事行为能力人　依法申请

裁判摘要: 谭某1提交病情报告以及相关部门证明,以陈某娟患有"老年痴呆症"为由,主张陈某娟在案涉房屋交易时为无民事行为能力人。法律对于无民事行为能力人的认定有明确规定,应由特定主体向人民法院提出申请,并

---

① 参见朱庆育:《民法总则》,北京大学出版社2016年版,第240页。

由人民法院最终认定,并为此设立监护制度,以监督和保护无民事行为能力人的人身、财产及其他合法权益。谭某1、谭某冰以及其他子女作为陈某娟的利害关系人,均为法定申请认定陈某娟为无民事行为能力人的主体,但其并未依法向人民法院提出申请,本案亦无直接证据证明陈某娟在出售案涉房屋时为无民事行为能力人,涉案合同应为有效。

【案　　号】(2020)粤01民再183号
【审理法院】广东省广州市中级人民法院

第一百四十五条 限制民事行为能力人实施的纯获利益的民事法律行为或者与其年龄、智力、精神健康状况相适应的民事法律行为有效；实施的其他民事法律行为经法定代理人同意或者追认后有效。

相对人可以催告法定代理人自收到通知之日起三十日内予以追认。法定代理人未作表示的，视为拒绝追认。民事法律行为被追认前，善意相对人有撤销的权利。撤销应当以通知的方式作出。

关联规定

法律、行政法规、司法解释

1.《中华人民共和国民法典》

第十九条 八周岁以上的未成年人为限制民事行为能力人，实施民事法律行为由其法定代理人代理或者经其法定代理人同意、追认；但是，可以独立实施纯获利益的民事法律行为或者与其年龄、智力相适应的民事法律行为。

第二十二条 不能完全辨认自己行为的成年人为限制民事行为能力人，实施民事法律行为由其法定代理人代理或者经其法定代理人同意、追认；但是，可以独立实施纯获利益的民事法律行为或者与其智力、精神健康状况相适应的民事法律行为。

第二十三条 无民事行为能力人、限制民事行为能力人的监护人是其法定代理人。

第一百三十七条 以对话方式作出的意思表示，相对人知道其内容时生效。

以非对话方式作出的意思表示，到达相对人时生效。以非对话方式作出的采用数据电文形式的意思表示，相对人指定特定系统接收数据电文的，该数据电文进入该特定系统时生效；未指定特定系统的，相对人知道或者应当知道该数据电文进入其系统时生效。当事人对采用数据电文形式的意思表示的生效时间另有约定的，按照其约定。

第一百五十七条 民事法律行为无效、被撤销或者确定不发生效力后,行为人因该行为取得的财产,应当予以返还;不能返还或者没有必要返还的,应当折价补偿。有过错的一方应当赔偿对方由此所受到的损失;各方都有过错的,应当各自承担相应的责任。法律另有规定的,依照其规定。

2.《中华人民共和国票据法》

第六条 无民事行为能力人或者限制民事行为能力人在票据上签章的,其签章无效,但是不影响其他签章的效力。

3.《中华人民共和国仲裁法》

第十七条 有下列情形之一的,仲裁协议无效:

(一)约定的仲裁事项超出法律规定的仲裁范围的;

(二)无民事行为能力人或者限制民事行为能力人订立的仲裁协议;

(三)一方采取胁迫手段,迫使对方订立仲裁协议的。

4.《最高人民法院关于适用〈中华人民共和国民法典〉总则编若干问题的解释》

第五条 限制民事行为能力人实施的民事法律行为是否与其年龄、智力、精神健康状况相适应,人民法院可以从行为与本人生活相关联的程度,本人的智力、精神健康状况能否理解其行为并预见相应的后果,以及标的、数量、价款或者报酬等方面认定。

第二十九条 法定代理人、被代理人依据民法典第一百四十五条、第一百七十一条的规定向相对人作出追认的意思表示的,人民法院应当依据民法典第一百三十七条的规定确认其追认意思表示的生效时间。

5.《最高人民法院关于审理票据纠纷案件若干问题的规定》

第四十五条 票据的背书人、承兑人、保证人在票据上的签章不符合票据法以及《票据管理实施办法》规定的,或者无民事行为能力人、限制民事行为能力人在票据上签章的,其签章无效,但不影响人民法院对票据上其他签章效力的认定。

第六十五条 具有下列情形之一的票据,未经背书转让的,票据债务人不承担票据责任;已经背书转让的,票据无效不影响其他真实签章的效力:

(一)出票人签章不真实的;

(二)出票人为无民事行为能力人的;

(三)出票人为限制民事行为能力人的。

▶ 条文释义

一、本条主旨

本条是关于限制民事行为能力人实施的民事法律行为效力的规定。

二、条文演变

原《民法通则意见》第6条规定："无民事行为能力、限制民事行为能力人接受奖励、赠与、报酬，他人不得以行为人无民事行为能力、限制民事行为能力为由，主张以上行为无效。"原《合同法》第47条规定："限制民事行为能力人订立的合同，经法定代理人追认后，该合同有效，但纯获利益的合同或者与其年龄、智力、精神健康状况相适应而订立的合同，不必经法定代理人追认。相对人可以催告法定代理人在一个月内予以追认。法定代理人未作表示的，视为拒绝追认。合同被追认之前，善意相对人有撤销的权利。撤销应当以通知的方式作出。"该条较原《民法通则意见》规定更进一步，点明了"纯获利益"的意旨。

本条在制度设计上，将限制民事行为能力人实施的民事法律行为区分为有效和效力待定两种类型，主要沿袭原《合同法》第47条的规定。与原《合同法》第47条相比，本条的实质修改主要体现为两个方面：一是原《合同法》第47条将规制的对象限定为"合同"，而本条规制的范围为"民事法律行为"。原《合同法》第2条规定："本法所称合同是平等主体的自然人、法人、其他组织之间设立、变更、终止民事权利义务关系的协议。"从概念分析，此处"合同"不包括单方法律行为，即仅依一方当事人的意思表示即可发生特定效果的法律行为。而根据原《民法通则》第58条，限制民事行为能力人依法不能独立实施的民事行为无效。因此，在合同法时期，限制民事行为能力人实施的单方法律行为应依《民法通则》作出认定，不适用《合同法》。而根据本条规定，单方行为和契约行为效力的未作区分；二是原《合同法》规定的法定代理人认可法律行为的方式为"追认"，意为事后认可。本条则包括了"同意"，意为事先许可。"同意"也是原《民法通则》第12条采用的表述。

三、条文解读

（一）在特定领域内限制民事行为能力人可独立实施民事法律行为

限制民事行为能力人具备一定的行为能力，与无民事行为能力人不同，不可一概否定行为效力。限制民事行为能力人可在与其判断能力相适应的领域自由行动，这一特定领域包括两类：一是纯获利益的情形。所谓"纯获利益"，应依何种判断标准，不无疑问。原《民法通则意见》第6条将接受奖励、赠与、报酬作为纯获利益的行为，更偏重经济上的考量，因为奖励、报酬以完成一定的行为为条件，而赠与亦不妨存在附负担的赠与，这也可从侧面反映按经济标准判断，既不利于保护限制民事行为能力人的利益，也偏离了立法意旨。有学者认为可将纯获利益解释为纯获法律利益。① 此观点足资赞同。纯获利益应当是指限制行为能力人不会遭受法律上的负担，权利不会减损，义务不会增加，不应仅从经济因素判断。二是与限制民事行为能力人判断能力相匹配的法律行为。何为与判断能力相匹配，本条限定的标准为"与其年龄、智力、精神健康状况相适应"。《民法典总则编解释》第5条对认定标准给予了更具操作性的指引。学理上认为，可以对有关行为予以类型化，日常生活必需的定型化消费行为有效。例如购买书本、搭乘公共交通工具、购买生活日用品、利用自动贩卖机、进入游园场所，均可归入此类合同。②

（二）特定领域以外独立实施的民事法律行为需经法定代理人同意或者追认

民法对限制民事行为能力人的自由活动区域划定边界，在法定区域以外实施的民事法律行为均应由法定代理人代为实施，独立实施的则应取得法定代理人事先同意或者事后追认。

1. 事先同意

同意的范围无一定之规，从社会需求来看，不必严格限定同意必得指向某一具体法律行为，同意可以包括个别允许或者特别授权。个别允许针对某项

---

① 参见韩世远：《合同法总论（第三版）》，法律出版社2011年版，第208页。
② 参见王利明：《民法总则研究（第二版）》，中国人民大学出版社2012年版，第238页。

法律行为，特别授权针对某一领域中一系列彼此相关行为的概括授权。① 比如《德国民法典》第 110 条规定"零用钱条款"，即属于对事先概括授权的规定。同意作为意思表示，既然发生在事先，必然是对限制民事行为能力人作出的，但作为影响法律行为效力的一项事实，应当为相对人所知晓。② 相对人亦有举证证实该行为已获法定代理人同意的义务。

2. 事后追认

法定代理人事先同意的行为确定有效，如未取得事先同意，在法定代理人追认前，该项法律行为处于效力待定状态。所谓效力待定，既非无效，也非有效，而是处于一种效力不确定的中间状态，其效力如何，有待于其他行为或者事件的确定，就本条所涉情形，即有赖于法定代理人的意思表示。根据本条第 2 款规定，限制民事行为能力人实施民事法律行为后，相对人可以催告法定代理人予以追认。法定代理人未作表示的，视为拒绝追认。对此分析如下：

（1）相对人的催告。催告属于准法律行为中的意思通知，具有表示行为的外观，但法律效果并非来自于行为人的意思。相对人进行催告的目的是令法定代理人进行追认，而其法律效果则是三十日期间自法定代理人收到该通知之日开始起算。对于效力待定的行为而言，赋予相对人催告权的意义在于避免这种不确定的状态一直持续，以维护交易安全。

（2）追认的方式和效果。本条规定的三十日期间为固定期间，法定代理人在期间内未作表示的，视为拒绝追认。追认属于需要受领的单方法律行为。《民法典总则编解释》第 29 条规定："法定代理人、被代理人依据民法典第一百四十五条、第一百七十一条的规定向相对人作出追认的意思表示的，人民法院应当依据民法典第一百三十七条的规定确认其追认意思表示的生效时间。"该条明确追认的生效适用一般意思表示规则。关于追认的方式，《民法典》第 140 条第 1 款规定："行为人可以明示或者默示作出意思表示。"是否构成默示

---

① 参见朱庆育：《民法总论（第二版）》，北京大学出版社 2016 年版，第 256 页。
② 参见黄薇主编：《中华人民共和国民法典解读（总则编）》，中国法制出版社 2020 年版，第 436 页。

应根据事实要素综合判断。①

（三）对善意相对人予以特别保护

相对人合理信赖限制民事行为能力人具有完全民事行为能力的，应获得法律上的特别保护，但此种保护有其合理限度。即在限制民事行为能力人用欺诈方式使相对人相信其具备完全行为能力时，法律行为确定有效。本法并无类似规定。对善意相对人的保护应从两个方面理解：首先，这一保护是有限度的。善意相对人即使有相信对方是完全民事行为能力人的合理基础，亦不应产生对该信赖利益的赔偿责任，此与行为人系无民事行为能力的情形相同。其次，善意相对人有撤销权。撤销权涉及的法律要件如下：

1. **善意的认定**

（1）善意的判断标准。关于相对人是否承担合理注意义务，存在分歧。一种观点认为，相对人仅在明知对方是限制民事行为能力人且未获法定代理人允许时为恶意，其余均属善意。②另一种观点认为，需相对人实施民事法律行为时并不知晓对方为限制民事行为能力人，且此种不知晓不构成重大过失。③我们倾向于认为，相对人存在重大过失时，不宜认定为善意，仍应由其承受交易风险。（2）善意的判断时点。为保障法律关系的确定性，善意应以法律行为实施时的主观状态为准，在行为实施以后知晓的，不影响善意的认定。

2. **撤销权的行使**

（1）行使时间。撤销权需在法定代理人于三十日期间内作出追认的意思表

---

① 参见湖州市中级人民法院（2018）浙05民终1363号民事判决书。该案中，并无证据证明吕某授权其子在送货单上签名。判决认为，因二人是父子关系，且共同生活，吕某完全有能力、有条件向其子核实。但吕某至本案一审诉讼前一直未就该送货单提出异议，并经一审法院合法传唤，无正当理由拒不到庭参加诉讼，据此可以推定吕某默认其子在送货单上签名的行为。关于该案的评析认为，吕某明知其子代收石材的事实而长时间不作表示，甚至在对方催讨价款时依然不提出异议的行为，可视为其接受相对人履行，根据《民法典》第503条规定，构成对其子签收行为的默示追认。该案中的追认属于无权代理中被代理人的追认，对法定代理人追认的认定亦有一定参考意义。案件评析详见周江洪、陆青、章程主编：《民法判例百选》，法律出版社2020年版，第28~30页。

② 参见陈甦主编：《民法总则评注》，法律出版社2017年版，第1042页；朱庆育：《民法总论》（第二版），北京大学出版社2016年版，第260页。

③ 参见黄薇主编：《中华人民共和国民法典解读（总则编）》，法制出版社2021年版，第438页；最高人民法院民法典贯彻实施工作领导小组主编：《中华人民共和国民法典总则编理解与适用》，人民法院出版社2020年版，第728页。

示前行使。一是法定代理人追认后，因行为能力欠缺导致的效力瑕疵即得到补正，行为确定有效，不具有撤销的可能。二是三十日期间届满时，无论法定代理人追认或是拒绝追认，或是未作表示，该法律行为效力已经确定，不具有撤销的基础。（2）行使方式。撤销以通知方式作出，到达相对人时发生法律效力。通知可向法定代理人作出，至于可否向限制民事行为能力人作出，应从限制民事行为能力人是否有受领该意思表示的行为能力角度分析。撤销的意思表示生效后，限制民事行为能力人的法律地位回到原始状态，不存在权利的减损或者义务的增加，故应认可其可受领此类意思表示，可以成为撤销的相对人。（3）行使效果。本条未明确撤销权行使的法律效果，学理上存在不同观点。一种认为撤销导致法律行为终局性地不发生效力，效力待定状态终结。① 一种认为行使撤销权后，合同视为自始未成立。② 问题的关键在于，此处撤销是指向善意相对人所作的意思表示，还是已成立的合同。如是前者，则意思表示不存在，合同可视为自然未成立。如是后者，则应当在行为效力层面讨论法律效果。从本条文义分析，撤销的对象应为民事法律行为，应认定撤销后该法律行为无效。

▶ 适用指引

一、关于限制民事行为能力人是否包含法人

本条规定的限制民事行为能力人是否包含法人（亦可延伸为前条规定的无民事行为能力人是否包含法人），存在争议。有观点持肯定态度，其逻辑是将法人的目的事业范围等同于其行为能力，经营范围限制的是法人行为能力，③ 认为"法人或者合伙超出民事行为能力（目的事业范围）实施法律行为的，为了保护交易的安全，除违反法律、行政法规有关限制经营、特许经营或者禁止经营的规定外，不影响民事法律行为的效力。"④ 或是将"没有法人资格而适用

---

① 参见杨代雄：《法律行为论》，北京大学出版社2021年版，第452页。
② 参见韩世远：《合同法总论（第三版）》，法律出版社2011年版，第211页。
③ 参见梁慧星：《民法总论（第四版）》，法律出版社2011年版，第129页。
④ 王利明主编：《中华人民共和国民法总则详解》，中国法制出版社2017年版，第611页。

法人的名义，或者虽然有法人资格但超越其权限的情形"解释为无民事行为能力人。① 反对观点则认为，本法规定的无民事行为能力人仅指自然人。② 我们倾向于第二种观点。主要理由是：行为能力三分法本以自然人为原型。《民法典》总则编第二章第一节对自然人的民事权利能力和民事行为能力进行规定，根据自然人的年龄、智力、精神健康状况将民事行为能力划分为三种类型，划分方式也完全以自然人的生理、心理特点为依据，从无行为能力人到完全行为能力人的演变，是临摹自然人的发育、成熟过程。在本法未规定法人可参照适用前述关于自然人的相关规定时，如认为法人亦有行为能力欠缺状态，需循类推适用途径。类推适用以贯彻"基本上相同者，应予相同处理"之平等待遇原则为必要，③ 然则法人之目的事业范围限制是否与自然人行为能力同理，不无疑问。

首先，限制行为能力的根本原因在于行为主体不具备相应的理性能力、判断能力，需予以特别保护，而法人作为组织体，具有意思机关，并无理性欠缺之虑。其次，从立法层面分析，在计划经济时代，超越经营范围的经营合同属于无效合同。④ 进入市场经济时代后，超越经营范围并非当然无效，而需区分是违反一般行政管理性规定，还是违反国家限制经营、特许经营以及法律、行政法规的禁止经营规定。⑤ 这是将超越经营范围无效纳入违法无效事由，而非按行为能力欠缺对待。最后，法人经营范围一受法定限制，二受股东意思限制，超越经营范围如不属于违反强行法规定而无效的情形，则属于违反股东意志的情形，此时受损害的是股东利益，而按行为能力欠缺来否定行为效力已超出保护股东利益的合理范围，逻辑未能自洽。

从近年司法实践看，《全国法院民商事审判工作会议纪要》第六节关于公司为他人提供担保的规定，将法定代表人未经授权擅自代表公司为他人提供担保行为按越权代表处理，为超越经营范围行为的认定提供了处理思路。该纪要相关规定虽指向法定代表人的越权代表行为，但提供担保一般而言并不属于法

---

① 李士伟、杜西川：《〈中华人民共和国民法通则〉实用简释》，光明日报出版社1987年版，第74页。
② 参见陈甦主编：《民法总则评注》，法律出版社2017年版，第1034页。
③ 参见王泽鉴：《民法学说与判例研究》（第六册），中国政法大学出版社1998年版，第175页。
④ 详见1987年《最高人民法院关于在审理经济合同纠纷案件中具体适用〈经济合同法〉若干问题的意见》。
⑤ 详见1993年《最高人民法院全国经济审判工作座谈会纪要》；《合同法解释（一）》第10条。

人经营范围的内容，而法定代表人依法属于法人的全权代表，法人章程对法定代表人权限予以特别限制为例外情形。按越权代表规则认定超越经营范围行为效力，应有相当余地。

二、关于善意相对人撤销权的性质

此处撤销权究属"撤回"还是"撤销"，颇有争议。① 这一问题，虽不影响实务，但为概念之精准理解和运用，仍有一定意义。根据意思表示规则，意思表示生效前，表意人可以撤回，意思表示生效后，表意人可依法撤销，此时应依法适用撤销的规则，二者实质区别在于撤回可依当事人意思为之，撤销依法受到限制。此处存在两个问题：（1）撤回的对象是限于意思表示，还是包括已成立的合同。（2）如限于意思表示，已成立但效力未定的合同是否可参照未生效的意思表示对待，适用撤回规则。根据《民法典》第141条规定，撤回的对象为意思表示。而本条中撤销的客体并非一方的意思表示，而是已成立的法律行为，本条按撤销表述，是法律规范体系内部统一性的要求。但本条规定的撤销权性质上虽同属形成权，与本节规定的其他撤销权存在区别，并非一般意义上的"撤销权"。

1. 撤销对象不同

本条规定的撤销对象为已成立但效力未定的合同，而一般撤销权所撤销的是已成立而有效的合同。

2. 撤销方式不同

本条规定的撤销以通知的方式作出即可，而在行使一般撤销权时依法应向人民法院或者仲裁机构提出请求。

3. 权利主体不同

撤销权虽均以保护善意当事人为意旨，但一般撤销权的权利人是意思表示不真实、不自由的当事人，而本条规定的撤销权人其自身意思表示并不存在效力瑕疵，赋予其撤销权的目的是令其可以尽快结束不确定的法律关系。

---

① 参见崔建远主编：《新合同法原理与案例评释》，吉林大学出版社1999年版，第159页；张谷：《略论合同行为的效力》，载《中外法学》2000年第2期；余延满：《合同法原论》，武汉大学出版社1999年版，239页；朱庆育：《民法总论（第二版）》，北京大学出版社2016年版，第259页；韩世远：《合同法总论（第三版）》，法律出版社2008年版，第210页。

类案检索

李某与朱某英确认合同无效纠纷案

关键词： 限制民事行为能力人　合同效力

裁判摘要： 朱某英于2018年9月被鉴定为限制民事行为能力人，李某上诉称并无证据证明朱某英在2018年6月与其签订《上海市房地产买卖合同》时系限制民事行为能力人。根据举证责任分配原则，理应由李某举证予以证明，然其未能提供相应证据。而根据2018年9月26出具的鉴定报告记载及朱某英二审期间提交的病历资料显示，其此前已存有老年脑改变，并被医院诊断为痴呆，系持续性精神障碍，且未显示治愈。故对李某前述辩称意见，不予采信。李某系朱某英孙女，自述与朱某英关系亲近，理应知晓朱某英精神状况。其在未得到朱某英监护人同意的情况下，与朱某英签订《上海市房地产买卖合同》，对朱某英所有的802室房屋产权作出处分，且未支付房款，该合同损害了朱某英合法权益，亦未得到朱某英监护人的追认，理应无效。

【案　　号】（2019）沪02民终6448号

【审理法院】上海市第二中级人民法院

第一百四十六条　行为人与相对人以虚假的意思表示实施的民事法律行为无效。

以虚假的意思表示隐藏的民事法律行为的效力，依照有关法律规定处理。

▶ 关联规定

一、法律、行政法规、司法解释

《中华人民共和国民法典》

第一百五十四条　行为人与相对人恶意串通，损害他人合法权益的民事法律行为无效。

二、司法指导性文件

1.《第八次全国法院民事商事审判工作会议（民事部分）纪要》

16. 当事人达成以房抵债协议，并要求制作调解书的，人民法院应当严格审查协议是否在平等自愿基础上达成；对存在重大误解或显失公平的，应当予以释明；对利用协议损害其他债权人利益或者规避公共管理政策的，不能制作调解书；对当事人行为构成虚假诉讼的，严格按照民事诉讼法第一百一十二条和《最高人民法院关于适用〈中华人民共和国民事诉讼法〉的解释》第一百九十条、第一百九十一条的规定处理；涉嫌犯罪的，移送刑事侦查机关处理。

2.《全国法院民商事审判工作会议纪要》

44. 当事人在债务履行期限届满后达成以物抵债协议，抵债物尚未交付债权人，债权人请求债务人交付的，人民法院要着重审查以物抵债协议是否存在恶意损害第三人合法权益等情形，避免虚假诉讼的发生。经审查，不存在以上情况，且无其他无效事由的，人民法院依法予以支持。

当事人在一审程序中因达成以物抵债协议申请撤回起诉的，人民法院可予准许。当事人在二审程序中申请撤回上诉的，人民法院应当告知其申请撤回起诉。当事人申请撤回起诉，经审查不损害国家利益、社会公共利益、他人合法权益的，人民法院可予准许。当事人不申请撤回起诉，请求人民法院出具调解书对以物抵债协议予以确认的，因债务人完全可以立即履行该协议，没有必要由人民法院出具调解书，故人民法院不应准许，同时应当继续对原债权债务关系进行审理。

▌条文释义

一、本条主旨

本条是关于通谋虚伪行为和隐藏行为效力的规定。

二、条文演变

本条主要借鉴大陆法系主要立法例，吸收民事法律行为制度中通谋虚伪意思表示的概念。本条虽为新的规定，但实则有所延续，以对过去的民事法律无效事由的整合、修改为基础。原《民法通则》《合同法》以"恶意串通损害国家、集体或者第三人利益""以合法形式掩盖非法目的"为行为无效事由，本法予以修改。本条作为新增规定的意义应当与此相结合看待。

（一）关于恶意串通损害国家、集体或者第三人利益

恶意串通并非民法概念，关于恶意串通应如何定义以及其与虚伪表示的关系一直存在争议。或是认为，恶意串通除包括虚伪表示外，还包括双方通谋而为与效果意思一致的意思表示这种情况，并且还要求具备恶意串通损害国家、集体或者第三人利益这一限定条件，才发生无效的法律后果。[1] 或是认为，在虚假表示的民事法律行为中，行为人与相对人所表示出的意思均非真意，而恶意串通的双方当事人所表达的都是内心真意，二者尽管在法律后果上相同，但不可混淆。某些情况下，双方通谋的虚伪表示也可能表现为主观上的恶意，且同时损害了他人的合法权益，但二者的侧重点不同，不能相互替代。[2] 司法实

---

[1] 参见韩世远：《合同法总论（第三版）》，法律出版社2011年版，第172页。
[2] 参见李适时主编：《中华人民共和国民法总则释义》，法律出版社2017年版，第484~485页。

践中关于恶意的认定更侧重于主观动机。最高人民法院通过司法解释和对一些个案的复函或者裁判意见阐明了据以认定的关键要件：（1）当事人之间均明知存在某种情形。（2）合同当事人为一方之私利而相互串通，其后果是损害国家、集体或第三人的利益。我们倾向于认为，恶意串通不排除以虚伪表示的方式进行，但也可以是在双方的表示意思均与效果意思一致的情况下成立，构成恶意串通的关键不在于是否是虚伪表示，而是具有"害意"，由此形成违法或者悖俗的效力瑕疵，导致意思自治受限。如前引第二种观点所述，二者侧重点不同。

（二）关于以合法形式掩盖非法目的

较早时期，实务上对以合法形式掩盖非法目的与虚伪表示的区别多有不察。比较有代表性的观点是，以合法形式掩盖非法目的的行为是一种内容违法的虚假行为，又称伪装行为。在实施这种行为时，行为人故意表现出来的形式或故意实施的行为并非真正要达到的目的，其只是借助合法的合同外表达到非法的目的。伪装行为既可以是单方的虚假行为，也可以是双方通谋的虚假行为，在后一种情况下，伪装行为变成了恶意串通之一种。① 学理上另有见解将以合法形式掩盖非法目的比附大陆法系主要立法例中的脱法行为。脱法行为是指以迂回手段规避法律规定的行为。二者是否等同，理论上亦有争议。比较中肯的观点认为，二者应属部分交叉的关系。② 我们倾向于认为，以合法形式掩盖非法目的并不能准确描述效力障碍事由。从意思表示要素分析，非法目的如仅仅是行为人的内心动机，则并不一定构成意思表示瑕疵，其既可以表现为虚伪表示和隐藏行为的并存，亦可表现为意思表示真实但违法或者悖俗。如概以"掩盖非法目的"相称，一是将合同效力认定扩展至对当事人主观意图的判定，增加事实认定难度，亦可能导致无效标准虚无化。二是非法目的是否一概导致无效需具体分析，如属于违反法律、行政法规的强制性规定，或者违背公序良俗的情形，援引《民法典》第153条规定即可；如尚未达到这一标准，则对合同效力不生影响。

法律行为效力来源有二：一为符合当事人自由意志，二为符合外部的管制

---

① 参见李国光主编、最高人民法院经济审判庭编著：《合同法释解与适用》，新华出版社1999年版，第223页。
② 参见韩世远：《合同法总论（第三版）》，法律出版社2011年版，第174页。

秩序，二者分别代表了评判行为效力的不同层级。恶意串通损害国家、集体利益和以合法形式掩盖非法目的作为无效事由的提炼和分类，体现了过去民法对交易领域较重的管制色彩，其将意思表示不真实的状态与对强制秩序的危害进行绑定，混淆了不同层级的效力障碍事由。虚伪表示不问主观动机为何，亦不问行为违法性，属于意思表示瑕疵的范畴，至于违法或者悖俗的情形，则交由本法第153条规制。本条肯定了虚伪表示作为独立无效事由的地位，重塑了民事法律行为效力障碍事由的体系，过去对民事法律行为制度重心的偏离得以纠正。

三、条文解读

（一）以通谋虚伪表示实施的民事法律行为绝对无效

意思表示瑕疵分为意思与表示不一致和意思表示不自由两种类型，虚伪表示属于故意的意思与表示不一致，即表意人在明知自己欠缺与表示内容一致的效果意思时作出意思表示。通谋虚伪表示需有相对人存在，可分为需受领的单方法律行为和双方法律行为。从本条文义分析，"行为人与相对人以虚假的意思表示实施的民事法律行为"，应是指相对人并非仅为被动受领意思表示一方，指向双方法律行为。但在单方法律行为时，基于意思表示同一原理，亦应作相同解释，故本条规定的民事法律行为应作扩大解释，也适用于需受领的单方法律行为，如行使解除权、追认民事法律行为。

从效力障碍事由的层级分析，意思表示瑕疵并不当然导致民事法律行为无效，一般可以通过赋予意思表示瑕疵一方撤销权的方式予以救济。虚伪意思表示无效的原理在于：（1）意思表示瑕疵并不仅存在于一方，而是因双方通谋形成了共同的瑕疵，与其他意思表示瑕疵类型不同。（2）双方均知晓该表示的法律效果并非真意，如认定为有效，与意思自治原则不符。（3）应表达对此种通谋行为的否定性评价。

（二）隐藏行为效力不受虚伪表示影响

隐藏行为是指被隐藏于表面行为之下，体现双方真实意思的行为，也可称作非伪装行为。有虚伪表示不等于必然存在隐藏行为，比如双方为逃避债务进行赠与，赠与行为属于以虚伪表示实施的行为，但无隐藏行为。又如双方为规避承租人优先购买权将买卖伪装为赠与，则赠与为虚伪表示，买卖为隐藏行为。隐藏行为的效力不受虚伪表示影响，应依法予以认定。

▶ 适用指引

一、关于虚伪表示与真意保留、戏谑表示、情谊行为的区分

（一）真意保留

学理上，虚伪表示包括通谋虚伪表示与单独虚伪表示。[1] 单独虚伪表示也称真意保留，是指表意人单方不希望依表示内容发生法律效果。通谋虚伪表示与真意保留的本质区别在于表意人与相对人是否形成通谋：通谋虚伪表示中，表意人与相对人均知晓表意人真实意思是不欲发生该法律效果，且双方的主观状态为彼此知晓、共同追求，此为通谋；真意保留时，虽也有相对人知晓表意人主观状态的可能，但表意人认为他人不知道其内心意思。相对人不知道真意保留的，意思保留有效，相对人知道真意保留的，意思表示无效。

《民法典》未对真意保留作出规定，是否参照本条规定认定，或是将本条规定的"虚假的意思表示"解释为包括单独虚伪表示，对此，有观点认为，此种解释极为牵强，背离立法本意，也无法解决相对人不知道真意保留的情况下法律行为是否有效的问题，建议在相对人知道真意保留时，依据本法第134条第1款认定法律行为不成立，并依据第136条第1款认定法律行为因不成立而不生效。[2] 这一观点应予赞同。通谋虚伪表示和真意保留虽均为意思表示瑕疵，但因有无通谋不同而在是否存在善意相对人合理信赖保护上有本质区别，不可按同一问题类推适用同一规则，此时应向本法确立的意思表示制度寻求解决方法，符合无特别规定援引一般规定的法律适用规则。

（二）戏谑表示

又称非诚意表示，指表意人作出意思表示时并无诚意并且预期其无诚意不至于被误解，比如日常生活中的开玩笑、吹牛。戏谑表示是德国民法确立的概

---

[1] 参见王泽鉴：《民法总则》，北京大学出版社2009年版，第335页。
[2] 参见杨代雄：《法律行为论》，北京大学出版社2021年版，第267页。

念，戏谑表示与真意保留均属于虚伪表示，区别在于戏谑表示是善意戏谑，表意人预期相对人可以认识到其表示行为欠缺真诚。戏谑表示明显是意思主义的产物，强调表意人的内心真意，以至于纵然相对人误信为真，非诚意表示亦属无效。① 本法亦未对此作专门规定。对日常生活中出现的此类争议，应根据社会一般观念认定相对人就表意人所为戏谑表示是否有信以为真的合理信赖认定，按真意保留的规则处理。

（三）情谊行为

或称好意施惠行为，是指当事人之间就其约定欠缺法律行为上的法律效果意思，当事人之间没有履行请求权。② 虚伪表示虽因归于无效，当事人之间无履行请求权，但二者的区别在于：一是虚伪表示的当事人具备效果意思，只是该效果意思与表示意思不一致。二是情谊行为属于日常生活中不具备法律效果的交往行为，以人与人之间的信赖、感情为纽带，法律不应当过度介入，因此单纯的情谊行为不属于法律行为的范畴。

二、关于通谋虚伪表示是否可以对抗善意第三人

在比较法上，通谋虚伪表示的效力存在不同模式，一为绝对无效，二为相对无效。二者区别在于是否对善意第三人给予特别保护，如是绝对无效，是对所有人均自始无效，相对无效时，双方当事人不得以通谋虚伪表示之无效对抗善意第三人。《民法总则（草案）》原有但书规定，即"双方当事人不得以通谋虚伪表示之无效对抗善意第三人"，但此后被删除，其理由在于，对善意第三人的保护应适用原《物权法》关于善意取得的规定。③ 具体理由是：原《物权法》第106条规定善意取得有三个条件，除当事人的主观善意外，还要有客观标准比如不动产登记等，这样就把善意保护仅仅限制在依据法律行为取得物权的环节。而本条草案的规定中仅仅只有当事人主观善意一个条件，这样就会产生当事人依据合同也来主张善意保护的缺陷。故建议本条第1款修改为："行为人与相对人以虚假的意思表示实施的民事法律行为无效。在此情形，法

---

① 参见朱庆育：《民法总论（第二版）》，北京大学出版社2016年版，第265页。
② 参见王泽鉴：《债法原理》，中国政法大学出版社2001年版，第199页。
③ 参见杜涛主编：《民法总则的诞生——民法总则重要草稿及立法过程背景介绍》，北京大学出版社2017年版，第410~411页。

律对保护善意第三人另有规定的,依其规定。"①

对这一问题,过去的司法实践中,已有适用第二种相对模式所含法理的先例。最高人民法院(2014)民二终字第271号民事判决,以通谋虚伪表示法理为说理依据,认为:"根据民法基本原理,双方当事人通谋所为的虚伪意思表示,在当事人之间发生绝对无效的法律后果。但在虚伪表示的当事人与第三人之间,则应视第三人是否知道或应当知道该虚伪意思表示而发生不同的法律后果:当第三人知道该当事人之间的虚伪意思表示时,虚伪表示的无效可以对抗该第三人,当第三人不知道当事人之间的虚伪意思时,该虚伪意思表示的无效不得对抗善意第三人。据此,在基础合同因债权人和债务人双方通谋实施的虚伪意思表示而无效的情况下,保理业务合同并不当然因此而无效。"该判决的裁判意旨被《民法典》第763条吸纳,该条规定:"应收账款债权人与债务人虚构应收账款作为转让标的,与保理人订立保理合同的,应收账款债务人不得以应收账款不存在为由对抗保理人,但是保理人明知虚构的除外。"该条制定的背景是,《民法典》总则编在最后审议阶段删除"通谋虚伪表示无效不得对抗善意第三人",将这一问题留待《民法典》分编编纂时个别解决。但从学理和实务的情况来看,"通谋虚伪表示无效不得对抗善意第三人"作为民法基本原理,并无分歧认识,这也是第763条立法的法理依据。②

从立法背景分析,本条规定未设但书条款,是有意而为,并非疏漏。而在对保理合同的规定中明确"通谋虚伪表示无效不得对抗善意第三人",这种立法设计应当是以商事行为中对交易效率的侧重保护为基础,在特定情形下肯定相应法理。从比较法角度分析,德日的不同模式并非凭空而来。德国民法采用绝对模式,背景是在对交易外观信赖者的保护制度(特别是登记的公信力)普遍采用的法制之下,已无此必要。而在日本民法没有采用这种制度的背景下,明确无效不得对抗善意第三人就具有极为重要的意义。③本条未设但书规定,同样是考虑到与善意取得制度的协调问题。但善意第三人主张的善意保护并不会局限于物权归属,或是保理合同中的债权转让,在其他领域,是否可类推适

---

① 参见全国人大代表孙宪忠研究员《关于〈民法总则(草案)的修改建议〉》(2017年3月8日)。
② 参见最高人民法院民法典贯彻实施工作领导小组主编:《中华人民共和国民法典合同编理解与适用》,人民法院出版社2021年版,第1774页。
③ 参见[日]我妻荣:《我妻荣民法讲义Ⅰ新订民法总则》,于敏译,中国法制出版社2008年版,第273页。

用《民法典》第763条，有待进一步探索。

三、关于让与担保是否适用本条

（一）让与担保的性质之争

让与担保是指以签订买卖合同的方式为借款提供担保，或约定履行期限届满债务未清偿时转移所有权，或约定将担保标的物之权利移转于担保权人，债权人在债务清偿后返还标的物。让与担保在形式上存在买卖合同和借款合同两个合同关系，买卖合同的履行和借款合同存在关联。在德国普通法时代和日本明治末年、大正初年，曾有观点将让与担保归于通谋虚伪意思表示，主要理由是双方当事人实际上并无转移标的物所有权或者买卖的意思。目前的通说认为，让与担保是出于真正之效果意思而为表示，与通谋虚伪意思表示的双方当事人欠缺效果意思不同。① 有的观点则从另一角度认为，让与担保意思表示的法律效果只是和欲达成的经济目的发生矛盾，债权担保的经济目的只是想以所有权转让的法律手段达成，在所有权转让的意思表示上伴随着真意。②

我国司法实践中，对让与担保性质的认定存在观点变迁。最高人民法院（2011）民提字第344号民事判决的裁判要旨为："1.双方当事人基于同一笔款项先后签订《商品房买卖合同》和《借款协议》，并约定如借款到期，偿还借款，《商品房买卖合同》不再履行；若借款到期，不能偿还借款，则履行《商品房买卖合同》。在合同、协议均依法成立并已生效的情况下，应当认定当事人之间同时成立了商品房买卖和民间借贷两个民事法律关系。该行为并不违反法律、行政法规的强制性规定。2.借款到期，借款人不能按期偿还借款。对方当事人要求并通过履行《商品房买卖合同》取得房屋所有权，不违反《担保法》第四十条、《物权法》第一百八十六条有关'禁止流押'的规定。"③ 该判决认为此时成立独立的商品房买卖合同。《民间借贷规定》（2020年12月23日第二次修正）第23条第1款的规定"当事人以订立买卖合同作为民间借贷合同的担保，借款到期后借款人不能还款，出借人请求履行买卖合同的，人民

---

① 参见谢在全主编：《民法物权论》，中国政法大学出版社1999年版，第901页。
② 参见［日］我妻荣：《我妻荣民法讲义Ⅰ新订民法总则》，于敏译，中国法制出版社2008年版，第272页。
③ 案例来源：《最高人民法院公报》2014年第12期。

法院应当按照民间借贷法律关系审理"否定了前述判决确立的裁判思路。《民法典担保制度解释》第68条明确了让与担保是独立的非典型担保形式。起草人的观点是，以虚伪意思表示为由确定让与担保无效缺乏法律依据。让与担保的当事人以真意进行所有权的让与行为，尽管转让所有权的意思旨在实现担保的目的，但该意思系当事人真实意思表示，并非欠缺效果意思的通谋虚伪表示。①据此，让与担保合同本身不存在适用通谋虚伪表示相关规定的余地，已无争议。

（二）让与担保中的买卖合同

让与担保本身不属于通谋虚伪表示无效的情形。但因让与担保往往以"名为买卖，实为担保"的方式进行，同时存在买卖合同外在形式和借款担保实质目的，一些案件中的当事人往往诉请确认双方签订的商品房买卖合同无效，以迂回实现拒绝履行的诉讼目的。我们倾向于认为，当事人签订的合同名为买卖合同，但合同性质的确定应当根据法律关系内容确定，买卖合同性质实为让与担保，不存在独立的买卖合同，因此不存在确认买卖合同无效的前提。

▶ 典型案例

李某玲、李某平诉张某翎、李某一房屋买卖合同纠纷案

关键词： 通谋虚伪表示　效力

裁判摘要： 当事人之间的意思表示构成通谋虚假表示行为的，伪装行为无效，双方之间法律关系的性质应根据隐藏行为进行判断，进而依照法律规范确定其效力。

基本案情： 李某柱与祁某惠系夫妻，婚后生育有二子一女，分别为长子李某平、次子李某平、女儿李某玲。张某翎系李某平之妻，李某一系李某平与张某翎之子。祁某惠于2015年1月29日去世，李某平于2015年8月28日去世。庭审中，李某玲、李某平、李某平均确认李某柱于2003年10月14日去世，李某柱与祁某惠无养子女，李某柱与祁某惠的父母已先于他们去世。

---

① 参见最高人民法院民事审判第二庭编著：《最高人民法院民法典担保制度司法解释理解与适用》，人民法院出版社2021年版，第568页。

1998年11月7日,李某柱、祁某惠分别订立遗嘱,将涉案房屋给李某平继承。2012年8月10日,祁某惠作为出卖人,李某平作为买受人,签订了《存量房屋买卖合同》,约定由祁某惠将×××号房屋出售给李某平,房屋成交价格为1214600元,具体付款方式及期限的约定见附件四。在该合同上,双方对于房屋的交付、违约责任未进行约定。诉讼中,双方当事人均未提供上述合同的附件四。2015年1月7日,×××号房屋所有权人登记为张某翎。诉讼中,双方当事人均认可合同签订后李某平未向祁某惠支付购房款,张某翎、李某一称祁某惠生前未向李某平主张过购房款。原告李某玲、李某平起诉请求判令张某翎、李某一支付房屋价款1214600元。

法院生效裁判认为:祁某惠与李某平签订了《存量房屋买卖合同》,依照常理,双方之间当存有买卖房屋的意思表示及相应的履行行为。然结合查明的事实发现,祁某惠与李某平之间一系列的外在行为与上述意思表示存在相悖之处,具体如下:其一,就涉诉房屋的权属而言,各方均认可其为李某柱和祁某惠的夫妻共同财产,然二人早在1998年就已经订立遗嘱并进行了公证,其中均明确了涉诉房屋中属于自己的份额遗留给李某平,故在2003年李某柱去世后,依照其所立公证遗嘱的效力,李某平成了涉诉房屋的共有权人之一。就另一共有权人祁某惠而言,在本案所涉的《存量房屋买卖合同》签订之前,未有证据显示祁某惠存在撤销遗嘱的表示、行为及祁某惠与李某平关系恶化的迹象,故可推定祁某惠并不存在让李某平以支付对价的方式获得房屋权属的意愿。其二,从《存量房屋买卖合同》的内容分析,其中虽然约定了房屋的价格,但对于交付时间、违约责任、付款方式和期限等重要条款均未明确。且在合同签订直至祁某惠去世期间,未有证据显示祁某惠向李某平主张过购房款。在未收到任何房款的前提下,祁某惠就把房屋过户到李某平名下,此举与房屋买卖的交易习惯不符。其三,从处分权的角度分析,在签订《存量房屋买卖合同》之时,祁某惠并非房屋的完全所有权人,依照上文所述,此时房屋的权属状态为共同共有,共有权人则包括李某平和祁某惠,在此前提下,李某平无视己方的权属份额,再通过买卖以支付祁某惠全部购房款的方式获得过户登记,违背常识。其四,祁某惠与李某平为母子关系,2012年8月时,祁某惠已近78岁高龄,且长期与李某平生活在一起,李某平亦承担了赡养母亲的义务。在此前提下,祁某惠再将涉诉房屋卖与自己的儿子并拟从中获取房款的行为缺乏动机性意义。此外,对于《存量房屋买卖合同》的签订原因,张某翎、李某一亦提供证据,从便于过户、减少支出等方面作出了合理解释。

故此,结合上述分析和祁某惠的遗嘱及生前行为,应当认定祁某惠和李某平之间并不存在真正的房屋买卖行为,而是形成了赠与行为。在此前提下,作为部分继承人的李某玲、李某平以房屋买卖合同为由主张李某平之继承人张某翎、李某一支付购房款显然无法成立,故此判决:驳回上诉,维持原判。

【案　　号】(2016)京03民终7576号

【审理法院】北京市第三中级人民法院

【来　　源】《人民法院案例选·季版》2017年第6辑(总第112辑)

▶ 类案检索

中国建设银行股份有限公司常州分行与金某元、居某兰等金融借款合同纠纷案

关键词: 通谋虚伪表示　善意第三人

裁判摘要: 行为人与相对人以虚假的意思表示实施的民事法律行为无效。涉案《商品房买卖合同》真实目的在于为凯悦公司套取银行资金。凯悦公司与金某元、居某兰是故意作出虚伪表示,相互通谋,通过签订《商品房买卖合同》来为凯悦公司融资。因此,凯悦公司与金某元、居某兰以虚假意思表示签订《商品房买卖合同》的行为无效,案涉《商品房买卖合同》应属无效合同。凯悦公司为了融资目的与金某元、居某兰恶意串通签订《商品房买卖合同》,并以金某元、居某兰的名义向建行常州支行申请贷款。对此,凯悦公司或金某元、居某兰并未提供证据证明将上述情况告知了建行常州分行或者建行常州分行系知道或者应当知道,在此情形下,建行常州分行是善意第三人。故而凯悦公司与金某元、居某兰不能以其签订《商品房买卖合同》行为的无效对抗金某元、居某兰与建行常州分行签订《个人住房(商业用房)借款合同》的行为,案涉《个人住房(商业用房)借款合同》应为有效合同。

【案　　号】(2017)苏04民终3746号

【审理法院】江苏省常州市中级人民法院

> 第一百四十七条 基于重大误解实施的民事法律行为,行为人有权请求人民法院或者仲裁机构予以撤销。

关联规定

一、法律、行政法规、司法解释

1.《中华人民共和国民法典》

第一百五十二条 有下列情形之一的,撤销权消灭:

(一)当事人自知道或者应当知道撤销事由之日起一年内、重大误解的当事人自知道或者应当知道撤销事由之日起九十日内没有行使撤销权;

(二)当事人受胁迫,自胁迫行为终止之日起一年内没有行使撤销权;

(三)当事人知道撤销事由后明确表示或者以自己的行为表明放弃撤销权。

当事人自民事法律行为发生之日起五年内没有行使撤销权的,撤销权消灭。

2.《最高人民法院关于适用〈中华人民共和国民法典〉总则编若干问题的解释》

第十九条 行为人对行为的性质、对方当事人或者标的物的品种、质量、规格、价格、数量等产生错误认识,按照通常理解如果不发生该错误认识行为人就不会作出相应意思表示的,人民法院可以认定为民法典第一百四十七条规定的重大误解。

行为人能够证明自己实施民事法律行为时存在重大误解,并请求撤销该民事法律行为的,人民法院依法予以支持;但是,根据交易习惯等认定行为人无权请求撤销的除外。

第二十条 行为人以其意思表示存在第三人转达错误为由请求撤销民事法律行为的,适用本解释第十九条的规定。

▶ 条文释义

一、本条主旨

本条是对基于重大误解实施的民事法律行为的效力的规定。

二、条文演变

本条沿用原《民法通则》《合同法》中重大误解的概念。原《民法通则》第 59 条规定:"下列民事行为,一方有权请求人民法院或者仲裁机关予以变更或者撤销:(一)行为人对行为内容有重大误解的;(二)显失公平的。被撤销的民事行为从行为开始起无效。"原《合同法》第 54 条第 1 款规定:"下列合同,当事人一方有权请求人民法院或者仲裁机构变更或者撤销:(一)因重大误解订立的;(二)在订立合同时显失公平的。"本条基本延续过去的规定,条文变化体现为:

(一)删除当事人的变更请求权

原《民法通则》及《合同法》均规定当事人有请求变更的权利。原《合同法》第 54 条第 3 款规定:"当事人请求变更的,人民法院或者仲裁机构不得撤销。"原《民法通则意见》第 73 条规定:"对于重大误解或者显失公平的民事行为,当事人请求变更的,人民法院应当予以变更;当事人请求撤销的,人民法院可以酌情予以变更或者撤销。"旧法确立了变更原则上优先于撤销的规则。对此学理上存在较大争议,主要是被诟病为有违意思自治原则,具体理由如下:一种是从变更权的性质角度分析,认为变更权与撤销权性质一致,其法律效果是法院根据当事人一方的请求对法律行为内容的强行改变。① 有的学者虽未明确认可变更权的性质为形成权,但也认为关于变更的规定在许多情况下是强迫另一方接受一个新的合同,或者说是通过法院之手或者法官之口为另一方当事人订立了一个合同。② 另一种观点认为我国民法上的变更既取决于变更权

---

① 参见尹田:《〈民法总则(草案)〉中法律行为制度的创新点之评价》,载《法学杂志》2016 年第 11 期。

② 参见马俊驹、余延满:《民法原论(第三版)》,法律出版社 2007 年版,第 210 页。

人的请求，也同时取决于法院的裁量。在裁量时，模拟当事人真意的方案顾及了合同双方谈判地位的客观差别，原则上更为可取。在重大误解的情形下，当事人意思表示不真实的程度远甚于显失公平的情形，在模拟当事人真意的难度上存在区别。而从比较法上看，在《国际商事合同通则》中，错误、欺诈、胁迫和显失公平都作为宣告合同无效的根据，但前三种情形的法律后果均为宣告无效（类似于撤销），而唯独显失公平的法律后果为宣告无效和变更，此种立法上的区分应当参考。①

同时，也存在相反的观点，认为从实务需要考虑，继续承认当事人可以根据需要请求变更并无坏处。持这一观点的学者认为，在表意人发生意思表示错误，而相对人事后不仅知道该错误，而且表示同意以符合表意人真实意思的方式订立法律行为的情形中，变更是相对人自愿选择的结果，并且不违背错误方的真实意思，错误方再以错误为由主张撤销其意思表示明显不合理。②有学者以"郑明香诉中国工商银行仪征市支行存单案"判决〔江苏省扬州市中级人民法院（2001）扬民再终字第 25 号〕为例予以说明，该案中，银行记账员将存款金额 1400 元误输入为 14000 元，并将记载 14000 元的存单交给存款人，法院判决支持了银行的反诉请求，确认存款金额为 1400 元，该判决被认为属于对合同的变更。③

我们倾向于认为，以上情形可通过传统民法中错误法律行为的"解释先于撤销"规则进行处理。如相对人已经知悉或者应当知悉行为人真实意思，应直接根据表意人真意产生法律行为。④前引判决中，存款人当然明知银行员工的真实意思，且可推知银行员工按真实存入的 1400 元录入数字，存款人也不会拒绝存款，该法律行为标的金额应被解释为 1400 元。至于相对人事后知道该错误，而且表示同意以符合表意人真实意思的方式订立法律行为的，属于当事人协商一致变更合同的情形，亦非一般意义上变更可撤销合同的概念。

本条吸收了学理上的批判意见，基于贯彻意思自治原则的考虑，取消变更权这一法律后果。

---

① 参见贺剑：《〈合同法〉第 54 条第 1 款第 2 项（显失公平制度）评注》，载《法学家》2017 年第 1 期。
② 参见朱广新：《论可撤销法律行为的变更问题》，载《法学》2017 年第 2 期。
③ 参见韩世远：《重大误解解释论纲》，载《中外法学》2017 年第 3 期。
④ 参见朱庆育：《民法总论（第二版）》，北京大学出版社 2016 年版，第 268 页。

（二）明确撤销权的行使主体为重大误解一方

原《民法通则》第59条规定撤销权的主体为"民事行为一方"，原《合同法》第54条规定因重大误解订立的合同，撤销权的主体为"当事人一方"，在文义上易造成双方当事人均有撤销权的歧义。对此已有学者提出，可撤销合同目的在于保护受损害方或有瑕疵意思表示方的合法利益，那么法律就只应赋予受损害方或有瑕疵意思表示一方以撤销权。① 本条规定赋予的撤销权，目的在于给予瑕疵意思表示一方纠正的机会，撤销权主体应限于瑕疵意思表示的表意人。前引旧法规定的撤销权主体尽管在适用中几乎不存在争议，但本条明确撤销权人为基于重大误解实施民事法律行为的行为人，消弭了文义上的分歧，是一项立法进步。

三、条文解读

（一）重大误解概念及构成要件

1. 术语之争

《民法典》第146条规定的虚伪表示属于表意人故意的表示行为与效果意思不一致，本条规定的重大误解则属于表意人无心造成的表示行为与效果意思不一致。传统民法中，与重大误解相对应的概念是错误。误解本身作为民法理论上的特定术语，其含义是指相对人对表意人的意思表示理解错误，不包含表意人本身的认识错误。② 许多学者主张重大误解这一用词不甚贴切，应采用大陆法系主要立法例的"错误"概念。对是否继续保留该术语，亦有学者从规范适用的实际出发，表示赞成意见，或认为"立法注重法律的实际效用，无论采用何种术语，在特定的法律环境下，只要其能够发挥更好规范社会生活的功用，容易为司法者、守法者所接受，便可称其为好的法律"③，或提出"这一概念经过广泛使用，已为广大法官、律师和当事人所掌握，在裁判实务中并未发

---

① 参见马俊驹、余延满：《民法原论（第三版）》，法律出版社2007年版，208页。
② 参见史尚宽：《民法总论》，中国政法大学出版社2000年版，第395页。
③ 宋江涛：《我国民法重大误解制度的反思与完善》，载《法律适用》2016年第9期。

生混淆和不当，应当维持不变"①。以上见解可资赞同。我国民法上采用的"重大误解"概念，就其立法本意而言，实际上已经等同于或者说接近于传统民法上的"错误"，且经过多年司法实践，也被广泛接受，基于此，立法机关最终决定继续沿用这一本土化的术语。

2. 重大误解的构成要件

《民法典》并未规定重大误解的构成要件。立法机关认为，重大误解的构成要件本质上是一个司法问题，随着民事法律行为理论以及事件类型的不断发展，重大误解制度的涵摄范围会有变化，并认为由最高人民法院从法律适用的角度对"重大误解"的认定加以规定是可行的。②立法上的留白，目的是使法律适用能够适应社会变迁，更接近社会事实，顾及个案细节和特殊性。从学理上分析，重大误解应具备如下构成要件：

（1）民事法律行为已经成立。存在重大误解的前提是民事法律行为已经成立，该项判断优先于意思表示是否存在效力瑕疵的判断。

（2）表示内容与表意人的意思不一致。表示内容与表意人的意思是否一致，涉及意思表示的内容，需通过解释确定。"解释先于撤销"是传统民法上错误制度的适用规则。基于重大误解实施的法律行为应遵循的解释规则包括：一是基于"误载无害真意"，如表意人已经与相对人达成合意，之后形成的契约文本出现的误载不构成错误。二是如相对人知道或者应当知道表意人真实意思，则双方虽就该非真意表示达成合意，也不存在错误，法律行为直接根据表意人真意产生。③

关于意思与表示不一致的主观状态，故意的不一致属于虚伪表示的范畴，重大误解应排除表意人故意造成，当无疑问，主要争议在于当事人过失是否属于重大误解需考量的要件，对此存在不同观点。一种认为，重大误解须是因为表意人自身的过失造成的，而不是相对人欺诈、误导造成的。④另有见解认为，

---

① 梁慧星主编：《中国民法典草案建议稿附理由·总则编》，法律出版社2004年版，第169页。
② 参见李适时主编：《中华人民共和国民法总则释义》，法律出版社2017年版，第461页。
③ 参见朱庆育：《民法总论（第二版）》，北京大学出版社2016年版，第268页。
④ 参见最高人民法院民法典贯彻实施工作领导小组主编：《中华人民共和国民法典总则编理解与适用》，人民法院出版社2021年版，第734页；胡康生主编：《中华人民共和国合同法释义》，法律出版社1999年版，第97页。

应将相对人的参与作为重大误解构成要件之一。主要理由是，重大误解是保护误解人的制度，若不考虑相对人的过错因素而偏重于保护表意人，实际上是意思主义的产物，"难以证成保护误解人而忽视相对人的做法具有正当性"①。

我们倾向于认为，本条规定未设置表意人或者相对人的过失要件。自表意人一方看，表意人有无过失对构成重大误解均不生影响。自相对人一方分析，基于以下理由，亦无须限定相对人一方有无过错：一方面，因欺诈的举证标准较高，为善尽对意思表示瑕疵一方的保护，应当允许错误与欺诈的竞合。② 另一方面，从社会生活实际来看，相对人未积极实施欺诈、胁迫的行为，但无意中提供了足以造成误导的信息，这类事实也存在一定可能性。因此，限定重大误解为仅因表意人过错造成，也有失偏颇。

（3）误解需具有重大性。为保障交易安全，轻微的误解对法律行为效力不生影响，唯有在对合同的订立基础、预期目的的实现具有重大影响时，误解才具备法律意义。原《民法通则意见》第71条以给表意人造成较大损失为重大误解的要件，但重大误解制度的目的在于矫正意思表示瑕疵，维护意思自治原则，是否造成行为人固有利益或是预期的履行利益的损失，并非制度重心。《民法典总则编解释》第19条未再保留"造成较大损失"要件，而是规定"按照通常理解如果不发生该错误认识行为人就不会作出相应意思表示"。据此，认定何为"重大"，应回归于该项误解与意思表示的因果关系。同时，为保护交易安全和善意相对人，表意人的主观状态应根据通常观念加以判断，如果个案中表意人的主观预期与具有一般理性人的预期具有相当差距，也不符合"重大误解"的要求。

（二）重大误解的类型

德国法根据意思表示的路径，将意思表示错误分解为存在于意思形成阶段的错误和表达阶段的错误。意思形成阶段的错误为动机错误，原则上不成为效力瑕疵事由。这一二元论建立在意思主义的立场上，随着现代民法的发展，对二元论的批评也逐渐增多：一是二元论不符合现代民法所采的表示主义立场，按照表示主义的解释规则，当表示的受领人对表示的理解不同于表意人所指向的意义时（排除"错误的表示不生影响"的情形），应根据客观的和规范的准

---

① 韩世远：《重大误解解释论纲》，载《中外法学》2017年第3期。
② 参见杨代雄：《法律行为论》，北京大学出版社2021年版，第282页。

则，确定该表示究竟具有何种意义，而非探求表意人内心的真实意思。①二是二元论人为地区别不同阶段、不同类型的错误，并赋予不同的法律效果，带来形形色色的概念界定及类型区分上的困扰和争论，导致实务中将错误归类成为首要问题。②

二元论的分野以拆解意思表示的形成过程为基础，存在脱离现实生活的缺陷。本条在文义上未限定误解类型，未区分表示错误和动机错误。这也符合意思表示错误理论的发展趋势，如《国际商事合同通则》第3.2.1条对错误的定义为：错误是指对于合同成立时存在的事实或者法律的不正确假定。但对实务中是否应当区分动机错误与表示错误，理论上仍存在争议。通说认为，因表意人的动机存在于内部，如使动机影响意思表示效力，会严重损及交易安全。仅当动机表示于外，成为意思表示的内容时，可影响相应法律行为的效力。③反对意见则认为，所谓"动机存在于内心，非他人所得窥知，自不许表意人主张撤销，而害及交易安全"的通说理由不能成立，因表示错误也非他人所得窥知。动机错误风险应由表意人自担的观点也不能成立，因为不能说明表示错误的风险为何不应由表意人负担。④

实际上，动机错误和表达错误的区分的理论意义甚于其现实意义。日本法学家舟桥淳一提出："现实中发生的错误，大多是关于动机错误的，法律不能简单无视社会需求而对动机错误一律不予以保护。"⑤我们倾向于认为，传统二元论对意思表示的精细化拆分虽不足取，但基于保护交易安全，合理分配风险的价值目标，纯粹的动机错误仍应排除在重大误解之外，对构成重大误解的动机错误应当予以严格限定，如交易上重要的性质错误、双方动机错误应导致法律行为的撤销。⑥《民法典总则编解释》第19条对错误的类型作了不完全列举：行为人对行为的性质、对方当事人或者标的物的品种、质量、规格、价格、数量等产生错误认识，该规定具有较强的实践意义。

---

① 参见龙俊：《论意思表示错误的理论构造》，载《清华法学》2016年第5期。
② 参见韩世远：《重大误解解释论纲》，载《中外法学》2017年第3期。
③ 参见胡长清：《中国民法总论》，中国政法大学出版社1997年版，第239页；梁慧星：《民法总论（第二版）》，法律出版社2010年版，第113页。
④ 参见叶金强：《私法效果的弹性化机制——以不合理、错误与合同解释为例》，载《法学研究》2006年第1期。
⑤ 转引自班天可：《日本法中的错误论——兼析法律的经济分析在民法解释中的界限》，载易继明主编：《私法》，华中科技大学出版社2012年版，第211页。
⑥ 参见杨代雄：《法律行为论》，北京大学出版社2021年版，第288页。

近年来，司法实务中较常出现的一类错误类型是法律错误，指表意人基于对法律的认识错误，导致法律行为的后果与意思相悖。司法实践中，一般认为对法律的理解错误不属于"重大误解"。① 在罗马法上，错误是对某一现象或标的的不真实认识，不知则是缺乏任何认识。② 而法律是公开的、确定的，且与行为人利益密切相关，故推定法律应为行为人所知晓。故在罗马法上，对法律错误原则上不予救济。德国法通过判例发展出了"法律效果错误"。将意思表示直接决定的法律后果之错误认定为内容错误，表意人享有撤销权。比如，饭店老板将饭店"连同从物"一起出售给他人，以为从物仅包括固定设施，不包括其他动产，但在法律上从物的范围要大得多，也即对从物的内涵发生了错误的理解。③ 对于间接的法律后果，即该法律后果是法律为某种已经订立的法律行为规定的后果时，表意人没有撤销权。也有学者提出，这种法律效果错误，仅是一种特殊的观察角度，依其与意思表示的关联程度，法律效果错误可能只是无关紧要的动机错误，亦可能构成内容错误。④ 我们倾向于认为，从法律错误可能涵摄的具体内容分析，不宜将该种类型一概排除于重大误解之外。已有学者从法的解释角度，认为原《民法通则意见》第71条的不完全列举应包含法律错误，⑤ 或者认为该条规定的"行为后果的错误"即表意人的意思与法律效果间的不一致，范围比内容错误要宽，应包含法律错误。⑥ 以上意见，可资参考。

---

① 参见北京市高级人民法院民一庭编：《北京民事审判疑难案例与问题解析（第一卷）》，法律出版社2007年版，第425页；贵州省安顺市中级人民法院（2016）黔04民终790号民事判决书。
② 参见［意］彼得罗·彭梵得：《罗马法教科书》，黄风译，中国政法大学出版社2015年版，第53~54页。
③ 参见［德］卡尔·拉伦茨：《德国民法通论》，王晓晔等译，法律出版社2003年版，第511页。
④ 参见朱庆育：《民法总论（第二版）》，北京大学出版社2016年版，第274页。
⑤ 参见韩世远：《重大误解解释论纲》，载《中外法学》2017年第3期。
⑥ 参见班天可：《论民法上的法律错误对德国法和日本法的比较研究》，载《中外法学》2011年第5期。

适用指引

一、关于对善意相对人的保护

前已述及,重大误解制度实为对表意风险的合理分配,核心在于在表意人和相对人之间寻找一个风险分配的合理界限。各国立法例为平衡当事人的利益往往在错误制度中设置特别规则。

根据《民法典》的规定,重大误解的构成不问当事人是否存在过错。如何实现对善意相对人的保护,兼顾意思自治和错误风险自担,是司法实践中必须考量的问题。《民法典》第157条规定的缔约过失责任,是调节当事人利益关系的一项机制。需注意的是,缔约过失责任作为过错责任,规范意旨除填补损失外,还在于对违背诚实信用原则的过失行为的抑制,赔偿损失须以行为人违反诚实信用原则为前提。① 如表意人无过失,缔约过失责任的调节功能无法开启。此外,根据《民法典》第152条,重大误解的当事人自知道或者应当知道撤销事由之日起九十日内没有行使撤销权的,撤销权消灭,当事人自民事法律行为发生之日起五年内没有行使撤销权的,撤销权消灭。该条同时设置了有关重大误解撤销权除斥期间的特别规定和一般规定,在个案适用时应当以对重大误解这一规范性概念的具体化为前提,准确适用法律,精准衡量双方当事人的利益关系。

二、关于撤销权的排除

《民法典总则编解释》第19条第2款规定:"行为人能够证明自己实施民事法律行为时存在重大误解,并请求撤销该民事法律行为的,人民法院依法予以支持;但是,根据交易习惯等认定行为人无权请求撤销的除外。"该条但书部分规定了基于重大误解行使撤销权的例外情形。特定类型的交易行为存在由一方当事人自行承担相关风险的交易习惯,如艺术品买卖、盲盒销售、保险、彩票等射幸行为,表意人不得以重大误解为由主张撤销合同。

---

① 参见孙维飞:《〈合同法〉第42条(缔约过失责任)评注》,载《法学家》2018年第1期。

三、重大误解与误传

在意思表示由传达人传达时，传达错误的风险应由谁承担，亦属于重大误解制度的内容。《民法典总则编解释》第 20 条规定："行为人以其意思表示存在第三人传达错误为由请求撤销民事法律行为的，适用本解释第十九条的规定。"根据该条规定，传达不实亦属于表示错误的范畴。需进一步探究的问题在于，传达人故意传达不实的，传达内容是否仍属于表意人的意思表示。从比较法看，德国通说认为，篡改意思表示的内容并不是委托人在使用传达人时可以估算的典型风险，因此不适用关于错误的规定。[①] 学理上也有观点认为，故意的误传并非表意人作出的意思表示，应类推适用无权代理的规定。[②] 还有观点认为，故意误传也应构成传达错误，因为表意人任命传达人，其比相对人更易于控制风险，从而无论是传达人故意抑或无意地错误传达，均可归责于表示人。[③] 这一问题，有待在司法实践中进一步探索。

▶ 类案检索

一、谭某与胡某、陈某军等合同纠纷案

关键词：重大误解

裁判摘要：谭某作为甲方，陈某军、许某培、胡某作为乙方签订《出资调换协议》，约定甲、乙双方以合伙方式共同出资经营云鑫汽车城、协享未来城，为便于经营管理，乙方将在云鑫汽车城中的出资全部出让给甲方，退出在云鑫汽车城的经营管理。同时甲方将在协享未来城中的出资全部转让给乙方，退出在协享未来城的经营管理。《出资调换协议》签订后，协享未来城的其他合伙人陈某等人起诉要求陈某军、许某培、谭某履行出资义务，经人民法院作出（2014）渝高法民终字第 00007 号民事判决，认定陈某军、许某培、谭某关于协享未来城前期投入及项目价值折价 3500 万元作为其出资的主张不能成立，

---

① 参见杨代雄：《法律行为论》，北京大学出版社 2021 年版，第 291 页。
② 参见朱庆育：《民法总论（第二版）》，北京大学出版社 2016 年版，第 277 页。
③ 参见纪海龙：《〈合同法〉第 48 条（无权代理规则）评注》，载《法学家》2017 年第 4 期。

并判决陈某军、许某培、谭某履行3500万元的出资义务。谭某在协享未来城的合伙份额的价值与《出资调换协议》签订时双方当事人认定的价值出现较大的偏差。陈某军、许某培、胡某在（2014）渝高法民终字第00007号民事判决作出之日起一年内以重大误解订立合同为由主张撤销《出资调换协议》，是在法律规定的期限内行使撤销权，符合法律规定。

【案　　号】（2015）渝高法民终字第00527号
【审理法院】重庆市高级人民法院

二、伍某枝与中铁二十局集团第六工程有限公司撤销权纠纷案

关键词：重大误解

裁判摘要：关岭布依族苗族自治县坡贡镇人民政府和关岭自治县长沙至昆明铁路客运专线建设领导小组办公室共同组建的工作组于2015年10月28日在对伍某枝房屋炮损入户调查时未完全领会《安顺市人民政府关于长昆客专安顺段施工炮损补偿方案的批复》（安府函〔2012〕216号）文件内容，误将轻度裂痕与重度裂痕混淆，从而认定伍某枝房屋炮损金额为46448.68元，2016年3月17日工作组第二次对伍某枝房屋炮损入户调查，认定伍某枝房屋炮损金额为13295.80元，两次入户调查房屋炮损结果相差33152.88元。中铁二十局集团第六工程有限公司主张其下设的第九工程队依照该工作组于2015年10月28日的炮损调查结果与伍某枝签订的《坡贡镇大坪寨村房屋受损修复性补偿协议书》是在对炮损金额产生重大误解的基础上所作出。二审法院认为，重大误解构成要件包括：（1）必须是表意人因为误解作出了意思表示；（2）必须是对合同内容发生了重大误解；（3）误解是由误解方自己的过错造成的；（4）误解直接影响到当事人所享有的权利和承担的义务。本案中铁二十局集团第六工程有限公司对《安顺市人民政府关于长昆客专安顺段施工炮损补偿方案的批复》理解错误，并不是对《房屋炮损补偿协议书》合同内容的误解，故中铁二十局集团第六工程有限公司关于重大误解的起诉理由不成立。

【案　　号】（2016）黔04民终790号
【审理法院】贵州省安顺市中级人民法院

第一百四十八条 一方以欺诈手段，使对方在违背真实意思的情况下实施的民事法律行为，受欺诈方有权请求人民法院或者仲裁机构予以撤销。

▶ 关联规定

一、法律、行政法规、司法解释

1.《中华人民共和国民法典》

第一百五十二条 有下列情形之一的，撤销权消灭：

（一）当事人自知道或者应当知道撤销事由之日起一年内、重大误解的当事人自知道或者应当知道撤销事由之日起九十日内没有行使撤销权；

（二）当事人受胁迫，自胁迫行为终止之日起一年内没有行使撤销权；

（三）当事人知道撤销事由后明确表示或者以自己的行为表明放弃撤销权。

当事人自民事法律行为发生之日起五年内没有行使撤销权的，撤销权消灭。

第一千一百二十五条 继承人有下列行为之一的，丧失继承权：

（五）以欺诈、胁迫手段迫使或者妨碍被继承人设立、变更或者撤回遗嘱，情节严重。

继承人有前款第三项至第五项行为，确有悔改表现，被继承人表示宽恕或者事后在遗嘱中将其列为继承人的，该继承人不丧失继承权。

受遗赠人有本条第一款规定行为的，丧失受遗赠权。

第一千一百四十三条 无民事行为能力人或者限制民事行为能力人所立的遗嘱无效。

遗嘱必须表示遗嘱人的真实意思，受欺诈、胁迫所立的遗嘱无效。

伪造的遗嘱无效。

遗嘱被篡改的，篡改的内容无效。

2.《中华人民共和国证券法》

第五条 证券的发行、交易活动,必须遵守法律、行政法规;禁止欺诈、内幕交易和操纵证券市场的行为。

第九十三条 发行人因欺诈发行、虚假陈述或者其他重大违法行为给投资者造成损失的,发行人的控股股东、实际控制人、相关的证券公司可以委托投资者保护机构,就赔偿事宜与受到损失的投资者达成协议,予以先行赔付。先行赔付后,可以依法向发行人以及其他连带责任人追偿。

3.《中华人民共和国反不正当竞争法》

第九条 经营者不得实施下列侵犯商业秘密的行为:

(一)以盗窃、贿赂、欺诈、胁迫、电子侵入或者其他不正当手段获取权利人的商业秘密。

经营者以外的其他自然人、法人和非法人组织实施前款所列违法行为的,视为侵犯商业秘密。

第三人明知或者应知商业秘密权利人的员工、前员工或者其他单位、个人实施本条第一款所列违法行为,仍获取、披露、使用或者允许他人使用该商业秘密的,视为侵犯商业秘密。

本法所称的商业秘密,是指不为公众所知悉、具有商业价值并经权利人采取相应保密措施的技术信息、经营信息等商业信息。

4.《中华人民共和国保险法》

第十六条 订立保险合同,保险人就保险标的或者被保险人的有关情况提出询问的,投保人应当如实告知。

投保人故意或者因重大过失未履行前款规定的如实告知义务,足以影响保险人决定是否同意承保或者提高保险费率的,保险人有权解除合同。

前款规定的合同解除权,自保险人知道有解除事由之日起,超过三十日不行使而消灭。自合同成立之日起超过二年的,保险人不得解除合同;发生保险事故的,保险人应当承担赔偿或者给付保险金的责任。

投保人故意不履行如实告知义务的,保险人对于合同解除前发生的保险事故,不承担赔偿或者给付保险金的责任,并不退还保险费。

投保人因重大过失未履行如实告知义务,对保险事故的发生有严重影响的,保险人对于合同解除前发生的保险事故,不承担赔偿或者给付保险金的责任,但应当退还保险费。

保险人在合同订立时已经知道投保人未如实告知的情况的,保险人不得解除合同;发生保险事故的,保险人应当承担赔偿或者给付保险金的责任。

保险事故是指保险合同约定的保险责任范围内的事故。

5.《中华人民共和国消费者权益保护法》

第五十五条 经营者提供商品或者服务有欺诈行为的,应当按照消费者的要求增加赔偿其受到的损失,增加赔偿的金额为消费者购买商品的价款或者接受服务的费用的三倍;增加赔偿的金额不足五百元的,为五百元。法律另有规定的,依照其规定。

经营者明知商品或者服务存在缺陷,仍然向消费者提供,造成消费者或者其他受害人死亡或者健康严重损害的,受害人有权要求经营者依照本法第四十九条、第五十一条等法律规定赔偿损失,并有权要求所受损失二倍以下的惩罚性赔偿。

6.《中华人民共和国个人信息保护法》

第五条 处理个人信息应当遵循合法、正当、必要和诚信原则,不得通过误导、欺诈、胁迫等方式处理个人信息。

7.《中华人民共和国票据法》

第十二条 以欺诈、偷盗或者胁迫等手段取得票据的,或者明知有前列情形,出于恶意取得票据的,不得享有票据权利。

持票人因重大过失取得不符合本法规定的票据的,也不得享有票据权利。

8.《最高人民法院关于适用〈中华人民共和国民法典〉总则编若干问题的解释》

第二十一条 故意告知虚假情况,或者负有告知义务的人故意隐瞒真实情况,致使当事人基于错误认识作出意思表示的,人民法院可以认定为民法典第一百四十八条、第一百四十九条规定的欺诈。

9.《最高人民法院关于审理与企业改制相关的民事纠纷案件若干问题的规定》

第十五条 债务人以隐瞒企业资产或者虚列企业资产为手段,骗取债权人与其签订债权转股权协议,债权人在法定期间内行使撤销权的,人民法院应当予以支持。

债权转股权协议被撤销后,债权人有权要求债务人清偿债务。

第十九条 企业出售中,出卖人实施的行为具有法律规定的撤销情形,买受人在法定期限内行使撤销权的，人民法院应当予以支持。

10.《最高人民法院关于审理技术合同纠纷案件适用法律若干问题的解释》

第九条 当事人一方采取欺诈手段，就其现有技术成果作为研究开发标的与他人订立委托开发合同收取研究开发费用，或者就同一研究开发课题先后与两个或者两个以上的委托人分别订立委托开发合同重复收取研究开发费用，使对方在违背真实意思的情况下订立的合同，受损害方依照民法典第一百四十八条规定请求撤销合同的，人民法院应当予以支持。

二、部门规章及规范性文件

1.《明码标价和禁止价格欺诈规定》

第二条 本规定适用于市场监督管理部门对经营者违反明码标价规定行为和价格欺诈行为的监督管理和查处。

本规定所称明码标价，是指经营者在销售、收购商品和提供服务过程中，依法公开标示价格等信息的行为。

本规定所称价格欺诈，是指经营者利用虚假的或者使人误解的价格手段，诱骗消费者或者其他经营者与其进行交易的行为。

第十九条 经营者不得实施下列价格欺诈行为：

（一）谎称商品和服务价格为政府定价或者政府指导价；

（二）以低价诱骗消费者或者其他经营者，以高价进行结算；

（三）通过虚假折价、减价或者价格比较等方式销售商品或者提供服务；

（四）销售商品或者提供服务时，使用欺骗性、误导性的语言、文字、数字、图片或者视频等标示价格以及其他价格信息；

（五）无正当理由拒绝履行或者不完全履行价格承诺；

（六）不标示或者显著弱化标示对消费者或者其他经营者不利的价格条件，诱骗消费者或者其他经营者与其进行交易；

（七）通过积分、礼券、兑换券、代金券等折抵价款时，拒不按约定折抵价款；

（八）其他价格欺诈行为。

2.《侵害消费者权益行为处罚办法》

第五条 经营者提供商品或者服务不得有下列行为：

（一）销售的商品或者提供的服务不符合保障人身、财产安全要求；

（二）销售失效、变质的商品；

（三）销售伪造产地、伪造或者冒用他人的厂名、厂址、篡改生产日期的商品；

（四）销售伪造或者冒用认证标志等质量标志的商品；

（五）销售的商品或者提供的服务侵犯他人注册商标专用权；

（六）销售伪造或者冒用知名商品特有的名称、包装、装潢的商品；

（七）在销售的商品中掺杂、掺假，以假充真，以次充好，以不合格商品冒充合格商品；

（八）销售国家明令淘汰并停止销售的商品；

（九）提供商品或者服务中故意使用不合格的计量器具或者破坏计量器具准确度；

（十）骗取消费者价款或者费用而不提供或者不按照约定提供商品或者服务。

第六条 经营者向消费者提供有关商品或者服务的信息应当真实、全面、准确，不得有下列虚假或者引人误解的宣传行为：

（一）不以真实名称和标记提供商品或者服务；

（二）以虚假或者引人误解的商品说明、商品标准、实物样品等方式销售商品或者服务；

（三）作虚假或者引人误解的现场说明和演示；

（四）采用虚构交易、虚标成交量、虚假评论或者雇佣他人等方式进行欺骗性销售诱导；

（五）以虚假的"清仓价"、"甩卖价"、"最低价"、"优惠价"或者其他欺骗性价格表示销售商品或者服务；

（六）以虚假的"有奖销售"、"还本销售"、"体验销售"等方式销售商品或者服务；

（七）谎称正品销售"处理品"、"残次品"、"等外品"等商品；

（八）夸大或隐瞒所提供的商品或者服务的数量、质量、性能等与消费者有重大利害关系的信息误导消费者；

（九）以其他虚假或者引人误解的宣传方式误导消费者。

第十三条 从事服务业的经营者不得有下列行为：

（一）从事为消费者提供修理、加工、安装、装饰装修等服务的经营者谎报用工用料，故意损坏、偷换零部件或材料，使用不符合国家质量标准或者与约定不相符的零部件或材料，更换不需要更换的零部件，或者偷工减料、加收费用，损害消费者权益的；

（二）从事房屋租赁、家政服务等中介服务的经营者提供虚假信息或者采取欺骗、恶意串通等手段损害消费者权益的。

第十六条 经营者有本办法第五条第（一）项至第（六）项规定行为之一且不能证明自己并非欺骗、误导消费者而实施此种行为的，属于欺诈行为。

经营者有本办法第五条第（七）项至第（十）项、第六条和第十三条规定行为之一的，属于欺诈行为。

三、司法指导性文件

《全国法院贯彻实施民法典工作会议纪要》

3.故意告知虚假情况，或者故意隐瞒真实情况，诱使当事人作出错误意思表示的，人民法院可以认定为民法典第一百四十八条、第一百四十九条规定的欺诈。

▶ 条文释义

一、本条主旨

本条是关于行为人以欺诈的手段实施的民事法律行为效力的规定。

二、条文演变

原《民法通则》第58条第1款第3项规定"一方以欺诈、胁迫的手段或者乘人之危，使对方在违背真实意思的情况下所为的"民事法律行为一律无效。原《民法通则意见》第68条进一步明确了对欺诈行为的认定，即一方当事人故意告知对方虚假情况，或者故意隐瞒真实情况，诱使对方当事人作出错误意思表示的，可以认定为欺诈行为。原《合同法》采无效与可变更、可撤销的二元立法模式。第52条第1项规定，"一方以欺诈、胁迫的手段订立合同，损害国家利益"的，合同无效。第54条第2款规定，"一方以欺诈、胁迫的手段或者乘人之危，使对方在违背真实意思的情况下订立的合同，受损害方有权

第六章　民事法律行为 | 第一百四十八条

请求人民法院或者仲裁机构变更或者撤销。"原《民法总则》第148条不再对欺诈对象进行区分，且删除了受欺诈方可要求变更的规定，统一规定欺诈为民事法律行为的可撤销事由，本条延续了原《民法总则》第148条的规定。

三、条文解读

本条规定了欺诈为民事法律行为的可撤销事由。本条不再区分受欺诈对象是国家还是普通民事主体，将欺诈统一规定为民事法律行为的可撤销事由，体现了《民法典》第4条规定的"民事主体在民事活动中的法律地位一律平等"原则。同时，通过赋予受欺诈方撤销权，由其自行决定是否行使，有利于纠正受欺诈人意思表示所受到的不当影响以及欺诈人对意思自由的违法干涉，最大限度地保护受欺诈方的合法利益。

（一）欺诈的含义

1. 欺诈是旨在引起、强化或维持对方不正确看法之行为。① 司法实践中，欺诈的认定标准是故意告知虚假情况，或者故意隐瞒真实情况，诱使当事人作出错误意思表示的行为。②

2. 欺诈与重大误解的区分：欺诈与重大误解均表现为一方当事人基于错误认识作出意思表示的行为，但当事人形成错误认识的来源不同。其中重大误解的错误认识是当事人因己方错误形成的，欺诈则是由对方或第三人的欺诈行为导致受欺诈人陷入错误判断。

（二）欺诈的构成要件

关于欺诈的构成要件，通说采"四要件说"：欺诈故意、欺诈行为、受欺诈人因欺诈行为陷入认识错误和受欺诈人因认识错误作出意思表示。③

---

① 参见朱庆育：《民法总论（第二版）》，北京大学出版社2016年版，第279页。
② 参见最高人民法院研究室编著：《〈全国法院贯彻实施民法典工作会议纪要〉条文及适用说明》，人民法院出版社2021年版，第6页。
③ 参见梁慧星：《民法总论（第五版）》，法律出版社2017年版，第185页；王泽鉴：《民法总则》，北京大学出版社2009年版，第367页；王利明：《民法总则研究（第三版）》，中国人民大学出版社2018年版，第571页；朱庆育：《民法总论（第二版）》，北京大学出版社2016年版，第279页；最高人民法院民法典贯彻实施工作领导小组主编：《中华人民共和国民法典总则编理解与适用》，人民法院出版社2020年版，第737页。

1. 欺诈的故意

欺诈人需同时具有双重故意，即使相对人陷入错误判断的故意和使相对人基于错误判断作出意思表示的故意。如果一方当事人或第三人对于虚伪事实的陈述或隐瞒真实情况是出于过失，则不构成欺诈。

"过失欺诈"的情形下，当事人虽不能依欺诈请求撤销民事法律行为，但可依据重大误解制度、物的瑕疵担保制度和诚信原则等维护自身合法权益。①

2. 欺诈行为

欺诈行为，指为使被欺诈人陷于错误判断，或加深其错误、保持其错误，而虚构、变更、隐匿事实之行为。②需注意，欺诈行为为非法律行为，故无行为能力人也可以为之。③欺诈行为可以由当事人作出，也可以由当事人以外的第三人作出。欺诈行为有以下两种形式：

（1）积极行为，即当事人故意告知对方虚假事实使之陷入错误认识并因此作出相应的民事法律行为。如出卖人故意用假冒伪劣产品充当优质商品进行出售。

实践中，并非一切虚假的陈述都构成欺诈，应当区分事实与意见。构成欺诈的错误性陈述必须是对事实的陈述，仅仅是对自己意见或者见解的错误陈述不构成欺诈。④欺诈只能是针对某个具体的、客观的事实的虚假陈述，而不能仅仅表现为"一般性见解"。但当某人对其陈述的事实具有专门的知识和技能时，其实质上在陈述一种"专家意见"。鉴于该种意见的普遍性和重要性，该种意见应被纳入欺诈规制的范畴之中。⑤

（2）消极的不作为。原则上，此种情形不成立欺诈。但根据《民法典总则编解释》第21条的规定，负有告知义务的人故意隐瞒真实情况的，也成立欺诈。这里的告知义务的来源，主要是指根据法律规定、诚信原则、交易习惯和特殊信赖等，当事人负有告知义务。如房屋出卖人故意不告知买受人所售房屋为"凶宅"、二手车出卖人故意隐瞒车辆曾经发生过严重事故等。

---

① 参见韩世远：《合同法总论（第四版）》，法律出版社2018年版，第254页。
② 参见梁慧星：《民法总论（第五版）》，法律出版社2017年版，第185页。
③ 参见胡长清：《中国民法总论》，中国政法大学出版社1997年版，第247页。
④ 参见李永军：《民法总论（第二版）》，法律出版社2009年版，第540页。
⑤ 参见尹田：《民法总则之理论与立法研究》，法律出版社2010年版，第555~556页；朱广新：《合同法总则（第二版）》，中国人民大学出版社2012年版，第245页。

3. 受欺诈人因欺诈行为而陷入认识错误

欺诈行为与受欺诈人的错误判断之间必须存在因果关系,即受欺诈人的错误判断来源于欺诈人的欺诈行为。如果没有欺诈行为,则受欺诈方不会陷入错误判断之中。

4. 受欺诈人因认识错误而作出意思表示

受欺诈人的错误判断与所作出的意思表示之间须具有因果关系。如在受欺诈人无论如何都已经决定从事相关行为的情形中,就不存在因果关系。

学理上,部分学者也将上述第三点和第四点合并表述为欺诈行为的双重因果关系。值得注意的是,部分学者认为违法性要件也应当纳入欺诈行为的构成要件之中。① 欺诈须违反法律、违反诚信原则,如果一方是为了对方的利益而作欺骗性的陈述,则不成立欺诈。② 如医生为避免对患者心理造成负面影响,暂时隐瞒其患有癌症的事实。在社会交往中,就相对人提出的问题,原则上应当如实相告。但对法律上不容许的问题,如在签订劳动合同前,询问应征的女性职员是否怀孕等与工作无关的个人隐私问题,应聘者隐匿事实的行为并无违法性,当不构成欺诈。③ 一般社会观念中可以接受的夸张炫耀,依常理判断不至于让人受其误导,不必视为欺诈。④

(三)法律效果

受欺诈一方得请求法院或仲裁机构撤销因欺诈而作出的民事法律行为。根据《民法典》第155条的规定,被撤销的民事法律行为自始没有法律约束力。当事人撤销因欺诈而作出的意思表示,不得对抗善意第三人。⑤

(四)举证责任分配

受欺诈方请求法院或仲裁机构撤销因欺诈实施的民事法律行为时,应当对

---

① 参见韩世远:《合同法总论(第四版)》,法律出版社2018年版,第257页;陈甦主编:《民法总则评注》,法律出版社2017年版,第1072页;刘勇:《"欺诈"的要件重构与立法课题——以民法典的编纂为背景》,载《东南大学学报(哲学社会科学版)》2016年第5期。
② 参见王家福主编:《中国民法学 民法债权》,法律出版社1991年版,第350页。
③ 参见王泽鉴:《民法总则》,北京大学出版社2009年版,第368页。
④ 参见朱庆育:《民法总论(第二版)》,北京大学出版社2016年版,第279页。
⑤ 参见梁慧星:《民法总论(第五版)》,法律出版社2017年版,第186页。

欺诈的构成要件，即欺诈故意、欺诈行为、受欺诈人因欺诈行为陷入认识错误和受欺诈人因认识错误作出意思表示承担举证责任。

▶ 适用指引

一、欺诈的民事责任与刑事责任

同一欺诈行为，若同时符合民法上的欺诈构成要件和刑法上的诈骗罪构成要件，则会同时产生相应的民事责任与刑事责任。按照《民法典》第187条的规定，民事主体因同一行为应当承担民事责任、行政责任和刑事责任的，承担行政责任或者刑事责任不影响承担民事责任；民事主体的财产不足以支付的，优先用于承担民事责任。原因在于，民法与刑法的立法目的不同，刑法着眼于社会秩序的维护，民法则以保护受欺诈人个人合法利益为目的，故欺诈人在承担刑事责任后，不妨碍其相应民事法律责任的承担。

二、欺诈之撤销权与侵权损害赔偿请求权的竞合

在民法中，可以在两个领域讲到"欺诈"：一是在法律行为领域；二是在侵权行为领域。[①] 同一欺诈行为，既可能符合本条构成要件，赋予受欺诈人撤销权，也可能符合侵害当事人自由权的侵权行为构成要件，产生侵权损害赔偿责任，由此产生撤销权与损害赔偿请求权的竞合。侵权损害赔偿请求权之存在与行使与受欺诈法律行为之撤销与否不生关系。[②] 此外，二者竞合能够为受欺诈人的权利提供更加周全的保护。即便撤销权因除斥期间经过消灭，受欺诈人亦有权依侵权行为法之规定主张损害赔偿。[③]

三、撤销权的行使方式

撤销权的行使方式为请求法院或仲裁机构撤销因欺诈实施的民事法律行为，性质上属于形成之诉，当事人不能仅依自己的意思表示直接通知对方当事人而撤销因欺诈作出的相应法律行为。此制度设计，一方面使撤销权自身在行

---

① 参见陈甦主编：《民法总则评注》，法律出版社2017年版，第1068页。
② 参见王泽鉴：《民法学说与判例研究》，北京大学出版社2015年版，第258页。
③ 参见朱庆育：《民法总论（第二版）》，北京大学出版社2016年版，第284页。

使上变得困难，防止撤销权的滥用；另一方面，也使得权利的变动更加明确化，防止无谓滋生争议。① 但若当事人直接对对方当事人作出撤销法律行为的意思表示，相对人也表示同意则可发生协议解除的效力。②

合同纠纷中，存在当事人以受到欺诈为由主张退货退款或赔偿损失，但未对合同效力提出请求的情形。司法实务中存在不同的做法，有法院根据当事人关于退货退款、赔偿损失的诉讼请求推定当事人有撤销合同的意思表示进而对合同效力进行判定；也有法院不直接对合同效力进行认定，但向当事人释明其具有合同撤销权。本条对受欺诈作出的民事法律行为效力作出了规定，且当事人享有的撤销权属于形成权，需要向法院或仲裁机构提起。在当事人未明确请求撤销合同的情形下，因退货退款、赔偿损失等法律后果系在判明合同效力的基础上作出的认定，故法院应当向当事人释明，告知其明确有关合同效力的诉讼请求，经释明后当事人不行使撤销权的，法院不得依职权撤销合同。

四、受欺诈方是否有权请求变更合同

原《合同法》第54条第2款规定，一方以欺诈、胁迫的手段或者乘人之危，使对方在违背真实意思的情况下订立的合同，受损害方有权请求人民法院或者仲裁机构变更或者撤销。本条删去了因欺诈作出的民事法律行为可变更的规定，仅提出被欺诈人有权请求人民法院和仲裁机构予以撤销。司法实践中对此问题可以根据案件的具体情况进行探索，根据变更合同是否更能平衡当事人各方利益作出判断。③

五、消费者权益保护法中的欺诈因果关系问题

《消费者权益保护法》第55条第1款规定："经营者提供商品或者服务有欺诈行为的，应当按照消费者的要求增加赔偿其受到的损失，增加赔偿的金额为消费者购买商品的价款或者接受服务的费用的三倍；增加赔偿的金额不足五百元的，为五百元。法律另有规定的，依照其规定。"实践中，关于消费欺诈

---

① 参见[日]新堂幸司：《新民事诉讼法》，林剑锋译，法律出版社2008年版，第149页。
② 参见梁慧星：《民法总论（第五版）》，法律出版社2017年版，第199页。
③ 参见最高人民法院民法典贯彻实施工作领导小组主编：《中华人民共和国民法典总则编理解与适用》，人民法院出版社2020年版，第738页。

的认定存在不同的观点，有观点认为经营者客观上存在告知虚假情况或隐瞒真实情况情形的，构成欺诈；也有观点认为经营者实施的欺诈行为应使消费者陷入错误认识进而作出错误的意思表示，即欺诈行为与意思表示之间应具有因果关系。我们认为，《消费者权益保护法》未对消费领域欺诈的构成要件作出具体规定，也无其他规范性文件对消费欺诈作出特别规定。因消费者权益保护纠纷属于民事法律关系的调整范畴，故在认定消费欺诈时应依据《民法典》的相关规定进行判断。根据《民法典总则编解释》第21条规定，对于故意告知虚假情况，或者负有告知义务的人故意隐瞒真实情况，致使当事人基于错误认识作出意思表示的行为，人民法院可以认定为《民法典》第148条、第149条规定的欺诈。该条款明确规定了"致使"的要件，即欺诈行为与受欺诈方作出错误意思表示之间应具有因果关系。基于法律体系内相同概念在无特殊情况下应作统一解释的原则，《消费者权益保护法》中欺诈的认定应遵从上述规定，满足因果关系要件。

▶ 典型案例

佛山市顺德区太保投资管理有限公司与广东中鼎集团有限公司债权转让合同纠纷案

关键词： 欺诈　债权转让　撤销权

裁判摘要： 由于签订本案《债权转让协议》之时，一方当事人对对方当事人和第三人签订的《债权转让协议》的内容应当知晓，且在签订协议之后当事人有权了解该债权的情况，故其认为对方当事人故意隐瞒与第三人签订的《债权转让协议》的内容，诱使其作出错误意思表示，从而签订本案的《债权转让协议》的主张缺乏事实依据。且当事人在签订该协议之时对其主张撤销的事由应当知道，至其提起本案之时，已超过一年期限。因此，当事人关于对方的行为构成欺诈、协议可撤销的主张不成立。

基本案情： 2002年11月25日，广东中鼎集团有限公司（以下简称中鼎公司）与中国东方资产管理公司广州办事处（以下简称东方公司广州办事处）签订《债权转让协议》。签订上述《债权转让协议》的当日，东方公司广州办事处又与中鼎公司签订了先决条件约定的《管理服务商及资金账户监管协议》

《债权质押合同》《连带责任保证合同》《服务及协助协议》《优先权及回购期权协议》。

2003年1月,中鼎公司向东方公司广州办事处发出《优先购买通知》,该通知载明:中鼎公司拟将顺德区桂洲建设综合开发公司(以下简称桂洲公司)的人民币114187454.22元贷款本金及相应利息的债权转让给太保公司,转让价款为人民币7500万元,2003年7月27日前支付完毕。基于东方公司广州办事处享有优先购买权,贵司可按上述价格及付款方式优先购买,请在收到该通知之日起五个工作日内以书面形式回复。同月23日东方公司广州办事处在该通知上签收。

2003年1月29日,中鼎公司与太保公司签订《债权转让协议》。该协议签订后,太保公司合计支付5250万元债权转让款给中鼎公司。

2003年9月24日,中鼎公司向太保公司出具《同意函》同意太保公司第三期转让款延期至2003年9月26日支付800万元,9月29日支付1450万元,在收到第三期款后,同意在2003年12月27日前支付第四期款项。同日,太保公司亦向中鼎公司出具《同意函》,同意在中鼎公司收到全部转让价款后30个工作日内向太保公司移交所有债权资料。2004年2月5日,东方公司广州办事处以公证见证的方式向债务人桂洲公司和担保人桂洲经济发展总公司、桂洲镇投资控股总公司寄出《债权转让及质押通知书》。东方公司广州办事处和中鼎公司联合通知桂洲公司和桂洲经济发展总公司、桂洲镇投资控股总公司,东方公司广州办事处已将其对桂洲公司的债权158773046.24元全部转让给中鼎公司,中鼎公司将上述债权在内的标的债权作为质物向东方公司广州办事处提供质押担保,自收到该通知之日起,债务人和担保人应根据新债权人的指示向新债权人偿还债务款项。

2004年2月6日,中鼎公司向太保公司邮寄送达《关于顺德区桂洲建设综合开发公司债权转让事宜的通知》,该通知载明:基于太保公司未支付第四期款项,已构成违约,现通知解除《债权转让协议》,没收已支付的1500万元定金,对已支付的其他3750万元转让款,不予退回,按照《债权转让协议》第6条第2款的约定,按已付款占总价款比例,转让本金余额为人民币79487454.22元的债权。同日,中鼎公司向债务人桂洲公司邮寄送达《关于债权转让及处理债务的函》通知桂洲公司将本金余额79487454.22元的债权及相应利息的债权转让给太保公司,自该通知到达之日起,太保公司对桂洲公司上述债权项下的三笔贷款享有债权,对桂洲公司的其他债权仍由中鼎公司享有。同日,中鼎公司还向担保人桂洲经济发展总公司、桂洲镇投资控股总公司邮寄送达《担保权利转让通知》。

2004年2月13日,中鼎公司通过公证向太保公司送达《档案移交清单》,太保公司拒收。

2004年4月16日,东方公司广州办事处向广州市万方兴泰企业顾问有限公司出具《关于顺德资产包对价款收取情况的通知》,该通知载明:到2004年1月6日止,中鼎公司已向东方公司广州办事处全额支付顺德资产包的对价款318622497.7元。2004年4月30日,东方公司广州办事处向中鼎公司出具《关于顺德区桂洲建设综合开发公司债权再行转让问题的确认函》,载明:1. 根据贵司与我办签订的有关协议,贵司已自我办受让对桂洲公司享有的上述债权;由于贵司已经满足取得债权的所有先决条件,故在2003年1月28日时贵司已经取代我办成为桂洲公司的债权人,对其享有上述债权。2. 根据贵司与我办签订的有关协议,我办对上述债权转让可以在同等条件下行使优先购买权,但我办当时已放弃了上述优先购买权。3. 我办同意贵司对桂洲公司享有的上述债权的处置方案,即以7500万元人民币的价格和其他条件转让给太保公司。4. 我办同意在上述债权转让时即解除该等债权的质押担保,对该等债权不再享有质押权,我办并协助贵司将上述债权转让给太保公司。

2003年1月24日,太保公司与容桂区投资控股总公司签订一份《历史债务处理协议》。

广东省高级人民法院经审理认为:本案为债权转让合同纠纷。本案的争议焦点是中鼎公司的行为是否构成欺诈,而导致其与太保公司签订的《债权转让协议》可撤销的问题。在签订本案债权转让协议之时,太保公司对中鼎公司和东方公司广州办事处签订的《债权转让协议》的内容应当知晓,对本案债权的情况也有了解,故太保公司认为中鼎公司故意隐瞒其与东方公司广州办事处签订的《债权转让协议》的内容,诱使其作出错误意思表示,从而签订本案的《债权转让协议》缺乏事实依据。由于签订本案《债权转让协议》之时,太保公司对中鼎公司和东方公司广州办事处签订的《债权转让协议》的内容应当知晓;而双方的协议第3条第1款也约定"本协议生效后,中鼎公司允许太保公司查阅、复制转让标的项下债权的有关合同、往来文件、票据、凭证等债权资料",即在签订协议之后太保公司有权了解该债权的情况。故太保公司在2003

年1月29日签订该协议之时对其主张撤销的事由应当知道,至其2004年3月8日提起本案之时,已超过一年期限。因此,太保公司认为中鼎公司的行为构成欺诈、协议可撤销的理据不足,不予支持。

太保公司不服原审法院上述民事判决,向最高人民法院提起上诉。最高人民法院对原审法院查明的事实予以确认。最高人民法院认为,本案二审双方当事人之间争议的焦点之一仍然是中鼎公司的行为是否构成欺诈。中鼎公司与太保公司签订《债权转让协议》时,已经取得自东方公司广州办事处受让的标的债权,太保公司以债权质押通知的发出时间,作为中鼎公司取得相关债权,并依此认为中鼎公司与其签订《债权转让协议》中的相关陈述是虚假的,是隐瞒债权真实情况的主张,没有事实和法律依据。太保公司与中鼎公司签订《债权转让协议》时已经明确,该协议是基于中鼎公司与东方公司广州办事处之间的《债权转让协议》,并依中鼎公司与东方公司广州办事处约定的规则和程序取得合法认可而达成。应当认定太保公司签约时对中鼎公司与东方公司广州办事处之间的协议内容是明知的,其对中鼎公司将受让的标的债权出质给东方公司广州办事处并未提出异议。如果太保公司称签约时并不了解中鼎公司与东方公司广州办事处之间协议的内容,也仅能视为太保公司对自己享有权利的放弃,并不能证明中鼎公司故意隐瞒债权已质押的事实。故太保公司认为中鼎公司的行为构成欺诈的上诉理由没有事实依据,不予支持。

【案　　号】(2004)民二终字第212号

【审理法院】最高人民法院

【来　　源】《最高人民法院公报》2005年第12期

▶ 类案检索

一、祝某民与王某壮股权转让纠纷案

关键词: 欺诈　股权转让纠纷

裁判摘要: 根据《股权转让协议书》中的鉴于条款以及上海源恺(集团)有限公司(以下简称源恺公司)、宋某中对上海源圭能源(集团)有限公司(以下简称标的公司)的宣传、陈述和承诺,标的公司具备以专利技术生产新醇燃料的能力,且能够较为顺利地实现新醇燃料的工业化生产,但该内容与现

实情况完全不符，属于严重的虚假宣传和虚假陈述。源恺公司、宋某中在股权出让过程中，故意隐瞒标的公司未使用专利配方进行生产的事实，如祝某民、王某壮、郑某明知标的公司的无形资产与源恺公司、宋某中所披露的信息严重不符且毫无价值，绝不可能进行收购行为。在收购过程中，源恺公司、宋某中向祝某民、王某壮、郑某提供的公司股权结构、财务报表、专利证书等文件资料并不足以让祝某民、王某壮、郑某对标的公司的真实价值作出准确地判断，第三方机构尽调时对标的公司的价值判断也是依据其披露的公司无形资产的价值、生产能力、发展潜力而作出，因此，应当认定源恺公司、宋某中构成欺诈。

【案　　号】（2020）最高法民申 4426 号

【审理法院】最高人民法院

二、河南奇春石油经销集团有限公司与中国工商银行股份有限公司延安分行金融借款合同纠纷案

关键词： 欺诈　应收账款转让　保理合同

裁判摘要： 关于虚构应收账款的法律后果。河南奇春石油经销集团有限公司（以下简称奇春公司）认为案涉应收账款在保理合同订立前已清偿完毕，保理合同项下不存在真实的应收账款，合同无效。最高人民法院认为，本案保理合同要件齐全、形式完备，合同文本上的真实签章表明合同是当事人的真实意思表示，合同内容亦不违反法律、行政法规的强制性规定，是合法有效的合同。奇春公司在合同订立时向中国工商银行股份有限公司延安分行（以下简称工行延安分行）确认应收账款真实存在，在诉讼中又以不存在真实的应收账款为由对抗工行延安分行的权利主张，违背了诚实信用原则。在奇春公司不能举证证明工行延安分行明知虚构的情形下，该公司确认应收账款真实存在的行为，构成对工行延安分行的欺诈。根据《民法总则》第148条和第149条的规定，此种情况下工行延安分行享有撤销权，但其选择不行使撤销权，请求继续履行合同，对其主张应予支持。奇春公司以合同无效进行抗辩，不能成立。

【案　　号】（2020）最高法民终 155 号

【审理法院】最高人民法院

三、海南碧桂园房地产开发有限公司与海南鼎顶网络科技股份有限公司合资、合作开发房地产合同纠纷案

关键词： 欺诈　合同纠纷

裁判摘要： 海南鼎顶网络科技股份有限公司（以下简称鼎顶网络公司）、海南鼎顶妈祖文化投资股份有限公司（以下简称鼎顶文化公司）、海南鼎顶物业管理股份有限公司（以下简称鼎顶物业公司）、蒋某利在签订案涉《海南文昌妈祖岛项目合作开发合同书》（以下简称《合作合同》）时未如实披露海南鼎顶旅游文化股份有限公司（以下简称鼎顶旅游公司）的全部债务，但从签约背景、合同约定、履行情况综合分析，可以认定鼎顶旅游公司上述债务尚不足以影响合同签订时海南碧桂园房地产开发有限公司（以下简称碧桂园公司）的投资意愿，并导致碧桂园违背真实意思表示签订案涉《合作合同》。鼎顶网络公司、鼎顶文化公司、鼎顶物业公司、蒋某利隐瞒部分债务的行为尚不足以构成诱使碧桂园公司作出错误意思表示的欺诈行为，故碧桂园公司不得要求撤销《合作合同》。

【案　　号】（2020）最高法民终918号
【审理法院】最高人民法院

四、桃源县林海木业经营部与湖南茂源林业有限责任公司买卖合同纠纷案

关键词： 欺诈　买卖合同

裁判摘要： 桃源县林海木业经营部（以下简称林海木业公司）与湖南茂源林业有限责任公司（以下简称茂源公司）签订的《活立木采伐整体销售合同》未写明交易标的物系过火林，茂源公司所提交的证据不能充分证明其在合同签订前告知林海木业所交易林木曾经过火。过火系林木价值贬损的主要原因之一，是本案交易标的物的重大瑕疵。与林海木业相比，茂源公司作为出卖方应当更加清楚买卖合同标的物的真实情况，其不能提供充分证据证明曾告知林海木业所交易林木系过火林，属于故意隐瞒买卖合同标的物重大瑕疵，应当认定构成欺诈。关于林海木业在签订合同前是否知道或者应当知道标的物过火的问题。合同签订前林海木业虽曾实地踏勘，但鉴于涉案林地面积有3000余亩，即使林海木业实地踏勘发现有过火痕迹客观上也难以确定过火范围和程度，且

过火林的认定涉及专业判断问题,不足以推定林海木业知道或者应当知道涉案林地全部过火的事实。本案证据不足以证明林海木业在签订合同时知道或者应当知道林地过火情况,不能构成茂源公司免责事由。

【案　　号】(2015)民提字第 155 号
【审理法院】最高人民法院

第六章 民事法律行为 | 第一百四十九条

> 第一百四十九条 第三人实施欺诈行为，使一方在违背真实意思的情况下实施的民事法律行为，对方知道或者应当知道该欺诈行为的，受欺诈方有权请求人民法院或者仲裁机构予以撤销。

▶ 关联规定

一、法律、行政法规、司法解释

1.《中华人民共和国民法典》

第一百五十二条 有下列情形之一的，撤销权消灭：

（一）当事人自知道或者应当知道撤销事由之日起一年内、重大误解的当事人自知道或者应当知道撤销事由之日起九十日内没有行使撤销权；

（二）当事人受胁迫，自胁迫行为终止之日起一年内没有行使撤销权；

（三）当事人知道撤销事由后明确表示或者以自己的行为表明放弃撤销权。

当事人自民事法律行为发生之日起五年内没有行使撤销权的，撤销权消灭。

第一千一百二十五条 继承人有下列行为之一的，丧失继承权：

（五）以欺诈、胁迫手段迫使或者妨碍被继承人设立、变更或者撤回遗嘱，情节严重。

继承人有前款第三项至第五项行为，确有悔改表现，被继承人表示宽恕或者事后在遗嘱中将其列为继承人的，该继承人不丧失继承权。

受遗赠人有本条第一款规定行为的，丧失受遗赠权。

第一千一百四十三条 无民事行为能力人或者限制民事行为能力人所立的遗嘱无效。

遗嘱必须表示遗嘱人的真实意思，受欺诈、胁迫所立的遗嘱无效。

伪造的遗嘱无效。

遗嘱被篡改的，篡改的内容无效。

2.《中华人民共和国证券法》

第五条 证券的发行、交易活动，必须遵守法律、行政法规；禁止欺诈、内幕交易和操纵证券市场的行为。

第九十三条 发行人因欺诈发行、虚假陈述或者其他重大违法行为给投资者造成损失的，发行人的控股股东、实际控制人、相关的证券公司可以委托投资者保护机构，就赔偿事宜与受到损失的投资者达成协议，予以先行赔付。先行赔付后，可以依法向发行人以及其他连带责任人追偿。

3.《中华人民共和国反不正当竞争法》

第九条 经营者不得实施下列侵犯商业秘密的行为：

（一）以盗窃、贿赂、欺诈、胁迫、电子侵入或者其他不正当手段获取权利人的商业秘密。

经营者以外的其他自然人、法人和非法人组织实施前款所列违法行为的，视为侵犯商业秘密。

第三人明知或者应知商业秘密权利人的员工、前员工或者其他单位、个人实施本条第一款所列违法行为，仍获取、披露、使用或者允许他人使用该商业秘密的，视为侵犯商业秘密。

本法所称的商业秘密，是指不为公众所知悉、具有商业价值并经权利人采取相应保密措施的技术信息、经营信息等商业信息。

4.《中华人民共和国消费者权益保护法》

第五十五条 经营者提供商品或者服务有欺诈行为的，应当按照消费者的要求增加赔偿其受到的损失，增加赔偿的金额为消费者购买商品的价款或者接受服务的费用的三倍；增加赔偿的金额不足五百元的，为五百元。法律另有规定的，依照其规定。

经营者明知商品或者服务存在缺陷，仍然向消费者提供，造成消费者或者其他受害人死亡或者健康严重损害的，受害人有权要求经营者依照本法第四十九条、第五十一条等法律规定赔偿损失，并有权要求所受损失二倍以下的惩罚性赔偿。

5.《中华人民共和国个人信息保护法》

第五条 处理个人信息应当遵循合法、正当、必要和诚信原则，不得通过误导、欺诈、胁迫等方式处理个人信息。

6.《中华人民共和国票据法》

第十二条 以欺诈、偷盗或者胁迫等手段取得票据的,或者明知有前列情形,出于恶意取得票据的,不得享有票据权利。

持票人因重大过失取得不符合本法规定的票据的,也不得享有票据权利。

7.《中华人民共和国劳动法》

第十八条 下列劳动合同无效:

(二)采取欺诈、威胁等手段订立的劳动合同。

无效的劳动合同,从订立的时候起,就没有法律约束力。确认劳动合同部分无效的,如果不影响其余部分的效力,其余部分仍然有效。

劳动合同的无效,由劳动争议仲裁委员会或者人民法院确认。

8.《中华人民共和国劳动合同法》

第二十六条 下列劳动合同无效或者部分无效:

(一)以欺诈、胁迫的手段或者乘人之危,使对方在违背真实意思的情况下订立或者变更劳动合同的;

对劳动合同的无效或者部分无效有争议的,由劳动争议仲裁机构或者人民法院确认。

9.《劳动合同法实施条例》

第十八条 有下列情形之一的,依照劳动合同法规定的条件、程序,劳动者可以与用人单位解除固定期限劳动合同、无固定期限劳动合同或者以完成一定工作任务为期限的劳动合同:

(八)用人单位以欺诈、胁迫的手段或者乘人之危,使劳动者在违背真实意思的情况下订立或者变更劳动合同的;

10.《最高人民法院关于适用〈中华人民共和国民法典〉总则编若干问题的解释》

第二十一条 故意告知虚假情况,或者负有告知义务的人故意隐瞒真实情况,致使当事人基于错误认识作出意思表示的,人民法院可以认定为民法典第一百四十八条、第一百四十九条规定的欺诈。

11.《最高人民法院关于审理与企业改制相关的民事纠纷案件若干问题的规定》

第十五条 债务人以隐瞒企业资产或者虚列企业资产为手段,骗取债权人与其签订债权转股权协议,债权人在法定期间内行使撤销权的,人民法院应当予以支持。

债权转股权协议被撤销后，债权人有权要求债务人清偿债务。

第十九条 企业出售中，出卖人实施的行为具有法律规定的撤销情形，买受人在法定期限内行使撤销权的，人民法院应当予以支持。

12.《最高人民法院关于审理技术合同纠纷案件适用法律若干问题的解释》

第九条 当事人一方采取欺诈手段，就其现有技术成果作为研究开发标的与他人订立委托开发合同收取研究开发费用，或者就同一研究开发课题先后与两个或者两个以上的委托人分别订立委托开发合同重复收取研究开发费用，使对方在违背真实意思的情况下订立的合同，受损害方依照民法典第一百四十八条规定请求撤销合同的，人民法院应当予以支持。

二、部门规章及规范性文件

《侵害消费者权益行为处罚办法》

第五条 经营者提供商品或者服务不得有下列行为：

（一）销售的商品或者提供的服务不符合保障人身、财产安全要求；

（二）销售失效、变质的商品；

（三）销售伪造产地、伪造或者冒用他人的厂名、厂址、篡改生产日期的商品；

（四）销售伪造或者冒用认证标志等质量标志的商品；

（五）销售的商品或者提供的服务侵犯他人注册商标专用权；

（六）销售伪造或者冒用知名商品特有的名称、包装、装潢的商品；

（七）在销售的商品中掺杂、掺假，以假充真，以次充好，以不合格商品冒充合格商品；

（八）销售国家明令淘汰并停止销售的商品；

（九）提供商品或者服务中故意使用不合格的计量器具或者破坏计量器具准确度；

（十）骗取消费者价款或者费用而不提供或者不按照约定提供商品或者服务。

第十六条 经营者有本办法第五条第（一）项至第（六）项规定行为之一且不能证明自己并非欺骗、误导消费者而实施此种行为的，属于欺诈行为。

经营者有本办法第五条第（七）项至第（十）项、第六条和第十三条规定行为之一的,属于欺诈行为。

三、司法指导性文件

《全国法院贯彻实施民法典工作会议纪要》

3.故意告知虚假情况,或者故意隐瞒真实情况,诱使当事人作出错误意思表示的,人民法院可以认定为民法典第一百四十八条、第一百四十九条规定的欺诈。

条文释义

一、本条主旨

本条是关于因第三人欺诈实施的民事法律行为效力的规定。

二、条文演变

在原《民法总则》之前,我国的法律和行政法规中没有对第三人欺诈实施的民事法律行为效力单独作出规定。第三人欺诈仅在原《担保法解释》中有所体现,其中第40条规定"主合同债务人采取欺诈、胁迫等手段,使保证人在违背真实意思的情况下提供保证的,债权人知道或应当知道欺诈、胁迫事实的",保证人不承担民事责任。原《民法总则》第149条弥补了此立法漏洞,单独规定"第三人实施欺诈行为,使一方在违背真实意思的情况下实施的民事法律行为,对方知道或者应当知道该欺诈行为的,受欺诈方有权请求人民法院或者仲裁机构予以撤销"。本条延续了原《民法总则》的上述规定。

三、条文解读

本条在《民法典》第148条的基础上,对因第三人欺诈实施的民事法律行为可撤销作出了特别规定。当欺诈行为是由法律行为当事人以外的第三人作出,且对方知道或应当知道存在第三人欺诈的事实时,受欺诈方可请求法院或仲裁机构撤销民事法律行为。法律这样规定的理由是:在此情形下,表意人决定其意思的自由已不复存在，而自由地决定意思是私法自治的原则条件。① 同时，法律在保护表意人与保护相对人之间寻求平衡，以相对人恶意为限，始许表意人撤销法律行为。②

（一）第三人欺诈的含义

本条规定的因第三人欺诈实施的民事法律行为，是指因第三人实施欺诈行为而使当事人一方在违背真实意思的情况下实施的民事法律行为，③是欺诈的一种特殊情形。

（二）第三人欺诈的构成要件

1. 当事人以外的第三人实施欺诈行为。同《民法典》第148条规定的欺诈一样，成立第三人欺诈须存在欺诈行为，但是行为主体为法律行为当事人以外的第三人。若实施欺诈行为的是当事人，则构成欺诈，应当适用《民法典》第148条的规定。

2. 受欺诈方基于第三人实施的欺诈行为而陷入错误认识并作出违背真实意思的法律行为。与欺诈的构成要件相同，第三人欺诈行为与受欺诈方的民事法律行为之间须存在因果关系。换言之，如果第三人没有作出欺诈行为，则受欺诈方不会陷入错误判断并作出相应的民事法律行为。

3. 对方知道或应当知道一方实施民事法律行为是基于第三人实施了欺诈行为。该要件是为了平衡法律行为双方当事人的利益而确定的重要标准。④ 在现代商业社会的背景之下，保障交易安全日益成为核心的法律价值。由于受欺诈方行使撤销权会对对方权利造成重大影响，为实现利益平衡，防止道德风险，第三人欺诈以相对方是否为善意无过失为界限。相对人应当知道即相对人应知，也称作因过失而不知，它以相对人本应或本会知道第三人的欺诈为前提，

---

① 参见［德］卡尔·拉伦茨：《德国民法通论》，王晓晔等译，法律出版社2003年版，第542页。
② 参见陈甦主编：《民法总则评注》，法律出版社2017年版，第1074页。
③ 参见最高人民法院民法典贯彻实施工作领导小组主编：《中华人民共和国民法典总则编理解与适用》，人民法院出版社2020年版，第739页。
④ 参见陈甦主编：《民法总则评注》，法律出版社2017年版，第1076页。

相对人若应知，则足以否定其对合同有效的正当合理的信赖。①

（三）法律效果

受欺诈一方得请求法院或仲裁机构撤销。根据《民法典》第155条的规定，被撤销的民事法律行为自始没有法律约束力。当事人撤销因欺诈而作出的意思表示，不得对抗善意第三人。②

（四）举证责任分配

当事人在主张因第三人欺诈撤销民事法律行为时，应当对第三人所实施的欺诈行为和因果关系承担举证责任。此外，当事人还需证明对方"知道或应当知道该欺诈行为"。

▶ 适用指引

一、第三人欺诈中的"第三人"范围

本条中未对"第三人"的范围作出明确规定，但依立法目的和相关学说，在司法实践中应当对"第三人"做狭义解释，并非概括地指法律行为当事人以外的任何人。第三人是根据公平性权衡来界定的。第三人不包括意思表示受领人的"信赖人"，也不包括那些"依据公平性观点并考虑到利益状况"，其行为应该归责于意思表示受领人的人。③

因此，第三人欺诈中的"第三人"应当将法律行为一方当事人的代理人、法定代表人和缔约辅助人等排除在外，仅限于与该当事人毫无关系的纯粹的第三人。④ 如果上述人员实施了欺诈行为，应当构成当事人一方实施欺诈行为，

---

① 参见王利明主编：《中国民法典释评·总则编》中国人民大学出版社2020年版，第535页。
② 参见梁慧星：《民法总论（第五版）》，法律出版社2017年版，第186页。
③ 参见［德］迪特尔·梅迪库斯：《德国民法总论》，邵建东译，法律出版社2000年版，第604页。
④ 参见韩世远：《合同法总论（第四版）》，法律出版社2018年版，第253页。

而不成立第三人欺诈。①

此外,在有些情况下,实施欺诈行为的第三人既不是意思表示受领人的代理人,也不是其所委托从事合同谈判工作的人,但如果该第三人在利益方面与其有密切的联系,也应当被排除在本条"第三人"的范围之外。例如,因受骗而买了货物的人,借钱支付了货款,不能以证明卖方骗他进行买卖为由而宣告贷款合同下的责任无效。买卖与贷款是相互独立的合同,因受欺诈而订立其中一个合同,并不使当事人有理由宣告另一个合同无效。然而,在两个合同紧密相关时,如卖方和银行事先达成协议,卖方可以为消费者作出必要的安排,以贷款的形式为买卖提供融资,则情况就会不同。对此,早在1956年,德国联邦最高法院就认为,在这种情况下,即使是卖方欺骗消费者订立买卖合同,后者也可以宣告贷款合同无效。此后,欧洲大多数国家通过的消费者信贷法中都有涉及此类法律效果的规则。②

二、无相对人的第三人欺诈

在无相对人的情况下,第三人实施欺诈,使表意人作出违背自己真实意思的法律行为的,无保护相对人的问题,表意人均有权撤销该法律行为。③ 如当事人在第三人欺诈的情况下抛弃自身权利或是订立遗嘱,事后均可主张撤销该意思表示。

三、撤销权的行使方式

撤销权的行使方式为请求法院或仲裁机构撤销,当事人不能仅依自己的意思表示直接通知对方当事人而撤销因欺诈作出的相应法律行为。详见《民法典》第148条相关论述。

---

① 参见王利明:《民法总则研究(第三版)》,中国人民大学出版社2018年版,第573页。
② 参见冉克平:《论因第三人欺诈或胁迫而订立合同的效力》,载《法学论坛》2012年第4期。
③ 参见王利明主编:《中国民法典释评·总则编》中国人民大学出版社2020年版,第535页。

类案检索

一、林某何、中国民生银行股份有限公司福州分行侵权责任纠纷案

关键词： 第三人欺诈　损失赔偿

裁判摘要： 过桥资金提供方在提供过桥资金给借款人之前，曾去银行了解"还后再贷"情况，银行向过桥资金提供方作出借款人资信良好的反馈，过桥资金提供方基于对银行的信赖提供过桥资金给借款人，后银行又以借款人资信状况有问题为由拒绝继续放贷的，应认定银行早先承诺构成第三人欺诈，银行应对过桥资金提供方资金不能收回的本金及利息承担赔偿责任。

【案　　号】（2018）最高法民再360号

【审理法院】 最高人民法院

二、逯某杰与赵某波股权转让纠纷案

关键词： 第三人欺诈　撤销权　股权转让

裁判摘要： 本案不构成第三人欺诈情形。涉案《股权转让协议》系双方合意签订，其内容并未违反法律法规的强制性规定，应为有效。本案双方当事人对于一审判决认定在协商股权转让过程中，赵某波被告知虚假情况，导致作出错误意思表示的事实未提出异议。第三人欺诈行为中的"第三人"系指完全独立于民事行为双方的第三方，如中介方、介绍人等，其并不包括一方的代理人或委托人。本案中，逯某杰认可其代持股权的实际所有人为李某毅，涉案股权转让事宜也是由李某毅代为参与并由李某毅妻子代签转让协议，且逯某杰对此并无异议。由此可见，在涉案股权转让过程中，李某毅名义上一直处于逯某杰代理人的地位，实质上逯某杰认可李某毅为实际投资人（隐名股东）。据此，李某毅并不属于完全独立于合同双方的第三方。虽然该虚假情况系由李某毅告知，但如上所述，在股权交易过程中，李某毅系逯某杰的代理人。故本案不构成第三人欺诈。

【案　　号】（2019）鲁03民终4600号

【审理法院】 山东省淄博市中级人民法院

三、李某继等与成都市青羊区中盟万达小额贷款有限公司等抵押合同纠纷案

关键词： 第三人欺诈　担保合同

裁判摘要： 关于李某继、徐某兰与中盟万达小额贷款有限公司（以下简称中盟万达公司）之间设立的抵押担保是否因第三人欺诈影响合同效力进而免除抵押担保人责任的问题。意思表示真实系民事法律行为有效的要件。当民事法律主体因受欺诈陷入错误判断而作出不真实的意思表示时，该法律行为可撤销。但对于当事人一方受第三人欺诈而订立合同的效力，从保护善意相对人的信赖利益，维护交易安全，合理平衡当事人之间的利益出发，则应当以合同相对人知道或应当知道该方当事人受第三人欺诈的事实，作为其撤销合同的条件。李某继、徐某兰主张因第三人林某刚欺诈影响担保合同效力，就需以中盟万达公司知道或者应当知道第三人林某刚的欺诈事实为条件。但其并未提供证据证明主债权人中盟万达公司与林某刚串通骗取其签订抵押担保合同，或者中盟万达公司知道或应当知道林某刚有欺诈事实的情形，故其主张因第三人欺诈影响抵押担保效力的上诉理由不成立。

【案　　号】（2017）川 01 民终 5316 号

【审理法院】四川省成都市中级人民法院

第一百五十条 一方或者第三人以胁迫手段，使对方在违背真实意思的情况下实施的民事法律行为，受胁迫方有权请求人民法院或者仲裁机构予以撤销。

▶ **关联规定**

一、法律、行政法规、司法解释

1.《中华人民共和国民法典》

第一百五十二条 有下列情形之一的，撤销权消灭：

（一）当事人自知道或者应当知道撤销事由之日起一年内、重大误解的当事人自知道或者应当知道撤销事由之日起九十日内没有行使撤销权；

（二）当事人受胁迫，自胁迫行为终止之日起一年内没有行使撤销权；

（三）当事人知道撤销事由后明确表示或者以自己的行为表明放弃撤销权。

当事人自民事法律行为发生之日起五年内没有行使撤销权的，撤销权消灭。

第一千零五十二条 因胁迫结婚的，受胁迫的一方可以向人民法院请求撤销婚姻。

请求撤销婚姻的，应当自胁迫行为终止之日起一年内提出。

被非法限制人身自由的当事人请求撤销婚姻的，应当自恢复人身自由之日起一年内提出。

第一千一百二十五条 继承人有下列行为之一的，丧失继承权：

（五）以欺诈、胁迫手段迫使或者妨碍被继承人设立、变更或者撤回遗嘱，情节严重。

继承人有前款第三项至第五项行为，确有悔改表现，被继承人表示宽恕或者事后在遗嘱中将其列为继承人的，该继承人不丧失继承权。

受遗赠人有本条第一款规定行为的，丧失受遗赠权。

第一千一百四十三条 无民事行为能力人或者限制民事行为能力人所立的

遗嘱无效。

遗嘱必须表示遗嘱人的真实意思，受欺诈、胁迫所立的遗嘱无效。

伪造的遗嘱无效。

遗嘱被篡改的，篡改的内容无效。

2.《中华人民共和国反不正当竞争法》

第九条 经营者不得实施下列侵犯商业秘密的行为：

（一）以盗窃、贿赂、欺诈、胁迫、电子侵入或者其他不正当手段获取权利人的商业秘密；

第三人明知或者应知商业秘密权利人的员工、前员工或者其他单位、个人实施本条第一款所列违法行为，仍获取、披露、使用或者允许他人使用该商业秘密的，视为侵犯商业秘密。

本法所称的商业秘密，是指不为公众所知悉、具有商业价值并经权利人采取相应保密措施的技术信息、经营信息等商业信息。

3.《中华人民共和国仲裁法》

第十七条 有下列情形之一的，仲裁协议无效：

（三）一方采取胁迫手段，迫使对方订立仲裁协议的。

4.《中华人民共和国票据法》

第十二条 以欺诈、偷盗或者胁迫等手段取得票据的，或者明知有前列情形，出于恶意取得票据的，不得享有票据权利。

持票人因重大过失取得不符合本法规定的票据的，也不得享有票据权利。

5.《中华人民共和国劳动法》

第十八条 下列劳动合同无效：

（二）采取欺诈、威胁等手段订立的劳动合同。

无效的劳动合同，从订立的时候起，就没有法律约束力。确认劳动合同部分无效的，如果不影响其余部分的效力，其余部分仍然有效。

劳动合同的无效，由劳动争议仲裁委员会或者人民法院确认。

6.《中华人民共和国劳动合同法》

第二十六条 下列劳动合同无效或者部分无效：

（一）以欺诈、胁迫的手段或者乘人之危，使对方在违背真实意思的情况下订立或者变更劳动合同的；

对劳动合同的无效或者部分无效有争议的，由劳动争议仲裁机构或者人民法院确认。

7.《劳动合同法实施条例》

第十八条 有下列情形之一的，依照劳动合同法规定的条件、程序，劳动者可以与用人单位解除固定期限劳动合同、无固定期限劳动合同或者以完成一定工作任务为期限的劳动合同：

（八）用人单位以欺诈、胁迫的手段或者乘人之危，使劳动者在违背真实意思的情况下订立或者变更劳动合同的；

8.《最高人民法院关于适用〈中华人民共和国民法典〉总则编若干问题的解释》

第二十二条 以给自然人及其近亲属等的人身权利、财产权利以及其他合法权益造成损害或者以给法人、非法人组织的名誉、荣誉、财产权益等造成损害为要挟，迫使其基于恐惧心理作出意思表示的，人民法院可以认定为民法典第一百五十条规定的胁迫。

9.《最高人民法院关于审理与企业改制相关的民事纠纷案件若干问题的规定》

第十九条 企业出售中，出卖人实施的行为具有法律规定的撤销情形，买受人在法定期限内行使撤销权的，人民法院应当予以支持。

10.《最高人民法院关于适用〈中华人民共和国民法典〉婚姻家庭编的解释（一）》

第十八条 行为人以给另一方当事人或者其近亲属的生命、身体、健康、名誉、财产等方面造成损害为要挟，迫使另一方当事人违背真实意愿结婚的，可以认定为民法典第一千零五十二条所称的"胁迫"。

因受胁迫而请求撤销婚姻的，只能是受胁迫一方的婚姻关系当事人本人。

第十九条 民法典第一千零五十二条规定的"一年"，不适用诉讼时效中止、中断或者延长的规定。

受胁迫或者被非法限制人身自由的当事人请求撤销婚姻的，不适用民法典第一百五十二条第二款的规定。

二、司法指导性文件

《全国法院贯彻实施民法典工作会议纪要》

4.以给自然人及其亲友的生命、身体、健康、名誉、荣誉、隐私、财产等造成损害或者以给法人、非法人组织的名誉、荣誉、财产等造成损害为要挟，迫使其作出不真实的意思表示的，人民法院可以认定为民法典第一百五十条规定的胁迫。

条文释义

一、本条主旨

本条是关于因受胁迫而实施的民事法律行为效力的规定。

二、条文演变

原《民法通则》第58条第1款第3项规定，"一方以欺诈、胁迫的手段或者乘人之危，使对方在违背真实意思的情况下所为的"民事法律行为一律无效。原《合同法》在此基础上，对不同胁迫对象的法律行为效力进行了区分。第52条第1项规定"一方以欺诈、胁迫的手段订立合同，损害国家利益"的合同无效，第54条第2款则规定"一方以欺诈、胁迫的手段或者乘人之危，使对方在违背真实意思的情况下订立的合同，受损害方有权请求人民法院或者仲裁机构变更或者撤销"。原《民法总则》第150条在此基础上，不再区分受胁迫对象是国家还是普通民事主体，体现了"民事主体在民事活动中的法律地位一律平等"原则。同时，原《民法总则》第150条在行为主体上明确了胁迫与第三人胁迫，并统一规定"一方或者第三人以胁迫手段，使对方在违背真实意思的情况下实施的民事法律行为，受胁迫方有权请求人民法院或者仲裁机构予以撤销"。本条延续了原《民法总则》的上述规定。

三、条文解读

本条规定，只要是通过胁迫手段迫使当事人作出违背其真实意思的民事法律行为，无论胁迫方是民事法律行为的对方当事人还是第三人，受胁迫人均可请求法院或仲裁机构撤销该民事法律行为。

（一）胁迫的含义

1. 胁迫

胁迫是指以将要发生的损害或者以直接施加损害相威胁，迫使对方产生恐惧并因此作出违背真实意思表示的行为。[1]《民法典总则编解释》第22条规定了胁迫的认定标准，即以给自然人及其近亲属等的人身权利、财产权利以及其他合法权益造成损害或者以给法人、非法人组织的名誉、荣誉、财产权益等造成损害为要挟，迫使其基于恐惧心理作出意思表示的，人民法院可以认定为《民法典》第150条规定的胁迫。通说认为，只要能够使受胁迫人达到发生恐惧的程度就可以构成胁迫，不需要考虑胁迫行为所造成的危害是否重大。[2]

2. 胁迫与欺诈的区分

胁迫与欺诈同为法律所规定的法律行为的可撤销事由，原因在于行为人的自由意志均受到他人的不当干扰，使其意思表示出现效力瑕疵。但由于胁迫对当事人的自由意志压迫更重，对意思表示不真实的影响程度更深，法律对二者的构成要件、法律效果，以及第三人实施欺诈和胁迫行为等均作出了不同的规定。

3. 第三人胁迫

所谓第三人胁迫，是指胁迫行为是由当事人以外的第三人作出的。原《民法通则》以来我国实体法上并未对此作出规定，后来借鉴了比较法上的相关规定，将胁迫的行为主体明确规定为当事人一方或第三人。

针对第三人胁迫，《民法典》采大陆法系的"区分模式"，即与第三人欺诈不同，无论相对人是否知道或应当知道向其发出的意思表示受到了第三人的胁迫，作出意思表示的人都可以撤销其意思表示。[3]立法者作此区分，原因在于

---

[1] 参见最高人民法院民法典贯彻实施工作领导小组主编：《中华人民共和国民法典总则编理解与适用》，人民法院出版社2020年版，第742页。

[2] 参见王家福主编：《中国民法学 民法债权》，法律出版社1991年版，第347页。

[3] 参见《法国民法典》第1111条，《意大利民法典》第1434条，《德国民法典》第123条。值得注意的是，《国际商事合同通则》（PICC）、《欧洲合同法原则》（PECL）、《共同参考框架草案》（DCFR）、《欧洲合同法典》（CEC）、《荷兰民法典》和《奥利地民法典》等采"统一模式"，即对第三人欺诈与第三人胁迫均统一规定为只有在相对人知道或应当知道欺诈和胁迫的事实时，受欺诈人和受胁迫人才有权撤销其意思表示。我国部分学者亦支持此立法模式。参见冉克平：《论因第三人欺诈或胁迫而订立的合同的效力》，载《法学论坛》2012年第4期；薛军：《第三人欺诈与第三人胁迫》，载《法学研究》2012年第4期。

相对于欺诈，胁迫对当事人的自由意志压迫更重，对意思表示不真实的影响程度更深、危害性更强，需要法律提供更周全的救济。①

（二）构成要件

1. 胁迫行为

胁迫是向对方预告将来的损害，并且声称自己有能力令其实现之行为。②《民法典》中明确规定，胁迫行为的实施主体可以是当事人一方，也可以是当事人以外的第三人，受胁迫方因此所作出的违背其真实意思的民事法律行为均可撤销。

胁迫行为包括以下两种情形：一是以将要发生的损害相威胁，二是胁迫者以直接面临的损害相威胁。需要注意的是，将来发生的损害必须是受胁迫者可以相信将要发生的情况，并足以使受胁迫者感到恐惧。如果一方所实施的将要造成损害的威胁毫无根据，或者受胁迫者根本不相信会发生，则不构成胁迫。③

根据《民法典总则编解释》第22条规定的胁迫的认定标准，直接或者将来发生的损害既可以指向当事人本人，亦可指向当事人的近亲属等。只要以对生命、身体、健康、名誉、荣誉、隐私、财产造成损害相要挟，均可构成胁迫行为。④

2. 胁迫故意

胁迫人在实施胁迫行为时应当具有胁迫的故意。胁迫行为都是基于故意而实施的，过失不构成胁迫。胁迫故意应当由两个意思构成：使被胁迫人产生恐惧心理的意思，及使被胁迫人基于该恐惧心理而为意思表示的意思。⑤

3. 胁迫具有不法性

胁迫给对方施加了一种强制和威胁，此种威胁必须是非法的、没有法律依

---

① 参见〔德〕卡尔·拉伦茨：《德国民法通论》，谢怀栻等译，法律出版社2003年版，第542页。
② 参见朱庆育：《民法总论（第二版）》，北京大学出版社2016年版，第284页。
③ 参见王利明：《民法总则研究（第三版）》，中国人民大学出版社2018年版，第574页。
④ 参见最高人民法院研究室编著：《〈全国法院贯彻实施民法典工作会议纪要〉条文及适用说明》，人民法院出版社2021年版，第7页。
⑤ 参见韩世远：《合同法总论（第四版）》，法律出版社2018年版，第260页。

据的。① 换言之，如果当事人一方或第三人向表意人施加的是有法律依据的或是合理的压力，则不构成胁迫。如合同一方当事人拒绝履行合同义务，另一方当事人以提起诉讼为手段敦促其履约，此处的"威胁"是合法的，则不构成胁迫。胁迫的不法性包括目的不法、手段不法、目的和手段的关联不法，三者具备其一，则构成胁迫之不法性。②

（1）目的不法。如双方当事人为规避法律强制性规定，作出通谋虚伪的意思表示，随后一方当事人自觉不妥，想要退出，另一方当事人以告发其违法行为相要挟。此时告发行为是合法的，但当事人的目的不法，构成胁迫。

（2）手段不法。如买卖合同的出卖人未按期交付货物，买受人威胁其必须按期完成交付，否则就将其腿打断。此种情况之下，买受人有权请求出卖人依约履行交付义务，但威胁对其身体造成伤害的手段不法，构成胁迫。如果买受人是以该方法迫使出卖人与之订立合同，则构成本条规定的因受胁迫而实施的民事法律行为。

（3）目的与手段的关联不法。即使手段和目的均合法，但手段与目的失其平衡、欠缺相当性时，应斟酌一切情事，尤其需考量施行胁迫者对其所欲促成的意思表示是否具有正当利益，以及依胁迫之方法实现此项利益是否适宜。③ 如以检举揭发之前的犯罪行为相要挟，强迫对方与自己签订买卖合同，虽然检举揭发和签订买卖合同的行为本身都是合法的，但二者之间没有直接的关联，也应当认定为不法胁迫。

德国通说认为，对于胁迫的不法性，奉行客观判断标准，无需考虑胁迫人是否存在过错以及是否意识到不法性之存在。原因在于，规定意思表示的可撤销性的目的在于保护被胁迫人的自由意志不受侵扰，而非制裁胁迫人。④

4. 因果关系

受胁迫人所作出的意思表示与对方当事人或第三人的胁迫行为之间存在双重因果关系。一方面，胁迫行为使受胁迫人陷入恐惧心理，另一方面，受胁迫人基于恐惧心理作出违背真实意思的意思表示。如果胁迫人的行为没有使表意

---

① 参见王利明：《民法总则研究（第三版）》，中国人民大学出版社2018年版，第575页。
② 参见朱庆育：《民法总论（第二版）》，北京大学出版社2016年版，第286页。
③ 参见王泽鉴：《民法总则》，北京大学出版社2009年版，第375页。
④ 参见朱庆育：《民法总论（第二版）》，北京大学出版社2016年版，第287页。

人产生恐惧心理，或者表意人作出的意思表示并不是基于该恐惧心理，则不构成胁迫，表意人无权主张撤销该法律行为。因胁迫行为是针对特定的当事人实施的，所以在确定是否构成胁迫时，应当以特定的受害人而不是一般人在当时的情况下是否感到恐惧为标准加以判断，即使达不到一般人感到恐惧的程度，只是受害人感到恐惧，亦可构成胁迫。①

（三）法律效果

受胁迫一方得请求法院或仲裁机构撤销因受协迫而实施的民事法律行为。因胁迫的违法性较欺诈更为严重，不论胁迫人是否为对方当事人，表意人均得撤销其意思表示，并且此撤销得对抗善意第三人。②

（四）举证责任分配

当事人依据本条主张撤销民事法律行为时，应当对胁迫行为、胁迫故意和因果关系进行举证。关于胁迫的违法性要件，属于规范性要件，当事人一旦能够对前述具体的事实要件加以证明，即可以构成评价违法性的根据。③

▶ 适用指引

一、撤销权的行使方式

撤销权的行使方式为请求法院或仲裁机构撤销，当事人不能仅依自己的意思表示直接通知对方当事人而撤销因欺诈作出的相应法律行为。详见《民法典》第148条相关论述。

二、胁迫与自助行为

《民法典》第1177条规定了自助行为为侵权行为的免责事由，即合法权益受到侵害，情况紧迫且不能及时获得国家机关保护，不立即采取措施将使其合

---

① 参见王利明：《民法总则研究（第三版）》，中国人民大学出版社2018年版，第575页。
② 参见梁慧星：《民法总论（第五版）》，法律出版社2017年版，第187页。
③ 参见陈甦主编：《民法总则评注》，法律出版社2017年版，第1081页。

法权益受到难以弥补的损害的，受害人可以在保护自己合法权益的必要范围内采取扣留侵权人的财物等合理措施；但是，应当立即请求有关国家机关处理。受害人采取的措施不当造成他人损害的，应当承担侵权责任。《民法典》在一定程度上承认了自助行为的合法性，认可权利人在合理限度内实施自助行为，此时自助行为不成立胁迫。如某人用餐后不付钱，店主要求其必须付钱后才能离开。店主的行为虽然短暂地限制其人身自由，但是没有超过必要限度，则成立自助行为而非胁迫。①

三、经济胁迫

经济胁迫，是指当事人一方滥用其优势地位，采取除暴力强制以外的其他压力，通过压制对方的意志迫使对方违背自主意志而订立合同。②经济胁迫早在20世纪后期就被英美法系国家所承认，法国等大陆法系国家和地区对此也有讨论。我国法律没有承认经济胁迫的概念，胁迫仅限于一方当事人对另一方当事人的以财产或人身安全等相威胁的行为，至于交易中的经济强制一般不认为构成胁迫。③学界对于是否应当在立法中引入"经济胁迫"的概念亦有争议。从我国司法实践来看，"经济胁迫"作为胁迫的类型之一已开始为我国审判实务所认可。④

▶ 类案检索

一、陈某荣与许某华股权转让纠纷案

关键词： 胁迫　股权转让纠纷

裁判摘要： 本案再审审查的重点在于原审认定申请人陈某荣与被申请人许某华之间的案涉股权转让协议因存在胁迫而判决撤销该协议，是否存在认定事实不清、适用法律错误以及程序违法的问题。关于许某华与陈某荣之间在签订

---

① 参见最高人民法院民法典贯彻实施工作领导小组主编：《中华人民共和国民法典总则编理解与适用》，人民法院出版社2020年版，第743页。
② 参见何宝玉：《合同法原理与判例》，中国法制出版社2013年版，第398页。
③ 参见陈甦主编：《民法总则评注》，法律出版社2017年版，第1080页。
④ 参见浙江省杭州市中级人民法院（2013）浙杭民终字第1698号民事判决书。

案涉股权转让协议过程中是否存在胁迫的问题。从现已查明的事实看,牧羊集团的五位自然人股东同时担任牧羊集团董事会成员,负责公司的经营管理。后公司股东之间产生分歧,部分公司股东提议召开公司定期董事会,但均未能召开董事会作出公司决议,形成了公司僵局。与此同时,牧羊集团针对公司部分股东实施向有关部门举报、向有关人民法院提起诉讼的行为,后许某华因涉嫌刑事犯罪被采取了限制人身自由的强制措施。在被限制人身自由期间,当地有关司法机关工作人员前往许某华被限制人身自由的场所与其协调,并向许某华预示了其目前存在的困境以及以后可能面临的不利境况,许某华在此困境下于被限制人身自由的场所内签署了案涉股权转让协议。协议签订后,许某华很快恢复了人身自由,且未再因此被限制人身自由和追究相关刑事责任。并且该股权转让协议约定的转让价格也与牧羊集团当时应有的股权价值明显不符。上述事实足以认定许某华与陈某荣之间的案涉股权转让协议存在胁迫,原审法院依据许某华的诉请判决撤销该股权转让协议适用法律正确。

【案　　号】(2021)最高法民申 7937 号

【审理法院】最高人民法院

二、胡某琳与杨某志、洛阳市泰益德房地产开发有限公司股权确认纠纷案

关键词: 胁迫　股权确认纠纷

裁判摘要: 2007 年 4 月 18 日,河南钢城房地产开发有限责任公司(以下简称河南钢城)、胡某琳与杨某志签订《合作协议》。同日,胡某琳与杨某志签订《股权转让协议》。上述协议签订后,杨某志支付了预付款 3530 万元,代河南钢城缴纳土地出让金 11323697.40 元。此后,洛阳钢城房地产开发有限责任公司(以下简称洛阳钢城)未成立,河南钢城未退还预付款,2007 年 11 月 19 日,胡某琳等人设立洛阳市泰益德房地产开发有限公司(以下简称泰益德公司),胡某琳为泰益德公司大股东,河南钢城将涉案 200 余亩土地申请变更登记到泰益德公司名下开发。随后不久,杨某志以胡某琳合同诈骗为由向司法机关提出刑事控告,司法机关以涉嫌合同诈骗等罪名批准逮捕胡某琳。

依据"4·18 协议"及《股权转让协议》的约定,在河南钢城未设立洛阳钢城及退还杨某志预付款的情况下,胡某琳应对杨某志承担担保责任,其担保落实为河南钢城 51% 的股权所对应的涉案 200 余亩土地。胡某琳作为河南钢

城的大股东，在明知存在上述约定的情形下，和他人一起新设泰益德公司，并将涉案200余亩土地的使用权变更到泰益德公司名下，其直接后果是导致"4·18协议"与《股权转让协议》约定的杨某志投资目的及胡某琳提供的以股权担保所针对的财产均告落空。在杨某志提出刑事控告，胡某琳因此被羁押期间，双方签订本案"5·13协议"，约定将胡某琳持有的泰益德公司51%的股权转让给杨某志。"5·13协议"是本案当事人在"4·18协议"的基础上根据其间发生的新情况所作的安排。在杨某志支付预付款及缴纳土地出让金后，胡某琳将涉案200余亩土地的使用权从其控股的河南钢城转移到其控股的泰益德公司名下，在其因此被提起公诉后为摆脱困境胡某琳又与杨某志签订"5·13协议"，使杨某志以通过获得泰益德公司股权的方式重新参与开发涉案200亩土地，为此，杨某志撤销对胡晓琳的指控。上述事实表明，在签订"5·13协议"时虽然存在杨某志控告胡某琳涉嫌犯罪导致胡某琳被羁押等情形，但不能因此认定该协议违背胡某琳的真实意思。"5·13协议"是双方根据当时涉案土地已经过户至泰益德公司的实际情况，针对胡某琳违反合同义务而采取的补救措施，其内容与"4·18协议"相吻合，应认定其符合双方的真实意思，不成立胁迫。

【案　　号】（2012）民二终字第7号

【审理法院】最高人民法院

三、杭州谷歌旅行社有限公司与浙江杭州途易旅游集团有限公司旅游合同纠纷案

关键词： 胁迫　经济胁迫　旅游合同纠纷

裁判摘要： 本案的争议焦点在于双方之间旅游合同是否系受浙江杭州途易旅游集团有限公司（以下简称途易旅游公司）胁迫所签订。本案中存在先后两份《团费确认单》，第一份为双方于2012年5月16日签订的，第二份为双方于2012年8月1日签订的，即该团队出发前一日。在签订第二份确认单之前，途易旅游公司已为双方约定的旅客购买了机票，说明途易旅游公司已经认可并按照前一份确认单开始履行合同。杭州谷歌旅行社有限公司（以下简称谷歌旅行社）也已经预先支付了507960元团费，符合上述第一份确认单中的约定，故谷歌旅行社也认可并按照上述第一份确认单履行义务。但在团队出发前两天，途易旅游公司告知谷歌旅行社日本当地的车辆未安排好，且在无任何正

当理由的前提下将团队报价从7650元/人提高至8589元/人。由于该团队性质特殊，系杭师大学生前往日本参加国际音乐比赛，故谷歌旅行社为确保顺利出行，遂与途易旅游公司共同前往省旅行社协会协商。而途易旅游公司在达成初步口头意见后又单方反悔继续要求提高团费报价。此时如果谷歌旅行社不接受新的团费报价，途易旅游公司即停止该团队的出行活动，谷歌旅行社一方面将要对旅客承担违约责任，另一方面会造成不利的国际影响，谷歌旅行社临时亦不可能再行联系其他旅游公司接手该团队出行工作，故此时属于在违背己方真实意思表示的情况下签订了第二份确认单，因此构成胁迫，谷歌旅行社主张撤销双方于2012年8月1日签订的《团费确认单》，于法有据。

【案　　号】（2013）浙杭民终字第1698号

【审理法院】浙江省杭州市中级人民法院

四、谢某诉刘某勇与谭某、金某借款合同纠纷案

关键词： 胁迫　民间借贷

裁判摘要： 以胁迫手段订立的合同，因为当事人意思表示不真实可以撤销，但认定影响合同效力的胁迫，应当同时具备胁迫故意、胁迫行为、违法性以及因果关系四个要件。债权人仅以尾随、纠缠的方式催索债务，系其在债权面临落空的情况下，通过控制在合理限度内的行为公开讨债，并不构成胁迫，人民法院应当认定为合法的权利行使行为。

【案　　号】（2015）渝二中法民终字第1980号

【审理法院】重庆市第二中级人民法院

第一百五十一条　一方利用对方处于危困状态、缺乏判断能力等情形，致使民事法律行为成立时显失公平的，受损害方有权请求人民法院或者仲裁机构予以撤销。

关联规定

一、法律、行政法规、司法解释

1.《中华人民共和国海商法》

第一百七十六条　有下列情形之一，经一方当事人起诉或者双方当事人协议仲裁的，受理争议的法院或者仲裁机构可以判决或者裁决变更救助合同：

（一）合同在不正当的或者危险情况的影响下订立，合同条款显失公平的；

（二）根据合同支付的救助款项明显过高或者过低于实际提供的救助服务的。

2.《中华人民共和国劳动合同法》

第二十六条　下列劳动合同无效或者部分无效：

（一）以欺诈、胁迫的手段或者乘人之危，使对方在违背真实意思的情况下订立或者变更劳动合同的；

（二）用人单位免除自己的法定责任、排除劳动者权利的；

（三）违反法律、行政法规强制性规定的。

对劳动合同的无效或者部分无效有争议的，由劳动争议仲裁机构或者人民法院确认。

3.《劳动合同法实施条例》

第十八条　有下列情形之一的，依照劳动合同法规定的条件、程序，劳动者可以与用人单位解除固定期限劳动合同、无固定期限劳动合同或者以完成一定工作任务为期限的劳动合同：

（八）用人单位以欺诈、胁迫的手段或者乘人之危，使劳动者在违背真实意思的情况下订立或者变更劳动合同的。

4.《最高人民法院关于审理劳动争议案件适用法律问题的解释（一）》

第三十五条　劳动者与用人单位就解除或者终止劳动合同办理相关手续、支付工资报酬、加班费、经济补偿或者赔偿金等达成的协议，不违反法律、行政法规的强制性规定，且不存在欺诈、胁迫或者乘人之危情形的，应当认定有效。

前款协议存在重大误解或者显失公平情形，当事人请求撤销的，人民法院应予支持。

5.《最高人民法院关于审理与企业改制相关的民事纠纷案件若干问题的规定》

第十九条　企业出售中，出卖人实施的行为具有法律规定的撤销情形，买受人在法定期限内行使撤销权的，人民法院应当予以支持。

二、部门规章及规范性文件

1.《上市公司国有股权监督管理办法》

第七十条　在上市公司国有股权变动中，相关方有下列行为之一的，国有资产监督管理机构或国家出资企业应要求终止上市公司股权变动行为，必要时应向人民法院提起诉讼：

（三）相关方恶意串通，签订显失公平的协议，造成国有资产损失的；

2.《人身保险公司保险条款和保险费率管理办法》

第四十八条　保险公司使用的保险条款和保险费率有下列情形之一的，由中国保监会责令停止使用，限期修改；情节严重的，可以在一定期限内禁止申报新的保险条款和保险费率：

（二）内容显失公平或者形成价格垄断，侵害投保人、被保险人或者受益人的合法权益。

▶ 条文释义

一、本条主旨

本条是关于显失公平的民事法律行为效力的规定。

二、条文演变

原《民法通则》采乘人之危与显失公平法律效果二分的立法模式。原《民法通则》第58条第1款第3项将乘人之危与欺诈和胁迫并列规定为法律行为无效的事由，第59条第1款第2项则规定，"显失公平的""一方有权请求人民法院或者仲裁机关予以变更或者撤销"。立法者作此区分，原因在于原《民法通则》立法阶段的主导思想强调"法律与道德相结合的原则"，强调民法为物质文明和精神文明建设服务，因此规定一切严重违反社会主义道德准则的法律行为无效。① 为指导司法实践，原《民法通则意见》第70条和第72条对如何认定乘人之危和显失公平分别作出了具体规定。其中，"一方当事人乘对方处于危难之机，为牟取不正当利益，迫使对方作出不真实的意思表示，严重损害对方利益的，可以认定为乘人之危""一方当事人利用优势或者利用对方没有经验，致使双方的权利义务明显违反公平、等价有偿原则的，可以认定为显失公平"。原《合同法》为限制国家对私人自治的干预，第54条将"在订立时显失公平的"合同和一方乘人之危"使对方在违背真实意思的情况下订立的合同"统一规定为可变更、可撤销合同。此修改虽将乘人之危改为合同可撤销的原因，但仍然维持乘人之危与显失公平二元并立的体例。原《民法总则》打破了此立法体例，将乘人之危整合为造成显失公平的一种原因，仅保留显失公平作为法律行为的可撤销事由，同时删除了可变更的法律效果。本条延续了原《民法总则》的上述规定。

三、条文解读

本条规定了在乘人之危和缺乏判断力等原因导致法律行为显失公平时，受损害方有权请求法院或仲裁机构予以撤销。

（一）显失公平的含义

1.含义

显失公平，是指一方当事人利用对方处于危困状态、缺乏判断力等情形，

---

① 参见陶希晋主编：《民法文集》，山西人民出版社1985年版，第8~10页。

致使民事法律行为成立时权利义务显著失衡的行为。①显失公平主要适用于双务、有偿的民事法律行为中，一方当事人因情况紧迫或缺乏经验等原因，而作出了明显对自己有重大不利的行为。②

在德国法中，显失公平被称为"暴利行为"，是违反善良风俗的特殊情况。是否构成暴利行为，不但要考虑给付与对待给付之间明显不对称这一实质性要件，而且要求主观要件即获得暴利者利用了对方的急迫情事、无经验、欠缺判断力或意志显著薄弱。③

我国立法允许当事人撤销显失公平的法律行为，其目的是将自由选择的权利赋予当事人，如果当事人自愿接受该法律行为的后果，则国家不再进行干预；如果当事人选择撤销，则可请求人民法院或仲裁机构撤销该民事法律行为。此规定有利于保障交易的公平性，维护市场经济中的交易秩序。

2. 显失公平与乘人之危

原《民法通则》颁布之前，我国民法理论把乘人之危与显失公平联系在一起，称为乘人之危而显失公平的民事行为，即把乘人之危作为显失公平的原因。④这一理论与本条的规定是一致的。原《民法通则》则采取"二分模式"，实际上将德国法上的暴利行为一分为二：以客观要件为基础，确立了显失公平规则；以主观要件为基础，确立了乘人之危规则。⑤为指导司法实践，原《民法通则意见》：规定"一方当事人乘对方处于危难之机，为牟取不正当利益，迫使对方作出不真实的意思表示，严重损害对方利益的，可以认定为乘人之危""一方当事人利用优势或者利用对方没有经验，致使双方的权利义务明显违反公平、等价有偿原则的，可以认定为显失公平"。这一规定使得乘人之危与显失公平在一定程度上发生了制度重叠，也引发了理论界和实务界对显失公平的构成要件应采"单一要件"还是"双重要件"的争论。本条规定明确了应当同时符合主客观要件才可成立显失公平，限制了显失公平的适用范围，有利

---

① 参见最高人民法院民法典贯彻实施工作领导小组主编：《中华人民共和国民法典总则编理解与适用》，人民法院出版社2020年版，第745页。

② 参见王利明：《民法总则研究（第三版）》，中国人民大学出版社2018年版，第576页。

③ 参见[德]迪特尔·梅迪库斯：《德国民法总论》，法律出版社2000年版，第541~542页。

④ 参见韩世远：《合同法总论（第四版）》，法律出版社2018年版，第291页。

⑤ 参见冉克平：《显失公平与乘人之危的现实困境与制度重构》，载《比较法研究》2015年第5期。

于维护交易安全。同时将乘人之危与缺乏判断力并列为导致显失公平的原因之一，并以"等"字做兜底性规定，从实体法上厘清了显失公平和乘人之危的关系，亦是对传统民法理论的回归。

3. 显失公平与情势变更

《民法典》第533条规定了情势变更原则，即在合同成立后，订立合同的基础条件发生了当事人在订立合同时无法预见的、不属于商业风险的重大变化，继续履行合同对于当事人一方明显不公平，受不利影响的当事人可以请求与对方重新协商，变更或解除合同并免除责任。① 本条所规定的显失公平与情势变更均以当事人双方的权利义务严重不均衡为构成要件之一，但二者存在根本区别：

（1）判断双方权利义务是否失衡的时间基点不同。显失公平的判断时间点应为民事法律行为成立的时间，情势变更则是在合同成立后履行过程中发生双方权利义务失衡。

（2）当事人的主观状态不同。显失公平制度中，一方当事人有利用对方当事人处于不利状态的故意。情势变更原则则是因当事人无法预见的重大变化导致了双方权利义务失衡，当事人主观上并无过错。

（3）法律效果不同。构成显失公平，则当事人有权请求法院或仲裁机构撤销合同，合同被撤销后自始无效。情势变更的法律效果则需要法院或仲裁机构在个案中根据实际情况判断，并判决合同应否变更或者解除。

（4）权利的行使方式不同。显失公平中，当事人应请求法院或仲裁机构撤销民事法律行为，直接向对方当事人主张撤销无效。情势变更中，受不利影响的当事人首先可以通过与对方协商调整失衡的利益，在合理期限内协商不成的，当事人可以请求法院或仲裁机构变更或解除合同。

（二）显失公平的构成要件

关于显失公平的构成要件应采"单一要件"还是"双重要件"，学界曾有过争议。原因在于原《民法通则》把乘人之危和显失公平作为意思表示瑕疵的两种情形分别规定，原《民法通则意见》中又强调了在认定乘人之危时必须要符合"一方当事人乘对方处于危难之机，为牟取不正当利益，迫使对方作出不

---

① 参见《中华人民共和国民法典（实用版）》，中国法制出版社2020年版，第358页。

真实的意思表示"的主观要件，因而部分学者认为，显失公平只需要符合客观要件便可成立，即行为的内容依行为成立或效力实现时的一般情势衡量，明显有失公允；至于产生这种后果的主观原因如何，则不必过问。① 且有学者认为，单一条件说免除了受害人就显失公平的原因进行举证的责任，可以更加充分地保护受害人。②

随着本条将原《民法通则》和原《合同法》中乘人之危情形下的民事法律行为纳入显失公平规则调整，并明确规定了必须同时具备主观和客观双重要件才能成立显失公平，主客观双重要件说成为了学界和实务界的通说。③

1. 客观要件

显失公平的客观要件是指民事法律行为成立时双方权利义务显著失衡，即给付与对待给付显然不相称。④

一方面，判断双方权利义务是否失衡的时间基点应为民事法律行为成立的时点。在此之后产生的损失属于商业判断和商业风险的承担问题，为维护正常的交易秩序，法律不应当进行干预。在特殊情形下，如合同履行过程中出现的特定情形可能构成情势变更，但不属于本条规定的显失公平的范畴。

另一方面，当事人之间权利义务关系的失衡必须要达到"显著"的程度，法律才有必要进行干预。按照意思自治的一般理念，法律行为双方当事人的权利义务是否均衡是当事人主观评定的，只要不存在欺诈、胁迫等影响意思表示真实性的因素，法律不必进行干预。然而，若法律完全无视给付与对待给付的均衡性，有可能伤害一个社会最底限的公正观念。因此，契约自由蕴含的形式公平和契约正义要求的实质公平必须有所调适。⑤ 相对于欺诈和胁迫，显失公平对当事人的真实意思表示影响较小，法律所给予的保护程度也相对较弱，即只有法律行为效果确立的给付与对待给付之间极其不均衡，当事人才可依显失公平主张撤销。是否均衡一般要借助市场价格加以考察。具体适用时，应以双

---

① 参见佟柔主编：《中国民法学·民法总则》，中国人民公安大学出版社1990年版，第233~234页。
② 参见韩世远：《合同法总论（第三版）》，法律出版社2011年版，第200页。
③ 部分学者认为显失公平应包括三个要件：归责性要件、意思瑕疵要件和结果失衡要件。参见陈甦主编：《民法总则评注》，法律出版社2017年版，第1085~1086页。
④ 参见朱庆育：《民法总论（第二版）》，北京大学出版社2016年版，第289页。
⑤ 参见谢鸿飞：《〈民法典〉合同编内在体系的变迁》，载《山西大学学报（哲学社会科学版）》2020年第6期。

方当事人的交易场景为标准，结合交易规则、交易习惯、风险承担等，进行综合判断。

2. 主观要件

显失公平的主观要件是指在订立合同时一方具有利用优势或利用对方轻率、无经验等而与对方订立显失公平合同的故意。[①] 此种主观状态具有法律上的可归责性，原因在于一方当事人知道或应当知道对方当事人处于危困、缺乏生活经验或交易经验、轻率等状态，仍然故意利用这种状态提出违反公平原则或等价有偿原则的条件，为自身谋取不正当利益。强调主观要件，有利于保障交易安全和市场经济秩序。若当事人只符合客观要件即可以主张变更或撤销合同，而不考虑主观原因如何，则大量已经成立、正在履行甚至履行完毕的合同将会被推翻，引起经济运行链条的中断，而这更是为当事人的投机性行为制造了便利，容易诱使当事人借口显失公平而终止履行合同。[②]

（1）对方处于危困状态、缺乏判断能力等情形。条文中列举了"处于危困状态"和"缺乏判断力"两种当事人可能遭遇的典型不利状态。其中"处于危困状态"一般是指陷入暂时性的急迫困境而对金钱、物的需求极为迫切；"缺乏判断能力"则是指缺少基于理性考虑而实施民事法律行为的能力或缺乏对民事法律行为的后果予以评估的能力。[③] 在司法实践中，主观要件应考虑当事人的主体情况。如发生在商事主体之间的交易，由于双方当事人均为商事主体且应当具备必要的知识和技能，对主观要件的认定应当更为严格。此外，本条以"等"字作兜底性规定，为司法实践留下了一定的弹性空间。

（2）利用。利用是指为获取过度利润故意使用行为相对人的窘境。[④] 显失公平的主观要件要求一方当事人知道或应当知道对方处于不利状态，并且故意利用这一状态为自己谋取不正当利益。如果行为人不知也不应知对方处于危困状态、缺乏判断能力等情形，即使对方处于上述不利情形，也不构成显失公平。

---

① 参见最高人民法院民法典贯彻实施工作领导小组主编：《中华人民共和国民法典总则编理解与适用》，人民法院出版社2020年版，第747页。
② 参见曾大鹏：《论显失公平的构成要件与体系定位》，载《法学》2011年第3期。
③ 参见韩世远：《合同法总论（第四版）》，法律出版社2018年版，第292页。
④ 参见［德］汉斯·布洛克斯、沃尔夫·迪特里希·瓦尔克：《德国民法总论》，中国人民大学出版社2012年版，第219页。

(三）显失公平的法律效果

成立显失公平，受损害方得请求法院或仲裁机构撤销相关的民事法律行为。根据《民法典》第155条的规定，被撤销的民事法律行为自始没有法律约束力。

(四）举证责任分配

当事人依据本条主张撤销民事法律行为时，应当对显失公平的主观要件和客观要件承担举证责任。

关于主观要件的举证责任，受损害方不仅要证明自己在作出民事法律行为时因处于危困状态、缺乏经验、不了解市场行情、草率等原因处于不利地位，同时应当证明对方有"利用"己方不利状态的主观过错。如明知自身的优势和条件会对对方的利益产生重大的影响，仍然故意诱使对方提出或接受重大不利的条件；或者明知对方提出或接受不公平条件是出于不知情、无经验，故意维持这种状态并从中获益。[1] 实践中，证明对方主观状态比较困难，当事人可证明对方明知自己的不利状态，或者证明可以推断出对方"应当知道"的相关事实，对方"知道或应当知道"的结论可得出时，便可认定"利用"的存在。[2]

关于客观要件的举证责任，当事人应当以双方当事人的交易场景为标准，结合一般市场价格、交易规则、交易习惯、风险承担等，证明民事法律行为成立时双方权利义务的失衡达到"显著"的程度。

▶ 适用指引

一、显失公平主观要件中的其他情形

本条规定了"对方处于危困状态"和"缺乏判断能力"两种主观要件的典型情形。同时，本条以"等"字作出兜底性规定，说明造成显失公平的原因包括但不限于以上两种情形，这为本条的适用留下了一定的弹性空间，也容易

---

[1] 参见李馨：《撤销之诉中显失公平的认定标准》，载《人民司法·案例》2013年第20期。
[2] 参见陈甦主编：《民法总则评注》，法律出版社2017年版，第1087页。

造成司法实践中法官滥用自由裁量权的后果。因此，准确理解和适用本条中的"等"字非常重要。

二、显失公平的举证责任的调整

当事人依据本条主张撤销民事法律行为时，应当对显失公平的主观要件和客观要件承担举证责任。在司法实践中，可根据个案情况，对当事人的举证责任进行适当调整。从比较法上看，行为人的主观要件较充分，可以不要求当事人之间的给付显著不当；当事人之间的给付显著不当时，则可以降低主观要件的证明标准。①

三、撤销权的行使方式

撤销权的行使方式为请求法院或仲裁机构撤销，当事人不能仅依自己的意思表示直接通知对方当事人撤销其所作出的显失公平的法律行为。详见《民法典》第148条相关论述。

四、商事案件中显失公平的适用

在适用显失公平制度时应当注意，该制度并不是为了消除当事人应当承担的交易风险，而是禁止或限制一方当事人获得超过法律允许的利益。②不同于普通民事主体，商事案件中，当事人双方均为成熟的商事主体，具有丰富的交易经验和足够的判断能力，适用显失公平条款要慎之又慎。除非涉及公共秩序和公共利益，否则一般不得适用显失公平条款撤销商事行为。

司法实践中，应当对商事合同订立时的主客观要件进行审查。相对于普通民事主体而言，商事主体应当负有更高的审慎注意义务，只要能够证明双方签订合同是在平等协商的基础上进行的，不存在一方利用对方处于危困状态的情形，即使双方权利义务存在一定程度的失衡，也不宜认定为显失公平。如在股权估值调整协议（又称对赌协议）等新交易类型中，合同双方均为商事主体，应当从鼓励交易的目的出发，充分尊重当事人的自主商业判断，审慎适用显失

---

① 参见王利明主编：《中国民法典释评·总则编》，中国人民大学出版社2020年版，第561页。
② 参见王利明：《民法总则研究（第三版）》，中国人民大学出版社2018年版，第577页。

公平条款否定合同效力。

五、劳动争议中显失公平的适用

《劳动合同法》规定，以欺诈、胁迫的手段或者乘人之危，使对方在违背真实意思的情况下订立或者变更劳动合同的无效，并未规定当事人可申请撤销的劳动合同类型。根据《最高人民法院关于审理劳动争议案件适用法律问题的解释（一）》第35条第2款的规定，劳动者与用人单位就解除或者终止劳动合同办理相关手续、支付工资报酬、加班费、经济补偿或者赔偿金等达成的协议存在重大误解或者显失公平情形，当事人请求撤销的，人民法院应予支持。此种情形之下，存在显失公平制度的适用空间。

以工伤赔偿协议为例，就该类案件的审理思路有二：一是只要约定的赔偿金额明显低于劳动者应当享受的工伤保险待遇，即认定为显失公平；二是重点注意订立赔偿协议的时间，工伤认定决定与伤残鉴定是否作出，已作出的一般不认定显失公平，未作出的参照一般民事合同认定标准。[①] 司法实践中应当考虑劳动者与用人单位之间为隶属关系，双方在经济能力、相关法律知识和经验上存在明显差距，在劳动者适用本条主张撤销权，特别是涉及劳动者基本生存权益时，应适当减轻劳动者的举证责任，即只要没有确切证据证明用人单位已采取积极行动，如告知劳动者相关权利、信息等，则推定用人单位的赔付行为与"显"失公平具有因果关系，适用显失公平条款。[②]

▶ 典型案例

一、黄某华与刘某明债权人撤销权纠纷案

关键词：乘人之危　显失公平　撤销

裁判摘要：《最高人民法院关于审理劳动争议案件适用法律若干问题的解释（三）》第10条规定，劳动者与用人单位就解除或者终止劳动合同办理相

[①] 参见赵永巍、梁茜：《〈民法总则〉显失公平条款的类型化适用前瞻——从中国裁判文书网显失公平案例大数据分析出发》，载《法律适用》2018年第1期。

[②] 参见赵永巍、梁茜：《〈民法总则〉显失公平条款的类型化适用前瞻——从中国裁判文书网显失公平案例大数据分析出发》，载《法律适用》2018年第1期。

关手续、支付工资报酬、加班费、经济补偿金或者赔偿金等达成的协议，不违反法律、行政法规的强制性规定，且不存在欺诈、胁迫或者乘人之危情形的，应当认定有效。前款协议存在重大误解或者显失公平情形，当事人请求撤销的，人民法院应予支持。据此，用人单位与劳动者就工伤事故达成赔偿协议，但约定的赔偿金额明显低于劳动者应当享受的工伤保险待遇的，应当认定为显失公平。劳动者请求撤销该赔偿协议的，人民法院应予支持。

基本案情： 刘某明系个体工商户，为广汉市亿达胶合板加工厂（以下简称亿达加工厂）业主。黄某华在亿达加工厂上班，2009年7月17日15时10分在工作时受伤，到广汉市骨科医院和广汉市人民医院救治，亿达加工厂垫付了医药费。2009年8月3日，亿达加工厂向德阳市劳动和社会保障局申请对黄某华所受伤进行工伤认定。2009年8月4日，双方就工伤事故赔偿达成协议。双方协议约定："……乙方自愿放弃工伤认定和伤残等级鉴定。经甲、乙双方友好协商一致，达成协议如下：一、除甲方已经支付的医疗费、停工留薪待遇、交通费、住院补助费合计2927.92元外，甲方付给乙方一次性伤残补助金、一次性伤残就业补助金和医疗补助金、一次性护理费等合计人民币4000元。二、双方于本协议签订日自愿解除劳动关系。甲方于本协议签订日一次性向乙方支付上述款项，乙方向甲方出具领款凭据。甲、乙双方就此事项涉及的经济往来全部结束。三、甲、乙双方就此事项签订本协议作一次性了断，乙方保证今后不得以任何理由以此事项再向甲方提出任何经济赔偿……"协议签订当日，黄某华收到了厂方支付的一次性伤残补助金、一次性伤残就业补助金和医疗补助金、一次性护理费4000元，并出具收条一份。2009年8月21日，德阳市劳动和社会保障局受理了亿达加工厂的工伤认定申请，于同年10月10日作出了工伤认定，2010年2月9日，经德阳市劳动能力鉴定委员会鉴定，黄某华为十级伤残。2010年5月11日，黄某华申请广汉市劳动争议仲裁委员会仲裁赔偿协议无效，2010年5月11日，广汉市劳动争议仲裁委员会作出不予受理的决定，并向黄某华送达不予受理通知书。黄某华诉请法院依法撤销其与亿达加工厂于2009年8月4日签订的赔偿协议。

法院经审理认为，关于赔偿协议的效力问题。《最高人民法院关于审理劳动争议案件适用法律若干问题的解释（三）》第10条规定："劳动者与用人单位就解除或者终止劳动合同办理相关手续、支付工资报酬、加班费、经济补偿金或者赔偿金等达成的协议，不违反法律、行政法规的强制性规定，且不存在欺诈、胁迫或者乘人之危情形的，应当认定有效。前款协议存在重大误解或者显失公平情形，当事人请求撤销的，人民法院应予支持。"本案中双方当事人就工伤损害达成的赔偿协议，不违反法律法规效力性强制规范。

关于双方签订的协议是否构成显失公平的问题。所谓显失公平，是指双方当事人的权利义务明显不对等，使一方遭受重大不利。其构成要件为：双方当事人的权利义务明显不对等；这种不对等违反公平原则，超过了法律允许的限度；不属于因欺诈、胁迫、乘人之危、恶意串通损害他人利益等原因导致的显失公平。本案中黄某华伤残等级为十级，其应获得的一次性伤残补助金为7个月本人工资，一次性工伤医疗补助金和一次性伤残就业补助金（为10个月统筹地区上年度平均工资）。刘某明支付给黄某华的各项赔偿费用合计6927.92元（含医疗费），显著低于其应取得的工伤保险待遇。另外，一般的合同关系仅涉及双方当事人的财产权纠纷，而本案中，双方就工伤损害达成的赔偿协议虽具有一般合同的属性，但本案的处理并非针对简单的债权债务关系，而是涉及劳动者的生存权益。故综合考虑以上因素，法院认为，双方签订的赔偿协议导致双方权利义务不对等，使黄某华遭受重大利益损失，构成显失公平。

【审理法院】四川省德阳市中级人民法院
【来　　源】《最高人民法院公报》2013年第1期

二、天津开发区家园房地产营销有限公司与天津森得瑞房地产经营有限公司合同纠纷案

关键词：显失公平　合同纠纷

裁判摘要：合同的显失公平，是指合同一方当事人利用自身优势，或者利用对方没有经验等情形，在与对方签订的合同中设定明显对自己一方有利的条款，致使双方基于合同的权利义务和客观利益严重失衡，明显违反公平原则。

双方签订的合同中设定了某些看似对一方明显不利的条款，但设立该条款是双方当事人真实的意思表示，其实质恰恰在于平衡双方的权利义务。在此情形下，合同一方当事人以显失公平为由请求撤销该合同条款的，不应予以支持。

基本案情：天津森得瑞房地产经营有限公司（以下简称森得瑞公司）与北京埃菲特国际特许经营咨询服务有限公司于2003年5月25日签订《CENTURY 21区域特许经营合同》，森得瑞公司取得在中国天津地区及廊坊

地区（以下简称特许区域）的CENTURY 21系统使用和独占分许可权，并有权再次分许可第三方使用CENTURY 21系统。2004年3月9日，天津开发区家园房地产营销有限公司（以下简称家园公司）与森得瑞公司签订了一份《加盟特许经营合同》，该合同第7.3.4条竞业禁止条款约定："未经甲方（森得瑞公司）事先书面同意，乙方（家园公司）以及任何一个乙方关系人或关联企业（定义见本合同释义）在本合同有效期间内和期满或终止后两年内不得直接或间接地以高级主管、董事、股东及其他任何身份或名义投资、经营或管理任何位于'核准地点'周围75公里范围内（如超出本特许区域地理范围，以本特许区域的范围为准）的其他房地产中介机构或相关企业（但不包括另一个CENTURY 21加盟店）或拥有或持有该中介机构百分之十以上的股权。"第7.4.8条商业秘密条款约定："乙方承诺，由甲方根据本合同透露给乙方的有关CENTURY 21系统、CENTU-RY 21特许权和CENTURY 21材料以及甲方服务和产品的经营和业务知识，其中包括但不限于在会议、研讨会、培训课程、会谈或地区营业规范手册或其他材料和／或单店营业规范手册中随时透露的信息和资料，是甲方独家的保密的商业秘密。乙方同意其将在本合同有效期内和之后对所有这些资料保守绝对秘密，并同意不在甲方没有特别授权和批准的任何其他业务中或以其他方式使用这些资料。"第14.13条约定："乙方同意在本合同期满或提前终止后的2年内，不在核准地点或任何CENTU-RY21世纪加盟店所在地点周围75公里内设立房地产中介机构或办公室，经营本合同中所定义的特许业务。"2005年5月16日，家园公司和森得瑞公司就解除《加盟特许经营合同》的相关事宜达成协议，签订了《解除合同协议书》，其中第4条约定家园公司须交回《加盟特许经营合同》及其附件的原件，第5条约定《加盟特许经营合同》解除后，家园公司还必须遵守《加盟特许经营合同》中有关竞业禁止和保守商业秘密条款所确定的义务。家园公司诉称，合同约定的竞业禁止和保守商业秘密的条款显失公平，请求法院依法判令撤销该条款。

法院经审理认为，关于本案《加盟特许经营合同》《解除合同协议书》中的竞业禁止和保守商业秘密条款是否显失公平的问题，根据原《民法通则意见》第72条关于"一方利用优势或者利用对方没有经验，致使双方的权利义务明显违反公平、等价有偿原则的，可以认定为显失公平"的规定，认定显失公平可以从以下两个方面进行考察：

一是考察合同对一方当事人是否明显不公平。根据《民法通则》和《合同法》的有关规定，签订合同作为一种双方的民事法律行为，应贯彻公平原则。公平原则的实质在于均衡合同双方当事人的利益。因此，对合同显失公平的认定应结合双方当事人权利义务是否对等、一方获得的利益或另一方所受损失是否违背法律或者交易习惯等方面综合衡量。家园公司通过与森得瑞公司签订合同，享有了加盟特许经营的权利，并因此而掌握森得瑞公司的业务秘密，故应当遵守合同中约定的竞业禁止和保守商业秘密的义务。双方对权利义务的约定基本是对等的。双方签订的合同涉及房地产中介这一极为依赖信息和资讯的行业，因此基于自愿，在签订《加盟特许经营合同》时设定竞业禁止和保守商业秘密条款，目的在于防止家园公司作为加盟企业，利用其掌握的森得瑞公司的业务秘密与之进行不正当竞争，以保护森得瑞公司的合法利益。该条款表面上似乎对森得瑞公司的利益有所倾斜，但事实上，《加盟特许经营合同》一旦成立并履行，家园公司即可合法取得森得瑞公司的部分业务秘密，而这一结果是无法逆转的，即使合同发生解除、终止、期满等情形，家园公司仍然会掌握这部分业务秘密。森得瑞公司唯有通过在合同中设立看似不平等的竞业禁止、保守商业秘密的条款，才能够防止或控制家园公司的不正当竞争行为。因此，本案中竞业禁止、保守商业秘密条款的设定事实上对合同双方是公平的，符合房地产中介这种特定行业的交易习惯，也并不违反国家法律、行政法规，同时因其有一定的期限，也不必然导致市场垄断，妨碍公平竞争。

二是要考察合同订立中一方是否故意利用其优势或者对方轻率、没有经验。所谓利用优势，是指一方利用其在经济上或其他方面的优势地位，使对方难以拒绝对其明显不利的合同条件；所谓没有经验，是指欠缺一般生活经验或者交易经验。显失公平的合同中，利益受损的一方往往因为无经验，或对合同的相关内容缺乏正确认识的能力，或者因为某种急迫的情况，并非出于真正的自愿而接受了对方提出的合同条件。虽然森得瑞公司在签约时似乎占有一定的优势，但家园公司签订合同时并非处于急迫的情形，其作为专业从事房地产中介业务的公司也不存在没有行业经验的问题。虽然该合同属于森得瑞公司提供的格式文本，但对于合同条款中的有关词语，包括竞业禁止条款中的"关系人""关联企业"的含义，合同均作有明确的释义。在订立合同之时，家园公司对此内容是明知的，且未提出任何异议。因此，《加盟特许经营合同》的订立体现了双方当事人意思自治的原则，该合同一旦成立，即应对双方当事人产生法律约束力。此后，双方在协商一致的基础上共同订立了《解除合同协议书》。在该协议书中，家园公司再次作出"遵守合同约定的竞业禁止义务和保守商业秘密的条款"的承诺，亦应严格依约履行。特别需要注意的是，森得瑞公司在签约时似乎占有一定的优势，但随着合同的订立、履行，特别是家园公司对森得瑞公司业务秘密的实际占有，森得瑞公司的所谓优势地位即不复存在，合同双方实际上处于平等的地位。另外，对于《解除合同协议书》第五条中约定的保守商业秘密的义务，因属于合同附随义务范畴，既不属于显失公平，也不违反合同法的规定。

【审理法院】天津市第二中级人民法院

【来　　源】《最高人民法院公报》2007年第2期

类案检索

一、西藏中太恒源实业有限公司与拉萨市柳梧新区城市投资建设发展集团有限公司合同纠纷案

关键词： 显失公平　合同纠纷

裁判摘要： 本案关键在于申请撤销合同的当事人能否证明对方利用了自身不利状态使其在违背真实意思表示的情况下订立合同。本案证据表明双方签订《收购协议》是在平等协商的基础上进行的，因此不存在一方主观上利用另一方处于危困状态的情形，显失公平的前提条件并不存在。

【案　　号】（2019）最高法民终760号

【审理法院】最高人民法院

二、上海星聚投资管理有限公司与南京钢铁联合有限公司股权转让纠纷案

关键词： 显失公平　股权转让纠纷

裁判摘要： 对于在订立时显失公平的合同，当事人一方有权请求变更或撤销。据此，合同是否构成显失公平，应以"订立合同时"为判断时点，结合合同约定的权利义务、缔约背景、缔约目的等因素综合认定。当事人一方以合同履行后双方收益存在巨大差额为由主张显失公平的，该主张不仅违背商事主体风险自担的市场交易规则，而且与双方订立合同的初衷相悖，违反诚实信用原

则，人民法院不予支持。

【案　　号】（2014）苏商初字第 0016 号

【审理法院】江苏省高级人民法院

三、上海我爱我家房屋租赁置换有限公司与王某根居间合同纠纷案

关键词： 显失公平　居间合同纠纷

裁判摘要： 居间合同，是指居间人向委托人报告订立合同的机会或者提供订立合同的媒介服务，由委托人支付报酬的合同。根据我国《合同法》第 426 条的规定，居间人促成合同成立的，委托人应当按照约定支付报酬。"显失公平"，是指一方当事人在紧迫或者缺乏经验的情况下而订立的明显对自己有重大不利的合同的行为。显失公平的合同可撤销。由此，中介公司利用对方没有经验而签订居间合同，致使双方的权利义务明显违反公平、等价有偿原则的，属显失公平。对方在未超法定的 1 年的行使撤销权的期限内主张权利的，居间合同可以撤销。中介公司则未完成其居间义务，故其不能要求对方支付佣金。

【案　　号】（2009）闵民三（民）初字第 2012 号

【审理法院】上海市闵行区人民法院

四、沈某与舟山市台胞商场有限公司房屋租赁合同纠纷案

关键词： 显失公平　房屋租赁合同

裁判摘要： 一方当事人在对方董事会、监事会重选，董事长、法定代表人变更之际，利用其新旧交接不顺、内部管理混乱的非常时期，在原房屋租赁合同并未到期的情况下，与对方实际已被罢免职务的法定代表人续订房屋租赁合同，有违其的真实意愿，合同双方的权利义务亦明显违反公平、等价有偿原则，该行为构成显失公平。

【案　　号】（2012）浙舟民终字第 88 号

【审理法院】浙江省舟山市中级人民法院

第一百五十二条 有下列情形之一的,撤销权消灭:

(一)当事人自知道或者应当知道撤销事由之日起一年内、重大误解的当事人自知道或者应当知道撤销事由之日起九十日内没有行使撤销权;

(二)当事人受胁迫,自胁迫行为终止之日起一年内没有行使撤销权;

(三)当事人知道撤销事由后明确表示或者以自己的行为表明放弃撤销权。

当事人自民事法律行为发生之日起五年内没有行使撤销权的,撤销权消灭。

▶ 关联规定

一、法律、行政法规、司法解释

1.《中华人民共和国民法典》

第一百九十九条 法律规定或者当事人约定的撤销权、解除权等权利的存续期间,除法律另有规定外,自权利人知道或者应当知道权利产生之日起计算,不适用有关诉讼时效中止、中断和延长的规定。存续期间届满,撤销权、解除权等权利消灭。

第一千零五十二条 因胁迫结婚的,受胁迫的一方可以向人民法院请求撤销婚姻。

请求撤销婚姻的,应当自胁迫行为终止之日起一年内提出。

被非法限制人身自由的当事人请求撤销婚姻的,应当自恢复人身自由之日起一年内提出。

第一千零五十三条 一方患有重大疾病的,应当在结婚登记前如实告知另一方;不如实告知的,另一方可以向人民法院请求撤销婚姻。

请求撤销婚姻的,应当自知道或者应当知道撤销事由之日起一年内提出。

2.《最高人民法院关于审理民事案件适用诉讼时效制度若干问题的规定》

第五条 享有撤销权的当事人一方请求撤销合同的,应适用民法典关于除斥期间的规定。对方当事人对撤销合同请求权提出诉讼时效抗辩的,人民法院不予支持。

合同被撤销,返还财产、赔偿损失请求权的诉讼时效期间从合同被撤销之日起计算。

3.《最高人民法院关于适用〈中华人民共和国民法典〉时间效力的若干规定》

第二十六条 当事人以民法典施行前受胁迫结婚为由请求人民法院撤销婚姻的,撤销权的行使期限适用民法典第一千零五十二条第二款的规定。

二、司法指导性文件

《全国法院民商事审判工作会议纪要》

42.撤销权应当由当事人行使。当事人未请求撤销的,人民法院不应当依职权撤销合同。一方请求另一方履行合同,另一方以合同具有可撤销事由提出抗辩的,人民法院应当在审查合同是否具有可撤销事由以及是否超过法定期间等事实的基础上,对合同是否可撤销作出判断,不能仅以当事人未提起诉讼或者反诉为由不予审查或者不予支持。一方主张合同无效,依据的却是可撤销事由,此时人民法院应当全面审查合同是否具有无效事由以及当事人主张的可撤销事由。当事人关于合同无效的事由成立的,人民法院应当认定合同无效。当事人主张合同无效的理由不成立,而可撤销的事由成立的,因合同无效和可撤销的后果相同,人民法院也可以结合当事人的诉讼请求,直接判决撤销合同。

▶ 条文释义

一、本条主旨

本条是关于撤销权消灭的规定。

二、条文演变

原《民法通则》仅在第59条规定了当事人对因重大误解和显失公平作出

的民事法律行为享有撤销权,并未对撤销权的除斥期间和放弃规则作出规定。原《民法通则意见》对撤销权的行使时间作出了限制,其中第73条规定:可变更或者可撤销的民事行为,自行为成立时起超过一年当事人才请求变更或者撤销的,人民法院不予保护。原《合同法》在此基础上,进一步增加了撤销权的放弃规则,依照原《合同法》第55条的规定,有下列情形之一的,撤销权消灭:(一)具有撤销权的当事人自知道或者应当知道撤销事由之日起一年内没有行使撤销权;(二)具有撤销权的当事人知道撤销事由后明确表示或者以自己的行为放弃撤销权。原《民法总则》在原《合同法》的基础上,进一步细化了撤销权的消灭规则,对重大误解和胁迫等不同的可撤销事由的撤销权除斥期间起算点进行了区分。同时,为了稳定交易秩序,维护交易安全,增加了当事人自民事法律行为发生之日起五年内没有行使撤销权的,撤销权消灭的客观期间。第152条规定,有下列情形之一的,撤销权消灭:(一)当事人自知道或者应当知道撤销事由之日起一年内、重大误解的当事人自知道或者应当知道撤销事由之日起三个月内没有行使撤销权;(二)当事人受胁迫,自胁迫行为终止之日起一年内没有行使撤销权;(三)当事人知道撤销事由后明确表示或者以自己的行为表明放弃撤销权。当事人自民事法律行为发生之日起五年内没有行使撤销权的,撤销权消灭。本条基本延续了原《民法总则》的上述规定,进一步将重大误解的法律行为撤销权的除斥期间明确为九十天。

三、条文解读

本条规定了撤销权的消灭规则,具体包括除斥期间经过和权利人对撤销权的放弃。

(一)撤销权的消灭原因之一:除斥期间经过

以实现方式为标准,权利可作支配权、请求权、抗辩权与形成权之分。[1]其中,形成权理论的提出,拓展了权利的范畴,被誉为法学上的重要发现。[2]形成权是指由一个特定的人享有的,通过其单方行为性质的形成宣告来实施的,目的在于建立一个法律关系,或者确定一个法律关系的内容,或者变更一个法律关系,或者终止或者废止一个法律关系而导致权利关系发生变动的权

---

[1] 参见朱庆育:《民法总论(第二版)》,北京大学出版社2016年版,第514页。
[2] 参见王泽鉴:《民法学说与判例研究》,北京大学出版社2015年版,第9页。

利。与请求权不同，它只是给予一方的，并不需要别人的意思表示参与，而只是根据权利人自己一方的意思发生法律效果的法律之力。[①] 其正当性来源于法律规定和当事人约定。

撤销权的性质为形成权，依照权利人单方意思表示即可生效从而改变双方法律关系的状态。根据《民法典》第155条的规定，一旦民事法律行为被撤销，则自始没有法律约束力。若权利人长时间不行使权利，法律关系长期处于可撤销状态，相对人的法律地位也将长期不确定。为维护法律关系的稳定和交易安全，法律规定撤销权人必须在一定的期间内行使权利，此期间即为除斥期间。

除斥期间，也称不变期间，除斥具有排除、截止期限之意，是指法律规定或当事人约定的形成权等权利的存续期间。[②]《民法典》第199条对除斥期间的起算点、计算规则和届满后的法律效果作出了规定，明确了除斥期间经过，撤销权即归于消灭，可撤销的民事行为因而成为完全有效的民事行为。[③] 且除斥期间为绝对、不变期间，不发生中止、中断或延长。此规则在保护相对人的同时，也可督促权利人尽早行使权利，从而维护社会经济秩序。

1. 原则上，撤销权的除斥期间起算点采主观标准，即"当事人自知道或应当知道撤销事由之日起"，期限为一年。如当事人知道或应当知道作出民事法律行为的原因是对方存在欺诈，则可依据《民法典》第148条的规定，在一年内向法院或仲裁机构申请撤销该民事法律行为，否则撤销权归于消灭。

2. 对于重大误解的当事人，除斥期间的起算点也为"当事人自知道或应当知道撤销事由之日起"。但在重大误解情形下，权利人一方本身很可能存在过错，法律平衡双方利益后，将除斥期间缩短为九十日。

3. 对于受到胁迫的当事人，其撤销权除斥期间的起算点为"自胁迫行为终止之日"。原因在于，胁迫与重大误解、欺诈和显失公平等可撤销事由不同，对被胁迫的一方当事人自由意志的影响更深，如果胁迫行为本身不终止，则当事人难以向法院或仲裁机构申请行使撤销权。

---

① 参见［德］卡尔·拉伦茨、曼弗瑞德·沃尔夫：《德国民法中的形成权》，孙宪忠译注，载《环球法律评论》2006年第4期。

② 参见王利明：《民法总则研究（第三版）》，中国人民大学出版社2018年版，第814页。

③ 参见梁慧星：《民法总论（第三版）》，法律出版社2007年版，第199页。

4.撤销权除斥期间原则上采主观标准,并根据不同的事由确定除斥期间不同的起算点或期限。然而实践中情况复杂,有些当事人知道或者应当知道的时间太晚,或是主观时间起算点很难确定。为避免法律关系长期处于不确定状态,法律规定了客观计算标准,以此来限制主观起算标准的适用。本条第2款规定,当事人自民事法律行为发生之日起五年内没有行使撤销权的,撤销权消灭。即无论当事人是否知道可撤销事由,只要其没有在五年内行使撤销权,则该撤销权消灭,此为撤销权行使的最长期限。

(二)撤销权的消灭原因之二:当事人放弃撤销权

民事主体依意思自治原则,可自由处分自身享有的民事权利,法律不必干涉。撤销权既属于民事权利,其行使与否自然取决于权利人的意思,权利人也可放弃权利。① 因此,本条第1款第3项规定,"当事人知道撤销事由后明确表示或者以自己的行为表明放弃撤销权"的,撤销权消灭。

▶ 适用指引

一、撤销权的行使方式

撤销权的行使方式为请求法院或仲裁机构撤销相应法律行为,当事人不能仅依自己的意思表示直接通知对方当事人而撤销因存在欺诈等事由作出的相应法律行为。详见本书对《民法典》第148条的相关论述。

二、举证责任

对方当事人主张撤销权消灭的,应当证明撤销权人知道或应当知道撤销事由的事实及已经过除斥期间;胁迫情形下,需要证明胁迫行为终止的时间点。

三、当事人放弃撤销权规则的适用要点

司法实践中在审查当事人放弃撤销权的情形时,应当注意以下两点:第一,当事人放弃撤销权应当发生在其知道撤销事由后。如果当事人不知道撤销

---

① 参见韩世远:《合同法总论(第四版)》,法律出版社2018年版,第250页。

事由的存在，或者虽然知道撤销事由的存在但不知道该事由可发生撤销权，则不能从撤销权人的行为中推断出其有放弃撤销权的意思。① 此外，这里只能是当事人"知道"，而不存在"应当知道"的情形。② 第二，当事人放弃撤销权，既可以是通过口头或署名的明示方式，也可以是"通过行为表明放弃撤销权"的默示方式。如当事人知道撤销事由后，仍然继续履行合同，则应当视为其已经放弃了撤销权，此时撤销权消灭。

▶ 类案检索

一、钟某与嵊州五亿实业投资有限公司等合同纠纷案

关键词： 欺诈　撤销权

裁判摘要： 当事人因对方的不实夸大宣传和承诺作出了签订合同的意思表示，并以此主张撤销案涉两份合同，其应当在知晓存在不实夸大宣传之时起一年内提起撤销权诉讼。由于其未在法律规定的期限内行使撤销权，该权利已经消灭。

【案　　号】（2021）浙06民终3256号
【审理法院】浙江省绍兴市中级人民法院

二、中国人寿财产保险股份有限公司遵义市中心支公司与张某东、遵义驰奥汽车销售服务有限公司财产保险合同纠纷案

关键词： 重大误解　撤销权

裁判摘要： 当事人在签订三方维修协议时存在重大误解，有权请求撤销该协议，且当事人在知道撤销事由后90日内依法向法院提起诉讼行使撤销权，故该协议应当撤销。

【案　　号】（2021）黔03民终5878号
【审理法院】贵州省遵义市中级人民法院

---

① 参见陈甦主编：《民法总则评注》，法律出版社2017年版，第1090页。
② 参见最高人民法院民法典贯彻实施工作领导小组主编：《中华人民共和国民法典总则编理解与适用》，人民法院出版社2020年版，第752页。

第六章 民事法律行为 | 第一百五十三条

> 第一百五十三条 违反法律、行政法规的强制性规定的民事法律行为无效。但是，该强制性规定不导致该民事法律行为无效的除外。
>
> 违背公序良俗的民事法律行为无效。

▶ 关联规定

一、法律、行政法规、司法解释

1.《中华人民共和国民法典》

第一百四十三条 具备下列条件的民事法律行为有效：

（一）行为人具有相应的民事行为能力；

（二）意思表示真实；

（三）不违反法律、行政法规的强制性规定，不违背公序良俗。

第四百九十七条 有下列情形之一的，该格式条款无效：

（一）具有本法第一编第六章第三节和本法第五百零六条规定的无效情形；

（二）提供格式条款一方不合理地免除或者减轻其责任、加重对方责任、限制对方主要权利；

（三）提供格式条款一方排除对方主要权利。

第五百零六条 合同中的下列免责条款无效：

（一）造成对方人身损害的；

（二）因故意或者重大过失造成对方财产损失的。

第七百零五条第一款 租赁期限不得超过二十年。超过二十年的，超过部分无效。

第七百三十七条 当事人以虚构租赁物方式订立的融资租赁合同无效。

第八百五十条 非法垄断技术或者侵害他人技术成果的技术合同无效。

第一千零七条 禁止以任何形式买卖人体细胞、人体组织、人体器官、遗体。

违反前款规定的买卖行为无效。

1341

第一千零五十一条 有下列情形之一的，婚姻无效：

（一）重婚；

（二）有禁止结婚的亲属关系；

（三）未到法定婚龄。

第一千一百四十三条 无民事行为能力人或者限制民事行为能力人所立的遗嘱无效。

遗嘱必须表示遗嘱人的真实意思，受欺诈、胁迫所立的遗嘱无效。

伪造的遗嘱无效。

遗嘱被篡改的，篡改的内容无效。

2.《中华人民共和国城乡规划法》

第三十九条 规划条件未纳入国有土地使用权出让合同的，该国有土地使用权出让合同无效；对未取得建设用地规划许可证的建设单位批准用地的，由县级以上人民政府撤销有关批准文件；占用土地的，应当及时退回；给当事人造成损失的，应当依法给予赔偿。

3.《中华人民共和国保险法》

第十九条 采用保险人提供的格式条款订立的保险合同中的下列条款无效：

（一）免除保险人依法应承担的义务或者加重投保人、被保险人责任的；

（二）排除投保人、被保险人或者受益人依法享有的权利的。

第三十一条第三款 订立合同时，投保人对被保险人不具有保险利益的，合同无效。

第三十四条第一款 以死亡为给付保险金条件的合同，未经被保险人同意并认可保险金额的，合同无效。

4.《土地管理法实施条例》

第四十一条 土地所有权人应当依据集体经营性建设用地出让、出租等方案，以招标、拍卖、挂牌或者协议等方式确定土地使用者，双方应当签订书面合同，载明土地界址、面积、用途、规划条件、使用期限、交易价款支付、交地时间和开工竣工期限、产业准入和生态环境保护要求，约定提前收回的条件、补偿方式、土地使用权届满续期和地上建筑物、构筑物等附着物处理方式，以及违约责任和解决争议的方法等，并报市、县人民政府自然资源主管部门备案。未依法将规划条件、产业准入和生态环境保护要求纳入合同的，合同无效；造成损失的，依法承担民事责任。合同示范文本由国务院自然资源主管部门制定。

5.《最高人民法院关于审理民间借贷案件适用法律若干问题的规定》

第十三条 具有下列情形之一的，人民法院应当认定民间借贷合同无效：

（一）套取金融机构贷款转贷的；

（二）以向其他营利法人借贷、向本单位职工集资，或者以向公众非法吸收存款等方式取得的资金转贷的；

（三）未依法取得放贷资格的出借人，以营利为目的向社会不特定对象提供借款的；

（四）出借人事先知道或者应当知道借款人借款用于违法犯罪活动仍然提供借款的；

（五）违反法律、行政法规强制性规定的；

（六）违背公序良俗的。

6.《最高人民法院关于审理建设工程施工合同纠纷案件适用法律问题的解释（一）》

第一条 建设工程施工合同具有下列情形之一的，应当依据民法典第一百五十三条第一款的规定，认定无效：

（一）承包人未取得建筑业企业资质或者超越资质等级的；

（二）没有资质的实际施工人借用有资质的建筑施工企业名义的；

（三）建设工程必须进行招标而未招标或者中标无效的。

承包人因转包、违法分包建设工程与他人签订的建设工程施工合同，应当依据民法典第一百五十三条第一款及第七百九十一条第二款、第三款的规定，认定无效。

7.《最高人民法院关于审理外商投资企业纠纷案件若干问题的规定（一）》

第三条 人民法院在审理案件中，发现经外商投资企业审批机关批准的外商投资企业合同具有法律、行政法规规定的无效情形的，应当认定合同无效；该合同具有法律、行政法规规定的可撤销情形，当事人请求撤销的，人民法院应予支持。

8.《最高人民法院关于审理期货纠纷案件若干问题的规定》

第十三条 有下列情形之一的，应当认定期货经纪合同无效：

（一）没有从事期货经纪业务的主体资格而从事期货经纪业务的；

（二）不具备从事期货交易主体资格的客户从事期货交易的；

（三）违反法律、行政法规的强制性规定的。

9.《最高人民法院关于审理因垄断行为引发的民事纠纷案件应用法律若干问题的规定》

第十五条 被诉合同内容、行业协会的章程等违反反垄断法或者其他法律、行政法规的强制性规定的，人民法院应当依法认定其无效。但是，该强制性规定不导致该民事法律行为无效的除外。

二、司法指导性文件

《全国法院民商事审判工作会议纪要》

30.【强制性规定的识别】合同法施行后，针对一些人民法院动辄以违反法律、行政法规的强制性规定为由认定合同无效，不当扩大无效合同范围的情形，合同法司法解释（二）第14条将《合同法》第52条第5项规定的"强制性规定"明确限于"效力性强制性规定"。此后，《最高人民法院关于当前形势下审理民商事合同纠纷案件若干问题的指导意见》进一步提出了"管理性强制性规定"的概念，指出违反管理性强制性规定的，人民法院应当根据具体情形认定合同效力。随着这一概念的提出，审判实践中又出现了另一种倾向，有的人民法院认为凡是行政管理性质的强制性规定都属于"管理性强制性规定"，不影响合同效力。这种望文生义的认定方法，应予纠正。

人民法院在审理合同纠纷案件时，要依据《民法总则》第153条第1款和合同法司法解释（二）第14条的规定慎重判断"强制性规定"的性质，特别是要在考量强制性规定所保护的法益类型、违法行为的法律后果以及交易安全保护等因素的基础上认定其性质，并在裁判文书中充分说明理由。下列强制性规定，应当认定为"效力性强制性规定"：强制性规定涉及金融安全、市场秩序、国家宏观政策等公序良俗的；交易标的禁止买卖的，如禁止人体器官、毒品、枪支等买卖；违反特许经营规定的，如场外配资合同；交易方式严重违法的，如违反招投标等竞争性缔约方式订立的合同；交易场所违法的，如在批准的交易场所之外进行期货交易。关于经营范围、交易时间、交易数量等行政管理性质的强制性规定，一般应当认定为"管理性强制性规定"。

31.【违反规章的合同效力】违反规章一般情况下不影响合同效力，但该规章的内容涉及金融安全、市场秩序、国家宏观政策等公序良俗的，应当认定合同无效。人民法院在认定规章是否涉及公序良俗时，要在考察规范对象基础上，兼顾监管强度、交易安全保护以及社会影响等方面进行慎重考量，并在裁判文书中进行充分说理。

▶ 条文释义

一、本条主旨

本条是关于违反强制性规定及违背公序良俗的民事法律行为效力的规定。

二、条文演变

1981年12月13日，第五届全国人民代表大会第四次会议通过的《经济合同法》第7条第1款第1项、第4项规定，违反法律和国家政策、计划的合同为无效，违反国家利益或社会公共利益的经济合同为无效。

1986年4月12日，第六届全国人民代表大会第四次会议通过的原《民法通则》第58条第1款第5项规定，违反法律或者社会公共利益的民事行为无效。

1999年3月15日，第九届全国人民代表大会第二次会议通过的原《合同法》第52条第4项、第5项规定，损害社会公共利益的合同无效；违反法律、行政法规的强制性规定的合同无效。

2017年3月，第十二届全国人民代表大会第五次会议通过的原《民法总则》第153条第1款规定，违反法律、行政法规的强制性规定的民事法律行为无效，但是该强制性规定不导致该民事法律行为无效的除外。第2款规定，违背公序良俗的民事法律行为无效。

需要特别说明的是，2009年5月开始施行的原《合同法解释（二）》第14条规定，原《合同法》第52条第5项规定的"强制性规定"，是指效力性强制性规定。2009年7月，最高人民法院印发的《关于当前形势下审理民商事合同纠纷案件若干问题的指导意见》第15条指出，正确理解、识别和适用原《合同法》第52条第5项中的"违反法律、行政法规的强制性规定"，关系到民商事合同的效力维护以及市场交易的安全和稳定。人民法院应当注意根据《合同法解释（二）》第14条之规定，注意区分效力性强制规定和管理性强制规定。违反效力性强制规定的，人民法院应当认定合同无效；违反管理性强制规定的，人民法院应当根据具体情形认定其效力。《民法典》于2021年1月1日施行后，《合同法解释（二）》已被废止，目前识别强性规定的规范性文件依据主要是《全国民商事审判工作会议纪要》。

三、条文解读

（一）立法背景

《民法典》第153条的规定，在理论和实践上沟通了公法和私法，使得公法经此渠道介入私法，通过适当限制意思自治的方式，维护国家利益或者社会公共利益。本条规定的内容，来自于原《民法通则》第58条第1款第5项以及原《合同法》第52条的第4项和第5项。在《民法典》编纂过程中，曾将本条表述为"违反法律、行政法规的效力性强制性规定或者违背公序良俗的民事法律行为无效"。有意见提出，效力性强制性规定难以识别，因此修改为目前的表述。同时，本条内容的内部排序相对于原《合同法》第52条而言有所不同，即将富有弹性的违背公序良俗作为认定民事法律行为效力的"兜底性"条款，以适应各种不同情形的客观需要。

（二）基本含义

本条第1款规定了违反强制性规定的民事法律行为无效及其例外情形；第2款主要规定了违背公序良俗的民事法律行为无效。

本条的基本含义为，在民事法律行为有效的三项要件中，不违反法律、行政法规的强制性规定以及不违背公序良俗是其中能够体现对个人意思自治与行为施加限制的一项重要条件。民事法律行为虽然是彰显意思自治、保障权利实现的主要制度，但这种自由必须限定在不损害国家利益、社会公共利益的范围之内。民事主体的民事法律行为一旦超越法律和道德所容许的限度，构成对国家利益、社会公共利益的侵害，其效力就必须被否定。而法律、行政法规的强制性规定以及公共秩序和善良习俗，即是对民事主体意思自治施加的限制。由于强制性规定和公序良俗背后所体现的对国家利益、社会公共利益的维护，世界各国和地区的民事立法均将违反这些规定以及违背公序良俗的行为确定为无效。

第六章　民事法律行为 | 第一百五十三条

《民法典》第 143 条规定了民事法律行为的有效要件。其中，根据该条第 3 项规定，民事法律行为不得违反法律、行政法规的强制性规定，不得违背公序良俗。从立法技术和逻辑来看，应当同时从反面规定违反法律、行政法规的强制性规定以及违背公序良俗的民事法律行为的法律后果。本条即明确规定了违反法律、行政法规的强制性规定以及违背公序良俗的民事法律行为无效。相比而言，第 143 条属于对民事法律行为有效的一般性要求，而本条则属于可以直接判定行为效力的裁判性规范，即当民事法律行为具有违反法律、行政法规强制性规定或者违背公序良俗情形的，法院和仲裁机构可以依据本条规定确认该行为无效。从我国以往的民事立法来看，原《民法通则》规定的是违反法律或者社会公共利益的民事行为无效；原《合同法》规定的是违反法律、行政法规的强制性规定以及损害社会公共利益的合同无效。这些规定均在审判、仲裁实践中发挥了裁判性规范的作用。如果本条不对违反法律、行政法规的强制性规定以及违背公序良俗的法律后果直接作出规定，司法机关和仲裁机构就会丧失判定依据，导致裁决尺度不一，引发法律适用的混乱。

本条第 1 款规定，违反法律、行政法规的强制性规定的民事法律行为无效，但是该强制性规定不导致该民事法律行为无效的除外。法律规范分为强制性规范与任意性规范。任意性规范的目的是引导、规范民事主体的行为，并不具备强制性效力，民事法律行为与任意性规范不一致的，并不影响其效力。任意性规范体现的是法律对主体实施民事法律行为的一种指引，当事人可以选择适用，也可以选择不适用。与任意性规范相对的是强制性规范，后者体现的是法律基于对国家利益、社会公共利益等的考量，对私人意思自治领域所施加的一种限制。民事主体在实施民事法律行为时，必须服从这种对行为自由的限制，否则所实施的民事法律行为会因对国家利益、社会公共利益等的侵害而被判定无效。但是，民事法律行为因违反强制性规定无效有一种例外，即当该强制性规定本身并不导致民事法律行为无效时，民事法律行为并不无效。这里实际上涉及对强制性规定的性质判断问题。某些强制性规定尽管要求民事主体不得违反，但其并不导致民事法律行为无效。违反该法律规定的后果应由违法一方承担，没有违法的当事人不应承受另一方违法的后果。例如，一家经营水果的商店出售种子，农户购买了该种子，该商店违法经营种子，必须承担相应违法责任，但出于保护农户的目的，不宜认定该买卖行为无效。至于在实践中究竟如何判断对哪些强制性规定的违反才导致民事法律行为无效，原则上是根据规定的目的来进行判断,因此,《全国法院民商事审判工作会议纪要》第30条有关强制性规定的识别的规定,依然具有参考价值。

本条第2款规定,违背公序良俗的民事法律行为无效。公序良俗是公共秩序和善良习俗的简称,属于不确定概念。民法学说一般采取类型化研究的方式,基于裁判实务中依据公序良俗裁判的典型案件,区别出若干违反公序良俗的行为类型。法院或者仲裁机构在审理案件时,如果发现待决案件事实与其中某一个类型相符,即可判定行为无效。这些类型包括但不限于:(1)危害国家政治、经济、财政、税收、金融、治安等秩序类型;(2)危害家庭关系行为类型;(3)违反性道德行为类型;(4)违反人权和人格尊重行为类型;(5)限制经济自由行为类型;(6)违反公正竞争行为类型;(7)违反消费者保护行为类型;(8)违反劳动者保护行为类型等。同强制性规定一样,公序良俗也体现了国家对民事领域意思自治的一种限制。因此,对公序良俗的违背也构成民事法律行为无效的理由。

在我国司法实践中,将未达到法律、行政法规层次的行政规章或者国家政策转换为公共秩序,并作为裁判民事法律行为效力的依据,是非常具有中国特色的现实问题,也是在建立中国特色社会主义市场经济体制过程中更好发挥政府作用的必然要求,应当在司法实践中认真对待。由于公共秩序是具有相当弹性的概念,根据上文提到的八种常见类型,如果有相应的国家政策或行政规章规定,则应当单独参照具体规定的内容或者加上其他的各种因素,对民事主体的意思自治行为是否违背公共秩序作出认定。为尽量确保认定标准客观公正且便于操作,同时又符合我国的实际情况,综合以往的司法实践经验,在司法实践中判断和考量民事法律行为是否违背公共秩序,可以通过正反两方面标准加以把握。其中的正面标准,即属于违背公共秩序行为的判断标准主要为:(1)从对象上看,意思自治行为应当是民事法律行为而非事实行为;(2)从时间上看,原则上应当为行为发生时;(3)从主观要件上看,不需要考虑当事人是否知道或应当知道;(4)从客观要件上看,行为后果具有相当的严重性。其中的反面标准,即不属于违背公共秩序行为的判断标准主要为:(1)民事主体意思自治行为违反公共秩序的内容属于管理性质;(2)违反公共秩序的行为可通过单方处罚达到规范目的;(3)认定行为无效致使弱者处于更为不利的境地;(4)认定行为无效与日常生活经验法则严重相悖。

▶ 适用指引

一、如何判断一个规范是否属于强制性规定

本条规定的"强制性规定",是相对于任意性规定而言的,是不允许人们依自己的意思加以变更或排除适用的规定。强制性规定要求当事人必须从事或者不从事某一种行为,属于行为规范的范畴,有别于纯粹约束法院的裁判规范。如《民法典》合同编第 498 条有关"对格式条款的理解发生争议的,应当按照通常理解予以解释"的规定,其规范对象是法院而非当事人,属于纯粹的裁判规范,而非强制性规定。认定某一规定是否为强制性规定,可首先采取形式标准,看某一规范是否包含诸如"应当""必须""不得""禁止"等字样来认定其是否为强制性规定。具体来说:

(一)关于"应当"

带"应当"字样的规范通常为强制性规定,但例外情况下也包括裁判规范与倡导性规范,因此,不可简单根据形式标准来认定某一规定就是强制性规定。如前述《民法典》合同编第 498 条的规定,尽管用了"应当"的表述,但其属于纯粹的裁判规范,而非强制性规定。再如,《民法典》合同编第 707 条规定:"租赁期限六个月以上的,应当采用书面形式。当事人未采用书面形式,无法确定租赁期限的,视为不定期租赁。"该条的意思是 6 个月以上的长期租赁"最好"采取书面形式,如果没有采取书面形式,无法确定租赁期限的,将被视为不定期租赁,承租人的利益将不能像定期租赁那样得到保障。就此而言,该条性质上属于倡导性规范。

(二)关于"必须"

"必须"作为强化版的"应当",其表征的就是强制性规定。但有的法律条文中的"必须"并不具有表征规范性质的意义,如《民法典》物权编第 291 条规定:"不动产权利人对相邻权利人因通行等必须利用其土地的,应当提供必要的便利。"这里的"必须",是"不得不"的意思,不能作为认定规范形态的依据。

（三）关于"不得"

带有"不得"字样的规定通常是强制性规定，但也包括裁判规范与半强制性规定，因而不能简单地凭语义加以识别。如原《合同法》第54条第3款规定："当事人请求变更的，人民法院或者仲裁机构不得撤销。"该条就是纯粹的裁判规范。再如，《民法典》第546条第2款规定："债权转让的通知不得撤销，但是经受让人同意的除外。"该条为债权人设定了不得撤销通知的强制性义务，但有例外情况，即受让人同意。可以看出，该规定性质上属于半强制性规定。可见，带"不得"字样的规范与违法无效规则还存在一定的区别。

（四）关于"禁止"

"禁止"在民商法中用得较少，意思是当事人"不得"为某一行为，是强化版的"不得"，表征的都是强制性规定。

总之，凡带有"必须""禁止"字样的规范，均为强制性规定。带有"应当""不得"字样的规范通常为强制性规定，但要排除属于裁判规范、倡导性规范或半强制规范的情形。没有形式标准可供识别的，再根据实质标准来判断。鉴于《民法典》合同编考察强制性规定的主要目的在于确定其是否影响合同效力，因此在难以确定某一规范是强制性规定还是任意性规范的情况下，不妨先将其纳入《民法典》第153条的考察范围，再根据相应的规则认定其是否为强制性规定，该强制性规定的立法目的是否与合同效力直接关联，进而认定合同效力。

二、民事合同构成刑事犯罪的，合同是否无效

实践中对此存在两种不同观点：一种观点认为，为保持法秩序的一致性，应当认定构成刑事犯罪的民事合同无效。另一种观点则认为，违法性程度考察仅是法益衡量的一个因素，但不是全部因素，在确定违法合同的效力时，还要兼顾考察交易安全保护、善意相对人保护等其他因素，如合同诈骗在《民法典》合同编中规定的效力是可撤销，为充分保护受害人的合法权益，应赋予受害人以撤销权，并由其决定合同是否无效。我们赞同后一观点。《最高人民法院关于审理民间借贷案件适用法律若干问题的规定》第12条第1款规定："借款人或者出借人的借贷行为涉嫌犯罪，或者已经生效的裁判认定构成犯罪，当

事人提起民事诉讼的,民间借贷合同并不当然无效。人民法院应当依据民法典第一百四十四条、第一百四十六条、第一百五十三条、第一百五十四条以及本规定第十三条之规定,认定民间借贷合同的效力。"该条体现的就是后一观点。

指导案例

指导案例170号:饶国礼诉某物资供应站等房屋租赁合同纠纷案
(最高人民法院审判委员会讨论通过 2021年11月9日发布)

关键词:民事 房屋租赁合同 合同效力 行政规章 公序良俗 危房

裁判要点:

违反行政规章一般不影响合同效力,但违反行政规章签订租赁合同,约定将经鉴定机构鉴定存在严重结构隐患,或将造成重大安全事故的应当尽快拆除的危房出租用于经营酒店,危及不特定公众人身及财产安全,属于损害社会公共利益、违背公序良俗的行为,应当依法认定租赁合同无效,按照合同双方的过错大小确定各自应当承担的法律责任。

相关法条:

《中华人民共和国民法总则》第153条、《中华人民共和国合同法》第52条、第58条(注:现行有效的法律为《中华人民共和国民法典》第153条、第157条)

基本案情:

南昌市青山湖区晶品假日酒店(以下简称晶品酒店)组织形式为个人经营,经营者系饶国礼,经营范围及方式为宾馆服务。2011年7月27日,晶品酒店通过公开招标的方式中标获得租赁某物资供应站所有的南昌市青山南路1号办公大楼的权利,并向物资供应站出具《承诺书》,承诺中标以后严格按照加固设计单位和江西省建设工程安全质量监督管理局等权威部门出具的加固改造方案,对青山南路1号办公大楼进行科学、安全的加固,并在取得具有法律效力的书面文件后,再使用该大楼。同年8月29日,晶品酒店与物资供应站签订《租赁合同》,约定:物资供应站将南昌市青山南路1号(包含房产证记载的南昌市东湖区青山南路1号和东湖区青山南路3号)办公楼4120平方米建筑出租给晶品酒店,用于经营商务宾馆。租赁期限为十五年,自2011年9

月1日起至2026年8月31日止。除约定租金和其他费用标准、支付方式、违约赔偿责任外，还在第五条特别约定：1.租赁物经有关部门鉴定为危楼，需加固后方能使用。晶品酒店对租赁物的前述问题及瑕疵已充分了解。晶品酒店承诺对租赁物进行加固，确保租赁物达到商业房产使用标准，晶品酒店承担全部费用。2.加固工程方案的报批、建设、验收（验收部门为江西省建设工程安全质量监督管理局或同等资质的部门）均由晶品酒店负责，物资供应站根据需要提供协助。3.晶品酒店如未经加固合格即擅自使用租赁物，应承担全部责任。合同签订后，物资供应站依照约定交付了租赁房屋。晶品酒店向物资供应站给付20万元履约保证金，1000万元投标保证金。中标后物资供应站退还了800万元投标保证金。

2011年10月26日，晶品酒店与上海永祥加固技术工程有限公司签订加固改造工程《协议书》，晶品酒店将租赁的房屋以包工包料一次包干（图纸内的全部土建部分）的方式发包给上海永祥加固技术工程有限公司加固改造，改造范围为主要承重柱、墙、梁板结构加固新增墙体全部内粉刷，图纸内的全部内容，图纸、电梯、热泵。开工时间2011年10月26日，竣工时间2012年1月26日。2012年1月3日，在加固施工过程中，案涉建筑物大部分垮塌。

江西省建设业安全生产监督管理站于2007年6月18日出具《房屋安全鉴定意见》，鉴定结果和建议是：1.该大楼主要结构受力构件设计与施工均不能满足现行国家设计和施工规范的要求，其强度不能满足上部结构承载力的要求，存在较严重的结构隐患。2.该大楼未进行抗震设计，没有抗震构造措施，不符合《建筑抗震设计规范》（GB50011—2001）的要求。遇有地震或其他意外情况发生，将造成重大安全事故。3.根据《危险房屋鉴定标准》（GB50292—1999），该大楼按房屋危险性等级划分，属D级危房，应予以拆除。4.建议：（1）应立即对大楼进行减载，减少结构上的荷载。（2）对有问题的结构构件进行加固处理。（3）目前，应对大楼加强观察，并应采取措施，确保大楼安全过渡至拆除。如发现有异常现象，应立即撤出大楼的全部人员，并向有关部门报告。（4）建议尽快拆除全部结构。

饶国礼向一审法院提出诉请：一、解除其与物资供应站于2011年8月29日签订的《租赁合同》；二、物资供应站返还其保证金220万元；三、物资供应站赔偿其各项经济损失共计281万元；四、本案诉讼费用由物资供应站承担。

物资供应站向一审法院提出反诉诉请：一、判令饶国礼承担侵权责任，赔偿其2463.5万元；二、判令饶国礼承担全部诉讼费用。

再审中，饶国礼将其上述第一项诉讼请求变更为：确认案涉《租赁合同》无效。物资供应站亦将其诉讼请求变更为：饶国礼赔偿物资供应站损失418.7万元。

裁判结果：

江西省南昌市中级人民法院于2017年9月1日作出（2013）洪民一初字第2号民事判决：一、解除饶国礼经营的晶品酒店与物资供应站2011年8月29日签订的《租赁合同》；二、物资供应站应返还饶国礼投标保证金200万元；三、饶国礼赔偿物资供应站804.3万元，抵扣本判决第二项物资供应站返还饶国礼的200万元保证金后，饶国礼还应于本判决生效后十五日内给付物资供应站604.3万元；四、驳回饶国礼其他诉讼请求；五、驳回物资供应站其他诉讼请求。一审判决后，饶国礼提出上诉。江西省高级人民法院于2018年4月24日作出（2018）赣民终173号民事判决：一、维持江西省南昌市中级人民法院（2013）洪民一初字第2号民事判决第一项、第二项；二、撤销江西省南昌市中级人民法院（2013）洪民一初字第2号民事判决第三项、第四项、第五项；三、物资供应站返还饶国礼履约保证金20万元；四、饶国礼赔偿物资供应站经济损失182.4万元；五、本判决第一项、第三项、第四项确定的金额相互抵扣后，物资供应站应返还饶国礼375.7万元，该款项限物资供应站于本判决生效后10日内支付；六、驳回饶国礼的其他诉讼请求；七、驳回物资供应站的其他诉讼请求。饶国礼、物资供应站均不服二审判决，向最高人民法院申请再审。最高人民法院于2018年9月27日作出（2018）最高法民申4268号民事裁定，裁定提审本案。2019年12月19日，最高人民法院作出（2019）最高法民再97号民事判决：一、撤销江西省高级人民法院（2018）赣民终173号民事判决、江西省南昌市中级人民法院（2013）洪民一初字第2号民事判决；二、确认饶国礼经营的晶品酒店与物资供应站签订的《租赁合同》无效；三、物资供应站自本判决发生法律效力之日起10日内向饶国礼返还保证金220万元；四、驳回饶国礼的其他诉讼请求；五、驳回物资供应站的诉讼请求。

裁判理由：

最高人民法院认为：根据江西省建设业安全生产监督管理站于2007年6

月18日出具的《房屋安全鉴定意见》，案涉《租赁合同》签订前，该合同项下的房屋存在以下安全隐患：一是主要结构受力构件设计与施工均不能满足现行国家设计和施工规范的要求，其强度不能满足上部结构承载力的要求，存在较严重的结构隐患；二是该房屋未进行抗震设计，没有抗震构造措施，不符合《建筑抗震设计规范》国家标准，遇有地震或其他意外情况发生，将造成重大安全事故。《房屋安全鉴定意见》同时就此前当地发生的地震对案涉房屋的结构造成了一定破坏、应引起业主及其上级部门足够重视等提出了警示。在上述认定基础上，江西省建设业安全生产监督管理站对案涉房屋的鉴定结果和建议是，案涉租赁房屋属于应尽快拆除全部结构的D级危房。据此，经有权鉴定机构鉴定，案涉房屋已被确定属于存在严重结构隐患、或将造成重大安全事故的应当尽快拆除的D级危房。根据中华人民共和国住房和城乡建设部《危险房屋鉴定标准》（2016年12月1日实施）第6.1条规定，房屋危险性鉴定属D级危房的，系指承重结构已不能满足安全使用要求，房屋整体处于危险状态，构成整幢危房。尽管《危险房屋鉴定标准》第7.0.5条规定，对评定为局部危房或整幢危房的房屋可按下列方式进行处理：1.观察使用；2.处理使用；3.停止使用；4.整体拆除；5.按相关规定处理。但本案中，有权鉴定机构已经明确案涉房屋应予拆除，并建议尽快拆除该危房的全部结构。因此，案涉危房并不具有可在加固后继续使用的情形。《商品房屋租赁管理办法》第六条规定，不符合安全、防灾等工程建设强制性标准的房屋不得出租。《商品房屋租赁管理办法》虽在效力等级上属部门规章，但是，该办法第六条规定体现的是对社会公共安全的保护以及对公序良俗的维护。结合本案事实，在案涉房屋已被确定属于存在严重结构隐患、或将造成重大安全事故、应当尽快拆除的D级危房的情形下，双方当事人仍签订《租赁合同》，约定将该房屋出租用于经营可能危及不特定公众人身及财产安全的商务酒店，明显损害了社会公共利益、违背了公序良俗。从维护公共安全及确立正确的社会价值导向的角度出发，对本案情形下合同效力的认定应从严把握，司法不应支持、鼓励这种为追求经济利益而忽视公共安全的有违社会公共利益和公序良俗的行为。故依照《中华人民共和国民法总则》第一百五十三条第二款关于违背公序良俗的民事法律行为无效的规定，以及《中华人民共和国合同法》第五十二条第四项关于损害社会公共利益的合同无效的规定，确认《租赁合同》无效。关于案涉房屋倒塌后物资供应站支付给他人的补偿费用问题，因物资供应站应对《租赁合同》的无效承担主要责任，根据《中华人民共和国合同法》第五十八条"合同无效后，双方都有过错的，应当各自承担相应的责任"的规定，上述费用应由物资供应站自行承担。因饶国礼对于《租赁合同》无效亦有过错，故对饶国礼的损失依照《中华人民共和国合同法》第五十八条的规定，亦应由其自行承担。饶国礼向物资供应站支付的220万元保证金，因《租赁合同》系无效合同，物资供应站基于该合同取得的该款项依法应当退还给饶国礼。

> 第一百五十四条　行为人与相对人恶意串通，损害他人合法权益的民事法律行为无效。

▶ 关联规定

法律、行政法规、司法解释

1.《中华人民共和国民法典》

第一百四十六条　行为人与相对人以虚假的意思表示实施的民事法律行为无效。

以虚假的意思表示隐藏的民事法律行为的效力，依照有关法律规定处理。

2.《最高人民法院关于审理外商投资企业纠纷案件若干问题的规定（一）》

第二十条　实际投资者与外商投资企业名义股东之间的合同因恶意串通，损害国家、集体或者第三人利益，被认定无效的，人民法院应当将因此取得的财产收归国家所有或者返还集体、第三人。

▶ 条文释义

一、本条主旨

本条是关于恶意串通的民事法律行为效力的规定。

二、条文演变

我国原《民法通则》和原《合同法》都对恶意串通作了规定。根据原《民法通则》第58条第1款第4项的规定，恶意串通，损害国家、集体或者第三人利益的民事行为无效。根据原《合同法》第52条第2项的规定，恶意串通，损害国家、集体或者第三人利益的合同无效。从原《民法通则》到原《合同法》，尽管不少有关民事法律行为效力的规定发生了变化，如对于不损害国家、集体利益的欺诈、胁迫、乘人之危等情形，原《民法通则》规定为无效，而原《合同法》规定为可撤销。但对于恶意串通的民事法律行为，无论是原《民法通则》还是原《合同法》，始终将其规定为无效。从各项制度的设立目的看，无论是欺诈、胁迫、重大误解还是显失公平，立法大多调整仅涉及双方当事人之间的利益关系，而在恶意串通的情形下，实际是双方共同损害他人的合法权益。在这种情况下，双方串通的直接目的就是通过损害他人来实现自己的利益，因此，法律上对这种恶意串通行为规定为无效，能够最大限度地实现对第三方合法权益的保护。

《民法典》总则编立法过程中，关于是否保留恶意串通无效的规定，有不同意见。一种意见认为，原《民法通则》当时所规定的恶意串通制度，主要规范行为人与国有企业工作人员或者代理人等恶意串通，以低价贱卖国有资产，损公肥私的行为。但这种情况实际上可由代理制度中的相关规定，例如《民法典》第164条第2款的规定予以解决，无须再单独规定恶意串通。同时，恶意串通并非一种具体行为样式，其在实践中可以表现为不同的行为类型，如欺诈、无权处分等，而这些行为都已经有具体的规则可以解决。因此，不需要在总则编中继续规定恶意串通。有的意见认为，恶意串通是自原《民法通则》、原《合同法》以来一直存在的制度，体现了我国民事立法的鲜明特色，能够最大化地体现对民事主体合法权益的保护，应当予以保留。我们认为，行为人恶意串通损害他人合法权益的行为，多数情况下权益受损的人当时并不知情，如果不对这种行为科以无效的后果，无法体现对其合法权益的有力保护；原《民法通则》、原《合同法》规定恶意串通行为无效以来，为司法实践提供了明确的裁判指引，《民法典》应当沿用这一规定；虽然总则编及其他民事法律对欺诈、无权处分等具体规则作了规定，但民事生活的复杂性决定了实践中仍有可能出现具体规则无法解决的情形，保留恶意串通的规定可以在没有具体规则可供适用时发挥规则填补作用。综上原因，《民法典》中规定了恶意串通的民事法律行为的效力。

三、条文解读

恶意串通是指行为人与相对人互相勾结，为牟取私利而实施的损害他人合法权益的民事法律行为。恶意串通的民事法律行为在主观上要求双方有互相串通、为满足私利而损害他人合法权益的目的，客观上表现为实施了一定形式的行为来达到这一目的。民法的基本原则中包含自愿原则,即当事人可以按照自己的意思设立、变更、终止民事法律关系,但民事主体却不得滥用民事权利损害国家利益、社会公共利益或者他人合法权益。

恶意串通与通谋虚伪表示相似之处较多:一是均为民事法律行为,而非事实行为;二是参与者均为两人以上,且相互之间具有意思联络并达成合意;三是通常有损害第三人利益的动机,均指向第三人。但是,尽管存在上述相似之处,但是二者侧重点不同:表现形式上,虽然都有双方通谋,但是恶意串通是真实意思,通谋虚伪表示与真实意思不一致;损害结果上,恶意串通以损害他人合法权益为必要,通谋虚伪表示则不然;对第三人效力上,恶意串通的无效并未涉及对第三人的效力,通谋虚伪表示的无效不得对抗善意第三人。

恶意串通损害他人合法权益的民事法律行为,具有以下特点:

1. 各方当事人都出于恶意。当事人明知其所实施的民事法律行为将造成他人的损害而故意为之,行为人具有加害他人的不良动机,主观上有损害第三人合法权益的故意。

2. 当事人之间互相串通。当事人之间存在意思联络或者沟通,都希望通过实施某种民事法律行为而损害特定第三人的合法权益;当事人在客观上相互配合或者共同实施了该民事法律行为。

3. 损害了特定第三人的合法权益。这里第三人包括国家、特定集体或者特定第三人。

▶ 适用指引

一、恶意串通的常见情形

1. 双方当事人恶意串通以逃避债务。例如,在恶意转让财产以逃避债务的情形中,债务人与第三人之间低价或者无偿转让财产,如果是为了逃避债务的履行,就会因损害债权人的利益而被判定为无效;在恶意设立抵押权以逃避债务的情形中,债务人在清偿债务之前,于其财产之上为第三人设立担保,导致责任财产减少,如果债务人与第三人具有逃避债务的共同意图,则该担保合同就会被认定为无效等。

2. 双方当事人恶意串通欺诈第三人。借款人与贷款人恶意串通,骗取他人担保，例如，借款人与贷款人之间佯装订立贷款合同，共同欺诈第三人，使第三人为该虚假贷款合同提供担保；数个投标者恶意串通竞标，损害其他竞买人以及招标人的利益；拍卖人与买受人恶意串通竞标等。

3. 代理人与第三人恶意串通，损害被代理人的利益。代理人行使代理权时，在代理职责范围内应尽必要的审慎和勤勉义务。但是，代理人与第三人恶意串通，损害被代理人的利益，则该代理行为会被认定为无效。

4. 股权或者商标权的双重转让。司法实践认为，股权转让人双重转让，致使先订立合同的受让人利益受到损害的，如果有证据表明转让人与后受让人之间具有损害先受让人之利益的共同故意，则后一个转让合同会被认定为无效。①

5. 双方当事人恶意串通，规避法律的行为无效。例如，当事人在订立合同时具有规避法律的共同意图的，则该合同因恶意规避法律而无效。

二、恶意串通类案件的举证证明

审判实践中，受害人要依据本条的规定主张无效，常常会在举证方面遇到困难。因为受害人不仅要证明当事人之间主观上具有损害自己利益的意图，而且要证明双方必须有相互串通的行为。我们认为，这类案件主要应该通过当事人实施的行为本身来认定该行为是否恶意串通所为，其判断标准就是社会一般观念。这就要求法官在论证其心证时，在判决书中充分说明理由，公开其心证过程。法官应当充分发挥法庭在举证、质证、辩论方面的功能，要求受害人对此充分举证，充分论证为什么构成恶意串通，在此基础上，才能形成法官的心证。当然，除恶意串通的合同文本以外，如果有双方之间相互沟通损害受害人利益的函件，这是证明力最强的直接证据。但这种证据往往不由受害人掌握，所以受害人很难举出相关证据。

---

① 参见最高人民法院（2013）民二终字第29号民事判决书。

▶ 指导案例

一、指导案例33号：瑞士嘉吉国际公司诉福建金石制油有限公司等确认合同无效纠纷案

（最高人民法院审判委员会讨论通过　2014年12月18日发布）

关键词： 民事　确认合同无效　恶意串通　财产返还

裁判要点：

1.债务人将主要财产以明显不合理低价转让给其关联公司，关联公司在明知债务人欠债的情况下，未实际支付对价的，可以认定债务人与其关联公司恶意串通、损害债权人利益，与此相关的财产转让合同应当认定为无效。

2.《中华人民共和国合同法》第五十九条规定适用于第三人为财产所有权人的情形，在债权人对债务人享有普通债权的情况下，应当根据《中华人民共和国合同法》第五十八条的规定，判令因无效合同取得的财产返还给原财产所有人，而不能根据第五十九条规定直接判令债务人的关联公司因"恶意串通，损害第三人利益"的合同而取得的债务人的财产返还给债权人。

相关法条：

《中华人民共和国合同法》第五十二条第二项

《中华人民共和国合同法》第五十八条、第五十九条

基本案情：

瑞士嘉吉国际公司（Cargill International SA，简称嘉吉公司）与福建金石制油有限公司（以下简称福建金石公司）以及大连金石制油有限公司、沈阳金石豆业有限公司、四川金石油粕有限公司、北京珂玛美嘉粮油有限公司、宜丰香港有限公司（该六公司以下统称金石集团）存在商业合作关系。嘉吉公司因与金石集团买卖大豆发生争议，双方在国际油类、种子和脂类联合会仲裁过程中于2005年6月26日达成《和解协议》，约定金石集团将在五年内分期偿还债务，并将金石集团旗下福建金石公司的全部资产，包括土地使用权、建筑物和固着物、所有的设备及其他财产抵押给嘉吉公司，作为偿还债务的担保。2005年10月10日，国际油类、种子和脂类联合会根据该《和解协议》作出第3929号仲裁裁决，确认金石集团应向嘉吉公司支付1337万美元。2006年5月，因金石集团未履行该仲裁裁决，福建金石公司也未配合进行资产抵押，嘉吉公

司向福建省厦门市中级人民法院申请承认和执行第3929号仲裁裁决。2007年6月26日，厦门市中级人民法院经审查后裁定对该仲裁裁决的法律效力予以承认和执行。该裁定生效后，嘉吉公司申请强制执行。

2006年5月8日，福建金石公司与福建田源生物蛋白科技有限公司（以下简称田源公司）签订一份《国有土地使用权及资产买卖合同》，约定福建金石公司将其国有土地使用权、厂房、办公楼和油脂生产设备等全部固定资产以2569万元人民币（以下未特别注明的均为人民币）的价格转让给田源公司，其中国有土地使用权作价464万元、房屋及设备作价2105万元，应在合同生效后30日内支付全部价款。王晓琪和柳锋分别作为福建金石公司与田源公司的法定代表人在合同上签名。福建金石公司曾于2001年12月31日以482.1万元取得本案所涉32138平方米国有土地使用权。2006年5月10日，福建金石公司与田源公司对买卖合同项下的标的物进行了交接。同年6月15日，田源公司通过在中国农业银行漳州支行的账户向福建金石公司在同一银行的账户转入2500万元。福建金石公司当日从该账户汇出1300万元、1200万元两笔款项至金石集团旗下大连金石制油有限公司账户，用途为往来款。同年6月19日，田源公司取得上述国有土地使用权证。

2008年2月21日，田源公司与漳州开发区汇丰源贸易有限公司（以下简称汇丰源公司）签订《买卖合同》，约定汇丰源公司购买上述土地使用权及地上建筑物、设备等，总价款为2669万元，其中土地价款603万元、房屋价款334万元、设备价款1732万元。汇丰源公司于2008年3月取得上述国有土地使用权证。汇丰源公司仅于2008年4月7日向田源公司付款569万元，此后未付其余价款。

田源公司、福建金石公司、大连金石制油有限公司及金石集团旗下其他公司的直接或间接控制人均为王政良、王晓莉、王晓琪、柳锋。王政良与王晓琪、王晓莉是父女关系，柳锋与王晓琪是夫妻关系。2009年10月15日，中纺粮油进出口有限责任公司（以下简称中纺粮油公司）取得田源公司80%的股权。2010年1月15日，田源公司更名为中纺粮油（福建）有限公司（以下简称中纺福建公司）。

汇丰源公司成立于2008年2月19日，原股东为宋明权、杨淑莉。2009年9月16日，中纺粮油公司和宋明权、杨淑莉签订《股权转让协议》，约定中纺粮油公司购买汇丰源公司80%的股权。同日，中纺粮油公司（甲方）、汇丰源公司（乙方）、宋明权和杨淑莉（丙方）及沈阳金豆食品有限公司（丁方）签订《股权质押协议》，约定：丙方将所拥有汇丰源公司20%的股权质押给甲方，作为乙方、丙方、丁方履行"合同义务"之担保；"合同义务"系指乙方、丙方在《股权转让协议》及《股权质押协议》项下因"红豆事件"而产生的所有责任和义务；"红豆事件"是指嘉吉公司与金石集团就进口大豆中掺杂红豆原因而引发的金石集团涉及的一系列诉讼及仲裁纠纷以及与此有关的涉及汇丰源公司的一系列诉讼及仲裁纠纷。还约定，下述情形同时出现之日，视为乙方和丙方的"合同义务"已完全履行：1. 因"红豆事件"而引发的任何诉讼、仲裁案件的全部审理及执行程序均已终结，且乙方未遭受财产损失；2. 嘉吉公司针对乙方所涉合同可能存在的撤销权因超过法律规定的最长期间（五年）而消灭。2009年11月18日，中纺粮油公司取得汇丰源公司80%的股权。汇丰源公司成立后并未进行实际经营。

由于福建金石公司已无可供执行的财产，导致无法执行，嘉吉公司遂向福建省高级人民法院提起诉讼，请求：一是确认福建金石公司与中纺福建公司签订的《国有土地使用权及资产买卖合同》无效；二是确认中纺福建公司与汇丰源公司签订的国有土地使用权及资产《买卖合同》无效；三是判令汇丰源公司、中纺福建公司将其取得的合同项下财产返还给财产所有人。

裁判结果：

福建省高级人民法院于2011年10月23日作出（2007）闽民初字第37号民事判决，确认福建金石公司与田源公司（后更名为中纺福建公司）之间的《国有土地使用权及资产买卖合同》、田源公司与汇丰源公司之间的《买卖合同》无效；判令汇丰源公司于判决生效之日起三十日内向福建金石公司返还因上述合同而取得的国有土地使用权，中纺福建公司于判决生效之日起三十日内向福建金石公司返还因上述合同而取得的房屋、设备。宣判后，福建金石公司、中纺福建公司、汇丰源公司提出上诉。最高人民法院于2012年8月22日作出（2012）民四终字第1号民事判决，驳回上诉，维持原判。

裁判理由：

最高人民法院认为：因嘉吉公司注册登记地在瑞士，本案系涉外案件，各方当事人对适用中华人民共和国法律审理本案没有异议。本案源于债权人嘉吉公司认为债务人福建金石公司与关联企业田源公司、田源公司与汇丰源公司之间关于土地使用权以及地上建筑物、设备等资产的买卖合同，因属于《中华人民共和国合同法》第五十二条第二项"恶意串通，损害国家、集体或者第三人利益"的情形而应当被认定无效，并要求返还原物。本案争议的焦点问题是：福建金石公司、田源公司（后更名为中纺福建公司）、汇丰源公司相互之间订立的合同是否构成恶意串通、损害嘉吉公司利益的合同？本案所涉合同被认定无效后的法律后果如何？

一、关于福建金石公司、田源公司、汇丰源公司相互之间订立的合同是否构成"恶意串通，损害第三人利益"的合同

首先，福建金石公司、田源公司在签订和履行《国有土地使用权及资产买卖合同》的过程中，其实际控制人之间系亲属关系，且柳锋、王晓琪夫妇分别作为两公司的法定代表人在合同上签署。因此，可以认定在签署以及履行转让福建金石公司国有土地使用权、房屋、设备的合同过程中，田源公司对福建金石公司的状况是非常清楚的，对包括福建金石公司在内的金石集团因"红豆事件"被仲裁裁决确认对嘉吉公司形成1337万美元债务的事实是清楚的。

其次，《国有土地使用权及资产买卖合同》订立于2006年5月8日，其中约定田源公司购买福建金石公司资产的价款为2569万元，国有土地使用权作价464万元、房屋及设备作价2105万元，并未根据相关会计师事务所的评估报告作价。一审法院根据福建金石公司2006年5月31日资产负债表，以其中载明固定资产原价44042705.75元、扣除折旧后固定资产净值为32354833.70元，而《国有土地使用权及资产买卖合同》中对房屋及设备作价仅2105万元，认定《国有土地使用权及资产买卖合同》中约定的购买福建金石公司资产价格为不合理低价是正确的。在明知债务人福建金石公司欠债权人嘉吉公司巨额债务的情况下，田源公司以明显不合理低价购买福建金石公司的主要资产，足以证明其与福建金石公司在签订《国有土地使用权及资产买卖合同》时具有主观恶意，属恶意串通，且该合同的履行足以损害债权人嘉吉公司的利益。

第三，《国有土地使用权及资产买卖合同》签订后，田源公司虽然向福建金石公司在同一银行的账户转账2500万元，但该转账并未注明款项用途，且福建金石公司于当日将2500万元分两笔汇入其关联企业大连金石制油有限公司账户；又根据福建金石公司和田源公司当年的财务报表，并未体现该笔2500万元的入账或支出，而是体现出田源公司尚欠福建金石公司"其他应付款"121224155.87元。一审法院据此认定田源公司并未根据《国有土地使用权及资产买卖合同》向福建金石公司实际支付价款是合理的。

第四，从公司注册登记资料看，汇丰源公司成立时股东构成似与福建金石公司无关，但在汇丰源公司股权变化的过程中可以看出，汇丰源公司在与田源公司签订《买卖合同》时对转让的资产来源以及福建金石公司对嘉吉公司的债务是明知的。《买卖合同》约定的价款为2669万元，与田源公司从福建金石公司购入该资产的约定价格相差不大。汇丰源公司除已向田源公司支付569万元外，其余款项未付。一审法院据此认定汇丰源公司与田源公司签订《买卖合同》时恶意串通并足以损害债权人嘉吉公司的利益，并无不当。

综上，福建金石公司与田源公司签订的《国有土地使用权及资产买卖合同》、田源公司与汇丰源公司签订的《买卖合同》，属于恶意串通、损害嘉吉公司利益的合同。根据合同法第五十二条第二项的规定，均应当认定无效。

二、关于本案所涉合同被认定无效后的法律后果

对于无效合同的处理，人民法院一般应当根据合同法第五十八条"合同无效或者被撤销后，因该合同取得的财产，应当予以返还；不能返还或者没有必要返还的，应当折价补偿。有过错的一方应当赔偿对方因此所受到的损失，双方都有过错的，应当各自承担相应的责任"的规定，判令取得财产的一方返还财产。本案涉及的两份合同均被认定无效，两份合同涉及的财产相同，其中国有土地使用权已经从福建金石公司经田源公司变更至汇丰源公司名下，在没有证据证明本案所涉房屋已经由田源公司过户至汇丰源公司名下、所涉设备已经由田源公司交付汇丰源公司的情况下，一审法院直接判令取得国有土地使用权的汇丰源公司、取得房屋和设备的田源公司分别就各自取得的财产返还给福建金石公司并无不妥。

合同法第五十九条规定："当事人恶意串通，损害国家、集体或者第三人利益的，因此取得的财产收归国家所有或者返还集体、第三人。"该条规定应当适用于能够确定第三人为财产所有权人的情况。本案中，嘉吉公司对福建金石公司享有普通债权，本案所涉财产系福建金石公司的财产，并非嘉吉公司的财产，因此只能判令将系争财产返还给福建金石公司，而不能直接判令返还给嘉吉公司。

二、指导案例 35 号：广东龙正投资发展有限公司与广东景茂拍卖行有限公司委托拍卖执行复议案

（最高人民法院审判委员会讨论通过　2014 年 12 月 18 日发布）

关键词： 民事诉讼　执行复议　委托拍卖　恶意串通　拍卖无效

裁判要点：

拍卖行与买受人有关联关系，拍卖行为存在以下情形，损害与标的物相关权利人合法权益的，人民法院可以视为拍卖行与买受人恶意串通，依法裁定该拍卖无效：（1）拍卖过程中没有其他无关联关系的竞买人参与竞买，或者虽有其他竞买人参与竞买，但未进行充分竞价的；（2）拍卖标的物的评估价明显低于实际价格，仍以该评估价成交的。

相关法条：

《中华人民共和国民法通则》第五十八条

《中华人民共和国拍卖法》第六十五条

基本案情：

广州白云荔发实业公司（以下简称荔发公司）与广州广丰房产建设有限公司（以下简称广丰公司）、广州银丰房地产有限公司（以下简称银丰公司）、广州金汇房产建设有限公司（以下简称金汇公司）非法借贷纠纷一案，广东省高级人民法院（以下简称广东高院）于 1997 年 5 月 20 日作出（1996）粤法经一初字第 4 号民事判决，判令广丰公司、银丰公司共同清偿荔发公司借款 160647776.07 元及利息，金汇公司承担连带赔偿责任。

广东高院在执行前述判决过程中，于 1998 年 2 月 11 日裁定查封了广丰公司名下的广丰大厦未售出部分，面积 18851.86m2。次日，委托广东景茂拍卖行有限公司（以下简称景茂拍卖行）进行拍卖。同年 6 月，该院委托的广东粤财房地产评估所出具评估报告，结论为：广丰大厦该部分物业在 1998 年 6 月 12 日的拍卖价格为 102493594 元。后该案因故暂停处置。

2001 年初，广东高院重新启动处置程序，于同年 4 月 4 日委托景茂拍卖行对广丰大厦整栋进行拍卖。同年 11 月初，广东高院在报纸上刊登拟拍卖整栋广丰大厦的公告，要求涉及广丰大厦的所有权利人或购房业主，于 2001 年 11 月 30 日前向景茂拍卖行申报权利和登记，待广东高院处理。根据公告要求，

向景茂拍卖行申报的权利有申请交付广丰大厦预售房屋、回迁房屋和申请返还购房款、工程款、银行借款等，金额高达15亿余元，其中，购房人缴纳的购房款逾2亿元。

2003年8月26日，广东高院委托广东财兴资产评估有限公司（即原广东粤财房地产评估所）对广丰大厦整栋进行评估。同年9月10日，该所出具评估报告，结论为：整栋广丰大厦（用地面积3009m2，建筑面积34840m2）市值为3445万元，建议拍卖保留价为市值的70%即2412万元。同年10月17日，景茂拍卖行以2412万元将广丰大厦整栋拍卖给广东龙正投资发展有限公司（以下简称龙正公司）。广东高院于同年10月28日作出（1997）粤高法执字第7号民事裁定，确认将广丰大厦整栋以2412万元转给龙正公司所有。2004年1月5日，该院向广州市国土房管部门发出协助执行通知书，要求将广丰大厦整栋产权过户给买受人龙正公司，并声明原广丰大厦的所有权利人，包括购房人、受让人、抵押权人、被拆迁人或拆迁户等的权益，由该院依法处理。龙正公司取得广丰大厦后，在原主体框架结构基础上继续投入资金进行续建，续建完成后更名为"时代国际大厦"。

2011年6月2日，广东高院根据有关部门的意见对该案复查后，作出（1997）粤高法执字第7—1号执行裁定，认定景茂拍卖行和买受人龙正公司的股东系亲属，存在关联关系。广丰大厦两次评估价格差额巨大，第一次评估了广丰大厦约一半面积的房产，第二次评估了该大厦整栋房产，但第二次评估价格仅为第一次评估价格的35%，即使考虑市场变化因素，其价格变化也明显不正常。根据景茂拍卖行报告，拍卖时有三个竞买人参加竞买，另外两个竞买人均未举牌竞价，龙正公司因而一次举牌即以起拍价2412万元竞买成功。但经该院协调有关司法机关无法找到该二人，后书面通知景茂拍卖行提供该二人的竞买资料，景茂拍卖行未能按要求提供；景茂拍卖行也未按照《拍卖监督管理暂行办法》第四条"拍卖企业举办拍卖活动，应当于拍卖日前七天内到拍卖活动所在地工商行政管理局备案……拍卖企业应当在拍卖活动结束后7天内，将竞买人名单、身份证明复印件送拍卖活动所在地工商行政管理局备案"的规定，向工商管理部门备案。现有证据不能证实另外两个竞买人参加了竞买。综上，可以认定拍卖人景茂拍卖行和竞买人龙正公司在拍卖广丰大厦中存在恶意串通行为，导致广丰大厦拍卖不能公平竞价，损害了购房人和其他债权人的利益。根据《中华人民共和国民法通则》（以下简称《民法通则》）第五十八条、

《中华人民共和国拍卖法》（以下简称《拍卖法》）第六十五条的规定，裁定拍卖无效，撤销该院 2003 年 10 月 28 日作出的（1997）粤高法执字第 7 号民事裁定。对此，买受人龙正公司和景茂拍卖行分别向广东高院提出异议。

龙正公司和景茂拍卖行异议被驳回后，又向最高人民法院申请复议。主要复议理由为：对广丰大厦前后两次评估的价值相差巨大的原因存在合理性，评估结果与拍卖行和买受人无关；拍卖保留价也是根据当时实际情况决定的，拍卖成交价是当时市场客观因素造成的；景茂拍卖行不能提供另外两名竞买人的资料，不违反《拍卖法》第五十四条第二款关于"拍卖资料保管期限自委托拍卖合同终止之日起计算，不得少于五年"的规定；拍卖广丰大厦的拍卖过程公开、合法，拍卖前曾四次在报纸上刊出拍卖公告，法律没有禁止拍卖行股东亲属的公司参与竞买。故不存在拍卖行与买受人恶意串通、损害购房人和其他债权人利益的事实。广东高院推定竞买人与拍卖行存在恶意串通行为是错误的。

裁判结果：

广东高院于 2011 年 10 月 9 日作出（2011）粤高法执异字第 1 号执行裁定：维持（1997）粤高法执字第 7—1 号执行裁定意见，驳回异议。裁定送达后，龙正公司和景茂拍卖行向最高人民法院申请复议。最高人民法院于 2012 年 6 月 15 日作出（2012）执复字第 6 号执行裁定：驳回龙正公司和景茂拍卖行的复议请求。

裁判理由：

最高人民法院认为：受人民法院委托进行的拍卖属于司法强制拍卖，其与公民、法人和其他组织自行委托拍卖机构进行的拍卖不同，人民法院有权对拍卖程序及拍卖结果的合法性进行审查。因此，即使拍卖已经成交，人民法院发现其所委托的拍卖行为违法，仍可以根据《民法通则》第五十八条、《拍卖法》第六十五条等法律规定，对在拍卖过程中恶意串通，导致拍卖不能公平竞价、损害他人合法权益的，裁定该拍卖无效。

买受人在拍卖过程中与拍卖机构是否存在恶意串通，应从拍卖过程、拍卖结果等方面综合考察。如果买受人与拍卖机构存在关联关系，拍卖过程没有进行充分竞价，而买受人和拍卖机构明知标的物评估价和成交价明显过低，仍以该低价成交，损害标的物相关权利人合法权益的，可以认定双方存在恶意串通。

本案中，在景茂拍卖行与买受人之间因股东的亲属关系而存在关联关系的情况下,除非能够证明拍卖过程中有其他无关联关系的竞买人参与竞买,且进行了充分的竞价,否则可以推定景茂拍卖行与买受人之间存在串通。该竞价充分的举证责任应由景茂拍卖行和与其有关联关系的买受人承担。2003年拍卖结束后,景茂拍卖行给广东高院的拍卖报告中指出,还有另外两个自然人参加竞买,现场没有举牌竞价,拍卖中仅一次叫价即以保留价成交,并无竞价。而买受人龙正公司和景茂拍卖行不能提供其他两个竞买人的情况。经审核,其复议中提供的向工商管理部门备案的材料中,并无另外两个竞买人参加竞买的资料。拍卖资料经过了保存期,不是其不能提供竞买人情况的理由。据此,不能认定有其他竞买人参加了竞买,可以认定景茂拍卖行与买受人龙正公司之间存在串通行为。

鉴于本案拍卖系直接以评估机构确定的市场价的70%之保留价成交的,故评估价是否合理对于拍卖结果是否公正合理有直接关系。之前对一半房产的评估价已达一亿多元,但是本次对全部房产的评估价格却只有原来一半房产评估价格的35%。拍卖行明知价格过低,却通过亲属来购买房产,未经多轮竞价,严重侵犯了他人的利益。拍卖整个楼的价格与评估部分房产时的价格相差悬殊,拍卖行和买受人的解释不能让人信服,可以认定两者间存在恶意串通。同时,与广丰大厦相关的权利有申请交付广丰大厦预售房屋、回迁房屋和申请返还购房款、工程款、银行借款等,总额达15亿余元,仅购房人登记所交购房款即超过2亿元。而本案拍卖价款仅为2412万元,对于没有优先受偿权的本案申请执行人毫无利益可言,明显属于无益拍卖。鉴于景茂拍卖行负责接受与广丰大厦相关的权利的申报工作,且买受人与其存在关联关系,可认定景茂拍卖行与买受人对上述问题也应属明知。因此,对于此案拍卖导致与广丰大厦相关的权利人的权益受侵害,景茂拍卖行与买受人龙正公司之间构成恶意串通。

综上,广东高院认定拍卖人景茂拍卖行和买受人龙正公司在拍卖广丰大厦中存在恶意串通行为,导致广丰大厦拍卖不能公平竞价、损害了购房人和其他债权人的利益,是正确的。故(1997)粤高法执字第7—1号及(2011)粤高法执异字第1号执行裁定并无不当,景茂拍卖行与龙正公司申请复议的理由不能成立。

本案申请执行人毫无利益可言,明显属于无益拍卖。鉴于景茂拍卖行负责接受与广丰大厦相关的权利的申报工作,且买受人与其存在关联关系,可认定景茂拍卖行与买受人对上述问题也应属明知。因此，对于此案拍卖导致与广丰大厦相关的权利人的权益受侵害，景茂拍卖行与买受人龙正公司之间构成恶意串通。

综上，广东高院认定拍卖人景茂拍卖行和买受人龙正公司在拍卖广丰大厦中存在恶意串通行为，导致广丰大厦拍卖不能公平竞价、损害了购房人和其他债权人的利益，是正确的。故（1997）粤高法执字第7-1号及（2011）粤高法执异字第1号执行裁定并无不当，景茂拍卖行与龙正公司申请复议的理由不能成立。

第一百五十五条 无效的或者被撤销的民事法律行为自始没有法律约束力。

关联规定

法律、行政法规、司法解释

1.《中华人民共和国民法典》

第五百四十二条 债务人影响债权人的债权实现的行为被撤销的，自始没有法律约束力。

第一千零五十四条 无效的或者被撤销的婚姻自始没有法律约束力，当事人不具有夫妻的权利和义务。同居期间所得的财产，由当事人协议处理；协议不成的，由人民法院根据照顾无过错方的原则判决。对重婚导致的无效婚姻的财产处理，不得侵害合法婚姻当事人的财产权益。当事人所生的子女，适用本法关于父母子女的规定。

婚姻无效或者被撤销的，无过错方有权请求损害赔偿。

第一千一百一十三条 有本法第一编关于民事法律行为无效规定情形或者违反本编规定的收养行为无效。

无效的收养行为自始没有法律约束力。

2.《中国公民收养子女登记办法》

第十二条 收养关系当事人弄虚作假骗取收养登记的，收养关系无效，由收养登记机关撤销登记，收缴收养登记证。

3.《最高人民法院关于适用〈中华人民共和国民法典〉婚姻家庭编的解释（一）》

第二十条 民法典第一千零五十四条所规定的"自始没有法律约束力"，是指无效婚姻或者可撤销婚姻在依法被确认无效或者被撤销时，才确定该婚姻自始不受法律保护。

第二十一条 人民法院根据当事人的请求，依法确认婚姻无效或者撤销婚姻的，应当收缴双方的结婚证书并将生效的判决书寄送当地婚姻登记管理机关。

▶ 条文释义

一、本条主旨

本条是关于无效的或者被撤销的民事法律行为自始无效的规定。

二、条文演变

原《民法通则》第58条第2款规定："无效的民事行为，从行为开始起就没有法律约束力。"第59条第2款规定："被撤销的民事行为从行为开始起无效。"原《合同法》第56条规定："无效的合同或者被撤销的合同自始没有法律约束力。合同部分无效，不影响其他部分的效力。"原《婚姻法》第12条规定："无效或被撤销的婚姻，自始无效。"原《收养法》第25条第2款规定："收养行为被人民法院确认无效的，从行为开始时起就没有法律效力。"本条规定延续了上述规定精神。

三、条文解读

（一）无效民事法律行为的概念和特征

所谓无效民事法律行为，是指虽然已经成立，但因其在内容上违反了法律、行政法规的强制性规定或者公序良俗而应当被宣告无效的民事法律行为。其特点如下：

1. 无效民事法律行为具有违法性。所谓违法性，一是指违反了法律、行政法规的效力性强制性规定；二是指违反了公序良俗。

2. 对无效民事法律行为国家实行主动干预。由于无效民事法律行为具有违法性，因而国家对此进行主动干预，具体表现在：法院或者仲裁机构不待当事人请求确认民事法律行为无效，便可依职权主动审查民事法律行为是否具有无效的因素。如发现属于民事法律行为无效，便应主动确认该行为无效。从这个意义上说，无效民事法律行为是当然无效的。国家对无效民事法律行为的干预还表现在,国家有关行政机关等有权机关可以对无效民事法律行为进行查处,追究无效民事法律行为当事人的行政责任。

3.无效民事法律行为具有不得履行性。这是指当事人在实施无效民事法律行为以后,不得依据该行为要求实际履行,也不承担不履行的法律责任。若允许履行该行为,则意味着允许当事人实施不法行为。

4.无效民事法律行为自始无效。由于无效民事法律行为本质上具有违法性,因而国家不承认此类民事法律行为的效力,给予其否定评价。民事法律行为一旦被确认无效,就将产生溯及力,使该行为自实施之时起就不具有法律效力。

(二)可撤销民事法律行为的概念和特征

所谓可撤销民事法律行为,是指当事人在从事民事法律行为时,因意思表示不真实或者对方的民事行为能力受到限制或者无权代理场合,法律允许撤销权人通过行使撤销权而使该行为归于无效。其特征如下:

1.可撤销的民事法律行为主要是意思表示不真实、不自由的法律行为。可撤销的对象之所以是意思表示不真实、不自由的行为,主要是因为民事法律行为作为实现意思自治的工具,其主要目的是实现当事人的自由意志,从而发生当事人预期的法律效果。如果意思表示有瑕疵,则民事法律行为的此种功能将不能实现。

2.可撤销的民事法律行为须由撤销权人主动行使撤销权。意思表示是否真实往往只有表意人或者意思表示受领人才能知道,而局外人无从了解,这就需要由当事人自己决定是否撤销不真实的意思表示。按照私法自治的原则,即使意思表示不真实,如果撤销权人不愿意撤销,法律也不应当对此进行主动干预。

3.一旦被撤销,民事法律行为自始无效。撤销权在性质上是一种形成权,权利人可以通过单方的意思表示行使。一旦行使,可撤销的民事法律行为的效力溯及既往地自始无效。

(三)对无效或者可撤销民事法律行为法律后果的理解

1.无效的民事法律行为除自始无效,在时间维度上不认可其效力之外,还应当是当然无效、绝对无效。所谓当然无效,是指只要民事法律行为具备无效条件，其便当然产生无效的法律后果，无须经过特定程序的确认才无效；所谓绝对无效，是指这种民事法律行为的无效是绝对而非相对的，对包括当事人在内的其他任何人而言均是无效的。①

2.有观点认为，被撤销的民事法律行为自始无效的规定过于绝对，身份行为以及具有持续性的民事法律行为被撤销后，其无效的效果应仅向将来发生，不应溯及既往。从立法沿革来看，原《合同法》《婚姻法》《收养法》等法律对被撤销合同、婚姻、收养等契约、身份行为的无效溯及既往作了规定，从保持法律稳定性的角度考虑，对被撤销的此类行为，仍应坚持溯及既往的规定。对于诸如劳动关系、合伙关系等特别领域中存在的某些持续性民事法律行为无效以及被撤销的效力问题，可以考虑在具体单行法中作出特别规定。②

适用指引

一、对于涉及特定第三人利益的无效合同，是否任何人均有诉权

涉及国家利益的合同无效，理论上任何人都可以主张。但实际上，如果是合同损害了国家利益而无效，往往也只有受到损害的代表国家利益的当事人才清楚，其他人根本不知道此事。涉及集体利益的合同无效，理论上集体成员都可以主张，但实际上，集体的其他成员往往不知道，只有其负责人等少数人清楚。我们这里要探讨的是，如果受到的损害不涉及国家利益或者集体利益，而是涉及其他第三人的利益，是否允许任何利益无关的人在法院起诉该合同无效？我们持否定观点。一方面，合同关系具有相对性和封闭性，它的内容通常并不被其他人知悉。而且，此种民事法律行为是否损害第三人利益，只有第三人知道，其他人未必了解，而允许其他人越俎代庖，未必符合第三人的利益和意志。在民事法律行为因侵害特定第三人利益而无效的情况下，特定的第三人是具体的利害关系人，是自身利益的最佳判断者和维护者，只允许其本人主张侵害其利益的民事法律行为无效，最为合适。另一方面，在与第三人利益无关

---

① 参见黄薇主编：《中华人民共和国民法典释义及适用指南》，中国民主法制出版社2020年版，第238页。
② 参见黄薇主编：《中华人民共和国民法典释义及适用指南》，中国民主法制出版社2020年版，第238页。

的情况下，如果第三人也可以随意地向法院主张合同无效，就可能会为一些人无端地干预别人的合同关系、无故地将别人拖入无休无止的诉讼中提供机会，不仅扰乱正常的交易秩序和法律行为自由，而且会损害他人利益，影响正常的生产生活秩序。因此，绝对无效并不意味着任何一个人均可以在法院提起确认合同无效之诉，如果只涉及特定第三人的利益，只有特定的第三人才可以在法院提起确认合同无效之诉。

二、可撤销的民事法律行为在未被撤销以前效力如何认定

审判实践中对此回答不一。我们认为，可撤销民事法律行为在未被撤销以前是有效的。在未被撤销前，此种法律行为既非效力待定，亦非当然无效，应当认为自成立之时起已经生效，这是此类法律行为同无效与效力待定法律行为的区别。

▶ 类案检索

中金产权交易有限公司因与黑龙江东方学院、哈尔滨市土地储备中心合同纠纷案

关键词： 合同纠纷　合同无效　继续履行

裁判摘要： 案涉合同无效后，合同当事人不能依据无效合同请求对方当事人履行约定的债务。

【案　　号】（2020）最高法民终368号

【审理法院】 最高人民法院

第六章 民事法律行为 | 第一百五十六条

> 第一百五十六条　民事法律行为部分无效，不影响其他部分效力的，其他部分仍然有效。

关联规定

法律、行政法规、司法解释

1.《中华人民共和国民法典》

第七百零五条　租赁期限不得超过二十年。超过二十年的，超过部分无效。

2.《中华人民共和国民用航空法》

第一百三十条　任何旨在免除本法规定的承运人责任或者降低本法规定的赔偿责任限额的条款，均属无效；但是，此种条款的无效，不影响整个航空运输合同的效力。

3.《中华人民共和国票据法》

第六条　无民事行为能力人或者限制民事行为能力人在票据上签章的，其签章无效，但是不影响其他签章的效力。

4.《中华人民共和国保险法》

第五十五条第三款　保险金额不得超过保险价值。超过保险价值的，超过部分无效，保险人应当退还相应的保险费。

5.《最高人民法院关于适用〈中华人民共和国民法典〉有关担保制度的解释》

第二条第一款　当事人在担保合同中约定担保合同的效力独立于主合同，或者约定担保人对主合同无效的法律后果承担担保责任，该有关担保独立性的约定无效。主合同有效的，有关担保独立性的约定无效不影响担保合同的效力；主合同无效的，人民法院应当认定担保合同无效，但是法律另有规定的除外。

第六十八条第二款　债务人或者第三人与债权人约定将财产形式上转移至

1375

债权人名下，债务人不履行到期债务，财产归债权人所有的，人民法院应当认定该约定无效，但是不影响当事人有关提供担保的意思表示的效力。当事人已经完成财产权利变动的公示，债务人不履行到期债务，债权人请求对该财产享有所有权的，人民法院不予支持；债权人请求参照民法典关于担保物权的规定对财产折价或者以拍卖、变卖该财产所得的价款优先受偿的，人民法院应予支持；债务人履行债务后请求返还财产，或者请求对财产折价或者以拍卖、变卖所得的价款清偿债务的，人民法院应予支持。

6.《最高人民法院关于审理民间借贷案件适用法律若干问题的规定》

第二十五条第一款 出借人请求借款人按照合同约定利率支付利息的，人民法院应予支持，但是双方约定的利率超过合同成立时一年期贷款市场报价利率四倍的除外。

第二十七条 借贷双方对前期借款本息结算后将利息计入后期借款本金并重新出具债权凭证，如果前期利率没有超过合同成立时一年期贷款市场报价利率四倍，重新出具的债权凭证载明的金额可认定为后期借款本金。超过部分的利息，不应认定为后期借款本金。

按前款计算，借款人在借款期间届满后应当支付的本息之和，超过以最初借款本金与以最初借款本金为基数、以合同成立时一年期贷款市场报价利率四倍计算的整个借款期间的利息之和的，人民法院不予支持。

第二十八条第一款 借贷双方对逾期利率有约定的，从其约定，但是以不超过合同成立时一年期贷款市场报价利率四倍为限。

第二十九条 出借人与借款人既约定了逾期利率，又约定了违约金或者其他费用，出借人可以选择主张逾期利息、违约金或者其他费用，也可以一并主张，但是总计超过合同成立时一年期贷款市场报价利率四倍的部分，人民法院不予支持。

7.《最高人民法院关于审理城镇房屋租赁合同纠纷案件具体应用法律若干问题的解释》

第三条第二款 租赁期限超过临时建筑的使用期限，超过部分无效。但在一审法庭辩论终结前经主管部门批准延长使用期限的，人民法院应当认定延长使用期限内的租赁期间有效。

8.《最高人民法院关于审理存单纠纷案件的若干规定》

第七条 对存单纠纷案件中存在的委托贷款关系和信托贷款关系的认定和

纠纷的处理

（二）处理

构成委托贷款的，金融机构出具的存单或进账单、对账单或与出资人签订的存款合同不作为存款关系的证明，借款方不能偿还贷款的风险应当由委托人承担。如有证据证明金融机构出具上述凭证是对委托贷款进行担保的，金融机构对偿还贷款承担连带担保责任。委托贷款中约定的利率超过人民银行规定的部分无效。构成信托贷款的，按人民银行有关信托贷款的规定处理。

▶ 条文释义

一、本条主旨

本条是关于民事法律行为部分无效的规定。

二、条文演变

原《民法通则》第60条规定："民事行为部分无效，不影响其他部分的效力的，其他部分仍然有效。"原《合同法》第56条规定："无效的合同或者被撤销的合同自始没有法律约束力。合同部分无效，不影响其他部分效力的，其他部分仍然有效。"本条规定与延续了上述两部法律规定的精神。

三、条文解读

以其他部分的效力是否受已经认定为无效的部分民事法律行为的影响为标准，民事法律行为无效一般可以分为全部无效及部分无效两种情形。民事法律行为全部无效是指民事法律行为无效的原因涉及全部的民事法律行为；民事法律行为部分无效是指民事法律行为无效的原因仅涉及民事法律行为的部分内容。如果民事法律行为是部分无效，如何认定无效之外的其他民事法律行为的效力，则是需要解决的问题。对此，本条在民事法律行为无效部分与其他部分效力可分的情况下，规定部分无效在不影响其他部分效力的情况下，其他部分仍然有效。其原理在于，既然不影响其他部分的效力，其他部分的效力当然应当根据合同效力认定规则进行认定。这实际上体现了民法尽可能尊重双方意思自治、承认民事法律行为效力的原则。当然，如果无效部分属于整体民事法律行为成立生效的必要条款，或者无效部分事实上与其他部分不可分割，那么这种部分无效当然会同时导致其他部分的无效，进而影响整体的行为效力。

▶ 适用指引

民事法律行为部分无效的主要情形

本条规定的"民事法律行为部分无效，不影响其他部分效力"情形主要有以下几种：

1. 国家对民事法律行为标的的数量有效力性强制性规定，如果民事法律行为标的的数量超过国家法律许可的范围，则超过部分无效，但在国家所限定范围以内的部分仍然有效。

2. 民事法律行为的标的可分，其中一项或数项无效，其他部分效力不受影响。比如，同一买卖合同项下，买卖的标的物既有国家禁止流通物，也有普通商品。此种情况下，针对国家禁止流通物而订立的买卖合同部分无效，其他标的物的买卖仍为有效。

3. 民事法律行为的非根本性条款违反法律规定或者违背公序良俗。比如，买卖合同中有条款约定"对产品质量造成的损害，出卖人概不负责"。这一条款因违反消费者权益保护相关法律以及公序良俗原则而无效，但买卖合同的其他权利义务条款并不因此无效。

▶ 类案检索

武汉华享置业有限公司与武汉中森华永红房地产开发有限公司合同纠纷案

关键词： 合同性质　合同效力

裁判摘要： 就本案所涉及的《付款确认书》及《还款协议书》的效力而言，其均是双方当事人基于《房地产合作开发协议书》的约定和履行所订立的。在该《房地产合作开发协议书》已经被确认为民间借贷的前提下，《付款确认书》及《还款协议书》的效力也应根据双方之间真实存在的民间借贷的事实依法确认，故该《付款确认书》《还款协议书》部分有效。

【案　　号】（2019）最高法民终881号
【审理法院】最高人民法院

第一百五十七条 民事法律行为无效、被撤销或者确定不发生效力后，行为人因该行为取得的财产，应当予以返还；不能返还或者没有必要返还的，应当折价补偿。有过错的一方应当赔偿对方由此所受到的损失；各方都有过错的，应当各自承担相应的责任。法律另有规定的，依照其规定。

关联规定

一、法律、行政法规、司法解释

1.《中华人民共和国城乡规划法》

第三十九条 规划条件未纳入国有土地使用权出让合同的，该国有土地使用权出让合同无效；对未取得建设用地规划许可证的建设单位批准用地的，由县级以上人民政府撤销有关批准文件；占用土地的，应当及时退回；给当事人造成损失的，应当依法给予赔偿。

2.《中华人民共和国个人信息保护法》

第二十一条 个人信息处理者委托处理个人信息的，应当与受托人约定委托处理的目的、期限、处理方式、个人信息的种类、保护措施以及双方的权利和义务等，并对受托人的个人信息处理活动进行监督。

受托人应当按照约定处理个人信息，不得超出约定的处理目的、处理方式等处理个人信息；委托合同不生效、无效、被撤销或者终止的，受托人应当将个人信息返还个人信息处理者或者予以删除，不得保留。

未经个人信息处理者同意，受托人不得转委托他人处理个人信息。

3.《最高人民法院关于适用〈中华人民共和国民法典〉总则编若干问题的解释》

第二十三条 民事法律行为不成立，当事人请求返还财产、折价补偿或者赔偿损失的，参照适用民法典第一百五十七条的规定。

4.《最高人民法院关于审理建设工程施工合同纠纷案件适用法律问题的解释（一）》

第二十四条 当事人就同一建设工程订立的数份建设工程施工合同均无效，但建设工程质量合格，一方当事人请求参照实际履行的合同关于工程价款的约定折价补偿承包人的，人民法院应予支持。

实际履行的合同难以确定，当事人请求参照最后签订的合同关于工程价款的约定折价补偿承包人的，人民法院应予支持。

5.《最高人民法院关于审理外商投资企业纠纷案件若干问题的规定（一）》

第十八条 实际投资者与外商投资企业名义股东之间的合同被认定无效，名义股东持有的股权价值高于实际投资额，实际投资者请求名义股东向其返还投资款并根据其实际投资情况以及名义股东参与外商投资企业经营管理的情况对股权收益在双方之间进行合理分配的，人民法院应予支持。

外商投资企业名义股东明确表示放弃股权或者拒绝继续持有股权的，人民法院可以判令以拍卖、变卖名义股东持有的外商投资企业股权所得向实际投资者返还投资款，其余款项根据实际投资者的实际投资情况、名义股东参与外商投资企业经营管理的情况在双方之间进行合理分配。

第十九条 实际投资者与外商投资企业名义股东之间的合同被认定无效，名义股东持有的股权价值低于实际投资额，实际投资者请求名义股东向其返还现有股权的等值价款的，人民法院应予支持；外商投资企业名义股东明确表示放弃股权或者拒绝继续持有股权的，人民法院可以判令以拍卖、变卖名义股东持有的外商投资企业股权所得向实际投资者返还投资款。

实际投资者请求名义股东赔偿损失的，人民法院应当根据名义股东对合同无效是否存在过错及过错大小认定其是否承担赔偿责任及具体赔偿数额。

6.《最高人民法院关于适用〈中华人民共和国企业破产法〉若干问题的规定（二）》

第十七条 管理人依据企业破产法第三十三条的规定提起诉讼，主张被隐匿、转移财产的实际占有人返还债务人财产，或者主张债务人虚构债务或者承认不真实债务的行为无效并返还债务人财产的，人民法院应予支持。

7.《最高人民法院关于审理期货纠纷案件若干问题的规定》

第三条 人民法院审理期货侵权纠纷和无效的期货交易合同纠纷案件，应当根据各方当事人是否有过错，以及过错的性质、大小，过错和损失之间的因果关系，确定过错方承担的民事责任。

第十四条 因期货经纪合同无效给客户造成经济损失的，应当根据无效行为与损失之间的因果关系确定责任的承担。一方的损失系对方行为所致，应当由对方赔偿损失；双方有过错的，根据过错大小各自承担相应的民事责任。

第十五条 不具有主体资格的经营机构因从事期货经纪业务而导致期货经纪合同无效，该机构按客户的交易指令入市交易的，收取的佣金应当返还给客户，交易结果由客户承担。

该机构未按客户的交易指令入市交易，客户没有过错的，该机构应当返还客户的保证金并赔偿客户的损失。赔偿损失的范围包括交易手续费、税金及利息。

第五十三条 期货公司私下对冲、与客户对赌等不将客户指令入市交易的行为，应当认定为无效，期货公司应当赔偿由此给客户造成的经济损失；期货公司与客户均有过错的，应当根据过错大小，分别承担相应的赔偿责任。

8.《最高人民法院关于适用〈中华人民共和国保险法〉若干问题的解释（二）》

第二条 人身保险中，因投保人对被保险人不具有保险利益导致保险合同无效，投保人主张保险人退还扣减相应手续费后的保险费的，人民法院应予支持。

9.《最高人民法院关于审理商品房买卖合同纠纷案件适用法律若干问题的解释》

第二十一条 以担保贷款为付款方式的商品房买卖合同的当事人一方请求确认商品房买卖合同无效或者撤销、解除合同的，如果担保权人作为有独立请求权第三人提出诉讼请求，应当与商品房担保贷款合同纠纷合并审理；未提出诉讼请求的，仅处理商品房买卖合同纠纷。担保权人就商品房担保贷款合同纠纷另行起诉的，可以与商品房买卖合同纠纷合并审理。

商品房买卖合同被确认无效或者被撤销、解除后，商品房担保贷款合同也被解除的，出卖人应当将收受的购房贷款和购房款的本金及利息分别返还担保权人和买受人。

10.《最高人民法院关于审理城镇房屋租赁合同纠纷案件具体应用法律若干问题的解释》

第四条 房屋租赁合同无效，当事人请求参照合同约定的租金标准支付房屋占有使用费的，人民法院一般应予支持。

当事人请求赔偿因合同无效受到的损失，人民法院依照民法典第一百五十七条和本解释第七条、第十一条、第十二条的规定处理。

第七条 承租人经出租人同意装饰装修，租赁合同无效时，未形成附合的装饰装修物，出租人同意利用的，可折价归出租人所有；不同意利用的，可由承租人拆除。因拆除造成房屋毁损的，承租人应当恢复原状。

已形成附合的装饰装修物，出租人同意利用的，可折价归出租人所有；不同意利用的，由双方各自按照导致合同无效的过错分担现值损失。

11.《最高人民法院关于审理技术合同纠纷案件适用法律若干问题的解释》

第十一条 技术合同无效或者被撤销后，技术开发合同研究开发人、技术转让合同让与人、技术许可合同许可人、技术咨询合同和技术服务合同的受托人已经履行或者部分履行了约定的义务，并且造成合同无效或者被撤销的过错在对方的，对其已履行部分应当收取的研究开发经费、技术使用费、提供咨询服务的报酬，人民法院可以认定为因对方原因导致合同无效或者被撤销给其造成的损失。

技术合同无效或者被撤销后，因履行合同所完成新的技术成果或者在他人技术成果基础上完成后续改进技术成果的权利归属和利益分享，当事人不能重新协议确定的，人民法院可以判决由完成技术成果的一方享有。

二、司法指导性文件

《全国法院民商事审判工作会议纪要》

32.【合同不成立、无效或者被撤销的法律后果】《合同法》第58条就合同无效或者被撤销时的财产返还责任和损害赔偿责任作了规定，但未规定合同不成立的法律后果。考虑到合同不成立时也可能发生财产返还和损害赔偿责任问题，故应当参照适用该条的规定。

在确定合同不成立、无效或者被撤销后财产返还或者折价补偿范围时，要根据诚实信用原则的要求，在当事人之间合理分配，不能使不诚信的当事人因合同不成立、无效或者被撤销而获益。合同不成立、无效或者被撤销情况下，当事人所承担的缔约过失责任不应超过合同履行利益。比如，依据《最高人民法院关于审理建设工程施工合同纠纷案件适用法律问题的解释》第2条规定，建设工程施工合同无效，在建设工程经竣工验收合格情况下，可以参照合同约定支付工程款,但除非增加了合同约定之外新的工程项目,一般不应超出合同约定支付工程款。

33.【财产返还与折价补偿】合同不成立、无效或者被撤销后,在确定财产返还时,要充分考虑财产增值或者贬值的因素。双务合同不成立、无效或者被撤销后,双方因该合同取得财产的,应当相互返还。应予返还的股权、房屋等财产相对于合同约定价款出现增值或者贬值的,人民法院要综合考虑市场因素、受让人的经营或者添附等行为与财产增值或者贬值之间的关联性,在当事人之间合理分配或者分担,避免一方因合同不成立、无效或者被撤销而获益。在标的物已经灭失、转售他人或者其他无法返还的情况下,当事人主张返还原物的,人民法院不予支持,但其主张折价补偿的,人民法院依法予以支持。折价时,应当以当事人交易时约定的价款为基础,同时考虑当事人在标的物灭失或者转售时的获益情况综合确定补偿标准。标的物灭失时当事人获得的保险金或者其他赔偿金,转售时取得的对价,均属于当事人因标的物而获得的利益。对获益高于或者低于价款的部分,也应当在当事人之间合理分配或者分担。

34.【价款返还】双务合同不成立、无效或者被撤销时,标的物返还与价款返还互为对待给付,双方应当同时返还。关于应否支付利息问题,只要一方对标的物有使用情形的,一般应当支付使用费,该费用可与占有价款一方应当支付的资金占用费相互抵销,故在一方返还原物前,另一方仅须支付本金,而无须支付利息。

35.【损害赔偿】合同不成立、无效或者被撤销时,仅返还财产或者折价补偿不足以弥补损失,一方还可以向有过错的另一方请求损害赔偿。在确定损害赔偿范围时,既要根据当事人的过错程度合理确定责任,又要考虑在确定财产返还范围时已经考虑过的财产增值或者贬值因素,避免双重获利或者双重受损的现象发生。

36.【合同无效时的释明问题】在双务合同中,原告起诉请求确认合同有效并请求继续履行合同,被告主张合同无效的,或者原告起诉请求确认合同无效并返还财产,而被告主张合同有效的,都要防止机械适用"不告不理"原则,仅就当事人的诉讼请求进行审理,而应向原告释明变更或者增加诉讼请求,或者向被告释明提出同时履行抗辩,尽可能一次性解决纠纷。例如,基于合同有给付行为的原告请求确认合同无效,但并未提出返还原物或者折价补偿、赔偿损失等请求的,人民法院应当向其释明,告知其一并提出相应诉讼请求；原告请求确认合同无效并要求被告返还原物或者赔偿损失，被告基于合同也有给付行为的，人民法院同样应当向被告释明，告知其也可以提出返还请求；人民法院经审理认定合同无效的，除了要在判决书"本院认为"部分对同时返还作出认定外，还应当在判项中作出明确表述，避免因判令单方返还而出现不公平的结果。

第一审人民法院未予释明，第二审人民法院认为应当对合同不成立、无效或者被撤销的法律后果作出判决的，可以直接释明并改判。当然，如果返还财产或者赔偿损失的范围确实难以确定或者双方争议较大的，也可以告知当事人通过另行起诉等方式解决，并在裁判文书中予以明确。

当事人按照释明变更诉讼请求或者提出抗辩的，人民法院应当将其归纳为案件争议焦点，组织当事人充分举证、质证、辩论。

71.【让与担保】债务人或者第三人与债权人订立合同，约定将财产形式上转让至债权人名下，债务人到期清偿债务，债权人将该财产返还给债务人或第三人，债务人到期没有清偿债务，债权人可以对财产拍卖、变卖、折价偿还债权的，人民法院应当认定合同有效。合同如果约定债务人到期没有清偿债务，财产归债权人所有的，人民法院应当认定该部分约定无效，但不影响合同其他部分的效力。

当事人根据上述合同约定，已经完成财产权利变动的公示方式转让至债权人名下，债务人到期没有清偿债务，债权人请求确认财产归其所有的，人民法院不予支持，但债权人请求参照法律关于担保物权的规定对财产拍卖、变卖、折价优先偿还其债权的，人民法院依法予以支持。债务人因到期没有清偿债务，请求对该财产拍卖、变卖、折价偿还所欠债权人合同项下债务的，人民法院亦应依法予以支持。

87.【合同无效的责任承担】场外配资合同被确认无效后，配资方依场外配资合同的约定，请求用资人向其支付约定的利息和费用的，人民法院不予支持。

配资方依场外配资合同的约定，请求分享用资人因使用配资所产生的收益的，人民法院不予支持。

用资人以其因使用配资导致投资损失为由请求配资方予以赔偿的，人民法院不予支持。用资人能够证明因配资方采取更改密码等方式控制账户使得用资人无法及时平仓止损，并据此请求配资方赔偿其因此遭受的损失的，人民法院依法予以支持。

用资人能够证明配资合同是因配资方招揽、劝诱而订立，请求配资方赔偿其全部或者部分损失的，人民法院应当综合考虑配资方招揽、劝诱行为的方式、对用资人的实际影响、用资人自身的投资经历、风险判断和承受能力等因素，判决配资方承担与其过错相适应的赔偿责任。

92.【保底或者刚兑条款无效】信托公司、商业银行等金融机构作为资产管理产品的受托人与受益人订立的含有保证本息固定回报、保证本金不受损失等保底或者刚兑条款的合同，人民法院应当认定该条款无效。受益人请求受托人对其损失承担与其过错相适应的赔偿责任的，人民法院依法予以支持。

实践中，保底或者刚兑条款通常不在资产管理产品合同中明确约定，而是以"抽屉协议"或者其他方式约定，不管形式如何，均应认定无效。

101.【民间贴现行为的效力】票据贴现属于国家特许经营业务，合法持票人向不具有法定贴现资质的当事人进行"贴现"的，该行为应当认定无效，贴现款和票据应当相互返还。当事人不能返还票据的，原合法持票人可以拒绝返还贴现款。人民法院在民商事案件审理过程中，发现不具有法定资质的当事人以"贴现"为业的，因该行为涉嫌犯罪，应当将有关材料移送公安机关。民商事案件的审理必须以相关刑事案件的审理结果为依据的，应当中止诉讼，待刑事案件审结后，再恢复案件的审理。案件的基本事实无须以相关刑事案件的审理结果为依据的，人民法院应当继续审理。

根据票据行为无因性原理，在合法持票人向不具有贴现资质的主体进行"贴现"，该"贴现"人给付贴现款后直接将票据交付其后手，其后手支付对价并记载自己为被背书人后，又基于真实的交易关系和债权债务关系将票据进行背书转让的情形下，应当认定最后持票人为合法持票人。

三、行政规范性文件

《中国人民银行、中央网信办、最高人民法院、最高人民检察院、工业和信息化部、公安部、市场监管总局、银保监会、证监会、外汇局关于进一步防范和处置虚拟货币交易炒作风险的通知》

一、明确虚拟货币和相关业务活动本质属性

（四）参与虚拟货币投资交易活动存在法律风险。任何法人、非法人组织和自然人投资虚拟货币及相关衍生品，违背公序良俗的，相关民事法律行为无效，由此引发的损失由其自行承担；涉嫌破坏金融秩序、危害金融安全的，由相关部门依法查处。

▶ 条文释义

一、本条主旨

本条是关于民事法律行为无效、被撤销以及确定不发生效力的后果的规定。

二、条文演变

原《民法通则》第 61 条第 1 款规定："民事行为被确认为无效或者被撤销后，当事人因该行为取得的财产，应当返还给受损失的一方。有过错的一方应当赔偿对方因此所受的损失，双方都有过错的，应当各自承担相应的责任。"原《合同法》第 58 条规定："合同无效或者被撤销后，因该合同取得的财产，应当予以返还；不能返还或者没有必要返还的，应当折价补偿。有过错的一方应当赔偿对方因此所受到的损失，双方都有过错的，应当各自承担相应的责任。"原《合同法》在原《民法通则》的基础上，增加规定了"不能返还或者没有必要返还的，应当折价补偿"的规定。原《民法总则》第 157 条在上述规定基础上，所作的主要变化是，在民事法律行为被确认为无效、被撤销这两种情形之外，增加了一种需要调整的情形，即确定不发生效力，其他规定与原《合同法》的精神一致。文字的变化是将"合同"行为，概括为"民事法律行为"。《民法典》第 157 条沿用了原《民法总则》第 157 条的规定。

三、条文解读

民事法律行为无效、被撤销以及确定不发生效力后，由于法律效果为自始无效、当然无效、绝对无效，因此，民事法律行为无效、被撤销以及确定不发生效力的法律后果需要恢复至各方当事人在民事法律行为实施前的状态。本条规定民事法律行为无效、被撤销或者确定不发生效力时发生如下法律后果：

（一）返还财产

民事法律行为被确认无效、被撤销或者确定不发生效力后，行为人对所取得的财产已没有合法占有的根据，据此取得的财产应当向对方返还，相对人对已交付财产享有返还请求权。返还财产主要适用于民事法律行为已经实际履行的情况，如果行为被宣告无效、被撤销或者确定不发生效力时尚未履行，或者财产并未交付，则不适用这种方式。需要说明的是，返还财产的目的在于使双方的财产关系恢复到民事法律行为实施前的状态，因此无论双方是否存在过错，都负有返还财产的义务。返还财产范围应按照对方实际交付的财产数额为标准确定，即使返还时实际的财产已经减损甚至不存在了，仍应承担返还责任。如果当事人接受交付的是实物或者货币，原则上应当按照原物返还，不能相互替代。如果原物已经灭失，但存在可以替代的种类物，则应返还同一种类物。① 关于财产返还请求权的性质。一种观点认为，其性质属于不当得利返还请求权。此种观点以承认物权行为独立性与无因性为前提，认为合同无效或者被撤销后，基于合同所发生的债权债务关系尽管归于消灭，但独立于债权行为的物权行为并不受影响，仍单独有效，发生物权变动的效力。在此情况下，转让人只能基于不当得利请求返还原物。另一种观点则认为，合同无效或者被撤销后，基于合同发生的物权变动也丧失了基础，自然产生物权回转的效果，转让人享有的是物权请求权性质的返还原物请求权。只有在物权不能返还或者没有必要返还的情况下，返还原物请求权才转变为不当得利请求权。我国立法并未采物权行为理论，不认可物权行为的独立性和无因性，所以后一种观点是学界通说，《民法典》也采此种观点。区分财产返还请求权性质的实益在于，一方面在返还义务人破产的情况下，如果是物权请求权，权利人享有取回权，优先于一般债权人受偿。反之，如果认为是不当得利请求权，则只能与其他债权人一起平等受偿。另一方面，在待返还的财产被执行时，权利人可以基于物权请求权对抗一般债权人的执行，而不当得利请求权则不能对抗一般债权人。当然，即便原物存在，转让人认为没有必要返还原物的，也可以请求折价补偿，不必非得请求返还原物。毕竟权利人选择行使何种权利，是其自由而不是义务。就此而言，不存在权利人必须先行使返还原物请求权，只有在不能行使情

---

① 参见黄薇主编：《中华人民共和国民法典释义》，法律出版社2020年版，第310~311页。

况下才能请求折价补偿的问题。①

（二）折价补偿

民事法律行为无效、被撤销或者确定不发生效力后，一般情况下，应当返还财产。但是，现实生活中，有时返还财产并不具备现实条件或者没有必要或者返还财产成本过高，会造成资源的进一步浪费，此时应当通过折价补偿的方式来使财产关系恢复原状。需要注意的是如何认定财产不能返还进而适用折价补偿的问题，财产不能返还包括法律上的不能返还和事实上的不能返还。

1.法律上的不能返还，主要是指财产返还受到法律规定的限制，比如在善意取得的场合下，第三人因善意取得制度获得财产所有权，所涉民事法律行为虽事后被确认无效、被撤销或者确定不发生效力，行为人由于不能实际返还财产，只能向对方折价补偿。

2.事实上的不能返还主要是指标的物灭失，造成客观上无法返还，且原物又是不可替代物的情况。所谓没有必要返还财产，主要是指，如果当事人接受的财产在性质上不能恢复原状，应按照相关标准计算价格，以给付金钱的方式返还；如果一方当事人通过使用对方的知识产权获得利益，因知识产权属于无形财产，此时应向对方折价补偿。②

（三）赔偿损失

返还财产或者折价补偿与当事人是否具有过错无关，如果因民事法律行为无效、被撤销或者确定不发生效力而造成损失的，有过错的一方应当赔偿对方由此所受到的损失；各方都有过错的，应当各自承担相应的责任。此处的损失赔偿是一种过错责任，行为人只有主观上对民事法律行为无效、被撤销或者确定不发生效力的情形存在过错时才承担责任。③

需要注意的是，本条最后一句"法律另有规定的，依照其规定"主要是指，民事法律行为效力被否定后，并非在任何情况下都存在返还财产、折价补

---

① 最高人民法院民事审判第二庭编著：《〈全国法院民商事审判工作会议纪要〉理解与适用》，人民法院出版社2019年版，第263页。

② 参见黄薇主编：《中华人民共和国民法典释义》，法律出版社2020年版，第311页。

③ 参见黄薇主编：《中华人民共和国民法典释义》，法律出版社2020年版，第312页。

偿或者赔偿损失的责任问题。如在民事法律行为因违法被宣告无效后，并不存在双方当事人相互返还财产的问题，而是需要根据相关法律、行政法规的规定对财产予以没收、收缴等。以毒品买卖为例，双方签订的买卖合同显然因违反法律、行政法规的强制性规定而无效。但此时，双方因毒品交易产生的非法所得则应根据《禁毒法》等法律的规定予以收缴，而不是返还给一方当事人。①

▶ 适用指引

一、合同不成立、无效或者被撤销的法律后果的总体处理原则

本条未规定民事法律行为不成立的法律后果。根据《民法典总则编解释》第23条规定的精神，考虑到民事法律行为不成立时也可能发生财产返还和损害赔偿责任问题，故应当参照适用《民法典》本条的规定。

在确定民事法律行为不成立、无效或者被撤销后财产返还或者折价补偿的范围时，要根据诚信原则的要求，在当事人之间合理分配，不能使不诚信的当事人因合同不成立、无效或者被撤销而获益。合同不成立、无效或者被撤销情况下，当事人所承担的缔约过失责任不应超过合同履行利益。

二、返还财产的范围

关于返还财产的范围，涉及两个问题：一是返还范围是否包括孳息；二是在财产增值或者贬值的情况下，如何确保相互返还的公平性。关于返还原物的范围是否包括孳息的问题，理论上存在分歧。一种观点认为，应区分占有人是善意还是恶意来确定：占有人对于合同无效没有过错的，是善意占有人，无须返还孳息；反之，其对于合同无效存在过错的，则属于恶意占有人，应当返还孳息。我们认为，不论是善意占有还是恶意占有，都是无权占有。既然是无权占有，不论是善意占有人还是恶意占有人，均无权获得孳息。换言之，返还原物的范围都包括原物和孳息。所不同的是，善意占有毕竟不同于恶意占有，为与恶意占有区别起见，其可以向权利人请求支付因维护该不动产或动产所支出

---

① 参见黄薇主编：《中华人民共和国民法典释义》，法律出版社2020年版，第312页。

的必要费用。①《民法典》物权编第460条规定："不动产或者动产被占有人占有的，权利人可以请求返还原物及其孳息；但是，应当支付善意占有人因维护该不动产或者动产支出的必要费用。"该条体现的就是这一精神。

对于在财产增值或者贬值的情况下，如何返还才能实现公平的问题，我们认为，合同不成立、无效或者被撤销后，在确定财产返还时，要充分考虑财产增值或者贬值的因素。双务合同不成立、无效或者被撤销后，双方因该合同取得财产的，应当相互返还。应予返还的股权、房屋等财产相对于合同约定价款出现增值或者贬值的，人民法院要综合考虑市场因素、受让人的经营或者添附等行为与财产增值或者贬值之间的关联性，在当事人之间合理分配或者分担，避免一方因合同不成立、无效或者被撤销而获益。

三、折价补偿的适用

在标的物已经灭失、转售他人或者其他无法返还的情况下，当事人主张返还原物的，人民法院不予支持，但其主张折价补偿的，人民法院依法予以支持。折价时，应当以当事人交易时约定的价款为基础，同时考虑当事人在标的物灭失或者转售时的获益情况综合确定补偿标准。标的物灭失时当事人获得的保险金或者其他赔偿金、转售时取得的对价，均属于当事人因标的物而获得的利益。对获益高于或者低于价款的部分，也应当在当事人之间合理分配或者分担。

四、买卖合同无效的，转让人能否基于生效法律文书有关判令被执行人返还标的物的判决对抗一般债权人的执行

在金钱债权执行中，如果案外人提出执行异议之诉依据的生效裁判认定以转移所有权为目的的合同（如买卖合同）无效，进而判令向案外人返还执行标的物，此时案外人享有的是物权性质的返还请求权，本可排除金钱债权的执行，但在双务合同无效的情况下，双方互负返还义务，在案外人未返还价款的情况下，如果允许其排除金钱债权的执行，将会使申请执行人既执行不到被执行人名下的财产，又执行不到本应返还给被执行人的价款，显然有失公允。为平衡各方当事人的利益，只有在案外人已经返还价款的情况下，才能排除普通债权人的执行。反之，案外人未返还价款的，不能排除执行。

---

① 参见最高人民法院民事审判第二庭编著：《〈全国法院民商事审判工作会议纪要〉理解与适用》，人民法院出版社2019年版，第263~264页。

五、相互返还的适用

双务合同中,双方各自的给付构成对待给付。即便在合同无效的情况下,双方负有的返还义务仍然构成对待给付。在当事人未就返还事宜作出特别约定的情况下,应当同时履行,故在一方未提出给付前,另一方可以拒绝对方要求返还的请求,这也是即便享有原物返还请求权的转让人在未返还价款前不能排除一般债权人执行的法理依据所在。

六、应否返还利息

对于此问题,应当根据不同的合同类型来具体确定。除借款合同之外的买卖、租赁等双务合同,金钱往往是以对价的形式出现的。此类合同无效的情况下,买受人、承租人在合同订立时起至将标的物返还转让人、出租人这一期间内的占有就构成无权占有,理论上应当向转让人、出租人支付使用费。反之,转让人、出租人也应当向买受人、承租人支付资金占用费。使用费与资金占用费之间完全符合法定抵销的条件,一经抵销,各自的债务均归于消灭。因此,在一方返还原物之前,另一方仅须支付本金,无须支付利息。但专以金钱为标的的合同如借贷合同无效时,资金占用方原则上应当支付利息。至于是按贷款利率还是存款利率支付,存在不同观点。一般来说,贷款利率比存款利率为高,所以参照贷款利率显然较参照存款利率对权利人更为有利。参照贷款利率的法理依据为:一方需要向银行贷款以获得同等资金,故应参照贷款利率。而参照存款利率的法理依据是:资金方并不需要向银行借钱,因此,其损失的不过是同期存款利息。我们认为,在民商事审判中,原则上应当参照贷款利率支付利息。①

七、损害赔偿与返还财产的关系

合同不成立、合同无效或者被撤销场合涉及的返还财产,包括不能返还或者没必要返还时的折价补偿。在财产增值的情况下,一般不存在损害赔偿问题;而在财产贬值的情况下,当事人本可以通过损害赔偿制度弥补其损失,此时要根据诚信原则在当事人之间分摊因财产贬值而导致的损失,在此情况下,

---

① 参见最高人民法院民事审判第二庭编著:《〈全国法院民商事审判工作会议纪要〉理解与适用》,人民法院出版社2019年版,第267页。

损害赔偿的空间在很大程度上已经被公平的财产返还制度所代替。换言之，仅返还财产不足以弥补损失的，一方还可以请求有过错的另一方承担损害赔偿责任。另外，在确定损害赔偿范围时，既要根据当事人的过错程度合理确定责任，又要考虑在确定财产返还范围时已经考虑过的财产增值或者贬值因素，避免出现双重获利或者双重受损的现象发生。

八、人民法院应当如何综合适用返还财产、折价补偿以及损害赔偿这三种制度

合同不成立、无效或者被撤销的后果包括返还财产、折价补偿以及损害赔偿。其中返还财产性质上属于物权请求权，在财产不能返还或者当事人认为没有必要返还时，则转化为不当得利请求权性质的折价补偿。可见，折价补偿是返还财产的代替，二者只能择一行使，不能同时行使。在确定返还财产或者折价补偿的范围时，应固定地以当事人之间的合同约定的转让款为折价补偿的基础，然后与标的物灭失时所得的价值补偿或者转售时可得的价款进行比较，对高于或者低于转让款的部分，根据一定的规则在当事人之间进行分配或者分担，以实现当事人间的利益平衡，此点有别于传统民法上的不当得利制度。当返还财产或者折价补偿不足以弥补损失时，理论上当事人仍然可以请求损害赔偿，但只要返还财产或者折价补偿已经充分考虑当事人之间的利益平衡，实践中就不会有太多的损害赔偿请求权主张空间。

从实务操作的情况看，要根据当事人的诉辩情况具体确定如何适用返还财产、折价补偿或者损害赔偿制度。一方请求确认合同无效并返还财产，另一方请求继续履行合同，并未提出损害赔偿请求的，一旦认定合同无效，则应根据前述的返还财产或者折价补偿规则确定返还范围。如另一方提起反诉请求损害赔偿的，考虑到此时的损害赔偿责任是缔约过失责任而非违约责任，在财产增值的情况下，因不存在损失，人民法院应当根据返还财产或者折价补偿的规定在当事人间合理分配收益，同时驳回当事人有关损害赔偿的诉讼请求；如果财产贬值的，既可以根据返还财产或者折价补偿规则在当事人间分摊损失，也可以根据损害情况支持当事人的损害赔偿请求。为避免给当事人判非所请的错觉，以支持其损害赔偿请求为佳。①

---

① 参见最高人民法院民事审判第二庭编著：《〈全国法院民商事审判工作会议纪要〉理解与适用》，人民法院出版社2019年版，第269页。

典型案例

邹某友诉张某忠转让合同纠纷案

关键词： 请求确认合同无效 请求返还财产

裁判摘要： 楼基地所占土地性质系集体所有土地，且转让人取得该楼基地系基于原宅基地及房屋重新规划、拆迁后的补偿利益，其性质等同于宅基地。将该楼基地转让给非本集体经济组织成员，违反了我国法律、行政法规的强制性规定，该转让协议无效，受让人不能取得涉案楼基地的使用权。因无效合同取得的财产应当予以返还，转让人应向受让人返还购买楼基地款。转让人明知涉案楼基地依法不能转让给本集体经济组织以外成员仍进行转让；作为日常生活大宗交易，受让人在未确认土地性质的情况下即购买涉案楼基地，双方对于合同无效均有过错，应当各自承担相应的责任。

基本案情： 邹某友与张某忠签订一份楼基地转让协议书，约定张某忠一处拆迁补偿置换的楼基地（土地性质为集体所有制土地），以56900元的价格转让给外村村民邹某友，协议载明款项当面付清，张某忠的同村村民周同业作为证明人在协议书上签字。之后该处楼基地一直闲置，邹某友未在上面建设房屋。此后，因未能办理楼房建设手续，该楼基地被收回，张某忠因此获得其他位置的安置房一处。邹某友认为，其已受让了楼基地，邹某友遂起诉至本院，要求张某忠返还购买楼基地的款项56900元，并赔偿其因此所遭受的损失。

山东省日照市岚山区人民法院生效裁判认为，涉案楼基地所占土地性质系集体所有土地，且张某忠取得该楼基地系基于原宅基地及房屋重新规划、拆迁后的补偿利益，其性质等同于宅基地。张某忠将该楼基地转让给非本集体经济组织成员的邹某友，违反了我国法律、行政法规的强制性规定，法院依法确认该转让协议无效，邹某友不能取得涉案楼基地的使用权。张某忠提交的收到条，上面加盖的公章在2004年9月15日尚不存在，且与转让协议上周同业的签名差别较大，另一签章人亦否认经手此事，在该份收到条存有诸多疑点的情形下，张某忠以丢失为由无法提供原件，致使无法进一步辨别证据的真伪，应当承担不利的法律后果，法院对该收到条不予采信，对张某忠据此主张的双方已解除合同，并通过周同业返还60000元的事实，不予认定。因无效合同取得的财产应当予以返还。张某忠应向邹某友返还购买楼基地款56900元。张某忠明知涉案楼基地依法不能转让给本集体经济组织以外成员仍进行转让；作为日常生活大宗交易，邹某友在未确认土地性质的情况下即购买涉案楼基地，双方对于合同无效均有过错。张某忠在双方转让行为历经十余载，涉案楼基地升值并存有巨大利益后，才以违反法律规定为由主张合同无效，虽然符合法律规定，但从道义、情感角度而言，属于典型的违反诚实信用原则。因此，裁判张某忠以转让款为基数，按照中国人民银行同期贷款利率赔偿张某忠损失。

【案　　号】（2015）岚民一初字第169号
【审理法院】山东省日照市岚山区人民法院
【来　　源】最高人民法院2015年12月发布合同纠纷典型案例

类案检索

河北工程建设有限责任公司与河北盈驰房地产开发有限公司、石家庄柏林集团有限公司建设工程施工合同纠纷案

关键词： 建设工程施工合同纠纷　合同无效　折价补偿

裁判摘要： 合同无效的法律后果有四：一是返还财产。合同一方因签订合同所取得的财产，应当予以返还。二是折价补偿，不能返还或者没有必要返还的，应当折价补偿。三是损失赔偿。有过错的一方应当赔偿对方由此所受到的损失；各方都有过错的，应当各自承担相应的责任。四是法律特别规定。法律另有规定的，依照其规定。可见，合同无效的后果更多是不当得利返还的问题，而非合同约定权利义务的履行。建设工程施工合同无效，承包人可以请求参照合同约定支付工程价款，该规定意在解决工程价款合理计算的问题，只不过在折价补偿标准上参考合同约定而已，并无将整个合同都有效对待的意思。故不能狭隘将其理解为这是合同无效被有效化对待的例证，更不能由此推出施工合同无效，当事人也可直接参照合同约定工期、工程质量等条款提出主张。

【案　　号】（2017）最高法民再55号
【审理法院】最高人民法院

第四节　民事法律行为的附条件和附期限

第一百五十八条　民事法律行为可以附条件，但是根据其性质不得附条件的除外。附生效条件的民事法律行为，自条件成就时生效。附解除条件的民事法律行为，自条件成就时失效。

▶ 关联规定

法律、行政法规、司法解释

1.《中华人民共和国民法典》

第五百六十八条　当事人互负债务，该债务的标的物种类、品质相同的，任何一方可以将自己的债务与对方的到期债务抵销；但是，根据债务性质、按照当事人约定或者依照法律规定不得抵销的除外。

当事人主张抵销的，应当通知对方。通知自到达对方时生效。抵销不得附条件或者附期限。

2.《中华人民共和国票据法》

第三十三条　背书不得附有条件。背书时附有条件的，所附条件不具有汇票上的效力。

将汇票金额的一部分转让的背书或者将汇票金额分别转让给二人以上的背书无效。

第四十三条　付款人承兑汇票，不得附有条件；承兑附有条件的，视为拒绝承兑。

3.《中华人民共和国保险法》

第十三条　投保人提出保险要求，经保险人同意承保，保险合同成立。保险人应当及时向投保人签发保险单或者其他保险凭证。

保险单或者其他保险凭证应当载明当事人双方约定的合同内容。当事人也可以约定采用其他书面形式载明合同内容。

依法成立的保险合同，自成立时生效。投保人和保险人可以对合同的效力约定附条件或者附期限。

4.《最高人民法院关于适用〈中华人民共和国民法典〉总则编若干问题的解释》

第二十四条 民事法律行为所附条件不可能发生，当事人约定为生效条件的，人民法院应当认定民事法律行为不发生效力；当事人约定为解除条件的，应当认定未附条件，民事法律行为是否失效，依照民法典和相关法律、行政法规的规定认定。

▶ 条文释义

一、本条主旨

本条是关于附条件的民事法律行为的规定。

二、条文演变

原《民法通则》中即已经确立附条件民事法律行为制度，但较为简略，只有一条规定，且只规定了附生效条件的民事法律行为。其第62条规定："民事法律行为可以附条件，附条件的民事法律行为在符合所附条件时生效。"原《民法通则意见》作了进一步细化规定，但也只有一条，只涉及生效条件不法或者不能时的效力认定问题。其第75条规定："附条件的民事行为，如果所附的条件是违背法律规定或者不可能发生的，应当认定该民事行为无效。"原《合同法》对附条件民事法律行为作了较大的完善。其第45条第1款规定："当事人对合同的效力可以约定附条件。附生效条件的合同，自条件成就时生效。附解除条件的合同，自条件成就时失效。"第2款规定："当事人为自己的利益不正当地阻止条件成就的，视为条件已成就；不正当地促成条件成就的，视为条件不成就。"原《合同法》关于附条件合同的规定虽然只有一条，但区分了生效条件和解除条件，并对不正当地促成或者阻止条件成就作了规定，构建起了附条件民事法律行为制度的基本框架。原《民法总则》进一步丰富发展了原《合同法》第45条的规定，并分为两条对附条件的民事法律行为进行规定。其第158条规定除沿袭原《合同法》第45条第1款的规定生效条件和解除条件及条件成就的法律效果外，还增加了除外规定，即根据民事法律行为的性质不得附条件的除外；第159条规定了不正当地阻止或者促成条件成就的法律后果。原《民法总则》相对于原《合同法》的最大发展在于使附条件民事法律行为不再局限于合同行为。《民法典》沿用了原《民法总则》的规定。

三、条文解读

（一）附条件的民事法律行为的概念

所谓附条件的民事法律行为，是指当事人以未来客观上不确定发生的事实作为民事法律行为的附款，民事法律行为效力的开始或者终止，取决于将来该事实发生与否的民事法律行为。民事法律行为成立之后的效力问题，当事人之间可以自行约定，是意思自治原则的体现。① 法律规定附条件的民事法律行为的一个重要意义就在于充分尊重当事人的意思，使民事法律行为的实施更好地满足当事人的需要。例如，一般的法律行为只反映当事人的订约目的，而不反映当事人的动机，而附条件的民事法律行为可以将当事人的动机等主观需求通过条件的形式表现在民事法律行为中，从而满足当事人的各种不同需求。②

民事法律行为所附的条件，与民事法律行为所附的期限一样，都是对民事法律行为的附款，是当事人意思表示的一部分。民事法律行为所附条件具有以下特征：（1）条件必须是将来发生的事实。已经发生的事实不能作为民事法律行为所附条件。当事人以已经发生的事实作为条件的，学理上称为"既成条件"。（2）条件必须是发生与否不确定的事实。这是与民事法律行为所附期限的根本区别。如果民事法律行为的附款是将来必然发生的事实，则属于附期限而非附条件。民事法律行为的附款也不能是将来根本不可能发生的事实，如果以此类事实作为附款，则构成学理上的"不可能条件"。（3）条件必须是当事人意定的而非法定的。作为条件的事实必须由当事人自己选定，即是意思自治

---

① 参见黄薇主编：《中华人民共和国民法典释义》，法律出版社2020年版，第312页。
② 参见王利明：《民法总则研究（第三版）》，中国人民大学出版社2018年版，第586~587页。

的结果，而不是由法律直接规定。(4)条件是当事人用于限定民事法律行为效力的附属意思表示。因此需要将所附条件与民事法律行为的供货条件、付款条件等区分开来。后者是民事法律行为本身的内容，而非决定民事法律行为效力的附属意思表述。(5)条件必须是合法的事实。民事法律行为所附条件必须符合法律规定和公序良俗。民事法律行为所附条件违反法律或者违背公序良俗的，学理上称为"不法条件"。(6)条件内容不得与民事法律行为的主要内容相矛盾。由于条件是用以限定当事人预期的法律效果发生或者不发生的，属于当事人效果意思的一个组成部分，当事人意思表示的内容不能自相矛盾。①

（二）生效条件与解除条件

按照不同的标准，对于民事法律行为所附条件可以作出不同的分类。具体而言，根据条件所起的作用是导致民事法律行为生效还是失效，可以分为生效条件和解除条件；根据条件的内容是指向某种事实发生还是不发生，可以分为积极条件和消极条件；根据条件成就与否是否与当事人的意思相关，可以分为偶成条件、随意条件和混合条件。其中，实践中最重要的划分是生效条件和解除条件。我国《民法典》第158条对成效条件和解除条件作出了明确规定。

生效条件也称为停止条件或者延缓条件，作用在于限制民事法律行为效力的发生。因此，附生效条件的民事法律行为在条件成就前暂不发生效力，即权利人不能行使权利，义务人也无须履行义务。条件成就后，民事法律行为发生法律效力，权利人可以行使其权利，义务人也必须履行义务。需要特别注意的问题是，附生效条件的民事法律行为虽然在条件成就后才生效，但是在条件成就前对当事人仍然具有法律约束力。具体表现在：(1)民事法律行为已经产生拘束力。这种拘束力被称为民事法律行为在形式上的拘束力。②因此，任何一方当事人不得随意变更或者解除。例如，对于附生效条件的合同，一方当事人单方终止合同的，构成违约。(2)当事人享有对民事法律行为生效的期待权。对于附生效条件的民事法律行为当事人来说，其目的就是期望获得条件成就时享有相应的权利或者利益。以这种利益为内容的权利就是期待权，理应受法律保护。因此，一方当事人在条件成就前损毁标的物的，对方有权在条件成就后

---

① 参见王利明：《民法总则研究（第三版）》，中国人民大学出版社2018年版，第590页。
② 参见王泽鉴：《民法总则》，北京大学出版社2009年版，第433页。

主张损害赔偿。第三人侵害期待权，导致绝对权受损害的，也应当承担损害赔偿责任。通说认为，侵害期待权的损害赔偿请求权的行使，必须待条件成就之后，方可主张；但在条件成就之前，权利人可行使排除妨害请求权、预防妨害请求权，以保护期待权。① （3）任何一方不得不正当地阻止或者促成条件成就。这在本质上也是对当事人期待权的保护，具体将在本书对《民法典》第159条的解读中阐述。

解除条件也称为消灭条件或者失效条件，作用在于限制民事法律行为效力的消灭。对于附解除条件的民事法律行为，当事人之间的权利义务已经生效，权利人有权行使权利，义务人也必须履行义务；但在约定的条件成立后，民事法律行为所确定的权利义务立即终止。也就是说，所附的解除条件的意义就是使在民事法律行为已经发生效力的情况下，当某种情况出现时，法律行为的效力立即终止，不再发生效力。② 需要注意的是，解除条件成就只是使当事人的权利义务关系终止，而不发生溯及既往的效力。另需注意的问题是，附解除条件的民事法律行为除对当事人产生实质上的权利义务关系外，还有其他的法律约束力。一是期待权的保护效力，即当事人享有条件成就后民事法律行为效力归于消灭的期待权。二是任何一方当事人不得不正当地促成或者阻止条件成就。这在本质上也涉及期待权的保护问题。

（三）根据其性质不得附条件的民事法律行为

绝大多数民事法律行为都可以附条件，但是也存在例外情形。因此《民法典》第158条规定了"根据其性质不得附条件"的除外情形。主要包括两种情形：第一，身份法上的行为大多不允许附条件。这是因为，如果允许婚姻、收养、认领等身份行为附条件，可能会违背公序良俗。③ 第二，一些民事法律行为在性质上要求即时、确定地发生效力，因而不得附条件。例如，票据行为，为保障其流通性，不得附条件；撤销权、解除权等形成权的行使，本身就是为了使不确定的法律关系尽快确定，如果允许其附条件，会使本就不确定的法律

---

① 参见王利明：《民法总则研究（第三版）》，中国人民大学出版社2018年版，第590页。
② 参见杨立新：《民法总则（第三版）》，法律出版社2020年版，第271页。
③ 参见王泽鉴：《民法总则》，北京大学出版社2009年版，第426页。

关系更加不确定，因此不得附条件。① 例如，我国《民法典》第 568 条第 2 款规定，抵销不得附条件或者附期限。

▶ 适用指引

我国《民法典》对于附条件民事法律行为制度的规定较为原则。实践中可能会遇到一些特殊情况，如附既成条件、不法条件、不可能条件、随意条件等。域外国家的民法典多对此作出规定。此外，实践中还有民事法律行为部分条款附条件的情形。分述如下：

一、既成条件

如前所述，民事法律行为所附的条件必须是实施民事法律行为时尚未发生的事实。如果将已经发生的事实作为条件，则属于附既成条件。一般认为，对于附既成条件的民事法律行为，可以区分为两种情形处理：

1. 当事人将已知的已发生事实作为条件。如果所附条件为生效条件，应当认为该民事法律行为未附条件。如果所附条件是解除条件，则应当解释为当事人并不希望实施该民事法律行为，并认定该民事法律行为不发生效力。

2. 当事人将已经发生事实作为条件时并不知道该事实已经发生。有观点主张如果当事人知道该事实已经发生后就不会从事法律行为，应该认定该民事法律行为无效。如果当事人知道该事实已经发生后仍然希望从事该民事法律行为，则应按已知的情况办理。②

二、不法条件与不可能条件

民事法律行为附不可能条件或者违法条件，属于民法理论上所谓的"非真正条件"，仅具有条件的外观而不具有条件之实质。

1. 民事法律行为附不可能条件，即以不可能发生的事项为内容作为条件。以不可能条件为生效条件的，解释上应认为，当事人以不可能发生的事实作为

---

① 参见黄薇主编：《中华人民共和国民法典释义》，法律出版社 2020 年版，第 314 页。

② 参见王利明：《民法总则研究（第三版）》，中国人民大学出版社 2018 年版，第 588 页。

生效条件，表明其根本不欲民事法律行为发生效力，故此时应认定民事法律行为不发生效力。当事人约定不可能条件为解除条件的，解释上应认为，当事人以根本不可能发生的事实作为解除条件，表明其根本不欲该民事法律行为解除，故此时民事法律行为应被视为未附解除条件，民事法律行为是否失效应当依照《民法典》和相关法律的规定认定。《民法典总则编解释》第24条对附不可能条件的情形作出了规定。

2.民事法律行为附违法条件，即以违反法律、行政法规强制性规定或公序良俗的事项作为条件。当事人约定违法条件为生效条件的，违法条件本身无效，一般认为此时民事法律行为也无效。实践中的主要争议集中于附违法解除条件的民事法律行为效力问题。有观点认为附违法解除条件的行为应当无效。我们认为，条件违法并不一定导致行为本身违法，具体应当综合判断。例如，劳动者与用人单位在劳动合同中约定将劳动者实施违背公序良俗的行为作为劳动合同的解除条件，这并不必然导致劳动合同本身无效。再如，劳动合同约定以劳动者怀孕作为解除条件，虽然作为条件的事实本身不违法，但将该事实作为解除条件侵犯劳动者的合法权益，关于该条件的约定应当认定无效，劳动合同本身仍然有效。

三、随意条件

随意条件是指条件的成就由一方当事人的意思决定，分为纯粹随意条件和非纯粹随意条件。前者指条件是否成就完全取决于一方当事人意思。后者指条件是否成就取决于当事人的行为，如通过一项特定考试等。对于纯粹随意条件，因为条件的内容极不确定，所以有关观点认为应当解释为未附条件。[①] 实践中较为常见的一种情形是合同约定一方当事人不履行义务时合同自动解除。不履行义务既可能是客观因素导致，也完全可由一方当事人主观意志决定，因此这种条件也应当归类为纯粹随意条件，但在解释上似以认定为构成约定解除权为妥。

四、部分条款附条件

民事法律行为附条件，可以是整体附条件，也可以是部分条款附条件，对

---

① 参见王利明：《民法总则研究（第三版）》，中国人民大学出版社2018年版，第592页。

于部分条款附条件的情形,如系生效条件,在该条件尚未成就时,不影响债权人请求债务人履行其他已届履行期限的义务;如系解除条件,在该条件成就时,除非该条款的效力与其他条款的效力密不可分,否则不影响其他部分继续有效。

▶ 典型案例

一、中国信达资产管理公司兰州办事处与甘肃亚盛盐化工业(集团)有限责任公司借款合同纠纷案

关键词: 附生效条件 合同效力 部分履行

裁判摘要: 双方当事人签订合同,约定以一方当事人的上级主管部门批准作为合同生效条件的,该方当事人即负有及时报请其上级主管部门审批、促使合同生效的义务。如果该方当事人怠于履行上述约定义务,在合同业经双方当事人签字盖章成立,合同内容不违反法律禁止性规定、不损害他人利益且已部分履行的情况下,应当认定合同已经生效。

基本案情: 1990年至1997年间,甘肃省盐锅峡化工总厂(以下简称盐化总厂)与中国建设银行盐锅峡办事处(以下简称建行办事处)先后签订了六份借款合同。盐化总厂与建行办事处经核对,至1999年9月20日,盐化总厂共欠建行办事处借款本金1945万元、利息6999112.94元,合计26449112.94元。1999年,建行办事处将以上债权全部转让给信达兰州办,并于同年11月11日将债权转让事宜通知盐化总厂,盐化总厂在通知回执上盖章确认。

1999年7月16日,亚盛集团与盐化总厂签订兼并协议,亚盛集团采用承担债务方式兼并盐化总厂;兼并范围为全部资产、负债和所有者权益;兼并的生效日期为签订协议之日。

2000年11月20日,盐化总厂、亚盛集团、信达兰州办三方签订《债务重组协议》约定:信达兰州办附条件地减免盐化总厂债务,减免后的数额为1600万元,减免的条件是盐化总厂如期归还,亚盛集团对原债权金额承担连带责任;如盐化总厂没有或延迟履行任何一期还款义务,协议约定的债务减免作废,仍应全额偿还,并有权要求亚盛集团偿还尚未偿还的原债权金额及与原债权金额本金部分相应的罚息;原债权金额为28520212.94元,其中本金1945

万元，计算至 2000 年 9 月 20 日的利息为 9070212.94 元；亚盛集团作为协议的保证人对原债权承担连带责任；保证期间为该协议生效之日起直至新还款计划最后一期款全部还清为止；亚盛集团的保证责任不得擅自变更或终止，履行连带责任不得附加任何条件；协议经三方签字盖章并经中国信达资产管理公司（以下简称信达总公司）批准后生效。协议签订后，信达总公司于同年 12 月 15 日批复同意。亚盛集团于同年 12 月 11 日和 2001 年 12 月 30 日分别付款 200 万元。

2002 年 12 月 26 日，盐化总厂、亚盛集团、信达兰州办三方签订《债务重组补充协议》，确认在原债务重组协议签订后，起初盐化总厂、亚盛集团依约执行了协议，于 2000 年 12 月、2001 年 12 月分别归还 200 万元，共计 400 万元的债务。后因盐化总厂生产经营情况不好等原因造成盐化总厂、亚盛集团未能如期执行协议，三方协商约定：按照三方债务重组协议，到 2002 年 12 月 25 日，盐化总厂欠信达兰州办到期债务共 1200 万元；信达兰州办同意附条件地保持原债务重组协议的继续有效，仍然减免原债权金额，减免后的债务金额为 1200 万元，盐化总厂、亚盛集团同意以现金和上市公司法人股权偿还债务；2002 年 12 月 28 日前归还现金 200 万元，剩余的 1000 万元用亚盛集团拥有的上市公司国有法人股抵顶，争取在 12 个月内将抵债的股票过户到信达兰州办名下；减免的前提是如期归还约定的现金和如期办理股票的过户；如延迟履行，协议约定的债务减免作废，盐化总厂、亚盛集团应全额偿还原债权金额，执行原债务重组协议中的有关保证条款；如抵债股票不能如期过户，视做不能执行，协商不成，按照原债务重组协议执行现金还款计划；协议经三方签字盖章并经信达总公司批准后生效。协议签订后，亚盛集团于同年 12 月 30 日向信达兰州办付款 200 万元，其他义务均未履行。

2003 年 12 月，信达兰州办与亚盛集团签订《不良贷款债权转让协议》约定：亚盛集团同意收购信达兰州办拥有的对盐化总厂的全部债权，共计 2852.01 万元；自双方签订正式合同生效之日起，与转让标的有关的从权利，包括担保权、抵押权也同时转移，法律法规规定需要办理有关手续的，应办理有关手续，费用由亚盛集团承担；转让价格整体作价 1120 万元；扣除 2003 年 12 月 29 日前已支付的 800 万元，余款 320 万元在协议签署之日起 10 日内一次性全数汇到信达兰州办账户；协议经双方签字和盖章并经信达总公司批准后生效。协议签订后，亚盛集团向信达兰州办付款 200 万元，该 200 万元包含在已支付的800万元之内，但双方对协议约定的其他义务均未履行。

2004年4月8日，亚盛集团与信达兰州办经座谈，又签署了内容与《不良贷款债权转让协议》相同的《会谈纪要》。

2000年《债务重组协议》、2002年《债务重组补充协议》、2003年《不良贷款债权转让协议》签订后，信达总公司批准了《债务重组协议》，后两份协议未获信达总公司的批准。2000年11月8日，财政部以财金〔2000〕122号通知向金融资产管理公司发布的《资产处置管理办法》第7条规定："涉及100万元（含100万元）以上的资产处置损失（按单个债务人全部债务合并计算，下同）的资产处置方案，必须经公司资产处置专门审核机构审查通过后，由公司总裁批准"。

另查明，盐化总厂与信达兰州办于2003年12月25日签订了一份《债务重组财产抵押合同》，约定盐化总厂将有关财产抵押给信达兰州办，并在60日内办理抵押登记手续。但2004年1月8日，盐化总厂被永靖县人民法院裁定宣告破产还债，双方未办理抵押物登记手续。

法院经审理认为，本案争议的焦点为《债务重组协议》《债务重组补充协议》和《不良贷款债权转让协议》的效力认定以及亚盛集团所应承担的责任问题。

亚盛集团本案应承担的债务源自其与盐化总厂签订的承担债务方式的兼并协议，由于盐化总厂已经破产，信达兰州办只能向亚盛集团主张债权。2000年11月20日，信达兰州办与盐化总厂、亚盛集团三方签订《债务重组协议》经当事人协商达成，是各方的真实意思表示，所约定的内容没有违反法律规定并已经信达总公司批准，满足了合同约定的生效条件，双方已部分履行了协议，故该协议合法有效。因盐化总厂生产经营情况等原因，信达兰州办只实现了400万元债权，尚欠1200万元到期债权，三方在2002年12月签订了《债务重组补充协议》，进一步确认《债务重组协议》的内容。因《债务重组补充协议》所约定的内容是对《债务重组协议》的确认和补充，尽管信达总公司对《债务重组补充协议》未履行批准手续，但约定内容没有超出已经信达总公司批准并生效的《债务重组协议》范围，故《债务重组补充协议》合法有效。

由于盐化总厂进入破产程序，2003年12月信达兰州办又与亚盛集团在《债务重组协议》和《债务重组补充协议》的基础上，签订了《不良贷款债权转让协议》。双方约定，亚盛集团以1120万元收购信达兰州办对盐化总厂的全部债权；扣除支付的800万元，剩余320万元由亚盛集团10日内一次付清；信达兰州办将其对盐化总厂抵押担保权利转移给亚盛集团。协议签订后，亚盛集团向信达兰州办又付款200万元，使得其偿还信达兰州办债务总额达到800万元，但其余320万元债务尚未履行。由于，第一，《债务重组协议》是在《资产处置管理办法》发布之后签订的，信达总公司对《债务重组协议》的批准行为，应当是根据《资产处置管理办法》作出的。信达总公司的批准行为，赋予了信达兰州办处置盐化总厂债务的权利。第二，信达兰州办不是独立的法人而是信达总公司的分支机构，负责处置信达总公司在甘肃省境内的不良资产。在信达总公司批准《债务重组协议》以后，信达兰州办获得了处置盐化总厂债务的概括性授权，凡是信达兰州办以自己名义签订与处置盐化总厂债务相关的协议没有超出概括性授权范围。第三，《不良贷款债权转让协议》虽然将盐化总厂的债务从已经批准的《债务重组协议》确定的1600万元减少到1120万元，所降幅度达到了《资产处置管理办法》规定的100万元报批额度，但因该《资产处置管理办法》是财政部对资产管理公司作出的部门规章，而非对市场经济中所有主体作出的规定，也非法律禁止性的规定，故不能仅以该规定而当然确认《不良贷款债权转让协议》未生效，还必须以资产管理公司是否履行了内部审批手续或者应当履行审批程序而认定。第四，《不良贷款债权转让协议》虽约定了信达总公司批准后生效的条件，但因批准协议是信达总公司与其分支机构信达兰州办内部的审批程序，且合同约定了信达兰州办单方促使合同生效的义务，故信达兰州办不得违反约定拖延报批甚至不报批来对抗合同的相对方，以使协议不发生法律效力。如果一方既未履行合同义务又以内部程序使得效力待定的合同未生效，而获得合同未生效后的更大利益，这将使得合同相对方处于不利境地。尤其是本案信达兰州办已经取得对盐化总厂债务处置的概括性授权以后，在《债务重组协议》和《债务重组补充协议》的基础上，当盐化总厂进入破产程序后才与亚盛集团签订的《不良贷款债权转让协议》，故信达兰州办应积极向信达总公司提出申请，即使信达总公司没有批准，也应当及时通知亚盛集团。但是，从2003年12月签订协议到2005年10月提起诉讼长达近两年的时间，信达兰州办是否向信达总公司报批、是否获得批准均没有通知亚盛集团。第五，《不良贷款债权转让协议》是经过双方协商签订的，约定内容没有违反法律规定，也没有损害他人合法权益，并且亚盛集团为此又支付了200万元，部分履行了该协议。

综上，合同约定以一方内部因素为生效条件的，负有促使协议生效义务的一方未履行约定义务，在合同约定内容不违反法律禁止性规定和损害他人利益并经双方签字盖章成立，且已部分履行的前提下，则应当认定合同已经生效。信达兰州办关于《不良贷款债权转让协议》仅为一份意向性草签协议且未经过信达总公司批准，没有发生法律效力的上诉主张，因与事实和其应承担的义务要求不符，不予支持。

信达兰州办认为《债务重组补充协议》《不良贷款债权转让协议》是附生效条件的合同，因没有经过信达总公司批准，没有发生法律效力，其依据《债务重组协议》起诉亚盛集团，诉请判决亚盛集团偿还扣除已经支付800万元的原盐化总厂全部债务20522012.94元及利息。虽然信达兰州办的诉讼请求不是依据《不良贷款债权转让协议》提出的，但其请求包括了亚盛集团所应承担的债务，故本案依据《不良贷款债权转让协议》审理信达兰州办与亚盛集团之间的债权债务关系，没有超出信达兰州办的诉讼请求范围。亚盛集团答辩观点《不良贷款债权转让协议》已经具备了合同生效的全部条件，予以支持。盐化总厂破产导致《不良贷款债权转让协议》约定的抵押资产未能转移至信达兰州办名下，从而未能实现向亚盛集团转移抵押担保权利的合同目的。因该事实不以信达兰州办意志所决定，也因《不良贷款债权转让协议》中提示了亚盛集团所购债权存在的风险，故亚盛集团不能以未实现抵押担保权利而对抗其根据《不良贷款债权转让协议》所应承担的义务。故对亚盛集团关于其不承担剩余债务和维持原审判决的答辩请求不予支持。

综上，原审认定《债务重组补充协议》和《不良贷款债权转让协议》未生效不当，判决驳回信达兰州办的诉讼请求错误，予以纠正。故作出如下判决：一、撤销原审判决；二、亚盛集团向信达兰州办偿还320万元本金及其利息（自2004年1月10日起至给付之日止按照中国人民银行同期逾期贷款利息标准计付）。

【案　　号】（2006）民二终字第159号
【审理法院】最高人民法院
【来　　源】《最高人民法院公报》2007年第10期

二、云南福运物流有限公司与中国人寿财产保险股份公司曲靖中心支公司财产损失保险合同纠纷案

关键词： 附生效条件　保险合同

裁判摘要： 保险费是被保险人获得保险保障的对价。根据《保险法》第13条第3款关于"依法成立的保险合同，自成立时生效。投保人和保险人可以对合同的效力约定附条件或者附期限"之规定，保险合同可以明确约定以交纳保险费为合同的生效要件。如保险合同约定于交纳保险费后保险合同生效，则保险人对交纳保险费前所发生的损失不承担赔偿责任。

基本案情： 福运公司以其与人寿财保曲靖公司建立货物运输保险关系，发生保险事故后，其在向人寿财保曲靖公司进行保险索赔过程中受到欺诈、所签协议内容显失公平为由，诉至云南省曲靖市中级人民法院，请求法院判令：（1）撤销福运公司、人寿财保曲靖公司于2011年8月30日签订的《赔偿协议书》及《货运险赔偿确认书》；（2）人寿财保曲靖公司赔偿福运公司保险款2372007元（扣除已支付的498800元，尚欠福运公司保险赔偿款1873207元）。云南省曲靖市中级人民法院于2012年1月11日作出（2011）曲中民初字第114号民事判决：一、驳回福运公司的诉讼请求；二、驳回人寿财保曲靖公司的反诉请求。福运公司、人寿财保曲靖公司不服上述民事判决，向云南省高级人民法院提起上诉。云南省高级人民法院2011年6月18日作出（2012）云高民二终字第110号民事判决：驳回上诉，维持原判。福运公司向最高人民法院申请再审。

法院经审理认为，人寿财保曲靖公司不应赔偿福运公司的其余货物损失1873207元。首先，福运公司与人寿财保曲靖公司之间的保险合同关系成立且有效，本案一、二审法院关于保险合同成立的认定并无不当。其次，保险费是被保险人获得保险保障的对价，根据《保险法》第13条第3款关于"依法成立的保险合同，自成立时生效。投保人和保险人可以对合同的效力约定附条件或者附期限"之规定，本案福运公司向保险公司投保所提交的《国内货物运输保险投保单》上关于"投保人应当在保险合同成立时交付保险费。保险费未交清前发生的保险事故，保险公司不承担责任。保险责任开始后15天内投保人未交清保险费，保险人有权解除保险合同"的"特别约定"，属于附生效要件的合同。由于本案保险合同约定于交纳保险费后生效，故保险人对投保人保险

费交纳前所发生的损失不承担赔偿责任。

【案　　号】（2013）民申字第 1567 号

【审理法院】最高人民法院

【来　　源】《最高人民法院公报》2016 年第 7 期

▶ 类案检索

一、中科恒源科技股份有限公司与无锡尚德太阳能电力有限公司、江西顺风光电投资有限公司、平罗中电科能源有限公司买卖合同纠纷案

关键词： 附解除条件合同　合同约定

裁判摘要：《合同法》第 45 条规定了附解除条件的合同，第 93 条、第 94 条规定了当事人的合同解除权。第 45 条规定的附解除条件的合同，其解除的发生不依赖于当事人的意思表示，当合同约定的解除条件成就时合同自行失效。而第 93 条、第 94 条规定的合同解除是指合同有效成立后，依赖于当事人的意思表示（包括行使解除权），使合同关系消灭，这里解除合同的条件可能是约定的，也有可能是法定的。而本案《补充协议》中"如果 EPC 合同不能签订，则原合同（《太阳能组件销售合同》）签订的基础不存在，原合同终止履行"的约定应当属于《合同法》第 45 条规定的附解除条件的约定。

【案　　号】（2017）最高法民终 805 号

【审理法院】最高人民法院

二、蔡某云与胡某合同纠纷案

关键词： 附解除条件　条件成就

裁判摘要： 根据《民法典》第 158 条之规定："民事法律行为可以附条件，但是根据其性质不得附条件的除外。附生效条件的民事法律行为，自条件成就时生效。附解除条件的民事法律行为，自条件成就时失效。"案涉合同第 2 条约定，胡某拟于二月份外出务工，自愿将案涉房屋送给蔡某云暂时居住，如外出务工不顺，胡某可随时收回房屋，蔡某云不得以任何理由阻挡。第 4 条约定，蔡某云居住期间，胡某不收取房租，直到蔡某云去世。结合案涉合同全部条款、双方当事人的行为目的、诚实信用原则，案涉合同第 4 条的继续履行以

案涉合同第2条约定的胡某收回房屋的条件不成就为前提。案涉合同签订后，胡某外出务工不久因故辞工返家，双方约定的胡某收回房屋的条件已成就，蔡某云以案涉合同第4条的约定作为抗辩理由不能成立，故胡某请求蔡某云返还案涉房屋的请求原审法院予以支持并无不当。

【案　　号】（2022）陕09民终210号

【审理法院】陕西省安康市中级人民法院

第一百五十九条 附条件的民事法律行为，当事人为自己的利益不正当地阻止条件成就的，视为条件已经成就；不正当地促成条件成就的，视为条件不成就。

▶ 关联规定

法律、行政法规、司法解释

1.《中华人民共和国民法典》

第五百六十八条 当事人互负债务，该债务的标的物种类、品质相同的，任何一方可以将自己的债务与对方的到期债务抵销；但是，根据债务性质、按照当事人约定或者依照法律规定不得抵销的除外。

当事人主张抵销的，应当通知对方。通知自到达对方时生效。抵销不得附条件或者附期限。

2.《中华人民共和国票据法》

第三十三条 背书不得附有条件。背书时附有条件的，所附条件不具有汇票上的效力。

将汇票金额的一部分转让的背书或者将汇票金额分别转让给二人以上的背书无效。

第四十三条 付款人承兑汇票，不得附有条件；承兑附有条件的，视为拒绝承兑。

3.《最高人民法院关于适用〈中华人民共和国民法典〉总则编若干问题的解释》

第二十四条 民事法律行为所附条件不可能发生，当事人约定为生效条件的，人民法院应当认定民事法律行为不发生效力；当事人约定为解除条件的，应当认定未附条件，民事法律行为是否失效，依照民法典和相关法律、行政法规的规定认定。

条文释义

一、本条主旨

本条是关于附条件的民事法律行为的条件成就或者不成就的拟制规定。

二、条文演变

原《民法通则》未规定条件成就与否的拟制。原《合同法》对此作出规定。其第45条第2款规定:"当事人为自己的利益不正当地阻止条件成就的,视为条件已成就;不正当地促成条件成就的,视为条件不成就。"原《民法总则》延续了原《合同法》的精神,在第159条规定不正当地阻止或者促成条件成就的法律后果。《民法典》沿用了原《民法总则》的规定。

三、条文解读

《民法典》第158条规定了当事人在从事民事法律行为时,可以对于民事法律行为的效力附加生效或者失效的条件。这一规定是意思自治原则的具体体现,特别是有利于当事人将实施民事法律行为的动机通过条件表达出来。但是,这一规定本身可能造成溢出效应,即一方当事人有可能仅仅从自己的利益出发,违背诚信原则,恶意地促成条件成就或者阻止条件不成就,进而损害另一方当事人的利益,因而有必要加以限制。例如,在附生效条件的民事法律行为中,一方当事人希望民事法律行为尽快生效,因而采取了不正当手段促使条件成就。该条件的成就并非顺其自然,而是一方恶意促成的结果,这违背了当事人约定条件的本意。同样,在附解除条件的民事法律行为中,一方当事人希望民事法律行为继续其效力,可能以不正当手段阻止条件成就,该条件的不成就也并非顺其自然,而是一方恶意阻止的结果,这也违背了当事人约定条件的本意。因此,为了避免这种不诚信行为发生,维护当事人间的意思自治,法律就有必要对这种恶意促使条件成就或者阻止条件成就的不正当行为予以规范。

根据本条的规定,当事人为自己的利益不正当地阻止条件成就的,视为条件已成就;不正当地促成条件成就的,视为条件不成就。这里的"视为",是一种法律拟制,不允许当事人举证推翻。也就是说,民事法律行为附条件时,只要当事人为自己的利益不正当地阻止条件成就,法律后果就是确定的,不容推翻的，即条件已成就。只要当事人为自己的利益不正当地促成条件成就，法律后果也是确定的，不容推翻的，即条件不成就。"视为"的法律效果还在于，附条件民事法律行为中，当事人一方为自己的利益不正当地促成条件成就或阻止条件成就，侵害另一方的期待权，另一方不能就其期待权遭受损害单独提起诉讼，而只能通过"视为条件未成就或者已成就"来获得救济。①

适用指引

本条的适用条件

适用本条时应当符合以下条件：

第一，当事人有为自己的利益不正当地改变条件状态的主观故意。这种故意表现在，附生效条件的，有促成条件成就的故意；附解除条件的，有阻止条件成就的故意。

第二，一方当事人实施了相应的促成条件成就或者阻止条件成就的行为。

第三，该行为具有不正当性、可谴责性。附条件的民事法律行为中的条件，本来就具有或然性，当事人都应当顺其自然，如果一方仅仅是为了自己的私利，而没有顺其自然，则该行为违背了诚信原则，法律应当给予其否定评价。

类案检索

无锡市吉品置业有限公司与中国工商银行股份有限公司无锡分行等金融借款合同纠纷案

关键词： 附条件　预告登记　阻却成就

裁判摘要： 从抵押登记的成立条件来看，债务人不正当地阻止条件成就应当视为条件已经成就。《不动产登记暂行条例实施细则》第85条第3款规定，预告登记后，债权未消灭且自能够进行相应的不动产登记之日起三个月内，当

---

① 参见王利明：《民法总则研究（第三版）》，中国人民大学出版社2018年版，第594~595页。

事人申请不动产登记的,不动产登记机构应当按照预告登记事项办理相应的登记。就本案的抵押预告登记而言,工行无锡分行的债权尚未消灭,如薛某娣办理好房屋所有权证后,则工行无锡分行可以申请办理正式的抵押登记手续,登记机构也应当按照预告登记事项办理相应的抵押登记,则工行无锡分行可以取得抵押权以实现优先受偿。《民法总则》第159条规定,附条件的民事法律行为,当事人为自己的利益不正当地阻止条件成就的,视为条件已成就;不正当地促成条件成就的,视为条件不成就。在本案的抵押合同关系中,薛某娣为债务人,工行无锡分行为债权人,由于债务人薛某娣未能办理房屋所有权证,导致债权人工行无锡分行无法进行抵押登记和实现抵押权,系债务人薛某娣不正当地阻止了抵押登记的成就,则应当视为抵押登记已经成就,债权人工行无锡分行可以行使抵押权,而行使抵押权的直接效果就是有权对涉案房屋的拍卖、变卖所得价款优先受偿。

【案　　号】(2016)苏02民终4834号

【审理法院】江苏省无锡市中级人民法院

第六章　民事法律行为 | 第一百六十条

第一百六十条　民事法律行为可以附期限，但是根据其性质不得附期限的除外。附生效期限的民事法律行为，自期限届至时生效。附终止期限的民事法律行为，自期限届满时失效。

关联规定

法律、行政法规、司法解释

1.《中华人民共和国民法典》

第五百六十八条　当事人互负债务，该债务的标的物种类、品质相同的，任何一方可以将自己的债务与对方的到期债务抵销；但是，根据债务性质、按照当事人约定或者依照法律规定不得抵销的除外。

当事人主张抵销的，应当通知对方。通知自到达对方时生效。抵销不得附条件或者附期限。

2.《中华人民共和国保险法》

第十三条　投保人提出保险要求，经保险人同意承保，保险合同成立。保险人应当及时向投保人签发保险单或者其他保险凭证。

保险单或者其他保险凭证应当载明当事人双方约定的合同内容。当事人也可以约定采用其他书面形式载明合同内容。

依法成立的保险合同，自成立时生效。投保人和保险人可以对合同的效力约定附条件或者附期限。

条文释义

一、本条主旨

本条是关于附期限的民事法律行为的规定。

二、条文演变

原《民法通则》未规定附期限的民事法律行为。原《民法通则意见》首次规定了附期限的民事法律行为，其第76条规定："附期限的民事法律行为，在所附期限到来时生效或者解除"。原《合同法》第46条规定："当事人对合同的效力可以约定附期限。附生效期限的合同，自期限届至时生效。附终止期限的合同，自期限届满时失效。"原《民法总则》延续了合同法的精神，在第160条规定："民事法律行为可以附期限，但是按照其性质不得附期限的除外。附生效期限的民事法律行为，自期限届至时生效。附终止期限的民事法律行为，自期限届满时失效。"原《民法总则》的规定将附期限制度从合同行为扩展到了民事法律行为，同时相应增加了根据其性质不得附期限的规定。《民法典》沿用了原《民法总则》的规定。

三、条文解读

（一）附期限的民事法律行为的概念

所谓附期限的民事法律行为，是指当事人在民事法律行为中设定一定的期限，并以该期限的到来作为民事法律行为效力发生或者消灭根据的民事法律行为。①

附期限的民事法律行为中的期限，是指当事人以将来客观确定到来的事实，作为决定民事法律行为效力的附款。②这里的期限具有以下特点：第一，期限是民事法律行为的一种附款，与民事法律行为所附条件一样，都是当事人为了控制未来的风险而采取的限制法律行为效力的做法，体现意思自治原则。第二，期限是限制民事法律行为效力的附款。即当事人可以通过给民事法律行为附期限来决定民事法律行为效力的发生或者消灭。第三，期限是以将来确定事实的到来为内容的附款。这是期限与条件的根本区别所在。期限是将来必然发生的事实，而条件是将来发生与否不确定的事实。

---

① 参见王利明：《民法总则研究（第三版）》，中国人民大学出版社2018年版，第595页。
② 参见梁慧星：《民法总论（第四版）》，法律出版社2011年版，第179页。

（二）期限的分类

根据期限对民事法律行为效力的作用可分为生效期限与终止期限。生效期限又称为延缓期限或者始期，是指决定民事法律行为的效力发生的期限。附生效期限的民事法律行为，在期限到来之前，民事法律行为已经成立，但效力处于停止状态，只有期限到来时，效力才发生。终止期限也称为解除期限或者终期，是指决定民事法律行为的效力消灭的期限。附终止期限的民事法律行为，在期限到来以前，民事法律行为继续有效，而在期限到来时，民事法律行为效力消灭。

根据到来时间能否准确确定，可以将期限分为确定期限与不确定期限。所谓确定期限，是指作为期限内容的事实到来时间能够准确地确定。如合同约定租赁期限自2021年10月1日开始，这种期限即为确定期限。所谓不确定期限，是指作为期限内容的事实到来时间不完全确定，但到来是必然的。如人必然死亡，但是具体何时死亡无法确定。

（三）附期限民事法律行为的效力

期限的基本效力在于限制民事法律行为的效力。也就是法条所表述的附生效期限的民事法律行为，自期限届至时生效；附终止期限的民事法律行为，自期限届满时失效。

同时，附期限的法律行为与附条件的法律行为一样，也存在期待权的问题。即在期限到来之前，当事人虽未实际取得一定的权利或者使一定的权利回复，但存在取得权利或者使权利回复的可能性，因此当事人也享有期待权。①

（四）根据其性质不得附期限的民事法律行为

本条还规定了根据其性质不得附期限的除外条款。这类行为主要包括身份上的行为，如结婚、收养。②

---

① 参见梁慧星：《民法总论（第五版）》，法律出版社2017年版，第179页。
② 参见黄薇主编：《中华人民共和国民法典释义》，法律出版社2020年版，第316~317页。

适用指引

一、注意与民事法律行为的履行期限的区别

履行期限,如买卖合同的交货期限、附款期限等,是对当事人基于已生效民事法律行为所负义务之履行所加的限制。① 履行期限意味着民事法律行为已经生效,当事人的权利义务已经发生,只是在履行期限到来之前,当事人所附义务不具有强制履行的效力。而在附期限的民事法律行为中,如果是附始期,则在该期限到来前民事法律行为根本未生效;如果是附终期,则在该期限到来后民事法律行为失效。

二、注意与法定期限的区分

附期限的民事法律行为中的期限,是当事人根据实际需要所约定的民事法律行为的附款,是意思自治原则的具体体现。而法定期限是由法律直接作出规定,与当事人的意思没有关系。例如,《民法典》第152条规定了撤销权的行使期限,该期限届满后撤销权即告消灭。该期限由法律直接规定,不能由当事人约定变更。

类案检索

王某与深圳双寅国际物流有限公司海上货物运输合同纠纷案

关键词: 附条件的民事法律行为　附期限的民事法律行为

裁判摘要: 双方当事人对协议关于剩余18000美元支付的条款存在不同理解,王某认为支付剩余款项是附生效条件的法律行为,而双寅公司认为是附期限的法律行为。根据《民法总则》第158条和第160条的规定,期限是确定的必然事实,而涉案货物是否能运送至目的港存在两种可能性,故该约定不符合附期限民事法律行为中期限必然到来的法律特征。同时,附条件的民事法律行为中,条件的构成要素之一是其必须决定整个民事法律行为的效力,条件的成

---

① 参见梁慧星:《民法总则讲义(修订版)》,法律出版社2021年版,第287页。

就与否将导致不同的民事法律行为后果。如果条件不是决定民事法律行为的效力，而只是决定其内容，则不属于附条件的民事法律行为。本案中，协议系双方对全部货物的运费、滞留费、保险等达成的有关金额及付款期限的约定，该费用性质并非王某主张的违约金，且双寅公司要求支付上述费用的权利实际来源于双方之间的货物运输合同关系。涉案协议约定双寅公司将青岛、上海货物运到目的港后，王某向双寅公司支付剩余款项18000美元，并未约定货物未能运到目的港则免除双寅公司对剩余款项的付款义务。故该约定也不符合附条件的民事法律行为的特征。广州海事法院在（2017）粤72民初673号生效判决中已经认定涉案货物运抵伊朗阿巴斯港后下落不明，视为灭失，故双方约定的付款期限已无法届至，关于付款期限的不确定事实已确定化，可视为付款期限已经届至，王某应当承担付款责任。

【案　　号】（2020）沪民终43号
【审理法院】上海市高级人民法院

第七章 代 理

第一节 一般规定

第一百六十一条 民事主体可以通过代理人实施民事法律行为。

依照法律规定、当事人约定或者民事法律行为的性质,应当由本人亲自实施的民事法律行为,不得代理。

▶ 关联规定

法律、行政法规、司法解释

1.《中华人民共和国民法典》

第一千零四十九条 要求结婚的男女双方应当亲自到婚姻登记机关申请结婚登记。符合本法规定的,予以登记,发给结婚证。完成结婚登记,即确立婚姻关系。未办理结婚登记的,应当补办登记。

第一千零七十六条 夫妻双方自愿离婚的,应当签订书面离婚协议,并亲自到婚姻登记机关申请离婚登记。

离婚协议应当载明双方自愿离婚的意思表示和对子女抚养、财产以及债务处理等事项协商一致的意见。

2.《中华人民共和国公司法》

第一百二十四条 上市公司董事与董事会会议决议事项所涉及的企业有关联关系的,不得对该项决议行使表决权,也不得代理其他董事行使表决权。该董事会会议由过半数的无关联关系董事出席即可举行,董事会会议所作决议须经无关联关系董事过半数通过。出席董事会的无关联关系董事人数不足三人的,应将该事项提交上市公司股东大会审议。

3.《中华人民共和国海关法》

第十一条 进出口货物收发货人、报关企业办理报关手续，应当依法向海关备案。

报关企业和报关人员不得非法代理他人报关。

▶ 条文释义

一、本条主旨

本条是关于代理适用范围的规定。

二、条文演变

原《民法通则》第63条第1款规定："公民、法人可以通过代理人实施民事法律行为。"该条第3款规定："依照法律规定或者按照双方当事人约定，应当由本人实施的民事法律行为，不得代理。"本条在该条规定的基础上，作了进一步完善。

三、条文解读

（一）代理的概念及功用

所谓代理，是代理人以被代理人的名义实施民事法律行为，该民事法律行为的后果由被代理人承担的一种制度安排。从代理的概念可以看出，代理的本质就在于，代理人为被代理人（或称本人）而实施的民事法律行为的法律后果，不是由作为实施人的代理人来承担，而是由没有实际实施该民事法律行为的本人来承担。换句话讲，民事法律行为虽由被代理人实施，但是本人才被视为是该民事法律行为的当事人。

民法为什么要"违拗""好汉做事好汉当"的一般观念，将民事法律行为的实施者和行为后果的承担者予以分开呢？其根本原因就是，在社会生活特别是现代社会生活中，面对纷繁复杂的民事法律关系，民事主体受制于自身的时间、精力、能力等因素，很难事必躬亲去从事每一项自己需要的民事法律行为，因此，就有了借助他人之力去完成一些民事法律行为的需求。代理制度恰恰可以很好地满足这种需求，使民事主体通过他人的行为来使自己获得想要的法律后果，扩大了其在法律交往中实现自己利益的范围。从某种意义上说，代理制度为"一个篱笆三个桩，一条好汉三个帮"的民谚作出了精致而平衡的法律解读与安排。

（二）代理的适用范围

本条规定共有两款，分别从积极和消极两个方面界定了代理的适用范围。

本条第1款"民事主体可以通过代理人实施民事法律行为"，从积极方面规定了代理适用的范围是"民事法律行为"。所谓民事法律行为，是指民事主体通过意思表示设立、变更、终止民事法律关系的行为。有关民事法律行为的概念，这里重点强调：民事法律行为作为私法自治的工具，是以意思表示为要素的；在民事法律行为的行为人意思表示符合或者至少是不违背国家意志的情况下，法律就赋予该民事法律行为发生行为人所意欲的法律效果，即发生行为人想要的设立、变更或终止某个民事法律关系的后果。这种使民事主体得偿所愿的获得感与满足感，是民法之权利法属性的重要体现。代理适用的范围主要是民事法律行为，就意味着代理主要表现为代理人替被代理人（本人）作出或接受意思表示，而该作出或接受意思表示的法律效果归属于被代理人。

本条第2款"依照法律规定、当事人约定或者民事法律行为的性质，应当由本人亲自实施的民事法律行为，不得代理"，从消极方面规定了代理不得适用的范围，包含三种情形：

一是依照法律规定应当由本人亲自实施的民事法律行为，不得代理。例如，本法婚姻家庭编第1049条规定"要求结婚的男女双方必须亲自到婚姻登记机关申请结婚登记"，第1076条规定"夫妻双方自愿离婚的，应当签订书面离婚协议，并亲自到婚姻登记机关申请离婚登记"。故而对于结婚、协议离婚等法律规定行为人必须亲自实施的行为，不得代理，以有效避免"被结婚""被离婚"现象，体现出法律对重大身份关系的慎重严谨态度。

二是按照当事人约定应当由本人亲自实施的民事法律行为。严守合同、诚信履约是民事主体应该遵循的基本原则，因此，如果当事人已经与他人约定，相关民事法律行为应当由该当事人（本人）亲自实施，那么该当事人就应该按照约定亲自去作出或接受有关意思表示，而不得再假手他人进行。

三是依照民事法律行为的性质，应当由本人亲自实施的民事法律行为。依照性质不得代理的民事法律行为，主要是指具有人身性质的民事法律行为。具有人身性质的民事法律行为，因为涉及重大身份关系的得丧变更，在性质上应绝对尊重本人的意思表示，不容出现差池，故而必须要由本人作出或接受有关意思表示才安全，因此不得代理。前述结婚、协议离婚行为以及收养、遗嘱、遗赠等行为，均是具有人身性质的民事法律行为，依其性质均不得代理。

▶ 适用指引

一、准法律行为可以适用代理

代理的适用范围为民事法律行为，已如前述。在实务解释上，除了民事法律行为外，准法律行为也可以通过代理实施，参照适用代理的有关规定。所谓准法律行为，是指无法效意思之表示行为。民事法律行为的法律效果，来源于行为人的追求，也即行为人意欲何种法律后果，只要其不违反国家意志，就会实际地产生出来。但是准法律行为则不然，其虽然也包含行为人的某种意思，但是该行为的法律效果究竟为何，完全直接来源于法律的规定。

一般而言，可以将准法律行为分为两类：一类是意思通知（或称意思表达），即行为人将含有特定目的的意思向相对人表达。在这里，行为人表达的意思虽然包含有特定目的，但该目的只是行为人所持有的自然目的，并不指向法律规范层面的法律效果目的。例如，相对人就限制行为能力人订立的合同问题，催告其法定代理人进行追认。催告就是意思通知行为，其自然目的是催促限制行为能力人的代理人对合同进行追认，但其法律效果则是开始起算追认期——自然目的和法律效果并不同一，这和民事法律行为"得偿所愿"型的法律效果产生方式是明显不同的。另一类是事实通知（或称观念通知），即行为人将带有特定法定效果的事实通知对方。事实通知的情况下，行为人表达的只是某种事实，不用表达个人观感，在语言运用上，纯以白描叙事即可，不用议论，也不用抒情。例如，债权转让的通知行为即是典型的事实通知，将债权转让的事实告知债务人，其法律效果就是使债权转让对债务人发生效力，债务人不得再向原债权人作债务清偿。这一法律效果伴随债权让与通知必然产生，不论债权转让当事人怀抱何种目的、内心有什么想法。

尽管民事法律行为与准法律行为有诸多不同，但在均需对外表达以便相对人知晓上是相同的,而且,在法律适用上,大部分有关民事法律行为的规范也可以参照适用于准法律行为。因此,在司法实务上,对于准法律行为,特别是和合同密切相关的准法律行为,一般也应允许代理,不可拘泥于法条字面意思,遇有代理作出债权让与通知、代理作出催告等情形时,避免直接否定其代理效果、草率作出裁判。

二、事实行为、侵权行为不能适用代理

事实行为是指这样一类行为:其法律效果直接根据法律规定产生,与行为人意志内容无关,也与行为人是否将意志作对外表达无关。这两个无关,将事实行为与民事法律行为、准法律行为区别开来。

事实行为不得适用代理,根本原因在于事实行为既不需要当事人的意思,也不需要当事人对其意思的表示,也即其与意思表示完全无关,自然不用劳烦代理人替被代理人作出或接受意思表示,因而也就没有适用代理的前提与基础。

在大量的委托合同中,以及从委托合同大项中分化而出的承揽合同、承包合同等相对独立的合同类型中,合同本身当然属于民事法律行为,但是合同项下当事人所需要提供的劳务、服务等,均属于事实行为范畴,而不再属于民事法律行为范畴。不认识清楚这一点,就会陷于合同之下还有民事法律行为、民事法律行为套着民事法律行为不断循环往复的逻辑怪圈。既然合同项下的履行行为是事实行为而非民事法律行为,那么,当事人违反合同约定不亲自提供劳务或服务的行为,可能构成违约,但不涉及代理,故而司法实务中不得将此类问题当作违反当事人约定不得代理的情形来处理。

从广义上说,侵权行为也属于事实行为,其同样具备法律效果直接由法律规定、与行为人意志内容无关、不属于表意行为等特点,因此,也没有适用代理的前提与基础。例如,在张三受李四指使去伤害王五的侵权案件中,分配侵权行为产生的责任后果时,绝对不能允许适用代理的法律效果归属原则,而应适用侵权责任的相关规定。

三、违反本条不得代理规定的后果

需要明辨的是,本条第2款规定的依照法律规定、当事人约定或者民事法律行为的性质不得代理的行为,与上述不能代理的事实行为、侵权行为是有

根本区别的。本条第2款规定的不得代理的行为，在性质上还是属于民事法律行为，而事实行为、侵权行为等不能代理的行为，则不属于民事法律行为。因此，适用本条第2款时，首先要判明相关行为是否属于民事法律行为，如果属于才能适用，否则即与本款无关，而应该找寻其他相关法律规定予以适用。

违反本条第2款关于不得代理的规定，也即将应当由本人亲自实施的民事法律行为，交由他人代理实施，超越了法律对代理适用范围的规定，突破了法律对本人授予他人代理权的强制性限制，不应产生有权代理的法律效果，而应适用无权代理的有关规定认定其法律效果。

▶ 类案检索

深圳新合程供应链股份有限公司与深圳市中祥创新电子科技有限公司货运代理合同纠纷案

关键词： 货运代理合同　代理适用范围

裁判摘要： 代理是一种依他人独立的行为而使本人直接取得其法律效果的制度。现代社会中，因个人（包括法人）的精力、时间、技能有限，通过利用他人才能从事活动，极大地拓展私法自治范围，被广泛地应用于商业活动中。依据《民法典》总则编第161条的规定，唯有依法律规定、当事人约定或民事法律行为的性质不能适用代理的行为才不能代理，其他各种行为均可适用代理。本案中所涉及的纠纷乃是货运代理合同，属于典型的代理行为，并不违反代理制度的适用范围限制，在发生争议后，法官应该依法依据代理相关规定予以裁决。

【案　　号】（2013）广海法初字第694号
【审理法院】广州海事法院

第一百六十二条 代理人在代理权限内,以被代理人名义实施的民事法律行为,对被代理人发生效力。

▶ 关联规定

法律、行政法规、司法解释

1.《中华人民共和国民法典》

第九百二十五条 受托人以自己的名义,在委托人的授权范围内与第三人订立的合同,第三人在订立合同时知道受托人与委托人之间的代理关系的,该合同直接约束委托人和第三人;但是,有确切证据证明该合同只约束受托人和第三人的除外。

第九百二十六条 受托人以自己的名义与第三人订立合同时,第三人不知道受托人与委托人之间的代理关系的,受托人因第三人的原因对委托人不履行义务,受托人应当向委托人披露第三人,委托人因此可以行使受托人对第三人的权利。但是,第三人与受托人订立合同时如果知道该委托人就不会订立合同的除外。

受托人因委托人的原因对第三人不履行义务,受托人应当向第三人披露委托人,第三人因此可以选择受托人或者委托人作为相对人主张其权利,但是第三人不得变更选定的相对人。

委托人行使受托人对第三人的权利的,第三人可以向委托人主张其对受托人的抗辩。第三人选定委托人作为其相对人的,委托人可以向第三人主张其对受托人的抗辩以及受托人对第三人的抗辩。

2.《中华人民共和国律师法》

第三十条 律师担任诉讼法律事务代理人或者非诉讼法律事务代理人的,应当在受委托的权限内,维护委托人的合法权益。

3.《最高人民法院关于审理海上货运代理纠纷案件若干问题的规定》

第二条 人民法院审理海上货运代理纠纷案件,认定货运代理企业因处理海上货运代理事务与委托人之间形成代理、运输、仓储等不同法律关系的，应分别适用相关的法律规定。

▶ 条文释义

一、本条主旨

本条是关于代理的构成与效力的规定。

二、条文演变

原《民法通则》第 63 条第 2 款规定："代理人在代理权限内，以被代理人的名义实施民事法律行为。被代理人对代理人的代理行为，承担民事责任。"本条对原《民法通则》的规定进行了改造，将"被代理人对代理人的代理行为，承担民事责任"修改为"对被代理人发生效力"。其原因在于，代理人的行为带来的法律效果，对被代理人而言，可能是权利，也可能是义务或责任，修改后的表述更加科学、全面。

三、条文解读

本条表述简练，概括规定了代理的构成要件以及代理的法律效果等重要问题。

（一）代理的构成

从本条条文看，代理的构成应当包括如下四个要件：

一是行为的可代理性。这是指被代理的行为是民事法律行为，而且应当是可以代理的民事法律行为。如上条解读中分析的那样，原则上，只有民事行为律行为可以被代理，准法律行为也可以被代理，而事实行为、侵权行为则不能适用代理。同时，尽管从逻辑上说，民事法律行为作为表意行为，原则上均具有可代理性，但是，具有高度人身性的民事法律行为不得代理。

二是代理人须为意思表示。只要是代理，代理人就得替被代理人向他人为意思表示。代理人为意思表示，既包括以被代理人名义向他人发出意思表示的积极代理，也包括以被代理人的名义受理他人意思表示的消极代理。无论是积极代理，还是消极代理的情形，意思表示的发出或到达都要以代理人而非被代理人的相关行为作为判断基准。需要注意的是，代理人为意思表示是指代理人在代理权限内，独立自主地形成意思表示，其具有一定的自由决定空间，而绝非只是被代理人意思表示的"传声筒"。这一点构成代理和传达的根本区别。

三是代理人在代理权限内行为。代理人之所以能代替被代理人对外发出或接受意思表示，并可以使相关法律效果直接归诸被代理人，前提就是获得被代理人的授权或者是法律的直接授权。代理人必须基于被代理人或者是法律的授权，方可进行代理行为，而且代理行为不应超出授权的范围，否则即构成无权代理。基于被代理人授权而进行的代理，被称为意定代理，主要通过订立委托合同、授予代理权证书的方式进行；基于法律的授权而进行的代理，被称为法定代理，主要体现在监护制度中。

四是代理人以被代理人名义行为。该要件体现了代理的显名原则，即代理人在实施民事法律行为时，必须以被代理人的名义进行，向相对人亮明自己是替被代理人来实施该民事法律行为的身份。显名原则的目的是保护交易相对人的利益。代理人在与相对人完成民事法律行为、缔结民事法律关系后，即行告退，相对人接下来要面对的真正对方是被代理人。如果相对人连被代理人是谁都浑然无知，就无从判断交易对手的信用和履约能力等情况，故而难以决定是否缔约，即使缔约，其在自身利益保护上也将是十分被动的。为了打消相对人的顾虑、平衡保护相对人的权益，代理制度采用显名原则，强调代理人要以被代理人的名义进行行为。

（二）代理的效力

本条后半句规定的"对被代理人发生效力"，在法律上的含义即是指被代理人应当对代理人的代理行为承担一切法律后果：一方面，代理行为有效时，由此形成的民事法律关系之权利义务，应当由被代理人承受；另一方面，代理行为不成立、无效或者被撤销、不生效时，所发生的缔约过失责任、不当得利返还等债务，也应当由被代理人承担。

代理的效力凸显了代理规范系归属性规范的特性。代理要解决的是代理人代被代理人进行的行为效果应该归属于谁的问题，不管代理行为本身是否有效，只要符合代理的构成要件（或者构成之后章节涉及的表见代理），代理行为的后果均由被代理人承担。

适用指引

一、隐名代理问题

代理强调显名原则，要求代理人以被代理人的名义去实施民事法律行为，目的是使相对人知悉行为的效果到底归属于谁，明了自己的交易对象。显名原则的典型做法是代理人向相对人明确开示被代理人，展示代理关系的存在。如果代理人没有向相对人明示被代理人的名义，但是相对人根据情境已经能够知悉被代理人及代理关系的存在，就没有必要要求代理人再如斯明示被代理人的名义。本法合同编第925条引入了隐名代理制度，规定即便代理人没有以被代理人的名义进行代理行为，但如果相对人知悉代理关系，仍然可以发生代理的效果。因此，司法实务在处理有关问题时，应注意本条规定与合同编第925条的衔接关系。

二、代理人的意思表示瑕疵问题

在代理中，意思表示系由代理人作出，自然应该以代理人而非被代理人作为代理意思表示是否存在瑕疵的观察基点，也即代理的民事法律行为是否存在可撤销、无效等问题，均应以代理人作出的意思表示来作判断。但是，鉴于代理行为的法律效果归属于被代理人，在代理的民事法律行为出现可撤销的情形时，应当由被代理人来决定是否接受具有撤销瑕疵因素的意思表示带来的法律后果，故而撤销权的行使主体一般应为被代理人。因此，在司法实务中，遇到代理人以受相对人欺诈等为由，要求撤销其代理的民事法律行为的情况时，一般不应予以支持，因为撤销权的权利主体不是代理人而是被代理人。

三、冒名行为的问题

冒名行为是指直接冒用他人名义去实施民事法律行为。在代理制度中，代理人以他人名义指的是代理人为他人去实施民事法律行为，相对人知道代理人与被代理人系不同主体以及二者之间存在代理关系。而在冒名行为中，冒名人直接声称自己就是他人，故意张冠李戴，混淆视听。

冒名行为的法律后果为何？应分情况讨论。第一，被冒名者同意冒名行为的，该情况与获得授权的代理类似，故可参照代理有关规定，由被冒名者直接承担冒名行为的法律效果。第二，被冒名者不同意甚至不知道冒名行为的，要具体分析相对人的情况来决定冒名行为的法律后果。如果相对人并不在乎行为人的名义，愿意以"来的都是客"的态度与来者缔约，那么，该缔约法律行为与冒用的名义之间并无关联，不用考虑冒名行为的法律影响，令缔约法律效果在冒名者和相对人之间发生即可。如果相对人在乎行为人的名义，善意认为冒名者真的就是被冒名者并与之缔约，则可参照适用有关无权代理的规定；在被冒名人拒绝追认时，还可参照适用无权代理人责任的有关规定。

▶ 类案检索

某供应链管理公司诉某货物运输公司海上、通海水域货运代理合同纠纷案

关键词： 货运代理合同　代理的效力

裁判摘要： 代理权限是指委托人对于代理人代理权范围的限制，依据《民法总则》第162条的规定，代理人唯有在代理权限内行使代理权时，其实施的代理行为的法律效果才应该由委托人承担，否则，代理人的代理行为构成无权代理，由代理人本人承担。

【案　　号】（2015）沪海法商初字第1875号

【审理法院】上海海事法院

第一百六十三条 代理包括委托代理和法定代理。

委托代理人按照被代理人的委托行使代理权。法定代理人依照法律的规定行使代理权。

▶ 关联规定

法律、行政法规、司法解释

1.《中华人民共和国民法典》

第十九条 八周岁以上的未成年人为限制民事行为能力人，实施民事法律行为由其法定代理人代理或者经其法定代理人同意、追认；但是，可以独立实施纯获利益的民事法律行为或者与其年龄、智力相适应的民事法律行为。

第二十条 不满八周岁的未成年人为无民事行为能力人，由其法定代理人代理实施民事法律行为。

第二十一条 不能辨认自己行为的成年人为无民事行为能力人，由其法定代理人代理实施民事法律行为。

八周岁以上的未成年人不能辨认自己行为的，适用前款规定。

第二十二条 不能完全辨认自己行为的成年人为限制民事行为能力人，实施民事法律行为由其法定代理人代理或者经其法定代理人同意、追认；但是，可以独立实施纯获利益的民事法律行为或者与其智力、精神健康状况相适应的民事法律行为。

第二十三条 无民事行为能力人、限制民事行为能力人的监护人是其法定代理人。

2.《中华人民共和国民事诉讼法》

第六十条 无诉讼行为能力人由他的监护人作为法定代理人代为诉讼。法定代理人之间互相推诿代理责任的，由人民法院指定其中一人代为诉讼。

第六十一条 当事人、法定代理人可以委托一至二人作为诉讼代理人。

下列人员可以被委托为诉讼代理人：

（一）律师、基层法律服务工作者；

（二）当事人的近亲属或者工作人员；

（三）当事人所在社区、单位以及有关社会团体推荐的公民。

3.《最高人民法院关于适用〈中华人民共和国民事诉讼法〉的解释》

第八十三条 在诉讼中，无民事行为能力人、限制民事行为能力人的监护人是他的法定代理人。事先没有确定监护人的，可以由有监护资格的人协商确定；协商不成的，由人民法院在他们之中指定诉讼中的法定代理人。当事人没有民法典第二十七条、第二十八条规定的监护人的，可以指定民法典第三十二条规定的有关组织担任诉讼中的法定代理人。

第八十四条 无民事行为能力人、限制民事行为能力人以及其他依法不能作为诉讼代理人的，当事人不得委托其作为诉讼代理人。

4.《最高人民法院关于适用〈中华人民共和国民法典〉总则编若干问题的解释》

第四条 涉及遗产继承、接受赠与等胎儿利益保护，父母在胎儿娩出前作为法定代理人主张相应权利的，人民法院依法予以支持。

▶ 条文释义

一、本条主旨

本条是关于委托代理和法定代理的规定。

二、条文演变

原《民法通则》第64条规定："代理包括委托代理、法定代理和指定代理。""委托代理人按照被代理人的委托行使代理权，法定代理人依照法律的规定行使代理权，指定代理人按照人民法院或者指定单位的指定行使代理权。"

原《民法总则》第163条作出了修改，删除了"指定代理"的内容。《民法典》未再作修改。

三、条文解读

根据代理产生的原因不同，代理可以分为委托代理和法定代理。本条明确规定了这一代理的基本分类，同时对于这两种类型的代理权形式作了一般规定。对于本条的理解需要把握以下几点：

（一）关于代理的基本分类

根据代理权产生的依据不同，代理一般分为委托代理和法定代理。指定代理是否属于独立的代理类型，存在争议。史尚宽先生认为，依据代理权之发生原因不同可以分为：（1）法定代理权发生的原因包括法律事实之发生（如父母的亲权）、指定或选定监护人和遗产管理人；（2）意定代理权发生的原因为本人的授权行为。[1]原《民法通则》第64条贯彻了三分法的做法，规定："代理包括委托代理、法定代理和指定代理。委托代理人按照被代理人的委托行使代理权，法定代理人依照法律的规定行使代理权，指定代理人按照人民法院或者指定单位的指定行使代理权。"在制定原《民法总则》时，包括中国法学会建议稿、王利明教授和杨立新教授等学者建议稿都主张按照三分法规定委托代理、法定代理和指定代理。[2]但原《民法总则》采取了委托代理与法定代理的两分法的基本分类形式，删掉了原《民法通则》中的指定代理。《民法典》沿用了这一做法。

一般认为，指定代理是基于人民法院的指定或者有关机关的指定行为而产生的代理。在指定代理中，代理人和代理权限都由人民法院或者有关机关确定。其他指定机关主要是指依法对被代理人合法权益负有保护义务的组织，人

---

[1] 史尚宽：《民法总论》，中国政法大学出版社2000年版，第519页。
[2] 建议稿相关条文如下：（1）中国法学会建议稿第152条【代理的产生】：代理权可以基于被代理人的意思、法律的规定以及人民法院或者其他有权机关依法指定产生。（2）王利明教授建议稿第202条【代理的种类】：代理包括意定代理、法定代理和指定代理。意定代理人基于本人的意思而产生，并依法按照本人的意思行使代理权；法定代理人依据法律的规定而直接确定，并依照法律规定的权限行使代理权；指定代理人由人民法院或者依法有权指定的单位指定，并按照法律规定的权限行使代理权。（3）杨立新教授建议稿第154条【代理的种类】：基于本人的授权而产生代理权的代理，为委托代理，代理人应按照被代理人的意思行使代理权。授予代理权的意思表示，既可以向代理人作出，也可以向相对人作出。基于法律的直接规定而产生代理权的代理，为法定代理，代理人按照法律的规定行使代理权。基于人民法院或依法有权指定的单位的指定而产生代理权的代理，为指定代理，代理人直接按照法律规定的权限行使代理权。

民法院或有关机关为有关的被代理人指定代理人，是为了保护这些被代理人的利益，比如未成年人所在地的居民委员会、村民委员会、民政部门等。我国法律之所以将指定代理删除，其主要考虑在于与委托代理和法定代理相比，指定代理的发生面较为狭窄，适用的范围与委托代理、法定代理明显不能比。尤为重要的是，人民法院或者其他有关机关在特定情形下的指定代理在本质上也必须是依据法律规定而进行的指定，法律规定可以指定的情形才可以指定；与委托代理相比，指定代理也应属于法定代理的范畴，在逻辑层次上，不能与委托代理、法定代理处于同一位阶，而应是法定代理下面的一种类型。因此，按照这种观点，指定代理只是法定代理的一种特殊形式，没有必要单独列为一种代理类型。在法律适用上，指定代理除依据有关法律关于指定代理的规定之外，还可以适用法定代理的一般规定。

（二）委托代理及其法律适用

本条第 2 款规定，委托代理人按照被代理人的委托行使代理权。根据这一规定，委托代理是指按照被代理人的委托来行使代理权的代理，即基于被代理人的委托授权所发生的代理。委托代理，又被称为"意定代理""授权代理"等。① 委托代理的作用在于扩张自治。② 委托代理是体现代理制度功能价值最核心、最重要的代理类型，《民法典》本章设专节规定了委托代理。从发生原因上看，委托代理因本人之代理权授与行为而发生。授权行为，谓之代理权授与行为或授与行为。授权方式并无限制，书面或口头，明示或默示，均无不可。③ 这一授权行为与委托合同本身具有密切联系。从某种意义上讲，委托合同和授权委托行为都是产生委托代理的根据。准确地讲，委托合同是产生委托代理权的基础关系，而委托授权行为是被代理人将代理权授予代理人的行为，是委托代理产生的直接根据。关于授权行为的性质，学界存在不同认识，有意见认为这就是委任合同，另有意见认为这是一种单方法律行为，以后者为通说。也就是说，委托合同的成立和生效并不当然就产生代理权，比如行纪。只有在委托人作出授予代理权的单方行为之后，代理权才发生。

按照学界通说，代理权的产生基于委托授权行为，授予代理权由本人以单

---

① 杨立新：《民法总则》，人民法院出版社 2009 年版，第 419 页。
② 王泽鉴：《民法总则（增订版）》，中国政法大学出版社 2001 年版，第 441 页。
③ 史尚宽：《民法总论》，中国政法大学出版社 2000 年版，第 519 页。

方意思表示作出，其效力不受代理人与本人之间基础法律关系（主要是委托代理合同，但不限于此，比如还有合伙等）无效或被撤销的影响。同样，在产生了代理权之后，代理权也具有相对独立性，即使委托授权行为无效，也并不一定影响代理行为的效力，对此应当适用无权代理或者表见代理的法律规则。

（三）法定代理及其法律适用

本条第2款规定，法定代理人依照法律的规定行使代理权。根据这一条规定，法定代理是指依照法律的规定来行使代理权的代理，即基于法律的规定直接产生的代理。在法定代理中，代理权的授予是基于法律的直接规定，并不存在授权行为，既不存在双方的合意也不存在单方法律行为。同时，也只有在符合法律规定条件的情况下才能取消代理人的代理权。前文已述，原《民法总则》取消了指定代理这一类型，《民法典》沿袭了这一规定，因此本条规定的法定代理涵盖了原《民法通则》规定的法定代理和指定代理。对委托代理，《民法典》本章设专节作了规定，法定代理则没有设专节规定，主要是考虑到法定代理的内容在其他章节以及其他法律中已经作了明确规定，各类法定代理其内容差异较大，难以也没有必要作出概括规定。

法定代理主要适用于被代理人为无民事行为能力人或者限制民事行为能力人（包括未成年人和不能辨认或者不能完全辨认自己行为的成年人）的情况。《民法典》第23条就明确规定："无民事行为能力人、限制民事行为能力人的监护人是其法定代理人。"法定代理的作用在于补充私法自治。自然人有权利能力，得为权利义务的主体。但为保护意思能力不足之人，民法设有行为能力制度，为使未成年人及禁治产人亦得参与社会活动，法律特设法定代理，由法定代理人代为意思表示，并代受意思表示，直接对本人发生效力，俾收权利能力的实效。①

有意见认为，法定代理可以分为实体法上的法定代理和程序法上的法定代理。实体法上的法定代理，是对无民事行为能力人或者限制民事行为能力人实施民事法律行为的代理，如监护人对被监护人实施法律行为的代理。程序法上的法定代理则是在诉讼中对于无民事行为能力人或者限制民事行为能力人实施的诉讼行为，由其监护人作为法定代理人参加诉讼的代理行为。我们认为，虽

---

① 王泽鉴：《民法总则（增订版）》，中国政法大学出版社2001年版，第442页。

然这两种类型的法定代理存在密切联系，诉讼行为能力与民事行为能力也是密不可分，但从《民法典》总则编关于代理规定的体系顺序以及代理范围的规定上看，民法上的法定代理应该限于狭义范畴，即为弥补有关民事主体行为能力的不足，以便其实施民事法律行为。程序法上的法定代理则是为弥补当事人诉讼行为能力的不足，在法律适用上直接适用相关诉讼法律规定及司法解释即可。

▶ 适用指引

对于本条的适用，在审判实践中要注意以下两点：

一、关于法定代理与监护的区别问题

对于法定代理的适用范围，由于《民法典》明确将代理的适用范围限定为民事法律行为，这对于法定代理也当然要予以适用。在此要注意此法定代理与监护的关系，一般而言，监护作为保护无民事行为能力人或者限制民事行为能力人权益的重要制度，二者存在密切联系，比如在主体方面相同、权利内容方面存在交叉。但二者在适用范围及法律后果方面存在本质不同，法定代理适用于民事法律行为的范畴，对侵权行为不能适用；但在监护关系中，被监护人实施的侵权行为，监护人在特定情形下要承担侵权责任，这并非法定代理人责任，也非被代理人责任，而是监护人自己应当承担的独立责任。①

二、关于法定代理与诉讼代理的衔接问题

《民法典》第1188条规定了监护人的侵权责任。若在诉讼中，无民事行为能力人或者限制民事行为能力人的监护人（在身份上也是法定代理人）在程序法上既是法定代理人，在实体法上又是侵权责任的替代责任人，对于这类情形如何列当事人，存在争议。不少法院采取列该监护人为法定代理人，但在实体法上确认其承担侵权责任的做法。这种做法违反代理行为的后果归属于被代理

---

① 《民法典》侵权责任编第1188条关于监护人责任规定为："无民事行为能力人、限制民事行为能力人造成他人损害的，由监护人承担侵权责任。监护人尽到监护职责的，可以减轻其侵权责任。""有财产的无民事行为能力人、限制民事行为能力人造成他人损害的，从本人财产中支付赔偿费用；不足部分，由监护人赔偿。"

人的规则，受到诟病。针对这一问题，《民事诉讼法解释》第 67 条明确规定："无民事行为能力人、限制民事行为能力人造成他人损害的，无民事行为能力人、限制民事行为能力人和其监护人为共同被告。"由此明确了监护人的实体责任，至于其法定代理人的身份，则可以在无民事行为能力人、限制民事行为能力人的当事人后面单列该监护人为法定代理人。

第一百六十四条 代理人不履行或者不完全履行职责,造成被代理人损害的,应当承担民事责任。

代理人和相对人恶意串通,损害被代理人合法权益的,代理人和相对人应当承担连带责任。

关联规定

法律、行政法规、司法解释

1.《中华人民共和国商标法》

第十五条第一款 未经授权,代理人或者代表人以自己的名义将被代理人或者被代表人的商标进行注册,被代理人或者被代表人提出异议的,不予注册并禁止使用。

第六十八条第三款 商标代理机构违反诚实信用原则,侵害委托人合法利益的,应当依法承担民事责任,并由商标代理行业组织按照章程规定予以惩戒。

2.《最高人民法院关于适用〈中华人民共和国民法典〉总则编若干问题的解释》

第二十五条 数个委托代理人共同行使代理权,其中一人或者数人未与其他委托代理人协商,擅自行使代理权的,依据民法典第一百七十一条、第一百七十二条等规定处理。

第二十六条 由于急病、通讯联络中断、疫情防控等特殊原因,委托代理人自己不能办理代理事项,又不能与被代理人及时取得联系,如不及时转委托第三人代理,会给被代理人的利益造成损失或者扩大损失的,人民法院应当认定为民法典第一百六十九条规定的紧急情况。

▶ 条文释义

一、本条主旨

本条是关于代理人不当行为的民事责任的规定。

二、条文演变

原《民法通则》第66条规定:"没有代理权、超越代理权或者代理权终止后的行为,只有经过被代理人的追认,被代理人才承担民事责任。未经追认的行为,由行为人承担民事责任。本人知道他人以本人名义实施民事行为而不作否认表示的,视为同意。""代理人不履行职责而给被代理人造成损害的,应当承担民事责任。""代理人和第三人串通、损害被代理人的利益的,由代理人和第三人负连带责任。""第三人知道行为人没有代理权、超越代理权或者代理权已终止还与行为人实施民事行为给他人造成损害的,由第三人和行为人负连带责任。"

原《民法总则》第164条对该条作出了修改,《民法典》未再作修改。可以看出,原《民法总则》第164条是由原《民法通则》第66条第2款、第3款修改而来,其所作的修改主要有四处:其一是在第164条第1款增加规定了代理人不完全履行职责的情形,以使条文涵盖内容更加全面准确;其二是在第164条第2款中将原来的"串通"修改为"恶意串通",以顺应时代发展;其三是将"利益"修改为"合法权益",更加符合当前民事法律术语的规范表述;其四是将原《民法通则》第66条第2款、第3款的规定在内容上予以修改后独立为一条,在体系更加科学合理,原《民法通则》第66条既含有关于无权代理的民事法律行为效力的规定(第1款),还有关于第三人即相对人承担责任的规定(第4款),结构思路不够清晰。

三、条文解读

代理人责任问题是代理制度的重要内容。对于本条的理解需要把握以下几点:

(一)关于代理人责任的一般规则

责任的承担须以义务违反为前提。通常而言,代理权虽可以理解为是一种权利,但其行使要受到相应的约束,而这就属于义务或者职责层面的内容。与代理权行使有关的义务一般包括:(1)代理人必须为本人利益实施代理行为;(2)代理人必须亲自代理;(3)代理人必须在代理权限范围内行使代理权;(4)代理人必须谨慎、勤勉、忠实地行使代理权,应履行报告义务和保密义务。[1] 概言之,代理人在行使代理权时要履行的义务主要是:要以善良管理人的注意义务标准忠实诚信地为本人利益在代理权限内从事代理活动,否则就要承担相应的民事责任。

本条第1款系对代理人承担责任一般规则的规定。依据本款规定,代理人承担民事责任的行为样态包括:其一,不履行职责。这里的职责当然就是要在代理权限内履行的职责。不履行职责,在行为样态上类似于违约责任中的不履行债务,既包括明示的拒绝履行,或者以其客观行为样态上表明其不履行该职责,也包括最终结果上的不履行职责。其二,不完全履行职责。这主要是指未按照代理权限内容履行职责,也包括逾期履行代理职责的情形,其核心是代理行为内容违背了本人的授权或者本人最大利益。

本款规定的代理人责任的构成,除要有代理人不履行或者不完全履行职责的要求之外,还要有造成被代理人损害这一要件,这里既包括了损害后果,还有不履行或者不完全履行职责的行为与损害后果之间有因果关系的要件。此损害的界定应当与《民法典》总则编及侵权责任编有关损害的界定是一致的。只是在归责原则方面,是采用过错责任还是严格责任,则有一定争议。但从条文表述上讲,本款内容中并未强调代理人的过错,而且此代理人责任类似于违约责任,应当适用严格责任的归责原则。

需要注意的是,本款规定采用"民事责任"的表述,系沿用了原《民法通则》的提法。从基本规范上讲,民事责任有违约责任和侵权责任之分。有观点认为,代理人不履行或者不完全履行职责的责任实质上就应当属于违约责任的范畴,故本条规定的民事责任在性质上就是违约责任。这一观点有一定道理,但由于代理权的产生原因既有单方授权行为,又有法律的直接规定,因法

---

[1] 杨立新:《民法总则(第二版)》,法律出版社2013年版,第512~514页。

定代理职责的违反而承担的责任不属于违约责任，而是法定责任；即使是委托代理，违反单方授权行为而应承担的责任也只能说是类似而非完全就是违约责任。故对于代理人的责任性质，应当理解为是一项相对独立的民事责任形态。至于代理人承担民事责任的方式，在理解上应当包括但不限于损害赔偿这一项，《民法典》总则编关于承担民事责任的其他方式，在性质上与代理人责任不冲突的，当然都可以适用，比如停止侵害、继续履行等。

最后，关于代理人职责的内容，以及如何履行代理职责，在委托代理和法定代理情况下各有不同，《民法典》没有作出统一规定。委托代理时，被代理人对于代理事项、权限和期间等一般都有明确授权，代理人首先应当根据被代理人的授权来行使代理权，在授权范围内认真维护被代理人的合法权益，想方设法完成代理事项。《民法典》第168条即规定："代理人不得以被代理人的名义与自己实施民事法律行为，但是被代理人同意或者追认的除外。""代理人不得以被代理人的名义与自己同时代理的其他人实施民事法律行为，但是被代理的双方同意或者追认的除外。"第169条第1款规定："代理人需要转委托第三人代理的，应当取得被代理人的同意或者追认。"代理人没有按照被代理人的授权行使代理权，或者违反相关法律规定行使代理权，都属于不履行或者不完全履行代理职责，造成被代理人损害的，应当承担民事责任。法定代理时，法律会对代理人的权限及相关职责作明确规定，代理人必须根据法律规定来行使代理权。如对于监护人作为法定代理人时的职责，《民法典》第34条第1款明确规定："监护人的职责是代理被监护人实施民事法律行为，保护被监护人的人身权利、财产权利以及其他合法权益等。"第35条又规定："监护人应当按照最有利于被监护人的原则履行监护职责。监护人除为维护被监护人利益外，不得处分被监护人的财产。""未成年人的监护人履行监护职责，在作出与被监护人利益有关的决定时，应当根据被监护人的年龄和智力状况，尊重被监护人的真实意愿。""成年人的监护人履行监护职责，应当最大程度地尊重被监护人的真实意愿，保障并协助被监护人实施与其智力、精神健康状况相适应的民事法律行为。对被监护人有能力独立处理的事务，监护人不得干涉。"

（二）关于代理人与第三人恶意串通的责任承担

代理人行使代理权应当以维护被代理人利益为己任，遵守诚信原则。有意见认为，为损害本人利益，代理人与第三人恶意串通而为的代理行为，属于违反善良风俗的无效行为。① 代理权滥用行为应被严格禁止，代理人与第三人恶意串通损害本人利益的，代理行为应属无效。② 也有意见认为，代理权的限制包括自我行为之禁止和代理权滥用之禁止。代理权滥用时，本人基于内部关系可以向代理人主张损害赔偿，但代理行为对第三人未必无效。但在第三人恶意、代理人与第三人恶意串通这两种情况下，代理权滥用影响代理行为的效力。对于恶意串通，应规定构成无权代理，更有利于保护本人利益。原《民法通则》第66条第3款规定不当（加重了本人的举证责任）。③ 原《民法总则》继续沿用了原《民法通则》的法律适用规则，即规定了在代理人与被代理人恶意串通损害被代理人利益情形下，代理人和第三人应当承担连带责任的规则。这也是目前较为通行的做法，审判实践中对此也都已普遍接受，《民法典》总则编沿用了这一规定。

对于本款规定的代理人责任的构成要件，主要有二：其一，须有代理人和第三人之间的恶意串通，该第三人在解释上即是代理人实施代理行为的交易相对人，至于其他人则非本款规定适用的范围。此核心要件在于代理人与第三人之间的恶意串通，至于代理人是否在代理权限内进行相应的代理事务则在所不问。其二，代理行为损害被代理人合法权益。这里既包括了损害事实要件也包括了因果关系要件，并且在对象上只能是损害被代理人利益，至于损害被代理人之外其他人合法权益的，则不能适用本条规定。至于对合法权益的理解，在解释上应当与《民法典》总则编"民事权利"一章规定的民事权益范围一致。

按照"谁主张、谁举证"的一般举证责任规则，关于恶意串通的举证，应当由受到损害的被代理人承担。关于"恶意串通"的证明标准问题，《民事诉讼法解释》第109条规定："当事人对欺诈、胁迫、恶意串通事实的证明，以及对口头遗嘱或者赠与事实的证明，人民法院确信该待证事实存在的可能性能够排除合理怀疑的，应当认定该事实存在。"但不可否认的是，对恶意串通的举证较为困难，在实务中要注意综合有关证据，并结合日常生活经验法则来进行认定，不能动辄认为当事人举证达不到该证明标准，使当事人承担举证不能的后果而导致本款规定成为具文。

---

① 孙宪忠：《民法总论》，社会科学文献出版社2010年版，第272~274页。
② 马骏驹、余延满：《民法原论（第四版）》，法律出版社2010年版，第230~231页。
③ 朱庆育：《民法总论（第二版）》，北京大学出版社2013年版，第340~343页。

适用指引

一、关于本条第 2 款规定的连带责任承担的范围问题

在责任后果上,本条第 2 款规定的是代理人与第三人承担连带责任。关于连带责任的承担,通常情况下系针对损害赔偿这一责任承担方式。但在本条第 2 款情形下,代理人与被代理人承担的就是民事责任,连带责任与按份责任属于民事责任承担中的一项基本分类。因此,在被代理人要求代理人与第三人停止侵害的情形,这时在表述上虽然称之为二者承担连带责任有一定争议,但是要求他们共同停止侵害(实质上也是连带责任)在解释上并无不妥。

二、本条规定的适用范围问题

依据体系解释,本条规定的情形既可以适用于委托代理,也可以适用于法定代理。只是第 2 款的情形可能在实践中很少发生。但是考虑到社会生活的复杂性,很少发生的情形并不意味着一定不会发生,第 2 款规定对于法定代理人与第三人恶意串通的情形同样予以适用也有一定的现实必要性,这对于维护处于相对弱势地位的无民事行为能力人、限制民事行为能力人的利益具有重要意义。

类案检索

中国人民财产保险股份有限公司上海市分公司与中国平安财产保险股份有限公司上海分公司责任保险合同纠纷案

关键词: 代理人责任　不履行职责　损害赔偿

裁判摘要: 共同保险中,出单方根据《共保协议书》约定,在执行出具保单、收取保费以及对外赔付等共保体事务时,具有代理其他共保人的权能,应在代理权限范围内谨慎、勤勉地行使代理权。代理人不履行或者不完全履行职责,造成被代理人损害的,应当承担民事责任。如出单方违反保险法规定对外赔付,给其他共保人造成损失的,应承担赔偿责任。

【案　　号】(2020)沪 74 民终 541 号
【审理法院】上海金融法院

第二节　委托代理

第一百六十五条　委托代理授权采用书面形式的，授权委托书应当载明代理人的姓名或者名称、代理事项、权限和期限，并由被代理人签名或者盖章。

▶ 关联规定

一、法律、行政法规、司法解释

1.《中华人民共和国民法典》

第一百七十三条　有下列情形之一的，委托代理终止：

（一）代理期限届满或者代理事务完成；

（二）被代理人取消委托或者代理人辞去委托；

（三）代理人丧失民事行为能力；

（四）代理人或者被代理人死亡；

（五）作为代理人或者被代理人的法人、非法人组织终止。

第九百一十九条　委托合同是委托人和受托人约定，由受托人处理委托人事务的合同。

2.《中华人民共和国保险法》

第一百二十六条　保险人委托保险代理人代为办理保险业务，应当与保险代理人签订委托代理协议，依法约定双方的权利和义务。

3.《中华人民共和国政府采购法》

第二十条　采购人依法委托采购代理机构办理采购事宜的，应当由采购人与采购代理机构签订委托代理协议，依法确定委托代理的事项，约定双方的权利义务。

4.《中华人民共和国民事诉讼法》

第六十二条 委托他人代为诉讼，必须向人民法院提交由委托人签名或者盖章的授权委托书。

授权委托书必须记明委托事项和权限。诉讼代理人代为承认、放弃、变更诉讼请求，进行和解，提起反诉或者上诉，必须有委托人的特别授权。

侨居在国外的中华人民共和国公民从国外寄交或者托交的授权委托书，必须经中华人民共和国驻该国的使领馆证明；没有使领馆的，由与中华人民共和国有外交关系的第三国驻该国的使领馆证明，再转由中华人民共和国驻该第三国使领馆证明，或者由当地的爱国华侨团体证明。

5.《中华人民共和国劳动争议调解仲裁法》

第二十四条 当事人可以委托代理人参加仲裁活动。委托他人参加仲裁活动，应当向劳动争议仲裁委员会提交有委托人签名或者盖章的委托书，委托书应当载明委托事项和权限。

6.《政府采购法实施条例》

第十六条 政府采购法第二十条规定的委托代理协议，应当明确代理采购的范围、权限和期限等具体事项。

采购人和采购代理机构应当按照委托代理协议履行各自义务，采购代理机构不得超越代理权限。

7.《行政复议法实施条例》

第十条 申请人、第三人可以委托1至2名代理人参加行政复议。申请人、第三人委托代理人的，应当向行政复议机构提交授权委托书。授权委托书应当载明委托事项、权限和期限。公民在特殊情况下无法书面委托的，可以口头委托。口头委托的，行政复议机构应当核实并记录在卷。申请人、第三人解除或者变更委托的，应当书面报告行政复议机构。

8.《最高人民法院关于人民法院执行工作若干问题的规定（试行）》

20.申请执行人可以委托代理人代为申请执行。委托代理的，应当向人民法院提交经委托人签字或盖章的授权委托书，写明代理人的姓名或者名称、代理事项、权限和期限。

委托代理人代为放弃、变更民事权利，或代为进行执行和解，或代为收取执行款项的，应当有委托人的特别授权。

二、部门规章及规范性文件

《道路交通事故处理程序规定》

第八十九条 参加损害赔偿调解的人员包括：

（一）道路交通事故当事人及其代理人；

（二）道路交通事故车辆所有人或者管理人；

（三）承保机动车保险的保险公司人员；

（四）公安机关交通管理部门认为有必要参加的其他人员。

委托代理人应当出具由委托人签名或者盖章的授权委托书。授权委托书应当载明委托事项和权限。

参加损害赔偿调解的人员每方不得超过三人。

▶ 条文释义

一、本条主旨

本条是关于委托代理授权的形式和内容的规定。

二、条文演变

本条规定沿用了原《民法总则》第 165 条的规定，而原《民法总则》这一规定系对原《民法通则》第 65 条规定修改而来。对于本条的演变需要注意以下内容：

原《民法通则》第 65 条规定："民事法律行为的委托代理，可以用书面形式，也可以用口头形式。法律规定用书面形式的，应当用书面形式。""书面委托代理的授权委托书应当载明代理人的姓名或者名称、代理事项、权限和期间，并由委托人签名或者盖章。""委托书授权不明的，被代理人应当向第三人承担民事责任，代理人负连带责任。"相较这一规定，原《民法总则》第 165 条删去该条第 1 款关于委托代理的形式要求以及第 3 款关于委托书授权不明时被代理人和代理人承担连带责任的规定，同时基本保留第 2 款中的内容，但对表述作了调整，如将"委托人"修改为"被代理人"。《民法典》第 165 条沿用了原《民法总则》第 165 条的规定，内容上无实质改动，仅将条文中的"期间"修改为"期限"。

原《民法总则》作此修改的理由为，授权行为也是民事法律行为，关于民事法律行为的形式，其第135条规定："民事法律行为可以采用书面形式、口头形式或者其他形式；法律、行政法规规定或者当事人约定采用特定形式的，应当采用特定形式。"根据这条规定，在法律、行政法规没有特别规定或者当事人没有约定的情况下，委托代理授权可以采取书面形式、口头形式或者其他形式中的任何一种。其中，书面形式是最主要的一种授权形式。该条所作修改一方面可以使条文内容更加精炼，另一方面在行为导向上有利于引导当事人更多地采用书面形式签订授权委托书，使法律关系更加清晰明了，更好地避免不必要的争议。删除第3款的原因主要是实践中对于该款内容争议较大，且有对代理人要求过苛之嫌，还需要进一步研究论证。虽然删除这款规定，但代理人仍然可能因存在过错而承担相应的责任。① 保留第2款的理由在于本款内容已经过实践检验，既没有发现明显问题，也已为实践所普遍接受。

三、条文解读

（一）关于委托授权的要式性问题

本条规定虽然删除了原《民法通则》第65条规定的"口头形式"，但在解释上并非禁止委托代理适用口头形式，只是在行为导向上鼓励当事人更多地选择书面形式订立授权委托书。应该说，委托代理的授权可以采取口头、书面或者其他形式。授权的方式既可以明示也可以默示，比如在《民法典》第170条规定的职务代理中，只要存在职务关系，即使法人或非法人组织不存在明示的代理授权意思表示，也可认为其默示在职务范围内授予代理权。

（二）关于授权行为的性质问题

这主要涉及的是授权行为的无因性问题。本条规定并未涉及代理行为无因性的内容。目前主流观点认为授权行为具有无因性。虽然理论上对于授权行为无因性问题存有争议，但对于授权行为并非委托合同这一问题则有较为明确统一的认识，通说认为授权行为属于《民法典》第134条第1款所规定的基于

---

① 参见王竹：《中华人民共和国民法典总则编条文要义》，北京大学出版社2021年版，第399页。

被代理人单方意思表示即可成立的单方法律行为,适用关于法律行为的一般规定。将代理权授予行为抽象地独立于委托合同,意义在于让代理权授予行为的效力不至于受到基础行为(委托合同)的影响和限制。需注意的是,授权行为也需要行为人具有相应的行为能力,如果限制行为能力人作出超出其年龄、智力或精神状况的授权行为,该法律行为无效。授权行为也可以附条件或期限,虽然这会导致行为效力的不确定,但相对人完全可以因为效力不确定的授权行为而选择不与之交易,从而避免自身利益受损。

(三)关于授权委托书的记载事项

授权委托书的内容应当包括:(1)代理人的姓名或者名称,代理人可以是自然人,也可以是法人或者非法人组织。(2)代理事项,是被代理人向代理人授权代理民事法律行为的范围,根据代理事项的不同,可将代理事项区分为一般代理和特别代理。(3)权限,代理权限是指在代理事项的范围内,可以作出何种决定。超出代理权限范围的,构成超越代理权的无权代理;没有规定明确的代理事项和代理权限的,为代理事项和权限不明。(4)期限,规定代理权的起止时间。(5)被代理人签名或者盖章,表明是谁向代理人授予代理权。

本条对于授权委托书记载事项规定属于列举式规定,但是按照意思自治原则的要求,实践中授权委托书的记载事项应当是可以包括上述记载事项,但也不限于上述事项。关于上述事项是否属于必须记载的事项问题,我们认为,虽然条文中使用了"应当",但应将此理解为倡导性规范,在书面授权书中记载上述内容,使得代理权授权法律关系比较清晰,从而能有效防范法律风险,避免不必要的纠纷。但授权行为的形式仍应按照有关法律行为的一般要求确定,并非必须采取书面形式。从意思自治的角度,对于未全面记载本条规定事项的授权委托书也不应认定为无效。授权委托书事项不明的,应以授权行为的单方法律行为特点为基础,根据意思表示解释规则处理。

适用指引

一、委托合同与授权行为

《民法典》第919条规定,委托合同是委托人与受托人之间达成约定,受托人处理委托人事务的合同。我国《民法典》将代理纳入总则编之中加以规定，而将委托作为合同进行规定，从而将委托和代理区分开来。①

一般而言，委托合同是授权行为的基础，代理权的授予通常是基于委托合同而发生，但授权行为完全可以不依赖于基础关系而单独存在。基础关系是否存在不影响代理关系及授权行为的效力。授权行为与委托合同有着明显差别，主要体现在以下几个方面：

第一，性质和效力范围不同。委托合同在性质上属于双方法律行为，它是委托人和受托人之间所形成的一种合同关系，并不涉及第三人，而授权行为属于单方法律行为，是被代理人向代理人授予代理权的行为。代理人实施的相关行为还会涉及第三人，代理人实施代理行为，将在代理人、被代理人和第三人之间产生法律关系。

第二，代理赖以产生的基础关系，除委托合同之外，还包括劳动合同、合伙协议、身份关系等。由于授权行为具有无因性，即便没有基础关系的存在，授权行为的效力仍然不受影响。相反，如果只有委托合同，并不能产生代理权，只有在委托人实施了授权行为以后，受托人才享有代理权。

第三，适用范围不同。代理是以他人名义实施法律行为，而委托事项可以涵盖法律行为之外的行为，如饲养动物、接送朋友等，此时无须作出意思表示，不存在代理行为。可见，委托事项的范围比代理事项更为宽泛。

第四，法律效果不同。授权行为的效力只是使代理人享有一定的代理权，并不在代理人与被代理人之间产生债的关系，但委托合同的本质却是在委托方与受托方之间产生债的法律关系。如授权行为与委托合同并存，代理人的义务并不是来自授权行为，而是来自委托合同。王泽鉴教授指出："本人虽对于代理人授予代理权，代理人对于本人并不因此而负有为法律行为的义务。其使代理人负有此项作为义务的，乃本人与代理人间的委托、雇佣等基本法律关系，而非代理权授予行为。代理权之授权本身，在当事人间即不产生何等债权债务关系，自非为债之发生原因。"②

---

① 参见王利明：《论民法典代理制度中的授权行为》，载《甘肃政法学院学报》2020年5期。
② 陈甦编著：《委托合同·行纪合同·居间合同》，法律出版社1999年版，第329页。

二、授权不明及其责任承担

从本质上看，授权不明，本身也具有授权的意思表示，授权不明产生的是一种有权代理，只是代理人权限不明，这包括代理范围不明确、代理期限不明确或者代理职责不明确。① 在授权不明的情形下，需要对授权的具体意思表示进行解释，即如果通过解释可以明确被代理人的授权，则应当直接适用代理制度的一般规则。通常认为，在解释时应当充分考虑授权书所记载的文字、代理人的地位、所代理事项的性质等因素。② 在授权不明情形下，通过进一步解释和认定，最终可能构成有权代理、狭义的无权代理或者表见代理。

除授权委托书缺少本条规定的部分内容的情形外，实践中还有空白授权的问题。所谓空白授权，是指本人向代理人所出具的授权书中没有授权内容，仅有本人的签字或盖章。对空白授权，学理上存在授权不明、全部授权以及完全未授权几种不同的观点。③ 我们认为，空白授权一般属于授权不明。本条规定并非强制性规定，本人已经作出了授权的真实意思表示，不宜否定其效力，只是授权的事项、权限、期限甚至代理人不明确，需要运用前述解释规则来解决授权不明的问题。

就授权不明的责任承担问题，原《民法通则》第65条规定，在此情形下，代理人应当与被代理人承担连带责任。原《民法通则》第65条有关连带责任的规则未被《民法典》吸纳，应当不再适用。前已述及，授权不明最终可能构成有权代理、狭义的无权代理或者表见代理，此时依照相关法律规定确定责任即可。

---

① 参见王利明：《民法总则研究》，中国人民大学出版社2003年版，第635页。
② 参见马俊驹、余延满：《民法原论（第四版）》，法律出版社2005年版，第231页。
③ 参见迟颖：《意定代理授权行为无因性解析》，载《法学》2017年第1期。

典型案例

屈某与枣庄市道桥工程有限公司、重庆建工投资控股有限责任公司等债权转让合同纠纷案

关键词：委托代理　授权行为　基础法律关系　独立性

裁判摘要：一般而言代理权授予行为是与某种基础法律关系相联系的，代理权授予行为本身具有一定的独立性，仅有《授权委托书》这一委托代理权授予的表象，并不能证明存在委托合同关系，还应注意甄别是否存在委托合同之外的其他基础法律关系。

基本案情：2009年6月4日，重庆城建控股（集团）有限责任公司、重庆交通建设（集团）有限责任公司联合向枣庄道桥公司发出《重庆三环高速公路涪陵李渡至南川双河口段工程项目土建工程施工合作单位优选获选通知书》，载明枣庄道桥公司获选为该工程LJ6合同段施工合作单位。2009年6月5日，重庆交通建设（集团）有限责任公司书面委托重庆建工投资公司向枣庄道桥公司收取工程保证金467万元。2009年6月9日，枣庄道桥公司与重庆建工投资公司签订协议约定由枣庄道桥公司缴纳工程保证金。2009年6月12日，枣庄道桥公司向重庆建工投资公司出具《授权委托书》，由枣庄道桥公司委托刘某缴纳保证金。同日，刘某向重庆建工投资公司银行账户转账467万元。2012年6月6日，刘某与屈某签订《债权转让合同》，刘某将其对枣庄道桥公司享有的上述467万元债权全部转让给屈某。同年6月8日，刘某将债权转让事宜书面通知了枣庄道桥公司和重庆建工投资公司。后屈某起诉要求枣庄道桥公司偿还467万元及资金占用损失，重庆建工投资公司承担连带责任。

2009年6月20日，枣庄道桥公司（甲方）与重庆新湘骏公司（乙方）签订《内部承包责任书》，约定：甲方同意将中标的工程施工第LJ6合同段以内部风险承包的方式交给乙方负责组织施工。重庆新湘骏公司于2010年5月17日申请设立，时任法定代表人为刘某。

重庆市第一中级人民法院判决，枣庄道桥公司向屈某偿还资金467万元，并偿付资金占用损失；驳回屈某其他诉讼请求。枣庄道桥公司向重庆市高级人民法院提起上诉。

二审法院认为：本案焦点为刘某是否对枣庄道桥公司享有债权。屈某主张刘某依据《授权委托书》代枣庄道桥公司缴纳了工程综合保证金，即享有了对枣庄道桥公司467万元的债权。法院认为，屈某的该主张不能成立。第一，枣庄道桥公司出具的《授权委托书》是枣庄道桥公司单方向第三方作出的意思表示，是赋予刘某以枣庄道桥公司的名义而为一定法律行为的资格，其实质是代理权授予行为。第二，委托代理权发生的原因是代理权授予行为，一般而言代理权授予行为是与某种基础法律关系相联系的。《授权委托书》仅能证明枣庄道桥公司单方授予刘某委托代理权，并不能证明该代理权授予是基于何种基础法律关系。第三，枣庄道桥公司上诉认为，授权行为系基于其与刘某的建设工程承包合同关系，并举示了《内部承包责任书》以及刘某在公安机关的陈述，可见枣庄道桥公司授予刘某代理权可能存在委托合同之外的其他基础法律关系。综上，撤销一审判决，驳回屈某的诉讼请求。

【案　　号】（2015）渝高法民终字第00072号

【审理法院】重庆市高级人民法院

【来　　源】《人民法院案例选》2016年第1辑

▶ 类案检索

一、海南琼亚律师事务所与海南文昌农村商业银行股份有限公司法律服务合同纠纷案

关键词： 委托代理　授权委托书

裁判摘要：《民法总则》第165条规定："委托代理授权采用书面形式的，授权委托书应当载明代理人的姓名或者名称、代理事项、权限和期间，并由被代理人签名或者盖章。"本案中，被告向原告出具授权委托书，委托代理一强制执行案，代理权限为一般代理，代理期限至执行活动完毕之日止。该授权委托书符合上述法律规定的委托代理授权的要件，且代理人在该授权委托书出具后也已开始履行受托的代理事项。被告对该律所为其垫付公告费、评估费也予以接受，直至本案二审判决时也未向该所偿还上述垫付的费用。该案的部分执行裁定书也将该所律师列为委托诉讼代理人。故根据本案已查明的事实，可以认定双方之间已就此执行案成立了事实上委托代理关系，代理人也已履行代理事务，被告以双方未签订具体的书面委托代理合同为由否定双方就该案成立委

托代理关系，没有事实和法律依据，本院不予支持。

【案　　号】（2018）琼民申825号

【审理法院】海南省高级人民法院

二、陶某与罗某房屋买卖合同纠纷案

关键词：委托代理　授权委托书

裁判摘要：根据《民法总则》第165条之规定，委托代理授权采用书面形式的，授权委托书应当载明代理人的姓名或者名称、代理事项、权限和期间，并由被代理人签名或者盖章。本案被告提供的微信委托短信属于书面的委托代理，该微信短信虽然有代理人和被代理人的姓名、代理事项，但没有被代理人的签名或盖章，且无法判断该委托代理短信的发送人。原告仅仅凭借一条没有被代理人签字，无法判断发送人的微信短信，在没有向被代理人核实委托代理事实的真实性的情形下，就轻易地认为被告享有代理权，并与被告签订《房地产居间买卖合同》，支付定金5万元，没有尽到审慎的注意义务，对《房地产居间买卖合同》的无效存在一定的责任。

【案　　号】（2020）赣08民终440号

【审理法院】江西省吉安市中级人民法院

三、辽宁海星律师事务所与吉林省荣发集团有限公司法律服务合同纠纷案

关键词：委托代理　授权委托书

裁判摘要：委托代理授权采用书面形式的，授权委托书应当载明代理人的姓名或者名称、代理事项、权限和期间，并由被代理人签名或者盖章。本案中，被告没有向第三人出具授权委托书，且原告提供的《尽职调查委托合同》缺少被告签章，故该份委托合同并非被告真实意思表示，原、被告之间没有形成委托代理合同关系。该份委托合同对被告没有约束力，被告没有向原告履行交付尽职调查费的义务。

【案　　号】（2020）辽02民终4272号

【审理法院】辽宁省大连市中级人民法院

> 第一百六十六条　数人为同一代理事项的代理人的,应当共同行使代理权,但是当事人另有约定的除外。

关联规定

法律、行政法规、司法解释

1.《中华人民共和国民法典》

第九百三十二条　两个以上的受托人共同处理委托事务的,对委托人承担连带责任。

2.《中华人民共和国信托法》

第三十一条　同一信托的受托人有两个以上的,为共同受托人。

共同受托人应当共同处理信托事务,但信托文件规定对某些具体事务由受托人分别处理的,从其规定。

共同受托人共同处理信托事务,意见不一致时,按信托文件规定处理;信托文件未规定的,由委托人、受益人或者其利害关系人决定。

3.《最高人民法院关于适用〈中华人民共和国民法典〉总则编若干问题的解释》

第二十五条　数个委托代理人共同行使代理权,其中一人或者数人未与其他委托代理人协商,擅自行使代理权的,依据民法典第一百七十一条、第一百七十二条等规定处理。

条文释义

一、本条主旨

本条是关于共同代理的规定。

二、条文演变

原《民法通则》中没有关于共同代理的规定。原《民法通则意见》第79条第1款规定："数个委托代理人共同行使代理权的，如果其中一人或者数人未与其他委托代理人协商，所实施的行为侵害被代理人权益的，由实施行为的委托代理人承担民事责任。"原《民法总则》规定："数人为同一代理事项的代理人的，应当共同行使代理权，但是当事人另有约定的除外。"《民法典》总则编对此予以沿用。

三、条文解读

（一）概念和特征

1. 共同代理的概念

"代理权共同属于二人以上之代理人，为共同代理。"[1] 通常而言，共同代理是指两人以上的代理人就同一委托事项共同实施代理行为。

2. 共同代理的特征

本条明确了共同代理权的行使原则，并鲜明突出了共同代理的特征，即存在数个代理人、只有一个代理权、代理权由代理人共享且共同行使。

第一，代理人为"数人"，即两人以上，"数人"，可以是二人，也可以二人以上。它可以存在于书面授权，也可以存在于口头授权。[2] 这是共同代理与单独代理的本质区别。也因此，共同代理的行使须建立在"数人"的基础上。在此需要说明的是，集合代理虽同属于代理人为两人以上的情形，但与共同代理存在一定区别。具体而言，在集合代理中，有数个代理人和数个代理权存在，数个代理人各自行使代理权，彼此在代理权限、代理事项与责任承担上泾渭分明、各不相扰，每个代理人都是单独实施代理行为，换言之，集合代理是数个单独代理之集合；而在共同代理中，代理人原则上应当共同实施代理行为。因此，集合代理并非本条规定的共同代理。

第二，数个代理人的代理事项必须是"同一委托事项"，即被代理人必须

---

[1] 史尚宽：《民法总论》，中国政法大学出版社2000年版，第467页。
[2] 参见李永军：《中华人民共和国民法总则精释与适用》，中国民主法制出版社2017年版，第255页。

是为同一委托事项授权两个以上的代理人。如果委托事项不属于同一委托，则即使代理人有数人，① 被代理人与数个代理人之间也并不构成共同代理。立法如此设计，是避免"在同一委托事项上建立多个法律关系"② 的最便捷手段。

第三，共同代理人原则上应当共同行使代理权。共同代理的前提是由被代理人对数个代理人进行授权，但在被代理人就同一委托事项委托了数个代理人时，在有约定的情况下当然按约定处理，如果没有约定或约定不明，应当推定为共同代理还是单独代理，不同国家和地区的规定态度存在差别：一是推定为共同代理；二是推定为单独代理；三是没有作出明确规定，比如德国、日本等。我国原《民法通则》和原《合同法》对此都没有作出明确规定。③ 为了更好保护被代理人的合法权益，减少实践中的纠纷，《民法典》采纳了第一种立法模式，即推定为共同代理。根据本条规定，除非另有约定，在被代理人就同一代理事项确定了数个代理人时，法律推定为共同代理，数个代理人应当共同行使代理权，任何一个代理人都不得擅自单独实施代理行为。④

（二）条文的具体含义

本条中的核心是对"共同行使代理权"的理解，具体如下：

1. 数个代理人应当同时行使代理权，否则代理人和相对人进行的法律行为处于效力待定状态，因为被代理人仍然有追认的可能，如果被代理人追认，则代理行为有效，如果被代理人没有追认，则构成无权代理，代理行为无效。在这种情况下，如果部分代理人的代理行为符合表见代理的要件，则构成表见代理，按照表见代理的规则予以处理。数个代理人的意思表示可以视为整体代理人的意思表示，数个代理人中只要有一个人的意思表示存在瑕疵，整个代理行为也存在瑕疵。

2. 数个代理人之间形成的共同的意思、决议，或其他代理人向其中一位代

---

① 李永军：《中华人民共和国民法总则精释与适用》，中国民主法制出版社2017年版，第255页。

② 参见李永军：《中华人民共和国民法总则精释与适用》，中国民主法制出版社2017年版，第255页。

③ 参见贾东明：《〈中华人民共和国民法总则〉释解与适用》，人民法院出版社2017年版，第417页。

④ 参见贾东明：《〈中华人民共和国民法总则〉释解与适用》，人民法院出版社2017年版，第417页。

理人作出授权，由其中一位代理人执行的行为亦属于共同行使代理权。但此时出现的问题是，如果数个代理人之间形成的共同的意思、决议是内部的，在其中一位代理人与相对人进行法律行为时，其他代理人的意思发生变化，此时的法律行为效力如何，应当结合具体情形加以判断。

3. 共同代理的核心在于数个代理人对同一委托事项作出一致意思表示，若数个代理人就同一委托事项与同一相对人所作的意思表示存在不一致，则每个意思表示都不产生代理行为的效力。

4. 当事人另有约定的，共同代理人可以单独行使代理权。如果当事人之间有特别约定，数个代理人可以单独行使代理权，自然从其约定。但值得注意的是，如果是各代理人之间的约定仅是对彼此的代理权限进行划分，被代理人并不知情或知情但不同意的，对被代理人而言仍属共同代理，代理人之间的约定只在内部产生效力。

▶ 适用指引

一、共同代理与集合代理的区别

共同代理不同于学理上的集合代理，集合代理是指代理人有数人，但被代理人分别授予各代理人独立的代理权，代理人可各自从事单独代理行为的代理。也有观点认为，数个代理人同时为同一被代理人利益而分别行使同一代理权的代理，各代理人均可单独实施代理行为。[①] 但从性质上讲，集合代理是数个独立的代理权的集合，而共同代理则是数人行使同一个代理权。

对于共同代理与集合代理在实务上如何区分，可以从委托授权的内容，特别是书面形式的内容予以判断。如果被代理人在授权数个代理人时，委托授权书明确了各个代理人的权限的，原则上应认定为数个单独代理的集合，如果委托授权书未明确各代理人的代理权限而是将代理权一揽子授予数个代理人的情形，则应认定为共同代理。也就是说，如果数个代理人有数个代理权，属于集合代理，而不是共同代理。例如，被代理人授权甲为其购买一台电视机、乙为其购买一台电冰箱，即为集合代理。被代理人授权甲、乙一起为其购买一台电

---

① 梁慧星：《中国民法典草案建议稿附理由·总则编》，法律出版社2013年版，第339页。

视机和一台电冰箱，才属于共同代理。①

二、共同代理权的行使规则

依据本条规定，共同代理的行使规则应当是数个代理人共同行使该代理权，但当事人另有约定的除外。这里的当事人另有约定应当是被代理人与代理人之间的约定，而非数个代理人的内部约定。另外，也有意见认为本条的但书条款实际上是对集合代理的规定，共同代理就要由数人共同行使代理权。从条文文义上讲，本条规定确实没有硬性要求数人就同一委托事项进行代理时必须共同行使代理权，而是允许当事人之间通过约定排除。因此，从法律适用的角度讲，本条规定的代理权的行使方式是非常清晰的。

本条仅规定了代理权共同行使的原则，但对于如何共同行使则并没有规定。史尚宽先生认为："在共同代理，其数人之代理人，唯共同得为代理。代理人之一人未参加代理行为，或一人之行为有意思之欠缺或其他瑕疵时，则代理行为亦有瑕疵。其性质上，各代理人就其代理权，受有限制。从而一人为代理行为时，为权限之逾越。但在受动代理，虽在共同代理，应解为其中一人亦有受领之权限，盖否则甚为不便。虽在共同代理，亦不可认为要求意思表示受领之共同也。"②这一观点于现今仍具有积极的指导和参照意义。共同代理原则上应由代理人共同行使，若仅由其中一人或数人为代理行为，只有经过被代理人或者其他代理人的追认后才能发生效力。③也就是说，数个共同代理人并未共同行使代理权，而是单独行使代理权的，根据《民法典总则编解释》第25条的规定，这时可能构成无权代理或者表见代理。对于单纯的受领意思表示的行为，是否一概要求必须数个代理人共同为之，则可以作进一步探讨，但当事人明确约定可以单独进行代理行为的情形则不在此限。

关于共同行使代理权的具体方式，本条并没有规定。通常而言，对此不能有过于硬性的要求，在代理人与被代理人之间有约定的情况下，按照约定进行。在代理人与被代理人之间没有约定的情况下，则应当允许数个代理人之间

---

① 参见中共中央宣传部宣传教育局、全国人大常委会法制工作委员会民法室、司法部宣传与依法治理局：《〈中华人民共和国民法典〉总则编学习读本》，中国民主法制出版社2021年版，第374页。
② 史尚宽：《民法总论》，中国政法大学出版社2000年版，第468页。
③ 参见孙宪忠：《民法总论》，社会科学文献出版社2010年版，第278页。

通过约定进行分工，在出现争议时可以经全体代理人的协商或者按照多数人意思形成代理意见，但这时应当将数个代理人的分工情况及协商情况及时向被代理人报告。至于数个代理人之间能否通过协商推举代表人进而由其中一个或者部分人实施代理行为，则存有争议。我们认为，原则上讲，在法律没有禁止性规定或者代理人与被代理人之间没有特别约定排除的情况下，这种协商分工不宜认定为无效，但也要看是否违背被代理人在进行委托代理时的真实意思表示以及不同行业领域的惯常做法。因为委托共同代理的目的通常是发挥数个代理人的能力、特长，如果最终代理人之间通过协商变更为其中一人代理时，这实际上构成了变相的转委托，有违被代理人最大利益的要求，确有违反忠实义务之嫌。因此，在这种情况下，代理人通常应当更加及时地将有关情况向被代理人履行报告义务，以征得被代理人同意为原则，在行业惯例有不同做法或者紧急情形下除外。

三、关于违反共同代理权行使规则时的责任承担问题

本条并未规定数个代理人违反共同代理权行使规则给被代理人及相对人造成损害时的责任承担规则。共同代理由于代理人的多数性，较单独代理而言，在责任承担上有一定的复杂性。有学者认为，在共同代理中，如果因实施该代理行为而给被代理人或相对人造成了损失，应由全体代理人负连带责任；如其中一个或数个代理人未与其他代理人协商同意而行使代理权，该代理行为无效，给被代理人造成损失的，由实施该行为的代理人承担责任。[①] 这一观点有一定道理。还有学者认为，在相对人明知代理为共同代理时，个别代理人发出的意思表示因缺乏共同意思表示的要件而未成立；只有相对人善意且符合表见代理时，才存在个别代理人实施共同代理而损害本人利益的责任承担问题。[②]

至于数个代理人共同实施的违法代理行为或者与相对人串通实施的代理行为，侵害被代理人合法权益的，基于其行为的共同性，这时数个代理人之间应当承担连带责任，至于他们之间如何协商分工则在所不问。但对于数人中单个代理人实施的行为是否无效的问题，则需要具体问题具体判断，代理人违反本条规定实施法律行为的，对善意相对人而言，该代理行为不一定因此无效。换

---

① 参见马骏驹、余延满：《民法原论（第四版）》，法律出版社2010年版，第225页。

② 参见朱庆育：《民法总论（第二版）》，北京大学出版社2016年版，第348页。

言之，本条规范调整的是委托人与代理人的内部关系，对代理行为产生的外部关系没有多大影响。[①] 在符合无权代理或者表见代理构成要件的情况下，应当适用相应的法律规则，而不能一概认定为代理行为无效。《民法典总则编解释》第25条规定："数个委托代理人共同行使代理权，其中一人或者数人未与其他委托代理人协商，擅自行使代理权的，依据民法典第一百七十一条、第一百七十二条等规定处理。"因此，构成无权代理时，善意相对人有权请求行为人履行债务或赔偿损失；未构成表见代理时，代理行为有效，被代理人因此受到的损害可请求行为人承担责任。

▶ 类案检索

一、刘某华诉湖北文汇律师事务所委托合同纠纷案

关键词： 共同代理　委托合同

裁判摘要： 代理人与被代理人签订的委托合同，其效力只及于合同的相对方。虽然代理人在签订该委托合同后与第三人签订了一份协议，约定其与第三人就这一委托事项共同工作，均分代理费。但该约定只能约束代理人与第三人，不能对被代理人产生法律拘束力。被代理人认为代理人和第三人约定共同工作、均分代理费即构成共同代理，系混淆了合同的内外效力，属法律认识错误。

【案　　号】（2017）鄂01民终6213号
【审理法院】湖北省武汉市中级人民法院

二、曾某蓉与王某一房屋买卖合同纠纷案

关键词： 共同代理　合同有效

裁判摘要： 行为人可以明示或者默示作出意思表示，一方当事人向对方当事人提出民事权利的要求，对方未用语言或者文字明确表示意见，但其行为表明已接受的，可以认定为默示。本案中，被代理人委托二代理人办理房屋出售事宜，一代理人以明示的方式在房屋买卖合同上签字确认，另一代理人虽未在

---

① 参见李永军：《中华人民共和国民法总则精释与适用》，中国民主法制出版社2017年版，第256页。

房屋买卖合同上签字,但其全程参与房屋买卖的交易过程,并收取购房定金,且在转账凭证上签字确认。其按照房屋买卖合同的约定偿还案涉房屋的抵押贷款并领取解押材料。代理人的上述行为均表明其认可房屋交易的事实。故法院认定二代理人共同行使了委托售房的代理权。代理人在代理权限内,以被代理人名义实施的民事法律行为,对被代理人发生效力。据此,该合同合法有效。

【案　　号】(2018)京02民终12769号
【审理法院】北京市第二中级人民法院

三、四川省恒基汇通融资理财信息咨询有限公司、周某建确认合同有效纠纷案

关键词：共同代理　无权代理

裁判摘要：《民法总则》第165条规定:"委托代理授权采用书面形式的,授权委托书应当载明代理人的姓名或者名称、代理事项、权限和期间,并由被代理人签名或者盖章。"第166条规定:"数人为同一代理事项的代理人的,应当共同行使代理权,但是当事人另有约定的除外。"共同代理具有的特征是数个代理人共同行使一个代理权。即在没有另外约定情况下,共同代理中各代理人应当共同实施代理行为,享有共同的权利和义务,任何一个代理人都不得擅自单独实施代理行为。本案中,从上诉人提交的本案中被上诉人向债权人代表出具的授权委托来看,其中明确载明了受托人为多人,根据上述法律规定,在没有约定的情况下,被代理人就同一事项确定了数个代理人时,法律推定为共同代理。因此,本案全部代理人应共同行使代理权。但根据查明的事实,至少有两名授权委托书上的受托人未在还款协议上签字,由于本案《还款协议》并非全部代理人共同行使代理权的结果,因此,代理人与相对人签订还款协议的行为属于无权代理行为,因未获得相关被代理人的追认,对相关被代理人不具有法律效力。

【案　　号】(2018)川06民终403号
【审理法院】四川省德阳市中级人民法院

第一百六十七条 代理人知道或者应当知道代理事项违法仍然实施代理行为，或者被代理人知道或者应当知道代理人的代理行为违法未作反对表示的，被代理人和代理人应当承担连带责任。

▶ 关联规定

法律、行政法规、司法解释

1.《中华人民共和国律师法》

第三十二条 委托人可以拒绝已委托的律师为其继续辩护或者代理，同时可以另行委托律师担任辩护人或者代理人。

律师接受委托后，无正当理由的，不得拒绝辩护或者代理。但是，委托事项违法、委托人利用律师提供的服务从事违法活动或者委托人故意隐瞒与案件有关的重要事实的，律师有权拒绝辩护或者代理。

2.《进出口关税条例》

第五十四条 报关企业接受纳税义务人的委托，以纳税义务人的名义办理报关纳税手续，因报关企业违反规定而造成海关少征、漏征税款的，报关企业对少征或者漏征的税款、滞纳金与纳税义务人承担纳税的连带责任。

报关企业接受纳税义务人的委托，以报关企业的名义办理报关纳税手续的，报关企业与纳税义务人承担纳税的连带责任。

除不可抗力外，在保管海关监管货物期间，海关监管货物损毁或者灭失的，对海关监管货物负有保管义务的人应当承担相应的纳税责任。

3.《最高人民法院关于审理海上货运代理纠纷案件若干问题的规定》

第十二条 货运代理企业接受未在我国交通主管部门办理提单登记的无船承运业务经营者的委托签发提单，当事人主张由货运代理企业和无船承运业务经营者对提单项下的损失承担连带责任的，人民法院应予支持。

货运代理企业承担赔偿责任后，有权向无船承运业务经营者追偿。

条文释义

一、本条主旨

本条是关于违法代理民事责任的规定。

二、条文演变

关于违法代理的责任承担问题，原《民法通则》第 67 条规定："代理人知道被委托代理的事项违法仍然进行代理活动的，或者被代理人知道代理人的代理行为违法不表示反对的，由被代理人和代理人负连带责任。"原《民法总则》第 167 条对该条确定的基本法律规则并未作改变，仍然采用了违法代理行为由被代理人和代理人承担连带责任的做法，所做主要修改是将主观要件由"知道"修改为"知道或应当知道"，将原有的"进行代理活动"修改为"实施代理行为"，在表述上更加严谨。《民法典》沿用了这一规定。

三、条文解读

（一）违法代理的概述

代理事项应当合法，以及代理行为应当合法，为各国和地区法律所普遍承认。代理事项即代理实施的民事法律行为的标的该事项应当是合法的，不能违反法律的强制性规定和公共秩序、善良风俗。违法代理就要承担相应的法律责任。

民法设代理制度的目的在于，使民事主体可以借助代理制度，补充或者扩张自己为法律行为的行为能力。① 本条规定的违法代理主要有两种情形：

其一是代理事项违法。代理人知道或者应当知道委托事项本身违法仍然实施代理行为，造成了相对人合法权益受损，被代理人和代理人对相对人应当承担连带责任。

其二是代理事项合法，但代理行为违法。被代理人知道或者应当知道代理人的代理行为违法未作反对表示，致使相对人民事权益受损的后果发生，被代

---

① 参见张平华、刘宏渭、徐千寻、张龙：《〈中华人民共和国民法典·总则编（含附则）〉释义》，人民出版社 2020 年版，第 201 页。

理人和代理人对该相对人应当承担连带责任。

若代理事项和代理行为同时违法，则不论被代理人是否知道或者应当知道代理行为违法，也不论被代理人是否有反对表示和行为，均应与代理人承担连带责任。

（二）违法代理的责任承担

1. 代理人和被代理人承担连带责任

在私法自治的前提下，行为人以自己责任为原则。代理人实施代理行为，原则上民事法律行为的效果由代理人承担。但当代理人明知或应知代理事项违法或被代理人知道或应当知道代理人代理行为违法而未作反对表示时，代理人与被代理人的主观恶性已经突破了相应的自己责任原则，应当承担连带责任。①

因此，判断责任负担的标准之一在于是否"知道或者应当知道"。对于被代理人委托代理人进行违法行为，代理人不知道也不应当知道代理事项违法，这时委托事项违法的责任应由本人承担，例如，甲委托乙代为销售的是假冒伪劣产品，但乙不知道该产品为假冒伪劣产品，此时仅应由甲承担民事责任，乙不承担责任。同样，如果委托事项不违法，但代理人的代理行为违法，被代理人不知道或者知道后表示反对的，则应由代理人承担违法后果。如甲委托乙销售的是合法产品，但乙将该产品贴上假冒商标进行销售，甲对此并不知情，此时仅应由乙承担民事责任，甲不承担责任。

关于连带责任的承担，传统民法理论将此限定为要以双方有意思联络为要件，但现代侵权法理论和实务都对此已有很大突破。《民法典》第1168条关于共同侵权的规定②即已不再要求共同侵权人须有意思联络，而是包括三层含义：其一，共同故意。整个行为人基于共同故意侵害他人合法权益的，应当成立共同侵权行为。其二，共同过失。共同过失主要是指数个行为人共同从事某种行为，基于共同的疏忽大意，造成他人损害。其三，故意行为与过失行为相

---

① 参见龙卫球主编：《中华人民共和国民法典总则编释义》，法律出版社2020年版，第433页。

② 该条规定："二人以上共同实施侵权行为，造成他人损害的，应当承担连带责任。"

结合。①

2. 因相对人行为导致的代理人与被代理人的责任减轻和免除

有损害方有救济，这是民事损害赔偿的基本法理。因此在涉及代理人与被代理人之间承担连带责任时，要以造成他人，通常是相对人实际损害为前提。

如果相对人也知道该代理行为或者代理事项违法仍然与代理人进行相应行为的，则这时可能相对人与代理人之间的行为本身即是违法，则因该违法行为导致的损害不应受到法律保护；即使在该相对人与代理人之间的行为并未违法的情形下，也应当认定相对人本身存在故意或者重大过失，则应免除或者减轻代理人与被代理人之间的责任。例如，甲授权乙销售走私汽车，乙和相对人均知道该车是走私车辆。此时，不但代理权授予行为无效，而且代理人和相对人之间的买卖合同也无效，但是被代理人和代理人无须对相对人承担连带责任。但如果甲授权乙销售假冒伪劣的食品和药品，乙知道该假冒伪劣商品的事实，根据《最高人民法院关于审理食品药品纠纷案件适用法律若干问题的规定》第3条"因食品、药品质量问题发生纠纷，购买者向生产者、销售者主张权利，生产者、销售者以购买者明知食品、药品存在质量问题而仍然购买为由进行抗辩的，人民法院不予支持"的规定，因此即使购买者明知，甲和乙仍然应该承担连带赔偿责任。

适用指引

一、违法性界定

我们倾向于认为，本着发挥代理制度功能作用，鼓励交易与制裁打击违法行为的平衡考虑，这里的"违法"应当理解为违反法律强制性规定的行为或者事项，这里的法律可以作适当广义理解，包括行政法规。至于违反的是效力性强制性规定还是管理性强制性规定则在所不问。

二、主观要件的认定

对于"知道或者应该知道"如何把握和判断，是实践中的难点。是否构成

---

① 参见王胜明主编：《〈中华人民共和国侵权责任法〉条文解释与立法背景》，人民法院出版社2010年版，第46页。

"知道或者应该知道",既要考虑社会一般人之标准,又要考量行为人的认知能力、水平差异。

对于"知道"的情形,通常是认为在代理事项违法或者代理行为违法的情况下,本人或者代理人仍然继续进行该行为,就表明其主观上具有一定的意思联络,故而此时应当由二者承担连带责任。对于"应当知道"而仍然为之的情形,这时二者之间并无意思联络,之所以规定他们承担连带责任,旨在从严打击制裁违法代理活动,而且这也并不违背连带责任承担的法理基础。对于众所周知的事实,推定为应知。

对于代理人的行为能力要求问题,从《民法典》第173条关于委托代理终止事由的规定看,代理人丧失民事行为能力导致代理终止。据此,只要代理人并未丧失民事行为能力,其一样享有代理权。故代理人仅是限制民事行为能力人,不影响其享有或者行使代理权。各个国家和地区也都是明确承认限制民事行为能力人可以行使代理权。

在承认限制民事行为能力人可以作为代理人的前提下,上述第一种情形即代理人不知道违法事项仍然代理的情形在客观上就是可能的,基于认知能力所限,在客观上不能期待不具备完全民事行为能力的人对所有违法事项要都知悉。进言之,如果限制民事行为能力的代理人知道代理事项违法仍然进行代理活动,在责任后果上仍然应当是该代理人与被代理人承担连带责任。只是在该代理人的财产不足以赔偿第三人损失的情形下,涉及本法侵权责任编中的第1188条的适用问题,即"无民事行为能力人、限制民事行为能力人造成他人损害的,由监护人承担侵权责任。监护人尽到监护职责的,可以减轻其侵权责任。有财产的无民事行为能力人、限制民事行为能力人造成他人损害的,从本人财产中支付赔偿费用;不足部分,由监护人赔偿"。在责任形态方面,在外部责任上可能会出现该代理人的监护人与被代理人承担连带责任。

三、对"不表示反对的"的理解

本条规定的"反对表示"是指被代理人知道或应当知道代理人代理行为违法时,有相应作出反对表示的义务。该反对表示义务不应简单理解为提醒说明义务,如仅在言辞上提醒过代理人禁止从事相关违法代理行为,但未对代理人的行为采取进一步的措施,主观上采取放任的态度,仍不属于履行了反对表示义务。被代理人知道或者应当知道代理人行为违法时,应当采取积极主动的措施制止代理人的违法行为，例如责令代理人立即停止违法行为，收回代理权证书，解除代理权，通知有关部门等。只有被代理人采取了积极主动的措施制止代理人的违法行为，才能够认为被代理人履行了相关反对表示的义务。① 综上，"反对表示"应该是指切实采取有效行为及时终止违法行为，默认、放任、消极配合都不能免除责任。

四、违法代理的法律后果

违法代理的法律效果，不由当事人个人意思决定，而是基于法律规定而直接发生，不因当事人之间的约定而免除。对于代理违法事项造成的损害，如果代理人知道或者应当知道代理事项内容不合法，其应当拒绝代理行为，而若代理人未予拒绝并实施了代理行为，进而造成损害的，应与被代理人承担连带责任。② 例如，甲委托乙代为销售假冒伪劣产品，乙知道该产品为假冒伪劣产品仍然对外销售，则甲和乙承担连带责任。同理，对于代理人实施的代理行为，被代理人也应负有合理的审查注意义务，如果被代理人知道或者应当知道代理人的行为违法却放任其实施该行为，因此而造成损害的，被代理人应当与代理人承担连带责任。③ 例如，甲委托乙销售合法产品，但乙将该产品贴上假冒商标对外进行销售，甲知道后装作不知情，则甲和乙承担连带责任。

假如代理人所代理的事项内容本身不存在违法性，但是代理人如果采用了具有违法性的手段，例如，以胁迫相逼实施代理行为。那么，该法律行为的效力也同样被否定。即，受到胁迫的相对人，可以通过举证代理人存在胁迫行为而主张撤销代理人实施的民事法律行为并要求代理人承担相应责任。如果相对人同时能够证明，本人明知代理人以违法手段实施了代理行为却不能加以制止，则其还可以请求本人与代理人承担连带责任。④

---

① 参见龙卫球主编：《中华人民共和国民法典总则编释义》，法律出版社2020年版，第433页。
② 参见杨立新、郭明瑞主编：《〈中华人民共和国民法典·总则编（含附则）〉释义》，人民出版社2020年版，第201页。
③ 参见杨立新、郭明瑞主编：《〈中华人民共和国民法典·总则编（含附则）〉释义》，人民出版社2020年版，第201页。
④ 参见杨立新、郭明瑞主编：《〈中华人民共和国民法典·总则编（含附则）〉释义》，人民出版社2020年版，第201页。

类案检索

一、林某杰等诉莫某珍生命权、健康权、身体权纠纷案

关键词： 连带责任　过错

裁判摘要：《民法总则》第167条规定：代理人知道或者应当知道代理事项违法仍然实施代理行为，或者被代理人知道或者应当知道代理人的代理行为违法未作反对表示的，被代理人和代理人应当承担连带责任。被代理人在诉讼中主张其在事发前对代理人擅自转租房屋始终不知情，事发后才了解到代理人做家庭旅馆经营且因对外出租房屋问题曾被派出所行政拘留；但在事发后接受询问时，被代理人称其知道代理人用房屋干私人旅馆。故被代理人在诉讼中的陈述，与事实不符，本院不予采信。被代理人作为房主明知其房屋用于"未经许可，擅自经营家庭旅店"的非法用途，按照代理人的陈述，该违法行为本身是被代理人的指令；即使按照被代理人本人的陈述，其态度至少为默许。代理人为实施上述违法行为的具体行为人，且被行政拘留后仍继续从事违法行为。因此，两者应对共同违法行为导致的损害后果承担连带责任。

【案　　号】（2019）京02民终1590号
【审理法院】北京市第二中级人民法院

二、厦门萌力星球网络有限公司与杭州友芝贸易有限公司、成都尊尼亚商贸有限责任公司、常州华纳非织造布有限公司著作权侵权纠纷案

关键词： 著作权　代理事项违法　连带责任

裁判摘要： 常州华纳非公司作为侵权商品的生产被委托方，并未直接负责侵权产品的外包装的设计印刷，印有涉案卡通形象的侵权包装盒系由委托方杭州友芝公司提供，但因本案为委托合同之外的第三人提起的侵权之诉，双方委托合同内部约定不得对抗合同之外的第三人。且根据《民法典》第167条"代理人知道或者应当知道代理事项违法仍然实施代理行为，或者被代理人知道或应当知道代理人的代理行为违法未作反对表示的，被代理人和代理人应当承担连带赔偿责任"的规定，常州华纳非公司作为专业生产商，在接受委托从事代理事项时，也应当在合理范围内尽到注意审查义务。现无证据证明常州华纳非公司履行了相应检查核验被诉侵权卡通形象权利授权情况等义务，双方签订的

合同也明确约定常州华纳非公司有义务对杭州友芝公司提供的包装材料进行检查、检验，常州华纳非公司并未履行检查核验被诉侵权卡通形象权利授权情况等义务，存在过错，应当与杭州友芝公司承担连带侵权责任。

【案　　号】（2020）川知民终463号
【审理法院】四川省高级人民法院

> **第一百六十八条** 代理人不得以被代理人的名义与自己实施民事法律行为，但是被代理人同意或者追认的除外。
>
> 代理人不得以被代理人的名义与自己同时代理的其他人实施民事法律行为，但是被代理的双方同意或者追认的除外。

▶ 关联规定

法律、行政法规、司法解释

1.《中华人民共和国民法典》

第一百六十四条 代理人不履行或者不完全履行职责，造成被代理人损害的，应当承担民事责任。

代理人和相对人恶意串通，损害被代理人合法权益的，代理人和相对人应当承担连带责任。

2.《中华人民共和国律师法》

第三十九条 律师不得在同一案件中为双方当事人担任代理人，不得代理与本人或者其近亲属有利益冲突的法律事务。

3.《中华人民共和国公司法》

第一百四十八条 董事、高级管理人员不得有下列行为：

（四）违反公司章程的规定或者未经股东会、股东大会同意，与本公司订立合同或者进行交易；……。

4.《中华人民共和国商标法》

第十五条 未经授权，代理人或者代表人以自己的名义将被代理人或者被代表人的商标进行注册，被代理人或者被代表人提出异议的，不予注册并禁止使用。

就同一种商品或者类似商品申请注册的商标与他人在先使用的未注册商标相同或者近似，申请人与该他人具有前款规定以外的合同、业务往来关系或者其他关系而明知该他人商标存在，该他人提出异议的，不予注册。

条文释义

一、本条主旨

本条是关于禁止自己代理或者双方代理的规定。

二、条文演变

自己代理和双方代理是原《经济合同法》中的概念，该法中第7条第1款第3项规定："代理人超越代理权限签订的合同或者以被代理人名义同自己或者自己所代理的其他人签订的合同"无效。此条规定，自己代理和双方代理签订的合同认定为无效，但是有例外，即自己代理与双方代理订立的合同若事后得到被代理人的追认，其法律后果归属于被代理人，应为有效。原《经济合同法》在条文中直接规定自己代理和双方代理归于无效的法律后果，而《民法典》关于自己代理和双方代理的规定采用禁止性规范，即禁止代理人实行自己代理和双方代理，但并未在条文中直接规定代理人实行自己代理和双方代理归于无效的法律后果。本条原先设有"法律另有规定"之例外，因自己代理和双方代理，有害于被代理人利益，2017年2月16日法律委员会审议稿将"法律另有规定"之例外删除，在正式条文中作出"但是被代理人同意或者追认的除外"的规定。

三、条文解读

自己代理与双方代理的禁止作为维护被代理人利益的重要规则，为各国和地区民法所普遍承认，我国原《民法通则》对此并未规定，原《民法总则》增加了这一内容，既做到了与国际接轨，又很好地总结了我国理论研究和审判实务经验，完善了代理制度规则体系。《民法典》总则编对这一内容予以了保留。对于本条的理解需要把握以下几点：

（一）代理人行使代理权应当遵循的义务

禁止自己代理和双方代理与代理人的义务密切相关。明确代理人的义务，是理解和适用禁止自己代理和双方代理的前提条件。《民法典》总则编对代理人的义务并没有具体规定。合同编中委托合同部分对于受托人的义务有明确规定。虽然合同编关于委托合同的规定主要是解决委托人与受托人之间的内部关系，而代理则旨在解决代理行为在本人及相对人之间的效力问题，此二者存在很大不同。但有关代理人的义务问题，则与委托合同部分受托人的义务有很大共通之处。根据代理制度的宗旨，并参考合同编中委托合同部分的规定，代理人须履行以下义务：

1. 必须为被代理人的利益实施代理行为

委托代理制度是基于经济社会不断发展、社会分工不断细化，在市场经济中代理人与被代理人各取所需、相得益彰而设立的制度。从被代理人的角度看，其设定代理的目的是利用代理人的知识技能为自己服务。从代理制度的功能而言，代理人只有真正为被代理人利益实施代理行为，代理制度的功能才能发挥，并在实践中保持其蓬勃生命力。因此，代理人应当从被代理人的目的和利益出发，而不是从代理人自己的利益出发实施代理行为。代理人应当以善良管理人的注意义务，处理代理事务，实现被代理人的目的和利益。

2. 必须亲自实施代理行为

被代理人委托特定的代理人，是基于对该代理人的技能、专长、信誉等的信赖，代理人亲自实施代理行为，才符合被代理人的内心真实意思。除非被代理人同意或者有特殊紧急事由发生，否则代理人不得将代理事项转委托给他人。

3. 必须在代理权限范围内行使代理权

作为代理人身份标志的代理权，不论是产生于被代理人的授权，还是产生于法律规定或指定机关的指定，其权限范围都决定于被代理人的合法利益。因此，代理人必须在代理权限范围内行使权利，实施代理行为，不得超出代理权的范围进行代理行为。超出代理权限范围的代理行为，为无权代理。

4. 必须谨慎、勤勉、忠实地行使代理权

代理人行使代理权，必须履行谨慎、勤勉义务，忠实地按照代理宗旨维护代理人的利益，处理好被代理人的事务，以增进被代理人的福祉。同时，还应当履行报告义务和保密义务。一般认为，报告义务的内容是，代理人应将处理代理事务的一切重要情况向被代理人报告，以使被代理人知道事务的进展和自己财产或者利益的损益情况。报告必须忠实，不能包括虚伪不实等可能使被代理人陷于错误的资料。在代理事务处理完毕后，代理人还应向被代理人报告执行任务的经过和结果，并提交必要的文件材料。保密义务的内容是，代理人在

执行代理事务过程中,知悉被代理人的个人秘密或者商业秘密,不能擅自披露,更不准利用这些秘密与被代理人进行不正当竞争。

(二)自己代理与双方代理的禁止

为了维护被代理人的利益,应当对代理人行使代理权进行必要的限制。自己代理和双方代理都属于与本人利益冲突的代理。因代理人所为的代理行为与自己有利益冲突,违背最大限度维护被代理人利益的规则要求,构成代理权滥用,为法律禁止。法学家史尚宽指出,代理人以本人之名义对于自己为意思表示,或以本人之名义受领自己本身之意思表示,谓之自己代理,虽亦有称为自己契约(Selbstkontrahieren),然代理人以本人之名义,对于自己为单独行为,或以为本人受领,以自己名义所为之单独行为时,称为自己契约,未免不妥。又代理人以一人而兼任两个当事人之双方代理,谓之双方代理(Doppelvertretung),如允许此种代理,则代理有任意牺牲本人之利益,以为自己或第三人的利益之虞。[①] 正因如此,各国或者地区均在代理制度中明确规定了禁止自己代理和双方代理的规则,本条对此也作了专门规定。

1. 自己代理的禁止

自己代理,是指代理人以被代理人名义与自己实施民事法律行为的代理活动。在自己代理的情况下,代理人同时作为代理关系的代理人和相对人,交易双方的意思表示实际上是由代理人一个人作出的,由于交易都是以对方利益为代价追求自身利益的最大化,这时不可避免存在代理人本人与被代理人之间的利益冲突,会存在代理人为自己的利益牺牲被代理人利益的极大风险。但这风险并不绝对,如果被代理人明确同意了自己代理和双方代理,或者事后予以追认,则属于当事人意思自治领域,法律应予以尊重。因此,为防止代理人滥用代理权,除非事前得到被代理人的同意或者事后得到追认,不能承认自己代理的效力。

2. 双方代理的禁止

双方代理,又称为同时代理,是指在同一法律行为中代理人同时为法律关系的双方当事人所实施的代理活动。限制自己代理和双方代理的目的都是防止代理人借此损害本人利益。由于交易双方当事人的利益总是相互冲突的,通过

---

① 参见史尚宽:《民法总论》,中国政法大学出版社2000年版,第480~481页。

讨价还价才能使双方的利益达到平衡，而由同一个人同时代表两种利益，难免顾此失彼，最终倾向于一方的利益。而且同一个人代表两种利益，无法实现讨价还价的过程，两种利益难以达到平衡。在民事诉讼中，同一律师事务所律师不能在一个案件中同时代理原、被告亦是这样的道理。因此，除非事前得到被代理人的同意或者事后得到追认，法律不承认双方代理的效力。

▶ 适用指引

一、自己代理和双方代理的效力问题

为防止代理人滥用代理权侵害被代理人利益，除非事先得到被代理人的同意或者事后得到被代理人的追认，各国和地区民法普遍不承认自己代理和双方代理的效力。

从本条规定的文义来看，自己代理、双方代理，若系被代理人事前同意的，自然对被代理人发生效力。从条文所用"追认"一词的字义可知，未经被代理人事前同意，在被代理人追认或拒绝追认之前，为效力待定法律行为。如被代理人拒绝追认，对被代理人不发生效力；经被代理人追认，则对被代理人发生效力。

在双方代理的情形中，如一方被代理人追认，另一方被代理人不予追认，则代理人所为法律行为，对双方被代理人均确定不发生效力。确定不发生效力，应当适用《民法典》第157条的规定："民事法律行为无效、被撤销或者确定不发生效力后，行为人因该行为取得的财产，应当予以返还，不能返还或者没有必要返还的，应当折价补偿。有过错的一方应当赔偿对方由此所受到的损失；各方都有过错的，应当各自承担相应的责任。法律另有规定的，依照其规定。"代理人实施自己代理、双方代理行为，必有过错，属于违反代理人职责的行为，因此如造成被代理人损失的，应当适用《民法典》第164条第1款的规定："代理人不履行或者不完全履行职责，造成被代理人损害的，应当承担民事责任。"

此外，我国有学者认为，若自己代理或双方代理系无损于被代理人利益的

行为（指专为履行债务的行为）①或者纯使被代理人获利的情形②，则应认定为有效，这一观点较有道理，但仍需对此观点进行限缩解释：（1）在使被代理人单纯受益的自己代理场合，被代理人必须是无民事行为能力人或者限制民事行为能力人，完全民事行为能力人仍然应尊重其自己的意愿，其可能不愿受人恩惠。因此仍然应该适用本条第1款的规定。（2）即使在被代理人单纯受益的场合自己代理被认为有效，《民法典》第658条的规定仍然有适用的余地。上述观点在实务中可以参考，日后也可积累相应司法经验后通过指导案例或司法解释对相应规则予以明确。从域外法的规定来看，自己代理也可以被例外允许。这一例外情形是债务履行。比如，公司会计代公司向员工发放工资，即属于代理，其向自己发工资的行为，即属于自己代理。③

二、事先同意和事后追认的审查问题

需要注意的问题是，被代理人的同意在实务中一般指事先同意，此时要审查委托代理中该事先同意条款是否为格式合同，并审查是否适用格式合同的有关规则。

对于事后追认具体规则，可参照适用《民法典》第171条第2款的规定："相对人可以催告被代理人自收到通知之日起三十日内予以追认。被代理人未作表示的，视为拒绝追认。行为人实施的行为被追认前，善意相对人有撤销的权利。撤销应当以通知的方式作出。"在自己代理和双方代理的情形下，催告行为应为代理人向被代理人发出。代理人催告后，被代理人若未作表示，视为拒绝追认。

三、类推适用与目的性扩张

本条规定了对委托代理权的限制，但相似的利益状态也出现于法定代理中，故可类推适用于法定代理权情形中。例如，法定代理人也不能以被代理人的名义与自己实施民事法律行为，如果是被代理人纯获利益的行为，最典型的

---

① 参见尹田：《民法典总则之理论与立法研究》，法律出版社2010年版，第699~700页。
② 参见梁慧星：《中国民法典草案建议稿附理由》，法律出版社2013年版，第325页。
③ 参见李永军：《中华人民共和国民法总则精释与适用》，中国民主法制出版社2017年版，第258页。

就是法定代理人对被代理人进行无任何负担的动产的赠与,此时法定代理人可代理被代理人作出有效的接受赠与的意思表示。同样,根据本条的制度目的,本条应目的性扩张适用于其他具有实质性利益冲突的情形。包括实质上的自己代理,例如相对人是代理人的配偶,被代理人事先委托相对人选任代理人的情形,以及其他存在实质性利益冲突的情形。①

▶ 类案检索

一、重庆中科诺数码科技有限公司、中国建设银行股份公司汕头市分行金融借款合同纠纷案

关键词: 金融借款合同 双方代理

裁判摘要: 本案中,中科诺公司作为抵押人,其法定代表人赵某强在《重庆市土地房屋抵押登记申请表》上签字盖章,表明其对该申请表上所载明的关于巫某阳同时作为建行汕头分行、中科诺公司的代理人,代为办理案涉抵押物的抵押登记手续事宜是知悉的,对巫某阳代为提交该申请表及相关资料的行为是认可并已授权的。故巫某阳在中科诺公司、建行汕头分行双方已签订《最高额抵押合同》的情形下,向不动产登记部门提交相关材料并办理抵押登记手续的行为并未超出中科诺公司的授权范围,其代理行为并未损害中科诺公司的民事权益。

【案　　号】(2018)最高法民申 4384 号

【审理法院】最高人民法院

二、天津市电焊条公司、天津商汇实业发展有限公司等股权转让纠纷案

关键词: 股权转让纠纷 双方代理

裁判摘要: 虽然《经济合同法》第 7 条第 1 款第 3 项规定了代理人超越代理权限签订的合同或以被代理人的名义同自己或者同自己所代理的其他人签订的经济合同无效,但是侯某尊作为金桥焊材集团和金燕焊接公司的法定代表

---

① 参见王利明主编:《中国民法典评注·总则编》,人民法院出版社 2021 年版,第 604 页。

人,依照法律和公司章程规定行使法定代表人职权,以法人名义从事民事活动,其法律效果当然归属于公司,并不属于《经济合同法》第7条第1款第3项规定的代理行为。当时生效的《公司法》(1993年)并未对法定代表人代表公司签署合同、处置公司所持股权作出限制性规定,而金燕焊接公司章程亦未对法定代表人代表公司签署合同、处置公司所持股权作出权限或程序性限制。故电焊条公司等关于侯某尊同时为金燕焊接公司、金桥焊材集团董事长、法定代表人,本案股权转让行为构成双方代理,且该股权转让行为未经金燕焊接公司董事会授权,构成越权代理,应为无效的主张,没有事实和法律依据,本院不予支持。

【案　　号】(2021)最高法民申3796号
【审理法院】最高人民法院

三、莫某凤、莫某鑫等执行异议之诉案

关键词：自己代理

裁判摘要：代理人应当在代理权限内,以被代理人的名义实施民事代理行为。曾某作为代理人,其在代理权行使期间,与被告黄某礼的婚姻关系还处于存续状态,故其与其配偶黄某礼签订的房屋买卖合同,实际上是变相地自己与自己交易,即该代理行为为"代理人以被代理人的名义与自己进行的民事行为",因当事人都寻求利益最大化,而自己代理是单方行为,很难避免发生代理人为自己利益而牺牲被代理人利益或者损害一方利益情况。为防止代理人滥用代理权,除非征得被代理人事前同意或者事后追认,否则不应承认自己代理的效力。

【案　　号】(2020)桂0203民初7152号
【审理法院】广西壮族自治区柳州市鱼峰区人民法院

第一百六十九条　代理人需要转委托第三人代理的，应当取得被代理人的同意或者追认。

转委托代理经被代理人同意或者追认的，被代理人可以就代理事务直接指示转委托的第三人，代理人仅就第三人的选任以及对第三人的指示承担责任。

转委托代理未经被代理人同意或者追认的，代理人应当对转委托的第三人的行为承担责任；但是，在紧急情况下代理人为了维护被代理人的利益需要转委托第三人代理的除外。

▶关联规定

一、法律、行政法规、司法解释

1.《中华人民共和国个人信息保护法》

第二十一条第三款　未经个人信息处理者同意，受托人不得转委托他人处理个人信息。

2.《政府采购法实施条例》

第十二条第二款　集中采购机构是设区的市级以上人民政府依法设立的非营利事业法人，是代理集中采购项目的执行机构。集中采购机构应当根据采购人委托制定集中采购项目的实施方案，明确采购规程，组织政府采购活动，不得将集中采购项目转委托。集中采购机构以外的采购代理机构，是从事采购代理业务的社会中介机构。

3.《最高人民法院关于适用〈中华人民共和国民法典〉总则编若干问题的解释》

第二十六条　由于急病、通讯联络中断、疫情防控等特殊原因，委托代理人自己不能办理代理事项，又不能与被代理人及时取得联系，如不及时转委托第三人代理，会给被代理人的利益造成损失或者扩大损失的，人民法院应当认定为民法典第一百六十九条规定的紧急情况。

4.《最高人民法院关于审理海上货运代理纠纷案件若干问题的规定》

第五条 委托人与货运代理企业约定了转委托权限,当事人就权限范围内的海上货运代理事务主张委托人同意转委托的,人民法院应予支持。

没有约定转委托权限,货运代理企业或第三人以委托人知道货运代理企业将海上货运代理事务转委托或部分转委托第三人处理而未表示反对为由,主张委托人同意转委托的,人民法院不予支持,但委托人的行为明确表明其接受转委托的除外。

二、部门规章及规范性文件

1.《公开征集上市公司股东权利管理暂行规定》

第八条 征集人行使公开征集获得股东权利,或者证券公司、证券服务机构受征集人委托提供服务,均不得转委托第三人处理有关事项。

2.《互联网保险业务监管办法》

第六十一条第一款 保险专业中介机构将互联网保险业务转委托给其他保险中介机构开展的,应征得委托人同意,并充分向消费者进行披露。受托保险中介机构应符合本办法规定的条件。

3.《证券投资基金托管业务管理办法》

第二十六条第二款 基金托管人应当加强对基金托管相关准入管理、业务活动、信息系统和人员考核等方面的集中统一管理,不得以承包、转委托等方式开展基金托管业务。

4.《商业银行代理保险业务管理办法》

第四十三条 商业银行及其保险销售从业人员不得将保险代理业务转委托给其他机构或个人。

5.《儿童个人信息网络保护规定》

第十六条 网络运营者委托第三方处理儿童个人信息的,应当对受委托方及委托行为等进行安全评估,签署委托协议,明确双方责任、处理事项、处理期限、处理性质和目的等,委托行为不得超出授权范围。

前款规定的受委托方,应当履行以下义务:

(一)按照法律、行政法规的规定和网络运营者的要求处理儿童个人信息;

(二)协助网络运营者回应儿童监护人提出的申请;

(三)采取措施保障信息安全,并在发生儿童个人信息泄露安全事件时,及时向网络运营者反馈；

（四）委托关系解除时及时删除儿童个人信息；

（五）不得转委托；

（六）其他依法应当履行的儿童个人信息保护义务。

6.《证券期货经营机构私募资产管理业务管理办法》

第四十四条　资产管理计划接受其他资产管理产品参与，证券期货经营机构应当切实履行主动管理职责，不得进行转委托，不得再投资除公募基金以外的其他资产管理产品。

7.《保险资金运用管理办法》

第二十九条　投资管理人受托管理保险资金的，不得有下列行为：

（一）违反合同约定投资；

（二）不公平对待不同资金；

（三）混合管理自有、受托资金或者不同委托机构资金；

（四）挪用受托资金；

（五）向委托机构提供最低投资收益承诺；

（六）以保险资金及其投资形成的资产为他人设定担保；

（七）将受托资金转委托；

（八）为委托机构提供通道服务；

（九）其他违法行为。

条文释义

一、本条主旨

本条是关于复代理的规定。

二、条文演变

原《民法通则》第68条规定："委托代理人为被代理人的利益需要转托他人代理的，应当事先取得被代理人的同意。事先没有取得被代理人同意的，应当在事后及时告诉被代理人，如果被代理人不同意，由代理人对自己所转托的人的行为负民事责任，但在紧急情况下，为了保护被代理人的利益而转托他人代理的除外。"原《合同法》第400条规定："受托人应当亲自处理委托事务。经委托人同意，受托人可以转委托。转委托经同意的，委托人可以就委托事务直接指示转委托的第三人，受托人仅就第三人的选任及其对第三人的指示承担责任。转委托未经同意的，受托人应当对转委托的第三人的行为承担责任，但在紧急情况下受托人为维护委托人的利益需要转委托的除外。"原《民法总则》在上述条文的基础上对复代理制度作了更加系统完备的规定。其主要修改为：第一，较原有未分款规定的做法，本条分3款分别对复代理的构成要件、复代理的性质及代理人的责任、紧急情况的例外作了规定；第二，明确增加了被代理人追认可以使复代理合法有效的内容；第三，增加规定了复代理人是被代理人的代理人以及代理人仅对第三人的选任及指示承担责任的规定。《民法典》总则编对这一规定予以沿用。

三、条文解读

复代理，又称再代理、转代理或者次代理，是指代理人为了实施其代理权限内的行为，而以自己的名义为被代理人选任代理人的代理。与复代理相对的是本代理，或者称原代理，是指被代理人直接选任代理人而成立的代理。在复代理关系中，存在原代理人和复代理人两个代理人，存在原代理人对被代理人的代理和复代理人对被代理人的代理两层代理。① 复代理是代理制度的重要内容。对于本条的理解需要把握以下几点：

（一）复代理的特征

第一，须以本代理的存在为前提。只有存在本代理，才能产生复代理。

第二，须代理人以自己的名义为被代理人选任复代理人。如果被代理人自己选任代理人属于本代理。如果代理人以被代理人的名义选任其他代理人，也不属于复代理，而是在该代理人与被代理人之间产生新的代理关系。

第三，复代理权应当在原代理权范围之内。复代理产生后，原代理人的代理权并不因此灭失。复代理人由代理人以自己名义选任，其代理权直接来源于代理人的代理权，而且权限范围不得大于原代理权。如果代理人向被代理人推介他人代替自己担任代理人，失去代理权，则不是选任复代理人的行为。

---

① 石宏主编：《〈中华人民共和国民法典〉释解与适用（总则编）》，人民法院出版社2020年版，第310页。

第四,复代理人是被代理人的代理人而非代理人的代理人。复代理人以被代理人的名义实施民事法律行为,其法律效果直接归属于被代理人。如果复代理人以代理人的名义实施民事法律行为,则不是复代理,而属于一般代理。

(二)复代理的条件

在委托代理中,一般而言,被代理人对代理人有一定的人身信任基础才能建立代理关系。一方面代理人擅自另行选任复代理人,其选任的复代理人未必能够得到被代理人的认可和信任,故不能强加于被代理人。另一方面如果代理人觉得自己不合适继续担任代理人,随时可以辞任,由被代理人另行选任其他代理人,没有必要擅自为被代理人选任复代理人。因此,成立合法有效的复代理原则上须事先征得被代理人同意或者事后经过被代理人追认。本条第1款规定:"代理人需要转委托第三人代理的,应当取得被代理人的同意或者追认。"擅自转委托,未经被代理人同意或者事后追认前的代理行为的效力处于待定状态。一旦被代理人拒绝追认,则转委托的第三人实施的代理行为构成无权代理,但构成表见代理的除外。

只有在特殊情况,即出现紧急情况且为了维护被代理人利益时可以转委托第三人代理。根据本条第3款规定,在紧急情况下代理人为维护被代理人利益需要,可以转委托第三人代理。关于"紧急情况",《民法典》没有作出规定。《民法典总则编解释》第26条对此作了明确规定。

(三)复代理的法律效果

对被代理人和复代理人而言,一方面,代理人经被代理人同意、追认或者紧急情况下选任了复代理人,复代理人就成为了被代理人的代理人,可以被代理人的名义实施民事法律行为,该民事法律行为直接对被代理人发生效力。另一方面,复代理人是被代理人的代理人,被代理人就代理事务可以越过原代理人直接指示复代理人,复代理人应当按照被代理人的指示实施民事法律行为。① 复代理人对被代理人及第三人,有与代理人同一的权利义务,即同样负有勤勉、忠实地在其代理权限范围内实施民事法律行为的义务,对被代理人按照诚信原则的要求履行报告义务和保密义务。

---

① 石宏主编:《〈中华人民共和国民法典〉释解与适用(总则编)》,人民法院出版社2020年版,第312页。

对原代理人和复代理人而言,代理人以自己的名义选任了复代理人,其可以基于自己的判断指示复代理人实施民事法律行为,即复代理人需要接受被代理人和代理人的双重指示。在被代理人和代理人的指示不一致时,复代理人应当优先按照被代理人的指示实施民事法律行为。

对被代理人和代理人而言,代理人选任了复代理人后,复代理人所实施的民事法律行为的效力直接作用于被代理人,由此损害被代理人利益的,原则上代理人不再承担责任。只有在本条第2款规定的情形下,代理人仍然需要承担过错责任:一是代理人在选任复代理人时存在过错,比如明知复代理人的品德或者能力难以胜任代理工作仍然选任其担任复代理人的;二是复代理人是根据代理人的指示实施行为的。

根据本条第3款的规定,在代理人未经被代理人同意或者追认而选任复代理人时,复代理人实施的代理行为构成无权代理,除符合本法第172条规定的表见代理之外,其行为对被代理人不发生效力,代理人应当对复代理人的行为承担责任。①

▶ 适用指引

一、转委托手续的办理以及转委托不明的法律责任

原《民法通则意见》第81条规定:"委托代理人转托他人代理的,应当比照民法通则第六十五条规定的条件办理转托手续。因委托代理人转托不明,给第三人造成损失的,第三人可以直接要求被代理人赔偿损失;被代理人承担民事责任后,可以要求委托代理人赔偿损失,转托代理人有过错的,应当负连带责任。"关于转委托不明的责任承担问题,该条确定了可以由被代理人先承担责任的规则,同时规定委托代理人与转托代理人承担连带责任的要件。司法解释针对在特别领域的复代理有特别规定的则适用该特别规定。如《最高人民法院关于审理海上货运代理纠纷案件若干问题的规定》第5条规定:"委托人与货运代理企业约定了转委托权限,当事人就权限范围内的海上货运代理事务主张委托人同意转委托的,人民法院应予支持。""没有约定转委托权限,货运代

---

① 石宏主编:《〈中华人民共和国民法典〉释解与适用(总则编)》,人民法院出版社2020年版,第312~313页。

理企业或第三人以委托人知道货运代理企业将海上货运代理事务转委托或部分转委托第三人处理而未表示反对为由，主张委托人同意转委托的，人民法院不予支持，但委托人的行为明确表明其接受转委托的除外。"

二、法定代理能否适用复代理

依照学界通说，复代理人主要适用于委托代理，但也可以适用于法定代理，即法定代理人可以为被代理人选择复代理人。法定代理人的代理权广泛，无法事必躬亲；一旦法定代理人不能亲自实施代理行为又不能转委托，将不利于实现被代理人利益。①

▶ 类案检索

王某源与周某茹等委托合同纠纷案

关键词： 委托合同　转委托　复代理

裁判摘要： 经委托人同意的转委托关系中，伴随着委托人对转委托代理的同意。从合同层面，构成有效转委托；从代理层面，构成复代理。此时，转委托第三人以委托人名义所为的法律行为，为有权代理，代理的效果归属委托人（被代理人）。代理人仅就第三人的选任及其对第三人的指示承担责任。被代理人没有证据能够证明代理人在转委托行为中存在选任及指示过错的，代理人对第三人的代理行为不承担责任。

【案　　号】（2017）闽民终 850 号
【审理法院】福建省高级人民法院

---

① 梁慧星：《中国民法典草案建议稿附理由》，法律出版社 2013 年版，第 335~337 页。

> 第一百七十条　执行法人或者非法人组织工作任务的人员，就其职权范围内的事项，以法人或者非法人组织的名义实施的民事法律行为，对法人或者非法人组织发生效力。
>
> 法人或者非法人组织对执行其工作任务的人员职权范围的限制，不得对抗善意相对人。

▶ 关联规定

一、法律、行政法规、司法解释

《中华人民共和国民法典》

第五百零四条　法人的法定代表人或者非法人组织的负责人超越权限订立的合同，除相对人知道或者应当知道其超越权限外，该代表行为有效，订立的合同对法人或者非法人组织发生效力。

二、司法指导性文件

《全国法院民商事审判工作会议纪要》

41.司法实践中，有些公司有意刻制两套甚至多套公章，有的法定代表人或者代理人甚至私刻公章，订立合同时恶意加盖非备案的公章或者假公章，发生纠纷后法人以加盖的是假公章为由否定合同效力的情形并不鲜见。人民法院在审理案件时，应当主要审查签约人于盖章之时有无代表权或者代理权，从而根据代表或者代理的相关规则来确定合同的效力。

法定代表人或者其授权之人在合同上加盖法人公章的行为，表明其是以法人名义签订合同，除《公司法》第16条等法律对其职权有特别规定的情形外，应当由法人承担相应的法律后果。法人以法定代表人事后已无代表权、加盖的是假章、所盖之章与备案公章不一致等为由否定合同效力的，人民法院不予支持。

代理人以被代理人名义签订合同，要取得合法授权。代理人取得合法授权后，以被代理人名义签订的合同，应当由被代理人承担责任。被代理人以代理人事后已无代理权、加盖的是假章、所盖之章与备案公章不一致等为由否定合同效力的，人民法院不予支持。

▶ 条文释义

一、本条主旨

本条是关于职务代理的规定。

二、条文演变

原《民法通则》第43条规定："企业法人对它的法定代表人和其他工作人员的经营活动，承担民事责任。"该规定被有的学者解释为是对职务代理人代理权限的规定。原《民法通则意见》在此基础上了作了进一步规定，其第58条规定："企业法人的法定代表人和其他工作人员，以法人名义从事的经营活动，给他人造成经济损失的，企业法人应当承担民事责任。"《民法典》侵权责任编也是从用人单位责任的角度，在第1191条规定："用人单位的工作人员因执行工作任务造成他人损害的，由用人单位承担侵权责任。用人单位承担侵权责任后，可以向有故意或者重大过失的工作人员追偿。劳务派遣期间，被派遣的工作人员因执行工作任务造成他人损害的，由接受劳务派遣的用工单位承担侵权责任；劳务派遣单位有过错的，承担相应的补充责任。"上述规定都是从民事责任承担的角度对于企业法人或者用人单位在其工作人员执行工作任务造成他人损害时应承担的责任作出的规定。此与职务代理行为有一定的关联，但严格地讲并非属于对职务代理的明确规定。原《民法总则》第170条以原《民法通则》第43条规定为基础，在总结各方意见的基础上，有针对性地对职务代理作出了规定。《民法典》总则编沿用了这一规定。①

三、条文解读

职务代理，是指代理人根据其在法人或者非法人组织中所担任职务，依据

---

① 参见最高人民法院民法典贯彻实施工作领导小组主编：《中华人民共和国民法典总则编理解与适用》，人民法院出版社2020年版，第848页。

其职权对外实施民事法律行为的代理。执行法人或者非法人组织工作任务的人员，就其职权范围内的事项，以法人或者非法人组织的名义实施的民事法律行为，无需法人或者非法人组织的特别授权，对法人或者法人组织发生效力。

（一）职务代理的构成要件

依据本条第1款的规定，职务代理的构成必须满足：

第一，代理人是法人或者非法人组织的工作人员。如果代理人不是该法人或者非法人组织的工作人员，其按照被代理人的授权从事代理行为，属于一般的委托代理。比如，保险公司的正式员工不属于保险代理人，其展业行为系职务行为，视为保险人的行为，而保险代理人所从事的保险代理活动就属于一般的委托代理范畴。

第二，代理人实施的必须是其职权范围内的事项，若非职权范围内的事项，则要区分情形适用本条第2款的规定等。职权范围内的事项可以理解为该法人或者非法人组织对该工作人员（即代理人）的一揽子授权，无须在每次与第三人交易时都要提交有关书面授权书，其职务、职权本身就是委托授权的证明。换言之，职务代理与一般的委托代理在交易便捷方面有很大不同。

第三，必须以该法人或者非法人组织的名义实施民事法律行为，这也是代理的一般构成要件。若非以该法人或者非法人组织名义实施民事法律行为，则会构成无权处分或者侵权行为，应该分别适用不同的法律规则。

（二）职务代理的法律后果

职务代理的法律后果与一般委托代理的法律后果相同，即其代理实施的民事法律行为对该法人或者非法人组织发生效力。在此需要注意的是，本条规定的职务代理的被代理人仅是法人或者非法人组织，在对它们进行界定时要适用《民法典》的有关规定。同时，本条虽然没有包括个体工商户经营活动中的工作人员实施的行为是否属于职务代理的问题，但按照职务代理制度的基本内涵，其本质在于依据职务或者职权而以被代理人名义实施民事法律行为，因此，本条规定的职务代理及有关法律后果对于个体工商户作为被代理人的情形可以类推适用。①

---

① 最高人民法院民法典贯彻实施工作领导小组主编：《中华人民共和国民法典总则编理解与适用》，人民法院出版社2020年版，第850~851页。

依据本条第2款的规定,法人或者非法人组织对执行其工作任务的人员职权范围的限制,不得对抗善意相对人。法人或者非法人组织对执行其工作的人员都赋予了一定的职权范围,有的情况下是对社会公开的,相对人可以知悉,但有的情况下相对人难以知道该职权的具体范围,只能依据公开信息或者交易习惯来判断。如果相对人是善意的,即对法人或者非法人组织对执行其工作任务的人员职权范围的限制,不知道也不应当知道,那么法律应当对这种合理信赖予以保护以维护善意相对人的合法权益。

(三)职权范围限制不得对抗善意相对人

依据本条第2款的规定,法人或者非法人组织对执行其工作任务的人员职权范围的限制,不得对抗善意相对人。法人或者非法人组织对执行其工作的人员都赋予了一定的职权范围,有的情况下是对社会公开的,相对人可以知悉,但有的情况下相对人难以知道该职权的具体范围,只能依据公开信息或者交易习惯来判断。如果相对人是善意的,即对法人或者非法人组织对执行其工作任务的人员职权范围的限制,不知道也不应当知道,那么法律应当对这种合理依赖予以保护,以维护善意相对人的合法权益。[①]

▶ 适用指引

一、职务代理与代表的关系

《民法典》第61条规定:"依照法律或者法人章程的规定,代表法人从事民事活动的负责人,为法人的法定代表人。法定代表人以法人名义从事的民事活动,其法律后果由法人承受。法人章程或者法人权力机构对法定代表人代表权的限制,不得对抗善意相对人。"职务代理行为与代表行为关系如何?涉及对法人本质的理解与认识。

法人的本质是什么,法学界多年来形成了拟制说、受益人说、实在说、目的财产说等多种学说观点,其中,影响最大的就是拟制说和实在说。

拟制说认为,法人只是法律比照自然人而拟制出来的产物,其不具有意思

[①] 石宏主编:《〈中华人民共和国民法典〉解释与适用·总则编》,人民法院出版社2020年版,第314页。

能力，因而也就不具备行为能力。在此观点看来，法人的法律地位相当于无行为能力的自然人，因此，其法律行为须由他人代理方能实施。

实在说的观点与之恰好相反，认为法人是一种超个人的有机体、有实质的组织体，和自然人一样是一个身体精神的单元，具有意思能力和行为能力。只不过，法人对外实施法律行为，具体需要通过其某个机关进行（例如董事会、法定代表人等）。法定代表人是法人的对外代表机关，现实中，法人一般都是通过法定代表人来对外实施法律行为，该法律行为被视为法人自己的行为，如此，法定代表人与法人之间无需引入代理理论，二者之间的关系为代表关系。

《民法典》第57条明确承认了法人的民事行为能力，第108规定非法人组织参照法人的一般规定，由此可见，《民法典》相关规定系以法人实在说为基础，因此，第61条将法定代表人和法人的关系规定为代表关系，而非代理关系。

本条规范对象为法人或者非法人组织中不作为其机关的一般工作人员，其就职权范围内的事项对外实施民事法律行为应按代理关系认定。

二、职务代理的法律定位

关于职务代理的法律定位，学界有几种观点：一是认为职务代理属于委托代理范畴，是委托代理的一种具体类型。二是认为职务代理属于法定代理的一种，因为其代理权来自于法律直接规定。三是认为职务代理是与委托代理、法定代理相并列的一种独立代理类型。

这一问题的关键在于，职务代理的代理权来源是被代理人的意思还是法律规定。从本质上说，职务代理以职务关系为基础，仍是基于被代理人的意思产生，属于委托代理的范畴。

三、职务代理的权限范围

通常情况下，职务代理不以明示的授权行为为前提，代理权可以源自法人对工作人员的默示授权。如被代理人对授权范围未予明示限定，授权范围与职权范围相当。明确职责范围的依据包括法律、行政法规或者规章的规定，也包括法人或者非法人组织的内部规范，还包括法人或者非法人组织的临时授权。因此，在确定职务代理的代理权范围时，要依据法律（例如《公司法》关于公司经理职权的规定）、行政法规、部门规章、交易习惯、公司章程或合伙协议，以及法人或非法人组织的内部相关规定等作具体判断。工作人员超越职权范围所作的代理，即构成无权代理。

▶ 典型案例

甲公司诉乙公司建设工程施工合同纠纷案

关键词：职务代理　工程项目经理　代理权限　民事责任

裁判摘要：职务代理是依照劳动或雇佣关系取得的代理权，依据职权对外执行法人工作任务，其自然享有相应的代理权，无须法人再次单独授权；承包方的项目经理作为其公司负责人以承包方的名义与发包方签订施工合同后，按约履行义务，项目经理应视为执行承包方工作任务的人员；项目经理与发包人签订的工程造价结算凭证属职务代理行为，民事责任应由承包方承担。

基本案情：甲公司与乙公司签订的施工承包合同约定：甲公司承包乙公司某大厦八层钢结构施工工程，派史某某为驻乙公司代表，负责日常管理、协调工作，工期为2015年4月22日至2015年5月12日（如因气候或其他原因，以双方据实签证为准）；工程造价21万元，一次性包死；如甲公司不能按期、按质完成，工期每拖延一天罚款1000元，在工程款中扣除，合同还对其他事宜进行了约定。合同落款双方加盖了合同专用章，史某某在甲公司负责人处签字。合同签订后，甲公司组织施工。2016年2月4日甲公司驻乙公司代表史某某与乙公司签订的情况说明载明：截至2016年2月3日乙公司已支付甲公司工程款178500元，尚欠31500元，经双方协商，乙公司支付甲公司10500元后，此项施工合同工程尾款就全部结清，甲公司承诺不会就此施工合同和乙公司有任何经济纠纷。乙公司在签署说明时注明就工程质量及工期延期同意此说明，甲公司驻乙公司代表史某某在签署情况说明时注明同意此说明。2016年2月5日乙公司给史某某个人账户转款10500元。乙公司实际支付甲公司173500元，甲公司认可收到178500元。

庭审期间，甲公司称史某某不是其公司的员工，只是甲公司、乙公司之间工程介绍的中间人，史某某作为中间人，在某大厦八层钢结构施工承包合同落款处负责人处签字是史某某的个人行为，其没有授权史某某与乙公司结算。

西安市新城区法院一审认为，甲公司与乙公司签订的建设工程施工合同合法有效。甲公司两次开庭对史某某身份陈述前后矛盾，史某某系甲公司的项目负责人，负责日常的管理、协调工作，对第三人而言，史某某应视为执行甲公司工作任务的人员。史某某实施的民事法律行为属于其职权范围内的事项，且是以甲公司的名义实施的民事法律行为，符合《民法总则》规定的职务代理行为的特征，因此，史某某当然有权代表甲公司就争讼之款项与乙公司进行结算。甲公司与乙公司在签订情况说明时已经考虑了工程质量及工期延期等因素确定了剩余工程款的数额，本次确定的支付剩余工程款数额与乙公司曾按合同约定扣除5000元后向金艺公司支付173500元相类似，乙公司根据双方协商已经履行付款义务，并不拖欠甲公司工程款。甲公司请求乙公司给付剩余31500元及利息的诉讼请求，没有事实及法律依据。新城区法院遂判决驳回甲公司的诉讼请求。

一审宣判后，甲公司不服，提起上诉。西安中院二审期间，甲公司申请撤回上诉。西安中院裁定准许甲公司撤回上诉。该案一审判决已发生法律效力。

【案　　号】（2018）陕01民终8631号
【审理法院】陕西省西安市中级人民法院
【来　　源】《人民司法·案例》2020年第23期

第一百七十一条　行为人没有代理权、超越代理权或者代理权终止后，仍然实施代理行为，未经被代理人追认的，对被代理人不发生效力。

相对人可以催告被代理人自收到通知之日起三十日内予以追认。被代理人未作表示的，视为拒绝追认。行为人实施的行为被追认前，善意相对人有撤销的权利。撤销应当以通知的方式作出。

行为人实施的行为未被追认的，善意相对人有权请求行为人履行债务或者就其受到的损害请求行为人赔偿。但是，赔偿的范围不得超过被代理人追认时相对人所能获得的利益。

相对人知道或者应当知道行为人无权代理的，相对人和行为人按照各自的过错承担责任。

关联规定

一、法律、行政法规、司法解释

1.《中华人民共和国民法典》

第五百零三条　无权代理人以被代理人的名义订立合同，被代理人已经开始履行合同义务或者接受相对人履行的，视为对合同的追认。

2.《最高人民法院关于适用〈中华人民共和国民法典〉总则编若干问题的解释》

第二十五条　数个委托代理人共同行使代理权，其中一人或者数人未与其他委托代理人协商，擅自行使代理权的，依据民法典第一百七十一条、第一百七十二条等规定处理。

第二十七条　无权代理行为未被追认，相对人请求行为人履行债务或者赔偿损失的，由行为人就相对人知道或者应当知道行为人无权代理承担举证责任。行为人不能证明的，人民法院依法支持相对人的相应诉讼请求；行为人能够证明的，人民法院应当按照各自的过错认定行为人与相对人的责任。

第二十九条　法定代理人、被代理人依据民法典第一百四十五条、第一百七十一条的规定向相对人作出追认的意思表示的，人民法院应当依据民法典第一百三十七条的规定确认其追认意思表示的生效时间。

3.《最高人民法院关于审理期货纠纷案件若干问题的规定》

第五十四条　期货公司擅自以客户的名义进行交易，客户对交易结果不予追认的，所造成的损失由期货公司承担。

二、司法指导性文件

《全国法院民商事审判工作会议纪要》

41.【盖章行为的法律效力】司法实践中，有些公司有意刻制两套甚至多套公章，有的法定代表人或者代理人甚至私刻公章，订立合同时恶意加盖非备案的公章或者假公章，发生纠纷后法人以加盖的是假公章为由否定合同效力的情形并不鲜见。人民法院在审理案件时，应当主要审查签约人于盖章之时有无代表权或者代理权，从而根据代表或者代理的相关规则来确定合同的效力。

法定代表人或者其授权之人在合同上加盖法人公章的行为，表明其是以法人名义签订合同，除《公司法》第16条等法律对其职权有特别规定的情形外，应当由法人承担相应的法律后果。法人以法定代表人事后已无代表权、加盖的是假章、所盖之章与备案公章不一致等为由否定合同效力的，人民法院不予支持。

代理人以被代理人名义签订合同，要取得合法授权。代理人取得合法授权后，以被代理人名义签订的合同，应当由被代理人承担责任。被代理人以代理人事后已无代理权、加盖的是假章、所盖之章与备案公章不一致等为由否定合同效力的，人民法院不予支持。

▶ 条文释义

一、本条主旨

本条是关于无权代理及其法律后果的规定。

二、条文演变

无权代理是代理制度的重要内容。在无权代理未获被代理人追认且不成立表见代理时（即狭义无权代理），原则上相对人就其所受损害只能向无权代理行为人请求赔偿，但行为人赔偿责任的范围、相对人的催告权和撤销权、相对人主观心理状态对行为人责任是否具有影响等问题，是随着我国法律制度不断完善而逐渐明晰的。

本条沿用原《民法总则》的规定，是对原《民法通则》第66条和原《合同法》第48条的整合，并在此基础上予以修改完善。

首先，在制度内核上，本条主要以原《合同法》第48条为基础，吸收了相对人催告权、撤销权的内容。

其次，将被代理人沉默的法律效果改为"视为拒绝追认"，因为"视为同意"违反意思表示规则，不恰当地增加了被代理人积极作为的义务，显属不当。

再次，本条第3款修改了相对人为善意时无权代理的法律后果，是对原《民法通则》第66条第1款第2句和原《合同法》第48条第1款第1句末段的细化和完善。上述条文只是规定了无权代理未经被代理人追认的，由行为人承担民事责任，但是对于这种民事责任的承担方式和赔偿范围没有任何规定。本款则予以补充完善，不仅在责任形式上指明其内容为"履行债务"或"损害赔偿"，更进一步明确了归责标准与赔偿范围。

最后，本条第4款明确了相对人非善意时无权代理的法律后果，即行为人应与相对人按照各自的过错承担责任。

三、条文解读

以有无代理权为标准可以将代理分为有权代理与无权代理。有权代理，谓有代理权之代理。在有权代理中，代理人所为意思表示或对于代理人所为意思表示，对本人直接发生效力。无权代理，谓无代理权而为之代理行为。代理权之欠缺，有自始即全无代理权者，有一度有代理权而其后消灭者，有逾越代理权之范围者。其代理为积极代理或消极代理，在所不问。[1] 简言之，无权代理

---

[1] 史尚宽：《民法总论》，中国政法大学出版社2000年，第467页。

是指代理人不具有代理权而实施的代理行为，因而并非真正意义的代理。

无权代理是代理制度的重要内容。行为人没有代理权仍然以被代理人的名义和第三人进行民事法律行为，现实生活中并非罕见，原因亦复杂多样，当事人的心理态度和利益追求各有不同。因此，法律必须在充分考虑当事人各方利益的基础上，妥善规制无权代理的法律效力以及被代理人、行为人和相对人的责任承担。依据本条规定，无权代理将产生以下法律后果：

（一）被代理人的追认权和拒绝权

无权代理行为并非确定无效，而是效力待定。依照私法自治的原则，原则上只有经由被代理人的意思，代理人所从事的代理行为才能归属于被代理人，而被代理人的意思体现在代理权的授予上。在代理人不具有相应代理权而以被代理人名义从事法律行为的场合，该代理行为由于未经被代理人同意，故而原则上应为无效。但无权代理人从事的无权代理行为，并非一定不利于被代理人，故法律赋予被代理人以追认的形式嗣后同意无权代理行为的可能。根据本条的规定，被代理人有追认和拒绝的权利。

本条所称"追认"，是指被代理人对无权代理行为事后予以承认的一种单方意思表示。追认必须在相对人催告期限届满前以及善意相对人行使撤销权前行使。一旦被代理人作出追认，无权代理就变成有权代理，行为人实施的民事法律行为就从成立时起对被代理人产生法律效力。

追认权是被代理人的一项权利，被代理人既有权作出追认，也可以拒绝追认。被代理人行使拒绝权有两种方式：一是被代理人在知道无权代理行为后，明确地向相对人表示拒绝承认该无权代理行为；二是被代理人在收到相对人催告的通知之日起一个月内未作表示的，则视为拒绝追认。被代理人拒绝追认后，无权代理行为便确定无效，因无权代理而实施的民事法律行为就不能对被代理人产生法律效力，由此而产生的责任就应该由行为人自己承担。①

（二）相对人的催告权和善意相对人的撤销权

无权代理经被代理人追认即产生效力，拒绝追认便不产生效力，这是为了更好地保护被代理人的合法权益。但同时相对人的合法权益也应当予以妥善保

---

① 黄薇主编：《中华人民共和国民法典释义及适用指南》，中国民主法制出版社2020年版，第264页。

护，基于此，法律赋予了相对人催告权和善意相对人撤销权。

所谓催告权，是指相对人催促被代理人在一定期限内明确答复是否承认无权代理行为。根据本条第2款的规定，催告权的行使一般需具备以下要件：一是要求被代理人在一定的期限内作出答复，本条第2款规定的期限为三十日；二是催告应当以通知的方式作出；三是催告的意思必须是向被代理人作出。

为了维护当事人之间的利益平衡，本条第2款还规定相对人享有撤销权。这里的撤销权，是指相对人在被代理人追认无权代理行为之前，可撤销其对行为人所作的意思表示。相对人撤销权的行使必须满足以下条件：一是必须在被代理人作出追认之前作出，如果被代理人已经对无权代理行为作出追认，该民事法律行为就对被代理人产生了效力，相对人就不能再撤销其意思表示；二是相对人在行为人实施民事法律行为时必须是善意的，也就是说，相对人在作出意思表示时，并不知道对方是无权代理。如果明知对方是无权代理而仍与对方共同实施民事法律行为，那么相对人就无权撤销其意思表示；三是撤销应当以通知的方式作出。

（三）无权代理行为人的责任

行为人实施的行为未被被代理人追认时，则其实施的民事法律行为不能对被代理人发生效力，此时，行为人对相对人应当承担责任，但其承担何种内容的责任存在争议。原《民法通则》和原《合同法》对此规定"由行为人承担责任"，至于行为人承担何种内容的责任没有明确，本条专门对这一问题作了规定。

关于无权代理的责任性质，我国学者所持的观点主要有侵权责任说、合同责任说、缔约过失责任说、默示担保契约说和法律特别责任说等多种观点。无权代理责任旨在保护交易安全，使因信赖代理人所声称的代理权而与其实施法律行为的相对人不至于因代理人事实上不具有代理权而遭受损害，同时促使自称享有代理权但实际上并非如此的无权代理人兑现自己的诺言，故无权代理责任属于法定责任。

根据本条第3款、第4款的规定，行为人承担的责任基于相对人是否善意而有所区别。

1. 相对人为善意时。本条第3款规定："行为人实施的行为未被追认的，善意相对人有权请求行为人履行债务或者就其受到的损害请求行为人赔偿。但是，赔偿的范围不得超过被代理人追认时相对人所能获得的利益。"根据本款的规定，行为人实施的无权代理行为未被被代理人追认时，允许相对人选择，或者让行为人直接承担行为后果，或者让行为人承担损害赔偿责任。本条中相对人的"善意"，应理解为不知且不应知，至于行为人对于无权代理是否具有过错，不影响善意相对人的选择权。

在立法过程中，有的意见认为，让行为人承担行为后果不太妥当，善意相对人并无与行为人发生法律关系的意思，而且行为人一般不具备履行相应民事法律义务的能力，让行为人承担行为后果，既不现实，也无必要。但是经研究认为，为了更好地保护善意相对人的合法权益，赋予其更多的选择权未尝不可，由善意相对人根据实际情况自己判断采用何种方式更符合自己的利益。

需要注意的是，如果善意相对人要求行为人承担损害赔偿责任，本款对赔偿责任的范围作了一定的限制，即"赔偿的范围不得超过被代理人追认时相对人所能获得的利益"。也就是说，赔偿的范围不得超过履行利益。这主要是考虑到善意相对人对因无权代理而遭受损害往往也有一定的过失，而且其与行为人实施民事法律行为时对履行利益有相应的预期，不能因此多获利益，应当对行为人的赔偿责任适当加以限制。理论通说认为，行为人对善意相对人所负赔偿责任为无过失责任。①

2.相对人为恶意时。根据本条第4款的规定，相对人知道或者应当知道行为人无权代理的，相对人和行为人按照各自的过错承担责任。此时，行为人和相对人对无权代理都心知肚明，法律自无对哪一方加以保护的必要，双方应当根据各自的过错来确定相应的责任。

本条第4款是一项具有鲜明中国特色的规定，在比较法上似无先例。在比较法上，多数国家的民法典均规定，相对人明知或应知行为人无代理权时，行为人不承担责任，如《德国民法典》第179条第3款和《日本民法典》第117条第2款。学者认为，我国《民法典》第171条第4款之所以规定前述情形下行为人与相对人按照各自过错承担责任，系受原《合同法》第58条第2句的影响，因为无权代理在没有得到追认的情况下，代理行为多体现为合同无效问题。②

---

① 张家勇：《论无权代理人赔偿责任的双层结构》，载《中国法学》2019年第3期。
② 方兴军：《无权代理的类型区分和法律责任——〈民法总则〉第171条评释》，载《法治现代化研究》2017年第2期。

▶ 适用指引

一、关于无权代理责任的适用前提

无权代理行为除欠缺代理权外，应具备代理的所有特征，故无权代理责任适用需符合一定的前提条件。首先，无权代理责任的主体是以被代理人名义订立合同的行为人。无民事行为能力的行为人、未明确表明以他人名义实施法律行为的行为人、未以代理人身份实施法律行为的行为人，所实施的行为不构成无权代理，因而不产生无权代理责任。其次，无权代理所实施的行为应具有可代理性。根据《民法典》第161条，民事主体可以通过代理人实施民事法律行为。依照法律规定、当事人约定或者民事法律行为的性质，应当由本人亲自实施的民事法律行为，不得代理。只有那些可代理的行为才涉及无权代理的问题，代理人以他人名义实施的不可代理的行为无效，不构成无权代理，代理人仅需对相对人承担侵权责任。① 最后，本条仅适用于狭义无权代理情形，如构成表见代理，则应适用《民法典》第172条关于表见代理的规则。②

二、关于被代理人追认的认定

无权代理行为发生后，被代理人有追认和拒绝的权利。这里的"追认"，是指被代理人对无权代理行为事后予以承认的一种单方意思表示。《民法典》第140条第1款规定，行为人可以明示或者默示作出意思表示。第2款规定，沉默只有在有法律规定、当事人约定或者符合当事人之间的交易习惯时，才可以视为意思表示。一般情况下，被代理人实际进行追认的，都是以口头或者书面等明示的方式作出追认的意思表示。但在一些情况下，被代理人没有以明示的方式作出追认或者拒绝的意思表示，但已经开始履行合同义务或者接受相对人履行。被代理人开始履行合同义务或者接受相对人履行的行为，是对无权代理行为的正面反馈，属于一种积极的作为，从意思表示的类型来说，不属于沉默。《民法典》第503条在总结司法实践经验的基础上，将被代理人开始履行

---

① 迟颖：《〈民法总则〉无权代理法律责任体系研究》，载《清华法学》2017年第3期。
② 纪海龙：《〈合同法〉第48条（无权代理规则）评注》，载《法学家》2017年第4期。

合同义务或者接受相对人履行的行为，归属于以默示的方式对无权代理行为作出追认的意思表示，对此作出明确规定，即被代理人已经开始履行合同义务或者接受相对人履行的，视为对合同的追认。

三、关于无权代理行为未被追认时善意相对人的选择权

未被追认的无权代理行为仅是对被代理人不发生效力，并非不产生法律后果。一般认为，行为人以被代理人名义从事民事法律行为，则负有取得被代理人授权之义务，故行为人在被代理人拒绝追认且不成立表见代理时须向相对人承担责任。本条第三款规定了善意相对人的选择权，即善意相对人有权在主张无权代理人实际履行和赔偿履行利益之间进行选择。此处的法律关系为选择之债。相对人通过向无权代理人作出表示来进行选择。相对人一旦选定一种责任，那么便受其选定的约束，不得变更主张另一种。若实际履行陷入给付不能，那么实际履行责任消灭，相对人只能主张赔偿责任。若相对人选择了主张无权代理人实际履行，那么在相对人和无权代理人之间便形成了一种法定的债权债务关系，其内容则按照（因被代理人拒绝追认而）无效的代理行为的内容决定。无权代理人享有所有若代理行为有效则被代理人享有的抗辩权。若无效的代理行为是一个双务合同，那么代理人享有主张对待给付的权利，享有同时履行抗辩权或先履行抗辩权。在对待给付存在瑕疵时，也相应享有向相对人主张承担责任的权利。

四、关于相对人"善意"

本条第2款规定"善意"相对人方可行使撤销权，第3款规定仅"善意"相对人有权请求行为人履行债务或者就其受到的损害请求行为人赔偿，第4款则规定了相对人"知道或者应当知道"即非善意情形下的责任分担问题。相对人善意实乃无权代理制度中的一个关键概念，如何界定其判断标准将直接决定相对人能否得到救济以及得到何种程度的救济。结合前述规定以及《民法典总则编解释》第27条来看，"善意"应解释为相对人不知道且不应当知道代理权之瑕疵。

类案检索

武汉恒钢物流发展有限公司与中铁七局集团第五工程有限公司、武汉鼎顺置业有限公司买卖合同纠纷案

关键词： 无权代理　买卖合同

裁判摘要： 何某系武汉华力建筑工程有限公司（以下简称华力公司）公司员工，华力公司公司承建了中铁七局五公司的汉南天地项目。恒钢公司与中铁七局五公司签订的《钢材买卖合同》及《补充协议》上中铁七局五公司的公章均系何某私刻，亦未取得中铁七局五公司授权或经其追认，案涉钢材并未交付给中铁七局五公司。

法院经审理认为，华力公司员工何某为了达到与恒钢公司签订钢材买卖合同的目的，私刻了中铁七局五公司行政章等四枚印章，并以中铁七局五公司的名义与恒钢公司签订了案涉《钢材买卖合同》《补充协议》及相关对账单。对此，中铁七局五公司事先并不知情，且事后也未予追认，故案涉《钢材买卖合同》及《补充协议》对中铁七局五公司无约束力。

【案　　号】（2016）最高法民终110号

【审理法院】最高人民法院

第一百七十二条　行为人没有代理权、超越代理权或者代理权终止后，仍然实施代理行为，相对人有理由相信行为人有代理权的，代理行为有效。

关联规定

一、法律、行政法规、司法解释

1.《中华人民共和国保险法》

第一百二十七条　保险代理人根据保险人的授权代为办理保险业务的行为，由保险人承担责任。

保险代理人没有代理权、超越代理权或者代理权终止后以保险人名义订立合同，使投保人有理由相信其有代理权的，该代理行为有效。保险人可以依法追究越权的保险代理人的责任。

2.《最高人民法院关于适用〈中华人民共和国民法典〉总则编若干问题的解释》

第二十五条　数个委托代理人共同行使代理权，其中一人或者数人未与其他委托代理人协商，擅自行使代理权的，依据民法典第一百七十一条、第一百七十二条等规定处理。

第二十八条　同时符合下列条件的，人民法院可以认定为民法典第一百七十二条规定的相对人有理由相信行为人有代理权：

（一）存在代理权的外观；

（二）相对人不知道行为人行为时没有代理权，且无过失。

因是否构成表见代理发生争议的，相对人应当就无权代理符合前款第一项规定的条件承担举证责任；被代理人应当就相对人不符合前款第二项规定的条件承担举证责任。

3.《最高人民法院关于适用〈中华人民共和国公司法〉若干问题的规定（三）》

第三条 发起人以设立中公司名义对外签订合同，公司成立后合同相对人请求公司承担合同责任的，人民法院应予支持。

公司成立后有证据证明发起人利用设立中公司的名义为自己的利益与相对人签订合同，公司以此为由主张不承担合同责任的，人民法院应予支持，但相对人为善意的除外。

4.《最高人民法院关于审理海上货运代理纠纷案件若干问题的规定》

第六条 一方当事人根据双方的交易习惯，有理由相信行为人有权代表对方当事人订立海上货运代理合同，该方当事人依据民法典第一百七十二条的规定主张合同成立的，人民法院应予支持。

5.《最高人民法院关于审理期货纠纷案件若干问题的规定》

第九条 期货公司授权非本公司人员以本公司的名义从事期货交易行为的，期货公司应当承担由此产生的民事责任；非期货公司人员以期货公司名义从事期货交易行为，具备民法典第一百七十二条所规定的表见代理条件的，期货公司应当承担由此产生的民事责任。

二、司法指导性文件

《关于当前形势下审理民商事合同纠纷案件若干问题的指导意见》

12. 当前在国家重大项目和承包租赁行业等受到全球性金融危机冲击和国内宏观经济形势变化影响比较明显的行业领域，由于合同当事人采用转包、分包、转租方式，出现了大量以单位部门、项目经理乃至个人名义签订或实际履行合同的情形，并因合同主体和效力认定问题引发表见代理纠纷案件。对此，人民法院应当正确适用合同法第四十九条关于表见代理制度的规定，严格认定表见代理行为。

13. 合同法第四十九条规定的表见代理制度不仅要求代理人的无权代理行为在客观上形成具有代理权的表象，而且要求相对人在主观上善意且无过失地相信行为人有代理权。合同相对人主张构成表见代理的，应当承担举证责任，不仅应当举证证明代理行为存在诸如合同书、公章、印鉴等有权代理的客观表象形式要素，而且应当证明其善意且无过失地相信行为人具有代理权。

14. 人民法院在判断合同相对人主观上是否属于善意且无过失时，应当结合合同缔结与履行过程中的各种因素综合判断合同相对人是否尽到合理注意义务，此外还要考虑合同的缔结时间、以谁的名义签字、是否盖有相关印章及印章真伪、标的物的交付方式与地点、购买的材料、租赁的器材、所借款项的用途、建筑单位是否知道项目经理的行为、是否参与合同履行等各种因素，作出综合分析判断。

▶ 条文释义

一、本条主旨

本条是关于表见代理的规定。

二、条文演变

在编纂《民法典》之前，我国民事立法虽取得了长足进步，短短数十年时间建立了较为完备的民事法律体系，但整个民事法律不可能一开始就具备逻辑严密、体系完备的特点。我国民法上的部分基础性制度，包括代理等民事行为制度，是伴随改革开放深化、民事理论研究发展而不断完善的。原《民法通则》未规定表见代理制度。原《合同法》根据我国社会经济生活发展需要，在第49条规定了表见代理制度。至此，我国在合同订立领域设立了表见代理制度。如果从民法体系上看，由于合同行为是最典型、最常见的民事法律行为，原《合同法》关于合同订立、效力等制度的规定实际上确立了我国民事行为制度。在编纂《民法典》时，原《合同法》总则部分相关内容直接移植到总则编，是一件水到渠成、顺理成章的事情。

三、条文解读

表见代理，是指行为人没有代理权而实施代理行为，因客观上使善意、无过失的相对人有理由相信其有代理权，该代理行为有效，代理行为所产生的法律后果由"外观"显示的被代理人承担。表见代理本质是一种无权代理，是没有代理权的代理，它虽具备代理行为表象，却是欠缺真实代理权的行为。但是，由于相对人有足够理由相信代理关系的存在，法律使其发生与有权代理同样的法律后果，被代理人不得以无权代理为由，否认代理行为所产生的法律后果。表见代理制度的立法宗旨是保护善意无过失的相对人的合法权益,进而维护交易安全和善意相对人的利益。

根据本条规定,构成表见代理需要满足以下要件:

1. 行为人无代理权

行为人无代理权是成立表见代理的第一要件,如代理人拥有代理权,则属于有代理权,不发生表见代理的问题。所谓无代理权是指行为人实施代理行为时无代理权或者对于所实施的代理行为无代理权,包括行为人没有代理权、超越代理权或者代理权终止后实施的代理行为。

2. 行为人具有被授予代理权的表象

这是成立表见代理的客观要件。如行为人并未以被代理人的名义行为,也不存在有代理权授予的外在表象,自然无表见代理制度的适用余地。代理行为外在表现上要有使相对人相信行为人有代理权的事实和理由,即在行为人与被代理人之间存在某种事实上或者法律上联系的外观或表象。如无权代理人以前曾经被授予代理权,或者当时拥有实施其他民事法律行为的代理权,或者根据交易习惯行为人的行为外表表明其有代理权,可构成行为人具有代理权的外观。通常情况下,行为人持有被代理人发出的证明文件,如被代理人的介绍信、盖有合同专用章或者盖有公章的空白合同书,或者有被代理人向相对人所作法人授予代理权的通知或者公告,这些证明文件构成认定表见代理的客观依据。

3. 相对人善意、无过失

这是表见代理成立的主观要件。构成表见代理行为不仅要求代理人的无权代理行为在客观上形成具有代理权的表象,而且要求相对人在主观上有理由相信行为人有代理权。"有理由相信"是指合同相对人善意且无过失地相信行为人有代理权,即相对人在不知道行为人无代理权方面不存在疏忽或懈怠,且是否善意的判断应以一般理性人的判断能力或手段为标准,结合行为过程中的各种因素综合分析合同相对人是否尽到合理注意义务,而不能以相对人本人的判断力为标准。如果仅是行为人有代理权的外观,但是相对人明知他人为无权代理,或是并不能建立对该代理行为的合理信赖,则不构成表见代理,而应属于狭义无权代理范畴。

4. 行为人的行为符合民事法律行为的有效要件

表见代理发生与有权代理相同的法律效力,因此,表见代理应具备民事法律行为的有效要件，即不得违反法律或者社会公共利益等。如果不具备民事法律行为的有效要件，则不成立表见代理。一方面，相对人不应有理由相信行为人对违法行为有代理权，更不应对违法行为的法律后果由"被代理人"承担形成合理预期；另一方面，如果"代理人"所为行为无效，也得不出《民法典》第172条关于"代理行为有效"的结论。

表见代理虽然本质上是无权代理，但对相对人而言，其产生与有权代理相同的法律效力。表见代理的法律后果，体现为行为人代理实施民事法律行为的后果，直接由被代理人承担。但是被代理人在承担表见代理后果后，因此遭受损失的，有权向行为人主张损害赔偿责任。

▶ 适用指引

有理由相信行为人有代理权的认定与举证

表见代理纠纷是实践中经常遇到的纠纷类型，适用难点在于如何认定第三人是否"有理由相信行为人有代理权"。司法实践中，合同上加盖有公司曾经使用过的公章、有原法定代表人签字或者受托人在受托期限届满后的签字等都是常见的使第三人相信行为人有代理权的理由。同时，第三人"有理由相信行为人有代理权"的前提是其善意，按照《民法典总则编解释》第28条的规定，是指不知道行为人行为时没有代理权，且无过失。这里的无过失是指其已经尽到应尽的注意义务。总之，在判断第三人是否"有理由相信行为人有代理权"时，要结合交易过程、交易习惯、第三人认知水平和所获得信息等因素进行判断。

在涉及表见代理的民事诉讼中，应当按照《民法典总则编解释》第28条第2款的规定，合理分配对"有理由相信行为人有代理权"的举证责任。应注意的是，这一规定实际上修改完善了最高人民法院《关于当前形势下审理民商事合同纠纷案件若干问题的指导意见》第13条关于举证责任的规定。实践中通常的证明过程是：第一，由相对人对行为人有代理权承担举证责任。通常在纠纷发生之前，相对人主观认为行为人有代理权。第二，被代理人对代理人并不享有代理权，行为人确系无权代理承担举证责任。例如，如代理关系已经终止，行为人不是本单位工作人员、公章系盗用或私刻，或者行为人违反公司章程关于授权限制的明确规定等。第三，被代理人完成举证后，相对人会主张行为人的行为具有代理权的外观，并对此进一步承担举证责任。第四，如果被代理人要否认构成表见代理，就由其承担对相对人主观上是否为恶意或在缔约过程中是否存在过失的举证责任。由被代理人就相对人非善意承担举证责任，遵循的是善意推定的法理。

设立表见代理制度的目的是保护善意相对人的合法权益，保护财产交易安全性，表见代理的成立不以本人主观上有过失为必要要件。学界多数观点认为，构成表见代理应当以被代理人具有可归责性为要件；但我国《民法典》并未明确这一要件，即使本人没有过失，只要客观上有使相对人相信行为人有代理权的依据，即可构成表见代理。

▶ 典型案例

一、中国铁路物资沈阳有限公司与天津市长芦盐业总公司买卖合同纠纷案

关键词：购销合同　货款　连续性交易　表见代理

裁判摘要：在民商事审判中对于表见代理的构成往往不易形成客观上的固定标准，法官需结合合同缔结、合同履行、交易模式、交易惯例等各种因素进行综合考量。在连续性交易中，不能孤立地看待某一次的交易而忽视合同双方之前及之后的行为特征，应尽可能地探究当事人意思表示，进而形成内心确信，恰当运用自由裁量权予以认定。

基本案情：2013年1月24日、2月4日，经案外人台安县建平工业燃料有限责任公司（以下简称建平公司）联络及协商，天津市长芦盐业总公司（以下简称长芦公司）与中国铁路物资沈阳有限公司（以下简称沈阳公司）签订了两份煤炭《产品购销合同》，价款分别为4900万元和3500万元。长芦公司交付煤炭后开具了8400万增值税专用发票。沈阳公司将银行承兑汇票背书给长芦公司后交付给建平公司。但建平公司未将该汇票交付长芦公司，而是自行进行了贴现。建平公司法定代表人自称其已得到长芦公司的同意。

另查，在2012年8月7日、9日，长芦公司与沈阳公司签订了两份煤炭《产品购销合同》，货款共计9750万元，沈阳公司亦是将承兑汇票背书后交由

建平公司转交长芦公司，长芦公司均已收到汇票。又查明，沈阳公司、建平公司、长芦公司于2013年7月签订了煤炭买卖《三方协议》，约定长芦公司先向建平公司支付6650万元后，建平公司再支付给沈阳公司，沈阳公司将货物过户给长芦公司。在《三方协议》签订前，沈阳公司曾向长芦公司索要过8400万元的收款收据。

长芦公司起诉称，沈阳公司未如约支付98000吨煤炭货款，故请求判令立即支付货款4900万元并赔偿损失。

二审法院审理认为，长芦公司与建平公司在本案前即存在着常年的合作与交易，涉案合同亦是通过建平公司的一手经办而签订。在此前的大额交易中，亦是由建平公司代为转交汇票而完成，在此后三方交易中，长芦公司即使在向沈阳公司付款的情形下，也未提出涉案汇票从未收到这一主张。综合行为人与本人在涉案协议履行之前的行为、涉案合同签订过程、合同履行过程中各方态度等因素，足以认定长芦公司与建平公司之间形成了委托代理表象。基于对该表象之信任，建平公司领取汇票的行为构成表见代理，应视为沈阳公司向长芦公司付款完毕。一审法院对表见代理的认定仅仅限定在涉案单笔交易而忽视综合分析各方当事人前后交易的整体情况，最终作出的结论属于认定事实不清，适用法律错误，故依法撤销一审判决，驳回长芦公司的诉讼请求。

【案　　号】（2015）民二终字第335号

【审理法院】最高人民法院第二巡回法庭

【来　　源】最高人民法院第二巡回法庭关于公正审理跨省重大民商事和行政案件典型案例

二、A公司、李某甲、千某某诉B公司、徐某、王某、李某乙股权转让纠纷案

关键词： 股权转让　代签　家庭成员　容忍型　表见代理

裁判摘要： 股权转让合同中，股东家庭成员的代签行为在没有取得股东明确授权和事后追认的情况下，属于无权代理，但还应考察该行为是否构成表见代理。股权虽然具有人身属性，但是夫妻、父子关系作为特殊社会关系，在其中一方处置另一方所有且如此巨大的财产时，另一方完全不知情，不符合日常经验法则，此时应结合案件的相关事实进行综合判断。如因被代理人容忍家庭成员作为其代理人出现，股权受让方有理由相信代股东签字的行为人有代理

权,则构成容忍型表见代理。

基本案情: 2016年8月22日,B公司作为甲方与A公司作为乙方签订融资合作、增资扩股、调整出资比例、法人变更协议书,双方协商以双方共同资产通过捆绑方式融资,实现增资扩股、法人变更、调整股东出资比例的方式最终将甲方的全部股权(百分之百)转让给乙方。该协议落款处盖有B公司、A公司的公章,以及B公司股东王某、徐某、李某乙和A公司股东李某甲、千某某的签名,其中徐某的签名由其丈夫马某某代签,王某、李某乙的签名由王某的丈夫陈某某代签。2016年8月24日,B公司在某日报上就资产重组发布债权债务公告。2016年9月11日陈某某给李某甲发送微信通知解除于2016年8月22日签署的融资合作、增资扩股、调整出资比例、法人变更协议书,李某甲、千某某同意解除。

2016年11月26日,B公司(甲方)与A公司(乙方)再次签订名称相同的协议书,约定经甲乙双方协议一致,同意甲方将两栋楼(连同甲方公司及股权)一并转让给乙方。协议书落款处盖有甲、乙双方的公章及双方股东徐某、王某、李某乙、李某甲、千某某的签名,其中徐某的签名由其丈夫马某某代签,王某、李某乙的签名由王某的丈夫陈某某代签。

陈某某于2016年11月26日上午向李某甲发送了一条短信,内容为:兹有B公司股东之一李某宇先生,因工作关系,不能前往参加本公司(甲方),与A公司(乙方),于2016年11月26日签署内容为"融资合作、增资扩股、调整出资比例、法人变更协议书"的签字仪式,特授权委托陈某某先生代表我本人,参加签字仪式。协议的内容我全部看过,完全同意。待办理法人变更登记手续等事项时本人再前往补签。特此委托!委托人:"李某宇、李某丙"。短信将"李某乙"写成"李某宇"。李某丙出庭陈述上述短信是陈某某发送给李某丙后又要求李某丙转发给陈某某的。李某丙与李某乙系父子关系。

2016年12月5日,B公司出具收据,载明收到李某甲交来订金300万元,徐某在收款人一栏签名。徐某系B公司法定代表人。2016年12月10日,B公司出具收据,载明收到李某甲交来首付款300万元,徐某在收款人一栏签名。2017年5月27日,B公司向A公司发送解除合同通知书,称双方签订的协议书签订和履行过程中存在问题,需解除2016年11月26日签订的协议书。A公司、李某甲、千某某不同意解除协议书,向法院起诉请求:1.确认2016年11月26日签订的协议书合法有效;2.判令B公司、徐某、王某、李某乙继续履行协议书。

法院经审理认为，本案的争议焦点为双方当事人于2016年11月26日签订的协议书是否有效。马某某和陈某某在签署协议书之前，并未获得徐某和王某的授权。公司股权属于公司法上的财产性权益，对其处分应由登记的股东本人或其授权的人行使。虽然马某某和徐某、陈某某和王某为夫妻关系，但在没有得到股东徐某和王某授权之前，马某某和陈某某转让徐某和王某名下的公司股权，仍属于无权代理。同理，陈某某处分李某乙的股份，必须获得李某乙的授权或追认。

虽然陈某某、马某某的代签行为属于无权代理，但还应考察该行为是否构成表见代理。首先，陈某某和王某、马某某和徐某系夫妻关系，虽然股权具有人身属性，但是夫妻作为特殊社会关系，在其中一方处置另一方所有且如此巨大的财产时，另一方完全不知情，不符合生活常理。李某乙与李某丙是父子，李某丙在明知股权属于李某乙且不知道协议书具体内容的情况下，未将电子授权内容告知李某乙即转发给陈某某，同意陈某某替李某乙代签字，亦不符合常理。其次，A公司与B公司在此之前还存在一份2016年8月22日签订的、名称相同的协议书，该协议书同样是由马某某代徐某签字，陈某某代王某、李某乙签字，B公司根据该协议书在某日报上发布债权债务公告。虽然该协议最终被终止履行，但B公司股东对于与A公司之间的股权转让应当知情和了解。再次，A公司与B公司在2016年11月26日重新签订协议书后，徐某于12月5日和10日代表B公司接收A公司支付的两笔300万元款项，并注明是订金和首付款。从A公司、李某甲、千某某的角度看，系徐某等履行涉案协议书的行为。最后，结合陈某某拥有B公司公章，表明B公司股东认可除法定代表人徐某外，陈某某亦可代表B公司对外洽谈，而涉案协议始终是李某甲与陈某某商谈。在双方协商谈判长达半年的时间里，B公司的三位股东从未对陈某某出面商谈和前后两份协议书的代签字行为提出过异议。另外，2017年5月27日B公司向A公司发送的解除合同通知书中，并未否认陈某某、马某某的代签行为，说明B公司及其股东当时对代签行为是认可的。综合上述事实，A公司、李某甲、千某某主张其有理由相信陈某某有代理权，陈某某、马某某的签字构成表见代理，具有事实和法律依据。综上，陈某某、马某某的代签行为构成表见代理，且协议书不违反法律法规强制性规定，故协议书合法有效，对徐某、王某、李某乙具有法律约束力，各方当事人应按照协议书的约定严格履行。

【案　　号】（2019）最高法民终424号
【审理法院】最高人民法院
【来　　源】《人民司法·案例》2020年第2期

三、刘某清与上海玲慧文化传播有限公司买卖合同纠纷上诉案

关键词： 表见代理　被代理人过错　代理权外观　关联性　善意第三人

裁判摘要： 关于表见代理的构成中"相对人有理由相信行为人有代理权"的认定，是否以被代理人的过错为要件，仅凭条文文义难以判断。在商事案件审理时，从安全与效率的商事活动价值博弈入手，对照民事表见代理与商事表见代理的区别，不能以被代理人过错作为表见代理的构成要件，而应以审查被代理人行为与代理权外观是否具有关联性作为表见代理构成的事实基础。完成对这一关联性的审查之后，还应综合考量构成关联的各项客观事由是否足以引起善意第三人的信赖，以判断是否成立表见代理。

基本案情： 2012年4月1日，刘某清签署一份兼职协议，由玲慧公司聘用刘某清作为希点教育的幼儿音乐早教课程老师，兼职协议中甲方单位代表人处签有"叶某代沈某、边某佳"字样，并盖有玲慧公司印章。2012年5月16日，刘某清将系争教具交给希点教育，收到一份收货凭证，签收人为叶某，清点人为刘某清、朱某、奚某花、韩某艳（朱某、韩某艳均为希点教育员工）。2012年8月，刘某清收到系争欠条，内容为"我校今收到刘某清售卖早教乐器教具一批，价格原价捌仟元正，现特卖伍仟贰佰元正，定于2012年9月付清货款。特立字为据"。落款处写有"希点教育/上海玲慧文化传播有限公司执行副校长叶某"字样，并盖有"上海玲慧文化传播有限公司"印章，落款时间为2012年8月。另查明，叶某与玲慧公司约定承包希点教育，叶某在希点教育担任校长一职，承包期限到2012年6月22日。后玲慧公司未向刘某清支付货款。刘某清遂起诉要求上海玲慧文化传播有限公司偿付货款5200元。

法院经审理认为，玲慧公司提供的数份与学员签订的晚托班辅导协议书及聘用合同书显示，希点教育学校地址位于徐汇区龙吴路1719号，而玲慧公司的营业执照显示其住所地为龙吴路1727弄1719号底层，玲慧公司注册地址与希点教育经营地址一致；希点教育与他人签订的聘用合同书中记明希点教育法人代表为沈某，而沈某与玲慧公司法定代表人系夫妻关系，希点教育所从事的

民事行为均由玲慧公司法定代表人的妻子作出指示；玲慧公司自认叶某承包希点教育并担任希点教育校长一职。以上证据链条可以证明叶某在签订欠条时已形成有权负责希点教育经营管理相关事务的代理权外观，且这一代理权的外观与被代理人玲慧公司曾经授权叶某经营管理并授权叶某持有公章的行为存有密切关联。同时，由于代理玲慧公司与刘某清签订兼职协议的人是叶某，接下来代理玲慧公司与刘某清办理系争教具交接手续的签收人也为叶某，因此刘某清对招聘自己并向自己提出购买教具意愿、交接教具的人产生信赖是具有事实依据。且在处理上述事宜时还在叶某作为希点教育承包人以及担任希点教育校长一职的期限内，叶某确实曾经具有处理上述事宜的代理权，而在2012年8月与刘某清签订欠条的人仍为叶某，但本案并无证据证明刘某清在接受该欠条时明知叶某已经离职，因而可以判断刘某清有理由相信叶某具有代表希点教育签订买卖合同的代理权。因此，玲慧公司应作为叶某在经营管理希点教育过程中作出民事行为的权利义务承担主体，至于系争欠条上的公章是否系叶某私刻不影响其行为构成表见代理。故双方签订的欠条有效，希点教育与刘某清之间的买卖合同成立并生效。刘某清未收到货款的情形下，作为希点教育的民事权利义务承担主体的玲慧公司应承担违约责任。

【案　　号】（2013）沪一中民一（民）终字第1005号
【审理法院】上海市第一中级人民法院
【来　　源】《人民司法·案例》2013年第24期

第三节 代理终止

> 第一百七十三条 有下列情形之一的,委托代理终止:
> (一)代理期限届满或者代理事务完成;
> (二)被代理人取消委托或者代理人辞去委托;
> (三)代理人丧失民事行为能力;
> (四)代理人或者被代理人死亡;
> (五)作为代理人或者被代理人的法人、非法人组织终止。

▶ 关联规定

法律、行政法规、司法解释

1.《中华人民共和国民法典》

第一百六十五条 委托代理授权采用书面形式的,授权委托书应当载明代理人的姓名或者名称、代理事项、权限和期限,并由被代理人签名或者盖章。

第一百七十四条 被代理人死亡后,有下列情形之一的,委托代理人实施的代理行为有效:

(一)代理人不知道且不应当知道被代理人死亡;

(二)被代理人的继承人予以承认;

(三)授权中明确代理权在代理事务完成时终止;

(四)被代理人死亡前已经实施,为了被代理人的继承人的利益继续代理。

作为被代理人的法人、非法人组织终止的,参照适用前款规定。

第九百三十三条 委托人或者受托人可以随时解除委托合同。因解除合同造成对方损失的,除不可归责于该当事人的事由外,无偿委托合同的解除方应当赔偿因解除时间不当造成的直接损失,有偿委托合同的解除方应当赔偿对方的直接损失和合同履行后可以获得的利益。

第九百三十四条 委托人死亡、终止或者受托人死亡、丧失民事行为能力、终止的，委托合同终止；但是，当事人另有约定或者根据委托事务的性质不宜终止的除外。

第九百三十五条 因委托人死亡或者被宣告破产、解散，致使委托合同终止将损害委托人利益的，在委托人的继承人、遗产管理人或者清算人承受委托事务之前，受托人应当继续处理委托事务。

2.《中华人民共和国信托法》

第五十二条 信托不因委托人或者受托人的死亡、丧失民事行为能力、依法解散、被依法撤销或者被宣告破产而终止，也不因受托人的辞任而终止。但本法或者信托文件另有规定的除外。

第五十三条 有下列情形之一的，信托终止：

（一）信托文件规定的终止事由发生；

（二）信托的存续违反信托目的；

（三）信托目的已经实现或者不能实现；

（四）信托当事人协商同意；

（五）信托被撤销；

（六）信托被解除。

▶ 条文释义

一、本条主旨

本条是关于委托代理终止的规定。

二、条文演变

原《民法通则》第69条规定了委托代理终止的情形，具体包括五项：一是代理期间届满或者代理事务完成；二是被代理人取消委托或者代理人辞去委托；三是代理人死亡；四是代理人丧失民事行为能力，五是作为被代理人或者代理人的法人终止。原《民法总则》第173条对原《民法通则》第69条作了两处修改：一是增加了被代理人死亡导致委托代理终止的事由；二是增加了作为代理人或者被代理人的非法人组织终止导致委托代理终止的事由。本条除将原《民法总则》第173条第1项中的"代理期间"改为"代理期限"外，未作其他修改。

三、条文解读

委托代理，又被称为意定代理，是基于被代理人的委托授权所发生的代理，其作用在于扩张自治。[①] 委托代理是代理制度功能价值最重要的体现，也是最常见的代理方式。由于委托授权行为是基于被代理人的意志而进行的，委托代理又被称为授权代理、意定代理。

本条规定了委托代理终止的五种事由：

（一）代理期限届满或者代理事务完成

1. 代理期限届满。委托代理中代理人的代理权源自被代理人的授予。代理权的授权行为可以附条件或者期限，"代理权之授予，负有解除条件或者期限者，因其条件成就或期限之届至而消灭"[②]。《民法典》第165条也倡导在委托代理授权书中载明代理期限。在代理期限内，代理人才享有代理权；期限届满，若无被代理人的重新授权，委托代理则应终止。

2. 代理事务完成。委托代理中被代理人的授权一般针对具体的代理事项，代理事务完成以后，委托代理关系不再具有存续的必要，代理关系亦终止。

（二）被代理人取消委托或者代理人辞去委托

委托代理建立在双方自愿和信任基础上。如果双方的信任关系不再存在，或者有其他事由导致代理不能继续，应当允许双方解除委托关系。取消委托，实际是指被代理人撤销了代理授权。代理人辞去委托，是指代理人不再接受被代理人授予的代理权。两者的性质均属于单方法律行为，无需与对方达成合意。委托代理自行为人作出取消委托或者辞去委托的意思表示时终止。

（三）代理人丧失民事行为能力

关于代理人是否需要具备行为能力，大陆法系国家和地区的规定不尽相同。有的国家例如德国允许代理人为限制行为能力人。日本、荷兰对代理人的

[①] 参见王泽鉴：《民法总则》，中国政法大学出版社2001年版，第441页。
[②] 史尚宽：《民法总论》，中国政法大学出版社2000年版，第487页。

行为能力不作要求。我国《民法典》起草过程中，就这一问题曾有较大争议。考虑到委托代理人的代理行为限于法律行为，意思表示系法律行为的核心，委托代理人缺乏行为能力，意味着其不能辨认自己的行为，自然难以保障被代理人的合法权益，因此我国法律规定代理人必须具备相应的行为能力，丧失行为能力导致委托代理终止。需要注意的是，本条所称"丧失民事行为能力"，指代理人在取得代理权后成为无民事行为能力人，不包括成为限制行为能力人的情形。限制行为能力人在其意思能力范围内仍然可以担任代理人。

（四）代理人或者被代理人死亡

委托代理关系基于双方信任而产生，具有很强的人身属性，代理权原则上应由代理人亲自行使（依法进行转委托的除外）。因此，代理人死亡后，代理关系自然终止。同理，被代理人死亡，委托代理原则上也应终止。故原《民法总则》将被代理人死亡增加为委托代理终止的事由。《民法典》延续了这一规定。需要注意的是，为了保护交易相对人或者被代理人继承人的合法权益，《民法典》第174条规定了被代理人死亡后委托代理行为继续有效的四种例外情形。

（五）作为代理人或者被代理人的法人、非法人组织终止

法人、非法人组织因各种原因终止后，其民事主体资格不再存在，法律后果类似于自然人死亡，故委托代理关系也因基础消失而终止。需要注意的是，法人、非法人组织终止是指主体资格消灭，如果法人、非法人组织只是被吊销营业执照而未办理注销登记，或者正在清算期间的，其主体资格尚未消灭，不当然导致委托代理关系终止。

▶ 适用指引

一、委托代理终止与委托合同终止

委托代理不同于委托合同：委托代理人的代理行为限于民事法律行为，不包括事实行为；代理关系中涉及被代理人、代理人和第三人三方，而委托合同则仅涉及委托人与受托人双方；委托代理中的授权行为系单方法律行为，而委

托合同的签订为双方法律行为。① 从代理权发生的原因看，委托合同可以成为代理权发生的原因，因此委托合同往往是委托代理的基础关系。当事人约定以委托合同作为代理权授予的依据的，委托合同终止意味着代理权的消灭，将导致委托代理的终止。当事人在签订委托合同之外还另行出具授权委托书的，委托合同终止，被代理人应当及时收回授权委托书或者以其他方式取消委托，避免代理权滥用。

二、委托代理终止的法律后果

委托代理因各种事由终止后，代理人的代理权消灭，将产生以下法律后果：

1.代理人应向被代理人交回授权委托书及其他证明代理权的凭证。为避免代理权的滥用，彰显委托授权书的重要性，有的国家的民法还专门规定了授权书的归还。我国《民法典》虽然没有明确规定代理人的此项义务，但交回授权委托书应当是代理人在委托代理终止后的当然义务。

2.代理人在必要和可能的情况下，应当向被代理人或者其继承人、遗嘱执行人、清算人、新代理人等，就其代理事务及有关财产事项作出报告或者移交。

3.代理人或者被代理人要求解除委托关系，都应当提前通知对方；若因通知不及时，造成对方损失时，应负赔偿责任。为保护第三人权益，对于委托关系解除之前的代理人与第三人所实施的民事行为，被代理人不能因解除委托而拒绝承担责任。若被代理人取消委托，而对第三人未尽及时通知之责，致使第三人不知代理人丧失代理权而仍与之进行民事活动，从而构成表见代理的，被代理人应当按表见代理关系承担法律后果。

▶ 类案检索

上海国泰创业（集团）有限公司等与潘某长确认合同有效纠纷案

关键词： 委托代理　取消委托　委托代理终止

---

① 参见崔建远：《合同法》，法律出版社2010年版，第509页。

裁判摘要：虽然被代理人向代理人出具了不可撤销的授权委托书，但双方约定以代理人未履行相关义务作为取消委托授权的条件，若代理人未按约履行相关义务的，被代理人有权取消委托。在委托代理关系终止后，代理人以被代理人名义对外签订合同，被代理人仅附条件地追认代理行为的，若条件未成就，被代理人的追认行为不发生效力。

【案　　号】（2015）苏商外终字第00022号
【审理法院】江苏省高级人民法院

> 第一百七十四条　被代理人死亡后,有下列情形之一的,委托代理人实施的代理行为有效:
> （一）代理人不知道且不应当知道被代理人死亡;
> （二）被代理人的继承人予以承认;
> （三）授权中明确代理权在代理事务完成时终止;
> （四）被代理人死亡前已经实施,为了被代理人的继承人的利益继续代理。
> 作为被代理人的法人、非法人组织终止的,参照适用前款规定。

▶ 关联规定

法律、行政法规、司法解释

《中华人民共和国民法典》

第一百七十三条　有下列情形之一的,委托代理终止:

（一）代理期限届满或者代理事务完成;

（二）被代理人取消委托或者代理人辞去委托;

（三）代理人丧失民事行为能力;

（四）代理人或者被代理人死亡;

（五）作为代理人或者被代理人的法人、非法人组织终止。

第九百三十四条　委托人死亡、终止或者受托人死亡、丧失民事行为能力、终止的,委托合同终止;但是,当事人另有约定或者根据委托事务的性质不宜终止的除外。

第九百三十五条　因委托人死亡或者被宣告破产、解散,致使委托合同终止将损害委托人利益的,在委托人的继承人、遗产管理人或者清算人承受委托事务之前,受托人应当继续处理委托事务。

第七章 代 理 | 第一百七十四条

▶ 条文释义

一、本条主旨

本条是关于被代理人死亡后委托代理行为继续有效情形的规定。

二、条文演变

原《民法通则》未就被代理人死亡对委托代理关系的法律效果作出明确规定。原《民法通则意见》第82条针对在被代理人为自然人的情况下，被代理人死亡后代理人实施的代理行为继续有效规定了四种情形：一是代理人不知道被代理人死亡的；二是被代理人的继承人均予承认的；三是被代理人与代理人约定到代理事项完成时代理权终止的；四是在被代理人死亡前已经进行、而在被代理人死亡后为了被代理人的继承人的利益继续完成的。原《民法总则》吸纳了原《民法通则意见》第82条的精神，规定了代理人死亡后委托代理行为继续有效的四种例外情形，同时增加了第2款"作为被代理人的法人、非法人组织终止的，参照适用前款规定"。《民法典》沿用了原《民法总则》的规定。

三、条文解读

本条第1款规定了被代理人为自然人，其死亡后，委托代理人实施的代理行为继续有效的四种情形。

（一）代理人不知道并且不应当知道被代理人死亡

被代理人死亡，代理人由于客观条件限制，可能没有在第一时间知悉被代理人死亡的信息，仍然在继续实施代理行为。没有知悉的原因诸如代理人和被代理人不是位于同一地区，被代理人的继承人没有及时通知代理人等。此时，如果令代理行为无效，对代理人和相对人不甚合理。需要注意的是，此处对代理人的要求比较高，必须是"不知道"且"不应当知道"，即主观上代理人不知道被代理人死亡，且依据客观条件，代理人也不可能知道被代理人死亡。如果代理人有可能知道被代理人已经死亡，仍然实施代理行为的，将构成无权代理。

(二)被代理人的继承人予以承认

代理行为往往具有连续性,若代理人正在实施的代理行为因被代理人的死亡、委托代理终止而停止,可能要向交易相对人承担缔约过失责任等不利后果,并且这些不利后果最终将由被代理人的继承人分担,不利于交易的稳定和被代理人继承人的利益。而且,代理行为的法律后果应当归属于被代理人,当被代理人死亡时,相关后果将由被代理人的继承人承受。因此,如果被代理人的继承人均对委托代理人的行为予以承认时,既有利于交易的稳定,也有利于被代理人的继承人的利益,代理行为当属有效。需要注意的是,如果被代理人的继承人有多人,代理人行为需要得到所有继承人的承认才属有效。

(三)授权中明确代理权在代理事务完成时终止

被代理人的授权往往基于具体的代理事务,如果代理事务尚未完成时被代理人死亡,委托代理人继续完成受托事项,符合被代理人生前的意愿,代理行为有效。

(四)被代理人死亡前已经实施,为了被代理人的继承人的利益继续代理

如果被代理人死亡前,委托代理人已经开始实施代理行为但尚未完成,被代理人死亡后,原则上委托代理人应当终止代理行为,此时代理权的存续已经缺乏基础。如果是为了被代理人的继承人的利益继续实施代理行为,由于该行为也不会损害交易相对人的利益,反倒有利于交易的稳定,使其继续有效更为合理。当然,委托代理人应当举证证明继续实施代理行为系为了被代理人的继承人的利益。

本条第2款系被代理人为法人、非法人组织时,对于前款参照适用。在参照适用时,前款规定的被代理人的"继承人"应当理解为承继该法人、非法人组织的主体。

适用指引

一、符合本条情形的代理行为的性质

被代理人死亡后,基于本条所列举的情形,委托代理人实施的代理行为被认定为有效的,其性质应当为有权代理,而非表见代理。因为委托代理人之前已经取得了被代理人的授权,并且被代理人并没有撤销该授权。也就是说,此类情形下,代理行为直接在被代理人的继承人与第三人之间发生法律效果,而不是在代理人与第三人之间产生法律效果。第三人有权以代理行为当事人地位,请求被代理人的继承人承受代理行为效果、履行代理行为所生义务。如果被代理人的继承人不履行义务,第三人向法院提起民事诉讼,应当以被代理人的继承人为被告,并要求其承担相应的民事责任。

二、代理行为不符合本条情形的法律效果

被代理人死亡后,如果委托代理人实施的代理行为不符合本条所列举的代理行为继续有效的情形,将构成无权代理。由此产生的后果并非代理行为无效,而只是代理行为的法律效果不能归属于被代理人的继承人。例如,委托代理人以已故被代理人的名义与第三人进行交易,相关的交易行为(如订立的合同)并不必然无效,而是依照《民法典》第171条的规定,第三人有权选择委托代理人履行债务,或者就其遭受到的损失请求代理人赔偿。

类案检索

杭州富阳盛拓渣土处置有限公司与方某水公路货物运输合同纠纷案

关键词:被代理人死亡 委托代理终止

裁判摘要:被代理人生前与相对人订立持续性的运输合同,相对人依被代理人的指示分批分次履行运输义务,在被代理人死亡后,接受其生前委托进行日常经营管理的代理人自行与运输合同相对人取得联系,要求相对人继续履行运输合同义务。若代理行为不符合《民法总则》第174条规定的情形,则被代理人的继承人对于被代理人死亡后所发生的合同债务不负清偿责任。被代理的继承人仅对被代理人生前所负债务,在继承遗产实际价值范围内承担清偿责任。

【案　　号】(2018)浙01民终5250号

【审理法院】浙江省杭州市中级人民法院

第一百七十五条 有下列情形之一的,法定代理终止:
(一)被代理人取得或者恢复完全民事行为能力;
(二)代理人丧失民事行为能力;
(三)代理人或者被代理人死亡;
(四)法律规定的其他情形。

关联规定

法律、行政法规、司法解释

《中华人民共和国民法典》

第十九条 八周岁以上的未成年人为限制民事行为能力人,实施民事法律行为由其法定代理人代理或者经其法定代理人同意、追认;但是,可以独立实施纯获利益的民事法律行为或者与其年龄、智力相适应的民事法律行为。

第二十条 不满八周岁的未成年人为无民事行为能力人,由其法定代理人代理实施民事法律行为。

第二十一条 不能辨认自己行为的成年人为无民事行为能力人,由其法定代理人代理实施民事法律行为。

八周岁以上的未成年人不能辨认自己行为的,适用前款规定。

第二十二条 不能完全辨认自己行为的成年人为限制民事行为能力人,实施民事法律行为由其法定代理人代理或者经其法定代理人同意、追认;但是,可以独立实施纯获利益的民事法律行为或者与其智力、精神健康状况相适应的民事法律行为。

第二十三条 无民事行为能力人、限制民事行为能力人的监护人是其法定代理人。

条文释义

一、本条主旨

本条是关于法定代理终止事由的规定。

二、条文演变

原《民法通则》第70条规定了法定代理或者指定代理终止的五种情形：一是被代理人取得或者恢复民事行为能力；二是被代理人或者代理人死亡；三是代理人丧失民事行为能力；四是指定代理的人民法院或者指定单位取消指定；五是由其他原因引起的被代理人和代理人之间的监护关系消灭。原《民法通则》将代理划分为委托代理、法定代理和指定代理，主要是考虑到监护制度中有指定监护人的制度。但事实上，人民法院或者有关单位指定监护人，也是依照法律的规定，所谓指定代理，实际上就是一种法定代理。因此，原《民法总则》取消了指定代理这一代理类型，并吸收了原《民法通则》有关法定代理终止的规定，将法定代理终止的情形规定为四种。《民法典》沿用了原《民法总则》的规定。

三、条文解读

法定代理是依据法律规定而产生代理权的代理，主要是为保护无民事行为能力人和限制行为能力人而设立的制度。法定代理的产生和终止，均是基于法律的规定。对于法定代理的理解，需要与《民法典》监护制度相结合。法律之所以为被代理人规定代理人，是因为特定情形下被代理人本身因为年幼、精神疾病等原因缺乏相应的民事行为能力。由监护人（法定代理人）代其作出和受领意思表示，可以弥补被监护人（被代理人）能力的不足，有利于保护被监护人（被代理人）的合法权益。相应地，当被代理人行为能力的瑕疵消除，或者代理人不能继续从事代理行为时，法定代理也应终止。本条规定了法定代理终止的四种情形。

（一）被代理人取得或者恢复完全民事行为能力

法定代理的被代理人均为无民事行为能力或者限制民事行为能力人，即法定代理是以被代理人无民事行为能力或者限制民事行为能力为前提条件的。当被代理人取得完全民事行为能力（年满十八周岁），或者恢复了民事行为能力（例如精神疾病痊愈），设定法定代理的原因消失，法定代理当然终止。

（二）代理人丧失民事行为能力

法定代理的代理人职责，是代理无民事行为能力人或限制民事行为能力人为民事法律行为，故法定代理人必须具有民事行为能力。缺乏行为能力，意味着法定代理人不能辨认自己的行为，自然难以保障被代理人的合法权益，法定代理也应相应中止。此处的"丧失行为能力"，应与《民法典》第173条作同一理解，即法定代理人成为无民事行为能力人。

（三）代理人或者被代理人死亡

被代理人或者代理人死亡，意味着代理关系的一方主体消灭，故而引起法定代理关系的终止。

（四）法律规定的其他情形

为防止列举不全，本条规定了兜底条款。这主要是考虑到除以上情形外，还可能有其他情况导致法定代理关系消灭。

▶ 适用指引

一、法定代理和委托代理终止情形的区别

法定代理和委托代理均属于代理，但其终止事由存在区别。例如代理人或者被代理人死亡，在委托代理和法定代理中产生的法律效果并不完全相同。无论是在委托代理还是法定代理中，代理人死亡均导致代理终止；但被代理人死亡后，委托代理人仍有可能继续实施代理行为并发生代理的效果，但法定代理中并没有类似规则，代理必然终止。

二、法定代理终止的其他情形

本条为法定代理终止规定了兜底条款。法定代理的产生基于法律规定的监护制度等专门制度，在有关这些制度的法律规定中，也可能存在法定代理终止的情形。例如，依照《民法典》第23条规定，监护人是无民事行为能力人、限制民事行为能力人的法定代理人。如其监护资格被依法撤销，则法定代理也相应终止，并由依法指定的监护人成为新的法定代理人。

▶ 类案检索

俞某与李某强、天津市中原房地产开发有限公司吉木萨尔县分公司确认合同无效纠纷案

关键词： 法定代理终止　表见代理

裁判摘要： 父母将房屋赠与未成年子女并变更权属登记后，父母可作为子女的法定代理人代为管理房屋，在子女取得完全民事行为能力后，法定代理终止。但在子女取得完全民事行为能力后，若其身处外地且房屋事实上仍由其父母代管，在其父母将房屋出售给相对人后，子女亦长期未提出任何异议，则交易的相对人有理由相信其父母对于处分房屋具有代理权限，双方的买卖关系成立表见代理，父母转让房屋的行为对子女发生效力。

【案　　号】（2017）新民再16号

【审理法院】新疆维吾尔自治区高级人民法院

第八章 民事责任

第一百七十六条 民事主体依照法律规定或者按照当事人约定，履行民事义务，承担民事责任。

▶ 关联规定

法律、行政法规、司法解释

1.《中华人民共和国民法典》

第三条 民事主体的人身权利、财产权利以及其他合法权益受法律保护，任何组织或者个人不得侵犯。

第二百零七条 国家、集体、私人的物权和其他权利人的物权受法律平等保护，任何组织或者个人不得侵犯。

第五百条 当事人在订立合同过程中有下列情形之一，造成对方损失的，应当承担赔偿责任：

（一）假借订立合同，恶意进行磋商；

（二）故意隐瞒与订立合同有关的重要事实或者提供虚假情况；

（三）有其他违背诚信原则的行为。

第五百零一条 当事人在订立合同过程中知悉的商业秘密或者其他应当保密的信息，无论合同是否成立，不得泄露或者不正当地使用；泄露、不正当地使用该商业秘密或者信息，造成对方损失的，应当承担赔偿责任。

第五百零九条 当事人应当按照约定全面履行自己的义务。

当事人应当遵循诚信原则，根据合同的性质、目的和交易习惯履行通知、协助、保密等义务。

当事人在履行合同过程中，应当避免浪费资源、污染环境和破坏生态。

第五百五十八条 债权债务终止后，当事人应当遵循诚信等原则，根据交易习惯履行通知、协助、保密、旧物回收等义务。

第九百九十一条 民事主体的人格权受法律保护，任何组织或者个人不得侵害。

第一千一百八十五条 故意侵害他人知识产权，情节严重的，被侵权人有权请求相应的惩罚性赔偿。

2.《中华人民共和国消费者权益保护法》

第五十五条 经营者提供商品或者服务有欺诈行为的，应当按照消费者的要求增加赔偿其受到的损失，增加赔偿的金额为消费者购买商品的价款或者接受服务的费用的三倍；增加赔偿的金额不足五百元的，为五百元。法律另有规定的，依照其规定。

经营者明知商品或者服务存在缺陷，仍然向消费者提供，造成消费者或者其他受害人死亡或者健康严重损害的，受害人有权要求经营者依照本法第四十九条、第五十一条等法律规定赔偿损失，并有权要求所受损失二倍以下的惩罚性赔偿。

▶ 条文释义

一、本条主旨

本条是关于民事主体履行民事义务、承担民事责任的规定。

二、条文演变

本条规定沿用了原《民法总则》第 176 条的规定，但在行文表述上略有改动，即将"民事主体依照法律规定和当事人约定"改为"民事主体依照法律规定或者按照当事人约定"。在内容上，本条规定仍与原《民法总则》第 176 条的规定相一致，明晰了民事主体的民事义务和民事责任的来源与相互关系。

原《民法总则》第 176 条则是对原《民法通则》第 106 条的承继与发展。原《民法通则》第 106 条规定："公民、法人违反合同或者不履行其他义务的，应当承担民事责任。公民、法人由于过错侵害国家的、集体的财产，侵害他人财产、人身的，应当承担民事责任。没有过错，但法律规定应当承担民事责任的，应当承担民事责任。"原《民法总则》第 176 条对原《民法通则》第 106

条作了两处修改：一是删除了原《民法通则》第106条第2款、第3款规定关于过错责任、无过错责任等归责原则的规定。这些关于归责原则的规定属于原《侵权责任法》中的一般条款，并不具有统领《民法典》各个分编的功能。出于体系融贯的考虑，这些规定纳入了《民法典》侵权责任编中的第1165条和第1166条。二是对第1款作了多处修改。一方面，在概念上用"民事主体"替代了"公民、法人"，既涵盖了更广的主体范围，也解决了将"公民"这一公法概念直接用于私法造成的概念不自洽问题。另一方面，明确提出和强调民事主体需"履行民事义务"，有利于在体系上实现民事义务与民事责任之间的照应和衔接。此外，本条对民事责任来源作了更规范、准确的表述，即民事责任来自"法律规定"和"当事人约定"。如此规定有助于充分涵盖包括过错责任、无过错责任、公平责任在内的各种侵权责任和各种合同责任、准合同责任，更为周延。①

三、条文解读

（一）民事责任的概念与特征

1. 民事责任的概念

民事责任是指民事主体因违反民事法律义务所应当承担的不利法律后果。②这种不利法律后果，既包括继续履行原本就应当履行的法定或者约定义务，又包括在无法继续履行或者继续履行不足以弥补权利人损失时履行被追加的法律义务。例如，在买卖合同中，卖方违约拒不履行买卖标的交付义务的，不仅需要在有继续履行可能性时承担继续履行标的物交付义务的民事责任，而且还需要承担赔偿相对人因迟延履行所遭受损失的民事责任。

民事责任是民法上实现民事权利保护的重要机制。《民法典》第五章专章规定了民事主体享有的民事权利。民事义务与民事权利是一体两面的关系，法律确认和保护特定民事权利，也就意味着有民事主体需要承担相应的民事义务；民事责任则是为了确保民事义务得到履行而设置的。民法上保护民事权利

---

① 参见最高人民法院民法典贯彻实施工作领导小组主编：《中华人民共和国民法典总则编理解与适用》，人民法院出版社2020年版，第878页。
② 参见最高人民法院民法典贯彻实施工作领导小组主编：《中华人民共和国民法典总则编理解与适用》，人民法院出版社2020年版，第879页。

的方式主要有两种：一是赋予民事主体权利，使民事主体在权利受到侵害时可以依法采取自救措施，或是请求有关部门、组织或法院等予以保护；①二是要求不履行民事义务的民事主体承担法律上的不利后果，使得被损害的权利得以恢复或获得赔偿。②从总则编体系上来看，本条规定的民事责任即是对前章规定的民事权利的法律保障。

通过向那些违反法定或者约定义务损害他人民事权益的主体课加相应的民事责任，不仅有助于在个案中补救权利人遭受的损失，而且还有助于在一般意义上强化民事主体对履行民事义务的主动性和积极性。③换言之，这有助于预防潜在的义务违反行为，保障民事权利得到顺利实现。

2. 民事责任的特征

（1）民事责任的产生以违反民事义务为前提，民事责任是由于违反第一性义务而引起的第二性义务。④法律规定或当事人约定特定民事主体应当为一定行为或不为一定行为，即为该民事主体应当履行的民事法律义务，为第一性义务。该民事主体违反民事义务的法律后果是承担民事责任，但此种民事责任区别于民事义务本身，是第二性义务。

（2）民事责任具有强制性。法律责任和道德责任都体现了社会对特定行为的否定性评价。但法律责任区别于道德责任的重要特征在于，法律责任具有强制性。民事责任、行政责任和刑事责任概莫能外。道德责任是社会对人们实施的违反道德规范的行为的谴责，但这种不利后果只能通过社会舆论的责难与行为人内心的反省来实现，而不能通过国家强制力实现。民事责任的强制性则体现为国家强制履行。当责任人拒不承担民事责任时，权利人可以请求国家公权力机关强制要求责任人承担责任。

（3）民事责任具有补偿性。补偿性集中体现了民事损害的填平原则，即民事主体所获得的补偿需要足以弥补权利人受损的范围和程度，但也仅以实际遭受的损失为限。补偿性突出体现在民事赔偿责任上，赔偿责任的宗旨就是恢复

---

① 参见黄薇主编：《中华人民共和国民法典总则编解读》，中国法制出版社2020年，第572页。
② 参见黄薇主编：《中华人民共和国民法典总则编解读》，中国法制出版社2020年，第572页。
③ 参见黄薇主编：《中华人民共和国民法典总则编解读》，中国法制出版社2020年，第572页。
④ 参见崔建远、陈进：《债法总论》，法律出版社2020年版，第12页。

被侵害的权利，同时补偿性也体现在赔偿责任以外的其他民事财产责任承担方式以及消除影响、恢复名誉、赔礼道歉等人身责任上。仅在法律有明文规定的例外情形中，民事责任才可以发挥惩罚性功能。《民法典》第179条第2款对此作了明确规定。

（4）民事责任具有损害预防功能。一方面，对于那些将要变成现实的民事权利损害风险，权利人可以通过请求义务人承担停止侵害、排除妨碍、消除危险等民事责任，预防损害的发生或者避免损害的进一步扩大。另一方面，民事责任作为对潜在义务违反行为的一般性后果宣誓，有助于帮助行为人预知违反义务的法律后果，并避免违反义务。惩罚性赔偿责任的课加则具有更强的预防功能。①

（二）民事义务与民事责任的区别与联系

本条一方面对民事义务与民事责任进行了严格区分，另一方面也阐明了二者之间的逻辑联系：②

1. 民事责任是违反民事义务的后果。民事义务是指义务人为满足权利人的要求而为一定的行为或不为一定的行为的法律负担。③应履行而不履行民事义务，就产生了民事责任。

2. 民事责任、民事义务是与国家公权力、民事私权利分别对应的两组法律概念。民事权利与民事义务相关，国家公权力与民事责任相关。没有民事责任，民事权利也就难以在法律上得到有力保障。民事责任发挥了联结民事权利与国家公权力的桥梁作用，由国家公权力强制保障实现。

3. 民事义务与民事责任的强制实现程度不同。民事义务属于当为范畴，强调的是民事主体应当作出的行为，而民事责任属于必为范畴，是违反民事义务的主体必须要面临的后果。民事义务的履行通常是当事人自愿作出的，而民事责任则是依法必须承担的。在责任人拒不依法承担责任时，权利人可以选择借助国家公权力强制责任人承担。当然，无论是民事义务还是民事责任，民法上

---

① 参见石佳友：《论侵权责任法的预防职能》，载《中州学刊》2009年第4期。
② 参见最高人民法院民法典贯彻实施工作领导小组主编：《中华人民共和国民法典总则编理解与适用》，人民法院出版社2020年版，第879~880页。
③ 参见王利明主编：《中国民法典释评·总则编》，中国人民大学出版社2020年版，第448页。

坚持权利人处分原则。如果权利人自愿放弃请求义务人承担民事义务或者民事责任的，法律尊重权利人的意愿。

4.民事义务人与民事责任人之间并不必然一致。民事责任主体一定是违反民事义务者，要么是违反了自己应当作出或者不作出特定行为的义务，要么是违反了指导或者监督他人作出或者不作出特定行为的义务。违反义务者常常需要由自己承担民事责任，或者说自己就成为民事责任主体。但在法律规定的例外情形中，一些民事主体需要为另一些民事主体的义务违反行为承担民事责任。替代责任就是典型的例子。例如，雇员在从事雇用活动中致人损害的，雇主应当承担赔偿责任；无民事行为能力人、限制民事行为能力人造成他人损害的，监护人承担侵权责任，但尽到监护义务的可减轻责任。

5.法律责任成立需要满足法律的规定或者当事人约定的要件。无论是侵权责任，还是违约责任，只有当义务违反行为满足法定的主观或客观的责任构成要件时，才会引起民事责任。以主观要件为例，在采用过错责任归责原则的侵权责任中或者规定了过错要件的有名合同违约责任中，行为人的主观过错是责任成立的重要条件。例如，《民法典》侵权责任编中第1165条第1款规定："行为人因过错侵害他人民事权益造成损害的，应当承担侵权责任。"《民法典》合同编第929条第1款规定："有偿的委托合同，因受托人的过错造成委托人损失的，委托人可以请求赔偿损失。无偿的委托合同，因受托人的故意或者重大过失造成委托人损失的，委托人可以请求赔偿损失。"

6.责任人可以依法主张减轻或者免除民事责任。法律不会强人所难，在特定情况下，行为人即便能够或应当认识到行为不合法，构成了对民事义务的违反，但仍然不能期待其履行民事义务。《民法典》总则编第八章中的第180条至第184条规定了不可抗力、紧急避险等责任减免事由，以帮助行为人免于承担责任或者减轻责任的承担。①

（三）民事义务来源的分类

根据本条的规定，民事主体可能违反且需因此承担民事责任的民事义务包括两类：②

---

① 参见陈甦主编：《民法总则评注》，法律出版社2017年版，第1260~1261页。
② 参见黄薇主编：《中华人民共和国民法典总则编解读》，中国法制出版社2020年版，第573页。

一是法律直接规定的义务。法定义务的发生仅以法定事实的出现为条件，不以当事人的主观意志为转移。当事人通常不得根据主观意愿改变或排除法定义务。例如，《民法典》第 8 条规定："民事主体从事民事活动，不得违反法律，不得违背公序良俗。"这里的"不得违反法律，不得违背公序良俗"就是每个民事主体的法定义务。

法定义务首先包括法律明确规定的具体义务。例如，《民法典》第 290 条第 1 款规定："不动产权利人应当为相邻权利人用水、排水提供必要的便利。"据此，不动产权利人负有为相邻权利人的用水、排水提供必要便利的义务。其次，在法律没有明确规定民事义务时，民事主体也负有理性人的一般注意义务，即一个理性的普通人对其他民事主体的权利应尽的起码注意义务。此种注意义务既可以来源于法律的一般性规定，也可以来源于技术准则，还可以来源于法律的基本精神。判断特定民事主体应否负担一定的注意义务，应采用理性人的判断标准。无论行为人的性别、年龄、身体状况、社会经验和交往能力的差异，作为社会一般人在特定环境下通常会作出何种行为，系判断一般注意义务的重要因素。对于医生、律师、会计师等特殊行业的从业人员而言，其注意义务应该依照所从事的领域公认的行为标准进行确定。在此情形下，理性人的注意义务应以理性的专家为判别原型。① 例如，《医师法》第 14 条规定："医师经注册后，可以在医疗卫生机构中按照注册的执业地点、执业类别、执业范围执业，从事相应的医疗卫生服务。"据此可知，不同职业类别的医师所承担的注意义务是有差异的。

二是民事主体依法自主明确约定的具体义务。民事主体可经由实施民事法律行为设立、变更或者终止民事法律关系，从而在相应关系中确立一方或者双方当事人负有的民事义务。例如，在买卖合同中，买卖双方当事人约定卖方负有按照约定时间、地点和方式向买方交付标的物的义务；买方负有按照约定时间、方式和数额向卖方支付价款的义务。② 为践行意思自治原则，民事法律不仅承认当事人之间约定的民事义务，而且还允许当事人对违反民事义务时的民事责任作出约定，包括合同领域的预先约定和侵权领域的事后约定。法律还尊重和承认权利受到侵害的一方自愿减轻甚至放弃对责任主体的责任请求。

---

① 参见陈甦主编：《民法总则评注》，法律出版社 2017 年版，第 1260 页。
② 参见最高人民法院民法典贯彻实施工作领导小组主编：《中华人民共和国民法典总则编理解与适用》，人民法院出版社 2020 年版，第 878 页。

民事义务不仅指依据法律的规定或当事人的约定而产生的主给付义务，还包括基于诚信原则、交易习惯等解释而产生的法定的从给付义务和附随义务。①

▶ 适用指引

一、规范类型

本条系原则性条款，是对违约责任、侵权责任、缔约过失责任的抽象的统摄性规定，并没有明确责任主体、请求承担责任的主体、责任成立要件、责任承担方式等具体内容。因此，本条属于不完全规范，不得单独作为判定民事责任的裁判依据，而需结合《民法典》物权编、合同编和侵权编等分编的具体规定才能发挥确定请求承担责任的主体等作用。

作为总则编的原则性规定，本条的意义在于对分编中的责任制度进行公因式提取，并对民事主体的行为规则起到提示作用。因此，本条也具有行为指引和规范的作用。

二、准确把握民事责任的本质特征

（一）民事责任的强制性

民事责任作为一种法律责任，具有强制性，甚至具有一定的制裁性。不过，这种强制性相较于行政责任与刑事责任有不同之处。一是民事责任的强制性并没有后两者高。② 权利人在一定程度上可以对民事责任进行自由处分。例如，遭受损害的当事人可以放弃请求责任人承担赔偿责任，或者与责任人协商责任的数额和承担方式。二是民事责任虽然具有制裁义务违反行为的作用，但除法律规定的有限惩罚性赔偿责任之外，此种制裁性没有行政责任、刑事责任那样严厉，而是以补偿权利人的实际损失为限。即便当事人约定了具有惩罚性

---

① 参见王利明主编：《中华人民共和国民法总则详解》，中国法制出版社2017年版，第805页。
② 参见最高人民法院民法典贯彻实施工作领导小组主编：《中华人民共和国民法典总则编理解与适用》，人民法院出版社2020年版，第880页。

的违约金，责任人也可以依据《民法典》第585条请求人民法院或者仲裁机构予以适当调整。

（二）贯彻民事责任补偿性的基本原理

民事责任具有补偿性，民事主体不能获得超出自己所受损害的范围的利益。因此，在审判实务中，当法律没有特别规定时，就要坚决贯彻民事责任补偿性的基本原理，不应判决受损害的民事主体获得超出受损范围的利益。[①]法律的特别规定主要包括惩罚性赔偿制度，如《民法典》侵权责任编中的第1185条关于故意侵害知识产权的惩罚性赔偿。审判中适用惩罚性赔偿必须以法律有明文规定作为前提。再如，在《民法典》颁行后的过渡施行期间，对于此类新增的惩罚性赔偿条款的溯及力判断，也应当坚持民事责任的补偿性功能，不宜让惩罚性赔偿条款溯及适用于《民法典》施行前的侵权行为。[②]

（三）重视对约定民事义务的考察判断

在一方当事人请求另一方当事人承担违约责任时，应当对约定义务的性质及特征进行细致考量。特别是，约定义务不得违反法律的效力性强制性规定或者公序良俗。否则，约定义务因法律行为无效而不被法律认可。此外，约定义务应当具有履行的现实可能性。不可简单地以违反义务为由就在司法裁判中要求对方承担民事责任，需要对约定义务进行必要的事实认知与价值判断。[③]对于当事人约定的自始不能履行的义务，而不是事后不能履行的义务，司法裁判中应当谨慎认定民事责任。

（四）严格适用无过错责任

《民法典》中规定了如产品缺陷、高度危险作业、环境污染、饲养动物、建筑物倒塌等适用无过错责任的具体情形。司法实践应当严格把握无过错责任的适用。特别是，无过错责任必须在法律有明文规定时方可适用。在被告主张

---

① 参见最高人民法院民法典贯彻实施工作领导小组主编：《中华人民共和国民法典总则编理解与适用》，人民法院出版社2020年版，第881页。
② 参见熊丙万：《民法典溯及适用原则的现代体系》，载《人民法院报》2021年8月5日。
③ 参见中国审判理论研究会民事审判理论专业委员会：《民法典总则编条文理解与司法适用》，法律出版社2020年版，第308~309页。

免责时，应当由被告负担举证责任。①

（五）审慎适用公平责任

公平责任要求无过错的当事人对损害分担损失，其是否属于民事责任，在理论与实践中都存在一定的争议。争议存在的原因在于我国原《民法通则》第132条、原《侵权责任法》第24条的规定赋予了法官在损害发生时双方当事人均无过错的情形下的裁量权。《民法典》侵权责任编中的第1186条对此进行了修改："受害人和行为人对损害的发生都没有过错的，依照法律的规定由双方分担损失。"该条将分担损失规则的适用由法官"根据实际情况"修改为"依照法律的规定"，从赋予法官自由裁量权的裁判规范改为了指引性规范。相应地，公平责任作为"依照法律规定"的责任，需要严格遵守立法上采取的责任法定原则。在法律没有明文规定的情形下，不宜认定公平责任。特别是，在一些应当适用过错责任的情形下，不能因为"过错"和"因果关系"等构成要件的认定困难而直接向公平责任条款逃逸。②

此外，在法律明确规定的应适用公平责任的情形下，也应坚持损害程度的严重性标准。如果仅为轻微损失，应由受害人自行承担。关于当事人之间的损失分担比例，也需要根据案件具体情况，结合当事人财产状况等因素合理确定。③

▶ 指导案例

李某月等诉广州市花都区梯面镇红山村村民委员会违反安全保障义务责任纠纷案

（最高人民法院审判委员会讨论通过　2020年10月9日发布）

关键词： 安全保障义务　公共场所　损害赔偿

---

① 参见中国审判理论研究会民事审判理论专业委员会编著：《民法典总则编条文理解与司法适用》，法律出版社2020年版，第309页。
② 参见张新宝：《"公平责任"的再定位》，载《法商研究》2021年第5期。
③ 参见中国审判理论研究会民事审判理论专业委员会编著：《民法典总则编条文理解与司法适用》，法律出版社2020年版，第309页。

裁判要点：

公共场所经营管理者的安全保障义务，应限于合理限度范围内，与其管理和控制能力相适应。完全民事行为能力人因私自攀爬景区内果树采摘果实而不慎跌落致其自身损害，主张经营管理者承担赔偿责任的，人民法院不予支持。

相关法条：

《中华人民共和国侵权责任法》第37条第1款

基本案情：

红山村景区为国家AAA级旅游景区，不设门票。广东省广州市花都区梯面镇红山村村民委员会（以下简称红山村村民委员会）系景区内情人堤河道旁杨梅树的所有人，其未向村民或游客提供免费采摘杨梅的活动。2017年5月19日下午，吴某私自上树采摘杨梅不慎从树上跌落受伤。随后，有村民将吴某送红山村医务室，但当时医务室没有人员。有村民拨打120电话，但120救护车迟迟未到。后红山村村民李某1自行开车送吴某到广州市花都区梯面镇医院治疗。吴某于当天转至广州市中西医结合医院治疗，后因抢救无效于当天死亡。

红山村曾于2014年1月26日召开会议表决通过《红山村村规民约》，该村规民约第二条规定：每位村民要自觉维护村集体的各项财产利益，每个村民要督促自己的子女自觉维护村内的各项公共设施和绿化树木，如有村民故意破坏或损坏公共设施，要负责赔偿一切费用。

吴某系红山村村民，于1957年出生。李某坤系吴某的配偶，李某月、李某如、李某托系吴某的子女。李某月、李某如、李某托、李某坤向法院起诉，主张红山村村民委员会未尽到安全保障义务，在本案事故发生后，被告未采取及时和必要的救助措施，应对吴某的死亡承担责任。请求判令被告承担70%的人身损害赔偿责任631346.31元。

裁判结果：

广东省广州市花都区人民法院于2017年12月22日作出（2017）粤0114民初6921号民事判决：一、被告广州市花都区梯面镇红山村村民委员会向原告李某月、李某如、李某托、李某坤赔偿45096.17元，于本判决发生法律效力之日起10日内付清；二、驳回原告李某月、李某如、李某托、李某坤的其他诉讼请求。宣判后，李某月、李某如、李某托、李某坤与广州市花都区梯面镇红山村村民委员会均提出上诉。广东省广州市中级人民法院于2018年4月16

日作出（2018）粤01民终4942号民事判决：驳回上诉，维持原判。二审判决生效后，广东省广州市中级人民法院于2019年11月14日作出（2019）粤01民监4号民事裁定，再审本案。广东省广州市中级人民法院于2020年1月20日作出（2019）粤01民再273号民事判决：一、撤销本院（2018）粤01民终4942号民事判决及广东省广州市花都区人民法院（2017）粤0114民初6921号民事判决；二、驳回李某月、李某如、李某托、李某坤的诉讼请求。

裁判理由：

法院生效裁判认为：本案的争议焦点是红山村村民委员会是否应对吴某的损害后果承担赔偿责任。

首先，红山村村民委员会没有违反安全保障义务。红山村村民委员会作为红山村景区的管理人，虽负有保障游客免遭损害的安全保障义务，但安全保障义务内容的确定应限于景区管理人的管理和控制能力的合理范围之内。红山村景区属于开放式景区，未向村民或游客提供采摘杨梅的活动，杨梅树本身并无安全隐患，若要求红山村村民委员会对景区内的所有树木加以围蔽、设置警示标志或采取其他防护措施，显然超过善良管理人的注意标准。从爱护公物、文明出行的角度而言，村民或游客均不应私自爬树采摘杨梅。吴某作为具有完全民事行为能力的成年人，应当充分预见攀爬杨梅树采摘杨梅的危险性，并自觉规避此类危险行为。故李某月、李某如、李某托、李某坤主张红山村村民委员会未尽安全保障义务，缺乏事实依据。

其次，吴某的坠亡系其私自爬树采摘杨梅所致，与红山村村民委员会不具有法律上的因果关系。《红山村村规民约》规定：村民要自觉维护村集体的各项财产利益，包括公共设施和绿化树木等。该村规民约是红山村村民的行为准则和道德规范，形成红山村的公序良俗。吴某作为红山村村民，私自爬树采摘杨梅，违反了村规民约和公序良俗，导致了损害后果的发生，该损害后果与红山村村民委员会不具有法律上的因果关系。

最后，红山村村民委员会对吴某私自爬树坠亡的后果不存在过错。吴某坠亡系其自身过失行为所致，红山村村民委员会难以预见和防止吴某私自爬树可能产生的后果。吴某跌落受伤后，红山村村民委员会主任李某2及时拨打120电话求救，在救护车到达前，另有村民驾车将吴某送往医院救治。因此，红山村村民委员会对吴某损害后果的发生不存在过错。

综上所述，吴某因私自爬树采摘杨梅不慎坠亡，后果令人痛惜。虽然红山村为事件的发生地,杨梅树为红山村村民委员会集体所有,但吴某的私自采摘行为有违村规民约,与公序良俗相悖,且红山村村民委员会并未违反安全保障义务,不应承担赔偿责任。

> 第一百七十七条　二人以上依法承担按份责任，能够确定责任大小的，各自承担相应的责任；难以确定责任大小的，平均承担责任。

▶ 关联规定

法律、行政法规、司法解释

1.《中华人民共和国民法典》

第三百零七条　因共有的不动产或者动产产生的债权债务，在对外关系上，共有人享有连带债权、承担连带债务，但是法律另有规定或者第三人知道共有人不具有连带债权债务关系的除外；在共有人内部关系上，除共有人另有约定外，按份共有人按照份额享有债权、承担债务，共同共有人共同享有债权、承担债务。偿还债务超过自己应当承担份额的按份共有人，有权向其他共有人追偿。

第五百一十七条　债权人为二人以上，标的可分，按照份额各自享有债权的，为按份债权；债务人为二人以上，标的可分，按照份额各自负担债务的，为按份债务。

按份债权人或者按份债务人的份额难以确定的，视为份额相同。

第六百九十九条　同一债务有两个以上保证人的，保证人应当按照保证合同约定的保证份额，承担保证责任；没有约定保证份额的，债权人可以请求任何一个保证人在其保证范围内承担保证责任。

第九百六十三条　中介人促成合同成立的，委托人应当按照约定支付报酬。对中介人的报酬没有约定或者约定不明确，依据本法第五百一十条的规定仍不能确定的，根据中介人的劳务合理确定。因中介人提供订立合同的媒介服务而促成合同成立的，由该合同的当事人平均负担中介人的报酬。

中介人促成合同成立的，中介活动的费用，由中介人负担。

第一千一百六十三条　既有法定继承又有遗嘱继承、遗赠的，由法定继承人清偿被继承人依法应当缴纳的税款和债务；超过法定继承遗产实际价值部分，由遗嘱继承人和受遗赠人按比例以所得遗产清偿。

第一千一百七十二条 二人以上分别实施侵权行为造成同一损害，能够确定责任大小的，各自承担相应的责任；难以确定责任大小的，平均承担责任。

第一千二百三十一条 两个以上侵权人污染环境、破坏生态的，承担责任的大小，根据污染物的种类、浓度、排放量，破坏生态的方式、范围、程度，以及行为对损害后果所起的作用等因素确定。

2.《最高人民法院关于审理人身损害赔偿案件适用法律若干问题的解释》

第五条 无偿提供劳务的帮工人因帮工活动遭受人身损害的，根据帮工人和被帮工人各自的过错承担相应的责任；被帮工人明确拒绝帮工的，被帮工人不承担赔偿责任，但可以在受益范围内予以适当补偿。

帮工人在帮工活动中因第三人的行为遭受人身损害的，有权请求第三人承担赔偿责任，也有权请求被帮工人予以适当补偿。被帮工人补偿后，可以向第三人追偿。

3.《最高人民法院关于审理环境侵权责任纠纷案件适用法律若干问题的解释》

第四条 两个以上侵权人污染环境、破坏生态，对侵权人承担责任的大小，人民法院应当根据污染物的种类、浓度、排放量、危害性，有无排污许可证、是否超过污染物排放标准、是否超过重点污染物排放总量控制指标，破坏生态的方式、范围、程度，以及行为对损害后果所起的作用等因素确定。

4.《最高人民法院关于审理船舶油污损害赔偿纠纷案件若干问题的规定》

第三条 两艘或者两艘以上船舶泄漏油类造成油污损害，受损害人请求各泄漏油船舶所有人承担赔偿责任，按照泄漏油数量及泄漏油类对环境的危害性等因素能够合理分开各自造成的损害，由各泄漏油船舶所有人分别承担责任；不能合理分开各自造成的损害，各泄漏油船舶所有人承担连带责任。但泄漏油船舶所有人依法免予承担责任的除外。

各泄漏油船舶所有人对受损害人承担连带责任的，相互之间根据各自责任大小确定相应的赔偿数额；难以确定责任大小的，平均承担赔偿责任。泄漏油船舶所有人支付超出自己应赔偿的数额，有权向其他泄漏油船舶所有人追偿。

5.《最高人民法院关于审理道路交通事故损害赔偿案件适用法律若干问题的解释》

第十条 多辆机动车发生交通事故造成第三人损害，当事人请求多个侵权人承担赔偿责任的，人民法院应当区分不同情况，依照民法典第一千一百七十条、第一千一百七十一条、第一千一百七十二条的规定，确定侵权人承担连带责任或者按份责任。

▌条文释义

一、本条主旨

本条是关于按份责任及其承担规则的规定。

二、条文演变

本条系对原《民法总则》第177条的直接沿用，更早则源自原《侵权责任法》第12条的规定，即"二人以上分别实施侵权行为造成同一损害，能够确定责任大小的，各自承担相应的责任；难以确定责任大小的，平均承担赔偿责任"[①]。原《民法通则》第86条规定："债权人为二人以上的，按照确定的份额分享权利。债务人为二人以上的，按照确定的份额分担义务。"不过，原《民法通则》未对按份责任作出更具体的规定。相反，2003年《人身损害赔偿解释》的第3条第2款规定："二人以上没有共同故意或者共同过失，但其分别实施的数个行为间接结合发生同一损害后果的，应当根据过失大小或者原因力比例各自承担相应的赔偿责任。"此后，司法裁判中开始出现了围绕过错或原因力大小来区分责任的做法。而原《侵权责任法》第12条也放弃了"直接结合"与"间接结合"的区分，转而区分"共同实施"与"分别实施"这两种不同的行为。就"分别实施"而言，该条进一步区分了"累积型分别侵权"与"非累积型分别侵权"。不过，该条仅对"非累积型分别侵权"规定了数人之间的按份责任。[②]

从整个民法来看，按份责任在侵权责任和违约责任等各种民事责任类型中都存在。[③] 例如，根据《民法典》699条之规定，保证人应当按照保证合同约

[①] 参见陈甦主编：《民法总则评注》，法律出版社2017年版，第1263页。
[②] 参见陈甦主编：《民法总则评注》，法律出版社2017年版，第1263页。
[③] 参见最高人民法院民法典贯彻实施工作领导小组主编：《中华人民共和国民法典总则编理解与适用》，人民法院出版社2020年版，第882页。

定的保证份额，承担保证责任。再如，根据《民法典》第963条之规定，因中介人提供订立合同的媒介服务而促成合同成立的，由该合同的当事人平均负担中介人的报酬。还如，根据《民法典》第1163条之规定，在法定继承、遗嘱继承、遗赠并存的情形下，法定继承人清偿被继承人的税款和债务超过法定继承遗产实际价值的，由遗嘱继承人和受遗赠人按比例以所得遗产清偿。从司法实践来看，无论是在侵权责任案件还是违约责任争议中，都存在人民法院根据实际情况判令一些责任主体承担按份责任的情形。

因此，《民法典》在总则编对按份责任作出专门规定实有必要，有助于统摄分布在各分编中的按份责任规则。① 总则编中对多数人责任的承担形式的概括规定，与合同编、继承编和侵权责任编等各分编中有关多数人债务、多数人侵权的规则前后照应，形成了一套关于多数人责任的规则体系。

三、条文解读

（一）按份责任的概念及特征

1. 按份责任的概念

按份责任，指的是两个或两个以上的民事主体依法向权利人各自承担一定份额的民事责任，责任人仅按照自己的份额向债权人承担责任。② 换句话说，各责任人之间没有连带关系，权利人只得请求责任人依照其责任份额承担责任。每个按份责任人仅承担法定或约定的特定份额，对其他按份责任人的份额不负责。与按份责任相对的概念为"连带责任"，由《民法典》第178条进行总括性的规定。

2. 按份责任的特征

按份责任分为两种类型，其一是违反约定的按份债务所致的按份责任，其二是依照法律规定产生的按份责任。③ 前者的典型例子如数个债务人在合同中

---

① 参见最高人民法院民法典贯彻实施工作领导小组主编：《中华人民共和国民法典总则编理解与适用》，人民法院出版社2020年版，第882页。

② 参见中国民事审判研究会主编：《民法典总则编条文理解与适用》，法律出版社2020年版，第310~311页。

③ 参见最高人民法院民法典贯彻实施工作领导小组主编：《中华人民共和国民法典总则编理解与适用》，人民法院出版社2020年版，第882页。

约定债务承担比例,以及数个保证人之间约定按份承担保证责任。① 后者的典型例子如《民法典》侵权责任编第1172条对无意思联络的分别侵权行为的按份责任的规定。

按份责任具有以下特征②:

(1)以可分给付为标的。按份责任成立的前提条件是标的的可分性。具体到判断一宗给付标的的可分性时,需要重点考虑物理上的可分性和物理分割是否会实质性减损标的的价值。即便当事人通过合同约定按份给付,标的本身的不可分性也会使得约定债务的履行自始不能。当然,对于可分的标的,当事人约定一并履行的,法律应尊重当事人的意愿。

(2)按份责任人之间不存在连带关系。在按份责任中,一位按份责任人履行完毕自己的份额,则其债权债务关系随之消灭,而无需考虑其他责任人的债务份额是否已经履行。同样地,一位按份责任人的履行只引发其自身份额债务消灭的效果,不影响其他责任份额的存续。责任减免事由也如此,对某一位责任人发生效力的免责事由并不当然地对其他按份责任人发生效力。

(3)在法律未规定连带责任,当事人也未约定为连带责任时,适用按份责任。在第十二届全国人民代表大会第五次会议审议《民法总则草案》的过程中,有代表指出,连带责任是一种较为严厉的责任方式,除当事人有约定外,宜由法律作出规定。这一意见为原《民法总则》所吸收,《民法典》予以保留。③ 与此相对应,未有关于连带责任的法律规定或当事人约定的,应适用按份责任。

3.适用按份责任应当符合的构成要件

适用按份责任,无论其存在领域是合同法或侵权责任法,均应当符合以下构成要件:④

(1)责任主体的复数性。违反法定或约定民事义务的民事主体在数量上为二人以上。这些主体可以是自然人,也可以是非自然人,还可以是自然人与非

---

① 参见陈甦主编:《民法总则评注》,法律出版社2017年版,第1264页。
② 参见王利明主编:《中华人民共和国民法总则详解》,中国法制出版社2017年版,第809~810页。
③ 参见黄薇主编:《中华人民共和国民法典总则编解读》,中国法制出版社2020年版,第579页。
④ 参见黄薇主编:《中华人民共和国民法典总则编解读》,中国法制出版社2020年版,第574页。

自然人主体的组合。

（2）多个主体引发同一法律后果。二个以上的民事主体违反法定或约定民事义务所造成的法律后果需要具有同一性。如果是分别造成了两个独立的、性质不同的法律后果，则不产生责任份额的区分问题。以侵权损害赔偿责任为例，二人以上分别实施侵权行为的，侵权人之间没有意思联络独立实施，并各自满足独立的侵权责任构成的，那么，二人造成同一损害后果的需要承担按份赔偿责任。①

（二）约定的按份责任

约定按份责任的核心在于，当事人之间可以对义务份额进行约定。当违反义务而产生民事责任时，义务的份额就对应着责任的份额。如中介合同中的复数委托人就对中介人的报酬支付的份额作出约定的，当委托人一方违反这一义务产生赔偿责任时，该关于报酬支付义务份额的约定即对应着因违反报酬支付义务产生的责任的承担份额。在同时存在法定继承人、遗嘱继承人、受遗赠人的情形下，不同主体的继承份额、受遗赠份额的差异同样影响其对被继承人应缴税款及债务的偿付比例。不过，当事人对于按份义务的约定不能够违背法律强制性规定。例如，当事人不得将共同侵权的连带责任约定为按份责任。否则，可能引发一个共同侵权人通过约定排除责任而肆意侵害他人权益的道德风险。另外，根据连带责任法定原则，在法律未规定为连带责任的多数人责任情形中，承担方式为按份责任。

同样值得注意的是，由于按份责任限制了权利人向部分责任人主张责任的份额，权利人可能因复数责任人之间推脱责任或其间偿还能力差异遭受不利。故因共有不同产或动产产生债权债务关系的，为保护第三人基于共有财产的外观信赖，即便按份共有人依照《民法典》第307条规定或共同共有人依约定按照份额承担债务，也不影响其对外履行连带债务、承担连带责任。这一规定表明，判断是否因当事人约定适用按份责任，不在于判断当事人对内是否存在关于债务份额的有效约定，而应考察当事人关于债务承担形式的约定是否有效。

---

① 参见最高人民法院民法典贯彻实施工作领导小组主编：《中华人民共和国民法典总则编理解与适用》，人民法院出版社2020年版，第883页。

(三) 承担按份责任的法律效果

在法律效果上，关于每个民事主体应当承担的具体份额，可以根据责任大小的可确定性来分别判断：

1. 能够确定责任大小的，各自承担相应的责任，即每一个按份责任人只需要承担与自己的份额相应的责任

至于如何判断自己应当承担的"相应"份额，则需要结合具体场景来判断。在合同法领域中按份责任来源于当事人之间的约定，若多数债务人能够举证证明在合同订立之时，已经对责任大小分配清楚，且此等安排合法有效，此时"相应"指的是责任承担主体对责任份额的事先约定。在侵权责任法领域中，二人以上分别实施侵权行为，没有共同故意或共同过失，但分别实施的数个侵权行为结合发生了同一损害后果，此时的"相应"则需要根据过错大小或原因力比例决定各自承担的份额的大小。[1] 在分别侵权的情形中，为了判断各个侵权行为对所造成的同一损害后果的盖然性，可以综合考虑行为人的过错程度、各个侵权行为与损害后果因果关系的紧密程度、公平原则及政策考量等因素。[2] 原因力比例指的也就是这种可能性的大小，即在构成损害后果的众多原因中，每一个原因对于损害结果的发生发挥了多大的作用力。[3] 判断要素的表现形式可因不同的侵权类型而异。例如，在环境污染、生态破坏数人侵权案件中，依据《民法典》第1231条的规定，确定责任份额的判断要素具体表现为污染物的种类、浓度、排放量，破坏生态的方式、范围、程度，以及行为对损害后果所起的作用等因素。

2. 难以确定责任大小的，平均承担责任

能够根据各责任人的原因力大小等因素精确认定各责任人的责任份额固然是好事。但是，由于证据缺失等各种原因，一些案件中难以确定每一个违反法定或约定的民事义务者的行为对损害发生的原因力大小。[4] 在合同法领域中，

---

[1] 参见陈甦主编：《民法总则评注》，法律出版社2017年版，第1264页。
[2] 参见最高人民法院民法典贯彻实施工作领导小组主编：《中华人民共和国民法典总则编理解与适用》，人民法院出版社2020年版，第883页。
[3] 参见最高人民法院民法典贯彻实施工作领导小组主编：《中华人民共和国民法典总则编理解与适用》，人民法院出版社2020年版，第883~884页。
[4] 参见黄薇主编：《中华人民共和国民法典总则编解读》，中国法制出版社2020年版，第575页。

由于责任来源于当事人之间的约定，份额大小一般在合同订立之时即已分配完毕。①但是，在侵权责任法领域中，责任大小的判定要根据各侵权行为人的过错与原因力来考虑。在某些情形下，由于案情的复杂性，难以分清每个侵权行为对损害后果的作用力究竟有多大。此时就由法律推定每个行为与"同一损害"的均等份额之间具有法律上的因果关系，即推定所有人的责任相同。②实践中，由于事故发生时间较长或者证据灭失、缺失等原因，在技术上难以确定事故发生的主要原因。在此情形下，让各侵权行为人平均承担责任是妥当的做法。在举证责任上，当原告或被告都不能对"责任大小"进行有效举证时，法律应推定为承担平均份额的民事责任。但如果原告或被告对"责任大小"能够有效举证，则需要根据被证明的份额承担按份责任。③

▶ 适用指引

一、规范性质

本条未具体回答何种情形下承担按份责任抑或连带责任，其作用是填补其他规范的法律效果。分则中无特别规定适用时，若能据总则规定裁判，则该总则规定可以发挥完全法条的作用。据此，在无分则规定可适用的情况下，本条可援引为裁判依据。此外，从第177条、第178条的关系来看，第177条规定的责任承担形式应属一般规则。对多数责任人承担责任方式有争议的，主张为连带责任的一方应承担论证责任，需要论证有相应的法律规定或者约定作为适用依据。因此，在责任承担形式无法通过分则规定予以确定时，可以依据第177条判令责任人承担按份责任。从此意义上看，第177条可以充当裁判规范，属于完全法条。

二、举证责任的分配

按份责任原则上仍需遵循"谁主张、谁举证"的一般证明规则。特别是，如果受害人考虑到不同责任人的责任承担能力差异，希望让一些责任人承担更

---

① 参见陈甦主编：《民法总则评注》，法律出版社2017年版，第1265页。
② 参见陈甦主编：《民法总则评注》，法律出版社2017年版，第1265页。
③ 参见陈甦主编：《民法总则评注》，法律出版社2017年版，第1265页。

大份额的责任,则需要举证证明各责任人的"责任大小"。当然,如果受害人无需考虑各责任人的赔偿能力,则不用承担证明各责任人的过错或原因力比例的义务,而选择直接承受"平均责任"的后果。反过来,在受害人主张各责任人承担平均份额责任的场合,如果某个加害人认为自己不应承担平均责任或应当承担更小份额的责任,则其应当举证证明自己的"责任大小"。当然,在原告和被告都无法举证责任大小的情形中,法官可以根据证据依照过错与原因力比例主动认定各责任人的责任大小。

三、按份责任人之间是否属于必要共同诉讼

在承担按份责任的案件中,原告可以选择单独起诉某个按份责任人,也可以将各按份责任人作为共同被告一并起诉。但问题在于,承担按份责任的案件在诉讼程序上应否适用必要共同诉讼规则?

《民事诉讼法》第55条规定:"当事人一方或者双方为二人以上,其诉讼标的是共同的,或者诉讼标的是同一种类、人民法院认为可以合并审理并经当事人同意的,为共同诉讼。共同诉讼的一方当事人对诉讼标的有共同权利义务的,其中一人的诉讼行为经其他共同诉讼人承认,对其他共同诉讼人发生效力;对诉讼标的没有共同权利义务的,其中一人的诉讼行为对其他共同诉讼人不发生效力。"①《民事诉讼法解释》第73条则就必要共同诉讼中追加当事人的具体规则作了规定。必须共同参加诉讼的当事人没有参加诉讼的,人民法院应当依照《民事诉讼法》第135条的规定,通知其参加;当事人也可以向人民法院申请追加。人民法院应当对当事人提出的申请进行审查。申请理由不成立的,裁定驳回;申请理由成立的,则书面通知被追加的当事人参加诉讼。如果当事人未提出申请的,人民法院可以向当事人释明申请追加共同被告的程序性权利。

需要注意的是,分析各按份责任人之间是否构成必要共同诉讼,不能仅考虑数个责任人之间所承担的责任在实体法上的可分性:只是在实体法上可分

---

① 严格来讲,我国目前只区分了"固有的必要共同诉讼"和"普通共同诉讼"这两种类型,但并没有像其他大陆法国家一样确认"类似的必要共同诉讼"这样一种类型。我国实定法和学理上通常涉及的"必要共同诉讼"实际上主要限于大陆法域的"固有的必要共同诉讼"。而针对按份债务人的必要共同诉讼,也可以通过对"必要共同诉讼"作广义解释来展开。参见汤维建:《类似必要共同诉讼适用机制研究》,载《中国法学》2020年第4期。

而已，是静态的；但诉讼过程中对案件审理是动态的，需要根据《民事诉讼法》中必要共同诉讼的要求进行判断。如果诉讼标的是同一的，当事人具有共同的权利义务，原则上应属于必要共同诉讼，依照现有的必要共同诉讼程序进行处理。不属于必要共同诉讼情形时，应当尊重当事人的选择，当事人选择分别进行诉讼时，出于查明案件事实的需要，法院在征求双方当事人同意后可以合并审理。如果当事人不同意的，可以分别进行诉讼。但法院可以考虑追加未被诉的按份责任人作为无独立请求权的第三人参加诉讼，并告知其诉讼权利和义务（特别是告知其可能会被判以承担民事责任），促进诉讼资料的提出，以便查明事实。

四、按份责任判决可否连带执行

在我国司法实践中，曾出现过在民事判决书中明确划分了共同侵权人的责任份额，但同时就执行问题又判决共同侵权人负连带赔偿责任的案例。有人认为，判决书已经确定了各被执行人各自应当承担的赔偿数额，法院应严格执行，不能因为某个被执行人不履行份额而连带执行已经履行按份义务的被执行人。这种看法不无道理。因为，如此将使得其他按份责任人实质上承受承担连带责任的后果，加重了其法律责任，不符合《民法典》第178条关于连带责任应由法律规定或者合同约定的基本精神。

五、按份责任人之间的垫付与追偿

在实际案件中，有的部分按份责任人已经先行自愿垫付全额赔偿费用，然后向人民法院起诉要求其他按份责任人分担赔偿责任。部分按份责任人的垫付行为在性质上应当属于第三人代为履行，能否在垫付之后向其他按份责任人追偿，需要结合《民法典》第524条的规定来讨论。具体来说：

一方面，如果部分按份责任人的垫付行为符合《民法典》第524条第1款规定的"对履行该债务具有合法利益的"，则债权人不得拒绝此种垫付。

另一方面，从债权人接受部分按份责任人垫付款的行为来看，可以认为债权人与垫付人之间存在债权转让合意，即债权人将其对其他按份债务人的债权转让给垫付人。垫付款的按份债务人取得债权人对其他按份债务人的债权，当然可以按照债权转让规则请求其他按份债务人履行相应份额的债务。而且，无论垫付人是否满足《民法典》第524条关于"具有合法利益"的要求，其他按份债务人都不能拒绝垫付人的追偿请求。

六、补充责任

所谓补充责任,主要指在不能够确定实际加害人或者加害人无力承担全部责任的情形下,由补充责任人在一定范围内对受害人直接承担赔偿责任的一种责任形态。《民法典》在侵权责任编中规定了多个"相应的补充责任",这在性质上也应当理解为按份责任,是一种特殊的按份责任。但是,补充责任并未在《民法典》中得到概括性规定,也难以通过扩张解释本条来建构关于补充责任的概括条款。① 这大抵是因为,法定补充责任仅存在于侵权责任法领域,作为一种特殊的按份责任没有必要在总则编加以规定,其在适用上也应当有明确的法律依据。

补充责任人承担民事责任的基础仍然是过错,因此承担责任的范围需要与其过错程度相符合。补充责任常发生在实际加害人无法确定或者不具备足够的责任承担能力的情形中,典型的如负有安全保障义务或管理职责的民事主体因第三人在其管理场所损害受害人权益而承担补充责任的情形。例如,《民法典》侵权责任编中的第1198条关于未尽安全保障义务的经营者、管理者、组织者对直接侵权人的补充责任;第1201条关于未尽保护职责的幼儿园、学校或者其他教育机构对第三人的补充责任。

▶ 类案检索

榆林榆神清洁能源有限公司与吴某成劳务合同纠纷案

关键词: 劳务合同　过错责任　平均分担

裁判摘要: 两人以上依法承担按份责任,能够确认责任大小的,各自承担相应的责任;难以确定责任大小的,平均承担责任。本案中,对于以30万元劳务出资的约定,吴某成与榆神公司均有过错。因双方都有过错,对于吴某成的该损失应由双方平均负担,应由榆神公司支付吴某成所受损失27.6万元的一半13.8万元。

【案　　号】(2021)陕民再175号

【审理法院】陕西省高级人民法院

---

① 参见陈甦主编:《民法总则评注》,法律出版社2017年版,第1267页。

第一百七十八条 二人以上依法承担连带责任的，权利人有权请求部分或者全部连带责任人承担责任。

连带责任人的责任份额根据各自责任大小确定；难以确定责任大小的，平均承担责任。实际承担责任超过自己责任份额的连带责任人，有权向其他连带责任人追偿。

连带责任，由法律规定或者当事人约定。

关联规定

一、法律、行政法规、司法解释

1.《中华人民共和国民法典》

第一百六十四条 代理人不履行或者不完全履行职责，造成被代理人损害的，应当承担民事责任。

代理人和相对人恶意串通，损害被代理人合法权益的，代理人和相对人应当承担连带责任。

第五百一十八条 债权人为二人以上，部分或者全部债权人均可以请求债务人履行债务的，为连带债权；债务人为二人以上，债权人可以请求部分或者全部债务人履行全部债务的，为连带债务。

连带债权或者连带债务，由法律规定或者当事人约定。

第五百一十九条 连带债务人之间的份额难以确定的，视为份额相同。

实际承担债务超过自己份额的连带债务人，有权就超出部分在其他连带债务人未履行的份额范围内向其追偿，并相应地享有债权人的权利，但是不得损害债权人的利益。其他连带债务人对债权人的抗辩，可以向该债务人主张。

被追偿的连带债务人不能履行其应分担份额的，其他连带债务人应当在相应范围内按比例分担。

第一千一百六十八条 二人以上共同实施侵权行为，造成他人损害的，应当承担连带责任。

第一千一百六十九条　教唆、帮助他人实施侵权行为的,应当与行为人承担连带责任。

教唆、帮助无民事行为能力人、限制民事行为能力人实施侵权行为的,应当承担侵权责任;该无民事行为能力人、限制民事行为能力人的监护人未尽到监护职责的,应当承担相应的责任。

第一千一百七十条　二人以上实施危及他人人身、财产安全的行为,其中一人或者数人的行为造成他人损害,能够确定具体侵权人的,由侵权人承担责任;不能确定具体侵权人的,行为人承担连带责任。

第一千二百零三条　因产品存在缺陷造成他人损害的,被侵权人可以向产品的生产者请求赔偿,也可以向产品的销售者请求赔偿。

产品缺陷由生产者造成的,销售者赔偿后,有权向生产者追偿。因销售者的过错使产品存在缺陷的,生产者赔偿后,有权向销售者追偿。

第一千二百一十一条　以挂靠形式从事道路运输经营活动的机动车,发生交通事故造成损害,属于该机动车一方责任的,由挂靠人和被挂靠人承担连带责任。

第一千二百一十四条　以买卖或者其他方式转让拼装或者已经达到报废标准的机动车,发生交通事故造成损害的,由转让人和受让人承担连带责任。

第一千二百二十三条　因药品、消毒产品、医疗器械的缺陷,或者输入不合格的血液造成患者损害的,患者可以向药品上市许可持有人、生产者、血液提供机构请求赔偿,也可以向医疗机构请求赔偿。患者向医疗机构请求赔偿的,医疗机构赔偿后,有权向负有责任的药品上市许可持有人、生产者、血液提供机构追偿。

第一千二百四十一条　遗失、抛弃高度危险物造成他人损害的,由所有人承担侵权责任。所有人将高度危险物交由他人管理的,由管理人承担侵权责任;所有人有过错的,与管理人承担连带责任。

第一千二百四十二条　非法占有高度危险物造成他人损害的,由非法占有人承担侵权责任。所有人、管理人不能证明对防止非法占有尽到高度注意义务的,与非法占有人承担连带责任。

第一千二百五十条　因第三人的过错致使动物造成他人损害的,被侵权人可以向动物饲养人或者管理人请求赔偿,也可以向第三人请求赔偿。动物饲养人或者管理人赔偿后,有权向第三人追偿。

第一千二百五十二条 建筑物、构筑物或者其他设施倒塌、塌陷造成他人损害的,由建设单位与施工单位承担连带责任,但是建设单位与施工单位能够证明不存在质量缺陷的除外。建设单位、施工单位赔偿后,有其他责任人的,有权向其他责任人追偿。

因所有人、管理人、使用人或者第三人的原因,建筑物、构筑物或者其他设施倒塌、塌陷造成他人损害的,由所有人、管理人、使用人或者第三人承担侵权责任。

2.《中华人民共和国产品质量法》

第四十三条 因产品存在缺陷造成人身、他人财产损害的,受害人可以向产品的生产者要求赔偿,也可以向产品的销售者要求赔偿。属于产品的生产者的责任,产品的销售者赔偿的,产品的销售者有权向产品的生产者追偿。属于产品的销售者的责任,产品的生产者赔偿的,产品的生产者有权向产品的销售者追偿。

3.《中华人民共和国个人信息保护法》

第二十条 两个以上的个人信息处理者共同决定个人信息的处理目的和处理方式的,应当约定各自的权利和义务。但是,该约定不影响个人向其中任何一个个人信息处理者要求行使本法规定的权利。

个人信息处理者共同处理个人信息,侵害个人信息权益造成损害的,应当依法承担连带责任。

4.《最高人民法院关于审理环境侵权责任纠纷案件适用法律若干问题的解释》

第三条 两个以上侵权人分别实施污染环境、破坏生态行为造成同一损害,每一个侵权人的污染环境、破坏生态行为都足以造成全部损害,被侵权人根据民法典第一千一百七十一条规定请求侵权人承担连带责任的,人民法院应予支持。

两个以上侵权人分别实施污染环境、破坏生态行为造成同一损害,每一个侵权人的污染环境、破坏生态行为都不足以造成全部损害,被侵权人根据民法典第一千一百七十二条规定请求侵权人承担责任的,人民法院应予支持。

两个以上侵权人分别实施污染环境、破坏生态行为造成同一损害,部分侵权人的污染环境、破坏生态行为足以造成全部损害,部分侵权人的污染环境、破坏生态行为只造成部分损害,被侵权人根据民法典第一千一百七十一条规定请求足以造成全部损害的侵权人与其他侵权人就共同造成的损害部分承担连带责任,并对全部损害承担责任的,人民法院应予支持。

5.《最高人民法院关于审理技术合同纠纷案件适用法律若干问题的解释》

第十二条 根据民法典第八百五十条的规定,侵害他人技术秘密的技术合同被确认无效后,除法律、行政法规另有规定的以外,善意取得该技术秘密的一方当事人可以在其取得时的范围内继续使用该技术秘密,但应当向权利人支付合理的使用费并承担保密义务。

当事人双方恶意串通或者一方知道或者应当知道另一方侵权仍与其订立或者履行合同的,属于共同侵权,人民法院应当判令侵权人承担连带赔偿责任和保密义务,因此取得技术秘密的当事人不得继续使用该技术秘密。

6.《最高人民法院关于审理铁路运输人身损害赔偿纠纷案件适用法律若干问题的解释》

第八条 铁路机车车辆与机动车发生碰撞造成机动车驾驶人员以外的人人身损害的,由铁路运输企业与机动车一方对受害人承担连带赔偿责任。铁路运输企业与机动车一方之间的责任份额根据各自责任大小确定;难以确定责任大小的,平均承担责任。对受害人实际承担赔偿责任超出应当承担份额的一方,有权向另一方追偿。

铁路机车车辆与机动车发生碰撞造成机动车驾驶人员人身损害的,按照本解释第四条至第六条的规定处理。

二、司法指导性文件

《全国法院民商事审判工作会议纪要》

14.【怠于履行清算义务的认定】公司法司法解释(二)第18条第2款规定的"怠于履行义务",是指有限责任公司的股东在法定清算事由出现后,在能够履行清算义务的情况下,故意拖延、拒绝履行清算义务,或者因过失导致无法进行清算的消极行为。股东举证证明其已经为履行清算义务采取了积极措施,或者小股东举证证明其既不是公司董事会或者监事会成员,也没有选派人员担任该机关成员,且从未参与公司经营管理,以不构成"怠于履行义务"为由,主张其不应当对公司债务承担连带清偿责任的,人民法院依法予以支持。

15.【因果关系抗辩】有限责任公司的股东举证证明其"怠于履行义务"的消极不作为与"公司主要财产、账册、重要文件等灭失,无法进行清算"的结果之间没有因果关系，主张其不应对公司债务承担连带清偿责任的，人民法院依法予以支持。

16.【诉讼时效期间】公司债权人请求股东对公司债务承担连带清偿责任，股东以公司债权人对公司的债权已经超过诉讼时效期间为由抗辩，经查证属实的，人民法院依法予以支持。

公司债权人以公司法司法解释（二）第 18 条第 2 款为依据，请求有限责任公司的股东对公司债务承担连带清偿责任的，诉讼时效期间自公司债权人知道或者应当知道公司无法进行清算之日起计算。

▶ 条文释义

一、本条主旨

本条是关于连带责任的规定。

二、条文演变

原《民法通则》仅在"债权"一节规定了连带债权与连带债务，但没有规定关于连带责任的一般性规则。原《民法通则》第 87 条规定："债权人或者债务人一方人数为二人以上的，依照法律的规定或者当事人的约定，享有连带权利的每个债权人，都有权要求债务人履行义务；负有连带义务的每个债务人，都负有清偿全部债务的义务，履行了义务的人，有权要求其他负有连带义务的人偿付他应当承担的份额。"在此基础上，原《合同法》进一步丰富了连带责任的有关规定，例如，其第 90 条规定合同订立后当事人分立的，分立的法人或者其他组织享有连带债权、承担连带债务。第 267 条规定了共同承揽人的连带责任。第 272 条规定了建设工程合同中第三人与承包人的连带责任。第 313 条规定了相继运输情形下区段承运人与主承运人的连带责任。第 409 条规定了数个受托人共同处理委托事务时的连带责任。

原《侵权责任法》亦存在关于连带责任的规定，例如，其第 13 条规定："法律规定承担连带责任的，被侵权人有权请求部分或者全部连带责任人承担责任。"第 14 条规定："连带责任人根据各自责任大小确定相应的赔偿数额；难以确定责任大小的，平均承担赔偿责任。支付超出自己赔偿数额的连带责任人，有权向其他连带责任人追偿。"

相关司法解释亦对连带责任的适用作出了规定，例如2003年《人身损害赔偿解释》第9条第1款规定："雇员在从事雇佣活动中致人损害的，雇主应当承担赔偿责任；雇员因故意或者重大过失致人损害的，应当与雇主承担连带赔偿责任。雇主承担连带赔偿责任的，可以向雇员追偿。"

此外，连带责任形式不仅在侵权责任案件中大量存在，在违约责任以及其他法律行为中义务的违反也可能存在连带责任的承担问题。因此，原《民法总则》第178条对连带责任这一基本责任形式予以规定，由此统领和指导民法分则各部分中相关问题的法律适用。《民法典》总则编对此予以保留。

三、条文解读

本条第1款是关于连带责任的概念与特征的规定；第2款是关于连带责任人内部责任分担的规定；第3款是关于连带责任的产生方式的规定。

（一）连带责任的概念与特征

连带责任，是指依照法律的直接规定或者当事人的约定，两个以上的责任主体向权利人连带承担全部赔偿责任，权利人有权要求连带责任人中的一人或者数人承担全部责任，而一人或者数人在承担全部赔偿责任后，将免除其他责任人的赔偿责任的民事责任形态。①

连带责任是否适用于《民法典》第179条第1款规定的各种民事责任形式，值得讨论。对于返还财产、修理、重作、更换、继续履行、赔偿损失、支付违约金等民事责任形式，存在连带责任的适用空间，自无疑义。就排除妨害、消除危险、恢复原状、消除影响、恢复名誉等责任形式而言，各责任人之间也可能成立连带责任。就赔礼道歉而言，一般情况下，各责任人不构成连带责任。仅部分责任人赔礼道歉，不能使其他责任人的责任当然消灭，其他责任人亦应实施赔礼道歉的行为。但是，就停止侵害而言，则需要根据具体情况进行分析。当部分责任人停止侵害，能使得侵害行为整体停止时，各责任人之间

---

① 参见最高人民法院民法典贯彻实施工作领导小组主编：《中华人民共和国民法典总则编理解与适用》，人民法院出版社2020年版，第888页。

可能构成连带责任。反之，则不能构成连带责任。①

连带责任的特征主要包括：第一，连带责任使责任人负担较重，每个连带责任人都需要对外承担全部责任，而不得以自己的过错程度等为理由主张只承担相应部分的责任。第二，连带责任有利于保护权利人。连带责任给予了权利人更为充分的选择权，其可以选择请求部分或者全部连带责任人承担全部责任。第三，连带责任的内涵由法律明确规定，各连带责任人不能通过约定改变该责任的性质，其关于内部责任份额的约定对外不发生效力。

由于权利人可请求部分连带责任人承担全部责任，一旦权利人放弃对部分连带责任人主张权利，其他连带责任人的负担就会相应加重。因此，为避免发生部分连带责任人与权利人相互串通，损害其他连带责任人利益的情况，2022《人身损害赔偿解释》第2条规定："赔偿权利人在诉讼中放弃对部分共同侵权人的诉讼请求的，其他共同侵权人对被放弃诉讼请求的被告应当承担的赔偿份额不承担连带责任。"该条规定中"共同侵权人"的表述虽然表明其仅适用于侵权责任案件，但该条规定之精神应为连带责任应有之义。

（二）连带责任人的内部责任分担

部分连带责任人对外承担责任后，各连带责任人之间的内部责任分担，应当依照以下原则确定：第一，就约定连带责任而言，如果各连带责任人之间存在关于内部责任分担方式的约定，则应当从其约定；如果不存在此类约定，原则上应当由各个责任人平均承担责任。第二，就法定连带责任而言，各连带责任人的责任份额应与其过错程度与其行为的原因力大小相应。通过比较过错与原因力仍无法确定责任份额的，视为各连带责任人的过错程度和原因力大小一致，平均承担责任。连带责任人内部责任份额的分配，也是对外承担赔偿责任的连带责任人向其他连带责任人行使追偿权的依据。不过，即便在法定连带责任中，各连带责任人之间也可能存在关于内部责任分担的约定。当此种约定是在导致责任产生的事由发生后订立的，一般不应轻易否定其效力。但是，当此种约定是在导致责任产生的事由发生前订立的，则可能会滋生道德风险。例

---

① 有观点认为，连带责任中的"责任"，仅指损害赔偿责任。《民法典》中规定的停止侵害、排除妨害、消除危险、返还财产、恢复原状、消除影响、恢复名誉以及赔礼道歉等其他责任方式，无所谓连带、份额。参见李宇：《民法总则要义：规范释论与判解集注》，法律出版社2017年版，第851页。

如，二人密谋共同实施侵权行为，约定由其中一人负担由此可能产生的所有损害赔偿责任。此种约定可能会使原本不欲实施侵权行为的人在此激励下实施侵权行为。因此，对于此类约定，应当慎重对待。

需要注意的是，明确各连带责任人的责任份额并不意味着连带责任人的责任转化为按份责任。责任份额仅在连带责任人内部发生效力，责任份额只是各连带责任人最终承担责任的依据，是今后连带责任人行使追偿权的基础，并不影响连带责任人对外承担连带责任。①

（三）连带责任的产生方式

依本条第 3 款规定，连带责任只能通过法律规定或者当事人约定产生。在第十二届全国人民代表大会第五次会议审议《民法总则草案》的过程中，有代表指出，连带责任是一种较为严厉的责任方式，除当事人有约定外，宜由法律作出规定。这一意见为原《民法总则》所吸收，《民法典》予以保留，本条第 3 款由此而来。②

由此，根据产生方式的不同，连带责任可分为两种类型：第一，根据当事人约定而产生的连带责任，这主要是因违反连带债务发生的连带责任，例如违反连带债务产生的违约责任等。不过，各责任人也可以直接约定相互间承担连带责任。此外，由于连带责任使各责任人负担较重，关系到其重大利益，因此，对于本款所称约定，当事人应当以明示方式作出意思表示。第二，依照法律的直接规定而产生的连带责任。一方面，这包括依照《民法典》本身的规定产生的连带责任，例如总则编中的第 83 条第 2 款规定的出资人与法人的连带责任，第 167 条规定的代理人与被代理人的连带责任，合同编中的第 786 条规定的共同承揽人的连带责任，以及侵权责任编中的第 1170 条、第 1171 条规定的行为人之连带责任，第 1195 条第 2 款、第 1197 条规定的网络服务提供者与网络用户的连带责任，第 1211 条规定的机动车挂靠人与被挂靠人的连带责任，第 1214 条转让人与受让人的连带责任，第 1215 条规定的盗窃人、抢劫人或者抢夺人与机动车使用人的连带责任，等等。另一方面，还包括依照《民法典》

---

① 参见王利明主编：《中国民法典释评·总则编》，中国人民大学出版社 2020 年版，第 454 页。

② 参见黄薇主编：《中华人民共和国民法典总则编解读》，中国法制出版社 2020 年版，第 579 页。

以外的其他法律的规定产生的连带责任。例如,《个人信息保护法》第 20 条第 2 款规定的数个共同处理个人信息的个人信息处理者的连带责任。虽然该条规定使用了"依法承担连带责任"这一表述,使得该条规定能否作为独立的请求权基础存在争议,但是各个人信息处理者无论是基于业务发展的需要,还是出于其他因素而自主地决定与他人共同处理个人信息,他们在就共同处理达成合意或者存在意思联络的情形下,理应预见该风险并愿意分担,相互间构成连带责任关系。①

▶ 适用指引

一、关于连带责任适用的法官裁量权

连带责任主要包括主体关联型、主观关联型、不可分责任型、政策或价值目标型等,现行法对各种类型的连带责任进行了细化规定,例如代理、保证、合伙共同侵权行为、共同危险行为、产品责任、挂靠关系、董事和公司连带责任等。但是,对于实践中可能出现的既无法律规定又缺乏当事人约定的情形,法官不可依据其自由裁量权推定各责任人承担连带责任。不过,在连带责任的具体司法适用中,在事实问题的认定上,法官可以结合自身的价值与判断进行。此外,当类型化的连带责任规定较为抽象时,法官可在一定程度上行使自由裁量权。例如,从以往的司法实践来看,在处理共同侵权行为中行为人的连带责任时,原《民法通则》和原《侵权责任法》和相关司法解释等规定都较为抽象,因此,在部分案件中,法官在一定程度上行使了自由裁量权。②

二、关于法定连带责任内部份额的确定方法

对于比较过错和比较原因力的具体做法,目前是以过错比较为主,法律原因力比较为辅的方法。③在数种原因造成损害结果的侵权行为中,确定各个主

---

① 参见程啸:《个人信息保护法理解与适用》,中国法制出版社 2021 年版,第 197~200 页。
② 参见中国审判理论研究会民事审判理论专业委员会主编:《民法典总则编条文理解与适用》,法律出版社 2020 年版,第 314 页。
③ 参见最高人民法院民法典贯彻实施工作领导小组主编:《中华人民共和国民法典总则编理解与适用》,人民法院出版社 2020 年版,第 890 页。

体的赔偿份额的主要因素,是过错程度的轻重;原因力的大小虽影响各自的赔偿责任份额,但要受过错程度因素的约束和制约。① 所谓过错比较,就是根据当事人的主观心理状态,将过错区分为故意、重大过失、一般过失和轻微过失,并以此作为依据确定各责任人的责任范围。

以过错比较为主,法律原因力比较为辅的内部份额确定方法,在适用过错责任的侵权案件中,较为合理。不过,在某些案件中,相较于过错比较而言,则更多地考虑适用原因力规则,例如,在适用过错推定责任以及无过错责任这类无法进行过错比较的案件中,主要采取原因力的比较。②

三、按份责任、连带责任以外的其他民事责任形式

(一) 关于连带责任与不真正连带责任的区分

根据责任人之间责任形式的不同,在按份责任、连带责任之外,还存在不真正连带责任。不真正连带责任,即违反不真正连带债务而产生的责任。所谓不真正连带债务,是指数个债务人基于不同原因,对债权人负有以同一给付为标的的数个债务,但部分债务人的完全履行,可使其债务因目的实现而消灭的法律关系。关于连带债务与不真正连带债务的区分,学理上主要从以下方面展开:第一,从债的发生原因来看,在不真正连带债务中,各债务人所负债务的发生原因各不相同,只是基于偶然原因导致各债务人的债务联系在一起,负有以同一给付为标的的义务;在连带债务中,虽然也存在各债务人所负债务的发生原因不同的情况,但在多数情况下,各债务人所负债务的发生原因是相同的。第二,从债的消灭原因来看,虽然二者均可因为部分债务人的履行而导致债务消灭,但其原因并不相同:连带债务本质上是存在共同目的的数个债务,而不真正连带债务则只是偶然原因导致的标的同一。因此,连带债务可因共同目的实现而消灭,而不真正连带债务则因受清偿而消灭。第三,从各债务人内部的责任分担来看,在连带债务中,各债务人之间一定存在份额的分担,承担了超过自己份额的连带债务人可向其他连带债务人追偿;而在不真正连带债务中,原则上各债务人间不可相互追偿,但例外地存在部分债务人负有全部清偿

---

① 参见杨立新:《侵权损害赔偿》,法律出版社2010年版,第207页。
② 参见王利明:《侵权行为法归责原则研究》,中国政法大学出版社1992年版,第614页。

义务的规定。①

根据上述对不真正连带责任的界定,考察我国立法,有观点认为我国一直未采用不真正连带责任。②但事实上,我国法律中确实存在不同于按份责任、连带责任的民事责任承担形式。为了便于讨论,以下将在此等意义上使用不真正连带责任的概念:不真正连带责任,在对外清偿关系上,与连带责任一样,可凭部分责任人的完全履行保护相对方的权利。但在内部责任分担上,不真正连带责任最终并不由各责任人分担,而仅由应当承担责任的部分责任人终局性地承担所有责任。此种内部最终责任分配上的差异,才是不真正连带责任与连带责任的根本区别所在。例如,依照《民法典》侵权责任编中的第1203条关于生产者与销售者的产品责任的规定,产品责任的责任形态即为不真正连带责任,生产者或者销售者一方承担责任后,如另一方为最终责任人,则先行承担责任的一方可向对方追偿。不真正连带责任不仅存在于侵权责任领域,在合同责任中亦有体现。例如,根据《民法典》第699条,同一债务有两个以上保证人,各保证人如未明确约定相互之间承担连带责任,则债权人虽然可以请求任何一个保证人在其保证范围内承担保证责任,但保证人承担责任后仅能向主债务人追偿,而不能向其他保证人追偿。由此可知,各保证人并不承担连带责任。不过,保证人与债务人之间则构成不真正连带责任关系,其内部责任应当由债务人终局性地承担。

(二)协同之债对应的民事责任形式

史尚宽先生将"协同之债"界定为:"以不可分给付为标的,而且一债权人或一债务人不得为全部履行之请求或为全部履行之债。"③从比较法来看,也有立法将协同之债推广至共有关系,即只要各共有人在债的实现上存在协同关系,其相互之间就构成广义的协同之债。

协同之债包括协同债权和协同债务。在关于民事责任的讨论中,主要涉及协同债务问题。协同之债的本质特征在于其"协同性""共同实施性"。因此,就协同债务而言,其必须由全体债务人履行,部分债务人不得单独履行该给

---

① 参见史尚宽:《债法总论》,中国政法大学出版社2000年版,第672页。
② 参见张新宝:《我国侵权法中的补充责任》,载《法学杂志》2010年第6期。
③ 史尚宽:《债法总论》,中国政法大学出版社2000年版,第699页。

付。① 并且，协同债务并不因部分债务人的履行而整体消灭。但是，当违反协同之债的民事责任转化为强制性的金钱赔偿责任时，债务人之间的协作关系基础已经丧失。此时，考虑到在协同债务中，各债务人之间存在协作关系，相互间联系较为紧密，为便利债权人权利实现，在协同债务人对外责任的承担上，不妨参照适用连带责任的规则。此种观点在司法实践中亦有体现：共有房屋的数个出卖人因未按照合同约定办理涉案房屋的过户手续而违约，法院判决上述各出卖人对债权人承担赔偿责任，但并未确定各出卖人应当支付的赔偿数额。②

四、关于在连带责任案件中共同被告的追加问题

《民事诉讼法解释》第 74 条对追加原告的情形作出了规定，但未对追加被告的情形作出明确规定。在缺乏明确规则的情况下，在连带责任案件中申请追加被告的，可按照以下情形区分处理：第一，在涉及连带责任及不真正连带责任的案件中，由于各连带责任人本应对外承担全部责任，为非必要共同诉讼，此时，应尊重当事人的意愿。原告拒绝追加且放弃对被申请追加为被告的当事人的诉讼请求的，人民法院可以不予追加，已参加诉讼的被告对原告承担全部赔偿责任。第二，在涉及补充责任的案件中，由于复数责任人之间在责任承担上存在先后次序，序后责任人实际承担的责任受到序先责任人责任承担情况的影响，故前者申请追加后者的，人民法院经审查情况属实的应予追加。第三，虽然不符合追加为共同被告条件，但被申请追加当事人参加诉讼有利于查清案件事实的，人民法院可以将其列为第三人。另外，现行司法解释中也有关于被告申请追加被告或人民法院依照职权直接追加被告的规定③，也可以在相关案件中适用。

---

① 参见李中原：《多数人之债的类型建构》，载《法学研究》2019 年第 2 期。
② 参见顾鎏与徐森、俞薇等房屋买卖合同纠纷案，江苏省常州市中级人民法院（2019）苏 04 民终 942 号民事判决书。
③ 参见《最高人民法院关于审理食品药品纠纷案件适用法律若干问题的规定》（2021 年修正）第 10 条第 2 款规定："消费者仅起诉挂靠者或者被挂靠者的，必要时人民法院可以追加相关当事人参加诉讼。"《最高人民法院关于审理民间借贷案件适用法律若干问题的规定》（2020 年修正）第 4 条："保证人为借款人提供连带责任保证，出借人仅起诉借款人的，人民法院可以不追加保证人为共同被告；出借人仅起诉保证人的，人民法院可以追加借款人为共同被告。保证人为借款人提供一般保证，出借人仅起诉保证人的，人民法院应当追加借款人为共同被告；出借人仅起诉借款人的，人民法院可以不追加保证人为共同被告。"

类案检索

江西省上饶市人民检察院诉张某等生态破坏民事公益诉讼案

关键词： 民事公益诉讼　生态破坏　共同侵权　连带责任

裁判摘要： 数行为人使用打岩钉的方式攀爬巨蟒峰，该行为明显属于对环境资源的损害，检察院有权提起生态破坏民事公益诉讼。综合考虑巨蟒峰作为世界自然遗产的珍稀性，张某等的行为造成的后果的严重性以及社会影响的广泛性，同时在兼顾张某等的经济条件和赔偿能力等具体问题的基础上，酌定张某等三人连带赔偿环境资源损失计600万元、支付专家费15万元，并在全国性媒体上刊登公告，向社会公众赔礼道歉。本案中，虽然张某具体实施了打岩钉的行为，但其余二人在攀爬过程中为其提供攀爬工具、固定绳索、设置无人机采景等行为表明，三人在事前、始终均具有使用打岩钉的方法攀爬巨蟒峰的共同意思，虽分工不同但彼此之间存在协作和支持。故本案中张某等三人构成共同侵权，应当依法承担连带责任。

【案　　号】（2020）赣民终317号
【审理法院】 江西省高级人民法院

第一百七十九条　承担民事责任的方式主要有：

（一）停止侵害；

（二）排除妨碍；

（三）消除危险；

（四）返还财产；

（五）恢复原状；

（六）修理、重作、更换；

（七）继续履行；

（八）赔偿损失；

（九）支付违约金；

（十）消除影响、恢复名誉；

（十一）赔礼道歉。

法律规定惩罚性赔偿的，依照其规定。

本条规定的承担民事责任的方式，可以单独适用，也可以合并适用。

▶ 关联规定

法律、行政法规、司法解释[①]

1.《中华人民共和国民法典》

第一百五十七条　民事法律行为无效、被撤销或者确定不发生效力后，行为人因该行为取得的财产，应当予以返还；不能返还或者没有必要返还的，应当折价补偿。有过错的一方应当赔偿对方由此所受到的损失；各方都有过错的，应当各自承担相应的责任。法律另有规定的，依照其规定。

第二百三十五条　无权占有不动产或者动产的，权利人可以请求返还

---

① 本条是关于承担民事责任的方式的一般性规定，在《民法典》及其他单行法律中有大量关于民事责任承担方式的相关规定，无法一一列举，故这里只做部分列举。

原物。

第二百三十六条 妨害物权或者可能妨害物权的，权利人可以请求排除妨害或者消除危险。

第二百三十七条 造成不动产或者动产毁损的，权利人可以依法请求修理、重作、更换或者恢复原状。

第二百三十八条 侵害物权，造成权利人损害的，权利人可以依法请求损害赔偿，也可以依法请求承担其他民事责任。

第五百条 当事人在订立合同过程中有下列情形之一，造成对方损失的，应当承担赔偿责任：

（一）假借订立合同，恶意进行磋商；

（二）故意隐瞒与订立合同有关的重要事实或者提供虚假情况；

（三）有其他违背诚信原则的行为。

第五百七十七条 当事人一方不履行合同义务或者履行合同义务不符合约定的，应当承担继续履行、采取补救措施或者赔偿损失等违约责任。

第五百八十二条 履行不符合约定的，应当按照当事人的约定承担违约责任。对违约责任没有约定或者约定不明确，依据本法第五百一十条的规定仍不能确定的，受损害方根据标的的性质以及损失的大小，可以合理选择请求对方承担修理、重作、更换、退货、减少价款或者报酬等违约责任。

第五百八十四条 当事人一方不履行合同义务或者履行合同义务不符合约定，造成对方损失的，损失赔偿额应当相当于因违约所造成的损失，包括合同履行后可以获得的利益；但是，不得超过违约一方订立合同时预见到或者应当预见到的因违约可能造成的损失。

第九百九十五条 人格权受到侵害的，受害人有权依照本法和其他法律的规定请求行为人承担民事责任。受害人的停止侵害、排除妨碍、消除危险、消除影响、恢复名誉、赔礼道歉请求权，不适用诉讼时效的规定。

第一千条 行为人因侵害人格权承担消除影响、恢复名誉、赔礼道歉等民事责任的，应当与行为的具体方式和造成的影响范围相当。

行为人拒不承担前款规定的民事责任的，人民法院可以采取在报刊、网络等媒体上发布公告或者公布生效裁判文书等方式执行，产生的费用由行为人负担。

第一千一百六十七条 侵权行为危及他人人身、财产安全的，被侵权人有权请求侵权人承担停止侵害、排除妨碍、消除危险等侵权责任。

第一千一百八十五条 故意侵害他人知识产权，情节严重的，被侵权人有权请求相应的惩罚性赔偿。

第一千一百九十五条 网络用户利用网络服务实施侵权行为的，权利人有权通知网络服务提供者采取删除、屏蔽、断开链接等必要措施。通知应当包括构成侵权的初步证据及权利人的真实身份信息。

网络服务提供者接到通知后，应当及时将该通知转送相关网络用户，并根据构成侵权的初步证据和服务类型采取必要措施；未及时采取必要措施的，对损害的扩大部分与该网络用户承担连带责任。

权利人因错误通知造成网络用户或者网络服务提供者损害的，应当承担侵权责任。法律另有规定的，依照其规定。

第一千二百零五条 因产品缺陷危及他人人身、财产安全的，被侵权人有权请求生产者、销售者承担停止侵害、排除妨碍、消除危险等侵权责任。

第一千二百零七条 明知产品存在缺陷仍然生产、销售，或者没有依据前条规定采取有效补救措施，造成他人死亡或者健康严重损害的，被侵权人有权请求相应的惩罚性赔偿。

第一千二百三十二条 侵权人违反法律规定故意污染环境、破坏生态造成严重后果的，被侵权人有权请求相应的惩罚性赔偿。

2.《中华人民共和国食品安全法》

第一百四十一条 违反本法规定，编造、散布虚假食品安全信息，构成违反治安管理行为的，由公安机关依法给予治安管理处罚。

媒体编造、散布虚假食品安全信息的，由有关主管部门依法给予处罚，并对直接负责的主管人员和其他直接责任人员给予处分；使公民、法人或者其他组织的合法权益受到损害的，依法承担消除影响、恢复名誉、赔偿损失、赔礼道歉等民事责任。

第一百四十八条 消费者因不符合食品安全标准的食品受到损害的，可以向经营者要求赔偿损失，也可以向生产者要求赔偿损失。接到消费者赔偿要求的生产经营者，应当实行首负责任制，先行赔付，不得推诿；属于生产者责任的，经营者赔偿后有权向生产者追偿；属于经营者责任的，生产者赔偿后有权向经营者追偿。

生产不符合食品安全标准的食品或者经营明知是不符合食品安全标准的食

品，消费者除要求赔偿损失外，还可以向生产者或者经营者要求支付价款十倍或者损失三倍的赔偿金；增加赔偿的金额不足一千元的，为一千元。但是，食品的标签、说明书存在不影响食品安全且不会对消费者造成误导的瑕疵的除外。

3.《中华人民共和国消费者权益保护法》

第二十四条　经营者提供的商品或者服务不符合质量要求的，消费者可以依照国家规定、当事人约定退货，或者要求经营者履行更换、修理等义务。没有国家规定和当事人约定的，消费者可以自收到商品之日起七日内退货；七日后符合法定解除合同条件的，消费者可以及时退货，不符合法定解除合同条件的，可以要求经营者履行更换、修理等义务。

依照前款规定进行退货、更换、修理的，经营者应当承担运输等必要费用。

第四十九条　经营者提供商品或者服务，造成消费者或者其他受害人人身伤害的，应当赔偿医疗费、护理费、交通费等为治疗和康复支出的合理费用，以及因误工减少的收入。造成残疾的，还应当赔偿残疾生活辅助具费和残疾赔偿金。造成死亡的，还应当赔偿丧葬费和死亡赔偿金。

第五十条　经营者侵害消费者的人格尊严、侵犯消费者人身自由或者侵害消费者个人信息依法得到保护的权利的，应当停止侵害、恢复名誉、消除影响、赔礼道歉，并赔偿损失。

第五十二条　经营者提供商品或者服务，造成消费者财产损害的，应当依照法律规定或者当事人约定承担修理、重作、更换、退货、补足商品数量、退还货款和服务费用或者赔偿损失等民事责任。

第五十五条　经营者提供商品或者服务有欺诈行为的，应当按照消费者的要求增加赔偿其受到的损失，增加赔偿的金额为消费者购买商品的价款或者接受服务的费用的三倍；增加赔偿的金额不足五百元的，为五百元。法律另有规定的，依照其规定。

经营者明知商品或者服务存在缺陷，仍然向消费者提供，造成消费者或者其他受害人死亡或者健康严重损害的，受害人有权要求经营者依照本法第四十九条、第五十一条等法律规定赔偿损失，并有权要求所受损失二倍以下的惩罚性赔偿。

4.《最高人民法院关于审理环境侵权责任纠纷案件适用法律若干问题的解释》

第十二条 被申请人具有环境保护法第六十三条规定情形之一,当事人或者利害关系人根据民事诉讼法第一百条或者第一百零一条规定申请保全的,人民法院可以裁定责令被申请人立即停止侵害行为或者采取防治措施。

第十三条 人民法院应当根据被侵权人的诉讼请求以及具体案情,合理判定侵权人承担停止侵害、排除妨碍、消除危险、修复生态环境、赔礼道歉、赔偿损失等民事责任。

5.《最高人民法院关于审理海洋自然资源与生态环境损害赔偿纠纷案件若干问题的规定》

第六条 依法行使海洋环境监督管理权的机关请求造成海洋自然资源与生态环境损害的责任者承担停止侵害、排除妨碍、消除危险、恢复原状、赔礼道歉、赔偿损失等民事责任的,人民法院应当根据诉讼请求以及具体案情,合理判定责任者承担民事责任。

6.《最高人民法院关于审理生态环境损害赔偿案件的若干规定(试行)》

第十一条 被告违反国家规定造成生态环境损害的,人民法院应当根据原告的诉讼请求以及具体案情,合理判决被告承担修复生态环境、赔偿损失、停止侵害、排除妨碍、消除危险、赔礼道歉等民事责任。

7.《最高人民法院关于审理消费民事公益诉讼案件适用法律若干问题的解释》

第十三条 原告在消费民事公益诉讼案件中,请求被告承担停止侵害、排除妨碍、消除危险、赔礼道歉等民事责任的,人民法院可予支持。

经营者利用格式条款或者通知、声明、店堂告示等,排除或者限制消费者权利、减轻或者免除经营者责任、加重消费者责任,原告认为对消费者不公平、不合理主张无效的,人民法院应依法予以支持。

8.《最高人民法院关于审理因垄断行为引发的民事纠纷案件应用法律若干问题的规定》

第十四条 被告实施垄断行为,给原告造成损失的,根据原告的诉讼请求和查明的事实,人民法院可以依法判令被告承担停止侵害、赔偿损失等民事责任。

根据原告的请求,人民法院可以将原告因调查、制止垄断行为所支付的合理开支计入损失赔偿范围。

9.《最高人民法院关于审理侵害知识产权民事案件适用惩罚性赔偿的解释》

第一条 原告主张被告故意侵害其依法享有的知识产权且情节严重,请求判令被告承担惩罚性赔偿责任的,人民法院应当依法审查处理。

本解释所称故意,包括商标法第六十三条第一款和反不正当竞争法第十七条第三款规定的恶意。

▶ 条文释义

一、本条主旨

本条是关于民事责任承担方式的规定。

二、条文演变

本条系沿用了原《民法总则》第179条关于民事责任承担方式的规定。原《民法总则》第179条继承自原《民法通则》第134条。

民事主体应当依照法律规定或者当事人的约定履行民事义务。民事主体不履行或者不完全履行民事义务的,应当承担民事责任。民事责任的承担方式是落实民事责任的具体形式,缺少具体承担方式的民事责任没有威慑力。随着经济社会的迅速发展,社会需求的不断多样化,民事责任的承担方式也需要适应人们的多元化需求。原《民法通则》第134条第1款规定:"承担民事责任的方式主要有:(一)停止侵害;(二)排除妨碍;(三)消除危险;(四)返还财产;(五)恢复原状;(六)修理、重作、更换;(七)赔偿损失;(八)支付违约金;(九)消除影响、恢复名誉;(十)赔礼道歉。"从原《民法通则》的实施效果看,多样化的责任承担方式对保护民事主体的民事权益发挥了积极作用。原《民法通则》对民事责任承担方式的规定适应了经济社会的发展趋势,在进一步总结我国民事立法和司法实践的基础上,原《民法总则》第179条对民事责任承担方式作了更加系统、全面的规定。主要变化体现在以下方面:一是增加继续履行这一责任承担方式。将继续履行这一责任承担方式提升至民法的总则中进行规定,在各民法分则中原则上都可以适用继续履行这一责任承方式。二是增加惩罚性赔偿制度的规定。这是我国民法为适应时代发展、法治需求以及各民事部门法律发展进步趋势所作的重要规定。三是删除有关民事制裁方式的规定。原《民法总则》未保留原《民法通则》第134条第3款规定的"人民法院审理民事案件，除适用上述规定外，还可以予以训诫、责令具结悔过，收缴进行非法活动的财物和非法所得，并可以依照法律规定处以罚款、拘留"。民事责任承担方式是对当事人民事权益的救济方式，适用于平等民事主体之间，是一个民事主体对另一个民事主体所应承担的法律后果。而民事制裁方式是国家对民事违法行为人采取的强制处罚措施方式，其目的在于制裁行为人，通过民事制裁所取得的财产应当上缴国库而不直接用于救济受害人。鉴于民事制裁方式与民事责任承担方式在性质上的差异，不宜在有关民事责任承担方式的条文中规定民事制裁方式。条文修改后，在民事诉讼中人民法院仍然可以根据《民事诉讼法》等相关法律的规定，对符合适用条件的当事人采取适当形式的民事制裁方式。

三、条文解读

本条第1款规定了承担民事责任的具体方式；第2款规定了惩罚性赔偿的适用；第3款规定了民事责任的适用方法。

（一）关于承担民事责任的主要方式

1. 停止侵害

停止侵害是指行为人实施的违法行为仍在继续中，行为人应当立即停止侵害行为。对于任何正在实施违法行为的不法行为人都可以适用这种民事责任方式。停止侵害的主要作用在于能够及时制止侵害行为，防止扩大侵害后果，比如，随着网络技术的发展，出现了网络侵权这种新的侵权形态，网络侵权具有快速性、广泛性等特点，为了防止损害后果进一步扩大，就必须采取停止侵害等侵害责任方式。这种民事责任方式以侵权行为或者其他违法行为正在进行或仍在延续为适用条件，不适用于侵权行为尚未发生或者已经终止的情况。受害人请求人民法院责令停止侵害实际上是要求侵害人不实施某种侵害行为，即不作为。人民法院根据案件具体情况，可以在审理之前或者审理过程中作出停止侵害令，也可以在判决中责令行为人停止侵害。

2. 排除妨碍

排除妨碍是指行为人实施的行为使他人无法行使或者不能正常行使人身、财产权利，受害人可以要求行为人排除妨碍权利实施的障碍。行为人不排除妨碍时，受害人可以请求人民法院责令其排除妨碍。受害人请求排除的妨碍必须是不法的，如果行为人的妨碍行为是正当行使权利的行为，则行为人可以拒绝受害人的请求。受害人也可以自己排除妨碍，排除妨碍的费用由行为人承担。

3. 消除危险

消除危险是指行为人的行为或者其管理下的物件对他人的人身或财产安全造成威胁，或者存在侵害他人人身或财产的可能，行为人应当采取有效措施将危险因素予以消除。如房屋由于年久失修随时有可能倒塌，危及相邻人的人身、财产安全，但房屋的所有人不采取措施时，其他受影响的人可以请求该房屋的所有人采取措施消除危险。危险状态的存在是适用消除危险这一责任承担方式的前提条件，危险状态应当具有造成现实损害的可能性，但是损害又尚未实际发生。

4. 返还财产

返还财产是指行为人无权占有他人财产，应当将财产返还给实际权利人。没有法律或者合同依据而占有他人财产构成无权占有，比如原来依据合同占有他人财产但合同无效或者被撤销，行为人应当返还该财产。作为民事责任承担方式的返还财产一般是指返还原物。《民法典》总则编第157条规定：民事法律行为无效、被撤销或者确定不发生效力后，行为人因该行为取得的财产，应当予以返还。《民法典》物权编第235条规定：无权占有不动产或者动产的，权利人可以请求返还原物。有权请求返还财产的主体一般是该财产的所有权人，但财产被他人合法占有期间，该财产被第三人非法占有的，该合法占有人也可以请求返还财产。财产仍然存在是适用返还财产责任这一方式的前提，如果财产已经灭失，受害人可以请求赔偿损失，如果财产已经损坏的，受害人可以选择适用返还财产、恢复原状或者赔偿损失等责任方式。

5. 恢复原状

恢复原状是指将受损财产恢复到被侵犯前的原有状态。当财产被非法侵害遭到损坏时，如果能够修理，则财产所有人或相关权利人有权要求加害人通过修理以恢复财产原有的状态。若修理后不能完全恢复到受损前状况的，权利人可以对该财产的价值贬损部分请求赔偿。适用恢复原状时应当满足以下条件：

一是可能性。受到损坏的财产仍然存在且恢复原状有可能。受到损坏的财产不存在的，或者恢复原状不可能的，受害人可以请求赔偿损失。二是必要性。受害人认为恢复原状是必要的，并且具有经济上的合理性。如果恢复原状没有经济上的合理性，则不能适用该责任方式。

6. 修理、重作、更换

修理、重作、更换是指交付的标的物不符合约定要求的质量标准，债务人应当对该标的物进行修理、更换或者重作。修理包括对产品、工作成果等标的物质量瑕疵的修补，也包括对服务质量瑕疵的改善，当通过修理无法实现约定的或者法定的质量标准时，权利人可以请求违约方更换或者重作。修理、重作、更换主要适用于各种违约责任，包括实际违约、预期违约以及加害给付，是违反合同后所采取的补救措施。修理、重作、更换不是侵权行为的民事责任承担方式，不将其视为恢复原状这一责任承担形式的具体形式，如果将损坏的财产修理复原，则是承担恢复原状的责任。《民法典》合同编第582条规定：履行不符合约定的，应当按照当事人的约定承担违约责任。对违约责任没有约定或者约定不明确，依据本法第510条的规定仍不能确定的，受损害方根据标的的性质以及损失的大小，可以合理选择请求对方承担修理、重作、更换、退货、减少价款或者报酬等违约责任。另外，有关部门法律法规的具体规定，比如《消费者权益保护法》以及部门规章等关于商品"三包"的规定，是对这一责任承担方式的进一步细化。

7. 继续履行

继续履行是指当事人一方不履行合同义务或者履行合同义务不符合约定的，对方当事人可以要求其按照合同约定履行义务。当事人订立合同都是追求一定的目的，合同目的的实现直接体现在对合同标的的履行。继续履行是违约责任承担的一种典型形式。《民法典》合同编第577条规定：当事人一方不履行合同义务或者履行合同义务不符合约定的，应当承担继续履行、采取补救措施或者赔偿损失等违约责任。合同标的具有履行可能是适用继续履行这一责任承担方式的前提。如果不具备履行可能性，比如特定标的物已经灭失，当事人一方可以请求承担赔偿损失、支付违约金等责任。

8. 赔偿损失

赔偿损失是指行为人向受害人支付一定额数的金钱以弥补其损失。"有损害必有救济"的核心在于损害赔偿，使受到损害的权利得到救济，使受害人能恢复到未受到损害前的状态。赔偿损失是最基本的民事责任承担方式，无论是违约责任还是侵权责任，通常都要用到赔偿损失。一般认为，侵权法上的赔偿损失包括财产损害赔偿、人身损害赔偿和精神损害赔偿三种，合同法上的赔偿损失并不包括精神损害赔偿，但损害赔偿仍是侵权责任法和合同法中救济损害的最基本形式。《民法典》人格权编第996条规定：因当事人一方的违约行为，损害对方人格权并造成严重精神损害，受损害方选择请求其承担违约责任的，不影响受损害方请求精神损害赔偿。《民法典》侵权责任编第1179条规定：侵害他人造成人身损害的，应当赔偿医疗费、护理费、交通费、营养费、住院伙食补助费等为治疗和康复支出的合理费用，以及因误工减少的收入。造成残疾的，还应当赔偿辅助器具费和残疾赔偿金；造成死亡的，还应当赔偿丧葬费和死亡赔偿金。第1184条规定：侵害他人财产的，财产损失按照损失发生时的市场价格或者其他合理方式计算。第1182条规定：侵害他人人身权益造成财产损失的，按照被侵权人因此受到的损失或者侵权人因此获得的利益赔偿；被侵权人因此受到的损失以及侵权人因此获得的利益难以确定，被侵权人和侵权人就赔偿数额协商不一致，向人民法院提起诉讼的，由人民法院根据实际情况确定赔偿数额。

9. 支付违约金

支付违约金是指违反合同约定的一方当事人按照合同约定或者法律规定向对方支付一定数额的金钱。一般而言，违约金的标的物是金钱，但是当事人也可以约定违约金的标的物为其他形式的财产。根据产生的依据不同，违约金分为法定违约金和约定违约金两种。法定违约金是由法律直接规定违约的情形和应当支付违约金的数额，当事人一方发生法律规定的违约情况时，应当按照法律规定的数额向对方支付违约金。比如，一般认为人民银行关于逾期罚息的规定属于法定违约金。约定违约金是基于当事人的合同约定而产生的，一方违约时，违约方应当按照约定支付违约金。《民法典》合同编中的第585条第1款和第2款规定：当事人可以约定一方违约时应当根据违约情况向对方支付一定数额的违约金，也可以约定因违约产生的损失赔偿额的计算方法。如果约定的违约金低于造成的损失的，当事人可以请求人民法院或者仲裁机构予以增加；约定的违约金过分高于造成的损失的，当事人可以请求人民法院或者仲裁机构予以适当减少。另外，根据《民法典》第585条第3款的规定，如果当事人专门就迟延履行约定违约金的，该违约金仅是违约方对其迟延履行所承担的违约责任，违约方支付违约金后还应当继续履行义务。

10. 消除影响、恢复名誉

消除影响、恢复名誉是指根据受害人的请求，行为人在一定范围内采取适当方式消除对受害人名誉的不利影响以使其名誉得到恢复。通常需要根据侵害行为所造成的影响和受害人名誉受损的后果，采取程度不同的措施给受害人消除不良影响，比如在报刊上或者网络上发表文章损害他人名誉权的，应当在曾刊载该文章的报刊或者网站上发表书面声明，对错误内容进行更正。消除影响、恢复名誉主要适用于侵害名誉权的情形，因为消除影响、恢复名誉通常是公开进行的，所以一般不适用于侵害隐私权的情形。

11. 赔礼道歉

赔礼道歉是指侵权行为人向受害人承认错误，表示歉意，以求得受害人原谅。在某些案件中，受害人并不需要金钱赔偿，而是需要加害人的赔礼道歉，以满足人格尊严或者实现心理安慰的需求。赔礼道歉主要适用于侵害名誉权、荣誉权、隐私权、姓名权、肖像权等人格权益的情形。赔礼道歉主要分为口头道歉和书面道歉两种形式，可以是公开的，也可以私下进行。口头道歉由加害人直接向受害人表示，书面道歉以文字形式为之，可以登载在报刊上，张贴于有关场所，或者以信件的方式转交受害人。侵权人拒不执行赔礼道歉民事责任的，人民法院可以依据案件的实际情况来确定具体的赔礼道歉方式，相关费用由侵权人承担。

（二）关于惩罚性损害赔偿

本条第 2 款明确了惩罚性赔偿的法律规则。惩罚性赔偿是指当加害人以恶意、故意、欺诈等方式实施加害行为而致权利人受到损害的，权利人可以获得超过实际损害之外的额外赔偿。在传统上，我国民事责任法理论主张损害赔偿的补偿原则，强调损害赔偿的补偿性，即赔偿不能超过实际的损失，赔偿金的数额应当与实际损失相当。1993 年《消费者权益保护法》第 49 条规定了产品欺诈和服务欺诈双倍赔偿的惩罚性赔偿金，惩罚性赔偿在实践中取得了很好的社会效果。原《合同法》第 113 条进一步确认了惩罚性赔偿。原《侵权责任法》第 47 条规定生产者、销售者明知产品存在缺陷仍然生产、销售，造成他人死亡或者健康严重损害的，被侵权人有权请求相应的惩罚性损害赔偿责任。《民法典》侵权责任编规定了故意侵害知识产权的惩罚性赔偿（第 1185 条）、产品责任中的惩罚性赔偿（第1207条）以及环境污染、生态破坏责任中的惩罚性赔偿（第1232条），形成了较为完备的惩罚性赔偿法律体系。与补偿性赔偿相比，惩罚性赔偿是由赔偿和惩罚组成，主要针对具有不法性且道德上应受谴责性的行为，目的之一在于通过对义务人施以惩罚，阻止其重复实施恶意行为，并警示他人不要采取类似行为。

▶ 适用指引

一、关于惩罚性赔偿的适用

本条第2款仅对惩罚性赔偿作了原则性规定，由于惩罚性赔偿是赔偿损失的一种特别形式，在适用时还应以其他法律有明确规定为前提。比如《消费者权益保护法》第55条规定：经营者提供商品或者服务有欺诈行为的，应当按照消费者的要求增加赔偿其受到的损失，增加赔偿的金额为消费者购买商品的价款或者接受服务的费用的三倍；增加赔偿的金额不足500元的，为500元。法律另有规定的，依照其规定。经营者明知商品或者服务存在缺陷，仍然向消费者提供，造成消费者或者其他受害人死亡或者健康严重损害的，受害人有权要求经营者依照本法第49条、第51条等法律规定赔偿损失，并有权要求所受损失2倍以下的惩罚性赔偿。《食品安全法》第148条第2款规定：生产不符合食品安全标准的食品或者经营明知是不符合食品安全标准的食品，消费者除要求赔偿损失外，还可以向生产者或者经营者要求支付价款10倍或者损失3倍的赔偿金；增加赔偿的金额不足1000元的，为1000元。但是，食品的标签、说明书存在不影响食品安全且不会对消费者造成误导的瑕疵的除外。2001年建设部制定的《商品房销售管理办法》第20条对商品房面积"缺斤短两"问题规定"绝对值超出3%部分的房价款由房地产开发企业双倍返还买受人"。

二、关于民事责任承担方式的合并适用

本条规定了11种承担民事责任的方式，各有特点，可以单独采用一种方式，也可以采用多种方式。至于什么情况下单独适用、什么情况下合并适用，需要根据案件具体情况并依据有关法律、司法解释的具体规定来确定，其最终目的是满足充分救济受害人的需要。适用民事责任承担方式应当掌握的原则

是，如果适用一种责任方式不足以保护权利人的权利时，就应当同时适用其他的责任方式。例如，对于单纯的财产权利损害，可以单独采用赔偿损失的方式；对于生命权、身体权、健康权等的损害，可以赔偿财产损失，也可以赔偿精神损害；对名誉权、荣誉权、隐私权等的损害，可以单独采用消除影响、恢复名誉的责任方式，也可以并用消除影响、恢复名誉和损害赔偿的责任方式。

▶ 典型案例

一、徐某雯与宋某德、刘某达侵害名誉权民事纠纷案

关键词： 网络侵权　名誉权　过错程度　精神损害　消除影响

裁判摘要： 侵权人利用博客等互联网和其他媒体侵犯他人名誉权的，应当根据其行为的主观过错、侵权手段的恶劣程度、侵权结果等因素，承担与过错程度相适应的精神损害赔偿责任，同时还要承担停止侵害、消除影响以及赔礼道歉等民事责任。

基本案情： 2008年10月18日凌晨1时许，著名导演谢某因心源性猝死，逝世于酒店客房内。2008年10月19日至同年12月，宋某德向其开设的新浪网博客、搜狐博客、腾讯网博客上分别上传了《千万别学谢某这样死！》《谢某和刘××在海外有个重度脑瘫的私生子谢××！》等多篇文章，称谢某因性猝死而亡、谢某与刘××在海外育有一个重度脑瘫的私生子等内容。2008年10月28日至2009年5月5日，刘某达向其开设的搜狐网博客、网易网博客分别上传了《刘某达愿出庭作证谢某嫖妓死，不良网站何故暗箱操作撤博文？》《刘某达：美×确是李××女儿，照片确是我所拍》《宋某德十五大预言件件应验！》《宋某德的22大精准预言！》等文章，称谢某事件是其目睹、其亲自到海外见到了"谢某的私生子"等内容。

2008年10月至11月间，齐鲁电视台、成都商报社、新京报社、华西都市报社、黑龙江日报报业集团生活报社、天府早报社的记者纷纷通过电话采访了宋某德。宋某德称前述文章其有确凿证据，齐鲁电视台及各报社纷纷予以了报道。成都商报社记者在追问宋某德得知消息来源于刘某达后，还通过电话采访了刘某达。刘某达对记者称系自己告诉了宋某德，并作出了同其博客文章内容一致的描述。徐某雯以宋某德、刘某达侵害谢某名誉为由起诉，请求停止侵

害、撤销博客文章、在相关媒体上公开赔礼道歉并赔偿经济损失10万元和精神损害抚慰金40万元。

上海市静安区人民法院一审认为，博客注册使用人对博客文章的真实性负有法律责任，有避免使他人遭受不法侵害的义务。宋某德、刘某达各自上传诽谤文章在先，且宋某德称消息来源于刘某达的"亲耳所闻、亲眼所见"，而刘某达则通过向博客上传文章和向求证媒体叙述的方式，公然宣称其亲耳听见了事件过程并告诉了宋某德。两人不仅各自实施了侵权行为，而且对于侵犯谢某的名誉有意思联络，构成共同侵权。诽谤文章在谢某逝世的次日即公开发表，在此后报刊等媒体的求证过程中继续诋毁谢某名誉，主观过错十分明显。宋某德、刘某达利用互联网公开发表不实言论，使谢某的名誉在更大范围内遭到不法侵害，两被告的主观过错十分严重，侵权手段十分恶劣，使谢某遗孀徐某雯身心遭受重大打击。综上，判决宋某德、刘某达承担停止侵害、在多家平面和网络媒体醒目位置刊登向徐某雯公开赔礼道歉的声明，消除影响；并赔偿徐某雯经济损失89951.62元、精神损害抚慰金人民币200000元。宋某德、刘某达不服上诉，上海市第二中级人民法院维持原判，驳回上诉。

【案　　号】（2010）沪二中民一（民）终字第190号
【审理法院】上海市第二中级人民法院
【来　　源】《最高人民法院公布8起利用信息网络侵害人身权益典型案例（2014年10月10日）》第1号

二、殷某义诉武汉汉福超市有限公司汉阳分公司买卖合同纠纷案

关键词： 过期食品　买卖合同　惩罚性赔偿　举证不能

裁判摘要： 经营者销售过期食品属于明知食品不安全而销售的行为，依法应当承担惩罚性赔偿责任。消费者请求退还货款并支付价款十倍赔偿的，人民法院予以支持。人民法院将消费者提交的购物发票和所购食品以及向工商行政部门的申诉作为认定买卖食品的事实成立的标准，符合谁主张谁举证的原则，经营者不能提供相反证据否定该事实，应承担举证不能的责任。

基本案情： 2013年6月17日，殷某义向武汉汉福超市有限公司汉阳分公司（以下简称汉福超市）支付251元，购买桃花姬阿胶糕一盒，食品外包装载明的生产日期为2012年8月7日，保质期为10个月。购买后殷某义发现食品已过保质期，即向该超市要求退货无果，遂向湖北省武汉市汉阳区人民法院起

诉，请求汉福超市退还货款251元，十倍赔偿货款2510元，支付交通费3000元、精神抚慰金3000元。

一审法院认为，殷某义提供的购物发票可以证实其与汉福超市建立了买卖合同关系。关于殷某义现持有已过期并据以提起诉讼的桃花姬阿胶糕是否就是当时汉福超市所销售的商品的认定。殷某义提供了商品实物及购物发票，完成了证明消费者购物的举证责任，且殷某义于购买当日就向汉福超市反映情况要求退货，双方协商不成于同日就向武汉市工商行政管理局汉阳分局进行了申诉，殷某义反映产品质量问题很及时。汉福超市虽辩称殷某义要求退货的过期桃花姬阿胶糕不是汉福超市卖场提供的，但未向法院提交同期进货的证据证实不是汉福超市卖场销售的，与殷某义提供的桃花姬阿胶糕不是一批次产品。汉福超市不能提供完整的食品进货查验记录，应承担举证不能的责任。其出售超过保质期的食品是法律所禁止的行为。据此，一审法院依照《食品安全法》第96条的规定，判决汉福超市退还货款251元，十倍赔偿货款2510元，赔偿殷某义交通费500元。汉福超市以原审认定事实和适用法律有误为由提起上诉。武汉市中级人民法院二审认为，汉福超市主张本案所涉商品不是由其销售，但又不能提供充足的证据予以证明，且其对殷某义出具的购物发票没有异议，故对其该主张不予支持。汉福超市销售过期食品为法律所禁止，依法应承担赔偿责任。二审法院对其不是故意销售过期食品，不应承担赔偿责任的主张不予支持，判决维持原判。

【案　　号】（2014）鄂武汉中民二终字第00971号

【审理法院】湖北省武汉市中级人民法院

【来　　源】《最高人民法院发布10起消费者维权典型案例（2015年6月15日）》第1号

第一百八十条 因不可抗力不能履行民事义务的，不承担民事责任。法律另有规定的，依照其规定。

不可抗力是不能预见、不能避免且不能克服的客观情况。

关联规定

法律、行政法规、司法解释

1.《中华人民共和国民法典》

第一百九十四条 在诉讼时效期间的最后六个月内，因下列障碍，不能行使请求权的，诉讼时效中止：

（一）不可抗力；

（二）无民事行为能力人或者限制民事行为能力人没有法定代理人，或者法定代理人死亡、丧失民事行为能力、丧失代理权；

（三）继承开始后未确定继承人或者遗产管理人；

（四）权利人被义务人或者其他人控制；

（五）其他导致权利人不能行使请求权的障碍。

自中止时效的原因消除之日起满六个月，诉讼时效期间届满。

第五百六十三条 有下列情形之一的，当事人可以解除合同：

（一）因不可抗力致使不能实现合同目的；

（二）在履行期限届满前，当事人一方明确表示或者以自己的行为表明不履行主要债务；

（三）当事人一方迟延履行主要债务，经催告后在合理期限内仍未履行；

（四）当事人一方迟延履行债务或者有其他违约行为致使不能实现合同目的；

（五）法律规定的其他情形。

以持续履行的债务为内容的不定期合同，当事人可以随时解除合同，但是应当在合理期限之前通知对方。

第五百九十条 当事人一方因不可抗力不能履行合同的,根据不可抗力的影响,部分或者全部免除责任,但是法律另有规定的除外。因不可抗力不能履行合同的,应当及时通知对方,以减轻可能给对方造成的损失,并应当在合理期限内提供证明。

当事人迟延履行后发生不可抗力的,不免除其违约责任。

第六百五十三条 因自然灾害等原因断电,供电人应当按照国家有关规定及时抢修;未及时抢修,造成用电人损失的,应当承担赔偿责任。

第八百三十二条 承运人对运输过程中货物的毁损、灭失承担赔偿责任。但是,承运人证明货物的毁损、灭失是因不可抗力、货物本身的自然性质或者合理损耗以及托运人、收货人的过错造成的,不承担赔偿责任。

第八百三十五条 货物在运输过程中因不可抗力灭失,未收取运费的,承运人不得请求支付运费;已经收取运费的,托运人可以请求返还。法律另有规定的,依照其规定。

第一千二百三十七条 民用核设施或者运入运出核设施的核材料发生核事故造成他人损害的,民用核设施的营运单位应当承担侵权责任;但是,能够证明损害是因战争、武装冲突、暴乱等情形或者受害人故意造成的,不承担责任。

第一千二百三十八条 民用航空器造成他人损害的,民用航空器的经营者应当承担侵权责任;但是,能够证明损害是因受害人故意造成的,不承担责任。

第一千二百三十九条 占有或者使用易燃、易爆、剧毒、高放射性、强腐蚀性、高致病性等高度危险物造成他人损害的,占有人或者使用人应当承担侵权责任;但是,能够证明损害是因受害人故意或者不可抗力造成的,不承担责任。被侵权人对损害的发生有重大过失的,可以减轻占有人或者使用人的责任。

第一千二百四十条 从事高空、高压、地下挖掘活动或者使用高速轨道运输工具造成他人损害的,经营者应当承担侵权责任;但是,能够证明损害是因受害人故意或者不可抗力造成的,不承担责任。被侵权人对损害的发生有重大过失的,可以减轻经营者的责任。

2.《中华人民共和国民用航空法》

第一百二十四条 因发生在民用航空器上或者在旅客上、下民用航空器过程中的事件，造成旅客人身伤亡的，承运人应当承担责任；但是，旅客的人身伤亡完全是由于旅客本人的健康状况造成的，承运人不承担责任。

3.《中华人民共和国邮政法》

第四十八条　因下列原因之一造成的给据邮件损失，邮政企业不承担赔偿责任：

（一）不可抗力，但因不可抗力造成的保价的给据邮件的损失除外；

（二）所寄物品本身的自然性质或者合理损耗；

（三）寄件人、收件人的过错。

4.《中华人民共和国旅游法》

第六十七条　因不可抗力或者旅行社、履行辅助人已尽合理注意义务仍不能避免的事件，影响旅游行程的，按照下列情形处理：

（一）合同不能继续履行的，旅行社和旅游者均可以解除合同。合同不能完全履行的，旅行社经向旅游者作出说明，可以在合理范围内变更合同；旅游者不同意变更的，可以解除合同。

（二）合同解除的，组团社应当在扣除已向地接社或者履行辅助人支付且不可退还的费用后，将余款退还旅游者；合同变更的，因此增加的费用由旅游者承担，减少的费用退还旅游者。

（三）危及旅游者人身、财产安全的，旅行社应当采取相应的安全措施，因此支出的费用，由旅行社与旅游者分担。

（四）造成旅游者滞留的，旅行社应当采取相应的安置措施。因此增加的食宿费用，由旅游者承担；增加的返程费用，由旅行社与旅游者分担。

5.《医疗事故处理条例》

第三十三条　有下列情形之一的，不属于医疗事故：

（一）在紧急情况下为抢救垂危患者生命而采取紧急医学措施造成不良后果的；

（二）在医疗活动中由于患者病情异常或者患者体质特殊而发生医疗意外的；

（三）在现有医学科学技术条件下，发生无法预料或者不能防范的不良后果的；

（四）无过错输血感染造成不良后果的；

（五）因患方原因延误诊疗导致不良后果的；

（六）因不可抗力造成不良后果的。

6.《最高人民法院关于审理旅游纠纷案件适用法律若干问题的规定》

第十九条 旅游经营者或者旅游辅助服务者为旅游者代管的行李物品损毁、灭失，旅游者请求赔偿损失的，人民法院应予支持，但下列情形除外：

（一）损失是由于旅游者未听从旅游经营者或者旅游辅助服务者的事先声明或者提示，未将现金、有价证券、贵重物品由其随身携带而造成的；

（二）损失是由于不可抗力造成的；

（三）损失是由于旅游者的过错造成的；

（四）损失是由于物品的自然属性造成的。

7.《最高人民法院关于审理铁路运输人身损害赔偿纠纷案件适用法律若干问题的解释》

第五条 铁路行车事故及其他铁路运营事故造成人身损害，有下列情形之一的，铁路运输企业不承担赔偿责任：

（一）不可抗力造成的；

（二）受害人故意以卧轨、碰撞等方式造成的；

（三）法律规定铁路运输企业不承担赔偿责任的其他情形造成的。

▶ 条文释义

一、本条主旨

本条是关于不可抗力的概念及法律后果的规定。

二、条文演变

关于不可抗力作为免责事由，原《民法通则》第107条规定："因不可抗力不能履行合同或者造成他人损害的，不承担民事责任，法律另有规定的除外。"第153条规定："本法所称的'不可抗力'，是指不能预见、不能避免并不能克服的客观情况。"原《合同法》第117条规定："因不可抗力不能履行合同的，根据不可抗力的影响，部分或者全部免除责任，但法律另有规定的除外。当事人迟延履行后发生不可抗力的，不能免除责任。本法所称不可抗力，是指不能预见、不能避免并不能克服的客观情况。"原《侵权责任法》第29条规定："因不可抗力造成他人损害的，不承担责任。法律另有规定的，依照其规定。"原《民法总则》在第180条规定："因不可抗力不能履行民事义务的，不承担民事责任。法律另有规定的，依照其规定。不可抗力是指不能预见、不能避免且不能克服的客观情况。"《民法典》总则编保留了这一规定。

三、条文解读

同原《民法总则》一样，《民法典》总则编在民事责任部分对免责事由作了规定。免责事由，是指被告针对原告的诉讼请求而提出的，证明原告的诉讼请求不成立或不完全成立的事实。免责事由是针对承担民事责任的请求而提出来的，所以又称免责或减轻责任的事由，也叫做抗辩事由。① 不可抗力是各国和地区通例上最为典型的免责事由。所谓不可抗力，是指独立于人的行为之外，并且不受当事人意志所支配的不可预见、不可避免又不可抗拒的客观情况。从分类上讲，既有自然原因的不可抗力，比如地震、台风、海啸等，也有社会原因的不可抗力，比如战争、动乱等。不可抗力作为免责事由的根据是，让人们承担与其行为无关而又无法控制的事故后果，不仅对责任承担者来说是不公平的，也不能起到教育和约束人们行为的积极后果。依据这样的价值观念，将不可抗力作为免责事由，必须是不可抗力构成损害结果发生的原因。只有在损害完全是由不可抗力引起的情况下，才表明被告行为与损害结果之间毫无因果关系，同时表明被告没有过错，因此应被免除责任。②

以侵权责任为例，从侵权责任构成上，特别是就过错责任而言，不可抗力通常不仅阻却了因果关系这一要件，也否定了行为人过错要件，故行为人对相应损害后果不承担责任。同样，不可抗力也是违约责任的免责事由。此前，原《合同法》第117条规定："因不可抗力不能履行合同的，根据不可抗力的影响，部分或者全部免除责任，但法律另有规定的除外。当事人迟延履行后发生不可抗力的，不能免除责任。本法所称不可抗力，是指不能预见、不能避免并不能克服的客观情况。"《民法典》合同编第590条基本保留了这一规定，该条规定："当事人一方因不可抗力不能履行合同的，根据不可抗力的影响，部分或者全部免除责任，但是法律另有规定的除外。因不可抗力不能履行合同的，应当及时通知对方，以减轻可能给对方造成的损失，并应当在合理期限内提供

---

① 王利明、杨立新：《侵权行为法》，法律出版社1997年版，第76页。
② 杨立新：《侵权法论》，人民法院出版社2013年版，第350页。

证明。当事人迟延履行后发生不可抗力的，不免除其违约责任。"应该说，不可抗力作为民事责任的一般免责事由并在《民法典》总则编中予以规定，既符合实践需要，也符合《民法典》编纂关于民事责任规定的体系要求。

"不可预见"一般是指根据现有技术水平，对某事件的发生没有预知能力。人们对某种事件发生的预知能力取决于当代科学技术水平。某些事件的发生，在过去不可预见，但随着科学技术水平的发展，现在就可预见。例如，现在对天气预报的准确率达到百分之九十以上，人们对狂风暴雨的规避能力已大大提高。另外，人们对某事件发生的预知能力因人而异，有些人能预见到，也有些人预见不到。所以应当以一般人的预知能力作为标准。关于如何认识"不可避免并不能克服"，应是指当事人已经尽到最大努力和采取一切可以采取的措施，仍不能避免某种事件的发生或克服事件所造成的损害结果。"不可避免并不能克服"表明某种事件的发生和事件所造成的损害后果具有必然性。①

各国和地区的立法对不可抗力概念的规定不尽相同，理论界、实务界对不可抗力的理解也莫衷一是。概括起来有"客观说""主观说"和"折中说"。"客观说"强调不能避免并不能抗拒的客观情况，"主观说"强调当事人虽尽最大努力仍不能预见的客观情况，"折中说"强调当事人尽最大谨慎也不能预见、不能防止的事件为不可抗力。

通常情况下，因不可抗力不能履行民事义务的，不承担民事责任。但法律规定因不可抗力不能履行民事义务也要承担民事责任的，则需要依法承担民事责任。故本条第1款规定："因不可抗力不能履行民事义务的，不承担民事责任。法律另有规定的，依照其规定。"具体什么情况下应承担民事责任、承担责任的程度等要依照法律规定确定。例如，根据《民法典》侵权责任编第1238条、《民用航空法》第160条的规定，民用航空器造成他人损害的，民用航空器的经营人只有能够证明损害是武装冲突、骚乱造成的，或者是因受害人故意造成的，才能免除其责任。因自然灾害等不可抗力造成的，不能免除民用航空器经营人的责任。举例来说，民用飞机在空中遭雷击坠毁，造成地面人员伤亡。航空公司不能以不可抗力为由，对受害人予以抗辩。②

此外，在违约责任与侵权责任这两种主要民事责任类型中，我国现行法律

---

① 王胜明：《侵权责任法释义》，法律出版社2010年版，第147页。
② 黄薇主编：《中华人民共和国民法典总则编释义》，法律出版社2020年版，第475~476页。

有排除不可抗力为免责事由的规定。根据《民法典》合同编的规定,在下列两种情形下不能因不可抗力而免责:(1)金钱债务的迟延履行。在金钱债务未能及时履行时,无论迟延履行由何种原因引起,债务人都负继续履行的责任。(2)迟延履行后发生不可抗力,不能免除责任。此外,在违约责任中,不可抗力的法律后果并非当然全部免除违约责任,而应视不可抗力影响程度和给债务人造成的困难程度来分别处理。如果不可抗力只造成债务人的履行部分不能,则应变更合同关系,免除违约方部分违约责任。如果不可抗力仅造成债务人履行债务的暂时困难,则可要求债务人延期履行,但免除迟延履行的违约责任。①

适用指引

对于本条的适用,需要把握关于不可抗力的适用范围问题

按照本条规定,除法律有特别排除的规定外,不可抗力既可适用于侵权责任也可适用于违约责任。在侵权责任中,不可抗力可以适用于过错责任、过错推定责任和无过错责任。除此之外,在《民法典》总则编中将不可抗力作为免责事由,意味着在其他的民事责任承担中,除非法律有排除性规定,否则也要适用不可抗力免责规定,比如缔约过失责任。在法律适用上,如果有关法律法规、司法解释对于不可抗力适用有具体规定的,要依据该规定。主要有:

1. 在合同法领域,例如《民法典》合同编第590条规定的"当事人迟延履行后发生不可抗力的,不能免除责任"。

2. 在侵权责任中,法律规定排除不可抗力适用的情形主要针对部分无过错责任:(1)根据《民法典》侵权责任编第1237条和《国务院关于核事故损害赔偿责任问题的批复》,民用核设施经营人在发生核事故的情况下造成他人损害的,只有能够证明损害是因战争、武装冲突、暴乱等情形所引起,或者是因受害人故意造成的,才免除其责任。因属不可抗力的自然灾害造成他人损害的,不能免除核设施经营人的责任。(2)《民法典》侵权责任编第1238条规定:"民用航空器造成他人损害的,民用航空器的经营者应当承担侵权责任;

---

① 王利明主编:《中国民法典释评·总则编》,中国人民大学出版社2020年版,第462页。

但是，能够证明损害是因受害人故意造成的，不承担责任。"故因属于不可抗力的自然灾害造成的，不能免除民用航空器经营人的责任。（3）根据《邮政法》第48条第1项规定："因下列原因之一造成的给据邮件损失，邮政企业不承担赔偿责任：……（一）不可抗力，但因不可抗力造成的保价的给据邮件的损失除外。"给据邮件是指挂号信件、邮包、保价邮件等由邮政企业及其分支机构在收寄时出具收据，投递时要求收件人签收的邮件。据此，汇款和保价邮件即使由于不可抗力造成的损害，邮政企业也要对收件人承担赔偿责任。①

▶ 典型案例

张某诉开发商公司商品房预售合同纠纷案

关键词：合同解释　不可抗力　逾期交房　违约责任　诚信原则

裁判摘要：责任限制型格式条款本质上是一种风险转移约定，根据诚信原则，在签约时，经营者除了需要对条款内容进行重点提示，还应当对免责范围内已经显露的重大风险进行如实告知，以保护相对人的信赖利益。经营者故意隐瞒重大风险，造成相对人在信息不对称的情况下达成免责合意，应当认定相对人的真实意思表示中不包括承担被隐瞒的重大风险，免责合意范围仅限于签约后发生的不确定风险。在后续履约中，因恶意隐瞒重大风险最终导致违约情形发生，经营者主张适用免责条款排除自身违约责任的，人民法院不予支持，即在此种情形下，对不可抗力限责格式条款发生争议时，应认定诚信原则下的购房者的信赖利益价值高于开发商的责任风险限定利益，从而作出有利于购房者的解释。

基本案情：2015年，张某与开发商公司签订商品房预售合同，约定2015年12月31日前建房，同时约定：导致不能按期交房的"其他难以预计的客观情况"包括供水、供电、煤气、排水、通讯、网络、道路等公共配套设施的延误，发生上述情况不属于开发公司逾期交房，但开发公司应及时给张某通报上述情况；"因市政配套的批准与安装"等无法预计、无法避免或控制、无法克服的时间和情况，开发商公司可顺延约定的交房日期。2016年7月1日，开

---

① 最高人民法院民法典贯彻实施工作领导小组主编：《中华人民共和国民法典总则编理解与适用》，人民法院出版社2020年版，第907~908页。

发商公司交房。张某诉请支付逾期交房违约金。开发商公司以施工过程中出现小区沿河道路和煤气配套公共管道安装和对接的不可抗力情形而主张免责。

法院认为：系争责任限制条款属开发商公司事先拟定，并在房屋销售中重复使用的条款，属格式条款范畴。系争责任限制条款使用了小号字体，且根据当事人陈述的签约过程分析，开发商公司并未采取足以引起注意的方式对该条款予以说明。依《最高人民法院关于适用〈中华人民共和国合同法〉若干问题的解释（二）》第9条规定，张某可申请撤销该格式条款。系争责任限制条款虽以列举免责事项方式限制了逾期交房违约责任范围，但并未绝对免除开发商公司违约责任。因张某在法定的一年除斥期间内并未申请撤销该条款，故该条款仍属有效。配套工程施工虽不在开发商公司受让地块范围之内，但作为一家专业的房地产开发企业，配套工程出现延误的理论可能性是其在建造之初即能预见的，其制订系争责任限制条款目的亦正是在于防范此类风险，故系争责任限制条款所列举事项中包括"煤气、道路公共配套设施"，但在对此类事项概括性定义中使用了开发公司"难以预计""无法预见"表述，是对列举事项所作错误描述，此类事项不属于法定可免责的"不可抗力"范畴。但在列举事项已具体明确前提下，该表述并不影响双方就责任限制所达成的基础合意，不构成完全排除该条款适用事由。开发商公司明知配套工程完成是整体竣工验收前提条件，应对配套工程具体进展保持关注，据此预判实际可交房时间。从本案查明事实看，"配套工程延误导致逾期交付房屋"在2015年3月27日虽还不是确定发生的事实，但亦已不再是抽象的理论可能性，而是开发商公司已知的现实存在的显著风险。交房期限是购房者选择购房的重要考量因素，在未收到风险告知情况下，购房者无法对交房期限实际可行性进行有效评估，在签约时陷入了信息不对称的意思状态。开发商公司虽然期望障碍因素能在后续履行中消除，但土地征收问题导致的施工停滞是根本性的延误因素，该因素并非开发商公司可主观控制范围，且依常理判断，土地征收需履行法律规定程序，无法于短期内得到快速解决。在交房期限事实上存在重大不确定性前提下，开发商公司的风险隐瞒行为可能对购房者信赖利益造成实际损失，故开发商公司不能以后续可能追赶进度为由免除自身告知义务。系争预售合同签订时，开发商公司未对张某告知相应风险，违反了合同约定的告知义务。商品房预售合同是在建商品房的销售合同，不同购房者的签约时间对应着不同的建设进度，购房者不知晓具体进度情况，不具备对交房期限可行性的判断能力。而交房期限条款也是由开发商公司单方拟定的格式条款,其可根据实际建设进度在签约时调整交房期限。本案中,在未被告知已存在现实风险情况下,应认定购房者与开发商公司所达成责任限制合意,是建立在购房者对交房期限具有现实合理性的信赖基础上。由于开发商公司单方隐瞒了现实延误风险,且有能力重新规划交房期限,购房者有理由相信开发商公司对交房期限的现实可行性作出了承诺:该期限充分吸收了开发商公司已知的实际进度条件,原有风险事项能够及时消除,如未在后续履行中出现新的免责事项,则在该期限内能够实现交房,故张某主张双方约定的风险转移范围是针对后续履行中出现的风险事项,不应包括已纳入交房期限考量因素的现实条件,符合原《合同法》第125条的诚实信用解释原则。该原则下的购房者信赖利益价值高于格式条款提供者开发商公司的责任风险限定利益。交房期限条款与系争责任限制条款之间的互补逻辑关系应解释为:系争责任限制条款的适用范围限于签约后发生的不确定风险事项,不能适用于签约时被隐瞒的现实风险事项。开发商公司以配套工程延误为由,主张在本案中适用系争责任限制条款,抗辩张某的逾期交房违约金请求权,无事实与法律依据,不予支持。判决开发商公司支付张某逾期交房违约金3.2万余元。

【案　　号】(2017)沪01民终9095号
【审理法院】上海市第一中级人民法院
【来　　源】《最高人民法院公报》2019年第5期

第八章　民事责任 | 第一百八十一条

> 第一百八十一条　因正当防卫造成损害的，不承担民事责任。
>
> 正当防卫超过必要的限度，造成不应有的损害的，正当防卫人应当承担适当的民事责任。

▶ **关联规定**

法律、行政法规、司法解释

1.《中华人民共和国刑法》

第二十条　为了使国家、公共利益、本人或者他人的人身、财产和其他权利免受正在进行的不法侵害，而采取的制止不法侵害的行为，对不法侵害人造成损害的，属于正当防卫，不负刑事责任。

正当防卫明显超过必要限度造成重大损害的，应当负刑事责任，但是应当减轻或者免除处罚。

对正在进行行凶、杀人、抢劫、强奸、绑架以及其他严重危及人身安全的暴力犯罪，采取防卫行为，造成不法侵害人伤亡的，不属于防卫过当，不负刑事责任。

2.《最高人民法院关于适用〈中华人民共和国民法典〉总则编若干问题的解释》

第三十条　为了使国家利益、社会公共利益、本人或者他人的人身权利、财产权利以及其他合法权益免受正在进行的不法侵害，而针对实施侵害行为的人采取的制止不法侵害的行为，应当认定为民法典第一百八十一条规定的正当防卫。

第三十一条　对于正当防卫是否超过必要的限度，人民法院应当综合不法侵害的性质、手段、强度、危害程度和防卫的时机、手段、强度、损害后果等因素判断。

经审理，正当防卫没有超过必要限度的，人民法院应当认定正当防卫人不承担责任。正当防卫超过必要限度的，人民法院应当认定正当防卫人在造成不应有的损害范围内承担部分责任；实施侵害行为的人请求正当防卫人承担全部责任的，人民法院不予支持。

实施侵害行为的人不能证明防卫行为造成不应有的损害，仅以正当防卫人采取的反击方式和强度与不法侵害不相当为由主张防卫过当的，人民法院不予支持。

▶ 条文释义

一、本条主旨

本条是关于正当防卫及防卫过度的相关规定。

二、条文演变

原《民法通则》第128条规定："因正当防卫造成损害的，不承担民事责任。正当防卫超过必要的限度，造成不应有的损害的，应当承担适当的民事责任。"原《侵权责任法》第30条规定："因正当防卫造成损害的，不承担责任。正当防卫超过必要的限度，造成不应有的损害的，正当防卫人应当承担适当的民事责任。"原《民法总则》在综合各方意见的基础上将正当防卫作为民事责任承担的免责事由予以规定，更加彰显正当防卫作为免责事由的重要地位，从价值导向上充分肯定正当防卫行为本身的合法性，将原《民法通则》和《侵权责任法》关于正当防卫的规定进行整合，第181条规定："因正当防卫造成损害的，不承担民事责任。正当防卫超过必要的限度，造成不应有的损害的，正当防卫人应当承担适当的民事责任。"《民法典》总则编沿用了这一规定。

三、条文解读

所谓正当防卫，是指行为人为了保护社会公共利益、自身或者他人合法权益免受正在进行的紧迫侵害，针对这一非法侵害，在必要限度内采取的防卫措施。由于正当防卫本身具有正当性，是一种合法行为，因此在符合正当防卫构成要件的前提下，造成损害的，防卫人不承担赔偿责任。正当防卫作为一种免责事由的依据是该防卫行为的正当性、合法性。正当防卫是法律赋予公民的私力救济权利，是受法律鼓励的行为，目的是保护公民本人、他人不受侵犯。因此，在比较法上，正当防卫均为不承担责任和减轻责任的事由之一。①

本条并没有明确正当防卫的要件。我国《刑法》明确规定了正当防卫的内容，该法第20条第1款规定："为了使国家、公共利益、本人或者他人的人身、财产和其他权利免受正在进行的不法侵害，而采取的制止不法侵害的行为，对不法侵害人造成损害的，属于正当防卫，不负刑事责任。"此前，民法理论和实务也都是参照这一规定认定民事责任领域的正当防卫，为解决民事审判领域对正当防卫的认定，缺乏明确法律依据的问题，《民法典总则编解释》根据《民法典》的立法精神、我国司法实践的具体情况，并参考域外国家的规定，对正当防卫的认定作出了明确规定。

（一）正当防卫应当同时具备以下要件

1. 必须是为了使国家利益、社会公共利益、本人或者他人的人身、财产权利以及其他合法权益免受不法侵害而实施的。本条规定基本传承了原《民法通则》与原《侵权责任法》的规定，对正当防卫的内容没有明确规定，即没有明确规定是为了谁的利益而采取防卫行为。但根据《民法典总则编解释》第30条规定，正当防卫应是为了保护国家利益、社会公共利益、本人或者他人的人身、财产权利以及其他合法权益而实施的行为。

2. 必须有不法以及其他合法权益侵害行为发生。所谓"不法侵害行为"，是指对某种权利或者利益的侵害为法律所明文禁止，既包括犯罪行为，也包括其他违法的侵害行为。

3. 必须是正在进行的不法侵害。正当防卫的目的是制止不法侵害，避免危害结果发生，因此，不法侵害必须是正在进行的，而不是尚未开始或者已经实施完毕，或者实施者确已自动停止的。否则，就是防卫不适时，防卫人应当承担民事责任。

4. 必须是国家利益、社会公共利益、本人、他人的人身权利、财产权利以及其他合法权益遭受不法侵害，在来不及请求有关国家机关救助的情况下实施的防卫行为。

5. 必须是针对不法侵害者本人实行，即正当防卫行为不能对没有实施不法侵害行为的第三者（包括不法侵害者的家属）造成损害。

---

① 王利明主编：《中国民法典释评·总则编》，中国人民大学出版社2020年版，第465页。

此外，正当防卫不能明显超过必要限度造成损害。正当防卫是有益于社会的合法行为，但应受一定限度的制约，即正当防卫应以足以制止不法侵害为限。也有观点认为，防卫限度不是正当防卫的必要条件，根据《民法典》第181条第2款的文义，防卫过当也是正当防卫，只是应承担部分责任。此类观点分歧一般不影响司法适用。

只有同时满足以上要件，才能构成正当防卫，防卫人才能免予承担民事责任。

（二）正当防卫造成的损害

1. 遭受损害的主体

正当防卫一般仅指造成侵权人的损害。《民法典总则编解释》第30条规定，正当防卫是对"不法侵害人"造成的侵害。本条第1句"因正当防卫造成损害的"，这里的"造成损害"仅是指对侵害人造成的损害。

2. 遭受损害的客体

本条第1句"因正当防卫造成损害的"，这里的"造成损害"既包括对侵害人人身权利的损害，也包括对侵害人财产权利的损害。例如，甲在抢劫乙的过程中，乙抓伤了甲的脸，同时也撕坏了甲的衣服，乙对甲所造成的人身损失和财产损失都应免予承担民事责任。①

（三）正当防卫的法律后果

正当防卫的法律后果，是免除防卫人对所造成损害的民事责任。正当防卫一般仅指造成侵权人的损害。有人提出，受害人对侵权人进行正当防卫时，不慎造成了第三人的损害，也不应当承担责任。例如，甲拿棍棒击打乙，乙在夺取棍棒的过程中，由于用力过猛，不慎将围观者丙击伤。经过研究，认为这种情形可以适用"紧急避险"的规定解决。按《民法典》第182条的规定，因紧急避险造成损害的，由引起险情发生的人承担责任。在该案中，甲拿棍棒击打乙，乙在正当防卫的过程中造成了丙的伤害，甲是引起险情发生的人，应由甲对丙的损害承担责任。②

---

① 黄薇主编：《中华人民共和国民法典总则编释义》，法律出版社2020年版，第477~478页。
② 王胜明：《侵权责任法释义》，法律出版社2010年版，第152页。

（四）关于防卫过当的责任负担

正当防卫超过必要限度，即防卫过当。本条第 2 款规定："正当防卫超过必要的限度，造成不应有的损害的，正当防卫人应当承担适当的民事责任。"即在防卫过当的情形下，防卫人不能免责，而是要承担适当责任。正当防卫超过必要限度，造成不应有的损害的，应当承担适当的民事责任。根据《民法典总则编解释》第 31 条，这种适当的民事责任，应当包括以下意思：（1）防卫过当不能免除责任。承担适当的责任的含义是承担责任，而不是免责。因为民事责任是一种财产责任，赔偿具有补偿和制裁的双重性质，它不像刑罚那样是人身性质的而且没有补偿性质的责任。（2）对于防卫过当造成的损害，应当减轻民事责任。承担适当的责任中的"适当"，要求赔偿既要与防卫过当的损害后果适当，又要与案情适当，而且后者更为重要。因此，不应当受全部赔偿原则的限制，要适当减轻防卫人的责任。这是因为：一是防卫前提是侵害人的不法侵害，没有不法侵害就不会造成过当后果；二是防卫人在防卫过程中，特别是在情况较危急情况下，对反击行为的节制及对后果的预见是受到限制的，不应对防卫行为要求过高、过苛。（3）正当防卫超过必要限度的，人民法院应当认定正当防卫人在造成不必要的损害范围内承担部分责任。

▶ 适用指引

防卫过当的准确把握

此问题的关键在于对正当防卫必要限度的判断。依照民法理论，民法上的正当防卫行为只能与不法侵害相适应，一般不应超过不法侵害的强度。

如何确定和理解正当防卫的必要限度，学术界有各种各样的学说。多数意见认为，从权衡各方利益的角度考虑，既要有利于维护防卫人的权益，也要考虑到对不法行为人合法权益的保护，防卫行为应以足以制止不法侵害为必要限度。从防卫时间上讲，对于侵权人已经被制服或者侵权人已自动停止侵权行为的，防卫人不得再行攻击行为；从防卫手段来讲，能够用较缓和的手段进行有效防卫的情况下，不允许用激烈手段进行防卫。对于没有明显危及人身、财产等重大利益的不法侵害行为，不允许采取造成重伤等手段对侵权人进行防卫。① 对于正当防卫是否超过必要的限度，人民法院应当综合不法侵害的性质、手段、强度、危害程度和防卫的时机、手段、强度、损害后果等因素判断。具体而言，对正当防卫是否超过必要限度的判断，需要重点考虑两个方面的因素：（1）侵害行为的手段和强度。这涉及实施防卫行为的现实紧迫性问题。凡是侵害行为本身没有很大强度，不需要实施防卫行为也不会造成难以弥补的损失，只需要用较缓和的手段就足以制止该侵害而防卫人仍然选择了采用较强烈的手段并造成侵权人损害的，通常可以认定为超出必要限度。（2）防卫行为所保护权益与防卫行为所侵害权益的对比。如果所防卫的权益与防卫行为所侵害的权益显然不在同一位阶上，比如使用严重损害侵害者人身权的反击方法来保卫较小的财产利益，则应当认为是超过必要限度。②

▶ 典型案例

刘某与李某生生命权、健康权、身体权纠纷案

关键词： 不法侵害　正当防卫

裁判摘要： 公民在人身权利受到不法侵害时有采取必要的防卫措施的权利。

基本案情： 2015年12月19日下午，刘某的嫂子朱某红与李某生的妻子张某花因摊位问题发生肢体冲突。下午5时许，李某生遭到朱某红、朱某红的婆婆刘某英及朱某红的公公倪某安殴打。李某生为免受殴打逃走，但被继续追打。在此过程中，李某生曾捡起瓷砖自卫。此后，刘某拉住李某生的衣服阻止李某生逃走，李某生为挣脱用手掰刘某的手，致刘某右手第五掌骨骨折。刘某感觉疼痛松手后将李某生撂倒。刘某等人对李某生继续进行殴打，致李某生面部头部受伤。

生效裁判认为： 李某生遭到朱某红、刘某英、倪某安等人的殴打，其有躲避侵害、保护自己不受他人非法侵害的权利。李某生受到殴打后没有还手，而是躲避逃走，不具有故意侵害他人人身权利的故意，但其并没有因此免于殴

---

① 王胜明：《侵权责任法释义》，法律出版社2010年版，第152~153页。
② 最高人民法院民法典贯彻实施工作领导小组主编：《中华人民共和国民法典总则编理解与适用》，人民法院出版社2020年版，第912~913页。

打，而是被继续追打。刘某拉扯李某生的衣服，阻拦李某生躲避侵害，与其他人一起构成对李某生人身权利的侵害，其后将李某生撂倒并进行殴打的行为也可以证明其具有故意侵害李某生的主观故意。李某生为维护自己的人身安全瓣开刘某的手，是正当防卫，且未超过必要限度，其对刘某的损害不存在过错，依法不应承担赔偿责任。刘某故意阻拦李某生躲避危险，并将李某生撂倒殴打，与其他人一起构成对李某生人身权利的侵权，依法应承担侵权责任，赔偿李某生的损失。

【案　　号】（2017）苏06民终988号
【审理法院】江苏省南通市中级人民法院
【来　　源】《最高人民法院民法典总则编司法解释理解与适用》

第一百八十二条　因紧急避险造成损害的,由引起险情发生的人承担民事责任。

危险由自然原因引起的,紧急避险人不承担民事责任,可以给予适当补偿。

紧急避险采取措施不当或者超过必要的限度,造成不应有的损害的,紧急避险人应当承担适当的民事责任。

关联规定

法律、行政法规、司法解释

1.《中华人民共和国刑法》

第二十一条　为了使国家、公共利益、本人或者他人的人身、财产和其他权利免受正在发生的危险,不得已采取的紧急避险行为,造成损害的,不负刑事责任。

紧急避险超过必要限度造成不应有的损害的,应当负刑事责任,但是应当减轻或者免除处罚。

第一款中关于避免本人危险的规定,不适用于职务上、业务上负有特定责任的人。

2.《海洋倾废管理条例》

第十五条第一款　倾倒废弃物的船舶、航空器、平台和其他载运工具,凡属《中华人民共和国海洋环境保护法》第八十九条、第九十一条规定的情形,可免于承担赔偿责任。

3.《最高人民法院关于适用〈中华人民共和国民法典〉总则编若干问题的解释》

第三十二条　为了使国家利益、社会公共利益、本人或者他人的人身权利、财产权利以及其他合法权益免受正在发生的急迫危险,不得已而采取紧急措施的,应当认定为民法典第一百八十二条规定的紧急避险。

第八章 民事责任 | 第一百八十二条

第三十三条 对于紧急避险是否采取措施不当或者超过必要的限度，人民法院应当综合危险的性质、急迫程度、避险行为所保护的权益以及造成的损害后果等因素判断。

经审理，紧急避险采取措施并无不当且没有超过必要限度的，人民法院应当认定紧急避险人不承担责任。紧急避险采取措施不当或者超过必要限度的，人民法院应当根据紧急避险人的过错程度、避险措施造成不应有的损害的原因力大小、紧急避险人是否为受益人等因素认定紧急避险人在造成的不应有的损害范围内承担相应的责任。

▶ 条文释义

一、本条主旨

本条是关于紧急避险的规定。

二、条文演变

原《民法通则》第129条规定：如"因紧急避险造成损害的，由引起险情发生的人承担民事责任。如果危险是由自然原因引起的，紧急避险人不承担民事责任或者承担适当的民事责任。因紧急避险采取措施不当或者超过必要的限度，造成不应有的损害的，紧急避险人应当承担适当的民事责任。"原《侵权责任法》第31条规定："因紧急避险造成损害的，由引起险情发生的人承担责任。如果危险是由自然原因引起的，紧急避险人不承担责任或者给予适当补偿。紧急避险采取措施不当或者超过必要的限度，造成不应有的损害的，紧急避险人应当承担适当的责任。"原《民法总则》将原《民法通则》和原《侵权责任法》关于紧急避险的规定进行整合，在第182条规定："因紧急避险造成损害的，由引起险情发生的人承担民事责任。危险由自然原因引起的，紧急避险人不承担民事责任，可以给予适当补偿。紧急避险采取措施不当或者超过必要的限度，造成不应有的损害的，紧急避险人应当承担适当的民事责任。"《民法典》对原《民法总则》的规定予以沿用。

1597

三、条文解读

所谓紧急避险，是指为了社会公共利益、自身或者他人的合法利益免受更大的损害，在不得已的情况下采取的造成他人少量损失的紧急措施。紧急避险是一种合法行为，是在两种合法利益不可能同时都得到保护的情况下，不得已而采用牺牲其中较轻的利益，保全较重大利益的行为。[1] 危险有时来自人的行为，有时来自自然原因。不管危险来源于哪儿，紧急避险人避让风险、排除危险的行为都有其正当性、合法性，因此各国和地区通行做法都是将紧急避险作为免责情形之一。我国《刑法》也明确规定了紧急避险，该法第21条第1款和第2款规定："为了使国家、公共利益、本人或者他人的人身、财产和其他权利免受正在发生的危险，不得已采取的紧急避险行为，造成损害的，不负刑事责任。紧急避险超过必要限度造成不应有的损害的，应当负刑事责任，但是应当减轻或者免除处罚。"此前，我国民法理论和实务也都借鉴上述内容，对紧急避险的构成进行认定。为解决民事审判中紧急避险的认定问题，《民法典总则编解释》根据《民法典》的立法精神，结合我国司法实践，参考域外规定，对紧急避险的认定作出了明确规定。

具体而言，紧急避险行为须满足的构成要件有：

1.必须是为了使国家利益、社会公共利益以及其他合法权益本人、他人的人身、财产权利免受危险。这是对紧急避险的"险"所提的要求。也就是说紧急避险应是使国家利益、社会公共利益，本人或者他人的人身、财产权利和其他合法权益免受正在发生的危险，不得已采取的避险行为。

2.必须是对正在发生的危险，采取的紧急避险行为。如果危险尚未发生或者已经消除，或者虽然已经发生但不会对合法权益造成损害，则不能采取避险措施。某人基于对危险状况的错误认识甚至臆想而采取避险措施，造成他人利益损害的，当然构成侵权行为，应当承担民事责任。

3.必须是在不得已情况下采取避险措施。即该避险行为具有现实紧迫性，如果面对突然而遇的危险，不采取紧急避险措施，就会造成更大的损失，这时就要采取紧急避险行为。

此外，不能超过必要限度，这是对避险行为的限度要求。也就是说在面临

---

[1] 杨立新：《侵权法论》，人民法院出版社2013年版，第356页。

紧急危险时，实施紧急避险行为的人应采取适当的措施，以尽可能小的损害来保全更大的合法利益。概言之，紧急避险行为所引起的损害应轻于该危险所可能带来的损害。也有观点认为，根据《民法典》第182条第3款的文义，避险不当也属于紧急避险，只是应当承担部分责任。此类观点分歧一般不影响司法适用。

满足上述要件，即可构成本条第1款规定的紧急避险。这时实施避险行为的人对因此造成的损害免于承担民事责任。[1]

关于紧急避险的认识，一定要注意其与正当防卫的异同。紧急避险和正当防卫都是阻却违法行为，行为目的都是保护公共利益、公民和本人的合法利益，二者成立的前提条件都是合法权利受到严重危险，两者都造成了一定的损害，但都在符合各自构成要件的情况下免于承担民事责任。但紧急避险与正当防卫有明显区别，主要包括：（1）紧急避险的危险来源多种多样，正当防卫的危险来源只能是不法侵害人的非法侵害；（2）紧急避险造成的损害是排除危险的唯一方法，而正当防卫则不在此限；（3）紧急避险所造成的损害必须小于危险造成的损害，正当防卫造成的损害允许等于或者在一定程度上大于不法侵害行为所可能造成的损害；（4）正当防卫只能对实施不法侵害的本人实施，而紧急避险可以对第三者实施。例如，就狗咬伤人而言，如果这只狗是被主人故意放出咬人的，则是行为人的不法侵害，狗成为行为人不法侵害的工具，是行为人的财产，打死狗的防卫反击，行为是指向行为人的，是正当防卫。如果是狗本身的侵袭，打死这只狗构成紧急避险，因为狗是直接的危险来源。[2]

▶ 适用指引

对于本条的适用，需要准确把握不同情形下的紧急避险行为的法律后果

紧急避险"造成损害"既包括对避险者本人、第三人财产权利的损害，也包括对人身权利的损害。根据危险行为来源不同，相应紧急避险行为的法律后

---

[1] 最高人民法院民法典贯彻实施工作领导小组主编：《中华人民共和国民法典总则编理解与适用》，人民法院出版社2020年版，第915~916页。
[2] 杨立新：《侵权法论》，人民法院出版社2013年版，第283~248页。

果也不同。依据本条规定，主要有如下情形：

1.险情是由人为因素造成的情形。按照本条第1款的规定，这时实施紧急避险行为的人造成本人或者他人损害的，由引起险情发生的人承担责任。从解释上讲，这里的引发险情的人可能是紧急避险人自己，也可能是担任监护人的紧急避险人的被监护人，这时该紧急避险人也要承担民事责任，但这是由于其是引发危险的人或者引发危险的人的监护人，与紧急避险本身作为免责事由无关。

2.危险是由自然原因引起的情形。依据本条第2款的规定，这时仍要区分具体情形对待。如果紧急避险人是为了保护公共利益或者他人合法利益而采取了避险行为，造成另外其他人利益的损害，紧急避险人仍免予对该其他人承担赔偿责任。如果紧急避险人是为了本人的利益而采取了避险行为，造成第三人利益损害的，紧急避险人本人作为受益人，这时应当对第三人的损害给予适当补偿。

3.因紧急避险采取措施不当或者超过必要的限度，造成不应有的损害的，紧急避险人应当承担适当的责任。"紧急避险采取措施不当"，是指在当时的情况下能够采取可能减少或避免损害的措施而未采取，或者采取的措施并非排除险情所必须。例如，甲的汽车自燃，因燃油泄漏，火势加大。乙在帮助灭火时，采取往燃烧的汽车上浇水的措施，由于水与燃油气体结合，导致火势进一步蔓延，将丙的房屋烧毁。由于乙采取的避险措施不当，对丙的损失，乙应承担适当的责任。紧急避险"超过必要的限度"是指采取紧急避险措施没有减少损害，或者紧急避险所造成的损害大于所保全的利益。例如，甲家遭雷击起火，左邻的乙家人帮助用水灭火。在大火已被扑灭的情况下，乙家人未观察火情，而是担心火势复燃，继续往废墟上浇水，导致大量污水流入甲的右邻丙家。由于乙采取的紧急避险行为超过必要的限度，对丙的损害，乙应承担适当的责任。①

---

① 王利明：《侵权责任法释义》，法律出版社2010年版，第157页。

▶ 类案检索

张某与某公司财产损害赔偿纠纷案

关键词： 紧急避险　损害赔偿

裁判摘要： 本案中，爆破公司系为完成政府安排"排除山体危岩危石险情工作"的公益义务而采取爆破措施，其在政府主导、指挥下的抢险救灾行为，是为公共利益免受现实危险继而引发的更大损害而不得已采取的紧急措施，该行为符合紧急避险的法律构成要件，故原审判决认定爆破公司实施爆破行为系紧急避险有相应的事实及法律依据。然而，在前述自然灾害发生次日，爆破公司向政府相关主管部门提供的"爆破方案"中明确载明："在确认人员设备等全部撤离爆破警戒区，且具备安全起爆条件时"发出起爆信号，但其实施爆破前，既未通知某公司或张某将涉案挖掘机迁移至安全地带，亦未采取措施将涉案挖掘机撤离爆破警戒区，故对因爆破行为致涉案挖掘机遭受的二次损害，爆破公司存在重大过失。根据《侵权责任法》第31条"紧急避险采取措施不当或者超过必要的限度，造成不应有的损害的，紧急避险人应当承担适当的责任"的规定，爆破公司对因采取紧急避险措施不当造成涉案挖掘机的第二损害，应当承担适当的赔偿责任。张某作为挖掘机的所有人，在挖掘机因自然灾害第一次受损后已经到达事故现场，其未采取措施及时转移或处置挖掘机，自身亦存在一定过错。鉴于涉案挖掘机第一次损害系因不可抗力产生，而挖掘机的第二次损害程度与第一次损害程度又不能明确区分，加之，爆破公司对采取紧急避险措施失当导致的损失，依法只应承担适当的责任。综合考量上述诸因素，法院再审酌定由爆破公司对涉案挖掘机第二次损害给张某造成的损失承担60%的损害赔偿责任。

【案　　号】（2017）鄂民再241号

【审理法院】 湖北省高级人民法院

第一百八十三条　因保护他人民事权益使自己受到损害的，由侵权人承担民事责任，受益人可以给予适当补偿。没有侵权人、侵权人逃逸或者无力承担民事责任，受害人请求补偿的，受益人应当给予适当补偿。

关联规定

一、法律、行政法规、司法解释

《最高人民法院关于适用〈中华人民共和国民法典〉总则编若干问题的解释》

第三十四条　因保护他人民事权益使自己受到损害，受害人依据民法典第一百八十三条的规定请求受益人适当补偿的，人民法院可以根据受害人所受损失和已获赔偿的情况、受益人受益的多少及其经济条件等因素确定受益人承担的补偿数额。

二、司法指导性文件

《最高人民法院关于当前形势下加强民事审判切实保障民生若干问题的通知》

五、……要依法鼓励和保护见义勇为等好人好事，坚决制止利用媒体恶意炒作、谎称见义勇为逃避民事责任的行为。

条文释义

一、本条主旨

本条是关于见义勇为受到损害后的民事责任的规定。

二、条文演变

对于见义勇为者因见义勇为行为受到损害的，原《民法通则》第109条规定："因防止、制止国家的、集体的财产或者他人的财产、人身遭受侵害而使自己受到损害的，由侵害人承担赔偿责任，受益人也可以给予适当的补偿。"原《民法总则》第183条在该条规定基础上，对于见义勇为受到损失情形下的责任作了进一步细化规定。具体包括：

1.吸收成熟审判经验，参考原《民法通则意见》第142条规定的"为维护国家、集体或者他人合法权益而使自己受到损害，在侵害人无力赔偿或者没有侵害人的情况下，如果受害人提出请求的，人民法院可以根据受益人受益的多少及其经济状况，责令受益人给予适当补偿"，2003年《人身损害赔偿解释》第15条规定的"为维护国家、集体或者他人的合法权益而使自己受到人身损害，因没有侵权人、不能确定侵权人或者侵权人没有赔偿能力，赔偿权利人请求受益人在受益范围内予以适当补偿的，人民法院应予支持"，在原《侵权责任法》第23条规定的"因防止、制止他人民事权益被侵害而使自己受到损害的，由侵权人承担责任。侵权人逃逸或者无力承担责任，被侵权人请求补偿的，受益人应当给予适当补偿"的基础上，新增规定了"没有侵权人、侵权人逃逸或者无力承担民事责任，受害人请求补偿的，受益人应当给予适当补偿"，明确了在没有侵权人、侵权人逃逸或者无力承担民事责任的情形下，受益人具有给予见义勇为者适当补偿的义务。较2003年《人身损害赔偿解释》的规定，原《民法总则》规定对于见义勇为者予以适当补偿的责任不再限于见义勇为者遭受的人身损害。

2.将原《民法通则》第109条规定的"因防止、制止国家的、集体的财产或者他人的财产、人身遭受侵害"修改为"保护他人民事权益"，表述更加严谨规范，当然在解释上，保护国家、集体在民法上的合法权益而使自己受到损害的情形也属于见义勇为的类型。

《民法典》编纂时，保留了原《民法总则》这一规定。

三、条文解读

所谓见义勇为，是指在没有法定或约定义务的前提下，为保护他人的人身、财产权益，制止各种侵权行为、意外事件发生的救助行为。《最高人民法院关于当前形势下加强民事审判切实保障民生若干问题的通知》中指出,"要依法鼓励和保护见义勇为等好人好事,坚决制止利用媒体恶意炒作、谎称见义勇为逃避民事责任的行为"。为了弘扬社会主义核心价值观,倡导良好的社会风尚,鼓励和支持舍己为人的高尚行为,防止见义勇为者"流血又流泪"的问题出现,本条规定了见义勇为者的请求权和承担责任的规则,主要明确了受益人适当补偿的两种情形:一是自愿补偿;二是法定补偿。其中,法定补偿的成立以没有侵权人、侵权人逃逸或者无力承担民事责任为前提。①

对于本条的理解要注意见义勇为行为与无因管理的关系。无因管理,是指没有法定的或者约定的义务,为避免他人利益受损失,自愿管理他人事务或为他人提供服务的行为。管理他人事务的人称为管理人;受管理事务之人,称为本人。就其法律性质而言,见义勇为行为应属于无因管理的范围,但它是一种特殊的无因管理。见义勇为与一般无因管理行为相比较,有以下区别:

1. 实施见义勇为行为的主体须为自然人。作出见义勇为行为的主体必然是自然人,而不是法人或其他组织。因为法律需要规定的是见义勇为者遭受人身损害赔偿时的赔偿责任,法人或其他组织不存在人身损害赔偿问题。而依传统的无因管理概念,一般认为自然人或法人均可为管理人。

2. 见义勇为行为范围的广泛性。无因管理的对象一般是自然人的财产和人身权益,不涉国家财产或安全利益,而见义勇为行为作用的对象,不仅仅是指对自然人财产权利和人身权利的保护和救助,在紧急情况下,协助公安、司法机关追捕嫌疑人、被告人或者在逃的罪犯等,这都属于见义勇为行为涉及的领域。

3. 见义勇为行为须在紧急与危险情况下实施。一般无因管理中的管理行为所涉及的管理事务,基本是在平常状态下由管理人作出的,也无危险可言。见义勇为通常则是在紧急和危险的情况下作出的,行为人必须面对灾害、歹徒,不怕牺牲自己的健康甚至生命,挺身而出以阻止不法行为与灾难的发生或损害的扩大,以保护他人的人身或财产权利,例如,救助被大火围困的人等。

4. 二者行为的价值取向不同。见义勇为行为人主要是出于"正义",为了维护社会"正义"而奋勇地去做,即行为人出自内心的正义感和道义上的责任感,面对"义"与"利"的抉择时,勇敢选择了"义"而放弃了自己的"利",

---

① 参见王利明主编:《中国民法典释评·总则编》,中国人民大学出版社2020年,第469页。

它是一种高尚道德行为，是人类共同利益和共同生活准则在道德领域上的反映，它所追求的价值目标是社会整体利益。因此，见义勇为在法律上源于无因管理行为的范围，但超出了一般的无因管理行为，升华为一种高尚道德范畴的行为。相比之下，无因管理往往是为了另一方当事人的财产利益或人身利益而实施的，其在社会的道德感召力和影响力相对较小，是管理人为了维护本人的利益免受损失，而进行一定的善良管理事务行为，它客观上主要是为了被管理人的"利"，并不一定体现"义"的价值目标。

5. 见义勇为者的财产或人身损害的社会救济性。见义勇为者的财产或人身损害在一定情况下可由国家和社会负相应的救济责任，由国家和社会对其予以补偿。但在无因管理中对管理人所造成的财产损失，如果是由第三人引起的，根据不真正连带、让与请求权理论，一般应由本人承担，政府和非政府组织不承担补偿责任。①

关于见义勇为受到损害后的民事责任问题，2020年《民事案件案由规定》在三级案由"侵权责任纠纷"项下明确列出四级案由"见义勇为人受害责任纠纷"。见义勇为者要求他人承担责任必须符合"为保护他人民事权益而使自己受到损害"这一要件，这里包含了三个要件：其一，主观目的的要素，即为了保护他人民事权益；其二，受到损害的事实，受到的损害包括人身伤害与财产损害；其三，保护他人利益实施见义勇为行为与其个人遭受损害具有因果关系。此外，见义勇为的适用前提应当是见义勇为者对于被施救者没有法定和约定的救助义务。

依据本条规定，见义勇为受害人责任承担的具体规则如下：

其一，以侵权人承担责任为原则，见义勇为者也可以要求受益人适当补偿。对于制止他人的民事侵权行为，侵权行为是侵权人造成的，不是自然原因引起的，这时侵权人的侵权行为对见义勇为者的损害符合完整的侵权责任构成，因此给见义勇为者造成损失的要以侵权人承担赔偿责任为原则。但基于公平起见，因见义勇为行为受益的人也可以给予适当补偿，这里的适当补偿较后面的"没有侵权人、侵权人逃逸或者无力承担民事责任"情形下的适当补偿责任有本质不同，并没有强制性。

其二，受益人的适当补偿责任。一般情况下，对于见义勇为行为人受到的

---

① 参见王利明等主编：《侵权责任法裁判要旨与审判实务》，人民法院出版社2010年版，第139页。

损害由侵权人承担侵权赔偿责任,但也存在没有侵权人,侵权人逃逸,根本找不到或者虽然找得到侵权人,但侵权人无力赔偿的情况。由于受害人是为了保护他人的民事权益,防止、制止侵权人的侵权行为,因此,受害人所受到的损害,应由侵权人承担民事责任。考虑到受益人因受害人的付出,使自己的权益免受或者少受损害,对受害人因此所受到的损害,受益人可以给予适当的补偿。①当侵权人逃逸,找不到或者侵权人根本无力承担民事责任时,受害人如果得不到任何赔偿或者补偿是不公平的,更不利于助人为乐、见义勇为良好社会风尚的形成,也不符合公平正义精神。为了较好地平衡利益、分担损失,让受益人适当给予受害人补偿是合情合理的。②这里需要注意三点:一是要严格遵循法定补偿的限定条件,即没有侵权人,逃逸了的侵权人确实找不到,或者侵权人确实无力赔偿;二是有明确的受益人,被侵权人明确提出了要求受益人补偿的请求;三是受益人应当给予适当的补偿,补偿不是赔偿,赔偿一般是填平原则,即受损多少赔偿多少,而补偿仅是其中的一部分,本条用的是"给予适当补偿",就是要根据被侵权人的受损情况及受益人的受益情况等决定补偿的数额。③

▶ 适用指引

一、见义勇为人受害责任中的诉讼主体

虽然目前理论和实务上对于见义勇为受益人适当补偿责任与侵权人的直接责任是何种关系,是不真正连带责任还是补充责任存有很大争议,但从审判实务的角度看,这都是最终实体裁判结果的问题,并不能与程序上的确定诉讼主体资格问题相混淆。我们认为,从保护当事人诉权的角度讲,见义勇为者可以单独或者一并将侵权人和见义勇为受益人作为被告予以起诉,必要时人民法院也可以依照《民事诉讼法》及《民事诉讼法解释》的相关规定,追加见义勇为

---

① 参见黄薇主编:《中华人民共和国民法典总则编释义》,法律出版社2020年版,第485页。
② 参见黄薇主编:《中华人民共和国民法典总则编释义》,法律出版社2020年版,第486页。
③ 参见王胜明:《侵权责任法释义》,法律出版社2010年版,第115页。

受益人为共同被告参加诉讼。

二、受益人适当补偿的范围

从侵权损害的角度看,因见义勇为遭受损害的受害人,与受益人应当是利益共同体,他们共同面对危险。因而,受益人对见义勇为者承担的不应是赔偿责任。对于受害人的救助,从长远看这属于社会责任的范畴,在缺乏相应社会救济机制的条件下,作为利益共同体的受益人,应适当分担损害,给受害人以补偿。补偿责任并非赔偿责任,补偿责任的范围应当根据见义勇为者所受损失情况、受益人的获益情况和其经济承受能力综合考虑,不必再进一步区分此补偿是否包括精神损害的补偿。本条给予了法官一定的裁量权,允许其根据具体案情来确定补偿的数额。一般来说,判断补偿是否适当主要应当考虑如下因素:一是被侵权人遭受的损失,即一般情况下所遭受的损失越大,越应当增加补偿数额;二是当事人双方的经济状况,尤其是受益人的经济状况;三是受益人的受益范围,一般来讲,受益人获得越多,给予的补偿也应相应增加。①

▶ 指导案例

指导案例 98 号:张庆福、张殿凯诉朱振彪生命权纠纷案

(最高人民法院审判委员会讨论通过 2018 年 12 月 19 日发布)

关键词: 民事 生命权 见义勇为

裁判要点:

行为人非因法定职责、法定义务或约定义务,为保护国家、社会公共利益或者他人的人身、财产安全,实施阻止不法侵害者逃逸的行为,人民法院可以认定为见义勇为。

相关法条:

《中华人民共和国侵权责任法》第六条

《中华人民共和国道路交通安全法》第七十条

基本案情:

---

① 参见王利明:《民法总则研究(第三版)》,中国人民大学出版社 2018 年版,第737 页。

原告张庆福、张殿凯诉称：2017年1月9日，被告朱振彪驾驶奥迪小轿车追赶骑摩托车的张永焕。后张永焕弃车在前面跑，被告朱振彪也下车在后面继续追赶，最终导致张永焕在迁曹线90公里495米处（滦南路段）撞上火车身亡。朱振彪在追赶过程中散布和传递了张永焕撞死人的失实信息；在张永焕用语言表示自杀并撞车实施自杀行为后，朱振彪仍然追赶，超过了必要限度；追赶过程中，朱振彪手持木凳、木棍，对张永焕的生命造成了威胁，并数次谩骂张永焕，对张永焕的死亡存在主观故意和明显过错，对张永焕死亡应承担赔偿责任。

被告朱振彪辩称：被告追赶交通肇事逃逸者张永焕的行为属于见义勇为行为，主观上无过错，客观上不具有违法性，该行为与张永焕死亡结果之间不存在因果关系，对张永焕的意外死亡不承担侵权责任。

法院经审理查明：2017年1月9日上午11时许，张永焕由南向北驾驶两轮摩托车行驶至古柳线青坨鹏盛水产门口，与张雨来无证驾驶同方向行驶的无牌照两轮摩托车追尾相撞，张永焕跌倒、张雨来倒地受伤、摩托车受损，后张永焕起身驾驶摩托车驶离现场。此事故经曹妃甸交警部门认定：张永焕负主要责任，张雨来负次要责任。

事发当时，被告朱振彪驾车经过肇事现场，发现肇事逃逸行为即驾车追赶。追赶过程中，朱振彪多次向柳赞边防派出所、曹妃甸公安局110指挥中心等公安部门电话报警。报警内容主要是：柳赞镇一道档北两辆摩托车相撞，有人受伤，另一方骑摩托车逃逸，报警人正在跟随逃逸人，请出警。朱振彪驾车追赶张永焕过程中不时喊"这个人把人怼了逃跑呢"等内容。张永焕驾驶摩托车行至滦南县胡各庄镇西梁各庄村内时，弃车从南门进入该村村民郑如深家，并从郑如深家过道屋拿走菜刀一把，从北门走出。朱振彪见张永焕拿刀，即从郑如深家中拿起一个木凳，继续追赶。后郑如深赶上朱振彪，将木凳讨回，朱振彪则拿一木棍继续追赶。追赶过程中，有朱振彪喊"你怼死人了往哪跑！警察马上就来了"，张永焕称"一会儿我就把自己砍了"，朱振彪说"你把刀扔了我就不追你了"之类的对话。

走出西梁各庄村后，张永焕跑上滦海公路，有向过往车辆冲撞的行为。在被李江波驾驶的面包车撞倒后，张永焕随即又站起来，在路上行走一段后，转向铁路方向的开阔地跑去。在此过程中，曹妃甸区交通局路政执法大队副大队长郑作亮等人加入，与朱振彪一起继续追赶，并警告路上车辆，小心慢行，这个人想往车上撞。

张永焕走到迁曹铁路时，翻过护栏，沿路堑而行，朱振彪亦翻过护栏继续跟随。朱振彪边追赶边劝阻张永焕说：被撞到的那个人没事儿，你也有家人，知道了会惦记你的，你自首就中了。2017年1月9日11时56分，张永焕自行走向两铁轨中间，51618次火车机车上的视频显示，朱振彪挥动上衣，向驶来的列车示警。2017年1月9日12时02分，张永焕被由北向南行驶的51618次火车撞倒，后经检查被确认死亡。

在朱振彪跟随张永焕的整个过程中，两人始终保持一定的距离，未曾有过身体接触。朱振彪有劝张永焕投案的语言，也有责骂张永焕的言辞。

另查明，张雨来在与张永焕发生交通事故受伤后，当日先后被送到曹妃甸区医院、唐山市工人医院救治，于当日回家休养，至今未进行伤情鉴定。张永焕死亡后其第一顺序法定继承人有二人，即其父张庆福、其子张殿凯。

2017年10月11日，大秦铁路股份有限公司大秦车务段滦南站作为甲方，与原告张殿凯作为乙方，双方签订《铁路交通事故处理协议》，协议内容"2017年1月9日12时02分，51618次列车运行在曹北站至滦南站之间90公里495米处，将擅自进入铁路线路的张永焕撞死，构成一般B类事故；死者张永焕负事故全部责任；铁路方在无过错情况下，赔偿原告张殿凯4万元。"

裁判结果：

河北省滦南县人民法院于2018年2月12日作出（2017）冀0224民初3480号民事判决：驳回原告张庆福、张殿凯的诉讼请求。一审宣判后，原告张庆福、张殿凯不服，提出上诉。审理过程中，上诉人张庆福、张殿凯撤回上诉。河北省唐山市中级人民法院于2018年2月28日作出（2018）冀02民终2730号民事裁定：准许上诉人张庆福、张殿凯撤回上诉。一审判决已发生法律效力。

裁判理由：

法院生效裁判认为：张庆福、张殿凯在本案二审审理期间提出撤回上诉的请求，不违反法律规定，准许撤回上诉。

本案焦点问题是被告朱振彪行为是否具有违法性；被告朱振彪对张永焕的死亡是否具有过错；被告朱振彪的行为与张永焕的死亡结果之间是否具备法律上的因果关系。

首先，案涉道路交通事故发生后张雨来受伤倒地昏迷，张永焕驾驶摩托车逃离。被告朱振彪作为现场目击人，及时向公安机关电话报警，并驱车、徒步追赶张永焕，敦促其投案，其行为本身不具有违法性。同时，根据《中华人民共和国道路交通安全法》第七十条规定，交通肇事发生后，车辆驾驶人应当立即停车、保护现场、抢救伤者，张永焕肇事逃逸的行为违法。被告朱振彪作为普通公民，挺身而出，制止正在发生的违法犯罪行为，属于见义勇为，应予以支持和鼓励。

其次，从被告朱振彪的行为过程看，其并没有侵害张永焕生命权的故意和过失。根据被告朱振彪的手机视频和机车行驶影像记录，双方始终未发生身体接触。在张永焕持刀声称自杀意图阻止他人追赶的情况下，朱振彪拿起木凳、木棍属于自我保护的行为。在张永焕声称撞车自杀，意图阻止他人追赶的情况下，朱振彪和路政人员进行了劝阻并提醒来往车辆。考虑到交通事故事发突然，当时张雨来处于倒地昏迷状态，在此情况下被告朱振彪未能准确判断张雨来伤情，在追赶过程中有时喊话传递的信息不准确或语言不文明，但不构成民事侵权责任过错，也不影响追赶行为的性质。在张永焕为逃避追赶，跨越铁路围栏、进入火车运行区间之后，被告朱振彪及时予以高声劝阻提醒，同时挥衣向火车司机示警，仍未能阻止张永焕死亡结果的发生。故该结果与朱振彪的追赶行为之间不具有法律上的因果关系。

综上，原告张庆福、张殿凯一审中提出的诉讼请求理据不足，不予支持。

▶ 类案检索

盛某居与中国科学院微电子研究所见义勇为人受害责任纠纷案

关键词：见义勇为　受益人　补偿

裁判摘要：盛某居是施工公司安保人员，对其工作单位所涵盖的工地现场负有安保义务，但是对微电子研究所科研楼内事务无法定和约定义务，冒险进入火灾现场并递送灭火器的行为，属于见义勇为。关于盛某居所述微电子研究所作为侵权人与其作为受益人无冲突一节，二审法院认为，行为人因过错侵害他人民事权益造成损害的，应当承担侵权责任。盛某居现无证据证明系微电子研究所实施了相应的侵权行为造成其身体受损，故无法认定微电子研究所为侵权人。关于盛某居主张的微电子研究所未尽消防安全职责，对其科研楼内的电器设施疏于管理，造成开关着火，对火灾事故具有不可推卸的责任的主张，根据"谁主张谁举证"的原则，盛某居没有提供微电子研究所对科研楼内电气设施疏于管理的证据，亦无其他相关证据显示微电子研究所存在怠于履行电气设施的维修养护责任，故盛某居该项上诉意见不予采纳。同时盛某居亦无证据证明本案存在明确的侵权人，受益人微电子研究所应给予盛某居适当的经济补偿。一审法院结合微电子研究所的受益情况和经济承受能力综合考虑酌定的补偿数额并无不当，二审法院予以维持。

【案　　号】（2021）京03民终8554号

【审理法院】北京市第三中级人民法院

第一百八十四条 因自愿实施紧急救助行为造成受助人损害的，救助人不承担民事责任。

▶ 关联规定

法律、行政法规、司法解释

《中华人民共和国医师法》

第二十七条 对需要紧急救治的患者，医师应当采取紧急措施进行诊治，不得拒绝急救处置。

因抢救生命垂危的患者等紧急情况，不能取得患者或者其近亲属意见的，经医疗机构负责人或者授权的负责人批准，可以立即实施相应的医疗措施。

国家鼓励医师积极参与公共交通工具等公共场所急救服务；医师因自愿实施急救造成受助人损害的，不承担民事责任。

▶ 条文释义

一、本条主旨

本条是关于自愿实施紧急救助行为免责的规定。

二、条文演变

原《民法总则》出台前，我国法律对自愿实施紧急救助造成他人损害的责任承担并没有明确规定。原《民法总则》草案一审稿和二审稿审议过程中，也没有相关规定。为匡正社会风气，有的全国人大常委会委员提出，需要强化对见义勇为的救助行为的鼓励和保护，建议根据公平原则和诚信原则，对救助行为可能对受助人造成的损害，作出相应的免责规定。后来原《民法总则》草案三审稿增加规定："实施紧急救助行为造成受助人损害的，除有重大过失外，救助人不承担民事责任。"① 后原《民法总则》草案审议过程中，几经修改，形成了原《民法总则》第184条规定。《民法典》总则编保留了这一规定。

三、条文解读

自愿实施紧急救助行为，是行为人针对紧急情势，及时对遭受困难的受助人予以救助的情形。这里的紧急情势既可能是不法侵害，也可能是受助人突发疾病、个人危难等情况。自愿实施紧急救助行为，从道德上讲是一种彰显优良道德风尚的助人为乐行为，从法律意义上讲，这是一种见义勇为的典型样态，对于自愿实施救助行为的理解，要注意准确把握其作为见义勇为行为与正当防卫和紧急避险的区别。

正当防卫是指为了使国家、公共利益、本人或者他人的人身、财产和其他权益免受正在进行的不法侵害，而采取的制止不法侵害，并对不法侵害人造成损害的行为。正当防卫所针对的对象是不法侵害人，除为保护本人的人身、财产和其他权益而进行的防卫之外，其余的正当防卫行为都可以认定为是一种见义勇为行为。相对来说，正当防卫行为的外延显然要比见义勇为的外延小得多，它们之间最根本的区别在于见义勇为保护的是他人（包括国家、社会团体）的利益，见义勇为人自身并非受益人，正当防卫虽然也是保护国家、公共利益，但是多数情况下是基于自身的利益和不法行为做斗争。

紧急避险是指为了使国家、公共利益、本人或者他人的人身、财产和其他权利免受正在发生的危险不得已采取对另一种较小的合法权益造成损害的紧急避险行为。避险者实施紧急避险行为，是以损害自己的人身利益和财产利益来保护他人利益时，这种情况的紧急避险才视为见义勇为，因为紧急避险者是为了保护他人的利益使自身受到损害，这点和见义勇为行为的构成要件是一致的。由此可见，如果仅仅停留在紧急避险上，而不将其行为纳入到见义勇为行为中，是不利于鼓励和弘扬人们去实施见义勇为行为的。因此，仍有必要将符合见义勇为的紧急避险行为纳入见义勇为行为中去，有关部门尤其是人民法院在认定某些紧急避险行为同时也符合见义勇为的，应建议有关部门按见义勇为

---

① 黄薇主编：《中华人民共和国民法典总则编释义》，法律出版社2020年版，第487~488页。

行为来对待，对行为人予以表彰和救济。① 依据本条规定，因自愿实施紧急救助行为造成受助人损害的，救助人不承担民事责任。自愿实施紧急救助行为作为免责事由必须满足的条件有：

1. 救助情形的紧急性。紧急性是救助行为人获得豁免的前提条件。在紧急情况下，救助人可能来不及考虑采用致害最小的救助措施，且因为情况紧急，来不及请求有关国家机关予以救助，所以不得已只能实施紧急救助行为。因此，在紧急救助的情形下，即便因救助行为造成被救助人损害，救助人也无须承担民事责任。② 该救助行为通常针对受助人可能遭受的人身损害，但也不限于此，挽回紧急情况下的财产损害的施救行为也包括在内。至于救助情形的紧急性，在审判实践中还需要结合具体案件情况予以综合判断。

2. 救助行为的自愿性。这里的自愿性体现的是救助人主观上的能动性，从行为样态上其主动施救，至于是否接受他人建议或者指示在所不问，但这要以其对救助者没有法定或者约定的救助义务为前提。需要明确的是，这里的救助人是指非专业人员，即一般所称的见义勇为或者乐于助人的志愿人员。③ 享有豁免权的施救者必须是那些对他人不承担一般救助义务，但对身处危难境地的他人主动实施救助行为的人。④ 个别情形下，虽然行为人主观上有自愿实施救助的意愿，但该救助行为并没有达到救助效果，反而可能导致被救助人损害，此时，能否适用本条规定？对此，我们倾向于认为，该条所规定的自愿救助行为并没有要求必须达到防止或减少被救助人人身、财产损害的效果。即使未达到救助效果，亦可适用本条规定。⑤

3. 针对该救助行为对受助人而非其他人造成的损害免责。若存在对其他人造成的损害，则要看是否符合紧急避险、无因管理或者侵权责任构成要件等情形予以分别处理。

---

① 参见王利明等主编：《侵权责任法裁判要旨与审判实务》，人民法院出版社2010年版，第140页、第141页。

② 参见王利明：《民法总则研究（第三版）》，中国人民大学出版社2018年版，第738页。

③ 参见黄薇主编：《中华人民共和国民法典总则编释义》，法律出版社2020年版，第488页。

④ 参见王利明主编：《中国民法典释评·总则编》，中国人民大学出版社2020版，第470页。

⑤ 参见王利明：《民法总则研究（第三版）》，中国人民大学出版社2018年版，第739页。

适用指引

本条适用的法律后果

依据本条的规定，自愿实施紧急救助行为对于因此造成受助人的损害属于免责事由，而非减责事由。至于受助人是否有故意或者重大过失均在所不问。《民法总则（草案）》中曾规定了救助人因重大过失造成受助人不应有的重大损害的，承担适当的民事责任。审议中，有代表提出，针对实践中可能出现的特殊情况，该规定难以免除见义勇为者的后顾之忧，不利于倡导培育见义勇为、乐于助人的良好社会风尚。① 因此最终通过的原《民法总则》本着鼓励和倡导见义勇为、助人为乐行为的精神，将这一内容删除。故即使在受助人故意和重大过失情形下，只要符合本条规定的适用条件，实施救助行为者即可免责。《民法典》总则编保留了这一规定。当然，由于社会生活的复杂性，对这一问题还要结合案件具体情形进行价值判断和利益衡量，要适当考虑救助人有无救助职责、有无救助能力等因素。

类案检索

王某某与刘某江健康权纠纷案

关键词：紧急救助　免责　紧急性

裁判摘要：本案争议的焦点问题是刘某江是否基于紧急救助行为而免责。因自愿实施紧急救助行为造成受助人损害的，救助人不承担民事责任。具体到本案，事发时刘某良、王某某与刘某海争执，刘某江为劝架站在王某某对面挡着符合理性人的正常思维。刘某良与刘某海尚在争执，王某某在被阻拦的情况下欲绕过刘某江找刘某海，双方存在矛盾升级的可能性和紧急性，刘某江拉扯王某某胳膊避免王某某可能受到的人身损害，符合自愿实施紧急救助的构成要件。刘某江主张其并未与刘某海发生肢体冲突，刘某江应制止案外人刘某海而不是拉扯年近七旬的王某某。法院认为，面对矛盾升级的紧急情况，要求救助

---

① 参见黄薇主编：《中华人民共和国民法典总则编释义》，法律出版社2020年版，第488页。

人精准判断出受助人可能受到多大伤害,然后冷静换算出等值的救助强度与救助手段,过于强人所难,也不为法律所倡导。同时,自愿实施紧急救助行为对于因此造成的受助人的损害属于免责事由,而非减责事由。刘某江因实施救助行为造成受助人王某某损害,不承担侵权责任。

【案　　号】(2021)鲁02民终10838号
【审理法院】山东省青岛市中级人民法院

第一百八十五条 侵害英雄烈士等的姓名、肖像、名誉、荣誉，损害社会公共利益的，应当承担民事责任。

▶ 关联规定

法律、行政法规、司法解释

1.《中华人民共和国民法典》

第九百九十四条 死者的姓名、肖像、名誉、荣誉、隐私、遗体等受到侵害的，其配偶、子女、父母有权依法请求行为人承担民事责任；死者没有配偶、子女且父母已经死亡的，其他近亲属有权依法请求行为人承担民事责任。

2.《中华人民共和国英雄烈士保护法》

第二十二条 禁止歪曲、丑化、亵渎、否定英雄烈士事迹和精神。

英雄烈士的姓名、肖像、名誉、荣誉受法律保护。任何组织和个人不得在公共场所、互联网或者利用广播电视、电影、出版物等，以侮辱、诽谤或者其他方式侵害英雄烈士的姓名、肖像、名誉、荣誉。任何组织和个人不得将英雄烈士的姓名、肖像用于或者变相用于商标、商业广告，损害英雄烈士的名誉、荣誉。

公安、文化、新闻出版、广播电视、电影、网信、市场监督管理、负责英雄烈士保护工作的部门发现前款规定行为的，应当依法及时处理。

第二十五条 对侵害英雄烈士的姓名、肖像、名誉、荣誉的行为，英雄烈士的近亲属可以依法向人民法院提起诉讼。

英雄烈士没有近亲属或者近亲属不提起诉讼的，检察机关依法对侵害英雄烈士的姓名、肖像、名誉、荣誉，损害社会公共利益的行为向人民法院提起诉讼。

负责英雄烈士保护工作的部门和其他有关部门在履行职责过程中发现第一款规定的行为，需要检察机关提起诉讼的，应当向检察机关报告。

英雄烈士近亲属依照第一款规定提起诉讼的，法律援助机构应当依法提供法律援助服务。

第二十六条 以侮辱、诽谤或者其他方式侵害英雄烈士的姓名、肖像、名誉、荣誉，损害社会公共利益的，依法承担民事责任；构成违反治安管理行为的，由公安机关依法给予治安管理处罚；构成犯罪的，依法追究刑事责任。

3.《烈士褒扬条例》

第八条 公民牺牲符合下列情形之一的，评定为烈士：

（一）在依法查处违法犯罪行为、执行国家安全工作任务、执行反恐怖任务和处置突发事件中牺牲的；

（二）抢险救灾或者其他为了抢救、保护国家财产、集体财产、公民生命财产牺牲的；

（三）在执行外交任务或者国家派遣的对外援助、维持国际和平任务中牺牲的；

（四）在执行武器装备科研试验任务中牺牲的；

（五）其他牺牲情节特别突出，堪为楷模的。

现役军人牺牲，预备役人员、民兵、民工以及其他人员因参战、参加军事演习和军事训练、执行军事勤务牺牲应当评定烈士的，依照《军人抚恤优待条例》的有关规定评定。

4.《军人抚恤优待条例》

第八条 现役军人死亡，符合下列情形之一的，批准为烈士：

（一）对敌作战死亡，或者对敌作战负伤在医疗终结前因伤死亡的；

（二）因执行任务遭敌人或者犯罪分子杀害，或者被俘、被捕后不屈遭敌人杀害或者被折磨致死的；

（三）为抢救和保护国家财产、人民生命财产或者执行反恐怖任务和处置突发事件死亡的；

（四）因执行军事演习、战备航行飞行、空降和导弹发射训练、试航试飞任务以及参加武器装备科研试验死亡的；

（五）在执行外交任务或者国家派遣的对外援助、维持国际和平任务中牺牲的；

（六）其他死难情节特别突出，堪为楷模的。

现役军人在执行对敌作战、边海防执勤或者抢险救灾任务中失踪，经法定程序宣告死亡的，按照烈士对待。

批准烈士,属于因战死亡的,由军队团级以上单位政治机关批准;属于非因战死亡的,由军队军级以上单位政治机关批准;属于本条第一款第六项规定情形的,由中国人民解放军总政治部批准。

5.《最高人民法院关于适用〈中华人民共和国民法典〉时间效力的若干规定》

第六条 《中华人民共和国民法总则》施行前,侵害英雄烈士等的姓名、肖像、名誉、荣誉,损害社会公共利益引起的民事纠纷案件,适用民法典第一百八十五条的规定。

6.《最高人民法院关于确定民事侵权精神损害赔偿责任若干问题的解释》

第三条 死者的姓名、肖像、名誉、荣誉、隐私、遗体、遗骨等受到侵害,其近亲属向人民法院提起诉讼请求精神损害赔偿的,人民法院应当依法予以支持。

▶ 条文释义

一、本条主旨

本条是关于侵害英雄烈士人格利益的民事责任的规定。

二、条文演变

关于死者人格利益的保护,原《民法通则》并没有规定,1989年最高人民法院发布的《关于死亡人的名誉权应受法律保护的函》[①]指出,吉文贞(艺名荷花女)死后,其名誉权应依法保护,其母陈秀琴亦有权向人民法院提起诉讼。此后的《最高人民法院关于审理名誉权案件若干问题的解答》又作了进一步规定:死者名誉受到损害的,其近亲属有权向人民法院起诉。近亲属包括:配偶、父母、子女、兄弟姐妹、祖父母、外祖父母、孙子女、外孙子女。2001年《精神损害赔偿解释》在总结以往审判实践经验的基础上对死者人格利益的保护作了明确规定,其第3条规定:"自然人死亡后,其近亲属因下列

---

① 本文件已被2013年1月14日公布的《最高人民法院关于废止1980年1月1日至1997年6月30日期间发布的部分司法解释和司法解释性质文件(第九批)的决定》废止。

侵权行为遭受精神痛苦,向人民法院起诉请求赔偿精神损害的,人民法院应当依法予以受理:(一)以侮辱、诽谤、贬损、丑化或者违反社会公共利益、社会公德的其他方式,侵害死者姓名、肖像、名誉、荣誉;(二)非法披露、利用死者隐私,或者以违反社会公共利益、社会公德的其他方式侵害死者隐私;(三)非法利用、损害遗体、遗骨,或者以违反社会公共利益、社会公德的其他方式侵害遗体、遗骨。"《民法总则(草案)》一审稿、二审稿和三审稿并没有对侵害英雄烈士等人格利益的民事责任作出规定。在草案审议过程中,有代表提出现实生活中一些人利用歪曲事实、诽谤、侮辱等方式诋毁、抹黑英烈的名誉、荣誉等,损害社会公共利益,社会影响很恶劣,应当予以规范。立法机关经研究后认为,英雄和烈士是一个国家和民族精神的体现,是引领社会风尚的标杆,故加强对英烈姓名、名誉、荣誉等的法律保护,对于引领社会尊崇英烈、惩恶扬善的社会风气,弘扬社会主义核心价值观意义重大①,最终在第185条作出规定:"侵害英雄烈士等的姓名、肖像、名誉、荣誉,损害社会公共利益的,应当承担民事责任。"《民法典》沿用了这一规定。

三、条文解读

本条坚决贯彻和弘扬了社会主义核心价值观,强化了对英雄烈士的人格利益的保护,具有鲜明的中国特色和时代特色。实践中侮辱、诽谤英雄烈士的情形,不仅伤害其遗属的感情,也是对社会公共利益的损害。因此,对于现实中侮辱诽谤抹黑烈士的行为应当予以制裁,行为人应承担相应的民事责任。

本条规定对英雄烈士人格利益的保护,在本质上也属于对死者人格利益保护的范畴,只是这属于对特定死者人格利益的保护,即英雄烈士。对于本条的理解,应注意以下几个问题:

1. 对于"英雄烈士等"的理解。本条保护的对象"英雄烈士等"包括为了人民利益英勇斗争而牺牲,堪为楷模的人,还包括在保卫国家和国家建设中作出巨大贡献、建立卓越功勋、已经故去的人。② 英雄是重要的荣誉称号,烈士则有明确的评定标准。《烈士褒扬条例》和《军人抚恤优待条例》分别对公民

---

① 参见黄薇主编:《中华人民共和国民法典总则编释义》,法律出版社2020年版,第491页。
② 参见黄薇主编:《中华人民共和国民法典总则编释义》,法律出版社2020年版,第491页。

评定为烈士的条件和现役军人评定为烈士的条件作出了规定。《烈士褒扬条例》第8条规定："公民牺牲符合下列情形之一的，评定为烈士：（一）在依法查处违法犯罪行为、执行国家安全工作任务、执行反恐怖任务和处置突发事件中牺牲的；（二）抢险救灾或者其他为了抢救、保护国家财产、集体财产、公民生命财产牺牲的；（三）在执行外交任务或者国家派遣的对外援助、维持国际和平任务中牺牲的；（四）在执行武器装备科研试验任务中牺牲的；（五）其他牺牲情节特别突出，堪为楷模的。现役军人牺牲，预备役人员、民兵、民工以及其他人员因参战、参加军事演习和军事训练、执行军事勤务牺牲应当评定烈士的，依照《军人抚恤优待条例》的有关规定评定。"《军人抚恤优待条例》第8条规定："现役军人死亡，符合下列情形之一的，批准为烈士：（一）对敌作战死亡，或者对敌作战负伤在医疗终结前因伤死亡的；（二）因执行任务遭敌人或者犯罪分子杀害，或者被俘、被捕后不屈遭敌人杀害或者被折磨致死的；（三）为抢救和保护国家财产、人民生命财产或者参加处置突发事件死亡的；（四）因执行军事演习、战备航行飞行、空降和导弹发射训练、试航试飞任务以及参加武器装备科研实验死亡的；（五）在执行外交任务或者国家派遣的对外援助、维持国际和平任务中牺牲的；（六）其他死难情节特别突出，堪为后人楷模的。现役军人在执行对敌作战、边海防执勤或者抢险救灾任务中失踪，经法定程序宣告死亡的，按照烈士对待。批准烈士，属于因战死亡的，由军队团级以上单位政治机关批准；属于非因战死亡的，由军队军级以上单位政治机关批准；属于本条第一款第六项规定情形的，由中国人民解放军总政治部批准。"对于侵害符合英雄烈士情形的死者人格利益的行为，依据本条规定，行为人应当承担民事责任。原《民法总则》起草过程中，有意见指出英雄烈士范围过窄，应当将在中国特色社会主义建设和保卫国家中作出巨大贡献、建立卓越功勋的杰出人士也包括在内。立法机关综合有关意见后用"等"字予以概括。"等"字意在扩大保护范围，但按照立法者的观点，其并没有无限扩大保护范围的意思。①

2. 对于本条中的"社会公共利益"的理解。社会公共利益的界定具有抽象

---

① 参见石宏：《中华人民共和国民法总则条文说明、立法理由及相关规定》，北京大学出版社2017年版，第440页。

性，在性质上属于不确定概念，其内涵和外延都具有广泛的不确定性。[1] 关于本条中"损害社会公共利益"的界定，我们倾向于认为，侵害英雄烈士的人格利益本身就可以构成侵害社会公共利益。英雄烈士的事迹和精神是中华民族共同的历史记忆和宝贵的精神财富，是中国共产党领导中国各族人民百年来不懈奋斗伟大历程、可歌可泣英雄史诗的缩影和代表，是实现中华民族伟大复兴的强大精神动力。因此，侵害英雄烈士的人格利益本身与侵害社会公共利益密切相连，可以说侵害英雄烈士的人格利益行为本身就可以构成侵害社会公共利益。

▶ 适用指引

关于本条规则与侵害死者人格利益的规定的关系问题

我们认为本条专门规定了侵害英烈人格的民事责任问题，这较侵害死者人格利益的规定而言，应属于特别规定的范畴，但在适用上应当允许主张权利的一方选择适用这两个规则。只是在主张权利的主体方面，本条并未规定由哪些民事主体或者国家机关、社会公益组织等提起诉讼。但《英雄烈士保护法》第25条第1款至第3款[2] 明确了英烈保护的私益诉讼规则和公益诉讼规则，规定英雄烈士的近亲属、检察机关有提起诉讼的权利，为英雄烈士的司法保护提供了明确的法律依据。此外，该法第22条第1款、第2款明确规定："禁止歪曲、丑化、亵渎、否定英雄烈士事迹和精神。英雄烈士的姓名、肖像、名誉、荣誉受法律保护。任何组织和个人不得在公共场所、互联网或者利用广播电视、电影、出版物等，以侮辱、诽谤或者其他方式侵害英雄烈士的姓名、肖像、名誉、荣誉。任何组织和个人不得将英雄烈士的姓名、肖像用于或者变相用于商标、商业广告，损害英雄烈士的名誉、荣誉。"这些规定旗帜鲜明地确

---

[1] 参见胡鸿高：《论公共利益的法律界定：从要素解释的路径》，载《中国法学》2008年第4期。

[2] 该法第25条第1~3款规定："对侵害英雄烈士的姓名、肖像、名誉、荣誉的行为，英雄烈士的近亲属可以依法向人民法院提起诉讼。英雄烈士没有近亲属或者近亲属不提起诉讼的，检察机关依法对侵害英雄烈士的姓名、肖像、名誉、荣誉，损害社会公共利益的行为向人民法院提起诉讼。负责英雄烈士保护工作的部门和其他有关部门在履行职责过程中发现第一款规定的行为，需要检察机关提起诉讼的，应当向检察机关报告。"

定了英雄烈士姓名、肖像、名誉、荣誉受法律保护的基本态度。对于责任承担问题，该法第26条进一步规定："以侮辱、诽谤或者其他方式侵害英雄烈士的姓名、肖像、名誉、荣誉，损害社会公共利益的，依法承担民事责任；构成违反治安管理行为的，由公安机关依法给予治安管理处罚；构成犯罪的，依法追究刑事责任。"

▶ 指导案例

指导案例99号：葛长生诉洪振快名誉权、荣誉权纠纷案
（最高人民法院审判委员会讨论通过　2018年12月19日发布）

关键词： 民事　名誉权　荣誉权　英雄烈士　社会公共利益
裁判要点：
1. 对侵害英雄烈士名誉、荣誉等行为，英雄烈士的近亲属依法向人民法院提起诉讼的，人民法院应予受理。

2. 英雄烈士事迹和精神是中华民族的共同历史记忆和社会主义核心价值观的重要体现，英雄烈士的名誉、荣誉等受法律保护。人民法院审理侵害英雄烈士名誉、荣誉等案件，不仅要依法保护相关个人权益，还应发挥司法彰显公共价值功能，维护社会公共利益。

3. 任何组织和个人以细节考据、观点争鸣等名义对英雄烈士的事迹和精神进行污蔑和贬损，属于歪曲、丑化、亵渎、否定英雄烈士事迹和精神的行为，应当依法承担法律责任。

基本案情：
葛长生诉称：洪振快发表的《小学课本〈狼牙山五壮士〉有多处不实》一文以及《"狼牙山五壮士"的细节分歧》一文，以历史细节考据、学术研究为幌子，以细节否定英雄，企图达到抹黑"狼牙山五壮士"英雄形象和名誉的目的，请求判令洪振快停止侵权、公开道歉、消除影响。

被告洪振快辩称：案涉文章是学术文章，没有侮辱性的言词，关于事实的表述有相应的根据，不是凭空捏造或者歪曲，不构成侮辱和诽谤，不构成名誉权的侵害，不同意葛长生的全部诉讼请求。

法院经审理查明：1941年9月25日，在易县狼牙山发生了著名的狼牙山战斗。在这场战斗中,"狼牙山五壮士"英勇抗敌的基本事实和舍生取义的伟大精神,赢得了全中国人民的高度认同和广泛赞扬。新中国成立后,五壮士的事迹被编入义务教育教科书,五壮士被人民视为当代中华民族抗击外敌入侵的民族英雄。2013年9月9日,时任《炎黄春秋》杂志社执行主编的洪振快在财经网发表《小学课本〈狼牙山五壮士〉有多处不实》一文。文中写道:据《南方都市报》2013年8月31日报道,广州越秀警方于8月29日晚间将一位在新浪微博上"污蔑狼牙山五壮士"的网民抓获,以虚构信息、散布谣言为由予以行政拘留7日。所谓"污蔑狼牙山五壮士"的"谣言"原本就有。据媒体报道,该网友实际上是传播了2011年12月14日百度贴吧里一篇名为《狼牙山五壮士真相原来是这样!》的帖子的内容,该帖子说五壮士"5个人中有3个是当场被打死的,后来清理战场把尸体丢下悬崖。另两个当场被活捉,只是后来不知道什么原因又从日本人手上逃了出来。"2013年第11期《炎黄春秋》杂志刊发洪振快撰写的《"狼牙山五壮士"的细节分歧》一文,亦发表于《炎黄春秋》杂志网站。该文分为"在何处跳崖""跳崖是怎么跳的""敌我双方战斗伤亡""'五壮士'是否拔了群众的萝卜"等部分。文章通过援引不同来源、不同内容、不同时期的报刊资料等,对"狼牙山五壮士"事迹中的细节提出质疑。

法院认为,1941年9月25日,在易县狼牙山发生的狼牙山战斗,是被大量事实证明的著名战斗。在这场战斗中,"狼牙山五壮士"英勇抗敌的基本事实和舍生取义的伟大精神,赢得了全国人民高度认同和广泛赞扬,是五壮士获得"狼牙山五壮士"崇高名誉和荣誉的基础。"狼牙山五壮士"这一称号在全军、全国人民中已经赢得了普遍的公众认同,既是国家及公众对他们作为中华民族的优秀儿女在反抗侵略、保家卫国中作出巨大牺牲的褒奖,也是他们应当获得的个人名誉和个人荣誉。"狼牙山五壮士"是中国共产党领导的八路军在抵抗日本帝国主义侵略伟大斗争中涌现出来的英雄群体,是中国共产党领导的全民抗战并取得最终胜利的重要事件载体。"狼牙山五壮士"的事迹经由广泛传播,已成为激励无数中华儿女反抗侵略、英勇抗敌的精神动力之一;成为人民军队誓死捍卫国家利益、保障国家安全的军魂来源之一。在和平年代,"狼牙山五壮士"的精神,仍然是我国公众树立不畏艰辛、不怕困难、为国为民奋斗终身的精神指引。这些英雄烈士及其精神,已经获得全民族的广泛认同,是中华民族共同记忆的一部分,是中华民族精神的内核之一,也是社会主义核心价值观的重要内容。而民族的共同记忆、民族精神乃至社会主义核心价值观，无论是从我国的历史看，还是从现行法上看，都已经是社会公共利益的一部分。

案涉文章对于"狼牙山五壮士"在战斗中所表现出的英勇抗敌的事迹和舍生取义的精神这一基本事实，自始至终未作出正面评价。而是以考证"在何处跳崖""跳崖是怎么跳的""敌我双方战斗伤亡"以及"'五壮士'是否拔了群众的萝卜"等细节为主要线索，通过援引不同时期的材料、相关当事者不同时期的言论，全然不考虑历史的变迁，各个材料所形成的时代背景以及各个材料的语境等因素。在无充分证据的情况下，案涉文章多处作出似是而非的推测、质疑乃至评价。因此，尽管案涉文章无明显侮辱性的语言，但通过强调与基本事实无关或者关联不大的细节，引导读者对"狼牙山五壮士"这一英雄烈士群体英勇抗敌事迹和舍生取义精神质疑，从而否定基本事实的真实性，进而降低他们的英勇形象和精神价值。洪振快的行为方式符合以贬损、丑化的方式损害他人名誉和荣誉权益的特征。

案涉文章通过刊物发行和网络传播，在全国范围内产生了较大影响，不仅损害了葛振林的个人名誉和荣誉，损害了葛长生的个人感情，也在一定范围和程度上伤害了社会公众的民族和历史情感。在我国，由于"狼牙山五壮士"的精神价值已经内化为民族精神和社会公共利益的一部分，因此，也损害了社会公共利益。洪振快作为具有一定研究能力和熟练使用互联网工具的人，应当认识到案涉文章的发表及其传播将会损害到"狼牙山五壮士"的名誉及荣誉，也会对其近亲属造成感情和精神上的伤害，更会损害到社会公共利益。在此情形下，洪振快有能力控制文章所可能产生的损害后果而未控制，仍以既有的状态发表，在主观上显然具有过错。

一审法院判决，一、洪振快立即停止侵害葛振林名誉、荣誉的行为；二、判决生效后三日内，洪振快公开发布赔礼道歉公告，向葛长生赔礼道歉，消除影响。该公告须连续刊登五日，公告刊登媒体及内容需经本院审核，逾期不执行，法院将在相关媒体上刊登判决书的主要内容，所需费用由洪振快承担。一审宣判后，洪振快提起上诉。二审法院经审理判决驳回上诉，维持原判。

典型案例

一、杭州市西湖区人民检察院诉瞿某某侵害烈士名誉权公益诉讼案

关键词： 英雄烈士　名誉　社会公共利益

裁判摘要： 英雄烈士是国家的精神坐标，是民族的不朽脊梁。英雄烈士董存瑞在"解放战争"中舍身炸碉堡，英雄烈士黄继光在"抗美援朝"战争中舍身堵枪眼，用鲜血和生命谱写了惊天动地的壮歌，体现了崇高的革命气节和伟大的爱国精神，是社会主义核心价值观的重要体现。任何人都不得歪曲、丑化、亵渎、否定英雄烈士的事迹和精神。被告瞿某某作为中华人民共和国公民，应当崇尚、铭记、学习、捍卫英雄烈士，不得侮辱、诽谤英雄烈士的名誉。其通过网络平台销售亵渎英雄烈士形象贴画的行为，已对英雄烈士名誉造成贬损，且主观上属明知，构成对董存瑞、黄继光的名誉侵权。同时，被告瞿某某多年从事网店销售活动，应知图片一经发布即可能被不特定人群查看，商品一经上线便可能扩散到全国各地，但其仍然在网络平台发布、销售上述贴画，造成了恶劣的社会影响，损害了社会公共利益，依法应当承担民事法律责任。该院判决瞿某某立即停止侵害英雄烈士董存瑞、黄继光名誉权的行为，即销毁库存、不得再继续销售案涉贴画，并于判决生效之日起10日内在国家级媒体公开赔礼道歉、消除影响。

基本案情： 瞿某某在其经营的网络店铺中出售两款贴画，一款印有"董存瑞舍身炸碉堡"形象及显著文字"连长你骗我！两面都有胶！！"，另一款印有"黄继光舍身堵机枪口"形象及显著文字"为了妹子，哥愿意往火坑跳！"。杭州市某居民在该店购买了上述印有董存瑞、黄继光宣传形象及配文的贴画后，认为案涉网店经营者侵害了董存瑞、黄继光的名誉并伤害了其爱国情感，遂向杭州市西湖区人民检察院举报。

西湖区人民检察院发布公告通知董存瑞、黄继光近亲属提起民事诉讼。公告期满后，无符合条件的原告起诉，西湖区人民检察院遂向杭州互联网法院提起民事公益诉讼。

【案　　号】（2019）浙0192民初9762、9763号

【审理法院】杭州互联网法院

【来　　源】杭州互联网法院涉电子商务平台十大典型案例、2020年浙江法院十佳案例分析

二、杭州市上城区人民检察院诉某网络科技有限公司英雄烈士保护民事公益诉讼案

关键词： 英雄烈士　网络侵权

裁判摘要： 英雄的事迹和精神是中华民族共同的历史记忆和精神财富，雷锋同志的姓名作为一种重要的人格利益，应当受到保护。某网络科技有限公司使用的"雷锋"文字具有特定意义，确系社会公众所广泛认知的雷锋同志之姓名。该公司明知雷锋同志的姓名具有特定的意义，仍擅自将其用于开展网络商业宣传，会让公众对"雷锋社群"等称谓产生误解，侵犯了英雄烈士的人格利益。将商业运作模式假"雷锋精神"之名推广，既曲解了"雷锋精神"，与社会公众的一般认知相背离，也损害了承载于其上的人民群众的特定感情，对营造积极健康的网络环境产生负面影响，侵害了社会公共利益。故判决被告停止使用雷锋同志姓名的行为（包括停止使用"雷锋哥"微信公众号名称、"雷锋社群"名称、"雷锋会员"名称等），并在浙江省内省级报刊向社会公众发表赔礼道歉的声明。

基本案情： 被告某网络科技有限公司将其付费会员称为"雷锋会员"，将其提供服务的平台称为"雷锋社群"，将其注册运营的微信公众号称为"雷锋哥"，在微信公众号上发布有"雷锋会员""雷锋社群"等文字的宣传海报和文章，并在公司住所地悬挂"雷锋社群"文字标识。该公司以"雷锋社群"名义多次举办"创业广交会""电商供应链大会""全球云选品对接会"等商业活动，并以"雷锋社群会费"等名目收取客户费用16笔，金额共计308464元。公益诉讼起诉人诉称，要求被告立即停止在经营项目中以雷锋的名义进行宣传，并在浙江省内省级媒体就使用雷锋姓名赔礼道歉。

【案　　号】（2021）浙0192民初1521号

【审理法院】杭州互联网法院

【来　　源】《人民法院贯彻实施民法典典型案例（第一批）》

> 第一百八十六条 因当事人一方的违约行为，损害对方人身权益、财产权益的，受损害方有权选择请求其承担违约责任或者侵权责任。

关联规定

法律、行政法规、司法解释

1.《最高人民法院关于审理旅游纠纷案件适用法律若干问题的规定》

第三条 因旅游经营者方面的同一原因造成旅游者人身损害、财产损失，旅游者选择请求旅游经营者承担违约责任或者侵权责任的，人民法院应当根据当事人选择的案由进行审理。

2.《最高人民法院关于审理无正本提单交付货物案件适用法律若干问题的规定》

第三条 承运人因无正本提单交付货物造成正本提单持有人损失的，正本提单持有人可以要求承运人承担违约责任，或者承担侵权责任。

正本提单持有人要求承运人承担无正本提单交付货物民事责任的，适用海商法规定；海商法没有规定的，适用其他法律规定。

条文释义

一、本条主旨

本条是关于违约责任和侵权责任竞合的规定。

二、条文演变

关于违约责任与侵权责任的竞合，原《民法通则》并没有规定。原《合同法》第122条规定："因当事人一方的违约行为，侵害对方人身、财产权益的，受损害方有权选择依照本法要求其承担违约责任或者依照其他法律要求其承担侵权责任。"原《民法总则》基本沿用这一规定，只是作了个别文字修改，对责任竞合作了规定，《民法典》总则编对这一内容予以了保留。

三、条文解读

依据民事主体违反的民事义务性质的不同，可以将民事责任划分为违约责任与侵权责任。违约责任，是指合同一方当事人因违反合同的约定义务而对另一方合同当事人所应当承担的民事责任。侵权责任，是指行为人实施违法行为，侵害他人的民事权利，造成人身损害、财产损害或者精神损害，所应当承担的民事责任。

关于违约责任与侵权责任的主要区别如下：

（一）违反的义务不同

侵权责任所违反的是法律明确规定的义务，即法定义务；而违约责任违反的主要是当事人约定的义务。侵权责任广泛存在于没有任何合同关系或者其他类似关系的民事主体之间，侵权责任基本上是以没有相对的法律关系存在的民事主体之间的绝对权法律关系为基础，而违约责任的发生必须以赔偿权利人与义务人之间具有合同关系或者其他与此类似的关系为基础。

（二）保护范围不同

在我国，侵权责任保护的范围广泛，包括人格权、身份权、物权、债权、知识产权和继承权，以及相关的人格利益、身份利益和财产利益。而违约赔偿责任保护的范围由于受到合同相对性的限制，只保护当事人的债权，以及一方当事人违反合同义务而给对方当事人的预期利益所造成的损害。如果违约行为涉及债权人人身、财产固有利益的损害，则构成违约责任与侵权责任的竞合，按照本条和《民法典》合同编中的规定，由当事人选择侵权责任还是违约责任起诉。

（三）责任的后果和承担方式不同

违约责任的后果可以依据法律确定，也可以由当事人事先约定责任的范围和承担方式，通常情况下为赔偿损失、支付违约金等以财产为内容的责任形式，并且在没有给对方造成损失的情况下，仍可追究违约责任。但违约责任通常不能包括精神损害赔偿。侵权责任并不能由当事人事先约定,而是由法律直接规定责任后果,侵权责任的承担方式不能适用违约金,并且侵权人如果没有给他人造成损害,一般不承担民事责任,侵权责任除可以采取赔偿损失等财产性责任承担方式外,还可以采取消除影响、恢复名誉等非财产性责任承担方式。

(四) 归责原则不同

违约责任依循严格责任原则,只要当事人违反合同,即应承担违约责任,而不问其是否有过错。对于侵权责任而言,一般的侵权行为则要有过错要件。

(五) 举证证明责任分配规则不同

对于违约责任,《民事诉讼法解释》第91条规定:"人民法院应当依照下列原则确定举证证明责任的承担,但法律另有规定的除外:(一)主张法律关系存在的当事人,应当对产生该法律关系的基本事实承担举证证明责任;(二)主张法律关系变更、消灭或者权利受到妨害的当事人,应当对该法律关系变更、消灭或者权利受到妨害的基本事实承担举证证明责任。"对于合同履行的情形,通常要由有履行义务的一方当事人承担举证责任,如果其举证不能,则可以认定为违约并由此承担违约责任;对于侵权责任的情形,则应由受害人一方对侵权责任的构成要件事实承担举证证明责任。

(六) 诉讼管辖不同

因违约提起的诉讼,由被告住所地或者合同履行地人民法院管辖,合同的双方当事人也可以协议选择被告住所地、合同履行地、合同签订地、原告住所地和标的物所在地的人民法院管辖;因侵权行为提起的诉讼,由侵权行为地或被告住所地人民法院管辖。

本条对违约责任与侵权责任的竞合作出了规定。法律责任竞合,是指行为人的同一行为符合两个或两个以上不同性质的法律责任之构成要件,依法应当承担多种不同性质的法律责任的制度。① 在市场交易、社会生活中,经常会存在违约责任、侵权责任竞合的现象。比如,在医疗活动中,患者有权要求医方

---

① 参见王胜明:《侵权责任法释义》,法律出版社2010年版,第31页。

按照法律、法规规定和诊疗规范的要求,合理、谨慎地对就诊人诊断、治疗、护理;医疗机构有向患者索取相应的医疗费用等权利,故医患双方之间存在互为对等给付的义务,双方构成合同关系。医患双方未履行法定或合同约定的义务,即构成违约,应当承担违约责任。同时,医疗机构过错诊疗行为侵害患者生命权、身体权、健康权等绝对权的,又构成侵权责任,这就会产生医疗纠纷案件中的违约责任与侵权责任的竞合。在医疗纠纷案件中,违约行为与侵权行为的指向为同一行为,即医方未履行其应尽的注意义务,存在医疗过失,故医疗纠纷按一般侵权原则处理,但不排除当事人选择合同之诉。

在两种请求权同时存在的情况下,如果允许受损害方同时行使双重请求权,则使违约方承受双重责任,这对违约方来说显失公平;从受损害方来说,受损害方获得双重补偿,又构成受损害方不当得利,也不合理。因此,根据公平原则,本条规定,受损害方可以在两种请求权中选择行使一种请求权。[1] 从另一层面来讲,这也是对当事人利益的全方位保护。对违约责任还是侵权责任的不同选择将极大地影响到当事人的权利和义务,产生截然不同的法律后果。在涉及当事人的重大利益之时,只有当事人本人才是其自身利益的最好判断者。[2] 由受损害方自己选择,一方面尊重了受损害方的意思自治,另一方面可以避免受损害方的重复主张,[3] 充分体现了司法自治和合同自由的本质精神,有利于保护受害人利益。从实务来看,侵权责任与违约责任竞合具有以下特征:一是必须是同一民事主体;二是必须是同一不法行为;三是违约责任与侵权责任相互排斥,不能同时共存;四是同一不法行为同时符合侵权责任和违约责任的构成要件。

应当注意的是,受损害方可以在两种请求权中选择行使一种请求权。这意味着受损害方只能行使一种请求权,如果受损害方选择行使一种请求权并得到实现,那么另一种请求权即告消灭。但是,如果受损害方行使一种请求权未果,而另一种请求权并未因时效而消灭,则受损害方仍可行使另一种请

---

[1] 参见黄薇主编:《中华人民共和国民法典总则编释义》,法律出版社2020年版,第495页。

[2] 参见王利明:《民法总则研究(第三版)》,中国人民大学出版社2018年版,第724~725页。

[3] 参见王利明主编:《中国民法典释评·总则编》,中国人民大学出版社2020年版,第478~479页。

求权。①

▶ 适用指引

准确把握责任竞合的基本法律适用规则

比较法上对侵权责任和违约责任的竞合立法主要有禁止竞合、允许竞合、限制竞合三种情形。本条规定采用了限制竞合的做法。禁止竞合的做法无疑会剥夺受害人选择诉讼权利的可能。不加限制允许竞合的做法虽然赋予当事人选择权,但会给予当事人投机的机会,增加讼累。限制竞合的规定能较好地平衡当事人利益和节约司法资源。因此,权利人享有选择权。如果当事人选择以侵权责任纠纷为案由进行起诉,则应当适用《民法典》侵权责任编的规定。如果当事人选择按照违约责任主张权利,则应当按照《民法典》合同编的规则进行裁判,不能适用侵权责任的规则。

在实务中经常会出现原告方对侵权责任之诉与违约责任之诉未作出明确选择的情形,人民法院有必要向其释明并要求其予以明确。释明后权利人仍未明确选择的,一种意见认为,人民法院应根据最有利于纠纷解决的原则依职权确定请求权基础;另一种意见认为,因当事人不明确请求权基础而导致案件无法处理的,可裁定驳回起诉。我们认为,人民法院依照职权确定其请求权基础,似与当事人主义的要求不符,而且何为对当事人有利欠缺具体的判断标准,这时仍应坚持"通过释明其不予选择的不利后果的情况下由当事人作出选择,其仍不选择导致案件无法继续审理的,可以裁定驳回起诉"的做法。

---

① 参见黄薇主编:《中华人民共和国民法典总则编释义》,法律出版社2020年版,第495页。

第一百八十七条 民事主体因同一行为应当承担民事责任、行政责任和刑事责任的，承担行政责任或者刑事责任不影响承担民事责任；民事主体的财产不足以支付的，优先用于承担民事责任。

关联规定

法律、行政法规、司法解释

1.《中华人民共和国证券法》

第二百二十条 违反本法规定，应当承担民事赔偿责任和缴纳罚款、罚金、违法所得，违法行为人的财产不足以支付的，优先用于承担民事赔偿责任。

2.《中华人民共和国刑法》

第三十六条 由于犯罪行为而使被害人遭受经济损失的，对犯罪分子除依法给予刑事处罚外，并应根据情况判处赔偿经济损失。

承担民事赔偿责任的犯罪分子，同时被判处罚金，其财产不足以全部支付的，或者被判处没收财产的，应当先承担对被害人的民事赔偿责任。

3.《中华人民共和国证券投资基金法》

第一百五十条 违反本法规定，应当承担民事赔偿责任和缴纳罚款、罚金，其财产不足以同时支付时，先承担民事赔偿责任。

4.《中华人民共和国公司法》

第二百一十四条 公司违反本法规定，应当承担民事赔偿责任和缴纳罚款、罚金的，其财产不足以支付时，先承担民事赔偿责任。

5.《中华人民共和国食品安全法》

第一百四十七条 违反本法规定，造成人身、财产或者其他损害的，依法承担赔偿责任。生产经营者财产不足以同时承担民事赔偿责任和缴纳罚款、罚金时，先承担民事赔偿责任。

6.《中华人民共和国合伙企业法》

第一百零六条 违反本法规定,应当承担民事赔偿责任和缴纳罚款、罚金,其财产不足以同时支付的,先承担民事赔偿责任。

7.《中华人民共和国产品质量法》

第六十四条 违反本法规定,应当承担民事赔偿责任和缴纳罚款、罚金,其财产不足以同时支付时,先承担民事赔偿责任。

8.《中华人民共和国个人独资企业法》

第四十三条 投资人违反本法规定,应当承担民事赔偿责任和缴纳罚款、罚金,其财产不足以支付的,或者被判处没收财产的,应当先承担民事赔偿责任。

9.《最高人民法院关于审理食品药品纠纷案件适用法律若干问题的规定》

第十四条 生产、销售的食品、药品存在质量问题,生产者与销售者需同时承担民事责任、行政责任和刑事责任,其财产不足以支付,当事人依照民法典等有关法律规定,请求食品、药品的生产者、销售者首先承担民事责任的,人民法院应予支持。

▶ 条文释义

一、本条主旨

本条是关于民事责任优先原则的规定。

二、条文演变

原《民法通则》并没有关于民事责任优先原则的规定。原《侵权责任法》对侵权责任优先作了明确规定,其第4条规定:"侵权人因同一行为应当承担行政责任或者刑事责任的,不影响依法承担侵权责任。因同一行为应当承担侵权责任和行政责任、刑事责任,侵权人的财产不足以支付的,先承担侵权责任。"这一规定对于保护受害人利益具有重要作用,该条规定的适用在社会上引起了积极反响,取得了良好的法律效果和社会效果。原《民法总则》吸收了这一成功经验,将侵权责任优先原则升格为整个民事责任优先原则,在该法第187条作出规定:"民事主体因同一行为应当承担民事责任、行政责任和刑事责任的，承担行政责任或者刑事责任不影响承担民事责任；民事主体的财产不足以支付的，优先用于承担民事责任。"这对于民事权利保护和救济发挥了更大、更积极的作用，《民法典》总则编对这一规定予以了保留。

三、条文解读

民事责任、行政责任和刑事责任是法律责任的基本分类。民事责任是指民事主体因违反民事法律、违约或者因法律规定的其他事由而应当依法承担的法定的不利后果，包括侵权责任、违约责任等。行政责任是指因违反行政法律法规而应当承担的法定的不利后果。刑事责任是指因违反刑事法律而应当承担的法定的不利后果。

责任（或请求权）聚合是指行为人实施某一民事行为，违反两个或两个以上法律规范，构成并承担两个或两个以上法律责任，或者受害人享有两个或者两个以上的请求权。责任（或请求权）竞合是指某一违反民事义务的行为，符合多种民事责任的构成要件，从而在法律上导致多种责任形式存在并相互冲突的现象。责任聚合是近代法律制度区分不同法律部门的结果。责任聚合与传统意义上的责任竞合是既有区别又有联系的两个概念，二者的共同之处在于均有同一事实引起数个法律责任的特征。① 两者的主要区别在于：竞合产生的数个责任相互冲突，不能相互吸收，也不能相互并存，只能择一适用。如在侵权损害赔偿与不当得利返还责任之间只能择其一适用。一旦行使其中之一请求权而达到其目的，其他请求权则归于消灭；如某一请求权的成立存有障碍或因时效而消灭，其他请求权仍可行使。而聚合产生的数个责任相互间并不冲突，可以相互并存，甚至可以相互吸收。如在请求返还原物时，还可以请求消除危险或者排除妨害，直至赔偿损失，而且，这些责任形式可以相互替代。可见，在责任聚合的情况下，侵权行为人因一项违法行为而可能承担多项责任形式；或者同一个权利人因为同一损害结果而得到多项救济（即请求权聚合）。②

民事责任、行政责任和刑事责任虽然是三种性质的不同法律责任，却可能因为同一法律行为而同时产生。一个行为既违反了民法又违反了行政法或者刑

---

① 参见王利明主编：《中国民法典释评·总则编》，中国人民大学出版社2020年版，第481页。
② 参见最高人民法院物权法研究小组编著：《〈中华人民共和国物权法〉条文理解与适用》，人民法院出版社2007年版，第152页。

法，由此同时产生民事责任、行政责任或者刑事责任，即发生责任聚合。从法理上说，责任聚合的原因是法条竞合。比如《产品质量法》第4章损害赔偿专章规定了民事赔偿，第5章罚则专章规定了行政处罚，包括行政罚款。由此，产品致害行为可能既适用第4章的规定需承担民事赔偿责任，又适用第5章的规定承担行政责任，情节严重时还可能因违反《刑法》规定而构成犯罪。这种民事与行政、刑事的法条竞合存在于我国现行法中，从而可能导致民事与行政、刑事的责任聚合的情形。

民事责任、行政责任和刑事责任作为三种不同性质的法律责任，各自有其不同的发生根据和特定的适用范围。一般情况下，三者各自独立存在，并行不悖。侵权责任是民事责任的一种，因此，依据本条前半部分之规定，侵权人因同一行为应当承担行政责任或者刑事责任的，不影响依法承担侵权责任。这在责任主体的财产不足以同时满足承担民事赔偿责任和承担罚款、罚金及没收财产等行政责任和刑事责任时，具有积极意义。民事责任优先原则就是解决这类责任聚合问题的法律原则，即责任主体的财产不足以同时满足民事责任、行政责任或者刑事责任时，优先承担民事责任。因此，本条后半部分规定："民事主体的财产不足以支付的，优先用于承担民事责任。"除本条规定之外，我国的《刑法》《公司法》《证券法》《证券投资基金法》等法律也都对民事责任优先原则有所规定。比如《刑法》第36条第2款规定："承担民事赔偿责任的犯罪分子，同时被判处罚金，其财产不足以全部支付的，或者被判处没收财产的，应当先承担对被害人的民事赔偿责任。"《公司法》第214条规定："公司违反本法规定，应当承担民事赔偿责任和缴纳罚款、罚金的，其财产不足以支付时，先承担民事赔偿责任。"《证券法》第220条规定："违反本法规定，应当承担民事赔偿责任和缴纳罚款、罚金、违法所得，违法行为人的财产不足以支付的，优先用于承担民事赔偿责任。"《食品安全法》第147条规定："违反本法规定，造成人身、财产或者其他损害的，依法承担赔偿责任。生产经营者财产不足以同时承担民事赔偿责任和缴纳罚款、罚金时，先承担民事赔偿责任。"《合伙企业法》第106条规定："违反本法规定，应当承担民事赔偿责任和缴纳罚款、罚金，其财产不足以同时支付的，先承担民事赔偿责任。"《产品质量法》第64条规定："违反本法规定，应当承担民事赔偿责任和缴纳罚款、罚金，其财产不足以同时支付时，先承担民事赔偿责任。"《证券投资基金法》第150条规定："违反本法规定，应当承担民事赔偿责任和缴纳罚款、罚金，其财产不足以同时支付时，先承担民事赔偿责任。"《个人独资企业法》第43条规定："投资人违反本法规定，应当承担民事赔偿责任和缴纳罚款、罚金，其财产不足以支付的，或者被判处没收财产的，应当先承担民事赔偿责任。"

确立民事责任优先原则的理由主要有：

1. 民事责任优先是实现法的价值的需要。责任承担的先后顺序关涉私人利益与国家利益之间关系的协调。① 国家和个人承受财产损失的能力差别很大，在不足以同时承担两种以上责任时，不承担缴纳罚款、罚金及没收财产等行政、刑事责任，不会使国家发生经济上的困难，但如果不履行民事责任却可能使个人陷入极大的困难乃至绝境。民事责任优先可以取得良好的社会效益，也更能体现法律的人道和正义，人道和正义是法的社会功能的体现，也是法所追求的主要价值所在。

2. 民事责任优先是维护市场经济秩序和交易安全的需要。民事主体在民事活动中依法取得的权利，应具有法律的保障性。如果一方当事人对另一方当事人依法享有债权，却因另一方当事人承担财产性的行政、刑事责任后丧失清偿债务的能力而无法实现，必然造成当事人在以后的民事活动中投入一定的注意力，核查对方当事人是否存在违法或犯罪行为，否则就可能影响自己权利的实现，这样必然影响双方当事人之间进行交易的信赖和效率，也不符合市场经济秩序和交易安全应具有法律保障性的要求。

3. 罚款、罚金及没收财产等行政责任、刑事责任体现了国家对行为人的惩罚。民事责任主要是平等主体之间发生的一方依法向另一方承担的责任，目的在于弥补权利人因他人的民事违法行为而给其造成的经济损失，补偿性是民事责任的显著特征。这种补偿性的责任一旦遭到破坏，权利人的权利则难以实现。②

4. 民事责任和行政责任、刑事责任的目的和功能不同。民事责任的主要目的是给受害人补偿损失、恢复权利；行政责任和刑事责任具有惩罚行为人、维护社会秩序的目的。在责任人的财产不足以承担两种以上的责任时，不承担民事责任，民事责任的目的就无法实现。与民事责任单一的财产性特征相比，行

---

① 参见王利明主编：《中国民法典释评·总则编》，中国人民大学出版社2020年版，第482页。
② 参见黄薇主编：《中华人民共和国民法典总则编释义》，法律出版社2020年版，第497页。

政、刑事责任具有人身性和财产性的双重特征。在三者同时存在时，即使民事责任优先适用，结果可能造成财产性的罚款、罚金及没收财产等行政制裁或刑事制裁难以实施，但这并不影响责任人承担人身方面的行政责任、刑事责任。[①]

▶ 适用指引

准确把握民事责任优先原则的适用条件和范围

适用民事责任优先原则，应当注意以下条件：

1. 责任主体所承担的民事责任须以合法有效为前提，至于该责任发生的依据是基于法律规定还是当事人约定在所不问。

2. 责任主体的财产不足以同时承担民事责任、行政责任和刑事责任。这里的财产应当是以其责任财产为限，如果责任主体的财产能够满足三种责任的承担，则责任人要同时承担三种责任，只有在财产不能同时满足时，才可以适用民事责任优先原则。

此外，关于民事责任优先原则的适用范围，依据本条的规定，这一原则应当适用于所有的民事责任类型，既包括违约责任在内的一切合同责任，当然也包括侵权责任。

---

① 参见王胜明：《侵权责任法释义》，法律出版社2010年版，第31~35页。

第九章　诉讼时效

第一百八十八条　向人民法院请求保护民事权利的诉讼时效期间为三年。法律另有规定的，依照其规定。

诉讼时效期间自权利人知道或者应当知道权利受到损害以及义务人之日起计算。法律另有规定的，依照其规定。但是，自权利受到损害之日起超过二十年的，人民法院不予保护，有特殊情况的，人民法院可以根据权利人的申请决定延长。

▶ 关联规定

一、法律、行政法规、司法解释

1.《中华人民共和国民法典》

第五百九十四条　因国际货物买卖合同和技术进出口合同争议提起诉讼或者申请仲裁的时效期间为四年。

2.《中华人民共和国产品质量法》

第四十五条　因产品存在缺陷造成损害要求赔偿的诉讼时效期间为二年，自当事人知道或者应当知道其权益受到损害时起计算。

因产品存在缺陷造成损害要求赔偿的请求权，在造成损害的缺陷产品交付最初消费者满十年丧失；但是，尚未超过明示的安全使用期的除外。

3.《中华人民共和国民用航空法》

第一百三十五条　航空运输的诉讼时效期间为二年，自民用航空器到达目的地点、应当到达目的地点或者运输终止之日起计算。

4.《中华人民共和国拍卖法》

第六十一条　拍卖人、委托人违反本法第十八条第二款、第二十七条的规定，未说明拍卖标的的瑕疵，给买受人造成损害的，买受人有权向拍卖人要求赔偿；属于委托人责任的，拍卖人有权向委托人追偿。

拍卖人、委托人在拍卖前声明不能保证拍卖标的的真伪或者品质的，不承担瑕疵担保责任。

因拍卖标的存在瑕疵未声明的，请求赔偿的诉讼时效期间为一年，自当事人知道或者应当知道权利受到损害之日起计算。

因拍卖标的存在缺陷造成人身、财产损害请求赔偿的诉讼时效期间，适用《中华人民共和国产品质量法》和其他法律的有关规定

5.《中华人民共和国保险法》

第二十六条 人寿保险以外的其他保险的被保险人或者受益人，向保险人请求赔偿或者给付保险金的诉讼时效期间为二年，自其知道或者应当知道保险事故发生之日起计算。

人寿保险的被保险人或者受益人向保险人请求给付保险金的诉讼时效期间为五年，自其知道或者应当知道保险事故发生之日起计算。

6.《中华人民共和国环境保护法》

第六十六条 提起环境损害赔偿诉讼的时效期间为三年，从当事人知道或者应当知道其受到损害时起计算。

7.《中华人民共和国国家赔偿法》

第三十九条 赔偿请求人请求国家赔偿的时效为两年，自其知道或者应当知道国家机关及其工作人员行使职权时的行为侵犯其人身权、财产权之日起计算，但被羁押等限制人身自由期间不计算在内。在申请行政复议或者提起行政诉讼时一并提出赔偿请求的，适用行政复议法、行政诉讼法有关时效的规定。

赔偿请求人在赔偿请求时效的最后六个月内，因不可抗力或者其他障碍不能行使请求权的，时效中止。从中止时效的原因消除之日起，赔偿请求时效期间继续计算。

8.《中华人民共和国专利法》

第七十四条 侵犯专利权的诉讼时效为三年，自专利权人或者利害关系人知道或者应当知道侵权行为以及侵权人之日起计算。

发明专利申请公布后至专利权授予前使用该发明未支付适当使用费的，专利权人要求支付使用费的诉讼时效为三年，自专利权人知道或者应当知道他人使用其发明之日起计算，但是，专利权人于专利权授予之日前即已知道或者应当知道的，自专利权授予之日起计算。

9.《中华人民共和国海商法》

第二百六十五条 有关船舶发生油污损害的请求权,时效期间为三年,自损害发生之日起计算;但是,在任何情况下时效期间不得超过从造成损害的事故发生之日起六年。

第二百五十七条 就海上货物运输向承运人要求赔偿的请求权,时效期间为一年,自承运人交付或者应当交付货物之日起计算;在时效期间内或者时效期间届满后,被认定为负有责任的人向第三人提起追偿请求的,时效期间为九十日,自追偿请求人解决原赔偿请求之日起或者收到受理对其本人提起诉讼的法院的起诉状副本之日起计算。

有关航次租船合同的请求权,时效期间为二年,自知道或者应当知道权利被侵害之日起计算。

第二百五十八条 就海上旅客运输向承运人要求赔偿的请求权,时效期间为二年,分别依照下列规定计算:

(一)有关旅客人身伤害的请求权,自旅客离船或者应当离船之日起计算;

(二)有关旅客死亡的请求权,发生在运送期间的,自旅客应当离船之日起计算;因运送期间内的伤害而导致旅客离船后死亡的,自旅客死亡之日起计算,但是此期限自离船之日起不得超过三年;

(三)有关行李灭失或者损坏的请求权,自旅客离船或者应当离船之日起计算。

10.《最高人民法院关于适用〈中华人民共和国民法典〉总则编若干问题的解释》

第三十五条 民法典第一百八十八条第一款规定的三年诉讼时效期间,可以适用民法典有关诉讼时效中止、中断的规定,不适用延长的规定。该条第二款规定的二十年期间不适用中止、中断的规定。

第三十六条 无民事行为能力人或者限制民事行为能力人的权利受到损害的,诉讼时效期间自其法定代理人知道或者应当知道权利受到损害以及义务人之日起计算,但是法律另有规定的除外。

11.《最高人民法院关于审理融资租赁合同纠纷案件适用法律问题的解释》

第十四条 当事人因融资租赁合同租金欠付争议向人民法院请求保护其权利的诉讼时效期间为三年,自租赁期限届满之日起计算。

12.《最高人民法院关于审理民事案件适用诉讼时效制度若干问题的规定》

第一条 当事人可以对债权请求权提出诉讼时效抗辩，但对下列债权请求权提出诉讼时效抗辩的，人民法院不予支持：

（一）支付存款本金及利息请求权；

（二）兑付国债、金融债券以及向不特定对象发行的企业债券本息请求权；

（三）基于投资关系产生的缴付出资请求权；

（四）其他依法不适用诉讼时效规定的债权请求权。

第二条 当事人未提出诉讼时效抗辩，人民法院不应对诉讼时效问题进行释明。

第四条 未约定履行期限的合同，依照民法典第五百一十条、第五百一十一条的规定，可以确定履行期限的，诉讼时效期间从履行期限届满之日起计算；不能确定履行期限的，诉讼时效期间从债权人要求债务人履行义务的宽限期届满之日起计算，但债务人在债权人第一次向其主张权利之时明确表示不履行义务的，诉讼时效期间从债务人明确表示不履行义务之日起计算。

第五条 享有撤销权的当事人一方请求撤销合同的，应适用民法典关于除斥期间的规定。对方当事人对撤销合同请求权提出诉讼时效抗辩的，人民法院不予支持。

合同被撤销，返还财产、赔偿损失请求权的诉讼时效期间从合同被撤销之日起计算。

第六条 返还不当得利请求权的诉讼时效期间，从当事人一方知道或者应当知道不当得利事实及对方当事人之日起计算。

第七条 管理人因无因管理行为产生的给付必要管理费用、赔偿损失请求权的诉讼时效期间，从无因管理行为结束并且管理人知道或者应当知道本人之日起计算。

本人因不当无因管理行为产生的赔偿损失请求权的诉讼时效期间，从其知道或者应当知道管理人及损害事实之日起计算。

第九条 权利人对同一债权中的部分债权主张权利，诉讼时效中断的效力及于剩余债权，但权利人明确表示放弃剩余债权的情形除外。

第十二条 权利人向人民调解委员会以及其他依法有权解决相关民事纠纷的国家机关、事业单位、社会团体等社会组织提出保护相应民事权利的请求，诉讼时效从提出请求之日起中断。

第十三条 权利人向公安机关、人民检察院、人民法院报案或者控告，请求保护其民事权利的，诉讼时效从其报案或者控告之日起中断。

上述机关决定不立案、撤销案件、不起诉的，诉讼时效期间从权利人知道或者应当知道不立案、撤销案件或者不起诉之日起重新计算；刑事案件进入审理阶段，诉讼时效期间从刑事裁判文书生效之日起重新计算。

第十七条 债权转让的，应当认定诉讼时效从债权转让通知到达债务人之日起中断。

债务承担情形下，构成原债务人对债务承认的，应当认定诉讼时效从债务承担意思表示到达债权人之日起中断。

第二十条 本规定施行后，案件尚在一审或者二审阶段的，适用本规定；本规定施行前已经终审的案件，人民法院进行再审时，不适用本规定。

13.《最高人民法院关于审理无正本提单交付货物案件适用法律若干问题的规定》

第十四条 正本提单持有人以承运人无正本提单交付货物为由提起的诉讼，适用海商法第二百五十七条的规定，时效期间为一年，自承运人应当交付货物之日起计算。

正本提单持有人以承运人与无正本提单提取货物的人共同实施无正本提单交付货物行为为由提起的侵权诉讼，诉讼时效适用本条前款规定。

14.《最高人民法院关于海上保险合同的保险人行使代位请求赔偿权利的诉讼时效期间起算日的批复》

上海市高级人民法院：

你院《关于海事诉讼中保险人代位求偿的诉讼时效期间起算日相关法律问题的请示》（沪高法〔2014〕89号）收悉。经研究，批复如下：

依照《中华人民共和国海商法》及《最高人民法院关于审理海上保险纠纷案件若干问题的规定》关于保险人行使代位请求赔偿权利的相关规定，结合海事审判实践，海上保险合同的保险人行使代位请求赔偿权利的诉讼时效期间起算日，应按照《中华人民共和国海商法》第十三章规定的相关请求权之诉讼时效起算时间确定。

此复。

二、司法指导性文件

1.《全国法院贯彻实施民法典工作会议纪要》

5.民法典第一百八十八条第一款规定的普通诉讼时效期间，可以适用民法典有关诉讼时效中止、中断的规定，不适用延长的规定。民法典第一百八十八条第二款规定的"二十年"诉讼时效期间可以适用延长的规定，不适用中止、中断的规定。

诉讼时效根据民法典第一百九十五条的规定中断后，在新的诉讼时效期间内，再次出现第一百九十五条规定的中断事由，可以认定诉讼时效再次中断。权利人向义务人的代理人、财产代管人或者遗产管理人主张权利的，可以认定诉讼时效中断。

2.《最高人民法院关于买受人在交易时未支付价款向出卖人出具没有还款日期的欠款条诉讼时效期间应从何时开始计算问题的请示的答复》

广东省高级人民法院：

你院粤高法民一请字〔2005〕1号《关于买受人在交易时未支付价款向出卖人出具没有还款日期的欠款条诉讼时效期间应从何时开始计算问题的请示》收悉。经研究，答复如下：

根据你院报告所述情况，冯树根向广州市白云农业综合服务有限公司（以下简称白云农业公司）购买农药，双方并未签订书面买卖合同，也无证据证明双方对合同的履行期限进行约定，因此，该合同属于未定履行期限的合同。根据《中华人民共和国合同法》第六十二条第一款第（四）项及《中华人民共和国民法通则》第八十八条第二款第（二）项、第一百三十七条的规定，本案诉讼时效期间应从白云农业公司向冯树根主张权利时起算。本案不符合法复〔1994〕3号批复适用的条件，故同意你院审判委员会多数意见。

此复。

3.《最高人民法院关于在保证期间内保证人在债权转让协议上签字并承诺履行原保证义务能否视为债权人向担保人主张过债权及认定保证合同的诉讼时效如何起算等问题请示的答复》

云南省高级人民法院：

你院云高法报〔2003〕5号《关于在保证期间内，保证人在债权转让协议上签字并承诺履行原保证义务，能否视为债权人向担保人主张过债权，从而认定保证合同的诉讼时效从签字时起算的请示报告》收悉。经研究，答复如下：

《中华人民共和国担保法》（以下简称《担保法》）第二十六条第一款规定的债权人要求保证人承担保证责任应包括债权人在保证期间内向保证人主动催收或提示债权，以及保证人在保证期间内向债权人作出承担保证责任的承诺两种情形。请示所涉案件的保证人—个旧市配件公司于保证期间内，在所担保的债权转让协议上签字并承诺"继续履行原保证合同项下的保证义务"即属《担保法》第二十六条第一款所规定的债权人要求保证人承担保证责任的规定精神。依照本院《关于适用〈中华人民共和国担保法〉若干问题的解释》第三十四条第二款的规定，自保证人个旧市配件公司承诺之日起，保证合同的诉讼时效开始计算。故同意你院第一种意见。

此复。

4.《最高人民法院关于青岛口岸船务公司与青岛运通船务公司水路货物运输合同纠纷一案中赔偿请求权诉讼时效期间如何计算的请示的复函》

山东省高级人民法院：

你院鲁高法函〔2002〕23号请示报告收悉。经研究，我们认为：沿海货物运输合同不适用于《中华人民共和国海商法》（以下简称《海商法》）第四章关于海上货物运输合同的规定，但可适用该法其他章节的规定。因此，你院请示的青岛口岸船务公司与青岛运通船务公司水路货物运输合同纠纷一案应当适用《海商法》关于货物运输诉讼时效为1年的规定。

此复。

5.《最高人民法院关于对全国证券回购机构间经统一清欠后尚余的债权债务诉讼时效问题的通知》

各省、自治区、直辖市高级人民法院，新疆维吾尔自治区高级人民法院生产建设兵团分院：

我院于1998年12月18日和1999年1月21日，先后下发了法〔1998〕152号《关于中止审理、中止执行已编入全国证券回购机构间债务清欠链条的证券回购经济纠纷案件的通知》和法〔1999〕6号《关于补发最高人民法院〔1998〕152号通知附件的通知》。对已经编入全国证券回购机构间债务清欠链条的证券回购纠纷，决定暂不受理，对已经立案受理的案件中止诉讼和中止执行。2000年7月26日，我院又下发法〔2000〕115号《关于恢复受理、审理和执行已经编入全国证券回购机构间债务清欠链条的证券回购经济纠纷案件的通知》，对涉及已经编入全国证券回购机构间债务清欠链条，但债权债务未能清欠的证券回购纠纷，符合《中华人民共和国民事诉讼法》第一百零八条规定的，应当予以受理。现就此类案件诉讼时效问题通知如下：

凡已编入全国证券回购机构间债务清欠链条，经全国证券回购债务清欠办公室统一组织清欠后尚余的债权债务，其诉讼时效自我院法〔2000〕115号文件下发之日即2000年7月26日起重新计算。

特此通知。

6.《最高人民法院研究室关于对租赁合同债务人因欠付租金而出具的"欠款结算单"不适用普通诉讼时效的复函》

河南省高级人民法院：

你院〔2000〕豫法民字第118号《关于"租赁合同"双方当事人就逾期所欠租金结算后，债务方出具的"欠款结算单"能否按"债务纠纷"适用普通诉讼时效的请示》收悉。经研究，答复如下：

租赁合同债务人因欠付租金而出具的"欠款结算单"只表明未付租金的数额，并未改变其与债权人之间的租赁关系。因此，租赁合同当事人之间就该欠款结算单所发生纠纷的诉讼时效期间适用《中华人民共和国民法通则》第一百三十六条的规定。

▶ 条文释义

一、本条主旨

本条是关于诉讼时效期间、诉讼时效期间起算及诉讼时效期间延长的规定。

二、条文演变

关于诉讼时效期间、诉讼时效期间起算及诉讼时效期间延长，1986年《民法通则》第135条规定："向人民法院请求保护民事权利的诉讼时效期间为二年，法律另有规定的除外。"第137条规定："诉讼时效期间从知道或者应当知道权利被侵害时起计算。但是，从权利被侵害之日起超过二十年的，人民法院不予保护。有特殊情况的，人民法院可以延长诉讼时效期间。"原《民法通则》将普通诉讼时效期间规定为两年,从比较法的角度来看,原《民法通则》对于诉讼时效期间的规定相对比较短,导致实践中债权因经过诉讼时效而无法得到保护的情况非常普遍,不利于债权人利益的保护,也增加了当事人维权的成本。对此,理论界和实务界中一直存有适当延长诉讼时效的呼声。原《民法总则》在第188条中将普通诉讼时效延长为三年,规定向人民法院请求保护民事权利的诉讼时效期间为三年。法律另有规定的,依照其规定。诉讼时效期间自权利人知道或者应当知道权利受到损害以及义务人之日起计算。法律另有规定的,依照其规定。但是自权利受到损害之日起超过二十年的,人民法院不予保护;有特殊情况的,人民法院可以根据权利人的申请决定延长。该规定顺应了理论界和实务界的呼声,《民法典》对这一规则予以沿用。

三、条文解读

本条是关于诉讼时效的规定,共分为两款。第一款是关于普通诉讼时效期间和特别诉讼时效期间的规定,第二款是关于最长诉讼时效期间、诉讼时效期间起算及诉讼时效期间延长的规定。

(一)普通诉讼时效期间

时效是指一定的事实状态持续地经过一定期间即在法律上产生一定后果的事实。[①] 根据目的和适用对象的不同,时效分为取得时效和诉讼时效两种类型,其中,取得时效的规定主要针对的是物权,指占有他人的财产或权利的事实状态经过法定期间,即取得该财产的所有权或权利;诉讼时效的规定主要针对的是债权,是指权利人在法定期间内不行使权利,义务人有权提出拒绝履行的抗辩的法律制度。

1986年原《民法通则》将普通诉讼时效期间规定为两年,对此,理论界和实务界一直有适当延长普通诉讼时效期间的呼吁。原因在于:一方面,从诉讼时效制度的目的和价值来看,主要在于维持社会关系的稳定,惩罚怠于行使权利的权利人,方便法院进行案件的审理。考察诉讼时效制度的目的和价值可以看出,只有权利人在一定期间内不行使权利,才能构成债务人拒绝履行其本应履行的债务之理由。如果诉讼时效期间规定得过短,对权利人不免过于严

---

① 参见江平主编:《民法学》,中国政法大学出版社2007年版,第233页。

苛，亦不能形成足以对抗原权利义务关系的，因权利人长期怠于行使权利而导致权利处于休眠状态的新秩序。另一方面，从司法实践来看，在我国的现实生活中，债权因诉讼时效经过而不能受到保护的情况非常普遍，这不利于保护债权人利益，不利于社会和谐稳定，增加了当事人的维权成本。而考虑到我国国情与本土文化，"中国社会几千年的传统是避诉的，当事人为了亲情和友情，为了社会关系的维持，往往不愿意提起诉讼，在婉转表达的权利要求不能实现时，才提起诉讼，这样时间上常常比较晚"[①]。适当延长普通诉讼时效期间更符合我国的国情与文化。从比较法的角度来看，大陆法系国家和地区及受其影响的国家和地区的民法典，对于诉讼时效期间都有明确的规定。其中《德国民法典》将普通诉讼时效期间规定为3年，《法国民法典》将普通诉讼时效期间规定为5年，《日本民法典》将普通诉讼时效期间规定为5年。虽然自21世纪以来，有不少国家在债法改革中缩短了普通诉讼时效期间，诉讼时效短期化成为一种趋势。但与各大陆法国家和地区相比，我国原《民法通则》中关于普通诉讼时效期间的规定仍然相对较短。

故此，为回应理论界和实务界的呼声，保护债权人利益，维护社会秩序稳定，本条第一款将普通诉讼时效期间延长为三年。

（二）特别诉讼时效期间

本条第1款关于诉讼时效期间还规定了"法律另有规定的，依照其规定"，也就是说，除普通诉讼时效期间外，法律上还规定了特别诉讼时效期间。例如，《保险法》第26条第2款规定："人寿保险的被保险人或者受益人向保险人请求给付保险金的诉讼时效期间为五年，自其知道或者应当知道保险事故发生之日起计算。"再如，《海商法》第258条规定："就海上旅客运输向承运人要求赔偿的请求权，时效期间为二年，分别依照下列规定计算：（一）有关旅客人身伤害的请求权，自旅客离船或者应当离船之日起计算；（二）有关旅客死亡的请求权，发生在运送期间的，自旅客应当离船之日起计算；因运送期间内的伤害而导致旅客离船后死亡的，自旅客死亡之日起计算，但是此期限自离船之日起不得超过三年；（三）有关行李灭失或者损坏的请求权，自旅客离船或者应当离船之日起计算。"这些规定是对诉讼时效期间有特殊规定，优先于

---

① 李适时主编：《中华人民共和国民法总则释义》，法律出版社2017年版，第591页。

《民法典》中关于普通时效期间的规定适用。

（三）最长诉讼时效期间

除了普通诉讼时效期间和特别诉讼时效期间外，本条第2款还对特别诉讼时效期间作出了规定，自权利受到损害之日起超过二十年的，人民法院不予保护。与普通诉讼时效期间和特别诉讼时效期间相比，最长诉讼时效期间具有以下特点：一是自权利受到损害之日起计算。最长诉讼时效采用客观标准，从权利受到损害之日开始计算。二是不考虑权利人何时知道权利受到侵害及具体义务人。即使权利受到侵害后权利人一直不知道，但是只要权利受到损害之日起超过20年的，除极特殊情况下的诉讼时效延长外，人民法院就不予保护。三是具有固定性，该期限不适用诉讼时效中止、中断的规定，固定为20年时间。

（四）诉讼时效期间起算和延长

诉讼时效制度是对债权人行使权利的限制，在诉讼时效制度中，期间和起算点同样具有重要的意义。"简单地规定一个期间而不规定计算的起点，就很难判断其真正的长短。例如，10年的期间乍看起来很长，但其是从权利发生开始计算；1年的诉讼时效期间看起来可能很短，但它是从权利人知道权利被侵害起计算，则从债权人保护方面看，1年的时效期间可能更长。"[1]

关于诉讼时效期间自何时起算，主要有两种起算标准：第一种是主观标准，从权利人知道受到侵害的时间起算；第二种是客观标准，从权利受到侵害或请求权发生之时起算。我国《民法典》中普通时效期间的起算需满足以下条件：

1. 权利客观上受到侵害。权利受到侵害是诉讼时效期间起算的前提之一，如权利未受到侵害，不涉及诉讼时效问题。

2. 权利人知道或应当知道权利受到侵害。虽然权利客观上受到侵害，但是权利人可能并不知道权利受侵害情况，故诉讼时效期间的起算应将权利人知道或应当知道权利受侵害作为条件之一。所谓应当知道指的是以一般人的标准，权利人在当时的情况下应当知道权利受到侵害。

3. 权利人知道或应当知道具体侵害人。权利人知道权利受侵害还不够，如

---

[1] 江平主编：《民法学》，中国政法大学出版社2007年版，第239页。

果不知道侵害人是谁,也无法行使请求权,故诉讼时效期间的起算还需要权利人知道或应当知道具体的义务人。

除普通诉讼时效期间的起算外,本条还规定了最长诉讼时效期间的起算和特别诉讼时效期间的起算,其中最长诉讼时效期间自权利受到损害之日起计算,特别诉讼时效期间的起算依法律规定。

实践中,诉讼时效期间的起算要根据案件情况予以确定,例如,在阎某某与天津市某服务公司提供劳务者受害责任纠纷案中[①],法院认为,在人体受到伤害致残时,伤残等级的确定是赔偿权利人向赔偿义务人主张赔偿包括残疾赔偿金等全部损失的前提和基础。赔偿权利人从伤残等级确定之日起在法律规定的诉讼时效期间内向人民法院提起人身损害赔偿诉讼的,应予支持。

依照本条规定,在诉讼时效期满后,权利人"有特殊情况的"可以申请延长诉讼时效,人民法院可以根据权利人的申请决定延长。但需注意的是,根据《全国法院贯彻实施民法典工作会议纪要》的规定,《民法典》第188条第1款规定的普通诉讼时效期间,可以适用《民法典》有关诉讼时效中止、中断的规定,不适用延长的规定。《民法典》第188条第2款规定的"二十年"诉讼时效期间可以适用延长的规定,不适用中止、中断的规定。也就是说本条中关于诉讼时效延长的规定,仅适用于最长诉讼时效,不适用于普通诉讼时效。《民法典总则编解释》第35条,将该纪要的精神上升为司法解释条文。

▶ 适用指引

一、诉讼时效抗辩的援用人范围问题

本条对于诉讼时效制度的援用人范围问题没有作出规定。梳理《民法典》和其他法律的规定可以看出,我国法律上对于诉讼时效抗辩的援用人范围的规定主要有以下情形:

(一)人民法院

通说认为,诉讼时效制度原则上只能由当事人主张,而法官不能主动引

---

① 参见阎某某与天津市某服务公司提供劳务者受害责任纠纷案,天津市第二中级人民法院(2014)二中民四终字第422号民事判决书。

用。《民法典》亦对此作出了规定，其第193条规定："人民法院不得主动适用诉讼时效的规定。"

（二）当事人

根据相关法律规定，援用人的范围原则上应限制在"因时效而直接受益者"。具体而言，包括以下几类：首先，债务人。这也是诉讼时效制度的主要援用人。其次，连带债务人。如果诉讼时效对连带债务人中的一人完成，其他的连带债务人也就该债务人负担的债务免除责任，所以，同样允许援用。① 再次，保证人。《民法典》第701条规定，保证人可以主张债务人对债权人的抗辩。债务人放弃抗辩的，保证人仍有权向债权人主张抗辩。本条规定的抗辩权显然包括时效抗辩。最后，为债务人提供物权担保的第三人。关于为债务人提供物权担保的第三人能否援用诉讼时效抗辩的问题，存在一定争议。此前《担保法解释》第12条规定，担保物权所担保的债权的诉讼时效结束后，担保权人在诉讼时效结束后的2年内行使担保物权的，人民法院应予支持。但《民法典》中并未沿用这一规定。

二、诉讼时效抗辩的提出时间问题

关于当事人提出诉讼时效抗辩的时间问题，《最高人民法院关于审理民事案件适用诉讼时效制度若干问题的规定》第3条第1款规定："当事人在一审期间未提出诉讼时效抗辩，在二审期间提出的，人民法院不予支持，但其基于新的证据能够证明对方当事人的请求权已过诉讼时效期间的情形除外。"

▶ **指导案例**

指导案例65号：上海市虹口区久乐大厦小区业主大会诉上海环亚实业总公司业主共有权纠纷案

（最高人民法院审判委员会讨论通过　2016年9月19日发布）

关键词： 民事　业主共有权　专项维修资金　法定义务　诉讼时效

---

① 参见［日］山本敬三：《民法讲义》，解亘译，北京大学出版社2004年版，第382页。

裁判要点：

专项维修资金是专门用于物业共用部位、共用设施设备保修期满后的维修和更新、改造的资金，属于全体业主共有。缴纳专项维修资金是业主为维护建筑物的长期安全使用而应承担的一项法定义务。业主拒绝缴纳专项维修资金，并以诉讼时效提出抗辩的，人民法院不予支持。

相关法条：

《中华人民共和国民法通则》第 135 条

《中华人民共和国物权法》第 79 条、第 83 条第 2 款

《物业管理条例》第 7 条第 4 项、第 54 条第 1 款、第 2 款

基本案情：

2004 年 3 月，被告上海环亚实业总公司（以下简称环亚公司）取得上海市虹口区久乐大厦底层、二层房屋的产权，底层建筑面积 691.36 平方米、二层建筑面积 910.39 平方米。环亚公司未支付过上述房屋的专项维修资金。2010 年 9 月，原告久乐大厦小区业主大会（以下简称久乐业主大会）经征求业主表决意见，决定由久乐业主大会代表业主提起追讨维修资金的诉讼。久乐业主大会向法院起诉，要求环亚公司就其所有的久乐大厦底层、二层的房屋向原告缴纳专项维修资金 57566.9 元。被告环亚公司辩称，其于 2004 年获得房地产权证，至本案诉讼有 6 年之久，原告从未主张过维修资金，该请求已超过诉讼时效，不同意原告诉请。

裁判结果：

上海市虹口区人民法院于 2011 年 7 月 21 日作出（2011）虹民三（民）初字第 833 号民事判决：被告环亚公司应向原告久乐业主大会缴纳久乐大厦底层、二层房屋的维修资金 57566.9 元。宣判后，环亚公司向上海市第二中级人民法院提起上诉。上海市第二中级人民法院于 2011 年 9 月 21 日作出（2011）沪二中民二（民）终字第 1908 号民事判决：驳回上诉，维持原判。

裁判理由：

法院生效裁判认为：《中华人民共和国物权法》（以下简称《物权法》）第七十九条规定，"建筑物及其附属设施的维修资金，属于业主共有。经业主共同决定，可以用于电梯、水箱等共有部分的维修。"《物业管理条例》第五十四条第二款规定，"专项维修资金属于业主所有，专项用于物业保修期满后物业共用部位、共用设施设备的维修和更新、改造，不得挪作他用"。《住宅专项维

修资金管理办法》(建设部、财政部令第165号)(以下简称《办法》)第二条第二款规定,"本办法所称住宅专项维修资金,是指专项用于住宅共用部位、共用设施设备保修期满后的维修和更新、改造的资金。"依据上述规定,维修资金性质上属于专项基金,系为特定目的,即为住宅共用部位、共用设施设备保修期满后的维修和更新、改造而专设的资金。它在购房款、税费、物业费之外,单独筹集、专户存储、单独核算。由其专用性所决定,专项维修资金的缴纳并非源于特别的交易或法律关系,而是为了准备应急性地维修、更新或改造区分所有建筑物的共有部分。由于共有部分的维护关乎全体业主的共同或公共利益,所以维修资金具有公共性、公益性。

《物业管理条例》第七条第四项规定,"业主在物业管理活动中,应当履行按照国家有关规定交纳专项维修资金的义务。"第五十四条第一款规定,"住宅物业、住宅小区内的非住宅物业或者与单幢住宅楼结构相连的非住宅物业的业主,应当按照国家有关规定交纳专项维修资金。"依据上述规定,缴纳专项维修资金是为特定范围的公共利益,即建筑物的全体业主共同利益而特别确立的一项法定义务,这种义务的产生与存在仅仅取决于义务人是否属于区分所有建筑物范围内的住宅或非住宅所有权人。因此,缴纳专项维修资金的义务是一种旨在维护共同或公共利益的法定义务,其只存在补缴问题,不存在因时间经过而可以不缴的问题。

业主大会要求补缴维修资金的权利,是业主大会代表全体业主行使维护小区共同或公共利益之职责的管理权。如果允许某些业主不缴纳维修资金而可享有以其他业主的维修资金维护共有部分而带来的利益,其他业主就有可能在维护共有部分上支付超出自己份额的金钱,这违背了公平原则,并将对建筑物的长期安全使用,对全体业主的共有或公共利益造成损害。

基于专项维修资金的性质和业主缴纳专项维修资金义务的性质,被告环亚公司作为久乐大厦的业主,不依法自觉缴纳专项维修资金,并以业主大会起诉追讨专项维修资金已超过诉讼时效进行抗辩,该抗辩理由不能成立。原告根据被告所有的物业面积,按照同期其他业主缴纳专项维修资金的计算标准算出的被告应缴纳的数额合理,据此判决被告应当按照原告诉请支付专项维修资金。

第一百八十九条 当事人约定同一债务分期履行的,诉讼时效期间自最后一期履行期限届满之日起计算。

▶ 关联规定

司法指导性文件

1.《最高人民法院关于分期履行的合同中诉讼时效应如何计算问题的答复》

云南省高级人民法院:

你院《云南省高级人民法院关于继续性租金债权的诉讼时效期间如何计算的请示》收悉。经研究,答复如下:

对分期履行合同的每一期债务发生争议的,诉讼时效期间自该期债务履行期届满之日的次日起算。

此复。

2.《最高人民法院关于借款合同中约定借款分期偿还应如何计算诉讼时效期间的答复》

山东省高级法院:

你院鲁法经(1999)25号《关于借款合同中约定分期偿还应如何计算诉讼时效期间的问题的请示》收悉。经研究,答复如下:

在借款、买卖合同中,当事人约定分期履行合同债务的,诉讼时效应当从最后一笔债务履行期届满之次日开始计算。

此复。

▶ 条文释义

一、本条主旨

本条是关于同一债务分期履行情况下诉讼时效期间起算时间点的规定。

二、条文演变

原《民法通则》第137条对诉讼时效起算点进行了规定,即诉讼时效期间从知道或者应当知道权利被侵害时起计算。但是,从权利被侵害之日起超过20年的,人民法院不予保护。但对于同一债务分期履行的情形,诉讼时效期间从何时起算并没有明确规定。为统一裁判尺度,2008年的《诉讼时效规定》第5条规定,当事人约定同一债务分期履行的,诉讼时效期间从最后一期履行期限届满之日起计算。原《民法总则》第189条吸收了《诉讼时效规定》第5条的规定,首次以法律的方式确认了同一债务分期履行情况下诉讼时效期间起算时间点的问题,《民法典》对这一规则予以沿用。

三、条文解读

本条所规定的是在当事人约定对同一笔债务分期履行的情形下,由于当事人一方未履行某一期债务而产生的给付某一期债务请求权的诉讼时效期间起算点问题,而非规定给付全部债务请求权诉讼时效期间起算点问题。由于对全部债务而言,当事人约定了最后的履行期限,故根据我国《民法典》第188条关于诉讼时效起算点的规定,给付全部债务请求权的诉讼时效期间当然应从最后履行期限届满起算。对于该问题并无争议,故本条也并不解决该问题。在理论界和司法实务中,争议主要集中在给付各分期履行的债务请求权的诉讼时效起算点应如何确认,故本条对该问题进行了规定。

（一）同一债务的认定

本条对当事人约定同一债务分期履行情况下的诉讼时效期间的起算点作了明确规定,适用本条时的一个较为关键的问题在于"同一债务"的认定。

债是特定人之间请求为一定行为或不为一定行为的关系。债的要素包括债的主体、债的内容和债的客体。其中,债的主体包括债权人和债务人,债的内

1655

容包括债权和债务，债的客体为给付。① 根据债务履行的次数，可将债务分为一次性履行之债和非一次性履行之债。一次性履行之债一般为同一债务，非一次履行之债可能是同一债务，也可能是不同债务。

对非一次性完成的债务，根据发生的时间和给付的方式的不同，可以分为定期履行的债务和分期履行的债务。其中，定期履行的债务是当事人约定在履行过程中按照固定的周期给付的债务，如当事人约定房租三个月支付一次、工资一个月支付一次。债务人支付的每一期租金、用人单位支付的每一个月工资，都是其在一定时期内租赁房屋、用工的对价。定期履行债务的最大特点是存在多个债务，各个债务之间都是独立的。正是因为相互独立，每一个债务的诉讼时效期间应当自每一期履行期间届满之日分别起算。② 分期履行的债务是当事人分批分期履行的债务，例如分期付款、分期交付等。定期履行的债务和分期履行的债务一个重要区别在于，债务人的给付总额在债的关系成立时是否确定。③ 在定期履行的债务中，当事人需在一定的时间段中，不间断地作出履行，债务的总额在债务成立时一般并不确定，每一次的给付具有一定的独立性；而分期履行的债务的给付总额在债的关系成立时即可确定，不会随着时间的延续而发生变化，是一个债务的分批分次履行。本条规定的同一债务是分期履行的债务而非定期履行的债务。

（二）同一债务分期履行的诉讼时效特殊性

关于对当事人约定同一债务分期履行时诉讼时效期间从何时起算，主要有两种观点：第一种观点主张，诉讼时效期间自权利人知道或者应当知道权利受到损害以及义务人之日起计算，分期履行的债务从每一期开始，权利人就知道或者应当知道权利受到损害，故应从每一期债务履行期限届满之日起算；第二种观点认为，同一债务分期履行本质上仍是同一债务，应从最后一期债务履行期限届满之日起算。本条规定采纳了第二种观点，主要的理由如下：

首先，同一债务分期履行的，从最后一期债务履行期限届满之日起算诉讼时效期间是由同一债务的性质所决定的。当事人之间只存在一个债务，只是履

---

① 参见王利明：《债法总则》，中国人民大学出版社2016年版，第13页。
② 参见黄薇主编：《中华人民共和国民法典释义》，法律出版社2020年版，第377页。
③ 参见王利明：《债法总则》，中国人民大学出版社2016年版，第161页。

行方式上分为多次,每次履行的都是同一债务的组成部分,不应分割来看,而应从整体性和唯一性上把握同一债务的诉讼时效期间的起算。

其次,同一债务分期履行的,从最后一期债务履行期限届满之日起算诉讼时效期间有利于保护债权人权利,符合诉讼时效制度的立法目的。诉讼时效的目的是督促当事人行使权利而非消灭当事人的权利,在债权人不存在怠于行使权利的情况下,应作出有利于债权人的规定。这种诉讼时效期间起算方式简化了诉讼时效期间的计算,整体上推迟了诉讼时效期间的起算,有利于债权人的债权保护。

最后,同一债务分期履行的,从最后一期债务履行期限届满之日起算诉讼时效期间有利于减少纠纷,节约司法资源。如果对每一期债务都单独计算诉讼时效期间,当事人需要频繁主张权利,可能会就同一债务发生多个纠纷,这既不利于减少纠纷数量、实质性化解纠纷,也是对司法资源的浪费。

(三)本条在适用过程中应注意的问题

对于本条的理解,应注意以下两点:

第一,其适用的情形是当事人约定同一笔债务分期履行。当事人约定债务分期履行的,该约定对当事人发生约束力,但该约定有效与否、是否具有强制执行力,则需法院判决确定,故其与经法院判决确定的具有强制执行力的分期履行的债务并不完全相同。

第二,其是对同一笔债务约定分期履行。如前所述,在同一合同项下约定的分期履行之债,既包括同一笔债务,也包括不同的债务,本条限定定同一笔债务的诉讼时效期间应从最后一期履行期限届满之日起算。所谓同一笔债务,是指该债务在合同订立之时即已经确定,债权的内容和范围不随着时间的经过而变化,受到时间因素影响的只是履行的方式。该类债务的典型表现形式为约定分期还款、分期交货的借款之债、买卖之债等。详言之,在借款合同法律关系中,借款合同多约定:"贷款人一次性给付借款人全部款项后,借款人分期偿还。"在司法实践中,分期偿还的约定主要有两种形式:一种是明确约定总的债务履行期限和数额以及分期偿还的数额、期限,甚至约定担保责任;另一种是只约定了总的履行期限,而对分期履行的期限和数额未作具体约定。对于该两类分期履行合同,相关判决均认定诉讼时效期间应从最后一笔履行期限届满之日起算。

适用指引

一、分期履行的债务的保证期间起算

当事人约定保证人对整个债务提供担保,保证期间应从最后履行期限届满之日起算。但在当事人约定保证人对某一笔或者某几笔债务分别提供担保的情形下,保证期间应从某一笔或者某几笔债务履行期限届满之日起算还是从最后一笔债务履行期限届满之日起算存在争议。主张应从某一笔或者某几笔债务履行期限届满之日起算的观点认为,保证期间与诉讼时效期间的立法目的与效力并不相同,从保证期间保护保证人的立法目的,以及当事人间约定的仅为某一笔或者某几笔债务提供担保的真实意思考量,保证人只对某一笔或者某几笔债务提供担保的,原则上保证期间应从某一笔或者某几笔债务履行期限届满之日起算。主张应从最后一笔债务履行期限届满之日起算的观点认为,尽管保证人仅对某一笔或者某几笔债务提供担保,但由于该一笔或者几笔债务是整个债务的一部分,且给付每一期债务的诉讼时效期间是从最后一期履行期限届满之日起算,故保证期间的起算也应与其相衔接,从最后一期履行期限届满之日起算。

二、滚动支付合同之债的诉讼时效起算

滚动支付不是一个法律概念,是指当事人约定了总的履行期限、债务总额,或者只约定了其中之一,未对分期履行的期限和数额进行约定,在总的履行年期限内随时供货、随时结账的一种合同法律关系。不管是约定了总的履行期限、债务总额,或者只约定了其中之一,债务总额对当事人而言都是确定或者能够基本确定的,考虑到滚动支付在债务成立时已经确定了债务的总额,具体的分期供货只是总的债务项下的具体履行方式,该债务具有整体性的特征,可以从最后一期履行期限届满之日起算诉讼时效。但是,如果合同中明确约定结算后付款的,诉讼时效应从结算之日起算。

类案检索

一、常州盾安流体设备有限公司与江苏平安消防集团有限公司常州分公司、江苏平安消防集团有限公司建设工程施工合同纠纷案

关键词： 诉讼时效　同一债务　分期履行

裁判摘要：《民法总则》第189条明确规定"当事人约定同一债务分期履行的，诉讼时效期间自最后一期履行期限届满之日起计算"。同一工程款债权，虽然履行方式上分为多次，但每次履行都是同一债务的组成部分，不应分割来看，而应从整体性和唯一性上把握同一债务诉讼时效期间的起算，诉讼时效应从其最后一期质保金的履行期限届满才开始起算。

【案　　号】（2021）苏04民终663号

【审理法院】江苏省常州市中级人民法院

二、林某与成都中铁二局瑞成物业管理有限公司物业服务合同纠纷案

关键词： 物业服务合同　诉讼时效　起算点

裁判摘要： 物业服务合同关系不同于一般的合同关系，具有服务过程持续时间长、服务内容综合且具有整体性和不可分性的特征。如任何一个业主均凭自己对物业服务的感受和评价，以物业公司提供的某项服务存在不足为由，拒交物业费，则必然导致整个小区物业管理秩序的混乱，对于仍交纳物业费的其他业主也不公平。若业主认为物业公司存在服务不到位、服务有瑕疵的情形，可通过及时告知、督促改正或提起诉讼等方式解决。本案中，中铁瑞城物业公司为案涉小区提供了物业服务，林某亦应按约支付物业公司提供服务期间的物业费，如果林某认为中铁瑞城物业公司未履行或者未完全按照物业服务合同约定履行义务，给其造成了损失，可另行主张。关于诉讼时效的问题，因物业服务合同关系具有服务过程持续时间长、服务内容综合且具有整体性和不可分割性，根据《民法典》第189条之规定，诉讼时效应从最后一笔物业费履行期限届满之日起计算，故本案未超过诉讼时效。

【案　　号】（2021）川01民终9379号

【审理法院】四川省成都市中级人民法院

第一百九十条 无民事行为能力人或者限制民事行为能力人对其法定代理人的请求权的诉讼时效期间,自该法定代理终止之日起计算。

▶ 关联规定

法律、行政法规、司法解释

1.《中华人民共和国民法典》

第十九条 八周岁以上的未成年人为限制民事行为能力人,实施民事法律行为由其法定代理人代理或者经其法定代理人同意、追认;但是,可以独立实施纯获利益的民事法律行为或者与其年龄、智力相适应的民事法律行为。

第二十条 不满八周岁的未成年人为无民事行为能力人,由其法定代理人代理实施民事法律行为。

第二十一条 不能辨认自己行为的成年人为无民事行为能力人,由其法定代理人代理实施民事法律行为。

八周岁以上的未成年人不能辨认自己行为的,适用前款规定。

第二十二条 不能完全辨认自己行为的成年人为限制民事行为能力人,实施民事法律行为由其法定代理人代理或者经其法定代理人同意、追认;但是,可以独立实施纯获利益的民事法律行为或者与其智力、精神健康状况相适应的民事法律行为。

第一百七十五条 有下列情形之一的,法定代理终止:

(一)被代理人取得或者恢复完全民事行为能力;

(二)代理人丧失民事行为能力;

(三)代理人或者被代理人死亡;

(四)法律规定的其他情形。

第一百八十八条 向人民法院请求保护民事权利的诉讼时效期间为三年。法律另有规定的,依照其规定。

诉讼时效期间自权利人知道或者应当知道权利受到损害以及义务人之日起

计算。法律另有规定的，依照其规定。但是，自权利受到损害之日起超过二十年的，人民法院不予保护，有特殊情况的，人民法院可以根据权利人的申请决定延长。

2.《最高人民法院关于适用〈中华人民共和国民法典〉总则编若干问题的解释》

第三十六条　无民事行为能力人或者限制民事行为能力人的权利受到损害的，诉讼时效期间自其法定代理人知道或者应当知道权利受到损害以及义务人之日起计算，但是法律另有规定的除外。

第三十七条　无民事行为能力人、限制民事行为能力人的权利受到原法定代理人损害，且在取得、恢复完全民事行为能力或者在原法定代理终止并确定新的法定代理人后，相应民事主体才知道或者应当知道权利受到损害的，有关请求权诉讼时效期间的计算适用民法典第一百八十八条第二款、本解释第三十六条的规定。

▶ 条文释义

一、本条主旨

本条是关于无民事行为能力人或者限制民事行为能力人对其法定代理人的请求权的诉讼时效期间起算时间点的规定。

二、条文演变

原《民法通则》对无民事行为能力人或者限制民事行为能力人对其法定代理人的请求权的诉讼时效期间起算时间点没有作出规定，为保护无民事行为能力人和限制民事行为能力人的权利，统一裁判尺度，原《民法总则》首次以法律的方式对无民事行为能力人或者限制民事行为能力人对其法定代理人的请求权的诉讼时效期间起算时间点问题作出了规定。原《民法总则》第190条规定，无民事行为能力人或者限制民事行为能力人对其法定代理人的请求权的诉讼时效期间，自该法定代理终止之日起计算。《民法典》对这一规则予以沿用。

三、条文解读

在民法上，无民事行为能力人或限制民事行为能力人的民事行为能力是不完全的，因此，其民事权利只能由其法定代理人代理行使或者征得法定代理人同意后行使。但在被代理人对其法定代理人享有请求权的情况下，上述规则很难适用。如果待被代理人取得完全民事行为能力后自己行使对其法定代理人的请求权，则有可能因为诉讼时效届满而丧失了法律保护的机会。① 为保护无民事行为能力人和限制民事行为能力人的权利，本条规定，无民事行为能力人或者限制民事行为能力人对其法定代理人的请求权的诉讼时效期间，自该法定代理终止之日起计算。

（一）权利主体——无民事行为能力人或限制民事能力人

本条规定的权利主体是无民事行为能力人或限制民事行为能力人。其中，无民事行为能力人包括无民事行为能力的未成年人和无民事行为能力的成年人。《民法典》第20条规定，不满八周岁的未成年人为无民事行为能力人，由其法定代理人代理实施民事法律行为。无民事行为能力的未成年人是指不满八周岁的未成年人和不能辨认自己行为的八周岁以上的未成年人。《民法典》第21条规定，不能辨认自己行为的成年人为无民事行为能力人，由其法定代理人代理实施民事法律行为。八周岁以上的未成年人不能辨认自己行为的，适用前款规定。无民事行为能力的成年人是指不能辨认自己行为的成年人。

限制行为能力人包括限制行为能力的未成年人和限制行为能力的成年人。《民法典》第19条规定，八周岁以上的未成年人为限制民事行为能力人，实施民事法律行为由其法定代理人代理或者经其法定代理人同意、追认；但是，可以独立实施纯获利益的民事法律行为或者与其年龄、智力相适应的民事法律行为。限制行为能力的未成年人是指八周岁以上的未成年人。《民法典》第22条规定，不能完全辨认自己行为的成年人为限制民事行为能力人，实施民事法律行为由其法定代理人代理或者经其法定代理人同意、追认；但是，可以独立实施纯获利益的民事法律行为或者与其智力、精神健康状况相适应的民事法律行为。限制行为能力的成年人是指不能完全辨认自己行为的成年人。

---

① 参见房绍坤：《诉讼时效期间的起算》，载《法学论坛》2017年4期。

（二）适用条件——无民事行为能力人或者限制民事行为能力人对法定代理人的请求权

本条的适用条件为无民事行为能力人或者限制民事行为能力人对法定代理人的请求权，本条并不适用于无民事行为能力人或者限制民事行为能力人对法定代理人以外的第三人的请求权。无民事行为能力人或者限制民事行为能力人对第三人的请求权根据《民法典》第19条、第20条的规定，由其法定代理人代理实施，诉讼时效期间的起算适用《民法典》第188条的规定，从知道或应当知道权利被侵害之日起计算。法定代理人故意不行使或怠于行使的，属于不履行法定代理职责，根据《民法典》第164条的规定，代理人不履行或者不完全履行职责，造成被代理人损害的，应当承担民事责任。代理人和相对人恶意串通，损害被代理人合法权益的，代理人和相对人应当承担连带责任。但此种行为不影响诉讼时效期间的起算，亦不属于本条的适用范围。

在无民事行为能力人或者限制民事行为能力人存在多个法定代理人的情况下，对于无民事行为能力人或者限制民事行为能力人对其中某一法定代理人的请求权，其他法定代理人可以代理主张，不能认为请求权的时效期间尚未起算而不允许其他法定代理人代为行使请求权，否则会造成不及时行使请求权而不利于保护被代理人的利益的后果。

（三）起算点——自该法定代理终止之日起计算

根据本条规定，无民事行为能力人或者限制民事行为能力人对其法定代理人的请求权的诉讼时效期间，自该法定代理终止之日起计算。而关于法定代理的终止的原因，《民法典》第175条规定："有下列情形之一的，法定代理终止：（一）被代理人取得或者恢复完全民事行为能力；（二）代理人丧失民事行为能力；（三）代理人或者被代理人死亡；（四）法律规定的其他情形。"

在上述情形下，无民事行为能力人或者限制民事行为能力人对其法定代理人的请求权的诉讼时效期间起算时间点并不相同，应区分不同的情况予以分别计算起算点。在被代理人取得或者恢复完全民事行为能力导致法定代理终止的情况下，因被代理人可以自行行使相应的请求权，诉讼时效期间应当自被代理人取得或者恢复完全民事行为能力之日起开始起算；在代理人丧失民事行为能力导致法定代理终止的情况下，被代理人并不必然因此取得或者恢复完全民事行为能力，如果被代理人取得或者恢复完全民事行为能力，诉讼时效起算点如前所述，在被代理人未取得或者恢复完全民事行为能力的情况下，因其无法行使对法定代理人的请求权，故诉讼时效期间应自被代理人确定新的法定代理人之日起算；在代理人或者被代理人死亡导致法定代理终止的情况下，如果是代理人死亡、被代理人并未同时取得或者恢复完全民事行为能力，诉讼时效期间应如前所述，自确定新的法定代理人后起算；如果是被代理人死亡，其对法定代理人的请求权可以由其继承人继承的，且该继承人的法定代理人与被代理人的法定代理人不是同一人的情况下，自继承人确定后起算诉讼时效。否则，该请求权因权利人死亡而消灭；在法律规定的其他情形导致法定代理终止的，则应按照具体的情况确定起算点。另外，根据《民法典总则编解释》第37条规定，如果无民事行为能力人、限制民事行为能力人在取得、恢复完全民事行为能力或者在原法定代理终止并确定新的法定代理人后，相应民事主体才知道或者就当知道权利受到损害的，自相应民事主体知道或者应当知道之日起计算诉讼时效。

▶ 适用指引

一、无民事行为能力人或限制民事能力人对其法定代理人的请求权的诉讼时效障碍制度

诉讼时效障碍制度是诉讼时效制度的必要组成部分，是对诉讼时效效力进行限制的制度。鉴于无民事行为能力人或限制民事能力人行使对其法定代理人的请求权的现实障碍，各国和地区在诉讼时效上主要有以下三种解决方案：

一是纳入诉讼时效不完成制度之中。诉讼时效不完成是指在诉讼时效期间将近终止之际，因存在请求权行使的障碍，法律规定时效于该障碍事由终止后一定期间内暂缓完成。

二是纳入诉讼时效中止制度之中。即因无民事行为能力人或限制民事能力人对其法定代理人的请求权存在行使障碍，诉讼时效中止计算。

三是纳入为诉讼时效期间起算和中止制度之中。即综合运用诉讼时效不起算和诉讼时效中止制度保护无民事行为能力人或限制民事能力人对其法定代理人的请求权。

根据本条的规定，我国采取的是将无民事行为能力人或限制民事能力人对

其法定代理人的请求权纳入诉讼时效不起算的制度之中，本条和《民法典》的相关规定共同组成了我国的诉讼时效期间不起算、诉讼时效期间中断、诉讼时效期间中止等诉讼时效障碍制度。

二、本条与最长诉讼时效的关系

从理论上说，无民事行为能力人或者限制民事行为能力人与其法定代理人的法定代理关系存续可能超过20年，例如，一个丧失行为能力人的成年人在30年后恢复完全行为能力，在与其法定代理人的法定代理关系存续期间发生的侵害也可能已经超过20年。此时，恢复完全行为能力的权利人能否主张请求权呢？

根据《民法典》第188条第2款的规定，自权利受到损害之日起超过20年的，人民法院不予保护，有特殊情况的，人民法院可以根据权利人的申请决定延长。一方面，法定代理关系终止，诉讼时效期间刚开始起算；而另一方面，权利受到损害之日起已经超过了20年的最长诉讼时效。这实际上就属于《民法典》第188条第2款规定中的"有特殊情况的"，权利人对超过20年诉讼时效期间存在正当事由，可以申请人民法院延长诉讼时效期间。是否延长，由人民法院决定。

▶ 类案检索

刘某与刘某美机动车交通事故责任纠纷案

关键词： 诉讼时效　限制民事行为能力人　起算点

裁判摘要：《民法总则》第一百九十条规定："无民事行为能力人或者限制民事行为能力人对其法定代理人的请求权的诉讼时效期间，自该法定代理终止之日起计算。"适用本条的条件是：一、请求权的权利主体是无民事行为能力人或者限制民事行为能力人；二、请求权的义务主体是该无民事行为能力人或者限制民事行为能力人的法定代理人即监护人。本案中刘某顺并非上诉人刘某兰的法定代理人，故该上诉理由于法无据，不予支持。

【案　　号】（2020）黔02民终2484号
【审理法院】贵州省六盘水市中级人民法院

第一百九十一条 未成年人遭受性侵害的损害赔偿请求权的诉讼时效期间,自受害人年满十八周岁之日起计算。

关联规定

一、法律、行政法规、司法解释

1.《中华人民共和国民法典》

第十七条 十八周岁以上的自然人为成年人。不满十八周岁的自然人为未成年人。

第十八条 成年人为完全民事行为能力人,可以独立实施民事法律行为。

十六周岁以上的未成年人,以自己的劳动收入为主要生活来源的,视为完全民事行为能力人。

第一百八十八条 向人民法院请求保护民事权利的诉讼时效期间为三年。法律另有规定的,依照其规定。

诉讼时效期间自权利人知道或者应当知道权利受到损害以及义务人之日起计算。法律另有规定的,依照其规定。但是,自权利受到损害之日起超过二十年的,人民法院不予保护,有特殊情况的,人民法院可以根据权利人的申请决定延长。

2.《中华人民共和国未成年人保护法》

第四十条 学校、幼儿园应当建立预防性侵害、性骚扰未成年人工作制度。对性侵害、性骚扰未成年人等违法犯罪行为,学校、幼儿园不得隐瞒,应当及时向公安机关、教育行政部门报告,并配合相关部门依法处理。

学校、幼儿园应当对未成年人开展适合其年龄的性教育,提高未成年人防范性侵害、性骚扰的自我保护意识和能力。对遭受性侵害、性骚扰的未成年人,学校、幼儿园应当及时采取相关的保护措施。

第一百一十一条 公安机关、人民检察院、人民法院应当与其他有关政府部门、人民团体、社会组织互相配合,对遭受性侵害或者暴力伤害的未成年被害人及其家庭实施必要的心理干预、经济救助、法律援助、转学安置等保护措施。

二、司法指导性文件

《最高人民法院、最高人民检察院、公安部、司法部关于依法惩治性侵害未成年人犯罪的意见》

1.本意见所称性侵害未成年人犯罪,包括刑法第二百三十六条、第二百三十七条、第三百五十八条、第三百五十九条、第三百六十条第二款规定的针对未成年人实施的强奸罪,强制猥亵、侮辱妇女罪,猥亵儿童罪,组织卖淫罪,强迫卖淫罪,引诱、容留、介绍卖淫罪,引诱幼女卖淫罪,嫖宿幼女罪等。

31.对于未成年人因被性侵害而造成的人身损害,为进行康复治疗所支付的医疗费、护理费、交通费、误工费等合理费用,未成年被害人及其法定代理人、近亲属提出赔偿请求的,人民法院依法予以支持。

32.未成年人在幼儿园、学校或者其他教育机构学习、生活期间被性侵害而造成人身损害,被害人及其法定代理人、近亲属据此向人民法院起诉要求上述单位承担赔偿责任的,人民法院依法予以支持。

三、行政规范性文件

《教育部办公厅关于进一步加强中小学(幼儿园)预防性侵害学生工作的通知》

五、持续强化学校安全督导检查

各地教育督导部门要按照《中小学(幼儿园)安全工作专项督导暂行办法》要求,以预防性侵害工作为重点,开展学校安全工作专项督导,督促、指导中小学(幼儿园)及时消除安全隐患,对发现的性侵害线索和苗头要认真核实,及时依法处理。加强对地方政府及各有关部门、学校落实安全工作职责的督导检查,督促相关工作人员切实履行校园安全管理责任。对学校安全事故频发的地区,要采取约谈、通报、挂牌督办等方式督促其限期整改。对于教育行政部门工作人员、学校管理人员失职渎职造成性侵害学生案件发生的,或者发现性侵害学生案件瞒报、谎报的,要依法依规予以处分或者移送有关部门查处。

▶ 条文释义

一、本条主旨

本条是关于未成年人遭受性侵害的损害赔偿请求权的诉讼时效起算规则的特殊规定。

二、条文演变

原《民法通则》没有对未成年人遭受性侵害的损害赔偿请求权的诉讼时效起算规则作出特殊规定。原《民法总则》第191条规定："未成年人遭受性侵害的损害赔偿请求权的诉讼时效期间,自受害人年满十八周岁之日起计算。"《民法典》沿用这一规定不变。

三、条文解读

（一）对未成年人遭受性侵害的损害赔偿请求权的诉讼时效起算规则作出特殊规定的必要性

一是当前社会存在一些未成年人遭受性侵害的情况。在有的案例中,未成年人的监护人往往从未成年人名誉、声誉、健康成长、成年结婚等现实因素考虑,不愿意、也不敢公开寻求法律救济。在监护人本身就是加害人的情况下,受害人的合法权益更是无法得到保障。受害人成年后,若再想寻求法律保护,却往往已超过提起侵权损害赔偿请求的诉讼时效期间,导致未成年人积年的心灵创伤无法弥补,造成实质不公。

二是从比较法的角度来看,对未成年人遭受性侵害的损害赔偿请求权的诉讼时效起算实施特殊规则保护,符合国际趋势。我国《民法典》采用了将未成年人遭受性侵害的损害赔偿请求权的诉讼时效期间起算点延后的方式,规定自受害人年满18周岁之日起计算诉讼时效期间,在保护受害人的同时,对证据的容易灭失性、督促受害人积极行使权利等因素,均综合进行了衡平与考虑。

（二）未成年人的范围

第一,从遭受性侵害的未成年人的性别看,既包括男性也包括女性,实践中以女性未成年人居多。虽然我国《刑法》没有将男性作为强奸罪的犯罪对象，但不影响男性作为性侵害类侵权行为的受害人。第二，从年龄上看，联合国《儿童权利公约》第1条规定："为本公约之目的，儿童系指18岁以下的任何人，除非对其适用之法律规定成年年龄低于18岁。"《未成年人保护法》第2条规定："本法所称未成年人是指未满十八周岁的公民。"因此，虽然《民法典》第18条第2款规定："十六周岁以上的未成年人，以自己的劳动收入为主要生活来源的，视为完全民事行为能力人。"但只要年龄在18周岁以下，仍然属于本条规定的未成年人。即未成年人满足一定条件，民法上可以视为完全民事行为能力人，但遭受性侵害的情况下，其损害赔偿请求权的诉讼时效，仍受本条规定的特殊规则的保护。

▶ 适用指引

一、性侵害的认定

（一）性侵害未成年人的侵权方式

《最高人民法院、最高人民检察院、公安部、司法部关于依法惩治性侵害未成年人犯罪的意见》第1条规定："本意见所称性侵害未成年人犯罪，包括刑法第二百三十六条、第二百三十七条、第三百五十八条、第三百五十九条、第三百六十条第二款规定的针对未成年人实施的强奸罪，强制猥亵、侮辱妇女罪，猥亵儿童罪，组织卖淫罪，强迫卖淫罪，引诱、容留、介绍卖淫罪，引诱幼女卖淫罪，嫖宿幼女罪等。"该规定系从刑事法律的角度对性侵害未成人犯罪的范围进行的界定，针对的是人身危险性、社会危害性极其严重，触犯《刑法》的性犯罪行为，从性侵害行为的外延来说，要窄于本条规定的民事性侵权的范围。

联合国《儿童权利公约》第34条规定："缔约国承担保护儿童免遭一切形式的色情剥夺和性侵害，为此目的，缔约国应采取一切适当的国家、双边和多边措施，以防止：（a）引诱或强迫儿童从事任何非法的性生活；（b）利用儿童卖淫或从事其他非法的性行为；（c）利用儿童进行淫秽表演和充当淫秽题材。"世界卫生组织发布的《虐待儿童磋商报告》对性侵害未成年人作了以下规定：

"性侵害未成年人是指行为人在未成年人尚未完全理解性行为,或无法作出性同意表示,或尚未发育完全不能作出性同意,或者违反法律或社会道德禁忌的情况下与未成年人进行性行为,性侵害未成年人包括但不限于:(1)威胁或强迫未成年人进行任何非法的性行为;(2)利用未成年人从事卖淫活动或其他非法活动;(3)利用未成年人经营色情表演或制作相关材料。"司法实践中,可以参照上述规定对性侵害未成年人进行界定。

(二)性侵害未成年人的加害人

本条规定的性侵害加害人包括自然人、法人和非法人组织。自然人如受害未成年人的家庭成员、有关单位工作人员和不特定的第三人,既包括成年人,也包括未成年人。法人和非法人组织主要是因自身工作人员的侵权行为或未履行安全保障义务而对受害人承担赔偿责任的幼儿园、学校以及其他教育或托管机构等。

二、损害赔偿请求权的范围

性侵害属于侵犯人身权的侵权行为。《民法典》第1179条规定:"侵害他人造成人身损害的,应当赔偿医疗费、护理费、交通费、营养费、住院伙食补助费等为治疗和康复支出的合理费用,以及因误工减少的收入。造成残疾的,还应当赔偿辅助器具费和残疾赔偿金;造成死亡的,还应当赔偿丧葬费和死亡赔偿金。"第1181条第2款规定:"被侵权人死亡的,支付被侵权人医疗费、丧葬费等合理费用的人有权请求侵权人赔偿费用,但是侵权人已经支付该费用的除外。"故遭受性侵害的未成年人,其民事赔偿请求权的范围可包括医疗费、护理费、交通费、营养费、误工费、残疾辅助器具费、残疾赔偿金、丧葬费、住院伙食补助费及精神损害赔偿金等。

三、司法实践中应注意的其他问题

(一)适用范围

本条系对未成年人遭受性侵害的损害赔偿请求权的诉讼时效期间起算时间的特殊规定,是对未成年人的特殊保护,而非限制。未成年人受到性侵害,在其未成年以前,法定代理人代理行使请求权的,应予支持。本条关于诉讼时效起算点的规定，不影响诉讼时效期间中止、中断的适用。如侵害人是受害人的家庭成员，受害人虽已年满18周岁，但仍处加害人控制下，不能行使请求权的，可以适用诉讼时效中止的规定。

（二）侵权人为法定代理人时的诉讼时效起算原则

当侵权人为受害未成年人的法定代理人，同时符合本条及《民法典》第190条的规定，此时诉讼时效计算应以有利于被害人或权利人为原则。本条规定与第190条的规定，均是对特殊主体在诉讼时效制度方面的特殊保护，且在大部分情况下，诉讼时效的起算时间均是一致的。但对于特殊情形，如对于年满16周岁以上以自己的劳动收入为主要生活来源的未成年人视为完全行为能力人，在其16周岁时法定代理关系已经中止。但为充分保护未成年人的利益，应从其年满18周岁才起算因遭受性侵害损害赔偿权利的诉讼时效。又如虽然年满18周岁，但是因精神障碍等因素并不具备完全行为能力的，法定代理关系并不终止，此时应从法定代理终止之日起算因遭受性侵害主张损害赔偿权利的诉讼时效。

（三）与最长诉讼时效的关系

从理论上分析，受害人遭受性侵害，年满18周岁后若出现诉讼时效中断或中止事由的，其行使损害赔偿请求权可能超过20年，此时如何认定诉讼时效？依照《民法典》第188条第2款的规定，自权利受到损害之日起超过20年的，人民法院不予保护，有特殊情况的，人民法院可以根据权利人的申请决定延长。上述特殊情况，即可依照该条的规定，向人民法院申请延长诉讼时效。

> 第一百九十二条 诉讼时效期间届满的，义务人可以提出不履行义务的抗辩。
>
> 诉讼时效期间届满后，义务人同意履行的，不得以诉讼时效期间届满为由抗辩；义务人已经自愿履行的，不得请求返还。

关联规定

一、法律、行政法规、司法解释

1.《最高人民法院关于审理民事案件适用诉讼时效制度若干问题的规定》

第三条 当事人在一审期间未提出诉讼时效抗辩，在二审期间提出的，人民法院不予支持，但其基于新的证据能够证明对方当事人的请求权已过诉讼时效期间的情形除外。

当事人未按照前款规定提出诉讼时效抗辩，以诉讼时效期间届满为由申请再审或者提出再审抗辩的，人民法院不予支持。

第十八条 主债务诉讼时效期间届满，保证人享有主债务人的诉讼时效抗辩权。

保证人未主张前述诉讼时效抗辩权，承担保证责任后向主债务人行使追偿权的，人民法院不予支持，但主债务人同意给付的情形除外。

第十九条 诉讼时效期间届满，当事人一方向对方当事人作出同意履行义务的意思表示或者自愿履行义务后，又以诉讼时效期间届满为由进行抗辩的，人民法院不予支持。

当事人双方就原债务达成新的协议，债权人主张义务人放弃诉讼时效抗辩权的，人民法院应予支持。

超过诉讼时效期间，贷款人向借款人发出催收到期贷款通知单，债务人在通知单上签字或者盖章，能够认定借款人同意履行诉讼时效期间已经届满的义务的，对于贷款人关于借款人放弃诉讼时效抗辩权的主张，人民法院应予支持。

2.《最高人民法院关于适用〈中华人民共和国民事诉讼法〉的解释》

第二百一十九条 当事人超过诉讼时效期间起诉的,人民法院应予受理。受理后对方当事人提出诉讼时效抗辩,人民法院经审理认为抗辩事由成立的,判决驳回原告的诉讼请求。

3.《最高人民法院关于适用〈中华人民共和国民法典〉有关担保制度的解释》

第三十五条 保证人知道或者应当知道主债权诉讼时效期间届满仍然提供保证或者承担保证责任,又以诉讼时效期间届满为由拒绝承担保证责任或者请求返还财产的,人民法院不予支持;保证人承担保证责任后向债务人追偿的,人民法院不予支持,但是债务人放弃诉讼时效抗辩的除外。

二、司法指导性文件

《全国法院民商事审判工作会议纪要》

16.公司债权人请求股东对公司债务承担连带清偿责任,股东以公司债权人对公司的债权已经超过诉讼时效期间为由抗辩,经查证属实的,人民法院依法予以支持。

▶ 条文释义

一、本条主旨

本条是关于诉讼时效效力、时效抗辩和义务人自愿履行的规定。

二、条文演变

原《民法通则》第138条规定:"超过诉讼时效期间,当事人自愿履行的,不受诉讼时效限制。"原《民法总则》第192条规定:"诉讼时效期间届满的,义务人可以提出不履行义务的抗辩。诉讼时效期间届满后,义务人同意履行的,不得以诉讼时效期间届满为由抗辩;义务人已自愿履行的,不得请求返还。"《民法典》维持这一规定不变。

三、条文解读

本条系诉讼时效期间届满的效力的基础规范。第1款规定,时效届满的基本效力是义务人取得时效抗辩权(抗辩权发生主义)。第2款规定,时效届满后,义务人以"同意履行的"方式放弃时效抗辩权和自愿履行的效力。时效届满的效力分为两个层面:一是时效届满的直接效力,即义务人取得抗辩权;二是行使抗辩权的效力,即援引抗辩权(积极行使)的效力和放弃抗辩权(消极行使)的效力。本条第1款系规定直接效力,第2款系规定放弃抗辩权的效力。

(一)诉讼时效的效力

诉讼时效的效力指的是诉讼时效届满后产生的法律后果。关于诉讼时效的效力存在三种不同的观点:实体权消灭主义、诉权消灭主义和抗辩权发生主义。不同的立法模式及其理论,是在不同历史时期、社会、法律文化背景下产生的。我们还是应当进行比较分析,借鉴符合我国国情和我国理论观念的模式。

实体权消灭主义认为,诉讼时效期间届满后,权利人享有的怠于行使的民事权利消灭,无权要求或接受原义务人的履行。一般认为,诉权消灭主义立法模式比实体权利消灭主义的立法模式更具合理性。诉权消灭虽然使权利人的请求权丧失了法律上的救济力,不能获得法院的强制保护,但权利人的实体权利还存在,仍具有道德上的支持力,权利人可以运用道德力量唤醒义务人自觉履行义务的道德觉悟。在必要时,甚至可以采取一些非暴力的措施使义务人放弃时效利益。如果实体权利消失了,自然不能主张权利保护了。实际上,实体权利消灭主义只是法律规定和理论上的说法,司法实践中实体权利并没有消灭,如果义务人不提出时效抗辩,权利人的权利仍然能得到保护。当然,诉权消灭主义立法模式也有其弊端。所谓诉权消灭是指在诉讼上可能没有机会获得司法的保护,可能不能胜诉。但在实际的规定和执行上,也没有消灭起诉权,如果义务人不提出时效抗辩,权利人仍然能够胜诉。既然可以起诉,也可能胜诉,所谓诉权消灭就有些名不符实了,在理论上也很难自圆其说。

相较而言,抗辩权发生主义立法模式日渐成为学界的主流观点和民事立法的主流模式,具有明显优点。一是抗辩权发生主义理论严密、逻辑严谨,以抗辩权作为诉讼时效届满的法律后果概念清晰、精准，与我国法学界总结的胜诉权消灭有异曲同工之妙，所以很容易在理论与立法上得到认同。二是与诉讼时效制度的价值目标相符。诉讼时效制度本身并非为了追求限制权利人的权利或者消灭权利，而是在于实现促进效率、督促行使权利、维护社会公共利益等多种价值。诉讼时效本身不是目的，只是达到目的的手段。是否行使该手段，应由义务人决定。诉讼时效完成后，是否援引时效抗辩取决于义务人的态度。三是缓和了法律与道德的紧张关系。时效期间届满，义务人取得抗辩权，可以提出不履行义务的抗辩。但基于商业诚信或良心，有的仍然自愿履行。权利人的权利虽然失去了法律的强制保护，但在客观上仍然存在，其有权接受义务人的履行，从而使道德在法律之外多了一次调整人们行为的机会。四是体现了意思自治，平衡了权利人与义务人的利益。诉讼时效期间届满，义务人仅取得抗辩权，法院不予主动干涉，由义务人自己决定是否行使抗辩权，这符合意思自治的理念。

我国《民法典》采纳的即是抗辩权发生主义，诉讼时效期间届满的，义务人可以提出不履行义务的抗辩。一般认为，债权的效力包括请求力、保持力、处分效力和强制执行力。[①] 抗辩权发生主义下，如果义务人行使时效抗辩权，权利人的债权的请求力和处分效力减弱，债权的强制执行力丧失，债权的保持力不受影响；如果义务人不行使时效抗辩权，债权具有完整的效力。在债权的处分效力中，债的免除、抵销等都是其重要的具体构成内容。[②] 在义务人行使时效抗辩权的情况下，债权的处分效力削弱，以债的抵销为例，此时债权仅能作为被动债权被抵销，当诉讼时效期间已经届满的债权作为被动抵销的债权时，可认定为主动债权人（义务人）自愿放弃了时效利益。

（二）时效抗辩权的行使

抗辩的概念可以追溯到罗马法中的"exceptio（抗辩、反对之意）"，抗辩权的概念以及各种实体法上的抗辩权的类型主要形成于德国。抗辩权的具体类型包括不安抗辩权、先履行抗辩权、同时履行抗辩权、先诉抗辩权、时效抗辩权等。按照抗辩权行使效力的强弱不同，可以分为永久抗辩权和一时抗辩权。永久抗辩权是指可以永远拒绝相对人的请求权的抗辩权；一时抗辩权，又叫延

---

① 王利明：《债法总则》，中国人民大学出版社2016年版，第18~19页。
② 王泽鉴：《债法原理》，北京大学出版社2009年版，第69页。

缓抗辩权、延期抗辩权，是指抗辩权的行使可以暂时地拒绝相对人的请求权效力。诉讼时效期间届满的，义务人取得拒绝履行义务的抗辩权，权利人不能再请求强制义务人履行债务，故时效抗辩权在行使效果上属于永久抗辩权。

本条第1款规定，诉讼时效期间届满的，义务人可以提出不履行义务的抗辩。这就意味着，权利人享有起诉权，可以向法院主张其已过诉讼时效之权利，法院应当受理。如果义务人不提出时效完成的抗辩，法院将以公权力维护权利人的利益；如果义务人行使抗辩权，经审查成立的，将依法保护义务人的抗辩权，不得强制义务人履行义务。但是，义务人行使时效抗辩权不得违反诚信原则，否则即使诉讼时效完成，义务人也不能取得时效抗辩权。例如，在诉讼时效期间届满前，义务人通过与权利人协商，营造其将履行义务的假象，但时效完成后，又立即援引时效抗辩拒绝履行义务。该种行为违反诚信原则，构成时效抗辩权的滥用，不受保护。

关于时效抗辩的行使时间阶段，《民法典》并未进行限制，诉讼时效抗辩权可以在诉讼程序内行使，也可以在诉讼外行使。如果当事人在诉讼外已经行使了诉讼时效抗辩权，则诉讼中的时效抗辩是对诉讼程序外的抗辩权行使的再次确认；如果当事人在诉讼外没有行使而在诉讼中行使或者在诉讼外行使了而在诉讼中没有行使，应以诉讼中的选择为准，因为时效抗辩权只有在诉讼中行使才能对债权的请求力和强制执行力发生效力。对于诉讼中的具体行使阶段，《诉讼时效规定》第3条规定："当事人在一审期间未提出诉讼时效抗辩，在二审期间提出的，人民法院不予支持，但其基于新的证据能够证明对方当事人的请求权已过诉讼时效期间的情形除外。当事人未按照前款规定提出诉讼时效抗辩，以诉讼期间届满为由申请再审或者提出再审抗辩的，人民法院不予支持。"因此，时效抗辩权原则上应当在一审法庭辩论终结前提出，这符合程序安定和权利对等原则的基本法理，也符合设定一审程序固定当事人之间争议焦点的立法目的，从实质公正和诉讼效率的角度考虑也具有合法性和合理性。

（三）时效利益的放弃

诉讼时效期间届满后，义务人虽取得时效抗辩权，但诉讼时效利益作为私权，义务人可以选择放弃。

1. 诉讼时效利益放弃的法律特征

（1）时效利益放弃是取得时效抗辩权后的处分行为。时效规则具有法定性，需在时效期间届满后由义务人自由处分，决定是否行使。

（2）时效利益放弃的方式上，既可以明示，也可以以默示的方式进行。明示的方式如以口头、书面等表意方式向债权人作出放弃时效抗辩的意思表示，默示的方式如通过直接履行等方式完成。

（3）时效利益放弃是单方自愿行为，只需义务人单方的意思表示即可。当然，亦不排除双方通过签署协议的方式放弃。

2. 诉讼时效利益放弃的形式

如前文所述，时效利益放弃可以明示或默示的方式进行，实践中，主要有以下两种情形：

（1）义务人同意履行。诉讼时效期间届满后，义务人同意履行的，不得再主张时效利益。认定义务人同意履行须满足以下要件：①放弃时效利益是法律行为，应由具备完全行为能力的义务人、义务人的法定代理人、义务人的代表人及其他义务人授权的人作出意思表示。②同意履行义务是诺成行为，不以实际履行为必要。具体表现形式上，义务人同意履行主要包括以下形式：一是以口头或书面方式作出愿意履行的意思表示。二是向债权人出具还款计划或达成还款协议。三是请求延期履行。义务人请求延期履行是以同意履行为前提的，只是请求宽限履行时间。四是委托第三人代为履行。第三人是义务人的履行辅助人，能够判定义务人同意履行。五是为债务提供担保。义务人在诉讼时效期间届满后，自愿为债务提供担保，可以认定义务人同意履行。六是用未过诉讼时效的债务进行抵销。诉讼时效期间届满的债权没有主动抵销的处分效力，义务人以诉讼时效期间未届满的债权主动抵销诉讼时效期间届满的债权，视为其放弃时效利益。

（2）义务人已自愿履行。诉讼时效届满的债权的请求力和处分效力受到削弱，债权的强制执行力丧失，但是仍有保持力，可以接受义务人的履行。义务人自愿履行的，视为放弃时效利益，不能再请求债权人返还。

如果义务人自愿完成部分履行后，对剩余部分未表示或以行为表示同意履行，也未再继续履行，如何认定义务人的部分履行的效力呢？首先，义务人对已经实际履行的部分不能再请求返还，这是义务人自愿履行的应有之义。其次，对于未履行部分，参照《最高人民法院关于民事案件诉讼时效司法解释理解与适用》关于第16条之规定的阐述，义务人作出部分履行承诺或行为的，应当认定为同意履行义务，故一般情形下，如果义务人仅自愿完成部分履行，对剩余部分亦应认定为同意履行。

3.诉讼时效利益放弃的法律后果

诉讼时效利益放弃的直接法律后果,即该放弃是否有效已在前文阐述,在此重点关注诉讼时效利益放弃后带来的新的法律效果。一般认为,义务人在诉讼时效期间届满后同意履行的,原债权由不完整债权转为完整债权,诉讼时效期间应重新起算。

▶ 适用指引

一、诉讼时效期间届满的证明责任

《民事诉讼法解释》第91条规定:"人民法院应当依照下列原则确定举证证明责任的承担,但法律另有规定的除外:(一)主张法律关系存在的当事人,应当对产生该法律关系的基本事实承担举证证明责任;(二)主张法律关系变更、消灭或者权利受到妨害的当事人,应当对该法律关系变更、消灭或者权利受到妨害的基本事实承担举证证明责任。"根据该条规定,债务人应当承担诉讼时效届满的证明责任,否则将承担不利后果。需要说明的是,各方当事人为获得胜诉,一般而言,均会积极地行使举证责任。

二、义务人仅同意部分履行的处理

《诉讼时效规定》第14条规定:"义务人作出分期履行、部分履行、提供担保、请求延期履行、制定清偿债务计划等承诺或者行为的,应当认定为民法典第一百九十五条规定的'义务人同意履行义务'。"需要注意的是,实践中,有一部分债务人承认诉讼时效期间已经届满的债权的存在,仅以支付能力不足等理由明确只同意履行部分债务,对剩余债务行使时效抗辩。这种情况与直接进行部分履行,对剩余部分未作表示的情况不同,在债权是可分的情况下,义务人明确对部分债权行使时效抗辩权的,不违反法律的强制性规定,不损害公共利益,应当允许。

三、债务人在与诉讼时效期间已经届满的债务相关的文件上签字或盖章的效力

债务人签字或盖章的与债务相关的文件，实践中主要有询证函、对账单、催款单、限期履行函等等。判断债务人在相关的文件上签字或盖的效力，主要需考量文件本身是否有要求履行的意思表示。文件没有要求债务人履行债务的，债务人签字或盖仅代表承认诉讼时效期间已经届满的债权的存在，尚不能据此认定债务人放弃了相应诉讼利益。如果文件本身明确载明了要求履行的意思表示，且无证据表明债务人签名或盖章的行为仅表示收到上述文件的，债务人在该文件上签字或盖，应认定债务人同意履行，放弃了时效利益。① 一般情况下，催款单、限期履行函均载明了明确要求履债的意思表示。

▶ 类案检索

杨某诉杜某、屈某确认夫妻共同债务纠纷案

关键词： 时效抗辩　夫妻共同债务

裁判摘要： 本案争议的焦点是涉案债务是否属于屈某与杜某的夫妻共同债务及杨某主张屈某承担连带责任是否超过诉讼时效。

其一，杜某于2007年9月6日在原欠款证明上签名确认两项债务共45万元，其就原已超过诉讼时效的债务420000元的确认，应属于新的债权债务关系。虽然杜某重新确认时未明确还款期限，但其确认时与屈某已离婚，其重新确认的行为的效力不能及于屈某，该行为对屈某而言不能构成诉讼时效的中断。其二，原420000元债务中的300000元于2007年7月28日诉讼时效届满，另120000元于2007年8月2日诉讼时效届满，屈某在庭审中明确提出诉讼时

---

① 《最高人民法院关于超过诉讼时效期间借款人在催款通知单上签字或盖章的法律效力问题的批复》规定，"根据原《民法通则》第4条、第90条规定的精神，对于超过诉讼时效期间，信用社向借款人发出催收到期贷款通知单，债务人在该通知单上签字或者盖章的，应当视为对原债务的重新确认，该债权债务关系应受法律保护。"《诉讼时效规定》第19条第3款规定："超过诉讼时效期间，贷款人向借款人发出催收到期贷款通知单，债务人在通知单上签字或者盖章，能够认定借款人同意履行诉讼时效期间已经届满的义务的，对于贷款人关于借款人放弃诉讼时效抗辩权的主张，人民法院应予支持。"

效的抗辩请求,而杨某并未举证存在诉讼时效中断的证据,应保护其诉讼时效的抗辩权。至于杨某提出的自2013年10月才知悉杜某婚姻情况的辩解,从杨某的关于持法院文书查询到杜某婚姻情况的陈述可知杨某此前并非没有条件查询到杜某与屈某的婚姻情况,且现有证据亦未反映杨某在起诉杜某要求还款的案件中曾要求查询杜某婚姻情况,杨某并未有证据证明其积极主张权利,故杨某该辩解难以成立,法院对此不予采纳。综上,杨某要求屈某对杜某的债务承担连带责任已超过诉讼时效,对该请求法院不予支持。

【案　　号】(2016)粤01民终13626号

【审理法院】广东省广州市中级人民法院

第一百九十三条　人民法院不得主动适用诉讼时效的规定。

▶ 关联规定

法律、行政法规、司法解释

1.《中华人民共和国民事诉讼法》

第十三条　民事诉讼应当遵循诚信原则。

当事人有权在法律规定的范围内处分自己的民事权利和诉讼权利。

2.《中华人民共和国仲裁法》

第七十四条　法律对仲裁时效有规定的，适用该规定。法律对仲裁时效没有规定的，适用诉讼时效的规定。

3.《最高人民法院关于审理民事案件适用诉讼时效制度若干问题的规定》

第二条　当事人未提出诉讼时效抗辩，人民法院不应对诉讼时效问题进行释明。

▶ 条文释义

一、本条主旨

本条是关于诉讼时效被动适用的规定。

二、条文演变

原《民法通则》没有关于人民法院是否可以主动适用诉讼时效的规定。原《民法总则》第193条明确规定，人民法院不得主动适用诉讼时效的规定。《民法典》第193条沿用该规定。

三、条文解读

（一）诉讼时效的效力

关于诉讼时效的效力问题，理论及司法实务通说均认为，应采用"抗辩权发生主义"。即一旦义务人行使了诉讼时效抗辩权，权利人则丧失了通过诉讼程序强制义务人履行义务的权利，即丧失了胜诉权。诉讼时效完成，权利人的权利转化为"自然权利"，若义务人不行使抗辩权，则该权利仍然是完整的权利，人民法院应予保护，而一旦义务人行使了这一抗辩权，将导致权利人请求权的消灭。故诉讼时效完成的效力是导致抗辩权的发生。

（二）规定人民法院不得主动适用诉讼时效的意义

1. 尊重和保障当事人意思自治

诉讼时效抗辩权本质上是义务人的一项私权利，行使与否属于义务人意思自治范畴。《民事诉讼法》第13条第2款规定："当事人有权在法律规定的范围内处分自己的民事权利和诉讼权利。"故诉讼时效抗辩权行使与否的权利在义务人，而非人民法院，在其适用中应遵循意思自治原则，义务人是否主张，司法不应过多干涉。

2. 体现和贯彻诚信原则

诉讼时效抗辩权是颠覆性权利，行使与否会导致权利人、义务人的实际权益发生截然不同的变化。在权利人有充分证据证明其享有权利的情形下，义务人依照约定和法律规定履行义务，并不会给义务人造成实质不公平的后果，反而应当提倡其诚实守信的履约行为。人民法院若主动适用或释明，有违司法中立原则。

（三）人民法院不得主动适用诉讼时效的具体情形

人民法院不得主动适用诉讼时效的规定，既包括义务人未提出诉讼时效抗辩情况下的主动援引、释明，也包括义务人提出诉讼时效抗辩的情况下对诉讼期间中止、中断、延长规则等主动适用，即人民法院不得主动适用关于诉讼时效的全部规定。人民法院不得主动适用诉讼时效的规定，还包括不得主动适用仲裁和劳动仲裁时效的规定。

关于人民法院是否可以主动适用最长诉讼时效期间的问题，一般认为，在法律没有特别规定的情况下，最长诉讼时效期间和普通诉讼时效期间、特别诉讼时效期间一样，人民法院均不得主动适用。虽然最长诉讼时效期间在时效期间起算时间点、中止、中断的适用上存在特殊规定，但是在性质上仍为诉讼时效期间的一种，在法律没有特别规定的情况下，应当适用法律关于诉讼时效的通用规定。而且，人民法院不得主动适用最长诉讼时效期间也不违背诉讼时效的私法性质和时效制度的内在要求。

▶ 适用指引

一、本条规定贯彻适用于审理的各个阶段

在受理案件阶段，由于诉讼时效是实体法问题，无论诉讼时效是否经过，对于符合法律规定的起诉，人民法院均应受理。

依照《诉讼时效规定》第3条的规定，当事人在一审期间未提出诉讼时效抗辩，一般应视为其已放弃该抗辩权，在二审期间再提出的，人民法院不予支持，但其基于新的证据能够证明对方当事人的请求权已过诉讼时效期间的情形除外。当然，根据"禁止反言"原则，该例外情形一般不应包括义务人在一审期间，已经明确表示放弃诉讼时效抗辩权或者以其行为可以认定其已经放弃该权利的情形。同理，当事人未按照《诉讼时效规定》第3条的规定提出诉讼时效抗辩，以诉讼时效期间届满为由申请再审或者提出再审抗辩的，人民法院不予支持。

二、缺席审判情形下本条的适用

被告缺席的，视为其放弃答辩权，当然也包括放弃诉讼时效抗辩权，法院不应对诉讼时效主动审查。但如被告虽未出庭应诉，但在提交的书面答辩状或法律意见中提出了诉讼时效抗辩的，应认定其法律效力。当事人中途退庭的，如在此之前已发表了诉讼时效抗辩意见的，亦应认定。当事人下落不明公告送达的案件，亦视为其放弃答辩权利，人民法院不得主动适用诉讼时效制度。

三、义务人诉讼时效抗辩权行使的识别和认定

义务人以请求权诉讼时效已经经过作为抗辩理由的，即可认定其行使了诉讼时效抗辩权，而不必要求必须引用相关法条。若义务人已有提出诉讼时效抗辩权的意思表示，只是不够充分明确，法官可以在不违反当事人意思自治原则、处分原则以及法官居中裁判的中立地位的前提下进行消极的释明。如义务人提出"权利人主张权利时间过长，义务人无需承担清偿责任的"，应认定其有提出诉讼时效抗辩的意思表示，人民法院可询问义务人是否系提出诉讼时效抗辩。

除义务人外，义务人的法定代理人、委托代理人、法定代表人也可以代为行使诉讼时效抗辩权。

需要说明的是，人民法院给当事人发放的诉讼风险提示书中含有的当事人享有诉讼时效抗辩权的内容，属于普法性质的材料发放，非针对个案，不应认定人民法院系对个案行使释明权。

第一百九十四条 在诉讼时效期间的最后六个月内，因下列障碍，不能行使请求权的，诉讼时效中止：

（一）不可抗力；

（二）无民事行为能力人或者限制民事行为能力人没有法定代理人，或者法定代理人死亡、丧失民事行为能力、丧失代理权；

（三）继承开始后未确定继承人或者遗产管理人；

（四）权利人被义务人或者其他人控制；

（五）其他导致权利人不能行使请求权的障碍。

自中止时效的原因消除之日起满六个月，诉讼时效期间届满。

关联规定

一、法律、行政法规、司法解释

1.《最高人民法院关于适用〈中华人民共和国民法典〉总则编若干问题的解释》

第三十五条 民法典第一百八十八条第一款规定的三年诉讼时效期间，可以适用民法典有关诉讼时效中止、中断的规定，不适用延长的规定。该条第二款规定的二十年期间不适用中止、中断的规定。

2.《最高人民法院关于审理买卖合同纠纷案件适用法律问题的解释》

第十二条 人民法院具体认定民法典第六百二十一条第二款规定的"合理期限"时，应当综合当事人之间的交易性质、交易目的、交易方式、交易习惯、标的物的种类、数量、性质、安装和使用情况、瑕疵的性质、买受人应尽的合理注意义务、检验方法和难易程度、买受人或者检验人所处的具体环境、自身技能以及其他合理因素，依据诚实信用原则进行判断。

民法典第六百二十一条第二款规定的"二年"是最长的合理期限。该期限为不变期间，不适用诉讼时效中止、中断或者延长的规定。

3.《最高人民法院关于适用〈中华人民共和国民法典〉婚姻家庭编的解释（一）》

第十九条 民法典第一千零五十二条规定的"一年"，不适用诉讼时效中止、中断或者延长的规定。

受胁迫或者被非法限制人身自由的当事人请求撤销婚姻的，不适用民法典第一百五十二条第二款的规定。

二、司法指导性文件

《最高人民法院关于依法妥善审理涉新冠肺炎疫情民事案件若干问题的指导意见（一）》

六、依法中止诉讼时效。在诉讼时效期间的最后六个月内，因疫情或者疫情防控措施不能行使请求权，权利人依据《中华人民共和国民法总则》第一百九十四条第一款第一项规定主张诉讼时效中止的，人民法院应予支持。

▶ 条文释义

一、本条主旨

本条是关于诉讼时效中止事由和效力的规定。

二、条文演变

原《民法通则》第139条对诉讼时效中止事由进行了规定。原《民法总则》第194条进一步细化了诉讼时效中止事由的具体情形。同时规定，自中止时效的原因消除之日起满六个月，诉讼时效期间届满，《民法典》对这一规定予以沿用。

三、条文解读

诉讼时效中止，学理上又称为诉讼时效的停止或暂停，源于罗马法，随着"对于不得为诉讼之人时效不进行"的观点被广泛认同而逐步确立，是指在时效进行过程中，因发生一定法定事由使权利人不能行使请求权，从而暂停计算时效期间，待阻碍消灭后再继续计算时效期间的制度。①

（一）诉讼时效中止的条件

诉讼时效中止包括以下四个构成要件：

首先，诉讼时效中止发生在诉讼时效期间内。所谓中止，简言之即"中间停止"，若诉讼时效期间尚未开始起算，或者已经届满，均不产生诉讼时效中止的问题。

其次，诉讼时效中止需发生在诉讼时效期间的最后6个月内。根据《民法典》的规定，普通诉讼时效期间为3年，如果中止事由发生在前两年半的期间内，则不发生中止的效力。当然，如果中止事由虽然发生在最后6个月之前，但是一直持续到最后6个月期间内的，则自最后6个月期间开始发生中止效力。

再次，诉讼时效中止须发生相应的中止事由。中止事由包括不可抗力，无民事行为能力人或者限制民事行为能力人没有法定代理人，或者法定代理人死亡、丧失民事行为能力、丧失代理权，继承开始后未确定继承人或者遗产管理人，权利人被义务人或者其他人控制等导致权利人不能行使请求权的障碍。不属于上述法定事由的，不发生时效中止的效力。

最后，权利人在中止事由发生期间客观不能行使请求权。诉讼时效中止的根本原因在于在中止事由发生和持续期间权利人无法行使请求权，如果中止事由并未造成权利人无法行使请求权的障碍，则不发生时效中止的效力。

（二）诉讼时效中止的具体事由

根据本条规定，引起诉讼时效中止的法定事由或者障碍类型主要包括以下几种：

1.不可抗力。根据《民法典》第180条第2款的规定，不可抗力是不能预见、不能避免且不能克服的客观情况，包括自然灾害和人的活动，前者如地震、洪水、台风等，后者如战争、罢工等。不可抗力因素使得权利人在客观上无法或不便在法律规定的时效期间内行使请求权，不能为人的意志左右，不能归责于当事人，因不可抗力无法行使权利不构成权利的怠于行使，故产生时效

---

① 魏振瀛主编：《民法》，北京大学出版社、高等教育出版社2000年版，第199页。

中止的效力。

2. 无民事行为能力人或者限制民事行为能力人没有法定代理人，或者法定代理人死亡、丧失民事行为能力、丧失代理权。由于无民事行为能力人或者限制民事行为能力人不具备独立实施法律行为的能力，其行使请求权等法律行为需要法定代理人代为实施，若无民事行为能力人或者限制民事行为能力人没有法定代理人，或者法定代理人死亡、丧失民事行为能力、丧失代理权的，无民事行为能力人或者限制民事行为能力人无法行使请求权，故诉讼时效需要中止。

3. 继承开始后未确定继承人或者遗产管理人。被继承人为权利人的，若未确定继承人或者遗产管理人，被继承人生前享有的权利则无法行使；被继承人为义务人的，若未确定继承人或者遗产管理人，债权人亦无法确定相对人，故应将此事由作为诉讼时效中止事由。

4. 权利人被义务人或者其他人控制。权利人在被义务人或者其他人控制时存在行使权利的客观障碍，符合诉讼时效中止规定的精神。司法实务中，以下情形可以认定为权利人被义务人或者其他人控制：①义务人与权利人之间存在代表与被代表的关系，如义务人为权利人的意思表示机关，权利人的意思被义务人控制，在义务人不代表权利人也不授权他人代表权利人作出行使权利或主张权利等意思表示的情况下，权利人在客观上无法行使权利。②权利人系义务人的控股子公司时，义务人通过控股，控制权利人的经营管理和意志，根据公司决策机制，在义务人不同意权利人向其主张权利时，权利人无法行使该权利。③权利人被义务人或者其他人限制人身自由，如义务人被非法控制，在被采取刑事强制措施的情况下被非法剥夺委托权等情形。④义务人与权利人之间存在监护与被监护关系，在监护关系存续期间，权利人的意志被义务人控制。

5. 其他导致权利人不能行使请求权的障碍。鉴于社会生活的纷繁复杂，法律无法穷尽列举全部的中止事由，故对导致权利人不能行使请求权的障碍情形设置兜底条款，司法实务可根据具体案件情况进行判断。

（三）诉讼时效中止的法律效果

诉讼时效中止产生如下法律效力：首先，诉讼时效期间停止计算。这是诉讼时效中止的重要效力之一，在诉讼期间届满前六个月，发生中止事由的，诉讼时效期间停止计算，无论中止事由经过多长期间，诉讼时效均不届满。其次，此前诉讼时效期间的经过仍然有效。诉讼时效中止只是停止时效期间的继续计算，已经经过的期间不重新计算。最后，中止事由消失后再计算六个月时效期间。不管中止事由发生前已经经过了多久的诉讼时效期间，也不论中止事由延续时间的长短，中止事由消失后，诉讼时效期间一律再计算六个月。总之，扣除中止事由持续的期间，诉讼时效总期间可能超过三年，但不会超过三年六个月。

▶ 适用指引

一、中止事由的认定

关于财产被扣押是否属于诉讼时效中止事由。刑事扣押是侦查机关依法强制扣留与案件有关的物品、文件的一种侦查行为。财产被扣押期间，相关权利人不能随意处分该财产。在民商事纠纷涉及的标的物被扣押的情况下，扣押行为能否作为诉讼时效中止的事由，是司法实务中经常遇到的问题。一般认为，虽然在刑事扣押期间，民事权利人不能就扣押的财产实际实现其民事权利，但并不影响其对该扣押财产主张权利，其请求权本身并不受扣押行为影响。而作为诉讼时效中止事由的条件是，由于该客观事由的存在，权利人无法主张权利，故扣押不能作为诉讼时效中止的事由。

需要注意的是，本条并未完全列举诉讼时效中止的所有情形，司法实务中，需根据个案情况作出具体认定。以权利人和义务人存在婚姻关系为例，一般而言，夫妻之间相互行使请求权在法律上并不存在客观障碍，多数情况下，夫妻仅系出于维护感情的需要不愿积极行使请求权，严格来说不符合诉讼时效中止的条件，只有在客观上存在障碍，导致权利人不能行使请求权的，才应认定诉讼时效中止。

二、中止时效的原因消除后诉讼时效期间的补足

原《民法通则》规定中止时效原因消除后，诉讼时效继续计算。考虑到时效中止仅在最后六个月才发生，从原因消除之日起继续计算，可能出现剩余诉讼时效期间不足以充分保证权利人权利实现的情况，如极端情况下仅剩一天，待行使的权利又比较复杂。此时若要求权利人必须在剩余期限内主张权利，未

免过于严苛,导致诉讼时效制度空置,或者其效果也会大打折扣。《民法典》对此充分考虑,于本条第二款规定自中止时效的原因消除之日起满六个月,诉讼时效期间届满,既给权利人行使权利留下必要的准备时间,又不会造成诉讼的过分拖延和给义务人造成过分的负担。

第一百九十五条 有下列情形之一的,诉讼时效中断,从中断、有关程序终结时起,诉讼时效期间重新计算:

(一)权利人向义务人提出履行请求;

(二)义务人同意履行义务;

(三)权利人提起诉讼或者申请仲裁;

(四)与提起诉讼或者申请仲裁具有同等效力的其他情形。

关联规定

一、法律、行政法规、司法解释

1.《最高人民法院关于适用〈中华人民共和国民法典〉总则编若干问题的解释》

第三十五条 民法典第一百八十八条第一款规定的三年诉讼时效期间,可以适用民法典有关诉讼时效中止、中断的规定,不适用延长的规定。该条第二款规定的二十年期间不适用中止、中断的规定。

第三十八条 诉讼时效依据民法典第一百九十五条的规定中断后,在新的诉讼时效期间内,再次出现第一百九十五条规定的中断事由,可以认定为诉讼时效再次中断。

2.《最高人民法院关于审理民事案件适用诉讼时效制度若干问题的规定》

第八条 具有下列情形之一的,应当认定为民法典第一百九十五条规定的"权利人向义务人提出履行请求",产生诉讼时效中断的效力:

(一)当事人一方直接向对方当事人送交主张权利文书,对方当事人在文书上签名、盖章、按指印或者虽未签名、盖章、按指印但能够以其他方式证明该文书到达对方当事人的;

(二)当事人一方以发送信件或者数据电文方式主张权利,信件或者数据电文到达或者应当到达对方当事人的;

(三)当事人一方为金融机构,依照法律规定或者当事人约定从对方当事

人账户中扣收欠款本息的;

(四)当事人一方下落不明,对方当事人在国家级或者下落不明的当事人一方住所地的省级有影响的媒体上刊登具有主张权利内容的公告的,但法律和司法解释另有特别规定的,适用其规定。

前款第(一)项情形中,对方当事人为法人或者其他组织的,签收人可以是其法定代表人、主要负责人、负责收发信件的部门或者被授权主体;对方当事人为自然人的,签收人可以是自然人本人、同住的具有完全行为能力的亲属或者被授权主体。

第九条 权利人对同一债权中的部分债权主张权利,诉讼时效中断的效力及于剩余债权,但权利人明确表示放弃剩余债权的情形除外。

第十条 当事人一方向人民法院提交起诉状或者口头起诉的,诉讼时效从提交起诉状或者口头起诉之日起中断。

第十一条 下列事项之一,人民法院应当认定与提起诉讼具有同等诉讼时效中断的效力:

(一)申请支付令;

(二)申请破产、申报破产债权;

(三)为主张权利而申请宣告义务人失踪或死亡;

(四)申请诉前财产保全、诉前临时禁令等诉前措施;

(五)申请强制执行;

(六)申请追加当事人或者被通知参加诉讼;

(七)在诉讼中主张抵销;

(八)其他与提起诉讼具有同等诉讼时效中断效力的事项。

第十二条 权利人向人民调解委员会以及其他依法有权解决相关民事纠纷的国家机关、事业单位、社会团体等社会组织提出保护相应民事权利的请求,诉讼时效从提出请求之日起中断。

第十三条 权利人向公安机关、人民检察院、人民法院报案或者控告,请求保护其民事权利的,诉讼时效从其报案或者控告之日起中断。

上述机关决定不立案、撤销案件、不起诉的,诉讼时效期间从权利人知道或者应当知道不立案、撤销案件或者不起诉之日起重新计算;刑事案件进入审理阶段,诉讼时效期间从刑事裁判文书生效之日起重新计算。

第十四条 义务人作出分期履行、部分履行、提供担保、请求延期履行、制定清偿债务计划等承诺或者行为的，应当认定为民法典第一百九十五条规定的"义务人同意履行义务"。

第十五条 对于连带债权人中的一人发生诉讼时效中断效力的事由，应当认定对其他连带债权人也发生诉讼时效中断的效力。

对于连带债务人中的一人发生诉讼时效中断效力的事由，应当认定对其他连带债务人也发生诉讼时效中断的效力。

第十六条 债权人提起代位权诉讼的，应当认定对债权人的债权和债务人的债权均发生诉讼时效中断的效力。

第十七条 债权转让的，应当认定诉讼时效从债权转让通知到达债务人之日起中断。

债务承担情形下，构成原债务人对债务承认的，应当认定诉讼时效从债务承担意思表示到达债权人之日起中断。

3.《最高人民法院关于审理无正本提单交付货物案件适用法律若干问题的规定》

第十五条 正本提单持有人以承运人无正本提单交付货物为由提起的诉讼，时效中断适用海商法第二百六十七条的规定。

正本提单持有人以承运人与无正本提单提取货物的人共同实施无正本提单交付货物行为为由提起的侵权诉讼，时效中断适用本条前款规定。

4.《最高人民法院关于审理证券市场虚假陈述侵权民事赔偿案件的若干规定》

第三十三条 在诉讼时效期间内，部分投资者向人民法院提起人数不确定的普通代表人诉讼的，人民法院应当认定该起诉行为对所有具有同类诉讼请求的权利人发生时效中断的效果。

在普通代表人诉讼中，未向人民法院登记权利的投资者，其诉讼时效自权利登记期间届满后重新开始计算。向人民法院登记权利后申请撤回权利登记的投资者，其诉讼时效自撤回权利登记之次日重新开始计算。

投资者保护机构依照证券法第九十五条第三款的规定作为代表人参加诉讼后，投资者声明退出诉讼的，其诉讼时效自声明退出之次日起重新开始计算。

二、司法指导性文件

《全国法院贯彻实施民法典工作会议纪要》

5.民法典第一百八十八条第一款规定的普通诉讼时效期间,可以适用民法典有关诉讼时效中止、中断的规定,不适用延长的规定。民法典第一百八十八条第二款规定的"二十年"诉讼时效期间可以适用延长的规定,不适用中止、中断的规定。

诉讼时效根据民法典第一百九十五条的规定中断后,在新的诉讼时效期间内,再次出现第一百九十五条规定的中断事由,可以认定诉讼时效再次中断。权利人向义务人的代理人、财产代管人或者遗产管理人主张权利的,可以认定诉讼时效中断。

▶ 条文释义

一、本条主旨

本条是关于诉讼时效中断法律适用规则的规定。

二、条文演变

原《民法通则》第140条规定:"诉讼时效因提起诉讼、当事人一方提出要求或者同意履行义务而中断。从中断时起,诉讼时效期间重新计算。"原《民法总则》第195条规定:"有下列情形之一的,诉讼时效中断,从中断、有关程序终结时起,诉讼时效期间重新计算:(一)权利人向义务人提出履行请求;(二)义务人同意履行义务;(三)权利人提起诉讼或者申请仲裁;(四)与提起诉讼或者申请仲裁具有同等效力的其他情形。"《民法典》沿用这一规定。

三、条文解读

诉讼时效中断是诉讼时效制度的重要内容,对当事人的权利义务影响重大。诉讼时效期间的中断,是指诉讼时效期间进行中,法定事由的发生推翻了诉讼时效存在的基础,因而使已经进行的时效期间全归于无效,诉讼时效期间重新计算。① 诉讼时效制度的主要功能系督促权利人及时行使权利，稳定现存法律及社会秩序。"但是，执行诉讼时效期间和起算的规定，会出现这样的困境：即使义务人拖延履行义务的时间，诉讼时效期间也会完成，进而会影响到权利人实现自己的权利。因此，要使诉讼时效制度的价值和功能得到充分合理的发挥，法律必须对诉讼时效期间的经过予以合理的限制。"② 诉讼时效中断制度即为解决以上困境，遵循民法诚实信用的基本原则，给予权利人合法保护，属于诉讼时效障碍制度。

（一）诉讼时效中断的事由

1. 权利人向义务人提出履行请求

权利人向义务人提出履行请求，表明权利人积极主张权利，因此，应属于合法阻却诉讼时效完成的诉讼时效中断事由。权利人向义务人提出履行义务的请求，既可以向义务人本人提出，也可以向其代理人、保证人、财产代管人等要求履行债务。

权利人向义务人提出履行请求，进而导致诉讼时效中断，需注意以下要件：一是应为权利人本人或依法有权代其处分权利的主体作出请求履债的意思表示；二是请求履债的意思表示应向义务人或依法有权代义务人处分权利的主体作出；三是权利人向义务人提出履行请求的意思表示实际到达或者应当到达义务人。

《诉讼时效规定》第 8 条对当事人主张权利的情形进行了细化规定，包括："（一）当事人一方直接向对方当事人送交主张权利文书，对方当事人在文书上签名、盖章、按指印或者虽未签名、盖章、按指印但能够以其他方式证明该文书到达对方当事人的；（二）当事人一方以发送信件或者数据电文方式主张权利，信件或者数据电文到达或者应当到达对方当事人的；（三）当事人一方为金融机构，依照法律规定或者当事人约定从对方当事人账户中扣收欠款本息的；（四）当事人一方下落不明，对方当事人在国家级或者下落不明的当事人一方住所地的省级有影响的媒体上刊登具有主张权利内容的公告的，但法律和司法解释另有特别规定的，适用其规定。"

---

① 王泽鉴：《民法总则》，北京大学出版社 2009 年版，第 432 页。
② 王利明主编：《中国民法典释评·总则编》，中国人民大学出版社 2020 年版，第 506 页。

2. 义务人同意履行义务

义务人同意履行义务，债权得以明确和维持，并使权利人产生合理信赖，认为其无需再以其他方式主张权利，故可发生诉讼时效中断的效力。将义务人同意履行义务作为诉讼时效中断的事由，也有利于防止义务人象征性的部分清偿欺骗权利人，使权利人不主张或者推迟主张权利。

构成义务人同意履行义务一般需具备以下要件：（1）义务人本人或依法有权代其处分权利的主体同意履行义务，如义务人及其代理人、监护人、财产保管人等；（2）义务人同意履行义务为诺成行为而非实践行为，较常见的明示方式为义务人明确向权利人作出延期履行、分期履行、支付利息、提供担保、制定清偿债务计划的意思表示；（3）义务人同意履行义务的行为向权利人或依法有权代权利人处分权利的主体作出且到达上述主体。

3. 权利人提起诉讼或申请仲裁

提起诉讼、申请仲裁是权利人行使权利最有效、最强烈的方法，足以表明权利人积极主张、行使权利。起诉是权利人在人民法院提起诉讼，请求法院强制义务人履行义务。就仲裁而言，民商事仲裁是平等主体的公民、法人和其他组织之间请求仲裁机构裁决合同纠纷和其他财产权益纠纷。劳动仲裁是当事人向劳动仲裁委员会请求裁决处理劳动争议纠纷。农村土地承包经营纠纷仲裁是向农村土地承包仲裁委员会申请裁决。[①]

4. 与提起诉讼或者申请仲裁具有同等效力的其他情形

能够反映权利人积极主张和行使权利，可以合法阻却诉讼时效的起算和完成的情形，可以认定与提起诉讼或者申请仲裁具有同等效力。主要包括申请支付令、申请破产、申报债权、为主张权利而申请宣告义务人失踪或死亡、申请诉前财产保全、诉前临时禁令等诉前措施、申请强制执行、申请追加当事人或者被通知参加诉讼、在诉讼中主张抵销等情形。

（二）诉讼时效中断后重新起算点的确认

本条具体规定了引起诉讼时效中断的四种具体的情形。第一项"权利人向义务人提出履行请求"及第二项"义务人同意履行义务"两类非持续性事由，应认定系从本条规定的"从中断时起"重新计算诉讼时效；第三项"权利人提

[①] 参照黄薇主编：《中华人民共和国民法典总则编释义》，法律出版社2020年版，第506页。

起诉讼或者申请仲裁"及第四项"与提起诉讼或者申请仲裁具有同等效力的其他情形"两类持续性事由,则应认定系从本条规定的"从程序终结时起"重新计算诉讼时效。

适用指引

一、"提起诉讼"的理解及中断时点的确定

权利人提起的民事诉讼应为符合《民事诉讼法》规定的起诉要件,或者其他特殊诉讼要件的合法之诉,不仅包括权利人提起民事诉讼的情形,也包括权利人提起刑事附带民事诉讼的情形。如果权利人为保护民事权利提起行政诉讼,如果仅是其对主管机关的认识错误,但主张的对象、事实理由均无错误,也应认定其提起行政诉讼的行为具有诉讼时效中断的效力。一般情形下,不予受理或者驳回起诉不具有诉讼时效中断的效力,但如果权利人提起诉讼行为已足以证明权利人以提起诉讼的方式向适格义务主体主张权利,则也应认定诉讼时效中断。

关于如何认定"提起诉讼"中断时点的问题,将"提起诉讼"作为诉讼时效中断事由的理由在于,在权利人通过请求公权力机关行使公权力救济自己权利的情形下,应认定权利人积极主张了权利。《诉讼时效规定》第10条规定:"当事人一方向人民法院提交起诉状或者口头起诉的,诉讼时效从提交起诉状或者口头起诉之日起中断。"故只要其向法院提交起诉材料或者口头起诉,就应认定为诉讼时效中断,而无需等待法院受理。

二、民刑交叉案件中的诉讼时效期间中断问题

民刑交叉案件中,权利人先提起民事诉讼,后刑事报案的情况下,其请求权在提起诉讼期间持续中断,若刑事报案系发生在民事诉讼期间,则不涉及诉讼时效再次中断和重新起算问题。民事案件因当事人刑事报案而中止审理的,诉讼时效期间持续中断,不因诉讼程序的暂时中止而否定权利人主张权利的意思表示。

权利人先进行刑事报案,后提起民事诉讼的情况下,报案或者控告行为意味着,权利人请求公安机关、人民检察院、人民法院等国家司法权力机关利用

公权利在侦查犯罪的同时保护其民事权利。其报案、请求公权力机关保护其民事权利的意思表示明确，该意思表示在到达公权力机关时即发生法律效力，引起诉讼时效中断。上述机关决定不立案、撤销案件、不起诉的，诉讼时效期间从权利人知道或者应当知道之日起重新计算。

▶ 类案检索

北京大万房地产开发有限责任公司与北京诚信建筑工程公司建设工程合同纠纷案

关键词： 诉讼时效　中断　义务人同意履行

裁判摘要：《民法典》第195条规定："有下列情形之一的，诉讼时效中断，从中断、有关程序终结时起，诉讼时效期间重新计算：（一）权利人向义务人提出履行请求；（二）义务人同意履行义务；（三）权利人提起诉讼或者申请仲裁；（四）与提起诉讼或者申请仲裁具有同等效力的其他情形。"北京诚信公司与大万房地产公司签订的付款协议虽约定在2015年12月30日前付清全部工程款，但在此后大万房地产公司仍向北京诚信公司陆续支付工程款，北京诚信公司最后一笔收款日期为2017年1月23日，属于义务人同意履行义务，诉讼时效中断。此后，在未超过法定三年的诉讼时效期间内，北京诚信公司员工于2019年7月起通过微信向大万房地产公司法定代表人于延栋催要剩余工程款，属于权利人向义务人提出履行请求，诉讼时效再次中断。故北京诚信公司于2020年4月4日提起本案诉讼，未超过诉讼时效。

【案　　号】（2021）京02民终1823号

【审理法院】北京市第二中级人民法院

第一百九十六条 下列请求权不适用诉讼时效的规定：

（一）请求停止侵害、排除妨碍、消除危险；

（二）不动产物权和登记的动产物权的权利人请求返还财产；

（三）请求支付抚养费、赡养费或者扶养费；

（四）依法不适用诉讼时效的其他请求权。

▶ 关联规定

法律、行政法规、司法解释

1.《最高人民法院关于审理民事案件适用诉讼时效制度若干问题的规定》

第一条 当事人可以对债权请求权提出诉讼时效抗辩，但对下列债权请求权提出诉讼时效抗辩的，人民法院不予支持：

（一）支付存款本金及利息请求权；

（二）兑付国债、金融债券以及向不特定对象发行的企业债券本息请求权；

（三）基于投资关系产生的缴付出资请求权；

（四）其他依法不适用诉讼时效规定的债权请求权。

2.《最高人民法院关于适用〈中华人民共和国公司法〉若干问题的规定（三）》

第十九条 公司股东未履行或者未全面履行出资义务或者抽逃出资，公司或者其他股东请求其向公司全面履行出资义务或者返还出资，被告股东以诉讼时效为由进行抗辩的，人民法院不予支持。

公司债权人的债权未过诉讼时效期间，其依照本规定第十三条第二款、第十四条第二款的规定请求未履行或者未全面履行出资义务或者抽逃出资的股东承担赔偿责任，被告股东以出资义务或者返还出资义务超过诉讼时效期间为由进行抗辩的，人民法院不予支持。

条文释义

一、本条主旨

本条是关于不适用诉讼时效情形的规定。

二、条文演变

关于不适用诉讼时效的情形,在理论和实务中一直存有很大争议,原《民法通则》对此并没有规定。原《民法通则意见》第170条规定:"未授权给公民、法人经营、管理的国家财产受到侵害的,不受诉讼时效期间的限制。"《诉讼时效规定》第1条对不适用诉讼时效的债权请求权进行了规定,《公司法规定(三)》第19条第1款也对缴付出资请求权及返还出资请求权不适用诉讼时效作出规定,原《民法总则》在总结实务经验的基础上,充分吸收理论研究成果,对不适用诉讼时效的情形作了明确规定。其第196条规定:"下列请求权不适用诉讼时效的规定:(一)请求停止侵害、排除妨碍、消除危险;(二)不动产物权和登记的动产物权的权利人请求返还财产;(三)请求支付抚养费、赡养费或者扶养费;(四)依法不适用诉讼时效的其他请求权。"《民法典》维持这一规定不变。

三、条文解读

民法上的权利以其作用方式为标准,可分为支配权、请求权、抗辩权及形成权。理论和实务的通说认为,支配权、抗辩权及形成权不适用诉讼时效的规定,请求权适用诉讼时效的规定。依据本条的规定,不适用诉讼时效制度的类型主要有:

(一)请求停止侵害、排除妨碍、消除危险

请求停止侵害,是指所有权人或者其他物权人请求对物权造成侵害的人停止侵害行为或者侵害状态的权利;请求排除妨碍,是指所有权人或者其他物权人请求对物权造成妨碍的人停止妨碍、去除妨碍的权利;请求消除危险,则是指所有权人或者其他物权人请求对物权造成危险的人消除该危险状态的权利。物权请求权的实质在于保障物权恢复其圆满状态。学理上认为物权请求权是物权效力的具体内容，只要物权存在，物权请求权就应该存在。作为物权权能一部分的停止侵害、排除妨碍、消除危险的物权请求权，也不应当因时效届满而消灭。在此需要注意的是，《民法典》物权编第238条规定了损害赔偿这一内容，按照本条规定，损害赔偿请求权要适用诉讼时效的规定。同理，对于其他绝对权请求权比如人身权、知识产权等涉及停止侵害、排除妨碍、消除危险的，都不适用诉讼时效，即只要符合各自责任形式要件的，权利人就可以主张，而不受诉讼时效经过的限制。

（二）不动产物权和登记的动产物权的权利人请求返还财产

不动产物权价值重大，事关国计民生和整个社会稳定，一般以登记作为不动产物权享有和变动的公示方法。我国不动产物权采取登记生效主义，非经登记不发生效力。但是考虑到目前在我国，不少农村地区的房屋尚未办理不动产登记，为更好地保护农民的房屋产权，本条将不适用诉讼时效的范围扩大至所有不动产物权的返还请求权。动产以占有和交付为所有权享有和变动的公示方法。实践中，如一律规定所有的动产物权权利人的返还财产请求权不适用诉讼时效，操作上将面临许多困难，也没有必要，主要在于一般的动产均价值相对小，流动大，且容易损耗。故本条规定普通的动产应适用诉讼时效。对于特殊的动产，如船舶、航空器、机动车，本法第225条规定，其物权的设立、变更、转让和消灭，未经登记，不得对抗善意第三人。而一经登记，即如不动产登记一般，产生强有力的公示公信效力，权利人的返还请求权不适用诉讼时效。

（三）请求支付抚养费、赡养费或者扶养费

虽然给付抚养费、赡养费、扶养费请求权具有交付财产的内容，但这首先体现为身份利益上的请求权，尤为重要的是这关涉人的基本生存权利，也涉及对弱势群体利益的保护，义务人若以时效经过为由不支付上述费用，将使权利人的生活没有保障，不仅违背公序良俗原则，更是有违基本人文关怀。

（四）依法不适用诉讼时效的其他请求权

本项规定为兜底条款。前面几项规定并没有完全列明不适用诉讼时效制度的权利，故以此兜底，以满足审判实务复杂多样性的要求。如《诉讼时效规定》第 1 条关于存款、国债、金融债权等的本息请求权。

适用指引

注意把握请求权之外的其他权利类型是否适用诉讼时效的问题

依照通说，诉讼时效限于请求权的行使，支配权、抗辩权、形成权则不适用诉讼时效。如基于共有关系产生的分割共有财产的请求权，其本质是形成权，不适用诉讼时效制度。但对于侵害支配权转化而来的救济性权利中的损害赔偿请求权，则应适用诉讼时效。形成权是权利人依自己单方意思表示，使自己与他人间的法律关系发生变动的权利，具有权利行使的单方性和无需他人协助性，其积极行使与否客观上影响交易秩序的稳定，应受到期间的限制，只是该期间系除斥期间，而非诉讼时效。

典型案例

辽宁顺达交通工程养护有限公司与盘锦凯跃经贸有限公司承揽合同纠纷再审案

关键词： 民事权利　停止侵害　排除妨碍　诉讼时效

裁判摘要： 承揽合同约定，定作人向承揽人提供待加工原材料的，原材料的所有权归定作人所有。承揽合同结束后，定作人要求承揽人返还剩余的原材料，系对原材料主张物权请求权，不受诉讼时效的限制。当原材料灭失无法返还时，为周延保护物权人的利益，可以采取债权的保护方法，即定作人的物权请求权转化为物权损害赔偿请求权，定作人应在知道或应当知道原物灭失起 2 年内，向承揽人主张赔偿损失。

基本案情： 2011 年 5 月，再审申请人辽宁顺达交通工程养护有限公司（以下简称顺达公司）与被申请人盘锦凯跃经贸有限公司（以下简称凯跃公司）签订了改性沥青加工合同，约定顺达公司提供基质沥青暂定 2000 吨，凯跃公司加工成改性沥青，加工单价 1250 元 / 吨。交货地点：辽河石化，运输方式：汽车运输（自提）。同年 6 月 19 日至 7 月 17 日，凯跃公司收到顺达公司基质沥青1930.2吨,凯跃公司为顺达公司加工改性沥青1489.84吨。2011年12月6日经凯跃公司确认,凯跃公司尚存有顺达公司基质沥青440.36吨。2011年基质沥青单价4756元/吨。顺达公司向辽宁省盘锦市中级人民法院提起诉讼,请求:凯跃公司归还基质沥青440.36吨及差价款773272.16元或支付沥青款2094352.16元,及自欠款之日起至本判决确定给付之日止按中国人民银行同期贷款利率计算的利息。

辽宁省盘锦市中级人民法院认为,顺达公司与凯跃公司签订了改性沥青加工合同,顺达公司将基质沥青交给凯跃公司后,凯跃公司将基质沥青加工成改性沥青再交给顺达公司,双方在合同中约定了交货时间、验收方式和计算方式,双方即基于合同而产生了债权。根据法律的规定,当事人主张债权的诉讼时效为2年,凯跃公司于2011年12月6日给顺达公司出具尚欠440.36吨基质沥青的确认书,而顺达公司于2014年11月20日给凯跃公司发催收律师函,期间已超过法律规定的诉讼时效,且顺达公司未提供此期间主张权利的相关证据,故顺达公司的请求超过法律规定的诉讼时效,不能予以支持。盘锦市中级人民法院判决驳回顺达公司的诉讼请求。

顺达公司不服一审判决,提起上诉。辽宁省高级人民法院认为现无证据证明顺达公司在2年诉讼时效内行使权利,故判决驳回上诉,维持原判。

顺达公司不服二审判决,向最高人民法院申请再审。最高人民法院经审理认为,顺达公司与凯跃公司签订的改性沥青加工合同系承揽合同,即顺达公司作为定作方向承揽方凯跃公司提供沥青原材料并支付加工费用,凯跃公司依约交付工作成果。顺达公司是案涉基质沥青原材料的所有权人,其请求凯跃公司返还该440.36吨基质沥青,是对物的请求权。经查,基质沥青如果在仓库中存放,避免日照和雨淋,可以存放2~3年左右。2011年12月6日至2014年11月20日,顺达公司一直未向凯跃公司主张返还440.36吨基质沥青,凯跃公司亦未通知顺达公司基质沥青已经灭失的情况。2014年11月20日,顺达公司发律师函催要时,才知道剩余基质沥青已经灭失,至提起本案诉讼向凯跃公司主张赔偿其损失,并未超过2年的诉讼时效。双方当事人均认可目前基质沥青市场价格为2700元/吨。在案涉基质沥青已经灭失的情况下,顺达公司请求凯跃公司对其损失进行赔偿,有事实和法律依据。故判决:一、撤销辽宁省高级人民法院(2016)辽民终896号民事判决和辽宁省盘锦市中级人民法院(2016)辽11民初1号民事判决;二、盘锦凯跃经贸有限公司于本判决发生法律效力之日起 10 日内向辽宁顺达交通工程养护有限公司支付沥青款 1188972 元；三、驳回辽宁顺达交通工程养护有限公司其他诉讼请求。

【案　　号】（2017）最高法民再 332 号

【审理法院】最高人民法院

【来　　源】《人民司法·案例》2018 年第 5 期

第一百九十七条 诉讼时效的期间、计算方法以及中止、中断的事由由法律规定，当事人约定无效。

当事人对诉讼时效利益的预先放弃无效。

▶ 关联规定

法律、行政法规、司法解释

1.《中华人民共和国民法典》

第一百八十八条 向人民法院请求保护民事权利的诉讼时效期间为三年。法律另有规定的，依照其规定。

诉讼时效期间自权利人知道或者应当知道权利受到损害以及义务人之日起计算。法律另有规定的，依照其规定。但是，自权利受到损害之日起超过二十年的，人民法院不予保护，有特殊情况的，人民法院可以根据权利人的申请决定延长。

第二百条 民法所称的期间按照公历年、月、日、小时计算。

第二百零一条 按照年、月、日计算期间的，开始的当日不计入，自下一日开始计算。

按照小时计算期间的，自法律规定或者当事人约定的时间开始计算。

第二百零二条 按照年、月计算期间的，到期月的对应日为期间的最后一日；没有对应日的，月末日为期间的最后一日。

第二百零三条 期间的最后一日是法定休假日的，以法定休假日结束的次日为期间的最后一日。

期间的最后一日的截止时间为二十四时；有业务时间的，停止业务活动的时间为截止时间。

2.《中华人民共和国民事诉讼法》

第八十五条 期间包括法定期间和人民法院指定的期间。

期间以时、日、月、年计算。期间开始的时和日，不计算在期间内。

中国民法典适用大全 | 总则卷

期间届满的最后一日是法定休假日的,以法定休假日后的第一日为期间届满的日期。

期间不包括在途时间,诉讼文书在期满前交邮的,不算过期。

3.《最高人民法院关于适用〈中华人民共和国民事诉讼法〉的解释》

第一百二十五条 依照民事诉讼法第八十二条第二款规定,民事诉讼中以时起算的期间从次时起算;以日、月、年计算的期间从次日起算。

条文释义

一、本条主旨

本条是关于诉讼时效法定性及时效利益不得预先放弃的规定。

二、条文演变

原《民法通则》没有对诉讼时效法定以及时效利益预先放弃无效作出规定。原《民法总则》第197条规定:"诉讼时效的期间、计算方法以及中止、中断的事由由法律规定,当事人约定无效。当事人对诉讼时效利益的预先放弃无效。"《民法典》维持这一规定不变。

三、条文解读

本条第一款规定了诉讼时效的法定性;第二款规定了诉讼时效利益预先放弃无效。

(一)诉讼时效的法定性

诉讼时效制度以牺牲罹于时效的权利人的利益为代价,是对民事权利的法定限制,其立法目的是维护社会公益,为强制性规定,不允许排除适用或更改。

首先是诉讼时效的期间及计算方法法定。诉讼时效期间由法律明确,当事人必须按照法律规定的期间执行,不得改动。具体而言,诉讼期间的长短必须严格遵照法律规定确定,当事人不得通过约定延长或缩短诉讼时效期间。若允许当事人约定延长诉讼时效期间,对义务人不利,会危及现在和将来在当事人之间形成的财产秩序，也不利于督促权利人及时行使权利，还可能会危及交易安全，第三人可能在不知道当事人对诉讼时效存有延长约定的情形下，基于对义务人财产状况的合理信赖而进行交易，从而对第三人造成不可预知的潜在侵害，甚或在一定程度上扰乱交易秩序。若允许当事人约定缩短诉讼时效期间，权利人可能没有必要的准备时间来行使权利，对权利人保护不利，另外与诉讼时效制度的立法目的也不符。诉讼时效法定还意味着只能由法律对诉讼时效作出规定，法规、规章都不得对此进行规定。诉讼时效期间可以在一般法中规定，例如，本法第188条第一款规定："向人民法院请求保护民事权利的诉讼时效期间为三年。法律另有规定的，依照其规定。"本法第594条规定："因国际货物买卖合同和技术进出口合同争议提起诉讼或者申请仲裁的时效期间为四年。"诉讼时效期间也可以在特别法中规定，如《专利法》第74条第1款规定："侵犯专利权的诉讼时效为三年，自专利权人或者利害关系人知道或者应当知道侵权行为以及侵权人之日起计算。"《产品质量法》第45条第1款规定："因产品存在缺陷造成损害要求赔偿的诉讼时效期间为二年，自当事人知道或者应当知道其权益受到损害时起计算。"

其次，诉讼时效的法定是指诉讼时效中止、中断的事由法定。诉讼时效可以通过中止、中断进行法定变更，但相应情形应由法律明确规定，当事人不得创设法律没有规定的事由中止、中断诉讼时效。

最后，诉讼时效的法定性是指当事人擅自约定诉讼时效的效果由法律明确规定。当事人违反本规定，擅自对诉讼时效的期间、计算方法以及中止、中断的事由进行约定的，约定无效。

（二）诉讼时效利益不得预先放弃

诉讼时效预先放弃是指权利人对尚未取得的诉讼时效利益进行放弃，本条第二款对不得预先放弃诉讼时效利益进行了规定，无论是通过口头形式还是通过书面形式放弃诉讼时效利益，都是无效的。主要理由在于，诉讼时效利益本为义务人基于法律的明确规定所应当享有的利益，若允许其对该利益事先放弃，无异于排除诉讼时效制度的适用，显然有违诉讼时效制度的法定性要求。而且如果允许当事人预先放弃时效利益，则可能会出现权利人利用其强势地位强迫义务人放弃诉讼时效利益、损害义务人权利问题的发生。

但这并不排除当事人在诉讼时效期间届满后放弃时效利益。基于公共利益考量，法律一方面需要强调诉讼时效的法定性，部分限制意思自治原则；另一方面，如果过分强调诉讼时效的法定性，有可能会导致公权力对私权利的过分干预，进而破坏意思自治原则。因此，需要尊重意思自治原则在民法体系中的重要地位，规定当事人不得预先放弃，允许当事人在诉讼时效期间届满后放弃时效利益。放弃诉讼时效利益是单方法律行为，自成立时发生法律效力；同时又是处分行为，须依意思表示为之。

▶ 适用指引

诉讼时效期间的法定性与债务履行期的意定性

对于当事人变更履行期的约定是否属于变相延长或者缩短诉讼时效期间，有一定争议。司法实践中一般认为，虽然从表面形式上看，当事人通过延长或者缩短履行期间的方式，确实可以起到变更诉讼时效期间的作用，但并不能据此认定当事人对履行期限变更的约定也是无效的。主要原因在于两者的性质不同，履行期限是当事人约定的履行合同的期限，具有合意性，权利人具有通过义务人的履行实现权利的合理预期。但诉讼时效期间不同，其是法院能否保护权利人权利的期限。履行期限如何变更，均不能导致诉讼时效期间这一法定期间的变更，只是在具体计算上，导致了权利人的权利受法律保护的期间实质被延长或缩短。

第九章　诉讼时效 ｜ 第一百九十八条

> **第一百九十八条**　法律对仲裁时效有规定的，依照其规定；没有规定的，适用诉讼时效的规定。

▶ 关联规定

一、法律、行政法规、司法解释

1.《中华人民共和国民法典》

第五百九十四条　因国际货物买卖合同和技术进出口合同争议提起诉讼或者申请仲裁的时效期间为四年。

2.《中华人民共和国仲裁法》

第七十四条　法律对仲裁时效有规定的，适用该规定。法律对仲裁时效没有规定的，适用诉讼时效的规定。

3.《中华人民共和国劳动争议调解仲裁法》

第五条　发生劳动争议，当事人不愿协商、协商不成或者达成和解协议后不履行的，可以向调解组织申请调解；不愿调解、调解不成或者达成调解协议后不履行的，可以向劳动争议仲裁委员会申请仲裁；对仲裁裁决不服的，除本法另有规定的外，可以向人民法院提起诉讼。

第二十七条　劳动争议申请仲裁的时效期间为一年。仲裁时效期间从当事人知道或者应当知道其权利被侵害之日起计算。

前款规定的仲裁时效，因当事人一方向对方当事人主张权利，或者向有关部门请求权利救济，或者对方当事人同意履行义务而中断。从中断时起，仲裁时效期间重新计算。

因不可抗力或者有其他正当理由，当事人不能在本条第一款规定的仲裁时效期间申请仲裁的，仲裁时效中止。从中止时效的原因消除之日起，仲裁时效期间继续计算。

劳动关系存续期间因拖欠劳动报酬发生争议的，劳动者申请仲裁不受本条第一款规定的仲裁时效期间的限制；但是，劳动关系终止的，应当自劳动关系终止之日起一年内提出。

4.《中华人民共和国农村土地承包经营纠纷调解仲裁法》

第十八条 农村土地承包经营纠纷申请仲裁的时效期间为二年,自当事人知道或者应当知道其权利被侵害之日起计算。

5.《最高人民法院关于人事争议申请仲裁的时效期间如何计算的批复》

四川省高级人民法院:

你院《关于事业单位人事争议仲裁时效如何计算的请示》(川高法〔2012〕430号)收悉。经研究,批复如下:

依据《中华人民共和国劳动争议调解仲裁法》第二十七条第一款、第五十二条的规定,当事人自知道或者应当知道其权利被侵害之日起一年内申请仲裁,仲裁机构予以受理的,人民法院应予认可。

▶ 条文释义

一、本条主旨

本条是关于仲裁时效与诉讼时效衔接的规定。

二、条文演变

关于仲裁时效与诉讼时效的衔接问题,原《民法通则》没有具体规定。《仲裁法》第74条规定:"法律对仲裁时效有规定的,适用该规定。法律对仲裁时效没有规定的,适用诉讼时效的规定。"原《民法总则》第198条规定:法律对仲裁时效有规定的,依照其规定;没有规定的,适用诉讼时效的规定。《民法典》总则编对此予以保留。

三、条文解读

仲裁时效是指法律规定的允许当事人为维护自己的合法权益,向仲裁机构申请仲裁的法定期间。当事人就属于仲裁机构管辖的争议申请仲裁,应当在法律规定的一定期限内提出,超过法定期限的,仲裁机构不予受理,当事人即丧失了请求仲裁机构通过裁决途径依法维护其合法权益的权利。

虽然诉讼时效适用于诉讼程序,仲裁时效适用于仲裁程序,但它们在制度本质、功能作用方面是一致的，都是为稳定市场交易秩序而规定的法定期间丧失而导致权利行使受阻的制度。

仲裁主要包括民商事仲裁、劳动仲裁和农村土地承包经营纠纷仲裁三种。《仲裁法》第74条规定，法律对仲裁时效有规定的，适用该规定。法律对仲裁时效没有规定的，适用诉讼时效的规定。关于仲裁时效的特别规定主要有：

1.《劳动争议调解仲裁法》对于劳动仲裁时效有明确规定。该法第27条规定："劳动争议申请仲裁的时效期间为一年。仲裁时效期间从当事人知道或者应当知道其权利被侵害之日起计算。前款规定的仲裁时效，因当事人一方向对方当事人主张权利，或者向有关部门请求权利救济，或者对方当事人同意履行义务而中断。从中断时起，仲裁时效期间重新计算。因不可抗力或者有其他正当理由，当事人不能在本条第一款规定的仲裁时效期间申请仲裁的，仲裁时效中止。从中止时效的原因消除之日起，仲裁时效期间继续计算。劳动关系存续期间因拖欠劳动报酬发生争议的，劳动者申请仲裁不受本条第一款规定的仲裁时效期间的限制；但是，劳动关系终止的，应当自劳动关系终止之日起一年内提出。"

2.《民法典》合同编对仲裁时效有明确规定。该法第594条规定："因国际货物买卖合同和技术进出口合同争议提起诉讼或者申请仲裁的时效期间为四年。"

3.《农村土地承包经营纠纷调解仲裁法》对仲裁时效有明确规定。该法第18条规定："农村土地承包经营纠纷申请仲裁的时效期间为二年，自当事人知道或者应当知道其权利被侵害之日起计算。"

除上述规定外，没有关于仲裁时效的特别规定。故仲裁时效适用《民法典》有关诉讼时效期间、中止中断等有关规定。

适用指引

一、仲裁前置诉讼案件的时效适用问题

实践中，主要涉及劳动争议案件的仲裁时效与诉讼时效的衔接问题。在劳动争议案件中，仲裁是诉讼的必经程序，劳动争议案件的诉讼时效寓于仲裁时效之中，《劳动争议调解仲裁法》规定的仲裁时效就是劳动争议案件的诉讼时

效,人民法院在处理劳动争议案件时,诉讼时效不应适用原《民法总则》中三年诉讼时效的一般规定,而应适用劳动争议仲裁时效一年的规定。需要注意的是,追索劳动报酬的争议一般不受一年劳动仲裁时效的限制。

二、关于人事争议仲裁时效的法律适用问题

《最高人民法院关于人事争议申请仲裁的时效期间如何计算的批复》规定:"依据《中华人民共和国劳动争议调解仲裁法》第二十七条第一款、第五十二条的规定,当事人自知道或者应当知道其权利被侵害之日起一年内申请仲裁,仲裁机构予以受理的,人民法院应予认可。"该规定明确了事业单位人事争议申请仲裁的时效期间如何适用法律。

人事争议的仲裁时效期间应确定为一年。理由在于:

其一,从现行法律规定的角度看,综合《劳动争议调解仲裁法》第27条第1款、第52条、第65条第1款,《人事争议处理规定》第16条的规定,人事争议的仲裁时效期间应确定为1年,这也符合法律适用的一般规则。

其二,从依法维护事业单位工作人员合法权益的角度看。《劳动争议调解仲裁法》有关"实行聘用制的工作人员与本单位发生劳动争议时依照劳动争议调解仲裁法执行"的规定,系出于保护事业单位相关工作人员合法权益的需要。应该说事业单位人事制度较为复杂,其形成也有特殊历史原因,但聘用合同与劳动合同并无本质区别,将事业单位聘用制工作人员与本单位发生的劳动争议纳入劳动法的调整,不仅能够有效解决事业单位工作人员实体权利保护无法可依的局面,更能够依法充分保护事业单位工作人员的合法权益,乃至促进我国事业单位改革不断向纵深发展。正因如此,《劳动合同法》第96条也规定:"事业单位与实行聘用制的工作人员订立、履行、变更、解除或者终止劳动合同,法律、行政法规或者国务院另有规定的,依照其规定;未作规定的,依照本法有关规定执行。"对于人事争议仲裁时效期间,适用《劳动争议调解仲裁法》第27条关于一年的规定,无疑在权利行使期间的设计上更为科学,给处于相对弱势地位的事业单位工作人员更加充分的保护,使他们更有充分的时间搜集证据,选择合理的救济程序,做好必要的准备等。

其三,关于人事争议仲裁时效的定性问题。在当前实体法与程序法结合越来越密切,实体权利救济与纠纷解决的程序设计密不可分的情况下,对某一事项有时难以准确界定为程序事项抑或实体内容。人事争议仲裁时效与诉讼时

效在本质上有共通之处，作为权利行使尤其是救济权行使期间的一种，都与当事人的实体权利密切相关，但又都与当事人通过相应的程序救济其权益密不可分，故不可简单地将此界定为实体问题，在《劳动争议调解仲裁法》对有关仲裁时效已有明确规定的情况下尤其如此。

人事争议仲裁时效在具体适用上，同诉讼时效一样，也适用时效中断、中止的规定。人事争议仲裁时效因当事人一方向对方当事人主张权利，或者向有关部门请求权利救济，或者对方当事人同意履行义务而中断。从中断时起，仲裁时效期间重新计算。因不可抗力或者有其他正当理由，当事人不能在上述仲裁时效期间内申请仲裁的，仲裁时效中止。从中止时效的原因消除之日起，仲裁时效期间继续计算。需注意的是，《劳动争议调解仲裁法》第52条仅规定事业单位实行聘用制的工作人员与本单位发生劳动争议的，适用该法规定。故上述一年的人事争议仲裁时效期间应仅限于实行聘用制的工作人员与事业单位之间的劳动争议案件。

因《劳动争议调解仲裁法》第5条、第29条等规定确立了人事争议须首先通过仲裁程序解决的制度，当事人不服仲裁裁决的人事争议以及仲裁机构不予受理或者逾期未作出决定的人事争议，才可以向人民法院寻求司法救济。在人民法院审理的已经过仲裁的人事争议案件中，如果涉及仲裁时效期间计算的问题，有关法律适用的规则是，人民法院经审查，当事人系自知道或者应当知道其权利被侵害之日起一年内申请仲裁，人事争议仲裁委员会予以受理的，应当予以认可。此外，依据《劳动争议调解仲裁法》第29条的规定，对人事争议仲裁委员会不予受理或者逾期未作出决定的，当事人可以就该人事争议事项向人民法院提起诉讼。

第一百九十九条 法律规定或者当事人约定的撤销权、解除权等权利的存续期间,除法律另有规定外,自权利人知道或者应当知道权利产生之日起计算,不适用有关诉讼时效中止、中断和延长的规定。存续期间届满,撤销权、解除权等权利消灭。

▶ 关联规定

法律、行政法规、司法解释

1.《中华人民共和国民法典》

第一百五十二条 有下列情形之一的,撤销权消灭:

(一)当事人自知道或者应当知道撤销事由之日起一年内、重大误解的当事人自知道或者应当知道撤销事由之日起九十日内没有行使撤销权;

(二)当事人受胁迫,自胁迫行为终止之日起一年内没有行使撤销权;

(三)当事人知道撤销事由后明确表示或者以自己的行为表明放弃撤销权。

当事人自民事法律行为发生之日起五年内没有行使撤销权的,撤销权消灭。

第五百四十一条 撤销权自债权人知道或者应当知道撤销事由之日起一年内行使。自债务人的行为发生之日起五年内没有行使撤销权的,该撤销权消灭。

第五百六十四条 法律规定或者当事人约定解除权行使期限,期限届满当事人不行使的,该权利消灭。

法律没有规定或者当事人没有约定解除权行使期限,自解除权人知道或者应当知道解除事由之日起一年内不行使,或者经对方催告后在合理期限内不行使的,该权利消灭。

第五百七十四条 债权人可以随时领取提存物。但是,债权人对债务人负有到期债务的,在债权人未履行债务或者提供担保之前,提存部门根据债务人的要求应当拒绝其领取提存物。

债权人领取提存物的权利，自提存之日起五年内不行使而消灭，提存物扣除提存费用后归国家所有。但是，债权人未履行对债务人的到期债务，或者债权人向提存部门书面表示放弃领取提存物权利的，债务人负担提存费用后有权取回提存物。

第六百六十三条　受赠人有下列情形之一的，赠与人可以撤销赠与：

（一）严重侵害赠与人或者赠与人近亲属的合法权益；

（二）对赠与人有扶养义务而不履行；

（三）不履行赠与合同约定的义务。

赠与人的撤销权，自知道或者应当知道撤销事由之日起一年内行使。

第六百六十四条　因受赠人的违法行为致使赠与人死亡或者丧失民事行为能力的，赠与人的继承人或者法定代理人可以撤销赠与。

赠与人的继承人或者法定代理人的撤销权，自知道或者应当知道撤销事由之日起六个月内行使。

第一千一百二十四条　继承开始后，继承人放弃继承的，应当在遗产处理前，以书面形式作出放弃继承的表示；没有表示的，视为接受继承。

受遗赠人应当在知道受遗赠后六十日内，作出接受或者放弃受遗赠的表示；到期没有表示的，视为放弃受遗赠。

2.《最高人民法院关于审理民事案件适用诉讼时效制度若干问题的规定》

第五条　享有撤销权的当事人一方请求撤销合同的，应适用民法典关于除斥期间的规定。对方当事人对撤销合同请求权提出诉讼时效抗辩的，人民法院不予支持。

合同被撤销，返还财产、赔偿损失请求权的诉讼时效期间从合同被撤销之日起计算。

▶ 条文释义

一、本条主旨

本条是关于除斥期间法律适用规则的规定。

二、条文演变

2008年《诉讼时效规定》第7条第1款首次明确使用了"除斥期间"概念。2020年《诉讼时效规定》第5条第1款保留此概念。但我国现行立法均未直接将"除斥期间"概念应用于法律条文,而是从"没有行使权利的,权利消灭""期间届满后,人民法院不予保护"等具体条文中体现。原《民法总则》第199条沿用此做法,也并未在条文中直接使用"除斥期间"概念,而是运用"撤销权、解除权等权利的存续期间"的表述,并细化上述权利存续期间的法律适用,《民法典》总则编对此未做改动。

三、条文解读

除斥期间即法律规定或者当事人约定的撤销权、解除权等权利的存续期间。除斥期间与诉讼时效期间的起始,均影响着法律关系的变动。二者的产生均是为了结束请求权关系的不确定状态,都发挥着促使权利人及时行使权利、维护社会关系稳定的作用。区别于诉讼时效期间,除斥期间主要适用于对形成权实体期限的限制,期间的届满将会导致实体权利本身的消灭,目的在于尽快稳定法律关系,避免相对人及其他利害关系人长期处于权利义务不稳定的状态。同时依据法律规定,除斥期间具有不变性,不适用有关诉讼时效中止、中断和延长的规定。

(一)除斥期间的特征

依据现有法律规定和相关学理研究,除斥期间具有以下特征:

1. **以法定为原则,约定为例外**

除斥期间一般由法律规定,但法律未作强制规定的,可以由当事人约定。法定情形,如《民法典》第541条关于债权人撤销权期间的规定,第564条关于当事人未约定期限的解除权期间的规定,第574条关于债权人领取提存物的权利期间的规定,第663条关于赠与人的撤销权期间的规定,第664条关于赠与人的继承人或者法定代理人的撤销权期间的规定。

2. **除斥期间是特定权利的存续期间**

与诉讼时效相比,除斥期间的适用范围更窄,某种权利是否适用除斥期间需要法律规定或者当事人约定。通过当事人约定或法律规定,此种特定权利的存续期间即除斥期间得以明确。

3. 除斥期间为不变期间

除斥期间不适用关于诉讼时效中止、中断、延长的规定，但法律另有规定的除外。适用除斥期间的权利，自始就有期间限制，该期间不变，存续期满后权利消灭。除斥期间的不变性，与除斥期间为了稳定法律关系，促使权利人尽快行使权利，避免相对人及其他利害关系人长期处于权利义务不稳定状态的立法目的具有一致性。《民法典》第199条"不适用有关诉讼时效中止、中断和延长的规定"就对除斥期间的不变性加以明确。

4. 除斥期间的适用可以采取职权主义模式

除斥期间届满后，人民法院可主动依职权审查期间是否届满以及期间届满的效果，从而确定该权利绝对、当然、确定的消灭，而不必对方当事人主张。

5. 除斥期间的功能

诉讼时效制度立法目的是为了结束请求权关系的不确定状态，诉讼时效期间届满债务人即享有诉讼时效抗辩权，以此促使债权人积极行使权利；除斥期间则主要适用于对形成权实体期限的限制，目的在于将不稳定的法律关系尽快消灭，除斥期间届满将导致债权人实体权利的消灭。

（二）除斥期间的适用范围

除斥期间的适用范围，主要为法律规定或者当事人约定的撤销权、解除权等形成权的存续期间。形成权仅依一方当事人意思表示即可使该法律关系产生、变更或消灭，从利益平衡、维护交易安全的角度来看，需要对其存续时间进行限制。形成权的产生可能基于法律规定，也可能基于当事人约定。综合法律规定，适用除斥期间的权利主要有：

1. 撤销因重大误解订立的合同或者显示公平的合同的期间；
2. 撤销因欺诈或者胁迫订立的合同的期间；
3. 债权人行使撤销权的期间；
4. 赠与人行使撤销权的期间；
5. 行使合同解除权的期间。

（三）除斥期间的类型

在我国立法上，除斥期间一般分为法定除斥期间和约定除斥期间两类。前者以《民法典》第541条关于法定撤销权存续期间的规定为代表，后者则以《民法典》第564条关于双方当事人约定解除权存续期间的规定为典型。一般来说，法定除斥期间受到法律的严格限制，除法律另有规定外期间不得延长。约定除斥期间由当事人自由约定，但双方发生争议时，法院可以对约定除斥期间进行内容审查，认定其效力。

（四）除斥期间的起算时间

除斥期间的起算点原则上应当自权利行使无法律上的障碍时开始计算。但在权利人未必会知晓其权利已经产生或存在的情况下，法律通常会规定自权利人知道或应当知道其权利存在之时起开始计算。例如《民法典》第541条规定撤销权的除斥期间自债权人知道或应当知道撤销事由时起计算。对于约定除斥期间，当事人可以自行约定除斥期间的起算时间，但是若当事人未对此作出约定或约定内容违反公平、诚实信用等基本原则，可参照《民法典》第541条、第564条关于撤销权、解除权的法定起算时间的规定。

（五）除斥期间届满的法律后果

除斥期间是对形成权等具体权利实体期限或称存续期间的限制，根据法定或约定的不同，期间长短会有所区别。但是期间的届满都将会导致实体权利本身的消灭，法律关系终局确定。与诉讼时效期间相比，后者期间规定较为统一，且诉讼时效经过不会导致实体权利的消灭，仅仅产生债权人抗辩权。

▶ 适用指引

一、注意遵循除斥期间的不变性

《民法典》第199条已明确规定，除斥期间不适用有关诉讼时效中止、中断和延长的规定，法律另有规定除外。审判实务中，应当始终保持其不变性，同时注意其他法律规定是否作出例外规定，把握变与不变的司法尺度。

二、除斥期间应当主动审查适用

除斥期间关系到权利本身是否存续，当事人主张权利时应当审查该权利是否存在、是否已经消灭,故主动适用除斥期间审查权利状态是案件审理的基础性前提。在诉讼过程中,即使当事人不援用除斥期间,法院也应当依职权审查适用。诉讼时效届满后,相对人可以放弃时效利益;而除斥期间届满,相对人不得抛弃利益。

三、相对人不得放弃除斥期间经过的利益

除斥期间属于期间的一种,是权利人享有特定权利的存续期间。当除斥期间经过,权利人的该特定权利已经消灭,该权利消灭的事实状态不以相对人放弃除斥期间经过的利益而有所改变。若原权利人在撤销权的除斥期间经过后起诉主张合同撤销,无论相对人是否以除斥期间经过进行抗辩,法院均需对除斥期间进行主动审查;即使相对人仍同意撤销,双方也系就此达成共同意思表示而形成新的法律关系,而非基于相对人对于期间经过利益的放弃。当权利因经过除斥期间而消灭,当事人可重新设立与该权利在内容上相同的权利,但此为新的权利,而非已消灭权利的存续。

第十章　期间计算

第二百条　民法所称的期间按照公历年、月、日、小时计算。

▶ 关联规定

法律、行政法规、司法解释

1.《中华人民共和国民事诉讼法》

第八十五条　期间包括法定期间和人民法院指定的期间。

期间以时、日、月、年计算。期间开始的时和日，不计算在期间内。

期间届满的最后一日是法定休假日的，以法定休假日后的第一日为期间届满的日期。

期间不包括在途时间，诉讼文书在期满前交邮的，不算过期。

2.《最高人民法院关于适用〈中华人民共和国民事诉讼法〉的解释》

第一百二十五条　依照民事诉讼法第八十五条第二款规定，民事诉讼中以时起算的期间从次时起算；以日、月、年计算的期间从次日起算。

▶ 条文释义

一、本条主旨

本条是关于期间计算的一般规则的规定。

二、条文演变

公历纪元源自西方，又称西历或者西元，现已成为国际社会通用的纪年方法。1949 年 9 月 27 日，中国人民政治协商会议第一届全体会议通过决定，中华人民共和国采用公历和公元作为历法与纪年。从此公历纪元一直延续至今，成为经济社会生活中日常使用的基本历法。民法属于私法，为私人自由行为提供支持，受社会政治政策变迁影响较小，本条延续了原《民法通则》的相关规定，继续使用公历年、月、日、小时作为计算期间的基本单位。

对于期间计算，原《民法通则》第154条规定："民法所称的期间按照公历年、月、日、小时计算。规定按照小时计算期间的，从规定时开始计算。规定按照日、月、年计算期间的，开始的当天不算入，从下一天开始计算。期间的最后一天是星期日或者其他法定休假日的，以休假日的次日为期间的最后一天。期间的最后一天的截止时间为二十四点。有业务时间的，到停止业务活动的时间截止。"这一规定既符合各国或者地区的通行做法，也符合实践要求，已为广大人民群众所普遍接受。原《民法总则》第十章关于期间计算一般规则的规定沿用了原《民法通则》第154条第1款的规定，对期间计算的一般规则作了明确。《民法典》总则编对这一规定予以保留。

三、条文解读

法律关系存在于时间结构之中，因此必须通过一定的手段将时间固定下来，否则法律关系便会无所依存、无法量度，所以必须确定度量时间的单位。① 期间是一段被界定的、确定或至少可以被确定的时间。期日是一个特定的时刻，在这一时刻将发生某个事实或产生某种法律后果。②

从法律概念含义上讲，期间应属于期限的一种，学理上通常归入"时间"的范畴。"时间，对於吾人生活意义，甚为重大，凡吾人之出生、死亡，其有无权利能力、行为能力以及法律为效力之发生与消灭，在与时间攸关。"③ 期限，即是民事法律关系产生、变更和终止的时间。期限分为期日和期间。期日和期间可以独立发生作用，也可以与其他事实结合，以成立特殊法律事实的形式发挥作用。对于前一种作用方式，期日和期间仅具有时间标志或度量的意义，用以确定某种法律事件或法律效果存在的时点或时段，如出生时间、死亡时间等为时间点，就是期日；限制行为能力的期间、特定权利的存续期间等都

---

① 参见朱庆育：《民法总论（第二版）》，北京大学出版社2013年版，第518页。
② 参见［德］汉斯·布洛克斯、沃尔夫·迪特里希·瓦尔克：《德国民法总论（第33版）》，张艳译，中国人民大学出版社2014年版，第335页。
③ 史尚宽：《民法总论》，中国政法大学出版社2000年版，第600页。

是时间段,即期间。这两种期限都可以单独作为法律事实存在,发生法律后果。对于后一种作用形式,期日和期间以构成法律事实的形式,发挥更为复杂的作用,即引起某种法律效果的发生。如果期间与不行使权利的事实结合,构成诉讼时效的超过,将发生抗辩权发生的法律后果。期限制度贯穿着整个民法的始终,是影响民事法律关系的重要法律事实之一,其法律效果通常依据不同的法律关系而有不同效果。比如自然人的出生或死亡之日对于确定其民事权利能力的产生与消灭具有决定性意义;进行死亡宣告时最主要的方式是确定失踪人失踪的时间是否合乎法律要求,从而达到拟制死亡的法律后果。通常意义上的期限一般具有决定权利行使和义务履行的时间限度的效果,比如超过合同履行期未履行债务的,产生迟延履行责任;甚至可以确定权利的取得、存续或丧失,如商标权的有效期、保证期间等。期限还可以决定法律行为效力的发生或消灭,这表现在附期限法律行为上。

关于期限的性质。毋庸置疑,期限是一种法律事实。但是,期限究竟是事件还是具有其他性质,有不同观点。一种意见认为期限是事件,因为无论期日还是期间,都是与客观存在的时间相一致的,都是不以人的意志为转移的。另一种意见认为,期限既非事件也非行为,因为尽管期限的经过、届满要服从时间运动的客观规律,非人的意志所决定,但其法律效果是立法赋予或者是当事人约定的。上述第一种意见为学界通说,即期限与人的意志无关,应属于事件的范畴。

"期日谓不可分或视为不可分之时之一点,例如,某日正午十二时,为不可分之时,又例如,某月某日以其日之全部为期日,系包括一定之时之长度,然吾人以之为不可分之时,则为期日。期间谓以一定之时点为起点,以迄于他之时点为终点,继续延长之时间。自起算之时至满了之时,谓之时之经过。一般谓期日为静的方面观察之时,期间为由动的方面观察之时,期日为点,期间为线。"① "期日谓不可分或视为不可分之时之一点",即是指不可分割的一定时间点,期日以静态的某一点作为表示时间的一种方式,因此,通常将期日称之为"时间点"。期日常表现为某时、某日,如约定2020年9月1日为清偿期,该具体日期即为期日。期间,是指从某一时间点到另一时间点所经过的时间。实际上,期间是期日与期日之间的间隔时间,如某时至某时,某日至某日

---

① 史尚宽:《民法总论》,中国政法大学出版社2000年版,第600页。

等。期日表现的是时间点,期间表现的是时间段,即时段,是以一定时点为起点,以到达另一时点为终点。期间必有一定长度,并且有始有终。因此,确定期间,须首先确定其起始时间和终止时间,即确定期日。

期限可以分为三种类型:(1)法定期限。法定期限是直接由法律规定的期限。如获得完全民事行为能力的期日、诉讼时效期间。这类期限具有强制性,不允许当事人擅自变更。(2)指定期限。指定期限是由人民法院或有关机关确定的期限,例如,由人民法院判决书指定的债务履行期日或期间、判决离婚一方探视子女的时间等。(3)约定期限。约定期限又叫意定期限,是当事人合意确定的期限。如合同双方当事人约定的债务履行期限。这种期限体现了当事人的意思自治,但一经约定,则在双方当事人之间产生法律效力。

▶ 适用指引

准确把握期间计算的一般规则

期间为一定的时间段,存在计算方法问题。"关于期间之计算方法,有二主义:一为自然的计算法,一日之长,为二十四小时,一星期为七日,一个月为三十日,一年为三百六十五日,故依此标准计算,较为精确。例如,云某日午后五时起二个月,则自同日起至第六十日之同时刻届满,不问月之大小,单以六十日计算。以年定者,不问平闰之殊,单以三百六十五日计算。他曰历法的计算法,我国旧用阴历,今改用阳历,所称日非二十四小时之义,乃自午前零时起至翌日午后十二时止之二十四小时。所称一月,非三十日之集合,乃指一年分为大小十二个月之一而言。有三十日者,有三十一日者,有二十八日者,在闰年有廿九日者。所称星期,亦非二十四时之七倍,乃指自星期日起至星期六之七日而言。例如,一月一日起三个月,则包含一月之三十一日、二月之二十八日及三月之三十一日而言。民法以依历法计算为原则,而依自然计算法为例外。时以下之分、秒依自然计算法,其他依历法的计算法。"[①]这个观点基本为当前民法理论所沿用,也是实务上普遍接受的做法。本条规定的民法上所称的期间按照公历年、月、日、小时计算。这里最需要注意的是要区分好法

---

① 史尚宽:《民法总论》,中国政法大学出版社2000年版,第611页。

律规定或者当事人约定的是按照年还是月、日来计算,如果按照年来计算,则就是要用公历年的标准而非阴历年。但在法律没有禁止性规定的情况下,如果当事人特别约定通过阴历年计算,则也可以允许。至于如何具体计算期间,则需要通过本章后面的条文来确定。

▶ 类案检索

厦门源昌城建集团有限公司与平安银行股份有限公司泉州分行金融借款合同纠纷案

关键词: 期限　期日　到期日

裁判摘要: 期限到期日为对应月的对应日,符合《民法通则》第一百五十四条"民法所称的期间按照公历年、月、日、小时计算"之规定和通常人的时间观念,也与涉案《借款借据》上明确贷款6个月的具体期限为2013年7月1日至2014年1月1日相吻合。

【案　　号】(2017)闽民终1207号
【审理法院】福建省高级人民法院

第二百零一条　按照年、月、日计算期间的，开始的当日不计入，自下一日开始计算。

按照小时计算期间的，自法律规定或者当事人约定的时间开始计算。

关联规定

法律、行政法规、司法解释

《中华人民共和国民事诉讼法》

第八十五条　期间包括法定期间和人民法院指定的期间。

期间以时、日、月、年计算。期间开始的时和日，不计算在期间内。

期间届满的最后一日是法定休假日的，以法定休假日后的第一日为期间届满的日期。

期间不包括在途时间，诉讼文书在期满前交邮的，不算过期。

条文释义

一、本条主旨

本条是关于期间起算点的规定。

二、条文演变

关于期间的起算点，原《民法通则》第154条第1款、第2款规定："民法所称的期间按照公历年、月、日、小时计算。规定按照小时计算期间的，从规定时开始计算。规定按照日、月、年计算期间的，开始的当天不算入，从下一天开始计算。原"《民法总则》基本沿用了这一内容，另作了一定文字修改，主要是对于按小时计算的情形，将"从规定时开始计算"修改为"自法律规定或者当事人约定的时间开始计算",这更符合实际情况,在表述上也更加严谨。《民法典》保留了这一规定。

三、条文解读

关于期间的计算,有自然计算法和历法计算法两种方法。以时、分、秒为单位之期间的自然计算法以实际的精确时间计算,即期间计算以时、分、秒为计算单位:一天为24小时,一星期为7天,一月为30日,一年为365天。例如,确定某日上午9时起3个月,是指自同日起第90天的同一时刻届满,而不论月份大小,均依每月30天计算。历法计算法则以天为计算单位。计算以日历所定的日、月、年为单位,一月并非为30天,而是按照月份不同的实际天数而有不同的具体时间。一年也有常年的365天和闰年366天的区别。例如,自1月1日起3个月,为1月份31天、2月份28天(闰年为29天)和3月份31天。对于这两种计算法,在以月或年定期间的情形中,计算结果会有所差异。我国原《民法总则》沿用原《民法通则》的做法,兼采两种方法,以历法计算法为原则,对以时、分、秒为单位的期间,采自然计算法,《民法典》总则编继续沿用了这一规则。

期间的计算,必然要涉及期间的起算点问题,这对于有关权利义务的确定会发生至关重要的作用,差之一天可能权利义务关系存在,多之一天可能权利义务消灭。关于具体的起算计算,史尚宽先生认为:"以日以上为单位,以其倍数定期间之时,其期间之始日不算入……若算入初日,则以未满二十四小时之时为一日,于交易习惯上既有不合,于当事人之一方亦未免过酷,例如,本日午后二时约定三日内完成某事,则应自次日起算,计算至第三日终了时,即午后十二时终了之时,为期间届满,即应依历法计算法也。"[①]《民法典》沿用原《民法总则》、原《民法通则》的做法,对于期间计算的起算点作了明确,对于以年、月、日为计算标准的,都是采取当日不计算在内的原则,即"按照年、月、日计算期间的,开始的当日不计入,自下一日开始计算"。

关于小时的期间计算规则,《民法通则》规定"自规定时开始计算"。"小时"是民法规定的最小计时单位,较之年、月、日,"小时"对时间的量度更加精确,因此需要更加精细的计算规则。《民法通则》将小时的起始点交由

---

① 史尚宽:《民法总论》,中国政法大学出版社2000年版,第614页。

"规定"加以规范，实践中暴露出两个不足：一是表述不尽明确。何谓"规定"并无说明，法的明确性不足，可解释的空间过于宽泛，法律、行政法规、地方性法规、规章以及其他规范性文件均可作"规定"解，但如此一来，民事活动中当事人的自主空间便有遭受过度挤压之虞，实践中也实无如此管制之必要。二是未能完全体现尊重当事人意思自治的民法理念。民事活动纷繁复杂，在市场经济条件下，特别是进入互联网和大数据时代之后，民事活动的频度和范围几乎覆盖了任何时段，当事人完全可以凭借自身判断达成合意，自行约定起始时间，不必事事皆由法律规定。故，《民法总则》将《民法通则》第154条第2款的规定修改为"自法律规定或者当事人约定的时间开始计算"，既坚持了法律对社会生活进行总体调整控制的法治底线，也尊重了当事人的意思自治，保障了民事活动有足够的自主空间。

另外，在审议《民法总则》过程中，有人提出，随着时间观念的变迁，在一些民商活动中，比如股票、期货、外汇交易等的计量时间需要精确到分和秒，而我国的《民法典》是民商合一的体例，有时候计时单位的一分一秒都具有重大商业价值，因此建议将本条中的"小时"改为"时"，如此可以包含小时、分、秒等单位。这条意见最终没有被采纳。一是因为《民法典》总则编是运用"提取公因式"的方法，将民事活动必须遵循的基本原则和一般性规则作统一规定，民事活动中需要将时间精确到分、秒的情形并非主流，因此不必将特殊规则上升为一般规则；二是因为以现有技术手段，要在量度民事法律关系时普遍性地精确至分、秒，既无实践之必要，也缺乏可靠的操作手段，还会给执法司法带来不必要的障碍，而将最小计量单位精确至小时，已经足以满足民事活动的一般需要；三是因为在特殊民事活动领域确有必要精确至分、秒的，可以通过单行立法或者在制定分编时加以规定，并无必要在《民法典》总则编中作出统一规定；四是因为在具体民事法律关系中，当事人可以根据开展民事活动的实际需要自行约定期间，法律对此并未作禁止性规定。

▶ 适用指引

一、关于按照小时计算期间的具体规则

依据本条的规定，按照小时计算期间的，应"自法律规定或者当事人约定

的时间开始计算",即法律规定或者当事人约定自何时开始计算就要从何时开始计算。在此需要注意的是,《民事诉讼法解释》第125条规定:"依照民事诉讼法第八十五条第二款规定,民事诉讼中以时起算的期间从次时起算;以日、月、年计算的期间从次日起算。"这里明确规定了以时起算的期间从次时起起算的标准,人民法院指定的有关期间的计算应当按照这一规定执行,同时对于当事人没有特别约定或者法律没有明确规定的情况,也可以参照适用。

二、按照分、秒计算期间的起算点

对此,本章并没有规定,在实务中应当参照本条第2款规定的做法,在有法律规定的情况下,按照法律规定办理,没有法律规定的情况下按照当事人的约定办理。

▶ 类案检索

吉安市第四建筑工程有限公司与江西鸿昌置业有限公司建设工程施工合同纠纷案

关键词: 期间计算　起始日

裁判摘要:《民法总则》第二百零一条第一款规定"按照年、月、日计算期间的,开始的当日不计入,自下一日开始计算",案涉工程于2015年9月16日竣工,被上诉人四建公司于2016年3月16日向法院起诉主张优先受偿权,自2015年9月17日起至2016年3月16日,并未超过法律规定行使优先受偿权的六个月期限。一审法院认定四建公司对其所施工的18#、19#、20#楼在施工范围内享有优先受偿权,符合法律规定,并无不当。

【案　　　号】(2019)赣民终220号
【审理法院】江西省高级人民法院

第二百零二条 按照年、月计算期间的,到期月的对应日为期间的最后一日;没有对应日的,月末日为期间的最后一日。

条文释义

一、本条主旨

本条是关于期间届满日的规定。

二、条文演变

原《民法通则意见》第 198 条第 2 款明确规定:"期间的最后一天是星期日或者其他法定休假日,而星期日或者其他法定休假日有变通的,以实际休假日的次日为期间的最后一天。"原《民法总则》第 202 条规定:"按照年、月计算期间的,到期月的对应日为期间的最后一日;没有对应日的,月末日为期间的最后一日。"《民法典》延续了这一规定。

原《民法通则》对于期间届满日没有作一般性规定,导致理论和实务中对此认识不一。考虑到原《民法通则》和原《民法通则意见》在制定时还保留了一些计划经济时代的痕迹,随着市场经济不断健全完善和经济社会的发展,需要对期间终点的计算规则作出更加细致的规定,以适应民事活动的客观需要。原《民法总则》在总结各方意见的基础上,提出了"对应日"的概念,明确规定了按照年、月计算期间的,到期月的对应日为期间的最后一日;没有对应日的,月末日为期间的最后一日。这对于引导和规范民事主体行为、统一裁判尺度具有重要意义

期间届满日涉及权利义务关系是否发生或者消灭的重要问题,各国或者地区的法律多有明确规定,我国理论界和实务界对这一问题的研究也较为成熟,经验积累比较丰富。在原《民法总则》起草过程中曾有意见认为在对于期间的起算日及计算规则有明确规定的情况下,不必再单独规定届满日,但多数意见认为规定届满日有其必要性。最终原《民法总则》充分吸收了理论研究成果和

实务经验,明确提出了按照"对应日"标准确定到期日的规则,这使得期间计算规则更加清晰,《民法典》总则编继续保留了这一规定。

三、条文解读

关于到期日的界定问题,历法中存在闰年、闰月情形,而且平年中每月天数也并不一致,史尚宽先生认为,"以日为单位定期间者,自起算日逐一计算,以最后日之午后十二时为终点。此时一日非时的集合之廿四小时,而为由午前零时至午夜十二时终止之廿四时""以星期、月或年为单位定期间者,依历法计算期间,不以星期、月或年之始日起算者,以最后之星期、月或年与起算日相当日之前一日为期间之末日,其间月之大小,年之平闰,在所不问"①。这一分析可谓精深到位,对于现代民法理论和实务都具有十分重要的指导意义。因此原《民法总则》将原先的"一个月为三十日,一年为三百六十五日"的硬性规定,调整为"对应日",没有对应日的以月末日为最后一日,使期间的计算更加精确、灵活且容易把握,也符合正常人的时间观念。

所谓对应日,应是指期间起算当日所对应的以日为单位的时间,而非开始的当日的下一日的对应日。依据本条规定,按照年、月计算期间的,到期月的对应日为期间的最后一日。比如约定自2020年3月17日起一年内履行债务,则该债务履行期间届满的对应日就是2021年3月17日。没有对应日的,月末日为期间的最后一日,这主要是指2月29日和2月28日的情形,比如上述约定的是2016年2月29日起一年内履行债务,则该债务履行期间届满的对应日就是2017年2月28日,因为公历2017年2月没有29日。还有就是约定以月为计算单位的情形下的31日和30日,比如2016年2月29日起6个月内履行债务,则2016年8月31日为对应日,即此日时间届满。

▶ 适用指引

期日的计算标准

对此问题,《民法典》总则编并没有规定。依照理论和实务上的通说,由

---

① 史尚宽:《民法总论》,中国政法大学出版社2000年版,第615页。

于期日为不可分的特定时间点，在民法上通常不发生计算问题。期日按照法律的规定或者当事人的约定，以及人民法院的判决书或者仲裁机构的判决、裁决进行确定。

▶ 类案检索

孙某祥与林某兰与天津鼎康农业科技发展有限公司民间借贷纠纷案

关键词： 期间　到期日

裁判摘要： 依据《民法典》第二百零二条规定，按照年、月计算期间的，到期月的对应日为期间的最后一日；没有对应日的，月末日为期间的最后一日。《借条》中约定借款期限为一年，《借条》于2017年11月6日出具，到期日应为2018年11月6日，则诉争借款应自2018年11月7日逾期。

【案　　号】（2020）津0102民初6465号

【审理法院】 天津市河东区人民法院

> **第二百零三条** 期间的最后一日是法定休假日的,以法定休假日结束的次日为期间的最后一日。
>
> 期间的最后一日的截止时间为二十四时;有业务时间的,停止业务活动的时间为截止时间。

▶ 关联规定

法律、行政法规、司法解释

1.《中华人民共和国民法典》

第二百零二条 按照年、月计算期间的,到期月的对应日为期间的最后一日;没有对应日的,月末日为期间的最后一日。

2.《中华人民共和国民事诉讼法》

第八十五条 期间包括法定期间和人民法院指定的期间。

期间以时、日、月、年计算。期间开始的时和日,不计算在期间内。

期间届满的最后一日是法定休假日的,以法定休假日后的第一日为期间届满的日期。

期间不包括在途时间,诉讼文书在期满前交邮的,不算过期。

3.《全国年节及纪念日放假办法》

第二条 全体公民放假的节日:

(一)新年,放假1天(1月1日);

(二)春节,放假3天(农历正月初一、初二、初三);

(三)清明节,放假1天(农历清明当日);

(四)劳动节,放假1天(5月1日);

(五)端午节,放假1天(农历端午当日);

(六)中秋节,放假1天(农历中秋当日);

(七)国庆节,放假3天(10月1日、2日、3日)

第三条 部分公民放假的节日及纪念日:

（一）妇女节（3月8日），妇女放假半天；

（二）青年节（5月4日），14周岁以上的青年放假半天；

（三）儿童节（6月1日），不满14周岁的少年儿童放假1天；

（四）中国人民解放军建军纪念日（8月1日），现役军人放假半天。

第四条 少数民族习惯的节日，由各少数民族聚居地区的地方人民政府，按照各该民族习惯，规定放假日期。

第六条 全体公民放假的假日，如果适逢星期六、星期日，应当在工作日补假。部分公民放假的假日，如果适逢星期六、星期日，则不补假。

4.《国务院关于职工工作时间的规定》

第七条 国家机关、事业单位实行统一的工作时间，星期六和星期日为周休息日。

企业和不能实行前款规定的统一工作时间的事业单位，可以根据实际情况灵活安排周休息日。

条文释义

一、本条主旨

本条是关于特定期间届满日的规定。

二、条文演变

原《民法通则》第154条第3款、第4款规定："期间的最后一天是星期日或者其他法定休假日的，以休假日的次日为期间的最后一天。期间的最后一天的截止时间为二十四点。有业务时间的，到停止业务活动的时间截止。"原《民法通则意见》第198条中明确规定："期间的最后一天是星期日或者其他法定休假日，而星期日或者其他法定休假日有变通的，以实际休假日的次日为期间的最后一天。"

原《民法总则》吸收了原《民法通则》和《民法通则意见》中的合理成分，同时根据社会发展进步情况（目前不只星期日是法定节假日，现在实行的是双休制度，即星期六和星期日都是法定休息日），将"星期日""法定休假日""实际休假日"等概念统一为"法定休假日"，将"变通"情形统一为"法定休假日结束的次日",涵盖了每周双休制度、节假日调休制度等节假日制度的发展变化情形,表述更加准确、易于理解,同时也为将来节假日制度的进一步演变预留法律适用的适当弹性,有利于确保法律的稳定性。故原《民法总则》将原有的"最后一天是星期日或者其他法定休假日的"修改为"期间的最后一日是法定休假日的",将所有期间计算的最后一日是法定节假日的情形都包括在内。同时,也在文字表述上作了一定修改,以更加严谨规范。《民法典》总则编对这一规定继续沿用。

三、条文解读

关于特定期间届满的情形,主要是指该期间届满之日是周末或者其他法定休假日的情形。

自中华人民共和国成立以来,节假日制度大体经历了三个阶段的演变。第一阶段为1949年至1978年,政务院于1949年12月23日发布了《全国年节及纪念日放假办法》,形成了目前我国法定假日的基本格局。第二阶段为1979年至2007年,1995年《国务院关于职工工作时间的规定》将每周六天工作制改为五天工作制,星期六也随之成为法定休假日。1999年9月,国务院颁布新的《全国年节及纪念日放假办法》,实际操作中实行调休制度,一些紧邻法定假日的工作日或者休假日也因为调休而随之发生变动。第三阶段为2008年至今,国务院于2007年12月14日颁布了修订后的《全国年节及纪念日放假办法》,从2008年起增设法定假日,进一步完善调休制度,从而形成了每年若干个三天长周末和长达七天的全国性长假。

本条规定的内容非常清晰,即在按照本法第202条的规定,计算出的期间的最后一日正好是法定休假日的,则以法定休假日结束的次日为期间的最后一日。除了期间最后一日是法定休假日的情形,即使期间内的其他时间节点存在法定休假日的,也都不能适用本条规则。

在理解本条时,要注意对法定休假日的准确界定。法定休假日的范围要广于法定节假日。依据《全国年节及纪念日放假办法》第2条的规定:"全体公民放假的节日:(一)新年,放假1天(1月1日);(二)春节,放假3天(农历正月初一、初二、初三);(三)清明节,放假1天(农历清明当日);(四)劳动节,放假1天(5月1日);(五)端午节,放假1天(农历端午当日);(六)中秋节,放假1天(农历中秋当日);(七)国庆节,放假3天

（10月1日、2日、3日）。"第六条规定："全体公民放假的假日，如果适逢星期六、星期日，应当在工作日补假。部分公民放假的假日，如果适逢星期六、星期日，则不补假。"依据《国务院关于职工工作时间的规定》第7条第1款的规定："国家机关、事业单位实行统一的工作时间，星期六和星期日为周休息日。"由此确立了我国通俗意义上双休制度。在原劳动部、人事部就《国务院关于职工工作时间的规定》作出的说明指出："国家机关、事业单位的工作和休息时间必须统一。自《规定》施行之日起，第一周的星期六和星期日为休息日，第二周的星期日为休息日，依此循环，不受月份、年份限制。这样便于全社会各项工作正常运行。至于企业，可根据每日工作8小时，平均每周工作44小时的规定，结合实际情况作出规定。除国家机关必须统一工作和休息时间外，医院、托幼园、小学校等与人民生活密切相关的单位也要统一，因此将事业单位和国家机关一样统一规定工作和休息时间。民航、铁路等行业的职业，有的每天工作时间超过8小时，但平均每周不超过44小时。"目前理论和实务上均认为，以星期六和星期日以及上述法定节假日作为计算期间的法定休假日。在解释上讲，法定休假日应当是适用于社会不特定公众，并为人们所熟知的特定日期，而特定职业或者特定人员、特定时期的休息日，比如婚丧假、年假等都会因人而异，不能作为计算期间中法定休息日。

实务上有一定争议的是，《全国年节及纪念日放假办法》第3条规定："部分公民放假的节日及纪念日：（一）妇女节（3月8日），妇女放假半天；（二）青年节（5月4日），14周岁以上的青年放假半天；（三）儿童节（6月1日），不满14周岁的少年儿童放假1天；（四）中国人民解放军建军纪念日（8月1日），现役军人放假半天。"此外，该办法第4条规定："少数民族习惯的节日，由各少数民族聚居地区的地方人民政府，按照各该民族习惯，规定放假日期。"这部分节假日是否属于上述的法定休息日，会对期间计算产生实质影响。我们倾向于认为，一方面这些假日不是针对所有人民群众，且除了儿童节之外，都是放假半天，其另外的半天就非法定休假日，故这些节日可能在总体上不能属于影响期间计算的日期，但如果当事人有特别约定的，当然要遵守该约定。

关于最后一日的具体截止时间问题。"期间以末日之终了即以末日午后十二时为届满，但如为约定期间，当事人不妨依特约以末日之交易时间之终了为期间届满。有主张交易期间，依法令、习惯或当事人之特约而定者，依其交易时间之终了而期间亦终了。然期间不限于债务之履行，此时应依行为之性质、交易习惯及诚信原则定之。例如，债务人向银行为履行，则应于期间末日银行营业期间内为之。其非履行债务者，例如，向银行为撤销之意思表示，则于期间末日（除斥期间）终了前达到银行（例如，投入银行信箱），即可发生效力。"[1] 这一见解颇有道理，但在没有营业时间的情形下，原《民法通则》已经作出了"期间的最后一天的截止时间为二十四点"的规定。这已为广大人民群众所普遍接受，故原《民法总则》沿用了这一做法，《民法典》总则编对这一规定予以了保留。本条第2款规定："期间的最后一日的截止时间为二十四时；有业务时间的，停止业务活动的时间为截止时间。"考虑到一些民事活动需要与政府机关、金融机构等民事主体相互配合进行，而此类民事主体开展业务活动亦有各自具体的时间段，故在此情形下，期间结束的具体时点应当为该民事主体业务活动时间停止时。对于本款的适用，还要注意把握特定情形下的履行义务、行使权利的期间不得违反诚信原则。

▶ 适用指引

星期日与法定节假日存在交叉情形下期间届满日如何计算

这一情形在实践中较为普遍，比如，根据《国务院办公厅关于2017年部分节假日安排的通知》，2017年"春节"放假安排是1月27日至2月2日放假调休，共7天。1月22日（星期日）、2月4日（星期六）上班。对于这一情形正好处于某一期间届满点时如何计算期间的问题，本条没有规定，原《民法通则意见》作了明确，其第198条第2款规定："期间的最后一天是星期日或者其他法定休假日，而星期日或者其他法定休假日有变通的，以实际休假日的次日为期间的最后一天。"我们认为，该条规定与现行法律规定的基本精神相一致，应当继续适用。如果法定休假日在星期五结束，同时变通要求星期六上班，则该星期六就应当属于实际休假日的次日，即为该期间的最后一天。这与星期六、星期日和法定节假日不存在交叉的情形有本质不同，一般意义上最后一日是星期六的情形，则其次日为星期日，故该日仍不能作为期间届满之日，要以下一日作为期间届满之日。

---

[1] 史尚宽：《民法总论》，中国政法大学出版社2000年版，第615~616页。

类案检索

湖北旌劲建设工程有限公司与江苏中南建筑产业集团有限责任公司合同纠纷执行案

关键词： 法定休假日　期间最后一日

裁判摘要： 申请执行人旌劲建设公司与被执行人中南建筑公司调解约定的还款日期为 2020 年 8 月 30 日，系星期日，属法定休假日。《民法典》第二百零三条规定："期间的最后一日是法定节假日的，以法定节假日结束的次日为期间的最后一日。"根据上述规定，被执行人中南建筑公司顺延至次日即 2020 年 8 月 31 日付款，符合法律规定，应视为完全履行了民事调解书确定的还款义务。

【案　　号】（2021）鄂 1102 执 117 号
【审理法院】湖北省黄冈市黄州区人民法院

第二百零四条 期间的计算方法依照本法的规定，但是法律另有规定或者当事人另有约定的除外。

关联规定

法律、行政法规、司法解释

《中华人民共和国民事诉讼法》

第八十五条 期间包括法定期间和人民法院指定的期间。

期间以时、日、月、年计算。期间开始的时和日，不计算在期间内。

期间届满的最后一日是法定休假日的，以法定休假日后的第一日为期间届满的日期。

期间不包括在途时间，诉讼文书在期满前交邮的，不算过期。

条文释义

一、本条主旨

本条是关于期间计算约定或者特别规定优先适用的规定。

二、条文演变

关于期间计算的具体适用，尤其是对于当事人约定或者其他法律另有规定的情形，能否排除关于期间计算一般规则的规定，原《民法通则》并没有规定。原《民法通则意见》第199条中明确规定："按照日、月、年计算期间，当事人对起算时间有约定的，按约定办。"原《民法总则》在综合各方意见的基础上，出于对意思自治的尊重和特别法优先规则的考量，明确了当人可以通过约定的方式确定期间的计算方式，即特别约定优先规则。同时，如果其他法律另有规定的，则按照该规定确定期间计算的方式。原《民法总则》第204条规定:"期间的计算方法依照本法的规定,但是法律另有规定或者当事人另有约定的除外。"《民法典》总则编对这一规定予以了沿用。

三、条文解读

关于民事活动的期间计算方法,原《民法总则》规定了一般性的计算方法以及除外规则。在此需要说明的是,按照特别法优于一般法的原则,对特殊民事活动领域需要作出特殊调整的,适用特别法的规定。此外,期间既可以由法律规范也可以由当事人在合同中加以规定。因此,考虑到期间计算规则对于法律关系的影响仅与当事人自身有关,法律没有必要作出强制性规定,应当认定《民法典》关于期间计算的规定属于任意规范,当事人完全可以自行约定期间。例如,当事人约定以农历计算期间,或者将期间的起、终点约定为法定休假日或者终止日的任意时点等,均应当尊重其意思自治。

通常情况下,法律规定的期间要严格按照本章规定适用,但"在约定期间为任意规定,当事人得依特别之合意,排除其适用,不妨依自然计算法即时起算,或依历法计算法仍将始日算入。当事人约定'自某日起满三年'时,虽不得认为算入始日之特约,如云'自某日起算满三年',则应解为有此特约。然在法定期间或审判所定期间之计算法,当事人不得任意变更之。此等期间之起算点,应依民法规定定之者,当事人不得以合意变更之。"① 原《民法通则意见》第199条规定:"按照日、月、年计算期间,当事人对起算时间有约定的,按约定办。"这一规定是对原《民法通则》第154条第2款的解释,而本条规定又沿用了原《民法通则》、原《民法总则》的规定做法,故在解释上,原《民法通则意见》第199条的规定与《民法典》本条规定并不冲突,在《民法典》施行后,其精神对于司法实践仍有参考价值。换言之,如果当事人对于日、月、年计算期间有约定的,则适用该约定,但如果期间属于法定期间或者指定期间的情况下,则应当按照有关法律的规定处理。比如《民事诉讼法》关于立案期限、上诉期限、申请再审期间的规定都属于法定期间,则应当按照该规定办理。

---

① 史尚宽:《民法总论》,中国政法大学出版社2000年版,第614页。

适用指引

一、对于当事人约定不明确情形的处理

原《民法通则意见》第198条第1款规定:"当事人约定的期间不是以月、年第一天起算的,一个月为三十日,一年为三百六十五日。"这一规定与本条内容并不冲突,在当前情况下仍可以作为参考。

二、关于期间计算是否包括在途时间的问题

在民事诉讼法上,诉讼文书在期满前交邮的,不算过期。在诉讼法上,所谓在途时间,是指人民法院邮寄诉讼文书,或者当事人邮寄诉讼文书在旅途中所用去的时间。正因为期间不包括在途时间,所以诉讼文书在期满前交邮的不算过期。如上诉状只要在法定期间届满前交邮,即使人民法院收到时已逾上诉期限,也不能认为逾期上诉。确定诉讼文书是否期间届满前交邮,不是以诉讼文书到达地邮局邮戳上的时间为标准,而是以诉讼文书邮寄地邮局邮戳上的时间为标准,并且以时为标准。在民事实体法也有类似的规定,比如合同订立中的要约和承诺的问题;但由于民事关系的复杂性,各式各样的民事法律关系千差万别,大多数的民事实体法上的期间可能都要包括在途期间,比如货物运输的在途期间等,当事人有特别约定或者特定情形下法律另有规定的除外。

类案检索

韩某君与永旺商业有限公司北京丰台分公司买卖合同纠纷案

关键词: 到期日　日历日

裁判摘要:《民法总则》第二百零二条规定:"按照年、月计算期间的,到期月的对应日为期间的最后一日;没有对应日的,月末日为期间的最后一日。"第二百零四条规定:"期间的计算方法依照本法的规定,但是法律另有规定或者当事人另有约定的除外。"该批散糖的产品合格证标示的保质期为12个月,

保质期应自 2016 年 1 月 9 日至 2017 年 1 月 9 日。

【案　　号】（2018）京 0106 民初 14658 号

【审理法院】北京市丰台区人民法院

索　引

一、关键词索引

A

安全保障义务　108，926，1536
按份责任　1542

B

保函欺诈　81
保理合同　1294
保险合同　1408
保险诈骗　1051
保证人资格　747
保证责任　745
保证主体资格　745
被代理人过错　1510
被代理人死亡　1519，1521
被抚养人　185
被告主体资格　508
被宣告死亡人　424
本人　439
变更财产代管人　397
变更监护　262，296，300
表见代理　1503，1506，1507，1510，1526
补偿　1610
补偿费分配　993
不当得利　60，1042，1049，1051
不法侵害　1594
不可抗力　1582，1586
不履行职责　1443
不正当竞争　33，89，469，1097
部分履行　1403

C

财产代管人　374，378，388，389，398
财产返还　457，1360
财产管理权　314
财产混同　718
财产损害赔偿　1207
餐饮服务合同　53
拆迁安置补偿合同　494

拆迁安置财产权益 42
撤销 338，400，439，445，447，457，798，1290，1305，1328，1336，1340，1371，1387
撤销监护人资格 301，327，332，333，334，342
撤销死亡宣告 436，454
撤销宣告死亡 434
成立 687，805，1007，1173，1175
成年人 189，229，265，321
成年人意定监护 303
成员出资不实 817
成员权 55，1117
诚实信用 1049，1051
诚信 88，92
诚信原则 69，1586
承担债务责任 817
乘人之危 1328
程序轻微瑕疵 732
程序违法 731
惩罚性赔偿 1577
出生缺陷 187
出生时间 173
出资 712，720，1080
出资比例 676
除斥期间 1715
处分财产 321
处理民事纠纷的依据 133
处置权 164
村民代表大会议 846
村民利益事项 846

村民委员会 271，848，1117

D

大股东滥用股东权利 146
大棚房 129
代表 882，883，903
代理 1421，1425，1427，1430，1439，1443，1468，1490，1510
代签 1507
代行村集体经济组织职能 848
代孕 117
怠于清算 625，626
担保 666
担保合同 1306
单独承担责任 495
当事人认定 596
到达主义 1188
到期日 1724，1731，1740
道德和社会责任 733
登记 507，563，570，571，980
登记成立 747
第三人 549
第三人撤销 664
第三人欺诈 1301，1305，1306
吊销营业执照 616
独立财产 508
独立承担义务 495
独立承担责任 494
独立反担保函 81
独立民事责任 817
独立性 1451

对外代表行为　579

E

恶意串通　1356，1360，1365
恶意抗辩　92
恶意注册　1133

F

发起人　674，675，676，904
发生之日　428
法定代表人　534，541，542，704
法定代表人职务侵权行为　544
法定代理　208，1432
法定代理人　212，213，222，227，1661
法定代理终止　1524，1526
法定监护人　314
法定休假日　1737
法定义务　570，1651
法律关系性质　1223
法律后果的承受　541，542
法人　487，494，496，507，517，527，530，563，592，616，623，648，652，667，669，712，720，829，836，900
法人成立　502
法人登记　574
法人登记公示　586
法人分支机构　660，666
法人解散　609
法人清算　637
法人清算期间　644

法人清算终止　644
法人章程　692
法人终止　521，599
法人住所　553
返还财产　404
返还欠款　60
返还投资款　903
房地产开发合同　579
房屋租赁合同　110，1209，1334，1351
放弃受遗赠　1194
非法人组织　852，857，861，865，874，882，893，900，903，904
非法人组织代表　878
非法人组织解散　887
非法人组织解散清算　896
非法人组织民事责任　869
非公有制经济主体　958
非营利　747
非营利法人　740，747，748
非营利法人终止　805
非营利性社团法人　746
分公司　667
分配利润　747
分期履行　1659
分支机构　664，904
夫妻共同债务　1679
抚养费　253，342，1038
抚养义务　253
父母子女　244
负担义务　338
附解除条件　1409

附解除条件合同　1409
附期限的民事法律行为　1415，1418
附生效条件　1178，1403，1408
附条件　1413
附条件的民事法律行为　1397，1412，1418
复代理　1480，1484

G

盖章　1163
个人财产　485
个人独资　875
个人信息　933，944，946
个体工商户　465，473，481，485
工程项目经理　1490
工商登记变更　572
公告　1198
公共场所　108，1536
公共空间　923
公共利益　12
公平原则　61
公示　972
公司　616，648，667，676，716，1151
公司法人　494，495，664
公司减资程序　569
公司僵局　613，616
公司解散　613，616，626
公司决议　570
公司决议撤销　732
公司债务　530
公司住所　560

公序良俗　110，115，117，1345，1351
公序良俗原则　96
公益属性　24
共同财产　485
共同代理　1454，1460，1461
共同侵权　1563
共同申请　413
购销合同　1506
股东　616，626，648，667，731，732，1149
股东出资　581
股东知情权　802
股东资格确认　569
股东资格认定　154
股份合作制企业　626
股权　154，570，571，980，1074，1141，1194，1293，1305，1315，1316，1333，1476，1507
股权质权　154
关联交易　724
关联性　1510
关系处理费　117
管理委员会　495
管辖权　241，560，561
管辖异议　560
光污染　125
过错　1468，1576
过错责任　928，1550
过度支配与控制　716
过期食品　1577

H

合法性原则　96
合伙　241，873，882，883，892，1175
合理范围　926
合同　115，154，495，1007，1135，
　　1141，1163，1295，1330，1333，
　　1374，1378，1409，1460
合同成立　1163，1179
合同解释　1586
合同无效　92，1374，1395
合同效力　110，129，434，648，1237，
　　1256，1351，1378，1403
合同责任承担　508
合作开发房地产合同　541
弘扬社会主义核心价值观　12
环境污染公益诉讼　781
环境污染责任　125
恢复原状　550
会议程序　846
婚生子女　183
婚姻关系　442，445
货款　1506
货运代理合同　1425，1430

J

机关法人　820，823
机关法人终止　825
基层群众性自治组织法人　843
基础法律关系　1451
基础交易审查　81

集体经济组织　829，1117
集体经济组织成员权益　42
集体经济组织成员资格　993
集体经济组织内部事项　833
计算机软件开发合同　137
继承　183
继承权　1067
继续履行　1374
继续履行合同　389
家庭成员　1507
家庭伦理　1038
家用汽车　1109
监管权　164
监护关系终止　352，357，358
监护能力　262，300
监护人　208，212，213，227，256，
　　265，299，321，338，345，358
监护人监护职责　311
监护顺位　296
监护顺序　271
监护职责　227，317
见义勇为　1602，1607，1610
建设工程施工合同　1209，1395
建筑工程监理合同　508
建筑工程施工合同　495
健康权　41，928
鉴定　234
交通事故　185
交通事故责任纠纷　65
解除合同　1179，1209
解散　892

解释 1223
金融借款合同 541，1476
紧急避险 1597，1601
紧急救助 1612，1615
紧急性 1615
禁止权利滥用 1130，1133，1135
经济胁迫 1317
经营管理严重困难 613
经营目的 747
精神赡养 252
精神损害 1576
精神状态 234
竞争关系 33
居间合同纠纷 1334
举证不能 1577
举证责任 1245
具体人格权 917
捐赠 809
捐助财产 785
捐助法人 773，785，798，802
捐助法人章程 790
捐助人 798，802
决议不成立 1149，1151
决议撤销 728，731

K

可容忍度 125

L

滥用诉权 88
劳动关系 848，1198

劳动合同 1198
劳务合同 1550
老字号 469
冷冻胚胎 164
立法目的 2
利害关系人 397，404，798
连带赔偿责任 496
连带清偿 626
连带责任 718，873，874，875，1468，1555，1563
连续居住 241
连续性交易 1506
临时机构 508
旅游合同纠纷 1317
绿色原则 119，129

M

买卖合同 572，1109，1209，1223，1295，1500，1577
免责 1612，1615
民办非企业单位 785
民办学校 507，809
民间借贷 542，1189，1318
民事案件受案范围 23
民事法律行为 198，203，220，1136，1158，1227，1269，1371，1387
民事法律行为部分无效 1377
民事法律行为成立 1144
民事法律行为生效时间 1167
民事法律行为效力 430，1239，1249，1284，1301，1310，1320，1345，

1356
民事权利能力　517
民事权利能力平等　167
民事权利义务　23
民事权益　1027
民事诉讼主体　823
民事行为能力　234，517
民事义务　1528
民事责任　530，544，550，660，666，667，669，712，746，995，1439，1490，1528，1569，1602，1619，1634
民事主体　865，912，954，998，1042，1056，1074，1083，1119，1528
民事主体权利与义务相统一　1124
敏感个人信息　944
名誉　1626
名誉权　923，1576，1623
明示的意思表示　1209
默示的意思表示　1209
默示同意　1207

N

内部争议　581
拟制　1412
农村承包地　993
农村承包经营户　475
农村承包经营户债务承担　481
农村集体经济组织成员　833

P

拍卖无效　1365
排除妨碍　1702
赔偿　625，823
票据　1188
平等民事主体　23
平等原则　46，53，54，55
平均分担　1550
破产清算　648，667
破产重整　485
普通程序　397

Q

期间　1729，1731，1733，1737
期间计算　1720，1728，1738
期间起算　1725
期日　1724
期限　1724
欺诈　1109，1284，1290，1293，1294，1295，1340
其他组织　834
企业法人　745
企业法人分立　594
企业合并　596
企业借贷　561
起始日　1728
起算点　1659，1665
签字　1163
强制性规定　1345
侵害商标权　33，469

侵权 88，115，946，1017，1027
侵权责任 55，1628
侵权责任请求权 1017
轻微违约行为 1179
清算 616，623，625，626
清算组 637
请求返还财产 454，958，1394
请求解除合同 958
请求确认合同无效 1394
取得同意 946
取消委托 1516
权利冲突 912
确定监护人 305
确认出资份额 809
确认份额 1080
确认合同无效 1360

R

让与担保 980
人格混同 716
人格权 915，928，1027
人工授精 183
人身损害赔偿 414
日历日 1740
荣誉权 1623
容忍型 1507

S

丧失行为能力 305
删除 944
善意第三人 1267，1510

伤残 65
商标权 1133
商业道德 89
商业习惯 137
设立公司 674，675
设立用益物权和担保物权 966
社会公共利益 1623，1626
社会团体法人 761，764
社会团体法人章程 767
社团法人章程 770
涉港案件 154
涉外民事关系法律适用法 154
申请撤销宣告失踪 404
申请恢复监护人资格 349
申请强制清算 626
生命权 926，1607
生态破坏 1563
生物识别信息 944
生效 1178，1387
剩余财产 644，805
失踪人 374，388，389，404
失踪人财产代管人 382，391
时效抗辩 1673，1679
事业单位法人 750
事业单位法人组织机构 755
适格被告 675
收养关系 357，447
受害 494
受益人 1610
授权委托书 1452，1453
授权行为 1451

书面合同　1163
书面协议　305
数据和网络虚拟财产　1092
双方代理　1471，1476
私人生活安宁　946
死亡时间　173，424
死亡宣告　439，447，457
诉讼时效　428，1651，1659，1665，
　　1668，1681，1686，1698，1700，
　　1702，1706，1710
诉讼时效期间　1646
诉讼时效期间起算　1646，1655，1661
诉讼时效效力　1673
诉讼时效中断　1694
诉讼主体　473，494，857，865
损害公司利益　560，724
损害股东利益责任　549
损害股东利益责任纠纷　146
损害赔偿　108，185，187，1443，1536，
　　1601，1668
损害认定　125
损害债权人利益　718
损失赔偿　1305
所有权　966

T

胎儿　185，187
胎儿利益　177
特别保护　1104
特别程序　398
特别法人　813，817

特别规定　141，1738
提供劳务者　494
条件成就　1409，1412
调整范围　15
停止侵害　1702
停止职务　579
通谋虚伪表示　1265，1267
同一债务　1659
同一债务分期履行　1655
投资性权利　1074
土地使用权转让合同　521
土地征收　993

W

外国法　154
外商独资企业　581
完全民事行为能力人　195，198，229
网络爬虫　1097
网络侵权　923，1576，1627
危房　110，1351
微信群　923
违法代理民事责任　1463
违约责任　1586，1628
未成年人　203，227，256，1668
未成年人民事行为能力　205
未成年人年龄　189
未登记的农村经济集体组织　834
未经授权　666
未生效　1173，1175
委托代理　495，1432，1446，1451，
　　1452，1453，1516，1519

委托代理终止　1513，1516，1521
委托合同　1460，1484
委托近亲属　314
委托拍卖　1365
无力履行代管职责　398
无民事行为能力　208，212，213，265
无民事行为能力的成年人　209
无民事行为能力人　222，229，321，1239，1245，1661
无权代理　1461，1493，1500
无相对人的意思表示生效时间　1192
无形财产　1097
无因管理　1030，1038
物权　961，968，972，977
物业服务　54
物业服务合同　1659

X

下落不明　364，365，370，371，378
下落不明的时间　367
显失公平　65，1320，1328，1330，1333，1334
限制民事行为能力　220
限制民事行为能力的成年人　215
限制民事行为能力的未成年人　200
限制民事行为能力人　203，222，229，1249，1256，1661，1665
消除影响　1576
效力　150，574，1258，1265，1269，1427，1430，1686

效力确认　570
协议监护　281，287，288
胁迫　1310，1315，1316，1317，1318
行政管理职能　823
行政规章　110，1351
行政诉讼　24
行政职能　24
性别歧视　915
虚假宣传　469
许可使用　1063
宣告失踪　361，364，365，370，371，378，418
宣告死亡　409，413，414，418，428，430，434，442，445
宣告死亡期间　430
选择出生　1090

Y

延迟履行　1135
业主共有　1207，1651
一般人格权　906，912
医疗损害　1090
医疗损害责任　496
医务人员过错　1090
医院　496，508
依法申请　1245
遗弃　332
遗赠　1194
遗嘱监护　279
遗嘱有效　279
以对话方式表示　1189

以公告方式作出的意思表示生效时间 1196
义务人同意履行 1698
义务主体 764
议事方式 770
意思表示 1141,1202,1209,1211,1237
意思表示解释 1216
意外事故 413
意外事件 428
应收账款转让 1294
英雄烈士 1623,1626,1627
英雄烈士人格利益 1619
营利法人 677,682,687,692,697,704,709,712,728,733
优先受偿权 980
有限及必要原则 81
有相对人的意思表示生效时间 1182
逾期交房 1586
预告登记 1413
原告主体资格 664
孕检 1090

Z

责任承担 382,674,676
债权 998,1290
债务 485
债务承担 594,1189
折价补偿 1395
征收、征用 988
征收安置 995
征收部门 995
正当防卫 1590,1594
支付保险赔偿 764
支付欠付费用 388
知情权 648,667
知识产权 748,1056
执行复议 1365
执行和解 1049
职务代理 1486,1490
职务侵权行为 550
指定监护 271,274,291,301,333
质权 972
中断 1698
忠实义务 549
终止 157,599,616,626,652
仲裁时效 1710
重大事项 770
重大误解 1269,1277,1278,1340
主要办事机构所在地 560,561
住所 236
注销 494,893
著作权 1063,1468
专门从事环境保护公益活动的
　社会组织 781
专项维修资金 1651
转让协议 1173
转委托 1484
追索权 1188
准据法 154
资本显著不足 716
资格认定 857

自己代理　1471，1477
自然人身份权　949
自由竞争　89
自愿原则　56
总公司　667

阻却成就　1413
阻止条件成就　1178
组织机构　767，790
最有利于被监护人　296

二、条文索引

《中华人民共和国民法典》

第一条　1
第二条　12，15，52
第三条　25
第四条　43
第五条　56，1205，1232
第六条　61
第七条　66
第八条　93，1533
第九条　118，1087
第十条　132
第十一条　140，795
第十二条　147
第十三条　48，156，937
第十四条　167
第十五条　171
第十六条　177，936
第十七条　189，247
第十八条　195，1669
第十九条　199，318，1128
第二十条　204，208
第二十一条　209
第二十二条　214
第二十三条　202，221
第二十四条　228

第二十五条　235
第二十六条　242
第二十七条　254
第二十八条　263
第二十九条　273
第三十条　280
第三十一条　289
第三十二条　297
第三十三条　302
第三十四条　307
第三十五条　316
第三十六条　322
第三十七条　336
第三十八条　344
第三十九条　350
第四十条　359，371
第四十一条　366，371，411
第四十二条　372
第四十三条　380
第四十四条　390
第四十五条　399
第四十六条　406
第四十七条　369，416
第四十八条　423，444

第四十九条　412，430
第五十条　435
第五十一条　440
第五十二条　446
第五十三条　453
第五十四条　459
第五十五条　474
第五十六条　481
第五十七条　487
第五十八条　497
第五十九条　510
第六十条　524
第六十一条　533，1488
第六十二条　543，550
第六十三条　551
第六十四条　562
第六十五条　574
第六十六条　583
第六十七条　590
第六十八条　597
第六十九条　603
第七十条　617，758，770，795
第七十一条　628
第七十二条　640
第七十三条　649
第七十四条　655
第七十五条　668
第七十六条　677
第七十七条　682
第七十八条　686
第七十九条　691

第八十条　697
第八十一条　702
第八十二条　708
第八十三条　712
第八十四条　719
第八十五条　726
第八十六条　733
第八十七条　737
第八十八条　749
第八十九条　755
第九十条　759
第九十一条　766
第九十二条　771，780
第九十三条　787
第九十四条　797
第九十五条　637，646，804
第九十六条　811
第九十七条　819
第九十八条　824
第九十九条　828
第一百条　835
第一百零一条　842
第一百零二条　850
第一百零三条　859
第一百零四条　866
第一百零五条　876
第一百零六条　884
第一百零七条　894
第一百零八条　900
第一百零九条　905
第一百一十条　916

第一百一十一条　929	第一百四十二条　1215
第一百一十二条　947	第一百四十三条　1225
第一百一十三条　953	第一百四十四条　1238
第一百一十四条　960	第一百四十五条　1247
第一百一十五条　967	第一百四十六条　1257
第一百一十六条　975	第一百四十七条　1268
第一百一十七条　33，983	第一百四十八条　1279
第一百一十八条　996	第一百四十九条　1297
第一百一十九条　1006	第一百五十条　1307
第一百二十条　1016	第一百五十一条　52，1319
第一百二十一条　1029	第一百五十二条　1335
第一百二十二条　1041	第一百五十三条　1341
第一百二十三条　1053	第一百五十四条　1356
第一百二十四条　1066	第一百五十五条　1370
第一百二十五条　1073，1077	第一百五十六条　1375
第一百二十六条　1082	第一百五十七条　1380
第一百二十七条　1091	第一百五十八条　1396
第一百二十八条　52，1098	第一百五十九条　1411
第一百二十九条　1077，1112	第一百六十条　1415
第一百三十条　1118	第一百六十一条　1420
第一百三十一条　99，1124	第一百六十二条　1426
第一百三十二条　1129	第一百六十三条　224，1431
第一百三十三条　1136	第一百六十四条　1438
第一百三十四条　801，1142	第一百六十五条　1444
第一百三十五条　1153	第一百六十六条　1454
第一百三十六条　1165	第一百六十七条　1462
第一百三十七条　1180	第一百六十八条　1470
第一百三十八条　1190	第一百六十九条　1478
第一百三十九条　1195	第一百七十条　1485
第一百四十条　1199，1251	第一百七十一条　1492
第一百四十一条　1211	第一百七十二条　1501

第一百七十三条　1512	第一百八十九条　1654
第一百七十四条　1518	第一百九十条　1660
第一百七十五条　1523，1663	第一百九十一条　1666
第一百七十六条　1527	第一百九十二条　1672
第一百七十七条　1540	第一百九十三条　1681
第一百七十八条　1551	第一百九十四条　1685
第一百七十九条　1564	第一百九十五条　1691，1698
第一百八十条　1579	第一百九十六条　1699
第一百八十一条　1589	第一百九十七条　1705
第一百八十二条　1596	第一百九十八条　1709
第一百八十三条　1602	第一百九十九条　1714
第一百八十四条　1612	第二百条　191，1720
第一百八十五条　1617	第二百零一条　1725
第一百八十六条　1628	第二百零二条　1729
第一百八十七条　1633	第二百零三条　1732
第一百八十八条　1639	第二百零四条　1738

三、案例索引

（一）指导案例

指导案例 30 号：兰建军、杭州小拇指汽车维修科技股份有限公司诉天津市小拇指汽车维修服务有限公司等侵害商标权及不正当竞争纠纷案 ………… 33

指导案例 109 号：安徽省外经建设（集团）有限公司诉东方置业房地产有限公司保函欺诈纠纷案 ………… 81

指导案例 140 号：李某月等诉广州市花都区梯面镇红山村村民委员会违反安全保障义务责任纠纷案 ………… 108

指导案例 170 号：饶国礼诉某物资供应站等房屋租赁合同纠纷案 ………… 110，1351

指导案例 128 号：李劲诉华润置地（重庆）有限公司环境污染责任纠纷案 ………… 125

指导案例 50 号：李某、郭某阳诉郭某和、童某某继承纠纷案 ………… 183

指导案例 58 号：成都同德福合川桃片有限公司诉重庆市合川区同德福桃片有限公司、余晓华侵害商标权及不正当竞争纠纷案 ………… 469

指导案例 8 号：林方清诉常熟市凯莱实业有限公司、戴小明公司解散纠纷案 ………… 613

指导案例 149 号：长沙广大建筑装饰有限公司诉中国工商银行股份有限公司广州粤秀支行、林传武、长沙广大建筑装饰有限公司广州分公司等第三人撤销之诉案 ………… 664

指导案例 75 号：中国生物多样性保护与绿色发展基金会诉宁夏瑞泰科技股份有限公司环境污染公益诉讼案 ………… 781

指导案例 143 号：北京兰世达光电科技有限公司、黄晓兰诉赵敏名誉权纠纷案 ………… 923

指导案例 17 号：张莉诉北京合力华通汽车服务有限公司买卖合同
　　纠纷案 1109
指导案例 33 号：瑞士嘉吉国际公司诉福建金石制油有限公司等确认
　　合同无效纠纷案 1360
指导案例 35 号：广东龙正投资发展有限公司与广东景茂拍卖行有限
　　公司委托拍卖执行复议案 1365
指导案例 140 号：李某月等诉广州市花都区梯面镇红山村村民委员会
　　违反安全保障义务责任纠纷案 1536
指导案例 98 号：张庆福、张殿凯诉朱振彪生命权纠纷案 1607
指导案例 99 号：葛长生诉洪振快名誉权、荣誉权纠纷案 1623
指导案例 65 号：上海市虹口区久乐大厦小区业主大会诉上海环亚实
　　业总公司业主共有权纠纷案 1651

（二）典型案例

田某菊、杨某生命权、健康权、身体权纠纷案 12
刘某珍诉孙某芳、李某健康权纠纷案 41
原告郭某诉被告某餐饮公司餐饮消费服务合同纠纷案 53
南京市高淳县飞达教育技术装备有限责任公司与南京市高淳区隆兴农
　　村小额贷款有限公司、江苏金创信用再担保股份有限公司侵权责任
　　纠纷案 88
杭州开迅科技有限公司诉李某、广州虎牙信息科技有限公司不正当竞
　　争纠纷案 89
吉林市中小企业信用担保集团有限公司诉中国长城资产管理股份有限
　　公司吉林省分公司等公司债权人利益责任纠纷案 115
高某与北京六合成农业有限公司农村土地承包合同纠纷案 129
上诉人武汉中新蓝软件有限公司、李某与被上诉人武汉市精科绿源科
　　技有限公司计算机软件开发合同纠纷案 137
沈某南、邵某妹诉刘某法、胡某仙胚胎监管、处置权纠纷案 164
王某诉施某道路交通事故人身损害赔偿案 185

金某娜诉北京大唐发电股份有限公司陡河发电厂、陡河电力实业总公
　　司人身损害赔偿案 ·· 187
陈某某诉陈某1、陈某2、陈某3赡养费纠纷案 ··· 252
广州市黄埔区民政局与陈某金申请变更监护人案 ·· 300
江阴市民政局诉刘某监护权纠纷案 ·· 332
仙游县榜头镇梧店村民委员会申请撤销林某监护人资格案 ·································· 332
梅河口市儿童福利院与张某柔申请撤销监护人资格案 ·· 333
广西北生集团有限责任公司与北海市威豪房地产开发公司、广西壮族
　　自治区畜产进出口北海公司土地使用权转让合同纠纷案 ······························· 521
美国矿产金属有限公司与厦门联合发展（集团）有限公司债务纠纷
　　上诉案 ··· 530
高某杰与定西市熙海油脂有限责任公司等股东资格确认纠纷案 ··························· 569
北京公达房地产有限责任公司与北京祥和三峡房地产开发公司房地产
　　开发合同纠纷案 ··· 579
大拇指环保科技集团（福建）有限公司与中华环保科技集团有限公司
　　股东出资纠纷案 ··· 581
中国长城资产管理公司沈阳办事处与锦州南山粮食储备库、辽宁锦州
　　国家粮食储备库、锦州桃园粮库金融借款合同纠纷案 ································· 594
格尔木力腾新能源有限公司与青海力腾新能源投资有限公司合同
　　纠纷案 ··· 674
江某诉上海讷良商务服务有限公司、李某天等委托理财合同纠纷案 ··················· 716
李某等与北京金辇酒店管理有限公司等公司决议撤销纠纷案 ···························· 731
长乐自来水公司与工行五四支行借款担保纠纷案 ··· 745
王某桢与江都益民医院股东知情权纠纷案 ·· 802
李某博诉上海虹口区艺术合子美术进修学校合同纠纷案 ··································· 809
浙江省乐清市乐成镇石马村村民委员会与浙江顺益房地产开发有限公
　　司合作开发房地产合同纠纷案 ··· 846
南通双盈贸易有限公司诉镇江市丹徒区联达机械厂、魏某聂等六人买
　　卖合同纠纷案 ··· 873
林某某、陈某某诉蔡某某一般人格权纠纷案 ··· 912
张某生等诉上海康仁乐购超市贸易有限公司生命权纠纷案 ······························· 926

郭某诉杭州野生动物世界服务合同纠纷案 ………………………… 944
梁某运与霍邱县人民政府国土资源局建设用地使用权出让合同纠纷案 …… 958
大连某银行沈阳分行、抚顺市艳丰公司等金钱质押纠纷案 ……………… 972
黑龙江闽成投资集团有限公司与西林钢铁集团有限公司、第三人刘某
　平民间借贷纠纷案 …………………………………………………… 980
赵某与某村某组承包地征收补偿费用分配纠纷案 ……………………… 993
何某诉某智能手机记账软件侵害人格权案 ……………………………… 1027
韦某添、吴某兰诉喻某刚、喻某抚养费案 ……………………………… 1038
江苏百锐特贸易有限公司诉张某红不当得利纠纷案 …………………… 1049
英大泰和财产保险股份有限公司台州中心支公司诉应某不当得利纠纷案 … 1051
福州大德文化传播有限公司与宁乡县皇家贵族音乐会所著作权权属、
　侵权纠纷案 …………………………………………………………… 1063
杭州莫丽斯科技有限公司、奥普家居股份有限公司与浙江风尚建材股
　份有限公司、浙江现代新能源有限公司、云南晋美环保科技有限公
　司、盛某君侵害商标权及不正当竞争纠纷案 ……………………… 1133
吴某璋诉厦门市同安区捷强市政工程有限公司决议效力确认纠纷案 … 1149
邢某荣与北京鼎典泰富投资管理有限公司、丁某国等合伙企业财产份
　额转让纠纷案 ………………………………………………………… 1173
广州市仙源房地产股份有限公司与广东中大中鑫投资策划有限公司、
　广州远兴房产有限公司、中国投资集团国际理财有限公司股权转让
　纠纷案 ………………………………………………………………… 1175
宜兴市恒兴置业有限公司与宜兴市新街街道海德名园业主委员会财产
　损害赔偿纠纷案 ……………………………………………………… 1207
洪某凤与昆明安钡佳房地产开发有限公司房屋买卖合同纠纷案 ……… 1223
李某玲、李某平诉张某翎、李某一房屋买卖合同纠纷案 ……………… 1265
佛山市顺德区太保投资管理有限公司与广东中鼎集团有限公司债权转
　让合同纠纷案 ………………………………………………………… 1290
黄某华与刘某明债权人撤销权纠纷案 …………………………………… 1328
天津开发区家园房地产营销有限公司与天津森得瑞房地产经营有限公
　司合同纠纷案 ………………………………………………………… 1330
邹某友诉张某忠转让合同纠纷案 ………………………………………… 1394

中国信达资产管理公司兰州办事处与甘肃亚盛盐化工业（集团）有限
　　责任公司借款合同纠纷案……1403
云南福运物流有限公司与中国人寿财产保险股份公司曲靖中心支公司
　　财产损失保险合同纠纷案……1408
屈某与枣庄市道桥工程有限公司、重庆建工投资控股有限责任公司等
　　债权转让合同纠纷案……1451
甲公司诉乙公司建设工程施工合同纠纷案……1490
中国铁路物资沈阳有限公司与天津市长芦盐业总公司买卖合同
　　纠纷案……1506
A公司、李某甲、千某某诉B公司、徐某、王某、李某乙股权转让
　　纠纷案……1507
刘某清与上海玲慧文化传播有限公司买卖合同纠纷上诉案……1510
徐某雯与宋某德、刘某达侵害名誉权民事纠纷案……1576
殷某义诉武汉汉福超市有限公司汉阳分公司买卖合同纠纷案……1577
张某诉开发商公司商品房预售合同纠纷案……1586
刘某与李某生生命权、健康权、身体权纠纷案……1594
杭州市西湖区人民检察院诉瞿某某侵害烈士名誉权公益诉讼案……1626
杭州市上城区人民检察院诉某网络科技有限公司英雄烈士保护民事公
　　益诉讼案……1627
辽宁顺达交通工程养护有限公司与盘锦凯跃经贸有限公司承揽合同纠
　　纷再审案……1702

（三）类案检索

渭南市大秦地产有限公司诉渭南市临渭区人民政府合同纠纷案……23
集安市宝发矿业有限公司、吉林省高等级公路建设局合同纠纷再审审
　　查与审判监督民事裁定案……24
姚某诉靳某等分家析产纠纷案……42
焦某光、阮某黄等诉新集镇新城居委会上榨村民组侵害集体经济组织
　　成员权益纠纷案……42
中铁一局集团某公司诉廖某物业服务合同纠纷案……54

赵某、张某诉李某、某国有资产经营管理有限责任公司市场服务中心
　　侵权责任纠纷案·· 55
某村民委员会诉尹某侵害集体经济组织成员权益纠纷案························ 55
刘某诉刘某民不当得利纠纷案··· 60
阳光财产保险股份有限公司漯河中心支公司诉张某伟机动车交通事故
　　责任纠纷案·· 65
新疆华诚安居房地产开发有限公司诉中国铁建大桥工程局集团有限公
　　司建设工程施工合同纠纷案·· 92
杨某斌诉湖南华氏房地产开发有限公司合同纠纷案···························· 117
汪某诉刘某花合同纠纷案··· 117
罗某文诉陈某忠损害股东利益责任纠纷案······································· 146
曲某与丁某京股权转让纠纷案··· 154
成都中德西拉子环保科技有限公司、中国长城资产（国际）控股有限
　　公司股权质权纠纷案·· 154
福建海宏环保科技有限公司、宁德市青青塑料制品有限公司等其他案
　　由执行复议案·· 198
辜某2、金某彬等民间借贷纠纷案·· 203
蔡某诉蔡某伟、蔡某春物权保护纠纷案·· 208
刘某建与刘某乐特别程序案·· 212
王某贵与郑某英申请宣告自然人无民事行为能力特别程序案················ 213
中诚公司诉李某平等保证合同纠纷案··· 220
宋某甲诉宋某乙、陈某某财产分割纠纷案······································· 227
重庆市大渡口区跳蹬镇某社区居民委员会申请宣告曹某无民事行为
　　能力案·· 234
黄某诉龚某合伙协议纠纷管辖权异议案·· 241
王某1与姜某抚费纠纷案··· 253
吴某佩申请变更监护人案··· 262
薛某喜、薛某申请确定监护人案··· 262
申请人徐某林申请指定监护人案··· 271
申请人吴某申请宣告吴某达无民事行为能力并指定监护人案················ 271
林1申请确定监护人案·· 279

黄某1、陈某杰、危某琼申请确定监护人案 ································· 279
周某、沈某申请确定监护人案 ··· 287
申请人张某1、张某2与被申请人张某3、第三人李某某申请变更
　　监护人案 ··· 288
张某宇申请确定监护人案 ·· 288
卢某晖、崔某彤申请变更监护人案 ····································· 296
永泰县民政局、林某宾、林某兰申请撤销监护人资格案 ···················· 301
牛某波申请确定监护人案 ·· 305
许某诉吴某、章某监护权纠纷案 ······································ 314
段某屿诉熊某梅监护人责任纠纷案 ····································· 321
深圳市宝安区石岩街道塘头社区居民委员会申请撤销郑某芬监护人
　　资格案 ··· 334
徐州铜山区民政局申请撤销未成年人父母监护资格案 ····················· 334
蒋某勇、蒋某星与袁某云抚养费纠纷案 ································· 342
张某秀、唐某芳申请确定监护人案 ····································· 349
徐某2等与王某申请确定监护人案 ····································· 357
周某凤、周某申请确定监护人案 ······································ 358
华某新申请宣告公民失踪纠纷案 ······································ 364
李某生申请宣告公民失踪纠纷案 ······································ 365
何某喜申请宣告公民失踪纠纷案 ······································ 370
刘某、张某刻申请宣告公民失踪纠纷案 ································· 371
韦某兴申请宣告公民失踪纠纷案 ······································ 378
杜某1申请宣告公民失踪案 ·· 378
申某民诉申某明失踪人债务支付纠纷案 ································· 388
张某福诉钟某标、叶某英船舶买卖合同纠纷案 ··························· 389
祝某英诉王某麟变更失踪人财产代管人纠纷案 ··························· 397
谭某女与林某娴变更财产代管人纠纷案 ································· 398
申请人胡某申请撤销宣告失踪案 ······································ 404
申请人陈某申请撤销宣告失踪案 ······································ 404
申请人孔某、颜某申请宣告公民死亡案 ································· 413

上诉人邓某、陈某、宋某与被上诉人宋某、殷某海上、通海水域人身
　损害责任纠纷案 ……………………………………………………… 414
申请人李某革申请宣告死亡案 ………………………………………… 428
上诉人某保险公司与被上诉人李某、黄某海上保险合同纠纷案 ……… 428
滕某会与滕某、滕某燕确认合同效力纠纷案 ………………………… 434
钟某某申请撤销钟某某死亡案 ………………………………………… 439
谷某某与王某某离婚纠纷案 …………………………………………… 445
周某森与全某青、庞某荣物权保护纠纷案 …………………………… 457
厦门市思明区才久旺记炖品食府诉劳某会劳动争议纠纷案 ………… 473
藤县藤州城市信用合作社诉麦某晚等借贷合同纠纷案 ……………… 485
邱某个人债务重整案 …………………………………………………… 485
李某飞、朱某双等与青海源丰矿业有限公司提供劳务者受害责任
　纠纷案 …………………………………………………………………… 494
钟某、武汉市江岸区新春环保设备厂房屋拆迁安置补偿合同纠纷案 … 494
三都水族自治县交梨工业园区管理委员会、四川省盛厦建筑工程有限
　公司建设工程施工合同纠纷案 ……………………………………… 495
河南泰瑞置业有限公司、郑州智行无极房地产营销策划有限公司商品
　房委托代理销售合同纠纷案 ………………………………………… 495
姚某与新疆维吾尔自治区人民医院北院、新疆维吾尔自治区人民医院
　医疗损害责任纠纷案 ………………………………………………… 496
孙某与双辽市世博职业技术学校、刘某东申请执行人执行异议案 … 507
顶盛国际股份有限公司与北京大学合同纠纷案 ……………………… 508
湖北守信建设工程项目管理有限公司、南漳县人民政府建设工程监理
　合同纠纷案 …………………………………………………………… 508
郭某亮诉交通银行股份有限公司镇江扬中支行、扬中绿洲环境科技实
　业有限公司金融借款合同纠纷案 …………………………………… 541
安徽省兴华房地产投资（集团）有限公司与安徽蓝盾房地产开发有限
　责任公司合作开发房地产合同纠纷案 ……………………………… 541
伊犁国投进出口贸易有限责任公司与朱某玲等民间借贷纠纷案 …… 542
孙某瑞诉范某新、靳某牛、青海省华侨装饰设计有限公司损害股东权
　益纠纷抗诉案 ………………………………………………………… 549

建平县铁南街道办事处、中国联合网络通信有限公司建平县分公司恢
　　复原状纠纷案 550
山西兴丰源房地产开发有限公司与山西省第二建筑工程公司管辖异议
　　上诉案 560
孙某诉洪某损害公司利益责任纠纷案 560
北京天研时代投资管理有限公司与新疆东平焦化有限公司企业借贷纠
　　纷上诉案 561
傅某明、朱某军与无锡新中润国际集团有限公司公司决议效力确认
　　纠纷案 570
北京宝利达投资管理有限责任公司与上海浦之威投资有限公司等股权
　　转让纠纷案 571
周某权与安顺市航顺新型建材有限公司、张某等买卖合同纠纷案 572
苏某与府谷县老高川乡恒益煤矿等股权确认及分配利润纠纷案 596
仕丰科技有限公司与富钧新型复合材料（太仓）有限公司公司解散
　　纠纷案 616
陈甲等与上海神威钢绳有限公司清算组成员责任纠纷案 616
叶某光与北京市兰龙实业总公司清算财产案 625
徐某芳等与昆明彪新装饰工程有限公司公司清算纠纷案 626
靖江市永兴建筑工程有限公司与吴某洪等清算责任纠纷案 626
山东国大黄金股份有限公司与天津市津南区兆丰化工有限公司、天津
　　开发区天意船务有限公司、崔某华、宫某升（宫某昇）、刘某船舶
　　经营管理合同纠纷案 626
中国建设银行天津市分行和平支行与天津菁亚制衣公司、天津英达集
　　团有限公司借款担保纠纷案 648
汪某卫与安徽大蔚置业公司股东知情权纠纷案 648
青海宏信混凝土有限公司与海天建设集团有限公司青海分公司、海天
　　建设集团有限公司、安多汇鑫矿业有限责任公司等民间借贷纠纷案 666
北京华联综合超市股份有限公司青海第五分公司诉赵某花、杨某嘉、
　　兰州家合商贸有限公司、北京华联综合超市股份有限公司青海第一
　　分公司、北京华联综合超市股份有限公司生命权、健康权、身体权
　　纠纷案 667

富滇银行股份有限公司普洱分行与普洱东日房地产开发有限公司、河
　北东日房地产开发集团有限公司商品房预约合同纠纷案……………667
北京毛世恒源厨房设备有限公司与戴某飞加工合同纠纷案……………675
陈某璀与杨某公司设立纠纷案……………………………………………676
王某与李某军、尤某军等12人公司设立纠纷案………………………676
张家界佳旺商贸有限公司、中国深圳对外贸易（集团）有限公司借款
　合同纠纷案………………………………………………………………718
上海中科英华科技发展有限公司、郑州投资控股有限公司等公司关联
　交易损害责任纠纷案……………………………………………………724
方某应、郑州四维节能技术有限公司损害公司利益责任纠纷案………724
上海摩之玛栖梦文化传播股份有限公司等与东方悦途（北京）文化产
　业发展有限公司公司决议撤销纠纷案…………………………………732
广东粤超体育发展股份有限公司诉广东省足球协会等垄断纠纷案……746
沈阳广科视讯科技有限公司、于某富等买卖合同纠纷案………………747
大连瓦房店市康爱老年公寓、宋某等借款合同纠纷案…………………747
深圳市银座贸易有限公司、詹某军等房屋租赁合同纠纷案……………747
巨野县森发迪建材有限公司等与经济科学出版社侵害作品信息网络传
　播权纠纷案………………………………………………………………748
郑某明与寿光市羊口镇近海个体渔民互助协会海上、通海水域保赔合
　同纠纷案…………………………………………………………………764
成都绿色智能家居产业促进会、郑某与公司有关的纠纷案……………770
北京茂庸投资有限公司与北京东方国学院及信泰人寿保险股份有限公
　司合同纠纷案……………………………………………………………785
集贤县永安乡北安村民委员会、刘某仁借款合同纠纷执行复议案……817
常德市德阳农业机械有限公司、张某月等执行异议之诉案……………817
韶关市兴正拆迁服务有限公司服务合同纠纷案…………………………823
北京幽州大峡谷旅游管理有限公司等与北京市门头沟区斋堂镇法城村
　村民委员会等合同纠纷案………………………………………………823
张某游等与北京市平谷区马昌营镇毛官营村经济合作社土地承包经营
　权纠纷案…………………………………………………………………833
济南市章丘区文祖街道办事处、赵某朝民间借贷纠纷案………………834

艾某古·热某曼、若羌县铁干里克镇果勒吾斯塘村村民委员会确认劳
　　动关系纠纷案 848
林某、东莞市某合作社土地租赁合同纠纷案 857
唐某、韦某教育机构责任纠纷案 857
桐城市孔城镇某林场、桐城市孔城镇某村民委员会与甘某案外人执行
　　异议之诉案 865
袁某权、袁某华买卖合同纠纷案 865
开封市天波杨府公园、某园区管理委员会合同纠纷案 874
唐某发、仁发厂与圣豪公司等加工合同纠纷案 875
邵阳县某采石场与赵某龙买卖合同纠纷案 882
西河中心水厂、胜川自来水厂合同纠纷案 883
步步莲盛国际投资顾问（北京）有限公司与天津南开碧莲盛医疗美容
　　门诊部合伙协议纠纷案 892
湛江市百货总公司人民商场、翁某坤等租赁合同纠纷案 893
泰顺县双丰水电站与蔡某概返还投资款纠纷案 903
肖某志、景洪市嘎洒食品站、彭某清、景洪市嘎洒食品站屠宰场、郭
　　某雄发起人责任纠纷案 904
梁某媚诉广东惠食佳经济发展有限公司、广州市越秀区名豪轩鱼翅海
　　鲜大酒楼人格权纠纷案 915
刘某珍诉孙某芳、李某健康权纠纷案 928
郭某城与东方黑马资本管理（北京）有限公司个人信息保护纠纷案 946
沈某祥与周某某合同纠纷案 966
某区人民政府与甲公司、某区征收安置工作局合同纠纷案 995
柏某与徐州市泉山区华东管道幼儿园股东资格确认纠纷案 1080
闫某娟、张某成诉苏州明基医院有限公司医疗损害责任纠纷案 1090
深圳市谷米科技有限公司诉武汉元光科技有限公司等不正当竞争纠纷案 1097
凌某安与株洲市石峰区铜塘湾街道建设村村民委员会侵害集体经济组
　　织成员权益纠纷案 1117
山东海汇生物工程股份有限公司诉谢某豪股权转让纠纷案 1135
左某诉北京鑫丰汇川投资顾问有限公司、宁强泛珠泉实业发展有限公
　　司股权转让纠纷案 1141

华某伟诉上海圣甲虫电子商务有限公司公司决议纠纷案 ················· 1151
浙江恒兴房地产有限公司与衢州市国土资源局拍卖出让国有土地使用
　权纠纷案 ··· 1163
北京建方信息技术有限公司诉讯宝科技亚洲公司、讯宝科技亚洲公司、
　摩托罗拉（中国）电子有限公司北京分公司买卖合同案 ············· 1163
云南热点科技有限公司与西双版纳野象谷景区有限公司、云南小孩儿
　旅行社有限公司计算机软件开发合同纠纷案 ·························· 1178
富尔达全息科技（深圳）有限公司诉深圳市义乌小商品批发城有限公
　司房屋租赁合同纠纷案 ··· 1179
成都鹰明智通科技股份有限公司与杭州伯高科技车辆电气工程有限公
　司等票据纠纷案 ··· 1188
李某、罗某民间借贷纠纷案 ··· 1189
海南嘉博投资开发有限公司诉张某侠、海口南川实业有限公司、海南
　南国置业有限公司股权转让纠纷案 ····································· 1194
重庆威恩建筑工程有限公司与袁某友劳动合同纠纷案 ··················· 1198
贵州天凯利电力建设有限公司、深圳市优嘉装饰设计工程有限公司建
　设工程施工合同纠纷案 ··· 1209
常州华艺市政园林有限公司、浙江森禾集团股份有限公司（原称浙江
　森禾种业股份有限公司）买卖合同纠纷案 ···························· 1209
孙某栋、张某心房屋租赁合同纠纷案 ······································· 1209
贵州我爱我车汽车服务有限公司与黄某金返还原物纠纷案 ············· 1237
中国工商银行股份有限公司宁波兴宁支行诉周某世、吴某莲等金融借
　款合同纠纷案 ··· 1245
谭某1、谭某冰诉谭某2确认合同无效纠纷案 ····························· 1245
李某与朱某英确认合同无效纠纷案 ··· 1256
中国建设银行股份有限公司常州分行与金某元、居某兰等金融借款合
　同纠纷案 ·· 1267
谭某与胡某、陈某军等合同纠纷案 ··· 1277
伍某枝与中铁二十局集团第六工程有限公司撤销权纠纷案 ············· 1278
祝某民与王某壮股权转让纠纷案 ··· 1293

河南奇春石油经销集团有限公司与中国工商银行股份有限公司延安分
　　行金融借款合同纠纷案 ·· 1294
海南碧桂园房地产开发有限公司与海南鼎顶网络科技股份有限公司合
　　资、合作开发房地产合同纠纷案 ·· 1295
桃源县林海木业经营部与湖南茂源林业有限责任公司买卖合同
　　纠纷案 ·· 1295
林某何、中国民生银行股份有限公司福州分行侵权责任纠纷案 ············ 1305
逯某杰与赵某波股权转让纠纷案 ·· 1305
李某继等与成都市青羊区中盟万达小额贷款有限公司等抵押合同
　　纠纷案 ·· 1306
陈某荣与许某华股权转让纠纷案 ·· 1315
胡某琳与杨某志、洛阳市泰益德房地产开发有限公司股权确认
　　纠纷案 ·· 1316
杭州谷歌旅行社有限公司与浙江杭州途易旅游集团有限公司旅游合同
　　纠纷案 ·· 1317
谢某诉刘某勇与谭某、金某借款合同纠纷案 ··· 1318
西藏中太恒源实业有限公司与拉萨市柳梧新区城市投资建设发展集团
　　有限公司合同纠纷案 ·· 1333
上海星聚投资管理有限公司与南京钢铁联合有限公司股权转让
　　纠纷案 ·· 1333
上海我爱我家房屋租赁置换有限公司与王某根居间合同纠纷案 ············ 1334
沈某与舟山市台胞商场有限公司房屋租赁合同纠纷案 ·········· 1334
钟某与嵊州五亿实业投资有限公司等合同纠纷案 ··· 1340
中国人寿财产保险股份有限公司遵义市中心支公司与张某东、遵义驰
　　奥汽车销售服务有限公司财产保险合同纠纷案 ······················· 1340
中金产权交易有限公司因与黑龙江东方学院、哈尔滨市土地储备中心
　　合同纠纷案 ·· 1374
武汉华享置业有限公司与武汉中森华永红房地产开发有限公司合同
　　纠纷案 ·· 1378
河北工程建设有限责任公司与河北盈驰房地产开发有限公司、石家庄
　　柏林集团有限公司建设工程施工合同纠纷案 ······················· 1395

中科恒源科技股份有限公司与无锡尚德太阳能电力有限公司、江西顺
　　风光电投资有限公司、平罗中电科能源有限公司买卖合同纠纷案 ………… 1409
蔡某云与胡某合同纠纷案 …………………………………………………… 1409
无锡市吉品置业有限公司与中国工商银行股份有限公司无锡分行等金
　　融借款合同纠纷案 ……………………………………………………… 1413
王某与深圳双寅国际物流有限公司海上货物运输合同纠纷案 …………… 1418
深圳新合程供应链股份有限公司与深圳市中祥创新电子科技有限公司
　　货运代理合同纠纷案 …………………………………………………… 1425
某供应链管理公司诉某货物运输公司海上、通海水域货运代理合同
　　纠纷案 …………………………………………………………………… 1430
中国人民财产保险股份有限公司上海市分公司与中国平安财产保险股
　　份有限公司上海分公司责任保险合同纠纷案 ………………………… 1443
海南琼亚律师事务所与海南文昌农村商业银行股份有限公司法律服务
　　合同纠纷案 ……………………………………………………………… 1452
陶某与罗某房屋买卖合同纠纷案 …………………………………………… 1453
辽宁海星律师事务所与吉林省荣发集团有限公司法律服务合同
　　纠纷案 …………………………………………………………………… 1453
刘某华诉湖北文汇律师事务所委托合同纠纷案 …………………………… 1460
曾某蓉与王某一房屋买卖合同纠纷案 ……………………………………… 1460
四川省恒基汇通融资理财信息咨询有限公司、周某建确认合同有效
　　纠纷案 …………………………………………………………………… 1461
林某杰等诉莫某珍生命权、健康权、身体权纠纷案 ……………………… 1468
厦门萌力星球网络有限公司与杭州友芝贸易有限公司、成都尊尼亚商
　　贸有限责任公司、常州华纳非织造布有限公司著作权侵权
　　纠纷案 …………………………………………………………………… 1468
重庆中科诺数码科技有限公司、中国建设银行股份公司汕头市分行金
　　融借款合同纠纷案 ……………………………………………………… 1476
天津市电焊条公司、天津商汇实业发展有限公司等股权转让纠纷案 …… 1476
莫某凤、莫某鑫等执行异议之诉案 ………………………………………… 1477
王某源与周某茹等委托合同纠纷案 ………………………………………… 1484

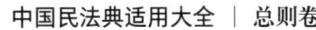

武汉恒钢物流发展有限公司与中铁七局集团第五工程有限公司、武汉鼎顺置业有限公司买卖合同纠纷案 ········· 1500

上海国泰创业（集团）有限公司等与潘某长确认合同有效纠纷案 ········· 1516

杭州富阳盛拓渣土处置有限公司与方某水公路货物运输合同纠纷案 ········· 1521

俞某与李某强、天津市中原房地产开发有限公司吉木萨尔县分公司确认合同无效纠纷案 ········· 1526

榆林榆神清洁能源有限公司与吴某成劳务合同纠纷案 ········· 1550

江西省上饶市人民检察院诉张某等生态破坏民事公益诉讼案 ········· 1563

张某与某公司财产损害赔偿纠纷案 ········· 1601

盛某居与中国科学院微电子研究所见义勇为人受害责任纠纷案 ········· 1610

王某某与刘某江健康权纠纷案 ········· 1615

常州盾安流体设备有限公司与江苏平安消防集团有限公司常州分公司、江苏平安消防集团有限公司建设工程施工合同纠纷案 ········· 1659

林某与成都中铁二局瑞成物业管理有限公司物业服务合同纠纷案 ········· 1659

刘某与刘某美机动车交通事故责任纠纷案 ········· 1665

杨某诉杜某、屈某确认夫妻共同债务纠纷案 ········· 1679

北京大万房地产开发有限责任公司与北京诚信建筑工程公司建设工程合同纠纷案 ········· 1698

厦门源昌城建集团有限公司与平安银行股份有限公司泉州分行金融借款合同纠纷案 ········· 1724

吉安市第四建筑工程有限公司与江西鸿昌置业有限公司建设工程施工合同纠纷案 ········· 1728

孙某祥与林某兰与天津鼎康农业科技发展有限公司民间借贷纠纷案 ········· 1731

湖北旌劲建设工程有限公司与江苏中南建筑产业集团有限责任公司合同纠纷执行案 ········· 1737

韩某君与永旺商业有限公司北京丰台分公司买卖合同纠纷案 ········· 1740

四、参考文献

（一）图书

北京市高级人民法院民一庭编：《北京民事审判疑难案例与问题解析（第一卷）》，法律出版社2007年版。

陈甦：《委托合同·行纪合同·居间合同》，法律出版社1999年版。

陈甦主编：《民法总则评注》，法律出版社2017年版。

陈玉梅、贺银花：《契约法诚实信用原则研究》，中国社会科学出版社2012年版。

程啸：《个人信息保护法理解与适用》，中国法制出版社2021年版。

程啸：《侵权责任法教程》，中国人民大学出版社2020年版。

崔建远、陈进：《债法总论》，法律出版社2020年版。

崔建远主编：《合同法》，法律出版社2016年版。

崔建远主编：《新合同法原理与案例评释》，吉林大学出版社1999年版。

杜景林、卢谌：《德国民法典——全条文注释》，中国政法大学出版社2015年版。

杜涛主编：《民法总则的诞生——民法总则重要草稿及立法过程背景介绍》，北京大学出版社2017年版。

杜万华主编：《中华人民共和国民法总则实务指南》，中国法制出版社2017年版。

范建、王建文：《公司法》，法律出版社2007年版。

付翠英：《破产法比较研究》，中国人民公安大学出版社2004年版。

高其才：《民法典编纂与民事习惯研究》，中国政法大学出版社2017年版。

顾昂然：《立法札记——关于我国部分法律制定情况的介绍（1982-2004）》，法律出版社2006年版。

韩德培主编：《国际私法新论》，武汉大学出版社1997年版。

韩世远：《合同法总论（第四版）》，法律出版社2018年版。

何宝玉：《合同法原理与判例》，中国法制出版社2013年版。

何勤华：《法律名词的起源》，北京大学出版社2009年版。

洪学军：《不当得利制度研究》，中国检察出版社2004年版。

胡长清：《中国民法总论》，中国政法大学出版社1997年版。

胡康生主编：《中华人民共和国物权法释义》，法律出版社2007年版。

黄薇主编：《中华人民共和国民法典人格权编解读》，中国法制出版社2020年版。

黄薇主编：《中华人民共和国民法典释义》，法律出版社2020年版。

黄薇主编：《中华人民共和国民法典释义及适用指南》，中国民主法制出版社2020年版。

黄薇主编：《中华人民共和国民法典总则编解读》，中国法制出版社2020年版。

黄薇主编：《中华人民共和国民法典总则编释义》，法律出版社2020年版。

贾东明：《〈中华人民共和国民法总则〉释解与适用》，人民法院出版社2017年版。

江必新、梁凤云主编：《行政诉讼法理论与实务》，法律出版社2016年版。

江必新、张甲天主编：《中华人民共和国民法典学习读本（合同卷）》，人民法院出版社2021年版。

江必新、张甲天主编：《中华人民共和国民法典学习读本（总则卷）》，人民法院出版社2021年版。

江平主编：《民法学》，中国政法大学出版社2007年版。

李国光主编、最高人民法院经济审判庭编著：《合同法释解与适用》，新华出版社1999年版。

李士伟、杜西川：《〈中华人民共和国民法通则〉实用简释》，光明日报出版社1987年版。

李适时主编：《中华人民共和国民法总则释义》，法律出版社2017年版。

李双元、温世扬主编：《比较民法学》，武汉大学出版社1998年版。

李宜琛：《民法总则》，中国方正出版社2004年版。

李永军：《民法总论（第二版）》，法律出版社2009年版。

李永军：《民法总则》，中国法制出版社2018年版。

李永军：《中华人民共和国民法总则精释与适用》，中国民主法制出版社

2017年版。

李宇：《民法总则要义——规范释论与判解集注》，法律出版社2017年版。

梁慧星：《民法总论（第五版）》，法律出版社2017年版。

梁慧星：《民法总则讲义（修订版）》，法律出版社2021年版。

梁慧星主编：《中国民法典草案建议稿附理由·债权总则编》，法律出版社2006年版。

梁慧星主编：《中国民法典草案建议稿附理由·总则编》，法律出版社2013年版。

刘凯湘：《民法总论》，北京大学出版社2011年版。

龙卫球主编：《中华人民共和国民法典总则编释义》，法律出版社2020年版。

罗玉珍主编：《民事主体论》，中国政法大学出版社1992年版。

马俊驹：《人格和人格权理论讲稿》，法律出版社2009年版。

马俊驹、余延满：《民法原论（第四版）》，法律出版社2010年版。

《民法通则讲话》编写组：《民法通则讲话》，经济科学出版社1986年版。

彭万林主编：《民法学》，中国政法大学出版社1994年版。

秦伟：《继承法》，世纪出版集团、上海人民出版社2001年版。

全国人大常委会法制工作委员会民法室编：《中华人民共和国侵权责任法条文说明、立法理由及相关规定》，北京大学出版社2010年版。

人民法院出版社编：《解读最高人民法院司法复函》，人民法院出版社2019年版。

石宏：《中华人民共和国民法总则条文说明、立法理由及相关规定》，北京大学出版社2017年版。

石宏主编：《中华人民共和国民法典释解与适用总则编》，人民法院出版社2020年版。

宋平：《民事诉讼诚实信用原则与管辖权滥用之规制研究》，厦门大学出版社2018年版。

宋渝玲：《涉外民事诉讼法律实务》，厦门大学出版社2017年版。

孙宪忠：《民法总论》，社会科学文献出版社2010年版。

陶希晋主编：《民法文集》，山西人民出版社1985年版。

佟柔：《中国民法学·民法总论》，人民法院出版社2008年版。

佟柔主编：《中国民法》，法律出版社1990年版。

佟柔主编：《中国民法学·民法总则》，中国人民公安大学出版社1990年版。

王洪亮等：《自然资源物权法律制度研究》，清华大学出版社2017年版。

王家福主编：《中国民法学 民法债权》，法律出版社1991年版。

王利明：《民法学（第二版）》，复旦大学出版社2015年版。

王利明：《民法总论》，中国人民大学出版社2012年版。

王利明：《民法总则研究（第三版）》，中国人民大学出版社2018年版。

王利明：《侵权行为法归责原则研究》，中国政法大学出版社1992年版。

王利明：《侵权责任法释义》，法律出版社2010年版。

王利明：《人格权法研究（第二版）》，中国人民大学出版社2012年。

王利明：《物权法研究》，中国人民大学出版社2007年版。

王利明：《债法总则》，中国人民大学出版社2016年版。

王利明主编：《民法（第八版）》，中国人民大学出版社2020年版。

王利明主编：《侵权责任法裁判要旨与审判实务》，人民法院出版社2010年版。

王利明主编：《中华人民共和国民法总则详解》，中国法制出版社2017年版。

王利明主编：《中国民法案例与学理研究（债权篇）》，法律出版社2003年版。

王利明主编：《中国民法典评注·总则编》，人民法院出版社2022年版。

王利明主编：《中国民法典释评·总则编》，中国人民大学出版社2020年版。

王利明主编：《中国民法典学者建议稿及立法理由·总则编》，中国法制出版社2005年版。

王利明、崔建远：《合同法新论·总则》，中国政法大学出版社1996年版。

王利明、杨立新：《侵权行为法》，法律出版社1997年版。

王迁：《著作权法》，中国人民大学出版社2015年版。

王胜明：《侵权责任法释义》，法律出版社2010年版。

王胜明主编：《〈中华人民共和国侵权责任法〉条文解释与立法背景》，人民法院出版社2010年版。

王竹:《中华人民共和国民法典总则编条文要义》,北京大学出版社2021年版。

魏振瀛主编:《民法(第五版)》,北京大学出版社、高等教育出版社2013年版。

徐国栋:《民法基本原则解释——成文法局限性之克服》,中国政法大学出版社2001年版。

徐国栋:《民法基本原则解释——诚信原则的历史、实务、法理研究》,北京大学出版社2013年版。

杨代雄:《法律行为论》,北京大学出版社2021年版。

杨德群:《公序良俗原则比较研究》,中国社会科学出版社2017年版。

杨立新:《民法总则(第三版)》,法律出版社2020年版。

杨立新:《侵权法论》,人民法院出版社2013年版。

杨立新:《侵权损害赔偿》,法律出版社2010年版。

杨立新:《物权法》,法律出版社2013年版。

杨立新:《债法》,中国人民大学出版社2015年版。

杨立新:《中国民法总则研究》,中国人民大学出版社2017年版。

杨立新:《中华人民共和国民法总则要义与案例解读》,中国法制出版社2017年版。

杨立新、郭明瑞主编:《〈中华人民共和国民法典·总则编(含附则)〉释义》,人民出版社2020年版。

杨立新、李怡雯:《中国民法典新规则要点》,中国法制出版社2020年版。

易继明主编:《私法》,华中科技大学出版社2012年版。

尹田:《民法典总则之理论与立法研究(第二版)》,法律出版社2018年版。

于飞:《公序良俗原则研究——以基本原则的具体化为中心》,北京大学出版社2006年版。

余能斌、马俊驹主编:《现代民法学》,武汉大学出版社1997年版。

余延满:《亲属法原论》,法律出版社2007年版。

张晋藩:《中国法律的传统与现代转型》,法律出版社2009年版。

张俊浩主编:《民法学原理(修订第三版)》,中国政法大学出版社2000年版。

张平华、刘宏渭、徐千寻、张龙：《〈中华人民共和国民法典·总则编（含附则）〉释义》，人民出版社 2020 年版。

张文显主编：《法理学》，高等教育出版社、北京大学出版社 2011 年版。

张新宝：《中国民法总则研究》，中国人民大学出版社 2017 年版。

张新宝主编：《〈中华人民共和国民法总则〉释义》，中国人民大学出版社 2017 年版。

赵旭东：《公司法学》，高等教育出版社 2012 年版。

郑强：《合同法诚实信用原则研究》，法律出版社 2000 年版。

郑玉波：《民法总则》，中国政法大学出版社 2003 年版。

中共中央宣传部宣传教育局、全国人大常委会法制工作委员会民法室、司法部宣传与依法治理局：《〈中华人民共和国民法典〉总则编学习读本》，中国民主法制出版社 2021 年版。

中国民事审判研究会主编：《民法典总则编条文理解与适用》，法律出版社 2020 年版。

中国审判理论研究会民事审判理论专业委员会编：《民法典总则编条文理解与司法适用》，法律出版社 2020 年版。

朱庆育：《民法总论（第二版）》，北京大学出版社 2016 年版。

朱庆育：《民法总则》，北京大学出版社 2016 年版。

最高人民法院民法典贯彻实施工作领导小组主编：《中华人民共和国民法典总则编理解与适用》，人民法院出版社 2020 年版。

最高人民法院民法典贯彻实施工作领导小组主编：《中华人民共和国民法典合同编理解与适用》，人民法院出版社 2021 年版。

最高人民法院民事审判第二庭编著：《〈全国法院民商事审判工作会议纪要〉理解与适用》，人民法院出版社 2019 年版。

最高人民法院民事审判第二庭编著：《最高人民法院关于民事案件诉讼时效司法解释理解与适用》，人民法院出版社 2008 年版。

最高人民法院民事审判第二庭编著：《最高人民法院民法典担保制度司法解释理解与适用》，人民法院出版社 2021 年版。

最高人民法院物权法研究小组编著：《〈中华人民共和国物权法〉条文理解与适用》，人民法院出版社 2007 年版。

最高人民法院研究室编著：《〈全国法院贯彻实施民法典工作会议纪要〉条

文及适用说明》，人民法院出版社 2021 年版。

（二）期刊、报纸

班天可：《论民法上的法律错误对德国法和日本法的比较研究》，载《中外法学》2011 年第 5 期。

蔡一博：《〈民法典〉实施下个人信息的条款理解与司法应对》，载《法律适用》2021 年第 3 期。

车丕照：《〈民法典〉颁行后国际条约与惯例在我国的适用》，载《中国应用法学》2020 年第 6 期。

郭锋、陈龙业、贾玉慧：《〈个人信息保护法〉具体适用中的若干问题探讨——基于〈民法典〉与〈个人信息保护法〉关联的视角》，载《法律适用》2022 年第 1 期。

迟颖：《〈民法总则〉无权代理法律责任体系研究》，载《清华法学》2017 年第 3 期。

迟颖：《意定代理授权行为无因性解析》，载《法学》2017 年第 1 期。

崔建远：《我国〈物权法〉应选取的结构原则》，载《法治与社会发展》1995 年第 3 期。

段琼：《债的发生原因比较研究——兼论民法典第 118 条的完善》，载《上海法学研究》集刊 20。

方兴军：《无权代理的类型区分和法律责任——〈民法总则〉第 171 条评释》，载《法治现代化研究》2017 年第 2 期。

房绍坤：《诉讼时效期间的起算》，载《法学论坛》2017 年 4 期。

冯小青：《〈民法总则〉"知识产权条款"的评析与展望》，载《法学评论》2017 年第 4 期。

郭峰：《股份制企业所有权问题的探讨》，载《中国法学》1988 年第 3 期。

郭洁：《论农村集体经济组织的营利法人地位及立法路径》，载《当代法学》2019 年第 5 期。

郭明龙：《精神性人格权之定性——兼论〈侵权责任法〉第二十条对人格权法立法之推进》，载《人民论坛》2021 年第 8 期。

韩世远：《重大误解解释论纲》，载《中外法学》2017 年第 3 期。

贺剑：《〈合同法〉第 54 条第 1 款第 2 项（显失公平制度）评注》，载《法学家》2017 年第 1 期。

贺剑：《绿色经济与法经济学》，载《中国法学》2019 年第 2 期。

胡鸿高：《论公共利益的法律界定：从要素解释的路径》，载《中国法学》2008 年第 4 期。

纪海龙：《〈合同法〉第 48 条（无权代理规则）评注》，载《法学家》2017 年第 4 期。

江平：《论股权》，载《中国法学》1994 年第 1 期。

姜峰：《民事权利与宪法权利：规范层面的解析——兼议人格权立法的相关问题》，载《浙江社会科学》2020 年第 2 期。

李浩：《民事行为能力的证明责任——对一个法律漏洞的分析》，载《中外法学》2008 年第 4 期。

李世刚：《〈民法总则〉关于监护制度的释评》，载《法律适用》2017 年第 9 期。

李馨：《撤销之诉中显失公平的认定标准》，载《人民司法·案例》2013 年第 20 期。

李中原：《多数人之债的类型建构》，载《法学研究》2019 年第 2 期。

梁慧星：《从近代民法到现代民法——二十世纪民法回顾》，载《中外法学》1997 年第 2 期。

梁慧星：《〈中华人民共和国民法总则（草案）〉：解读、评论和修改建议》，载《华东政法大学学报》2016 年第 5 期。

刘黎：《民法总则对宣告死亡制度的发展与完善》，载《人民司法》2018 第 34 期。

刘勇：《"欺诈"的要件重构与立法课题——以民法典的编纂为背景》，载《东南大学学报（哲学社会科学版）》2016 年第 5 期。

柳经纬：《权利能力的若干基本理论问题》，载《比较法研究》2008 年第 1 期。

龙俊：《论意思表示错误的理论构造》，载《清华法学》2016 年第 5 期。

吕忠梅：《中国民法典的"绿色"需求及功能实现》，载《法律科学（西北政法大学学报）》2018 年第 6 期。

马俊驹、张翔：《论民法个人人格构造中的伦理与技术》，载《法律科学》

2005年第2期。

彭诚信、李贝：《民法典编纂中自然人行为能力认定模式的立法选择——基于个案审查与形式审查的比较分析》，载《法学》2019年第2期。

蒲洪杰：《〈民法总则〉监护设立制度解释论纲》，载《法学论坛》2018年第3期。

秦红曼：《我国监护制度的发展、问题与完善建议——兼评〈《民法典》（草案）〉总则中的相关规定》，载《浙江理工大学学报（社会科学版）》2020年第44卷。

冉克平：《论因第三人欺诈或胁迫而订立的合同的效力》，载《法学论坛》2012年第4期。

冉克平：《显失公平与乘人之危的现实困境与制度重构》，载《比较法研究》2015年第5期。

石佳友：《个人信息保护的私法维度——兼论〈民法典〉与〈个人信息保护法〉的关系》，载《比较法研究》2021年第5期。

石佳友：《论侵权责任法的预防职能》，载《中州学刊》2009年第4期。

宋江涛：《我国民法重大误解制度的反思与完善》，载《法律适用》2016年第9期。

孙维飞：《〈合同法〉第42条（缔约过失责任）评注》，载《法学家》2018年第1期。

王利明：《加强人格权立法保障人民美好生活》，载《四川大学学报（哲学社会科学版）》2018年第3期。

王利明：《论股份制企业所有权的二重结构》，载《中国法学》1989年第1期。

王利明：《论民法典代理制度中的授权行为》，载《甘肃政法学院学报》2020年5期。

王利明：《论民法典合同编发挥债法总则的功能》，载《法学论坛》2020年第4期。

王利明：《论人格权请求权与侵权损害赔偿请求权的分离》，载《中国法学》2019年第1期。

王利明：《正确适用民法典应处理好三种关系》，载《现代法学》2020年第6期。

王轶:《论民事法律事实的类型区分》,载《中国法学》2013年第1期。

王轶:《民法典的规范类型及其配置关系》,载《清华法学》2014年第6期。

王轶:《民法总则法律行为效力制度立法建议》,载《比较法研究》2016年第2期。

温馨:《宣告失踪和宣告死亡制度的新思考——以自然灾害为视域》,载《现代商贸工业》2020年第5期。

肖海军:《非法人组织在民法典中的主体地位及其实现》,载《法商研究》2016年第2期。

谢鸿飞:《〈民法典〉合同编内在体系的变迁》,载《山西大学学报(哲学社会科学版)》2020年第6期。

谢鸿飞:《铸造中国社会的"基本法":中国民法典的编撰历程》,载《人民法治》2017年第10期。

熊丙万:《民法典溯及适用原则的现代体系》,载《人民法院报》2021年8月5日。

徐国栋:《再论人身关系——兼评民法典总则编条文建议稿第3条》,载《中国法学》2002年第4期。

薛军:《第三人欺诈与第三人胁迫》,载《法学研究》2012年第4期。

杨立新:《论民法典中债法总则之存废》,载《清华法学》2014年第6期。

杨立新:《论一般人格权及其民法保护》,载《河北法学》1995年第2期。

杨立新:《人身权的延伸法律保护》,载《法学研究》1995年第2期。

杨立新:《我国〈民法总则〉成年监护制度改革之得失》,载《贵州省党校学报》2017年第3期。

姚梦圆:《我国失踪人财产代管人改任制度探析》,载《长江大学学报(社科版)》2016年第11期。

叶金强:《私法效果的弹性化机制——以不合理、错误与合同解释为例》,载《法学研究》2006年第1期。

易军:《法律行为生效要件体系的重构》,载《中国法学》2012年第3期。

易军:《论人格权法定、一般人格权与侵权责任构成》,载《法学》2011年第8期。

尹田:《论胎儿利益的民法保护》,载《云南大学学报(法学版)》2002年第 1 期。

尹田：《论宣告失踪与宣告死亡》，载《法学研究》2001 年第 6 期。

尹田：《论一般人格权》，载《法律科学》2002 年第 4 期。

尹田：《〈民法总则（草案）〉中法律行为制度的创新点之评价》，载《法学杂志》2016 年第 11 期。

曾大鹏：《论显失公平的构成要件与体系定位》，载《法学》2011 年第 3 期。

翟远见：《〈民法典〉宣告失踪制度的解释与补充》，载《法律适用》2021 年第 10 期。

张璁：《全国人大常委会审议民法总则草案法人一章增加特别法人类别》，载《人民日报》2016 年 12 月 20 日。

张红：《论一般人格权作为基本权利之保护手段——以对"齐玉苓案"的再检讨为中心》，载《法商研究》2009 年第 4 期。

张家勇：《论无权代理人赔偿责任的双层结构》，载《中国法学》2019 年第 3 期。

张晓山：《合作社的基本原则及有关的几个问题》，载《农村合作经济经营管理》1998 年第 2 期。

张新宝：《"公平责任"的再定位》，载《法商研究》2021 年第 5 期。

张新宝：《我国侵权法中的补充责任》，载《法学杂志》2010 年第 6 期。

赵永巍、梁茜：《〈民法总则〉显失公平条款的类型化适用前瞻——从中国裁判文书网显失公平案例大数据分析出发》，载《法律适用》2018 年第 1 期。

朱广新：《论可撤销法律行为的变更问题》，载《法学》2017 年第 2 期。

朱广新：《民事行为能力制度的体系化解读》，载《中外法学》2017 年第 3 期。

朱晓峰：《人格权编一般人格权条款的具体表达》，载《吉林大学社会科学学报》2020 年第 1 期。

邹学庚：《〈民法典〉第 65 条商事登记公示效力研究》，载《国家检察官学院学报》2021 年第 1 期。

后　记

　　2022年10月22日胜利闭幕的中国共产党第二十次全国代表大会，是在全党全国各族人民迈上全面建设社会主义现代化新征程、向第二个百年奋斗目标进军的关键时刻召开的一次十分重要的大会，大会制定的行动纲领和大政方针为新时代人民法院审判执行工作指明了方向。编辑出版《中国民法典适用大全》，是最高人民法院深入学习贯彻党的二十大精神，全面贯彻习近平新时代中国特色社会主义思想，全面把握新时代新征程党和国家事业发展新要求、人民群众新期待，助力民法典统一正确实施的有力举措。

　　习近平总书记指出："民法典实施水平和效果，是衡量各级党和国家机关履行为人民服务宗旨的重要尺度。"[①] 学习好、贯彻好、实施好民法典是人民法院的重要职责和光荣使命。最高人民法院党组深入学习贯彻习近平法治思想，认真贯彻落实党中央决策部署，围绕切实实施民法典这一工作重心，采取系列举措把民法典贯彻实施工作不断引向深入，有效提升了民商事司法审判工作质效。为帮助广大法官牢固树立法典化思维，全面认识民法典各编和谐统一的体系关系，确立以民法典为中心的民事实体法律适用理念，确保民法典在各级人民法院统一正确实施，同时向社会公众宣传普及民法典司法适用知识，最高人民法院民法典贯彻实施工作领导小组组织力量编写了本套丛书。本套丛书以民法典的统一正确适用为中心，结合我国民商合一的立法模式，将有关的商事、知识产权等法律的适用问题一并纳入编辑范围，形成完整体系，旨在凸显民法典在民商事实体法中的基本法地位，进一步统一民商事裁判尺度，更好地辅助

---

　　① 习近平：《充分认识颁布实施民法典重大意义　依法更好保障人民合法权益》，载《求是》2020年第12期。

司法办案、便利社会生活。

为贯彻落实习近平总书记关于推动媒体融合发展重要讲话精神，人民法院出版社依托"法信"平台，把《中国民法典适用大全》作为重点融媒体出版项目进行编辑加工，在出版纸质书和手机阅读版的同时，配套推出《中国民法典适用大全》专题库，为读者提供民法典、知识产权与竞争、生态环境、商事、涉外商事海事等审判数字资源检索服务，并推出图书的电子书和"民法典适用大全"小程序，满足读者在各种数字化场景下的阅读需求。

本卷为总则卷。民法典总则编按照提取公因式的方式，提炼和归纳出了对整部民法典乃至整个民商事实体法律体系普遍适用的概念、规则、原则和制度，在整部民法典中甚至是整个民商事法律体系中起着提纲挈领、统帅全局的作用，鲜明体现了民法典的体系逻辑和适用规律。正确理解民法典总则编的核心要义，准确把握总则的"总"的特点与规律，树立法典化、体系化思维，是做好民法典贯彻实施工作的重要方面。《中国民法典适用大全（总则卷）》的编辑工作紧扣总则编的适用，突出以下特点：一是权威性。在立法机关有关权威释义、最高人民法院民法典贯彻实施工作领导小组主编的《中华人民共和国民法典总则编理解与适用》等著作基础上，结合司法实践优秀成果和最新裁判规则，吸收立法机关、专家学者有关意见，重点对民法典总则编的具体司法适用进行详细阐述。二是全面性。对与民法典总则编的适用关系较为密切的有关法律、行政法规、司法解释、部门规章和司法指导性文件进行了系统梳理，就有关法律法规与民法典条文的衔接适用问题做了系统论述。三是实用性。紧密结合审判实践，对近年来尤其是《民法总则》实施以来有关指导性案例、典型案例和相关类案进行了系统检索和整理，为准确适用相关条文提供了鲜活参照。

参与总则卷编写和审核的人员主要是最高人民法院、有关地方法院的资深法官或业务骨干，以及部分高校的中青年法学专家。编写人员有（按照条文顺序）：郭锋、陈志远、陈坚、刘牧晗、欧海燕、沙玲、张音、张鑫萌、江继海、倪俊龙、张晓光、王玥、刘婷、李明明、王晓梅、陈东强、刘琨、仇彦军、胡岩、丁俊峰、葛洪涛、谢胜文、杨卓、杨晓琰、刘振、陆炜炜、钱锋、史智军、朱宏哲、陆昱、贾玉慧、李海燕、陈思（最高人民法院民一庭）、韦大、陈思（人民法院出版社）、苏萌、陈现杰、秦元明、耿慧茹、梅芳、唐墨华、朱广新、荣学磊、郭尔绚、侯军、王灯、危浪平、张闻、蒋家棣、邱鹏、石磊、杜岩、张艳、李赛敏、谢勇、余冬爱、范一、熊丙万、马剑、刘忠伟、陈龙业、赵芳慧、李怡雯、张小洁。核稿人员有：郭锋、李明义、陈龙业、谢勇、危浪平、葛洪涛、蒋家棣、郭尔绚、牛晓煜、刘婷、杜岩、曹晓锐、李明明、刘静、张晓光、唐墨华、白鸽、邱鹏、程立武、尹玄海、刘琨、胡传朋。案例审核人员有：陈志远、石磊、张乐园、甄月、杨晓琰、秦文峰。

《中国民法典适用大全》的编辑出版是有关各方共同努力的结果。感谢全国人大常委会法工委等单位一直以来对人民法院工作的有力指导和大力支持！感谢积极支持人民法院民事审判执行工作的专家学者和其他法律从业人员！感谢有关地方法院对《中国民法典适用大全》编写工作提供的大力支持、所提出的宝贵意见建议！感谢人民法院出版社的各位编辑对本套丛书出版的辛苦付出和不懈努力！

疏漏不周之处在所难免，敬请各位读者批评指正。

编　者

二〇二二年十一月